Herausgegeben von

Rechtsanwalt Prof. Dr. Klaus-Peter Dolde, Stuttgart

Prof. Dr. Ferdinand Kirchhof,
Universitätsprof. a. D., Universität Tübingen
Vizepräsident des Bundesverfassungsgerichts a. D.

Eberhard Stilz,
Präsident des Verfassungsgerichtshofs für das Land
Baden-Württemberg a. D.
Präsident des Oberlandesgerichts Stuttgart a. D.

NomosGesetze

Prof. Dr. Klaus-Peter Dolde
Prof. Dr. Ferdinand Kirchhof
Eberhard Stilz

Landesrecht
Baden-Württemberg

Textsammlung

15. Auflage

Stand: 15. August 2019

Die Deutsche Nationalbibliothek verzeichnet diese Publikation in der Deutschen Nationalbibliografie; detaillierte bibliografische Daten sind im Internet über http://dnb.d-nb.de abrufbar.

ISBN 978-3-8487-6112-8

15. Auflage 2020

Vorwort

Herausgeber und Verlag legen mit diesem Band die 15. aktualisierte Auflage der Textsammlung „Landesrecht Baden-Württemberg" vor. Im Hinblick auf den ständig gewachsenen Umfang der Textsammlung musste erstmals auf die Wiedergabe eines bisher abgedruckten Gesetzes verzichtet werden. Um den Eingriff in den Text gering zu halten und Studierende und Praktiker nach wie vor möglichst zuverlässig und aktuell über die für sie wesentlichen Gesetze zu informieren, wurde auf den Abdruck des Justizvollzugsgesetzes (bisher Nr. 76) verzichtet.

Herausgeber und Verlag greifen gerne Anregungen aus der Praxis auf, um die Sammlung auch künftig in übersichtlicher und handlicher Form an den Bedürfnissen in Vorlesung und Studium wie auch in der Praxis zu orientieren.

Die Textsammlung befindet sich auf dem Stand vom 15. August 2019. Für Anregung und Kritik sind Verlag und Herausgeber weiterhin dankbar.

Stuttgart und Tübingen, im August 2019

Klaus Peter Dolde
Ferdinand Kirchhof
Eberhard Stilz

Inhalt

I. Staat und Verfassung

10	Verfassung des Landes Baden-Württemberg	Verf	11
11	Grundgesetz für die Bundesrepublik Deutschland Art. 1-21, 28, 30, 31, 33, 34, 38, 70-74, 80, 101, 103, 104, 116, 125a, 125 b, 140 (+ 136-141 WRV), 142 (Auszug)	GG	28
12	Verfassungsgerichtshofgesetz	VerfGHG	41
13	Landtagswahlgesetz	LWG	54
14	Verkündungsgesetz	VerkG	69
15	Volksabstimmungsgesetz	VAbstG	71

II. Verwaltung

20	Neufassung des Landesverwaltungsgesetzes	LVG	84
21	Landesverwaltungszustellungsgesetz	LVwZG	93
22	Landesverwaltungsvollstreckungsgesetz	LVwVG	98
23	Vollstreckungskostenordnung	LVwVGKO	105
24	Landesverwaltungsverfahrensgesetz	LVwVfG	109
25	Landesgebührengesetz	LGebG	144
26	Landesdatenschutzgesetz	LDSG	150
27	Umweltverwaltungsgesetz	UVwG	164
28	Landesbeamtengesetz	LBG	185
28a	Chancengleichheitsgesetz	ChancenG	226
29	Landesinformationsfreiheitsgesetz	LIFG	238
29a	Gesetz über Mitwirkungsrechte und das Verbandsklagerecht für anerkannte Tierschutzorganisationen	TierSchMVG	244
29b	Partizipations- und Integrationsgesetz für Baden-Württemberg	PartIntG BW	248
29c	E-Government-Gesetz Baden-Württemberg	EGovG BW	253

III. Kommunalrecht

30	Gemeindeordnung	GemO	258
31	Durchführungsverordnung zur Gemeindeordnung	DVO GemO	309
32	Gemeindehaushaltsverordnung	GemHVO	314
33	Landkreisordnung	LKrO	340
34	Durchführungsverordnung zur Landkreisordnung	DVO LKrO	361
35	Gesetz über kommunale Zusammenarbeit	GKZ	364
36	Kommunalwahlgesetz	KomWG	375

37	Kommunalabgabengesetz	KAG	394
38	Eigenbetriebsgesetz	EigBG	410

IV. Öffentliche Sicherheit und Ordnung

40	Polizeigesetz	PolG	415
41	Durchführungsverordnung zum Polizeigesetz	DVO PolG	455
42	Verordnung der Landesregierung über die Ermittlungspersonen der Staatsanwaltschaft	StAErmPVO	468
43	Landesordnungswidrigkeitengesetz	LOWiG	471

V. Umweltschutz

50	Landesabfallgesetz	LAbfG	475
51	Wassergesetz	WG	486
52	Naturschutzgesetz	NatSchG	529
53	Landeswaldgesetz (Fassung bis 31.12.2019)	LWaldG	558
53a	Landeswaldgesetz (Fassung ab 1.1.2020)	LWaldG	589

VI. Planungs- und Bauwesen

60	Landesbauordnung	LBO	622
61	Allgemeine Ausführungsverordnung zur Landesbauordnung	LBOAVO	660
62	Verfahrensverordnung zur Landesbauordnung	LBOVVO	671
63	Landesenteignungsgesetz	LEntG	683
64	Landesplanungsgesetz	LplG	699
65	Denkmalschutzgesetz	DSchG	720
66	Erneuerbare-Wärme-Gesetz	EWärmeG	728

VII. Rechtspflege und Juristenausbildung

70	Verwaltungsgerichtsordnung §§ 40–43, 68–80 b, 113, 114 (Auszug)	VwGO	739
71	Gesetz zur Ausführung der Verwaltungsgerichtsordnung	AGVwGO	744
72	Ausführungsgesetz zum Bürgerlichen Gesetzbuch	AGBGB	753
73	Nachbarrechtsgesetz	NRG	764
74	Gesetz zur Ausführung der Insolvenzordnung	AGInsO	774
75	Landesjustizkostengesetz	LJKG	775
76	Juristenausbildungsgesetz	JAG	788
77	Juristenausbildungs- und Prüfungsordnung	JAPrO	792
78	Verwaltungsvorschrift des Justizministeriums über die Ausbildung der Rechtsreferendarinnen und -referendare	RefAusbVwV	819

VIII. Medien

80   Landespressegesetz   LPresseG   828

81   Landesmediengesetz   LMedienG   835

IX. Wirtschaft

90   Ladenöffnungsgesetz   LadÖG   859

91   Gaststättenverordnung   GastVO   864

92   Durchführungsverordnung zum Waffengesetz   DVOWaffG   868

X. Verkehrswesen

100   Straßengesetz   StrG   870

     Register   897

Verfassung des Landes Baden-Württemberg

Vom 11. November 1953 (GBl. S. 173)
(BWGültV Sachgebiet 100)
zuletzt geändert durch ÄndG vom 1. Dezember 2015 (GBl. S. 1032)

Nichtamtliche Inhaltsübersicht

Vorspruch

Erster Hauptteil
Vom Menschen und seinen Ordnungen

I. Mensch und Staat

Artikel 1	Personenwert und Gemeinschaft
Artikel 2	Grundrechte, Recht auf Heimat
Artikel 2a	Rechte und Schutz von Kindern und Jugendlichen
Artikel 2b	Verbot der Benachteiligung Behinderter
Artikel 3	Sonn- und Feiertage
Artikel 3a	Schutz der natürlichen Lebensgrundlagen
Artikel 3b	Tierschutz
Artikel 3c	Kultur- und Sportförderung; Landschafts- und Denkmalschutz

II. Religion und Religionsgemeinschaften

Artikel 4	Kirchen
Artikel 5	Weimarer Kirchenartikel
Artikel 6	Religiöse Karitas
Artikel 7	Staatsverpflichtungen gegenüber den Kirchen
Artikel 8	Kirchenverträge
Artikel 9	Ausbildung der Geistlichen
Artikel 10	Theologische Fakultäten

III. Erziehung und Unterricht

Artikel 11	Recht auf Erziehung und Ausbildung
Artikel 12	Erziehungsziel, Träger der Erziehung
Artikel 13	Jugendschutz
Artikel 14	Schulpflicht, Unterrichts- und Lernmittelfreiheit
Artikel 15	Volksschulformen; Elternrecht
Artikel 16	Charakter der christlichen Gemeinschaftsschule
Artikel 17	Toleranz, Schulaufsicht, Prüfungen für öffentlich anerkannte Berechtigungen, Elternbeiräte
Artikel 18	Religionsunterricht
Artikel 19	Lehrerausbildung
Artikel 20	Hochschulfreiheit
Artikel 21	Staatsbürgerliche Erziehung
Artikel 22	Erwachsenenbildung

Zweiter Hauptteil
Vom Staat und seinen Ordnungen

I. Die Grundlagen des Staates

Artikel 23	Staatsfundamentalnorm, Baden-Württemberg als Gliedstaat
Artikel 24	Farben und Wappen
Artikel 25	Staatsgewalt, Gewaltenteilung
Artikel 26	Aktives Wahlrecht, Wahlgrundsätze

II. Der Landtag

Artikel 27	Landtagsfunktionen, Freies Mandat
Artikel 28	Wahlsystem, Wählbarkeit
Artikel 29	Kandidatur
Artikel 30	Wahlperiode, Sitzungsperiode
Artikel 31	Wahlprüfung
Artikel 32	Landtagspräsidium
Artikel 33	Verhandlungen und Beschlüsse
Artikel 34	Regierungsanwesenheit
Artikel 34a	Landtagsbeteiligung in EU-Angelegenheiten
Artikel 35	Untersuchungsausschüsse
Artikel 35a	Petitionsausschuss
Artikel 36	Ständiger Ausschuss
Artikel 37	Indemnität der Abgeordneten
Artikel 38	Immunität der Abgeordneten
Artikel 39	Zeugnisverweigerungsrecht der Abgeordneten
Artikel 40	Entschädigung der Abgeordneten
Artikel 41	Erwerb und Verlust des Mandats
Artikel 42	Abgeordnetenanklage
Artikel 43	Landtagsauflösung
Artikel 44	Zwischen zwei Landtagen

III. Die Regierung

Artikel 45	Regierungsfunktion, Zusammensetzung
Artikel 46	Regierungsbildung
Artikel 47	Misslungene Regierungsbildung
Artikel 48	Amtseid
Artikel 49	Richtlinien der Politik, Aufgabenverteilung, Beschlussfassung
Artikel 50	Vertretung nach außen
Artikel 51	Richter- und Beamtenernennung
Artikel 52	Gnadenrecht, Amnestien, Abolitionen
Artikel 53	Ministergesetz, Inkompatibilität
Artikel 54	Konstruktives Misstrauensvotum
Artikel 55	Rücktritt, Amtsbeendigung, geschäftsführende Regierung
Artikel 56	Entlassungszwang
Artikel 57	Ministeranklage und Vorwurfskontrolle

IV. Die Gesetzgebung

Artikel 58	Allgemeiner Vorbehalt des Gesetzes bei Belastungen des Bürgers
Artikel 59	Gesetzesvorlagen; Volksbegehren; Gesetzesbeschlüsse
Artikel 60	Volksabstimmung über Gesetze

Artikel 61	Rechtsverordnungen, Verwaltungsvorschriften		Artikel 78	Amtseid

VII. Das Finanzwesen

Artikel 62   Staatsnotstand, Notparlament

Artikel 63   Ausfertigung, Verkündung

Artikel 64   Verfassungsänderung; Verbot der Verfassungsdurchbrechung

Artikel 79   Haushaltsplan

Artikel 80   Ausgaben vor parlamentarischer Verabschiedung des Haushalts

Artikel 81   Über- und außerplanmäßige Ausgaben

Artikel 82   Ausgabeerhöhung, Einnahmeminderung

V. Die Rechtspflege

Artikel 65   Unabhängigkeit der rechtsprechenden Gewalt

Artikel 66   Persönliche Unabhängigkeit der Richter, Richteranklage

Artikel 67   Gerichtsweg, Verwaltungsrechtsweg

Artikel 68   Verfassungsgerichtshof

Artikel 83   Rechnungslegung, Rechnungsprüfung

Artikel 84   Kreditaufnahme, Übernahme von Gewährleistungen

Schlussbestimmungen

Artikel 85   Bestandsgarantie der Hochschulen

Artikel 86   (aufgehoben)

VI. Die Verwaltung

Artikel 69   Träger öffentlicher Verwaltung

Artikel 70   Verwaltungsorganisation, Organisationsgewalt

Artikel 71   Selbstverwaltung, insbesondere Gemeinden und Gemeindeverbände

Artikel 72   Gemeinde- und Kreisvertretung

Artikel 73   Gemeindefinanzierung, Finanzausgleich

Artikel 74   Gemeindegebietsänderung, Gemeindeauflösung

Artikel 75   Kommunalaufsicht

Artikel 76   Anrufung des Verfassungsgerichtshofs

Artikel 77   Öffentlicher Dienst

Artikel 87   Außerstaatliche Wohlfahrtspflege

Artikel 88   Normenkontrolle des Verfassungsgerichtshofs über vorkonstitutionelles Recht

Artikel 89   Erste Mitgliederwahl zum Verfassungsgerichtshof

Artikel 90   Polizeiorganisation

Artikel 91   Heimatklausel für Zentralbehörden

Artikel 92   Begriff der Mehrheit oder Minderheit der „Mitglieder des Landtags"

Artikel 93   Zusammensetzung und Wahlperiode des ersten Landtags

Artikel 93a   Ende der Wahlperiode des 14. Landtags

Artikel 94   Inkrafttreten, Rechtswirkungen

Vorspruch

Im Bewußtsein der Verantwortung vor Gott und den Menschen, von dem Willen beseelt, die Freiheit und Würde des Menschen zu sichern, dem Frieden zu dienen, das Gemeinschaftsleben nach den Grundsätzen der sozialen Gerechtigkeit zu ordnen, den wirtschaftlichen Fortschritt aller zu fördern, und entschlossen, dieses demokratische Land als lebendiges Glied der Bundesrepublik Deutschland in einem vereinten Europa, dessen Aufbau föderativen Prinzipien und dem Grundsatz der Subsidiarität entspricht, zu gestalten und an der Schaffung eines Europas der Regionen sowie der Förderung der grenzüberschreitenden Zusammenarbeit aktiv mitzuwirken, hat sich das Volk in Baden-Württemberg in feierlichem Bekenntnis zu den unverletzlichen und unveräußerlichen Menschenrechten und den Grundrechten der Deutschen kraft seiner verfassunggebenden Gewalt durch die Verfassunggebende Landesversammlung diese Verfassung gegeben.

Erster Hauptteil
Vom Menschen und seinen Ordnungen

I. Mensch und Staat

Artikel 1   [Personenwert und Gemeinschaft]

(1) Der Mensch ist berufen, in der ihn umgebenden Gemeinschaft seine Gaben in Freiheit und in der Erfüllung des christlichen Sittengesetzes zu seinem und der anderen Wohl zu entfalten.

(2) [1]Der Staat hat die Aufgabe, den Menschen hierbei zu dienen. [2]Er faßt die in seinem Gebiet lebenden Menschen zu einem geordneten Gemeinwesen zusammen, gewährt ihnen Schutz und Förderung und bewirkt durch Gesetz und Gebot einen Ausgleich der wechselseitigen Rechte und Pflichten.

Artikel 2   [Grundrechte, Recht auf Heimat]

(1) Die im Grundgesetz für die Bundesrepublik Deutschland festgelegten Grundrechte und staatsbürgerlichen Rechte sind Bestandteil dieser Verfassung und unmittelbar geltendes Recht.

(2) Das Volk von Baden-Württemberg bekennt sich darüber hinaus zu dem unveräußerlichen Menschenrecht auf die Heimat.

Artikel 2a [Rechte und Schutz von Kindern und Jugendlichen]
Kinder und Jugendliche haben als eigenständige Persönlichkeiten ein Recht auf Achtung ihrer Würde, auf gewaltfreie Erziehung und auf besonderen Schutz.

Artikel 2b [Verbot der Benachteiligung Behinderter]
Niemand darf wegen seiner Behinderung benachteiligt werden.

Artikel 3 [Sonn- und Feiertage]
(1) [1]Die Sonntage und die staatlich anerkannten Feiertage stehen als Tage der Arbeitsruhe und der Erhebung unter Rechtsschutz. [2]Die staatlich anerkannten Feiertage werden durch Gesetz bestimmt. [3]Hierbei ist die christliche Überlieferung zu wahren.
(2) [1]Der 1. Mai ist gesetzlicher Feiertag. [2]Er gilt dem Bekenntnis zu sozialer Gerechtigkeit, Frieden, Freiheit und Völkerverständigung.

Artikel 3a [Schutz der natürlichen Lebensgrundlagen]
(1) Der Staat schützt auch in Verantwortung für die künftigen Generationen die natürlichen Lebensgrundlagen im Rahmen der verfassungsmäßigen Ordnung durch die Gesetzgebung und nach Maßgabe von Gesetz und Recht durch die vollziehende Gewalt und die Rechtsprechung.
(2) Der Staat fördert gleichwertige Lebensverhältnisse, Infrastrukturen und Arbeitsbedingungen im gesamten Land.

Artikel 3b [Tierschutz]
Tiere werden als Lebewesen und Mitgeschöpfe im Rahmen der verfassungsmäßigen Ordnung geachtet und geschützt.

Artikel 3c [Kultur- und Sportförderung; Landschafts- und Denkmalschutz]
(1) Der Staat, die Gemeinden und die Gemeindeverbände fördern den ehrenamtlichen Einsatz für das Gemeinwohl, das kulturelle Leben und den Sport unter Wahrung der Autonomie der Träger.
(2) Die Landschaft sowie die Denkmale der Kunst, der Geschichte und der Natur genießen öffentlichen Schutz und die Pflege des Staates und der Gemeinden.

II. Religion und Religionsgemeinschaften

Artikel 4 [Kirchen]
(1) Die Kirchen und die anerkannten Religions- und Weltanschauungsgemeinschaften entfalten sich in der Erfüllung ihrer religiösen Aufgaben frei von staatlichen Eingriffen.
(2) Ihre Bedeutung für die Bewahrung und Festigung der religiösen und sittlichen Grundlagen des menschlichen Lebens wird anerkannt.

Artikel 5 [Weimarer Kirchenartikel]
[1]Für das Verhältnis des Staates zu den Kirchen und den anerkannten Religions- und Weltanschauungsgemeinschaften gilt Artikel 140 des Grundgesetzes für die Bundesrepublik Deutschland. [2]Er ist Bestandteil dieser Verfassung.

Artikel 6 [Religiöse Karitas]
Die Wohlfahrtspflege der Kirchen und der anerkannten Religions- und Weltanschauungsgemeinschaften wird gewährleistet.

Artikel 7 [Staatsverpflichtungen gegenüber den Kirchen]
(1) Die dauernden Verpflichtungen des Staates zu wiederkehrenden Leistungen an die Kirchen bleiben dem Grunde nach gewährleistet.
(2) Art und Höhe dieser Leistungen werden durch Gesetz oder Vertrag geregelt.
(3) Eine endgültige allgemeine Regelung soll durch Gesetz oder Vertrag getroffen werden.

Artikel 8 [Kirchenverträge]
Rechte und Pflichten, die sich aus Verträgen mit der evangelischen und katholischen Kirche ergeben, bleiben von dieser Verfassung unberührt.

Artikel 9 [Ausbildung der Geistlichen]
Die Kirchen sind berechtigt, für die Ausbildung der Geistlichen Konvikte und Seminare zu errichten und zu führen.

Artikel 10 [Theologische Fakultäten]
Die Besetzung der Lehrstühle der theologischen Fakultäten geschieht unbeschadet der in Artikel 8 genannten Verträge und unbeschadet abweichender Übung im Benehmen mit der Kirche.

III. Erziehung und Unterricht

Artikel 11 [Recht auf Erziehung und Ausbildung]
(1) Jeder junge Mensch hat ohne Rücksicht auf Herkunft oder wirtschaftliche Lage das Recht auf eine seiner Begabung entsprechende Erziehung und Ausbildung.
(2) Das öffentliche Schulwesen ist nach diesem Grundsatz zu gestalten.
(3) Staat, Gemeinden und Gemeindeverbände haben die erforderlichen Mittel, insbesondere auch Erziehungsbeihilfen, bereitzustellen.
(4) Das Nähere regelt ein Gesetz.

Artikel 12 [Erziehungsziel, Träger der Erziehung]
(1) Die Jugend ist in der Ehrfurcht vor Gott, im Geiste der christlichen Nächstenliebe, zur Brüderlichkeit aller Menschen und zur Friedensliebe, in der Liebe zu Volk und Heimat, zu sittlicher und politischer Verantwortlichkeit, zu beruflicher und sozialer Bewährung und zu freiheitlicher demokratischer Gesinnung zu erziehen.
(2) Verantwortliche Träger der Erziehung sind in ihren Bereichen die Eltern, der Staat, die Religionsgemeinschaften, die Gemeinden und die in ihren Bünden gegliederte Jugend.

Artikel 13 [Jugendschutz]
[1]Kinder und Jugendliche sind gegen Ausbeutung, Vernachlässigung und gegen sittliche, geistige, körperliche und seelische Gefährdung zu schützen. [2]Staat, Gemeinden und Gemeindeverbände schaffen die erforderlichen Einrichtungen. [3]Ihre Aufgaben können auch durch die freie Wohlfahrtspflege wahrgenommen werden.

Artikel 14 [Schulpflicht, Unterrichts- und Lernmittelfreiheit]
(1) Es besteht allgemeine Schulpflicht.
(2) [1]Unterricht und Lernmittel an den öffentlichen Schulen sind unentgeltlich. [2]Die Unentgeltlichkeit wird stufenweise verwirklicht. [3]Auf gemeinnütziger Grundlage arbeitende private mittlere und höhere Schulen, die einem öffentlichen Bedürfnis entsprechen, als pädagogisch wertvoll anerkannt sind und eine gleichartige Befreiung gewähren, haben Anspruch auf Ausgleich der hierdurch entstehenden finanziellen Belastung. [4]Den gleichen Anspruch haben auf gemeinnütziger Grundlage arbeitende private Volksschulen nach Art. 15 Abs. 2. [5]Näheres regelt ein Gesetz.
(3) [1]Das Land hat den Gemeinden und Gemeindeverbänden den durch die Schulgeld- und Lernmittelfreiheit entstehenden Ausfall und Mehraufwand zu ersetzen. [2]Die Schulträger können an dem Ausfall und Mehraufwand beteiligt werden. [3]Näheres regelt ein Gesetz.

Artikel 15 [Volksschulformen; Elternrecht]
(1) Die öffentlichen Volksschulen (Grund- und Hauptschulen) haben die Schulform der christlichen Gemeinschaftsschule nach den Grundsätzen und Bestimmungen, die am 9. Dezember 1951 in Baden für die Simultanschule mit christlichem Charakter gegolten haben.
(2) [1]Öffentliche Volksschulen (Grund- und Hauptschulen) in Südwürttemberg-Hohenzollern, die am 31. März 1966 als Bekenntnisschulen eingerichtet waren, können auf Antrag der Erziehungsberechtigten in staatlich geförderte private Volksschulen desselben Bekenntnisses umgewandelt werden. [2]Das Nähere regelt ein Gesetz, das einer Zweidrittelmehrheit bedarf.
(3) Das natürliche Recht der Eltern, die Erziehung und Bildung ihrer Kinder mitzubestimmen, muß bei der Gestaltung des Erziehungs- und Schulwesens berücksichtigt werden.

Artikel 16 [Charakter der christlichen Gemeinschaftsschule]

(1) [1]In christlichen Gemeinschaftsschulen werden die Kinder auf der Grundlage christlicher und abendländischer Bildungs- und Kulturwerte erzogen. [2]Der Unterricht wird mit Ausnahme des Religionsunterrichts gemeinsam erteilt.

(2) [1]Bei der Bestellung der Lehrer an den Volksschulen ist auf das religiöse und weltanschauliche Bekenntnis der Schüler nach Möglichkeit Rücksicht zu nehmen. [2]Bekenntnismäßig nicht gebundene Lehrer dürfen jedoch nicht benachteiligt werden.

(3) Ergeben sich bei der Auslegung des christlichen Charakters der Volksschule Zweifelsfragen, so sind sie in gemeinsamer Beratung zwischen dem Staat, den Religionsgemeinschaften, den Lehrern und den Eltern zu beheben.

Artikel 17 [Toleranz, Schulaufsicht, Prüfungen für öffentlich anerkannte Berechtigungen, Elternbeiräte]

(1) In allen Schulen waltet der Geist der Duldsamkeit und der sozialen Ethik.

(2) Die Schulaufsicht wird durch fachmännisch vorgebildete, hauptamtlich tätige Beamte ausgeübt.

(3) Prüfungen, durch die eine öffentlich anerkannte Berechtigung erworben werden soll, müssen vor staatlichen oder staatlich ermächtigten Stellen abgelegt werden.

(4) [1]Die Erziehungsberechtigten wirken durch gewählte Vertreter an der Gestaltung des Lebens und der Arbeit der Schule mit. [2]Näheres regelt ein Gesetz.

Artikel 18 [Religionsunterricht]

[1]Der Religionsunterricht ist an den öffentlichen Schulen ordentliches Lehrfach. [2]Er wird nach den Grundsätzen der Religionsgemeinschaften und unbeschadet des allgemeinen Aufsichtsrechts des Staates von deren Beauftragten erteilt und beaufsichtigt. [3]Die Teilnahme am Religionsunterricht und an religiösen Schulfeiern bleibt der Willenserklärung der Erziehungsberechtigten, die Erteilung des Religionsunterrichts der des Lehrers überlassen.

Artikel 19 [Lehrerausbildung]

(1) [1]Die Ausbildung der Lehrer für die öffentlichen Grund- und Hauptschulen muß gewährleisten, daß die Lehrer zur Erziehung und zum Unterricht gemäß den in Artikel 15 genannten Grundsätzen befähigt sind. [2]An staatlichen Einrichtungen erfolgt sie mit Ausnahme der in Absatz 2 genannten Fächer gemeinsam.

(2) Die Dozenten für Theologie und Religionspädagogik werden im Einvernehmen mit der zuständigen Kirchenleitung berufen.

Artikel 20 [Hochschulfreiheit]

(1) Die Hochschule ist frei in Forschung und Lehre.

(2) Die Hochschule hat unbeschadet der staatlichen Aufsicht das Recht auf eine ihrem besonderen Charakter entsprechende Selbstverwaltung im Rahmen der Gesetze und ihrer staatlich anerkannten Satzungen.

(3) Bei der Ergänzung des Lehrkörpers wirkt sie durch Ausübung ihres Vorschlagsrechts mit.

Artikel 21 [Staatsbürgerliche Erziehung]

(1) Die Jugend ist in den Schulen zu freien und verantwortungsfreudigen Bürgern zu erziehen und an der Gestaltung des Schullebens zu beteiligen.

(2) In allen Schulen ist Gemeinschaftskunde ordentliches Lehrfach.

Artikel 22 [Erwachsenenbildung]

Die Erwachsenenbildung ist vom Staat, den Gemeinden und den Landkreisen zu fördern.

Zweiter Hauptteil
Vom Staat und seinen Ordnungen

I. Die Grundlagen des Staates

Artikel 23 [Staatsfundamentalnorm, Baden-Württemberg als Gliedstaat]

(1) Das Land Baden-Württemberg ist ein republikanischer, demokratischer und sozialer Rechtsstaat.

(2) Das Land ist ein Glied der Bundesrepublik Deutschland.

Artikel 24 [Farben und Wappen]
(1) Die Landesfarben sind Schwarz-Gold.
(2) Das Landeswappen wird durch Gesetz bestimmt.

Artikel 25 [Staatsgewalt, Gewaltenteilung]
(1) [1]Die Staatsgewalt geht vom Volke aus. [2]Sie wird vom Volke in Wahlen und Abstimmungen und durch besondere Organe der Gesetzgebung, der vollziehenden Gewalt und der Rechtsprechung ausgeübt.
(2) Die Gesetzgebung ist an die verfassungsmäßige Ordnung in Bund und Land, die vollziehende Gewalt und die Rechtsprechung sind an Gesetz und Recht gebunden.
(3) [1]Die Gesetzgebung steht den gesetzgebenden Organen zu. [2]Die Rechtsprechung wird durch unabhängige Richter ausgeübt. [3]Die Verwaltung liegt in der Hand von Regierung und Selbstverwaltung.

Artikel 26 [Aktives Wahlrecht, Wahlgrundsätze]
(1) Wahl- und stimmberechtigt ist jeder Deutsche, der im Lande wohnt oder sich sonst gewöhnlich aufhält und am Tage der Wahl oder Abstimmung das 18. Lebensjahr vollendet hat.
(2) (aufgehoben)
(3) Die Ausübung des Wahl- und Stimmrechts ist Bürgerpflicht.
(4) Alle nach der Verfassung durch das Volk vorzunehmenden Wahlen und Abstimmungen sind allgemein, frei, gleich, unmittelbar und geheim.
(5) Bei Volksabstimmungen wird mit Ja oder Nein gestimmt.
(6) Der Wahl- oder Abstimmungstag muß ein Sonntag sein.
(7) [1]Das Nähere bestimmt ein Gesetz. [2]Es kann das Wahl- und Stimmrecht von einer bestimmten Dauer des Aufenthalts im Lande und, wenn der Wahl- und Stimmberechtigte mehrere Wohnungen innehat, auch davon abhängig machen, daß seine Hauptwohnung im Lande liegt.
(8) Für Wahlen und Abstimmungen in Gemeinden und Kreisen gilt Artikel 72.

II. Der Landtag

Artikel 27 [Landtagsfunktionen, Freies Mandat]
(1) Der Landtag ist die gewählte Vertretung des Volkes.
(2) Der Landtag übt die gesetzgebende Gewalt aus und überwacht die Ausübung der vollziehenden Gewalt nach Maßgabe dieser Verfassung.
(3) [1]Die Abgeordneten sind Vertreter des ganzen Volkes. [2]Sie sind nicht an Aufträge und Weisungen gebunden und nur ihrem Gewissen unterworfen.

Artikel 28 [Wahlsystem, Wählbarkeit]
(1) Die Abgeordneten werden nach einem Verfahren gewählt, das die Persönlichkeitswahl mit den Grundsätzen der Verhältniswahl verbindet.
(2) [1]Wählbar ist jeder Wahlberechtigte. [2]Die Wählbarkeit kann von einer bestimmten Dauer der Staatsangehörigkeit und des Aufenthalts im Lande abhängig gemacht werden.
(3) [1]Das Nähere bestimmt ein Gesetz. [2]Es kann die Zuteilung von Sitzen davon abhängig machen, daß ein Mindestanteil der im Lande abgegebenen gültigen Stimmen erreicht wird. [3]Der geforderte Anteil darf fünf vom Hundert nicht überschreiten.

Artikel 29 [Kandidatur]
(1) Wer sich um einen Sitz im Landtag bewirbt, hat Anspruch auf den zur Vorbereitung seiner Wahl erforderlichen Urlaub.
(2) [1]Niemand darf gehindert werden, das Amt eines Abgeordneten zu übernehmen und auszuüben. [2]Eine Kündigung oder Entlassung aus einem Dienst- oder Arbeitsverhältnis aus diesem Grunde ist unzulässig.

Artikel 30 [Wahlperiode, Sitzungsperiode]
(1) [1]Die Wahlperiode des Landtags dauert fünf Jahre. [2]Sie beginnt mit dem Ablauf der Wahlperiode des alten Landtags, nach einer Auflösung des Landtags mit dem Tage der Neuwahl.
(2) Die Neuwahl muß vor Ablauf der Wahlperiode, im Falle der Auflösung des Landtags binnen sechzig Tagen stattfinden.

(3) ¹Der Landtag tritt spätestens am sechzehnten Tage nach Beginn der Wahlperiode zusammen. ²Die erste Sitzung wird vom Alterspräsidenten einberufen und geleitet.

(4) ¹Der Landtag bestimmt den Schluß und den Wiederbeginn seiner Sitzungen. ²Der Präsident kann den Landtag früher einberufen. ³Er ist dazu verpflichtet, wenn ein Viertel der Mitglieder des Landtags oder die Regierung es verlangt.

Artikel 31 [Wahlprüfung]

(1) ¹Die Wahlprüfung ist Sache des Landtags. ²Er entscheidet auch, ob ein Abgeordneter seinen Sitz im Landtag verloren hat.

(2) Die Entscheidungen können beim Verfassungsgerichtshof angefochten werden.

(3) Das Nähere bestimmt ein Gesetz.

Artikel 32 [Landtagspräsidium]

(1) ¹Der Landtag wählt seinen Präsidenten und dessen Stellvertreter, die zusammen mit weiteren Mitgliedern das Präsidium bilden, sowie die Schriftführer. ²Der Landtag gibt sich eine Geschäftsordnung, die nur mit einer Mehrheit von zwei Dritteln der anwesenden Abgeordneten geändert werden kann.

(2) ¹Der Präsident übt das Hausrecht und die Polizeigewalt im Sitzungsgebäude aus. ²Ohne seine Zustimmung darf im Sitzungsgebäude keine Durchsuchung oder Beschlagnahme stattfinden.

(3) ¹Der Präsident verwaltet die wirtschaftlichen Angelegenheiten des Landtags nach Maßgabe des Haushaltsgesetzes. ²Er vertritt das Land im Rahmen der Verwaltung des Landtags. ³Ihm steht die Einstellung und Entlassung der Angestellten und Arbeiter sowie im Einvernehmen mit dem Präsidium die Ernennung und Entlassung der Beamten des Landtags zu. ⁴Der Präsident ist oberste Dienstbehörde für die Beamten, Angestellten und Arbeiter des Landtags.

(4) Bis zum Zusammentritt eines neugewählten Landtags führt der bisherige Präsident die Geschäfte fort.

Artikel 33 [Verhandlungen und Beschlüsse]

(1) ¹Der Landtag verhandelt öffentlich. ²Die Öffentlichkeit wird ausgeschlossen, wenn der Landtag es auf Antrag von zehn Abgeordneten oder eines Mitglieds der Regierung mit einer Mehrheit von zwei Dritteln der anwesenden Abgeordneten beschließt. ³Über den Antrag wird in nichtöffentlicher Sitzung entschieden.

(2) ¹Der Landtag beschließt mit der Mehrheit der abgegebenen Stimmen, sofern die Verfassung nichts anderes bestimmt. ²Für die vom Landtag vorzunehmenden Wahlen kann die Geschäftsordnung Ausnahmen zulassen. ³Der Landtag gilt als beschlußfähig, solange nicht auf Antrag eines seiner Mitglieder vom Präsidenten festgestellt wird, daß weniger als die Hälfte der Abgeordneten anwesend sind.

(3) Für wahrheitsgetreue Berichte über die öffentlichen Sitzungen des Landtags und seiner Ausschüsse darf niemand zur Verantwortung gezogen werden.

Artikel 34 [Regierungsanwesenheit]

(1) Der Landtag und seine Ausschüsse können die Anwesenheit eines jeden Mitglieds der Regierung verlangen.

(2) ¹Die Mitglieder der Regierung und ihre Beauftragten haben zu den Sitzungen des Landtags und seiner Ausschüsse Zutritt und müssen jederzeit gehört werden. ²Sie unterstehen der Ordnungsgewalt des Präsidenten und der Vorsitzenden der Ausschüsse. ³Der Zutritt der Mitglieder der Regierung und ihrer Beauftragten zu den Sitzungen der Untersuchungsausschüsse und ihr Rederecht in diesen Sitzungen wird durch Gesetz geregelt.

Artikel 34a [Landtagsbeteiligung in EU-Angelegenheiten]

(1) ¹Die Landesregierung unterrichtet den Landtag zum frühestmöglichen Zeitpunkt über alle Vorhaben der Europäischen Union, die von erheblicher politischer Bedeutung für das Land sind und entweder die Gesetzgebungszuständigkeiten der Länder betreffen oder wesentliche Interessen des Landes unmittelbar berühren. ²Sie gibt dem Landtag Gelegenheit zur Stellungnahme.

(2) ¹Sollen ausschließliche Gesetzgebungszuständigkeiten der Länder ganz oder teilweise auf die Europäische Union übertragen werden, ist die Landesregierung an Stellungnahmen des Landtags gebunden. ²Werden durch ein Vorhaben der Europäischen Union im Schwerpunkt ausschließliche Gesetzgebungszuständigkeiten der Länder unmittelbar betroffen, ist die Landesregierung an Stellungnahmen des Landtags gebunden, es sei denn, erhebliche Gründe des Landesinteresses stünden entgegen. ³Satz

2 gilt auch für Beschlüsse des Landtags, mit denen die Landesregierung ersucht wird, im Bundesrat darauf hinzuwirken, dass entweder der Bundesrat im Falle der Subsidiaritätsklage oder die Bundesregierung zum Schutz der Gesetzgebungszuständigkeiten der Länder eine Klage vor dem Gerichtshof der Europäischen Union erhebt. [4]Im Übrigen berücksichtigt die Landesregierung Stellungnahmen des Landtags zu Vorhaben der Europäischen Union, die Gesetzgebungszuständigkeiten der Länder wesentlich berühren.

(3) Die Einzelheiten der Unterrichtung und Beteiligung des Landtags werden durch Gesetz geregelt.

Artikel 35 [Untersuchungsausschüsse]

(1) [1]Der Landtag hat das Recht und auf Antrag von einem Viertel seiner Mitglieder die Pflicht, Untersuchungsausschüsse einzusetzen. [2]Der Gegenstand der Untersuchung ist im Beschluß genau festzulegen.

(2) [1]Die Ausschüsse erheben in öffentlicher Verhandlung die Beweise, welche sie oder die Antragsteller für erforderlich erachten. [2]Beweise sind zu erheben, wenn sie von einem Viertel der Mitglieder des Ausschusses beantragt werden. [3]Die Öffentlichkeit kann ausgeschlossen werden.

(3) Gerichte und Verwaltungsbehörden sind zur Rechts- und Amtshilfe verpflichtet.

(4) [1]Das Nähere über die Einsetzung, die Befugnisse und das Verfahren der Untersuchungsausschüsse wird durch Gesetz geregelt. [2]Das Briefgeheimnis sowie das Post- und Fernmeldegeheimnis bleiben unberührt.

(5) Die Gerichte sind frei in der Würdigung und Beurteilung des Sachverhalts, welcher der Untersuchung zugrunde liegt.

Artikel 35a [Petitionsausschuss]

(1) [1]Der Landtag bestellt einen Petitionsausschuß, dem die Behandlung der nach Artikel 2 Abs. 1 dieser Verfassung und Artikel 17 des Grundgesetzes an den Landtag gerichteten Bitten und Beschwerden obliegt. [2]Nach Maßgabe der Geschäftsordnung des Landtags können Bitten und Beschwerden auch einem anderen Ausschuß überwiesen werden.

(2) Die Befugnisse des Petitionsausschusses zur Überprüfung von Bitten und Beschwerden werden durch Gesetz geregelt.

Artikel 36 [Ständiger Ausschuss]

(1) [1]Der Landtag bestellt einen Ständigen Ausschuß, der die Rechte des Landtags gegenüber der Regierung vom Ablauf der Wahlperiode oder von der Auflösung des Landtags an bis zum Zusammentritt eines neugewählten Landtags wahrt. [2]Der Ausschuß hat in dieser Zeit auch die Rechte eines Untersuchungsausschusses.

(2) Weitergehende Befugnisse, insbesondere das Recht der Gesetzgebung, der Wahl des Ministerpräsidenten sowie der Anklage von Abgeordneten und von Mitgliedern der Regierung, stehen dem Ausschuß nicht zu.

Artikel 37 [Indemnität der Abgeordneten]

Ein Abgeordneter darf zu keiner Zeit wegen seiner Abstimmung oder wegen einer Äußerung, die er im Landtag, in einem Ausschuß, in einer Fraktion oder sonst in Ausübung seines Mandats getan hat, gerichtlich oder dienstlich verfolgt oder anderweitig außerhalb des Landtags zur Verantwortung gezogen werden.

Artikel 38 [Immunität der Abgeordneten]

(1) Ein Abgeordneter kann nur mit Einwilligung des Landtags wegen einer mit Strafe bedrohten Handlung oder aus sonstigen Gründen zur Untersuchung gezogen, festgenommen, festgehalten oder verhaftet werden, es sei denn, daß er bei Verübung einer strafbaren Handlung oder spätestens im Laufe des folgenden Tages festgenommen wird.

(2) Jedes Strafverfahren gegen einen Abgeordneten und jede Haft oder sonstige Beschränkung seiner persönlichen Freiheit ist auf Verlangen des Landtags für die Dauer der Wahlperiode aufzuheben.

Artikel 39 [Zeugnisverweigerungsrecht der Abgeordneten]

[1]Die Abgeordneten können über Personen, die ihnen in ihrer Eigenschaft als Abgeordnete oder denen sie als Abgeordnete Tatsachen anvertraut haben, sowie über diese Tatsachen selbst das Zeugnis verweigern. [2]Personen, deren Mitarbeit ein Abgeordneter in Ausübung seines Mandats in Anspruch nimmt, können das Zeugnis über die Wahrnehmungen verweigern, die sie anläßlich dieser Mitarbeit

gemacht haben. [3]Soweit Abgeordnete und ihre Mitarbeiter dieses Recht haben, ist die Beschlagnahme von Schriftstücken unzulässig.

Artikel 40 [Entschädigung der Abgeordneten]

[1]Die Abgeordneten haben Anspruch auf eine angemessene Entschädigung, die ihre Unabhängigkeit sichert. [2]Sie haben innerhalb des Landes das Recht der freien Benutzung aller staatlichen Verkehrsmittel. [3]Näheres bestimmt ein Gesetz.

Artikel 41 [Erwerb und Verlust des Mandats]

(1) [1]Wer zum Abgeordneten gewählt ist, erwirbt die rechtliche Stellung eines Abgeordneten mit der Annahme der Wahl. [2]Der Gewählte kann die Wahl ablehnen.

(2) [1]Ein Abgeordneter kann jederzeit auf sein Mandat verzichten. [2]Der Verzicht ist von ihm selbst dem Präsidenten des Landtags schriftlich zu erklären. [3]Die Erklärung ist unwiderruflich.

(3) Verliert ein Abgeordneter die Wählbarkeit, so erlischt sein Mandat.

Artikel 42 [Abgeordnetenanklage]

(1) Erhebt sich der dringende Verdacht, daß ein Abgeordneter seine Stellung als solcher in gewinnsüchtiger Absicht mißbraucht habe, so kann der Landtag beim Verfassungsgerichtshof ein Verfahren mit dem Ziel beantragen, ihm sein Mandat abzuerkennen.

(2) [1]Der Antrag auf Erhebung der Anklage muß von mindestens einem Drittel der Mitglieder des Landtags gestellt werden. [2]Der Beschluß auf Erhebung der Anklage erfordert bei Anwesenheit von mindestens zwei Dritteln der Mitglieder des Landtags eine Zweidrittelmehrheit, die jedoch mehr als die Hälfte der Mitglieder des Landtags betragen muß.

Artikel 43 [Landtagsauflösung]

(1) [1]Der Landtag kann sich auf Antrag eines Viertels seiner Mitglieder vor Ablauf seiner Wahlperiode durch eigenen Beschluß, der der Zustimmung von zwei Dritteln seiner Mitglieder bedarf, selbst auflösen. [2]Zwischen Antrag und Abstimmung müssen mindestens drei Tage liegen.

(2) Der Landtag ist ferner aufgelöst, wenn die Auflösung von zehn vom Hundert der Wahlberechtigten verlangt wird und bei einer binnen sechs Wochen vorzunehmenden Volksabstimmung die Mehrheit der Stimmberechtigten diesem Verlangen beitritt.

Artikel 44 [Zwischen zwei Landtagen]

Die Vorschriften der Artikel 29 Abs. 2, 37, 38, 39 und 40 gelten für die Mitglieder des Präsidiums und des Ständigen Ausschusses sowie deren erste Stellvertreter auch für die Zeit nach Ablauf der Wahlperiode oder nach Auflösung des Landtags bis zum Zusammentritt eines neugewählten Landtags.

III. Die Regierung

Artikel 45 [Regierungsfunktion, Zusammensetzung]

(1) Die Regierung übt die vollziehende Gewalt aus.

(2) [1]Die Regierung besteht aus dem Ministerpräsidenten und den Ministern. [2]Als weitere Mitglieder der Regierung können Staatssekretäre und ehrenamtliche Staatsräte ernannt werden. [3]Die Zahl der Staatssekretäre darf ein Drittel der Zahl der Minister nicht übersteigen. [4]Staatssekretären und Staatsräten kann durch Beschluß des Landtags Stimmrecht verliehen werden.

(3) [1]Die Regierung beschließt unbeschadet des Gesetzgebungsrechts des Landtags über die Geschäftsbereiche ihrer Mitglieder. [2]Der Beschluß bedarf der Zustimmung des Landtags.

(4) Der Ministerpräsident kann einen Geschäftsbereich selbst übernehmen.

Artikel 46 [Regierungsbildung]

(1) [1]Der Ministerpräsident wird vom Landtag mit der Mehrheit seiner Mitglieder ohne Aussprache in geheimer Abstimmung gewählt. [2]Wählbar ist, wer zum Abgeordneten gewählt werden kann und das 35. Lebensjahr vollendet hat.

(2) [1]Der Ministerpräsident beruft und entläßt die Minister, Staatssekretäre und Staatsräte. [2]Er bestellt seinen Stellvertreter.

(3) [1]Die Regierung bedarf zur Amtsübernahme der Bestätigung durch den Landtag. [2]Der Beschluß muß mit mehr als der Hälfte der abgegebenen Stimmen gefaßt werden.

(4) Die Berufung eines Mitglieds der Regierung durch den Ministerpräsidenten nach der Bestätigung bedarf der Zustimmung des Landtags.

Artikel 47 [Misslungene Regierungsbildung]
Wird die Regierung nicht innerhalb von drei Monaten nach dem Zusammentritt des neugewählten Landtags oder nach der sonstigen Erledigung des Amtes des Ministerpräsidenten gebildet und bestätigt, so ist der Landtag aufgelöst.

Artikel 48 [Amtseid]
[1]Die Mitglieder der Regierung leisten beim Amtsantritt den Amtseid vor dem Landtag. [2]Er lautet:„Ich schwöre, daß ich meine Kraft dem Wohle des Volkes widmen, seinen Nutzen mehren, Schaden von ihm wenden, Verfassung und Recht wahren und verteidigen, meine Pflichten gewissenhaft erfüllen und Gerechtigkeit gegen jedermann üben werde. So wahr mir Gott helfe." [3]Der Eid kann auch ohne religiöse Beteuerung geleistet werden.

Artikel 49 [Richtlinien der Politik, Aufgabenverteilung, Beschlussfassung]
(1) [1]Der Ministerpräsident bestimmt die Richtlinien der Politik und trägt dafür die Verantwortung. [2]Er führt den Vorsitz in der Regierung und leitet ihre Geschäfte nach einer von der Regierung zu beschließenden Geschäftsordnung. [3]Die Geschäftsordnung ist zu veröffentlichen. [4]Innerhalb der Richtlinien der Politik leitet jeder Minister seinen Geschäftsbereich selbständig unter eigener Verantwortung.
(2) Die Regierung beschließt insbesondere über Gesetzesvorlagen, über die Stimmabgabe des Landes im Bundesrat, über Angelegenheiten, in denen ein Gesetz dies vorschreibt, über Meinungsverschiedenheiten, die den Geschäftskreis mehrerer Ministerien berühren, und über Fragen von grundsätzlicher oder weittragender Bedeutung.
(3) [1]Die Regierung beschließt mit Mehrheit der anwesenden stimmberechtigten Mitglieder. [2]Jedes Mitglied hat nur eine Stimme, auch wenn es mehrere Geschäftsbereiche leitet.

Artikel 50 [Vertretung nach außen]
[1]Der Ministerpräsident vertritt das Land nach außen. [2]Der Abschluß von Staatsverträgen bedarf der Zustimmung der Regierung und des Landtags.

Artikel 51 [Richter- und Beamtenernennung]
[1]Der Ministerpräsident ernennt die Richter und Beamten des Landes. [2]Dieses Recht kann durch Gesetz auf andere Behörden übertragen werden.

Artikel 52 [Gnadenrecht, Amnestien, Abolitionen]
(1) [1]Der Ministerpräsident übt das Gnadenrecht aus. [2]Er kann dieses Recht, soweit es sich nicht um schwere Fälle handelt, mit Zustimmung der Regierung auf andere Behörden übertragen.
(2) Ein allgemeiner Straferlaß und eine allgemeine Niederschlagung anhängiger Strafverfahren können nur durch Gesetz ausgesprochen werden.

Artikel 53 [Ministergesetz, Inkompatibilität]
(1) Das Amtsverhältnis der Mitglieder der Regierung, insbesondere die Besoldung und Versorgung der Minister und Staatssekretäre, regelt ein Gesetz.
(2) [1]Die hauptamtlichen Mitglieder der Regierung dürfen kein anderes besoldetes Amt, kein Gewerbe und keinen Beruf ausüben. [2]Kein Mitglied der Regierung darf der Leitung oder dem Aufsichtsorgan eines auf wirtschaftliche Betätigung gerichteten Unternehmens angehören. [3]Ausnahmen kann der Landtag zulassen.

Artikel 54 [Konstruktives Misstrauensvotum]
(1) Der Landtag kann dem Ministerpräsidenten das Vertrauen nur dadurch entziehen, daß er mit der Mehrheit seiner Mitglieder einen Nachfolger wählt und die von diesem gebildete Regierung gemäß Artikel 46 Abs. 3 bestätigt.
(2) Zwischen dem Antrag auf Abberufung und der Wahl müssen mindestens drei Tage liegen.

Artikel 55 [Rücktritt, Amtsbeendigung, geschäftsführende Regierung]
(1) Die Regierung und jedes ihrer Mitglieder können jederzeit ihren Rücktritt erklären.
(2) Das Amt des Ministerpräsidenten und der übrigen Mitglieder der Regierung endet mit dem Zusammentritt eines neuen Landtags, das Amt eines Ministers, eines Staatssekretärs und eines Staatsrats auch mit jeder anderen Erledigung des Amtes des Ministerpräsidenten.

(3) Im Falle des Rücktritts oder einer sonstigen Beendigung des Amtes haben die Mitglieder der Regierung bis zur Amtsübernahme der Nachfolger ihr Amt weiterzuführen.

Artikel 56 [Entlassungszwang]
Auf Beschluß von zwei Dritteln der Mitglieder des Landtags muß der Ministerpräsident ein Mitglied der Regierung entlassen.

Artikel 57 [Ministeranklage und Vorwurfskontrolle]
(1) Die Mitglieder der Regierung können wegen vorsätzlicher oder grobfahrlässiger Verletzung der Verfassung oder eines anderen Gesetzes auf Beschluß des Landtags vor dem Verfassungsgerichtshof angeklagt werden.
(2) [1]Der Antrag auf Erhebung der Anklage muß von mindestens einem Drittel der Mitglieder des Landtags unterzeichnet werden. [2]Der Beschluß erfordert bei Anwesenheit von mindestens zwei Dritteln der Mitglieder des Landtags eine Zweidrittelmehrheit, die jedoch mehr als die Hälfte der Mitglieder des Landtags betragen muß. [3]Der Verfassungsgerichtshof kann einstweilen anordnen, daß das angeklagte Mitglied der Regierung sein Amt nicht ausüben darf. [4]Die Anklage wird durch den vor oder nach ihrer Erhebung erfolgten Rücktritt des Mitglieds der Regierung oder durch dessen Abberufung oder Entlassung nicht berührt.
(3) Befindet der Verfassungsgerichtshof im Sinne der Anklage, so kann er dem Mitglied der Regierung sein Amt aberkennen; Versorgungsansprüche können ganz oder teilweise entzogen werden.
(4) Wird gegen ein Mitglied der Regierung in der Öffentlichkeit ein Vorwurf im Sinne des Abs. 1 erhoben, so kann es mit Zustimmung der Regierung die Entscheidung des Verfassungsgerichtshofs beantragen.

IV. Die Gesetzgebung

Artikel 58 [Allgemeiner Vorbehalt des Gesetzes bei Belastungen des Bürgers]
Niemand kann zu einer Handlung, Unterlassung oder Duldung gezwungen werden, wenn nicht ein Gesetz oder eine auf Gesetz beruhende Bestimmung es verlangt oder zuläßt.

Artikel 59 [Gesetzesvorlagen; Volksbegehren; Gesetzesbeschlüsse]
(1) Gesetzesvorlagen werden von der Regierung, von Abgeordneten oder vom Volk durch Volksantrag oder Volksbegehren eingebracht.
(2) [1]Das Volk kann die Befassung des Landtags mit Gegenständen der politischen Willensbildung im Zuständigkeitsbereich des Landtags, auch mit einem ausgearbeiteten und mit Gründen versehenen Gesetzentwurf, beantragen. [2]Der Landtag hat sich mit dem Volksantrag zu befassen, wenn dieser von mindestens 0,5 vom Hundert der Wahlberechtigten gestellt wird. [3]Die Auflösung des Landtags bestimmt sich nach Artikel 43.
(3) [1]Dem Volksbegehren muss ein ausgearbeiteter und mit Gründen versehener Gesetzentwurf zugrunde liegen. [2]Gegenstand des Volksbegehrens kann auch ein als Volksantrag nach Absatz 2 Satz 2 eingebrachter Gesetzentwurf sein, dem der Landtag nicht unverändert zugestimmt hat. [3]Über Abgabengesetze, Besoldungsgesetze und das Staatshaushaltsgesetz findet kein Volksbegehren statt. [4]Das Volksbegehren ist zustande gekommen, wenn es von mindestens zehn vom Hundert der Wahlberechtigten gestellt wird. [5]Das Volksbegehren ist von der Regierung mit ihrer Stellungnahme unverzüglich dem Landtag zu unterbreiten.
(4) Die Gesetze werden vom Landtag oder durch Volksabstimmung beschlossen.
(5) Das Nähere bestimmt ein Gesetz.

Artikel 60 [Volksabstimmung über Gesetze]
(1) [1]Eine durch Volksbegehren eingebrachte Gesetzesvorlage ist zur Volksabstimmung zu bringen, wenn der Landtag der Gesetzesvorlage nicht unverändert zustimmt. [2]In diesem Fall kann der Landtag dem Volk einen eigenen Gesetzentwurf zur Entscheidung mitvorlegen.
(2) [1]Die Regierung kann ein vom Landtag beschlossenes Gesetz vor seiner Verkündung zur Volksabstimmung bringen, wenn ein Drittel der Mitglieder des Landtags es beantragt. [2]Die angeordnete Volksabstimmung unterbleibt, wenn der Landtag mit Zweidrittelmehrheit das Gesetz erneut beschließt.
(3) Wenn ein Drittel der Mitglieder des Landtags es beantragt, kann die Regierung eine von ihr eingebrachte, aber vom Landtag abgelehnte Gesetzesvorlage zur Volksabstimmung bringen.

(4) [1]Der Antrag nach Absatz 2 und Absatz 3 ist innerhalb von zwei Wochen nach der Schlußabstimmung zu stellen. [2]Die Regierung hat sich innerhalb von zehn Tagen nach Eingang des Antrags zu entscheiden, ob sie die Volksabstimmung anordnen will.

(5) [1]Bei der Volksabstimmung entscheidet die Mehrheit der abgegebenen gültigen Stimmen. [2]Das Gesetz ist beschlossen, wenn mindestens zwanzig vom Hundert der Stimmberechtigten zustimmen.

(6) Über Abgabengesetze, Besoldungsgesetze und das Staatshaushaltsgesetz findet keine Volksabstimmung statt.

Artikel 61 [Rechtsverordnungen, Verwaltungsvorschriften]

(1) [1]Die Ermächtigung zum Erlaß von Rechtsverordnungen kann nur durch Gesetz erteilt werden. [2]Dabei müssen Inhalt, Zweck und Ausmaß der erteilten Ermächtigung bestimmt werden. [3]Die Rechtsgrundlage ist in der Verordnung anzugeben.

(2) Die zur Ausführung der Gesetze erforderlichen Rechtsverordnungen und Verwaltungsvorschriften erläßt, soweit die Gesetze nichts anderes bestimmen, die Regierung.

Artikel 62 [Staatsnotstand, Notparlament]

(1) [1]Ist bei drohender Gefahr für den Bestand oder die freiheitliche demokratische Grundordnung des Landes oder für die lebensnotwendige Versorgung der Bevölkerung sowie bei einem Notstand infolge einer Naturkatastrophe oder eines besonders schweren Unglücksfalls der Landtag verhindert, sich alsbald zu versammeln, so nimmt ein Ausschuß des Landtags als Notparlament die Rechte des Landtags wahr. [2]Die Verfassung darf durch ein von diesem Ausschuß beschlossenes Gesetz nicht geändert werden. [3]Die Befugnis, dem Ministerpräsidenten das Vertrauen zu entziehen, steht dem Ausschuß nicht zu.

(2) [1]Solange eine Gefahr für den Bestand oder die freiheitliche demokratische Grundnung des Landes droht, finden durch das Volk vorzunehmende Wahlen und Abstimmungen nicht statt. [2]Die Feststellung, daß Wahlen und Abstimmungen nicht stattfinden, trifft der Landtag mit einer Mehrheit von zwei Dritteln seiner Mitglieder. [3]Ist der Landtag verhindert, sich alsbald zu versammeln, so trifft der in Absatz 1 Satz 1 genannte Ausschuß die Feststellung mit einer Mehrheit von zwei Dritteln seiner Mitglieder. [4]Die verschobenen Wahlen und Abstimmungen sind innerhalb von sechs Monaten, nachdem der Landtag festgestellt hat, daß die Gefahr beendet ist, durchzuführen. [5]Die Amtsdauer der in Betracht kommenden Personen und Körperschaften verlängert sich bis zum Ablauf des Tages der Neuwahl.

(3) Die Feststellung, daß der Landtag verhindert ist, sich alsbald zu versammeln, trifft der Präsident des Landtags.

Artikel 63 [Ausfertigung, Verkündung]

(1) [1]Die verfassungsmäßig zustande gekommenen Gesetze werden durch den Ministerpräsidenten ausgefertigt und binnen Monatsfrist im Gesetzblatt des Landes verkündet. [2]Sie werden vom Ministerpräsidenten und mindestens der Hälfte der Minister unterzeichnet. [3]Wenn der Landtag die Dringlichkeit beschließt, müssen sie sofort ausgefertigt und verkündet werden.

(2) Rechtsverordnungen werden von der Stelle, die sie erläßt, ausgefertigt und, soweit das Gesetz nichts anderes bestimmt, im Gesetzblatt verkündet.

(3) [1]Gesetze nach Artikel 62 werden, falls eine rechtzeitige Verkündung im Gesetzblatt nicht möglich ist, auf andere Weise öffentlich bekanntgemacht. [2]Die Verkündung im Gesetzblatt ist nachzuholen, sobald die Umstände es zulassen.

(4) [1]Gesetze und Rechtsverordnungen sollen den Tag bestimmen, an dem sie in Kraft treten. [2]Fehlt eine solche Bestimmung, so treten sie mit dem vierzehnten Tage nach Ablauf des Tages in Kraft, an dem das Gesetzblatt ausgegeben worden ist.

Artikel 64 [Verfassungsänderung; Verbot der Verfassungsdurchbrechung]

(1) [1]Die Verfassung kann durch Gesetz geändert werden. [2]Ein Änderungsantrag darf den Grundsätzen des republikanischen, demokratischen und sozialen Rechtsstaats nicht widersprechen. [3]Die Entscheidung, ob ein Änderungsantrag zulässig ist, trifft auf Antrag der Regierung oder eines Viertels der Mitglieder des Landtags der Verfassungsgerichtshof.

(2) Die Verfassung kann vom Landtag geändert werden, wenn bei Anwesenheit von mindestens zwei Dritteln seiner Mitglieder eine Zweidrittelmehrheit, die jedoch mehr als die Hälfte seiner Mitglieder betragen muß, es beschließt.

(3) [1]Die Verfassung kann durch Volksabstimmung geändert werden, wenn mehr als die Hälfte der Mitglieder des Landtags dies beantragt hat. [2]Sie kann ferner durch eine Volksabstimmung nach Artikel 60 Abs. 1 geändert werden. [3]Das verfassungsändernde Gesetz ist beschlossen, wenn die Mehrheit der Stimmberechtigten zustimmt.

(4) Ohne vorherige Änderung der Verfassung können Gesetze, welche Bestimmungen der Verfassung durchbrechen, nicht beschlossen werden.

V. Die Rechtspflege

Artikel 65 [Unabhängigkeit der rechtsprechenden Gewalt]

(1) Die rechtsprechende Gewalt wird im Namen des Volkes durch die Gerichte ausgeübt, die gemäß den Gesetzen des Bundes und des Landes errichtet sind.

(2) Die Richter sind unabhängig und nur dem Gesetz unterworfen.

Artikel 66 [Persönliche Unabhängigkeit der Richter, Richteranklage]

(1) [1]Die hauptamtlich und planmäßig endgültig angestellten Richter können wider ihren Willen nur kraft richterlicher Entscheidung und nur aus Gründen und unter den Formen, welche die Gesetze bestimmen, vor Ablauf ihrer Amtszeit entlassen oder dauernd oder zeitweise ihres Amtes enthoben oder an eine andere Stelle oder in den Ruhestand versetzt werden. [2]Die Gesetzgebung kann Altersgrenzen festsetzen, bei deren Erreichung auf Lebenszeit angestellte Richter in den Ruhestand treten. [3]Bei Veränderung der Einrichtung der Gerichte oder ihrer Bezirke können Richter an ein anderes Gericht versetzt oder aus dem Amte entfernt werden, jedoch nur unter Belassung des vollen Gehaltes.

(2) [1]Verstößt ein Richter im Amt oder außerhalb des Amtes gegen die verfassungsmäßige Ordnung, so kann auf Antrag der Mehrheit der Mitglieder des Landtags das Bundesverfassungsgericht mit Zweidrittelmehrheit anordnen, daß der Richter in ein anderes Amt oder in den Ruhestand zu versetzen ist. [2]Im Falle eines vorsätzlichen Verstoßes kann auf Entlassung erkannt werden.

(3) [1]Im übrigen wird die Rechtsstellung der Richter durch ein besonderes Gesetz geregelt. [2]Das Gesetz bestimmt auch den Amtseid der Richter.

Artikel 67 [Gerichtsweg, Verwaltungsrechtsweg]

(1) Wird jemand durch die öffentliche Gewalt in seinen Rechten verletzt, so steht ihm der Rechtsweg offen.

(2) Über Streitigkeiten im Sinne des Abs. 1 sowie über sonstige öffentlich-rechtliche Streitigkeiten entscheiden Verwaltungsgerichte, soweit nicht die Zuständigkeit eines anderen Gerichtes gesetzlich begründet ist.

(3) (aufgehoben)

(4) Das Nähere bestimmt ein Gesetz.

Artikel 68 [Verfassungsgerichtshof]

(1) [1]Es wird ein Verfassungsgerichtshof gebildet. [2]Er entscheidet

1. über die Auslegung dieser Verfassung aus Anlaß von Streitigkeiten über den Umfang der Rechte und Pflichten eines obersten Landesorgans oder anderer Beteiligter, die durch die Verfassung oder in der Geschäftsordnung des Landtags oder der Regierung mit eigener Zuständigkeit ausgestattet sind,

2. bei Zweifeln oder Meinungsverschiedenheiten über die Vereinbarkeit von Landesrecht mit dieser Verfassung,

3. über die Vereinbarkeit eines Landesgesetzes mit dieser Verfassung, nachdem ein Gericht das Verfahren gemäß Artikel 100 Abs. 1 des Grundgesetzes für die Bundesrepublik Deutschland ausgesetzt hat,

4. in den übrigen durch diese Verfassung oder durch Gesetz ihm zugewiesenen Angelegenheiten.

(2) Antragsberechtigt sind in den Fällen

1. des Abs. 1 Nr. 1 die obersten Landesorgane oder die Beteiligten im Sinne des Abs. 1 Nr. 1,

2. des Abs. 1 Nr. 2 ein Viertel der Mitglieder des Landtags oder die Regierung.

(3) [1]Der Verfassungsgerichtshof besteht aus neun Mitgliedern, und zwar

drei Berufsrichtern,

drei Mitgliedern mit der Befähigung zum Richteramt und

drei Mitgliedern, bei denen diese Voraussetzung nicht vorliegt. [2]Die Mitglieder des Verfassungsgerichtshofs werden vom Landtag auf die Dauer von neun Jahren gewählt. [3]Aus jeder Gruppe ist ein Mitglied alle drei Jahre neu zu bestellen. [4]Scheidet ein Richter vorzeitig aus, so wird für den Rest seiner Amtszeit ein Nachfolger gewählt. [5]Zum Vorsitzenden ist einer der Berufsrichter zu bestellen. [6]Die Mitglieder dürfen weder dem Bundestag, dem Bundesrat, der Bundesregierung noch entsprechenden Organen eines Landes angehören.

(4) [1]Ein Gesetz regelt das Nähere, insbesondere Verfassung und Verfahren des Verfassungsgerichtshofs. [2]Es bestimmt, in welchen Fällen seine Entscheidungen Gesetzeskraft haben.

VI. Die Verwaltung

Artikel 69 [Träger öffentlicher Verwaltung]

Die Verwaltung wird durch die Regierung, die ihr unterstellten Behörden und durch die Träger der Selbstverwaltung ausgeübt.

Artikel 70 [Verwaltungsorganisation, Organisationsgewalt]

(1) [1]Aufbau, räumliche Gliederung und Zuständigkeiten der Landesverwaltung werden durch Gesetz geregelt. [2]Aufgaben, die von nachgeordneten Verwaltungsbehörden zuverlässig und zweckmäßig erfüllt werden können, sind diesen zuzuweisen.

(2) Die Einrichtung der staatlichen Behörden im einzelnen obliegt der Regierung, auf Grund der von ihr erteilten Ermächtigung den Ministern.

Artikel 71 [Selbstverwaltung, insbesondere Gemeinden und Gemeindeverbände]

(1) [1]Das Land gewährleistet den Gemeinden und Gemeindeverbänden sowie den Zweckverbänden das Recht der Selbstverwaltung. [2]Sie verwalten ihre Angelegenheiten im Rahmen der Gesetze unter eigener Verantwortung. [3]Das gleiche gilt für sonstige öffentlich-rechtliche Körperschaften und Anstalten in den durch Gesetz gezogenen Grenzen.

(2) [1]Die Gemeinden sind in ihrem Gebiet die Träger der öffentlichen Aufgaben, soweit nicht bestimmte Aufgaben im öffentlichen Interesse durch Gesetz anderen Stellen übertragen sind. [2]Die Gemeindeverbände haben innerhalb ihrer Zuständigkeit die gleiche Stellung.

(3) [1]Den Gemeinden oder Gemeindeverbänden kann durch Gesetz die Erledigung bestimmter bestehender oder neuer öffentlicher Aufgaben übertragen werden. [2]Gleichzeitig sind Bestimmungen über die Deckung der Kosten zu treffen. [3]Führen diese Aufgaben, spätere vom Land veranlasste Änderungen ihres Zuschnitts oder der Kosten aus ihrer Erledigung oder spätere nicht vom Land veranlasste Änderungen der Kosten aus der Erledigung übertragener Pflichtaufgaben nach Weisung zu einer wesentlichen Mehrbelastung der Gemeinden oder Gemeindeverbände, so ist ein entsprechender finanzieller Ausgleich zu schaffen. [4]Die Sätze 2 und 3 gelten entsprechend, wenn das Land freiwillige Aufgaben der Gemeinden oder Gemeindeverbände in Pflichtaufgaben umwandelt oder besondere Anforderungen an die Erfüllung bestehender, nicht übertragener Aufgaben begründet. [5]Das Nähere zur Konsultation der in Absatz 4 genannten Zusammenschlüsse zu einer Kostenfolgenabschätzung kann durch Gesetz oder eine Vereinbarung der Landesregierung mit diesen Zusammenschlüssen geregelt werden.

(4) Bevor durch Gesetz oder Verordnung allgemeine Fragen geregelt werden, welche die Gemeinden und Gemeindeverbände berühren, sind diese oder ihre Zusammenschlüsse rechtzeitig zu hören.

Artikel 72 [Gemeinde- und Kreisvertretung]

(1) [1]In den Gemeinden und Kreisen muß das Volk eine Vertretung haben, die aus allgemeinen, unmittelbaren, freien, gleichen und geheimen Wahlen hervorgegangen ist. [2]Bei Wahlen in Kreisen und Gemeinden sind auch Personen, die die Staatsangehörigkeit eines Mitgliedstaates der Europäischen Gemeinschaft besitzen, nach Maßgabe von Recht der Europäischen Gemeinschaft wahlberechtigt und wählbar sowie bei Abstimmungen stimmberechtigt.

(2) [1]Wird in einer Gemeinde mehr als eine gültige Wahlvorschlagsliste eingereicht, so muß die Wahl unter Berücksichtigung der Grundsätze der Verhältniswahl erfolgen. [2]Durch Gemeindesatzung kann Teilorten eine Vertretung im Gemeinderat gesichert werden. [3]In kleinen Gemeinden kann an die Stelle einer gewählten Vertretung die Gemeindeversammlung treten.

(3) Das Nähere regelt ein Gesetz.

Artikel 73 [Gemeindefinanzierung, Finanzausgleich]

(1) Das Land sorgt dafür, daß die Gemeinden und Gemeindeverbände ihre Aufgaben erfüllen können.

(2) Die Gemeinden und Kreise haben das Recht, eigene Steuern und andere Abgaben nach Maßgabe der Gesetze zu erheben.

(3) [1]Die Gemeinden und Gemeindeverbände werden unter Berücksichtigung der Aufgaben des Landes an dessen Steuereinnahmen beteiligt. [2]Näheres regelt ein Gesetz.

Artikel 74 [Gemeindegebietsänderung, Gemeindeauflösung]

(1) Das Gebiet von Gemeinden und Gemeindeverbänden kann aus Gründen des öffentlichen Wohls geändert werden.

(2) [1]Das Gemeindegebiet kann durch Vereinbarung der beteiligten Gemeinden mit staatlicher Genehmigung, durch Gesetz oder auf Grund eines Gesetzes geändert werden. [2]Die Auflösung von Gemeinden gegen deren Willen bedarf eines Gesetzes. [3]Vor einer Änderung des Gemeindegebiets muß die Bevölkerung der unmittelbar betroffenen Gebiete gehört werden.

(3) Das Gebiet von Gemeindeverbänden kann durch Gesetz oder auf Grund eines Gesetzes geändert werden. [2]Die Auflösung von Landkreisen bedarf eines Gesetzes.

(4) Das Nähere wird durch Gesetz geregelt.

Artikel 75 [Kommunalaufsicht]

(1) [1]Das Land überwacht die Gesetzmäßigkeit der Verwaltung der Gemeinden und Gemeindeverbände. [2]Durch Gesetz kann bestimmt werden, daß die Übernahme von Schuldverpflichtungen und Gewährschaften sowie die Veräußerung von Vermögen von der Zustimmung der mit der Überwachung betrauten Staatsbehörde abhängig gemacht werden, und daß diese Zustimmung unter dem Gesichtspunkt einer geordneten Wirtschaftsführung erteilt oder versagt werden kann.

(2) Bei der Übertragung staatlicher Aufgaben kann sich das Land ein Weisungsrecht nach näherer gesetzlicher Vorschrift vorbehalten.

Artikel 76 [Anrufung des Verfassungsgerichtshofs]

Gemeinden und Gemeindeverbände können den Verfassungsgerichtshof mit der Behauptung anrufen, daß ein Gesetz die Vorschriften der Artikel 71 bis 75 verletze.

Artikel 77 [Öffentlicher Dienst]

(1) Die Ausübung hoheitsrechtlicher Befugnisse ist als ständige Aufgabe in der Regel Angehörigen des öffentlichen Dienstes zu übertragen, die in einem öffentlich-rechtlichen Dienst- und Treueverhältnis stehen.

(2) Alle Angehörigen des öffentlichen Dienstes sind Sachwalter und Diener des ganzen Volkes.

Artikel 78 [Amtseid]

[1]Jeder Beamte leistet folgenden Amtseid:„Ich schwöre, daß ich mein Amt nach bestem Wissen und Können führen, Verfassung und Recht achten und verteidigen und Gerechtigkeit gegen jedermann üben werde. So wahr mir Gott helfe."

[2]Der Eid kann auch ohne religiöse Beteuerung geleistet werden.

VII. Das Finanzwesen

Artikel 79 [Haushaltsplan]

(1) [1]Alle Einnahmen und Ausgaben des Landes sind in den Haushaltsplan einzustellen; bei Landesbetrieben und bei Sondervermögen brauchen nur die Zuführungen oder die Ablieferungen eingestellt zu werden. [2]Der Haushaltsplan soll in Einnahme und Ausgabe ausgeglichen sein.

(2) [1]Der Haushaltsplan wird für ein Rechnungsjahr oder mehrere Rechnungsjahre, nach Jahren getrennt, durch das Haushaltsgesetz festgestellt. [2]Die Feststellung soll vor Beginn des Rechnungsjahres, bei mehreren Rechnungsjahren vor Beginn des ersten Rechnungsjahres, erfolgen.

(3) [1]In das Haushaltsgesetz dürfen nur Vorschriften aufgenommen werden, die sich auf die Einnahmen und die Ausgaben des Landes und auf den Zeitraum beziehen, für den das Haushaltsgesetz beschlossen wird. [2]Das Haushaltsgesetz kann vorschreiben, daß die Vorschriften erst mit der Verkündung des nächsten Haushaltsgesetzes oder bei Ermächtigungen nach Artikel 84 zu einem späteren Zeitpunkt außer Kraft treten.

(4) Das Vermögen und die Schulden sind in einer Anlage des Haushaltsplans nachzuweisen.

Artikel 80 [Ausgaben vor parlamentarischer Verabschiedung des Haushalts]

(1) Ist bis zum Schluß eines Rechnungsjahres weder der Haushaltsplan für das folgende Rechnungsjahr festgestellt worden noch ein Nothaushaltsgesetz ergangen, so kann bis zur gesetzlichen Regelung die Regierung diejenigen Ausgaben leisten, die nötig sind, um

1. gesetzlich bestehende Einrichtungen zu erhalten und gesetzlich beschlossene Maßnahmen durchzuführen,
2. die rechtlich begründeten Verpflichtungen des Landes zu erfüllen,
3. Bauten, Beschaffungen und sonstige Leistungen fortzusetzen oder Beihilfen für diese Zwecke weiter zu gewähren, sofern durch den Haushaltsplan eines Vorjahres bereits Beträge bewilligt worden sind.

(2) [1]Soweit die auf besonderem Gesetz beruhenden Einnahmen aus Steuern, Abgaben und sonstigen Quellen oder die Betriebsmittelrücklage die in Abs. 1 genannten Ausgaben nicht decken, kann die Regierung den für eine geordnete Haushaltsführung erforderlichen Kredit beschaffen. [2]Dieser darf ein Viertel der Endsumme des letzten Haushaltsplans nicht übersteigen.

Artikel 81 [Über- und außerplanmäßige Ausgaben]

[1]Über- und außerplanmäßige Ausgaben bedürfen der Zustimmung des Finanzministers. [2]Sie darf nur im Falle eines unvorhergesehenen und unabweisbaren Bedürfnisses erteilt werden. [3]Die Genehmigung des Landtags ist nachträglich einzuholen.

Artikel 82 [Ausgabeerhöhung, Einnahmeminderung]

(1) [1]Beschlüsse des Landtags, welche die im Haushaltsplan festgesetzten Ausgaben erhöhen oder neue Ausgaben mit sich bringen, bedürfen der Zustimmung der Regierung. [2]Das gleiche gilt für Beschlüsse des Landtags, die Einnahmeminderungen mit sich bringen. [3]Die Deckung muß gesichert sein.

(2) [1]Die Regierung kann verlangen, daß der Landtag die Beschlußfassung nach Absatz 1 aussetzt. [2]In diesem Fall hat die Regierung innerhalb von sechs Wochen dem Landtag eine Stellungnahme zuzuleiten.

Artikel 83 [Rechnungslegung, Rechnungsprüfung]

(1) Der Finanzminister hat dem Landtag über alle Einnahmen und Ausgaben sowie über das Vermögen und die Schulden des Landes zur Entlastung der Regierung jährlich Rechnung zu legen.

(2) [1]Die Rechnung sowie die gesamte Haushalts- und Wirtschaftsführung des Landes werden durch den Rechnungshof geprüft. [2]Seine Mitglieder besitzen die gleiche Unabhängigkeit wie die Richter. [3]Die Ernennung des Präsidenten und des Vizepräsidenten des Rechnungshofs bedarf der Zustimmung des Landtags. [4]Der Rechnungshof berichtet jährlich unmittelbar dem Landtag und unterrichtet gleichzeitig die Regierung. [5]Im übrigen werden Stellung und Aufgaben des Rechnungshofs durch Gesetz geregelt.

Artikel 84 [Kreditaufnahme, Übernahme von Gewährleistungen]

[1]Die Aufnahme von Krediten sowie jede Übernahme von Bürgschaften, Garantien oder sonstigen Gewährleistungen bedürfen einer Ermächtigung durch Gesetz. [2]Die Einnahmen aus Krediten dürfen die Summe der im Haushaltsplan veranschlagten Ausgaben für Investitionen nicht überschreiten; Ausnahmen sind nur zulässig zur Abwehr einer Störung des gesamtwirtschaftlichen Gleichgewichts. [3]Das Nähere wird durch Gesetz geregelt.

Schlußbestimmungen

Artikel 85 [Bestandsgarantie der Hochschulen]

Die Universitäten und Hochschulen mit Promotionsrecht bleiben in ihrem Bestand erhalten.

Artikel 86 (aufgehoben)

Artikel 87 [Außerstaatliche Wohlfahrtspflege]

Die Wohlfahrtspflege der freien Wohlfahrtsverbände wird gewährleistet.

Artikel 88 [Normenkontrolle des Verfassungsgerichtshofs über vorkonstitutionelles Recht]

Landesrecht im Sinne der Artikel 68 Abs. 1 Nr. 2 und 3 und 76 ist auch das vor Inkrafttreten dieser Verfassung geltende Recht.

Artikel 89 [Erste Mitgliederwahl zum Verfassungsgerichtshof]
(hier nicht wiedergegeben)

Artikel 90 [Polizeiorganisation]
(hier nicht wiedergegeben)

Artikel 91 [Heimatklausel für Zentralbehörden]
Bei den Ministerien und sonstigen obersten Landesbehörden sollen Beamte aus den bisherigen Ländern in angemessenem Verhältnis verwendet werden.

Artikel 92 [Begriff der Mehrheit oder Minderheit der „Mitglieder des Landtags"]
Mehrheiten oder Minderheiten der „Mitglieder des Landtags" im Sinne dieser Verfassung werden nach der gesetzlichen Zahl der Mitglieder des Landtags berechnet.

Artikel 93 [Zusammensetzung und Wahlperiode des ersten Landtags]
(hier nicht wiedergegeben)

Artikel 93a [Ende der Wahlperiode des 14. Landtags]
[1]Abweichend von Artikel 30 Abs. 1 Satz 1 endet die am 1. Juni 2006 begonnene Wahlperiode des 14. Landtags am 30. April 2011, es sei denn, der Landtag wird vorher aufgelöst. [2]Im Übrigen bleibt Artikel 30 Abs. 1 unberührt.

Artikel 94 [Inkrafttreten, Rechtswirkungen]
(1) Die von der Verfassunggebenden Landesversammlung beschlossene Verfassung ist von ihrem Präsidenten auszufertigen und von der vorläufigen Regierung im Gesetzblatt des Landes zu verkünden.
(2) [1]Die Verfassung tritt am Tage ihrer Verkündung[1]) in Kraft. [2]Zum gleichen Zeitpunkt treten die Verfassungen der bisherigen Länder Baden, Württemberg-Baden und Württemberg-Hohenzollern außer Kraft.
(3) [1]Sonstiges Recht der bisherigen Länder bleibt, soweit es dieser Verfassung nicht widerspricht, in seinem Geltungsbereich bestehen. [2]Soweit in Gesetzen oder Verordnungen Organe der bisherigen Länder genannt sind, treten an ihre Stelle die entsprechenden Organe des Landes Baden-Württemberg.

---

1) Verkündet am 19. 11. 1953.

Grundgesetz für die Bundesrepublik Deutschland

Vom 23. Mai 1949 (BGBl. S. 1)
(FNA 100-1)
zuletzt geändert durch Art. 1 ÄndG (104b, 104c, 104d, 125c, 143e) vom 3. April 2019 (BGBl. I S. 404)
- Auszug -

I. Die Grundrechte

Artikel 1 [Schutz der Menschenwürde, Menschenrechte, Grundrechtsbindung]

(1) [1]Die Würde des Menschen ist unantastbar. [2]Sie zu achten und zu schützen ist Verpflichtung aller staatlichen Gewalt.

(2) Das Deutsche Volk bekennt sich darum zu unverletzlichen und unveräußerlichen Menschenrechten als Grundlage jeder menschlichen Gemeinschaft, des Friedens und der Gerechtigkeit in der Welt.

(3) Die nachfolgenden Grundrechte binden Gesetzgebung, vollziehende Gewalt und Rechtsprechung als unmittelbar geltendes Recht.

Artikel 2 [Freie Entfaltung der Persönlichkeit, Recht auf Leben, körperliche Unversehrtheit, Freiheit der Person]

(1) Jeder hat das Recht auf die freie Entfaltung seiner Persönlichkeit, soweit er nicht die Rechte anderer verletzt und nicht gegen die verfassungsmäßige Ordnung oder das Sittengesetz verstößt.

(2) [1]Jeder hat das Recht auf Leben und körperliche Unversehrtheit. [2]Die Freiheit der Person ist unverletzlich. [3]In diese Rechte darf nur auf Grund eines Gesetzes eingegriffen werden.

Artikel 3 [Gleichheit vor dem Gesetz]

(1) Alle Menschen sind vor dem Gesetz gleich.

(2) [1]Männer und Frauen sind gleichberechtigt. [2]Der Staat fördert die tatsächliche Durchsetzung der Gleichberechtigung von Frauen und Männern und wirkt auf die Beseitigung bestehender Nachteile hin.

(3) [1]Niemand darf wegen seines Geschlechtes, seiner Abstammung, seiner Rasse, seiner Sprache, seiner Heimat und Herkunft, seines Glaubens, seiner religiösen oder politischen Anschauungen benachteiligt oder bevorzugt werden. [2]Niemand darf wegen seiner Behinderung benachteiligt werden.

Artikel 4 [Glaubens-, Gewissens- und Bekenntnisfreiheit, Kriegsdienstverweigerung]

(1) Die Freiheit des Glaubens, des Gewissens und die Freiheit des religiösen und weltanschaulichen Bekenntnisses sind unverletzlich.

(2) Die ungestörte Religionsausübung wird gewährleistet.

(3) [1]Niemand darf gegen sein Gewissen zum Kriegsdienst mit der Waffe gezwungen werden. [2]Das Nähere regelt ein Bundesgesetz.

Artikel 5 [Recht der freien Meinungsäußerung, Medienfreiheit, Kunst- und Wissenschaftsfreiheit]

(1) [1]Jeder hat das Recht, seine Meinung in Wort, Schrift und Bild frei zu äußern und zu verbreiten und sich aus allgemein zugänglichen Quellen ungehindert zu unterrichten. [2]Die Pressefreiheit und die Freiheit der Berichterstattung durch Rundfunk und Film werden gewährleistet. [3]Eine Zensur findet nicht statt.

(2) Diese Rechte finden ihre Schranken in den Vorschriften der allgemeinen Gesetze, den gesetzlichen Bestimmungen zum Schutze der Jugend und in dem Recht der persönlichen Ehre.

(3) [1]Kunst und Wissenschaft, Forschung und Lehre sind frei. [2]Die Freiheit der Lehre entbindet nicht von der Treue zur Verfassung.

Artikel 6 [Ehe, Familie, nicht eheliche Kinder]

(1) Ehe und Familie stehen unter dem besonderen Schutze der staatlichen Ordnung.

(2) [1]Pflege und Erziehung der Kinder sind das natürliche Recht der Eltern und die zuvörderst ihnen obliegende Pflicht. [2]Über ihre Betätigung wacht die staatliche Gemeinschaft.

(3) Gegen den Willen der Erziehungsberechtigten dürfen Kinder nur auf Grund eines Gesetzes von der Familie getrennt werden, wenn die Erziehungsberechtigten versagen oder wenn die Kinder aus anderen Gründen zu verwahrlosen drohen.

(4) Jede Mutter hat Anspruch auf den Schutz und die Fürsorge der Gemeinschaft.

(5) Den unehelichen Kindern sind durch die Gesetzgebung die gleichen Bedingungen für ihre leibliche und seelische Entwicklung und ihre Stellung in der Gesellschaft zu schaffen wie den ehelichen Kindern.

Artikel 7 [Schulwesen]

(1) Das gesamte Schulwesen steht unter der Aufsicht des Staates.

(2) Die Erziehungsberechtigten haben das Recht, über die Teilnahme des Kindes am Religionsunterricht zu bestimmen.

(3) [1]Der Religionsunterricht ist in den öffentlichen Schulen mit Ausnahme der bekenntnisfreien Schulen ordentliches Lehrfach. [2]Unbeschadet des staatlichen Aufsichtsrechtes wird der Religionsunterricht in Übereinstimmung mit den Grundsätzen der Religionsgemeinschaften erteilt. [3]Kein Lehrer darf gegen seinen Willen verpflichtet werden, Religionsunterricht zu erteilen.

(4) [1]Das Recht zur Errichtung von privaten Schulen wird gewährleistet. [2]Private Schulen als Ersatz für öffentliche Schulen bedürfen der Genehmigung des Staates und unterstehen den Landesgesetzen. [3]Die Genehmigung ist zu erteilen, wenn die privaten Schulen in ihren Lehrzielen und Einrichtungen sowie in der wissenschaftlichen Ausbildung ihrer Lehrkräfte nicht hinter den öffentlichen Schulen zurückstehen und eine Sonderung der Schüler nach den Besitzverhältnissen der Eltern nicht gefördert wird. [4]Die Genehmigung ist zu versagen, wenn die wirtschaftliche und rechtliche Stellung der Lehrkräfte nicht genügend gesichert ist.

(5) Eine private Volksschule ist nur zuzulassen, wenn die Unterrichtsverwaltung ein besonderes pädagogisches Interesse anerkennt oder, auf Antrag von Erziehungsberechtigten, wenn sie als Gemeinschaftsschule, als Bekenntnis- oder Weltanschauungsschule errichtet werden soll und eine öffentliche Volksschule dieser Art in der Gemeinde nicht besteht.

(6) Vorschulen bleiben aufgehoben.

Artikel 8 [Versammlungsfreiheit]

(1) Alle Deutschen[1)] haben das Recht, sich ohne Anmeldung oder Erlaubnis friedlich und ohne Waffen zu versammeln.

(2) Für Versammlungen unter freiem Himmel kann dieses Recht durch Gesetz oder auf Grund eines Gesetzes beschränkt werden.

Artikel 9 [Vereinigungsfreiheit]

(1) Alle Deutschen haben das Recht, Vereine und Gesellschaften zu bilden.

(2) Vereinigungen, deren Zwecke oder deren Tätigkeit den Strafgesetzen zuwiderlaufen oder die sich gegen die verfassungsmäßige Ordnung oder gegen den Gedanken der Völkerverständigung richten, sind verboten.

(3) [1]Das Recht, zur Wahrung und Förderung der Arbeits- und Wirtschaftsbedingungen Vereinigungen zu bilden, ist für jedermann und für alle Berufe gewährleistet. [2]Abreden, die dieses Recht einschränken oder zu behindern suchen, sind nichtig, hierauf gerichtete Maßnahmen sind rechtswidrig. [3]Maßnahmen nach den Artikeln 12a, 35 Abs. 2 und 3, Artikel 87a Abs. 4 und Artikel 91 dürfen sich nicht gegen Arbeitskämpfe richten, die zur Wahrung und Förderung der Arbeits- und Wirtschaftsbedingungen von Vereinigungen im Sinne des Satzes 1 geführt werden.

Artikel 10 [Brief-, Post- und Fernmeldegeheimnis]

(1) Das Briefgeheimnis sowie das Post- und Fernmeldegeheimnis sind unverletzlich.

(2) [1]Beschränkungen dürfen nur auf Grund eines Gesetzes[2)] angeordnet werden. [2]Dient die Beschränkung dem Schutze der freiheitlichen demokratischen Grundordnung oder des Bestandes oder der Sicherung des Bundes oder eines Landes, so kann das Gesetz bestimmen, daß sie dem Betroffenen nicht mitgeteilt wird und daß an die Stelle des Rechtsweges die Nachprüfung durch von der Volksvertretung bestellte Organe und Hilfsorgane tritt.

---

1) Zum Begriff des „Deutschen" siehe Art. 116 Abs. 1.
2) Siehe hierzu das G zur Beschränkung des Brief-, Post- und Fernmeldegeheimnisses und das G zur Überwachung strafrechtl. und anderer Verbringungsverbote.

Artikel 11 [Freizügigkeit]

(1) Alle Deutschen genießen Freizügigkeit im ganzen Bundesgebiet.

(2) Dieses Recht darf nur durch Gesetz[1] oder auf Grund eines Gesetzes und nur für die Fälle eingeschränkt werden, in denen eine ausreichende Lebensgrundlage nicht vorhanden ist und der Allgemeinheit daraus besondere Lasten entstehen würden oder in denen es zur Abwehr einer drohenden Gefahr für den Bestand oder die freiheitliche demokratische Grundordnung des Bundes oder eines Landes, zur Bekämpfung von Seuchengefahr, Naturkatastrophen oder besonders schweren Unglücksfällen, zum Schutze der Jugend vor Verwahrlosung oder um strafbaren Handlungen vorzubeugen, erforderlich ist.

Artikel 12 [Berufsfreiheit]

(1) [1]Alle Deutschen haben das Recht, Beruf, Arbeitsplatz und Ausbildungsstätte frei zu wählen. [2]Die Berufsausübung kann durch Gesetz oder auf Grund eines Gesetzes geregelt werden.

(2) [2]Niemand darf zu einer bestimmten Arbeit gezwungen werden, außer im Rahmen einer herkömmlichen allgemeinen, für alle gleichen öffentlichen Dienstleistungspflicht.

(3) Zwangsarbeit ist nur bei einer gerichtlich angeordneten Freiheitsentziehung zulässig.

Artikel 12a [Dienstverpflichtungen]

(1) Männer können vom vollendeten achtzehnten Lebensjahr an zum Dienst in den Streitkräften, im Bundesgrenzschutz[3] oder in einem Zivilschutzverband verpflichtet werden.

(2) [1]Wer aus Gewissensgründen den Kriegsdienst mit der Waffe verweigert, kann zu einem Ersatzdienst verpflichtet werden. [2]Die Dauer des Ersatzdienstes darf die Dauer des Wehrdienstes nicht übersteigen. [3]Das Nähere regelt ein Gesetz[4], das die Freiheit der Gewissensentscheidung nicht beeinträchtigen darf und auch eine Möglichkeit des Ersatzdienstes vorsehen muß, die in keinem Zusammenhang mit den Verbänden der Streitkräfte und des Bundesgrenzschutzes[3] steht.

(3) [1]Wehrpflichtige, die nicht zu einem Dienst nach Absatz 1 oder 2 herangezogen sind, können im Verteidigungsfalle durch Gesetz oder auf Grund eines Gesetzes zu zivilen Dienstleistungen für Zwecke der Verteidigung einschließlich des Schutzes der Zivilbevölkerung in Arbeitsverhältnisse verpflichtet werden; Verpflichtungen in öffentlich-rechtliche Dienstverhältnisse sind nur zur Wahrnehmung polizeilicher Aufgaben oder solcher hoheitlichen Aufgaben der öffentlichen Verwaltung, die nur in einem öffentlich-rechtlichen Dienstverhältnis erfüllt werden können, zulässig. [2]Arbeitsverhältnisse nach Satz 1 können bei den Streitkräften, im Bereich ihrer Versorgung sowie bei der öffentlichen Verwaltung begründet werden; Verpflichtungen in Arbeitsverhältnisse im Bereiche der Versorgung der Zivilbevölkerung sind nur zulässig, um ihren lebensnotwendigen Bedarf zu decken oder ihren Schutz sicherzustellen.

(4) [1]Kann im Verteidigungsfalle der Bedarf an zivilen Dienstleistungen im zivilen Sanitäts- und Heilwesen sowie in der ortsfesten militärischen Lazarettorganisation nicht auf freiwilliger Grundlage gedeckt werden, so können Frauen vom vollendeten achtzehnten bis zum vollendeten fünfundfünfzigsten Lebensjahr durch Gesetz oder auf Grund eines Gesetzes zu derartigen Dienstleistungen herangezogen werden. [2]Sie dürfen auf keinen Fall zum Dienst mit der Waffe verpflichtet werden.

(5) [1]Für die Zeit vor dem Verteidigungsfalle können Verpflichtungen nach Absatz 3 nur nach Maßgabe des Artikels 80a Abs. 1 begründet werden. [2]Zur Vorbereitung auf Dienstleistungen nach Absatz 3, für die besondere Kenntnisse oder Fertigkeiten erforderlich sind, kann durch Gesetz oder auf Grund eines Gesetzes die Teilnahme an Ausbildungsveranstaltungen zur Pflicht gemacht werden. [3]Satz 1 findet insoweit keine Anwendung.

(6) [1]Kann im Verteidigungsfalle der Bedarf an Arbeitskräften für die in Absatz 3 Satz 2 genannten Bereiche auf freiwilliger Grundlage nicht gedeckt werden, so kann zur Sicherung dieses Bedarfs die Freiheit der Deutschen, die Ausübung eines Berufs oder den Arbeitsplatz aufzugeben, durch Gesetz oder auf Grund eines Gesetzes eingeschränkt werden. [2]Vor Eintritt des Verteidigungsfalles gilt Absatz 5 Satz 1 entsprechend.

1) Siehe hierzu u.a. § 51 WehrpflichtG und § 39 ArbeitssicherstellungsG.
2) Siehe hierzu §§ 25 ff. WehrpflichtG und das ArbeitssicherstellungsG.
3) Jetzt: „Bundespolizei".
4) Siehe das ZivildienstG und das KriegsdienstverweigerungsG.

Artikel 13 [Unverletzlichkeit der Wohnung]

(1) Die Wohnung ist unverletzlich.

(2) Durchsuchungen dürfen nur durch den Richter, bei Gefahr im Verzuge auch durch die in den Gesetzen vorgesehenen anderen Organe angeordnet und nur in der dort vorgeschriebenen Form durchgeführt werden.

(3) [1]Begründen bestimmte Tatsachen den Verdacht, daß jemand eine durch Gesetz einzeln bestimmte besonders schwere Straftat begangen hat, so dürfen zur Verfolgung der Tat auf Grund richterlicher Anordnung technische Mittel zur akustischen Überwachung von Wohnungen, in denen der Beschuldigte sich vermutlich aufhält, eingesetzt werden, wenn die Erforschung des Sachverhalts auf andere Weise unverhältnismäßig erschwert oder aussichtslos wäre. [2]Die Maßnahme ist zu befristen. [3]Die Anordnung erfolgt durch einen mit drei Richtern besetzten Spruchkörper. [4]Bei Gefahr im Verzuge kann sie auch durch einen einzelnen Richter getroffen werden.

(4) [1]Zur Abwehr dringender Gefahren für die öffentliche Sicherheit, insbesondere einer gemeinen Gefahr oder einer Lebensgefahr, dürfen technische Mittel zur Überwachung von Wohnungen nur auf Grund richterlicher Anordnung eingesetzt werden. [2]Bei Gefahr im Verzuge kann die Maßnahme auch durch eine andere gesetzlich bestimmte Stelle angeordnet werden; eine richterliche Entscheidung ist unverzüglich nachzuholen.

(5) [1]Sind technische Mittel ausschließlich zum Schutze der bei einem Einsatz in Wohnungen tätigen Personen vorgesehen, kann die Maßnahme durch eine gesetzlich bestimmte Stelle angeordnet werden. [2]Eine anderweitige Verwertung der hierbei erlangten Erkenntnisse ist nur zum Zwecke der Strafverfolgung oder der Gefahrenabwehr und nur zulässig, wenn zuvor die Rechtmäßigkeit der Maßnahme richterlich festgestellt ist; bei Gefahr im Verzuge ist die richterliche Entscheidung unverzüglich nachzuholen.

(6) [1]Die Bundesregierung unterrichtet den Bundestag jährlich über den nach Absatz 3 sowie über den im Zuständigkeitsbereich des Bundes nach Absatz 4 und, soweit richterlich überprüfungsbedürftig, nach Absatz 5 erfolgten Einsatz technischer Mittel. [2]Ein vom Bundestag gewähltes Gremium übt auf der Grundlage dieses Berichts die parlamentarische Kontrolle aus. [3]Die Länder gewährleisten eine gleichwertige parlamentarische Kontrolle.

(7) Eingriffe und Beschränkungen dürfen im übrigen nur zur Abwehr einer gemeinen Gefahr oder einer Lebensgefahr für einzelne Personen, auf Grund eines Gesetzes[1] auch zur Verhütung dringender Gefahren für die öffentliche Sicherheit und Ordnung, insbesondere zur Behebung der Raumnot, zur Bekämpfung von Seuchengefahr oder zum Schutze gefährdeter Jugendlicher vorgenommen werden.

Artikel 14 [Eigentum, Erbrecht und Enteignung]

(1) [1]Das Eigentum und das Erbrecht werden gewährleistet. [2]Inhalt und Schranken werden durch die Gesetze bestimmt.

(2) [1]Eigentum verpflichtet. [2]Sein Gebrauch soll zugleich dem Wohle der Allgemeinheit dienen.

(3) [1]Eine Enteignung ist nur zum Wohle der Allgemeinheit zulässig. [2]Sie darf nur durch Gesetz oder auf Grund eines Gesetzes erfolgen, das Art und Ausmaß der Entschädigung regelt. [3]Die Entschädigung ist unter gerechter Abwägung der Interessen der Allgemeinheit und der Beteiligten zu bestimmen. [4]Wegen der Höhe der Entschädigung steht im Streitfalle der Rechtsweg vor den ordentlichen Gerichten offen.

Artikel 15 [Sozialisierung, Überführung in Gemeineigentum]

[1]Grund und Boden, Naturschätze und Produktionsmittel können zum Zwecke der Vergesellschaftung durch ein Gesetz, das Art und Ausmaß der Entschädigung regelt, in Gemeineigentum oder in andere Formen der Gemeinwirtschaft überführt werden. [2]Für die Entschädigung gilt Artikel 14 Abs. 3 Satz 3 und 4 entsprechend.

Artikel 16 [Ausbürgerung, Auslieferung]

(1) [1]Die deutsche Staatsangehörigkeit darf nicht entzogen werden.[2] [2]Der Verlust der Staatsangehörigkeit darf nur auf Grund eines Gesetzes und gegen den Willen des Betroffenen nur dann eintreten, wenn der Betroffene dadurch nicht staatenlos wird.

---

1) Siehe zB das JugendschutzG, das Lebensmittel- und Futtermittelgesetzbuch und das InfektionsschutzG.
2) Siehe das StaatsangehörigkeitsG.

(2) [1]Kein Deutscher darf an das Ausland ausgeliefert werden.[1] [2]Durch Gesetz[2] kann eine abweichende Regelung für Auslieferungen an einen Mitgliedstaat der Europäischen Union oder an einen internationalen Gerichtshof getroffen werden, soweit rechtsstaatliche Grundsätze gewahrt sind.

Artikel 16a [Asylrecht]

(1) Politisch Verfolgte genießen Asylrecht.

(2) [1]Auf Absatz 1 kann sich nicht berufen, wer aus einem Mitgliedstaat der Europäischen Gemeinschaften oder aus einem anderen Drittstaat einreist, in dem die Anwendung des Abkommens über die Rechtsstellung der Flüchtlinge und der Konvention zum Schutze der Menschenrechte und Grundfreiheiten sichergestellt ist. [2]Die Staaten außerhalb der Europäischen Gemeinschaften, auf die die Voraussetzungen des Satzes 1 zutreffen, werden durch Gesetz, das der Zustimmung des Bundesrates bedarf, bestimmt. [3]In den Fällen des Satzes 1 können aufenthaltsbeendende Maßnahmen unabhängig von einem hiergegen eingelegten Rechtsbehelf vollzogen werden.

(3) [1]Durch Gesetz[3], das der Zustimmung des Bundesrates bedarf, können Staaten bestimmt werden, bei denen auf Grund der Rechtslage, der Rechtsanwendung und der allgemeinen politischen Verhältnisse gewährleistet erscheint, daß dort weder politische Verfolgung noch unmenschliche oder erniedrigende Bestrafung oder Behandlung stattfindet. [2]Es wird vermutet, daß ein Ausländer aus einem solchen Staat nicht verfolgt wird, solange er nicht Tatsachen vorträgt, die die Annahme begründen, daß er entgegen dieser Vermutung politisch verfolgt wird.

(4) [1]Die Vollziehung aufenthaltsbeendender Maßnahmen wird in den Fällen des Absatzes 3 und in anderen Fällen, die offensichtlich unbegründet sind oder als offensichtlich unbegründet gelten, durch das Gericht nur ausgesetzt, wenn ernstliche Zweifel an der Rechtmäßigkeit der Maßnahme bestehen; der Prüfungsumfang kann eingeschränkt werden und verspätetes Vorbringen unberücksichtigt bleiben. [2]Das Nähere ist durch Gesetz zu bestimmen.

(5) Die Absätze 1 bis 4 stehen völkerrechtlichen Verträgen von Mitgliedstaaten der Europäischen Gemeinschaften untereinander und mit dritten Staaten nicht entgegen, die unter Beachtung der Verpflichtungen aus dem Abkommen über die Rechtsstellung der Flüchtlinge und der Konvention zum Schutze der Menschenrechte und Grundfreiheiten, deren Anwendung in den Vertragsstaaten sichergestellt sein muß, Zuständigkeitsregelungen für die Prüfung von Asylbegehren einschließlich der gegenseitigen Anerkennung von Asylentscheidungen treffen.

Artikel 17 [Petitionsrecht]

Jedermann hat das Recht, sich einzeln oder in Gemeinschaft mit anderen schriftlich mit Bitten oder Beschwerden an die zuständigen Stellen und an die Volksvertretung zu wenden.

Artikel 17a [Grundrechtseinschränkungen bei Wehr- und Ersatzdienst]

(1) Gesetze über Wehrdienst[4] und Ersatzdienst[5] können bestimmen, daß für die Angehörigen der Streitkräfte und des Ersatzdienstes während der Zeit des Wehr- oder Ersatzdienstes das Grundrecht, seine Meinung in Wort, Schrift und Bild frei zu äußern und zu verbreiten (Artikel 5 Abs. 1 Satz 1 erster Halbsatz), das Grundrecht der Versammlungsfreiheit (Artikel 8) und das Petitionsrecht (Artikel 17), soweit es das Recht gewährt, Bitten oder Beschwerden in Gemeinschaft mit anderen vorzubringen, eingeschränkt werden.

(2) Gesetze, die der Verteidigung einschließlich des Schutzes der Zivilbevölkerung dienen, können bestimmen, daß die Grundrechte der Freizügigkeit (Artikel 11) und der Unverletzlichkeit der Wohnung (Artikel 13) eingeschränkt werden.

Artikel 18 [Verwirkung von Grundrechten]

[1]Wer die Freiheit der Meinungsäußerung, insbesondere die Pressefreiheit (Artikel 5 Abs. 1), die Lehrfreiheit (Artikel 5 Abs. 3), die Versammlungsfreiheit (Artikel 8), die Vereinigungsfreiheit (Artikel 9), das Brief-, Post- und Fernmeldegeheimnis (Artikel 10), das Eigentum (Artikel 14) oder das Asylrecht (Artikel 16a) zum Kampfe gegen die freiheitliche demokratische Grundordnung mißbraucht, verwirkt

---

1) Siehe hierzu das G über die internationale Rechtshilfe in Strafsachen.
2) Siehe das G zu dem Übereinkommen vom 27. 9. 1996 über die Auslieferung zwischen den Mitgliedstaaten der Europäischen Union.
3) Siehe das AsylverfahrensG.
4) Siehe das WehrpflichtG.
5) Siehe das ZivildienstG.

diese Grundrechte. ²Die Verwirkung und ihr Ausmaß werden durch das Bundesverfassungsgericht ausgesprochen.

Artikel 19 [Einschränkung von Grundrechten; Grundrechtsträger; Rechtsschutz]

(1) ¹Soweit nach diesem Grundgesetz ein Grundrecht durch Gesetz oder auf Grund eines Gesetzes eingeschränkt werden kann, muß das Gesetz allgemein und nicht nur für den Einzelfall gelten. ²Außerdem muß das Gesetz das Grundrecht unter Angabe des Artikels nennen.

(2) In keinem Falle darf ein Grundrecht in seinem Wesensgehalt angetastet werden.

(3) Die Grundrechte gelten auch für inländische juristische Personen, soweit sie ihrem Wesen nach auf diese anwendbar sind.

(4) ¹Wird jemand durch die öffentliche Gewalt in seinen Rechten verletzt, so steht ihm der Rechtsweg offen. ²Soweit eine andere Zuständigkeit nicht begründet ist, ist der ordentliche Rechtsweg gegeben.[1] ³Artikel 10 Abs. 2 Satz 2 bleibt unberührt.

II. Der Bund und die Länder

Artikel 20 [Bundesstaatliche Verfassung; Widerstandsrecht]

(1) Die Bundesrepublik Deutschland ist ein demokratischer und sozialer Bundesstaat.

(2) ¹Alle Staatsgewalt geht vom Volke aus. ²Sie wird vom Volke in Wahlen und Abstimmungen und durch besondere Organe der Gesetzgebung, der vollziehenden Gewalt und der Rechtsprechung ausgeübt.

(3) Die Gesetzgebung ist an die verfassungsmäßige Ordnung, die vollziehende Gewalt und die Rechtsprechung sind an Gesetz und Recht gebunden.[2]

(4) Gegen jeden, der es unternimmt, diese Ordnung zu beseitigen, haben alle Deutschen das Recht zum Widerstand, wenn andere Abhilfe nicht möglich ist.

Artikel 20a [Schutz der natürlichen Lebensgrundlagen]

Der Staat schützt auch in Verantwortung für die künftigen Generationen die natürlichen Lebensgrundlagen und die Tiere im Rahmen der verfassungsmäßigen Ordnung durch die Gesetzgebung und nach Maßgabe von Gesetz und Recht durch die vollziehende Gewalt und die Rechtsprechung.

Artikel 21 [Parteien]

(1) ¹Die Parteien wirken bei der politischen Willensbildung des Volkes mit. ²Ihre Gründung ist frei. ³Ihre innere Ordnung muß demokratischen Grundsätzen entsprechen. ⁴Sie müssen über die Herkunft und Verwendung ihrer Mittel sowie über ihr Vermögen öffentlich Rechenschaft geben.

(2) ³⁾Parteien, die nach ihren Zielen oder nach dem Verhalten ihrer Anhänger darauf ausgehen, die freiheitliche demokratische Grundordnung zu beeinträchtigen oder zu beseitigen oder den Bestand der Bundesrepublik Deutschland zu gefährden, sind verfassungswidrig.

(3) ¹Parteien, die nach ihren Zielen oder dem Verhalten ihrer Anhänger darauf ausgerichtet sind, die freiheitliche demokratische Grundordnung zu beeinträchtigen oder zu beseitigen oder den Bestand der Bundesrepublik Deutschland zu gefährden, sind von staatlicher Finanzierung ausgeschlossen. ²Wird der Ausschluss festgestellt, so entfällt auch eine steuerliche Begünstigung dieser Parteien und von Zuwendungen an diese Parteien.

(4) Über die Frage der Verfassungswidrigkeit nach Absatz 2 sowie über den Ausschluss von staatlicher Finanzierung nach Absatz 3 entscheidet das Bundesverfassungsgericht.

(5) Das Nähere regeln Bundesgesetze.[4]

...

Artikel 28 [Verfassung der Länder]

(1) ¹Die verfassungsmäßige Ordnung in den Ländern muß den Grundsätzen des republikanischen, demokratischen und sozialen Rechtsstaates im Sinne dieses Grundgesetzes entsprechen. ²In den Ländern, Kreisen und Gemeinden muß das Volk eine Vertretung haben, die aus allgemeinen, unmittelbaren, freien, gleichen und geheimen Wahlen hervorgegangen ist. ³Bei Wahlen in Kreisen und Gemein-

---

1)   Zur Schadensersatzpflicht des Staates bei Amtspflichtverletzungen siehe Art. 34.
2)   Siehe hierzu Art. 1 Abs. 3.
3)   Siehe hierzu § 13 Nr. 2 und §§ 43 ff. BundesverfassungsgerichtsG.
4)   Siehe das ParteienG

den sind auch Personen, die die Staatsangehörigkeit eines Mitgliedstaates der Europäischen Gemeinschaft besitzen, nach Maßgabe von Recht der Europäischen Gemeinschaft wahlberechtigt und wählbar. [4]In Gemeinden kann an die Stelle einer gewählten Körperschaft die Gemeindeversammlung treten.

(2) [1]Den Gemeinden muß das Recht gewährleistet sein, alle Angelegenheiten der örtlichen Gemeinschaft im Rahmen der Gesetze in eigener Verantwortung zu regeln. [2]Auch die Gemeindeverbände haben im Rahmen ihres gesetzlichen Aufgabenbereiches nach Maßgabe der Gesetze das Recht der Selbstverwaltung. [3]Die Gewährleistung der Selbstverwaltung umfaßt auch die Grundlagen der finanziellen Eigenverantwortung; zu diesen Grundlagen gehört eine den Gemeinden mit Hebesatzrecht zustehende wirtschaftskraftbezogene Steuerquelle.

(3) Der Bund gewährleistet, daß die verfassungsmäßige Ordnung der Länder den Grundrechten und den Bestimmungen der Absätze 1 und 2 entspricht.
...

Artikel 30 [Funktionen der Länder]
Die Ausübung der staatlichen Befugnisse und die Erfüllung der staatlichen Aufgaben ist Sache der Länder, soweit dieses Grundgesetz keine andere Regelung trifft oder zuläßt.

Artikel 31 [Vorrang des Bundesrechts]
Bundesrecht bricht Landesrecht.
...

Artikel 33 [Staatsbürgerliche Rechte]
(1) Jeder Deutsche hat in jedem Lande die gleichen staatsbürgerlichen Rechte und Pflichten.

(2) Jeder Deutsche hat nach seiner Eignung, Befähigung und fachlichen Leistung gleichen Zugang zu jedem öffentlichen Amte.

(3) [1]Der Genuß bürgerlicher und staatsbürgerlicher Rechte, die Zulassung zu öffentlichen Ämtern sowie die im öffentlichen Dienste erworbenen Rechte sind unabhängig von dem religiösen Bekenntnis. [2]Niemandem darf aus seiner Zugehörigkeit oder Nichtzugehörigkeit zu einem Bekenntnisse oder einer Weltanschauung ein Nachteil erwachsen.[1)]

(4) Die Ausübung hoheitsrechtlicher Befugnisse ist als ständige Aufgabe in der Regel Angehörigen des öffentlichen Dienstes zu übertragen, die in einem öffentlich-rechtlichen Dienst- und Treueverhältnis stehen.

(5) [2)]Das Recht des öffentlichen Dienstes ist unter Berücksichtigung der hergebrachten Grundsätze des Berufsbeamtentums zu regeln und fortzuentwickeln.

Artikel 34[3)] [Haftung bei Amtspflichtverletzung]
[1]Verletzt jemand in Ausübung eines ihm anvertrauten öffentlichen Amtes die ihm einem Dritten gegenüber obliegende Amtspflicht, so trifft die Verantwortlichkeit grundsätzlich den Staat oder die Körperschaft, in deren Dienst er steht. [2]Bei Vorsatz oder grober Fahrlässigkeit bleibt der Rückgriff vorbehalten. [3]Für den Anspruch auf Schadensersatz und für den Rückgriff darf der ordentliche Rechtsweg nicht ausgeschlossen werden.
...

III. Der Bundestag

Artikel 38 [Wahl]
(1) [1]Die Abgeordneten des Deutschen Bundestages werden in allgemeiner, unmittelbarer, freier, gleicher und geheimer Wahl gewählt. [2]Sie sind Vertreter des ganzen Volkes, an Aufträge und Weisungen nicht gebunden und nur ihrem Gewissen unterworfen.

(2) Wahlberechtigt ist, wer das achtzehnte Lebensjahr vollendet hat; wählbar ist, wer das Alter erreicht hat, mit dem die Volljährigkeit eintritt.

(3) Das Nähere bestimmt ein Bundesgesetz[4)].

---

1) Siehe hierzu auch Art. 3 GG und Art. 136 Abs. 3 WRV, wiedergegeben im Anschluss an Art. 140.
2) Siehe hierzu u.a. das BeamtenstatusG, das BeamtenrechtsrahmenG, das BundesbeamtenG, das BundesdisziplinarG, das BeamtenversorgungsG und das SoldatenG.
3) Siehe hierzu § 75 BundesbeamtenG, § 24 SoldatenG und das G über die Haftung des Reichs für seine Beamten.
4) Siehe das BundeswahlG, die BundeswahlO und die BundeswahlgeräteVO.

...

VII. Die Gesetzgebung des Bundes

Artikel 70 [Gesetzgebung des Bundes und der Länder]

(1) Die Länder haben das Recht der Gesetzgebung, soweit dieses Grundgesetz nicht dem Bunde Gesetzgebungsbefugnisse verleiht.

(2) Die Abgrenzung der Zuständigkeit zwischen Bund und Ländern bemißt sich nach den Vorschriften dieses Grundgesetz über die ausschließliche und die konkurrierende Gesetzgebung.

Artikel 71 [Ausschließliche Gesetzgebung]

Im Bereiche der ausschließlichen Gesetzgebung des Bundes haben die Länder die Befugnis zur Gesetzgebung nur, wenn und soweit sie hierzu in einem Bundesgesetze ausdrücklich ermächtigt werden.

Artikel 72 [Konkurrierende Gesetzgebung]

(1) Im Bereich der konkurrierenden Gesetzgebung haben die Länder die Befugnis zur Gesetzgebung, solange und soweit der Bund von seiner Gesetzgebungszuständigkeit nicht durch Gesetz Gebrauch gemacht hat.

(2) Auf den Gebieten des Artikels 74 Abs. 1 Nr. 4, 7, 11, 13, 15, 19a, 20, 22, 25 und 26 hat der Bund das Gesetzgebungsrecht, wenn und soweit die Herstellung gleichwertiger Lebensverhältnisse im Bundesgebiet oder die Wahrung der Rechts- oder Wirtschaftseinheit im gesamtstaatlichen Interesse eine bundesgesetzliche Regelung erforderlich macht.

(3) [1]Hat der Bund von seiner Gesetzgebungszuständigkeit Gebrauch gemacht, können die Länder durch Gesetz hiervon abweichende Regelungen treffen über:

1. das Jagdwesen (ohne das Recht der Jagdscheine);
2. den Naturschutz und die Landschaftspflege (ohne die allgemeinen Grundsätze des Naturschutzes, das Recht des Artenschutzes oder des Meeresnaturschutzes);
3. die Bodenverteilung;
4. die Raumordnung;
5. den Wasserhaushalt (ohne stoff- oder anlagenbezogene Regelungen);
6. die Hochschulzulassung und die Hochschulabschlüsse.

[2]Bundesgesetze auf diesen Gebieten treten frühestens sechs Monate nach ihrer Verkündung in Kraft, soweit nicht mit Zustimmung des Bundesrates anderes bestimmt ist. [3]Auf den Gebieten des Satzes 1 geht im Verhältnis von Bundes- und Landesrecht das jeweils spätere Gesetz vor.

(4) Durch Bundesgesetz kann bestimmt werden, daß eine bundesgesetzliche Regelung, für die eine Erforderlichkeit im Sinne des Absatzes 2 nicht mehr besteht, durch Landesrecht ersetzt werden kann.

Artikel 73 [Gegenstände der ausschließlichen Gesetzgebung]

(1) Der Bund hat die ausschließliche Gesetzgebung über:

1. die auswärtigen Angelegenheiten sowie die Verteidigung einschließlich des Schutzes der Zivilbevölkerung;
2. die Staatsangehörigkeit im Bunde;
3. die Freizügigkeit, das Paßwesen, das Melde- und Ausweiswesen, die Ein- und Auswanderung und die Auslieferung;
4. das Währungs-, Geld- und Münzwesen, Maße und Gewichte sowie die Zeitbestimmung;
5. die Einheit des Zoll- und Handelsgebietes, die Handels- und Schiffahrtsverträge, die Freizügigkeit des Warenverkehrs und den Waren- und Zahlungsverkehr mit dem Auslande einschließlich des Zoll- und Grenzschutzes;
5a. den Schutz deutschen Kulturgutes gegen Abwanderung ins Ausland;
6. den Luftverkehr;
6a. den Verkehr von Eisenbahnen, die ganz oder mehrheitlich im Eigentum des Bundes stehen (Eisenbahnen des Bundes), den Bau, die Unterhaltung und das Betreiben von Schienenwegen der Eisenbahnen des Bundes sowie die Erhebung von Entgelten für die Benutzung dieser Schienenwege;
7. das Postwesen und die Telekommunikation;

8. die Rechtsverhältnisse der im Dienste des Bundes und der bundesunmittelbaren Körperschaften des öffentlichen Rechtes stehenden Personen;
9. den gewerblichen Rechtsschutz, das Urheberrecht und das Verlagsrecht;
9a. die Abwehr von Gefahren des internationalen Terrorismus durch das Bundeskriminalpolizeiamt in Fällen, in denen eine länderübergreifende Gefahr vorliegt, die Zuständigkeit einer Landespolizeibehörde nicht erkennbar ist oder die oberste Landesbehörde um eine Übernahme ersucht;
10. die Zusammenarbeit des Bundes und der Länder
    a) in der Kriminalpolizei,
    b) zum Schutze der freiheitlichen demokratischen Grundordnung, des Bestandes und der Sicherheit des Bundes oder eines Landes (Verfassungsschutz) und
    c) zum Schutze gegen Bestrebungen im Bundesgebiet, die durch Anwendung von Gewalt oder darauf gerichtete Vorbereitungshandlungen auswärtige Belange der Bundesrepublik Deutschland gefährden,

    sowie die Einrichtung eines Bundeskriminalpolizeiamtes und die internationale Verbrechensbekämpfung;
11. die Statistik für Bundeszwecke;
12. das Waffen- und das Sprengstoffrecht;
13. die Versorgung der Kriegsbeschädigten und Kriegshinterbliebenen und die Fürsorge für die ehemaligen Kriegsgefangenen;
14. die Erzeugung und Nutzung der Kernenergie zu friedlichen Zwecken, die Errichtung und den Betrieb von Anlagen, die diesen Zwecken dienen, den Schutz gegen Gefahren, die bei Freiwerden von Kernenergie oder durch ionisierende Strahlen entstehen, und die Beseitigung radioaktiver Stoffe.

(2) Gesetze nach Absatz 1 Nr. 9a bedürfen der Zustimmung des Bundesrates.

Artikel 74 [Gegenstände der konkurrierenden Gesetzgebung]

(1) Die konkurrierende Gesetzgebung erstreckt sich auf folgende Gebiete:
1. das bürgerliche Recht, das Strafrecht, die Gerichtsverfassung, das gerichtliche Verfahren (ohne das Recht des Untersuchungshaftvollzugs), die Rechtsanwaltschaft, das Notariat und die Rechtsberatung;
2. das Personenstandswesen;
3. das Vereinsrecht;
4. das Aufenthalts- und Niederlassungsrecht der Ausländer;
4a. (aufgehoben)
5. (aufgehoben)
6. die Angelegenheiten der Flüchtlinge und Vertriebenen;
7. die öffentliche Fürsorge (ohne das Heimrecht);
8. (aufgehoben)
9. die Kriegsschäden und die Wiedergutmachung;
10. die Kriegsgräber und Gräber anderer Opfer des Krieges und Opfer von Gewaltherrschaft;
11. das Recht der Wirtschaft (Bergbau, Industrie, Energiewirtschaft, Handwerk, Gewerbe, Handel, Bank- und Börsenwesen, privatrechtliches Versicherungswesen) ohne das Recht des Ladenschlusses, der Gaststätten, der Spielhallen, der Schaustellung von Personen, der Messen, der Ausstellungen und der Märkte;
11a. (aufgehoben)
12. das Arbeitsrecht einschließlich der Betriebsverfassung, des Arbeitsschutzes und der Arbeitsvermittlung sowie die Sozialversicherung einschließlich der Arbeitslosenversicherung;
13. die Regelung der Ausbildungsbeihilfen und die Förderung der wissenschaftlichen Forschung;
14. das Recht der Enteignung, soweit sie auf den Sachgebieten der Artikel 73 und 74 in Betracht kommt;
15. die Überführung von Grund und Boden, von Naturschätzen und Produktionsmitteln in Gemeineigentum oder in andere Formen der Gemeinwirtschaft;
16. die Verhütung des Mißbrauchs wirtschaftlicher Machtstellung;

17. die Förderung der land- und forstwirtschaftlichen Erzeugung (ohne das Recht der Flurbereinigung), die Sicherung der Ernährung, die Ein- und Ausfuhr land- und forstwirtschaftlicher Erzeugnisse, die Hochsee- und Küstenfischerei und den Küstenschutz;

18. den städtebaulichen Grundstücksverkehr, das Bodenrecht (ohne das Recht der Erschließungsbeiträge) und das Wohngeldrecht, das Altschuldenhilferecht, das Wohnungsbauprämienrecht, das Bergarbeiterwohnungsbaurecht und das Bergmannssiedlungsrecht;

19. Maßnahmen gegen gemeingefährliche oder übertragbare Krankheiten bei Menschen und Tieren, Zulassung zu ärztlichen und anderen Heilberufen und zum Heilgewerbe, sowie das Recht des Apothekenwesens, der Arzneien, der Medizinprodukte, der Heilmittel, der Betäubungsmittel und der Gifte;

19a. die wirtschaftliche Sicherung der Krankenhäuser und die Regelung der Krankenhauspflegesätze;

20. das Recht der Lebensmittel einschließlich der ihrer Gewinnung dienenden Tiere, das Recht der Genussmittel, Bedarfsgegenstände und Futtermittel sowie den Schutz beim Verkehr mit land- und forstwirtschaftlichem Saat- und Pflanzgut, den Schutz der Pflanzen gegen Krankheiten und Schädlinge sowie den Tierschutz;

21. die Hochsee- und Küstenschiffahrt sowie die Seezeichen, die Binnenschiffahrt, den Wetterdienst, die Seewasserstraßen und die dem allgemeinen Verkehr dienenden Binnenwasserstraßen;

22. den Straßenverkehr, das Kraftfahrwesen, den Bau und die Unterhaltung von Landstraßen für den Fernverkehr sowie die Erhebung und Verteilung von Gebühren oder Entgelten für die Benutzung öffentlicher Straßen mit Fahrzeugen;

23. die Schienenbahnen, die nicht Eisenbahnen des Bundes sind, mit Ausnahme der Bergbahnen;

24. die Abfallwirtschaft, die Luftreinhaltung und die Lärmbekämpfung (ohne Schutz vor verhaltensbezogenem Lärm);

25. die Staatshaftung;

26. die medizinisch unterstützte Erzeugung menschlichen Lebens, die Untersuchung und die künstliche Veränderung von Erbinformationen sowie Regelungen zur Transplantation von Organen, Geweben und Zellen;

27. die Statusrechte und -pflichten der Beamten der Länder, Gemeinden und anderen Körperschaften des öffentlichen Rechts sowie der Richter in den Ländern mit Ausnahme der Laufbahnen, Besoldung und Versorgung;

28. das Jagdwesen;

29. den Naturschutz und die Landschaftspflege;

30. die Bodenverteilung;

31. die Raumordnung;

32. den Wasserhaushalt;

33. die Hochschulzulassung und die Hochschulabschlüsse.

(2) Gesetze nach Absatz 1 Nr. 25 und 27 bedürfen der Zustimmung des Bundesrates.

...

Artikel 80 [Erlass von Rechtsverordnungen]

(1) [1]Durch Gesetz können die Bundesregierung, ein Bundesminister oder die Landesregierungen ermächtigt werden, Rechtsverordnungen zu erlassen. [2]Dabei müssen Inhalt, Zweck und Ausmaß der erteilten Ermächtigung im Gesetze bestimmt werden. [3]Die Rechtsgrundlage ist in der Verordnung anzugeben. [4]Ist durch Gesetz vorgesehen, daß eine Ermächtigung weiter übertragen werden kann, so bedarf es zur Übertragung der Ermächtigung einer Rechtsverordnung.

(2) Der Zustimmung des Bundesrates bedürfen, vorbehaltlich anderweitiger bundesgesetzlicher Regelung, Rechtsverordnungen der Bundesregierung oder eines Bundesministers über Grundsätze und Gebühren für die Benutzung der Einrichtungen des Postwesens und der Telekommunikation, über die Grundsätze der Erhebung des Entgelts für die Benutzung der Einrichtungen der Eisenbahnen des Bundes, über den Bau und Betrieb der Eisenbahnen, sowie Rechtsverordnungen auf Grund von Bundesgesetzen, die der Zustimmung des Bundesrates bedürfen oder die von den Ländern im Auftrage des Bundes oder als eigene Angelegenheit ausgeführt werden.

(3) Der Bundesrat kann der Bundesregierung Vorlagen für den Erlaß von Rechtsverordnungen zuleiten, die seiner Zustimmung bedürfen.

(4) Soweit durch Bundesgesetz oder auf Grund von Bundesgesetzen Landesregierungen ermächtigt werden, Rechtsverordnungen zu erlassen, sind die Länder zu einer Regelung auch durch Gesetz befugt.
...

Artikel 101 [Ausnahmegerichte]

(1) [1]Ausnahmegerichte sind unzulässig. [2]Niemand darf seinem gesetzlichen Richter entzogen werden.

(2) Gerichte für besondere Sachgebiete können nur durch Gesetz errichtet werden.
...

Artikel 103 [Grundrechte vor Gericht]

(1) Vor Gericht hat jedermann Anspruch auf rechtliches Gehör.

(2) Eine Tat kann nur bestraft werden, wenn die Strafbarkeit gesetzlich bestimmt war, bevor die Tat begangen wurde.

(3) Niemand darf wegen derselben Tat auf Grund der allgemeinen Strafgesetze mehrmals bestraft werden.

Artikel 104 [Rechtsgarantien bei Freiheitsentziehung]

(1) [1]Die Freiheit der Person kann nur auf Grund eines förmlichen Gesetzes und nur unter Beachtung der darin vorgeschriebenen Formen beschränkt werden. [2]Festgehaltene Personen dürfen weder seelisch noch körperlich mißhandelt werden.

(2) [1]Über die Zulässigkeit und Fortdauer einer Freiheitsentziehung hat nur der Richter zu entscheiden. [2]Bei jeder nicht auf richterlicher Anordnung beruhenden Freiheitsentziehung ist unverzüglich eine richterliche Entscheidung herbeizuführen. [3]Die Polizei darf aus eigener Machtvollkommenheit niemanden länger als bis zum Ende des Tages nach dem Ergreifen in eigenem Gewahrsam halten. [4]Das Nähere ist gesetzlich[1] zu regeln.

(3) [1]Jeder wegen des Verdachtes einer strafbaren Handlung vorläufig Festgenommene ist spätestens am Tage nach der Festnahme dem Richter vorzuführen, der ihm die Gründe der Festnahme mitzuteilen, ihn zu vernehmen und ihm Gelegenheit zu Einwendungen zu geben hat. [2]Der Richter hat unverzüglich entweder einen mit Gründen versehenen schriftlichen Haftbefehl zu erlassen oder die Freilassung anzuordnen.

(4) Von jeder richterlichen Entscheidung über die Anordnung oder Fortdauer einer Freiheitsentziehung ist unverzüglich ein Angehöriger des Festgehaltenen oder eine Person seines Vertrauens zu benachrichtigen.
...

XI. Übergangs- und Schlußbestimmungen

Artikel 116[2] [Begriff des „Deutschen"; nationalsozialistische Ausbürgerung]

(1) Deutscher im Sinne dieses Grundgesetzes ist vorbehaltlich anderweitiger gesetzlicher Regelung, wer die deutsche Staatsangehörigkeit besitzt oder als Flüchtling oder Vertriebener deutscher Volkszugehörigkeit oder als dessen Ehegatte oder Abkömmling in dem Gebiete des Deutschen Reiches nach dem Stande vom 31. Dezember 1937 Aufnahme gefunden hat.

(2) [1]Frühere deutsche Staatsangehörige, denen zwischen dem 30. Januar 1933 und dem 8. Mai 1945 die Staatsangehörigkeit aus politischen, rassischen oder religiösen Gründen entzogen worden ist, und ihre Abkömmlinge sind auf Antrag wieder einzubürgern. [2]Sie gelten als nicht ausgebürgert, sofern sie nach dem 8. Mai 1945 ihren Wohnsitz in Deutschland genommen haben und nicht einen entgegengesetzten Willen zum Ausdruck gebracht haben.

Artikel 125a [Fortgeltung von Bundesrecht; Ersetzung durch Landesrecht]

(1) [1]Recht, das als Bundesrecht erlassen worden ist, aber wegen der Änderung des Artikels 74 Abs. 1, der Einfügung des Artikels 84 Abs. 1 Satz 7, des Artikels 85 Abs. 1 Satz 2 oder des Artikels 105 Abs. 2a Satz 2 oder wegen der Aufhebung der Artikel 74a, 75 oder 98 Abs. 3 Satz 2 nicht mehr als

---

1) Siehe das G über das gerichtliche Verfahren bei Freiheitsentziehungen.
2) Siehe hierzu das StaatsangehörigkeitsG, das G zur Regelung von Fragen der Staatsangehörigkeit, das Zweite G zur Regelung von Fragen der Staatsangehörigkeit und das G zur Reform des Staatsangehörigkeitsrechts.

Bundesrecht erlassen werden könnte, gilt als Bundesrecht fort. [2]Es kann durch Landesrecht ersetzt werden.

(2) [1]Recht, das auf Grund des Artikels 72 Abs. 2 in der bis zum 15. November 1994 geltenden Fassung erlassen worden ist, aber wegen Änderung des Artikels 72 Abs. 2 nicht mehr als Bundesrecht erlassen werden könnte, gilt als Bundesrecht fort. [2]Durch Bundesgesetz kann bestimmt werden, dass es durch Landesrecht ersetzt werden kann.

(3) [1]Recht, das als Landesrecht erlassen worden ist, aber wegen Änderung des Artikels 73 nicht mehr als Landesrecht erlassen werden könnte, gilt als Landesrecht fort. [2]Es kann durch Bundesrecht ersetzt werden.

Artikel 125b [Fortgeltung von Bundesrecht; abweichende Regelungen durch die Länder]

(1) [1]Recht, das auf Grund des Artikels 75 in der bis zum 1. September 2006 geltenden Fassung erlassen worden ist und das auch nach diesem Zeitpunkt als Bundesrecht erlassen werden könnte, gilt als Bundesrecht fort. [2]Befugnisse und Verpflichtungen der Länder zur Gesetzgebung bleiben insoweit bestehen. [3]Auf den in Artikel 72 Abs. 3 Satz 1 genannten Gebieten können die Länder von diesem Recht abweichende Regelungen treffen, auf den Gebieten des Artikels 72 Abs. 3 Satz 1 Nr. 2, 5 und 6 jedoch erst, wenn und soweit der Bund ab dem 1. September 2006 von seiner Gesetzgebungszuständigkeit Gebrauch gemacht hat, in den Fällen der Nummern 2 und 5 spätestens ab dem 1. Januar 2010, im Falle der Nummer 6 spätestens ab dem 1. August 2008.

(2) Von bundesgesetzlichen Regelungen, die auf Grund des Artikels 84 Abs. 1 in der vor dem 1. September 2006 geltenden Fassung erlassen worden sind, können die Länder abweichende Regelungen treffen, von Regelungen des Verwaltungsverfahrens bis zum 31. Dezember 2008 aber nur dann, wenn ab dem 1. September 2006 in dem jeweiligen Bundesgesetz Regelungen des Verwaltungsverfahrens geändert worden sind.

...

Artikel 140 [Übernahme von Glaubensbestimmungen der Weimarer Reichsverfassung]

Die Bestimmungen der Artikel 136, 137, 138, 139 und 141 der deutschen Verfassung vom 11. August 1919[1)] sind Bestandteil dieses Grundgesetzes.

...

Artikel 142 [Grundrechte in Landesverfassungen]

Ungeachtet der Vorschrift des Artikels 31 bleiben Bestimmungen der Landesverfassungen auch insoweit in Kraft, als sie in Übereinstimmung mit den Artikeln 1 bis 18 dieses Grundgesetzes Grundrechte gewährleisten.

Anhang: Gemäß Art. 140 GG weitergeltende Artikel der Weimarer Reichsverfassung

Artikel 136 WRV [Religionsunabhängigkeit von Rechten und Pflichten]

(1) Die bürgerlichen und staatsbürgerlichen Rechte und Pflichten werden durch die Ausübung der Religionsfreiheit weder bedingt noch beschränkt.

(2) Der Genuß bürgerlicher und staatsbürgerlicher Rechte sowie die Zulassung zu öffentlichen Ämtern sind unabhängig von dem religiösen Bekenntnis.

(3) [1]Niemand ist verpflichtet, seine religiöse Überzeugung zu offenbaren. [2]Die Behörden haben nur soweit das Recht, nach der Zugehörigkeit zu einer Religionsgesellschaft zu fragen, als davon Rechte und Pflichten abhängen oder eine gesetzlich angeordnete statistische Erhebung dies erfordert.

(4) Niemand darf zu einer kirchlichen Handlung oder Feierlichkeit oder zur Teilnahme an religiösen Übungen oder zur Benutzung einer religiösen Eidesform gezwungen werden.

Artikel 137 WRV [Religionsgesellschaften]

(1) Es besteht keine Staatskirche.

(2) [1]Die Freiheit der Vereinigung zu Religionsgesellschaften wird gewährleistet. [2]Der Zusammenschluß von Religionsgesellschaften innerhalb des Reichsgebiets unterliegt keinen Beschränkungen.

(3) [1]Jede Religionsgesellschaft ordnet und verwaltet ihre Angelegenheiten selbständig innerhalb der Schranken des für alle geltenden Gesetzes. [2]Sie verleiht ihre Ämter ohne Mitwirkung des Staates oder der bürgerlichen Gemeinde.

(4) Religionsgesellschaften erwerben die Rechtsfähigkeit nach den allgemeinen Vorschriften des bürgerlichen Rechtes.

---

1)   Die Artikel 136 - 141 der Weimarer Reichsverfassung sind im Anschluss an Art. 142 wiedergegeben.

(5) [1]Die Religionsgesellschaften bleiben Körperschaften des öffentlichen Rechtes, soweit sie solche bisher waren. [2]Anderen Religionsgesellschaften sind auf ihren Antrag gleiche Rechte zu gewähren, wenn sie durch ihre Verfassung und die Zahl ihrer Mitglieder die Gewähr der Dauer bieten. [3]Schließen sich mehrere derartige öffentlich-rechtliche Religionsgesellschaften zu einem Verbande zusammen, so ist auch dieser Verband eine öffentlich-rechtliche Körperschaft.

(6) Die Religionsgesellschaften, welche Körperschaften des öffentlichen Rechtes sind, sind berechtigt, auf Grund der bürgerlichen Steuerlisten nach Maßgabe der landesrechtlichen Bestimmungen Steuern zu erheben.

(7) Den Religionsgesellschaften werden die Vereinigungen gleichgestellt, die sich die gemeinschaftliche Pflege einer Weltanschauung zur Aufgabe machen.

(8) Soweit die Durchführung dieser Bestimmungen eine weitere Regelung erfordert, liegt diese der Landesgesetzgebung ob.

Artikel 138 WRV [Staatsleistungen; Kirchengut]

(1) [1]Die auf Gesetz, Vertrag oder besonderen Rechtstiteln beruhenden Staatsleistungen an die Religionsgesellschaften werden durch die Landesgesetzgebung abgelöst. [2]Die Grundsätze hierfür stellt das Reich auf.

(2) Das Eigentum und andere Rechte der Religionsgesellschaften und religiösen Vereine an ihren für Kultus-, Unterrichts- und Wohltätigkeitszwecke bestimmten Anstalten, Stiftungen und sonstigen Vermögen werden gewährleistet.

Artikel 139 WRV [Sonn- und Feiertagsruhe]

Der Sonntag und die staatlich anerkannten Feiertage bleiben als Tage der Arbeitsruhe und der seelischen Erhebung gesetzlich geschützt.

Artikel 141 WRV [Religiöse Handlungen in öffentlichen Anstalten]

Soweit das Bedürfnis nach Gottesdienst und Seelsorge im Heer, in Krankenhäusern, Strafanstalten oder sonstigen öffentlichen Anstalten besteht, sind die Religionsgesellschaften zur Vornahme religiöser Handlungen zuzulassen, wobei jeder Zwang fernzuhalten ist.

Gesetz über den Verfassungsgerichtshof (Verfassungsgerichtshofsgesetz – VerfGHG)

Vom 13. Dezember 1954 (GBl. S. 171)
(BWGültV Sachgebiet 1104)
zuletzt geändert durch Art. 2 G zur Änd. der Landesverfassung und des G über den Staatsgerichtshof sowie anderer Gesetze vom 1. Dezember 2015 (GBl. S. 1030)

Nichtamtliche Inhaltsübersicht

1. Teil
Sitz und Organisation
§   1   Sitz
§   2   Wahl der Mitglieder
§   2a   Unvereinbarkeiten
§   3   Zeitpunkt der Wahl
§   4   Eidesleistung
§   5   Freiwilliges Ausscheiden
§   6   Amtsenthebung
§   7   Entschädigung

2. Teil
Zuständigkeit
§   8   Aufzählung der Zuständigkeiten
§   9   Beteiligte

3. Teil
Allgemeine Vefahrensvorschriften
§ 10   Allgemeine gerichtsverfassungsrechtliche
           Grundsätze
§ 11   Ausgeschlossene Richter
§ 12   Ablehnung eines Richters
§ 13   Akteneinsicht
§ 14   Prozessvertretung
§ 15   Einleitungsantrag
§ 16   Mündliche Verhandlung
§ 17   Entscheidungen im schriftlichen Verfahren
§ 18   Beauftragte und ersuchte Richter
§ 19   Rechts- und Amtshilfe
§ 20   Vernehmung von Zeugen und
           Sachverständigen
§ 21   Benachrichtigung der Beteiligten über
           Beweisaufnahmen
§ 22   Entscheidung
§ 23   Gesetzeskraft
§ 24   Erledigung von Verfahren
§ 25   Einstweilige Anordnungen
§ 26   Verfahrensaussetzung
§ 27   Verfahrensverbindung
§ 28   Vollstreckungsregelung
§ 29   Geschäftsordnung

4. Teil
Besondere Verfahrensvorschriften
1. Ministeranklage
a) Entscheidung nach Art. 57 Abs. 1 bis 3 der Verfassung
§ 30   Anklageschrift
§ 31   Fristen

§ 32   Zurücknahme der Anklage
§ 33   Vertreter der Anklage
§ 34   Verhandlungsvorbereitung
§ 35   Verhandlung
§ 36   Urteil
§ 37   Mehrfertigung für die Regierung
§ 38   Wiederaufnahme des Verfahrens

b) Entscheidung nach Art. 57 Abs. 4 der Verfassung
§ 39   Vorwurfskontrolle
§ 40   Bekanntgabe, Beitrittsmöglichkeit
§ 41   Einstellung der Vorwurfskontrolle bei
           Ministeranklage
§ 42   Verbrauch der Ministeranklage

2. Mandatsaberkennung (Entscheidung nach Art. 42 der Verfassung)
§ 43   Mandatsaberkennung

3. Auslegung der Verfassung bei Verfassungsstreitigkeiten (Entscheidung nach Art. 68 Abs. 1 Nr. 1 der Verfassung)
§ 44   Beteiligte am Organstreit
§ 45   Antragsvoraussetzungen
§ 46   Beitrittsbefugnis
§ 47   Entscheidungsinhalt

4. Normenkontrolle auf Antrag des Landtags oder der Regierung (Entscheidung nach Art. 68 Abs. 1 Nr. 2 der Verfassung)
§ 48   Rückäußerung, Beteiligte
§ 49   Verwaltungsgerichtliche Normenkontrolle
§ 50   Entscheidungsinhalt

5. Normenkontrolle auf Antrag eines Gerichts (Entscheidung nach Art. 68 Abs. 1 Nr. 3 der Verfassung)
§ 51   Richtervorlage

6. Wahlprüfung (Entscheidung nach Art. 31 Abs. 2 der Verfassung)
§ 52   Anfechtungsberechtigte

7. Kontrolle eines Antrags auf Verfassungsänderung (Entscheidung nach Art. 64 Abs. 1 Satz 3 der Verfassung)
§ 53   Antragsveröffentlichung

8. Normenkontrolle auf Antrag von Gemeinden
oder Gemeindeverbänden (Entscheidung nach
Art. 76 der Verfassung)
§ 54   Kommunalrechtliche Normenkontrolle

9. Verfassungsbeschwerde
§ 55   Erhebung der Verfassungsbeschwerde
§ 56   Begründung der Verfassungsbeschwerde
§ 57   Gelegenheit zur Äußerung
§ 58   Entscheidung
§ 59   Stattgeben der Verfassungsbeschwerde

5. Teil
Kosten
§ 60   Kostenfreiheit, Kostenerstattung

6. Teil
Verzögerungsbeschwerde
§ 61   Entschädigung

7. Teil
Schlussvorschriften
§ 62   Inkrafttreten

Zur Ausführung des Art. 68 der Verfassung des Landes Baden-Württemberg vom 11. November 1953 (Ges.Bl. S. 173) hat der Landtag am 10. Dezember 1954 das folgende Gesetz beschlossen, das hiermit verkündet wird:

1. Teil
Sitz und Organisation

§ 1 [Sitz]
Der Verfassungsgerichtshof für das Land Baden-Württemberg hat seinen Sitz am Sitz der Regierung.

§ 2 [Wahl der Mitglieder]
(1) [1]Bei der ersten Wahl (Art. 89 der Verfassung) werden die Mitglieder des Verfassungsgerichtshofs aus jeder der drei in Art. 68 Abs. 3 der Verfassung bezeichneten Gruppen im Wege der Verhältniswahl nach dem Höchstzahlverfahren (d'Hondt) gesondert gewählt. [2]Ob ein Bewerber auf die Dauer von neun, sechs oder drei Jahren gewählt ist, entscheidet das Los.
(2) [1]Bei den Ergänzungswahlen nach Art. 68 Abs. 3 Satz 3 der Verfassung wird für jede Gruppe gesondert gewählt. [2]Gewählt ist, wer die meisten Stimmen erhält. [3]Bei Stimmengleichheit findet eine Stichwahl statt, wenn mehr als zwei Bewerber zur Wahl standen, andernfalls entscheidet das Los. [4]Das gleiche gilt bei einer Nachwahl nach Art. 68 Abs. 3 Satz 4 der Verfassung.
(3) [1]Der Vorsitzende und sein ständiger Stellvertreter werden vom Landtag aus der Gruppe der Berufsrichter für die Dauer ihrer Mitgliedschaft gewählt. [2]Gewählt ist, wer die meisten Stimmen erhält. [3]Abs. 2 Satz 3 gilt entsprechend. [4]Der Vorsitzende führt die Amtsbezeichnung „Präsident des Verfassungsgerichtshofs", sein ständiger Stellvertreter führt die Amtsbezeichnung „Vizepräsident des Verfassungsgerichtshofs".
(4) [1]Für jedes Mitglied des Verfassungsgerichtshofs wählt der Landtag einen Stellvertreter. [2]Für die Wahl gelten die Abs. 1 und 2 entsprechend. [3]Die Stellvertreter vertreten sich in jeder Gruppe gegenseitig.
(5) Der Landtag kann die obersten Gerichte des Landes ersuchen, ihm über das Justizministerium Listen mit Namen geeigneter Berufsrichter ihrer Gerichtsbarkeit vorzulegen.

§ 2a [Unvereinbarkeiten]
(1) Ein politischer Staatssekretär und ein politischer Beamter können nicht Mitglied des Verfassungsgerichtshofs oder Stellvertreter sein.
(2) Ein Mitglied des Verfassungsgerichtshofs oder ein Stellvertreter scheidet mit der Ernennung zum politischen Staatssekretär oder zum politischen Beamten aus seinem Amt aus.

§ 3 [Zeitpunkt der Wahl]
(1) [1]Die Mitglieder des Verfassungsgerichtshofs und ihre Stellvertreter sollen frühestens drei Monate und spätestens einen Monat vor Ablauf der Amtszeit ihrer Vorgänger gewählt werden. [2]Ist der Landtag in dieser Zeit aufgelöst, so findet die Wahl innerhalb eines Monats nach dem ersten Zusammentritt des neu gewählten Landtags statt. [3]Wiederwahl ist zulässig.
(2) Scheidet ein Mitglied des Verfassungsgerichtshofs oder ein Stellvertreter vorzeitig aus (Art. 68 Abs. 3 Satz 4 der Verfassung), so muß der Nachfolger innerhalb von drei Monaten gewählt werden.

§ 4 [Eidesleistung]
[1]Die Mitglieder des Verfassungsgerichtshofs und ihre Stellvertreter leisten vor Antritt ihres Amtes vor dem Landtag folgenden Eid:„Ich schwöre, daß ich als gerechter Richter alle Zeit die Verfassung des

Landes Baden-Württemberg getreulich wahren und meine richterlichen Pflichten gegenüber jedermann gewissenhaft erfüllen werde. So wahr mir Gott helfe." [2]Der Eid kann auch ohne religiöse Beteuerung geleistet werden.

§ 5 [Freiwilliges Ausscheiden]
[1]Die Mitglieder des Verfassungsgerichtshofs und ihre Stellvertreter können zu Protokoll des Präsidenten des Landtags erklären, daß sie aus ihrem Amt ausscheiden. [2]Die Erklärung wird mit Ablauf des darauffolgenden Monats wirksam.

§ 6 [Amtsenthebung]
Die Mitglieder des Verfassungsgerichtshofs und ihre Stellvertreter können nur nach den für Richter geltenden Vorschriften ihres Amts enthoben werden.

§ 7 [Entschädigung]
(1) Die Mitglieder des Verfassungsgerichtshofs sind ehrenamtlich tätig.

(2) Für jeden Tag, an dem eine Sitzung des Verfassungsgerichtshofs oder eine Entscheidungsberatung stattfindet, erhalten die dabei anwesenden Richter eine Entschädigung in Höhe von einem Fünfzehntel des monatlichen Grundgehalts der Besoldungsgrupppe B 9.

(3) Außerdem erhalten der Präsident des Verfassungsgerichtshofs und sein ständiger Stellvertreter eine monatliche Aufwandsentschädigung, die für den Präsidenten ein Zwanzigstel und für den Vizepräsidenten ein Vierzigstel des monatlichen Grundgehalts der Besoldungsgruppe B 9 beträgt.

(4) Der Berichterstatter erhält eine zusätzliche Entschädigung, die im Einzelfall vom Vorsitzenden unter Berücksichtigung des Arbeitsaufwandes festgesetzt wird; sie darf das Zehnfache der Entschädigung nach Absatz 2 nicht übersteigen.

(5) Die Mitglieder des Verfassungsgerichtshofs erhalten Reisekostenvergütung entsprechend den für einen Landesbeamten der Besoldungsgruppe B 9 geltenden Sätzen.

2. Teil
Zuständigkeit

§ 8 [Aufzählung der Zuständigkeiten]
(1) Der Verfassungsgerichtshof entscheidet in den Angelegenheiten, die ihm durch die Verfassung zugewiesen sind, und zwar

1. über die Auslegung der Verfassung aus Anlaß einer Streitigkeit über den Umfang der Rechte und Pflichten eines obersten Landesorgans oder anderer Beteiligter, die durch die Verfassung oder in der Geschäftsordnung des Landtags oder der Regierung mit eigener Zuständigkeit ausgestattet sind (Art. 68 Abs. 1 Nr. 1 der Verfassung),
2. bei Zweifeln oder Meinungsverschiedenheiten über die Vereinbarkeit von Landesrecht mit der Verfassung (Art. 68 Abs. 1 Nr. 2 der Verfassung),
3. über die Vereinbarkeit eines Landesgesetzes mit der Verfassung, nachdem ein Gericht das Verfahren gemäß Art. 100 Abs. 1 des Grundgesetzes für die Bundesrepublik Deutschland ausgesetzt hat (Art. 68 Abs. 1 Nr. 3 der Verfassung),
4. über die Anfechtung einer Entscheidung des Landtags nach Art. 31 Abs. 1 der Verfassung (Art. 31 Abs. 2 der Verfassung),
5. über den Antrag, einem Abgeordneten das Mandat abzuerkennen (Art. 42 der Verfassung),
6. über die Anklage gegen ein Mitglied der Regierung und über den Antrag eines Mitglieds der Regierung auf Entscheidung über den öffentlichen Vorwurf der Gesetzesverletzung (Art. 57 Abs. 1 und 4 der Verfassung),
7. über die Zulässigkeit eines Antrags auf Verfassungsänderung (Art. 64 Abs. 1 Satz 3 der Verfassung),
8. über den Antrag einer Gemeinde oder eines Gemeindeverbands auf Feststellung, daß ein Gesetz die Vorschriften der Art. 71 bis 75 der Verfassung verletzt (Art. 76 der Verfassung).

(2) Der Verfassungsgerichtshof entscheidet ferner in den Angelegenheiten, die ihm durch Gesetz zugewiesen werden.

§ 9 [Beteiligte]

(1) Prozeßbeteiligter ist, wer auf Grund der Verfassung oder dieses Gesetzes Antragsteller oder Antragsgegner oder wer einem Verfahren beigetreten ist.

(2) Die Antragsberechtigung erlischt einen Monat nach Wegfall der gesetzlichen Voraussetzungen.

(3) [1]Die Eigenschaft als Prozeßbeteiligter und die Berechtigung, einem Verfahren beizutreten, bleiben bis zum Abschluß des Verfahrens bestehen. [2]Eine Personengesamtheit kann durch Mehrheitsbeschluß aus dem Verfahren ausscheiden. [3]Die unterliegende Minderheit behält die Eigenschaft als Prozeßbeteiligter, wenn sie die im Gesetz für die Antragstellung vorgeschriebene Personenzahl noch umfaßt. [4]Die Paragraphen 24, 32 Abs. 1 und 43 Abs. 2 bleiben unberührt.

3. Teil
Allgemeine Verfahrensvorschriften

§ 10 [Allgemeine gerichtsverfassungsrechtliche Grundsätze]

Im Verfahren des Verfassungsgerichtshofs finden die Vorschriften des Gerichtsverfassungsgesetzes über die Öffentlichkeit, die Sitzungspolizei, die Gerichtssprache, die Beratung und die Abstimmung entsprechende Anwendung.

§ 11 [Ausgeschlossene Richter]

(1) Ein Richter des Verfassungsgerichtshofs ist von der Ausübung des Richteramtes ausgeschlossen, wenn er

1. an der Sache beteiligt oder mit einem Beteiligten verheiratet ist oder war, eine Lebenspartnerschaft führt oder führte, in gerader Linie verwandt oder verschwägert oder in der Seitenlinie bis zum dritten Grade verwandt oder bis zum zweiten Grade verschwägert ist, oder

2. in derselben Sache bereits von Amts oder Berufs wegen tätig gewesen ist.

(2) Beteiligt ist nicht, wer nur wegen seines Familienstandes oder Berufes, seiner Religionszugehörigkeit, Abstammung oder Zugehörigkeit zu einer politischen Partei oder aus einem ähnlich allgemeinen Grunde am Ausgang des Verfahrens interessiert ist.

(3) Als Tätigkeit im Sinne des Abs. 1 Nr. 2 gilt nicht die Mitwirkung im Gesetzgebungsverfahren.

§ 12 [Ablehnung eines Richters]

(1) [1]Ein Prozeßbeteiligter kann einen Richter wegen Besorgnis der Befangenheit, oder weil er von der Ausübung des Richteramtes kraft Gesetzes ausgeschlossen ist, ablehnen. [2]Die Ablehnung ist zu begründen. [3]Der Abgelehnte hat sich dazu zu äußern. [4]Ein Prozeßbeteiligter kann einen Richter nicht mehr ablehnen, wenn er sich in eine Verhandlung eingelassen hat, ohne den ihm bekannten Ablehnungsgrund geltend zu machen.

(2) [1]Wird ein Richter des Verfassungsgerichtshofs abgelehnt, so entscheidet das Gericht unter Ausschluß dieses Richters. [2]Bei Stimmengleichheit gibt die Stimme des Vorsitzenden den Ausschlag.

(3) Erklärt sich ein Richter, der nicht abgelehnt ist, für befangen, so gilt Abs. 2 entsprechend.

§ 13 [Akteneinsicht]

Die Prozeßbeteiligten haben das Recht der Akteneinsicht.

§ 14 [Prozessvertretung]

(1) [1]Die Prozessbeteiligten können sich in jeder Lage des Verfahrens durch einen Rechtsanwalt oder einen Rechtslehrer an einer staatlichen oder staatlich anerkannten Hochschule eines Mitgliedstaates der Europäischen Union, eines anderen Vertragsstaates des Abkommens über den Europäischen Wirtschaftsraum oder der Schweiz, der die Befähigung zum Richteramt besitzt, als Bevollmächtigten vertreten lassen. [2]In der mündlichen Verhandlung vor dem Verfassungsgerichtshof müssen sie sich in dieser Weise vertreten lassen. [3]Es können sich, auch in der mündlichen Verhandlung, vetreten lassen.

1. der Landtag, sowie solche Organe des Landtags und Gruppen von Abgeordneten, die in der Verfassung oder in der Geschäftsordnung des Landtags mit eigenen Rechten ausgestattet sind, durch einen Abgeordneten,

2. das Land, die Landesregierung und die Organe des Landes durch ein Mitglied der Landesregierung oder durch einen Richter oder einen zum Richteramt befähigten Beamten,

3. die Gemeinden und Gemeindeverbände durch einen Richter oder einen zum Richteramt befähigten Beamten oder durch eine zu ihrer gesetzlichen Vertretung berufene Person. Mitglieder und ehemalige Mitglieder der Regierung bedürfen in eigener Sache keines Vertreters.

(2) Die Vollmacht ist schriftlich zu erteilen und muß sich ausdrücklich auf das Verfahren beziehen.

(3) Ist ein Bevollmächtigter bestellt, so sind alle Mitteilungen des Gerichts mit Ausnahme der Ladung eines Prozeßbeteiligten zum persönlichen Erscheinen nur an den Bevollmächtigten zu richten.

§ 15 [Einleitungsantrag]

(1) [1]Der Antrag, der das Verfahren einleitet, ist beim Verfassungsgerichtshof schriftlich einzureichen. [2]Er ist zu begründen. [3]Die Beweismittel sind anzugeben.

(2) [1]Der Vorsitzende stellt den Antrag den Prozeßbeteiligten unverzüglich zu mit der Aufforderung, sich binnen bestimmter Frist zu äußern. [2]Er kann jedem Prozeßbeteiligten aufgeben, die erforderliche Zahl von Abschriften seiner Schriftsätze binnen bestimmter Frist nachzureichen.

(3) Der Vorsitzende bestellt ein Mitglied zum Berichterstatter.

§ 16 [Mündliche Verhandlung]

(1) [1]Soweit nichts anderes bestimmt ist, entscheidet der Verfassungsgerichtshof auf Grund mündlicher Verhandlung. [2]Mit Zustimmung aller Prozeßbeteiligten kann er einstimmig beschließen, daß ohne mündliche Verhandlung entschieden wird.

(2) Die mündliche Verhandlung findet auch dann statt, wenn Prozeßbeteiligte, insbesondere Antragsteller und Antragsgegner, trotz ordnungsgemäßer Ladung nicht erschienen oder nicht vertreten sind.

§ 17 [Entscheidungen im schriftlichen Verfahren]

(1) Entscheidungen, die außerhalb der mündlichen Verhandlung nötig werden, trifft der Vorsitzende mit Zustimmung von mindestens zwei Richtern.

(2) [1]Unzulässige oder offensichtlich unbegründete Anträge können durch einstimmigen Beschluss einer von dem Verfassungsgerichtshof für die Dauer eines Geschäftsjahres bestellten Kammer, die aus drei Richtern besteht, zurückgewiesen werden. [2]§ 58 Absatz 4 Satz 2 bis 5 gilt entsprechend.

§ 18 [Beauftragte und ersuchte Richter]

(1) Der Verfassungsgerichtshof kann eines seiner Mitglieder mit der Beweisaufnahme beauftragen oder ein anderes Gericht darum ersuchen.

(2) Mit einer Mehrheit von sechs Stimmen kann der Verfassungsgerichtshof beschließen, daß eine beschlossene Beweisaufnahme unterbleibt.

§ 19 [Rechts- und Amtshilfe]

[1]Alle Gerichte und Verwaltungsbehörden leisten dem Verfassungsgerichtshof Rechts- und Amtshilfe. [2]Sie legen ihm Akten und Urkunden über das zuständige Ministerium und das Staatsministerium vor. [3]Fordert der Verfassungsgerichtshof in einem Verfahren der Verfassungsbeschwerde die Akten des gerichtlichen Ausgangsverfahrens an, werden ihm diese unmittelbar vorgelegt. [4]Hält die Regierung die Verwendung einer Urkunde für unvereinbar mit der Staatssicherheit, so teilt sie dies dem Verfassungsgerichtshof mit. [5]Will der Verfassungsgerichtshof auf der Vorlegung der Urkunde beharren, so hat er vor der Beschlußfassung den Ministerpräsidenten und den beteiligten Minister anzuhören. [6]Der Verfassungsgerichtshof beschließt, ob in diese Urkunde Einsicht gewährt werden kann.

§ 20 [Vernehmung von Zeugen und Sachverständigen]

(1) Für die Vernehmung von Zeugen und Sachverständigen gelten in den Fällen der Art. 31 Abs. 2, 42 und 57 der Verfassung die Vorschriften der Strafprozeßordnung, in den übrigen Fällen die Vorschriften der Zivilprozeßordnung entsprechend.

(2) [1]Soweit ein Zeuge oder Sachverständiger nur mit Genehmigung einer vorgesetzten Stelle vernommen werden darf, kann diese Genehmigung nur verweigert werden, wenn es das Wohl des Bundes oder des Landes erfordert. [2]Der Zeuge oder Sachverständige kann sich nicht auf seine Schweigepflicht berufen, wenn der Verfassungsgerichtshof mit einer Mehrheit von sechs Stimmen die Verweigerung der Aussagegenehmigung für unbegründet erklärt.

§ 21 [Benachrichtigung der Beteiligten über Beweisaufnahmen]

(1) [1]Die Prozeßbeteiligten werden von allen Beweisterminen benachrichtigt. [2]Sie können der Beweisaufnahme beiwohnen und an Zeugen und Sachverständige Fragen richten. [3]Wird eine Frage beanstan-

det, so entscheidet das Gericht. [4]Bei Beweisaufnahmen durch einen beauftragten oder ersuchten Richter entscheidet dieser.

(2) Findet in der mündlichen Verhandlung eine unmittelbare Beweisaufnahme nicht statt, haben aber zur Vorbereitung der Verhandlung Ermittlungen oder eine Beweisaufnahme stattgefunden, so trägt der Berichterstatter das Ergebnis in der mündlichen Verhandlung vor.

§ 22 [Entscheidung]

(1) [1]Der Verfassungsgerichtshof entscheidet in geheimer Beratung nach seiner freien, aus dem Inhalt der Verhandlung und dem Ergebnis der Beweisaufnahme geschöpften Überzeugung. [2]Seiner Entscheidung dürfen nur Tatbestände und Beweismittel zugrunde gelegt werden, zu denen sich zu äußern alle Prozeßbeteiligten Gelegenheit hatten. [3]Dies gilt auch, wenn der Verfassungsgerichtshof nach § 19 letzter Satz beschlossen hat, daß in eine Urkunde keine Einsicht zu gewähren ist.

(2) [1]Die Richter stimmen nach dem Lebensalter; der jüngere stimmt vor dem älteren. [2]Der Berichterstatter stimmt zuerst. [3]Zuletzt stimmt der Vorsitzende.

(3) Die Endentscheidung ergeht durch Urteil.

(4) [1]Die Entscheidung ergeht im Namen des Volkes. [2]Sie ist schriftlich abzufassen, zu begründen und von den Richtern, die mitgewirkt haben, zu unterzeichnen. [3]Ergeht die Entscheidung auf Grund mündlicher Verhandlung, so ist sie im Anschluß an die Beratung durch den Vorsitzenden bei versammeltem Gericht durch Verlesung des entscheidenden Teiles öffentlich zu verkünden. [4]Sie kann auch in einem besonderen Termin, der nicht später als drei Monate nach der Beratung liegen soll, vom Vorsitzenden in Anwesenheit von mindestens zwei Richtern in gleicher Weise verkündet werden. [5]Die Entscheidungsgründe können bei der Verkündung verlesen oder ihrem wesentlichen Inhalt nach mitgeteilt werden. [6]Eine Ausfertigung der mit Gründen versehenen Entscheidung ist den Prozeßbeteiligten zuzustellen.

(5) Nicht verkündete Entscheidungen werden den Prozeßbeteiligten zugestellt.

§ 23 [Gesetzeskraft]

(1) [1]Gesetzeskraft haben die Urteile des Verfassungsgerichtshofs, die

a) eine Rechtsvorschrift für gültig oder als mit der Verfassung unvereinbar für nichtig erklären (Art. 68 Abs. 1 Nr. 2 und 3 und Art. 76 der Verfassung), oder

b) feststellen, wie eine Verfassungsbestimmung auszulegen ist (Art. 68 Abs. 1 Nr. 1 der Verfassung in Verbindung mit § 47 Abs. 2).

[2]In diesen Fällen wird die Entscheidungsformel durch den Präsidenten des Verfassungsgerichtshofs im Gesetzblatt veröffentlicht.

(2) Die Rechtskraft erstreckt sich auf alle Prozeßbeteiligten.

§ 24 [Erledigung von Verfahren]

[1]Verfahren nach Art. 31 Abs. 2 und Art. 64 Abs. 1 der Verfassung, die im Zeitpunkt des Zusammentritts eines neugewählten Landtags anhängig sind, werden vom Verfassungsgerichtshof durch Beschluß für erledigt erklärt. [2]Verfahren nach Art. 68 Abs. 1 Nr. 1 der Verfassung können beim Zusammentritt eines neugewählten Landtags vom Verfassungsgerichtshof für erledigt erklärt werden, wenn ein schutzwürdiges Interesse an ihrer Weiterverfolgung nicht besteht.

§ 25 [Einstweilige Anordnungen]

(1) Der Verfassungsgerichtshof kann, wenn es zur Abwehr schwerer Nachteile, zur Verhinderung drohender Gewalt oder aus einem anderen wichtigen Grunde zum gemeinen Wohl dringend geboten ist, in einem anhängigen Verfahren einen Zustand durch einstweilige Anordnung vorläufig regeln.

(2) [1]Die einstweilige Anordnung kann ohne mündliche Verhandlung ergehen. [2]Der Antragsgegner oder die nach § 57 Äußerungsberechtigten sind vor Erlaß der einstweiligen Anordnung, soweit deren Zweck dadurch nicht gefährdet wird, zu hören. [3]Wird Widerspruch erhoben, so ergeht die Entscheidung nach mündlicher Verhandlung durch Urteil. [4]In Verfahren der Verfassungsbeschwerde ist ein Widerspruch des Beschwerdeführers und des Äußerungsberechtigten nach § 57 Absatz 3 nicht statthaft.

§ 26 [Verfahrensaussetzung]

Bis zur Erledigung eines bei einem anderen Gericht anhängigen Verfahrens kann der Verfassungsgerichtshof sein Verfahren aussetzen, wenn die Feststellungen oder die Entscheidung in diesem Verfahren für seine Entscheidung von Bedeutung sein oder sie gegenstandslos machen können.

§ 27 [Verfahrensverbindung]

Der Verfassungsgerichtshof kann anhängige Verfahren verbinden und verbundene Verfahren trennen.

§ 28 [Vollstreckungsregelung]

[1]Der Verfassungsgerichtshof kann bestimmen, wer seine Entscheidung vollstreckt. [2]Im Einzelfall kann er die Art und Weise der Vollstreckung regeln.

§ 29 [Geschäftsordnung]

[1]Soweit dieses Gesetz nichts anderes bestimmt, regelt der Verfassungsgerichtshof das Verfahren und den Geschäftsgang durch eine Geschäftsordnung. [2]Sie wird im Gesetzblatt veröffentlicht.

4. Teil
Besondere Verfahrensvorschriften

1. Ministeranklage

a) Entscheidung nach Art. 57 Abs. 1 bis 3 der Verfassung

§ 30 [Anklageschrift]

(1) [1]Auf Grund eines Beschlusses des Landtags, Ministeranklage zu erheben (Art. 57 Abs. 2 der Verfassung), übersendet der Landtagspräsident dem Verfassungsgerichtshof binnen eines Monats eine Anklageschrift. [2]Mit dem Eingang der Anklageschrift beim Verfassungsgerichtshof ist die Anklage erhoben.

(2) [1]Die Anklageschrift muß die Handlung oder Unterlassung, wegen der Anklage erhoben wird, bezeichnen, ebenso die Beweismittel und die Bestimmung der Verfassung oder des Gesetzes, die verletzt sein soll. [2]Der Anklageschrift ist eine Niederschrift über die Sitzung des Landtags beizulegen, in welcher der Beschluß, Anklage zu erheben, gefaßt worden ist.

§ 31 [Fristen]

[1]Das Recht zur Ministeranklage erlischt fünf Jahre nach Begehung der verletzenden Handlung. [2]Die Anklage muß jedoch von einem Landtag innerhalb eines Jahres, nachdem ihm die verletzende Handlung mitgeteilt wurde, erhoben werden.

§ 32 [Zurücknahme der Anklage]

(1) [1]Die Anklage kann bis zum Beginn der mündlichen Verhandlung zurückgenommen werden, wenn der Landtag es beschließt. [2]Ein solcher Antrag muß von mindestens einem Drittel der Mitglieder des Landtags unterzeichnet sein. [3]Der Beschluß erfordert bei Anwesenheit von mindestens zwei Dritteln der Mitglieder des Landtags eine Zweidrittelmehrheit, die jedoch mehr als die Hälfte der Mitglieder des Landtags betragen muß.

(2) [1]Die Anklage wird vom Landtagspräsidenten durch Übersendung einer Ausfertigung des Beschlusses an den Verfassungsgerichtshof zurückgenommen. [2]Die Bestimmung des § 30 Abs. 2 Satz 2 gilt sinngemäß. [3]Der Präsident des Verfassungsgerichtshofs teilt dem Angeklagten den Zeitpunkt des Eingangs der Zurücknahmeerklärung mit.

(3) [1]Erhebt der Angeklagte innerhalb eines Monats, nachdem ihm die Mitteilung nach Abs. 2 Satz 3 zugegangen ist, Widerspruch, so ist die Zurücknahme der Anklage unwirksam. [2]Der Widerspruch ist beim Präsidenten des Verfassungsgerichtshofs schriftlich zu erheben.

§ 33 [Vertreter der Anklage]

Der Landtag bestimmt, wer die Anklage vor dem Verfassungsgerichtshof vertritt.

§ 34 [Verhandlungsvorbereitung]

(1) [1]Der Vorsitzende des Verfassungsgerichtshofs kann nach Anhörung von zwei seiner Mitglieder zur Vorbereitung der mündlichen Verhandlung Vorermittlungen anordnen. [2]Sie sind einem seiner Mitglieder zu übertragen. [3]Dem Angeklagten ist Gelegenheit zur Äußerung zu geben.

(2) Nach Abschluß der Vorermittlungen gibt der Vorsitzende dem Landtag Gelegenheit, darüber zu entscheiden, ob die Anklage aufrecht erhalten wird.

§ 35 [Verhandlung]

(1) Der Verfassungsgerichtshof entscheidet auf Grund mündlicher Verhandlung.

(2) [1]Zur Verhandlung ist der Angeklagte zu laden. [2]In der Ladung ist darauf hinzuweisen, daß ohne ihn verhandelt werden kann, wenn er unentschuldigt ausbleibt oder sich ohne ausreichenden Grund vorzeitig entfernt.

(3) [1]In der Verhandlung trägt der Vertreter der Anklage zuerst die Anklage vor. [2]Dann erhält der Angeklagte Gelegenheit, sich zur Anklage zu erklären. [3]Hierauf findet die Beweiserhebung statt. [4]Zum Schluß wird der Vertreter der Anklage mit seinem Antrag und der Angeklagte mit seiner Verteidigung gehört. [5]Der Angeklagte hat das letzte Wort.

§ 36 [Urteil]
(1) Gegenstand der Urteilsfindung ist die in der Anklage bezeichnete Tat, wie sie sich nach dem Ergebnis der Verhandlung darstellt.

(2) [1]Das Urteil lautet auf
Einstellung des Verfahrens, oder
Freisprechung, oder
Feststellung, daß der Angeklagte sich einer vorsätzlichen oder grobfahrlässigen Verletzung der Verfassung oder eines anderen Gesetzes schuldig gemacht hat. Mit dieser Feststellung kann die Aberkennung des Amtes oder die ganze oder teilweise Entziehung der Versorgungsansprüche verbunden werden.

(3) Zu jeder dem Angeklagten nachteiligen Entscheidung, welche die Schuldfrage, die Aberkennung des Amts oder die Entziehung von Versorgungsansprüchen betrifft, sind mindestens sechs Stimmen erforderlich.

(4) Die Einstellung des Verfahrens ist auszusprechen, wenn ein Verfahrenshindernis besteht, insbesondere wenn der Fall des § 31 vorliegt.

(5) Wird der Angeklagte freigesprochen, so müssen die Urteilsgründe ergeben, ob er nicht überführt oder ob seine Unschuld erwiesen ist.

(6) Wird der Angeklagte verurteilt, so müssen die Urteilsgründe die erwiesenen Tatsachen angeben, in denen die gesetzlichen Merkmale seiner schuldhaften Handlung oder Unterlassung gefunden werden.

§ 37 [Mehrfertigung für die Regierung]
Eine Ausfertigung des Urteils mit Gründen ist der Regierung zu übersenden.

§ 38 [Wiederaufnahme des Verfahrens]
(1) [1]Die Wiederaufnahme des Verfahrens findet nur zugunsten des Verurteilten und nur auf Antrag unter den Voraussetzungen der §§ 359 und 364 der Strafprozeßordnung statt. [2]Antragsberechtigt ist der Verurteilte, nach seinem Tode sein Ehegatte oder Lebenspartner, einer seiner Abkömmlinge oder eine Fraktion des Landtags. [3]In dem Antrag müssen der gesetzliche Grund der Wiederaufnahme sowie die Beweismittel angegeben werden. [4]Durch den Antrag auf Wiederaufnahme wird die Wirksamkeit des Urteils nicht berührt.

(2) [1]Über die Zulassung des Antrages entscheidet der Verfassungsgerichtshof ohne mündliche Verhandlung. [2]Die Vorschriften der §§ 368, 369 Abs. 1, 2 und 4, 370 und 371 Abs. 1 bis 3 der Strafprozeßordnung gelten entsprechend.

(3) Das auf Grund der neuen Verhandlung ergehende Urteil hält entweder das frühere Urteil aufrecht oder ändert es zugunsten des Angeklagten ab.

b) Entscheidung nach Art. 57 Abs. 4 der Verfassung

§ 39 [Vorwurfskontrolle]
Beantragt ein Mitglied der Regierung mit deren Zustimmung nach Art. 57 Abs. 4 der Verfassung die Entscheidung des Verfassungsgerichtshofs, so hat es anzugeben, welche Handlung oder Unterlassung ihm vorgeworfen worden ist, gegen welche Bestimmung der Verfassung oder eines anderen Gesetzes es dadurch vorsätzlich oder grobfahrlässig verstoßen haben soll, sowie von wem und wo der Vorwurf in der Öffentlichkeit erhoben worden ist.

§ 40 [Bekanntgabe, Beitrittsmöglichkeit]
(1) Der Präsident des Verfassungsgerichtshofs gibt den Antrag des Mitglieds der Regierung im Staatsanzeiger bekannt.

(2) Eine Gruppe des Landtags, die mindestens ein Viertel seiner Mitglieder umfaßt, kann dem Verfahren beitreten.

(3) Vorermittlungen können in entsprechender Anwendung des § 34 Abs. 1 angeordnet werden.

§ 41 [Einstellung der Vorwurfskontrolle bei Ministeranklage]

Wird gegen ein Mitglied der Regierung Ministeranklage wegen einer Tat erhoben, die Gegenstand eines Verfahrens nach Art. 57 Abs. 4 der Verfassung ist, so wird dieses Verfahren eingestellt.

§ 42 [Verbrauch der Ministeranklage]

Ergibt ein Verfahren nach Art. 57 Abs. 4 der Verfassung, daß der Vorwurf unbegründet ist, so kann gegen das Mitglied der Regierung wegen derselben Tat Ministeranklage nur erhoben werden, wenn nach der Strafprozeßordnung die Wiederaufnahme des Verfahrens zuungunsten des Angeklagten zulässig wäre.

2. Mandatsaberkennung
(Entscheidung nach Art. 42 der Verfassung)

§ 43 [Mandatsaberkennung]

(1) Hat der Abgeordnete seine Stellung in gewinnsüchtiger Absicht mißbraucht, so stellt der Verfassungsgerichtshof dies fest und erkennt ihm das Mandat ab.

(2) Für das Verfahren gelten die Bestimmungen der §§ 30 bis 38 entsprechend.

3. Auslegung der Verfassung bei Verfassungsstreitigkeiten
(Entscheidung nach Art. 68 Abs. 1 Nr. 1 der Verfassung)

§ 44 [Beteiligte am Organstreit]

Antragsteller und Antragsgegner können nur der Landtag und im Falle des Art. 36 der Verfassung der Ständige Ausschuß des Landtags, die Regierung und die in der Verfassung oder in der Geschäftsordnung des Landtags oder der Regierung mit eigener Zuständigkeit ausgestatteten Teile dieser Organe sein.

§ 45 [Antragsvoraussetzungen]

(1) Der Antrag ist nur zulässig, wenn der Antragsteller geltend macht, daß er oder das Organ, dem er angehört, durch eine Handlung oder Unterlassung des Antragsgegners in der Wahrnehmung seiner ihm durch die Verfassung übertragenen Rechte und Pflichten verletzt oder unmittelbar gefährdet sei.

(2) Der Antrag muß die Bestimmung der Verfassung bezeichnen, gegen welche die beanstandete Handlung oder Unterlassung des Antragsgegners verstößt.

(3) Der Antrag muß binnen sechs Monaten gestellt werden, nachdem die beanstandete Handlung oder Unterlassung dem Antragsteller bekannt geworden ist, spätestens jedoch fünf Jahre nach ihrer Durchführung oder Unterlassung.

§ 46 [Beitrittsbefugnis]

(1) Dem Antragsteller und dem Antagsgegner können in jeder Lage des Verfahrens andere Antragsberechtigte beitreten, wenn die Entscheidung für die Abgrenzung ihrer Zuständigkeiten von Bedeutung ist.

(2) Das Gericht gibt dem Landtag und der Regierung von der Einleitung des Verfahrens Kenntnis.

§ 47 [Entscheidungsinhalt]

(1) Das Gericht stellt in seiner Entscheidung fest, ob sich der Antragsgegner wie behauptet verhalten hat oder ob ein solches Verhalten von ihm zu gewärtigen ist, inwiefern er dadurch den Antragsteller in der Wahrnehmung seiner Rechte und Pflichten verletzt oder unmittelbar gefährdet hat und gegen welche Bestimmung der Verfassung sein Verhalten verstößt.

(2) Soweit die Entscheidung von der Auslegung einer Verfassungsbestimmung abhängt, kann das Gericht in der Entscheidungsformel feststellen, wie die Verfassungsbestimmung auszulegen ist.

4. Normenkontrolle auf Antrag des Landtags oder der Regierung
(Entscheidung nach Art. 68 Abs. 1 Nr. 2 der Verfassung)

§ 48 [Rückäußerung, Beteiligte]
(1) Ist bei Zweifeln oder Meinungsverschiedenheiten über die Vereinbarkeit von Landesrecht mit der Verfassung eine Entscheidung des Verfassungsgerichtshofs beantragt worden, so hat dieser dem Landtag und der Regierung Gelegenheit zur Äußerung innerhalb bestimmter Frist zu geben.
(2) Am Verfahren können sich Verfassungsorgane im Sinne des § 44 und Selbstverwaltungskörperschaften, wenn sie ein berechtigtes Interesse dartun, beteiligen.

§ 49 [Verwaltungsgerichtliche Normenkontrolle]
(1) [1]Ist wegen einer Verordnung oder einer sonstigen im Range unter dem Gesetz stehenden Rechtsvorschrift ein Normenkontrollverfahren nach Art. 68 Abs. 1 Nr. 2 der Verfassung und ein Verfahren vor dem Verwaltungsgerichtshof anhängig, so muß der Verwaltungsgerichtshof auf Verlangen des Verfassungsgerichtshofs sein Verfahren bis zur Erledigung des Verfahrens vor dem Verfassungsgerichtshof aussetzen. [2]Stellt der Verfassungsgerichtshof ein solches Verlangen nicht, so kann der Verwaltungsgerichtshof sein Verfahren mit Zustimmung des Verfassungsgerichtshofs aussetzen. [3]Der Verwaltungsgerichtshof unterrichtet den Verfassungsgerichtshof, wenn bei ihm ein solches Normenkontrollverfahren anhängig wird.
(2) Die Aussetzungsbefugnis des Verfassungsgerichtshofs richtet sich nach § 26.

§ 50 [Entscheidungsinhalt]
[1]Hält der Verfassungsgerichtshof die beanstandete Bestimmung für unvereinbar mit der Verfassung, so stellt er in seiner Entscheidung ihre Nichtigkeit fest. [2]Sind weitere Bestimmungen desselben Gesetzes aus denselben Gründen mit der Verfassung unvereinbar, so kann der Verfassungsgerichtshof sie gleichfalls für nichtig erklären.

5. Normenkontrolle auf Antrag eines Gerichts
(Entscheidung nach Art. 68 Abs. 1 Nr. 3 der Verfassung)

§ 51 [Richtervorlage]
(1) Sind die Voraussetzungen des Art. 68 Abs. 1 Nr. 3 der Verfassung gegeben, so holen die obersten Gerichte des Landes unmittelbar, die übrigen Gerichte über das zuständige oberste Gericht des Landes, die Entscheidung des Verfassungsgerichtshofs ein.
(2) [1]Die Begründung des Aussetzungsbeschlusses muß angeben, inwiefern von der Gültigkeit des Gesetzes die Entscheidung des Gerichts abhängig und mit welcher Bestimmung der Verfassung das Gesetz unvereinbar sein soll. [2]Die Akten sind beizufügen.
(3) Die Vorschriften des § 48 Abs. 1 und des § 50 gelten entsprechend.

6. Wahlprüfung
(Entscheidung nach Art. 31 Abs. 2 der Verfassung)

§ 52 [Anfechtungsberechtigte]
(1) [1]Ein Beschluß des Landtags in Wahlprüfungssachen nach Art. 31 der Verfassung kann innerhalb eines Monats seit der Beschlußfassung des Landtags beim Verfassungsgerichtshof angefochten werden. [2]Anfechtungsberechtigt sind:
a) der Abgeordnete, dessen Mitgliedschaft bestritten ist,
b) ein Wahlberechtigter oder eine Gruppe von Wahlberechtigten, deren Einspruch vom Landtag verworfen worden ist, wenn ihnen mindestens hundert Wahlberechtigte beitreten,
c) eine Fraktion,
d) eine Minderheit des Landtags, die wenigstens ein Zehntel der gesetzlichen Mitgliederzahl umfaßt.
(2) Eine Gruppe von Wahlberechtigten, für die bei der Wahl ein Wahlvorschlag zugelassen wurde, hat nicht nachzuweisen, daß ihr hundert Wahlberechtigte beitreten.

7. Kontrolle eines Antrags auf Verfassungsänderung (Entscheidung nach Art. 64 Abs. 1 Satz 3 der Verfassung)

§ 53 [Antragsveröffentlichung]

Der Präsident des Verfassungsgerichtshofs gibt den beim Gericht nach Art. 64 Abs. 1 Satz 3 der Verfassung gestellten Antrag im Staatsanzeiger bekannt.

8. Normenkontrolle auf Antrag von Gemeinden oder Gemeindeverbänden (Entscheidung nach Art. 76 der Verfassung)

§ 54 [Kommunalrechtliche Normenkontrolle]

[1]Auf das Verfahren nach Art. 76 der Verfassung finden die Vorschriften der §§ 48 und 50 entsprechend Anwendung. [2]Ein Zusammenschluss von Gemeinden oder Gemeindeverbänden kann einem Verfahren vor dem Verfassungsgerichtshof nach Satz 1 beitreten, wenn in dem Verfahren von dem Antragsteller eine Verletzung von Art. 71 Abs. 3 der Verfassung behauptet wird und dieses Verfahren aus Sicht des Zusammenschlusses von grundsätzlicher Bedeutung ist; die grundsätzliche Bedeutung ist mit der Beitrittserklärung darzulegen.

9. Verfassungsbeschwerde

§ 55 [Erhebung der Verfassungsbeschwerde]

(1) Jeder kann mit der Behauptung, durch die öffentliche Gewalt des Landes in einem seiner in der Verfassung des Landes Baden-Württemberg enthaltenen Rechte verletzt zu sein, die Verfassungsbeschwerde zum Verfassungsgerichtshof erheben, soweit nicht Verfassungsbeschwerde zum Bundesverfassungsgericht erhoben ist oder wird.

(2) [1]Ist gegen die behauptete Verletzung der Rechtsweg zulässig, kann die Verfassungsbeschwerde erst nach Erschöpfung des Rechtswegs erhoben werden. [2]Der Verfassungsgerichtshof kann jedoch über eine vor Erschöpfung des Rechtswegs eingelegte Verfassungsbeschwerde sofort entscheiden, wenn sie von allgemeiner Bedeutung ist oder wenn dem Beschwerdeführer ein schwerer und unabwendbarer Nachteil entstünde, falls er zunächst auf den Rechtsweg verwiesen würde. [3]Satz 2 ist auf Verfassungsbeschwerden gegen fachgerichtliche Entscheidungen nicht anwendbar.

(3) [1]Dem Beschwerdeführer kann nach Maßgabe der Vorschriften der Zivilprozessordnung Prozesskostenhilfe bewilligt werden. [2]Die Fristen des § 56 Absatz 2 und 4 werden durch das Gesuch um Bewilligung von Prozesskostenhilfe nicht gehemmt.

§ 56 [Begründung der Verfassungsbeschwerde]

(1) In der Begründung der Beschwerde sind das Recht, das verletzt sein soll, und die Handlung oder Unterlassung des Organs oder der Behörde, durch die der Beschwerdeführer sich verletzt fühlt, zu bezeichnen.

(2) [1]Die Verfassungsbeschwerde ist binnen eines Monats zu erheben und zu begründen. [2]Die Frist beginnt mit der Zustellung oder formlosen Mitteilung der in vollständiger Form abgefassten Entscheidung, wenn diese nach den maßgebenden verfahrensrechtlichen Vorschriften von Amts wegen vorzunehmen ist. [3]In anderen Fällen beginnt die Frist mit der Verkündung der Entscheidung oder, wenn diese nicht zu verkünden ist, mit ihrer sonstigen Bekanntgabe an den Beschwerdeführer; wird dabei dem Beschwerdeführer eine Abschrift der Entscheidung in vollständiger Form nicht erteilt, wird die Frist des Satzes 1 dadurch unterbrochen, dass der Beschwerdeführer schriftlich oder zu Protokoll der Geschäftsstelle die Erteilung einer in vollständiger Form abgefassten Entscheidung beantragt. [4]Die Unterbrechung dauert fort, bis die Entscheidung in vollständiger Form dem Beschwerdeführer von dem Gericht erteilt oder von Amts wegen oder von einem an dem Verfahren Beteiligten zugestellt wird.

(3) [1]War ein Beschwerdeführer ohne Verschulden verhindert, diese Frist einzuhalten, ist ihm auf Antrag Wiedereinsetzung in den vorigen Stand zu gewähren. [2]Der Antrag ist binnen zwei Wochen nach Wegfall des Hindernisses zu stellen. [3]Die Tatsachen zur Begründung des Antrags sind bei der Antragstellung oder im Verfahren über den Antrag glaubhaft zu machen. [4]Innerhalb der Antragsfrist ist die versäumte Rechtshandlung nachzuholen; ist dies geschehen, kann die Wiedereinsetzung auch ohne

Antrag gewährt werden. [5]Nach einem Jahr seit dem Ende der versäumten Frist ist der Antrag unzulässig. [6]Das Verschulden des Bevollmächtigten steht dem Verschulden eines Beschwerdeführers gleich.

(4) Richtet sich die Verfassungsbeschwerde gegen ein Gesetz oder gegen einen sonstigen Hoheitsakt, gegen den ein Rechtsweg nicht offen steht, kann die Verfassungsbeschwerde nur binnen eines Jahres seit dem Inkrafttreten des Gesetzes oder dem Erlass des Hoheitsaktes erhoben und begründet werden.

§ 57 [Gelegenheit zur Äußerung]

(1) Der Verfassungsgerichtshof gibt dem Verfassungsorgan, dessen Handlung oder Unterlassung in der Verfassungsbeschwerde beanstandet wird, Gelegenheit, sich binnen einer zu bestimmenden Frist zu äußern.

(2) Richtet sich die Verfassungsbeschwerde gegen die Handlung oder Unterlassung einer Behörde des Landes, ist dem zuständigen Ministerium, bei Behörden sonstiger Rechtsträger auch den Rechtsträgern, Gelegenheit zur Äußerung zu geben.

(3) Richtet sich die Verfassungsbeschwerde gegen eine gerichtliche Entscheidung, gibt der Verfassungsgerichtshof auch dem durch die Entscheidung Begünstigten Gelegenheit zur Äußerung.

(4) Richtet sich die Verfassungsbeschwerde unmittelbar oder mittelbar gegen ein Gesetz, ist § 48 Absatz 1 entsprechend anzuwenden.

(5) Die in Absatz 1, 2 und 4 in Verbindung mit § 48 Absatz 1 genannten Verfassungsorgane können dem Verfahren beitreten.

§ 58 [Entscheidung über Verfassungsbeschwerden]

(1) Der Verfassungsgerichtshof entscheidet über Verfassungsbeschwerden in der Regel ohne mündliche Verhandlung.

(2) [1]Über die Zurückweisung einer Verfassungsbeschwerde als unzulässig oder offensichtlich unbegründet und die Anforderung eines Vorschusses nach Absatz 3 Satz 2 kann abweichend von § 22 Absatz 1 Satz 1 und Absatz 2 in einem schriftlichen Verfahren entschieden werden. [2]Eine Anhörung nach § 57 ist nicht erforderlich. [3]Die Entscheidung bedarf keiner Begründung, wenn der Beschwerdeführer zuvor auf Bedenken gegen die Zulässigkeit oder Begründetheit der Verfassungsbeschwerde hingewiesen worden ist. [4]Im Übrigen genügt zur Begründung des Beschlusses ein Hinweis auf den maßgeblichen rechtlichen Gesichtspunkt.

(3) [1]Ist eine Verfassungsbeschwerde unzulässig oder offensichtlich unbegründet, kann der Verfassungsgerichtshof dem Beschwerdeführer mit der Entscheidung über die Hauptsache eine Gebühr bis zu 2000 Euro auferlegen. [2]Der Verfassungsgerichtshof kann dem Beschwerdeführer aufgeben, einen entsprechenden Vorschuss zu leisten. [3]Die Verfassungsbeschwerde gilt als zurückgenommen, wenn der Beschwerdeführer den Vorschuss nicht innerhalb von zwei Monaten ab Zustellung der Vorschussanforderung zahlt. [4]Auf diese Rechtsfolge ist der Beschwerdeführer bei der Vorschussanforderung hinzuweisen. [5]Für die Fristberechnung gilt § 222 Absatz 1 und 2 der Zivilprozessordnung entsprechend.

(4) [1]Die Entscheidungen nach Absatz 2 und 3 können durch einstimmigen Beschluss einer von dem Verfassungsgerichtshof für die Dauer eines Geschäftsjahres bestellten Kammer ergehen, die aus drei Richtern besteht, von denen mindestens zwei die Befähigung zum Richteramt haben müssen. [2]Die Bestellung mehrerer Kammern ist zulässig. [3]Der Verfassungsgerichtshof bestimmt vor Beginn des Geschäftsjahres deren Zahl und Zusammensetzung sowie die Verteilung der Verfassungsbeschwerden auf die Kammern. [4]Der Beschluss ergeht ohne mündliche Verhandlung und ist unanfechtbar. [5]Im Falle einer Zurückweisung bleibt die Kammer für alle das Verfassungsbeschwerdeverfahren betreffenden Entscheidungen zuständig.

(5) [1]Absatz 1 und 4 gilt entsprechend für die Entscheidung über Anträge, die im Zusammenhang mit einer Verfassungsbeschwerde gestellt werden, solange und soweit das Plenum noch nicht mit der Verfassungsbeschwerde befasst ist. [2]Bei einer Zurückweisung dieser Anträge als unzulässig oder offensichtlich unbegründet gilt Absatz 2 und 3 entsprechend. [3]Absatz 1, 2 und 4 gilt ferner entsprechend für Entscheidungen nach Erledigung der Hauptsache, über Anträge auf Bewilligung von Prozesskostenhilfe nach § 55 Absatz 3 Satz 1 und über Kosten nach § 60 Absatz 1 Satz 2.

§ 59 [Stattgeben der Verfassungsbeschwerde]

(1) [1]Wird der Verfassungsbeschwerde stattgegeben, ist in der Entscheidung festzustellen, welche Vorschrift der Verfassung durch welche Handlung oder Unterlassung verletzt wurde. [2]Der Verfassungsgerichtshof kann zugleich aussprechen, dass auch jede Wiederholung der beanstandeten Maßnahme die Verfassung verletzt. [3]Wird der Verfassungsbeschwerde gegen eine Entscheidung stattgegeben, hebt der Verfassungsgerichtshof die Entscheidung auf, in den Fällen des § 55 Absatz 2 Satz 1 verweist er die Sache an ein zuständiges Gericht zurück.

(2) Wird der unmittelbar oder mittelbar gegen ein Gesetz gerichteten Verfassungsbeschwerde stattgegeben, gelten die §§ 23 und 50 entsprechend.

5. Teil
Kosten

§ 60 [Kostenfreiheit, Kostenerstattung]

(1) [1]Das Verfahren vor dem Verfassungsgerichtshof ist kostenfrei. [2]Im Falle mutwilliger Rechtsverfolgung können dem Antragsteller die Kosten auferlegt werden.

(2) [1]Erweist sich eine Ministeranklage oder ein Antrag auf Aberkennung eines Landtagsmandats als unbegründet, so sind dem Angeklagten die notwendigen Auslagen einschließlich der Kosten der Verteidigung aus der Staatskasse zu ersetzen. [2]Dasselbe gilt für den Antragsteller im Verfahren nach Art. 57 Abs. 4 der Verfassung, wenn sich der Vorwurf als unbegründet erweist.

(3) Erweist sich eine Verfassungsbeschwerde als begründet, sind dem Beschwerdeführer die notwendigen Auslagen ganz oder teilweise zu erstatten.

(4) In den übrigen Fällen kann der Verfassungsgerichtshof die volle oder teilweise Erstattung der Auslagen anordnen.

6. Teil
Verzögerungsbeschwerde

§ 61 [Entschädigung]

(1) [1]Wer infolge unangemessener Dauer eines Verfahrens vor dem Verfassungsgerichtshof als Verfahrensbeteiligter oder als Beteiligter in einem zur Herbeiführung einer Entscheidung des Verfassungsgerichtshofs ausgesetzten Verfahren einen Nachteil erleidet, wird angemessen entschädigt. [2]Die Angemessenheit der Verfahrensdauer richtet sich nach den Umständen des Einzelfalles unter Berücksichtigung der Aufgaben und der Stellung des Verfassungsgerichtshofs.

(2) [1]Ein Nachteil, der nicht Vermögensnachteil ist, wird vermutet, wenn ein Verfahren vor dem Verfassungsgerichtshof unangemessen lange gedauert hat. [2]Hierfür kann eine Entschädigung nur beansprucht werden, soweit nicht nach den Umständen des Einzelfalles Wiedergutmachung auf andere Weise, insbesondere durch die Feststellung der Unangemessenheit der Verfahrensdauer, ausreichend ist. [3]Die Entschädigung gemäß Satz 2 beträgt 1200 Euro für jedes Jahr der Verzögerung. [4]Ist der Betrag nach Satz 3 nach den Umständen des Einzelfalles unbillig, kann der Verfassungsgerichtshof einen höheren oder einen niedrigeren Betrag festsetzen.

(3) Für das Verfahren gelten die §§ 97b bis 97d des Bundesverfassungsgerichtsgesetzes entsprechend mit der Maßgabe, dass über die Verzögerungsbeschwerde eine Beschwerdekammer entscheidet, die aus drei für die Dauer eines Geschäftsjahres bestellten Richtern besteht.

7. Teil
Schlussvorschriften

§ 62 [Inkrafttreten]

Dieses Gesetz tritt am Tage nach seiner Verkündung[1] in Kraft.

---

1) Verkündet am 24. 12. 1954.

Gesetz über die Landtagswahlen (Landtagswahlgesetz – LWG)

In der Fassung vom 15. April 2005[1] (GBl. S. 384)
(BWGültV Sachgebiet 1113)

zuletzt geändert durch Art. 2 G über das Wahl- und Stimmrecht von Personen, für die zur Besorgung aller ihrer Angelegenheiten ein Betreuer bestellt ist vom 4. April 2019 (GBl. S. 105)

Inhaltsübersicht

1. Abschnitt:

Wahlsystem

§ 1   Zahl der Abgeordneten und Art der Wahl
§ 2   Verteilung der Abgeordnetensitze
§ 3   Verbot der Verbindung von Wahlvorschlägen

2. Abschnitt:

Gliederung des Wahlgebiets

§ 4   Wahlgebiet
§ 5   Wahlkreise
§ 6   Wahlbezirke

3. Abschnitt:

Wahlrecht und Wählbarkeit

§ 7   Wahlrecht
§ 8   Ausübung des Wahlrechts
§ 9   Wählbarkeit

4. Abschnitt:

Wahlorgane

§ 10   Gliederung der Wahlorgane
§ 11   Landeswahlleiter und Landeswahlausschuss
§ 12   Kreiswahlleiter und Kreiswahlausschüsse
§ 13   Wahlvorsteher und Wahlvorstände
§ 14   Wahlvorsteher und Briefwahlvorstände
§ 15   Mitgliedschaft in Wahlorganen
§ 16   Tätigkeit der Wahlausschüsse und Wahlvorstände
§ 17   Ehrenämter
§ 18   Amtsdauer und Beschlussfähigkeit der Wahlausschüsse und Wahlvorstände

5. Abschnitt:

Vorbereitung der Wahl

§ 19   Wahltag
§ 20   Mitwirkung der Landkreise, Gemeinden und des Statistischen Landesamts
§ 21   Wählerverzeichnisse
§ 22   Wahlscheine
§ 23   Wahlräume und deren Ausstattung

6. Abschnitt:

Wahlvorschläge

§ 24   Aufstellung von Wahlbewerbern und Unterzeichnung der Wahlvorschläge
§ 25   Inhalt der Wahlvorschläge

§ 26   Einreichung der Wahlvorschläge
§ 27   Vertrauensleute
§ 28   Zurücknahme und Änderung von Wahlvorschlägen
§ 29   Beseitigung von Mängeln der Wahlvorschläge
§ 30   Zulassung der Wahlvorschläge
§ 31   Rechtsmittel
§ 32   Bekanntmachung der Wahlvorschläge

7. Abschnitt:

Wahlhandlung

§ 33   Wahlzeit
§ 34   Öffentlichkeit der Wahlhandlung
§ 35   Unzulässige Wahlpropaganda und Unterschriftensammlung, unzulässige Veröffentlichung von Wählerbefragungen
§ 36   Wahrung des Wahlgeheimnisses
§ 37   Stimmzettel, Umschläge
§ 38   Stimmabgabe

8. Abschnitt:

Feststellung und Bekanntgabe des Wahlergebnisses

§ 39   Öffentlichkeit der Ergebnisfeststellung
§ 40   Feststellung des Wahlergebnisses im Wahlbezirk
§ 41   Feststellung des Briefwahlergebnisses
§ 42   Ungültige Stimmen, Zurückweisung von Wahlbriefen
§ 43   Feststellung des Wahlergebnisses im Wahlkreis
§ 44   Feststellung des Wahlergebnisses im Land und Sitzverteilung
§ 45   Bekanntmachung des Wahlergebnisses
§ 46   Erwerb der Mitgliedschaft im Landtag

9. Abschnitt:

Ausscheiden und Ersatz von Abgeordneten

§ 47   Mandatsnachfolge
§ 48   Feststellung der Mandatsnachfolge
§ 49   Folgen eines Parteiverbots

10. Abschnitt:

Nachwahl und Wiederholungwahl

§ 50   Nachwahl
§ 51   Wiederholungswahl

---

1)   Neubekanntmachung des LandtagswahlG idF v. 6. 9. 1983 (GBl. S. 509) in der ab 9. 2. 2005 geltenden Fassung.

11. Abschnitt:
Staatliche Mittel für Parteien und Einzelbewerber
§ 52   Auszahlung staatlicher Mittel an Parteien
§ 53   Staatliche Mittel für Einzelbewerber

12. Abschnitt:
Schlussbestimmungen
§ 54   Anfechtung
§ 55   Ordnungswidrigkeiten

§ 56   Wahlkosten
§ 57   Wahlordnung
§ 58   Ermächtigung zur Verkürzung von Fristen und Terminen bei Auflösung des Landtags
§ 59   Fristen, Termine und Form
§ 60   Wahlstatistik
§ 61   Inkrafttreten

Anlage (hier nicht abgedruckt)

1. Abschnitt
Wahlsystem

§ 1 Zahl der Abgeordneten und Art der Wahl

(1) Der Landtag setzt sich aus mindestens 120 Abgeordneten zusammen, die in 70 Wahlkreisen nach Wahlvorschlägen von Parteien oder von Wahlberechtigten für Einzelbewerber gewählt werden.

(2) [1]Parteien können in jedem Wahlkreis einen Bewerber und einen Ersatzbewerber vorschlagen. [2]Ein Einzelbewerber kann nur in einem Wahlkreis vorgeschlagen werden.

(3) [1]Jeder Wähler hat eine Stimme. [2]Die Summe der Stimmenzahlen der Bewerber einer Partei in den Wahlkreisen ergibt die Gesamtstimmenzahl der Partei im Land.

§ 2 Verteilung der Abgeordnetensitze

(1) [1]Die 120 Abgeordnetensitze werden auf die Parteien im Verhältnis ihrer Gesamtstimmenzahlen im Land nach der parteiübergreifend absteigenden Reihenfolge der Höchstzahlen verteilt, die sich durch Teilung der auf die jeweiligen Parteien entfallenen gültigen Stimmen durch ungerade Zahlen in aufsteigender Reihenfolge, beginnend mit der Zahl eins, ergibt. [2]Parteien, die weniger als 5 Prozent der im Land abgegebenen gültigen Stimmen erreicht haben, werden hierbei nicht berücksichtigt. [3]Haben Parteien mit einem geringeren Stimmenanteil als 5 Prozent oder Einzelbewerber Sitze nach Absatz 3 Satz 1 erlangt, so werden entsprechend weniger Sitze verteilt.

(2) Die jeder Partei im Land zustehenden Sitze werden auf die Regierungsbezirke im Verhältnis der von ihr dort erreichten Stimmenzahlen nach dem in Absatz 1 Satz 1 festgelegten Höchstzahlverfahren verteilt.

(3) [1]In jedem Wahlkreis ist der Bewerber gewählt, der die meisten Stimmen erreicht hat. [2]Stehen einer Partei nach Absatz 2 in einem Regierungsbezirk mehr Sitze zu, als ihre Bewerber dort erlangt haben, so werden die weiteren Sitze ihren nicht nach Satz 1 gewählten Bewerbern in diesem Regierungsbezirk in der Reihenfolge der Höhe ihrer prozentualen Stimmenanteile an den Stimmenzahlen aller Bewerber in den Wahlkreisen zugeteilt.

(4) [1]Erlangt eine Partei in einem Regierungsbezirk nach Absatz 3 Satz 1 mehr Sitze, als ihr dort nach Absatz 2 zustehen, so erhöht sich die Zahl der auf den Regierungsbezirk insgesamt entfallenden Sitze um so viele, als erforderlich sind, um unter Einbeziehung der Mehrsitze die Sitzverteilung im Regierungsbezirk im Verhältnis der von den Parteien dort erreichten Stimmenzahlen nach dem in Absatz 1 Satz 1 festgelegten Höchstzahlverfahren zu gewährleisten; die Zahl der Abgeordneten erhöht sich über 120 hinaus entsprechend. [2]Bei gleicher Höchstzahl fällt der letzte Sitz an die Partei, die Mehrsitze erlangt hat. [3]Für die Zuteilung der weiteren Sitze gilt Absatz 3 Satz 2 entsprechend.

(5) Stehen einer Partei in einem Regierungsbezirk nach Absatz 2 oder nach Absatz 4 mehr Sitze zu, als sie dort Bewerber hat, so werden die weiteren Sitze den Ersatzbewerbern im Regierungsbezirk in der Reihenfolge der Höhe der prozentualen Stimmenanteile der Bewerber an den Stimmenzahlen aller Bewerber in den Wahlkreisen zugeteilt.

(6) Bei gleichen Stimmenzahlen im Fall von Absatz 3 Satz 1 entscheidet das vom Kreiswahlleiter, bei gleichen prozentualen Stimmenanteilen in den Fällen von Absatz 3 Satz 2, Absatz 4 Satz 3 und Absatz 5 und bei gleichen Höchstzahlen in den Fällen von Absatz 1 Satz 1 und Absatz 2 das vom Landeswahlleiter zu ziehende Los.

(7) Sitze, die nach den vorstehenden Bestimmungen nicht verteilt werden können, bleiben auch dann unbesetzt, wenn dadurch die Zahl der Abgeordneten 120 nicht erreicht.

§ 3 Verbot der Verbindung von Wahlvorschlägen
Die Verbindung von Wahlvorschlägen mehrerer Parteien und die Aufstellung gemeinsamer Wahlvorschläge ist nicht zulässig.

2. Abschnitt
Gliederung des Wahlgebiets

§ 4 Wahlgebiet
[1]Wahlgebiet ist das Land. [2]Es gliedert sich in Wahlkreise und Wahlbezirke.

§ 5 Wahlkreise
(1) [1]Das Wahlgebiet wird in die Wahlkreise 1 bis 70 eingeteilt. [2]Die Wahlkreise ergeben sich aus der Anlage zu diesem Gesetz.
(2) [1]Werden Grenzen von Gemeinden oder Landkreisen geändert, so ändern sich entsprechend die Grenzen der betroffenen Wahlkreise. [2]Bei der Neubildung einer Gemeinde aus Gemeinden oder Teilen von Gemeinden eines Landkreises, die zu verschiedenen Wahlkreisen gehören, fällt die neue Gemeinde dem nach der Einwohnerzahl kleineren Wahlkreis zu. [3]Sätze 1 und 2 gelten nicht für Grenzänderungen, die später als sechs Monate vor dem Wahltag rechtswirksam werden.
(3) Das Innenministerium wird ermächtigt, die Anlage zu diesem Gesetz erneut ganz oder teilweise bekannt zu machen, wenn sich Wahlkreise nach Absatz 2 ändern oder wenn die Beschreibung des Gebiets eines Wahlkreises oder der Name eines Wahlkreises sonst unrichtig geworden ist.

§ 6 Wahlbezirke
[1]Jede Gemeinde bildet mindestens einen Wahlbezirk; in größeren Gemeinden sind mehrere Wahlbezirke zu bilden. [2]Das Nähere über die Bildung der Wahlbezirke und ihre öffentliche Bekanntmachung bestimmt die Wahlordnung. [3]Sie kann auch Bestimmungen über die Einrichtung von Sonderwahlbezirken treffen, in denen nur mit Wahlschein gewählt werden kann. [4]Ein Briefwahlbezirk wird bestimmt durch die dem Briefwahlvorstand zugewiesene Zuständigkeit nach Wahlbezirken, die auf der Grundlage von Satz 1 gebildet worden sind.

3. Abschnitt
Wahlrecht und Wählbarkeit

§ 7 Wahlrecht
(1) [1]Wahlberechtigt sind alle Deutschen im Sinne von Artikel 116 Abs. 1 des Grundgesetzes, die am Wahltag
1. das 18. Lebensjahr vollendet haben,
2. seit mindestens drei Monaten in Baden-Württemberg ihre Wohnung, bei mehreren Wohnungen ihre Hauptwohnung haben oder sich sonst gewöhnlich aufhalten und
3. nicht vom Wahlrecht ausgeschlossen sind (Absatz 2).
[2]Bei der Berechnung der Dreimonatsfrist nach Satz 1 Nr. 2 ist der Tag der Wohnungs- oder Aufenthaltsnahme in die Frist einzubeziehen.
(2) [1]Ausgeschlossen vom Wahlrecht ist,
1. wer infolge Richterspruchs das Wahlrecht nicht besitzt,
2. wem zur Besorgung aller seiner Angelegenheiten ein Betreuer nicht nur durch einstweilige Anordnung bestellt ist; dies gilt auch, wenn der Aufgabenkreis des Betreuers die in § 1896 Abs. 4 und § 1905 des Bürgerlichen Gesetzbuchs bezeichneten Angelegenheiten nicht erfasst.
[2]Satz 1 Nummer 2 findet bis zum 24. Oktober 2021 keine Anwendung.

§ 8 Ausübung des Wahlrechts
(1) Ein Wahlberechtigter kann sein Wahlrecht nur ausüben, wenn er in ein Wählerverzeichnis (§ 21) eingetragen ist oder einen Wahlschein (§ 22) hat.
(2) [1]Wer in ein Wählerverzeichnis eingetragen ist, kann durch persönliche Stimmabgabe in dem Wahlbezirk wählen, in dessen Wählerverzeichnis er geführt wird. [2]Wer einen Wahlschein hat, kann innerhalb des Wahlkreises, in dem der Wahlschein ausgestellt ist,
1. durch persönliche Stimmabgabe in einem beliebigen Wahlbezirk dieses Wahlkreises oder
2. durch Briefwahl

wählen.

§ 9 Wählbarkeit
(1) Wählbar ist jeder Wahlberechtigte.

(2) Von der Wählbarkeit ist ausgeschlossen, wer infolge Richterspruchs die Wählbarkeit oder die Fähigkeit zur Bekleidung öffentlicher Ämter nicht besitzt.

4. Abschnitt
Wahlorgane

§ 10 Gliederung der Wahlorgane
(1) Wahlorgane sind
1. der Landeswahlleiter und der Landeswahlausschuss für das gesamte Wahlgebiet,
2. ein Kreiswahlleiter und ein Kreiswahlausschuss für jeden Wahlkreis,
3. ein Wahlvorsteher und ein Wahlvorstand für jeden Wahlbezirk und
4. mindestens ein Wahlvorsteher und ein Wahlvorstand für die Briefwahl (Briefwahlvorstand) für jeden Wahlkreis.

(2) Der Kreiswahlleiter kann anordnen, dass Briefwahlvorstände statt für den Wahlkreis für einzelne oder mehrere Gemeinden einzusetzen sind.

(3) Wie viele Briefwahlvorstände einzusetzen sind, bestimmt der Kreiswahlleiter.

(4) Das Nähere über die Einsetzung der Briefwahlvorstände bestimmt die Wahlordnung.

§ 11 Landeswahlleiter und Landeswahlausschuss
(1) Der Landeswahlleiter und der Landeswahlausschuss haben ihren Sitz in Stuttgart.

(2) Der Landeswahlleiter und sein Stellvertreter werden vom Innenministerium berufen.

(3) [1]Der Landeswahlausschuss besteht aus dem Landeswahlleiter als Vorsitzendem und vier bis zehn vom Innenministerium zu berufenden Beisitzern. [2]Die Zahl der Beisitzer bestimmt das Innenministerium. [3]Für jeden Beisitzer ist ein Stellvertreter zu berufen. [4]Bei der Berufung der Beisitzer sollen die im Land bestehenden Parteien angemessen berücksichtigt werden.

(4) [1]Das Innenministerium macht die Berufung des Landeswahlleiters und seines Stellvertreters im Staatsanzeiger für Baden-Württemberg bekannt. [2]Es stellt die erforderlichen Hilfskräfte und Hilfsmittel zur Verfügung.

§ 12 Kreiswahlleiter und Kreiswahlausschüsse
(1) Der Sitz der Kreiswahlleiter und der Kreiswahlausschüsse wird vom Innenministerium bestimmt.

(2) Die Kreiswahlleiter und ihre Stellvertreter werden vom Innenministerium berufen.

(3) [1]Die Kreiswahlausschüsse bestehen aus dem Kreiswahlleiter als Vorsitzendem und vier bis sieben vom Kreiswahlleiter zu berufenden Beisitzern. [2]Die Zahl der Beisitzer bestimmt der Kreiswahlleiter. [3]Für jeden Beisitzer ist ein Stellvertreter zu berufen. [4]Bei der Berufung der Beisitzer sollen die im Wahlkreis bestehenden Parteien angemessen berücksichtigt werden. [5]Besteht der Wahlkreis aus mehreren Landkreisen, Stadtkreisen oder Teilen von solchen, so sollen die einzelnen Gebiete, aus denen sich der Wahlkreis zusammensetzt, nach Möglichkeit berücksichtigt werden.

(4) [1]Das Innenministerium macht die Berufung der Kreiswahlleiter und ihrer Stellvertreter im Staatsanzeiger für Baden-Württemberg bekannt. [2]Die Landkreise und Stadtkreise sind verpflichtet, die erforderlichen Hilfskräfte und Hilfsmittel zur Verfügung zu stellen.

§ 13 Wahlvorsteher und Wahlvorstände
(1) Die Wahlvorsteher und ihre Stellvertreter werden vom Bürgermeister berufen.

(2) [1]Die Wahlvorstände bestehen aus dem Wahlvorsteher als Vorsitzendem, seinem Stellvertreter und mindestens drei weiteren Beisitzern, die vom Bürgermeister aus den Wahlberechtigten und Gemeindebediensteten zu berufen sind. [2]Die in der Gemeinde bestehenden Parteien sollen angemessen berücksichtigt werden.

(3) Die Gemeinden sind verpflichtet, die erforderlichen Hilfskräfte und Hilfsmittel zur Verfügung zu stellen.

(4) [1]Die Gemeinden sind befugt, personenbezogene Daten von Wahlberechtigten zum Zweck ihrer Berufung zu Mitgliedern von Wahlvorständen zu erheben und weiter zu verarbeiten. [2]Zu diesem Zweck dürfen personenbezogene Daten von Wahlberechtigten, die zur Tätigkeit in Wahlvorständen geeignet

sind, auch für künftige Wahlen verarbeitet werden, sofern der Betroffene der Verarbeitung nicht widersprochen hat. [3]Der Betroffene ist über das Widerspruchsrecht zu unterrichten. [4]Im Einzelnen dürfen Name, Vorname, Geburtsdatum, Anschrift, Telefonnummern, Zahl der Berufungen zu einem Mitglied der Wahlvorstände und die dabei ausgeübte Funktion erhoben und weiter verarbeitet werden.

(5) [1]Auf Ersuchen der Gemeinden sind zur Sicherstellung der Wahldurchführung die Behörden des Landes, der Gemeinden, der Landkreise sowie der sonstigen der Aufsicht des Landes unterstehenden juristischen Personen des öffentlichen Rechts verpflichtet, aus dem Kreis ihrer Bediensteten unter Angabe von Name, Vorname, Geburtsdatum und Anschrift zum Zweck der Berufung als Mitglieder der Wahlvorstände Personen zu benennen, die im Gebiet der ersuchenden Gemeinde wohnen. [2]Die ersuchte Stelle hat den Betroffenen über die übermittelten Daten und den Empfänger zu benachrichtigen.

§ 14 Wahlvorsteher und Briefwahlvorstände

(1) Die Briefwahlvorstände haben ihren Sitz am Sitz des Kreiswahlleiters, wenn dieser nichts anderes bestimmt.

(2) Die Wahlvorsteher für die Briefwahl, ihre Stellvertreter und die weiteren Beisitzer des Briefwahlvorstandes werden, wenn nach § 10 Abs. 2 für eine einzelne Gemeinde ein oder mehrere Briefwahlvorstände einzusetzen sind, vom Bürgermeister dieser Gemeinde, im Übrigen vom Kreiswahlleiter berufen.

(3) Für die Zusammensetzung der Briefwahlvorstände gilt § 13 Abs. 2 entsprechend.

(4) Sind nach § 10 Abs. 2 für einzelne oder für mehrere Gemeinden Briefwahlvorstände eingesetzt, sind die Gemeinden, im Übrigen die Landkreise verpflichtet, die erforderlichen Hilfskräfte und Hilfsmittel zur Verfügung zu stellen.

§ 15 Mitgliedschaft in Wahlorganen

(1) [1]Zu Mitgliedern der Wahlausschüsse dürfen nur Wahlberechtigte, zu Mitgliedern der Wahlvorstände nur Wahlberechtigte und Gemeindebedienstete berufen werden. [2]Wahlberechtigte sollen nach Möglichkeit in dem Gebiet wahlberechtigt sein, für das der Wahlausschuss oder Wahlvorstand bestellt wird.

(2) [1]Niemand darf in mehr als einem Wahlorgan Mitglied sein. [2]Wahlbewerber und Vertrauensleute für Wahlvorschläge dürfen nicht zu Mitgliedern eines Wahlorgans berufen werden.

§ 16 Tätigkeit der Wahlausschüsse und Wahlvorstände

(1) [1]Die Wahlausschüsse und Wahlvorstände verhandeln und entscheiden in öffentlicher Sitzung. [2]Bei den Abstimmungen entscheidet Stimmenmehrheit; bei Stimmengleichheit gibt die Stimme des Vorsitzenden den Ausschlag.

(2) Die Mitglieder der Wahlorgane, ihre Stellvertreter und die Schriftführer sind zur unparteiischen Wahrnehmung ihres Amtes und zur Verschwiegenheit über die ihnen bei ihrer amtlichen Tätigkeit bekannt gewordenen Angelegenheiten verpflichtet.

(3) Das Nähere über die öffentliche Bekanntmachung der Sitzungen der Wahlausschüsse und Wahlvorstände sowie über deren Verfahren bestimmt die Wahlordnung.

§ 17 Ehrenämter

(1) [1]Die Beisitzer der Wahlausschüsse und die Mitglieder der Wahlvorstände üben ihre Tätigkeit ehrenamtlich aus. [2]Zur Übernahme dieses Ehrenamtes ist jeder Wahlberechtigte verpflichtet. [3]Das Ehrenamt darf nur aus wichtigem Grund abgelehnt werden. [4]Das Nähere hierüber sowie über die reisekostenrechtliche Entschädigung und die Gewährung eines Zehrgelds bestimmt die Wahlordnung.

(2) Den Beisitzern der Wahlausschüsse und den Mitgliedern der Wahlvorstände kann Ersatz für Sachschäden, die sie bei Ausübung ihres Ehrenamts erlitten haben, nach den für Ehrenbeamte geltenden Bestimmungen gewährt werden; ein zugleich erlittener Körperschaden schließt eine Ersatzleistung nicht aus.

§ 18 Amtsdauer und Beschlussfähigkeit der Wahlausschüsse und Wahlvorstände

(1) Die Wahlausschüsse bestehen auch nach der Hauptwahl fort, längstens bis zum Ablauf der Wahlperiode.

(2) Mitglieder der Wahlausschüsse und der Wahlvorstände können aus wichtigem Grund entpflichtet oder ersetzt werden.

(3) Die Wahlausschüsse sind ohne Rücksicht auf die Zahl der erschienenen Beisitzer beschlussfähig.

(4) [1]Die Wahlvorstände sind beschlussfähig

1. während der Wahlhandlung und bei der Zulassung oder Zurückweisung der Wahlbriefe, wenn mindestens drei Mitglieder, und
2. bei der Feststellung des Wahlergebnisses, wenn mindestens fünf Mitglieder,

darunter jeweils der Wahlvorsteher und der von ihm aus den Beisitzern bestellte Schriftführer oder ihre Stellvertreter, anwesend sind. [2]Fehlende Beisitzer sind vom Wahlvorsteher durch Wahlberechtigte oder Gemeindebedienstete zu ersetzen, wenn dies zur Herstellung der Beschlussfähigkeit des Wahlvorstandes erforderlich ist.

5. Abschnitt
Vorbereitung der Wahl

§ 19 Wahltag

[1]Die Regierung bestimmt den Wahltag und gibt ihn im Staatsanzeiger für Baden-Württemberg bekannt. [2]Der Wahltag ist auf einen Sonntag festzusetzen.

§ 20 Mitwirkung der Landkreise, Gemeinden und des Statistischen Landesamts

(1) [1]Die Landkreise und Gemeinden sind zur Mitwirkung bei der Vorbereitung und Durchführung der Wahl nach Maßgabe der gesetzlichen Vorschriften verpflichtet. [2]Das Innenministerium kann den Landkreisen und Gemeinden Weisungen erteilen.

(2) Dem Statistischen Landesamt obliegt insbesondere die technische Vorbereitung der Wahldatenübermittlung, die technische Ermittlung des vorläufigen und endgültigen Wahlergebnisses, die Wahlstatistik nach § 60, die Berechnung des Wahlkostenersatzes, die rechnerische Unterstützung bei Wahlprüfungsverfahren sowie bei Änderungen der Wahlkreiseinteilung und des Wahlsystems.

§ 21 Wählerverzeichnisse

(1) [1]Die Aufstellung der Wählerverzeichnisse obliegt den Gemeinden. [2]Sie führen für jeden Wahlbezirk ein Wählerverzeichnis.

(2) In die Wählerverzeichnisse einer Gemeinde sind alle Personen einzutragen, die voraussichtlich am Wahltag das Wahlrecht und in der Gemeinde ihre Wohnung, bei mehreren Wohnungen ihre Hauptwohnung haben oder sich dort sonst gewöhnlich aufhalten.

(3) [1]Jeder Wahlberechtigte hat das Recht, an den Werktagen vom 20. bis zum 16. Tag vor der Wahl während der allgemeinen Öffnungszeiten die Richtigkeit und Vollständigkeit der zu seiner Person im Wählerverzeichnis eingetragenen Daten zu überprüfen. [2]Um innerhalb dieses Zeitraums die Daten von anderen im Wählerverzeichnis eingetragenen Personen zu überprüfen, müssen Wahlberechtigte Tatsachen glaubhaft machen, aus denen sich eine Unrichtigkeit oder Unvollständigkeit des Wählerverzeichnisses ergeben kann; die Daten von Wahlberechtigten, für die im Melderegister eine Auskunftssperre nach § 51 Absatz 1 bis 4 des Bundesmeldegesetzes besteht, dürfen nicht eingesehen und überprüft werden.

(4) [1]Jeder Wahlberechtigte, der ein Wählerverzeichnis für unrichtig oder unvollständig hält, kann innerhalb der Einsichtsfrist beim Bürgermeister Einspruch einlegen. [2]Über den Einspruch entscheidet der Bürgermeister. [3]Gegen seine Entscheidung kann binnen zwei Tagen nach ihrer Zustellung Beschwerde an den Kreiswahlleiter erhoben werden. [4]Der Kreiswahlleiter entscheidet spätestens am vierten Tag vor der Wahl über die Beschwerde.

(5) Das Nähere über die Aufstellung, die Berichtigung und den Abschluss der Wählerverzeichnisse, über die Einsichtnahme sowie über das Einspruchs- und Beschwerdeverfahren bestimmt die Wahlordnung.

§ 22 Wahlscheine

(1) Ein Wahlberechtigter, der im Wählerverzeichnis eingetragen ist, oder der aus einem von ihm nicht zu vertretenden Grund in das Wählerverzeichnis nicht eingetragen ist, erhält auf Antrag einen Wahlschein.

(2) Bei Versagung eines Wahlscheins gilt § 21 Abs. 4 Sätze 2 bis 4 entsprechend.

(3) [1]Das Nähere über die Voraussetzungen für die Erteilung und Ausgabe der Wahlscheine und Briefwahlunterlagen sowie über das Einspruchs- und Beschwerdeverfahren bestimmt die Wahlordnung. [2]Sie kann für besondere Fälle zulassen, dass Wahlscheine von Amts wegen erteilt werden.

§ 23 Wahlräume und deren Ausstattung

(1) Die Gemeinden haben für die Bereitstellung und Ausstattung der Wahlräume zu sorgen und das erforderliche Bedienungspersonal zu stellen.

(2) Das Nähere über die Lage, die Ausstattung der Wahlräume und die Beschaffung der Stimmzettel und Umschläge bestimmt die Wahlordnung.

6. Abschnitt
Wahlvorschläge

§ 24 Aufstellung von Wahlbewerbern und Unterzeichnung der Wahlvorschläge

(1) [1]Parteien müssen ihre Bewerber in einer Versammlung ihrer wahlberechtigten Mitglieder im Wahlkreis (Mitgliederversammlung) oder in einer Versammlung der von diesen nicht früher als 18 Monate vor Ablauf der Wahlperiode aus ihrer Mitte gewählten Vertreter (Vertreterversammlung) in den letzten 15 Monaten vor Ablauf der Wahlperiode in geheimer Wahl aufstellen. [2]Jeder stimmberechtigte Teilnehmer der Versammlung ist hierbei vorschlagsberechtigt. [3]Den Bewerbern ist Gelegenheit zu geben, sich und ihr Programm der Versammlung in angemessener Zeit vorzustellen. [4]In Stadtkreisen, die mehrere ganze Wahlkreise umfassen, können die Bewerber für diese Wahlkreise in einer gemeinsamen Mitglieder- oder Vertreterversammlung aufgestellt werden.

(2) [1]Wahlvorschläge von Parteien müssen von dem Vorstand des Landesverbands oder, wenn Landesverbände nicht bestehen, von den Vorständen der nächstniedrigen Gebietsverbände, in deren Bereich der Wahlkreis liegt, unterzeichnet sein. [2]Parteien, die während der letzten Wahlperiode im Landtag nicht vertreten waren, bedürfen für ihre Wahlvorschläge außerdem der Unterschriften von mindestens 150 Wahlberechtigten des Wahlkreises. [3]Wahlvorschläge für Einzelbewerber müssen von mindestens 150 Wahlberechtigten des Wahlkreises unterzeichnet sein. [4]Die Unterschriften müssen jeweils persönlich und handschriftlich geleistet werden. [5]Die Wahlberechtigung der Unterzeichner ist in den Fällen der Sätze 2 und 3 bei Einreichung des Wahlvorschlags, spätestens bis zum Ablauf der Einreichungsfrist, nachzuweisen.

(3) Die einen Wahlvorschlag unterzeichnenden Wahlberechtigten können nicht zugleich andere Wahlvorschläge unterzeichnen.

(4) [1]Parteien müssen nachweisen, dass sie ihre Bewerber nach den Vorschriften des Absatzes 1 und satzungsgemäß aufgestellt haben. [2]In einem Wahlvorschlag dürfen nur Bewerber aufgenommen werden, die hierzu schriftlich ihre Zustimmung erteilt haben. [3]Die Zustimmung ist unwiderruflich.

(5) Das Nähere über die Unterzeichnung der Wahlvorschläge und über den Nachweis der ordnungsmäßigen Aufstellung der Bewerber bestimmt die Wahlordnung.

§ 25 Inhalt der Wahlvorschläge

(1) [1]Bewerber und Ersatzbewerber einer Partei können höchstens in zwei Wahlkreisen vorgeschlagen werden. [2]Niemand darf in einem Wahlkreis in verschiedenen Wahlvorschlägen vorgeschlagen werden.

(2) [1]Das Nähere über Form und Inhalt der Wahlvorschläge bestimmt die Wahlordnung. [2]Sie kann für Wahlvorschläge für Einzelbewerber vorschreiben, dass sie ein Kennwort enthalten müssen.

§ 26 Einreichung der Wahlvorschläge

(1) Wahlvorschläge müssen spätestens am 59. Tag vor der Wahl bis 18 Uhr beim zuständigen Kreiswahlleiter schriftlich eingereicht werden.

(2) Das Nähere über die einzureichenden Nachweise und deren Form und Inhalt sowie über die Zuständigkeit für die Ausstellung von Wahlrechtsbescheinigungen und Wählbarkeitsbescheinigungen bestimmt die Wahlordnung.

§ 27 Vertrauensleute

(1) [1]In jedem Wahlvorschlag sollen zwei Vertrauensleute bezeichnet werden. [2]Sind keine Vertrauensleute benannt, gelten die beiden ersten Unterzeichner des Wahlvorschlags als Vertrauensleute.

(2) Soweit in diesem Gesetz nichts anderes bestimmt ist, sind nur die Vertrauensleute, jeder für sich, berechtigt, verbindliche Erklärungen zum Wahlvorschlag abzugeben und Erklärungen von Wahlorganen entgegenzunehmen.

(3) Die Vertrauensleute können durch schriftliche Erklärung der Mehrheit der Unterzeichner des Wahlvorschlags an den Kreiswahlleiter abberufen und durch andere ersetzt werden.

§ 28 Zurücknahme und Änderung von Wahlvorschlägen

(1) ¹Ein Wahlvorschlag kann bis zum Ablauf der Einreichungsfrist durch gemeinsame schriftliche Erklärung der Vertrauensleute zurückgenommen oder geändert werden. ²Die Vorschriften über die Aufstellung der Bewerber, die Unterzeichnung des Wahlvorschlags und die Beibringung von weiteren Unterschriften bleiben unberührt.

(2) ¹Nach Ablauf der Einreichungsfrist gilt Absatz 1 Satz 1 entsprechend mit der Maßgabe, dass eine Zurücknahme oder Änderung nur bis zur Entscheidung über die Zulassung des Wahlvorschlags zulässig ist, eine Änderung ferner nur dann, wenn der Bewerber oder Ersatzbewerber gestorben ist oder die Wählbarkeit verloren hat. ²Das Verfahren nach § 24 braucht bei einer solchen Änderung nicht eingehalten zu werden; der Unterschriften nach § 24 Abs. 2 bedarf es nicht.

§ 29 Beseitigung von Mängeln der Wahlvorschläge

(1) ¹Der Kreiswahlleiter hat die Wahlvorschläge unverzüglich nach Eingang zu prüfen. ²Stellt er bei einem Wahlvorschlag Mängel fest, so benachrichtigt er sofort die Vertrauensleute und fordert sie auf, behebbare Mängel rechtzeitig zu beseitigen.

(2) ¹Nach Ablauf der Einreichungsfrist können nur noch Mängel an sich gültiger Wahlvorschläge behoben werden. ²Ein Wahlvorschlag ist nicht gültig, wenn

1. die Form oder Frist des § 26 Abs. 1 nicht gewahrt ist,
2. die nach § 24 Abs. 2 erforderlichen gültigen Unterschriften mit dem Nachweis der Wahlberechtigung der Unterzeichner fehlen, es sei denn, der Nachweis kann infolge von Umständen, die der Wahlvorschlagsberechtigte nicht zu vertreten hat, nicht rechtzeitig erbracht werden oder
3. bei dem Wahlvorschlag einer Partei die Parteibezeichnung fehlt oder die Nachweise des § 24 Abs. 4 nicht erbracht sind.

³Ist der Bewerber oder Ersatzbewerber so mangelhaft bezeichnet, dass seine Person nicht feststeht, ist der Wahlvorschlag für diesen Bewerber oder Ersatzbewerber ungültig.

(3) Nach der Entscheidung über die Zulassung des Wahlvorschlags (§ 30 Abs. 1) können Mängel nicht mehr behoben werden.

§ 30 Zulassung der Wahlvorschläge

(1) Der Kreiswahlausschuss entscheidet am 54. Tag vor der Wahl über die Zulassung der Wahlvorschläge.

(2) ¹Der Kreiswahlausschuss hat Wahlvorschläge zurückzuweisen, die verspätet eingegangen sind oder den Vorschriften dieses Gesetzes oder der auf Grund dieses Gesetzes erlassenen Wahlordnung nicht entsprechen. ²Beziehen sich die Beanstandungen nur auf einzelne Bewerber, so sind diese zu streichen. ³Wird auf einem Wahlvorschlag der Bewerber gestrichen und ist ein Ersatzbewerber benannt, so tritt der Ersatzbewerber an die Stelle des Bewerbers.

(3) ¹Die Prüfungspflicht des Kreiswahlausschusses erstreckt sich nur auf die Wahlvorschläge und die zu ihnen zu erbringenden Nachweise. ²Tatsachen, die dem Kreiswahlausschuss zuverlässig bekannt oder die offenkundig sind, können jedoch von ihm berücksichtigt werden. ³Das Nähere über die Prüfung und Zulassung der Wahlvorschläge bestimmt die Wahlordnung.

§ 31 Rechtsmittel

(1) Die Vertrauensleute können gegen Verfügungen der Kreiswahlleiter im Mängelbeseitigungsverfahren (§ 29) den Kreiswahlausschuss anrufen.

(2) ¹Weist der Kreiswahlausschuss einen Wahlvorschlag ganz oder teilweise zurück, so kann bis 18 Uhr des dritten Tags nach der Verkündung der Entscheidung Beschwerde an den Landeswahlausschuss erhoben werden. ²Beschwerdeberechtigt sind die Vertrauensleute des zurückgewiesenen Wahlvorschlags, der Landeswahlleiter und der Kreiswahlleiter. ³Der Landeswahlleiter und der Kreiswahlleiter können auch gegen die Zulassung eines Wahlvorschlags Beschwerde erheben.

(3) Die Beschwerdeentscheidungen des Landeswahlausschusses müssen spätestens am 44. Tag vor der Wahl ergehen.

(4) Das Nähere über das Verfahren nach Absatz 1 und über das Beschwerdeverfahren nach Absatz 3 bestimmt die Wahlordnung.

§ 32 Bekanntmachung der Wahlvorschläge

(1) Der Kreiswahlleiter macht die zugelassenen Wahlvorschläge wie die amtlichen Veröffentlichungen der Stadt- oder Landkreise im Wahlkreis spätestens am 34. Tag vor der Wahl bekannt.

(2) [1]Die Reihenfolge der Wahlvorschläge in den Bekanntmachungen der Kreiswahlleiter richtet sich bei Wahlvorschlägen von Parteien nach den Stimmenzahlen, die sie bei der letzten Landtagswahl erreicht haben. [2]Im Anschluss hieran sind sonstige Parteien in der alphabetischen Reihenfolge ihrer ausgeschriebenen Parteinamen aufzuführen. [3]Sodann folgen die übrigen Wahlvorschläge in der Reihenfolge ihres Eingangs beim Kreiswahlleiter. [4]Die Wahlvorschläge sind in der angegebenen Reihenfolge fortlaufend zu numerieren. [5]Hat in einem Wahlkreis eine in anderen Wahlkreisen vertretene Partei keinen Wahlvorschlag eingereicht oder ist ihr Wahlvorschlag zurückgewiesen worden, so fällt die Nummer dieser Partei aus.

7. Abschnitt
Wahlhandlung

§ 33 Wahlzeit

[1]Die Wahl im Wahlbezirk kann am Wahltag von 8 Uhr bis 18 Uhr ausgeübt werden. [2]Die Wahlordnung kann für besondere Verhältnisse eine andere Festsetzung der Wahlzeit zulassen.

§ 34 Öffentlichkeit der Wahlhandlung

(1) Die Wahlhandlung ist öffentlich.

(2) [1]Der Wahlvorstand hat für den geordneten Ablauf der Wahlhandlung zu sorgen. [2]Er kann insbesondere Personen, welche die Ruhe oder Ordnung stören, nach vergeblicher Ermahnung aus dem Wahlraum und den Zugängen zum Wahlraum verweisen. [3]Ist der Betroffene in das Wählerverzeichnis des Wahlbezirks eingetragen oder hat er einen Wahlschein, so ist ihm zuvor Gelegenheit zur Ausübung des Wahlrechts zu geben.

§ 35 Unzulässige Wahlpropaganda und Unterschriftensammlung, unzulässige Veröffentlichung von Wählerbefragungen

(1) Während der Wahlzeit sind in und an dem Gebäude, in dem sich der Wahlraum befindet, sowie unmittelbar vor dem Zugang zu dem Gebäude jede Beeinflussung der Wähler durch Wort, Ton, Schrift oder Bild sowie jede Unterschriftensammlung verboten.

(2) Die Veröffentlichung der Ergebnisse von Wählerbefragungen nach der Stimmabgabe über den Inhalt der Wahlentscheidung ist vor Ablauf der Wahlzeit unzulässig.

§ 36 Wahrung des Wahlgeheimnisses

[1]Die zur Wahrung des Wahlgeheimnisses erforderlichen Vorkehrungen regelt die Wahlordnung. [2]Der Wahlvorsteher hat die Einhaltung dieser Bestimmungen zu überwachen.

§ 37 Stimmzettel, Umschläge

(1) [1]Für die Wahl dürfen nur amtliche Stimmzettel und bei der Briefwahl amtliche Stimmzettelumschläge verwendet werden. [2]In Wahlbezirken und Briefwahlbezirken, in denen die Wahlstatistik nach § 60 Abs. 2 bis 8 durchgeführt wird, werden bei der Stimmabgabe Stimmzettel mit Unterscheidungsbezeichnungen nach Geschlecht und Geburtsjahresgruppen verwendet.

(2) [1]Auf dem Stimmzettel erhält jeder im Wahlkreis zugelassene Wahlvorschlag eines von mehreren untereinander stehenden waagrechten Feldern. [2]Jedes Feld enthält

1. die laufende Nummer des Wahlvorschlags,
2. den Namen, Beruf oder Stand und Wohnort und, soweit es zur Vermeidung von Zweifeln über die Person erforderlich ist, auch den Geburtstag und Geburtsort des aufgestellten Bewerbers und gegebenenfalls des Ersatzbewerbers,
3. bei Wahlvorschlägen von Parteien den Namen der Partei, gegebenenfalls unter Beifügung der geführten Kurzbezeichnung, bei anderen Wahlvorschlägen die Bezeichnung „Einzelbewerber" und
4. einen ausreichend großen Kreis für die Stimmabgabe (§ 38).

[3]Die Wahlvorschläge sind in der in § 32 Abs. 2 bestimmten Reihenfolge unter der ihnen hiernach zukommenden laufenden Nummer aufzuführen. [4]Für ausgefallene Nummern sind keine Felder freizulassen.

(3) Die Wahlordnung kann weitere Bestimmungen über Form und Inhalt des Stimmzettels sowie über die Beschaffenheit der Stimmzettelumschläge und Wahlbriefumschläge treffen.

(4) Das Innenministerium kann zulassen, dass anstelle von Stimmzetteln amtlich zugelassene Stimmenzählgeräte verwendet werden.

§ 38 Stimmabgabe

(1) [1]Wer seine Stimme im Wahlraum abgibt, erhält dort einen Stimmzettel. [2]Er kann erforderlichenfalls weitere Stimmzettel nachfordern. [3]In Wahlbezirken und Briefwahlbezirken, in denen die Wahlstatistik nach § 60 Abs. 2 bis 8 durchgeführt wird, ist der Wahlberechtigte verpflichtet, bei der Stimmabgabe Stimmzettel mit Unterscheidungsbezeichnungen nach Geschlecht und Geburtsjahrsgruppen zu verwenden.

(2) [1]Der Wahlberechtigte kann seine Stimme nur persönlich abgeben. [2]Ein Wahlberechtigter, der nicht lesen kann oder wegen einer körperlichen Beeinträchtigung gehindert ist, seine Stimme allein abzugeben, kann sich der Hilfe einer Person seines Vertrauens bedienen.

(3) [1]Der Wahlberechtigte übt sein Wahlrecht in der Weise aus, dass er auf dem Stimmzettel in einen der hinter den Wahlvorschlägen befindlichen Kreise ein Kreuz einsetzt oder durch eine andere Art der Kennzeichnung des Stimmzettels eindeutig zu erkennen gibt, für welchen Wahlvorschlag er sich entscheiden will. [2]Der so gekennzeichnete Stimmzettel ist in der Weise zu falten, dass die Stimmabgabe nicht erkennbar ist, und in die Wahlurne zu werfen.

(4) Über Zweifelsfragen, die sich bei der Stimmabgabe im Wahlraum ergeben, entscheidet der Wahlvorstand.

(5) [1]Bei der Briefwahl hat der Wähler dem auf dem Wahlbriefumschlag als Empfänger vorgesehenen Kreiswahlleiter oder Bürgermeister im Wahlbrief den verschlossenen Stimmzettelumschlag, der den Stimmzettel enthält, sowie den Wahlschein so rechtzeitig zu übersenden, dass er dort spätestens am Wahltag bis 18 Uhr eingeht. [2]Auf dem Wahlschein ist durch Unterschrift an Eides Statt zu versichern, dass der Wähler den Stimmzettel persönlich oder nach Absatz 2 Satz 2 gekennzeichnet hat.

(6) Im Einzelnen wird der Vorgang der Stimmabgabe und die Ausübung der Briefwahl durch die Wahlordnung geregelt.

8. Abschnitt
Feststellung und Bekanntgabe des Wahlergebnisses

§ 39 Öffentlichkeit der Ergebnisfeststellung
Das Wahlergebnis ist in öffentlicher Sitzung zu ermitteln und festzustellen.

§ 40 Feststellung des Wahlergebnisses im Wahlbezirk
(1) Nach Beendigung der Wahlhandlung stellt der Wahlvorstand das Wahlergebnis im Wahlbezirk fest.

(2) Der Wahlvorstand entscheidet über die Gültigkeit der abgegebenen Stimmen und über sonstige bei der Feststellung des Wahlergebnisses sich ergebende Fragen.

(3) Das Nähere über die Feststellung der Wahlergebnisse, ihre Weitermeldung und Bekanntgabe bestimmt die Wahlordnung.

§ 41 Feststellung des Briefwahlergebnisses
(1) Der Briefwahlvorstand stellt nach Beendigung der Wahlhandlung das Wahlergebnis aus den ihm zugewiesenen Wahlbriefen fest.

(2) § 40 Abs. 2 und 3 gilt entsprechend.

§ 42 Ungültige Stimmen, Zurückweisung von Wahlbriefen
(1) [1]Ungültig sind Stimmen, wenn der Stimmzettel
1. nicht amtlich hergestellt oder für einen anderen Wahlkreis gültig ist,
2. keine Kennzeichnung enthält,
3. den Willen des Wählers nicht zweifelsfrei erkennen lässt,
4. ganz durchgestrichen, durchgerissen oder durchgeschnitten ist oder

5. eine Änderung, einen Vorbehalt oder einen beleidigenden oder auf die Person des Wählers hinweisenden Zusatz enthält oder wenn sich in dem Stimmzettelumschlag sonst eine derartige Äußerung befindet.
[2]Ungültig sind auch Stimmen, wenn der Stimmzettel bei der Stimmabgabe im Wahlraum in einem Umschlag abgegeben worden ist sowie bei der Briefwahl nicht in einem amtlichen Stimmzettelumschlag oder in einem Stimmzettelumschlag abgegeben worden ist, der offensichtlich in einer das Wahlgeheimnis gefährdenden Weise von den übrigen Stimmzettelumschlägen abweicht oder einen deutlich fühlbaren Gegenstand enthält, jedoch eine Zurückweisung nach Absatz 3 Nr. 7 oder 8 nicht erfolgt ist.

(2) [1]Leer abgegebene Stimmzettelumschläge werden als ungültige Stimmen gewertet. [2]Mehrere in einem Stimmzettelumschlag abgegebene Stimmzettel gelten als eine gültige Stimme, wenn sie gleich gekennzeichnet sind oder nur einer von ihnen gekennzeichnet ist; bei inhaltlich verschiedener Kennzeichnung gelten sie als eine ungültige Stimme.

(3) [1]Bei der Briefwahl sind Wahlbriefe zurückzuweisen, wenn

1. der Wahlbrief nicht rechtzeitig eingegangen ist,
2. dem Wahlbriefumschlag kein oder kein gültiger Wahlschein beiliegt,
3. dem Wahlbriefumschlag kein Stimmzettelumschlag beiliegt,
4. weder der Wahlbriefumschlag noch der Stimmzettelumschlag verschlossen ist,
5. der Wahlbriefumschlag mehrere Stimmzettelumschläge, aber nicht die gleiche Anzahl gültiger und mit der vorgeschriebenen Versicherung an Eides Statt versehener Wahlscheine enthält,
6. der Wähler oder die Person seines Vertrauens die vorgeschriebene Versicherung an Eides Statt auf dem Wahlschein nicht unterschrieben hat,
7. kein amtlicher Stimmzettelumschlag benutzt worden ist oder
8. ein Stimmzettelumschlag benutzt worden ist, der offensichtlich in einer das Wahlgeheimnis gefährdenden Weise von den übrigen abweicht oder einen deutlich fühlbaren Gegenstand enthält.

[2]Die Einsender zurückgewiesener Wahlbriefe werden nicht als Wähler gezählt; ihre Stimmen gelten als nicht abgegeben.

(4) Die Stimme eines Wählers, der an der Briefwahl teilgenommen hat, wird nicht dadurch ungültig, dass er vor dem oder am Wahltag stirbt, aus Baden-Württemberg verzieht oder sein Wahlrecht nach § 7 Abs. 2 verliert.

§ 43 Feststellung des Wahlergebnisses im Wahlkreis

(1) [1]Der Kreiswahlausschuss stellt das Wahlergebnis im Wahlkreis fest. [2]Er hat dabei die Feststellungen der Wahlvorstände und Briefwahlvorstände nachzuprüfen. [3]Er kann fehlerhafte Entscheidungen abändern; zurückgewiesene Wahlbriefe kann er nicht zulassen.

(2) § 40 Abs. 3 gilt entsprechend.

§ 44 Feststellung des Wahlergebnisses im Land und Sitzverteilung

(1) [1]Der Landeswahlausschuss ermittelt auf Grund der von den Kreiswahlausschüssen getroffenen Feststellungen das Ergebnis der Wahl im Land und stellt es fest. [2]Zählfehler kann er berichtigen. [3]Im Übrigen kann er die Feststellungen nur ändern, wenn sie offenkundig unrichtig sind.

(2) [1]Auf Grund des von ihm festgestellten Ergebnisses beschließt der Landeswahlausschuss über die Sitzverteilung und stellt die hiernach gewählten Bewerber fest (§ 2). [2]Bewerber, die in zwei Wahlkreisen aufgestellt sind (§ 25 Abs. 1 Satz 1) und in jedem der beiden Wahlkreise einen Sitz erlangt haben, gelten in dem Wahlkreis als gewählt, in dem sie den Sitz mit der höchsten Stimmenzahl des Wahlkreises (§ 2 Abs. 3 Satz 1) erlangt haben. [3]Trifft dies in beiden Wahlkreisen zu, so gelten sie in dem Wahlkreis als gewählt, in dem sie die höhere Stimmenzahl erreicht haben; trifft dies in keinem von beiden Wahlkreisen zu, so gelten sie in dem Wahlkreis als gewählt, in dem sie den höheren prozentualen Stimmenanteil an den Stimmenzahlen aller Bewerber erreicht haben. [4]Für den anderen Wahlkreis gilt in beiden Fällen § 47 Abs. 1 entsprechend.

§ 45 Bekanntmachung des Wahlergebnisses

[1]Der Landeswahlleiter macht das vom Landeswahlausschuss festgestellte Ergebnis der Wahl im Land einschließlich der Sitzverteilung und der gewählten Bewerber im Staatsanzeiger für Baden-Württemberg bekannt. [2]Er benachrichtigt die gewählten Bewerber von ihrer Wahl und fordert sie auf, binnen einer Woche schriftlich zu erklären, ob sie die Wahl annehmen.

§ 46 Erwerb der Mitgliedschaft im Landtag

(1) [1]Die gewählten Bewerber erwerben die Mitgliedschaft im Landtag mit dem frist- und formgerechten Eingang der Annahmeerklärung auf die Benachrichtigung nach § 45 Satz 2 beim Landeswahlleiter. [2]Geht bis zum Ablauf der in § 45 Satz 2 bestimmten Frist beim Landeswahlleiter keine oder keine formgerechte Erklärung ein, so gilt die Wahl zu diesem Zeitpunkt als angenommen. [3]Eine Erklärung unter Vorbehalt gilt als Ablehnung. [4]Annahme- und Ablehnungserklärungen können nicht widerrufen werden.

(2) Der Landeswahlleiter stellt den Bewerbern, die die Wahl angenommen haben oder bei denen die Wahl als angenommen gilt, eine Wahlurkunde aus.

9. Abschnitt
Ausscheiden und Ersatz von Abgeordneten

§ 47 Mandatsnachfolge

(1) [1]Lehnt ein gewählter Bewerber die Annahme der Wahl ab, stirbt er vor der Annahme der Wahl, verliert er vor der Annahme der Wahl die Wählbarkeit oder scheidet ein Abgeordneter aus dem Landtag aus, so tritt der Ersatzbewerber (§ 1 Abs. 2 Satz 1) an seine Stelle. [2]Ist kein Ersatzbewerber vorhanden, so finden die Vorschriften des § 2 Abs. 3 Satz 2 und Abs. 5 mit der Maßgabe entsprechende Anwendung, dass gewählte Bewerber, die zugleich in einem zweiten Wahlkreis als Bewerber oder Ersatzbewerber aufgestellt waren, für die Mandatsnachfolge ausscheiden. [3]Hinsichtlich der Parteizugehörigkeit des Bewerbers oder Abgeordneten ist entscheidend, für welche Partei er bei der Wahl aufgetreten ist.

(2) Ein Abgeordneter scheidet aus dem Landtag aus
1. durch Tod,
2. durch Mandatsverzicht (Artikel 41 Abs. 2 der Landesverfassung),
3. durch Verlust der Wählbarkeit (Artikel 41 Abs. 3 der Landesverfassung),
4. durch Ungültigerklärung der Wahl oder der Sitzzuteilung im Wahlprüfungsverfahren (§ 54),
5. durch Aberkennung des Mandats (Artikel 42 der Landesverfassung).

§ 48 Feststellung der Mandatsnachfolge

[1]Die Feststellung, welcher Bewerber nach der Ablehnung eines gewählten Bewerbers oder dem Ausscheiden eines Abgeordneten nachrückt, trifft der Landeswahlleiter. [2]In den Fällen des § 47 Abs. 2 kann er diese Feststellung erst treffen, nachdem ihm das Ausscheiden des Abgeordneten vom Präsidenten des Landtags schriftlich mitgeteilt worden ist.

§ 49 Folgen eines Parteiverbots

[1]Wird eine Partei oder eine Teilorganisation einer Partei durch das Bundesverfassungsgericht nach Artikel 21 Abs. 2 des Grundgesetzes für verfassungswidrig erklärt, so verlieren die Abgeordneten, die dieser Partei oder Teilorganisation zur Zeit der Stellung des Verbotsantrags oder der Verkündung des Urteils angehört haben, ihren Sitz. [2]§ 47 Abs. 1 und § 48 finden mit der Maßgabe entsprechende Anwendung, dass Bewerber, die der verbotenen Partei oder Teilorganisation zur Zeit der Antragstellung oder der Verkündung des Urteils angehört haben, für die Mandatsnachfolge unberücksichtigt bleiben. [3]Sind keine geeigneten Mandatsnachfolger vorhanden, so bleiben freigewordene Sitze unbesetzt.

10. Abschnitt
Nachwahl und Wiederholungswahl

§ 50 Nachwahl

(1) Steht fest, dass die Wahl infolge höherer Gewalt oder aus einem sonstigen Grund in einem Wahlkreis oder einem Wahlbezirk nicht durchgeführt werden kann, oder wird ein offenkundiger, vor der Wahl nicht mehr behebbarer Mangel festgestellt, wegen dem die Wahl im Fall ihrer Durchführung im Wahlprüfungsverfahren ganz oder teilweise für ungültig erklärt werden müsste, sagt der Kreiswahlleiter die Wahl ganz oder teilweise ab und macht dies öffentlich mit dem Hinweis bekannt, dass eine Nachwahl stattfinden wird.

(2) [1]Ist in einem Wahlkreis oder einem Wahlbezirk die Wahl nicht durchgeführt worden, findet eine Nachwahl statt. [2]Die Nachwahl soll spätestens drei Wochen nach dem Tag der Hauptwahl stattfinden. [3]Den Tag der Nachwahl bestimmt der Landeswahlleiter.

(3) Die Nachwahl findet nach denselben Vorschriften und auf denselben Grundlagen wie die Hauptwahl statt.

(4) Das Nähere über die Vorbereitung und Durchführung der Nachwahl bestimmt die Wahlordnung.

§ 51 Wiederholungswahl

(1) Wird im Wahlprüfungsverfahren die Wahl ganz oder teilweise für ungültig erklärt, so ist sie in dem in der Entscheidung bestimmten Umfang zu wiederholen.

(2) Bei der Wiederholungswahl wird vorbehaltlich einer anderen Entscheidung im Wahlprüfungsverfahren nach denselben Wahlvorschlägen und, wenn seit der Hauptwahl noch nicht sechs Monate verstrichen sind, auf Grund derselben Wählerverzeichnisse gewählt wie bei der für ungültig erklärten Wahl.

(3) [1]Die Wiederholungswahl muss spätestens 60 Tage nach dem Eintritt der Rechtskraft der Entscheidung stattfinden, durch welche die Wahl für ungültig erklärt worden ist. [2]Ist die Wahl nur teilweise für ungültig erklärt worden, so unterbleibt die Wiederholungswahl, wenn feststeht, dass innerhalb von sechs Monaten nach dem genannten Zeitpunkt der Landtag neu gewählt wird. [3]Den Tag der Wiederholungswahl bestimmt der Landeswahlleiter.

(4) Das Nähere über die Vorbereitung und Durchführung der Wiederholungswahl bestimmt die Wahlordnung.

(5) Auf Grund der Wiederholungswahl wird das Wahlergebnis neu festgestellt.

11. Abschnitt
Staatliche Mittel für Parteien und Einzelbewerber

§ 52 Auszahlung staatlicher Mittel an Parteien

(1) Die staatlichen Mittel nach dem Parteiengesetz für die bei Landtagswahlen erzielten Stimmen werden vom Präsidenten des Landtags an die Landesverbände der Parteien ausgezahlt.

(2) Die erforderlichen Mittel sind im Staatshaushaltsplan des Landes – Einzelplan 01 – Landtag – auszubringen.

(3) Der Rechnungshof prüft, ob der Präsident des Landtags als mittelverwaltende Stelle die staatlichen Mittel nach den Vorschriften des Parteiengesetzes ausgezahlt hat.

§ 53 Staatliche Mittel für Einzelbewerber

(1) Einzelbewerber, die mindestens 10 Prozent der in einem Wahlkreis abgegebenen gültigen Stimmen erreicht haben, erhalten je gültige Stimme 3,50 Euro.

(2) [1]Die Festsetzung und die Auszahlung der staatlichen Mittel sind von dem Einzelbewerber innerhalb von zwei Monaten nach dem Zusammentritt des Landtags schriftlich zu beantragen; danach eingehende Anträge bleiben unberücksichtigt. [2]Der Betrag wird vom Präsidenten des Landtags festgesetzt und ausgezahlt.

(3) § 52 Abs. 2 gilt entsprechend.

(4) Der Rechnungshof prüft, ob der Präsident des Landtags als mittelverwaltende Stelle die staatlichen Mittel nach den Absätzen 1 und 2 festgesetzt und ausgezahlt hat.

12. Abschnitt
Schlussbestimmungen

§ 54 Anfechtung

Entscheidungen und Maßnahmen, die sich unmittelbar auf die Vorbereitung und Durchführung der Wahl beziehen, können nur mit den in diesem Gesetz und in der Landeswahlordnung vorgesehenen Rechtsbehelfen sowie im Wahlprüfungsverfahren nach dem Wahlprüfungsgesetz angefochten werden.

§ 55 Ordnungswidrigkeiten

(1) Ordnungswidrig handelt, wer

1. entgegen § 17 Abs. 1 ohne wichtigen Grund ein Ehrenamt ablehnt oder sich ohne genügende Entschuldigung den Pflichten eines solchen Ehrenamts entzieht oder

2. entgegen § 35 Abs. 2 Ergebnisse von Wählerbefragungen nach der Stimmabgabe über den Inhalt der Wahlentscheidung vor Ablauf der Wahlzeit veröffentlicht.

(2) Die Ordnungswidrigkeit nach Absatz 1 Nr. 1 kann mit einer Geldbuße bis zu 500 Euro, die Ordnungswidrigkeit nach Absatz 1 Nr. 2 mit einer Geldbuße bis zu 50 000 Euro geahndet werden.

(3) Verwaltungsbehörde im Sinne des § 36 Abs. 1 Nr. 1 des Gesetzes über Ordnungswidrigkeiten ist

1. bei Ordnungswidrigkeiten nach Absatz 1 Nr. 1

    a) der Landeswahlleiter, wenn ein Wahlberechtigter das Amt eines Beisitzers im Landeswahlausschuss,

    b) der Kreiswahlleiter, wenn ein Wahlberechtigter das Amt eines Wahlvorstehers, eines stellvertretenden Wahlvorstehers oder eines Beisitzers im Wahlvorstand oder im Kreiswahlausschuss

        unberechtigt ablehnt oder sich ohne genügende Entschuldigung den Pflichten eines solchen Amtes entzieht, und

2. bei Ordnungswidrigkeiten nach Absatz 1 Nr. 2 der Landeswahlleiter.

§ 56 Wahlkosten

(1) [1]Die Kosten der Landtagswahlen trägt das Land. [2]Es erstattet den Landkreisen und Gemeinden die durch die Vorbereitung und Durchführung der Wahlen einschließlich der Übermittlung des Wahlergebnisses entstandenen notwendigen Kosten unter Ausschluss der laufenden Ausgaben persönlicher und sachlicher Art. [3]Für die Inanspruchnahme von Räumen in Anstalten und Gebäuden der Landkreise und Gemeinden wird keine Vergütung gewährt.

(2) Art und Höhe des Kostenersatzes bestimmt das Innenministerium im Einvernehmen mit dem Finanzministerium.

(3) Das Land erstattet den Blindenvereinen, die ihre Bereitschaft zur Herstellung von Stimmzettelschablonen erklärt haben, die durch die Herstellung und die Verteilung der Stimmzettelschablonen veranlassten notwendigen Ausgaben.

§ 57 Wahlordnung

[1]Das Innenministerium erlässt durch Rechtsverordnung (Wahlordnung) die in diesem Gesetz vorgesehenen und die zu seiner Durchführung sonst erforderlichen Vorschriften. [2]In der Wahlordnung können auch Sonderbestimmungen über das Wahlverfahren in Krankenhäusern, Heimen, Klöstern, sozialtherapeutischen Anstalten und Justizvollzugsanstalten sowie für solche Wahlberechtigte getroffen werden, deren Wohnstätten aus gesundheits- oder viehseuchenpolizeilichen Gründen gesperrt sind.

§ 58 Ermächtigung zur Verkürzung von Fristen und Terminen bei Auflösung des Landtags

Bei einer Auflösung des Landtags vor Ablauf der Wahlperiode kann das Innenministerium, um eine ordnungsgemäße Vorbereitung der Wahl zu gewährleisten, die in diesem Gesetz und in der Wahlordnung bestimmten Fristen und Termine durch Rechtsverordnung abkürzen oder ändern und damit zusammenhängende ergänzende Verfahrensvorschriften erlassen.

§ 59 Fristen, Termine und Form

(1) [1]Die in diesem Gesetz und in der Wahlordnung bestimmten Fristen und Termine verlängern oder ändern sich nicht dadurch, dass der letzte Tag der Frist oder ein Termin auf einen Samstag, einen Sonntag oder einen gesetzlichen Feiertag fällt. [2]Eine Wiedereinsetzung in den vorherigen Stand ist ausgeschlossen.

(2) Soweit in diesem Gesetz und in der Wahlordnung nicht anderes bestimmt ist, müssen vorgeschriebene Erklärungen persönlich und handschriftlich unterzeichnet sein und bei der zuständigen Stelle im Original vorliegen.

§ 60 Wahlstatistik

(1) Das Ergebnis der Wahl ist vom Statistischen Landesamt statistisch auszuwerten und zu veröffentlichen.

(2) [1]Über das Ergebnis der Wahl wird unter Wahrung des Wahlgeheimnisses in ausgewählten Wahlbezirken eine Landesstatistik auf repräsentativer Grundlage über

1. die Wahlberechtigten, Wahlscheinvermerke und die Beteiligung an der Wahl nach Geschlecht und Geburtsjahrsgruppen und

2. die Wähler und ihre Stimmabgabe für die einzelnen Wahlvorschläge nach Geschlecht und Geburtsjahrsgruppen sowie die Gründe für die Ungültigkeit von Stimmen

erstellt. [2]Die Erhebung wird mit einem Auswahlsatz von bis zu 3 Prozent der Wahlbezirke des Landes in ausgewählten Wahlbezirken durchgeführt. [3]In die Statistik nach Satz 1 Nr. 2 sind ausgewählte Briefwahlbezirke einzubeziehen. [4]Die Wahlbezirke und Briefwahlbezirke werden vom Landeswahlleiter im Einvernehmen mit dem Statistischen Landesamt ausgewählt. [5]Ein Wahlbezirk muss mindestens 500 Wahlberechtigte, ein Briefwahlbezirk mindestens 500 Wähler umfassen. [6]Für die Auswahl der Stichprobenbriefwahlbezirke ist auf die Zahl der Wähler abzustellen, die bei der vorangegangenen Landtagswahl ihre Stimme durch Briefwahl abgegeben haben. [7]Die betroffenen Wahlberechtigten sind von den Gemeinden rechtzeitig vor dem Wahltag individuell oder durch öffentliche Bekanntmachung auf die Durchführung der Erhebung hinzuweisen; dabei sind insbesondere die Rechtsgrundlage sowie die Tatsache anzugeben, dass bei der Stimmabgabe im Wahlraum oder im Briefwahlbezirk nur Stimmzettel mit Unterscheidungsbezeichnungen verwendet werden dürfen. [8]Entsprechende Hinweise sind an geeigneter Stelle vor oder in den Wahlräumen anzubringen. [9]Die betroffenen Briefwähler der ausgewählten Briefwahlbezirke sind in geeigneter Form zu unterrichten.

(3) [1]Erhebungsmerkmale für die Statistik nach Absatz 2 Satz 1 Nr. 1 sind Wahlscheinvermerk, Beteiligung an der Wahl, Geschlecht und Geburtsjahresgruppe. [2]Erhebungsmerkmale für die Statistik nach Absatz 2 Satz 1 Nr. 2 sind abgegebene Stimme, ungültige Stimme, Ungültigkeitsgrund, Geschlecht und Geburtsjahresgruppe. [3]Hilfsmerkmale sind Wahlkreis, Gemeinde und Wahlbezirk oder Briefwahlbezirk.

(4) [1]Für die Erhebung nach Absatz 2 Satz 1 Nr. 1 dürfen höchstens zehn Geburtsjahresgruppen je Geschlecht gebildet werden, in denen jeweils mindestens drei Geburtsjahrgänge zusammengefasst sind. [2]Für die Erhebung nach Absatz 2 Satz 1 Nr. 2 dürfen höchstens sechs Geburtsjahresgruppen je Geschlecht gebildet werden, in denen jeweils mindestens sieben Geburtsjahrgänge zusammengefasst sind.

(5) [1]Die Erhebung nach Absatz 2 Satz 1 Nr. 1 wird nach der Wahl von den Gemeinden, in denen ausgewählte Wahlbezirke liegen, durch Auszählung der Wählerverzeichnisse durchgeführt. [2]Das Ergebnis wird dem Statistischen Landesamt übermittelt.

(6) [1]Die Erhebung nach Absatz 2 Satz 1 Nr. 2 wird unter Verwendung von Stimmzetteln mit Unterscheidungsbezeichnungen nach Geschlecht und Geburtsjahresgruppe durchgeführt. [2]Die Gemeinden und andere Stellen, die Briefwahlvorstände berufen haben, leiten die ihnen von den Wahlvorstehern übergebenen versiegelten Pakete mit den gültigen Stimmzetteln der ausgewählten Wahlbezirke und Briefwahlbezirke ungeöffnet zur Auswertung der Stimmzettel an das Statistische Landesamt weiter; Entsprechendes gilt für die weiteren Stimmzettel der ausgewählten Wahlbezirke und Briefwahlbezirke.

(7) [1]Gemeinden mit ausgewählten Wahlbezirken dürfen mit Zustimmung des Kreiswahlleiters in weiteren Wahlbezirken und Briefwahlbezirken, die jeweils mindestens 500 Wahlberechtigte oder 500 Wähler umfassen müssen, für eigene statistische Zwecke wahlstatistische Auszählungen unter Verwendung gekennzeichneter Stimmzettel mit den in Absatz 3 genannten Erhebungs- und Hilfsmerkmalen durchführen. [2]Absatz 2 Sätze 5 und 6 sowie Absatz 4 gelten entsprechend. [3]Die wahlstatistischen Auszählungen dürfen innerhalb einer Gemeinde nur von einer Statistikstelle im Sinne von § 9 Abs. 1 des Landesstatistikgesetzes vorgenommen werden. [4]Der Landeswahlleiter kann in begründeten Einzelfällen auf Antrag zulassen, dass auch Gemeinden, in denen kein ausgewählter Wahlbezirk liegt, wahlstatistische Auszählungen nach Maßgabe der Sätze 1 bis 3 durchführen.

(8) [1]Durch die Statistiken nach Absatz 2 und die wahlstatistischen Auszählungen nach Absatz 7 darf die Feststellung des Wahlergebnisses nicht verzögert werden. [2]Die Veröffentlichung von Ergebnissen der Statistiken nach Absatz 2 ist dem Statistischen Landesamt vorbehalten; sie sind auf Anforderung den Statistikstellen der Gemeinden, die wahlstatistische Auszählungen nach Absatz 7 Satz 1 durchführen, zu deren Ergänzung und zusammengefasster Veröffentlichung zu überlassen. [3]Die Ergebnisse für einzelne Wahlbezirke oder Briefwahlbezirke dürfen nicht bekannt gegeben werden. [4]Für die weitere Behandlung und die Vernichtung der Stimmzettel gelten die Vorschriften der Wahlordnung.

§ 61[1)] Inkrafttreten
(nicht abgedruckt)

Anlage (hier nicht abgedruckt)

---

1) **Amtl. Anm.:** Diese Vorschrift bezieht sich auf das Gesetz in der ursprünglichen Fassung vom 9. Mai 1955 (GBl. S. 71).

Gesetz über die Verkündung von Rechtsverordnungen (Verkündungsgesetz – VerkG)

Vom 11. April 1983 (GBl. S. 131)
(BWGültV Sachgebiet 114)
zuletzt geändert durch Art. 5 KommunalverfassungsR-ÄndG vom 16. Juli 1998 (GBl. S. 418)

Der Landtag hat am 23. März 1983 das folgende Gesetz beschlossen:

§ 1 Geltungsbereich
Dieses Gesetz gilt für die Verkündung von Rechtsverordnungen, die von Stellen des Landes oder von juristischen Personen des öffentlichen Rechts, die der Aufsicht des Landes unterstehen, erlassen werden.

§ 2 Verkündung im Gesetzblatt
Rechtsverordnungen der obersten Landesbehörden, der Landesoberbehörden, der Regierungspräsidien und der höheren Sonderbehörden werden im Gesetzblatt verkündet.

§ 3 Ersatzverkündung
(1) Pläne, Karten oder andere zeichnerische Darstellungen, die Bestandteil einer Rechtsverordnung sind, können einschließlich der damit verbundenen Texte dadurch verkündet werden, daß sie bei der Behörde, die die Rechtsverordnung erläßt, und bei den unteren Verwaltungsbehörden, auf deren Bezirk sich der Geltungsbereich der Rechtsverordnung erstreckt, auf die Dauer von mindestens zwei Wochen zur kostenlosen Einsicht durch jedermann während der Sprechzeiten öffentlich ausgelegt werden.
(2) In der Rechtsverordnung sind zu bezeichnen
1. die nach Absatz 1 zu verkündenden Bestandteile unter Hinweis auf ihren wesentlichen Inhalt,
2. der Ort, der Beginn und die Dauer der Auslegung nach Absatz 1.
(3) [1]Je eine Fertigung der Rechtsverordnung einschließlich der nach Absatz 1 verkündeten Bestandteile ist unverzüglich nach der Verkündung
1. bei den in Absatz 1 bezeichneten Stellen zur kostenlosen Einsicht durch jedermann während der Sprechzeiten niederzulegen, solange die Rechtsverordnung in Geltung ist,
2. dem zuständigen Staatsarchiv zu übersenden und dort zu verwahren. [2]In der Rechtsverordnung ist auf die Möglichkeit der Einsichtnahme nach Satz 1 Nr. 1 hinzuweisen.
(4) Die Auslegung nach Absatz 1 und die Niederlegung nach Absatz 3 Nr. 1 können auf diejenigen Bestandteile im Sinne des Absatzes 1 beschränkt werden, die den Bezirk der jeweiligen Behörde betreffen.

§ 4 Notverkündung
Erscheint eine rechtzeitige Verkündung in der vorgeschriebenen Form nicht möglich, so kann eine Rechtsverordnung in anderer geeigneter Weise öffentlich bekanntgemacht werden. [2]Die Verkündung in der vorgeschriebenen Form ist nachzuholen, sobald die Umstände es zulassen.

§ 5 Rechtsverordnungen der Gemeinden
Rechtsverordnungen der Gemeinden werden in der für die öffentliche Bekanntmachung von Satzungen bestimmten Form verkündet.

§ 6 Rechtsverordnungen anderer Stellen
(1) Rechtsverordnungen anderer Stellen werden verkündet
1. in den Landkreisen, wenn sich ihr Geltungsbereich auf das gesamte Gebiet des Landkreises erstreckt, und in den Stadtkreisen in der für die öffentliche Bekanntmachung von Satzungen dieser Körperschaften bestimmten Form,
2. im übrigen in den Gemeinden, auf deren Gebiet sich ihr Geltungsbereich jeweils erstreckt, in der für die öffentliche Bekanntmachung von Satzungen dieser Gemeinden bestimmten Form.
(2) Die Gemeinden und Landkreise sind verpflichtet, ihre der Durchführung von öffentlichen Bekanntmachungen dienenden Einrichtungen für die Verkündung von Rechtsverordnungen nach Absatz 1 gegen Kostenerstatz zur Verfügung zu stellen.

§ 7 Aufhebung von Rechtsvorschriften
(hier nicht wiedergegeben)

§ 8 Inkrafttreten
Dieses Gesetz tritt am 1. August 1983 in Kraft.

Gesetz über Volksabstimmung, Volksbegehren und Volksantrag (Volksabstimmungsgesetz – VAbstG)

In der Fassung vom 20. Juni 2016[1] (GBl. S. 445)
(BWGültV 1114)
zuletzt geändert durch Art. 4 9. AnpassungsVO vom 23. Februar 2017 (GBl. S. 99, ber. S. 273)

Inhaltsübersicht

Abschnitt 1:
Allgemeines
§ 1 Anwendungsbereich
§ 2 Beratung

Abschnitt 2:
Volksabstimmungen
§ 3 Stimmrecht
§ 4 Gliederung des Abstimmungsgebiets
§ 5 Abstimmungsorgane
§ 6 Abstimmungstag
§ 7 Bekanntgabe des Tags und des Gegenstands der Volksabstimmung
§ 8 Amtliche Mitteilung zur Volksabstimmung
§ 9 Mitwirkung der Landkreise, Gemeinden und des Statistischen Landesamts
§ 10 Stimmberechtigtenverzeichnisse
§ 11 Stimmscheine
§ 12 Abstimmungsräume und deren Ausstattung
§ 13 Abstimmungszeit
§ 14 Öffentlichkeit der Abstimmung
§ 15 Unzulässige Werbung, unzulässige Veröffentlichung von Befragungen der Stimmberechtigten
§ 16 Wahrung des Abstimmungsgeheimnisses
§ 17 Stimmzettel und Stimmzettelumschläge
§ 18 Stimmabgabe
§ 19 Ungültige Stimmen, Zurückweisung von Abstimmungsbriefen
§ 20 Ermittlung und Feststellung des Abstimmungsergebnisses
§ 21 Mitteilung und öffentliche Bekanntmachung des Abstimmungsergebnisses
§ 22 Ergebnis der Volksabstimmung über mehrere Gesetzesvorlagen
§ 23 Anfechtung einer Volksabstimmung
§ 24 Nachabstimmung
§ 25 Wiederholung der Volksabstimmung
§ 26 Kosten der Volksabstimmung

Abschnitt 3:
Volksbegehren
§ 27 Antrag auf Zulassung des Volksbegehrens
§ 28 Unterrichtung des Landtags und der Regierung
§ 29 Zulassung des Volksbegehrens
§ 30 Öffentliche Bekanntmachung der Zulassung
§ 31 Zurücknahme des Zulassungsantrags
§ 32 Eintragungsblätter und Eintragungslisten
§ 33 Eintragungsberechtigte
§ 34 Ausübung des Eintragungsrechts in Eintragungslisten
§ 35 Rechtsmittel
§ 36 Eintragung
§ 37 Ungültige Eintragungen
§ 38 Feststellung, Mitteilung und öffentliche Bekanntmachung des Eintragungsergebnisses
§ 39 Anfechtung des Eintragungsverfahrens
§ 40 Kosten des Volksbegehrens
§ 41 Anhörung zum Volksbegehren

Abschnitt 4:
Volksantrag
§ 42 Antrag auf Zulassung des Volksantrags
§ 43 Unterrichtung der Regierung, öffentliche Bekanntmachung der Sammlung von Antragsunterschriften
§ 44 Zulassung des Volksantrags
§ 45 Zurücknahme des Zulassungsantrags
§ 46 Kosten des Volksantrags
§ 47 Anhörung zum Volksantrag
§ 48 Volksbegehren nach einem Volksantrag

Abschnitt 5:
Schlussbestimmungen
§ 49 Stimmordnung
§ 50 Inkrafttreten

Abschnitt 1
Allgemeines

§ 1 Anwendungsbereich

Dieses Gesetz findet Anwendung in den Fällen des Artikels 43 Absatz 2, des Artikels 59 Absatz 2 und 3, des Artikels 60 Absatz 1 bis 3 und des Artikels 64 Absatz 3 der Landesverfassung.

---

1) Neubekanntmachung des VAbstG idF v. 27. 2. 1984 (GBl. S. 177) in der ab 15. 12. 2015 geltenden Fassung.

§ 2 Beratung

[1]Die an einer Antragstellung Interessierten, Antragsteller oder Vertrauensleute können sich über die Zulässigkeitsvoraussetzungen der Antragstellung sowie die Rechtsvorschriften zur Durchführung von Volksanträgen, Volksbegehren oder Volksabstimmungen beraten lassen. [2]Zuständig dafür sind für Volksanträge der Landtag und für Volksbegehren oder Volksabstimmungen das Innenministerium. [3]Die Beratung erfolgt kostenfrei.

Abschnitt 2
Volksabstimmungen

§ 3 Stimmrecht

(1) Stimmberechtigt bei Volksabstimmungen ist, wer am Abstimmungstag zum Landtag wahlberechtigt ist.

(2) Ein Stimmberechtigter kann sein Stimmrecht nur ausüben, wenn er in ein Stimmberechtigtenverzeichnis (§ 10) eingetragen ist oder einen Stimmschein (§ 11) hat.

(3) [1]Wer in ein Stimmberechtigtenverzeichnis eingetragen ist, kann durch persönliche Stimmabgabe in dem Stimmbezirk abstimmen, in dessen Stimmberechtigtenverzeichnis er geführt wird. [2]Wer einen Stimmschein hat, kann entweder

1. durch persönliche Stimmabgabe in einem beliebigen Stimmbezirk des Stimmkreises oder
2. durch Briefabstimmung

abstimmen.

§ 4 Gliederung des Abstimmungsgebiets

(1) [1]Abstimmungsgebiet ist das Land. [2]Es gliedert sich in Stimmkreise und Stimmbezirke.

(2) Stimmkreise sind die Stadtkreise und Landkreise.

(3) [1]Jede Gemeinde bildet mindestens einen Stimmbezirk; in größeren Gemeinden sind mehrere Stimmbezirke zu bilden. [2]Das Nähere über die Bildung der Stimmbezirke und ihre öffentliche Bekanntmachung regelt die Stimmordnung. [3]Sie kann auch Bestimmungen über die Einrichtung von Sonderstimmbezirken treffen, in denen nur mit Stimmschein (§ 11) abgestimmt werden kann.

§ 5 Abstimmungsorgane

(1) Abstimmungsorgane sind

1. der Landesabstimmungsleiter und der Landesabstimmungsausschuss für das gesamte Abstimmungsgebiet,
2. ein Kreisabstimmungsleiter und ein Kreisabstimmungsausschuss für jeden Stimmkreis,
3. ein Stimmbezirksvorsteher und ein Stimmbezirksvorstand für jeden Stimmbezirk und
4. mindestens ein Abstimmungsvorsteher und ein Abstimmungsvorstand für die Briefabstimmung (Briefabstimmungsvorstand) für jeden Stimmkreis.

(2) Der Kreisabstimmungsleiter kann anordnen, dass Briefabstimmungsvorstände statt für den Stimmkreis für einzelne oder mehrere Gemeinden einzusetzen sind.

(3) Wieviel Briefabstimmungsvorstände einzusetzen sind, bestimmt der Kreisabstimmungsleiter.

(4) Für die Zusammensetzung, die Berufung, den Sitz, die Bekanntmachung und die Beschlussfähigkeit der Abstimmungsorgane sowie für die Pflichten zur unparteiischen Wahrnehmung des Amtes und zur Verschwiegenheit, die Abstimmung und die Stellvertretung, für die Bereitstellung von Hilfskräften und Hilfsmitteln und für die ehrenamtliche Tätigkeit in Abstimmungsorganen gelten die Vorschriften des Landtagswahlrechts entsprechend.

(5) [1]Die Abstimmungsorgane bestehen bis zur öffentlichen Bekanntmachung des Abstimmungsergebnisses (§ 21), eingeschlossen die Fälle einer Nachabstimmung oder Wiederholung der Volksabstimmung, fort. [2]Im Fall der Wiederholung der Volksabstimmung werden sie neu berufen. [3]Mitglieder der Abstimmungsausschüsse und der Abstimmungsvorstände können aus wichtigem Grund entpflichtet oder ersetzt werden.

§ 6 Abstimmungstag

(1) [1]Sind die Voraussetzungen für eine Volksabstimmung eingetreten, so hat die Regierung unverzüglich den Abstimmungstag zu bestimmen. [2]Der Abstimmungstag ist auf einen Sonntag festzusetzen.

(2) Die Regierung muss die Volksabstimmung auf einen Tag festsetzen, der

1. im Fall des Artikels 60 Absatz 1 der Landesverfassung spätestens drei Monate nach dem Tag, an dem der Landtag die Gesetzesvorlage abgelehnt oder ihr mit Änderungen zugestimmt hat,

2. in den Fällen des Artikels 60 Absatz 2 und 3 der Landesverfassung spätestens drei Monate nach dem Tag ihrer Anordnung (Artikel 60 Absatz 4 Satz 2 der Landesverfassung),

3. im Fall des Artikels 64 Absatz 3 der Landesverfassung spätestens drei Monate nach dem Eingang des Antrags bei der Regierung

liegt.

(3) Die Sechswochenfrist im Fall des Artikels 43 Absatz 2 der Landesverfassung beginnt am Tag nach der Bekanntgabe des Eintragungsergebnisses im Staatsanzeiger für Baden-Württemberg (§ 38).

§ 7 Bekanntgabe des Tags und des Gegenstands der Volksabstimmung

(1) Die Regierung gibt unverzüglich nach der Festsetzung des Abstimmungstags den Abstimmungstag, den Gegenstand der Volksabstimmung und den Inhalt des Stimmzettels im Staatsanzeiger für Baden-Württemberg bekannt.

(2) [1]Sind Gesetzesvorlagen oder Gesetze Gegenstand der Volksabstimmung, ist auch ihr Wortlaut bekanntzugeben. [2]Er ist den Stimmberechtigten von den Gemeinden vor dem Abstimmungstag zuzusenden.

§ 8 Amtliche Mitteilung zur Volksabstimmung

(1) Die Landesregierung, die sonstigen öffentlichen Stellen des Landes, die Gemeinden und Gemeindeverbände sowie deren Amtsträger, soweit sie weder Mitglieder von Abstimmungsorganen noch sonst unmittelbar mit der Vorbereitung und Durchführung der Volksabstimmung befasst sind, können sich innerhalb ihres Zuständigkeitsbereichs im Rahmen des verfassungsrechtlichen Sachlichkeitsgebots zu einer bevorstehenden Volksabstimmung äußern und die Stimmberechtigten darüber unterrichten.

(2) [1]Die Landesregierung soll die Stimmberechtigten durch eine amtliche Mitteilung des Ministeriums, in dessen Geschäftsbereich der Gegenstand der Volksabstimmung überwiegend fällt, unterrichten. [2]Diese soll den Gegenstand der Volksabstimmung, bei Gesetzesvorlagen oder Gesetzen den jeweiligen Gesetzeswortlaut und den Beschluss des Landtags dazu, Stellungnahmen zum Gegenstand der Volksabstimmung in jeweils gleichem Umfang des Landtags, der Landesregierung und bei vorausgegangenen Volksbegehren dessen Vertrauensleuten sowie ein Muster des amtlichen Stimmzettels beinhalten. [3]Der Landtag nimmt als Ganzes oder nach Fraktionen getrennt, im Umfang entsprechend der Sitzverteilung der Fraktionen im Landtag, Stellung. [4]Das nach Satz 1 zuständige Ministerium legt den Umfang und die Art der Darstellung sowie die Frist zur Abgabe der Stellungnahmen fest. [5]Entsprechendes gilt für einen vom Landtag mit zur Abstimmung vorgelegten Gesetzentwurf nach Artikel 60 Absatz 1 Satz 2 der Landesverfassung. [6]Werden Stellungnahmen vom Landtag oder von den Vertrauensleuten oder von beiden nicht oder nicht rechtzeitig vorgelegt, soll das nach Satz 1 zuständige Ministerium die ihm bekannten Gründe, die für oder gegen die Gesetzesvorlage oder das Gesetz sprechen, in gleichem Umfang darstellen. [7]Für den Wortlaut der Gesetzesvorlage und ihre Stellungnahme tragen die Vertrauensleute die Verantwortung; der Landtag oder die Fraktionen im Fall einer getrennten Stellungnahme nach Satz 3 und die Landesregierung sind jeweils für ihre Vorlagen und Stellungnahmen verantwortlich. [8]Das Landespressegesetz findet auf die amtliche Unterrichtung keine Anwendung.

(3) [1]Die amtliche Mitteilung ist vom nach Absatz 2 Satz 1 zuständigen Ministerium allen Stimmberechtigten unmittelbar oder über die Gemeinden, auch zusammen mit der Abstimmungsbenachrichtigung zuzusenden, an alle Haushalte zu verteilen, ins Internet einzustellen oder im Staatsanzeiger für Baden-Württemberg öffentlich bekannt zu machen. [2]Wird eine amtliche Mitteilung den Stimmberechtigten zusammen mit der Abstimmungsbenachrichtigung zugesandt, bedarf es keiner gesonderten Zusendung des Gesetzeswortlauts nach § 7 Absatz 2 Satz 2. [3]Erfolgt eine unmittelbare Zusendung an die Stimmberechtigten, erhält das nach Absatz 2 Satz 1 zuständige Ministerium dazu die Adressdaten der Stimmberechtigten von den Gemeinden aus dem Melderegister oder dem Stimmberechtigtenverzeichnis übermittelt; das nach Absatz 2 Satz 1 zuständige Ministerium darf die Adressdaten nur für die Zusendung der amtlichen Mitteilung nutzen. [4]Für die Sicherung der Adressdaten und deren Löschung gelten die §§ 37 und 38 Absatz 1 Satz 2 der Stimmordnung entsprechend.

§ 9 Mitwirkung der Landkreise, Gemeinden und des Statistischen Landesamts

(1) [1]Die Landkreise und Gemeinden sind zur Mitwirkung bei der Vorbereitung und Durchführung von Volksabstimmungen nach Maßgabe der gesetzlichen Vorschriften verpflichtet. [2]Das Innenministerium kann den Landkreisen und Gemeinden Weisungen erteilen.

(2) Dem Statistischen Landesamt Baden-Württemberg obliegt insbesondere die technische Vorbereitung der Abstimmungsdatenübermittlung, die technische Ermittlung des vorläufigen und endgültigen Abstimmungsergebnisses, die Berechnung des Abstimmungskostensatzes, die rechnerische Unterstützung bei Anfechtungsverfahren sowie bei Änderungen der Stimmkreiseinteilung und des Abstimmungssystems.

§ 10 Stimmberechtigtenverzeichnisse

(1) [1]Zur Durchführung einer Volksabstimmung sind Stimmberechtigtenverzeichnisse aufzustellen. [2]Die Aufstellung obliegt den Gemeinden. [3]Sie führen für jeden Stimmbezirk ein Stimmberechtigtenverzeichnis.

(2) In die Stimmberechtigtenverzeichnisse einer Gemeinde sind alle Personen einzutragen, die voraussichtlich am Abstimmungstag das Stimmrecht und in der Gemeinde ihre Wohnung, bei mehreren Wohnungen ihre Hauptwohnung, haben oder sich dort sonst gewöhnlich aufhalten.

(3) Jeder Stimmberechtigte hat das Recht, an den Werktagen vom 20. bis zum 16. Tag vor der Abstimmung während der allgemeinen Öffnungszeiten Einsicht in das Stimmberechtigtenverzeichnis zu nehmen.

(4) Für die Aufstellung, die Berichtigung und den Abschluss der Stimmberechtigtenverzeichnisse und die Einsichtnahme sowie für das Einspruchs- und Beschwerdeverfahren gelten die Vorschriften des Landtagswahlrechts über Wählerverzeichnisse entsprechend.

§ 11 Stimmscheine

(1) Ein Stimmberechtigter, der im Stimmberechtigtenverzeichnis eingetragen ist oder aus einem von ihm nicht zu vertretenden Grund in das Stimmberechtigtenverzeichnis nicht eingetragen ist, erhält auf Antrag einen Stimmschein.

(2) Für die Erteilung und Ausgabe von Stimmscheinen und Briefabstimmungsunterlagen sowie für das Einspruchs- und Beschwerdeverfahren gelten die Vorschriften des Landtagswahlrechts über Wahlscheine und Briefwahlunterlagen entsprechend.

§ 12 Abstimmungsräume und deren Ausstattung

(1) Die Gemeinden haben für die Bereitstellung und Ausstattung der Abstimmungsräume zu sorgen und das erforderliche Bedienungspersonal zu stellen.

(2) Das Nähere über die Abstimmungsräume, deren Lage und Ausstattung sowie die Beschaffung der Stimmzettel und Umschläge regelt die Stimmordnung.

§ 13 Abstimmungszeit

[1]Im Stimmbezirk kann am Abstimmungstag von 8 Uhr bis 18 Uhr abgestimmt werden. [2]Die Stimmordnung kann für besondere Verhältnisse eine andere Festsetzung der Abstimmungszeit zulassen.

§ 14 Öffentlichkeit der Abstimmung

(1) Die Abstimmungshandlung ist öffentlich.

(2) [1]Der Stimmbezirksvorstand hat für den geordneten Ablauf der Abstimmungshandlung zu sorgen. [2]Er kann insbesondere Personen, welche die Ruhe oder Ordnung stören, nach vergeblicher Ermahnung aus dem Abstimmungsraum und den Zugängen zum Abstimmungsraum verweisen. [3]Ist der Betroffene in das Stimmberechtigtenverzeichnis des Stimmbezirks eingetragen oder hat er einen Stimmschein, so ist ihm zuvor Gelegenheit zur Abstimmung zu geben.

§ 15 Unzulässige Werbung, unzulässige Veröffentlichung von Befragungen der Stimmberechtigten

(1) Während der Abstimmungszeit sind in und an dem Gebäude, in dem sich der Abstimmungsraum befindet, sowie unmittelbar vor dem Zugang zu dem Gebäude jede Beeinflussung der Abstimmenden durch Wort, Ton, Schrift oder Bild sowie jede Unterschriftensammlung verboten.

(2) [1]Die Veröffentlichung der Ergebnisse von Befragungen der Abstimmenden nach der Stimmabgabe über den Inhalt der Abstimmungsentscheidung ist vor Ablauf der Abstimmungszeit unzulässig. [2]Wer

hiergegen verstößt, handelt ordnungswidrig. [3]Für die Verfolgung und Ahndung der Ordnungswidrigkeit gilt § 55 Absatz 2 und 3 des Landtagswahlgesetzes entsprechend.

§ 16 Wahrung des Abstimmungsgeheimnisses

[1]Die zur Wahrung des Abstimmungsgeheimnisses erforderlichen Vorkehrungen regelt die Stimmordnung. [2]Der Stimmbezirksvorsteher und der Vorsteher für die Briefabstimmung haben die Einhaltung dieser Bestimmungen zu überwachen.

§ 17 Stimmzettel und Stimmzettelumschläge

(1) Zur Abstimmung dürfen nur amtliche Stimmzettel und bei der Briefabstimmung amtliche Stimmzettelumschläge verwendet werden.

(2) [1]Den Inhalt des Stimmzettels bestimmt die Regierung. [2]Er ist so zu fassen, dass die Abstimmenden mit Ja oder Nein stimmen können. [3]Stehen im Fall des Artikels 60 Absatz 1 der Landesverfassung mehr als eine Gesetzesvorlage zur Abstimmung, so muss der Stimmzettel für jede Vorlage eine eigene Fragestellung enthalten.

(3) Die Stimmordnung kann weitere Bestimmungen über Form oder Inhalt des Stimmzettels und über die Beschaffenheit der Stimmzettelumschläge und Abstimmungsbriefumschläge treffen.

§ 18 Stimmabgabe

(1) [1]Wer seine Stimme im Abstimmungsraum abgibt, erhält dort einen Stimmzettel. [2]Er kann erforderlichenfalls weitere Stimmzettel nachfordern.

(2) [1]Der Stimmberechtigte kann seine Stimme nur persönlich abgeben. [2]Ein Stimmberechtigter, der nicht lesen kann oder wegen einer körperlichen Beeinträchtigung gehindert ist, seine Stimme allein abzugeben, kann sich der Hilfe einer Person seines Vertrauens bedienen.

(3) [1]Der Stimmberechtigte übt sein Stimmrecht in der Weise aus, dass er auf dem Stimmzettel in einem der bei den Worten Ja und Nein befindlichen Kreise ein Kreuz einsetzt oder durch eine andere Art der Kennzeichnung des Stimmzettels eindeutig zu erkennen gibt, ob er die gestellte Frage bejahen oder verneinen will. [2]Der so gekennzeichnete Stimmzettel ist in der Weise zu falten, dass die Stimmabgabe nicht erkennbar ist und in die Abstimmungsurne zu werfen.

(4) Über Zweifelsfragen, die sich bei der Stimmabgabe im Stimmbezirk ergeben, entscheidet der Stimmbezirksvorstand.

(5) [1]Bei der Briefabstimmung hat der Abstimmende dem auf dem Abstimmungsbriefumschlag als Empfänger vorgesehenen Kreisabstimmungsleiter oder Bürgermeister im Abstimmungsbrief den verschlossenen Stimmzettelumschlag, der den Stimmzettel enthält, sowie den Stimmschein so rechtzeitig zu übersenden, dass er dort spätestens am Abstimmungstag bis 18 Uhr eingeht. [2]Auf dem Stimmschein ist durch Unterschrift an Eides statt zu versichern, dass der Abstimmende den Stimmzettel persönlich oder nach Absatz 2 Satz 2 gekennzeichnet hat.

(6) Im Einzelnen wird der Vorgang der Stimmabgabe und die Ausübung der Briefabstimmung durch die Stimmordnung geregelt.

§ 19 Ungültige Stimmen, Zurückweisung von Abstimmungsbriefen

(1) [1]Ungültig sind Stimmen, wenn der Stimmzettel
1. nicht amtlich hergestellt oder für einen anderen Stimmkreis gültig ist,
2. keine Kennzeichnung enthält,
3. den Willen des Abstimmenden nicht zweifelsfrei erkennen lässt,
4. ganz durchgestrichen, durchgerissen oder durchgeschnitten ist oder
5. eine Änderung, einen Vorbehalt oder einen beleidigenden oder auf die Person des Abstimmenden hinweisenden Zusatz enthält oder wenn sich in dem Stimmzettelumschlag sonst eine derartige Äußerung befindet.

[2]Ungültig sind auch Stimmen, wenn der Stimmzettel bei der Stimmabgabe im Abstimmungsraum in einem Umschlag abgegeben worden ist sowie bei der Briefabstimmung nicht in einem amtlichen Stimmzettelumschlag abgegeben worden ist oder in einem Stimmzettelumschlag abgegeben worden ist, der offensichtlich in einer das Abstimmungsgeheimnis gefährdenden Weise von den übrigen Stimmzettelumschlägen abweicht oder einen deutlich fühlbaren Gegenstand enthält, jedoch eine Zurückweisung nach Absatz 3 Nummer 7 oder 8 nicht erfolgt ist.

(2) [1]Leer abgegebene Stimmzettelumschläge werden als ungültige Stimmen gewertet. [2]Mehrere in einem Stimmzettelumschlag abgegebene Stimmzettel gelten als eine gültige Stimme, wenn sie gleich

gekennzeichnet sind oder nur einer von ihnen gekennzeichnet ist; bei inhaltlich verschiedener Kennzeichnung gelten sie als eine ungültige Stimme.

(3) [1]Bei der Briefabstimmung sind Abstimmungsbriefe zurückzuweisen, wenn

1. der Abstimmungsbrief nicht rechtzeitig eingegangen ist,
2. dem Abstimmungsbriefumschlag kein oder kein gültiger Stimmschein beiliegt,
3. dem Abstimmungsbriefumschlag kein Stimmzettelumschlag beiliegt,
4. weder der Abstimmungsbriefumschlag noch der Stimmzettelumschlag verschlossen ist,
5. der Abstimmungsbriefumschlag mehrere Stimmzettelumschläge, aber nicht die gleiche Anzahl gültiger und mit der vorgeschriebenen Versicherung an Eides statt versehener Stimmscheine enthält,
6. der Abstimmende oder die Person seines Vertrauens die vorgeschriebene Versicherung an Eides statt auf dem Stimmschein nicht unterschrieben hat,
7. kein amtlicher Stimmzettelumschlag benutzt worden ist,
8. ein Stimmzettelumschlag benutzt worden ist, der offensichtlich in einer das Abstimmungsgeheimnis gefährdenden Weise von den übrigen abweicht oder einen deutlich fühlbaren Gegenstand enthält.

[2]Die Einsender zurückgewiesener Abstimmungsbriefe werden nicht als Abstimmende gezählt; ihre Stimmen gelten als nicht abgegeben.

(4) Die Stimme eines Abstimmenden, der an der Briefabstimmung teilgenommen hat, wird nicht dadurch ungültig, dass er vor dem oder am Abstimmungstag stirbt, aus Baden-Württemberg verzieht oder sein Stimmrecht nach § 3 Absatz 1 in Verbindung mit § 7 Absatz 2 des Landtagswahlgesetzes verliert.

§ 20 Ermittlung und Feststellung des Abstimmungsergebnisses

(1) [1]Nach Beendigung der Abstimmungshandlung ermitteln die Stimmbezirksvorstände das Ergebnis der Abstimmung im Stimmbezirk. [2]Gleichzeitig ermitteln die Briefabstimmungsvorstände das Ergebnis der Briefabstimmung aus den ihnen zugewiesenen Abstimmungsbriefen. [3]Die Kreisabstimmungsausschüsse prüfen die Ordnungsmäßigkeit der Abstimmung im Stimmkreis, fassen die Abstimmungsergebnisse der Stimmbezirksvorstände und der Briefabstimmungsvorstände zu einem Abstimmungsergebnis für den Stimmkreis zusammen und stellen dieses fest. [4]Der Landesabstimmungsausschuss fasst die von den Kreisabstimmungsausschüssen festgestellten Abstimmungsergebnisse der Stimmkreise zu einem Abstimmungsergebnis des Landes zusammen und stellt dieses fest.

(2) [1]Die Stimmbezirksvorstände und die Briefabstimmungsvorstände haben bei der Ermittlung des Abstimmungsergebnisses über die Gültigkeit der abgegebenen Stimmen und über sonstige bei der Feststellung des Abstimmungsergebnisses sich ergebende Fragen zu entscheiden. [2]Die Kreisabstimmungsausschüsse haben die Feststellungen der Stimmbezirksvorstände und Briefabstimmungsvorstände nachzuprüfen. [3]Sie können fehlerhafte Entscheidungen abändern; zurückgewiesene Abstimmungsbriefe können sie nicht zulassen. [4]Der Landesabstimmungsausschuss kann Zählfehler und andere offensichtliche Unrichtigkeiten berichtigen.

(3) [1]Festzustellen sind die Zahl der Stimmberechtigten, die Zahl der Personen, die abgestimmt haben, die Zahlen der abgegebenen gültigen und ungültigen Stimmen sowie die Zahlen der gültigen Ja-Stimmen und der gültigen Nein-Stimmen. [2]Der Landesabstimmungsausschuss stellt weiterhin fest, ob das zur Volksabstimmung gebrachte Gesetz oder eine Gesetzesvorlage oder das Verlangen auf Auflösung des Landtags die nach der Landesverfassung und diesem Gesetz erforderliche Stimmenmehrheit erlangt hat.

(4) Das Abstimmungsergebnis ist in öffentlicher Sitzung zu ermitteln und festzustellen.

§ 21 Mitteilung und öffentliche Bekanntmachung des Abstimmungsergebnisses

Der Landesabstimmungsleiter teilt das vom Landesabstimmungsausschuss festgestellte Ergebnis der Abstimmung im Land dem Landtag und der Regierung mit und macht es im Staatsanzeiger für Baden-Württemberg bekannt.

§ 22 Ergebnis der Volksabstimmung über mehrere Gesetzesvorlagen

[1]Haben bei einer Abstimmung über mehrere Gesetzesvorlagen, die den gleichen Gegenstand betreffen, mehrere Vorlagen die nach Artikel 60 Absatz 5 der Landesverfassung erforderliche Mehrheit erlangt, so ist das Gesetz beschlossen, für das die meisten Ja-Stimmen abgegeben wurden. [2]Ist die Zahl der Ja-

Stimmen für mehrere Gesetzesvorlagen gleich, so ist das Gesetz beschlossen, das nach Abzug der auf es entfallenden Nein-Stimmen die größte Zahl der Ja-Stimmen auf sich vereinigt.

§ 23 Anfechtung einer Volksabstimmung

(1) [1]Volksabstimmungen können beim Verfassungsgerichtshof mittels Einspruchs angefochten werden. [2]Der Einspruch kann auf die Anfechtung der Volksabstimmung in einzelnen Stimmkreisen oder Stimmbezirken beschränkt werden.

(2) [1]Einspruchsberechtigt ist jeder Stimmberechtigte, in amtlicher Eigenschaft auch der Landesabstimmungsleiter. [2]Der Einspruch muss binnen eines Monats nach der öffentlichen Bekanntmachung des Abstimmungsergebnisses (§ 21) schriftlich beim Verfassungsgerichtshof eingereicht werden; er ist zu begründen.

(3) [1]Wer Einspruch eingelegt hat, ist Antragsteller im Sinne von § 9 Absatz 1 des Gesetzes über den Verfassungsgerichtshof vom 13. Dezember 1954 (GBl. S. 171). [2]Prozessbeteiligte im Sinne dieser Vorschrift sind außerdem das Innenministerium, der Landesabstimmungsleiter, auch wenn er nicht Antragsteller ist, und der oder die zuständigen Kreisabstimmungsleiter, wenn Maßnahmen oder Entscheidungen auf der Kreis- oder Gemeindestufe zu der Anfechtung der Volksabstimmung Veranlassung gegeben haben.

(4) Der Verfassungsgerichtshof hat Volksabstimmungen auf Einspruch insoweit für ungültig zu erklären, als der Erfolg der Abstimmung (§ 20 Absatz 3 Satz 2) dadurch beeinflusst worden sein kann, dass

1. bei der Vorbereitung oder Durchführung der Volksabstimmung zwingende Vorschriften dieses Gesetzes oder der Stimmordnung unbeachtet geblieben oder unrichtig angewendet worden sind oder

2. in Bezug auf die Volksabstimmung vollendete Vergehen im Sinne der §§ 107, 107a, 107b, 107c, 108, 108a oder 108b in Verbindung mit § 108d oder im Sinne des § 240 des Strafgesetzbuchs begangen worden sind.

(5) [1]Die Kosten des Anfechtungsverfahrens trägt das Land. [2]Die Prozessbeteiligten haben keinen Anspruch auf Erstattung von Auslagen.

(6) Im Übrigen gelten die allgemeinen Verfahrensvorschriften des Gesetzes über den Verfassungsgerichtshof.

§ 24 Nachabstimmung

(1) Steht fest, dass die Abstimmung infolge höherer Gewalt oder aus einem sonstigen Grund in einem Stimmkreis oder einem Stimmbezirk nicht durchgeführt werden kann, oder wird ein offenkundiger, vor der Abstimmung nicht mehr behebbarer Mangel festgestellt, wegen dem die Abstimmung im Fall ihrer Durchführung im Anfechtungsverfahren ganz oder teilweise für ungültig erklärt werden müsste, sagt der Kreisabstimmungsleiter die Abstimmung ganz oder teilweise ab und macht dies öffentlich mit dem Hinweis bekannt, dass eine Nachabstimmung stattfinden wird.

(2) [1]Ist in einem Stimmkreis oder einem Stimmbezirk die Abstimmung nicht durchgeführt worden, findet eine Nachabstimmung statt. [2]Die Nachabstimmung soll spätestens drei Wochen nach dem Tag der Hauptabstimmung stattfinden. [3]Den Tag der Nachabstimmung bestimmt der Landesabstimmungsleiter.

(3) Die Nachabstimmung findet nach denselben Vorschriften und auf denselben Grundlagen wie die Hauptabstimmung statt.

(4) Das Nähere über die Vorbereitung und Durchführung der Nachabstimmung bestimmt die Stimmordnung.

§ 25 Wiederholung der Volksabstimmung

(1) Wird im Anfechtungsverfahren die Volksabstimmung ganz oder teilweise für ungültig erklärt, so ist sie in dem in der Entscheidung bestimmten Umfang zu wiederholen.

(2) Bei der Wiederholung der Volksabstimmung wird, vorbehaltlich einer anderen Entscheidung im Anfechtungsverfahren und sofern seit der Hauptabstimmung noch nicht sechs Monate verstrichen sind, auf Grund derselben Stimmberechtigtenverzeichnisse wie bei der für ungültig erklärten Abstimmung abgestimmt.

(3) [1]Die Wiederholung der Volksabstimmung muss spätestens 60 Tage nach der Verkündung oder der Zustellung (§ 22 Absatz 5 des Gesetzes über den Verfassungsgerichtshof) der Entscheidung, durch

welche die Volksabstimmung ganz oder teilweise für ungültig erklärt worden ist, stattfinden; maßgebend ist die Zustellung an den Landesabstimmungsleiter. [2]Den Tag, an dem die Volksabstimmung wiederholt wird, bestimmt der Landesabstimmungsleiter. [3]Auf Grund der wiederholten Abstimmung wird das Abstimmungsergebnis neu festgestellt.

(4) Das Nähere über die Vorbereitung und Durchführung der Wiederholung der Volksabstimmung bestimmt die Stimmordnung.

§ 26 Kosten der Volksabstimmung

(1) [1]Die Kosten einer Volksabstimmung trägt das Land. [2]Es erstattet den Landkreisen und Gemeinden die durch die Vorbereitung und Durchführung der Volksabstimmung einschließlich der Übermittlung des Abstimmungsergebnisses entstandenen notwendigen Kosten unter Ausschluss der laufenden Ausgaben persönlicher und sachlicher Art. [3]Für die Inanspruchnahme von Räumen und Gebäuden der Landkreise und Gemeinden wird keine Vergütung gewährt.

(2) Art und Höhe des Kostenersatzes bestimmt das Innenministerium im Einvernehmen mit dem Finanzministerium.

(3) Das Land erstattet den Blindenvereinen, die ihre Bereitschaft zur Herstellung von Stimmzettelschablonen erklärt haben, die durch die Herstellung und die Verteilung der Stimmzettelschablonen veranlassten notwendigen Ausgaben.

Abschnitt 3
Volksbegehren

§ 27 Antrag auf Zulassung des Volksbegehrens

(1) [1]Volksbegehren bedürfen der Zulassung durch das Innenministerium. [2]Sie werden durch Ausgabe von Eintragungsblättern durch die Vertrauensleute der Antragsteller oder Personen, die von ihnen dazu ermächtigt sind (freie Sammlung), und Auflegung von Eintragungslisten in den Gemeinden (amtliche Sammlung) durchgeführt. [3]Die amtliche Sammlung erstreckt sich über drei Monate, die freie Sammlung über sechs Monate. [4]§ 9 Absatz 1 gilt entsprechend.

(2) [1]Die Zulassung ist schriftlich zu beantragen. [2]Dabei ist mitzuteilen, in welchen Gemeinden Eintragungslisten aufgelegt werden sollen. [3]Der Antrag kann bis zur Entscheidung über die Zulassung auf weitere Gemeinden ausgedehnt werden.

(3) Ist Gegenstand des Volksbegehrens die Einbringung einer Gesetzesvorlage, so ist dem Antrag ein ausgearbeiteter und mit Gründen versehener Gesetzentwurf beizufügen.

(4) [1]Der Antrag bedarf der Unterschriften von mindestens 10 000 Unterzeichnern, die im Zeitpunkt der Unterzeichnung zum Landtag wahlberechtigt sein müssen. [2]§ 37 Absatz 1 Nummer 1 bis 3 gilt entsprechend.

(5) [1]In dem Antrag sollen zwei Vertrauensleute benannt werden. [2]Sind keine Vertrauensleute benannt, gelten die beiden ersten Unterzeichner des Antrags als Vertrauensleute. [3]Soweit in diesem Gesetz nichts anderes bestimmt ist, sind nur die Vertrauensleute, jeder für sich, berechtigt, verbindliche Erklärungen zu dem Antrag abzugeben und Erklärungen von Abstimmungsorganen entgegenzunehmen. [4]Die Vertrauensleute können durch schriftliche Erklärung der Mehrheit der Unterzeichner des Antrags an das Innenministerium abberufen und durch andere ersetzt werden.

(6) Das Nähere, auch zu Form und Inhalt der Beteiligung am Antrag, regelt die Stimmordnung.

§ 28 Unterrichtung des Landtags und der Regierung

Das Innenministerium setzt den Landtag und die Regierung vom Eingang des Antrags in Kenntnis.

§ 29 Zulassung des Volksbegehrens

(1) [1]Das Innenministerium hat das Volksbegehren zuzulassen, wenn
1. der Antrag vorschriftsmäßig gestellt ist und
2. im Fall des § 27 Absatz 3 die Gesetzesvorlage dem Grundgesetz und der Landesverfassung nicht widerspricht.

[2]Es hat über den Antrag binnen drei Wochen nach seinem Eingang zu entscheiden.

(2) Von der Entscheidung sind der Landtag, die Regierung und die Vertrauensleute der Antragsteller zu benachrichtigen.

(3) ¹Wird der Antrag abgelehnt, so können die Vertrauensleute der Antragsteller binnen zwei Wochen nach Zugang der Entscheidung hiergegen den Verfassungsgerichtshof anrufen. ²Das Innenministerium ist Prozessbeteiligter im Sinne von § 9 Absatz 1 des Gesetzes über den Verfassungsgerichtshof.

§ 30 Öffentliche Bekanntmachung der Zulassung

(1) ¹Wird dem Antrag entsprochen, so macht das Innenministerium die Zulassung des Volksbegehrens im Staatsanzeiger für Baden-Württemberg öffentlich bekannt. ²Es macht gleichzeitig die Gemeinden, in denen Eintragungslisten aufgelegt werden, sowie die Fristen bekannt, innerhalb derer das Volksbegehren durch Eintragung in die Eintragungsblätter oder in die Eintragungslisten unterstützt werden kann. ³Die freie Sammlung darf frühestens vier, höchstens sechs Wochen nach der öffentlichen Bekanntmachung beginnen. ⁴Die amtliche Sammlung kann zeitgleich mit der freien Sammlung oder später beginnen. ⁵Sie soll möglichst zwei Monate, muss aber spätestens einen Monat vor der freien Sammlung enden.

(2) ¹Das Innenministerium unterrichtet die Gemeinden, in denen Eintragungslisten aufzulegen sind. ²Die Gemeinden haben ihrerseits den Gegenstand des beantragten Volksbegehrens, die Eintragungsfristen für die amtliche und freie Sammlung, den Ort, wo die Eintragungslisten aufgelegt werden, und die Tageszeit, innerhalb der die Eintragungen in die Eintragungslisten vorgenommen werden können, in ortsüblicher Weise bekanntzumachen und dabei auf die Voraussetzungen der Eintragungsberechtigung (§ 33) und der Ausübung des Eintragungsrechts (§ 34) hinzuweisen.

(3) Ist Gegenstand des Volksbegehrens die Einbringung einer Gesetzesvorlage, so ist der Wortlaut des Gesetzentwurfs und seine Begründung in die Bekanntmachung nach den Absätzen 1 und 2 aufzunehmen.

§ 31 Zurücknahme des Zulassungsantrags

(1) ¹Der Zulassungsantrag kann bis zum achten Tag vor dem Beginn der freien Sammlung zurückgenommen werden. ²Die Zurücknahme muss dem Innenministerium durch gemeinsame schriftliche Erklärung der Vertrauensleute mitgeteilt werden. ³Als Zurücknahme gilt auch die schriftliche Zurückziehung so vieler Unterschriften, dass dadurch die Zahl der Unterzeichner unter 10 000 sinkt.

(2) Die Zurücknahme ist vom Innenministerium dem Landtag und der Regierung mitzuteilen und, falls bereits die Zulassung des Volksbegehrens öffentlich bekannt gemacht worden ist, in gleicher Weise bekanntzumachen.

§ 32 Eintragungsblätter und Eintragungslisten

(1) ¹Die Unterstützung des Volksbegehrens geschieht bei der freien Sammlung durch Eintragung in die Eintragungsblätter sowie deren Einreichung spätestens am letzten Tag der Eintragungsfrist der freien Sammlung bei der für die Prüfung des Wahlrechts zuständigen Gemeinde und bei der amtlichen Sammlung durch die Eintragung in die Eintragungslisten. ²Ist Gegenstand des Volksbegehrens die Einbringung einer Gesetzesvorlage, ist sicherzustellen, dass vor der Eintragung in die Eintragungsblätter oder Eintragungslisten die Möglichkeit zur Kenntnisnahme des Gesetzeswortlauts und dessen Begründung besteht. ³Die Eintragungen müssen innerhalb der vom Innenministerium nach § 30 Absatz 1 öffentlich bekannt gemachten Fristen für die Eintragungen in Eintragungsblätter oder Eintragungslisten geleistet sein. ⁴Das Nähere, auch zu Form und Inhalt der Eintragungsblätter und Eintragungslisten, regelt die Stimmordnung.

(2) ¹Die Eintragungslisten sind den Gemeinden von den Antragstellern zur Verfügung zu stellen. ²Die Gemeinden sind verpflichtet, die ihnen rechtzeitig zugegangenen ordnungsmäßigen Eintragungslisten innerhalb der Eintragungsfrist nach den näheren Bestimmungen der Stimmordnung zur Eintragung durch Eintragungsberechtigte öffentlich aufzulegen und dabei die Eintragungsberechtigung der sich eintragenden Personen zu prüfen.

§ 33 Eintragungsberechtigte

Eintragungsberechtigt ist, wer am Tag der Eintragung zum Landtag wahlberechtigt ist.

§ 34 Ausübung des Eintragungsrechts in Eintragungslisten

(1) Das Eintragungsrecht kann nur in Gemeinden ausgeübt werden, in denen Eintragungslisten aufgelegt sind (§ 30 Absatz 1 Satz 2, § 32 Absatz 2 Satz 2).

(2) Vorbehaltlich des Absatzes 1 kann jeder Eintragungsberechtigte das Eintragungsrecht in der Gemeinde ausüben, in der er seine Wohnung, bei mehreren Wohnungen seine Hauptwohnung, hat oder in der er sich sonst gewöhnlich aufhält.

§ 35 Rechtsmittel

[1]Eintragungsberechtigte, die nicht zur Eintragung in Eintragungslisten zugelassen werden, können nach Maßgabe des 8. Abschnitts der Verwaltungsgerichtsordnung Anfechtungs- oder Verpflichtungsklage erheben. [2]Über den Widerspruch im Vorverfahren entscheidet die Rechtsaufsichtsbehörde.

§ 36 Eintragung

(1) [1]Die Eintragung in Eintragungsblätter oder in Eintragungslisten muss persönlich und handschriftlich vollzogen werden. [2]§ 18 Absatz 2 Satz 2 gilt bei der Eintragung in Eintragungslisten mit der Maßgabe entsprechend, dass die Unterschrift von Personen, die erklären, dass sie des Schreibens unkundig sind, durch eine Erklärung zur Niederschrift der Behörde ersetzt wird.

(2) Die Eintragung in ein Eintragungsblatt oder in eine Eintragungsliste muss Familienname, Vorname, Tag der Geburt und Anschrift, bei mehreren Wohnungen die der Hauptwohnung sowie den Tag der Eintragung und bei einer Eintragung in ein Eintragungsblatt, wenn Gegenstand des Volksbegehrens die Einbringung einer Gesetzesvorlage ist, die Bestätigung enthalten, dass vor der Eintragung die Möglichkeit zur Kenntnisnahme des Gesetzeswortlauts und dessen Begründung bestand.

(3) Das Nähere regelt die Stimmordnung.

§ 37 Ungültige Eintragungen

(1) Ungültig sind Eintragungen,

1. die die Person des Eintragenden nicht zweifelsfrei erkennen lassen,
2. die, ohne dass ein Fall des § 36 Absatz 1 Satz 2 vorliegt, nicht persönlich und handschriftlich unterzeichnet sind oder nicht von eintragungsberechtigten Personen herrühren,
3. die nicht in vorschriftsmäßige Eintragungsblätter oder Eintragungslisten, außerhalb der jeweiligen Eintragungsfristen oder ohne Angabe des Tags der Unterzeichnung gemacht sind oder
4. die in Eintragungsblättern gemacht sind und
   a) nicht die erforderliche Bestätigung enthalten, dass vor der Eintragung die Möglichkeit zur Kenntnisnahme des Gesetzeswortlauts und dessen Begründung bestand oder
   b) nach Ablauf der Eintragungsfrist für die freie Sammlung bei der für die Prüfung des Wahlrechts zuständigen Gemeinde eingehen.

(2) Die Entscheidung über die Gültigkeit der Eintragung trifft der Landesabstimmungsausschuss.

(3) Das Nähere regelt die Stimmordnung.

§ 38 Feststellung, Mitteilung und öffentliche Bekanntmachung des Eintragungsergebnisses

(1) [1]Nach Ablauf der jeweiligen Eintragungsfristen schließen die Gemeinden die Eintragungslisten ab und prüfen die eingereichten Eintragungsblätter auf ihre Gültigkeit. [2]Sie fassen das Ergebnis der amtlichen und der freien Sammlung für ihren Bereich zusammen und übersenden dieses mit den Eintragungslisten und den Eintragungsblättern dem Kreisabstimmungsleiter, der nach Prüfung der Ordnungsmäßigkeit des Eintragungsverfahrens das zusammengefasste Ergebnis des Stimmkreises mit den Eintragungslisten und den Eintragungsblättern, gegen deren Gültigkeit Bedenken bestehen, dem Landesabstimmungsleiter übersendet. [3]§ 9 gilt entsprechend.

(2) [1]Der Landesabstimmungsausschuss ermittelt, ob das Volksbegehren von der nach der Landesverfassung erforderlichen Zahl von Wahlberechtigten durch rechtsgültige Eintragung unterstützt wurde und stellt fest, ob das Volksbegehren zustande gekommen ist. [2]Das Volksbegehren ist zustande gekommen, wenn die Zahl der rechtsgültigen Eintragungen mindestens zehn vom Hundert der Zahl der bei der letzten Landtagswahl oder Volksabstimmung Wahlberechtigten erreicht.

(3) Der Landesabstimmungsleiter teilt das vom Landesabstimmungsausschuss festgestellte Ergebnis dem Landtag und der Regierung mit und macht es im Staatsanzeiger für Baden-Württemberg bekannt.

§ 39 Anfechtung des Eintragungsverfahrens

[1]Die Feststellung, ob das Volksbegehren zustande gekommen ist (§ 38 Absatz 2), kann durch Einspruch beim Verfassungsgerichtshof angefochten werden. [2]§ 23 gilt entsprechend.

§ 40 Kosten des Volksbegehrens

(1) [1]Die Kosten des Zulassungsantrags, der freien Sammlung, der Eintragungslisten und gegebenenfalls der Stücke des mit Gründen versehenen Gesetzentwurfs sowie ihrer jeweiligen Versendung an die Gemeinden fallen den Antragstellern zur Last. [2]Die Kosten der Entscheidung über den Zulassungsantrag und die Kosten der Feststellung des Eintragungsergebnisses trägt das Land. [3]Den Gemeinden werden die ihnen entstehenden Kosten vom Land erstattet. [4]§ 26 gilt entsprechend.

(2) Führt die Volksabstimmung zur Auflösung des Landtags, so sind den Antragstellern die Kosten sachlicher Art des Zulassungsantrags, der freien Sammlung, der Eintragungslisten und gegebenenfalls der Stücke des mit Gründen versehenen Gesetzentwurfs sowie ihrer jeweiligen Versendung vom Land zu erstatten.

§ 41 Anhörung zum Volksbegehren

[1]Der Landtag hat im Rahmen der Befassung mit dem Gegenstand eines zustande gekommenen Volksbegehrens die Vertrauensleute in seinen zuständigen Ausschüssen anzuhören. [2]Das Nähere regelt die Geschäftsordnung des Landtags.

Abschnitt 4
Volksantrag

§ 42 Antrag auf Zulassung des Volksantrags

(1) [1]Ein Volksantrag bedarf der Zulassung durch den Landtag. [2]Die Zulassung ist schriftlich zu beantragen. [3]Der Antrag mit allen erforderlichen Unterlagen ist spätestens mit Ablauf des Tags des auf den nach Satz 5 angezeigten Beginn der Sammlung von Antragsunterschriften folgenden Kalenderjahrs zu stellen, welcher der Zahl des Tags und der Benennung des Monats des angezeigten Beginns der Unterschriftensammlung entspricht. [4]§ 188 Absatz 3 und § 193 des Bürgerlichen Gesetzbuchs gelten entsprechend. [5]Die Anzeige des Datums des Beginns der Sammlung hat schriftlich gegenüber dem Landtag spätestens zwei Wochen vor dem beabsichtigten Beginn der Sammlung zu erfolgen. [6]Bis zum Ablauf der Antragsfrist können Unterlagen eingereicht werden.

(2) [1]Ist Gegenstand des Volksantrags die Einbringung einer Gesetzesvorlage, so ist sowohl der Anzeige nach Absatz 1 Satz 5 als auch dem Zulassungsantrag nach Absatz 1 Satz 2 ein ausgearbeiteter und mit Gründen versehener Gesetzentwurf beizufügen. [2]Im Übrigen ist der Gegenstand des Volksantrags mit seinem vollständigen Wortlaut und, wenn er eine Begründung enthält, auch diese der Anzeige nach Absatz 1 Satz 5 und dem Zulassungsantrag nach Absatz 1 Satz 2 beizufügen. [3]Der Gegenstand des Volksantrags darf ab Beginn der Unterschriftensammlung in seinem Wortlaut nicht mehr verändert werden.

(3) [1]Der Antrag bedarf der Unterschrift von mindestens 0,5 vom Hundert der Zahl der bei der letzten Landtagswahl oder Volksabstimmung Wahlberechtigten, die im Zeitpunkt der Unterzeichnung zum Landtag wahlberechtigt sein müssen. [2]Bei der Sammlung der Antragsunterschriften ist sicherzustellen, dass vor der Unterschriftsleistung die Möglichkeit zur Kenntnisnahme des vollständigen Wortlauts des Gegenstands des Volksantrags und seiner etwaigen Begründung, bei Gesetzentwürfen des Gesetzeswortlauts und seiner Begründung besteht. [3]Die Unterschriften müssen innerhalb eines Zeitraums von zwölf Monaten ab dem Beginn des Tags, der dem Landtag nach Absatz 1 Satz 5 schriftlich angezeigt ist, bis zu dem Tag des Ablaufs der Antragsfrist nach Absatz 1 Satz 3 geleistet sein. [4]Die Wahlberechtigung der Unterzeichner ist spätestens bis zum Ablauf der Antragsfrist nachzuweisen, es sei denn, der Nachweis der erforderlichen gültigen Unterschriften kann infolge von Umständen, die die Antragsteller nicht zu vertreten haben, nicht rechtzeitig erbracht werden. [5]Im Übrigen gelten §§ 9 und 27 Absatz 5, § 36 Absatz 1 Satz 1 und Absatz 2 sowie § 37 Absatz 1 und 3 entsprechend.

(4) Das Nähere, auch zu Form und Inhalt der Beteiligung am Antrag, regelt die Stimmordnung.

§ 43 Unterrichtung der Regierung, öffentliche Bekanntmachung der Sammlung von Antragsunterschriften

[1]Der Landtag setzt die Regierung von der Anzeige des Beginns der Sammlung von Antragsunterschriften und vom Eingang des Volksantrags in Kenntnis. [2]Er macht nach Eingang der Anzeige den Beginn und das Ende der Sammlung von Antragsunterschriften sowie eine Kurzbezeichnung des Gegenstands des Volksantrags im Staatsanzeiger für Baden-Württemberg öffentlich bekannt. [3]Der Volksantrag und seine etwaige Begründung werden auf der Internetseite des Landtags veröffentlicht und zur

Einsichtnahme im Landtag bereitgehalten. [4]Auf die Fundstelle der Internetseite des Landtags und die Möglichkeit zur Einsichtnahme im Landtag ist in der Bekanntmachung nach Satz 2 hinzuweisen.

§ 44 Zulassung des Volksantrags

(1) [1]Der Landtag hat den Volksantrag zuzulassen, wenn
1. der Antrag vorschriftsmäßig gestellt ist und
2. der Gegenstand des Volksantrags im Zuständigkeitsbereich des Landtags liegt und dem Grundgesetz und der Landesverfassung nicht widerspricht.

[2]Er hat über den Antrag innerhalb von drei Monaten nach seinem Eingang zu entscheiden.

(2) Von der Entscheidung sind die Regierung und die Vertrauensleute der Antragsteller zu benachrichtigen.

(3) [1]Wird der Antrag abgelehnt, so können die Vertrauensleute der Antragsteller binnen zwei Wochen nach Zugang der Entscheidung hiergegen den Verfassungsgerichtshof anrufen. [2]Der Landtag ist Prozessbeteiligter im Sinne von § 9 Absatz 1 des Gesetzes über den Verfassungsgerichtshof.

§ 45 Zurücknahme des Zulassungsantrags

[1]Der Antrag auf Zulassung des Volksantrags kann bis zur Entscheidung nach § 44 Absatz 1 durch gemeinsame schriftliche Erklärung der Vertrauensleute gegenüber dem Landtag zurückgenommen werden. [2]§ 31 Absatz 1 Satz 3 gilt mit der Maßgabe entsprechend, dass anstelle der Zahl 10 000 die Zahl tritt, die 0,5 vom Hundert der bei der letzten Landtagswahl oder Volksabstimmung Wahlberechtigten entspricht. [3]Die Zurücknahme ist der Regierung vom Landtag mitzuteilen.

§ 46 Kosten des Volksantrags

§ 40 Absatz 1 gilt entsprechend.

§ 47 Anhörung zum Volksantrag

[1]Der Landtag hat im Rahmen der Befassung mit dem Gegenstand eines zugelassenen Volksantrags die Vertrauensleute in seinen zuständigen Ausschüssen anzuhören. [2]Das Nähere regelt die Geschäftsordnung des Landtags.

§ 48 Volksbegehren nach einem Volksantrag

(1) [1]Stimmt der Landtag einem Volksantrag, der einen Gesetzentwurf zum Gegenstand hat, nicht unverändert zu, können die Vertrauensleute innerhalb von drei Monaten nach Beschlussfassung des Landtags schriftlich beim Innenministerium die Durchführung eines Volksbegehrens zu dem unveränderten Gegenstand des Volksantrags beantragen. [2]Dem Antrag ist der ausgearbeitete und mit Gründen versehene Gesetzentwurf beizufügen, der Gegenstand des Volksantrags war. [3]Die Vertrauensleute des Volksantrags gelten auch als Vertrauensleute des Volksbegehrens.

(2) Das Innenministerium hat das Volksbegehren binnen drei Wochen zuzulassen, wenn der Antrag frist- und formgerecht gestellt ist und mindestens 10 000 Unterzeichner des Volksantrags mit ihrer Unterschrift auch ein Volksbegehren nach einem vom Landtag nicht unverändert angenommenen Volksantrag beantragt haben.

(3) Auf das Volksbegehren nach dem Volksantrag finden § 27 Absatz 1 Satz 2 bis 4, Absatz 2 Satz 2 und 3, Absatz 5 Satz 3 und Absatz 6, §§ 28 und 29 Absatz 2 und 3 sowie §§ 30 bis 41 Anwendung; § 27 Absatz 5 Satz 4 gilt entsprechend.

Abschnitt 5
Schlussbestimmungen

§ 49 Stimmordnung

[1]Das Innenministerium erlässt durch Rechtsverordnung (Stimmordnung) die in diesem Gesetz vorgesehenen und die zu seiner Durchführung sonst erforderlichen Vorschriften. [2]In der Stimmordnung können auch Sonderbestimmungen über das Abstimmungsverfahren in Krankenhäusern, Heimen, Klöstern, sozialtherapeutischen Anstalten und Justizvollzugsanstalten sowie für solche Stimmberechtigte getroffen werden, deren Wohnstätten aus gesundheits- oder viehseuchenpolizeilichen Gründen gesperrt sind.

§ 50[1] Inkrafttreten
(nicht abgedruckt)

---

1)   **Amtl. Anm.:** Diese Vorschrift bezieht sich auf das Gesetz in der ursprünglichen Fassung vom 15. Februar 1966 (GBl. S. 14)

Neufassung des Landesverwaltungsgesetzes[1](LVG)

Vom 14. Oktober 2008 (GBl. S. 313)

zuletzt geändert durch Art. 10 G zur Umsetzung der Neuorganisation der Forstverwaltung BW vom 21. Mai 2019 (GBl. S. 161)

Nichtamtliche Inhaltsübersicht

Erster Teil
Geltungsbereich des Gesetzes und Gliederung der Verwaltungsbehörden

§ 1   Geltungsbereich und Gliederung der Verwaltungsbehörden

Zweiter Teil
Allgemeine Bestimmungen zur Aufsicht, Aufgabenübertragung und zur Zusammenarbeit der Verwaltungsbehörden

§ 2   Dienst- und Fachaufsicht
§ 3   Inhalt der Dienst- und Fachaufsicht
§ 4   Aufgabenübertragung
§ 5   Zusammenarbeit der Verwaltungsbehörden
§ 6   Verwaltungsdaten

Dritter Teil
Verwaltungsbehörden

Erster Abschnitt
Oberste Landesbehörden

§ 7   Einteilung
§ 8   Aufgaben
§ 9   Änderungen der Geschäftsbereiche der Ministerien

Zweiter Abschnitt
Allgemeine Verwaltungsbehörden

Erster Unterabschnitt
Einteilung

§ 10   Allgemeine Verwaltungsbehörden

Zweiter Unterabschnitt
Regierungspräsidien

§ 11   Regierungsbezirke und Regierungspräsidien

§ 12   Gebiet der Regierungsbezirke
§ 13   Aufgaben
§ 14   Aufsicht

Dritter Unterabschnitt
Untere Verwaltungsbehörden

§ 15   Aufgabenzuweisung, Gebühren und Auslagen
§ 16   Gemeinsame Durchführung von Aufgaben
§ 17   Verwaltungsgemeinschaften
§ 18   Aufgaben
§ 19   Zuständigkeit der Großen Kreisstädte und der Verwaltungsgemeinschaften
§ 20   Aufsicht über die Landratsämter
§ 21   Aufsicht über die Stadtkreise, Großen Kreisstädte und Verwaltungsgemeinschaften
§ 22   Vorgaben zum Einsatz der elektronischen Datenverarbeitung

Dritter Abschnitt
Besondere Verwaltungsbehörden

§ 23   Einteilung
§ 24   Aufgaben
§ 25   Errichtung, Aufhebung, Sitz und Bezirk
§ 26   Aufsicht über die besonderen Verwaltungsbehörden

Vierter Teil
Übergangs- und Schlussbestimmungen

§ 27   Verhältnis zum Polizeigesetz
§ 28   Verwaltungsvorschriften

Erster Teil
Geltungsbereich des Gesetzes und Gliederung der Verwaltungsbehörden

§ 1 Geltungsbereich und Gliederung der Verwaltungsbehörden

(1) [1]Das Landesverwaltungsgesetz gilt für alle staatlichen Behörden, die staatliche Verwaltungsaufgaben zu erfüllen haben und für alle kommunalen Behörden, soweit ihnen staatliche Verwaltungsaufgaben übertragen wurden (Verwaltungsbehörden). [2]Für die Gemeinden und die Verwaltungsgemeinschaften gelten die Bestimmungen über die unteren Verwaltungsbehörden nur, soweit sie deren Aufgaben nach diesem Gesetz zu erfüllen haben. [3]Das Landesverwaltungsgesetz gilt nicht für die Organe der Rechtspflege.

(2) Die Verwaltungsbehörden gliedern sich in die obersten Landesbehörden (§§ 7 bis 9), die allgemeinen Verwaltungsbehörden (§§ 10 bis 22) und die besonderen Verwaltungsbehörden (§§ 23 bis 26).

---

1) Verkündet als Art. 4 VRWG v. 14.10.2008 (GBl. S. 313); Inkrafttreten gem. Art. 46 Abs. 1 Satz 1 dieses G am 1.1.2009.

Zweiter Teil

Allgemeine Bestimmungen zur Aufsicht, Aufgabenübertragung und zur Zusammenarbeit der Verwaltungsbehörden

§ 2 Dienst- und Fachaufsicht
Die staatlichen Verwaltungsbehörden unterliegen der Dienstaufsicht und der Fachaufsicht.

§ 3 Inhalt der Dienst- und Fachaufsicht
(1) Die Dienstaufsicht erstreckt sich auf den Aufbau, die innere Ordnung, den Einsatz und die Verteilung von Personal- und Sachmitteln, die allgemeine Geschäftsführung und die Personalangelegenheiten einer Behörde.

(2) Die Fachaufsicht erstreckt sich auf die rechtmäßige und zweckmäßige Wahrnehmung der fachlichen Verwaltungsangelegenheiten der Behörde.

(3) [1]Die Aufsichtsbehörden können mit den ihrer Aufsicht unterstehenden Behörden Zielvereinbarungen abschließen und von ihnen Berichterstattung, Vorlage der Akten sowie Erhebung und Übermittlung von Leistungsdaten über den Vollzug der staatlichen Aufgaben verlangen, Prüfungen vornehmen und Weisungen erteilen. [2]Auf den Abschluss von Zielvereinbarungen mit den nachgeordneten Behörden findet das Landespersonalvertretungsgesetz keine Anwendung.

(4) Die Landesregierung kann nähere Bestimmungen über die Handhabung der Dienstaufsicht und der Fachaufsicht, mit Ausnahme des Geschäftsbereichs des Rechnungshofs, erlassen.

(5) Die Gemeindeordnung, die Landkreisordnung, spezialgesetzliche Regelungen in diesem Gesetz und andere Rechtsvorschriften, durch die die Rechte der Dienstaufsicht- und Fachaufsichtsbehörden erweitert oder beschränkt werden, bleiben unberührt.

§ 4 Aufgabenübertragung
(1) Soweit nicht besondere gesetzliche Bestimmungen entgegenstehen, können die Ministerien bestimmte Aufgaben, für die sie selbst zuständig sind, auf eine oder mehrere nachgeordnete Behörden durch Rechtsverordnung übertragen oder zur Vereinfachung des Verwaltungsverfahrens oder zu Verbesserung der Verwaltungsleistung bestimmte Aufgaben, für die nachgeordnete Verwaltungsbehörden zuständig sind, durch Rechtsverordnung auf andere nachgeordnete Behörden übertragen.

(2) Die Landesregierung kann zur Vereinfachung des Verwaltungsverfahrens oder zur Verbesserung der Verwaltungsleistung bestimmte Aufgaben, für die die Regierungspräsidien, die unteren Verwaltungsbehörden oder besondere Verwaltungsbehörden zuständig sind, jeweils auf eine oder mehrere dieser Behörden auch für den Bezirk der anderen Behörden durch Rechtsverordnung übertragen.

(3) Die Landesregierung kann durch Rechtsverordnung bestimmen, dass zur Vereinfachung des Verwaltungsverfahrens oder zur Verbesserung der Verwaltungsleistung bestimmte Aufgaben aus den in § 19 Abs. 1 genannten Angelegenheiten den Großen Kreisstädten und den Verwaltungsgemeinschaften nach § 17 als unteren Verwaltungsbehörden oder den Gemeinden als Pflichtaufgaben nach Weisung übertragen werden.

(4) Aufgabenübertragungen auf besondere Verwaltungsbehörden können abweichend von Absatz 1 und 2 auch durch eine Anordnung erfolgen.

(5) Die Absätze 1, 2 und 4 gelten für den Rechnungshof entsprechend.

§ 5 Zusammenarbeit der Verwaltungsbehörden
(1) [1]Hat eine Verwaltungsbehörde vor eine Entscheidung einer anderen Verwaltungsbehörde Gelegenheit zur Stellungnahme zu geben, so soll sie ihr hierfür eine angemessene Frist setzten, die in der Regel über die Dauer eines Monats nicht hinausgehen soll. [2]Macht die beteiligte Verwaltungsbehörde innerhalb der ihr gesetzten Frist geltend, dass eine rechtzeitige Stellungnahme nicht erfolgen kann, hat sie dies gegenüber der für die Entscheidung zuständigen Verwaltungsbehörde im Einzelnen zu begründen und einen Termin zu benennen, zu dem ihr eine Stellungnahme möglich ist. [3]Geht innerhalb der Frist nach Satz 1 oder innerhalb der von der beteiligten Verwaltungsbehörde genannten Frist keine Stellungnahme ein, so kann die für die Entscheidung zuständige Verwaltungsbehörde davon ausgehen, dass keine Einwendungen erhoben werden, sofern Bundesrecht nicht entgegensteht. [4]Anderweitige Regelungen bleiben unberührt.

(2) Absatz 1 gilt auch für die der Aufsicht des Landes unterstehenden juristischen Personen des öffentlichen Rechts.

(3) Absatz 1 Satz 1 und 3 und Absatz 2 sind entsprechend anzuwenden, wenn Behörden der anderen Länder oder des Bundes Gelegenheit zur Stellungnahme zu geben ist.

§ 6 Verwaltungsdaten

Die an die Verwaltungsnetze angeschlossenen Verwaltungsbehörden und Stellen können folgende personenbezogenen Daten ihrer Bediensteten verarbeiten und untereinander zur allgemeinen verwaltungsinternen Einsicht in elektronischen Verzeichnissen bereitstellen:

1. Name, Vorname, Namensbestandteile, persönlicher Titel, Amtsbezeichnung,
2. Bezeichnung der Verwaltungsbehörde und der Organisationseinheit,
3. Daten zur dienstlichen Erreichbarkeit (dienstliche Adresse, Raum, Telefon- und Fax-Nummer, E-Mail-Adresse),
4. Informationen zur zeitlichen Verfügbarkeit während der regelmäßigen Arbeitszeiten sowie
5. Angaben zum Aufgaben- und Tätigkeitsbereich und zu Mitgliedschaften in Gremien.

Dritter Teil
Verwaltungsbehörden

Erster Abschnitt
Oberste Landesbehörden

§ 7 Einteilung

Oberste Landesbehörden sind die Landesregierung, der Ministerpräsident, die Ministerien , der Rechnungshof und der Landesbeauftragte für den Datenschutz.

§ 8 Aufgaben

(1) [1]Die obersten Landesbehörden nehmen die Aufgaben wahr, die ihnen oder den Landeszentralbehörden durch Verfassung oder Gesetz zugewiesen sind. [2]Die Befugnisse, die durch bundesrechtliche Bestimmungen auf die obersten Landesbehörden, die Landesministerien oder die Landeszentralbehörden übertragen sind, dürfen von den obersten Landesbehörden nicht ausgeübt werden, wenn in gesetzlichen Bestimmungen eine Übertragung dieser Befugnisse auf nachgeordnete Behörden für zulässig erklärt ist; die obersten Landesbehörden können sich jedoch einzelne Befugnisse vorbehalten.

(2) Die Aufgaben des Landesbeauftragten für den Datenschutz ergeben sich aus der Verordnung (EU) 2016/679 des Europäischen Parlaments und des Rates vom 27. April 2016 zum Schutz natürlicher Personen bei der Verarbeitung personenbezogener Daten, zum freien Datenverkehr und zur Aufhebung der Richtlinie 95/46/EG (Datenschutz-Grundverordnung) (ABl. L 119 vom 4. Mai 2016, S. 1, ber. ABl. L 314 vom 22. November 2016, S. 72) in der jeweils geltenden Fassung und sonstigen Gesetzen.

(3) [1]Zu den Aufgaben der Landesregierung, des Ministerpräsidenten, der Ministerien und des Rechnungshofs gehören im Rahmen ihrer Zuständigkeit:

1. der Verkehr mit dem Landtag,
2. die Ausarbeitung und Vorlage von Gesetzentwürfen und der Erlass von Rechts- und Verwaltungsvorschriften,
3. der Verkehr mit dem Bundesrat sowie mit den obersten Behörden des Bundes und der Länder,
4. der Verkehr mit der Vertretung des Landes beim Bund,
5. der Verkehr mit den ausländischen Behörden und den zwischenstaatlichen Einrichtungen.

[2]Für bestimmte Angelegenheiten der Nummern 3 bis 5 kann eine besondere Regelung getroffen werden.

(4) [1]Den Ministerien und dem Rechnungshof obliegen im Rahmen ihres Geschäftsbereichs:

1. die Leitung und Beaufsichtigung der ihnen nachgeordneten Behörden,
2. die Aufgaben der obersten Dienstbehörden auf dem Gebiet des Beamten-, Besoldungs-, Versorgungs- und Tarifrechts, soweit nicht für bestimmte Angelegenheiten eine besondere Regelung getroffen worden ist,
3. die Aufgaben des Landes, die nicht einer anderen Behörde zugewiesen sind.

[2]Den Ministerien obliegt außerdem im Rahmen ihres Geschäftsbereichs die Aufsicht über die öffentlich-rechtlichen Körperschaften und Anstalten, die sich über mehrere Regierungsbezirke erstrecken.

(5) Dem Landesbeauftragten für den Datenschutz obliegt im Rahmen seines Geschäftsbereichs die Aufgabe der obersten Dienstbehörde auf dem Gebiet des Beamten-, Besoldungs-, Versorgungs- und

Tarifrechts, soweit nicht für bestimmte Angelegenheiten eine besondere Regelung getroffen worden ist.

§ 9 Änderungen der Geschäftsbereiche der Ministerien

(1) [1]Werden Geschäftsbereiche von Ministerien neu abgegrenzt, so gehen die in Gesetzen, Rechtsverordnungen und Verwaltungsvorschriften bestimmten Zuständigkeiten auf das nach der Neuabgrenzung zuständige Ministerium über. [2]Die Landesregierung weist hierauf sowie auf den Zeitpunkt des Übergangs im Gesetzblatt hin.

(2) Die einem Ministerium in Gesetzen, Rechtsverordnungen und Verwaltungsvorschriften zugewiesene Zuständigkeit wird durch eine Änderung der Bezeichnung des Ministeriums nicht berührt.

(3) Das Innenministerium wird ermächtigt, bei Änderungen der Zuständigkeit oder der Bezeichnung von Ministerien durch Rechtsverordnung im Einvernehmen mit den beteiligten Ministerien in Gesetzen und Rechtsverordnungen die Bezeichnung des bisher zuständigen Ministeriums durch die Bezeichnung des neu zuständigen Ministeriums oder die bisherige Bezeichnung des Ministeriums durch die neue Bezeichnung zu ersetzen.

Zweiter Abschnitt
Allgemeine Verwaltungsbehörden

Erster Unterabschnitt
Einteilung

§ 10 Allgemeine Verwaltungsbehörden

Allgemeine Verwaltungsbehörden sind die Regierungspräsidien und die unteren Verwaltungsbehörden.

Zweiter Unterabschnitt
Regierungspräsidien

§ 11 Regierungsbezirke und Regierungspräsidien

(1) Das Landesgebiet ist in die Regierungsbezirke
Stuttgart mit Sitz des Regierungspräsidiums in Stuttgart,
Karlsruhe mit Sitz des Regierungspräsidiums in Karlsruhe,
Freiburg mit Sitz des Regierungspräsidiums in Freiburg und
Tübingen mit Sitz des Regierungspräsidiums in Tübingen
eingeteilt.

(2) [1]Für jeden Regierungsbezirk besteht ein Regierungspräsidium. [2]Die Regierungspräsidien können mit Zustimmung des Innenministeriums für die Wahrnehmung bestimmter Aufgaben auswärtige Standorte errichten, wenn hierfür ein dienstliches Bedürfnis besteht.

§ 12 Gebiet der Regierungsbezirke

(1) Der Regierungsbezirk Stuttgart umfasst die Stadtkreise Stuttgart und Heilbronn sowie die Landkreise Böblingen, Esslingen, Göppingen, Heidenheim, Heilbronn, Hohenlohekreis, Ludwigsburg, Main-Tauber-Kreis, Ostalbkreis, Rems-Murr-Kreis und Schwäbisch Hall.

(2) Der Regierungsbezirk Karlsruhe umfasst die Stadtkreise Baden-Baden, Heidelberg, Karlsruhe, Mannheim und Pforzheim sowie die Landkreise Calw, Enzkreis, Freudenstadt, Karlsruhe, Neckar-Odenwald-Kreis, Rastatt und Rhein-Neckar-Kreis.

(3) Der Regierungsbezirk Freiburg umfasst den Stadtkreis Freiburg sowie die Landkreise Breisgau-Hochschwarzwald, Emmendingen, Konstanz, Lörrach, Ortenaukreis, Rottweil, Schwarzwald-Baar-Kreis, Tuttlingen und Waldshut.

(4) Der Regierungsbezirk Tübingen umfasst den Stadtkreis Ulm sowie die Landkreise Alb-Donau-Kreis, Biberach, Bodenseekreis, Ravensburg, Reutlingen, Sigmaringen, Tübingen und Zollernalbkreis.

(5) Bei der Zuteilung von Kreisen zu einem Regierungsbezirk ist ihr jeweiliger Gebietsbestand maßgebend.

§ 13 Aufgaben

[1]Die Regierungspräsidien sind zuständig für die ihnen, den höheren Verwaltungsbehörden oder entsprechenden Behörden durch Gesetz oder Rechtsverordnung zugewiesenen Aufgaben. [2]Dies gilt nicht für Aufgaben, die zur Zuständigkeit einer höheren Sonderbehörde gehören oder auf Grund gesetzlicher Ermächtigung den unteren Verwaltungsbehörden oder besonderen Verwaltungsbehörden übertragen sind.

§ 14 Aufsicht

(1) [1]Das Innenministerium führt die Dienstaufsicht über die Regierungspräsidien. [Satz 2 bis 31.12.2019:] [2]Ihm obliegen für die Bediensteten der Regierungspräsidien mit Ausnahme der Bediensteten des schulpsychologischen und schulpädagogischen Dienstes sowie der Bediensteten der Abteilung Forstdirektion der Regierungspräsidien die den Ministerien zugewiesenen Aufgaben auf dem Gebiet der Personalangelegenheiten. [Satz ab 1.1.2020:] [2]*Ihm obliegen für die Bediensteten der Regierungspräsidien mit Ausnahme der Bediensteten des schulpädagogischen Dienstes sowie der Bediensteten der Abteilung Forstdirektion der Regierungspräsidien die den Ministerien zugewiesenen Aufgaben auf dem Gebiet der Personalangelegenheiten.* [3]Die Einstellung von Fachbediensten durch das Innenministerium erfolgt im Einvernehmen mit dem jeweiligen Fachministerium.

(2) Die Ministerien führen die Fachaufsicht über die Regierungspräsidien im Rahmen ihres Geschäftsbereichs.

Dritter Unterabschnitt
Untere Verwaltungsbehörden

§ 15 Aufgabenzuweisung, Gebühren und Auslagen

(1) Untere Verwaltungsbehörden sind
1. in den Landkreisen die Landratsämter sowie nach Maßgabe des § 19 die Großen Kreisstädte und die Verwaltungsgemeinschaften nach § 17,
2. in den Stadtkreisen die Gemeinden.

(2) Die Aufgaben der unteren Verwaltungsbehörden werden in den Stadtkreisen und Großen Kreisstädten vom Bürgermeister, in den Verwaltungsgemeinschaften vom Verbandsvorsitzenden oder vom Bürgermeister der Gemeinde, die die Aufgaben des Gemeindeverwaltungsverbands erfüllt, als Pflichtaufgaben nach Weisung erledigt.

(3) [1]Für die Erhebung von Gebühren und Auslagen gilt das Kommunalabgabengesetz, wenn die Aufgaben der unteren Verwaltungsbehörde von einer Gemeinde oder Verwaltungsgemeinschaft wahrgenommen werden. [2]Abweichend hiervon gelten für die Erhebung von Gebühren und Auslagen für bautechnische Prüfungen nach baurechtlichen Vorschriften die für die staatlichen Behörden maßgebenden Vorschriften und für die Erhebung von straßenrechtlichen Sondernutzungsgebühren, die dem Bund oder dem Land zustehen, die straßenrechtliche Vorschriften.

§ 16 Gemeinsame Durchführung von Aufgaben

(1) [1]Landkreise, Stadtkreise, Große Kreisstädte und Verwaltungsgemeinschaften nach § 17 sowie untere Sonderbehörden des Landes können durch Verwaltungsvereinbarung die gemeinsame Durchführung bestimmter Aufgaben der unteren Verwaltungsbehörden und der unteren Sonderbehörden vereinbaren, soweit Bundesrecht nicht entgegensteht. [2]Dafür können sie gemeinsame Dienststellen bilden. [3]Eine gemeinsame Dienststelle kann auch als Teil einer der beteiligten Behörden eingerichtet werden. [4]Die Zuständigkeit der Behörden bleibt durch die Bildung gemeinsamer Dienststellen unberührt.

(2) [1]Die Bediensteten üben ihre Tätigkeiten in der gemeinsamen Dienststelle nach der fachlichen Weisung der im Einzelfall zuständigen Behörde aus. [2]Ihre dienstrechtliche Stellung im Übrigen bleibt unberührt.

(3) Verletzt ein Bediensteter in Ausübung seiner Tätigkeit in der gemeinsamen Dienststelle die ihm einem Dritten gegenüber obliegende Amtspflicht, haftet die Körperschaft, deren Behörde für die Amtshandlung sachlich und örtlich zuständig ist.

(4) Jede Behörde hat auch bei Einrichtung gemeinsamer Dienststellen zu gewährleisten, dass an ihrem Sitz eine Stelle mit ausreichend qualifiziertem Personal besteht, die im Tätigkeitsbereich der gemeinsamen Dienststelle die erforderlichen Auskünfte erteilt und Anträge oder sonstige Erklärungen von Bürgern entgegennimmt.

(5) Absatz 1 Satz 4 und die Absätze 2 bis 4 gelten, falls keine gemeinsame Dienststelle eingerichtet wurde, entsprechend für die gemeinsame Durchführung von Maßnahmen, die sich über das Gebiet einer Behörde hinaus erstrecken.

§ 17 Verwaltungsgemeinschaften

(1) [1]Verwaltungsgemeinschaften mit mehr als 20 000 Einwohnern können auf ihren Antrag von der Landesregierung zu unteren Verwaltungsbehörden erklärt werden; die Antragstellung eines Gemeindeverwaltungsverbands bedarf des Beschlusses einer Mehrheit von zwei Dritteln der satzungsmäßigen Stimmzahl der Verbandsversammlung; die Antragstellung der erfüllenden Gemeinde einer vereinbarten Verwaltungsgemeinschaft bedarf des Beschlusses einer Mehrheit von zwei Dritteln aller Stimmen des gemeinsamen Ausschusses. [2]Die Erklärung von Verwaltungsgemeinschaften zu unteren Verwaltungsbehörden ist im Gesetzblatt bekannt zu machen. [3]Bei späterem Beitritt und beim Ausscheiden von Gemeinden gilt Satz 2 entsprechend.

(2) [1]Die Landesregierung kann die Erklärung widerrufen, wenn die in Absatz 1 Satz 1 Halbsatz 1 genannten Voraussetzungen nicht mehr erfüllt sind. [2]Der Widerruf ist im Gesetzblatt bekannt zu machen.

§ 18 Aufgaben

(1) [1]Die unteren Verwaltungsbehörden sind zuständig für alle ihnen durch Gesetz oder Rechtsverordnung zugewiesenen staatlichen Verwaltungsaufgaben. [2]Die Verwaltungsgemeinschaften sind auch für alle Aufgaben der ihnen angehörenden Gemeinden zuständig, die den Großen Kreisstädten als unteren Verwaltungsbehörden zugewiesen sind.

(2) Dies gilt nicht für Aufgaben, die auf Grund gesetzlicher Ermächtigung unteren Sonderbehörden übertragen sind.

§ 19 Zuständigkeit der Großen Kreisstädte und der Verwaltungsgemeinschaften

(1) Von der Zuständigkeit der Großen Kreisstädte und der Verwaltungsgemeinschaften als unteren Verwaltungsbehörden sind folgende Angelegenheiten ausgeschlossen:

1. a) das Staatsangehörigkeitswesen,
   b) die Aufsicht im Personenstandswesen,
   c) der Katastrophenschutz und die zivile Verteidigung,
   d) die Aufgaben nach dem Eingliederungsgesetz und dem Flüchtlingsaufnahmegesetz,
   e) die Zulassung zum Straßenverkehr,
   f) die Beförderung von Personen zu Lande und der Güterkraftverkehr einschließlich der Beförderung gefährlicher Güter auf der Straße,
   g) die Aufgaben nach § 50 Abs. 3 Nr. 1 Buchst. a und § 53 b Abs. 2 Satz 1 Nr. 2 Buchst. a des Straßengesetzes,
2. a) die Aufgaben nach § 139b Abs. 7 und 8 GewO,
   b) das Schornsteinfegerwesen,
   c) das Preisangaberecht,
3. a) die Landwirtschaft,
   b) die Bekämpfung von Tierseuchen, das Recht der Tierkörperbeseitigung und der Tierschutz,
   c) das Naturschutzrecht mit Ausnahme der Aufgaben nach §§ 21, 23 Absatz 5, 30 Absatz 2, 47 Absatz 2 und 3 des Naturschutzgesetzes (NatSchG) und in Bezug auf die Zuständigkeit für Naturdenkmale nach § 34 NatSchG,
   d) das Lebensmittel- und Bedarfsgegenständerecht, die Weinüberwachung, das Fleischhygienerecht und das Geflügelfleischhygienerecht,
   e) das Forstwesen, außer in den Fällen des § 47 Abs. 3 [ab 1.1.2020:] *§ 47a Abs. 1* des Landeswaldgesetzes,
   f) die Flurbereinigung,
   g) die Aufgaben nach dem Vermessungsgesetz,
4. a) die Aufgaben nach dem Gesundheitsdienstgesetz, nach dem Sozialen Entschädigungsrecht und dem Feststellungsverfahren nach dem Neunten Buch Sozialgesetzbuch,
   b) die Aufgaben nach dem Arbeitszeitgesetz,
   c) die Aufgaben nach dem Gesetz über Betriebsärzte, Sicherheitsingenieure und andere Fachkräfte für Arbeitssicherheit,

d) die Aufgaben nach dem Jugendarbeitsschutzgesetz,

e) die Aufgaben nach dem Mutterschutzgesetz,

f) die Aufgaben nach § 18 des Bundeserziehungsgeldgesetzes,

g) die Aufgaben nach dem Fahrpersonalrecht,

h) die Aufgaben nach § 17 Abs. 1 bis 8 sowie nach § 20 Abs. 3 und 4 des Gesetzes über den Ladenschluss,

i) die Aufgaben nach dem Wohn-, Teilhabe- und Pflegegesetz,

j) die Aufgaben des Versicherungsamts,

5. a) das Recht der Abfallentsorgung,

b) das Wasserrecht und die Wasser- und Bodenverbände,

c) das Bodenschutz- und Altlastenrecht,

d) das Immissionsschutzrecht,

e) die Aufgaben nach dem Geräte- und Produktsicherheitsgesetz sowie die Aufgaben nach den auf Grund von § 14 des Geräte- und Produktsicherheitsgesetzes erlassenen Rechtsverordnungen,

f) die Aufgaben nach dem Arbeitsschutzgesetz und den danach ergangenen Rechtsverordnungen,

g) die Aufgaben nach der Arbeitsstättenverordnung und nach der Verordnung über besondere Arbeitsschutzanforderungen bei Arbeiten im Freien in der Zeit vom 1. November bis 31. März[1],

h) das Chemikalienrecht,

i) die Aufgaben nach der Biostoffverordnung,

j) die Aufgaben nach der Druckluftverordnung,

k) die Aufgaben nach der Benzinbleigesetz-Durchführungsverordnung,

l) das Sprengstoffrecht.

(2) [1]Abweichend von Absatz 1 Nr. 5 Buchst. d sind nach Maßgabe der Imissionsschutz-Zuständigkeitsverordnung Aufgaben nach der Verordnung über kleine und mittlere Feuerungsanlagen (1. BImSchV), nach der Verordnung zur Auswurfbegrenzung von Holzstaub (7. BImSchV), nach der Sportanlagenlärmschutzverordnung (18. BImSchV), nach der Verordnung über Anlagen zur Feuerbestattung (27. BImSchV) und nach der Geräte- und Maschinenlärmschutzverordnung (32. BImSchV) von der Zuständigkeit der Großen Kreisstädte und der Verwaltungsgemeinschaften nach § 17 als unteren Verwaltungsbehörden nicht ausgeschlossen. [2]Das Gleiche gilt für Aufgaben des Sprengstoffrechts nach Absatz 1 Nr. 5 Buchst. l nach Maßgabe der Sprengstoff-Zuständigkeitsverordnung.

§ 20 Aufsicht über die Landratsämter

(1) [1]Die Regierungspräsidien führen die Dienstaufsicht über die Landratsämter. [2]Den jeweiligen Fachministerien obliegen die Aufgaben der obersten Dienstbehörde nach § 8 Absatz 4 Satz 1 Nummer 2 für Fachbeamte des höheren Dienstes und vergleichbare Beschäftigte des Landes bei den Landratsämtern; die Einstellung der Fachbediensteten erfolgt im Einvernehmen mit dem Innenministerium. [3]Im Übrigen ist das Innenministerium oberste Dienstaufsichtsbehörde.

(2) [1]Die Regierungspräsidien führen die Fachaufsicht über die Landratsämter. [2]Oberste Fachaufsichtsbehörden sind die Ministerien im Rahmen ihres Geschäftsbereichs.

§ 21 Aufsicht über die Stadtkreise, Großen Kreisstädte und Verwaltungsgemeinschaften

(1) Als untere Verwaltungsbehörden unterliegen die Stadtkreise, Großen Kreisstädte und Verwaltungsgemeinschaften der Fachaufsicht.

(2) Die Fachaufsicht obliegt im Rahmen ihrer Zuständigkeit den Ministerien und den Regierungspräsidien.

(3) Die Fachaufsichtsbehörden haben ein unbeschränktes Weisungsrecht.

§ 22 Vorgaben zum Einsatz der elektronischen Datenverarbeitung

(1) Die Ministerien können im Einvernehmen mit dem Innenministerium und dem Finanzministerium durch Rechtsverordnung bestimmten, dass die unteren Verwaltungsbehörden Daten, die zur Erfüllung einer Aufgabe erforderlich sind, in elektronischer Form erfassen, verarbeiten, empfangen und in einem vorgegebenen Format auf einem vorgeschriebenen Weg an eine bestimmte Stelle übermitteln, wenn

---

1) Aufgehoben mWv 25.8.2004 durch VO v. 12.8.2004 (BGBl. I S. 2179).

das Land hierzu durch Rechtsvorschrift der Europäischen Gemeinschaft oder des Bundes verpflichtet ist oder Aufgaben im Auftrag des Bundes ausgeführt werden (Artikel 85 des Grundgesetzes).

(2) [1]Die Ministerien können im Einvernehmen mit dem Innenministerium und dem Finanzministerium durch Rechtsverordnung Verfahrensvorschriften nach Absatz 1 erlassen. [2]Sie können darüber hinaus bestimmen, dass

1. zwischen den unteren Verwaltungsbehörden und den anderen Behörden der Landesverwaltung einheitliche Verfahren zum elektronischen Austausch von Dokumenten und Daten sowie für die gemeinsame Nutzung von Datenbeständen eingerichtet und weiterentwickelt werden,

2. einheitliche und, soweit erforderlich, gemeinsame Datenverarbeitungsverfahren angewandt werden,

3. miteinander verbindbare Techniken und Geräte eingesetzt werden.

[3]Die nach Satz 2 möglichen Bestimmungen können getroffen werden, wenn dies erforderlich ist

1. zur Abwehr von oder zur Vorbeugung gegen Gefahren die dem Gemeinwohl drohen,

2. zur Durchführung der auf Rechtsvorschriften der Europäischen Gemeinschaft beruhenden Förder- und Ausgleichsmaßnahmen, soweit sie der Finanzkontrolle unterliegen, und zur Bearbeitung von sachlich und verfahrenstechnisch damit zusammenhängenden Förder- und Ausgleichsmaßnahmen nach Rechtsvorschriften des Bundes und des Landes,

3. zur Erfüllung von Berichts- und Überwachungspflichten, die durch Rechtsvorschriften der Europäischen Gemeinschaft oder bundesrechtlich vorgegeben sind,

4. zur Vereinfachung von Verwaltungsverfahren mit dem Ziel der Verbesserung der Verwaltungsleistungen oder der Verminderung der Ausgaben des Landes und der kommunalen Körperschaften.

(3) Die auf personenbezogene Daten anzuwendenden Rechtsvorschriften des Bundes oder des Landes bleiben unberührt.

Dritter Abschnitt
Besondere Verwaltungsbehörden

§ 23 Einteilung

(1) Die besonderen Verwaltungsbehörden gliedern sich in Landesoberbehörden, höhere Sonderbehörden und untere Sonderbehörden.

(2) Landesoberbehörden sind die Behörden, deren Zuständigkeit sich auf das ganze Landesgebiet erstreckt.

(3) Höhere Sonderbehörden sind die Körperschaftsforstdirektion, die Staatlichen Rechnungsprüfungsämter, die Nationalparkverwaltung im Nationalpark Schwarzwald [ab 1.1.2020:] *und die Anstalt des öffentlichen Rechts Forst Baden-Württemberg.*

(4) Untere Sonderbehörden sind alle übrigen Behörden, denen ein fachlich begrenzter Aufgabenbereich für einen Teil des Landes zugewiesen ist.

§ 24 Aufgaben

Die besonderen Verwaltungsbehörden sind zuständig für alle Aufgaben, die ihnen durch Gesetz, Rechtsverordnung oder eine Anordnung nach § 4 Abs. 4 zugewiesen sind.

§ 25 Errichtung, Aufhebung, Sitz und Bezirk

(1) Landesoberbehörden können nur durch Gesetz errichtet und aufgehoben werden.

(2) [1]Höhere und untere Sonderbehörden können, soweit gesetzlich nichts anderes bestimmt ist, von der Landesregierung errichtet und aufgehoben werden. [2]Die Errichtung einer solchen Behörde bedarf jedoch eines Gesetzes, wenn sie Aufgaben dient, die bisher noch nicht von einer besonderen Verwaltungsbehörde wahrgenommen werden. [3]Sitz und Bezirk der höheren und unteren Sonderbehörden bestimmt die Landesregierung, bei Behörden, die dem Rechnungshof nachgeordnet sind, der Rechnungshof im Einvernehmen mit der Landesregierung.

(3) [1]Die Bezirke der unteren Sonderbehörden sind so einzurichten, dass sie einen oder mehrere Kreise desselben Regierungsbezirks umfassen. [2]Die Landesregierung kann in besonderen Fällen eine andere Regelung treffen.

§ 26 Aufsicht über die besonderen Verwaltungsbehörden

(1) Es führen die Dienstaufsicht und die Fachaufsicht:

1. die Ministerien und der Rechnungshof im Rahmen ihres Geschäftsbereichs über die besonderen Verwaltungsbehörden,

2. die Regierungspräsidien, die Landesoberbehörden und die höheren Sonderbehörden über die ihnen nachgeordneten unteren Sonderbehörden.

(2) Die unteren Sonderbehörden, die nicht dem Regierungspräsidium, sondern unmittelbar einem Ministerium, einer Landesoberbehörde oder höheren Sonderbehörde nachgeordnet sind, werden von der Landesregierung bestimmt, soweit nicht für einzelne Arten von Behörden besondere gesetzliche Bestimmungen bestehen.

Vierter Teil
Übergangs- und Schlussbestimmungen

§ 27 Verhältnis zum Polizeigesetz

Die Bestimmungen des Polizeigesetzes werden durch dieses Gesetz nicht berührt.

§ 28 Verwaltungsvorschriften

Die zur Durchführung dieses Gesetzes notwendigen Verwaltungsvorschriften werden erlassen

1. von der Landesregierung für die obersten Landesbehörden mit Ausnahme des Landesbeauftragten für den Datenschutz und für die Regierungspräsidien,

2. vom Rechnungshof für die Staatlichen Rechnungsprüfungsämter,

3. im Übrigen von jedem Ministerium für die zu seinem Geschäftsbereich gehörenden Verwaltungsbehörden.

Verwaltungszustellungsgesetz für Baden-Württemberg (Landesverwaltungszustellungsgesetz – LVwZG)[1]

Vom 3. Juli 2007 (GBl. S. 293)

zuletzt geändert durch Art. 5 G zur Förderung der elektronischen Verwaltung und zur Änd. weiterer Vorschriften vom 17. Dezember 2015 (GBl. S. 1191)

Nichtamtliche Inhaltsübersicht

§ 1 Anwendungsbereich
§ 2 Allgemeines
§ 3 Zustellung durch die Post mit Zustellungsurkunde
§ 4 Zustellung durch die Post mittels Einschreiben
§ 5 Zustellung durch die Behörde gegen Empfangsbekenntnis
§ 5a Elektronische Zustellung gegen Abholbestätigung über De-Mail-Dienste
§ 6 Zustellung an gesetzliche Vertreter
§ 7 Zustellung an Bevollmächtigte
§ 8 Zustellung an mehrere Beteiligte
§ 9 Heilung von Zustellungsmängeln
§ 10 Zustellung im Ausland
§ 11 Öffentliche Zustellung
§ 12 Zustellungsverfahren der Gerichte, der Staatsanwaltschaften und der Notariate sowie der übrigen Behörden der Justizverwaltung
§ 13 Verwaltungsvorschriften

§ 1 Anwendungsbereich

(1) Die Vorschriften dieses Gesetzes gelten für das Zustellungsverfahren in Verwaltungsangelegenheiten der Behörden des Landes und der unter der Aufsicht des Landes stehenden Körperschaften, Anstalten und Stiftungen des öffentlichen Rechts, soweit in § 12 nichts anderes bestimmt ist oder soweit nicht die Vorschriften des Verwaltungszustellungsgesetzes des Bundes vom 12. August 2005 (BGBl. I S. 2354) anzuwenden sind.

(2) Zugestellt wird, soweit dies durch Rechtsvorschrift oder behördliche Anordnung bestimmt ist.

§ 2 Allgemeines

(1) Zustellung ist die Bekanntgabe eines schriftlichen oder elektronischen Dokuments in der in diesem Gesetz bestimmten Form.

(2) [1]Die Zustellung wird durch einen Erbringer von Postdienstleistungen (Post), einen nach § 17 des De-Mail-Gesetzes akkreditierten Diensteanbieter oder durch die Behörde ausgeführt. [2]Daneben gelten die in §§ 10 und 11 geregelten Sonderarten der Zustellung.

(3) [1]Die Behörde hat die Wahl zwischen den einzelnen Zustellungsarten. [2]§ 5 Abs. 5 Satz 1 Halbsatz 2 bleibt unberührt.

§ 3 Zustellung durch die Post mit Zustellungsurkunde

(1) Soll durch die Post mit Zustellungsurkunde zugestellt werden, übergibt die Behörde der Post den Zustellungsauftrag, das zuzustellende Dokument in einem verschlossenen Umschlag und einen vorbereiteten Vordruck einer Zustellungsurkunde.

(2) [1]Für die Ausführung der Zustellung gelten §§ 177 bis 182 der Zivilprozessordnung entsprechend. [2]Im Fall des § 181 Abs. 1 der Zivilprozessordnung kann das zuzustellende Dokument bei einer von der Post dafür bestimmten Stelle am Ort der Zustellung oder am Ort des Amtsgerichts, in dessen Bezirk der Ort der Zustellung liegt, niedergelegt werden oder bei der Behörde, die den Zustellungsauftrag erteilt hat, wenn sie ihren Sitz an einem der vorbezeichneten Orte hat. [3]Für die Zustellungsurkunde, den Zustellungsauftrag, den verschlossenen Umschlag nach Absatz 1 und die schriftliche Mitteilung nach § 181 Abs. 1 Satz 3 der Zivilprozessordnung sind die Vordrucke nach der Zustellungsvordruckverordnung vom 12. Februar 2002 (BGBl. I S. 671, ber. S. 1019) in der jeweils geltenden Fassung zu verwenden.

§ 4 Zustellung durch die Post mittels Einschreiben

(1) [1]Ein Dokument kann durch die Post mittels Einschreiben durch Übergabe oder mittels Einschreiben mit Rückschein zugestellt werden. [2]Das zuzustellende Dokument ist der Post verschlossen zu übergeben.

---

[1] Verkündet als Art. 1 G v. 3. 7. 2007; Inkrafttreten gem. Art. 3 Satz 1 dieses G am 1. 10. 2007.

(2) [1]Zum Nachweis der Zustellung genügt der Rückschein. [2]Im Übrigen gilt das Dokument am dritten Tag nach der Aufgabe zur Post als zugestellt, es sei denn, dass es nicht oder zu einem späteren Zeitpunkt zugegangen ist. [3]Im Zweifel hat die Behörde den Zugang und dessen Zeitpunkt nachzuweisen. [4]Der Tag der Aufgabe zur Post ist in den Akten zu vermerken.

§ 5 Zustellung durch die Behörde gegen Empfangsbekenntnis

(1) [1]Bei der Zustellung durch die Behörde händigt der zustellende Bedienstete das Dokument dem Empfänger in einem verschlossenen Umschlag aus. [2]Das Dokument kann auch offen ausgehändigt werden, wenn keine schutzwürdigen Interessen des Empfängers entgegenstehen. [3]Der Empfänger hat ein mit dem Datum der Aushändigung versehenes Empfangsbekenntnis zu unterschreiben. [4]Der Bedienstete vermerkt das Datum der Zustellung auf dem Umschlag des auszuhändigenden Dokuments oder bei offener Aushändigung auf dem Dokument selbst.

(2) [1]§§ 177 bis 181 der Zivilprozessordnung sind anzuwenden. [2]Zum Nachweis der Zustellung ist in den Akten zu vermerken:

1. im Fall der Ersatzzustellung in der Wohnung, in Geschäftsräumen und Einrichtungen nach § 178 der Zivilprozessordnung der Grund, der diese Art der Zustellung rechtfertigt,

2. im Fall der Zustellung bei verweigerter Annahme nach § 179 der Zivilprozessordnung, wer die Annahme verweigert hat und dass das Dokument am Ort der Zustellung zurückgelassen oder an den Absender zurückgesandt wurde sowie der Zeitpunkt und der Ort der verweigerten Annahme,

3. in den Fällen der Ersatzzustellung nach §§ 180 und 181 der Zivilprozessordnung der Grund der Ersatzzustellung sowie wann und wo das Dokument in einen Briefkasten eingelegt oder sonst niedergelegt und in welcher Weise die Niederlegung schriftlich mitgeteilt wurde.

[3]Im Fall des § 181 Abs. 1 der Zivilprozessordnung kann das zuzustellende Dokument bei der Behörde, die die Zustellung ausführt, niedergelegt werden, wenn diese Behörde ihren Sitz am Ort der Zustellung oder am Ort des Amtsgerichts hat, in dessen Bezirk der Ort der Zustellung liegt.

(3) [1]Zur Nachtzeit, an Sonntagen und allgemeinen Feiertagen darf nach den Absätzen 1 und 2 im Inland nur mit schriftlicher oder elektronischer Erlaubnis des Behördenleiters zugestellt werden. [2]Die Nachtzeit umfasst die Stunden von 21 bis 6 Uhr. [3]Die Erlaubnis ist bei der Zustellung abschriftlich mitzuteilen. [4]Eine Zustellung, bei der diese Vorschriften nicht beachtet sind, ist wirksam, wenn die Annahme nicht verweigert wird.

(4) Das Dokument kann an Behörden, Körperschaften, Anstalten und Stiftungen des öffentlichen Rechts, an Rechtsanwälte, Patentanwälte, Notare, Steuerberater, Steuerbevollmächtigte, Wirtschaftsprüfer, vereidigte Buchprüfer, Steuerberatungsgesellschaften, Wirtschaftsprüfungsgesellschaften und Buchprüfungsgesellschaften auch auf andere Weise, auch elektronisch, gegen Empfangsbekenntnis zugestellt werden.

(5) [1]Ein elektronisches Dokument kann im Übrigen unbeschadet des Absatzes 4 elektronisch zugestellt werden, soweit der Empfänger hierfür einen Zugang eröffnet; es ist elektronisch zuzustellen, wenn auf Grund einer Rechtsvorschrift ein Verfahren auf Verlangen des Empfängers in elektronischer Form abgewickelt wird. [2]Für die Übermittlung ist das Dokument mit einer qualifizierten elektronischen Signatur nach dem Signaturgesetz vom 16. Mai 2001 (BGBl. I S. 876) in der jeweils geltenden Fassung zu versehen und gegen unbefugte Kenntnisnahme Dritter zu schützen.

(6) [1]Bei der elektronischen Zustellung ist die Übermittlung mit dem Hinweis „Zustellung gegen Empfangsbekenntnis" einzuleiten. [2]Die Übermittlung muss die absendende Behörde, den Namen und die Anschrift des Zustellungsadressaten sowie den Namen des Bediensteten erkennen lassen, der das Dokument zur Übermittlung aufgegeben hat.

(7) [1]Zum Nachweis der Zustellung nach Absatz 4 und 5 genügt das mit Datum und Unterschrift oder qualifizierter elektronischer Signatur nach dem Signaturgesetz versehene Empfangsbekenntnis, das an die Behörde durch die Post oder elektronisch zurückzusenden ist. [2]Ein elektronisches Dokument gilt in den Fällen des Absatzes 5 Satz 1 Halbsatz 2 am dritten Tag nach der Absendung an den vom Empfänger hierfür eröffneten Zugang als zugestellt, wenn der Behörde nicht spätestens an diesem Tag ein Empfangsbekenntnis nach Satz 1 zugeht. [3]Satz 2 gilt nicht, wenn der Empfänger nachweist, dass das Dokument nicht oder zu einem späteren Zeitpunkt zugegangen ist. [4]Der Empfänger ist in den Fällen des Absatzes 5 Satz 1 Halbsatz 2 vor der Übermittlung über die Rechtsfolgen nach Satz 2 und 3 zu belehren. [5]Zum Nachweis der Zustellung ist von der absendenden Behörde in den Akten zu vermerken,

zu welchem Zeitpunkt und an welchen Zugang das Dokument gesendet wurde. [6]Der Empfänger ist über den Eintritt der Zustellungsfiktion nach Satz 2 zu benachrichtigen.

§ 5a Elektronische Zustellung gegen Abholbestätigung über De-Mail-Dienste

(1) [1]Die elektronische Zustellung kann unbeschadet des § 5 Absatz 4 und 5 Satz 1 durch Übermittlung der nach § 17 des De-Mail-Gesetzes akkreditierten Diensteanbieter gegen Abholbestätigung nach § 5 Absatz 9 des De-Mail-Gesetzes an das De-Mail-Postfach des Empfängers erfolgen. [2]Für die Zustellung nach Satz 1 ist § 5 Absatz 4 und 6 mit der Maßgabe anzuwenden, dass an die Stelle des Empfangsbekenntnisses die Abholbestätigung tritt.

(2) Der nach § 17 des De-Mail-Gesetzes akkreditierte Diensteanbieter hat eine Versandbestätigung nach § 5 Absatz 7 des De-Mail-Gesetzes und eine Abholbestätigung nach § 5 Absatz 9 des De-Mail-Gesetzes zu erzeugen und unverzüglich der absendenden Behörde zu übermitteln.

(3) [1]Zum Nachweis der elektronischen Zustellung genügt die Abholbestätigung nach § 5 Absatz 9 des De-Mail-Gesetzes. [2]Für diese gelten § 371 Absatz 1 Satz 2 und § 371a Absatz 3 der Zivilprozessordnung.

(4) [1]Ein elektronisches Dokument gilt in den Fällen des § 5 Absatz 5 Satz 1 Halbsatz 2 am dritten Tag nach der Absendung an das De-Mail-Postfach des Empfängers als zugestellt, wenn er dieses Postfach als Zugang eröffnet hat und der Behörde nicht spätestens an diesem Tag eine elektronische Abholbestätigung nach § 5 Absatz 9 des De-Mail-Gesetzes zugeht. [2]Satz 1 gilt nicht, wenn der Empfänger nachweist, dass das Dokument nicht oder zu einem späteren Zeitpunkt zugegangen ist. [3]Der Empfänger ist in den Fällen des § 5 Absatz 5 Satz 1 Halbsatz 2 vor der Übermittlung über die Rechtsfolgen nach den Sätzen 1 und 2 zu belehren. [4]Als Nachweis der Zustellung nach Satz 1 dient die Versandbestätigung nach § 5 Absatz 7 des De-Mail-Gesetzes oder ein Vermerk der absendenden Behörde in den Akten, zu welchem Zeitpunkt und an welches De-Mail-Postfach das Dokument gesendet wurde. [5]Der Empfänger ist über den Eintritt der Zustellungsfiktion nach Satz 1 elektronisch zu benachrichtigen.

§ 6 Zustellung an gesetzliche Vertreter

(1) [1]Bei Geschäftsunfähigen oder beschränkt Geschäftsfähigen ist an ihre gesetzlichen Vertreter zuzustellen. [2]Gleiches gilt bei Personen, für die ein Betreuer bestellt ist, soweit der Aufgabenkreis des Betreuers reicht.

(2) Bei Behörden wird an den Behördenleiter, bei juristischen Personen, nicht rechtsfähigen Personenvereinigungen und Zweckvermögen an ihre gesetzlichen Vertreter zugestellt.

(3) Bei mehreren gesetzlichen Vertretern oder Behördenleitern genügt die Zustellung an einen von ihnen.

(4) Der zustellende Bedienstete braucht nicht zu prüfen, ob die Anschrift den Vorschriften der Absätze 1 bis 3 entspricht.

§ 7 Zustellung an Bevollmächtigte

(1) [1]Zustellungen können an den allgemein oder für bestimmte Angelegenheiten bestellten Bevollmächtigten gerichtet werden. [2]Sie sind an ihn zu richten, wenn er schriftliche Vollmacht vorgelegt hat. [3]Ist ein Bevollmächtigter für mehrere Beteiligte bestellt, so genügt die Zustellung eines Dokuments an ihn für alle Beteiligten.

(2) Einem Zustellungsbevollmächtigten mehrerer Beteiligter sind so viele Ausfertigungen oder Abschriften zuzustellen, wie Beteiligte vorhanden sind.

§ 8 Zustellung an mehrere Beteiligte

[1]Betrifft ein zusammengefasster Bescheid Ehegatten oder Ehegatten mit ihren Kindern oder Alleinstehende mit ihren Kindern, so reicht es für die Zustellung an alle Beteiligten aus, wenn ihnen eine Ausfertigung unter ihrer gemeinsamen Anschrift zugestellt wird. [2]Der Bescheid ist den Beteiligten jeweils einzeln zuzustellen, soweit sie dies im Einzelfall beantragt haben. [3]Lebenspartner nach § 1 des Lebenspartnerschaftsgesetzes vom 16. Februar 2001 (BGBl. I S. 266) in der jeweils geltenden Fassung sind Ehegatten gleichgestellt.

§ 9 Heilung von Zustellungsmängeln

Lässt sich die formgerechte Zustellung eines Dokuments nicht nachweisen oder ist es unter Verletzung zwingender Zustellungsvorschriften zugegangen, gilt es in dem Zeitpunkt als zugestellt, in dem es dem

Empfangsberechtigten tatsächlich zugegangen ist, im Fall des § 5 Abs. 5 in dem Zeitpunkt, in dem der Empfänger das Empfangsbekenntnis zurückgesendet hat.

§ 10 Zustellung im Ausland

(1) Eine Zustellung im Ausland erfolgt

1. durch Einschreiben mit Rückschein, soweit die Zustellung von Dokumenten unmittelbar durch die Post völkerrechtlich zulässig ist,

2. auf Ersuchen der Behörde durch die Behörden des fremden Staates oder durch die zuständige diplomatische oder konsularische Vertretung der Bundesrepublik Deutschland,

3. auf Ersuchen der Behörde durch das Auswärtige Amt an eine Person, die das Recht der Immunität genießt und zu einer Vertretung der Bundesrepublik Deutschland im Ausland gehört, sowie an Familienangehörige einer solchen Person, wenn diese das Recht der Immunität genießen, oder

4. durch Übermittlung elektronischer Dokumente, soweit dies völkerrechtlich zulässig ist.

(2) [1]Zum Nachweis der Zustellung nach Absatz 1 Nr. 1 genügt der Rückschein. [2]Die Zustellung nach Absatz 1 Nr. 2 und 3 wird durch das Zeugnis der ersuchten Behörde nachgewiesen. [3]Der Nachweis der Zustellung nach Absatz 1 Nr. 4 richtet sich nach § 5 Abs. 7 Satz 1 bis 3 und 5 sowie nach § 5a Absatz 3 und 4 Satz 1, 2 und 4.

(3) [1]Die Behörde kann bei der Zustellung nach Absatz 1 Nr. 2 und 3 anordnen, dass die Person, an die zugestellt werden soll, innerhalb einer angemessenen Frist einen Zustellungsbevollmächtigten benennt, der im Inland wohnt oder dort einen Geschäftsraum hat. [2]Wird kein Zustellungsbevollmächtigter benannt, können spätere Zustellungen bis zur nachträglichen Benennung dadurch bewirkt werden, dass das Dokument unter der Anschrift der Person, an die zugestellt werden soll, zur Post gegeben wird. [3]Das Dokument gilt am siebenten Tag nach Aufgabe zur Post als zugestellt, wenn nicht feststeht, dass es den Empfänger nicht oder zu einem späteren Zeitpunkt erreicht hat. [4]Die Behörde kann eine längere Frist bestimmen. [5]In der Anordnung nach Satz 1 ist auf diese Rechtsfolgen hinzuweisen. [6]Zum Nachweis der Zustellung ist in den Akten zu vermerken, zu welcher Zeit und unter welcher Anschrift das Dokument zur Post gegeben wurde.

§ 11 Öffentliche Zustellung

(1) [1]Die Zustellung kann durch öffentliche Bekanntmachung erfolgen, wenn

1. der Aufenthaltsort des Empfängers unbekannt ist und eine Zustellung an einen Vertreter oder Zustellungsbevollmächtigten nicht möglich ist,

2. bei juristischen Personen, die zur Anmeldung einer inländischen Geschäftsanschrift zum Handelsregister verpflichtet sind, eine Zustellung weder unter der eingetragenen Anschrift noch unter einer im Handelsregister eingetragenen Anschrift einer für Zustellungen empfangsberechtigten Person oder einer ohne Ermittlungen bekannten anderen inländischen Anschrift möglich ist oder

3. sie im Fall des § 10 nicht möglich ist oder keinen Erfolg verspricht.

[2]Die Anordnung über die öffentliche Zustellung trifft ein zeichnungsberechtigter Bediensteter.

(2) [1]Die öffentliche Zustellung erfolgt durch Bekanntmachung einer Benachrichtigung an der Stelle, die von der Behörde hierfür allgemein bestimmt ist, oder durch Veröffentlichung einer Benachrichtigung im Staatsanzeiger für Baden-Württemberg. [2]Die Benachrichtigung muss

1. die Behörde, für die zugestellt wird,

2. den Namen und die letzte bekannte Anschrift des Zustellungsadressaten,

3. das Datum und das Aktenzeichen des Dokuments sowie

4. die Stelle, wo das Dokument eingesehen werden kann,

erkennen lassen. [3]Die Benachrichtigung muss den Hinweis enthalten, dass das Dokument öffentlich zugestellt wird und Fristen in Gang gesetzt werden können, nach deren Ablauf Rechtsverluste drohen können. [4]Bei der Zustellung einer Ladung muss die Benachrichtigung den Hinweis enthalten, dass das Dokument eine Ladung zu einem Termin enthält, dessen Versäumung Rechtsnachteile zur Folge haben kann. [5]In den Akten ist zu vermerken, wann und wie die Benachrichtigung bekannt gemacht wurde. [6]Das Dokument gilt als zugestellt, wenn seit dem Tag der Bekanntmachung der Benachrichtigung zwei Wochen vergangen sind.

§ 12 Zustellungsverfahren der Gerichte, der Staatsanwaltschaften und der Notariate sowie der übrigen Behörden der Justizverwaltung

(1) [1]Für das Zustellungsverfahren der ordentlichen Gerichte, der Gerichte für Arbeitssachen, der Gerichte der allgemeinen Verwaltungsgerichtsbarkeit, der Sozialgerichtsbarkeit und der Finanzgerichtsbarkeit sowie der Staatsanwaltschaften und der Notare gelten auch bei der Erfüllung von Verwaltungsaufgaben die Vorschriften der Zivilprozessordnung über die Zustellung von Amts wegen. [2]Dasselbe gilt auch für das Zustellungsverfahren der übrigen Behörden der Justizverwaltung in Verwaltungsangelegenheiten.

(2) In richter- und beamtenrechtlichen Angelegenheiten kann auch nach den Vorschriften dieses Gesetzes zugestellt werden.

§ 13 Verwaltungsvorschriften

(1) Die zur Durchführung dieses Gesetzes erforderlichen Verwaltungsvorschriften erlässt das Innenministerium.

(2) Die zur Durchführung des § 12 erforderlichen Verwaltungsvorschriften erlässt das Justizministerium.

Verwaltungsvollstreckungsgesetz für Baden-Württemberg (Landesverwaltungsvollstreckungsgesetz – LVwVG)

Vom 12. März 1974 (GBl. S. 93)
(BWGültV Sachgebiet 201)
zuletzt geändert durch Art. 5 9. AnpassungsVO vom 23. Februar 2017 (GBl. S. 99, ber. S. 273)

Nichtamtliche Inhaltsübersicht

Erster Teil
Gemeinsame Vorschriften

§	1	Geltungsbereich
§	2	Allgemeine Voraussetzungen der Vollstreckung
§	3	Vollstreckung gegen den Rechtsnachfolger
§	4	Vollstreckungsbehörde, Zuständigkeit für Vollstreckungshilfe
§	5	Vollstreckungsauftrag
§	6	Betreten und Durchsuchen
§	7	Widerstand gegen Vollstreckungshandlungen
§	8	Zuziehung von Zeugen
§	9	Vollstreckung zur Nachtzeit und an Sonntagen und gesetzlichen Feiertagen
§	10	Niederschrift
§	11	Einstellung der Vollstreckung
§	12	Wegfall der aufschiebenden Wirkung von Widerspruch und Anfechtungsklage

Zweiter Teil
Vollstreckung von Verwaltungsakten, die zu einer Geldleistung verpflichten

§	13	Art und Weise der Vollstreckung
§	14	Mahnung
§	15	Beitreibung
§	15a	Beitreibung durch Gerichtsvollzieher
§	16	Vermögensauskunft
§	17	Vollstreckung gegen juristische Personen des öffentlichen Rechts

Dritter Teil
Vollstreckung von Verwaltungsakten, die zu einer sonstigen Handlung, einer Duldung oder einer Unterlassung verpflichten

1. Abschnitt
Allgemeine Vorschriften

| § | 18 | Art und Weise der Vollstreckung |

§	19	Zwangsmittel
§	20	Androhung
§	21	Vollstreckung bei Gefahr im Verzug
§	22	Vollstreckung gegen Behörden und juristische Personen des öffentlichen Rechts

2. Abschnitt
Die einzelnen Zwangsmittel

§	23	Zwangsgeld
§	24	Zwangshaft
§	25	Ersatzvornahme
§	26	Unmittelbarer Zwang

3. Abschnitt
Besondere Fälle der Anwendung des unmittelbaren Zwangs

| § | 27 | Zwangsräumung |
| § | 28 | Wegnahme |

Vierter Teil
Schlussvorschriften

§	29	Einschränkung von Grundrechten
§	30	Weiterführung eingeleiteter Verfahren
§	31	Kosten
§	32	Verwaltungsvorschriften
§	33	Änderung von Rechtsvorschriften
§	34	Aufhebung von Rechtsvorschriften
§	35	Inkrafttreten

Der Landtag hat am 1. März 1974 das folgende Gesetz beschlossen, das hiermit verkündet wird:

Erster Teil
Gemeinsame Vorschriften

§ 1 Geltungsbereich

(1) [1]Dieses Gesetz gilt für die Vollstreckung von Verwaltungsakten, die zu einer Geldleistung, einer sonstigen Handlung, einer Duldung oder Unterlassung verpflichten, durch Behörden des Landes und unter der Aufsicht des Landes stehende Körperschaften, Anstalten und Stiftungen des öffentlichen Rechts (öffentliche Stellen). [2]§ 15 Abs. 3 und § 15a bleiben unberührt.

(2) [1]Dieses Gesetz gilt auch, soweit Bundesrecht oder eine völkerrechtliche Vereinbarung eine Vollstreckung im Verwaltungswege nach landesrechtlichen Vorschriften vorsieht. [2]Es gilt ferner, soweit Bundesrecht die Länder ermächtigt zu bestimmen, daß die landesrechtlichen Vorschriften über die Verwaltungsvollstreckung anzuwenden sind.

(3) Dieses Gesetz gilt nicht, soweit die Vollstreckung durch Bundesrecht geregelt ist oder für die Vollstreckung Bundesrecht durch Landesrecht für anwendbar erklärt ist.

§ 2 Allgemeine Voraussetzungen der Vollstreckung
Verwaltungsakte können vollstreckt werden,
1. wenn sie unanfechtbar geworden sind oder
2. wenn die aufschiebende Wirkung eines Rechtsbehelfs entfällt.

§ 3 Vollstreckung gegen den Rechtsnachfolger
[1]Gegen den Rechtsnachfolger kann die Vollstreckung eingeleitet oder fortgesetzt werden, soweit der Rechtsnachfolger durch den Verwaltungsakt verpflichtet wird und wenn die Voraussetzungen der Vollstreckung für seine Person vorliegen. [2]Die Vollstreckung, die beim Tode des Pflichtigen eingeleitet war, kann in den Nachlaß fortgesetzt werden, auch wenn die Voraussetzungen der Vollstreckung für den Rechtsnachfolger nicht vorliegen.

§ 4 Vollstreckungsbehörde, Zuständigkeit für Vollstreckungshilfe
(1) Vollstreckungsbehörde ist die Behörde, die den Verwaltungsakt erlassen hat.

(2) Das Innenministerium kann im Einvernehmen mit dem fachlich zuständigen Ministerium durch Rechtsverordnung eine andere Behörde als Vollstreckungsbehörde bestimmen.

(3) [1]Jede Behörde leistet anderen Behörden auf Ersuchen Vollstreckungshilfe. [2]Die §§ 4 bis 8 des Landesverwaltungsverfahrensgesetzes sind anzuwenden.

§ 5 Vollstreckungsauftrag
[1]Der mit der Vollstreckung beauftragte Bedienstete (Vollstreckungsbeamter) wird dem Pflichtigen und Dritten gegenüber durch schriftlichen Auftrag der Vollstreckungsbehörde zur Vollstreckung ermächtigt. [2]Der Vollstreckungsauftrag ist auf Verlangen vorzuzeigen.

§ 6 Betreten und Durchsuchen
(1) [1]Der Vollstreckungsbeamte ist befugt, das Besitztum des Pflichtigen zu betreten und zu durchsuchen, soweit der Zweck der Vollstreckung dies erfordert. [2]Er kann dabei verschlossene Räume und Behältnisse öffnen oder öffnen lassen.

(2) [1]Wohnungen, Betriebsräume und sonstiges befriedetes Besitztum kann er gegen den Willen des Pflichtigen nur auf Anordnung des Verwaltungsgerichts durchsuchen. [2]Eine Anordnung des Verwaltungsgerichts ist nicht erforderlich, wenn die dadurch eintretende Verzögerung den Zweck der Vollstreckung gefährden würde.

(3) [1]Willigt der Pflichtige in die Durchsuchung ein oder ist eine Anordnung gegen ihn nach Absatz 2 Satz 1 ergangen oder nach Absatz 2 Satz 2 nicht erforderlich, so haben Personen, die Mitgewahrsam an der Wohnung des Pflichtigen haben, die Durchsuchung zu dulden. [2]Unbillige Härten gegenüber Mitgewahrsamsinhabern sind zu vermeiden.

§ 7 Widerstand gegen Vollstreckungshandlungen
[1]Der Vollstreckungsbeamte ist bei Widerstand gegen eine Vollstreckungshandlung befugt, Gewalt anzuwenden. [2]Er kann zu diesem Zweck um die Unterstützung des Polizeivollzugsdienstes nachsuchen.

§ 8 Zuziehung von Zeugen
Wird bei einer Vollstreckungshandlung Widerstand geleistet oder ist bei einer Vollstreckungshandlung in den Räumen des Pflichtigen weder dieser noch eine zu seinem Haushalt oder Geschäftsbetrieb gehörende erwachsene Person anwesend, so hat der Vollstreckungsbeamte, der nicht Polizeibeamter im Sinne des Polizeigesetzes ist, eine erwachsene Person als Zeugen zuzuziehen.

§ 9 Vollstreckung zur Nachtzeit und an Sonntagen und gesetzlichen Feiertagen
(1) [1]Zur Nachtzeit sowie an Sonntagen und gesetzlichen Feiertagen darf der Vollstreckungsbeamte nur mit schriftlicher Erlaubnis der Vollstreckungsbehörde vollstrecken. [2]Die Erlaubnis darf nur erteilt werden, soweit dies der Zweck der Vollstreckung erfordert. [3]Sie ist auf Verlangen vorzuzeigen.

(2) Die Nachtzeit umfaßt in dem Zeitraum vom 1. April bis 30. September die Stunden von 21 Uhr bis 4 Uhr und in dem Zeitraum vom 1. Oktober bis 31. März die Stunden von 21 Uhr bis 6 Uhr.

§ 10 Niederschrift

(1) Der Vollstreckungsbeamte hat über jede Vollstreckungshandlung, die nicht schriftlich vorgenommen wird, eine Niederschrift aufzunehmen.

(2) Die Niederschrift soll enthalten

1. Ort und Zeit der Aufnahme,
2. die Vollstreckungshandlung,
3. die Namen der Personen, mit denen verhandelt wurde,
4. die Namen der als Zeugen zugezogenen Personen,
5. eine kurze Darstellung der wesentlichen Vorgänge,
6. die Unterschrift des Vollstreckungsbeamten.

(3) War der Pflichtige bei der Vollstreckungshandlung nicht anwesend, so soll ihm die Vollstreckungsbehörde eine Abschrift der Niederschrift zusenden.

§ 11 Einstellung der Vollstreckung

Wenn der Zweck der Vollstreckung erreicht ist oder wenn sich zeigt, daß er durch die Anwendung von Vollstreckungsmitteln nicht erreicht werden kann, ist die Vollstreckung einzustellen.

§ 12 Wegfall der aufschiebenden Wirkung von Widerspruch und Anfechtungsklage

[1]Widerspruch und Anfechtungsklage haben keine aufschiebende Wirkung, soweit sie sich gegen Maßnahmen richten, die in der Verwaltungsvollstreckung getroffen werden. [2]§ 80 Abs. 4 bis 7 der Verwaltungsgerichtsordnung gelten entsprechend.

Zweiter Teil
Vollstreckung von Verwaltungsakten, die zu einer Geldleistung verpflichten

§ 13 Art und Weise der Vollstreckung

(1) Verwaltungsakte, die zu einer Geldleistung verpflichten, werden durch Beitreibung vollstreckt.

(2) Kosten der Vollstreckung können mit der Hauptforderung beigetrieben werden, Nebenforderungen (Zinsen und Säumniszuschläge) dann, wenn der Pflichtige zuvor schriftlich auf die Verpflichtung zur Leistung der Nebenforderungen hingewiesen worden ist.

§ 14 Mahnung

(1) [1]Vor der Beitreibung ist der Pflichtige zu mahnen. [2]Schriftliche Mahnungen sind verschlossen auszuhändigen oder zuzusenden.

(2) An die Zahlung regelmäßig wiederkehrender Geldleistungen kann durch ortsübliche Bekanntmachung gemahnt werden.

(3) Mit der Mahnung ist für die Zahlung eine Frist von mindestens einer Woche zu bestimmen.

(4) Einer Mahnung bedarf es nicht, wenn dadurch der Zweck der Vollstreckung gefährdet würde oder wenn Zwangsgeld, Kosten der Vollstreckung sowie Nebenforderungen beigetrieben werden sollen.

§ 15 Beitreibung

(1) Auf die Beitreibung sind § 249 Abs. 2, § 251 Abs. 2 Satz 2, §§ 258, 260, 262 bis 264, 266, 267, 281 bis 283, § 285 Abs. 1, §§ 286, 292 bis 314, § 315 Abs. 1 und Abs. 2 Satz 1, §§ 316 bis 327 der Abgabenordnung in ihrer jeweils geltenden Fassung sinngemäß mit der Maßgabe anzuwenden, daß an die Stelle des Vollziehungsbeamten der Vollstreckungsbeamte tritt.

(2) [1]Die Vollstreckungsbehörde kann die Pfändungsverfügung wegen einer Geldforderung auch dann selbst erlassen und ihre Zustellung im Wege der Postzustellung selbst bewirken, wenn der Pflichtige oder Drittschuldner außerhalb des Landes, jedoch innerhalb des Geltungsbereichs des Grundgesetzes seinen Wohnsitz, Sitz oder gewöhnlichen Aufenthaltsort hat, sofern das dort geltende Landesrecht dies zuläßt. [2]Die Vollstreckungsbehörde kann auch eine Vollstreckungsbehörde des Bezirks, in dem die Maßnahme durchgeführt werden soll, um die Zustellung der Pfändungsverfügung ersuchen.

(3) Vollstreckungsbehörden im Geltungsbereich des Grundgesetzes, die diesem Gesetz nicht unterliegen, können gegen Pflichtige und Drittschuldner im Geltungsbereich dieses Gesetzes selbst Pfändungsverfügungen wegen Geldforderungen erlassen und ihre Zustellung im Wege der Postzustellung selbst bewirken.

(4) Für die Einziehungsverfügung gelten die Absätze 2 und 3 entsprechend.

§ 15a Beitreibung durch Gerichtsvollzieher

(1) Vollstreckungsbehörden können auch die Gerichtsvollzieher um Beitreibung ersuchen; dies gilt auch für Vollstreckungsbehörden im Geltungsbereich des Grundgesetzes, die diesem Gesetz nicht unterliegen.

(2) [1]Öffentliche Stellen können Vollstreckungsersuchen

1. von Vollstreckungsbehörden im Geltungsbereich des Grundgesetzes,
2. von Behörden außerhalb des Geltungsbereichs des Grundgesetzes, die auf Grund einer völkerrechtlichen Vereinbarung um Beitreibung ersuchen,

zur Erledigung an die Gerichtsvollzieher weiterleiten. [2]Im Falle der Nummer 1 bedarf es hierzu der Einwilligung der Vollstreckungsbehörden. [3]Wird die Einwilligung nicht erteilt, so braucht die ersuchte Behörde Vollstreckungshilfe nicht zu leisten.

(3) [1]Wird die Beitreibung durch Gerichtsvollzieher durchgeführt, finden die Vorschriften des Achten Buches der Zivilprozeßordnung Anwendung. [2]An die Stelle der vollstreckbaren Ausfertigung des Schuldtitels tritt das schriftliche Vollstreckungsersuchen der Vollstreckungsbehörde; einer Zustellung des Vollstreckungsersuchens bedarf es nicht. [3]Wird die Beitreibung auf Grund einer völkerrechtlichen Vereinbarung durchgeführt, bestimmt sich nach dieser Vereinbarung, durch welche Unterlagen das Vorliegen der Vollstreckungsvoraussetzungen nachgewiesen wird.

(4) [1]Das Vollstreckungsersuchen nach Absatz 3 Satz 2 muß mindestens enthalten:

1. die Bezeichnung und das Dienstsiegel der Vollstreckungsbehörde sowie die Unterschrift des Behördenleiters oder seines Beauftragten,
2. die Bezeichnung des zu vollstreckenden Verwaltungsaktes unter Angabe der erlassenden Behörde, des Datums und des Aktenzeichens,
3. die Angabe des Grundes und der Höhe der Geldforderung,
4. die Angabe, daß der Verwaltungsakt unanfechtbar geworden ist oder die aufschiebende Wirkung eines Rechtsbehelfs entfällt,
5. die Bezeichnung der Person, gegen die sich die Vollstreckung richten soll,
6. die Angabe, wann der Pflichtige gemahnt worden ist oder aus welchem Grund die Mahnung unterblieben ist.

[2]Bei einem Vollstreckungsersuchen, das mit Hilfe automatischer Einrichtungen erstellt wird, können Dienstsiegel und Unterschrift fehlen.

§ 16 Vermögensauskunft

(1) [1]Die Vollstreckungsbehörde kann die Vermögensauskunft von ihren eigenen Schuldnern abnehmen, soweit sich deren Wohnsitz, Sitz oder ihr gewöhnlicher Aufenthaltsort im örtlichen Zuständigkeitsbereich der Vollstreckungsbehörde befindet. [2]§ 284 Absatz 1 bis 4 und Absatz 6 bis 11 der Abgabenordnung ist sinngemäß anzuwenden.

(2) Für die Zuständigkeit zur Abnahme der Vermögensauskunft gilt § 27 Abs. 2 des Landesverwaltungsverfahrensgesetzes entsprechend.

(3) [1]Macht die Vollstreckungsbehörde von ihrer Befugnis nach Absatz 1 keinen Gebrauch, hat der Pflichtige auf Antrag der Vollstreckungsbehörde beim Gerichtsvollzieher beim Amtsgericht Auskunft über sein Vermögen nach Maßgabe des § 802c der Zivilprozeßordnung zu erteilen sowie seinen Geburtsnamen, sein Geburtsdatum und seinen Geburtsort anzugeben. [2]Für das Verfahren vor den Amtsgerichten gelten die §§ 802c bis 802i, 802j Absatz 1 und 3 und §§ 882b bis 882d der Zivilprozeßordnung entsprechend. [3]An die Stelle des Vollstreckungstitels tritt der schriftliche Antrag der Vollstreckungsbehörde; für den Antrag gilt § 15a Abs. 4 entsprechend.

(4) Gegen Entscheidungen des Gerichtsvollziehers und des Amtsgerichts kann die Vollstreckungsbehörde die nach den Vorschriften des Achten Buches der Zivilprozeßordnung zulässigen Rechtsbehelfe einlegen.

§ 17 Vollstreckung gegen juristische Personen des öffentlichen Rechts

(1) [1]Gegen unter der Aufsicht des Landes stehende Körperschaften, Anstalten und Stiftungen des öffentlichen Rechts kann nur vollstreckt werden, soweit diese durch die Beitreibung nicht in der Erfüllung ihrer Aufgaben wesentlich beeinträchtigt werden. [2]Mit der Beitreibung darf erst begonnen werden, wenn sie die Rechtsaufsichtsbehörde zugelassen hat. [3]In der Zulassungsverfügung sind der

Zeitpunkt der Beitreibung und die Vermögensgegenstände, in die vollstreckt werden darf, zu bestimmen.

(2) Für öffentlich-rechtliche Kreditinstitute gelten die Beschränkungen des Absatzes 1 nicht.

Dritter Teil
Vollstreckung von Verwaltungsakten, die zu einer sonstigen Handlung, einer Duldung oder einer Unterlassung verpflichten

1. Abschnitt
Allgemeine Vorschriften

§ 18 Art und Weise der Vollstreckung
Verwaltungsakte, die zu einer Handlung, ausgenommen einer Geldleistung, einer Duldung oder einer Unterlassung verpflichten, werden mit Zwangsmitteln vollstreckt.

§ 19 Zwangsmittel
(1) Zwangsmittel sind
1. Zwangsgeld und Zwangshaft,
2. Ersatzvornahme,
3. unmittelbarer Zwang.

(2) Kommen mehrere Zwangsmittel in Betracht, so hat die Vollstreckungsbehörde dasjenige Zwangsmittel anzuwenden, das den Pflichtigen und die Allgemeinheit voraussichtlich am wenigsten beeinträchtigt.

(3) Durch die Anwendung eines Zwangsmittels darf kein Nachteil herbeigeführt werden, der erkennbar außer Verhältnis zum Zweck der Vollstreckung steht.

(4) Zwangsmittel dürfen wiederholt und solange angewandt werden, bis der Verwaltungsakt vollzogen oder auf andere Weise erledigt ist.

§ 20 Androhung
(1) [1]Zwangsmittel sind vor ihrer Anwendung von der Vollstreckungsbehörde schriftlich anzudrohen. [2]Dem Pflichtigen ist in der Androhung zur Erfüllung der Verpflichtung eine angemessene Frist zu bestimmen; eine Frist braucht nicht bestimmt zu werden, wenn eine Duldung oder Unterlassung erzwungen werden soll.

(2) Die Androhung kann mit dem Verwaltungsakt, der vollstreckt werden soll, verbunden werden.

(3) [1]Die Androhung muß sich auf bestimmte Zwangsmittel beziehen. [2]Werden mehrere Zwangsmittel angedroht, ist anzugeben, in welcher Reihenfolge sie angewandt werden sollen.

(4) Das Zwangsgeld ist in bestimmter Höhe anzudrohen.

(5) Wird Ersatzvornahme angedroht, so sollen in der Androhung die voraussichtlichen Kosten angegeben werden.

§ 21 Vollstreckung bei Gefahr im Verzug
Von § 2 Nr. 1, §§ 3, 5, 8, 9 und § 20 Abs. 1 kann abgewichen werden, soweit die Abwehr einer Gefahr, durch die die öffentliche Sicherheit oder Ordnung bedroht oder gestört wird, dies erfordert.

§ 22 Vollstreckung gegen Behörden und juristische Personen des öffentlichen Rechts
Gegen Behörden und juristische Personen des öffentlichen Rechts kann nur vollstreckt werden, soweit dies durch Rechtsvorschriften ausdrücklich gestattet ist.

2. Abschnitt
Die einzelnen Zwangsmittel

§ 23 Zwangsgeld
Das Zwangsgeld wird auf mindestens zehn und höchstens fünfzigtausend Euro schriftlich festgesetzt.

§ 24 Zwangshaft
(1) [1]Ist das Zwangsgeld uneinbringlich, so kann das Verwaltungsgericht auf Antrag der Vollstreckungsbehörde nach Anhörung des Pflichtigen die Zwangshaft anordnen, wenn bei der Androhung des Zwangsgeldes auf die Zulässigkeit der Zwangshaft hingewiesen worden ist. [2]Ordnet das Verwal-

tungsgericht die Zwangshaft an, so hat es einen Haftbefehl auszufertigen, in dem die antragstellende Behörde, der Pflichtige und der Grund der Verhaftung zu bezeichnen sind. [3]Einer Zustellung des Haftbefehls vor seiner Vollziehung bedarf es nicht.

(2) Die Zwangshaft beträgt mindestens einen Tag und höchstens zwei Wochen.

(3) [1]Die Zwangshaft ist auf Antrag der Vollstreckungsbehörde von der Justizverwaltung zu vollstrecken. [2]§ 802g Absatz 2 und § 802h der Zivilprozeßordnung sind sinngemäß anzuwenden.

§ 25 Ersatzvornahme

Ersatzvornahme ist die Ausführung einer vertretbaren Handlung, zu welcher der Verwaltungsakt verpflichtet, durch die Vollstreckungsbehörde oder einen von ihr beauftragten Dritten auf Kosten des Pflichtigen.

§ 26 Unmittelbarer Zwang

(1) [1]Unmittelbarer Zwang ist jede Einwirkung auf Personen oder Sachen durch einfache körperliche Gewalt, Hilfsmittel der körperlichen Gewalt oder Waffengebrauch. [2]Waffengebrauch ist nur zulässig, soweit dies durch Gesetz ausdrücklich gestattet ist.

(2) Unmittelbarer Zwang darf nur angewandt werden, wenn Zwangsgeld und Ersatzvornahme nicht zum Erfolg geführt haben oder deren Anwendung untunlich ist.

(3) [1]Gegenüber Personen darf unmittelbarer Zwang nur angewandt werden, wenn der Zweck der Vollstreckung durch unmittelbaren Zwang gegen Sachen nicht erreichbar erscheint. [2]Das angewandte Mittel muß nach Art und Maß dem Alter und dem Zustand des Betroffenen angemessen sein.

3. Abschnitt
Besondere Fälle der Anwendung des unmittelbaren Zwangs

§ 27 Zwangsräumung

(1) [1]Hat der Pflichtige eine unbewegliche Sache, einen Raum oder ein eingetragenes Schiff zu räumen, zu überlassen oder herauszugeben, so können er und die Personen, die zu seinem Haushalt oder Geschäftsbetrieb gehören, aus dem Besitz gesetzt werden. [2]Der Zeitpunkt der Zwangsräumung soll dem Pflichtigen angemessene Zeit vorher mitgeteilt werden.

(2) Bewegliche Sachen, die nicht Gegenstand der Vollstreckung sind, werden dem Pflichtigen oder, wenn dieser nicht anwesend ist, seinem Vertreter oder einer zu seinem Haushalt oder Geschäftsbetrieb gehörenden erwachsenen Person übergeben.

(3) [1]Weigert sich der Empfangsberechtigte nach Absatz 2, die Sachen in Empfang zu nehmen, sind sie zu verwahren. [2]Der Pflichtige ist aufzufordern, die Sachen binnen einer bestimmten Frist abzuholen. [3]Kommt der Pflichtige der Aufforderung nicht nach, so kann die Vollstreckungsbehörde die Sachen nach den Vorschriften dieses Gesetzes über die Verwertung gepfändeter Sachen verkaufen und den Erlös verwahren.

§ 28 Wegnahme

(1) Hat der Pflichtige eine bewegliche Sache herauszugeben oder vorzulegen, so kann der Vollstreckungsbeamte sie ihm wegnehmen.

(2) [1]Wird die Sache beim Pflichtigen nicht vorgefunden, so hat er an Eides statt zu versichern, dass er die Sache nicht besitzt und auch nicht weiß, wo sie sich befindet. [2]Die eidesstattliche Versicherung kann von der Vollstreckungsbehörde und vom Amtsgericht der Sachlage entsprechend geändert werden. [3]§ 16 ist sinngemäß anzuwenden. [4]Dem Antrag der Vollstreckungsbehörde an das Amtsgericht ist eine beglaubigte Abschrift des Verwaltungsakts beizufügen.

Vierter Teil
Schlußvorschriften

§ 29 Einschränkung von Grundrechten

Durch Maßnahmen auf Grund dieses Gesetzes können eingeschränkt werden das Recht auf körperliche Unversehrtheit (Art. 2 Abs. 2 Satz 1 des Grundgesetzes), die Freiheit der Person (Art. 2 Abs. 2 Satz 2 des Grundgesetzes), die Unverletzlichkeit der Wohnung (Art. 13 des Grundgesetzes) und das Eigentum (Art. 14 des Grundgesetzes).

§ 30 Weiterführung eingeleiteter Verfahren

Vor Inkrafttreten dieses Gesetzes eingeleitete Vollstreckungsverfahren sind nach den bisherigen Vorschriften weiterzuführen.

§ 31 Kosten

(1) Für Amtshandlungen nach diesem Gesetz werden Kosten (Gebühren und Auslagen) erhoben.

(2) Kostenschuldner ist der Pflichtige.

(3) Wird die Vollstreckungszuständigkeit auf Grund besonderer gesetzlicher Bestimmungen für den Vollstreckungsgläubiger wahrgenommen oder besteht bei der Vollstreckungshilfe keine Gegenseitigkeit, kann die Vollstreckungsbehörde vom Vollstreckungsgläubiger für jeden Fall ihrer Inanspruchnahme eine Gebühr in Höhe von 20 Euro verlangen.

(4) [1]Das Innenministerium wird ermächtigt, im Einvernehmen mit dem Finanzministerium durch Rechtsverordnung die gebührenpflichtigen Tatbestände und den Umfang der zu erstattenden Auslagen näher zu bestimmen. [2]Dabei sind für die Gebühren feste Sätze oder Rahmensätze vorzusehen. [3]Die Gebührensätze sind nach dem Verwaltungsaufwand und der Bedeutung der Amtshandlung für den Pflichtigen zu bemessen. [4]Für die Erstattung von Auslagen können Pauschbeträge bestimmt werden.

(5) Bei der Ersatzvornahme kann die Vollstreckungsbehörde vom Pflichtigen Vorauszahlung der Kosten in der voraussichtlich entstehenden Höhe verlangen.

(6) [1]Auf die Kosten sind im Übrigen § 4 Abs. 1, § 5 Abs. 2, §§ 10, 12, 17, 18 und 21 bis 23 des Landesgebührengesetzes sinngemäß anzuwenden, soweit für die Vollstreckungsbehörde keine anderen Kostenvorschriften gelten. [2]Für Gemeinden und Landkreise gilt ergänzend das Kommunalabgabengesetz.

(7) [1]Soweit nach diesem Gesetz ordentliche Gerichte tätig werden, gelten die Bestimmungen des Gerichtskostengesetzes. [2]Für die Tätigkeit des Gerichtsvollziehers werden Kosten nach dem Gesetz über die Kosten der Gerichtsvollzieher erhoben.

§ 32 Verwaltungsvorschriften

Das Innenministerium erlässt die zur Durchführung dieses Gesetzes erforderlichen Verwaltungsvorschriften.

§ 33 Änderung von Rechtsvorschriften

(hier nicht wiedergegeben)

§ 34 Aufhebung von Rechtsvorschriften

(1) Vorschriften, die diesem Gesetz entsprechen oder widersprechen, werden aufgehoben.

(2), (3) (hier nicht wiedergegeben)

(4) Soweit in anderen Rechtsvorschriften auf die nach Absatz 1 bis 3 aufgehobenen Vorschriften verwiesen wird, treten die entsprechenden Bestimmungen dieses Gesetzes an ihre Stelle.

§ 35 Inkrafttreten

Dieses Gesetz tritt am 1. Juli 1974 in Kraft.

Verordnung des Innenministeriums über die Erhebung von Kosten der Vollstreckung nach dem Landesverwaltungsvollstreckungsgesetz (Vollstreckungskostenordnung – LVwVGKO)

Vom 29. Juli 2004 (GBl. S. 670)
(BWGültV Sachgebiet 201)
zuletzt geändert durch Art. 2 ÄndG vom 13. November 2012 (GBl. S. 572)

Es wird im Einvernehmen mit dem Finanzministerium verordnet auf Grund von
1. § 31 Abs. 4 des Landesverwaltungsvollstreckungsgesetzes (LVwVG) vom 12. März 1974 (GBl. S. 93), zuletzt geändert durch Artikel 9 des Gesetzes vom 18. Dezember 1995 (GBl. 1996 S. 29), und
2. § 52 Abs. 4 des Polizeigesetzes (PolG) in der Fassung vom 13. Januar 1992 (GBl. S. 1):

§ 1 Mahngebühr

(1) [1]Für die Mahnung nach § 14 Abs. 1 LVwVG wird eine Mahngebühr erhoben. [2]Sie beträgt ein halbes Prozent des Mahnbetrags, mindestens jedoch 4 Euro und höchstens 75 Euro.

(2) Für die Mahnung durch ortsübliche Bekanntmachung nach § 14 Abs. 2 LVwVG wird keine Gebühr erhoben.

§ 2 Pfändungsgebühr

(1) Die Pfändungsgebühr wird erhoben
1. für die Pfändung von beweglichen Sachen, von Früchten, die vom Boden noch nicht getrennt sind, von Forderungen aus Wechseln oder anderen Papieren, die durch Indossament übertragen werden können, und von Postspareinlagen und
2. für die Pfändung von Forderungen, die nicht unter Nummer 1 fallen, und von anderen Vermögensrechten.

(2) [1]Die Gebühr bemisst sich nach der Summe der zu vollstreckenden Beträge. [2]Die durch die Pfändung entstehenden Kosten sind nicht mitzurechnen. [3]Bei der Vollziehung des Arrests bemisst sich die Pfändungsgebühr nach der Hinterlegungssumme.

(3) Die Höhe der Gebühr ergibt sich in den Fällen des Absatzes 1 aus der Tabelle der Anlage 1 dieser Verordnung.

(4) Die halbe Gebühr wird erhoben, wenn
1. ein Pfändungsversuch erfolglos geblieben ist, weil pfändbare Gegenstände nicht vorgefunden wurden, oder
2. die Pfändung in den Fällen des § 281 Abs. 3 der Abgabenordnung, des § 812, des § 851a Abs. 1 und des § 851b Abs. 1 der Zivilprozessordnung unterbleibt.

(5) [1]Wird gezahlt, nachdem sich der Vollstreckungsbeamte an Ort und Stelle begeben hat, wird die volle Gebühr erhoben. [2]Wird gezahlt, bevor sich der Vollstreckungsbeamte an Ort und Stelle begeben hat, oder wird die Pfändung in anderer Weise als durch Zahlung abgewendet, wird keine Gebühr erhoben.

(6) Werden wegen desselben Anspruchs mehrere Forderungen, die nicht unter Absatz 1 Nr. 1 fallen, oder andere Vermögensrechte im Sinne von Absatz 1 Nr. 2 gepfändet, wird die Gebühr nur einmal erhoben.

§ 3 Wegnahmegebühr

(1) [1]Für die Wegnahme von Urkunden in den Fällen des § 310 Abs. 1 Satz 2 und des § 321 Abs. 6 der Abgabenordnung wird eine Wegnahmegebühr erhoben. [2]Sie wird auch dann erhoben, wenn der Pflichtige an den zur Vollstreckung erschienenen Vollstreckungsbeamten freiwillig leistet.

(2) Die Gebühr beträgt 20 Euro.

(3) Die halbe Gebühr wird erhoben, wenn ein Wegnahmeversuch erfolglos geblieben ist, weil die in Absatz 1 bezeichneten Gegenstände nicht vorgefunden wurden.

§ 4 Verwertungsgebühr

(1) Die Verwertungsgebühr wird für die Versteigerung und andere Verwertung von Gegenständen erhoben.

(2) [1]Die Gebühr bemisst sich nach dem Erlös. [2]Übersteigt der Erlös die Summe der zu vollstreckenden Beträge, so ist diese maßgebend.

(3) Die Höhe der Gebühr ergibt sich aus der Tabelle der Anlage 2 dieser Verordnung.

(4) [1]Wird die Verwertung abgewendet, so ist § 2 Abs. 5 sinngemäß anzuwenden; im Falle des § 2 Abs. 5 Satz 1 wird jedoch nur ein Viertel der vollen Gebühr, höchstens 30 Euro erhoben. [2]Dabei bemisst sich die Gebühr nach dem Betrag, der bei einer Verwertung der Gegenstände voraussichtlich als Erlös zu erzielen wäre (Schätzwert).

§ 5 Gebühr für die Androhung

(1) Für die Androhung von Zwangsmitteln nach § 20 LVwVG wird eine Gebühr erhoben, wenn die Anordnung[1]) nicht mit dem Verwaltungsakt, der vollstreckt werden soll, verbunden ist.

(2) Die Gebühr beträgt 15 Euro.

§ 6 Gebühr für die Ersatzvornahme

(1) Führt die Vollstreckungsbehörde die Ersatzvornahme nach § 25 LVwVG selbst aus, wird eine Gebühr erhoben.

(2) Die Gebühr beträgt 48 Euro für jeden bei der Ausführung der Ersatzvornahme eingesetzten Bediensteten je angefangene Stunde.

(3) [1]Führt ein Dritter die Ersatzvornahme im Auftrag der Vollstreckungsbehörde durch, wird zur Abgeltung der eigenen Aufwendungen eine Gebühr von bis zu 10 Prozent des Betrages erhoben, der an den Beauftragten zu zahlen ist, mindestens jedoch 48 Euro und höchstens 2500 Euro. [2]Bei der Gebührenbemessung sind der Verwaltungsaufwand sowie die wirtschaftliche oder sonstige Bedeutung der öffentlichen Leistung für den Gebührenschuldner sowie dessen wirtschaftliche Verhältnisse zu berücksichtigen. [3]Die Gebühr darf nicht in einem Missverhältnis zur öffentlichen Leistung stehen.

§ 7 Gebühr für die Anwendung unmittelbaren Zwangs

(1) Für die Anwendung unmittelbaren Zwangs nach §§ 26 bis 28 LVwVG und in den Fällen des § 52 Abs. 4 PolG wird eine Gebühr erhoben.

(2) Die Gebühr beträgt 45 Euro für jeden bei der Anwendung unmittelbaren Zwangs eingesetzten Bediensteten je angefangene Stunde.

§ 7a Gebühr für die Vermögensauskunft

(1) Für die Abnahme der Vermögensauskunft nach § 16 Absatz 1 LVwVG wird eine Gebühr erhoben.

(2) Die Gebühr beträgt 25 Euro.

§ 8 Auslagen

(1) Als Auslagen können erhoben werden

1. Entgelte für Telekommunikationsdienstleistungen, ausgenommen die Entgelte für Telefondienstleistungen im Ortsbereich,

2. Schreibauslagen für nicht von Amts wegen zu erteilende Abschriften; dabei gelten als Abschriften im Sinne dieser Vorschrift auch Ausdrucke elektronisch gespeicherter Daten; die Schreibauslagen betragen für jede Seite unabhängig von der Art der Herstellung 0,50 Euro,

3. Kosten für Zustellungen durch die Post und für Nachnahmen; wird durch die Behörden zugestellt (§ 5 des Verwaltungszustellungsgesetzes), werden die für Zustellungen durch die Post mit Zustellungsurkunden entsprechenden Kosten erhoben,

4. Kosten, die durch öffentliche Bekanntmachung entstehen,

5. Kosten der Beförderung, Verwahrung und Beaufsichtigung gepfändeter Sachen, Kosten der Abterntung gepfändeter Früchte und Kosten der Verwahrung, Fütterung und Pflege gepfändeter Tiere,

6. sächliche Kosten, die durch den Einsatz von Kraftfahrzeugen und technischen Hilfsmitteln bei der Vollstreckung entstehen,

7. die Beträge, die anderen in- und ausländischen Behörden, öffentlichen Einrichtungen oder Beamten zustehen, und zwar auch dann, wenn aus Gründen der Gegenseitigkeit, der Verwaltungsvereinfachung und dergleichen an die Behörden, Einrichtungen oder Beamten keine Zahlungen zu leisten sind und

8. andere Beträge, die auf Grund von Vollstreckungsmaßnahmen an Dritte zu zahlen sind.

---

1) Richtig wohl: „Androhung".

(2) [1]Für jede Dienstreise und jeden Dienstgang des Vollstreckungsbeamten wird ein Reisekostenpauschalbetrag von vier Euro erhoben. [2]Der Reisekostenpauschalbetrag wird für jede Vollstreckungshandlung erhoben, auch wenn der Vollstreckungsbeamte auf derselben Dienstreise oder demselben Dienstgang mehrere Vollstreckungshandlungen vornimmt. [3]Werden jedoch auf einer Dienstreise oder einem Dienstgang mehrere Vollstreckungshandlungen gegen einen Pflichtigen vorgenommen, so wird der Reisekostenpauschalbetrag nur einmal erhoben.

(3) Auslagen für die Mahnung nach § 14 Abs. 1 und 2 LVwVG und andere als in Absatz 1 Nr. 1 und 3 aufgeführte Entgelte für Telekommunikationsdienstleistungen sowie Kosten für Zustellungen durch die Post und für Nachnahmen werden nicht erhoben.

§ 9 Mehrheit von Pflichten[1]

(1) Wird gegen mehrere Pflichtige, die nicht Gesamtschuldner sind, bei derselben Gelegenheit vollstreckt, so werden die Gebühren

1. in den Fällen der §§ 2 bis 4 von jedem Pflichtigen erhoben und
2. in den Fällen der §§ 6 und 7 auf die beteiligten Pflichtigen angemessen verteilt.

(2) In den Fällen des Absatzes 1 werden die Auslagen angemessen auf die beteiligten Pflichtigen verteilt.

§ 10 Inkrafttreten

(1) [1]Diese Verordnung tritt am Tage nach ihrer Verkündung[2] in Kraft. [2]Gleichzeitig tritt die Vollstreckungskostenordnung vom 2. Juli 1974 (GBl. S. 229), zuletzt geändert durch Artikel 10 des Gesetzes vom 18. Dezember 1995 (GBl. 1996 S. 29), außer Kraft.

(2) Gebühren und Auslagen für Vollstreckungshandlungen, die vor Inkrafttreten dieser Verordnung begonnen wurden, sind nach den Vorschriften der bis zu diesem Zeitpunkt geltenden Vollstreckungskostenordnung zu erheben.

Anlage 1
(zu § 2 Abs. 3)
Pfändungsgebühren für Pfändungen nach § 2 Abs. 1

Bis zu	500 Euro	einschließlich	15 Euro
bis zu	1 000 Euro	einschließlich	20 Euro
bis zu	1 500 Euro	einschließlich	25 Euro
bis zu	2 000 Euro	einschließlich	30 Euro
bis zu	2 500 Euro	einschließlich	35 Euro
bis zu	3 000 Euro	einschließlich	40 Euro
bis zu	3 500 Euro	einschließlich	45 Euro
bis zu	4 000 Euro	einschließlich	50 Euro
bis zu	4 500 Euro	einschließlich	55 Euro
bis zu	5 000 Euro	einschließlich	60 Euro,

von dem Mehrbetrag für je 1 000 Euro 5 Euro. Werte über 5 000 Euro sind auf volle 1 000 Euro aufzurunden.

Anlage 2
(zu § 4 Abs. 3)
Verwertungsgebühren für die Versteigerung und andere Verwertung von Gegenständen nach § 4 Abs. 1

Bis zu	300 Euro	einschließlich	25,– Euro
bis zu	500 Euro	einschließlich	37,50 Euro
bis zu	1 000 Euro	einschließlich	50,– Euro
bis zu	1 500 Euro	einschließlich	62,50 Euro
bis zu	2 000 Euro	einschließlich	75,– Euro
bis zu	2 500 Euro	einschließlich	87,50 Euro
bis zu	3 000 Euro	einschließlich	100,– Euro
bis zu	3 500 Euro	einschließlich	112,50 Euro
bis zu	4 000 Euro	einschließlich	125,– Euro
bis zu	4 500 Euro	einschließlich	137,50 Euro
bis zu	5 000 Euro	einschließlich	150,– Euro,

---

1) Richtig wohl: „Pflichtigen".
2) Verkündet am 14. 9. 2004.

von dem Mehrbetrag für je 1 000 Euro 12,50 Euro. Werte über 5 000 Euro sind auf volle 1 000 Euro aufzurunden.

Verwaltungsverfahrensgesetz für Baden-Württemberg (Landesverwaltungsverfahrensgesetz – LVwVfG)

In der Fassung vom 12. April 2005[1] (GBl. S. 350)
(BWGültV Sachgebiet 201)

zuletzt geändert durch Art. 1 G zur Änd. des LandesverwaltungsverfahrensG und anderer Gesetze vom 12. Mai 2015 (GBl. S. 324)

Inhaltsübersicht

Teil I
Anwendungsbereich, örtliche Zuständigkeit, elektronische Kommunikation, Amtshilfe, europäische Verwaltungszusammenarbeit

Abschnitt 1
Anwendungsbereich, örtliche Zuständigkeit, elektronische Kommunikation

§ 1 Anwendungsbereich
§ 2 Ausnahmen vom Anwendungsbereich
§ 3 Örtliche Zuständigkeit
§ 3a Elektronische Kommunikation
§ 3b Personenbezogene Daten, Betriebs- und Geschäftsgeheimnisse

Abschnitt 2
Amtshilfe

§ 4 Amtshilfepflicht
§ 5 Voraussetzungen und Grenzen der Amtshilfe
§ 6 Auswahl der Behörde
§ 7 Durchführung der Amtshilfe
§ 8 Kosten der Amtshilfe

Abschnitt 3
Europäische Verwaltungszusammenarbeit

§ 8a Grundsätze der Hilfeleistung
§ 8b Form und Behandlung der Ersuchen
§ 8c Kosten der Hilfeleistung
§ 8d Mitteilungen von Amts wegen
§ 8e Anwendbarkeit

Teil II
Allgemeine Vorschriften über das Verwaltungsverfahren

Abschnitt 1
Verfahrensgrundsätze

§ 9 Begriff des Verwaltungsverfahrens
§ 10 Nichtförmlichkeit des Verwaltungsverfahrens
§ 11 Beteiligungsfähigkeit
§ 12 Handlungsfähigkeit
§ 13 Beteiligte
§ 14 Bevollmächtigte und Beistände
§ 15 Bestellung eines Empfangsbevollmächtigten

§ 16 Bestellung eines Vertreters von Amts wegen
§ 17 Vertreter bei gleichförmigen Eingaben
§ 18 Vertreter für Beteiligte bei gleichem Interesse
§ 19 Gemeinsame Vorschriften für Vertreter bei gleichförmigen Eingaben und bei gleichem Interesse
§ 20 Ausgeschlossene Personen
§ 21 Besorgnis der Befangenheit
§ 22 Beginn des Verfahrens
§ 23 Amtssprache
§ 24 Untersuchungsgrundsatz
§ 25 Beratung, Auskunft, frühe Öffentlichkeitsbeteiligung
§ 26 Beweismittel
§ 27 Versicherung an Eides Statt
§ 27a Öffentliche Bekanntmachung im Internet
§ 28 Anhörung Beteiligter
§ 29 Akteneinsicht durch Beteiligte
§ 30 (aufgehoben)

Abschnitt 2
Fristen, Termine, Wiedereinsetzung

§ 31 Fristen und Termine
§ 32 Wiedereinsetzung in den vorigen Stand

Abschnitt 3
Amtliche Beglaubigung

§ 33 Beglaubigung von Dokumenten
§ 34 Beglaubigung von Unterschriften

Teil III
Verwaltungsakt

Abschnitt 1
Zustandekommen des Verwaltungsaktes

§ 35 Begriff des Verwaltungsaktes
§ 36 Nebenbestimmungen zum Verwaltungsakt
§ 37 Bestimmtheit und Form des Verwaltungsaktes; Rechtsbehelfsbelehrung
§ 38 Zusicherung
§ 39 Begründung des Verwaltungsaktes
§ 40 Ermessen
§ 41 Bekanntgabe des Verwaltungsaktes
§ 42 Offenbare Unrichtigkeiten im Verwaltungsakt

---

1) Neubekanntmachung des LVwVfG vom 21. 6. 1977 (GBl. S. 227) in der ab 1. 3. 2005 geltenden Fassung.

§ 42a Genehmigungsfiktion

Abschnitt 2
Bestandskraft des Verwaltungsaktes
§ 43 Wirksamkeit des Verwaltungsaktes
§ 44 Nichtigkeit des Verwaltungsaktes
§ 45 Heilung von Verfahrens- und Formfehlern
§ 46 Folgen von Verfahrens- und Formfehlern
§ 47 Umdeutung eines fehlerhaften Verwaltungsaktes
§ 48 Rücknahme eines rechtswidrigen Verwaltungsaktes
§ 49 Widerruf eines rechtmäßigen Verwaltungsaktes
§ 49a Erstattung, Verzinsung
§ 50 Rücknahme und Widerruf im Rechtsbehelfsverfahren
§ 51 Wiederaufgreifen des Verfahrens
§ 52 Rückgabe von Urkunden und Sachen

Abschnitt 3
Verjährungsrechtliche Wirkungen des Verwaltungsaktes
§ 53 Hemmung der Verjährung durch Verwaltungsakt

Teil IV
Öffentlich-rechtlicher Vertrag
§ 54 Zulässigkeit des öffentlich-rechtlichen Vertrags
§ 55 Vergleichsvertrag
§ 56 Austauschvertrag
§ 57 Schriftform
§ 58 Zustimmung von Dritten und Behörden
§ 59 Nichtigkeit des öffentlich-rechtlichen Vertrags
§ 60 Anpassung und Kündigung in besonderen Fällen
§ 61 Unterwerfung unter die sofortige Vollstreckung
§ 62 Ergänzende Anwendung von Vorschriften

Teil V
Besondere Verfahrensarten

Abschnitt 1
Förmliches Verwaltungsverfahren
§ 63 Anwendung der Vorschriften über das förmliche Verwaltungsverfahren
§ 64 Form des Antrags
§ 65 Mitwirkung von Zeugen und Sachverständigen
§ 66 Verpflichtung zur Anhörung von Beteiligten
§ 67 Erfordernis der mündlichen Verhandlung
§ 68 Verlauf der mündlichen Verhandlung
§ 69 Entscheidung
§ 70 Anfechtung der Entscheidung
§ 71 Besondere Vorschriften für das förmliche Verfahren vor Ausschüssen

Abschnitt 1a
Verfahren über eine einheitliche Stelle
§ 71a Anwendbarkeit
§ 71b Verfahren
§ 71c Informationspflichten
§ 71d Gegenseitige Unterstützung
§ 71e Elektronisches Verfahren

Abschnitt 2
Planfeststellungsverfahren
§ 72 Anwendung der Vorschriften über das Planfeststellungsverfahren
§ 73 Anhörungsverfahren
§ 74 Planfeststellungsbeschluss, Plangenehmigung
§ 75 Rechtswirkungen der Planfeststellung
§ 76 Planänderungen vor Fertigstellung des Vorhabens
§ 77 Aufhebung des Planfeststellungsbeschlusses
§ 78 Zusammentreffen mehrerer Vorhaben

Teil VI
Rechtsbehelfsverfahren
§ 79 Rechtsbehelfe gegen Verwaltungsakte
§ 80 Erstattung von Kosten im Vorverfahren

Teil VII
Ehrenamtliche Tätigkeit, Ausschüsse

Abschnitt 1
Ehrenamtliche Tätigkeit
§ 81 Anwendung der Vorschriften über die ehrenamtliche Tätigkeit
§ 82 Pflicht zu ehrenamtlicher Tätigkeit
§ 83 Ausübung ehrenamtlicher Tätigkeit
§ 84 Verschwiegenheitspflicht
§ 85 Entschädigung
§ 86 Abberufung
§ 87 Ordnungswidrigkeiten

Abschnitt 2
Ausschüsse
§ 88 Anwendung der Vorschriften über Ausschüsse
§ 89 Ordnung in den Sitzungen
§ 90 Beschlussfähigkeit
§ 91 Beschlussfassung
§ 92 Wahlen durch Ausschüsse
§ 93 Niederschrift

Teil VIII
Besondere Bestimmungen für Gemeinden und Gemeindeverbände
§ 94 Pflichten der Gemeinden gegenüber den Bürgern
§ 95 Erfüllung von Aufgaben der Gemeinden durch Verwaltungsgemeinschaften

Teil IX
Schlussvorschriften
§ 96 Länderübergreifende Verfahren
§ 97 Sonderregelung für Verteidigungs- und Notstandsangelegenheiten
§ 98 Überleitung von Verfahren (nicht abgedruckt)
§ 99 Verwaltungsvorschriften
§ 100 Änderung des Gesetzes über die Verkündung von Rechtsverordnungen (nicht abgedruckt)

§ 101 Änderung des Ersten Gesetzes zur Funktionalreform und anderer Gesetze (nicht abgedruckt)
§ 102 Änderung des Straßengesetzes (nicht abgedruckt)
§ 102a Übergangsvorschrift zu § 53
§ 103 Inkrafttreten (nicht abgedruckt)

Teil I
Anwendungsbereich, örtliche Zuständigkeit, elektronische Kommunikation, Amtshilfe, europäische Verwaltungszusammenarbeit

Abschnitt 1
Anwendungsbereich, örtliche Zuständigkeit, elektronische Kommunikation

§ 1 Anwendungsbereich

(1) Dieses Gesetz gilt für die öffentlich-rechtliche Verwaltungstätigkeit der Behörden des Landes, der Gemeinden und Gemeindeverbände sowie der sonstigen der Aufsicht des Landes unterstehenden juristischen Personen des öffentlichen Rechts, soweit nicht landesrechtliche Vorschriften inhaltsgleiche oder entgegenstehende Bestimmungen enthalten.

(2) Behörde im Sinne dieses Gesetzes ist jede Stelle, die Aufgaben der öffentlichen Verwaltung wahrnimmt.

§ 2 Ausnahmen vom Anwendungsbereich

(1) Dieses Gesetz gilt nicht für die Tätigkeit der Kirchen, der Religionsgesellschaften und Weltanschauungsgemeinschaften sowie ihrer Verbände und Einrichtungen und nicht für die Tätigkeit des Südwestrundfunks.

(2) Dieses Gesetz gilt ferner nicht für

1. Verfahren, die ganz oder überwiegend nach den Vorschriften der Abgabenordnung durchzuführen sind; § 61 Abs. 3 und § 80 Abs. 4 bleiben unberührt,

2. die Strafverfolgung, die Verfolgung und Ahndung von Ordnungswidrigkeiten, die Rechtshilfe für das Ausland in Straf- und Zivilsachen und, unbeschadet des § 80 Abs. 4, für Maßnahmen des Richterdienstrechts,

3. Verfahren nach dem Sozialgesetzbuch,

4. das Recht des Lastenausgleichs,

5. das Recht der Wiedergutmachung.

(3) Für die Tätigkeit

1. der Gerichtsverwaltungen und der Behörden der Justizverwaltung einschließlich der ihrer Aufsicht unterliegenden Körperschaften des öffentlichen Rechts gilt dieses Gesetz nur, soweit die Tätigkeit der Nachprüfung im Verfahren vor den Gerichten der Verwaltungsgerichtsbarkeit unterliegt;

2. der Behörden bei Leistungs-, Eignungs- und ähnlichen Prüfungen von Personen sowie der Schulen bei Versetzungs- und anderen Entscheidungen, die auf einer Leistungsbeurteilung beruhen, gelten nur die §§ 3a bis 13, 20 bis 27, 29 bis 38, 40 bis 52, 79, 80 und 98.

(4) [1]Die oberste Schulbehörde kann durch Rechtsverordnung Ausnahmen von § 20 zulassen, wenn dies für die Aufrechterhaltung eines ordnungsgemäßen Schulbetriebs oder bei Abwägung der Interessen der Betroffenen geboten ist. [2]Für Berufungsverfahren im Hochschulbereich sind die §§ 28, 29 und 39 nicht anzuwenden.

§ 3 Örtliche Zuständigkeit

(1) Örtlich zuständig ist

1. in Angelegenheiten, die sich auf unbewegliches Vermögen oder ein ortsgebundenes Recht oder Rechtsverhältnis beziehen, die Behörde, in deren Bezirk das Vermögen oder der Ort liegt;

2. in Angelegenheiten, die sich auf den Betrieb eines Unternehmens oder einer seiner Betriebsstätten, auf die Ausübung eines Berufs oder auf eine andere dauernde Tätigkeit beziehen, die Behörde, in deren Bezirk das Unternehmen oder die Betriebsstätte betrieben oder der Beruf oder die Tätigkeit ausgeübt wird oder werden soll;
3. in anderen Angelegenheiten, die
   a) eine natürliche Person betreffen, die Behörde, in deren Bezirk die natürliche Person ihren gewöhnlichen Aufenthalt hat oder zuletzt hatte,
   b) eine juristische Person oder eine Vereinigung betreffen, die Behörde, in deren Bezirk die juristische Person oder die Vereinigung ihren Sitz hat oder zuletzt hatte;
4. in Angelegenheiten, bei denen sich die Zuständigkeit nicht aus den Nummern 1 bis 3 ergibt, die Behörde, in deren Bezirk der Anlass für die Amtshandlung hervortritt.

(2) [1]Sind nach Absatz 1 mehrere Behörden zuständig, so entscheidet die Behörde, die zuerst mit der Sache befasst worden ist, es sei denn, die gemeinsame fachlich zuständige Aufsichtsbehörde bestimmt, dass eine andere örtlich zuständige Behörde zu entscheiden hat. [2]Sie kann in den Fällen, in denen eine gleiche Angelegenheit sich auf mehrere Betriebsstätten eines Betriebs oder Unternehmens bezieht, eine der nach Absatz 1 Nr. 2 zuständigen Behörden als gemeinsame zuständige Behörde bestimmen, wenn dies unter Wahrung der Interessen der Beteiligten zur einheitlichen Entscheidung geboten ist. [3]Diese Aufsichtsbehörde entscheidet ferner über die örtliche Zuständigkeit, wenn sich mehrere Behörden für zuständig oder für unzuständig halten oder wenn die Zuständigkeit aus anderen Gründen zweifelhaft ist. [4]Fehlt eine gemeinsame Aufsichtsbehörde, so treffen die fachlich zuständigen Aufsichtsbehörden die Entscheidung gemeinsam.

(3) Ändern sich im Lauf des Verwaltungsverfahrens die die Zuständigkeit begründenden Umstände, so kann die bisher zuständige Behörde das Verwaltungsverfahren fortführen, wenn dies unter Wahrung der Interessen der Beteiligten der einfachen und zweckmäßigen Durchführung des Verfahrens dient und die nunmehr zuständige Behörde zustimmt.

(4) [1]Bei Gefahr im Verzug ist für unaufschiebbare Maßnahmen jede Behörde örtlich zuständig, in deren Bezirk der Anlass für die Amtshandlung hervortritt. [2]Die nach Absatz 1 Nr. 1 bis 3 örtlich zuständige Behörde ist unverzüglich zu unterrichten.

§ 3a Elektronische Kommunikation

(1) [1]Die Übermittlung elektronischer Dokumente ist zulässig, soweit der Empfänger hierfür einen Zugang eröffnet. [2]Für elektronische Dokumente an Behörden, die verschlüsselt oder signiert sind oder sonstige besondere technische Merkmale aufweisen, ist ein Zugang nur eröffnet, soweit dies ausdrücklich von der Behörde festgelegt oder im Einzelfall zwischen Behörde und Absender vereinbart wurde.

(2) [1]Eine durch Rechtsvorschrift angeordnete Schriftform kann, soweit nicht durch Rechtsvorschrift etwas anderes bestimmt ist, durch die elektronische Form ersetzt werden. [2]Der elektronischen Form genügt ein elektronisches Dokument, das mit einer qualifizierten elektronischen Signatur nach dem Signaturgesetz versehen ist. [3]Die Signierung mit einem Pseudonym, das die Identifizierung der Person des Signaturschlüsselinhabers nicht unmittelbar durch die Behörde ermöglicht, ist nicht zulässig. [4]Die Schriftform kann auch ersetzt werden
1. durch unmittelbare Abgabe der Erklärung in einem elektronischen Formular, das von der Behörde in einem Eingabegerät oder über öffentlich zugängliche Netze zur Verfügung gestellt wird;
2. bei Anträgen und Anzeigen durch Versendung eines elektronischen Dokuments an die Behörde mit der Versandart nach § 5 Absatz 5 des De-Mail-Gesetzes;
3. bei elektronischen Verwaltungsakten oder sonstigen elektronischen Dokumenten der Behörden durch Versendung einer De-Mail-Nachricht nach § 5 Absatz 5 des De-Mail-Gesetzes, bei der die Bestätigung des akkreditierten Diensteanbieters die erlassende Behörde als Nutzerin des De-Mail-Kontos erkennen lässt;
4. durch in einer auf Grund von § 3a Absatz 2 Satz 4 Nummer 4 des Verwaltungsverfahrensgesetzes von der Bundesregierung erlassenen Rechtsverordnung festgelegte Verfahren.

[5]In den Fällen des Satzes 4 Nummer 1 muss bei einer Eingabe über öffentlich zugängliche Netze ein sicherer Identitätsnachweis nach § 18 des Personalausweisgesetzes oder nach § 78 Absatz 5 des Aufenthaltsgesetzes erfolgen.

(3) ¹Ist ein der Behörde übermitteltes elektronisches Dokument für sie zur Bearbeitung nicht geeignet, teilt sie dies dem Absender unter Angabe der für sie geltenden technischen Rahmenbedingungen unverzüglich mit. ²Macht ein Empfänger geltend, er könne das von der Behörde übermittelte elektronische Dokument nicht bearbeiten, hat sie es ihm erneut in einem geeigneten elektronischen Format oder als Schriftstück zu übermitteln.

(4) Erfolgt eine Antragstellung in elektronischer Form, kann die zuständige Behörde Mehrfertigungen sowie die Übermittlung der dem Antrag beizufügenden Unterlagen auch in schriftlicher Form verlangen.

§ 3b Personenbezogene Daten, Betriebs- und Geschäftsgeheimnisse
¹Die Behörde darf personenbezogene Daten nicht unbefugt verarbeiten. ²Sie darf Betriebs- und Geschäftsgeheimnisse nicht unbefugt offenbaren.

Abschnitt 2
Amtshilfe

§ 4 Amtshilfepflicht
(1) Jede Behörde leistet anderen Behörden auf Ersuchen ergänzende Hilfe (Amtshilfe).
(2) Amtshilfe liegt nicht vor, wenn
1. Behörden einander innerhalb eines bestehenden Weisungsverhältnisses Hilfe leisten;
2. die Hilfeleistung in Handlungen besteht, die der ersuchten Behörde als eigene Aufgabe obliegen.

§ 5 Voraussetzungen und Grenzen der Amtshilfe
(1) Eine Behörde kann um Amtshilfe insbesondere dann ersuchen, wenn sie
1. aus rechtlichen Gründen die Amtshandlung nicht selbst vornehmen kann;
2. aus tatsächlichen Gründen, besonders weil die zur Vornahme der Amtshandlung erforderlichen Dienstkräfte oder Einrichtungen fehlen, die Amtshandlung nicht selbst vornehmen kann;
3. zur Durchführung ihrer Aufgaben auf die Kenntnis von Tatsachen angewiesen ist, die ihr unbekannt sind und die sie selbst nicht ermitteln kann;
4. zur Durchführung ihrer Aufgaben Urkunden oder sonstige Beweismittel benötigt, die sich im Besitz der ersuchten Behörde befinden;
5. die Amtshandlung nur mit wesentlich größerem Aufwand vornehmen könnte als die ersuchte Behörde.

(2) ¹Die ersuchte Behörde darf Hilfe nicht leisten, wenn
1. sie hierzu aus rechtlichen Gründen nicht in der Lage ist;
2. durch die Hilfeleistung dem Wohl des Bundes oder eines Landes erhebliche Nachteile bereitet würden.

²Die ersuchte Behörde ist insbesondere zur Vorlage von Urkunden oder Akten sowie zur Erteilung von Auskünften nicht verpflichtet, wenn die Vorgänge nach einem Gesetz oder ihrem Wesen nach geheim gehalten werden müssen.

(3) Die ersuchte Behörde braucht Hilfe nicht zu leisten, wenn
1. eine andere Behörde die Hilfe wesentlich einfacher oder mit wesentlich geringerem Aufwand leisten kann;
2. sie die Hilfe nur mit unverhältnismäßig großem Aufwand leisten könnte;
3. sie unter Berücksichtigung der Aufgaben der ersuchenden Behörde durch die Hilfeleistung die Erfüllung ihrer eigenen Aufgaben ernstlich gefährden würde.

(4) Die ersuchte Behörde darf die Hilfe nicht deshalb verweigern, weil sie das Ersuchen aus anderen als den in Absatz 3 genannten Gründen oder weil sie die mit der Amtshilfe zu verwirklichende Maßnahme für unzweckmäßig hält.

(5) ¹Hält die ersuchte Behörde sich zur Hilfe nicht für verpflichtet, so teilt sie der ersuchenden Behörde ihre Auffassung mit. ²Besteht diese auf der Amtshilfe, so entscheidet über die Verpflichtung zur Amtshilfe die gemeinsame fachlich zuständige Aufsichtsbehörde oder, sofern eine solche nicht besteht, die für die ersuchte Behörde fachlich zuständige Aufsichtsbehörde.

§ 6 Auswahl der Behörde

Kommen für die Amtshilfe mehrere Behörden in Betracht, so soll nach Möglichkeit eine Behörde der untersten Verwaltungsstufe des Verwaltungszweigs ersucht werden, dem die ersuchende Behörde angehört.

§ 7 Durchführung der Amtshilfe

(1) Die Zulässigkeit der Maßnahme, die durch die Amtshilfe verwirklicht werden soll, richtet sich nach dem für die ersuchende Behörde, die Durchführung der Amtshilfe nach dem für die ersuchte Behörde geltenden Recht.

(2) [1]Die ersuchende Behörde trägt gegenüber der ersuchten Behörde die Verantwortung für die Rechtmäßigkeit der zu treffenden Maßnahme. [2]Die ersuchte Behörde ist für die Durchführung der Amtshilfe verantwortlich.

§ 8 Kosten der Amtshilfe

(1) [1]Die ersuchende Behörde hat der ersuchten Behörde für die Amtshilfe keine Verwaltungsgebühr zu entrichten. [2]Auslagen hat sie der ersuchten Behörde auf Anforderung zu erstatten, wenn sie im Einzelfall 35 Euro übersteigen. [3]Leisten Behörden desselben Rechtsträgers einander Amtshilfe, so werden die Auslagen nicht erstattet.

(2) Nimmt die ersuchte Behörde zur Durchführung der Amtshilfe eine kostenpflichtige Amtshandlung vor, so stehen ihr die von einem Dritten hierfür geschuldeten Kosten (Verwaltungsgebühren, Benutzungsgebühren und Auslagen) zu.

Abschnitt 3
Europäische Verwaltungszusammenarbeit

§ 8a Grundsätze der Hilfeleistung

(1) Jede Behörde leistet Behörden anderer Mitgliedstaaten der Europäischen Union auf Ersuchen Hilfe, soweit dies nach Maßgabe von Rechtsakten der Europäischen Gemeinschaft geboten ist.

(2) [1]Behörden anderer Mitgliedstaaten der Europäischen Union können um Hilfe ersucht werden, soweit dies nach Maßgabe von Rechtsakten der Europäischen Gemeinschaft zugelassen ist. [2]Um Hilfe ist zu ersuchen, soweit dies nach Maßgabe von Rechtsakten der Europäischen Gemeinschaft geboten ist.

(3) Die §§ 5, 7 und 8 Abs. 2 sind entsprechend anzuwenden, soweit Rechtsakte der Europäischen Gemeinschaft nicht entgegenstehen.

§ 8b Form und Behandlung der Ersuchen

(1) [1]Ersuchen sind in deutscher Sprache an Behörden anderer Mitgliedstaaten der Europäischen Union zu richten; soweit erforderlich, ist eine Übersetzung beizufügen. [2]Die Ersuchen sind gemäß den gemeinschaftsrechtlichen Vorgaben und unter Angabe des maßgeblichen Rechtsakts zu begründen.

(2) [1]Ersuchen von Behörden anderer Mitgliedstaaten der Europäischen Union dürfen nur erledigt werden, wenn sich ihr Inhalt in deutscher Sprache aus den Akten ergibt. [2]Soweit erforderlich, soll bei Ersuchen in einer anderen Sprache von der ersuchenden Behörde eine Übersetzung verlangt werden.

(3) Ersuchen von Behörden anderer Mitgliedstaaten der Europäischen Union können abgelehnt werden, wenn sie nicht ordnungsgemäß und unter Angabe des maßgeblichen Rechtsakts begründet sind und die erforderliche Begründung nach Aufforderung nicht nachgereicht wird.

(4) [1]Einrichtungen und Hilfsmittel der Kommission zur Behandlung von Ersuchen sollen genutzt werden. [2]Informationen sollen elektronisch übermittelt werden.

§ 8c Kosten der Hilfeleistung

Ersuchende Behörden anderer Mitgliedstaaten der Europäischen Union haben Verwaltungsgebühren oder Auslagen nur zu erstatten, soweit dies nach Maßgabe von Rechtsakten der Europäischen Gemeinschaft verlangt werden kann.

§ 8d Mitteilungen von Amts wegen

(1) [1]Die zuständige Behörde teilt den Behörden anderer Mitgliedstaaten der Europäischen Union und der Kommission Angaben über Sachverhalte und Personen mit, soweit dies nach Maßgabe von Rechtsakten der Europäischen Gemeinschaft geboten ist. [2]Dabei sollen die hierzu eingerichteten Informationsnetze genutzt werden.

(2) Übermittelt eine Behörde Angaben nach Absatz 1 an die Behörde eines anderen Mitgliedstaats der Europäischen Union, unterrichtet sie den Betroffenen über die Tatsache der Übermittlung, soweit Rechtsakte der Europäischen Gemeinschaft dies vorsehen; dabei ist auf die Art der Angaben sowie auf die Zweckbestimmung und die Rechtsgrundlage der Übermittlung hinzuweisen.

§ 8e Anwendbarkeit
[1]Die Regelungen dieses Abschnitts sind mit Inkrafttreten des jeweiligen Rechtsaktes der Europäischen Gemeinschaft, wenn dieser unmittelbare Wirkung entfaltet, im Übrigen mit Ablauf der jeweiligen Umsetzungsfristen anzuwenden. [2]Sie gelten auch im Verhältnis zu den anderen Vertragsstaaten des Abkommens über den Europäischen Wirtschaftsraum, soweit Rechtsakte der Europäischen Gemeinschaft auch auf diese Staaten anzuwenden sind.

Teil II
Allgemeine Vorschriften über das Verwaltungsverfahren

Abschnitt 1
Verfahrensgrundsätze

§ 9 Begriff des Verwaltungsverfahrens
Das Verwaltungsverfahren im Sinne dieses Gesetzes ist die nach außen wirkende Tätigkeit der Behörden, die auf die Prüfung der Voraussetzungen, die Vorbereitung und den Erlass eines Verwaltungsaktes oder auf den Abschluss eines öffentlich-rechtlichen Vertrags gerichtet ist; es schließt den Erlass des Verwaltungsaktes oder den Abschluss des öffentlich-rechtlichen Vertrags ein.

§ 10 Nichtförmlichkeit des Verwaltungsverfahrens
[1]Das Verwaltungsverfahren ist an bestimmte Formen nicht gebunden, soweit keine besonderen Rechtsvorschriften für die Form des Verfahrens bestehen. [2]Es ist einfach, zweckmäßig und zügig durchzuführen.

§ 11 Beteiligungsfähigkeit
Fähig, am Verfahren beteiligt zu sein, sind
1. natürliche und juristische Personen,
2. Vereinigungen, soweit ihnen ein Recht zustehen kann,
3. Behörden.

§ 12 Handlungsfähigkeit
(1) Fähig zur Vornahme von Verfahrenshandlungen sind
1. natürliche Personen, die nach bürgerlichem Recht geschäftsfähig sind,
2. natürliche Personen, die nach bürgerlichem Recht in der Geschäftsfähigkeit beschränkt sind, soweit sie für den Gegenstand des Verfahrens durch Vorschriften des bürgerlichen Rechts als geschäftsfähig oder durch Vorschriften des öffentlichen Rechts als handlungsfähig anerkannt sind,
3. juristische Personen und Vereinigungen (§ 11 Nr. 2) durch ihre gesetzlichen Vertreter oder durch besonders Beauftragte,
4. Behörden durch ihre Leiter, deren Vertreter oder Beauftragte.
(2) Betrifft ein Einwilligungsvorbehalt nach § 1903 des Bürgerlichen Gesetzbuchs den Gegenstand des Verfahrens, so ist ein geschäftsfähiger Betreuter nur insoweit zur Vornahme von Verfahrenshandlungen fähig, als er nach den Vorschriften des bürgerlichen Rechts ohne Einwilligung des Betreuers handeln kann oder durch Vorschriften des öffentlichen Rechts als handlungsfähig anerkannt ist.
(3) Die §§ 53 und 55 der Zivilprozessordnung gelten entsprechend.

§ 13 Beteiligte
(1) Beteiligte sind
1. Antragsteller und Antragsgegner,
2. diejenigen, an die die Behörde den Verwaltungsakt richten will oder gerichtet hat,
3. diejenigen, mit denen die Behörde einen öffentlich-rechtlichen Vertrag schließen will oder geschlossen hat,
4. diejenigen, die nach Absatz 2 von der Behörde zu dem Verfahren hinzugezogen worden sind.

(2) [1]Die Behörde kann von Amts wegen oder auf Antrag diejenigen, deren rechtliche Interessen durch den Ausgang des Verfahrens berührt werden können, als Beteiligte hinzuziehen. [2]Hat der Ausgang des Verfahrens rechtsgestaltende Wirkung für einen Dritten, so ist dieser auf Antrag als Beteiligter zu dem Verfahren hinzuzuziehen; soweit er der Behörde bekannt ist, hat diese ihn von der Einleitung des Verfahrens zu benachrichtigen.

(3) Wer anzuhören ist, ohne dass die Voraussetzungen des Absatzes 1 vorliegen, wird dadurch nicht Beteiligter.

§ 14 Bevollmächtigte und Beistände

(1) [1]Ein Beteiligter kann sich durch einen Bevollmächtigten vertreten lassen. [2]Die Vollmacht ermächtigt zu allen das Verwaltungsverfahren betreffenden Verfahrenshandlungen, sofern sich aus ihrem Inhalt nicht etwas anderes ergibt. [3]Der Bevollmächtigte hat auf Verlangen seine Vollmacht schriftlich nachzuweisen. [4]Ein Widerruf der Vollmacht wird der Behörde gegenüber erst wirksam, wenn er ihr zugeht.

(2) Die Vollmacht wird weder durch den Tod des Vollmachtgebers noch durch eine Veränderung in seiner Handlungsfähigkeit oder seiner gesetzlichen Vertretung aufgehoben; der Bevollmächtigte hat jedoch, wenn er für den Rechtsnachfolger im Verwaltungsverfahren auftritt, dessen Vollmacht auf Verlangen schriftlich beizubringen.

(3) [1]Ist für das Verfahren ein Bevollmächtigter bestellt, so soll sich die Behörde an ihn wenden. [2]Sie kann sich an den Beteiligten selbst wenden, soweit er zur Mitwirkung verpflichtet ist. [3]Wendet sich die Behörde an den Beteiligten, so soll der Bevollmächtigte verständigt werden. [4]Vorschriften über die Zustellung an Bevollmächtigte bleiben unberührt.

(4) [1]Ein Beteiligter kann zu Verhandlungen und Besprechungen mit einem Beistand erscheinen. [2]Das von dem Beistand Vorgetragene gilt als von dem Beteiligten vorgebracht, soweit dieser nicht unverzüglich widerspricht.

(5) Bevollmächtigte und Beistände sind zurückzuweisen, wenn sie entgegen § 3 des Rechtsdienstleistungsgesetzes vom 12. Dezember 2007 (BGBl. I S. 2840) in der jeweils geltenden Fassung Rechtsdienstleistungen erbringen.

(6) [1]Bevollmächtigte und Beistände können vom Vortrag zurückgewiesen werden, wenn sie hierzu ungeeignet sind; vom mündlichen Vortrag können sie nur zurückgewiesen werden, wenn sie zum sachgemäßen Vortrag nicht fähig sind. [2]Nicht zurückgewiesen werden können Personen, die nach § 67 Abs. 2 Satz 1 und 2 Nr. 3 bis 7 der Verwaltungsgerichtsordnung zur Vertretung im verwaltungsgerichtlichen Verfahren befugt sind.

(7) [1]Die Zurückweisung nach den Absätzen 5 und 6 ist auch dem Beteiligten, dessen Bevollmächtigter oder Beistand zurückgewiesen wird, mitzuteilen. [2]Verfahrenshandlungen des zurückgewiesenen Bevollmächtigten oder Beistandes, die dieser nach der Zurückweisung vornimmt, sind unwirksam.

§ 15 Bestellung eines Empfangsbevollmächtigten

[1]Ein Beteiligter ohne Wohnsitz oder gewöhnlichen Aufenthalt, Sitz oder Geschäftsleitung im Inland hat der Behörde auf Verlangen innerhalb einer angemessenen Frist einen Empfangsbevollmächtigten im Inland zu benennen. [2]Unterlässt er dies, gilt ein an ihn gerichtetes Schriftstück am siebenten Tag nach der Aufgabe zur Post und ein elektronisch übermitteltes Dokument am dritten Tag nach Absendung als zugegangen. [3]Dies gilt nicht, wenn feststeht, dass das Dokument den Empfänger nicht oder zu einem späteren Zeitpunkt erreicht hat. [4]Auf die Rechtsfolgen der Unterlassung ist der Beteiligte hinzuweisen.

§ 16 Bestellung eines Vertreters von Amts wegen

(1) Ist ein Vertreter nicht vorhanden, so hat das Betreuungsgericht, für einen minderjährigen Beteiligten das Familiengericht, auf Ersuchen der Behörde einen geeigneten Vertreter zu bestellen

1. für einen Beteiligten, dessen Person unbekannt ist;
2. für einen abwesenden Beteiligten, dessen Aufenthalt unbekannt ist oder der an der Besorgung seiner Angelegenheiten verhindert ist;
3. für einen Beteiligten ohne Aufenthalt im Inland, wenn er der Aufforderung der Behörde, einen Vertreter zu bestellen, innerhalb der ihm gesetzten Frist nicht nachgekommen ist;
4. für einen Beteiligten, der infolge einer psychischen Krankheit oder körperlichen, geistigen oder seelischen Behinderung nicht in der Lage ist, in dem Verwaltungsverfahren selbst tätig zu werden;

5. bei herrenlosen Sachen, auf die sich das Verfahren bezieht, zur Wahrung der sich in Bezug auf die Sachen ergebenden Rechte und Pflichten.

(2) Für die Bestellung des Vertreters ist in den Fällen des Absatzes 1 Nr. 4 das Gericht zuständig, in dessen Bezirk der Beteiligte seinen gewöhnlichen Aufenthalt hat; im Übrigen ist das Gericht zuständig, in dessen Bezirk die ersuchende Behörde ihren Sitz hat.

(3) [1]Der Vertreter hat gegen den Rechtsträger der Behörde, die um seine Bestellung ersucht hat, Anspruch auf eine angemessene Vergütung und auf die Erstattung seiner baren Auslagen. [2]Die Behörde kann von dem Vertretenen Ersatz ihrer Aufwendungen verlangen. [3]Sie bestimmt die Vergütung und stellt die Auslagen und Aufwendungen fest.

(4) Im Übrigen gelten für die Bestellung und für das Amt des Vertreters in den Fällen des Absatzes 1 Nr. 4 die Vorschriften über die Betreuung, in den übrigen Fällen die Vorschriften über die Pflegschaft entsprechend.

§ 17 Vertreter bei gleichförmigen Eingaben

(1) [1]Bei Anträgen und Eingaben, die in einem Verwaltungsverfahren von mehr als 50 Personen auf Unterschriftslisten unterzeichnet oder in Form vervielfältigter gleichlautender Texte eingereicht worden sind (gleichförmige Eingaben), gilt für das Verfahren derjenige Unterzeichner als Vertreter der übrigen Unterzeichner, der darin mit seinem Namen, seinem Beruf und seiner Anschrift als Vertreter bezeichnet ist, soweit er nicht von ihnen als Bevollmächtigter bestellt worden ist. [2]Vertreter kann nur eine natürliche Person sein.

(2) [1]Die Behörde kann gleichförmige Eingaben, die die Angaben nach Absatz 1 Satz 1 nicht deutlich sichtbar auf jeder mit einer Unterschrift versehenen Seite enthalten oder dem Erfordernis des Absatzes 1 Satz 2 nicht entsprechen, unberücksichtigt lassen. [2]Will die Behörde so verfahren, so hat sie dies durch ortsübliche Bekanntmachung mitzuteilen. [3]Die Behörde kann ferner gleichförmige Eingaben insoweit unberücksichtigt lassen, als Unterzeichner ihren Namen oder ihre Anschrift nicht oder unleserlich angegeben haben.

(3) [1]Die Vertretungsmacht erlischt, sobald der Vertreter oder der Vertretene dies der Behörde schriftlich erklärt; der Vertreter kann eine solche Erklärung nur hinsichtlich aller Vertretenen abgeben. [2]Gibt der Vertretene eine solche Erklärung ab, so soll er der Behörde zugleich mitteilen, ob er seine Eingabe aufrechterhält und ob er einen Bevollmächtigten bestellt hat.

(4) [1]Endet die Vertretungsmacht des Vertreters, so kann die Behörde die nicht mehr Vertretenen auffordern, innerhalb einer angemessenen Frist einen gemeinsamen Vertreter zu bestellen. [2]Sind mehr als 50 Personen aufzufordern, so kann die Behörde die Aufforderung ortsüblich bekannt machen. [3]Wird der Aufforderung nicht fristgemäß entsprochen, so kann die Behörde von Amts wegen einen gemeinsamen Vertreter bestellen.

§ 18 Vertreter für Beteiligte bei gleichem Interesse

(1) [1]Sind an einem Verwaltungsverfahren mehr als 50 Personen im gleichen Interesse beteiligt, ohne vertreten zu sein, so kann die Behörde sie auffordern, innerhalb einer angemessenen Frist einen gemeinsamen Vertreter zu bestellen, wenn sonst die ordnungsmäßige Durchführung des Verwaltungsverfahrens beeinträchtigt wäre. [2]Kommen sie der Aufforderung nicht fristgemäß nach, so kann die Behörde von Amts wegen einen gemeinsamen Vertreter bestellen. [3]Vertreter kann nur eine natürliche Person sein.

(2) [1]Die Vertretungsmacht erlischt, sobald der Vertreter oder der Vertretene dies der Behörde schriftlich erklärt; der Vertreter kann eine solche Erklärung nur hinsichtlich aller Vertretenen abgeben. [2]Gibt der Vertretene eine solche Erklärung ab, so soll er der Behörde zugleich mitteilen, ob er seine Eingabe aufrechterhält und ob er einen Bevollmächtigten bestellt hat.

§ 19 Gemeinsame Vorschriften für Vertreter bei gleichförmigen Eingaben und bei gleichem Interesse

(1) [1]Der Vertreter hat die Interessen der Vertretenen sorgfältig wahrzunehmen. [2]Er kann alle das Verwaltungsverfahren betreffenden Verfahrenshandlungen vornehmen. [3]An Weisungen ist er nicht gebunden.

(2) § 14 Abs. 5 bis 7 gilt entsprechend.

(3) [1]Der von der Behörde bestellte Vertreter hat gegen deren Rechtsträger Anspruch auf angemessene Vergütung und auf Erstattung seiner baren Auslagen. [2]Die Behörde kann von den Vertretenen zu

gleichen Anteilen Ersatz ihrer Aufwendungen verlangen. ³Sie bestimmt die Vergütung und stellt die Auslagen und Aufwendungen fest.

§ 20 Ausgeschlossene Personen

(1) ¹In einem Verwaltungsverfahren darf für eine Behörde nicht tätig werden,
1. wer selbst Beteiligter ist;
2. wer Angehöriger eines Beteiligten ist;
3. wer einen Beteiligten kraft Gesetzes oder Vollmacht allgemein oder in diesem Verwaltungsverfahren vertritt;
4. wer Angehöriger einer Person ist, die einen Beteiligten in diesem Verfahren vertritt;
5. wer bei einem Beteiligten gegen Entgelt beschäftigt ist oder bei ihm als Mitglied des Vorstands, des Aufsichtsrats oder eines gleichartigen Organs tätig ist; dies gilt nicht für den, dessen Anstellungskörperschaft Beteiligte ist;
6. wer außerhalb seiner amtlichen Eigenschaft in der Angelegenheit ein Gutachten abgegeben hat oder sonst tätig geworden ist.

²Dem Beteiligten steht gleich, wer durch die Tätigkeit oder durch die Entscheidung einen unmittelbaren Vorteil oder Nachteil erlangen kann. ³Dies gilt nicht, wenn der Vor- oder Nachteil nur darauf beruht, dass jemand einer Berufs- oder Bevölkerungsgruppe angehört, deren gemeinsame Interessen durch die Angelegenheit berührt werden.

(2) Absatz 1 gilt nicht für Wahlen zu einer ehrenamtlichen Tätigkeit und für die Abberufung von ehrenamtlich Tätigen.

(3) Wer nach Absatz 1 ausgeschlossen ist, darf bei Gefahr im Verzug unaufschiebbare Maßnahmen treffen.

(4) ¹Hält sich ein Mitglied eines Ausschusses (§ 88) für ausgeschlossen oder bestehen Zweifel, ob die Voraussetzungen des Absatzes 1 gegeben sind, ist dies dem Vorsitzenden des Ausschusses mitzuteilen. ²Der Ausschuss entscheidet über den Ausschluss. ³Der Betroffene darf an dieser Entscheidung nicht mitwirken. ⁴Das ausgeschlossene Mitglied darf bei der weiteren Beratung und Beschlussfassung nicht zugegen sein.

(5) ¹Angehörige im Sinne des Absatzes 1 Nr. 2 und 4 sind
1. der Verlobte,
2. der Ehegatte,
2a. der Lebenspartner,
3. Verwandte und Verschwägerte gerader Linie,
4. Geschwister,
5. Kinder der Geschwister,
6. Ehegatten der Geschwister und Geschwister der Ehegatten,
6a. Lebenspartner der Geschwister und Geschwister der Lebenspartner,
7. Geschwister der Eltern,
8. Personen, die durch ein auf längere Dauer angelegtes Pflegeverhältnis mit häuslicher Gemeinschaft wie Eltern und Kind miteinander verbunden sind (Pflegeeltern und Pflegekinder).

²Angehörige sind die in Satz 1 aufgeführten Personen auch dann, wenn
1. in den Fällen der Nummern 2, 3 und 6 die die Beziehung begründende Ehe nicht mehr besteht;
1a. in den Fällen der Nummern 2a, 3 und 6a die die Beziehung begründende Lebenspartnerschaft nicht mehr besteht;
2. in den Fällen der Nummern 3 bis 7 die Verwandtschaft oder Schwägerschaft durch Annahme als Kind erloschen ist;
3. im Falle der Nummer 8 die häusliche Gemeinschaft nicht mehr besteht, sofern die Personen weiterhin wie Eltern und Kind miteinander verbunden sind.

§ 21 Besorgnis der Befangenheit

(1) ¹Liegt ein Grund vor, der geeignet ist, Misstrauen gegen eine unparteiische Amtsausübung zu rechtfertigen, oder wird von einem Beteiligten das Vorliegen eines solchen Grundes behauptet, so hat, wer in einem Verwaltungsverfahren für eine Behörde tätig werden soll, den Leiter der Behörde oder den von diesem Beauftragten zu unterrichten und sich auf dessen Anordnung der Mitwirkung zu ent-

halten. [2]Betrifft die Besorgnis der Befangenheit den Leiter der Behörde, so trifft diese Anordnung die Aufsichtsbehörde, sofern sich der Behördenleiter nicht selbst einer Mitwirkung enthält.

(2) Für Mitglieder eines Ausschusses (§ 88) gilt § 20 Abs. 4 entsprechend.

§ 22 Beginn des Verfahrens
[1]Die Behörde entscheidet nach pflichtgemäßem Ermessen, ob und wann sie ein Verwaltungsverfahren durchführt. [2]Dies gilt nicht, wenn die Behörde auf Grund von Rechtsvorschriften
1. von Amts wegen oder auf Antrag tätig werden muss;
2. nur auf Antrag tätig werden darf und ein Antrag nicht vorliegt.

§ 23 Amtssprache
(1) Die Amtssprache ist deutsch.

(2) [1]Werden bei einer Behörde in einer fremden Sprache Anträge gestellt oder Eingaben, Belege, Urkunden oder sonstige Dokumente vorgelegt, soll die Behörde unverzüglich die Vorlage einer Übersetzung verlangen. [2]In begründeten Fällen kann die Vorlage einer von einem öffentlich bestellten und beeidigten Urkundenübersetzer angefertigten oder beglaubigten Übersetzung verlangt werden. [3]Wird die verlangte Übersetzung nicht unverzüglich vorgelegt, so kann die Behörde auf Kosten des Beteiligten selbst eine Übersetzung beschaffen. [4]Hat die Behörde Dolmetscher oder Übersetzer herangezogen, erhalten diese in entsprechender Anwendung des Justizvergütungs- und -entschädigungsgesetzes eine Vergütung.

(3) Soll durch eine Anzeige, einen Antrag oder die Abgabe einer Willenserklärung eine Frist in Lauf gesetzt werden, innerhalb deren die Behörde in einer bestimmten Weise tätig werden muss, und gehen diese in einer fremden Sprache ein, so beginnt der Lauf der Frist erst mit dem Zeitpunkt, in dem der Behörde eine Übersetzung vorliegt.

(4) [1]Soll durch eine Anzeige, einen Antrag oder eine Willenserklärung, die in fremder Sprache eingehen, zugunsten eines Beteiligten eine Frist gegenüber der Behörde gewahrt, ein öffentlich-rechtlicher Anspruch geltend gemacht oder eine Leistung begehrt werden, so gelten die Anzeige, der Antrag oder die Willenserklärung als zum Zeitpunkt des Eingangs bei der Behörde abgegeben, wenn auf Verlangen der Behörde innerhalb einer zu setzenden angemessenen Frist eine Übersetzung vorgelegt wird. [2]Andernfalls ist der Zeitpunkt des Eingangs der Übersetzung maßgebend, soweit sich nicht aus zwischenstaatlichen Vereinbarungen etwas anderes ergibt. [3]Auf diese Rechtsfolge ist bei der Fristsetzung hinzuweisen.

§ 24 Untersuchungsgrundsatz
(1) [1]Die Behörde ermittelt den Sachverhalt von Amts wegen. [2]Sie bestimmt Art und Umfang der Ermittlungen; an das Vorbringen und an die Beweisanträge der Beteiligten ist sie nicht gebunden.

(2) Die Behörde hat alle für den Einzelfall bedeutsamen, auch die für die Beteiligten günstigen Umstände zu berücksichtigen.

(3) Die Behörde darf die Entgegennahme von Erklärungen oder Anträgen, die in ihren Zuständigkeitsbereich fallen, nicht deshalb verweigern, weil sie die Erklärung oder den Antrag in der Sache für unzulässig oder unbegründet hält.

§ 25 Beratung, Auskunft, frühe Öffentlichkeitsbeteiligung
(1) [1]Die Behörde soll die Abgabe von Erklärungen, die Stellung von Anträgen oder die Berichtigung von Erklärungen oder Anträgen anregen, wenn diese offensichtlich nur versehentlich oder aus Unkenntnis unterblieben oder unrichtig abgegeben oder gestellt worden sind. [2]Sie erteilt, soweit erforderlich, Auskunft über die den Beteiligten im Verwaltungsverfahren zustehenden Rechte und die ihnen obliegenden Pflichten.

(2) [1]Die Behörde erörtert, soweit erforderlich, bereits vor Stellung eines Antrags mit dem zukünftigen Antragsteller, welche Nachweise und Unterlagen von ihm zu erbringen sind und in welcher Weise das Verfahren beschleunigt werden kann. [2]Soweit es der Verfahrensbeschleunigung dient, soll sie dem Antragsteller nach Eingang des Antrags unverzüglich Auskunft über die voraussichtliche Verfahrensdauer und die Vollständigkeit der Antragsunterlagen geben.

(3) [1]Die Behörde wirkt darauf hin, dass der Träger bei der Planung von Vorhaben, die nicht nur unwesentliche Auswirkungen auf die Belange einer größeren Zahl von Dritten haben können, die betroffene Öffentlichkeit frühzeitig über die Ziele des Vorhabens, die Mittel, es zu verwirklichen, und die voraussichtlichen Auswirkungen des Vorhabens unterrichtet (frühe Öffentlichkeitsbeteiligung).

[2]Die frühe Öffentlichkeitsbeteiligung soll möglichst bereits vor Stellung eines Antrags stattfinden. [3]Der betroffenen Öffentlichkeit soll Gelegenheit zur Äußerung und zur Erörterung gegeben werden. [4]Das Ergebnis der vor Antragstellung durchgeführten frühen Öffentlichkeitsbeteiligung soll der betroffenen Öffentlichkeit und der Behörde spätestens mit der Antragstellung, im Übrigen unverzüglich mitgeteilt werden. [5]Satz 1 gilt nicht, soweit die betroffene Öffentlichkeit bereits nach anderen Rechtsvorschriften vor der Antragstellung zu beteiligen ist. [6]Beteiligungsrechte nach anderen Rechtsvorschriften bleiben unberührt.

§ 26 Beweismittel

(1) [1]Die Behörde bedient sich unter Beachtung des § 3b der Beweismittel, die sie nach pflichtgemäßem Ermessen zur Ermittlung des Sachverhalts für erforderlich hält. [2]Sie kann insbesondere

1. Auskünfte jeder Art einholen,
2. Beteiligte anhören, Zeugen und Sachverständige vernehmen oder die schriftliche oder elektronische Äußerung von Beteiligten, Sachverständigen und Zeugen einholen,
3. Urkunden und Akten beiziehen,
4. den Augenschein einnehmen.

(2) [1]Die Beteiligten sollen bei der Ermittlung des Sachverhalts mitwirken. [2]Sie sollen insbesondere ihnen bekannte Tatsachen und Beweismittel angeben. [3]Eine weitergehende Pflicht, bei der Ermittlung des Sachverhalts mitzuwirken, insbesondere eine Pflicht zum persönlichen Erscheinen, zur Angabe von personenbezogenen Daten oder von Betriebs- und Geschäftsgeheimnissen oder zur Aussage, besteht nur, soweit sie durch Rechtsvorschrift besonders vorgesehen ist. [4]Der Auskunftspflichtige kann die Auskunft auf Fragen, zu deren Beantwortung er durch Rechtsvorschrift verpflichtet ist, verweigern, wenn er durch die Beantwortung sich oder einen in § 20 Abs. 5 bezeichneten Angehörigen der Gefahr strafgerichtlicher Verfolgung oder eines Verfahrens nach dem Gesetz über Ordnungswidrigkeiten aussetzen würde.

(3) [1]Für Zeugen und Sachverständige besteht eine Pflicht zur Aussage oder zur Erstattung von Gutachten, wenn sie durch Rechtsvorschrift vorgesehen ist. [2]Falls die Behörde Zeugen und Sachverständige herangezogen hat, erhalten sie auf Antrag in entsprechender Anwendung des Justizvergütungs- und -entschädigungsgesetzes eine Entschädigung oder Vergütung.

§ 27 Versicherung an Eides Statt

(1) [1]Die Behörde darf bei der Ermittlung des Sachverhalts eine Versicherung an Eides Statt nur verlangen und abnehmen, wenn die Abnahme der Versicherung über den betreffenden Gegenstand und in dem betreffenden Verfahren durch Gesetz oder Rechtsverordnung vorgesehen und die Behörde durch Rechtsvorschrift für zuständig erklärt worden ist. [2]Eine Versicherung an Eides Statt soll nur gefordert werden, wenn andere Mittel zur Erforschung der Wahrheit nicht vorhanden sind, zu keinem Ergebnis geführt haben oder einen unverhältnismäßigen Aufwand erfordern. [3]Von eidesunfähigen Personen im Sinne des § 393 der Zivilprozessordnung darf eine eidesstattliche Versicherung nicht verlangt werden.

(2) [1]Wird die Versicherung an Eides Statt von einer Behörde zur Niederschrift aufgenommen, so sind zur Aufnahme nur der Behördenleiter, sein allgemeiner Vertreter sowie Angehörige des öffentlichen Dienstes befugt, welche die Befähigung zum Richteramt haben oder die Voraussetzungen des § 110 Satz 1 des Deutschen Richtergesetzes erfüllen. [2]Andere Angehörige des öffentlichen Dienstes kann der Behördenleiter oder sein allgemeiner Vertreter hierzu allgemein oder im Einzelfall schriftlich ermächtigen.

(3) [1]Die Versicherung besteht darin, dass der Versichernde die Richtigkeit seiner Erklärung über den betreffenden Gegenstand bestätigt und erklärt: „Ich versichere an Eides Statt, dass ich nach bestem Wissen die reine Wahrheit gesagt und nichts verschwiegen habe." [2]Bevollmächtigte und Beistände sind berechtigt, an der Aufnahme der Versicherung an Eides Statt teilzunehmen.

(4) [1]Vor der Aufnahme der Versicherung an Eides Statt ist der Versichernde über die Bedeutung der eidesstattlichen Versicherung und die strafrechtlichen Folgen einer unrichtigen oder unvollständigen eidesstattlichen Versicherung zu belehren. [2]Die Belehrung ist in der Niederschrift zu vermerken.

(5) [1]Die Niederschrift hat ferner die Namen der anwesenden Personen sowie den Ort und den Tag der Niederschrift zu enthalten. [2]Die Niederschrift ist demjenigen, der die eidesstattliche Versicherung abgibt, zur Genehmigung vorzulesen oder auf Verlangen zur Durchsicht vorzulegen. [3]Die erteilte Ge-

nehmigung ist zu vermerken und von dem Versichernden zu unterschreiben. [4]Die Niederschrift ist sodann von demjenigen, der die Versicherung an Eides Statt aufgenommen hat, sowie von dem Schriftführer zu unterschreiben.

§ 27a Öffentliche Bekanntmachung im Internet

(1) [1]Ist durch Rechtsvorschrift eine öffentliche oder ortsübliche Bekanntmachung angeordnet, soll die Behörde deren Inhalt zusätzlich im Internet veröffentlichen. [2]Dies wird dadurch bewirkt, dass der Inhalt der Bekanntmachung auf einer Internetseite der Behörde oder ihres Verwaltungsträgers zugänglich gemacht wird. [3]Bezieht sich die Bekanntmachung auf zur Einsicht auszulegende Unterlagen, sollen auch diese über das Internet zugänglich gemacht werden. [4]Soweit durch Rechtsvorschrift nichts anderes geregelt ist, ist der Inhalt der zur Einsicht ausgelegten Unterlagen maßgeblich.

(2) In der öffentlichen oder ortsüblichen Bekanntmachung ist die Internetseite anzugeben.

§ 28 Anhörung Beteiligter

(1) Bevor ein Verwaltungsakt erlassen wird, der in Rechte eines Beteiligten eingreift, ist diesem Gelegenheit zu geben, sich zu den für die Entscheidung erheblichen Tatsachen zu äußern.

(2) Von der Anhörung kann abgesehen werden, wenn sie nach den Umständen des Einzelfalls nicht geboten ist, insbesondere wenn

1. eine sofortige Entscheidung wegen Gefahr im Verzug oder im öffentlichen Interesse notwendig erscheint;
2. durch die Anhörung die Einhaltung einer für die Entscheidung maßgeblichen Frist in Frage gestellt würde;
3. von den tatsächlichen Angaben eines Beteiligten, die dieser in einem Antrag oder einer Erklärung gemacht hat, nicht zu seinen Ungunsten abgewichen werden soll;
4. die Behörde eine Allgemeinverfügung oder gleichartige Verwaltungsakte in größerer Zahl oder Verwaltungsakte mit Hilfe automatischer Einrichtungen erlassen will;
5. Maßnahmen in der Verwaltungsvollstreckung getroffen werden sollen.

(3) Eine Anhörung unterbleibt, wenn ihr ein zwingendes öffentliches Interesse entgegensteht.

§ 29 Akteneinsicht durch Beteiligte

(1) [1]Die Behörde hat den Beteiligten Einsicht in die das Verfahren betreffenden Akten zu gestatten, soweit deren Kenntnis zur Geltendmachung oder Verteidigung ihrer rechtlichen Interessen erforderlich ist. [2]Satz 1 gilt bis zum Abschluss des Verwaltungsverfahrens nicht für Entwürfe zu Entscheidungen sowie die Arbeiten zu ihrer unmittelbaren Vorbereitung. [3]Soweit nach den §§ 17 und 18 eine Vertretung stattfindet, haben nur die Vertreter Anspruch auf Akteneinsicht.

(2) Die Behörde ist zur Gestattung der Akteneinsicht nicht verpflichtet, soweit durch sie die ordnungsgemäße Erfüllung der Aufgaben der Behörde beeinträchtigt, das Bekanntwerden des Inhalts der Akten dem Wohl des Bundes oder eines Landes Nachteile bereiten würde oder soweit die Vorgänge nach einem Gesetz oder ihrem Wesen nach, namentlich wegen der berechtigten Interessen der Beteiligten oder dritter Personen, geheim gehalten werden müssen.

(3) [1]Die Akteneinsicht erfolgt bei der Behörde, die die Akten führt. [2]Im Einzelfall kann die Einsicht auch bei einer anderen Behörde oder bei einer diplomatischen oder berufskonsularischen Vertretung der Bundesrepublik Deutschland im Ausland erfolgen; weitere Ausnahmen kann die Behörde, die die Akten führt, gestatten.

§ 30 (aufgehoben)

Abschnitt 2
Fristen, Termine, Wiedereinsetzung

§ 31 Fristen und Termine

(1) Für die Berechnung von Fristen und für die Bestimmung von Terminen gelten die §§ 187 bis 193 des Bürgerlichen Gesetzbuchs entsprechend, soweit nicht durch die Absätze 2 bis 5 etwas anderes bestimmt ist.

(2) Der Lauf einer Frist, die von einer Behörde gesetzt wird, beginnt mit dem Tag, der auf die Bekanntgabe der Frist folgt, außer wenn dem Betroffenen etwas anderes mitgeteilt wird.

(3) [1]Fällt das Ende einer Frist auf einen Sonntag, einen gesetzlichen Feiertag oder einen Samstag, so endet die Frist mit dem Ablauf des nächstfolgenden Werktags. [2]Dies gilt nicht, wenn dem Betroffenen unter Hinweis auf diese Vorschrift ein bestimmter Tag als Ende der Frist mitgeteilt worden ist.

(4) Hat eine Behörde Leistungen nur für einen bestimmten Zeitraum zu erbringen, so endet dieser Zeitraum auch dann mit dem Ablauf seines letzten Tags, wenn dieser auf einen Sonntag, einen gesetzlichen Feiertag oder einen Samstag fällt.

(5) Der von einer Behörde gesetzte Termin ist auch dann einzuhalten, wenn er auf einen Sonntag, gesetzlichen Feiertag oder Samstag fällt.

(6) Ist eine Frist nach Stunden bestimmt, so werden Sonntage, gesetzliche Feiertage oder Samstage mitgerechnet.

(7) [1]Fristen, die von einer Behörde gesetzt sind, können verlängert werden. [2]Sind solche Fristen bereits abgelaufen, so können sie rückwirkend verlängert werden, insbesondere wenn es unbillig wäre, die durch den Fristablauf eingetretenen Rechtsfolgen bestehen zu lassen. [3]Die Behörde kann die Verlängerung der Frist nach § 36 mit einer Nebenbestimmung verbinden.

§ 32 Wiedereinsetzung in den vorigen Stand

(1) [1]War jemand ohne Verschulden verhindert, eine gesetzliche Frist einzuhalten, so ist ihm auf Antrag Wiedereinsetzung in den vorigen Stand zu gewähren. [2]Das Verschulden eines Vertreters ist dem Vertretenen zuzurechnen.

(2) [1]Der Antrag ist innerhalb von zwei Wochen nach Wegfall des Hindernisses zu stellen. [2]Die Tatsachen zur Begründung des Antrags sind bei der Antragstellung oder im Verfahren über den Antrag glaubhaft zu machen. [3]Innerhalb der Antragsfrist ist die versäumte Handlung nachzuholen. [4]Ist dies geschehen, so kann Wiedereinsetzung auch ohne Antrag gewährt werden.

(3) Nach einem Jahr seit dem Ende der versäumten Frist kann die Wiedereinsetzung nicht mehr beantragt oder die versäumte Handlung nicht mehr nachgeholt werden, außer wenn dies vor Ablauf der Jahresfrist infolge höherer Gewalt unmöglich war.

(4) Über den Antrag auf Wiedereinsetzung entscheidet die Behörde, die über die versäumte Handlung zu befinden hat.

(5) Die Wiedereinsetzung ist unzulässig, wenn sich aus einer Rechtsvorschrift ergibt, dass sie ausgeschlossen ist.

Abschnitt 3
Amtliche Beglaubigung

§ 33 Beglaubigung von Dokumenten

(1) [1]Jede Behörde ist befugt, Abschriften von Urkunden, die sie selbst ausgestellt hat, zu beglaubigen. [2]Darüber hinaus sind die von den Ministerien in ihrem Geschäftsbereich durch Rechtsverordnung bestimmten Behörden befugt, Abschriften zu beglaubigen, wenn die Urschrift von einer Behörde ausgestellt ist oder die Abschrift zur Vorlage bei einer Behörde benötigt wird, sofern nicht durch Rechtsvorschrift die Erteilung beglaubigter Abschriften aus amtlichen Registern und Archiven anderer Behörden ausschließlich vorbehalten ist.

(2) Abschriften dürfen nicht beglaubigt werden, wenn Umstände zu der Annahme berechtigen, dass der ursprüngliche Inhalt des Schriftstücks, dessen Abschrift beglaubigt werden soll, geändert worden ist, insbesondere wenn dieses Schriftstück Lücken, Durchstreichungen, Einschaltungen, Änderungen, unleserliche Wörter, Zahlen oder Zeichen, Spuren der Beseitigung von Wörtern, Zahlen und Zeichen enthält oder wenn der Zusammenhang eines aus mehreren Blättern bestehenden Schriftstücks aufgehoben ist.

(3) [1]Eine Abschrift wird beglaubigt durch einen Beglaubigungsvermerk, der unter die Abschrift zu setzen ist. [2]Der Vermerk muss enthalten

1. die genaue Bezeichnung des Schriftstücks, dessen Abschrift beglaubigt wird,
2. die Feststellung, dass die beglaubigte Abschrift mit dem vorgelegten Schriftstück übereinstimmt,
3. den Hinweis, dass die beglaubigte Abschrift nur zur Vorlage bei der angegebenen Behörde erteilt wird, wenn die Urschrift nicht von einer Behörde ausgestellt worden ist,
4. den Ort und den Tag der Beglaubigung, die Unterschrift des für die Beglaubigung zuständigen Bediensteten und das Dienstsiegel.

(4) Die Absätze 1 bis 3 gelten entsprechend für die Beglaubigung von

1. Ablichtungen, Lichtdrucken und ähnlichen in technischen Verfahren hergestellten Vervielfältigungen,
2. auf fototechnischem Weg von Schriftstücken hergestellten Negativen, die bei einer Behörde aufbewahrt werden,
3. Ausdrucken elektronischer Dokumente,
4. elektronischen Dokumenten,
   a) die zur Abbildung eines Schriftstücks hergestellt wurden,
   b) die ein anderes technisches Format als das mit einer qualifizierten elektronischen Signatur verbundene Ausgangsdokument erhalten haben.

(5) [1]Der Beglaubigungsvermerk muss zusätzlich zu den Angaben nach Absatz 3 Satz 2 bei der Beglaubigung

1. des Ausdrucks eines elektronischen Dokuments, das mit einer qualifizierten elektronischen Signatur verbunden ist, die Feststellungen enthalten,
   a) wen die Signaturprüfung als Inhaber der Signatur ausweist,
   b) welchen Zeitpunkt die Signaturprüfung für die Anbringung der Signatur ausweist und
   c) welche Zertifikate mit welchen Daten dieser Signatur zugrunde lagen;
2. eines elektronischen Dokuments den Namen des für die Beglaubigung zuständigen Bediensteten und die Bezeichnung der Behörde, die die Beglaubigung vornimmt, enthalten; die Unterschrift des für die Beglaubigung zuständigen Bediensteten und das Dienstsiegel nach Absatz 3 Satz 2 Nr. 4 werden durch eine dauerhaft überprüfbare qualifizierte elektronische Signatur ersetzt.

[2]Wird ein elektronisches Dokument, das ein anderes technisches Format als das mit einer qualifizierten elektronischen Signatur verbundene Ausgangsdokument erhalten hat, nach Satz 1 Nr. 2 beglaubigt, muss der Beglaubigungsvermerk zusätzlich die Feststellungen nach Satz 1 Nr. 1 für das Ausgangsdokument enthalten.

(6) Die nach Absatz 4 hergestellten Dokumente stehen, sofern sie beglaubigt sind, beglaubigten Abschriften gleich.

(7) Jede Behörde soll von Urkunden, die sie selbst ausgestellt hat, auf Verlangen ein elektronisches Dokument nach Absatz 4 Nummer 4 Buchstabe a oder eine elektronische Abschrift fertigen und beglaubigen.

§ 34 Beglaubigung von Unterschriften

(1) [1]Die von den Ministerien in ihrem Geschäftsbereich durch Rechtsverordnung bestimmten Behörden sind befugt, Unterschriften zu beglaubigen, wenn das unterzeichnete Schriftstück zur Vorlage bei einer Behörde oder bei einer sonstigen Stelle, der auf Grund einer Rechtsvorschrift das unterzeichnete Schriftstück vorzulegen ist, benötigt wird. [2]Dies gilt nicht für

1. Unterschriften ohne zugehörigen Text,
2. Unterschriften, die der öffentlichen Beglaubigung (§ 129 des Bürgerlichen Gesetzbuchs) bedürfen.

(2) Eine Unterschrift soll nur beglaubigt werden, wenn sie in Gegenwart des beglaubigenden Bediensteten vollzogen oder anerkannt wird.

(3) [1]Der Beglaubigungsvermerk ist unmittelbar bei der Unterschrift, die beglaubigt werden soll, anzubringen. [2]Er muss enthalten

1. die Bestätigung, dass die Unterschrift echt ist,
2. die genaue Bezeichnung desjenigen, dessen Unterschrift beglaubigt wird, sowie die Angabe, ob sich der für die Beglaubigung zuständige Bedienstete Gewissheit über diese Person verschafft hat und ob die Unterschrift in seiner Gegenwart vollzogen oder anerkannt worden ist,
3. den Hinweis, dass die Beglaubigung nur zur Vorlage bei der angegebenen Behörde oder Stelle bestimmt ist,
4. den Ort und den Tag der Beglaubigung, die Unterschrift des für die Beglaubigung zuständigen Bediensteten und das Dienstsiegel.

(4) Die Absätze 1 bis 3 gelten für die Beglaubigung von Handzeichen entsprechend.

Teil III
Verwaltungsakt

Abschnitt 1
Zustandekommen des Verwaltungsaktes

§ 35 Begriff des Verwaltungsaktes

§1 II LV
VfG

[1]Verwaltungsakt ist jede Verfügung, Entscheidung oder andere hoheitliche Maßnahme, die eine Behörde zur Regelung eines Einzelfalls auf dem Gebiet des öffentlichen Rechts trifft und die auf unmittelbare Rechtswirkung nach außen gerichtet ist. [2]Allgemeinverfügung ist ein Verwaltungsakt, der sich an einen nach allgemeinen Merkmalen bestimmten oder bestimmbaren Personenkreis richtet oder die öffentlich-rechtliche Eigenschaft einer Sache oder ihrer Benutzung durch die Allgemeinheit betrifft.

§ 36 Nebenbestimmungen zum Verwaltungsakt

(1) Ein Verwaltungsakt, auf den ein Anspruch besteht, darf mit einer Nebenbestimmung nur versehen werden, wenn sie durch Rechtsvorschrift zugelassen ist oder wenn sie sicherstellen soll, dass die gesetzlichen Voraussetzungen des Verwaltungsaktes erfüllt werden.

(2) Unbeschadet des Absatzes 1 darf ein Verwaltungsakt nach pflichtgemäßem Ermessen erlassen werden mit

1. einer Bestimmung, nach der eine Vergünstigung oder Belastung zu einem bestimmten Zeitpunkt beginnt, endet oder für einen bestimmten Zeitraum gilt (Befristung);
2. einer Bestimmung, nach der der Eintritt oder der Wegfall einer Vergünstigung oder einer Belastung von dem ungewissen Eintritt eines zukünftigen Ereignisses abhängt (Bedingung);
3. einem Vorbehalt des Widerrufs

oder verbunden werden mit

4. einer Bestimmung, durch die dem Begünstigten ein Tun, Dulden oder Unterlassen vorgeschrieben wird (Auflage);
5. einem Vorbehalt der nachträglichen Aufnahme, Änderung oder Ergänzung einer Auflage.

(3) Eine Nebenbestimmung darf dem Zweck des Verwaltungsaktes nicht zuwiderlaufen.

§ 37 Bestimmtheit und Form des Verwaltungsaktes; Rechtsbehelfsbelehrung

(1) Ein Verwaltungsakt muss inhaltlich hinreichend bestimmt sein.

(2) [1]Ein Verwaltungsakt kann schriftlich, elektronisch, mündlich oder in anderer Weise erlassen werden. [2]Ein mündlicher Verwaltungsakt ist schriftlich oder elektronisch zu bestätigen, wenn hieran ein berechtigtes Interesse besteht und der Betroffene dies unverzüglich verlangt. [3]Ein elektronischer Verwaltungsakt ist unter denselben Voraussetzungen schriftlich zu bestätigen; § 3a Abs. 2 findet insoweit keine Anwendung.

(3) [1]Ein schriftlicher oder elektronischer Verwaltungsakt muss die erlassende Behörde erkennen lassen und die Unterschrift oder die Namenswiedergabe des Behördenleiters, seines Vertreters oder seines Beauftragten enthalten. [2]Wird für einen Verwaltungsakt, für den durch Rechtsvorschrift die Schriftform angeordnet ist, die elektronische Form verwendet, muss auch das der Signatur zugrunde liegende qualifizierte Zertifikat oder ein zugehöriges qualifiziertes Attributzertifikat die erlassende Behörde erkennen lassen. [3]Im Fall des § 3a Absatz 2 Satz 4 Nummer 3 muss die Bestätigung nach § 5 Absatz 5 des De-Mail-Gesetzes die erlassende Behörde als Nutzerin des De-Mail-Kontos erkennen lassen.

(4) Für einen Verwaltungsakt kann für die nach § 3a Abs. 2 erforderliche Signatur durch Rechtsvorschrift die dauerhafte Überprüfbarkeit vorgeschrieben werden.

(5) [1]Bei einem schriftlichen Verwaltungsakt, der mit Hilfe automatischer Einrichtungen erlassen wird, können abweichend von Absatz 3 Unterschrift und Namenswiedergabe fehlen. [2]Zur Inhaltsangabe können Schlüsselzeichen verwendet werden, wenn derjenige, für den der Verwaltungsakt bestimmt ist oder der von ihm betroffen wird, auf Grund der dazu gegebenen Erläuterungen den Inhalt des Verwaltungsaktes eindeutig erkennen kann.

(6) [1]Einem schriftlichen oder elektronischen Verwaltungsakt, der der Anfechtung unterliegt, ist eine Erklärung beizufügen, durch die der Beteiligte über den Rechtsbehelf, der gegen den Verwaltungsakt gegeben ist, über die Behörde oder das Gericht, bei denen der Rechtsbehelf einzulegen ist, den Sitz und über die einzuhaltende Frist belehrt wird (Rechtsbehelfsbelehrung). [2]Satz 1 gilt auch für die

schriftliche oder elektronische Bestätigung eines Verwaltungsaktes und die Bescheinigung nach § 42a Absatz 3.

§ 38 Zusicherung

(1) [1]Eine von der zuständigen Behörde erteilte Zusage, einen bestimmten Verwaltungsakt später zu erlassen oder zu unterlassen (Zusicherung), bedarf zu ihrer Wirksamkeit der schriftlichen Form. [2]Ist *§37 III* vor dem Erlass des zugesicherten Verwaltungsaktes die Anhörung Beteiligter oder die Mitwirkung einer anderen Behörde oder eines Ausschusses auf Grund einer Rechtsvorschrift erforderlich, so darf die Zusicherung erst nach Anhörung der Beteiligten oder nach Mitwirkung dieser Behörde oder des Ausschusses gegeben werden.

(2) Auf die Unwirksamkeit der Zusicherung finden, unbeschadet des Absatzes 1 Satz 1, § 44, auf die Heilung von Mängeln bei der Anhörung Beteiligter und der Mitwirkung anderer Behörden oder Ausschüsse § 45 Abs. 1 Nr. 3 bis 5 sowie Abs. 2, auf die Rücknahme § 48, auf den Widerruf, unbeschadet des Absatzes 3, § 49 entsprechende Anwendung.

(3) Ändert sich nach Abgabe der Zusicherung die Sach- oder Rechtslage derart, dass die Behörde bei Kenntnis der nachträglich eingetretenen Änderung die Zusicherung nicht gegeben hätte oder aus rechtlichen Gründen nicht hätte geben dürfen, ist die Behörde an die Zusicherung nicht mehr gebunden.

§ 39 Begründung des Verwaltungsaktes

(1) [1]Ein schriftlicher oder elektronischer sowie ein schriftlich oder elektronisch bestätigter Verwaltungsakt ist mit einer Begründung zu versehen. [2]In der Begründung sind die wesentlichen tatsächlichen und rechtlichen Gründe mitzuteilen, die die Behörde zu ihrer Entscheidung bewogen haben. [3]Die Begründung von Ermessensentscheidungen soll auch die Gesichtspunkte erkennen lassen, von denen die Behörde bei der Ausübung ihres Ermessens ausgegangen ist.

(2) Einer Begründung bedarf es nicht,

1. soweit die Behörde einem Antrag entspricht oder einer Erklärung folgt und der Verwaltungsakt nicht in Rechte eines anderen eingreift;
2. soweit demjenigen, für den der Verwaltungsakt bestimmt ist oder der von ihm betroffen wird, die Auffassung der Behörde über die Sach- und Rechtslage bereits bekannt oder auch ohne Begründung für ihn ohne weiteres erkennbar ist;
3. wenn die Behörde gleichartige Verwaltungsakte in größerer Zahl oder Verwaltungsakte mit Hilfe automatischer Einrichtungen erlässt und die Begründung nach den Umständen des Einzelfalls nicht geboten ist;
4. wenn sich dies aus einer Rechtsvorschrift ergibt;
5. wenn eine Allgemeinverfügung öffentlich bekannt gegeben wird.

§ 40 Ermessen

Ist die Behörde ermächtigt, nach ihrem Ermessen zu handeln, hat sie ihr Ermessen entsprechend dem Zweck der Ermächtigung auszuüben und die gesetzlichen Grenzen des Ermessens einzuhalten.

§ 41 Bekanntgabe des Verwaltungsaktes

(1) [1]Ein Verwaltungsakt ist demjenigen Beteiligten bekannt zu geben, für den er bestimmt ist oder der von ihm betroffen wird. [2]Ist ein Bevollmächtigter bestellt, so kann die Bekanntgabe ihm gegenüber vorgenommen werden.

(2) [1]Ein schriftlicher Verwaltungsakt, der im Inland durch die Post übermittelt wird, gilt am dritten Tag nach der Aufgabe zur Post als bekannt gegeben. [2]Ein Verwaltungsakt, der im Inland oder in das Ausland elektronisch übermittelt wird, gilt am dritten Tag nach der Absendung als bekannt gegeben. [3]Dies gilt nicht, wenn der Verwaltungsakt nicht oder zu einem späteren Zeitpunkt zugegangen ist; im Zweifel hat die Behörde den Zugang des Verwaltungsaktes und den Zeitpunkt des Zugangs nachzuweisen.

(3) [1]Ein Verwaltungsakt darf öffentlich bekannt gegeben werden, wenn dies durch Rechtsvorschrift zugelassen ist. [2]Eine Allgemeinverfügung darf auch dann öffentlich bekannt gegeben werden, wenn eine Bekanntgabe an die Beteiligten untunlich ist.

(4) [1]Die öffentliche Bekanntgabe eines schriftlichen oder elektronischen Verwaltungsaktes wird dadurch bewirkt, dass sein verfügender Teil ortsüblich bekannt gemacht wird. [2]In der ortsüblichen Bekanntmachung ist anzugeben, wo der Verwaltungsakt und seine Begründung eingesehen werden können. [3]Der Verwaltungsakt gilt zwei Wochen nach der ortsüblichen Bekanntmachung als bekannt ge-

geben. [4]In einer Allgemeinverfügung kann ein hiervon abweichender Tag, jedoch frühestens der auf die Bekanntmachung folgende Tag bestimmt werden.

(5) Vorschriften über die Bekanntgabe eines Verwaltungsaktes mittels Zustellung bleiben unberührt.

§ 42 Offenbare Unrichtigkeiten im Verwaltungsakt

[1]Die Behörde kann Schreibfehler, Rechenfehler und ähnliche offenbare Unrichtigkeiten in einem Verwaltungsakt jederzeit berichtigen. [2]Bei berechtigtem Interesse des Beteiligten ist zu berichtigen. [3]Die Behörde ist berechtigt, die Vorlage des Dokuments zu verlangen, das berichtigt werden soll.

§ 42a Genehmigungsfiktion

(1) [1]Eine beantragte Genehmigung gilt nach Ablauf einer für die Entscheidung festgelegten Frist als erteilt (Genehmigungsfiktion), wenn dies durch Rechtsvorschrift angeordnet und der Antrag hinreichend bestimmt ist. [2]Die Vorschriften über die Bestandskraft von Verwaltungsakten und über das Rechtsbehelfsverfahren gelten entsprechend.

(2) [1]Die Frist nach Absatz 1 Satz 1 beträgt drei Monate, soweit durch Rechtsvorschrift nichts Abweichendes bestimmt ist. [2]Die Frist beginnt mit Eingang der vollständigen Unterlagen. [3]Sie kann einmal angemessen verlängert werden, wenn dies durch die Schwierigkeit der Angelegenheit gerechtfertigt ist. [4]Die Fristverlängerung ist zu begründen und rechtzeitig mitzuteilen.

(3) Auf Verlangen ist demjenigen, dem der Verwaltungsakt nach § 41 Abs. 1 bekannt zu geben wäre, der Eintritt der Genehmigungsfiktion schriftlich zu bescheinigen.

Abschnitt 2
Bestandskraft des Verwaltungsaktes

§ 43 Wirksamkeit des Verwaltungsaktes

(1) [1]Ein Verwaltungsakt wird gegenüber demjenigen, für den er bestimmt ist oder der von ihm betroffen wird, in dem Zeitpunkt wirksam, in dem er ihm bekannt gegeben wird. [2]Der Verwaltungsakt wird mit dem Inhalt wirksam, mit dem er bekannt gegeben wird.

(2) Ein Verwaltungsakt bleibt wirksam, solange und soweit er nicht zurückgenommen, widerrufen, anderweitig aufgehoben oder durch Zeitablauf oder auf andere Weise erledigt ist.

(3) Ein nichtiger Verwaltungsakt ist unwirksam.

§ 44 Nichtigkeit des Verwaltungsaktes

(1) Ein Verwaltungsakt ist nichtig, soweit er an einem besonders schwerwiegenden Fehler leidet und dies bei verständiger Würdigung aller in Betracht kommenden Umstände offenkundig ist.

(2) Ohne Rücksicht auf das Vorliegen der Voraussetzungen des Absatzes 1 ist ein Verwaltungsakt nichtig,

1. der schriftlich oder elektronisch erlassen worden ist, die erlassende Behörde aber nicht erkennen lässt;
2. der nach einer Rechtsvorschrift nur durch die Aushändigung einer Urkunde erlassen werden kann, aber dieser Form nicht genügt;
3. den eine Behörde außerhalb ihrer durch § 3 Abs. 1 Nr. 1 begründeten Zuständigkeit erlassen hat, ohne dazu ermächtigt zu sein;
4. den aus tatsächlichen Gründen niemand ausführen kann;
5. der die Begehung einer rechtswidrigen Tat verlangt, die einen Straf- oder Bußgeldtatbestand verwirklicht;
6. der gegen die guten Sitten verstösst.

(3) Ein Verwaltungsakt ist nicht schon deshalb nichtig, weil

1. Vorschriften über die örtliche Zuständigkeit nicht eingehalten worden sind, außer wenn ein Fall des Absatzes 2 Nr. 3 vorliegt;
2. eine nach § 20 Abs. 1 Satz 1 Nr. 2 bis 6 ausgeschlossene Person mitgewirkt hat;
3. ein durch Rechtsvorschrift zur Mitwirkung berufener Ausschuss den für den Erlass des Verwaltungsaktes vorgeschriebenen Beschluss nicht gefasst hat oder nicht beschlussfähig war;
4. die nach einer Rechtsvorschrift erforderliche Mitwirkung einer anderen Behörde unterblieben ist.

(4) Betrifft die Nichtigkeit nur einen Teil des Verwaltungsaktes, so ist er im Ganzen nichtig, wenn der nichtige Teil so wesentlich ist, dass die Behörde den Verwaltungsakt ohne den nichtigen Teil nicht erlassen hätte.

(5) Die Behörde kann die Nichtigkeit jederzeit von Amts wegen feststellen; auf Antrag ist sie festzustellen, wenn der Antragsteller hieran ein berechtigtes Interesse hat.

§ 45 Heilung von Verfahrens- und Formfehlern

(1) Eine Verletzung von Verfahrens- oder Formvorschriften, die nicht den Verwaltungsakt nach § 44 nichtig macht, ist unbeachtlich, wenn
1. der für den Erlass des Verwaltungsaktes erforderliche Antrag nachträglich gestellt wird;
2. die erforderliche Begründung nachträglich gegeben wird;
3. die erforderliche Anhörung eines Beteiligten nachgeholt wird;
4. der Beschluss eines Ausschusses, dessen Mitwirkung für den Erlass des Verwaltungsaktes erforderlich ist, nachträglich gefasst wird;
5. die erforderliche Mitwirkung einer anderen Behörde nachgeholt wird.

(2) Handlungen nach Absatz 1 können bis zum Abschluss der letzten Tatsacheninstanz eines verwaltungsgerichtlichen Verfahrens nachgeholt werden.

(3) [1]Fehlt einem Verwaltungsakt die erforderliche Begründung oder ist die erforderliche Anhörung eines Beteiligten vor Erlass des Verwaltungsaktes unterblieben und ist dadurch die rechtzeitige Anfechtung des Verwaltungsaktes versäumt worden, so gilt die Versäumung der Rechtsbehelfsfrist als nicht verschuldet. [2]Das für die Wiedereinsetzungsfrist nach § 32 Abs. 2 maßgebende Ereignis tritt im Zeitpunkt der Nachholung der unterlassenen Verfahrenshandlung ein.

§ 46 Folgen von Verfahrens- und Formfehlern

Die Aufhebung eines Verwaltungsaktes, der nicht nach § 44 nichtig ist, kann nicht allein deshalb beansprucht werden, weil er unter Verletzung von Vorschriften über das Verfahren, die Form oder die örtliche Zuständigkeit zustande gekommen ist, wenn offensichtlich ist, dass die Verletzung die Entscheidung in der Sache nicht beeinflusst hat.

§ 47 Umdeutung eines fehlerhaften Verwaltungsaktes

(1) Ein fehlerhafter Verwaltungsakt kann in einen anderen Verwaltungsakt umgedeutet werden, wenn er auf das gleiche Ziel gerichtet ist, von der erlassenden Behörde in der geschehenen Verfahrensweise und Form rechtmäßig hätte erlassen werden können und wenn die Voraussetzungen für dessen Erlass erfüllt sind.

(2) [1]Absatz 1 gilt nicht, wenn der Verwaltungsakt, in den der fehlerhafte Verwaltungsakt umzudeuten wäre, der erkennbaren Absicht der erlassenden Behörde widerspräche oder seine Rechtsfolgen für den Betroffenen ungünstiger wären als die des fehlerhaften Verwaltungsaktes. [2]Eine Umdeutung ist ferner unzulässig, wenn der fehlerhafte Verwaltungsakt nicht zurückgenommen werden dürfte.

(3) Eine Entscheidung, die nur als gesetzlich gebundene Entscheidung ergehen kann, kann nicht in eine Ermessensentscheidung umgedeutet werden.

(4) § 28 ist entsprechend anzuwenden.

§ 48 Rücknahme eines rechtswidrigen Verwaltungsaktes

(1) [1]Ein rechtswidriger Verwaltungsakt kann, auch nachdem er unanfechtbar geworden ist, ganz oder teilweise mit Wirkung für die Zukunft oder für die Vergangenheit zurückgenommen werden. [2]Ein Verwaltungsakt, der ein Recht oder einen rechtlich erheblichen Vorteil begründet oder bestätigt hat (begünstigender Verwaltungsakt), darf nur unter den Einschränkungen der Absätze 2 bis 4 zurückgenommen werden.

(2) [1]Ein rechtswidriger Verwaltungsakt, der eine einmalige oder laufende Geldleistung oder teilbare Sachleistung gewährt oder hierfür Voraussetzung ist, darf nicht zurückgenommen werden, soweit der Begünstigte auf den Bestand des Verwaltungsaktes vertraut hat und sein Vertrauen unter Abwägung mit dem öffentlichen Interesse an einer Rücknahme schutzwürdig ist. [2]Das Vertrauen ist in der Regel schutzwürdig, wenn der Begünstigte gewährte Leistungen verbraucht oder eine Vermögensdisposition getroffen hat, die er nicht mehr oder nur unter unzumutbaren Nachteilen rückgängig machen kann. [3]Auf Vertrauen kann sich der Begünstigte nicht berufen, wenn er

1. den Verwaltungsakt durch arglistige Täuschung, Drohung oder Bestechung erwirkt hat;
2. den Verwaltungsakt durch Angaben erwirkt hat, die in wesentlicher Beziehung unrichtig oder unvollständig waren;
3. die Rechtswidrigkeit des Verwaltungsaktes kannte oder infolge grober Fahrlässigkeit nicht kannte.

[4]In den Fällen des Satzes 3 wird der Verwaltungsakt in der Regel mit Wirkung für die Vergangenheit zurückgenommen.

(3) [1]Wird ein rechtswidriger Verwaltungsakt, der nicht unter Absatz 2 fällt, zurückgenommen, so hat die Behörde dem Betroffenen auf Antrag den Vermögensnachteil auszugleichen, den dieser dadurch erleidet, dass er auf den Bestand des Verwaltungsaktes vertraut hat, soweit sein Vertrauen unter Abwägung mit dem öffentlichen Interesse schutzwürdig ist. [2]Absatz 2 Satz 3 ist anzuwenden. [3]Der Vermögensnachteil ist jedoch nicht über den Betrag des Interesses hinaus zu ersetzen, das der Betroffene an dem Bestand des Verwaltungsaktes hat. [4]Der auszugleichende Vermögensnachteil wird durch die Behörde festgesetzt. [5]Der Anspruch kann nur innerhalb eines Jahres geltend gemacht werden; die Frist beginnt, sobald die Behörde den Betroffenen auf sie hingewiesen hat.

(4) [1]Erhält die Behörde von Tatsachen Kenntnis, welche die Rücknahme eines rechtswidrigen Verwaltungsaktes rechtfertigen, so ist die Rücknahme nur innerhalb eines Jahres seit dem Zeitpunkt der Kenntnisnahme zulässig. [2]Dies gilt nicht im Falle des Absatzes 2 Satz 3 Nr. 1.

(5) Über die Rücknahme entscheidet nach Unanfechtbarkeit des Verwaltungsaktes die nach § 3 zuständige Behörde; dies gilt auch dann, wenn der zurückzunehmende Verwaltungsakt von einer anderen Behörde erlassen worden ist.

§ 49 Widerruf eines rechtmäßigen Verwaltungsaktes

(1) Ein rechtmäßiger nicht begünstigender Verwaltungsakt kann, auch nachdem er unanfechtbar geworden ist, ganz oder teilweise mit Wirkung für die Zukunft widerrufen werden, außer wenn ein Verwaltungsakt gleichen Inhalts erneut erlassen werden müßte oder aus anderen Gründen ein Widerruf unzulässig ist.

(2) [1]Ein rechtmäßiger begünstigender Verwaltungsakt darf, auch nachdem er unanfechtbar geworden ist, ganz oder teilweise mit Wirkung für die Zukunft nur widerrufen werden,

1. wenn der Widerruf durch Rechtsvorschrift zugelassen oder im Verwaltungsakt vorbehalten ist;
2. wenn mit dem Verwaltungsakt eine Auflage verbunden ist und der Begünstigte diese nicht oder nicht innerhalb einer ihm gesetzten Frist erfüllt hat;
3. wenn die Behörde auf Grund nachträglich eingetretener Tatsachen berechtigt wäre, den Verwaltungsakt nicht zu erlassen, und wenn ohne den Widerruf das öffentliche Interesse gefährdet würde;
4. wenn die Behörde auf Grund einer geänderten Rechtsvorschrift berechtigt wäre, den Verwaltungsakt nicht zu erlassen, soweit der Begünstigte von der Vergünstigung noch keinen Gebrauch gemacht oder auf Grund des Verwaltungsaktes noch keine Leistungen empfangen hat, und wenn ohne den Widerruf das öffentliche Interesse gefährdet würde;
5. um schwere Nachteile für das Gemeinwohl zu verhüten oder zu beseitigen.

[2]§ 48 Abs. 4 gilt entsprechend.

(3) Ein rechtmäßiger Verwaltungsakt, der eine einmalige oder laufende Geldleistung oder teilbare Sachleistung zur Erfüllung eines bestimmten Zwecks gewährt oder hierfür Voraussetzung ist, kann, auch nachdem er unanfechtbar geworden ist, ganz oder teilweise auch mit Wirkung für die Vergangenheit widerrufen werden, wenn

1. die Leistung nicht, nicht alsbald nach der Erbringung oder nicht mehr für den in dem Verwaltungsakt bestimmten Zweck verwendet wird;
2. mit dem Verwaltungsakt eine Auflage verbunden ist und der Begünstigte diese nicht oder nicht innerhalb einer ihm gesetzten Frist erfüllt hat.

[2]§ 48 Abs. 4 gilt entsprechend.

(4) Der widerrufene Verwaltungsakt wird mit dem Wirksamwerden des Widerrufs unwirksam, wenn die Behörde keinen anderen Zeitpunkt bestimmt.

(5) Über den Widerruf entscheidet nach Unanfechtbarkeit des Verwaltungsaktes die nach § 3 zuständige Behörde; dies gilt auch dann, wenn der zu widerrufende Verwaltungsakt von einer anderen Behörde erlassen worden ist.

(6) [1]Wird ein begünstigender Verwaltungsakt in den Fällen des Absatzes 2 Nr. 3 bis 5 widerrufen, so hat die Behörde den Betroffenen auf Antrag für den Vermögensnachteil zu entschädigen, den dieser dadurch erleidet, dass er auf den Bestand des Verwaltungsaktes vertraut hat, soweit sein Vertrauen schutzwürdig ist. [2]§ 48 Abs. 3 Satz 3 bis 5 gilt entsprechend. [3]Für Streitigkeiten über die Entschädigung ist der ordentliche Rechtsweg gegeben.

§ 49a Erstattung, Verzinsung

(1) [1]Soweit ein Verwaltungsakt mit Wirkung für die Vergangenheit zurückgenommen oder widerrufen worden oder infolge Eintritts einer auflösenden Bedingung unwirksam geworden ist, sind bereits erbrachte Leistungen zu erstatten. [2]Die zu erstattende Leistung ist durch schriftlichen Verwaltungsakt festzusetzen.

(2) [1]Für den Umfang der Erstattung mit Ausnahme der Verzinsung gelten die Vorschriften des Bürgerlichen Gesetzbuchs über die Herausgabe einer ungerechtfertigten Bereicherung entsprechend. [2]Auf den Wegfall der Bereicherung kann sich der Begünstigte nicht berufen, soweit er die Umstände kannte oder infolge grober Fahrlässigkeit nicht kannte, die zur Rücknahme, zum Widerruf oder zur Unwirksamkeit des Verwaltungsaktes geführt haben.

(3) [1]Der zu erstattende Betrag ist vom Eintritt der Unwirksamkeit des Verwaltungsaktes an mit fünf Prozentpunkten über dem Basiszinssatz jährlich zu verzinsen. [2]Von der Geltendmachung des Zinsanspruchs kann insbesondere dann abgesehen werden, wenn der Begünstigte die Umstände, die zur Rücknahme, zum Widerruf oder zur Unwirksamkeit des Verwaltungsaktes geführt haben, nicht zu vertreten hat und den zu erstattenden Betrag innerhalb der von der Behörde festgesetzten Frist leistet.

(4) [1]Wird eine Leistung nicht alsbald nach der Auszahlung für den bestimmten Zweck verwendet, so können für die Zeit bis zur zweckentsprechenden Verwendung Zinsen nach Absatz 3 Satz 1 verlangt werden. [2]Entsprechendes gilt, soweit eine Leistung in Anspruch genommen wird, obwohl andere Mittel anteilig oder vorrangig einzusetzen sind. [3]§ 49 Abs. 3 Satz 1 Nr. 1 bleibt unberührt.

§ 50 Rücknahme und Widerruf im Rechtsbehelfsverfahren

§ 48 Abs. 1 Satz 2, Abs. 2 bis 4 sowie § 49 Abs. 2 bis 4 und 6 gelten nicht, wenn ein begünstigender Verwaltungsakt, der von einem Dritten angefochten worden ist, während des Vorverfahrens oder während des verwaltungsgerichtlichen Verfahrens aufgehoben wird, soweit dadurch dem Widerspruch oder der Klage abgeholfen wird.

§ 51 Wiederaufgreifen des Verfahrens

(1) Die Behörde hat auf Antrag des Betroffenen über die Aufhebung oder Änderung eines unanfechtbaren Verwaltungsaktes zu entscheiden, wenn

1. sich die dem Verwaltungsakt zugrunde liegende Sach- oder Rechtslage nachträglich zugunsten des Betroffenen geändert hat;

2. neue Beweismittel vorliegen, die eine dem Betroffenen günstigere Entscheidung herbeigeführt haben würden;

3. Wiederaufnahmegründe entsprechend § 580 der Zivilprozessordnung gegeben sind.

(2) Der Antrag ist nur zulässig, wenn der Betroffene ohne grobes Verschulden außerstande war, den Grund für das Wiederaufgreifen in dem früheren Verfahren, insbesondere durch Rechtsbehelf, geltend zu machen.

(3) [1]Der Antrag muss binnen drei Monaten gestellt werden. [2]Die Frist beginnt mit dem Tag, an dem der Betroffene von dem Grund für das Wiederaufgreifen Kenntnis erhalten hat.

(4) Über den Antrag entscheidet die nach § 3 zuständige Behörde; dies gilt auch dann, wenn der Verwaltungsakt, dessen Aufhebung oder Änderung begehrt wird, von einer anderen Behörde erlassen worden ist.

(5) Die Vorschriften des § 48 Abs. 1 Satz 1 und des § 49 Abs. 1 bleiben unberührt.

§ 52 Rückgabe von Urkunden und Sachen

[1]Ist ein Verwaltungsakt unanfechtbar widerrufen oder zurückgenommen oder ist seine Wirksamkeit aus einem anderen Grund nicht oder nicht mehr gegeben, so kann die Behörde die auf Grund dieses Verwaltungsaktes erteilten Urkunden oder Sachen, die zum Nachweis der Rechte aus dem Verwaltungsakt oder zu deren Ausübung bestimmt sind, zurückfordern. [2]Der Inhaber und, sofern er nicht der Besitzer ist, auch der Besitzer dieser Urkunden oder Sachen sind zu ihrer Herausgabe verpflichtet. [3]Der Inhaber oder der Besitzer kann jedoch verlangen, dass ihm die Urkunden oder Sachen wieder

ausgehändigt werden, nachdem sie von der Behörde als ungültig gekennzeichnet sind; dies gilt nicht bei Sachen, bei denen eine solche Kennzeichnung nicht oder nicht mit der erforderlichen Offensichtlichkeit oder Dauerhaftigkeit möglich ist.

Abschnitt 3
Verjährungsrechtliche Wirkungen des Verwaltungsaktes

§ 53 Hemmung der Verjährung durch Verwaltungsakt
(1) [1]Ein Verwaltungsakt, der zur Feststellung oder Durchsetzung des Anspruchs eines öffentlich-rechtlichen Rechtsträgers erlassen wird, hemmt die Verjährung dieses Anspruchs. [2]Die Hemmung endet mit Eintritt der Unanfechtbarkeit des Verwaltungsaktes oder sechs Monate nach seiner anderweitigen Erledigung.
(2) [1]Ist ein Verwaltungsakt im Sinne des Absatzes 1 unanfechtbar geworden, beträgt die Verjährungsfrist 30 Jahre. [2]Soweit der Verwaltungsakt einen Anspruch auf künftig fällig werdende regelmäßig wiederkehrende Leistungen zum Inhalt hat, bleibt es bei der für diesen Anspruch geltenden Verjährungsfrist.

Teil IV
Öffentlich-rechtlicher Vertrag

§ 54 Zulässigkeit des öffentlich-rechtlichen Vertrags
[1]Ein Rechtsverhältnis auf dem Gebiet des öffentlichen Rechts kann durch Vertrag begründet, geändert oder aufgehoben werden (öffentlich-rechtlicher Vertrag), soweit Rechtsvorschriften nicht entgegenstehen. [2]Insbesondere kann die Behörde, anstatt einen Verwaltungsakt zu erlassen, einen öffentlich-rechtlichen Vertrag mit demjenigen schließen, an den sie sonst den Verwaltungsakt richten würde.

§ 55 Vergleichsvertrag
Ein öffentlich-rechtlicher Vertrag im Sinne des § 54 Satz 2, durch den eine bei verständiger Würdigung des Sachverhalts oder der Rechtslage bestehende Ungewissheit durch gegenseitiges Nachgeben beseitigt wird (Vergleich), kann geschlossen werden, wenn die Behörde den Abschluss des Vergleichs zur Beseitigung der Ungewissheit nach pflichtgemäßem Ermessen für zweckmäßig hält.

§ 56 Austauschvertrag
(1) [1]Ein öffentlich-rechtlicher Vertrag im Sinne des § 54 Satz 2, in dem sich der Vertragspartner der Behörde zu einer Gegenleistung verpflichtet, kann geschlossen werden, wenn die Gegenleistung für einen bestimmten Zweck im Vertrag vereinbart wird und der Behörde zur Erfüllung ihrer öffentlichen Aufgaben dient. [2]Die Gegenleistung muss den gesamten Umständen nach angemessen sein und im sachlichen Zusammenhang mit der vertraglichen Leistung der Behörde stehen.
(2) Besteht auf die Leistung der Behörde ein Anspruch, so kann nur eine solche Gegenleistung vereinbart werden, die bei Erlass eines Verwaltungsaktes Inhalt einer Nebenbestimmung nach § 36 sein könnte.

§ 57 Schriftform
Ein öffentlich-rechtlicher Vertrag ist schriftlich zu schließen, soweit nicht durch Rechtsvorschrift eine andere Form vorgeschrieben ist.

§ 58 Zustimmung von Dritten und Behörden
(1) Ein öffentlich-rechtlicher Vertrag, der in Rechte eines Dritten eingreift, wird erst wirksam, wenn der Dritte schriftlich zustimmt.
(2) Wird anstatt eines Verwaltungsaktes, bei dessen Erlass nach einer Rechtsvorschrift die Genehmigung, die Zustimmung oder das Einvernehmen einer anderen Behörde erforderlich ist, ein Vertrag geschlossen, so wird dieser erst wirksam, nachdem die andere Behörde in der vorgeschriebenen Form mitgewirkt hat.

§ 59 Nichtigkeit des öffentlich-rechtlichen Vertrags
(1) Ein öffentlich-rechtlicher Vertrag ist nichtig, wenn sich die Nichtigkeit aus der entsprechenden Anwendung von Vorschriften des Bürgerlichen Gesetzbuchs ergibt.

(2) Ein Vertrag im Sinne des § 54 Satz 2 ist ferner nichtig, wenn

1. ein Verwaltungsakt mit entsprechendem Inhalt nichtig wäre;
2. ein Verwaltungsakt mit entsprechendem Inhalt nicht nur wegen eines Verfahrens- oder Formfehlers im Sinne des § 46 rechtswidrig wäre und dies den Vertragschließenden bekannt war;
3. die Voraussetzungen zum Abschluss eines Vergleichsvertrags nicht vorlagen und ein Verwaltungsakt mit entsprechendem Inhalt nicht nur wegen eines Verfahrens- oder Formfehlers im Sinne des § 46 rechtswidrig wäre;
4. sich die Behörde eine nach § 56 unzulässige Gegenleistung versprechen lässt.

(3) Betrifft die Nichtigkeit nur einen Teil des Vertrags, so ist er im Ganzen nichtig, wenn nicht anzunehmen ist, dass er auch ohne den nichtigen Teil geschlossen worden wäre.

§ 60 Anpassung und Kündigung in besonderen Fällen

(1) [1]Haben die Verhältnisse, die für die Festsetzung des Vertragsinhalts maßgebend gewesen sind, sich seit Abschluss des Vertrags so wesentlich geändert, dass einer Vertragspartei das Festhalten an der ursprünglichen vertraglichen Regelung nicht zuzumuten ist, so kann diese Vertragspartei eine Anpassung des Vertragsinhalts an die geänderten Verhältnisse verlangen oder, sofern eine Anpassung nicht möglich oder einer Vertragspartei nicht zuzumuten ist, den Vertrag kündigen. [2]Die Behörde kann den Vertrag auch kündigen, um schwere Nachteile für das Gemeinwohl zu verhüten oder zu beseitigen.

(2) [1]Die Kündigung bedarf der Schriftform, soweit nicht durch Rechtsvorschrift eine andere Form vorgeschrieben ist. [2]Sie soll begründet werden.

§ 61 Unterwerfung unter die sofortige Vollstreckung

(1) [1]Jeder Vertragschließende kann sich der sofortigen Vollstreckung aus einem öffentlich-rechtlichen Vertrag im Sinne des § 54 Satz 2 unterwerfen. [2]Die Behörde muss hierbei von dem Behördenleiter, seinem allgemeinen Vertreter oder einem Angehörigen des öffentlichen Dienstes, der die Befähigung zum Richteramt hat oder die Voraussetzungen des § 110 Satz 1 des Deutschen Richtergesetzes erfüllt, vertreten werden.

(2) [1]Auf öffentlich-rechtliche Verträge im Sinne des Absatzes 1 Satz 1 ist das Landesverwaltungsvollstreckungsgesetz entsprechend anzuwenden. [2]Will eine natürliche oder juristische Person des Privatrechts oder eine nichtrechtsfähige Vereinigung die Vollstreckung wegen einer Geldforderung betreiben, so ist § 170 Abs. 1 bis 3 der Verwaltungsgerichtsordnung entsprechend anzuwenden. [3]Richtet sich die Vollstreckung wegen der Erzwingung einer Handlung, Duldung oder Unterlassung gegen eine Behörde, so ist § 172 der Verwaltungsgerichtsordnung entsprechend anzuwenden.

(3) Die Absätze 1 und 2 gelten auch für öffentlich-rechtliche Verträge über Kommunalabgaben.

§ 62 Ergänzende Anwendung von Vorschriften

[1]Soweit sich aus den §§ 54 bis 61 nichts Abweichendes ergibt, gelten die übrigen Vorschriften dieses Gesetzes. [2]Ergänzend gelten die Vorschriften des Bürgerlichen Gesetzbuchs entsprechend.

Teil V
Besondere Verfahrensarten

Abschnitt 1
Förmliches Verwaltungsverfahren

§ 63 Anwendung der Vorschriften über das förmliche Verwaltungsverfahren

(1) Das förmliche Verwaltungsverfahren nach diesem Gesetz findet statt, wenn es durch Rechtsvorschrift angeordnet ist.

(2) Für das förmliche Verwaltungsverfahren gelten die §§ 64 bis 71 und, soweit sich aus ihnen nichts Abweichendes ergibt, die übrigen Vorschriften dieses Gesetzes.

(3) [1]Die Mitteilung nach § 17 Abs. 2 Satz 2 und die Aufforderung nach § 17 Abs. 4 Satz 2 sind im förmlichen Verwaltungsverfahren öffentlich bekannt zu machen. [2]Die öffentliche Bekanntmachung wird dadurch bewirkt, dass die Behörde die Mitteilung oder die Aufforderung in ihrem amtlichen Veröffentlichungsblatt und außerdem in örtlichen Tageszeitungen, die in dem Bereich verbreitet sind, in dem sich die Entscheidung voraussichtlich auswirken wird, bekannt macht.

§ 64 Form des Antrags

Setzt das förmliche Verwaltungsverfahren einen Antrag voraus, so ist er schriftlich oder zur Niederschrift bei der Behörde zu stellen.

§ 65 Mitwirkung von Zeugen und Sachverständigen

(1) [1]Im förmlichen Verwaltungsverfahren sind Zeugen zur Aussage und Sachverständige zur Erstattung von Gutachten verpflichtet. [2]Die Vorschriften der Zivilprozessordnung über die Pflicht, als Zeuge auszusagen oder als Sachverständiger ein Gutachten zu erstatten, über die Ablehnung von Sachverständigen sowie über die Vernehmung von Angehörigen des öffentlichen Dienstes als Zeugen oder Sachverständige gelten entsprechend.

(2) [1]Verweigern Zeugen oder Sachverständige ohne Vorliegen eines der in den §§ 376, 383 bis 385 und 408 der Zivilprozessordnung bezeichneten Gründe die Aussage oder die Erstattung des Gutachtens, so kann die Behörde das für den Wohnsitz oder den Aufenthaltsort des Zeugen oder des Sachverständigen zuständige Verwaltungsgericht um die Vernehmung ersuchen. [2]Befindet sich der Wohnsitz oder der Aufenthaltsort des Zeugen oder des Sachverständigen nicht am Sitz eines Verwaltungsgerichts oder einer besonders errichteten Kammer, so kann auch das zuständige Amtsgericht um die Vernehmung ersucht werden. [3]In dem Ersuchen hat die Behörde den Gegenstand der Vernehmung darzulegen sowie die Namen und Anschriften der Beteiligten anzugeben. [4]Das Gericht hat die Beteiligten von den Beweisterminen zu benachrichtigen.

(3) Hält die Behörde mit Rücksicht auf die Bedeutung der Aussage eines Zeugen oder des Gutachtens eines Sachverständigen oder zur Herbeiführung einer wahrheitsgemäßen Aussage die Beeidigung für geboten, so kann sie das nach Absatz 2 zuständige Gericht um die eidliche Vernehmung ersuchen.

(4) Das Gericht entscheidet über die Rechtmäßigkeit einer Verweigerung des Zeugnisses, des Gutachtens oder der Eidesleistung.

(5) Ein Ersuchen nach Absatz 2 oder 3 an das Gericht darf nur von dem Behördenleiter, seinem allgemeinen Vertreter oder einem Angehörigen des öffentlichen Dienstes gestellt werden, der die Befähigung zum Richteramt hat oder die Voraussetzungen des § 110 Satz 1 des Deutschen Richtergesetzes erfüllt.

(6) § 180 der Verwaltungsgerichtsordnung ist entsprechend anzuwenden.

§ 66 Verpflichtung zur Anhörung von Beteiligten

(1) Im förmlichen Verwaltungsverfahren ist den Beteiligten Gelegenheit zu geben, sich vor der Entscheidung zu äußern.

(2) Den Beteiligten ist Gelegenheit zu geben, der Vernehmung von Zeugen und Sachverständigen und der Einnahme des Augenscheins beizuwohnen und hierbei sachdienliche Fragen zu stellen; ein schriftlich oder elektronisch vorliegendes Gutachten soll ihnen zugänglich gemacht werden.

§ 67 Erfordernis der mündlichen Verhandlung

(1) [1]Die Behörde entscheidet nach mündlicher Verhandlung. [2]Hierzu sind die Beteiligten mit angemessener Frist schriftlich zu laden. [3]Bei der Ladung ist darauf hinzuweisen, dass bei Ausbleiben eines Beteiligten auch ohne ihn verhandelt und entschieden werden kann. [4]Sind mehr als 50 Ladungen vorzunehmen, so können sie durch öffentliche Bekanntmachung ersetzt werden. [5]Die öffentliche Bekanntmachung wird dadurch bewirkt, dass der Verhandlungstermin mindestens zwei Wochen vorher im amtlichen Veröffentlichungsblatt der Behörde und außerdem in örtlichen Tageszeitungen, die in dem Bereich verbreitet sind, in dem sich die Entscheidung voraussichtlich auswirken wird, mit dem Hinweis nach Satz 3 bekannt gemacht wird. [6]Maßgebend für die Frist nach Satz 5 ist die Bekanntgabe im amtlichen Veröffentlichungsblatt.

(2) Die Behörde kann ohne mündliche Verhandlung entscheiden, wenn

1. einem Antrag im Einvernehmen mit allen Beteiligten in vollem Umfang entsprochen wird;
2. kein Beteiligter innerhalb einer hierfür gesetzten Frist Einwendungen gegen die vorgesehene Maßnahme erhoben hat;
3. die Behörde den Beteiligten mitgeteilt hat, dass sie beabsichtige, ohne mündliche Verhandlung zu entscheiden, und kein Beteiligter innerhalb einer hierfür gesetzten Frist Einwendungen dagegen erhoben hat;
4. alle Beteiligten auf sie verzichtet haben;
5. wegen Gefahr im Verzug eine sofortige Entscheidung notwendig ist.

(3) Die Behörde soll das Verfahren so fördern, dass es möglichst in einem Verhandlungstermin erledigt werden kann.

§ 68 Verlauf der mündlichen Verhandlung

(1) [1]Die mündliche Verhandlung ist nicht öffentlich. [2]An ihr können Vertreter der Aufsichtsbehörden und Personen, die bei der Behörde zur Ausbildung beschäftigt sind, teilnehmen. [3]Anderen Personen kann der Verhandlungsleiter die Anwesenheit gestatten, wenn kein Beteiligter widerspricht. [4]Ein Beteiligter kann verlangen, dass mit ihm in Abwesenheit anderer Beteiligter verhandelt wird, soweit er ein berechtigtes Interesse an der Geheimhaltung seiner persönlichen oder sachlichen Verhältnisse oder an der Wahrung von Betriebs- und Geschäftsgeheimnissen glaubhaft macht. [5]Die Beteiligten sind über ihre Rechte nach Satz 3 und 4 zu belehren.

(2) [1]Der Verhandlungsleiter hat die Sache mit den Beteiligten zu erörtern. [2]Er hat darauf hinzuwirken, dass unklare Anträge erläutert, sachdienliche Anträge gestellt, ungenügende Angaben ergänzt sowie alle für die Feststellung des Sachverhalts wesentlichen Erklärungen abgegeben werden.

(3) [1]Der Verhandlungsleiter ist für die Ordnung verantwortlich. [2]Er kann Personen, die seine Anordnungen nicht befolgen, entfernen lassen. [3]Die Verhandlung kann ohne diese Personen fortgesetzt werden.

(4) [1]Über die mündliche Verhandlung ist eine Niederschrift zu fertigen. [2]Die Niederschrift muss Angaben enthalten über

1. den Ort und den Tag der Verhandlung,
2. die Namen des Verhandlungsleiters, der erschienenen Beteiligten, Zeugen und Sachverständigen,
3. den behandelten Verfahrensgegenstand und die gestellten Anträge,
4. den wesentlichen Inhalt der Aussagen der Zeugen und Sachverständigen,
5. das Ergebnis eines Augenscheins.

[3]Die Niederschrift ist von dem Verhandlungsleiter und, soweit ein Schriftführer hinzugezogen worden ist, auch von diesem zu unterzeichnen. [4]Der Aufnahme in die Verhandlungsniederschrift steht die Aufnahme in eine Schrift gleich, die ihr als Anlage beigefügt und als solche bezeichnet ist; auf die Anlage ist in der Verhandlungsniederschrift hinzuweisen.

§ 69 Entscheidung

(1) Die Behörde entscheidet unter Würdigung des Gesamtergebnisses des Verfahrens.

(2) [1]Verwaltungsakte, die das förmliche Verfahren abschließen, sind schriftlich zu erlassen, wobei Namen und Anschriften der Beteiligten im verfügenden Teil stets angegeben werden dürfen, schriftlich zu begründen und den Beteiligten zuzustellen; in den Fällen des § 39 Abs. 2 Nr. 1 und 3 bedarf es einer Begründung nicht. [2]Ein elektronischer Verwaltungsakt nach Satz 1 ist mit einer dauerhaft überprüfbaren qualifizierten elektronischen Signatur zu versehen. [3]Erscheint es für eine ordnungsgemäße Begründung erforderlich, die persönlichen oder sachlichen Verhältnisse eines Beteiligten, insbesondere seine wirtschaftlichen oder gesundheitlichen Verhältnisse oder seine Betriebs- und Geschäftsgeheimnisse, im Einzelnen darzustellen, hat die Behörde in der Begründung auf die Angabe seines Namens und, soweit möglich, auch seine Anschrift oder des von dem Vorhaben betroffenen Grundstücks zu verzichten; in diesem Fall teilt sie dem Beteiligten zusammen mit dem Verwaltungsakt schriftlich mit, welcher Teil der Begründung sich auf sein Vorbringen bezieht. [4]Zugleich weist sie jeden Beteiligten darauf hin, dass er auf schriftlichen Antrag Auskunft über die Daten nach Satz 3 oder darüber erhält, wo das Vorbringen eines anderen Beteiligten abgehandelt ist, soweit die Kenntnis dieser Daten zur Geltendmachung seiner rechtlichen Interessen erforderlich ist. [5]Mit Einwilligung des Beteiligten, die schriftlich oder zur Niederschrift der Behörde zu erklären ist, dürfen die Daten nach Satz 3 in die Begründung aufgenommen werden.

(3) [1]Sind mehr als 50 Zustellungen vorzunehmen, so können sie durch öffentliche Bekanntmachung ersetzt werden. [2]Die öffentliche Bekanntmachung wird dadurch bewirkt, dass der verfügende Teil des Verwaltungsaktes und die Rechtsbehelfsbelehrung im amtlichen Veröffentlichungsblatt der Behörde und außerdem in örtlichen Tageszeitungen bekannt gemacht werden, in dem Bereich verbreitet sind, in dem sich die Entscheidung voraussichtlich auswirken wird. [3]Der Verwaltungsakt gilt mit dem Tag als zugestellt, an dem seit dem Tag der Bekanntmachung in dem amtlichen Veröffentlichungsblatt zwei Wochen verstrichen sind; hierauf ist in der Bekanntmachung hinzuweisen. [4]Nach der öffentlichen Bekanntmachung kann der Verwaltungsakt bis zum Ablauf der Rechtsbehelfsfrist von den Beteiligten

schriftlich oder elektronisch angefordert werden; hierauf ist in der Bekanntmachung gleichfalls hinzuweisen.

(4) [1]Wird das förmliche Verwaltungsverfahren auf andere Weise abgeschlossen, so sind die Beteiligten hiervon zu benachrichtigen. [2]Sind mehr als 50 Benachrichtigungen vorzunehmen, so können sie durch öffentliche Bekanntmachung ersetzt werden; Absatz 3 Satz 2 gilt entsprechend.

§ 70 Anfechtung der Entscheidung

Vor Erhebung einer verwaltungsgerichtlichen Klage, die einen im förmlichen Verwaltungsverfahren erlassenen Verwaltungsakt zum Gegenstand hat, bedarf es keiner Nachprüfung in einem Vorverfahren.

§ 71 Besondere Vorschriften für das förmliche Verfahren vor Ausschüssen

(1) [1]Findet das förmliche Verwaltungsverfahren vor einem Ausschuss (§ 88) statt, so hat jedes Mitglied das Recht, sachdienliche Fragen zu stellen. [2]Wird eine Frage von einem Beteiligten beanstandet, so entscheidet der Ausschuss über ihre Zulässigkeit.

(2) [1]Bei der Beratung und Abstimmung dürfen nur Ausschussmitglieder zugegen sein, die an der mündlichen Verhandlung teilgenommen haben. [2]Ferner dürfen Personen zugegen sein, die bei der Behörde, bei der der Ausschuss gebildet ist, zur Ausbildung beschäftigt sind, soweit der Vorsitzende ihre Anwesenheit gestattet. [3]Die Abstimmungsergebnisse sind festzuhalten.

(3) [1]Jeder Beteiligte kann ein Mitglied des Ausschusses ablehnen, das in diesem Verwaltungsverfahren nicht tätig werden darf (§ 20) oder bei dem die Besorgnis der Befangenheit besteht (§ 21). [2]Eine Ablehnung vor der mündlichen Verhandlung ist schriftlich oder zur Niederschrift zu erklären. [3]Die Erklärung ist unzulässig, wenn sich der Beteiligte, ohne den ihm bekannten Ablehnungsgrund geltend zu machen, in die mündliche Verhandlung eingelassen hat. [4]Für die Entscheidung über die Ablehnung gilt § 20 Abs. 4 Satz 2 bis 4.

Abschnitt 1a
Verfahren über eine einheitliche Stelle

§ 71a Anwendbarkeit

(1) Ist durch Rechtsvorschrift angeordnet, dass ein Verwaltungsverfahren über eine einheitliche Stelle abgewickelt werden kann, so gelten die Vorschriften dieses Abschnitts und, soweit sich aus ihnen nichts Abweichendes ergibt, die übrigen Vorschriften dieses Gesetzes.

(2) Der zuständigen Behörde obliegen die Pflichten aus § 71b Abs. 3, 4 und 6, § 71c Abs. 2 und § 71e auch dann, wenn sich der Antragsteller oder Anzeigepflichtige unmittelbar an die zuständige Behörde wendet.

§ 71b Verfahren

(1) Die einheitliche Stelle nimmt Anzeigen, Anträge, Willenserklärungen und Unterlagen entgegen und leitet sie unverzüglich an die zuständigen Behörden weiter.

(2) [1]Anzeigen, Anträge, Willenserklärungen und Unterlagen gelten am dritten Tag nach Eingang bei der einheitlichen Stelle als bei der zuständigen Behörde eingegangen. [2]Vom Antragsteller oder Anzeigepflichtigen einzuhaltende Fristen werden mit Eingang bei der einheitlichen Stelle gewahrt.

(3) [1]Soll durch die Anzeige, den Antrag oder die Abgabe einer Willenserklärung eine Frist in Lauf gesetzt werden, innerhalb derer die zuständige Behörde tätig werden muss, stellt die zuständige Behörde eine Empfangsbestätigung aus. [2]In der Empfangsbestätigung ist das Datum des Eingangs bei der einheitlichen Stelle mitzuteilen und auf die Frist, die Voraussetzungen für den Beginn des Fristlaufs und auf eine an den Fristablauf geknüpfte Rechtsfolge sowie auf die verfügbaren Rechtsbehelfe hinzuweisen.

(4) [1]Ist die Anzeige oder der Antrag unvollständig, teilt die zuständige Behörde unverzüglich mit, welche Unterlagen nachzureichen sind. [2]Die Mitteilung enthält den Hinweis, dass der Lauf der Frist nach Absatz 3 erst mit Eingang der vollständigen Unterlagen beginnt. [3]Das Datum des Eingangs der nachgereichten Unterlagen bei der einheitlichen Stelle ist mitzuteilen.

(5) [1]Soweit die einheitliche Stelle zur Verfahrensabwicklung in Anspruch genommen wird, sollen Mitteilungen der zuständigen Behörde an den Antragsteller oder Anzeigepflichtigen über sie weitergegeben werden. [2]Verwaltungsakte werden auf Verlangen desjenigen, an den sich der Verwaltungsakt richtet, von der zuständigen Behörde unmittelbar bekannt gegeben.

(6) [1]Ein schriftlicher Verwaltungsakt, der durch die Post in das Ausland übermittelt wird, gilt einen Monat nach Aufgabe zur Post als bekannt gegeben. [2]§ 41 Abs. 2 Satz 3 gilt entsprechend. [3]Von dem Antragsteller oder Anzeigepflichtigen kann nicht nach § 15 verlangt werden, einen Empfangsbevollmächtigten zu bestellen. [4]§ 10 Abs. 3 des Landesverwaltungszustellungsgesetzes findet keine Anwendung.

§ 71c Informationspflichten

(1) [1]Die einheitliche Stelle erteilt auf Anfrage unverzüglich Auskunft über die maßgeblichen Vorschriften, die zuständigen Behörden, den Zugang zu den öffentlichen Registern und Datenbanken, die zustehenden Verfahrensrechte und die Einrichtungen, die den Antragsteller oder Anzeigepflichtigen bei der Aufnahme oder Ausübung seiner Tätigkeit unterstützen. [2]Sie teilt unverzüglich mit, wenn eine Anfrage zu unbestimmt ist.

(2) [1]Die zuständigen Behörden erteilen auf Anfrage unverzüglich Auskunft über die maßgeblichen Vorschriften und deren gewöhnliche Auslegung. [2]Nach § 25 erforderliche Anregungen und Auskünfte werden unverzüglich gegeben.

§ 71d Gegenseitige Unterstützung

[1]Die einheitliche Stelle und die zuständigen Behörden wirken gemeinsam auf eine ordnungsgemäße und zügige Verfahrensabwicklung hin; alle einheitlichen Stellen und zuständigen Behörden sind hierbei zu unterstützen. [2]Die Pflicht zur Unterstützung besteht auch gegenüber einheitlichen Stellen und sonstigen Behörden des Bundes und anderer Länder. [3]Die zuständigen Behörden stellen der einheitlichen Stelle insbesondere die erforderlichen Informationen zum Verfahrensstand zur Verfügung.

§ 71e Elektronisches Verfahren

[1]Das Verfahren nach diesem Abschnitt wird auf Verlangen in elektronischer Form abgewickelt. [2]§ 3a Abs. 2 Satz 2 und 3 und Abs. 3 bleibt unberührt.

Abschnitt 2
Planfeststellungsverfahren

§ 72 Anwendung der Vorschriften über das Planfeststellungsverfahren

(1) Ist ein Planfeststellungsverfahren durch Rechtsvorschrift angeordnet, so gelten hierfür die §§ 73 bis 78 und, soweit sich aus ihnen nichts Abweichendes ergibt, die übrigen Vorschriften dieses Gesetzes; die §§ 51 und 71a bis 71e sind nicht anzuwenden, § 29 ist mit der Maßgabe anzuwenden, dass Akteneinsicht nach pflichtgemäßem Ermessen zu gewähren ist.

(2) [1]Die Mitteilung nach § 17 Abs. 2 Satz 2 und die Aufforderung nach § 17 Abs. 4 Satz 2 sind im Planfeststellungsverfahren öffentlich bekannt zu machen. [2]Die öffentliche Bekanntmachung wird dadurch bewirkt, dass die Behörde die Mitteilung oder die Aufforderung in ihrem amtlichen Veröffentlichungsblatt und außerdem in örtlichen Tageszeitungen, die in dem Bereich verbreitet sind, in dem sich das Vorhaben voraussichtlich auswirken wird, bekannt macht.

§ 73 Anhörungsverfahren

(1) [1]Der Träger des Vorhabens hat den Plan der Anhörungsbehörde zur Durchführung des Anhörungsverfahrens einzureichen. [2]Der Plan besteht aus den Zeichnungen und Erläuterungen, die das Vorhaben, seinen Anlass, die von dem Vorhaben betroffenen Grundstücke und Anlagen sowie Namen und gegenwärtige Anschriften der betroffenen Eigentümer erkennen lassen; Grundstückseigentümer dürfen dabei nach dem Grundbuch bezeichnet werden, soweit dem Träger des Vorhabens nicht dessen Unrichtigkeit bekannt ist.

(2) Innerhalb eines Monats nach Zugang des vollständigen Plans fordert die Anhörungsbehörde die Behörden, deren Aufgabenbereich durch das Vorhaben berührt wird, zur Stellungnahme auf und veranlasst, dass der Plan in den Gemeinden, in denen sich das Vorhaben voraussichtlich auswirken wird, ausgelegt wird.

(3) [1]Die Gemeinden nach Absatz 2 haben den Plan innerhalb von drei Wochen nach Zugang für die Dauer eines Monats zur Einsicht auszulegen. [2]Auf eine Auslegung kann verzichtet werden, wenn der Kreis der Betroffenen und die Vereinigungen nach Absatz 4 Satz 5 bekannt sind und ihnen innerhalb angemessener Frist Gelegenheit gegeben wird, den Plan einzusehen.

(3a) ¹Die Behörden nach Absatz 2 haben ihre Stellungnahme innerhalb einer von der Anhörungsbehörde zu setzenden Frist abzugeben, die drei Monate nicht überschreiten darf. ²Stellungnahmen, die nach Ablauf der Frist nach Satz 1 eingehen, sind zu berücksichtigen, wenn der Planfeststellungsbehörde die vorgebrachten Belange bekannt sind oder hätten bekannt sein müssen oder für die Rechtmäßigkeit der Entscheidung von Bedeutung sind; im Übrigen können sie berücksichtigt werden.

(4) ¹Jeder, dessen Belange durch das Vorhaben berührt werden, kann bis zwei Wochen nach Ablauf der Auslegungsfrist schriftlich oder zur Niederschrift bei der Anhörungsbehörde oder bei der Gemeinde Einwendungen gegen den Plan erheben. ²Im Falle des Absatzes 3 Satz 2 bestimmt die Anhörungsbehörde die Einwendungsfrist. ³Mit Ablauf der Einwendungsfrist sind alle Einwendungen ausgeschlossen, die nicht auf besonderen privatrechtlichen Titeln beruhen. ⁴Hierauf ist in der Bekanntmachung der Auslegung oder bei der Bekanntgabe der Einwendungsfrist hinzuweisen. ⁵Vereinigungen, die auf Grund einer Anerkennung nach anderen Rechtsvorschriften befugt sind, Rechtsbehelfe nach der Verwaltungsgerichtsordnung gegen die Entscheidung nach § 74 einzulegen, können innerhalb der Frist nach Satz 1 Stellungnahmen zu dem Plan abgeben. ⁶Die Sätze 2 bis 4 gelten entsprechend.

(5) ¹Die Gemeinden, in denen der Plan auszulegen ist, haben die Auslegung vorher ortsüblich bekannt zu machen. ²In der Bekanntmachung ist darauf hinzuweisen,

1. wo und in welchem Zeitraum der Plan zur Einsicht ausgelegt ist;
2. dass etwaige Einwendungen oder Stellungnahmen von Vereinigungen nach Absatz 4 Satz 5 bei den in der Bekanntmachung zu bezeichnenden Stellen innerhalb der Einwendungsfrist vorzubringen sind;
3. dass bei Ausbleiben eines Beteiligten in dem Erörterungstermin auch ohne ihn verhandelt werden kann;
4. dass
   a) die Personen, die Einwendungen erhoben haben, oder die Vereinigungen, die Stellungnahmen abgegeben haben, von dem Erörterungstermin durch öffentliche Bekanntmachung benachrichtigt werden können,
   b) die Zustellung der Entscheidung über die Einwendungen durch öffentliche Bekanntmachung ersetzt werden kann,

wenn mehr als 50 Benachrichtigungen oder Zustellungen vorzunehmen sind.
³Nicht ortsansässige Betroffene, deren Person und Aufenthalt bekannt sind oder sich innerhalb angemessener Frist ermitteln lassen, sollen auf Veranlassung der Anhörungsbehörde von der Auslegung mit dem Hinweis nach Satz 2 benachrichtigt werden.

(6) ¹Nach Ablauf der Einwendungsfrist hat die Anhörungsbehörde die rechtzeitig gegen den Plan erhobenen Einwendungen, die rechtzeitig abgegebenen Stellungnahmen von Vereinigungen nach Absatz 4 Satz 5 sowie die Stellungnahmen der Behörden zu dem Plan mit dem Träger des Vorhabens, den Behörden, den Betroffenen sowie denjenigen, die Einwendungen erhoben oder Stellungnahmen abgegeben haben, zu erörtern. ²Der Erörterungstermin ist mindestens eine Woche vorher ortsüblich bekannt zu machen. ³Die Behörden, der Träger des Vorhabens und diejenigen, die Einwendungen erhoben oder Stellungnahmen abgegeben haben, sind von dem Erörterungstermin zu benachrichtigen. ⁴Sind außer der Benachrichtigung der Behörden und des Trägers des Vorhabens mehr als 50 Benachrichtigungen vorzunehmen, so können diese Benachrichtigungen durch öffentliche Bekanntmachung ersetzt werden. ⁵Die öffentliche Bekanntmachung wird dadurch bewirkt, dass abweichend von Satz 2 der Erörterungstermin im amtlichen Veröffentlichungsblatt der Anhörungsbehörde und außerdem in örtlichen Tageszeitungen bekannt gemacht wird, die in dem Bereich verbreitet sind, in dem sich das Vorhaben voraussichtlich auswirken wird; maßgebend für die Frist nach Satz 2 ist die Bekanntgabe im amtlichen Veröffentlichungsblatt. ⁶Im Übrigen gelten für die Erörterung die Vorschriften über die mündliche Verhandlung im förmlichen Verwaltungsverfahren (§ 67 Abs. 1 Satz 3, Abs. 2 Nr. 1 und 4 und Abs. 3, § 68) entsprechend. ⁷Die Anhörungsbehörde schließt die Erörterung innerhalb von drei Monaten nach Ablauf der Einwendungsfrist ab.

(7) Abweichend von den Vorschriften des Absatzes 6 Satz 2 bis 5 kann der Erörterungstermin bereits in der Bekanntmachung nach Absatz 5 Satz 2 bestimmt werden.

(8) ¹Soll ein ausgelegter Plan geändert werden und werden dadurch der Aufgabenbereich einer Behörde oder einer Vereinigung nach Absatz 4 Satz 5 oder Belange Dritter erstmals oder stärker als bisher berührt, so ist diesen die Änderung mitzuteilen und ihnen Gelegenheit zu Stellungnahmen und Ein-

wendungen innerhalb von zwei Wochen zu geben; Absatz 4 Satz 3 bis 6 gilt entsprechend. [2]Wird sich die Änderung voraussichtlich auf das Gebiet einer anderen Gemeinde auswirken, so ist der geänderte Plan in dieser Gemeinde auszulegen; die Absätze 2 bis 6 gelten entsprechend.

(9) Die Anhörungsbehörde gibt zum Ergebnis des Anhörungsverfahrens eine Stellungnahme ab und leitet diese der Planfeststellungsbehörde innerhalb eines Monats nach Abschluss der Erörterung mit dem Plan, den Stellungnahmen der Behörden und der Vereinigungen nach Absatz 4 Satz 5 sowie den nicht erledigten Einwendungen zu.

(10) Der Träger des Vorhabens hat der Gemeinde die Auslagen zu erstatten, die ihr durch Bekanntmachungen und Benachrichtigungen im Anhörungsverfahren entstehen, wenn sie 35 Euro übersteigen.

§ 74 Planfeststellungsbeschluss, Plangenehmigung

(1) [1]Die Planfeststellungsbehörde stellt den Plan fest (Planfeststellungsbeschluss). [2]Die Vorschriften über die Entscheidung und die Anfechtung der Entscheidung im förmlichen Verwaltungsverfahren (§§ 69 und 70) sind anzuwenden.

(2) [1]Im Planfeststellungsbeschluss entscheidet die Planfeststellungsbehörde über die Einwendungen, über die bei der Erörterung vor der Anhörungsbehörde keine Einigung erzielt worden ist. [2]Sie hat dem Träger des Vorhabens Vorkehrungen oder die Errichtung und Unterhaltung von Anlagen aufzuerlegen, die zum Wohl der Allgemeinheit oder zur Vermeidung nachteiliger Wirkungen auf Rechte anderer erforderlich sind. [3]Sind solche Vorkehrungen oder Anlagen untunlich oder mit dem Vorhaben unvereinbar, so hat der Betroffene Anspruch auf angemessene Entschädigung in Geld.

(3) Soweit eine abschließende Entscheidung noch nicht möglich ist, ist diese im Planfeststellungsbeschluss vorzubehalten; dem Träger des Vorhabens ist dabei aufzugeben, noch fehlende oder von der Planfeststellungsbehörde bestimmte Unterlagen rechtzeitig vorzulegen.

(4) [1]Der Planfeststellungsbeschluss ist dem Träger des Vorhabens, denjenigen, über deren Einwendungen entschieden worden ist, und den Vereinigungen, über deren Stellungnahmen entschieden worden ist, zuzustellen. [2]Eine Ausfertigung des Beschlusses ist mit einer Rechtsbehelfsbelehrung, einem Hinweis entsprechend § 69 Abs. 2 Satz 4 und einer Ausfertigung des festgestellten Plans in den Gemeinden zwei Wochen zur Einsicht auszulegen; der Ort und die Zeit der Auslegung sind ortsüblich bekannt zu machen. [3]Mit dem Ende der Auslegungsfrist gilt der Beschluss gegenüber den übrigen Betroffenen als zugestellt; darauf ist in der Bekanntmachung hinzuweisen. [4]§ 73 Abs. 10 gilt entsprechend.

(5) [1]Sind außer an den Träger des Vorhabens mehr als 50 Zustellungen nach Absatz 4 vorzunehmen, so können diese Zustellungen durch öffentliche Bekanntmachung ersetzt werden. [2]Die öffentliche Bekanntmachung wird dadurch bewirkt, dass der verfügende Teil des Planfeststellungsbeschlusses, die Rechtsbehelfsbelehrung und ein Hinweis auf die Auslegung nach Absatz 4 Satz 2 im amtlichen Veröffentlichungsblatt der zuständigen Behörde und außerdem in örtlichen Tageszeitungen bekannt gemacht werden, die in dem Bereich verbreitet sind, in dem sich das Vorhaben voraussichtlich auswirken wird; auf Auflagen ist hinzuweisen. [3]Mit dem Ende der Auslegungsfrist gilt der Beschluss den Betroffenen und denjenigen gegenüber, die Einwendungen erhoben haben, als zugestellt; hierauf ist in der Bekanntmachung hinzuweisen. [4]Nach der öffentlichen Bekanntmachung kann der Planfeststellungsbeschluss bis zum Ablauf der Rechtsbehelfsfrist von den Betroffenen und von denjenigen, die Einwendungen erhoben haben, schriftlich angefordert werden; hierauf ist in der Bekanntmachung gleichfalls hinzuweisen.

(6) [1]Anstelle eines Planfeststellungsbeschlusses kann eine Plangenehmigung erteilt werden, wenn

1. Rechte anderer nicht oder nur unwesentlich beeinträchtigt werden oder die Betroffenen sich mit der Inanspruchnahme ihres Eigentums oder eines anderen Rechts schriftlich einverstanden erklärt haben,

2. mit den Trägern öffentlicher Belange, deren Aufgabenbereich berührt wird, das Benehmen hergestellt worden ist und

3. nicht andere Rechtsvorschriften eine Öffentlichkeitsbeteiligung vorschreiben, die den Anforderungen des § 73 Absatz 3 Satz 1 und Absatz 4 bis 7 entsprechen muss.

[2]Die Plangenehmigung hat die Rechtswirkungen der Planfeststellung; auf ihre Erteilung sind die Vorschriften über das Planfeststellungsverfahren nicht anzuwenden; davon ausgenommen sind Absatz 4 Satz 1 und Absatz 5, die entsprechend anzuwenden sind. [3]Vor Erhebung einer verwaltungsgerichtlichen Klage bedarf es keiner Nachprüfung in einem Vorverfahren. [4]§ 75 Abs. 4 gilt entsprechend.

(7) [1]Planfeststellung und Plangenehmigung entfallen in Fällen von unwesentlicher Bedeutung. [2]Diese liegen vor, wenn

1. andere öffentliche Belange nicht berührt sind oder die erforderlichen behördlichen Entscheidungen vorliegen und sie dem Plan nicht entgegenstehen,
2. Rechte anderer nicht beeinflusst werden oder mit den vom Plan Betroffenen entsprechende Vereinbarungen getroffen worden sind und
3. nicht andere Rechtsvorschriften eine Öffentlichkeitsbeteiligung vorschreiben, die den Anforderungen des § 73 Absatz 3 Satz 1 und Absatz 4 bis 7 entsprechen muss.

§ 75 Rechtswirkungen der Planfeststellung

(1) [1]Durch die Planfeststellung wird die Zulässigkeit des Vorhabens einschließlich der notwendigen Folgemaßnahmen an anderen Anlagen im Hinblick auf alle von ihm berührten öffentlichen Belange festgestellt; neben der Planfeststellung sind andere behördliche Entscheidungen nach Bundes- oder Landesrecht, insbesondere öffentlich-rechtliche Genehmigungen, Verleihungen, Erlaubnisse, Bewilligungen, Zustimmungen und Planfeststellungen nicht erforderlich. [2]Durch die Planfeststellung werden alle öffentlich-rechtlichen Beziehungen zwischen dem Träger des Vorhabens und den durch den Plan Betroffenen rechtsgestaltend geregelt.

(1a) [1]Mängel bei der Abwägung der von dem Vorhaben berührten öffentlichen und privaten Belange sind nur erheblich, wenn sie offensichtlich und auf das Abwägungsergebnis von Einfluss gewesen sind. [2]Erhebliche Mängel bei der Abwägung oder eine Verletzung von Verfahrens- oder Formvorschriften führen nur dann zur Aufhebung des Planfeststellungsbeschlusses oder der Plangenehmigung, wenn sie nicht durch Planergänzung oder durch ein ergänzendes Verfahren behoben werden können; die §§ 45 und 46 bleiben unberührt.

(2) [1]Ist der Planfeststellungsbeschluss unanfechtbar geworden, so sind Ansprüche auf Unterlassung des Vorhabens, auf Beseitigung oder Änderung der Anlagen oder auf Unterlassung ihrer Benutzung ausgeschlossen. [2]Treten nicht voraussehbare Wirkungen des Vorhabens oder der dem festgestellten Plan entsprechenden Anlagen auf das Recht eines anderen erst nach Unanfechtbarkeit des Plans auf, so kann der Betroffene Vorkehrungen oder die Errichtung und Unterhaltung von Anlagen verlangen, welche die nachteiligen Wirkungen ausschließen. [3]Sie sind dem Träger des Vorhabens durch Beschluss der Planfeststellungsbehörde aufzuerlegen. [4]Sind solche Vorkehrungen oder Anlagen untunlich oder mit dem Vorhaben unvereinbar, so richtet sich der Anspruch auf angemessene Entschädigung in Geld. [5]Werden Vorkehrungen oder Anlagen im Sinne des Satzes 2 notwendig, weil nach Abschluss des Planfeststellungsverfahrens auf einem benachbarten Grundstück Veränderungen eingetreten sind, so hat die hierdurch entstehenden Kosten der Eigentümer des benachbarten Grundstücks zu tragen, es sei denn, dass die Veränderungen durch natürliche Ereignisse oder höhere Gewalt verursacht worden sind; Satz 4 ist nicht anzuwenden.

(3) [1]Anträge, mit denen Ansprüche auf Herstellung von Einrichtungen oder auf angemessene Entschädigung nach Absatz 2 Satz 2 und 4 geltend gemacht werden, sind schriftlich an die Planfeststellungsbehörde zu richten. [2]Sie sind nur innerhalb von drei Jahren nach dem Zeitpunkt zulässig, zu dem der Betroffene von den nachteiligen Wirkungen des dem unanfechtbar festgestellten Plan entsprechenden Vorhabens oder der Anlage Kenntnis erhalten hat; sie sind ausgeschlossen, wenn nach Herstellung des dem Plan entsprechenden Zustands dreißig Jahre verstrichen sind.

(4) [1]Wird mit der Durchführung des Plans nicht innerhalb von fünf Jahren nach Eintritt der Unanfechtbarkeit begonnen, so tritt er außer Kraft. [2]Als Beginn der Durchführung des Plans gilt jede erstmals nach außen erkennbare Tätigkeit von mehr als nur geringfügiger Bedeutung zur plangemäßen Verwirklichung des Vorhabens; eine spätere Unterbrechung der Verwirklichung des Vorhabens berührt den Beginn der Durchführung nicht.

§ 76 Planänderungen vor Fertigstellung des Vorhabens

(1) Soll vor Fertigstellung des Vorhabens der festgestellte Plan geändert werden, bedarf es eines neuen Planfeststellungsverfahrens.

(2) Bei Planänderungen von unwesentlicher Bedeutung kann die Planfeststellungsbehörde von einem neuen Planfeststellungsverfahren absehen, wenn die Belange anderer nicht berührt werden oder wenn die Betroffenen der Änderung zugestimmt haben.

(3) Führt die Planfeststellungsbehörde in den Fällen des Absatzes 2 oder in anderen Fällen einer Plan-änderung von unwesentlicher Bedeutung ein Planfeststellungsverfahren durch, so bedarf es keines Anhörungsverfahrens und keiner öffentlichen Bekanntgabe des Planfeststellungsbeschlusses.

§ 77 Aufhebung des Planfeststellungsbeschlusses

[1]Wird ein Vorhaben, mit dessen Durchführung begonnen worden ist, endgültig aufgegeben, so hat die Planfeststellungsbehörde den Planfeststellungsbeschluss aufzuheben. [2]In dem Aufhebungsbeschluss sind dem Träger des Vorhabens die Wiederherstellung des früheren Zustands oder geeignete andere Maßnahmen aufzuerlegen, soweit dies zum Wohl der Allgemeinheit oder zur Vermeidung nachteiliger Wirkungen auf Rechte anderer erforderlich ist. [3]Werden solche Maßnahmen notwendig, weil nach Abschluss des Planfeststellungsverfahrens auf einem benachbarten Grundstück Veränderungen ein-getreten sind, so kann der Träger des Vorhabens durch Beschluss der Planfeststellungsbehörde zu geeigneten Vorkehrungen verpflichtet werden; die hierdurch entstehenden Kosten hat jedoch der Ei-gentümer des benachbarten Grundstücks zu tragen, es sei denn, dass die Veränderungen durch natür-liche Ereignisse oder höhere Gewalt verursacht worden sind.

§ 78 Zusammentreffen mehrerer Vorhaben

(1) Treffen mehrere selbständige Vorhaben, für deren Durchführung Planfeststellungsverfahren vor-geschrieben sind, derart zusammen, dass für diese Vorhaben oder für Teile von ihnen nur eine ein-heitliche Entscheidung möglich ist, so findet für diese Vorhaben oder für deren Teile nur ein Plan-feststellungsverfahren statt.

(2) [1]Zuständigkeiten und Verfahren richten sich nach den Rechtsvorschriften über das Planfeststel-lungsverfahren, das für diejenige Anlage vorgeschrieben ist, die einen größeren Kreis öffentlich-recht-licher Beziehungen berührt. [2]Bestehen Zweifel, welche Rechtsvorschrift anzuwenden ist, und sind nach den in Betracht kommenden Rechtsvorschriften Behörden verschiedener Länder zuständig, so führen, falls sich die obersten Behörden der Länder nicht einigen, die Landesregierungen das Einver-nehmen darüber herbei, welche Rechtsvorschrift anzuwenden ist; sind nach den in Betracht kommen-den Rechtsvorschriften eine Bundesbehörde und eine Landesbehörde zuständig, so führen, falls sich die obersten Bundes- und Landesbehörden nicht einigen, die Bundesregierung und die Landesregie-rung das Einvernehmen darüber herbei, welche Rechtsvorschrift anzuwenden ist.

Teil VI
Rechtsbehelfsverfahren

§ 79 Rechtsbehelfe gegen Verwaltungsakte

Für förmliche Rechtsbehelfe gegen Verwaltungsakte gelten die Verwaltungsgerichtsordnung und die zu ihrer Ausführung ergangenen Rechtsvorschriften, soweit nicht durch Gesetz etwas anderes bestimmt ist; im Übrigen gelten die Vorschriften dieses Gesetzes.

§ 80 Erstattung von Kosten im Vorverfahren

(1) [1]Soweit der Widerspruch erfolgreich ist, hat der Rechtsträger, dessen Behörde den angefochtenen Verwaltungsakt erlassen hat, demjenigen, der Widerspruch erhoben hat, die zur zweckentsprechenden Rechtsverfolgung oder Rechtsverteidigung notwendigen Aufwendungen zu erstatten. [2]Dies gilt auch, wenn der Widerspruch nur deshalb keinen Erfolg hat, weil die Verletzung einer Verfahrens- oder Formvorschrift nach § 45 unbeachtlich ist. [3]Soweit der Widerspruch erfolglos geblieben ist, hat der-jenige, der den Widerspruch eingelegt hat, die zur zweckentsprechenden Rechtsverfolgung oder Rechtsverteidigung notwendigen Aufwendungen der Behörde, die den angefochtenen Verwaltungsakt erlassen hat, zu erstatten; dies gilt nicht, wenn der Widerspruch gegen einen Verwaltungsakt eingelegt wird, der im Rahmen

1. eines bestehenden oder früheren öffentlich-rechtlichen Dienst-, Amts- oder Schulverhältnisses oder

2. einer bestehenden oder früheren gesetzlichen Dienstpflicht oder einer Tätigkeit, die anstelle der gesetzlichen Dienstpflicht geleistet werden kann,

erlassen wurde. [4]Aufwendungen, die durch das Verschulden eines Erstattungsberechtigten entstanden sind, hat dieser selbst zu tragen; das Verschulden eines Vertreters ist dem Vertretenen zuzurechnen. [5]Erledigt sich der Widerspruch auf andere Weise, so wird über die Kosten nach billigem Ermessen entschieden; der bisherige Sachstand ist zu berücksichtigen.

(2) Die Gebühren und Auslagen eines Rechtsanwalts oder eines sonstigen Bevollmächtigten im Vorverfahren sind erstattungsfähig, wenn die Zuziehung eines Bevollmächtigten notwendig war.

(3) [1]Die Behörde, die die Kostenentscheidung getroffen hat, setzt auf Antrag den Betrag der zu erstattenden Aufwendungen fest; hat ein Ausschuss oder Beirat (§ 73 Abs. 2 der Verwaltungsgerichtsordnung) die Kostenentscheidung getroffen, so obliegt die Kostenfestsetzung der Behörde, bei der der Ausschuss oder Beirat gebildet ist. [2]Die Kostenentscheidung bestimmt auch, ob die Zuziehung eines Rechtsanwalts oder eines sonstigen Bevollmächtigten notwendig war.

(4) Die Absätze 1 bis 3 gelten auch

1. für Vorverfahren bei Maßnahmen des Richterdienstrechts und

2. für abgabenrechtliche Vorverfahren, in denen an die Stelle des Einspruchs (§ 348 der Abgabenordnung) der Widerspruch (§ 68 der Verwaltungsgerichtsordnung) tritt.

Teil VII
Ehrenamtliche Tätigkeit, Ausschüsse

Abschnitt 1
Ehrenamtliche Tätigkeit

§ 81 Anwendung der Vorschriften über die ehrenamtliche Tätigkeit
Für die ehrenamtliche Tätigkeit im Verwaltungsverfahren gelten die §§ 82 bis 87.

§ 82 Pflicht zu ehrenamtlicher Tätigkeit
Eine Pflicht zur Übernahme ehrenamtlicher Tätigkeit besteht nur, wenn sie durch Rechtsvorschrift vorgesehen ist.

§ 83 Ausübung ehrenamtlicher Tätigkeit
(1) Der ehrenamtlich Tätige hat seine Tätigkeit gewissenhaft und unparteiisch auszuüben.

(2) [1]Bei Übernahme seiner Aufgaben ist er zur gewissenhaften und unparteiischen Tätigkeit und zur Verschwiegenheit besonders zu verpflichten. [2]Die Verpflichtung ist aktenkundig zu machen.

§ 84 Verschwiegenheitspflicht
(1) [1]Der ehrenamtlich Tätige hat, auch nach Beendigung seiner ehrenamtlichen Tätigkeit, über die ihm dabei bekannt gewordenen Angelegenheiten Verschwiegenheit zu wahren. [2]Dies gilt nicht für Mitteilungen im dienstlichen Verkehr oder über Tatsachen, die offenkundig sind oder ihrer Bedeutung nach keiner Geheimhaltung bedürfen.

(2) Der ehrenamtlich Tätige darf ohne Genehmigung über Angelegenheiten, über die er Verschwiegenheit zu wahren hat, weder vor Gericht noch außergerichtlich aussagen oder Erklärungen abgeben.

(3) Die Genehmigung, als Zeuge auszusagen, darf nur versagt werden, wenn die Aussage dem Wohl des Bundes oder eines Landes Nachteile bereiten oder die Erfüllung öffentlicher Aufgaben ernstlich gefährden oder erheblich erschweren würde.

(4) [1]Ist der ehrenamtlich Tätige Beteiligter in einem gerichtlichen Verfahren oder soll sein Vorbringen der Wahrnehmung seiner berechtigten Interessen dienen, so darf die Genehmigung auch dann, wenn die Voraussetzungen des Absatzes 3 erfüllt sind, nur versagt werden, wenn ein zwingendes öffentliches Interesse dies erfordert. [2]Wird sie versagt, so ist dem ehrenamtlich Tätigen der Schutz zu gewähren, den die öffentlichen Interessen zulassen.

(5) Die Genehmigung nach den Absätzen 2 bis 4 erteilt die fachlich zuständige Aufsichtsbehörde der Stelle, die den ehrenamtlich Tätigen berufen hat.

§ 85 Entschädigung
[1]Der ehrenamtlich Tätige hat Anspruch auf Ersatz seiner notwendigen Auslagen und seines Verdienstausfalls. [2]Die Entschädigung für ehrenamtlich Tätige bei den unteren Verwaltungsbehörden richtet sich nach den Satzungen der Landkreise, der Gemeinden und der Verwaltungsgemeinschaften nach § 17 des Landesverwaltungsgesetzes über die ehrenamtliche Tätigkeit in der jeweils geltenden Fassung, soweit durch Rechtsvorschrift nichts anderes bestimmt ist.

§ 86 Abberufung

[1]Personen, die zu ehrenamtlicher Tätigkeit herangezogen worden sind, können von der Stelle, die sie berufen hat, abberufen werden, wenn ein wichtiger Grund vorliegt. [2]Ein wichtiger Grund liegt insbesondere vor, wenn der ehrenamtlich Tätige

1.   seine Pflicht gröblich verletzt oder sich als unwürdig erwiesen hat;
2.   seine Tätigkeit nicht mehr ordnungsgemäß ausüben kann.

§ 87 Ordnungswidrigkeiten

(1) Ordnungswidrig handelt, wer

1.   eine ehrenamtliche Tätigkeit nicht übernimmt, obwohl er zur Übernahme verpflichtet ist;
2.   eine ehrenamtliche Tätigkeit, zu deren Übernahme er verpflichtet war, ohne anerkennenswerten Grund niederlegt.

(2) Die Ordnungswidrigkeit kann mit einer Geldbuße geahndet werden.

(3) Verwaltungsbehörden im Sinne des § 36 Abs. 1 Nr. 1 des Gesetzes über Ordnungswidrigkeiten sind die obersten Landesbehörden und die Regierungspräsidien für die ehrenamtlich Tätigen, die von ihnen berufen werden, im Übrigen die fachlich zuständigen Aufsichtsbehörden, wenn keine Fachaufsicht besteht, die Rechtsaufsichtsbehörden der Stellen, die die ehrenamtlich Tätigen berufen.

Abschnitt 2
Ausschüsse

§ 88 Anwendung der Vorschriften über Ausschüsse

Für Ausschüsse, Beiräte und andere kollegiale Einrichtungen (Ausschüsse) gelten, wenn sie in einem Verwaltungsverfahren tätig werden, die §§ 89 bis 93.

§ 89 Ordnung in den Sitzungen

Der Vorsitzende eröffnet, leitet und schließt die Sitzungen; er ist für die Ordnung verantwortlich.

§ 90 Beschlussfähigkeit

(1) [1]Ausschüsse sind beschlussfähig, wenn alle Mitglieder geladen und mehr als die Hälfte, mindestens aber drei der stimmberechtigten Mitglieder anwesend sind. [2]Beschlüsse können auch im schriftlichen Verfahren gefasst werden, wenn kein Mitglied widerspricht.

(2) Ist eine Angelegenheit wegen Beschlussunfähigkeit zurückgestellt worden und wird der Ausschuss zur Behandlung desselben Gegenstands erneut geladen, so ist er ohne Rücksicht auf die Zahl der Erschienenen beschlussfähig, wenn darauf in dieser Ladung hingewiesen worden ist.

§ 91 Beschlussfassung

[1]Beschlüsse werden mit Stimmenmehrheit gefasst. [2]Bei Stimmengleichheit entscheidet bei offenen Abstimmungen die Stimme des Vorsitzenden, wenn er stimmberechtigt ist; sonst gilt Stimmengleichheit als Ablehnung.

§ 92 Wahlen durch Ausschüsse

(1) [1]Gewählt wird, wenn kein Mitglied des Ausschusses widerspricht, durch Zuruf oder Zeichen, sonst durch Stimmzettel. [2]Auf Verlangen eines Mitglieds ist geheim zu wählen.

(2) [1]Gewählt ist, wer von den abgegebenen Stimmen die meisten erhalten hat. [2]Bei Stimmengleichheit entscheidet das vom Leiter der Wahl zu ziehende Los.

(3) [1]Sind mehrere gleichartige Wahlstellen zu besetzen und liegen mehrere Wahlvorschläge vor, so ist nach dem Höchstzahlverfahren d'Hondt zu wählen, außer wenn einstimmig etwas anderes beschlossen worden ist. [2]Über die Zuteilung der letzten Wahlstelle entscheidet bei gleicher Höchstzahl das vom Leiter der Wahl zu ziehende Los.

§ 93 Niederschrift

[1]Über die Sitzung ist eine Niederschrift zu fertigen. [2]Die Niederschrift muss Angaben enthalten über

1.   den Ort und den Tag der Sitzung,
2.   die Namen des Vorsitzenden und der anwesenden Ausschussmitglieder,
3.   den behandelten Gegenstand und die gestellten Anträge,
4.   die gefassten Beschlüsse,
5.   das Ergebnis von Wahlen.

[3]Die Niederschrift ist von dem Vorsitzenden und, soweit ein Schriftführer hinzugezogen worden ist, auch von diesem zu unterzeichnen.

Teil VIII
Besondere Bestimmungen für Gemeinden und Gemeindeverbände

§ 94 Pflichten der Gemeinden gegenüber den Bürgern

(1) [1]Die Gemeinden sind im Rahmen ihrer Verwaltungskraft ihren Einwohnern bei der Einleitung von Verwaltungsverfahren behilflich, auch wenn für deren Durchführung eine andere Behörde zuständig ist. [2]Zur Rechtsberatung sind die Gemeinden nicht verpflichtet.

(2) Die Gemeinden haben Vordrucke aller Art, die ihnen von anderen Behörden überlassen werden, bereitzuhalten.

(3) [1]Die Gemeinden haben Anzeigen, Anträge und Erklärungen, die beim Landratsamt oder beim Regierungspräsidium einzureichen sind, entgegenzunehmen und unverzüglich an diese Behörden weiterzuleiten. [2]Die Einreichung bei der Gemeinde gilt als bei der zuständigen Behörde vorgenommen, soweit Bundesrecht nicht entgegensteht.

§ 95 Erfüllung von Aufgaben der Gemeinden durch Verwaltungsgemeinschaften

(1) Das fachlich zuständige Ministerium kann durch Rechtsverordnung im Einvernehmen mit dem Innenministerium bestimmen, dass Aufgaben, die durch §§ 73 und 74 dieses Gesetzes oder durch Bundesrecht den Gemeinden übertragen sind, durch Verwaltungsgemeinschaften erfüllt werden.

(2) Die durch Bundesrecht oder auf Grund von Bundesrecht zur Übertragung von Aufgaben auf die Gemeinden ermächtigte Landesbehörde kann durch Rechtsverordnung im Einvernehmen mit dem Innenministerium bestimmen, dass diese Aufgaben durch Verwaltungsgemeinschaften erfüllt werden.

Teil IX
Schlussvorschriften

§ 96 Länderübergreifende Verfahren

[1]Ist nach § 3 Abs. 2 Satz 4 eine gemeinsame zuständige Behörde bestimmt und erstreckt sich das Verwaltungsverfahren auf das Gebiet eines anderen Bundeslandes, so ist insoweit das Verfahrensrecht dieses Landes anzuwenden. [2]Die fachlich zuständigen Aufsichtsbehörden können durch Vereinbarung eine abweichende Regelung treffen.

§ 97 Sonderregelung für Verteidigungs- und Notstandsangelegenheiten

[1]Nach Feststellung des Verteidigungsfalls oder des Spannungsfalls, bei drohender Gefahr für den Bestand oder die freiheitliche demokratische Grundordnung des Landes oder für die lebensnotwendige Versorgung der Bevölkerung sowie bei einem Notstand infolge einer Naturkatastrophe oder eines besonders schweren Unglücksfalls kann in Verteidigungs- oder Notstandsangelegenheiten von der Anhörung Beteiligter (§ 28 Abs. 1), von der schriftlichen Bestätigung (§ 37 Abs. 2 Satz 2) und von der schriftlichen Begründung eines Verwaltungsaktes (§ 39 Abs. 1) abgesehen werden; in diesen Fällen gilt ein Verwaltungsakt abweichend von § 41 Abs. 4 Satz 3 mit dem auf die Bekanntmachung folgenden Tag als bekannt gegeben. [2]Dasselbe gilt für die sonstigen gemäß Artikel 80a des Grundgesetzes anzuwendenden Rechtsvorschriften.

§ 98 Überleitung von Verfahren
(nicht abgedruckt)

§ 99 Verwaltungsvorschriften
Die zur Durchführung dieses Gesetzes notwendigen Verwaltungsvorschriften werden vom Innenministerium im Einvernehmen mit den anderen Ministerien erlassen.

§ 100 Änderung des Gesetzes über die Verkündung von Rechtsverordnungen
(nicht abgedruckt)

§ 101 Änderung des Ersten Gesetzes zur Funktionalreform und anderer Gesetze
(nicht abgedruckt)

§ 102 Änderung des Straßengesetzes
(nicht abgedruckt)

§ 102a   Übergangsvorschrift zu § 53

[1]§ 53 in der ab Inkrafttreten des Elektronik-Anpassungsgesetzes geltenden Fassung findet auf die an diesem Tag bestehenden und noch nicht verjährten Ansprüche Anwendung. [2]Eine zuvor eingetretene und zu diesem Zeitpunkt noch nicht beendete Unterbrechung der Verjährung gilt als beendet; die neue Verjährung ist ab Inkrafttreten des Elektronik-Anpassungsgesetzes gehemmt. [3]Ist ein Verwaltungsakt, der zur Unterbrechung der Verjährung geführt hat, vor dem Inkrafttreten des Elektronik-Anpassungs-gesetzes aufgehoben worden und ist an diesem Tag die in § 212 Abs. 2 Satz 1 des Bürgerlichen Ge-setzbuchs in der bis 31. Dezember 2001 geltenden Fassung bestimmte Frist noch nicht abgelaufen, so ist § 212 Abs. 2 des Bürgerlichen Gesetzbuchs in dieser Fassung entsprechend anzuwenden.

§ 103   Inkrafttreten
(nicht abgedruckt)

Landesgebührengesetz (LGebG)[1]

Vom 14. Dezember 2004 (GBl. S. 895)
(BWGültV Sachgebiet 202)

zuletzt geändert durch Art. 13 G zur Umsetzung der Neuorganisation der Forstverwaltung Baden-Württemberg vom 21. Mai 2019 (GBl. S. 161)

Nichtamtliche Inhaltsübersicht

Erster Abschnitt
Allgemeine Grundsätze

§   1   Anwendungsbereich
§   2   Begriffsbestimmungen

Zweiter Abschnitt
Entstehung und Festsetzung

§   3   Entstehung der Gebühren und Auslagen
§   4   Festsetzung der Gebühren und Auslagen
§   5   Schuldner
§   6   Gläubiger
§   7   Gebührenbemessung
§   8   Gebührenvorschriften in Rechtsakten der Europäischen Gemeinschaft
§   9   Sachliche Gebührenfreiheit
§ 10   Persönliche Gebührenfreiheit
§ 11   Gebührenerleichterungen
§ 12   Gebührenarten
§ 13   Sachverständigengebühren
§ 14   Auslagen
§ 15   Kurtaxe

§ 16   Gebühren- und Auslagenentscheidung
§ 17   Festsetzungsverjährung

Dritter Abschnitt
Erhebung

§ 18   Fälligkeit
§ 19   Vorschuss, Sicherheitsleistung, Zurückbehaltungsrecht
§ 20   Säumniszuschläge
§ 21   Stundung
§ 22   Niederschlagung, Erlass
§ 23   Zahlungsverjährung

Vierter Abschnitt
Sonstige Regelungen, Schlussbestimmungen

§ 24   Rechtsbehelf
§ 25   Gebührenhinterziehung, leichtfertige Gebührenverkürzung
§ 26   Verwaltungsvorschriften
§ 27   Übergangsbestimmungen

Erster Abschnitt:
Allgemeine Grundsätze

§ 1 Anwendungsbereich

[1]Dieses Gesetz gilt für Gebühren und Auslagen, die Behörden für öffentliche Leistungen festsetzen und erheben, soweit nicht durch Rechtsvorschrift etwas anderes bestimmt ist. [2]Das Kommunalabgabengesetz bleibt unberührt. [3]Für Verwaltungsgemeinschaften und Gemeinden gilt § 4 Abs. 3.

§ 2 Begriffsbestimmungen

(1) Eine Behörde im Sinne dieses Gesetzes ist jede Stelle, die Aufgaben der öffentlichen Verwaltung wahrnimmt.

(2) [1]Eine öffentliche Leistung ist behördliches Handeln. [2]Öffentliche Leistungen einer Behörde liegen auch dann vor, wenn ein Einverständnis der Behörde nach Ablauf einer gesetzlich bestimmten Frist als erteilt gilt.

(3) [1]Individuell zurechenbar ist eine öffentliche Leistung, wenn sie im Interesse des Einzelnen erbracht wird. [2]Insbesondere gehört dazu auch die verantwortliche Veranlassung einer öffentlichen Leistung.

(4) Gebühren sind öffentlich-rechtliche Geldleistungen, die aus Anlass individuell zurechenbarer öffentlicher Leistungen dem Gebührenschuldner auferlegt werden.

(5) Auslagen sind Ausgaben, die die Behörde Dritten bezahlt, um die öffentliche Leistung erbringen zu können.

(6) Verwaltungskosten sind solche, die nach betriebswirtschaftlichen Grundsätzen ansatzfähig sind, insbesondere Personal- und Sachkosten, kalkulatorische Kosten einschließlich entsprechender Gemeinkostenanteile.

---

1) Verkündet als Art. 1 G zur Neuregelung des Gebührenrechts v. 14. 12. 2004 (GBl. S. 895); Inkrafttreten gem. Art. 17 Abs. 6 dieses G am 2. 1. 2005.

Zweiter Abschnitt:
Entstehung und Festsetzung

§ 3 Entstehung der Gebühren und Auslagen

Die Gebühren- und Auslagenschuld entsteht bei öffentlichen Leistungen,
1. die auf Antrag erbracht werden, mit dessen Eingang bei der Behörde,
2. die nicht antragsgebunden sind, und bei sonstigen öffentlichen Leistungen mit deren Beginn.

§ 4 Festsetzung der Gebühren und Auslagen

(1) Die Behörden, die die öffentliche Leistung erbringen, setzen für individuell zurechenbare öffentliche Leistungen Gebühren und Auslagen nach diesem Gesetz fest.

(2) [1]Die obersten Landesbehörden setzen für ihren Geschäftsbereich die gebührenpflichtigen Tatbestände und die Höhe der Gebühren durch Rechtsverordnung fest, soweit nicht Abs. 3 zur Anwendung gelangt. [2]Mit der Gebührenfestsetzung können auch Gebührenerleichterungen nach § 11 verbunden werden.

(3) [1]Die Landratsämter, Verwaltungsgemeinschaften und Gemeinden setzen für ihren Bereich, sofern sie Aufgaben der unteren Verwaltungsbehörden im Sinne des Landesverwaltungsgesetzes oder Aufgaben der unteren Baurechtsbehörden im Sinne der Landesbauordnung wahrnehmen, die gebührenpflichtigen Tatbestände und die Höhe der Gebühren fest; die Landratsämter treffen die Festsetzungen durch Rechtsverordnung, die Gemeinden und Verwaltungsgemeinschaften durch Satzung. [2]Mit der Gebührenfestsetzung können auch Gebührenerleichterungen nach § 11 verbunden werden. [3]Für die Festsetzung und Erhebung der Gebühren und Auslagen gilt für die Landratsämter dieses Gesetz, für die Verwaltungsgemeinschaften und Gemeinden das Kommunalabgabengesetz. [4]Satz 1 gilt nicht für öffentliche Leistungen der Vermessungsbehörden nach dem Vermessungsgesetz und für die bautechnische Prüfung nach den baurechtlichen Vorschriften.

(4) Für eine Leistung, für die weder ein Gebührentatbestand noch Gebührenfreiheit vorgesehen ist, kann eine Gebühr bis 10 000 Euro erhoben werden.

(5) Regelmäßig, spätestens aber nach zwei Jahren, sind die festgelegten gebührenpflichtigen Tatbestände, die Höhe der Gebühren sowie Gebührenerleichterungen zu überprüfen und nach Bedarf anzupassen.

§ 5 Schuldner

(1) Zur Zahlung der Gebühren und Auslagen ist derjenige verpflichtet,
1. dem die öffentliche Leistung zuzurechnen ist,
2. der die Gebühren- oder Auslagenschuld eines anderen durch eine gegenüber der Behörde abgegebene oder ihr mitgeteilte schriftliche oder elektronische Erklärung übernommen hat oder
3. der für die Gebühren- und Auslagenschuld eines anderen kraft Gesetzes haftet.

(2) Mehrere Gebühren- und Auslagenschuldner haften als Gesamtschuldner.

§ 6 Gläubiger

Gebühren- und Auslagengläubiger ist der Rechtsträger der Behörde, die die öffentliche Leistung erbringt.

§ 7 Gebührenbemessung

(1) Die Gebühr soll die mit der öffentlichen Leistung verbundenen Verwaltungskosten aller an der Leistung Beteiligten decken.

(2) Außerdem ist die wirtschaftliche und sonstige Bedeutung der öffentlichen Leistung für den Gebührenschuldner zum Zeitpunkt ihrer Beendigung zu berücksichtigen.

(3) Die Gebühr darf nicht in einem Missverhältnis zur öffentlichen Leistung stehen.

§ 8 Gebührenvorschriften in Rechtsakten der Europäischen Gemeinschaft

[1]Werden öffentliche Leistungen erbracht, für die Gebührenvorschriften in Rechtsakten der Europäischen Gemeinschaft maßgebend sind, werden die Gebühren nach Maßgabe dieser Vorschriften bemessen. [2]Durch Rechtsverordnung können die Gebühren abweichend bemessen werden, soweit die Gebührenvorschriften der Rechtsakte dies zulassen.

§ 9 Sachliche Gebührenfreiheit

(1) Gebühren werden nicht erhoben für öffentliche Leistungen, die folgende Angelegenheiten betreffen:

1. Gnadensachen,
2. das bestehende oder frühere Dienstverhältnis von Beschäftigten des öffentlichen Dienstes,
3. die bestehende oder frühere gesetzliche Dienstpflicht oder die bestehende oder frühere an Stelle der gesetzlichen Dienstpflicht geleistete Tätigkeit,
4. Prüfungen, die der beruflichen Aus- und Weiterbildung dienen, mit Ausnahme von Prüfungen zur Notenverbesserung,
5. mündliche, einfache schriftliche oder elektronische Auskünfte, soweit bei schriftlichen oder elektronischen Auskünften nicht durch Gebührenordnungen oder -satzungen etwas anderes bestimmt ist,
6. einfache elektronische Kopien,
7. die behördliche Informationsgewinnung.

(2) Absatz 1 Nummer 7 gilt nicht für Vermessungsgebühren.

§ 10 Persönliche Gebührenfreiheit

(1) [1]Das Land Baden-Württemberg ist gebührenbefreit. [2]Ebenso gebührenbefreit sind landesunmittelbare juristische Personen des öffentlichen Rechts, die nach den Haushaltsplänen des Landes für Rechnung des Landes verwaltet werden. [3]Die Bundesrepublik Deutschland sowie die anderen Länder sind insoweit gebührenbefreit, als die Gebühr für die öffentliche Leistung 500 Euro oder weniger beträgt.

(2) Gebührenbefreit sind auch die Gemeinden, Landkreise, selbstständigen Kommunalanstalten, Gemeindeverbände, Zweckverbände sowie Verbände der Regionalplanung in Baden-Württemberg.

(3) Die Kirchen und die sonstigen als Körperschaften des öffentlichen Rechts anerkannten Religions- und Weltanschauungsgemeinschaften sowie deren Untergliederungen und Mitgliedsverbände und die ihnen zugeordneten Einrichtungen, Anstalten und Stiftungen sind gebührenbefreit.

(4) Die Verbände der freien Wohlfahrtspflege sowie deren Untergliederungen und Mitgliedsverbände und die ihnen zugeordneten Einrichtungen, Anstalten und Stiftungen sind für den Bereich der Wohlfahrts- und Gesundheitspflege gebührenbefreit.

(5) [1]Die Gebührenbefreiung tritt nicht ein, soweit die in den Absätzen 1 bis 4 genannten Stellen berechtigt sind, die Gebühren Dritten aufzuerlegen oder sonst auf Dritte umzulegen. [2]Satz 1 gilt für die in den Absätzen 3 und 4 genannten Stellen nur für deren steuerpflichtige wirtschaftliche Geschäftsbetriebe oder Betriebe gewerblicher Art.

(6) [1]Werden öffentliche Leistungen nicht nur durch Behörden der unmittelbaren Landesverwaltung erbracht, gelten die Absätze 1 bis 4 nicht. [2]Das gilt auch für öffentliche Leistungen im Bereich des Vermessungswesens und des bautechnischen Prüfwesens.

(7) Absätze 1 bis 4 gelten nicht für Sachverständigengebühren im Sinne von § 13 sowie für Gebühren, die für die Nutzung öffentlicher Einrichtungen festgesetzt werden.

§ 11 Gebührenerleichterungen

(1) [1]In § 4 Abs. 2 und 3 genannte Stellen können für bestimmte Arten von öffentlichen Leistungen Gebührenermäßigungen oder -befreiungen anordnen, soweit dies aus Gründen der Billigkeit oder aus öffentlichem Interesse geboten ist. [2]Dabei sind insbesondere die Vorschriften über die Gebührenbemessung (§ 7), die sachliche Gebührenfreiheit (§ 9) und die Gebührenarten (§ 12) zu beachten.

(2) Die Behörde kann die Gebühren niedriger festsetzen oder von der Festsetzung der Gebühren ganz absehen, wenn die Festsetzung der Gebühr nach Lage des einzelnen Falles unbillig wäre.

§ 12 Gebührenarten

(1) Die Gebühren sind nach festen Sätzen oder als Rahmengebühren zu bestimmen.

(2) Eine Gebühr nach festen Sätzen ist eine

1. mit einem bestimmten, unveränderlichen Betrag vorgesehene Gebühr,
2. nach Zeiteinheiten bestimmte Gebühr,
3. von dem Wert des Gegenstands, auf den sich die Leistung bezieht, abhängige Gebühr.

(3) [1]Für eine Wertgebühr ist der Verkehrswert zum Zeitpunkt der Beendigung der Leistung oder eine andere hierfür geeignete Bemessungsgrundlage zugrunde zu legen. [2]Der Gebührenschuldner hat auf Verlangen den Wert des Gegenstandes nachzuweisen. [3]Bei Verweigerung oder ungenügender Führung

des Nachweises hat die Behörde den Wert auf Kosten des Gebührenschuldners zu schätzen. [4]Sie kann sich hierbei Sachverständiger bedienen.

(4) Bei Rahmengebühren wird ein Mindest- und Höchstsatz für die Gebühr festgelegt.

§ 13 Sachverständigengebühren

Für die durch Rechtsvorschrift vorgeschriebene Begutachtung, Prüfung oder Untersuchung von Personen oder Sachen durch staatliche oder staatlich beauftragte Sachverständige können Sachverständigengebühren erhoben werden.

§ 14 Auslagen

(1) Mit der Gebühr sind die der Behörde erwachsenen Auslagen abgegolten.

(2) Übersteigen die Auslagen im Einzelfall das übliche Maß erheblich, sind sie gesondert in der tatsächlich entstandenen Höhe festzusetzen.

(3) Auslagen nach Abs. 2 sind auch dann festzusetzen, wenn die öffentliche Leistung gebührenfrei oder die Gebühr ermäßigt ist.

§ 15 Kurtaxe

(1) [1]In Staatsbädern kann für die Bereitstellung von Einrichtungen, die zu Kurzwecken unterhalten werden, eine Kurtaxe auf Grund einer Kurtaxordnung erhoben werden. [2]Dabei kann das Verfahren zur Festsetzung, Erhebung und Einziehung der Kurtaxe auch auf Dritte übertragen werden.

(2) [1]Schuldner der Kurtaxe ist, wer sich im Badeort zu Kur- oder Erholungszwecken aufhält, ohne Einwohner dieser Gemeinde zu sein. [2]Die Kurtaxe kann auch von den Einwohnern erhoben werden, die den Schwerpunkt ihrer Lebensverhältnisse in einer anderen Gemeinde haben.

(3) [1]Die Kurtaxordnung für die jeweiligen Staatsbäder erlässt das Finanzministerium als Rechtsverordnung. [2]Sie bestimmt insbesondere die Festlegung der Kurbezirke, die Erhebung und die Höhe der Kurtaxe nach den entstandenen Verwaltungskosten, die Schuldner sowie den Entstehungstatbestand der Kurtaxe und eventuelle Befreiungen. [3]Ferner kann bestimmt werden, dass Vermieter von Unterkünften, Campingplatzbetreiber und Reiseunternehmer, Betreiber von Kurtaxeinrichtungen und ähnlichen Einrichtungen verpflichtet sind, Kurgäste zu melden sowie die Kurtaxe einzuziehen und abzuführen. [4]Insoweit haften diese neben dem Schuldner als Gesamtschuldner für die Zahlung der Kurtaxe.

(4) Für die Bemessung der Verwaltungskosten gilt § 7 Abs. 1.

§ 16 Gebühren- und Auslagenentscheidung

(1) [1]Gebühren und Auslagen werden von Amts wegen festgesetzt. [2]Die Entscheidung über die Gebühren und Auslagen soll zusammen mit der Sachentscheidung ergehen. [3]Sie muss mindestens enthalten:

1. die festsetzende Behörde,
2. den Gebühren- und Auslagenschuldner,
3. die gebührenpflichtige öffentliche Leistung,
4. die Höhe der zu zahlenden Gebühren und Auslagen mit Rechtsgrundlage sowie Angaben zur Berechnung,
5. die Angabe, an welche Stelle, wann und wie die Gebühren und Auslagen zu bezahlen sind.

(2) [1]Die Gebührenentscheidung kann mündlich erfolgen. [2]Sie ist auf Antrag schriftlich oder elektronisch zu bestätigen.

(3) [1]Die Gebührenentscheidung kann vorläufig ergehen, wenn der für die Ermittlung der Gebühr maßgebende Wert des Gegenstands der öffentlichen Leistung ungewiss ist. [2]Sie ist zu ändern oder für endgültig zu erklären, sobald die Ungewissheit beseitigt ist.

§ 17 Festsetzungsverjährung

(1) [1]Die Festsetzung von Gebühren und Auslagen ist nicht mehr zulässig, wenn die Festsetzungsfrist abgelaufen ist. [2]Die Festsetzungsfrist beträgt vier Jahre. [3]Sie beginnt mit dem Ablauf des Jahres, in dem die Gebühren- oder Auslagenschuld entstanden ist.

(2) Die Festsetzungsfrist läuft nicht ab, solange über einen Antrag auf Aufhebung oder Änderung der Festsetzung oder einen eingelegten Rechtsbehelf nicht unanfechtbar entschieden worden ist.

(3) Sind die Gebühren vorläufig festgesetzt worden, so endet die Festsetzungsfrist nicht vor dem Ablauf eines Jahres, nachdem die Ungewissheit beseitigt und die festsetzende Behörde hiervon Kenntnis erhalten hat.

(4) Die Festsetzungsverjährung ist gehemmt, solange der Anspruch wegen höherer Gewalt innerhalb der letzten sechs Monate der Verjährungsfrist nicht verfolgt werden kann.

Dritter Abschnitt:
Erhebung

§ 18 Fälligkeit

Gebühren und Auslagen werden mit der Bekanntgabe der Gebühren- und Auslagenentscheidung an den Schuldner fällig, es sei denn, die Behörde hat einen späteren Fälligkeitszeitpunkt bestimmt.

§ 19 Vorschuss, Sicherheitsleistung, Zurückbehaltungsrecht

(1) Die Behörde kann eine öffentliche Leistung, die auf Antrag erbracht wird, von der Zahlung eines Vorschusses oder von der Leistung einer Sicherheit bis zur Höhe der voraussichtlich entstehenden Gebühren und Auslagen abhängig machen.

(2) [1]Dem Antragsteller ist eine angemessene Frist zur Zahlung des Vorschusses oder zur Leistung der Sicherheit zu setzen. [2]Die Behörde kann den Antrag als zurückgenommen behandeln, wenn die Frist nicht eingehalten wird und der Antragsteller bei der Anforderung des Vorschusses oder der Sicherheitsleistung hierauf hingewiesen worden ist.

(3) Ausfertigungen, Abschriften sowie zurückzugebende Urkunden, die aus Anlass der öffentlichen Leistung eingereicht worden sind, können bis zur Bezahlung der festgesetzten Gebühren und Auslagen zurückbehalten werden.

§ 20 Säumniszuschläge

[1]Werden Gebühren oder Auslagen nicht innerhalb eines Monats nach Fälligkeit entrichtet, so ist für jeden angefangenen Monat der Säumnis ein Säumniszuschlag von 1 vom Hundert des rückständigen, auf volle 50 Euro nach unten abgerundeten Betrages zu entrichten. [2]Die Gebühren und Auslagen gelten als entrichtet

1. bei Übergabe oder Übersendung von Zahlungsmitteln am Tag des Eingangs bei der zuständigen Kasse oder Zahlstelle,
2. bei Überweisung oder Einzahlung auf ein Konto an dem Tag, an dem der Betrag der zuständigen Kasse oder Zahlstelle gutgeschrieben wird,
3. bei Vorliegen einer Einzugsermächtigung am Fälligkeitstag.

[3]Ein Säumniszuschlag wird bei einer Säumnis bis zu fünf Tagen nicht erhoben.

§ 21 Stundung

(1) [1]Die Behörde kann die festgesetzten Gebühren und Auslagen ganz oder teilweise stunden, wenn die Einziehung bei Fälligkeit eine erhebliche Härte für den Schuldner bedeuten würde und der Anspruch durch die Stundung nicht gefährdet erscheint. [2]Die Stundung soll nur auf Antrag und gegen Sicherheitsleistung gewährt werden.

(2) [1]Für die Dauer einer gewährten Stundung werden Zinsen erhoben. [2]Die Zinsen betragen für jeden Monat 0,5 vom Hundert. [3]Sie sind von dem Tag an, an dem der Zinslauf beginnt, nur für volle Monate zu zahlen.

(3) Für die Berechnung der Zinsen wird der zu verzinsende Betrag auf volle 50 Euro nach unten abgerundet.

(4) Auf die Zinsen kann ganz oder teilweise verzichtet werden, wenn ihre Erhebung nach Lage des einzelnen Falles unbillig wäre.

§ 22 Niederschlagung, Erlass

(1) Die Behörde kann Ansprüche niederschlagen, wenn feststeht, dass die Einziehung keinen Erfolg haben wird oder wenn die Kosten der Einziehung außer Verhältnis zu dem einzuziehenden Betrag stehen.

(2) [1]Die Behörde kann Ansprüche ganz oder zum Teil erlassen, wenn deren Einziehung nach Lage des einzelnen Falles unbillig wäre. [2]Unter den gleichen Voraussetzungen können bereits entrichtete Beträge erstattet werden.

§ 23 Zahlungsverjährung

(1) [1]Die Ansprüche auf Zahlung verjähren nach fünf Jahren. [2]Mit der Verjährung erlischt der Anspruch. [3]Die Zahlungsverjährungsfrist beginnt mit dem Ablauf des Kalenderjahres, in dem der Anspruch erstmals fällig geworden ist.

(2) Für die Zahlungsverjährung gilt § 17 Abs. 4 entsprechend.

(3) [1]Die Zahlungsverjährung wird unterbrochen durch schriftliche Geltendmachung des Anspruchs, durch Stundung, Sicherheitsleistung sowie Ermittlungen der Behörde nach dem Wohnsitz oder Aufenthaltsort des Zahlungspflichtigen. [2]Mit Ablauf des Kalenderjahres, in dem die Unterbrechung endet, beginnt eine neue Verjährung. [3]Die Zahlungsverjährung wird nur in Höhe des Betrags unterbrochen, auf den sich die Unterbrechung bezieht.

Vierter Abschnitt:
Sonstige Regelungen, Schlussbestimmungen

§ 24 Rechtsbehelf

[1]Die Gebühren- und Auslagenentscheidung kann zusammen mit der Sachentscheidung oder selbstständig angefochten werden. [2]Der Rechtsbehelf gegen eine Sachentscheidung erstreckt sich auch auf die Gebühren- und Auslagenentscheidung.

§ 25 Gebührenhinterziehung, leichtfertige Gebührenverkürzung

(1) [1]Mit Freiheitsstrafe bis zu zwei Jahren oder mit Geldstrafe wird bestraft, wer vorsätzlich

1. der zuständigen Behörde oder einer anderen Behörde über gebührenrechtlich erhebliche Tatsachen unrichtige oder unvollständige Angaben macht oder

2. die zuständige Behörde oder eine andere Behörde pflichtwidrig über gebührenrechtlich erhebliche Tatsachen in Unkenntnis lässt

und dadurch Gebühren verkürzt oder für sich oder einen anderen nicht gerechtfertigte Gebührenvorteile erlangt. [2]§ 370 Absatz 2 und 4, §§ 371 und 376 der Abgabenordnung sind in der jeweils geltenden Fassung entsprechend anzuwenden.

(2) Ordnungswidrig handelt, wer als Gebührenschuldner oder bei der Wahrnehmung der Angelegenheiten eines Gebührenschuldners eine der in Abs. 1 bezeichneten Taten leichtfertig begeht.

(3) Verwaltungsbehörde im Sinne des § 36 Abs. 1 Nr. 1 des Gesetzes über Ordnungswidrigkeiten für die Verfolgung und Ahndung von Ordnungswidrigkeiten nach Abs. 2 sind

1. das Landesamt für Geoinformation und Landentwicklung für Gebührensachen auf dem Gebiet des Vermessungs-, Flurneuordnungs- und Landentwicklungswesens,

2. *die Regierungspräsidien Freiburg und Tübingen*[1]) für Gebührensachen auf dem Gebiet des Forstwesens,

3. die Landratsämter für Gebührensachen in ihrem Bereich, mit Ausnahme der Gebührensachen auf dem Gebiet des Vermessungswesens,

4. im Übrigen die Regierungspräsidien.

§ 26 Verwaltungsvorschriften

(1) Das Finanzministerium erlässt die allgemeinen Verwaltungsvorschriften zu diesem Gesetz.

(2) Die nach § 4 Abs. 2 und 3 zuständigen Stellen erlassen die für ihre Bereiche erforderlichen besonderen Verwaltungsvorschriften.

§ 27 Übergangsbestimmungen

(1) [1]Das Landesgebührengesetz vom 21. März 1961 (GBl. S. 59), zuletzt geändert durch Gesetz vom 29. Juni 1998 (GBl. S. 358), wird aufgehoben, soweit nicht einzelne Regelungen nach Artikel 17 Abs. 2 des Gesetzes zur Neuregelung des Gebührenrechts übergangsweise, längstens aber bis zum 31. Dezember 2006, weitergelten. [2]§ 13 des Staatshaushaltsgesetzes 2004 (GBl. S. 69) bleibt unberührt.

(2) Auf die Erhebung von Gebühren und Auslagen für eine öffentliche Leistung, die vor Inkrafttreten dieses Gesetzes beantragt oder begonnen, aber noch nicht vollständig erbracht wurde, ist das bisher geltende Landesgebührengesetz anzuwenden.

---

1) Ab 1.1.2020 „das Regierungspräsidium Freiburg".

Landesdatenschutzgesetz(LDSG)[1)]

Vom 12. Juni 2018 (GBl. S. 173)

zuletzt geändert durch Art. 3 G zur Änd. des FinanzausgleichsG und des KindertagesbetreuungsG vom 18. Dezember 2018 (GBl. S. 1549)

Inhaltsübersicht

Abschnitt 1:
Allgemeine Bestimmungen

§ 1 Zweck des Gesetzes
§ 2 Anwendungsbereich
§ 3 Sicherstellung des Datenschutzes

Abschnitt 2:
Rechtsgrundlagen der Verarbeitung personenbezogener Daten

§ 4 Zulässigkeit der Verarbeitung personenbezogener Daten
§ 5 Datenverarbeitung zu anderen Zwecken (Ergänzung zu Artikel 6 Absatz 3 und 4 der Verordnung [EU] 2016/679)
§ 6 Übermittlung personenbezogener Daten
§ 7 Datenverarbeitung in der gemeinsamen Dienststelle

Abschnitt 3:
Rechte der betroffenen Person

§ 8 Beschränkung der Informationspflicht (Ergänzung zu Artikel 13 und 14 der Verordnung [EU] 2016/679)
§ 9 Beschränkung des Auskunftsrechts (Ergänzung zu Artikel 15 der Verordnung [EU] 2016/679)
§ 10 Beschränkung des Rechts auf Löschung (Ergänzung zu Artikel 17 der Verordnung [EU] 2016/679)
§ 11 Beschränkung der Benachrichtigungspflicht (Ergänzung zu Artikel 34 der Verordnung [EU] 2016/679)

Abschnitt 4:
Besondere Verarbeitungssituationen

§ 12 Verarbeitung personenbezogener Daten, die einem Berufs- oder besonderen Amtsgeheimnis unterliegen
§ 13 Datenverarbeitung zu wissenschaftlichen oder historischen Forschungszwecken und zu statistischen Zwecken

§ 14 Datenverarbeitung zu im öffentlichen Interesse liegenden Archivzwecken
§ 15 Datenverarbeitung bei Dienst- und Arbeitsverhältnissen
§ 16 Öffentliche Auszeichnungen und Ehrungen
§ 17 Verarbeitung personenbezogener Daten im öffentlichen Interesse
§ 18 Videoüberwachung öffentlich zugänglicher Räume
§ 19 Verarbeitung personenbezogener Daten zu künstlerischen und literarischen Zwecken

Abschnitt 5:
Unabhängige Aufsichtsbehörden

§ 20 Errichtung
§ 21 Unabhängigkeit
§ 22 Ernennung und Amtszeit
§ 23 Amtsverhältnis
§ 24 Rechte und Pflichten
§ 25 Aufgaben und Befugnisse
§ 26 Pflicht zur Unterstützung
§ 27 Rundfunkbeauftragte oder Rundfunkbeauftragter für den Datenschutz

Abschnitt 6:
Sanktionen

§ 28 Ordnungswidrigkeiten (Ergänzung zu Artikel 83 Absatz 7 der Verordnung [EU] 2016/679)
§ 29 Strafvorschrift (Ergänzung zu Artikel 84 der Verordnung [EU] 2016/679)

Abschnitt 7:
Übergangsbestimmungen

§ 30 Polizeibehörden und Polizeivollzugsdienst, Justizbehörden, Landesamt für Verfassungsschutz und Vollzug des Landessicherheitsüberprüfungsgesetzes
§ 31 Überleitungsvorschriften

Abschnitt 1
Allgemeine Bestimmungen

§ 1 Zweck des Gesetzes

Dieses Gesetz trifft ergänzende Regelungen zur Durchführung der Verordnung (EU) 2016/679 des Europäischen Parlaments und des Rates vom 27. April 2016 zum Schutz natürlicher Personen bei der Verarbeitung personenbezogener Daten, zum freien Datenverkehr und zur Aufhebung der Richtlinie 95/46/EG (Datenschutz-Grundverordnung) (ABl. L 119 vom 4. Mai 2016, S. 1, ber. ABl. L 314 vom

---

1) Verkündet als Art. 1 G v. 12.6.2018 (GBl. S. 173); Inkrafttreten gem. Art. 21 Satz 1 dieses G am 21.6.2018.

22. November 2016, S. 72) in der jeweils geltenden Fassung sowie Regelungen für die Verarbeitung personenbezogener Daten im Rahmen einer Tätigkeit, die nicht in den Anwendungsbereich des Unionsrechts fällt.

§ 2 Anwendungsbereich

(1) [1]Dieses Gesetz gilt nach Maßgabe von Absatz 2 bis 7 für die Verarbeitung personenbezogener Daten durch Behörden und sonstige Stellen des Landes, der Gemeinden und Gemeindeverbände und der sonstigen der Aufsicht des Landes unterstehenden juristischen Personen des öffentlichen Rechts (öffentliche Stellen). [2]Die öffentliche Stelle ist zugleich Verantwortlicher nach Artikel 4 Nummer 7 der Verordnung (EU) 2016/679, soweit dieses Gesetz nichts anderes bestimmt. [3]Dieses Gesetz gilt nicht für die Verarbeitung personenbezogener Daten

1. durch das Landesamt für Verfassungsschutz im Rahmen der Erfüllung seiner Aufgaben nach § 3 des Landesverfassungsschutzgesetzes,

2. beim Vollzug des Landessicherheitsüberprüfungsgesetzes,

3. durch die Polizei sowie die Gerichte, Staatsanwaltschaften, das Justizministerium und die Justizvollzugsbehörden zum Zwecke der Verhütung, Ermittlung, Aufdeckung oder Verfolgung von Straftaten und Ordnungswidrigkeiten oder der Strafvollstreckung, einschließlich des Schutzes vor und der Abwehr von Gefahren für die öffentliche Sicherheit und

4. durch andere für die Verfolgung und Ahndung von Ordnungswidrigkeiten zuständige Stellen, soweit besondere Rechtsvorschriften keine abweichenden Regelungen treffen. [4]§ 30 gilt auch für die Verarbeitung personenbezogener Daten nach Satz 3.

(2) [1]Als öffentliche Stellen gelten auch juristische Personen und sonstige Vereinigungen des privaten Rechts, die Aufgaben der öffentlichen Verwaltung wahrnehmen und an denen eine oder mehrere der in Absatz 1 genannten juristischen Personen des öffentlichen Rechts mit absoluter Mehrheit der Anteile oder absoluter Mehrheit der Stimmen beteiligt sind. [2]Beteiligt sich eine juristische Person oder sonstige Vereinigung des privaten Rechts nach Satz 1 an einer weiteren Vereinigung des privaten Rechts, findet Satz 1 entsprechende Anwendung. [3]Nehmen nichtöffentliche Stellen hoheitliche Aufgaben der öffentlichen Verwaltung wahr, sind sie insoweit öffentliche Stellen im Sinne dieses Gesetzes.

(3) [1]Soweit besondere Rechtsvorschriften des Bundes oder des Landes auf personenbezogene Daten anzuwenden sind, gehen sie den Vorschriften dieses Gesetzes vor. [2]Die Vorschriften dieses Gesetzes gehen denen des Landesverwaltungsverfahrensgesetzes vor, soweit bei der Ermittlung des Sachverhalts personenbezogene Daten verarbeitet werden.

(4) [1]Soweit die Verarbeitung personenbezogener Daten im Rahmen einer Tätigkeit stattfindet, die nicht in den sachlichen Anwendungsbereich der Verordnung (EU) 2016/679 oder der Richtlinie (EU) 2016/680 des Europäischen Parlaments und des Rates vom 27. April 2016 zum Schutz natürlicher Personen bei der Verarbeitung personenbezogener Daten durch die zuständigen Behörden zum Zwecke der Verhütung, Ermittlung, Aufdeckung oder Verfolgung von Straftaten oder der Strafvollstreckung sowie zum freien Datenverkehr und zur Aufhebung des Rahmenbeschlusses 2008/977/JI des Rates (ABl. L 119 vom 4. Mai 2016, S. 89) fällt, gelten die Regelungen der Verordnung (EU) 2016/679 und dieses Gesetz entsprechend, sofern die Verarbeitung nicht in besonderen Rechtsvorschriften geregelt ist. [2]Die Artikel 30, 35 und 36 der Verordnung (EU) 2016/679 gelten nur, soweit die Verarbeitung personenbezogener Daten automatisiert erfolgt oder die Daten in einem Dateisystem gespeichert sind oder gespeichert werden sollen. [3]Auf die Prüfungstätigkeit des Rechnungshofs und der staatlichen Rechnungsprüfungsämter finden Artikel 30 und Kapitel VI der Verordnung (EU) 2016/679 sowie §§ 25 und 26 dieses Gesetzes keine Anwendung.

(5) Dieses Gesetz gilt für den Landtag sowie unbeschadet des Absatz 1 Nummer 3 für die Gerichte nur, soweit sie in Verwaltungsangelegenheiten tätig werden.

(6) [1]Soweit öffentliche Stellen als Unternehmen mit eigener Rechtspersönlichkeit am Wettbewerb teilnehmen, sind die für nichtöffentliche Stellen geltenden datenschutzrechtlichen Vorschriften entsprechend anzuwenden. [2]Satz 1 gilt nicht für Zweckverbände.

(7) Die Vorschriften dieses Gesetzes gelten nicht für die Verarbeitung personenbezogener Daten zur Ausübung des Begnadigungsrechts.

§ 3 Sicherstellung des Datenschutzes

(1) [1]Bei der Datenverarbeitung sind angemessene und spezifische Maßnahmen zur Wahrung der Interessen der betroffenen Person vorzusehen. [2]Dabei sind der Stand der Technik, die Implementierungskosten, die Art, der Umfang, die Umstände und die Zwecke der Verarbeitung sowie die unterschiedliche Eintrittswahrscheinlichkeit und Schwere der mit der Verarbeitung verbundenen Risiken für die Rechte und Freiheiten natürlicher Personen zu berücksichtigen. [3]Zu den Maßnahmen können insbesondere gehören:

1. technische und organisatorische Maßnahmen, um sicherzustellen, dass die Verarbeitung gemäß der Verordnung [EU] 2016/679 erfolgt,

2. Maßnahmen, die die nachträgliche Überprüfung und Feststellung gewährleisten, ob und von wem personenbezogene Daten erfasst, verändert oder gelöscht worden sind,

3. die Sensibilisierung und Schulung der an Verarbeitungsvorgängen Beteiligten,

4. die Beschränkung des Zugangs zu den personenbezogenen Daten innerhalb der öffentlichen Stelle und von Auftragsverarbeitern,

5. die Pseudonymisierung personenbezogener Daten,

6. die Verschlüsselung personenbezogener Daten,

7. die Fähigkeit, die Vertraulichkeit, Integrität, Verfügbarkeit und Belastbarkeit der Systeme und Dienste im Zusammenhang mit der Verarbeitung personenbezogener Daten auf Dauer sicherzustellen, einschließlich der Fähigkeit, die Verfügbarkeit der personenbezogenen Daten und den Zugang zu ihnen bei einem physischen oder technischen Zwischenfall rasch wiederherzustellen,

8. die Einrichtung eines Verfahrens zur regelmäßigen Überprüfung, Bewertung und Evaluierung der Wirksamkeit der technischen und organisatorischen Maßnahmen zur Gewährleistung der Sicherheit der Verarbeitung und

9. spezifische Verfahrensregelungen, die im Fall einer Übermittlung oder Verarbeitung personenbezogener Daten für andere Zwecke die Einhaltung der Vorgaben dieses Gesetzes sowie der Verordnung [EU] 2016/679 sicherstellen.

(2) [1]Den bei öffentlichen Stellen beschäftigten Personen ist es untersagt, personenbezogene Daten unbefugt zu verarbeiten (Datengeheimnis). [2]Das Datengeheimnis besteht nach Beendigung ihrer Tätigkeit fort.

Abschnitt 2
Rechtsgrundlagen der Verarbeitung personenbezogener Daten

§ 4 Zulässigkeit der Verarbeitung personenbezogener Daten
Die Verarbeitung personenbezogener Daten ist unbeschadet sonstiger Bestimmungen zulässig, wenn sie zur Erfüllung der in der Zuständigkeit der öffentlichen Stelle liegenden Aufgabe oder in Ausübung öffentlicher Gewalt, die der öffentlichen Stelle übertragen wurde, erforderlich ist.

§ 5 Datenverarbeitung zu anderen Zwecken (Ergänzung zu Artikel 6 Absatz 3 und 4 der Verordnung [EU] 2016/679)
(1) Die Verarbeitung personenbezogener Daten zu einem anderen Zweck als zu demjenigen, zu dem sie erhoben wurden, ist unbeschadet der Bestimmungen der Verordnung [EU] 2016/679 zulässig, wenn

1. sie zur Abwehr erheblicher Nachteile für das Gemeinwohl oder einer unmittelbar drohenden Gefahr für die öffentliche Sicherheit oder zur Wahrung erheblicher Belange des Gemeinwohls erforderlich ist,

2. sie zum Schutz der betroffenen Person oder zur Abwehr einer schwerwiegenden Beeinträchtigung der Rechte und Freiheiten einer anderen Person erforderlich ist,

3. sich bei der rechtmäßigen Aufgabenerfüllung Anhaltspunkte für Straftaten oder Ordnungswidrigkeiten von erheblicher Bedeutung ergeben und die Unterrichtung der für die Verhütung, Verfolgung oder Vollstreckung zuständigen Behörden erforderlich ist oder

4. Angaben der betroffenen Person überprüft werden müssen, weil tatsächliche Anhaltspunkte für deren Unrichtigkeit bestehen,

soweit die Verarbeitung notwendig und verhältnismäßig ist.

(2) [1]Eine Verarbeitung gilt als mit den ursprünglichen Zwecken vereinbar, wenn sie

1. für die Wahrnehmung von Aufsichts- und Kontrollbefugnissen benötigt wird oder

2. der Rechnungsprüfung oder der Durchführung von Organisationsuntersuchungen oder der Prüfung und Wartung von automatisierten Verfahren dient.

[2]Dies gilt auch für die Verarbeitung zu eigenen Aus- und Fortbildungszwecken, soweit schutzwürdige Belange der betroffenen Person nicht entgegenstehen.

(3) Abweichend von Artikel 13 der Verordnung [EU] 2016/679 erfolgt eine Information der betroffenen Person über die Datenverarbeitung nach Absatz 1 Nummern 1 bis 4 nicht, soweit und solange hierdurch der Zweck der Verarbeitung gefährdet würde und die Interessen der öffentlichen Stelle an der Nichterteilung der Information die Interessen der betroffenen Person überwiegen.

(4) Personenbezogene Daten, die ausschließlich zum Zweck der Datenschutzkontrolle, der Datensicherung oder zur Sicherstellung des ordnungsgemäßen Betriebs einer Datenverarbeitungsanlage verarbeitet werden, dürfen nur für diesen Zweck und hiermit in Zusammenhang stehende Maßnahmen gegenüber Beschäftigten verarbeitet werden oder soweit dies zur Verhütung oder Verfolgung von Straftaten gegen Leib, Leben oder Freiheit einer Person erforderlich ist.

§ 6 Übermittlung personenbezogener Daten

(1) Die Übermittlung personenbezogener Daten zu anderen als ihren Erhebungszwecken ist zulässig, wenn

1. sie zur Erfüllung einer der übermittelnden oder der empfangenden öffentlichen Stelle obliegenden Aufgabe erforderlich ist und die Voraussetzungen vorliegen, die eine Verarbeitung nach § 5 zulassen würden oder

2. der Empfänger eine nichtöffentliche Stelle ist, die ein berechtigtes Interesse an ihrer Kenntnis glaubhaft darlegt und die betroffene Person kein schutzwürdiges Interesse an dem Ausschluss der Übermittlung hat; dies gilt auch, soweit die Daten zu anderen Zwecken als denjenigen, zu denen sie erhoben wurden, übermittelt werden.

(2) [1]Die Verantwortung für die Zulässigkeit der Übermittlung personenbezogener Daten trägt die übermittelnde öffentliche Stelle. [2]Erfolgt die Übermittlung an eine öffentliche Stelle im Geltungsbereich des Grundgesetzes auf deren Ersuchen, trägt diese die Verantwortung und erteilt die Informationen nach Artikel 14 der Verordnung [EU] 2016/679. [3]Die übermittelnde öffentliche Stelle hat im Falle des Satzes 2 lediglich zu prüfen, ob das Übermittlungsersuchen im Rahmen der Aufgaben der ersuchenden öffentlichen Stelle liegt. [4]Die Rechtmäßigkeit des Ersuchens prüft sie nur, wenn im Einzelfall hierzu Anlass besteht.

(3) [1]Erfolgt die Übermittlung aufgrund eines automatisierten Verfahrens, welches die Übermittlung personenbezogener Daten durch Abruf ermöglicht, trägt die Verantwortung für die Rechtmäßigkeit des Abrufs der Dritte, an den übermittelt wird. [2]Die übermittelnde Stelle prüft die Zulässigkeit des Abrufs nur, wenn dazu Anlass besteht. [3]Sie hat zu gewährleisten, dass die Übermittlung personenbezogener Daten zumindest durch geeignete Stichprobenverfahren festgestellt und überprüft werden kann.

§ 7 Datenverarbeitung in der gemeinsamen Dienststelle

(1) [1]Die örtlich zuständige öffentliche Stelle darf personenbezogene Daten nur den in einer gemeinsamen Dienststelle nach § 16 Absatz 1 des Landesverwaltungsgesetzes beschäftigten eigenen Bediensteten zur Verarbeitung für eigene Aufgaben überlassen. [2]Durch technische und organisatorische Maßnahmen ist sicherzustellen, dass ein Zugriff auf die Daten nach Satz 1 durch Bedienstete anderer Behörden nicht möglich ist. [3]Soweit dies zur Sicherstellung einer sachgerechten Erledigung der eigenen Aufgaben erforderlich ist, darf die örtlich zuständige öffentliche Stelle auch Bediensteten anderer Behörden, die in der gemeinsamen Dienststelle beschäftigt sind, personenbezogene Daten zur Verarbeitung überlassen. [4]Im Rahmen einer solchen Datenverarbeitung unterliegen die Bediensteten anderer Behörden den Weisungen der örtlich zuständigen öffentlichen Stelle. [5]Hinsichtlich der Daten, die sie im Rahmen ihrer Tätigkeit für die fremde Behörde zur Kenntnis nehmen, haben sie das Datengeheimnis gegenüber ihrer eigenen Dienststelle zu wahren. [6]Das Nähere ist durch gemeinsame interne Dienstanweisungen zu regeln. [7]Verantwortlicher bleibt die örtlich zuständige öffentliche Stelle.

(2) Für gemeinsame Dienststellen nach § 27 des Gesetzes über kommunale Zusammenarbeit gilt Absatz 1 entsprechend.

Abschnitt 3
Rechte der betroffenen Person

§ 8 Beschränkung der Informationspflicht (Ergänzung zu Artikel 13 und 14 der Verordnung [EU] 2016/679)

(1) Eine Pflicht zur Information der betroffenen Person besteht nicht, soweit und solange

1. die Information die öffentliche Sicherheit gefährden oder sonst dem Wohle des Bundes oder eines Landes Nachteile bereiten würde,

2. die Information die Verhütung oder Verfolgung von Straftaten oder Ordnungswidrigkeiten von erheblicher Bedeutung gefährden würde,

3. die Information die Geltendmachung, Ausübung oder Verteidigung zivilrechtlicher Ansprüche beeinträchtigen würde,

4. die Daten oder die Tatsache der Verarbeitung nach einer Rechtsvorschrift oder zum Schutze der betroffenen Person oder der Rechte und Freiheiten anderer Personen geheim gehalten werden müssen oder

5. die Information voraussichtlich die Verwirklichung des wissenschaftlichen oder historischen Forschungszwecks unmöglich macht oder ernsthaft beeinträchtigt

und deswegen das Interesse der betroffenen Person an der Informationserteilung zurücktreten muss.

(2) [1]Bezieht sich die Informationserteilung auf die Übermittlung personenbezogener Daten an Staatsanwaltschaften, Polizeibehörden oder den Polizeivollzugsdienst, Verfassungsschutzbehörden und, soweit sie in Erfüllung ihrer gesetzlichen Aufgaben im Anwendungsbereich der Abgabenordnung zur Überwachung und Prüfung personenbezogene Daten speichern, an Behörden der Finanzverwaltung, ist diesen Behörden vorab Gelegenheit zur Stellungnahme zu geben. [2]Satz 1 findet auch Anwendung auf die Übermittlung personenbezogener Daten an den Bundesnachrichtendienst, den Militärischen Abschirmdienst und, soweit die Sicherheit des Bundes berührt wird, an andere Behörden des Bundesministers der Verteidigung. [3]Satz 1 und 2 gelten entsprechend für die Information über die Herkunft der Daten von den genannten Behörden.

(3) Die Gründe für das Absehen von der Information sind zu dokumentieren.

§ 9 Beschränkung des Auskunftsrechts (Ergänzung zu Artikel 15 der Verordnung [EU] 2016/679)

(1) [1]Die Auskunftserteilung kann aus den in § 8 Absatz 1 Nummern 1 bis 4 genannten Gründen abgelehnt werden. [2]Die betroffene Person kann ferner keine Auskunft verlangen, soweit und solange die personenbezogenen Daten ausschließlich zu Zwecken der Datensicherung oder der Datenschutzkontrolle gespeichert sind und eine Verarbeitung zu anderen Zwecken durch geeignete technische und organisatorische Maßnahmen ausgeschlossen ist und deswegen das Interesse der betroffenen Person an der Auskunftserteilung zurücktreten muss.

(2) [1]Sofern die öffentliche Stelle eine große Menge von Informationen über die betroffene Person verarbeitet, kann sie sich auf die Benennung der Verarbeitungsvorgänge und der Art der verarbeiteten Daten beschränken, wenn sie im Übrigen von der betroffenen Person eine Präzisierung verlangt, auf welche Information oder welche Verarbeitungsvorgänge sich ihr Auskunftsersuchen bezieht. [2]Kommt die betroffene Person dem Verlangen nicht nach, kann die Auskunft verweigert werden, soweit die Auskunftserteilung einen unzumutbaren Aufwand auslösen würde.

(3) § 8 Absatz 2 gilt entsprechend.

(4) [1]Die Ablehnung der Auskunftserteilung ist zu begründen, es sei denn, durch die Mitteilung der Gründe würde der mit der Auskunftsverweigerung verfolgte Zweck gefährdet. [2]In diesem Fall sind die Gründe der Auskunftsverweigerung zu dokumentieren. [3]Die betroffene Person ist auf die Möglichkeit der Beschwerde bei der oder dem Landesbeauftragten für den Datenschutz hinzuweisen.

(5) [1]Wird der betroffenen Person keine Auskunft erteilt, ist sie auf ihr Verlangen der oder dem Landesbeauftragten für den Datenschutz zu erteilen, soweit nicht die jeweils zuständige oberste Landesbehörde im Einzelfall feststellt, dass dadurch die Sicherheit des Bundes oder eines Landes gefährdet würde. [2]Die Mitteilung der oder des Landesbeauftragten für den Datenschutz an die betroffene Person über das Ergebnis der datenschutzrechtlichen Prüfung darf keine Rückschlüsse auf den Erkenntnisstand der öffentlichen Stelle zulassen, sofern diese nicht einer weiter gehenden Auskunft zustimmt.

§ 10 Beschränkung des Rechts auf Löschung (Ergänzung zu Artikel 17 der Verordnung [EU] 2016/679)

(1) Die Bestimmungen des Landesarchivgesetzes zur Anbietungspflicht sowie sonstige gesetzliche oder satzungsmäßige Dokumentations- und Aufbewahrungspflichten bleiben unberührt.

(2) [1]Die Pflicht zur Löschung personenbezogener Daten nach Artikel 17 der Verordnung [EU] 2016/679 besteht nicht, wenn Grund zu der Annahme besteht, dass durch eine Löschung schutzwürdige Interessen der betroffenen Person beeinträchtigt würden. [2]In diesem Fall tritt an die Stelle einer Löschung eine Einschränkung der Verarbeitung nach Artikel 18 der Verordnung [EU] 2016/679. [3]Die öffentliche Stelle unterrichtet die betroffene Person über das Absehen von der Löschung und die Einschränkung der Verarbeitung. [4]Widerspricht die betroffene Person dem Absehen von der Löschung, sind die Daten zu löschen.

(3) [1]Ist eine Löschung im Falle nichtautomatisierter Datenverarbeitung wegen der besonderen Art der Speicherung nicht oder nur mit unverhältnismäßig hohem Aufwand möglich und ist das Interesse der betroffenen Person an der Löschung als gering anzusehen, besteht das Recht der betroffenen Person auf und die Pflicht der öffentlichen Stelle zur Löschung personenbezogener Daten nicht. [2]In diesem Fall tritt an die Stelle einer Löschung eine Einschränkung der Verarbeitung nach Artikel 18 der Verordnung [EU] 2016/679. [3]Satz 1 und 2 finden keine Anwendung, wenn die personenbezogenen Daten unrechtmäßig verarbeitet wurden.

§ 11 Beschränkung der Benachrichtigungspflicht (Ergänzung zu Artikel 34 der Verordnung [EU] 2016/679)

Die öffentliche Stelle kann von der Benachrichtigung der von einer Verletzung des Schutzes personenbezogener Daten betroffenen Person absehen, soweit und solange

1. die Benachrichtigung die öffentliche Sicherheit gefährden oder sonst dem Wohle des Bundes oder eines Landes Nachteile bereiten würde,

2. die Daten oder die Tatsache der Verarbeitung nach einer Rechtsvorschrift oder zum Schutze der betroffenen Person oder der Rechte anderer Personen geheim gehalten werden müssen oder

3. die Benachrichtigung die Sicherheit von Systemen der Informationstechnologie gefährden würde und deswegen das Interesse der betroffenen Person an der Benachrichtigung zurücktreten muss.

Abschnitt 4
Besondere Verarbeitungssituationen

§ 12 Verarbeitung personenbezogener Daten, die einem Berufs- oder besonderen Amtsgeheimnis unterliegen

(1) [1]Personenbezogene Daten, die einem Berufs- oder besonderen Amtsgeheimnis unterliegen und die der öffentlichen Stelle in Ausübung einer Berufs- oder Amtspflicht übermittelt worden sind, dürfen von der öffentlichen Stelle nur für den Zweck verarbeitet werden, für den sie die Daten erhalten hat. [2]Artikel 9 der Verordnung (EU) 2016/679 bleibt unberührt.

(2) Für einen anderen Zweck dürfen die Daten nur verarbeitet werden, wenn

1. die Änderung des Zwecks durch besonderes Gesetz zugelassen ist oder

2. die Voraussetzungen des § 5 Absatz 1 Nummern 1 bis 3, § 13 Absatz 1 oder § 14 Absatz 1 vorliegen und die zur Verschwiegenheit verpflichtete Stelle zugestimmt hat.

§ 13 Datenverarbeitung zu wissenschaftlichen oder historischen Forschungszwecken und zu statistischen Zwecken

(1) [1]Öffentliche Stellen dürfen personenbezogene Daten einschließlich besonderer Kategorien personenbezogener Daten für wissenschaftliche oder historische Forschungszwecke oder für statistische Zwecke verarbeiten, wenn die Zwecke auf andere Weise nicht oder nur mit unverhältnismäßigem Aufwand erreicht werden können und das Interesse der öffentlichen Stelle an der Durchführung des Forschungs- oder Statistikvorhabens die Interessen der betroffenen Person an einem Ausschluss der Verarbeitung überwiegen. [2]Besondere Kategorien personenbezogener Daten sind die in Artikel 9 Absatz 1 der Verordnung (EU) 2016/679 genannten Daten.

(2) [1]Die personenbezogenen Daten sind zu anonymisieren, sobald dies nach dem Forschungs- oder Statistikzweck möglich ist, es sei denn, berechtigte Interessen der betroffenen Person stehen dem entgegen. [2]Bis zur Anonymisierung sind die Merkmale gesondert zu speichern, mit denen Einzelangaben

einer bestimmten oder bestimmbaren Person zugeordnet werden können. [3]Sie dürfen mit den Einzelangaben nur zusammengeführt werden, soweit der Forschungs- oder Statistikzweck dies erfordert.

(3) Die wissenschaftliche oder historische Forschung betreibenden öffentlichen Stellen dürfen personenbezogene Daten außer bei Einwilligung nur veröffentlichen, soweit dies für die Darstellung von Forschungsergebnissen über Ereignisse der Zeitgeschichte unerlässlich ist.

(4) [1]Die in Artikel 15, 16, 18 und 21 der Verordnung (EU) 2016/679 vorgesehenen Rechte der betroffenen Person sind insoweit beschränkt, als diese Rechte voraussichtlich die Verwirklichung der jeweiligen Forschungs- oder Statistikzwecke unmöglich machen oder ernsthaft beeinträchtigen und die Beschränkung für die Erfüllung der jeweiligen Forschungs- oder Statistikzwecke notwendig ist. [2]Das Recht auf Auskunft gemäß Artikel 15 der Verordnung (EU) 2016/679 besteht darüber hinaus nicht, wenn die Daten für Zwecke der wissenschaftlichen Forschung erforderlich sind und die Auskunftserteilung einen unverhältnismäßigen Aufwand erfordern würde.

§ 14 Datenverarbeitung zu im öffentlichen Interesse liegenden Archivzwecken

(1) Die Verarbeitung besonderer Kategorien personenbezogener Daten ist zulässig, wenn sie für im öffentlichen Interesse liegende Archivzwecke erforderlich ist.

(2) Das Recht auf Auskunft der betroffenen Person gemäß Artikel 15 der Verordnung (EU) 2016/679 besteht nicht, wenn das Archivgut nicht durch den Namen der Person erschlossen ist oder keine Angaben gemacht werden, die das Auffinden des betreffenden Archivguts mit vertretbarem Verwaltungsaufwand ermöglichen.

(3) [1]Das Recht auf Berichtigung der betroffenen Person gemäß Artikel 16 der Verordnung (EU) 2016/679 besteht nicht, wenn die personenbezogenen Daten zu Archivzwecken im öffentlichen Interesse verarbeitet werden. [2]Bestreitet die betroffene Person die Richtigkeit der personenbezogenen Daten, ist ihr die Möglichkeit einer Gegendarstellung einzuräumen. [3]Das zuständige Archiv ist verpflichtet, die Gegendarstellung den Unterlagen hin zuzufügen.

(4) Die in Artikel 18, 19, 20 und 21 der Verordnung (EU) 2016/679 vorgesehenen Rechte bestehen nicht, soweit diese Rechte voraussichtlich die Verwirklichung der im öffentlichen Interesse liegenden Archivzwecke unmöglich machen oder ernsthaft beeinträchtigen und die Ausnahmen für die Erfüllung dieser Zwecke erforderlich sind.

(5) Soweit öffentliche Stellen verpflichtet sind, Unterlagen einem öffentlichen Archiv zur Übernahme anzubieten, ist eine Löschung erst zulässig, nachdem die Unterlagen dem öffentlichen Archiv angeboten und von diesem nicht als archivwürdig übernommen worden sind oder über die Übernahme nicht innerhalb der gesetzlichen Frist entschieden worden ist.

§ 15 Datenverarbeitung bei Dienst- und Arbeitsverhältnissen

(1) [1]Personenbezogene Daten von Bewerberinnen und Bewerbern sowie Beschäftigten dürfen verarbeitet werden, soweit dies zur Eingehung, Durchführung, Beendigung oder Abwicklung des jeweiligen Dienst- oder Arbeitsverhältnisses oder zur Durchführung innerdienstlich planerischer, organisatorischer, personeller, sozialer oder haushalts- und kostenrechnerischer Maßnahmen, insbesondere zu Zwecken der Personalplanung und des Personaleinsatzes, erforderlich oder in einer Rechtsvorschrift, einem Tarifvertrag oder einer Dienst- oder Betriebsvereinbarung (Kollektivvereinbarung) vorgesehen ist. [2]Die Verarbeitung ist auch zulässig, wenn sie zur Ausübung oder Erfüllung der sich aus einem Gesetz, einem Tarifvertrag oder einer Kollektivvereinbarung ergebenden Rechte und Pflichten der Interessenvertretung der Beschäftigten erforderlich ist.

(2) Besondere Kategorien personenbezogener Daten dürfen für Zwecke des Beschäftigungsverhältnisses verarbeitet werden, soweit die Verarbeitung erforderlich ist, um den Rechten und Pflichten der öffentlichen Stellen oder der betroffenen Person, auch aufgrund von Kollektivvereinbarungen, auf dem Gebiet des Dienst- und Arbeitsrechts sowie des Rechts der sozialen Sicherheit und des Sozialschutzes zu genügen und kein Grund zu der Annahme besteht, dass das schutzwürdige Interesse der betroffenen Person an dem Ausschluss der Verarbeitung überwiegt.

(3) [1]Im Zusammenhang mit der Begründung eines Dienst- oder Arbeitsverhältnisses ist die Erhebung personenbezogener Daten einer Bewerberin oder eines Bewerbers bei dem bisherigen Dienstherrn oder Arbeitgeber nur zulässig, wenn die betroffene Person eingewilligt hat. [2]Satz 1 gilt entsprechend für die Übermittlung personenbezogener Daten an künftige Dienstherren oder Arbeitgeber.

(4) Auf die Verarbeitung von Personalaktendaten von Arbeitnehmerinnen und Arbeitnehmern sowie Auszubildenden in einem privatrechtlichen Ausbildungsverhältnis finden die für Beamtinnen und Beamte geltenden Vorschriften des § 50 des Beamtenstatusgesetzes und der §§ 83 bis 88 des Landesbeamtengesetzes entsprechende Anwendung, es sei denn, besondere Rechtsvorschriften oder tarifliche Vereinbarungen gehen vor.

(5) Zur Aufdeckung von Straftaten und schwerwiegenden Pflichtverletzungen dürfen personenbezogene Daten von Beschäftigten nur dann verarbeitet werden, wenn zu dokumentierende tatsächliche Anhaltspunkte den Verdacht begründen, dass die betroffene Person im Beschäftigungsverhältnis eine Straftat oder schwerwiegende Pflichtverletzung begangen hat, die Verarbeitung zur Aufdeckung erforderlich ist und das schutzwürdige Interesse der oder des Beschäftigten an dem Ausschluss der Verarbeitung nicht überwiegt, insbesondere Art und Ausmaß im Hinblick auf den Anlass nicht unverhältnismäßig sind.

(6) Die Verarbeitung biometrischer Daten von Beschäftigten zu Authentifizierungs- und Autorisierungszwecken ist untersagt, es sei denn, die betroffene Person hat ausdrücklich eingewilligt oder sie ist durch Dienst- oder Betriebsvereinbarung geregelt und für die Datenverarbeitung besteht jeweils ein dringendes dienstliches Bedürfnis.

(7) [1]Eine Überwachung von Beschäftigten mit Hilfe optisch-elektronischer Einrichtungen zum Zwecke der Verhaltens- und Leistungskontrolle ist unzulässig. [2]Absatz 5 bleibt unberührt. [3]Für sonstige technische Einrichtungen gilt Absatz 1 entsprechend; die öffentliche Stelle muss geeignete Maßnahmen treffen, um sicherzustellen, dass insbesondere die in Artikel 5 der Verordnung (EU) 2016/679 dargelegten Grundsätze für die Verarbeitung personenbezogener Daten eingehalten werden.

(8) [1]Beschäftigte sind alle bei öffentlichen Stellen beschäftigten Personen unabhängig von der Rechtsform des Beschäftigungsverhältnisses. [2]Die Beteiligungsrechte der Interessenvertretungen der Beschäftigten bleiben unberührt.

§ 16 Öffentliche Auszeichnungen und Ehrungen

(1) Zur Entscheidung über öffentliche Auszeichnungen und Ehrungen dürfen personenbezogene Daten einschließlich besonderer Kategorien personenbezogener Daten verarbeitet werden; die öffentlichen Stellen sind insofern nicht zur Informations- und Auskunftserteilung gemäß Artikel 13 bis 15 der Verordnung (EU) 2016/679 verpflichtet.

(2) Zu anderen Zwecken dürfen die Daten nicht verarbeitet werden, es sei denn, sie werden für protokollarische Zwecke benötigt.

§ 17 Verarbeitung personenbezogener Daten im öffentlichen Interesse

(1) [1]Für die Überprüfung der Zuverlässigkeit von Besuchern, Mitarbeitern von Unternehmen und anderen Organisationen sowie sonstigen Personen, die in sicherheits- oder sicherheitstechnisch relevante Bereiche gelangen sollen, für die öffentliche Stellen Verantwortung tragen, gilt § 15 Absatz 1 Satz 1 entsprechend mit der Maßgabe, dass zusätzlich die Einwilligung der betroffenen Person erforderlich ist. [2]Besondere Kategorien personenbezogener Daten sowie Daten über strafrechtliche Verurteilungen und Straftaten oder damit zusammenhängende Sicherungsmaßregeln dürfen nur aufgrund einer ausdrücklichen Einwilligung verarbeitet werden.

(2) Abweichend von Artikel 9 Absatz 1 der Verordnung (EU) 2016/679 ist die Verarbeitung besonderer Kategorien personenbezogener Daten zulässig, wenn die Verarbeitung aus Gründen eines erheblichen öffentlichen Interesses oder zur Abwehr einer erheblichen Gefahr für die öffentliche Sicherheit erforderlich ist und die Interessen der öffentlichen Stelle an der Datenverarbeitung die Interessen der betroffenen Person überwiegen.

§ 18 Videoüberwachung öffentlich zugänglicher Räume

(1) Die Beobachtung öffentlich zugänglicher Räume mit Hilfe optisch-elektronischer Einrichtungen (Videoüberwachung) sowie die Verarbeitung der dadurch erhobenen personenbezogenen Daten ist zulässig, soweit dies im Rahmen der Erfüllung öffentlicher Aufgaben oder in Ausübung des Hausrechts im Einzelfall erforderlich ist,

1.   um Leben, Gesundheit, Freiheit oder Eigentum von Personen, die sich in öffentlichen Einrichtungen, öffentlichen Verkehrsmitteln, Amtsgebäuden oder sonstigen baulichen Anlagen öffentlicher Stellen oder in deren unmittelbarer Nähe aufhalten, oder

2. um Kulturgüter, öffentliche Einrichtungen, öffentliche Verkehrsmittel, Amtsgebäude oder sonstige bauliche Anlagen öffentlicher Stellen sowie die dort oder in deren unmittelbarer Nähe befindlichen Sachen

zu schützen und keine Anhaltspunkte dafür bestehen, dass schutzwürdige Interessen der betroffenen Personen überwiegen.

(2) Die Videoüberwachung ist durch geeignete Maßnahmen zum frühestmöglichen Zeitpunkt erkennbar zu machen; dabei ist der Verantwortliche mitzuteilen.

(3) Für einen anderen Zweck dürfen die Daten nur weiterverarbeitet werden, soweit dies zur Abwehr von Gefahren für die öffentliche Sicherheit oder zur Verfolgung von Ordnungswidrigkeiten von erheblicher Bedeutung oder von Straftaten erforderlich ist.

(4) [1]Werden durch Videoüberwachung erhobene Daten einer bestimmten Person zugeordnet, besteht die Pflicht zur Information der betroffenen Person über diese Verarbeitung nach Artikel 13 und 14 der Verordnung (EU) 2016/679. [2]§ 8 gilt entsprechend.

(5) Die Videoaufzeichnungen und daraus gefertigte oder sich auf die Videoüberwachung beziehende Unterlagen sind unverzüglich, spätestens jedoch vier Wochen nach der Datenerhebung zu löschen, soweit sie nicht zur Verfolgung von Ordnungswidrigkeiten von erheblicher Bedeutung oder von Straftaten oder zur Geltendmachung von Rechtsansprüchen benötigt werden.

(6) Öffentliche Stellen haben ihren jeweiligen Datenschutzbeauftragten unbeschadet des Artikels 35 Absatz 2 der Verordnung (EU) 2016/679 rechtzeitig vor dem erstmaligen Einsatz einer Videoüberwachungseinrichtung den Zweck, die räumliche Ausdehnung und die Dauer der Videoüberwachung, den betroffenen Personenkreis, die Maßnahmen nach Absatz 2 und die vorgesehenen Auswertungen mitzuteilen und ihm Gelegenheit zur Stellungnahme zu geben.

§ 19 Verarbeitung personenbezogener Daten zu künstlerischen und literarischen Zwecken

(1) [1]Werden personenbezogene Daten zu künstlerischen und literarischen Zwecken verarbeitet, gelten neben Absatz 2 und 3 nur Artikel 5 Absatz 1 Buchstabe f in Verbindung mit Absatz 2, Artikel 24 und 32, sowie Kapitel I, VI, VIII, X und XI der Verordnung (EU) 2016/679. [2]Artikel 82 der Verordnung (EU) 2016/679 gilt mit der Maßgabe, dass nur für unzureichende Maßnahmen nach Artikel 5 Absatz 1 Buchstabe f, Artikel 24 und 32 der Verordnung (EU) 2016/679 gehaftet wird. [3]Den betroffenen Personen stehen nur die in Absatz 2 und 3 genannten Rechte zu.

(2) Führt die künstlerische oder literarische Offenlegung oder Verbreitung personenbezogener Daten zu hierauf bezogenen Maßnahmen wie Gegendarstellungen, Verpflichtungserklärungen, Gerichtsentscheidungen oder Widerrufen sind diese Maßnahmen zu den gespeicherten Daten zu nehmen und dort für dieselbe Zeitdauer aufzubewahren wie die Daten selbst und bei einer Übermittlung der Daten gemeinsam mit diesen zu übermitteln.

(3) Wird jemand durch die künstlerische oder literarische Offenlegung oder Verbreitung personenbezogener Daten in seinem Persönlichkeitsrecht beeinträchtigt, kann er Auskunft über die zugrunde liegenden, zu seiner Person gespeicherten Daten verlangen.

Abschnitt 5
Unabhängige Aufsichtsbehörden

§ 20 Errichtung

(1) [1]Die oder der Landesbeauftragte für den Datenschutz ist eine unabhängige, nur dem Gesetz unterworfene oberste Landesbehörde. [2]Der Dienstsitz ist Stuttgart.

(2) [1]Die oder der Landesbeauftragte für den Datenschutz ist Dienstvorgesetzte oder Dienstvorgesetzter der Beamtinnen und Beamten der Behörde. [2]Die Beschäftigten der oder des Landesbeauftragten für den Datenschutz sind ausschließlich an ihre oder seine Weisungen gebunden.

(3) [1]Die oder der Landesbeauftragte für den Datenschutz kann Aufgaben der Personalverwaltung und Personalwirtschaft auf andere Stellen des Landes übertragen, soweit hierdurch ihre oder seine Unabhängigkeit nicht beeinträchtigt wird. [2]Diesen Stellen dürfen personenbezogene Daten der Beschäftigten übermittelt werden, soweit deren Kenntnis zur Erfüllung der übertragenen Aufgaben erforderlich ist. [3]Die Aufgabenübertragung nach Satz 1 kann nur im Einvernehmen mit der anderen Stelle erfolgen.

§ 21 Unabhängigkeit

(1) Die oder der Landesbeauftragte für den Datenschutz handelt bei der Erfüllung ihrer oder seiner Aufgaben und bei der Ausübung ihrer oder seiner Befugnisse völlig unabhängig.

(2) Die oder der Landesbeauftragte für den Datenschutz unterliegt der Rechnungsprüfung durch den Rechnungshof, soweit hierdurch ihre oder seine Unabhängigkeit nicht beeinträchtigt wird.

(3) Die Abgeordneten des Landtags sind berechtigt, Anfragen an die Landesbeauftragte für den Datenschutz oder den Landesbeauftragten für den Datenschutz zu richten, zu deren Beantwortung diese oder dieser nur verpflichtet ist, soweit hierdurch nicht ihre oder seine Unabhängigkeit beeinträchtigt wird.

§ 22 Ernennung und Amtszeit

(1) [1]Der Landtag wählt ohne Aussprache auf Vorschlag der Landesregierung mit der Mehrheit seiner Mitglieder die Landesbeauftragte für den Datenschutz oder den Landesbeauftragten für den Datenschutz. [2]Diese oder dieser soll neben der erforderlichen Erfahrung und Sachkunde insbesondere im Bereich des Schutzes personenbezogener Daten die Befähigung zum Richteramt oder zum höheren Verwaltungsdienst haben oder für eine andere Laufbahn des höheren Dienstes befähigt sein.

(2) [1]Die oder der Gewählte wird von der Landtagspräsidentin oder dem Landtagspräsidenten ernannt. [2]Sie oder er wird vor dem Landtag auf das Amt verpflichtet.

(3) [1]Die Amtszeit der oder des Landesbeauftragten für den Datenschutz beträgt sechs Jahre. [2]Die zweimalige Wiederwahl ist zulässig.

§ 23 Amtsverhältnis

(1) Die oder der Landesbeauftragte für den Datenschutz steht nach Maßgabe dieses Gesetzes in einem öffentlich-rechtlichen Amtsverhältnis zum Land.

(2) [1]Die Landtagspräsidentin oder der Landtagspräsident kann die Landesbeauftragte für den Datenschutz oder den Landesbeauftragten für den Datenschutz ihres oder seines Amtes entheben, wenn diese oder dieser eine schwere Verfehlung begangen hat oder die Voraussetzungen für die Wahrnehmung ihrer oder seiner Aufgaben nicht mehr erfüllt. [2]Die Amtsenthebung bedarf der Zustimmung von zwei Dritteln der Mitglieder des Landtags. [3]Die Amtsenthebung wird mit der Zustellung der Urkunde durch die Landtagspräsidentin oder den Landtagspräsidenten wirksam.

(3) [1]Die Leitende Beamtin oder der Leitende Beamte der Dienststelle der oder des Landesbeauftragten für den Datenschutz nimmt die Rechte und Pflichten der oder des Landesbeauftragten für den Datenschutz wahr, wenn die oder der Landesbeauftragte für den Datenschutz an der Ausübung ihres oder seines Amtes verhindert ist oder wenn ihr oder sein Amtsverhältnis geendet hat. [2]§ 21 Absatz 1 gilt in den genannten Fällen entsprechend.

(4) [1]Die oder der Landesbeauftragte für den Datenschutz erhält vom Beginn des Kalendermonats an, in dem das Amtsverhältnis beginnt, bis zum Schluss des Kalendermonats, in dem das Amtsverhältnis endet, Bezüge in Höhe des Grundgehalts der Besoldungsgruppe B 6. [2]Daneben werden der Familienzuschlag sowie sonstige Besoldungsbestandteile, Trennungsgeld, Reisekostenvergütung, Umzugskostenvergütung und Beihilfen in Krankheits-, Geburts- oder Todesfällen in sinngemäßer Anwendung der für Beamtinnen und Beamte geltenden Vorschriften gewährt.

(5) Die oder der Landesbeauftragte für den Datenschutz erhält nach dem Ausscheiden aus dem Amt Versorgungsbezüge in sinngemäßer Anwendung der für Beamtinnen und Beamte geltenden Vorschriften.

§ 24 Rechte und Pflichten

(1) [1]Die oder der Landesbeauftragte für den Datenschutz hat von allen mit den Aufgaben ihres oder seines Amtes nicht zu vereinbarenden Handlungen abzusehen und während ihrer oder seiner Amtszeit keine andere mit ihrem oder seinem Amt nicht zu vereinbarende entgeltliche oder unentgeltliche Tätigkeit auszuüben. [2]Insbesondere darf die oder der Landesbeauftragte für den Datenschutz neben ihrem oder seinem Amt kein anderes besoldetes Amt, kein Gewerbe und keinen Beruf ausüben und weder der Leitung, dem Aufsichtsrat oder Verwaltungsrat eines auf Erwerb gerichteten Unternehmens noch einer Regierung oder einer gesetzgebenden Körperschaft des Bundes oder eines Landes angehören. [3]Sie oder er darf nicht gegen Entgelt außergerichtliche Gutachten abgeben.

(2) [1]Die oder der Landesbeauftragte für den Datenschutz hat der Landtagspräsidentin oder dem Landtagspräsidenten Mitteilung über Geschenke zu machen, die sie oder er in Bezug auf das Amt erhält.

[2]Die Landtagspräsidentin oder der Landtagspräsident entscheidet über die Verwendung der Geschenke; sie oder er kann Verfahrensvorschriften erlassen.

(3) [1]Die oder der Landesbeauftragte für den Datenschutz ist, auch nach Beendigung ihres oder seines Amtsverhältnisses, verpflichtet, über die ihr oder ihm amtlich bekannt gewordenen Angelegenheiten Verschwiegenheit zu bewahren. [2]Dies gilt nicht für Mitteilungen im dienstlichen Verkehr oder Tatsachen, die offenkundig sind oder ihrer Bedeutung nach keiner Geheimhaltung bedürfen. [3]Die oder der Landesbeauftragte für den Datenschutz entscheidet nach pflichtgemäßem Ermessen, ob und inwieweit sie oder er oder ihre oder seine Beschäftigten über solche Angelegenheiten vor Gericht oder außergerichtlich aussagen oder Erklärungen abgeben. [4]Wenn sie oder er nicht mehr im Amt ist, ist die Genehmigung der oder des amtierenden Landesbeauftragten für den Datenschutz erforderlich. [5]Satz 1, 2 und 4 gelten entsprechend für die Beschäftigten der oder des Landesbeauftragten für den Datenschutz nach Beendigung ihrer Tätigkeit bei ihrer oder seiner Dienststelle.

(4) Die oder der Landesbeauftragte für den Datenschutz hat für die Dauer von zwei Jahren nach der Beendigung ihrer oder seiner Amtszeit von allen mit den Aufgaben ihres oder seines früheren Amtes nicht zu vereinbarenden Handlungen und entgeltlichen oder unentgeltlichen Tätigkeiten abzusehen.

(5) [1]Die oder der Landesbeauftragte für den Datenschutz darf als Zeugin oder Zeuge aussagen, es sei denn, die Aussage würde dem Wohle des Bundes oder eines Landes Nachteile bereiten, insbesondere Nachteile für die Sicherheit der Bundesrepublik Deutschland oder eines Landes oder ihre Beziehungen zu anderen Staaten, oder Grundrechte verletzen. [2]Betrifft die Aussage laufende oder abgeschlossene Vorgänge, die dem Kernbereich exekutiver Eigenverantwortung der Landesregierung zuzurechnen sind oder sein könnten, darf die oder der Landesbeauftragte für den Datenschutz nur im Benehmen mit der Landesregierung aussagen.

§ 25 Aufgaben und Befugnisse

(1) [1]Die oder der Landesbeauftragte für den Datenschutz ist zuständige Aufsichtsbehörde im Sinne des Artikels 51 Absatz 1 der Verordnung (EU) 2016/679 im Geltungsbereich dieses Gesetzes, es sei denn, besondere Vorschriften regeln eine andere Zuständigkeit. [2]Sie oder er ist zugleich Aufsichtsbehörde für den Datenschutz für nichtöffentliche Stellen nach § 40 des Bundesdatenschutzgesetzes.

(2) [1]Die oder der Landesbeauftragte für den Datenschutz nimmt auch im Anwendungsbereich des § 2 Absatz 4 die Aufgaben gemäß Artikel 57 der Verordnung (EU) 2016/679 wahr und übt die Befugnisse gemäß Artikel 58 der Verordnung (EU) 2016/679 aus. [2]Bei den Gemeinden, Gemeindeverbänden und den sonstigen der Aufsicht des Landes unterstehenden juristischen Personen des öffentlichen Rechts sowie bei den in § 2 Absatz 2 genannten Stellen ist das vertretungsberechtigte Organ der Verantwortliche.

(3) [1]Jede oder jeder kann sich an die Landesbeauftragte für den Datenschutz oder den Landesbeauftragten für den Datenschutz wenden, wenn sie oder er der Ansicht ist, bei der Verarbeitung ihrer oder seiner personenbezogenen Daten durch eine öffentliche Stelle in ihren oder seinen Rechten verletzt worden zu sein. [2]Wer von seinem Recht nach Satz 1 Gebrauch gemacht hat, darf aus diesem Grund nicht benachteiligt oder gemaßregelt werden.

(4) [1]Stellt die oder der Landesbeauftragte für den Datenschutz Verstöße gegen die Vorschriften dieses Gesetzes oder gegen andere Vorschriften über den Datenschutz oder sonstige Mängel bei der Verarbeitung oder Nutzung personenbezogener Daten fest, teilt sie oder er dies bei den öffentlichen Stellen des Landes der zuständigen Rechts- oder Fachaufsichtsbehörde mit und gibt dieser vor Ausübung der Befugnisse des Artikels 58 Absatz 2 Buchstaben b bis g und j der Verordnung (EU) 2016/679 Gelegenheit zur Stellungnahme innerhalb einer angemessenen Frist. [2]Bei den Gemeinden, Gemeindeverbänden und den sonstigen der Aufsicht des Landes unterstehenden juristischen Personen des öffentlichen Rechts sowie bei den in § 2 Absatz 2 genannten Stellen tritt an die Stelle der Rechts- und Fachaufsichtsbehörde das vertretungsberechtigte Organ; zugleich unterrichtet die oder der Landesbeauftragte für den Datenschutz die zuständige Aufsichtsbehörde. [3]Von der Einräumung der Gelegenheit zur Stellungnahme kann abgesehen werden, wenn eine sofortige Entscheidung wegen Gefahr im Verzug oder im öffentlichen Interesse notwendig erscheint oder ihr ein zwingendes öffentliches Interesse entgegensteht. [4]Die Stellungnahme soll auch eine Darstellung der Maßnahmen enthalten, die aufgrund der Mitteilung der oder des Landesbeauftragten für den Datenschutz getroffen worden oder beabsichtigt sind.

(5) [1]§ 29 Absatz 3 des Bundesdatenschutzgesetzes bleibt unberührt und gilt entsprechend für die Notarinnen und Notare des Landes. [2]Im Übrigen erstreckt sich die Kontrolle der oder des Landesbeauftragten für den Datenschutz auch auf personenbezogene Daten, die einem Berufs- oder besonderen Amtsgeheimnis unterliegen. [3]Erlangt die oder der Landesbeauftragte für den Datenschutz im Rahmen einer Untersuchung Kenntnis von Daten, die einer Geheimhaltungspflicht unterliegen, gilt die Geheimhaltungspflicht auch für die Landesbeauftragte für den Datenschutz oder den Landesbeauftragten für den Datenschutz.

§ 26 Pflicht zur Unterstützung

(1) [1]Die öffentlichen Stellen sind verpflichtet, die Landesbeauftragte für den Datenschutz oder den Landesbeauftragten für den Datenschutz und ihre oder seine Beauftragten bei der Erfüllung ihrer oder seiner Aufgaben zu unterstützen. [2]Ihnen ist im Rahmen ihrer gesetzlichen Befugnisse insbesondere

1. Auskunft zu ihren Fragen sowie Einsicht in alle Unterlagen und Akten, insbesondere in die gespeicherten Daten und die Datenverarbeitungsprogramme zu gewähren, die im Zusammenhang mit der Verarbeitung personenbezogener Daten stehen und

2. jederzeit Zutritt zu den Diensträumen einschließlich aller Datenverarbeitungsanlagen und -geräte zu gewähren.

(2) Die Ministerien beteiligen die Landesbeauftragte für den Datenschutz oder den Landesbeauftragten für den Datenschutz rechtzeitig bei der Ausarbeitung von Rechts- und Verwaltungsvorschriften, welche die Verarbeitung personenbezogener Daten betreffen.

§ 27 Rundfunkbeauftragte oder Rundfunkbeauftragter für den Datenschutz

(1) [1]Der Südwestrundfunk ernennt für die Dauer von sechs Jahren eine Rundfunkbeauftragte für den Datenschutz oder einen Rundfunkbeauftragten für den Datenschutz, die oder der für alle Tätigkeiten des Südwestrundfunks und seiner Beteiligungsunternehmen nach § 16c Absatz 3 Satz 1 des Rundfunkstaatsvertrages an Stelle der oder des Landesbeauftragten für den Datenschutz zuständige Aufsichtsbehörde nach Artikel 51 Absatz 1 der Verordnung (EU) 2016/679 ist. [2]Die Ernennung erfolgt durch den Rundfunkrat mit Zustimmung des Verwaltungsrats. [3]Die zweimalige Wiederernennung ist zulässig.

(2) Die oder der Rundfunkbeauftragte für den Datenschutz muss über die für die Erfüllung der Aufgaben und Ausübung der Befugnisse erforderliche Qualifikation, nachgewiesen durch ein abgeschlossenes Hochschulstudium, sowie über Erfahrung und Sachkunde, insbesondere im Bereich des Schutzes personenbezogener Daten, verfügen.

(3) [1]Die Dienststelle der oder des Rundfunkbeauftragten für den Datenschutz wird bei der Geschäftsstelle des Rundfunk- und Verwaltungsrats eingerichtet. [2]Die oder der Rundfunkbeauftragte für den Datenschutz ist angemessen zu vergüten. [3]Nähere Bestimmungen, insbesondere die Grundsätze der Vergütung, trifft der Rundfunkrat mit Zustimmung des Verwaltungsrats in einer Satzung. [4]Ihr oder ihm ist die für die Erfüllung ihrer oder seiner Aufgaben und Befugnisse notwendige Personal-, Finanz- und Sachausstattung zur Verfügung zu stellen. [5]Die hierfür vorgesehenen Mittel sind jährlich, öffentlich und gesondert im Haushaltsplan des Südwestrundfunks auszuweisen und der oder dem Rundfunkbeauftragten für den Datenschutz im Haushaltsvollzug zuzuweisen. [6]Die oder der Rundfunkbeauftragte für den Datenschutz ist in der Wahl ihrer oder seiner Mitarbeiterinnen oder Mitarbeiter frei. [7]Sie unterstehen allein ihrer oder seiner Leitung.

(4) [1]Das Amt der oder des Rundfunkbeauftragten für den Datenschutz kann nicht neben anderen Aufgaben innerhalb des Südwestrundfunks und seiner Beteiligungs- und Hilfsunternehmen wahrgenommen werden. [2]Sonstige Aufgaben müssen mit dem Amt der oder des Rundfunkbeauftragten für den Datenschutz zu vereinbaren sein und dürfen ihre oder seine Unabhängigkeit nicht gefährden. [3]Das Amt endet mit Ablauf der Amtszeit, mit Rücktritt vom Amt oder mit Erreichen des gesetzlichen oder tarifvertraglich geregelten Renteneintrittsalters. [4]Die oder der Rundfunkbeauftragte für den Datenschutz kann ihres oder seines Amtes nur enthoben werden, wenn sie oder er eine schwere Verfehlung begangen hat oder die Voraussetzungen für die Wahrnehmung ihrer oder seiner Aufgaben nicht mehr erfüllt. [5]Dies geschieht durch Beschluss des Rundfunkrats auf Vorschlag des Verwaltungsrats; die oder der Rundfunkbeauftragte für den Datenschutz ist vor der Entscheidung zu hören.

(5) [1]Die oder der Rundfunkbeauftragte für den Datenschutz ist in Ausübung ihres oder seines Amtes völlig unabhängig und nur dem Gesetz unterworfen. [2]Sie oder er unterliegt keiner Dienst-, Rechts- und

Fachaufsicht. [3]Der Finanzkontrolle des Verwaltungsrats unterliegt sie oder er nur insoweit, als ihre oder seine Unabhängigkeit dadurch nicht beeinträchtigt wird. [4]Die Mitglieder des Rundfunkrats und des Verwaltungsrats sind berechtigt, Anfragen an die Rundfunkbeauftragte für den Datenschutz oder den Rundfunkbeauftragten für den Datenschutz zu richten, soweit hierdurch ihre oder seine Unabhängigkeit nicht beeinträchtigt wird.

(6) Jeder kann sich an die Rundfunkbeauftrage für den Datenschutz oder den Rundfunkbeauftragten für den Datenschutz wenden, wenn sie oder er der Ansicht ist, bei der Verarbeitung ihrer oder seiner personenbezogenen Daten durch den Südwestrundfunk oder eines seiner Beteiligungsunternehmen nach Absatz 1 Satz 1 in seinen Rechten verletzt worden zu sein.

(7) [1]Die oder der Rundfunkbeauftragte für den Datenschutz hat die Aufgaben und Befugnisse entsprechend Artikel 57 und Artikel 58 Absatz 1 bis 5 der Verordnung (EU) 2016/679. [2]Gegen den Südwestrundfunk dürfen keine Geldbußen verhängt werden. [3]§ 25 Absatz 4 gilt entsprechend mit der Maßgabe, dass die Mitteilung an die Intendantin oder den Intendanten unter gleichzeitiger Unterrichtung des Verwaltungsrats zu richten ist. [4]Dem Verwaltungsrat ist auch die Stellungnahme der Intendantin oder des Intendanten zuzuleiten. [5]Von einer Beanstandung und Unterrichtung kann abgesehen werden, wenn es sich um unerhebliche Mängel handelt oder wenn ihre unverzügliche Behebung sichergestellt ist.

(8) Die oder der Rundfunkbeauftragte für den Datenschutz hat auch für die Dauer von zwei Jahren nach der Beendigung ihrer oder seiner Amtszeit von allen mit den Aufgaben ihres oder seines früheren Amtes nicht zu vereinbarenden Handlungen und entgeltlichen oder unentgeltlichen Tätigkeiten abzusehen.

(9) [1]Die oder der Rundfunkbeauftragte für den Datenschutz ist während und nach Beendigung ihres oder seines Amtsverhältnisses verpflichtet, über die ihr oder ihm amtlich bekannt gewordenen Angelegenheiten und vertraulichen Informationen Verschwiegenheit zu bewahren. [2]Bei der Zusammenarbeit mit anderen Aufsichtsbehörden ist, soweit die Datenverarbeitung zu journalistischen Zwecken betroffen ist, der Informantenschutz zu wahren.

(10) [1]Die oder der Rundfunkbeauftragte für den Datenschutz erstattet den Organen des Südwestrundfunks jährlich einen Tätigkeitsbericht nach Artikel 59 der Verordnung (EU) 2016/679. [2]Der Bericht wird den Landtagen und den Landesregierungen der unterzeichnenden Länder des Staatsvertrags über den Südwestrundfunk übermittelt. [3]Der Bericht wird veröffentlicht.

Abschnitt 6
Sanktionen

§ 28 Ordnungswidrigkeiten (Ergänzung zu Artikel 83 Absatz 7 der Verordnung [EU] 2016/679)
Gegen öffentliche Stellen im Sinne des § 2 Absatz 1 und 2 dürfen keine Geldbußen verhängt werden, es sei denn, die öffentlichen Stellen nehmen als Unternehmen mit eigener Rechtspersönlichkeit am Wettbewerb teil.

§ 29 Strafvorschrift (Ergänzung zu Artikel 84 der Verordnung [EU] 2016/679)
(1) Mit Freiheitsstrafe bis zu zwei Jahren oder mit Geldstrafe wird bestraft, wer
1. unbefugt von diesem Gesetz oder der Verordnung (EU) 2016/679 geschützte personenbezogene Daten, die nicht allgemein zugänglich sind,
   a) speichert, nutzt, verändert, übermittelt oder löscht,
   b) zum Abruf mittels automatisierten Verfahrens bereithält oder
   c) abruft oder sich oder einem anderen aus Dateien verschafft oder
2. durch unrichtige Angaben personenbezogene Daten, die durch dieses Gesetz oder die Verordnung (EU) 2016/679 geschützt werden und nicht allgemein zugänglich sind, erschleicht
und hierbei gegen Entgelt oder in der Absicht handelt, sich oder einen anderen zu bereichern oder einen anderen zu schädigen.

(2) [1]Die Tat wird nur auf Antrag verfolgt. [2]Antragsberechtigt sind die betroffene Person, die öffentliche Stelle, der Auftragsverarbeiter, die oder der Landesbeauftragte für den Datenschutz, die oder der Rundfunkbeauftragte für den Datenschutz und die Aufsichtsbehörden.

Abschnitt 7
Übergangsbestimmungen

**§ 30 Polizeibehörden und Polizeivollzugsdienst, Justizbehörden, Landesamt für
Verfassungsschutz und Vollzug des Landessicherheitsüberprüfungsgesetzes**

(1) Für die Verarbeitung personenbezogener Daten durch die Polizeibehörden und den Polizeivollzugsdienst gilt, soweit sie nicht die Verordnung (EU) 2016/679 anzuwenden haben, das Landesdatenschutzgesetz in der am 20. Juni 2018 geltenden Fassung weiter, bis die Regelungen des Landes
Baden-Württemberg zur Umsetzung der Richtlinie (EU) 2016/680 für den Bereich der Polizei in Kraft
treten.

(2) Für die Verarbeitung personenbezogener Daten zu den in Artikel 2 Absatz 2 Buchstabe d der
Verordnung (EU) 2016/679 genannten Zwecken durch das Justizministerium und die Justizvollzugsbehörden sowie durch die ordentlichen Gerichte und die Staatsanwaltschaften des Landes, soweit sie
zu diesen Zwecken in Verwaltungsangelegenheiten tätig werden, sowie für die Behörden des Landes,
die personenbezogene Daten zur Verfolgung und Ahndung von Ordnungswidrigkeiten verarbeiten,
gilt das Landesdatenschutzgesetz in der am 20. Juni 2018 geltenden Fassung weiter, bis das Gesetz
des Landes Baden-Württemberg zur Anpassung des besonderen Datenschutzrechts an die Verordnung
und zur Umsetzung der Richtlinie (EU) 2016/680 für den Geschäftsbereich des Justizministeriums
sowie für die zur Ahndung von Ordnungswidrigkeiten zuständigen Behörden des Landes in Kraft tritt.

(3) Für die Verarbeitung personenbezogener Daten durch das Landesamt für Verfassungsschutz im
Rahmen der Erfüllung seiner Aufgaben nach § 3 des Landesverfassungsschutzgesetzes und beim Vollzug des Landessicherheitsüberprüfungsgesetzes gilt das Landesdatenschutzgesetz in der am 20. Juni
2018 geltenden Fassung weiter, bis das Gesetz des Landes Baden-Württemberg zur Änderung des
Landesverfassungsschutzgesetzes und anderer Gesetze in Kraft tritt.

§ 31 Überleitungsvorschriften

(1) [1]Der zum Zeitpunkt des Inkrafttretens dieses Gesetzes im Amt befindliche Landesbeauftragte für
den Datenschutz gilt ab dem Tag des Inkrafttretens dieses Gesetzes als in ein Amt nach § 23 Absatz 1 berufen. [2]Mit der Berufung in dieses Amt endet sein Beamtenverhältnis auf Zeit. [3]Seine Amtszeit
endet am 31. Dezember 2022.

(2) Mit Inkrafttreten dieses Gesetzes sind die Angehörigen des öffentlichen Dienstes bei dem Landesbeauftragten für den Datenschutz vom Landtag zu dem Landesbeauftragten für den Datenschutz
versetzt.

(3) Der Personalrat bei der Dienststelle des Landesbeauftragten für den Datenschutz besteht ab Inkrafttreten dieses Gesetzes bis zu seiner Neuwahl als Personalrat bei dem Landesbeauftragten für den
Datenschutz fort.

Umweltverwaltungsgesetz (UVwG)[1)2)]

Vom 25. November 2014 (GBl. S. 592)

zuletzt geändert durch Art. 1 G zur Änd. des UmweltverwaltungsG und anderer G vom 28. November 2018 (GBl. S. 439)

Inhaltsübersicht

Teil 1

Allgemeine Vorschriften

§ 1   Ziele, Begriffsbestimmungen, Anwendungsbereich
§ 2   Frühe Öffentlichkeitsbeteiligung
§ 3   Vorbildfunktion der öffentlichen Hand
§ 4   Umweltmediation
§ 5   Umweltschaden
§ 6   Zuständigkeit zur Anerkennung von Umweltvereinigungen[3)]; Beteiligungsrechte

Teil 2

Umweltprüfung

Abschnitt 1

Allgemeine Vorschriften

§ 7   Anwendungsbereich, entsprechende Geltung von Bundesrecht
§ 8   Begriffsbestimmungen
§ 9   Grundsätze für Umweltprüfungen

Abschnitt 2

Umweltverträglichkeitsprüfung

§ 10   Umweltverträglichkeitsprüfung
§ 11   Feststellung der UVP-Pflicht
§ 12   UVP-Pflicht
§ 13   Unterrichtung über den Untersuchungsrahmen
§ 14   Zentrales Internetportal des Landes

Abschnitt 3

Strategische Umweltprüfung

§ 15   Strategische Umweltprüfung
§ 16   Feststellung der SUP-Pflicht
§ 17   SUP-Pflicht in bestimmten Plan- oder Programmbereichen und im Einzelfall

§ 18   Festlegung des Untersuchungsrahmens

Abschnitt 4

Besondere Bestimmungen

§ 19   Vermeidung von Interessenkonflikten
§ 20   Federführende Behörde und zuständige Behörde bei der grenzüberschreitenden Behörden- und Öffentlichkeitsbeteiligung
§ 21   Verordnungsermächtigung, Übergangsvorschrift

Teil 3

Umweltinformation

Abschnitt 1:

Allgemeine Bestimmungen

§ 22   Zweck, Anwendungsbereich
§ 23   Allgemeine Bestimmungen

Abschnitt 2:

Informationszugang auf Antrag, Ablehnungsgründe

§ 24   Zugang zu Umweltinformationen
§ 25   Antrag und Verfahren
§ 26   Erleichterung des Informationszugangs
§ 27   Ablehnung des Antrags
§ 28   Schutz öffentlicher Belange
§ 29   Schutz sonstiger Belange

Abschnitt 3:

Verbreitung von Umweltinformationen

§ 30   Unterrichtung der Öffentlichkeit
§ 31   Umweltzustandsbericht

Abschnitt 4:

Ergänzende Bestimmungen

§ 32   Rechtsschutz
§ 33   Gebühren und Auslagen

---

1)   Dieses Gesetz dient der Umsetzung der
- Richtlinie 2004/35/EG des Europäischen Parlaments und des Rates vom 21. April 2004 über Umwelthaftung zur Vermeidung und Sanierung von Umweltschäden (ABl. L 143 vom 30.4.2004, S. 56), zuletzt geändert durch Richtlinie 2013/30/EU (ABl. L 178 vom 28.6.2013, S. 66),
- Artikel 3 Nr. 7 und Artikel 4 Nr. 4 der Richtlinie 2003/35/EG des Europäischen Parlaments und des Rates vom 26. Mai 2003 über die Beteiligung der Öffentlichkeit bei der Ausarbeitung bestimmter umweltbezogener Pläne und Programme und zur Änderung der Richtlinien 85/337/EWG und 96/61/EG des Rates in Bezug auf die Öffentlichkeitsbeteiligung und den Zugang zu Gerichten (ABl. L 156 vom 25.6.2003, S. 17), zuletzt geändert durch Richtlinie 2011/92/EU (ABl. L 26 vom 28.1.2012, S. 1),
- Richtlinie 2011/92/EU des Europäischen Parlaments und des Rates vom 13. Dezember 2011 über die Umweltverträglichkeitsprüfung bei bestimmten öffentlichen und privaten Projekten (ABl. L 26 vom 28.1.2012, S. 1),
- Richtlinie 2003/4/EG des Europäischen Parlaments und des Rates vom 28. Januar 2003 über den Zugang der Öffentlichkeit zu Umweltinformationen und zur Aufhebung der Richtlinie 90/313/EWG des Rates (ABl. L 41 vom 14.2.2003, S. 26).

2)   Verkündet als Art. 1 G v. 25.11.2014 (GBl. S. 592); Inkrafttreten gem. Art. 6 dieses G am 1.1.2015.

3)   Richtig wohl: „Umwelt- und Naturschutzvereinigungen"; siehe Überschrift § 6.

§ 34   Überwachung
§ 35   Ordnungswidrigkeit
Anlage 1 Liste UVP-pflichtiger Vorhaben
Anlage 2 Kriterien für die Vorprüfung im Rahmen
         einer Umweltverträglichkeitsprüfung
Anlage 3 Pläne und Programme, für die eine
         Verpflichtung zur Strategischen
         Umweltprüfung besteht

Anlage 4 Kriterien für die Vorprüfung des Einzelfalls
         im Rahmen einer Strategischen
         Umweltprüfung
Anlage 5 Gebührenverzeichnis

Teil 1
Allgemeine Vorschriften

§ 1 Ziele, Begriffsbestimmungen, Anwendungsbereich

(1) [1]Zur Förderung einer ökologisch, wirtschaftlich und sozial nachhaltigen Entwicklung sollen unter Beachtung der Ressourcenschonung, des Klimaschutzes und der Auswirkungen auf den Menschen

1. Umweltgüter, die sich nicht erneuern, schonend und sparsam genutzt werden,
2. sich erneuernde Umweltgüter so genutzt werden, dass sie auf Dauer zur Verfügung stehen,
3. die Leistungs- und Funktionsfähigkeit der natürlichen Lebensgrundlagen gewahrt werden.

[2]Hierzu tragen die Behörden und jedermann im Rahmen seiner Möglichkeiten bei.

(2) Für dieses Gesetz gelten folgende Begriffsbestimmungen:

1. Vorhaben
    a) die Errichtung und der Betrieb einer technischen Anlage,
    b) der Bau einer sonstigen Anlage,
    c) die Durchführung einer sonstigen in Natur und Landschaft eingreifenden Maßnahme,
    d) die Änderung, einschließlich der Erweiterung,
        aa) der Lage, der Beschaffenheit oder des Betriebs einer technischen Anlage,
        bb) der Lage oder der Beschaffenheit einer sonstigen Anlage sowie
        cc) der Durchführung einer sonstigen in Natur und Landschaft eingreifenden Maßnahme;
2. Öffentlichkeit
    einzelne oder mehrere natürliche oder juristische Personen sowie deren Vereinigungen;
3. Betroffene Öffentlichkeit
    jede Person, deren Belange durch ein Vorhaben, einen Plan oder ein Programm berührt werden; hierzu gehören auch Vereinigungen, deren satzungsmäßiger Aufgabenbereich durch Vorhaben oder einen Plan oder ein Programm berührt wird, darunter auch Vereinigungen zur Förderung des Umweltschutzes.

(3) Die Vorschriften dieses Gesetzes finden keine Anwendung, soweit bundesrechtliche Vorschriften eine abschließende Regelung treffen.

§ 2 Frühe Öffentlichkeitsbeteiligung

(1) [1]Bei Vorhaben, für welche die Verpflichtung zur Durchführung einer Umweltverträglichkeitsprüfung oder eines Planfeststellungsverfahrens besteht, soll bereits vor Antragstellung eine Öffentlichkeitsbeteiligung stattfinden. [2]Der Vorhabenträger soll die Öffentlichkeit über die Ziele des Vorhabens, die Mittel, es zu verwirklichen, und die voraussichtlichen Auswirkungen des Vorhabens unterrichten und ihr Gelegenheit zur Äußerung und Erörterung geben. [3]Hierbei kann er sich elektronischer Informationstechnologien bedienen. [4]Zeigen die Äußerungen ein geringes Informationsbedürfnis der Öffentlichkeit, insbesondere durch eine geringe Zahl von Äußerungen oder die Behandlung sachfremder Themen, kann der Vorhabenträger auf eine Erörterung verzichten. [5]Das Ergebnis der vor Antragstellung durchgeführten frühen Öffentlichkeitsbeteiligung soll der Öffentlichkeit und der Behörde spätestens mit der Antragstellung mitgeteilt werden. [6]Für die Mitteilung gegenüber der Öffentlichkeit gilt Satz 3 entsprechend. [7]Die Erkenntnisse der frühen Öffentlichkeitsbeteiligung werden in das Zulassungsverfahren einbezogen.

(2) Die Kosten der frühen Öffentlichkeitsbeteiligung trägt der Vorhabenträger.

(3) [1]Die Absätze 1 und 2 gelten nicht, soweit die betroffene Öffentlichkeit bereits nach anderen Rechtsvorschriften vor der Antragstellung zu beteiligen ist. [2]Beteiligungsrechte nach anderen Rechtsvorschriften bleiben unberührt.

§ 3 Vorbildfunktion der öffentlichen Hand

(1) [1]Der öffentlichen Hand kommt beim Umweltschutz in ihrem Organisationsbereich eine allgemeine Vorbildfunktion zu. [2]Bei Planungen und Vorhaben der öffentlichen Hand sollen die in § 1 Absatz 1 genannten Ziele in besonderer Weise berücksichtigt werden. [3]Abweichend von Satz 1 und 2 erfüllen die Gemeinden und Landkreise die Vorbildfunktion in eigener Verantwortung.

(2) [1]Öffentliche Hand im Sinne dieser Vorschrift sind

1. das Land, die Gemeinden und die Landkreise sowie jede durch oder aufgrund eines Landesgesetzes eingerichtete Körperschaft, Personenvereinigung oder Vermögensmasse des öffentlichen Rechts mit Ausnahme von Religionsgemeinschaften und

2. jede Körperschaft, Personenvereinigung oder Vermögensmasse des Privatrechts, wenn an ihr eine Person nach Nummer 1 allein oder mehrere Personen nach Nummer 1 zusammen unmittelbar oder mittelbar

    a) die Mehrheit des gezeichneten Kapitals besitzen,

    b) über die Mehrheit der mit den Anteilen verbundenen Stimmrechte verfügen oder

    c) mehr als die Hälfte der Mitglieder des Verwaltungs-, Leitungs- oder Aufsichtsorgans bestellen können.

[2]Ausgenommen sind öffentliche Unternehmen, soweit sie Dienstleistungen im freien Wettbewerb mit privaten Unternehmen erbringen.

§ 4 Umweltmediation

(1) Bei umweltbedeutsamen Vorhaben, bei denen sich erhebliche Konflikte mit der betroffenen Öffentlichkeit abzeichnen, kann die für die Zulassung des Vorhabens zuständige Behörde, bei Planfeststellungsverfahren die Anhörungsbehörde, die Durchführung einer Umweltmediation vorschlagen.

(2) [1]Die Umweltmediation ist ein strukturiertes Verfahren, bei dem die Parteien mit Hilfe eines oder mehrerer Mediatoren freiwillig und eigenverantwortlich eine einvernehmliche Beilegung ihres Konflikts anstreben. [2]Die Umweltmediation soll bereits vor Beginn des Verwaltungsverfahrens beginnen. [3]Die am Verwaltungsverfahren beteiligten Behörden sind nicht Parteien der Umweltmediation, es sei denn, sie sind Träger des Vorhabens. [4]Ihnen ist Gelegenheit zur Teilnahme und Äußerung zu geben. [5]Die Umweltmediation ist öffentlich, soweit nicht eine Partei widerspricht oder der Mediator den Ausschluss der Öffentlichkeit als sachdienlich ansieht. [6]Die Unterrichtung der Öffentlichkeit über Durchführung, Gegenstand, Zeit und Ort der Mediation erfolgt, soweit diese zumindest teilweise öffentlich stattfindet, durch Einstellung auf der Internetseite der für die Zulassung des Vorhabens, bei Planfeststellungsverfahren der für die Anhörung zuständigen Behörde.

(3) [1]Die Parteien wählen den Mediator aus. [2]Der Mediator vergewissert sich, dass die Parteien die Grundsätze und den Ablauf des Mediationsverfahrens verstanden haben und freiwillig an der Umweltmediation teilnehmen. [3]Der Mediator ist allen Parteien gleichermaßen verpflichtet. [4]Er fördert die Kommunikation der Parteien und der übrigen an der Umweltmediation Beteiligten und gewährleistet, dass die Parteien in angemessener und fairer Weise in die Mediation eingebunden sind.

(4) [1]Die Parteien können die Umweltmediation jederzeit beenden. [2]Der Mediator kann die Umweltmediation beenden, insbesondere wenn er der Auffassung ist, dass eine eigenverantwortliche Kommunikation oder eine Einigung der Parteien nicht zu erwarten ist.

(5) [1]Der Mediator wirkt im Falle einer Einigung darauf hin, dass die Parteien die Vereinbarung in Kenntnis der Sachlage treffen und ihren Inhalt verstehen. [2]Die erzielte Einigung ist zu dokumentieren. [3]Die Erkenntnisse der Mediation werden in das Zulassungsverfahren einbezogen.

(6) [1]Die Parteien einigen sich über die Kosten des Mediationsverfahrens. [2]Jede Partei trägt ihre Auslagen selbst, soweit nichts anderes vereinbart wird.

§ 5 Umweltschaden

(1) [1]Zuständige Behörden für die Wahrnehmung der Aufgaben nach dem Umweltschadensgesetz (USchadG) sind bei Vorliegen eines Umweltschadens oder der Gefahr eines solchen nach

1. § 2 Nummer 1 Buchstabe a USchadG die Naturschutzbehörden,

2. § 2 Nummer 1 Buchstabe b USchadG die Wasserbehörden und

3. § 2 Nummer 1 Buchstabe c USchadG die Bodenschutz- und Altlastenbehörden

soweit nichts anderes bestimmt ist. [2]Steht ein Umweltschaden im Zusammenhang mit der Ausführung eines behördlich zugelassenen Vorhabens, so ist die Zulassungsbehörde für die Wahrnehmung der Aufgaben nach Satz 1 zuständig.

(2) Für Amtshandlungen beim Vollzug des Umweltschadensgesetzes werden Gebühren und Auslagen erhoben, soweit diese nicht bereits aufgrund anderer Vorschriften gebührenpflichtig sind.

§ 6 Zuständigkeit zur Anerkennung von Umwelt- und Naturschutzvereinigungen; Beteiligungsrechte

(1) [1]Für eine Umweltvereinigung mit einem Tätigkeitsbereich, der nicht über das Gebiet des Landes Baden-Württemberg hinausgeht, wird die Anerkennung durch das für Umwelt zuständige Ministerium ausgesprochen. [2]Für eine Vereinigung, die nach ihrem satzungsgemäßen Aufgabenbereich im Schwerpunkt die Ziele des Naturschutzes und der Landschaftspflege fördert (Naturschutzvereinigung), erfolgt die Anerkennung im Einvernehmen mit dem für Naturschutz zuständigen Ministerium. [3]Die Voraussetzungen für die Anerkennung richten sich nach § 3 Absatz 1 des Umwelt-Rechtsbehelfsgesetzes (UmwRG). [4]Die Anerkennung wird durch Einstellung auf der Internetseite des Umweltministeriums öffentlich bekanntgemacht.

(2) [1]Nach § 3 UmwRG anerkannten Umwelt- oder Naturschutzvereinigungen soll bei Vorhaben,

1. die einer Umweltverträglichkeitsprüfung oder Planfeststellung bedürfen,
2. die immissionsschutzrechtlich genehmigungsbedürftig sind und in Spalte c des Anhangs 1 der Verordnung über genehmigungsbedürftige Anlagen (4. BImSchV) vom 2. Mai 2013 (BGBl. I S. 973) in der jeweils geltenden Fassung mit dem Buchstaben „G" gekennzeichnet sind oder
3. für die eine gehobene wasserrechtliche Erlaubnis oder Bewilligung erteilt werden soll,

ein Hinweis auf die Möglichkeit zur Stellungnahme oder Erhebung von Einwendungen gegeben werden, soweit sie durch das Vorhaben in ihrem satzungsgemäßen Aufgabenbereich berührt werden. [2]Ihnen sind die Inhalte der innerhalb der jeweiligen Zulassungsverfahren vorgeschriebenen öffentlichen und ortsüblichen Bekanntmachungen bekanntzugeben. [3]Dies soll möglichst auf elektronischem Wege geschehen. [4]Auf Verlangen sollen den Vereinigungen auszulegende Unterlagen, soweit möglich auf elektronischem Weg, übermittelt werden.

(3) Die für den Umweltschutz zuständigen Behörden sollen über die gesetzlichen Beteiligungsrechte hinaus die Zusammenarbeit mit den anerkannten Umwelt- und Naturschutzvereinigungen pflegen.

Teil 2
Umweltprüfung

Abschnitt 1
Allgemeine Vorschriften

§ 7 Anwendungsbereich, entsprechende Geltung von Bundesrecht

(1) Die Vorschriften dieses Teils gelten für

1. die in Anlage 1 aufgeführten Vorhaben,
2. die in Anlage 3 aufgeführten Pläne und Programme,
3. sonstige Pläne und Programme, die landesrechtlich oder durch Rechtsakte der Europäischen Union vorgesehen sind, und für die eine Strategische Umweltprüfung oder Vorprüfung durchzuführen ist, sowie
4. die grenzüberschreitende Behörden- und Öffentlichkeitsbeteiligung bei umweltverträglichkeitsprüfungspflichtigen Vorhaben im Ausland und bei Plänen und Programmen eines anderen Staates, für die nach § 17 Absatz 2 eine Pflicht zur Durchführung einer Strategischen Umweltprüfung (SUP-Pflicht) besteht.

(2) Diese Vorschriften gelten nicht für den Bereich der Raumordnung.

(3) Die Bestimmungen des Gesetzes über die Umweltverträglichkeitsprüfung (UVPG) sind entsprechend anzuwenden, soweit in diesem Teil keine Regelungen getroffen wurden.

(4) Abweichend von § 15 Absatz 3 UVPG und § 39 Absatz 4 UVPG gelten für die Öffentlichkeit der Besprechung von Vorhaben, die dem Anwendungsbereich des Gesetzes über die Umweltverträglichkeitsprüfung unterfallen, die Vorschriften dieses Gesetzes.

§ 8 Begriffsbestimmungen

(1) Schutzgüter sind
1. Menschen, insbesondere die menschliche Gesundheit,
2. Tiere, Pflanzen und die biologische Vielfalt,
3. Fläche, Boden, Wasser, Luft, Klima und Landschaft,
4. kulturelles Erbe und sonstige Sachgüter sowie
5. die Wechselwirkung zwischen den vorgenannten Schutzgütern.

(2) [1]Umweltauswirkungen sind unmittelbare und mittelbare Auswirkungen eines Vorhabens oder der Durchführung eines Plans oder Programms auf die Schutzgüter. [2]Dies schließt auch solche Auswirkungen des Vorhabens ein, die aufgrund von dessen Anfälligkeit für schwere Unfälle oder Katastrophen zu erwarten sind, soweit diese schweren Unfälle oder Katastrophen für das Vorhaben relevant sind.

(3) Grenzüberschreitende Umweltauswirkungen sind Umweltauswirkungen eines Vorhabens in einem anderen Staat.

(4) Umweltprüfungen sind Umweltverträglichkeitsprüfungen und Strategische Umweltprüfungen.

(5) Einwirkungsbereich ist das geographische Gebiet, in dem Umweltauswirkungen auftreten, die für die Zulassung eines Vorhabens relevant sind.

§ 9 Grundsätze für Umweltprüfungen

[1]Umweltprüfungen umfassen die Ermittlung, Beschreibung und Bewertung der erheblichen Auswirkungen eines Vorhabens oder eines Plans oder Programms auf die Schutzgüter. [2]Sie dienen einer wirksamen Umweltvorsorge nach Maßgabe der geltenden Gesetze und werden nach einheitlichen Grundsätzen sowie unter Beteiligung der Öffentlichkeit durchgeführt.

Abschnitt 2
Umweltverträglichkeitsprüfung

§ 10 Umweltverträglichkeitsprüfung

Die Umweltverträglichkeitsprüfung ist unselbstständiger Teil verwaltungsbehördlicher Verfahren, die Zulassungsentscheidungen dienen.

§ 11 Feststellung der UVP-Pflicht

(1) [1]Die zuständige Behörde stellt auf der Grundlage geeigneter Angaben des Vorhabenträgers sowie eigener Informationen unverzüglich fest, ob für das Vorhaben eine Pflicht zur Durchführung einer Umweltverträglichkeitsprüfung (UVP-Pflicht) nach § 7 Absatz 3 in Verbindung mit §§ 6 bis 14 UVPG besteht. [2]Die Feststellung trifft die Behörde
1. auf Antrag des Vorhabenträgers oder
2. bei einem Antrag nach § 13 oder
3. von Amts wegen nach Beginn des Verfahrens, das der Zulassungsentscheidung dient.

(2) [1]Sofern eine Vorprüfung vorgenommen worden ist, gibt die zuständige Behörde die Feststellung der Öffentlichkeit bekannt. [2]Dabei gibt sie die wesentlichen Gründe für das Bestehen oder Nichtbestehen der UVP-Pflicht unter Hinweis auf die jeweils einschlägigen Kriterien nach Anlage 2 an. [3]Gelangt die Behörde zu dem Ergebnis, dass keine UVP-Pflicht besteht, geht sie auch darauf ein, welche Merkmale des Vorhabens oder des Standorts oder welche Vorkehrungen für diese Einschätzung maßgebend sind. [4]Bei der Feststellung der UVP-Pflicht kann die Bekanntgabe mit der Bekanntmachung zur Unterrichtung der Öffentlichkeit nach § 7 Absatz 3 in Verbindung mit § 19 UVPG verbunden werden.

(3) [1]Die Feststellung ist nicht selbstständig anfechtbar. [2]Beruht die Feststellung auf einer Vorprüfung, so ist die Einschätzung der zuständigen Behörde in einem gerichtlichen Verfahren betreffend die Zulassungsentscheidung nur daraufhin zu überprüfen, ob die Vorprüfung entsprechend den Vorgaben bei der Vorprüfung durchgeführt worden ist und ob das Ergebnis nachvollziehbar ist.

§ 12 UVP-Pflicht

(1) [1]Für ein Neuvorhaben, das in Anlage 1 Spalte 1 mit dem Buchstaben »X« gekennzeichnet ist, besteht die UVP-Pflicht, wenn die zur Bestimmung der Art des Vorhabens genannten Merkmale vor-

liegen. [2]Sofern Größen- oder Leistungswerte angegeben sind, besteht die UVP-Pflicht, wenn die Werte erreicht oder überschritten werden.

(2) [1]Bei einem Neuvorhaben, das in Anlage 1 Spalte 2 mit dem Buchstaben »A« gekennzeichnet ist, führt die zuständige Behörde eine allgemeine Vorprüfung zur Feststellung der UVP-Pflicht durch. [2]Die allgemeine Vorprüfung wird als überschlägige Prüfung unter Berücksichtigung der in Anlage 2 aufgeführten Kriterien durchgeführt. [3]Die UVP-Pflicht besteht, wenn das Neuvorhaben nach Einschätzung der zuständigen Behörde erhebliche nachteilige Umweltauswirkungen haben kann, die bei der Zulassungsentscheidung nach § 7 Absatz 3 in Verbindung mit § 25 Absatz 2 UVPG zu berücksichtigen wären.

(3) [1]Bei einem Neuvorhaben, das in Anlage 1 Spalte 2 mit dem Buchstaben »S« gekennzeichnet ist, führt die zuständige Behörde eine standortbezogene Vorprüfung zur Feststellung der UVP-Pflicht durch. [2]Die standortbezogene Vorprüfung wird als überschlägige Prüfung in zwei Stufen durchgeführt. [3]In der ersten Stufe prüft die zuständige Behörde, ob bei dem Neuvorhaben besondere örtliche Gegebenheiten gemäß den in Anlage 2 Nummer 2.3 aufgeführten Schutzkriterien vorliegen. [4]Ergibt die Prüfung in der ersten Stufe, dass keine besonderen örtlichen Gegebenheiten vorliegen, so besteht keine UVP-Pflicht. [5]Ergibt die Prüfung in der ersten Stufe, dass besondere örtliche Gegebenheiten vorliegen, so prüft die Behörde auf der zweiten Stufe unter Berücksichtigung der in Anlage 2 aufgeführten Kriterien, ob das Neuvorhaben erhebliche nachteilige Umweltauswirkungen haben kann, die die besondere Empfindlichkeit oder die Schutzziele des Gebietes betreffen und bei der Zulassungsentscheidung nach § 7 Absatz 3 in Verbindung mit § 25 Absatz 2 UVPG zu berücksichtigen wären. [6]Die UVP-Pflicht besteht, wenn das Neuvorhaben nach Einschätzung der zuständigen Behörde solche Umweltauswirkungen haben kann.

(4) Sofern die allgemeine Vorprüfung ergibt, dass aufgrund der Verwirklichung eines Vorhabens, das zugleich benachbartes Schutzobjekt im Sinne des § 3 Absatz 5d des Bundes-Immissionsschutzgesetzes ist, innerhalb des angemessenen Sicherheitsabstandes zu Betriebsbereichen im Sinne des § 3 Absatz 5a des Bundes-Immissionsschutzgesetzes die Möglichkeit besteht, dass ein Störfall im Sinne des § 2 Nummer 7 der Störfall-Verordnung eintritt, sich die Eintrittswahrscheinlichkeit eines solchen Störfalls vergrößert oder sich die Folgen eines solchen Störfalls verschlimmern können, ist davon auszugehen, dass das Vorhaben erhebliche nachteilige Umweltauswirkungen haben kann.

(5) [1]Wird ein Vorhaben geändert, für das eine Umweltverträglichkeitsprüfung durchgeführt worden ist, so besteht für das Änderungsvorhaben die UVP-Pflicht, wenn
1. allein die Änderung die Größen- oder Leistungswerte für eine unbedingte UVP-Pflicht gemäß Absatz 1 erreicht oder überschreitet oder
2. die allgemeine Vorprüfung ergibt, dass die Änderung zusätzliche erhebliche nachteilige oder andere erhebliche nachteilige Umweltauswirkungen hervorrufen kann.
[2]Wird ein Vorhaben geändert, für das keine Größen- oder Leistungswerte vorgeschrieben sind, so wird die allgemeine Vorprüfung nach Absatz 2 durchgeführt.

(6) [1]Die Vorprüfung nach den Absätzen 2 bis 4 entfällt, wenn der Vorhabenträger die Durchführung einer Umweltverträglichkeitsprüfung beantragt und die zuständige Behörde das Entfallen der Vorprüfung als zweckmäßig erachtet. [2]Für diese Vorhaben besteht die UVP-Pflicht. [3]Die Entscheidung der zuständigen Behörde ist nicht anfechtbar.

§ 13 Unterrichtung über den Untersuchungsrahmen

(1) [1]Der Vorhabenträger informiert die zuständige Behörde frühzeitig auf der Grundlage geeigneter Angaben über das Vorhaben. [2]Auf Antrag des Vorhabenträgers oder wenn die zuständige Behörde es für zweckmäßig hält, unterrichtet und berät die zuständige Behörde den Vorhabenträger entsprechend dem Planungsstand des Vorhabens frühzeitig über Inhalt, Umfang und Detailtiefe der Angaben, die der Vorhabenträger voraussichtlich in den UVP-Bericht zu den voraussichtlichen Umweltauswirkungen des Vorhabens nach § 7 Absatz 3 in Verbindung mit § 16 UVPG aufnehmen muss (Untersuchungsrahmen). [3]Die Unterrichtung und Beratung kann sich auch auf weitere Gesichtspunkte des Verfahrens, insbesondere auf dessen zeitlichen Ablauf, auf die zu beteiligenden Behörden oder auf die Einholung von Sachverständigengutachten erstrecken. [4]Verfügen die zuständige Behörde oder die zu beteiligenden Behörden über Informationen, die für die Erarbeitung des UVP-Berichts zweckdienlich sind, so stellen sie diese Informationen dem Vorhabenträger zur Verfügung.

(2) Der Vorhabenträger hat der zuständigen Behörde geeignete Unterlagen zu den Merkmalen des Vorhabens, einschließlich seiner Größe oder Leistung, und des Standorts sowie zu den möglichen Umweltauswirkungen vorzulegen.

(3) [1]Vor der Unterrichtung über den Untersuchungsrahmen kann die zuständige Behörde dem Vorhabenträger sowie den nach § 7 Absatz 3 in Verbindung mit § 17 UVPG zu beteiligenden Behörden Gelegenheit zu einer Besprechung geben. [2]Die Besprechung soll sich auf den Gegenstand, den Umfang und die Methoden der Umweltverträglichkeitsprüfung erstrecken. [3]Zur Besprechung kann die zuständige Behörde hinzuziehen:
1. Sachverständige,
2. nach § 7 Absatz 3 in Verbindung mit § 55 UVPG zu beteiligende Behörden,
3. nach § 3 des Umwelt-Rechtsbehelfsgesetzes anerkannte Umweltvereinigungen sowie
4. sonstige Dritte.
[4]Die Besprechung ist öffentlich, soweit nicht geheimhaltungsbedürftige Tatsachen zur Sprache kommen und ein Besprechungsteilnehmer den Ausschluss der Öffentlichkeit beantragt oder die zuständige Behörde den Ausschluss von Amts wegen anordnet. [5]Die zuständige Behörde unterrichtet die Öffentlichkeit über die Durchführung der Besprechung spätestens zwei Wochen vor dem vorgesehenen Termin durch Einstellung auf ihrer Internetseite. [6]Das Ergebnis der Besprechung wird von der zuständigen Behörde dokumentiert.

(4) Ist das Vorhaben Bestandteil eines mehrstufigen Planungs- und Zulassungsprozesses und ist dem verwaltungsbehördlichen Verfahren ein anderes Planungs- oder Zulassungsverfahren vorausgegangen, als dessen Bestandteil eine Umweltprüfung durchgeführt wurde, soll sich die Umweltverträglichkeitsprüfung auf zusätzliche erhebliche oder andere erhebliche Umweltauswirkungen sowie auf erforderliche Aktualisierungen und Vertiefungen beschränken.

(5) Die zuständige Behörde berät den Vorhabenträger auch nach der Unterrichtung über den Untersuchungsrahmen, soweit dies für eine zügige und sachgerechte Durchführung des Verfahrens zweckmäßig ist.

§ 14 Zentrales Internetportal des Landes
(1) [1]Das Land richtet ein zentrales Internetportal für Umweltverträglichkeitsprüfungen ein. [2]Für den Aufbau und den Betrieb des zentralen Internetportals ist das für das Recht der Umweltverträglichkeitsprüfungen zuständige Ministerium zuständig. [3]Das zentrale Internetportal dient den in § 20 UVPG vorgesehenen Zwecken sowie der Bekanntmachungen und Berichterstattung nach Absatz 2 und 3.

(2) [1]Die zuständige Behörde macht den Inhalt der Bekanntmachung und die auszulegenden Unterlagen nach § 7 Absatz 3 in Verbindung mit § 19 Absatz 1 und Absatz 2 Satz 1 Nummer 1 und 2 UVPG über das zentrale Internetportal zugänglich. [2]Maßgeblich ist der Inhalt der ausgelegten Unterlagen.

(3) Der Inhalt des zentralen Internetportals kann auch für Zwecke der Berichterstattung an die Europäische Kommission nach § 7 Absatz 3 in Verbindung mit § 73 UVPG verwendet werden.

(4) Alle in das zentrale Internetportal einzustellenden Unterlagen sind vom Vorhabenträger elektronisch vorzulegen.

(5) Für die Bekanntmachung der Entscheidung zur Zulassung oder Ablehnung des Vorhabens und die Auslegung des Bescheids gelten die Absätze 1 bis 4 entsprechend.

Abschnitt 3
Strategische Umweltprüfung

§ 15 Strategische Umweltprüfung
Die Strategische Umweltprüfung (SUP) ist unselbstständiger Teil behördlicher Verfahren zur Aufstellung oder Änderung von Plänen und Programmen.

§ 16 Feststellung der SUP-Pflicht
(1) Die zuständige Behörde stellt frühzeitig fest, ob eine SUP-Pflicht besteht.

(2) [1]Die Feststellung der SUP-Pflicht ist, sofern eine Vorprüfung des Einzelfalls vorgenommen worden ist, der Öffentlichkeit nach den Bestimmungen über den Zugang zu Umweltinformationen zugänglich zu machen; soll eine Strategische Umweltprüfung unterbleiben, ist dies einschließlich der dafür wesentlichen Gründe bekannt zu geben. [2]Die Feststellung ist nicht selbstständig anfechtbar.

§ 17 SUP-Pflicht in bestimmten Plan- oder Programmbereichen und im Einzelfall

(1) [1]Eine Strategische Umweltprüfung ist durchzuführen bei Plänen und Programmen, die

1. in Anlage 3 Nummer 1 aufgeführt sind oder

2. in Anlage 3 Nummer 2 aufgeführt sind und für Entscheidungen über die Zulässigkeit von in Anlage 1 aufgeführten Vorhaben oder von Vorhaben, die nach Bundesrecht einer Umweltverträglichkeitsprüfung oder Vorprüfung des Einzelfalls bedürfen, einen Rahmen setzen.

[2]Bei Durchführung einer strategischen Umweltprüfung bei Plänen und Programmen der Anlage 3 Nummer 1.3 und 1.4 sind in die Darstellungen nach § 9 Absatz 3 Satz 1 des Bundesnaturschutzgesetzes die voraussichtlichen erheblichen Umweltauswirkungen auf die Schutzgüter des § 8 Absatz 1 in die Begründung aufzunehmen.

(2) [1]Bei nicht unter Absatz 1 fallenden Plänen und Programmen ist eine Strategische Umweltprüfung nur dann durchzuführen, wenn sie für die Entscheidung über die Zulässigkeit von in der Anlage 1 aufgeführten oder anderen Vorhaben einen Rahmen setzen und nach einer Vorprüfung im Einzelfall voraussichtlich erhebliche Umweltauswirkungen haben. [2]§§ 34 Absatz 4 und 35 Absatz 6 des Baugesetzbuchs bleiben unberührt.

(3) Pläne und Programme setzen einen Rahmen für die Entscheidung über die Zulässigkeit von Vorhaben im Sinne von Absatz 2 Satz 1, wenn sie Festlegungen mit Bedeutung für spätere Zulassungsentscheidungen, insbesondere zum Bedarf, zur Größe, zum Standort, zur Beschaffenheit, zu Betriebsbedingungen von Vorhaben oder zur Inanspruchnahme von Ressourcen, enthalten.

(4) [1]Hängt die Durchführung einer Strategischen Umweltprüfung von einer Vorprüfung des Einzelfalls ab, hat die zuständige Behörde aufgrund einer überschlägigen Prüfung unter Berücksichtigung der in Anlage 4 aufgeführten Kriterien einzuschätzen, ob der Plan oder das Programm voraussichtlich erhebliche Umweltauswirkungen hat, die im weiteren Aufstellungsverfahren nach § 7 Absatz 3 in Verbindung mit § 43 Absatz 2 UVPG zu berücksichtigen wären. [2]Bei der Vorprüfung nach Satz 1 ist zu berücksichtigen, inwieweit Umweltauswirkungen durch Vermeidungs- und Verminderungsmaßnahmen offensichtlich ausgeschlossen werden. [3]Die Behörden, deren umwelt- und gesundheitsbezogener Aufgabenbereich durch den Plan oder das Programm berührt werden, sind bei der Vorprüfung zu beteiligen. [4]Die Durchführung und das Ergebnis der Vorprüfung sind zu dokumentieren.

§ 18 Feststellung der SUP-Pflicht

(1) Die für die Strategische Umweltprüfung zuständige Behörde legt den Untersuchungsrahmen der Strategischen Umweltprüfung einschließlich des Umfangs und Detaillierungsgrads der in den Umweltbericht nach § 7 Absatz 3 in Verbindung mit § 40 UVPG aufzunehmenden Angaben fest.

(2) [1]Der Untersuchungsrahmen einschließlich des Umfangs und Detaillierungsgrads der in den Umweltbericht aufzunehmenden Angaben bestimmen sich unter Berücksichtigung von §§ 15 in Verbindung mit 8 Absatz 1 nach den Rechtsvorschriften, die für die Entscheidung über die Ausarbeitung, Annahme oder Änderung des Plans oder Programms maßgebend sind. [2]Der Umweltbericht enthält die Angaben, die mit zumutbarem Aufwand ermittelt werden können, und berücksichtigt dabei den gegenwärtigen Wissensstand und der Behörde bekannte Äußerungen der Öffentlichkeit, allgemein anerkannte Prüfungsmethoden, Inhalt und Detaillierungsgrad des Plans oder Programms sowie dessen Stellung im Entscheidungsprozess.

(3) [1]Sind Pläne und Programme Bestandteil eines mehrstufigen Planungs- und Zulassungsprozesses, soll zur Vermeidung von Mehrfachprüfungen bei der Festlegung des Untersuchungsrahmens bestimmt werden, auf welcher der Stufen dieses Prozesses bestimmte Umweltauswirkungen schwerpunktmäßig geprüft werden sollen. [2]Dabei sind Art und Umfang der Umweltauswirkungen, fachliche Erfordernisse sowie Inhalt und Entscheidungsgegenstand des Plans oder Programms zu berücksichtigen. [3]Bei nachfolgenden Plänen und Programmen sowie bei der nachfolgenden Zulassung von Vorhaben, für die der Plan oder das Programm einen Rahmen setzt, soll sich die Umweltprüfung auf zusätzliche oder andere erhebliche Umweltauswirkungen sowie auf erforderliche Aktualisierungen und Vertiefungen beschränken.

(4) [1]Die Behörden, deren umwelt- und gesundheitsbezogener Aufgabenbereich durch den Plan oder das Programm berührt wird, werden bei der Festlegung des Untersuchungsrahmens der Strategischen Umweltprüfung sowie des Umfangs und Detaillierungsgrads der in den Umweltbericht aufzunehmenden Angaben beteiligt. [2]Verfügen die zu beteiligenden Behörden über Informationen, die für den Umweltbericht zweckdienlich sind, übermitteln sie diese der zuständigen Behörde.

(5) [1]Die zuständige Behörde gibt auf der Grundlage geeigneter Informationen den zu beteiligenden Behörden Gelegenheit zu einer Besprechung oder zur Stellungnahme über die nach Absatz 1 zu treffenden Festlegungen. [2]Sachverständige, betroffene Gemeinden, zu beteiligende Behörden, nach § 3 des Umwelt-Rechtsbehelfsgesetzes anerkannte Umweltvereinigungen sowie sonstige Dritte können hinzugezogen werden. [3]Die Besprechung ist öffentlich, soweit nicht geheimhaltungsbedürftige Tatsachen zur Sprache kommen und ein Besprechungsteilnehmer den Ausschluss der Öffentlichkeit beantragt oder die zuständige Behörde den Ausschluss von Amts wegen anordnet. [4]Die zuständige Behörde unterrichtet die Öffentlichkeit über die Durchführung der Besprechung spätestens zwei Wochen vor dem vorgesehenen Termin durch Einstellung auf ihrer Internetseite. [5]Das Ergebnis der Besprechung wird von der zuständigen Behörde dokumentiert.

Abschnitt 4
Besondere Bestimmungen

§ 19 Vermeidung von Interessenkonflikten
Ist die zuständige Behörde bei der Umweltverträglichkeitsprüfung zugleich Vorhabenträger, so ist die Unabhängigkeit des Behördenhandelns bei der Wahrnehmung der Aufgaben nach diesem Gesetz durch geeignete organisatorische Maßnahmen sicherzustellen, insbesondere durch eine angemessene funktionale Trennung.

§ 20 Federführende Behörde und zuständige Behörde bei der grenzüberschreitenden Behörden- und Öffentlichkeitsbeteiligung
(1) [1]Bedarf ein Vorhaben der Zulassung durch mehrere Landesbehörden, werden folgende Aufgaben von der federführenden Behörde wahrgenommen:
1. Feststellung der UVP-Pflicht,
2. Durchführung des Verfahrens der Umweltverträglichkeitsprüfung und
3. Zusammenfassende Darstellung der Umweltauswirkungen.
[2]Diese kann im Einzelfall Aufgaben auf eine der Zulassungsbehörden übertragen.
(2) Federführende Behörde ist
1. das Regierungspräsidium, wenn ein Vorhaben der Zulassung durch mehrere allgemeine Verwaltungsbehörden oder durch eine allgemeine und eine besondere Verwaltungsbehörde bedarf,
2. die oberste Landesbehörde, wenn ein Vorhaben der Zulassung durch diese und eine allgemeine oder eine besondere Verwaltungsbehörde bedarf,
3. die für Genehmigungen nach § 7 des Atomgesetzes zuständige Behörde für Vorhaben im Sinne der Nummern 11.1 bis 11.4 der Anlage 1 des Gesetzes über die Umweltverträglichkeitsprüfung, soweit nicht eine Bundesbehörde federführende Behörde ist.
(3) Zuständige Behörde bei der grenzüberschreitenden Behörden- und Öffentlichkeitsbeteiligung ist das Regierungspräsidium.

§ 21 Verordnungsermächtigung, Übergangsvorschrift
(1) Die Landesregierung wird ermächtigt, die Vorschriften des zweiten Teils und der Anlagen 1 bis 4 dieses Gesetzes durch Rechtsverordnung zu ändern, soweit dies aufgrund von Rechtsakten der Europäischen Union erforderlich ist und sich die Änderung auf einzelne Bestimmungen bezieht.
(2) Bis zum Ablauf des 10. Dezember 2018 bereits begonnene Verfahren werden nach den Vorschriften des Teils 2 in der am 2. November 2018 geltenden Fassung zu Ende geführt.

Teil 3
Umweltinformation

Abschnitt 1
Allgemeine Bestimmungen

§ 22 Zweck, Anwendungsbereich
(1) Zweck dieser Vorschriften ist es, den rechtlichen Rahmen für den freien Zugang zu Umweltinformationen bei informationspflichtigen Stellen sowie für die Verbreitung dieser Umweltinformationen zu schaffen.

(2) Diese Vorschriften gelten für informationspflichtige Stellen des Landes, der Gemeinden und Landkreise und der unter ihrer Aufsicht stehenden juristischen Personen des öffentlichen Rechts sowie für private informationspflichtige Stellen im Sinne von § 23 Absatz 1 Nummer 2.

§ 23 Allgemeine Bestimmungen

(1) Informationspflichtige Stellen sind

1. die Landesregierung und andere Stellen der öffentlichen Verwaltung einschließlich beratender öffentlicher Gremien. Die beratenden Gremien gelten als Teil der Stelle, die deren Mitglieder beruft. Zu den informationspflichtigen Stellen gehören nicht
   a) die obersten Landesbehörden, soweit und solange sie im Rahmen der Gesetzgebung tätig werden, und
   b) Gerichte des Landes, soweit sie nicht Aufgaben der öffentlichen Verwaltung wahrnehmen,
2. natürliche oder juristische Personen des Privatrechts, soweit sie öffentliche Aufgaben wahrnehmen oder öffentliche Dienstleistungen erbringen, die im Zusammenhang mit der Umwelt stehen, insbesondere solche der umweltbezogenen Daseinsvorsorge, und dabei der Kontrolle des Landes, der Gemeinden und Gemeindeverbände, der Landkreise oder einer unter der Aufsicht des Landes, der Gemeinden, Gemeindeverbände oder der Landkreise stehenden juristischen Person des öffentlichen Rechts unterliegen.

(2) Kontrolle im Sinne von Absatz 1 Nummer 2 liegt vor, wenn

1. die Person des Privatrechts bei der Wahrnehmung der öffentlichen Aufgabe oder bei der Erbringung der öffentlichen Dienstleistung gegenüber Dritten besonderen Pflichten unterliegt oder über besondere Rechte verfügt, insbesondere ein Kontrahierungszwang oder ein Anschluss- und Benutzungszwang besteht, oder
2. eine oder mehrere der in Absatz 1 Nummer 2 genannten juristischen Personen des öffentlichen Rechts allein oder zusammen, unmittelbar oder mittelbar
   a) die Mehrheit des gezeichneten Kapitals des Unternehmens besitzen,
   b) über die Mehrheit der mit den Anteilen des Unternehmens verbundenen Stimmrechte verfügen oder
   c) mehr als die Hälfte der Mitglieder des Verwaltungs-, Leitungs- oder Aufsichtsorgans des Unternehmens bestellen können, oder
3. mehrere juristische Personen des öffentlichen Rechts zusammen unmittelbar oder mittelbar über eine Mehrheit im Sinne der Nummer 2 Buchstabe a bis c verfügen und zumindest der hälftige Anteil an dieser Mehrheit den in Absatz 1 Nummer 2 genannten juristischen Personen des öffentlichen Rechts zuzuordnen ist.

(3) Umweltinformationen sind unabhängig von der Art ihrer Speicherung alle Daten über

1. den Zustand von Umweltbestandteilen wie Luft und Atmosphäre, Wasser, Boden, Landschaft und natürliche Lebensräume einschließlich Feuchtgebiete, Küsten- und Meeresgebiete, die Artenvielfalt und ihre Bestandteile, einschließlich gentechnisch veränderter Organismen, sowie die Wechselwirkungen zwischen diesen Bestandteilen,
2. Faktoren wie Stoffe, Energie, Lärm und Strahlung, Abfälle aller Art sowie Emissionen, Ableitungen und sonstige Freisetzungen von Stoffen in die Umwelt, die sich auf die Umweltbestandteile im Sinne von Nummer 1 auswirken oder wahrscheinlich auswirken,
3. Maßnahmen oder Tätigkeiten, die
   a) sich auf die Umweltbestandteile im Sinne von Nummer 1 oder auf Faktoren im Sinne von Nummer 2 auswirken oder wahrscheinlich auswirken oder
   b) den Schutz von Umweltbestandteilen im Sinne von Nummer 1 bezwecken; zu den Maßnahmen gehören auch politische Konzepte, Rechts- und Verwaltungsvorschriften, Abkommen, Umweltvereinbarungen, Pläne und Programme,
4. Berichte über die Umsetzung des Umweltrechts,
5. Kosten-Nutzen-Analysen oder sonstige wirtschaftliche Analysen und Annahmen, die zur Vorbereitung oder Durchführung von Maßnahmen oder Tätigkeiten im Sinne von Nummer 3 verwendet werden, und
6. den Zustand der menschlichen Gesundheit und Sicherheit einschließlich der Kontamination der Lebensmittelkette, die Lebensbedingungen des Menschen sowie Kulturstätten und Bauwerke, soweit sie jeweils vom Zustand der Umweltbestandteile im Sinne von Nummer 1 oder von Fak-

toren, Maßnahmen oder Tätigkeiten im Sinne von Nummer 2 und 3 betroffen sind oder sein können.

(4) [1]Eine informationspflichtige Stelle verfügt über Umweltinformationen, wenn diese bei ihr vorhanden sind oder für sie bereitgehalten werden. [2]Ein Bereithalten liegt vor, wenn eine natürliche oder juristische Person, die selbst nicht informationspflichtige Stelle ist, Umweltinformationen für eine informationspflichtige Stelle im Sinne von Absatz 1 aufbewahrt, auf die diese Stelle einen Übermittlungsanspruch hat.

Abschnitt 2
Informationszugang auf Antrag, Ablehnungsgründe

§ 24 Zugang zu Umweltinformationen

(1) [1]Jede Person hat nach Maßgabe dieses Gesetzes Anspruch auf freien Zugang zu Umweltinformationen, über die eine informationspflichtige Stelle im Sinne von § 23 Absatz 1 verfügt, ohne ein rechtliches Interesse darlegen zu müssen. [2]Daneben bleiben andere Ansprüche auf Zugang zu Informationen unberührt.

(2) [1]Der Zugang kann durch Auskunftserteilung, Gewährung von Akteneinsicht oder in sonstiger Weise eröffnet werden. [2]Wird eine bestimmte Art des Informationszugangs beantragt, so darf dieser nur aus gewichtigen Gründen auf andere Art eröffnet werden. [3]Als gewichtiger Grund gilt insbesondere ein deutlich höherer Verwaltungsaufwand. [4]Soweit Umweltinformationen der antragsstellenden Person bereits auf andere, leicht zugängliche Art, insbesondere durch Verbreitung nach § 30 zur Verfügung stehen, kann die informationspflichtige Stelle die Person auf diese Art des Informationszugangs verweisen.

(3) [1]Soweit ein Anspruch nach Absatz 1 besteht, sind die Umweltinformationen der antragstellenden Person unter Berücksichtigung etwaiger von ihr angegebener Zeitpunkte, spätestens jedoch mit Ablauf der Frist nach Satz 2 Nummer 1 oder Nummer 2 zugänglich zu machen. [2]Die Frist beginnt mit Eingang des Antrags bei der informationspflichtigen Stelle, die über die Informationen verfügt, und endet

1. mit Ablauf eines Monats oder
2. soweit Umweltinformationen derart umfangreich und komplex sind, dass die in Nummer 1 genannte Frist nicht eingehalten werden kann, mit Ablauf von zwei Monaten.

§ 25 Antrag und Verfahren

(1) Umweltinformationen werden von der informationspflichtigen Stelle auf Antrag zugänglich gemacht.

(2) [1]Der Antrag muss erkennen lassen, zu welchen Umweltinformationen der Zugang gewünscht wird. [2]Ist der Antrag zu unbestimmt, so ist der antragstellenden Person dies innerhalb eines Monats mitzuteilen und Gelegenheit zur Präzisierung des Antrags zu geben. [3]Kommt die antragstellende Person der Aufforderung zur Präzisierung nach, beginnt der Lauf der Frist zur Beantwortung von Anträgen erneut. [4]Die Informationssuchenden sind bei der Stellung und Präzisierung von Anträgen zu unterstützen.

(3) Wird der Antrag bei einer informationspflichtigen Stelle gestellt, die nicht über die Umweltinformationen verfügt, leitet sie den Antrag an die über die begehrten Informationen verfügende Stelle weiter, wenn ihr diese bekannt ist, und unterrichtet die antragstellende Person hierüber.

(4) Wird eine andere als die beantragte Art des Informationszugangs im Sinne von § 24 Absatz 2 eröffnet, ist dies innerhalb der Frist nach § 24 Absatz 3 Satz 2 Nummer 1 unter Angabe der Gründe mitzuteilen.

(5) Über die Geltung der längeren Frist nach § 24 Absatz 3 Satz 2 Nummer 2 ist die antragstellende Person spätestens mit Ablauf der Frist nach § 24 Absatz 3 Satz 2 Nummer 1 unter Angabe der Gründe zu unterrichten.

§ 26 Erleichterung des Informationszugangs

(1) Die informationspflichtigen Stellen fördern und erleichtern den Zugang zu den bei ihnen verfügbaren Umweltinformationen mit dem Ziel eines transparenten Verwaltungshandelns.

(2) Zu diesem Zweck wirken sie darauf hin, dass Umweltinformationen, über die sie verfügen, zunehmend in elektronischen Datenbanken oder in sonstigen Formaten gespeichert werden, die über Mittel der elektronischen Kommunikation abrufbar sind.

(3) Die informationspflichtigen Stellen unterstützen den Informationszugang durch Beratung und treffen praktische Vorkehrungen zur Erleichterung des Informationszugangs, beispielsweise durch

1. die Benennung von Auskunftspersonen oder Informationsstellen,
2. die Veröffentlichung von Verzeichnissen über verfügbare Umweltinformationen,
3. die Einrichtung öffentlich zugänglicher Informationsnetze und Datenbanken oder
4. die Veröffentlichung von Informationen über behördliche Zuständigkeiten.

(4) Soweit möglich, gewährleisten die informationspflichtigen Stellen, dass alle Umweltinformationen, die von ihnen oder für sie zusammengestellt werden, auf dem gegenwärtigen Stand, exakt und vergleichbar sind.

§ 27 Ablehnung des Antrags

(1) [1]Wird der Antrag ganz oder teilweise nach den §§ 28 und 29 abgelehnt, ist die antragstellende Person innerhalb der Fristen nach § 24 Absatz 3 Satz 2 hierüber zu unterrichten. [2]Eine Ablehnung liegt auch dann vor, wenn nach § 24 Absatz 2 der Informationszugang auf andere Art gewährt oder die antragstellende Person auf eine andere Art des Informationszugangs verwiesen wird. [3]Der antragstellenden Person sind die Gründe für die Ablehnung mitzuteilen; in den Fällen des § 28 Absatz 2 Nummer 4 ist darüber hinaus die Stelle, die das Material vorbereitet, sowie der voraussichtliche Zeitpunkt der Fertigstellung mitzuteilen. [4]§ 39 Absatz 2 des Landesverwaltungsverfahrensgesetzes findet keine Anwendung.

(2) [1]Wenn der Antrag schriftlich gestellt wurde oder die antragstellende Person dies begehrt, erfolgt die Ablehnung in schriftlicher Form. [2]Sie ist auf Verlangen der antragstellenden Person in elektronischer Form mitzuteilen, wenn der Zugang hierfür eröffnet ist.

(3) Liegt ein Ablehnungsgrund nach § 28 oder § 29 vor, sind die hiervon nicht betroffenen Informationen zugänglich zu machen, soweit es möglich ist, die betroffenen Informationen auszusondern.

(4) Die antragstellende Person ist im Falle der vollständigen oder teilweisen Ablehnung eines Antrags auch über die Rechtsschutzmöglichkeiten gegen die Entscheidung sowie darüber zu belehren, bei welcher Stelle und innerhalb welcher Frist um Rechtsschutz nachgesucht werden kann.

§ 28 Schutz öffentlicher Belange

(1) [1]Soweit das Bekanntgeben der Informationen nachteilige Auswirkungen hätte auf

1. die internationalen Beziehungen, die Verteidigung oder bedeutsame Schutzgüter der öffentlichen Sicherheit,
2. die Vertraulichkeit der Beratungen von informationspflichtigen Stellen im Sinne des § 23 Absatz 1,
3. die Durchführung eines laufenden Gerichtsverfahrens, den Anspruch einer Person auf ein faires Verfahren oder die Durchführung strafrechtlicher, ordnungswidrigkeitenrechtlicher oder disziplinarrechtlicher Ermittlungen oder
4. den Zustand der Umwelt und ihrer Bestandteile im Sinne des § 23 Absatz 3 Nummer 1 oder Schutzgüter im Sinne des § 23 Absatz 3 Nummer 6,

ist der Antrag abzulehnen, es sei denn, das öffentliche Interesse an der Bekanntgabe überwiegt. [2]Der Zugang zu Umweltinformationen über Emissionen kann nicht unter Berufung auf die in den Nummern 2 und 4 genannten Gründe abgelehnt werden.

(2) Soweit ein Antrag

1. offensichtlich missbräuchlich gestellt wurde,
2. sich auf interne Mitteilungen der informationspflichtigen Stellen im Sinne des § 23 Absatz 1 bezieht,
3. bei einer Stelle, die nicht über die Umweltinformationen verfügt, gestellt wird, sofern er nicht nach § 25 Absatz 3 weitergeleitet werden kann,
4. sich auf die Zugänglichmachung von Material, das gerade vervollständigt wird, noch nicht abgeschlossener Schriftstücke oder noch nicht aufbereiteter Daten bezieht oder
5. zu unbestimmt ist und auf Aufforderung der informationspflichtigen Stelle nach § 25 Absatz 2 nicht innerhalb einer angemessenen Frist präzisiert wird,

ist er abzulehnen, es sei denn, das öffentliche Interesse an der Bekanntgabe überwiegt.

§ 29 Schutz sonstiger Belange

(1) [1]Soweit

1. durch das Bekanntgeben der Informationen personenbezogene Daten offenbart und dadurch Interessen der betroffenen Personen erheblich beeinträchtigt würden,

2. Rechte am geistigen Eigentum, insbesondere Urheberrechte, durch das Zugänglichmachen von Umweltinformationen verletzt würden oder

3. durch das Bekanntgeben Betriebs- oder Geschäftsgeheimnisse zugänglich gemacht würden oder die Informationen dem Steuergeheimnis oder dem Statistikgeheimnis unterliegen,

ist der Antrag abzulehnen, es sei denn, die betroffenen Personen haben eingewilligt oder das öffentliche Interesse an der Bekanntgabe überwiegt. [2]Der Zugang zu Umweltinformationen über Emissionen kann nicht unter Berufung auf die in den Nummern 1 und 3 genannten Gründe abgelehnt werden. [3]Vor der Entscheidung über die Offenbarung der durch Satz 1 Nummern 1 bis 3 geschützten Informationen sind die Betroffenen anzuhören. [4]Die informationspflichtige Stelle hat in der Regel von einer Betroffenheit im Sinne des Satzes 1 Nummer 3 auszugehen, soweit übermittelte Informationen als Betriebs- und Geschäftsgeheimnisse gekennzeichnet sind. [5]Soweit die informationspflichtige Stelle dies verlangt, haben mögliche Betroffene im Einzelnen darzulegen, dass ein Betriebs- oder Geschäftsgeheimnis vorliegt.

(2) [1]Sind vor der Entscheidung über die Offenbarung nach Absatz 1 Satz 3 mehr als 50 Betroffene anzuhören, deren Belange offensichtlich gleichartig betroffen sind, und überwiegt das öffentliche Interesse an der Bekanntgabe erheblich oder handelt es sich um einen Fall des Absatzes 1 Satz 2 mit mehr als 50 Betroffenen, kann auf eine Anhörung verzichtet werden. [2]Unterbleibt die Anhörung, kann die Bekanntgabe der Entscheidung über die Offenbarung durch eine öffentliche Bekanntmachung erfolgen. [3]Die öffentliche Bekanntmachung wird durch Einstellung der Entscheidung auf der Internetseite der informationspflichtigen Stelle und außerdem durch einen entsprechenden Hinweis in ihrem amtlichen Veröffentlichungsblatt oder in örtlichen Tageszeitungen bewirkt. [4]Die Entscheidung gilt am Tag nach der öffentlichen Bekanntmachung als bekannt gegeben.

(3) [1]Umweltinformationen, die private Dritte einer informationspflichtigen Stelle übermittelt haben, ohne rechtlich dazu verpflichtet zu sein oder rechtlich verpflichtet werden zu können, und deren Offenbarung nachteilige Auswirkungen auf die Interessen der Dritten hätte, dürfen ohne deren Einwilligung anderen nicht zugänglich gemacht werden, es sei denn, das öffentliche Interesse an der Bekanntgabe überwiegt. [2]Der Zugang zu Umweltinformationen über Emissionen kann nicht unter Berufung auf die in Satz 1 genannten Gründe abgelehnt werden.

Abschnitt 3
Verbreitung von Umweltinformationen

§ 30 Unterrichtung der Öffentlichkeit

(1) [1]Die informationspflichtigen Stellen unterrichten die Öffentlichkeit in angemessenem Umfang aktiv und systematisch über die Umwelt. [2]In diesem Rahmen verbreiten sie Umweltinformationen, die für ihre Aufgaben von Bedeutung sind und über die sie verfügen.

(2) [1]Zu den zu verbreitenden Umweltinformationen gehören zumindest

1. der Wortlaut von völkerrechtlichen Verträgen, das von den Organen der Europäischen Union erlassene Recht sowie Rechtsvorschriften von Bund, Ländern oder Kommunen über die Umwelt oder mit Bezug zur Umwelt,

2. politische Konzepte sowie Pläne und Programme mit Bezug zur Umwelt,

3. Berichte über den Stand der Umsetzung von Rechtsvorschriften sowie Konzepten, Plänen und Programmen nach den Nummern 1 und 2, sofern solche Berichte von den jeweiligen informationspflichtigen Stellen in elektronischer Form ausgearbeitet worden sind oder bereitgehalten werden,

4. Daten oder Zusammenfassungen von Daten aus der Überwachung von Tätigkeiten, die sich auf die Umwelt auswirken oder wahrscheinlich auswirken,

5. Zulassungsentscheidungen, die erhebliche Auswirkungen auf die Umwelt haben und Umweltvereinbarungen sowie

6. die zusammenfassende Darstellung und Bewertung der Umweltauswirkungen nach den §§ 24 und 25 UVPG im Hinblick auf Umweltbestandteile im Sinne von § 23 Absatz 3 Nummer 1.

[2]In Fällen des Satzes 1 Nummer 5 und 6 genügt zur Verbreitung die Angabe, wo solche Informationen zugänglich sind oder gefunden werden können. [3]Die veröffentlichten Umweltinformationen werden in angemessenen Abständen aktualisiert.

(3) [1]Die Verbreitung von Umweltinformationen soll in für die Öffentlichkeit verständlicher Darstellung und in leicht zugänglichen Formaten erfolgen. [2]Hierzu sollen, soweit vorhanden, elektronische Kommunikationsmittel verwendet werden.

(4) Die Anforderungen an die Unterrichtung der Öffentlichkeit nach Absatz 1 und 2 können auch dadurch erfüllt werden, dass Verknüpfungen zu Internetseiten eingerichtet werden, auf denen die zu verbreitenden Umweltinformationen zu finden sind.

(5) [1]Im Falle einer unmittelbaren Bedrohung der menschlichen Gesundheit oder der Umwelt haben die informationspflichtigen Stellen sämtliche Informationen, über die sie verfügen und die es der eventuell betroffenen Öffentlichkeit ermöglichen könnten, Maßnahmen zur Abwendung oder Begrenzung von Schäden infolge dieser Bedrohung zu ergreifen, unmittelbar und unverzüglich zu verbreiten. [2]Dies gilt unabhängig davon, ob diese Bedrohung Folge menschlicher Tätigkeit oder einer natürlichen Ursache ist. [3]Verfügen mehrere informationspflichtige Stellen über solche Informationen, sollen sie sich bei deren Verbreitung abstimmen.

(6) § 26 Absatz 1, 2 und 4 und die §§ 28 und 29 finden entsprechende Anwendung.

(7) Die Wahrnehmung der Aufgaben nach den Absätzen 1 bis 6 kann auf bestimmte Stellen der öffentlichen Verwaltung oder private Stellen übertragen werden.

§ 31 Umweltzustandsbericht
[1]Das Land veröffentlicht regelmäßig im Abstand von nicht mehr als vier Jahren einen Bericht über den Zustand der Umwelt im Landesgebiet. [2]Hierbei berücksichtigt es § 30 Absatz 1, 3 und 6. [3]Der Bericht enthält Informationen über die Umweltqualität und vorhandene Umweltbelastungen.

Abschnitt 4
Ergänzende Bestimmungen

§ 32 Rechtsschutz
(1) Der Verwaltungsrechtsweg ist für Streitigkeiten nach Teil 3 dieses Gesetzes auch gegeben, soweit sie sich auf eine informationspflichtige Stelle im Sinne von § 23 Absatz 1 Nummer 2 beziehen.

(2) Gegen die Entscheidung durch eine Stelle der öffentlichen Verwaltung im Sinne von § 23 Absatz 1 Nummer 1 ist ein Widerspruchsverfahren nach den §§ 68 bis 73 der Verwaltungsgerichtsordnung auch dann durchzuführen, wenn die Entscheidung von einer obersten Landesbehörde oder einem Regierungspräsidium getroffen worden ist.

(3) [1]Ist die antragstellende Person der Auffassung, dass eine informationspflichtige Stelle im Sinne von § 23 Absatz 1 Nummer 2 den Antrag nicht oder nicht vollständig erfüllt hat, kann sie die Entscheidung der informationspflichtigen Stelle nach Absatz 4 überprüfen lassen. [2]Die Überprüfung ist nicht Voraussetzung für die Erhebung der Klage nach Absatz 1. [3]Eine Klage gegen die zuständige Stelle nach § 34 Absatz 1 ist ausgeschlossen.

(4) [1]Der Anspruch auf nochmalige Prüfung ist gegenüber der informationspflichtigen Stelle im Sinne von § 23 Absatz 1 Nummer 2 innerhalb eines Monats, nachdem diese Stelle mitgeteilt hat, dass der Anspruch nicht oder nicht vollständig erfüllt werden kann, schriftlich geltend zu machen. [2]Die informationspflichtige Stelle hat der antragstellenden Person das Ergebnis ihrer nochmaligen Prüfung innerhalb eines Monats zu übermitteln.

§ 33 Gebühren und Auslagen
(1) Für die Übermittlung von Umweltinformationen aufgrund dieses Gesetzes werden von den informationspflichtigen Stellen im Sinne von § 23 Absatz 1 Nummer 1 Gebühren und Auslagen nach Maßgabe der für sie geltenden Vorschriften festgesetzt und erhoben, soweit nachfolgend nicht etwas anderes bestimmt ist.

(2) Gebühren- und auslagenfrei sind
1. die Erteilung mündlicher und einfacher schriftlicher Auskünfte,
2. die Einsichtnahme in Umweltinformationen vor Ort,
3. Maßnahmen und Vorkehrungen zur Unterstützung des Zugangs zu Umweltinformationen nach § 26,

4. die Unterrichtung der Öffentlichkeit nach §§ 30 und 31,

5. die Ablehnung oder Rücknahme eines Antrags auf Übermittlung von Umweltinformationen sowie Entscheidungen, die die Rücknahme oder den Widerruf von Leistungen nach diesem Gesetz
betreffen.

(3) Bei Anlagen, die in Anhang I der Richtlinie 2010/75/EU des Europäischen Parlaments und des
Rates vom 24. November 2010 über Industrieemissionen (integrierte Vermeidung und Verminderung
der Umweltverschmutzung) (Neufassung) (ABl. L 334 vom 17.12.2010, S. 17, ber. ABl. L 158 vom
19.6.2012, S. 25) aufgeführt sind, werden Gebühren und Auslagen nicht erhoben für die Übermittlung

1. der Ergebnisse der Überwachung von Emissionen nach den §§ 26, 28 und 29 des Bundesimmis-
sionsschutzgesetzes,

2. der bei der zuständigen Behörde vorliegenden Ergebnisse der Überwachung der von einer Deponie ausgehenden Emissionen,

3. der Ergebnisse der Überwachung von Emissionen nach der Verordnung zur Regelung des Verfahrens bei Zulassung und Überwachung industrieller Abwasserbehandlungsanlagen und Gewässerbenutzungen (Industriekläranlagen-Zulassungs- und Überwachungsverordnung) vom 2.
Mai 2013 (BGBl. I S. 973, 1011, 3756) in der jeweils geltenden Fassung,

4. der Planfeststellungsbeschlüsse, Genehmigungen und Anordnungen nach § 35 Absatz 2 und 3
und § 39 des Kreislaufwirtschaftsgesetzes sowie der Ablehnungen und Änderungen dieser Entscheidungen.

(4) [1]Die Gebühren werden nach den Rahmengebühren der Anlage 5 unter Berücksichtigung des Verwaltungsaufwands so bemessen, dass der Informationsanspruch wirksam in Anspruch genommen
werden kann. [2]Informationspflichtige Stellen kommunaler Körperschaften, auch soweit sie Aufgaben
der unteren Verwaltungsbehörden im Sinne des Landesverwaltungsgesetzes oder Aufgaben der unteren Baurechtsbehörden im Sinne der Landesbauordnung wahrnehmen, und informationspflichtige
Landratsämter als untere Verwaltungsbehörden können abweichend von Satz 1 Halbsatz 1 eigene
Regelungen nach Maßgabe von Satz 1 Halbsatz 2 treffen.

(5) Das Umweltministerium wird ermächtigt, die Rahmengebühren der Anlage 5 durch Rechtsverordnung zu ändern.

(6) [1]Informationspflichtige Stellen im Sinne von § 23 Absatz 1 Nummer 2 können für die Übermittlung
von Informationen nach diesem Gesetz von der antragstellenden Person Kostenerstattung gemäß den
Grundsätzen der Absätze 2 und 4 verlangen. [2]Die Höhe der erstattungsfähigen Kosten bemisst sich
nach der Anlage 5 in der jeweils geltenden Fassung.

§ 34 Überwachung

(1) Die zuständigen Stellen der öffentlichen Verwaltung, die die Kontrolle im Sinne von § 23 Absatz
2 für das Land, die Gemeinden und Gemeindeverbände, die Landkreise oder eine unter ihrer Aufsicht
stehende juristische Person des öffentlichen Rechts ausüben, überwachen die Einhaltung dieses Gesetzes durch informationspflichtige Stellen im Sinne von § 23 Absatz 1 Nummer 2.

(2) Die informationspflichtigen Stellen im Sinne von § 23 Absatz 1 Nummer 2 haben den zuständigen
Stellen auf Verlangen alle Informationen herauszugeben, die diese Stellen zur Wahrnehmung ihrer
Aufgaben nach Absatz 1 benötigen.

(3) Die nach Absatz 1 zuständigen Stellen können gegenüber den informationspflichtigen Stellen im
Sinne von § 23 Absatz 1 Nummer 2 die zur Einhaltung und Durchführung dieses Gesetzes erforderlichen Maßnahmen ergreifen oder Anordnungen erlassen.

(4) Das Umweltministerium wird ermächtigt, die Aufgaben nach den Absätzen 1 und 3 abweichend
von Absatz 1 auf andere Stellen der öffentlichen Verwaltung zu übertragen.

§ 35 Ordnungswidrigkeit

(1) Ordnungswidrig handelt, wer vorsätzlich oder fahrlässig einer vollziehbaren Anordnung nach § 34
Absatz 3 zuwiderhandelt.

(2) Die Ordnungswidrigkeit nach Absatz 1 kann mit einer Geldbuße bis zu 10 000 Euro geahndet
werden.

Anlage 1
(zu § 7 Absatz 1 Nummer 1, § 12 Absatz 1 Satz 1, Absatz 2 Satz 1 und Absatz 3 Satz 1, § 17 Absatz 2
Satz 1, § 20 Absatz 2 Nummer 3, § 21)

Liste UVP-pflichtiger Vorhaben

Soweit nachstehend eine UVP-Pflicht vorgesehen ist, nimmt diese Bezug auf die Regelung des § 12
Absatz 1. Soweit nachstehend eine allgemeine Vorprüfung oder eine standortbezogene Vorprüfung des
Einzelfalls vorgesehen ist, nimmt diese Bezug auf die Regelung des § 12 Absatz 2 und 3.

Legende:

Nummer	=	Nummer des Vorhabens
Vorhaben	=	Art des Vorhabens mit gegebenenfalls Größen oder Leistungswerten nach § 12 Absatz 1 sowie Prüfwerten für Größe und Leistung nach § 12 Absätze 2 und 3
X in Spalte 1	=	§ 12 Absatz 1
A in Spalte 2	=	§ 12 Absatz 2
S in Spalte 2	=	§ 12 Absatz 3

Nummer	Vorhaben	Spalte 1	Spalte 2
1	**Verkehrsvorhaben**		
1.1	**Bau einer Landeswasserstraße**	X	
1.2	**Bau einer Landes- oder Kreisstraße oder einer Gemeindestraße im Sinne von § 3 Absatz 2 Nummer 1 bis 3 des Straßengesetzes (StrG), wenn diese eine Schnellstraße im Sinne der Begriffsbestimmung des Europäischen Übereinkommens über die Hauptstraßen des internationalen Verkehrs vom 15. November 1975 (BGBl. II 1983, S. 245) ist**	X	
1.3	**Vier- oder mehrstreifige Landes- oder Kreisstraße oder Gemeindestraße im Sinne von § 3 Absatz 2 Nummer 1 bis 3 StrG, soweit nicht Teil eines bauplanungsrechtlichen Vorhabens nach Nummer 18 der Anlage 1 UVPG,**		
1.3.1	die neu gebaut wird und eine durchgehende Länge von 5 km oder mehr aufweist	X	
1.3.2	die durch Verlegung und Ausbau einer bestehenden ein- bis dreistreifigen Straße hergestellt wird, wenn der verlegte und ausgebaute Straßenabschnitt eine durchgehende Länge von 5 km oder mehr aufweist	X	
1.3.3	die durch Ausbau einer bestehenden ein- bis dreistreifigen Straße hergestellt wird, wenn der ausgebaute Straßenabschnitt eine durchgehende Länge von 10 km oder mehr aufweist	X	
1.3.4	die, soweit nicht von Nummer 1.3.1 bis 1.3.3 erfasst, neu gebaut wird oder durch Verlegung und Ausbau oder durch Ausbau einer bestehenden ein- bis dreistreifigen Straße entsteht		A
1.4	**Bau einer sonstigen Landes- oder Kreisstraße mit einer durchgehenden Länge von**		
1.4.1	10 km oder mehr	X	
1.4.2	1 km bis weniger als 10 km		A
1.4.3	weniger als 1 km		S
1.5	**Bau einer sonstigen Gemeindestraße im Sinne von § 3 Absatz 2 Nummer 1 bis 3 StrG oder einer Privatstraße, soweit nicht Teil eines bauplanungsrechtlichen Vorhabens nach Nummer 18 der Anlage 1 UVPG, mit einer durchgehenden Länge von**		
1.5.1	2 km oder mehr		A
1.5.2	1 km bis weniger als 2 km, sofern die Straße außerhalb der geschlossenen Ortslage im Sinne von § 8 Absatz 1 Satz 2 und 3 StrG liegt		S
1.5.3	weniger als 1 km, sofern die Straße außerhalb der geschlossenen Ortslage im Sinne von § 8 Absatz 1 Satz 2 und 3 StrG liegt und ein Projekt im Sinne von § 34 Absatz 1 Satz 1 des Bundesnaturschutzgesetzes (BNatSchG) ist oder mindestens teilweise in einem in der Anlage 2 Nummer 2.3 aufgeführten Gebiet liegt		S
1.5.4	weniger als 2 km, sofern davon auszugehen ist, dass die Straße von mindestens 100.000 Fahrzeugen innerhalb von 24 Stunden (durch-		S

Nummer	Vorhaben	Spalte 1	Spalte 2
	schnittliche tägliche Verkehrsstärke) oder 4.000 Fahrzeugen zur täglichen Spitzenstunde frequentiert werden wird		
1.6	**Bau eines selbstständigen Radwegs außerhalb der geschlossenen Ortslage im Sinne von § 8 Absatz 1 Satz 2 und 3 StrG oder eines öffentlichen Feld- oder Waldwegs, der als Radwegverbindung dient (§ 3 Absatz 2 Nummer 4 Buchstabe a und b StrG), mit einer Länge von**		
1.6.1	5 km oder mehr		S
1.6.2	weniger als 5 km, sofern der Weg ein Projekt im Sinne von § 34 Absatz 1 Satz 1 BNatSchG ist oder mindestens teilweise in einem in der Anlage 2 Nummer 2.3 aufgeführten Gebiet liegt		S
2	**Seilbahnen und Skipisten**		
2.1	**Errichtung und Betrieb von Seilbahnen (zum Beispiel Skilifte) und zugehörigen Einrichtungen**		A
2.2	**Errichtung und Betrieb einer Skipiste und zugehöriger Einrichtungen auf einer Fläche von**		
2.2.1	mehr als 10 Hektar		A
2.2.2	mehr als 2 Hektar bis zu 10 Hektar		S
3	**Landesmesse**		
	Bau einer Landesmesse	X	
4	**Selbstständige Abbauvorhaben im Außenbereich**		
4.1	**Torfabbauvorhaben auf einer Fläche von**		
4.1.1	mehr als 10 Hektar	X	
4.1.2	mehr als 0,5 Hektar bis zu 10 Hektar		A
4.1.3	bis zu 0,5 Hektar		S
4.2	**Andere Abbau- und Gewinnungsvorhaben und Abgrabungen, die nicht der Bergaufsicht unterliegen, einschließlich der Betriebsanlagen und -einrichtungen auf einer Fläche von**		
4.2.1	mehr als 25 Hektar	X	
4.2.2	mehr als 10 Hektar bis zu 25 Hektar		A
4.2.3	mehr als 2 Hektar bis zu 10 Hektar		S

Anlage 2
(zu § 12 Absätze 2 und 3)

Kriterien für die Vorprüfung im Rahmen einer Umweltverträglichkeitsprüfung

1. Merkmale der Vorhaben
Die Merkmale eines Vorhabens sind insbesondere hinsichtlich folgender Kriterien zu beurteilen:

1.1
Größe und Ausgestaltung des gesamten Vorhabens und, soweit relevant, der Abrissarbeiten,

1.2
Zusammenwirken mit anderen bestehenden oder zugelassenen Vorhaben und Tätigkeiten,

1.3
Nutzung natürlicher Ressourcen, insbesondere Fläche, Boden, Wasser, Tiere, Pflanzen und biologische Vielfalt,

1.4
Erzeugung von Abfällen im Sinne von § 3 Absatz 1 und 8 des Kreislaufwirtschaftsgesetzes,

1.5
Umweltverschmutzung und Belästigungen,

1.6
Risiken von Störfällen, Unfällen und Katastrophen, die für das Vorhaben von Bedeutung sind, einschließlich der Störfälle, Unfälle und Katastrophen, die wissenschaftlichen Erkenntnissen zufolge durch den Klimawandel bedingt sind, insbesondere mit Blick auf:

1.6.1
verwendete Stoffe und Technologien,

1.6.2
die Anfälligkeit des Vorhabens für Störfälle im Sinne des § 2 Nummer 7 der Störfall-Verordnung, insbesondere aufgrund seiner Verwirklichung innerhalb des angemessenen Sicherheitsabstandes zu Betriebsbereichen im Sinne des § 3 Absatz 5a des Bundes-Immissionsschutzgesetzes,

1.7
Risiken für die menschliche Gesundheit, z.B. durch Verunreinigung von Wasser oder Luft.

2. Standort der Vorhaben
Die ökologische Empfindlichkeit eines Gebiets, das durch ein Vorhaben möglicherweise beeinträchtigt wird, ist insbesondere hinsichtlich folgender Nutzungs- und Schutzkriterien unter Berücksichtigung des Zusammenwirkens mit anderen Vorhaben in ihrem gemeinsamen Einwirkungsbereich zu beurteilen:

2.1
bestehende Nutzung des Gebietes, insbesondere als Fläche für Siedlung und Erholung, für land-, forst- und fischereiwirtschaftliche Nutzungen, für sonstige wirtschaftliche und öffentliche Nutzungen, Verkehr, Ver- und Entsorgung (Nutzungskriterien),

2.2
Reichtum, Verfügbarkeit, Qualität und Regenerationsfähigkeit der natürlichen Ressourcen, insbesondere Fläche, Boden, Landschaft, Wasser, Tiere, Pflanzen, biologische Vielfalt, des Gebiets und seines Untergrunds (Qualitätskriterien),

2.3
Belastbarkeit der Schutzgüter unter besonderer Berücksichtigung folgender Gebiete und von Art und Umfang des ihnen jeweils zugewiesenen Schutzes (Schutzkriterien):

2.3.1
Natura 2000-Gebiete nach § 7 Absatz 1 Nummer 8 des Bundesnaturschutzgesetzes (BNatSchG),

2.3.2
Naturschutzgebiete nach § 23 BNatSchG, soweit nicht bereits von Nummer 2.3.1 erfasst,

2.3.3
Nationalparke und Nationale Naturmonumente nach § 24 BNatSchG, soweit nicht bereits von Nummer 2.3.1 erfasst,

2.3.4
Biosphärenreservate und Landschaftsschutzgebiete gemäß den §§ 25 und 26 BNatSchG,

2.3.5
Naturdenkmäler nach § 28 BNatSchG und § 30 Absatz 1 des Naturschutzgesetzes (NatSchG),

2.3.6
geschützte Landschaftsbestandteile, einschließlich Alleen, nach § 29 BNatSchG und § 31 NatSchG,

2.3.7
gesetzlich geschützte Biotope nach § 30 BNatSchG und § 33 Absatz 1 Satz 1 NatSchG,

2.3.8
Wasserschutzgebiete nach § 51 des Wasserhaushaltsgesetzes (WHG), Heilquellenschutzgebiete nach § 53 Absatz 4 WHG, Risikogebiete nach § 73 Absatz 1 WHG sowie Überschwemmungsgebiete nach § 76 WHG in Verbindung mit § 65 des Wassergesetzes für Baden-Württemberg,[1]

2.3.9
Gebiete, in denen die in Vorschriften der Europäischen Union festgelegten Umweltqualitätsnormen bereits überschritten sind,

2.3.10
Gebiete mit hoher Bevölkerungsdichte, insbesondere Zentrale Orte im Sinne des § 2 Absatz 2 Nummer 2 des Raumordnungsgesetzes,

---

1)   Komma fehlt im GBl.

2.3.11

in amtlichen Listen oder Karten verzeichnete Denkmäler, Denkmalensembles, Bodendenkmäler oder Gebiete, die von der durch die Länder bestimmten Denkmalschutzbehörde als archäologisch bedeutende Landschaften eingestuft worden sind,

2.3.12

Waldschutzgebiete nach § 32 des Landeswaldgesetzes, Wälder mit besonderen Schutzfunktionen, geschützte Waldbiotope und Wildkorridore des Generalwildwegeplans.

3. Art und Merkmale der möglichen Auswirkungen

Die möglichen erheblichen Auswirkungen eines Vorhabens auf die Schutzgüter sind anhand der unter den Nummern 1 und 2 aufgeführten Kriterien zu beurteilen; dabei ist insbesondere folgenden Gesichtspunkten Rechnung zu tragen:

3.1

der Art und dem Ausmaß der Auswirkungen, insbesondere, welches geographische Gebiet betroffen ist und wie viele Personen von den Auswirkungen voraussichtlich betroffen sind,

3.2

dem etwaigen grenzüberschreitenden Charakter der Auswirkungen,

3.3

der Schwere und der Komplexität der Auswirkungen,

3.4

der Wahrscheinlichkeit von Auswirkungen,

3.5

dem voraussichtlichen Zeitpunkt des Eintretens sowie der Dauer, Häufigkeit und Umkehrbarkeit der Auswirkungen,

3.6

dem Zusammenwirken der Auswirkungen mit den Auswirkungen anderer bestehender oder zugelassener Vorhaben,

3.7

der Möglichkeit, die Auswirkungen wirksam zu vermindern.

Anlage 3
(zu § 7 Absatz 1 Nummer 2 und § 17 Absatz 1 Nummer 1 und 2)

Pläne und Programme, für die eine Verpflichtung zur Strategischen Umweltprüfung besteht

Nachstehende Pläne und Programme werden nach § 7 Absatz 1 Nummer 2 vom Anwendungsbereich dieses Gesetzes erfasst.

Legende:
Nummer   = Nummer des Plans oder Programms
Plan oder Programm   = Art des Plans oder Programms

Nummer	Plan oder Programm
1	Obligatorische Strategische Umweltprüfung nach § 17 Absatz 1 Nummer 1
1.1	Programme und Pläne nach § 7 des Landwirtschafts- und Landeskulturgesetzes
1.2	Generalverkehrspläne und Maßnahmenpläne
1.3	Landschaftsprogramm und Landschaftsrahmenpläne
1.4	Landschaftspläne
2	Strategische Umweltprüfung bei Rahmensetzung nach § 17 Absatz 1 Nummer 2
2.1	Nahverkehrspläne nach § 11 des Gesetzes über die Planung, Organisation und Gestaltung des öffentlichen Personennahverkehrs.

Anlage 4
(zu § 17 Absatz 4)

Kriterien für die Vorprüfung des Einzelfalls im Rahmen einer Strategischen Umweltprüfung

1. Merkmale des Plans oder Programms, insbesondere in Bezug auf

1.1
das Ausmaß, in dem der Plan oder das Programm einen Rahmen setzt,

1.2
das Ausmaß, in dem der Plan oder das Programm andere Pläne und Programme beeinflusst,

1.3
die Bedeutung des Plans oder Programms für die Einbeziehung umweltbezogener, einschließlich gesundheitsbezogener Erwägungen, insbesondere im Hinblick auf die Förderung der nachhaltigen Entwicklung,

1.4
die für den Plan oder das Programm relevanten umweltbezogenen, einschließlich gesundheitsbezogener Probleme,

1.5
die Bedeutung des Plans oder Programms für die Durchführung nationaler und europäischer Umweltvorschriften.

2. Merkmale der möglichen Auswirkungen und der voraussichtlich betroffenen Gebiete, insbesondere in Bezug auf

2.1
die Wahrscheinlichkeit, Dauer, Häufigkeit und Umkehrbarkeit der Auswirkungen,

2.2
den kumulativen und grenzüberschreitenden Charakter der Auswirkungen,

2.3
die Risiken für die Umwelt, einschließlich der menschlichen Gesundheit (zum Beispiel bei Unfällen),

2.4
den Umfang und die räumliche Ausdehnung der Auswirkungen,

2.5
die Bedeutung und die Sensibilität des voraussichtlich betroffenen Gebiets auf Grund der besonderen natürlichen Merkmale, des kulturellen Erbes, der Intensität der Bodennutzung des Gebiets, jeweils unter Berücksichtigung der Überschreitung von Umweltqualitätsnormen und Grenzwerten,

2.6
Gebiete nach Nummer 2.3 der Anlage 2.

Anlage 5
(zu § 33 Absatz 4 bis 6)

Gebührenverzeichnis
A. Gebühren

Nummer	Gegenstand	Gebühr in Euro
	Übermittlung von Umweltinformationen durch schriftliche Auskünfte oder auf sonstigem Weg	
1.	Informationsbegehren mit einem Bearbeitungsaufwand von 0,5 bis zu 3 Stunden, auch bei der Herausgabe von wenigen Duplikaten	gebührenfrei
2.	Informationsbegehren mit erheblichem Bearbeitungsaufwand (mehr als 3 bis zu 8 Stunden)	10–250
3.	Informationsbegehren mit außergewöhnlich hohem Bearbeitungsaufwand (mehr als 8 Stunden)	250 bis 500

B. Auslagen

Nummer	Gegenstand	Auslagenbetrag in Euro
1.	Herstellung von Duplikaten	
1.1	je DIN A4-Kopie von Papiervorlagen	0,10
1.2	je DIN A3-Kopie von Papiervorlagen	0,15
1.3	Reproduktionen von verfilmten Akten je Seite	0,25
2.	Herstellung von Duplikaten auf sonstigen Datenträgern oder Filmkopien	in voller Höhe
3.	Aufwand für besondere Verpackung und besondere Beförderung	in voller Höhe

Landesbeamtengesetz (LBG)[1)]

Vom 9. November 2010 (GBl. S. 793, 794)
zuletzt geändert durch Art. 8 G zur Umsetzung der Neuorganisation der Forstverwaltung BW
vom 21. Mai 2019 (GBl. S. 161)

Inhaltsübersicht

Erster Teil
Allgemeine Vorschriften
§ 1 Geltungsbereich
§ 2 Dienstherrnfähigkeit
§ 3 Begriffsbestimmungen
§ 4 Allgemeine Zuständigkeit, Zuständigkeiten nach dem Beamtenstatusgesetz
§ 5 Zustellung

Zweiter Teil
Beamtenverhältnis
§ 6 Beamtenverhältnis auf Probe
§ 7 Beamtenverhältnis auf Zeit
§ 8 Führungsfunktionen auf Probe
§ 9 Ernennungszuständigkeit und Rechtsfolgen einer Ernennung
§ 10 Ernennung beim Wechsel der Laufbahngruppe
§ 11 Auswahlverfahren, Stellenausschreibung
§ 12 Rücknahme der Ernennung
§ 13 Verfahren und Rechtsfolgen der Rücknahme oder bei Nichtigkeit der Ernennung

Dritter Teil
Laufbahnen
§ 14 Laufbahn
§ 15 Bildungsvoraussetzungen
§ 16 Erwerb der Laufbahnbefähigung
§ 17 Beschränkung der Zulassung zur Ausbildung
§ 18 Einstellung
§ 19 Probezeit
§ 20 Beförderung
§ 21 Horizontaler Laufbahnwechsel
§ 22 Aufstieg
§ 23 Übernahme von Beamtinnen und Beamten anderer Dienstherr und von früheren Beamtinnen und Beamten

Vierter Teil
Versetzung, Abordnung und Umbildung von Körperschaften innerhalb des Geltungsbereichs dieses Gesetzes
§ 24 Versetzung
§ 25 Abordnung
§ 26 Umbildung einer Körperschaft
§ 27 Rechtsfolgen der Umbildung

§ 28 Rechtsstellung der Beamtinnen und Beamten
§ 29 Genehmigungsvorbehalt für Ernennungen
§ 30 Rechtsstellung der Versorgungsempfängerinnen und Versorgungsempfänger

Fünfter Teil
Beendigung des Beamtenverhältnisses

1. Abschnitt:
Entlassung
§ 31 Zuständigkeit, Form und Zeitpunkt der Entlassung
§ 32 Rechtsfolgen der Entlassung

2. Abschnitt:
Verlust der Beamtenrechte
§ 33 Folgen des Verlusts der Beamtenrechte
§ 34 Gnadenerweis
§ 35 Weitere Folgen eines Wiederaufnahmeverfahrens

3. Abschnitt:
Ruhestand, Verabschiedung, Dienstunfähigkeit
§ 36 Ruhestand wegen Erreichens der Altersgrenze
§ 37 Ruhestand von Beamtinnen und Beamten auf Zeit wegen Ablaufs der Amtszeit
§ 38 Ruhestand von kommunalen Wahlbeamtinnen und Wahlbeamten wegen Ablaufs der Amtszeit
§ 39 Hinausschiebung der Altersgrenze
§ 40 Versetzung in den Ruhestand auf Antrag
§ 41 Altersgrenzen für die Verabschiedung
§ 42 Einstweiliger Ruhestand
§ 43 Dienstunfähigkeit, begrenzte Dienstfähigkeit, Wiederberufung
§ 44 Verfahren bei Dienstunfähigkeit
§ 45 Form, Zuständigkeit
§ 46 Beginn des Ruhestands und des einstweiligen Ruhestands

Sechster Teil
Rechtliche Stellung im Beamtenverhältnis

1. Abschnitt:
Allgemeine Pflichten und Rechte
§ 47 Diensteid
§ 48 Verantwortung für die Rechtmäßigkeit
§ 49 Anträge, Beschwerden, Vertretung

---

1) Verkündet als Art. 1 DienstrechtsreformG v. 9.11.2010 (GBl. S. 793); Inkrafttreten gem. Art. 63 Abs. 1 Satz 1 dieses G am 1.1.2011. Beachte auch die Übergangsbestimmungen in Artikel 62 dieses G.

§ 50 Fortbildung
§ 51 Dienstliche Beurteilung, Dienstzeugnis
§ 52 Befreiung von Amtshandlungen
§ 53 Ärztliche Untersuchungen, Genetische Untersuchungen und Analysen
§ 54 Wohnung, Aufenthaltsort
§ 55 Dienstkleidung
§ 56 Amtsbezeichnung
§ 57 Verschwiegenheitspflicht
§ 58 Nichterfüllung von Pflichten
§ 59 Pflicht zum Schadenersatz
§ 59a Rückforderung von Leistungen

2. Abschnitt:
Nebentätigkeit, Tätigkeit nach Beendigung des Beamtenverhältnisses

§ 60 Nebentätigkeit
§ 61 Nebentätigkeiten auf Verlangen
§ 62 Genehmigungspflichtige Nebentätigkeiten
§ 63 Nicht genehmigungspflichtige Nebentätigkeiten
§ 64 Pflichten bei der Ausübung von Nebentätigkeiten
§ 65 Ausführungsverordnung
§ 66 Tätigkeit nach Beendigung des Beamtenverhältnisses

3. Abschnitt:
Arbeitszeit und Urlaub

§ 67 Arbeitszeit
§ 68 Fernbleiben vom Dienst, Krankheit
§ 69 Teilzeitbeschäftigung
§ 70 Altersteilzeit
§ 71 Urlaub
§ 72 Urlaub von längerer Dauer ohne Dienstbezüge
§ 73 Höchstdauer von unterhälftiger Teilzeitbeschäftigung und Urlaub
§ 74 Pflegezeiten

4. Abschnitt:
Fürsorge und Schutz

§ 75 Benachteiligungsverbot

§ 76 Mutterschutz, Elternzeit
§ 77 Arbeitsschutz
§ 78 Beihilfe
§ 79 Heilfürsorge
§ 80 Ersatz von Sachschaden
§ 80a Erfüllungsübernahme von Schmerzensgeldansprüchen gegen Dritte
§ 81 Übergang des Schadenersatzanspruchs
§ 82 Dienstjubiläum

5. Abschnitt:
Personalaktendaten

§ 83 Verarbeitung
§ 84 Vollständig automatisierte Entscheidungen
§ 85 Übermittlung
§ 85a Verarbeitung von Personalaktendaten im Auftrag
§ 86 Löschung
§ 87 Auskunft, Anhörung
§ 88 Gliederung von Personalaktendaten, Zugriff auf Personalaktendaten

Siebter Teil
Beteiligung der Gewerkschaften und Berufsverbände sowie der kommunalen Landesverbände

§ 89 Beteiligung der Gewerkschaften und Berufsverbände
§ 90 Beteiligung der kommunalen Landesverbände

Achter Teil
Besondere Beamtengruppen

§ 91 Ehrenbeamtinnen und Ehrenbeamte
§ 92 Kommunale Wahlbeamtinnen und Wahlbeamte

Neunter Teil
Schlussbestimmung

§ 93 Übergangsvorschrift

Erster Teil
Allgemeine Vorschriften

§ 1 Geltungsbereich

Dieses Gesetz gilt für die Beamtinnen und Beamten des Landes, der Gemeinden und Gemeindeverbände sowie der sonstigen der Aufsicht des Landes unterstehenden Körperschaften, Anstalten und Stiftungen des öffentlichen Rechts.

§ 2 Dienstherrnfähigkeit

[1]Körperschaften, Anstalten und Stiftungen des öffentlichen Rechts kann durch Gesetz, Rechtsverordnung oder Satzung die Dienstherrnfähigkeit nach § 2 Nr. 2 des Beamtenstatusgesetzes (BeamtStG) verliehen werden. [2]Wird die Dienstherrnfähigkeit durch Satzung verliehen, bedarf diese der Genehmigung der Landesregierung.

§ 3 Begriffsbestimmungen

(1) Körperschaften im Sinne dieses Gesetzes sind juristische Personen des öffentlichen Rechts mit Dienstherrnfähigkeit.

(2) Oberste Dienstbehörde der Beamtin oder des Beamten ist die oberste Behörde des Dienstherrn, in deren Geschäftsbereich die Beamtin oder der Beamte ein Amt wahrnimmt oder bei Beendigung des Beamtenverhältnisses zuletzt wahrgenommen hat.

(3) [1]Dienstvorgesetzte sind diejenigen, die für beamtenrechtliche Entscheidungen über die persönlichen Angelegenheiten der ihnen nachgeordneten Beamtinnen und Beamten zuständig sind. [2]Die Dienstvorgesetzten werden durch Gesetz oder Rechtsverordnung bestimmt. [3]Sie können Beamtinnen oder Beamte ihrer Dienststelle mit der Wahrnehmung von Aufgaben des Dienstvorgesetzten beauftragen.

(4) [1]Vorgesetzte sind diejenigen, die dienstliche Anordnungen erteilen können. [2]Die Vorgesetzten bestimmen sich nach dem Aufbau der öffentlichen Verwaltung.

(5) Angehörige im Sinne dieses Gesetzes und von Rechtsverordnungen, zu denen dieses Gesetz oder das Beamtenstatusgesetz ermächtigen, sind die in § 20 Abs. 5 des Landesverwaltungsverfahrensgesetzes sowie die darüber hinaus in § 7 Abs. 3 des Pflegezeitgesetzes genannten Personen.

(6) Hinterbliebene im Sinne dieses Gesetzes und von Rechtsverordnungen, zu denen dieses Gesetz oder das Beamtenstatusgesetz ermächtigen, sind auch hinterbliebene Lebenspartnerinnen und Lebenspartner nach dem Lebenspartnerschaftsgesetz.

(7) Als Grundgehalt im Sinne dieses Gesetzes und der auf das Grundgehalt Bezug nehmenden Vorschriften des Beamtenstatusgesetzes gilt das Grundgehalt, in Besoldungsgruppen mit aufsteigenden Gehältern das Grundgehalt der höchsten Stufe, mit Amtszulagen und der Strukturzulage nach dem Landesbesoldungsgesetz Baden-Württemberg (LBesGBW); Stellenzulagen gelten nicht als Bestandteil des Grundgehalts.

§ 4 Allgemeine Zuständigkeit, Zuständigkeiten nach dem Beamtenstatusgesetz

(1) [1]Die unmittelbaren Dienstvorgesetzten sind zuständig für Entscheidungen, die aufgrund des Beamtenstatusgesetzes, dieses Gesetzes oder einer Rechtsverordnung ergehen, zu der dieses Gesetz oder das Beamtenstatusgesetz ermächtigen. [2]Die übergeordneten Dienstvorgesetzten können entsprechende Verfahren im Einzelfall jederzeit an sich ziehen. [3]Die oberste Dienstbehörde kann Zuständigkeiten des Dienstvorgesetzten auch teilweise auf andere Dienstvorgesetzte durch Rechtsverordnung übertragen.

(2) [1]Besteht der letzte Dienstvorgesetzte nicht mehr, entscheidet an seiner Stelle die oberste Dienstbehörde. [2]Besteht die oberste Dienstbehörde nicht mehr und ist eine andere Behörde nicht bestimmt, so entscheidet an ihrer Stelle das Finanzministerium.

(3) Zuständig für die Entscheidung über eine Ausnahme nach § 7 Abs. 3 BeamtStG ist die Behörde, die über die Ernennung der Beamtin oder des Beamten entscheidet.

(4) Zuständig für die Versagung der Aussagegenehmigung nach § 37 Abs. 4 BeamtStG ist die oberste Dienstbehörde; für die Beamtinnen und Beamten der Gemeinden, Gemeindeverbände sowie der sonstigen der Aufsicht des Landes unterstehenden Körperschaften, Anstalten und Stiftungen des öffentlichen Rechts tritt an die Stelle der obersten Dienstbehörde die oberste Aufsichtsbehörde oder die von ihr durch Rechtsverordnung bestimmte Behörde.

(5) Für die in § 42 Abs. 1 bezeichneten Beamtinnen und Beamten entscheidet die Landesregierung über die Feststellung der Befähigung als andere Bewerberin oder anderer Bewerber, über die Abkürzung der Probezeit und über Ausnahmen von laufbahnrechtlichen Vorschriften.

(6) [1]Bei Klagen aus dem Beamtenverhältnis wird der Dienstherr durch die oberste Dienstbehörde vertreten. [2]Diese kann die Zuständigkeit zur Vertretung durch Rechtsverordnung auf andere Behörden übertragen.

(7) Soweit in diesem Gesetz nichts anderes bestimmt ist, erlassen das Innenministerium und das Finanzministerium im Rahmen ihrer Geschäftsbereiche die zur Durchführung dieses Gesetzes erforderlichen Verwaltungsvorschriften.

§ 5 Zustellung

Verfügungen und Entscheidungen, die Beamtinnen und Beamten oder Versorgungsempfängerinnen und Versorgungsempfängern nach den Vorschriften dieses Gesetzes bekannt zu geben sind, sind, soweit gesetzlich nichts anderes bestimmt ist, zuzustellen, wenn durch sie eine Frist in Lauf gesetzt wird oder Rechte der Beamtinnen und Beamten oder der Versorgungsempfängerinnen und Versorgungsempfänger berührt werden.

Zweiter Teil
Beamtenverhältnis

§ 6 Beamtenverhältnis auf Probe
Ein Beamtenverhältnis auf Probe ist spätestens nach fünf Jahren in ein solches auf Lebenszeit umzuwandeln, wenn die Beamtin oder der Beamte die beamtenrechtlichen Voraussetzungen hierfür erfüllt.

§ 7 Beamtenverhältnis auf Zeit
[1]Ein Beamtenverhältnis auf Zeit kann nur begründet werden, wenn dies gesetzlich bestimmt ist. [2]Die Vorschriften des Dritten Teils finden keine Anwendung.

§ 8 Führungsfunktionen auf Probe
(1) Ämter mit leitender Funktion im Sinne dieser Vorschrift sind die im Anhang genannten oder danach bestimmten Ämter, soweit sie nicht aufgrund anderer gesetzlicher Vorschriften im Beamtenverhältnis auf Zeit übertragen werden oder die Amtsträger richterliche Unabhängigkeit besitzen.

(2) [1]Ein Amt mit leitender Funktion wird zunächst im Beamtenverhältnis auf Probe übertragen. [2]Die regelmäßige Probezeit beträgt zwei Jahre; Zeiten einer Beurlaubung ohne Dienstbezüge gelten nicht als Probezeit. [3]Die oberste Dienstbehörde kann eine Verkürzung der Probezeit zulassen; die Mindestprobezeit beträgt ein Jahr. [4]Zeiten, in denen Beamtinnen oder Beamten die leitende Funktion nach Satz 1 bereits übertragen worden ist, sowie unmittelbar vorangegangene Zeiten, in denen Beamtinnen oder Beamten ein vergleichbares Amt mit leitender Funktion nach Satz 1 erfolgreich übertragen worden war, sollen auf die Probezeit angerechnet werden. [5]Eine Verlängerung der Probezeit ist nicht zulässig.

(3) [1]In ein Amt mit leitender Funktion darf berufen werden, wer
1. sich in einem Beamtenverhältnis auf Lebenszeit oder einem Richterverhältnis auf Lebenszeit befindet und
2. in dieses Amt auch als Beamtin oder Beamter auf Lebenszeit berufen werden könnte.

[2]Vom Tage der Ernennung ruhen für die Dauer der Probezeit die Rechte und Pflichten aus dem Amt, das der Beamtin oder dem Beamten zuletzt im Beamtenverhältnis auf Lebenszeit oder im Richterverhältnis auf Lebenszeit übertragen worden ist, mit Ausnahme der Verschwiegenheitspflicht (§ 37 BeamtStG) und des Verbotes der Annahme von Belohnungen, Geschenken und sonstigen Vorteilen (§ 42 BeamtStG); das Beamtenverhältnis auf Lebenszeit oder das Richterverhältnis auf Lebenszeit besteht fort. [3]Dienstvergehen, die mit Bezug auf das Beamtenverhältnis auf Lebenszeit, das Richterverhältnis auf Lebenszeit oder das Beamtenverhältnis auf Probe begangen worden sind, werden so verfolgt, als stünde die Beamtin oder der Beamte nur im Beamtenverhältnis auf Lebenszeit oder Richterverhältnis auf Lebenszeit.

(4) [1]Die Beamtin oder der Beamte ist, außer in den Fällen des § 22 Abs. 5 BeamtStG, mit Beendigung des Beamtenverhältnisses auf Lebenszeit oder Richterverhältnisses auf Lebenszeit oder Beamtenverhältnisses auf Probe nach § 4 Abs. 3 Buchst. a BeamtStG oder Richterverhältnisses auf Probe nach §§ 10, 12 und 22 des Deutschen Richtergesetzes aus dem Beamtenverhältnis auf Probe nach Absatz 2 entlassen. [2]§ 22 Abs. 1 und 2, § 23 Abs. 1 bis 3 Satz 1 und § 30 Abs. 2 BeamtStG bleiben unberührt.

(5) [1]Mit dem erfolgreichen Abschluss der Probezeit ist der Beamtin oder dem Beamten das Amt mit leitender Funktion auf Dauer im Beamtenverhältnis auf Lebenszeit zu verleihen; eine erneute Berufung der Beamtin oder des Beamten in ein Beamtenverhältnis auf Probe zur Übertragung dieses Amtes innerhalb eines Jahres ist nicht zulässig. [2]Wird das Amt nicht auf Dauer verliehen, endet der Anspruch auf Besoldung aus diesem Amt. [3]Weitergehende Ansprüche bestehen nicht.

(6) [1]Die Beamtinnen und Beamten führen während ihrer Amtszeit im Dienst nur die Amtsbezeichnung des ihnen nach Absatz 2 übertragenen Amtes; nur diese darf auch außerhalb des Dienstes geführt werden. [2]Wird der Beamtin oder dem Beamten das Amt mit leitender Funktion nicht auf Dauer übertragen, darf die Amtsbezeichnung nach Satz 1 mit dem Ausscheiden aus dem Beamtenverhältnis auf Probe nicht weitergeführt werden.

(7) [1]Sofern zwingende dienstliche Gründe dies erfordern, darf abweichend von Absatz 3 Satz 1 in ein Amt mit leitender Funktion ausnahmsweise auch berufen werden,
1. wer sich in einem Beamtenverhältnis auf Probe nach § 4 Abs. 3 Buchst. a BeamtStG oder in einem Richterverhältnis auf Probe nach §§ 10, 12 und 22 des Deutschen Richtergesetzes befindet,
2. wer nach Art, Dauer und Wertigkeit dem Amt mit leitender Funktion vergleichbare Tätigkeiten bereits wahrgenommen hat und

3. wem nach dem erfolgreichen Abschluss der Probezeit nach Absatz 2 und der Probezeit nach § 19 dieses Gesetzes oder §§ 10, 12 und 22 des Deutschen Richtergesetzes dieses Amt durch Ernennung im Beamtenverhältnis auf Lebenszeit verliehen werden kann.

[2]Absatz 3 Satz 2 gilt für das Beamtenverhältnis oder Richterverhältnis auf Probe nach Satz 1 Nr. 1 entsprechend mit der Maßgabe, dass auch die Probezeit nach § 19 dieses Gesetzes oder §§ 10, 12 und 22 des Deutschen Richtergesetzes vom Ruhen des Beamtenverhältnisses oder Richterverhältnisses auf Probe ausgenommen ist.

§ 9 Ernennungszuständigkeit und Rechtsfolgen einer Ernennung

(1) Die Beamtinnen und Beamten der Gemeinden und Gemeindeverbände sowie der sonstigen der Aufsicht des Landes unterstehenden Körperschaften, Anstalten und Stiftungen des öffentlichen Rechts werden von den nach Gesetz, Rechtsverordnung oder Satzung hierfür zuständigen Stellen ernannt.

(2) Ernennungen werden mit dem Tage der Aushändigung der Ernennungsurkunde wirksam, wenn nicht in der Urkunde ausdrücklich ein späterer Tag bestimmt ist.

(3) Mit der Berufung in das Beamtenverhältnis erlischt ein privatrechtliches Arbeitsverhältnis zum Dienstherrn.

§ 10 Ernennung beim Wechsel der Laufbahngruppe

Einer Ernennung bedarf es neben den in § 8 Abs. 1 BeamtStG aufgeführten Fällen zur Verleihung eines anderen Amtes mit anderer Amtsbezeichnung beim Wechsel der Laufbahngruppe.

§ 11 Auswahlverfahren, Stellenausschreibung

(1) Für Einstellungen sind die Bewerberinnen und Bewerber durch öffentliche Ausschreibung der freien Stellen zu ermitteln.

(2) [1]Freie Beförderungsdienstposten sollen, sofern sie nicht öffentlich ausgeschrieben werden, innerhalb des Behördenbereichs ausgeschrieben werden. [2]Die obersten Dienstbehörden können Art und Umfang der Ausschreibungen und ihrer Bekanntmachung regeln. [3]Von einer Ausschreibung kann allgemein oder im Einzelfall abgesehen werden, wenn vorrangige Gründe der Personalplanung oder des Personaleinsatzes entgegenstehen.

(3) Die Pflicht zur Ausschreibung gilt nicht
1. für die Einstellung in das Beamtenverhältnis auf Probe,
2. für die Laufbahngruppe des mittleren Dienstes, aus genommen die Besoldungsgruppen A 9 und A 9 mit Amtszulage,
3. für die Dienstposten der leitenden Beamtinnen und Beamten der obersten Landesbehörden und der diesen unmittelbar nachgeordneten Behörden,
4. für die Dienstposten der leitenden Beamtinnen und Beamten der Gemeinden und Gemeindeverbände sowie der sonstigen der Aufsicht des Landes unterstehenden Körperschaften, Anstalten und Stiftungen des öffentlichen Rechts, soweit gesetzlich nichts anderes bestimmt ist.

§ 12 Rücknahme der Ernennung

Die Ernennung ist mit Wirkung für die Vergangenheit zurückzunehmen, wenn eine vorgeschriebene Mitwirkung einer Aufsichtsbehörde unterblieben ist und nicht nachgeholt wurde.

§ 13 Verfahren und Rechtsfolgen der Rücknahme oder bei Nichtigkeit der Ernennung

(1) [1]Die Nichtigkeit einer Ernennung ist von der Behörde festzustellen, die für die Ernennung zuständig wäre. [2]Wäre der Ministerpräsident für die Ernennung zuständig, ist die Nichtigkeit von der obersten Dienstbehörde festzustellen. [3]Die Feststellung der Nichtigkeit ist der oder dem Ernannten bekannt zu geben. [4]Ist eine Ernennung nichtig, ist dem oder der Ernannten unverzüglich jede weitere Führung der Dienstgeschäfte zu verbieten. [5]Das Verbot ist erst auszusprechen, wenn die sachlich zuständigen Stellen es abgelehnt haben, die Ernennung zu bestätigen oder eine Ausnahme von § 7 Abs. 3 BeamtStG nachträglich zuzulassen.

(2) [1]Die Rücknahme einer Ernennung wird von der Behörde, die für die Ernennung zuständig wäre, erklärt. [2]Wäre der Ministerpräsident für die Ernennung zuständig, so ist die Rücknahme von der obersten Dienstbehörde zu erklären. [3]Soweit Ämter der Besoldungsgruppen W 3, C 3 oder C 4 im Geschäftsbereich des Wissenschaftsministeriums betroffen sind, bedarf die Rücknahme der vorherigen Zustimmung des Wissenschaftsministeriums. [4]Die Ernennung kann nur innerhalb einer Frist von sechs Monaten zurückgenommen werden, nachdem die für die Rücknahme zuständige Behörde Kenntnis

vom Grund der Rücknahme erlangt hat. [5]Die Rücknahme ist der Beamtin, dem Beamten oder den versorgungsberechtigten Hinterbliebenen bekannt zu geben.

(3) [1]Vor Entlassung einer Beamtin oder eines Beamten auf Probe nach § 23 Abs. 3 Satz 1 Nr. 1 BeamtStG hat die für die Entlassung zuständige Behörde Ermittlungen durchzuführen; § 8 Abs. 1, § 9 Satz 1, § 10 Abs. 1 und 3, §§ 12, 15 bis 18, 22 bis 24 und 39 des Landesdisziplinargesetzes gelten entsprechend. [2]Satz 1 gilt entsprechend für die Entlassung einer Beamtin oder eines Beamten auf Widerruf wegen eines Dienstvergehens im Sinne von § 23 Abs. 3 Satz 1 Nr. 1 BeamtStG.

(4) [1]Ist eine Ernennung nichtig oder ist sie zurückgenommen worden, sind die bis zu dem Verbot der Weiterführung der Dienstgeschäfte oder bis zur Bekanntgabe der Erklärung der Rücknahme vorgenommenen Amtshandlungen in gleicher Weise wirksam, wie wenn sie eine Beamtin oder ein Beamter ausgeführt hätte. [2]Gewährte Leistungen können belassen werden; die Entscheidung trifft die Stelle, welche die Nichtigkeit feststellt oder über die Rücknahme entscheidet.

Dritter Teil
Laufbahnen

§ 14 Laufbahn

(1) [1]Die Laufbahnen umfassen alle der Laufbahngruppe zugeordneten Ämter derselben Fachrichtung. [2]Sie unterscheiden sich nach fachlichen Gesichtspunkten und gehören zu den Laufbahngruppen des mittleren, des gehobenen und des höheren Dienstes.

(2) [1]Die Zuordnung einer Laufbahn zu einer Laufbahngruppe erfolgt nach dem Schwierigkeitsgrad der wahrzunehmenden Dienstaufgaben, dem Grad der Selbständigkeit und der Verantwortung, den Bildungsvoraussetzungen und der Ausbildung. [2]Den Laufbahngruppen sind die Ämter grundsätzlich wie folgt zugeordnet:

1. Mittlerer Dienst: Besoldungsgruppen A 6 bis A 9,
2. Gehobener Dienst: Besoldungsgruppen A 9 bis A 13,
3. Höherer Dienst: Besoldungsgruppen A 13 bis A 16 sowie Ämter der Landesbesoldungsordnung B.

[3]Im Landesbesoldungsgesetz Baden-Württemberg werden für einzelne Laufbahnen Eingangsämter und Endämter abweichend bestimmt, wenn es die besonderen Verhältnisse der Laufbahn erfordern.

§ 15 Bildungsvoraussetzungen

(1) Als Bildungsvoraussetzung für den Erwerb einer Laufbahnbefähigung ist erforderlich:

1. für die Laufbahnen des mittleren Dienstes mindestens die Hauptschul- oder ein mittlerer Bildungsabschluss entsprechend den fachlichen Anforderungen der jeweiligen Laufbahn;
2. für die Laufbahnen des gehobenen Dienstes mindestens
    a) der Abschluss eines Diplom- oder Staatsprüfungs-Studiengangs an der Dualen Hochschule oder einer entsprechenden Bildungseinrichtung, einer Fachhochschule oder einer Pädagogischen Hochschule oder
    b) der Abschluss eines Bachelor-Studiengangs an einer Hochschule;
3. für die Laufbahnen des höheren Dienstes
    a) der Abschluss eines Diplom-, Magister-, Staatsprüfungs- oder Master-Studiengangs an einer Universität oder an einer anderen Hochschule in gleichgestellten Studiengängen oder
    b) der Abschluss eines akkreditierten Master-Studiengangs an der Dualen Hochschule oder einer entsprechenden Bildungseinrichtung, einer Hochschule für angewandte Wissenschaften, einer Fachhochschule oder einer Pädagogischen Hochschule.

(2) In den Fällen des Absatzes 1 Nummer 2 reicht bei Erwerb der Laufbahnbefähigung nach § 16 Absatz 1 Nummer 1 zur Begründung des Beamtenverhältnisses auf Widerruf oder des öffentlich-rechtlichen Ausbildungsverhältnisses eine Hochschulzugangsberechtigung nach § 58 Absatz 2 des Landeshochschulgesetzes als Bildungsvoraussetzung aus, wenn die Laufbahnprüfung zugleich einen Hochschulabschluss nach Absatz 1 Nummer 2 vermittelt.

(3) [1]Andere als die in Absatz 1 oder 2 genannten Abschlüsse gelten als gleichwertige Bildungsvoraussetzungen, wenn sie diesen entsprechen. [2]Über die Anerkennung anderer Bildungsstände als gleichwertig entscheidet in den Fällen des Absatzes 1 Nr. 1 das Kultusministerium und in den Fällen des

Absatzes 1 Nr. 2 und 3 das Wissenschaftsministerium jeweils im Einvernehmen mit dem für die vorgesehene Laufbahn zuständigen Ministerium.

(4) Die Ministerien können für die in ihrem Geschäftsbereich eingerichteten Laufbahnen durch Rechtsverordnung die fachlichen Anforderungen an den Studienabschluss bestimmen sowie Bildungsstände für die jeweilige Laufbahn allgemein im Benehmen mit dem Kultusministerium bei Schulabschlüssen und dem Wissenschaftsministerium bei Studienabschlüssen als gleichwertig anerkennen.

§ 16 Erwerb der Laufbahnbefähigung

(1) Laufbahnbewerberinnen und Laufbahnbewerber können die Befähigung für eine Laufbahn erwerben

1. a)   durch einen Vorbereitungsdienst im Beamtenverhältnis auf Widerruf,
    b)   in einem öffentlich-rechtlichen Ausbildungsverhältnis
    und Bestehen der Laufbahnprüfung,
2. durch Erwerb der Bildungsvoraussetzungen für eine Laufbahn und
    a)   eine anschließende laufbahnqualifizierende Zusatzausbildung oder
    b)   eine mindestens dreijährige, der Vorbildung entsprechende Berufstätigkeit, die die Eignung zur selbständigen Wahrnehmung eines Amtes der angestrebten Laufbahn vermittelt,
3. durch einen horizontalen Laufbahnwechsel nach § 21,
4. durch Aufstieg nach § 22,
5. aufgrund der Richtlinie 2005/36/EG des Europäischen Parlaments und des Rates vom 7. September 2005 über die Anerkennung von Berufsqualifikationen (ABl. L 255 vom 30. September 2005, S. 22) in der jeweils geltenden Fassung; das Nähere hierzu regeln die Ministerien im Rahmen ihres Geschäftsbereichs im Benehmen mit dem Innenministerium und dem Finanzministerium durch Rechtsverordnung. Das Berufsqualifikationsfeststellungsgesetz Baden-Württemberg findet mit Ausnahme von § 12 Absatz 7, § 13 Absatz 8 und § 16 keine Anwendung.

(2) [1]Die Ministerien richten im Rahmen ihres Geschäftsbereichs durch Rechtsverordnung im Benehmen mit dem Innenministerium und dem Finanzministerium die Laufbahnen ein und gestalten den Zugang aus; § 40 der Landeshaushaltsordnung bleibt unberührt. [2]Sie können nach den besonderen Erfordernissen der Laufbahn eine Höchstaltersgrenze oder besondere gesundheitliche oder körperliche Voraussetzungen vorsehen und für den Erwerb der Befähigung nach Absatz 1 Nummer 1 und 2 und Absatz 3 den Nachweis zusätzlicher Fachkenntnisse oder besondere Anforderungen hinsichtlich der Vor- und Ausbildung festschreiben, wenn dies die Besonderheit der Laufbahn und der wahrzunehmenden Tätigkeiten erfordert. [3]Im Übrigen bestimmen die Laufbahnvorschriften, ob und inwieweit ein erfolgreich abgeschlossener Ausbildungsgang für eine Laufbahn auf die Ausbildung für die nächsthöhere Laufbahn derselben Fachrichtung und ein nicht erfolgreich abgeschlossener Ausbildungsgang auf die Ausbildung für die nächstniedere Laufbahn derselben Fachrichtung angerechnet werden können. [4]§ 34 Absatz 4 Satz 1 Halbsatz 1 des Landeshochschulgesetzes bleibt unberührt.

(3) [1]Andere Bewerberinnen und Bewerber können bei Vorliegen besonderer dienstlicher Gründe für die Übernahme in das Beamtenverhältnis die Befähigung für eine Laufbahn in Einzelfällen abweichend von den Vorschriften der entsprechenden Laufbahnverordnung erwerben, wenn

1. sie nach Vorliegen der Bildungsvoraussetzungen nach § 15 mindestens vier Jahre überdurchschnittlich erfolgreich dieser Laufbahn entsprechende Tätigkeiten wahrgenommen haben; liegen nur die Bildungsvoraussetzungen der nächstniederen Laufbahngruppe vor, sind mindestens acht Jahre erforderlich,
2. sie eine besondere Fortbildungsbereitschaft nachweisen können und
3. es für sie eine unzumutbare Härte bedeuten würde, die Befähigung als Laufbahnbewerberin oder Laufbahnbewerber zu erwerben.

[2]Vor- und Ausbildungen sowie bisherige berufliche Tätigkeiten müssen hinsichtlich der Fachrichtung sowie der Breite und Wertigkeit dazu geeignet sein, den Bewerberinnen und Bewerbern die Kenntnisse und Fähigkeiten zu vermitteln, die sie dazu befähigen, alle Aufgaben der Laufbahn, in der sie verwendet werden sollen, zu erfüllen. [3]Die Entscheidung trifft die oberste Dienstbehörde.

(4) Bewerberinnen und Bewerber müssen über die Kenntnisse der deutschen Sprache verfügen, die für die Wahrnehmung der Aufgaben der jeweiligen Laufbahn erforderlich sind.

(5) [1]Soweit gesetzlich nichts anderes bestimmt ist, finden auf Auszubildende in öffentlich-rechtlichen Ausbildungsverhältnissen die für Beamtinnen und Beamte auf Widerruf im Vorbereitungsdienst gel-

tenden Bestimmungen mit Ausnahme von §§ 8 und 38 BeamtStG entsprechende Anwendung. [2]Die Ministerien können für ihren Geschäftsbereich im Benehmen mit dem Innenministerium und dem Finanzministerium durch Rechtsverordnung abweichende oder ergänzende Regelungen treffen. [3]Die Auszubildenden erhalten nach § 88 LBesGBW Unterhaltsbeihilfen.

§ 17 Beschränkung der Zulassung zur Ausbildung

(1) Die Zulassung zum Vorbereitungsdienst kann in den Fällen, in denen der Vorbereitungsdienst Ausbildungsstätte im Sinne des Artikels 12 Abs. 1 des Grundgesetzes (GG) ist, nach Maßgabe der folgenden Vorschriften eingeschränkt werden.

(2) [1]Für einen Vorbereitungsdienst kann die Zahl der höchstens aufzunehmenden Bewerberinnen und Bewerber (Zulassungszahl) festgesetzt werden, soweit dies unter Berücksichtigung

1. der voraussichtlich vorhandenen Ausbildungskräfte und der Zahl der Auszubildenden, die im Durchschnitt von den Ausbildungskräften betreut werden kann,
2. der räumlichen Kapazitäten der Ausbildungsstellen,
3. der fachspezifischen Gegebenheiten der Ausbildungseinrichtungen,
4. der zur Verfügung stehenden sächlichen Mittel,
5. der im Haushaltsplan zur Verfügung stehenden Stellen für Auszubildende

zwingend erforderlich ist. [2]Zulassungszahlen werden nur für einen bestimmten Zeitraum, längstens für die Zulassungstermine des folgenden Jahres, festgesetzt.

(3) [1]Die Auswahlkriterien sind so zu bestimmen, dass für sämtliche Bewerberinnen und Bewerber unter Berücksichtigung der besonderen Verhältnisse in den einzelnen Ausbildungsbereichen eine Aussicht besteht, nach Möglichkeit innerhalb einer zumutbaren Wartezeit in den Vorbereitungsdienst aufgenommen zu werden. [2]Dabei sind insbesondere zu berücksichtigen

1. die Erfüllung einer Dienstpflicht nach Artikel 12a Absatz 1 oder 2 GG, freiwilliger Wehrdienst, eine Tätigkeit als Entwicklungshelferin oder Entwicklungshelfer im Sinne des Entwicklungshelfer-Gesetzes, Bundesfreiwilligendienst nach dem Bundesfreiwilligendienstgesetz oder Jugendfreiwilligendienst nach dem Jugendfreiwilligendienstegesetz,
2. die Eignung und Befähigung der Bewerberinnen und Bewerber,
3. die Wartezeit seit der ersten Antragstellung auf Zulassung zum Vorbereitungsdienst in Baden-Württemberg, wenn sich die Bewerberinnen und Bewerber zu jedem Zulassungstermin beworben haben, und
4. besondere persönliche oder soziale Härtefälle.

(4) Die Ministerien regeln im Rahmen ihres Geschäftsbereichs durch Rechtsverordnung im Benehmen mit dem Innenministerium und dem Finanzministerium

1. die Laufbahnen, Fachrichtungen und Fächer, für die die Zulassung zum Vorbereitungsdienst beschränkt wird,
2. die Zulassungszahlen und den Zeitraum, für den sie festgesetzt werden,
3. die Auswahlkriterien, wobei bei Bewerberinnen oder Bewerbern, die die Erste Staatsprüfung oder Hochschulprüfung nicht in Baden-Württemberg abgelegt haben, unterschiedliche Prüfungsanforderungen und Unterschiede in der Bewertung der Prüfungsleistungen berücksichtigt werden können, sowie
4. die weiteren Einzelheiten der Zulassung, insbesondere das Bewerbungs- und Zulassungsverfahren einschließlich der Festsetzung von Ausschlussfristen.

(5) Für die Beschränkung der Zulassung zum öffentlich-rechtlichen Ausbildungsverhältnis nach § 16 Abs. 1 Nr. 1 Buchst. b, das Ausbildungsstätte im Sinne des Artikels 12 Abs. 1 GG ist, gelten die Absätze 1 bis 4 entsprechend.

§ 18 Einstellung

(1) Die Begründung eines Beamtenverhältnisses auf Probe oder auf Lebenszeit oder die Umwandlung eines Beamtenverhältnisses auf Widerruf in ein solches Beamtenverhältnis (Einstellung) erfolgt grundsätzlich im Eingangsamt einer Laufbahn.

(2) [1]Die Einstellung ist ausnahmsweise im ersten oder zweiten Beförderungsamt zulässig, wenn besondere dienstliche Bedürfnisse dies rechtfertigen und eine Einstellung im Eingangsamt aufgrund der bisherigen Berufserfahrung eine unzumutbare Härte für die Bewerberin oder den Bewerber bedeuten würde. [2]Sie darf im ersten Beförderungsamt nur nach einer mindestens dreijährigen, im zweiten Be-

förderungsamt nur nach einer mindestens vierjährigen erfolgreichen Wahrnehmung laufbahnentsprechender Tätigkeiten nach dem Erwerb der Laufbahnbefähigung erfolgen. [3]Bei anderen Bewerberinnen und Bewerbern müssen die Mindestzeiten nach Satz 2 zusätzlich zu den Voraussetzungen für den Erwerb der Befähigung nach § 16 Abs. 3 vorliegen.

(3) [1]Richterinnen oder Richtern, die in die Laufbahn des höheren Verwaltungsdienstes wechseln und sich in einem Amt der Besoldungsgruppe

1. R 1 befinden, kann ein Amt der Besoldungsgruppe A 14 frühestens ein Jahr, ein Amt der Besoldungsgruppe A 15 frühestens zwei Jahre und ein Amt der Besoldungsgruppe A 16 frühestens drei Jahre nach Ernennung auf Lebenszeit verliehen werden;

2. R 2 befinden, kann ein Amt der Besoldungsgruppe A 16 oder ein Amt mit niedrigerem Grundgehalt verliehen werden; ein Amt der Landesbesoldungsordnung B kann frühestens vier Jahre nach Ernennung auf Lebenszeit verliehen werden;

3. R 3 oder in einem höheren Richteramt befinden, kann ein Amt der Landesbesoldungsordnung B verliehen werden.

[2]Satz 1 gilt entsprechend für Staatsanwältinnen und Staatsanwälte sowie für Badische Amtsnotarinnen und Badische Amtsnotare.

§ 19 Probezeit

(1) [1]Probezeit ist die Zeit im Beamtenverhältnis auf Probe nach § 4 Abs. 3 Buchst. a BeamtStG, während der sich Beamtinnen und Beamte in den Aufgaben einer Laufbahn, deren Befähigung sie besitzen, bewähren sollen. [2]Sie rechnet ab der Berufung in das Beamtenverhältnis auf Probe und dauert drei Jahre. [3]Zeiten einer Beurlaubung ohne Bezüge gelten nicht als Probezeit, wenn nicht etwas anderes festgestellt worden ist; Absatz 3 bleibt unberührt.

(2) Die Probezeit kann für Beamtinnen und Beamte, die sich in der bisher zurückgelegten Probezeit bewährt haben,

1. bei weit überdurchschnittlicher Bewährung,

2. bei Erwerb der Laufbahnbefähigung mit hervorragendem Ergebnis

um bis zu jeweils einem Jahr abgekürzt werden.

(3) [1]Auf die Probezeit angerechnet werden Verzögerungen im beruflichen Werdegang

1. aufgrund von Wehr- oder Zivildienst, wenn die Verzögerungen nach § 9 Abs. 8 Satz 4 des Arbeitsplatzschutzgesetzes, auch in Verbindung mit § 9 Abs. 10 Satz 2, § 12 Abs. 3 und 4, § 13 Abs. 2 und 3 oder § 16a Abs. 1 und 5 des Arbeitsplatzschutzgesetzes, mit § 8 a Abs. 1, 3 und 4 des Soldatenversorgungsgesetzes oder mit § 78 Abs. 1 Nr. 1 des Zivildienstgesetzes, angemessen auszugleichen sind, oder

2. aufgrund einer Tätigkeit als Entwicklungshelferin oder Entwicklungshelfer in den Fällen des § 17 des Entwicklungshelfer-Gesetzes.

[2]Hat sich die Einstellung der Beamtin oder des Beamten in das Beamtenverhältnis auf Widerruf oder auf Probe wegen Betreuung oder Pflege eines Angehörigen verzögert oder wurde Elternzeit, Pflegezeit oder Urlaub nach § 72 Abs. 1 in Anspruch genommen oder wurde Bundesfreiwilligendienst nach dem Bundesfreiwilligendienstgesetz oder Jugendfreiwilligendienst nach dem Jugendfreiwilligendienstegesetz geleistet, können Verzögerungen im beruflichen Werdegang auf die Probezeit angerechnet werden. [3]Verzögerungen nach Satz 1 und 2 sind im tatsächlichen Umfang, höchstens bis zu zwei Jahren, anrechenbar.

(4) Dienstzeiten im öffentlichen Dienst oder Zeiten, die in einem der Ausbildung entsprechenden Beruf zurückgelegt wurden, können auf die Probezeit angerechnet werden, wenn sie nach ihrer Art und Bedeutung Tätigkeiten in der betreffenden Laufbahn entsprochen haben.

(5) [1]Auch bei Abkürzungen nach Absatz 2 und Anrechnungen nach Absatz 3 und 4 ist eine Mindestprobezeit von sechs Monaten zu leisten. [2]Die Ministerien können im Rahmen ihres Geschäftsbereichs durch Rechtsverordnung abweichend von Satz 1 eine Mindestprobezeit von bis zu einem Jahr festlegen, wenn dies die Besonderheit der Laufbahn und der wahrzunehmenden Tätigkeit erfordert. [3]Bei Anrechnung von beim selben Dienstherrn zurückgelegten Zeiten nach Absatz 4 kann die Mindestprobezeit unterschritten oder auf sie verzichtet werden, wenn nach dem Erwerb der Laufbahnbefähigung Tätigkeiten ausgeübt wurden, die in der Regel von Beamtinnen und Beamten derselben Laufbahn im Beamtenverhältnis wahrgenommen werden. [4]Zeiten nach § 23 Abs. 5 Satz 1 stehen Zeiten nach Satz 3

gleich. [5]Dienstzeiten im Richterverhältnis auf Probe sind auf die Probezeit anzurechnen; eine Mindestprobezeit ist nicht zu leisten.

(6) Kann die Bewährung bis zum Ablauf der Probezeit noch nicht festgestellt werden, kann die Probezeit bis auf höchstens fünf Jahre verlängert werden.

(7) [1]Wird die Befähigung für eine weitere Laufbahn nach § 16 Abs. 1 Nr. 1, 2 oder 5 erworben, können Zeiten, die im Beamtenverhältnis auf Zeit oder in der bisherigen Laufbahn im Beamtenverhältnis auf Probe oder auf Lebenszeit zurückgelegt wurden, auf die Probezeit in der neuen Laufbahn angerechnet werden, wenn die ausgeübten Tätigkeiten für die Aufgaben der neuen Laufbahn förderlich waren. [2]Befindet sich die Beamtin oder der Beamte bereits in einem Beamtenverhältnis auf Lebenszeit, sollen Zeiten nach Satz 1 angerechnet werden. [3]Bei einem Laufbahnwechsel nach § 21 oder einem Aufstieg nach § 22 ist eine Probezeit in der neuen Laufbahn nicht mehr abzuleisten.

(8) Durch Rechtsverordnung des Innenministeriums kann die Dauer der Probezeit für die Beamtinnen und Beamten des Polizeivollzugsdienstes abweichend von Absatz 1 Satz 2 und Absatz 2 Nr. 2 geregelt werden.

§ 20 Beförderung

(1) Beförderung ist eine Ernennung, durch die einer Beamtin oder einem Beamten ein anderes Amt mit höherem Grundgehalt verliehen wird.

(2) [1]Ämter einer Laufbahn, die in der Landesbesoldungsordnung A aufgeführt sind, sind regelmäßig zu durchlaufen und dürfen nicht übersprungen werden. [2]Das Überspringen von bis zu zwei Ämtern innerhalb der Laufbahngruppe ist ausnahmsweise zulässig, wenn

1. besondere dienstliche Bedürfnisse vorliegen,
2. nach Art, Dauer und Wertigkeit dem höheren Amt vergleichbare Tätigkeiten im entsprechenden zeitlichen Umfang wahrgenommen wurden und
3. die laufbahnentsprechenden Tätigkeiten nicht durch Einstellung in einem Beförderungsamt oder durch Anrechnung auf die Probezeit berücksichtigt wurden.

[3]Wurden die laufbahnentsprechenden Tätigkeiten in einem Beamtenverhältnis auf Zeit wahrgenommen, ist ein gleichzeitiger Wechsel der Laufbahngruppe zulässig. [4]Beim Aufstieg nach § 22 kann das Eingangsamt der nächsthöheren Laufbahn übersprungen werden, wenn dieses mit keinem höheren Grundgehalt verbunden ist als das bisherige Amt.

(3) Eine Beförderung ist nicht zulässig

1. während der Probezeit,
2. vor Ablauf eines Jahres seit der Einstellung,
3. vor Ablauf eines Jahres seit der letzten Beförderung.

(4) In den Laufbahnen der Lehrkräfte an Grund-, Haupt-, Werkreal-, Real- und Sonderschulen (gehobener Dienst) ist das Eingangsamt, in den übrigen Laufbahnen der Lehrkräfte das Eingangsamt und das erste Beförderungsamt innerhalb der Laufbahn regelmäßig zu durchlaufen.

§ 21 Horizontaler Laufbahnwechsel

(1) Ein horizontaler Laufbahnwechsel ist nur zulässig, wenn die Beamtin oder der Beamte die Befähigung für die neue Laufbahn besitzt.

(2) [1]Beamtinnen und Beamte, die eine Laufbahnbefähigung besitzen, können die Befähigung für eine Laufbahn anderer Fachrichtung in derselben Laufbahngruppe erwerben, wenn sie über einen Zeitraum von mindestens drei Jahren erfolgreich in die Aufgaben der neuen Laufbahn eingeführt wurden und zu erwarten ist, dass sie für die neue Laufbahn allgemein befähigt sind. [2]Die Frist nach Satz 1 kann um bis zu zwei Jahre verkürzt werden, wenn die Beamtin oder der Beamte erfolgreich an entsprechenden Qualifizierungsmaßnahmen teilgenommen hat. [3]Ein anderweitiger Erwerb der Befähigung nach § 16 Abs. 1 Nr. 1, 2 oder 5 bleibt unberührt.

(3) Über den Erwerb der Befähigung nach Absatz 2 Satz 1 und 2 entscheidet der für die Einführung in die neue Laufbahn zuständige Dienstvorgesetzte.

(4) [1]Die Beamtinnen und Beamten bleiben bis zur Verleihung eines Amtes der neuen Laufbahn in ihrer Rechtsstellung. [2]Sie haben in der Laufbahn, in die sie wechseln, Ämter, die einer niedrigeren Besoldungsgruppe als ihrem bisherigen Amt zugeordnet sind, nicht mehr zu durchlaufen.

(5) Die Ministerien können im Rahmen ihres Geschäftsbereichs durch Rechtsverordnung im Benehmen mit dem Innenministerium besondere Anforderungen für den Erwerb der Laufbahnbefähigung

festlegen, wenn dies die Besonderheiten der Laufbahn und der wahrzunehmenden Tätigkeiten erfordern.

(6) [1]Die Ministerien können für Laufbahnen ihres Geschäftsbereichs, die wegen der im Wesentlichen gleichen Voraussetzungen für den Erwerb der Laufbahnbefähigung einander gleichwertig sind, durch Rechtsverordnung im Benehmen mit dem Innenministerium allgemein festlegen, dass ein horizontaler Laufbahnwechsel abweichend von Absatz 2 und 3 erfolgen kann. [2]Soweit besondere dienstliche Bedürfnisse dies rechtfertigen, kann in der Rechtsverordnung im Einvernehmen mit dem Finanzministerium das Überspringen von Ämtern in der neuen Laufbahn zugelassen werden. [3]Die Sätze 1 und 2 gelten entsprechend für den Laufbahnwechsel aus einer Laufbahn im Geschäftsbereich eines anderen Ministeriums mit der Maßgabe, dass die Rechtsverordnung auch im Benehmen mit diesem Ministerium erlassen wird.

§ 22 Aufstieg

(1) Beamtinnen und Beamte können in die nächsthöhere Laufbahn derselben Fachrichtung aufsteigen, auch wenn die Bildungsvoraussetzungen nach § 15 für diese Laufbahn nicht vorliegen, wenn sie

1. sich im Endamt ihrer bisherigen Laufbahn befinden; ist das Endamt ein Amt mit Amtszulage, so kann der Aufstieg auch aus dem Amt ohne Amtszulage erfolgen,
2. sich in mindestens zwei unterschiedlichen Aufgabengebieten ihrer Laufbahn bewährt haben,
3. seit mindestens einem Jahr erfolgreich überwiegend Aufgaben der nächsthöheren Laufbahn wahrnehmen,
4. nach ihrer Persönlichkeit und ihren bisherigen überdurchschnittlichen Leistungen für diese Laufbahn geeignet erscheinen und
5. sich durch Qualifizierungsmaßnahmen zusätzliche, über ihre Vorbildung und die bisherige Laufbahnbefähigung hinausgehende Kenntnisse und Fähigkeiten erworben haben, die ihnen die Wahrnehmung der Aufgaben der neuen Laufbahn ermöglichen.

(2) Über den Aufstieg entscheidet die für die Ernennung in der neuen Laufbahn zuständige Behörde.

(3) Die Beamtinnen und Beamten bleiben bis zur Verleihung eines Amtes der neuen Laufbahn in ihrer Rechtsstellung.

(4) [1]Die Ministerien können im Rahmen ihres Geschäftsbereichs durch Rechtsverordnung im Benehmen mit dem Innenministerium ein Verfahren zur Feststellung der Eignung für den Aufstieg und laufbahnspezifische Voraussetzungen für den Aufstieg festlegen. [2]Hierzu gehören insbesondere erfolgreich absolvierte Einführungszeiten, die Teilnahme an für die neue Laufbahn qualifizierenden Fortbildungen mit Abschlussprüfung sowie besondere Anforderungen hinsichtlich einer Berufserfahrung in bestimmten Aufgabenbereichen. [3]Die Ministerien können in den Rechtsverordnungen ferner

1. Ausnahmen von den Voraussetzungen nach Absatz 1 Nr. 1 bis 3 zulassen, wenn die Besonderheit einer Laufbahn dies erfordert oder wenn mit einer Fort- oder Weiterbildungsmaßnahme die Bildungsvoraussetzungen für die nächsthöhere Laufbahn erworben worden sind,
2. in Abhängigkeit von der Qualifizierung nach Absatz 1 Nr. 5 festlegen, welches Amt der nächsthöheren Laufbahn höchstens verliehen werden kann,
3. bestimmen, dass der Aufstieg auch in eine Laufbahn gleicher Fachrichtung, die in der nächsthöheren Laufbahngruppe nicht durch Rechtsverordnung eingerichtet ist, erfolgen kann oder ein Aufstieg aufgrund laufbahnspezifischer Voraussetzungen der nächsthöheren Laufbahn ausgeschlossen ist.

(5) Wird die Qualifizierungsmaßnahme nach Absatz 1 Nummer 5 im Rahmen des Aufstiegs vom mittleren in den gehobenen Dienst entsprechend einem durch Ausbildungs- und Prüfungsordnung ausgestalteten Vorbereitungsdienst an einer Hochschule im Sinne von § 69 des Landeshochschulgesetzes absolviert, so kann das Studium auch ohne die Voraussetzungen des § 15 Absatz 2 aufgenommen werden.

§ 23 Übernahme von Beamtinnen und Beamten anderer Dienstherrn und von früheren Beamtinnen und Beamten

(1) [1]Eine beim Bund oder in einem anderen Land erworbene oder dort von der zuständigen Stelle anerkannte Laufbahnbefähigung soll grundsätzlich als Befähigung für eine Laufbahn vergleichbarer Fachrichtung in Baden-Württemberg anerkannt werden. [2]Über die Anerkennung und die Zuordnung zu einer in Baden-Württemberg eingerichteten Laufbahn entscheidet die für die Ernennung in der neuen

Laufbahn zuständige Behörde. [3]Die Ministerien können Laufbahnbefähigungen nach Satz 1 für Laufbahnen ihres Geschäftsbereichs allgemein anerkennen.

(2) Die Ministerien können bei wesentlichen Unterschieden in Ausbildungsinhalten, Ausbildungsdauer oder bei Fehlen sonstiger Mindestanforderungen für den Erwerb der Laufbahnbefähigung im Rahmen ihres Geschäftsbereichs durch Rechtsverordnung Ausgleichs- oder Fortbildungsmaßnahmen oder eine zusätzliche Berufserfahrung festlegen.

(3) [1]Eine Übernahme von Beamtinnen und Beamten anderer Dienstherrn kann statusgleich erfolgen, in einem Beförderungsamt jedoch nur, wenn

1. eine Probezeit bei einem anderen Dienstherrn abgeleistet wurde oder auf eine Mindestprobezeit aus Gründen verzichtet wurde, die § 19 Abs. 5 Satz 3 entsprechen und

2. die Vorschriften über Beförderungen nach § 20 Abs. 3 Nr. 2 und 3 erfüllt sind.

[2]Als statusgleich gilt bei Beamtinnen und Beamten eines Dienstherrn außerhalb des Geltungsbereichs dieses Gesetzes die Verleihung eines Amtes, das hinsichtlich Fachrichtung und Höhe des Grundgehalts dem bisherigen Amt entspricht. [3]Gibt es kein Amt mit gleich hohem Grundgehalt, darf das nächsthöhere Amt der gleichen Laufbahngruppe verliehen werden.

(4) [1]Für die Einstellung früherer Beamtinnen und Beamter gilt Absatz 3 entsprechend; maßgebend ist das letzte Amt im früheren Beamtenverhältnis. [2]§ 18 Abs. 2 bleibt unberührt.

(5) [1]Zeiten, in denen nach Erwerb der Laufbahnbefähigung laufbahnentsprechende Tätigkeiten in einem

1. Kirchenbeamtenverhältnis bei einer öffentlich-rechtlichen Religionsgemeinschaft,

2. Dienstordnungsverhältnis bei einem Sozialversicherungsträger oder

3. hauptberuflichen Beschäftigungsverhältnis bei einem kommunalen Bundes- oder Landesverband,

für die das Beamtenrecht des Bundes oder eines Landes entsprechende Anwendung findet, wahrgenommen wurden, werden wie Zeiten in einem Beamtenverhältnis nach dem Beamtenstatusgesetz behandelt. [2]Die Einstellung in ein Beamtenverhältnis kann in diesem Fall in einem vergleichbaren statusrechtlichen Amt erfolgen, in einem Beförderungsamt jedoch nur, wenn eine Probezeit entsprechend beamtenrechtlicher Vorschriften abgeleistet wurde und die Vorschriften über Beförderungen nach § 20 Abs. 3 Nr. 2 und 3 erfüllt sind. [3]Absatz 3 Satz 2 und 3 gilt entsprechend.

Vierter Teil
Versetzung, Abordnung und Umbildung von Körperschaften innerhalb des Geltungsbereichs dieses Gesetzes

§ 24 Versetzung
(1) Eine Versetzung ist die auf Dauer angelegte Übertragung eines anderen Amtes bei einer anderen Dienststelle desselben oder eines anderen Dienstherrn.

(2) [1]Eine Versetzung kann auf Antrag oder aus dienstlichen Gründen erfolgen. [2]Sie bedarf nicht der Zustimmung der Beamtin oder des Beamten, wenn die neue Tätigkeit aufgrund der Vorbildung oder Berufsausbildung der Beamtin oder dem Beamten zumutbar und das Amt mit mindestens demselben Grundgehalt verbunden ist wie das bisherige Amt. [3]Bei der Auflösung einer Behörde oder einer wesentlichen Änderung des Aufbaus oder der Aufgaben einer Behörde oder der Verschmelzung einer Behörde mit einer oder mehreren anderen können Beamtinnen und Beamte, deren Aufgabengebiet davon berührt wird, ohne ihre Zustimmung in ein anderes Amt derselben oder einer gleichwertigen Laufbahn mit geringerem Grundgehalt im Bereich desselben Dienstherrn versetzt werden, wenn eine dem bisherigen Amt entsprechende Verwendung nicht möglich ist; das Grundgehalt muss mindestens dem des Amtes entsprechen, das die Beamtin oder der Beamte vor dem bisherigen Amt inne hatte.

(3) Beamtinnen und Beamte, die in ein Amt einer anderen Laufbahn versetzt werden ohne die Befähigung für diese Laufbahn zu besitzen, sind verpflichtet, an Qualifizierungsmaßnahmen zum Erwerb der Befähigung teilzunehmen.

(4) [1]Die Versetzung wird von dem abgebenden im Einverständnis mit dem aufnehmenden Dienstherrn verfügt. [2]Das Einverständnis ist schriftlich zu erklären. [3]In der Verfügung ist zum Ausdruck zu bringen, dass das Einverständnis vorliegt. [4]Das Beamtenverhältnis wird mit dem neuen Dienstherrn fortgesetzt;

auf die beamtenrechtliche Stellung finden die im Bereich des neuen Dienstherrn geltenden Vorschriften Anwendung.

(5) Absatz 4 Satz 2 und 3 gilt bei einer Versetzung in den Bereich eines Dienstherrn eines anderen Landes oder in den Bereich des Bundes entsprechend.

§ 25 Abordnung

(1) [1]Eine Abordnung ist die vorübergehende Übertragung einer dem Amt der Beamtin oder des Beamten entsprechenden Tätigkeit bei einer anderen Dienststelle desselben oder eines anderen Dienstherrn unter Beibehaltung der Zugehörigkeit zur bisherigen Dienststelle. [2]Die Abordnung kann auf Antrag oder aus dienstlichen Gründen ganz oder teilweise erfolgen.

(2) [1]Aus dienstlichen Gründen kann eine Abordnung auch zu einer nicht dem bisherigen Amt entsprechenden Tätigkeit erfolgen, wenn die Wahrnehmung der neuen Tätigkeit aufgrund der Vorbildung oder Berufsausbildung der Beamtin oder dem Beamten zumutbar ist. [2]Dabei ist auch die Abordnung zu einer Tätigkeit zulässig, die nicht einem Amt mit demselben Grundgehalt entspricht.

(3) [1]Die Abordnung bedarf der Zustimmung der Beamtin oder des Beamten, wenn sie

1. im Fall des Absatzes 2 länger als zwei Jahre dauert oder
2. zu einem anderen Dienstherrn erfolgt.

[2]Die Abordnung zu einem anderen Dienstherrn ist ohne Zustimmung zulässig, wenn die neue Tätigkeit einem Amt mit demselben Grundgehalt auch einer anderen Laufbahn entspricht und nicht länger als fünf Jahre dauert.

(4) [1]Bei Abordnungen zu einem anderen Dienstherrn gilt § 24 Abs. 4 Satz 1 bis 3 entsprechend. [2]Soweit zwischen den Dienstherrn nichts anderes vereinbart ist, finden die für den Bereich des aufnehmenden Dienstherrn geltenden Vorschriften über die Pflichten und Rechte der Beamtinnen und Beamten mit Ausnahme der Regelungen über Diensteid, Amtsbezeichnung, Zahlung von Bezügen, Krankenfürsorgeleistungen, Versorgung und Jubiläumsgaben entsprechende Anwendung. [3]Die Verpflichtung zur Bezahlung hat auch der Dienstherr, zu dem die Abordnung erfolgt ist.

(5) § 24 Abs. 4 Satz 2 und 3 gilt bei einer Abordnung in den Bereich eines Dienstherrn eines anderen Landes oder in den Bereich des Bundes entsprechend.

§ 26 Umbildung einer Körperschaft

(1) Beamtinnen und Beamte einer Körperschaft, die vollständig in eine andere Körperschaft eingegliedert wird, treten mit der Umbildung kraft Gesetzes in den Dienst der aufnehmenden Körperschaft über.

(2) [1]Die Beamtinnen und Beamten einer Körperschaft, die vollständig in mehrere andere Körperschaften eingegliedert wird, sind anteilig in den Dienst der aufnehmenden Körperschaften zu übernehmen. [2]Die beteiligten Körperschaften haben innerhalb einer Frist von sechs Monaten nach der Umbildung im Einvernehmen miteinander zu bestimmen, von welchen Körperschaften die einzelnen Beamtinnen und Beamten zu übernehmen sind. [3]Solange eine Beamtin oder ein Beamter nicht übernommen ist, haften alle aufnehmenden Körperschaften für die ihr oder ihm zustehenden Bezüge als Gesamtschuldner.

(3) [1]Die Beamtinnen und Beamten einer Körperschaft, die teilweise in eine andere Körperschaft oder mehrere andere Körperschaften eingegliedert wird, sind zu einem verhältnismäßigen Teil, bei mehreren Körperschaften anteilig, in den Dienst der aufnehmenden Körperschaft oder Körperschaften zu übernehmen. [2]Absatz 2 Satz 2 gilt entsprechend.

(4) Die Absätze 1 bis 3 gelten entsprechend, wenn verschiedene Körperschaften zu einer neuen Körperschaft oder zu mehreren neuen Körperschaften oder ein Teil oder mehrere Teile verschiedener Körperschaften zu einem neuen Teil oder mehreren neuen Teilen einer Körperschaft zusammengeschlossen werden, wenn aus einer Körperschaft oder aus einem Teil oder mehreren Teilen einer Körperschaft eine neue Körperschaft oder mehrere neue Körperschaften gebildet werden, oder wenn Aufgaben einer Körperschaft vollständig oder teilweise auf eine Körperschaft oder mehrere Körperschaften übergehen.

§ 27 Rechtsfolgen der Umbildung

(1) Treten Beamtinnen oder Beamte aufgrund des § 26 Abs. 1 kraft Gesetzes in den Dienst einer anderen Körperschaft über oder werden sie aufgrund des § 26 Abs. 2 oder 3 von einer anderen Körperschaft

übernommen, wird das Beamtenverhältnis mit dem neuen Dienstherrn fortgesetzt; auf die beamtenrechtliche Stellung finden die im Bereich des neuen Dienstherrn geltenden Vorschriften Anwendung.

(2) Im Fall des § 26 Abs. 1 ist der Beamtin oder dem Beamten von der aufnehmenden oder neuen Körperschaft die Fortsetzung des Beamtenverhältnisses schriftlich zu bestätigen.

(3) ¹In den Fällen des § 26 Abs. 2 und 3 wird die Übernahme von der Körperschaft verfügt, in deren Dienst die Beamtin oder der Beamte treten soll. ²Die Verfügung wird mit der Bekanntgabe an die Beamtin oder den Beamten wirksam. ³Die Beamtin oder der Beamte ist verpflichtet, der Übernahmeverfügung Folge zu leisten; wird der Verpflichtung nicht nachgekommen, ist die Beamtin oder der Beamte zu entlassen.

(4) Die Absätze 1 bis 3 gelten entsprechend in den Fällen des § 26 Abs. 4.

§ 28 Rechtsstellung der Beamtinnen und Beamten
¹Beamtinnen und Beamten, die nach § 26 in den Dienst einer anderen Körperschaft kraft Gesetzes übertreten oder übernommen werden, soll ein gleich zu bewertendes Amt übertragen werden, das ihrem bisherigen Amt nach Bedeutung und Inhalt ohne Rücksicht auf Dienststellung und Dienstalter entspricht. ²Ist eine dem bisherigen Amt entsprechende Verwendung nicht möglich, findet § 24 Abs. 2 Satz 3 entsprechende Anwendung. ³Die Beamtinnen und Beamte dürfen in diesem Fall neben der neuen Amtsbezeichnung die des früheren Amtes mit dem Zusatz „außer Dienst" („a. D.") führen.

§ 29 Genehmigungsvorbehalt für Ernennungen
¹Ist innerhalb absehbarer Zeit mit einer Umbildung im Sinne des § 26 zu rechnen, so können die obersten Rechtsaufsichtsbehörden der beteiligten Körperschaften anordnen, dass nur mit ihrer Genehmigung Beamtinnen und Beamte, deren Aufgabengebiet von der Umbildung voraussichtlich berührt wird, ernannt werden dürfen. ²Die Anordnung darf höchstens für die Dauer eines Jahres ergehen. ³Sie ist den beteiligten Körperschaften zuzustellen. ⁴Die Genehmigung soll nur versagt werden, wenn durch derartige Ernennungen die Durchführung der nach den §§ 26 bis 28 erforderlichen Maßnahmen wesentlich erschwert würde.

§ 30 Rechtsstellung der Versorgungsempfängerinnen und Versorgungsempfänger
(1) § 26 Abs. 1 und 2 und § 27 gelten entsprechend für die im Zeitpunkt der Umbildung bei der abgebenden Körperschaft vorhandenen Versorgungsempfängerinnen und Versorgungsempfänger.

(2) In den Fällen des § 26 Abs. 3 bleiben die Ansprüche der im Zeitpunkt der Umbildung vorhandenen Versorgungsempfängerinnen und Versorgungsempfänger gegenüber der abgebenden Körperschaft bestehen.

(3) Die Absätze 1 und 2 gelten entsprechend in den Fällen des § 26 Abs. 4.

(4) Die Absätze 1 bis 3 gelten für die Anspruchinhaberinnen und Anspruchinhaber auf Alters- und Hinterbliebenengeld nach dem Landesbeamtenversorgungsgesetz Baden-Württemberg entsprechend.

Fünfter Teil
Beendigung des Beamtenverhältnisses

1. Abschnitt
Entlassung

§ 31 Zuständigkeit, Form und Zeitpunkt der Entlassung
(1) ¹Soweit durch Gesetz, Verordnung oder Satzung nichts anderes bestimmt ist, wird die Entlassung von der Stelle verfügt, die für die Ernennung der Beamtin oder des Beamten zuständig wäre. ²Wäre der Ministerpräsident für die Ernennung zuständig, nimmt die oberste Dienstbehörde die Aufgaben nach diesem Abschnitt wahr.

(2) ¹Die Entlassung ist schriftlich zu verfügen; im Falle einer Entlassung kraft Gesetzes wird der Tag der Beendigung des Beamtenverhältnisses festgestellt. ²Die Verfügung ist der Beamtin oder dem Beamten bekannt zu geben.

(3) ¹Die Entlassung auf Antrag nach § 23 Abs. 1 Satz 1 Nr. 4 BeamtStG soll für den beantragten Zeitpunkt ausgesprochen werden. ²Sie kann aus zwingenden dienstlichen Gründen um längstens drei Monate ab der Antragstellung hinaus geschoben werden. ³Der Antrag kann, solange der Beamtin oder dem Beamten die Entlassungsverfügung nicht bekannt gegeben ist, innerhalb von zwei Wochen nach

seiner Einreichung, mit Zustimmung der Entlassungsbehörde auch nach Ablauf dieser Frist, zurück-genommen werden.

(4) [1]Soweit durch Gesetz oder Verfügung nichts anderes bestimmt ist, tritt die Entlassung mit dem Ende des Monats ein, der auf den Monat folgt, in dem die Entlassungsverfügung der Beamtin oder dem Beamten bekannt gegeben wird. [2]In Fällen der Entlassung nach § 23 Abs. 1 Satz 1 Nr. 3 BeamtStG sowie der Entlassung von Beamtinnen und Beamten auf Probe oder Widerruf kann in der Entlas-sungsverfügung kein früherer Eintritt bestimmt werden. [3]Bei einer Beschäftigungszeit von mindestens einem Jahr tritt die Entlassung frühestens sechs Wochen nach Bekanntgabe der Verfügung zum Ende des Kalendervierteljahres ein. [4]Die Entlassung nach § 23 Abs. 1 Satz 1 Nr. 1 und Abs. 3 Satz 1 Nr. 1 BeamtStG tritt frühestens mit Bekanntgabe der Entlassungsverfügung ein.

(5) [1]Im Fall von § 23 Abs. 3 Satz 1 Nr. 3 BeamtStG kann die Entlassung nur innerhalb einer Frist von sechs Monaten nach Wirksamwerden der Umbildung oder Auflösung der Behörde oder Körperschaft ausgesprochen werden. [2]Durch Rechtsvorschrift kann ein anderer Zeitpunkt für den Beginn der Frist bestimmt werden.

§ 32 Rechtsfolgen der Entlassung

(1) Nach der Entlassung haben frühere Beamtinnen und Beamte keinen Anspruch auf Leistungen des Dienstherrn, soweit gesetzlich nichts anderes bestimmt ist.

(2) [1]Die für die Entlassung zuständige Behörde kann entlassenen Beamtinnen und Beamten die Er-laubnis erteilen, die bisherige Amtsbezeichnung mit dem Zusatz „außer Dienst" („a. D.") sowie die im Zusammenhang mit dem Amt verliehenen Titel zu führen. [2]Die Erlaubnis kann widerrufen werden, wenn die frühere Beamtin oder der frühere Beamte sich ihrer als nicht würdig erweist.

(3) In Fällen der Entlassung von Beamtinnen und Beamten auf Probe oder auf Widerruf wegen eines Verhaltens der in § 23 Abs. 3 Satz 1 Nr. 1 BeamtStG bezeichneten Art gilt § 35 Abs. 2 entsprechend.

2. Abschnitt
Verlust der Beamtenrechte

§ 33 Folgen des Verlusts der Beamtenrechte

[1]Endet das Beamtenverhältnis nach § 24 Abs. 1 BeamtStG, so haben frühere Beamtinnen und Beamte keinen Anspruch auf Leistungen des Dienstherrn, soweit gesetzlich nichts anderes bestimmt ist. [2]Sie dürfen die Amtsbezeichnung und die im Zusammenhang mit dem Amt verliehenen Titel nicht führen.

§ 34 Gnadenerweis

[1]Dem Ministerpräsidenten steht hinsichtlich des Verlusts der Beamtenrechte das Gnadenrecht zu. [2]Wird im Gnadenweg der Verlust der Beamtenrechte in vollem Umfang beseitigt, so gilt von diesem Zeitpunkt ab § 35 entsprechend.

§ 35 Weitere Folgen eines Wiederaufnahmeverfahrens

(1) Gilt nach § 24 Abs. 2 BeamtStG das Beamtenverhältnis als nicht unterbrochen, haben Beamtinnen und Beamte, sofern sie die Altersgrenze noch nicht erreicht haben und dienstfähig sind, Anspruch auf Übertragung eines Amtes derselben oder einer mindestens gleichwertigen Laufbahn wie ihr bisheriges Amt und mit mindestens demselben Grundgehalt; bis zur Übertragung des neuen Amtes erhalten sie die Besoldungsbezüge, die ihnen aus ihrem bisherigen Amt zugestanden hätten.

(2) [1]Beamtinnen und Beamte, die aufgrund des im Wiederaufnahmeverfahren festgestellten Sachver-halts oder aufgrund eines rechtskräftigen Strafurteils, das nach der früheren Entscheidung ergangen ist, nach disziplinarrechtlichen Vorschriften aus dem Dienst entfernt werden, verlieren die ihnen nach Absatz 1 zustehenden Ansprüche. [2]Wird wegen eines schweren Dienstvergehens ein Disziplinarver-fahren eingeleitet, können die Ansprüche nach Absatz 1 bis zum bestandskräftigen Abschluss des Disziplinarverfahrens nicht geltend gemacht werden.

(3) Beamtinnen und Beamte müssen sich auf die ihnen nach Absatz 1 zustehenden Besoldungsbezüge ein anderes Arbeitseinkommen oder einen Unterhaltsbeitrag anrechnen lassen; sie sind zur Auskunft hierüber verpflichtet.

3. Abschnitt
Ruhestand, Verabschiedung, Dienstunfähigkeit

§ 36 Ruhestand wegen Erreichens der Altersgrenze

(1) Beamtinnen und Beamte auf Lebenszeit erreichen die Altersgrenze für den Eintritt in den Ruhestand kraft Gesetzes mit dem Ablauf des Monats, in dem sie das 67. Lebensjahr vollenden.

(2) Lehrerinnen und Lehrer an öffentlichen Schulen außer an Hochschulen erreichen abweichend von Absatz 1 die Altersgrenze mit dem Ende des Schuljahres, in dem sie das 66. Lebensjahr vollenden.

(3) Beamtinnen und Beamte auf Lebenszeit des Polizeivollzugsdienstes, auch wenn sie in Planstellen des Landesamts für Verfassungsschutz eingewiesen sind, sowie des Vollzugsdienstes und des Werkdienstes im Justizvollzug und des Abschiebungshaftvollzugsdienstes erreichen abweichend von Absatz 1 die Altersgrenze mit dem Ablauf des Monats, in dem sie das 62. Lebensjahr vollenden.

(3a) Beamtinnen und Beamte auf Lebenszeit des Einsatzdienstes der Feuerwehr erreichen abweichend von Absatz 1 die Altersgrenze mit dem Ablauf des Monats, in dem sie das 60. Lebensjahr vollenden.

(4) Hauptamtliche Bürgermeisterinnen und Bürgermeister, Beigeordnete, Landrätinnen und Landräte sowie hauptamtliche Amtsverweserinnen und Amtsverweser nach § 48 Abs. 3 der Gemeindeordnung (GemO) und § 39 Abs. 6 der Landkreisordnung (LKrO) erreichen abweichend von Absatz 1 die Altersgrenze mit dem Ablauf des Monats, in dem sie das 73. Lebensjahr vollenden.

§ 37 Ruhestand von Beamtinnen und Beamten auf Zeit wegen Ablaufs der Amtszeit

(1) [1]Beamtinnen und Beamte auf Zeit treten bereits vor Erreichen der Altersgrenze nach Ablauf ihrer Amtszeit in den Ruhestand, wenn sie
1. eine ruhegehaltfähige Dienstzeit im Sinne des § 21 LBeamtVGBW von 18 Jahren erreicht und das 47. Lebensjahr vollendet haben oder
2. als Beamtin oder Beamter auf Zeit eine Gesamtdienstzeit von zwölf Jahren erreicht haben oder
3. als Beamtin oder Beamter auf Zeit eine Gesamtdienstzeit von sechs Jahren erreicht und das 63. Lebensjahr vollendet haben.

[2]Zeiten, während der Beamtinnen oder Beamte auf Zeit nach Vollendung des 25. Lebensjahres eine hauptberufliche Tätigkeit bei einem kommunalen Bundes- oder Landesverband ausgeübt haben, werden bis zu einer Gesamtzeit von zehn Jahren als Dienstzeit nach Satz 1 Nr. 1 berücksichtigt.

(2) [1]Beamtinnen und Beamte auf Zeit treten nicht nach Absatz 1 in den Ruhestand, wenn sie der Aufforderung ihrer obersten Dienstbehörde, nach Ablauf der Amtszeit das Amt unter nicht ungünstigeren Bedingungen weiter zu versehen, nicht nachkommen. [2]Dies gilt nicht für Beamtinnen und Beamte auf Zeit, die am Tag der Beendigung der Amtszeit das 63. Lebensjahr vollendet haben.

(3) [1]Treten Beamtinnen und Beamte auf Zeit mit Ablauf der Amtszeit nicht in den Ruhestand, so sind sie mit diesem Zeitpunkt entlassen, wenn sie nicht im Anschluss an ihre Amtszeit erneut in dasselbe Amt für eine weitere Amtszeit berufen werden. [2]Werden sie erneut berufen, so gilt das Beamtenverhältnis als nicht unterbrochen.

§ 38 Ruhestand von kommunalen Wahlbeamtinnen und Wahlbeamten wegen Ablaufs der Amtszeit

(1) Bei hauptamtlichen Bürgermeisterinnen und Bürgermeistern, Beigeordneten sowie Landrätinnen und Landräten tritt in den Fällen des § 37 Abs. 1 Satz 1 Nr. 3 das 60. Lebensjahr an die Stelle des 63. Lebensjahrs.

(2) [1]Hauptamtliche Bürgermeisterinnen und Bürgermeister, Landrätinnen und Landräte sowie hauptamtliche Amtsverweserinnen und Amtsverweser nach § 48 Abs. 3 GemO und § 39 Abs. 6 LKrO sind von der Rechtsaufsichtsbehörde, Beigeordnete vom Bürgermeister oder von der Bürgermeisterin unter Bestimmung einer angemessenen Frist zu der Erklärung aufzufordern, ob sie bereit sind, ihr Amt im Falle ihrer Wiederwahl unter nicht ungünstigeren Bedingungen weiter zu versehen. [2]Geben sie diese Erklärung nicht oder nicht fristgerecht ab, treten sie nicht nach § 37 Abs. 1 in den Ruhestand.

(3) Absatz 2 gilt nicht für Bürgermeisterinnen und Bürgermeister, Beigeordnete sowie Landrätinnen und Landräte, die am Tage der Beendigung der Amtszeit
1. das 57. Lebensjahr vollendet oder
2. eine Gesamtdienstzeit als Bürgermeisterin oder Bürgermeister, als Beigeordnete oder Beigeordneter und als Landrätin oder Landrat von 16 Jahren erreicht haben; Zeiten als Amtsverweserin

oder Amtsverweser nach § 48 Abs. 3 GemO oder § 39 Abs. 6 LKrO sowie Zeiten nach § 37 Abs. 1 Satz 2 werden berücksichtigt.

(4) [1]Hauptamtliche Amtsverweserinnen und Amtsverweser nach § 48 Abs. 3 GemO und § 39 Abs. 6 LKrO treten nur dann mit Ablauf ihrer Amtszeit in den Ruhestand, wenn

1. die Amtszeit endet, weil eine rechtskräftige Entscheidung vorliegt, nach der die Wahl zur Bürgermeisterin oder zum Bürgermeister oder zur Landrätin oder zum Landrat ungültig ist, oder

2. die Beamtin oder der Beamte nicht erneut zur Amtsverweserin oder zum Amtsverweser bestellt wird, obwohl sie oder er dazu bereit ist, das Amt weiter zu versehen.

[2]Satz 1 Nr. 1 gilt nicht, wenn die Wahl für ungültig erklärt worden ist, weil die Bewerberin oder der Bewerber für die Wahl der Bürgermeisterin oder des Bürgermeisters bei der Wahl eine strafbare Handlung oder eine andere gegen ein Gesetz verstoßende Wahlbeeinflussung im Sinne des § 32 Abs. 1 Nr. 1 des Kommunalwahlgesetzes begangen hat oder ein Fall des § 32 Abs. 2 des Kommunalwahlgesetzes vorliegt; dies gilt für Amtsverweserinnen und Amtsverweser nach § 39 Abs. 6 LKrO entsprechend.

§ 39 Hinausschiebung der Altersgrenze

[1]Der Eintritt in den Ruhestand wegen Erreichens der Altersgrenze kann auf Antrag

1. der Beamtinnen und Beamten auf Lebenszeit,

2. der Beamtinnen und Beamten auf Probe nach § 8

jeweils bis zu einem Jahr, jedoch nicht länger als bis zu dem Ablauf des Monats, in dem die Beamtin oder der Beamte das 70. Lebensjahr vollendet, hinaus geschoben werden, wenn dies im dienstlichen Interesse liegt. [2]Für die in § 36 Absatz 3 genannten Beamtinnen und Beamten tritt das 65. Lebensjahr und für die in § 36 Absatz 3a genannten Beamtinnen und Beamten das 63. Lebensjahr an die Stelle des 70. Lebensjahres. [3]Der Antrag ist spätestens sechs Monate vor dem Erreichen der Altersgrenze zu stellen.

§ 40 Versetzung in den Ruhestand auf Antrag

(1) [1]Beamtinnen und Beamte auf Lebenszeit können auf ihren Antrag in den Ruhestand versetzt werden, wenn sie

1. das 63. Lebensjahr vollendet haben oder

2. schwerbehindert im Sinne des § 2 Abs. 2 des Neunten Buches Sozialgesetzbuch sind und das 62. Lebensjahr vollendet haben.

[2]Für die in § 36 Abs. 3 genannten Beamtinnen und Beamten tritt das 60. Lebensjahr an die Stelle des 63. Lebensjahrs nach Satz 1 Nr. 1.

(2) [1]Beamtinnen und Beamte auf Lebenszeit sind auf ihren Antrag in den Ruhestand zu versetzen, wenn sie eine Dienstzeit von 45 Jahren erreicht und das 65. Lebensjahr vollendet haben. [2]In diesem Fall gilt für Rechtsvorschriften, die auf die Altersgrenze nach § 36 Abs. 1 abheben, abweichend der Ablauf des Monats, in dem die Voraussetzungen nach Satz 1 erfüllt sind, als Altersgrenze. [3]Als Dienstzeit im Sinne des Satzes 1 gelten die ruhegehaltfähigen Dienstzeiten nach § 27 Abs. 3 Satz 2 bis 5 LBeamtVGBW. [4]Für die in § 36 Abs. 3 genannten Beamtinnen und Beamten tritt das 60. Lebensjahr an die Stelle des 65. Lebensjahres nach Satz 1.

§ 41 Altersgrenzen für die Verabschiedung

(1) [1]Ehrenbeamtinnen und Ehrenbeamte können, soweit gesetzlich nichts anderes bestimmt ist, verabschiedet werden, wenn sie

1. das 67. Lebensjahr vollendet haben oder

2. schwerbehindert im Sinne des § 2 Abs. 2 des Neunten Buches Sozialgesetzbuch sind und das 62. Lebensjahr vollendet haben.

[2]Sie sind zu verabschieden, wenn die sonstigen Voraussetzungen dieses Gesetzes oder des Beamtenstatusgesetzes für die Versetzung von Beamtinnen und Beamten in den einstweiligen Ruhestand oder in den Ruhestand gegeben sind.

(2) Ehrenamtliche Bürgermeisterinnen und Bürgermeister sowie ehrenamtliche Amtsverweserinnen und Amtsverweser nach § 48 Abs. 3 GemO sind mit dem Ablauf des Monats zu verabschieden, in dem sie das 73. Lebensjahr vollenden.

§ 42 Einstweiliger Ruhestand

(1) Beamtinnen und Beamte auf Lebenszeit, die ein Amt im Sinne von § 30 Abs. 1 oder 2 BeamtStG bekleiden, sind

1. die Staatssekretärin als Chefin der Staatskanzlei oder der Staatssekretär als Chef der Staatskanzlei,

2. die Staatssekretärin oder der Staatssekretär bei der obersten Landesbehörde, deren Geschäftsbereich die stellvertretende Ministerpräsidentin oder der stellvertretende Ministerpräsident leitet,

3. Ministerialdirektorinnen und Ministerialdirektoren,

4. Regierungspräsidentinnen und Regierungspräsidenten.

(2) Die Versetzung in den einstweiligen Ruhestand nach § 31 BeamtStG ist nur zulässig, wenn aus Anlass der Umbildung oder Auflösung der Behörde Planstellen eingespart werden.

(3) Bei Umbildung von Körperschaften nach § 26 ist § 18 Abs. 2 Satz 1 BeamtStG entsprechend anzuwenden.

(4) [1]Die Versetzung in den einstweiligen Ruhestand nach Absatz 2 oder 3 oder nach § 18 Abs. 2 Satz 1 BeamtStG kann nur innerhalb einer Frist von sechs Monaten nach Wirksamwerden der Umbildung oder Auflösung der Behörde oder Körperschaft ausgesprochen werden. [2]Durch Rechtsvorschrift kann ein anderer Zeitpunkt für den Beginn der Frist bestimmt werden.

(5) [1]In den einstweiligen Ruhestand versetzte Beamtinnen und Beamte sind verpflichtet, der erneuten Berufung in das Beamtenverhältnis Folge zu leisten. [2]Freie Planstellen im Bereich desselben Dienstherrn sollen für die erneute Berufung von in den einstweiligen Ruhestand versetzten Beamtinnen und Beamten, die für diese Stellen geeignet sind, vorbehalten werden.

(6) Für nach Absatz 3 oder nach § 31 BeamtStG in den einstweiligen Ruhestand versetzte Beamtinnen oder Beamte auf Zeit gilt § 18 Abs. 2 Satz 2 BeamtStG entsprechend.

§ 43 Dienstunfähigkeit, begrenzte Dienstfähigkeit, Wiederberufung

(1) Beamtinnen und Beamte können als dienstunfähig nach § 26 Abs. 1 Satz 2 BeamtStG nur angesehen werden, wenn die Aussicht auf Wiederherstellung voller Dienstfähigkeit auch innerhalb weiterer sechs Monate nicht besteht.

(2) [1]Beamtinnen und Beamte des Polizeivollzugsdienstes, auch wenn sie in Planstellen des Landesamts für Verfassungsschutz eingewiesen sind, sowie des Einsatzdienstes der Feuerwehr sind dienstunfähig, wenn sie den besonderen gesundheitlichen Anforderungen für den Polizeivollzugsdienst oder den Einsatzdienst der Feuerwehr nicht mehr genügen und keine Aussicht besteht, dass innerhalb zweier Jahre die Verwendungsfähigkeit wieder voll hergestellt ist. [2]Dies gilt nicht, wenn die von der Beamtin oder dem Beamten auszuübenden Funktionen die besonderen gesundheitlichen Anforderungen auf Dauer nicht mehr uneingeschränkt erfordern. [3]Die Dienstunfähigkeit nach diesem Absatz wird amts- oder polizeiärztlich festgestellt.

(3) Von der Verwendung in begrenzter Dienstfähigkeit nach § 27 BeamtStG soll abgesehen werden, wenn der Beamtin oder dem Beamten ein anderes Amt nach § 26 Abs. 2 BeamtStG oder eine geringerwertige Tätigkeit nach § 26 Abs. 3 BeamtStG übertragen werden kann.

(4) [1]Die erneute Berufung in das Beamtenverhältnis nach § 29 Abs. 1 BeamtStG ist vor Ablauf von fünf Jahren seit Beginn des Ruhestandes zu beantragen. [2]Bei der erneuten Berufung in ein Beamtenverhältnis nach § 29 Abs. 3 BeamtStG ist § 27 Abs. 2 BeamtStG entsprechend anzuwenden.

§ 44 Verfahren bei Dienstunfähigkeit

(1) [1]Liegen Anhaltspunkte dafür vor, dass Beamtinnen oder Beamte dienstunfähig oder begrenzt dienstfähig sind und scheiden Verwendungen nach § 26 Abs. 2 oder 3 oder § 27 BeamtStG aus, ist ihnen bekannt zu geben, dass die Versetzung in den Ruhestand oder die Verwendung in begrenzter Dienstfähigkeit beabsichtigt ist. [2]Dabei sind die Gründe für die beabsichtigte Maßnahme anzugeben. [3]Die Beamtin oder der Beamte kann innerhalb eines Monats Einwendungen erheben.

(2) [1]Vom Ablauf des Monats, in dem die Versetzung in den Ruhestand der Beamtin oder dem Beamten bekannt gegeben worden ist, bis zu deren Unanfechtbarkeit wird der die Versorgungsbezüge übersteigende Teil der Dienstbezüge einbehalten. [2]Wird die Versetzung in den Ruhestand unanfechtbar aufgehoben, sind die einbehaltenen Dienstbezüge nachzuzahlen.

§ 45 Form, Zuständigkeit

(1) [1]Die Versetzung in den Ruhestand und in den einstweiligen Ruhestand, die begrenzte Dienstfähigkeit, die Verabschiedung und die Hinausschiebung des Eintritts in den Ruhestand werden von der Stelle verfügt, die für die Ernennung der Beamtin oder des Beamten zuständig wäre. [2]Die Verfügung ist der Beamtin oder dem Beamten bekannt zu geben; die Verfügung über die Versetzung in den Ruhestand und in den einstweiligen Ruhestand kann bis zum Beginn des Ruhestandes zurückgenommen werden.

(2) Abweichend von Absatz 1 Satz 1 sind zuständig

1. die Ministerien und die Präsidentin oder der Präsident des Rechnungshofs im Rahmen ihrer Geschäftsbereiche:

   a) für die Versetzung in den Ruhestand und den einstweiligen Ruhestand von Beamtinnen und Beamten des Landes in den Laufbahnen des höheren Dienstes der Besoldungsgruppen A 15 mit Ausnahme der Akademischen Direktorinnen und Direktoren, A 15 mit Amtszulage und von Professorinnen und Professoren der Besoldungsgruppe C 3 sowie von Beamtinnen und Beamten der Besoldungsgruppen W 3 und C 4, soweit diese dem Geschäftsbereich des Wissenschaftsministeriums angehören und keine hauptamtlichen Rektoratsmitglieder sind,

   b) für die Versetzung in den Ruhestand wegen Dienstfähigkeit und die Verwendung in begrenzter Dienstfähigkeit sowie die Hinausschiebung des Eintritts in den Ruhestand von Beamtinnen und Beamten des Landes, soweit der Ministerpräsident zuständig wäre oder soweit die Universitäten, die Pädagogischen Hochschulen, die Hochschulen für angewandte Wissenschaften, die Kunsthochschulen oder die Duale Hochschule im Geschäftsbereich des Wissenschaftsministeriums für Beamtinnen und Beamte der Besoldungsgruppen W 3, C 3 und C 4 zuständig wären,

2. die oberen Schulaufsichtsbehörden:

   für die Versetzung in den Ruhestand nach § 40 von Lehrerinnen und Lehrern in den Laufbahnen des höheren Dienstes der Besoldungsgruppe A 15.

(3) Das Finanzministerium kann im Einvernehmen mit dem Innenministerium durch Verwaltungsvorschrift bestimmen, dass die Versetzung von Beamtinnen und Beamten des Landes in den Ruhestand wegen Dienstunfähigkeit der Zustimmung des Finanzministeriums bedarf.

§ 46 Beginn des Ruhestands und des einstweiligen Ruhestands

(1) [1]Der Ruhestand beginnt, abgesehen von den Fällen der §§ 36 bis 40, mit dem Ablauf des Monats, in dem die Versetzung in den Ruhestand der Beamtin oder dem Beamten bekannt gegeben worden ist. [2]Die Versetzung in den Ruhestand zu einem zurückliegenden Zeitpunkt ist unzulässig und insoweit unwirksam. [3]Für die begrenzte Dienstfähigkeit gelten die Sätze 1 und 2 entsprechend.

(2) Der einstweilige Ruhestand beginnt abweichend von Absatz 1, wenn nicht im Einzelfall ausdrücklich ein späterer Zeitpunkt festgesetzt wird, mit dem Zeitpunkt, in dem die Versetzung in den einstweiligen Ruhestand der Beamtin oder dem Beamten bekannt gegeben worden ist, spätestens jedoch mit dem Ablauf der drei Monate, die auf den Monat der Bekanntgabe folgen.

(3) Ruhestandsbeamtinnen und Ruhestandsbeamte erhalten auf Lebenszeit Ruhegehalt nach den Vorschriften des Landesbeamtenversorgungsgesetzes Baden-Württemberg.

Sechster Teil
Rechtliche Stellung im Beamtenverhältnis

1. Abschnitt
Allgemeine Pflichten und Rechte

§ 47 Diensteid

(1) Der zu leistende Diensteid hat folgenden Wortlaut:

„Ich schwöre, dass ich mein Amt nach bestem Wissen und Können führen, das Grundgesetz für die Bundesrepublik Deutschland, die Landesverfassung und das Recht achten und verteidigen und Gerechtigkeit gegen jedermann üben werde. So wahr mir Gott helfe."

(2) Der Eid kann auch ohne die Worte „So wahr mir Gott helfe" geleistet werden.

(3) Lehnt eine Beamtin oder ein Beamter die Ablegung des vorgeschriebenen Eides aus Glaubens- oder Gewissensgründen ab, können anstelle der Worte „Ich schwöre" auch die Worte „Ich gelobe" oder eine andere Beteuerungsformel gesprochen werden.

(4) [1]In den Fällen, in denen nach § 7 Abs. 3 BeamtStG eine Ausnahme von § 7 Abs. 1 Nr. 1 BeamtStG zugelassen worden ist, kann von einer Eidesleistung abgesehen werden. [2]Die Beamtin oder der Beamte hat zu geloben, die Amtspflichten gewissenhaft zu erfüllen.

§ 48 Verantwortung für die Rechtmäßigkeit

(1) [1]Beamtinnen und Beamte des Polizeivollzugsdienstes sind verpflichtet, unmittelbaren Zwang anzuwenden, der im Vollzugsdienst von ihren Vorgesetzten angeordnet wird, sofern die Anordnung nicht die Menschenwürde verletzt. [2]Die Anordnung darf nicht befolgt werden, wenn dadurch ein Verbrechen oder Vergehen begangen würde. [3]Befolgen sie die Anordnung trotzdem, so tragen sie die Verantwortung für ihr Handeln nur, wenn sie erkennen oder wenn es für sie ohne weiteres erkennbar ist, dass dadurch ein Verbrechen oder Vergehen begangen wird. [4]Bedenken gegen die Rechtmäßigkeit der Anordnung haben die Beamtinnen und Beamten des Polizeivollzugsdienstes unverzüglich ihren Vorgesetzten gegenüber vorzubringen, soweit das nach den Umständen möglich ist. [5]§ 36 Abs. 2 und 3 BeamtStG findet keine Anwendung.

(2) Für andere Beamtinnen und Beamte, die unmittelbaren Zwang anzuwenden haben, gilt Absatz 1 entsprechend.

§ 49 Anträge, Beschwerden, Vertretung

(1) [1]Beamtinnen und Beamte können Anträge stellen und Beschwerden vorbringen; hierbei ist der Dienstweg einzuhalten. [2]Richten sich Beschwerden gegen unmittelbare Vorgesetzte, so können sie bei den nächsthöheren Vorgesetzten unmittelbar eingereicht werden. [3]Der Beschwerdeweg bis zur obersten Dienstbehörde steht offen.

(2) Beamtinnen und Beamte können die für sie zuständigen Gewerkschaften oder Berufsverbände mit ihrer Vertretung beauftragen, soweit gesetzlich nichts anderes bestimmt ist.

§ 50 Fortbildung

[1]Beamtinnen und Beamte sind verpflichtet, an der dienstlichen Fortbildung teilzunehmen und sich außerdem selbst fortzubilden, damit sie insbesondere die Fach-, Methoden- und sozialen Kompetenzen für die Aufgaben des übertragenen Dienstpostens erhalten und fortentwickeln sowie ergänzende Qualifikationen für höher bewertete Dienstposten und für die Wahrnehmung von Führungsaufgaben erwerben. [2]Die Dienstherrn fördern die dienstliche Fortbildung. [3]Beamtinnen und Beamte, die durch Fortbildung ihre Kenntnisse und Fähigkeiten nachweislich wesentlich gesteigert haben, sollen nach Möglichkeit gefördert werden und vor allem Gelegenheit erhalten, ihre Eignung auf höher bewerteten Dienstposten zu beweisen.

§ 51 Dienstliche Beurteilung, Dienstzeugnis

(1) [1]Eignung, Befähigung und fachliche Leistung der Beamtinnen und Beamten sind in regelmäßigen Zeitabständen zu beurteilen. [2]Die Landesregierung kann durch Rechtsverordnung bestimmen, dass Beurteilungen außerdem anlässlich bestimmter Personalmaßnahmen erfolgen. [3]In der Rechtsverordnung können für Beamtinnen und Beamte des Landes auch Grundsätze der Beurteilung und des Verfahrens, insbesondere die Zeitabstände der regelmäßigen Beurteilung, festgelegt sowie Ausnahmen für bestimmte Gruppen von Beamtinnen und Beamten zugelassen werden.

(2) [1]Die Beurteilungen sind den Beamtinnen und Beamten zu eröffnen und auf Verlangen mit ihnen zu besprechen. [2]Eine schriftliche Äußerung der Beamtin oder des Beamten zu der Beurteilung ist zu den Personalaktendaten zu nehmen.

(3) [1]Beamtinnen und Beamten wird auf ihren Antrag nach Beendigung des Beamtenverhältnisses, beim Wechsel des Dienstherrn oder zum Zweck der Bewerbung um eine Stelle bei einem anderen Dienstherrn oder außerhalb des öffentlichen Dienstes vom letzten Dienstvorgesetzten ein Dienstzeugnis erteilt. [2]Das Dienstzeugnis muss Angaben über Art und Dauer der bekleideten Ämter sowie auf Verlangen auch über die ausgeübte Tätigkeit und die Leistung enthalten.

§ 52 Befreiung von Amtshandlungen

Beamtinnen und Beamte sind von Amtshandlungen zu befreien, die sich gegen sie selbst oder Personen richten, zu deren Gunsten ihnen wegen familienrechtlicher Beziehungen im Strafverfahren ein Zeugnisverweigerungsrecht zustünde.

§ 53 Ärztliche Untersuchungen, Genetische Untersuchungen und Analysen

(1) [1]Beamtinnen und Beamte sind verpflichtet, sich nach dienstlicher Weisung ärztlich untersuchen und, falls dies aus amtsärztlicher Sicht für erforderlich gehalten wird, auch beobachten zu lassen, wenn Zweifel an der Dienstfähigkeit oder über die Dienstunfähigkeit bestehen oder Dienstunfähigkeit ärztlich festzustellen ist. [2]Entzieht sich die Beamtin oder der Beamte trotz schriftlicher Aufforderung dieser Verpflichtung, ohne hierfür einen hinreichenden Grund nachzuweisen, kann Dienstunfähigkeit oder begrenzte Dienstfähigkeit mit der Hälfte der regelmäßigen Arbeitszeit als amtsärztlich festgestellt angenommen werden. [3]Auf die Rechtsfolge ist in der Aufforderung hinzuweisen.

(2) Zu Beginn der ärztlichen Untersuchung oder Beobachtung ist die Beamtin oder der Beamte auf deren Zweck und die Übermittlungsbefugnis bezüglich des Untersuchungsergebnisses an die die Untersuchung oder Beobachtung veranlassende Stelle hinzuweisen.

(3) [1]Die Ärztin oder der Arzt übermittelt der die Untersuchung veranlassenden Personalverwaltung in einem gesonderten und verschlossenen Umschlag nur die tragenden Feststellungen und Gründe des Untersuchungsergebnisses, die in Frage kommenden Maßnahmen zur Wiederherstellung der Dienstfähigkeit und die Möglichkeit der anderweitigen Verwendung, soweit deren Kenntnis für die Personalverwaltung unter Beachtung des Grundsatzes der Verhältnismäßigkeit für die von ihr zu treffende Entscheidung erforderlich ist. [2]Sonstige Untersuchungsdaten dürfen übermittelt werden, soweit deren Verarbeitung nach § 83 Absatz 3 Satz 2 zulässig ist. [3]Die Ärztin oder der Arzt übermittelt der Beamtin oder dem Beamten eine Kopie der Mitteilung an die Personalverwaltung, soweit dem ärztliche Gründe nicht entgegenstehen.

(4) Genetische Untersuchungen und Analysen im Sinne von § 3 Nr. 1 und 2 des Gendiagnostikgesetzes vom 31. Juli 2009 (BGBl. I S. 2529) in der jeweils geltenden Fassung sind bei Beamtinnen und Beamten sowie bei Bewerberinnen und Bewerbern für ein Beamtenverhältnis unzulässig, insbesondere

1. vor und nach einer Ernennung oder
2. im Rahmen arbeitsmedizinischer Vorsorgeuntersuchungen.

(5) [1]Abweichend von Absatz 4 Nr. 2 sind diagnostische genetische Untersuchungen (§ 3 Nr. 7 des Gendiagnostikgesetzes) durch Genproduktanalyse zulässig, soweit sie zur Feststellung genetischer Eigenschaften erforderlich sind, die für schwerwiegende gesundheitliche Störungen, die bei einer Tätigkeit auf einem bestimmten Dienstposten oder mit einer bestimmten Tätigkeit entstehen können, ursächlich oder mitursächlich sind. [2]Als Bestandteil arbeitsmedizinischer Vorsorgeuntersuchungen sind genetische Untersuchungen nachrangig zu anderen Maßnahmen des Arbeitsschutzes nach § 77. [3]Die §§ 7 bis 16 des Gendiagnostikgesetzes gelten entsprechend.

(6) Die Mitteilung von Ergebnissen bereits vorgenommener genetischer Untersuchungen oder Analysen darf weder verlangt werden, noch dürfen solche Ergebnisse entgegen genommen oder verwendet werden.

§ 54 Wohnung, Aufenthaltsort

(1) [1]Beamtinnen und Beamte haben ihre Wohnung so zu nehmen, dass sie in der ordnungsgemäßen Wahrnehmung ihrer Dienstgeschäfte nicht beeinträchtigt werden. [2]Die aktuelle Anschrift ist dem Dienstvorgesetzten mitzuteilen.

(2) Wenn die dienstlichen Verhältnisse es erfordern, können Beamtinnen und Beamte angewiesen werden, ihre Wohnung innerhalb einer bestimmten Entfernung von ihrer Dienststelle zu nehmen.

(3) [1]Beamtinnen und Beamte des Polizeivollzugsdienstes, auch wenn sie in Planstellen des Landesamts für Verfassungsschutz eingewiesen sind, sind auf besondere Anordnung verpflichtet, in einer Gemeinschaftsunterkunft zu wohnen und an einer Gemeinschaftsverpflegung teilzunehmen. [2]Fälle, in denen die Verpflichtungen nach Satz 1 aus persönlichen, insbesondere familiären Gründen eine Härte für diese Beamtinnen und Beamten bedeuten würde, sind als Ausnahmen zu berücksichtigen. [3]Die Unterkunft wird unentgeltlich gewährt.

(4) Beamtinnen und Beamte können angewiesen werden, sich während der dienstfreien Zeit in erreichbarer Nähe ihres Dienstorts aufzuhalten, wenn besondere dienstliche Verhältnisse es erfordern.

§ 55 Dienstkleidung

(1) [1]Beamtinnen und Beamte sind verpflichtet, nach näherer Bestimmung ihrer obersten Dienstbehörde Dienstkleidung und Dienstrangabzeichen zu tragen, wenn es ihr Amt erfordert. [2]Für Beamtinnen und Beamte des Landes erlässt die jeweilige oberste Dienstbehörde im Einvernehmen mit dem Finanzministerium diese Bestimmungen.

(2) [1]Freie Dienstkleidung erhalten

1. die Beamtinnen und Beamten des Polizeivollzugsdienstes,
2. die Beamtinnen und Beamten des Vollzugsdienstes im Justizvollzug und des Werkdienstes im Justizvollzug,
2a. die Beamtinnen und Beamten des Abschiebungshaftvollzugsdienstes,
3. die technischen Beamtinnen und Beamten der Landesfeuerwehrschule,
4. die Beamtinnen und Beamten des feuerwehrtechnischen Dienstes und die feuerwehrtechnischen Beamtinnen und Beamten nach § 23 des Feuerwehrgesetzes,

wenn sie zum Tragen von Dienstkleidung verpflichtet sind. [2]Das Innenministerium kann für die Beamtinnen und Beamten nach Satz 1 Nr. 1, Nr. 2a und 3, das Justizministerium für die Beamtinnen und Beamten nach Satz 1 Nr. 2 jeweils im Einvernehmen mit dem Finanzministerium durch Rechtsverordnung bestimmen, in welcher Weise der Anspruch auf Dienstkleidung erfüllt wird und in welchen Fällen, in denen längere Zeit keine Dienstgeschäfte geführt werden, der Anspruch auf Dienstkleidung ausgeschlossen ist.

(3) [1]Die zum Tragen von Dienstkleidung verpflichteten Forstbeamtinnen und Forstbeamten erhalten einen Dienstkleidungszuschuss. [2]Das Ministerium für Ländlichen Raum und Verbraucherschutz kann im Einvernehmen mit dem Finanzministerium durch Rechtsverordnung Bestimmungen über

1. die Gewährung des Dienstkleidungszuschusses und
2. Art, Umfang und Ausführung der Dienstkleidung

erlassen.

(4) [1]Beamtinnen und Beamten, denen die Führung der Dienstgeschäfte nach § 39 BeamtStG verboten wird, kann das Tragen der Dienstkleidung und Ausrüstung, der Aufenthalt in Diensträumen oder dienstlichen Unterkünften und die Führung dienstlicher Ausweise und Abzeichen untersagt werden. [2]§ 39 Satz 2 BeamtStG gilt entsprechend.

§ 56 Amtsbezeichnung

(1) [1]Die Amtsbezeichnungen der Landesbeamtinnen und Landesbeamten werden durch den Ministerpräsidenten festgesetzt, soweit sie nicht gesetzlich bestimmt sind. [2]Der Ministerpräsident kann die Ausübung dieser Befugnis auf andere Stellen übertragen. [3]Er kann einer Beamtin oder einem Beamten eine andere als die für ihr oder sein Amt vorgesehene Amtsbezeichnung verleihen.

(2) [1]Beamtinnen und Beamte haben das Recht, innerhalb und außerhalb des Dienstes die Amtsbezeichnung des ihnen übertragenen Amtes zu führen. [2]Nach dem Wechsel in ein anderes Amt dürfen sie neben der neuen Amtsbezeichnung die Amtsbezeichnung des früheren Amtes mit dem Zusatz „außer Dienst" („a. D.") nur führen, wenn das neue Amt einer Besoldungsgruppe mit geringerem Grundgehalt angehört als das bisherige Amt.

(3) [1]Ruhestandsbeamtinnen und Ruhestandsbeamte dürfen die ihnen bei der Versetzung in den Ruhestand zustehende Amtsbezeichnung mit dem Zusatz „außer Dienst" („a. D.") und die im Zusammenhang mit dem Amt verliehenen Titel weiter führen. [2]Werden sie erneut in ein Beamtenverhältnis berufen, gilt Absatz 2 Satz 2 entsprechend.

(4) Werden entlassene Beamtinnen und Beamte, denen die Führung der früheren Amtsbezeichnung nach § 32 Abs. 2 erlaubt worden ist, erneut in ein Beamtenverhältnis berufen, gilt Absatz 2 Satz 2 entsprechend.

§ 57 Verschwiegenheitspflicht

(1) Die Verschwiegenheitspflicht nach § 37 Abs. 1 BeamtStG gilt nicht, soweit gegenüber einem bestellten Vertrauensanwalt für Korruptionsverhütung ein durch Tatsachen begründeter Verdacht einer Korruptionsstraftat nach §§ 331 bis 337 des Strafgesetzbuches angezeigt wird.

(2) [1]Soweit ein Vertrauensanwalt für Korruptionsverhütung bestellt oder ein elektronisches System zur Kommunikation mit anonymen Hinweisgebern eingerichtet ist, ist der Dienstherr nicht verpflichtet, die Identität der Informationsgeber, die sich an den Vertrauensanwalt gewandt oder das elektronische

System benutzt haben, offen zu legen. [2]Der Dienstherr hat in angemessener Weise dafür Sorge zu tragen, dass die Persönlichkeitsrechte der Beamtinnen und Beamten gewahrt werden. [3]Satz 1 findet keine Anwendung, wenn der Dienstherr auf andere Weise Kenntnis von der Identität der Informationsgeber erhält.

§ 58 Nichterfüllung von Pflichten

Bei Ruhestandsbeamtinnen und Ruhestandsbeamten gilt es auch als Dienstvergehen, wenn sie schuldhaft

1. entgegen § 29 Abs. 2 oder 3 BeamtStG oder § 30 Abs. 3 Satz 2 BeamtStG in Verbindung mit § 29 Abs. 2 BeamtStG einer erneuten Berufung in das Beamtenverhältnis nicht nachkommen oder
2. ihre Verpflichtungen nach § 29 Abs. 4 oder 5 Satz 1 BeamtStG verletzen oder
3. im Zusammenhang mit dem Bezug von Leistungen des Dienstherrn falsche oder pflichtwidrig unvollständige Angaben machen.

§ 59 Pflicht zum Schadenersatz

(1) [1]Für den Schadenersatz nach § 48 BeamtStG gelten die Verjährungsvorschriften des Bürgerlichen Gesetzbuches. [2]Hat der Dienstherr Dritten Schadenersatz geleistet, gilt als Zeitpunkt, zu dem der Dienstherr Kenntnis im Sinne dieser Verjährungsvorschriften erlangt, der Zeitpunkt, zu dem der Ersatzanspruch des Dritten diesem gegenüber vom Dienstherrn anerkannt oder dem Dienstherrn gegenüber rechtskräftig festgestellt wird.

(2) Leisten Beamtinnen und Beamte dem Dienstherrn Ersatz und hat dieser Ersatzansprüche gegen Dritte, gehen die Ersatzansprüche auf die Beamtinnen und Beamten über.

§ 59a Rückforderung von Leistungen

Für die Rückforderung von Leistungen des Dienstherrn, die nicht Besoldung oder Versorgung sind, ist § 15 Absatz 2 LBesGBW entsprechend anzuwenden.

2. Abschnitt
Nebentätigkeit, Tätigkeit nach Beendigung des Beamtenverhältnisses

§ 60 Nebentätigkeit

(1) [1]Nebentätigkeit ist jede nicht zum Hauptamt der Beamtin oder des Beamten gehörende Tätigkeit innerhalb oder außerhalb des öffentlichen Dienstes. [2]Ausgenommen sind unentgeltliche Tätigkeiten, die nach allgemeiner Anschauung zur persönlichen Lebensgestaltung gehören.

(2) [1]Nicht als Nebentätigkeiten gelten

1. öffentliche Ehrenämter und
2. unentgeltliche Vormundschaften, Betreuungen oder Pflegschaften.

[2]Die Übernahme von Tätigkeiten nach Satz 1 ist dem Dienstvorgesetzten anzuzeigen.

§ 61 Nebentätigkeiten auf Verlangen

(1) [1]Beamtinnen und Beamte sind verpflichtet, auf Verlangen ihres Dienstvorgesetzten eine Nebentätigkeit im öffentlichen Dienst auszuüben, sofern diese Tätigkeit ihrer Vorbildung oder Berufsausbildung entspricht und sie nicht über Gebühr in Anspruch nimmt. [2]Satz 1 gilt entsprechend für Nebentätigkeiten außerhalb des öffentlichen Dienstes, wenn die Übernahme der Nebentätigkeit zur Wahrung dienstlicher Interessen erforderlich ist.

(2) [1]Werden Beamtinnen und Beamte aus einer auf Verlangen ausgeübten Tätigkeit im Vorstand, Aufsichtsrat, Verwaltungsrat oder in einem sonstigen Organ einer Gesellschaft, Genossenschaft oder eines in einer anderen Rechtsform betriebenen Unternehmens haftbar gemacht, haben sie gegen ihren Dienstherrn Anspruch auf Ersatz des ihnen entstandenen Schadens. [2]Ist der Schaden vorsätzlich oder grob fahrlässig herbeigeführt worden, ist der Dienstherr nur ersatzpflichtig, wenn die Beamtin oder der Beamte bei der Verursachung des Schadens auf Weisung einer oder eines Vorgesetzten gehandelt hat.

(3) Beamtinnen und Beamte haben Nebentätigkeiten, die auf Verlangen ausgeübt werden, mit Beendigung des Dienstverhältnisses zu ihrem Dienstherrn zu beenden, soweit nichts anderes bestimmt wird.

§ 62 Genehmigungspflichtige Nebentätigkeiten

(1) Beamtinnen und Beamte bedürfen zur Ausübung jeder Nebentätigkeit, mit Ausnahme der in § 63 Abs. 1 genannten, der vorherigen Genehmigung, soweit sie nicht nach § 61 Abs. 1 zu ihrer Ausübung verpflichtet sind.

(2) [1]Die Genehmigung ist zu versagen, wenn zu besorgen ist, dass durch die Nebentätigkeit dienstliche Interessen beeinträchtigt werden. [2]Ein solcher Versagungsgrund liegt insbesondere vor, wenn die Nebentätigkeit

1. die Beamtin oder den Beamten in einen Widerstreit mit den dienstlichen Pflichten bringen kann oder

2. die Unparteilichkeit oder Unbefangenheit der Beamtin oder des Beamten beeinflussen kann oder

3. zu einer wesentlichen Einschränkung der künftigen dienstlichen Verwendbarkeit der Beamtin oder des Beamten führen kann oder

4. sonst dem Ansehen der öffentlichen Verwaltung abträglich sein kann.

(3) [1]Ein Versagungsgrund nach Absatz 2 Satz 1 liegt auch vor, wenn die Nebentätigkeit nach Art und Umfang die Arbeitskraft der Beamtin oder des Beamten so stark in Anspruch nimmt, dass die ordnungsgemäße Erfüllung der dienstlichen Pflichten behindert werden kann. [2]Diese Voraussetzung gilt in der Regel als erfüllt, wenn die zeitliche Beanspruchung durch eine oder mehrere Nebentätigkeiten in der Woche ein Fünftel der regelmäßigen Arbeitszeit überschreitet. [3]Bei begrenzter Dienstfähigkeit verringert sich die Grenze nach Satz 2 in dem Verhältnis, in dem die Arbeitszeit nach § 27 Abs. 2 Satz 1 BeamtStG herabgesetzt ist. [4]Bei beurlaubten oder teilzeitbeschäftigten Beamtinnen und Beamten erhöht sich die Grenze nach Satz 2 in dem Verhältnis, in dem die regelmäßige Arbeitszeit ermäßigt ist, höchstens jedoch auf zwölf Stunden in der Woche; die Nebentätigkeit darf dem Zweck der Bewilligung des Urlaubs oder der Teilzeitbeschäftigung nicht zuwiderlaufen. [5]Für Hochschullehrerinnen und Hochschullehrer gelten die Sätze 1 bis 4 mit der Maßgabe, dass anstelle der regelmäßigen Arbeitszeit die Zeit tritt, die dem Umfang eines durchschnittlichen individuellen Arbeitstags der Hochschullehrerin oder des Hochschullehrers entspricht.

(4) [1]Beamtinnen und Beamte haben bei der Beantragung einer Genehmigung Angaben über Art und Umfang der Nebentätigkeit, die Person des Auftrag- oder Arbeitgebers sowie die Vergütung zu machen. [2]Auf Verlangen sind die erforderlichen Nachweise zu führen. [3]Der Dienstvorgesetzte kann nähere Bestimmungen über die Form des Antrags treffen.

(5) [1]Die Genehmigung soll auf längstens fünf Jahre befristet werden. [2]Sie kann mit Auflagen oder Bedingungen versehen werden.

(6) [1]Die zur Übernahme einer oder mehrerer Nebentätigkeiten erforderliche Genehmigung gilt allgemein als erteilt, wenn

1. die Vergütungen hierfür insgesamt 1 200 Euro im Kalenderjahr nicht übersteigen,

2. die zeitliche Beanspruchung insgesamt ein Fünftel der regelmäßigen wöchentlichen Arbeitszeit nicht überschreitet,

3. die Nebentätigkeiten in der Freizeit ausgeübt werden und

4. kein Versagungsgrund nach Absatz 2 vorliegt.

[2]Beamtinnen und Beamte haben allgemein genehmigte Nebentätigkeiten vor Aufnahme ihrem Dienstvorgesetzten anzuzeigen, es sei denn, dass es sich um eine einmalige Nebentätigkeit im Kalenderjahr handelt und die Vergütung hierfür 200 Euro nicht überschreitet; Absatz 4 gilt entsprechend. [3]Eine allgemein als erteilt geltende Genehmigung erlischt mit dem Wegfall der Voraussetzungen nach Satz 1.

(7) [1]Ergibt sich bei der Ausübung einer Nebentätigkeit eine Beeinträchtigung dienstlicher Interessen, ist die Genehmigung zu widerrufen. [2]Soweit die dienstlichen Interessen es zulassen, soll dem Beamtin oder dem Beamten eine angemessene Frist zur Beendigung der Nebentätigkeit eingeräumt werden. [3]Die §§ 48, 49 und 51 des Landesverwaltungsverfahrensgesetzes bleiben unberührt.

§ 63 Nicht genehmigungspflichtige Nebentätigkeiten

(1) Nicht genehmigungspflichtig sind

1. unentgeltliche Nebentätigkeiten mit Ausnahme
    a) der Übernahme einer gewerblichen Tätigkeit, der Ausübung eines freien Berufes oder der Mitarbeit bei einer dieser Tätigkeiten,

b) des Eintritts in ein Organ eines Unternehmens mit Ausnahme einer Genossenschaft sowie der Übernahme einer Treuhänderschaft,

2. die Verwaltung eigenen oder der Nutznießung der Beamtin oder des Beamten unterliegenden Vermögens,

3. schriftstellerische, wissenschaftliche, künstlerische oder Vortragstätigkeiten,

4. mit Lehr- oder Forschungsaufgaben zusammenhängende selbständige Gutachtertätigkeiten von Lehrerinnen und Lehrern an öffentlichen Hochschulen sowie von Beamtinnen und Beamten an wissenschaftlichen Instituten und Anstalten und

5. Tätigkeiten zur Wahrung von Berufsinteressen in Gewerkschaften, Berufsverbänden oder Selbsthilfeeinrichtungen der Beamtinnen und Beamten.

(2) [1]Beamtinnen und Beamte haben Nebentätigkeiten nach Absatz 1 Nr. 3 und 4 und in Selbsthilfeeinrichtungen nach Absatz 1 Nr. 5, für die eine Vergütung geleistet wird, vor Aufnahme ihrem Dienstvorgesetzten anzuzeigen. [2]Bei regelmäßig wiederkehrenden gleichartigen Nebentätigkeiten genügt eine einmal jährlich zu erstattende Anzeige für die in diesem Zeitraum zu erwartenden Nebentätigkeiten; die obersten Dienstbehörden können abweichende Regelungen treffen. [3]§ 62 Abs. 4 gilt entsprechend.

(3) Eine Anzeigepflicht für eine oder mehrere Nebentätigkeiten nach Absatz 2 besteht nicht, wenn

1. die Vergütungen hierfür insgesamt 1 200 Euro im Kalenderjahr nicht übersteigen und

2. die zeitliche Beanspruchung insgesamt ein Fünftel der regelmäßigen wöchentlichen Arbeitszeit nicht überschreitet.

(4) [1]Eine nicht genehmigungspflichtige Nebentätigkeit ist ganz oder teilweise zu untersagen, wenn die Beamtin oder der Beamte bei ihrer Ausübung dienstliche Pflichten verletzt. [2]§ 62 Abs. 7 Satz 2 gilt entsprechend.

§ 64 Pflichten bei der Ausübung von Nebentätigkeiten

(1) Nebentätigkeiten dürfen grundsätzlich nur in der Freizeit ausgeübt werden.

(2) [1]Bei der Ausübung von Nebentätigkeiten dürfen Einrichtungen, Personal oder Material des Dienstherrn nur bei Vorliegen eines dienstlichen, öffentlichen oder wissenschaftlichen Interesses mit vorheriger Genehmigung in Anspruch genommen werden. [2]Für die Inanspruchnahme hat die Beamtin oder der Beamte ein Entgelt zu entrichten, das den Vorteil, der durch die Inanspruchnahme entsteht, berücksichtigen soll. [3]Das Entgelt ist nach den dem Dienstherrn entstehenden Kosten oder nach einem Prozentsatz der für die Nebentätigkeit bezogenen Vergütung zu bemessen.

(3) Beamtinnen und Beamte haben Vergütungen für

1. im öffentlichen Dienst ausgeübte oder

2. auf Verlangen des Dienstvorgesetzten ausgeübte oder

3. der Beamtin oder dem Beamten mit Rücksicht auf die dienstliche Stellung übertragene

Nebentätigkeiten an ihren Dienstherrn im Hauptamt abzuliefern, soweit nicht durch die Ausführungsverordnung nach § 65 etwas anderes bestimmt ist.

(4) [1]Änderungen von genehmigungspflichtigen, anzeigepflichtigen oder auf Verlangen des Dienstherrn übernommenen Nebentätigkeiten, insbesondere hinsichtlich Art und Umfang der Nebentätigkeit, der Person des Auftrag- oder Arbeitgebers und der Vergütung, sind dem Dienstvorgesetzten unverzüglich anzuzeigen. [2]Der Dienstvorgesetzte kann nähere Bestimmungen über die Form der Anzeige treffen. [3]Er kann aus begründetem Anlass verlangen, dass die Beamtin oder der Beamte Auskunft über eine ausgeübte Nebentätigkeit erteilt und die erforderlichen Nachweise führt.

§ 65 Ausführungsverordnung

[1]Die zur Ausführung der §§ 60 bis 64 notwendigen Vorschriften erlässt die Landesregierung durch Rechtsverordnung. [2]In ihr kann insbesondere bestimmt werden,

1. welche Tätigkeiten als öffentlicher Dienst oder als öffentliches Ehrenamt anzusehen sind,

2. was als Vergütung anzusehen ist,

3. in welchen weiteren Fällen Nebentätigkeiten allgemein als genehmigt gelten und ob und inwieweit solche Nebentätigkeiten anzuzeigen sind,

4. in welchen Fällen Nebentätigkeiten ganz oder teilweise innerhalb der Arbeitszeit ausgeübt werden dürfen,

5. in welcher Höhe ein Entgelt für die Inanspruchnahme von Einrichtungen, Personal oder Material des Dienstherrn zu entrichten ist und in welchen Fällen auf die Entrichtung des Entgelts verzichtet werden kann,

6. ob und inwieweit Nebentätigkeiten im öffentlichen Dienst vergütet oder bestimmte Nebentätigkeiten von der Ablieferungspflicht ausgenommen werden und dass Vergütungen nur bei Übersteigen bestimmter Freigrenzen abzuliefern sind,

7. ob und inwieweit Beamtinnen und Beamte in regelmäßigen Abständen über die von ihnen ausgeübten Nebentätigkeiten und die Höhe der dafür erhaltenen Vergütungen Auskunft zu geben haben.

§ 66 Tätigkeit nach Beendigung des Beamtenverhältnisses

[1]Eine Tätigkeit ist nach § 41 Satz 1 BeamtStG dem letzten Dienstvorgesetzten anzuzeigen, wenn sie innerhalb eines Zeitraums von fünf Jahren nach Beendigung des Beamtenverhältnisses aufgenommen wird und mit der dienstlichen Tätigkeit der Beamtin oder des Beamten in den letzten fünf Jahren vor Beendigung des Beamtenverhältnisses in Zusammenhang steht. [2]Eine Untersagung nach § 41 Satz 2 BeamtStG wird durch den letzten Dienstvorgesetzten ausgesprochen.

3. Abschnitt
Arbeitszeit und Urlaub

§ 67 Arbeitszeit

(1) [1]Die Landesregierung bestimmt durch Rechtsverordnung mit Zustimmung des Landtags die regelmäßige Arbeitszeit der Beamtinnen und Beamten. [2]Das Nähere, insbesondere zur Dauer der täglichen Arbeitszeit und zur flexiblen Gestaltung der Arbeitszeit, regelt

1. für die Beamtinnen und Beamten des Landes die Landesregierung durch Rechtsverordnung mit Zustimmung des Landtags,

2. für die Beamtinnen und Beamten der Gemeinden und Gemeindeverbände sowie der sonstigen der Aufsicht des Landes unterstehenden Körperschaften, Anstalten und Stiftungen des öffentlichen Rechts die oberste Dienstbehörde.

[3]Dabei sind die Bestimmungen der Richtlinie 2003/88/EG des Europäischen Parlaments und des Rates vom 4. November 2003 über bestimmte Aspekte der Arbeitszeitgestaltung (ABl. L 299 vom 18. November 2003, S. 9) in der jeweils geltenden Fassung zu beachten; für die Berechnung des Durchschnitts der wöchentlichen Höchstarbeitszeit nach Artikel 6 einschließlich Mehrarbeit ist ein Zeitraum von vier Monaten, unbeschadet von Abweichungen und Ausnahmen nach Kapitel 5, zugrunde zu legen.

(2) [1]Soweit der Dienst in Bereitschaft besteht, kann die Arbeitszeit entsprechend dem dienstlichen Bedürfnis auf im Durchschnitt bis zu 48 Stunden in der Woche verlängert werden. [2]Für Beamtinnen und Beamte, die im Wechseldienst unter Einschluss von Bereitschaft Dienst leisten, kann unter Beachtung der allgemeinen Grundsätze der Sicherheit und des Gesundheitsschutzes die Arbeitszeit bis zu im Durchschnitt 54 Stunden in der Woche verlängert werden, wenn diese schriftlich eingewilligt haben. [3]Die Beamtin oder der Beamte kann die Einwilligung jederzeit mit einer Frist von zwei Monaten widerrufen; auf die Widerrufsmöglichkeit ist vor Erklärung der Einwilligung schriftlich hinzuweisen. [4]Für die Ablehnung oder den Widerruf der Einwilligung gilt § 75 Abs. 1 entsprechend. [5]Die Beamtinnen und Beamten mit nach Satz 2 verlängerter Arbeitszeit sind in Listen zu erfassen, die stets aktuell zu halten sind. [6]Den für den Arbeitsschutz zuständigen Behörden und Stellen, die eine Überschreitung der wöchentlichen Höchstarbeitszeit unterbinden oder einschränken können, sind die Listen zur Verfügung zu stellen sowie auf deren Ersuchen darüber Auskunft zu geben, welche Beamtinnen und Beamten in eine nach Satz 2 verlängerte Arbeitszeit eingewilligt haben.

(3) [1]Beamtinnen und Beamte sind verpflichtet, ohne Vergütung über die regelmäßige Arbeitszeit hinaus Dienst zu tun, wenn zwingende dienstliche Verhältnisse dies erfordern. [2]Werden sie durch dienstlich angeordnete oder genehmigte Mehrarbeit mehr als fünf Stunden im Monat über die regelmäßige Arbeitszeit hinaus beansprucht, ist ihnen innerhalb eines Jahres für die über die regelmäßige Arbeitszeit hinaus geleistete Mehrarbeit entsprechende Dienstbefreiung zu gewähren; bei Teilzeitbeschäftigung vermindern sich die fünf Stunden entsprechend der Verringerung der Arbeitszeit. [3]Ist Dienstbefreiung aus zwingenden dienstlichen Gründen nicht möglich, kann nach den Voraussetzungen des § 65

LBesGBW Mehrarbeitsvergütung gewährt werden. [4]Die Ministerien können für ihren Geschäftsbereich durch Rechtsverordnung
1. für die Gewährung von Dienstbefreiung nach Satz 2
2. im Einvernehmen mit dem [78]Finanzministerium zur Ermittlung der vergütungsfähigen Mehrarbeitszeiten nach Satz 3
abweichende oder ergänzende Regelungen treffen, wenn dies die besonderen arbeitsorganisatorischen Verhältnisse erfordern.

§ 68 Fernbleiben vom Dienst, Krankheit

(1) Beamtinnen und Beamte dürfen dem Dienst nicht ohne Genehmigung fernbleiben.

(2) [1]Kann aus tatsächlichen oder rechtlichen Gründen kein Dienst geleistet werden, ist das Fernbleiben vom Dienst unverzüglich anzuzeigen. [2]Dienstunfähigkeit infolge Krankheit ist auf Verlangen nachzuweisen. [3]Wird eine ärztliche oder amtsärztliche Untersuchung oder die Untersuchung durch eine beamtete Ärztin oder einen beamteten Arzt angeordnet, hat der Dienstherr die Kosten der Untersuchung zu tragen.

(3) Können infolge lang andauernder Krankheit dienstunfähige Beamtinnen und Beamte nach ärztlicher Feststellung ihren Dienst stundenweise verrichten und durch eine gestufte Wiederaufnahme ihres Dienstes voraussichtlich wieder in den Dienstbetrieb eingegliedert werden, kann mit Einverständnis der Beamtinnen und Beamten widerruflich und befristet festgelegt werden, dass in geringerem Umfang als die regelmäßige Arbeitszeit Dienst zu leisten ist.

§ 69 Teilzeitbeschäftigung

(1) Beamtinnen und Beamten mit Dienstbezügen, die
1. ein Kind unter 18 Jahren oder
2. eine nach ärztlichem Gutachten pflegebedürftige Angehörige oder einen pflegebedürftigen Angehörigen
tatsächlich betreuen oder pflegen, ist auf Antrag Teilzeitbeschäftigung mit mindestens der Hälfte der regelmäßigen Arbeitszeit zu bewilligen, wenn zwingende dienstliche Belange nicht entgegenstehen.

(1a) Beamtinnen und Beamten auf Widerruf im Vorbereitungsdienst,
1. bei denen die in Absatz 1 genannten Gründe vorliegen oder
2. bei denen zum Zeitpunkt der Antragstellung die Schwerbehinderteneigenschaft nach § 2 Absatz 2 oder die Gleichstellung nach § 2 Absatz 3 des Neunten Buches Sozialgesetzbuch festgestellt ist, kann auf Antrag Teilzeitbeschäftigung in festgelegtem Umfang, der jedoch mindestens die Hälfte der regelmäßigen Arbeitszeit betragen muss, bewilligt werden, wenn dies durch Rechtsverordnung nach § 16 Absatz 2 vorgesehen ist.

(2) Beamtinnen und Beamten mit Dienstbezügen kann unter den Voraussetzungen des Absatzes 1 Teilzeitbeschäftigung mit weniger als der Hälfte, mindestens aber einem Viertel der regelmäßigen Arbeitszeit bewilligt werden, wenn dienstliche Belange nicht entgegenstehen.

(3) [1]Während der Elternzeit (§ 76) kann Beamtinnen und Beamten mit Dienstbezügen Teilzeitbeschäftigung mit weniger als der Hälfte, mindestens aber einem Viertel der regelmäßigen Arbeitszeit bewilligt werden, wenn dies im Interesse des Dienstherrn liegt. [2]Beamtinnen und Beamten auf Widerruf im Vorbereitungsdienst kann während der Elternzeit nach Satz 1 eine Teilzeitbeschäftigung im festgelegten Umfang, der jedoch mindestens ein Viertel der regelmäßigen Arbeitszeit betragen muss, bewilligt werden, wenn dies durch Rechtsverordnung nach § 16 Absatz 2 vorgesehen ist.

(4) Beamtinnen und Beamten mit Dienstbezügen kann auf Antrag Teilzeitbeschäftigung mit mindestens der Hälfte der regelmäßigen Arbeitszeit bis zur jeweils beantragten Dauer bewilligt werden, soweit dienstliche Belange nicht entgegenstehen.

(5) [1]Die oberste Dienstbehörde kann für ihren Dienstbereich, auch für einzelne Gruppen von Beamtinnen und Beamten, zulassen, dass Teilzeitbeschäftigung nach Absatz 4 auf Antrag in der Weise bewilligt wird, dass der Teil, um den die regelmäßige Arbeitszeit im Einzelfall ermäßigt ist, zu einem zusammenhängenden Zeitraum von bis zu einem Jahr zusammengefasst wird (Freistellungsjahr). [2]Das Freistellungsjahr soll am Ende des Bewilligungszeitraums in Anspruch genommen werden. [3]Es kann auf Antrag der Beamtin oder des Beamten bis vor den Eintritt in den Ruhestand aufgeschoben werden. [4]Mehrere Freistellungsjahre können zusammengefasst werden.

(6) [1]Treten während des Bewilligungszeitraums einer Teilzeitbeschäftigung nach Absatz 5 Umstände ein, die die vorgesehene Abwicklung der Freistellung unmöglich machen, ist ein Widerruf abweichend von § 49 des Landesverwaltungsverfahrensgesetzes nach Maßgabe der Absätze 7 und 8 auch mit Wirkung für die Vergangenheit zulässig. [2]Der Widerruf darf nur mit Wirkung für den gesamten Bewilligungszeitraum und nur in dem Umfang erfolgen, der der tatsächlichen Arbeitszeit entspricht.

(7) Die Bewilligung einer Teilzeitbeschäftigung mit Freistellungsjahr nach Absatz 5 ist zu widerrufen

1. bei Beendigung des Beamtenverhältnisses,
2. beim Dienstherrnwechsel,
3. bei Gewährung von Urlaub nach § 72 Abs. 2 Nr. 2 oder nach § 31 Abs. 2 der Arbeitszeit- und Urlaubsverordnung.

(8) [1]Wird langfristig Urlaub nach anderen als den in Absatz 7 Nr. 3 genannten Vorschriften bewilligt, so verlängert sich der Bewilligungszeitraum um die Dauer der Beurlaubung. [2]Auf Antrag oder aus dienstlichen Gründen kann die Bewilligung widerrufen werden.

(9) [1]Die Bewilligung von Teilzeitbeschäftigung kann aus dienstlichen Gründen von

1. einer bestimmten Dauer (Mindestbewilligungszeitraum),
2. einem bestimmten Umfang der Teilzeitbeschäftigung und
3. von einer bestimmten Festlegung der Verteilung der Arbeitszeit

abhängig gemacht werden. [2]Eine Festlegung der Verteilung der Arbeitszeit darf bei Teilzeitbeschäftigung nach Absatz 1 Nr. 1 und Nr. 2 nicht dem Zweck der Bewilligung zuwiderlaufen. [3]Soweit zwingende dienstliche Belange es erfordern, kann nachträglich die Dauer der Teilzeitbeschäftigung beschränkt oder der Umfang der zu leistenden Arbeitszeit erhöht werden. [4]Die Bewilligung soll widerrufen werden, wenn die Gründe nach Absatz 1 weggefallen sind. [5]Ein Antrag auf Verlängerung einer Teilzeitbeschäftigung ist spätestens sechs Monate vor Ablauf des Bewilligungszeitraums zu stellen. [6]Die Ausübung von Nebentätigkeiten ist nach Maßgabe der §§ 60 bis 65 zulässig.

(10) Ein Übergang zur Vollzeitbeschäftigung oder eine Änderung des Umfangs der Teilzeitbeschäftigung ist auf Antrag zuzulassen, wenn der Beamtin oder dem Beamten die Fortsetzung der bewilligten Teilzeitbeschäftigung nicht zugemutet werden kann und dienstliche Belange nicht entgegenstehen.

§ 70 Altersteilzeit

(1) Beamtinnen und Beamten mit Dienstbezügen, bei denen zum Zeitpunkt der Antragstellung die Schwerbehinderteneigenschaft im Sinne des § 2 Abs. 2 des Neunten Buches Sozialgesetzbuch festgestellt ist, kann auf Antrag, der sich auf die Zeit bis zum Beginn des Ruhestands erstrecken muss, Teilzeitbeschäftigung als Altersteilzeit mit 60 Prozent der bisherigen Arbeitszeit, höchstens jedoch 60 Prozent der in den letzten zwei Jahren vor Beginn der Altersteilzeit durchschnittlich geleisteten Arbeitszeit, bewilligt werden, wenn

1. die Beamtin oder der Beamte das 55. Lebensjahr vollendet hat,
2. sie oder er in den letzten fünf Jahren vor Beginn der Altersteilzeit insgesamt drei Jahre mindestens teilzeitbeschäftigt war und
3. dienstliche Belange nicht entgegenstehen.

(2) [1]Altersteilzeit kann in der Weise bewilligt werden, dass

1. während des gesamten Bewilligungszeitraums Teilzeitarbeit durchgehend im nach Absatz 1 festgesetzten Umfang geleistet wird (Teilzeitmodell) oder
2. während der ersten drei Fünftel des Bewilligungszeitraums die tatsächliche Arbeitszeit auf die bisherige Arbeitszeit, höchstens die in den letzten zwei Jahren vor Beginn der Altersteilzeit durchschnittlich zu leistende Arbeitszeit erhöht wird und diese Arbeitszeiterhöhung in den restlichen zwei Fünfteln des Bewilligungszeitraums durch eine volle Freistellung vom Dienst ausgeglichen wird (Blockmodell).

[2]Altersteilzeit mit weniger als 60 Prozent der regelmäßigen Arbeitszeit kann nur bewilligt werden, wenn vor der vollen Freistellung von der Arbeit mindestens im Umfang der bisherigen Teilzeitbeschäftigung Dienst geleistet wird; dabei bleiben geringfügige Unterschreitungen des notwendigen Umfangs der Arbeitszeit außer Betracht. [3]Bei Beantragung der Altersteilzeit im Blockmodell müssen Beamtinnen und Beamte unwiderruflich erklären, ob sie bei Bewilligung der Altersteilzeit mit Erreichen der gesetzlichen Altersgrenze in den Ruhestand treten oder ob sie einen Antrag nach § 40 stellen werden.

(3) § 69 Abs. 9 Satz 6, Abs. 10 und § 75 gelten entsprechend.

§ 71 Urlaub

Die Landesregierung regelt durch Rechtsverordnung

1.   Dauer, Erteilung, Widerruf, finanzielle Vergütung und Verfall des Erholungsurlaubs nach § 44 BeamtStG,

2.   Anlass, Dauer und Erteilung von Sonderurlaub und Urlaub aus sonstigen Gründen und bestimmt dabei, ob und inwieweit die Bezüge während eines solchen Urlaubs belassen werden können.

§ 72 Urlaub von längerer Dauer ohne Dienstbezüge

(1) Beamtinnen und Beamten mit Dienstbezügen, die

1.   ein Kind unter 18 Jahren oder

2.   eine nach ärztlichem Gutachten pflegebedürftige Angehörige oder einen pflegebedürftigen Angehörigen

tatsächlich betreuen oder pflegen, ist auf Antrag Urlaub ohne Dienstbezüge zu gewähren, wenn zwingende dienstliche Belange nicht entgegenstehen.

(2) ¹Beamtinnen und Beamten mit Dienstbezügen kann aus anderen Gründen auf Antrag Urlaub ohne Dienstbezüge

1.   bis zur Dauer von sechs Jahren oder

2.   nach Vollendung des 55. Lebensjahres bis zum Beginn des Ruhestands

bewilligt werden, wenn dienstliche Belange nicht entgegenstehen. ²Zur Ausübung einer Erwerbstätigkeit oder vergleichbaren Tätigkeit darf Urlaub nach Satz 1 nicht bewilligt werden.

(3) § 69 Abs. 9 Satz 1 Nr. 1 und Satz 5 und 6 gilt entsprechend.

(4) ¹Die Rückkehr aus dem Urlaub ist auf Antrag zuzulassen, wenn der Beamtin oder dem Beamten die Fortsetzung des Urlaubs nicht zugemutet werden kann und dienstliche Belange nicht entgegenstehen. ²Die Bewilligung soll widerrufen werden, wenn die Gründe nach Absatz 1 weggefallen sind.

§ 73 Höchstdauer von unterhälftiger Teilzeitbeschäftigung und Urlaub

(1) ¹Teilzeitbeschäftigung mit weniger als der Hälfte der regelmäßigen Arbeitszeit nach § 69 Abs. 2 und Urlaub nach § 72 Abs. 1 und 2 dürfen insgesamt die Dauer von 15 Jahren nicht überschreiten. ²Dabei bleiben eine unterhälftige Teilzeitbeschäftigung während einer Elternzeit nach § 76 Nummer 2 sowie ein Urlaub nach § 74 Absatz 4 Satz 2 unberücksichtigt. ³Satz 1 findet bei Urlaub nach § 72 Abs. 2 Satz 1 Nr. 2 keine Anwendung, wenn es der Beamtin oder dem Beamten nicht mehr zuzumuten ist, zur Voll- oder Teilzeitbeschäftigung zurückzukehren.

(2) Der Bewilligungszeitraum kann bei Beamtinnen und Beamten im Schul- und Hochschuldienst bis zum Ende des laufenden Schuljahrs, Semesters oder Trimesters ausgedehnt werden.

§ 74 Pflegezeiten

(1) ¹Beamtinnen und Beamte dürfen ohne Genehmigung bis zu zehn Arbeitstage, davon neun Arbeitstage unter Belassung der Dienst- oder Anwärterbezüge, dem Dienst fernbleiben, wenn dies erforderlich ist, um für pflegebedürftige nahe Angehörige in einer akut aufgetretenen Pflegesituation eine bedarfsgerechte Pflege zu organisieren oder eine pflegerische Versorgung in dieser Zeit sicherzustellen. ²Das Fernbleiben vom Dienst und dessen voraussichtliche Dauer sind unverzüglich anzuzeigen. ³Die Voraussetzungen für das Fernbleiben sind auf Verlangen nachzuweisen.

(2) ¹Beamtinnen und Beamten, die

1.   pflegebedürftige nahe Angehörige in häuslicher Umgebung pflegen oder

2.   minderjährige pflegebedürftige nahe Angehörige in häuslicher oder außerhäuslicher Umgebung betreuen,

ist auf Verlangen Urlaub ohne Dienst- oder Anwärterbezüge oder auf Antrag Teilzeitbeschäftigung mit mindestens einem Viertel der regelmäßigen Arbeitszeit bis zur Dauer von sechs Monaten zu bewilligen; der Wechsel zwischen Pflege nach Nummer 1 und Betreuung nach Nummer 2 ist jederzeit möglich. ²Der beantragten Verringerung und Verteilung der Arbeitszeit ist zu entsprechen, wenn dringende dienstliche Gründe nicht entgegenstehen.

(3) ¹Beamtinnen und Beamten mit Dienstbezügen ist für Pflege oder Betreuung nach Absatz 2 Satz 1 Nummer 1 und 2, auch im jederzeitigen Wechsel, auf Antrag Teilzeitbeschäftigung mit mindestens

der Hälfte der regelmäßigen Arbeitszeit bis zur Dauer von 24 Monaten zu bewilligen. [2]Absatz 2 Satz 2 findet Anwendung.

(4) [1]Beamtinnen und Beamten ist zur Begleitung naher Angehöriger, wenn diese an einer Erkrankung leiden, die progredient verläuft und bereits ein weit fortgeschrittenes Stadium erreicht hat, bei der eine Heilung ausgeschlossen und eine palliativ-medizinische Behandlung notwendig ist und die eine begrenzte Lebenserwartung von Wochen oder wenigen Monaten erwarten lässt, auf Verlangen Urlaub ohne Dienst- oder Anwärterbezüge oder auf Antrag Teilzeitbeschäftigung mit mindestens einem Viertel der regelmäßigen Arbeitszeit bis zur Dauer von drei Monaten zu bewilligen; Absatz 2 Satz 2 findet Anwendung. [2]Urlaub unter Belassung der Dienst- oder Anwärterbezüge soll Beamtinnen und Beamten auf Antrag zur Beaufsichtigung, Betreuung oder Pflege ihres Kindes bewilligt werden, das an einer Erkrankung nach Satz 1 leidet, wenn das Kind das zwölfte Lebensjahr noch nicht vollendet hat oder behindert und auf Hilfe angewiesen ist; der Urlaub kann nur von einem Elternteil beantragt werden.

(5) [1]Urlaub und Teilzeitbeschäftigung nach Absatz 2 bis 4 Satz 1 dürfen insgesamt die Dauer von 24 Monaten je naher Angehöriger oder nahem Angehörigen nicht überschreiten; auf Antrag ist ein Wechsel zwischen Urlaub oder Teilzeitbeschäftigung nach Absatz 2 und Teilzeitbeschäftigung nach Absatz 3 zuzulassen. [2]Urlaub und Teilzeitbeschäftigung nach Absatz 2 bis 4 Satz 1 unterbrechen einen Urlaub nach § 72 oder eine Teilzeitbeschäftigung nach § 69. [3]§ 69 Absatz 9 Satz 6 findet Anwendung.

(6) Die Absätze 1, 2, 4 und 5 gelten, soweit gesetzlich nichts anderes bestimmt ist, für Auszubildende in öffentlich-rechtlichen Ausbildungsverhältnissen entsprechend.

(7) Nahe Angehörige im Sinne dieser Vorschrift sind die nahen Angehörigen nach § 7 Absatz 3 des Pflegezeitgesetzes.

(8) Die Landesregierung regelt im Übrigen durch Rechtsverordnung die der Eigenart des öffentlichen Dienstes entsprechende Anwendung der Vorschriften über die Freistellungen nach dem Pflegezeitgesetz und dem Familienpflegezeitgesetz auf Beamtinnen und Beamte; dabei kann die Gewährung von beihilfegleichen Leistungen, von heilfürsorgegleichen Leistungen und die Erstattung von Beiträgen zur Krankenversicherung festgelegt werden.

4. Abschnitt
Fürsorge und Schutz

§ 75 Benachteiligungsverbot

(1) [1]Teilzeitbeschäftigung darf das berufliche Fortkommen nicht beeinträchtigen; eine unterschiedliche Behandlung von Beamtinnen und Beamten mit ermäßigter Arbeitszeit gegenüber Beamtinnen und Beamten mit regelmäßiger Arbeitszeit ist nur zulässig, wenn zwingende sachliche Gründe dies rechtfertigen. [2]Satz 1 gilt für Schwangerschaft, Mutterschutz, Elternzeit, Pflegezeit, Telearbeit und Urlaub von längerer Dauer entsprechend.

(2) [1]Beamtinnen und Beamten dürfen wegen ihrer oder der genetischen Eigenschaften (§ 3 Nr. 4 des Gendiagnostikgesetzes) einer genetisch verwandten Person in ihrem Dienstverhältnis nicht benachteiligt werden. [2]Dies gilt auch, wenn sich Beamtinnen oder Beamte weigern, genetische Untersuchungen oder Analysen bei sich vornehmen zu lassen oder die Ergebnisse bereits vorgenommener genetischer Untersuchungen oder Analysen zu offenbaren. [3]Die §§ 15 und 22 des Allgemeinen Gleichbehandlungsgesetzes gelten entsprechend.

§ 76 Mutterschutz, Elternzeit

Die Landesregierung regelt durch Rechtsverordnung die der Eigenart des öffentlichen Dienstes entsprechende Anwendung

1.   der Vorschriften des Mutterschutzgesetzes auf Beamtinnen,
2.   der Vorschriften des Bundeselterngeld- und Elternzeitgesetzes über die Elternzeit auf Beamtinnen und Beamte; dabei kann die Gewährung von beihilfegleichen Leistungen, von heilfürsorgegleichen Leistungen und die Erstattung von Beiträgen zur Krankenversicherung festgelegt werden.

§ 77 Arbeitsschutz

(1) Für Beamtinnen und Beamte gelten die aufgrund von § 18 des Arbeitsschutzgesetzes erlassenen Rechtsverordnungen entsprechend.

(2) [1]Die Ministerien können im Rahmen ihrer Geschäftsbereiche im Einvernehmen mit dem Wirtschaftsministerium durch Rechtsverordnung bestimmen, dass für bestimmte Tätigkeiten im öffentlichen Dienst Vorschriften des Arbeitsschutzgesetzes oder der aufgrund von § 18 des Arbeitsschutzgesetzes erlassenen Rechtsverordnungen ganz oder zum Teil nicht anzuwenden sind, soweit öffentliche Belange dies zwingend erfordern, insbesondere zur Aufrechterhaltung oder Wiederherstellung der öffentlichen Sicherheit. [2]In den Rechtsverordnungen ist gleichzeitig festzulegen, wie die Sicherheit und der Gesundheitsschutz bei der Arbeit unter Berücksichtigung der Ziele des Arbeitsschutzgesetzes auf andere Weise gewährleistet werden.

(3) Die Landesregierung regelt durch Rechtsverordnung die der Eigenart des öffentlichen Dienstes entsprechende Anwendung der Vorschriften des Jugendarbeitsschutzgesetzes auf Beamtinnen und Beamte, die das 18. Lebensjahr noch nicht vollendet haben.

§ 78 Beihilfe

(1) Den Beamtinnen und Beamten, Ruhestandsbeamtinnen und Ruhestandsbeamten, früheren Beamtinnen und Beamten, Witwen, Witwern, hinterbliebenen Lebenspartnerinnen und Lebenspartnern nach dem Lebenspartnerschaftsgesetz und Waisen wird zu Aufwendungen in Geburts-, Krankheits-, Pflege- und Todesfällen sowie zur Gesundheitsvorsorge Beihilfe gewährt, solange ihnen laufende Besoldungs- oder Versorgungsbezüge zustehen.

(2) [1]Das Nähere regelt das Finanzministerium im Einvernehmen mit dem Innenministerium durch Rechtsverordnung. [2]Dabei ist insbesondere zu bestimmen,

1. welche Personen beihilfeberechtigt und welche Personen berücksichtigungsfähig sind;
2. welche Aufwendungen beihilfefähig sind; kleinere gesetzliche Kostenanteile sowie Kosten des Besuchs vorschulischer oder schulischer Einrichtungen und von berufsfördernden Maßnahmen dürfen nicht einbezogen werden;
3. unter welchen Voraussetzungen Beihilfe zu gewähren ist oder gewährt werden kann sowie das Verfahren; dabei sind Beihilfen zu Wahlleistungen in Krankenhäusern gegen Einbehalt eines monatlichen Betrags von 22 Euro von den Bezügen vorzusehen;
4. wie die Beihilfe nach Maßgabe der Sätze 3 bis 6 zu bemessen ist,
5. wie übergangsweise die Gemeinden und Gemeindeverbände sowie die sonstigen der Aufsicht des Landes unterstehenden Körperschaften, Anstalten und Stiftungen des öffentlichen Rechts die zu leistende Beihilfe über eine Versicherung gewähren können.

[3]Die Beihilfe soll grundsätzlich zusammen mit Leistungen Dritter und anderen Ansprüchen die tatsächlich entstandenen Aufwendungen nicht übersteigen; sie soll die notwendigen und angemessenen Aufwendungen unter Berücksichtigung der Eigenvorsorge und zumutbarer Selbstbehalte decken. [4]In der Regel umfasst die zumutbare Eigenvorsorge bei beihilfeberechtigten Personen, bei nach der Höhe ihrer Einkünfte wirtschaftlich nicht unabhängigen Ehegatten, Lebenspartnerinnen und Lebenspartnern nach dem Lebenspartnerschaftsgesetz sowie bei Versorgungsempfängerinnen und Versorgungsempfängern 50 Prozent und bei den Kindern 20 Prozent dieser Aufwendungen, im Falle der freiwilligen Versicherung in der gesetzlichen Krankenversicherung die Leistungen im Umfang nach dem Fünften Buch Sozialgesetzbuch, soweit nicht pauschale Beihilfen vorgesehen werden. [5]Satz 4 findet in der bis 31. Dezember 2012 gültigen Fassung weiterhin Anwendung für am 31. Dezember 2012 vorhandene beihilfeberechtigte Personen im Sinne des § 2 Absatz 1, 3 und 4 der Beihilfeverordnung in der am 31. Dezember 2012 gültigen Fassung. [6]Gleiches gilt für nach dem 31. Dezember 2012 in den Geltungsbereich der Beihilfeverordnung wechselnde Personen, die am 31. Dezember 2012 im Geltungsbereich eines anderen Dienstherrn beihilfeberechtigt waren sowie für nach §§ 9 bis 9j der Beihilfeverordnung beihilfefähige Aufwendungen, soweit sich die Beihilfe nicht nach § 14 Absatz 5 Satz 1 der Beihilfeverordnung bemisst. [7]Satz 5 gilt auch für hinterbliebene Ehegatten, Lebenspartnerinnen und Lebenspartner nach dem Lebenspartnerschaftsgesetz von beihilfeberechtigten Personen nach Satz 5 oder Satz 6 im Rahmen einer Beihilfeberechtigung nach § 2 Absatz 1 Nummer 3 der Beihilfeverordnung.

(3) [1]Die Beihilfestellen können zur Beurteilung der Notwendigkeit weiterer Ermittlungen und Prüfungen für die gesetzmäßige Festsetzung von Beihilfen bei der Bearbeitung von Anträgen automationsgestützte Systeme einsetzen. [2]Dabei soll auch der Grundsatz der Wirtschaftlichkeit der Verwaltung berücksichtigt werden. [3]Der Einsatz automationsgestützter Systeme soll zielgerichtet auf bestimmte Sachverhalte hin erfolgen. [4]Dabei muss gewährleistet sein, dass Fälle zufällig oder gezielt zur manu-

ellen Prüfung durch Prüfungsinstanzen ausgewählt werden können. [5]Außerdem muss gewährleistet sein, dass einzelne Fälle gezielt für eine Prüfung durch Amtsträger ausgewählt werden können. [6]Die Einzelheiten zum Einsatz automationsgestützter Systeme legt das Finanzministerium fest; diese dürfen nicht veröffentlicht werden, soweit dies die Gleichmäßigkeit und Gesetzmäßigkeit der Festsetzung von Beihilfen gefährden könnte.

§ 79 Heilfürsorge

(1) Die Beamtinnen und Beamten des Polizeivollzugsdienstes, auch wenn sie in Planstellen des Landesamts für Verfassungsschutz eingewiesen sind, des Einsatzdienstes der Feuerwehr und des technischen Dienstes der Landesfeuerwehrschule erhalten Heilfürsorge, solange sie Anspruch auf laufende Dienst- oder Anwärterbezüge haben und nicht Anspruch auf vergleichbare Leistungen eines anderen Dienstherrn oder eines Dritten oder auf truppenärztliche Versorgung besteht.

(2) [1]Die Leistungen der Heilfürsorge sind grundsätzlich als Sach- und Dienstleistungen in dem aus gesundheitlichen Gründen notwendigen angemessenen Umfang in der Regel unter Beachtung der Wirtschaftlichkeitsgrundsätze zu gewähren, die in der gesetzlichen Krankenversicherung nach dem Fünften Buch Sozialgesetzbuch für die Behandlungs- und Verordnungsweise gelten. Heilmaßnahmen, die aufgrund des Bundesversorgungsgesetzes zustehen oder für die ein Träger der gesetzlichen Unfallversicherung leistungspflichtig ist, und Behandlungen zu ausschließlich kosmetischen Zwecken sind von Leistungen der Heilfürsorge ausgenommen. [2]Besteht ein Anspruch auf Dienstunfallfürsorge, gelten für das Heilverfahren die Heilfürsorgevorschriften. [3]Weitergehende Leistungen nach den Vorschriften über die Dienstunfallfürsorge werden als Heilfürsorgeleistungen mit gewährt.

(3) [1]Die Heilfürsorge kann ganz oder teilweise versagt werden, wenn eine die Behandlung betreffende Anordnung ohne gesetzlichen oder sonstigen wichtigen Grund nicht befolgt und dadurch der Behandlungserfolg beeinträchtigt wird. [2]Die Leistungen der Heilfürsorge dürfen zusammen mit anderen aus demselben Anlass zustehenden Leistungen, insbesondere aus Krankheitskostenversicherungen, die Gesamtaufwendungen nicht übersteigen. [3]Leistungen aus Krankentagegeld- und Krankenhaustagegeldversicherungen bleiben unberücksichtigt.

(4) Beamtinnen und Beamten des Einsatzdienstes der Feuerwehr kann anstelle der Heilfürsorge zu den Aufwendungen in Krankheitsfällen Beihilfe nach den bei hilferechtlichen Vorschriften des Landes und ein Zuschuss zu den Beiträgen an eine Krankheitskostenversicherung gewährt werden; daneben können zur Erhaltung der Gesundheit Vorsorgekuren nach den Heilfürsorgevorschriften bewilligt werden.

(5) Die Kosten der Heilfürsorge oder der Leistungen nach Absatz 4 trägt der Dienstherr.

(6) [1]Die näheren Einzelheiten der Heilfürsorge regelt das Innenministerium im Einvernehmen mit dem Finanzministerium durch Rechtsverordnung. [2]Dabei sind insbesondere zu bestimmen: Art und Umfang der ambulanten ärztlichen und zahnärztlichen Behandlung, der Krankenhausbehandlung, der Krankenpflege, der Familien- und Haushaltshilfe, der Versorgung mit Arznei-, Verband- und Heilmittel sowie Hilfsmitteln und Körperersatzstücken, Leistungen zur medizinischen Rehabilitation, vorbeugenden ärztlichen Maßnahmen, Fahr- und Transportkosten und der Leistungen für Kosten, die außerhalb des Landes angefallen sind. [3]Hierbei können in der gesetzlichen Krankenversicherung nach dem Fünften Buch Sozialgesetzbuch bestehende gesetzliche Leistungsausschlüsse oder -begrenzungen, die Richtlinien des Gemeinsamen Bundesausschusses nach § 92 Abs. 1 des Fünften Buches Sozialgesetzbuch und bei Wahlleistungen im Krankenhaus die Regelungen der beihilferechtlichen Vorschriften des Landes einschließlich des Einbehalts nach § 78 Abs. 2 Satz 2 Nr. 3 für entsprechend anwendbar erklärt sowie insbesondere beim Zahnersatz, bei Arznei- und Verbandmitteln, bei Hilfsmitteln und bei Sehhilfen Fest- und Höchstbeträge festgesetzt werden. [4]Ferner sind die Genehmigungspflichten, das Verfahren und die Zuständigkeiten zu bestimmen. [5]Hierbei können in der gesetzlichen Krankenversicherung nach dem Fünften Buch Sozialgesetzbuch bestehende gesetzliche Regelungen über die Krankenversicherungskarte und die elektronische Gesundheitskarte für entsprechend anwendbar erklärt werden.

(7) [1]Beamtinnen und Beamten des Polizeivollzugsdienstes, auch wenn sie in Planstellen des Landesamts für Verfassungsschutz eingewiesen sind, die am Tag des Inkrafttretens dieses Gesetzes anstelle der Heilfürsorge einen Zuschuss zu den Beiträgen an eine Krankheitskostenversicherung erhalten, wird dieser Zuschuss weitergewährt, solange ihnen Dienstbezüge zustehen. [2]In der Rechtsverordnung nach Absatz 6 kann bestimmt werden, dass diesen Beamtinnen und Beamten neben dem Zuschuss auch

Schutzimpfungen und polizeiärztliche Betreuung gewährt sowie Vorsorgekuren bewilligt werden können.

§ 80 Ersatz von Sachschaden

(1) [1]Sind durch plötzliche äußere Einwirkung in Ausübung oder infolge des Dienstes Kleidungsstücke oder sonstige Gegenstände, die Beamtinnen oder Beamte mit sich geführt haben, beschädigt oder zerstört worden oder abhanden gekommen, ohne dass ein Körperschaden entstanden ist, kann den Beamtinnen und Beamten dafür Ersatz geleistet werden. [2]§ 45 Abs. 1 Satz 2 und Abs. 2 Satz 1 und 2 LBeamtVGBW gilt entsprechend.

(2) [1]Ersatz kann auch geleistet werden, wenn ein während einer Dienstreise oder eines Dienstganges abgestelltes, aus triftigem Grund benutztes Kraftfahrzeug im Sinne des § 6 Abs. 1 oder Abs. 2 Satz 1 des Landesreisekostengesetzes durch plötzliche äußere Einwirkung beschädigt oder zerstört worden oder abhanden gekommen ist und sich der Grund zum Verlassen des Kraftfahrzeuges aus der Ausübung des Dienstes ergeben hat. [2]Satz 1 gilt entsprechend, wenn das Kraftfahrzeug für den Weg nach und von der Dienststelle benutzt wurde und dessen Benutzung wegen der Durchführung einer Dienstreise oder eines Dienstganges mit diesem Kraftfahrzeug am selben Tag erforderlich gewesen ist.

(3) [1]Ersatz wird nur geleistet, soweit Ersatzansprüche gegen Dritte nicht bestehen oder nicht verwirklicht werden können. [2]Ersatz wird nicht geleistet, wenn die Beamtin oder der Beamte

1.   den Schaden vorsätzlich herbeigeführt hat oder
2.   das Schadensereignis nicht innerhalb einer Ausschlussfrist von drei Monaten, im Fall des Absatzes 2 von einem Monat nach seinem Eintritt beim Dienstvorgesetzten oder bei der für die Festsetzung der Ersatzleistung zuständigen Stelle gemeldet hat.

(4) Die zur Durchführung erforderliche Verwaltungsvorschrift erlässt das Finanzministerium.

§ 80a Erfüllungsübernahme von Schmerzensgeldansprüchen gegen Dritte

(1) Hat eine Beamtin oder ein Beamter wegen eines tätlichen rechtswidrigen Angriffs, den sie oder er in Ausübung des Dienstes oder außerhalb des Dienstes wegen der Eigenschaft als Beamtin oder Beamter erleidet, einen Vollstreckungstitel über einen Anspruch auf Schmerzensgeld gegen einen Dritten erlangt, kann der Dienstherr auf Antrag die Erfüllung des titulierten Anspruchs bis zur Höhe des festgestellten Schmerzensgeldbetrags übernehmen.

(2) Der Dienstherr kann die Erfüllungsübernahme verweigern, wenn aufgrund desselben Sachverhalts eine einmalige Unfallentschädigung nach § 59 LBeamtVGBW oder ein Unfallausgleich nach § 50 LBeamtVGBW gezahlt wird.

(3) [1]Die Erfüllung durch den Dienstherrn erfolgt Zug um Zug gegen Vorlage einer öffentlich beglaubigten Abtretungserklärung über den titulierten Anspruch in der Höhe, in der die Erfüllung vom Dienstherrn übernommen wird. [2]Der Übergang des Anspruchs kann nicht zum Nachteil der oder des Geschädigten geltend gemacht werden.

(4) [1]Der Antrag kann innerhalb einer Ausschlussfrist von zwei Jahren nach Eintritt der Rechtskraft oder der Unwiderruflichkeit des Vollstreckungstitels nach Absatz 1 Satz 1 schriftlich oder elektronisch gestellt werden. [2]Die Entscheidung über die Erfüllungsübernahme und die Durchsetzung des übergegangenen Anspruchs obliegen der nach § 62 Absatz 3 Satz 2 LBeamtVGBW zuständigen Behörde. [3]Für Versorgungsberechtigte des Landes ist die für die Zahlung der Versorgungsbezüge bestimmte Behörde zuständig.

§ 81 Übergang des Schadenersatzanspruchs

(1) [1]Werden Beamtinnen und Beamte oder Versorgungsberechtigte oder eine oder einer ihrer Angehörigen körperlich verletzt oder getötet, so geht ein gesetzlicher Schadenersatzanspruch, der diesen Personen infolge der Körperverletzung oder der Tötung gegen einen Dritten zusteht, insoweit auf den Dienstherrn über, als dieser während einer auf der Körperverletzung beruhenden Aufhebung der Dienstfähigkeit oder infolge der Körperverletzung oder der Tötung zur Gewährung von Leistungen verpflichtet ist. [2]Satz 1 gilt sinngemäß auch für gesetzliche Schadenersatzansprüche wegen der Beschädigung, Zerstörung oder Wegnahme von Heilmitteln, Hilfsmitteln oder Körperersatzstücken sowie für Erstattungsansprüche. [3]Ist eine Versorgungskasse zur Gewährung der Versorgung oder einer anderen Leistung verpflichtet, so geht der Anspruch auf sie über. [4]Der Übergang des Anspruchs kann nicht zum Nachteil der Verletzten oder Hinterbliebenen geltend gemacht werden.

(2) Absatz 1 gilt für die Anspruchinhaberinnen und Anspruchinhaber auf Altersgeld nach dem Landesbeamtenversorgungsgesetz Baden-Württemberg und deren Hinterbliebene entsprechend.

§ 82 Dienstjubiläum

(1) [1]Beamtinnen und Beamten ist anlässlich des 25-, 40- und 50-jährigen Dienstjubiläums eine Jubiläumsgabe zu zahlen. [2]Die Jubiläumsgabe beträgt bei einer Dienstzeit

1.   von 25 Jahren   300 Euro,
2.   von 40 Jahren   400 Euro,
3.   von 50 Jahren   500 Euro.

(2) [1]Als Dienstzeit im Sinne des Absatzes 1 gelten die Zeiten

1.   einer hauptberuflichen Tätigkeit im Dienst eines öffentlich-rechtlichen Dienstherrn im Sinne von § 33 Abs. 1 LBesGBW,
2.   eines nicht berufsmäßigen Wehrdienstes, eines dem nicht berufsmäßigen Wehrdienst gleichstehenden Grenzschutz- oder Zivildienstes sowie einer Tätigkeit als Entwicklungshelfer, soweit diese vom Wehr- oder Zivildienst befreit,
3.   einer Kinderbetreuung bis zu drei Jahren für jedes Kind, soweit sie nach Aufnahme einer hauptberuflichen Tätigkeit im Dienst eines öffentlich-rechtlichen Dienstherrn im Sinne von § 33 Abs. 1 LBesGBW verbracht worden sind.

[2]Zeiten nach § 34 LBesGBW gelten nicht als Dienstzeit im Sinne von Satz 1.

(3) Für die am 17. Oktober 1996 vorhandenen Beamtinnen und Beamten bleibt die nach der Jubiläumsgabenverordnung vom 16. Januar 1995 (GBl. S. 57) oder entsprechenden früheren Regelungen zuletzt festgesetzte Jubiläumsdienstzeit weiterhin unverändert maßgebend; nach dem 31. Dezember 2000 werden nur noch Zeiten im Sinne von Absatz 2 oder entsprechenden früheren Regelungen berücksichtigt.

(4) Treten Beamtinnen und Beamte wegen Erreichens der Altersgrenze oder wegen Dienstunfähigkeit in den Ruhestand, gilt die für ein Jubiläum erforderliche Dienstzeit auch dann als erfüllt, wenn sie um höchstens 182 Tage unterschritten wird.

(5) Das Nähere regelt die Landesregierung durch Rechtsverordnung.

5. Abschnitt
Personalaktendaten

§ 83 Verarbeitung

(1) [1]Der Dienstherr darf Personalaktendaten verarbeiten, soweit dies zur Begründung, Durchführung, Beendigung oder Abwicklung des Dienstverhältnisses oder zur Durchführung innerdienstlich planerischer, organisatorischer, personeller, sozialer oder haushalts- und kostenrechnerischer Maßnahmen, insbesondere auch zu Zwecken der Personalplanung oder des Personaleinsatzes erforderlich ist oder eine Rechtsvorschrift oder Dienstvereinbarung dies erlaubt. [2]Die Vorschriften des Landesdatenschutzgesetzes (LDSG) zur Verarbeitung besonderer Kategorien personenbezogener Daten sowie zur Sicherstellung des Datenschutzes (§ 3 LDSG) finden entsprechende Anwendung.

(2) [1]Personalaktendaten über Beihilfe dürfen für andere als für Beihilfezwecke nur verarbeitet werden, wenn die Voraussetzungen nach § 85 Absatz 2 oder 3 vorliegen. [2]Satz 1 gilt entsprechend für die Verarbeitung von Personalaktendaten über Heilfürsorge und Heilverfahren.

(3) [1]Über medizinische oder psychologische Untersuchungen und Tests dürfen im Rahmen der Personalverwaltung nur die Ergebnisse verarbeitet werden, soweit sie die Eignung betreffen und ihre Speicherung, Veränderung oder Verwendung dem Schutz der Beamtin oder des Beamten dient. [2]Sonstige Untersuchungsdaten dürfen nur verarbeitet werden, soweit deren Kenntnis zur Entscheidung für die konkrete Maßnahme, zu deren Zweck die Untersuchung durchgeführt worden ist, erforderlich ist.

(4) Absatz 1 gilt für die nach §§ 77 und 96 Landesbeamtenversorgungsgesetz Baden-Württemberg zuständigen Stellen entsprechend.

§ 84 Vollständig automatisierte Entscheidungen

Eine beamtenrechtliche Entscheidung darf nur dann auf einer ausschließlich automatisierten Verarbeitung von personenbezogenen Daten beruhen, wenn weder ein Ermessen noch ein Beurteilungsspielraum besteht.

§ 85 Übermittlung

(1) Soweit es zur Erfüllung der Aufgaben der personalverwaltenden Stellen oder der Stellen, an die die Daten übermittelt werden, erforderlich ist, ist die Übermittlung von Personalaktendaten zulässig an:

1. die oberste Dienstbehörde für Zwecke der Personalverwaltung oder der Personalwirtschaft,
2. eine im Rahmen der Dienstaufsicht weisungsbefugte Behörde zum Zwecke der Personalverwaltung oder der Personalwirtschaft,
3. Behörden oder Stellen desselben Geschäftsbereichs zur Vorbereitung oder Durchführung einer Personalentscheidung,
4. Behörden oder Stellen eines anderen Geschäftsbereichs desselben Dienstherrn zur Mitwirkung an einer Personalentscheidung,
5. einen anderen Dienstherrn zur Vorbereitung personeller Maßnahmen, die nicht der Zustimmung der Beamtin oder des Beamten bedürfen,
6. die personalverwaltende Stelle eines anderen Dienstherrn, auf die Aufgaben der Personalverwaltung übertragen worden sind,
7. Ärztinnen oder Ärzte zur Erstellung eines ärztlichen Gutachtens sowie Psychologinnen oder Psychologen zur Erstellung eines psychologischen Gutachtens im Auftrag der personalverwaltenden Stelle,
8. die zuständigen Behörden zur Entscheidung über die Verleihung von staatlichen Orden und Ehrenzeichen oder von sonstigen Ehrungen,
9. die zur Erteilung einer Versorgungsauskunft und zur Festsetzung der Versorgungsbezüge nach § 77 LBeamtVGBW und zur Erteilung einer Auskunft über die Höhe des Altersgeldes nach § 96 LBeamtVGBW zuständigen Stellen, soweit diese sich schriftlich verpflichten, die übermittelten Daten nicht an Dritte zu übermitteln und die Daten nur für den Zweck, zu dem sie übermittelt worden sind zu speichern, zu verändern oder zu verwenden,
10. sonstige Dritte zur Abwehr einer erheblichen Beeinträchtigung des Gemeinwohls oder zum Schutz rechtlicher, höherrangiger Interessen des Dritten, wobei die übermittelnde Stelle die betroffene Beamtin oder den Beamten über die Übermittlung, insbesondere über die übermittelten Daten, den Dritten und den Zweck der Übermittlung zu informieren hat,
10a. die zuständigen Behörden zur Erfüllung von Mitteilungspflichten im Rahmen der europäischen Verwaltungszusammenarbeit nach den §§ 8a bis 8e des Landesverwaltungsverfahrensgesetzes,
11. die bezügezahlende Stelle zur Erfüllung ihrer Aufgaben.

(2) ¹Personalaktendaten über Beihilfe dürfen für andere als Beihilfezwecke nur übermittelt werden, wenn

1. die beihilfeberechtigte Beamtin oder der beihilfeberechtigte Beamte und die bei der Beihilfegewährung berücksichtigten Angehörigen im Einzelfall einwilligen,
2. die Einleitung oder Durchführung eines im Zusammenhang mit einem Beihilfeantrag stehenden behördlichen oder gerichtlichen Verfahrens dies erfordert,
3. dies zur Abwehr erheblicher Nachteile für das Gemeinwohl, einer sonst unmittelbar drohenden Gefahr für die öffentliche Sicherheit oder einer schwerwiegenden Beeinträchtigung der Rechte einer anderen Person erforderlich ist.

²Satz 1 gilt entsprechend für die Übermittlung von Personalaktendaten über Heilfürsorge und Heilverfahren.

(3) ¹Personalaktendaten über Beihilfe dürfen auch ohne Einwilligung der betroffenen Personen an eine andere Behörde oder Stelle übermittelt werden, wenn sie für die Festsetzung und Berechnung der Besoldung oder Versorgung oder für die Prüfung der Kindergeldberechtigung erforderlich sind. ²Dies gilt auch für Personalaktendaten über Besoldung und Versorgung, soweit sie für die Festsetzung und Berechnung der Beihilfe oder der Heilfürsorge erforderlich sind.

(4) Die Bezügestellen des öffentlichen Dienstes im Sinne von § 41 Abs. 5 LBesGBW dürfen die zur Durchführung der Zahlung von Familienzuschlag erforderlichen Personalaktendaten untereinander austauschen.

(5) Das Nähere regeln die Rechtsverordnungen nach § 78 Abs. 2 und § 79 Abs. 6.

§ 85a Verarbeitung von Personalaktendaten im Auftrag

(1) Die Verarbeitung von Personalaktendaten im Auftrag des Verantwortlichen gemäß Artikel 28 der Verordnung (EU) 2016/679 des Europäischen Parlaments und des Rates vom 27. April 2016 zum Schutz natürlicher Personen bei der Verarbeitung personenbezogener Daten, zum freien Datenverkehr und zur Aufhebung der Richtlinie 95/46/EG (Datenschutz-Grundverordnung) (ABl. L 119 vom 4. Mai 2016, S. 1, ber. ABl. L 314 vom 22. November 2016, S. 72) ist zulässig,

1. soweit sie erforderlich ist
   a) für die überwiegend automatisierte Erledigung von Aufgaben oder
   b) zur Verrichtung technischer Hilfstätigkeiten durch überwiegend automatisierte Einrichtungen, und
2. wenn der Verantwortliche die Einhaltung der beamten- und datenschutzrechtlichen Vorschriften durch den Auftragsverarbeiter regelmäßig kontrolliert.

(2) [1]Die Auftragserteilung einschließlich der Unterauftragserteilung bedarf der vorherigen Zustimmung der obersten Dienstbehörde. [2]Zu diesem Zweck hat der Verantwortliche der obersten Dienstbehörde rechtzeitig vor der Auftragserteilung mitzuteilen:

1. den Auftragsverarbeiter, die von diesem getroffenen technischen und organisatorischen Maßnahmen und die ergänzenden Festlegungen nach Artikel 28 der Verordnung (EU) 2016/679,
2. die Aufgabe, zu deren Erfüllung der Auftragsverarbeiter die Daten verarbeiten soll,
3. die Art der Daten, die für den Verantwortlichen verarbeitet werden sollen, und den Kreis der Beschäftigten, auf den sich diese Daten beziehen, sowie
4. die beabsichtigte Erteilung von Unteraufträgen durch den Auftragsverarbeiter.

(3) Eine nichtöffentliche Stelle darf nur beauftragt werden, wenn

1. beim Verantwortlichen sonst Störungen im Geschäftsablauf auftreten können oder der Auftragsverarbeiter die übertragenen Aufgaben erheblich wirtschaftlicher erledigen kann und
2. die beim Auftragsverarbeiter mit der Datenverarbeitung beauftragten Beschäftigten besonders auf den Schutz der Personalaktendaten verpflichtet sind.

§ 86 Löschung

(1) [1]Personalaktendaten sind zu löschen, wenn sie für die speichernde Stelle zur Erfüllung ihrer Aufgaben nicht mehr erforderlich sind, spätestens jedoch nach Ablauf einer Aufbewahrungsfrist von fünf Jahren. [2]Die Frist beginnt,

1. wenn Beamtinnen oder Beamte ohne Versorgungsansprüche oder ohne Anspruch auf Altersgeld aus dem öffentlichen Dienst ausscheiden, mit Ablauf des Jahres, in dem sie die gesetzliche Altersgrenze erreichen, in den Fällen des § 24 BeamtStG und des § 31 des Landesdisziplinargesetzes jedoch erst, wenn mögliche Versorgungsempfängerinnen und Versorgungsempfänger oder mögliche Anspruchsberechtigte auf Altersgeld nicht mehr vorhanden sind,
2. wenn die Beamtin oder der Beamte ohne versorgungsberechtigte Hinterbliebene oder die ehemalige Beamtin oder der ehemalige Beamte ohne Hinterbliebenengeldberechtigte verstorben ist, mit Ablauf des Todesjahres,
3. wenn nach dem Tod der Beamtin oder des Beamten versorgungsberechtigte Hinterbliebene vorhanden sind, mit dem Ablauf des Jahres, in dem die letzte Versorgungsverpflichtung entfallen ist,
4. wenn nach dem Tod der ehemaligen Beamtin oder des ehemaligen Beamten Hinterbliebenengeldberechtigte vorhanden sind, mit Ablauf des Jahres, in dem die letzte Hinterbliebenengeldverpflichtung entfallen ist.

[3]Die für die Versorgung zuständige Behörde hat in den Fällen des[1]) Nummern 2 bis 4 der personalaktenführenden Stelle den Zeitpunkt des Abschlusses der Personalakten mitzuteilen.

(2) [1]Personalaktendaten über Beschwerden, Behauptungen und Bewertungen, auf welche die Tilgungsvorschriften des Disziplinarrechts keine Anwendung finden, sind,

1. falls sie sich als unbegründet oder falsch erwiesen haben, mit Zustimmung der Beamtin oder des Beamten unverzüglich zu löschen,

---

1) Richtig wohl: „der".

2. falls sie für die Beamtin oder den Beamten ungünstig sind oder der Beamtin oder dem Beamten nachteilig werden können, nach zwei Jahren zu löschen; dies gilt nicht für dienstliche Beurteilungen.

[2]Die Frist nach Satz 1 Nr. 2 wird durch erneute Sachverhalte im Sinne dieser Vorschrift oder durch die Einleitung eines Straf- oder Disziplinarverfahrens unterbrochen. [3]Stellt sich der erneute Sachverhalt als unbegründet oder falsch heraus, gilt die Frist als nicht unterbrochen. [4]Sachverhalte nach Satz 1 Nr. 2 dürfen nach Fristablauf bei Personalmaßnahmen nicht mehr berücksichtigt werden.

(3) [1]Personalaktendaten der Beamtin oder des Beamten über Vorgänge und Eintragungen über strafgerichtliche Verurteilungen und über andere Entscheidungen in Straf-, Bußgeld-, sonstigen Ermittlungs- und berufsgerichtlichen Verfahren, die keinen Anlass zu disziplinarrechtlichen Ermittlungen gegeben haben, sind mit Zustimmung der Beamtin oder des Beamten nach zwei Jahren zu löschen. [2]Die Frist beginnt mit dem Tage der das Verfahren abschließenden Entscheidung; ist diese anfechtbar, beginnt die Frist mit dem Tage, an dem die Entscheidung unanfechtbar geworden ist. [3]Absatz 2 Satz 2 bis 4 gilt entsprechend.

(4) Nach § 88 Abs. 1 Satz 4 mehrfach gespeicherte Personalaktendaten sind innerhalb eines Jahres nach Wegfall des Grundes für die mehrfache Speicherung zu löschen.

(5) [1]Personalaktendaten über Beihilfen, Heilfürsorgen, Heilverfahren, Unterstützungen, Urlaub, Erkrankungen, Umzugs- und Reisekosten sind drei Jahre nach Ablauf des Jahres zu löschen, in dem die Bearbeitung des einzelnen Vorgangs abgeschlossen wurde. [2]Daten, die dem Nachweis eines Anspruchs nach Satz 1 dienen, sind unverzüglich zu löschen, sobald sie zur Aufgabenwahrnehmung nicht mehr benötigt werden.

(6) [1]Personalaktendaten über Versorgung, Alters- und Hinterbliebenengeld sind zehn Jahre nach Ablauf des Jahres zu löschen, in dem die letzte Versorgungs-, Alters- oder Hinterbliebenengeldzahlung geleistet worden ist. [2]Besteht die Möglichkeit des Wiederauflebens des Anspruchs, beträgt die Speicherdauer 30 Jahre.

(7) Personalaktendaten dürfen nach ihrer Löschung bei Personalmaßnahmen nicht mehr berücksichtigt werden (Verwertungsverbot).

§ 87 Auskunft, Anhörung

(1) Beamtinnen und Beamte können während und nach Beendigung des Beamtenverhältnisses Auskunft über alle über sie gespeicherten Personalaktendaten auch in Form der Einsichtnahme verlangen.

(2) [1]Bevollmächtigten der Beamtin oder des Beamten ist Auskunft zu erteilen, soweit dienstliche Gründe nicht entgegenstehen. [2]Dies gilt auch für Hinterbliebene und deren Bevollmächtigte, wenn ein berechtigtes Interesse glaubhaft gemacht wird. [3]Absatz 1 gilt entsprechend.

(3) [1]Wird die Auskunft in Form der Einsichtnahme verlangt, bestimmt die personalverwaltende Stelle, wo die Einsicht gewährt wird. [2]Auf Verlangen werden Abschriften, Kopien oder Ausdrucke, auch auszugsweise, gefertigt und überlassen.

(4) [1]Die Einsichtnahme ist unzulässig, wenn die Daten der betroffenen Beamtin oder des betroffenen Beamten mit Daten Dritter oder geheimhaltungsbedürftigen nicht personenbezogenen Daten derart verbunden sind, dass ihre Trennung nicht oder nur mit unverhältnismäßig großem Aufwand möglich ist. [2]In diesem Fall ist der Beamtin oder dem Beamten Auskunft zu erteilen.

(5) [1]Ist beabsichtigt, Beschwerden, Behauptungen und Bewertungen, die für die Beamtinnen und Beamten ungünstig sind oder ihnen nachteilig werden können, als Personalaktendaten zu speichern, sind sie hierüber zu informieren und es ist ihnen Gelegenheit zur Stellungnahme, insbesondere auch hinsichtlich einer notwendigen Berichtigung oder Vervollständigung, zu geben. [2]Soweit eine Speicherung erfolgt, ist hierzu die Äußerung der Beamtin oder des Beamten ebenfalls zu den Personalaktendaten zu speichern.

§ 88 Gliederung von Personalaktendaten, Zugriff auf Personalaktendaten

(1) [1]Personalaktendaten können nach sachlichen Gesichtspunkten in einen Grunddatenbestand und Teildatenbestände gegliedert werden. [2]Teildatenbestände können bei der für den betreffenden Aufgabenbereich zuständigen Behörde geführt werden. [3]Personalaktendaten über Beihilfe, Heilfürsorge und Heilverfahren sowie Disziplinarverfahren sind stets als Teildatenbestände zu führen; Personalaktendaten über Beihilfe, Heilfürsorge und Heilverfahren sollen von einer von der übrigen Personalverwaltung getrennten Organisationseinheit bearbeitet werden. [4]Sind Beschäftigungsstellen nicht zugleich

personalverwaltende Stellen oder sind mehrere personalverwaltende Stellen zuständig, dürfen sie Nebendatenbestände über Personalaktendaten des Grunddatenbestands oder der Teildatenbestände führen sowie lesend auf die Hauptdatenbestände zugreifen, soweit deren Kenntnis zur Aufgabenerledigung der betreffenden Stelle erforderlich ist. [5]In den Grunddatenbestand ist ein vollständiges Verzeichnis aller Teil- und Nebendatenbestände aufzunehmen. [6]Werden die Personalaktendaten nicht vollständig in Schriftform oder vollständig automatisiert geführt, legt die personalverwaltende Stelle jeweils schriftlich fest, welche Teile in welcher Form geführt werden und nimmt dies in das Verzeichnis nach Satz 5 auf.

(2) Die oberste Dienstbehörde bestimmt, bei welcher Stelle welche Datenbestände zu führen sind.

(3) Zugriff auf Personalaktendaten dürfen nur Beschäftigte haben, die mit der Bearbeitung von Personalangelegenheiten beauftragt sind und nur soweit dies zu Zwecken der Personalverwaltung oder Personalwirtschaft erforderlich ist.

(4) [1]Der Zugriff auf Personalaktendaten, an deren vertraulichen Behandlung die Beamtin oder der Beamte, auch nach Beendigung des Beamtenverhältnisses, ein besonderes Interesse hat, insbesondere Daten über ärztliche Untersuchungen oder aus strafrechtlichen Verfahren, darf nur insoweit erfolgen, als diese Daten für eine konkrete beamtenrechtliche Entscheidung erforderlich sind. [2]Der Name der Person, die diese Daten speichert, verändert oder nutzt, der Zeitpunkt des Zugriffs und der Grund der Speicherung, Veränderung oder Nutzung sind gesondert zu dokumentieren.

Siebter Teil
Beteiligung der Gewerkschaften und Berufsverbände sowie der kommunalen Landesverbände

§ 89 Beteiligung der Gewerkschaften und Berufsverbände
(1) Die obersten Landesbehörden und die Spitzenorganisationen der zuständigen Gewerkschaften und Berufsverbände im Land wirken bei der Vorbereitung allgemeiner Regelungen der beamtenrechtlichen Verhältnisse nach Maßgabe der folgenden Absätze vertrauensvoll zusammen.

(2) [1]Bei der Vorbereitung von Regelungen der beamtenrechtlichen Verhältnisse durch Gesetz oder Rechtsverordnung ist den Spitzenorganisationen der beteiligten Gewerkschaften und Berufsverbände im Land innerhalb einer angemessenen Frist Gelegenheit zur Stellungnahme zu geben. [2]Sie sind erneut mit einer angemessenen Frist zu beteiligen, wenn Entwürfe nach der Beteiligung wesentlich verändert oder auf weitere Gegenstände erstreckt worden sind. [3]Schriftliche Stellungnahmen sind auf Verlangen der Spitzenorganisationen der beteiligten Gewerkschaften und Berufsverbände im Land zu erörtern. [4]Auf deren Verlangen sind nicht berücksichtigte Vorschläge bei Gesetzentwürfen dem Landtag und bei Verordnungsentwürfen dem Ministerrat bekannt zu geben.

(3) Absatz 2 gilt bei der Vorbereitung von Verwaltungsvorschriften der Landesregierung entsprechend, wenn die Verwaltungsvorschrift Fragen von grundsätzlicher Bedeutung regelt.

(4) [1]Das Innenministerium und das Finanzministerium kommen mit den Spitzenorganisationen der Gewerkschaften und Berufsverbände im Land regelmäßig zu Gesprächen über allgemeine Regelungen beamtenrechtlicher Verhältnisse und grundsätzliche Fragen des Beamtenrechts zusammen (Grundsatzgespräche). [2]Gegenstand der Grundsatzgespräche können auch einschlägige aktuelle Tagesfragen oder vorläufige Hinweise auf Gegenstände späterer konkreter Beteiligungsgespräche sein.

§ 90 Beteiligung der kommunalen Landesverbände
Die kommunalen Landesverbände sind in den Fällen des § 89 Abs. 1 bis 3 entsprechend zu beteiligen, wenn Fragen geregelt werden, welche die Gemeinden und Gemeindeverbände berühren.

Achter Teil
Besondere Beamtengruppen

§ 91 Ehrenbeamtinnen und Ehrenbeamte
(1) Für Ehrenbeamtinnen und Ehrenbeamte gelten die Vorschriften dieses Gesetzes und des Beamtenstatusgesetzes mit den sich aus der Natur des Ehrenbeamtenverhältnisses ergebenden Maßgaben:
1. Keine Anwendung finden insbesondere § 9 Abs. 3, § 11 Abs. 1, §§ 14 bis 24, §§ 36 bis 40, §§ 42 bis 46, § 54, § 62, §§ 64 und 65, § 68 sowie § 78.

2. Keine Anwendung finden insbesondere § 15, § 22 Abs. 1 Nr. 2 und Abs. 3, § 23 Abs. 1 Nr. 3 und 5, §§ 25 bis 32 sowie § 41 BeamtStG.

3. Die Berufung in ein Ehrenbeamtenverhältnis auf Zeit ist zulässig.

(2) Auf Ehrenbeamtinnen und Ehrenbeamte finden die Vorschriften über Besoldung und Versorgung keine Anwendung, soweit in diesen Vorschriften nichts anderes bestimmt ist.

(3) Im Übrigen regeln sich die Rechtsverhältnisse der Ehrenbeamtinnen und Ehrenbeamten nach den besonderen für die einzelnen Gruppen geltenden Vorschriften.

(4) Beamtinnen und Beamte haben die Berufung in ein Ehrenbeamtenverhältnis ihrem Dienstherrn anzuzeigen.

(5) Ehrenamtliche Bürgermeisterinnen und Bürgermeister, ehrenamtliche Amtsverweserinnen und Amtsverweser sowie ehrenamtliche Ortsvorsteherinnen und Ortsvorsteher können ihre Entlassung nach § 23 Abs. 1 Satz 1 Nr. 4 BeamtStG nur verlangen, wenn ein wichtiger Grund im Sinne von § 16 Abs. 1 Satz 2 GemO vorliegt.

§ 92 Kommunale Wahlbeamtinnen und Wahlbeamte

Für Bürgermeisterinnen und Bürgermeister, Landrätinnen und Landräte sowie Amtsverweserinnen und Amtsverweser gelten die Vorschriften des Beamtenstatusgesetzes und dieses Gesetzes mit folgenden Maßgaben:

1. Die Aufgaben der für die Ernennung zuständigen Stelle und der obersten Dienstbehörde nimmt die Rechtsaufsichtsbehörde wahr, soweit gesetzlich nichts anderes bestimmt ist. In den Fällen des § 44 Abs. 1, §§ 60 bis 66 und § 80 dieses Gesetzes, § 37 Abs. 3, §§ 39 und 42 BeamtStG sowie § 62 Abs. 3 LBeamtVGBW nimmt die Rechtsaufsichtsbehörde die Zuständigkeiten des Dienstvorgesetzten oder letzten Dienstvorgesetzten wahr.

2. Das Beamtenverhältnis der Bürgermeisterin oder des Bürgermeisters wird durch die rechtsgültige Wahl begründet und beginnt mit dem Amtsantritt.

3. Die Ernennungsurkunde für die Landrätin oder den Landrat wird von der stellvertretenden Vorsitzenden oder dem stellvertretenden Vorsitzenden des Kreistages ausgestellt und der Landrätin oder dem Landrat ausgehändigt; dies gilt für Amtsverweserinnen und Amtsverweser nach § 39 Abs. 6 LKrO entsprechend.

4. Die Ernennungsurkunde für die Amtsverweserin oder den Amtsverweser nach § 48 Abs. 2 und 3 GemO wird von der Stellvertreterin oder dem Stellvertreter der Bürgermeisterin oder des Bürgermeisters ausgestellt und der Amtsverweserin oder dem Amtsverweser bei Amtsantritt ausgehändigt.

Neunter Teil
Schlussbestimmung

§ 93 Übergangsvorschrift

Für einen Vollstreckungstitel nach § 80a, der vor dem Tag des Inkrafttretens des Gesetzes vom 28. November 2018 (GBl. S. 437) erlangt wurde und bei dem der Eintritt der Rechtskraft oder der Unwiderruflichkeit nicht länger als zwei Jahre vor dem Inkrafttreten des Gesetzes vom 28. November 2018 (GBl. S. 437) liegt, kann der Antrag innerhalb einer Ausschlussfrist von sechs Monaten ab dem Tag des Inkrafttretens des Gesetzes vom 28. November 2018 (GBl. S. 437) gestellt werden.

Anhang
(zu § 8 Abs. 1)

Ämter mit leitender Funktion sind die Ämter

A.　im Bereich der staatlichen allgemeinen und besonderen Verwaltungsbehörden für Landesbeamtinnen und Landesbeamte

1.　der Leiterin oder des Leiters und der stellvertretenden Leiterin oder des stellvertretenden Leiters der Abteilungen sowie der Leiterinnen und der Leiter der Zentralstellen und Referate der obersten Landesbehörden,

2.　der Regierungsvizepräsidentinnen und der Regierungsvizepräsidenten und der Leiterinnen und Leiter der Abteilungen der Regierungspräsidien,

3.　der Leiterinnen und der Leiter, der stellvertretenden Leiterinnen und stellvertretenden Leiter und der Leiterinnen und Leiter der Abteilungen der Landesoberbehörden und der höheren Sonderbehörden sowie in der Oberfinanzdirektion auch der Referatsleiterinnen und Referatsleiter, wenn diese mindestens in die Besoldungsgruppe A 15 eingestuft sind,

4.　der Leiterin oder des Leiters, der stellvertretenden Leiterin oder des stellvertretenden Leiters, der Leiterinnen und Leiter und der stellvertretenden Leiterinnen und der stellvertretenden Leiter der Abteilungen, der Leiterinnen und der Leiter der Referate sowie der Leiterinnen und der Leiter der Regionalstellen des Zentrums für Schulqualität und Lehrerbildung,

5.　der Leiterinnen und Leiter der unteren Sonderbehörden,

6.　der Ersten Landesbeamtinnen und Ersten Landesbeamten der Landratsämter;

B.　im Innenministerium zusätzlich
der Inspekteurin oder des Inspekteurs der Polizei;

C.　im Bereich der den Ministerien sonstigen nachgeordneten Behörden und Stellen sowie der der Aufsicht der Ministerien unterstehenden Körperschaften, Anstalten und Stiftungen des öffentlichen Rechts, ausgenommen der Kommunalbereich nach Buchstabe D

1.　der Leiterinnen und Leiter der Abteilungen und Referate der Vertretung des Landes Baden-Württemberg beim Bund,

2.　der Direktorin oder des Direktors als Leiterin oder Leiter und der Abteilungsleiterinnen und Abteilungsleiter der Landeszentrale für politische Bildung,

3.　der Präsidentin oder des Präsidenten des Landeskriminalamtes,

4.　der Polizeipräsidentin oder des Polizeipräsidenten des Polizeipräsidiums Einsatz,

5.　der Präsidentin oder des Präsidenten des Präsidiums Technik, Logistik, Service der Polizei,

6.　der Polizeipräsidentin oder des Polizeipräsidenten eines regionalen Polizeipräsidiums,

6a.　der Leiterinnen und Leiter der Abschiebungshafteinrichtungen,

7.　der Leiterin oder des Leiters des Hauses der Heimat,

8.　der Präsidentin oder des Präsidenten der IT Baden-Württemberg sowie deren oder dessen Stellvertreterin oder Stellvertreter,

9.　der Leiterin oder des Leiters, der stellvertretenden Leiterin oder des stellvertretenden Leiters, der Leiterinnen und der Leiter und der stellvertretenden Leiterinnen und der stellvertretenden Leiter der Abteilungen sowie der Leiterinnen und der Leiter der Referate des Instituts für Bildungsanalysen Baden-Württemberg,

10.　der Leiterinnen und der Leiter der Seminare für Ausbildung und Fortbildung der Lehrkräfte,

11.　der Direktorin oder des Direktors des Landesmedienzentrums Baden-Württemberg,

12.　der Schulleiterinnen und Schulleiter an öffentlichen Schulen,

13.　der Leiterinnen und der Leiter der Dezernate der Universitäten und Universitätsklinika, wenn diese innerhalb der Landesbesoldungsordnung A mindestens in die Besoldungsgruppe A 15 eingestuft sind,

14.　der Leiterinnen und der Leiter der Universitätsrechenzentren, wenn sie nicht Universitätsprofessorinnen oder Universitätsprofessoren sind,

15.　der Leiterinnen und der Leiter der Universitäts- und Landesbibliotheken,

16.　der Leiterin oder des Leiters des Landesarchivs,

17.　der Verwaltungsdirektorinnen und der Verwaltungsdirektoren an Staatstheatern,

18.　der Leiterinnen und der Leiter sowie der stellvertretenden Leiterinnen und stellvertretenden Leiter der Generalstaatsanwaltschaften,

19.　der Leiterinnen und der Leiter der Staatsanwaltschaften,

20.　der Leiterinnen und der Leiter der Justizvollzugseinrichtungen,

21.　der Vollzugsleiterin oder des Vollzugsleiters und der ärztlichen Direktorin oder des ärztlichen Direktors des Justizvollzugskrankenhauses Hohenasperg,

22.　der Leiterin oder des Leiters der Sozialtherapeutischen Anstalt Baden-Württemberg,

23. der Leiterin oder des Leiters der Justizvollzugsschule Baden-Württemberg,
24. der Leiterin oder des Leiters der Staatlichen Münzen,
25. der Hauptgeschäftsführerinnen und der Hauptgeschäftsführer und Geschäftsführerinnen und Geschäftsführer der Handwerkskammern,
26. der stellvertretenden Verbandsdirektorinnen und der stellvertretenden Verbandsdirektoren der Regionalverbände und des Verbandes Region Rhein-Neckar,
27. der Leiterinnen oder der Leiter der Chemischen und Veterinäruntersuchungsämter,
28. der Leiterin oder des Leiters des Staatlichen Tierärztlichen Untersuchungsamtes Aulendorf – Diagnostikzentrum,
29. der Leiterin oder des Leiters und der Leiterinnen und der Leiter der Abteilungen der Forstlichen Versuchs- und Forschungsanstalt Baden-Württemberg,

[ab 1.1.2020:]

29a. *die oder der Vorstandsvorsitzende und das weitere Mitglied des Vorstands der Anstalt des öffentlichen Rechts Forst Baden-Württemberg,*
30. der Leiterin oder des Leiters des Haupt- und Landgestüts Marbach,
31. der Leiterin oder des Leiters der Landesanstalt für Entwicklung der Landwirtschaft und der ländlichen Räume mit Landesstelle für landwirtschaftliche Marktkunde Schwäbisch Gmünd,
32. der Leiterin oder des Leiters der Landesanstalt für Schweinezucht mit Sitz in Boxberg,
33. der Leiterin oder des Leiters des Landwirtschaftlichen Technologiezentrums Augustenberg (LTZ Augustenberg),
34. der Leiterin oder des Leiters der Staatlichen Lehr- und Versuchsanstalt für Gartenbau Heidelberg,
35. der Leiterin oder des Leiters der Staatlichen Lehr- und Versuchsanstalt für Wein- und Obstbau Weinsberg,
36. der Leiterin oder des Leiters des Landwirtschaftlichen Zentrums für Rinderhaltung, Grünlandwirtschaft Milchwirtschaft, Wild und Fischerei Baden-Württemberg (LAZBW),
37. der Leiterin oder des Leiters des Staatlichen Weinbauinstituts Versuchs- und Forschungsanstalt für Weinbau und Weinbehandlung Freiburg,
38. der Chefärztinnen und der Chefärzte der Versorgungskuranstalt Bad Mergentheim und der Versorgungskuranstalt Bad Wildbad,
39. der Leiterinnen und der Leiter der Abteilungen, Sonderreferate und vergleichbarer Organisationseinheiten der Deutschen Rentenversicherung Baden-Württemberg, wenn diese der Landesbesoldungsordnung B angehören oder innerhalb der Landesbesoldungsordnung A mindestens in die Besoldungsgruppe A 15 eingestuft sind,
40. der Leiterinnen und der Leiter der Abteilungen des Medizinischen Dienstes der Krankenversicherung Baden-Württemberg, wenn diese der Landesbesoldungsordnung B angehören oder innerhalb der Landesbesoldungsordnung A mindestens in die Besoldungsgruppe A 15 eingestuft sind,
41. der Leiterinnen und der Leiter der Abteilungen der Landesanstalt für Umwelt Baden-Württemberg,
42. der Direktorin oder des Direktors, der stellvertretenden Leiterin oder des stellvertretenden Leiters, der Leiterinnen oder Leiter der Abteilungen der Betriebsleitung und der Leiterinnen oder der Leiter der Ämter des Landesbetriebs Vermögen und Bau Baden-Württemberg sowie der Geschäftsführerin oder des Geschäftsführers der Staatlichen Schlösser und Gärten,
43. der Direktorin oder des Direktors der Staatlichen Anlagen und Gärten;

D. im Bereich der Gemeinden, Landkreise, Gemeindeverwaltungsverbände, kommunalen Zweckverbände, des Kommunalverbands für Jugend und Soziales Baden-Württemberg, der ITEOS, der Gemeindeprüfungsanstalt Baden-Württemberg, des Kommunalen Versorgungsverbandes Baden-Württemberg und des Verbandes Region Stuttgart für deren Beamtinnen und Beamte

der Leiterinnen und der Leiter von Behörden oder Teilen von Behörden, die vom zuständigen Organ allgemein durch Satzung oder Beschluss für die Übertragung auf Probe bestimmt sind; sie sind im Stellenplan entsprechend auszuweisen.

Gesetz zur Verwirklichung der Chancengleichheit von Frauen und Männern im öffentlichen Dienst in Baden-Württemberg (Chancengleichheitsgesetz – ChancenG)[1]

Vom 23. Februar 2016 (GBl. S. 108)
geändert durch G zur Änd. des ADV-ZusammenarbeitsG und anderer Vorschriften vom 6. März 2018
(GBl. S. 65, 341)

Inhaltsübersicht

Abschnitt 1:
Allgemeine Bestimmungen
§ 1   Gesetzesziele
§ 2   Besondere Verantwortung
§ 3   Geltungsbereich
§ 4   Begriffsbestimmungen

Abschnitt 2:
Maßnahmen zur Gleichstellung von Frauen und Männern
§ 5   Erstellung des Chancengleichheitsplans
§ 6   Inhalt des Chancengleichheitsplans
§ 7   Bekanntmachung, Veröffentlichung
§ 8   Erfüllung des Chancengleichheitsplans
§ 9   Ausschreibung von Stellen
§ 10   Bewerbungs- und Personalauswahlgespräche
§ 11   Einstellung, beruflicher Aufstieg und Vergabe von Ausbildungsplätzen
§ 12   Fort- und Weiterbildung
§ 13   Gremien
§ 14   Beseitigen der Unterrepräsentanz

Abschnitt 3:
Beauftragte für Chancengleichheit, Stellvertreterin
§ 15   Bestellung
§ 16   Verfahren zur Bestellung
§ 17   Erlöschen der Bestellung, Widerruf, Neubestellung
§ 18   Rechtsstellung

§ 19   Grundsätze für die Zusammenarbeit
§ 20   Sonstige Aufgaben und Rechte
§ 21   Beanstandungsrecht
§ 22   Aufgaben der Stellvertreterin
§ 23   Arbeitskreis der Beauftragten für Chancengleichheit der Ministerien und des Rechnungshofs

Abschnitt 4:
Regelungen für Gemeinden, Stadt- und Landkreise sowie sonstige Körperschaften und Anstalten
§ 24   Kommunale Gleichstellungspolitik
§ 25   Beauftragte
§ 26   Aufgaben und Rechte
§ 27   Chancengleichheitspläne

Abschnitt 5:
Vereinbarkeit von Familie, Pflege und Beruf für Frauen und Männer
§ 28   Verpflichtete
§ 29   Familien- und pflegegerechte Arbeitszeit
§ 30   Teilzeitbeschäftigung, Telearbeit und Beurlaubung zur Wahrnehmung von Familien- oder Pflegeaufgaben
§ 31   Wechsel zur Vollzeitbeschäftigung, beruflicher Wiedereinstieg

Abschnitt 6:
Übergangs- und Schlussvorschriften
§ 32   Übergangsvorschrift
§ 33   Evaluation

Abschnitt 1
Allgemeine Bestimmungen

§ 1 Gesetzesziele

(1) Mit diesem Gesetz wird in Erfüllung des Verfassungsauftrags nach Artikel 3 Absatz 2 des Grundgesetzes (GG) die tatsächliche Durchsetzung der Gleichberechtigung von Frauen und Männern in dem in § 3 genannten Geltungsbereich gefördert.

(2) [1]Die tatsächliche Durchsetzung der Gleichberechtigung von Frauen und Männern erfolgt mit dem Ziel ihrer Gleichstellung und der Beseitigung bestehender sowie der Verhinderung künftiger Diskriminierungen wegen des Geschlechts und des Familienstandes. [2]Dadurch sollen auch bestehende Nachteile für Frauen abgebaut oder ausgeglichen werden, unter Wahrung des Vorrangs von Eignung, Befähigung und fachlicher Leistung nach Artikel 33 Absatz 2 GG. [3]Zu diesem Zweck werden Frauen nach Maßgabe dieses Gesetzes gezielt gefördert, insbesondere um Zugangs- und Aufstiegschancen

---

1)   Verkündet als Art. 1 G v. 23. 2. 2016 (GBl. S. 108); Inkrafttreten gem. Art. 3 Satz 1 dieses G am 27. 2. 2016.

für Frauen zu verbessern sowie eine deutliche Erhöhung des Anteils der Frauen in Bereichen, in denen sie unterrepräsentiert sind, zu erreichen.

(3) Ziel des Gesetzes ist darüber hinaus die paritätische Vertretung von Frauen und Männern in Gremien, soweit das Land Mitglieder für diese bestimmen kann.

(4) Ziel des Gesetzes ist es zudem, die Vereinbarkeit von Familie, Pflege und Beruf für Frauen und Männer zu verbessern.

§ 2 Besondere Verantwortung

[1]Alle Beschäftigten, insbesondere diejenigen mit Vorgesetzten- und Leitungsaufgaben, sowie die Dienststellenleitungen und die Personalvertretungen, fördern die tatsächliche Verwirklichung der Gleichberechtigung von Frauen und Männern und berücksichtigen Chancengleichheit als durchgängiges Leitprinzip in allen Aufgabenbereichen der Dienststelle. [2]Dies gilt insbesondere bei Personalwirtschafts- und Personalentwicklungsmaßnahmen.

§ 3 Geltungsbereich

(1) Dieses Gesetz gilt für
1. die Behörden des Landes,
2. die Körperschaften, Anstalten und Stiftungen des öffentlichen Rechts, die der alleinigen Aufsicht des Landes unterstehen, mit Ausnahme der außeruniversitären wissenschaftlichen Einrichtungen, der kommunalen Stiftungen, der sozialkaritativen Stiftungen, der Landesbank Baden-Württemberg, der Landeskreditbank, der Sparkassen sowie ihrer Verbände und Verbundunternehmen, des Badischen Gemeinde-Versicherungs-Verbands, der Selbstverwaltungskörperschaften der Wirtschaft und der freien Berufe, der Sozialversicherungsträger sowie der Landesverbände der Betriebskrankenkassen und Innungskrankenkassen, des Medizinischen Dienstes der Krankenversicherung, der Kassenärztlichen Vereinigung Baden-Württemberg und der Kassenzahnärztlichen Vereinigung Baden-Württemberg,
3. die Hochschulen sowie das Karlsruher Institut für Technologie, soweit nicht das Landeshochschulgesetz (LHG) und das KIT-Gesetz (KITG) eigene Regelungen enthalten,
4. die Gerichte des Landes und
5. den Südwestrundfunk dem Sinne nach.

(2) Auf die Gemeinden, die Stadt- und Landkreise, die Zweckverbände, die Gemeindeverwaltungsverbände, den Kommunalverband für Jugend und Soziales, die Gemeindeprüfungsanstalt Baden-Württemberg, die ITEOS, den Kommunalen Versorgungsverband Baden-Württemberg, die Nachbarschaftsverbände, die Regionalverbände und den Verband Region Stuttgart finden ausschließlich Absatz 3 und die Vorschriften der Abschnitte 4 und 6 Anwendung.

(3) [1]Soweit das Land oder eine kommunale Gebietskörperschaft ein Unternehmen in Rechtsformen des Privatrechts gründet oder umwandelt, soll die Anwendung dieses Gesetzes im Gesellschaftsvertrag oder in der Satzung vereinbart werden. [2]Die kommunale Gebietskörperschaft soll ihre Gesellschafterrechte in Unternehmen des Privatrechts, auf die sie durch mehrheitliche Beteiligung oder in sonstiger Weise direkt oder indirekt bestimmenden Einfluss nehmen kann, so ausüben, dass die Vorschriften dieses Gesetzes entsprechende Anwendung finden. [3]Verfügt das Land oder die kommunale Gebietskörperschaft nicht über eine Mehrheitsbeteiligung an einem Unternehmen in der Rechtsform einer juristischen Person des Privatrechts oder einer Personengesellschaft, hält aber mindestens einen Geschäftsanteil von 25 Prozent, soll das Land oder die kommunale Gebietskörperschaft darauf hinwirken, dass die Vorschriften dieses Gesetzes entsprechende Anwendung finden.

§ 4 Begriffsbestimmungen

(1) [1]Beschäftigte im Sinne dieses Gesetzes sind Arbeitnehmerinnen und Arbeitnehmer, Beamtinnen und Beamte, Auszubildende sowie Richterinnen und Richter. [2]Beschäftigte im Sinne dieses Gesetzes sind ferner Personen des Südwestrundfunks, die arbeitnehmerähnliche Personen nach § 12a des Tarifvertragsgesetzes sind.

(2) Familienaufgaben im Sinne dieses Gesetzes bestehen, wenn eine beschäftigte Person mindestens ein Kind unter 18 Jahren tatsächlich betreut.

(3) Pflegeaufgaben im Sinne dieses Gesetzes bestehen, wenn eine beschäftigte Person eine nach § 14 Absatz 1 des Elften Buches Sozialgesetzbuch (SGB XI) pflegebedürftige nahe angehörige Person nach

§ 7 Absatz 3 des Pflegezeitgesetzes (PflegeZG) tatsächlich und nicht erwerbsmäßig häuslich pflegt oder betreut.

(4) Dienststellen im Sinne dieses Gesetzes sind die einzelnen Behörden, Verwaltungsstellen der in § 3 genannten Körperschaften, Anstalten und Stiftungen sowie die Gerichte, die Hochschulen und die Schulen.

(5) Beförderung im Sinne dieses Gesetzes ist auch die Verleihung eines anderen Amtes mit höherem Grundgehalt ohne Änderung der Amtsbezeichnung, die Übertragung eines anderen Amtes mit gleichem Grundgehalt und anderer Amtsbezeichnung unter gleichzeitigem Wechsel der Laufbahngruppe, die Verleihung eines Richteramtes mit höherem Grundgehalt und die Übertragung einer höher zu bewertenden Tätigkeit sowie die Gewährung einer Amtszulage.

(6) Eine Unterrepräsentanz von Frauen im Sinne dieses Gesetzes liegt dort vor, wo innerhalb eines Geltungsbereichs eines Chancengleichheitsplans in einer Entgelt- oder Besoldungsgruppe einer Laufbahn oder in den Funktionen mit Vorgesetzten- und Leitungsaufgaben einschließlich der Stellen und Planstellen Vorsitzender Richterinnen und Vorsitzender Richter weniger Frauen als Männer beschäftigt sind.

(7) ¹Frühzeitige Beteiligung im Sinne dieses Gesetzes bedeutet, dass die Beauftragte für Chancengleichheit an der Entscheidungsfindung gestaltend mitwirken und Einfluss nehmen kann. ²Die Beteiligung der Beauftragten für Chancengleichheit soll vor der Beteiligung der Personalvertretung erfolgen.

Abschnitt 2
Maßnahmen zur Gleichstellung von Frauen und Männern

§ 5 Erstellung des Chancengleichheitsplans

(1) ¹Jede personalverwaltende Dienststelle, deren Personalverwaltungsbefugnis 50 und mehr Beschäftigte umfasst, erstellt mindestens einen Chancengleichheitsplan. ²In den anderen Dienststellen kann ein Chancengleichheitsplan erstellt werden. ³Für die Ministerien ist jeweils ein gesonderter Chancengleichheitsplan zu erstellen. ⁴Soweit Gleichstellungspläne für alle Beschäftigten gemäß § 4 Absatz 5 LHG aufgestellt werden, entfällt die Pflicht zur Erstellung eines Chancengleichheitsplans nach diesem Gesetz.

(2) ¹Ist die personalverwaltende Dienststelle, deren Personalverwaltungsbefugnis Beschäftigte einer nachgeordneten Dienststelle umfasst, an der Personalplanung und der Personalauswahl der nachgeordneten Dienststelle nicht unmittelbar beteiligt, kann sie von der Erstellung eines Chancengleichheitsplans für diese Beschäftigten der nachgeordneten Dienststelle absehen. ²Diese Beschäftigten sind in den Chancengleichheitsplan der nachgeordneten Dienststelle aufzunehmen und bei der Berechnung nach Absatz 1 Satz 1 zu berücksichtigen.

(3) In besonders gelagerten Einzelfällen kann mit Genehmigung des jeweiligen Fachministeriums und des für Frauenfragen zuständigen Ministeriums von der Erstellung eines Chancengleichheitsplans abgesehen werden.

(4) ¹Der Chancengleichheitsplan ist für die Dauer von sechs Jahren zu erstellen und soll bei erheblichen strukturellen Änderungen angepasst werden. ²Bei der Erstellung des Chancengleichheitsplans und seiner Anpassung ist die Beauftragte für Chancengleichheit mit dem Ziel einer einvernehmlichen Regelung frühzeitig zu beteiligen. ³Gegen die Entscheidungen der Dienststellenleitung steht der Beauftragten für Chancengleichheit das Recht der Beanstandung nach § 21 zu.

(5) ¹Die Chancengleichheitspläne und ihre Anpassung sind der Dienstaufsichtsbehörde, die ihre Beauftragte für Chancengleichheit informiert, vorzulegen. ²Chancengleichheitspläne der übrigen, der alleinigen Aufsicht des Landes unterstehenden Körperschaften, Anstalten und Stiftungen des öffentlichen Rechts sind der Dienststelle, die die Rechtsaufsicht ausübt und ihre Beauftragte für Chancengleichheit informiert, vorzulegen.

(6) Zusammen mit dem Chancengleichheitsplan ist alle sechs Jahre eine Übersicht über die Beschäftigtenstruktur der einzelnen Dienststellen zu erstellen und in der jeweiligen Dienststelle in geeigneter Weise bekannt zu machen.

§ 6 Inhalt des Chancengleichheitsplans

(1) [1]Der Chancengleichheitsplan hat eine Bestandsaufnahme und beschreibende Auswertung der Beschäftigtenstruktur seines jeweiligen Geltungsbereichs zu enthalten. [2]Im Chancengleichheitsplan ist darzustellen, in welchen Bereichen die Frauen unterrepräsentiert sind. [3]Hierfür sind alle sechs Jahre folgende Daten jeweils getrennt nach Geschlecht zu erheben und auszuwerten:

1. die Zahl der Beschäftigten, gegliedert nach Voll- und Teilzeittätigkeit, Besoldungs-, Entgeltgruppen, Laufbahnen und Berufsgruppen,
2. die Zahl der Beurlaubten,
3. die Zahl der Beschäftigten in Positionen mit Vorgesetzten- und Leitungsaufgaben,
4. die Zahl der Auszubildenden, gegliedert nach Laufbahnen und Ausbildungsberufen, sowie
5. die Gremienbesetzung nach § 13.

[4]Stichtag ist der 30. Juni des Berichtsjahres.

(2) [1]Der Chancengleichheitsplan hat die Zielvorgabe zu enthalten, mindestens die Hälfte der durch Einstellung zu besetzenden Stellen in Bereichen, in denen Frauen unterrepräsentiert sind, zur Besetzung durch Frauen vorzusehen. [2]Sind in Bereichen der Unterrepräsentanz von Frauen voraussichtlich nicht genügend Frauen mit der notwendigen Qualifikation zu gewinnen, können entsprechend weniger Stellen zur Besetzung mit Frauen vorgesehen werden. [3]Dies ist im Chancengleichheitsplan darzulegen. [4]Bei Beförderung und bei Übertragung höherwertiger Tätigkeiten ist der Anteil der Frauen in Bereichen, in denen sie in geringerer Zahl beschäftigt sind als Männer, deutlich zu erhöhen. [5]Der Vorrang von Eignung, Befähigung und fachlicher Leistung nach Artikel 33 Absatz 2 GG ist zu beachten.

(3) [1]Im Chancengleichheitsplan ist festzulegen, mit welchen personellen, organisatorischen, fortbildenden und qualifizierenden Maßnahmen die Frauenanteile auf allen Ebenen sowie allen Positionen mit Vorgesetzten- und Leitungsaufgaben in unterrepräsentierten Bereichen erhöht werden, bis eine Beseitigung der Unterrepräsentanz erreicht ist. [2]Zur Erreichung dessen kann sich die Zielvorgabe an dem Geschlechteranteil der vorangegangenen Entgelt- oder Besoldungsgruppe einer Laufbahn orientieren.

§ 7 Bekanntmachung, Veröffentlichung

(1) Der Chancengleichheitsplan ist innerhalb eines Monats nach Ausfertigung durch die Dienststellenleitung in den vom Geltungsbereich des Chancengleichheitsplans erfassten Dienststellen an geeigneter Stelle zur Einsicht auszulegen, auszuhängen oder in sonstiger geeigneter Weise bekannt zu machen.

(2) [1]Die Chancengleichheitspläne und die Zwischenberichte nach § 8 Absatz 1 sind jeweils im Internet zu veröffentlichen. [2]Die Chancengleichheitspläne und Zwischenberichte der Ministerien sind darüber hinaus auf der Webseite der Landesregierung im Internet zu veröffentlichen. [3]Daten, die auf einer Datenbasis von weniger als sechs Personen beruhen, sind nicht zu veröffentlichen.

§ 8 Erfüllung des Chancengleichheitsplans

(1) [1]Nach drei Jahren (Zwischenbericht) und im nächsten Chancengleichheitsplan stellt jede Dienststelle, die den Chancengleichheitsplan erstellt, den Stand der Erfüllung der im Chancengleichheitsplan festgelegten Zielvorgaben fest. [2]Die jeweils zuständige Beauftragte für Chancengleichheit ist frühzeitig zu beteiligen. [3]Werden die Zielvorgaben nicht erreicht, ist darzulegen, weshalb von den Zielvorgaben des Chancengleichheitsplans abgewichen wird und welche Gegenmaßnahmen ergriffen werden. [4]Hierfür sind folgende Daten jeweils getrennt nach Geschlecht zu erheben und auszuwerten:

1. die Zahl der Beschäftigten, gegliedert nach Voll- und Teilzeittätigkeit, Besoldungs-, Entgeltgruppen, Laufbahnen und Berufsgruppen,
2. die Zahl der Stellenausschreibungen, Bewerbungen, Einstellungen, Beförderungen und Höhergruppierungen,
3. die Anzahl der Teilnehmerinnen und Teilnehmer an Fortbildungen in Bereichen, in denen Frauen unterrepräsentiert sind, und
4. die Gremienbesetzung nach § 13.

[5]Stichtag ist der 30. Juni des Berichtsjahres.

(2) [1]Der Zwischenbericht ist der Dienstaufsichtsbehörde, die ihre Beauftragte für Chancengleichheit informiert, vorzulegen. [2]Bei den der alleinigen Aufsicht des Landes unterstehenden Körperschaften,

Anstalten und Stiftungen des öffentlichen Rechts berichtet die Dienststelle der Rechtsaufsichtsbehörde, die ihre Beauftragte für Chancengleichheit informiert.

(3) [1]Auf die Erfüllung des Chancengleichheitsplans achtet die nach Absatz 2 aufsichtführende Behörde, die ihre Beauftragte für Chancengleichheit beteiligt. [2]Soweit Verstöße festgestellt werden und sie nicht im Rahmen der im Gesetz gegebenen Möglichkeiten behoben werden können, sind die Gründe hierfür bei der Aufstellung des nächsten Chancengleichheitsplans darzulegen.

(4) Bei erheblichen Abweichungen von den Zielvorgaben des Chancengleichheitsplans kann sich die Dienstaufsichtsbehörde unter frühzeitiger Beteiligung ihrer Beauftragten für Chancengleichheit in begründeten Fällen die Zustimmung bei jeder weiteren Einstellung oder Beförderung vorbehalten.

§ 9 Ausschreibung von Stellen

(1) [1]In Bereichen, in denen Frauen unterrepräsentiert sind, sind alle Stellen grundsätzlich in der Dienststelle sowie öffentlich auszuschreiben. [2]Ausschreibungen müssen geschlechtsneutral erfolgen, es sei denn, ein bestimmtes Geschlecht ist unverzichtbare Voraussetzung für die Tätigkeit. [3]Die Ausschreibung ist so abzufassen, dass Frauen ausdrücklich zur Bewerbung aufgefordert werden.

(2) [1]Soweit zwingende dienstliche Belange nicht entgegenstehen, ist in der Ausschreibung darauf hinzuweisen, dass Vollzeitstellen grundsätzlich teilbar sind. [2]Dies gilt auch für Stellen mit Vorgesetzten- und Leitungsaufgaben.

(3) [1]Die Beauftragte für Chancengleichheit soll bei allen Ausschreibungen frühzeitig beteiligt werden. [2]Bei Ausnahmen von den Grundsätzen nach Absatz 1 Satz 1 und Absatz 2 ist die Beauftragte für Chancengleichheit frühzeitig zu beteiligen.

(4) § 11 Absätze 2 und 3 des Landesbeamtengesetzes gilt entsprechend.

§ 10 Bewerbungs- und Personalauswahlgespräche

(1) Soweit möglich sind in Bereichen, in denen Frauen unterrepräsentiert sind, mindestens ebenso viele Frauen wie Männer oder alle Bewerberinnen zum Bewerbungsgespräch zu laden, soweit sie das in der Ausschreibung vorgegebene Anforderungs- und Qualifikationsprofil aufweisen.

(2) Insbesondere Fragen nach dem Familienstand, nach einer bestehenden oder geplanten Schwangerschaft oder geplanten Elternzeit sowie danach, wie bestehende oder geplante Familien- oder Pflegeaufgaben neben dem Beruf gewährleistet werden können, sind unzulässig.

(3) Bei der Stellenbesetzung kann die Beauftragte für Chancengleichheit an den Bewerbungs- und Personalauswahlgesprächen teilnehmen.

§ 11 Einstellung, beruflicher Aufstieg und Vergabe von Ausbildungsplätzen

(1) In Bereichen, in denen Frauen unterrepräsentiert sind, hat die Dienststelle unter Wahrung des Vorrangs von Eignung, Befähigung und fachlicher Leistung nach Artikel 33 Absatz 2 GG sowie nach Maßgabe der Zielvorgaben des Chancengleichheitsplans und entsprechender Personalplanung Frauen bei der Besetzung von Stellen, insbesondere mit Vorgesetzten- und Leitungsaufgaben, sowie von Stellen für die Berufsausbildung und bei der Beförderung vorrangig zu berücksichtigen, soweit nicht in der Person des Mitbewerbers liegende Gründe überwiegen.

(2) Bei der Beurteilung der Eignung sind die in den Familien- und Pflegeaufgaben und in ehrenamtlicher Tätigkeit erworbenen überfachlichen Kompetenzen einzubeziehen, soweit sie für die vorgesehene Tätigkeit von Bedeutung sind und in das Bewerbungsverfahren eingebracht werden.

(3) [1]Bei gleicher Eignung, Befähigung und fachlicher Leistung können Frauenförderung und Behinderteneigenschaft als zusätzliche Hilfskriterien berücksichtigt werden. [2]Bei Vorliegen gleicher Eignung, Befähigung und fachlicher Leistung von Frauen und Männern dürfen geringere aktive Dienst- oder Beschäftigungszeiten, Inanspruchnahme von Elternzeit, Familienpflegezeit, Pflegezeit, Telearbeit und flexiblen Arbeitszeitmodellen sowie Reduzierungen der Arbeitszeit, Beurlaubungen oder Verzögerungen beim Abschluss einzelner Ausbildungsgänge auf Grund der Betreuung von Kindern oder pflegebedürftigen Personen nicht berücksichtigt werden. [3]Ferner sind Familienstand oder Einkommen der Partnerin oder des Partners nicht zu berücksichtigen.

(4) [1]Die Dienststelle hat die Beauftragte für Chancengleichheit an der Entscheidung über jede Einstellung und Beförderung frühzeitig zu beteiligen. [2]Ihr sind die entscheidungsrelevanten Daten mitzuteilen und die erforderlichen Bewerbungsunterlagen frühzeitig zur Einsicht vorzulegen. [3]Hiervon erfasst sind auch die Bewerbungsunterlagen männlicher Mitbewerber, die die vorgesehenen Voraussetzungen für die Besetzung der Personalstelle oder des zu vergebenden Amtes erfüllen. [4]Andere Per-

sonalaktendaten darf die Beauftragte für Chancengleichheit nur mit Zustimmung der Betroffenen einsehen.

§ 12 Fort- und Weiterbildung

(1) [1]Die berufliche Fort- und Weiterbildung weiblicher Beschäftigter wird gefördert. [2]Insbesondere sollen dazu Fort- und Weiterbildungsmaßnahmen angeboten werden, die eine Weiterqualifikation ermöglichen oder auf die Übernahme von Tätigkeiten in Bereichen der Unterrepräsentanz von Frauen vorbereiten. [3]Bei der Planung und Gestaltung der Fort- und Weiterbildungsmaßnahmen ist der Beauftragten für Chancengleichheit Gelegenheit zur Beteiligung zu geben.

(2) Bei innerbehördlichen Dienstbesprechungen und bei geeigneten Veranstaltungen der beruflichen Fort- und Weiterbildung, insbesondere auch bei Fort- und Weiterbildungsmaßnahmen für Führungskräfte, sind Themen zur Chancengleichheit von Frauen und Männern vorzusehen.

(3) [1]Bei allen beruflichen Fort- und Weiterbildungsmaßnahmen sollen Frauen entsprechend ihrem Anteil an der Zielgruppe der Fort- und Weiterbildungsmaßnahme berücksichtigt werden. [2]Frauen sollen verstärkt als Leiterinnen und Referentinnen für Fort- und Weiterbildungsveranstaltungen eingesetzt werden. [3]Die Beauftragte für Chancengleichheit ist bei der Auswahl der Teilnehmerinnen und Teilnehmer an Fort- und Weiterbildungsmaßnahmen, die eine Weiterqualifikation ermöglichen oder auf die Übernahme von Tätigkeiten in Bereichen der Unterrepräsentanz von Frauen vorbereiten, zu beteiligen.

(4) [1]Bei der Ausgestaltung und Durchführung von beruflichen Fort- und Weiterbildungsveranstaltungen soll auch darauf geachtet werden, dass den Beschäftigten mit zu betreuenden Kindern oder pflegebedürftigen nahen angehörigen Personen eine Teilnahme möglich ist. [2]Möglichkeiten der Betreuung sollen im Bedarfsfall angeboten werden.

§ 13 Gremien

(1) [1]In Gremien, für die dem Land ein Berufungs-, Entsende- oder Vorschlagsrecht zusteht, müssen ab 1. Januar 2017 mindestens 40 Prozent der durch das Land zu bestimmenden Mitglieder Frauen sein, soweit nicht eine Ausnahme aus besonderen Gründen nach Absatz 5 vorliegt. [2]Der Mindestanteil ist bei erforderlich werdenden Berufungen, Entsendungen oder Vorschlägen zur Besetzung einzelner oder mehrerer Sitze zu beachten und im Wege einer sukzessiven Steigerung zu erreichen. [3]Bestehende Mandate können bis zu ihrem vorgesehenen Ende wahrgenommen werden. [4]Stehen dem Land insgesamt höchstens zwei Gremiensitze zu, sind die Sätze 1 bis 3 nicht anzuwenden.

(2) Wird ein Gremium gebildet oder wiederbesetzt von einer Stelle, die nicht zur unmittelbaren Landesverwaltung gehört, ist auf eine Besetzung des Gremiums mit mindestens 40 Prozent Frauen hinzuwirken.

(3) [1]Es ist das Ziel, ab dem 1. Januar 2019 die in Absatz 1 genannten Anteile auf 50 Prozent zu erhöhen. [2]Steht dem Land insgesamt eine ungerade Anzahl an Gremiensitzen zu, darf das Ungleichgewicht zwischen Frauen und Männern nur einen Sitz betragen.

(4) Gremien im Sinne von Absatz 1 sind solche, die auf gesetzlicher Grundlage beruhen, insbesondere Beiräte, Kommissionen, Verwaltungs- und Aufsichtsräte sowie sonstige Kollegialorgane und vergleichbare Mitwirkungsgremien, unabhängig von ihrer Bezeichnung.

(5) [1]Ausnahmen sind nur aus besonderen Gründen zulässig, die aktenkundig zu machen sind. [2]Besondere Gründe sind insbesondere dann gegeben, wenn die Ausübung des Mandats in einem Gremium an einen bestimmten Dienstposten geknüpft ist, der einen fachlichen Bezug zum auszuübenden Mandat hat.

(6) Bei der Gremienbesetzung ist die Beauftragte für Chancengleichheit in den einzelnen Dienststellen frühzeitig zu beteiligen.

(7) Absatz 1 gilt nicht, soweit die Mitgliedschaft in Gremien durch eine auf einer Rechtsnorm oder Satzung beruhenden Wahl begründet wird.

§ 14 Beseitigen der Unterrepräsentanz

(1) Soweit das Gesetzesziel der weitgehenden Beseitigung der Unterrepräsentanz in allen Entgelt- oder Besoldungsgruppen einer Laufbahn und in den Funktionen mit Vorgesetzten- und Leitungsaufgaben einschließlich der Stellen und Planstellen Vorsitzender Richterinnen und Vorsitzender Richter erreicht ist, ist die jeweilige Dienststelle von folgenden Vorschriften entbunden:

1.   Erstellung eines Chancengleichheitsplans nach § 5,
2.   Erstellung eines Zwischenberichts nach § 8 und
3.   Aufforderung zur Bewerbung von Frauen nach § 9 Absatz 1 Satz 3.

(2) [1]Die Dienststelle hat unter frühzeitiger Beteiligung ihrer Beauftragten für Chancengleichheit im Abstand von zwei Jahren zu prüfen, ob das Gesetzesziel nach Absatz 1 weiterhin gewahrt ist und sie von den Vorschriften des Absatzes 1 entbunden bleibt. [2]Die Beauftragte für Chancengleichheit kann die Entscheidung der Dienststelle nach § 21 beanstanden.

Abschnitt 3
Beauftragte für Chancengleichheit, Stellvertreterin

§ 15   Bestellung

(1) [1]In jeder Dienststelle mit 50 und mehr Beschäftigten und in jeder personalverwaltenden Dienststelle, deren Personalverwaltungsbefugnis 50 und mehr Beschäftigte umfasst, ist eine Beauftragte für Chancengleichheit und ihre Stellvertreterin nach vorheriger Wahl zu bestellen. [2]Bei den Hochschulen gelten die Angehörigen des wissenschaftlichen und künstlerischen Personals nach § 44 LHG nicht als Beschäftigte im Sinne dieser Bestimmung. [3]Die regelmäßige Amtszeit beträgt fünf Jahre. [4]In allen anderen Dienststellen ist eine Ansprechpartnerin für die weiblichen Beschäftigten und die zuständige Beauftragte für Chancengleichheit zu bestellen. [5]Eine Ansprechpartnerin kann auch für einen Teil der Dienststelle bestellt werden, der räumlich von dem Hauptsitz der Dienststelle entfernt seinen Sitz hat.

(2) Zuständig für eine Dienststelle nach Absatz 1 Satz 4 ist die Beauftragte für Chancengleichheit der nächsthöheren Dienststelle.

(3) In jedem Staatlichen Schulamt ist für den Bereich der Lehrkräfte an Grund-, Werkreal-, Haupt-, Real-, Gemeinschaftsschulen und Sonderpädagogischen Bildungs- und Beratungszentren aus deren Kreis nach vorheriger Ausschreibung eine Beauftragte für Chancengleichheit zu bestellen.

(4) [1]In jedem Regierungspräsidium ist zusätzlich zur Beauftragten für Chancengleichheit eine fachliche Beraterin aus dem Bereich Schule zu bestellen. [2]Absatz 1 Satz 3 gilt entsprechend. [3]Die fachliche Beraterin nimmt in Abstimmung mit der Beauftragten für Chancengleichheit deren Aufgaben und Rechte wahr, soweit Maßnahmen der Dienststelle ausschließlich die Schulen betreffen.

§ 16   Verfahren zur Bestellung

(1) Wahlberechtigt sind alle weiblichen Beschäftigten der Dienststelle, es sei denn, dass sie am Wahltag seit mehr als zwölf Monaten ohne Dienstbezüge oder Arbeitsentgelt beurlaubt sind.

(2) [1]Wählbar für das Amt der Beauftragten für Chancengleichheit und der Stellvertreterin sind die weiblichen Beschäftigten der Dienststelle. [2]Wer zu einer anderen Dienststelle abgeordnet ist, ist für das Amt der Beauftragten für Chancengleichheit und der Stellvertreterin nicht wählbar. [3]Satz 2 gilt nicht bei Abordnungen zur Teilnahme an Lehrgängen.

(3) [1]Die Beauftragte für Chancengleichheit und ihre Stellvertreterin werden in einem Wahlverfahren in getrennten Wahlgängen nach den Grundsätzen der Mehrheitswahl gewählt. [2]Die Wahl hat den Grundsätzen der allgemeinen, unmittelbaren, freien, gleichen und geheimen Wahl zu entsprechen. [3]Das Verfahren für die Durchführung der Wahl wird durch Rechtsverordnung der Landesregierung geregelt.

(4) [1]Findet sich nur eine zur Ausübung des Amtes bereite Beschäftigte, kann die Dienststelle von der weiteren Durchführung des Wahlverfahrens absehen und diese zur Beauftragten für Chancengleichheit bestellen. [2]Findet sich aus dem Kreis der weiblichen Beschäftigten keine zur Ausübung des Amtes bereite Person, kann die Dienststelle auch einen zur Ausübung bereiten männlichen Beschäftigten zum Beauftragten für Chancengleichheit bestellen. [3]Anderenfalls hat die Dienststelle das Wahlverfahren nach sechs Monaten zu wiederholen. [4]Gleiches gilt für die Stellvertretung.

(5) [1]Die Wahl der Beauftragten für Chancengleichheit und ihrer Stellvertreterin kann beim Verwaltungsgericht angefochten werden, wenn gegen wesentliche Vorschriften über das Wahlrecht, die Wählbarkeit oder das Wahlverfahren verstoßen worden und eine Berichtigung nicht erfolgt ist, es sei denn, dass durch den Verstoß das Wahlergebnis nicht geändert oder beeinflusst werden konnte. [2]Zur Anfechtung berechtigt sind mindestens drei Wahlberechtigte, alle Bewerberinnen oder die Dienststellenleitung. [3]Die Anfechtung ist nur binnen einer Frist von zwei Wochen, von dem Tag der Bekanntgabe des Wahlergebnisses an gerechnet, zulässig.

§ 17 Erlöschen der Bestellung, Widerruf, Neubestellung

(1) Die Bestellung zur Beauftragten für Chancengleichheit erlischt mit Ablauf der Amtszeit, der Niederlegung des Amtes, ihrem Ausscheiden aus der Dienststelle oder ihrer nicht nur vorübergehenden Verhinderung von mehr als sechs Monaten.

(2) Die Dienststellenleitung darf die Bestellung zur Beauftragten für Chancengleichheit nur auf deren Verlangen oder wegen grober Verletzung ihrer gesetzlichen Verpflichtungen widerrufen.

(3) [1]Ist die Bestellung erloschen oder widerrufen worden, ist die Stellvertreterin mit ihrem Einverständnis bis zum Ende der laufenden Amtszeit zur Beauftragten für Chancengleichheit zu bestellen. [2]Anderenfalls hat die Dienststellenleitung aus der Liste der für das Amt der Beauftragten für Chancengleichheit nicht gewählten Beschäftigten die Person mit der nächsthöheren Stimmenzahl bis zum Ende der laufenden Amtszeit zur Beauftragten für Chancengleichheit zu bestellen. [3]Ist eine solche nicht vorhanden, hat die Dienststelle aus dem Kreis der weiblichen Beschäftigten die Beauftragte für Chancengleichheit bis zum Ende der laufenden Amtszeit zu bestellen. [4]§ 16 Absatz 4 Satz 2 findet entsprechende Anwendung. [5]Die Bestellung ist nur mit Einverständnis der zu bestellenden Beschäftigten vorzunehmen.

(4) [1]Die Absätze 1 und 2 gelten für die Stellvertreterin entsprechend. [2]Ist die Bestellung zur Stellvertreterin erloschen oder widerrufen worden, findet Absatz 3 Sätze 2 bis 5 entsprechende Anwendung. [3]Gleiches gilt bei Nachrücken der Stellvertreterin in das Amt der Beauftragten für Chancengleichheit nach Absatz 3 Satz 1.

§ 18 Rechtsstellung

(1) [1]Die Beauftragte für Chancengleichheit ist der Dienststellenleitung unmittelbar zugeordnet und hat ein unmittelbares Vortragsrecht. [2]Sie ist in der Ausübung ihrer Tätigkeit nicht an Weisungen gebunden.

(2) [1]Die Beauftragte für Chancengleichheit ist mit den zur Erfüllung ihrer Aufgaben notwendigen räumlichen, personellen und sachlichen Mitteln auszustatten. [2]Ihr und ihrer Stellvertreterin ist die Teilnahme an spezifischen Fortbildungsveranstaltungen zu ermöglichen, soweit diese für ihre Tätigkeit erforderlich sind.

(3) [1]Die Dienststellenleitung hat die Beauftragte für Chancengleichheit im erforderlichen Umfang von ihren anderweitigen dienstlichen Verpflichtungen zu entlasten. [2]Unter Berücksichtigung der Struktur der jeweiligen Dienststelle und sofern keine anderweitige Vereinbarung zwischen Dienststelle und Beauftragter für Chancengleichheit getroffen wird, beträgt die Entlastung in der Regel in personalverwaltenden Dienststellen mit mehr als 300 Beschäftigten mindestens 50 Prozent der vollen regelmäßigen Arbeitszeit. [3]Bei einer Beschäftigtenzahl von mehr als 600 Beschäftigten wird die Beauftragte für Chancengleichheit in der Regel im Umfang der Regelarbeitszeit einer Vollzeitkraft entlastet. [4]§ 15 Absatz 1 Satz 2 gilt entsprechend. [5]Soweit die Beauftragte für Chancengleichheit eine Teilzeitbeschäftigung ausübt, wird auf die Möglichkeit der Aufgabendelegation nach § 22 Absatz 2 verwiesen.

(4) [1]Bei Uneinigkeit über den Umfang der Entlastung kann die Dienststelle oder die Beauftragte für Chancengleichheit eine Schlichtungsstelle anrufen. [2]Die Schlichtungsstelle besteht aus einer Vertreterin oder einem Vertreter des für Frauenfragen zuständigen Ministeriums als Vorsitzende oder Vorsitzender, einer Vertreterin oder einem Vertreter des betroffenen Fachministeriums und einer dritten Person mit Befähigung zum Richteramt, die der baden-württembergischen Arbeits- oder Verwaltungsgerichtsbarkeit angehört und von dem für Frauenfragen zuständigen Landtagsausschuss zu benennen ist. [3]Das Nähere wird durch Rechtsverordnung des für Frauenfragen zuständigen Ministeriums geregelt.

(5) [1]Die Beauftragte für Chancengleichheit darf wegen ihrer Tätigkeit weder allgemein noch in ihrer beruflichen Entwicklung benachteiligt werden. [2]Sie darf gegen ihren Willen nur umgesetzt, versetzt oder abgeordnet werden, wenn dies aus dringenden dienstlichen Gründen, auch unter Berücksichtigung ihrer Funktion als Beauftragte für Chancengleichheit, unvermeidbar ist. [3]In diesem Fall ist die Zustimmung der vorgesetzten Dienststelle, die ihre Beauftragte für Chancengleichheit beteiligt, notwendig. [4]§ 15 Absätze 2 und 4 des Kündigungsschutzgesetzes gilt entsprechend.

(6) [1]Die Beauftragte für Chancengleichheit und ihre Stellvertreterin sind verpflichtet, über die persönlichen Verhältnisse von Beschäftigten und andere vertrauliche Angelegenheiten in der Dienststelle auch über die Zeit ihrer Bestellung hinaus Stillschweigen zu bewahren. [2]Die Verschwiegenheitspflicht gilt auch für die Ansprechpartnerinnen und für die fachlichen Beraterinnen.

§ 19 Grundsätze für die Zusammenarbeit

(1) Die Dienststellenleitung legt zu Beginn der Amtszeit der Beauftragten für Chancengleichheit im Einvernehmen mit ihr die näheren Einzelheiten der Zusammenarbeit fest.

(2) [1]Die Beauftragte für Chancengleichheit ist in dem für die sachgerechte Wahrnehmung ihrer Aufgaben und Beteiligungsrechte erforderlichen Umfang frühzeitig und umfassend zu unterrichten. [2]Ihr sind die hierfür erforderlichen Unterlagen frühzeitig vorzulegen und alle erforderlichen Informationen und Auskünfte zu erteilen.

(3) [1]Die Beauftragte für Chancengleichheit kann an der regelmäßig stattfindenden Besprechung der Dienststellenleitung mit den anderen Führungskräften der Dienststelle teilnehmen. [2]Dies gilt nicht, soweit die Dienststelle einen Bezug zu den der Beauftragten für Chancengleichheit nach diesem Gesetz zugewiesenen Aufgaben ausschließt.

§ 20 Sonstige Aufgaben und Rechte

(1) [1]Die Beauftragte für Chancengleichheit achtet auf die Durchführung und Einhaltung dieses Gesetzes und unterstützt die Dienststellenleitung bei dessen Umsetzung. [2]Sie ist an sonstigen allgemeinen personellen sowie sozialen und organisatorischen Maßnahmen ihrer Dienststelle, soweit diese Auswirkungen auf die berufliche Situation weiblicher Beschäftigter haben können, frühzeitig zu beteiligen.

(2) [1]Die Beauftragte für Chancengleichheit hat ein Initiativrecht für Maßnahmen zur gezielten beruflichen Förderung von Frauen. [2]Sie kann sich innerhalb ihrer Dienststelle zu fachlichen Fragen der Gleichberechtigung von Frauen und Männern, der beruflichen Förderung von Frauen und der Vereinbarkeit von Familie, Pflege und Beruf äußern. [3]Sie kann während der Arbeitszeit Sprechstunden durchführen und einmal im Jahr eine Versammlung der weiblichen Beschäftigten der Dienststelle einberufen.

(3) Weibliche Beschäftigte können sich in ihren Angelegenheiten ohne Einhaltung des Dienstwegs an die Beauftragte für Chancengleichheit ihrer Dienststelle wenden.

(4) Den Beauftragten für Chancengleichheit ist Gelegenheit zum Erfahrungsaustausch untereinander zu geben.

(5) Die Rechte der Personalvertretungen und Schwerbehindertenvertretungen bleiben unberührt.

§ 21 Beanstandungsrecht

(1) [1]Hält die Beauftragte für Chancengleichheit eine Maßnahme für unvereinbar mit diesem Gesetz oder mit anderen Vorschriften über die Gleichbehandlung von Frauen und Männern, hat sie das Recht, diese Maßnahme innerhalb von einer Woche nach ihrer Unterrichtung schriftlich zu beanstanden. [2]Bei unaufschiebbaren Maßnahmen kann die Dienststelle die Frist auf zwei Arbeitstage verkürzen. [3]Im Fall der fristgerechten Beanstandung hat die Dienststellenleitung unter Beachtung der Einwände neu zu entscheiden. [4]Die Ablehnung der Beanstandung ist gegenüber der Beauftragten für Chancengleichheit schriftlich zu begründen.

(2) Die beanstandete Maßnahme soll vor Ablauf der Frist und vor der Entscheidung der Dienststellenleitung nach Absatz 1 Satz 3 nicht vollzogen werden.

(3) [1]Wird die Beauftragte für Chancengleichheit nicht oder nicht rechtzeitig nach Maßgabe dieses Gesetzes beteiligt, soll der Vollzug bis zum Ablauf von einer Woche nach Unterrichtung der Beauftragten für Chancengleichheit ausgesetzt werden. [2]Bei unaufschiebbaren Maßnahmen kann die Dienststelle die Frist auf zwei Arbeitstage verkürzen.

(4) Die Beauftragte für Chancengleichheit kann sich unter Einhaltung des Dienstwegs über die jeweils nächsthöhere Behörde an die oberste Dienstbehörde wenden und insbesondere Beanstandungen, denen auch die nächsthöhere Behörde nicht abhilft, binnen einer Woche nach Unterrichtung zur Klärung vorlegen.

(5) Bei Fragen von allgemeiner frauenpolitischer Bedeutung kann sich die Beauftragte für Chancengleichheit an das für Frauenfragen zuständige Ministerium wenden.

§ 22 Aufgaben der Stellvertreterin

(1) Die Stellvertreterin wird grundsätzlich im Vertretungsfall tätig.

(2) [1]Abweichend von Absatz 1 kann die Beauftragte für Chancengleichheit der Stellvertreterin mit deren Einverständnis Aufgaben zur eigenständigen Erledigung übertragen. [2]Eine Änderung oder Aufhebung der Delegationsentscheidung nach Satz 1 kann die Beauftragte für Chancengleichheit jederzeit

ohne Zustimmung der Stellvertreterin vornehmen. [3]§ 18 Absatz 1 Satz 2 gilt entsprechend. [4]Eine Aufgabendelegation ist gegenüber der Dienststelle und der Personalvertretung anzuzeigen.

(3) [1]Die Stellvertreterin hat die von der Beauftragten für Chancengleichheit vorgegebenen Leitlinien der Chancengleichheitsarbeit zu beachten. [2]Die Gesamtverantwortung für die Aufgabenerledigung verbleibt bei der Beauftragten für Chancengleichheit.

(4) [1]Wird die Stellvertreterin nach Absatz 1 tätig, ist sie anstelle der Beauftragten für Chancengleichheit mit Beginn der Vertretungstätigkeit in dem Ausmaß ihrer Tätigkeit als Stellvertreterin von anderweitigen Tätigkeiten nach § 18 Absatz 3 zu entlasten. [2]Im Falle des Absatzes 2 Satz 1 wird die Stellvertreterin anstelle der Beauftragten für Chancengleichheit entsprechend der Aufgabendelegation entlastet.

§ 23 Arbeitskreis der Beauftragten für Chancengleichheit der Ministerien und des Rechnungshofs

(1) [1]Die Beauftragten für Chancengleichheit der Ministerien und des Rechnungshofs bilden den Arbeitskreis Chancengleichheit (AKC). [2]Dieser tritt regelmäßig zusammen. [3]Der AKC gibt sich eine Geschäftsordnung.

(2) An den Sitzungen des AKC können nach Maßgabe der Geschäftsordnung teilnehmen:

1. eine Vertreterin oder ein Vertreter des für Frauenfragen zuständigen Ministeriums,
2. die Beauftragten für Chancengleichheit der Regierungspräsidien und
3. weitere Personen.

(3) Der AKC kann grundsätzliche Angelegenheiten, die für die weiblichen Beschäftigten von allgemeiner Bedeutung sind, beraten sowie Vorschläge unterbreiten und Stellungnahmen hierzu abgeben.

(4) Die Möglichkeit, weitere Arbeitskreise zur Koordinierung der Arbeit der Beauftragten für Chancengleichheit einzurichten, bleibt unberührt.

(5) Näheres regelt die Geschäftsordnung.

Abschnitt 4
Regelungen für Gemeinden, Stadt- und Landkreise sowie sonstige Körperschaften und Anstalten

§ 24 Kommunale Gleichstellungspolitik

[1]Die Verwirklichung des Verfassungsgebots der Gleichberechtigung von Frauen und Männern ist auch eine kommunale Aufgabe. [2]Die Gemeinden sowie Stadt- und Landkreise wirken auf die Chancengleichheit und Gleichstellung von Frauen in allen kommunalen Bereichen, insbesondere in Beruf, öffentlichem Leben, Bildung und Ausbildung, Familie, sowie in den Bereichen der sozialen Sicherheit hin. [3]Sie stellen durch geeignete Maßnahmen sicher, dass Frauen gefördert und gestärkt werden und Chancengleichheit als durchgängiges Leitprinzip in allen kommunalen Aufgabenbereichen berücksichtigt sowie inhaltlich und fachlich begleitet wird.

§ 25 Beauftragte

(1) [1]In jedem Stadt- und Landkreis sowie in Gemeinden mit einer Einwohnerzahl ab 50 000 ist eine hauptamtliche Gleichstellungsbeauftragte zu bestellen, die die Frauenförderung und gesellschaftliche Gleichstellung von Frauen und Männern wahrnimmt. [2]Sie ist in der Ausübung ihrer behördeninternen Aufgaben nicht an Weisungen gebunden.

(2) Gemeinden mit einer Einwohnerzahl unter 50 000 benennen jeweils eine Person oder eine Organisationseinheit, die die Aufgaben der Frauenförderung und der Chancengleichheit in der Gemeinde wahrnimmt.

§ 26 Aufgaben und Rechte

(1) [1]Die Beauftragten nach § 25 Absätze 1 und 2 wirken behördenintern auf die Gleichberechtigung von Frauen und Männern in Familie, Beruf und Verwaltung hin. [2]Neben diesen behördeninternen Aufgaben obliegt es darüber hinaus den Beauftragten nach § 25 Absatz 1 auch, die gesellschaftliche Position der Frauen zu stärken und zu fördern. [3]Die Gemeinden, Stadt- und Landkreise werden von ihrer Beauftragten nach § 25 Absätze 1 und 2 in Fragen der Gleichstellungspolitik beraten. [4]Die Beauftragten arbeiten mit der Verwaltung zusammen. [5]Zudem nehmen die Gleichstellungsbeauftragten der Landkreise neben ihren eigenen Aufgaben die Koordination der mit den Gleichstellungsfragen befassten Personen oder Organisationseinheiten bei den kreisangehörigen Gemeinden wahr.

(2) ¹Die Gemeinden, Stadt- und Landkreise beteiligen ihre Beauftragte nach § 25 Absätze 1 und 2 bei allen Vorhaben, soweit die spezifischen Belange von Frauen betroffen sind, frühzeitig. ²Über die jeweilige Stellungnahme informiert die Bürgermeisterin oder der Bürgermeister den Gemeinderat sowie die Landrätin oder der Landrat den Kreistag.

(3) Den Beauftragten nach § 25 Absätze 1 und 2 stehen zur Wahrnehmung der behördeninternen Frauenförderung insbesondere folgende Rechte zu:

1. In Angelegenheiten der behördeninternen Frauenförderung haben sie ein unmittelbares Vortragsrecht bei der Behördenleitung,

2. bei Stellenbesetzungen können sie an Vorstellungs- und Auswahlgesprächen teilnehmen,

3. bei der Planung und Gestaltung von Fort- und Weiterbildungsmaßnahmen ist ihnen Gelegenheit zur Beteiligung zu geben und

4. sie besitzen ein Initiativrecht für Maßnahmen zur gezielten beruflichen Förderung von Frauen.

§ 27 Chancengleichheitspläne

(1) Die Gemeinden mit mehr als 8 000 Einwohnerinnen und Einwohnern sowie Stadt- und Landkreise sollen Chancengleichheitspläne erstellen.

(2) Der Kommunalverband für Jugend und Soziales Baden-Württemberg soll einen Chancengleichheitsplan erstellen.

(3) Für die Zweckverbände, den Kommunalen Versorgungsverband Baden-Württemberg, die Gemeindeprüfungsanstalt Baden-Württemberg, die ITEOS, die Nachbarschaftsverbände, die Regionalverbände und den Verband Region Stuttgart gilt, soweit sie 50 und mehr Personen beschäftigen, Absatz 1 entsprechend.

(4) Die vorstehend bezeichneten Stellen regeln in eigener Verantwortung die Erstellung der Chancengleichheitspläne und das Verfahren.

Abschnitt 5
Vereinbarkeit von Familie, Pflege und Beruf für Frauen und Männer

§ 28 Verpflichtete

¹Die Dienststelle ist verpflichtet, die Vereinbarkeit von Familie, Pflege und Beruf für Frauen und Männer zu fördern und geeignete Maßnahmen zur Verbesserung der Rahmenbedingungen vorzunehmen. ²Die Personalvertretung hat im Rahmen ihrer allgemeinen Aufgaben nach § 70 des Landespersonalvertretungsgesetzes auf die bessere Vereinbarkeit von Familie, Pflege und Beruf hinzuwirken.

§ 29 Familien- und pflegegerechte Arbeitszeit

¹Die Dienststellen können auf Antrag über die gleitende Arbeitszeit hinaus eine familien- oder pflegegerechte Gestaltung der täglichen und wöchentlichen Arbeitszeit einräumen, wenn dies nachweislich zur Betreuung von mindestens einem Kind unter 18 Jahren oder einer nach § 14 Absatz 1 SGB XI pflegebedürftigen nahen angehörigen Person nach § 7 Absatz 3 PflegeZG erforderlich ist und dienstliche Belange nicht entgegenstehen. ²Ist beabsichtigt, dem Antrag einer oder eines Beschäftigten nicht zu entsprechen, ist die Beauftragte für Chancengleichheit zu beteiligen. ³Die Ablehnung des Antrags ist von der Dienststelle schriftlich zu begründen.

§ 30 Teilzeitbeschäftigung, Telearbeit und Beurlaubung zur Wahrnehmung von Familien- oder Pflegeaufgaben

(1) ¹Die Dienststelle hat unter Einbeziehung der Beauftragten für Chancengleichheit für die Beschäftigten in allen Bereichen, auch bei Stellen mit Vorgesetzten- und Leitungsaufgaben, ein ausreichendes Angebot an Teilzeitarbeitsplätzen zu schaffen, soweit zwingende dienstliche Belange nicht entgegenstehen. ²Die Wahrnehmung von Vorgesetzten- und Leitungsaufgaben steht der Reduzierung der Arbeitszeit grundsätzlich nicht entgegen.

(2) ¹Im Rahmen der dienstlichen Möglichkeiten sollen die Dienststellen den Beschäftigten auch Telearbeitsplätze anbieten. ²Diese sollen bevorzugt durch Beschäftigte mit Familien- oder Pflegeaufgaben besetzt werden.

(3) ¹Teilzeitbeschäftigung, Telearbeit und Beurlaubung zur Wahrnehmung von Familien- oder Pflegeaufgaben dürfen sich nicht nachteilig auf den beruflichen Werdegang, insbesondere auf die dienstliche Beurteilung, auswirken. ²Teilzeitbeschäftigten sind die gleichen beruflichen Aufstiegsmöglich-

keiten und Fortbildungschancen einzuräumen wie Vollzeitbeschäftigten. [3]Entsprechendes gilt für Beschäftigte an Telearbeitsplätzen. [4]Teilzeit, Telearbeit und Beurlaubung zur Wahrnehmung von Familien- oder Pflegearbeiten dürfen nicht dazu führen, dass den Beschäftigten geringerwertige Aufgaben übertragen werden.

(4) Die Dienststellen sind verpflichtet, Beschäftigte, die einen Antrag auf Teilzeitbeschäftigung oder Beurlaubung zur Wahrnehmung von Familien- oder Pflegeaufgaben stellen, ausdrücklich auf die allgemeinen beamten- und versorgungsrechtlichen, sozialversicherungs-, arbeits- und tarifrechtlichen Folgen hinzuweisen.

(5) [1]Beabsichtigt die Dienststelle, dem Antrag einer oder eines Beschäftigten mit Familien- oder Pflegeaufgaben auf Teilzeitbeschäftigung, Teilnahme an der Telearbeit oder Beurlaubung nicht zu entsprechen, ist die Beauftragte für Chancengleichheit zu beteiligen. [2]Die Ablehnung des Antrags ist von der Dienststelle schriftlich zu begründen.

§ 31 Wechsel zur Vollzeitbeschäftigung, beruflicher Wiedereinstieg

(1) Bei Vorliegen der gleichen Eignung, Befähigung und fachlicher Leistung müssen im Rahmen der Besetzung von Vollzeitstellen vorrangig berücksichtigt werden:

1. Teilzeitbeschäftigte mit Familien- oder Pflegeaufgaben, die eine Vollzeitbeschäftigung oder eine Erhöhung ihrer wöchentlichen Arbeitszeit beantragen, sowie
2. beurlaubte Beschäftigte, die während der Beurlaubung Familien- oder Pflegeaufgaben wahrgenommen haben und eine vorzeitige Rückkehr aus der Beurlaubung beantragen.

(2) Die Dienststelle hat insbesondere den aus familien- oder pflegebedingten Gründen Beurlaubten durch geeignete Maßnahmen die Verbindung zum Beruf und den beruflichen Wiedereinstieg zu erleichtern.

(3) Beurlaubten soll in geeigneten Fällen Gelegenheit gegeben werden, Urlaubs- oder Krankheitsvertretungen wahrzunehmen.

(4) [1]Beurlaubte sind auf Verlangen über Fortbildungsmaßnahmen zu unterrichten. [2]Eine Teilnahme an Fortbildungsveranstaltungen soll ihnen im Rahmen der zur Verfügung stehenden Plätze und der allgemeinen Grundsätze über die Auswahl der dafür in Frage kommenden Beschäftigten ermöglicht werden. [3]Ihnen sind auf Verlangen Fortbildungsmaßnahmen anzubieten, die den beruflichen Wiedereinstieg erleichtern. [4]§ 12 Absatz 1 Satz 3 und Absatz 4 findet entsprechende Anwendung.

(5) Mit den Beurlaubten sind auf Antrag Beratungsgespräche zu führen, in denen sie über Einsatzmöglichkeiten während und nach der Beurlaubung informiert werden.

Abschnitt 6
Übergangs- und Schlussvorschriften

§ 32 Übergangsvorschrift

(1) Gleichstellungsbeauftragte nach § 25 Absatz 1 sind, soweit nicht bereits bestellt, innerhalb eines Jahres nach Inkrafttreten dieses Gesetzes, aber vor Erstellung eines Chancengleichheitsplans, zu bestellen.

(2) In den Gemeinden unter 50 000 Einwohnerinnen und Einwohnern sind Personen oder Organisationseinheiten nach § 25 Absatz 2, soweit nicht bereits benannt, innerhalb eines Jahres nach Inkrafttreten dieses Gesetzes, aber vor Erstellung eines Chancengleichheitsplans, zu benennen.

(3) [1]Vor Inkrafttreten dieses Gesetzes bestellte hauptamtliche Gleichstellungsbeauftragte bleiben mit deren Zustimmung bis zum Ablauf ihrer derzeitigen Bestellung im Amt. [2]Sie führen ihr Amt mit den Rechten und Pflichten einer Gleichstellungsbeauftragten nach diesem Gesetz fort.

§ 33 Evaluation

Die Neuregelungen dieses Gesetzes sind drei Jahre nach dem Inkrafttreten zu evaluieren.

Gesetz zur Regelung des Zugangs zu Informationen in Baden-Württemberg (Landesinformationsfreiheitsgesetz– LIFG)[1)]

Vom 17. Dezember 2015 (GBl. S. 1201)

zuletzt geändert durch Art. 5 G zur Anpassung des allgemeinen Datenschutzrechts und sonstiger Vorschriften an die VO (EU) 2016/679 vom 12. Juni 2018 (GBl. S. 173)

Nichtamtliche Inhaltsübersicht

§	1	Grundsätze	§ 8	Verfahren bei Beteiligung einer
§	2	Anwendungsbereich		betroffenen Person
§	3	Begriffsbestimmungen	§ 9	Ablehnung des Antrags
§	4	Schutz von besonderen öffentlichen	§ 10	Gebühren und Auslagen
		Belangen	§ 11	Veröffentlichungspflichten und
§	5	Schutz personenbezogener Daten		Informationsregister
§	6	Schutz des geistigen Eigentums und von	§ 12	Landesbeauftragte oder
		Betriebs- oder Geschäftsgeheimnissen		Landesbeauftragter für die
§	7	Antrag und Verfahren		Informationsfreiheit

§ 1 Grundsätze

(1) Zweck dieses Gesetzes ist es, unter Wahrung des Schutzes personenbezogener Daten und sonstiger berechtigter Interessen durch ein umfassendes Informationsrecht den freien Zugang zu amtlichen Informationen sowie die Verbreitung dieser Informationen zu gewährleisten, um die Transparenz der Verwaltung zu vergrößern und damit die demokratische Meinungs- und Willensbildung zu fördern.

(2) Antragsberechtigte haben nach Maßgabe dieses Gesetzes gegenüber den informationspflichtigen Stellen einen Anspruch auf Zugang zu amtlichen Informationen.

(3) Sofern der Zugang zu amtlichen Informationen in anderen Rechtsvorschriften abschließend geregelt ist, gehen diese mit Ausnahme des § 29 des Landesverwaltungsverfahrensgesetzes (LVwVfG) und des § 25 des Zehnten Buches Sozialgesetzbuch vor.

§ 2 Anwendungsbereich

(1) Dieses Gesetz gilt nach Maßgabe der Absätze 2 und 3 für die Stellen

1. des Landes,
2. der Gemeinden und Gemeindeverbände sowie
3. der sonstigen der Aufsicht des Landes unterstehenden juristischen Personen des öffentlichen Rechts

und deren Vereinigungen, soweit sie öffentlich-rechtliche Verwaltungsaufgaben wahrnehmen.

(2) Dieses Gesetz gilt für

1. den Landtag nur, soweit er öffentlich-rechtliche Verwaltungsaufgaben wahrnimmt,
2. den Rechnungshof, die Staatlichen Rechnungsprüfungsämter und die Gemeindeprüfungsanstalt jeweils nur außerhalb ihrer Prüfungs- und Beratungstätigkeit,
3. die Gerichte, die Strafverfolgungs-, Strafvollstreckungs- und Maßregelvollzugsbehörden sowie Disziplinarbehörden jeweils nur, soweit sie nicht als Organe der Rechtspflege oder aufgrund besonderer Rechtsvorschriften in richterlicher oder sachlicher Unabhängigkeit tätig werden, sowie
4. die öffentlich-rechtlichen Rundfunkanstalten nur, soweit sie Aufgaben der öffentlichen Verwaltung wahrnehmen und dies staatsvertraglich geregelt ist.

(3) Das Gesetz gilt nicht gegenüber

1. dem Landesamt für Verfassungsschutz und den sonstigen öffentlichen Stellen des Landes, soweit sie nach Feststellung der Landesregierung gemäß § 35 des Landessicherheitsüberprüfungsgesetzes Aufgaben von vergleichbarer Sicherheitsempfindlichkeit wahrnehmen,
2. den Einrichtungen mit der Aufgabe unabhängiger wissenschaftlicher Forschung, Hochschulen nach § 1 des Landeshochschulgesetzes, Schulen nach § 2 des Schulgesetzes für Baden-Würt-

---

1) Verkündet als Art. 1 G v. 17.12.2015 (GBl. S. 1201); Inkrafttreten gem. Art. 4 Satz 2 dieses G am 30.12.2015.

temberg sowie Ausbildungs- und Prüfungsbehörden, soweit Forschung, Kunst, Lehre, Leistungsbeurteilungen und Prüfungen betroffen sind,

3. der Landesbank Baden-Württemberg, der Landeskreditbank Baden-Württemberg – Förderbank, den Sparkassen sowie ihren Verbänden und Verbundunternehmen, den Selbstverwaltungsorganisationen der Wirtschaft, der Freien Berufe und der Krankenversicherung sowie

4. den Landesfinanzbehörden im Sinne des § 2 des Finanzverwaltungsgesetzes, soweit sie in Verfahren in Steuersachen tätig werden.

(4) ¹Dieses Gesetz gilt auch für natürliche oder juristische Personen des Privatrechts, soweit sie öffentlich-rechtliche Verwaltungsaufgaben, insbesondere solche der Daseinsvorsorge, wahrnehmen oder öffentliche Dienstleistungen erbringen und dabei der Kontrolle einer Stelle, soweit diese in den Anwendungsbereich nach Absatz 1 fällt, unterliegen. ²Kontrolle im Sinne des Satz 1 liegt vor, wenn

1. die Person des Privatrechts bei der Wahrnehmung der öffentlichen Aufgabe oder bei der Erbringung der öffentlichen Dienstleistung gegenüber Dritten besonderen Pflichten unterliegt oder über besondere Rechte verfügt, insbesondere ein Kontrahierungszwang oder ein Anschluss- und Benutzungszwang besteht, oder

2. eine oder mehrere der in Absatz 1 genannten juristischen Personen des öffentlichen Rechts allein oder zusammen, unmittelbar oder mittelbar

   a) die Mehrheit des gezeichneten Kapitals der Person des Privatrechts besitzt oder besitzen oder

   b) über die Mehrheit der mit den Anteilen der Person des Privatrechts verbundenen Stimmrechte verfügt oder verfügen oder

   c) mehr als die Hälfte der Mitglieder des Verwaltungs-, Leitungs- oder Aufsichtsorgans der Person des Privatrechts stellen kann oder können.

§ 3 Begriffsbestimmungen

Im Sinne dieses Gesetzes sind

1. Antragsberechtigte: alle natürlichen und juristischen Personen des Privatrechts sowie deren Zusammenschlüsse, soweit diese organisatorisch hinreichend verfestigt sind;

2. informationspflichtige Stellen: alle Stellen im Anwendungsbereich nach § 2;

3. amtliche Informationen: jede bei einer informationspflichtigen Stelle bereits vorhandene, amtlichen Zwecken dienende Aufzeichnung, unabhängig von der Art ihrer Speicherung, außer Entwürfen und Notizen, die nicht Bestandteil eines Vorgangs werden sollen;

4. geschützte Person: betroffene Person im Sinne des Artikels 4 Nummer 1 der Verordnung (EU) 2016/679 des Europäischen Parlaments und des Rates vom 27. April 2016 zum Schutz natürlicher Personen bei der Verarbeitung personenbezogener Daten, zum freien Datenverkehr und zur Aufhebung der Richtlinie 95/46/EG (Datenschutz-Grundverordnung) (ABl. L 119 vom 4. Mai 2016, S. 1, ber. ABl. L 314 vom 22. November 2016, S. 72) in der jeweils geltenden Fassung oder juristische Person, über die amtliche Informationen vorliegen, mit Ausnahme der antragstellenden Person.

§ 4 Schutz von besonderen öffentlichen Belangen

(1) Der Anspruch auf Informationszugang besteht nicht, soweit und solange das Bekanntwerden der Informationen nachteilige Auswirkungen haben kann auf

1. die inter- und supranationalen Beziehungen, Beziehungen zum Bund oder zu einem Land,

2. die Belange der äußeren oder öffentlichen Sicherheit,

3. die Kontroll-, Vollzugs- oder Aufsichtsaufgaben der Aufsichtsbehörden,

4. die Angelegenheiten der unabhängigen Finanzkontrolle,

5. den Erfolg eines strafrechtlichen Ermittlungs- oder Strafvollstreckungsverfahrens oder den Verfahrensablauf eines Gerichts-, Ordnungswidrigkeiten- oder Disziplinarverfahrens,

6. die Vertraulichkeit von Beratungen und Entscheidungsprozessen, wovon die Ergebnisse der Beweiserhebung, Gutachten und Stellungnahmen Dritter regelmäßig ausgenommen sind,

7. die Funktionsfähigkeit und die Eigenverantwortung der Landesregierung,

8. die Vertraulichkeit des Austauschs zwischen Landtag und Landesregierung,

9. die Interessen der informationspflichtigen Stellen im Wirtschaftsverkehr,

10. das im Zeitpunkt des Antrags auf Informationszugang fortbestehende Interesse der geschützten Person an einer vertraulichen Behandlung bei vertraulich erhobener oder übermittelter Information oder

11. die Vertraulichkeit von leistungsbezogenen Daten einzelner öffentlicher Schulen.

(2) ¹Unberührt bleiben die durch Rechtsvorschriften und die Verwaltungsvorschrift des Innenministeriums zum materiellen und organisatorischen Schutz von Verschlusssachen vom 20. Dezember 2004 – Az.: 5-0214.3/77 (GABl. 2005 S. 218), die durch Verwaltungsvorschrift vom 1. Dezember 2011 – Az.: 4-0214.3/77 (GABl. S. 566) geändert worden ist, in der jeweils geltenden Fassung geregelten Geheimhaltungs- und Vertraulichkeitspflichten sowie die Berufs- und besonderen Amtsgeheimnisse. ²Gleiches gilt für gesellschaftsrechtlich begründete Geheimhaltungs- und Verschwiegenheitspflichten.

§ 5 Schutz personenbezogener Daten

(1) Der Zugang zu personenbezogenen Daten im Sinne des Artikels 4 Nummer 1 der Verordnung (EU) 2016/679 ist zu gewähren, soweit und solange die betroffene Person im Sinne des Artikels 4 Nummer 1 der Verordnung (EU) 2016/679 entsprechend Artikel 7 der Verordnung (EU) 2016/679 eingewilligt hat oder das öffentliche Informationsinteresse an der Bekanntgabe das schutzwürdige Interesse am Ausschluss des Informationszugangs überwiegt.

(2) Daten, aus denen die rassische und ethnische Herkunft, politische Meinungen, religiöse oder weltanschauliche Überzeugungen oder die Gewerkschaftszugehörigkeit hervorgehen, sowie genetische Daten im Sinne des Artikels 4 Nummer 13 der Verordnung (EU) 2016/679, biometrische Daten im Sinne des Artikels 4 Nummer 14 der Verordnung (EU) 2016/679 zur eindeutigen Identifizierung einer natürlichen Person, Gesundheitsdaten im Sinne des Artikels 4 Nummer 15 der Verordnung (EU) 2016/679 oder Daten zum Sexualleben oder der sexuellen Orientierung einer natürlichen Person dürfen nur übermittelt werden, wenn die betroffene Person im Sinne des Artikels 4 Nummer 1 der Verordnung (EU) 2016/679 ausdrücklich eingewilligt hat.

(3) Das öffentliche Informationsinteresse überwiegt nicht bei personenbezogenen Daten im Sinne des Artikels 4 Nummer 1 der Verordnung (EU) 2016/679 aus Unterlagen, soweit sie mit dem Dienst- oder Amtsverhältnis oder einem Mandat der betroffenen Person im Sinne des Artikels 4 Nummer 1 der Verordnung (EU) 2016/679 in Zusammenhang stehen.

(4) ¹Das öffentliche Informationsinteresse überwiegt das schutzwürdige Interesse am Ausschluss des Informationszugangs in der Regel dann, wenn sich die Angabe auf Name, Titel, akademischen Grad, Berufs- und Funktionsbezeichnung, Büroanschrift und -telekommunikationsnummer beschränkt und die betroffene Person im Sinne des Artikels 4 Nummer 1 der Verordnung (EU) 2016/679 als Gutachterin, Gutachter, Sachverständige, Sachverständiger oder in vergleichbarer Weise eine Stellungnahme in einem Verfahren abgegeben hat. ²Das Gleiche gilt für die entsprechenden Daten von Amtsträgerinnen und Amtsträgern, soweit sie in amtlicher Funktion an einem solchen Vorgang mitgewirkt haben.

(5) Die auf eine verstorbene Person bezogenen Daten werden entsprechend Absatz 1 bis 4 geschützt, soweit die Menschenwürde den Schutz dieser Daten gebietet.

§ 6 Schutz des geistigen Eigentums und von Betriebs- oder Geschäftsgeheimnissen

¹Der Anspruch auf Informationszugang besteht nicht, soweit und solange der Schutz geistigen Eigentums entgegensteht. ²Zugang zu Betriebs- oder Geschäftsgeheimnissen darf nur gewährt werden, soweit und solange die geschützte Person eingewilligt hat.

§ 7 Antrag und Verfahren

(1) ¹Über den Antrag auf Informationszugang entscheidet die Stelle, die zur Verfügung über die begehrten Informationen berechtigt ist; dies können auch Beliehene sein. ²Im Fall des § 2 Absatz 4 besteht der Anspruch gegenüber der Stelle, für die letztlich die öffentlich-rechtliche Verwaltungsaufgabe wahrgenommen beziehungsweise die öffentliche Dienstleistung erbracht wird. ³Berührt der Antrag Belange im Sinne von § 5 oder § 6, soll er begründet werden und für die Anhörung nach § 8 Absatz 1 die Erklärung enthalten, inwieweit die Daten der antragstellenden Person an die geschützte Person weitergegeben werden dürfen. ⁴Gibt die antragstellende Person keine Erklärung über ihr Interesse an personenbezogenen Daten im Sinne des Artikels 4 Nummer 1 der Verordnung (EU) 2016/679 ab, sollen Namen von natürlichen Personen geschwärzt werden.

(2) ¹Der Antrag muss erkennen lassen, zu welchen Informationen der Zugang gewünscht wird. ²Ist der Antrag zu unbestimmt, so ist der antragstellenden Person dies innerhalb eines Monats mitzuteilen und

Gelegenheit zur Präzisierung des Antrags zu geben. [3]Kommt die antragstellende Person der Aufforderung zur Präzisierung nach, beginnt der Lauf der Frist zur Beantwortung von Anträgen erneut.

(3) Sind Anträge von mehr als 50 Personen gleichförmig gestellt oder auf die gleichen Informationen gerichtet, gelten die §§ 17 bis 19 LVwVfG entsprechend.

(4) [1]Besteht ein Anspruch auf Informationszugang zum Teil, ist dem Antrag in dem Umfang stattzugeben, in dem der Informationszugang ohne Preisgabe der geheimhaltungsbedürftigen Informationen möglich ist. [2]Entsprechendes gilt, wenn sich die antragstellende Person in den Fällen, in denen Belange einer geschützten Person berührt sind, mit einer Unkenntlichmachung der diesbezüglichen Informationen einverstanden erklärt.

(5) [1]Die informationspflichtige Stelle kann Auskunft erteilen, Akteneinsicht gewähren oder Informationen in sonstiger Weise zur Verfügung stellen. [2]Begehrt die antragstellende Person eine bestimmte Art des Informationszugangs, so darf dieser nur aus wichtigem Grund auf andere Art gewährt werden. [3]Als wichtiger Grund gilt insbesondere ein deutlich höherer Verwaltungsaufwand. [4]Auf Antrag ist der Informationszugang für Menschen mit Behinderungen durch angemessene Vorkehrungen barrierefrei nach § 3 Absatz 2 Satz 1 des Landes-Behindertengleichstellungsgesetzes zu ermöglichen.

(6) Im Fall der Einsichtnahme in amtliche Informationen kann sich die antragstellende Person Notizen machen oder Ablichtungen und Ausdrucke fertigen lassen, soweit und solange nicht der Schutz geistigen Eigentums nach § 6 Satz 1 entgegensteht.

(7) [1]Die amtliche Information ist der antragstellenden Person unverzüglich, spätestens jedoch innerhalb eines Monats nach Antragstellung, zugänglich zu machen. [2]Eine Verlängerung dieser Frist auf bis zu drei Monate ist zulässig, soweit eine Antragsbearbeitung innerhalb der Monatsfrist insbesondere wegen Umfang oder Komplexität der begehrten amtlichen Information oder der Beteiligung einer geschützten Person nach § 8 nicht möglich ist. [3]Die antragstellende Person soll über die Fristverlängerung und die Gründe hierfür schriftlich oder elektronisch informiert werden.

§ 8 Verfahren bei Beteiligung einer geschützten Person

(1) [1]Sofern Anhaltspunkte dafür vorliegen, dass eine geschützte Person ein schutzwürdiges Interesse am Ausschluss des Informationszugangs haben kann, gibt die informationspflichtige Stelle ihr schriftlich oder elektronisch Gelegenheit zur Stellungnahme und zur Erteilung ihrer Einwilligung in den Informationszugang innerhalb eines Monats. [2]Soweit der informationspflichtigen Stelle im Zeitpunkt ihrer Entscheidung eine Einwilligung der geschützten Person nicht zugegangen ist, gilt die Einwilligung als verweigert und der Informationszugang bestimmt sich aufgrund der Abwägung nach § 5 Absatz 1 Alternative 2. [3]Eine Anhörung soll unterbleiben, wenn die geschützte Person sich offensichtlich nicht rechtzeitig äußern kann.

(2) [1]Im Fall des Absatz 1 ergeht die Entscheidung nach § 7 Absatz 1 Satz 1 schriftlich oder elektronisch und ist auch der geschützten Person bekannt zu geben. [2]Der Informationszugang darf erst erfolgen, wenn die Entscheidung allen geschützten Personen gegenüber bestandskräftig ist oder die sofortige Vollziehung angeordnet worden ist und seit der Bekanntgabe der Anordnung an alle geschützten Personen zwei Wochen verstrichen sind.

§ 9 Ablehnung des Antrags

(1) Die Bekanntgabe einer Entscheidung, mit der der Antrag ganz oder teilweise abgelehnt wird, hat innerhalb der Fristen nach § 7 Absatz 7 Satz 1 oder 2 zu erfolgen.

(2) Soweit die informationspflichtige Stelle den Antrag ganz oder teilweise ablehnt, hat sie mitzuteilen, ob und wann der Informationszugang ganz oder teilweise auf Antrag zu einem späteren Zeitpunkt voraussichtlich möglich ist.

(3) Der Antrag kann abgelehnt werden, wenn
1. dieser offensichtlich missbräuchlich gestellt wurde,
2. dieser zu unbestimmt ist und nicht innerhalb von drei Monaten nach Bekanntgabe der Aufforderung der informationspflichtigen Stelle nach § 7 Absatz 2 präzisiert wird,
3. dessen Bearbeitung einen für die informationspflichtige Stelle unverhältnismäßigen Verwaltungsaufwand verursachen würde,
4. die antragstellende Person bereits über die begehrten Informationen verfügt oder
5. die antragstellende Person sich die begehrten Informationen in zumutbarer Weise aus allgemein zugänglichen Quellen beschaffen kann.

§ 10 Gebühren und Auslagen

(1) Für individuell zurechenbare öffentliche Leistungen nach diesem Gesetz können Gebühren und Auslagen nach dem für die informationspflichtige Stelle jeweils maßgebenden Gebührenrecht erhoben werden.

(2) [1]Übersteigen die Gebühren und Auslagen zusammen voraussichtlich die Höhe von 200 Euro, hat die informationspflichtige Stelle die antragstellende Person über die voraussichtliche Höhe der Kosten vorab gebühren- und auslagenfrei zu informieren und zur Erklärung über die Weiterverfolgung des Antrags aufzufordern. [2]Wird die Weiterverfolgung des Antrags nicht innerhalb eines Monats nach Bekanntgabe der Aufforderung nach Satz 1 gegenüber der informationspflichtigen Stelle erklärt, gilt der Antrag als zurückgenommen. [3]Zwischen Absendung der Information nach Satz 1 und dem Zugang der Erklärung der antragstellenden Person über die Weiterverfolgung des Antrags ist der Ablauf der Frist zur Beantwortung von Anträgen gehemmt. [4]Die Festsetzung der Gebühren und Auslagen darf ohne vorherige Information 200 Euro nicht übersteigen; im Übrigen darf die nach Satz 1 übermittelte Höhe nicht überstiegen werden.

(3) [1]Informationspflichtige Stellen im Sinne des § 2 Absatz 1 Nummer 1 dürfen für den Informationszugang in einfachen Fällen keine Gebühren und Auslagen erheben. [2]Sie haben die Gebühren auch unter Berücksichtigung des Verwaltungsaufwandes so zu bemessen, dass der Informationszugang nach § 1 Absatz 2 wirksam in Anspruch genommen werden kann. [3]Im Übrigen haben die jeweiligen Festlegungen der Gebührentatbestände und Gebührensätze auch Höchstsätze zu enthalten.

§ 11 Veröffentlichungspflichten und Informationsregister

(1) [1]Für die informationspflichtigen Stellen im Sinne des § 2 Absatz 1 Nummer 1 gilt der Grundsatz, dass möglichst viele zur Veröffentlichung geeignete amtliche Informationen nach Maßgabe dieses Gesetzes über öffentlich zugängliche Netze zur Verfügung zu stellen sind. [2]Insbesondere sind dementsprechend zu veröffentlichen:

1. Verzeichnisse, aus denen sich die vorhandenen Informationssammlungen und -zwecke erkennen lassen,
2. Organisations- und Aktenpläne ohne Angabe personenbezogener Daten im Sinne des Artikels 4 Nummer 1 der Verordnung (EU) 2016/679,
3. Informationen über die Voraussetzungen des Anspruchs aus § 1 Absatz 2 und das Verfahren, insbesondere elektronische Antragstellung und entsprechende Kontaktinformationen,
4. Informationen über die Initiativen und das Abstimmungsverhalten der Landesregierung im Bundesrat,
5. Geodaten nach Maßgabe des Landesgeodatenzugangsgesetzes,
6. nach Inkrafttreten dieses Gesetzes erlassene oder geänderte Verwaltungsvorschriften,
7. nach Inkrafttreten dieses Gesetzes veröffentlichte Berichte, Broschüren, Listen, Pläne, Pressemeldungen und Statistiken,
8. nach Inkrafttreten dieses Gesetzes in öffentlicher Sitzung gefasste Beschlüsse sowie
9. wesentliche Unternehmensdaten von Beteiligungen des Landes an privatrechtlichen Unternehmen.

(2) Durch Rechtsverordnung kann die Landesregierung weitere zur Veröffentlichung geeignete amtliche Informationen bestimmen, ein Informationsregister einrichten sowie Einzelheiten in Bezug auf Betrieb und Nutzung des Registers festlegen.

§ 12 Landesbeauftragte oder Landesbeauftragter für die Informationsfreiheit

(1) Die Aufgabe der oder des Landesbeauftragten für die Informationsfreiheit wird von der oder dem Landesbeauftragten für den Datenschutz wahrgenommen.

(2) Antragsberechtigte, geschützte Personen und informationspflichtige Stellen können die Landesbeauftragte oder den Landesbeauftragten für die Informationsfreiheit anrufen und sich über sie selbst betreffende Rechte und Pflichten nach diesem Gesetz beraten lassen.

(3) Die oder der Landesbeauftragte für die Informationsfreiheit kontrolliert bei den informationspflichtigen Stellen die Einhaltung der Vorschriften dieses Gesetzes.

(4) Die informationspflichtigen Stellen sind verpflichtet, die Landesbeauftragte oder den Landesbeauftragten für die Informationsfreiheit und ihre oder seine Beauftragten bei der Erfüllung ihrer oder seiner Aufgaben zu unterstützen.

(5) Die oder der Landesbeauftragte für die Informationsfreiheit teilt der informationspflichtigen Stelle das Ergebnis einer Kontrolle mit.

(6) [1]Stellt die oder der Landesbeauftragte für die Informationsfreiheit Verstöße gegen Vorschriften dieses Gesetzes oder aufgrund dieses Gesetzes erlassener Vorschriften fest, so beanstandet sie oder er dies

1. bei den informationspflichtigen Stellen des Landes im Sinne des § 2 Absatz 1 Nummer 1 gegenüber der zuständigen obersten Landesbehörde,

2. bei den sonstigen informationspflichtigen Stellen gegenüber dem vertretungsberechtigten Organ

und fordert zur Stellungnahme innerhalb einer von ihr oder ihm zu bestimmenden angemessenen Frist auf. [2]In den Fällen des Satz 1 Nummer 2 unterrichtet sie oder er gleichzeitig die zuständige Aufsichtsbehörde. [3]Die oder der Landesbeauftragte für die Informationsfreiheit kann von einer Beanstandung absehen oder auf eine Stellungnahme der betroffenen Stelle verzichten, insbesondere wenn es sich um unerhebliche oder inzwischen beseitigte Mängel handelt. [4]Die in Satz 1 Nummer 2 genannten Stellen leiten der zuständigen Aufsichtsbehörde eine Abschrift ihrer Stellungnahme an die Landesbeauftragte oder den Landesbeauftragten für die Informationsfreiheit zu.

(7) [1]Die oder der Landesbeauftragte für die Informationsfreiheit erstattet dem Landtag für jeweils zwei Kalenderjahre zusammen einen Tätigkeitsbericht. [2]Dieser ist jeweils bis zum 15. Februar des Folgejahres vorzulegen. [3]Der nächste Bericht ist bis zum 15. Februar 2020 vorzulegen.

(8) [1]Die oder der Landesbeauftragte für die Informationsfreiheit hat auf Anforderung des Landtags Gutachten zu erstellen und besondere Berichte zu erstatten. [2]Sie oder er hat ferner zu parlamentarischen Anfragen von Abgeordneten Stellung zu nehmen, die die Informationsfreiheit in dem ihrer oder seiner Kontrolle unterliegenden Bereich betreffen. [3]Sie oder er kann sich jederzeit an den Landtag wenden, damit dieser sie oder ihn bei der Wahrnehmung ihrer oder seiner Aufgaben unterstützt. [4]Sie oder er unterrichtet den Ständigen Ausschuss des Landtags jährlich, aus besonderem Anlass auch unverzüglich, über aktuelle Entwicklungen und Angelegenheiten von grundsätzlicher oder wesentlicher Bedeutung im Bereich der Informationsfreiheit. [5]Eine Unterrichtung erfolgt auch, wenn der Ständige Ausschuss des Landtags darum ersucht.

(9) [1]Die oder der Landesbeauftragte für die Informationsfreiheit kann der Landesregierung und einzelnen Ministerien sowie anderen öffentlichen Stellen Empfehlungen zur Verbesserung der Informationsfreiheit geben. [2]Sie oder er ist bei der Ausarbeitung von Rechts- und Verwaltungsvorschriften zu diesem Gesetz zu beteiligen.

Gesetz über Mitwirkungsrechte und das Verbandsklagerecht für anerkannte Tierschutzorganisationen (TierSchMVG)

Vom 12. Mai 2015 (GBl. S. 317)

geändert durch Art. 2 G zur Einführung des G zur Ausführung des TiergesundheitsG und anderer tiergesundheitsrechtlicher Vorschriften und zur Änd. weiterer G vom 19. Juni 2018 (GBl. S. 223)

Der Landtag hat am 6. Mai 2015 das folgende Gesetz beschlossen:

§ 1 Zweck des Gesetzes

[1]Zweck des Gesetzes ist, einem nach § 5 anerkannten rechtsfähigen Tierschutzverein oder einer rechtsfähigen Stiftung (anerkannte Tierschutzorganisation) mit der Schaffung verfahrensrechtlicher Normen die Mitwirkung in Verwaltungsverfahren und Überprüfungsmöglichkeiten durch Gerichte zu eröffnen, ohne in eigenen Rechten verletzt zu sein. [2]Damit soll ein Beitrag zur Verwirklichung des in Artikel 20a des Grundgesetzes und Artikel 3b der Verfassung des Landes Baden-Württemberg verankerten Staatsziels Tierschutz geleistet werden.

§ 2 Mitwirkungs- und Informationsrechte

(1) Einer anerkannten Tierschutzorganisation ist von der jeweils zuständigen Behörde rechtzeitig Gelegenheit zur Stellungnahme sowie Einsicht in die tierschutzrelevanten Sachverständigengutachten oder die tierschutzrelevanten fachtechnischen Stellungnahmen zu geben

1. bei der Vorbereitung von tierschutzrelevanten Rechts- und Verwaltungsvorschriften der für den Tierschutz zuständigen Behörden des Landes,

2. vor Erteilung von Genehmigungen und Erlaubnissen nach § 4a Absatz 2 Nummer 2, § 6 Absatz 3 und § 11 Absatz 1 Nummer 2 bis 8 des Tierschutzgesetzes (TierSchG),

3. vor Erteilung bau- und immissionsschutzrechtlicher Genehmigungen für Vorhaben zum Halten von Tieren zu Erwerbszwecken. Bei Vorhaben zum Halten von landwirtschaftlichen Nutztieren gilt dies nur für Vorhaben, die einer Pflicht zur Durchführung einer standortbezogenen Vorprüfung oder einer Umweltverträglichkeitsprüfung nach §§ 3b bis f des Gesetzes über die Umweltverträglichkeitsprüfung (UVPG) in Verbindung mit Nummer 7.1 bis 7.11 der Anlage 1 zum UVPG unterliegen,

4. nach Erteilung von Genehmigungen nach § 8 Absatz 1 und Erlaubnissen nach § 11 Absatz 1 Nummer 1 TierSchG.

(2) [1]Eine anerkannte Tierschutzorganisation kann über das nach § 4 eingerichtete gemeinsame Büro der anerkannten Tierschutzorganisationen (gemeinsames Büro) bei der zuständigen Behörde beantragen, über den Stand eines bestimmten Verwaltungsverfahrens nach § 16a TierSchG informiert zu werden. [2]Die Auskunft soll innerhalb von zwei Wochen nach Eingang des Antrags erteilt werden.

(3) § 29 Absatz 1 und 3 des Landesverwaltungsverfahrensgesetzes (LVwVfG) gilt entsprechend, soweit es sich um Akten handelt, die einen unmittelbaren tierschutzrelevanten Bezug aufweisen.

(4) [1]§ 28 Absatz 2 Nummer 1 und 2, Absatz 3 und § 29 Absatz 2 LVwVfG gelten entsprechend. [2]Die anerkannte Tierschutzorganisation kann Einwendungen und Stellungnahmen nur innerhalb von vier Wochen, nachdem ihr Informationen gemäß Absatz 6 bekannt gegeben wurden, gegenüber der zuständigen Behörde erheben.

(5) In anderen Rechtsvorschriften vorgeschriebene Formen der Mitwirkung der anerkannten Tierschutzorganisation bleiben unberührt, sofern diese inhaltsgleich oder weitergehend sind.

(6) [1]Die zuständige Behörde informiert das gemeinsame Büro über die Vorbereitungen nach Absatz 1 Nummer 1, den Beginn der entsprechenden Verwaltungsverfahren nach Absatz 1 Nummer 2 und 3, den Abschluss der Verwaltungsverfahren nach Absatz 1 Nummer 4 und über das Ergebnis der Auskunftsersuchen nach Absatz 2. [2]Mit der Bekanntgabe an das gemeinsame Büro gelten die Informationen zugleich als jeder anerkannten Tierschutzorganisation bekannt gegeben.

§ 3 Rechtsbehelfe von anerkannten Tierschutzorganisationen

(1) Eine anerkannte Tierschutzorganisation kann, ohne die Verletzung eigener Rechte geltend machen zu müssen, Widerspruch und Klage nach § 42 Absatz 1 der Verwaltungsgerichtsordnung einlegen gegen

1. Genehmigungen und Erlaubnisse nach § 4 Absatz 3 Satz 3, § 4a Absatz 2 Nummer 2, § 6 Absatz 3, § 11 Absatz 1 Nummer 2 bis 8 TierSchG,
2. bau- und immissionsschutzrechtliche Genehmigungen für Vorhaben zum Halten von Tieren zu Erwerbszwecken im Sinne des § 2 Absatz 1 Nummer 3,
3. Anordnungen oder die Unterlassung von Anordnungen nach § 16a TierSchG oder einer unmittelbar geltenden Bestimmung eines Rechtsakts der Europäischen Union zum Schutze des Wohlergehens der Tiere,

soweit es sich dabei nicht um Maßnahmen oder Unterlassungen von Bundesbehörden handelt.

(2) [1]Eine anerkannte Tierschutzorganisation muss keine Verletzung in ihren Rechten geltend machen, soweit ihr Klagebegehren auf die Feststellung der Rechtswidrigkeit einer Genehmigung nach § 8 Absatz 1 oder einer Erlaubnis nach § 11 Absatz 1 Nummer 1 TierSchG gerichtet ist. [2]Absatz 1 und Satz 1 dieses Absatzes gelten nicht, wenn ein dort aufgeführter Verwaltungsakt auf Grund einer Entscheidung in einem verwaltungsgerichtlichen Streitverfahren erlassen oder in einem solchen Verfahren als rechtmäßig bestätigt worden ist.

(3) Rechtsbehelfe nach Absatz 1 und 2 sind nur zulässig, wenn die anerkannte Tierschutzorganisation geltend macht, dass

1. ein in Absatz 1 Nummer 1 bis 3 oder Absatz 2 genannter Verwaltungsakt oder die Unterlassung eines in Absatz 1 Nummer 3 genannten Verwaltungsaktes gegen Vorschriften des Tierschutzgesetzes, aufgrund des Tierschutzgesetzes erlassene Rechtsvorschriften oder eine unmittelbar geltende Bestimmung eines Rechtsakts der Europäischen Union zum Schutze des Wohlergehens der Tiere verstößt,
2. sie dadurch in ihrem satzungsgemäßen Aufgabenbereich berührt wird und
3. sie zur Mitwirkung nach § 2 Absatz 1 berechtigt war und sie in der Sache eine Stellungnahme fristgerecht abgegeben hat oder sie entgegen § 2 Absatz 1 keine Gelegenheit zur Stellungnahme hatte, weil das gemeinsame Büro unter Verstoß gegen § 2 Absatz 6 nicht informiert worden war.

(4) Hat die anerkannte Tierschutzorganisation Gelegenheit zur Stellungnahme in den Fällen des § 2 Absatz 1 Nummer 2 oder 3 gehabt, ist sie im Verfahren über den Rechtsbehelf mit den Einwendungen ausgeschlossen, die sie im Verfahren nach § 2 Absatz 1 Nummer 2 oder 3 nicht oder nicht rechtzeitig geltend gemacht hat, aber hätte geltend machen können.

(5) [1]Ein in Absatz 1 genannter Verwaltungsakt ist dem gemeinsamen Büro als Bevollmächtigtem der anerkannten Tierschutzorganisationen bekannt zu geben. [2]§ 41 LVwVfG gilt entsprechend. [3]Die Bekanntgabe gegenüber dem gemeinsamen Büro gilt als Bekanntgabe gegenüber jeder anerkannten Tierschutzorganisation. [4]Die Bekanntgabe eines in Absatz 1 genannten Verwaltungsaktes gilt auch für den Fall, dass der Verwaltungsakt weder öffentlich noch dem gemeinsamen Büro bekannt gegeben wurde, als zu dem Zeitpunkt erfolgt, in dem das gemeinsame Büro von dem Verwaltungsakt tatsächlich Kenntnis erlangt hatte oder hätte erlangen können.

§ 4 Gemeinsames Büro der anerkannten Tierschutzorganisationen

(1) [1]Die anerkannten Tierschutzorganisationen richten ein gemeinsames Büro in der Rechtsform einer juristischen Person des Privatrechts ein. [2]Dabei ist allen anerkannten Tierschutzorganisationen, welche die satzungsmäßigen Ziele des gemeinsamen Büros unterstützen, der Eintritt als Mitglied, das in der Mitgliederversammlung volles Stimmrecht hat, zu ermöglichen. [3]Eine Gewichtung des Stimmrechts im Verhältnis zu den Mitgliederzahlen der einzelnen Tierschutzorganisationen ist möglich. [4]Dem für den Tierschutz zuständigen Ministerium ist die Satzung der juristischen Person des Privatrechts zur Genehmigung vorzulegen.

(2) [1]Das gemeinsame Büro kann Mitglieder ausschließen, die nach Abmahnung wiederholt oder schwerwiegend gegen die satzungsmäßigen Ziele des gemeinsamen Büros verstoßen oder das gemeinsame Büro nicht aktiv unterstützen. [2]Vor einem Ausschluss ist das für den Tierschutz zuständige Ministerium zu unterrichten.

(3) [1]Das gemeinsame Büro nimmt im Auftrag der Mitglieder die nach § 2 Absatz 6 Satz 1 bekannt zu gebenden Informationen und die nach § 3 Absatz 5 Satz 1 bekannt zu gebenden Verwaltungsakte

entgegen und leitet diese unverzüglich an die Mitglieder weiter. [2]Das gemeinsame Büro achtet darauf, dass bezüglich der in Satz 1 genannten Informationen und Verwaltungsakte Vertraulichkeit sicherge-stellt ist und dass diese ausschließlich an die Mitglieder des gemeinsamen Büros weiter gegeben wer-den. [3]Das gemeinsame Büro bündelt die Stellungnahmen der Mitglieder und leitet diese fristgerecht an die zuständige Behörde weiter. [4]Eine materielle Prüfungskompetenz kommt dem gemeinsamen Büro dabei nicht zu. [5]Das gemeinsame Büro nimmt keine hoheitlichen Aufgaben wahr.

(4) Die Mitglieder können im Rahmen der Satzung regeln, dass dem gemeinsamen Büro zusätzliche Aufgaben übertragen werden können.

§ 5 Anerkennung von Tierschutzvereinen oder Stiftungen

(1) [1]Die Anerkennung von eingetragenen rechtsfähigen Tierschutzvereinen oder rechtsfähigen Stif-tungen wird auf Antrag über das jeweils zuständige Regierungspräsidium durch das für den Tierschutz zuständige Ministerium erteilt. [2]Sie ist zu erteilen, wenn der Verein oder die Stiftung

1. nach seiner Satzung ideell und nicht nur vorübergehend vorwiegend die Ziele des Tierschutzes fördert,

2. seinen Sitz in Baden-Württemberg hat und sich der satzungsgemäße Tätigkeitsbereich auf das gesamte Gebiet des Landes erstreckt,

3. im Zeitpunkt der Anerkennung mindestens fünf Jahre besteht und in diesem Zeitraum im Sinne der Nummer 1 tätig gewesen ist,

4. die Gewähr für eine sachgerechte Aufgabenerfüllung bietet; dabei sind Art und Umfang seiner bisherigen Tätigkeit, der Mitgliederkreis sowie die Leistungsfähigkeit des Vereins zu berück-sichtigen,

5. wegen Verfolgung gemeinnütziger Zwecke nach § 5 Absatz 1 Nummer 9 des Körperschaftsteu-ergesetzes von der Körperschaftsteuer befreit ist,

6. jedem den Eintritt als Mitglied, das in der Mitgliederversammlung volles Stimmrecht hat, ermög-licht, der die Ziele des Vereins unterstützt und

7. sich verpflichtet, die datenschutzrechtlichen Bestimmungen einzuhalten und die aufgrund dieses Gesetzes erhaltenen Daten vertraulich zu behandeln. Die Weitergabe von Unterlagen, insbeson-dere von personenbezogenen Daten, an Mitglieder der anerkannten Tierschutzorganisationen oder von ihr beauftragte Sachverständige ist ausschließlich zur Verfolgung des in § 1 Satz 1 festgelegten Zwecks zulässig und dabei zugleich auf das notwendige Maß zu beschränken.

(2) [1]Die Anerkennung gilt für das Gebiet des Landes. [2]Sie wird durch eine Veröffentlichung auf der Internetseite des für den Tierschutz zuständigen Ministeriums bekannt gemacht.

(3) [1]Die Anerkennung kann auch nachträglich mit der Auflage verbunden werden, dass Satzungsän-derungen mitzuteilen sind. [2]Die Anerkennung ist zurückzunehmen, wenn die Voraussetzungen für ihre Erteilung nicht vorlagen und dieser Mangel auch nach Aufforderung nicht beseitigt wird. [3]Die Aner-kennung ist zu widerrufen, wenn eine Voraussetzung für ihre Erteilung nachträglich weggefallen ist oder wiederholt schwerwiegend gegen Absatz 1 Nummer 7 verstoßen wird. [4]Das gleiche gilt, wenn keine Mitgliedschaft im gemeinsamen Büro nach § 4 besteht oder nicht mehr besteht. [5]Mit der unan-fechtbaren Aufhebung der Anerkennung entfallen die Rechte nach §§ 2 und 3.

§ 6 Ermächtigungen

Das für den Tierschutz zuständige Ministerium wird ermächtigt, durch Rechtsverordnung

1. die Ausgestaltung oder den Ablauf des Verfahrens nach § 2 Absatz 6 und § 3 Absatz 5, insbeson-dere zu Form und Inhalt der zu übermittelnden Daten sowie Art und Weise einer elektronischen Datenübermittlung an das gemeinsame Büro,

2. Kriterien, die eine Gleichbehandlung aller anerkannten Tierschutzorganisationen innerhalb des gemeinsamen Büros nach § 4 gewährleisten,

3. nähere Kriterien und deren Nachweise für eine Anerkennung § 5 Absatz 1 Satz 2 Nummer 1 bis 4, insbesondere

    a) Kriterien, die eine tatsächliche landesweite Tätigkeit im Sinne von § 5 Absatz 1 Satz 2 Num-mer 2 durch Festlegung von Mindestmitgliederzahlen der im Sinne von § 5 Absatz 1 Satz 2 Nummer 6 voll stimmberechtigten Mitglieder der Tierschutzorganisation vermuten lassen oder durch Nachweise von Aktivitäten im Land, oder

b) Kriterien, die die Gewähr für eine sachgerechte Aufgabenerfüllung nach § 5 Absatz 1 Satz 2 Nummer 4 konkretisieren, unter anderem durch Festlegung der nachzuweisenden beruflichen Qualifikation zur Erfüllung und Erreichung der satzungsgemäßen Ziele der Tierschutzorganisation zumindest von Teilen der Mitglieder oder Mitarbeiter und deren organisatorische Einbindung in die Aufgabenerfüllung der Tierschutzorganisation sowie das Vorhandensein einer internen Verwaltungs- und Organisationsstruktur, bei Stiftungen von pluralistisch besetzten Verwaltungsräten,

zu regeln.

§ 7 Übergangsvorschrift

Dieses Gesetz gilt nicht für Verfahren nach § 2 Absatz 1 Nummer 2 und 3, die vor Inkrafttreten dieses Gesetzes durch einen Antrag eingeleitet und für die alle erforderlichen Unterlagen vorgelegt wurden, sowie für vor Inkrafttreten dieses Gesetzes erteilte Genehmigungen und Erlaubnisse nach § 3 Absatz 1 Nummer 1 und 2.

§ 8 Inkrafttreten, Evaluierung und Bericht

(1) Dieses Gesetz tritt am Tag nach seiner Verkündung[1] in Kraft.

(2) [1]Die Auswirkungen dieses Gesetzes werden überprüft. [2]Die Landesregierung berichtet hierzu drei Jahre nach seinem Inkrafttreten dem Landtag.

---

1) Verkündet am 26. 5. 2015.

Partizipations- und Integrationsgesetz für Baden-Württemberg (PartIntG BW)[1]

Vom 1. Dezember 2015 (GBl. S. 1047, 1048)

zuletzt geändert durch Art. 44 9. AnpassungsVO vom 23. Februar 2017 (GBl. S. 99, ber. S. 273)

Inhaltsübersicht

§	1	Geltungsbereich	§	9	Landesbeirat für Integration
§	2	Ziele	§	10	Landesverband der kommunalen
§	3	Grundsätze			Migrantenvertretungen
§	4	Begriffsbestimmung	§	11	Integrationsausschüsse und
§	5	Aufgaben des Landes			Integrationsräte
§	6	Interkulturelle Öffnung der	§	12	Integrationsausschuss
		Landesverwaltung	§	13	Integrationsrat
§	7	Teilhabe von Menschen mit	§	14	Integrationsbeauftragte
		Migrationshintergrund in Gremien	§	15	Landesintegrationsbericht
§	8	Dienst- oder Arbeitsfreistellung aus			
		religiösen Gründen			

§ 1 Geltungsbereich

(1) [1]Dieses Gesetz gilt für die Behörden, Hochschulen und Gerichte des Landes sowie die Körperschaften, Anstalten und Stiftungen des öffentlichen Rechts, die der alleinigen Aufsicht des Landes unterstehen. [2]Für die Gerichte und Staatsanwaltschaften gilt dieses Gesetz nur, soweit sie in Verwaltungsangelegenheiten tätig werden. [3]Auf die Bestellung und Tätigkeit der Notarinnen oder Notare und Notarassessorinnen oder Notarassessoren findet es keine Anwendung. [4]Die Regelungen des § 8 gelten für alle innerhalb und außerhalb des öffentlichen Dienstes bestehenden Beschäftigungs- und Ausbildungsverhältnisse sowie alle öffentlich-rechtlichen Dienst- und Treueverhältnisse.

(2) Ziele und Grundsätze dieses Gesetzes sind beim Erlass von Regelungen zu berücksichtigen.

(3) Alle Einrichtungen im Geltungsbereich dieses Gesetzes sind verpflichtet, bei ihren Maßnahmen die Ziele zu fördern und die Grundsätze zu beachten, sofern abschließende bundesrechtliche Vorgaben nicht entgegenstehen.

§ 2 Ziele

Dieses Gesetz soll dazu beitragen, gleichberechtigte Teilhabe von Menschen mit und ohne Migrationshintergrund in allen Bereichen des gesellschaftlichen Lebens über soziale und ethnische Grenzen hinweg zu verwirklichen und auf diese Weise das friedliche Zusammenleben von Menschen aus unterschiedlichen Kulturen sowie den Zusammenhalt der Gesellschaft zu sichern.

§ 3 Grundsätze

(1) Bei Maßnahmen zur Erreichung der Ziele sind folgende Grundsätze zu beachten:

1. Integration ist ein gesamtgesellschaftlicher Prozess, dessen Gelingen von der Mitwirkung aller Menschen abhängt. Anerkennung und gegenseitiger Respekt aller Menschen unterschiedlicher Herkunft sowie Offenheit für andere Kulturen wirken integrationsfördernd.
2. Das Land sieht in der Vielfalt der Kulturen, Ethnien, Sprachen und Religionen eine Bereicherung und erkennt die sozialen, kulturellen und ökonomischen Potenziale und Leistungen der in Baden-Württemberg lebenden Menschen mit Migrationshintergrund an. Es berücksichtigt die kulturellen Identitäten der hier lebenden Menschen.
3. Von allen hier lebenden Menschen wird neben der Einhaltung der Gesetze die Anerkennung der durch das Grundgesetz und die Landesverfassung geschützten gemeinsamen Grundwerte erwartet.
4. Die Einbürgerung von Ausländerinnen oder Ausländern, die die Voraussetzungen hierfür erfüllen, liegt prinzipiell im Interesse des Landes.
5. Art und Umfang der Teilhabemöglichkeiten und der Integrationsförderung richten sich nach dem persönlichen Bedarf der Menschen mit Migrationshintergrund und ihrem rechtlichen Status.
6. Die Möglichkeit, sich auf Deutsch verständigen zu können, ist für das Gelingen der Integration von zentraler Bedeutung. Das eigene Engagement beim Spracherwerb ist dabei unerlässlich.

---

1) Verkündet als Art. 1 G v. 1. 12. 2015 (GBl. S. 1047); Inkrafttreten gem. Art. 24 dieses G am 5. 12. 2015.

(2) Subjektiv-öffentliche Rechte, insbesondere Ansprüche auf finanzielle Förderung, werden durch dieses Gesetz nicht begründet.

§ 4 Begriffsbestimmung

(1) [1]Menschen mit Migrationshintergrund sind:
1. alle zugewanderten und nicht zugewanderten Ausländerinnen oder Ausländer,
2. alle nach 1955 auf das heutige Gebiet der Bundesrepublik Deutschland zugewanderten Deutschen und
3. alle Deutschen mit zumindest einem nach 1955 auf das heutige Gebiet der Bundesrepublik Deutschland zugewanderten Elternteil.

[2]Die Regelungen dieses Gesetzes, die sich auf Menschen mit Migrationshintergrund beziehen, gelten für Deutsche mit zumindest einem nach 1955 auf das heutige Gebiet der Bundesrepublik Deutschland zugewanderten Großelternteil entsprechend, soweit sie in einzelnen Bereichen des gesellschaftlichen Lebens aus integrations- oder migrationsspezifischen Gründen noch nicht über gleiche Teilhabechancen verfügen.

(2) [1]Beschäftigte im Sinn dieses Gesetzes sind die Beamtinnen oder Beamten, Richterinnen oder Richter sowie die Beschäftigten und Auszubildenden im öffentlichen Dienst. [2]Beschäftigte im Sinn des § 8 sind auch die außerhalb des öffentlichen Dienstes beschäftigten Arbeitnehmerinnen oder Arbeitnehmer sowie Auszubildenden.

§ 5 Aufgaben des Landes

Aufgaben des Landes sind
1. Menschen mit Migrationshintergrund beim Erlernen der deutschen Sprache zu fördern,
2. integrationsfördernde Strukturen auf Landes- und kommunaler Ebene zu entwickeln und zu unterstützen und dabei insbesondere mit den kommunalen Landesverbänden, den kommunalen Integrationsbeauftragten und mit Migrantenorganisationen zusammenzuarbeiten,
3. die Entwicklung und Stärkung nachhaltiger Strukturen der Elternbeteiligung am Bildungsweg der Kinder und Jugendlichen mit Migrationshintergrund sowie die Zusammenarbeit der Eltern mit Akteuren und Einrichtungen im Bildungsbereich zu fördern,
4. Menschen mit Migrationshintergrund beim Zugang zu Ausbildung und Beschäftigung im Rahmen der geltenden Gesetze und des Grundgesetzes zu unterstützen,
5. die Stärkung des Zusammenlebens und des gesellschaftlichen Zusammenhalts zwischen allen im Land lebenden Menschen zu fördern,
6. Maßnahmen zu ergreifen zur Bekämpfung von
    a) Diskriminierung, Rassismus und anderen Formen gruppenbezogener Menschenfeindlichkeit; dies geschieht insbesondere durch Sensibilisierung der Bevölkerung für diese Themen und die Förderung der Arbeit von Vernetzungsstellen und Antidiskriminierungsnetzwerken,
    b) Zwangsverheiratungen und Gewalt im Namen der sogenannten Ehre; dies geschieht insbesondere durch Sensibilisierung der Bevölkerung für diese Themen, Förderung entsprechender Beratungsstellen für Betroffene und Eintreten für die Gleichberechtigung der Geschlechter,
7. Bildung für Akzeptanz und Toleranz von kultureller und ethnischer Vielfalt an Schulen und im frühkindlichen Bereich zu unterstützen,
8. das Integrationsgeschehen bundesweit zu beobachten und auf die integrationsfördernde Ausgestaltung von Gesetzen und Förderprogrammen auf Bundes- und europäischer Ebene hinzuwirken.

§ 6 Interkulturelle Öffnung der Landesverwaltung

(1) Das Land verfolgt die Ziele,
1. eine Verwaltungskultur, -struktur und Organisationsentwicklung zu etablieren, die der kulturellen Vielfalt Rechnung tragen und mit der Entwicklung angemessener Angebote, Kommunikationsformen und Verfahren einhergehen,
2. in der Landesverwaltung unter Beachtung des Vorrangs der in Artikel 33 Absatz 2 des Grundgesetzes festgelegten Grundsätze einen Anteil von Beschäftigten mit Migrationshintergrund zu erreichen, der dem Anteil der Menschen mit Migrationshintergrund an der Gesamtzahl der Erwerbstätigen im Land entspricht,

3. einen Wissens- und Kompetenzerwerb beziehungsweise -zuwachs bei allen Beschäftigten zu erreichen mit dem Ziel, die Reflexions- und Kommunikationsfähigkeit im Umgang mit einer vielfältigen Gesellschaft zu fördern.

(2) Das Land

1. unterstützt die interkulturelle Öffnung der Gemeinden, der Landkreise und der Gesellschaft,

2. anerkennt, bewertet und fördert im Rahmen von Aus- und Fortbildungen interkulturelle Kompetenz als wichtige zusätzliche Qualifikation seiner Beschäftigten. Interkulturelle Kompetenz ist die Fähigkeit, die Anliegen von zugewanderten Menschen im Verwaltungshandeln zu berücksichtigen und in interkulturellen Begegnungssituationen angemessen zu kommunizieren.

§ 7 Teilhabe von Menschen mit Migrationshintergrund in Gremien

(1) [1]Gremien, für die dem Land ein Berufungs- oder Vorschlagsrecht zusteht, sollen zu einem angemessenen Anteil mit Menschen mit Migrationshintergrund besetzt werden. [2]Wird ein Gremium auf Benennung oder Vorschlag einer Stelle, die nicht zur unmittelbaren Landesverwaltung gehört, besetzt, ist auf einen angemessenen Anteil von Menschen mit Migrationshintergrund hinzuwirken.

(2) [1]Die Regelungen des Absatzes 1 gelten nicht, soweit die Mitglieder in das Gremium gewählt werden sowie im Fall von Prüfungsausschüssen, von Ausschüssen der Selbstverwaltung der Wirtschaft und der Freien Berufe sowie von Überwachungsorganen von Unternehmen, die juristische Personen des Privat- oder des öffentlichen Rechts sind und an denen das Land beteiligt ist oder für die das Land die Gewährträgerschaft übernommen hat. [2]Die Regelungen des Absatzes 1 gelten auch nicht im Fall von Gremien in Landesbetrieben nach § 26 der Landeshaushaltsordnung für Baden-Württemberg.

§ 8 Dienst- oder Arbeitsfreistellung aus religiösen Gründen

(1) [1]An jeweils einem Tag der religiösen Feiertage Opferfest, Fest des Fastenbrechens und Aschura haben Beschäftigte islamischen Glaubens das Recht, zum Besuch des Gottesdienstes vom Dienst oder von der Arbeit fernzubleiben. [2]Die Freistellung setzt voraus, dass der Besuch des Gottesdienstes außerhalb der Dienst- oder Arbeitszeit nicht möglich ist, keine dienstlichen oder betrieblichen Notwendigkeiten entgegenstehen und der Freistellungswunsch dem Dienstherrn oder der Arbeitgeberin oder dem Arbeitgeber rechtzeitig mitgeteilt wird. [3]Der Dienstherr oder die Arbeitgeberin oder der Arbeitgeber entscheidet unter Berücksichtigung dienstlicher oder betrieblicher Notwendigkeiten, ob die Freistellung stundenweise oder für die Dauer eines ganzen Arbeitstags erfolgt. [4]Weitere Nachteile als ein etwaiger Entgeltausfall für versäumte Dienst- oder Arbeitszeit dürfen den Beschäftigten aus ihrem Fernbleiben nicht erwachsen.

(2) Für Beschäftigte alevitischen Glaubens gelten die Regelungen des Absatzes 1 an jeweils einem Tag der religiösen Feiertage Aschura, Hizir-Lokmasi und Nevruz entsprechend.

§ 9 Landesbeirat für Integration

(1) [1]Der Landesbeirat für Integration berät und unterstützt die Landesregierung bei allen wesentlichen Fragen der Integrations- und Migrationspolitik. [2]Zur Wahrnehmung dieser Aufgabe ist der Landesbeirat für Integration, soweit die spezifischen Belange von Menschen mit Migrationshintergrund betroffen sind, bei Vorhaben der Landesregierung frühzeitig zu beteiligen.

(2) [1]Dem Landesbeirat gehören Vertreterinnen oder Vertreter aus Wissenschaft, Wirtschaft, Kirchen oder öffentlich-rechtlichen Religions- und Weltanschauungsgemeinschaften und Verbänden der Liga der freien Wohlfahrtspflege in Baden-Württemberg, Verwaltung und Gesellschaft an. [2]Die Ministerin oder der Minister für Soziales und Integration hat den Vorsitz.

(3) [1]Die Mitglieder des Landesbeirats für Integration und ihre Stellvertretungen werden von der Ministerin oder dem Minister für Soziales und Integration für die Dauer einer Wahlperiode des Landtags berufen. [2]Für jedes Mitglied ist eine Stellvertretung zu bestimmen.

(4) [1]Für den Landesbeirat für Integration wird eine Geschäftsstelle beim Sozialministerium eingerichtet. [2]Der Landesbeirat für Integration gibt sich eine Geschäftsordnung.

§ 10 Landesverband der kommunalen Migrantenvertretungen

(1) Die Landesregierung arbeitet mit dem Landesverband der kommunalen Migrantenvertretungen Baden-Württemberg (LAKA) auf Landesebene in integrations- und migrationsspezifischen Angelegenheiten zusammen.

(2) Das Land fördert die Arbeit des LAKA durch finanzielle Zuwendungen.

§ 11 Integrationsausschüsse und Integrationsräte

(1) Die Gemeinden und Landkreise können Integrationsausschüsse oder Integrationsräte für Fragen, welche die Gestaltung des Zusammenlebens in einer vielfältigen Gesellschaft und insbesondere die Integration von Menschen mit Migrationshintergrund betreffen, einrichten.

(2) Die Entscheidung über die Einrichtung eines Integrationsausschusses oder eines Integrationsrats, seine Zusammensetzung, die Art der Bestimmung seiner Mitglieder und die Aufgabenbeschreibung wird vom Gemeinderat beziehungsweise Kreistag getroffen.

§ 12 Integrationsausschuss

[1]Der Integrationsausschuss ist ein beratender Ausschuss im Sinn der Gemeindeordnung beziehungsweise der Landkreisordnung. [2]Unter den als sachkundige Einwohnerinnen oder Einwohner in diesen Ausschuss zu berufenden Personen müssen Menschen mit Migrationshintergrund sein.

§ 13 Integrationsrat

(1) Der Integrationsrat besteht aus Einwohnerinnen oder Einwohnern, die einen Migrationshintergrund haben oder aufgrund ihrer Kenntnisse in Fragen der Migration und Integration einen Beitrag zur Arbeit des Integrationsrats leisten können.

(2) [1]Der Integrationsrat kann sich mit allen Angelegenheiten der Gemeinde beziehungsweise des Landkreises befassen. [2]Auf Antrag des Integrationsrats hat die Bürgermeisterin oder der Bürgermeister eine Angelegenheit aus dem Bereich Integration dem Gemeinderat beziehungsweise die Landrätin oder der Landrat dem Kreistag zur Beratung und Entscheidung vorzulegen.

(3) Jedes Mitglied des Integrationsrats verfügt über Rede- und Stimmrecht im Integrationsrat.

(4) [1]Vorlagen, die die Belange von Menschen mit Migrationshintergrund betreffen, sind dem Integrationsrat möglichst frühzeitig zuzuleiten. [2]Der Integrationsrat hat das Recht, eine Vertretung in die Sitzungen des Gemeinderats beziehungsweise des Kreistags zu entsenden, die dort in Angelegenheiten aus dem Bereich Integration Rede-, Anhörungs- und Antragsrecht hat.

(5) Die Einzelheiten sind in der Geschäftsordnung des Gemeinderats beziehungsweise des Kreistags zu regeln.

§ 14 Integrationsbeauftragte

(1) [1]Zur Festigung von Integrationsstrukturen können Gemeinden und Landkreise Integrationsbeauftragte ernennen. [2]Integrationsbeauftragte sind zentrale Anlauf-, Beratungs- und Koordinierungsstellen für alle Integrationsangelegenheiten. [3]Integrationsbeauftragte der Landkreise können auch als Anlauf-, Beratungs- und Koordinierungsstellen derjenigen kreisangehörigen Gemeinden fungieren, in denen keine solche Stelle vorhanden ist.

(2) [1]Die Gemeinden und Landkreise legen jeweils Art und Umfang der Aufgaben der Integrationsbeauftragten fest. [2]Typische Aufgaben sind:

1. Steuerung und Koordinierung der kommunalen Integrationsarbeit,
2. Vernetzung und Kooperation mit Migrantenorganisationen und den im Bereich der Integration und der Unterstützung von Flüchtlingen tätigen Initiativen,
3. Mitwirkung an der Arbeit eines Integrationsausschusses oder eines Integrationsrats,
4. Initiierung von Angeboten, die auf identifizierte lokale Bedarfe reagieren,
5. Einzelfallberatung und Betreuung der Einwohnerinnen oder Einwohner mit Migrationshintergrund,
6. Information der Einwohnerinnen oder Einwohner mit Migrationshintergrund über migrantenspezifische Angebote für Bildung, Ausbildung, Weiterbildung sowie Deutsch- und Integrationskurse,
7. Berichterstattung über den Stand der Integration und Erarbeitung von Stellungnahmen für kommunale Gremien und
8. Förderung der interkulturellen Öffnung der Gemeinde oder des Landkreises.

(3) Zur Wahrnehmung der Aufgaben nach Absatz 2 sind die Integrationsbeauftragten, soweit die Belange von Menschen mit Migrationshintergrund betroffen sind, bei Vorhaben der Gemeinden und Landkreise frühzeitig zu beteiligen.

§ 15 Landesintegrationsbericht

[1]Auf der Grundlage geeigneter vorhandener Daten überprüft die Landesregierung die Anwendung des Gesetzes und den Stand der Integration insgesamt. [2]Über das Ergebnis ist dem Landtag zu berichten.

[3]Dieser Bericht ist fortlaufend in fünfjährigem Rhythmus zu erstellen. [4]Die Federführung liegt beim Sozialministerium.

Gesetz zur Förderung der elektronischen Verwaltung des Landes Baden-Württemberg (E-Government-Gesetz Baden-Württemberg – EGovG BW)[1)]

Vom 17. Dezember 2015 (GBl. S. 1191)

zuletzt geändert durch Art. 1 ÄndG vom 20. November 2018 (GBl. S. 431)

- Auszug –

Abschnitt 1
Grundlagen

§ 1 Geltungsbereich

(1) [1]Dieses Gesetz gilt für die öffentlich-rechtliche Verwaltungstätigkeit der Behörden des Landes, der Gemeinden und Gemeindeverbände sowie der sonstigen der Aufsicht des Landes unterstehenden juristischen Personen des öffentlichen Rechts, soweit nichts anderes geregelt ist. [2]Behörde im Sinne dieses Gesetzes ist jede Stelle, die Aufgaben der öffentlichen Verwaltung wahrnimmt.

(2) [1]Die ausschließlich für die Behörden des Landes geltenden Regelungen finden keine Anwendung

1. auf die Landratsämter als untere Verwaltungsbehörden,

2. auf Beliehene,

3. auf die staatlichen Hochschulen, das Karlsruher Institut für Technologie, die Filmakademie Baden-Württemberg GmbH, die Popakademie Baden-Württemberg GmbH, die Akademie für Darstellende Kunst Baden-Württemberg GmbH und die Landesmuseen.

[2]Gleiches gilt für die Träger der Regionalplanung als Körperschaften des öffentlichen Rechts bei der Erfüllung ihrer Aufgaben nach dem Landesplanungsgesetz.

(3) Dieses Gesetz gilt nicht für die Tätigkeit der Kirchen, der Religionsgesellschaften und Weltanschauungsgemeinschaften sowie ihrer Verbände und Einrichtungen, der öffentlichen Schulen, der Behörden bei Leistungs-, Eignungs- und ähnlichen Prüfungen von Personen, der Krankenhäuser und Universitätsklinika, des Südwestrundfunks und der Steuerverwaltung.

(4) Für die Tätigkeit der Gerichtsverwaltungen und der Behörden der Justizverwaltung einschließlich der ihrer Aufsicht unterliegenden Körperschaften des öffentlichen Rechts gilt, unbeschadet des § 6 Absatz 4, dieses Gesetz nur, soweit die Tätigkeit der Nachprüfung durch die Gerichte der Verwaltungsgerichtsbarkeit oder der Nachprüfung durch die in verwaltungsrechtlichen Anwalts-, Patentanwalts- und Notarsachen zuständigen Gerichte unterliegt.

(5) Dieses Gesetz gilt, soweit nicht Gesetze des Landes inhaltsgleiche oder entgegenstehende Bestimmungen enthalten.

(6) Dieses Gesetz gilt mit Ausnahme von § 6 Absatz 4 nicht für

1. die Strafverfolgung, die Verfolgung und Ahndung von Ordnungswidrigkeiten, die Rechtshilfe für das Ausland in Straf- und Zivilsachen und für Maßnahmen des Richterdienstrechts,

2. die Verwaltungstätigkeit nach dem Zweiten Buch Sozialgesetzbuch.

(7) § 4a gilt abweichend von Absatz 1 bis 6 für alle Auftraggeber im Sinne von § 98 des Gesetzes gegen Wettbewerbsbeschränkungen (GWB), für die nach § 159 Absatz 2 und 3 GWB die Vergabekammer Baden-Württemberg zuständig ist oder die für den Bund im Rahmen der Organleihe nach § 159 Absatz 1 Nummer 5 GWB in Vergabeverfahren tätig werden.

Abschnitt 2
Elektronisches Verwaltungshandeln

§ 2 Elektronischer Zugang zur Verwaltung

(1) Jede Behörde ist verpflichtet, auch einen Zugang für die elektronische Kommunikation zu eröffnen.

(2) [1]Mindestens ein Zugang nach Absatz 1 muss durch angemessene Sicherungsmaßnahmen gegen den unberechtigten Zugriff Dritter geschützt sein. [2]Die Behörde nutzt diesen gesicherten Zugang

---

1) Verkündet als Art. 1 G v. 17. 12. 2015 (GBl. S. 1191); Inkrafttreten gem. Art. 8 Abs. 1 dieses G am 1. 1. 2016, abweichend davon beachte die Regelungen in Art. 8 Abs. 2–6 dieses G; zu den Übergangsregelungen siehe Art. 7 und 8 dieses G.

grundsätzlich bei der Kommunikation in Verwaltungsverfahren. ³Die Behörde weist auf ihrer Webseite auf den Zugang nach Satz 2 hin.

(3) Jede Behörde des Landes ist verpflichtet, den elektronischen Zugang zusätzlich durch eine De-Mail-Adresse im Sinne des De-Mail-Gesetzes zu eröffnen, es sei denn, die Behörde des Landes hat keinen Zugang zu dem zentral für die Landesverwaltung angebotenen IT-Verfahren, über das De-Mail-Dienste für Landesbehörden angeboten werden.

(4) Jede Behörde des Landes ist verpflichtet, in Verwaltungsverfahren, in denen sie die Identität einer Person aufgrund einer Rechtsvorschrift festzustellen hat oder aus anderen Gründen eine Identifizierung für notwendig erachtet, einen elektronischen Identitätsnachweis nach § 18 des Personalausweisgesetzes oder nach § 78 Absatz 5 des Aufenthaltsgesetzes anzubieten.

§ 3 Elektronische Informationen und Verfahren

(1) Die Behörden stellen über öffentlich zugängliche Netze in allgemein verständlicher Sprache Informationen über ihre Aufgaben, ihre Anschrift, ihre Geschäftszeiten sowie postalische, telefonische und elektronische Erreichbarkeiten bereit und stellen sicher, dass diese Informationen dem neuesten Stand entsprechen.

(2) ¹Die Behörden des Landes stellen über Absatz 1 hinaus Informationen in allgemein verständlicher Sprache über ihre nach außen wirkende öffentlich-rechtliche Tätigkeit, damit verbundene Gebühren, beizubringende Unterlagen, die zuständige Stelle und ihre Erreichbarkeit sowie die damit verbundenen Formulare in elektronischer Form über öffentlich zugängliche Netze bereit und halten sie laufend aktuell. ²Die obersten Landesbehörden stellen sicher, dass die entsprechenden Informationen auch für Verfahren in ihrem jeweiligen fachlichen Wirkungskreis über öffentlich zugängliche Netze bereitstehen, für deren Vollzug die Gemeinden und Gemeindeverbände zuständig sind. ³Die Behörden des Landes bieten ihre Leistungen und die dazu erforderlichen Verfahren auch in elektronischer Form an, es sei denn, dies ist unwirtschaftlich oder unzweckmäßig.

§ 4 Elektronische Bezahlmöglichkeiten

¹Fallen im Rahmen eines elektronisch durchgeführten Verwaltungsverfahrens Gebühren oder sonstige Forderungen an, muss die Behörde die Einzahlung dieser Gebühren oder die Begleichung dieser sonstigen Forderungen durch Teilnahme an mindestens einem im elektronischen Geschäftsverkehr üblichen und hinreichend sicheren Zahlungsverfahren ermöglichen. ²Die Behörden des Landes bieten für Verfahren nach Satz 1 geeignete elektronische Zahlungsmöglichkeiten an.

§ 4a Elektronischer Rechnungsempfang; Verordnungsermächtigung[1]

(1) ¹Elektronische Rechnungen, die nach Erfüllung von öffentlichen Aufträgen und Aufträgen sowie zu Konzessionen von Auftraggebern nach § 98 GWB ausgestellt wurden und
1. für die nach § 159 Absatz 2 und 3 GWB die Vergabekammer Baden-Württemberg zuständige Vergabekammer ist oder
2. die für den Bund im Rahmen der Organleihe nach § 159 Absatz 1 Nummer 5 GWB vergeben wurden,

sind nach Maßgabe einer Rechtsverordnung nach Absatz 5 zu empfangen und zu verarbeiten. ²Dies gilt auch, wenn der Wert des vergebenen öffentlichen Auftrags, des vergebenen Auftrags oder der Vertragswert der vergebenen Konzession den gemäß § 106 GWB jeweils maßgeblichen Schwellenwert unterschreitet. ³Vertragliche Regelungen, die die elektronische Rechnungsstellung vorschreiben, bleiben unberührt.

(2) Absatz 1 Satz 2 gilt nicht für die Gemeinden oder die Gemeindeverbände oder für die Auftraggeber, die in entsprechender Anwendung von §§ 99 bis 101 GWB den Gemeinden und Gemeindeverbänden zuzuordnen sind.

(3) Auftraggeber nach Absatz 1 sind subzentrale öffentliche Auftraggeber nach Artikel 2 Nummer 7 der Richtlinie 2014/55/EU des Europäischen Parlaments und des Rates vom 16. April 2014 über die elektronische Rechnungsstellung bei öffentlichen Aufträgen (ABl. L 133 vom 6. Mai 2014, S. 1) in der jeweils geltenden Fassung.

(4) Eine Rechnung ist elektronisch, wenn
1. sie in einem strukturierten elektronischen Format ausgestellt, übermittelt und empfangen wird und
2. das Format die automatische und elektronische Verarbeitung der Rechnung ermöglicht.

---

1) Die Absätze 1 bis 4 treten am 18.4.2020 in Kraft.

(5) [1]Die Landesregierung wird ermächtigt, durch Rechtsverordnung besondere Vorschriften zur Ausgestaltung des elektronischen Rechnungsverkehrs zu erlassen. [2]Diese Vorschriften können sich beziehen auf

1. die Art und Weise der Verarbeitung der elektronischen Rechnung, insbesondere auf die elektronische Verarbeitung,

2. die Anforderungen an die elektronische Rechnungsstellung, und zwar insbesondere an die von den elektronischen Rechnungen zu erfüllenden Voraussetzungen, den Schutz personenbezogener Daten, das zu verwendende Rechnungsdatenmodell sowie auf die Verbindlichkeit der elektronischen Form,

3. die Befugnis von öffentlichen Auftraggebern, Sektorenauftraggebern und Konzessionsgebern, in Ausschreibungsbedingungen die Erteilung elektronischer Rechnungen vorzusehen sowie

4. Ausnahmen für sicherheitsspezifische Aufträge.

§ 5 Nachweise

[1]Wird ein Verwaltungsverfahren elektronisch durchgeführt, können die vorzulegenden Nachweise elektronisch eingereicht werden, es sei denn, dass durch Rechtsvorschrift etwas anderes bestimmt ist oder die Behörde für bestimmte Verfahren oder im Einzelfall die Vorlage eines Originals verlangt. [2]Die Behörde entscheidet nach pflichtgemäßem Ermessen, welche Art der elektronischen Einreichung sie für ihre Ermittlung des Sachverhalts zulässt.

§ 6 Elektronische Aktenführung

(1) [1]Die Behörden des Landes führen ihre Akten elektronisch. [2]Satz 1 gilt nicht für solche Behörden, bei denen das Führen elektronischer Akten bei langfristiger Betrachtung unwirtschaftlich ist. [3]Über Ausnahmen nach Satz 2 entscheidet die zuständige oberste Landesbehörde im Einvernehmen mit der oder dem Beauftragten der Landesregierung für Informationstechnologie.

(2) Die übrigen Behörden können ihre Akten nach den Vorschriften dieses Gesetzes elektronisch führen.

(3) [1]Wird eine Akte elektronisch geführt, sind durch geeignete technisch-organisatorische Maßnahmen gemäß dem Stand der Technik die dauerhafte Lesbarkeit, die Konvertierbarkeit in ein anderes Dateiformat, die Integrität und Authentizität, die kurzfristige Verfügbarkeit und die Vertraulichkeit der Akte und die Einhaltung der Grundsätze ordnungsgemäßer Aktenführung sicherzustellen. [2]Die Vorschriften des Landesdatenschutzgesetzes bleiben unberührt.

(4) [1]Führt eine Behörde oder ein Gericht die Akten elektronisch, kann die Behörde oder das Gericht die Akten elektronisch an andere Behörden oder Gerichte weitergeben, sofern für die Weitergabe eine rechtliche Grundlage vorhanden ist. [2]Die abgebende Behörde oder das abgebende Gericht hat die weitere Verwendbarkeit der elektronischen Akte bei der aufnehmenden Behörde oder beim aufnehmenden Gericht durch die Nutzung eines geeigneten Dateiformats sicherzustellen. [3]§ 3 Landesarchivgesetz bleibt unberührt.

§ 7 Übertragen und Vernichten des Papieroriginals und elektronischer Dokumente

(1) [1]Die Behörden sollen, soweit sie Akten elektronisch führen, an Stelle von Dokumenten in Papierform oder anderer körperlicher Form deren elektronische Wiedergabe in der elektronischen Akte speichern. [2]Werden Dokumente in Papierform oder anderer körperlicher Form in elektronische Dokumente übertragen, ist nach dem Stand der Technik sicherzustellen, dass die elektronischen Dokumente mit den Dokumenten in Papierform oder in anderer körperlicher Form bildlich und inhaltlich übereinstimmen, wenn sie lesbar gemacht werden. [3]Von der Übertragung der Dokumente in Papierform oder anderer körperlicher Form in elektronische Dokumente kann abgesehen werden, wenn die Übertragung unverhältnismäßigen Aufwand erfordert.

(2) [1]Dokumente in Papierform oder anderer körperlicher Form sollen nach der Übertragung in elektronische Dokumente nach Absatz 1 vernichtet oder zurückgegeben werden, sobald eine weitere Aufbewahrung nicht mehr aus rechtlichen Gründen oder zur Qualitätssicherung des Übertragungsvorgangs erforderlich ist. [2]Das Nähere ist durch die Leitung der Behörde zu regeln.

(3) Die Absätze 1 und 2 gelten entsprechend für elektronische Dokumente, die zur Sicherung ihrer Nutzung in neue Formate umgewandelt werden.

§ 8   Akteneinsicht

Soweit ein Recht auf Akteneinsicht besteht, können die Behörden, die Akten elektronisch führen, Akteneinsicht dadurch gewähren, dass sie

1.   einen Aktenausdruck zur Verfügung stellen,
2.   elektronische Dokumente übermitteln oder
3.   den elektronischen lesenden Zugriff auf den Inhalt der Akten gestatten.

§ 9   Optimierung von Verwaltungsabläufen und Information zum Verfahrensstand

(1) [1]Behörden des Landes sollen Verwaltungsabläufe, die erstmals zu wesentlichen Teilen elektronisch unterstützt werden, vor Einführung der informationstechnischen Systeme unter Nutzung gängiger Methoden dokumentieren, analysieren und optimieren. [2]Dabei sollen sie im Interesse der Verfahrensbeteiligten die Verwaltungsabläufe so gestalten, dass Informationen zum Verfahrensstand und zum weiteren Verfahren sowie die Kontaktinformationen der zum Zeitpunkt der Anfrage zuständigen Ansprechstelle auf elektronischem Wege abgerufen werden können.

(2) [1]Von den Maßnahmen nach Absatz 1 kann abgesehen werden, soweit diese einen nicht vertretbaren wirtschaftlichen Mehraufwand bedeuten würden oder sonstige zwingende Gründe entgegenstehen. [2]Von den Maßnahmen nach Absatz 1 Satz 2 kann zudem abgesehen werden, wenn diese dem Zweck des Verfahrens entgegenstehen oder eine gesetzliche Schutznorm verletzen. [3]Die Gründe nach den Sätzen 1 und 2 sind zu dokumentieren.

(3) Die Absätze 1 und 2 gelten entsprechend bei allen wesentlichen Änderungen der Verwaltungsabläufe oder der eingesetzten informationstechnischen Systeme.

§ 10   Anforderungen an das Bereitstellen von Daten, Verordnungsermächtigung

(1) [1]Stellen Behörden über öffentlich zugängliche Netze Daten zur Verfügung, an denen ein Nutzungsinteresse zu erwarten ist, sind grundsätzlich maschinenlesbare Formate zu verwenden. [2]Die Daten sollen mit Metadaten versehen werden.

(2) [1]Die Landesregierung wird ermächtigt, durch Rechtsverordnung Regelungen für die Nutzung der Daten gemäß Absatz 1 festzulegen. [2]Sie sollen insbesondere den Umfang der Nutzung, Nutzungsbedingungen für kommerzielle und nicht-kommerzielle Nutzung sowie Gewährleistungs- und Haftungsausschlüsse regeln. [3]Es können keine Regelungen zu Geldleistungen für die Nutzung der Daten getroffen werden.

(3) Regelungen in anderen Rechtsvorschriften über technische Formate, in denen Daten verfügbar zu machen sind, gehen vor, soweit sie Maschinenlesbarkeit gewährleisten.

(4) Absatz 2 gilt nicht, soweit Rechte Dritter, insbesondere Rechte der Gemeinden und Gemeindeverbände, entgegenstehen.

(5) Absatz 1 gilt für Daten, die vor dem 31. Dezember 2017 erstellt wurden, nur, wenn sie in maschinenlesbaren Formaten vorliegen.

§ 11   Elektronische Formulare

[1]Ist durch Rechtsvorschrift die Verwendung eines bestimmten Formulars vorgeschrieben, das ein Unterschriftsfeld vorsieht, wird allein dadurch nicht die Anordnung der Schriftform bewirkt. [2]Bei einer für die elektronische Versendung an die Behörde bestimmten Fassung des Formulars entfällt das Unterschriftsfeld.

§ 12   Georeferenzierung

(1) Wird ein elektronisches Register, das Angaben mit Bezug zu Grundstücken in Baden-Württemberg enthält, neu aufgebaut oder überarbeitet, hat die Behörde in das Register eine landesweit einheitlich festgelegte direkte Georeferenzierung (Koordinaten) zu dem jeweiligen Flurstück, dem Gebäude oder zu dem in einer Rechtsvorschrift definierten Gebiet aufzunehmen, auf das sich die Angaben beziehen.

(2) Register im Sinne dieses Gesetzes sind solche, für die Daten aufgrund von Rechtsvorschriften des Landes erhoben oder gespeichert werden; dies können öffentliche und nichtöffentliche Register sein.

§ 13   Amtliche Mitteilungs- und Verkündungsblätter

(1) [1]Eine durch Rechtsvorschrift des Landes bestimmte Pflicht zur Bekanntmachung oder Veröffentlichung (Publikation) in einem amtlichen Mitteilungs- oder Verkündungsblatt des Landes, einer Gemeinde oder eines Gemeindeverbandes kann zusätzlich oder ausschließlich elektronisch erfüllt werden, wenn die Publikation über öffentlich zugängliche Netze angeboten wird. [2]Satz 1 findet unter der Vo-

raussetzung Anwendung, dass durch ein Gesetz oder eine Rechtsverordnung, bei Publikationen durch Gemeinden oder Gemeindeverbände ergänzend durch Satzung, eine zusätzliche oder ausschließliche elektronische Publikation zugelassen ist. [3]Artikel 63 Absatz 1 und 2 der Verfassung des Landes Baden-Württemberg bleibt unberührt.

(2) [1]Jede Person muss einen angemessenen Zugang zu der Publikation haben, insbesondere durch die Möglichkeit, Ausdrucke zu bestellen oder in öffentlichen Einrichtungen auf die Publikation zuzugreifen. [2]Es muss die Möglichkeit bestehen, die Publikation zu abonnieren oder elektronisch einen Hinweis auf neue Publikationen zu erhalten. [3]Gibt es nur eine elektronische Ausgabe, ist dies in öffentlich zugänglichen Netzen auf geeignete Weise bekannt zu machen. [4]Es ist sicherzustellen, dass die publizierten Inhalte allgemein und dauerhaft zugänglich sind und eine Veränderung des Inhalts ausgeschlossen ist. [5]Bei gleichzeitiger Publikation in elektronischer und papiergebundener Form hat die herausgebende Stelle eine Regelung zu treffen, welche Form als die authentische anzusehen ist. [6]§ 1 der Verordnung des Innenministeriums zur Durchführung der Gemeindeordnung und § 1 der Verordnung des Innenministeriums zur Durchführung der Landkreisordnung bleiben unberührt.

(3) [1]In einer über öffentlich zugängliche Netze verbreiteten elektronischen Fassung der Publikation sind personenbezogene Daten unkenntlich zu machen, wenn der Zweck ihrer Veröffentlichung erledigt ist und eine fortdauernde Veröffentlichung das Recht der betroffenen Person auf informationelle Selbstbestimmung unangemessen beeinträchtigen würde. [2]Änderungen nach Satz 1 müssen als solche kenntlich gemacht werden und den Zeitpunkt der Änderung erkennen lassen.

…

Gemeindeordnung für Baden-Württemberg (Gemeindeordnung – GemO)

In der Fassung vom 24. Juli 2000[1] (GBl. S. 581, ber. S. 698)
(BWGültV Sachgebiet 2802-1)

zuletzt geändert durch Art. 16 G zur Umsetzung der Neuorganisation der Forstverwaltung Baden-Württemberg vom 21. Mai 2019 (GBl. S. 161)

Inhaltsübersicht

Erster Teil
Wesen und Aufgaben der Gemeinde

1. Abschnitt
Rechtsstellung

§ 1 Begriff der Gemeinde
§ 2 Wirkungskreis
§ 3 Stadtkreise, Große Kreisstädte
§ 4 Satzungen
§ 5 Name und Bezeichnung
§ 6 Wappen, Flaggen, Dienstsiegel

2. Abschnitt
Gemeindegebiet

§ 7 Gebietsbestand
§ 8 Gebietsänderungen
§ 9 Rechtsfolgen, Auseinandersetzung

3. Abschnitt
Einwohner und Bürger

§ 10 Rechtsstellung des Einwohners
§ 11 Anschluss- und Benutzungszwang
§ 12 Bürgerrecht
§ 13 Verlust des Bürgerrechts
§ 14 Wahlrecht
§ 15 Bestellung zu ehrenamtlicher Tätigkeit
§ 16 Ablehnung ehrenamtlicher Tätigkeit
§ 17 Pflichten ehrenamtlich tätiger Bürger
§ 18 Ausschluss wegen Befangenheit
§ 19 Entschädigung für ehrenamtliche Tätigkeit
§ 20 Unterrichtung der Einwohner
§ 20a Einwohnerversammlung
§ 20b Einwohnerantrag
§ 21 Bürgerentscheid, Bürgerbegehren
§ 22 Ehrenbürgerrecht

Zweiter Teil
Verfassung und Verwaltung der Gemeinde

1. Abschnitt
§ 23 Organe

2. Abschnitt
Gemeinderat

§ 24 Rechtsstellung und Aufgaben
§ 25 Zusammensetzung
§ 26 Wahlgrundsätze
§ 27 Wahlgebiet, Unechte Teilortswahl
§ 28 Wählbarkeit
§ 29 Hinderungsgründe

§ 30 Amtszeit
§ 31 Ausscheiden, Nachrücken, Ergänzungswahl
§ 31a Folgen des Verbots einer Partei oder Wählervereinigung
§ 32 Rechtsstellung der Gemeinderäte
§ 32a Fraktionen
§ 33 Mitwirkung im Gemeinderat
§ 33a Ältestenrat
§ 34 Einberufung der Sitzungen, Teilnahmepflicht
§ 35 Öffentlichkeit der Sitzungen
§ 36 Verhandlungsleitung, Geschäftsgang
§ 37 Beschlussfassung
§ 38 Niederschrift
§ 39 Beschließende Ausschüsse
§ 40 Zusammensetzung der beschließenden Ausschüsse
§ 41 Beratende Ausschüsse
§ 41a Beteiligung von Kindern und Jugendlichen
§ 41b Veröffentlichung von Informationen

3. Abschnitt
Bürgermeister

§ 42 Rechtsstellung des Bürgermeisters
§ 43 Stellung im Gemeinderat
§ 44 Leitung der Gemeindeverwaltung
§ 45 Wahlgrundsätze
§ 46 Wählbarkeit, Hinderungsgründe
§ 47 Zeitpunkt der Wahl, Stellenausschreibung
§ 48 Stellvertreter des Bürgermeisters
§ 49 Beigeordnete
§ 50 Rechtsstellung und Bestellung der Beigeordneten
§ 51 Hinderungsgründe
§ 52 Besondere Dienstpflichten
§ 53 Beauftragung, rechtsgeschäftliche Vollmacht
§ 54 Verpflichtungserklärungen
§ 55 Beirat für geheim zu haltende Angelegenheiten

4. Abschnitt
Gemeindebedienstete

§ 56 Einstellung, Ausbildung
§ 57 Stellenplan
§ 58 Gemeindefachbediensteter

1) Neubekanntmachung der GemO idF v. 3. 10. 1983 (GBl. S. 578, ber. S. 720) in der ab 1. 12. 1999 geltenden Fassung.

5. Abschnitt
Besondere Verwaltungsformen
1. Verwaltungsgemeinschaft
§   59   Rechtsformen der
          Verwaltungsgemeinschaft
§   60   Anwendung von Rechtsvorschriften und
          besondere Bestimmungen für die
          Verwaltungsgemeinschaft
§   61   Aufgaben der Verwaltungsgemeinschaft
§   62   Auflösung der Verwaltungsgemeinschaft
          und Ausscheiden beteiligter Gemeinden
2.
§   63   Bürgermeister in mehreren Gemeinden
3. Bezirksverfassung
§   64   Gemeindebezirk
§   65   Bezirksbeirat
§   66   Aufhebung der Bezirksverfassung
4. Ortschaftsverfassung
§   67   Einführung der Ortschaftsverfassung
§   68   Ortschaften
§   69   Ortschaftsrat
§   70   Aufgaben des Ortschaftsrats
§   71   Ortsvorsteher
§   72   Anwendung von Rechtsvorschriften
§   73   Aufhebung der Ortschaftsverfassung
§§ 74–76 (entfallen)

Dritter Teil
Gemeindewirtschaft

1. Abschnitt
Haushaltswirtschaft
§   77   Allgemeine Haushaltsgrundsätze
§   78   Grundsätze der Erzielung von Erträgen und
          Einzahlungen
§   79   Haushaltssatzung
§   80   Haushaltsplan
§   81   Erlass der Haushaltssatzung
§   82   Nachtragshaushaltssatzung
§   83   Vorläufige Haushaltsführung
§   84   Planabweichungen
§   85   Finanzplanung
§   86   Verpflichtungsermächtigungen
§   87   Kreditaufnahmen
§   88   Sicherheiten und Gewährleistung für Dritte
§   89   Liquiditätssicherung
§   90   Rücklagen, Rückstellungen
§   91   Erwerb und Verwaltung von Vermögen,
          Wertansätze
§   92   Veräußerung von Vermögen
§   93   Gemeindekasse
§   94   Übertragung von Kassengeschäften
§   95   Jahresabschluss
§   95a   Gesamtabschluss
§   95b   Aufstellung und ortsübliche Bekanntgabe
          der Abschlüsse

2. Abschnitt
Sondervermögen, Treuhandvermögen
§   96   Sondervermögen

§   97   Treuhandvermögen
§   98   Sonderkassen
§   99   Freistellung von der Finanzplanung
§   100   Gemeindegliedervermögen
§   101   Örtliche Stiftungen

3. Abschnitt
Unternehmen und Beteiligungen
§   102   Zulässigkeit wirtschaftlicher Unternehmen
§   102a Selbstständige Kommunalanstalt
§   102b Organe der selbstständigen
          Kommunalanstalt
§   102c Umwandlung
§   102d Sonstige Vorschriften für selbstständige
          Kommunalanstalten
§   103   Unternehmen in Privatrechtsform
§   103a Unternehmen in der Rechtsform einer
          Gesellschaft mit beschränkter Haftung
§   104   Vertretung der Gemeinde in Unternehmen
          in Privatrechtsform
§   105   Prüfung, Offenlegung und
          Beteiligungsbericht
§   105a Mittelbare Beteiligungen an Unternehmen
          in Privatrechtsform
§   106   Veräußerung von Unternehmen und
          Beteiligungen
§   106a Einrichtungen in Privatrechtsform
§   106b Vergabe von Aufträgen
§   107   Energie- und Wasserverträge
§   108   Vorlagepflicht

4. Abschnitt
Prüfungswesen
1. Örtliche Prüfung
§   109   Prüfungseinrichtungen
§   110   Örtliche Prüfung des Jahresabschlusses und
          des Gesamtabschlusses
§   111   Örtliche Prüfung der Jahresabschlüsse der
          Eigenbetriebe, Sonder- und
          Treuhandvermögen
§   112   Weitere Aufgaben des
          Rechnungsprüfungsamts

2. Überörtliche Prüfung
§   113   Prüfungsbehörden
§   114   Aufgaben und Gang der überörtlichen
          Prüfung

3. Programmprüfung
§   114a Prüfung von Programmen für
          automatisierte Verfahren

4. (aufgehoben)
§   115   (aufgehoben)

5. Abschnitt
Besorgung des Finanzwesens
§   116   Fachbediensteter für das Finanzwesen

6. Abschnitt
Unwirksame und nichtige Rechtsgeschäfte

§ 117   Nicht genehmigte oder verbotene
         Rechtsgeschäfte

Vierter Teil
Aufsicht

§ 118   Wesen und Inhalt der Aufsicht
§ 119   Rechtsaufsichtsbehörden
§ 120   Informationsrecht
§ 121   Beanstandungsrecht
§ 122   Anordnungsrecht
§ 123   Ersatzvornahme
§ 124   Bestellung eines Beauftragten
§ 125   Rechtsschutz in Angelegenheiten der
         Rechtsaufsicht
§ 126   Geltendmachung von Ansprüchen,
         Verträge mit der Gemeinde
§ 127   Zwangsvollstreckung
§ 128   Vorzeitige Beendigung der Amtszeit des
         Bürgermeisters
§ 129   Fachaufsichtsbehörden, Befugnisse der
         Fachaufsicht

Fünfter Teil
Übergangs- und Schlussbestimmungen

1. Abschnitt
Allgemeine Übergangsbestimmungen

§ 130   Weisungsaufgaben

§ 131   Rechtsstellung der bisherigen Stadtkreise
         und unmittelbaren Kreisstädte
§ 132   (aufgehoben)
§ 133   Frühere badische Stadtgemeinden
§§ 134–137 (aufgehoben)
§ 138   nicht abgedruckt
§ 139   (aufgehoben)
§ 140   Fortgeltung von Bestimmungen über die
         Aufsicht

2. Abschnitt
Vorläufige Angleichung des Rechts der Gemein-
debeamten

§ 141   Versorgung

3. Abschnitt
Schlussbestimmungen

§ 142   Ordnungswidrigkeiten
§ 143   Maßgebende Einwohnerzahl
§ 144   Durchführungsbestimmungen
§ 145   Verbindliche Muster
§ 146   (aufgehoben)
§ 147   Inkrafttreten

Erster Teil
Wesen und Aufgaben der Gemeinde

1. Abschnitt
Rechtsstellung

§ 1 Begriff der Gemeinde

(1) Die Gemeinde ist Grundlage und Glied des demokratischen Staates.

(2) Die Gemeinde fördert in bürgerschaftlicher Selbstverwaltung das gemeinsame Wohl ihrer Einwohner und erfüllt die ihr von Land und Bund zugewiesenen Aufgaben.

(3) Die verantwortliche Teilnahme an der bürgerschaftlichen Verwaltung der Gemeinde ist Recht und Pflicht des Bürgers.

(4) Die Gemeinde ist Gebietskörperschaft.

§ 2 Wirkungskreis

(1) Die Gemeinden verwalten in ihrem Gebiet alle öffentlichen Aufgaben allein und unter eigener Verantwortung, soweit die Gesetze nichts anderes bestimmen.

(2) [1]Die Gemeinden können durch Gesetz zur Erfüllung bestimmter öffentlicher Aufgaben verpflichtet werden (Pflichtaufgaben). [2]Werden neue Pflichtaufgaben auferlegt, sind dabei Bestimmungen über die Deckung der Kosten zu treffen. [3]Führen diese Aufgaben zu einer Mehrbelastung der Gemeinden, ist ein entsprechender finanzieller Ausgleich zu schaffen.

(3) Pflichtaufgaben können den Gemeinden zur Erfüllung nach Weisung auferlegt werden (Weisungsaufgaben); das Gesetz bestimmt den Umfang des Weisungsrechts.

(4) [1]In die Rechte der Gemeinden kann nur durch Gesetz eingegriffen werden. [2]Verordnungen zur Durchführung solcher Gesetze bedürfen, sofern sie nicht von der Landesregierung oder dem Innenministerium erlassen werden, der Zustimmung des Innenministeriums.

§ 3 Stadtkreise, Große Kreisstädte

(1) Durch Gesetz können Gemeinden auf ihren Antrag zu Stadtkreisen erklärt werden.

(2) [1]Gemeinden mit mehr als 20 000 Einwohnern können auf ihren Antrag von der Landesregierung zu Großen Kreisstädten erklärt werden. [2]Die Erklärung zur Großen Kreisstadt ist im Gesetzblatt bekannt zu machen.

§ 4 Satzungen

(1) [1]Die Gemeinden können die weisungsfreien Angelegenheiten durch Satzung regeln, soweit die Gesetze keine Vorschriften enthalten. [2]Bei Weisungsaufgaben können Satzungen nur erlassen werden, wenn dies im Gesetz vorgesehen ist.

(2) Wenn nach den Vorschriften dieses Gesetzes eine Hauptsatzung zu erlassen ist, muss sie mit der Mehrheit der Stimmen aller Mitglieder des Gemeinderats beschlossen werden.

(3) [1]Satzungen sind öffentlich bekannt zu machen. [2]Sie treten am Tage nach der Bekanntmachung in Kraft, wenn kein anderer Zeitpunkt bestimmt ist. [3]Satzungen sind der Rechtsaufsichtsbehörde anzuzeigen.

(4) [1]Satzungen, die unter Verletzung von Verfahrens- oder Formvorschriften dieses Gesetzes oder auf Grund dieses Gesetzes zu Stande gekommen sind, gelten ein Jahr nach der Bekanntmachung als von Anfang an gültig zu Stande gekommen. [2]Dies gilt nicht, wenn

1. die Vorschriften über die Öffentlichkeit der Sitzung, die Genehmigung oder die Bekanntmachung der Satzung verletzt worden sind,

2. der Bürgermeister dem Beschluss nach § 43 wegen Gesetzwidrigkeit widersprochen hat oder wenn vor Ablauf der in Satz 1 genannten Frist die Rechtsaufsichtsbehörde den Beschluss beanstandet hat oder die Verletzung der Verfahrens- oder Formvorschrift gegenüber der Gemeinde unter Bezeichnung des Sachverhalts, der die Verletzung begründen soll, schriftlich geltend gemacht worden ist.

[3]Ist eine Verletzung nach Satz 2 Nr. 2 geltend gemacht worden, so kann auch nach Ablauf der in Satz 1 genannten Frist jedermann diese Verletzung geltend machen. [4]Bei der Bekanntmachung der Satzung ist auf die Voraussetzungen für die Geltendmachung der Verletzung von Verfahrens- oder Formvorschriften und die Rechtsfolgen hinzuweisen.

(5) Absatz 4 gilt für anderes Ortsrecht und Flächennutzungspläne entsprechend.

§ 5 Name und Bezeichnung

(1) [1]Die Gemeinden führen ihre bisherigen Namen. [2]Die Bestimmung, Feststellung oder Änderung des Namens einer Gemeinde bedarf der Zustimmung des Regierungspräsidiums.

(2) [1]Die Bezeichnung „Stadt" führen die Gemeinden, denen diese Bezeichnung nach bisherigem Recht zusteht. [2]Die Landesregierung kann auf Antrag die Bezeichnung „Stadt" an Gemeinden verleihen, die nach Einwohnerzahl, Siedlungsform und ihren kulturellen und wirtschaftlichen Verhältnissen städtisches Gepräge tragen. [3]Wird eine Gemeinde mit der Bezeichnung „Stadt" in eine andere Gemeinde eingegliedert oder mit anderen Gemeinden zu einer neuen Gemeinde vereinigt, kann die aufnehmende oder neugebildete Gemeinde diese Bezeichnung als eigene Bezeichnung weiterführen.

(3) [1]Die Gemeinden können auch sonstige überkommene Bezeichnungen weiterführen. [2]Die Landesregierung kann auf Antrag an Gemeinden für diese selbst oder für einzelne Ortsteile (Absatz 4) sonstige Bezeichnungen verleihen, die auf der geschichtlichen Vergangenheit, der Eigenart oder der heutigen Bedeutung der Gemeinden oder der Ortsteile beruhen. [3]Wird eine Gemeinde mit einer sonstigen Bezeichnung in eine andere Gemeinde eingegliedert oder mit anderen Gemeinden zu einer neuen Gemeinde vereinigt, kann diese Bezeichnung für den entsprechenden Ortsteil der aufnehmenden oder neugebildeten Gemeinde weitergeführt werden.

(4) [1]Die Benennung von bewohnten Gemeindeteilen (Ortsteile) sowie der innerhalb dieser dem öffentlichen Verkehr dienenden Straßen, Wege, Plätze und Brücken ist Angelegenheit der Gemeinden. [2]Gleichlautende Benennungen innerhalb derselben Gemeinde sind unzulässig.

§ 6 Wappen, Flaggen, Dienstsiegel

(1) [1]Die Gemeinden haben ein Recht auf ihre bisherigen Wappen und Flaggen. [2]Die Rechtsaufsichtsbehörde kann einer Gemeinde auf ihren Antrag das Recht verleihen, ein neues Wappen und eine neue Flagge zu führen.

(2) [1]Die Gemeinden führen Dienstsiegel. [2]Gemeinden mit eigenen Wappen führen dieses, die übrigen Gemeinden das kleine Landeswappen mit der Bezeichnung und dem Namen der Gemeinde als Umschrift in ihrem Dienstsiegel.

2. *Abschnitt*
Gemeindegebiet

§ 7 Gebietsbestand

(1) [1]Das Gebiet der Gemeinde bilden die Grundstücke, die nach geltendem Recht zu ihr gehören. [2]Grenzstreitigkeiten entscheidet die Rechtsaufsichtsbehörde.

(2) Das Gebiet der Gemeinden soll so bemessen sein, dass die örtliche Verbundenheit der Einwohner und die Leistungsfähigkeit der Gemeinde zur Erfüllung ihrer Aufgaben gesichert ist.

(3) [1]Jedes Grundstück soll zu einer Gemeinde gehören. [2]Aus besonderen Gründen können Grundstücke außerhalb einer Gemeinde verbleiben (gemeindefreie Grundstücke).

§ 8 Gebietsänderungen

(1) Gemeindegrenzen können aus Gründen des öffentlichen Wohls geändert werden.

(2) [1]Gemeindegrenzen können freiwillig durch Vereinbarung der beteiligten Gemeinden mit Genehmigung der zuständigen Rechtsaufsichtsbehörde geändert werden. [2]Die Vereinbarung muss von den Gemeinderäten der beteiligten Gemeinden mit der Mehrheit der Stimmen aller Mitglieder beschlossen werden. [3]Vor der Beschlussfassung sind die Bürger zu hören, die in dem unmittelbar betroffenen Gebiet wohnen; dies gilt nicht, wenn über die Eingliederung einer Gemeinde in eine andere Gemeinde oder die Neubildung einer Gemeinde durch Vereinigung von Gemeinden ein Bürgerentscheid (§ 21) durchgeführt wird.

(3) [1]Gegen den Willen der beteiligten Gemeinden können Gemeindegrenzen nur durch Gesetz geändert werden. [2]Das Gleiche gilt für die Neubildung einer Gemeinde aus Teilen einer oder mehrerer Gemeinden. [3]Vor Erlass des Gesetzes müssen die beteiligten Gemeinden und die Bürger gehört werden, die in dem unmittelbar betroffenen Gebiet wohnen. [4]Die Durchführung der Anhörung der Bürger obliegt den Gemeinden als Pflichtaufgabe.

(4) Wird durch die Änderung von Gemeindegrenzen das Gebiet von Landkreisen betroffen, sind diese zu hören.

(5) Das Nähere über die Anhörung der Bürger, die in dem unmittelbar betroffenen Gebiet wohnen, wird durch das Kommunalwahlgesetz geregelt.

(6) [1]Grenzänderungen nach Absatz 3 Satz 1, die nur Gebietsteile betreffen, durch deren Umgliederung der Bestand der beteiligten Gemeinden nicht gefährdet wird, können durch Rechtsverordnung des Innenministeriums erfolgen. [2]Absatz 3 Sätze 3 und 4 sowie Absatz 4 gelten entsprechend.

§ 9 Rechtsfolgen, Auseinandersetzung

(1) [1]In der Vereinbarung nach § 8 Abs. 2 ist der Umfang der Grenzänderung zu regeln und sind Bestimmungen über den Tag der Rechtswirksamkeit und, soweit erforderlich, über das neue Ortsrecht, die neue Verwaltung sowie die Rechtsnachfolge und Auseinandersetzung zu treffen. [2]Wird eine neue Gemeinde gebildet, muss die Vereinbarung auch Bestimmungen über den Namen und die vorläufige Wahrnehmung der Aufgaben der Verwaltungsorgane der neuen Gemeinde enthalten. [3]Wird eine Gemeinde in eine andere Gemeinde eingegliedert, muss die Vereinbarung auch Bestimmungen über die vorläufige Vertretung der Bevölkerung der eingegliederten Gemeinde durch Gemeinderäte der eingegliederten Gemeinde im Gemeinderat der aufnehmenden Gemeinde bis zur nächsten regelmäßigen Wahl oder einer Neuwahl nach § 34 Abs. 2 des Kommunalwahlgesetzes treffen; dem Gemeinderat der aufnehmenden Gemeinde muss mindestens ein Gemeinderat der eingegliederten Gemeinde angehören, im Übrigen sind bei der Bestimmung der Zahl der Gemeinderäte der eingegliederten Gemeinde im Gemeinderat der aufnehmenden Gemeinde die örtlichen Verhältnisse und der Bevölkerungsanteil zu berücksichtigen. [4]Im Fall des Satzes 3 muss die Vereinbarung ferner Bestimmungen über eine befristete Vertretung der eingegliederten Gemeinde bei Streitigkeiten über die Vereinbarung treffen.

(2) [1]Sollen nicht alle Gemeinderäte der einzugliedernden Gemeinde dem Gemeinderat der aufnehmenden Gemeinde angehören, werden die Mitglieder vor Eintritt der Rechtswirksamkeit der Vereinbarung vom Gemeinderat der einzugliedernden Gemeinde bestimmt. [2]Sind mehrere Gemeinderäte zu bestimmen, gelten hierfür die Vorschriften über die Wahl der Mitglieder der beschließenden Ausschüsse des Gemeinderats mit der Maßgabe entsprechend, dass die nicht gewählten Bewerber in der Reihenfolge der Benennung als Ersatzpersonen festzustellen sind. [3]Scheidet ein Gemeinderat der eingegliederten Gemeinde vorzeitig aus dem Gemeinderat der aufnehmenden Gemeinde aus, gilt § 31 Abs. 2 entsprechend; gehören nicht alle Gemeinderäte der eingegliederten Gemeinde dem Gemeinderat

der aufnehmenden Gemeinde an, sind außer den im Wahlergebnis festgestellten Ersatzpersonen auch die anderen Gemeinderäte Ersatzpersonen im Sinne von § 31 Abs. 2. [4]Für die Bestimmung der Vertreter nach Absatz 1 Satz 4 gilt Satz 1 entsprechend.

(3) [1]Enthält die Vereinbarung keine erschöpfende Regelung oder kann wegen einzelner Bestimmungen die Genehmigung nicht erteilt werden, ersucht die zuständige Rechtsaufsichtsbehörde die Gemeinden, die Mängel binnen angemessener Frist zu beseitigen. [2]Kommen die Gemeinden einem solchen Ersuchen nicht nach, trifft die zuständige Rechtsaufsichtsbehörde die im Interesse des öffentlichen Wohls erforderlichen Bestimmungen.

(4) [1]Bei einer Änderung der Gemeindegrenzen durch Gesetz werden die Rechtsfolgen und die Auseinandersetzung im Gesetz oder durch Rechtsverordnung geregelt. [2]Das Gesetz kann dies auch der Regelung durch Vereinbarung überlassen, die der Genehmigung der zuständigen Rechtsaufsichtsbehörde bedarf. [3]Kommt diese Vereinbarung nicht zu Stande, gilt Absatz 3 entsprechend. [4]Wird die Grenzänderung durch Rechtsverordnung ausgesprochen, sind gleichzeitig die Rechtsfolgen und die Auseinandersetzung zu regeln; Sätze 2 und 3 gelten entsprechend.

(5) [1]Die Regelung nach den Absätzen 1, 3 und 4 begründet Rechte und Pflichten der Beteiligten und bewirkt den Übergang, die Beschränkung oder die Aufhebung von dinglichen Rechten. [2]Die Rechtsaufsichtsbehörde ersucht die zuständigen Behörden um die Berichtigung der öffentlichen Bücher. [3]Sie kann Unschädlichkeitszeugnisse ausstellen.

(6) [1]Für Rechtshandlungen, die aus Anlass der Änderung des Gemeindegebiets erforderlich sind, werden öffentliche Abgaben, die auf Landesrecht beruhen, nicht erhoben; ausgenommen sind Vermessungsgebühren und -entgelte. [2]Auslagen werden nicht ersetzt.

3. Abschnitt
Einwohner und Bürger

§ 10 Rechtsstellung des Einwohners

(1) Einwohner der Gemeinde ist, wer in der Gemeinde wohnt.

(2) [1]Die Gemeinde schafft in den Grenzen ihrer Leistungsfähigkeit die für das wirtschaftliche, soziale und kulturelle Wohl ihrer Einwohner erforderlichen öffentlichen Einrichtungen. [2]Die Einwohner sind im Rahmen des geltenden Rechts berechtigt, die öffentlichen Einrichtungen der Gemeinde nach gleichen Grundsätzen zu benützen. [3]Sie sind verpflichtet, die Gemeindelasten zu tragen.

(3) Personen, die in der Gemeinde ein Grundstück besitzen oder ein Gewerbe betreiben und nicht in der Gemeinde wohnen, sind in derselben Weise berechtigt, die öffentlichen Einrichtungen zu benützen, die in der Gemeinde für Grundbesitzer oder Gewerbetreibende bestehen, und verpflichtet, für ihren Grundbesitz oder Gewerbebetrieb zu den Gemeindelasten beizutragen.

(4) Für juristische Personen und nicht rechtsfähige Personenvereinigungen gelten Absätze 2 und 3 entsprechend.

(5) [1]Durch Satzung können die Gemeinden ihre Einwohner und die ihnen gleichgestellten Personen und Personenvereinigungen (Absätze 3 und 4) für eine bestimmte Zeit zur Mitwirkung bei der Erfüllung vordringlicher Pflichtaufgaben und für Notfälle zu Gemeindediensten (Hand- und Spanndienste) verpflichten. [2]Der Kreis der Verpflichteten, die Art, der Umfang und die Dauer der Dienstleistung sowie die etwa zu gewährende Vergütung oder die Zahlung einer Ablösung sind durch die Satzung zu bestimmen.

§ 11 Anschluss- und Benutzungszwang

(1) [1]Die Gemeinde kann bei öffentlichem Bedürfnis durch Satzung für die Grundstücke ihres Gebiets den Anschluss an Wasserleitung, Abwasserbeseitigung, Straßenreinigung, die Versorgung mit Nah- und Fernwärme und ähnliche der Volksgesundheit oder dem Schutz der natürlichen Grundlagen des Lebens einschließlich des Klima- und Ressourcenschutzes dienende Einrichtungen (Anschlusszwang) und die Benutzung dieser Einrichtungen sowie der Schlachthöfe (Benutzungszwang) vorschreiben. [2]In gleicher Weise kann die Benutzung der Bestattungseinrichtungen vorgeschrieben werden.

(2) [1]Die Satzung kann bestimmte Ausnahmen vom Anschluss- und Benutzungszwang zulassen. [2]Sie kann den Zwang auf bestimmte Teile des Gemeindegebiets oder auf bestimmte Gruppen von Grundstücken, Gewerbebetrieben oder Personen beschränken.

§ 12 Bürgerrecht

(1) [1]Bürger der Gemeinde ist, wer Deutscher im Sinne von Artikel 116 des Grundgesetzes, ist oder die Staatsangehörigkeit eines anderen Mitgliedstaates der Europäischen Union besitzt (Unionsbürger), das 16. Lebensjahr vollendet hat und seit mindestens drei Monaten in der Gemeinde wohnt. [2]Wer das Bürgerrecht in einer Gemeinde durch Wegzug oder Verlegung der Hauptwohnung verloren hat und vor Ablauf von drei Jahren seit dieser Veränderung wieder in die Gemeinde zuzieht oder dort seine Hauptwohnung begründet, ist mit der Rückkehr Bürger. [3]Bürgermeister und Beigeordnete erwerben das Bürgerrecht mit dem Amtsantritt in der Gemeinde.

(2) [1]Wer innerhalb der Bundesrepublik Deutschland in mehreren Gemeinden wohnt, ist in Baden-Württemberg Bürger nur in der Gemeinde, in der er seit mindestens drei Monaten seine Hauptwohnung hat. [2]War in der Gemeinde, in der sich die Hauptwohnung befindet, die bisherige einzige Wohnung, wird die bisherige Wohndauer in dieser Gemeinde angerechnet.

(3) Bei einer Grenzänderung werden Bürger, die in dem betroffenen Gebiet wohnen, Bürger der aufnehmenden Gemeinde; im Übrigen gilt für Einwohner, die in dem betroffenen Gebiet wohnen, das Wohnen in der Gemeinde als Wohnen in der aufnehmenden Gemeinde.

(4) Bei der Berechnung der Dreimonatsfrist nach Absatz 1 Satz 1 und Absatz 2 Satz 1 ist der Tag der Wohnungsnahme in die Frist einzubeziehen.

§ 13 Verlust des Bürgerrechts

Das Bürgerrecht verliert, wer aus der Gemeinde wegzieht, seine Hauptwohnung in eine andere Gemeinde innerhalb der Bundesrepublik Deutschland verlegt oder nicht mehr Deutscher im Sinne von Artikel 116 des Grundgesetzes oder Unionsbürger ist.

§ 14 Wahlrecht

(1) Die Bürger sind im Rahmen der Gesetze zu den Gemeindewahlen wahlberechtigt und haben das Stimmrecht in sonstigen Gemeindeangelegenheiten.

(2) Ausgeschlossen vom Wahlrecht und vom Stimmrecht sind Bürger,

1. die infolge Richterspruchs in der Bundesrepublik Deutschland das Wahlrecht oder Stimmrecht nicht besitzen,

2. für die zur Besorgung aller ihrer Angelegenheiten ein Betreuer nicht nur durch einstweilige Anordnung bestellt ist; dies gilt auch, wenn der Aufgabenkreis des Betreuers die in § 1896 Abs. 4 und § 1905 des Bürgerlichen Gesetzbuchs bezeichneten Angelegenheiten nicht erfasst.

§ 15 Bestellung zu ehrenamtlicher Tätigkeit

(1) Die Bürger haben die Pflicht, eine ehrenamtliche Tätigkeit in der Gemeinde (eine Wahl in den Gemeinderat oder Ortschaftsrat, ein gemeindliches Ehrenamt und eine Bestellung zu ehrenamtlicher Mitwirkung) anzunehmen und diese Tätigkeit während der bestimmten Dauer auszuüben.

(2) [1]Der Gemeinderat bestellt die Bürger zu ehrenamtlicher Tätigkeit; die Bestellung kann jederzeit zurückgenommen werden. [2]Mit dem Verlust des Bürgerrechts endet jede ehrenamtliche Tätigkeit.

§ 16 Ablehnung ehrenamtlicher Tätigkeit

(1) [1]Der Bürger kann eine ehrenamtliche Tätigkeit aus wichtigen Gründen ablehnen oder sein Ausscheiden verlangen. [2]Als wichtiger Grund gilt insbesondere, wenn der Bürger

1. ein geistliches Amt verwaltet,

2. ein öffentliches Amt verwaltet und die oberste Dienstbehörde feststellt, dass die ehrenamtliche Tätigkeit mit seinen Dienstpflichten nicht vereinbar ist,

3. zehn Jahre lang dem Gemeinderat oder Ortschaftsrat angehört oder ein öffentliches Ehrenamt verwaltet hat,

4. häufig oder langdauernd von der Gemeinde beruflich abwesend ist,

5. anhaltend krank ist,

6. mehr als 62 Jahre alt ist oder

7. durch die Ausübung der ehrenamtlichen Tätigkeit in der Fürsorge für die Familie erheblich behindert wird.

[3]Ferner kann ein Bürger sein Ausscheiden aus dem Gemeinderat oder Ortschaftsrat verlangen, wenn er aus der Partei oder Wählervereinigung ausscheidet, auf deren Wahlvorschlag er in den Gemeinderat oder Ortschaftsrat gewählt wurde.

(2) Ob ein wichtiger Grund vorliegt, entscheidet bei Gemeinderäten der Gemeinderat, bei Ortschaftsräten der Ortschaftsrat.

(3) [1]Der Gemeinderat kann einem Bürger, der ohne wichtigen Grund eine ehrenamtliche Tätigkeit ablehnt oder aufgibt, ein Ordnungsgeld bis zu 1 000 Euro auferlegen. [2]Das Ordnungsgeld wird nach den Vorschriften des Landesverwaltungsvollstreckungsgesetzes beigetrieben. [3]Diese Bestimmung findet keine Anwendung auf ehrenamtliche Bürgermeister und ehrenamtliche Ortsvorsteher.

§ 17 Pflichten ehrenamtlich tätiger Bürger

(1) Wer zu ehrenamtlicher Tätigkeit bestellt wird, muss die ihm übertragenen Geschäfte uneigennützig und verantwortungsbewusst führen.

(2) [1]Der ehrenamtlich tätige Bürger ist zur Verschwiegenheit verpflichtet über alle Angelegenheiten, deren Geheimhaltung gesetzlich vorgeschrieben, besonders angeordnet oder ihrer Natur nach erforderlich ist. [2]Er darf die Kenntnis von geheim zu haltenden Angelegenheiten nicht unbefugt verwerten. [3]Diese Verpflichtungen bestehen auch nach Beendigung der ehrenamtlichen Tätigkeit fort. [4]Die Geheimhaltung kann nur aus Gründen des öffentlichen Wohls oder zum Schutz berechtigter Interessen Einzelner besonders angeordnet werden. [5]Die Anordnung ist aufzuheben, sobald sie nicht mehr gerechtfertigt ist.

(3) [1]Der ehrenamtlich tätige Bürger darf Ansprüche und Interessen eines andern gegen die Gemeinde nicht geltend machen, soweit er nicht als gesetzlicher Vertreter handelt. [2]Dies gilt für einen ehrenamtlich mitwirkenden Bürger nur, wenn die vertretenen Ansprüche oder Interessen mit der ehrenamtlichen Tätigkeit in Zusammenhang stehen. [3]Ob die Voraussetzungen dieses Verbots vorliegen, entscheidet bei Gemeinderäten und Ortschaftsräten der Gemeinderat, im Übrigen der Bürgermeister.

(4) Übt ein zu ehrenamtlicher Tätigkeit bestellter Bürger diese Tätigkeit nicht aus oder verletzt er seine Pflichten nach Absatz 1 gröblich oder handelt er seiner Verpflichtung nach Absatz 2 zuwider oder übt er entgegen der Entscheidung des Gemeinderats oder Bürgermeisters eine Vertretung nach Absatz 3 aus, gilt § 16 Abs. 3.

§ 18 Ausschluss wegen Befangenheit

(1) Der ehrenamtlich tätige Bürger darf weder beratend noch entscheidend mitwirken, wenn die Entscheidung einer Angelegenheit ihm selbst oder folgenden Personen einen unmittelbaren Vorteil oder Nachteil bringen kann:

1. dem Ehegatten oder dem Lebenspartner nach § 1 des Lebenspartnerschaftsgesetzes,
2. einem in gerader Linie oder in der Seitenlinie bis zum dritten Grad Verwandten,
3. einem in gerader Linie oder in der Seitenlinie bis zum zweiten Grad Verschwägerten oder als verschwägert Geltenden, solange die die Schwägerschaft begründende Ehe oder Lebenspartnerschaft nach § 1 des Lebenspartnerschaftsgesetzes besteht, oder
4. einer von ihm kraft Gesetzes oder Vollmacht vertretenen Person.

(2) Dies gilt auch, wenn der Bürger, im Fall der Nummer 2 auch Ehegatten, Lebenspartner nach § 1 des Lebenspartnerschaftsgesetzes oder Verwandte ersten Grades,

1. gegen Entgelt bei jemand beschäftigt ist, dem die Entscheidung der Angelegenheit einen unmittelbaren Vorteil oder Nachteil bringen kann, es sei denn, dass nach den tatsächlichen Umständen der Beschäftigung anzunehmen ist, dass sich der Bürger deswegen nicht in einem Interessenwiderstreit befindet,
2. Gesellschafter einer Handelsgesellschaft oder Mitglied des Vorstands, des Aufsichtsrats oder eines gleichartigen Organs eines rechtlich selbstständigen Unternehmens ist, denen die Entscheidung der Angelegenheit einen unmittelbaren Vorteil oder Nachteil bringen kann, sofern er diesem Organ nicht als Vertreter oder auf Vorschlag der Gemeinde angehört,
3. Mitglied eines Organs einer juristischen Person des öffentlichen Rechts ist, der die Entscheidung der Angelegenheit einen unmittelbaren Vorteil oder Nachteil bringen kann und die nicht Gebietskörperschaft ist, sofern er diesem Organ nicht als Vertreter oder auf Vorschlag der Gemeinde angehört, oder
4. in der Angelegenheit in anderer als öffentlicher Eigenschaft ein Gutachten abgegeben hat oder sonst tätig geworden ist.

(3) ¹Diese Vorschriften gelten nicht, wenn die Entscheidung nur die gemeinsamen Interessen einer Berufs- oder Bevölkerungsgruppe berührt. ²Sie gelten ferner nicht für Wahlen zu einer ehrenamtlichen Tätigkeit.

(4) ¹Der ehrenamtlich tätige Bürger, bei dem ein Tatbestand vorliegt, der Befangenheit zur Folge haben kann, hat dies vor Beginn der Beratung über diesen Gegenstand dem Vorsitzenden, sonst dem Bürgermeister mitzuteilen. ²Ob ein Ausschließungsgrund vorliegt, entscheidet in Zweifelsfällen in Abwesenheit des Betroffenen bei Gemeinderäten und bei Ehrenbeamten der Gemeinderat, bei Ortschaftsräten der Ortschaftsrat, bei Mitgliedern von Ausschüssen der Ausschuss, sonst der Bürgermeister.

(5) Wer an der Beratung und Entscheidung nicht mitwirken darf, muss die Sitzung verlassen.

(6) ¹Ein Beschluss ist rechtswidrig, wenn bei der Beratung oder Beschlussfassung die Bestimmungen der Absätze 1, 2 oder 5 verletzt worden sind oder ein ehrenamtlich tätiger Bürger ohne einen der Gründe der Absätze 1 und 2 ausgeschlossen war. ²Der Beschluss gilt jedoch ein Jahr nach der Beschlussfassung oder, wenn eine öffentliche Bekanntmachung erforderlich ist, ein Jahr nach dieser als von Anfang an gültig zu Stande gekommen, es sei denn, dass der Bürgermeister dem Beschluss nach § 43 wegen Gesetzwidrigkeit widersprochen oder die Rechtsaufsichtsbehörde den Beschluss vor Ablauf der Frist beanstandet hat. ³Die Rechtsfolge nach Satz 2 tritt nicht gegenüber demjenigen ein, der vor Ablauf der Jahresfrist einen förmlichen Rechtsbehelf eingelegt hat, wenn in dem Verfahren die Rechtsverletzung festgestellt wird. ⁴Für Beschlüsse über Satzungen, anderes Ortsrecht und Flächennutzungspläne bleibt § 4 Abs. 4 und 5 unberührt.

§ 19 Entschädigung für ehrenamtliche Tätigkeit

(1) ¹Ehrenamtlich Tätige haben Anspruch auf Ersatz ihrer Auslagen und ihres Verdienstausfalls; durch Satzung können Höchstbeträge festgesetzt werden. ²Bei Personen, die keinen Verdienst haben und den Haushalt führen, gilt als Verdienstausfall das entstandene Zeitversäumnis; durch Satzung ist hierfür ein bestimmter Stundensatz festzusetzen.

(2) Durch Satzung können Durchschnittssätze festgesetzt werden.

(3) Durch Satzung kann bestimmt werden, dass Gemeinderäten, Ortschaftsräten, sonstigen Mitgliedern der Ausschüsse des Gemeinderats und Ortschaftsrats und Ehrenbeamten eine Aufwandsentschädigung gewährt wird.

(4) ¹Aufwendungen für die entgeltliche Betreuung von pflege- oder betreuungsbedürftigen Angehörigen während der Ausübung der ehrenamtlichen Tätigkeit werden erstattet. ²Das Nähere wird durch Satzung geregelt.

(5) Durch Satzung kann bestimmt werden, dass neben einem Durchschnittssatz für Auslagen oder einer Aufwandsentschädigung Reisekostenvergütung nach den für Beamte geltenden Bestimmungen gewährt wird.

(6) Ehrenamtlich Tätigen kann Ersatz für Sachschäden nach den für Beamte geltenden Bestimmungen gewährt werden.

(7) Die Ansprüche nach den Absätzen 1 bis 6 sind nicht übertragbar.

§ 20 Unterrichtung der Einwohner

(1) Der Gemeinderat unterrichtet die Einwohner durch den Bürgermeister über die allgemein bedeutsamen Angelegenheiten der Gemeinde und sorgt für die Förderung des allgemeinen Interesses an der Verwaltung der Gemeinde.

(2) ¹Bei wichtigen Planungen und Vorhaben der Gemeinde, die unmittelbar raum- oder entwicklungsbedeutsam sind oder das wirtschaftliche, soziale und kulturelle Wohl ihrer Einwohner nachhaltig berühren, sollen die Einwohner möglichst frühzeitig über die Grundlagen sowie die Ziele, Zwecke und Auswirkungen unterrichtet werden. ²Sofern dafür ein besonderes Bedürfnis besteht, soll den Einwohnern allgemein Gelegenheit zur Äußerung gegeben werden. ³Vorschriften über eine förmliche Beteiligung oder Anhörung bleiben unberührt.

(3) ¹Gibt die Gemeinde ein eigenes Amtsblatt heraus, das sie zur regelmäßigen Unterrichtung der Einwohner über die allgemein bedeutsamen Angelegenheiten der Gemeinde nutzt, ist den Fraktionen des Gemeinderats Gelegenheit zu geben, ihre Auffassungen zu Angelegenheiten der Gemeinde im Amtsblatt darzulegen. ²Der Gemeinderat regelt in einem Redaktionsstatut für das Amtsblatt das Nähere, insbesondere den angemessenen Umfang der Beiträge der Fraktionen. ³Er hat die Veröffentli-

chung von Beiträgen der Fraktionen innerhalb eines bestimmten Zeitraums von höchstens sechs Monaten vor Wahlen auszuschließen.

§ 20a Einwohnerversammlung

(1) [1]Wichtige Gemeindeangelegenheiten sollen mit den Einwohnern erörtert werden. [2]Zu diesem Zweck soll der Gemeinderat in der Regel einmal im Jahr, im Übrigen nach Bedarf eine Einwohnerversammlung anberaumen. [3]Einwohnerversammlungen können in größeren Gemeinden und in Gemeinden mit Bezirksverfassung oder Ortschaftsverfassung auf Ortsteile, Gemeindebezirke und Ortschaften beschränkt werden. [4]Die Teilnahme an der Einwohnerversammlung kann auf die Einwohner beschränkt werden. [5]Die Einwohnerversammlung wird vom Bürgermeister unter rechtzeitiger ortsüblicher Bekanntgabe von Zeit, Ort und Tagesordnung einberufen. [6]Den Vorsitz führt der Bürgermeister oder ein von ihm bestimmter Vertreter. [7]In Ortschaften können Einwohnerversammlungen auch vom Ortschaftsrat anberaumt werden, die entsprechend den Sätzen 5 und 6 vom Ortsvorsteher einberufen und geleitet werden; die Tagesordnung muss sich auf die Ortschaft beziehen; die Teilnahme kann auf die in der Ortschaft wohnenden Einwohner beschränkt werden; der Bürgermeister ist in jedem Fall teilnahmeberechtigt; bei Teilnahme ist dem Bürgermeister vom Vorsitzenden auf Verlangen jederzeit das Wort zu erteilen.

(2) [1]Der Gemeinderat hat eine Einwohnerversammlung anzuberaumen, wenn dies von der Einwohnerschaft beantragt wird. [2]Der Antrag muss schriftlich eingereicht werden und die zu erörternden Angelegenheiten angeben, dabei findet § 3 a des Landesverwaltungsverfahrensgesetzes (LVwVfG) keine Anwendung; der Antrag darf nur Angelegenheiten angeben, die innerhalb der letzten sechs Monate nicht bereits Gegenstand einer Einwohnerversammlung waren. [3]Er muss in Gemeinden mit nicht mehr als 10 000 Einwohnern von mindestens 5 vom Hundert der antragsberechtigten Einwohner der Gemeinde, höchstens jedoch von 350 Einwohnern unterzeichnet sein. [4]In Gemeinden mit mehr als 10 000 Einwohnern muss er von mindestens 2,5 vom Hundert der antragsberechtigten Einwohner der Gemeinde, mindestens jedoch von 350 Einwohnern und höchstens von 2 500 Einwohnern unterzeichnet sein. [5]Er soll bis zu drei Vertrauenspersonen mit Namen und Anschrift benennen, die berechtigt sind, die Unterzeichnenden zu vertreten. [6]Sind keine Vertrauenspersonen benannt, gelten die beiden ersten Unterzeichner als Vertrauenspersonen. [7]Nur die Vertrauenspersonen sind, jede für sich, berechtigt, verbindliche Erklärungen zum Antrag abzugeben und entgegenzunehmen. [8]Das Nähere wird durch das Kommunalwahlgesetz geregelt. [9]Über die Zulässigkeit des Antrags entscheidet der Gemeinderat. [10]Ist der Antrag zulässig, muss die Einwohnerversammlung innerhalb von drei Monaten nach Eingang des Antrags abgehalten werden. [11]Sätze 1 bis 10 gelten entsprechend für Ortsteile, Gemeindebezirke und Ortschaften; für die erforderliche Zahl der Unterschriften sind in diesem Fall die Zahlen der dort wohnenden Einwohner maßgebend; die zu erörternden Angelegenheiten müssen sich auf den Ortsteil, Gemeindebezirk oder die Ortschaft beziehen.

(3) [1]In der Einwohnerversammlung können nur Einwohner das Wort erhalten. [2]Der Vorsitzende kann auch anderen Personen das Wort erteilen.

(4) Die Vorschläge und Anregungen der Einwohnerversammlung sollen innerhalb einer Frist von drei Monaten von dem für die Angelegenheit zuständigen Organ der Gemeinde behandelt werden.

§ 20b Einwohnerantrag

(1) [1]Die Einwohnerschaft kann beantragen, dass der Gemeinderat eine bestimmte Angelegenheit behandelt (Einwohnerantrag). [2]Ein Einwohnerantrag darf nur Angelegenheiten des Wirkungskreises der Gemeinde zum Gegenstand haben, für die der Gemeinderat zuständig ist und in denen innerhalb der letzten sechs Monate nicht bereits ein Einwohnerantrag gestellt worden ist. [3]Ein Einwohnerantrag ist in den in § 21 Absatz 2 genannten Angelegenheiten ausgeschlossen; das Gleiche gilt bei Angelegenheiten, über die der Gemeinderat oder ein beschließender Ausschuss nach Durchführung eines gesetzlich bestimmten Beteiligungs- oder Anhörungsverfahrens beschlossen hat.

(2) [1]Der Einwohnerantrag muss schriftlich eingereicht werden; richtet er sich gegen einen Beschluss des Gemeinderats oder eines beschließenden Ausschusses, muss er innerhalb von drei Monaten nach der Bekanntgabe des Beschlusses eingereicht sein. [2]§ 3 a LVwVfG findet keine Anwendung. [3]Der Einwohnerantrag muss hinreichend bestimmt sein und eine Begründung enthalten. [4]Er muss in Gemeinden mit nicht mehr als 10 000 Einwohnern von mindestens 3 vom Hundert der antragsberechtigten Einwohner der Gemeinde, höchstens jedoch von 200 Einwohnern unterzeichnet sein. [5]In Gemeinden mit mehr als 10 000 Einwohnern muss er von mindestens 1,5 vom Hundert der antragsberechtigten

Einwohner der Gemeinde, mindestens jedoch von 200 Einwohnern und höchstens von 2 500 Einwohnern unterzeichnet sein. [6]Er soll bis zu drei Vertrauenspersonen mit Namen und Anschrift benennen, die berechtigt sind, die Unterzeichnenden zu vertreten. [7]Sind keine Vertrauenspersonen benannt, gelten die beiden ersten Unterzeichner als Vertrauenspersonen. [8]Nur die Vertrauenspersonen sind, jede für sich, berechtigt, verbindliche Erklärungen zum Antrag abzugeben und entgegenzunehmen. [9]Das Nähere wird durch das Kommunalwahlgesetz geregelt.

(3) [1]Über die Zulässigkeit des Einwohnerantrags entscheidet der Gemeinderat. [2]Ist der Einwohnerantrag zulässig, hat der Gemeinderat oder der zuständige beschließende Ausschuss innerhalb von drei Monaten nach seinem Eingang die Angelegenheit zu behandeln; er hat hierbei die Vertrauenspersonen des Einwohnerantrags zu hören.

(4) [1]Die Absätze 1 bis 3 gelten entsprechend in einer Ortschaft für eine Behandlung im Ortschaftsrat. [2]Für die erforderliche Zahl der Unterschriften ist in diesem Fall die Zahl der in der Ortschaft wohnenden Einwohner maßgebend. [3]Über die Zulässigkeit des Einwohnerantrags entscheidet der Ortschaftsrat. [4]Die Sätze 1 bis 3 gelten entsprechend für Gemeindebezirke in Gemeinden mit Bezirksverfassung.

§ 21 Bürgerentscheid, Bürgerbegehren

(1) Der Gemeinderat kann mit einer Mehrheit von zwei Dritteln der Stimmen aller Mitglieder beschließen, dass eine Angelegenheit des Wirkungskreises der Gemeinde, für die der Gemeinderat zuständig ist, der Entscheidung der Bürger unterstellt wird (Bürgerentscheid).

(2) Ein Bürgerentscheid findet nicht statt über

1. Weisungsaufgaben und Angelegenheiten, die kraft Gesetzes dem Bürgermeister obliegen,
2. Fragen der inneren Organisation der Gemeindeverwaltung,
3. die Rechtsverhältnisse der Gemeinderäte, des Bürgermeisters und der Gemeindebediensteten,
4. die Haushaltssatzung einschließlich der Wirtschaftspläne der Eigenbetriebe sowie die Kommunalabgaben, Tarife und Entgelte,
5. die Feststellung des Jahresabschlusses und des Gesamtabschlusses der Gemeinde und der Jahresabschlüsse der Eigenbetriebe,
6. Bauleitpläne und örtliche Bauvorschriften mit Ausnahme des verfahrenseinleitenden Beschlusses sowie über
7. Entscheidungen in Rechtsmittelverfahren.

(3) [1]Über eine Angelegenheit des Wirkungskreises der Gemeinde, für die der Gemeinderat zuständig ist, kann die Bürgerschaft einen Bürgerentscheid beantragen (Bürgerbegehren). [2]Ein Bürgerbegehren darf nur Angelegenheiten zum Gegenstand haben, über die innerhalb der letzten drei Jahre nicht bereits ein Bürgerentscheid auf Grund eines Bürgerbegehrens durchgeführt worden ist. [3]Das Bürgerbegehren muss schriftlich eingereicht werden, dabei findet § 3 a LVwVfG keine Anwendung; richtet es sich gegen einen Beschluss des Gemeinderats, muss es innerhalb von drei Monaten nach der Bekanntgabe des Beschlusses eingereicht sein. [4]Das Bürgerbegehren muss die zur Entscheidung zu bringende Frage, eine Begründung und einen nach den gesetzlichen Bestimmungen durchführbaren Vorschlag für die Deckung der Kosten der verlangten Maßnahme enthalten. [5]Die Gemeinde erteilt zur Erstellung des Kostendeckungsvorschlags Auskünfte zur Sach- und Rechtslage. [6]Das Bürgerbegehren muss von mindestens 7 vom Hundert der Bürger unterzeichnet sein, höchstens jedoch von 20 000 Bürgern. [7]Es soll bis zu drei Vertrauenspersonen mit Namen und Anschrift benennen, die berechtigt sind, die Unterzeichnenden zu vertreten. [8]Sind keine Vertrauenspersonen benannt, gelten die beiden ersten Unterzeichner als Vertrauenspersonen. [9]Nur die Vertrauenspersonen sind, jede für sich, berechtigt, verbindliche Erklärungen zum Antrag abzugeben und entgegenzunehmen.

(4) [1]Über die Zulässigkeit eines Bürgerbegehrens entscheidet der Gemeinderat nach Anhörung der Vertrauenspersonen unverzüglich, spätestens innerhalb von zwei Monaten nach Eingang des Antrags. [2]Nach Feststellung der Zulässigkeit des Bürgerbegehrens dürfen die Gemeindeorgane bis zur Durchführung des Bürgerentscheids keine dem Bürgerbegehren entgegenstehende Entscheidung treffen oder vollziehen, es sei denn, zum Zeitpunkt der Einreichung des Bürgerbegehrens haben rechtliche Verpflichtungen hierzu bestanden. [3]Der Bürgerentscheid entfällt, wenn der Gemeinderat die Durchführung der mit dem Bürgerbegehren verlangten Maßnahme beschließt.

(5) [1]Wird ein Bürgerentscheid durchgeführt, muss den Bürgern die innerhalb der Gemeindeorgane vertretene Auffassung durch Veröffentlichung oder Zusendung einer schriftlichen Information bis zum 20. Tag vor dem Bürgerentscheid dargelegt werden. [2]In dieser Veröffentlichung oder schriftlichen

Information der Gemeinde zum Bürgerentscheid dürfen die Vertrauenspersonen eines Bürgerbegehrens ihre Auffassung zum Gegenstand des Bürgerentscheids in gleichem Umfang darstellen wie die Gemeindeorgane.

(6) [1]Der Bürgerentscheid ist innerhalb von vier Monaten nach der Entscheidung über die Zulässigkeit durchzuführen, es sei denn, die Vertrauenspersonen stimmen einer Verschiebung zu.

(7) [1]Bei einem Bürgerentscheid ist die gestellte Frage in dem Sinne entschieden, in dem sie von der Mehrheit der gültigen Stimmen beantwortet wurde, sofern diese Mehrheit mindestens 20 vom Hundert der Stimmberechtigten beträgt. [2]Bei Stimmengleichheit gilt die Frage als mit Nein beantwortet. [3]Ist die nach Satz 1 erforderliche Mehrheit nicht erreicht worden, hat der Gemeinderat die Angelegenheit zu entscheiden.

(8) [1]Der Bürgerentscheid hat die Wirkung eines Gemeinderatsbeschlusses. [2]Er kann innerhalb von drei Jahren nur durch einen neuen Bürgerentscheid abgeändert werden.

(9) Das Nähere wird durch das Kommunalwahlgesetz geregelt.

§ 22 Ehrenbürgerrecht

(1) Die Gemeinde kann Personen, die sich besonders verdient gemacht haben, das Ehrenbürgerrecht verleihen.

(2) Das Ehrenbürgerrecht kann wegen unwürdigen Verhaltens entzogen werden.

Zweiter Teil
Verfassung und Verwaltung der Gemeinde

1. Abschnitt
Organe

§ 23 [Gemeinderat, Bürgermeister]
Verwaltungsorgane der Gemeinde sind der Gemeinderat und der Bürgermeister.

2. Abschnitt
Gemeinderat

§ 24 Rechtsstellung und Aufgaben

(1) [1]Der Gemeinderat ist die Vertretung der Bürger und das Hauptorgan der Gemeinde. [2]Er legt die Grundsätze für die Verwaltung der Gemeinde fest und entscheidet über alle Angelegenheiten der Gemeinde, soweit nicht der Bürgermeister kraft Gesetzes zuständig ist oder ihm der Gemeinderat bestimmte Angelegenheiten überträgt. [3]Der Gemeinderat überwacht die Ausführung seiner Beschlüsse und sorgt beim Auftreten von Missständen in der Gemeindeverwaltung für deren Beseitigung durch den Bürgermeister.

(2) [1]Der Gemeinderat entscheidet im Einvernehmen mit dem Bürgermeister über die Ernennung, Einstellung und Entlassung der Gemeindebediensteten; das Gleiche gilt für die nicht nur vorübergehende Übertragung einer anders bewerteten Tätigkeit bei einem Arbeitnehmer sowie für die Festsetzung des Entgelts, sofern kein Anspruch auf Grund eines Tarifvertrags besteht. [2]Kommt es zu keinem Einvernehmen, entscheidet der Gemeinderat mit einer Mehrheit von zwei Dritteln der Stimmen der Anwesenden allein. [3]Der Bürgermeister ist zuständig, soweit der Gemeinderat ihm die Entscheidung überträgt oder diese zur laufenden Verwaltung gehört. [4]Rechte des Staates bei der Ernennung und Entlassung von Gemeindebediensteten, die sich aus anderen Gesetzen ergeben, bleiben unberührt.

(3) [1]Eine Fraktion oder ein Sechstel der Gemeinderäte kann in allen Angelegenheiten der Gemeinde und ihrer Verwaltung verlangen, dass der Bürgermeister den Gemeinderat unterrichtet. [2]Ein Viertel der Gemeinderäte kann in Angelegenheiten im Sinne von Satz 1 verlangen, dass dem Gemeinderat oder einem von ihm bestellten Ausschuss Akteneinsicht gewährt wird. [3]In dem Ausschuss müssen die Antragsteller vertreten sein.

(4) [1]Jeder Gemeinderat kann an den Bürgermeister schriftliche, elektronische oder in einer Sitzung des Gemeinderats mündliche Anfragen über einzelne Angelegenheiten im Sinne von Absatz 3 Satz 1 richten, die binnen angemessener Frist zu beantworten sind. [2]Das Nähere ist in der Geschäftsordnung des Gemeinderats zu regeln.

(5) Absätze 3 und 4 gelten nicht bei den nach § 44 Abs. 3 Satz 3 geheim zu haltenden Angelegenheiten.

§ 25 Zusammensetzung

(1) [1]Der Gemeinderat besteht aus dem Bürgermeister als Vorsitzendem und den ehrenamtlichen Mitgliedern (Gemeinderäte). [2]In Städten führen die Gemeinderäte die Bezeichnung Stadtrat.

(2) [1]Die Zahl der Gemeinderäte beträgt

in Gemeinden mit nicht mehr als 1 000 Einwohnern 8,
in Gemeinden mit mehr als 1 000 Einwohnern,
aber nicht mehr als 2 000 Einwohnern 10,
in Gemeinden mit mehr als 2 000 Einwohnern,
aber nicht mehr als 3 000 Einwohnern 12,
in Gemeinden mit mehr als 3 000 Einwohnern,
aber nicht mehr als 5 000 Einwohnern 14,
in Gemeinden mit mehr als 5 000 Einwohnern,
aber nicht mehr als 10 000 Einwohnern 18,
in Gemeinden mit mehr als 10 000 Einwohnern,
aber nicht mehr als 20 000 Einwohnern 22,
in Gemeinden mit mehr als 20 000 Einwohnern,
aber nicht mehr als 30 000 Einwohnern 26,
in Gemeinden mit mehr als 30 000 Einwohnern,
aber nicht mehr als 50 000 Einwohnern 32,
in Gemeinden mit mehr als 50 000 Einwohnern,
aber nicht mehr als 150 000 Einwohnern 40,
in Gemeinden mit mehr als 150 000 Einwohnern,
aber nicht mehr als 400 000 Einwohnern 48,
in Gemeinden mit mehr als 400 000 Einwohnern 60;

durch die Hauptsatzung kann bestimmt werden, dass für die Zahl der Gemeinderäte die nächstniedrigere Gemeindegrößengruppe maßgebend ist. [2]In Gemeinden mit unechter Teilortswahl kann durch die Hauptsatzung bestimmt werden, dass für die Zahl der Gemeinderäte die nächstniedrigere oder die nächsthöhere Gemeindegrößengruppe maßgebend ist; durch die Hauptsatzung kann auch eine dazwischenliegende Zahl der Gemeinderäte festgelegt werden. [3]Ergibt sich aus der Verteilung der Sitze im Verhältnis der auf die Wahlvorschläge gefallenen Gesamtstimmenzahlen innerhalb des Wahlgebiets, dass einem Wahlvorschlag außer den in den Wohnbezirken bereits zugewiesenen Sitzen weitere zustehen, erhöht sich die Zahl der Gemeinderäte für die auf die Wahl folgende Amtszeit entsprechend. [4]Wird die unechte Teilortswahl aufgehoben, kann bis zum Ende der laufenden Amtszeit der Gemeinderäte durch die Hauptsatzung bestimmt werden, dass die bisherige oder eine andere nach Satz 2 festzulegende Sitzzahl längstens bis zum Ablauf der zweiten auf die Aufhebung der unechten Teilortswahl folgenden Amtszeit der Gemeinderäte maßgebend ist.

(3) Änderungen der für die Zusammensetzung des Gemeinderats maßgebenden Einwohnerzahl sind erst bei der nächsten regelmäßigen Wahl zu berücksichtigen.

§ 26 Wahlgrundsätze

(1) Die Gemeinderäte werden in allgemeiner, unmittelbarer, freier, gleicher und geheimer Wahl von den Bürgern gewählt.

(2) [1]Gewählt wird auf Grund von Wahlvorschlägen unter Berücksichtigung der Grundsätze der Verhältniswahl. [2]Die Verbindung von Wahlvorschlägen ist unzulässig. [3]Jeder Wahlberechtigte hat so viel Stimmen, wie Gemeinderäte zu wählen sind. [4]Der Wahlberechtigte kann Bewerber aus anderen Wahlvorschlägen übernehmen und einem Bewerber bis zu drei Stimmen geben.

(3) Wird nur ein gültiger oder kein Wahlvorschlag eingereicht, findet Mehrheitswahl ohne Bindung an die vorgeschlagenen Bewerber und ohne das Recht der Stimmenhäufung auf einen Bewerber statt. [2]Der Wahlberechtigte kann dabei nur so vielen Personen eine Stimme geben, wie Gemeinderäte zu wählen sind.

(4) [1]Die Wahlvorschläge dürfen höchstens so viele Bewerber enthalten, wie Gemeinderäte zu wählen sind. [2]In Gemeinden mit nicht mehr als 3.000 Einwohnern dürfen die Wahlvorschläge höchstens doppelt so viele Bewerber enthalten, wie Gemeinderäte zu wählen sind.

§ 27 Wahlgebiet, Unechte Teilortswahl

(1) Die Gemeinde bildet das Wahlgebiet.

(2) [1]In Gemeinden mit räumlich getrennten Ortsteilen können durch die Hauptsatzung aus jeweils einem oder mehreren benachbarten Ortsteilen bestehende Wohnbezirke mit der Bestimmung gebildet werden, dass die Sitze im Gemeinderat nach einem bestimmten Zahlenverhältnis mit Vertretern der verschiedenen Wohnbezirke zu besetzen sind (unechte Teilortswahl). [2]Die Bewerber müssen im Wohnbezirk wohnen. [3]Das Recht der Bürger zur gleichmäßigen Teilnahme an der Wahl sämtlicher Gemeinderäte wird hierdurch nicht berührt. [4]Bei der Bestimmung der auf die einzelnen Wohnbezirke entfallenden Anzahl der Sitze sind die örtlichen Verhältnisse und der Bevölkerungsanteil zu berücksichtigen.

(3) [1]Bei unechter Teilortswahl sind die Bewerber in den Wahlvorschlägen getrennt nach Wohnbezirken aufzuführen. [2]Die Wahlvorschläge dürfen für jeden Wohnbezirk, für den nicht mehr als drei Vertreter zu wählen sind, einen Bewerber mehr und für jeden Wohnbezirk, für den mehr als drei Vertreter zu wählen sind, höchstens so viele Bewerber enthalten, wie Vertreter zu wählen sind; § 26 Absatz 4 Satz 2 findet keine Anwendung.

(4) [1]Findet bei unechter Teilortswahl Verhältniswahl statt, kann der Wahlberechtigte für den einzelnen Wohnbezirk Bewerber, die auf anderen Wahlvorschlägen als Vertreter für den gleichen Wohnbezirk vorgeschlagen sind, übernehmen und einem Bewerber bis zu drei Stimmen geben. [2]Der Wahlberechtigte kann dabei nur so vielen Bewerbern im Wohnbezirk Stimmen geben, wie für den Wohnbezirk Vertreter zu wählen sind.

(5) Findet bei unechter Teilortswahl Mehrheitswahl statt, muss der Stimmzettel erkennen lassen, welche Personen der Wahlberechtigte als Vertreter der einzelnen Wohnbezirke in den Gemeinderat wählen wollte; Absatz 4 Satz 2 gilt entsprechend.

(6) Ist die unechte Teilortswahl auf Grund einer Vereinbarung nach § 8 Abs. 2 und § 9 Abs. 4 auf unbestimmte Zeit eingeführt worden, kann sie durch Änderung der Hauptsatzung aufgehoben werden, frühestens jedoch zur übernächsten regelmäßigen Wahl der Gemeinderäte nach ihrer erstmaligen Anwendung.

§ 28 Wählbarkeit

(1) Wählbar in den Gemeinderat sind Bürger der Gemeinde, die das 18. Lebensjahr vollendet haben.

(2) [1]Nicht wählbar sind Bürger,

1. die vom Wahlrecht ausgeschlossen sind (§ 14 Abs. 2),
2. die infolge Richterspruchs in der Bundesrepublik Deutschland die Wählbarkeit oder die Fähigkeit zur Bekleidung öffentlicher Ämter nicht besitzen.

[2]Unionsbürger sind auch dann nicht wählbar, wenn sie infolge einer zivilrechtlichen Einzelfallentscheidung oder einer strafrechtlichen Entscheidung des Mitgliedstaates, dessen Staatsangehörige sie sind, die Wählbarkeit nicht besitzen.

§ 29 Hinderungsgründe

(1) [1]Gemeinderäte können nicht sein

1. a) Beamte und Arbeitnehmer der Gemeinde,
   b) Beamte und Arbeitnehmer eines Gemeindeverwaltungsverbands, eines Nachbarschaftsverbands und eines Zweckverbands, dessen Mitglied die Gemeinde ist, sowie der erfüllenden Gemeinde einer vereinbarten Verwaltungsgemeinschaft, der die Gemeinde angehört,
   c) leitende Beamte und leitende Arbeitnehmer einer sonstigen Körperschaft des öffentlichen Rechts, wenn die Gemeinde in einem beschließenden Kollegialorgan der Körperschaft mehr als die Hälfte der Stimmen hat, oder eines Unternehmens in der Rechtsform des privaten Rechts, wenn die Gemeinde mit mehr als 50 vom Hundert an dem Unternehmen beteiligt ist, oder einer selbstständigen Kommunalanstalt der Gemeinde oder einer gemeinsamen selbstständigen Kommunalanstalt, an der die Gemeinde mit mehr als 50 vom Hundert beteiligt ist,
   d) Beamte und Arbeitnehmer einer Stiftung des öffentlichen Rechts, die von der Gemeinde verwaltet wird,
2. Beamte und Arbeitnehmer der Rechtsaufsichtsbehörde, der oberen und der obersten Rechtsaufsichtsbehörde, die unmittelbar mit der Ausübung der Rechtsaufsicht befasst sind, sowie leitende Beamte und leitende Arbeitnehmer der Gemeindeprüfungsanstalt.

[2]Satz 1 findet keine Anwendung auf Arbeitnehmer, die überwiegend körperliche Arbeit verrichten.

(2)–(4) (aufgehoben)

(5) Der Gemeinderat stellt fest, ob ein Hinderungsgrund nach Absatz 1 gegeben ist; nach regelmäßigen Wahlen erfolgt die Feststellung vor der Einberufung der ersten Sitzung des neuen Gemeinderats.

§ 30 Amtszeit

(1) Die Amtszeit der Gemeinderäte beträgt fünf Jahre.

(2) [1]Die Amtszeit endet mit Ablauf des Tages, an dem die regelmäßigen Wahlen der Gemeinderäte stattfinden. [2]Wenn die Wahl von der Wahlprüfungsbehörde nicht beanstandet wurde, ist die erste Sitzung des Gemeinderats unverzüglich nach der Zustellung des Wahlprüfungsbescheids oder nach ungenutztem Ablauf der Wahlprüfungsfrist, sonst nach Eintritt der Rechtskraft der Wahl anzuberaumen; dies gilt auch, wenn eine Entscheidung nach § 29 Abs. 5 Halbsatz 2 noch nicht rechtskräftig ist. [3]Bis zum Zusammentreten des neu gebildeten Gemeinderats führt der bisherige Gemeinderat die Geschäfte weiter. [4]Wesentliche Entscheidungen, die bis zum Zusammentreten des neu gebildeten Gemeinderats aufgeschoben werden können, bleiben dem neu gebildeten Gemeinderat vorbehalten.

(3) [1]Ist die Wahl von Gemeinderäten, die ihr Amt bereits angetreten haben, rechtskräftig für ungültig erklärt worden, so führen diese im Fall des § 32 Abs. 1 des Kommunalwahlgesetzes die Geschäfte bis zum Zusammentreten des auf Grund einer Wiederholungs- oder Neuwahl neu gebildeten Gemeinderats, in den Fällen des § 32 Abs. 2 und 3 des Kommunalwahlgesetzes bis zum Ablauf des Tages weiter, an dem das berichtigte Wahlergebnis öffentlich bekannt gemacht wird. [2]Die Rechtswirksamkeit der Tätigkeit dieser Gemeinderäte wird durch die Ungültigkeit ihrer Wahl nicht berührt.

§ 31 Ausscheiden, Nachrücken, Ergänzungswahl

(1) [1]Aus dem Gemeinderat scheiden die Mitglieder aus, die die Wählbarkeit (§ 28) verlieren. [2]Das Gleiche gilt für Mitglieder, bei denen ein Hinderungsgrund (§ 29) im Laufe der Amtszeit entsteht. [3]Die Bestimmungen über das Ausscheiden aus einem wichtigen Grund bleiben unberührt. [4]Der Gemeinderat stellt fest, ob eine dieser Voraussetzungen gegeben ist. [5]Für Beschlüsse, die unter Mitwirkung von Personen nach Satz 1 oder nach § 29 zu Stande gekommen sind, gilt § 18 Abs. 6 entsprechend. [6]Ergibt sich nachträglich, dass eine in den Gemeinderat gewählte Person im Zeitpunkt der Wahl nicht wählbar war, ist dies vom Gemeinderat festzustellen.

(2) [1]Tritt eine gewählte Person nicht in den Gemeinderat ein, scheidet sie im Laufe der Amtszeit aus oder wird festgestellt, dass sie nicht wählbar war, rückt die als nächste Ersatzperson festgestellte Person nach. [2]Satz 1 gilt entsprechend, wenn eine gewählte Person, der ein Sitz nach § 26 Abs. 2 Satz 4 des Kommunalwahlgesetzes zugeteilt worden war, als Ersatzperson nach Satz 1 nachrückt.

(3) Ist die Zahl der Gemeinderäte dadurch, dass nicht eintretende oder ausgeschiedene Gemeinderäte nicht durch Nachrücken ersetzt oder bei einer Wahl Sitze nicht besetzt werden konnten, auf weniger als zwei Drittel der gesetzlichen Mitgliederzahl herabgesunken, ist eine Ergänzungswahl für den Rest der Amtszeit nach den für die Hauptwahl geltenden Vorschriften durchzuführen.

§ 31a Folgen des Verbots einer Partei oder Wählervereinigung

(1) [1]Stellt das Bundesverfassungsgericht nach Artikel 21 Absatz 4 des Grundgesetzes fest, dass eine Partei oder die Teilorganisation einer Partei verfassungswidrig ist, scheiden Gemeinderäte,

Fehler 1. die aufgrund eines Wahlvorschlags dieser Partei oder Teilorganisation gewählt worden sind,
in LP oder

Fehler 2. die dieser Partei oder Teilorganisation zu einem Zeitpunkt zwischen der Antragstellung nach
in LP § 43 des Bundesverfassungsgerichtsgesetzes und der Verkündung der Entscheidung nach § 46 des Bundesverfassungsgerichtsgesetzes angehört haben,

mit der Verkündung der Entscheidung des Bundesverfassungsgerichts aus dem Gemeinderat aus. [2]Für unanfechtbar verbotene Ersatzorganisationen (§ 33 des Parteiengesetzes) gilt Satz 1 entsprechend.

(2) Wird eine Wählervereinigung nach dem Vereinsgesetz verboten, scheiden Gemeinderäte, die aufgrund eines Wahlvorschlags dieser Wählervereinigung gewählt worden sind, mit der Unanfechtbarkeit des Verbots aus dem Gemeinderat aus.

(3) In den Fällen des Absatzes 1 Satz 1 Nummer 1 und des Absatzes 2 bleiben die freigewordenen Sitze unbesetzt.

(4) [1]Scheidet ein Gemeinderat ausschließlich nach Absatz 1 Satz 1 Nummer 2 aus dem Gemeinderat aus, rückt die als nächste Ersatzperson festgestellte Person nach. [2]§ 31 Absatz 2 Satz 2 gilt entspre-

chend. [3]Ersatzpersonen, die die Voraussetzungen des Absatzes 1 Satz 1 Nummer 2 erfüllen, sind vom Nachrücken ausgeschlossen.

(5) [1]Der Gemeinderat stellt das Ausscheiden aus dem Gemeinderat und den Ausschluss vom Nachrücken fest. [2]Für Beschlüsse, die unter Mitwirkung von Personen nach den Absätzen 1 und 2 zu Stande gekommen sind, gilt § 18 Absatz 6 entsprechend.

§ 32 Rechtsstellung der Gemeinderäte

(1) [1]Die Gemeinderäte sind ehrenamtlich tätig. [2]Der Bürgermeister verpflichtet die Gemeinderäte in der ersten Sitzung öffentlich auf die gewissenhafte Erfüllung ihrer Amtspflichten.

(2) [1]Niemand darf gehindert werden, das Amt eines Gemeinderats zu übernehmen und auszuüben. [2]Eine Kündigung oder Entlassung aus einem Dienst- oder Arbeitsverhältnis, eine Versetzung an einen anderen Beschäftigungsort und jede sonstige berufliche Benachteiligung aus diesem Grund sind unzulässig. [3]Steht der Gemeinderat in einem Dienst- oder Arbeitsverhältnis, ist ihm die für seine Tätigkeit erforderliche freie Zeit zu gewähren.

(3) [1]Die Gemeinderäte entscheiden im Rahmen der Gesetze nach ihrer freien, nur durch das öffentliche Wohl bestimmten Überzeugung. [2]An Verpflichtungen und Aufträge, durch die diese Freiheit beschränkt wird, sind sie nicht gebunden.

(4) Erleidet ein Gemeinderat einen Dienstunfall, hat er dieselben Rechte wie ein Ehrenbeamter.

(5) Auf Gemeinderäte, die als Vertreter der Gemeinden in Organen eines Unternehmens (§ 104) Vergütungen erhalten, finden die für den Bürgermeister der Gemeinde geltenden Vorschriften über die Ablieferungspflicht entsprechende Anwendung.

§ 32a Fraktionen

(1) [1]Gemeinderäte können sich zu Fraktionen zusammenschließen. [2]Das Nähere über die Bildung der Fraktionen, die Mindestzahl ihrer Mitglieder sowie die Rechte und Pflichten der Fraktionen regelt die Geschäftsordnung.

(2) [1]Die Fraktionen wirken bei der Willensbildung und Entscheidungsfindung des Gemeinderats mit. [2]Sie dürfen insoweit ihre Auffassungen öffentlich darstellen. [3]Ihre innere Ordnung muss demokratischen und rechtsstaatlichen Grundsätzen entsprechen.

(3) [1]Die Gemeinde kann den Fraktionen Mittel aus ihrem Haushalt für die sächlichen und personellen Aufwendungen der Fraktionsarbeit gewähren. [2]Über die Verwendung der Mittel ist ein Nachweis in einfacher Form zu führen.

§ 33 Mitwirkung im Gemeinderat

(1) Die Beigeordneten nehmen an den Sitzungen des Gemeinderats mit beratender Stimme teil.

(2) Der Vorsitzende kann den Vortrag in den Sitzungen des Gemeinderats einem Gemeindebediensteten übertragen; auf Verlangen des Gemeinderats muss er einen solchen Bediensteten zu sachverständigen Auskünften zuziehen.

(3) Der Gemeinderat kann sachkundige Einwohner und Sachverständige zu den Beratungen einzelner Angelegenheiten zuziehen.

(4) [1]Der Gemeinderat kann bei öffentlichen Sitzungen Einwohnern und den ihnen gleichgestellten Personen und Personenvereinigungen nach § 10 Abs. 3 und 4 die Möglichkeit einräumen, Fragen zu Gemeindeangelegenheiten zu stellen oder Anregungen und Vorschläge zu unterbreiten (Fragestunde); zu den Fragen nimmt der Vorsitzende Stellung. [2]Der Gemeinderat kann betroffenen Personen und Personengruppen Gelegenheit geben, ihre Auffassung im Gemeinderat vorzutragen (Anhörung); das Gleiche gilt für die Ausschüsse. [3]Das Nähere regelt die Geschäftsordnung.

§ 33a Ältestenrat

(1) [1]Durch die Hauptsatzung kann bestimmt werden, dass der Gemeinderat einen Ältestenrat bildet, der den Bürgermeister in Fragen der Tagesordnung und des Gangs der Verhandlungen des Gemeinderats berät. [2]Vorsitzender des Ältestenrats ist der Bürgermeister.

(2) Das Nähere über die Zusammensetzung, den Geschäftsgang und die Aufgaben des Ältestenrats ist in der Geschäftsordnung des Gemeinderats zu regeln; zu der Regelung der Aufgaben ist das Einvernehmen des Bürgermeisters erforderlich.

§ 34 Einberufung der Sitzungen, Teilnahmepflicht

(1) [1]Der Bürgermeister beruft den Gemeinderat schriftlich oder elektronisch mit angemessener Frist ein und teilt rechtzeitig, in der Regel mindestens sieben Tage vor dem Sitzungstag, die Verhandlungsgegenstände mit; dabei sind die für die Verhandlung erforderlichen Unterlagen beizufügen, soweit nicht das öffentliche Wohl oder berechtigte Interessen Einzelner entgegenstehen. [2]Der Gemeinderat ist einzuberufen, wenn es die Geschäftslage erfordert; er soll jedoch mindestens einmal im Monat einberufen werden. [3]Der Gemeinderat ist unverzüglich einzuberufen, wenn es ein Viertel der Gemeinderäte unter Angabe des Verhandlungsgegenstands beantragt. [4]Auf Antrag einer Fraktion oder eines Sechstels der Gemeinderäte ist ein Verhandlungsgegenstand auf die Tagesordnung spätestens der übernächsten Sitzung des Gemeinderats zu setzen. [5]Die Verhandlungsgegenstände müssen zum Aufgabengebiet des Gemeinderats gehören. [6]Sätze 3 und 4 gelten nicht, wenn der Gemeinderat den gleichen Verhandlungsgegenstand innerhalb der letzten sechs Monate bereits behandelt hat. [7]Zeit, Ort und Tagesordnung der öffentlichen Sitzungen sind rechtzeitig ortsüblich bekannt zu geben.

(2) In Notfällen kann der Gemeinderat ohne Frist, formlos und nur unter Angabe der Verhandlungsgegenstände einberufen werden; Absatz 1 Satz 7 findet keine Anwendung.

(3) Die Gemeinderäte sind verpflichtet, an den Sitzungen teilzunehmen.

§ 35 Öffentlichkeit der Sitzungen

(1) [1]Die Sitzungen des Gemeinderats sind öffentlich. [2]Nichtöffentlich darf nur verhandelt werden, wenn es das öffentliche Wohl oder berechtigte Interessen Einzelner erfordern; über Gegenstände, bei denen diese Voraussetzungen vorliegen, muss nichtöffentlich verhandelt werden. [3]Über Anträge aus der Mitte des Gemeinderats, einen Verhandlungsgegenstand entgegen der Tagesordnung in öffentlicher oder nichtöffentlicher Sitzung zu behandeln, wird in nichtöffentlicher Sitzung beraten und entschieden. [4]In nichtöffentlicher Sitzung nach Satz 2 gefasste Beschlüsse sind nach Wiederherstellung der Öffentlichkeit oder, wenn dies ungeeignet ist, in der nächsten öffentlichen Sitzung im Wortlaut bekannt zu geben, soweit nicht das öffentliche Wohl oder berechtigte Interessen Einzelner entgegenstehen.

(2) Die Gemeinderäte sind zur Verschwiegenheit über alle in nichtöffentlicher Sitzung behandelten Angelegenheiten so lange verpflichtet, bis sie der Bürgermeister von der Schweigepflicht entbindet; dies gilt nicht für Beschlüsse, soweit sie nach Absatz 1 Satz 4 bekannt gegeben worden sind.

§ 36 Verhandlungsleitung, Geschäftsgang

(1) [1]Der Vorsitzende eröffnet, leitet und schließt die Verhandlungen des Gemeinderats. [2]Er handhabt die Ordnung und übt das Hausrecht aus.

(2) Der Gemeinderat regelt seine inneren Angelegenheiten, insbesondere den Gang seiner Verhandlungen, im Rahmen der gesetzlichen Vorschriften durch eine Geschäftsordnung.

(3) [1]Bei grober Ungebühr oder wiederholten Verstößen gegen die Ordnung kann ein Gemeinderat vom Vorsitzenden aus dem Beratungsraum verwiesen werden; mit dieser Anordnung ist der Verlust des Anspruchs auf die auf den Sitzungstag entfallende Entschädigung verbunden. [2]Bei wiederholten Ordnungswidrigkeiten nach Satz 1 kann der Gemeinderat ein Mitglied für mehrere, höchstens jedoch für sechs Sitzungen ausschließen. [3]Entsprechendes gilt für sachkundige Einwohner, die zu den Beratungen zugezogen sind.

§ 37 Beschlussfassung

(1) [1]Der Gemeinderat kann nur in einer ordnungsmäßig einberufenen und geleiteten Sitzung beraten und beschließen. [2]Über Gegenstände einfacher Art kann im Wege der Offenlegung oder im schriftlichen oder elektronischen Verfahren beschlossen werden; ein hierbei gestellter Antrag ist angenommen, wenn kein Mitglied widerspricht.

(2) [1]Der Gemeinderat ist beschlussfähig, wenn mindestens die Hälfte aller Mitglieder anwesend und stimmberechtigt ist. [2]Bei Befangenheit von mehr als der Hälfte aller Mitglieder ist der Gemeinderat beschlussfähig, wenn mindestens ein Viertel aller Mitglieder anwesend und stimmberechtigt ist.

(3) [1]Ist der Gemeinderat wegen Abwesenheit oder Befangenheit von Mitgliedern nicht beschlussfähig, muss eine zweite Sitzung stattfinden, in der er beschlussfähig ist, wenn mindestens drei Mitglieder anwesend und stimmberechtigt sind; bei der Einberufung der zweiten Sitzung ist hierauf hinzuweisen. [2]Die zweite Sitzung entfällt, wenn weniger als drei Mitglieder stimmberechtigt sind.

(4) [1]Ist keine Beschlussfähigkeit des Gemeinderats gegeben, entscheidet der Bürgermeister an Stelle des Gemeinderats nach Anhörung der nicht befangenen Gemeinderäte. [2]Ist auch der Bürgermeister befangen, findet § 124 entsprechende Anwendung; dies gilt nicht, wenn der Gemeinderat ein stimmberechtigtes Mitglied für die Entscheidung zum Stellvertreter des Bürgermeisters bestellt.

(5) Der Gemeinderat beschließt durch Abstimmungen und Wahlen.

(6) [1]Der Gemeinderat stimmt in der Regel offen ab. [2]Die Beschlüsse werden mit Stimmenmehrheit gefasst. [3]Der Bürgermeister hat Stimmrecht; bei Stimmengleichheit ist der Antrag abgelehnt.

(7) [1]Wahlen werden geheim mit Stimmzetteln vorgenommen; es kann offen gewählt werden, wenn kein Mitglied widerspricht. [2]Der Bürgermeister hat Stimmrecht. [3]Gewählt ist, wer mehr als die Hälfte der Stimmen der anwesenden Stimmberechtigten erhalten hat. [4]Wird eine solche Mehrheit bei der Wahl nicht erreicht, findet zwischen den beiden Bewerbern mit den meisten Stimmen Stichwahl statt, bei der die einfache Stimmenmehrheit entscheidet. [5]Bei Stimmengleichheit entscheidet das Los. [6]Steht nur ein Bewerber zur Wahl und erreicht dieser nicht mehr als die Hälfte der Stimmen der anwesenden Stimmberechtigten, findet ein zweiter Wahlgang statt; auch im zweiten Wahlgang ist mehr als die Hälfte der Stimmen der anwesenden Stimmberechtigten erforderlich. [7]Der zweite Wahlgang soll frühestens eine Woche nach dem ersten Wahlgang durchgeführt werden. [8]Über die Ernennung und Einstellung von Gemeindebediensteten ist durch Wahl Beschluss zu fassen; das Gleiche gilt für die nicht nur vorübergehende Übertragung einer höher bewerteten Tätigkeit bei einem Arbeitnehmer.

§ 38 Niederschrift

(1) [1]Über den wesentlichen Inhalt der Verhandlungen des Gemeinderats ist eine Niederschrift zu fertigen, dabei findet § 3a des LVwVfG keine Anwendung; sie muss insbesondere den Namen des Vorsitzenden, die Zahl der anwesenden und die Namen der abwesenden Gemeinderäte unter Angabe des Grundes der Abwesenheit, die Gegenstände der Verhandlung, die Anträge, die Abstimmungs- und Wahlergebnisse und den Wortlaut der Beschlüsse enthalten. [2]Der Vorsitzende und jedes Mitglied können verlangen, dass ihre Erklärung oder Abstimmung in der Niederschrift festgehalten wird.

(2) [1]Die Niederschrift ist vom Vorsitzenden, zwei Gemeinderäten, die an der Verhandlung teilgenommen haben, und dem Schriftführer zu unterzeichnen. [2]Sie ist innerhalb eines Monats zur Kenntnis des Gemeinderats zu bringen; Mehrfertigungen von Niederschriften über nichtöffentliche Sitzungen dürfen nicht ausgehändigt werden. [3]Über die gegen die Niederschrift vorgebrachten Einwendungen entscheidet der Gemeinderat. [4]Die Einsichtnahme in die Niederschriften über die öffentlichen Sitzungen ist den Einwohnern gestattet.

§ 39 Beschließende Ausschüsse

(1) [1]Durch die Hauptsatzung kann der Gemeinderat beschließende Ausschüsse bilden und ihnen bestimmte Aufgabengebiete zur dauernden Erledigung übertragen. [2]Durch Beschluss kann der Gemeinderat einzelne Angelegenheiten auf bestehende beschließende Ausschüsse übertragen oder für ihre Erledigung beschließende Ausschüsse bilden.

(2) Auf beschließende Ausschüsse kann nicht übertragen werden die Beschlussfassung über

1. die Bestellung der Mitglieder von Ausschüssen des Gemeinderats, der Stellvertreter des Bürgermeisters, der Beigeordneten sowie Angelegenheiten nach § 24 Abs. 2 Satz 1 bei leitenden Gemeindebediensteten,
2. die Übernahme freiwilliger Aufgaben,
3. den Erlass von Satzungen und Rechtsverordnungen,
4. die Änderung des Gemeindegebiets,
5. die Entscheidung über die Durchführung eines Bürgerentscheids oder die Zulässigkeit eines Bürgerbegehrens,
6. die Verleihung und den Entzug des Ehrenbürgerrechts,
7. die Regelung der allgemeinen Rechtsverhältnisse der Gemeindebediensteten,
8. die Übertragung von Aufgaben auf den Bürgermeister,
9. das Einvernehmen zur Abgrenzung der Geschäftskreise der Beigeordneten,
10. die Verfügung über Gemeindevermögen, die für die Gemeinde von erheblicher wirtschaftlicher Bedeutung ist,
11. die Errichtung, wesentliche Erweiterung und Aufhebung von öffentlichen Einrichtungen und von Unternehmen sowie die Beteiligung an solchen,

12. die Umwandlung der Rechtsform von öffentlichen Einrichtungen und von Unternehmen der Gemeinde und von solchen, an denen die Gemeinde beteiligt ist,

13. die Bestellung von Sicherheiten, die Übernahme von Bürgschaften und von Verpflichtungen aus Gewährverträgen und den Abschluss der ihnen wirtschaftlich gleichkommenden Rechtsgeschäfte, soweit sie für die Gemeinde von erheblicher wirtschaftlicher Bedeutung sind,

14. den Erlass der Haushaltssatzung und der Nachtragshaushaltssatzungen, die Feststellung des Jahresabschlusses und des Gesamtabschlusses, die Wirtschaftspläne und die Feststellung des Jahresabschlusses von Sondervermögen,

15. die allgemeine Festsetzung von Abgaben,

16. den Verzicht auf Ansprüche der Gemeinde und die Niederschlagung solcher Ansprüche, die Führung von Rechtsstreiten und den Abschluss von Vergleichen, soweit sie für die Gemeinde von erheblicher wirtschaftlicher Bedeutung sind,

17. den Beitritt zu Zweckverbänden und den Austritt aus diesen,

18. die Übertragung von Aufgaben auf das Rechnungsprüfungsamt und

19. die Beteiligung an einem körperschaftlichen Forstamt nach § 47a des Landeswaldgesetzes.[1]

(3) [1]Im Rahmen ihrer Zuständigkeit entscheiden die beschließenden Ausschüsse selbstständig an Stelle des Gemeinderats. [2]Ergibt sich, dass eine Angelegenheit für die Gemeinde von besonderer Bedeutung ist, können die beschließenden Ausschüsse die Angelegenheit dem Gemeinderat zur Beschlussfassung unterbreiten. [3]In der Hauptsatzung kann bestimmt werden, dass ein Viertel aller Mitglieder eines beschließenden Ausschusses eine Angelegenheit dem Gemeinderat zur Beschlussfassung unterbreiten kann, wenn sie für die Gemeinde von besonderer Bedeutung ist. [4]Lehnt der Gemeinderat eine Behandlung ab, weil er die Voraussetzungen für die Verweisung als nicht gegeben ansieht, entscheidet der zuständige beschließende Ausschuss. [5]In der Hauptsatzung kann weiter bestimmt werden, dass der Gemeinderat allgemein oder im Einzelfall Weisungen erteilen, jede Angelegenheit an sich ziehen und Beschlüsse der beschließenden Ausschüsse, solange sie noch nicht vollzogen sind, ändern oder aufheben kann.

(4) [1]Angelegenheiten, deren Entscheidung dem Gemeinderat vorbehalten ist, sollen den beschließenden Ausschüssen innerhalb ihres Aufgabengebiets zur Vorberatung zugewiesen werden. [2]Durch die Hauptsatzung kann bestimmt werden, dass Anträge, die nicht vorberaten worden sind, auf Antrag des Vorsitzenden oder einer Fraktion oder eines Sechstels aller Mitglieder des Gemeinderats den zuständigen beschließenden Ausschüssen zur Vorberatung überwiesen werden müssen.

(5) [1]Für den Geschäftsgang der beschließenden Ausschüsse gelten die §§ 33 und 34 bis 38 entsprechend. [2]Vorberatungen nach Absatz 4 können in öffentlicher oder nichtöffentlicher Sitzung erfolgen; bei Vorliegen der Voraussetzungen des § 35 Absatz 1 Satz 2 muss nichtöffentlich verhandelt werden. [3]Ist ein beschließender Ausschuss wegen Befangenheit von Mitgliedern nicht beschlussfähig im Sinne von § 37 Abs. 2 Satz 1, entscheidet der Gemeinderat an seiner Stelle ohne Vorberatung.

§ 40 Zusammensetzung der beschließenden Ausschüsse

(1) [1]Die beschließenden Ausschüsse bestehen aus dem Vorsitzenden und mindestens vier Mitgliedern. [2]Der Gemeinderat bestellt die Mitglieder und Stellvertreter widerruflich aus seiner Mitte. [3]Nach jeder Wahl der Gemeinderäte sind die beschließenden Ausschüsse neu zu bilden. [4]In die beschließenden Ausschüsse können durch den Gemeinderat sachkundige Einwohner widerruflich als beratende Mitglieder berufen werden; ihre Zahl darf die der Gemeinderäte in den einzelnen Ausschüssen nicht erreichen; sie sind ehrenamtlich tätig; § 32 Abs. 2 gilt entsprechend.

(2) [1]Kommt eine Einigung über die Zusammensetzung eines beschließenden Ausschusses nicht zu Stande, werden die Mitglieder von den Gemeinderäten auf Grund von Wahlvorschlägen nach den Grundsätzen der Verhältniswahl unter Bindung an die Wahlvorschläge gewählt. [2]Wird nur ein gültiger oder kein Wahlvorschlag eingereicht, findet Mehrheitswahl ohne Bindung an die vorgeschlagenen Bewerber statt.

(3) Vorsitzender der beschließenden Ausschüsse ist der Bürgermeister; er kann einen seiner Stellvertreter, einen Beigeordneten oder, wenn alle Stellvertreter oder Beigeordneten verhindert sind, ein Mitglied des Ausschusses, das Gemeinderat ist, mit seiner Vertretung beauftragen.

---

1) Nr. 19 in Kraft ab 1.1.2020.

§ 41 Beratende Ausschüsse

(1) [1]Zur Vorberatung seiner Verhandlungen oder einzelner Verhandlungsgegenstände kann der Gemeinderat beratende Ausschüsse bestellen. [2]Sie werden aus der Mitte des Gemeinderats gebildet. [3]In die beratenden Ausschüsse können durch den Gemeinderat sachkundige Einwohner widerruflich als Mitglieder berufen werden; ihre Zahl darf die der Gemeinderäte in den einzelnen Ausschüssen nicht erreichen; sie sind ehrenamtlich tätig; § 32 Abs. 2 gilt entsprechend.

(2) [1]Den Vorsitz in den beratenden Ausschüssen führt der Bürgermeister. [2]Er kann einen seiner Stellvertreter, einen Beigeordneten oder ein Mitglied des Ausschusses, das Gemeinderat ist, mit seiner Vertretung beauftragen; ein Beigeordneter hat als Vorsitzender Stimmrecht.

(3) Für den Geschäftsgang der beratenden Ausschüsse gelten die Vorschriften der §§ 33, 34, 36 bis 38 und § 39 Abs. 5 Satz 2 und 3 entsprechend.

§ 41a Beteiligung von Kindern und Jugendlichen

(1) [1]Die Gemeinde soll Kinder und muss Jugendliche bei Planungen und Vorhaben, die ihre Interessen berühren, in angemessener Weise beteiligen. [2]Dafür sind von der Gemeinde geeignete Beteiligungsverfahren zu entwickeln. [3]Insbesondere kann die Gemeinde einen Jugendgemeinderat oder eine andere Jugendvertretung einrichten. [4]Die Mitglieder der Jugendvertretung sind ehrenamtlich tätig.

(2) [1]Jugendliche können die Einrichtung einer Jugendvertretung beantragen. [2]Der Antrag muss

in Gemeinden mit bis zu 20 000 Einwohnern	von 20,
in Gemeinden mit bis zu 50 000 Einwohnern	von 50,
in Gemeinden mit bis zu 200 000 Einwohnern	von 150,
in Gemeinden mit über 200 000 Einwohnern	von 250

in der Gemeinde wohnenden Jugendlichen unterzeichnet sein. [3]Der Gemeinderat hat innerhalb von drei Monaten nach Eingang des Antrags über die Einrichtung der Jugendvertretung zu entscheiden; er hat hierbei Vertreter der Jugendlichen zu hören.

(3) In der Geschäftsordnung ist die Beteiligung von Mitgliedern der Jugendvertretung an den Sitzungen des Gemeinderats in Jugendangelegenheiten zu regeln; insbesondere sind ein Rederecht, ein Anhörungsrecht und ein Antragsrecht vorzusehen.

(4) [1]Der Jugendvertretung sind angemessene finanzielle Mittel zur Verfügung zu stellen. [2]Über den Umfang entscheidet der Gemeinderat im Rahmen des Haushaltsplans. [3]Über die Verwendung der Mittel ist ein Nachweis in einfacher Form zu führen.

§ 41b Veröffentlichung von Informationen

(1) [1]Die Gemeinde veröffentlicht auf ihrer Internetseite Zeit, Ort und Tagesordnung der öffentlichen Sitzungen des Gemeinderats und seiner Ausschüsse. [2]Absatz 2 Satz 2 gilt entsprechend.

(2) [1]Die der Tagesordnung beigefügten Beratungsunterlagen für öffentliche Sitzungen sind auf der Internetseite der Gemeinde zu veröffentlichen, nachdem sie den Mitgliedern des Gemeinderats zugegangen sind. [2]Durch geeignete Maßnahmen ist sicherzustellen, dass hierdurch keine personenbezogenen Daten oder Betriebs- und Geschäftsgeheimnisse unbefugt offenbart werden. [3]Sind Maßnahmen nach Satz 2 nicht ohne erheblichen Aufwand oder erhebliche Veränderungen der Beratungsunterlage möglich, kann im Einzelfall von der Veröffentlichung abgesehen werden.

(3) [1]In öffentlichen Sitzungen sind die Beratungsunterlagen im Sitzungsraum für die Zuhörer auszulegen. [2]Absatz 2 Sätze 2 und 3 gelten entsprechend. [3]Die ausgelegten Beratungsunterlagen dürfen vervielfältigt werden.

(4) Die Mitglieder des Gemeinderats dürfen den Inhalt von Beratungsunterlagen für öffentliche Sitzungen, ausgenommen personenbezogene Daten oder Betriebs- und Geschäftsgeheimnisse, zur Wahrnehmung ihres Amtes gegenüber Dritten und der Öffentlichkeit bekannt geben.

(5) Die in öffentlicher Sitzung des Gemeinderats oder des Ausschusses gefassten oder bekannt gegebenen Beschlüsse sind im Wortlaut oder in Form eines zusammenfassenden Berichts innerhalb einer Woche nach der Sitzung auf der Internetseite der Gemeinde zu veröffentlichen.

(6) Die Beachtung der Absätze 1 bis 5 ist nicht Voraussetzung für die Ordnungsmäßigkeit der Einberufung und Leitung der Sitzung.

3. Abschnitt
Bürgermeister

§ 42 Rechtsstellung des Bürgermeisters

(1) [1]Der Bürgermeister ist Vorsitzender des Gemeinderats und Leiter der Gemeindeverwaltung. [2]Er vertritt die Gemeinde.

(2) [1]In Gemeinden mit weniger als 2 000 Einwohnern ist der Bürgermeister Ehrenbeamter auf Zeit; in Gemeinden mit mehr als 500 Einwohnern kann durch die Hauptsatzung bestimmt werden, dass er hauptamtlicher Beamter auf Zeit ist. [2]In den übrigen Gemeinden ist der Bürgermeister hauptamtlicher Beamter auf Zeit.

(3) [1]Die Amtszeit des Bürgermeisters beträgt acht Jahre. [2]Die Amtszeit beginnt mit dem Amtsantritt, im Fall der Wiederwahl schließt sich die neue Amtszeit an das Ende der vorangegangenen Amtszeit an.

(4) In Stadtkreisen und Großen Kreisstädten führt der Bürgermeister die Amtsbezeichnung Oberbürgermeister.

(5) [1]Der Bürgermeister führt nach Freiwerden seiner Stelle die Geschäfte bis zum Amtsantritt des neu gewählten Bürgermeisters weiter; sein Dienstverhältnis besteht so lange weiter. [2]Satz 1 gilt nicht, wenn der Bürgermeister

1. vor dem Freiwerden seiner Stelle der Gemeinde schriftlich oder elektronisch mitgeteilt hat, dass er die Weiterführung der Geschäfte ablehne,

2. des Dienstes vorläufig enthoben ist, oder wenn gegen ihn öffentliche Klage wegen eines Verbrechens erhoben ist, oder

3. ohne Rücksicht auf Wahlprüfung und Wahlanfechtung nach Feststellung des Gemeindewahlausschusses nicht wiedergewählt ist; ist im ersten Wahlgang kein Bewerber gewählt worden, so ist das Ergebnis der Neuwahl (§ 45 Abs. 2) entscheidend.

(6) Ein vom Gemeinderat gewähltes Mitglied vereidigt und verpflichtet den Bürgermeister in öffentlicher Sitzung im Namen des Gemeinderats.

§ 43 Stellung im Gemeinderat

(1) Der Bürgermeister bereitet die Sitzungen des Gemeinderats und der Ausschüsse vor und vollzieht die Beschlüsse.

(2) [1]Der Bürgermeister muss Beschlüssen des Gemeinderats widersprechen, wenn er der Auffassung ist, dass sie gesetzwidrig sind; er kann widersprechen, wenn er der Auffassung ist, dass sie für die Gemeinde nachteilig sind. [2]Der Widerspruch muss unverzüglich, spätestens jedoch binnen einer Woche nach Beschlussfassung gegenüber den Gemeinderäten ausgesprochen werden. [3]Der Widerspruch hat aufschiebende Wirkung. [4]Gleichzeitig ist unter Angabe der Widerspruchsgründe eine Sitzung einzuberufen, in der erneut über die Angelegenheit zu beschließen ist; diese Sitzung hat spätestens drei Wochen nach der ersten Sitzung stattzufinden. [5]Ist nach Ansicht des Bürgermeisters auch der neue Beschluss gesetzwidrig, muss er ihm erneut widersprechen und unverzüglich die Entscheidung der Rechtsaufsichtsbehörde herbeiführen.

(3) [1]Absatz 2 gilt entsprechend für Beschlüsse, die durch beschließende Ausschüsse gefasst werden. [2]In diesen Fällen hat der Gemeinderat auf den Widerspruch zu entscheiden.

(4) [1]In dringenden Angelegenheiten des Gemeinderats, deren Erledigung auch nicht bis zu einer ohne Frist und formlos einberufenen Gemeinderatssitzung (§ 34 Abs. 2) aufgeschoben werden kann, entscheidet der Bürgermeister an Stelle des Gemeinderats. [2]Die Gründe für die Eilentscheidung und die Art der Erledigung sind den Gemeinderäten unverzüglich mitzuteilen. [3]Das Gleiche gilt für Angelegenheiten, für deren Entscheidung ein beschließender Ausschuss zuständig ist.

(5) [1]Der Bürgermeister hat den Gemeinderat über alle wichtigen die Gemeinde und ihre Verwaltung betreffenden Angelegenheiten zu unterrichten; bei wichtigen Planungen ist der Gemeinderat möglichst frühzeitig über die Absichten und Vorstellungen der Gemeindeverwaltung und laufend über den Stand und den Inhalt der Planungsarbeiten zu unterrichten. [2]Über wichtige Angelegenheiten, die nach § 44 Abs. 3 Satz 3 geheim zu halten sind, ist der nach § 55 gebildete Beirat zu unterrichten. [3]Die Unterrichtung des Gemeinderats über die in Satz 2 genannten Angelegenheiten ist ausgeschlossen.

§ 44 Leitung der Gemeindeverwaltung

(1) [1]Der Bürgermeister leitet die Gemeindeverwaltung. [2]Er ist für die sachgemäße Erledigung der Aufgaben und den ordnungsmäßigen Gang der Verwaltung verantwortlich, regelt die innere Organisation der Gemeindeverwaltung und grenzt im Einvernehmen mit dem Gemeinderat die Geschäftskreise der Beigeordneten ab.

(2) [1]Der Bürgermeister erledigt in eigener Zuständigkeit die Geschäfte der laufenden Verwaltung und die ihm sonst durch Gesetz oder vom Gemeinderat übertragenen Aufgaben. [2]Die dauernde Übertragung der Erledigung bestimmter Aufgaben auf den Bürgermeister ist durch die Hauptsatzung zu regeln. [3]Der Gemeinderat kann die Erledigung von Angelegenheiten, die er nicht auf beschließende Ausschüsse übertragen kann (§ 39 Abs. 2), auch nicht dem Bürgermeister übertragen.

(3) [1]Weisungsaufgaben erledigt der Bürgermeister in eigener Zuständigkeit, soweit gesetzlich nichts anderes bestimmt ist; abweichend hiervon ist der Gemeinderat für den Erlass von Satzungen und Rechtsverordnungen zuständig, soweit Vorschriften anderer Gesetze nicht entgegenstehen. [2]Dies gilt auch, wenn die Gemeinde in einer Angelegenheit angehört wird, die auf Grund einer Anordnung der zuständigen Behörde geheim zu halten ist. [3]Bei der Erledigung von Weisungsaufgaben, die auf Grund einer Anordnung der zuständigen Behörde geheim zu halten sind, sowie in den Fällen des Satzes 2 hat der Bürgermeister die für die Behörden des Landes geltenden Geheimhaltungsvorschriften zu beachten.

(4) Der Bürgermeister ist Vorgesetzter, Dienstvorgesetzter und oberste Dienstbehörde der Gemeindebediensteten.

§ 45 Wahlgrundsätze

(1) [1]Der Bürgermeister wird von den Bürgern in allgemeiner, unmittelbarer, freier, gleicher und geheimer Wahl gewählt. [2]Die Wahl ist nach den Grundsätzen der Mehrheitswahl durchzuführen. [3]Gewählt ist, wer mehr als die Hälfte der gültigen Stimmen erhalten hat.

(2) [1]Entfällt auf keinen Bewerber mehr als die Hälfte der gültigen Stimmen, findet frühestens am zweiten und spätestens am vierten Sonntag nach der Wahl Neuwahl statt. [2]Für die Neuwahl gelten die Grundsätze der ersten Wahl; es entscheidet die höchste Stimmenzahl und bei Stimmengleichheit das Los. [3]Eine nochmalige Stellenausschreibung ist nicht erforderlich.

§ 46 Wählbarkeit, Hinderungsgründe

(1) Wählbar zum Bürgermeister sind Deutsche im Sinne von Artikel 116 des Grundgesetzes und Unionsbürger, die vor der Zulassung der Bewerbungen in der Bundesrepublik Deutschland wohnen; die Bewerber müssen am Wahltag das 25., dürfen aber noch nicht das 68. Lebensjahr vollendet haben und müssen die Gewähr dafür bieten, dass sie jederzeit für die freiheitliche demokratische Grundordnung im Sinne des Grundgesetzes eintreten.

(2) [1]Nicht wählbar ist, wer von der Wählbarkeit in den Gemeinderat ausgeschlossen ist (§ 28 Abs. 2). [2]Nicht wählbar ist ferner,

1. wer aus dem Beamtenverhältnis entfernt, wem das Ruhegehalt aberkannt oder gegen wen in einem dem Disziplinarverfahren entsprechenden Verfahren durch die Europäische Gemeinschaft, in einem anderen Mitgliedstaat der Europäischen Gemeinschaft oder in einem anderen Vertragsstaat des Abkommens über den Europäischen Wirtschaftsraum eine entsprechende Maßnahme verhängt worden ist oder

2. wer wegen einer vorsätzlichen Tat durch ein deutsches Gericht oder durch die rechtsprechende Gewalt eines anderen Mitgliedstaats der Europäischen Gemeinschaft oder eines anderen Vertragsstaats des Abkommens über den Europäischen Wirtschaftsraum zu einer Freiheitsstrafe verurteilt worden ist, die bei einem Beamten den Verlust der Beamtenrechte zur Folge hat,

in den auf die Unanfechtbarkeit der Maßnahme oder Entscheidung folgenden fünf Jahren.

(3) [1]Bedienstete der Rechtsaufsichtsbehörde, der oberen und obersten Rechtsaufsichtsbehörde, des Landratsamts und des Landkreises können nicht gleichzeitig Bürgermeister sein. [2]Für ehrenamtliche Bürgermeister findet Satz 1 nur Anwendung, wenn sie unmittelbar mit der Ausübung der Rechtsaufsicht befasst sind.

(4) Der Bürgermeister kann nicht gleichzeitig eine andere Planstelle in der Gemeinde innehaben oder deren sonstiger Bediensteter sein.

§ 47 Zeitpunkt der Wahl, Stellenausschreibung

(1) [1]Wird die Wahl des Bürgermeisters wegen Ablaufs der Amtszeit oder wegen Eintritts in den Ruhestand oder Verabschiedung infolge Erreichens der Altersgrenze notwendig, ist sie frühestens drei Monate und spätestens einen Monat vor Freiwerden der Stelle, in anderen Fällen spätestens drei Monate nach Freiwerden der Stelle durchzuführen. [2]Die Wahl kann bis zu einem Jahr nach Freiwerden der Stelle aufgeschoben werden, wenn die Auflösung der Gemeinde bevorsteht.

(2) [1]Die Stelle des hauptamtlichen Bürgermeisters ist spätestens zwei Monate vor dem Wahltag öffentlich auszuschreiben. [2]Die Gemeinde kann den Bewerbern, deren Bewerbungen zugelassen worden sind, Gelegenheit geben, sich den Bürgern in einer öffentlichen Versammlung vorzustellen.

§ 48 Stellvertreter des Bürgermeisters

(1) [1]In Gemeinden ohne Beigeordnete (§ 49) bestellt der Gemeinderat aus seiner Mitte einen oder mehrere Stellvertreter des Bürgermeisters. [2]§ 46 Abs. 3 findet keine Anwendung. [3]Die Stellvertretung beschränkt sich auf die Fälle der Verhinderung. [4]Die Stellvertreter werden nach jeder Wahl der Gemeinderäte neu bestellt. [5]Sie werden in der Reihenfolge der Stellvertretung je in einem besonderen Wahlgang gewählt. [6]Sind alle bestellten Stellvertreter vorzeitig ausgeschieden oder sind im Fall der Verhinderung des Bürgermeisters auch alle Stellvertreter verhindert, hat der Gemeinderat unverzüglich einen oder mehrere Stellvertreter neu oder für die Dauer der Verhinderung zusätzlich zu bestellen; § 37 Abs. 4 Satz 2 bleibt unberührt. [7]Bis zu dieser Bestellung nimmt das an Lebensjahren älteste, nicht verhinderte Mitglied des Gemeinderats die Aufgaben des Stellvertreters des Bürgermeisters wahr.

(2) [1]Ist in Gemeinden ohne Beigeordnete die Stelle des Bürgermeisters voraussichtlich längere Zeit unbesetzt oder der Bürgermeister voraussichtlich längere Zeit an der Ausübung seines Amts verhindert, kann der Gemeinderat mit der Mehrheit der Stimmen aller Mitglieder einen Amtsverweser bestellen. [2]Der Amtsverweser muss zum Bürgermeister wählbar sein; § 46 Abs. 3 findet keine Anwendung. [3]Der Amtsverweser muss zum Beamten der Gemeinde bestellt werden.

(3) [1]Ein zum Bürgermeister der Gemeinde gewählter Bewerber kann vom Gemeinderat mit der Mehrheit der Stimmen aller Mitglieder nach Feststellung der Gültigkeit der Wahl durch die Wahlprüfungsbehörde oder nach ungenutztem Ablauf der Wahlprüfungsfrist im Fall der Anfechtung der Wahl vor der rechtskräftigen Entscheidung über die Gültigkeit der Wahl zum Amtsverweser bestellt werden. [2]Der Amtsverweser ist in Gemeinden mit hauptamtlichem Bürgermeister als hauptamtlicher Beamter auf Zeit, in Gemeinden mit ehrenamtlichem Bürgermeister als Ehrenbeamter auf Zeit zu bestellen. [3]Seine Amtszeit beträgt zwei Jahre; Wiederbestellung ist zulässig. [4]Die Amtszeit endet vorzeitig mit der Rechtskraft der Entscheidung über die Gültigkeit der Wahl zum Bürgermeister. [5]Der Amtsverweser führt die Bezeichnung Bürgermeister (Oberbürgermeister). [6]Er erhält in einer Gemeinde mit ehrenamtlichem Bürgermeister dessen Aufwandsentschädigung. [7]Die Amtszeit als Bürgermeister verkürzt sich um die Amtszeit als Amtsverweser.

§ 49 Beigeordnete

(1) [1]In Gemeinden mit mehr als 10 000 Einwohnern können, in Stadtkreisen müssen als Stellvertreter des Bürgermeisters ein oder mehrere hauptamtliche Beigeordnete bestellt werden. [2]Ihre Zahl wird entsprechend den Erfordernissen der Gemeindeverwaltung durch die Hauptsatzung bestimmt. [3]Außerdem können Stellvertreter des Bürgermeisters nach § 48 Abs. 1 bestellt werden, die den Bürgermeister im Fall seiner Verhinderung vertreten, wenn auch alle Beigeordneten verhindert sind.

(2) [1]Die Beigeordneten vertreten den Bürgermeister ständig in ihrem Geschäftskreis. [2]Der Bürgermeister kann ihnen allgemein oder im Einzelfall Weisungen erteilen.

(3) [1]Der Erste Beigeordnete ist der ständige allgemeine Stellvertreter des Bürgermeisters. [2]Er führt in Stadtkreisen und Großen Kreisstätten die Amtsbezeichnung Bürgermeister. [3]Die weiteren Beigeordneten sind nur allgemeine Stellvertreter des Bürgermeisters, wenn der Bürgermeister und der Erste Beigeordnete verhindert sind; die Reihenfolge der allgemeinen Stellvertretung bestimmt der Gemeinderat. [4]In Stadtkreisen und Großen Kreisstädten kann der Gemeinderat den weiteren Beigeordneten die Amtsbezeichnung Bürgermeister verleihen.

§ 50 Rechtsstellung und Bestellung der Beigeordneten

(1) [1]Die Beigeordneten sind als hauptamtliche Beamte auf Zeit zu bestellen. [2]Ihre Amtszeit beträgt acht Jahre.

(1a) Zum Beigeordneten kann bestellt werden, wer am Tag der Wahl das 68. Lebensjahr noch nicht vollendet hat.

(2) [1]Die Beigeordneten werden vom Gemeinderat je in einem besonderen Wahlgang gewählt. [2]Der Gemeinderat kann beschließen, dass der Erste Beigeordnete gewählt wird, nachdem für jede zu besetzende Beigeordnetenstelle ein Bewerber gewählt ist. [3]Sieht die Hauptsatzung mehrere Beigeordnete vor, sollen die Parteien und Wählervereinigungen gemäß ihren Vorschlägen nach dem Verhältnis ihrer Sitze im Gemeinderat berücksichtigt werden.

(3) [1]Für den Zeitpunkt der Bestellung gilt § 47 Abs. 1 entsprechend. [2]Die Stellen der Beigeordneten sind spätestens zwei Monate vor der Besetzung öffentlich auszuschreiben.

(4) Wird bei der Eingliederung einer Gemeinde in eine andere Gemeinde oder bei der Neubildung einer Gemeinde durch Vereinigung von Gemeinden in der Vereinbarung nach § 9 bestimmt, dass der Bürgermeister oder ein Beigeordneter der eingegliederten oder einer vereinigten Gemeinde zum Beigeordneten der aufnehmenden oder neugebildeten Gemeinde bestellt wird, finden Absätze 2 und 3 keine Anwendung.

§ 51 Hinderungsgründe

(1) [1]Beigeordnete können nicht gleichzeitig andere Planstellen der Gemeinde innehaben oder deren Bedienstete sein. [2]Sie können auch nicht Bedienstete der Rechtsaufsichtsbehörde, der oberen oder obersten Rechtsaufsichtsbehörde sowie des Landratsamts und des Landkreises sein.

(2) [1]Beigeordnete dürfen weder miteinander noch mit dem Bürgermeister in einem die Befangenheit begründenden Verhältnis nach § 18 Abs. 1 Nr. 1 bis 3 stehen oder als persönlich haftende Gesellschafter an derselben Handelsgesellschaft beteiligt sein. [2]Entsteht ein solches Verhältnis zwischen dem Bürgermeister und einem Beigeordneten, ist der Beigeordnete, im Übrigen der an Dienstjahren Jüngere in den einstweiligen Ruhestand zu versetzen.

§ 52 Besondere Dienstpflichten

Für den Bürgermeister und die Beigeordneten gelten die Bestimmungen des § 17 Abs. 1 bis 3 und des § 18 entsprechend.

§ 53 Beauftragung, rechtsgeschäftliche Vollmacht

(1) [1]Der Bürgermeister kann Gemeindebedienstete mit seiner Vertretung auf bestimmten Aufgabengebieten oder in einzelnen Angelegenheiten der Gemeindeverwaltung beauftragen. [2]Er kann diese Befugnis auf Beigeordnete für deren Geschäftskreis übertragen.

(2) [1]Der Bürgermeister kann in einzelnen Angelegenheiten rechtsgeschäftliche Vollmacht erteilen. [2]Absatz 1 Satz 2 gilt entsprechend.

§ 54 Verpflichtungserklärungen

(1) [1]Erklärungen, durch welche die Gemeinde verpflichtet werden soll, bedürfen der Schriftform oder müssen in elektronischer Form mit einer dauerhaft überprüfbaren Signatur versehen sein. [2]Sie sind vom Bürgermeister zu unterzeichnen.

(2) Im Fall der Vertretung des Bürgermeisters müssen Erklärungen durch dessen Stellvertreter, den vertretungsberechtigten Beigeordneten oder durch zwei vertretungsberechtigte Gemeindebedienstete unterzeichnet werden.

(3) Den Unterschriften soll die Amtsbezeichnung und im Fall des Absatzes 2 ein das Vertretungsverhältnis kennzeichnender Zusatz beigefügt werden.

(4) Die Formvorschriften der Absätze 1 bis 3 gelten nicht für Erklärungen in Geschäften der laufenden Verwaltung oder auf Grund einer in der Form der Absätze 1 bis 3 ausgestellten Vollmacht.

§ 55 Beirat für geheim zu haltende Angelegenheiten

(1) Der Gemeinderat kann einen Beirat bilden, der den Bürgermeister in allen Angelegenheiten des § 44 Abs. 3 Satz 2 berät.

(2) [1]Der Beirat besteht in Gemeinden mit nicht mehr als 1 000 Einwohnern aus den Stellvertretern des Bürgermeisters nach § 48 Abs. 1 Satz 1. [2]Er besteht

in Gemeinden mit mehr als 1 000, aber nicht mehr als 10 000 Einwohnern aus zwei,

in Gemeinden mit mehr als 10 000, aber nicht mehr als 30 000 Einwohnern aus zwei oder drei,

in Gemeinden mit mehr als 30 000 Einwohnern aus mindestens drei und höchstens fünf Mitgliedern, die vom Gemeinderat aus seiner Mitte bestellt werden. [3]Dem Beirat können nur Mitglieder des Gemeinderats angehören, die auf die für die Behörde des Landes geltenden Geheimhaltungsvorschriften verpflichtet sind.

(3) [1]Vorsitzender des Beirats ist der Bürgermeister. [2]Er beruft den Beirat ein, wenn es die Geschäftslage erfordert. [3]Fällt die Angelegenheit in den Geschäftskreis eines Beigeordneten, nimmt dieser an der Sitzung teil. [4]Die Sitzungen des Beirats sind nicht öffentlich. [5]Für die Beratungen des Beirats gelten § 34 Abs. 3, § 36 Abs. 1 und 3, § 37 Abs. 1 Satz 1 und Abs. 2 und § 38 entsprechend.

4. Abschnitt
Gemeindebedienstete

§ 56 Einstellung, Ausbildung

(1) Die Gemeinde ist verpflichtet, die zur Erfüllung ihrer Aufgaben erforderlichen geeigneten Beamten und Arbeitnehmer einzustellen.

(2) [1]Bei der Ausbildung der im Vorbereitungsdienst befindlichen Beamten für den Dienst in der Verwaltung des Landes und der Träger der Selbstverwaltung wirken die Gemeinden mit den zuständigen Stellen zusammen. [2]Für den persönlichen Aufwand, der den Gemeinden entsteht, ist unter ihnen ein entsprechender finanzieller Ausgleich zu schaffen.

(3) Die Gemeinde fördert die Fortbildung ihrer Bediensteten.

§ 57 Stellenplan

[1]Die Gemeinde bestimmt im Stellenplan die Stellen ihrer Beamten sowie ihrer nicht nur vorübergehend beschäftigten Arbeitnehmer, die für die Erfüllung der Aufgaben im Haushaltsjahr erforderlich sind. [2]Für Sondervermögen, für die Sonderrechnungen geführt werden, sind besondere Stellenpläne aufzustellen. [3]Beamte in Einrichtungen solcher Sondervermögen sind auch im Stellenplan nach Satz 1 aufzuführen und dort besonders zu kennzeichnen.

§ 58 Gemeindefachbediensteter

[1]Zur fachgemäßen Erledigung der Verwaltungsgeschäfte müssen die Gemeinden mindestens einen Bediensteten mit der Befähigung zum gehobenen oder höheren Verwaltungsdienst (Gemeindefachbediensteter) haben. [2]Satz 1 findet keine Anwendung auf Gemeinden, die einer Verwaltungsgemeinschaft angehören, wenn diese der Gemeinde einen Gemeindefachbediensteten zur Erledigung der Verwaltungsgeschäfte zur Verfügung stellt.

5. Abschnitt
Besondere Verwaltungsformen

1. Verwaltungsgemeinschaft

§ 59 Rechtsformen der Verwaltungsgemeinschaft

[1]Benachbarte Gemeinden desselben Landkreises können eine Verwaltungsgemeinschaft als Gemeindeverwaltungsverband bilden oder vereinbaren, dass eine Gemeinde (erfüllende Gemeinde) die Aufgaben eines Gemeindeverwaltungsverbands erfüllt (vereinbarte Verwaltungsgemeinschaft). [2]Eine Gemeinde kann nur einer Verwaltungsgemeinschaft angehören. [3]Die Verwaltungsgemeinschaft soll nach der Zahl der Gemeinden und ihrer Einwohner sowie nach der räumlichen Ausdehnung unter Berücksichtigung der örtlichen Verhältnisse und landesplanerischen Gesichtspunkte so abgegrenzt werden, dass sie ihre Aufgaben zweckmäßig und wirtschaftlich erfüllen kann.

§ 60 Anwendung von Rechtsvorschriften und besondere Bestimmungen für die Verwaltungsgemeinschaft

(1) Für die Verwaltungsgemeinschaft gelten die Vorschriften des Gesetzes über kommunale Zusammenarbeit, soweit nichts anderes bestimmt ist.

(2) [1]Der Genehmigung bedürfen auch Änderungen der Verbandssatzung und der Vereinbarung wegen der Aufnahme einer Gemeinde. [2]Die Rechtsaufsichtsbehörde entscheidet über alle erforderlichen Genehmigungen nach pflichtgemäßem Ermessen.

(3) [1]Die Verbandsversammlung des Gemeindeverwaltungsverbands besteht nach näherer Bestimmung der Verbandssatzung aus dem Bürgermeister und mindestens einem weiteren Vertreter einer jeden

Mitgliedsgemeinde. [2]Die weiteren Vertreter werden nach jeder regelmäßigen Wahl der Gemeinderäte vom Gemeinderat aus seiner Mitte gewählt; scheidet ein weiterer Vertreter vorzeitig aus dem Gemeinderat oder der Verbandsversammlung aus, wird für den Rest der Amtszeit ein neuer weiterer Vertreter gewählt. [3]Für jeden weiteren Vertreter ist mindestens ein Stellvertreter zu bestellen, der diesen im Verhinderungsfall vertritt.

(4) [1]Bei der vereinbarten Verwaltungsgemeinschaft ist ein gemeinsamer Ausschuss aus Vertretern der beteiligten Gemeinden zu bilden. [2]Der gemeinsame Ausschuss entscheidet an Stelle des Gemeinderats der erfüllenden Gemeinde über die Erfüllungsaufgaben (§ 61), soweit nicht der Bürgermeister der erfüllenden Gemeinde kraft Gesetzes zuständig ist oder ihm der gemeinsame Ausschuss bestimmte Angelegenheiten überträgt; eine dauernde Übertragung ist abweichend von § 44 Abs. 2 Satz 2 durch Satzung zu regeln. [3]Für den gemeinsamen Ausschuss gelten die Vorschriften über die Verbandsversammlung des Gemeindeverwaltungsverbands entsprechend; keine Gemeinde darf mehr als 60 vom Hundert aller Stimmen haben; Vorsitzender ist der Bürgermeister der erfüllenden Gemeinde.

(5) [1]Gegen Beschlüsse des gemeinsamen Ausschusses kann eine beteiligte Gemeinde binnen zwei Wochen nach der Beschlussfassung Einspruch einlegen, wenn der Beschluss für sie von besonderer Wichtigkeit oder erheblicher wirtschaftlicher Bedeutung ist. [2]Der Einspruch hat aufschiebende Wirkung. [3]Auf einen Einspruch hat der gemeinsame Ausschuss erneut zu beschließen. [4]Der Einspruch ist zurückgewiesen, wenn der neue Beschluss mit einer Mehrheit von zwei Dritteln der Stimmen der vertretenen Gemeinden, mindestens jedoch mit der Mehrheit aller Stimmen, gefasst wird.

§ 61 Aufgaben der Verwaltungsgemeinschaft

(1) [1]Der Gemeindeverwaltungsverband berät seine Mitgliedsgemeinden bei der Wahrnehmung ihrer Aufgaben. [2]Bei Angelegenheiten, die andere Mitgliedsgemeinden berühren und eine gemeinsame Abstimmung erfordern, haben sich die Mitgliedsgemeinden der Beratung durch den Gemeindeverwaltungsverband zu bedienen.

(2) [1]Der Gemeindeverwaltungsverband kann seinen Mitgliedsgemeinden Gemeindefachbedienstete und sonstige Bedienstete zur Wahrnehmung ihrer Aufgaben zur Verfügung stellen. [2]Die Gemeindefachbediensteten gelten als solche der Mitgliedsgemeinden im Sinne von § 58 Abs. 1 und 2. [3]Der Bürgermeister einer jeden Gemeinde kann die zur Verfügung gestellten Bediensteten nach § 53 Abs. 1 Satz 1 mit seiner Vertretung beauftragen.

(3) [1]Der Gemeindeverwaltungsverband erledigt für seine Mitgliedsgemeinden in deren Namen die folgenden Angelegenheiten und Geschäfte der Gemeindeverwaltung nach den Beschlüssen und Anordnungen der Gemeindeorgane (Erledigungsaufgaben):
1. die technischen Angelegenheiten bei der verbindlichen Bauleitplanung und der Durchführung von Bodenordnungsmaßnahmen sowie von Maßnahmen nach dem Städtebauförderungsgesetz,
2. die Planung, Bauleitung und örtliche Bauaufsicht bei den Vorhaben des Hoch- und Tiefbaus,
3. die Unterhaltung und den Ausbau der Gewässer zweiter Ordnung,
4. die Abgaben-, Kassen- und Rechnungsgeschäfte.

[2]Die Rechtsaufsichtsbehörde kann von Satz 1 Ausnahmen zulassen, soweit dies, insbesondere bei den Abgaben-, Kassen- und Rechnungsgeschäften, zweckmäßig ist.

(4) [1]Der Gemeindeverwaltungsverband erfüllt an Stelle seiner Mitgliedsgemeinden in eigener Zuständigkeit die folgenden Aufgaben (Erfüllungsaufgaben):
1. die vorbereitende Bauleitplanung und
2. die Aufgaben des Trägers der Straßenbaulast für die Gemeindeverbindungsstraßen.

[2]Die Rechtsaufsichtsbehörde kann in besonderen Fällen von Satz 1 Nr. 2 Ausnahmen zulassen.

(5) [1]Die Mitgliedsgemeinden können einzeln oder gemeinsam weitere Aufgaben als Erledigungs- und Erfüllungsaufgaben auf den Gemeindeverwaltungsverband übertragen; dazu bedarf es der Änderung der Verbandssatzung. [2]Erledigungs- und Erfüllungsaufgaben können auch mit Weisungsaufgaben sein, soweit Bundesrecht nicht entgegensteht.

(6) [1]Soweit für die Wahrnehmung von Erfüllungsaufgaben bereits Zweckverbände bestehen oder öffentlich-rechtliche Vereinbarungen gelten, tritt der Gemeindeverwaltungsverband in die Rechtsstellung seiner daran beteiligten Mitgliedsgemeinden ein. [2]§ 23 Abs. 2 des Gesetzes über kommunale Zusammenarbeit gilt entsprechend.

(7) Absätze 1 bis 6 gelten entsprechend für die vereinbarte Verwaltungsgemeinschaft.

§ 62 Auflösung der Verwaltungsgemeinschaft und Ausscheiden beteiligter Gemeinden

(1) [1]Verwaltungsgemeinschaften können aus Gründen des öffentlichen Wohls aufgelöst werden. [2]Die Auflösung bedarf einer Rechtsverordnung des Innenministeriums, wenn alle beteiligten Gemeinden, bei einem Gemeindeverwaltungsverband auch dieser, zustimmen. [3]Gegen den Willen eines der Beteiligten kann die Auflösung nur durch Gesetz nach Anhörung der Beteiligten erfolgen. [4]Das Gleiche gilt für das Ausscheiden von Gemeinden aus einer Verwaltungsgemeinschaft. [5]§ 8 bleibt unberührt.

(2) [1]Im Fall der Auflösung einer Verwaltungsgemeinschaft oder des Ausscheidens einer beteiligten Gemeinde regeln die Beteiligten die dadurch erforderliche Auseinandersetzung durch Vereinbarung. [2]Diese bedarf der Genehmigung der Rechtsaufsichtsbehörde. [3]Kommt eine Vereinbarung nicht zu Stande, trifft die Rechtsaufsichtsbehörde auf Antrag eines Beteiligten nach Anhörung der Beteiligten die im Interesse des öffentlichen Wohls erforderlichen Bestimmungen. [4]§ 9 Abs. 5 gilt entsprechend.

2. Bürgermeister in mehreren Gemeinden

§ 63 [Bürgermeister in mehreren Gemeinden]

[1]Benachbarte kreisangehörige Gemeinden können dieselbe Person zum Bürgermeister wählen. [2]Die Wahl des Bürgermeisters ist in jeder Gemeinde getrennt durchzuführen. [3]Die Amtszeit bestimmt sich für jede Gemeinde nach den hierfür geltenden Vorschriften.

3. Bezirksverfassung

§ 64 Gemeindebezirk

(1) [1]Durch die Hauptsatzung können in Stadtkreisen und Großen Kreisstädten und in Gemeinden mit räumlich getrennten Ortsteilen Gemeindebezirke (Stadtbezirke) eingerichtet werden. [2]Mehrere benachbarte Ortsteile können zu einem Gemeindebezirk zusammengefasst werden.

(2) In den Gemeindebezirken können Bezirksbeiräte gebildet werden.

(3) In den Gemeindebezirken kann eine örtliche Verwaltung eingerichtet werden.

§ 65 Bezirksbeirat

(1) [1]Die Mitglieder des Bezirksbeirats (Bezirksbeiräte) werden vom Gemeinderat aus dem Kreis der im Gemeindebezirk wohnenden wählbaren Bürger nach jeder regelmäßigen Wahl der Gemeinderäte bestellt. [2]Die Zahl der Bezirksbeiräte wird durch die Hauptsatzung bestimmt. [3]Bei der Bestellung der Bezirksbeiräte soll das von den im Gemeinderat vertretenen Parteien und Wählervereinigungen bei der letzten regelmäßigen Wahl der Gemeinderäte im Gemeindebezirk erzielte Wahlergebnis berücksichtigt werden; bei unechter Teilortswahl ist das Wahlergebnis für die Besetzung der Sitze aller Wohnbezirke zu Grunde zu legen. [4]Stellt das Bundesverfassungsgericht nach Artikel 21 Absatz 4 des Grundgesetzes fest, dass eine Partei oder die Teilorganisation einer Partei verfassungswidrig ist, oder wird eine Wählervereinigung nach dem Vereinsgesetz unanfechtbar verboten, gilt § 31a entsprechend; die Feststellung nach § 31a Absatz 5 Satz 1 trifft der Gemeinderat. [5]In die Bezirksbeiräte können durch den Gemeinderat sachkundige Einwohner widerruflich als beratende Mitglieder berufen werden; ihre Zahl darf die der Mitglieder in den einzelnen Bezirksbeiräten nicht erreichen; sie sind ehrenamtlich tätig.

(2) [1]Der Bezirksbeirat ist zu wichtigen Angelegenheiten, die den Gemeindebezirk betreffen, zu hören. [2]Der Bezirksbeirat hat ferner die Aufgabe, die örtliche Verwaltung des Gemeindebezirks in allen wichtigen Angelegenheiten zu beraten. [3]Sofern in den Ausschüssen des Gemeinderats wichtige Angelegenheiten, die den Gemeindebezirk betreffen, auf der Tagesordnung stehen, kann der Bezirksbeirat eines seiner Mitglieder zu den Ausschusssitzungen entsenden. [4]Das entsandte Mitglied nimmt an den Ausschusssitzungen mit beratender Stimme teil. [5]Der Termin, an dem sich der Ausschuss des Gemeinderats mit der Angelegenheit befasst, ist dem Bezirksbeirat über dessen Vorsitzenden rechtzeitig bekannt zu geben.

(3) [1]Vorsitzender des Bezirksbeirats ist der Bürgermeister oder ein von ihm Beauftragter. [2]Innerhalb eines Jahres sind mindestens drei Sitzungen des Bezirksbeirats durchzuführen. [3]Im Übrigen finden auf den Geschäftsgang die für beratende Ausschüsse geltenden Vorschriften entsprechende Anwendung.

(4) [1]In Gemeinden mit mehr als 100 000 Einwohnern kann der Gemeinderat durch die Hauptsatzung bestimmen, dass die Bezirksbeiräte nach den für die Wahl der Gemeinderäte geltenden Vorschriften

gewählt werden. [2]In diesem Fall werden für die Gemeindebezirke Bezirksvorsteher gewählt; die Vorschriften über die Ortschaftsverfassung, den Ortschaftsrat, die Ortschaftsräte und den Ortsvorsteher gelten entsprechend. [3]Die Entscheidung über den Haushaltsplan bleibt dem Gemeinderat vorbehalten.

§ 66 Aufhebung der Bezirksverfassung
Für die Aufhebung der Bezirksverfassung gilt § 73 entsprechend.

4. Ortschaftsverfassung

§ 67 Einführung der Ortschaftsverfassung
[1]In Gemeinden mit räumlich getrennten Ortsteilen kann die Ortschaftsverfassung eingeführt werden. [2]Für die Ortschaftsverfassung gelten die §§ 68 bis 73.

§ 68 Ortschaften
(1) [1]Durch die Hauptsatzung werden Ortschaften eingerichtet. [2]Mehrere benachbarte Ortsteile können zu einer Ortschaft zusammengefasst werden.

(2) In den Ortschaften werden Ortschaftsräte gebildet.

(3) Für die Ortschaften werden Ortsvorsteher bestellt.

(4) In den Ortschaften kann eine örtliche Verwaltung eingerichtet werden.

§ 69 Ortschaftsrat
(1) [1]Die Mitglieder des Ortschaftsrats (Ortschaftsräte) werden nach den für die Wahl der Gemeinderäte geltenden Vorschriften gewählt. [2]Wird eine Ortschaft während der laufenden Amtszeit der Gemeinderäte neu eingerichtet, werden die Ortschaftsräte erstmals nach der Einrichtung der Ortschaft für die Dauer der restlichen Amtszeit der Gemeinderäte, im Übrigen gleichzeitig mit den Gemeinderäten gewählt. [3]Wahlgebiet ist die Ortschaft. [4]Wahlberechtigt sind die in der Ortschaft wohnenden Bürger. [5]Wählbar sind in der Ortschaft wohnende Bürger, die das 18. Lebensjahr vollendet haben. [6]Im Fall einer Eingemeindung kann in der Hauptsatzung bestimmt werden, dass erstmals nach Einrichtung der Ortschaft die bisherigen Gemeinderäte der eingegliederten Gemeinde die Ortschaftsräte sind; scheidet ein Ortschaftsrat vorzeitig aus, gilt § 31 Abs. 2 entsprechend.

(2) [1]Die Zahl der Ortschaftsräte wird durch die Hauptsatzung bestimmt. [2]Ihre Amtszeit richtet sich nach der der Gemeinderäte. [3]§ 25 Abs. 2 Satz 3 gilt entsprechend.

(3) Vorsitzender des Ortschaftsrats ist der Ortsvorsteher.

(4) [1]Nimmt der Bürgermeister an der Sitzung des Ortschaftsrats teil, ist ihm vom Vorsitzenden auf Verlangen jederzeit das Wort zu erteilen. [2]Gemeinderäte, die in der Ortschaft wohnen und nicht Ortschaftsräte sind, können an den Verhandlungen des Ortschaftsrats mit beratender Stimme teilnehmen. [3]In Gemeinden mit unechter Teilortswahl können die als Vertreter eines Wohnbezirks gewählten Gemeinderäte an den Verhandlungen des Ortschaftsrats der Ortschaften im Wohnbezirk mit beratender Stimme teilnehmen.

§ 70 Aufgaben des Ortschaftsrats
(1) [1]Der Ortschaftsrat hat die örtliche Verwaltung zu beraten. [2]Er ist zu wichtigen Angelegenheiten, die die Ortschaft betreffen, zu hören. [3]Er hat ein Vorschlagsrecht in allen Angelegenheiten, die die Ortschaft betreffen.

(2) [1]Der Gemeinderat kann durch die Hauptsatzung dem Ortschaftsrat bestimmte Angelegenheiten, die die Ortschaft betreffen, zur Entscheidung übertragen. [2]Dies gilt nicht für vorlage- und genehmigungspflichtige Beschlüsse und für die in § 39 Abs. 2 genannten Angelegenheiten.

§ 71 Ortsvorsteher
(1) [1]Der Ortsvorsteher und ein oder mehrere Stellvertreter werden nach der Wahl der Ortschaftsräte (§ 69 Abs. 1) vom Gemeinderat auf Vorschlag des Ortschaftsrats aus dem Kreis der zum Ortschaftsrat wählbaren Bürger, die Stellvertreter aus der Mitte des Ortschaftsrats gewählt. [2]Der Gemeinderat kann mit einer Mehrheit von zwei Dritteln der Stimmen aller Mitglieder beschließen, dass weitere Bewerber aus der Mitte des Ortschaftsrats in die Wahl einbezogen werden; in diesem Fall ist der Ortschaftsrat vor der Wahl anzuhören. [3]Der Ortsvorsteher ist zum Ehrenbeamten auf Zeit zu ernennen. [4]Seine Amtszeit endet mit der der Ortschaftsräte. [5]Er ist zu verabschieden, wenn er die Wählbarkeit verliert. [6]Bis zur Ernennung des gewählten Ortsvorstehers nimmt das an Lebensjahren älteste Mitglied des

Ortschaftsrats die Aufgaben des Ortsvorstehers wahr, wenn nicht der Ortsvorsteher nach Freiwerden seiner Stelle die Geschäfte in entsprechender Anwendung des § 42 Abs. 5 weiterführt.

(2) Für Ortschaften mit einer örtlichen Verwaltung kann die Hauptsatzung bestimmen, dass ein Gemeindebeamter vom Gemeinderat im Einvernehmen mit dem Ortschaftsrat für die Dauer der Amtszeit der Ortschaftsräte zum Ortsvorsteher bestellt wird.

(3) [1]Der Ortsvorsteher vertritt den Bürgermeister, in Gemeinden mit Beigeordneten auch den Beigeordneten ständig bei dem Vollzug der Beschlüsse des Ortschaftsrats und bei der Leitung der örtlichen Verwaltung. [2]Der Bürgermeister und die Beigeordneten können dem Ortsvorsteher allgemein oder im Einzelfall Weisungen erteilen, soweit er sie vertritt. [3]Der Bürgermeister kann dem Ortsvorsteher ferner in den Fällen des § 43 Abs. 2 und 4 Weisungen erteilen.

(4) Ortsvorsteher können an den Verhandlungen des Gemeinderats und seiner Ausschüsse mit beratender Stimme teilnehmen.

§ 72 Anwendung von Rechtsvorschriften

[1]Soweit in den §§ 67 bis 71 nichts Abweichendes bestimmt ist, finden die Vorschriften des 2. und 3. Abschnitts des Zweiten Teils und § 126 auf den Ortschaftsrat und den Ortsvorsteher entsprechende Anwendung mit folgenden Maßgaben:

1. § 33a findet keine Anwendung;
2. bei Beschlussfassungen nach § 37 hat der Ortsvorsteher, der nicht Mitglied des Ortschaftsrats ist, im Ortschaftsrat kein Stimmrecht;
3. die Altersgrenzen nach § 46 Abs. 1 bestehen nicht für Ortsvorsteher;
4. die Hinderungsgründe nach § 46 Abs. 3 gelten nur für leitende Bedienstete und
5. das Verbot eines weiteren Beschäftigungsverhältnisses nach § 46 Abs. 4 gilt nicht für Ortsvorsteher nach § 71 Abs. 1.

[2]§ 20 Absatz 3 findet für Fraktionen des Ortschaftsrats Anwendung, soweit dies der Gemeinderat bestimmt hat.

§ 73 Aufhebung der Ortschaftsverfassung

(1) Die Ortschaftsverfassung kann durch Änderung der Hauptsatzung zur nächsten regelmäßigen Wahl der Gemeinderäte aufgehoben werden.

(2) Ist die Ortschaftsverfassung auf Grund einer Vereinbarung nach § 8 Abs. 2 und § 9 Abs. 4 für eine bestimmte Zeit eingeführt worden, ohne dass die vereinbarte Befristung in die Hauptsatzung übernommen wurde, bedarf die Aufhebung der Ortschaftsverfassung einer Änderung der Hauptsatzung.

(3) [1]Ist die Ortschaftsverfassung auf Grund einer Vereinbarung nach § 8 Abs. 2 und § 9 Abs. 4 auf unbestimmte Zeit eingeführt worden, kann sie durch Änderung der Hauptsatzung mit Zustimmung des Ortschaftsrats aufgehoben werden, frühestens jedoch zur übernächsten regelmäßigen Wahl der Gemeinderäte nach Einführung der Ortschaftsverfassung. [2]Der Beschluss des Ortschaftsrats bedarf der Mehrheit der Stimmen aller Mitglieder.

§§ 74 bis 76 (entfallen)

Dritter Teil
Gemeindewirtschaft

1. Abschnitt
Haushaltswirtschaft

§ 77 Allgemeine Haushaltsgrundsätze

(1) [1]Die Gemeinde hat ihre Haushaltswirtschaft so zu planen und zu führen, dass die stetige Erfüllung ihrer Aufgaben gesichert ist. [2]Dabei ist den Erfordernissen des gesamtwirtschaftlichen Gleichgewichts grundsätzlich Rechnung zu tragen.

(2) Die Haushaltswirtschaft ist sparsam und wirtschaftlich zu führen.

(3) Die Gemeinde hat Bücher zu führen, in denen nach Maßgabe dieses Gesetzes und nach den Grundsätzen ordnungsmäßiger Buchführung unter Berücksichtigung der besonderen gemeindehaushaltsrechtlichen Bestimmungen die Verwaltungsvorfälle und die Vermögens-, Ertrags- und Finanzlage in der Form der doppelten Buchführung (Kommunale Doppik) ersichtlich zu machen sind.

§ 78 Grundsätze der Erzielung von Erträgen und Einzahlungen

(1) Die Gemeinde erhebt Abgaben nach den gesetzlichen Vorschriften.

(2) [1]Die Gemeinde hat die zur Erfüllung ihrer Aufgaben erforderlichen Erträge und Einzahlungen

1. soweit vertretbar und geboten aus Entgelten für ihre Leistungen,

2. im Übrigen aus Steuern

zu beschaffen, soweit die sonstigen Erträge und Einzahlungen nicht ausreichen. [2]Sie hat dabei auf die wirtschaftlichen Kräfte ihrer Abgabepflichtigen Rücksicht zu nehmen.

(3) Die Gemeinde darf Kredite nur aufnehmen, wenn eine andere Finanzierung nicht möglich ist oder wirtschaftlich unzweckmäßig wäre.

(4) [1]Die Gemeinde darf zur Erfüllung ihrer Aufgaben nach § 1 Abs. 2 Spenden, Schenkungen und ähnliche Zuwendungen einwerben und annehmen oder an Dritte vermitteln, die sich an der Erfüllung von Aufgaben nach § 1 Abs. 2 beteiligen. [2]Die Einwerbung und die Entgegennahme des Angebots einer Zuwendung obliegen ausschließlich dem Bürgermeister sowie den Beigeordneten. [3]Über die Annahme oder Vermittlung entscheidet der Gemeinderat. [4]Die Gemeinde erstellt jährlich einen Bericht, in welchem die Geber, die Zuwendungen und die Zuwendungszwecke anzugeben sind, und übersendet ihn der Rechtsaufsichtsbehörde.

§ 79 Haushaltssatzung

(1) [1]Die Gemeinde hat für jedes Haushaltsjahr eine Haushaltssatzung zu erlassen. [2]Die Haushaltssatzung kann für zwei Haushaltsjahre, nach Jahren getrennt, erlassen werden.

(2) [1]Die Haushaltssatzung enthält die Festsetzung

1. des Ergebnishaushalts unter Angabe des Gesamtbetrags

   a) der ordentlichen Erträge und Aufwendungen und deren Saldo als veranschlagtes ordentliches Ergebnis,

   b) der außerordentlichen Erträge und Aufwendungen und deren Saldo als veranschlagtes Sonderergebnis,

   c) des veranschlagten ordentlichen Ergebnisses und des veranschlagten Sonderergebnisses als veranschlagtes Gesamtergebnis,

2. des Finanzhaushalts unter Angabe des Gesamtbetrags

   a) der Einzahlungen und Auszahlungen aus laufender Verwaltungstätigkeit sowie deren Saldo als Zahlungsmittelüberschuss oder -bedarf des Ergebnishaushalts,

   b) der Einzahlungen und Auszahlungen aus Investitionstätigkeit und deren Saldo,

   c) aus den Salden nach Buchstaben a und b als Finanzierungsmittelüberschuss oder -bedarf,

   d) der Einzahlungen und Auszahlungen aus Finanzierungstätigkeit und deren Saldo,

   e) aus den Salden nach Buchstaben c und d als Saldo des Finanzhaushalts,

3. des Gesamtbetrags

   a) der vorgesehenen Kreditaufnahmen für Investitionen und Investitionsförderungsmaßnahmen (Kreditermächtigung) und

   b) der vorgesehenen Ermächtigungen zum Eingehen von Verpflichtungen, die künftige Haushaltsjahre mit Auszahlungen für Investitionen und Investitionsförderungsmaßnahmen belasten (Verpflichtungsermächtigungen),

4. des Höchstbetrags der Kassenkredite und

5. der Steuersätze für die Grundsteuer und die Gewerbesteuer, soweit diese nicht in einer gesonderten Satzung festgesetzt werden.

[2]Sie kann weitere Vorschriften enthalten, die sich auf die Erträge, Aufwendungen, Einzahlungen und Auszahlungen und den Stellenplan für das Haushaltsjahr beziehen.

(3) Die Haushaltssatzung tritt mit Beginn des Haushaltsjahres in Kraft und gilt für das Haushaltsjahr.

(4) Haushaltsjahr ist das Kalenderjahr.

§ 80 Haushaltsplan

(1) [1]Der Haushaltsplan ist Teil der Haushaltssatzung. [2]Er enthält alle im Haushaltsjahr für die Erfüllung der Aufgaben der Gemeinde voraussichtlich

1. anfallenden Erträge und entstehenden Aufwendungen,
2. eingehenden ergebnis- und vermögenswirksamen Einzahlungen und zu leistenden ergebnis- und vermögenswirksamen Auszahlungen und
3. notwendigen Verpflichtungsermächtigungen.

[3]Zusätzlich sollen Schlüsselpositionen und die bei diesen zu erbringenden Leistungsziele dargestellt werden. [4]Der Haushaltsplan enthält ferner den Stellenplan nach § 57 Satz 1. [5]Die Vorschriften über die Haushaltswirtschaft der Sondervermögen der Gemeinde bleiben unberührt.

(2) [1]Der Haushaltsplan ist in einen Ergebnishaushalt und einen Finanzhaushalt zu gliedern. [2]Das Ergebnis aus ordentlichen Erträgen und ordentlichen Aufwendungen (ordentliches Ergebnis) soll unter Berücksichtigung von Fehlbeträgen aus Vorjahren ausgeglichen werden; Absatz 3 bleibt unberührt.

(3) [1]Ist ein Ausgleich des ordentlichen Ergebnisses unter Berücksichtigung von Fehlbeträgen aus Vorjahren trotz Ausnutzung aller Sparmöglichkeiten und Ausschöpfung aller Ertragsmöglichkeiten sowie Verwendung des Sonderergebnisses und von Überschussrücklagen nicht möglich, kann ein Fehlbetrag in die drei folgenden Haushaltsjahre vorgetragen werden. [2]Ein danach verbleibender Fehlbetrag ist mit dem Basiskapital zu verrechnen. [3]Das Basiskapital darf nicht negativ sein.

(4) [1]Der Haushaltsplan ist nach Maßgabe dieses Gesetzes und der auf Grund dieses Gesetzes erlassenen Vorschriften für die Führung der Haushaltswirtschaft verbindlich. [2]Ansprüche und Verbindlichkeiten werden durch ihn weder begründet noch aufgehoben.

§ 81 Erlass der Haushaltssatzung

(1) Die Haushaltssatzung ist vom Gemeinderat in öffentlicher Sitzung zu beraten und zu beschließen.

(2) Die vom Gemeinderat beschlossene Haushaltssatzung ist der Rechtsaufsichtsbehörde vorzulegen; sie soll ihr spätestens einen Monat vor Beginn des Haushaltsjahres vorliegen.

(3) [1]Mit der öffentlichen Bekanntmachung der Haushaltssatzung ist der Haushaltsplan an sieben Tagen öffentlich auszulegen; in der Bekanntmachung ist auf die Auslegung hinzuweisen. [2]Enthält die Haushaltssatzung genehmigungspflichtige Teile, kann sie erst nach der Genehmigung öffentlich bekannt gemacht werden.

§ 82 Nachtragshaushaltssatzung

(1) [1]Die Haushaltssatzung kann nur bis zum Ablauf des Haushaltsjahres durch Nachtragshaushaltssatzung geändert werden. [2]Für die Nachtragshaushaltssatzung gelten die Vorschriften für die Haushaltssatzung entsprechend.

(2) Die Gemeinde hat unverzüglich eine Nachtragshaushaltssatzung zu erlassen, wenn

1. sich zeigt, dass im Ergebnishaushalt beim ordentlichen Ergebnis oder beim Sonderergebnis ein erheblicher Fehlbetrag entsteht oder ein veranschlagter Fehlbetrag sich erheblich vergrößert und dies sich nicht durch andere Maßnahmen vermeiden lässt,
2. bisher nicht veranschlagte oder zusätzliche einzelne Aufwendungen oder Auszahlungen in einem im Verhältnis zu den Gesamtaufwendungen oder Gesamtauszahlungen des Haushaltsplans erheblichen Umfang geleistet werden müssen,
3. Auszahlungen des Finanzhaushalts für bisher nicht veranschlagte Investitionen und Investitionsförderungsmaßnahmen geleistet werden sollen oder
4. Gemeindebedienstete eingestellt, angestellt, befördert oder höher eingestuft werden sollen und der Stellenplan die entsprechenden Stellen nicht enthält.

(3) Absatz 2 Nr. 2 bis 4 findet keine Anwendung auf

1. unbedeutende Investitionen und Investitionsförderungsmaßnahmen sowie unabweisbare Aufwendungen und Auszahlungen,
2. die Umschuldung von Krediten,
3. Abweichungen vom Stellenplan und die Leistung höherer Personalaufwendungen, die sich unmittelbar aus einer Änderung des Besoldungs- oder Tarifrechts ergeben und
4. eine Vermehrung oder Hebung von Stellen für Beamte und für Arbeitnehmer, wenn sie im Verhältnis zur Gesamtzahl der Stellen für diese Bediensteten unerheblich ist.

§ 83 Vorläufige Haushaltsführung

(1) Ist die Haushaltssatzung bei Beginn des Haushaltsjahres noch nicht erlassen, darf die Gemeinde

1. finanzielle Leistungen nur erbringen, zu denen sie rechtlich verpflichtet ist oder die für die Weiterführung notwendiger Aufgaben unaufschiebbar sind; sie darf insbesondere Bauten, Beschaf-

fungen und sonstige Leistungen des Finanzhaushalts, für die im Haushaltsplan eines Vorjahres Beträge vorgesehen waren, fortsetzen,

2. Steuern, deren Sätze nach § 79 Abs. 2 Nr. 5 festgesetzt werden, vorläufig nach den Sätzen des Vorjahres erheben und

3. Kredite umschulden.

(2) ¹Reichen die Finanzierungsmittel für die Fortsetzung von Bauten, Beschaffungen und sonstigen Leistungen des Finanzhaushalts nach Absatz 1 Nr. 1 nicht aus, darf die Gemeinde mit Genehmigung der Rechtsaufsichtsbehörde Kredite für Investitionen und Investitionsförderungsmaßnahmen bis zu einem Viertel des durchschnittlichen Betrags der Kreditermächtigungen für die beiden Vorjahre aufnehmen. ²§ 87 Abs. 2 Satz 2 gilt entsprechend.

(3) Der Stellenplan des Vorjahres gilt weiter, bis die Haushaltssatzung für das neue Jahr erlassen ist.

§ 84 Planabweichungen

(1) ¹Überplanmäßige und außerplanmäßige Aufwendungen sind nur zulässig, wenn ein dringendes Bedürfnis besteht und die Deckung gewährleistet ist oder wenn sie unabweisbar sind und kein erheblicher Fehlbetrag entsteht oder ein geplanter Fehlbetrag sich nur unerheblich erhöht. ²Überplanmäßige und außerplanmäßige Auszahlungen sind nur zulässig, wenn ein dringendes Bedürfnis besteht und die Finanzierung gewährleistet ist oder wenn sie unabweisbar sind. ³Sind die Aufwendungen oder Auszahlungen nach Umfang und Bedeutung erheblich, bedürfen sie der Zustimmung des Gemeinderats; dies gilt nicht für überplanmäßige oder außerplanmäßige Aufwendungen aufgrund einer erforderlichen Anpassung des Werts von Vermögensgegenständen, Sonderposten, Schulden und Rückstellungen. ⁴§ 82 Abs. 2 bleibt unberührt.

(2) Für Investitionen, die im folgenden Jahr fortgesetzt werden, sind überplanmäßige Auszahlungen auch dann zulässig, wenn ihre Finanzierung im folgenden Jahr gewährleistet ist; sie bedürfen der Zustimmung des Gemeinderats.

(3) Absätze 1 und 2 gelten entsprechend für Maßnahmen, durch die überplanmäßige oder außerplanmäßige Aufwendungen oder Auszahlungen entstehen können.

§ 85 Finanzplanung

(1) ¹Die Gemeinde hat ihrer Haushaltswirtschaft eine fünfjährige Finanzplanung zu Grunde zu legen. ²Das erste Planungsjahr der Finanzplanung ist das laufende Haushaltsjahr.

(2) In der Finanzplanung sind Umfang und Zusammensetzung der voraussichtlichen Aufwendungen und Auszahlungen und die Finanzierungsmöglichkeiten darzustellen.

(3) Als Grundlage für die Finanzplanung ist ein Investitionsprogramm aufzustellen.

(4) Der Finanzplan ist mit dem Investitionsprogramm dem Gemeinderat spätestens mit dem Entwurf der Haushaltssatzung vorzulegen und vom Gemeinderat spätestens mit der Haushaltssatzung zu beschließen.

(5) Der Finanzplan und das Investitionsprogramm sind jährlich der Entwicklung anzupassen und fortzuführen.

§ 86 Verpflichtungsermächtigungen

(1) Verpflichtungen zur Leistung von Auszahlungen für Investitionen und Investitionsförderungsmaßnahmen in künftigen Jahren dürfen unbeschadet des Absatzes 5 nur eingegangen werden, wenn der Haushaltsplan hierzu ermächtigt.

(2) Die Verpflichtungsermächtigungen dürfen zu Lasten der dem Haushaltsjahr folgenden drei Jahre veranschlagt werden, erforderlichenfalls bis zum Abschluss einer Maßnahme; sie sind nur zulässig, wenn ihre Finanzierung in künftigen Haushalten möglich ist.

(3) ¹Die Verpflichtungsermächtigungen gelten weiter, bis die Haushaltssatzung für das folgende Jahr erlassen ist. ²In einer Haushaltssatzung für zwei Haushaltsjahre kann bestimmt werden, dass nicht in Anspruch genommene Verpflichtungsermächtigungen des ersten Haushaltsjahres weiter bis zum Erlass der nächsten Haushaltssatzung gelten.

(4) Der Gesamtbetrag der Verpflichtungsermächtigungen bedarf im Rahmen der Haushaltssatzung insoweit der Genehmigung der Rechtsaufsichtsbehörde, als in den Jahren, zu deren Lasten sie veranschlagt sind, Kreditaufnahmen vorgesehen sind.

(5) Verpflichtungen im Sinne des Absatzes 1 dürfen überplanmäßig oder außerplanmäßig eingegangen werden, wenn ein dringendes Bedürfnis besteht und der in der Haushaltssatzung festgesetzte Gesamtbetrag der Verpflichtungsermächtigungen nicht überschritten wird.

§ 87 Kreditaufnahmen

(1) [1]Kredite dürfen unter den Voraussetzungen des § 78 Abs. 3 nur im Finanzhaushalt und nur für Investitionen, Investitionsförderungsmaßnahmen und zur Umschuldung aufgenommen werden. [2]Kredite dürfen unter den Voraussetzungen des Satzes 1 auch aufgenommen werden zur Ablösung von inneren Darlehen aus Mitteln, die für Rückstellungen für die Stilllegung und Nachsorge von Abfalldeponien erwirtschaftet wurden, wenn die Mittel des inneren Darlehens für investive Zwecke verwendet worden sind.

(2) [1]Der Gesamtbetrag der vorgesehenen Kreditaufnahmen für Investitionen und Investitionsförderungsmaßnahmen sowie für die Ablösung von inneren Darlehen nach Absatz 1 Satz 2 bedarf im Rahmen der Haushaltssatzung der Genehmigung der Rechtsaufsichtsbehörde (Gesamtgenehmigung). [2]Die Genehmigung soll unter dem Gesichtspunkt einer geordneten Haushaltswirtschaft erteilt oder versagt werden; sie kann unter Bedingungen erteilt und mit Auflagen verbunden werden. [3]Sie ist in der Regel zu versagen, wenn die Kreditverpflichtungen mit der dauernden Leistungsfähigkeit der Gemeinde nicht im Einklang stehen.

(3) Die Kreditermächtigung gilt weiter, bis die Haushaltssatzung für das übernächste Jahr erlassen ist.

(4) [1]Die Aufnahme der einzelnen Kredite, deren Gesamtbetrag nach Absatz 2 genehmigt worden ist, bedarf der Genehmigung der Rechtsaufsichtsbehörde (Einzelgenehmigung), sobald nach § 19 des Gesetzes zur Förderung der Stabilität und des Wachstums der Wirtschaft die Kreditaufnahmen beschränkt worden sind. [2]Die Einzelgenehmigung kann nach Maßgabe der Kreditbeschränkungen versagt werden.

(5) [1]Die Begründung einer Zahlungsverpflichtung, die wirtschaftlich einer Kreditaufnahme gleichkommt, bedarf der Genehmigung der Rechtsaufsichtsbehörde. [2]Absatz 2 Satz 2 und 3 gilt entsprechend. [3]Eine Genehmigung ist nicht erforderlich für die Begründung von Zahlungsverpflichtungen im Rahmen der laufenden Verwaltung. [4]Das Innenministerium kann die Genehmigung für Rechtsgeschäfte, die zur Erfüllung bestimmter Aufgaben dienen oder den Haushalt der Gemeinde nicht besonders belasten, allgemein erteilen.

(6) [1]Die Gemeinde darf zur Sicherung des Kredits keine Sicherheiten bestellen. [2]Die Rechtsaufsichtsbehörde kann Ausnahmen zulassen, wenn die Bestellung von Sicherheiten der Verkehrsübung entspricht.

§ 88 Sicherheiten und Gewährleistung für Dritte

(1) [1]Die Gemeinde darf keine Sicherheiten zu Gunsten Dritter bestellen. [2]Die Rechtsaufsichtsbehörde kann Ausnahmen zulassen.

(2) [1]Die Gemeinde darf Bürgschaften und Verpflichtungen aus Gewährverträgen nur zur Erfüllung ihrer Aufgaben übernehmen. [2]Die Rechtsgeschäfte bedürfen der Genehmigung der Rechtsaufsichtsbehörde, wenn sie nicht im Rahmen der laufenden Verwaltung abgeschlossen werden. [3]§ 87 Abs. 2 Satz 2 und 3 gilt entsprechend.

(3) Absatz 2 gilt entsprechend für Rechtsgeschäfte, die den in Absatz 2 genannten Rechtsgeschäften wirtschaftlich gleichkommen, insbesondere für die Zustimmung zu Rechtsgeschäften Dritter, aus denen der Gemeinde in künftigen Haushaltsjahren Verpflichtungen zu finanziellen Leistungen erwachsen können.

(4) Das Innenministerium kann die Genehmigung allgemein erteilen für Rechtsgeschäfte, die
1. von der Gemeinde zur Förderung des Städte- und Wohnungsbaus eingegangen werden,
2. den Haushalt der Gemeinde nicht besonders belasten.

§ 89 Liquiditätssicherung

(1) Die Gemeinde hat durch eine Liquiditätsplanung die Verfügbarkeit liquider Mittel für eine rechtzeitige Leistung der Auszahlungen sicherzustellen.

(2) [1]Zur rechtzeitigen Leistung der Auszahlungen kann die Gemeinde Kassenkredite bis zu dem in der Haushaltssatzung festgesetzten Höchstbetrag aufnehmen, soweit für die Kasse keine anderen Mittel zur Verfügung stehen. [2]Die Ermächtigung gilt weiter, bis die Haushaltssatzung für das folgende Jahr erlassen ist.

(3) Der Höchstbetrag der Kassenkredite bedarf im Rahmen der Haushaltssatzung der Genehmigung der Rechtsaufsichtsbehörde, wenn er ein Fünftel der im Ergebnishaushalt veranschlagten ordentlichen Aufwendungen übersteigt.

§ 90 Rücklagen, Rückstellungen

(1) Überschüsse der Ergebnisrechnung sind den Rücklagen zuzuführen.

(2) [1]Für ungewisse Verbindlichkeiten und für hinsichtlich ihrer Höhe oder des Zeitpunkts ihres Eintritts unbestimmte Aufwendungen sind Rückstellungen zu bilden. [2]Rückstellungen dürfen nur aufgelöst werden, soweit der Grund hierfür entfallen ist.

§ 91 Erwerb und Verwaltung von Vermögen, Wertansätze

(1) Die Gemeinde soll Vermögensgegenstände nur erwerben, wenn dies zur Erfüllung ihrer Aufgaben erforderlich ist.

(2) [1]Die Vermögensgegenstände sind pfleglich und wirtschaftlich zu verwalten und ordnungsgemäß nachzuweisen. [2]Bei Geldanlagen ist auf eine ausreichende Sicherheit zu achten; sie sollen einen angemessenen Ertrag bringen.

(3) Besondere Rechtsvorschriften für die Bewirtschaftung des Gemeindewalds bleiben unberührt.

(4) [1]Vermögensgegenstände sind mit den Anschaffungs- oder Herstellungskosten, vermindert um Abschreibungen, anzusetzen. [2]Verbindlichkeiten sind zu ihrem Rückzahlungsbetrag und Rückstellungen in Höhe des Betrags anzusetzen, der nach vernünftiger Beurteilung notwendig ist.

§ 92 Veräußerung von Vermögen

(1) [1]Die Gemeinde darf Vermögensgegenstände, die sie zur Erfüllung ihrer Aufgaben nicht braucht, veräußern. [2]Vermögensgegenstände dürfen in der Regel nur zu ihrem vollen Wert veräußert werden.

(2) Für die Überlassung der Nutzung eines Vermögensgegenstands gilt Absatz 1 entsprechend.

(3) [1]Will die Gemeinde einen Vermögensgegenstand unter seinem vollen Wert veräußern, hat sie den Beschluss der Rechtsaufsichtsbehörde vorzulegen. [2]Das Innenministerium kann von der Vorlagepflicht allgemein freistellen, wenn die Rechtsgeschäfte zur Erfüllung bestimmter Aufgaben dienen oder ihrer Natur nach regelmäßig wiederkehren oder wenn bestimmte Wertgrenzen oder Grundstücksgrößen nicht überschritten werden.

§ 93 Gemeindekasse

(1) [1]Die Gemeindekasse erledigt alle Kassengeschäfte der Gemeinde; § 98 bleibt unberührt. [2]Die Buchführung kann von den Kassengeschäften abgetrennt werden.

(2) [1]Die Gemeinde hat, wenn sie ihre Kassengeschäfte nicht durch eine Stelle außerhalb der Gemeindeverwaltung besorgen lässt, einen Kassenverwalter und einen Stellvertreter zu bestellen. [2]Der Leiter und die Prüfer des Rechnungsprüfungsamts sowie ein Rechnungsprüfer können nicht gleichzeitig Kassenverwalter oder dessen Stellvertreter sein.

(3) [1]Der Kassenverwalter, sein Stellvertreter und andere Bedienstete der Gemeindekasse dürfen untereinander, zum Bürgermeister, zu einem Beigeordneten, einem Stellvertreter des Bürgermeisters, zum Fachbediensteten für das Finanzwesen, zum Leiter und zu den Prüfern des Rechnungsprüfungsamts sowie zu einem Rechnungsprüfer nicht in einem die Befangenheit begründenden Verhältnis nach § 18 Abs. 1 Nr. 1 bis 3 stehen. [2]In Gemeinden mit nicht mehr als 2 000 Einwohnern kann der Gemeinderat bei Vorliegen besonderer Umstände mit den Stimmen aller Mitglieder, die nicht befangen sind, Ausnahmen vom Verbot des Satzes 1 zulassen.

§ 94 Übertragung von Kassengeschäften

[1]Die Gemeinde kann die Kassengeschäfte ganz oder zum Teil von einer Stelle außerhalb der Gemeindeverwaltung besorgen lassen, wenn die ordnungsmäßige Erledigung und die Prüfung nach den für die Gemeinde geltenden Vorschriften gewährleistet sind. [2]Der Beschluss hierüber ist der Rechtsaufsichtsbehörde anzuzeigen. [3]Die Vorschriften des Gesetzes über kommunale Zusammenarbeit bleiben unberührt.

§ 95 Jahresabschluss

(1) [1]Die Gemeinde hat zum Schluss eines jeden Haushaltsjahres einen Jahresabschluss aufzustellen. [2]Der Jahresabschluss ist nach den Grundsätzen ordnungsmäßiger Buchführung unter Berücksichtigung der besonderen gemeindehaushaltsrechtlichen Bestimmungen aufzustellen und muss klar und übersichtlich sein. [3]Der Jahresabschluss hat sämtliche Vermögensgegenstände, Schulden, Rückstellungen,

Rechnungsabgrenzungsposten, Erträge, Aufwendungen, Einzahlungen und Auszahlungen zu enthalten, soweit nichts anderes bestimmt ist. [4]Er hat die tatsächliche Vermögens-, Ertrags- und Finanzlage der Gemeinde darzustellen.

(2) [1]Der Jahresabschluss besteht aus
1. der Ergebnisrechnung,
2. der Finanzrechnung und
3. der Bilanz.

[2]Der Jahresabschluss ist um einen Anhang zu erweitern, der mit den Rechnungen nach Satz 1 eine Einheit bildet, und durch einen Rechenschaftsbericht zu erläutern.

(3) Dem Anhang sind als Anlagen beizufügen
1. die Vermögensübersicht,
2. die Schuldenübersicht und
3. eine Übersicht über die in das folgende Jahr zu übertragenden Haushaltsermächtigungen.

§ 95a Gesamtabschluss

(1) [1]Mit dem Jahresabschluss der Gemeinde sind die Jahresabschlüsse
1. der verselbständigten Organisationseinheiten und Vermögensmassen, die mit der Gemeinde eine Rechtseinheit bilden, ausgenommen das Sondervermögen nach § 96 Abs. 1 Nr. 5,
2. der rechtlich selbständigen Organisationseinheiten und Vermögensmassen mit Nennkapital, ausgenommen die Sparkassen, an denen die Gemeinde eine Beteiligung hält; für mittelbare Beteiligungen gilt § 290 des Handelsgesetzbuchs (HGB), und
3. der Zweckverbände und Verwaltungsgemeinschaften

zu konsolidieren. [2]Der Gesamtabschluss hat unter Beachtung der Grundsätze ordnungsmäßiger Buchführung unter Berücksichtigung der besonderen gemeindehaushaltsrechtlichen Bestimmungen ein den tatsächlichen Verhältnissen entsprechendes Bild der Vermögens-, Ertrags- und Finanzlage der Gemeinde einschließlich ihrer ausgegliederten Aufgabenträger zu vermitteln. [3]Ein Aufgabenträger nach Satz 1 braucht in den Gesamtabschluss nicht einbezogen zu werden, wenn er für die Verpflichtung, ein den tatsächlichen Verhältnissen entsprechendes Bild der Vermögens-, Ertrags- und Finanzlage der Gemeinde zu vermitteln, von untergeordneter Bedeutung ist.

(2) Die Gemeinde ist von der Pflicht zur Aufstellung eines Gesamtabschlusses befreit, wenn die nach Absatz 1 Satz 1 zu konsolidierenden Aufgabenträger für die Verpflichtung, ein den tatsächlichen Verhältnissen entsprechendes Bild der Vermögens-, Ertrags- und Finanzlage der Gemeinde zu vermitteln, in ihrer Gesamtheit von untergeordneter Bedeutung sind.

(3) Aufgabenträger nach Absatz 1 Satz 1 unter beherrschendem Einfluss der Gemeinde sind entsprechend §§ 300 bis 309 HGB mit der Maßgabe, dass die Vermögenskonsolidierung zu den jeweiligen Buchwerten in den Abschlüssen dieser Aufgabenträger erfolgt, zu konsolidieren (Vollkonsolidierung), solche unter maßgeblichem Einfluss der Gemeinde werden entsprechend §§ 311 und 312 HGB konsolidiert (Eigenkapitalmethode).

(4) [1]Der Gesamtabschluss ist durch eine Kapitalflussrechnung zu ergänzen und durch einen Konsolidierungsbericht zu erläutern. [2]Dem Konsolidierungsbericht sind Angaben nach § 105 Abs. 2 Satz 3 zum nicht konsolidierten Beteiligungsbesitz anzufügen. [3]Der nach den Sätzen 1 und 2 aufgestellte Gesamtabschluss ersetzt den Beteiligungsbericht nach § 105.

(5) [1]Die Gemeinde hat bei den nach Absatz 1 zu konsolidierenden Aufgabenträgern darauf hinzuwirken, dass ihr das Recht eingeräumt wird, von diesen alle Unterlagen und Auskünfte zu verlangen, die für die Aufstellung des Gesamtabschlusses erforderlich sind. [2]§ 103 Abs. 1 Satz 1 Nr. 5 Buchst. f bleibt unberührt.

§ 95b Aufstellung und ortsübliche Bekanntgabe der Abschlüsse

(1) [1]Der Jahresabschluss ist innerhalb von sechs Monaten und der Gesamtabschluss innerhalb von neun Monaten nach Ende des Haushaltsjahres aufzustellen und vom Bürgermeister unter Angabe des Datums zu unterzeichnen. [2]Der Jahresabschluss ist vom Gemeinderat innerhalb eines Jahres, der Gesamtabschluss innerhalb von 15 Monaten nach Ende des Haushaltsjahres festzustellen.

(2) [1]Der Beschluss über die Feststellung nach Absatz 1 ist der Rechtsaufsichtsbehörde sowie der Prüfungsbehörde (§ 113) unverzüglich mitzuteilen und ortsüblich bekannt zu geben. [2]Gleichzeitig ist der

Jahresabschluss mit dem Rechenschaftsbericht und der Gesamtabschluss mit dem Konsolidierungsbericht an sieben Tagen öffentlich auszulegen; in der Bekanntgabe ist auf die Auslegung hinzuweisen.

2. Abschnitt
Sondervermögen, Treuhandvermögen

§ 96 Sondervermögen

(1) Sondervermögen der Gemeinde sind
1. das Gemeindegliedervermögen,
2. das Vermögen der rechtlich unselbstständigen örtlichen Stiftungen,
3. das Vermögen der Eigenbetriebe,
4. rechtlich unselbstständige Versorgungs- und Versicherungseinrichtungen für Bedienstete der Gemeinde,
5. das Sondervermögen für die Kameradschaftspflege nach § 18 des Feuerwehrgesetzes.

(2) [1]Sondervermögen nach Absatz 1 Nr. 1 und 2 unterliegen den Vorschriften über die Haushaltswirtschaft. [2]Sie sind im Haushalt der Gemeinde gesondert nachzuweisen.

(3) [1]Für Sondervermögen nach Absatz 1 Nr. 4 sind besondere Haushaltspläne aufzustellen und Sonderrechnungen zu führen. [2]Die Vorschriften über die Haushaltswirtschaft gelten entsprechend mit der
Maßgabe, dass an die Stelle der Haushaltssatzung der Beschluss über den Haushaltsplan tritt und von
der ortsüblichen Bekanntgabe und Auslegung nach § 95b Absatz 2 abgesehen werden kann. [3]An Stelle
eines Haushaltsplans können ein Wirtschaftsplan aufgestellt und die für die Wirtschaftsführung und
das Rechnungswesen der Eigenbetriebe geltenden Vorschriften entsprechend angewendet werden; in
diesem Fall gelten § 77 Abs. 1 und 2, §§ 78, 81 Absatz 2 sowie §§ 85 bis 89, 91 und 92 entsprechend.

§ 97 Treuhandvermögen

(1) [1]Für rechtlich selbstständige örtliche Stiftungen sowie für Vermögen, die die Gemeinde nach besonderem Recht treuhänderisch zu verwalten hat, sind besondere Haushaltspläne aufzustellen und
Sonderrechnungen zu führen. [2]§ 96 Abs. 3 Satz 2 und 3 gilt entsprechend.

(2) Unbedeutendes Treuhandvermögen kann im Haushalt der Gemeinde gesondert nachgewiesen werden; es unterliegt den Vorschriften über die Haushaltswirtschaft.

(3) Mündelvermögen sind abweichend von den Absätzen 1 und 2 nur im Jahresabschluss gesondert
nachzuweisen.

(4) Für rechtlich selbstständige örtliche Stiftungen bleiben Bestimmungen des Stifters, für andere
Treuhandvermögen besondere gesetzliche Vorschriften unberührt.

§ 98 Sonderkassen

[1]Für Sondervermögen und Treuhandvermögen, für die Sonderrechnungen geführt werden, sind Sonderkassen einzurichten. [2]Sie sollen mit der Gemeindekasse verbunden werden. [3]§ 94 gilt entsprechend.

§ 99 Freistellung von der Finanzplanung

Das Innenministerium kann durch Rechtsverordnung Sondervermögen und Treuhandvermögen von
den Verpflichtungen des § 85 freistellen, soweit die Finanzplanung weder für die Haushalts- oder
Wirtschaftsführung noch für die Finanzstatistik benötigt wird.

§ 100 Gemeindegliedervermögen

(1) [1]Gemeindegliedervermögen darf nicht in Privatvermögen der Nutzungsberechtigten, Gemeindevermögen nicht in Gemeindegliedervermögen umgewandelt werden. [2]Bei aufgeteilten Nutzungsrech-
ten, die mit dem Eigentum an bestimmten Grundstücken verbunden sind, kann der Nutzungsberechtigte
gegen angemessenes Entgelt die Übereignung der mit dem Nutzungsrecht belasteten landwirtschaftlichen Grundstücke verlangen, es sei denn, dass die Grundstücke unmittelbar oder mittelbar für öffentliche Aufgaben benötigt werden oder nach der Bauleitplanung der Gemeinde nicht zur landwirtschaftlichen Nutzung bestimmt sind.

(2) [1]Eine Aufnahme in das Nutzbürgerrecht und eine Zulassung zur Teilnahme an den Gemeindenut-
zungen finden nicht mehr statt. [2]Die Rechte der Nutzungsberechtigten bleiben erhalten; auf diese
Rechte ist das bisherige Recht weiter anzuwenden. [3]Der Wert des einzelnen Nutzungsanteils darf nicht
erhöht werden; ein Vorrücken in höhere Nutzungsklassen unterbleibt. [4]Freiwerdende Lose fallen der
Gemeinde zu.

(3) [1]Die Nutzungsberechtigten sind zur ordnungsgemäßen Nutzung verpflichtet. [2]Verletzt ein Nutzungsberechtigter trotz schriftlicher Mahnung gröblich seine Pflicht zur ordnungsgemäßen Nutzung, so kann ihm sein Nutzungsrecht entschädigungslos entzogen werden.

(4) [1]Gemeindegliedervermögen kann gegen angemessene Entschädigung in Geld in freies Gemeindevermögen umgewandelt werden, wenn es zum Wohl der Allgemeinheit, insbesondere zur Erfüllung von Aufgaben der Gemeinde oder zur Verbesserung der Agrarstruktur erforderlich ist. [2]In ein Verfahren nach dem Flurbereinigungsgesetz einbezogenes Gemeindegliedervermögen ist unter den Voraussetzungen des Satzes 1 in freies Gemeindevermögen umzuwandeln.

(5) [1]Bisher landwirtschaftlich genutztes Gemeindegliedervermögen, das freies Gemeindevermögen wird, ist gegen angemessenes Entgelt der privaten landwirtschaftlichen Nutzung zu überlassen; Gemeinschaftsweiden sind als öffentliche Einrichtungen fortzuführen, solange hierfür ein Bedürfnis besteht. [2]Dies gilt nicht, soweit die Grundstücke unmittelbar oder mittelbar für öffentliche Aufgaben benötigt werden oder ihre landwirtschaftliche Nutzung die Durchführung der Bauleitplanung der Gemeinde behindert.

§ 101 Örtliche Stiftungen

(1) [1]Die Gemeinde verwaltet die örtlichen Stiftungen nach den Vorschriften dieses Gesetzes, soweit durch Gesetz oder Stifter nichts anderes bestimmt ist. [2]§ 96 Abs. 1 Nr. 2 und Abs. 2 und § 97 Abs. 1, 2 und 4 bleiben unberührt.

(2) Bei nichtrechtsfähigen Stiftungen kann die Gemeinde unter den Voraussetzungen des § 87 Abs. 1 des Bürgerlichen Gesetzbuchs den Stiftungszweck ändern, die Stiftung mit einer anderen nichtrechtsfähigen örtlichen Stiftung zusammenlegen oder sie aufheben, wenn der Stifter nichts anderes bestimmt hat.

(3) [1]Enthält das Stiftungsgeschäft keine Bestimmung über den Vermögensanfall, fällt das Vermögen nichtrechtsfähiger Stiftungen an die Gemeinde. [2]Die Gemeinde hat bei der Verwendung des Vermögens den Stiftungszweck tunlichst zu berücksichtigen.

(4) Gemeindevermögen darf nur im Rahmen der Aufgabenerfüllung der Gemeinde und nur dann in Stiftungsvermögen eingebracht werden, wenn der mit der Stiftung verfolgte Zweck auf andere Weise nicht erreicht werden kann.

3. Abschnitt
Unternehmen und Beteiligungen

§ 102 Zulässigkeit wirtschaftlicher Unternehmen

(1) Die Gemeinde darf ungeachtet der Rechtsform wirtschaftliche Unternehmen nur errichten, übernehmen, wesentlich erweitern oder sich daran beteiligen, wenn

1. der öffentliche Zweck das Unternehmen rechtfertigt,
2. das Unternehmen nach Art und Umfang in einem angemessenen Verhältnis zur Leistungsfähigkeit der Gemeinde und zum voraussichtlichen Bedarf steht und
3. bei einem Tätigwerden außerhalb der kommunalen Daseinsvorsorge der Zweck nicht ebenso gut und wirtschaftlich durch einen privaten Anbieter erfüllt wird oder erfüllt werden kann.

(2) Über ein Tätigwerden der Gemeinde nach Absatz 1 Nr. 3 entscheidet der Gemeinderat nach Anhörung der örtlichen Selbstverwaltungsorganisationen von Handwerk, Industrie und Handel.

(3) Wirtschaftliche Unternehmen der Gemeinde sind so zu führen, dass der öffentliche Zweck erfüllt wird; sie sollen einen Ertrag für den Haushalt der Gemeinde abwerfen.

(4) [1]Wirtschaftliche Unternehmen im Sinne der Absätze 1 und 2 sind nicht

1. Unternehmen, zu deren Betrieb die Gemeinde gesetzlich verpflichtet ist,
2. Einrichtungen des Unterrichts-, Erziehungs- und Bildungswesens, der Kunstpflege, der körperlichen Ertüchtigung, der Gesundheits- und Wohlfahrtspflege sowie öffentliche Einrichtungen ähnlicher Art und
3. Hilfsbetriebe, die ausschließlich zur Deckung des Eigenbedarfs der Gemeinde dienen.

[2]Auch diese Unternehmen, Einrichtungen und Hilfsbetriebe sind nach wirtschaftlichen Gesichtspunkten zu führen.

(5) [1]Bankunternehmen darf die Gemeinde nicht betreiben, soweit gesetzlich nichts anderes bestimmt ist. [2]Für das öffentliche Sparkassenwesen verbleibt es bei den besonderen Vorschriften.

(6) Bei Unternehmen, für die kein Wettbewerb gleichartiger Privatunternehmen besteht, dürfen der Anschluss und die Belieferung nicht davon abhängig gemacht werden, dass auch andere Leistungen oder Lieferungen abgenommen werden.

(7) [1]Die Betätigung außerhalb des Gemeindegebiets ist zulässig, wenn bei wirtschaftlicher Betätigung die Voraussetzungen des Absatzes 1 vorliegen und die berechtigten Interessen der betroffenen Gemeinden gewahrt sind. [2]Bei der Versorgung mit Strom und Gas gelten nur die Interessen als berechtigt, die nach den maßgeblichen Vorschriften eine Einschränkung des Wettbewerbs zulassen.

§ 102a Selbstständige Kommunalanstalt

(1) [1]Die Gemeinde kann durch Satzung (Anstaltssatzung) eine selbstständige Kommunalanstalt in der Rechtsform einer rechtsfähigen Anstalt des öffentlichen Rechts errichten oder bestehende Eigenbetriebe durch Ausgliederung und Kapitalgesellschaften durch Formwechsel im Wege der Gesamtrechtsnachfolge in selbstständige Kommunalanstalten umwandeln. [2]Sofern mit der selbstständigen Kommunalanstalt eine wirtschaftliche Betätigung verbunden ist, ist dies nur unter Beachtung der Vorgaben des § 102 zulässig. [3]Die selbstständige Kommunalanstalt kann sich nach Maßgabe der Anstaltssatzung und in entsprechender Anwendung der für die Gemeinde geltenden Vorschriften an anderen Unternehmen beteiligen, wenn das dem Anstaltszweck dient.

(2) [1]Die Gemeinde kann der selbstständigen Kommunalanstalt einzelne oder alle mit einem bestimmten Zweck zusammenhängenden Aufgaben ganz oder teilweise übertragen. [2]Sie kann nach Maßgabe des § 11 durch gesonderte Satzung einen Anschluss- und Benutzungszwang zugunsten der selbstständigen Kommunalanstalt festlegen.

(3) [1]Die Gemeinde regelt die Rechtsverhältnisse der selbstständigen Kommunalanstalt durch die Anstaltssatzung. [2]Diese muss Bestimmungen über den Namen, den Sitz und die Aufgaben der selbstständigen Kommunalanstalt, die Zahl der Mitglieder des Vorstands und des Verwaltungsrats, die Höhe des Stammkapitals und die Abwicklung im Falle der Auflösung der selbstständigen Kommunalanstalt enthalten.

(4) [1]Die Anstaltssatzung, Änderungen der Aufgaben der selbstständigen Kommunalanstalt und die Auflösung der selbstständigen Kommunalanstalt bedürfen der Genehmigung der Rechtsaufsichtsbehörde. [2]Die Genehmigung ist zu erteilen, wenn die Errichtung der selbstständigen Kommunalanstalt zulässig ist und die Anstaltssatzung den gesetzlichen Vorgaben entspricht. [3]Die Genehmigung der Anstaltssatzung ist mit der Anstaltssatzung von der Gemeinde öffentlich bekannt zu machen. [4]Die selbstständige Kommunalanstalt entsteht am Tag nach der Bekanntmachung, wenn nicht in der Anstaltssatzung ein späterer Zeitpunkt bestimmt ist. [5]§ 4 Absatz 4 findet Anwendung.

(5) [1]Die Gemeinde kann der selbstständigen Kommunalanstalt in der Anstaltssatzung auch das Recht einräumen, an ihrer Stelle Satzungen zu erlassen. [2]§ 4 Absätze 3 und 4 gelten entsprechend. [3]Die öffentlichen Bekanntmachungen der selbstständigen Kommunalanstalten erfolgen in der für die öffentliche Bekanntmachung der Gemeinde vorgeschriebenen Form. [4]Die Gemeinde kann der selbstständigen Kommunalanstalt zur Finanzierung der von ihr wahrzunehmenden Aufgaben durch die Anstaltssatzung das Recht übertragen, Gebühren, Beiträge, Kostenersätze und sonstige Abgaben nach den kommunalabgabenrechtlichen Vorschriften festzusetzen, zu erheben und zu vollstrecken.

(6) [1]Für die Wirtschaftsführung und das Rechnungswesen der selbstständigen Kommunalanstalt gelten die Vorschriften des Handelsgesetzbuchs sinngemäß, sofern nicht die Vorschriften des Handelsgesetzbuchs bereits unmittelbar oder weitergehende gesetzliche Vorschriften gelten oder andere gesetzliche Vorschriften entgegenstehen. [2]In sinngemäßer Anwendung der für Eigenbetriebe geltenden Vorschriften ist für jedes Wirtschaftsjahr ein Wirtschaftsplan aufzustellen und der Wirtschaftsführung eine fünfjährige Finanzplanung zugrunde zu legen. [3]Der Wirtschaftsplan und die Finanzplanung sind an die Gemeinde zu übersenden. [4]§ 77 Absätze 1 und 2, §§ 78, 87, 103 Absatz 1 Satz 1 Nummer 3 und Absatz 3 gelten entsprechend. [5]Mit dem Antrag auf Genehmigung des Gesamtbetrags der vorgesehenen Kreditaufnahmen gemäß § 87 Absatz 2 sind der Rechtsaufsichtsbehörde der Wirtschaftsplan, der Finanzplan und der letzte Jahresabschluss vorzulegen.

(7) [1]Die selbstständige Kommunalanstalt besitzt das Recht, Beamte zu haben. [2]Hauptamtliche Beamte dürfen nur ernannt werden, wenn dies in der Anstaltssatzung vorgesehen ist. [3]Unberührt bleibt die Möglichkeit, Beamte der Gemeinde an die selbstständige Kommunalanstalt abzuordnen.

(8) [1]Die Gemeinde unterstützt die selbstständige Kommunalanstalt bei der Erfüllung ihrer Aufgaben. [2]Sie ist verpflichtet, die selbstständige Kommunalanstalt mit den zur Aufgabenerfüllung notwendigen

finanziellen Mitteln auszustatten und für die Dauer ihres Bestehens funktionsfähig zu erhalten. ³Beihilferechtliche Regelungen sind dabei zu beachten. ⁴Eine Haftung der Gemeinde für Verbindlichkeiten der selbstständigen Kommunalanstalt Dritten gegenüber besteht nicht.

§ 102b Organe der selbstständigen Kommunalanstalt
(1) Organe der selbstständigen Kommunalanstalt sind der Vorstand und der Verwaltungsrat.
(2) ¹Die selbstständige Kommunalanstalt wird von einem Vorstand in eigener Verantwortung geleitet, soweit nicht gesetzlich oder durch die Anstaltssatzung etwas anderes bestimmt ist. ²Der Vorstand wird vom Verwaltungsrat auf höchstens fünf Jahre bestellt; wiederholte Bestellungen sind zulässig. ³Die Mitglieder des Vorstands können privatrechtlich angestellt oder in ein Beamtenverhältnis auf Zeit mit einer Amtszeit von fünf Jahren berufen werden. ⁴Die Mitglieder des Vorstands vertreten einzeln oder gemeinsam entsprechend der Anstaltssatzung die selbstständige Kommunalanstalt nach außen. ⁵Der Vorstand kann allgemein oder in einzelnen Angelegenheiten Vollmacht erteilen. ⁶Der Vorsitzende des Vorstands ist Vorgesetzter, Dienstvorgesetzter und oberste Dienstbehörde der Bediensteten der selbstständigen Kommunalanstalt mit Ausnahme der beamteten Mitglieder des Vorstands. ⁷Die Gemeinde hat darauf hinzuwirken, dass jedes Vorstandsmitglied vertraglich verpflichtet wird, die ihm im Geschäftsjahr jeweils gewährten Bezüge im Sinne von § 285 Nummer 9 Buchstabe a des Handelsgesetzbuchs der Gemeinde jährlich zur Aufnahme in den Beteiligungsbericht mitzuteilen.
(3) ¹Der Verwaltungsrat überwacht die Geschäftsführung des Vorstands. ²Er entscheidet über
1.   den Erlass von Satzungen gemäß § 102a Absatz 5,
2.   die Feststellung des Wirtschaftsplans und des Jahresabschlusses, Kreditaufnahmen, Übernahme von Bürgschaften und Gewährleistungen,
3.   die Festsetzung allgemein geltender Tarife und Entgelte für die Leistungsnehmer,
4.   die Beteiligung der selbstständigen Kommunalanstalt an anderen Unternehmen und
5.   die Ergebnisverwendung.
³Die Anstaltssatzung kann weitere Entscheidungszuständigkeiten des Verwaltungsrats vorsehen, insbesondere bei Maßnahmen von grundsätzlicher oder besonderer Bedeutung oder bei denen sich der Verwaltungsrat die Zustimmung vorbehalten hat. ⁴Sie kann auch ein Recht des Verwaltungsrats vorsehen, Maßnahmen auf eigene Initiative zu bestimmen. ⁵Im Fall des Satzes 2 Nummer 1 ist öffentlich zu verhandeln; die Mitglieder des Verwaltungsrats unterliegen den Weisungen des Gemeinderats. ⁶Die Anstaltssatzung kann vorsehen, dass auch in bestimmten anderen Fällen öffentlich zu verhandeln ist und dass der Gemeinderat den Mitgliedern des Verwaltungsrats auch in bestimmten anderen Fällen Weisungen erteilen kann. ⁷Im Fall des Satzes 2 Nummer 4 bedarf es der vorherigen Zustimmung der Gemeinde entsprechend § 105a.
(4) ¹Der Verwaltungsrat besteht aus dem Vorsitzenden und den weiteren Mitgliedern. ²Vorsitzender ist der Bürgermeister; mit seiner Zustimmung kann der Gemeinderat einen Beigeordneten zum Vorsitzenden bestellen. ³Der Vorsitzende des Verwaltungsrats ist Vorgesetzter, Dienstvorgesetzter und oberste Dienstbehörde der beamteten Mitglieder des Vorstands. ⁴Das vorsitzende Mitglied nach Satz 2 Halbsatz 2 und die weiteren Mitglieder des Verwaltungsrats werden vom Gemeinderat für fünf Jahre bestellt. ⁵Für jedes Mitglied des Verwaltungsrats wird ein Stellvertreter bestellt.
(5) ¹Die weiteren Mitglieder des Verwaltungsrats sind ehrenamtlich tätig. ²Für ihre Rechtsverhältnisse finden die für die Gemeinderäte geltenden Vorschriften mit Ausnahme der §§ 15 und 29 entsprechende Anwendung. ³Mitglieder des Verwaltungsrats können nicht sein:
1.   Beamte und Arbeitnehmer der selbstständigen Kommunalanstalt,
2.   leitende Beamte und leitende Arbeitnehmer von juristischen Personen oder sonstigen Organisationen des öffentlichen oder privaten Rechts, an denen die selbstständige Kommunalanstalt mit mehr als 50 vom Hundert beteiligt ist; eine Beteiligung am Stimmrecht genügt,
3.   Beamte und Arbeitnehmer der Rechtsaufsichtsbehörde, die unmittelbar mit Aufgaben der Aufsicht über die selbstständige Kommunalanstalt befasst sind.
⁴Auf den Verwaltungsrat und seinen Vorsitzenden finden § 34 Absatz 1 mit Ausnahme des Satzes 2 Halbsatz 2, § 34 Absatz 3, §§ 36 bis 38 und § 43 Absätze 2, 4 und 5 entsprechende Anwendung.

§ 102c Umwandlung
(1) ¹Ein Unternehmen in der Rechtsform einer Kapitalgesellschaft, an dem ausschließlich die Gemeinde beteiligt ist, kann durch Formwechsel in eine selbstständige Kommunalanstalt umgewandelt

werden. ²Die Umwandlung ist nur zulässig, wenn keine Sonderrechte im Sinne des § 23 des Umwandlungsgesetzes (UmwG) und keine Rechte Dritter an den Anteilen der Gemeinde bestehen.

(2) ¹Der Formwechsel setzt den Erlass der Anstaltssatzung durch die Gemeinde und einen sich darauf beziehenden Umwandlungsbeschluss der formwechselnden Gesellschaft voraus. ²Die §§ 193 bis 195, 197 bis 200 Absatz 1 und § 201 UmwG sind entsprechend anzuwenden. ³Die Anmeldung zum Handelsregister entsprechend § 198 UmwG erfolgt durch das vertretungsberechtigte Organ der Kapitalgesellschaft. ⁴Die Umwandlung einer Kapitalgesellschaft in eine selbstständige Kommunalanstalt wird mit der Eintragung oder, wenn sie nicht eingetragen wird, mit der Eintragung der Umwandlung in das Handelsregister wirksam; § 202 Absätze 1 und 3 UmwG sind entsprechend anzuwenden.

(3) ¹Ist bei der Kapitalgesellschaft ein Betriebsrat eingerichtet, bleibt dieser nach dem Wirksamwerden der Umwandlung als Personalrat der selbstständigen Kommunalanstalt bis zur Neuwahl des Personalrats, längstens bis zu einem Jahr nach Inkrafttreten der Umwandlung, bestehen. ²Er nimmt die dem Personalrat nach dem Landespersonalvertretungsgesetz (LPVG) zustehenden Befugnisse und Pflichten wahr. ³Die in der Kapitalgesellschaft im Zeitpunkt der Umwandlung bestehenden Betriebsvereinbarungen gelten in der selbstständigen Kommunalanstalt für längstens bis zu dem in Satz 1 genannten Zeitpunkt als Dienstvereinbarungen fort, soweit § 85 LPVG nicht entgegensteht und sie nicht durch andere Regelungen ersetzt werden.

§ 102d Sonstige Vorschriften für selbstständige Kommunalanstalten

(1) ¹Der Jahresabschluss und der Lagebericht der selbstständigen Kommunalanstalt werden in entsprechender Anwendung der Vorschriften des Dritten Buchs des Handelsgesetzbuchs für große Kapitalgesellschaften aufgestellt. ²Die obere Rechtsaufsichtsbehörde kann für kleine selbstständige Kommunalanstalten, die kleinen Kapitalgesellschaften nach § 267 Absatz 1 des Handelsgesetzbuchs oder Kleinstkapitalgesellschaften nach § 267 a Absatz 1 des Handelsgesetzbuchs entsprechen, Ausnahmen für die Erfordernisse der Rechnungslegung zulassen.

(2) ¹Bei Gemeinden mit einem obligatorischen Rechnungsprüfungsamt gemäß § 109 Absatz 1 hat dieses den Jahresabschluss der selbstständigen Kommunalanstalt zu prüfen. ²Die örtliche Prüfung erfolgt in entsprechender Anwendung der § 111 Absatz 1 und § 112 Absatz 1; der Verwaltungsrat tritt an die Stelle des Gemeinderats. ³Das Rechnungsprüfungsamt hat das Recht, sich zur Klärung von Fragen, die bei der Prüfung auftreten, unmittelbar zu unterrichten und zu diesem Zweck den Betrieb, die Bücher und Schriften der selbstständigen Kommunalanstalt einzusehen. ⁴Weitergehende gesetzliche Vorschriften für die Prüfung des Jahresabschlusses bleiben unberührt.

(3) ¹Die überörtliche Prüfung der selbstständigen Kommunalanstalt erfolgt in entsprechender Anwendung des § 114 durch die nach § 113 für die Gemeinde zuständige Prüfungsbehörde. ²Absatz 2 Satz 3 gilt entsprechend.

(4) ¹Der Jahresabschluss und der Lagebericht sowie der Prüfungsbericht sind an die Gemeinde zu übersenden. ²Für die Offenlegung des Jahresabschlusses und den Beteiligungsbericht gilt § 105 Absatz 1 Nummer 2 und Absatz 2 entsprechend.

(5) ¹Die §§ 118 bis 129 sind entsprechend anwendbar. ²Rechtsaufsichtsbehörde ist die für die Gemeinde zuständige Rechtsaufsichtsbehörde.

(6) ¹Die Gemeinde kann die selbstständige Kommunalanstalt auflösen. ²Das Vermögen einer aufgelösten selbstständigen Kommunalanstalt geht im Wege der Gesamtrechtsnachfolge auf die Gemeinde über. ³Für die Beamten und Versorgungsempfänger der selbstständigen Kommunalanstalt gelten die §§ 26 bis 30 des Landesbeamtengesetzes.

§ 103 Unternehmen in Privatrechtsform

(1) ¹Die Gemeinde darf ein Unternehmen in einer Rechtsform des privaten Rechts nur errichten, übernehmen, wesentlich erweitern oder sich daran beteiligen, wenn

1. das Unternehmen seine Aufwendungen nachhaltig zu mindestens 25 vom Hundert mit Umsatzerlösen zu decken vermag,

2. im Gesellschaftsvertrag oder in der Satzung sichergestellt ist, dass der öffentliche Zweck des Unternehmens erfüllt wird,

3. die Gemeinde einen angemessenen Einfluss, insbesondere im Aufsichtsrat oder in einem entsprechenden Überwachungsorgan des Unternehmens erhält,

4. die Haftung der Gemeinde auf einen ihrer Leistungsfähigkeit angemessenen Betrag begrenzt wird,

5. bei einer Beteiligung mit Anteilen in dem in § 53 des Haushaltsgrundsätzegesetzes bezeichneten Umfang im Gesellschaftsvertrag oder in der Satzung sichergestellt ist, dass

   a)   in sinngemäßer Anwendung der für Eigenbetriebe geltenden Vorschriften für jedes Wirtschaftsjahr ein Wirtschaftsplan aufgestellt und der Wirtschaftsführung eine fünfjährige Finanzplanung zu Grunde gelegt wird,

   b)   der Jahresabschluss und der Lagebericht in entsprechender Anwendung der Vorschriften des Dritten Buchs des Handelsgesetzbuchs für große Kapitalgesellschaften aufgestellt und in entsprechender Anwendung dieser Vorschriften geprüft werden, sofern nicht die Vorschriften des Handelsgesetzbuchs bereits unmittelbar gelten oder weitergehende gesetzliche Vorschriften gelten oder andere gesetzliche Vorschriften entgegenstehen,

   c)   der Gemeinde der Wirtschaftsplan und die Finanzplanung des Unternehmens, der Jahresabschluss und der Lagebericht sowie der Prüfungsbericht des Abschlussprüfers übersandt werden, soweit dies nicht bereits gesetzlich vorgesehen ist,

   d)   für die Prüfung der Betätigung der Gemeinde bei dem Unternehmen dem Rechnungsprüfungsamt und der für die überörtliche Prüfung zuständigen Prüfungsbehörde die in § 54 des Haushaltsgrundsätzegesetzes vorgesehenen Befugnisse eingeräumt sind,

   e)   das Recht zur überörtlichen Prüfung der Haushalts- und Wirtschaftsführung des Unternehmens nach Maßgabe des § 114 Abs. 1 eingeräumt ist,

   f)   der Gemeinde die für die Aufstellung des Gesamtabschlusses (§ 95a) erforderlichen Unterlagen und Auskünfte zu dem von ihr bestimmten Zeitpunkt eingereicht werden.

[2]Die obere Rechtsaufsichtsbehörde kann in besonderen Fällen von dem Mindestgrad der Aufwandsdeckung nach Satz 1 Nr. 1 und dem Prüfungserfordernis nach Satz 1 Nr. 5 Buchst. b, wenn andere geeignete Prüfungsmaßnahmen gewährleistet sind, Ausnahmen zulassen. [3]Für kleine Kapitalgesellschaften nach § 267 Absatz 1 des Handelsgesetzbuchs und für Kleinstkapitalgesellschaften nach § 267a Absatz 1 des Handelsgesetzbuchs kann sie auch Ausnahmen für die Erfordernisse der Rechnungslegung nach Satz 1 Nummer 5 Buchstabe b zulassen.

(2) Die Gemeinde darf unbeschadet des Absatzes 1 ein Unternehmen in der Rechtsform einer Aktiengesellschaft nur errichten, übernehmen oder sich daran beteiligen, wenn der öffentliche Zweck des Unternehmens nicht ebenso gut in einer anderen Rechtsform erfüllt wird oder erfüllt werden kann.

(3) [1]Die Gemeinde hat ein Unternehmen in einer Rechtsform des privaten Rechts, an dem sie mit mehr als 50 vom Hundert beteiligt ist, so zu steuern und zu überwachen, dass der öffentliche Zweck nachhaltig erfüllt und das Unternehmen wirtschaftlich geführt wird; bei einer geringeren Beteiligung hat die Gemeinde darauf hinzuwirken. [2]Zuschüsse der Gemeinde zum Ausgleich von Verlusten sind so gering wie möglich zu halten.

§ 103a Unternehmen in der Rechtsform einer Gesellschaft mit beschränkter Haftung

Die Gemeinde darf unbeschadet des § 103 Abs. 1 ein Unternehmen in der Rechtsform einer Gesellschaft mit beschränkter Haftung nur errichten, übernehmen, wesentlich erweitern oder sich daran beteiligen, wenn im Gesellschaftsvertrag sichergestellt ist, dass die Gesellschafterversammlung auch beschließt über

1. den Abschluss und die Änderung von Unternehmensverträgen im Sinne der §§ 291 und 292 Abs. 1 des Aktiengesetzes,

2. die Übernahme neuer Aufgaben von besonderer Bedeutung im Rahmen des Unternehmensgegenstands,

3. die Errichtung, den Erwerb und die Veräußerung von Unternehmen und Beteiligungen, sofern dies im Verhältnis zum Geschäftsumfang der Gesellschaft wesentlich ist,

4. die Feststellung des Jahresabschlusses und die Verwendung des Ergebnisses.

§ 104 Vertretung der Gemeinde in Unternehmen in Privatrechtsform

(1) [1]Der Bürgermeister vertritt die Gemeinde in der Gesellschafterversammlung oder in dem entsprechenden Organ der Unternehmen in einer Rechtsform des privaten Rechts, an denen die Gemeinde beteiligt ist; er kann einen Gemeindebediensteten mit seiner Vertretung beauftragen. [2]Die Gemeinde kann weitere Vertreter entsenden und deren Entsendung zurücknehmen; ist mehr als ein weiterer Vertreter zu entsenden und kommt eine Einigung über deren Entsendung nicht zu Stande, finden die

Vorschriften über die Wahl der Mitglieder beschließender Ausschüsse des Gemeinderats Anwendung. [3]Die Gemeinde kann ihren Vertretern Weisungen erteilen.

(2) Ist der Gemeinde das Recht eingeräumt, mehr als ein Mitglied des Aufsichtsrats oder eines entsprechenden Organs eines Unternehmens zu entsenden, finden die Vorschriften über die Wahl der Mitglieder beschließender Ausschüsse des Gemeinderats Anwendung, soweit eine Einigung über die Entsendung nicht zu Stande kommt.

(3) Die von der Gemeinde entsandten oder auf ihren Vorschlag gewählten Mitglieder des Aufsichtsrats oder eines entsprechenden Überwachungsorgans eines Unternehmens haben bei ihrer Tätigkeit auch die besonderen Interessen der Gemeinde zu berücksichtigen.

(4) [1]Werden Vertreter der Gemeinde aus ihrer Tätigkeit in einem Organ eines Unternehmens haftbar gemacht, hat ihnen die Gemeinde den Schaden zu ersetzen, es sei denn, dass sie ihn vorsätzlich oder grob fahrlässig herbeigeführt haben. [2]Auch in diesem Fall ist die Gemeinde schadenersatzpflichtig, wenn ihre Vertreter nach Weisung gehandelt haben.

§ 105 Prüfung, Offenlegung und Beteiligungsbericht

(1) Ist die Gemeinde an einem Unternehmen in einer Rechtsform des privaten Rechts in dem in § 53 des Haushaltsgrundsätzegesetzes bezeichneten Umfang beteiligt, hat sie

1. die Rechte nach § 53 Abs. 1 Nr. 1 und 2 des Haushaltsgrundsätzegesetzes auszuüben,
2. dafür zu sorgen, dass
   a) der Beschluss über die Feststellung des Jahresabschlusses zusammen mit dessen Ergebnis, das Ergebnis der Prüfung des Jahresabschlusses und des Lageberichts sowie die beschlossene Verwendung des Jahresüberschusses oder die Behandlung des Jahresfehlbetrags ortsüblich bekannt gegeben werden,
   b) gleichzeitig mit der Bekanntgabe der Jahresabschluss und der Lagebericht an sieben Tagen öffentlich ausgelegt werden und in der Bekanntgabe auf die Auslegung hingewiesen wird.

(2) [1]Die Gemeinde hat zur Information des Gemeinderats und ihrer Einwohner jährlich einen Bericht über die Unternehmen in einer Rechtsform des privaten Rechts, an denen sie unmittelbar oder mit mehr als 50 vom Hundert mittelbar beteiligt ist, zu erstellen. [2]In dem Beteiligungsbericht sind für jedes Unternehmen mindestens darzustellen:

1. der Gegenstand des Unternehmens, die Beteiligungsverhältnisse, die Besetzung der Organe und die Beteiligungen des Unternehmens,
2. der Stand der Erfüllung des öffentlichen Zwecks des Unternehmens,
3. für das jeweilige letzte Geschäftsjahr die Grundzüge des Geschäftsverlaufs, die Lage des Unternehmens, die Kapitalzuführungen und -entnahmen durch die Gemeinde und im Vergleich mit den Werten des vorangegangenen Geschäftsjahres die durchschnittliche Zahl der beschäftigten Arbeitnehmer getrennt nach Gruppen, die wichtigsten Kennzahlen der Vermögens-, Finanz- und Ertragslage des Unternehmens sowie die gewährten Gesamtbezüge der Mitglieder der Geschäftsführung und des Aufsichtsrats oder der entsprechenden Organe des Unternehmens für jede Personengruppe; § 286 Abs. 4 des Handelsgesetzbuchs gilt entsprechend.

[3]Ist die Gemeinde unmittelbar mit weniger als 25 vom Hundert beteiligt, kann sich die Darstellung auf den Gegenstand des Unternehmens, die Beteiligungsverhältnisse und den Stand der Erfüllung des öffentlichen Zwecks des Unternehmens beschränken.

(3) Die Erstellung des Beteiligungsberichts ist ortsüblich bekannt zu geben; Absatz 1 Nr. 2 Buchst. b gilt entsprechend.

(4) Die Rechtsaufsichtsbehörde kann verlangen, dass die Gemeinde ihr den Beteiligungsbericht und den Prüfungsbericht mitteilt.

§ 105a Mittelbare Beteiligungen an Unternehmen in Privatrechtsform

(1) [1]Die Gemeinde darf der Beteiligung eines Unternehmens, an dem sie mit mehr als 50 vom Hundert beteiligt ist, an einem anderen Unternehmen nur zustimmen, wenn

1. die Voraussetzungen des § 102 Abs. 1 Nr. 1 und 3 vorliegen,
2. bei einer Beteiligung des Unternehmens von mehr als 50 vom Hundert an dem anderen Unternehmen

a) die Voraussetzungen des § 103 Abs. 1 Satz 1 Nr. 2 bis 4 vorliegen,

b) die Voraussetzungen des § 103a vorliegen, sofern das Unternehmen, an dem die Gemeinde unmittelbar beteiligt ist, und das andere Unternehmen Gesellschaften mit beschränkter Haftung sind,

c) die Voraussetzung des § 103 Abs. 2 vorliegt, sofern das andere Unternehmen eine Aktiengesellschaft ist.

[2]Beteiligungen sind auch mittelbare Beteiligungen. [3]Anteile mehrerer Gemeinden sind zusammenzurechnen.

(2) § 103 Abs. 3 und, soweit der Gemeinde für das andere Unternehmen Entsendungsrechte eingeräumt sind, § 104 Abs. 2 bis 4 gelten entsprechend.

(3) Andere Bestimmungen zur mittelbaren Beteiligung der Gemeinde an Unternehmen in einer Rechtsform des privaten Rechts bleiben unberührt.

§ 106 Veräußerung von Unternehmen und Beteiligungen

Die Veräußerung eines Unternehmens, von Teilen eines solchen oder einer Beteiligung an einem Unternehmen sowie andere Rechtsgeschäfte, durch welche die Gemeinde ihren Einfluss auf das Unternehmen verliert oder vermindert, sind nur zulässig, wenn die Erfüllung der Aufgaben der Gemeinde nicht beeinträchtigt wird.

§ 106a Einrichtungen in Privatrechtsform

Die §§ 103 bis 106 gelten für Einrichtungen im Sinne des § 102 Abs. 4 Satz 1 Nr. 2 in einer Rechtsform des privaten Rechts entsprechend.

§ 106b Vergabe von Aufträgen

(1) [1]Die Gemeinde ist verpflichtet, ihre Gesellschafterrechte in Unternehmen des privaten Rechts, auf die sie durch mehrheitliche Beteiligung oder in sonstiger Weise direkt oder indirekt bestimmenden Einfluss nehmen kann, so auszuüben, dass

1. diese die Verdingungsordnung für Bauleistungen (VOB) sowie § 22 Abs. 1 bis 4 des Mittelstandsförderungsgesetzes anwenden und

2. ihnen die Anwendung der Verdingungsordnung für Leistungen (VOL) empfohlen wird,

wenn diese Unternehmen öffentliche Auftraggeber im Sinne von § 98 Nr. 2 des Gesetzes gegen Wettbewerbsbeschränkungen sind. [2]Satz 1 gilt für Einrichtungen im Sinne des § 102 Abs. 4 Satz 1 Nr. 2 in einer Rechtsform des privaten Rechts entsprechend.

(2) [1]Die Verpflichtung nach Absatz 1 entfällt in der Regel

1. bei wirtschaftlichen Unternehmen, soweit sie

a) mit ihrer gesamten Tätigkeit an einem entwickelten Wettbewerb teilnehmen und ihre Aufwendungen ohne Zuschüsse aus öffentlichen Haushalten zu decken vermögen oder

b) mit der gesamten Tätigkeit einzelner Geschäftsbereiche an einem entwickelten Wettbewerb teilnehmen und dabei ihre Aufwendungen ohne Zuschüsse aus öffentlichen Haushalten zu decken vermögen,

2. bei Aufträgen der in § 100 Abs. 2 des Gesetzes gegen Wettbewerbsbeschränkungen genannten Art,

3. bei Aufträgen, deren Wert voraussichtlich weniger als 30 000 Euro (ohne Umsatzsteuer) beträgt.

[2]Auch bei Vorliegen der Ausnahmevoraussetzungen nach Satz 1 besteht die Verpflichtung nach Absatz 1, soweit die Unternehmen Aufträge für ein Vorhaben vergeben, für das sie öffentliche Mittel in Höhe von mindestens 30 000 Euro in Anspruch nehmen.

§ 107 Energie- und Wasserverträge

(1) [1]Die Gemeinde darf Verträge über die Lieferung von Energie oder Wasser in das Gemeindegebiet sowie Konzessionsverträge, durch die sie einem Energieversorgungsunternehmen oder einem Wasserversorgungsunternehmen die Benützung von Gemeindeeigentum einschließlich der öffentlichen Straßen, Wege und Plätze für Leitungen zur Versorgung der Einwohner überlässt, nur abschließen, wenn die Erfüllung der Aufgaben der Gemeinde nicht gefährdet wird und die berechtigten wirtschaftlichen Interessen der Gemeinde und ihrer Einwohner gewahrt sind. [2]Hierüber soll dem Gemeinderat vor der Beschlussfassung das Gutachten eines unabhängigen Sachverständigen vorgelegt werden.

(2) Dasselbe gilt für eine Verlängerung oder ihre Ablehnung sowie eine wichtige Änderung derartiger Verträge.

§ 108 Vorlagepflicht

Beschlüsse der Gemeinde über Maßnahmen und Rechtsgeschäfte nach § 103 Abs. 1 und 2, §§ 103a, 105a Abs. 1, §§ 106, 106a und 107 sind der Rechtsaufsichtsbehörde unter Nachweis der gesetzlichen Voraussetzungen vorzulegen.

4. Abschnitt
Prüfungswesen

1. Örtliche Prüfung

§ 109 Prüfungseinrichtungen

(1) [1]Stadtkreise und Große Kreisstädte müssen ein Rechnungsprüfungsamt als besonderes Amt einrichten, sofern sie sich nicht eines anderen kommunalen Rechnungsprüfungsamts bedienen. [2]Andere Gemeinden können ein Rechnungsprüfungsamt einrichten oder sich eines anderen kommunalen Rechnungsprüfungsamts bedienen. [3]Gemeinden ohne Rechnungsprüfungsamt können einen geeigneten Bediensteten als Rechnungsprüfer bestellen oder sich eines anderen kommunalen Rechnungsprüfers bedienen; §§ 110 bis 112 gelten entsprechend.

(2) [1]Das Rechnungsprüfungsamt ist bei der Erfüllung der ihm zugewiesenen Prüfungsaufgaben unabhängig und an Weisungen nicht gebunden. [2]Es untersteht im Übrigen dem Bürgermeister unmittelbar.

(3) [1]Der Leiter des Rechnungsprüfungsamts muss hauptamtlicher Bediensteter sein. [2]Er muss die Befähigung zum Gemeindefachbediensteten haben oder eine abgeschlossene wirtschaftswissenschaftliche Vorbildung nachweisen und die für sein Amt erforderliche Erfahrung und Eignung besitzen.

(4) [1]Die Leitung des Rechnungsprüfungsamts kann einem Bediensteten nur durch Beschluss des Gemeinderats und nur dann entzogen werden, wenn die ordnungsgemäße Erfüllung seiner Aufgaben nicht mehr gewährleistet ist. [2]Der Beschluss muss mit einer Mehrheit von zwei Dritteln der Stimmen aller Mitglieder des Gemeinderats gefasst werden und ist der Rechtsaufsichtsbehörde vorzulegen.

(5) [1]Der Leiter und die Prüfer des Rechnungsprüfungsamts dürfen zum Bürgermeister, zu einem Beigeordneten, einem Stellvertreter des Bürgermeisters, zum Fachbediensteten für das Finanzwesen sowie zum Kassenverwalter, zu dessen Stellvertreter und zu anderen Bediensteten der Gemeindekasse nicht in einem die Befangenheit begründenden Verhältnis nach § 18 Abs. 1 Nr. 1 bis 3 stehen. [2]Sie dürfen eine andere Stellung in der Gemeinde nur innehaben, wenn dies mit der Unabhängigkeit und den Aufgaben des Rechnungsprüfungsamts vereinbar ist. [3]Sie dürfen Zahlungen für die Gemeinde weder anordnen noch ausführen.

(6) Für den Rechnungsprüfer gelten die Absätze 2, 4 und 5 entsprechend.

§ 110 Örtliche Prüfung des Jahresabschlusses und des Gesamtabschlusses

(1) [1]Das Rechnungsprüfungsamt hat den Jahresabschluss und den Gesamtabschluss vor der Feststellung durch den Gemeinderat daraufhin zu prüfen, ob

1. bei den Erträgen, Aufwendungen, Einzahlungen und Auszahlungen sowie bei der Vermögens- und Schuldenverwaltung nach dem Gesetz und den bestehenden Vorschriften verfahren worden ist,
2. die einzelnen Rechnungsbeträge sachlich und rechnerisch in vorschriftsmäßiger Weise begründet und belegt sind,
3. der Haushaltsplan eingehalten worden ist und
4. das Vermögen sowie die Schulden und Rückstellungen richtig nachgewiesen worden sind.

[2]Der Gesamtabschluss ist unter Berücksichtigung der Ergebnisse der Prüfung nach § 111 und vorhandener Jahresabschlussprüfungen zu prüfen.

(2) [1]Das Rechnungsprüfungsamt hat die Prüfung innerhalb von vier Monaten nach Aufstellung des Jahresabschlusses und des Gesamtabschlusses durchzuführen. [2]Es legt dem Bürgermeister einen Bericht über das Prüfungsergebnis vor. [3]Dieser veranlasst die Aufklärung von Beanstandungen. [4]Das Rechnungsprüfungsamt fasst seine Bemerkungen in einem Schlussbericht zusammen, der dem Gemeinderat vorzulegen ist.

§ 111 Örtliche Prüfung der Jahresabschlüsse der Eigenbetriebe, Sonder- und Treuhandvermögen

(1) [1]Das Rechnungsprüfungsamt hat die Jahresabschlüsse der Eigenbetriebe vor der Feststellung durch den Gemeinderat auf Grund der Unterlagen der Gemeinde und der Eigenbetriebe in entsprechender Anwendung des § 110 Abs. 1 zu prüfen. [2]Die Prüfung ist innerhalb von vier Monaten nach Aufstellung der Jahresabschlüsse durchzuführen. [3]Bei der Prüfung ist ein vorhandenes Ergebnis einer Jahresabschlussprüfung zu berücksichtigen.

(2) Absatz 1 gilt entsprechend für Sondervermögen nach § 96 Abs. 1 Nr. 4 sowie Treuhandvermögen nach § 97 Abs. 1 Satz 1, sofern für diese Vermögen die für die Wirtschaftsführung und das Rechnungswesen der Eigenbetriebe geltenden Vorschriften entsprechend angewendet werden.

§ 112 Weitere Aufgaben des Rechnungsprüfungsamts

(1) Außer der Prüfung des Jahresabschlusses und des Gesamtabschlusses (§ 110) und der Jahresabschlüsse der Eigenbetriebe, Sonder- und Treuhandvermögen (§ 111) obliegt dem Rechnungsprüfungsamt

1. die laufende Prüfung der Kassenvorgänge bei der Gemeinde und bei den Eigenbetrieben zur Vorbereitung der Prüfung der Jahresabschlüsse,

2. die Kassenüberwachung, insbesondere die Vornahme der Kassenprüfungen bei den Kassen der Gemeinde und Eigenbetriebe.

(2) Der Gemeinderat kann dem Rechnungsprüfungsamt weitere Aufgaben übertragen, insbesondere

1. die Prüfung der Organisation und Wirtschaftlichkeit der Verwaltung,

2. die Prüfung der Ausschreibungsunterlagen und des Vergabeverfahrens auch vor dem Abschluss von Lieferungs- und Leistungsverträgen,

3. die Prüfung der Betätigung der Gemeinde bei Unternehmen und Einrichtungen in einer Rechtsform des privaten Rechts, an denen die Gemeinde beteiligt ist, und

4. die Buch-, Betriebs- und Kassenprüfungen, die sich die Gemeinde bei einer Beteiligung, bei der Hergabe eines Darlehens oder sonst vorbehalten hat.

2. Überörtliche Prüfung

§ 113 Prüfungsbehörden

(1) [1]Prüfungsbehörde ist die Rechtsaufsichtsbehörde, bei Gemeinden mit mehr als 4 000 Einwohnern die Gemeindeprüfungsanstalt. [2]Die Gemeindeprüfungsanstalt handelt im Auftrag der Rechtsaufsichtsbehörde unter eigener Verantwortung.

(2) [1]Die Zuständigkeiten der Prüfungsbehörden nach Absatz 1 Satz 1 wechseln nur, wenn die Einwohnergrenze in drei aufeinander folgenden Jahren jeweils überschritten oder jeweils unterschritten wird. [2]Die Änderung tritt mit dem Beginn des dritten Jahres ein. [3]Ist mit der Prüfung bereits begonnen worden, bleibt die Zuständigkeit bis zu deren Abschluss nach § 114 Abs. 5 unverändert.

§ 114 Aufgaben und Gang der überörtlichen Prüfung

(1) [1]Die überörtliche Prüfung erstreckt sich darauf, ob bei der Haushalts-, Kassen- und Rechnungsführung, der Wirtschaftsführung und dem Rechnungswesen sowie der Vermögensverwaltung der Gemeinde sowie ihrer Sonder- und Treuhandvermögen die gesetzlichen Vorschriften eingehalten worden sind. [2]Bei der Prüfung sind vorhandene Ergebnisse der örtlichen Prüfung des Jahresabschlusses und des Gesamtabschlusses (§ 110), der Jahresabschlüsse der Eigenbetriebe, Sonder- und Treuhandvermögen (§ 111) und einer Jahresabschlussprüfung zu berücksichtigen.

(2) Auf Antrag der Gemeinde soll die Prüfungsbehörde diese in Fragen der Organisation und Wirtschaftlichkeit der Verwaltung beraten.

(3) [1]Die überörtliche Prüfung soll innerhalb von vier Jahren nach Ende des Haushaltsjahres unter Einbeziehung sämtlicher vorliegender Jahresabschlüsse, Gesamtabschlüsse und Jahresabschlüsse der Eigenbetriebe, Sonder- und Treuhandvermögen vorgenommen werden. [2]Hierfür kann eine maschinelle Bereitstellung bestimmter Planungs-, Buchführungs- und Rechnungsergebnisdaten verlangt werden, wenn für das Haushalts- und Rechnungswesen der Gemeinde Verfahren des automatisierten Datenverarbeitung eingesetzt werden.

(4) ¹Die Prüfungsbehörde teilt das Ergebnis der überörtlichen Prüfung in Form eines Prüfungsberichts der Gemeinde und, wenn die Gemeindeprüfungsanstalt Prüfungsbehörde ist, der Rechtsaufsichtsbehörde mit. ²Über den wesentlichen Inhalt des Prüfungsberichts ist der Gemeinderat zu unterrichten (§ 43 Abs. 5); jedem Gemeinderat ist auf Verlangen Einsicht in den Prüfungsbericht zu gewähren.

(5) ¹Die Gemeinde hat zu den Feststellungen des Prüfungsberichts über wesentliche Anstände gegenüber der Rechtsaufsichtsbehörde und, wenn die Gemeindeprüfungsanstalt Prüfungsbehörde ist, gegenüber dieser innerhalb einer dafür bestimmten Frist Stellung zu nehmen; dabei ist mitzuteilen, ob den Feststellungen Rechnung getragen ist. ²Hat die überörtliche Prüfung keine wesentlichen Anstände ergeben oder sind diese erledigt, bestätigt die Rechtsaufsichtsbehörde dies der Gemeinde zum Abschluss der Prüfung. ³Soweit wesentliche Anstände nicht erledigt sind, schränkt die Rechtsaufsichtsbehörde die Bestätigung entsprechend ein; ist eine Erledigung noch möglich, veranlasst sie gleichzeitig die Gemeinde, die erforderlichen Maßnahmen durchzuführen.

3. Programmprüfung

§ 114a [Prüfung von Programmen für automatisierte Verfahren]

(1) ¹Die im Rechnungswesen sowie die zur Feststellung und Abwicklung von Zahlungsverpflichtungen und Ansprüchen eingesetzten Programme von erheblicher finanzwirtschaftlicher Bedeutung sind darauf zu prüfen, ob sie bei Beachtung der Einsatzbedingungen eine ordnungsgemäße und ausreichend sichere Abwicklung der zentralen Finanzvorgänge gewährleisten. ²Die Prüfung ist von der ITEOS und ihren Unternehmen für die von ihnen angebotenen Programme, sonst von der Gemeinde, die das Programm einsetzt, zu veranlassen. ³Das Gleiche gilt für wesentliche Programmänderungen. ⁴Es ist Gelegenheit zu geben, Prüfungshandlungen bereits bei der Vorbereitung des Programmeinsatzes vorzunehmen (begleitende Prüfung) und die Ordnungsmäßigkeit der Anwendung an Ort und Stelle zu prüfen.

(2) ¹Die Programmprüfung erfolgt durch die Gemeindeprüfungsanstalt. ²Sie kann auch sonstige Programme von erheblicher kommunalwirtschaftlicher, betriebswirtschaftlicher oder statistischer Bedeutung und Verbreitung prüfen.

4. (aufgehoben)

§ 115 (aufgehoben)

5. Abschnitt
Besorgung des Finanzwesens

§ 116 [Fachbediensteter für das Finanzwesen]

(1) Die Aufstellung des Haushaltsplans, des Finanzplans, des Jahresabschlusses und des Gesamtabschlusses, die Haushaltsüberwachung sowie die Verwaltung des Geldvermögens und der Schulden sollen bei einem Bediensteten zusammengefasst werden (Fachbediensteter für das Finanzwesen).

(2) Der Fachbedienstete für das Finanzwesen muss die Befähigung zum Gemeindefachbediensteten haben oder eine abgeschlossene wirtschaftswissenschaftliche Vorbildung nachweisen.

(3) Der Kassenverwalter untersteht dem für die Besorgung des Finanzwesens bestellten Bediensteten.

6. Abschnitt
Unwirksame und nichtige Rechtsgeschäfte

§ 117 [Nicht genehmigte oder verbotene Rechtsgeschäfte]

(1) Geschäfte des bürgerlichen Rechtsverkehrs sind bis zur Erteilung der nach den Vorschriften des Dritten Teils erforderlichen Genehmigung der Rechtsaufsichtsbehörde unwirksam; wird die Genehmigung versagt, sind sie nichtig.

(2) Rechtsgeschäfte, die gegen das Verbot des § 87 Abs. 6, § 88 Abs. 1 und § 102 Abs. 5 verstoßen, sind nichtig.

Vierter Teil
Aufsicht

§ 118 Wesen und Inhalt der Aufsicht
(1) Die Aufsicht in weisungsfreien Angelegenheiten beschränkt sich darauf, die Gesetzmäßigkeit der Verwaltung sicherzustellen, soweit gesetzlich nichts anderes bestimmt ist (Rechtsaufsicht).
(2) Die Aufsicht über die Erfüllung von Weisungsaufgaben bestimmt sich nach den hierüber erlassenen Gesetzen (Fachaufsicht).
(3) Die Aufsicht ist so auszuüben, dass die Entschlusskraft und die Verantwortungsfreudigkeit der Gemeinde nicht beeinträchtigt werden.

§ 119 Rechtsaufsichtbehörden
[1]Rechtsaufsichtsbehörde ist das Landratsamt als untere Verwaltungsbehörde, für Stadtkreise und Große Kreisstädte das Regierungspräsidium. [2]Obere Rechtsaufsichtsbehörde ist für alle Gemeinden das Regierungspräsidium. [3]Oberste Rechtsaufsichtsbehörde ist das Innenministerium.

§ 120 Informationsrecht
Soweit es zur Erfüllung ihrer Aufgaben erforderlich ist, kann sich die Rechtsaufsichtsbehörde über einzelne Angelegenheiten der Gemeinde in geeigneter Weise unterrichten.

§ 121 Beanstandungsrecht
(1) [1]Die Rechtsaufsichtsbehörde kann Beschlüsse und Anordnungen der Gemeinde, die das Gesetz verletzen, beanstanden und verlangen, dass sie von der Gemeinde binnen einer angemessenen Frist aufgehoben werden. [2]Sie kann ferner verlangen, dass Maßnahmen, die auf Grund derartiger Beschlüsse oder Anordnungen getroffen wurden, rückgängig gemacht werden. [3]Die Beanstandung hat aufschiebende Wirkung.
(2) Ein Beschluss der Gemeinde, der nach gesetzlicher Vorschrift der Rechtsaufsichtsbehörde vorzulegen ist, darf erst vollzogen werden, wenn die Rechtsaufsichtsbehörde die Gesetzmäßigkeit bestätigt oder den Beschluss nicht innerhalb eines Monats beanstandet hat.

§ 122 Anordnungsrecht
Erfüllt die Gemeinde die ihr gesetzlich obliegenden Pflichten nicht, kann die Rechtsaufsichtsbehörde anordnen, dass die Gemeinde innerhalb einer angemessenen Frist die notwendigen Maßnahmen durchführt.

§ 123 Ersatzvornahme
Kommt die Gemeinde einer Anordnung der Rechtsaufsichtsbehörde nach §§ 120 bis 122 nicht innerhalb der bestimmten Frist nach, kann die Rechtsaufsichtsbehörde die Anordnung an Stelle und auf Kosten der Gemeinde selbst durchführen oder die Durchführung einem Dritten übertragen.

§ 124 Bestellung eines Beauftragten
Wenn die Verwaltung der Gemeinde in erheblichem Umfang nicht den Erfordernissen einer gesetzmäßigen Verwaltung entspricht und die Befugnisse der Rechtsaufsichtsbehörde nach §§ 120 bis 123 nicht ausreichen, die Gesetzmäßigkeit der Verwaltung der Gemeinde zu sichern, kann die Rechtsaufsichtsbehörde einen Beauftragten bestellen, der alle oder einzelne Aufgaben der Gemeinde auf deren Kosten wahrnimmt.

§ 125 Rechtsschutz in Angelegenheiten der Rechtsaufsicht
Gegen Verfügungen auf dem Gebiet der Rechtsaufsicht kann die Gemeinde nach Maßgabe des 8. Abschnitts der Verwaltungsgerichtsordnung Anfechtungs- oder Verpflichtungsklage erheben.

§ 126 Geltendmachung von Ansprüchen, Verträge mit der Gemeinde
(1) [1]Ansprüche der Gemeinde gegen Gemeinderäte und gegen den Bürgermeister werden von der Rechtsaufsichtsbehörde geltend gemacht. [2]Die Kosten der Rechtsverfolgung trägt die Gemeinde.
(2) [1]Beschlüsse über Verträge der Gemeinde mit einem Gemeinderat oder dem Bürgermeister sind der Rechtsaufsichtsbehörde vorzulegen. [2]Dies gilt nicht für Beschlüsse über Verträge, die nach feststehendem Tarif abgeschlossen werden oder die für die Gemeinde nicht von erheblicher wirtschaftlicher Bedeutung sind.

§ 127 Zwangsvollstreckung
[1]Zur Einleitung der Zwangsvollstreckung gegen die Gemeinde wegen einer Geldforderung bedarf der Gläubiger einer Zulassungsverfügung der Rechtsaufsichtsbehörde, es sei denn, dass es sich um die Verfolgung dinglicher Rechte handelt. [2]In der Verfügung hat die Rechtsaufsichtsbehörde die Vermögensgegenstände zu bestimmen, in welche die Zwangsvollstreckung zugelassen wird, und über den Zeitpunkt zu befinden, in dem sie stattfinden soll. [3]Die Zwangsvollstreckung regelt sich nach den Vorschriften der Zivilprozessordnung.

§ 128 Vorzeitige Beendigung der Amtszeit des Bürgermeisters
(1) Wird der Bürgermeister den Anforderungen seines Amts nicht gerecht und treten dadurch so erhebliche Missstände in der Verwaltung ein, dass eine Weiterführung des Amts im öffentlichen Interesse nicht vertretbar ist, kann, wenn andere Maßnahmen nicht ausreichen, die Amtszeit des Bürgermeisters für beendet erklärt werden.
(2) [1]Über die Erklärung der vorzeitigen Beendigung der Amtszeit entscheidet das Verwaltungsgericht auf Antrag der oberen Rechtsaufsichtsbehörde. [2]Die obere Rechtsaufsichtsbehörde verfährt entsprechend den Verfahrensvorschriften im Zweiten Abschnitt des Dritten Teils des Landesdisziplinargesetzes. [3]Die dem Bürgermeister erwachsenen notwendigen Auslagen trägt die Gemeinde.
(3) [1]Bei vorzeitiger Beendigung seiner Amtszeit wird der Bürgermeister besoldungs- und versorgungsrechtlich so gestellt, wie wenn er im Amt verblieben wäre, jedoch erhält er keine Aufwandsentschädigung. [2]Auf die Dienstbezüge werden zwei Drittel dessen angerechnet, was er durch anderweitige Verwertung seiner Arbeitskraft erwirbt oder zu erwerben schuldhaft unterlässt.

§ 129 Fachaufsichtsbehörden, Befugnisse der Fachaufsicht
(1) Die Zuständigkeit zur Ausübung der Fachaufsicht bestimmt sich nach den hierfür geltenden besonderen Gesetzen.
(2) [1]Den Fachaufsichtsbehörden steht im Rahmen ihrer Zuständigkeit ein Informationsrecht nach den Vorschriften des § 120 zu. [2]Für Aufsichtsmaßnahmen nach den Vorschriften der §§ 121 bis 124, die erforderlich sind, um die ordnungsgemäße Durchführung der Weisungsaufgaben sicherzustellen, ist nur die Rechtsaufsichtsbehörde zuständig, soweit gesetzlich nichts anderes bestimmt ist.
(3) [1]Wird ein Bundesgesetz vom Land im Auftrag des Bundes ausgeführt (Artikel 85 des Grundgesetzes), können die Fachaufsichtsbehörden auch im Einzelfall Weisungen erteilen. [2]In den Fällen des Artikels 84 Abs. 5 des Grundgesetzes können die Fachaufsichtsbehörden insoweit Weisungen erteilen, als dies zum Vollzug von Einzelweisungen der Bundesregierung erforderlich ist; ein durch Landesgesetz begründetes weitergehendes Weisungsrecht bleibt unberührt.
(4) Werden den Gemeinden auf Grund eines Bundesgesetzes durch Rechtsverordnung staatliche Aufgaben als Pflichtaufgaben auferlegt, können durch diese Rechtsverordnung ein Weisungsrecht vorbehalten, die Zuständigkeit zur Ausübung der Fachaufsicht und der Umfang des Weisungsrechts geregelt sowie bestimmt werden, dass für die Erhebung von Gebühren und Auslagen das Kommunalabgabengesetz gilt.
(5) Kosten, die den Gemeinden bei der Wahrnehmung von Weisungsaufgaben infolge fehlerhafter Weisungen des Landes entstehen, werden vom Land erstattet.

Fünfter Teil
Übergangs- und Schlussbestimmungen

1. Abschnitt
Allgemeine Übergangsbestimmungen

§ 130 Weisungsaufgaben
Bis zum Erlass neuer Vorschriften sind die den Gemeinden nach bisherigem Recht als Auftragsangelegenheiten übertragenen Aufgaben Weisungsaufgaben im Sinne von § 2 Abs. 3, bei denen ein Weisungsrecht der Fachaufsichtsbehörden in bisherigem Umfang besteht.

§ 131 Rechtsstellung der bisherigen Stadtkreise und unmittelbaren Kreisstädte
(1) Gemeinden, die nach bisherigem Recht nicht kreisangehörig waren (Baden-Baden, Freiburg im Breisgau, Heidelberg, Heilbronn, Karlsruhe, Mannheim, Pforzheim, Stuttgart und Ulm), sind Stadtkreise.

(2) Gemeinden, die nach bisherigem Recht unmittelbare Kreisstädte waren (Aalen, Esslingen am Neckar, Friedrichshafen, Geislingen an der Steige, Göppingen, Heidenheim, Ludwigsburg, Ravensburg, Reutlingen, Schwäbisch Gmünd, Schwenningen am Neckar, Tübingen und Tuttlingen) sowie die Städte Backnang, Bruchsal, Fellbach, Kirchheim unter Teck, Konstanz, Kornwestheim, Lahr, Lörrach, Offenburg, Rastatt, Singen (Hohentwiel), Villingen und Weinheim sind Große Kreisstädte.

§ 132 (aufgehoben)

§ 133 Frühere badische Stadtgemeinden

[1]Gemeinden im Bereich des früheren Landes Baden und des Landesbezirks Baden des früheren Landes Württemberg-Baden, die nach der Badischen Gemeindeordnung vom 5. Oktober 1921 (GVBl. 1922 S. 247) die Bezeichnung Stadtgemeinde geführt haben, dürfen wieder die Bezeichnung Stadt führen. [2]Soweit diese Gemeinden die Bezeichnung Stadt nicht wieder verliehen bekommen haben, muss der Beschluss über die Wiederaufnahme der Bezeichnung innerhalb eines Jahres vom Inkrafttreten dieses Gesetzes an gefasst und der obersten Rechtsaufsichtsbehörde vorgelegt werden.

§§ 134 bis 137 (aufgehoben)

§ 138 Gemeinsame Fachbeamte in den württembergischen und hohenzollerischen Landesteilen
(nicht abgedruckt)

§ 139 (aufgehoben)

§ 140 Fortgeltung von Bestimmungen über die Aufsicht
Die Bestimmungen über die Aufsicht auf dem Gebiet des Schulwesens und des Forstwesens werden durch § 119 nicht berührt.

2. Abschnitt
Vorläufige Angleichung des Rechts der Gemeindebeamten

§ 141 Versorgung
Die am 1. April 1956 begründeten Ansprüche und vertraglichen Rechte der Gemeindebeamten bleiben gewahrt.

3. Abschnitt
Schlussbestimmungen

§ 142 Ordnungswidrigkeiten
(1) Ordnungswidrig handelt, wer vorsätzlich oder fahrlässig
1. einer auf Grund von § 4 Abs. 1 erlassenen Satzung über die Benutzung einer öffentlichen Einrichtung,
2. einer auf Grund von § 10 Abs. 5 erlassenen Satzung über die Leistung von Hand- und Spanndiensten,
3. einer auf Grund von § 11 Abs. 1 erlassenen Satzung über den Anschluss- und Benutzungszwang

zuwiderhandelt, soweit die Satzung für einen bestimmten Tatbestand auf diese Bußgeldvorschrift verweist.

(2) Die Ordnungswidrigkeit kann mit einer Geldbuße geahndet werden.

(3) Die Gemeinden und die Verwaltungsgemeinschaften sind Verwaltungsbehörden im Sinne von § 36 Abs. 1 Nr. 1 des Gesetzes über Ordnungswidrigkeiten bei Zuwiderhandlungen gegen ihre Satzungen.

§ 143 Maßgebende Einwohnerzahl
[1]Kommt nach einer gesetzlichen Vorschrift der Einwohnerzahl einer Gemeinde rechtliche Bedeutung zu, ist das auf den 30. Juni des vorangegangenen Jahres fortgeschriebene Ergebnis der jeweils letzten allgemeinen Zählung der Bevölkerung maßgebend, wenn nichts anderes bestimmt ist. [2]Die Eingliederung einer Gemeinde in eine andere Gemeinde und die Neubildung einer Gemeinde sind jederzeit zu berücksichtigen, sonstige Änderungen des Gemeindegebiets nur, wenn sie spätestens zu Beginn des Jahres rechtswirksam geworden sind.

§ 144 Durchführungsbestimmungen

[1]Das Innenministerium erlässt die Verwaltungsvorschriften zur Durchführung dieses Gesetzes, ferner die Rechtsverordnungen zur Regelung

1. der öffentlichen Bekanntmachung,
2. der Voraussetzungen und des Verfahrens für die Verleihung von Bezeichnungen an Gemeinden für diese selbst oder für Ortsteile sowie für die Benennung von Ortsteilen und die Verleihung von Wappen und Flaggen und die Ausgestaltung und Führung des Dienstsiegels,
3. der zuständigen Aufsichtsbehörden bei Grenzstreitigkeiten und Gebietsänderungen,
4. der Verwaltung der gemeindefreien Grundstücke,
5. des Inhalts der Satzung über Hand- und Spanndienste und über Anschluss- und Benutzungszwang,
6. (gestrichen)
7. des Verfahrens bei der Auferlegung eines Ordnungsgeldes und der Höhe des Ordnungsgeldes bei Ablehnung ehrenamtlicher Tätigkeit und der Verletzung der Pflichten ehrenamtlich tätiger Bürger,
8. der Höchstgrenzen der Entschädigung für ehrenamtliche Tätigkeit,
9. des Verfahrens bei der Bildung von Ausschüssen,
10. der Anzeige des Amtsantritts des Bürgermeisters,
11. (gestrichen)
12. des finanziellen Ausgleichs für den persönlichen Aufwand der Gemeinden bei der Ausbildung von Beamten,
13. der Verteilung des persönlichen Aufwands für Bürgermeister in mehreren Gemeinden bei einheitlichen Ansprüchen,
14. des Inhalts und der Gestaltung des Haushaltsplans, des Finanzplans und des Investitionsprogramms sowie der Haushaltsführung, des Haushaltsausgleichs und der Haushaltsüberwachung; dabei kann bestimmt werden, dass Einzahlungen und Auszahlungen, für die ein Dritter Kostenträger ist oder die von einer zentralen Stelle angenommen oder ausgezahlt werden, nicht in den Haushalt der Gemeinde aufzunehmen und dass für Sanierungs-, Entwicklungs- und Umlegungsmaßnahmen Sonderrechnungen zu führen sind,
15. (aufgehoben)
16. der Bildung von Rücklagen und Rückstellungen sowie der vorübergehenden Inanspruchnahme von Rückstellungen,
17. des Verfahrens der Umwandlung von Gemeindegliedervermögen in freies Gemeindevermögen,
18. der Erfassung, des Nachweises, der Bewertung und der Abschreibung der Vermögensgegenstände,
19. der Geldanlagen und ihrer Sicherung,
20. der Ausschreibung von Lieferungen und Leistungen sowie der Vergabe von Aufträgen einschließlich des Abschlusses von Verträgen,
21. des Prüfungswesens,
22. der Stundung, Niederschlagung und des Erlasses von Ansprüchen sowie der Behandlung von Kleinbeträgen,
23. der Aufgaben, Organisation und Beaufsichtigung der Gemeindekasse und der Sonderkassen, der Abwicklung des Zahlungsverkehrs sowie der Buchführung; dabei kann auch die Einrichtung von Gebühren- und Portokassen bei einzelnen Dienststellen sowie die Gewährung von Handvorschüssen geregelt werden,
24. des Inhalts und der Gestaltung des Jahresabschlusses und des Gesamtabschlusses sowie der Abdeckung von Fehlbeträgen,
25. der Anwendung der Vorschriften zur Durchführung des Gemeindewirtschaftsrechts auf das Sondervermögen und das Treuhandvermögen und
26. des Verfahrens der Einwerbung und Annahme oder Vermittlung von Spenden, Schenkungen und ähnlicher Zuwendungen.

[2]Die Vorschriften nach Nummer 14 ergehen im Benehmen mit dem Finanzministerium.

§ 145 Verbindliche Muster

[1]Soweit es für die Vergleichbarkeit der Haushalte oder zur Vereinfachung der überörtlichen Prüfung erforderlich ist, gibt das Innenministerium durch Verwaltungsvorschrift verbindliche Muster bekannt insbesondere für

1. die Haushaltssatzung und ihre Bekanntmachung,
2. die Beschreibung und Gliederung der Produktbereiche, Produktgruppen und Produkte sowie die Gestaltung des Haushaltsplans und des Finanzplans,
3. die Form des Haushaltsplans und seiner Anlagen, des Finanzplans und des Investitionsprogramms,
4. die Form der Vermögensübersicht und der Schuldenübersicht,
5. die Zahlungsanordnungen, die Buchführung, den Kontenrahmen, den Jahresabschluss samt Anhang, den Gesamtabschluss und seine Anlagen und
6. die Kosten- und Leistungsrechnung,
7. die Ermittlung und Darstellung von Kennzahlen zur Beurteilung der finanziellen Leistungsfähigkeit einschließlich Vorgaben für die bei Einsatz von Verfahren der automatisierten Datenverarbeitung maschinell bereitzustellenden Planungs-, Buchführungs- und Rechnungsergebnisdaten,
8. die Ermittlung der Höhe der inneren Darlehen.

[2]Die Bekanntgabe zu Satz 1 Nr. 2 und 3 ergeht im Benehmen mit dem Finanzministerium.

§ 146 (aufgehoben)

§ 147 Inkrafttreten[1])

(1) Dieses Gesetz tritt am 1. April 1956 in Kraft, mit Ausnahme des § 148, der mit der Verkündung dieses Gesetzes in Kraft tritt.

(2) [1]Gleichzeitig treten alle Vorschriften, die diesem Gesetz entsprechen oder widersprechen, außer Kraft, sofern sie nicht durch dieses Gesetz ausdrücklich aufrechterhalten werden. [2]Insbesondere treten folgende Vorschriften außer Kraft: (hier nicht wiedergegeben)

---

1) **Amtl. Anm.:** Diese Vorschrift betrifft das Inkrafttreten des Gesetzes in der ursprünglichen Fassung vom 25. Juli 1955 (GBl. S. 129).

Verordnung des Innenministeriums zur Durchführung der Gemeindeordnung (DVO GemO)

Vom 11. Dezember 2000 (GBl. 2001 S. 2)
(BWGültV Sachgebiet 2802-1)

zuletzt geändert durch Art. 5 G zur Änd. kommunalverfassungsrechtlicher Vorschriften
vom 28. Oktober 2015 (GBl. S. 870)

Nichtamtliche Inhaltsübersicht

Zu § 4:

§ 1 Öffentliche Bekanntmachungen

Zu § 5:

§ 2 Name und Bezeichnung

Zu § 6:

§ 3 Wappen und Flaggen
§ 4 Dienstsiegel

Zu §§ 7 bis 9:

§ 5 Zuständige Rechtsaufsichtsbehörde bei Grenzstreitigkeiten
§ 6 Zuständige Rechtsaufsichtsbehörde bei Gebietsänderung

Zu § 10:

§ 7 Hand- und Spanndienste

Zu § 11:

§ 8 Anschluss- und Benutzungszwang

Zu §§ 16 und 17:

§ 9 Ordnungsgeld

Zu § 40:

§ 10 Wahl der Mitglieder der beschließenden Ausschüsse

Zu § 42:

§ 11 Amtsantritt des Bürgermeisters

Zu § 63:

§ 12 Verteilung des Aufwands für Bürgermeister in mehreren Gemeinden

Zu § 100:

§ 13 Verfahren bei der Umwandlung von Gemeindegliedervermögen
§ 14 Schlussbestimmungen

Auf Grund von § 144 Nr. 1 bis 3, 5 bis 7, 9, 10, 13 und 17 der Gemeindeordnung in der Fassung der Neubekanntmachung vom 24. September 2000 (GBl. S. 582, ber. S. 698) wird verordnet:

Zu § 4:

§ 1 Öffentliche Bekanntmachungen

(1) [1]Öffentliche Bekanntmachungen der Gemeinde können, soweit keine sondergesetzlichen Bestimmungen bestehen, in folgenden Formen durchgeführt werden:

1. durch Einrücken in das eigene Amtsblatt der Gemeinde,
2. durch Einrücken in eine bestimmte, regelmäßig erscheinende Zeitung,
3. durch Bereitstellung im Internet oder
4. sofern die Gemeinde weniger als 5 000 Einwohner hat, durch Anschlag an der Verkündungstafel des Rathauses und an den sonstigen hierfür bestimmten Stellen während der Dauer von mindestens einer Woche, wobei gleichzeitig durch das Amtsblatt, die Zeitung oder auf andere geeignete Weise auf den Anschlag aufmerksam zu machen ist.

[2]Die Form der öffentlichen Bekanntmachung ist im Einzelnen durch Satzung zu bestimmen.

(2) [1]Bei der öffentlichen Bekanntmachung im Internet ist in der Satzung über die öffentliche Bekanntmachung (Absatz 1 Satz 2) die Internetadresse der Gemeinde anzugeben. [2]In dieser Satzung ist darauf hinzuweisen, dass die öffentlichen Bekanntmachungen an einer bestimmten Verwaltungsstelle der Gemeinde während der Sprechzeiten kostenlos eingesehen werden können und gegen Kostenerstattung als Ausdruck zu erhalten sind. [3]Ferner ist darauf hinzuweisen, dass Ausdrucke der öffentlichen Bekanntmachungen unter Angabe der Bezugsadresse gegen Kostenerstattung auch zugesandt werden. [4]Bei der Bekanntmachung im Internet ist der Bereitstellungstag anzugeben. [5]Öffentliche Bekanntmachungen im Internet müssen auf der Internetseite der Gemeinde so erreichbar sein, dass der Internetnutzer auf der Startseite den Bereich des Ortsrechts erkennt. [6]Die Bereitstellung im Internet darf nur

im Rahmen einer ausschließlich von der Gemeinde verantworteten Internetseite erfolgen; sie darf sich zur Einrichtung, Pflege und zum Betrieb eines Dritten bedienen. [7]Öffentliche Bekanntmachungen im Internet müssen für Internetnutzer ohne Nutzungsgebühren und ohne kostenpflichtige Lizenzen etwa für Textsysteme lesbar sein. [8]Sie sind während der Geltungsdauer mit einer angemessenen Verfügbarkeit im Internet bereitzuhalten und gegen Löschung und Verfälschung durch technische und organisatorische Maßnahmen, insbesondere eine qualifizierte elektronische Signatur, zu sichern.

(3) [1]Satzungen sind mit ihrem vollen Wortlaut bekannt zu machen. [2]Über den Vollzug der Bekanntmachung von Satzungen ist ein Nachweis zu den Akten der Gemeinde zu bringen.

(4) Sind Pläne oder zeichnerische Darstellungen, insbesondere Karten Bestandteile einer Satzung, können sie dadurch öffentlich bekannt gemacht werden (Ersatzbekanntmachung), dass

1. sie an einer bestimmten Verwaltungsstelle der Gemeinde zur kostenlosen Einsicht durch jedermann während der Sprechzeiten niedergelegt werden,
2. hierauf in der Satzung hingewiesen wird und
3. in der Satzung der wesentliche Inhalt der niedergelegten Teile umschrieben wird.

(5) [1]Erscheint eine rechtzeitige Bekanntmachung in der nach den Absätzen 1 bis 4 vorgeschriebenen Form nicht möglich, so kann die öffentliche Bekanntmachung in anderer geeigneter Weise durchgeführt werden (Notbekanntmachung). [2]Die Bekanntmachung ist in der nach den Absätzen 1 bis 4 vorgeschriebenen Form zu wiederholen, sobald die Umstände es zulassen.

Zu § 5:

§ 2 Name und Bezeichnung

(1) [1]Die Bestimmung des Namens einer neu gebildeten Gemeinde, die Feststellung und die Änderung eines Gemeindenamens sowie die Verleihung der Bezeichnung „Stadt" und sonstiger Bezeichnungen werden in dem für die Veröffentlichungen des Innenministeriums bestimmten Amtsblatt bekannt gegeben. [2]Das Gleiche gilt für die Weiterführung der Bezeichnung „Stadt" durch die aufnehmende oder neu gebildete Gemeinde sowie für die Weiterführung einer sonstigen Bezeichnung für einen Ortsteil der aufnehmenden oder neu gebildeten Gemeinde.

(2) Ortsteile können einen Namen erhalten, wenn sie aus einer oder mehreren früheren Gemeinden bestehen oder wenn sie erkennbar vom übrigen bewohnten Gemeindegebiet getrennt sind und wenn wegen der Einwohnerzahl, der Art der Bebauung oder des Gebietsumfangs ein öffentliches Bedürfnis hierfür besteht.

(3) Die Gemeinde hat vor der Benennung oder Umbenennung eines Ortsteils die Archivbehörde, die zuständige Stelle für Volkskunde, das Statistische Landesamt, die Deutsche Post AG, das Landesamt für Geoinformation und Landentwicklung und, sofern die Gemeinde oder der Ortsteil an einem Schienenweg der Eisenbahn liegt, das Eisenbahninfrastrukturunternehmen, das den Schienenweg betreibt, und die Eisenbahnverkehrsunternehmen, die den Schienenweg im regelmäßigen Personenverkehr benutzen, zu hören.

(4) Die Benennung oder Umbenennung eines Ortsteils ist öffentlich bekannt zu machen, der Rechtsaufsichtsbehörde anzuzeigen und den im Vorverfahren gehörten Stellen sowie dem Amtsgericht und dem Finanzamt mitzuteilen.

Zu § 6:

§ 3 Wappen und Flaggen

(1) Die Gemeinde hat ihrem Antrag auf Verleihung des Rechts zur Führung eines Wappens drei farbige Zeichnungen des Wappenentwurfs und eine Stellungnahme der zuständigen staatlichen Archivbehörde beizufügen.

(2) [1]Das Recht zur Führung einer Flagge kann nur den Gemeinden verliehen werden, die ein Wappen führen. [2]Die Flagge kann nicht mehr als zwei Farben haben. [3]Die Farben der Flagge sollen den Wappenfarben entsprechen.

§ 4 Dienstsiegel

(1) Das Dienstsiegel der Gemeinde ist für den urkundlichen Verkehr in allen Angelegenheiten der Gemeinde einschließlich der Weisungsaufgaben bestimmt.

(2) [1]Das Dienstsiegel wird in kreisrunder Form als Prägesiegel mit einem Durchmesser von mindestens 20 mm oder als Farbdruckstempel aus Metall oder Gummi mit einem Durchmesser von mindestens 12 mm hergestellt. [2]Beim Prägesiegel werden Wappen und Umschrift in erhabener Prägung und beim Farbdruckstempel in dunklem Flachdruck dargestellt. [3]Kreisangehörige Gemeinden können der aus ihrer Bezeichnung und ihrem Namen bestehenden Umschrift den Namen des Landkreises hinzufügen. [4]In der Beschriftung des Dienstsiegels kann die Bezeichnung der einzelnen siegelführenden Dienststelle beigefügt werden.

(3) [1]Die Zahl der zu beschaffenden Dienstsiegel ist auf das notwendige Maß zu beschränken. [2]Dienstsiegel sind zur Sicherung gegen missbräuchliche Verwendung von den zur Verwendung des Siegels ermächtigten Bediensteten unter Verschluss zu halten; sie sind außerhalb der Dienststunden so aufzubewahren, dass Missbrauch und Verlust durch Diebstahl soweit wie möglich ausgeschlossen sind.

Zu §§ 7 bis 9:

§ 5 Zuständige Rechtsaufsichtsbehörde bei Grenzstreitigkeiten

[1]Sind für Gemeinden, die durch eine Grenzstreitigkeit berührt werden, verschiedene Rechtsaufsichtsbehörden zuständig, trifft die gemeinsame obere Rechtsaufsichtsbehörde die Entscheidung. [2]Gehören die beteiligten Gemeinden zum Bezirk verschiedener oberer Rechtsaufsichtsbehörden, bestimmt das Innenministerium die zuständige obere Rechtsaufsichtsbehörde.

§ 6 Zuständige Rechtsaufsichtsbehörde bei Gebietsänderungen

(1) Zuständige Rechtsaufsichtsbehörde im Sinne von § 8 Abs. 2 sowie § 9 Abs. 3 und 4 der Gemeindeordnung ist

1. bei einer Eingliederung oder Neubildung einer Gemeinde die obere Rechtsaufsichtsbehörde,
2. bei einer Umgliederung von Gebietsteilen einer Gemeinde, durch die das Gebiet einer Großen Kreisstadt oder von Landkreisen betroffen wird, die obere Rechtsaufsichtsbehörde,
3. bei sonstigen Umgliederungen von Gebietsteilen von Gemeinden die Rechtsaufsichtsbehörde.

(2) Zuständige Kommunalaufsichtsbehörden im Sinne von § 58 Abs. 2 des Flurbereinigungsgesetzes sind die in Absatz 1 genannten Rechtsaufsichtsbehörden.

(3) Gehören die an der Gebietsänderung beteiligten Gemeinden zum Bezirk verschiedener oberer Rechtsaufsichtsbehörden, bestimmt das Innenministerium die zuständige obere Rechtsaufsichtsbehörde.

Zu § 10:

§ 7 Hand- und Spanndienste

(1) In der Satzung über Hand- und Spanndienste ist zu bestimmen, dass zur Erfüllung vordringlicher Pflichtaufgabe

1. keine Arbeiten verlangt werden können, die besondere Fachkenntnisse voraussetzen,
2. Fuhrleistungen nur von solchen Einwohnern gefordert werden können, die für ihren landwirtschaftlichen oder gewerblichen Betrieb Zugtiere oder für die Beförderung von Lasten geeignete Kraftfahrzeuge halten und
3. Fuhrleistungen in angemessener Weise auf Handdienste angerechnet werden und umgekehrt.

(2) [1]Werden in der Satzung Bestimmungen über die Gewährung einer Vergütung getroffen, ist sie nach einem für alle Betroffenen gleichmäßig festzusetzenden Satz zu bemessen, der den ortsüblichen Stundenlohn für ungelernte Arbeiter nicht übersteigen soll. [2]Die Maßstäbe für die Geldablösung sind in der Satzung so festzulegen, dass für die Ersatzleistung in Geld die zu leistenden Dienste durch bezahlte Arbeitskräfte besorgt werden können; wird eine Vergütung gewährt, ist sie auf die Geldablösung anzurechnen.

Zu § 11:

§ 8 Anschluss- und Benutzungszwang

(1) In der Satzung über den Anschluss- und Benutzungszwang sind insbesondere zu regeln und zu bestimmen:

1. die Bereitstellung der Einrichtung zur öffentlichen Benutzung,
2. die Art des Anschlusses und der Benutzung,
3. der Kreis der zum Anschluss oder zur Benutzung Verpflichteten und
4. im Falle des § 11 Absatz 2 Satz 1 der Gemeindeordnung die Tatbestände, für die Ausnahmen von dem Anschluss- oder Benutzungszwang zugelassen werden können, sowie im Falle des § 11 Absatz 2 Satz 2 der Gemeindeordnung die Art und der Umfang der Beschränkung des Zwangs.

(2) ¹Der Anschluss- und Benutzungszwang muss unter gleichen Voraussetzungen den von ihm betroffenen Personenkreis gleichmäßig belasten. ²Ausnahmen nach § 11 Absatz 2 Satz 1 der Gemeindeordnung sind auf besonders gelagerte Tatbestände zu beschränken.

Zu §§ 16 und 17:

§ 9 Ordnungsgeld

(1) Das Ordnungsgeld nach § 16 Abs. 3 Satz 1 und § 17 Abs. 4 der Gemeindeordnung beträgt mindestens 50 Euro.

(2) ¹Das Ordnungsgeld ist schriftlich in bestimmter Höhe aufzuerlegen. ²Dabei ist eine Rechtsmittelbelehrung zu erteilen und auf die Möglichkeit der Beitreibung nach dem Landesverwaltungsvollstreckungsgesetz hinzuweisen.

Zu § 40:

§ 10 Wahl der Mitglieder der beschließenden Ausschüsse

(1) ¹Für die Wahl der Mitglieder der beschließenden Ausschüsse nach § 40 Abs. 2 der Gemeindeordnung kann jeder Gemeinderat einen Wahlvorschlag einreichen. ²Jeder Bewerber kann nur auf einem Wahlvorschlag aufgeführt werden; ist sein Name in mehreren Wahlvorschlägen enthalten, hat er vor der Wahl dem Vorsitzenden des Gemeinderats gegenüber zu erklären, für welchen Wahlvorschlag er als Bewerber auftreten will.

(2) Jeder Gemeinderat hat bei Verhältniswahl eine Stimme, bei Mehrheitswahl soviel Stimmen, wie Mitglieder zu wählen sind.

(3) ¹Bei Verhältniswahl gelten für die Verteilung der Sitze auf die Wahlvorschläge die Bestimmungen für die Wahl des Gemeinderats entsprechend; für die Verteilung der Sitze auf die einzelnen Bewerber eines jeden Wahlvorschlags ist die Reihenfolge der Benennung im Wahlvorschlag maßgebend. ²Bei Mehrheitswahl sind die Bewerber mit den höchsten Stimmenzahlen in der Reihenfolge dieser Zahlen gewählt; bei gleicher Stimmenzahl entscheidet das Los. ³Die nicht gewählten Bewerber sind Stellvertreter. ⁴Der Gemeinderat regelt die Stellvertretung im Einzelnen.

(4) Der Gemeinderat entscheidet über die Zulassung der Wahlvorschläge und stellt das Wahlergebnis fest.

(5) Tritt ein gewähltes Mitglied nicht ein oder scheidet ein Mitglied im Laufe der Amtszeit aus, rückt bei Verhältniswahl der nach der Reihenfolge der Benennung im Wahlvorschlag nächste Bewerber, bei Mehrheitswahl der nach der Stimmenzahl nächste Bewerber nach.

Zu § 42:

§ 11 Amtsantritt des Bürgermeisters

Der Bürgermeister hat nach seiner ersten Wahl in der Gemeinde der Rechtsaufsichtsbehörde den Tag seines Amtsantritts unverzüglich anzuzeigen.

Zu § 63:

§ 12 Verteilung des Aufwands für Bürgermeister in mehreren Gemeinden
[1]Die Verteilung des persönlichen Aufwands für Bürgermeister in mehreren Gemeinden ist von den beteiligten Gemeinden durch Vereinbarung zu regeln. [2]Kommt eine Einigung nicht zu Stande, ist der Aufwand anteilmäßig im Verhältnis der Einwohnerzahlen von den einzelnen Gemeinden zu tragen.

Zu § 100:

§ 13 Verfahren bei der Umwandlung von Gemeindegliedervermögen
(1) [1]Die Gemeinde hat die beabsichtigte Umwandlung von Gemeindegliedervermögen in freies Gemeindevermögen und die Höhe der vorgesehenen Entschädigung den einzelnen Betroffenen schriftlich mitzuteilen und öffentlich bekannt zu machen. [2]Sie können gegen die vorgesehene Umwandlung und die Höhe der Entschädigung innerhalb eines Monats nach der Zustellung oder der öffentlichen Bekanntmachung Einwendungen erheben.
(2) Die Mitteilung und die öffentliche Bekanntmachung haben zu enthalten:
1.   die Bezeichnung der umzuwandelnden Rechte sowie Umfang und Art der Umwandlung,
2.   die Höhe der vorgesehenen Entschädigungen und
3.   einen Hinweis auf die nach Absatz 1 Satz 2 gegebene Möglichkeit, Einwendungen zu erheben.
(3) [1]Der Gemeinderat hat gleichzeitig mit dem endgültigen Beschluss über die Umwandlung über die Einwendungen zu entscheiden. [2]Der Beschluss über die Umwandlung ist den Betroffenen mit der Festsetzung der Entschädigung zuzustellen.

§ 14 Schlussbestimmungen
(1) [1]Diese Verordnung tritt am Tage nach ihrer Verkündung[1)] in Kraft. [2]Gleichzeitig tritt die Verordnung des Innenministeriums zur Durchführung der Gemeindeordnung für Baden-Württemberg vom 13. Februar 1976 (GBl. S. 177), zuletzt geändert durch Artikel 15 des Dritten Rechtsbereinigungsgesetzes vom 18. Dezember 1995 (GBl. 1996 S. 29), außer Kraft.
(2) Abweichend von § 9 Abs. 1 beträgt die Mindestsumme des Ordnungsgeldes bis zum 31. Dezember 2001 100 DM.
(3) § 10 Abs. 3 und 5 findet nur für nach dem Inkrafttreten dieser Verordnung durchzuführende Wahlen von Mitgliedern beschließender Ausschüsse Anwendung.

---

1)   Verkündet am 30. 1. 2001.

Verordnung des Innenministeriums über die Haushaltswirtschaft der Gemeinden (Gemeindehaushaltsverordnung – GemHVO)

Vom 11. Dezember 2009 (GBl. S. 770)

zuletzt geändert durch ÄndVO vom 8. Februar 2019 (GBl. S. 54)

Auf Grund von § 99 und § 144 Satz 1 Nr. 14, 16, 18 bis 26 der Gemeindeordnung (GemO) in der Fassung vom 24. Juli 2000 (GBl. S. 582), zuletzt geändert durch Artikel 1 des Gesetzes vom 4. Mai 2009 (GBl. S. 185), wird, zu § 144 Satz 1 Nr. 14 im Benehmen mit dem Finanzministerium, verordnet:

Inhaltsübersicht

Erster Abschnitt
Haushaltsplan, Finanzplanung

§	1	Bestandteile des Haushaltsplans, Gesamthaushalt, Anlagen
§	2	Ergebnishaushalt
§	3	Finanzhaushalt
§	4	Teilhaushalte, Budgets
§	5	Stellenplan
§	6	Vorbericht
§	7	Haushaltsplan für zwei Jahre
§	8	Nachtragshaushaltsplan
§	9	Finanzplan

Zweiter Abschnitt
Planungsgrundsätze

§	10	Allgemeine Planungsgrundsätze
§	11	Verpflichtungsermächtigungen
§	12	Investitionen
§	13	Verfügungsmittel, Deckungsreserve
§	14	Kosten- und Leistungsrechnungen
§	15	Fremde Finanzmittel
§	16	Weitere Vorschriften für Erträge und Aufwendungen, Einzahlungen und Auszahlungen
§	17	Erläuterungen

Dritter Abschnitt
Deckungsgrundsätze

§	18	Grundsatz der Gesamtdeckung
§	19	Zweckbindung
§	20	Deckungsfähigkeit
§	21	Übertragbarkeit

Vierter Abschnitt
Liquidität und Rücklagen

§	22	Liquidität
§	23	Rücklagen

Fünfter Abschnitt
Haushaltsausgleich und Deckung von Fehlbeträgen

§	24	Haushaltsausgleich
§	25	Deckung von Fehlbeträgen des Jahresabschlusses und aus Vorjahren

Sechster Abschnitt
Weitere Vorschriften für die Haushaltswirtschaft

§	26	Überwachung der Erträge, Einzahlungen und Forderungen
§	27	Bewirtschaftung und Überwachung der Aufwendungen und Auszahlungen
§	28	Berichtspflicht
§	29	Haushaltswirtschaftliche Sperre
§	30	Vorläufige Rechnungsvorgänge
§	31	Vergabe von Aufträgen
§	32	Stundung, Niederschlagung und Erlass
§	33	Kleinbeträge

Siebter Abschnitt
Buchführung und Inventar

§	34	Buchführung
§	35	Führung der Bücher
§	36	Bücher, Belege
§	37	Inventar, Inventur
§	38	Inventurvereinfachungsverfahren
§	39	Aufbewahrung von Unterlagen, Aufbewahrungsfristen

Achter Abschnitt
Ansatz und Bewertung des Vermögens, der Rückstellungen und Schulden, Verrechnungs- und Bilanzierungsverbote

§	40	Vollständigkeit der Ansätze, Verrechnungs- und Bilanzierungsverbote, Vermögen
§	41	Rückstellungen
§	42	Vorbelastungen künftiger Haushaltsjahre
§	43	Allgemeine Bewertungsgrundsätze
§	44	Wertansätze der Vermögensgegenstände und Schulden
§	45	Bewertungsvereinfachungsverfahren
§	46	Abschreibungen

Neunter Abschnitt
Jahresabschluss

§	47	Allgemeine Grundsätze für die Gliederung
§	48	Rechnungsabgrenzungsposten
§	49	Ergebnisrechnung
§	50	Finanzrechnung
§	51	Planvergleich
§	52	Bilanz

§ 53   Anhang
§ 54   Rechenschaftsbericht
§ 55   Vermögensübersicht, Schuldenübersicht

Zehnter Abschnitt
Kommunaler Gesamtabschluss
§ 56   Gesamtabschluss
§ 57   Kapitalflussrechnung
§ 58   Konsolidierungsbericht und Angaben zum
        nicht konsolidierten Beteiligungsbesitz

Elfter Abschnitt
Übergangs- und Schlussvorschriften
§ 59   Bestimmungen für Sanierungs-,
        Entwicklungs- und
        Umlegungsmaßnahmen

§ 60   Sondervermögen, Treuhandvermögen
§ 61   Begriffsbestimmungen
§ 62   Erstmalige Bewertung, Eröffnungsbilanz
§ 63   Berichtigung der erstmaligen Erfassung
        und Bewertung
§ 64   Inkrafttreten, Übergangszeit

Erster Abschnitt
Haushaltsplan, Finanzplanung

§ 1 Bestandteile des Haushaltsplans, Gesamthaushalt, Anlagen

(1) Der Haushaltsplan besteht aus
1. dem Gesamthaushalt,
2. den Teilhaushalten und
3. dem Stellenplan.

(2) Der Gesamthaushalt besteht aus
1. dem Ergebnishaushalt (§ 2),
2. dem Finanzhaushalt (§ 3) und
3. je einer Übersicht (Haushaltsquerschnitt) über die Erträge und Aufwendungen der Teilhaushalte des Ergebnishaushalts (§ 4 Abs. 3) mindestens nach den nach § 145 Satz 1 Nummer 2 GemO verbindlich vorgegebenen Produktbereichen, Produktgruppen und Produkten (Produktrahmen) sowie der Einzahlungen und Auszahlungen aus Investitionstätigkeit und Verpflichtungsermächtigungen der Teilhaushalte des Finanzhaushalts (§ 4 Abs. 4 und § 11).

(3) Dem Haushaltsplan sind beizufügen
1. der Vorbericht,
2. der Finanzplan mit dem ihm zugrunde liegenden Investitionsprogramm; ergeben sich bei der Aufstellung des Haushaltsplans wesentliche Änderungen für die folgenden Jahre, so ist ein entsprechender Nachtrag beizufügen,
3. eine Übersicht über die voraussichtliche Entwicklung der Liquidität,
4. eine Übersicht über die aus Verpflichtungsermächtigungen in den einzelnen Jahren voraussichtlich fällig werdenden Auszahlungen; werden Auszahlungen in den Jahren fällig, auf die sich der Finanzplan noch nicht erstreckt, ist die voraussichtliche Deckung des Finanzierungsmittelbedarfs dieser Jahre besonders darzustellen,
5. eine Übersicht über den voraussichtlichen Stand der Rücklagen, Rückstellungen und Schulden zu Beginn des Haushaltsjahres,
6. der letzte Gesamtabschluss (§ 95a GemO),
7. die Wirtschaftspläne und neuesten Jahresabschlüsse der Sondervermögen, für die Sonderrechnungen geführt werden, sowie die entsprechenden Unterlagen der Sonderrechnungen nach § 59,
8. die Wirtschaftspläne und neuesten Jahresabschlüsse der Unternehmen und Einrichtungen, an denen die Gemeinde mit mehr als 50 Prozent beteiligt ist, oder eine kurz gefasste Übersicht über die Wirtschaftslage und die voraussichtliche Entwicklung der Unternehmen und Einrichtungen und
9. eine Übersicht über die Budgets nach § 4 Abs. 5.

§ 2 Ergebnishaushalt

(1) Der Ergebnishaushalt enthältdie ordentlichen Erträge
1. Steuern und ähnliche Abgaben,
2. Zuweisungen, Zuwendungen und Umlagen,

3. aufgelöste Investitionszuwendungen und -beiträge,
4. sonstige Transfererträge,
5. Entgelte für öffentliche Leistungen oder Einrichtungen,
6. sonstige privatrechtliche Leistungsentgelte,
7. Kostenerstattungen und Kostenumlagen,
8. Zinsen und ähnliche Erträge,
9. aktivierte Eigenleistungen und Bestandsveränderungen und
10. sonstige ordentliche Erträge;
11. die Summe der ordentlichen Erträge (Summe aus Nummern 1 bis 10);
die ordentlichen Aufwendungen
12. Personalaufwendungen,
13. Versorgungsaufwendungen,
14. Aufwendungen für Sach- und Dienstleistungen,
15. Abschreibungen,
16. Zinsen und ähnliche Aufwendungen,
17. Transferaufwendungen und
18. sonstige ordentliche Aufwendungen;
19. die Summe der ordentlichen Aufwendungen (Summe aus Nummern 12 bis 18);
20. das veranschlagte ordentliche Ergebnis (Saldo aus Nummern 11 und 19; § 79 Absatz 2 Satz 1 Nummer 1 Buchstabe a GemO);
die außerordentlichen Erträge und Aufwendungen
21. außerordentliche Erträge;
22. außerordentliche Aufwendungen;
23. das veranschlagte Sonderergebnis (Saldo aus Nummern 21 und 22; § 79 Absatz 2 Satz 1 Nummer 1 Buchstabe b GemO);
das Gesamtergebnis
24. das veranschlagte Gesamtergebnis als Überschuss oder Fehlbetrag (Summe aus Nummern 20 und 23; § 79 Absatz 2 Satz 1 Nummer 1 Buchstabe c GemO);
außerdem nachrichtlich die Behandlung von Überschüssen und Fehlbeträgen
25. die Abdeckung von Fehlbeträgen aus Vorjahren,
26. die Zuführung zur Rücklage aus Überschüssen des ordentlichen Ergebnisses nach § 49 Absatz 3 Satz 2,
27. die Minderung des Basiskapitals nach Artikel 13 Absatz 6 des Gesetzes zur Reform des Gemeindehaushaltsrechts vom 4. Mai 2009 (GBl. S. 185, 194), das zuletzt durch Artikel 2 des Gesetzes vom 17. Dezember 2015 (GBl. 2016 S. 1, 2) geändert worden ist, in der jeweils geltenden Fassung,
28. die Entnahme aus der Rücklage aus Überschüssen des ordentlichen Ergebnisses nach § 24 Absatz 1 Satz 1,
29. die Verwendung des Überschusses des Sonderergebnisses (Nummer 23) nach § 24 Absatz 2,
30. die Zuführung zur Rücklage aus Überschüssen des Sonderergebnisses nach § 49 Absatz 3 Satz 2,
31. die Entnahme aus der Rücklage aus Überschüssen des Sonderergebnisses nach § 25 Absatz 4 Satz 1,
32. die Entnahme aus der Rücklage aus Überschüssen des Sonderergebnisses nach § 24 Absatz 2,
33. den Fehlbetragsvortrag auf das ordentliche Ergebnis folgender Haushaltsjahre nach § 24 Absatz 3 Satz 1,
34. die Minderung des Basiskapitals nach § 25 Absatz 3,
35. die Minderung des Basiskapitals nach § 25 Absatz 4 Satz 2.
(2) [1]Unter den Posten „außerordentliche Erträge" und „außerordentliche Aufwendungen" sind die außerhalb der gewöhnlichen Verwaltungstätigkeit anfallenden Erträge und Aufwendungen, insbesondere Gewinne und Verluste aus Vermögensveräußerung, auszuweisen, soweit sie nicht von untergeordneter Bedeutung sind. [2]Von untergeordneter Bedeutung sind Gewinne und Verluste aus der Veräußerung von geringwertigen beweglichen Vermögensgegenständen des Sachvermögens, die nach § 38 Abs. 4 nicht erfasst werden.

§ 3 Finanzhaushalt

Der Finanzhaushalt enthält aus laufender Verwaltungstätigkeit

1. Steuern und ähnliche Abgaben,
2. Zuweisungen und Zuwendungen und allgemeine Umlagen,
3. sonstige Transfereinzahlungen,
4. Entgelte für öffentliche Leistungen oder Einrichtungen,
5. sonstige privatrechtliche Leistungsentgelte,
6. Kostenerstattungen und Kostenumlagen,
7. Zinsen und ähnliche Einzahlungen und
8. sonstige haushaltswirksame Einzahlungen;
9. die Summe der Einzahlungen aus laufender Verwaltungstätigkeit (Summe aus Nummern 1 bis 8 ohne außerordentliche zahlungswirksame Erträge aus Vermögensveräußerung);
10. Personalauszahlungen,
11. Versorgungsauszahlungen,
12. Auszahlungen für Sach- und Dienstleistungen,
13. Zinsen und ähnliche Auszahlungen,
14. Transferauszahlungen (ohne Investitionszuschüsse) und
15. sonstige haushaltswirksame Auszahlungen;
16. die Summe der Auszahlungen aus laufender Verwaltungstätigkeit (Summe aus Nummern 10 bis 15);
17. den Zahlungsmittelüberschuss oder Zahlungsmittelbedarf des Ergebnishaushalts (Saldo aus Nummern 9 und 16; § 79 Absatz 2 Satz 1 Nummer 2 Buchstabe a GemO);

aus Investitionstätigkeit

18. Einzahlungen aus Investitionszuwendungen,
19. Einzahlungen aus Investitionsbeiträgen und ähnlichen Entgelten für Investitionstätigkeit,
20. Einzahlungen aus der Veräußerung von Sachvermögen,
21. Einzahlungen aus der Veräußerung von Finanzvermögen und
22. Einzahlungen für sonstige Investitionstätigkeit;
23. die Summe der Einzahlungen aus Investitionstätigkeit (Summe aus Nummern 18 bis 22);
24. Auszahlungen für den Erwerb von Grundstücken und Gebäuden,
25. Auszahlungen für Baumaßnahmen,
26. Auszahlungen für den Erwerb von beweglichem Sachvermögen,
27. Auszahlungen für den Erwerb von Finanzvermögen,
28. Auszahlungen für Investitionsförderungsmaßnahmen und
29. Auszahlungen für den Erwerb von immateriellen Vermögensgegenständen;
30. die Summe der Auszahlungen aus Investitionstätigkeit (Summe aus Nummern 24 bis 29);
31. den veranschlagten Finanzierungsmittelüberschuss oder Finanzierungsmittelbedarf aus Investitionstätigkeit (Saldo aus Nummern 23 und 30; Saldo aus Investitionstätigkeit nach § 79 Absatz 2 Satz 1 Nummer 2 Buchstabe b GemO);
32. den veranschlagten Finanzierungsmittelüberschuss oder Finanzierungsmittelbedarf (Saldo aus Nummern 17 und 31; Saldo nach § 79 Absatz 2 Satz 1 Nummer 2 Buchstabe c GemO);

aus Finanzierungstätigkeit

33. Einzahlungen aus der Aufnahme von Krediten und wirtschaftlich vergleichbaren Vorgängen für Investitionen,
34. Auszahlungen für die Tilgung von Krediten und wirtschaftlich vergleichbaren Vorgängen für Investitionen;
35. den veranschlagten Finanzierungsmittelüberschuss oder Finanzierungsmittelbedarf aus Finanzierungstätigkeit (Saldo aus Nummern 33 und 34; Saldo aus Finanzierungstätigkeit nach § 79 Absatz 2 Satz 1 Nummer 2 Buchstabe d GemO);
36. die veranschlagte Änderung des Finanzierungsmittelbestands zum Ende des Haushaltsjahres (Saldo aus Nummern 32 und 35; Saldo des Finanzhaushalts nach § 79 Absatz 2 Satz 1 Nummer 2 Buchstabe e GemO);

außerdem nachrichtlich

37. den voraussichtlichen Bestand an liquiden Eigenmitteln zum Jahresbeginn,

38. den voraussichtlichen Bestand an inneren Darlehen zum Jahresbeginn.

§ 4 Teilhaushalte, Budgets

(1) [1]Der Gesamthaushalt ist in Teilhaushalte zu gliedern. [2]Die Teilhaushalte sind produktorientiert zu bilden. [3]Sie können nach den vorgegebenen Produktbereichen oder nach der örtlichen Organisation gebildet werden. [4]Mehrere Produktbereiche können zu einem Teilhaushalt zusammengefasst werden. [5]Werden Teilhaushalte nach der örtlichen Organisation gebildet, können Produktbereiche nach vorgegebenen Produktgruppen oder Produkten oder nach Leistungen auf mehrere Teilhaushalte aufgeteilt werden. [6]Dabei können die zentralen Produktbereiche „Innere Verwaltung" und „Allgemeine Finanzwirtschaft" jeweils ganz oder teilweise in einem Teilhaushalt oder in mehreren Teilhaushalten ausgewiesen werden. [7]Die Teilhaushalte sind in einen Ergebnishaushalt und in einen Finanzhaushalt zu gliedern.

(2) [1]Jeder Teilhaushalt bildet mindestens eine Bewirtschaftungseinheit (Budget). [2]Die Budgets sind jeweils einem Verantwortungsbereich zuzuordnen. [3]In den Teilhaushalten sind mindestens die nach § 145 Satz 1 Nummer 2 GemO verbindlich vorgegebenen Produktbereiche, Produktgruppen und Produkte (Produktrahmen) darzustellen, zusätzlich sollen Schlüsselpositionen, die Leistungsziele und die Kennzahlen zur Messung der Zielerreichung dargestellt werden.

(3) [1]Der Teilergebnishaushalt enthält

1. die anteiligen ordentlichen Erträge nach § 2 Absatz 1 Nummern 1 bis 10, soweit diese nicht zentral veranschlagt werden,

2. die anteiligen ordentlichen Aufwendungen nach § 2 Absatz 1 Nummern 12 bis 18, soweit diese nicht zentral veranschlagt werden,

3. Erträge aus internen Leistungen und

4. Aufwendungen für interne Leistungen.

[2]Der Teilergebnishaushalt kann auch kalkulatorische Kosten enthalten. [3]Bei den kalkulatorischen Kosten können im Teilergebnishaushalt an Stelle der anteiligen Fremdzinsen nach § 2 Absatz 1 Nummer 16 auch kalkulatorische Zinsen veranschlagt werden. [4]Für jedes Haushaltsjahr sind anteilig

1. die Summe der ordentlichen Erträge und Aufwendungen,

2. der Saldo aus der Summe der ordentlichen Erträge und der Summe der ordentlichen Aufwendungen als veranschlagtes ordentliches Ergebnis,

3. der Saldo aus Nummern 3 und 4 des Satzes 1 und der kalkulatorischen Kosten als veranschlagtes kalkulatorisches Ergebnis und

4. die Summe aus Nummern 2 und 3 als veranschlagter Nettoressourcenbedarf oder Nettoressourcenüberschuss

auszuweisen.

(4) [1]Der Teilfinanzhaushalt enthält aus laufender Verwaltungstätigkeit anteilig

1. den Zahlungsmittelüberschuss oder Zahlungsmittelbedarf nach § 3 Nummer 17

und für die Investitionstätigkeit anteilig

2. die Einzahlungen nach § 3 Nummern 18 bis 22 und

3. die Auszahlungen nach § 3 Nummern 24 bis 29.

[2]Für jedes Haushaltsjahr ist der Saldo aus dem anteiligen Zahlungsmittelüberschuss oder Zahlungsmittelbedarf nach Satz 1 Nr. 1 und aus den anteiligen Ein- und Auszahlungen aus Investitionstätigkeit als anteiliger veranschlagter Finanzierungsmittelüberschuss oder Finanzierungsmittelbedarf auszuweisen. [3]Abweichend von den Sätzen 1 und 2 kann der Teilfinanzhaushalt auf die Darstellung der Investitionstätigkeit beschränkt werden (Satz 1 Nr. 2 und 3). [4]Die Investitionen oberhalb örtlich festzulegender Wertgrenzen sind einzeln unter Angabe der Investitionssumme des Planjahres, der bereit gestellten Finanzierungsmittel, der Gesamtkosten der Maßnahme und der Verpflichtungsermächtigungen für die Folgejahre darzustellen.

(5) [1]Werden Teilhaushalte nach Absatz 1 Satz 5 nach der örtlichen Organisation produktorientiert gegliedert, ist dem Haushaltsplan eine Übersicht über die Zuordnung der Produktbereiche und Produktgruppen zu den Teilhaushalten als Anlage beizufügen. [2]Bei einer von der Produktgruppe abwei-

chenden Zuordnung einzelner Produkte oder Leistungen zu anderen Teilhaushalten sind auch diese Produkte oder Leistungen in die Übersicht aufzunehmen.

§ 5 Stellenplan

(1) [1]Der Stellenplan hat die im Haushaltsjahr erforderlichen Stellen der Beamten und der nicht nur vorübergehend beschäftigten Arbeitnehmer auszuweisen. [2]Soweit erforderlich, sind in ihm die Amtsbezeichnungen für Beamte festzusetzen. [3]Stellen von Beamten in Einrichtungen von Sondervermögen, für die Sonderrechnungen geführt werden, sind gesondert auszuweisen. [4]In einer Übersicht ist die Aufteilung der Stellen auf die Teilhaushalte darzustellen.

(2) [1]Im Stellenplan ist ferner für die einzelnen Besoldungs- und Entgeltgruppen die Gesamtzahl der Stellen für das Vorjahr sowie der am 30. Juni des Vorjahres besetzten Stellen anzugeben. [2]Wesentliche Abweichungen vom Stellenplan des Vorjahres sind zu erläutern.

(3) Soweit ein dienstliches Bedürfnis besteht, dürfen im Stellenplan ausgewiesene

1. Planstellen mit Beamten einer niedrigeren Besoldungsgruppe derselben Laufbahn besetzt werden,
2. freigewordene Planstellen des Eingangsamts oder des ersten Beförderungsamts einer Laufbahn des höheren oder gehobenen Dienstes mit Beamten der nächstniedrigeren Laufbahn besetzt werden, deren Aufstieg in die nächsthöhere Laufbahn vom Dienstherrn beabsichtigt ist, und
3. freigewordene Planstellen mit Arbeitnehmern einer vergleichbaren oder niedrigeren Entgeltgruppe besetzt werden, längstens jedoch für die Dauer von fünf Jahren.

§ 6 Vorbericht

[1]Der Vorbericht gibt einen Überblick über die Entwicklung und den Stand der Haushaltswirtschaft unter dem Gesichtspunkt der stetigen Erfüllung der Aufgaben der Gemeinde. [2]Er soll eine durch Kennzahlen gestützte, wertende Analyse der Haushaltslage und ihrer voraussichtlichen Entwicklung enthalten. [3]Insbesondere soll dargestellt werden,

1. welche wesentlichen Ziele und Strategien die Gemeinde verfolgt und welche Änderungen gegenüber dem Vorjahr eintreten,
2. wie sich die wichtigsten Erträge, Aufwendungen, Einzahlungen und Auszahlungen, das Vermögen und die Verbindlichkeiten, mit Ausnahme der Kassenkredite, sowie die verbindlich vorgegebenen Kennzahlen in den beiden dem Haushaltsjahr vorangehenden Jahren entwickelt haben und im Haushaltsjahr entwickeln werden,
3. wie sich das Eigenkapital absolut und relativ zur Bilanzsumme in den dem Haushaltsjahr vorangegangenen fünf Jahren entwickelt hat, wie sich das Gesamtergebnis und die Rücklagen im Haushaltsjahr und in den folgenden drei Jahren entwickeln werden und in welchem Verhältnis sie zum Deckungsbedarf des Finanzplans nach § 9 Abs. 4 stehen,
4. welche erheblichen Investitionen und Investitionsförderungsmaßnahmen im Haushaltsjahr geplant sind und welche Auswirkungen sich hieraus für die Haushalte der folgenden Jahre ergeben,
5. welcher Finanzierungsbedarf für die Inanspruchnahme von Rückstellungen entsteht, wie sich die inneren Darlehen voraussichtlich entwickeln und welche Auswirkungen sich daraus im Finanzplanungszeitraum ergeben,
6. in welchen wesentlichen Punkten der Haushaltsplan vom Finanzplan des Vorjahres abweicht und
7. wie sich der Zahlungsmittelüberschuss oder -bedarf aus laufender Verwaltungstätigkeit, der veranschlagte Finanzierungsmittelüberschuss oder -bedarf und der Bestand an liquiden Mitteln im Vorjahr entwickelt haben sowie in welchem Umfang Kassenkredite in Anspruch genommen worden sind.

§ 7 Haushaltsplan für zwei Jahre

(1) [1]Werden in der Haushaltssatzung Festsetzungen für zwei Haushaltsjahre getroffen, sind im Haushaltsplan die Erträge und Aufwendungen, die Einzahlungen und Auszahlungen und die Verpflichtungsermächtigungen für jedes der beiden Haushaltsjahre getrennt zu veranschlagen. [2]Soweit es unumgänglich ist, kann hierbei von Vorschriften über die äußere Form des Haushaltsplans abgewichen werden.

(2) Die Fortschreibung des Finanzplans für das zweite Haushaltsjahr (§ 85 Abs. 5 GemO) ist vom Gemeinderat vor Beginn des zweiten Haushaltsjahres zu beschließen.

(3) Anlagen nach § 1 Abs. 3 Nummern 6 bis 8, die nach der Verabschiedung eines Haushaltsplans nach Absatz 1 erstellt worden sind, sind der Fortschreibung nach Absatz 2 beizufügen.

§ 8 Nachtragshaushaltsplan

(1) Der Nachtragshaushaltsplan muss alle erheblichen Änderungen der Erträge und Einzahlungen sowie Aufwendungen und Auszahlungen, die im Zeitpunkt seiner Aufstellung bereits geleistet, angeordnet oder absehbar sind, sowie die damit zusammenhängenden Änderungen der Ziele und Kennzahlen enthalten.

(2) Enthält der Nachtragshaushaltsplan neue Verpflichtungsermächtigungen, sind deren Auswirkungen auf den Finanzplan anzugeben; die Übersicht nach § 1 Abs. 3 Nummer 4 ist zu ergänzen.

§ 9 Finanzplan

(1) [1]Der fünfjährige Finanzplan (§ 85 GemO) umfasst das laufende Haushaltsjahr, das Haushaltsjahr, für das der Haushaltsplan aufgestellt wird (Planjahr), und die folgenden drei Haushaltsjahre. [2]Er besteht aus einer Übersicht über die Entwicklung der Erträge und Aufwendungen unter Berücksichtigung von Fehlbeträgen aus Vorjahren und des zu veranschlagenden Gesamtergebnisses des Ergebnishaushalts und einer Übersicht über die Entwicklung der Einzahlungen und Auszahlungen des Finanzhaushalts. [3]Für Investitionen und Investitionsförderungsmaßnahmen ist eine Gliederung nach Produktbereichen oder Teilhaushalten vorzunehmen. [4]Die Gliederung richtet sich nach den Mustern.

(2) [1]In das dem Finanzplan zugrundezulegende Investitionsprogramm sind die im Planungszeitraum vorgesehenen Investitionen und Investitionsförderungsmaßnahmen nach Jahresabschnitten aufzunehmen. [2]Jeder Jahresabschnitt soll die fortzuführenden und neuen Investitionen und Investitionsförderungsmaßnahmen mit den auf das betreffende Jahr entfallenden Teilbeträgen wiedergeben. [3]Unbedeutende Investitionen und Investitionsförderungsmaßnahmen können zusammengefasst werden.

(3) Bei der Aufstellung und Fortschreibung des Finanzplans sollen die vom Innenministerium auf der Grundlage der Empfehlungen des Stabilitätsrats bekannt gegebenen Orientierungsdaten berücksichtigt werden.

(4) [1]Der Finanzplan soll für die einzelnen Jahre bei Erträgen und Aufwendungen ausgeglichen sein. [2]Die Finanzierung der Investitionsauszahlungen ist darzustellen.

Zweiter Abschnitt
Planungsgrundsätze

§ 10 Allgemeine Planungsgrundsätze

(1) [1]Die Erträge und Aufwendungen sind in ihrer voraussichtlichen Höhe in dem Haushaltsjahr zu veranschlagen, dem sie wirtschaftlich zuzurechnen sind. [2]Die Einzahlungen und Auszahlungen sind in Höhe der im Haushaltsjahr voraussichtlich eingehenden oder zu leistenden Beträge zu veranschlagen. [3]Sie sind sorgfältig zu schätzen, soweit sie nicht errechenbar sind.

(2) Die Erträge, Aufwendungen, Einzahlungen und Auszahlungen sind in voller Höhe und getrennt voneinander zu veranschlagen, soweit in dieser Verordnung nichts anderes bestimmt ist.

(3) [1]Im Gesamthaushalt und in den Teilhaushalten sind Erträge und Einzahlungen, Aufwendungen und Auszahlungen nach Arten (§§ 2 und 3) zu veranschlagen. [2]In den Teilergebnishaushalten ist der anteilige Nettoressourcenbedarf (§ 4 Abs. 3 Satz 4 Nr. 4), untergegliedert in anteiliges ordentliches Ergebnis und kalkulatorisches Ergebnis (§ 4 Abs. 3 Satz 4 Nr. 2 und 3), zu veranschlagen.

(4) [1]Für denselben Zweck sollen Aufwendungen und Auszahlungen nicht an verschiedenen Stellen im Haushaltsplan veranschlagt werden. [2]Wird ausnahmsweise anders verfahren, ist auf die Ansätze gegenseitig zu verweisen.

§ 11 Verpflichtungsermächtigungen

[1]Die Verpflichtungsermächtigungen sind in den Teilfinanzhaushalten maßnahmenbezogen zu veranschlagen. [2]Dabei ist anzugeben, wie sich die Belastungen voraussichtlich auf die künftigen Jahre verteilen werden. [3]Für Investitionen unterhalb der nach § 4 Abs. 4 Satz 4 örtlich festgelegten Wertgrenzen können Verpflichtungsermächtigungen zusammengefasst werden.

§ 12 Investitionen

(1) Bevor Investitionen von erheblicher finanzieller Bedeutung beschlossen werden, soll unter mehreren in Betracht kommenden Möglichkeiten durch einen Wirtschaftlichkeitsvergleich unter Einbeziehung der Folgekosten die für die Gemeinde wirtschaftlichste Lösung ermittelt werden.

(2) [1]Auszahlungen und Verpflichtungsermächtigungen für Baumaßnahmen dürfen erst veranschlagt werden, wenn Pläne, Kostenberechnungen und Erläuterungen vorliegen, aus denen die Art der Ausführung, die Kosten der Maßnahme sowie die voraussichtlichen Jahresraten unter Angabe der Kostenbeteiligung Dritter und ein Bauzeitplan im Einzelnen ersichtlich sind. [2]Den Unterlagen ist eine Schätzung der nach Fertigstellung der Maßnahme entstehenden jährlichen Haushaltsbelastungen beizufügen.

(3) Ausnahmen von Absatz 2 sind bei unbedeutenden Maßnahmen zulässig; eine Kostenberechnung muss jedoch stets vorliegen.

§ 13 Verfügungsmittel, Deckungsreserve

[1]Im Ergebnishaushalt können in angemessener Höhe

1. Verfügungsmittel des Bürgermeisters oder des Ortsvorstehers und
2. Mittel zur Deckung über- und außerplanmäßiger Aufwendungen des Ergebnishaushalts (Deckungsreserve)

veranschlagt werden. [2]Die Ansätze für die Verfügungsmittel und für die Deckungsreserve dürfen nicht überschritten werden, die verfügbaren Mittel sind nicht übertragbar; die Verfügungsmittel des Bürgermeisters oder des Ortsvorstehers sind nicht deckungsfähig.

§ 14 Kosten- und Leistungsrechnungen

[1]Als Grundlage für die Verwaltungssteuerung sowie für die Beurteilung der Wirtschaftlichkeit und Leistungsfähigkeit der Verwaltung sollen für alle Aufgabenbereiche nach den örtlichen Bedürfnissen Kosten- und Leistungsrechnungen geführt werden. [2]Die Kosten sind aus der Buchführung nachprüfbar herzuleiten.

§ 15 Fremde Finanzmittel

(1) Finanzmittel, die die Kasse des endgültigen Kostenträgers oder eine andere Kasse, die unmittelbar mit dem endgültigen Kostenträger abrechnet, anstelle der Gemeindekasse einnimmt oder ausgibt, sind nicht zu veranschlagen.

(2) [1]Durchlaufende Finanzmittel, insbesondere Mittel, die die Gemeinde auf Grund eines Gesetzes unmittelbar für den Haushalt eines anderen öffentlichen Aufgabenträgers einnimmt oder ausgibt, einschließlich der ihr zu Selbstbewirtschaftung zugewiesenen Mittel, sind nicht zu veranschlagen. [2]Sie können bei der Weiterleitung bei den entsprechenden Einzahlungen abgesetzt werden.

§ 16 Weitere Vorschriften für Erträge und Aufwendungen, Einzahlungen und Auszahlungen

(1) [1]Die Rückzahlung zuviel eingegangener Beträge ist bei den Erträgen und Einzahlungen abzusetzen, wenn die Rückzahlung im selben Jahr vorgenommen wird, in dem der Betrag eingegangen ist. [2]In den anderen Fällen sind die Rückzahlungen als Aufwendungen und Auszahlungen zu behandeln.

(2) [1]Die Rückzahlung zuviel ausgezahlter Beträge ist bei den Aufwendungen und Auszahlungen abzusetzen, wenn die Rückzahlung im selben Jahr vorgenommen wird, in dem der Betrag ausgezahlt worden ist. [2]Dasselbe gilt bei periodisch wiederkehrenden Aufwendungen und Auszahlungen, auch wenn die Rückzahlung erst im folgenden Jahr vorgenommen wird. [3]In den anderen Fällen, sind die Rückzahlungen als Erträge und Einzahlungen zu behandeln.

(3) [1]Abgaben, abgabenähnliche Entgelte und allgemeine Zuweisungen, die die Gemeinde zurückzuzahlen hat, sind abweichend von Absatz 1 bei den Erträgen und Einzahlungen abzusetzen, auch wenn sie sich auf Erträge und Einzahlungen der Vorjahre beziehen. [2]Dies gilt abweichend von Absatz 2 entsprechend für geleistete Umlagen, die an die Gemeinde zurückfließen; sie sind bei den Aufwendungen und Auszahlungen abzusetzen.

(4) [1]Die Veranschlagung von Personalaufwendungen richtet sich nach dem im Haushaltsjahr voraussichtlich besetzten Stellen. [2]Die Versorgungsaufwendungen (§ 2 Abs. 1 Nummer 13) und Beihilfeaufwendungen sind auf die Teilhaushalte aufzuteilen.

(5) [1]Interne Leistungen sind in den Teilhaushalten zu verrechnen (innere Verrechnungen). [2]Dasselbe gilt für aktivierungsfähige interne Leistungen, die einzelnen Maßnahmen des Finanzhaushalts zuzurechnen sind.

§ 17 Erläuterungen
¹Die Ansätze sind soweit erforderlich zu erläutern. ²Insbesondere sind zu erläutern

1. Ansätze von Erträgen und Aufwendungen, soweit sie erheblich sind und von den bisherigen Ansätzen erheblich abweichen,

2. neue Investitionsmaßnahmen des Finanzhaushalts; erstrecken sie sich über mehrere Jahre, ist bei jeder folgenden Veranschlagung die bisherige Abwicklung darzulegen,

3. Notwendigkeit und Höhe der Verpflichtungsermächtigungen,

4. Ansätze für Aufwendungen und Auszahlungen zur Erfüllung von Verträgen, die die Gemeinde über ein Jahr hinaus zu erheblichen Zahlungen verpflichten,

5. Sperrvermerke, Zweckbindungen und andere besondere Bestimmungen im Haushaltsplan,

6. Abschreibungen, soweit sie erheblich von den planmäßigen Abschreibungen oder soweit sie von den im Vorjahr angewendeten Abschreibungssätzen abweichen,

7. Ausnahmen nach § 12 Abs. 3 und

8. Bildung, Verwendung und Auflösung von Rückstellungen.

Dritter Abschnitt
Deckungsgrundsätze

§ 18 Grundsatz der Gesamtdeckung
(1) Soweit in dieser Verordnung nichts anderes bestimmt ist, dienen

1. die Erträge des Ergebnishaushalts insgesamt zur Deckung der Aufwendungen des Ergebnishaushalts und

2. die Einzahlungen des Finanzhaushalts insgesamt zur Deckung der Auszahlungen des Finanzhaushalts.

(2) Die Inanspruchnahme gegenseitiger Deckungsfähigkeit (§ 20) und die Übertragung (§ 21) sind nur zulässig, wenn dadurch das geplante Gesamtergebnis nicht gefährdet ist und die Kreditaufnahmevorschriften beachtet werden.

§ 19 Zweckbindung
(1) ¹Erträge sind auf die Verwendung für bestimmte Aufwendungen zu beschränken, soweit sich dies aus rechtlicher Verpflichtung ergibt. ²Sie können auf die Verwendung für bestimmte Aufwendungen beschränkt werden,

1. wenn die Beschränkung sich aus der Herkunft oder Natur der Erträge ergibt oder

2. wenn ein sachlicher Zusammenhang dies erfordert und durch die Zweckbindung die Bewirtschaftung der Mittel erleichtert wird.

³Zweckgebundene Mehrerträge dürfen für entsprechende Mehraufwendungen verwendet werden.

(2) ¹Im Haushaltsplan kann bestimmt werden, dass Mehrerträge bestimmte Aufwendungsansätze des Ergebnishaushalts erhöhen oder Mindererträge bestimmte Aufwendungsansätze vermindern. ²Ausgenommen hiervon sind Erträge aus Steuern, allgemeinen Zuweisungen und Umlagen.

(3) Mehraufwendungen nach den Absätzen 1 und 2 gelten nicht als überplanmäßige Aufwendungen.

(4) Die Absätze 1 bis 3 gelten für den Finanzhaushalt entsprechend.

§ 20 Deckungsfähigkeit
(1) Aufwendungen und übertragene Ermächtigungen im Ergebnishaushalt, die zu einem Budget gehören, sind gegenseitig deckungsfähig, wenn im Haushaltsplan nichts anderes bestimmt wird.

(2) Aufwendungen im Ergebnishaushalt, die nicht nach Absatz 1 deckungsfähig sind, können für gegenseitig oder einseitig deckungsfähig erklärt werden, wenn sie sachlich zusammenhängen.

(3) Die Absätze 1 und 2 gelten für Auszahlungen und Verpflichtungsermächtigungen für Investitionstätigkeit entsprechend.

(4) Zahlungswirksame Aufwendungen eines Budgets können zu Gunsten von Auszahlungen des Budgets nach § 3 Nummern 24 bis 29 im Finanzhaushalt für einseitig deckungsfähig erklärt werden.

(5) Bei Deckungsfähigkeit können die deckungsberechtigten Ansätze für Aufwendungen und Auszahlungen zu Lasten der deckungspflichtigen Ansätze erhöht werden.

§ 21 Übertragbarkeit

(1) Die Ansätze für Auszahlungen für Investitionen und Investitionsförderungsmaßnahmen sowie die Ansätze für zweckgebundene investive Einzahlungen nach § 3 Nummern 18 und 19, deren Eingang sicher ist, bleiben bis zur Fälligkeit der letzten Zahlung für ihren Zweck verfügbar, bei Baumaßnahmen und Beschaffungen längstens jedoch zwei Jahre nach Schluss des Haushaltsjahres, in dem der Bau oder der Gegenstand in seinen wesentlichen Teilen in Benutzung genommen werden kann.

(2) [1]Ansätze für Aufwendungen und Auszahlungen eines Budgets können ganz oder teilweise für übertragbar erklärt werden. [2]Sie bleiben bis längstens zwei Jahre nach Schluss des Haushaltsjahres verfügbar.

(3) Die Absätze 1 und 2 gelten entsprechend für überplanmäßige und außerplanmäßige Aufwendungen und Auszahlungen, wenn sie bis zum Ende des Haushaltsjahres in Anspruch genommen, jedoch noch nicht geleistet worden sind.

Vierter Abschnitt
Liquidität und Rücklagen

§ 22 Liquidität

(1) Die liquiden Mittel müssen für ihren Zweck rechtzeitig verfügbar sein.

(2) Der planmäßige Bestand an liquiden Mitteln ohne Kassenkreditmittel soll sich in der Regel auf mindestens zwei vom Hundert der Summe der Auszahlungen aus laufender Verwaltungstätigkeit nach dem Durchschnitt der drei dem Haushaltsjahr vorangehenden Jahre belaufen.

(3) [1]Liquide Mittel, die innerhalb des fünfjährigen Finanzplanungszeitraums (§ 9) zur Deckung von Auszahlungen des Finanzhaushalts nicht benötigt werden, können in Anteilen an Investmentfonds im Sinne des Investmentmodernisierungsgesetzes sowie in ausländischen Investmentanteilen, die nach dem Investmentmodernisierungsgesetz öffentlich vertrieben werden dürfen, angelegt werden. [2]Die Investmentfonds dürfen

1. nur von Investmentgesellschaften mit Sitz in einem Mitgliedstaat der Europäischen Union verwaltet werden,
2. nur auf Euro lautende und von Emittenten mit Sitz in einem Mitgliedstaat der Europäischen Union ausgegebene Investmentanteile,
3. nur Standardwerte in angemessener Streuung und Mischung,
4. keine Wandel- und Optionsanleihen und
5. höchstens 30 Prozent Anlagen in Aktien, Aktienfonds und offenen Immobilienfonds, bezogen auf den einzelnen Investmentfonds, enthalten.

[3]Die Gemeinde erlässt für die Geldanlage in Investmentfonds Anlagerichtlinien, die die Sicherheitsanforderungen, die Verwaltung der Geldanlagen durch die Gemeinde und regelmäßige Berichtspflichten regeln.

§ 23 Rücklagen

[1]Für Überschüsse des ordentlichen Ergebnisses und Überschüsse des Sonderergebnisses sind gesonderte Rücklagen (Ergebnisrücklagen) zu bilden. [2]Innerhalb der Ergebnisrücklagen können Beträge, die von der Gemeinde für bestimmte Zwecke vorgesehen sind, als Davon-Positionen ausgewiesen werden. [3]Außerdem können zweckgebundene Rücklagen für rechtlich unselbstständige örtliche Stiftungen sowie für unbedeutendes Treuhandvermögen im Sinne von § 97 Absatz 2 GemO gebildet werden. [4]Im Rahmen der Feststellung des Jahresabschlusses können aus den Ergebnisrücklagen Beträge in das Basiskapital umgebucht werden.

Fünfter Abschnitt
Haushaltsausgleich und Deckung von Fehlbeträgen

§ 24 Haushaltsausgleich

(1) [1]Kann der Ausgleich des ordentlichen Ergebnisses unter Berücksichtigung von Fehlbeträgen aus Vorjahren (§ 80 Abs. 2 Satz 2 GemO) trotz Ausnutzung aller Sparmöglichkeiten und Ausschöpfung aller Ertragsmöglichkeiten nicht erreicht werden, sollen Mittel der Rücklage aus Überschüssen des ordentlichen Ergebnisses zum Haushaltsausgleich verwendet werden. [2]Anstelle oder zusätzlich zur Rücklagenverwendung kann im Ergebnishaushalt auch eine pauschale Kürzung von Aufwendungen

bis zu einem Betrag von 1 Prozent der Summe der ordentlichen Aufwendungen unter Angabe der zu kürzenden Teilhaushalte veranschlagt werden (globaler Minderaufwand).

(2) Ist ein Ausgleich des ordentlichen Ergebnisses nach Absatz 1 nicht erreichbar, sollen Überschüsse des Sonderergebnisses und Mittel der Rücklage aus Überschüssen des Sonderergebnisses zum Haushaltsausgleich verwendet werden.

(3) [1]Soweit ein Ausgleich des ordentlichen Ergebnisses nach Absatz 1 und 2 nicht erreichbar ist, kann ein verbleibender Haushaltsfehlbetrag im mehrjährigen Finanzplan (§ 9) längstens in die drei folgenden Haushaltsjahre vorgetragen werden. [2]Für die Deckung des Haushaltsfehlbetrags im Jahresabschluss als Fehlbetrag des Planjahres gilt § 25.

(4) Werden außerordentliche Erträge und Aufwendungen veranschlagt und kann ein Ausgleich des Sonderergebnisses noch nicht geplant werden, ist ein zum Ende des Haushaltsjahres verbleibender Fehlbetrag beim Sonderergebnis im Jahresabschluss nach § 25 Abs. 4 zu verrechnen.

§ 25 Deckung von Fehlbeträgen des Jahresabschlusses und aus Vorjahren

(1) [1]Ein Fehlbetrag beim ordentlichen Ergebnis soll unverzüglich gedeckt werden. [2]Er soll im Jahresabschluss durch Entnahme aus der Rücklage aus Überschüssen des ordentlichen Ergebnisses verrechnet werden.

(2) Ein nach Absatz 1 verbleibender Fehlbetrag soll im Jahresabschluss mit einem Überschuss beim Sonderergebnis oder durch Entnahme aus der Rücklage aus Überschüssen des Sonderergebnisses verrechnet werden.

(3) [1]Ein danach verbleibender Fehlbetrag ist nach drei Jahren auf das Basiskapital zu verrechnen, soweit er nicht mit Ergebnisüberschüssen in einem vorangehenden Haushaltsjahr gedeckt werden kann. [2]Das Basiskapital darf nicht negativ werden.

(4) [1]Ein Fehlbetrag beim Sonderergebnis ist im Jahresabschluss durch Entnahme aus der Rücklage aus Überschüssen des Sonderergebnisses zu verrechnen. [2]Soweit dies nicht möglich ist, ist der Fehlbetrag zu Lasten des Basiskapitals zu verrechnen; Absatz 3 Satz 2 gilt entsprechend.

Sechster Abschnitt
Weitere Vorschriften für die Haushaltswirtschaft

§ 26 Überwachung der Erträge, Einzahlungen und Forderungen

Durch geeignete Maßnahmen ist sicherzustellen, dass die der Gemeinde zustehenden Erträge und Einzahlungen vollständig erfasst und Forderungen rechtzeitig eingezogen werden.

§ 27 Bewirtschaftung und Überwachung der Aufwendungen und Auszahlungen

(1) Die Haushaltsansätze sind so zu bewirtschaften, dass sie für die im Haushaltsjahr anfallenden Aufwendungen und Auszahlungen ausreichen; sie dürfen erst dann in Anspruch genommen werden, wenn die Erfüllung der Aufgaben es erfordert.

(2) [1]Über Ansätze für Auszahlungen des Finanzhaushalts darf nur verfügt werden, soweit Deckungsmittel rechtzeitig bereitgestellt werden können. [2]Dabei darf die Finanzierung anderer, bereits begonnener Maßnahmen nicht beeinträchtigt werden.

(3) [1]Die Inanspruchnahme der Haushaltsansätze und der Ermächtigungen für Planabweichungen sind zu überwachen. [2]Die bei den einzelnen Teilhaushalten noch zur Verfügung stehenden Mittel für Aufwendungen und Auszahlungen müssen stets erkennbar sein.

(4) Absätze 1 und 3 gelten für die Inanspruchnahme von Verpflichtungsermächtigungen entsprechend.

§ 28 Berichtspflicht

(1) Der Gemeinderat ist unterjährig über den Stand des Haushaltsvollzugs (Erreichung der Finanz- und Leistungsziele) in den Teilhaushalten und im Gesamthaushalt zu unterrichten.

(2) Der Gemeinderat ist unverzüglich zu unterrichten, wenn sich abzeichnet, dass
1. sich das Planergebnis von Ergebnishaushalt oder Finanzhaushalt wesentlich verschlechtert oder
2. sich die Gesamtauszahlungen einer Maßnahme des Finanzhaushalts wesentlich erhöhen werden.

§ 29 Haushaltswirtschaftliche Sperre

Soweit und solange die Entwicklung der Erträge und Einzahlungen oder Aufwendungen und Auszahlungen es erfordert, ist die Inanspruchnahme von Ansätzen für Aufwendungen, Auszahlungen und Verpflichtungsermächtigungen aufzuschieben.

§ 30 Vorläufige Rechnungsvorgänge

(1) Eine Auszahlung, die sich auf den Haushalt auswirkt, darf vorläufig als durchlaufende Auszahlung nur behandelt werden, wenn die Verpflichtung zur Leistung feststeht, die Deckung gewährleistet ist und die Zuordnung zu haushaltswirksamen Konten nicht oder noch nicht möglich ist.

(2) Eine Einzahlung, die sich auf den Haushalt auswirkt, darf vorläufig als durchlaufende Einzahlung nur behandelt werden, wenn eine Zuordnung zu haushaltswirksamen Konten nicht oder noch nicht möglich ist.

§ 31 Vergabe von Aufträgen

(1) [1]Dem Abschluss von Verträgen über Lieferungen und Leistungen muss eine Öffentliche Ausschreibung oder eine Beschränkte Ausschreibung mit Teilnahmewettbewerb vorausgehen, sofern nicht die Natur des Geschäfts oder besondere Umstände eine Ausnahme rechtfertigen. [2]Teilnahmewettbewerb ist ein Verfahren, bei dem der öffentliche Auftraggeber nach vorheriger öffentlicher Aufforderung zur Teilnahme eine beschränkte Anzahl von geeigneten Unternehmen nach objektiven, transparenten und nichtdiskriminierenden Kriterien auswählt und zur Abgabe von Angeboten auffordert.

(2) Bei der Vergabe von Aufträgen und dem Abschluss von Verträgen sind die als verbindlich bekannt gegebenen Vergabegrundsätze anzuwenden.

§ 32 Stundung, Niederschlagung und Erlass

(1) [1]Ansprüche dürfen ganz oder teilweise gestundet werden, wenn ihre Einziehung bei Fälligkeit eine erhebliche Härte für den Schuldner bedeuten würde und der Anspruch durch die Stundung nicht gefährdet erscheint. [2]Gestundete Beträge sind in der Regel angemessen zu verzinsen.

(2) Ansprüche dürfen niedergeschlagen werden, wenn

1. feststeht, dass die Einziehung keinen Erfolg haben wird, oder
2. die Kosten der Einziehung außer Verhältnis zur Höhe des Anspruchs stehen.

(3) [1]Ansprüche dürfen ganz oder zum Teil erlassen werden, wenn ihre Einziehung nach Lage des einzelnen Falles für den Schuldner eine besondere Härte bedeuten würde. [2]Das Gleiche gilt für die Rückzahlung oder Anrechnung von geleisteten Beträgen.

(4) Besondere gesetzliche Vorschriften über Stundung, Niederschlagung und Erlass von Ansprüchen der Gemeinde bleiben unberührt.

§ 33 Kleinbeträge

[1]Die Gemeinde kann davon absehen, Ansprüche von weniger als zehn Euro geltend zu machen, es sei denn, dass die Einziehung aus grundsätzlichen Erwägungen geboten ist; Letzteres gilt insbesondere für Gebühren. [2]Wenn nicht die Einziehung des vollen Betrags aus grundsätzlichen Erwägungen geboten ist, können Ansprüche bis auf volle Euro abgerundet werden. [3]Mit juristischen Personen des öffentlichen Rechts kann im Falle der Gegenseitigkeit etwas anderes vereinbart werden.

Siebter Abschnitt
Buchführung und Inventar

§ 34 Buchführung

(1) Die Buchführung dient

1. der Bereitstellung von Informationen für den Haushaltsvollzug und für die Haushaltsplanung,
2. der Aufstellung des Jahresabschlusses und der Durchführung des Planvergleichs und
3. der Überprüfung des Umgangs mit öffentlichen Mitteln im Hinblick auf Rechtmäßigkeit, Wirtschaftlichkeit und Sparsamkeit.

(2) [1]Zur Erfüllung der in Absatz 1 genannten Zwecke sind Bücher in der Form der doppelten Buchführung zu führen, in denen

1. alle Vorgänge, die zu einer Änderung der Höhe oder der Zusammensetzung des Vermögens, der aktiven Abgrenzungsposten, der Rückstellungen und Schulden sowie der passiven Rechnungsabgrenzungsposten führen, insbesondere Aufwendungen und Erträge sowie Auszahlungen und Einzahlungen,
2. die Lage des Vermögens und
3. die sonstigen, nicht das Vermögen der Gemeinde berührenden wirtschaftlichen Vorgänge, insbesondere durchlaufende Finanzmittel (§ 15 Abs. 2),

nach den Grundsätzen ordnungsmäßiger Buchführung aufgezeichnet werden. [2]Die Buchführung muss so beschaffen sein, dass sie einem sachverständigen Dritten innerhalb angemessener Zeit einen Überblick über die Verwaltungsvorfälle und über die wirtschaftliche Lage der Gemeinde vermitteln kann. [3]Die Verwaltungsvorfälle müssen sich in ihrer Entstehung und Abwicklung nachvollziehen lassen.

§ 35 Führung der Bücher

(1) [1]Die Bücher und die sonst erforderlichen Aufzeichnungen können auf Datenträgern (DV-Buchführung) oder in visuell lesbarer Form geführt werden. [2]Der Bürgermeister bestimmt, in welcher Form die Bücher geführt werden.

(2) [1]Die Eintragungen in Büchern und die sonst erforderlichen Aufzeichnungen müssen vollständig, richtig, zeitgerecht, geordnet und nachprüfbar vorgenommen werden. [2]Die Bedeutung von verwendeten Abkürzungen, Ziffern, Buchstaben oder Symbolen muss im Einzelfall eindeutig festgelegt sein. [3]Bei visuell lesbarer Buchführung sind die Eintragungen urkundenecht vorzunehmen.

(3) [1]Eine Eintragung oder eine Aufzeichnung darf nicht in einer Weise verändert werden, dass der ursprüngliche Inhalt nicht mehr feststellbar ist. [2]Auch solche Veränderungen dürfen nicht vorgenommen werden, deren Beschaffenheit es ungewiss lässt, ob sie ursprünglich oder erst später vorgenommen worden sind.

(4) [1]Der Buchführung ist der nach § 145 Satz 1 Nr. 5 GemO bekannt gegebene Kontenrahmen zu Grunde zu legen. [2]Der Kontenrahmen kann bei Bedarf weiter untergliedert werden. [3]Die eingerichteten Konten sind in einem Verzeichnis (Kontenplan) aufzuführen.

(5) [1]Bei der DV-Buchführung sind die Grundsätze ordnungsmäßiger DV-gestützter Buchführungssysteme in der Fassung des Schreibens des Bundesministeriums der Finanzen vom 7. November 1995 (BStBl I S. 738) zu beachten. [2]Insbesondere ist sicherzustellen, dass
1. nur Programme nach Maßgabe von § 114a GemO verwendet werden, die mit dem geltenden Recht übereinstimmen; sie müssen dokumentiert und von der vom Bürgermeister bestimmten Stelle zur Anwendung freigegeben sein,
2. in das automatisierte Verfahren nicht unbefugt eingegriffen werden kann,
3. die gespeicherten Daten nicht verloren gehen und nicht unbefugt verändert werden können,
4. die Buchungen bis zum Ablauf der Aufbewahrungsfristen der Bücher jederzeit in angemessener Frist ausgedruckt werden können; § 39 Abs. 3 bleibt unberührt,
5. die Unterlagen, die für den Nachweis der ordnungsgemäßen maschinellen Abwicklung der Buchungsvorgänge erforderlich sind, einschließlich der Dokumentation der verwendeten Programme und eines Verzeichnisses über den Aufbau der Datensätze, bis zum Ablauf der Aufbewahrungsfrist der Bücher verfügbar sind und jederzeit in angemessener Frist lesbar gemacht werden können und
6. Berichtigungen der Bücher protokolliert und die Protokolle wie Belege aufbewahrt werden.

(6) [1]Der Bürgermeister regelt das Nähere über die Sicherung des Buchungsverfahrens. [2]Auf eine ausreichende Trennung der Tätigkeitsbereiche der Verwaltung von automatisierten Verfahren, der fachlichen Sachbearbeitung und der Erledigung der Kassenaufgaben ist zu achten. [3]Die Bücher sind durch geeignete Maßnahmen gegen Verlust, Wegnahme und Veränderungen zu schützen.

§ 36 Bücher, Belege

(1) [1]Die Buchungen sind in zeitlicher Ordnung (Journal) und in sachlicher Ordnung (Hauptbuch) vorzunehmen. [2]Bei DV-Buchführung müssen Auswertungen in zeitlicher und sachlicher Ordnung möglich sein. [3]Es können Vor- und Nebenbücher geführt werden, deren Ergebnisse zeitnah in das Journal und das Hauptbuch übernommen werden. [4]Die Ergebnisse sind spätestens zum Ende des Haushaltsjahres zu übernehmen.

(2) [1]Die Buchung im Journal umfasst mindestens
1. ein eindeutiges fortlaufendes Ordnungsmerkmal,
2. den Tag der Buchung,
3. ein Identifikationsmerkmal, das die Verbindung mit der sachlichen Buchung herstellt und
4. den Betrag.
[2]Der Tag der Buchung kann von dem Tag abweichen, an dem die Zahlung nach den öffentlich-rechtlichen oder zivilrechtlichen Vorschriften als bewirkt gilt.

(3) Das Hauptbuch enthält die für die Aufstellung der Ergebnisrechnung, der Finanzrechnung und der Bilanz erforderlichen Sachkonten.

(4) [1]Buchungen müssen durch Kassenanordnungen und Auszahlungsnachweise sowie Unterlagen, aus denen sich der Grund der Buchung ergibt (begründende Unterlagen), belegt sein. [2]Die Buchungsbelege müssen Hinweise enthalten, die eine Verbindung zu den Eintragungen in den Büchern ermöglichen.

§ 37 Inventar, Inventur

(1) [1]Die Gemeinde hat zu Beginn des ersten Haushaltsjahres mit einer Rechungsführung nach den Regeln der doppelten Buchführung und danach für den Schluss eines jeden Haushaltsjahres ihre Grundstücke, ihre Forderungen, Schulden, Sonderposten und Rückstellungen, den Betrag ihres baren Geldes sowie ihre sonstigen Vermögensgegenstände genau zu verzeichnen und dabei den Wert der einzelnen Vermögensgegenstände und Schulden anzugeben (Inventar). [2]Körperliche Vermögensgegenstände sind durch eine körperliche Bestandsaufnahme zu erfassen, soweit in dieser Verordnung nichts anderes bestimmt ist. [3]Das Inventar ist innerhalb der einem ordnungsmäßigen Geschäftsgang entsprechenden Zeit aufzustellen.

(2) [1]Vermögensgegenstände des Sachvermögens können, wenn sie regelmäßig ersetzt werden und ihr Gesamtwert für die Gemeinde von nachrangiger Bedeutung ist, mit einer gleichbleibenden Menge und einem gleichbleibenden Wert angesetzt werden, sofern ihr Bestand in seiner Größe, seinem Wert und seiner Zusammensetzung nur geringen Veränderungen unterliegt. [2]Jedoch ist in der Regel alle fünf Jahre eine körperliche Bestandsaufnahme durchzuführen.

(3) Gleichartige Vermögensgegenstände des Vorratsvermögens sowie andere gleichartige oder annähernd gleichwertige bewegliche Vermögensgegenstände und Rückstellungen können jeweils zu einer Gruppe zusammengefasst und mit dem gewogenen Durchschnittswert angesetzt werden.

§ 38 Inventurvereinfachungsverfahren

(1) [1]Bei der Aufstellung des Inventars darf der Bestand der Vermögensgegenstände nach Art, Menge und Wert auch mit Hilfe anerkannter mathematisch-statistischer Methoden auf Grund von Stichproben ermittelt werden. [2]Das Verfahren muss den Grundsätzen ordnungsmäßiger Buchführung entsprechen. [3]Der Aussagewert des auf diese Weise aufgestellten Inventars muss dem Aussagewert eines auf Grund einer körperlichen Bestandsaufnahme aufgestellten Inventars gleichkommen.

(2) Bei der Aufstellung des Inventars für den Schluss eines Haushaltsjahres bedarf es einer körperlichen Bestandsaufnahme der Vermögensgegenstände für diesen Zeitpunkt nicht, soweit durch Anwendung eines den Grundsätzen ordnungsmäßiger Buchführung entsprechenden anderen Verfahrens gesichert ist, dass der Bestand der Vermögensgegenstände nach Art, Menge und Wert auch ohne die körperliche Bestandsaufnahme für diesen Zeitpunkt festgestellt werden kann.

(3) In dem Inventar für den Schluss eines Haushaltsjahres brauchen Vermögensgegenstände nicht verzeichnet zu werden, wenn

1. die Gemeinde ihren Bestand auf Grund einer körperlichen Bestandsaufnahme oder auf Grund eines nach Absatz 2 zulässigen anderen Verfahrens nach Art, Menge und Wert in einem besonderen Inventar verzeichnet hat, das für einen Tag innerhalb der letzten drei Monate vor oder der ersten beiden Monate nach dem Schluss des Haushaltsjahres aufgestellt ist, und

2. auf Grund des besonderen Inventars durch Anwendung eines den Grundsätzen ordnungsmäßiger Buchführung entsprechenden Fortschreibungs- oder Rückrechnungsverfahrens gesichert ist, dass der am Schluss des Haushaltsjahres vorhandene Bestand der Vermögensgegenstände für diesen Zeitpunkt ordnungsgemäß bewertet werden kann.

(4) Der Bürgermeister kann für immaterielle und bewegliche Vermögensgegenstände des Sachvermögens bis zu einem Wert von 1000 Euro ohne Umsatzsteuer Befreiungen von § 37 Abs. 1 Sätze 1 und 3 vorsehen.

§ 39 Aufbewahrung von Unterlagen, Aufbewahrungsfristen

(1) [1]Die Bücher und Belege sind sicher und geordnet aufzubewahren. [2]Soweit begründende Unterlagen, aus denen sich der Zahlungsgrund ergibt, nicht den Kassenanordnungen beigefügt sind, obliegt ihre Aufbewahrung den anordnenden Stellen.

(2) [1]Der Jahresabschluss ist dauernd in ausgedruckter Form aufzubewahren. [2]Die Bücher und Inventare sind zehn Jahre, die Belege sechs Jahre aufzubewahren. [3]Ergeben sich Zahlungsgrund und Zahlungspflichtige oder Empfangsberechtigte nicht aus den Büchern, sind die Belege so lange wie die Bücher aufzubewahren. [4]Gutschriften, Lastschriften und die Kontoauszüge der Kreditinstitute sind wie Belege

aufzubewahren. [5]Die Fristen beginnen am 1. Januar des der Feststellung des Jahresabschlusses folgenden Haushaltsjahres.

(3) [1]Nach Abschluss der überörtlichen Prüfung, frühestens nach Ablauf von drei Jahren seit Beginn der Aufbewahrungsfrist, können die Bücher, Inventare und Belege auf Bild- oder Datenträgern aufbewahrt werden, wenn sichergestellt ist, dass der Inhalt der Bild- oder Datenträger mit den Originalen übereinstimmt und jederzeit lesbar gemacht werden kann. [2]Die Bild- oder Datenträger sind nach den Absätzen 1 und 2 anstelle der Originale aufzubewahren. [3]Der Bürgermeister kann zulassen, dass der Inhalt von Büchern und Belegen vor Ablauf der in Satz 1 genannten Frist auf Bild- oder Datenträger übernommen wird, wenn sichergestellt ist, dass die Daten innerhalb der Frist jederzeit in ausgedruckter Form lesbar gemacht werden können. [4]Die Verfilmung oder Speicherung von Fremdbelegen muss farbecht erfolgen. [5]Bevor eine solche Regelung zugelassen wird, ist die für die überörtliche Prüfung zuständige Stelle zu hören.

(4) Werden automatisierte Verfahren, in denen Bücher gespeichert sind, geändert oder abgelöst, muss die maschinelle Auswertung der gespeicherten Daten innerhalb der Aufbewahrungsfristen auch mit den geänderten oder neuen Verfahren oder durch ein anderes Verfahren gewährleistet sein.

Achter Abschnitt
Ansatz und Bewertung des Vermögens, der Rückstellungen und Schulden, Verrechnungs- und Bilanzierungsverbote

§ 40 Vollständigkeit der Ansätze, Verrechnungs- und Bilanzierungsverbote, Vermögen

(1) In der Bilanz sind die immateriellen Vermögensgegenstände, das Sachvermögen und das Finanzvermögen unbeschadet § 92 Abs. 1 Satz 1 GemO, die aktiven Abgrenzungsposten sowie das Eigenkapital, die Sonderposten, die Rückstellungen, die Verbindlichkeiten und die passiven Rechnungsabgrenzungsposten vollständig auszuweisen und hinreichend aufzugliedern.

(2) Posten der Aktivseite dürfen nicht mit Posten der Passivseite, Aufwendungen nicht mit Erträgen, Einzahlungen nicht mit Auszahlungen, Grundstücksrechte nicht mit Grundstückslasten verrechnet werden, soweit in dieser Verordnung nichts anderes bestimmt ist.

(3) Für immaterielle Vermögensgegenstände, die nicht entgeltlich erworben wurden, darf ein Aktivposten nicht angesetzt werden.

(4) [1]Von der Gemeinde geleistete Investitionszuschüsse sollen als Sonderposten in der Bilanz ausgewiesen und entsprechend dem Zuwendungsverhältnis aufgelöst werden. [2]Empfangene Investitionszuweisungen und Investitionsbeiträge sollen als Sonderposten in der Bilanz ausgewiesen und entsprechend der voraussichtlichen Nutzungsdauer aufgelöst oder von den Anschaffungs- oder Herstellungskosten des bezuschussten Vermögensgegenstandes abgesetzt werden.

§ 41 Rückstellungen

(1) Rückstellungen sind zu bilden für folgende ungewisse Verbindlichkeiten und unbestimmte Aufwendungen:
1. die Lohn- und Gehaltszahlung für Zeiten der Freistellung von der Arbeit im Rahmen von Altersteilzeitarbeit und ähnlichen Maßnahmen,
2. die Verpflichtungen aus der Erstattung von Unterhaltsvorschüssen,
3. die Stilllegung und Nachsorge von Abfalldeponien,
4. den Ausgleich von ausgleichspflichtigen Gebührenüberschüssen,
5. die Sanierung von Altlasten und
6. drohende Verpflichtungen aus Bürgschaften und Gewährleistungen.

(2) [1]Weitere Rückstellungen können gebildet werden. [2]Für die Ansammlung der Rückstellungen für Pensions- und Beihilfeverpflichtungen bleibt § 27 Abs. 5 des Gesetzes über den Kommunalen Versorgungsverband Baden-Württemberg (GKV) unberührt.

(3) Rückstellungen dürfen nur aufgelöst werden, soweit der Grund hierfür entfallen ist.

§ 42 Vorbelastungen künftiger Haushaltsjahre

[1]Unter der Bilanz sind, sofern sie nicht auf der Passivseite auszuweisen sind, die Vorbelastungen künftiger Haushaltsjahre zu vermerken, insbesondere Bürgschaften, Gewährleistungen, eingegangene Verpflichtungen und in Anspruch genommene Verpflichtungsermächtigungen. [2]Jede Art der Vorbe-

lastung darf in einem Betrag angegeben werden. [3]Haftungsverhältnisse sind auch anzugeben, wenn ihnen gleichwertige Rückgriffsforderungen gegenüberstehen.

§ 43 Allgemeine Bewertungsgrundsätze

(1) Bei der Bewertung der Vermögensgegenstände und Schulden gilt Folgendes:

1. Die Wertansätze in der Eröffnungsbilanz des Haushaltsjahres müssen mit denen der Schlussbilanz des Vorjahres übereinstimmen.
2. Die Vermögensgegenstände, Rückstellungen und Schulden sind, soweit nichts anderes bestimmt ist, zum Abschlussstichtag einzeln zu bewerten.
3. [1]Es ist wirklichkeitsgetreu zu bewerten. [2]Vorhersehbare Risiken und Verluste, die bis zum Abschlussstichtag entstanden sind, sind zu berücksichtigen, selbst wenn diese erst zwischen dem Abschlussstichtag und dem Tag der Aufstellung des Jahresabschlusses bekannt geworden sind; Risiken und Verluste, für deren Verwirklichung im Hinblick auf die besonderen Verhältnisse der öffentlichen Haushaltswirtschaft nur eine geringe Wahrscheinlichkeit spricht, bleiben außer Betracht. [3]Gewinne sind nur zu berücksichtigen, wenn sie am Abschlussstichtag realisiert sind.
4. Aufwendungen und Erträge des Haushaltsjahres sind unabhängig von den Zeitpunkten der entsprechenden Zahlungen im Jahresabschluss zu berücksichtigen.
5. [1]Die auf den vorhergehenden Jahresabschluss angewandten Bewertungsmethoden sollen beibehalten werden. [2]Die auf den vorhergehenden Jahresabschluss angewandten Ansatzmethoden sind beizubehalten.

(2) Von den Grundsätzen des Absatzes 1 darf nur in begründeten Ausnahmefällen abgewichen werden.

§ 44 Wertansätze der Vermögensgegenstände und Schulden

(1) [1]Anschaffungskosten sind die Aufwendungen, die geleistet werden, um einen Vermögensgegenstand zu erwerben und ihn in einen betriebsbereiten Zustand zu versetzen, soweit sie dem Vermögensgegenstand einzeln zugeordnet werden können. [2]Zu den Anschaffungskosten gehören auch die Nebenkosten sowie die nachträglichen Anschaffungskosten. [3]Minderungen des Anschaffungspreises sind abzusetzen.

(2) [1]Herstellungskosten sind die Aufwendungen, die durch den Verbrauch von Gütern und die Inanspruchnahme von Diensten für die Herstellung eines Vermögensgegenstands, seine Erweiterung oder für eine über seinen ursprünglichen Zustand hinausgehende wesentliche Verbesserung entstehen. [2]Dazu gehören die Materialkosten, die Fertigungskosten und die Sonderkosten der Fertigung. [3]Bei der Berechnung der Herstellungskosten dürfen auch die Verwaltungskosten einschließlich Gemeinkosten, angemessene Teile der notwendigen Materialgemeinkosten, der notwendigen Fertigungsgemeinkosten und des Wertverzehrs des Vermögens, soweit sie durch die Fertigung veranlasst sind, eingerechnet werden.

(3) [1]Zinsen für Fremdkapital gehören nicht zu den Herstellungskosten. [2]Zinsen für Fremdkapital, das zur Finanzierung der Herstellung eines Vermögensgegenstands verwendet wird, dürfen als Herstellungskosten angesetzt werden, soweit sie auf den Zeitraum der Herstellung entfallen.

(4) [1]Schulden sind zu ihrem Rückzahlungsbetrag und Rückstellungen zu ihrem Erfüllungsbetrag anzusetzen. [2]Rückstellungen mit einer voraussichtlichen Laufzeit von mehr als fünf Jahren sind abzuzinsen.

§ 45 Bewertungsvereinfachungsverfahren

(1) Soweit es den Grundsätzen ordnungsmäßiger Buchführung entspricht, kann für den Wertansatz gleichartiger Vermögensgegenstände des Vorratsvermögens unterstellt werden, dass die zuerst oder dass die zuletzt angeschafften oder hergestellten Vermögensgegenstände zuerst verbraucht oder veräußert worden sind.

(2) § 37 Abs. 2 und 3 ist auch auf den Jahresabschluss anwendbar.

§ 46 Abschreibungen

(1) [1]Bei Vermögensgegenständen des immateriellen Vermögens und des Sachvermögens ohne Vorräte, deren Nutzung zeitlich begrenzt ist, sind die Anschaffungs- oder Herstellungskosten um planmäßige Abschreibungen zu vermindern. [2]Die planmäßige Abschreibung erfolgt grundsätzlich in gleichen Jahresraten über die Dauer, in der der Vermögensgegenstand voraussichtlich genutzt werden kann (lineare Abschreibung). [3]Ausnahmsweise ist eine Abschreibung mit fallenden Beträgen (degressive Abschreibung) oder nach Maßgabe der Leistungsabgabe (Leistungsabschreibung) zulässig, wenn dies

dem Nutzungsverlauf wesentlich besser entspricht. [4]Maßgeblich ist die betriebsgewöhnliche Nutzungsdauer, die auf der Grundlage von Erfahrungswerten und unter Berücksichtigung von Beschaffenheit und Nutzung des Vermögensgegenstands zu bestimmen ist.

(2) [1]Für Vermögensgegenstände nach Absatz 1 ist im Jahr der Anschaffung oder Herstellung der für dieses Jahr anfallende Abschreibungsbetrag um jeweils ein Zwölftel für jeden vollen Monat zu vermindern, der dem Monat der Anschaffung oder Herstellung vorangeht. [2]Anschaffungs- oder Herstellungskosten für immaterielle Vermögensgegenstände und bewegliche Vermögensgegenstände des Sachvermögens unterhalb der Inventarisierungsgrenze des § 38 Absatz 4 können im Zusammenhang mit einer investiven Baumaßnahme gesondert als notwendige Erstausstattung aktiviert werden; ansonsten sind sie im Jahr der Anschaffung als ordentlicher Aufwand auszuweisen.

(3) [1]Ohne Rücksicht darauf, ob ihre Nutzung zeitlich begrenzt ist, sind bei Vermögensgegenständen im Falle einer voraussichtlich dauernden Wertminderung außerplanmäßige Abschreibungen vorzunehmen, um die Vermögensgegenstände mit dem niedrigeren Wert anzusetzen, der ihnen am Abschlussstichtag beizulegen ist. [2]Stellt sich in einem späteren Jahr heraus, dass die Gründe für die Abschreibung nicht mehr bestehen, ist der Betrag dieser Abschreibung im Umfang der Werterhöhung unter Berücksichtigung der Abschreibungen, die inzwischen vorzunehmen gewesen wären, zuzuschreiben.

Neunter Abschnitt
Jahresabschluss

§ 47 Allgemeine Grundsätze für die Gliederung

(1) [1]Die Form der Darstellung, insbesondere die Gliederung der aufeinanderfolgenden Ergebnisrechnungen, Bilanzen und Finanzrechnungen, ist beizubehalten, soweit nicht in Ausnahmefällen wegen besonderer Umstände Abweichungen erforderlich sind. [2]Die Abweichungen sind im Anhang anzugeben und zu begründen.

(2) [1]In der Ergebnisrechnung, der Bilanz und der Finanzrechnung ist zu jedem Posten der entsprechende Betrag des vorhergehenden Haushaltsjahres anzugeben. [2]Sind die Beträge nicht vergleichbar, so ist dies im Anhang anzugeben und zu erläutern. [3]Wird der Vorjahresbetrag angepasst, so ist auch dies im Anhang anzugeben und zu erläutern.

(3) Fällt ein Vermögensgegenstand oder eine Schuld unter mehrere Posten der Bilanz, so ist die Mitzugehörigkeit zu anderen Posten bei dem Posten, unter dem der Ausweis erfolgt ist, zu vermerken oder im Anhang anzugeben, wenn dies zur Aufstellung eines klaren und übersichtlichen Jahresabschlusses erforderlich ist.

(4) [1]Eine weitere Untergliederung der Posten ist zulässig; dabei ist jedoch die vorgeschriebene Gliederung zu beachten. [2]Neue Posten dürfen hinzugefügt werden, wenn ihr Inhalt nicht von einem vorgeschriebenen Posten gedeckt wird. [3]Die Ergänzung ist im Anhang anzugeben und zu begründen.

(5) Ein Posten der Ergebnisrechnung, Bilanz oder Finanzrechnung, der keinen Betrag ausweist, braucht nicht aufgeführt zu werden, es sei denn, dass im vorhergehenden Rechnungsjahr unter diesem Posten ein Betrag ausgewiesen wurde.

§ 48 Rechnungsabgrenzungsposten

(1) [1]Als Rechnungsabgrenzungsposten sind auf der Aktivseite vor dem Abschlussstichtag geleistete Ausgaben auszuweisen, soweit sie Aufwand für eine bestimmte Zeit nach diesem Tag darstellen. [2]Ferner darf ausgewiesen werden die als Aufwand berücksichtigte Umsatzsteuer auf am Abschlussstichtag auszuweisende oder von den Vorräten offen abgesetzte Anzahlungen.

(2) Auf der Passivseite sind als Rechnungsabgrenzungsposten vor dem Abschlussstichtag erhaltene Einnahmen auszuweisen, soweit sie Ertrag für eine bestimmte Zeit nach diesem Tag darstellen.

(3) [1]Ist der Rückzahlungsbetrag einer Schuld höher als der Auszahlungsbetrag, so darf der Unterschiedsbetrag auf der Aktivseite als Rechnungsabgrenzungsposten aufgenommen werden. [2]Der Unterschiedsbetrag ist durch planmäßige jährliche Abschreibungen zu tilgen, die auf die gesamte Laufzeit der Schuld verteilt werden können.

§ 49 Ergebnisrechnung

(1) [1]In der Ergebnisrechnung sind die Erträge und Aufwendungen gegenüberzustellen. [2]§ 2 Abs. 2 gilt entsprechend.

(2) Die Ergebnisrechnung ist in Staffelform mindestens in der Gliederung nach § 2 Abs. 1 Nummern 1 bis 24 aufzustellen.

(3) [1]Zur Ermittlung des Jahresergebnisses der Ergebnisrechnung sind die Gesamterträge und Gesamtaufwendungen gegenüberzustellen. [2]Im Jahresabschluss ist ein Überschuss beim ordentlichen Ergebnis der Rücklage aus Überschüssen des ordentlichen Ergebnisses, ein Überschuss beim Sonderergebnis der Rücklage aus Überschüssen des Sonderergebnisses zuzuführen. [3]Für die Deckung von Fehlbeträgen beim ordentlichen Ergebnis und beim Sonderergebnis gilt § 25. [4]Die Behandlung von Überschüssen und Fehlbeträgen ist entsprechend § 2 Abs. 1 Nummern 25 bis 35 darzustellen; ergänzend ist als Nummer 36 die Umbuchung aus den Ergebnisrücklagen in das Basiskapital nach § 23 Satz 4 auszuweisen.

(4) Außerordentliche Erträge und Aufwendungen sind hinsichtlich ihres Betrags und ihrer Art im Anhang zu erläutern, soweit sie für die Beurteilung der Ertragslage nicht von untergeordneter Bedeutung sind.

§ 50 Finanzrechnung

In der Finanzrechnung sind die im Haushaltsjahr eingegangenen Einzahlungen und geleisteten Auszahlungen in Staffelform mindestens nach Nummern 1 bis 36 anhand der Gliederung des § 3 Nummern 1 bis 36 und darüber hinaus wie folgt auszuweisen:haushaltsunwirksame Zahlungsvorgänge

37. haushaltsunwirksame Einzahlungen, unter anderem durchlaufende Finanzmittel, Rückzahlung von angelegten Kassenmitteln, Aufnahme von Kassenkrediten, und
38. haushaltsunwirksame Auszahlungen, unter anderem durchlaufende Finanzmittel, Anlegung von Kassenmitteln, Rückzahlung von Kassenkrediten;
39. der Überschuss oder Bedarf aus haushaltsunwirksamen Einzahlungen und Auszahlungen (Saldo aus Nummern 37 und 38);

Zahlungsmittelbestand

40. die Summe Anfangsbestand an Zahlungsmitteln und
41. die Veränderung des Bestands an Zahlungsmitteln (Summe aus Nummern 36 und 39);
42. der Endbestand an Zahlungsmitteln am Ende des Haushaltsjahres (Saldo aus den Summen Nummern 40 und 41);

nachrichtlich

43. der Bestand an inneren Darlehen zum Jahresende.

§ 51 Planvergleich

(1) In der Ergebnis- und Finanzrechnung des Gesamthaushalts und der Teilhaushalte sind die Erträge und Einzahlungen, die Aufwendungen und Auszahlungen nach Arten (§§ 2, 3 und 4) gegliedert auszuweisen.

(2) Für den Gesamthaushalt und für jeden Teilhaushalt sind die Plansätze den Werten der Ergebnis- und Finanzrechnung gegenüberzustellen.

§ 52 Bilanz

(1) Die Bilanz ist in Kontoform aufzustellen.

(2) In der Bilanz sind mindestens die in den Absätzen 3 und 4 bezeichneten Posten in der angegebenen Reihenfolge gesondert auszuweisen.

(3) Aktivseite:

1   Vermögen
1.1   Immaterielle Vermögensgegenstände;
1.2   Sachvermögen
1.2.1 Unbebaute Grundstücke und grundstücksgleiche Rechte,
1.2.2 Bebaute Grundstücke und grundstücksgleiche Rechte,
1.2.3 Infrastrukturvermögen,
1.2.4 Bauten auf fremden Grundstücken,
1.2.5 Kunstgegenstände, Kulturdenkmäler,
1.2.6 Maschinen und technische Anlagen, Fahrzeuge,
1.2.7 Betriebs- und Geschäftsausstattung,
1.2.8 Vorräte,
1.2.9 Geleistete Anzahlungen, Anlagen im Bau;

1.3   Finanzvermögen
1.3.1   Anteile an verbundenen Unternehmen,
1.3.2   Sonstige Beteiligungen und Kapitaleinlagen in Zweckverbänden oder anderen kommunalen Zusammenschlüssen,
1.3.3   Sondervermögen,
1.3.4   Ausleihungen,
1.3.5   Wertpapiere,
1.3.6   Öffentlich-rechtliche Forderungen, Forderungen aus Transferleistungen,
1.3.7   Privatrechtliche Forderungen,
1.3.8   Liquide Mittel;
2   Abgrenzungsposten
2.1   Aktive Rechnungsabgrenzungsposten,
2.2   Sonderposten für geleistete Investitionszuschüsse;
3   Nettoposition (nicht gedeckter Fehlbetrag).
(4) Passivseite:
1   Eigenkapital
1.1   Basiskapital;
1.2   Rücklagen
1.2.1   Rücklagen aus Überschüssen des ordentlichen Ergebnisses,
1.2.2   Rücklagen aus Überschüssen des Sonderergebnisses,
1.2.3   Zweckgebundene Rücklagen;
1.3   Fehlbeträge des ordentlichen Ergebnisses
1.3.1   Fehlbeträge aus Vorjahren,
1.3.2   Jahresfehlbetrag, soweit eine Deckung im Jahresabschluss durch Entnahme aus den Ergebnisrücklagen nicht möglich ist;
2   Sonderposten
2.1   für Investitionszuweisungen,
2.2   für Investitionsbeiträge,
2.3   für Sonstiges;
3   Rückstellungen
3.1   Lohn- und Gehaltsrückstellungen,
3.2   Unterhaltsvorschussrückstellungen,
3.3   Stilllegungs- und Nachsorgerückstellungen für Abfalldeponien,
3.4   Gebührenüberschussrückstellungen,
3.5   Altlastensanierungsrückstellungen,
3.6   Rückstellungen für drohende Verpflichtungen aus Bürgschaften und Gewährleistungen,
3.7   Sonstige Rückstellungen;
4   Verbindlichkeiten
4.1   Anleihen,
4.2   Verbindlichkeiten aus Kreditaufnahmen,
4.3   Verbindlichkeiten, die Kreditaufnahmen wirtschaftlich gleichkommen,
4.4   Verbindlichkeiten aus Lieferungen und Leistungen,
4.5   Verbindlichkeiten aus Transferleistungen,
4.6   Sonstige Verbindlichkeiten;
5   Passive Rechnungsabgrenzungsposten.

§ 53 Anhang

(1) In den Anhang sind diejenigen Angaben aufzunehmen, die zu den einzelnen Posten der Ergebnisrechnung, der Finanzrechnung und der Bilanz vorgeschrieben sind.

(2) Im Anhang sind ferner anzugeben

1.   die auf die Posten der Ergebnisrechnung und der Bilanz angewandten Bilanzierungs- und Bewertungsmethoden,

2.   Abweichungen von Bilanzierungs- und Bewertungsmethoden samt Begründung; deren Einfluss auf die Vermögens-, Finanz- und Ertragslage ist gesondert darzustellen,

3.   Angaben über die Einbeziehung von Zinsen für Fremdkapital in die Herstellungskosten,

4. der auf die Gemeinde entfallende Anteil an den beim Kommunalen Versorgungsverband Baden-Württemberg auf Grund von § 27 Abs. 5 GKV gebildeten Pensionsrückstellungen,
5. die Entwicklung der Liquidität im Haushaltsjahr,
6. die in das folgende Haushaltsjahr übertragenen Ermächtigungen (Haushaltsübertragungen) sowie die nicht in Anspruch genommenen Krediterermächtigungen,
7. die unter der Bilanz aufzuführenden Vorbelastungen künftiger Haushaltsjahre (§ 42) und
8. der Bürgermeister, die Mitglieder des Gemeinderats und die Beigeordneten, auch wenn sie im Haushaltsjahr ausgeschieden sind, mit dem Familiennamen und mindestens einem ausgeschriebenen Vornamen.

§ 54 Rechenschaftsbericht

(1) [1]Im Rechenschaftsbericht sind der Verlauf der Haushaltswirtschaft und die wirtschaftliche Lage der Gemeinde unter dem Gesichtspunkt der Sicherung der stetigen Erfüllung der Aufgaben so darzustellen, dass ein den tatsächlichen Verhältnissen entsprechendes Bild vermittelt wird. [2]Dabei sind die wichtigsten Ergebnisse des Jahresabschlusses und erhebliche Abweichungen der Jahresergebnisse von den Haushaltsansätzen zu erläutern und eine Bewertung der Abschlussrechnungen vorzunehmen.

(2) Der Rechenschaftsbericht soll auch darstellen
1. die Ziele und Strategien,
2. Angaben über den Stand der kommunalen Aufgabenerfüllung,
3. Vorgänge von besonderer Bedeutung, die nach dem Schluss des Haushaltsjahres eingetreten sind,
4. zu erwartende positive Entwicklungen und mögliche Risiken von besonderer Bedeutung,
5. die Entwicklung und Deckung der Fehlbeträge und
6. die Entwicklung der verbindlich vorgegebenen Kennzahlen.

§ 55 Vermögensübersicht, Schuldenübersicht

(1) [1]In der Vermögensübersicht sind der Stand des Vermögens zu Beginn und zum Ende des Haushaltsjahres, die Zu- und Abgänge sowie die Zuschreibungen und Abschreibungen darzustellen. [2]Die Gliederung dieser Übersicht richtet sich nach dem Aktivposten 1 der Bilanz (§ 52 Abs. 3).

(2) [1]In der Schuldenübersicht sind die Schulden der Gemeinde nachzuweisen. [2]Anzugeben sind der Gesamtbetrag zu Beginn und Ende des Haushaltsjahres, die Tilgungsraten unterteilt in Zahlungsziele bis zu einem Jahr, von einem bis fünf Jahren und von mehr als fünf Jahren. [3]Die Schuldenübersicht ist wie der Passivposten 4 der Bilanz (§ 52 Abs. 4 Nr. 4.1 bis 4.3) zu gliedern.

Zehnter Abschnitt
Kommunaler Gesamtabschluss

§ 56 Gesamtabschluss

(1) Der Gesamtabschluss besteht aus der konsolidierten Ergebnisrechnung und der konsolidierten Bilanz; die Vorschriften über den Jahresabschluss der Gemeinde sind entsprechend anzuwenden.

(2) Eine untergeordnete Bedeutung für die Befreiung von der Pflicht zur Aufstellung eines Gesamtabschlusses nach § 95a Abs. 2 GemO liegt in der Regel vor, wenn bis zum Ende des Haushaltsjahres und zum Ende des Vorjahres die zusammengefassten Bilanzsummen der nach § 95a Abs. 1 GemO in den Gesamtabschluss einzubeziehenden Organisations- und Rechtseinheiten 35 Prozent der in der jeweiligen Bilanz der Gemeinde ausgewiesenen Bilanzsumme nicht übersteigen.

§ 57 Kapitalflussrechnung

Auf die Kapitalflussrechnung findet der Deutsche Rechnungslegungsstandard Nr. 2 (DRS 2) zur Kapitalflussrechnung in der vom Bundesministerium der Justiz nach § 342 Abs. 2 des Handelsgesetzbuchs bekannt gemachten Form entsprechende Anwendung.

§ 58 Konsolidierungsbericht und Angaben zum nicht konsolidierten Beteiligungsbesitz

(1) Im Konsolidierungsbericht sind darzustellen
1. ein Gesamtüberblick, bestehend aus
    a) einer Darstellung der wirtschaftlichen und finanziellen Lage der Gemeinde, so dass ein den tatsächlichen Verhältnissen entsprechendes Gesamtbild unter dem Gesichtspunkt der stetigen Erfüllung der Aufgaben vermittelt wird,

b) Angaben über den Stand der Erfüllung des öffentlichen Zwecks der konsolidierten Organisationseinheiten und Vermögensmassen,

c) einer Bewertung des Gesamtabschlusses unter dem Gesichtspunkt der dauernden Leistungsfähigkeit und

d) den in § 105 Abs. 2 Satz 2 Nr. 1 und 3 GemO für den Beteiligungsbericht beschriebenen Mindestangaben,

2. Erläuterungen des Gesamtabschlusses, bestehend aus

a) Informationen zur Abgrenzung des Konsolidierungskreises und zu den angewandten Konsolidierungsmethoden,

b) Erläuterungen zu den einzelnen Positionen des Gesamtabschlusses sowie den Nebenrechnungen und

c) Einzelangaben zur Zusammensetzung globaler Abschlusspositionen und

3. ein Ausblick auf die künftige Entwicklung, insbesondere bestehend aus

a) Angaben über Vorgänge von besonderer Bedeutung, die nach dem Schluss der Konsolidierungsperiode eingetreten sind,

b) Angaben über die erwartete Entwicklung wesentlicher Rahmenbedingungen, insbesondere über die finanziellen und wirtschaftlichen Perspektiven und Risiken, und

c) Angaben über die wesentlichen Ziele und Strategien.

(2) Für die Angaben zum nicht konsolidierten Beteiligungsbesitz gilt § 105 GemO entsprechend.

Elfter Abschnitt
Übergangs- und Schlussvorschriften

§ 59 Bestimmungen für Sanierungs-, Entwicklungs- und Umlegungsmaßnahmen

(1) Sanierungs- und Entwicklungsmaßnahmen nach dem Baugesetzbuch (BauGB) sowie freiwillige Umlegungen zur Erschließung oder Neugestaltung bestimmter Gebiete im Geltungsbereich eines Bebauungsplans, für die vor der Umstellung der Haushaltswirtschaft nach § 64 Abs. 2 und 3 Sonderrechnungen nach § 50 der Gemeindehaushaltsverordnung vom 7. Februar 1973 (GBl. S. 33) in der zuletzt geltenden Fassung geführt werden, können in der bisherigen Form noch abgewickelt werden.

(2) [1]Für Sanierungs- und Entwicklungsmaßnahmen nach dem Baugesetzbuch, die nach der Umstellung der Haushaltswirtschaft nach § 64 Absatz 2 und 3 begonnen werden, können Sonderrechnungen nach den für den Gemeindehaushalt geltenden Vorschriften geführt werden. [2]Auf die Aufstellung eines Haushaltsplans und eines Finanzplans kann verzichtet werden, wenn eine vollständige Kosten- und Finanzierungsübersicht nach § 149 BauGB aufgestellt und jährlich fortgeschrieben wird. [3]Ein absehbarer Fehlbetrag zum Ende der Maßnahme soll jährlich anteilig aus dem Kernhaushalt abgedeckt werden.

§ 60 Sondervermögen, Treuhandvermögen

(1) [1]Für Sondervermögen und Treuhandvermögen, auf die die Vorschriften über die Wirtschaftsführung und das Rechnungswesen des Eigenbetriebs angewendet werden, gelten die §§ 11, 12, 14, 27 und 31 bis 33 entsprechend. [2]Für die anderen Sondervermögen und Treuhandvermögen gilt diese Verordnung entsprechend, soweit nicht durch Gesetz oder auf Grund eines Gesetzes etwas anderes bestimmt ist.

(2) [1]Sondervermögen und Treuhandvermögen werden von der Pflicht zur Finanzplanung (§ 85 GemO) freigestellt. [2]Die Vorschriften über die Wirtschaftsführung und das Rechnungswesen des Eigenbetriebs bleiben unberührt.

§ 61 Begriffsbestimmungen

Bei der Anwendung dieser Verordnung sind die nachfolgenden Begriffe zu Grunde zu legen:

1. Abschreibungen:
Betrag, der bei abnutzbaren Vermögensgegenständen die eingetretenen Wertminderungen erfasst und als Aufwand angesetzt wird;

2. Aufwendungen:
zahlungs- und nichtzahlungswirksamer Verbrauch von Gütern und Dienstleistungen (Ressourcenverbrauch) eines Haushaltsjahres;

3. Auszahlungen:
Barzahlungen und bargeldlose Zahlungen, die die liquiden Mittel vermindern;

4. außerordentliche Erträge und Aufwendungen:
außerhalb der gewöhnlichen Verwaltungstätigkeit anfallende Erträge und Aufwendungen, insbesondere Gewinne und Verluste aus Vermögensveräußerung, soweit sie nicht von untergeordneter Bedeutung sind, zum Beispiel ungewöhnlich hohe Spenden, Schenkungen, Erträge und Aufwendungen im Zusammenhang mit Naturkatastrophen oder außergewöhnlichen Schadensereignissen;

5. außerplanmäßige Aufwendungen oder Auszahlungen:
Aufwendungen oder Auszahlungen, für die im Haushaltsplan keine Ermächtigungen veranschlagt und keine aus den Vorjahren übertragenen Ermächtigungen (Haushaltsübertragungen) verfügbar sind;

6. Basiskapital:
die sich in der Bilanz ergebende Differenz zwischen Vermögen und Abgrenzungsposten der Aktivseite sowie Rücklagen, Sonderposten, Rückstellungen, Verbindlichkeiten und Rechnungsabgrenzungsposten der Passivseite der Bilanz;

7. Baumaßnahmen:
Neu-, Erweiterungs- und Umbauten sowie die Instandsetzung von Bauten, soweit sie nicht der Unterhaltung baulicher Anlagen dient;

8. Bilanz:
Abschluss des Rechnungswesens für ein Haushaltsjahr in Form einer Gegenüberstellung von Vermögen (Aktiva) und Kapital (Passiva) zu einem bestimmten Stichtag;

9. Buchführung:
lückenlose, betragsmäßige Aufzeichnung der Geschäftsvorfälle;

10. Budget:
im Haushaltsplan für einen abgegrenzten Aufgabenbereich veranschlagte Personal- und Sachmittel (Ermächtigungen) und Haushaltsübertragungen, die dem zuständigen Verantwortungsbereich zur Bewirtschaftung im Rahmen vorgegebener Leistungsziele zugewiesen sind;

11. durchlaufende Finanzmittel:
Zahlungen, die für einen Dritten lediglich eingenommen und ausgegeben werden (§ 15 Abs. 2);

12. Einzahlungen:
Barzahlungen und bargeldlose Zahlungen, die die liquiden Mittel erhöhen;

13. Erlass:
Verzicht auf einen Anspruch;

14. Erträge:
zahlungs- und nichtzahlungswirksamer Wertzuwachs (Ressourcenaufkommen) eines Haushaltsjahres;

15. Fehlbetrag:
Unterschiedsbetrag, um den die ordentlichen und außerordentlichen Aufwendungen im Ergebnishaushalt oder im Jahresabschluss der Ergebnisrechnung höher sind als die ordentlichen und außerordentlichen Erträge;

16. fremde Finanzmittel:
die in § 15 genannten Beträge;

17. Hauptbuch:
Darstellung der Buchungen des externen Rechnungswesens nach sachlichen Ordnungskriterien innerhalb eines Haushaltsjahres;

18. Haushaltsübertragungen:
Ansätze für Aufwendungen und Auszahlungen, die in das folgende Jahr übertragen werden;

19. Haushaltsvermerke:
einschränkende oder erweiternde Bestimmungen zu Ansätzen des Haushaltsplans (zum Beispiel Vermerke über Deckungsfähigkeit, Übertragbarkeit, Zweckbindung, Sperrvermerke);

20. innere Darlehen:
vorübergehende Inanspruchnahme von liquiden Mitteln aus Rückstellungen nach § 41 Absatz 1 Nummer 3 als Finanzierungsmittel für Investitionen und Investitionsförderungsmaßnahmen;

21. Investitionen:
    Auszahlungen für die Veränderung des Vermögens (immaterielles Vermögen, Sachvermögen einschließlich aktivierter Eigenleistungen, ohne geringwertige bewegliche und immaterielle Vermögensgegenstände nach § 38 Absatz 4 außer in Fällen des § 46 Absatz 2 Satz 2 Halbsatz 1, und Finanzvermögen ohne Anlagen von Kassenmitteln), das der langfristigen Aufgabenerfüllung dient;
22. Investitionsförderungsmaßnahmen:
    Zuweisungen, Zuschüsse, Darlehen und Ausleihungen für Investitionen Dritter und für Investitionen der Sondervermögen mit Sonderrechnung;
23. Journal:
    Darstellung der Buchungen des externen Rechnungswesens in zeitlicher Reihenfolge innerhalb eines Haushaltsjahres;
24. Kassenkredite:
    kurzfristige Kredite zur Überbrückung des verzögerten oder späteren Eingangs von Deckungsmitteln, soweit keine anderen liquiden Mittel eingesetzt werden können;
25. Konsolidierung:
    Zusammenfassung der Jahresabschlüsse der Gemeinde und der in § 95a GemO genannten Aufgabenträger zu einem Gesamtabschluss;
26. Kontenplan:
    die auf der Grundlage des Kontenrahmens aufgestellte örtliche Gliederung der Buchungskonten (§ 35 Abs. 4 Satz 3);
27. Kontenrahmen:
    die für die sachliche Gliederung der Buchungen im Hauptbuch (§ 36) empfohlene oder vorgegebene (§ 145 Satz 1 Nr. 5 GemO) Mindestgliederung der Buchungskonten;
28. Kredite:
    die unter der Verpflichtung zur Rückzahlung von Dritten oder von Sondervermögen mit Sonderrechnung aufgenommenen Finanzierungsmittel mit Ausnahme der Kassenkredite;
29. Leistung:
    bewertbares Arbeitsergebnis einer Verwaltungseinheit, das zur Aufgabenerfüllung im Haushaltsjahr erzeugt wird;
30. Leistungsziele:
    angestrebter Stand an Leistungen am Ende eines bestimmten Zeitraums, der durch quantitative und qualitative Größen beschrieben wird;
31. Niederschlagung:
    die befristete oder unbefristete Zurückstellung der Weiterverfolgung eines fälligen Anspruchs der Gemeinde ohne Verzicht auf den Anspruch selbst;
32. ordentliche Erträge und Aufwendungen:
    Erträge und Aufwendungen, die innerhalb der gewöhnlichen Verwaltungstätigkeit anfallen, soweit sie nicht den außerordentlichen Erträgen und Aufwendungen zuzuordnen sind;
33. Produkt:
    Leistung oder Gruppe von Leistungen, die für Stellen außerhalb einer Verwaltungseinheit erbracht werden;
34. Produktgruppe:
    Zusammenfassung von inhaltlich zusammengehörenden Produkten innerhalb der Produkthierarchie;
35. Produktbereich:
    Zusammenfassung von inhaltlich zusammengehörenden Produktgruppen innerhalb der Produkthierarchie;
36. Rechnungsabgrenzungsposten:
    Bilanzpositionen, die der zeitlichen Rechnungsabgrenzung dienen:
    a) Ausgaben vor dem Abschlussstichtag sind auf der Aktivseite auszuweisen, soweit sie Aufwand für eine bestimmte Zeit nach diesem Tag darstellen (aktiver Rechnungsabgrenzungsposten),

b) Einnahmen vor dem Abschlussstichtag sind auf der Passivseite auszuweisen, wenn sie Ertrag für eine bestimmte Zeit nach diesem Tag darstellen (passiver Rechnungsabgrenzungsposten);

37. Schlüsselposition:
wesentliche, für die Steuerung relevante Position in einem Teilhaushalt, zum Beispiel ein Produkt, eine Produktgruppe oder ein Produktbereich, eine Leistung oder eine Organisationseinheit;

38. Schulden:
Rückzahlungsverpflichtungen (Verbindlichkeiten) aus Anleihen, Kreditaufnahmen und ihnen wirtschaftlich gleichkommenden Vorgängen sowie aus der Aufnahme von Kassenkrediten (§ 52 Abs. 4 Nr. 4.1 bis 4.3);

39. Tilgung von Krediten:
a) ordentliche Tilgung:
die Leistung des im Haushaltsjahr zurückzuzahlenden Betrags bis zu der in den Rückzahlungsbedingungen festgelegten Mindesthöhe,
b) außerordentliche Tilgung:
die über die ordentliche Tilgung hinausgehende Rückzahlung einschließlich Umschuldung;

40. Transfererträge und -aufwendungen:
Erträge und Aufwendungen ohne unmittelbar damit zusammenhängende Gegenleistung;

41. überplanmäßige Aufwendungen oder Auszahlungen:
Aufwendungen oder Auszahlungen, die die im Haushaltsplan veranschlagten Beträge und die aus den Vorjahren übertragenen Ermächtigungen (Haushaltsübertragungen) übersteigen;

42. Überschuss:
Unterschiedsbetrag, um den die ordentlichen und außerordentlichen Erträge im Ergebnishaushalt oder im Jahresabschluss der Ergebnisrechnung die ordentlichen und außerordentlichen Aufwendungen übersteigen;

43. Umschuldung:
die Ablösung von Krediten durch andere Kredite;

44. Verfügungsmittel:
Beträge, die dem Bürgermeister oder dem Ortsvorsteher für dienstliche Zwecke, für die keine Aufwendungen veranschlagt sind, zur Verfügung stehen;

45. Vorjahr:
das dem Haushaltsjahr vorangehende Jahr.

§ 62 Erstmalige Bewertung, Eröffnungsbilanz

(1) [1]In der Eröffnungsbilanz nach Artikel 13 Abs. 5 des Gesetzes zur Reform des Gemeindehaushaltsrechts vom 4. Mai 2009 sind die zum Stichtag der Aufstellung vorhandenen Vermögensgegenstände mit den Anschaffungs- oder Herstellungskosten, vermindert um Abschreibungen nach § 46, anzusetzen. [2]Die Vermögensgegenstände dürfen auch mit Werten angesetzt werden, die vor dem Stichtag für die Aufstellung der Eröffnungsbilanz in Anlagenachweisen nach § 38 der Gemeindehaushaltsverordnung vom 7. Februar 1973 (GBl. S. 33) in der zuletzt geltenden Fassung oder in einer Vermögensrechnung nach der Verwaltungsvorschrift des Innenministeriums zur Vermögensrechnung nach § 43 GemHVO vom 31. Oktober 2001 (GABl. S. 1108) nachgewiesen sind. [3]Der Grundsatz der Einzelbewertung (§ 43 Absatz 1 Nummer 2) ist hierbei zu beachten. [4]Bei beweglichen und immateriellen Vermögensgegenständen, deren Anschaffung oder Herstellung länger als sechs Jahre vor dem Stichtag für die Eröffnungsbilanz zurückliegt, kann von einer Inventarisierung und Aufnahme in die Bilanz abgesehen werden.

(2) [1]Abweichend von Absatz 1 können für Vermögensgegenstände, die mehr als sechs Jahre vor dem Stichtag der Eröffnungsbilanz angeschafft oder hergestellt wurden, den Preisverhältnissen zum Anschaffungs- oder Herstellungszeitpunkt entsprechende Erfahrungswerte angesetzt werden, vermindert um Abschreibungen nach § 46. [2]Dabei können fiktive Anschaffungs- oder Herstellungszeitpunkte auf der Basis des aktuellen Zustands des Vermögensgegenstands und der danach geschätzten Restnutzungsdauer angesetzt werden.

(3) Für Vermögensgegenstände, die vor dem 31. Dezember 1974 angeschafft oder hergestellt worden sind, können abweichend von Absatz 1 und 2 den Preisverhältnissen zum 1. Januar 1974 entsprechende Erfahrungswerte angesetzt werden, vermindert um Abschreibungen nach § 46.

(4) [1]Bei Grundstücken, insbesondere bei landwirtschaftlich genutzten Grundstücken, Grünflächen und Straßengrundstücken können örtliche Durchschnittswerte angesetzt werden. [2]Außer bei Grünflächen und Straßengrundstücken können für den Wert von Grund und Boden von Grundstücken, die dauerhaft einer öffentlichen Zweckbestimmung dienen, vom Wert von Grund und Boden umliegender Grundstücke Abschläge bis zur Hälfte des Werts vorgenommen werden. [3]Bei der Bewertung von Straßen können die Erfahrungswerte für die einzelnen Straßenarten auf der Grundlage örtlicher Durchschnittswerte ermittelt werden oder Pauschalwerte nach bekanntgemachten Bewertungsvorgaben je Straßenart angesetzt werden. [4]Bei Waldflächen können

1. für den Aufwuchs zwischen 7200 und 8200 Euro je Hektar und
2. für die Grundstücksfläche 2600 Euro je Hektar

angesetzt werden.

(5) Als Wert von Beteiligungen und Sondervermögen ist, wenn die Ermittlung der tatsächlichen Anschaffungskosten einen unverhältnismäßigen Aufwand verursachen würde, das anteilige Eigenkapital anzusetzen.

(6) [1]Für Sonderposten für erhaltene Investitionszuweisungen und -beiträge nach § 52 Abs. 4 Nr. 2 gelten die Absätze 1 bis 3 entsprechend. [2]Bei Bewertung von Vermögensgegenständen nach Erfahrungs- oder Pauschalwerten sollen die korrespondierenden Sonderposten ebenfalls nach Erfahrungs- oder Pauschalwerten ermittelt werden. [3]Auf den Ansatz geleisteter Investitionszuschüsse nach § 52 Abs. 3 Nr. 2.2 in der Eröffnungsbilanz kann verzichtet werden; soweit ein Ansatz erfolgt, gelten die Absätze 1 bis 3 entsprechend.

(7) Die in der Eröffnungsbilanz nach den Absätzen 2 bis 6 angesetzten Werte für die Vermögensgegenstände gelten für die künftigen Haushaltsjahre als Anschaffungs- oder Herstellungskosten.

§ 63 Berichtigung der erstmaligen Erfassung und Bewertung

(1) [1]Soweit bei der erstmaligen Erfassung und Bewertung in der Eröffnungsbilanz

1. Vermögensgegenstände oder Sonderposten nicht oder mit einem zu niedrigen Wert oder Sonderposten oder Schulden zu Unrecht oder mit einem zu hohen Wert angesetzt worden sind oder
2. Vermögensgegenstände oder Sonderposten zu Unrecht oder mit einem zu hohen Wert oder Sonderposten oder Schulden nicht oder mit einem zu geringen Wert angesetzt worden sind,

so ist in der späteren Bilanz der unterlassene Ansatz nachzuholen oder der Wertansatz zu berichtigen (Berichtigungen), wenn es sich um einen wesentlichen Betrag handelt; dies gilt auch, wenn die Vermögensgegenstände oder Schulden am Bilanzstichtag nicht mehr vorhanden sind, jedoch nur für den auf die Vermögensänderung folgenden Jahresabschluss.

(2) [1]Der Gewinn und Verlust aus Berichtigungen ist mit dem Basiskapital zu verrechnen. [2]Die Berichtigungen sind im Anhang der betroffenen Bilanz zu erläutern. [3]Auf Grund einer nachträglichen Ausübung von Wahlrechten oder Ermessensspielräumen sind Berichtigungen nicht zulässig.

(3) [1]Berichtigungen können letztmals im dritten der überörtlichen Prüfung der Eröffnungsbilanz folgenden Jahresabschluss vorgenommen werden. [2]Vorherige Jahresabschlüsse sind nicht zu berichtigen.

§ 64 Inkrafttreten, Übergangszeit

(1) [1]Diese Verordnung tritt am 1. Januar 2010 in Kraft. [2]Gleichzeitig tritt die Gemeindehaushaltsverordnung vom 7. Februar 1973 (GBl. S. 33), zuletzt geändert durch Verordnung vom 10. Juli 2001 (GBl. S. 466), außer Kraft.

(2) [1]Diese Verordnung ist spätestens für die Haushaltswirtschaft ab dem Haushaltsjahr 2020 anzuwenden. [2]Bis dahin gilt die Gemeindehaushaltsverordnung vom 7. Februar 1973 (GBl. S. 33), zuletzt geändert durch Verordnung vom 10. Juli 2001 (GBl. S. 466), weiter. [3]Die Bestimmungen des Abschnitts 10 über den Kommunalen Gesamtabschluss (§§ 56 bis 58) sind spätestens ab dem Haushaltsjahr 2022 anzuwenden. [4]Für die befristete Weitergeltung von Ausnahmegenehmigungen nach dem bisherigen § 49 GemHVO und ihre Verlängerung gilt Artikel 13 Abs. 3 des Gesetzes zur Reform des Gemeindehaushaltsrechts vom 4. Mai 2009 entsprechend.

(3) [1]Die Gemeinde kann nach Artikel 13 Abs. 4 des Gesetzes zur Reform des Gemeindehaushaltsrechts vom 4. Mai 2009 beschließen, ihr Haushalts- und Rechnungswesen bereits vor dem Haushaltsjahr 2020 auf die Kommunale Doppik umzustellen. [2]In diesem Fall ist diese Verordnung ab dem von der Gemeinde bestimmten Haushaltsjahr anzuwenden.

(4) [1]§§ 1 bis 5 in der am 21. Mai 2016 geltenden Fassung sind ab der nächsten zu beschließenden Haushaltssatzung anzuwenden. [2]Zweckgebundene Rücklagen, die nach § 23 Satz 3 in der am 21. Mai 2016 geltenden Fassung nicht mehr fortgeführt werden können, sind im Rahmen der Aufstellung des nächsten Jahresabschlusses ergebnisneutral in eine Ergebnisrücklage umzubuchen; § 23 Satz 2 bleibt unberührt.

Landkreisordnung für Baden-Württemberg (Landkreisordnung – LKrO)

In der Fassung vom 19. Juni 1987[1] (GBl. S. 289)
(BWGültV Sachgebiet 2804)

zuletzt geändert durch Art. 15 G zur Umsetzung der Neuorganisation der Forstverwaltung Baden-Württemberg vom 21. Mai 2019 (GBl. S. 161)

Inhaltsübersicht

Erster Teil
Wesen und Aufgaben des Landkreises

1. Abschnitt:
Rechtsstellung

§ 1   Wesen des Landkreises
§ 2   Wirkungskreis
§ 3   Satzungen
§ 4   Name, Sitz
§ 5   Wappen, Dienstsiegel

2. Abschnitt:
Gebiet des Landkreises

§ 6   Gebietsbestand
§ 7   Gebietsänderungen
§ 8   Rechtsfolgen, Auseinandersetzung

3. Abschnitt:
Einwohner des Landkreises

§ 9   Einwohner
§ 10   Wahlrecht
§ 11   Bestellung zu ehrenamtlicher Tätigkeit
§ 12   Ablehnung ehrenamtlicher Tätigkeit
§ 13   Pflichten ehrenamtlich tätiger Kreiseinwohner
§ 14   Ausschluß wegen Befangenheit
§ 15   Entschädigung für ehrenamtliche Tätigkeit
§ 16   Einrichtungen
§ 17   Unterrichtung der Einwohner

Zweiter Teil
Verfassung und Verwaltung des Landkreises

1. Abschnitt:
§ 18   Organe

2. Abschnitt:
Kreistag

§ 19   Rechtsstellung und Aufgaben
§ 20   Zusammensetzung
§ 21   Amtszeit
§ 22   Wahlgrundsätze und Wahlverfahren
§ 23   Wählbarkeit
§ 24   Hinderungsgründe
§ 25   Ausscheiden, Nachrücken, Ergänzungswahl
§ 25a Folgen des Verbots einer Partei oder Wählervereinigung
§ 26   Rechtsstellung der Kreisräte
§ 26a Fraktionen

§ 27   Mitwirkung im Kreistag
§ 28   Ältestenrat
§ 29   Einberufung der Sitzungen, Teilnahmepflicht
§ 30   Öffentlichkeit der Sitzungen
§ 31   Verhandlungsleitung, Geschäftsgang
§ 32   Beschlußfassung
§ 33   Niederschrift
§ 34   Beschließende Ausschüsse
§ 35   Zusammensetzung der beschließenden Ausschüsse
§ 36   Beratende Ausschüsse
§ 36a Veröffentlichung von Informationen

3. Abschnitt:
Landrat

§ 37   Rechtsstellung des Landrats
§ 38   Wählbarkeit
§ 39   Zeitpunkt der Wahl, Wahlverfahren, Amtsverweser
§ 40   Wahrung der Rechte von Landesbeamten
§ 41   Stellung im Kreistag und in den beschließenden Ausschüssen
§ 42   Leitung des Landratsamts
§ 43   Beauftragung, rechtsgeschäftliche Vollmacht
§ 44   Verpflichtungserklärungen
§ 45   Beirat für geheimzuhaltende Angelegenheiten

4. Abschnitt:
Bedienstete des Landkreises

§ 46   Einstellung, Ausbildung
§ 47   Stellenplan

Dritter Teil
Wirtschaft des Landkreises

§ 48   Anzuwendende Vorschriften
§ 49   Erhebung von Abgaben, Kreisumlage
§ 50   Fachbediensteter für das Finanzwesen

Vierter Teil
§ 51   Aufsicht

Fünfter Teil
Staatliche Verwaltung im Landkreis

§ 52   Personelle Ausstattung, Sachaufwand
§ 53   Rechtsstellung des Landrats als Leiter der unteren Verwaltungsbehörde

---

1) Neubekanntmachung der LKrO idF v. 22. 12. 1975 (GBl. 1976 S. 40) in der ab 6. 6. 1987 geltenden Fassung.

§ 54 Mitwirkung des Kreistags
§ 55 (aufgehoben)
§ 56 Austausch von Beamten
§ 56a Prüfer bei der Rechtsaufsichtsbehörde

Sechster Teil
Übergangs- und Schlußbestimmungen

1. Abschnitt:
Allgemeine Übergangsbestimmungen
§ 57 Weisungsaufgaben

§ 58 (nicht abgedruckt)

2. Abschnitt:
Schlußbestimmungen
§ 59 (nicht abgedruckt)
§ 60 Durchführungsbestimmungen
§ 61 Ordnungswidrigkeiten
§ 62 Inkrafttreten

Erster Teil
Wesen und Aufgaben des Landkreises

1. Abschnitt:
Rechtsstellung

§ 1 Wesen des Landkreises

(1) Der Landkreis fördert das Wohl seiner Einwohner, unterstützt die kreisangehörigen Gemeinden in der Erfüllung ihrer Aufgaben und trägt zu einem gerechten Ausgleich ihrer Lasten bei. [2]Er verwaltet sein Gebiet nach den Grundsätzen der gemeindlichen Selbstverwaltung.

(2) Der Landkreis ist Körperschaft des öffentlichen Rechts.

(3) [1]Die Behörde des Landkreises ist das Landratsamt; es ist zugleich untere Verwaltungsbehörde. [2]Als untere Verwaltungsbehörde ist das Landratsamt staatliche Behörde.

(4) Das Gebiet des Landkreises ist zugleich der Bezirk der unteren Verwaltungsbehörde.

§ 2 Wirkungskreis

(1) [1]Der Landkreis verwaltet in seinem Gebiet unter eigener Verantwortung alle die Leistungsfähigkeit der kreisangehörigen Gemeinden übersteigenden öffentlichen Aufgaben, soweit die Gesetze nichts anderes bestimmen. [2]Er hat sich auf die Aufgaben zu beschränken, die der einheitlichen Versorgung und Betreuung der Einwohner des ganzen Landkreises oder eines größeren Teils desselben dienen.

(2) Hat der Landkreis im Rahmen seines Wirkungskreises für die Erfüllung einer Aufgabe ausreichende Einrichtungen geschaffen oder übernommen, kann der Kreistag mit einer Mehrheit von zwei Dritteln der Stimmen aller Mitglieder mit Wirkung gegenüber den Gemeinden beschließen, daß diese Aufgabe für die durch die Einrichtung versorgten Teile des Landkreises zu seiner ausschließlichen Zuständigkeit gehört.

(3) [1]Der Landkreis kann durch Gesetz zur Erfüllung bestimmter öffentlicher Aufgaben verpflichtet werden (Pflichtaufgaben). [2]Werden neue Pflichtaufgaben auferlegt, sind dabei Bestimmungen über die Deckung der Kosten zu treffen. [3]Führen diese Aufgaben zu einer Mehrbelastung des Landkreises, ist ein entsprechender finanzieller Ausgleich zu schaffen.

(4) Pflichtaufgaben können dem Landkreis zur Erfüllung nach Weisung auferlegt werden (Weisungs-aufgaben); das Gesetz bestimmt den Umfang des Weisungsrechts.

(5) [1]In die Rechte des Landkreises kann nur durch Gesetz eingegriffen werden. [2]Verordnungen zur Durchführung solcher Gesetze bedürfen, sofern sie nicht von der Landesregierung oder dem Innenministerium erlassen werden, der Zustimmung des Innenministeriums.

§ 3 Satzungen

(1) [1]Der Landkreis kann die weisungsfreien Angelegenheiten durch Satzung regeln, soweit die Gesetze keine Vorschriften enthalten. [2]Bei Weisungsaufgaben können Satzungen nur dann erlassen werden, wenn dies im Gesetz vorgesehen ist.

(2) Wenn nach den Vorschriften dieses Gesetzes eine Hauptsatzung zu erlassen ist, muß sie mit der Mehrheit der Stimmen aller Mitglieder des Kreistags beschlossen werden.

(3) [1]Satzungen sind öffentlich bekanntzumachen. [2]Sie treten am Tage nach der Bekanntmachung in Kraft, wenn kein anderer Zeitpunkt bestimmt ist. [3]Satzungen sind der Rechtsaufsichtsbehörde anzuzeigen.

(4) [1]Satzungen und andere Rechtsvorschriften des Landkreises, die unter Verletzung von Verfahrens- oder Formvorschriften dieses Gesetzes oder auf Grund dieses Gesetzes zustande gekommen sind,

gelten ein Jahr nach der Bekanntmachung als von Anfang an gültig zustande gekommen. [2]Dies gilt nicht, wenn

1. die Vorschriften über die Öffentlichkeit der Sitzung, die Genehmigung oder die Bekanntmachung der Satzung oder der anderen Rechtsvorschriften des Landkreises verletzt worden sind,

2. der Landrat dem Beschluß nach § 41 wegen Gesetzwidrigkeit widersprochen hat oder wenn vor Ablauf der in Satz 1 genannten Frist die Rechtsaufsichtsbehörde den Beschluß beanstandet hat oder die Verletzung der Verfahrens- oder Formvorschrift gegenüber dem Landkreis unter Bezeichnung des Sachverhalts, der die Verletzung begründen soll, schriftlich geltend gemacht worden ist.

[3]Ist die Verletzung nach Satz 2 Nr. 2 geltend gemacht worden, so kann auch nach Ablauf der in Satz 1 genannten Frist jedermann diese Verletzung geltend machen. [4]Bei der Bekanntmachung der Satzung oder der anderen Rechtsvorschriften des Landkreises ist auf die Voraussetzungen für die Geltendmachung der Verletzung von Verfahrens- und Formvorschriften und die Rechtsfolgen hinzuweisen.

§ 4 Name, Sitz

(1) [1]Die Landkreise führen die in § 1 des Kreisreformgesetzes aufgeführten Namen. [2]Ein Landkreis kann mit Zustimmung der Landesregierung seinen Namen ändern.

(2) Der Sitz des Landratsamts wird durch Gesetz bestimmt.

§ 5 Wappen, Dienstsiegel

(1) Die Rechtsaufsichtsbehörde kann einem Landkreis auf seinen Antrag das Recht verleihen, ein Wappen und eine Flagge zu führen.

(2) [1]Die Landkreise führen Dienstsiegel. [2]Landkreise mit eigenem Wappen führen dieses, die übrigen Landkreise das kleine Landeswappen im Dienstsiegel mit der Bezeichnung und dem Namen des Landkreises als Umschrift.

2. Abschnitt:
Gebiet des Landkreises

§ 6 Gebietsbestand

(1) Das Gebiet des Landkreises besteht aus der Gesamtheit der nach geltendem Recht zum Landkreis gehörenden Gemeinden und gemeindefreien Grundstücke.

(2) Das Gebiet des Landkreises soll so bemessen sein, daß die Verbundenheit der Gemeinden und der Einwohner des Landkreises gewahrt und die Leistungsfähigkeit des Landkreises zur Erfüllung seiner Aufgaben gesichert ist.

§ 7 Gebietsänderungen

(1) Die Grenzen des Landkreises können aus Gründen des öffentlichen Wohls geändert werden.

(2) [1]Die Auflösung und Neubildung eines Landkreises sowie die Änderung der Grenzen eines Landkreises infolge Eingliederung oder Ausgliederung von Gemeinden und gemeindefreien Grundstücken bedürfen eines Gesetzes. [2]Bei der Neubildung einer Gemeinde durch Vereinbarung mit Genehmigung der zuständigen Rechtsaufsichtsbehörde, durch die das Gebiet von Landkreisen betroffen wird, bestimmt die oberste Rechtsaufsichtsbehörde, zu welchem Landkreis die neugebildete Gemeinde gehört.

(3) Vor der Grenzänderung müssen die beteiligten Landkreise und Gemeinden gehört werden.

§ 8 Rechtsfolgen, Auseinandersetzung

(1) [1]In den Fällen des § 7 Abs. 2 Satz 1 werden die Rechtsfolgen und die Auseinandersetzung im Gesetz oder durch Rechtsverordnung geregelt. [2]Das Gesetz kann dies auch der Regelung durch Vereinbarung der beteiligten Landkreise überlassen, die der Genehmigung der Rechtsaufsichtsbehörde bedarf. [3]Enthält diese Vereinbarung keine erschöpfende Regelung oder kann wegen einzelner Bestimmungen die Genehmigung nicht erteilt werden, ersucht die Rechtsaufsichtsbehörde die Landkreise, die Mängel binnen angemessener Frist zu beseitigen. [4]Kommen die Landkreise einem solchen Ersuchen nicht nach, trifft die Rechtsaufsichtsbehörde die im Interesse des öffentlichen Wohls erforderlichen Bestimmungen; dasselbe gilt, wenn die Vereinbarung nicht bis zu einem von der Rechtsaufsichtsbehörde bestimmten Zeitpunkt zustande kommt.

(2) [1]Im Fall des § 7 Abs. 2 Satz 2 und bei sonstigen Änderungen von Gemeindegrenzen durch Vereinbarung, durch die das Gebiet von Landkreisen betroffen wird, regeln die beteiligten Landkreise,

soweit erforderlich, die Rechtsfolgen der Änderung ihrer Grenzen und die Auseinandersetzung durch Vereinbarung, die der Genehmigung der Rechtsaufsichtsbehörde bedarf. [2]Absatz 1 Satz 3 und 4 gilt entsprechend.

(3) Gehören die Landkreise, zwischen denen eine Vereinbarung abzuschließen ist, verschiedenen Regierungsbezirken an, wird die zuständige Rechtsaufsichtsbehörde von der obersten Rechtsaufsichtsbehörde bestimmt.

(4) [1]Die Regelung nach Absatz 1 und 2 begründet Rechte und Pflichten der Beteiligten und bewirkt den Übergang, die Beschränkung oder die Aufhebung von dinglichen Rechten. [2]Die Rechtsaufsichtsbehörde ersucht die zuständigen Behörden um die Berichtigung der öffentlichen Bücher.

(5) [1]Für Rechtshandlungen, die aus Anlass der Änderung des Gebiets eines Landkreises erforderlich sind, werden öffentliche Abgaben, die auf Landesrecht beruhen, nicht erhoben; ausgenommen sind Vermessungsgebühren und -entgelte. [2]Auslagen werden nicht ersetzt.

3. Abschnitt:
Einwohner des Landkreises

§ 9 Einwohner
Einwohner des Landkreises ist, wer in einer Gemeinde oder in einem gemeindefreien Grundstück des Landkreises wohnt.

§ 10 Wahlrecht
(1) [1]Die Einwohner des Landkreises, die Deutsche im Sinne von Artikel 116 des Grundgesetzes sind oder die Staatsangehörigkeit eines anderen Mitgliedstaates der Europäischen Union besitzen (Unionsbürger), das 16. Lebensjahr vollendet haben und seit mindestens drei Monaten im Gebiet des Landkreises wohnen, sind im Rahmen der Gesetze zu den Kreiswahlen wahlberechtigt (wahlberechtigte Kreiseinwohner). [2]Wer das Wahlrecht durch Wegzug oder Verlegung der Hauptwohnung verloren hat und vor Ablauf von drei Jahren seit dieser Veränderung wieder in den Landkreis zuzieht oder dort seine Hauptwohnung begründet, besitzt mit der Rückkehr das Wahlrecht.

(2) [1]Wer innerhalb der Bundesrepublik Deutschland in mehreren Gemeinden oder gemeindefreien Grundstücken wohnt, ist in Baden-Württemberg nur in dem Landkreis, in dessen Gebiet er seit mindestens drei Monaten seine Hauptwohnung hat, und dort nur am Ort seiner Hauptwohnung zu den Kreiswahlen wahlberechtigt. [2]War im Gebiet des Landkreises, in dem sich die Hauptwohnung befindet, die bisherige einzige Wohnung, wird die bisherige Wohndauer in diesem Landkreis angerechnet.

(3) Bei einer Grenzänderung werden wahlberechtigte Kreiseinwohner, die in dem betroffenen Gebiet wohnen, wahlberechtigte Kreiseinwohner des aufnehmenden Landkreises; im übrigen gilt für Einwohner des Landkreises, die in dem betroffenen Gebiet wohnen, das Wohnen in dem Landkreis als Wohnen in dem aufnehmenden Landkreis.

(4) Ausgeschlossen vom Wahlrecht sind Kreiseinwohner,
1. die infolge Richterspruchs in der Bundesrepublik Deutschland das Wahlrecht nicht besitzen,
2. für die zur Besorgung aller ihrer Angelegenheiten ein Betreuer nicht nur durch einstweilige Anordnung bestellt ist; dies gilt auch, wenn der Aufgabenkreis des Betreuers die in § 1896 Abs. 4 und § 1905 des Bürgerlichen Gesetzbuches bezeichneten Angelegenheiten nicht erfaßt.

(5) Das Wahlrecht verliert, wer aus dem Landkreis wegzieht, seine Hauptwohnung aus dem Landkreis in eine andere Gemeinde innerhalb der Bundesrepublik Deutschland verlegt oder nicht mehr Deutscher im Sinne von Artikel 116 des Grundgesetzes oder Unionsbürger ist.

(6) Bei der Berechnung der Dreimonatsfrist nach Absatz 1 Satz 1 und Absatz 2 Satz 1 ist der Tag der Wohnungsnahme in die Frist einzubeziehen.

§ 11 Bestellung zu ehrenamtlicher Tätigkeit
(1) Die wahlberechtigten Kreiseinwohner haben die Pflicht, eine ehrenamtliche Tätigkeit im Landkreis (eine Wahl in den Kreistag, ein Ehrenamt und eine Bestellung zu ehrenamtlicher Mitwirkung) anzunehmen und diese Tätigkeit während der bestimmten Dauer auszuüben.

(2) [1]Der Kreistag bestellt die wahlberechtigten Kreiseinwohner zu ehrenamtlicher Tätigkeit. [2]Die Bestellung kann jederzeit zurückgenommen werden. [3]Mit dem Verlust des Wahlrechts endet jede ehrenamtliche Tätigkeit.

§ 12 Ablehnung ehrenamtlicher Tätigkeit

(1) [1]Der wahlberechtigte Kreiseinwohner kann eine ehrenamtliche Tätigkeit aus wichtigen Gründen ablehnen oder sein Ausscheiden verlangen. [2]Als wichtiger Grund gilt insbesondere, wenn er

1. ein geistliches Amt verwaltet,
2. einem Gemeinderat oder Ortschaftsrat angehört oder zehn Jahre lang angehört hat,
3. ein öffentliches Amt verwaltet und die oberste Dienstbehörde feststellt, daß die ehrenamtliche Tätigkeit mit seinen Dienstpflichten nicht vereinbar ist,
4. zehn Jahre lang dem Kreistag angehört oder ein öffentliches Ehrenamt verwaltet hat,
5. häufig oder langdauernd von dem Landkreis beruflich abwesend ist,
6. anhaltend krank ist,
7. mehr als 62 Jahre alt ist oder
8. durch die Ausübung der ehrenamtlichen Tätigkeit in der Fürsorge für die Familie erheblich behindert wird.

[3]Ferner kann ein Kreisrat sein Ausscheiden aus dem Kreistag verlangen, wenn er aus der Partei oder Wählervereinigung ausscheidet, auf deren Wahlvorschlag er in den Kreistag gewählt wurde.

(2) Ob ein wichtiger Grund vorliegt, entscheidet der Kreistag.

(3) [1]Der Kreistag kann einem wahlberechtigten Kreiseinwohner, der ohne wichtigen Grund eine ehrenamtliche Tätigkeit ablehnt, oder aufgibt, ein Ordnungsgeld bis zu 1 000 Euro auferlegen. [2]Das Ordnungsgeld wird nach den Vorschriften des Landesverwaltungsvollstreckungsgesetzes beigetrieben.

§ 13 Pflichten ehrenamtlich tätiger Kreiseinwohner

(1) Wer zu ehrenamtlicher Tätigkeit bestellt wird, muß die ihm übertragenen Geschäfte uneigennützig und verantwortungsbewußt führen.

(2) [1]Der ehrenamtlich tätige Kreiseinwohner ist zur Verschwiegenheit verpflichtet über alle Angelegenheiten, deren Geheimhaltung gesetzlich vorgeschrieben, besonders angeordnet oder ihrer Natur nach erforderlich ist. [2]Er darf die Kenntnis von geheimzuhaltenden Angelegenheiten nicht unbefugt verwerten. [3]Diese Verpflichtungen bestehen auch nach Beendigung der ehrenamtlichen Tätigkeit fort. [4]Die Geheimhaltung kann nur aus Gründen des öffentlichen Wohls oder zum Schutze berechtigter Interessen einzelner besonders angeordnet werden. [5]Die Anordnung ist aufzuheben, sobald sie nicht mehr gerechtfertigt ist.

(3) [1]Der ehrenamtlich tätige Kreiseinwohner darf Ansprüche und Interessen eines andern gegen den Landkreis nicht geltend machen, soweit er nicht als gesetzlicher Vertreter handelt. [2]Dies gilt für einen ehrenamtlich mitwirkenden Kreiseinwohner nur, wenn die vertretenen Ansprüche oder Interessen mit der ehrenamtlichen Tätigkeit in Zusammenhang stehen. [3]Ob die Voraussetzungen dieses Verbots vorliegen, entscheidet bei Kreisräten der Kreistag, im übrigen der Landrat.

(4) Übt ein zu ehrenamtlicher Tätigkeit bestellter Kreiseinwohner diese Tätigkeit nicht aus oder verletzt er seine Pflichten nach Absatz 1 gröblich oder handelt er seiner Verpflichtung nach Absatz 2 zuwider oder übt er entgegen der Entscheidung des Kreistags oder Landrats eine Vertretung nach Absatz 3 aus, gilt § 12 Abs. 3.

§ 14 Ausschluß wegen Befangenheit

(1) Der ehrenamtlich tätige Kreiseinwohner darf weder beratend noch entscheidend mitwirken, wenn die Entscheidung einer Angelegenheit ihm selbst oder folgenden Personen einen unmittelbaren Vorteil oder Nachteil bringen kann:

1. dem Ehegatten oder dem Lebenspartner nach § 1 des Lebenspartnerschaftsgesetzes,
2. einem in gerader Linie oder in der Seitenlinie bis zum dritten Grade Verwandten,
3. einem in gerader Linie oder in der Seitenlinie bis zum zweiten Grad Verschwägerten oder als verschwägert Geltenden, solange die die Schwägerschaft begründende Ehe oder Lebenspartnerschaft nach § 1 des Lebenspartnerschaftsgesetzes besteht, oder
4. einem von ihm kraft Gesetzes oder Vollmacht vertretenen Person.

(2) Dies gilt auch, wenn der ehrenamtlich tätige Kreiseinwohner, im Falle der Nummer 2 auch Ehegatten, Lebenspartner nach § 1 des Lebenspartnerschaftsgesetzes oder Verwandte ersten Grades,

1. gegen Entgelt bei jemand beschäftigt ist, dem die Entscheidung der Angelegenheit einen unmittelbaren Vorteil oder Nachteil bringen kann, es sei denn, daß nach den tatsächlichen Umständen

der Beschäftigung anzunehmen ist, daß sich der Kreiseinwohner deswegen nicht in einem Interessenwiderstreit befindet,

2. Gesellschafter einer Handelsgesellschaft oder Mitglied des Vorstandes, des Aufsichtsrats oder eines gleichartigen Organs eines rechtlich selbständigen Unternehmens ist, denen die Entscheidung der Angelegenheit einen unmittelbaren Vorteil oder Nachteil bringen kann, sofern er diesem Organ nicht als Vertreter oder auf Vorschlag des Landkreises angehört,

3. Mitglied eines Organs einer juristischen Person des öffentlichen Rechts ist, der die Entscheidung der Angelegenheit einen unmittelbaren Vorteil oder Nachteil bringen kann und die nicht Gebietskörperschaft ist, sofern er diesem Organ nicht als Vertreter oder auf Vorschlag des Landkreises angehört, oder

4. in der Angelegenheit in anderer als öffentlicher Eigenschaft ein Gutachten abgegeben hat oder sonst tätig geworden ist.

(3) [1]Diese Vorschriften gelten nicht, wenn die Entscheidung nur die gemeinsamen Interessen einer Berufs- oder Bevölkerungsgruppe berührt. [2]Sie gelten ferner nicht für Wahlen zu einer ehrenamtlichen Tätigkeit. [3]Absatz 1 Nr. 4 und Absatz 2 Nr. 1 finden auch dann keine Anwendung, wenn die Entscheidung wegen der Wahrnehmung einer Aufgabe des Landkreises eine kreisangehörige Gemeinde betrifft, oder wenn sie Verpflichtungen der kreisangehörigen Gemeinden betrifft, die sich aus der Zugehörigkeit zum Landkreis ergeben und nach gleichen Grundsätzen für die kreisangehörigen Gemeinden festgesetzt werden.

(4) [1]Der ehrenamtlich tätige Kreiseinwohner, bei dem ein Tatbestand vorliegt, der Befangenheit zur Folge haben kann, hat dies vor Beginn der Beratung über diesen Gegenstand dem Vorsitzenden, sonst dem Landrat mitzuteilen. [2]Ob ein Ausschließungsgrund vorliegt, entscheidet in Zweifelsfällen in Abwesenheit des Betroffenen bei Kreisräten und bei Ehrenbeamten der Kreistag, bei Mitgliedern von Ausschüssen der Ausschuß, sonst der Landrat.

(5) Wer an der Beratung und Entscheidung nicht mitwirken darf, muß die Sitzung verlassen.

(6) [1]Ein Beschluß ist rechtswidrig, wenn bei der Beratung oder Beschlußfassung die Bestimmungen der Absätze 1, 2 oder 5 verletzt worden sind oder ein ehrenamtlich tätiger Kreiseinwohner ohne einen der Gründe der Absätze 1 und 2 ausgeschlossen war. [2]Der Beschluß gilt jedoch ein Jahr nach der Beschlußfassung oder, wenn eine öffentliche Bekanntmachung erforderlich ist, ein Jahr nach dieser als von Anfang an gültig zustande gekommen, es sei denn, daß der Landrat dem Beschluß nach § 41 wegen Gesetzwidrigkeit widersprochen oder die Rechtsaufsichtsbehörde den Beschluß vor Ablauf der Frist beanstandet hat. [3]Die Rechtsfolge nach Satz 2 tritt nicht gegenüber demjenigen ein, der vor Ablauf der Jahresfrist einen förmlichen Rechtsbehelf eingelegt hat, wenn in dem Verfahren die Rechtsverletzung festgestellt wird. [4]Für Beschlüsse über Satzungen und andere Rechtsvorschriften des Landkreises bleibt § 3 Abs. 4 unberührt.

§ 15 Entschädigung für ehrenamtliche Tätigkeit

(1) [1]Ehrenamtlich Tätige haben Anspruch auf Ersatz ihrer Auslagen und ihres Verdienstausfalls; durch Satzung können Höchstbeträge festgesetzt werden. [2]Bei Personen, die keinen Verdienst haben und den Haushalt führen, gilt als Verdienstausfall das entstandene Zeitversäumnis; durch Satzung ist hierfür ein bestimmter Stundensatz festzusetzen.

(2) Durch Satzung können Durchschnittssätze festgesetzt werden.

(3) Durch Satzung kann bestimmt werden, daß Kreisräten, sonstigen Mitgliedern der Ausschüsse des Kreistags und Ehrenbeamten eine Aufwandsentschädigung gewährt wird.

(4) [1]Aufwendungen für die entgeltliche Betreuung von pflege- oder betreuungsbedürftigen Angehörigen während der Ausübung der ehrenamtlichen Tätigkeit werden erstattet. [2]Das Nähere wird durch Satzung geregelt.

(5) Durch Satzung kann bestimmt werden, daß neben einem Durchschnittssatz für Auslagen oder einer Aufwandsentschädigung Reisekostenvergütung nach den für Beamte geltenden Bestimmungen gewährt wird.

(6) Ehrenamtlich Tätigen kann Ersatz für Sachschäden nach den für Beamte geltenden Bestimmungen gewährt werden.

(7) Die Ansprüche nach den Absätzen 1 bis 6 sind nicht übertragbar.

§ 16 Einrichtungen

(1) [1]Der Landkreis schafft innerhalb seines Wirkungskreises (§ 2) und in den Grenzen seiner Leistungsfähigkeit die für das wirtschaftliche, soziale und kulturelle Wohl seiner Einwohner erforderlichen öffentlichen Einrichtungen. [2]Die Kreiseinwohner sind im Rahmen des geltenden Rechts berechtigt, die öffentlichen Einrichtungen des Landkreises nach gleichen Grundsätzen zu benützen. [3]Sie sind verpflichtet, die sich aus ihrer Zugehörigkeit zum Landkreis ergebenden Lasten zu tragen.

(2) Personen, die in einer Gemeinde oder einem gemeindefreien Grundstück des Landkreises ein Grundstück besitzen oder ein Gewerbe betreiben und nicht im Landkreis wohnen, sind in derselben Weise berechtigt, die öffentlichen Einrichtungen zu benützen, die im Landkreis für Grundbesitzer oder Gewerbetreibende bestehen, und verpflichtet, für ihren Grundbesitz oder Gewerbebetrieb im Gebiet des Landkreises zu den Lasten des Landkreises beizutragen.

(3) Für juristische Personen und nicht rechtsfähige Personenvereinigungen gelten diese Vorschriften entsprechend.

§ 17 Unterrichtung der Einwohner

(1) Der Kreistag unterrichtet die Einwohner des Landkreises durch den Landrat über die allgemein bedeutsamen Angelegenheiten des Landkreises und sorgt für die Förderung des allgemeinen Interesses an der Verwaltung des Landkreises.

(2) [1]Bei wichtigen Planungen und Vorhaben des Landkreises, die unmittelbar raum- oder entwicklungsbedeutsam sind oder das wirtschaftliche, soziale und kulturelle Wohl seiner Einwohner nachhaltig berühren, sollen die Einwohner möglichst frühzeitig über die Grundlagen sowie die Ziele, Zwecke und Auswirkungen unterrichtet werden. [2]Sofern dafür ein besonderes Bedürfnis besteht, soll den Kreiseinwohnern allgemein Gelegenheit zur Äußerung gegeben werden. [3]Vorschriften über eine förmliche Beteiligung oder Anhörung bleiben unberührt.

(3) [1]Gibt der Landkreis ein eigenes Amtsblatt heraus, das er zur regelmäßigen Unterrichtung der Einwohner über die allgemein bedeutsamen Angelegenheiten des Landkreises nutzt, ist den Fraktionen des Kreistags Gelegenheit zu geben, ihre Auffassungen zu Angelegenheiten des Landkreises im Amtsblatt darzulegen. [2]Der Kreistag regelt in einem Redaktionsstatut für das Amtsblatt das Nähere, insbesondere den angemessenen Umfang der Beiträge der Fraktionen. [3]Er hat die Veröffentlichung von Beiträgen der Fraktionen innerhalb eines bestimmten Zeitraums von höchstens sechs Monaten vor Wahlen auszuschließen.

Zweiter Teil
Verfassung und Verwaltung des Landkreises

1. Abschnitt:
Organe

§ 18 [Kreistag und Landrat]

Verwaltungsorgane des Landkreises sind der Kreistag und der Landrat.

2. Abschnitt:
Kreistag

§ 19 Rechtsstellung und Aufgaben

(1) [1]Der Kreistag ist die Vertretung der Einwohner und das Hauptorgan des Landkreises. [2]Er legt die Grundsätze für die Verwaltung des Landkreises fest und entscheidet über alle Angelegenheiten des Landkreises, soweit nicht der Landrat kraft Gesetzes zuständig ist oder ihm der Kreistag bestimmte Angelegenheiten überträgt. [3]Der Kreistag überwacht die Ausführung seiner Beschlüsse und sorgt beim Auftreten von Mißständen in der Verwaltung des Landkreises für deren Beseitigung.

(2) [1]Der Kreistag entscheidet im Einvernehmen mit dem Landrat über die Ernennung, Einstellung und Entlassung der Bediensteten des Landkreises; das gleiche gilt für die nicht nur vorübergehende Übertragung einer anders bewerteten Tätigkeit bei einem Arbeitnehmer sowie für die Festsetzung des Entgelts, sofern kein Anspruch auf Grund eines Tarifvertrags besteht. [2]Kommt es zu keinem Einvernehmen, entscheidet der Kreistag mit einer Mehrheit von zwei Dritteln der Stimmen der Anwesenden allein. [3]Der Landrat ist zuständig, soweit der Kreistag ihm die Entscheidung überträgt oder diese zur

laufenden Verwaltung gehört. [4]Rechte des Staates bei der Ernennung und Entlassung von Bediensteten, die sich aus anderen Gesetzen ergeben, bleiben unberührt.

(3) [1]Eine Fraktion oder ein Sechstel der Kreisräte kann in allen Angelegenheiten des Landkreises und seiner Verwaltung verlangen, dass der Landrat den Kreistag unterrichtet. [2]Ein Viertel der Kreisräte kann in Angelegenheiten im Sinne von Satz 1 verlangen, dass dem Kreistag oder einem von ihm bestellten Ausschuss Akteneinsicht gewährt wird. [3]In dem Ausschuss müssen die Antragsteller vertreten sein.

(4) [1]Jeder Kreisrat kann an den Landrat schriftliche, elektronische oder in einer Sitzung des Kreistags mündliche Anfragen über einzelne Angelegenheiten im Sinne von Absatz 3 Satz 1 richten, die binnen angemessener Frist zu beantworten sind. [2]Das Nähere ist in der Geschäftsordnung des Kreistags zu regeln.

(5) Absatz 3 und 4 gilt nicht bei den nach § 42 Abs. 3 Satz 3 geheimzuhaltenden Angelegenheiten.

§ 20 Zusammensetzung

(1) [1]Der Kreistag besteht aus dem Landrat als Vorsitzendem und den ehrenamtlichen Mitgliedern (Kreisräte). [2]Die Kreisräte wählen aus ihrer Mitte einen oder mehrere stellvertretende Vorsitzende, die den Landrat als Vorsitzenden des Kreistags im Verhinderungsfalle vertreten. [3]Die Reihenfolge der Vertretung bestimmt der Kreistag.

(2) [1]Die Zahl der Kreisräte beträgt mindestens 24; in Landkreisen mit mehr als 50 000 Einwohnern erhöht sich diese Zahl bis zu 200 000 Einwohnern für je weitere 10 000 Einwohner und über 200 000 Einwohnern für je weitere 20 000 Einwohner um zwei. [2]Ergibt sich bei der Verteilung der Sitze im Verhältnis der auf die Wahlvorschläge der gleichen Partei oder Wählervereinigung gefallenen Gesamtstimmenzahlen innerhalb des Wahlgebiets, daß einer Partei oder Wählervereinigung außer den in den Wahlkreisen bereits zugewiesenen Sitzen weitere zustehen, erhöht sich die Zahl der Kreisräte für die auf die Wahl folgende Amtszeit entsprechend.

(3) Änderungen der für die Zusammensetzung des Kreistags maßgebenden Einwohnerzahl sind erst bei der nächsten regelmäßigen Wahl zu berücksichtigen.

§ 21 Amtszeit

(1) Der Kreistag wird auf die Dauer von fünf Jahren gewählt.

(2) [1]Die Amtszeit endet mit Ablauf des Tages, an dem die regelmäßigen Wahlen zum Kreistag stattfinden. [2]Wenn die Wahl von der Wahlprüfungsbehörde nicht beanstandet wurde, ist die erste Sitzung des Kreistags unverzüglich nach der Zustellung des Wahlprüfungsbescheids oder nach ungenutztem Ablauf der Wahlprüfungsfrist, sonst nach Eintritt der Rechtskraft der Wahl anzuberaumen; dies gilt auch, wenn eine Entscheidung nach § 24 Abs. 2 Halbsatz 2 noch nicht rechtskräftig ist. [3]Bis zum Zusammentreten des neugewählten Kreistags führt der bisherige Kreistag die Geschäfte weiter. [4]Wesentliche Entscheidungen, die bis zum Zusammentreten des neugewählten Kreistags aufgeschoben werden können, bleiben dem neugewählten Kreistag vorbehalten.

(3) [1]Ist die Wahl von Kreisräten, die ihr Amt bereits angetreten haben, rechtskräftig für ungültig erklärt worden, so führen diese im Falle des § 32 Abs. 1 des Kommunalwahlgesetzes die Geschäfte bis zum Zusammentreten des auf Grund einer Wiederholungs- oder Neuwahl neugewählten Kreistags, in den Fällen des § 32 Abs. 2 und 3 des Kommunalwahlgesetzes bis zum Ablauf des Tages weiter, an dem das berichtigte Wahlergebnis öffentlich bekanntgemacht wird. [2]Die Rechtswirksamkeit der Tätigkeit dieser Kreisräte wird durch die Ungültigkeit ihrer Wahl nicht berührt.

§ 22 Wahlgrundsätze und Wahlverfahren

(1) Die Kreisräte werden in allgemeiner, unmittelbarer, freier, gleicher und geheimer Wahl gewählt.

(2) [1]Gewählt wird auf Grund von Wahlvorschlägen unter Berücksichtigung der Grundsätze der Verhältniswahl. [2]Die Wahlvorschläge dürfen höchstens eineinhalbmal soviel Bewerber enthalten, wie Kreisräte im Wahlkreis (Absatz 4) zu wählen sind. [3]Die Verbindung von Wahlvorschlägen ist unzulässig. [4]Jeder Wahlberechtigte hat soviel Stimmen, wie Kreisräte im Wahlkreis zu wählen sind. [5]Der Wahlberechtigte kann Bewerber aus anderen Wahlvorschlägen des Wahlkreises übernehmen und einem Bewerber bis zu drei Stimmen geben.

(3) [1]Wird nur ein gültiger oder kein Wahlvorschlag eingereicht, findet Mehrheitswahl ohne Bindung an die vorgeschlagenen Bewerber und ohne das Recht der Stimmenhäufung auf einen Bewerber statt.

[2]Der Wahlberechtigte kann dabei nur so vielen Personen eine Stimme geben, wie Kreisräte im Wahlkreis zu wählen sind.

(4) [1]Der Landkreis wird für die Wahl zum Kreistag als Wahlgebiet in Wahlkreise eingeteilt. [2]Für jeden Wahlkreis sind besondere Wahlvorschläge einzureichen. [3]Jede Gemeinde, auf die nach ihrer Einwohnerzahl mindestens vier Sitze entfallen, bildet einen Wahlkreis. [4]Kleinere benachbarte Gemeinden können mit ihr zu einem Wahlkreis zusammengeschlossen werden. [5]Kein Wahlkreis nach den Sätzen 3 und 4 enthält mehr als zwei Fünftel der Sitze. [6]Gemeinden, die keinen Wahlkreis bilden und auch zu keinem Wahlkreis nach Satz 4 gehören, werden zu Wahlkreisen zusammengeschlossen, auf die mindestens vier und höchstens acht Sitze entfallen. [7]Bei der Bildung der Wahlkreise nach Satz 6 sollen neben der geographischen Lage und der Struktur der Gemeinden auch die örtlichen Verwaltungsräume berücksichtigt werden.

(5) [1]Zur Feststellung der auf die einzelnen Wahlkreise entfallenden Sitze werden die Einwohnerzahlen der Wahlkreise der Reihe nach durch ungerade Zahlen in aufsteigender Reihenfolge, beginnend mit der Zahl eins, geteilt und von den dabei ermittelten, wahlkreisübergreifend der Größe nach in absteigender Reihenfolge zu ordnenden Zahlen so viele Höchstzahlen ausgesondert, als Kreisräte zu wählen sind; jeder Wahlkreis erhält so viele Sitze, als Höchstzahlen auf ihn entfallen. [2]Dabei scheiden Wahlkreise von der weiteren Zuteilung aus, sobald auf sie zwei Fünftel aller zu besetzenden Sitze entfallen sind.

(6) [1]Die Sitze werden zunächst innerhalb der einzelnen Wahlkreise im Falle der Verhältniswahl nach dem Verhältnis der auf die Wahlvorschläge entfallenden Gesamtstimmenzahlen, im Falle der Mehrheitswahl in der Reihenfolge der höchsten Stimmenzahlen verteilt. [2]Sodann werden die von den Parteien und Wählervereinigungen in den einzelnen Wahlkreisen auf die Bewerber ihrer Wahlvorschläge vereinigten Gesamtstimmenzahlen durch die Zahl der in diesen zu wählenden Bewerber geteilt, diese gleichwertigen Stimmenzahlen der gleichen Parteien und Wählervereinigungen im Wahlgebiet zusammengezählt und die in den Wahlkreisen, in denen Wahlvorschläge eingereicht wurden, zu besetzenden Sitze auf die Wahlvorschläge der gleichen Parteien und Wählervereinigungen nach dem Verhältnis der ihnen im Wahlgebiet zugefallenen gleichwertigen Gesamtstimmenzahlen verteilt. [3]Auf die danach den Parteien und Wählervereinigungen zukommenden Sitze werden die in den Wahlkreisen zugeteilten Sitze angerechnet. [4]Wurden einer Partei oder Wählervereinigung in den Wahlkreisen mehr Sitze zugeteilt, als ihr nach dem Verhältnis der gleichwertigen Gesamtstimmenzahlen im Wahlgebiet zukommen würden, bleibt es bei dieser Zuteilung; in diesem Falle ist mit der Verteilung von Sitzen nach Satz 2 solange fortzufahren, bis den Parteien und Wählervereinigungen, die Mehrsitze erhalten haben, diese auch nach dem Verhältnis der gleichwertigen Gesamtstimmenzahlen zufallen würden. [5]Bei gleicher Höchstzahl fällt der letzte Sitz an die Partei oder Wählervereinigung, die Mehrsitze erlangt hat. [6]Durch die Zuteilung von Sitzen nach Satz 1 bis 4 darf die Zahl der Kreisräte, die sich nach § 20 Abs. 2 Satz 1 ergibt, nicht um mehr als 20 vom Hundert erhöht werden.

§ 23 Wählbarkeit

(1) Wählbar in den Kreistag sind wahlberechtigte Kreiseinwohner, die das 18. Lebensjahr vollendet haben.

(2) [1]Nicht wählbar sind Kreiseinwohner,
1. die vom Wahlrecht ausgeschlossen sind (§ 10 Abs. 4),
2. die infolge Richterspruchs in der Bundesrepublik Deutschland die Wählbarkeit oder die Fähigkeit zur Bekleidung öffentlicher Ämter nicht besitzen.

[2]Unionsbürger sind auch dann nicht wählbar, wenn sie infolge einer zivilrechtlichen Einzelfallentscheidung oder einer strafrechtlichen Entscheidung des Mitgliedstaates, dessen Staatsangehörige sie sind, die Wählbarkeit nicht besitzen.

§ 24 Hinderungsgründe

(1) [1]Kreisräte können nicht sein
1. a) Beamte und Arbeitnehmer des Landkreises sowie Beamte und Arbeitnehmer des Landratsamts,
   b) Beamte und Arbeitnehmer eines Nachbarschaftsverbands und eines Zweckverbands, dessen Mitglied der Landkreis ist,

c) leitende Beamte und leitende Arbeitnehmer einer sonstigen Körperschaft des öffentlichen Rechts, wenn der Landkreis in einem beschließenden Kollegialorgan der Körperschaft mehr als die Hälfte der Stimmen hat, oder eines Unternehmens in der Rechtsform des privaten Rechts, wenn der Landkreis mit mehr als 50 vom Hundert an dem Unternehmen beteiligt ist, oder einer selbstständigen Kommunalanstalt des Landkreises oder einer gemeinsamen selbstständigen Kommunalanstalt, an der der Landkreis mit mehr als 50 vom Hundert beteiligt ist, und

d) Beamte und Arbeitnehmer einer Stiftung des öffentlichen Rechts, die vom Landkreis verwaltet wird, und

2. Beamte und Arbeitnehmer der Rechtsaufsichtsbehörde und der obersten Rechtsaufsichtsbehörde, die unmittelbar mit der Ausübung der Rechtsaufsicht befasst sind, sowie leitende Beamte und leitende Arbeitnehmer der Gemeindeprüfungsanstalt.
²Satz 1 findet keine Anwendung auf Arbeitnehmer, die überwiegend körperliche Arbeit verrichten
(2) Der Kreistag stellt fest, ob ein Hinderungsgrund nach Absatz 1 gegeben ist; nach regelmäßigen Wahlen wird dies vor der Einberufung der ersten Sitzung des neuen Kreistags festgestellt.

§ 25 Ausscheiden, Nachrücken, Ergänzungswahl

(1) ¹Aus dem Kreistag scheiden die Kreisräte aus, die die Wählbarkeit (§ 23) verlieren oder bei denen im Laufe der Amtszeit ein Hinderungsgrund (§ 24) entsteht. ²Die Bestimmungen über das Ausscheiden aus einem wichtigen Grunde bleiben unberührt. ³Der Kreistag stellt fest, ob eine dieser Voraussetzungen gegeben ist. ⁴Für Beschlüsse, die unter Mitwirkung von Personen nach Satz 1 oder nach § 24 zustande gekommen sind, gilt § 14 Abs. 6 entsprechend. ⁵Ergibt sich nachträglich, daß eine in den Kreistag gewählte Person im Zeitpunkt der Wahl nicht wählbar war, ist dies vom Kreistag festzustellen.
(2) ¹Tritt eine gewählte Person nicht in den Kreistag ein, scheidet sie im Laufe der Amtszeit aus oder wird festgestellt, daß sie nicht wählbar war, rückt die als nächste Ersatzperson festgestellte Person nach. ²Satz 1 gilt entsprechend, wenn eine gewählte Person, der ein Sitz nach § 26 Abs. 3 Satz 3 des Kommunalwahlgesetzes zugeteilt worden war, als Ersatzperson nach Satz 1 nachrückt; eine Ersatzperson wird beim Nachrücken übergangen, wenn ihr Wahlkreis nur aus einer Gemeinde besteht und durch ihr Nachrücken auf diesen Wahlkreis mehr als zwei Fünftel der im Wahlgebiet insgesamt zu besetzenden Sitze entfallen würden.
(3) Ist die Zahl der Kreisräte dadurch auf weniger als zwei Drittel der gesetzlichen Mitgliederzahl herabgesunken, daß nicht eintretende oder ausgeschiedene Kreisräte nicht durch Nachrücken ersetzt oder bei einer Wahl Sitze nicht besetzt werden konnten, ist eine Ergänzungswahl für den Rest der Amtszeit nach den für die Hauptwahl geltenden Vorschriften durchzuführen.

§ 25a Folgen des Verbots einer Partei oder Wählervereinigung

(1) ¹Stellt das Bundesverfassungsgericht nach Artikel 21 Absatz 4 des Grundgesetzes fest, dass eine Partei oder die Teilorganisation einer Partei verfassungswidrig ist, scheiden Kreisräte,
Fehler 1. die aufgrund eines Wahlvorschlags dieser Partei oder Teilorganisation gewählt worden sind, in LP oder
Fehler 2. die dieser Partei oder Teilorganisation zu einem Zeitpunkt zwischen der Antragstellung nach in LP § 43 des Bundesverfassungsgerichtsgesetzes und der Verkündung der Entscheidung nach § 46 des Bundesverfassungsgerichtsgesetzes angehört haben,
mit der Verkündung der Entscheidung des Bundesverfassungsgerichts aus dem Kreistag aus. ²Für unanfechtbar verbotene Ersatzorganisationen (§ 33 des Parteiengesetzes) gilt Satz 1 entsprechend.
(2) Wird eine Wählervereinigung nach dem Vereinsgesetz verboten, scheiden Kreisräte, die aufgrund eines Wahlvorschlags dieser Wählervereinigung gewählt worden sind, mit der Unanfechtbarkeit des Verbots aus dem Kreistag aus.
(3) In den Fällen des Absatzes 1 Satz 1 Nummer 1 und des Absatzes 2 bleiben die freigewordenen Sitze unbesetzt.
(4) ¹Scheidet ein Kreisrat ausschließlich nach Absatz 1 Satz 1 Nummer 2 aus dem Kreistag aus, rückt die als nächste Ersatzperson festgestellte Person nach. ²§ 25 Absatz 2 Satz 2 gilt entsprechend. ³Ersatzpersonen, die die Voraussetzungen des Absatzes 1 Satz 1 Nummer 2 erfüllen, sind vom Nachrücken ausgeschlossen.

(5) [1]Der Kreistag stellt das Ausscheiden aus dem Kreistag und den Ausschluss vom Nachrücken fest. [2]Für Beschlüsse, die unter Mitwirkung von Personen nach den Absätzen 1 und 2 zu Stande gekommen sind, gilt § 14 Absatz 6 entsprechend.

§ 26 Rechtsstellung der Kreisräte

(1) [1]Die Kreisräte sind ehrenamtlich tätig. [2]Der Landrat verpflichtet die Kreisräte in der ersten Sitzung öffentlich auf die gewissenhafte Erfüllung ihrer Amtspflichten.

(2) [1]Niemand darf gehindert werden, das Amt eines Kreisrats zu übernehmen und auszuüben. [2]Eine Kündigung oder Entlassung aus einem Dienst- oder Arbeitsverhältnis, eine Versetzung an einen anderen Beschäftigungsort und jede sonstige berufliche Benachteiligung aus diesem Grunde sind unzulässig. [3]Steht der Kreisrat in einem Dienst- oder Arbeitsverhältnis, ist ihm die für seine Tätigkeit erforderliche freie Zeit zu gewähren.

(3) [1]Die Kreisräte entscheiden im Rahmen der Gesetze nach ihrer freien, nur durch das öffentliche Wohl bestimmten Überzeugung. [2]An Verpflichtungen und Aufträge, durch die diese Freiheit beschränkt wird, sind sie nicht gebunden.

(4) Erleidet ein Kreisrat einen Dienstunfall, hat er dieselben Rechte wie ein Ehrenbeamter.

(5) Auf Kreisräte, die als Vertreter des Landkreises in Organen eines Unternehmens (§ 48 dieses Gesetzes und § 104 der Gemeindeordnung) Vergütungen erhalten, finden die für den Landrat geltenden Vorschriften über die Ablieferungspflicht entsprechende Anwendung.

§ 26a Fraktionen

(1) [1]Kreisräte können sich zu Fraktionen zusammenschließen. [2]Das Nähere über die Bildung der Fraktionen, die Mindestzahl ihrer Mitglieder sowie die Rechte und Pflichten der Fraktionen regelt die Geschäftsordnung.

(2) [1]Die Fraktionen wirken bei der Willensbildung und Entscheidungsfindung des Kreistags mit. [2]Sie dürfen insoweit ihre Auffassungen öffentlich darstellen. [3]Ihre innere Ordnung muss demokratischen und rechtsstaatlichen Grundsätzen entsprechen.

(3) [1]Der Landkreis kann den Fraktionen Mittel aus seinem Haushalt für die sächlichen und personellen Aufwendungen der Fraktionsarbeit gewähren. [2]Über die Verwendung der Mittel ist ein Nachweis in einfacher Form zu führen.

§ 27 Mitwirkung im Kreistag

(1) Der ständige allgemeine Stellvertreter des Landrats ist berechtigt, an den Sitzungen des Kreistags teilzunehmen.

(2) Der Vorsitzende kann den Vortrag in den Sitzungen des Kreistags einem Bediensteten des Landkreises oder des Landratsamts als unterer Verwaltungsbehörde übertragen; auf Verlangen des Kreistags muß er einen solchen Bediensteten zu sachverständigen Auskünften zuziehen.

(3) Der Kreistag kann sachkundige Kreiseinwohner und Sachverständige zu den Beratungen einzelner Angelegenheiten zuziehen.

(4) [1]Der Kreistag kann bei öffentlichen Sitzungen Kreiseinwohnern und den ihnen gleichgestellten Personen und Personenvereinigungen nach § 16 Abs. 2 und 3 die Möglichkeit einräumen, Fragen zu Angelegenheiten des Landkreises zu stellen oder Anregungen und Vorschläge zu unterbreiten (Fragestunde); zu den Fragen nimmt der Vorsitzende Stellung. [2]Der Kreistag kann betroffenen Personen und Personengruppen Gelegenheit geben, ihre Auffassung im Kreistag vorzutragen (Anhörung); das gleiche gilt für die Ausschüsse. [3]Das Nähere regelt die Geschäftsordnung.

§ 28 Ältestenrat

(1) [1]Durch die Hauptsatzung kann bestimmt werden, daß der Kreistag einen Ältestenrat bildet, der den Landrat in Fragen der Tagesordnung und des Gangs der Verhandlungen des Kreistags berät. [2]Vorsitzender des Ältestenrats ist der Landrat. [3]Im Verhinderungsfall wird der Landrat von seinem Stellvertreter nach § 20 Abs. 1 Satz 2 vertreten.

(2) Das Nähere über die Zusammensetzung, den Geschäftsgang und die Aufgaben des Ältestenrats ist in der Geschäftsordnung des Kreistags zu regeln; zu der Regelung der Aufgaben ist das Einvernehmen des Landrats erforderlich.

§ 29 Einberufung der Sitzungen, Teilnahmepflicht

(1) [1]Der Landrat beruft den Kreistag schriftlich oder elektronisch mit angemessener Frist ein und teilt rechtzeitig, in der Regel mindestens sieben Tage vor dem Sitzungstag, die Verhandlungsgegenstände mit; dabei sind die für die Verhandlung erforderlichen Unterlagen beizufügen, soweit nicht das öffentliche Wohl oder berechtigte Interessen einzelner entgegenstehen. [2]Der Kreistag ist einzuberufen, wenn es die Geschäftslage erfordert. [3]Der Kreistag ist unverzüglich einzuberufen, wenn es ein Viertel der Kreisräte unter Angabe des Verhandlungsgegenstands beantragt. [4]Auf Antrag einer Fraktion oder eines Sechstels der Kreisräte ist ein Verhandlungsgegenstand auf die Tagesordnung der nächsten Sitzung des Kreistags zu setzen. [5]Die Verhandlungsgegenstände müssen zum Aufgabengebiet des Kreistags gehören. [6]Satz 3 und 4 gilt nicht, wenn der Kreistag den gleichen Verhandlungsgegenstand innerhalb der letzten sechs Monate bereits behandelt hat.

(2) Zeit, Ort und Tagesordnung der öffentlichen Sitzungen sind rechtzeitig bekanntzugeben.

(3) Die Kreisräte sind verpflichtet, an den Sitzungen teilzunehmen.

§ 30 Öffentlichkeit der Sitzungen

(1) [1]Die Sitzungen des Kreistags sind öffentlich. [2]Nichtöffentlich darf nur verhandelt werden, wenn es das öffentliche Wohl oder berechtigte Interessen einzelner erfordern; über Gegenstände, bei denen diese Voraussetzungen vorliegen, muß nichtöffentlich verhandelt werden. [3]Über Anträge aus der Mitte des Kreistags, einen Verhandlungsgegenstand entgegen der Tagesordnung in öffentlicher oder nichtöffentlicher Sitzung zu behandeln, wird in nichtöffentlicher Sitzung beraten und entschieden. [4]In nichtöffentlicher Sitzung nach Satz 2 gefaßte Beschlüsse sind nach Wiederherstellung der Öffentlichkeit oder, wenn dies ungeeignet ist, in der nächsten öffentlichen Sitzung im Wortlaut bekanntzugeben, soweit nicht das öffentliche Wohl oder berechtigte Interessen einzelner entgegenstehen.

(2) Die Kreisräte sind zur Verschwiegenheit über alle in nichtöffentlicher Sitzung behandelten Angelegenheiten so lange verpflichtet, bis sie der Landrat von der Schweigepflicht entbindet; dies gilt nicht für Beschlüsse, soweit sie nach Absatz 1 Satz 4 bekanntgegeben worden sind.

§ 31 Verhandlungsleitung, Geschäftsgang

(1) [1]Der Vorsitzende eröffnet, leitet und schließt die Verhandlungen des Kreistags. [2]Er handhabt die Ordnung und übt das Hausrecht aus.

(2) Der Kreistag regelt seine inneren Angelegenheiten, insbesondere den Gang seiner Verhandlungen, im Rahmen der gesetzlichen Vorschriften durch eine Geschäftsordnung.

(3) [1]Bei grober Ungebühr oder wiederholten Verstößen gegen die Ordnung kann ein Kreisrat vom Vorsitzenden aus dem Beratungsraum verwiesen werden; mit dieser Anordnung ist der Verlust des Anspruchs auf die auf den Sitzungstag entfallende Entschädigung verbunden. [2]Bei wiederholten Ordnungswidrigkeiten nach Satz 1 kann der Kreistag ein Mitglied für mehrere, höchstens jedoch für sechs Sitzungen ausschließen. [3]Entsprechendes gilt für sachkundige Kreiseinwohner, die zu den Beratungen zugezogen sind.

§ 32 Beschlußfassung

(1) Der Kreistag kann nur in einer ordnungsmäßig einberufenen und geleiteten Sitzung beraten und beschließen.

(2) [1]Der Kreistag ist beschlußfähig, wenn mindestens die Hälfte aller Mitglieder anwesend und stimmberechtigt ist. [2]Bei Befangenheit von mehr als der Hälfte aller Mitglieder ist der Kreistag beschlußfähig, wenn mindestens ein Viertel aller Mitglieder anwesend und stimmberechtigt ist.

(3) [1]Ist der Kreistag wegen Abwesenheit oder Befangenheit von Mitgliedern nicht beschlußfähig, muß eine zweite Sitzung stattfinden, in der er beschlußfähig ist, wenn mindestens drei Mitglieder anwesend und stimmberechtigt sind; bei der Einberufung der zweiten Sitzung ist hierauf hinzuweisen. [2]Die zweite Sitzung entfällt, wenn weniger als drei Mitglieder stimmberechtigt sind.

(4) [1]Ist keine Beschlußfähigkeit des Kreistags gegeben, entscheidet der Landrat anstelle des Kreistags nach Anhörung der nichtbefangenen Kreisräte. [2]Ist auch der Landrat befangen, findet § 124 der Gemeindeordnung entsprechende Anwendung; dies gilt nicht, wenn der Kreistag ein stimmberechtigtes Mitglied für die Entscheidung zum Stellvertreter des Landrats bestellt.

(5) Der Kreistag beschließt durch Abstimmungen und Wahlen.

(6) [1]Der Kreistag stimmt in der Regel offen ab. [2]Die Beschlüsse werden mit Stimmenmehrheit gefaßt. [3]Der Landrat hat kein Stimmrecht; bei Stimmengleichheit ist der Antrag abgelehnt.

(7) ¹Wahlen werden geheim mit Stimmzetteln vorgenommen; es kann offen gewählt werden, wenn kein Mitglied widerspricht. ²Der Landrat hat kein Stimmrecht. ³Gewählt ist, wer mehr als die Hälfte der Stimmen der anwesenden Stimmberechtigten erhalten hat. ⁴Wird eine solche Mehrheit bei der Wahl nicht erreicht, findet zwischen den beiden Bewerbern mit den meisten Stimmen Stichwahl statt, bei der die einfache Stimmenmehrheit entscheidet. ⁵Bei Stimmengleichheit entscheidet das Los. ⁶Steht nur ein Bewerber zur Wahl und erreicht dieser nicht mehr als die Hälfte der Stimmen der anwesenden Stimmberechtigten, findet ein zweiter Wahlgang statt; auch im zweiten Wahlgang ist mehr als die Hälfte der Stimmen der anwesenden Stimmberechtigten erforderlich. ⁷Der zweite Wahlgang soll frühestens eine Woche nach dem ersten Wahlgang durchgeführt werden. ⁸Über die Ernennung und Einstellung der Bediensteten des Landkreises ist durch Wahl Beschluß zu fassen; das gleiche gilt für die nicht nur vorübergehende Übertragung einer höher bewerteten Tätigkeit bei einem Arbeitnehmer.

§ 33 Niederschrift

(1) ¹Über den wesentlichen Inhalt der Verhandlungen des Kreistags ist eine Niederschrift zu fertigen, dabei findet § 3a des Landesverwaltungsverfahrensgesetzes keine Anwendung; sie muß insbesondere den Namen des Vorsitzenden, die Zahl der anwesenden und die Namen der abwesenden Kreisräte unter Angabe des Grundes der Abwesenheit, die Gegenstände der Verhandlung, die Anträge, die Abstimmungs- und Wahlergebnisse und den Wortlaut der Beschlüsse enthalten. ²Der Vorsitzende und jedes Mitglied können verlangen, daß ihre Erklärung oder Abstimmung in der Niederschrift festgehalten wird.

(2) ¹Die Niederschrift ist vom Vorsitzenden, zwei Kreisräten, die an der Verhandlung teilgenommen haben, und dem Schriftführer zu unterzeichnen. ²Sie ist dem Kreistag in seiner nächsten Sitzung zur Kenntnis zu bringen. ³Über die hierbei gegen die Niederschrift vorgebrachten Einwendungen entscheidet der Kreistag. ⁴Mehrfertigungen von Niederschriften über nichtöffentliche Sitzungen dürfen nicht ausgehändigt werden. ⁵Die Einsichtnahme in die Niederschriften über die öffentlichen Sitzungen ist den Kreiseinwohnern gestattet.

§ 34 Beschließende Ausschüsse

(1) ¹Durch die Hauptsatzung kann der Kreistag beschließende Ausschüsse bilden und ihnen bestimmte Aufgabengebiete zur dauernden Erledigung übertragen. ²Durch Beschluß kann der Kreistag einzelne Angelegenheiten auf bestehende beschließende Ausschüsse übertragen oder für ihre Erledigung beschließende Ausschüsse bilden.

(2) Auf beschließende Ausschüsse kann nicht übertragen werden die Beschlußfassung über

1. die Bestellung der Mitglieder von Ausschüssen des Kreistags sowie Angelegenheiten nach § 19 Abs. 2 Satz 1 bei leitenden Bediensteten,
2. die Übernahme freiwilliger Aufgaben,
3. den Erlaß von Satzungen und Rechtsverordnungen,
4. längerfristige Planungen für Vorhaben im Sinne des § 17 Abs. 2 Satz 1,
5. die Stellungnahmen zur Änderung der Grenzen des Landkreises,
6. die Regelung der allgemeinen Rechtsverhältnisse der Bediensteten des Landkreises,
7. die Übertragung von Aufgaben auf den Landrat,
8. die Verfügung über Vermögen des Landkreises, die für den Landkreis von erheblicher wirtschaftlicher Bedeutung ist,
9. die Errichtung, wesentliche Erweiterung und Aufhebung von öffentlichen Einrichtungen und von Unternehmen sowie die Beteiligung an solchen,
10. die Umwandlung der Rechtsform von öffentlichen Einrichtungen und von Unternehmen des Landkreises und von solchen, an denen der Landkreis beteiligt ist,
11. die Bestellung von Sicherheiten, die Übernahme von Bürgschaften und von Verpflichtungen aus Gewährverträgen und den Abschluß der ihnen wirtschaftlich gleichkommenden Rechtsgeschäfte, soweit sie für den Landkreis von erheblicher wirtschaftlicher Bedeutung sind,
12. den Erlass der Haushaltssatzung und der Nachtragshaushaltssatzungen, die Feststellung des Jahresabschlusses und des Gesamtabschlusses, die Wirtschaftspläne und die Feststellung des Jahresabschlusses von Sondervermögen,
13. die allgemeine Festsetzung von Abgaben,

14. den Verzicht auf Ansprüche des Landkreises und die Niederschlagung solcher Ansprüche, die Führung von Rechtsstreiten und den Abschluß von Vergleichen, soweit sie für den Landkreis von erheblicher wirtschaftlicher Bedeutung sind,
15. den Beitritt zu Zweckverbänden und den Austritt aus diesen,
16. die Übertragung von Aufgaben auf das Rechnungsprüfungsamt und
17. die Beteiligung an einem körperschaftlichen Forstamt nach § 47 a des Landeswaldgesetzes.[1]

(3) [1]Im Rahmen ihrer Zuständigkeit entscheiden die beschließenden Ausschüsse selbständig an Stelle des Kreistags. [2]Ergibt sich, daß eine Angelegenheit für den Landkreis von besonderer Bedeutung ist, können die beschließenden Ausschüsse die Angelegenheit dem Kreistag zur Beschlußfassung unterbreiten. [3]In der Hauptsatzung kann bestimmt werden, daß ein Viertel aller Mitglieder eines beschließenden Ausschusses eine Angelegenheit dem Kreistag zur Beschlußfassung unterbreiten kann, wenn sie für den Landkreis von besonderer Bedeutung ist. [4]Lehnt der Kreistag eine Behandlung ab, weil er die Voraussetzungen für die Verweisung als nicht gegeben ansieht, entscheidet der zuständige beschließende Ausschuß. [5]In der Hauptsatzung kann weiter bestimmt werden, daß der Kreistag allgemein oder im Einzelfall Weisungen erteilen, jede Angelegenheit an sich ziehen und Beschlüsse der beschließenden Ausschüsse, solange sie noch nicht vollzogen sind, ändern oder aufheben kann.

(4) [1]Angelegenheiten, deren Entscheidung dem Kreistag vorbehalten ist, sollen den beschließenden Ausschüssen innerhalb ihres Aufgabengebietes zur Vorberatung zugewiesen werden. [2]In dringenden Angelegenheiten, deren Erledigung nicht bis zu einer Sitzung des Kreistags aufgeschoben werden kann, entscheidet der zuständige beschließende Ausschuß an Stelle des Kreistags. [3]Die Gründe für die Eilentscheidung und die Art der Erledigung sind den Kreisräten unverzüglich mitzuteilen.

(5) [1]Für den Geschäftsgang der beschließenden Ausschüsse gelten die Vorschriften der §§ 27 und 29 bis 33 entsprechend. [2]Die beschließenden Ausschüsse sind mit angemessener Frist einzuberufen, wenn es die Geschäftslage erfordert; sie sollen jedoch mindestens einmal im Monat einberufen werden. [3]In Notfällen können sie ohne Frist, formlos und nur unter Angabe der Verhandlungsgegenstände einberufen werden. [4]Vorberatungen nach Absatz 4 können in öffentlicher oder nichtöffentlicher Sitzung erfolgen; bei Vorliegen der Voraussetzungen des § 30 Absatz 1 Satz 2 muss nichtöffentlich verhandelt werden. [5]Im Falle der Vorberatung nach Absatz 4 hat der Landrat Stimmrecht. [6]Ist ein beschließender Ausschuß wegen Befangenheit von Mitgliedern nicht beschlußfähig im Sinne von § 32 Abs. 2 Satz 1, entscheidet der Kreistag an seiner Stelle ohne Vorberatung.

§ 35 Zusammensetzung der beschließenden Ausschüsse

(1) [1]Die beschließenden Ausschüsse bestehen aus dem Vorsitzenden und mindestens sechs Mitgliedern. [2]Der Kreistag bestellt die Mitglieder und Stellvertreter widerruflich aus seiner Mitte. [3]Nach jeder Wahl der Kreisräte sind die beschließenden Ausschüsse neu zu bilden. [4]In die beschließenden Ausschüsse können durch den Kreistag sachkundige Kreiseinwohner widerruflich als beratende Mitglieder berufen werden; ihre Zahl darf die der Kreisräte in den einzelnen Ausschüssen nicht erreichen; sie sind ehrenamtlich tätig; § 26 Abs. 2 gilt entsprechend.

(2) [1]Kommt eine Einigung über die Zusammensetzung eines beschließenden Ausschusses nicht zustande, werden die Mitglieder von den Kreisräten auf Grund von Wahlvorschlägen nach den Grundsätzen der Verhältniswahl unter Bindung an die Wahlvorschläge gewählt. [2]Wird nur ein gültiger oder kein Wahlvorschlag eingereicht, findet Mehrheitswahl ohne Bindung an die vorgeschlagenen Bewerber statt.

(3) [1]Vorsitzender der beschließenden Ausschüsse ist der Landrat; er kann seinen ständigen allgemeinen Stellvertreter mit seiner Vertretung im Vorsitz beauftragen. [2]Die Mitglieder der Ausschüsse wählen aus ihrer Mitte einen oder mehrere stellvertretende Vorsitzende, die den Vorsitzenden im Verhinderungsfalle vertreten. [3]Die Reihenfolge der Vertretung bestimmt der Ausschuß.

§ 36 Beratende Ausschüsse

(1) [1]Zur Vorbereitung seiner Verhandlungen oder einzelner Verhandlungsgegenstände kann der Kreistag beratende Ausschüsse bestellen. [2]Sie werden aus der Mitte des Kreistags gebildet. [3]In die beratenden Ausschüsse können durch den Kreistag sachkundige Kreiseinwohner widerruflich als Mitglieder berufen werden; ihre Zahl darf die der Kreisräte in den einzelnen Ausschüssen nicht erreichen; sie sind ehrenamtlich tätig; § 26 Abs. 2 gilt entsprechend.

---

1) Nr. 17 in Kraft ab 1.1.2020.

(2) [1]Vorsitzender der beratenden Ausschüsse ist der Landrat. [2]Er kann seinen ständigen allgemeinen Stellvertreter oder ein Mitglied des Ausschusses, das Kreisrat ist, mit seiner Vertretung beauftragen.

(3) Für den Geschäftsgang der beratenden Ausschüsse gelten die Vorschriften der §§ 27, 29, 31 bis 33 und § 34 Abs. 5 Satz 2 bis 6 entsprechend.

§ 36a Veröffentlichung von Informationen

(1) [1]Der Landkreis veröffentlicht auf seiner Internetseite Zeit, Ort und Tagesordnung der öffentlichen Sitzungen des Kreistags und seiner Ausschüsse. [2]Absatz 2 Satz 2 gilt entsprechend.

(2) [1]Die der Tagesordnung beigefügten Beratungsunterlagen für öffentliche Sitzungen sind auf der Internetseite des Landkreises zu veröffentlichen, nachdem sie den Mitgliedern des Kreistags zugegangen sind. [2]Durch geeignete Maßnahmen ist sicherzustellen, dass hierdurch keine personenbezogenen Daten oder Betriebs- und Geschäftsgeheimnisse unbefugt offenbart werden. [3]Sind Maßnahmen nach Satz 2 nicht ohne erheblichen Aufwand oder erhebliche Veränderungen der Beratungsunterlage möglich, kann im Einzelfall von der Veröffentlichung abgesehen werden.

(3) [1]In öffentlichen Sitzungen sind die Beratungsunterlagen im Sitzungsraum für die Zuhörer auszulegen. [2]Absatz 2 Sätze 2 und 3 gelten entsprechend. [3]Die ausgelegten Beratungsunterlagen dürfen vervielfältigt werden.

(4) Die Mitglieder des Kreistags dürfen den Inhalt von Beratungsunterlagen für öffentliche Sitzungen, ausgenommen personenbezogene Daten oder Betriebs- und Geschäftsgeheimnisse, zur Wahrnehmung ihres Amtes gegenüber Dritten und der Öffentlichkeit bekannt geben.

(5) Die in öffentlicher Sitzung des Kreistags oder des Ausschusses gefassten oder bekannt gegebenen Beschlüsse sind im Wortlaut oder in Form eines zusammenfassenden Berichts innerhalb einer Woche nach der Sitzung auf der Internetseite des Landkreises zu veröffentlichen.

(6) Die Beachtung der Absätze 1 bis 5 ist nicht Voraussetzung für die Ordnungsmäßigkeit der Einberufung und Leitung der Sitzung.

3. Abschnitt:
Landrat

§ 37 Rechtsstellung des Landrats

(1) [1]Der Landrat ist Vorsitzender des Kreistags und leitet das Landratsamt. [2]Er vertritt den Landkreis.

(2) [1]Der Landrat ist Beamter auf Zeit des Landkreises. [2]Die Amtszeit beträgt acht Jahre. [3]Die Amtszeit beginnt mit dem Amtsantritt; im Falle der Wiederwahl schließt sich die neue Amtszeit an das Ende der vorangegangenen an. [4]Die Dienstbezüge des Landrats werden durch Gesetz geregelt.

(3) [1]Der Landrat führt nach Freiwerden seiner Stelle die Geschäfte bis zum Amtsantritt des neu gewählten Landrats weiter; sein Dienstverhältnis besteht so lange weiter. [2]Satz 1 gilt nicht, wenn der Landrat

1. vor dem Freiwerden seiner Stelle dem Landkreis schriftlich oder elektronisch mitgeteilt hat, daß er die Weiterführung der Geschäfte ablehne,

2. des Dienstes vorläufig enthoben ist, oder wenn gegen ihn öffentliche Klage wegen eines Verbrechens erhoben ist oder

3. ohne Rücksicht auf gegen die Wahl eingelegte Rechtsbehelfe nach Feststellung des Wahlergebnisses durch den Vorsitzenden des Kreistags nicht wiedergewählt worden ist.

(4) Die Rechtsaufsichtsbehörde vereidigt und verpflichtet den Landrat in öffentlicher Sitzung des Kreistags.

(5) Für den Landrat gelten die Bestimmungen des § 13 Abs. 1 bis 3 und des § 14 entsprechend.

§ 38 Wählbarkeit

[1]Wählbar zum Landrat sind Deutsche im Sinne von Artikel 116 des Grundgesetzes, die am Wahltag das 30., aber noch nicht das 68. Lebensjahr vollendet haben und die Gewähr dafür bieten, daß sie jederzeit für die freiheitliche demokratische Grundordnung im Sinne des Grundgesetzes eintreten. [2]§ 23 Abs. 2 gilt entsprechend.

§ 39 Zeitpunkt der Wahl, Wahlverfahren, Amtsverweser

(1) [1]Wird die Wahl des Landrats wegen Ablaufs der Amtszeit oder wegen Eintritts in den Ruhestand infolge Erreichens der Altersgrenze notwendig, ist sie frühestens drei Monate und spätestens einen

Monat vor Freiwerden der Stelle, in anderen Fällen spätestens sechs Monate nach Freiwerden der Stelle durchzuführen. [2]Der Kreistag bestimmt den Wahltag. [3]Die Stelle des Landrats ist spätestens zwei Monate vor der Wahl öffentlich auszuschreiben. [4]Die Frist für die Einreichung der Bewerbung beträgt einen Monat. [5]Der Bewerbung ist eine Bescheinigung über die Wählbarkeit des Bewerbers beizufügen; § 10 Absatz 4 Satz 2 des Kommunalwahlgesetzes gilt entsprechend.

(2) [1]Zur Vorbereitung der Wahl des Landrats bildet der Kreistag einen besonderen beschließenden Ausschuß (Ausschuß); dieser wählt aus seiner Mitte den Vorsitzenden und einen oder mehrere Stellvertreter. [2]§ 35 Abs. 3 Satz 1 findet keine Anwendung. [3]Der Ausschuß entscheidet über die öffentliche Ausschreibung der Stelle des Landrats. [4]Er ist ferner zuständig für die Verhandlungen nach Absatz 3 über die Benennung von Bewerbern für die Wahl des Landrats.

(3) [1]Der Ausschuß nach Absatz 2 Satz 1 legt dem Innenministerium die eingegangenen Bewerbungen mit den dazugehörigen Unterlagen unverzüglich vor. [2]Das Innenministerium und der Ausschuß benennen gemeinsam mindestens drei für die Leitung des Landratsamts geeignete Bewerber, aus denen der Kreistag den Landrat wählt. [3]Können Innenministerium und Ausschuß keine drei Bewerber nennen, so ist die Stelle erneut auszuschreiben. [4]Dies gilt nicht, wenn der Ausschuß auf die Benennung weiterer Bewerber verzichtet. [5]Können sich Innenministerium und Ausschuß nach der zweiten Ausschreibung nicht einigen und deshalb dem Kreistag nicht die erforderliche Zahl von Bewerbern benennen, entscheidet die Landesregierung nach Anhörung des Ausschusses, aus welchen Bewerbern der Kreistag den Landrat wählt; dabei sind die Bewerber zu berücksichtigen, über deren Benennung sich Innenministerium und der Ausschuß nach der zweiten Ausschreibung geeinigt haben.

(4) Den dem Kreistag zur Wahl vorgeschlagenen Bewerbern ist Gelegenheit zu geben, sich dem Kreistag vor der Wahl vorzustellen.

(5) [1]Die Kreisräte wählen den Landrat in geheimer Wahl nach den Grundsätzen der Mehrheitswahl. [2]Gewählt ist, wer mehr als die Hälfte der Stimmen aller Kreisräte auf sich vereinigt. [3]Wird eine solche Mehrheit bei der Wahl nicht erreicht, findet in derselben Sitzung ein zweiter Wahlgang statt. [4]Erhält auch hierbei kein Bewerber mehr als die Hälfte der Stimmen aller Kreisräte, ist in derselben Sitzung ein dritter Wahlgang durchzuführen, bei welchem der Bewerber gewählt ist, der die höchste Stimmenzahl erreicht; bei Stimmengleichheit entscheidet das Los.

(6) [1]Ein zum Landrat gewählter Bewerber kann vom Kreistag mit der Mehrheit der Stimmen aller Mitglieder zum Amtsverweser bestellt werden, wenn der Vorsitzende des Kreistags festgestellt hat, daß der Bewerber gewählt ist, und wenn der Bewerber deshalb nicht zum Landrat bestellt werden kann, weil eingelegte Rechtsbehelfe dem entgegenstehen. [2]Der Amtsverweser ist als hauptamtlicher Beamter auf Zeit des Landkreises zu bestellen. [3]Seine Amtszeit beträgt zwei Jahre; Wiederbestellung ist zulässig. [4]Die Amtszeit endet vorzeitig mit der Rechtskraft der Entscheidung über die Gültigkeit der Wahl zum Landrat. [5]Der Amtsverweser führt die Bezeichnung Landrat. [6]Die Amtszeit als Landrat verkürzt sich um die Amtszeit als Amtsverweser.

§ 40 Wahrung der Rechte von Landesbeamten

(1) Ein Landesbeamter, der zum Landrat bestellt wird, ist aus dem Landesdienst entlassen.

(2) [1]Nach Ablauf der Amtszeit als Landrat oder bei Vorliegen eines wichtigen Grundes ist ein früherer Landesbeamter auf Antrag mindestens mit der Rechtsstellung in den Landesdienst zu übernehmen, die er im Zeitpunkt des Ausscheidens aus diesem hatte. [2]Der Antrag ist spätestens drei Monate nach Beendigung der Amtszeit als Landrat zu stellen. [3]Die Übernahme kann abgelehnt werden, wenn er ein Dienstvergehen begangen hat, das die Entfernung aus dem Beamtenverhältnis rechtfertigen würde.

(3) [1]Ist keine entsprechende Planstelle verfügbar, wird der bisherige Landrat als Wartestandsbeamter übernommen. [2]Die Bestimmungen über die Versetzung in den Ruhestand bleiben unberührt.

§ 41 Stellung im Kreistag und in den beschließenden Ausschüssen

(1) Der Landrat bereitet die Sitzungen des Kreistags und der Ausschüsse vor und vollzieht die Beschlüsse.

(2) [1]Der Landrat muß Beschlüssen des Kreistags widersprechen, wenn er der Auffassung ist, daß sie gesetzwidrig sind; er kann widersprechen, wenn er der Auffassung ist, daß sie für den Landkreis nachteilig sind. [2]Der Widerspruch muß unverzüglich, spätestens jedoch binnen einer Woche nach Beschlußfassung gegenüber den Kreisräten ausgesprochen werden. [3]Der Widerspruch hat aufschiebende Wirkung. [4]Gleichzeitig ist unter Angabe der Widerspruchsgründe eine Sitzung einzuberufen, in der

erneut über die Angelegenheit zu beschließen ist; diese Sitzung hat spätestens vier Wochen nach der ersten Sitzung stattzufinden. [5]Ist nach Ansicht des Landrats der neue Beschluß gesetzwidrig, muß er ihm erneut widersprechen und unverzüglich die Entscheidung der Rechtsaufsichtsbehörde herbeiführen.

(3) [1]Absatz 2 gilt entsprechend für Beschlüsse, die durch beschließende Ausschüsse gefaßt werden. [2]Auf den Widerspruch hat der Kreistag zu entscheiden.

(4) [1]In dringenden Angelegenheiten des Kreistags, deren Erledigung an Stelle des Kreistags (§ 34 Abs. 4 Satz 2) auch nicht bis zu einer ohne Frist und formlos einberufenen Sitzung des zuständigen beschließenden Ausschusses (§ 34 Abs. 5 Satz 3) aufgeschoben werden kann, entscheidet der Landrat an Stelle dieses zuständigen Ausschusses; § 34 Abs. 4 Satz 3 findet Anwendung. [2]Entsprechendes gilt für Angelegenheiten, für deren Entscheidung ein beschließender Ausschuß zuständig ist.

(5) [1]Der Landrat hat den Kreistag über alle wichtigen, den Landkreis und seine Verwaltung betreffenden Angelegenheiten zu unterrichten; bei wichtigen Planungen ist der Kreistag möglichst frühzeitig über die Absichten und Vorstellungen des Landratsamts und laufend über den Stand und den Inhalt der Planungsarbeiten zu unterrichten. [2]Über wichtige Angelegenheiten, die nach § 42 Abs. 3 Satz 3 geheimzuhalten sind, ist der nach § 45 gebildete Beirat zu unterrichten. [3]Die Unterrichtung des Kreistags über die in Satz 2 genannten Angelegenheiten ist ausgeschlossen.

§ 42 Leitung des Landratsamts

(1) Der Landrat ist für die sachgemäße Erledigung der Aufgaben und den ordnungsmäßigen Gang der Verwaltung verantwortlich und regelt die innere Organisation des Landratsamts.

(2) [1]Der Landrat erledigt in eigener Zuständigkeit die Geschäfte der laufenden Verwaltung und die ihm sonst durch Gesetz oder vom Kreistag übertragenen Aufgaben. [2]Die dauernde Übertragung der Erledigung bestimmter Aufgaben ist durch die Hauptsatzung zu regeln. [3]Der Kreistag kann die Erledigung von Angelegenheiten, die er nicht auf beschließende Ausschüsse übertragen kann (§ 34 Abs. 2), auch nicht dem Landrat übertragen.

(3) [1]Weisungsaufgaben erledigt der Landrat in eigener Zuständigkeit, soweit gesetzlich nichts anderes bestimmt ist; abweichend hiervon ist der Kreistag für den Erlaß von Rechtsverordnungen zuständig, soweit Vorschriften anderer Gesetze nicht entgegenstehen. [2]Dies gilt auch, wenn der Landkreis in einer Angelegenheit angehört wird, die auf Grund einer Anordnung der zuständigen Behörde geheimzuhalten ist. [3]Bei der Erledigung von Weisungsaufgaben, die auf Grund einer Anordnung der zuständigen Behörde geheimzuhalten sind, sowie in den Fällen des Satzes 2 hat der Landrat die für die Behörden des Landes geltenden Geheimhaltungsvorschriften zu beachten.

(4) Der Landrat ist Vorgesetzter, Dienstvorgesetzer und oberste Dienstbehörde der Bediensteten des Landkreises.

(5) [1]Ständiger allgemeiner Stellvertreter des Landrats ist der Erste Landesbeamte beim Landratsamt, der im Benehmen mit dem Landrat bestellt wird. [2]§ 20 Abs. 1 Satz 2, § 28 Abs. 1 Satz 3 und § 35 Abs. 3 bleiben unberührt. [3]Für den ständigen allgemeinen Stellvertreter des Landrats gelten die Bestimmungen des § 13 Abs. 1 bis 3 und des § 14 entsprechend.

§ 43 Beauftragung, rechtsgeschäftliche Vollmacht

(1) Der Landrat kann Bedienstete mit seiner Vertretung auf bestimmten Aufgabengebieten oder in einzelnen Angelegenheiten des Landratsamts beauftragen.

(2) Der Landrat kann in einzelnen Angelegenheiten rechtsgeschäftliche Vollmacht erteilen.

§ 44 Verpflichtungserklärungen

(1) [1]Erklärungen, durch welche der Landkreis verpflichtet werden soll, bedürfen der Schriftform oder müssen in elektronischer Form mit einer dauerhaft überprüfbaren elektronischen Signatur versehen sein. [2]Sie sind vom Landrat zu unterzeichnen.

(2) Im Falle der Vertretung des Landrats muß die Erklärung durch den ständigen allgemeinen Stellvertreter oder durch zwei vertretungsberechtigte Bedienstete unterzeichnet werden.

(3) Den Unterschriften soll die Amtsbezeichnung und im Falle des Absatz 2 ein das Vertretungsverhältnis kennzeichnender Zusatz beigefügt werden.

(4) Diese Formvorschriften gelten nicht für Erklärungen in Geschäften der laufenden Verwaltung oder auf Grund einer in der vorstehenden Form ausgestellten Vollmacht.

§ 45 Beirat für geheimzuhaltende Angelegenheiten

(1) [1]Der Kreistag kann einen aus den stellvertretenden Vorsitzenden des Kreistags (§ 20 Abs. 1 Satz 2) bestehenden Beirat bilden, der den Landrat in allen Angelegenheiten des § 42 Abs. 3 Satz 2 berät. [2]Dem Beirat kann nur angehören, wer auf die für die Behörden des Landes geltenden Geheimhaltungsvorschriften verpflichtet ist.

(2) [1]Vorsitzender des Beirats ist der Landrat. [2]Er hat den Beirat einzuberufen, wenn es die Geschäftslage erfordert. [3]Der ständige allgemeine Stellvertreter des Landrats ist berechtigt, an den Sitzungen teilzunehmen. [4]Die Sitzungen des Beirats sind nichtöffentlich. [5]Für die Beratungen des Beirats gelten die Bestimmungen des § 29 Abs. 3, des § 31 Abs. 1 und 3, des § 32 Abs. 1 und Abs. 2 Satz 1 und des § 33 entsprechend.

4. Abschnitt
Bedienstete des Landkreises

§ 46 Einstellung, Ausbildung

(1) Der Landkreis ist verpflichtet, die zur Erfüllung seiner Aufgaben erforderlichen geeigneten Beamten und Arbeitnehmer einzustellen.

(2) [1]Bei der Ausbildung der im Vorbereitungsdienst befindlichen Beamten für den Dienst in der Verwaltung des Landes und der Träger der Selbstverwaltung wirken die Landkreise mit den zuständigen Landesbehörden zusammen. [2]Für den persönlichen Aufwand, der den Landkreisen entsteht, ist unter ihnen ein entsprechender finanzieller Ausgleich zu schaffen.

(3) Der Landkreis fördert die Fortbildung seiner Bediensteten.

§ 47 Stellenplan

[1]Der Landkreis bestimmt im Stellenplan die Stellen seiner Beamten sowie seiner nicht nur vorübergehend beschäftigten Arbeitnehmer, die für die Erfüllung der Aufgaben im Haushaltsjahr erforderlich sind. [2]Für Sondervermögen, für die Sonderrechnungen geführt werden, sind besondere Stellenpläne aufzustellen. [3]Beamte in Einrichtungen solcher Sondervermögen sind auch im Stellenplan nach Satz 1 aufzuführen und dort besonders zu kennzeichnen.

Dritter Teil
Wirtschaft des Landkreises

§ 48 Anzuwendende Vorschriften

Auf die Wirtschaftsführung des Landkreises finden die für die Stadtkreise und Großen Kreisstädte geltenden Vorschriften über die Gemeindewirtschaft entsprechende Anwendung, soweit nachstehend keine andere Regelung getroffen ist.

§ 49 Erhebung von Abgaben, Kreisumlage

(1) Der Landkreis hat das Recht, eigene Steuern und sonstige Abgaben nach Maßgabe der Gesetze zu erheben.

(2) [1]Der Landkreis kann, soweit seine sonstigen Erträge und Einzahlungen nicht ausreichen, um seinen Finanzbedarf zu decken, von den kreisangehörigen Gemeinden und gemeindefreien Grundstücken nach den hierfür geltenden Vorschriften eine Umlage erheben (Kreisumlage). [2]Die Höhe der Kreisumlage ist in der Haushaltssatzung für jedes Haushaltsjahr festzusetzen.

§ 50 Fachbediensteter für das Finanzwesen

(1) Im Landkreis sollen die Aufstellung des Haushaltsplans, des Finanzplans, des Jahresabschlusses und des Gesamtabschlusses, die Haushaltsüberwachung sowie die Verwaltung des Geldvermögens und der Schulden bei einem Bediensteten zusammengefasst werden (Fachbediensteter für das Finanzwesen).

(2) Der Fachbedienstete für das Finanzwesen muß die Befähigung zum Gemeindefachbediensteten (§ 58 der Gemeindeordnung) oder eine abgeschlossene wirtschaftswissenschaftliche Vorbildung nachweisen.

Vierter Teil
Aufsicht

§ 51 [Aufsicht]

(1) Rechtsaufsichtsbehörde und obere Rechtsaufsichtsbehörde für den Landkreis ist das Regierungspräsidium, oberste Rechtsaufsichtsbehörde ist das Innenministerium.

(2) [1]Der Vierte Teil der Gemeindeordnung über die Aufsicht findet auf den Landkreis entsprechende Anwendung. [2]Die Bestimmungen über die Aufsicht auf dem Gebiet des Schulwesens bleiben unberührt.

Fünfter Teil
Staatliche Verwaltung im Landkreis

§ 52 Personelle Ausstattung, Sachaufwand

(1) [1]Die für die Aufgaben der unteren Verwaltungsbehörde erforderlichen Beamten des höheren Dienstes oder vergleichbare Arbeitnehmer werden, soweit gesetzlich nichts anderes geregelt ist, vom Land, die übrigen Bediensteten vom Landkreis gestellt. [2]Jedem Landratsamt wird mindestens ein Landesbeamter mit der Befähigung zum höheren Verwaltungsdienst oder zum Richteramt zugeteilt.

(2) [1]Der Landkreis trägt die unmittelbaren und mittelbaren sächlichen Kosten des Landratsamts als untere Verwaltungsbehörde. [2]Von den mittelbaren sächlichen Kosten sind ausgenommen

1. die Kosten für die Durchführung der Vollstreckung von Verwaltungsakten durch Ersatzvornahme,
2. Kosten der unmittelbaren Ausführung von Maßnahmen zur Abwehr oder Beseitigung gesetzwidriger Zustände,
3. Entschädigung wegen Enteignung oder Aufopferung für das gemeine Wohl, auch wenn sie durch rechtswidrige Eingriffe bewirkt wird,
4. Kosten für die Bekämpfung von Tierseuchen nach dem Tierseuchengesetz und für Maßnahmen zur Bekämpfung sonstiger übertragbarer Tierkrankheiten,
5. im übrigen Kosten, die im jeweiligen Erstattungsfall 50 000 Euro übersteigen;

sie werden vom Land dem Landkreis auf Antrag erstattet, soweit nicht von Dritten Ersatz zu erlangen ist und soweit in den Fällen der Nummern 1 bis 3 die Kosten im jeweiligen Erstattungsfall 10 000 Euro übersteigen.

§ 53 Rechtsstellung des Landrats als Leiter der unteren Verwaltungsbehörde

(1) Als Leiter der unteren Verwaltungsbehörde ist der Landrat dem Land für die ordnungsmäßige Erledigung ihrer Geschäfte verantwortlich und unterliegt insoweit den Weisungen der Fachaufsichtsbehörden und der Dienstaufsicht des Regierungspräsidiums.

(2) [1]Verletzt der Landrat in Ausübung seiner Tätigkeit nach Absatz 1 die ihm einem Dritten gegenüber obliegende Amtspflicht, haftet das Land. [2]Die Kosten, die im jeweiligen Haftungsfall 10 000 Euro übersteigen, werden vom Land dem Landkreis auf Antrag erstattet, soweit nicht auf andere Weise Ersatz zu erlangen ist.

§ 54 Mitwirkung des Kreistags

(1) Ist eine Entscheidung oder sonstige Mitwirkung gewählter Vertreter bei der Erfüllung der Aufgaben des Landratsamts als unterer Verwaltungsbehörde gesetzlich vorgeschrieben, ist hierfür der Kreistag zuständig.

(2) Der Landrat kann den Kreistag auch zu Angelegenheiten der unteren Verwaltungsbehörde hören, in denen eine Mitwirkung gewählter Vertreter nicht vorgeschrieben ist.

§ 55 (aufgehoben)

§ 56 Austausch von Beamten

(1) [1]Der Landrat kann Landesbeamte zur Besorgung von Angelegenheiten des Landkreises und Beamte des Landkreises zur Besorgung von Aufgaben der unteren Verwaltungsbehörde heranziehen. [2]Der Landrat kann Landesbeamte innerhalb des gesamten Aufgabenbereichs der unteren Verwaltungsbehörde einsetzen.

(2) [1]Verletzt ein Beamter in Ausübung einer Tätigkeit nach Absatz 1 die ihm einem Dritten gegenüber obliegende Amtspflicht, haftet bei Erfüllung der Aufgaben der unteren Verwaltungsbehörde das Land,

im übrigen der Landkreis. [2]Die Kosten, die im jeweiligen Haftungsfall 10 000 Euro übersteigen, werden vom Land dem Landkreis auf Antrag erstattet, soweit nicht auf andere Weise Ersatz zu erlangen ist.

§ 56a Prüfer bei der Rechtsaufsichtsbehörde

Für Bedienstete, die überörtliche Prüfungen vornehmen (§§ 113 und 114 der Gemeindeordnung), gilt § 8 Abs. 2 Sätze 2 und 3 sowie Abs. 3 des Gesetzes über die Gemeindeprüfungsanstalt entsprechend.

Sechster Teil
Übergangs- und Schlußbestimmungen

1. Abschnitt
Allgemeine Übergangsbestimmungen

§ 57 Weisungsaufgaben

Bis zum Erlaß neuer Vorschriften sind die den Landkreisen nach bisherigem Recht als Auftragsange-legenheiten übertragenen Aufgaben mit Ausnahme der Aufgaben der unteren Verwaltungsbehörde Weisungsaufgaben im Sinne von § 2 Abs. 4, bei denen ein Weisungsrecht der Fachaufsichtsbehörde in bisherigem Umfang besteht.

§ 58 Einrichtungen und Dienstgebäude

(nicht abgedruckt)

2. Abschnitt
Schlußbestimmungen

§ 59 Sitz des Landratsamts

(nicht abgedruckt)

§ 60 Durchführungsbestimmungen

[1]Das Innenministerium erläßt die Verwaltungsvorschriften zur Durchführung dieses Gesetzes, ferner die Rechtsverordnungen zur Regelung

1. der öffentlichen Bekanntmachung,
2. der Voraussetzungen und des Verfahrens für die Verleihung von Wappen und Flaggen und die Ausgestaltung und Führung des Dienstsiegels,
3. des Verfahrens bei der Auferlegung eines Ordnungsgeldes und der Höhe des Ordnungsgeldes bei Ablehnung ehrenamtlicher Tätigkeit und der Verletzung der Pflichten ehrenamtlich tätiger Krei-seinwohner,
4. der Höchstgrenzen der Entschädigung für ehrenamtliche Tätigkeit,
5. des Verfahrens bei der Bildung von Ausschüssen,
6. der Anzeige des Amtsantritts und des Urlaubs des Landrats,
7. der Ausschreibung der Landratsstellen,
8. der Übernahme früherer Landesbeamter,
9. der Anwendung der Bestimmungen zur Durchführung des Gemeindewirtschaftsrechts auf den Landkreis,
10. der Kassen- und Rechnungsführung für die untere Verwaltungsbehörde und die Sonderbehörden durch den Landkreis und
11. des Verfahrens der Einwerbung und Annahme oder Vermittlung von Spenden, Schenkungen und ähnlicher Zuwendungen.

[2]Die Verordnungen nach Nummer 8 und Nummer 10 ergehen im Einvernehmen mit dem Finanzmi-nisterium.

§ 61 Ordnungswidrigkeiten

(1) Ordnungswidrig handelt, wer vorsätzlich oder fahrlässig einer auf Grund von § 3 Abs. 1 erlassenen Satzung über die Benutzung einer öffentlichen Einrichtung zuwiderhandelt, soweit die Satzung für einen bestimmten Tatbestand auf diese Bußgeldvorschrift verweist.

(2) Die Ordnungswidrigkeit kann mit einer Geldbuße geahndet werden.

(3) Verwaltungsbehörden im Sinne von § 36 Abs. 1 Nr. 1 des Gesetzes über Ordnungswidrigkeiten sind die Landkreise.

§ 62[1] Inkrafttreten

(1) Dieses Gesetz tritt am 1. April 1956 in Kraft mit Ausnahme des § 54 Abs. 2 Satz 2 und des § 62, die mit der Verkündung dieses Gesetzes in Kraft treten.

(2) [1]Gleichzeitig treten alle Vorschriften, die diesem Gesetz entsprechen oder widersprechen, außer Kraft, sofern sie nicht durch dieses Gesetz ausdrücklich aufrechterhalten werden. [2]Insbesondere treten folgende Vorschriften außer Kraft: (hier nicht wiedergegeben)

---

1) **Amtl. Anm.:** Diese Vorschrift betrifft das Inkrafttreten des Gesetzes in der ursprünglichen Fassung vom 10. Oktober 1955 (GBl. S. 207). Die in Absatz 1 genannten §§ 54 und 62 beziehen sich auf die ursprüngliche Fassung.

Verordnung des Innenministeriums zur Durchführung der Landkreisordnung
(DVO LKrO)

Vom 11. Dezember 2000 (GBl. 2001 S. 5)
(BWGültV Sachgebiet 2804)

zuletzt geändert durch Art. 6 G zur Änd. kommunalverfassungsrechtlicher Vorschriften
vom 28. Oktober 2015 (GBl. S. 870)

Auf Grund von § 60 Nr. 1 bis 3 und 5 bis 7 der Landkreisordnung in der Fassung vom 19. Juni 1987 (GBl. S. 289) wird verordnet:

Zu § 3:

§ 1 Öffentliche Bekanntmachungen

(1) [1]Öffentliche Bekanntmachungen des Landkreises können, soweit keine sondergesetzlichen Bestimmungen bestehen, in folgenden Formen durchgeführt werden:
1. durch Einrücken in das eigene Amtsblatt des Landkreises,
2. durch Einrücken in eine bestimmte, regelmäßig erscheinende Zeitung oder
3. durch Bereitstellung im Internet.
[2]Die Form der öffentlichen Bekanntmachung ist im einzelnen durch Satzung zu bestimmen.

(2) [1]Bei der öffentlichen Bekanntmachung im Internet ist in der Satzung über die öffentliche Bekanntmachung (Absatz 1 Satz 2) die Internetadresse des Landkreises anzugeben. [2]In dieser Satzung ist darauf hinzuweisen, dass die öffentlichen Bekanntmachungen an einer bestimmten Verwaltungsstelle des Landratsamts oder der kreisangehörigen Gemeinden während der Sprechzeiten kostenlos eingesehen werden können und gegen Kostenerstattung als Ausdruck zu erhalten sind. [3]Ferner ist darauf hinzuweisen, dass Ausdrucke der öffentlichen Bekanntmachungen unter Angabe der Bezugsadresse gegen Kostenerstattung auch zugesandt werden. [4]Bei der Bekanntmachung im Internet ist der Bereitstellungstag anzugeben. [5]Öffentliche Bekanntmachungen im Internet müssen auf der Internetseite des Landkreises so erreichbar sein, dass der Internetnutzer auf der Startseite den Bereich des Kreisrechts erkennt. [6]Die Bereitstellung im Internet darf nur im Rahmen einer ausschließlich in Verantwortung des Landkreises betriebenen Internetseite erfolgen; er darf sich zur Einrichtung, Pflege und zum Betrieb eines Dritten bedienen. [7]Öffentliche Bekanntmachungen im Internet müssen für Internetnutzer ohne Nutzungsgebühren und ohne kostenpflichtige Lizenzen etwa für Textsysteme lesbar sein. [8]Sie sind während der Geltungsdauer mit einer angemessenen Verfügbarkeit im Internet bereitzuhalten und gegen Löschung und Verfälschung durch technische und organisatorische Maßnahmen, insbesondere eine qualifizierte elektronische Signatur, zu sichern.

(3) [1]Satzungen sind mit ihrem vollen Wortlaut bekannt zu machen. [2]Über den Vollzug der Bekanntmachung von Satzungen ist ein Nachweis zu den Akten des Landkreises zu bringen.

(4) Sind Pläne oder zeichnerische Darstellungen, insbesondere Karten Bestandteile einer Satzung, können sie dadurch öffentlich bekannt gemacht werden (Ersatzbekanntmachung), dass
1. sie an einer bestimmten Verwaltungsstelle des Landkreises zur kostenlosen Einsicht durch jedermann während der Sprechzeiten niedergelegt werden,
2. hierauf in der Satzung hingewiesen wird und
3. in der Satzung der wesentliche Inhalt der niedergelegten Teile umschrieben wird.

(5) [1]Erscheint eine rechtzeitige Bekanntmachung in der nach den Absätzen 1 bis 4 vorgeschriebenen Form nicht möglich, so kann die öffentliche Bekanntmachung in anderer geeigneter Weise durchgeführt werden (Notbekanntmachung). [2]Die Bekanntmachung ist in der nach den Absätzen 1 bis 4 vorgeschriebenen Form zu wiederholen, sobald die Umstände es zulassen.

Zu § 5:

§ 2 Wappen, Flaggen und Dienstsiegel

(1) Der Landkreis hat seinem Antrag auf Verleihung des Rechts zur Führung eines Wappens drei farbige Zeichnungen des Wappenentwurfs und eine Stellungnahme der zuständigen staatlichen Archivbehörde beizufügen.

(2) [1]Das Recht zur Führung einer Flagge darf nur den Landkreisen verliehen werden, die ein Wappen führen. [2]Die Flagge darf nicht mehr als zwei Farben haben. [3]Die Farben der Flagge sollen den Wappenfarben entsprechen.

(3) Das Dienstsiegel des Landkreises ist für den urkundlichen Verkehr in allen Angelegenheiten des Landkreises einschließlich der Weisungsaufgaben bestimmt.

(4) [1]Das Dienstsiegel wird in kreisrunder Form als Prägesiegel mit einem Durchmesser von mindestens 20 mm oder als Farbdruckstempel aus Metall oder Gummi mit einem Durchmesser von mindestens 12 mm hergestellt. [2]Beim Prägesiegel werden Wappen und Umschrift in erhabener Prägung und beim Farbdruckstempel in dunklem Flachdruck dargestellt.

(5) [1]Die Zahl der zu beschaffenden Dienstsiegel ist auf das notwendige Maß zu beschränken. [2]Dienstsiegel sind zur Sicherung gegen missbräuchliche Verwendung von den zur Verwendung des Siegels ermächtigten Bediensteten unter Verschluss zu halten; sie sind außerhalb der Dienststunden so aufzubewahren, dass Missbrauch und Verlust durch Diebstahl soweit wie möglich ausgeschlossen sind.

Zu §§ 12 und 13:

§ 3 Ordnungsgeld

(1) Das Ordnungsgeld nach § 12 Abs. 3 Satz 1 und § 13 Abs. 4 der Landkreisordnung beträgt mindestens 50 Euro.

(2) [1]Das Ordnungsgeld ist schriftlich in bestimmter Höhe aufzuerlegen. [2]Dabei ist eine Rechtsmittelbelehrung zu erteilen und auf die Möglichkeit der Beitreibung nach dem Landesverwaltungsvollstreckungsgesetz hinzuweisen.

Zu § 35:

§ 4 Wahl der Mitglieder der beschließenden Ausschüsse

(1) [1]Für die Wahl der Mitglieder der beschließenden Ausschüsse nach § 35 Abs. 2 der Landkreisordnung kann jeder Kreisrat einen Wahlvorschlag einreichen. [2]Jeder Bewerber kann nur auf einem Wahlvorschlag aufgeführt werden; ist sein Name in mehreren Wahlvorschlägen enthalten, hat er vor der Wahl dem Vorsitzenden des Kreistags gegenüber zu erklären, für welchen Wahlvorschlag er als Bewerber auftreten will.

(2) Jeder Kreisrat hat bei Verhältniswahl eine Stimme, bei Mehrheitswahl soviel Stimmen, wie Mitglieder zu wählen sind.

(3) [1]Bei Verhältniswahl gelten für die Verteilung der Sitze auf die Wahlvorschläge die Bestimmungen für die Wahl des Gemeinderats entsprechend; für die Verteilung der Sitze auf die einzelnen Bewerber eines jeden Wahlvorschlags ist die Reihenfolge der Benennung im Wahlvorschlag maßgebend. [2]Bei Mehrheitswahl sind die Bewerber mit den höchsten Stimmenzahlen in der Reihenfolge dieser Zahlen gewählt; bei gleicher Stimmenzahl entscheidet das Los. [3]Die nicht gewählten Bewerber sind Stellvertreter. [4]Der Kreistag regelt die Stellvertretung.

(4) Der Kreistag entscheidet über die Zulassung der Wahlvorschläge und stellt das Wahlergebnis fest.

(5) Tritt ein gewähltes Mitglied nicht ein oder scheidet ein Mitglied im Laufe der Amtszeit aus, rückt bei Verhältniswahl der nach der Reihenfolge der Benennung im Wahlvorschlag nächste Bewerber, bei Mehrheitswahl der nach der Stimmenzahl nächste Bewerber nach.

Zu § 37:

§ 5 Amtsantritt des Landrats

Der Landrat hat nach seiner ersten Wahl im Landkreis der Rechtsaufsichtsbehörde den Tag seines Amtsantritts unverzüglich anzuzeigen.

Zu § 39:

§ 6 Ausschreibung der Stelle des Landrats

(1) Die Stelle des Landrats ist im Staatsanzeiger für Baden-Württemberg auszuschreiben.

(2) Die Ausschreibung hat zu enthalten:

1. die Bezeichnung der Stelle und die Regelung der Besoldung,
2. den Grund und den Zeitpunkt des Freiwerdens der Stelle und
3. die Frist für die Einreichung der Bewerbungen unter Angabe der Anschrift, an die sie zu richten sind.

(3) Der Nachweis über die Ausschreibung ist zu den Wahlakten zu nehmen.

§ 7 Schlussbestimmungen

(1) [1]Diese Verordnung tritt am Tage nach ihrer Verkündung[1] in Kraft. [2]Gleichzeitig tritt die Erste Verordnung des Innenministeriums zur Durchführung der Landkreisordnung für Baden-Württemberg vom 13. Februar 1976 (GBl. S. 181), zuletzt geändert durch Artikel 16 des Dritten Rechtsbereinigungsgesetzes vom 18. Dezember 1995 (GBl. 1996 S. 29), außer Kraft.

(2) Abweichend von § 3 Abs. 1 beträgt die Mindestsumme des Ordnungsgeldes bis zum 31. Dezember 2001 100 DM.

(3) § 4 Abs. 3 und 5 findet nur für nach dem Inkrafttreten dieser Verordnung durchzuführende Wahlen von Mitgliedern beschließender Ausschüsse Anwendung.

---

1) Verkündet am 30. 1. 2001.

Gesetz über kommunale Zusammenarbeit (GKZ)

In der Fassung vom 16. September 1974[1] (GBl. S. 408, ber. 1975 S. 460, 1976 S. 408)
(BWGültV Sachgebiet 2805-1)

zuletzt geändert durch Art. 2 G zur Änd. der GemO, des GKZ und anderer Gesetze
vom 15. Dezember 2015 (GBl. S. 1147)

Inhaltsübersicht

Erster Teil
Allgemeine Vorschriften

§   1   Rechtsformen und Grundsätze
         kommunaler Zusammenarbeit

Zweiter Teil
Zweckverband

1. Abschnitt:
Grundlagen des Zweckverbands

§   2   Verbandsmitglieder
§   3   Rechtsnatur
§   4   Aufgabenübergang und Rechte
§   5   Rechtsverhältnisse, Satzungen

2. Abschnitt:
Bildung des Zweckverbands

§   6   Verbandssatzung
§   7   Genehmigungsverfahren
§   8   Entstehung des Zweckverbands
§   9   Ausgleich
§ 10   Bedingte Pflichtaufgaben
§ 11   Pflichtverband

3. Abschnitt:
Verfassung und Verwaltung des Zweckverbands

§ 12   Organe
§ 13   Verbandsversammlung
§ 14   Ausschüsse
§ 15   Geschäftsgang
§ 16   Verbandsvorsitzender
§ 17   Beamte
§ 18   Wirtschaftsführung
§ 19   Deckung des Finanzbedarfs
§ 20   Unmittelbare Anwendung des
         Eigenbetriebsrechts auf Zweckverbände

4. Abschnitt:
Vereinigung und Eingliederung von Zweckverbänden

§ 20a   Voraussetzungen einer Vereinigung
§ 20b   Verbandssatzung

§ 20c   Rechtsnachfolge
§ 20d   Eingliederung von Zweckverbänden

5. Abschnitt:
Änderung der Verbandssatzung und Auflösung des Zweckverbands

§ 21   Änderung der Verbandssatzung und
         Auflösung des Zweckverbands
§ 22   Abwicklung
§ 23   Wegfall von Verbandsmitgliedern
§ 24   Besondere Bestimmungen für
         Pflichtverbände

Dritter Teil
Gemeinsame selbstständige Kommunalanstalten

§ 24a   Gemeinsame selbstständige
         Kommunalanstalten
§ 24b   Vorschriften für gemeinsame
         selbstständige Kommunalanstalten

Vierter Teil
Öffentlich-rechtliche Vereinbarung

§ 25   Voraussetzung, Verfahren
§ 26   Ausdehnung der Satzungsbefugnis
§ 27   [Gemeinsame Dienststellen]
§ 27a   Pflichtvereinbarung

Fünfter Teil
§ 28   Aufsicht

Sechster Teil
Anwendung in Sonderfällen

§ 29   Beteiligung von Zweckverbänden und
         Rechtsträgern gemeindefreier Grundstücke
§ 30   Anwendung auf sonstige Verbände
§ 31   Badischer Gemeindeversicherungsverband

Siebter Teil
Übergangs- und Schlußbestimmungen

§ 32   (nicht abgedruckt)
§ 33   Durchführungsbestimmungen
§ 34   Inkrafttreten

---

[1] Neubekanntmachung des ZweckverbandsG v. 24. 7. 1963 (GBl. S. 114) in der ab 2. 9. 1974 geltenden Fassung.

Erster Teil
Allgemeine Vorschriften

§ 1 Rechtsformen und Grundsätze kommunaler Zusammenarbeit

[1]Gemeinden und Landkreise können zur kommunalen Zusammenarbeit Zweckverbände und gemeinsame selbstständige Kommunalanstalten bilden sowie öffentlich-rechtliche Vereinbarungen schließen, um bestimmte Aufgaben, zu deren Erledigung sie berechtigt oder verpflichtet sind, für alle oder einzelne gemeinsam zu erfüllen. [2]Zur gemeinsamen Durchführung bestimmter Aufgaben können sie gemeinsame Dienststellen bilden. [3]Die Sätze 1 und 2 gelten nicht, wenn durch Gesetz die gemeinsame Erfüllung oder Durchführung der Aufgaben ausgeschlossen oder hierfür eine besondere Rechtsform vorgeschrieben ist.

Zweiter Teil
Zweckverband

1. Abschnitt
Grundlagen des Zweckverbands

§ 2 Verbandsmitglieder

(1) Gemeinden und Landkreise können sich zu einem Zweckverband zusammenschließen (Freiverband) oder zur Erfüllung von Pflichtaufgaben zusammengeschlossen werden (Pflichtverband).

(2) [1]Neben einer der in Absatz 1 genannten Körperschaften können auch andere Körperschaften, Anstalten und Stiftungen des öffentlichen Rechts Mitglied eines Freiverbands sein, soweit nicht die für sie geltenden besonderen Vorschriften die Beteiligung ausschließen oder beschränken. [2]Ebenso können natürliche Personen und juristische Personen des Privatrechts Mitglied eines Freiverbands sein, wenn die Erfüllung der Verbandsaufgaben dadurch gefördert wird und Gründe des öffentlichen Wohls nicht entgegenstehen.

§ 3 Rechtsnatur

[1]Der Zweckverband ist eine Körperschaft des öffentlichen Rechts. [2]Er verwaltet seine Angelegenheiten im Rahmen der Gesetze unter eigener Verantwortung.

§ 4 Aufgabenübergang und Rechte

(1) [1]Das Recht und die Pflicht der an einem Zweckverband beteiligten Gemeinden und Landkreise zur Erfüllung der Aufgaben, die dem Zweckverband gestellt sind, gehen auf den Zweckverband über. [2]Ergänzend dazu kann der Zweckverband für alle oder einzelne seiner Mitglieder weitere Aufgaben durchführen; deren Umfang muss im Verhältnis zu seinen eigenen Aufgaben nachrangig sein; § 25 Absatz 2 Satz 2 gilt entsprechend.

(2) [1]Bestehende Beteiligungen der Gemeinden und Landkreise an Unternehmen und Verbänden, die der gleichen oder einer ähnlichen Aufgabe dienen wie der Zweckverband, bleiben unberührt. [2]Hat nach der Verbandssatzung der Zweckverband anzustreben, solche Beteiligungen an Stelle seiner Verbandsmitglieder zu übernehmen, so sind die einzelnen Verbandsmitglieder zu den hierfür erforderlichen Rechtshandlungen verpflichtet.

§ 5 Rechtsverhältnisse, Satzungen

(1) Die Rechtsverhältnisse des Zweckverbands werden im Rahmen dieses Gesetzes durch eine Verbandssatzung geregelt.

(2) [1]Soweit nicht ein Gesetz oder die Verbandssatzung besondere Vorschriften trifft, finden auf den Zweckverband die für Gemeinden geltenden Vorschriften entsprechende Anwendung. [2]Treffen diese Vorschriften für einzelne Gruppen von Gemeinden nach ihrer Einwohnerzahl oder ihrer Eigenschaft als Stadtkreise, Große Kreisstädte und sonstige Gemeinden unterschiedliche Regelungen, so sind die Vorschriften anzuwenden, die für die Beteiligten der höheren Ordnung maßgebend sind. [3]Landkreise stehen Stadtkreisen gleich.

(3) [1]Das Recht, Satzungen zu erlassen, steht dem Zweckverband nach Maßgabe der Gemeindeordnung für sein Aufgabengebiet zu. [2]Der örtliche Geltungsbereich der Satzungen kann beschränkt werden.

(4) Auf Satzungen über die Benutzung öffentlicher Einrichtungen, über den Anschluß- und Benutzungszwang sowie über die Erhebung von Gebühren und Beiträgen finden die für die Gemeinden

geltenden Vorschriften über das Recht der Einwohner, Grundbesitzer und Gewerbetreibenden zur Benutzung öffentlicher Einrichtungen der Gemeinde, über die Erhebung von Gebühren und Beiträgen sowie über das Verwaltungszwangsverfahren und die Verfolgung und Ahndung von Ordnungswidrigkeiten bei Zuwiderhandlungen gegen Satzungen entsprechende Anwendung.

(5) Die Zweckverbände sind Verwaltungsbehörden im Sinne von § 36 Abs. 1 Nr. 1 des Gesetzes über Ordnungswidrigkeiten bei Zuwiderhandlungen gegen ihre Satzungen.

2. Abschnitt
Bildung des Zweckverbands

§ 6 Verbandssatzung

(1) Zur Bildung des Zweckverbands als Freiverband muß von den Beteiligten eine Verbandssatzung vereinbart werden.

(2) Die Verbandssatzung muß bestimmen

1. die Verbandsmitglieder,
2. die Aufgaben,
3. den Namen und Sitz,
4. die Verfassung und Verwaltung, insbesondere die Zuständigkeit der Verbandsorgane und deren Geschäftsgang,
5. den Maßstab, nach dem die Verbandsmitglieder zur Deckung des Finanzbedarfs beizutragen haben (§ 19 Abs. 1 Satz 1),
6. die Form der öffentlichen Bekanntmachungen,
7. die Abwicklung im Falle der Auflösung des Zweckverbands.

§ 7 Genehmigungsverfahren

(1) [1]Die Verbandssatzung bedarf der Genehmigung der Rechtsaufsichtsbehörde (§ 28 Abs. 2). [2]Die Genehmigung ist zu erteilen, wenn die Bildung des Zweckverbands zulässig und die Verbandssatzung den gesetzlichen Vorschriften entsprechend vereinbart ist. [3]Soll der Zweckverband Weisungsaufgaben erfüllen, entscheidet die Rechtsaufsichtsbehörde im Einvernehmen mit der Fachaufsichtsbehörde über die Genehmigung nach pflichtmäßigem Ermessen.

(2) Ist für die Erfüllung einer Aufgabe, für die der Zweckverband gebildet werden soll, oder für die Durchführung einer weiteren Aufgabe eine besondere Genehmigung erforderlich, kann die Verbandssatzung nicht genehmigt werden, wenn zu erwarten ist, dass die besondere Genehmigung versagt wird.

§ 8 Entstehung des Zweckverbands

(1) [1]Die Genehmigung der Verbandssatzung ist mit der Verbandssatzung von der Rechtsaufsichtsbehörde in ihrem amtlichen Veröffentlichungsblatt bekanntzumachen. [2]Die Rechtsaufsichtsbehörde kann in der Bekanntmachung der Genehmigung für die Bekanntmachung der Verbandssatzung eine andere Form bestimmen.

(2) [1]Der Zweckverband entsteht am Tage nach der öffentlichen Bekanntmachung der Genehmigung und der Verbandssatzung, sofern in der Verbandssatzung kein späterer Zeitpunkt bestimmt ist. [2]Werden Genehmigung und Verbandssatzung getrennt bekanntgemacht (Absatz 1 Satz 2), ist die spätere Bekanntmachung maßgebend.

§ 9 Ausgleich

Neben der Verbandssatzung können die Beteiligten schriftliche Vereinbarungen über den Ausgleich von Vorteilen und Nachteilen abschließen, die sich für sie aus der Bildung des Zweckverbands ergeben.

§ 10 Bedingte Pflichtaufgaben

(1) [1]Kann eine freiwillige Aufgabe durch mehrere kommunale Aufgabenträger nur gemeinsam in wirksamer Weise oder gemeinsam wesentlich wirtschaftlicher oder zweckmäßiger erfüllt werden, so kann die Aufgabe für die Beteiligten nach deren Anhörung durch Rechtsverordnung des Innenministeriums im Einvernehmen mit dem zuständigen Ministerium zur Pflichtaufgabe erklärt werden, wenn für die Erfüllung der Aufgabe ein dringendes öffentliches Bedürfnis besteht. [2]Dasselbe gilt, wenn die Erfüllung einer freiwilligen Aufgabe zugleich den Einwohnern eines anderen oder mehrerer anderer kommunaler Aufgabenträger in einem Umfang zugute kommt, daß eine gemeinsame Finanzierung geboten ist und wenn für die gemeinsame Erfüllung der Aufgabe ein dringendes öffentliches Bedürfnis

besteht. [3]Die Aufgabe ist von den Beteiligten in einer der öffentlich-rechtlichen Formen kommunaler Zusammenarbeit, auf die dieses Gesetz Anwendung findet, gemeinsam zu erfüllen.

(2) Zu Pflichtaufgaben nach Absatz 1 können erklärt werden die Errichtung, Unterhaltung sowie der Betrieb von Einrichtungen

1. des öffentlichen Personennahverkehrs,
2. der Naherholung,
3. der Fernwärmeversorgung,
4. der Wasserversorgung,
5. der Abwasserbeseitigung.

§ 11 Pflichtverband

(1) Besteht für die Bildung eines Zweckverbands zur Erfüllung bestimmter Pflichtaufgaben, ein dringendes öffentliches Bedürfnis, kann die Rechtsaufsichtsbehörde (§ 28 Abs. 2) den beteiligten Gemeinden und Landkreisen eine angemessene Frist zur Bildung eines Zweckverbands setzen.

(2) [1]Wird der Zweckverband innerhalb der Frist nicht gebildet, verfügt die Rechtsaufsichtsbehörde die Bildung des Zweckverbands und erläßt gleichzeitig die Verbandssatzung (§ 6 Abs. 2). [2]Vor dieser Entscheidung muß den Beteiligten Gelegenheit gegeben werden, ihre Auffassung in mündlicher Verhandlung darzulegen.

(3) Absatz 1 und 2 gelten entsprechend für die Übertragung bestimmter Pflichtaufgaben auf einen bestehenden Zweckverband und für den Anschluß von Gemeinden und Landkreisen zur Erfüllung bestimmter Pflichtaufgaben an einen bestehenden Zweckverband.

(4) [1]Im übrigen gelten § 7 Abs. 1 Satz 3 und §§ 8 und 9 entsprechend. [2]Hält die Rechtsaufsichtsbehörde einen Ausgleich nach § 9 für erforderlich, so kann sie diesen selbst regeln, wenn die Beteiligten dies beantragen oder sich nicht innerhalb einer von der Rechtsaufsichtsbehörde gesetzten angemessenen Frist einigen.

3. Abschnitt
Verfassung und Verwaltung des Zweckverbands

§ 12 Organe

(1) Organe des Zweckverbands sind die Verbandsversammlung und der Verbandsvorsitzende.

(2) [1]Die Verbandssatzung kann als weiteres Organ einen Verwaltungsrat vorsehen. [2]Für die Mitglieder des Verwaltungsrats gilt § 13 Abs. 6 entsprechend.

§ 13 Verbandsversammlung

(1) [1]Die Verbandsversammlung ist das Hauptorgan des Zweckverbands. [2]Sie ist für den Erlaß von Satzungen zuständig.

(2) [1]Die Verbandsversammlung besteht aus mindestens einem Vertreter eines jeden Verbandsmitglieds. [2]Die Verbandssatzung kann bestimmen, daß einzelne oder alle Verbandsmitglieder mehrere Vertreter in die Verbandsversammlung entsenden und daß einzelne Verbandsmitglieder ein mehrfaches Stimmrecht haben. [3]Die mehreren Stimmen eines Verbandsmitglieds können nur einheitlich abgegeben werden. [4]Die in § 2 Abs. 2 Satz 2 genannten Verbandsmitglieder dürfen zusammen nicht mehr als zwei Fünftel der satzungsmäßigen Stimmenzahl haben; dabei bleiben diejenigen Verbandsmitglieder außer Betracht, an denen Gemeinden oder Landkreise unmittelbar oder mittelbar mit mehr als 50 vom Hundert beteiligt sind.

(3) [1]Erfüllt der Zweckverband eine Aufgabe nur für einzelne Verbandsmitglieder, kann die Verbandssatzung bestimmen, daß diese Verbandsmitglieder insoweit gegen Beschlüsse der Verbandsversammlung, die für sie von besonderer Wichtigkeit oder erheblicher wirtschaftlicher Bedeutung sind, binnen zwei Wochen nach der Beschlußfassung Einspruch einlegen können. [2]Der Einspruch hat aufschiebende Wirkung. [3]Auf den Einspruch hat die Verbandsversammlung erneut zu beschließen. [4]Der Einspruch ist zurückgewiesen, wenn der neue Beschluß mit einer Mehrheit von mindestens zwei Dritteln der Stimmen der vertretenen Verbandsmitglieder, mindestens jedoch mit der Mehrheit der satzungsmäßigen Stimmenzahl gefaßt wird.

(4) [1]Eine Gemeinde wird in der Verbandsversammlung durch den Bürgermeister, ein Landkreis durch den Landrat vertreten; im Falle der Verhinderung tritt an ihre Stelle ihr allgemeiner Stellvertreter oder ein beauftragter Bediensteter nach § 53 Abs. 1 der Gemeindeordnung oder nach *§ 38 Abs. 1* der Land-

kreisordnung. [2]Sind mehrere Vertreter zu entsenden, werden die weiteren Vertreter einer Gemeinde vom Gemeinderat, die weiteren Vertreter eines Landkreises vom Kreistag widerruflich gewählt. [3]Für die weiteren Vertreter können Stellvertreter gewählt werden, die die Vertreter im Falle der Verhinderung vertreten; Satz 2 gilt entsprechend. [4]Ist mehr als ein weiterer Vertreter zu wählen, finden die Vorschriften über die Wahl der Mitglieder beschließender Ausschüsse des Gemeinderats Anwendung.

(5) Die Verbandsmitglieder können ihren Vertretern Weisungen erteilen.

(6) [1]Die Vertreter der Verbandsmitglieder in der Verbandsversammlung sind ehrenamtlich tätig. [2]Für ihre Rechtsverhältnisse gelten die für die Gemeinderäte maßgebenden Vorschriften entsprechend. [3]§ 18 Abs. 1 Nr. 4 und Abs. 2 Nr. 1 der Gemeindeordnung finden keine Anwendung, wenn die Entscheidung wegen der Wahrnehmung einer Aufgabe des Zweckverbands ein Verbandsmitglied betrifft, oder wenn sie Verpflichtungen der Verbandsmitglieder betrifft, die sich aus ihrer Zugehörigkeit zum Zweckverband ergeben und für alle zum Verband gehörenden Mitglieder nach gleichen Grundsätzen festgesetzt werden.

§ 14 Ausschüsse

(1) [1]Durch die Verbandssatzung können beschließende Ausschüsse der Verbandsversammlung gebildet und ihnen bestimmte Aufgabengebiete zur dauernden Erledigung übertragen werden. [2]Durch Beschluß kann die Verbandsversammlung einzelne Angelegenheiten auf bestehende beschließende Ausschüsse übertragen oder für ihre Erledigung beschließende Ausschüsse bilden. [3]Die für beschließende Ausschüsse des Gemeinderats geltenden Vorschriften finden entsprechende Anwendung.

(2) [1]Die Verbandsversammlung kann zur Vorberatung ihrer Verhandlungen oder einzelner Verhandlungsgegenstände beratende Ausschüsse bilden. [2]Die für beratende Ausschüsse des Gemeinderats geltenden Vorschriften finden entsprechende Anwendung.

§ 15 Geschäftsgang

(1) [1]Die Sitzungen der Verbandsversammlung sind öffentlich. [2]Nichtöffentlich ist zu verhandeln, wenn es das öffentliche Wohl oder berechtigte Interessen einzelner erfordern. [3]Der Verbandsvorsitzende kann in der Tagesordnung bestimmte Gegenstände in die nichtöffentliche Sitzung verweisen. [4]Über Anträge aus der Mitte der Verbandsversammlung, einen Verhandlungsgegenstand entgegen der Tagesordnung in öffentlicher oder nichtöffentlicher Sitzung zu behandeln, wird in nichtöffentlicher Sitzung beraten und entschieden. [5]Zeit, Ort und Tagesordnung der öffentlichen Sitzungen der Verbandsversammlung sind rechtzeitig durch die Verbandsmitglieder ortsüblich bekanntzugeben oder durch den Verband in der von diesem vorgesehenen Form öffentlich bekanntzumachen.

(2) Die Vertreter der Verbandsmitglieder in der Verbandsversammlung sind zur Verschwiegenheit über alle in nichtöffentlicher Sitzung behandelten Angelegenheiten solange verpflichtet, bis sie der Verbandsvorsitzende von der Schweigepflicht entbindet.

(3) Die Beschlüsse der Verbandsversammlung werden mit Stimmenmehrheit gefaßt; die Verbandssatzung kann eine größere Mehrheit bestimmen.

(4) Für den Geschäftsgang eines Verwaltungsrats und von beschließenden Ausschüssen der Verbandsversammlung finden die für die Verbandsversammlung geltenden Vorschriften entsprechende Anwendung.

§ 16 Verbandsvorsitzender

(1) [1]Der Verbandsvorsitzende ist Vorsitzender der Verbandsversammlung und des Verwaltungsrats. [2]Er ist Leiter der Verbandsverwaltung und vertritt den Zweckverband.

(2) Weisungsaufgaben des Zweckverbands erfüllt der Verbandsvorsitzende in eigener Zuständigkeit, soweit gesetzlich nichts anderes bestimmt ist; abweichend hiervon ist die Verbandsversammlung für den Erlaß von Rechtsverordnungen zuständig, soweit Vorschriften anderer Gesetze nicht entgegenstehen.

(3) [1]Der Verbandsvorsitzende und mindestens ein Stellvertreter werden von der Verbandsversammlung aus ihrer Mitte gewählt. [2]Ist in der Verbandssatzung ein Verwaltungsrat vorgesehen, kann diese bestimmen, daß die Stellvertreter aus dessen Mitte gewählt werden. [3]Verbandsvorsitzender soll in der Regel ein Bürgermeister einer Gemeinde oder ein Landrat eines Landkreises sein, die dem Zweckverband angehören; er muß es sein, wenn der Zweckverband Weisungsaufgaben zu erfüllen hat.

(4) [1]Der Verbandsvorsitzende und seine Stellvertreter sind ehrenamtlich tätig. [2]Durch Satzung können angemessene Aufwandsentschädigungen festgesetzt werden. [3]Im übrigen gelten für ihre Rechtsverhältnisse die für die Gemeinderäte maßgebenden Vorschriften sowie § 13 Abs. 6 Satz 3 entsprechend.

§ 17 Beamte
(1) Der Zweckverband besitzt das Recht, Beamte zu haben.

(2) Hauptamtliche Beamte dürfen nur ernannt werden, wenn dies in der Verbandssatzung vorgesehen ist.

§ 18 Wirtschaftsführung
[1]Für die Wirtschaftsführung des Zweckverbands gelten die Vorschriften über die Gemeindewirtschaft entsprechend mit Ausnahme der Vorschriften über die Auslegung des Jahresabschlusses, das Rechnungsprüfungsamt und den Fachbediensteten für das Finanzwesen; § 87 Abs. 1 der Gemeindeordnung gilt mit der Maßgabe, dass Kredite auch zur Rückführung von Kapitaleinlagen an die Verbandsmitglieder aufgenommen werden dürfen. [2]Von der ortsüblichen Bekanntgabe des Beschlusses über die Feststellung des Jahresabschlusses kann abgesehen werden; dies gilt nicht, wenn dem Zweckverband Aufgaben übertragen sind, die er überwiegend unmittelbar gegenüber Dritten wahrnimmt.

§ 19 Deckung des Finanzbedarfs
(1) [1]Der Zweckverband kann, soweit seine sonstigen Erträge und Einzahlungen zur Deckung seines Finanzbedarfs nicht ausreichen, von den Verbandsmitgliedern eine Umlage erheben. [2]Die Maßstäbe für die Umlage sind so zu bemessen, dass der Finanzbedarf für die einzelnen Aufgaben angemessen auf die Mitglieder verteilt wird. [3]Die Höhe der Umlage ist in der Haushaltssatzung für jedes Haushaltsjahr festzusetzen. [4]Der Zweckverband kann für rückständige Beträge Säumniszuschläge nach den Bestimmungen des Kommunalabgabengesetzes fordern.

(2) Für die Kostentragung bei einzelnen Aufgaben kann eine andere Regelung vereinbart werden.

(3) Das Recht zur Erhebung von Steuern steht dem Zweckverband nicht zu.

§ 20 Unmittelbare Anwendung des Eigenbetriebsrechts auf Zweckverbände
(1) [1]Die Verbandssatzung eines Zweckverbands, dessen Hauptzweck der Betrieb eines Unternehmens oder einer Einrichtung im Sinne des § 1 des Eigenbetriebsgesetzes ist, kann bestimmen, daß auf die Verfassung und Verwaltung oder die Wirtschaftsführung und das Rechnungswesen des Zweckverbands die für Eigenbetriebe geltenden Vorschriften unmittelbar Anwendung finden mit der Maßgabe, daß
1. an die Stelle der Betriebssatzung die Verbandssatzung, an die Stelle des Gemeinderats die Verbandsversammlung und an die Stelle des Bürgermeisters der Verbandsvorsitzende tritt,
2. an die Stelle des Betriebsausschusses der Verwaltungsrat treten kann,
3. neben dem Betriebsausschuß beratende oder beschließende Ausschüsse gebildet werden können,
4. von der Festsetzung eines Stammkapitals abgesehen werden kann.
[2]§ 18 Satz 2 gilt entsprechend.

(2) Für die Deckung des Finanzbedarfs gilt § 19 entsprechend.

4. Abschnitt
Vereinigung und Eingliederung von Zweckverbänden

§ 20a Voraussetzungen einer Vereinigung
(1) [1]Zwei oder mehrere Zweckverbände können die Vereinigung zu einem neuen Zweckverband vereinbaren. [2]In der Vereinbarung ist festzulegen, wer die Rechte des Verbandsvorsitzenden des neuen Zweckverbands bis zur erstmaligen, unverzüglich durchzuführenden Wahl eines Verbandsvorsitzenden durch die Verbandsversammlung wahrnimmt.

(2) [1]Die Vereinigung bedarf übereinstimmender Beschlüsse durch die Verbandsversammlungen der betroffenen Zweckverbände. [2]Die Beschlüsse bedürfen jeweils der Mehrheit von mindestens zwei Dritteln der satzungsmäßigen Stimmenzahl der Verbandsmitglieder. [3]Die Verbandssatzung der jeweils betroffenen Zweckverbände kann bestimmen, dass eine größere Mehrheit der satzungsmäßigen Stimmenzahl erforderlich ist. [4]Die Beschlüsse bedürfen der Genehmigung der jeweiligen Rechtsaufsichtsbehörde.

(3) § 11 gilt entsprechend.

§ 20b Verbandssatzung

(1) ¹Zur Bildung des neuen Zweckverbands muss von den beteiligten Zweckverbänden eine Verbandssatzung vereinbart werden. ²§ 6 Absatz 2 gilt entsprechend..

(2) ¹Die Verbandssatzung des neuen Zweckverbands bedarf der Genehmigung der Rechtsaufsichtsbehörde. ²§§ 7 und 8 gelten entsprechend.

§ 20c Rechtsnachfolge

Der neue Zweckverband ist Rechtsnachfolger der bisherigen Zweckverbände.

§ 20d Eingliederung von Zweckverbänden

Die §§ 20a bis 20c gelten für die Eingliederung eines Zweckverbands in einen anderen entsprechend.

5. Abschnitt
Änderung der Verbandssatzung und Auflösung des Zweckverbands

§ 21 Änderung der Verbandssatzung und Auflösung des Zweckverbands

(1) Soll der Zweckverband weitere Aufgaben für alle Verbandsmitglieder erfüllen oder durchführen, gelten für die Änderung der Verbandssatzung §§ 6 und 7 entsprechend.

(2) ¹Alle sonstigen Änderungen der Verbandssatzung sowie die Auflösung des Zweckverbands werden von der Verbandsversammlung mit einer Mehrheit von mindestens zwei Dritteln der satzungsmäßigen Stimmzahlen der Verbandsmitglieder beschlossen. ²Die Verbandssatzung kann bestimmen, daß eine größere Mehrheit der satzungsmäßigen Stimmenzahl erforderlich ist. ³Sie kann ferner bestimmen, daß der Beschluß der Verbandsversammlung der Zustimmung einzelner oder aller Verbandsmitglieder bedarf.

(3) Soll der Zweckverband eine weitere Aufgabe nur für einzelne Verbandsmitglieder erfüllen, bedarf es des Antrags dieser Mitglieder; für das Verfahren zur Änderung der Verbandssatzung gilt Absatz 2.

(4) Der Beschluß über das Ausscheiden eines Verbandsmitglieds bedarf dessen schriftlicher Zustimmung; dies gilt nicht, wenn die Verbandssatzung einen Ausschluß vorsieht und die in der Verbandssatzung bestimmten Voraussetzungen für den Ausschluß gegeben sind.

(5) Die Änderung der Verbandssatzung nach Absatz 3 und der Beschluß über die Auflösung des Zweckverbandes bedürfen der Genehmigung der Rechtsaufsichtsbehörde.

(6) Änderungen der Verbandssatzung und der Beschluß über die Auflösung sind mit der Genehmigung, sofern eine solche erforderlich ist, von dem Zweckverband öffentlich bekanntzumachen.

§ 22 Abwicklung

Der Zweckverband gilt nach seiner Auflösung als fortbestehend, soweit der Zweck der Abwicklung es erfordert.

§ 23 Wegfall von Verbandsmitgliedern

(1) Fallen Gemeinden oder Landkreise, die Verbandsmitglieder sind, durch Eingliederung in eine andere Körperschaft, durch Zusammenschluß mit einer anderen Körperschaft, durch Auflösung oder aus einem sonstigen Grunde weg, tritt die Körperschaft des öffentlichen Rechts, in die das Verbandsmitglied eingegliedert oder zu der es zusammengeschlossen wird, in die Rechtsstellung des weggefallenen Verbandsmitglieds ein.

(2) ¹Wenn Gründe des öffentlichen Wohls nicht entgegenstehen, kann der Zweckverband binnen drei Monaten nach Wirksamwerden der Änderung die neue Körperschaft ausschließen; in gleicher Weise kann diese ihr Ausscheiden aus dem Zweckverband verlangen. ²Falls die neue Körperschaft dem Ausschluß widerspricht oder der Zweckverband ihrem Verlangen auf Ausscheiden nicht entspricht, entscheidet auf Antrag eines der Beteiligten die Rechtsaufsichtsbehörde. ³In diesem Fall regelt die Rechtsaufsichtsbehörde auch die aus der Veränderung sich ergebenden Verhältnisse zwischen dem Zweckverband und dem ausscheidenden Mitglied.

(3) Absatz 1 und 2 gelten entsprechend beim Wegfall sonstiger Mitglieder.

§ 24 Besondere Bestimmungen für Pflichtverbände

(1) Hat nach der Verbandssatzung eines Pflichtverbands die Verbandsversammlung über Änderungen der Verbandssatzung zu beschließen, bedürfen diese der Genehmigung der Rechtsaufsichtsbehörde.

(2) Ist eine der Voraussetzungen für die Bildung eines Pflichtverbands weggefallen, hat die Rechtsaufsichtsbehörde den Zweckverband aufzulösen.

(3) Für das Verfahren nach Absatz 1 und 2 gelten § 7 Abs. 1 Satz 3 und § 8, im Fall des Absatzes 2 auch § 22, entsprechend.

Dritter Teil
Gemeinsame selbstständige Kommunalanstalten

§ 24a Gemeinsame selbstständige Kommunalanstalten

(1) [1]Gemeinden und Landkreise können eine gemeinsame selbstständige Kommunalanstalt in der Rechtsform einer rechtsfähigen Anstalt des öffentlichen Rechts durch Vereinbarung einer Satzung (Anstaltssatzung) errichten. [2]Sie können auch einer bestehenden selbstständigen Kommunalanstalt oder einer bestehenden gemeinsamen selbstständigen Kommunalanstalt beitreten; der Beitritt erfolgt durch die zwischen den Beteiligten zu vereinbarende Änderung der Anstaltssatzung. [3]§§ 102a, 102b und 102d der Gemeindeordnung gelten entsprechend.

(2) Eine selbstständige Kommunalanstalt kann mit einer anderen durch Vereinbarung einer entsprechenden Änderung der Anstaltssatzung der aufnehmenden selbstständigen Kommunalanstalt oder der aufnehmenden gemeinsamen selbstständigen Kommunalanstalt im Wege der Gesamtrechtsnachfolge zu einer gemeinsamen selbstständigen Kommunalanstalt verschmolzen werden.

(3) [1]Ein Unternehmen in der Rechtsform einer Kapitalgesellschaft, an dem ausschließlich Gemeinden und Kreise beteiligt sind, kann durch Formwechsel in eine gemeinsame selbstständige Kommunalanstalt umgewandelt werden. [2]Die Umwandlung ist nur zulässig, wenn keine Sonderrechte im Sinne des § 23 des Umwandlungsgesetzes und keine Rechte Dritter an den Anteilen der formwechselnden Rechtsträger bestehen. [3]Voraussetzungen eines Formwechsels sind
1. die Vereinbarung der Anstaltssatzung der gemeinsamen selbstständigen Kommunalanstalt durch die beteiligten Körperschaften,
2. einen sich darauf beziehenden einstimmigen Umwandlungsbeschluss der Anteilsinhaber der formwechselnden Gesellschaft.
[4]§ 102c der Gemeindeordnung ist entsprechend anzuwenden.

(4) [1]Das vorsitzende Mitglied des Verwaltungsrats einer gemeinsamen selbstständigen Kommunalanstalt wird aus dessen Mitte gewählt. [2]Vorsitzendes Mitglied soll der gesetzliche Vertreter einer der beteiligten Gemeinden oder Landkreise sein.

§ 24b Vorschriften für gemeinsame selbstständige Kommunalanstalten

(1) [1]Die Anstaltssatzung einer gemeinsamen selbstständigen Kommunalanstalt muss mindestens die nach § 6 Absatz 2 erforderlichen Bestimmungen treffen. [2]Weiter muss sie Angaben enthalten über
1. den Betrag der von jedem Beteiligten auf das Eigenkapital zu leistenden Einlage (Stammeinlage),
2. den räumlichen Wirkungsbereich, wenn der gemeinsamen selbstständigen Kommunalanstalt hoheitliche Befugnisse oder das Recht, Satzungen zu erlassen, übertragen werden,
3. die Sitz- und Stimmenverteilung im Verwaltungsrat.

(2) [1]Die Anstaltssatzung, Änderungen der Aufgaben und die Auflösung der gemeinsamen selbstständigen Kommunalanstalt bedürfen der Genehmigung der Rechtsaufsichtsbehörde. [2]§§ 7 und 8 gelten entsprechend.

(3) [1]Über Änderungen der Anstaltssatzung und die Auflösung der gemeinsamen selbstständigen Kommunalanstalt entscheidet der Verwaltungsrat. [2]Die Änderung der Anstaltsaufgabe, die Aufnahme und das Ausscheiden eines Beteiligten, die Erhöhung des Eigenkapitals, die Verschmelzung und die Auflösung bedürfen der Zustimmung aller Beteiligten. [3]Im Falle der Auflösung ist das Vermögen der gemeinsamen selbstständigen Kommunalanstalt im Verhältnis der geleisteten Stammeinlagen auf die Beteiligten zu verteilen. [4]§ 22 gilt entsprechend.

Vierter Teil
Öffentlich-rechtliche Vereinbarung

§ 25 Voraussetzung, Verfahren

(1) [1]Gemeinden und Landkreise können vereinbaren, dass eine der beteiligten Körperschaften bestimmte Aufgaben für alle Beteiligten erfüllt oder sich verpflichtet, bestimmte Aufgaben für die übrigen Beteiligten durchzuführen. [2]Es kann auch vereinbart werden, dass eine Körperschaft den übrigen Beteiligten Bedienstete zur Erfüllung und Durchführung ihrer Aufgaben zur Verfügung stellt.

(2) [1]Erfüllt eine Körperschaft eine Aufgabe für die übrigen Beteiligten, gestattet sie diesen insbesondere die Mitbenutzung einer von ihr betriebenen Einrichtung, so gehen das Recht und die Pflicht der übrigen Körperschaften zur Erfüllung der Aufgaben auf die übernehmende Körperschaft über. [2]Verpflichtet sich eine Körperschaft, bestimmte Aufgaben für die übrigen Beteiligten durchzuführen, so bleiben deren Rechte und Pflichten als Träger der Aufgabe unberührt. [3]Körperschaften, denen Bedienstete zur Erfüllung ihrer Aufgaben zur Verfügung gestellt werden, können ihnen wie eigenen Bediensteten Befugnisse übertragen.

(3) [1]In der Vereinbarung können den übrigen Beteiligten Mitwirkungsrechte und -pflichten bei der Erfüllung oder Durchführung der Aufgaben eingeräumt werden. [2]Im Fall der Aufgabenerfüllung kann insbesondere vereinbart werden, daß

1. die übernehmende Körperschaft und die übrigen Beteiligten einen gemeinsamen Ausschuß zur Vorberatung der Verhandlungen des Gemeinderats oder des Kreistags der übernehmenden Körperschaft sowie von dessen beschließenden Ausschüssen bilden,

2. die übrigen Beteiligten gegen Beschlüsse des Gemeinderats oder des Kreistags der übernehmenden Körperschaft sowie von dessen beschließenden Ausschüssen, die für sie von besonderer Wichtigkeit oder erheblicher wirtschaftlicher Bedeutung sind, binnen zwei Wochen nach Mitteilung des Beschlusses Einspruch einlegen können. Der Einspruch hat aufschiebende Wirkung. Auf den Einspruch ist erneut zu beschließen. Der Einspruch ist zurückgewiesen, wenn der neue Beschluß mit der Mehrheit der Stimmen aller Mitglieder des Gemeinderats oder des Kreistags der übernehmenden Körperschaft sowie von dessen beschließenden Ausschüssen gefaßt wird oder wenn ein gemeinsamer Ausschuß nach Nummer 1 dem neuen Beschluß mit der Mehrheit seiner Mitglieder zustimmt.

(4) Ist die Geltungsdauer der Vereinbarung nicht befristet, so muß sie die Voraussetzungen bestimmen, unter denen sie von einem Beteiligten gekündigt werden kann.

(5) [1]Die Vereinbarung bedarf der Genehmigung der in § 28 Abs. 2 bestimmten Rechtsaufsichtsbehörde. [2]Dies gilt auch für die Einbeziehung weiterer Aufgaben und die Aufhebung der Vereinbarung. [3]§ 7 gilt entsprechend.

(6) [1]Die Vereinbarung, ihre Änderung und Aufhebung sind mit der Genehmigung, sofern eine solche erforderlich ist, von den Beteiligten öffentlich bekanntzumachen. [2]Sie werden am Tage nach der letzten öffentlichen Bekanntmachung rechtswirksam, sofern von den Beteiligten kein späterer Zeitpunkt bestimmt ist.

§ 26 Ausdehnung der Satzungsbefugnis

(1) Die zur Erfüllung der Aufgabe verpflichtete Körperschaft kann im Rahmen der ihr übertragenen Aufgabengebiete Satzungen erlassen, die für das gesamte Gebiet der Beteiligten gelten; dies gilt nicht für die Erhebung von Steuern.

(2) Die Körperschaft kann im Geltungsbereich der Satzung alle zur Durchführung erforderlichen Maßnahmen wie im eigenen Gebiet treffen.

§ 27 [Gemeinsame Dienststellen]

(1) [1]Gemeinden und Landkreise können die Bildung gemeinsamer Dienststellen zur gemeinsamen Durchführung bestimmter Aufgaben vereinbaren. [2]Eine gemeinsame Dienststelle kann auch als Teil einer der beteiligten Körperschaften eingerichtet werden. [3]Die Zuständigkeit der Körperschaften bleibt durch die Bildung gemeinsamer Dienststellen unberührt.

(2) [1]Die Bediensteten üben ihre Tätigkeiten in der gemeinsamen Dienststelle nach der fachlichen Weisung der im Einzelfall zuständigen Körperschaft aus. [2]Ihre dienstrechtliche Stellung im Übrigen bleibt unberührt.

(3) Verletzt ein Bediensteter in Ausübung seiner Tätigkeit in der gemeinsamen Dienststelle die ihm einem Dritten gegenüber obliegende Amtspflicht, haftet die Körperschaft, die für die Amtshandlung sachlich und örtlich zuständig ist.

§ 27a Pflichtvereinbarung

(1) Besteht für den Abschluß einer Vereinbarung zur Erfüllung oder Durchführung bestimmter Pflichtaufgaben ein dringendes öffentliches Bedürfnis, kann die in § 28 Abs. 2 bestimmte Rechtsaufsichtsbehörde den beteiligten Gemeinden und Landkreisen eine angemessene Frist zum Abschluß der Vereinbarung setzen.

(2) [1]Wird die Vereinbarung innerhalb der Frist nicht abgeschlossen, legt die Rechtsaufsichtsbehörde die Vereinbarung fest (Pflichtvereinbarung). [2]Vor dieser Entscheidung muß den Beteiligten Gelegenheit gegeben werden, ihre Auffassung in mündlicher Verhandlung darzulegen.

(3) § 7 Abs. 1 Satz 3, § 11 Abs. 3, § 24 Abs. 1 und 2, § 25 Absätze 1, 2, 3, 5 Satz 1 und 2 und Absatz 6 sowie § 26 gelten entsprechend.

Fünfter Teil
Aufsicht

§ 28 [Aufsicht]

(1) [1]Der Zweckverband und die gemeinsame selbstständige Kommunalanstalt stehen unter staatlicher Aufsicht. [2]Die §§ 118, 120 bis 127 und 129 der Gemeindeordnung gelten entsprechend.

(2) Rechtsaufsichtsbehörde ist:

1. Das Landratsamt, wenn nur Gemeinden beteiligt sind, die seiner Aufsicht unterstehen;

2. das Regierungspräsidium oder die von ihm bestimmte Behörde, wenn an dem Zweckverband oder an der gemeinsamen selbstständigen Kommunalanstalt andere als die in Nummer 1 genannten Gemeinden seines Regierungsbezirks oder Landkreise beteiligt sind, die keinem anderen Regierungsbezirk angehören;

3. das Innenministerium oder die von ihm bestimmte Behörde, wenn sich der Kreis der beteiligten Gemeinden und Landkreise über einen Regierungsbezirk oder das Land hinaus erstreckt oder wenn das Land oder der Bund beteiligt sind.

(3) Obere Rechtsaufsichtsbehörde ist in den Fällen des Absatzes 2 Nr. 1 und 2 das Regierungspräsidium.

(4) Oberste Rechtsaufsichtsbehörde und im Falle des Absatzes 2 Nr. 3 auch obere Rechtsaufsichtsbehörde ist das Innenministerium.

Sechster Teil
Anwendung in Sonderfällen

§ 29 Beteiligung von Zweckverbänden und Rechtsträgern gemeindefreier Grundstücke

Zweckverbände und Rechtsträger gemeindefreier Grundstücke stehen bei Anwendung dieses Gesetzes den Gemeinden gleich.

§ 30 Anwendung auf sonstige Verbände

(1) Ist durch Gesetz die gemeinsame Erfüllung bestimmter Aufgaben der Gemeinden oder Landkreise vorgeschrieben oder zugelassen, findet das Gesetz über kommunale Zusammenarbeit insoweit Anwendung, als gesetzlich keine abweichende Regelung getroffen ist.

(2) Regelungen in anderen Gesetzen für Zweckverbände gelten auch für Nachbarschaftsverbände, Verwaltungsgemeinschaften, Feuerlöschverbände und Planungsverbände.

(3) Auf Planungsverbände nach § 4 Abs. 1 bis 7 des Bundesbaugesetzes sind die Vorschriften dieses Gesetzes entsprechend anzuwenden, soweit sich aus dem Bundesbaugesetz nichts anderes ergibt.

(4) Stehen nach den für einen sonstigen Verband geltenden sondergesetzlichen Vorschriften einer anderen Behörde Befugnisse zu, so trifft die Rechtsaufsichtsbehörde Entscheidungen nach diesem Gesetz im Einvernehmen mit der anderen Behörde.

§ 31 Badischer Gemeindeversicherungsverband

(1) Der Badische Gemeindeversicherungsverband ist Körperschaft des öffentlichen Rechts.

(2) [1]Die Rechtsverhältnisse des Verbands werden in der Satzung geregelt. [2]Der Verband betreibt die in der Satzung zugelassenen Versicherungszweige. [3]Änderungen der Satzung bedürfen der Zustimmung der Rechtsaufsichtsbehörde.

(3) [1]Die Auflösung des Verbands bedarf der Genehmigung des Innenministeriums. [2]Der Verband kann nach § 385a des Aktiengesetzes mit Genehmigung des Innenministeriums in eine Aktiengesellschaft umgewandelt werden.

(4) [1]Für die Aufsicht gilt § 28 Abs. 1 entsprechend. [2]Rechtsaufsichtsbehörde ist das Innenministerium oder die von ihm bestimmte Behörde.

Siebter Teil
Übergangs- und Schlußbestimmungen

§ 32 Verbandssatzungen bestehender Zweckverbände und sonstiger Verbände sowie bestehende öffentlich-rechtliche Vereinbarungen
(nicht abgedruckt)

§ 33 Durchführungsbestimmungen
[1]Das Innenministerium erläßt die Rechtsverordnung zur Regelung der Anwendung der Bestimmungen zur Durchführung des Gemeindewirtschaftsrechts auf den Zweckverband. [2]Dabei kann für Zweckverbände mit erheblicher wirtschaftlicher Bedeutung eine Eigenprüfung vorgeschrieben werden.

§ 34[1)] Inkrafttreten
(1) Dieses Gesetz tritt am Tage nach seiner Verkündung in Kraft.

(2) [1]Gleichzeitig treten unbeschadet des § 27 Abs. 1 alle Vorschriften, die diesem Gesetz entsprechen oder widersprechen, außer Kraft. [2]Insbesondere treten folgende Vorschriften außer Kraft: (hier nicht wiedergegeben)

---

1) **Amtl. Anm.:** Diese Vorschrift betrifft das Inkrafttreten des Gesetzes in der ursprünglichen Fassung vom 24. Juli 1963 (Ges. Bl. S. 114). Der in Absatz 2 Satz 1 genannte § 27 bezieht sich auf die ursprüngliche Fassung.

Kommunalwahlgesetz (KomWG)

In der Fassung vom 1. September 1983[1] (GBl. S. 429)
(BWGültV Sachgebiet 2806)

zuletzt geändert durch Art. 1 G über das Wahl- und Stimmrecht von Personen, für die zur Besorgung aller ihrer Angelegenheiten ein Betreuer bestellt ist vom 4.4.2019 (GBl. S. 105)

Inhaltsübersicht

1. Abschnitt
§ 1 Geltung des Kommunalwahlgesetzes

2. Abschnitt
Vorbereitung der Wahl und Wahlorgane

1. Unterabschnitt
Wahltag und Bekanntmachung der Wahl
§ 2 Wahltag
§ 3 Bekanntmachung der Wahl

2. Unterabschnitt
§ 4 Wahlbezirke

3. Unterabschnitt
Förmliche Voraussetzung und Ausübung des Wahlrechts, Wählerverzeichnis und Wahlscheine
§ 5 Förmliche Voraussetzung und Ausübung des Wahlrechts
§ 6 Wählerverzeichnis
§ 7 Wahlscheine

4. Unterabschnitt
Wahlvorschläge und Aufstellung von Bewerbern
§ 8 Wahlvorschläge
§ 9 Aufstellung von Bewerbern

5. Unterabschnitt
Bewerbungen zur Bürgermeisterwahl
§ 10 [Bewerbungen zur Bürgermeisterwahl]

6. Unterabschnitt
Wahlorgane
§ 11 Gemeindewahlausschuß
§ 12 Kreiswahlausschuß
§ 13 (aufgehoben)
§ 14 Wahlvorstände
§ 15 Gemeinsame Vorschriften über die Ausschüsse und Wahlvorstände
§ 16 Besorgung der laufenden Wahlgeschäfte

7. Unterabschnitt
Wahlräume
§ 17 [Wahlräume]

8. Unterabschnitt
§ 18 Stimmzettel und Stimmzettelumschläge

3. Abschnitt
Wahlhandlung
§ 19 Stimmabgabe
§ 20 Wahlzeit

4. Abschnitt
Feststellung des Wahlergebnisses
§ 21 Öffentlichkeit
§ 22 Zurückweisung von Wahlbriefen
§ 23 Ungültige Stimmzettel
§ 24 Ungültige Stimmen
§ 25 Verteilung der Sitze auf die Wahlvorschläge bei der Verhältniswahl
§ 26 Verteilung der Sitze auf die einzelnen Bewerber bei der Verhältniswahl
§ 27 Verteilung der Sitze auf die einzelnen Bewerber bei der Mehrheitswahl
§ 28 Wahlergebnis

5. Abschnitt
Prüfung und Anfechtung von Wahlen
§ 29 Absage der Wahl
§ 30 Wahlprüfung
§ 31 Wahlanfechtung
§ 32 Grundsätze für die Wahlprüfung und Wahlanfechtungsgründe
§ 33 Teilweise Ungültigkeit

6. Abschnitt
Wiederholungswahlen, Neuwahlen und Neufeststellung des Wahlergebnisses
§ 34 Wiederholungs- und Neuwahlen
§ 35 Wiederholungs- und Neuwahlen bei Teilungültigkeit
§ 36 Neufeststellung des Wahlergebnisses

7. Abschnitt
Gleichzeitige Durchführung mehrerer Wahlen
§ 37 Wahl der Gemeinderäte und der Ortschaftsräte
§ 38 Wahl der Kreisräte
§ 38a Wahl des Bürgermeisters

8. Abschnitt
Wahlkosten, Wahlstatistik
§ 39 Wahlkosten
§ 39a Statistische Auswertung der Wahlergebnisse im Land

---

1) Neubekanntmachung des KomWG idF v. 6. 3. 1980 (GBl. S. 217) in der ab 1. 9. 1983 geltenden Fassung.

§ 39b	Repräsentative Wahlstatistik in der Gemeinde	§ 50	Wahlvorschläge
		§ 51	Wahlorgane, Besorgung der laufenden Wahlgeschäfte
9. Abschnitt		§ 52	Stimmabgabe
Anhörung der Bürger, Bürgerentscheid, Bürgerbegehren		§ 53	Sitzverteilung
		§ 54	Wahlkosten
§ 40	Anhörung der Bürger bei Grenzänderungen		
§ 41	Antrag auf Einwohnerversammlung, Einwohnerantrag, Bürgerbegehren, Bürgerentscheid	**11. Abschnitt**	
		Schlußbestimmungen	
		§ 55	Kommunalwahlordnung
		§ 56	Fristen und Termine
10. Abschnitt		§ 57	Maßgebende Einwohnerzahl
Regionalversammlung des Verbandes Region Stuttgart		§ 57a	Wahl- und Stimmrecht von Personen, für die zur Besorgung aller ihrer Angelegenheiten ein Betreuer bestellt ist
§§ 42 bis 48 (aufgehoben)			
§ 49	Wahltag, Anwendung von Rechtsvorschriften	§ 58	Inkrafttreten

1. Abschnitt
Geltung des Kommunalwahlgesetzes

§ 1 [Geltung des Kommunalwahlgesetzes]
Dieses Gesetz gilt für die Wahl der Gemeinderäte, der Ortschaftsräte, der Bezirksbeiräte und des Bürgermeisters (Gemeindewahlen), für die Wahl der Kreisräte, für die Wahl der Mitglieder der Regionalversammlung des Verbandes Region Stuttgart sowie für die Anhörung der Bürger bei Grenzänderungen, den Antrag auf eine Einwohnerversammlung, den Einwohnerantrag, das Bürgerbegehren und die Durchführung des Bürgerentscheids.

2. Abschnitt
Vorbereitung der Wahl und Wahlorgane

1. Unterabschnitt
Wahltag und Bekanntmachung der Wahl

§ 2 Wahltag
(1) [1]Die regelmäßigen Wahlen der Gemeinderäte und der Kreisräte finden in der Zeit zwischen dem 10. Mai und dem 20. November statt; sie können am Tag der Wahl der Abgeordneten des Europäischen Parlaments aus der Bundesrepublik Deutschland durchgeführt werden. [2]Das Innenministerium bestimmt den Wahltag.
(2) Im übrigen bestimmt bei Gemeindewahlen der Gemeinderat, bei der Wahl der Kreisräte der Kreistag den Wahltag.
(3) [1]Der Wahltag muß ein Sonntag sein. [2]Am Ostersonntag, am Pfingstsonntag, am Totengedenktag sowie an gesetzlichen Feiertagen dürfen keine Wahlen durchgeführt werden.

§ 3 Bekanntmachung der Wahl
(1) Die Wahl der Gemeinderäte hat der Bürgermeister, die Wahl der Kreisräte hat der Landrat spätestens am 69. Tag vor dem Wahltag öffentlich bekanntzumachen.
(2) [1]Die Bürgermeisterwahl hat der Bürgermeister spätestens am 34. Tag vor dem Wahltag öffentlich bekanntzumachen. [2]Gleichzeitig ist der Tag einer etwa notwendig werdenden Neuwahl nach § 45 Abs. 2 der Gemeindeordnung bekanntzumachen.

2. Unterabschnitt
Wahlbezirke

§ 4 [Wahlbezirke]
[1]Für die Stimmabgabe bildet jede Gemeinde einen oder mehrere Wahlbezirke. [2]Der Bürgermeister bestimmt, welche Wahlbezirke zu bilden sind.

3. Unterabschnitt
Förmliche Voraussetzung und Ausübung des Wahlrechts, Wählerverzeichnis und Wahlscheine

§ 5 Förmliche Voraussetzung und Ausübung des Wahlrechts

(1) Wählen kann nur der Wahlberechtigte, der in ein Wählerverzeichnis eingetragen ist oder einen Wahlschein hat.

(2) [1]Wer in ein Wählerverzeichnis eingetragen ist, kann durch persönliche Stimmabgabe in dem Wahlbezirk wählen, in dessen Wählerverzeichnis er geführt wird. [2]Wer einen Wahlschein hat, kann

1. durch persönliche Stimmabgabe bei den Gemeindewahlen in jedem Wahlbezirk des Wahlgebiets, bei der Wahl der Kreisräte in jedem Wahlbezirk des Wahlkreises, in dem der Wahlschein ausgestellt ist, oder
2. durch Briefwahl

wählen.

§ 6 Wählerverzeichnis

(1) Alle am Wahltag Wahlberechtigten sind vom Bürgermeister in Wählerverzeichnisse für die einzelnen Wahlbezirke einzutragen.

(2) [1]Jeder Wahlberechtigte hat das Recht, an den Werktagen vom 20. bis zum 16. Tag vor der Wahl während der allgemeinen Öffnungszeiten die Richtigkeit und Vollständigkeit der zu seiner Person im Wählerverzeichnis eingetragenen Daten zu überprüfen. [2]Um innerhalb dieses Zeitraums die Daten von anderen im Wählerverzeichnis eingetragenen Personen zu überprüfen, müssen Wahlberechtigte Tatsachen glaubhaft machen, aus denen sich eine Unrichtigkeit oder Unvollständigkeit des Wählerverzeichnisses ergeben kann; die Daten von Wahlberechtigten, für die im Melderegister eine Auskunftssperre nach § 51 Absatz 1 bis 4 des Bundesmeldegesetzes besteht, dürfen nicht eingesehen und überprüft werden. [3]Hält der Wahlberechtigte das Wählerverzeichnis für unrichtig oder unvollständig, kann er innerhalb des in Satz 1 genannten Zeitraums die Berichtigung beantragen.

(3) [1]Über den Berichtigungsantrag entscheidet der Bürgermeister. [2]Gegen diese Entscheidung können der Antragsteller und der Betroffene, gegen eine Berichtigung oder Ergänzung des Wählerverzeichnisses von Amts wegen der Betroffene Anfechtungs- oder Verpflichtungsklage erheben. [3]Über den Widerspruch im Vorverfahren entscheidet die Rechtsaufsichtsbehörde.

(4) [1]Für die Neuwahl des Bürgermeisters nach § 45 Abs. 2 der Gemeindeordnung ist das Wählerverzeichnis der ersten Wahl maßgebend. [2]Wahlberechtigte, die erst für die Neuwahl wahlberechtigt sind, werden, wenn sie bei der Aufstellung des Wählerverzeichnisses bekannt sind, in das Wählerverzeichnis mit einem Sperrvermerk für die erste Wahl eingetragen; im Übrigen erhalten sie auf Antrag einen Wahlschein

§ 7 Wahlscheine

(1) Ein Wahlberechtigter, der im Wählerverzeichnis eingetragen ist, oder der aus einem von ihm nicht zu vertretenden Grund in das Wählerverzeichnis nicht eingetragen worden ist, erhält auf Antrag einen Wahlschein.

(2) Bei Versagung des Wahlscheins und der Briefwahlunterlagen gilt § 6 Abs. 3 entsprechend.

4. Unterabschnitt
Wahlvorschläge und Aufstellung von Bewerbern

§ 8 Wahlvorschläge

(1) [1]Jeder Wahlvorschlag für die Wahl der Gemeinderäte muß

in Gemeinden bis zu	3 000	Einwohnern von	10,
in Gemeinden bis zu	10 000	Einwohnern von	20,
in Gemeinden bis zu	50 000	Einwohnern von	50,
in Gemeinden bis zu	100 000	Einwohnern von	100,
in Gemeinden bis zu	200 000	Einwohnern von	150,
in Gemeinden über	200 000	Einwohnern von	250

im Zeitpunkt der Unterzeichnung des Wahlvorschlags wahlberechtigten Personen unterzeichnet sein. [2]Ein Wahlvorschlag für die Wahl der Kreisräte muß von 50 im Zeitpunkt der Unterzeichnung des Wahlvorschlags zur Wahl der Kreisräte in einer Gemeinde des Wahlkreises wahlberechtigten Personen unterzeichnet sein. [3]Die Sätze 1 und 2 gelten nicht für die Wahlvorschläge von Parteien, die im Landtag vertreten sind, und für Parteien, die bisher schon in dem zu wählenden Organ vertreten waren; dies gilt entsprechend für Wählervereinigungen, die bisher schon in dem zu wählenden Organ vertreten waren, wenn der Wahlvorschlag von der Mehrheit der für diese Wählervereinigung Gewählten unterschrieben ist, die dem Organ zum Zeitpunkt der Einreichung des Wahlvorschlags noch angehören. [4]Mit dem Wahlvorschlag ist eine unterschriftliche Erklärung jedes Bewerbers einzureichen, daß er der Aufnahme in den Wahlvorschlag zugestimmt hat; die Zustimmung ist unwiderruflich. [5]Ein Bewerber darf sich für dieselbe Wahl nicht in mehrere Wahlvorschläge aufnehmen lassen; ein Wahlberechtigter kann für dieselbe Wahl nicht mehrere Wahlvorschläge unterzeichnen.

(2) [1]Unionsbürger haben zusätzlich gegenüber dem Vorsitzenden des zuständigen Wahlausschusses an Eides Statt zu versichern, daß sie die Staatsangehörigkeit ihres Herkunftsmitgliedstaates besitzen und in diesem Mitgliedstaat ihre Wählbarkeit nicht verloren haben. [2]Sofern sie nach § 26 des Bundesmeldegesetzes von der Meldepflicht befreit und nicht in das Melderegister eingetragen sind, haben sie ferner an Eides Statt zu versichern, seit wann sie in der Gemeinde eine Wohnung, bei mehreren Wohnungen in der Bundesrepublik Deutschland ihre Hauptwohnung haben; bei mehreren Wohnungen in der Bundesrepublik Deutschland sind deren Anschriften anzugeben. [3]Die Erklärung nach Satz 1 und 2 ist mit dem Wahlvorschlag einzureichen. [4]§ 9 Abs. 1 Satz 7 gilt entsprechend. [5]Bei Zweifeln an der Richtigkeit der Versicherung an Eides Statt nach Satz 1 hat der Unionsbürger auf Verlangen eine Bescheinigung der zuständigen Verwaltungsbehörde seines Herkunftsmitgliedstaates vorzulegen, mit der bestätigt wird, daß er in diesem Mitgliedstaat seine Wählbarkeit nicht verloren hat oder daß dieser Behörde ein solcher Verlust nicht bekannt ist.

(3) Die Gesetzmäßigkeit der Wahlvorschläge prüft und über ihre Zulassung beschließt
1. bei der Wahl der Gemeinderäte der Gemeindewahlausschuß,
2. bei der Wahl der Kreisräte der Kreiswahlausschuß.

(4) [1]Gegen die Zurückweisung eines Wahlvorschlags oder die Streichung eines Bewerbers kann jeder Bewerber und jeder Unterzeichner des Wahlvorschlags Anfechtungs- oder Verpflichtungsklage erheben. [2]Über den Widerspruch im Vorverfahren entscheidet die Rechtsaufsichtsbehörde.

(5) [1]Mehrere für dieselbe Wahl zugelassene Wahlvorschläge sind bei der Wahl der Gemeinderäte vom Bürgermeister, bei der Wahl der Kreisräte vom Landrat spätestens am 20. Tag vor dem Wahltag öffentlich bekanntzumachen. [2]Ist nur ein oder kein Wahlvorschlag zugelassen worden, ist in gleicher Weise dieser Wahlvorschlag oder die Tatsache, daß kein Wahlvorschlag zugelassen worden ist, öffentlich bekanntzumachen und darauf hinzuweisen, daß Mehrheitswahl stattfindet.

§ 9 Aufstellung von Bewerbern

(1) [1]Als Bewerber in einer Partei kann in einem Wahlvorschlag nur benannt werden, wer in einer Versammlung der im Zeitpunkt ihres Zusammentritts wahlberechtigten Mitglieder der Partei im Wahlgebiet, bei der Wahl der Kreisräte im Wahlgebiet oder im Wahlkreis (Mitgliederversammlung), oder in einer Versammlung der von diesen aus ihrer Mitte gewählten Vertreter (Vertreterversammlung) gewählt worden ist; die Bewerber und die Vertreter für die Vertreterversammlung werden in geheimer Abstimmung nach dem in der Satzung der Partei vorgesehenen Verfahren gewählt. [2]In gleicher Weise ist die Reihenfolge der Bewerber festzulegen. [3]Die Wahlen der Bewerber dürfen frühestens 15 Monate, die Wahlen der Vertreter für die Vertreterversammlung 18 Monate vor Ablauf des Zeitraums, innerhalb dessen die nächste regelmäßige Wahl des zu wählenden Organs erfolgen muß, stattfinden. [4]Über die Wahl der Bewerber und die Festlegung ihrer Reihenfolge ist eine Niederschrift anzufertigen, in der Ort und Zeit der Versammlung, Form der Einladung, Zahl der erschienenen Mitglieder oder Vertreter und das Abstimmungsergebnis anzugeben sind; aus der Niederschrift muß sich ergeben, ob Einwendungen gegen das Wahlergebnis erhoben und wie diese von der Versammlung behandelt worden sind; Einzelheiten sind in der Niederschrift oder in einer Anlage festzuhalten. [5]Die Niederschrift ist mit dem Wahlvorschlag einzureichen. [6]Der Leiter der Versammlung und zwei Teilnehmer haben die Niederschrift zu unterzeichnen; sie haben dabei gegenüber dem Vorsitzenden des zuständigen Wahlausschusses (§ 8 Abs. 3) an Eides Statt zu versichern, daß die Wahl der Bewerber und die Festlegung ihrer Reihenfolge in geheimer Abstimmung und unter Einhaltung der Bestimmungen der Parteisatzung durchgeführt worden sind. [7]Der Vorsitzende des zuständigen Wahlausschusses ist zur Abnahme einer solchen Versicherung an Eides Statt zuständig; er gilt als Behörde im Sinne von § 156 des Strafgesetzbuches.

(2) Bewerber für die Wahl der Ortschaftsräte können in einer Versammlung der zum Zeitpunkt ihres Zusammentritts wahlberechtigten Mitglieder oder Vertreter der Partei in der Gemeinde gewählt werden, wenn die Zahl der wahlberechtigten Mitglieder in der Ortschaft nicht zur Bildung einer Mitgliederversammlung ausreicht.

(3) Absätze 1 und 2 gelten für die Wahlvorschläge mitgliedschaftlich organisierter Wählervereinigungen entsprechend.

(4) [1]Als Bewerber einer nicht mitgliedschaftlich organisierten Wählervereinigung kann nur benannt werden, wer in einer Versammlung der im Zeitpunkt ihres Zusammentritts wahlberechtigten Anhänger dieser Wählervereinigung im Wahlgebiet, bei der Wahl der Kreisräte im Wahlgebiet oder im Wahlkreis, in den letzten 15 Monaten vor Ablauf des Zeitraums, innerhalb dessen die nächste regelmäßige Wahl des zu wählenden Organs stattfinden muß, in geheimer Abstimmung von der Mehrheit der anwesenden Anhänger gewählt worden ist. [2]In gleicher Weise ist die Reihenfolge der Bewerber festzulegen. [3]Über die Wahl der Bewerber sowie über die Festlegung der Reihenfolge ist eine Niederschrift anzufertigen, in der Ort und Zeit der Versammlung, Form der Einladung, Zahl der erschienenen Anhänger und das Abstimmungsergebnis anzugeben sind; aus der Niederschrift muß sich ergeben, ob Einwendungen gegen das Wahlergebnis erhoben und wie diese von der Versammlung behandelt worden sind; Einzelheiten sind in der Niederschrift oder in einer Anlage festzuhalten. [4]Die Niederschrift ist mit dem Wahlvorschlag einzureichen. [5]Der Leiter der Versammlung und zwei Teilnehmer haben die Niederschrift zu unterzeichnen; sie haben dabei gegenüber dem Vorsitzenden des zuständigen Wahlausschusses (§ 8 Abs. 3) an Eides Statt zu versichern, daß die Wahl der Bewerber und die Festlegung ihrer Reihenfolge in geheimer Abstimmung durchgeführt worden sind. [6]Der Vorsitzende des zuständigen Wahlausschusses ist zur Abnahme einer solchen Versicherung an Eides Statt zuständig; er gilt als Behörde im Sinne von § 156 des Strafgesetzbuches. [7]Absatz 2 gilt entsprechend.

(5) [1]Bewerber in gemeinsamen Wahlvorschlägen können in getrennten Versammlungen der beteiligten Parteien und *Wählvereinigungen*[1]) oder in einer gemeinsamen Versammlung gewählt werden. [2]Absätze 1 bis 4 gelten entsprechend.

(6) [1]Männer und Frauen sollen gleichermaßen bei der Aufstellung eines Wahlvorschlags berücksichtigt werden. [2]Dies kann insbesondere in der Weise erfolgen, dass bei der Reihenfolge der Bewerberinnen und Bewerber in den Wahlvorschlägen Männer und Frauen abwechselnd berücksichtigt werden. [3]Die Beachtung der Sätze 1 und 2 ist nicht Voraussetzung für die Zulassung eines Wahlvorschlags.

5. Unterabschnitt
Bewerbungen zur Bürgermeisterwahl

§ 10 [Bewerbungen zur Bürgermeisterwahl]

(1) [1]Bewerbungen zur Bürgermeisterwahl können innerhalb der Einreichungsfrist schriftlich eingereicht und zurückgenommen werden. [2]Die Einreichungsfrist beginnt am Tag nach der Stellenausschreibung oder, wenn eine solche nicht stattgefunden hat, der öffentlichen Bekanntmachung der Wahl. [3]Das Ende der Einreichungsfrist darf vom Gemeinderat frühestens auf den 27. Tag vor dem Wahltag festgesetzt werden.

(2) [1]Die Einreichungsfrist für neue Bewerbungen zur Neuwahl nach § 45 Abs. 2 der Gemeindeordnung beginnt am ersten Werktag nach der ersten Wahl; ihr Ende darf vom Gemeinderat frühestens auf den dritten Tag nach dem Tag der ersten Wahl festgesetzt werden. [2]Innerhalb der Einreichungsfrist können auch die zu der ersten Wahl zugelassenen Bewerbungen zurückgenommen werden.

(3) [1]Bewerbungen zur Bürgermeisterwahl müssen

in Gemeinden	über 20 000 bis zu	50 000 Einwohnern	von 50,
in Gemeinden	bis zu	100 000 Einwohnern	von 100,
in Gemeinden	bis zu	200 000 Einwohnern	von 150,
in Gemeinden	über	200 000 Einwohnern	von 250

im Zeitpunkt der Unterzeichnung der Bewerbung wahlberechtigten Personen unterzeichnet sein; dies gilt nicht für den Bürgermeister, der sich um seine Wiederwahl bewirbt. [2]Ein Wahlberechtigter kann für dieselbe Wahl nicht mehrere Bewerbungen unterzeichnen. [3]Für die Neuwahl nach § 45 Abs. 2 der

---

1) Richtig wohl: „Wählervereinigungen".

Gemeindeordnung ist die für die erste Wahl nach § 143 Satz 1 der Gemeindeordnung maßgebende Einwohnerzahl heranzuziehen.

(4) [1]Den Bewerbungen ist eine Bescheinigung über die Wählbarkeit des Bewerbers anzuschließen (Wählbarkeitsbescheinigung). [2]Für die *Ersellung*[1] der Wählbarkeitsbescheinigung kann die Gemeinde eine Gebühr erheben. [3]Die Bewerber haben zusätzlich gegenüber dem Vorsitzenden des Gemeindewahlausschusses an Eides Statt zu versichern, daß sie nicht nach § 46 Abs. 2 der Gemeindeordnung von der Wählbarkeit ausgeschlossen sind. [4]§ 8 Abs. 2 Sätze 1 und 3 bis 5 sind entsprechend anzuwenden.

(5) [1]Der Gemeindewahlausschuß beschließt über die Zulassung der Bewerbungen spätestens am 16. Tag, für die Neuwahl nach § 45 Abs. 2 der Gemeindeordnung spätestens am 9. Tag vor dem Wahltag. [2]Der Gemeindewahlausschuß hat eine Bewerbung zurückzuweisen, wenn die Form oder Frist des Absatzes 1 Satz 1 nicht gewahrt, der Bewerber nicht wählbar ist, seine Person nicht feststeht, wenn er die erforderliche Zahl von Unterstützungsunterschriften nach Absatz 3 Satz 1 oder die Wählbarkeitsbescheinigung nach Absatz 4 Satz 1 nicht vorlegt oder wenn er die eidesstattliche Versicherung nach Absatz 4 Satz 3 nicht abgibt; die Bewerbung eines Unionsbürgers ist ferner zurückzuweisen, wenn er die eidesstattliche Versicherung nicht abgibt, daß er in seinem Herkunftsmitgliedstaat seine Wählbarkeit nicht verloren hat, oder wenn er die verlangte Bescheinigung nach § 8 Abs. 2 Satz 5 nicht vorlegt. [3]Über den Widerspruch eines Bewerbers gegen die Zurückweisung seiner Bewerbung entscheidet die Rechtsaufsichtsbehörde.

(6) Die zugelassenen Bewerbungen sind vom Bürgermeister spätestens am 15. Tag, für die Neuwahl nach § 45 Abs. 2 der Gemeindeordnung spätestens am 8. Tag vor dem Wahltag öffentlich bekanntzumachen.

6. Unterabschnitt
Wahlorgane

§ 11 Gemeindewahlausschuß

(1) [1]Dem Gemeindewahlausschuß obliegt die Leitung der Gemeindewahlen und die Feststellung des Wahlergebnisses. [2]Bei der Wahl der Kreisräte leitet er die Durchführung der Wahl in der Gemeinde und wirkt bei der Feststellung des Wahlergebnisses mit. [3]In Gemeinden, die für sich einen Wahlkreis für die Wahl der Kreisräte bilden, stellt der Gemeindewahlausschuss das Wahlergebnis im Wahlkreis fest.

(2) [1]Der Gemeindewahlausschuß besteht aus dem Bürgermeister als Vorsitzendem und mindestens zwei Beisitzern. [2]Die Beisitzer und Stellvertreter in gleicher Zahl wählt der Gemeinderat aus den Wahlberechtigten. [3]Ist der Bürgermeister Wahlbewerber oder Vertrauensperson für einen Wahlvorschlag, wählt der Gemeinderat den Vorsitzenden des Gemeindewahlausschusses und einen Stellvertreter aus den Wahlberechtigten und Gemeindebediensteten. [4]Für den Fall, daß bei einer sonstigen Verhinderung des Bürgermeisters auch alle seine Stellvertreter verhindert sind, kann der Gemeinderat einen oder mehrere stellvertretende Vorsitzende des Gemeindewahlausschusses aus den Wahlberechtigten und Gemeindebediensteten wählen.

(3) [1]Der Gemeindewahlausschuß ist beschlußfähig, wenn der Vorsitzende oder sein Stellvertreter und die Hälfte der Beisitzer oder Stellvertreter, mindestens jedoch zwei Beisitzer oder Stellvertreter anwesend sind. [2]Im übrigen gelten für den Geschäftsgang und die Beschlußfassung die Vorschriften für den Gemeinderat entsprechend.

(4) Der Bürgermeister bestellt den Schriftführer und die erforderlichen Hilfskräfte.

§ 12 Kreiswahlausschuß

(1) Dem Kreiswahlausschuß obliegt die Leitung der Wahl der Kreisräte im Wahlgebiet und in den Wahlkreisen, die sich aus mehreren Gemeinden zusammensetzen, sowie die Feststellung des Wahlergebnisses.

(2) [1]Der Kreiswahlausschuß besteht aus dem Landrat als Vorsitzendem und mindestens vier Beisitzern. [2]Die Beisitzer und Stellvertreter in gleicher Zahl wählt der Kreistag aus den Wahlberechtigten.

(3) [1]§ 11 Abs. 2 Sätze 3 und 4, Abs. 3 und 4 gilt entsprechend. [2]Der Landrat hat Stimmrecht.

---

1) Richtig wohl: „Erstellung".

§ 13 (aufgehoben)

§ 14 Wahlvorstände

(1) [1]Für jeden Wahlbezirk wird ein Wahlvorstand gebildet, der die Wahlhandlung leitet und das Wahlergebnis im Wahlbezirk feststellt.

[1]Der Wahlvorstand besteht aus dem Wahlvorsteher als Vorsitzendem, seinem Stellvertreter und mindestens drei weiteren Beisitzern. [2]Die Mitglieder des Wahlvorstandes und die erforderlichen Hilfskräfte werden vom Bürgermeister aus den Wahlberechtigten und Gemeindebediensteten berufen. [3]Der Wahlvorsteher bestellt aus den Beisitzern den Schriftführer und dessen Stellvertreter.

(2) [1]In Gemeinden mit mehreren Wahlbezirken bildet der Bürgermeister einen oder mehrere Wahlvorstände für die Briefwahl (Briefwahlvorstand), wenn die zu erwartende Zahl von Wahlbriefen dies rechtfertigt, oder bestimmt, daß ein oder mehrere Wahlvorstände das Briefwahlergebnis zusammen mit dem Wahlergebnis im Wahlbezirk feststellen. [2]Die Aufgaben eines Wahlvorstandes oder Briefwahlvorstandes können auch vom Gemeindewahlausschuß mit wahrgenommen werden.

(3) In Gemeinden, die nur einen Wahlbezirk bilden, kann der Bürgermeister bestimmen, daß der Gemeindewahlausschuß zugleich die Aufgaben des Wahlvorstands wahrnimmt und auch das Briefwahlergebnis feststellt.

(4) [1]Der Wahlvorstand ist beschlußfähig, wenn mindestens drei Mitglieder, darunter jeweils der Wahlvorsteher und der Schriftführer oder deren Stellvertreter anwesend sind. [2]Fehlende Beisitzer sind vom Wahlvorsteher durch Wahlberechtigte oder Gemeindebedienstete zu ersetzen, wenn dies zur Herstellung der Beschlußfähigkeit des Wahlvorstandes erforderlich ist. [3]Im übrigen gelten für den Geschäftsgang und die Beschlußfassung des Wahlvorstandes die Vorschriften für den Gemeinderat entsprechend.

(5) [1]Die Gemeinden sind befugt, personenbezogene Daten von Wahlberechtigten zum Zweck ihrer Berufung zu Mitgliedern von Wahlvorständen zu erheben und weiter zu verarbeiten. [2]Zu diesem Zweck dürfen personenbezogene Daten von Wahlberechtigten, die zur Tätigkeit in Wahlvorständen geeignet sind, auch für künftige Wahlen verarbeitet werden, sofern der Betroffene der Verarbeitung nicht widersprochen hat. [3]Der Betroffene ist über das Widerspruchsrecht zu unterrichten. [4]Im Einzelnen dürfen Name, Vorname, Geburtsdatum, Anschrift, Telefonnummern, Zahl der Berufungen zu einem Mitglied der Wahlvorstände und die dabei ausgeübte Funktion erhoben und weiterverarbeitet werden.

(6) [1]Auf Ersuchen der Gemeinden sind zur Sicherstellung der Wahldurchführung die Behörden des Landes, der Gemeinden, der Landkreise sowie der sonstigen der Aufsicht des Landes unterstehenden juristischen Personen des öffentlichen Rechts verpflichtet, aus dem Kreis ihrer Bediensteten unter Angabe von Name, Vorname, Geburtsdatum und Anschrift zum Zweck der Berufung als Mitglieder der Wahlvorstände Personen zu benennen, die im Gebiet der ersuchenden Gemeinde wohnen. [2]Die ersuchte Stelle hat den Betroffenen über die übermittelten Daten und den Empfänger zu benachrichtigen.

§ 15 Gemeinsame Vorschriften über die Ausschüsse und Wahlvorstände

(1) [1]Die Mitglieder der Ausschüsse und Wahlvorstände nach §§ 11 bis 14 außer dem Bürgermeister und dem Landrat, die Stellvertreter der Mitglieder sowie die Schriftführer und die Hilfskräfte sind ehrenamtlich tätig. [2]Niemand darf in mehr als einem Wahlorgan Mitglied sein. [3]Wahlbewerber und Vertrauensleute für Wahlvorschläge dürfen nicht zu Mitgliedern eines Wahlorgans berufen werden.

(2) [1]Die Mitglieder der Wahlorgane, ihre Stellvertreter und die Schriftführer sind zur unparteiischen Wahrnehmung ihres Amts und zur Verschwiegenheit über die ihnen bei ihrer amtlichen Tätigkeit bekannt gewordenen Angelegenheiten verpflichtet. [2]Sie dürfen in Ausübung ihres Amts ihr Gesicht nicht verhüllen.

§ 16 Besorgung der laufenden Wahlgeschäfte

(1) Die laufenden Geschäfte der Gemeindewahlen und die örtlichen Geschäfte der Wahl der Kreisräte besorgt der Bürgermeister.

(2) Die laufenden Geschäfte der Wahl der Kreisräte besorgt der Landrat.

7. Unterabschnitt
Wahlräume

§ 17 [Wahlräume]
Die Wahlräume, ihre Ausstattung und das erforderliche Hilfspersonal stellen die Gemeinden.

8. Unterabschnitt
Stimmzettel und Stimmzettelumschläge

§ 18 [Stimmzettel und Stimmzettelumschläge]
(1) [1]Bei den Gemeindewahlen und bei der Wahl der Kreisräte wird mit amtlichen Stimmzetteln gewählt. [2]Die Stimmzettel müssen innerhalb des Wahlgebiets von gleicher Farbe sein.

(2) [1]Die Stimmzettel für die Wahl der Gemeinderäte und der Kreisräte werden den Wahlberechtigten zur persönlichen Stimmabgabe (§ 5 Abs. 2 Satz 1 und Satz 2 Nr. 1) spätestens einen Tag vor dem Wahltag zugesandt. [2]Der Stimmzettel für die Wahl des Bürgermeisters darf zur persönlichen Stimmabgabe nur im Wahlraum ausgehändigt werden. [3]Für die Stimmabgabe durch Briefwahl (§ 5 Abs. 2 Satz 2 Nr. 2) werden die Stimmzettel mit den weiteren Unterlagen auf Antrag ausgehändigt oder übersandt.

(3) Die Stimmzettelumschläge und die Wahlbriefumschläge werden von der Gemeinde gestellt.

(4) Die Verwendung eines Stimmzettelumschlags entfällt bei der Wahl des Bürgermeisters, soweit durch persönliche Stimmabgabe im Wahlraum gewählt wird und bei gleichzeitiger Durchführung mehrerer Wahlen nicht nach § 37 Abs. 4 Satz 4 bestimmt ist, dass der Stimmzettel in einem gemeinsamen Stimmzettelumschlag abzugeben ist.

3. Abschnitt
Wahlhandlung

§ 19 Stimmabgabe
(1) [1]Der Wahlberechtigte kann seine Stimme nur persönlich abgeben. [2]Ein Wahlberechtigter, der nicht schreiben oder lesen kann oder der wegen einer körperlichen Beeinträchtigung gehindert ist, seine Stimme allein abzugeben, kann sich der Hilfe einer Person seines Vertrauens bedienen.

(2) [1]Bei Verhältniswahl gibt der Wähler seine Stimme in der Weise ab, daß er auf einem oder mehreren Stimmzetteln

1. Bewerber, denen er eine Stimme geben will, durch ein Kreuz hinter dem vorgedruckten Namen, durch Eintragung des Namens oder auf sonst eindeutige Weise ausdrücklich als gewählt kennzeichnet,

2. Bewerber, denen er zwei oder drei Stimmen geben will, durch die Ziffer „2" oder „3" hinter dem Namen, durch Wiederholen des Namens oder auf sonst eindeutige Weise als mit zwei oder drei Stimmen gewählt kennzeichnet.

[2]Der Wähler kann seine Stimmen auch in der Weise abgeben, daß er einen Stimmzettel ohne Kennzeichnung oder im ganzen gekennzeichnet abgibt; dann gilt jeder Bewerber, dessen Name im Stimmzettel vorgedruckt ist, als mit einer Stimme gewählt, jedoch nur so viele Bewerber in der Reihenfolge von oben, wie in Gemeinden mit bis zu 3.000 Einwohnern Gemeinderäte oder bei unechter Teilortswahl Vertreter für den Wohnbezirk oder bei der Wahl der Kreisräte Mitglieder für den Wahlkreis zu wählen sind.

(3) [1]Bei Mehrheitswahl gibt der Wähler seine Stimmen in der Weise ab, daß er Bewerber, denen er eine Stimme geben will,

1. auf einem Stimmzettel mit vorgedruckten Namen durch ein Kreuz hinter dem vorgedruckten Namen, durch Eintragung des Namens oder auf sonst eindeutige Weise,

2. auf einem Stimmzettel ohne vorgedruckte Namen durch Eintragung des Namens

als gewählt kennzeichnet. [2]Absatz 2 Satz 2 gilt entsprechend, wenn der Stimmzettel vorgedruckte Namen enthält, bei der Wahl des Bürgermeisters jedoch nur dann, wenn der Stimmzettel nur einen vorgedruckten Namen enthält.

(4) [1]Bei der Briefwahl hat der Wähler dem Vorsitzenden des Gemeindewahlausschusses der Gemeinde, die den Wahlschein ausgestellt hat, im Wahlbrief den verschlossenen Stimmzettelumschlag, der den

Stimmzettel enthält, sowie den Wahlschein so rechtzeitig zu übersenden, daß er dort spätestens am Wahltag bis zum Ende der Wahlzeit eingeht. [2]Auf dem Wahlschein ist durch Unterschrift an Eides Statt zu versichern, daß der Wähler den Stimmzettel persönlich oder nach Absatz 1 Satz 2 gekennzeichnet hat.

§ 20 Wahlzeit

[1]Die Wahlzeit dauert von 8 Uhr bis 18 Uhr. [2]Wird die Wahl am Tag der Wahl der Abgeordneten des Europäischen Parlaments aus der Bundesrepublik Deutschland, des Deutschen Bundestags oder des Landtags durchgeführt, richtet sich die Wahlzeit nach der Wahlzeit für die Parlamentswahl. [3]Wird die Wahl am Tag einer Volksabstimmung durchgeführt, richtet sich die Wahlzeit nach der Abstimmungszeit für die Volksabstimmung.

4. Abschnitt
Feststellung des Wahlergebnisses

§ 21 Öffentlichkeit

Die Wahlhandlung und die Feststellung des Wahlergebnisses sind öffentlich.

§ 22 Zurückweisung von Wahlbriefen

(1) [1]Bei der Briefwahl sind Wahlbriefe zurückzuweisen, wenn
1. der Wahlbrief nicht rechtzeitig eingegangen ist,
2. dem Wahlbriefumschlag kein oder kein gültiger Wahlschein beiliegt,
3. dem Wahlbriefumschlag kein Stimmzettelumschlag beiliegt,
4. weder der Wahlbriefumschlag noch der Stimmzettelumschlag verschlossen ist,
5. der Wahlbriefumschlag für dieselbe Wahl mehrere Stimmzettelumschläge, aber nicht die gleiche Anzahl gültiger und mit der vorgesehenen Versicherung an Eides Statt versehener Wahlscheine enthält,
6. der Wähler oder die Person seines Vertrauens die vorgeschriebene Versicherung an Eides Statt auf dem Wahlschein nicht unterschrieben hat,
7. kein amtlicher Stimmzettelumschlag oder ein für eine andere Wahl bestimmter Stimmzettelumschlag benutzt worden ist,
8. ein Stimmzettelumschlag benutzt worden ist, der offensichtlich in einer das Wahlgeheimnis gefährdenden Weise von den übrigen abweicht oder einen deutlich fühlbaren Gegenstand enthält.

[2]Die Einsender zurückgewiesener Wahlbriefe werden nicht als Wähler gezählt; ihre Stimmen gelten als nicht abgegeben.

(2) Die Stimmen eines Wählers, der an der Briefwahl teilgenommen hat, werden nicht dadurch ungültig, daß er vor dem oder am Wahltag stirbt oder sein Wahlrecht verliert.

§ 23 Ungültige Stimmzettel

(1) Ungültig sind Stimmzettel, die
1. nicht amtlich hergestellt, für eine andere Wahl oder einen anderen Wahlkreis gültig sind,
2. keine gültigen Stimmen enthalten,
3. ganz durchgestrichen, durchgerissen oder durchgeschnitten sind,
4. einen beleidigenden oder auf die Person des Wählers hinweisenden Zusatz oder einen nicht nur gegen einzelne Bewerber gerichteten Vorbehalt enthalten,
5. mehr gültige Stimmen enthalten, als der Wähler hat,
6. in einem für eine andere Wahl bestimmten Stimmzettelumschlag abgegeben worden sind,
7. nicht in einem amtlichen Stimmzettelumschlag abgegeben worden sind, ausgenommen im Falle des § 18 Abs. 4,
8. in einem Stimmzettelumschlag abgegeben worden sind, in dem sich eine Äußerung im Sinne von Nummer 4 befindet oder
9. die in einem Stimmzettelumschlag abgegeben worden sind, der offensichtlich in einer das Wahlgeheimnis gefährdenden Weise von den übrigen abweicht oder einen deutlich fühlbaren Gegenstand enthält.

(2) [1]Enthält ein Stimmzettelumschlag mehrere gleichlautende Stimmzettel, ist nur einer zu werten. [2]Stimmen nicht alle im Stimmzettelumschlag enthaltenen Stimmzettel, die für dieselbe Wahl gelten, miteinander überein, gilt folgendes:

1. Unveränderte Stimmzettel sind von der Wertung ausgeschlossen,
2. von danach verbleibenden gleichlautend veränderten Stimmzetteln ist nur einer zu werten,
3. nicht gleichlautend veränderte Stimmzettel gelten als ein gültiger Stimmzettel, wenn sie nicht mehr gültige Stimmen enthalten, als der Wähler hat.

[3]Verändert ist ein Stimmzettel, wenn auf ihm vorgedruckte Namen von Bewerbern besonders gekennzeichnet oder gestrichen oder Namen von Bewerbern vom Wähler eingetragen sind oder wenn er im ganzen gekennzeichnet ist. [4]Ist von mehreren in einem Stimmzettelumschlag enthaltenen Stimmzetteln keiner zu werten, gelten sie als ein ungültiger Stimmzettel.

(3) Ein Stimmzettelumschlag, der keinen Stimmzettel enthält, gilt als ein ungültiger Stimmzettel.

§ 24 Ungültige Stimmen

(1) Ungültig sind Stimmen,

1. wenn der Name des Gewählten auf dem Stimmzettel nicht lesbar, die Person des Gewählten aus dem Stimmzettel nicht unzweifelhaft erkennbar, gegenüber dem Gewählten ein Vorbehalt beigefügt oder im Falle der unechten Teilortswahl nicht ersichtlich ist, für welchen Wohnbezirk der Bewerber gewählt sein soll,
2. soweit bei Stimmenhäufung die Häufungszahl nicht lesbar oder ihre Zuwendung an einen bestimmten Bewerber nicht erkennbar ist,
3. soweit sie unter Überschreitung der zulässigen Häufungszahl auf einen Bewerber abgegeben worden sind oder
4. wenn bei Verhältniswahl der Stimmzettel Namen von Bewerbern enthält, die auf keinem zugelassenen Wahlvorschlag des Wahlgebiets, im Falle der Einteilung des Wahlgebiets in Wahlkreise des Wahlkreises, stehen oder die im Falle der unechten Teilortswahl auf einem zugelassenen Wahlvorschlag nicht als Bewerber für den gleichen Wohnbezirk aufgeführt sind.

(2) Hat bei unechter Teilortswahl der Wähler in einem Wohnbezirk mehr Bewerbern Stimmen gegeben, als für den Wohnbezirk Vertreter zu wählen sind, so sind die Stimmen für alle Bewerber dieses Wohnbezirks ungültig.

§ 25 Verteilung der Sitze auf die Wahlvorschläge bei der Verhältniswahl

(1) [1]Die Sitze werden bei der Wahl der Gemeinderäte vom Gemeindewahlausschuss auf die Wahlvorschläge nach dem Verhältnis der ihnen zufallenden Gesamtstimmenzahlen in der Weise verteilt, dass diese Zahlen der Reihe nach durch ungerade Zahlen in aufsteigender Reihenfolge, beginnend mit der Zahl eins, geteilt und von den dabei ermittelten, wahlvorschlagsübergreifend der Größe nach in absteigender Reihenfolge zu ordnenden Zahlen so viele Höchstzahlen ausgesondert werden, als Gemeinderäte zu wählen sind. [2]Jeder Wahlvorschlag erhält so viele Sitze, als nach Satz 1 ausgesonderte Höchstzahlen auf ihn entfallen. [3]Sind Höchstzahlen gleich, entscheidet über die Reihenfolge ihrer Zuteilung das Los.

(2) [1]Im Falle der unechten Teilortswahl werden zunächst die innerhalb der einzelnen Wahlvorschläge den Vertretern des einzelnen Wohnbezirks zugefallenen Stimmen zusammengezählt und die Summen als Gesamtstimmenzahlen nach Absatz 1 geteilt. [2]Von den dabei gefundenen, der Größe nach zu ordnenden Zahlen werden soviel Höchstzahlen ausgesondert, als jeder Wohnbezirk Sitze zu beanspruchen hat. [3]Jeder Wahlvorschlag erhält für den einzelnen Wohnbezirk soviel Sitze, als Höchstzahlen auf ihn entfallen. [4]Sind Höchstzahlen gleich, entscheidet über die Reihenfolge der Zuteilung das Los. [5]Sodann werden die auf jeden Wahlvorschlag im Wahlgebiet entfallenden Gesamtstimmenzahlen ermittelt und die im Wahlgebiet insgesamt zu besetzenden Sitze auf die Wahlvorschläge nach dem Verhältnis der ihnen im Wahlgebiet zugefallenen Gesamtstimmenzahlen nach Absatz 1 verteilt. [6]Auf die danach den Wahlvorschlägen zukommenden Sitze werden die in den Wohnbezirken zugeteilten Sitze angerechnet. [7]Wurden einem Wahlvorschlag in den Wohnbezirken insgesamt mehr Sitze zugeteilt, als ihm nach dem Verhältnis der Gesamtstimmenzahlen im Wahlgebiet zukommen würden, bleibt es bei dieser Zuteilung; in diesem Fall ist mit der Verteilung von Sitzen nach Satz 5 so lange fortzufahren, bis den Wahlvorschlägen, die Mehrsitze erhalten haben, einschließlich nach dem Verhältnis der Gesamtstimmenzahlen zufallen würden. [8]Bei gleicher Höchstzahl fällt der letzte Sitz an den Wahlvorschlag, der Mehrsitze erlangt hat. [9]Durch die Zuteilung von Sitzen nach Satz 7 darf die Zahl der Gemeinderäte, die sich aus § 25 Abs. 2 Satz 1 der Gemeindeordnung oder aus der Hauptsatzung der Gemeinde ergibt, höchstens verdoppelt werden.

(3) Bei der Wahl der Kreisräte werden die Sitze vom Kreiswahlausschuß auf die Wahlvorschläge in den Wahlkreisen und unter die gleichen Parteien und Wählervereinigungen im Wahlgebiet auf Grund von § 22 Abs. 6 der Landkreisordnung nach Absatz 1 verteilt.

§ 26 Verteilung der Sitze auf die einzelnen Bewerber bei der Verhältniswahl

(1) [1]Die bei der Wahl der Gemeinderäte auf die einzelnen Wahlvorschläge nach § 25 Abs. 1 entfallenen Sitze werden den in den Wahlvorschlägen aufgeführten Bewerbern in der Reihenfolge der von ihnen erreichten Stimmenzahlen zugeteilt. [2]Haben mehrere Bewerber die gleiche Stimmenzahl erhalten, entscheidet die Reihenfolge der Benennung im Wahlvorschlag. [3]Die Bewerber, auf die nach den Sätzen 1 und 2 kein Sitz entfällt, sind in der Reihenfolge der von ihnen erreichten Stimmenzahlen als Ersatzpersonen ihres Wahlvorschlags festzustellen.

(2) [1]Im Falle der unechten Teilortswahl sind die auf die Wahlvorschläge nach § 25 Abs. 2 Sätze 1 bis 4 entfallenen Sitze für die einzelnen Wohnbezirke den Bewerbern dieser Wahlvorschläge für die Wohnbezirke in der Reihenfolge der auf sie entfallenen Stimmenzahlen zuzuweisen. [2]Haben mehrere dieser Bewerber die gleiche Stimmenzahl erhalten, entscheidet die Reihenfolge ihrer Benennung im Wahlvorschlag. [3]Die Bewerber, auf die nach den Sätzen 1 und 2 kein Sitz entfällt, sind in der Reihenfolge der von ihnen erreichten Stimmenzahlen als Ersatzpersonen ihres Wahlvorschlags für den Wohnbezirk festzustellen. [4]Die auf die Wahlvorschläge nach § 25 Abs. 2 Sätze 5 bis 9 entfallenen weiteren Sitze werden den nach den Sätzen 1 und 2 nicht zum Zuge gekommenen Bewerbern in der Reihenfolge der von ihnen erreichten Stimmenzahlen zugeteilt; bei gleicher Stimmenzahl entscheidet das Los. [5]Die Bewerber, auf die nach Satz 4 kein Sitz entfällt, sind in der Reihenfolge der von ihnen erreichten Stimmenzahlen als Ersatzpersonen ihres Wahlvorschlags festzustellen; Ersatzpersonen im Sinne des Satzes 3 bleiben auch die Bewerber, denen ein Sitz nach Satz 4 zugeteilt wird.

(3) [1]Bei der Wahl der Kreisräte werden die nach § 22 Abs. 6 Satz 1 der Landkreisordnung auf die einzelnen Wahlvorschläge in den Wahlkreisen entfallenen Sitze den Bewerbern nach Absatz 1 Sätze 1 und 2 zugeteilt. [2]Die Bewerber, auf die nach Satz 1 kein Sitz entfällt, sind in der Reihenfolge der von ihnen erreichten Stimmenzahlen als Ersatzpersonen ihres Wahlvorschlags für den Wahlkreis festzustellen. [3]Die den Parteien und Wählervereinigungen nach § 22 Abs. 6 Sätze 2 bis 6 der Landkreisordnung zugefallenen weiteren Sitze werden den nach Satz 1 nicht zum Zuge gekommenen Bewerbern in der Reihenfolge der von ihnen erreichten, durch die Zahl der in ihrem Wahlkreis zu wählenden Bewerber geteilten Stimmenzahlen (gleichwertige Stimmenzahlen) zugeteilt; bei gleicher Stimmenzahl entscheidet das Los. [4]Ein Bewerber wird bei der Zuteilung übergangen, wenn sein Wahlkreis nur aus einer Gemeinde besteht und durch diese Zuteilung auf diesen Wahlkreis mehr als zwei Fünftel der im Wahlgebiet insgesamt zu besetzenden Sitze entfielen. [5]Die Bewerber, auf die nach Satz 3 kein Sitz entfällt, sind in der Reihenfolge der von ihnen erreichten gleichwertigen Stimmenzahlen als Ersatzpersonen ihrer Partei oder Wählervereinigung festzustellen; Ersatzpersonen im Sinne des Satzes 2 bleiben auch die Bewerber, denen ein Sitz nach Satz 3 zugeteilt wird.

(4) Entfallen bei der Wahl der Gemeinderäte auf einen Wahlvorschlag, bei der Wahl der Kreisräte auch auf eine Partei oder Wählervereinigung mehr Sitze, als Bewerber vorhanden sind, bleiben die überschüssigen Sitze unbesetzt.

(5) In den Fällen der Absätze 1 bis 3 werden auch Gewählte, die wegen eines Hinderungsgrundes nicht in die Vertretungskörperschaft eintreten können oder ausscheiden müssen, in der Reihenfolge der von ihnen erreichten Stimmenzahlen Ersatzpersonen ihres Wahlvorschlags.

§ 27 Verteilung der Sitze auf die einzelnen Bewerber bei der Mehrheitswahl

(1) [1]Findet bei der Wahl der Gemeinderäte Mehrheitswahl statt, sind die Bewerber mit den höchsten Stimmenzahlen in der Reihenfolge dieser Zahlen gewählt. [2]Bei Stimmengleichheit entscheidet das Los. [3]Die nicht gewählten Bewerber sind in der Reihenfolge der auf sie entfallenen Stimmenzahlen als Ersatzpersonen festzustellen.

(2) [1]Findet im Falle der unechten Teilortswahl Mehrheitswahl statt, sind die Bewerber des einzelnen Wohnbezirks in der Reihenfolge der von ihnen erreichten Stimmenzahlen gewählt. [2]Bei Stimmengleichheit entscheidet das Los. [3]Die nicht gewählten Bewerber sind in der Reihenfolge der auf sie entfallenen Stimmenzahlen als Ersatzpersonen für den Wohnbezirk festzustellen.

(3) [1]Findet bei der Wahl der Kreisräte in einem Wahlkreis Mehrheitswahl statt, sind die Bewerber in der Reihenfolge der von ihnen erreichten Stimmenzahlen gewählt. [2]Bei Stimmengleichheit entscheidet

das Los. [3]Die nicht gewählten Bewerber sind in der Reihenfolge der auf sie entfallenen Stimmenzahlen als Ersatzpersonen für den Wahlkreis festzustellen.

(4) In den Fällen der Absätze 1 bis 3 gilt § 26 Abs. 5 entsprechend.

§ 28 Wahlergebnis

[1]Bei den Gemeindewahlen ist das Wahlergebnis für das Wahlgebiet vom Gemeindewahlausschuß unverzüglich festzustellen und vom Bürgermeister in der Gemeinde öffentlich bekanntzumachen. [2]Entsprechendes gilt für die Wahl der Kreisräte.

5. Abschnitt
Prüfung und Anfechtung von Wahlen

§ 29 Absage der Wahl

[1]Wird während der Vorbereitung der Wahl ein offenkundiger, vor der Wahl nicht mehr behebbarer Mangel festgestellt, wegen dem die Wahl im Fall ihrer Durchführung im Wahlprüfungsverfahren für ungültig erklärt werden müßte, so sagt die Rechtsaufsichtsbehörde die Wahl ab. [2]Bei Gemeindewahlen macht der Bürgermeister, bei der Wahl der Kreisräte der Landrat dies öffentlich bekannt mit dem Hinweis, daß die Wahl zu einem späteren Zeitpunkt stattfinden wird.

§ 30 Wahlprüfung

(1) [1]Die Gültigkeit der Gemeindewahlen und der Wahl der Kreisräte ist durch die Rechtsaufsichtsbehörde binnen einer Frist von einem Monat nach der öffentlichen Bekanntmachung des Wahlergebnisses zu prüfen. [2]Wird die Wahl von der Rechtsaufsichtsbehörde innerhalb dieser Frist nicht beanstandet, ist sie als gültig anzusehen. [3]Im Falle der Anfechtung der Wahl beginnt die Frist für die Prüfung ihrer Rechtsgültigkeit durch die Rechtsaufsichtsbehörde mit der Entscheidung über den letzten Einspruch. [4]Bei Verstößen gegen die Vorschrift über die Wählbarkeit kann die Zuteilung eines Sitzes oder die Wahl zum Bürgermeister auch nach Ablauf der Wahlprüfungsfrist (Sätze 1 und 3) für ungültig erklärt werden.

(2) Gegen die Entscheidung der Wahlprüfungsbehörde kann der von ihr betroffene Bewerber unmittelbar Anfechtungsklage erheben.

§ 31 Wahlanfechtung

(1) [1]Gegen die Wahl kann binnen einer Woche nach der öffentlichen Bekanntmachung des Wahlergebnisses von jedem Wahlberechtigten und von jedem Bewerber Einspruch bei der Rechtsaufsichtsbehörde erhoben werden. [2]Nach Ablauf der Einspruchsfrist können weitere Einspruchsgründe nicht mehr geltend gemacht werden. [3]Der Einspruch eines Wahlberechtigten und eines Bewerbers, der nicht die Verletzung seiner Rechte geltend macht, ist nur zulässig, wenn ihm 1 vom Hundert der Wahlberechtigten, mindestens jedoch fünf Wahlberechtigte, bei mehr als 10 000 Wahlberechtigten mindestens 100 Wahlberechtigte beitreten.

(2) [1]Soweit auf einen Einspruch die Wahl oder die Zuteilung eines Sitzes für ungültig erklärt oder die Feststellung des Wahlergebnisses aufgehoben wird, hat bei einer Gemeindewahl die Gemeinde, bei der Wahl der Kreisräte der Landkreis dem Einsprechenden die notwendigen Aufwendungen zu erstatten. [2]Dies gilt auch, wenn der Einspruch nur deshalb nicht erfolgreich ist, weil der geltend gemachte Mangel keinen Einfluß auf das Wahlergebnis hatte. [3]Über den Umfang der Erstattung entscheidet die Rechtsaufsichtsbehörde.

(3) Gegen die Entscheidung über den Einspruch können der Wahlberechtigte, der Einspruch erhoben hat, und der durch die Entscheidung betroffene Bewerber unmittelbar Anfechtungs- oder Verpflichtungsklage erheben.

§ 32 Grundsätze für die Wahlprüfung und Wahlanfechtungsgründe

(1) Die Wahl ist für ungültig zu erklären, wenn ihr Ergebnis dadurch beeinflußt werden konnte, daß

1. der Bewerber oder Dritte zu seiner Wahl eine strafbare Handlung im Sinne der §§ 107, 107a, 107b, 107c, 108, 108a, 108b, § 108d Satz 2, § 240 des Strafgesetzbuches oder eine andere gegen ein Gesetz verstoßende Wahlbeeinflussung begangen haben oder

2. wesentliche Vorschriften über die Wahlvorbereitung, die Wahlhandlung oder über die Ermittlung und Feststellung des Wahlergebnisses unbeachtet geblieben sind.

(2) ¹Die Zuteilung eines Sitzes im Gemeinderat oder Kreistag sowie die Wahl des Bürgermeisters ist für ungültig zu erklären, wenn der Bewerber zur Zeit der Wahl nicht wählbar war. ²Das gleiche gilt, wenn sich ein Bewerber zugunsten seiner eigenen Wahl eines Vergehens im Sinne der §§ 107, 107a, 107b, 107c, 108, 108a, 108b, § 108d Satz 2 oder § 240 des Strafgesetzbuches schuldig gemacht hat, auch wenn dadurch das Wahlergebnis nicht beeinflußt werden konnte.

(3) Wird die Feststellung des Wahlergebnisses für unrichtig erachtet, ist sie aufzuheben und eine neue Feststellung des Wahlergebnisses anzuordnen.

(4) ¹Die Gewählten können ihr Amt erst nach der rechtskräftigen Entscheidung über die Gültigkeit der Wahl und ihrer Wählbarkeit antreten. ²Gemeinderäte und Kreisräte treten ihr Amt jedoch schon nach Feststellung der Gültigkeit der Wahl durch die Wahlprüfungsbehörde oder nach ungenutztem Ablauf der Wahlprüfungsfrist an.

§ 33 Teilweise Ungültigkeit
¹Wenn erhebliche Verstöße nur in einzelnen Wahlkreisen oder Wahlbezirken vorgekommen sind, kann die Wahl auch nur im Wahlkreis oder im Wahlbezirk für ungültig erklärt werden. ²War das Wählerverzeichnis in einem Wahlbezirk unrichtig, kann nur die ganze Wahl, bei der Wahl der Kreisräte auch beschränkt auf die Wahl in dem Wahlkreis, dem der Wahlbezirk angehört, für ungültig erklärt werden.

6. Abschnitt
Wiederholungswahlen, Neuwahlen und Neufeststellung des Wahlergebnisses

§ 34 Wiederholungs- und Neuwahlen
(1) ¹Soweit die Wahl für ungültig erklärt wird, hat bei Gemeindewahlen der Gemeinderat, bei der Wahl der Kreisräte der Kreistag unverzüglich eine Wiederholungswahl anzuordnen, wenn die Wahl nicht auf Grund der Unrichtigkeit der Wählerverzeichnisse oder von Mängeln der Wahlvorschläge für ungültig erklärt worden ist. ²Hierbei sind die Wahlvorbereitungen nur insoweit zu erneuern, als dies nach der rechtskräftigen Entscheidung erforderlich ist. ³Die Wählerverzeichnisse sind insoweit zu berichtigen, als sich bei den am Tag der Hauptwahl wahlberechtigten Personen Wahlausschließungsgründe ergeben haben. ⁴Auf den Wahlvorschlägen sind die Bewerber zu streichen, die seit dem Tag der Hauptwahl die Wählbarkeit verloren haben. ⁵Eine Wiederholungswahl ist jedoch nur innerhalb der Frist von sechs Monaten vom Tag der Hauptwahl an zulässig.

(2) Wird die Wahl wegen Unrichtigkeit der Wählerverzeichnisse oder Mängel der Wahlvorschläge für ungültig erklärt oder ist die Frist des Absatzes 1 Satz 5 verstrichen, ist Neuwahl nach den Vorschriften für die Hauptwahl anzuordnen.

(3) Wird die nach § 45 Abs. 2 der Gemeindeordnung durchgeführte Wahl eines Bürgermeisters nicht nur teilweise für ungültig erklärt, ist stets Neuwahl nach den Vorschriften für die Hauptwahl anzuordnen; Hauptwahl ist die Wahl nach § 45 Abs. 1 der Gemeindeordnung.

§ 35 Wiederholungs- und Neuwahlen bei Teilungültigkeit
(1) ¹Ist die Wahl im Wahlkreis für ungültig erklärt worden, ist die Wiederholungswahl oder Neuwahl im Wahlkreis durchzuführen. ²Ist die Wahl nur in einem Wahlbezirk für ungültig erklärt worden, findet in diesem nur Wiederholungswahl statt; ist eine Wiederholungswahl wegen Ablaufs der Frist des § 34 Abs. 1 Satz 5 nicht mehr durchführbar, gilt die gesamte Wahl, bei der Wahl der Kreisräte die Wahl in dem Wahlkreis, dem der Wahlbezirk angehört, als ungültig mit der Maßgabe, daß in diesem Gebiet Neuwahl durchzuführen ist.

(2) Ist nach Absatz 1 eine Wahl in einem Wahlkreis oder Wahlbezirk durchzuführen, so ist das gesamte Ergebnis der Wahl neu festzustellen; im übrigen gilt § 34 entsprechend.

§ 36 Neufeststellung des Wahlergebnisses
¹Ist die Feststellung des Wahlergebnisses rechtskräftig aufgehoben, hat bei Gemeindewahlen der Gemeindewahlausschuß, bei der Wahl der Kreisräte der Kreiswahlausschuß das Wahlergebnis der Entscheidung entsprechend neu festzustellen. ²Auf die Bekanntmachung des berichtigten Wahlergebnisses findet § 28 Anwendung.

7. Abschnitt
Gleichzeitige Durchführung mehrerer Wahlen

§ 37 Wahl der Gemeinderäte und der Ortschaftsräte
(1) Die Bekanntmachung der Wahl der Ortschaftsräte wird mit der Bekanntmachung der Wahl der Gemeinderäte (§ 3 Abs. 1) verbunden.

(2) [1]Der Gemeindewahlausschuß für die Wahl der Gemeinderäte ist auch für die Wahl der Ortschaftsräte zuständig. [2]Die Einteilung in Wahlbezirke, die Wahlräume, die Wählerverzeichnisse und die Wahlvorstände sind für die Wahl der Gemeinderäte und für die Wahl der Ortschaftsräte dieselben. [3]Werden für die Wahl der Gemeinderäte und Ortschaftsräte jeweils besondere Stimmzettelumschläge verwendet (Absatz 4 Satz 3), so können mit der Feststellung des Briefwahlergebnisses jeder Wahl unter den Voraussetzungen des § 14 Abs. 2 verschiedene Wahlvorstände oder Briefwahlvorstände betraut werden.

(3) Für die Wahl der Gemeinderäte und für die Wahl der Ortschaftsräte sind getrennte Wahlvorschläge einzureichen.

(4) [1]Für die Wahl der Ortschaftsräte sind in jeder Ortschaft besondere Stimmzettel zu verwenden. [2]Sie müssen sich in der Farbe von den Stimmzetteln für die Wahl der Gemeinderäte unterscheiden. [3]Die Stimmzettel für die Wahl der Gemeinderäte und für die Wahl der Ortschaftsräte sind jeweils in besonderen Stimmzettelumschlägen abzugeben; diese müssen von gleicher Farbe wie die zugehörigen Stimmzettel sein. [4]Abweichend von Satz 3 kann der Bürgermeister bestimmen, daß die Stimmzettel für die Wahl der Gemeinderäte und die Wahl der Ortschaftsräte in einem Stimmzettelumschlag abzugeben sind.

§ 38 Wahl der Kreisräte
(1) Die Wahl der Kreisräte kann gleichzeitig mit der Wahl der Gemeinderäte und der Ortschaftsräte durchgeführt werden.

(2) [1]Für die gleichzeitige Durchführung der Wahl der Kreisräte gilt § 37 Abs. 2 bis 4 entsprechend. [2]Die nur für die Wahl der Kreisräte Wahlberechtigten sind in den Wählerverzeichnissen gesondert aufzuführen.

§ 38a Wahl des Bürgermeisters
[1]Der Gemeinderat kann bestimmen, dass die Wahl des Bürgermeisters am Tag der Wahl der Abgeordneten des Europäischen Parlaments aus der Bundesrepublik Deutschland, des Deutschen Bundestags, des Landtags, der Mitglieder der Regionalversammlung des Verbands Region Stuttgart, der Kreisräte, der Gemeinderäte, der Ortschaftsräte und der Bezirksbeiräte sowie am Tag einer Volksabstimmung durchgeführt wird. [2]§ 37 Abs. 2 bis 4 gilt entsprechend; der Bürgermeister kann bestimmen, dass der Stimmzettel für die Wahl des Bürgermeisters auch bei der persönlichen Stimmabgabe im Wahlraum in einem gemeinsamen Stimmzettelumschlag für kommunale Wahlen nach § 37 Abs. 4 Satz 4 abzugeben ist.

8. Abschnitt
Wahlkosten, Wahlstatistik

§ 39 Wahlkosten
(1) Die Kosten für die Gemeindewahlen trägt die Gemeinde.

(2) Die Kosten für die Wahl der Kreisräte trägt der Landkreis; soweit die Kosten bei den Gemeinden entstehen, trägt sie die Gemeinde.

§ 39a Statistische Auswertung der Wahlergebnisse im Land
(1) [1]Die Gemeinden und Landkreise berichten das Wahlergebnis jeder regelmäßigen Wahl der Gemeinderäte, der Ortschaftsräte, der Bezirksbeiräte und der Kreisräte der obersten Rechtsaufsichtsbehörde nach deren näherer Bestimmung. [2]Dabei können auch Angaben über den Anteil der Frauen und der Unionsbürger bei den Bewerbern und den gewählten Personen angefordert werden. [3]Das Statistische Landesamt fertigt auf Grund dieser Berichte eine zusammenfassende Darstellung der Ergebnisse.

(2) Die oberste Rechtsaufsichtsbehörde kann weitere statistische Auswertungen auf Grund der Wahlunterlagen vornehmen oder vornehmen lassen und hierzu von den Gemeinden und Landkreisen Berichte anfordern.

(3) Bei der statistischen Bearbeitung von Wahlergebnissen darf die Wahlbeteiligung nicht für kleinere räumliche Einheiten als Wahlbezirke ausgewertet werden.

(4) Dem Statistischen Landesamt obliegen die statistische Auswertung der Wahlergebnisse auf überregionaler Ebene sowie die rechnerische Unterstützung bei Änderungen des Wahlsystems.

§ 39b Repräsentative Wahlstatistik in der Gemeinde

(1) [1]Die Gemeinde kann für eigene statistische Zwecke über das Ergebnis von Gemeindewahlen unter Wahrung des Wahlgeheimnisses in ausgewählten Wahlbezirken eine Statistik auf repräsentativer Grundlage über die Wahlberechtigten, Wahlscheinvermerke und die Beteiligung an der Wahl nach Geschlecht, Staatsangehörigkeit und Geburtsjahresgruppen erstellen. [2]§ 39a Absatz 3 gilt entsprechend. [3]Die wahlstatistischen Auszählungen und Auswertungen dürfen nur von einer Statistikstelle im Sinne von § 9 Absatz 1 des Landesstatistikgesetzes vorgenommen werden.

(2) Die ausgewählten Wahlbezirke müssen jeweils mindestens 500 Wahlberechtigte umfassen.

(3) [1]Erhebungsmerkmale für die Statistik sind Wahlscheinvermerk, Beteiligung an der Wahl, Geschlecht, Staatsangehörigkeit und Geburtsjahresgruppe. [2]Hilfsmerkmal ist der Wahlbezirk. [3]Bei der Staatsangehörigkeit darf nur zwischen Deutschen und Unionsbürgern unterschieden werden. [4]Für die Erhebung dürfen höchstens zehn Geburtsjahresgruppen gebildet werden, in denen jeweils mindestens drei Geburtsjahrgänge zusammengefasst sind. [5]Aus den Geburtsjahrgängen der Wahlberechtigten, die das 18. Lebensjahr noch nicht vollendet haben, darf eine weitere Geburtsjahresgruppe gebildet werden, wenn bei dieser Geburtsjahresgruppe entweder keine Erhebung nach Geschlecht oder keine Erhebung nach Staatsangehörigkeit erfolgt.

(4) [1]Die Erhebung wird nach der Wahl durch Auszählung der Wählerverzeichnisse durchgeführt. [2]Durch die Statistik darf die Feststellung des Wahlergebnisses nicht verzögert werden. [3]Die Ergebnisse der Statistik für einzelne Wahlbezirke oder Briefwahlbezirke dürfen nicht bekannt gegeben werden.

9. Abschnitt
Anhörung der Bürger, Bürgerentscheid, Bürgerbegehren

§ 40 Anhörung der Bürger bei Grenzänderungen

[1]Auf die Durchführung der Anhörung der Bürger bei Grenzänderungen nach § 8 der Gemeindeordnung, die der Gemeinde obliegt, finden die Bestimmungen für die Wahl des Bürgermeisters mit Ausnahme des 5. Abschnitts entsprechende Anwendung. [2]An die Stelle des Wählerverzeichnisses tritt ein besonderes Verzeichnis der Anhörungsberechtigten, in welches die Bürger eingetragen werden, die in dem von der Grenzänderung unmittelbar betroffenen Gebiet wohnen und nicht vom Wahlrecht ausgeschlossen sind. [3]Sind nur die Bürger eines Gebietsteils anzuhören, kann der Bürgermeister einen Beamten der Gemeinde mit seiner Vertretung im Vorsitz des Gemeindewahlausschusses beauftragen. [4]Für mehrere an demselben Tag durchzuführende Anhörungen sind der Gemeindewahlausschuß und der Wahlvorstand dieselben. [5]Sind weniger als 100 Bürger anhörungsberechtigt, kann der Gemeinderat die Abstimmungszeit abweichend von § 20 festsetzen; sie muß mindestens drei Stunden betragen. [6]Im Fall des § 8 Abs. 3 und 6 der Gemeindeordnung kann die Rechtsaufsichtsbehörde den Zeitpunkt für die Anhörung der Bürger bestimmen.

§ 41 Antrag auf Einwohnerversammlung, Einwohnerantrag, Bürgerbegehren, Bürgerentscheid

(1) [1]Der Antrag auf eine Einwohnerversammlung und der Einwohnerantrag können nur von Einwohnern unterzeichnet werden, die im Zeitpunkt der Unterzeichnung das 16. Lebensjahr vollendet haben und seit mindestens drei Monaten in der Gemeinde wohnen. [2]§ 12 Absatz 1 Satz 2 der Gemeindeordnung gilt entsprechend. [3]Das Bürgerbegehren kann nur von Bürgern unterzeichnet werden, die im Zeitpunkt der Unterzeichnung wahlberechtigt sind.

(2) [1]Gegen die Zurückweisung eines Antrags auf eine Einwohnerversammlung, eines Einwohnerantrags und eines Bürgerbegehrens kann jeder Unterzeichner Anfechtungs- oder Verpflichtungsklage erheben. [2]Über den Widerspruch im Vorverfahren entscheidet die Rechtsaufsichtsbehörde.

(3) [1]Für die Durchführung des Bürgerentscheids gelten die Bestimmungen über die Wahl des Bürgermeisters mit Ausnahme des 5. Abschnitts entsprechend. [2]Der Bürgerentscheid kann am Tag der Wahl der Abgeordneten des Europäischen Parlaments aus der Bundesrepublik Deutschland, des Deutschen Bundestags, des Landtags, der Mitglieder der Regionalversammlung des Verbands Region Stuttgart,

der Kreisräte, der Gemeinderäte, der Ortschaftsräte, der Bezirksbeiräte und des Bürgermeisters sowie am Tag einer Volksabstimmung durchgeführt werden. [3]§ 20 Satz 2 und 3 und § 37 Absatz 2 bis 4 gelten entsprechend; der Bürgermeister kann bestimmen, dass der Stimmzettel auch bei der persönlichen Stimmabgabe im Wahlraum in einem gemeinsamen Stimmzettelumschlag für kommunale Wahlen nach § 37 Abs. 4 Satz 4 abzugeben ist.

10. Abschnitt
Regionalversammlung des Verbandes Region Stuttgart

§§ 42 bis 48 (aufgehoben)

§ 49 Wahltag, Anwendung von Rechtsvorschriften

(1) [1]Die regelmäßigen Wahlen der Mitglieder der Regionalversammlung werden gemeinsam mit den regelmäßigen Wahlen der Gemeinderäte durchgeführt. [2]Im übrigen bestimmt die Regionalversammlung den Wahltag.

(2) [1]Soweit in den §§ 50 bis 54 nichts anderes bestimmt ist, finden die Vorschriften dieses Gesetzes für die Wahlen der Kreisräte auf die Wahl der Mitglieder der Regionalversammlung entsprechende Anwendung. [2]Die Wahl der Mitglieder der Regionalversammlung hat der Hauptverwaltungsbeamte des Verbandes spätestens am 69. Tag vor dem Wahltag öffentlich bekanntzumachen.

§ 50 Wahlvorschläge

(1) Abweichend von § 8 Abs. 1 Satz 2 muß ein Wahlvorschlag für die Wahl der Mitglieder der Regionalversammlung von 250 im Zeitpunkt der Unterzeichnung des Wahlvorschlags in einer Gemeinde des Wahlkreises wahlberechtigten Personen unterzeichnet sein.

(2) Der Verbandswahlausschuß prüft die Gesetzmäßigkeit der Wahlvorschläge und beschließt über ihre Zulassung.

§ 51 Wahlorgane, Besorgung der laufenden Wahlgeschäfte

(1) [1]Dem Verbandswahlausschuß obliegt die Leitung der Wahl der Mitglieder der Regionalversammlung im Wahlgebiet sowie die Feststellung des Wahlergebnisses. [2]Er besteht aus dem Hauptverwaltungsbeamten des Verbandes als Vorsitzendem und mindestens sechs Beisitzern. [3]Die Beisitzer und Stellvertreter in gleicher Zahl wählt die Regionalversammlung aus den Wahlberechtigten. [4]Der Vorsitzende wird durch den stellvertretenden Hauptverwaltungsbeamten vertreten. [5]§ 11 Abs. 3 und 4 gilt entsprechend.

(2) [1]Für jeden Wahlkreis, der sich aus den Gemeinden des jeweiligen Landkreises zusammensetzt, obliegt dem Kreiswahlausschuß nach § 12 die Leitung der Wahl und die Feststellung des Wahlergebnisses im Wahlkreis. [2]Für den Wahlkreis der Stadt Stuttgart nimmt der Gemeindewahlausschuß diese Aufgabe wahr.

(3) [1]Für die gleichzeitige Durchführung der Wahl der Mitglieder zur Regionalversammlung mit den Kommunalwahlen gilt § 37 Abs. 2 bis 4 entsprechend. [2]Die nur für die Wahl der Mitglieder der Regionalversammlung Wahlberechtigten sind in den Wählerverzeichnissen gesondert aufzuführen.

(4) Es besorgen

1. die örtlichen Wahlgeschäfte der Bürgermeister,
2. die laufenden Wahlgeschäfte in den Wahlkreisen der Landrat,
3. die laufenden Geschäfte der Wahl der Mitglieder der Regionalversammlung der Hauptverwaltungsbeamte des Verbandes.

(5) Das Innenministerium kann dem Verband Region Stuttgart, der Verband Region Stuttgart kann den Landkreisen und Gemeinden Weisungen erteilen.

§ 52 Stimmabgabe

(1) Bei Verhältniswahl gibt der Wähler seine Stimme in der Weise ab, daß er durch ein auf den Stimmzettel gesetztes Kreuz oder auf sonst eindeutige Weise kennzeichnet, welchem Wahlvorschlag er seine Stimme geben will.

(2) [1]Bei Mehrheitswahl gibt der Wähler seine Stimmen in der Weise ab, daß er Bewerber, denen er eine Stimme geben will,

1. auf einem Stimmzettel mit vorgedruckten Namen durch ein Kreuz hinter dem vorgedruckten Namen, durch Eintragung des Namens oder auf sonst eindeutige Weise,

2. auf einem Stimmzettel ohne vorgedruckte Namen durch Eintragung des Namens

als gewählt kennzeichnet. [2]Enthält der Stimmzettel vorgedruckte Namen, kann der Wähler seine Stimmen auch in der Weise abgeben, daß er diesen ohne Kennzeichnung oder nach Absatz 1 im ganzen gekennzeichnet abgibt; dann gilt jeder Bewerber, dessen Name im Stimmzettel vorgedruckt ist, als mit einer Stimme gewählt.

§ 53 Sitzverteilung

(1) [1]Im Falle der Verhältniswahl werden die Sitze zunächst innerhalb der einzelnen Wahlkreise nach dem Verhältnis der auf die Wahlvorschläge entfallenen Stimmenzahlen entsprechend § 25 Abs. 1 verteilt. [2]Sodann werden die von den Parteien und Wählervereinigungen in den einzelnen Wahlkreisen erreichten Stimmenzahlen zusammengezählt und die von ihnen im Wahlgebiet zu besetzenden Sitze nach dem Verhältnis der ihnen im Wahlgebiet zugefallenen Gesamtstimmenzahlen entsprechend § 25 Abs. 1 verteilt.

(2) [1]Im Falle der Mehrheitswahl werden die Sitze zunächst innerhalb der einzelnen Wahlkreise in der Reihenfolge der höchsten Stimmenzahlen verteilt. [2]Soweit in den einzelnen Wahlkreisen Wahlvorschläge verschiedener Parteien und Wählervereinigungen zugelassen worden sind, werden sodann die von den Parteien und Wählervereinigungen in den einzelnen Wahlkreisen erreichten Stimmenzahlen durch die Zahl der in diesen Wahlkreisen zu wählenden Bewerber geteilt, diese gleichwertigen Stimmenzahlen der gleichen Parteien und Wählervereinigungen im Wahlgebiet zusammengezählt und die von ihnen im Wahlgebiet zu besetzenden Sitze nach dem Verhältnis der ihnen im Wahlgebiet zugefallenen gleichwertigen Gesamtstimmenzahlen entsprechend § 25 Abs. 1 verteilt.

(3) [1]Findet in einzelnen Wahlkreisen Mehrheitswahl und in den übrigen Wahlkreisen Verhältniswahl statt, werden die Sitze zunächst innerhalb der einzelnen Wahlkreise entsprechend Absatz 1 Satz 1 und Absatz 2 Satz 1 verteilt. [2]Sodann werden die von den Parteien und Wählervereinigungen in den einzelnen Wahlkreisen mit Mehrheitswahl erreichten Stimmenzahlen durch die jeweilige Zahl der in diesen Wahlkreisen zu wählenden Bewerber geteilt und diese gleichwertigen Stimmenzahlen der gleichen Parteien und Wählervereinigungen mit den von ihnen in den Wahlkreisen mit Verhältniswahl erreichten Stimmenzahlen zusammengezählt; anschließend werden die von den Parteien und Wählervereinigungen im Wahlgebiet zu besetzenden Sitze nach dem Verhältnis der ihnen im Wahlgebiet zugefallenen Gesamtstimmenzahlen entsprechend § 25 Abs. 1 verteilt.

(4) [1]Auf die den Parteien und Wählervereinigungen nach Absatz 1 bis 3 im Wahlgebiet zukommenden Sitze werden die in den Wahlkreisen zugeteilten Sitze angerechnet. [2]Wurden einer Partei oder Wählervereinigung in den Wahlkreisen mehr Sitze zugeteilt, als ihr nach dem Verhältnis der Gesamtstimmenzahlen im Wahlgebiet zukommen würden, bleibt es bei dieser Zuteilung; in diesem Falle ist mit der Verteilung von Sitzen im Wahlgebiet nach Absatz 1 bis 3 so lange fortzufahren, bis den Parteien und Wählervereinigungen, die Mehrsitze erhalten haben, diese auch nach dem Verhältnis der Gesamtstimmenzahlen zufallen würden (Ausgleichsitze). [3]Bei gleicher Höchstzahl fällt der letzte Sitz an die Partei oder Wählervereinigung, die Mehrsitze erlangt hat. [4]Durch die Zuteilung von Sitzen nach Satz 1 bis 3 darf die Zahl der Mitglieder der Regionalversammlung nicht um mehr als 20 vom Hundert erhöht werden.

(5) Die den Parteien und Wählervereinigungen nach Absatz 4 zugefallenen Ausgleichsitze werden auf die Wahlkreise nach dem Verhältnis der von der Partei oder Wählervereinigung in den einzelnen Wahlkreisen erreichten Stimmenzahlen, bei Mehrheitswahl der gleichwertigen Stimmenzahlen (Absatz 2 Satz 2), entsprechend § 25 Abs. 1 verteilt.

(6) [1]Die nach Absatz 1 bis 5 auf die einzelnen Wahlvorschläge in den Wahlkreisen entfallenen Sitze werden den Bewerbern bei Verhältniswahl in der Reihenfolge ihrer Benennung auf dem Wahlvorschlag, bei Mehrheitswahl in der Reihenfolge der höchsten Stimmenzahlen, zugeteilt. [2]Die nicht gewählten Bewerber sind Ersatzpersonen ihres Wahlvorschlags, bei Verhältniswahl in der Reihenfolge ihrer Benennung auf dem Wahlvorschlag, bei Mehrheitswahl in der Reihenfolge der höchsten Stimmenzahlen; dabei werden auch Gewählte, die wegen eines Hinderungsgrundes nicht in die Regional-

versammlung eintreten können oder ausscheiden müssen, in der Reihenfolge ihrer Benennung auf dem Wahlvorschlag oder der höchsten Stimmenzahlen Ersatzpersonen ihres Wahlvorschlags.

§ 54 Wahlkosten

[1]Die Kosten für die Wahl der Mitglieder der Regionalversammlung trägt der Verband Region Stuttgart. [2]Soweit die Kosten bei den Gemeinden und den Landkreisen entstehen, tragen diese die Kosten.

11. Abschnitt
Schlußbestimmungen

§ 55 Kommunalwahlordnung

(1) [1]Das Innenministerium erläßt durch Rechtsverordnung (Kommunalwahlordnung) die zur Durchführung dieses Gesetzes erforderlichen Vorschriften. [2]Es trifft darin insbesondere nähere Bestimmungen über

1. die öffentliche Bekanntmachung der Wahl,
2. die Bildung von Wahlbezirken und ihre öffentliche Bekanntmachung,
3. den Nachweis des Wahlrechts, die einzelnen Voraussetzungen für die Aufnahme in das Wählerverzeichnis, dessen Aufstellung, Einsichtnahme, Berichtigung und Abschluß sowie die Benachrichtigung der Wahlberechtigten,
4. die Erteilung von Wahlscheinen und Briefwahlunterlagen sowie die Voraussetzungen dazu,
5. die Einreichung, den Inhalt und die Form der Wahlvorschläge sowie der mit ihnen einzureichenden Nachweise, die Änderung und Rücknahme von Wahlvorschlägen, ihre Prüfung, die Beseitigung von Mängeln, die Zulassung und die öffentliche Bekanntmachung der Wahlvorschläge,
6. die Einreichung, die Zurücknahme, den Inhalt und die Form der Bewerbungen zur Bürgermeisterwahl sowie der mit ihnen einzureichenden weiteren Nachweise, ihre Prüfung, die Beseitigung von Mängeln, die Feststellung der Reihenfolge der zugelassenen Bewerbungen und die öffentliche Bekanntmachung,
7. die Bildung, die Tätigkeit und das Verfahren der Wahlorgane,
8. die Bereitstellung und Ausstattung der Wahlräume,
9. die Form und den Inhalt der Stimmzettel sowie die Stimmzettelumschläge und Briefwahlumschläge,
10. den Vorgang der Stimmabgabe und die Ausübung der Briefwahl,
11. die Wahlhandlung in Krankenhäusern, Heimen, Klöstern, sozialtherapeutischen Anstalten, Justizvollzugsanstalten und gesperrten Wohnstätten,
12. die Ermittlung, Feststellung und öffentliche Bekanntmachung der Wahlergebnisse sowie die Benachrichtigung der Gewählten,
13. die Wahlprüfung und Wahlanfechtung,
14. die Vorbereitung und Durchführung von Wiederholungswahlen und Neuwahlen,
15. das Verfahren bei gleichzeitiger Durchführung von mehreren Wahlen und von Wahlen mit einer Volksabstimmung,
16. das Verfahren für die Anhörung der Bürger bei Grenzänderungen, den Antrag auf eine Einwohnerversammlung, den Einwohnerantrag, das Bürgerbegehren und die Durchführung eines Bürgerentscheids.

(2) Das Innenministerium kann in der Kommunalwahlordnung bestimmen,

1. daß für Krankenhäuser, Heime und ähnliche Einrichtungen mit Wahlberechtigten, die keinen Wahlraum außerhalb der Einrichtung aufsuchen können, Sonderwahlbezirke gebildet werden können, in denen nur mit Wahlschein gewählt werden darf;
2. daß in besonderen Fällen Wahlscheine auch von Amts wegen ausgegeben werden können;
3. daß bei der Wahl der Gemeinderäte eine Nachfrist zur Einreichung weiterer Wahlvorschläge zu gewähren ist, wenn mehrere Wahlvorschläge eingereicht worden sind und diese zusammen, im Falle der unechten Teilortswahl für einen der Wohnbezirke, weniger Bewerber als das Eineinhalbfache der Zahl der zu besetzenden Sitze enthalten;
4. daß beim Vorliegen besonderer Verhältnisse die Wahlzeit anders festgesetzt werden kann.

§ 56 Fristen und Termine

(1) Die in diesem Gesetz und in der Kommunalwahlordnung bestimmten Fristen und Termine im Verfahren zur Vorbereitung der Wahl oder Abstimmung verlängern oder ändern sich nicht dadurch, daß der letzte Tag der Frist oder ein Termin auf einen Samstag, einen Sonntag oder einen gesetzlichen Feiertag fällt.

(2) Eine Wiedereinsetzung in den vorigen Stand ist ausgeschlossen.

§ 57 Maßgebende Einwohnerzahl

(1) ¹Für die Wahlen der Gemeinderäte und Kreisräte ist das auf den 30. September des zweiten der Wahl vorhergehenden Jahres fortgeschriebene Ergebnis der jeweils letzten allgemeinen Zählung der Bevölkerung maßgebend. ²§ 143 Satz 2 der Gemeindeordnung ist entsprechend anzuwenden.

(2) Für die Einwohnerzahl eines Teils des Gemeindegebiets ist der Anteil an der Einwohnerzahl nach Absatz 1 maßgebend, der dem Anteil der Einwohner des Teils des Gemeindegebiets an der Gesamteinwohnerzahl der Gemeinde nach dem Melderegister zu dem nach Absatz 1 maßgeblichen Zeitpunkt entspricht.

§ 57a Wahl- und Stimmrecht von Personen, für die zur Besorgung aller ihrer Angelegenheiten ein Betreuer bestellt ist

(1) Für die Wahlen der Gemeinderäte, der Ortschaftsräte, der Bezirksbeiräte, der Kreisräte und der Mitglieder der Regionalversammlung des Verbands Region Stuttgart am 26. Mai 2019 finden § 14 Absatz 2 Nummer 2 der Gemeindeordnung, § 10 Absatz 4 Nummer 2 der Landkreisordnung und § 9 Absatz 2 Nummer 2 des Gesetzes über die Errichtung des Verbands Region Stuttgart keine Anwendung.

(2) ¹Für Bürgermeisterwahlen, die im Zeitraum vom 26. Mai 2019 bis zum 24. Oktober 2021 stattfinden, findet § 14 Absatz 2 Nummer 2 der Gemeindeordnung keine Anwendung. ²Satz 1 gilt nicht für die Neuwahl des Bürgermeisters nach § 45 Absatz 2 der Gemeindeordnung, wenn die erste Wahl vor dem 26. Mai 2019 stattgefunden hat.

(3) ¹Für Bürgerentscheide und Anhörungen der Bürger bei Grenzänderungen nach § 40, die im Zeitraum vom 26. Mai 2019 bis zum 24. Oktober 2021 stattfinden, findet § 14 Absatz 2 Nummer 2 der Gemeindeordnung keine Anwendung. ²Satz 1 gilt entsprechend für die Unterzeichnung von Bürgerbegehren nach § 41 Absatz 1 Satz 3 im Zeitraum vom Tag des Inkrafttretens dieses Gesetzes bis zum 24. Oktober 2021.

§ 58[1] Inkrafttreten

¹Dieses Gesetzes tritt mit seiner Verkündung in Kraft. ²Gleichzeitig treten Vorschriften, die diesem Gesetz entsprechen oder widersprechen, außer Kraft.

---

1) **Amtl. Anm.:** Diese Vorschrift betrifft das Inkrafttreten des Gesetzes in der ursprünglichen Fassung vom 13. Juli 1953 (GBl. S. 103).

Kommunalabgabengesetz (KAG)

Vom 17. März 2005[1] (GBl. S. 206)

(BWGültV Sachgebiet 6130)

zuletzt geändert durch Art. 3 ÄndG vom 7. November 2017 (GBl. S.592)

Nichtamtliche Inhaltsübersicht

Erster Teil
Allgemeine Vorschriften

§ 1 Geltungsbereich
§ 2 Abgabensatzungen
§ 3 Anwendung von Bundesrecht
§ 4 Kleinbeträge
§ 5 Gemeindefreie Grundstücke
§ 6 Einschränkung von Grundrechten
§ 7 Abgabenhinterziehung
§ 8 Leichtfertige Abgabenverkürzung und Abgabengefährdung

Zweiter Teil
Steuern

§ 9 Gemeindesteuern
§ 10 Kreissteuern

Dritter Teil
Gebühren für öffentliche Leistungen einschließlich Benutzungsgebühren

Erster Abschnitt
Gebühren für öffentliche Leistungen und für die Tätigkeit des Gutachterausschusses

§ 11 Gebühren für öffentliche Leistungen ausgenommen Benutzungsgebühren
§ 12 Gebühren für die Tätigkeit des Gutachterausschusses

Zweiter Abschnitt
Benutzungsgebühren

§ 13 Gebührenerhebung
§ 14 Gebührenbemessung
§ 15 Vorauszahlungen
§ 16 Eigennutzung
§ 17 Gebühren für die Benutzung der öffentlichen Abwasserbeseitigung
§ 18 Gebühren für die Benutzung der öffentlichen Abfallentsorgung
§ 19 Gebühren für die Benutzung von Kindergärten und Tageseinrichtungen

Vierter Teil
Anschluss- und Erschließungsbeiträge

Erster Abschnitt
Gemeinsame Vorschriften

§ 20 Beitragserhebung
§ 21 Beitragsschuldner

§ 22 Eingebrachte Sachen, Rechte, Werk- und Dienstleistungen
§ 23 Anteil des Beitragsberechtigten
§ 24 Grundstücke im Eigentum des Beitragsberechtigten
§ 25 Vorauszahlungen
§ 26 Ablösung
§ 27 Öffentliche Last
§ 28 Stundung bei land- und forstwirtschaftlicher sowie kleingärtnerischer Nutzung

Zweiter Abschnitt
Anschlussbeiträge

§ 29 Beitragserhebung für Einrichtungteile und für den Ausbau von Einrichtungen, Nacherhebung
§ 30 Beitragsfähige Kosten
§ 31 Beitragsbemessung
§ 32 Entstehung der Beitragsschuld

Dritter Abschnitt
Erschließungsbeiträge

§ 33 Erschließungsanlagen
§ 34 Regelung durch Satzung
§ 35 Beitragsfähige Erschließungskosten
§ 36 Art der Kostenermittlung
§ 37 Ermittlungsraum
§ 38 Verteilung der beitragsfähigen Erschließungskosten
§ 39 Erschlossene Grundstücke
§ 40 Beitragspflichtige Grundstücke
§ 41 Entstehung der Beitragsschuld und Freistellung

Fünfter Teil
Kostenersatz und sonstige Abgaben

§ 42 Kostenersatz für Haus- und Grundstücksanschlüsse
§ 43 Kurtaxe
§ 44 Fremdenverkehrsbeiträge
§ 45 Sonstige öffentlich-rechtliche Abgaben und Umlagen

Sechster Teil
Änderung von Landesrecht

§ 46 Änderung des Landesabfallgesetzes
§ 47 Änderung des Kindergartengesetzes

---

1) Verkündet als Art. 1 G v. 17.3.2005 (GBl. S. 206); Inkrafttreten gem. Art. 3 Abs. 1 Satz 1 dieses G am 31.3.2005; abweichend hiervon treten gem. Art. 3 Abs. 1 Satz 2 dieses G § 45 mWv 1.1.2005 und die §§ 33–41 am 1.10.2005 in Kraft.

Erster Teil
Allgemeine Vorschriften

§ 1 Geltungsbereich

Dieses Gesetz gilt für Steuern, Gebühren und Beiträge, die von den Gemeinden und Landkreisen erhoben werden (Kommunalabgaben), soweit nicht eine besondere gesetzliche Regelung besteht.

§ 2 Abgabensatzungen

(1) [1]Die Kommunalabgaben werden auf Grund einer Satzung erhoben. [2]Die Satzung soll insbesondere den Kreis der Abgabenschuldner, den Gegenstand, den Maßstab und den Satz der Abgabe sowie die Entstehung und die Fälligkeit der Abgabenschuld bestimmen.

(2) [1]Mängel bei der Beschlussfassung über Abgabensätze sind unbeachtlich, wenn sie nur zu einer geringfügigen Kostenüberdeckung führen. [2]§ 4 Abs. 4 der Gemeindeordnung bleibt unberührt.

(3) [1]Die Satzung kann bestimmen, dass bei Gebühren und Beiträgen, ausgenommen Fremdenverkehrsbeiträge, und bei der Kurtaxe Dritte beauftragt werden können, diese Abgaben zu berechnen, Abgabenbescheide auszufertigen und zu versenden, Abgaben entgegenzunehmen und abzuführen, Nachweise darüber für den Abgabenberechtigten zu führen sowie die erforderlichen Daten zu verarbeiten und die verarbeiteten Daten dem Abgabenberechtigten mitzuteilen. [2]Abgabenberechtigter ist die Körperschaft, der die Abgaben zustehen.

(4) [1]Die Satzung kann auch bestimmen, dass bei Abfall- und Abwassergebühren Dritte, die in engen rechtlichen oder wirtschaftlichen Beziehungen zu einem Sachverhalt stehen, an den die Gebührenpflicht anknüpft, an Stelle der Beteiligten oder neben den Beteiligten verpflichtet sind, die zur Gebührenerhebung erforderlichen Daten dem Abgabenberechtigten oder unmittelbar dem von ihm nach Absatz 3 beauftragten Dritten mitzuteilen. [2]Die Gebührenpflichtigen sind über diese Datenerhebung bei Dritten zu unterrichten; das Verfahren ist in der Satzung zu bestimmen. [3]Für die Datenübermittlung, unabhängig davon, auf welcher Grundlage sie erfolgt, dürfen nur angemessene Zusatzkosten erstattet werden.

(5) Als Schuldner von Gebühren für die Benutzung kommunaler Bestattungseinrichtungen können durch Satzung auch die Personen bestimmt werden, denen nach § 31 Abs. 1 Satz 1 des Bestattungsgesetzes die Bestattungspflicht obliegt.

§ 3 Anwendung von Bundesrecht

(1) Auf die Kommunalabgaben sind die folgenden Bestimmungen der Abgabenordnung sinngemäß anzuwenden, soweit sie sich nicht auf bestimmte Steuern beziehen und soweit nicht dieses Gesetz besondere Vorschriften enthält:

1. aus dem Ersten Teil – Einleitende Vorschriften –
   a) über den Anwendungsbereich § 2,
   b) über die steuerlichen Begriffsbestimmungen § 3 Abs. 1, Abs. 4 mit der Maßgabe, dass Zwangsgelder und Kosten nicht als Nebenleistungen anzusehen sind, und Abs. 5 sowie §§ 4, 5 und 7 bis 15,
   c) über das Steuergeheimnis §§ 30 bis 31b mit folgenden Maßgaben:
      aa) bei der Hundesteuer darf in Schadensfällen und bei Störung der öffentlichen Sicherheit oder Ordnung, wenn ein überwiegendes öffentliches Interesse vorliegt, Auskunft über Namen und Anschrift des Hundehalters an Behörden und Schadensbeteiligte gegeben werden,
      bb) die Entscheidung nach § 30 Abs. 4 Nr. 5 Buchst. c trifft das Hauptorgan der Körperschaft, der die Abgabe zusteht,
   d) über die Haftungsbeschränkung für Amtsträger § 32,
2. aus dem Zweiten Teil – Steuerschuldrecht –
   a) über die Steuerpflichtigen §§ 33 bis 36,
   b) über das Steuerschuldverhältnis §§ 37 bis 50,
   c) über steuerbegünstigte Zwecke §§ 51 bis 68,

d) über die Haftung §§ 69 und 70 sowie § 71 mit der Maßgabe, dass die Vorschriften über die Steuerhehlerei keine Anwendung finden, §§ 73 bis 75 und 77,

3. aus dem Dritten Teil – Allgemeine Verfahrensvorschriften –

a) über die Verfahrensgrundsätze §§ 78 bis 81, § 82 Abs. 1 und 2, § 83 Abs. 1 mit der Maßgabe, dass in den Fällen des Satzes 2 die Anordnung von der obersten Dienstbehörde getroffen wird, §§ 85 und 86, § 87 mit der Maßgabe, dass in den Fällen des Absatzes 2 Satz 2 die Vorlage einer von einem öffentlich bestellten und beeidigten Urkundenübersetzer angefertigten oder beglaubigten Übersetzung verlangt werden kann, § 87a Abs. 1 bis 5, §§ 88 bis 93, 95, § 96 Abs. 1 bis 7 Satz 1 und 2, §§ 97 bis 99, § 101 Abs. 1, §§ 102 bis 110, § 111 Abs. 1 bis 3 und 5, §§ 112 bis 115 und § 117 Abs. 1, 2 und 4,

b) über die Verwaltungsakte §§ 118 bis 133,

4. aus dem Vierten Teil – Durchführung der Besteuerung –

a) über die Erfassung der Steuerpflichtigen § 134 Abs. 1 Satz 1 mit der Maßgabe, dass die Erhebung bei Bedarf durchgeführt werden kann, der Umfang der Erhebung auf die für die Erhebung und Bemessung der Abgaben erforderlichen Angaben beschränkt ist und auf die Erhebung vor ihrer Durchführung hingewiesen wird, §§ 135, 136 und § 138 Abs. 1 und 3,

b) über die Mitwirkungspflichten §§ 140, 143, 145 und 146, § 147 Abs. 1 bis 5, § 148 und 149, § 150 Abs. 1 Satz 1, Satz 2 mit der Maßgabe, dass § 87a Abs. 1 bis 5 der Abgabenordnung nur anwendbar ist, soweit auf Grund eines Gesetzes oder einer Satzung die Erklärung elektronisch übermittelt werden darf, Abs. 2 bis 5, §§ 151 und 152 sowie § 153 Abs. 1 und 2,

c) über die Festsetzungs- und Feststellungsverfahren § 155, § 156 Abs. 2, § 157 mit der Maßgabe, dass ein Bescheid über eine Abgabe für einen bestimmten Zeitabschnitt bestimmen kann, dass er auch für künftige Zeitabschnitte gilt, solange sich die Berechnungsgrundlagen und die Höhe der festgesetzten Abgabe nicht ändern, und von Amts wegen aufzuheben oder zu ändern ist, wenn die Abgabepflicht entfällt oder sich die Höhe der Abgabe ändert, §§ 158 bis 162, § 163 Abs. 1 Satz 1 und 3, §§ 164 bis 168, § 169 mit der Maßgabe, dass die Festsetzungsfrist nach Absatz 2 Satz 1 einheitlich vier Jahre beträgt, § 170 Abs. 1 bis 3, § 171 Abs. 1 bis 3, Abs. 3a mit der Maßgabe, dass im Falle der Ungültigkeit einer Satzung die Festsetzungsfrist nicht vor Ablauf eines Jahres nach Bekanntmachung einer neuen Satzung endet und an Stelle des § 100 Abs. 1 Satz 1, Abs. 2 Satz 2, Abs. 3 Satz 1 sowie des § 101 der Finanzgerichtsordnung § 113 Abs. 1 Satz 1, Abs. 2 Satz 2, Abs. 3 Satz 1 und Abs. 5 der Verwaltungsgerichtsordnung Anwendung findet, § 171 Abs. 4 und 6 bis 14, § 172 mit der Maßgabe, dass Absatz 1 Satz 3 Halbsatz 2 keine Anwendung findet, § 173, § 174 mit der Maßgabe, dass die Vorschrift nur für kommunale Steuern gilt, §§ 175 bis 177, 191 bis 194, § 195 Satz 1 und §§ 196 bis 203,

5. aus dem Fünften Teil – Erhebungsverfahren –

a) über die Verwirklichung, die Fälligkeit und das Erlöschen von Ansprüchen aus dem Steuerschuldverhältnis §§ 218 und 219, § 220 Abs. 2, §§ 221 bis 223, § 224 Abs. 2 und §§ 225 bis 232,

b) über die Verzinsung und die Säumniszuschläge § 233, § 234 Abs. 1 und 2, § 235, § 236 mit der Maßgabe, dass in Absatz 3 an Stelle des § 137 Satz 1 der Finanzgerichtsordnung § 155 Abs. 5 der Verwaltungsgerichtsordnung Anwendung findet, § 237 Abs. 1 und 2, Abs. 4 mit der Maßgabe, dass § 234 Abs. 3 keine Anwendung findet, und §§ 238 bis 240,

c) über die Sicherheitsleistung §§ 241 bis 248,

6. aus dem Sechsten Teil – Vollstreckung –

a) über die Allgemeinen Vorschriften § 251 Abs. 3,

b) über die Niederschlagung § 261 und

7. aus dem Siebenten Teil – Außergerichtliches Rechtsbehelfsverfahren –

über die besonderen Verfahrensvorschriften § 367 Abs. 2 Satz 2.

(2) [1]Die Vorschriften des Absatzes 1 gelten entsprechend für Verspätungszuschläge, Zinsen und Säumniszuschläge (abgabenrechtliche Nebenleistungen). [2]Die in Absatz 1 Nr. 4 Buchst. c enthaltenen Vorschriften gelten nur, soweit dies besonders bestimmt wird.

(3) Die in Absatz 1 genannten Vorschriften sind jeweils mit der Maßgabe anzuwenden, dass
1. an Stelle der Finanzbehörde oder des Finanzamts die Körperschaft tritt, der die Abgabe zusteht,
2. dem Begriff „Steuer", allein oder im Wortzusammenhang, der Begriff „Abgabe" entspricht,
3. dem Wort „Besteuerung" die Worte „Heranziehung zu Abgaben" entsprechen,
4. als außergerichtlicher Rechtsbehelf an Stelle des abgabenrechtlichen Einspruchs der Widerspruch (§ 68 der Verwaltungsgerichtsordnung) und an Stelle des finanzgerichtlichen Verfahrens nach der Finanzgerichtsordnung das verwaltungsgerichtliche Verfahren nach der Verwaltungsgerichtsordnung tritt,
5. an Stelle des Verwaltungszustellungsgesetzes das Landesverwaltungszustellungsgesetz Anwendung findet.

(4) Alle in dieser Vorschrift und im Folgenden genannten Bestimmungen des Bundes- und Landesrechts sind in der jeweils geltenden Fassung anzuwenden.

§ 4 Kleinbeträge

[1]Es kann davon abgesehen werden, Kommunalabgaben zu erstatten, wenn der Betrag niedriger als 5 Euro ist. [2]Dies gilt nicht, wenn die Erstattung beantragt wird.

§ 5 Gemeindefreie Grundstücke

In gemeindefreien Grundstücken, deren Rechtsträger eine Körperschaft des öffentlichen Rechts ist, kann diese die Kommunalabgaben nach den für die Gemeinden geltenden Vorschriften erheben.

§ 6 Einschränkung von Grundrechten

Durch Maßnahmen auf Grund dieses Gesetzes können eingeschränkt werden das Recht auf körperliche Unversehrtheit (Artikel 2 Abs. 2 Satz 1 des Grundgesetzes), die Freiheit der Person (Artikel 2 Abs. 2 Satz 2 des Grundgesetzes) und die Unverletzlichkeit der Wohnung (Artikel 13 des Grundgesetzes).

§ 7 Abgabenhinterziehung

(1) [1]Mit Freiheitsstrafe bis zu zwei Jahren oder mit Geldstrafe wird bestraft, wer
1. der Körperschaft, der die Abgabe zusteht, oder einer anderen Behörde über abgabenrechtlich erhebliche Tatsachen unrichtige oder unvollständige Angaben macht oder
2. die Körperschaft, der die Abgabe zusteht, unter Verstoß gegen gesetzliche Pflichten über abgabenrechtlich erhebliche Tatsachen in Unkenntnis lässt

und dadurch Abgaben verkürzt oder für sich oder einen anderen nicht gerechtfertigte Abgabenvorteile erlangt. [2]§ 370 Abs. 4 sowie §§ 371 und 376 der Abgabenordnung sind sinngemäß anzuwenden.

(2) Der Versuch ist strafbar.

(3) Für das Strafverfahren sind §§ 385, 391, 393 bis 398 und 407 der Abgabenordnung sinngemäß anzuwenden.

§ 8 Leichtfertige Abgabenverkürzung und Abgabengefährdung

(1) [1]Ordnungswidrig handelt, wer als Abgabenpflichtiger oder bei der Wahrnehmung der Angelegenheiten eines Abgabenpflichtigen eine der in § 7 Abs. 1 bezeichneten Taten leichtfertig begeht (leichtfertige Abgabenverkürzung). [2]§ 370 Abs. 4 und § 378 Abs. 3 der Abgabenordnung sind sinngemäß anzuwenden.

(2) [1]Ordnungswidrig handelt ferner, wer vorsätzlich oder leichtfertig
1. Belege ausstellt, die in tatsächlicher Hinsicht unrichtig sind, oder
2. den Vorschriften einer Abgabensatzung zur Sicherung oder Erleichterung der Abgabenerhebung, insbesondere zur Anmeldung und Anzeige von Tatsachen, zur Führung von Aufzeichnungen oder Nachweisen, zur Kennzeichnung oder Vorlegung von Gegenständen oder zur Erhebung und Abführung von Abgaben zuwiderhandelt

und es dadurch ermöglicht, eine Abgabe zu verkürzen oder nicht gerechtfertigte Abgabenvorteile zu erlangen (Abgabengefährdung). [2]Die Ordnungswidrigkeit nach Satz 1 Nr. 2 kann nur verfolgt werden, wenn die Satzung für einen bestimmten Tatbestand auf diese Bußgeldvorschrift verweist.

(3) Die Ordnungswidrigkeit kann mit einer Geldbuße bis zu 10 000 Euro geahndet werden.

(4) Für das Bußgeldverfahren sind §§ 391, 393, 396, 397, 407 und 411 der Abgabenordnung sinngemäß anzuwenden.

(5) Verwaltungsbehörde im Sinne des § 36 Abs. 1 Nr. 1 des Gesetzes über Ordnungswidrigkeiten ist die Körperschaft, der die Abgabe zusteht.

Zweiter Teil
Steuern

§ 9 Gemeindesteuern

(1) Die Gemeinden erheben Steuern nach Maßgabe der Gesetze.

(2) [1]Die Festsetzung und die Erhebung der Grundsteuer und der Gewerbesteuer obliegen den Gemeinden. [2]Die Bekanntgabe oder Zustellung der Messbescheide wird den hebeberechtigten Gemeinden übertragen; die Befugnis der Finanzämter, die Messbescheide selbst bekannt zu geben oder zuzustellen, bleibt unberührt. [3]Durch Rechtsverordnung des Finanzministeriums im Einvernehmen mit dem Innenministerium kann das Verfahren zur Übermittlung der Daten der Messbescheide an die Gemeinden durch Datenfernübertragung bestimmt werden.

(3) [1]Die Gemeinden erheben eine Hundesteuer. [2]Steuerermäßigungen und Steuerbefreiungen können in der Satzung geregelt werden.

(4) Soweit Gesetze im Sinne von Absatz 1 nicht bestehen, können die Gemeinden örtliche Verbrauch- und Aufwandsteuern erheben, solange und soweit sie nicht bundesgesetzlich geregelten Steuern gleichartig sind, jedoch nicht Steuern, die vom Land erhoben werden oder den Stadtkreisen und Landkreisen vorbehalten sind.

(5) Durch Satzung kann bestimmt werden, dass auf die Steuerschuld angemessene Vorauszahlungen zu leisten sind.

§ 10 Kreissteuern

(1) Die Stadtkreise und die Landkreise erheben Steuern nach Maßgabe der Gesetze.

(2) [1]Die Stadtkreise und die Landkreise können eine Steuer auf die Ausübung des Jagdrechts (Jagdsteuer) erheben. [2]Der Steuersatz beträgt für Inländer höchstens 15 Prozent, für Personen, die ihren ständigen Wohnsitz oder gewöhnlichen Aufenthalt im Ausland haben, höchstens 60 Prozent des Jahreswerts der Jagd, soweit nicht Staatsverträge entgegenstehen. [3]Von der Besteuerung ausgenommen bleibt die Ausübung der Jagd in nicht verpachteten Jagden des Bundes und der Länder sowie die Ausübung der Jagd auf Grundflächen, die nach § 5 Abs. 1 des Bundesjagdgesetzes einem nicht verpachteten Eigenjagdbezirk des Bundes oder eines Landes angegliedert worden sind.

Dritter Teil
Gebühren für öffentliche Leistungen einschließlich Benutzungsgebühren

Erster Abschnitt
Gebühren für öffentliche Leistungen und für die Tätigkeit des Gutachterausschusses

§ 11 Gebühren für öffentliche Leistungen ausgenommen Benutzungsgebühren

(1) [1]Die Gemeinden und die Landkreise können für öffentliche Leistungen, die sie auf Veranlassung oder im Interesse Einzelner vornehmen, Gebühren erheben. [2]§ 2 Abs. 2 und 4 des Landesgebührengesetzes gilt entsprechend.

(2) [1]Die Gebühr soll die mit der öffentlichen Leistung verbundenen Verwaltungskosten aller an der Leistung Beteiligten decken; Verwaltungskosten sind die nach betriebswirtschaftlichen Grundsätzen ansatzfähigen Kosten mit Ausnahme der kalkulatorischen Zinsen. [2]Bei der Gebührenbemessung ist die wirtschaftliche oder sonstige Bedeutung der öffentlichen Leistung für den Gebührenschuldner zum Zeitpunkt ihrer Beendigung zu berücksichtigen. [3]Sollen Gebühren nach festen Sätzen erhoben werden, kann das wirtschaftliche oder sonstige Interesse der Gebührenschuldner unberücksichtigt bleiben. [4]Die Gebühr darf nicht in einem Missverhältnis zur öffentlichen Leistung stehen.

(3) [1]§§ 5, 9, 12, 18 und 19 des Landesgebührengesetzes gelten entsprechend. [2]§ 10 Abs. 1 Sätze 1 und 2 sowie Abs. 2, 5 und 6 des Landesgebührengesetzes gelten entsprechend, soweit Gegenseitigkeit besteht. [3]Ferner gilt § 10 Abs. 3 bis 6 des Landesgebührengesetzes entsprechend, sofern die Gemeinde oder Verwaltungsgemeinschaft als Behörde Aufgaben einer unteren Verwaltungsbehörde im Sinne des Landesverwaltungsgesetzes oder Aufgaben einer unteren Baurechtsbehörde im Sinne der Landesbauordnung für Baden-Württemberg wahrnimmt. [4]Säumniszuschläge werden erst für den Zeitraum erhoben, der einen Monat nach Ablauf des Fälligkeitstags beginnt; § 240 Abs. 3 der Abgabenordnung findet keine Anwendung.

(4) [1]In der Gebühr sind die der Behörde erwachsenen Auslagen inbegriffen. [2]Der Ersatz der Auslagen kann besonders verlangt werden, soweit diese das übliche Maß erheblich übersteigen; dasselbe gilt, wenn für eine öffentliche Leistung keine Gebühr erhoben wird. [3]Für die Auslagen gelten die für Gebühren maßgebenden Vorschriften entsprechend.

§ 12 Gebühren für die Tätigkeit des Gutachterausschusses

(1) Die Gemeinden können für die Erstattung von Gutachten durch den Gutachterausschuss nach § 192 Abs. 1 des Baugesetzbuches Gebühren erheben.

(2) [1]§ 11 Abs. 1, 2 und 3 Satz 4 und Abs. 4 dieses Gesetzes und § 5, § 12 Abs. 1 bis 3 Satz 1 und Abs. 4, §§ 18 und 19 des Landesgebührengesetzes gelten entsprechend. [2]Der Ersatz der Auslagen für besondere Sachverständige kann in jedem Fall besonders verlangt werden.

(3) Werden besondere Sachverständige bei der Wertermittlung zugezogen, so sind sie nach den Bestimmungen des Justizvergütungs- und -entschädigungsgesetzes zu entschädigen.

Zweiter Abschnitt
Benutzungsgebühren

§ 13 Gebührenerhebung

(1) [1]Die Gemeinden und die Landkreise können für die Benutzung ihrer öffentlichen Einrichtungen Benutzungsgebühren erheben. [2]Technisch getrennte Anlagen, die der Erfüllung derselben Aufgabe dienen, bilden eine Einrichtung, bei der Gebühren nach einheitlichen Sätzen erhoben werden, sofern durch die Satzung nichts anderes bestimmt ist; § 17 Abs. 1 Nr. 2 bleibt unberührt.

(2) An Stelle von Benutzungsgebühren können unabhängig von der weiteren rechtlichen Ausgestaltung des Benutzungsverhältnisses privatrechtliche Entgelte erhoben werden.

(3) Für grundstücksbezogene Benutzungsgebühren gilt § 27 entsprechend.

§ 14 Gebührenbemessung

(1) [1]Die Gebühren dürfen höchstens so bemessen werden, dass die nach betriebswirtschaftlichen Grundsätzen insgesamt ansatzfähigen Kosten (Gesamtkosten) der Einrichtung gedeckt werden, wobei die Gebühren in Abhängigkeit von Art und Umfang der Benutzung progressiv gestaltet werden können. [2]Versorgungseinrichtungen und wirtschaftliche Unternehmen können einen angemessenen Ertrag für den Haushalt der Gemeinde abwerfen.

(2) [1]Bei der Gebührenbemessung können die Gesamtkosten in einem mehrjährigen Zeitraum berücksichtigt werden, der jedoch höchstens fünf Jahre umfassen soll. [2]Übersteigt am Ende des Bemessungszeitraums das tatsächliche Gebührenaufkommen die ansatzfähigen Gesamtkosten, sind die Kostenüberdeckungen bei ein- oder mehrjähriger Gebührenbemessung innerhalb der folgenden fünf Jahre auszugleichen; Kostenunterdeckungen können in diesem Zeitraum ausgeglichen werden.

(3) [1]Zu den Kosten nach Absatz 1 Satz 1 gehören auch

1. die angemessene Verzinsung des Anlagekapitals und angemessene Abschreibungen; dabei sind auch die aus dem Vermögen der Gemeinde oder des Landkreises bereitgestellten Sachen und Rechte mit dem Wert zum Zeitpunkt der erstmaligen Bereitstellung zu berücksichtigen,

2. Verwaltungskosten einschließlich Gemeinkosten und

3. bundes- und landesrechtliche Umweltabgaben und das Wasserentnahmeentgelt nach dem Wassergesetz für Baden-Württemberg.

[2]Der Verzinsung ist das um Beiträge, Zuweisungen und Zuschüsse Dritter gekürzte Anlagekapital (Anschaffungs- oder Herstellungskosten abzüglich der Abschreibungen) zugrunde zu legen. [3]Die Verzinsung kann nach der Restwert- oder nach der Durchschnittswertmethode vorgenommen werden. [4]Den Abschreibungen sind in der Regel die ungekürzten Anschaffungs- oder Herstellungskosten zugrunde zu legen; Beiträge, Zuweisungen und Zuschüsse Dritter sind zu passivieren und jährlich mit einem durchschnittlichen Abschreibungssatz aufzulösen (Ertragszuschüsse). [5]Soweit Anschaffungs- oder Herstellungskosten um Beiträge, Zuweisungen und Zuschüsse Dritter gekürzt wurden, können abweichend von Satz 4 den Abschreibungen weiterhin die gekürzten Anschaffungs- und Herstellungskosten zugrunde gelegt werden. [6]In Ausnahmefällen kann bei der Gewährung von Zuweisungen und Zuschüssen auf Antrag des Trägers der Einrichtung bestimmt werden, dass abweichend von Satz 4 und 5 die Passivierung und Auflösung oder die Kürzung der Anschaffungs- oder Herstellungskosten ganz oder teilweise entfällt (Kapitalzuschüsse). [7]Bei der Anpassung von Abschreibungssätzen kann

der Restbuchwert auf die geänderte Restnutzungsdauer verteilt werden; bei Wegfall der Restnutzungsdauer kann der Restbuchwert bei der Ermittlung von Kostenüberund Kostenunterdeckungen nach Absatz 2 Satz 2 als außerordentliche Abschreibung berücksichtigt werden.

(4) [1]Bei Gebührenzahlungen im Einzugsermächtigungsverfahren kann der Kostenvorteil bei der Gebührenbemessung angemessen berücksichtigt werden. [2]Die Gebührenermäßigung ist pauschal als Festbetrag je Zahlungsvorgang in der Satzung zu bestimmen.

§ 15 Vorauszahlungen
Durch Satzung kann bestimmt werden, dass auf die Gebührenschuld im Rahmen eines Dauerbenutzungsverhältnisses angemessene Vorauszahlungen zu leisten sind.

§ 16 Eigennutzung
[1]Soweit Gemeinden und Landkreise ihre öffentlichen Einrichtungen selbst benutzen, sind Gebühren, wie sie bei einem Dritten entstehen würden, intern zu verrechnen. [2]Die Gebührenschuld gilt in dem Zeitpunkt als entstanden, in dem sie bei einem Dritten entstehen würde.

§ 17 Gebühren für die Benutzung der öffentlichen Abwasserbeseitigung
(1) Durch Satzung können zum Bestandteil der öffentlichen Einrichtung Abwasserbeseitigung bestimmt werden
1. für die Abwasserbeseitigung hergestellte künstliche Gewässer, auch wenn das eingeleitete Abwasser nur dem natürlichen Wasserkreislauf überlassen wird, und
2. Anlagen zur Ableitung von Grund- und Drainagewasser, wenn dadurch die öffentlichen Abwasseranlagen entlastet werden.

(2) [1]Zu den Kosten nach § 14 Abs. 1 Satz 1 gehören auch Investitionszuschüsse an Dritte für Maßnahmen der Regenwasserbewirtschaftung, wenn dadurch die Investitionskosten für die öffentliche Abwasserbeseitigung vermindert werden. [2]Die Investitionszuschüsse sind entsprechend dem Anlagekapital angemessen zu verzinsen und abzuschreiben.

(3) Die anteiligen Kosten, die auf die Entwässerung von öffentlichen Straßen, Wegen und Plätzen entfallen, bleiben bei den Kosten nach § 14 Abs. 1 Satz 1 außer Betracht.

§ 18 Gebühren für die Benutzung der öffentlichen Abfallentsorgung
(1) Für die Erhebung von Gebühren für die Benutzung der öffentlichen Abfallentsorgung gilt ergänzend, dass
1. die Gebühren so gestaltet werden können, dass sich daraus nachhaltige Anreize zur Vermeidung und Verwertung sowie zur Abfalltrennung ergeben,
2. alle Abfallverwertungs- und Abfallbeseitigungsanlagen einschließlich der stillgelegten Anlagen, solange sie der Nachsorge bedürfen, eine Einrichtung des Trägers bilden, bei der Gebühren nach einheitlichen Sätzen erhoben werden, sofern durch Satzung nichts anderes bestimmt ist,
3. bei der Gebührenbemessung auch
    a) die Kosten der Beratung und Aufklärung über Abfallvermeidung und Abfallverwertung,
    b) die Zuführung zu Rücklagen oder Rückstellungen für die vorhersehbaren späteren Kosten der Stilllegung und der Nachsorge,
    c) die Kosten der Stilllegung und der Nachsorge für stillgelegte Abfallverwertungs- und Abfallbeseitigungsanlagen, soweit dafür nach Buchstabe b keine Rücklagen oder Rückstellungen gebildet wurden, und
    d) die Kosten der Verwertung und Beseitigung in unzulässiger Weise auf öffentlichen Flächen oder außerhalb im Zusammenhang bebauter Ortsteile abgelagerter Abfälle, soweit die öffentlich-rechtlichen Entsorgungsträger zu deren Entsorgung verpflichtet sind,
    berücksichtigt werden sollen,
4. beim Gebührenmaßstab auch das Aufkommen der Abfälle zur Beseitigung und der Abfälle zur Verwertung berücksichtigt werden kann,
5. auch die Grundstückseigentümer, im Falle des Erbbaurechts die Erbbauberechtigten als Gebührenschuldner bestimmt werden können,
6. im Falle der Ablagerung von Abfällen die Gebühren alle Kosten für die Errichtung und den Betrieb der Deponie, einschließlich der Kosten einer vom Betreiber zu leistenden Sicherheit oder eines zu erbringenden gleichwertigen Sicherungsmittels, sowie die geschätzten Kosten für die Stilllegung und die Nachsorge für einen Zeitraum von mindestens 30 Jahren abdecken müssen; dies gilt

entsprechend für die Abdeckung der Kosten von Anlagen zur Lagerung von Abfällen, die einer immissionsschutzrechtlichen Genehmigung nach § 4 des Bundes-Immissionsschutzgesetzes in Verbindung mit Nummer 8.14 des Anhangs zur Verordnung über genehmigungsbedürftige Anlagen (4. BImSchV) bedürfen,

7. bei Wegfall der Restnutzungsdauer abweichend von § 14 Abs. 3 Satz 6 Halbsatz 2 der Restbuchwert einer Abfallbeseitigungsanlage während der Dauer der Stilllegung und der Nachsorge weiter abgeschrieben werden kann und

8. bei der Gebührenbemessung ferner die in ordnungsgemäßer Wahrnehmung der Aufgabe nach § 15 Abs. 1 des Kreislaufwirtschafts- und Abfallgesetzes entstandenen Kosten für Planung und Entwicklung nicht verwirklichter Vorhaben berücksichtigt werden können; diese Kosten sind über einen angemessenen Zeitraum zu verteilen.

(2) ¹Die Landkreise können die Gemeinden durch Satzung verpflichten, die von dem Landkreis beschlossenen Benutzungsgebühren gegen Kostenersatz in seinem Namen für ihn zu erheben. ²Die Pflicht zur Erhebung der Gebühren geht zu dem in der Satzung bestimmten Zeitpunkt auf die Gemeinden über. ³Der Verband Region Stuttgart kann die Stadt- und Landkreise durch Satzung verpflichten, in seinem Namen Benutzungsgebühren zu erheben; Satz 2 gilt entsprechend.

(3) ¹Gemeinden, denen vom Landkreis nach § 6 Abs. 2 Nr. 1 des Landesabfallgesetzes das Einsammeln und Befördern übertragen worden ist, können Gebühren für das Einsammeln und Befördern sowie für die weitere Entsorgung der Abfälle erheben, soweit der Landkreis ihnen die Kosten der weiteren Entsorgung durch Satzung auferlegt. ²Für die Erhebung der Gebühren durch die Gemeinden und für die vom Landkreis gegenüber den Gemeinden festzulegende Abgabe für die weitere Entsorgung gilt Absatz 1 entsprechend. ³Die Befugnis der Landkreise nach Absatz 2 bleibt unberührt.

§ 19 Gebühren für die Benutzung von Kindergärten und Tageseinrichtungen

Gebühren für die Benutzung von Kindergärten und Tageseinrichtungen nach dem Kindergartengesetz (Elternbeiträge) können so bemessen werden, dass der wirtschaftlichen Belastung durch den Besuch der Einrichtung sowie der Zahl der Kinder in der Familie angemessen Rechnung getragen wird.

Vierter Teil
Anschluss- und Erschließungsbeiträge

Erster Abschnitt
Gemeinsame Vorschriften

§ 20 Beitragserhebung

(1) ¹Die Gemeinden und Landkreise (Beitragsberechtigte) können zur teilweisen Deckung der Kosten für die Anschaffung, die Herstellung und den Ausbau öffentlicher Einrichtungen Anschlussbeiträge von den Grundstückseigentümern erheben, denen durch die Möglichkeit des Anschlusses ihres Grundstücks an die Einrichtung nicht nur vorübergehende Vorteile geboten werden. ²§ 13 Abs. 1 Satz 2 und Abs. 2 sowie § 17 Abs. 1 gelten entsprechend. ³Nachträglich eintretende geringfügige Kostenüberdeckungen sind unbeachtlich.

(2) Die Gemeinden erheben zur Deckung ihrer anderweitig nicht gedeckten Kosten für die erstmalige endgültige Herstellung der in § 33 Satz 1 Nr. 1 und 2 genannten Erschließungsanlagen einen Erschließungsbeitrag.

(3) Zur Deckung ihrer anderweitig nicht gedeckten Kosten für die erstmalige endgültige Herstellung der in § 33 Satz 1 Nr. 3 bis 7 genannten Erschließungsanlagen können die Gemeinden einen Erschließungsbeitrag erheben.

§ 21 Beitragsschuldner

(1) ¹Beitragsschuldner ist, wer im Zeitpunkt der Bekanntgabe des Beitragsbescheids Eigentümer des Grundstücks ist. ²Die Satzung kann bestimmen, dass Beitragsschuldner ist, wer im Zeitpunkt des Entstehens der Beitragsschuld Eigentümer des Grundstücks ist.

(2) ¹Der Erbbauberechtigte ist an Stelle des Eigentümers der Beitragsschuldner. ²Mehrere Beitragsschuldner sind Gesamtschuldner; bei Wohnungs- und Teileigentum sind die einzelnen Wohnungs- und Teileigentümer nur entsprechend ihrem Miteigentumsanteil Beitragsschuldner.

(3) Steht das Grundstück, Erbbaurecht, Wohnungs- oder Teileigentum im Eigentum mehrerer Personen zur gesamten Hand, ist Beitragsschuldner die Gesamthandsgemeinschaft.

§ 22 Eingebrachte Sachen, Rechte, Werk- und Dienstleistungen

[1]Zu den beitragsfähigen Kosten nach §§ 30 und 35 gehören auch der Wert der aus dem Vermögen des Beitragsberechtigten bereitgestellten Sachen und Rechte und der vom Personal des Beitragsberechtigten erbrachten Werk- und Dienstleistungen. [2]Für den Wert der bereitgestellten Sachen und Rechte ist der Zeitpunkt der erstmaligen Bereitstellung maßgebend.

§ 23 Anteil des Beitragsberechtigten

(1) Der Beitragsberechtigte hat mindestens 5 Prozent der beitragsfähigen Kosten nach § 30 selbst zu tragen.

(2) [1]Der Beitragsberechtigte hat 5 Prozent der beitragsfähigen Kosten nach § 35 für die erstmalige Herstellung der in § 33 Satz 1 genannten Erschließungsanlagen selbst zu tragen. [2]Für die in § 33 Satz 1 Nr. 3 bis 7 genannten Erschließungsanlagen kann durch Satzung (§ 34 Nr. 4) ein höherer Anteil bestimmt werden.

(3) Im Falle einer Erschließung nach §§ 12 oder 124 des Baugesetzbuches ist Absatz 1 und 2 nicht anzuwenden.

§ 24 Grundstücke im Eigentum des Beitragsberechtigten

Bei Grundstücken, die im Eigentum des Beitragsberechtigten stehen oder an denen dem Beitragsberechtigten ein Erbbaurecht, Wohnungs- oder Teileigentumsrecht zusteht, gilt § 16 entsprechend.

§ 25 Vorauszahlungen

(1) Der Beitragsberechtigte kann angemessene Vorauszahlungen auf die Beitragsschuld für öffentliche Einrichtungen nach § 20 Abs. 1 verlangen, sobald er mit der Herstellung oder dem Ausbau der Einrichtung, im Falle des § 29 Abs. 1 mit der Herstellung oder dem Ausbau des Teils der Einrichtung beginnt.

(2) Ist ein Erschließungsbeitrag noch nicht entstanden, können Vorauszahlungen bis zur Höhe des voraussichtlichen endgültigen Erschließungsbeitrags verlangt werden, wenn mit der Herstellung der Erschließungsanlage begonnen worden und die endgültige Herstellung der Erschließungsanlage innerhalb von vier Jahren zu erwarten ist.

(3) [1]Die Vorauszahlungsschuld entsteht mit der Bekanntgabe des Vorauszahlungsbescheids. [2]Vorauszahlungen sind mit der endgültigen Beitragsschuld zu verrechnen, auch wenn der Vorauszahlende nicht Schuldner des endgültigen Beitrags ist. [3]Übersteigt die Vorauszahlung die endgültige Beitragsschuld, steht der Anspruch auf Rückgewähr des übersteigenden Betrags dem Beitragsschuldner zu.

§ 26 Ablösung

(1) [1]Der Beitragsberechtigte kann die Ablösung der Beitragsschuld zulassen. [2]Der Ablösungsbetrag richtet sich nach der voraussichtlich entstehenden Beitragsschuld. [3]Das Nähere ist in der Satzung (§ 2) zu bestimmen.

(2) Auf Verträge zur Ablösung von Beiträgen sind § 57, § 59 Abs. 1 und 3, §§ 60, 61 und § 62 Satz 2 des Landesverwaltungsverfahrensgesetzes entsprechend anwendbar; im Übrigen gilt § 3 entsprechend.

(3) Die beitragsbefreiende Wirkung der Ablösung tritt mit dem Abschluss des Ablösungsvertrags ein, sofern nichts anderes vereinbart wurde.

§ 27 Öffentliche Last

Der Beitrag und die Vorauszahlung ruhen als öffentliche Last auf dem Grundstück, im Falle des § 21 Abs. 2 Satz 1 auf dem Erbbaurecht, im Falle des § 21 Abs. 2 Satz 2 Halbsatz 2 auf dem Wohnungs- oder dem Teileigentum.

§ 28 Stundung bei land- und forstwirtschaftlicher sowie kleingärtnerischer Nutzung

(1) [1]Werden Grundstücke vom Eigentümer landwirtschaftlich im Sinne von § 201 des Baugesetzbuches oder als Wald genutzt, ist der Beitrag auf Antrag so lange und insoweit zinslos zu stunden, wie das Grundstück zur Erhaltung der Wirtschaftlichkeit des Betriebs landwirtschaftlich oder als Wald genutzt werden muss. [2]Dies gilt nicht für Teilflächen eines Grundstücks, die nicht landwirtschaftlich oder als Wald genutzt werden. [3]Bei bebauten Grundstücken und Teilflächen eines Grundstücks sind die überbauten Flächen nur insoweit in die Stundung einzubeziehen, als die baulichen Anlagen, Ge-

bäude oder Gebäudeteile überwiegend der landwirtschaftlichen oder forstwirtschaftlichen Nutzung dienen.

(2) [1]Für die Stundung des Anschlussbeitrags bei bebauten und bei tatsächlich angeschlossenen Grundstücken und Teilflächen eines Grundstücks gilt Absatz 1 unbeschadet des Satzes 2 nur, wenn die öffentliche Einrichtung nicht in Anspruch genommen wird; eine Entsorgung von Niederschlagswasser in durchschnittlich unbedeutender Menge bleibt unberücksichtigt. [2]Wird die öffentliche Einrichtung ausschließlich zur Entsorgung von Niederschlagswasser über das in Satz 1 Halbsatz 2 genannte Maß hinaus in Anspruch genommen, gilt Satz 1 für den Teil des Anschlussbeitrags, der dem Verhältnis der anteiligen Kosten für die Brauchwasserbeseitigung zu den bei der Berechnung des maßgebenden Beitragssatzes zugrunde gelegten Gesamtkosten für die Grundstücksentwässerung entspricht.

(3) Absätze 1 und 2 gelten auch für die Fälle der Nutzungsüberlassung und Betriebsübergabe an Familienangehörige im Sinne des § 15 der Abgabenordnung.

(4) Wird ein Grundstück als Kleingarten im Sinne des Bundeskleingartengesetzes genutzt, ist der Erschließungsbeitrag insoweit zinslos zu stunden.

Zweiter Abschnitt
Anschlussbeiträge

§ 29 Beitragserhebung für Einrichtungsteile und für den Ausbau von Einrichtungen, Nacherhebung

(1) Anschlussbeiträge können für Teile einer Einrichtung erhoben werden, wenn diese Teile nutzbar sind.

(2) [1]Zur teilweisen Deckung der Kosten für den Ausbau öffentlicher Einrichtungen können Anschlussbeiträge auch von Grundstückseigentümern erhoben werden, für deren Grundstücke eine Beitragsschuld bereits entstanden ist oder deren Grundstücke beitragsfrei angeschlossen worden sind, sofern ihnen durch den Ausbau neue, nicht nur vorübergehende Vorteile geboten werden. [2]Der Ausbau umfasst die Erweiterung, Verbesserung und Erneuerung von Einrichtungen oder beitragsrechtlich verselbstständigten Teileinrichtungen.

(3) [1]Von Grundstückseigentümern, für deren Grundstücke eine Beitragsschuld bereits entstanden ist oder deren Grundstücke beitragsfrei angeschlossen worden sind, können weitere Anschlussbeiträge erhoben werden, soweit sich die bauliche Nutzbarkeit des Grundstücks erhöht. [2]Dabei ist es unerheblich, wenn das zum weiteren Beitrag heranzuziehende Grundstück nicht vollständig mit dem früher beitragspflichtigen oder beitragsfrei angeschlossenen Grundstück übereinstimmt. [3]Weitere Anschlussbeiträge können auch erhoben werden, wenn das Grundstück mit Grundstücksflächen vereinigt wird, für die eine Beitragsschuld bisher nicht entstanden ist, soweit die Voraussetzungen für eine Teilflächenabgrenzung oder satzungsrechtliche Tiefenbegrenzung nach § 31 entfallen oder soweit das Grundstück unter Einbeziehung von Teilflächen, für die eine Beitragsschuld bereits entstanden ist, neu gebildet wird.

§ 30 Beitragsfähige Kosten

(1) Zu den beitragsfähigen Kosten gehören

1. die Anschaffungs- oder Herstellungskosten,
2. die Ausbaukosten und
3. die angemessene Verzinsung des um Zuweisungen und Zuschüsse Dritter sowie Vorausleistungen gekürzten Anlagekapitals bis zur Inbetriebnahme der Anlage.

(2) [1]Bei den beitragsfähigen Kosten bleiben die Zuweisungen und Zuschüsse Dritter, die auf den Anschluss von öffentlichen Straßen, Wegen und Plätzen entfallen den Kosten sowie die Kosten für die Herstellung oder Anschaffung von Anlagen, die beim Ausbau erneuert werden, außer Betracht. [2]Für Kapitalzuschüsse gilt § 14 Abs. 3 Satz 6 sinngemäß.

(3) Im Falle einer Erschließung nach §§ 12 oder 124 des Baugesetzbuches gelten die Kosten für öffentliche Einrichtungen nach § 20 Abs. 1 bei der Ermittlung des Beitragssatzes als Kosten im Sinne von Absatz 1.

§ 31 Beitragsbemessung

(1) [1]Die Beiträge sind nach den Vorteilen zu bemessen. [2]Ist nach der Satzung bei der Beitragsbemessung die Fläche des Grundstücks zu berücksichtigen, bleiben außerhalb des Geltungsbereichs eines

Bebauungsplans oder einer Satzung nach § 34 Abs. 4 des Baugesetzbuches oder außerhalb der im Zusammenhang bebauten Ortsteile insbesondere diejenigen Teilflächen unberücksichtigt, deren grundbuchmäßige Abschreibung nach baurechtlichen Vorschriften ohne Übernahme einer Baulast zulässig wäre, sofern sie nicht tatsächlich angeschlossen, bebaut oder gewerblich genutzt sind.

(2) Durch Satzung kann bestimmt werden, dass bei Grundstücken im unbeplanten Innenbereich die Grundstücksfläche nur bis zu einer bestimmten Tiefe der Beitragsbemessung zugrunde gelegt wird (Tiefenbegrenzung), sofern die darüber hinausgehenden Flächen nicht tatsächlich angeschlossen, bebaut oder gewerblich genutzt sind.

§ 32 Entstehung der Beitragsschuld

(1) [1]Die Beitragsschuld entsteht, sobald das Grundstück an die Einrichtung (§ 20 Abs. 1) oder den Teil der Einrichtung (§ 29 Abs. 1) angeschlossen werden kann, in den Fällen des § 29 Abs. 2 in dem Zeitpunkt, der in der ortsüblichen Bekanntgabe als Zeitpunkt der technischen Fertigstellung des Ausbaus genannt ist, in den Fällen des § 29 Abs. 3 mit dem Eintritt der Änderung in den Grundstücksverhältnissen, frühestens jedoch mit Inkrafttreten der Satzung. [2]Die Satzung kann einen späteren Zeitpunkt bestimmen.

(2) Für Grundstücke, die schon vor dem 1. April 1964 an die Einrichtung hätten angeschlossen werden können, jedoch noch nicht angeschlossen worden sind, entsteht die Beitragsschuld mit dem Anschluss; die Satzung kann jedoch bestimmen, dass die Beitragsschuld mit dem Inkrafttreten der Satzung entsteht, wenn im Zeitpunkt der Anschlussmöglichkeit eine ortsrechtliche Regelung bestanden hat, die für die Einrichtung eine Verpflichtung zur Leistung eines Beitrags oder einer einmaligen Gebühr (Anschlussgebühr) vorsah.

Dritter Abschnitt
Erschließungsbeiträge

§ 33 Erschließungsanlagen

[1]Erschließungsanlagen im Sinne dieses Abschnitts sind öffentliche
1. zum Anbau bestimmte Straßen und Plätze (Anbaustraßen),
2. zum Anbau bestimmte, aus rechtlichen oder tatsächlichen Gründen mit Kraftfahrzeugen nicht befahrbare Wege (Wohnwege),
3. Straßen, die nicht zum Anbau, sondern dazu bestimmt sind, Anbaustraßen mit dem übrigen Straßennetz in der Gemeinde zu verbinden (Sammelstraßen),
4. aus rechtlichen oder tatsächlichen Gründen mit Kraftfahrzeugen nicht befahrbare Wege, die nicht zum Anbau, sondern als Verbindungs-, Abkürzungs- oder ähnliche Wege bestimmt sind (Sammelwege),
5. Parkflächen,
6. Grünanlagen und Kinderspielplätze und
7. Anlagen zum Schutz von Baugebieten gegen Geräuschimmissionen (Lärmschutzanlagen).

[2]Erschließungsbeiträge können nur insoweit erhoben werden, als die Erschließungsanlagen erforderlich sind, um die Bauflächen und die gewerblich zu nutzenden Flächen entsprechend den baurechtlichen Vorschriften zu nutzen.

§ 34 Regelung durch Satzung

Die Gemeinden regeln durch Satzung
1. die Art und den Umfang der Erschließungsanlagen, für die die Gemeinde Erschließungsbeiträge erheben will oder zu erheben hat,
2. die Art der Ermittlung der Kosten sowie die Höhe der Einheitssätze,
3. die Merkmale der endgültigen Herstellung der Erschließungsanlagen, für die die Gemeinde Erschließungsbeiträge erheben will oder zu erheben hat,
4. die Höhe des von der Gemeinde zu tragenden Anteils an den beitragsfähigen Erschließungskosten und
5. die Maßstäbe für die Verteilung der beitragsfähigen Erschließungskosten.

§ 35 Beitragsfähige Erschließungskosten

(1) [1]Die beitragsfähigen Erschließungskosten umfassen die anderweitig nicht gedeckten Kosten für

1. den Erwerb von Flächen für die Erschließungsanlagen, die Ablösung von Rechten an solchen Flächen sowie für die Freilegung der Flächen,

2. die erstmalige endgültige Herstellung der Erschließungsanlagen einschließlich der Einrichtungen für ihre Entwässerung und Beleuchtung und des Anschlusses der Straßen, Wege und Plätze an bestehende öffentliche Straßen, Wege oder Plätze durch Einmündungen oder Kreuzungen,

3. die Übernahme von Anlagen als gemeindliche Erschließungsanlagen und

4. die durch die Erschließungsmaßnahme veranlassten Fremdfinanzierungskosten.

[2]Zu den Kosten für den Erwerb der Flächen für Erschließungsanlagen nach Satz 1 Nr. 1 gehört im Falle einer erschließungsbeitragspflichtigen Zuteilung im Sinne des § 57 Satz 4 und des § 58 Abs. 1 Satz 1 des Baugesetzbuches auch der Wert nach § 68 Abs. 1 Nr. 4 des Baugesetzbuches.

(2) Die beitragsfähigen Erschließungskosten umfassen nicht die Kosten für

1. Brücken-, Tunnel- und Unterführungsbauwerke mit den dazugehörigen Rampen sowie

2. die Fahrbahnen der Ortsdurchfahrten von Bundes-, Landes- oder Kreisstraßen, soweit die Fahrbahnen dieser Straßen keine größere Breite als außerhalb der festgesetzten Ortsdurchfahrt aufweisen.

§ 36 Art der Kostenermittlung

[1]Die beitragsfähigen Erschließungskosten für Erschließungsanlagen oder deren Teileinrichtungen können entweder nach den tatsächlich entstandenen Kosten oder nach Einheitssätzen ermittelt werden. [2]Die Einheitssätze sind anhand der in der Gemeinde üblicherweise durchschnittlich aufzuwendenden Kosten vergleichbarer Erschließungsanlagen festzusetzen.

§ 37 Ermittlungsraum

(1) Sofern die Gemeinde nichts anderes bestimmt, werden die Erschließungskosten für die einzelne Erschließungsanlage ermittelt.

(2) [1]Bei Anbaustraßen und Wohnwegen können die beitragsfähigen Erschließungskosten für bestimmte Abschnitte einer Anbaustraße oder eines Wohnweges ermittelt werden. [2]Die Abschnitte können nach örtlich erkennbaren Merkmalen oder nach rechtlichen Gesichtspunkten (zum Beispiel Grenzen von Bebauungsplangebieten, Umlegungsgebieten, förmlich festgelegten Sanierungsgebieten) bestimmt werden.

(3) [1]Die beitragsfähigen Erschließungskosten können für mehrere erstmals herzustellende Anbaustraßen, die eine städtebaulich zweckmäßige Erschließung des Baugebiets ermöglichen und miteinander verbunden sind, zusammengefasst ermittelt werden (Abrechnungseinheit). [2]Dies gilt insbesondere für eine Anbaustraße oder den Abschnitt einer Anbaustraße und davon abzweigende selbstständige Stich- oder Ringstraßen, auch wenn die Stich- oder Ringstraßen nicht voneinander abhängig sind. [3]Sätze 1 und 2 gelten entsprechend für die zusammengefasste Ermittlung der Kosten mehrerer Wohnwege. [4]Wohnwege können Gegenstand einer Abrechnungseinheit mit Anbaustraßen sein, wenn sie als Stichweg in eine Anbaustraße der Abrechnungseinheit einmünden oder zwischen mehreren Anbaustraßen der Abrechnungseinheit verlaufen.

(4) [1]Die Entscheidung der Gemeinde, die beitragsfähigen Erschließungskosten für den Abschnitt einer Erschließungsanlage oder für mehrere zu einer Abrechnungseinheit zusammengefasste Erschließungsanlagen zu ermitteln und auf die erschlossenen Grundstücke zu verteilen, ist nur möglich, solange eine Beitragsschuld noch nicht entstanden ist. [2]Die Entscheidung ist bekannt zu geben; die Bekanntgabe hat keine rechtsbegründende Wirkung.

§ 38 Verteilung der beitragsfähigen Erschließungskosten

(1) [1]Die nach Abzug des Anteils der Gemeinde verbleibenden anderweitig nicht gedeckten beitragsfähigen Kosten für eine Erschließungsanlage werden auf die durch die Anlage erschlossenen Grundstücke verteilt. [2]§ 31 Abs. 2 gilt entsprechend. [3]Der Abschnitt einer Erschließungsanlage nach § 37 Abs. 2 und die Abrechnungseinheit nach § 37 Abs. 3 gelten als Erschließungsanlagen im Sinne des Satzes 1.

(2) Verteilungsmaßstäbe können sein

1. das Maß und die Art der baulichen oder sonstigen Nutzung,

2. die Grundstücksflächen,

3.   die Grundstücksbreite an der Erschließungsanlage,
4.   die Entfernung zur Erschließungsanlage und
5.   die durch eine Lärmschutzanlage bewirkte Schallpegelminderung.

(3) [1]Die Verteilungsmaßstäbe können miteinander verbunden werden. [2]In Abrechnungsgebieten, in denen eine unterschiedliche bauliche oder sonstige Nutzung zulässig ist, sind die Maßstäbe nach Absatz 2 in der Weise anzuwenden, dass der Verschiedenheit dieser Nutzung nach Maß und Art entsprochen wird. [3]Die Art der baulichen Nutzung ergibt sich aus den Festsetzungen des Bebauungsplans und, soweit diesbezügliche Festsetzungen nicht bestehen, aus der die Eigenart der näheren Umgebung prägenden Nutzung.

(4) Die Gemeinde kann in der Satzung vorsehen, dass Grundstücke, die durch eine weitere gleichartige Erschließungsanlage erschlossen werden, bei der Verteilung der beitragsfähigen Erschließungskosten nur anteilig oder überhaupt nicht berücksichtigt werden.

§ 39 Erschlossene Grundstücke

(1) [1]Durch eine Anbaustraße oder durch einen Wohnweg werden Grundstücke erschlossen, denen diese Anlage die wegemäßige Erschließung vermittelt, die das Bauplanungsrecht als gesicherte Erschließung für ihre bestimmungsgemäße Nutzung verlangt. [2]Hinterliegergrundstücke, die mit mehreren Anbaustraßen über einen befahrbaren oder unbefahrbaren Privatweg oder über einen Wohnweg verbunden sind, gelten als durch die nächstgelegene Anbaustraße erschlossen.

(2) [1]Durch eine Erschließungsanlage im Sinne von § 33 Nr. 3 bis 7 werden Grundstücke erschlossen, denen durch die Möglichkeit der Inanspruchnahme dieser Anlage ein nicht nur vorübergehender Vorteil vermittelt wird. [2]Die Festlegung der erschlossenen Grundstücke erfolgt durch die Gemeinde durch Zuordnung in einer besonderen Satzung. [3]Dabei sind insbesondere die örtlichen Verhältnisse wie die Entfernung der Grundstücke von der jeweiligen Anlage oder die durch die Anlage bewirkte merkbare Lärmpegelminderung zu berücksichtigen. [4]Eine im Verteilungszeitpunkt zwischen Lärmschutzanlage und Grundstücken vorhandene lärmabschirmende Bebauung ist dabei nicht zu berücksichtigen.

§ 40 Beitragspflichtige Grundstücke

Der Beitragspflicht unterliegen erschlossene Grundstücke im Geltungsbereich eines Bebauungsplans oder innerhalb der im Zusammenhang bebauten Ortsteile, wenn und soweit sie baulich, gewerblich oder in einer vergleichbaren Weise genutzt werden dürfen.

§ 41 Entstehung der Beitragsschuld und Freistellung

(1) [1]Die Beitragsschuld entsteht, wenn die Erschließungsanlage sämtliche zu ihrer erstmaligen endgültigen Herstellung vorgesehenen Teileinrichtungen im erforderlichen Umfang aufweist und diese den Merkmalen der endgültigen Herstellung (§ 34 Nr. 3) entsprechen, ihre Herstellung die Anforderungen des § 125 des Baugesetzbuches erfüllt und die Anlage öffentlich genutzt werden kann. [2]Die Gemeinde gibt den Zeitpunkt der endgültigen Herstellung der Erschließungsanlage und des Entstehens der Beitragsschuld bekannt.

(2) [1]Im Einzelfall kann die Gemeinde von der Erhebung des Erschließungsbeitrags ganz oder teilweise absehen, wenn dies im öffentlichen Interesse geboten ist. [2]Die Freistellung kann auch für den Fall vorgesehen werden, dass die Beitragsschuld noch nicht entstanden ist.

Fünfter Teil
Kostenersatz und sonstige Abgaben

§ 42 Kostenersatz für Haus- und Grundstücksanschlüsse

(1) [1]Die Gemeinden können durch Satzung bestimmen, dass ihnen die Kosten für die Herstellung, Erneuerung, Veränderung und Beseitigung sowie für die Unterhaltung der Haus- oder Grundstücksanschlüsse an Versorgungsleitungen und Abwasserbeseitigungsanlagen zu ersetzen sind. [2]Dies gilt auch, wenn der Grundstücksanschluss durch Satzung zum Bestandteil der öffentlichen Einrichtung bestimmt wurde. [3]Der Kostenerstattungsanspruch gilt als Kommunalabgabe im Sinne dieses Gesetzes. [4]Die Kosten, einschließlich der Verwaltungskosten, können in der tatsächlich entstandenen Höhe oder nach Einheitssätzen ermittelt werden. [5]Den Einheitssätzen sind die der Gemeinde für Anschlüsse der gleichen Art üblicherweise erwachsenen Kosten zugrunde zu legen. [6]§§ 22 und 24 gelten entsprechend. [7]Die Satzung kann bestimmen, dass Versorgungs- und Abwasserleitungen, die nicht in der Straßenmitte verlaufen, als in der Straßenmitte verlaufend gelten.

(2) [1]Der Ersatzanspruch entsteht mit der endgültigen Herstellung der Anschlussleitung, im Übrigen mit der Beendigung der Maßnahme. [2]Durch Satzung kann die Durchführung der Maßnahme von der Entrichtung einer angemessenen Vorauszahlung abhängig gemacht werden.

(3) Die Gemeinden können durch Satzung bestimmen, dass die Grundstücksanschlüsse an Versorgungsleitungen und Abwasserbeseitigungsanlagen zu der öffentlichen Einrichtung oder Anlage im Sinne des § 13 Abs. 1 und § 20 Abs. 1 gehören.

§ 43 Kurtaxe

(1) [1]Kurorte, Erholungsorte und sonstige Fremdenverkehrsgemeinden können eine Kurtaxe erheben, um ihre Kosten für die Herstellung und Unterhaltung der, gegebenenfalls im Rahmen eines interkommunalen Zusammenschlusses auch außerhalb ihres Gebiets, zu Kur- und Erholungszwecken bereitgestellten Einrichtungen und für die zu diesem Zweck durchgeführten Veranstaltungen zu decken. [2]Gleiches gilt für die, gegebenenfalls auch im Rahmen eines überregionalen Verbunds, den Kur- und Erholungsgästen eingeräumte Möglichkeit der kostenlosen Benutzung des öffentlichen Personennahverkehrs. [3]Pauschale Zuweisungen nach dem Finanzausgleichsgesetz sind von den Kosten nicht abzusetzen; § 14 Absatz 2 Satz 1 und Absatz 3 Satz 1 Nummern 1 und 2 und Sätze 2 bis 7 gelten entsprechend. [4]Zu den Kosten im Sinne des Satzes 1 rechnen auch die Kosten, die dem überregionalen Verbund oder dem interkommunalen Zusammenschluss von der Gemeinde geschuldet werden sowie die Kosten, die einem Dritten entstehen, dessen sich die Gemeinde bedient, soweit sie dem Dritten von der Gemeinde geschuldet werden.

(2) [1]Die Kurtaxe wird von allen Personen erhoben, die sich in der Gemeinde aufhalten, aber nicht Einwohner der Gemeinde sind (ortsfremde Personen), und denen die Möglichkeit zur Benutzung der Einrichtungen und zur Teilnahme an den Veranstaltungen geboten ist. [2]Die Kurtaxe wird auch von Einwohnern erhoben, die den Schwerpunkt der Lebensbeziehungen in einer anderen Gemeinde haben. [3]Die Kurtaxe wird nicht von ortsfremden Personen und von Einwohnern im Sinne von Satz 2 erhoben, die in der Gemeinde arbeiten oder dort in Ausbildung stehen oder sich dort aus beruflichen Gründen zur Teilnahme an Tagungen oder sonstigen Veranstaltungen, die in der Gemeinde stattfinden, aufhalten.

(3) Durch Satzung kann bestimmt werden, dass

1. abweichend von Absatz 2 Satz 3 die Kurtaxe auch von ortsfremden Personen und von Einwohnern im Sinne von Absatz 2 Satz 2 erhoben wird, die sich aus beruflichen Gründen zur Teilnahme an Tagungen oder sonstigen Veranstaltungen in der Gemeinde aufhalten,

2. Beherberger und Betreiber eines Campingplatzes oder einer Hafenanlage mit Schiffsliegeplatz verpflichtet sind, die bei ihnen verweilenden ortsfremden Personen der Gemeinde zu melden sowie die Kurtaxe einzuziehen und an die Gemeinde abzuführen; sie haften insoweit für die Einziehung und Abführung der Kurtaxe,

3. die zur Erhebung der Kurtaxe erforderlichen Daten elektronisch an die Gemeinde zu übermitteln sind; dabei sind Bestimmungen über die Daten und das Übermittlungsverfahren zu treffen. Bei der elektronischen Übermittlung ist ein sicheres Verfahren zu verwenden, das den Datenübermittler authentifiziert und die Vertraulichkeit und Integrität des Datensatzes gewährleistet,

4. die in Nummer 2 und 3 genannten Pflichten Reiseunternehmern obliegen, wenn die Kurtaxe in dem Entgelt enthalten ist, das die Reiseteilnehmer an den Reiseunternehmer zu entrichten haben, und

5. die Beherberger und Betreiber eines Campingplatzes oder einer Hafenanlage mit Schiffsliegeplatz die von den ortsfremden Personen zu erhebende Kurtaxe durch eine Jahrespauschalkurtaxe ablösen können.

§ 44 Fremdenverkehrsbeiträge

(1) Kurorte, Erholungsorte und sonstige Fremdenverkehrsgemeinden können zur Förderung des Fremdenverkehrs und des Erholungs- und Kurbetriebs für jedes Haushaltsjahr von allen natürlichen Personen, die eine selbstständige Tätigkeit ausüben, und von allen juristischen Personen Fremdenverkehrsbeiträge erheben, soweit ihnen in der Gemeinde aus dem Fremdenverkehr oder dem Kurbetrieb unmittelbar oder mittelbar besondere wirtschaftliche Vorteile erwachsen.

(2) [1]Der Fremdenverkehrsbeitrag bemisst sich nach den besonderen wirtschaftlichen Vorteilen, die dem Beitragspflichtigen aus dem Fremdenverkehr oder dem Kurbetrieb erwachsen. [2]§ 43 Abs. 1 Satz 2 gilt entsprechend.

(3) Durch Satzung kann bestimmt werden, dass auf die Beitragsschuld angemessene Vorauszahlungen zu leisten sind.

§ 45 Sonstige öffentlich-rechtliche Abgaben und Umlagen

§§ 3, 7 und 8 gelten sinngemäß für sonstige öffentlich-rechtliche Abgaben und Umlagen, die von Gemeinden, Gemeindeverbänden und sonstigen öffentlich-rechtlichen Körperschaften, Anstalten und Stiftungen mit Ausnahme des Kommunalverbands für Jugend und Soziales Baden-Württemberg erhoben werden, soweit nicht eine besondere gesetzliche Regelung besteht.

Sechster Teil
Änderung von Landesrecht

§ 46 Änderung des Landesabfallgesetzes
(hier nicht wiedergegeben)

§ 47 Änderung des Kindergartengesetzes
(hier nicht wiedergegeben)

Siebter Teil
Schlussbestimmungen

§ 48 Durchführungsvorschriften
Das Innenministerium und das Finanzministerium erlassen im Rahmen ihres Geschäftsbereichs die zur Durchführung dieses Gesetzes erforderlichen Verwaltungsvorschriften.

§ 49 Übergangsvorschriften
(1) [1]§ 2 Abs. 2 gilt auch für Abgabensätze, die vor Inkrafttreten dieses Gesetzes beschlossen worden sind. [2]§ 26 Abs. 3 gilt auch für Ablösungsvereinbarungen, die vor Inkrafttreten dieses Gesetzes abgeschlossen worden sind.

(2) § 14 Abs. 2 Satz 2 gilt auch für Kostenüber- und Kostenunterdeckungen, die vor dem 1. März 1996 entstanden sind.

(3) § 18 Abs. 1 Nr. 3 Buchst. b und c gilt mit der Maßgabe, dass vorhersehbare Kosten der Nachsorge und der Stilllegung, soweit sie durch die Benutzung von Abfallverwertungs- und Abfallbeseitigungsanlagen bis zum 6. Oktober 1996 verursacht und noch nicht in die Benutzungsgebühren eingerechnet worden sind, während der Restnutzungsdauer und nach der Stilllegung der Anlage bei der Gebührenbemessung noch berücksichtigt werden können.

(4) [1]§§ 20 bis 32 sind auch auf die am 1. März 1996 bereits vorhandenen öffentlichen Einrichtungen und Teileinrichtungen sowie auf Grundstücke, für die eine Anschlussbeitragspflicht bereits entstanden ist oder die beitragsfrei angeschlossen worden sind, mit der Maßgabe anzuwenden, dass

1. Anschlussbeiträge nach § 29 Abs. 2 nur für Ausbaumaßnahmen erhoben werden können, die ab dem 1. März 1996 technisch fertiggestellt werden, und

2. Anschlussbeiträge nach § 29 Abs. 3 nur erhoben werden können, wenn die Änderung in den Grundstücksverhältnissen ab dem 1. März 1996 eintritt.

[2]Dies gilt auch, wenn Beitragssatzungen, die vor dem 1. März 1996 erlassen worden sind, eine Anschlussbeitragspflicht für die Fälle des § 29 Abs. 2 und 3 nicht vorgesehen haben.

(5) Ist die Anschlussbeitragsschuld für eine öffentliche Einrichtung oder Teileinrichtung vor dem 1. März 1996 entstanden und der Beitragsbescheid noch nicht unanfechtbar geworden, so sind die bis 29. Februar 1996 geltenden Vorschriften weiterhin anzuwenden.

(6) Für eine vorhandene Erschließungsanlage, für die eine Erschließungsbeitragsschuld auf Grund der bis zum 29. Juni 1961 geltenden Vorschriften nicht entstehen konnte, kann auch nach den Bestimmungen dieses Gesetzes kein Erschließungsbeitrag erhoben werden.

(7) [1]Auf Grund von Artikel 3 Abs. 1 Satz 2 Nr. 2 des Gesetzes zur Neuregelung des kommunalen Abgabenrechts und zur Änderung des Naturschutzgesetzes finden für Erschließungsbeiträge §§ 127 bis 135 des Baugesetzbuches bis 30. September 2005 Anwendung. [2]Diese Vorschriften finden danach

noch Anwendung, wenn für Grundstücke eine Beitragsschuld vor dem 1. Oktober 2005 entstanden ist und der Erschließungsbeitrag noch erhoben werden kann. [3]Sind vor dem 1. Oktober 2005 Vorausleistungen auf den Erschließungsbeitrag entrichtet worden, die die endgültige Beitragsschuld übersteigen, steht abweichend von § 25 Abs. 3 Satz 2 auch nach dem 30. September 2005 der Anspruch auf Rückgewähr dem Vorausleistenden zu.

(8) Unberührt bleiben Regelungen in anderen Gesetzen, die auf §§ 127 bis 135 des Baugesetzbuches verweisen.

Gesetz über die Eigenbetriebe der Gemeinden (Eigenbetriebsgesetz – EigBG)

In der Fassung vom 8. Januar 1992[1] (GBl. S. 22, ber. 2004 S. 653)
(BWGültV Sachgebiet 6412)

zuletzt geändert durch Art. 3 G zur Reform des Gemeindehaushaltsrechts vom 4. Mai 2009
(GBl. S. 185, geänd. durch Art. 5 G v. 16. 4. 2013, GBl. S. 55)

Nichtamtliche Inhaltsübersicht

1. Abschnitt
Grundsätzliche Bestimmungen
§   1   Anwendungsbereich
§   2   Zusammenfassung von Unternehmen, Einrichtungen und Hilfsbetrieben
§   3   Rechtsgrundlagen

2. Abschnitt
Verfassung und Verwaltung
§   4   Betriebsleitung
§   5   Aufgaben der Betriebsleitung
§   6   Vertretungsberechtigung der Betriebsleitung
§   7   Betriebsausschuss
§   8   Aufgaben des Betriebsausschusses
§   9   Aufgaben des Gemeinderats
§ 10   Stellung des Bürgermeisters

§ 11   Bedienstete beim Eigenbetrieb

3. Abschnitt
Wirtschaftsführung und Rechnungswesen
§ 12   Vermögen des Eigenbetriebs
§ 13   Wirtschaftsjahr
§ 14   Wirtschaftsplan
§ 15   Änderung und Ausführung des Wirtschaftsplans
§ 16   Jahresabschluss und Lagebericht
§ 17   Aufbau des Rechnungswesens

4. Abschnitt
Übergangs- und Schlussbestimmungen
§ 18   Durchführungsbestimmungen
§ 19   Inkrafttreten

1. Abschnitt
Grundsätzliche Bestimmungen

§ 1 Anwendungsbereich
Die Gemeinden können Unternehmen, Einrichtungen und Hilfsbetriebe im Sinne des § 102 Abs. 1 und Abs. 4 Satz 1 Nr. 1 bis 3 der Gemeindeordnung als Eigenbetriebe führen, wenn deren Art und Umfang eine selbständige Wirtschaftsführung rechtfertigen.

§ 2 Zusammenfassung von Unternehmen, Einrichtungen und Hilfsbetrieben
Mehrere Unternehmen, Einrichtungen und Hilfsbetriebe im Sinne des § 1 können zu einem Eigenbetrieb zusammengefaßt werden.

§ 3 Rechtsgrundlagen
(1) Für den Eigenbetrieb gelten die Vorschriften der Gemeindeordnung sowie die sonstigen für Gemeinden maßgebenden Vorschriften, soweit in diesem Gesetz oder auf Grund dieses Gesetzes durch Rechtsverordnung nichts anderes bestimmt ist.
(2) [1]Die Rechtsverhältnisse des Eigenbetriebs sind im Rahmen der in Absatz 1 genannten Vorschriften durch Betriebssatzung zu regeln. [2]In ihr sind unbeschadet des § 11 Abs. 1 auch solche Angelegenheiten des Eigenbetriebs zu regeln, die nach der Gemeindeordnung der Hauptsatzung vorbehalten sind. [3]§ 4 Abs. 2 der Gemeindordnung gilt sinngemäß.

2. Abschnitt
Verfassung und Verwaltung

§ 4 Betriebsleitung
(1) [1]Für den Eigenbetrieb kann eine Betriebsleitung bestellt werden. [2]Die Betriebssatzung kann bestimmen, daß die Betriebsleitung eine andere Bezeichnung führt.

---

1) Neubekanntmachung des EigenbetriebsG idF v. 19. 6. 1987 (GBl. S. 284) in der ab 1. 1. 1992 geltenden Fassung.

(2) ¹Die Betriebsleitung besteht aus einem oder mehreren Betriebsleitern. ²Die Betriebsleiter können auch in ein Beamtenverhältnis auf Zeit berufen werden; die Amtszeit beträgt acht Jahre. ³Der Gemeinderat kann einen Betriebsleiter zum Ersten Betriebsleiter bestellen.

(3) ¹Bei Meinungsverschiedenheiten innerhalb der Betriebsleitung entscheidet der Erste Betriebsleiter, soweit die Betriebssatzung nichts anderes bestimmt. ²Ist kein Erster Betriebsleiter bestellt, bestimmt die Betriebssatzung, wie bei Meinungsverschiedenheiten zu verfahren ist.

(4) Die Geschäftsverteilung innerhalb der Betriebsleitung regelt der Bürgermeister mit Zustimmung des Betriebsausschusses durch eine Geschäftsordnung.

§ 5 Aufgaben der Betriebsleitung

(1) ¹Die Betriebsleitung leitet den Eigenbetrieb, soweit in diesem Gesetz oder auf Grund dieses Gesetzes nichts anderes bestimmt ist. ²Ihr obliegt insbesondere die laufende Betriebsführung. ³Im Rahmen ihrer Zuständigkeit ist sie für die wirtschaftliche Führung des Eigenbetriebs verantwortlich.

(2) In Angelegenheiten des Eigenbetriebs wirkt die Betriebsleitung bei der Vorbereitung der Sitzungen des Gemeinderats und seiner Ausschüsse mit, nimmt an den Sitzungen mit beratender Stimme teil und vollzieht die Beschlüsse des Gemeinderats, seiner Ausschüsse und des Bürgermeisters.

(3) ¹Die Betriebsleitung hat den Bürgermeister über alle wichtigen Angelegenheiten des Eigenbetriebs rechtzeitig zu unterrichten. ²Sie hat ferner dem Fachbediensteten für das Finanzwesen oder dem sonst für das Finanzwesen der Gemeinde zuständigen Bediensteten (§ 116 der Gemeindeordnung) alle Maßnahmen mitzuteilen, welche die Finanzwirtschaft der Gemeinde berühren. ³Näheres ist durch Betriebssatzung zu regeln.

§ 6 Vertretungsberechtigung der Betriebsleitung

(1) ¹Die Betriebsleitung vertritt die Gemeinde im Rahmen ihrer Aufgaben. ²Besteht die Betriebsleitung aus mehreren Betriebsleitern, sind zwei von ihnen gemeinschaftlich vertretungsberechtigt, soweit die Betriebssatzung nichts anderes bestimmt.

(2) ¹Die Betriebsleitung kann Beamte und Arbeitnehmer in bestimmtem Umfang mit ihrer Vertretung beauftragen; in einzelnen Angelegenheiten kann sie rechtsgeschäftliche Vollmacht erteilen. ²Durch die Betriebssatzung kann bestimmt werden, daß die Beauftragung und die Erteilung rechtsgeschäftlicher Vollmachten der Zustimmung des Bürgermeisters bedürfen.

(3) Die Vertretungsberechtigten zeichnen unter dem Namen des Eigenbetriebs.

(4) ¹Verpflichtungserklärungen (§ 54 der Gemeindeordnung) müssen durch zwei Vertretungsberechtigte handschriftlich unterzeichnet werden; besteht die Betriebsleitung aus einem Betriebsleiter, kann dieser allein unterzeichnen. ²§ 54 Abs. 4 der Gemeindeordnung gilt mit der Maßgabe, daß die Geschäfte der laufenden Betriebsführung den Geschäften der laufenden Verwaltung gleichstehen.

(5) Sind in Angelegenheiten des Eigenbetriebs Erklärungen Dritter gegenüber der Gemeinde abzugeben, genügt die Abgabe gegenüber einem Betriebsleiter.

§ 7 Betriebsausschuß

(1) ¹Für die Angelegenheiten des Eigenbetriebs kann ein beratender oder beschließender Ausschuß des Gemeinderats (Betriebsausschuß) gebildet werden. ²Die Betriebssatzung kann bestimmen, daß der Betriebsausschuß eine andere Bezeichnung führt.

(2) Für mehrere Eigenbetriebe einer Gemeinde kann ein gemeinsamer Betriebsausschuß gebildet werden.

(3) Die Betriebsleitung ist auf Verlangen verpflichtet, zu den Beratungsgegenständen des Betriebsausschusses Stellung zu nehmen und Auskünfte zu erteilen.

§ 8 Aufgaben des Betriebsausschusses

(1) Der Betriebsausschuß berät alle Angelegenheiten des Eigenbetriebs vor, die der Entscheidung des Gemeinderats vorbehalten sind.

(2) Soweit nicht nach § 9 der Gemeinderat oder nach § 5 Abs. 1 Satz 2 die Betriebsleitung zuständig ist, entscheidet der beschließende Betriebsausschuß über

1. die Einstellung und Entlassung der beim Eigenbetrieb beschäftigten Arbeitnehmer, die nicht nur vorübergehende Übertragung einer anders bewerteten Tätigkeit bei einem Arbeitnehmer sowie die Festsetzung des Entgelts, sofern kein Anspruch auf Grund eines Tarifvertrags besteht,

2. die Verfügung über Vermögen des Eigenbetriebs,

3. den Abschluß von Verträgen,
4. die allgemeine Festsetzung von Tarifen,
5. die Festsetzung der allgemeinen Lieferbedingungen,
6. sonstige wichtige Angelegenheiten des Eigenbetriebs.

(3) Die Betriebssatzung kann

1. die Zuständigkeiten des Betriebsausschusses näher bestimmen,
2. Aufgaben nach Absatz 2 Nr. 1 bis 3 ganz oder teilweise dem Bürgermeister oder der Betriebsleitung übertragen,
3. Aufgaben nach Absatz 2 Nr. 4 bis 6 der Entscheidung des Gemeinderats vorbehalten,
4. bestimmen, daß der Betriebsausschuß in bestimmten Angelegenheiten andere Ausschüsse zu beteiligen hat.

§ 9 Aufgaben des Gemeinderats

(1) [1]Der Gemeinderat entscheidet unbeschadet seiner Zuständigkeit in den Fällen des § 39 Abs. 2 der Gemeindeordnung über

1. die Gewährung von Darlehen des Eigenbetriebs an die Gemeinde,
2. die Entlastung der Betriebsleitung sowie die Verwendung des Jahresgewinns oder die Behandlung des Jahresverlusts,
3. die Bestimmung eines Abschlussprüfers im Fall einer Jahresabschlussprüfung.

[2]Eine Übertragung dieser Aufgaben auf beschließende Ausschüsse ist ausgeschlossen.

(2) [1]Ist für den Eigenbetrieb kein beschließender Betriebsausschuß gebildet, entscheidet der Gemeinderat auch in den nach diesem Gesetz dem beschließenden Betriebsausschuß obliegenden Angelegenheiten, soweit diese durch Betriebssatzung auf andere beschließende Ausschüsse übertragen werden. [2]Aufgaben nach § 8 Abs. 2 Nr. 1 bis 3 können durch Betriebssatzung auch auf den Bürgermeister oder die Betriebsleitung ganz oder teilweise übertragen werden.

§ 10 Stellung des Bürgermeisters

(1) Der Bürgermeister kann der Betriebsleitung Weisungen erteilen, um die Einheitlichkeit der Gemeindeverwaltung zu wahren, die Erfüllung der Aufgaben des Eigenbetriebs zu sichern und Mißstände zu beseitigen.

(2) Der Bürgermeister muß anordnen, daß Maßnahmen der Betriebsleitung, die er für gesetzwidrig hält, unterbleiben oder rückgängig gemacht werden; er kann dies anordnen, wenn er der Auffassung ist, daß Maßahmen für die Gemeinde nachteilig sind.

(3) Ist für den Eigenbetrieb keine Betriebsleitung bestellt, nimmt der Bürgermeister auch die nach diesem Gesetz der Betriebsleitung obliegenden Aufgaben wahr.

§ 11 Bedienstete beim Eigenbetrieb

(1) Die Zuständigkeit für die Ernennung und Entlassung der beim Eigenbetrieb beschäftigten Beamten richtet sich nach den Vorschriften der Gemeindeordnung.

(2) [1]Soweit über die Einstellung und Entlassung der beim Eigenbetrieb beschäftigten Arbeitnehmer der Betriebsausschuß entscheidet, gilt § 24 Abs. 2 Satz 1 und 2 der Gemeindeordnung entsprechend mit der Maßgabe, daß an die Stelle des Einvernehmens des Bürgermeisters das der Betriebsleitung tritt. [2]Soweit darüber der Gemeinderat entscheidet, bleibt § 24 Abs. 2 Satz 1 und 2 der Gemeindeordnung unberührt.

(3) [1]Die Betriebsleitung hat ein Vorschlagsrecht für die Ernennung und, soweit sie nicht selbst entscheidet, für die Einstellung und Entlassung der beim Eigenbetrieb beschäftigten Bediensteten. [2]Soweit nicht das Einvernehmen der Betriebsleitung erforderlich ist, ist sie vorher zu hören, wenn von ihrem Vorschlag abgewichen werden soll.

(4) Absätze 2 und 3 gelten auch für die nicht nur vorübergehende Übertragung einer anders bewerteten Tätigkeit bei einem Arbeitnehmer sowie für die Festsetzung des Entgelts, sofern kein Anspruch auf Grund eines Tarifvertrags besteht.

(5) Die Betriebsleitung ist Vorgesetzter, der Bürgermeister Dienstvorgesetzter und oberste Dienstbehörde der beim Eigenbetrieb beschäftigten Bediensteten.

3. Abschnitt
Wirtschaftsführung und Rechnungswesen

§ 12 Vermögen des Eigenbetriebs

(1) [1]Der Eigenbetrieb ist finanzwirtschaftlich als Sondervermögen der Gemeinde gesondert zu verwalten und nachzuweisen. [2]Dabei sind die Belange der gesamten Gemeindewirtschaft zu berücksichtigen. [3]Für das Sondervermögen gelten § 77 Abs. 1 und 2, Abs. 3 mit der Maßgabe, dass die Wirtschaftsführung und das Rechnungswesen in entsprechender Anwendung der für die Haushaltswirtschaft der Gemeinde geltenden Vorschriften (Kommunale Doppik) erfolgen können, §§ 78, 81 Abs. 2, §§ 85 und 86, § 87 Abs. 1 mit der Maßgabe, dass Kredite auch für die Rückführung von Eigenkapital an die Gemeinde aufgenommen werden dürfen, Abs. 2 bis 6, §§ 88, 89, 91 und 92 der Gemeindeordnung entsprechend.

(2) [1]Der Eigenbetrieb ist mit einem angemessenem Stammkapital auszustatten, dessen Höhe in der Betriebssatzung festzusetzen ist; Sacheinlagen sind angemessen zu bewerten. [2]Bei Unternehmen, Einrichtungen und Hilfsbetrieben im Sinne des § 102 Abs. 4 Satz 1 Nr. 1 bis 3 der Gemeindeordnung kann von der Festsetzung eines Stammkapitals abgesehen werden.

(3) [1]Auf die Erhaltung des Sondervermögens ist Bedacht zu nehmen. [2]Außerdem soll eine marktübliche Verzinsung des Eigenkapitals erwirtschaftet werden.

§ 13 Wirtschaftsjahr

[1]Wirtschaftsjahr des Eigenbetriebs ist das Haushaltsjahr der Gemeinde. [2]Wenn die Art des Betriebs es erfordert, kann die Betriebssatzung ein hiervon abweichendes Wirtschaftsjahr bestimmen.

§ 14 Wirtschaftsplan

(1) [1]Für jedes Wirtschaftsjahr ist vor dessen Beginn ein Wirtschaftsplan aufzustellen. [2]Der Wirtschaftsplan kann für zwei Wirtschaftsjahre, nach Jahren getrennt, aufgestellt werden. [3]Er besteht aus dem Erfolgsplan, dem Vermögensplan und der Stellenübersicht.

(2) Der an den Haushalt der Gemeinde abzuführende Jahresgewinn oder der aus dem Haushalt der Gemeinde abzudeckende Jahresverlust ist in den Haushaltsplan der Gemeinde aufzunehmen.

(3) Bei der Beschlußfassung über den Wirtschaftsplan kann der Gemeinderat unter Berücksichtigung der Finanzplanung entscheiden, ob und inwieweit dem Haushalt der Gemeinde Finanzierungsmittel zur Verfügung gestellt werden sollen, die aus Entgelten für die Abschreibungen aus den Anschaffungs- und Herstellungskosten des Anlagevermögens erwirtschaftet werden, soweit sie nicht für Kreditbeschaffungskosten, die ordentliche Tilgung von Krediten oder für bevorstehende notwendige Investitionen des Eigenbetriebs benötigt werden.

§ 15 Änderung und Ausführung des Wirtschaftsplans

(1) Der Wirtschaftsplan ist zu ändern, wenn sich im Laufe des Wirtschaftsjahres zeigt, daß trotz Ausnutzung von Sparmöglichkeiten
1. das Jahresergebnis sich gegenüber dem Erfolgsplan erheblich verschlechtern wird,
2. zum Ausgleich des Vermögensplans höhere Zuschüsse der Gemeinde oder höhere Kredite erforderlich werden,
3. im Vermögensplan weitere Verpflichtungsermächtigungen vorgesehen werden sollen,
4. eine erhebliche Vermehrung oder Hebung der in der Stellenübersicht vorgesehenen Stellen erforderlich wird; dies gilt nicht für eine vorübergehende Einstellung von Aushilfskräften.

(2) [1]Erfolgsgefährdende Mehraufwendungen des Erfolgsplans bedürfen der Zustimmung des Betriebsausschusses, sofern sie nicht unabweisbar sind. [2]Das gleiche gilt für Mehrausgaben des Vermögensplans, die für das einzelne Vorhaben erheblich sind.

§ 16 Jahresabschluß und Lagebericht

(1) Die Betriebsleitung hat für den Schluß eines jeden Wirtschaftsjahres einen aus der Bilanz, der Gewinn- und Verlustrechnung und dem Anhang bestehenden Jahresabschluß sowie einen Lagebericht aufzustellen.

(2) [1]Der Jahresabschluß und der Lagebericht sind innerhalb von sechs Monaten nach Ende des Wirtschaftsjahres aufzustellen und dem Bürgermeister vorzulegen. [2]Bei Gemeinden mit einer örtlichen Prüfung (§ 109 der Gemeindeordnung) leitet der Bürgermeister diese Unterlagen unverzüglich der Prüfungseinrichtung zur örtlichen Prüfung (§ 111 der Gemeindeordnung) zu.

(3) ¹Der Bürgermeister hat den Jahresabschluß und den Lagebericht zusammen mit dem Bericht über die örtliche Prüfung und im Fall einer Jahresabschlußprüfung auch mit dem Bericht über diese zunächst dem Betriebsausschuß zur Vorberatung und sodann mit dem Ergebnis dieser Vorberatung dem Gemeinderat zur Feststellung zuzuleiten. ²Der Gemeinderat stellt den Jahresabschluß innerhalb eines Jahres nach Ende des Wirtschaftsjahres fest und beschließt dabei über

1. die Verwendung des Jahresgewinns oder die Behandlung des Jahresverlusts; der Jahresgewinn soll zumindest in Höhe der Verzinsung des vom Haushalt der Gemeinde aufgebrachten Eigenkapitals an diesen abgeführt werden,

2. die Verwendung der für das Wirtschaftsjahr nach § 14 Abs. 3 für den Haushalt der Gemeinde eingeplanten Finanzierungsmittel,

3. die Entlastung der Betriebsleitung; versagt er die Entlastung, hat er dafür die Gründe anzugeben.

(4) ¹Der Beschluß über die Feststellung des Jahresabschlusses ist ortsüblich bekanntzugeben. ²In der ortsüblichen Bekanntgabe ist im Falle einer Jahresabschlußprüfung der Prüfungsvermerk des Abschlußprüfers anzugeben; ferner ist dabei die nach Absatz 3 Satz 2 beschlossene Verwendung des Jahresgewinns oder die Behandlung des Jahresverlusts anzugeben. ³Gleichzeitig sind der Jahresabschluß und der Lagebericht an sieben Tagen öffentlich auszulegen; in der Bekanntgabe ist auf die Auslegung hinzuweisen.

§ 17 Aufbau des Rechnungswesens

Alle Zweige des Rechnungswesens des Eigenbetriebs (Wirtschaftsplan, Buchführung, Kostenrechnung, Jahresabschluß, Lagebericht) sollen zusammengefaßt verwaltet und, wenn die Betriebsleitung aus mehreren Betriebsleitern besteht, dem Geschäftskreis eines Betriebsleiters zugeteilt werden.

4. Abschnitt
Übergangs- und Schlußbestimmungen

§ 18 Durchführungsbestimmungen

(1) Das Innenministerium erläßt die Verwaltungsvorschriften zur Durchführung dieses Gesetzes, ferner Rechtsverordnungen über

1. den Nachweis und die Erhaltung des Sondervermögens, die Ausstattung mit Stammkapital sowie die Bildung von Rücklagen, insbesondere für Erneuerungen und Erweiterungen,

2. die Kassenwirtschaft, insbesondere die Errichtung einer Sonderkasse und die gemeinsame Bewirtschaftung von Kassenmitteln durch die Gemeindekasse,

3. die Grundsätze für die Aufstellung, die Gliederung und den Inhalt des Wirtschaftsplans sowie dessen Ausführung,

4. die Grundsätze für die Buchführung und die Kostenrechnung,

5. den Jahresabschluß und den Lagebericht in Anlehnung an die Vorschriften des Dritten Buchs des Handelsgesetzbuchs für große Kapitalgesellschaften,

6. die Anforderungen an den Inhalt der Beschlüsse zur Feststellung des Jahresabschlusses und über die Verwendung des Jahresgewinns oder die Behandlung des Jahresverlusts.

(2) Das Innenministerium kann durch Rechtsverordnung die Wirtschaftsführung und das Rechnungswesen der nach § 38 Abs. 2 Nr. 1 des Landeskrankenhausgesetzes geführten Krankenhäuser und der Pflegeeinrichtungen bestimmen.

§ 19¹⁾ Inkrafttreten

(nicht abgedruckt)

---

1) **Amtl. Anm.:** Diese Vorschrift betrifft das Inkrafttreten des Gesetzes in der ursprünglichen Fassung vom 19. Juli 1962 (GBl. S. 67).

Polizeigesetz
(PolG)[1]

In der Fassung vom 13. Januar 1992[2] (GBl. S. 1, ber. S. 596, 1993 S. 155)
(BWGültV Sachgebiet 2050)

zuletzt geändert durch Art. 1 G zur Abwehr alkoholbedingter Störungen der öffentlichen Sicherheit vom 28. November 2017 (GBl. S. 631)

Nichtamtliche Inhaltsübersicht

Erster Teil
Das Recht der Polizei

Erster Abschnitt
Aufgaben der Polizei

§	1	Allgemeines
§	2	Tätigwerden für andere Stellen

Zweiter Abschnitt
Maßnahmen der Polizei

§	3	Polizeiliche Maßnahmen
§	4	Einschränkung von Grundrechten
§	5	Art der Maßnahmen
§	6	Maßnahmen gegenüber dem Verursacher
§	7	Maßnahmen gegenüber dem Eigentümer oder dem Inhaber der tatsächlichen Gewalt
§	8	Unmittelbare Ausführung einer Maßnahme
§	9	Maßnahmen gegenüber unbeteiligten Personen
§	9a	Schutz zeugnisverweigerungsberechtigter Berufsgeheimnisträger
§	10	Ermächtigung zum Erlaß von Polizeiverordnungen
§	10a	Ermächtigung zum Erlass örtlicher Alkoholkonsumverbote
§	11	Inhalt
§	12	Formerfordernisse
§	13	Zuständigkeit
§	14	Eintritt der zur Fachaufsicht zuständigen Behörde
§	15	Zustimmungsvorbehalte
§	16	Prüfung durch die zur Fachaufsicht zuständige Behörde
§	17	Außerkrafttreten
§	18	Ordnungswidrigkeiten
§	19	Allgemeine Regeln der Datenerhebung
§	20	Befragung und Datenerhebung
§	21	Offener Einsatz technischer Mittel zur Bild- und Tonaufzeichnung
§	22	Besondere Mittel der Datenerhebung
§	22a	Einsatz automatischer Kennzeichenlesesysteme
§	23	Besondere Bestimmungen über den Einsatz technischer Mittel zur Datenerhebung in oder aus Wohnungen
§	23a	Besondere Bestimmungen über polizeiliche Maßnahmen mit Bezug zur Telekommunikation
§	23b	Überwachung der Telekommunikation
§	24	Besondere Bestimmungen über den Einsatz Verdeckter Ermittler
§	25	Ausschreibung von Personen und Kraftfahrzeugen
§	26	Personenfeststellung
§	27	Vorladung
§	27a	Platzverweis, Aufenthaltsverbot, Wohnungsverweis, Rückkehrverbot, Annäherungsverbot
§	27b	Aufenthaltsvorgabe und Kontaktverbot zur Verhütung terroristischer Straftaten
§	27c	Elektronische Aufenthaltsüberwachung zur Verhütung terroristischer Straftaten
§	28	Gewahrsam
§	29	Durchsuchung von Personen
§	30	Durchsuchung von Sachen
§	31	Betreten und Durchsuchung von Wohnungen
§	32	Sicherstellung
§	33	Beschlagnahme
§	34	Einziehung
§	35	Vernehmung
§	36	Erkennungsdienstliche Maßnahmen
§	37	Allgemeine Regeln der Speicherung, Veränderung und Nutzung von Daten
§	38	Besondere Regelung für die Speicherung, Veränderung und Nutzung von Daten durch den Polizeivollzugsdienst
§	39	Datenabgleich
§	40	Besondere Formen des Datenabgleichs
§	41	Allgemeine Regeln der Datenübermittlung
§	42	Datenübermittlung innerhalb der Polizei sowie an andere öffentliche Stellen
§	43	Datenübermittlung an ausländische öffentliche Stellen sowie an über- und zwischenstaatliche Stellen
§	43a	Übermittlung personenbezogener Daten an Mitgliedstaaten der Europäischen Union aufgrund des Rahmenbeschlusses 2006/960/JI
§	43b	Verarbeitung von Daten, die im Rahmen der polizeilichen und justiziellen Zusammenarbeit in Strafsachen zwischen

1) Das Gesetz weicht in einzelnen Punkten vom InfektionsschutzG ab, vgl. Hinweis v. 21.12.2012 (BGBl. I S. 2726).
2) Neubekanntmachung des PolizeiG idF der Bek. v. 16.1.1968 (GBl. S. 61, ber. S. 322) in der ab 1.1.1992 geltenden Fassung.

den Mitgliedstaaten der Europäischen Union übermittelt worden sind

§ 43c Übermittlung und Verarbeitung personenbezogener Daten an Mitgliedstaaten der Europäischen Union aufgrund des Ratsbeschlusses 2008/615/JI

§ 44 Datenübermittlung an Personen oder Stellen außerhalb des öffentlichen Bereichs

§ 45 Auskunft

§ 46 Löschung, Sperrung und Berichtigung von Daten

§ 47 (aufgehoben)

§ 48 Sonstige Regelungen für die Verarbeitung personenbezogener Daten

§ 48a Projektbezogene gemeinsame Dateien mit dem Landesamt für Verfassungsschutz

§ 49 Allgemeines

§ 50 Begriff und Mittel des unmittelbaren Zwangs

§ 51 Zuständigkeit für die Anwendung unmittelbaren Zwangs

§ 52 Voraussetzungen und Durchführung des unmittelbaren Zwangs

§ 53 Voraussetzungen des Schußwaffengebrauchs

§ 54 Schußwaffengebrauch gegenüber Personen

§ 54a Gebrauch von Explosivmitteln

Dritter Abschnitt
Entschädigung

§ 55 Voraussetzungen

§ 56 Entschädigungspflichtiger

§ 57 Ersatz

§ 58 Rechtsweg

Zweiter Teil
Die Organisation der Polizei

Erster Abschnitt
Gliederung und Aufgabenverteilung

§ 59 Allgemeines

§ 60 Zuständigkeitsabgrenzung

Zweiter Abschnitt
Die Polizeibehörden

§ 61 Arten der Polizeibehörden

§ 62 Allgemeine Polizeibehörden

§ 63 Dienstaufsicht

§ 64 Fachaufsicht

§ 65 Weisungsrecht und Unterrichtungspflicht

§ 66 Allgemeine sachliche Zuständigkeit

§ 67 Besondere sachliche Zuständigkeit

§ 68 Örtliche Zuständigkeit

§ 69 Regelung der örtlichen Zuständigkeit für überörtliche polizeiliche Aufgaben

Dritter Abschnitt
Der Polizeivollzugsdienst

§ 70 Polizeidienststellen und Einrichtungen für den Polizeivollzugsdienst

§ 71 Aufgaben und Gliederung

§ 72 Dienstaufsicht

§ 73 Fachaufsicht

§ 74 Weisungsrecht und Unterrichtungspflicht

§ 75 Örtliche Zuständigkeit

§ 76 Dienstbezirke

§ 77 Aufgabenwahrnehmung durch das Innenministerium

§ 78 Amtshandlungen von Polizeibeamten anderer Länder und des Bundes sowie von Vollzugsbeamten anderer Staaten im Zuständigkeitsbereich des Landes

§ 79 Amtshandlungen von Polizeibeamten des Landes außerhalb des Zuständigkeitsbereichs des Landes

Vierter Abschnitt
Besondere Vollzugsbedienstete

§ 80 Gemeindliche Vollzugsbedienstete

§ 81 Ermittlungspersonen der Staatsanwaltschaft

Dritter Teil
Die Kosten der Polizei

§ 82 Kosten für die allgemeinen Polizeibehörden und den Polizeivollzugsdienst

§ 83 Einnahmen

§ 83a Zurückbehaltungsbefugnis

Vierter Teil
Schlussbestimmungen

§ 84 Durchführungsvorschriften

§ 84a Ordnungswidrigkeiten

§ 84b Strafvorschrift

§ 85 Übergangsbestimmungen

§ 86 Inkrafttreten

Erster Teil
Das Recht der Polizei

Erster Abschnitt
Aufgaben der Polizei

§ 1 Allgemeines

i.V.m.
§ 3 PolG

(1) ¹Die Polizei hat die Aufgabe, von dem einzelnen und dem Gemeinwesen Gefahren abzuwehren, durch die die öffentliche Sicherheit oder Ordnung bedroht wird, und Störungen der öffentlichen Sicherheit oder Ordnung zu beseitigen, soweit es im öffentlichen Interesse geboten ist. ²Sie hat insbe-

sondere die verfassungsmäßige Ordnung und die ungehinderte Ausübung der staatsbürgerlichen Rechte zu gewährleisten.

(2) Außerdem hat die Polizei die ihr durch andere Rechtsvorschriften übertragenen Aufgaben wahrzunehmen.

§ 2 Tätigwerden für andere Stellen

(1) [1]Ist zur Wahrnehmung einer polizeilichen Aufgabe im Sinne des § 1 Abs. 1 nach gesetzlicher Vorschrift eine andere Stelle zuständig und erscheint deren rechtzeitiges Tätigwerden bei Gefahr im Verzug nicht erreichbar, so hat die Polizei die notwendigen vorläufigen Maßnahmen zu treffen. [2]Die zuständige Stelle ist unverzüglich zu unterrichten.

(2) Der Schutz privater Rechte obliegt der Polizei nach diesem Gesetz nur auf Antrag des Berechtigten und nur dann, wenn gerichtlicher Schutz nicht rechtzeitig zu erlangen ist und wenn ohne polizeiliche Hilfe die Gefahr besteht, daß die Verwirklichung des Rechts vereitelt oder wesentlich erschwert wird.

Zweiter Abschnitt
Maßnahmen der Polizei

Erster Unterabschnitt
Allgemeines

§ 3 Polizeiliche Maßnahmen

Die Polizei hat innerhalb der durch das Recht gesetzten Schranken zur Wahrnehmung ihrer Aufgaben diejenigen <u>Maßnahmen zu treffen</u>, die ihr nach <u>pflichtmäßigem Ermessen erforderlich</u> erscheinen.

§ 4 Einschränkung von Grundrechten

Durch polizeiliche Maßnahmen auf Grund dieses Gesetzes können im Rahmen des Grundgesetzes für die Bundesrepublik Deutschland eingeschränkt werden

1.   das Recht auf Leben und körperliche Unversehrtheit (Artikel 2 Abs. 2 Satz 1 des Grundgesetzes),
2.   die Freiheit der Person (Artikel 2 Abs. 2 Satz 2 des Grundgesetzes),
3.   das Brief-, Post- und Fernmeldegeheimnis (Artikel 10 des Grundgesetzes),
4.   die Freizügigkeit (Artikel 11 des Grundgesetzes),
5.   die Unverletzlichkeit der Wohnung (Artikel 13 des Grundgesetzes),
6.   das Eigentum (Artikel 14 des Grundgesetzes).

§ 5 Art der Maßnahmen

(1) Kommen für die Wahrnehmung einer polizeilichen Aufgabe <u>mehrere Maßnahmen</u> in Betracht, so hat die Polizei die Maßnahme zu treffen, die den <u>einzelnen</u> und die <u>Allgemeinheit</u> voraussichtlich am <u>wenigsten beeinträchtigt</u>.

(2) Durch eine polizeiliche Maßnahme darf <u>kein Nachteil</u> herbeigeführt werden, der erkennbar <u>außer Verhältnis</u> zu dem beabsichtigten <u>Erfolg</u> steht.

§ 6 Maßnahmen gegenüber dem Verursacher

(1) Wird die öffentliche Sicherheit oder Ordnung durch das Verhalten von Personen bedroht oder gestört, so hat die Polizei ihre Maßnahmen gegenüber demjenigen zu treffen, der die Bedrohung oder die Störung verursacht hat.

(2) [1]Ist die Bedrohung oder Störung durch eine Person verursacht worden, die das 16. Lebensjahr noch nicht vollendet hat, so kann die Polizei ihre Maßnahmen auch gegenüber demjenigen treffen, dem die Sorge für diese Person obliegt. [2]Ist für eine Person ein Betreuer bestellt, kann die Polizei ihre Maßnahmen auch gegenüber dem Betreuer im Rahmen seines Aufgabenbereichs treffen.

(3) Ist die Bedrohung oder die Störung durch eine Person verursacht worden, die von einem anderen zu einer Verrichtung bestellt worden ist, so kann die Polizei ihre Maßnahmen auch gegenüber dem anderen treffen.

§ 7 Maßnahmen gegenüber dem Eigentümer oder dem Inhaber der tatsächlichen Gewalt

Wird die öffentliche Sicherheit oder Ordnung durch den Zustand einer Sache bedroht oder gestört, so hat die Polizei ihre Maßnahmen gegenüber dem Eigentümer oder gegenüber demjenigen zu treffen, der die tatsächliche Gewalt über die Sache ausübt.

§ 8 Unmittelbare Ausführung einer Maßnahme

(1) [1]Die unmittelbare Ausführung einer Maßnahme durch die Polizei ist nur zulässig, wenn der polizeiliche Zweck durch Maßnahmen gegen die in den §§ 6 und 7 bezeichneten Personen nicht oder nicht rechtzeitig erreicht werden kann. [2]Der von der Maßnahme Betroffene ist unverzüglich zu unterrichten.

(2) [1]Entstehen der Polizei durch die unmittelbare Ausführung einer Maßnahme Kosten, so sind die in den §§ 6 und 7 bezeichneten Personen zu deren Ersatz verpflichtet. [2]Die Kosten können im Verwaltungszwangsverfahren beigetrieben werden.

§ 9 Maßnahmen gegenüber unbeteiligten Personen

(1) Gegenüber anderen als den in den §§ 6 und 7 bezeichneten Personen kann die Polizei ihre Maßnahmen nur dann treffen, wenn auf andere Weise eine unmittelbar bevorstehende Störung der öffentlichen Sicherheit oder Ordnung nicht verhindert oder eine bereits eingetretene Störung nicht beseitigt werden kann, insbesondere wenn die eigenen Mittel der Polizei nicht ausreichen oder wenn durch Maßnahmen nach den §§ 6 bis 8 ein Schaden herbeigeführt würde, der erkennbar außer Verhältnis zu dem beabsichtigten Erfolg steht.

(2) Maßnahmen dieser Art dürfen nur aufrechterhalten werden, solange die Voraussetzungen des Absatzes 1 vorliegen.

§ 9a Schutz zeugnisverweigerungsberechtigter Berufsgeheimnisträger

(1) [1]Maßnahmen nach §§ 20 bis 27, 29 bis 33, 35 und 36, die sich gegen einen in § 53 Absatz 1 der Strafprozessordnung genannten Berufsgeheimnisträger richten und voraussichtlich Erkenntnisse erbringen würden, über die diese Person das Zeugnis verweigern dürfte, sind unzulässig. [2]Dennoch erlangte Erkenntnisse dürfen nicht verwertet werden. [3]Aufzeichnungen hierüber sind unverzüglich zu löschen. [4]Die Tatsache ihrer Erlangung und Löschung ist zu dokumentieren. [5]Die Sätze 2 bis 4 gelten entsprechend, wenn durch eine Maßnahme, die sich nicht gegen einen in § 53 Absatz 1 der Strafprozessordnung genannten Berufsgeheimnisträger richtet, von einer dort genannten Person Erkenntnisse erlangt werden, über die sie das Zeugnis verweigern dürfte.

(2) [1]Maßnahmen, durch die ein Berufsgeheimnisträger betroffen wäre und dadurch voraussichtlich Erkenntnisse erlangt würden, über die diese Person das Zeugnis verweigern dürfte, sind abweichend von Absatz 1 zulässig, soweit dies zur Abwehr einer unmittelbar bevorstehenden Gefahr für Leben, Gesundheit oder Freiheit erforderlich ist. [2]Dies gilt nicht für Berufsgeheimnisträger nach § 53 Absatz 1 Satz 1 Nummern 1, 2 und 4 der Strafprozessordnung sowie für einen Rechtsanwalt, eine nach § 206 der Bundesrechtsanwaltsordnung in eine Rechtsanwaltskammer aufgenommene Person oder einen Kammerrechtsbeistand.

(3) Die Absätze 1 und 2 gelten entsprechend, soweit die in § 53a der Strafprozessordnung Genannten das Zeugnis verweigern dürften.

(4) Die Absätze 1 bis 3 gelten nicht, sofern Tatsachen die Annahme rechtfertigen, dass die zeugnisverweigerungsberechtigte Person die Gefahr verursacht hat.

Zweiter Unterabschnitt
Polizeiverordnungen

§ 10 Ermächtigung zum Erlaß von Polizeiverordnungen

(1) Die allgemeinen Polizeibehörden können zur Wahrnehmung ihrer Aufgaben nach diesem Gesetz polizeiliche Gebote oder Verbote erlassen, die für eine unbestimmte Anzahl von Fällen an eine unbestimmte Anzahl von Personen gerichtet sind (Polizeiverordnungen).

(2) Die Vorschriften dieses Gesetzes über Polizeiverordnungen sind auch anzuwenden, wenn ein anderes Gesetz ausdrücklich zum Erlaß von Polizeiverordnungen ermächtigt.

§ 10a Ermächtigung zum Erlass örtlicher Alkoholkonsumverbote

(1) Die Ortspolizeibehörden können durch Polizeiverordnung untersagen, an öffentlich zugänglichen Orten außerhalb von Gebäuden und Außenbewirtschaftungsflächen von Gewerbebetrieben, für die eine Erlaubnis oder Gestattung nach gaststättenrechtlichen Vorschriften vorliegt, alkoholische Getränke zu konsumieren oder zum Konsum im Geltungsbereich des Verbots mitzuführen, wenn

1. sich die Belastung dort durch die Häufigkeit alkoholbedingter Straftaten oder Ordnungswidrigkeiten oder deren Bedeutung von der des übrigen Gemeindegebiets deutlich abhebt,

2. dort regelmäßig eine Menschenmenge anzutreffen ist,
3. dort mit anderen polizeilichen Maßnahmen keine nachhaltige Entlastung erreicht werden kann und
4. Tatsachen die Annahme rechtfertigen, dass dort auch künftig mit der Begehung alkoholbedingter Straftaten oder Ordnungswidrigkeiten zu rechnen ist.

(2) Das Verbot soll auf bestimmte Tage und an diesen zeitlich beschränkt werden.

(3) Polizeiverordnungen nach Absatz 1 sind zu befristen.

§ 11 Inhalt

Polizeiverordnungen dürfen nicht mit Gesetzen oder mit Rechtsverordnungen übergeordneter Behörden in Widerspruch stehen.

§ 12 Formerfordernisse

(1) Polizeiverordnungen müssen
1. die Rechtsgrundlage angeben, die zu ihrem Erlaß ermächtigt,
2. die erlassende Behörde bezeichnen,
3. darauf hinweisen, daß die nach § 15 erforderliche Zustimmung erteilt worden ist.

(2) Polizeiverordnungen sollen
1. eine ihren Inhalt kennzeichnende Überschrift tragen,
2. in der Überschrift als Polizeiverordnung bezeichnet sein,
3. den Tag bestimmen, an dem sie in Kraft treten.

(3) Fehlt eine Bestimmung über das Inkrafttreten, so tritt die Polizeiverordnung mit dem vierzehnten Tag nach Ablauf des Tages in Kraft, an dem sie verkündet worden ist.

§ 13 Zuständigkeit

[1]Polizeiverordnungen nach § 10 werden von den Ministerien innerhalb ihres Geschäftsbereichs oder den übrigen allgemeinen Polizeibehörden für ihren Dienstbezirk oder Teile ihres Dienstbezirks erlassen. [2]Bei der Ortspolizeibehörde ist der Bürgermeister zuständig.

§ 14 Eintritt der zur Fachaufsicht zuständigen Behörde

[1]Weigert sich eine Polizeibehörde, eine nach Ansicht einer zur Fachaufsicht zuständigen Behörde erforderliche Polizeiverordnung zu erlassen, oder wird die in § 15 vorgeschriebene Zustimmung nicht erteilt, so ist die Polizeiverordnung von der nächsthöheren zur Fachaufsicht zuständigen Behörde (§ 64) zu erlassen. [2]Dies gilt nicht für Polizeiverordnungen nach § 10a.

§ 15 Zustimmungsvorbehalte

(1) Polizeiverordnungen der Kreispolizeibehörden, die länger als einen Monat gelten sollen, bedürfen der Zustimmung des Kreistags, in den Stadtkreisen und den Großen Kreisstädten des Gemeinderats, in Verwaltungsgemeinschaften nach § 17 des Landesverwaltungsgesetzes der Verbandsversammlung oder des gemeinsamen Ausschusses.

(2) Polizeiverordnungen der Ortspolizeibehörden, die länger als einen Monat gelten sollen, bedürfen der Zustimmung des Gemeinderats.

§ 16 Prüfung durch die zur Fachaufsicht zuständige Behörde

(1) Polizeiverordnungen der Kreispolizeibehörden und der Ortspolizeibehörden sind der nächsthöheren zur Fachaufsicht zuständigen Behörde unverzüglich vorzulegen.

(2) Verstößt eine Polizeiverordnung gegen Anordnungen übergeordneter Behörden, beeinträchtigt sie das Wohl des Gemeinwesens oder verletzt sie die Rechte einzelner, so ist sie aufzuheben; verstößt sie gegen § 11, so ist ihre Nichtigkeit festzustellen.

§ 17 Außerkrafttreten

(1) Polizeiverordnungen treten spätestens 20 Jahre nach ihrem Inkrafttreten außer Kraft.

(2) Diese Bestimmung gilt nicht für Polizeiverordnungen der obersten Landespolizeibehörden.

§ 18 Ordnungswidrigkeiten

(1) Ordnungswidrig handelt, wer vorsätzlich oder fahrlässig einer auf Grund dieses Gesetzes erlassenen Polizeiverordnung zuwiderhandelt, soweit die Polizeiverordnung für einen bestimmten Tatbestand auf diese Bußgeldvorschrift verweist.

(2) [1]Die Ordnungswidrigkeit kann mit einer Geldbuße geahndet werden. [2]Sie beträgt mindestens 5 Euro und höchstens 5 000 Euro, bei Polizeiverordnungen der obersten Landespolizeibehörden höchstens 25 000 Euro.

(3) Verwaltungsbehörden im Sinne von § 36 Abs. 1 Nr. 1 des Gesetzes über Ordnungswidrigkeiten sind die Ortspolizeibehörden.

(4) Das fachlich zuständige Ministerium kann die Zuständigkeiten nach Absatz 3 durch Rechtsverordnung auf andere Behörden übertragen.

Dritter Unterabschnitt
Datenerhebung

§ 19 Allgemeine Regeln der Datenerhebung

(1) [1]Personenbezogene Daten sind, soweit sie nicht aus allgemein zugänglichen Quellen entnommen werden, bei dem Betroffenen mit seiner Kenntnis zu erheben. [2]Ohne Kenntnis des Betroffenen oder bei Dritten dürfen personenbezogene Daten nur erhoben werden, wenn die Erhebung beim Betroffenen nicht oder nur mit unverhältnismäßig hohem Aufwand möglich ist oder die Wahrnehmung polizeilicher Aufgaben gefährden würde.

(2) [1]Personenbezogene Daten sind grundsätzlich offen zu erheben. [2]Eine Datenerhebung, die nicht als polizeiliche Maßnahme erkennbar sein soll (verdeckte Datenerhebung), ist nur zulässig, wenn sonst die Wahrnehmung der polizeilichen Aufgabe gefährdet oder nur mit unverhältnismäßig hohem Aufwand möglich oder wenn anzunehmen ist, daß dies den überwiegenden Interessen des Betroffenen entspricht.

(3) [1]Werden personenbezogene Daten offen erhoben, ist der Betroffene bei schriftlicher Erhebung stets, sonst auf Verlangen auf die Rechtsgrundlage, auf eine im Einzelfall bestehende Auskunftspflicht oder auf die Freiwilligkeit der Auskunft hinzuweisen. [2]Gegenüber Dritten unterbleibt der Hinweis, wenn hierdurch erkennbar schutzwürdige Interessen des Betroffenen beeinträchtigt werden können.

§ 20 Befragung und Datenerhebung

(1) [1]Die Polizei kann jede Person befragen, wenn anzunehmen ist, daß sie sachdienliche Angaben machen kann, die zur Wahrnehmung einer bestimmten polizeilichen Aufgabe erforderlich sind. [2]Die Person ist dabei verpflichtet, Name, Vorname, Datum und Ort der Geburt, Wohnanschrift und Staatsangehörigkeit anzugeben. [3]Dient die Befragung der Abwehr einer Gefahr für Leben, Gesundheit oder Freiheit einer Person oder für bedeutende fremde Sach- oder Vermögenswerte, ist die Person verpflichtet, über Satz 2 hinausgehende Angaben zu machen. [4]§ 9a bleibt unberührt. [5]Zur Verweigerung der Auskunft ist eine Person in entsprechender Anwendung von § 52 Abs. 1 und 2 und § 55 der Strafprozeßordnung berechtigt, soweit sie durch die Auskunft sich selbst oder einen Angehörigen der Gefahr aussetzen würde, wegen einer Straftat oder einer Ordnungswidrigkeit verfolgt zu werden. [6]Ein Auskunftsverweigerungsrecht nach Satz 5 besteht nicht, wenn die Auskunft für die Abwehr einer unmittelbar bevorstehenden Gefahr für Leben, Gesundheit oder Freiheit einer Person erforderlich ist. [7]Die betroffene Person ist über ihr Recht zur Verweigerung der Auskunft zu belehren, wenn nach den Umständen davon auszugehen ist, dass ihr ein solches Recht zusteht. [8]Besteht ein Auskunftsverweigerungsrecht nicht, dürfen die aus der Befragung gewonnenen Auskünfte nur zur Abwehr der in Satz 6 genannten Gefahren weiter verarbeitet werden. [9]Wird die Auskunft unberechtigt verweigert, kann ein Zwangsgeld festgesetzt werden. [10]Dieses ist zuvor in bestimmter Höhe anzudrohen. [11]Für die Dauer der Befragung kann die Person angehalten werden.

(2) Die Polizei kann Daten der in den §§ 6 oder 7 genannten Personen sowie anderer Personen erheben, soweit dies zur Abwehr einer Gefahr oder zur Beseitigung einer Störung der öffentlichen Sicherheit oder Ordnung erforderlich ist und die Befugnisse der Polizei nicht anderweitig geregelt sind.

(3) Der Polizeivollzugsdienst kann Daten über

1. Personen, bei denen tatsächliche Anhaltspunkte vorliegen, daß sie künftig Straftaten begehen,
2. Kontakt- und Begleitpersonen einer der in Nummer 1 genannten Personen,
3. Personen, bei denen tatsächliche Anhaltspunkte vorliegen, daß sie Opfer von Straftaten werden,
4. Personen im räumlichen Umfeld einer in besonderem Maß als gefährdet erscheinenden Person oder
5. Zeugen, Hinweisgeber oder sonstige Auskunftspersonen

erheben, soweit dies zur vorbeugenden Bekämpfung von Straftaten erforderlich ist.

(4) [1]Die Polizei kann Daten von Personen,

1. deren besondere Kenntnisse oder Fähigkeiten zur Gefahrenabwehr benötigt werden,

2. die für öffentliche Veranstaltungen, die nicht dem Versammlungsgesetz unterliegen, verantwortlich sind,

3. die für Anlagen oder Einrichtungen, von denen eine erhebliche Gefahr ausgehen kann, verantwortlich sind oder

4. die für besonders gefährdete Anlagen oder Einrichtungen verantwortlich sind,

erheben, soweit dies für die Vorbereitung auf die Gefahrenabwehr erforderlich ist. [2]Die Angaben sollen sich auf Namen, Vornamen, Anschriften und alle Informationen über die Erreichbarkeit sowie auf die Zugehörigkeit zu einer der genannten Personengruppen beschränken. [3]Eine verdeckte Datenerhebung ist nicht zulässig.

(5) Die Polizei kann ferner personenbezogene Daten erheben, wenn dies zum Schutz privater Rechte (§ 2 Absatz 2) oder zur Vollzugshilfe (§ 60 Absatz 5) erforderlich ist.

(6) Die Polizei kann Daten von Personen erheben, soweit dies zur Erfüllung von ihr durch andere Rechtsvorschriften übertragenen Aufgaben erforderlich ist.

§ 21 Offener Einsatz technischer Mittel zur Bild- und Tonaufzeichnung

(1) [1]Der Polizeivollzugsdienst kann bei oder im Zusammenhang mit öffentlichen Veranstaltungen und Ansammlungen, die ein besonderes Gefährdungsrisiko aufweisen, Bild- und Tonaufzeichnungen von Personen zur Erkennung und Abwehr von Gefahren anfertigen. [2]Veranstaltungen und Ansammlungen weisen ein besonderes Gefährdungsrisiko auf, wenn

1. auf Grund einer aktuellen Gefährdungsanalyse anzunehmen ist, dass Veranstaltungen und Ansammlungen vergleichbarer Art und Größe von terroristischen Anschlägen bedroht sind oder

2. auf Grund der Art und Größe der Veranstaltungen und Ansammlungen erfahrungsgemäß erhebliche Gefahren für die öffentliche Sicherheit entstehen können.

(2) Der Polizeivollzugsdienst kann in den in § 26 Abs. 1 Nr. 3 genannten Objekten oder in deren unmittelbarer Nähe Bild- und Tonaufzeichnungen von Personen anfertigen, soweit Tatsachen die Annahme rechtfertigen, dass an oder in Objekten dieser Art Straftaten begangen werden sollen, durch die Personen, diese Objekte oder darin befindliche Sachen gefährdet sind.

(3) Der Polizeivollzugsdienst oder die Ortspolizeibehörden können an öffentlich zugänglichen Orten Bild und Tonaufzeichnungen von Personen anfertigen, wenn sich die Kriminalitätsbelastung dort von der des Gemeindegebiets deutlich abhebt und Tatsachen die Annahme rechtfertigen, dass dort auch künftig mit der Begehung von Straftaten zu rechnen ist.

(4) [1]Der Polizeivollzugsdienst kann die nach Absatz 1 Satz 2 Nummer 1 sowie Absatz 2 und 3 angefertigten Bildaufzeichnungen auch automatisch auswerten. [2]Die automatische Auswertung darf nur auf das Erkennen solcher Verhaltensmuster ausgerichtet sein, die auf die Begehung einer Straftat hindeuten.

(5) [1]Der Polizeivollzugsdienst kann bei der Durchführung von Maßnahmen zur Gefahrenabwehr oder zur Verfolgung von Straftaten oder Ordnungswidrigkeiten an öffentlich zugänglichen Orten zur Abwehr einer Gefahr Daten durch Anfertigen von Bild- und Tonaufzeichnungen mittels körpernah getragener Aufnahmegeräte erheben. [2]Die Erhebung personenbezogener Daten kann auch dann erfolgen, wenn Dritte unvermeidbar betroffen sind.

(6) [1]Die Speicherung der nach Absatz 5 erlangten Daten für eine Dauer von mehr als 60 Sekunden ist nur zulässig, wenn Tatsachen die Annahme rechtfertigen, dass dies zum Schutz von Polizeibeamten oder Dritten gegen eine Gefahr für Leib oder Leben erforderlich ist. [2]Die Datenerhebung nach Absatz 1 bis 4 und 7 bleibt unberührt.

(7) Der Polizeivollzugsdienst kann in Gewahrsam genommene Personen offen mittels Bildübertragung beobachten, soweit dies zu ihrem oder zum Schutz des zur Durchführung des Gewahrsams eingesetzten Personals oder zur Verhütung von Straftaten in polizeilich genutzten Räumen erforderlich ist.

(8) [1]Auf die Beobachtung mittels Bildübertragung und die Bild- und Tonaufzeichnung sowie die automatisierte Auswertung ist, sofern diese nicht offenkundig ist, in geeigneter Weise hinzuweisen. [2]Bild- und Tonaufzeichnungen sind unverzüglich, spätestens jedoch nach vier Wochen zu löschen, soweit sie im Einzelfall nicht zur Verfolgung von Straftaten oder von Ordnungswidrigkeiten von erheblicher

Bedeutung, zur Geltendmachung von öffentlich-rechtlichen Ansprüchen oder nach Maßgabe des § 2 Abs. 2 zum Schutz privater Rechte, insbesondere zur Behebung einer bestehenden Beweisnot, erforderlich sind. [3]Die weitere Verarbeitung darf auch erfolgen, wenn Dritte unvermeidbar betroffen werden. [4]Die Bedeutung einer Ordnungswidrigkeit ist erheblich, wenn nach den Umständen des Einzelfalls ein Schaden für ein wichtiges Rechtsgut oder für andere Rechtsgüter in erheblichem Umfang droht oder wenn die betreffende Vorschrift ein sonstiges wichtiges Interesse der Allgemeinheit schützt.

(9) Für die erhobenen Daten nach Absatz 5 gilt Absatz 8 mit der Maßgabe, dass diese spätestens nach 60 Sekunden automatisch zu löschen sind und jede über das Erheben hinausgehende Verarbeitung ausgeschlossen ist, sofern nicht zuvor die Voraussetzungen des Absatzes 6 vorliegen.

§ 22 Besondere Mittel der Datenerhebung

(1) Besondere Mittel der Datenerhebung sind:
1. die voraussichtlich innerhalb einer Woche länger als 24 Stunden dauernde oder über den Zeitraum einer Woche hinaus stattfindende Observation (längerfristige Observation),
2. der verdeckte Einsatz technischer Mittel zur Anfertigung von Lichtbildern und Bildaufzeichnungen sowie zum Abhören und Aufzeichnen des nicht öffentlich gesprochenen Wortes auf Tonträger,
3. der verdeckte Einsatz technischer Mittel zur Feststellung des Aufenthaltsortes oder der Bewegungen einer Person oder einer beweglichen Sache,
4. der Einsatz von Polizeibeamten unter Geheimhaltung ihrer wahren Identität (Verdeckte Ermittler) und
5. der Einsatz von Personen, deren Zusammenarbeit mit der Polizei Dritten nicht bekannt ist (Vertrauenspersonen).

(2) Der Polizeivollzugsdienst kann personenbezogene Daten durch den verdeckten Einsatz technischer Mittel zur Anfertigung von Lichtbildern und Bildaufzeichnungen von den in § 20 Abs. 2 genannten Personen zur Abwehr einer erheblichen Gefahr oder von den in § 20 Abs. 3 Nr. 1, 2 und 4 genannten Personen zur vorbeugenden Bekämpfung von Straftaten erheben, wenn andernfalls die Wahrnehmung seiner Aufgaben gefährdet oder erheblich erschwert würde.

(3) Der Polizeivollzugsdienst kann personenbezogene Daten durch besondere Mittel der Datenerhebung
1. zur Abwehr einer Gefahr für den Bestand oder die Sicherheit des Bundes oder eines Landes oder für Leben, Gesundheit und Freiheit einer Person oder für bedeutende fremde Sach- und Vermögenswerte über die in § 20 Abs. 2 genannten Personen oder
2. zur vorbeugenden Bekämpfung von Straftaten mit erheblicher Bedeutung über die in § 20 Abs. 3 Nr. 1 und 2 genannten Personen
erheben, wenn andernfalls die Wahrnehmung seiner Aufgaben gefährdet oder erheblich erschwert würde.

(4) Daten dürfen auch dann nach Absatz 2 oder 3 erhoben werden, wenn Dritte unvermeidbar betroffen werden.

(5) Straftaten mit erheblicher Bedeutung sind
1. Verbrechen,
2. Vergehen, die im Einzelfall nach Art und Schwere geeignet sind, den Rechtsfrieden besonders zu stören, soweit
   a) sie sich gegen das Leben, die Gesundheit oder die Freiheit einer oder mehrerer Personen oder bedeutende fremde Sach- oder Vermögenswerte richten,
   b) es sich um Taten auf den Gebieten des unerlaubten Waffen- oder Betäubungsmittelverkehrs, der Geld- oder Wertzeichenfälschung, des Staatsschutzes (§§ 74a und 120 des Gerichtsverfassungsgesetzes) oder nach den §§ 86a, 109h, 126, 130 und 130a des Strafgesetzbuches handelt,
   c) sie gewerbs-, gewohnheits-, serien-, bandenmäßig oder sonst organisiert begangen werden.

(6) [1]Der Einsatz von Mitteln nach Absatz 1, ausgenommen der verdeckte Einsatz technischer Mittel nach Nummer 2, bedarf der Anordnung durch die Leitung eines regionalen Polizeipräsidiums, des Polizeipräsidiums Einsatz oder des Landeskriminalamts. [2]Diese können die Anordnungsbefugnis auf besonders beauftragte Beamte des höheren Dienstes übertragen.

(7) Bild- und Tonaufzeichnungen, die ausschließlich die nicht in Absatz 2 und 3 genannten Personen betreffen, sind unverzüglich, spätestens jedoch nach zwei Monaten zu löschen, soweit sie im Einzelfall nicht zur Verfolgung von Straftaten erforderlich sind.

(8) [1]Der Betroffene ist von einer Maßnahme nach Absatz 2 oder 3 zu unterrichten, sobald dies ohne Gefährdung des Zwecks der Maßnahme geschehen kann. [2]Die Unterrichtung unterbleibt, wenn hierdurch die weitere Verwendung des Verdeckten Ermittlers oder der Vertrauensperson für Maßnahmen nach Absatz 1 Nummer 4 oder 5 oder Leben oder Gesundheit einer Person gefährdet würde, sich an den die Maßnahme auslösenden Sachverhalt ein Ermittlungsverfahren gegen die betroffene Person anschließt oder seit Beendigung der Maßnahme fünf Jahre verstrichen sind.

§ 22a Einsatz automatischer Kennzeichenlesesysteme[1)]

(1) [1]Der Polizeivollzugsdienst kann zur Abwehr einer Gefahr oder zur vorbeugenden Bekämpfung von Straftaten bei Kontrollen nach § 26 Abs. 1 durch den verdeckten Einsatz technischer Mittel automatisch Bilder von Fahrzeugen aufzeichnen und deren Kennzeichen erfassen. [2]Die Bildaufzeichnung nach Satz 1 darf auch erfolgen, wenn die Insassen der Fahrzeuge unvermeidbar betroffen werden. [3]Datenerhebungen nach Satz 1 und 2 dürfen

1. nicht flächendeckend,
2. in den Fällen des § 26 Abs. 1 Nr. 2 und 3 nicht dauerhaft,
3. in den Fällen des § 26 Abs. 1 Nr. 4 und 5, wenn polizeiliche Erkenntnisse vorliegen, dass an der Kontrollstelle Straftaten oder im Kontrollbereich Straftaten nach § 100a der Strafprozessordnung stattfinden oder verhütet werden können, und
4. in den Fällen des § 26 Abs. 1 Nr. 6 nicht längerfristig

durchgeführt werden. [4]Der Einsatz technischer Mittel nach Satz 1 ist in geeigneter Weise für Kontrollzwecke zu dokumentieren.

(2) [1]Die ermittelten Kennzeichen dürfen automatisch mit dem Fahndungsbestand der Sachfahndungsdateien des beim Bundeskriminalamt nach den Vorschriften des Bundeskriminalamtgesetzes in der jeweils geltenden Fassung geführten polizeilichen Informationssystems abgeglichen werden. [2]Die Sachfahndungsdateien des polizeilichen Informationssystems umfassen auch die nach den Vorschriften des Schengener Durchführungsübereinkommens zulässigen Ausschreibungen von Fahrzeugkennzeichen im Schengener Informationssystem. [3]Der Abgleich nach Satz 1 beschränkt sich auf Kennzeichen von Fahrzeugen, die

1. zur polizeilichen Beobachtung, verdeckten Registrierung oder gezielten Kontrolle nach § 25 dieses Gesetzes, §§ 163e und 463 a der Strafprozessordnung, Artikel 99 des Schengener Durchführungsübereinkommens oder § 17 Abs. 3 des Bundesverfassungsschutzgesetzes,
2. auf Grund einer erheblichen Gefahr zur Abwehr einer Gefahr,
3. auf Grund des Verdachts einer Straftat für Zwecke der Strafverfolgung oder
4. aus Gründen der Strafvollstreckung

ausgeschrieben sind. [4]Der Abgleich darf nur mit vollständigen Kennzeichen des Fahndungsbestands erfolgen.

(3) [1]Die nach Absatz 1 Satz 1 erhobenen Daten sind, sofern die erfassten Kennzeichen nicht im Fahndungsbestand enthalten sind, unverzüglich nach Durchführung des Datenabgleichs automatisch zu löschen. [2]Die Datenerhebung und der Datenabgleich im Falle des Satzes 1 dürfen nicht protokolliert werden.

(4) [1]Ist das ermittelte Kennzeichen im Fahndungsbestand enthalten (Trefferfall), dürfen das Kennzeichen, die Bildaufzeichnung des Fahrzeugs sowie Angaben zu Ort, Fahrtrichtung, Datum und Uhrzeit gespeichert werden. [2]Das Fahrzeug und die Insassen dürfen im Trefferfall angehalten werden. [3]Weitere Maßnahmen dürfen erst nach Überprüfung des Trefferfalls anhand des aktuellen Fahndungsbestands erfolgen. [4]Die nach Satz 1 gespeicherten sowie durch weitere Maßnahmen erlangten personenbezogenen Daten sind zu löschen, soweit sie nicht erforderlich sind

1. zu dem Zweck, für den das Kennzeichen in den Fahndungsbestand aufgenommen wurde,
2. zur Verfolgung von Straftaten oder
3. zur Abwehr einer Gefahr.

---

1) Gem. Beschl. des BVerfG – 1 BvR 2795/09, 1 BvR 3187/10 – (BGBl. 2019 I S. 195) ist § 22a Abs. 1 Satz 1 und Abs. 4 Satz 4 unvereinbar mit Art. 2 Abs. 1 in Verbindung mit Art. 1 Abs. 1 GG. Die Vorschriften bleiben bis zu einer Neuregelung durch den Gesetzgeber, längstens bis zum 31.12.2019, nach Maßgabe der Gründe weiter anwendbar.

§ 23 Besondere Bestimmungen über den Einsatz technischer Mittel zur Datenerhebung in oder aus Wohnungen

(1) [1]Der Polizeivollzugsdienst kann personenbezogene Daten in oder aus Wohnungen durch den verdeckten Einsatz technischer Mittel nach § 22 Abs. 1 Nr. 2 über die in den §§ 6 und 7 sowie unter den Voraussetzungen des § 9 über die dort genannten Personen erheben, wenn andernfalls die Abwehr einer unmittelbar bevorstehenden Gefahr für den Bestand oder die Sicherheit des Bundes oder eines Landes oder für Leben, Gesundheit oder Freiheit einer Person gefährdet oder erheblich erschwert würde. [2]Die Datenerhebung darf auch durchgeführt werden, wenn Dritte unvermeidbar betroffen werden.

(2) [1]Die Datenerhebung nach Absatz 1 darf nur angeordnet werden, soweit nicht auf Grund tatsächlicher Anhaltspunkte anzunehmen ist, dass durch die Überwachung Daten erfasst werden, die dem Kernbereich privater Lebensgestaltung zuzurechnen sind. [2]Abzustellen ist dabei insbesondere auf die Art der zu überwachenden Räumlichkeiten und das Verhältnis der dort anwesenden Personen zueinander.

(3) [1]Die Datenerhebung nach Absatz 1 bedarf der Anordnung durch die in § 74a Abs. 4 des Gerichtsverfassungsgesetzes genannte Kammer des Landgerichts, in dessen Bezirk die zuständige Polizeidienststelle ihren Sitz hat. [2]Sie muss, soweit bekannt, Name und Anschrift der Person enthalten, gegen die sich die Maßnahme richtet. [3]In der Anordnung sind Art, Umfang und Dauer der Maßnahme schriftlich zu bestimmen. [4]Sie ist auf höchstens drei Monate zu befristen. [5]Eine Verlängerung um jeweils nicht mehr als einen Monat ist zulässig, solange die Voraussetzungen für die Maßnahme fortbestehen. [6]Die Anordnung ist mit Gründen zu versehen. [7]§ 31 Abs. 5 Satz 2 bis 4 ist entsprechend anzuwenden. [8]Bei Gefahr im Verzug kann die Maßnahme von einer der in § 22 Abs. 6 genannten Personen angeordnet werden; diese Anordnung bedarf der Bestätigung des in Satz 1 genannten Gerichts. [9]Sie ist unverzüglich herbeizuführen.

(4) Einer Anordnung durch das Gericht bedarf es nicht, wenn technische Mittel ausschließlich zur Sicherung der bei einem polizeilichen Einsatz tätigen Personen verwendet werden; § 22 Abs. 6 gilt entsprechend.

(5) [1]Die Datenerhebung nach Absatz 1 ist unverzüglich zu unterbrechen, sofern sich während der Überwachung Anhaltspunkte dafür ergeben, dass Daten, die dem Kernbereich privater Lebensgestaltung zuzurechnen sind, erfasst werden. [2]Sie darf fortgesetzt werden, wenn zu erwarten ist, dass die Gründe, die zur Unterbrechung geführt haben, nicht mehr vorliegen. [3]Bis zum Zeitpunkt der Unterbrechung erhobene Daten, die dem Kernbereich der privaten Lebensgestaltung zuzurechnen sind, dürfen nicht verwertet werden und sind unverzüglich zu löschen. [4]Die Löschung ist zu protokollieren. [5]Die Maßnahme ist abzubrechen, wenn die Voraussetzungen des Absatzes 1 nicht mehr vorliegen. [6]Der Abbruch ist dem Gericht mitzuteilen.

(6) [1]Die Betroffenen sind von Maßnahmen nach Absatz 1 Satz 1 und Absatz 4 zu unterrichten, sobald dies ohne Gefährdung des Zwecks der Maßnahme oder der bei dem polizeilichen Einsatz eingesetzten Personen geschehen kann. [2]Ist wegen desselben Sachverhalts ein strafrechtliches Ermittlungsverfahren gegen die betroffene Person eingeleitet worden, ist die Unterrichtung in Abstimmung mit der Staatsanwaltschaft nachzuholen, sobald der Stand des Ermittlungsverfahrens dies zulässt. [3]Erfolgt die Benachrichtigung nicht innerhalb von sechs Monaten nach Beendigung der Maßnahme, bedarf die weitere Zurückstellung der richterlichen Zustimmung. [4]Die richterliche Entscheidung ist vorbehaltlich einer anderen richterlichen Anordnung jeweils nach einem Jahr erneut einzuholen. [5]Eine Unterrichtung kann mit richterlicher Zustimmung auf Dauer unterbleiben, wenn

1. überwiegende Interessen einer betroffenen Person entgegenstehen oder
2. die Identität oder der Aufenthalt einer betroffenen Person nur mit unverhältnismäßigem Aufwand ermittelt werden können oder
3. seit Beendigung der Maßnahme fünf Jahre verstrichen sind.

[6]Über die Zustimmung entscheidet das in Absatz 3 genannte Gericht. [7]Bedurfte die Maßnahme nicht der richterlichen Anordnung, ist für die Zustimmung das Gericht zuständig, in dessen Bezirk die Polizeidienststelle ihren Sitz hat, die die Maßnahme angeordnet hat.

(7) [1]Nach Absatz 1 und 4 erlangte personenbezogene Daten sind besonders zu kennzeichnen. [2]Nach einer Übermittlung ist die Kennzeichnung durch die Empfänger aufrechtzuerhalten. [3]Nach Absatz 1 und 4 erlangte personenbezogene Daten dürfen für den Zweck gespeichert, verändert und genutzt

werden, für den sie erhoben wurden. [4]Die Speicherung, Veränderung, Nutzung und Übermittlung ist auch zulässig, soweit dies

1. zur Abwehr einer anderen unmittelbar bevorstehenden Gefahr im Sinne des Absatzes 1 Satz 1 oder

2. zur Aufklärung von Straftaten, die nach der Strafprozessordnung in der jeweils geltenden Fassung die Wohnraumüberwachung rechtfertigen,

erforderlich ist. [5]Die anderweitige Speicherung, Veränderung, Nutzung und Übermittlung personenbezogener Daten, die aus einer Maßnahme nach Absatz 4 erlangt worden sind, ist nur zulässig, soweit dies zu den in Satz 4 genannten Zwecken erforderlich ist und wenn zuvor die Rechtmäßigkeit der Maßnahme richterlich festgestellt ist; bei Gefahr im Verzug ist die richterliche Entscheidung unverzüglich nachzuholen. [6]Im Übrigen sind personenbezogene Daten aus einer Maßnahme nach Absatz 4 oder solche, die ausschließlich in Absatz 1 Satz 2 genannte Personen betreffen, unverzüglich, spätestens jedoch zwei Monate nach Beendigung der Maßnahme zu löschen.

(8) [1]Die Landesregierung unterrichtet den Landtag jährlich über den nach Absatz 1 und, soweit richterlich überprüfungsbedürftig, nach Absatz 4 erfolgten Einsatz technischer Mittel. [2]Ein vom Landtag bestimmtes Gremium übt auf der Grundlage dieses Berichts die parlamentarische Kontrolle aus.

§ 23a Besondere Bestimmungen über polizeiliche Maßnahmen mit Bezug zur Telekommunikation

(1) [1]Der Polizeivollzugsdienst kann ohne Wissen des Betroffenen Verkehrsdaten im Sinne des § 96 Absatz 1 des Telekommunikationsgesetzes und Nutzungsdaten im Sinne des § 15 Absatz 1 Satz 2 Nummer 2 und 3 des Telemediengesetzes über die in den §§ 6 und 7 sowie unter den Voraussetzungen des § 9 über die dort genannten Personen erheben, soweit bestimmte Tatsachen die Annahme rechtfertigen, dass eine konkrete Gefahr für Leib, Leben oder Freiheit einer Person, für den Bestand oder die Sicherheit des Bundes oder eines Landes oder eine gemeine Gefahr vorliegt. [2]Die Datenerhebung ist auch zulässig, soweit bestimmte Tatsachen auf eine im Einzelfall durch bestimmte Personen drohende Gefahr für eines der in Satz 1 genannten Rechtsgüter hinweisen. [3]Datenerhebungen dürfen nur durchgeführt werden, wenn sonst die Erfüllung der polizeilichen Aufgabe gefährdet oder wesentlich erschwert würde. [4]Die Datenerhebung darf auch durchgeführt werden, wenn Dritte unvermeidbar betroffen werden.

(2) [1]Eine Maßnahme nach Absatz 1 bedarf der Anordnung durch das Amtsgericht, in dessen Bezirk die zuständige Polizeidienststelle ihren Sitz hat. [2]Die Anordnung wird vom Gericht nur auf Antrag erlassen. [3]Der Antrag ist durch die Leitung eines regionalen Polizeipräsidiums oder des Landeskriminalamts schriftlich zu stellen und zu begründen. [4]Diese können die Antragsbefugnis auf besonders beauftragte Beamte des höheren Dienstes übertragen. [5]Die Anordnung des Gerichts muss eine Kennung des Telekommunikationsanschlusses oder des Endgerätes enthalten, bei dem die Datenerhebung über eine in Absatz 1 genannte Person durchgeführt wird oder eine Bezeichnung des Nutzers der Telemedien, dessen Daten erhoben werden. [6]Im Falle einer unmittelbar bevorstehenden Gefahr für Leben, Gesundheit oder Freiheit einer Person genügt eine räumliche und zeitlich hinreichende Bezeichnung der Telekommunikation oder Telemediennutzung. [7]Im Übrigen gilt § 23 Absatz 3.

(3) [1]Abweichend von Absatz 2 darf eine Maßnahme nach Absatz 1, die allein auf die Ermittlung des Aufenthaltsortes einer vermissten, suizidgefährdeten oder hilflosen Person gerichtet ist, durch die Leitung eines regionalen Polizeipräsidiums oder des Landeskriminalamts angeordnet werden. [2]Diese können die Anordnungsbefugnis auf besonders beauftragte Beamte des höheren Dienstes übertragen.

(4) [1]Die Maßnahme ist abzubrechen, wenn die Voraussetzungen des Absatzes 1 nicht mehr vorliegen. [2]Der Abbruch ist dem Amtsgericht und den nach Absatz 5 Verpflichteten mitzuteilen.

(5) [1]Auf Grund einer Anordnung nach Absatz 2 oder 3 hat jeder, der geschäftsmäßig Telekommunikationsdienste oder Telemediendienste erbringt oder daran mitwirkt, dem Polizeivollzugsdienst die Maßnahme nach Absatz 1 zu ermöglichen und die erforderlichen Auskünfte unverzüglich zu erteilen. [2]Von der Auskunftspflicht sind auch zukünftige Verkehrsdaten und Nutzungsdaten umfasst. [3]Ob und in welchem Umfang hierfür Vorkehrungen zu treffen sind, bestimmt sich nach dem Telekommunikationsgesetz und der Telekommunikations-Überwachungsverordnung sowie dem Telemediengesetz in der jeweils geltenden Fassung. [4]Für die Entschädigung der Diensteanbieter ist § 23 des Justizvergütungs- und -entschädigungsgesetzes entsprechend anzuwenden.

(6) [1]Der Polizeivollzugsdienst kann zu den in Absatz 1 genannten Zwecken technische Mittel einsetzen, um

1. den Standort eines Mobilfunkendgerätes oder
2. die Kennung eines Telekommunikationsanschlusses oder eines Endgerätes

zu ermitteln. [2]Personenbezogene Daten Dritter dürfen anlässlich solcher Maßnahmen nur erhoben werden, wenn dies aus technischen Gründen zur Erreichung des Zwecks unvermeidbar ist. [3]§ 22 Abs. 6 gilt entsprechend.

(7) [1]Der Polizeivollzugsdienst kann zu den in Absatz 1 genannten Zwecken bei Vorliegen einer unmittelbar bevorstehenden Gefahr technische Mittel einsetzen, um Telekommunikationsverbindungen der dort genannten Personen zu unterbrechen oder zu verhindern. [2]Telekommunikationsverbindungen Dritter dürfen nur unterbrochen oder verhindert werden, wenn dies aus technischen Gründen zur Erreichung des Zwecks unvermeidbar ist. [3]§ 22 Abs. 6 gilt entsprechend.

(8) [1]§ 23 Abs. 6 und 7 Satz 1 bis 3 gelten für durch Maßnahmen nach Absatz 1, 6 und 7 erlangte personenbezogene Daten entsprechend. [2]Für gerichtliche Entscheidungen nach Satz 1 ist das Amtsgericht zuständig, in dessen Bezirk die zuständige Polizeidienststelle ihren Sitz hat. [3]Die Speicherung, Veränderung, Nutzung und Übermittlung ist auch zulässig, soweit dies erforderlich ist

1. zur Abwehr einer anderen Gefahr im Sinne des Absatzes 1 oder
2. zur Aufklärung von Straftaten, die nach der Strafprozessordnung in der jeweils geltenden Fassung die Erhebung von Verkehrsdaten rechtfertigen.

(9) [1]Der Polizeivollzugsdienst kann ohne Wissen des Betroffenen Daten im Sinne der §§ 95 und 111 des Telekommunikationsgesetzes und der §§ 14 und 15 Absatz 1 Satz 2 Nummer 1 des Telemediengesetzes über die in §§ 6 und 7 sowie unter den Voraussetzungen des § 9 über die dort genannten Personen erheben, soweit dies zur Abwehr einer Gefahr für die öffentliche Sicherheit erforderlich ist. [2]Die Auskunft nach Satz 1 darf zur Abwehr einer Gefahr für Leib, Leben oder Freiheit einer Person, für den Bestand oder die Sicherheit des Bundes oder eines Landes oder einer gemeinen Gefahr auch anhand einer zu einem bestimmten Zeitpunkt zugewiesenen Internetprotokoll-Adresse sowie weiterer zur Individualisierung erforderlicher technischer Daten verlangt werden. [3]Bezieht sich das Auskunftsverlangen nach Satz 1 auf Daten, mittels derer der Zugriff auf Endgeräte oder auf Speichereinrichtungen, die in diesen Endgeräten oder hiervon räumlich getrennt eingesetzt werden, geschützt wird, darf die Auskunft zur Abwehr der in Satz 2 genannten Gefahren nur verlangt werden, wenn die gesetzlichen Voraussetzungen für die Nutzung der Daten vorliegen. [4]Absatz 1 Satz 4 sowie Absatz 5 Satz 1, 3 und 4 gelten entsprechend. [5]Die betroffenen Personen sind von Maßnahmen nach Satz 2 und 3 zu unterrichten, soweit und sobald hierdurch der Zweck der Maßnahme nicht vereitelt wird. [6]Die Unterrichtung unterbleibt, wenn ihr überwiegende schutzwürdige Belange Dritter oder der betroffenen Person selbst entgegenstehen oder wenn seit Beendigung der Maßnahme fünf Jahre verstrichen sind. [7]Wird die Unterrichtung zurückgestellt oder von ihr abgesehen, sind die Gründe aktenkundig zu machen.

(10) Die Landesregierung unterrichtet den Landtag jährlich über die nach Absatz 1 erfolgten Maßnahmen.

§ 23b Überwachung der Telekommunikation

(1) [1]Der Polizeivollzugsdienst kann ohne Wissen der betroffenen Person die Telekommunikation einer Person überwachen und aufzeichnen,

1. die nach den §§ 6 oder 7 verantwortlich ist, und dies zur Abwehr einer dringenden und erheblichen Gefahr für Leib, Leben oder Freiheit einer Person, für den Bestand oder die Sicherheit des Bundes oder eines Landes oder für wesentliche Infrastruktureinrichtungen oder sonstige Anlagen mit unmittelbarer Bedeutung für das Gemeinwesen geboten ist,
2. bei der bestimmte Tatsachen die Annahme rechtfertigen, dass sie innerhalb eines übersehbaren Zeitraums auf eine zumindest ihrer Art nach konkretisierte Weise eine Straftat begehen wird, die sich gegen die in Nummer 1 genannten Rechtsgüter richtet und dazu bestimmt ist,
   a) die Bevölkerung auf erhebliche Weise einzuschüchtern,
   b) eine Behörde oder eine internationale Organisation rechtswidrig mit Gewalt oder durch Drohung mit Gewalt zu nötigen oder
   c) die politischen, verfassungsrechtlichen, wirtschaftlichen oder sozialen Grundstrukturen eines Staates oder einer internationalen Organisation zu beseitigen oder erheblich zu beeinträchti-

gen, und durch die Art ihrer Begehung oder ihre Auswirkungen einen Staat oder eine internationale Organisation erheblich schädigen können,

3. deren individuelles Verhalten die konkrete Wahrscheinlichkeit begründet, dass sie innerhalb eines übersehbaren Zeitraums eine Straftat begehen wird, die sich gegen die in Nummer 1 genannten Rechtsgüter richtet und dazu bestimmt ist,

    a) die Bevölkerung auf erhebliche Weise einzuschüchtern,

    b) eine Behörde oder eine internationale Organisation rechtswidrig mit Gewalt oder durch Drohung mit Gewalt zu nötigen oder

    c) die politischen, verfassungsrechtlichen, wirtschaftlichen oder sozialen Grundstrukturen eines Staates oder einer internationalen Organisation zu beseitigen oder erheblich zu beeinträchtigen,

    und durch die Art ihrer Begehung oder ihre Auswirkungen einen Staat oder eine internationale Organisation erheblich schädigen können,

4. bei der bestimmte Tatsachen die Annahme rechtfertigen, dass sie für eine Person nach Nummer 1 bestimmte oder von dieser herrührende Mitteilungen entgegennimmt oder weitergibt, oder

5. bei der bestimmte Tatsachen die Annahme rechtfertigen, dass eine Person nach Nummer 1 deren Telekommunikationsanschluss oder Endgerät benutzen wird.

²Datenerhebungen dürfen nur durchgeführt werden, wenn sonst die Erfüllung der polizeilichen Aufgabe aussichtslos oder wesentlich erschwert würde. ³Die Datenerhebung darf auch durchgeführt werden, wenn Dritte unvermeidbar betroffen werden.

(2) Die Überwachung und Aufzeichnung der Telekommunikation darf ohne Wissen der betroffenen Person in der Weise erfolgen, dass mit technischen Mitteln in von ihr genutzte informationstechnische Systeme eingegriffen wird, wenn

1. durch technische Maßnahmen sichergestellt ist, dass ausschließlich laufende Telekommunikation überwacht und aufgezeichnet wird, und

2. der Eingriff notwendig ist, um die Überwachung und Aufzeichnung der Telekommunikation insbesondere auch in unverschlüsselter Form zu ermöglichen.

(3) ¹Bei Maßnahmen nach Absatz 2 ist sicherzustellen, dass

1. an dem informationstechnischen System nur Veränderungen vorgenommen werden, die für die Datenerhebung unerlässlich sind, und

2. die vorgenommenen Veränderungen bei Beendigung der Maßnahme, soweit technisch möglich, automatisiert rückgängig gemacht werden.

²Das eingesetzte Mittel ist gegen unbefugte Nutzung zu schützen. Kopierte Daten sind gegen Veränderung, unbefugte Löschung und unbefugte Kenntnisnahme zu schützen.

(4) ¹Maßnahmen nach den Absätzen 1 oder 2 bedürfen der Anordnung durch das Amtsgericht, in dessen Bezirk die zuständige Polizeidienststelle ihren Sitz hat. ²Die Anordnung wird vom Gericht nur auf Antrag erlassen. ³Der Antrag ist durch die Leitung eines regionalen Polizeipräsidiums oder des Landeskriminalamts schriftlich zu stellen und zu begründen.

(5) Im Antrag sind anzugeben

1. die Person, gegen die sich die Maßnahme richtet, soweit möglich, mit Name und Anschrift,

2. die Rufnummer oder eine andere Kennung des zu überwachenden Anschlusses oder des Endgerätes,

3. Art, Umfang und Dauer der Maßnahme,

4. im Fall des Absatzes 2 auch eine möglichst genaue Bezeichnung des informationstechnischen Systems, in das zur Datenerhebung eingegriffen werden soll,

5. der Sachverhalt und

6. eine Begründung.

(6) ¹Die Anordnung des Gerichts ergeht schriftlich. ²In ihr sind anzugeben

1. eine Kennung des Kommunikationsanschlusses oder des Endgerätes, bei dem die Datenerhebung durchgeführt wird,

2. im Falle des Absatzes 2 auch eine möglichst genaue Bezeichnung des informationstechnischen Systems, in das zur Datenerhebung eingegriffen werden soll.

³Im Übrigen gilt § 23 Absatz 3 Sätze 2 bis 7 mit der Maßgabe, dass in der Anordnung die Dauer der Maßnahme unter Benennung des Endzeitpunktes zu bestimmen ist. ⁴Liegen die Voraussetzungen der

Anordnung nicht mehr vor, sind die aufgrund der Anordnung ergriffenen Maßnahmen unverzüglich zu beenden.

(7) [1]Bei Gefahr im Verzug kann eine Maßnahme nach den Absätzen 1 und 2 von der Leitung eines regionalen Polizeipräsidiums oder des Landeskriminalamts angeordnet werden. [2]In diesem Fall ist die Bestätigung des in Absatz 4 genannten Gerichts unverzüglich herbeizuführen. [3]Soweit die Anordnung nicht binnen drei Tagen durch das Gericht bestätigt wird, tritt sie außer Kraft.

(8) [1]Aufgrund der Anordnung einer Maßnahme nach Absatz 1 hat jeder, der geschäftsmäßig Telekommunikationsdienste erbringt oder daran mitwirkt, dem Polizeivollzugsdienst die Maßnahme zu ermöglichen und die erforderlichen Auskünfte unverzüglich zu erteilen. [2]Ob und in welchem Umfang hierfür Vorkehrungen zu treffen sind, bestimmt sich nach dem Telekommunikationsgesetz und der Telekommunikations-Überwachungsverordnung in der jeweils geltenden Fassung. [3]Für die Entschädigung der Diensteanbieter ist § 23 des Justizvergütungs- und -entschädigungsgesetzes entsprechend anzuwenden.

(9) [1]Liegen tatsächliche Anhaltspunkte für die Annahme vor, dass durch eine Maßnahme nach den Absätzen 1 und 2 allein Erkenntnisse aus dem Kernbereich privater Lebensgestaltung erlangt würden, ist die Maßnahme unzulässig. [2]Soweit im Rahmen von Maßnahmen nach den Absätzen 1 und 2 neben einer automatischen Aufzeichnung eine unmittelbare Kenntnisnahme erfolgt, ist die Maßnahme unverzüglich zu unterbrechen, soweit sich während der Überwachung tatsächliche Anhaltspunkte dafür ergeben, dass Inhalte, die dem Kernbereich privater Lebensgestaltung zuzurechnen sind, erfasst werden. [3]Bestehen insoweit Zweifel, darf nur eine automatische Aufzeichnung fortgesetzt werden. [4]Automatische Aufzeichnungen, bei denen nicht ausgeschlossen werden kann, dass Inhalte, die dem Kernbereich privater Lebensgestaltung zuzurechnen sind, erfasst wurden, sind unverzüglich dem anordnenden Gericht vorzulegen. [5]Das Gericht entscheidet unverzüglich über die Verwertbarkeit oder Löschung der Daten. [6]Bis zur Entscheidung durch das Gericht dürfen die automatischen Aufzeichnungen nicht verwendet werden. [7]Ist die Maßnahme nach Satz 2 unterbrochen worden, so darf sie für den Fall, dass sie nicht nach Satz 1 unzulässig ist, fortgeführt werden. [8]Erkenntnisse aus dem Kernbereich privater Lebensgestaltung, die durch eine Maßnahme nach den Absätzen 1 und 2 erlangt worden sind, dürfen nicht verwertet werden. [9]Aufzeichnungen hierüber sind unverzüglich zu löschen. [10]Die Tatsachen der Erfassung der Daten und der Löschung sind zu dokumentieren. [11]Die Dokumentation darf ausschließlich für Zwecke der Datenschutzkontrolle nach Absatz 13 verwendet werden. [12]Sie ist sechs Monate nach der Unterrichtung nach Absatz 10 oder sechs Monate nach Erteilung der gerichtlichen Zustimmung über das endgültige Absehen von der Unterrichtung zu löschen. [13]Ist die Datenschutzkontrolle nach Ablauf der in Satz 11 genannten Fristen noch nicht beendet, ist die Dokumentation bis zu ihrem Abschluss aufzubewahren.

(10) [1]Die betroffenen Personen sind von Maßnahmen nach den Absätzen 1 oder 2 zu unterrichten, sobald dies ohne Gefährdung des Zwecks der Maßnahme oder der in Absatz 1 Satz 1 Nummer 1 genannten Rechtsgüter möglich ist. [2]Ist wegen des zugrundliegenden Sachverhaltes ein strafrechtliches Ermittlungsverfahren gegen die betroffene Person eingeleitet worden, ist die Unterrichtung in Abstimmung mit der Staatsanwaltschaft nachzuholen, sobald der Stand des Ermittlungsverfahrens dies zulässt. [3]Die Zurückstellung ist mit Begründung zu dokumentieren. [4]Erfolgt die zurückgestellte Unterrichtung nicht binnen sechs Monaten nach Beendigung der Maßnahme, bedarf die weitere Zurückstellung der Zustimmung des in Absatz 4 genannten Gerichtes. [5]Die richterliche Entscheidung ist vorbehaltlich einer anderen richterlichen Anordnung jeweils nach sechs Monaten erneut einzuholen. [6]Fünf Jahre nach Beendigung einer Maßnahme nach den Absätzen 1 und 2 kann mit richterlicher Zustimmung endgültig von der Unterrichtung abgesehen werden, wenn die Voraussetzungen für die Unterrichtung mit an Sicherheit grenzender Wahrscheinlichkeit auch in Zukunft nicht eintreten werden. [7]Eine Unterrichtung kann unterbleiben, wenn

1. überwiegende Interessen einer betroffenen Person entgegenstehen,
2. die Identität oder der Aufenthalt einer betroffenen Person nur mit unverhältnismäßigem Aufwand ermittelt werden kann oder
3. die betroffene Person von der Maßnahme nur unerheblich betroffen ist und mit an Sicherheit grenzender Wahrscheinlichkeit anzunehmen ist, dass sie kein Interesse an einer Unterrichtung hat.

[8]In den in Satz 7 genannten Fällen ist das Absehen von einer Unterrichtung mit Begründung zu dokumentieren.

(11) ¹Bei der Erhebung von Daten nach den Absätzen 1 und 2 sind zu protokollieren
1. das zur Datenerhebung eingesetzte Mittel,
2. der Zeitpunkt des Einsatzes,
3. Angaben, die die Feststellung der erhobenen Daten ermöglichen,
4. die Organisationseinheit, die die Maßnahmen durchführt,
5. die Beteiligten der überwachten Telekommunikation und,
6. sofern die Überwachung mit einem Eingriff in von der betroffenen Person genutzte informationstechnische Systeme verbunden ist, die Angaben zur Identifizierung des informationstechnischen Systems und die daran vorgenommenen nicht nur flüchtigen Veränderungen.
²Die Protokolldaten dürfen nur verwendet werden für Zwecke der Unterrichtung nach Absatz 10 oder um der betroffenen Person oder einer dazu befugten Stelle die Prüfung zu ermöglichen, ob die Maßnahmen rechtmäßig durchgeführt worden sind. ³Sie sind bis zu dem Abschluss der Kontrolle nach Absatz 13 aufzubewahren und sodann automatisiert zu löschen, es sei denn, dass sie für die in Satz 2 genannten Zwecke noch erforderlich sind.
(12) ¹Die nach den Absätzen 1 und 2 erhobenen personenbezogenen Daten sind wie folgt zu kennzeichnen:
1. Angabe des Mittels der Erhebung der Daten einschließlich der Angabe, ob die Daten offen oder verdeckt erhoben wurden,
2. Angabe der
a) Rechtsgüter, deren Schutz die Erhebung dient, oder
b) Straftaten, deren Verhütung die Erhebung dient, sowie
3. Angabe der Stelle, die sie erhoben hat.
²Die Kennzeichnung nach Satz 1 Nummer 1 kann durch Angabe der Rechtsgrundlage ergänzt werden. ³Personenbezogene Daten, die nicht entsprechend den Anforderungen des Satzes 1 gekennzeichnet sind, dürfen solange nicht weiterverarbeitet oder übermittelt werden, bis eine Kennzeichnung entsprechend den Anforderungen des Satzes 1 erfolgt ist. ⁴Bei Übermittlung an eine andere Stelle ist die empfangende Stelle darauf hinzuweisen, dass die Kennzeichnung nach Satz 1 aufrechtzuerhalten ist.
(13) Der Landesbeauftragte für den Datenschutz führt bezüglich der Datenerhebungen nach den Absätzen 1 und 2 mindestens alle zwei Jahre Kontrollen durch.
(14) Die Landesregierung unterrichtet den Landtag jährlich über die nach den Absätzen 1 und 2 erfolgten Maßnahmen.

§ 24 Besondere Bestimmungen über den Einsatz Verdeckter Ermittler
(1) ¹Soweit es zur Geheimhaltung der wahren Identität eines Verdeckten Ermittlers erforderlich ist, dürfen entsprechende Urkunden hergestellt, verändert oder gebraucht werden. ²Ein Verdeckter Ermittler darf zur Erfüllung seines Auftrages unter Geheimhaltung seiner wahren Identität am Rechtsverkehr teilnehmen.
(2) Ein Verdeckter Ermittler darf unter Geheimhaltung seiner wahren Identität, nicht jedoch unter Vortäuschen eines Zutrittsrechts, mit Einverständnis des Berechtigten dessen Wohnung betreten.

§ 25 Ausschreibung von Personen und Kraftfahrzeugen
(1) ¹Der Polizeivollzugsdienst kann eine Person und Kennzeichen der auf den Namen der Person zugelassenen, von ihr benutzten oder von ihr eingesetzten Kraftfahrzeuge zum Zwecke der Mitteilung über das Antreffen oder der gezielten Kontrolle ausschreiben, wenn
1. die Gesamtwürdigung der Person und ihre bisher begangenen Straftaten erwarten lassen oder
2. Tatsachen die Annahme rechtfertigen,
dass die Person künftig Straftaten von erheblicher Bedeutung (§ 22 Abs. 5) begehen wird und die Mitteilung über das Antreffen oder die gezielte Kontrolle zur vorbeugenden Bekämpfung dieser Straftaten erforderlich ist. ²Wird eine nach Satz 1 ausgeschriebene Person oder ein nach Satz 1 ausgeschriebenes Kennzeichen bei einer polizeilichen Kontrolle festgestellt, dürfen
1. im Fall der Ausschreibung zur Mitteilung über das Antreffen die hierüber gewonnenen Erkenntnisse, insbesondere über das Antreffen der Person, über Kontakt- und Begleitpersonen und über mitgeführte Sachen sowie
2. im Falle der gezielten Kontrolle zusätzlich zu den Erkenntnissen nach Nummer 1 die aus Maßnahmen nach den §§ 26, 29 und 30 gewonnenen Erkenntnisse

an die ausschreibende Polizeidienststelle übermittelt werden. [3]Satz 2 gilt entsprechend, wenn die Person oder das Fahrzeug nach Artikel 99 Abs. 1 des Schengener Durchführungsübereinkommens vom 19. Juni 1990 (Gesetz vom 15. Juli 1993, BGBl. II S.1010) zur gezielten Kontrolle ausgeschrieben ist.

(2) [1]Die Ausschreibung muß vom Leiter oder einem von ihm besonders beauftragten Polizeibeamten des höheren Dienstes des Landeskriminalamtes angeordnet werden. [2]Die Anordnung ergeht schriftlich und ist zu begründen; sie ist auf höchstens 12 Monate zu befristen. [3]Verlängerungen bis zu jeweils 12 Monaten sind zulässig; hierzu bedarf es jeweils einer neuen Anordnung.

(3) Liegen die Voraussetzungen für die Anordnung nicht mehr vor, ist der Zweck der Ausschreibung erreicht oder kann er nicht erreicht werden, ist die Ausschreibung unverzüglich zu löschen.

(4) [1]Nach Beendigung der Maßnahme ist der Betroffene zu unterrichten. [2]§ 22 Abs. 8 gilt entsprechend.

Vierter Unterabschnitt
Einzelmaßnahmen

§ 26 Personenfeststellung[1)]

(1) Die Polizei kann die Identität einer Person feststellen,

1. um im einzelnen Falle eine Gefahr für die öffentliche Sicherheit oder Ordnung abzuwehren oder eine Störung der öffentlichen Sicherheit oder Ordnung zu beseitigen,

2. wenn sie an einem Ort angetroffen wird, an dem erfahrungsgemäß Straftäter sich verbergen, Personen Straftaten verabreden, vorbereiten oder verüben, sich ohne erforderlichen Aufenthaltstitel oder ausländerrechtliche Duldung treffen oder der Prostitution nachgehen,

3. wenn sie in einer Verkehrs- oder Versorgungsanlage oder -einrichtung, einem öffentlichen Verkehrsmittel, Amtsgebäude oder einem anderen besonders gefährdeten Objekt oder in unmittelbarer Nähe hiervon angetroffen wird und Tatsachen die Annahme rechtfertigen, daß in oder an Objekten dieser Art Straftaten begangen werden sollen,

4. wenn sie an einer Kontrollstelle angetroffen wird, die von der Polizei zum Zwecke der Fahndung nach Straftätern eingerichtet worden ist,

5. wenn sie innerhalb eines Kontrollbereichs angetroffen wird, der von der Polizei eingerichtet worden ist zum Zwecke der Fahndung nach Personen, die als Täter oder Teilnehmer eine der in § 100a der Strafprozeßordnung genannten Straftaten begangen oder in Fällen, in denen der Versuch strafbar ist, zu begehen versucht oder durch eine Straftat vorbereitet haben. Der Kontrollbereich kann, außer bei Gefahr im Verzug, nur vom Innenministerium oder von einem regionalen Polizeipräsidium eingerichtet werden, oder

6. zum Zwecke der Bekämpfung der grenzüberschreitenden Kriminalität in öffentlichen Einrichtungen des internationalen Verkehrs sowie auf Durchgangsstraßen (Bundesautobahnen, Europastraßen und andere Straßen von erheblicher Bedeutung für die grenzüberschreitende Kriminalität).

(2) [1]Die Polizei kann zur Feststellung der Identität die erforderlichen Maßnahmen treffen. [2]Sie kann den Betroffenen insbesondere anhalten und verlangen, daß er mitgeführte Ausweispapiere vorzeigt und zur Prüfung aushändigt. [3]Der Betroffene kann festgehalten und seine Person sowie die von ihm mitgeführten Sachen können durchsucht oder er kann zur Dienststelle gebracht werden, wenn die Identität auf andere Weise nicht oder nur unter erheblichen Schwierigkeiten festgestellt werden kann. [4]Die Personendurchsuchung darf nur von Personen gleichen Geschlechts durchgeführt werden.

(3) Die Polizei kann verlangen, daß ein Berechtigungsschein vorgezeigt und zur Prüfung ausgehändigt wird, wenn der Betroffene auf Grund einer Rechtsvorschrift verpflichtet ist, diesen Berechtigungsschein mitzuführen.

§ 27 Vorladung

(1) Die Polizei kann eine Person vorladen, wenn

1. Tatsachen die Annahme rechtfertigen, daß die Person sachdienliche Angaben machen kann, die zur Wahrnehmung polizeilicher Aufgaben erforderlich sind, oder

2. dies zur Durchführung erkennungsdienstlicher Maßnahmen erforderlich ist.

---

1) Gem. Beschl. des BVerfG – 1 BvR 2795/09, 1 BvR 3187/10 – (BGBl. 2019 I S. 195) ist § 26 Abs. 1 Nr. 4 und 5 unvereinbar mit Art. 2 Abs. 1 in Verbindung mit Art. 1 Abs. 1 GG und insoweit nichtig.

(2) [1]Bei der Vorladung soll deren Grund angegeben werden. [2]Bei der Festsetzung des Zeitpunkts soll auf die beruflichen Verpflichtungen und die sonstigen Lebensverhältnisse des Betroffenen Rücksicht genommen werden.

(3) Leistet ein Betroffener der Vorladung ohne hinreichenden Grund keine Folge, so kann sie zwangsweise durchgesetzt werden, wenn dies

1. zur Abwehr einer Gefahr für Leben, Gesundheit oder Freiheit einer Person oder für bedeutende fremde Sach- oder Vermögenswerte oder
2. zur Durchführung erkennungsdienstlicher Maßnahmen

erforderlich ist.

(4) Für die Entschädigung eines auf Vorladung erscheinenden Zeugen oder Sachverständigen gilt das Justizvergütungs- und -entschädigungsgesetz entsprechend.

§ 27a Platzverweis, Aufenthaltsverbot, Wohnungsverweis, Rückkehrverbot, Annäherungsverbot

(1) Die Polizei kann zur Abwehr einer Gefahr oder zur Beseitigung einer Störung eine Person vorübergehend von einem Ort verweisen oder ihr vorübergehend das Betreten eines Ortes verbieten (Platzverweis).

(2) [1]Die Polizei kann einer Person verbieten, einen bestimmten Ort, ein bestimmtes Gebiet innerhalb einer Gemeinde oder ein Gemeindegebiet zu betreten oder sich dort aufzuhalten, wenn Tatsachen die Annahme rechtfertigen, dass diese Person dort eine Straftat begehen oder zu ihrer Begehung beitragen wird (Aufenthaltsverbot). [2]Das Aufenthaltsverbot ist zeitlich und örtlich auf den zur Verhütung der Straftat erforderlichen Umfang zu beschränken und darf räumlich nicht den Zugang zur Wohnung der betroffenen Person umfassen. [3]Es darf die Dauer von drei Monaten nicht überschreiten.

(3) [1]Die Polizei kann eine Person aus ihrer Wohnung und dem unmittelbar angrenzenden Bereich verweisen, wenn dies zum Schutz einer anderen Bewohnerin oder eines anderen Bewohners dieser Wohnung (verletzte oder bedrohte Person) vor einer unmittelbar bevorstehenden erheblichen Gefahr erforderlich ist (Wohnungsverweis). [2]Rechtfertigen Tatsachen die Annahme, dass die erhebliche Gefahr nach Verlassen der Wohnung fortbesteht, kann die Polizei der der Wohnung verwiesenen Person verbieten, in die Wohnung oder den unmittelbar angrenzenden Bereich zurückzukehren (Rückkehrverbot) und sich der verletzten oder bedrohten Person anzunähern (Annäherungsverbot).

(4) [1]Maßnahmen nach Absatz 3 sind bei Anordnung durch den Polizeivollzugsdienst auf höchstens vier Werktage und bei Anordnung durch die Polizeibehörde auf höchstens zwei Wochen zu befristen. [2]Beantragt die verletzte oder bedrohte Person vor Ablauf der Frist Schutzmaßnahmen nach dem Gewaltschutzgesetz, kann die Polizeibehörde die Frist um höchstens zwei Wochen verlängern, wenn die Voraussetzungen des Absatzes 3 Satz 2 weiter vorliegen und dies unter Berücksichtigung der schutzwürdigen Interessen der der Wohnung verwiesenen Person erforderlich erscheint. [3]Die Maßnahmen enden mit dem Tag der wirksamen gerichtlichen Entscheidung, eines gerichtlichen Vergleiches oder einer einstweiligen Anordnung.

(5) Anträge nach dem Gewaltschutzgesetz sowie hierauf erfolgte Entscheidungen, gerichtliche Vergleiche oder einstweilige Anordnungen, insbesondere die angeordneten Maßnahmen, die Dauer der Maßnahmen sowie Verstöße gegen die Auflagen, teilt das Gericht der zuständigen Polizeibehörde und der zuständigen Polizeidienststelle unverzüglich mit.

§ 27b Aufenthaltsvorgabe und Kontaktverbot zur Verhütung terroristischer Straftaten

(1) Der Polizeivollzugsdienst kann zur Verhütung von Straftaten, die in § 129 a Absätze 1 und 2 des Strafgesetzbuchs bezeichnet und dazu bestimmt sind,

1. die Bevölkerung auf erhebliche Weise einzuschüchtern,
2. eine Behörde oder eine internationale Organisation rechtswidrig mit Gewalt oder durch Drohung mit Gewalt zu nötigen oder
3. die politischen, verfassungsrechtlichen, wirtschaftlichen oder sozialen Grundstrukturen eines Staates oder einer internationalen Organisation zu beseitigen oder erheblich zu beeinträchtigen,

und durch die Art ihrer Begehung oder ihre Auswirkungen einen Staat oder eine internationale Organisation erheblich schädigen können, einer Person untersagen, sich ohne Erlaubnis der zuständigen Polizeidienststelle von ihrem Wohn- oder Aufenthaltsort oder aus einem bestimmten Bereich zu entfernen oder sich an bestimmten Orten aufzuhalten (Aufenthaltsvorgabe), wenn bestimmte Tatsachen die Annahme rechtfertigen, dass die betroffene Person innerhalb eines übersehbaren Zeitraums auf eine zumindest ihrer Art nach konkretisierte Weise eine solche Straftat begehen wird, oder das individuelle Verhalten der betroffenen Person die konkrete Wahrscheinlichkeit begründet, dass sie innerhalb eines übersehbaren Zeitraums eine solche Straftat begehen wird.

(2) Unter den Voraussetzungen des Absatzes 1 kann der Polizeivollzugsdienst zur Verhütung von Straftaten nach Absatz 1 einer Person den Kontakt mit bestimmten Personen oder Personen einer bestimmten Gruppe untersagen (Kontaktverbot).

(3) [1]Maßnahmen nach den Absätzen 1 und 2 bedürfen der Anordnung durch das Amtsgericht, in dessen Bezirk die zuständige Polizeidienststelle ihren Sitz hat. [2]Die Anordnung wird vom Gericht nur auf Antrag erlassen. [3]Der Antrag ist durch die Leitung eines regionalen Polizeipräsidiums, des Polizeipräsidiums Einsatz oder des Landeskriminalamts schriftlich zu stellen und zu begründen. [4]§ 31 Absatz 5 Sätze 2 bis 4 ist entsprechend anzuwenden. [5]Bei Gefahr im Verzug kann die Anordnung von einer der in Satz 3 genannten Personen getroffen werden. [6]Diese Anordnung bedarf der Bestätigung des in Satz 1 genannten Gerichts. [7]Sie ist unverzüglich herbeizuführen.

(4) Im Antrag sind anzugeben
1. die Person, gegen die sich die Maßnahme richtet, mit Name und Anschrift,
2. Art, Umfang und Dauer der Maßnahme, einschließlich
   a) im Fall der Aufenthaltsvorgabe nach Absatz 1 einer Bezeichnung der Orte, von denen sich die Person ohne Erlaubnis der zuständigen Polizeidienststelle nicht entfernen oder an denen sich die Person ohne Erlaubnis der zuständigen Polizeidienststelle nicht aufhalten darf,
   b) im Fall des Kontaktverbots nach Absatz 2 einer Benennung der Personen oder Gruppe, mit denen oder mit der der betroffenen Person der Kontakt untersagt ist, soweit möglich, mit Name und Anschrift,
3. der Sachverhalt sowie
4. eine Begründung.

(5) [1]Die Anordnung ergeht schriftlich. [2]In ihr sind anzugeben
1. die Person, gegen die sich die Maßnahme richtet, mit Name und Anschrift,
2. Art, Umfang und Dauer der Maßnahme, einschließlich
   a) im Fall der Aufenthaltsvorgabe nach Absatz 1 einer Bezeichnung der Orte, von denen sich die Person ohne Erlaubnis der zuständigen Polizeidienststelle nicht entfernen oder an denen sich die Person ohne Erlaubnis der zuständigen Polizeidienststelle nicht aufhalten darf,
   b) im Fall des Kontaktverbots nach Absatz 2 einer Benennung der Personen oder Gruppe, mit denen oder mit der der betroffenen Person der Kontakt untersagt ist, soweit möglich, mit Name und Anschrift und
3. die wesentlichen Gründe.

(6) [1]Aufenthaltsvorgaben nach Absatz 1 und Kontaktverbote nach Absatz 2 sind auf den zur Verhütung von Straftaten im Sinne des Absatzes 1 erforderlichen Umfang zu beschränken. [2]Sie sind auf höchstens drei Monate zu befristen. [3]Eine Verlängerung um jeweils nicht mehr als drei Monate ist möglich, soweit ihre Voraussetzungen fortbestehen. [4]Liegen die Voraussetzungen für die Aufenthaltsvorgabe nach Absatz 1 oder das Kontaktverbot nach Absatz 2 nicht mehr vor, ist die Maßnahme unverzüglich zu beenden.

§ 27c Elektronische Aufenthaltsüberwachung zur Verhütung terroristischer Straftaten

(1) Der Polizeivollzugsdienst kann eine Person dazu verpflichten, ein technisches Mittel, mit dem der Aufenthaltsort dieser Person elektronisch überwacht werden kann, ständig in betriebsbereitem Zustand am Körper bei sich zu führen und dessen Funktionsfähigkeit nicht zu beeinträchtigen, wenn
1. bestimmte Tatsachen die Annahme rechtfertigen, dass diese Person innerhalb eines übersehbaren Zeitraums auf eine zumindest ihrer Art nach konkretisierte Weise eine Straftat im Sinne des § 27b Absatz 1 begehen wird, oder
2. deren individuelles Verhalten eine konkrete Wahrscheinlichkeit dafür begründet, dass sie innerhalb eines übersehbaren Zeitraums eine Straftat im Sinne des § 27b Absatz 1 begehen wird,
um diese Person durch die Überwachung und die Datenverwendung von der Begehung dieser Straftaten abzuhalten.

(2) [1]Der Polizeivollzugsdienst verarbeitet mit Hilfe der von der betroffenen Person mitgeführten technischen Mittel automatisiert Daten über deren Aufenthaltsort sowie über etwaige Beeinträchtigungen der Datenerhebung. [2]Soweit es technisch möglich ist, ist sicherzustellen, dass innerhalb der Wohnung der betroffenen Person keine über den Umstand ihrer Anwesenheit hinausgehenden Aufenthaltsdaten erhoben werden. [3]Die Daten dürfen ohne Einwilligung der betroffenen Person nur verwendet werden, soweit dies erforderlich ist für die folgenden Zwecke:

1. zur Verhütung oder zur Verfolgung von Straftaten im Sinne des § 27b Absatz 1,
2. zur Feststellung von Verstößen gegen Aufenthaltsvorgaben nach § 27b Absatz 1 und Kontaktverbote nach § 27b Absatz 2,
3. zur Verfolgung einer Straftat nach § 84b,
4. zur Abwehr einer erheblichen gegenwärtigen Gefahr für Leib, Leben oder Freiheit einer dritten Person oder
5. zur Aufrechterhaltung der Funktionsfähigkeit der technischen Mittel.

[4]Zur Einhaltung der Zweckbindung nach Satz 3 hat die Verarbeitung der Daten automatisiert zu erfolgen, und es sind die Daten gegen unbefugte Kenntnisnahme besonders zu sichern. [5]Für die Kennzeichnung der Daten gilt § 23b Absatz 12 entsprechend. [6]Die in Satz 1 genannten Daten sind spätestens zwei Monate nach ihrer Erhebung zu löschen, soweit sie nicht für die in Satz 3 genannten Zwecke verwendet werden. [7]Jeder Abruf der Daten ist zu protokollieren. [8]Die Protokolle müssen es ermöglichen, das Datum, die Uhrzeit und, so weit wie möglich, die Identität der Person festzustellen, die die personenbezogenen Daten abgerufen hat. [9]Die Protokolldaten dürfen nur verwendet werden, um einer dazu befugten Stelle die Prüfung zu ermöglichen, ob die Maßnahmen rechtmäßig durchgeführt worden sind. [10]Sie sind nach zwölf Monaten zu löschen. [11]Werden innerhalb der Wohnung der betroffenen Person über den Umstand ihrer Anwesenheit hinausgehende Aufenthaltsdaten erhoben, dürfen diese nicht verwendet werden und sind unverzüglich nach Kenntnisnahme zu löschen. [12]Die Tatsache ihrer Kenntnisnahme und Löschung ist zu dokumentieren. [13]Die Dokumentation darf ausschließlich für Zwecke der Datenschutzkontrolle verwendet werden. [14]Sie ist nach zwölf Monaten zu löschen.

(3) Der Polizeivollzugsdienst kann bei den zuständigen Polizeien des Bundes und der Länder, sonstigen öffentlichen Stellen sowie anderen Stellen im Rahmen der geltenden Gesetze personenbezogene Daten über die betroffene Person erheben, soweit dies zur Durchführung der Maßnahme nach den Absätzen 1 und 2 erforderlich ist.

(4) Zur Durchführung der Maßnahme nach Absatz 1 hat die zuständige Polizeidienststelle

1. Daten des Aufenthaltsortes der betroffenen Person an Strafverfolgungsbehörden und andere Polizeidienststellen weiterzugeben, wenn dies zur Verhütung oder zur Verfolgung einer Straftat im Sinne des § 27b Absatz 1 erforderlich ist,
2. Daten des Aufenthaltsortes der betroffenen Person an andere Polizeidienststellen weiterzugeben, sofern dies zur Durchsetzung von Maßnahmen nach Absatz 2 Satz 3 Nummer 2 erforderlich ist,
3. Daten des Aufenthaltsortes der betroffenen Person an die zuständige Strafverfolgungsbehörde zur Verfolgung einer Straftat nach § 84b weiterzugeben,
4. Daten des Aufenthaltsortes der betroffenen Person an andere Polizeidienststellen weiterzugeben, sofern dies zur Abwehr einer erheblichen gegenwärtigen Gefahr im Sinne von Absatz 2 Satz 3 Nummer 4 erforderlich ist,
5. eingehende Systemmeldungen über Verstöße nach Absatz 2 Satz 3 Nummer 2 entgegenzunehmen und zu bewerten,
6. die Ursache einer Meldung zu ermitteln; hierzu kann die zuständige Polizeidienststelle Kontakt mit der betroffenen Person aufnehmen, sie befragen, sie auf den Verstoß hinweisen und ihr mitteilen, wie sie dessen Beendigung bewirken kann,
7. eine Überprüfung der bei der betroffenen Person vorhandenen technischen Geräte auf ihre Funktionsfähigkeit oder Manipulation und die zu der Behebung einer Funktionsbeeinträchtigung erforderlichen Maßnahmen, insbesondere den Austausch der technischen Mittel oder von Teilen davon, einzuleiten,
8. Anfragen der betroffenen Person zum Umgang mit den technischen Mitteln zu beantworten.

(5) [1]Maßnahmen nach Absatz 1 bedürfen der Anordnung durch das Amtsgericht, in dessen Bezirk die zuständige Polizeidienststelle ihren Sitz hat. [2]Die Anordnung wird vom Gericht nur auf Antrag erlassen. [3]Der Antrag ist durch die Leitung eines regionalen Polizeipräsidiums, des Polizeipräsidiums Ein-

satz oder des Landeskriminalamts schriftlich zu stellen und zu begründen. [4]§ 31 Absatz 5 Sätze 2 bis 4 ist entsprechend anzuwenden. [5]Bei Gefahr im Verzug kann die Anordnung von einer der in Satz 3 genannten Personen getroffen werden. [6]Diese Anordnung bedarf der Bestätigung des in Satz 1 genannten Gerichts. [7]Sie ist unverzüglich herbeizuführen.

(6) Im Antrag sind anzugeben

1. die Person, gegen die sich die Maßnahme richtet, mit Name und Anschrift,
2. Art, Umfang und Dauer der Maßnahme,
3. die Angabe, ob gegenüber der Person, gegen die sich die Maßnahme richtet, eine Aufenthaltsvorgabe nach § 27b Absatz 1 oder ein Kontaktverbot nach § 27b Absatz 2 besteht,
4. der Sachverhalt sowie
5. eine Begründung.

(7) [1]Die Anordnung ergeht schriftlich. [2]In ihr sind anzugeben

1. die Person, gegen die sich die Maßnahme richtet, mit Name und Anschrift,
2. Art, Umfang und Dauer der Maßnahme sowie
3. die wesentlichen Gründe.

(8) [1]Die Anordnung ist auf höchstens drei Monate zu befristen. [2]Eine Verlängerung um jeweils nicht mehr als drei Monate ist möglich, soweit die Anordnungsvoraussetzungen fortbestehen. [3]Liegen die Voraussetzungen der Anordnung nicht mehr vor, ist die Maßnahme unverzüglich zu beenden.

§ 28 Gewahrsam

(1) Die Polizei kann eine Person in Gewahrsam nehmen, wenn

1. auf andere Weise eine unmittelbar bevorstehende erhebliche Störung der öffentlichen Sicherheit oder Ordnung nicht verhindert oder eine bereits eingetretene erhebliche Störung nicht beseitigt werden kann, oder
2. der Gewahrsam zum eigenen Schutz einer Person gegen drohende Gefahr für Leib oder Leben erforderlich ist und die Person
   a) um Gewahrsam nachsucht oder
   b) sich erkennbar in einem die freie Willensbestimmung ausschließenden Zustand oder sonst in einer hilflosen Lage befindet oder
   c) Selbsttötung begehen will, oder
3. die Identität einer Person auf andere Weise nicht festgestellt werden kann.

(2) Der in Gewahrsam genommenen Person sind der Grund dieser Maßnahme und die gegen sie zulässigen Rechtsbehelfe unverzüglich bekanntzugeben.

(3) [1]Der Gewahrsam ist aufzuheben, sobald sein Zweck erreicht ist. [2]Er darf ohne richterliche Entscheidung nicht länger als bis zum Ende des Tags nach dem Ergreifen aufrechterhalten werden. [3]Eine richterliche Entscheidung über den Gewahrsam ist unverzüglich herbeizuführen. [4]Der Herbeiführung einer richterlichen Entscheidung bedarf es nicht, wenn anzunehmen ist, dass die Entscheidung erst nach Wegfall des Grundes des Gewahrsams ergehen würde. [5]In der Entscheidung nach Satz 3 ist die höchstzulässige Dauer des Gewahrsams zu bestimmen; diese darf nicht mehr als zwei Wochen betragen.

(4) [1]Für die Entscheidung nach Absatz 3 Satz 3 ist das Amtsgericht zuständig, in dessen Bezirk die in Gewahrsam genommene Person festgehalten wird. [2]Für das Verfahren gelten die Vorschriften des Buches 1 Abschnitte 1 bis 3 sowie 6, 7 und 9 des Gesetzes über das Verfahren in Familiensachen und in den Angelegenheiten der freiwilligen Gerichtsbarkeit entsprechend, soweit

1. in diesem Gesetz nichts anderes bestimmt ist oder
2. sich aus den Besonderheiten der richterlichen Entscheidung als einer Eilentscheidung nichts anderes ergibt.

[3]Die richterliche Entscheidung kann ohne persönliche Anhörung der in Gewahrsam genommenen Person ergehen, wenn diese rauschbedingt außerstande ist, den Gegenstand der persönlichen Anhörung durch das Gericht ausreichend zu erfassen und in der Anhörung zur Feststellung der entscheidungserheblichen Tatsachen beizutragen. [4]Sofern eine persönliche Anhörung durch das Gericht erforderlich ist, kann sie im Bereitschaftsdienst (§ 4 Absatz 2 des Gesetzes zur Ausführung des Gerichtsverfassungsgesetzes und von Verfahrensgesetzen der ordentlichen Gerichtsbarkeit) auch telefonisch durchgeführt werden. [5]Die richterliche Entscheidung wird mit Erlass wirksam; sie bedarf zu ihrer Wirk-

samkeit nicht der Bekanntgabe an die in Gewahrsam genommene Person. [6]Die Entscheidung kann im Bereitschaftsdienst auch mündlich ergehen; in diesem Fall ist sie unverzüglich schriftlich niederzulegen und zu begründen. [7]Gegen die Entscheidung des Amtsgerichts findet die Beschwerde zum Landgericht statt; für die Beschwerde gelten die Vorschriften des Buches 1 Abschnitt 5 Unterabschnitt 1 des Gesetzes über das Verfahren in Familiensachen und in den Angelegenheiten der freiwilligen Gerichtsbarkeit entsprechend. [8]Ist eine richterliche Entscheidung nach Absatz 3 Satz 3 ergangen, so ist die Anfechtungsklage ausgeschlossen.

§ 29 Durchsuchung von Personen

(1) Die Polizei kann eine Person durchsuchen, wenn

1. sie nach diesem Gesetz oder anderen Rechtsvorschriften festgehalten oder in Gewahrsam genommen werden darf,
2. Tatsachen die Annahme rechtfertigen, daß sie Sachen mit sich führt, die sichergestellt oder beschlagnahmt werden dürfen,
3. sie sich an einem der in § 26 Abs. 1 Nr. 2 genannten Orte aufhält,
4. sie sich in einem Objekt im Sinne des § 26 Abs. 1 Nr. 3 oder in dessen unmittelbarer Nähe aufhält und Tatsachen die Annahme rechtfertigen, daß in oder an Objekten dieser Art Straftaten begangen werden sollen oder
5. sie nach § 25 oder nach Artikel 99 Abs. 1 des Schengener Durchführungsübereinkommens zur gezielten Kontrolle ausgeschrieben ist.

(2) Die Polizei kann eine Person, deren Identität gemäß § 26 oder nach anderen Rechtsvorschriften festgestellt werden soll, nach Waffen, anderen gefährlichen Werkzeugen und Sprengstoffen durchsuchen, wenn dies nach den Umständen zum Schutz des Polizeibeamten oder eines Dritten gegen eine Gefahr für Leib oder Leben erforderlich erscheint.

(3) Personen dürfen nur von Personen gleichen Geschlechts oder Ärzten durchsucht werden; dies gilt nicht, wenn die sofortige Durchsuchung nach den Umständen zum Schutz gegen eine Gefahr für Leib oder Leben erforderlich erscheint.

§ 30 Durchsuchung von Sachen

Die Polizei kann eine Sache durchsuchen, wenn

1. sie von einer Person mitgeführt wird, die nach § 29 Abs. 1 oder 2 durchsucht werden darf,
2. Tatsachen die Annahme rechtfertigen, daß sich in ihr eine Person befindet, die
    a) in Gewahrsam genommen werden darf,
    b) widerrechtlich festgehalten wird oder
    c) infolge Hilflosigkeit an Leib oder Leben gefährdet ist,
3. Tatsachen die Annahme rechtfertigen, daß sich in ihr eine andere Sache befindet, die sichergestellt oder beschlagnahmt werden darf,
4. sie sich an einem der in § 26 Abs. 1 Nr. 2 genannten Orte befindet oder
5. sie sich in einem Objekt im Sinne des § 26 Abs. 1 Nr. 3 oder in dessen unmittelbarer Nähe befindet und Tatsachen die Annahme rechtfertigen, daß Straftaten in oder an Objekten dieser Art begangen werden sollen, oder
6. es sich um ein Land-, Wasser- oder Luftfahrzeug handelt, in dem sich eine Person befindet, deren Identität nach § 26 Abs. 1 Nr. 4 oder 5 festgestellt werden darf; die Durchsuchung kann sich auch auf die in dem Fahrzeug enthaltenen oder mit dem Fahrzeug verbundenen Sachen erstrecken,
7. sie von einer Person mitgeführt wird, deren Identität nach § 26 Abs. 1 Nr. 4 und 5 festgestellt werden darf oder
8. es sich um ein Kraftfahrzeug handelt, dessen Kennzeichen nach § 25 oder nach Artikel 99 Abs. 1 des Schengener Durchführungsübereinkommens zur gezielten Kontrolle ausgeschrieben ist.

§ 31 Betreten und Durchsuchung von Wohnungen

(1) [1]Die Polizei kann eine Wohnung gegen den Willen des Inhabers nur betreten, wenn dies zum Schutz eines einzelnen oder des Gemeinwesens gegen dringende Gefahren für die öffentliche Sicherheit oder Ordnung erforderlich ist. [2]Während der Nachtzeit ist das Betreten nur zur Abwehr einer gemeinen Gefahr oder einer Lebensgefahr oder schweren Gesundheitsgefahr für einzelne Personen zulässig.

(2) Die Polizei kann eine Wohnung nur durchsuchen, wenn

1. Tatsachen die Annahme rechtfertigen, daß sich eine Person in der Wohnung befindet, die
    a)   in Gewahrsam genommen werden darf,
    b)   widerrechtlich festgehalten wird oder
    c)   infolge Hilflosigkeit an Leib oder Leben gefährdet ist, oder
2. Tatsachen die Annahme rechtfertigen, daß sich eine Sache in der Wohnung befindet, die sichergestellt oder beschlagnahmt werden darf.

(3) [1]Ist eine Person entführt worden und rechtfertigen Tatsachen die Annahme, daß sie in einem Gebäude oder einer Gebäudegruppe festgehalten wird, so kann die Polizei Wohnungen in diesem Gebäude oder dieser Gebäudegruppe durchsuchen, wenn die Durchsuchungen das einzige Mittel sind, um eine Lebensgefahr oder Gesundheitsgefahr von der entführten Person oder von einem Dritten abzuwehren. [2]Durchsuchungen während der Nachtzeit sind nur zulässig, wenn sie zur Abwehr der in Satz 1 genannten Gefahren unumgänglich notwendig sind.

(4) Die Nachtzeit umfaßt in dem Zeitraum vom 1. April bis 30. September die Stunden von 21 Uhr bis 4 Uhr und in dem Zeitraum vom 1. Oktober bis 31. März die Stunden von 21 Uhr bis 6 Uhr.

(5) [1]Außer bei Gefahr im Verzug darf eine Durchsuchung nur durch das Amtsgericht angeordnet werden, in dessen Bezirk die Durchsuchung vorgenommen werden soll. [2]Für das Verfahren gelten die Vorschriften des Gesetzes über das Verfahren in Familiensachen und in den Angelegenheiten der freiwilligen Gerichtsbarkeit. [3]Gegen die Entscheidung des Gerichts findet die Beschwerde statt; die Beschwerde hat keine aufschiebende Wirkung. [4]Eine die Durchsuchung anordnende Entscheidung des Gerichts bedarf zu ihrer Wirksamkeit nicht der Bekanntmachung an den Betroffenen.

(6) Arbeits-, Betriebs- und Geschäftsräume dürfen zur Erfüllung einer polizeilichen Aufgabe während der Arbeits-, Betriebs- oder Geschäftszeit betreten werden.

(7) [1]Der Wohnungsinhaber hat das Recht, bei der Durchsuchung anwesend zu sein. [2]Ist er abwesend, so ist, wenn möglich, ein Vertreter oder Zeuge beizuziehen.

(8) Dem Wohnungsinhaber oder seinem Vertreter sind der Grund der Durchsuchung und die gegen sie zulässigen Rechtsbehelfe unverzüglich bekanntzugeben.

§ 32 Sicherstellung

(1) Die Polizei kann eine Sache sicherstellen, wenn dies erforderlich ist, um den Eigentümer oder den rechtmäßigen Inhaber der tatsächlichen Gewalt vor Verlust oder Beschädigung der Sache zu schützen.

(2) Der Eigentümer oder der rechtmäßige Inhaber der tatsächlichen Gewalt ist unverzüglich zu unterrichten.

(3) Bei der Verwahrung sichergestellter Sachen ist den Belangen des Eigentümers oder des rechtmäßigen Inhabers der tatsächlichen Gewalt Rechnung zu tragen.

(4) Die Sicherstellung ist aufzuheben, wenn der Eigentümer oder der rechtmäßige Inhaber der tatsächlichen Gewalt dies verlangt oder wenn ein Schutz nicht mehr erforderlich ist, spätestens jedoch nach zwei Wochen.

(5) Diese Bestimmungen finden auf verlorene Sachen Anwendung, soweit in den gesetzlichen Vorschriften über den Fund nichts anderes bestimmt ist.

§ 33 Beschlagnahme

(1) Die Polizei kann eine Sache beschlagnahmen, wenn dies erforderlich ist

1. zum Schutz eines einzelnen oder des Gemeinwesens gegen eine unmittelbar bevorstehende Störung der öffentlichen Sicherheit oder Ordnung oder zur Beseitigung einer bereits eingetretenen Störung,
2. zur Verhinderung einer mißbräuchlichen Verwendung durch eine Person, die nach diesem Gesetz oder nach anderen Rechtsvorschriften festgehalten oder in Gewahrsam genommen worden ist oder
3. zum Schutz eines Einzelnen oder des Gemeinwesens vor der Gefahr einer Straftat von erheblicher Bedeutung nach § 22 Abs. 5 Nr. 1 und 2 Buchst. a und b.

(2) [1]Unter den Voraussetzungen des Absatzes 1 Nr. 3 kann der Polizeivollzugsdienst eine Forderung oder andere Vermögensrechte beschlagnahmen. [2]Die Beschlagnahme wird durch Pfändung bewirkt. [3]Die Vorschriften der Zivilprozeßordnung über die Zwangsvollstreckung in Forderungen und andere Vermögensrechte sind sinngemäß anzuwenden.

(3) ¹Dem Betroffenen sind der Grund der Beschlagnahme und die gegen sie zulässigen Rechtsbehelfe unverzüglich bekanntzugeben. ²Auf Verlangen ist ihm eine Bescheinigung zu erteilen. ³§ 32 Abs. 3 gilt entsprechend.

(4) ¹Die Beschlagnahme ist aufzuheben, sobald ihr Zweck erreicht ist. ²Vorbehaltlich besonderer gesetzlicher Regelung darf die Beschlagnahme nicht länger als sechs Monate aufrechterhalten werden.

(5) ¹Bei beschlagnahmten Forderungen oder anderen Vermögensrechten, die nicht freigegeben werden können, ohne dass die Voraussetzungen der Beschlagnahme erneut eintreten, kann die Beschlagnahme um jeweils weitere sechs Monate, längstens bis zu einer Gesamtdauer von zwei Jahren verlängert werden. ²Über die Verlängerung entscheidet das Amtsgericht, in dessen Bezirk der Inhaber seinen Wohnsitz oder ständigen Aufenthalt hat.

§ 34 Einziehung

(1) ¹Die zuständige allgemeine Polizeibehörde kann eine beschlagnahmte Sache einziehen, wenn diese nicht mehr herausgegeben werden kann, ohne daß die Voraussetzungen der Beschlagnahme erneut eintreten. ²Die Einziehung ist schriftlich anzuordnen.

(2) ¹Die eingezogenen Sachen werden im Wege der öffentlichen Versteigerung (§ 383 Abs. 3 BGB) verwertet. ²Die Polizeibehörde kann die Versteigerung durch einen ihrer Beamten vornehmen lassen. ³Ein Zuschlag, durch den die Voraussetzungen der Einziehung erneut eintreten würden, ist zu versagen. ⁴Der Erlös ist dem Betroffenen herauszugeben.

(3) Kann eine eingezogene Sache nicht verwertet werden, so ist sie unbrauchbar zu machen oder zu vernichten.

(4) Die Kosten der Verwertung, Unbrauchbarmachung oder Vernichtung fallen dem Betroffenen zur Last; sie können im Verwaltungszwangsverfahren beigetrieben werden.

§ 35 Vernehmung

(1) Die Polizei darf bei Vernehmungen zur Herbeiführung einer Aussage keinen Zwang anwenden.

(2) Für Vernehmungen durch die Polizei, die nicht der Verfolgung einer mit Strafe oder Geldbuße bedrohten Handlung dienen, gelten die §§ 68a, 136a und § 69 Abs. 3 der Strafprozeßordnung entsprechend.

§ 36 Erkennungsdienstliche Maßnahmen

(1) Der Polizeivollzugsdienst kann erkennungsdienstliche Maßnahmen ohne Einwilligung des Betroffenen nur vornehmen, wenn

1. eine nach § 26 zulässige Identitätsfeststellung auf andere Weise nicht zuverlässig durchgeführt werden kann oder

2. dies zur vorbeugenden Bekämpfung von Straftaten erforderlich ist, weil der Betroffene verdächtig ist, eine Straftat begangen zu haben, und die Umstände des Einzelfalles die Annahme rechtfertigen, daß er zukünftig eine Straftat begehen wird.

(2) Erkennungsdienstliche Maßnahmen sind insbesondere

1. die Abnahme von Finger- und Handflächenabdrücken,

2. die Aufnahme von Lichtbildern einschließlich Bildaufzeichnungen,

3. die Feststellung äußerer körperlicher Merkmale,

4. Messungen und ähnliche Maßnahmen.

(3) ¹Die durch die erkennungsdienstliche Behandlung erhobenen personenbezogenen Daten sind zu löschen und die entstandenen Unterlagen zu vernichten, wenn die Voraussetzungen nach Absatz 1 entfallen sind, es sei denn, ihre weitere Aufbewahrung ist nach anderen Rechtsvorschriften zulässig. ²§ 38 Abs. 2 und 3 sind entsprechend anzuwenden.

Fünfter Unterabschnitt
Weitere Verarbeitung der erhobenen personenbezogenen Daten in Dateien und Akten

§ 37 Allgemeine Regeln der Speicherung, Veränderung und Nutzung von Daten

(1) ¹Die Polizei kann personenbezogene Daten speichern, verändern und nutzen, soweit und solange dies zur Wahrnehmung ihrer Aufgaben erforderlich ist. ²Bei der Speicherung in Dateien muß erkennbar sein, welcher der in § 20 Abs. 2 bis 5 genannten Personengruppen der Betroffene angehört. ³Ebenso

muß feststellbar sein, bei welcher Stelle die der Speicherung zugrundeliegenden Unterlagen geführt werden.

(2) [1]Die Speicherung, Veränderung und Nutzung personenbezogener Daten ist nur zu dem Zweck zulässig, zu dem die Daten erlangt worden sind. [2]Die Speicherung, Veränderung und Nutzung zu einem anderen polizeilichen Zweck ist zulässig, soweit die Polizei die Daten zu diesem Zweck erheben dürfte.

(3) [1]Die Polizei sowie die Aus- und Fortbildungseinrichtungen für den Polizeivollzugsdienst können gespeicherte personenbezogene Daten auch zur polizeilichen Aus- und Fortbildung nutzen. [2]Die Daten sind zu anonymisieren. [3]Von einer Anonymisierung kann nur abgesehen werden, wenn sie dem Aus- und Fortbildungszweck entgegensteht und die berechtigten Interessen des Betroffenen an der Geheimhaltung der Daten nicht offensichtlich überwiegen.

(4) Die Polizei kann personenbezogene Daten auch zur Erstellung polizeilicher Statistiken, zur zeitlich befristeten Dokumentation und zur Vorgangsverwaltung speichern und nutzen.

(5) Personenbezogene Daten, die ausschließlich zu Zwecken der Datenschutzkontrolle, der Datensicherheit oder zur Sicherstellung eines ordnungsgemäßen Betriebs einer Datenverarbeitungsanlage gespeichert worden sind, dürfen zu einem anderen Zweck nur verarbeitet werden, soweit dies zur Abwehr einer gegenwärtigen Gefahr für Leib, Leben oder Freiheit einer Person erforderlich ist oder Anhaltspunkte dafür vorliegen, dass ohne ihre Verarbeitung die vorbeugende Bekämpfung oder Verfolgung von Straftaten mit erheblicher Bedeutung aussichtslos oder wesentlich erschwert wäre.

§ 38 Besondere Regelung für die Speicherung, Veränderung und Nutzung von Daten durch den Polizeivollzugsdienst

(1) [1]Der Polizeivollzugsdienst kann personenbezogene Daten, die ihm im Rahmen von Ermittlungsverfahren bekanntgeworden sind, speichern, verändern und nutzen, soweit und solange dies zur Abwehr einer Gefahr oder zur vorbeugenden Bekämpfung von Straftaten erforderlich ist. [2]Für Daten, die durch eine Maßnahme nach § 100c der Strafprozessordnung erhoben wurden, gilt dies nur zur Abwehr einer Gefahr für den Bestand oder die Sicherheit des Bundes oder eines Landes oder für Leben, Gesundheit oder Freiheit einer Person. [3]Für Daten, die durch eine Maßnahme nach § 100a der Strafprozessordnung erhoben wurden, gilt dies nur zur Abwehr einer Gefahr für den Bestand oder die Sicherheit des Bundes oder eines Landes oder für Leben, Gesundheit oder Freiheit einer Person oder zur vorbeugenden Bekämpfung von Straftaten mit erheblicher Bedeutung (§ 22 Abs. 5). [4]Die Daten sind zu löschen, wenn die Voraussetzungen für die Speicherung entfallen sind.

(2) [1]Zur vorbeugenden Bekämpfung von Straftaten ist die Speicherung, Veränderung und Nutzung personenbezogener Daten bis zu einer Dauer von zwei Jahren erforderlich, wenn auf Grund tatsächlicher Anhaltspunkte der Verdacht besteht, dass die betroffene Person eine Straftat begangen hat. [2]Ein solcher Verdacht besteht nicht, wenn die betroffene Person im Strafverfahren rechtskräftig freigesprochen, die Eröffnung des Hauptverfahrens gegen sie unanfechtbar abgelehnt oder das Verfahren nicht nur vorläufig eingestellt ist und sich aus den Gründen der Entscheidung ergibt, dass die betroffene Person die Straftaten nicht oder nicht rechtswidrig begangen hat.

(3) [1]Eine weitere Speicherung, Veränderung und Nutzung zur vorbeugenden Bekämpfung von Straftaten ist zulässig, wenn tatsächliche Anhaltspunkte dafür vorliegen, dass die betroffene Person zukünftig eine Straftat begehen wird. [2]Tatsächliche Anhaltspunkte können sich insbesondere aus Art, Ausführung und Schwere der Tat ergeben. [3]Lagen solche Anhaltspunkte im Zeitpunkt der Speicherung der personenbezogenen Daten noch nicht vor, dürfen die Daten zur vorbeugenden Bekämpfung von Straftaten über die Dauer von zwei Jahren hinaus nur dann gespeichert, verändert und genutzt werden, wenn auf Grund tatsächlicher Anhaltspunkte der Verdacht besteht, dass die betroffene Person während des Laufs dieser zwei Jahre eine weitere Straftat begangen hat.

(4) [1]Der Polizeivollzugsdienst hat in regelmäßigen Zeitabständen zu überprüfen, ob die Speicherung personenbezogener Daten erforderlich ist. [2]Folgende Fristen dürfen nicht überschritten werden:

1.   bei Erwachsenen zehn Jahre, nach Vollendung des 70. Lebensjahres fünf Jahre,
2.   bei Jugendlichen fünf Jahre und
3.   bei Kindern zwei Jahre.

[3]Abweichend von Satz 2 Nr.1 und 2 dürfen die Fristen bei

1. einer Straftat nach § 232 oder § 233a in Verbindung mit § 232 des Strafgesetzbuchs sowie nach dem Dreizehnten Abschnitt des Strafgesetzbuchs, ausgenommen §§ 183a, 184, 184d und 184e des Strafgesetzbuchs, oder

2. einer Straftat nach den §§ 211 bis 212, 223 bis 227 und 231 des Strafgesetzbuchs, die sexuell bestimmt ist,

zwanzig Jahre nicht überschreiten, wenn tatsächliche Anhaltspunkte die Annahme rechtfertigen, dass die Person künftig Straftaten der in Nummer 1 und 2 genannten Art begehen wird. [4]In Fällen von geringer Bedeutung sind kürzere Fristen festzulegen.

(5) [1]Die Fristen beginnen spätestens mit Ablauf des Jahres, in dem das letzte Ereignis erfaßt worden ist, das zur Speicherung der personenbezogenen Daten geführt hat, jedoch nicht vor der Entlassung des Betroffenen aus einer Justizvollzugsanstalt oder vor der Beendigung einer mit Freiheitsentziehung verbundenen Maßregel der Besserung und Sicherung. [2]Werden innerhalb der Fristen weitere personenbezogene Daten über dieselbe Person gespeichert, so gilt für alle Speicherungen gemeinsam die Frist, die als letzte endet. [3]Nach Fristablauf sind die personenbezogenen Daten im Regelfall zu löschen. [4]Ist die Speicherung weiterhin erforderlich, so ist dies schriftlich zu begründen. [5]Die Erforderlichkeit der Speicherung ist spätestens nach Ablauf von drei Jahren erneut zu prüfen.

(6) [1]Der Polizeivollzugsdienst kann Daten von Personen nach § 20 Abs. 3 Nr. 2 bis 5, auch wenn sie ihm im Rahmen von Ermittlungsverfahren bekanntgeworden sind, in automatisierten Dateien speichern, verändern und nutzen, soweit dies zur vorbeugenden Bekämpfung von Straftaten mit erheblicher Bedeutung (§ 22 Abs. 5) erforderlich ist. [2]Die Speicherungsdauer beträgt höchstens zwei Jahre. [3]Absatz 5 gilt entsprechend. [4]Die Speicherung kann im Einzelfall höchstens zweimal durch eine schriftliche und begründete Anordnung der in § 22 Abs. 6 genannten Personen um jeweils höchstens zwei Jahre verlängert werden.

§ 39 Datenabgleich

(1) [1]Der Polizeivollzugsdienst kann personenbezogene Daten der in §§ 6 und 7 genannten Personen mit dem Inhalt polizeilicher Dateien oder Dateien, für die er eine Berechtigung zum Abruf hat, abgleichen. [2]Daten anderer Personen kann der Polizeivollzugsdienst nur abgleichen, wenn Tatsachen die Annahme rechtfertigen, daß dies zur Wahrnehmung einer bestimmten polizeilichen Aufgabe erforderlich ist. [3]Der Polizeivollzugsdienst kann ferner im Rahmen seiner Aufgabenwahrnehmung erlangte personenbezogene Daten mit dem Fahndungsbestand abgleichen. [4]Für die Dauer des Datenabgleichs kann der Betroffene angehalten werden.

(2) Rechtsvorschriften über den Datenabgleich in anderen Fällen bleiben unberührt.

§ 40 Besondere Formen des Datenabgleichs

(1) [1]Der Polizeivollzugsdienst kann von öffentlichen und nicht öffentlichen Stellen die Übermittlung der Daten von Personen, die bestimmte Prüfungsmerkmale erfüllen, zum Zwecke des maschinellen Abgleichs mit anderen in automatisierten Dateien gespeicherten Datenbeständen verlangen, soweit dies zur Abwehr einer Gefahr für den Bestand oder die Sicherheit des Bundes oder eines Landes oder für Leben, Gesundheit oder Freiheit einer Person erforderlich ist. [2]Rechtsvorschriften über ein Berufs- oder besonderes Amtsgeheimnis bleiben unberührt.

(2) [1]Die Übermittlung ist auf Namen, Anschriften, Datum und Ort der Geburt der betroffenen Personen sowie auf im Einzelfall festzulegende Merkmale zu beschränken. [2]Ist ein Aussondern der zu übermittelnden Daten nur mit unverhältnismäßigem Aufwand möglich, so dürfen die weiteren Daten ebenfalls übermittelt werden. [3]Eine Verwendung dieser weiteren Daten ist unzulässig.

(3) [1]Der Abgleich darf nur durch die in § 22 Abs. 6 genannten Personen mit Zustimmung des Innenministeriums angeordnet werden. [2]Von der Maßnahme ist der Landesbeauftragte für den Datenschutz unverzüglich zu unterrichten.

(4) Ist der Zweck der Maßnahme erreicht oder zeigt sich, daß er nicht erreicht werden kann, sind die übermittelten und die im Zusammenhang mit dem Abgleich zusätzlich angefallenen Daten zu löschen und die Unterlagen zu vernichten, soweit sie nicht zur Verfolgung von Straftaten erforderlich sind.

(5) Personen, gegen die nach Abschluss des Datenabgleichs nach Absatz 1 weitere Maßnahmen durchgeführt werden, sind hierüber zu unterrichten, sobald dies

1. ohne Gefährdung des Zwecks der weiteren Datennutzung erfolgen kann oder
2. der Verfahrensstand im Falle eines sich anschließenden strafrechtlichen Ermittlungsverfahrens zulässt.

§ 41 Allgemeine Regeln der Datenübermittlung

(1) [1]Bei der Übermittlung personenbezogener Daten trägt die übermittelnde Stelle die Verantwortung für deren Zulässigkeit. [2]Erfolgt die Datenübermittlung auf Grund eines Ersuchens des Empfängers, hat dieser die zur Prüfung erforderlichen Angaben zu machen. [3]Ersucht eine öffentliche Stelle des Bundes oder eines Landes um die Übermittlung personenbezogener Daten, prüft die übermittelnde Stelle nur, ob das Ersuchen im Rahmen der Aufgaben der empfangenden Stelle liegt, es sei denn, daß ein besonderer Anlaß zur Prüfung der Zulässigkeit der Übermittlung besteht.

(2) [1]Der Empfänger darf die übermittelten personenbezogenen Daten, soweit gesetzlich nichts anderes bestimmt ist, nur zu dem Zweck verarbeiten und nutzen, zu dem sie ihm übermittelt worden sind. [2]Unterliegen die zu übermittelnden Daten einem Berufs- oder besonderen Amtsgeheimnis und sind sie von der zur Verschwiegenheit verpflichteten Person oder Stelle in Ausübung ihrer Berufs- oder Amtspflicht zur Verfügung gestellt worden, dürfen sie durch die Polizei nur übermittelt werden, wenn der Empfänger die Daten zur Erfüllung des gleichen Zwecks benötigt, zu dem sie die Polizei erlangt hat. [3]Die Übermittlung der Daten zu einem anderen Zweck ist unter den Voraussetzungen des § 34 Abs. 2 des Landesdatenschutzgesetzes zulässig.

§ 42 Datenübermittlung innerhalb der Polizei sowie an andere öffentliche Stellen

(1) Die Polizeibehörden und die Dienststellen des Polizeivollzugsdienstes übermitteln einander personenbezogene Daten, soweit dies zur Wahrnehmung polizeilicher Aufgaben erforderlich ist.

(2) [1]Die Polizei kann personenbezogene Daten an andere für die Gefahrenabwehr zuständige öffentliche Stellen übermitteln, soweit dies zur Wahrnehmung der in der Zuständigkeit der übermittelnden Stelle oder des Empfängers liegenden Aufgaben erforderlich ist. [2]Dies gilt auch für Datenübermittlungen an die für die Gefahrenabwehr zuständigen Stellen anderer Länder oder des Bundes.

(3) [1]Zur Übermittlung personenbezogener Daten zwischen Polizeidienststellen sowie zwischen Polizeidienststellen und dem Innenministerium kann für vollzugspolizeiliche Aufgaben ein automatisiertes Abrufverfahren eingerichtet werden. [2]Zum Abruf können mit Zustimmung des Innenministeriums auch Polizeidienststellen des Bundes und anderer Länder sowie Behörden des Zollfahndungsdienstes zugelassen werden, soweit dies zur Erfüllung der Aufgaben dieser Stellen erforderlich ist. [3]Das Innenministerium kann zur Erfüllung vollzugspolizeilicher Aufgaben mit anderen Ländern und dem Bund einen Datenverbund vereinbaren, der eine automatisierte Übermittlung von Daten ermöglicht.

(4) [1]Vom Polizeivollzugsdienst gespeicherte personenbezogene Daten dürfen zur Aus- und Fortbildung an Polizeidienststellen sowie die Hochschule für Polizei Baden-Württemberg, auch in einem automatisierten Abrufverfahren nach Absatz 3 Satz 1, übermittelt werden. [2]§ 37 Abs. 3 Satz 2 und 3 gilt entsprechend.

(5) [1]Die Verantwortung für die Zulässigkeit der Übermittlung personenbezogener Daten in einem automatisierten Abrufverfahren nach Absatz 3 Satz 1 und 2 und Absatz 4 trägt die abrufende Stelle. [2]Es ist zu gewährleisten, daß die Übermittlung personenbezogener Daten zumindest durch geeignete Stichprobenverfahren festgestellt und überprüft werden kann.

(6) Im übrigen gilt für ein automatisiertes Abrufverfahren nach Absatz 3 Satz 1 und 2 und Absatz 4 § 8 Abs. 2 des Landesdatenschutzgesetzes.

(7) [1]Die Polizei kann personenbezogene Daten an andere öffentliche Stellen übermitteln, soweit dies
1. zur Wahrnehmung polizeilicher Aufgaben oder
2. zur Abwehr einer Gefahr durch den Empfänger erforderlich oder
3. in einer anderen Rechtsvorschrift außerhalb des Landesdatenschutzgesetzes vorgesehen ist.
[2]In Fällen der Nummern 1 und 2 dürfen auch Daten übermittelt werden, die zur vorbeugenden Bekämpfung von Straftaten gespeichert werden. [3]Ausgenommen sind Daten der in § 20 Absatz 3 Nummern 2 bis 5 genannten Personen.

(8) Die Übermittlung personenbezogener Daten an das Landesamt für Verfassungsschutz richtet sich nach dem Landesverfassungsschutzgesetz.

§ 43 Datenübermittlung an ausländische öffentliche Stellen sowie an über- und zwischenstaatliche Stellen

(1) Die Polizei kann personenbezogene Daten an öffentliche Stellen außerhalb des Geltungsbereichs des Grundgesetzes sowie an über- oder zwischenstaatliche Stellen übermitteln, soweit

1. sie hierzu durch völkerrechtliche Vereinbarungen über eine polizeiliche Zusammenarbeit berechtigt oder verpflichtet ist,
2. dies zur Wahrnehmung einer polizeilichen Aufgabe der übermittelnden Stelle erforderlich ist oder
3. dies zur Abwehr einer erheblichen Gefahr durch den Empfänger erforderlich ist.

(2) [1]Die Übermittlung unterbleibt, soweit Grund zu der Annahme besteht, dass dadurch gegen den Zweck eines Bundes- oder Landesgesetzes verstoßen würde oder überwiegende schutzwürdige Interessen der betroffenen Person beeinträchtigt würden. [2]Die empfangende Stelle ist darauf hinzuweisen, dass die Daten nur zu dem Zweck genutzt werden dürfen, zu dessen Erfüllung sie ihr übermittelt wurden. [3]Die Hinweispflicht entfällt bei Übermittlungen im Sinne von § 43b Absatz 1 und 2. [4]Die empfangende Stelle ist darüber hinaus auf Bedingungen und besondere Verarbeitungsbeschränkungen, insbesondere Fristen, nach deren Ablauf die Daten zu löschen, zu sperren oder auf die Erforderlichkeit ihrer fortgesetzten Speicherung zu prüfen sind, hinzuweisen.

(3) [1]Die Polizei hat die Übermittlung personenbezogener Daten zu dokumentieren. [2]Wird festgestellt, dass unrichtige Daten oder Daten unrechtmäßig übermittelt worden sind, ist dies der empfangenden Stelle unverzüglich mitzuteilen.

§ 43a Übermittlung personenbezogener Daten an Mitgliedstaaten der Europäischen Union aufgrund des Rahmenbeschlusses 2006/960/JI

(1) [1]Auf ein Ersuchen einer Polizeibehörde oder einer sonstigen für die Verhütung und Verfolgung von Straftaten zuständigen öffentlichen Stelle eines Mitgliedstaates der Europäischen Union kann der Polizeivollzugsdienst personenbezogene Daten zum Zwecke der Verhütung von Straftaten übermitteln. [2]Für die Übermittlung dieser Daten gelten die Vorschriften über die Datenübermittlung im innerstaatlichen Bereich entsprechend.

(2) Die Übermittlung personenbezogener Daten nach Absatz 1 ist nur zulässig, wenn das Ersuchen mindestens folgende Angaben enthält:

1. die Bezeichnung und die Anschrift der ersuchenden Behörde,
2. die Bezeichnung der Straftat, zu deren Verhütung die Daten benötigt werden,
3. die Beschreibung des Sachverhalts, der dem Ersuchen zugrunde liegt,
4. die Benennung des Zwecks, zu dem die Daten erbeten werden,
5. den Zusammenhang zwischen dem Zweck, zu dem die Informationen oder Erkenntnisse erbeten werden, und der Person, auf die sich diese Informationen beziehen,
6. Einzelheiten zur Identität der betroffenen Person, soweit sich das Ersuchen auf eine bekannte Person bezieht, und
7. Gründe für die Annahme, dass sachdienliche Informationen und Erkenntnisse im Inland vorliegen.

(3) [1]Der Polizeivollzugsdienst kann auch ohne Ersuchen personenbezogene Daten an eine Polizeibehörde oder eine sonstige für die Verhütung oder Verfolgung von Straftaten zuständige öffentliche Stelle eines Mitgliedstaates der Europäischen Union übermitteln, wenn Tatsachen die Annahme rechtfertigen, dass eine Straftat im Sinne des Artikels 2 Absatz 2 des Rahmenbeschlusses 2002/584/JI des Rates vom 13. Juni 2002 über den Europäischen Haftbefehl und die Übergabeverfahren zwischen den Mitgliedstaaten (ABl. L 190 vom 18.7.2002, S. 1) begangen werden soll und konkrete Anhaltspunkte dafür vorliegen, dass die Übermittlung dieser personenbezogenen Daten dazu beitragen könnte, eine solche Straftat zu verhindern. [2]Für die Übermittlung dieser Daten gelten die Vorschriften über die Datenübermittlung im innerstaatlichen Bereich entsprechend.

(4) Die Zulässigkeit der Übermittlung personenbezogener Daten an eine Polizeibehörde oder eine sonstige für die Verhütung und Verfolgung von Straftaten zuständige öffentliche Stelle eines Mitgliedstaates der Europäischen Union auf Grundlage von § 43 Absatz 1 bleibt unberührt.

(5) Die Datenübermittlung nach Absatz 1 und 3 unterbleibt über die in § 43 Absatz 2 Satz 1 genannten Gründe hinaus auch dann, wenn

1. hierdurch wesentliche Sicherheitsinteressen des Bundes oder eines Landes beeinträchtigt würden,
2. die Übermittlung der Daten zu den in Artikel 6 des Vertrages über die Europäische Union enthaltenen Grundsätzen in Widerspruch stünde,

3. die zu übermittelnden Daten bei der ersuchten Behörde nicht vorhanden sind und nur durch das Ergreifen von Zwangsmaßnahmen erlangt werden können oder

4. die Übermittlung der Daten unverhältnismäßig wäre oder die Daten für die Zwecke, für die sie übermittelt werden sollen, nicht erforderlich sind.

(6) Die Datenübermittlung nach Absatz 1 und 3 kann darüber hinaus auch unterbleiben, wenn

1. die zu übermittelnden Daten bei der ersuchten Stelle nicht vorhanden sind, jedoch ohne das Ergreifen von Zwangsmaßnahmen erlangt werden können,

2. hierdurch der Erfolg laufender Ermittlungen oder Leib, Leben oder Freiheit einer Person gefährdet würde oder

3. die Tat, zu deren Verhütung die Daten übermittelt werden sollen, nach deutschem Recht mit einer Freiheitsstrafe von im Höchstmaß einem Jahr oder weniger bedroht ist.

(7) Als Polizeibehörde oder sonstige für die Verhütung und Verfolgung von Straftaten zuständige öffentliche Stelle eines Mitgliedstaates der Europäischen Union im Sinne der Absätze 1 und 3 gilt jede Stelle, die von diesem Staat gemäß Artikel 2 Buchstabe a des Rahmenbeschlusses 2006/960/JI des Rates vom 18. Dezember 2006 über die Vereinfachung des Austauschs von Informationen und Erkenntnissen zwischen Strafverfolgungsbehörden der Mitgliedstaaten der Europäischen Union (ABl. L 386 vom 29.12.2006, S. 89, ber. ABl. L 75 vom 15.3.2007, S. 26) benannt wurde.

(8) Die Absätze 1 bis 7 finden auch Anwendung auf die Übermittlung von personenbezogenen Daten an Polizeibehörden oder sonstige für die Verhütung und Verfolgung von Straftaten zuständige öffentliche Stellen eines Staates, der die Bestimmungen des Schengen-Besitzstandes aufgrund eines Assoziierungsübereinkommens mit der Europäischen Union über die Umsetzung, Anwendung und Entwicklung des Schengen-Besitzstandes anwendet (Schengen-assoziierter Staat).

§ 43b Verarbeitung von Daten, die im Rahmen der polizeilichen und justiziellen Zusammenarbeit in Strafsachen zwischen den Mitgliedstaaten der Europäischen Union übermittelt worden sind

(1) Daten, die im Rahmen der polizeilichen und justiziellen Zusammenarbeit in Strafsachen zwischen den Mitgliedstaaten der Europäischen Union an die Polizei übermittelt worden sind, dürfen ohne Zustimmung der übermittelnden Stelle oder Einwilligung der betroffenen Person nur für die Zwecke verarbeitet werden, für die sie übermittelt wurden oder

1. zur Verhütung von Straftaten, zur Strafverfolgung oder zur Strafvollstreckung,

2. für andere justizielle und verwaltungsbehördliche Verfahren, die mit der Verhütung von Straftaten, der Strafverfolgung oder der Strafvollstreckung unmittelbar zusammenhängen,

3. zur Abwehr einer gegenwärtigen und erheblichen Gefahr für die öffentliche Sicherheit.

(2) [1]Daten, die im Rahmen der polizeilichen und justiziellen Zusammenarbeit in Strafsachen zwischen den Mitgliedstaaten der Europäischen Union nach dem Rahmenbeschluss 2006/960/JI an die Polizei übermittelt worden sind, dürfen nur für die Zwecke, für die sie übermittelt wurden oder zur Abwehr einer gegenwärtigen und erheblichen Gefahr für die öffentliche Sicherheit verarbeitet werden. [2]Für einen anderen Zweck dürfen sie nur verarbeitet werden, wenn die übermittelnde Stelle zugestimmt hat.

(3) [1]Die übermittelten Daten sind zu kennzeichnen. [2]Die empfangende Stelle hat von der übermittelnden Stelle mitgeteilte Bedingungen und besondere Verarbeitungsbeschränkungen, insbesondere Fristen, nach deren Ablauf die Daten zu löschen, zu sperren oder auf die Erforderlichkeit ihrer fortgesetzten Speicherung zu prüfen sind, zu beachten. [3]Hat die übermittelnde Stelle eine nach ihrem innerstaatlichen Recht geltende Sperr- oder Löschfrist mitgeteilt, dürfen die Daten nach Ablauf dieser Frist nur noch für laufende Strafverfolgungs- oder Strafvollstreckungsverfahren verarbeitet werden. [4]Hat die übermittelnde Stelle mitgeteilt, dass unrichtige Daten oder Daten unrechtmäßig übermittelt wurden, sind diese unverzüglich zu berichtigen, zu löschen oder zu sperren. [5]Der übermittelnden Stelle ist auf deren Ersuchen zu Zwecken der Datenschutzkontrolle Auskunft darüber zu erteilen, wie die übermittelten Daten verarbeitet wurden.

(4) [1]Die übermittelten Daten dürfen mit Zustimmung der übermittelnden Stelle an andere öffentliche Stellen außerhalb des Anwendungsbereichs des Rahmenbeschlusses 2008/977/JI des Rates vom 27. November 2008 über den Schutz personenbezogener Daten, die im Rahmen der polizeilichen und justiziellen Zusammenarbeit in Strafsachen verarbeitet werden (ABl. L 350 vom 30.12.2008, S. 60) oder an internationale Einrichtungen weiterübermittelt werden, soweit dies zur Verhütung von Straftaten, zur Strafverfolgung oder zur Strafvollstreckung erforderlich ist und

1. der Empfänger ein angemessenes Datenschutzniveau gewährleistet,
2. die Weiterübermittlung aufgrund überwiegender Interessen der betroffenen Person oder überwiegender öffentlicher Interessen erforderlich ist oder
3. die empfangende Stelle im Einzelfall angemessene Garantien bietet.

[2]Ohne Zustimmung ist eine Weiterübermittlung nur zulässig, soweit dies zur Wahrung wesentlicher Interessen eines Mitgliedstaates oder zur Abwehr einer gegenwärtigen und erheblichen Gefahr für die öffentliche Sicherheit erforderlich ist und die Zustimmung nicht rechtzeitig eingeholt werden kann. [3]Die für die Erteilung der Zustimmung zuständige Stelle des übermittelnden Mitgliedstaates ist hiervon unverzüglich zu unterrichten.

(5) Die übermittelten Daten dürfen innerhalb der Europäischen Union an Stellen außerhalb des öffentlichen Bereichs nur mit Zustimmung der übermittelnden Stelle weiterübermittelt werden, soweit dies zur
1. Verhütung von Straftaten,
2. zur Strafverfolgung,
3. zur Strafvollstreckung,
4. zur Abwehr einer gegenwärtigen und erheblichen Gefahr für die öffentliche Sicherheit oder
5. zur Abwehr einer schwerwiegenden Beeinträchtigung der Rechte Einzelner
erforderlich ist und überwiegende schutzwürdige Interessen des Betroffenen nicht entgegenstehen.

(6) Die Absätze 1 bis 5 gelten entsprechend für Schengen-assoziierte Staaten sowie Behörden und Informationssysteme, die aufgrund des Vertrages über die Europäische Union oder des Vertrages zur Gründung der Europäischen Gemeinschaft errichtet worden sind.

(7) Der Landesbeauftragte für den Datenschutz ist bei Vorabkontrollen (§ 12 des Landesdatenschutzgesetzes) für neu zu errichtende Dateien, in denen Daten nach Absatz 1 oder 2 verarbeitet werden, anzuhören.

(8) § 25 Absatz 1 Satz 2 des Landesdatenschutzgesetzes gilt mit der Maßgabe, dass sich die Polizei nicht auf die Unrichtigkeit der übermittelten Daten berufen kann.

§ 43c Übermittlung und Verarbeitung personenbezogener Daten an Mitgliedstaaten der Europäischen Union aufgrund des Ratsbeschlusses 2008/615/JI
Die Bestimmungen des Beschlusses des Rates 2008/615/JI vom 23. Juni 2008 zur Vertiefung der grenzüberschreitenden Zusammenarbeit, insbesondere zur Bekämpfung des Terrorismus und der grenzüberschreitenden Kriminalität (ABl. L 210 vom 6.8.2008, S. 1) sind bei der polizeilichen Zusammenarbeit mit den Mitgliedstaaten der Europäischen Union anwendbar.

§ 44 Datenübermittlung an Personen oder Stellen außerhalb des öffentlichen Bereichs
(1) [1]Die Polizei kann von sich aus personenbezogene Daten an Personen oder Stellen außerhalb des öffentlichen Bereichs übermitteln, soweit dies erforderlich ist
1. zur Erfüllung polizeilicher Aufgaben,
2. zur Verhütung oder Beseitigung erheblicher Nachteile für das Gemeinwohl oder
3. zur Wahrung schutzwürdiger Interessen einzelner.
[2]Im Falle der Nummer 3 darf kein Grund zu der Annahme bestehen, daß der Betroffene ein schutzwürdiges Interesse an dem Ausschluß der Übermittlung hat.

(2) Die Polizei kann auf Antrag von Personen oder Stellen außerhalb des öffentlichen Bereichs personenbezogene Daten übermitteln, soweit der Auskunftsbegehrende
1. ein rechtliches Interesse an der Kenntnis der zu übermittelnden Daten glaubhaft macht und kein Grund zu der Annahme besteht, daß der Betroffene ein schutzwürdiges Interesse an dem Ausschluß der Übermittlung hat oder
2. ein berechtigtes Interesse geltend macht, offensichtlich ist, daß die Datenübermittlung im Interesse des Betroffenen liegt, und kein Grund zu der Annahme besteht, daß er in Kenntnis der Sachlage seine Einwilligung verweigern würde.

§ 45 Auskunft
Der Polizeivollzugsdienst erteilt nach § 21 des Landesdatenschutzgesetzes Auskunft über die von ihm gespeicherten personenbezogenen Daten; er ist jedoch nicht verpflichtet, über die Herkunft der Daten Auskunft zu erteilen.

§ 46 Löschung, Sperrung und Berichtigung von Daten

(1) [1]Der Polizeivollzugsdienst hat in den von ihm geführten Dateien gespeicherte personenbezogene Daten zu löschen und die dazugehörigen Unterlagen zu vernichten, wenn

1. die Speicherung unzulässig ist oder

2. bei der zu bestimmten Fristen oder Terminen vorzunehmenden Überprüfung oder im Einzelfall festgestellt wird, daß ihre Kenntnis für die speichernde Stelle zur Wahrnehmung polizeilicher Aufgaben nicht mehr erforderlich ist.

[2]Im übrigen gilt § 23 des Landesdatenschutzgesetzes.

(2) Auf die vom Polizeivollzugsdienst zur vorbeugenden Bekämpfung von Straftaten gespeicherten personenbezogenen Daten finden §§ 22 und 24 des Landesdatenschutzgesetzes insoweit keine Anwendung, als der Betroffene die Richtigkeit der gespeicherten Daten bestreitet und sich weder die Richtigkeit noch die Unrichtigkeit feststellen läßt.

§ 47 (aufgehoben)

§ 48 Sonstige Regelungen für die Verarbeitung personenbezogener Daten

Soweit dieses Gesetz keine besonderen Regelungen enthält, findet das Landesdatenschutzgesetz Anwendung.

§ 48a Projektbezogene gemeinsame Dateien mit dem Landesamt für Verfassungsschutz

(1) [1]Das Landeskriminalamt kann für die Dauer einer befristeten projektbezogenen Zusammenarbeit mit den Polizeidienststellen des Landes und dem Landesamt für Verfassungsschutz eine gemeinsame Datei errichten. [2]Die projektbezogene Zusammenarbeit bezweckt nach Maßgabe der Aufgaben und Befugnisse der in Satz 1 genannten Behörden den Austausch und die gemeinsame Auswertung von polizeilichen oder nachrichtendienstlichen Erkenntnissen zu

1. Straftaten nach § 99 des Strafgesetzbuchs,

2. Straftaten nach § 129a, auch in Verbindung mit § 129b Abs. 1, des Strafgesetzbuchs,

3. Straftaten nach § 34 Abs. 1 bis 6 des Außenwirtschaftsgesetzes, soweit es sich um einen Fall von besonderer Bedeutung handelt, oder

4. Straftaten, die mit Straftaten nach den Nummern 1 bis 3 in einem unmittelbaren Zusammenhang stehen.

(2) [1]Für die Speicherung personenbezogener Daten in der gemeinsamen Datei gelten die jeweiligen Übermittlungsvorschriften zugunsten der an der Zusammenarbeit beteiligten Behörden entsprechend mit der Maßgabe, dass die Speicherung nur zulässig ist, wenn die Daten allen an der projektbezogenen Zusammenarbeit teilnehmenden Behörden übermittelt werden dürfen. [2]Eine Speicherung ist ferner nur zulässig, wenn die speichernde Behörde die Daten auch in eigenen Dateien speichern darf.

(3) [1]Im Rahmen der gemeinsamen Datei obliegt die datenschutzrechtliche Verantwortung für die in der gemeinsamen Datei gespeicherten Daten den Stellen, die die Daten speichern. [2]Die verantwortliche Stelle muss feststellbar sein. [3]Die Verantwortung für die Zulässigkeit des Abrufs trägt die abrufende Behörde. [4]Nur die Behörde, die Daten zu einer Person eingegeben hat, ist befugt, diese zu ändern, zu berichtigen, zu sperren oder zu löschen. [5]Für die Änderung, Berichtigung, Sperrung und Löschung personenbezogener Daten durch die speichernde Behörde gelten die jeweiligen, für diese Behörde anwendbaren Vorschriften entsprechend. [6]Hat eine beteiligte Behörde Anhaltspunkte dafür, dass die Daten unrichtig sind, teilt sie dies umgehend der speichernden Behörde mit, die verpflichtet ist, diese Mitteilung unverzüglich zu prüfen und erforderlichenfalls die Daten unverzüglich zu ändern, zu berichtigen, zu sperren oder zu löschen. [7]Sind Daten zu einer Person gespeichert, kann jede beteiligte Behörde weitere Daten ergänzend speichern. [8]Das Landeskriminalamt hat die Einhaltung der Regelungen zur Zusammenarbeit und zur Führung der gemeinsamen Datei zu überwachen. [9]Es hat bei jedem Zugriff für Zwecke der Datenschutzkontrolle den Zeitpunkt, die Angaben, die die Feststellung der abgerufenen Datensätze ermöglichen, sowie die verantwortliche Stelle zu protokollieren. [10]Die Protokolldaten sind nach zwölf Monaten zu löschen. [11]Das Landeskriminalamt trifft die technischen und organisatorischen Maßnahmen nach § 9 des Landesdatenschutzgesetzes.

(4) [1]Dem Betroffenen ist nach Maßgabe des § 21 des Landesdatenschutzgesetzes Auskunft zu erteilen. [2]Zuständig ist das Landeskriminalamt, das im Einvernehmen mit der Stelle entscheidet, die die datenschutzrechtliche Verantwortung nach Absatz 3 Satz 1 trägt und die Zulässigkeit der Auskunfterteilung nach den für sie geltenden Bestimmungen prüft.

(5) [1]Eine gemeinsame Datei nach Absatz 1 ist auf höchstens zwei Jahre zu befristen. [2]Die Frist kann zweimalig um bis zu jeweils einem Jahr verlängert werden, wenn das Ziel der projektbezogenen Zusammenarbeit bei Projektende noch nicht erreicht worden und die Datei weiterhin für die Erreichung des Ziels erforderlich ist.

(6) [1]Das Landeskriminalamt hat für eine gemeinsame Datei ein Verfahrensverzeichnis nach § 11 des Landesdatenschutzgesetzes zu führen sowie im Einvernehmen mit dem Landesamt für Verfassungsschutz die jeweiligen Organisationseinheiten zu bestimmen, die zur Speicherung und zum Abruf befugt sind. [2]Das Verfahrensverzeichnis bedarf der Zustimmung des Innenministeriums.

Sechster Unterabschnitt
Polizeizwang

§ 49 Allgemeines
(1) Die Polizei wendet die Zwangsmittel Zwangsgeld, Zwangshaft und Ersatzvornahme nach den Vorschriften des Landesverwaltungsvollstreckungsgesetzes an.
(2) Die Polizei wendet das Zwangsmittel unmittelbarer Zwang nach den Vorschriften dieses Gesetzes an.

§ 50 Begriff und Mittel des unmittelbaren Zwangs
(1) Unmittelbarer Zwang ist jede Einwirkung auf Personen oder Sachen durch einfache körperliche Gewalt, Hilfsmittel der körperlichen Gewalt oder Waffengebrauch.
(2) Das Innenministerium bestimmt, welche Hilfsmittel der körperlichen Gewalt und welche Waffen im Polizeidienst zu verwenden sind.

§ 51 Zuständigkeit für die Anwendung unmittelbaren Zwangs
Die Anwendung unmittelbaren Zwangs obliegt den Beamten des Polizeivollzugsdienstes.

§ 52 Voraussetzungen und Durchführung des unmittelbaren Zwangs
(1)[1]Unmittelbarer Zwang darf nur angewandt werden, wenn der polizeiliche Zweck auf andere Weise nicht erreichbar erscheint. [2]Gegen Personen darf unmittelbarer Zwang nur angewandt werden, wenn der polizeiliche Zweck durch unmittelbaren Zwang gegen Sachen nicht erreichbar erscheint. [3]Das angewandte Mittel muß nach Art und Maß dem Verhalten, dem Alter und dem Zustand des Betroffenen angemessen sein. [4]Gegenüber einer Menschenansammlung darf unmittelbarer Zwang nur angewandt werden, wenn seine Anwendung gegen einzelne Teilnehmer der Menschenansammlung offensichtlich keinen Erfolg verspricht.
(2) Unmittelbarer Zwang ist, soweit es die Umstände zulassen, vor seiner Anwendung anzudrohen.
(3) Unmittelbarer Zwang darf nicht mehr angewandt werden, wenn der polizeiliche Zweck erreicht ist oder wenn es sich zeigt, daß er durch die Anwendung von unmittelbarem Zwang nicht erreicht werden kann.
(4) Für die Anwendung des unmittelbaren Zwangs zur Vollstreckung von Verwaltungsakten der Polizei gelten im übrigen die §§ 2 bis 6, 9, 10, 12, 21, 27, 28 und § 31 Abs. 1, 2, 4 und 6 des Landesverwaltungsvollstreckungsgesetzes.

§ 53 Voraussetzungen des Schußwaffengebrauchs
(1) [1]Der Schußwaffengebrauch ist nur zulässig, wenn die allgemeinen Voraussetzungen für die Anwendung unmittelbaren Zwangs vorliegen und wenn einfache körperliche Gewalt sowie verfügbare Hilfsmittel der körperlichen Gewalt oder mitgeführte Hiebwaffen erfolglos angewandt worden sind oder ihre Anwendung offensichtlich keinen Erfolg verspricht. [2]Auf Personen darf erst geschossen werden, wenn der polizeiliche Zweck durch Waffenwirkung gegen Sachen nicht erreicht werden kann.
(2) [1]Der Schußwaffengebrauch ist unzulässig, wenn erkennbar Unbeteiligte mit hoher Wahrscheinlichkeit gefährdet werden. [2]Das gilt nicht, wenn der Schußwaffengebrauch das einzige Mittel zur Abwehr einer gegenwärtigen Lebensgefahr ist.

§ 54 Schußwaffengebrauch gegenüber Personen
(1) Schußwaffen dürfen gegen einzelne Personen nur gebraucht werden,
1.   um die unmittelbar bevorstehende Ausführung oder die Fortsetzung einer rechtswidrigen Tat zu verhindern, die sich den Umständen nach

a) als ein Verbrechen oder

b) als ein Vergehen, das unter Anwendung oder Mitführung von Schußwaffen oder Sprengstoffen begangen werden soll oder ausgeführt wird,

darstellt;

2. um eine Person, die sich der Festnahme oder der Feststellung ihrer Person durch die Flucht zu entziehen versucht, anzuhalten, wenn sie

a) bei einer rechtswidrigen Tat auf frischer Tat betroffen wird, die sich den Umständen nach als ein Verbrechen darstellt oder als ein Vergehen, das unter Anwendung oder Mitführung von Schußwaffen oder Sprengstoffen begangen wird,

b) eines Verbrechens dringend verdächtig ist oder

c) eines Vergehens dringend verdächtig ist und Anhaltspunkte befürchten lassen, daß sie von einer Schußwaffe oder einem Sprengstoff Gebrauch machen werde;

3. zur Vereitelung der Flucht oder zur Wiederergreifung einer Person, die sich in amtlichen Gewahrsam befindet oder befand,

a) zur Verbüßung einer Freiheitsstrafe wegen einer Straftat mit Ausnahme des Strafarrestes,

b) zum Vollzug der Sicherungsverwahrung,

c) wegen des dringenden Verdachts eines Verbrechens,

d) auf Grund richterlichen Haftbefehls oder

e) sonst wegen des dringenden Verdachts eines Vergehens, wenn zu befürchten ist, daß sie von einer Schußwaffe oder einem Sprengstoff Gebrauch machen werde;

4. gegen eine Person, die mit Gewalt einen Gefangenen oder jemanden, dessen

a) Sicherungsverwahrung (§§ 66 und 66 b des Strafgesetzbuchs),

b) Unterbringung in einem psychiatrischen Krankenhaus (§ 63 des Strafgesetzbuchs, § 126a der Strafprozeßordnung) oder

c) Unterbringung in einer Entziehungsanstalt (§ 64 des Strafgesetzbuchs, § 126a der Strafprozeßordnung)

angeordnet ist, aus dem amtlichen Gewahrsam zu befreien versucht.

(2) Ein Schuß, der mit an Sicherheit grenzender Wahrscheinlichkeit tödlich wirken wird, ist nur zulässig, wenn er das einzige Mittel zur Abwehr einer gegenwärtigen Lebensgefahr oder der gegenwärtigen Gefahr einer schwerwiegenden Verletzung der körperlichen Unversehrtheit ist.

(3) Schußwaffen dürfen gegen eine Menschenmenge nur dann gebraucht werden, wenn von ihr oder aus ihr heraus Gewalttaten begangen werden oder unmittelbar bevorstehen und Zwangsmaßnahmen gegen einzelne nicht zum Ziele führen oder offensichtlich keinen Erfolg versprechen.

(4) Das Recht zum Gebrauch von Schußwaffen auf Grund anderer gesetzlicher Vorschriften bleibt unberührt.

§ 54a Gebrauch von Explosivmitteln

(1) Explosivmittel dürfen gegen Personen nur in den Fällen des § 54 Absatz 1 Nummern 1 und 4 angewendet werden, wenn der vorherige Gebrauch anderer Waffen erfolglos geblieben ist oder offensichtlich keinen Erfolg verspricht.

(2) Explosivmittel dürfen nicht gegen eine Menschenmenge gebraucht werden.

(3) [1]Der Gebrauch von Explosivmitteln gegen Personen bedarf der Anordnung durch die Leitung eines regionalen Polizeipräsidiums, des Polizeipräsidiums Einsatz oder des Landeskriminalamts. [2]Diese können die Anordnungsbefugnis auf besonders beauftragte Beamte des höheren Dienstes übertragen.

(4) Im Übrigen gelten für den Gebrauch von Explosivmitteln § 53 Absätze 1 und 2 Satz 1 sowie § 54 Absätze 2 und 4 entsprechend.

Dritter Abschnitt
Entschädigung

§ 55 Voraussetzungen

(1) [1]In den Fällen des § 9 Abs. 1 kann derjenige, gegenüber dem die Polizei eine Maßnahme getroffen hat, eine angemessene Entschädigung für den ihm durch die Maßnahme entstandenen Schaden verlangen. [2]Bei der Bemessung sind alle Umstände zu berücksichtigen, insbesondere Art und Vorhersehbarkeit des Schadens und ob der Geschädigte oder sein Vermögen durch die Maßnahme der Polizei

geschützt worden sind. [3]Haben Umstände, die der Geschädigte zu vertreten hat, auf die Entstehung oder Erhöhung des Schadens eingewirkt, so hängt der Umfang des Ausgleichs insbesondere davon ab, inwieweit der Schaden vorwiegend von dem Geschädigten oder durch die Polizei verursacht worden ist.

(2) Soweit die Entschädigungspflicht wegen Maßnahmen nach § 9 Abs. 1 in besonderen gesetzlichen Vorschriften geregelt ist, finden diese Vorschriften Anwendung.

§ 56 Entschädigungspflichtiger
[1]Zur Entschädigung ist der Staat oder die Körperschaft verpflichtet, in deren Dienst der Beamte steht, der die Maßnahme getroffen hat. [2]Ist die Maßnahme von einem Polizeibeamten auf Weisung einer Polizeibehörde getroffen worden, so ist der Staat oder die Körperschaft, der die Polizeibehörde angehört, zur Entschädigung verpflichtet.

§ 57 Ersatz
Der nach § 56 zur Entschädigung Verpflichtete kann in entsprechender Anwendung der Vorschriften des Bürgerlichen Gesetzbuchs über die Geschäftsführung ohne Auftrag von den in den §§ 6 und 7 bezeichneten Personen Ersatz verlangen.

§ 58 Rechtsweg
Über die Ansprüche nach den §§ 55 und 57 entscheiden die ordentlichen Gerichte.

Zweiter Teil
Die Organisation der Polizei

Erster Abschnitt
Gliederung und Aufgabenverteilung

§ 59 Allgemeines
Die Organisation der Polizei umfaßt
1. die Polizeibehörden,
2. den Polizeivollzugsdienst mit seinen Beamten (Polizeibeamte).

§ 60 Zuständigkeitsabgrenzung
(1) Für die Wahrnehmung der polizeilichen Aufgaben sind die Polizeibehörden zuständig, soweit dieses Gesetz nichts anderes bestimmt.

(2) Der Polizeivollzugsdienst nimmt – vorbehaltlich anderer Anordnungen der Polizeibehörde – die polizeilichen Aufgaben wahr, wenn ein sofortiges Tätigwerden erforderlich erscheint.

(3) Der Polizeivollzugsdienst ist neben den Polizeibehörden zuständig für Maßnahmen nach § 20 Absatz 1, 2, 4 und 5, §§ 26, 27, § 27a Absatz 1, §§ 28 bis 33, 37, 42 Absatz 2 und 7, § 43 Absatz 1, § 43a Absatz 1 und 3 und § 44 dieses Gesetzes sowie § 18 des Landesdatenschutzgesetzes.

(4) Der Polizeivollzugsdienst ist neben den Gesundheitsämtern zuständig für die Anordnung von Maßnahmen nach § 25 Absatz 1 bis 3 des Infektionsschutzgesetzes, wenn Tatsachen die Annahme rechtfertigen, dass eine Übertragung besonders gefährlicher Krankheitserreger, wie insbesondere Hepatitis B-Virus, Hepatitis C-Virus oder Humanes Immundefizienzvirus (HIV), auf eine andere Person stattgefunden hat, für diese daher eine Gefahr für Leib oder Leben bestehen könnte und die Kenntnis des Untersuchungsergebnisses für die Abwehr der Gefahr erforderlich ist.

(5) Der Polizeivollzugsdienst leistet Vollzugshilfe, indem er insbesondere auf Ersuchen von Behörden und Gerichten Vollzugshandlungen ausführt, soweit hierfür die besonderen Fähigkeiten, Kenntnisse oder Mittel des Polizeivollzugsdienstes benötigt werden.

Zweiter Abschnitt
Die Polizeibehörden

Erster Unterabschnitt
Aufbau

§ 61 Arten der Polizeibehörden

(1) Allgemeine Polizeibehörden sind

1. die obersten Landespolizeibehörden,
2. die Landespolizeibehörden,
3. die Kreispolizeibehörden,
4. die Ortspolizeibehörden.

(2) ¹Besondere Polizeibehörden sind alle anderen Polizeibehörden. ²Ihr Aufbau wird durch dieses Gesetz nicht berührt.

§ 62 Allgemeine Polizeibehörden

(1) Oberste Landespolizeibehörden sind die zuständigen Ministerien.

(2) Landespolizeibehörden sind die Regierungspräsidien.

(3) Kreispolizeibehörden sind die unteren Verwaltungsbehörden.

(4) ¹Ortspolizeibehörden sind die Gemeinden. ²Die den Gemeinden hiernach übertragenen Aufgaben sind Pflichtaufgaben nach Weisung.

(5) ¹Die Kreistage, die Gemeinderäte und die Verbandsversammlungen oder die gemeinsamen Ausschüsse von Verwaltungsgemeinschaften nach § 17 des Landesverwaltungsgesetzes wirken nach Maßgabe dieses Gesetzes mit. ²Ihre besonderen polizeilichen Befugnisse nach anderen Gesetzen bleiben unberührt.

§ 63 Dienstaufsicht

(1) Es führen die Dienstaufsicht über

1. die Landespolizeibehörden:
   das Innenministerium,
2. die Kreispolizeibehörden:
   die Regierungspräsidien und das Innenministerium,
3. die Ortspolizeibehörden
   a) in den Stadtkreisen und in den Großen Kreisstädten:
      die Regierungspräsidien und das Innenministerium,
   b) im übrigen:
      die Landratsämter, die Regierungspräsidien und das Innenministerium.

(2) Das Innenministerium führt die Aufsicht jeweils im Benehmen mit dem fachlich zuständigen Ministerium.

§ 64 Fachaufsicht

Es führen die Fachaufsicht über

1. die Landespolizeibehörden:
   die zuständigen Ministerien,
2. die Kreispolizeibehörden:
   die Regierungspräsidien und die zuständigen Ministerien,
3. die Ortspolizeibehörden
   a) in den Stadtkreisen und in den Großen Kreisstädten:
      die Regierungspräsidien und die zuständigen Ministerien,
   b) im übrigen:
      die Landratsämter, die Regierungspräsidien und die zuständigen Ministerien.

§ 65 Weisungsrecht und Unterrichtungspflicht

(1) ¹Die zur Dienstaufsicht oder zur Fachaufsicht zuständigen Behörden können den allgemeinen Polizeibehörden im Rahmen ihrer Zuständigkeit unbeschränkt Weisungen erteilen. ²Die allgemeinen Polizeibehörden haben diesen Weisungen Folge zu leisten.

(2) Leistet eine Polizeibehörde einer ihr erteilten Weisung keine Folge, so kann an Stelle der Polizeibehörde jede zur Fachaufsicht zuständige Behörde die erforderlichen Maßnahmen treffen.

(3) Die allgemeinen Polizeibehörden sind verpflichtet, die weisungsbefugten Behörden von allen sachdienlichen Wahrnehmungen zu unterrichten.

Zweiter Unterabschnitt
Zuständigkeit

§ 66 Allgemeine sachliche Zuständigkeit

(1) Die sachliche Zuständigkeit der Polizeibehörden wird von dem fachlich zuständigen Ministerium im Einvernehmen mit dem Innenministerium bestimmt.

(2) Soweit nichts anderes bestimmt ist, sind die Ortspolizeibehörden sachlich zuständig.   §62 IV

(3) Das fachlich zuständige Ministerium kann im Einvernehmen mit dem Innenministerium bestimmen, daß Aufgaben der Ortspolizeibehörden durch Verwaltungsgemeinschaften erfüllt werden.

(4) § 13 bleibt unberührt.

§ 67 Besondere sachliche Zuständigkeit

(1) Erscheint bei Gefahr im Verzug ein rechtzeitiges Tätigwerden der zuständigen Polizeibehörden nicht erreichbar, so können deren Aufgaben von den in § 64 bezeichneten, zur Fachaufsicht zuständigen Behörden wahrgenommen werden.

(2) Unter den Voraussetzungen des Absatzes 1 kann jede Polizeibehörde innerhalb ihres Dienstbezirks die Aufgaben einer übergeordneten Polizeibehörde wahrnehmen.

(3) Die zuständige Polizeibehörde ist von den getroffenen Maßnahmen unverzüglich zu unterrichten.

(4) Diese Bestimmungen gelten nicht für Polizeiverordnungen.

§ 68 Örtliche Zuständigkeit

(1) [1]Die Zuständigkeit der Polizeibehörden beschränkt sich auf ihren Dienstbezirk. [2]Örtlich zuständig ist die Polizeibehörde, in deren Dienstbezirk eine polizeiliche Aufgabe wahrzunehmen ist; durch Rechtsverordnung kann zum Zwecke der Verwaltungsvereinfachung etwas anderes bestimmt werden.

(2) [1]Erscheint bei Gefahr im Verzug ein rechtzeitiges Tätigwerden der örtlich zuständigen Polizeibehörde nicht erreichbar, so kann auch die für einen benachbarten Dienstbezirk zuständige Polizeibehörde die erforderlichen Maßnahmen treffen. [2]Die zuständige Polizeibehörde ist von den getroffenen Maßnahmen unverzüglich zu unterrichten.

§ 69 Regelung der örtlichen Zuständigkeit für überörtliche polizeiliche Aufgaben

Kann eine polizeiliche Aufgabe in mehreren Dienstbezirken zweckmäßig nur einheitlich wahrgenommen werden, so wird die Zuständigkeit von der Behörde geregelt, welche die Fachaufsicht über die beteiligten Polizeibehörden führt.

Dritter Abschnitt
Der Polizeivollzugsdienst

Erster Unterabschnitt
Aufbau

§ 70 Polizeidienststellen und Einrichtungen für den Polizeivollzugsdienst

(1) Das Land unterhält für den Polizeivollzugsdienst folgende Polizeidienststellen:

1. die regionalen Polizeipräsidien,
2. das Polizeipräsidium Einsatz,
3. das Landeskriminalamt.

(2) Das Land unterhält für den Polizeivollzugsdienst folgende Einrichtungen:

1. die Hochschule für Polizei Baden-Württemberg,
2. das Präsidium Technik, Logistik, Service der Polizei.

§ 71 Aufgaben und Gliederung

Aufgaben und Gliederung der Polizeidienststellen und des Präsidiums Technik, Logistik, Service der Polizei werden vom Innenministerium durch Rechtsverordnung bestimmt.

§ 72 Dienstaufsicht

Die Dienstaufsicht über die Polizeidienststellen sowie das Präsidium Technik, Logistik, Service der Polizei führt das Innenministerium.

§ 73 Fachaufsicht

(1) [1]Die Fachaufsicht über die Polizeidienststellen sowie das Präsidium Technik, Logistik, Service der Polizei führt das Innenministerium. [2]Nimmt der Polizeivollzugsdienst Aufgaben nach § 60 Absatz 2 oder 4 oder auf Weisung der Polizeibehörden wahr, führen die Kreispolizeibehörden, die Regierungspräsidien und die fachlich jeweils zuständigen Ministerien die Fachaufsicht.

(2) Das Landeskriminalamt führt die Fachaufsicht über die kriminalpolizeiliche Tätigkeit unbeschadet der Befugnisse der übrigen zur Fachaufsicht zuständigen Stellen.

§ 74 Weisungsrecht und Unterrichtungspflicht

(1) [1]Die zur Dienstaufsicht oder zur Fachaufsicht zuständigen Stellen sowie die Ortspolizeibehörden können im Rahmen ihrer Zuständigkeit den Polizeidienststellen Weisungen erteilen. [2]Die Polizeidienststellen haben den Weisungen Folge zu leisten.

(2) [1]Die Polizeidienststellen sind verpflichtet, die weisungsbefugten Stellen und die Ortspolizeibehörden von allen sachdienlichen Wahrnehmungen zu unterrichten. [2]Personenbezogene Daten dürfen dabei nur unter den Voraussetzungen des § 42 Abs. 1 übermittelt werden.

Zweiter Unterabschnitt
Zuständigkeit

§ 75 Örtliche Zuständigkeit

[1]Die Polizeidienststellen sind im ganzen Landesgebiet zuständig. [2]Sie sollen in der Regel jedoch nur in ihrem Dienstbezirk tätig werden.

§ 76 Dienstbezirke

[bis 31.12.2019:]

(1) Dienstbezirke der regionalen Polizeipräsidien sind für das Polizeipräsidium

1. Aalen
   die Landkreise Ostalbkreis, Rems-Murr-Kreis und Schwäbisch Hall;
2. Freiburg
   die Landkreise Breisgau-Hochschwarzwald, Emmendingen, Lörrach und Waldshut sowie der Stadtkreis Freiburg;
3. Heilbronn
   die Landkreise Heilbronn, Hohenlohekreis, Main-Tauber-Kreis, Neckar-Odenwald-Kreis sowie der Stadtkreis Heilbronn;
4. Karlsruhe
   die Landkreise Calw, Enzkreis und Karlsruhe sowie die Stadtkreise Karlsruhe und Pforzheim;
5. Konstanz
   die Landkreise Bodenseekreis, Konstanz, Ravensburg und Sigmaringen;
6. Ludwigsburg
   die Landkreise Böblingen und Ludwigsburg;
7. Mannheim
   der Landkreis Rhein-Neckar-Kreis sowie die Stadtkreise Heidelberg und Mannheim;
8. Offenburg
   die Landkreise Ortenaukreis und Rastatt sowie der Stadtkreis Baden-Baden;
9. Reutlingen
   die Landkreise Esslingen, Reutlingen und Tübingen;
10. Stuttgart
    der Stadtkreis Stuttgart;
11. Tuttlingen
    die Landkreise Freudenstadt, Rottweil, Schwarzwald-Baar-Kreis, Tuttlingen und Zollernalbkreis;
12. Ulm

die Landkreise Alb-Donau-Kreis, Biberach, Göppingen und Heidenheim sowie der Stadtkreis Ulm.

[ab 1.1.2020:]

(1) Dienstbezirke der regionalen Polizeipräsidien sind für das Polizeipräsidium

1. *Aalen*
    die Landkreise Ostalbkreis, Rems-Murr-Kreis und Schwäbisch Hall;
2. *Freiburg*
    die Landkreise Breisgau-Hochschwarzwald, Emmendingen, Lörrach und Waldshut sowie der Stadtkreis Freiburg;
3. *Heilbronn*
    die Landkreise Heilbronn, Hohenlohekreis, Main-Tauber-Kreis, Neckar-Odenwald-Kreis sowie der Stadtkreis Heilbronn;
4. *Karlsruhe*
    der Landkreis Karlsruhe und der Stadtkreis Karlsruhe;
5. *Konstanz*
    die Landkreise Konstanz, Rottweil, Tuttlingen und Schwarzwald-Baar-Kreis;
6. *Ludwigsburg*
    die Landkreise Böblingen und Ludwigsburg;
7. *Mannheim*
    der Landkreis Rhein-Neckar-Kreis sowie die Stadtkreise Heidelberg und Mannheim;
8. *Offenburg*
    die Landkreise Ortenaukreis und Rastatt sowie der Stadtkreis Baden-Baden;
9. *Pforzheim*
    die Landkreise Calw, Enzkreis und Freudenstadt sowie der Stadtkreis Pforzheim;
10. *Ravensburg*
    die Landkreise Bodenseekreis, Ravensburg und Sigmaringen;
11. *Reutlingen*
    die Landkreise Esslingen, Reutlingen, Tübingen und Zollernalbkreis;
12. *Stuttgart*
    der Stadtkreis Stuttgart;
13. *Ulm*
    die Landkreise Alb-Donau-Kreis, Biberach, Göppingen und Heidenheim sowie der Stadtkreis Ulm.

(2) Dienstbezirk des Landeskriminalamts und des Polizeipräsidiums Einsatz ist das Landesgebiet.

(3) Soweit Vollzugsaufgaben die Dienstbezirke mehrerer Polizeidienststellen berühren und zweckmäßig nur einheitlich wahrgenommen werden sollen, insbesondere auf den Bundesautobahnen, kann das Innenministerium die Dienstbezirke abweichend von den Absätzen 1 und 2 bestimmen.

§ 77 Aufgabenwahrnehmung durch das Innenministerium

(1) Das Innenministerium erfüllt vollzugspolizeiliche Aufgaben, soweit dies zur landeseinheitlichen Wahrnehmung erforderlich ist.

(2) Ist eine Polizeidienststelle nicht in der Lage, die vollzugspolizeilichen Aufgaben wahrzunehmen, so kann sich das Innenministerium vorübergehend die Polizeikräfte des Landes unmittelbar unterstellen und nach den polizeilichen Bedürfnissen einsetzen.

(3) [1]Erscheint bei Gefahr im Verzug ein rechtzeitiges Tätigwerden des Innenministeriums nicht erreichbar, so kann auch ein Polizeipräsidium Maßnahmen nach Absatz 2 treffen. [2]Das Innenministerium ist unverzüglich zu unterrichten.

§ 78 Amtshandlungen von Polizeibeamten anderer Länder und des Bundes sowie von Vollzugsbeamten anderer Staaten im Zuständigkeitsbereich des Landes

(1) [1]Polizeibeamte eines anderen Landes können im Zuständigkeitsbereich des Landes Amtshandlungen vornehmen

1. auf Anforderung oder mit Zustimmung einer zuständigen Stelle,
2. in den Fällen des Artikels 35 Abs. 2 und 3 und des Artikels 91 Abs. 1 des Grundgesetzes,

3. zur Abwehr einer gegenwärtigen erheblichen Gefahr, zur Verfolgung von Straftaten auf frischer Tat sowie zur Verfolgung und Wiederergreifung Entwichener, wenn die zuständige Stelle die erforderlichen Maßnahmen nicht rechtzeitig treffen kann,
4. zur Erfüllung polizeilicher Aufgaben im Zusammenhang mit Transporten von Personen oder von Sachen,
5. zur Verfolgung von Straftaten oder Ordnungswidrigkeiten und zur Gefahrenabwehr in den durch Verwaltungsabkommen mit anderen Ländern geregelten Fällen.

[2]In den Fällen der Nummern 3 bis 5 ist die zuständige Polizeidienststelle unverzüglich zu unterrichten. [3]Satz 2 gilt nicht, soweit ein Verwaltungsabkommen nach Satz 1 Nr. 5 die Übertragung von Zuständigkeiten auf Polizeidienststellen eines anderen Landes vorsieht. [4]In diesem Fall werden die zuständigen Polizeidienststellen durch Rechtsverordnung bestimmt.

(2) [1]Werden Polizeibeamte eines anderen Landes nach Absatz 1 tätig, haben sie die gleichen Befugnisse wie die des Landes. [2]Ihre Maßnahmen gelten als Maßnahmen derjenigen Polizeidienststelle, in deren örtlichem und sachlichem Zuständigkeitsbereich sie tätig geworden sind. [3]Sie unterliegen insoweit deren Weisungen.

(3) [1]Absätze 1 und 2 gelten für Polizeibeamte des Bundes und für Vollzugsbeamte der Zollverwaltung, denen der Gebrauch von Schusswaffen bei Anwendung des unmittelbaren Zwangs nach dem Gesetz über den unmittelbaren Zwang bei Ausübung öffentlicher Gewalt gestattet ist, entsprechend. [2]Das Gleiche gilt für ausländische Bedienstete von Polizeibehörden und Polizeidienststellen, soweit völkerrechtliche Vereinbarungen oder der Beschluss des Rates 2008/615/JI dies vorsehen oder das Innenministerium Amtshandlungen dieser Polizeibehörden oder Polizeidienststellen allgemein oder im Einzelfall zustimmt.

§ 79 Amtshandlungen von Polizeibeamten des Landes außerhalb des Zuständigkeitsbereichs des Landes

(1) [1]Die Polizeibeamten des Landes dürfen im Zuständigkeitsbereich eines anderen Landes oder des Bundes nur in den Fällen des § 78 Abs. 1 und des Artikels 91 Abs. 2 des Grundgesetzes und nur dann Amtshandlungen vornehmen, wenn dies das jeweilige Landesrecht oder das Bundesrecht vorsieht. [2]Außerhalb der Bundesrepublik Deutschland dürfen die Polizeibeamten tätig werden, soweit dies durch völkerrechtliche Vereinbarungen oder den Beschluss des Rates 2008/615/JI geregelt ist oder wenn es das Recht des jeweiligen Staates vorsieht; sie haben dann die danach vorgesehenen Rechte und Pflichten.

(2) Einer Anforderung von Polizeibeamten durch ein anderes Land ist zu entsprechen, soweit nicht die Verwendung der Polizeibeamten im eigenen Lande dringender ist als die Unterstützung der Polizei des anderen Landes.

Vierter Abschnitt
Besondere Vollzugsbedienstete

§ 80 Gemeindliche Vollzugsbedienstete

(1) Die Ortspolizeibehörden können sich zur Wahrnehmung bestimmter auf den Gemeindebereich beschränkter polizeilicher Aufgaben gemeindlicher Vollzugsbediensteter bedienen.

(2) Die gemeindlichen Vollzugsbediensteten haben bei der Erledigung ihrer polizeilichen Dienstverrichtungen die Stellung von Polizeibeamten im Sinn dieses Gesetzes.

§ 81 Ermittlungspersonen der Staatsanwaltschaft

Das Innenministerium kann durch Rechtsverordnung bestimmen, daß Ermittlungspersonen der Staatsanwaltschaft, die mit der Wahrnehmung bestimmter polizeilicher Aufgaben betraut sind, ohne einer Polizeidienststelle anzugehören, die Stellung von Polizeibeamten im Sinne dieses Gesetzes haben.

Dritter Teil
Die Kosten der Polizei

§ 82 Kosten für die allgemeinen Polizeibehörden und den Polizeivollzugsdienst

(1) [1]Die Kosten für die Ortspolizeibehörden sowie in den Stadtkreisen und in den Großen Kreisstädten für die Kreispolizeibehörden werden von den Gemeinden getragen. [2]Die Kosten für die Kreispolizei-

behörden werden in den Verwaltungsgemeinschaften nach § 17 des Landesverwaltungsgesetzes von diesen getragen.

(2) Die Kosten für die übrigen allgemeinen Polizeibehörden und den Polizeivollzugsdienst werden vom Land getragen, soweit nichts anderes bestimmt ist.

(3) Kosten sind die unmittelbaren oder mittelbaren persönlichen und sächlichen Ausgaben für die allgemeinen Polizeibehörden und den Polizeivollzugsdienst.

§ 83 Einnahmen
Sind mit der Tätigkeit der Polizei Einnahmen verbunden, so fließen diese dem Kostenträger zu.

§ 83a Zurückbehaltungsbefugnis
[1]Die Polizei kann die Herausgabe von Sachen, deren Besitz sie auf Grund einer polizeilichen Maßnahme nach § 8 Abs. 1, § 32 Abs. 1, § 33 Abs. 1 oder § 49 Abs. 1 in Verbindung mit § 25 des Landesverwaltungsvollstreckungsgesetzes erlangt hat, von der Zahlung der entstandenen Kosten abhängig machen. [2]Eine dritte Person, der die Verwahrung übertragen worden ist, kann durch Verwaltungsakt ermächtigt werden, Zahlungen in Empfang zu nehmen.

Vierter Teil
Schlussbestimmungen

§ 84 Durchführungsvorschriften
(1) [1]Das Innenministerium wird ermächtigt, durch Rechtsverordnung Vorschriften zu erlassen über
1. die Übertragung der Anordnungsbefugnis (§ 22 Absatz 6, § 23a Absatz 3, § 25 Absatz 2) sowie der Antragsbefugnis (§ 23a Absatz 2),
2. die Durchführung des Gewahrsams (§ 28),
3. die Durchführung von Durchsuchungen (§ 31),
4. die Verwahrung und Notveräußerung sichergestellter und beschlagnahmter Sachen (§ 32 Absatz 3 und § 33 Absatz 3 Satz 3),
5. die Überprüfungsfristen und deren Voraussetzungen (§ 38 Abs. 4),
6. die Durchführung des Datenabgleichs (§ 40),
7. die Protokollierung von Übermittlungen in einem automatisierten Abrufverfahren (§ 42 Abs. 5),
8. die Übertragung von Zuständigkeiten auf Polizeidienststellen anderer Länder (§ 78 Abs. 1 Satz 4),
9. die Voraussetzungen der Bestellung, die Ausbildung, die Dienstkleidung, die Gestaltung der Dienstausweise, die Ausrüstung und die Aufgaben der gemeindlichen Vollzugsbediensteten (§ 80).
[2]Das Innenministerium kann durch Rechtsverordnung bestimmen, daß die Dienst- und Fachaufsicht abweichend von §§ 72 und 73 auf nachgeordnete Polizeidienststellen oder Einrichtungen für den Polizeivollzugsdienst übertragen wird. [3]Rechtsverordnungen nach Satz 1 und 2 ergehen, soweit erforderlich, im Einvernehmen mit dem fachlich zuständigen Ministerium.

(2) Das Innenministerium erlässt, soweit erforderlich im Einvernehmen mit dem fachlich zuständigen Ministerium, die zur Durchführung dieses Gesetzes erforderlichen Verwaltungsvorschriften.

§ 84a Ordnungswidrigkeiten
(1) Ordnungswidrig handelt, wer vorsätzlich oder fahrlässig einem vollziehbaren Platzverweis, Aufenthaltsverbot, Wohnungsverweis, Rückkehrverbot oder Annäherungsverbot nach § 27a zuwiderhandelt.

(2) Die Ordnungswidrigkeit kann mit einer Geldbuße bis zu 5 000 Euro geahndet werden.

(3) [1]Verwaltungsbehörde nach § 36 Abs. 1 Nr. 1 des Gesetzes über Ordnungswidrigkeiten ist die Polizeibehörde, die die Anordnung nach § 27a getroffen hat. [2]Ist die Anordnung vom Polizeivollzugsdienst getroffen worden, ist Verwaltungsbehörde die örtlich zuständige Ortspolizeibehörde.

§ 84b Strafvorschrift
(1) Mit Freiheitsstrafe bis zu zwei Jahren oder mit Geldstrafe wird bestraft, wer
1. einer vollstreckbaren gerichtlichen Anordnung nach § 27b Absatz 3 Satz 1 oder einer vollziehbaren Anordnung nach § 27b Absatz 3 Satz 5 zuwiderhandelt und dadurch den Zweck der Anordnung gefährdet oder

2. einer vollstreckbaren gerichtlichen Anordnung nach § 27c Absatz 5 Satz 1 oder einer vollziehbaren Anordnung nach § 27c Absatz 5 Satz 5 zuwiderhandelt und dadurch die kontinuierliche Feststellung seines Aufenthaltsortes durch die zuständige Polizeidienststelle verhindert.

(2) Die Tat wird nur auf Antrag eines regionalen Polizeipräsidiums, des Polizeipräsidiums Einsatz oder des Landeskriminalamts verfolgt.

§ 85 Übergangsbestimmungen

(1) Auf die weitere Verarbeitung der nach § 23b Absätze 1 und 2 erhobenen personenbezogenen Daten sind die Regelungen der Absätze 2 bis 5 und im Übrigen die Regelungen im Fünften Unterabschnitt des Zweiten Abschnitts des Ersten Teils anzuwenden.

(2) Die Dienststellen des Polizeivollzugsdienstes können die nach § 23b Absätze 1 und 2 selbst erhobenen Daten zur Erfüllung derselben Aufgabe und zum Schutz derselben Rechtsgüter oder zur Verhütung derselben Straftaten weiterverarbeiten.

(3) Die Dienststellen des Polizeivollzugsdienstes können zur Erfüllung ihrer Aufgaben die nach § 23b Absätze 1 und 2 erhobenen Daten zu anderen Zwecken, als denjenigen, zu denen sie erhoben worden sind, weiterverarbeiten, wenn

1. mindestens vergleichbar bedeutsame Rechtsgüter geschützt oder mindestens vergleichbar schwerwiegende Straftaten verhütet, aufgedeckt oder verfolgt werden sollen,

2. eine Neuerhebung zu diesem anderen Zweck mit vergleichbar schwerwiegenden Mitteln zulässig wäre und

3. sich im Einzelfall konkrete Ermittlungsansätze zur Abwehr von in einem übersehbaren Zeitraum drohenden Gefahren für mindestens vergleichbar bedeutsame Rechtsgüter erkennen lassen oder zur Verhütung, Aufdeckung oder Verfolgung solcher Straftaten ergeben.

(4) [1]Eine Datenübermittlung der nach § 23b Absätze 1 und 2 erhobenen Daten durch die Polizei auf der Grundlage von § 42 Absätze 1, 2 und 7, § 43 Absatz 1, § 43a Absätze 1 und 3, § 43c und § 44 Absätze 1 und 2 ist nur unter den Voraussetzungen des Absatzes 3 zulässig. [2]Eine Datenübermittlung der nach § 23b Absätze 1 und 2 erhobenen Daten nach § 43 Absatz 1 unterbleibt, wenn im Einzelfall ein datenschutzrechtlich angemessener und die elementaren Menschenrechte wahrender Umgang mit den Daten beim Empfänger nicht hinreichend gesichert ist oder sonst überwiegende schutzwürdige Interessen einer betroffenen Person entgegenstehen. [3]Der Polizeivollzugsdienst hat die Übermittlung der nach § 23b Absätze 1 und 2 erhobenen Daten zu protokollieren. [4]Die Protokolldaten dürfen nur verwendet werden, um einer dazu befugten Stelle die Prüfung zu ermöglichen, ob die Übermittlungen rechtmäßig erfolgt sind. [5]Der Landesbeauftragte für den Datenschutz führt bezüglich der Datenübermittlungen mindestens alle zwei Jahre Kontrollen durch. [6]Nach Abschluss der Kontrolle sind die Protokolldaten unverzüglich zu löschen. [7]Die Landesregierung unterrichtet den Landtag alle zwei Jahre über die gemäß § 43 Absatz 1 erfolgten Übermittlungen der nach § 23b Absätze 1 und 2 erhobenen Daten.

(5) [1]Sind die nach § 23b Absätze 1 und 2 erhobenen personenbezogenen Daten, die nicht dem Kernbereich privater Lebensgestaltung zuzuordnen sind, zur Erfüllung des der Maßnahme zugrunde liegenden Zwecks und für eine etwaige gerichtliche Überprüfung der Maßnahme nicht mehr erforderlich, sind sie unverzüglich zu löschen, soweit keine Weiterverarbeitung der Daten nach den Absätzen 2 bis 4 erfolgt. [2]Die Tatsache der Löschung ist zu dokumentieren. [3]Die Dokumentation darf ausschließlich für Zwecke der Datenschutzkontrolle verwendet werden. [4]Sie ist sechs Monate nach der Unterrichtung nach § 23b Absatz 10 oder sechs Monate nach Erteilung der gerichtlichen Zustimmung über das endgültige Absehen von der Unterrichtung zu löschen. [5]Ist die Datenschutzkontrolle nach § 23b Absatz 13 nach Ablauf der in Satz 4 genannten Fristen noch nicht beendet, ist die Dokumentation bis zu ihrem Abschluss aufzubewahren.

§ 86 Inkrafttreten[1])
(nicht abgedruckt)

---

1) **Amtl. Anm.:** Diese Vorschrift betrifft das Inkrafttreten des Gesetzes in der ursprünglichen Fassung vom 21. November 1955 (GBl. S. 249).

Verordnung des Innenministeriums zur Durchführung des Polizeigesetzes (DVO PolG)

Vom 16. September 1994 (GBl. S. 567)
(BWGültV Sachgebiet 2050)
zuletzt geändert durch Art. 31 PolizeistrukturreformG vom 23. Juli 2013 (GBl. S. 233)

Nichtamtliche Inhaltsübersicht

Erster Teil
Maßnahmen der Polizei

Erster Abschnitt
Durchführung von Einzelmaßnahmen

§   1   Durchführung des Gewahrsams
§   2   Durchsuchung von Wohnungen
§   3   Verwahrung und Notveräußerung sichergestellter und beschlagnahmter Sachen und Tiere

Zweiter Abschnitt
Datenerhebung und weitere Verarbeitung der erhobenen personenbezogenen Daten in Dateien und Akten

§   4   Übertragung der Anordnungs- und Antragsbefugnis
§   5   Überprüfungsfristen für vom Polizeivollzugsdienst gespeicherte personenbezogene Daten
§   6   Datenlöschung und Unterlagenvernichtung nach Abgleich mit anderen Dateien
§   7   Protokollierung von Übermittlungen in einem automatisierten Abrufverfahren innerhalb der Polizei

Zweiter Teil
Aufgaben und Gliederung der Polizeidienststellen und von Einrichtungen für den Polizeivollzugsdienst

Erster Abschnitt
Allgemeines

§   8   Zusammenarbeit der Polizeidienststellen
§   9   Befugnisse der Staatsanwaltschaft

Zweiter Abschnitt
Landeskriminalamt

§ 10   Allgemeines
§ 11   Einzelne Aufgaben
§ 12   Verfolgungszuständigkeit
§ 13   Zusammenarbeit des Landeskriminalamtes mit anderen Polizeidienststellen
§ 14   Weisungsbefugnis der Staatsanwaltschaft

Dritter Abschnitt
Polizeipräsidium Einsatz

§ 15   Allgemeines
§ 16   Aufgaben
§ 17   Einsatz
§ 18   Wasserschutzpolizei

Vierter Abschnitt
Präsidium Technik, Logistik, Service der Polizei

§ 19   Allgemeines
§ 20   Aufgaben
§ 21   (nicht mehr belegt)
§ 22   (nicht mehr belegt)

Fünfter Abschnitt
Regionale Polizeipräsidien

§ 23   Aufgaben
§§ 24 bis 26 (aufgehoben)

Dritter Teil
Übertragung von Zuständigkeiten auf Polizeidienststellen anderer Länder und des Bundes

§ 27   Übertragung von Zuständigkeiten auf Polizeidienststellen des Freistaates Bayern
§ 28   Übertragung von Zuständigkeiten auf Polizeidienststellen des Landes Hessen
§ 29   Übertragung von Zuständigkeiten auf Polizeidienststellen des Landes Rheinland-Pfalz
§ 30   Übertragung von Zuständigkeiten auf Polizeidienststellen des Bundes

Vierter Teil
Gemeindliche Vollzugsbedienstete

§ 31   Aufgaben der gemeindlichen Vollzugsbediensteten
§ 32   Öffentliche Bekanntmachung

Fünfter Teil
Schlußvorschriften

§ 33   Inkrafttreten; Außerkrafttreten von Vorschriften

Es wird verordnet auf Grund von

1.   § 71 Abs. 1, § 78 Abs. 1 Satz 4 und Abs. 3, § 81 und § 84 Abs. 1 Satz 1 des Polizeigesetzes (PolG) in der Fassung vom 13. Januar 1992 (GBl. S. 1, ber. S. 596) im Einvernehmen mit dem Justizmi-

nisterium, dem Wirtschaftsministerium, dem Ministerium Ländlicher Raum, dem Sozialministerium, dem Umweltministerium und dem Verkehrsministerium,

2. § 17 Abs. 7 des Landesdatenschutzgesetzes (LDSG) vom 27. Mai 1991 (GBl. S. 277):

Erster Teil
Maßnahmen der Polizei

Erster Abschnitt
Durchführung von Einzelmaßnahmen

§ 1 Durchführung des Gewahrsams

(1) [1]Die in Gewahrsam genommene Person soll von anderen festgehaltenen Personen, insbesondere Untersuchungs- und Strafgefangenen, getrennt untergebracht werden. [2]Männer und Frauen sind getrennt aufzunehmen; im Einzelfall ist eine gemeinsame Unterbringung von Ehegatten sowie Familien mit minderjährigen Kindern zulässig. [3]Jugendliche und Erwachsene sollen im übrigen gesondert untergebracht werden. [4]Personen, die an einer ansteckenden Krankheit leiden oder Krankheitskeime ausscheiden, sowie psychisch Kranke sind von anderen festgehaltenen Personen getrennt unterzubringen.

(2) [1]Der in Gewahrsam genommenen Person ist unverzüglich Gelegenheit zu geben, einen Angehörigen oder eine Person ihres Vertrauens zu benachrichtigen, wenn der Zweck des Gewahrsams dadurch nicht gefährdet wird. [2]Außerdem ist ihr Gelegenheit zur Beiziehung eines Bevollmächtigten zu geben.

(3) Der in Gewahrsam genommenen Person dürfen nur Beschränkungen auferlegt werden, die zur Sicherung des Zwecks des Gewahrsams oder zur Aufrechterhaltung der Ordnung im Gewahrsam erforderlich sind.

§ 2 Durchsuchung von Wohnungen

(1) [1]Über die Durchsuchung ist eine Niederschrift zu fertigen. [2]Sie muß enthalten:
1. Angaben über Grund, Zeit und Ort der Durchsuchung,
2. die Bezeichnung der Polizeibehörde oder der Polizeidienststelle, welche die Durchsuchung veranlaßt hat,
3. die Angabe der bei der Durchsuchung anwesenden Polizeibeamten und der sonst anwesenden Personen,
4. die Bezeichnung der anläßlich der Durchsuchung sichergestellten oder beschlagnahmten Sachen und Tiere,
5. die Bestätigung, daß dem Wohnungsinhaber oder seinem Vertreter der Grund der Durchsuchung und die gegen sie zulässigen Rechtsbehelfe bekanntgegeben worden sind, und die Angabe eines etwa gegen die Durchsuchung eingelegten Rechtsbehelfs.

[3]Die Niederschrift ist von dem die Durchsuchung leitenden Polizeibeamten und vom Wohnungsinhaber oder seinem Vertreter zu unterzeichnen. [4]Verweigert der Wohnungsinhaber oder sein Vertreter die Unterschrift, so ist dies in der Niederschrift zu vermerken.

(2) Dem Wohnungsinhaber oder seinem Vertreter ist auf Verlangen eine Abschrift der Niederschrift auszuhändigen.

§ 3 Verwahrung und Notveräußerung sichergestellter und beschlagnahmter Sachen und Tiere

(1) [1]Sichergestellte Sachen sind so zu verwahren, daß sie der Einwirkung Unbefugter entzogen sind; Wertminderungen ist nach Möglichkeit vorzubeugen. [2]Ist eine amtliche Verwahrung nicht möglich oder nicht zweckmäßig, so ist die sichergestellte Sache einem Dritten zur Verwahrung zu übergeben. [3]Macht die Polizei zum Zweck der Verwahrung Aufwendungen, so ist der Eigentümer oder der rechtmäßige Inhaber der tatsächlichen Gewalt zum Ersatz verpflichtet. [4]Die Herausgabe der Sache kann von der Zahlung der Kosten abhängig gemacht werden.

(2) [1]Sichergestellte Sachen können verwertet werden, wenn
1. ihr Verderb oder eine wesentliche Wertminderung droht,
2. ihre Verwahrung, Pflege oder Erhaltung mit unverhältnismäßig hohen Kosten oder Schwierigkeiten verbunden ist,
3. sie infolge ihrer Beschaffenheit nicht so verwahrt werden können, daß weitere Gefahren für die öffentliche Sicherheit oder Ordnung ausgeschlossen sind.

[2]Für die Verwertung gilt § 34 Abs. 2 und 4 PolG entsprechend. [3]Bleibt die Versteigerung erfolglos, erscheint sie von vornherein aussichtslos oder ist kein die Kosten der Versteigerung übersteigender Erlös zu erwarten, kann freihändig verkauft werden; der Erlös tritt an die Stelle der verwerteten Sache. [4]Ist der Eigentümer oder der rechtmäßige Inhaber der tatsächlichen Gewalt bekannt und erreichbar, so soll er vor der Verwertung gehört werden.

(3) Die Absätze 1 und 2 gelten entsprechend für beschlagnahmte Sachen.

(4) Ist die Sache durch den Polizeivollzugsdienst im Rahmen seiner Zuständigkeit nach § 60 Abs. 3 PolG sichergestellt oder beschlagnahmt worden, ist er für Verwahrung und Verwertung zuständig.

(5) Auf Tiere sind die Absätze 1 bis 4 sinngemäß anzuwenden.

Zweiter Abschnitt
Datenerhebung und weitere Verarbeitung der erhobenen personenbezogenen Daten in Dateien und Akten

§ 4 Übertragung der Anordnungs- und Antragsbefugnis
(1) Die Anordnungsbefugnis nach § 22 Absatz 6 Satz 1 und § 23a Absatz 3 Satz 1 PolG kann die Leitung
1. eines regionalen Polizeipräsidiums auf den Leiter des Führungs- und Einsatzstabes und den Leiter der Kriminalpolizeidirektion;
2. des Landeskriminalamtes auf Abteilungsleiter;
3. des Polizeipräsidiums Einsatz auf den Leiter des Führungs- und Einsatzstabes und den Leiter der Wasserschutzpolizeidirektion
übertragen.

(2) Die Antragsbefugnis nach § 23a Absatz 2 Satz 3 PolG kann die Leitung
1. eines regionalen Polizeipräsidiums auf den Leiter des Führungs- und Einsatzstabes, den Leiter der Direktion Polizeireviere und den Leiter der Kriminalpolizeidirektion;
2. des Landeskriminalamtes auf Abteilungsleiter
übertragen.

§ 5 Überprüfungsfristen für vom Polizeivollzugsdienst gespeicherte personenbezogene Daten
(1) Die Überprüfungsfristen nach § 38 Abs. 2 Satz 2 PolG für zum Zwecke der vorbeugenden Bekämpfung von Straftaten gespeicherte personenbezogene Daten betragen
1. bei Erwachsenen und Jugendlichen fünf Jahre,
2. bei Kindern zwei Jahre; Straftaten von Kindern zwischen dem 7. und 14. Lebensjahr werden nur dann gespeichert, wenn kein kindtypisches, entwicklungsbedingtes Fehlverhalten vorliegt und Anhaltspunkte für die Begehung weiterer Straftaten gegeben sind.

(2) Abweichend hiervon beträgt die Überprüfungsfrist bei Erwachsenen zehn Jahre für
1. Verbrechen,
2. Vergehen, die in § 100a StPO genannt sind,
3. andere, überregional bedeutsame Straftaten, insbesondere in den Fällen gewohnheits-, gewerbs- oder bandenmäßiger Begehung, bei Triebtäterschaft, internationaler Betätigung und Tatbegehung zur Verwirklichung extremistischer Ziele.

(3) [1]In Fällen von geringer Bedeutung verkürzen sich die Überprüfungsfristen bei Erwachsenen und Jugendlichen auf drei Jahre, bei Kindern auf 13 Monate. [2]Fälle von geringer Bedeutung sind in der Regel

– Hausfriedensbruch (§ 123 StGB),
– Beleidigung, üble Nachrede, Verleumdung (§§ 185, 186, 187 StGB),
– vorsätzliche Körperverletzung (§ 223 StGB) in leichten und mittelschweren Fällen; ein leichter oder mittelschwerer Fall liegt in der Regel nicht vor, wenn ein öffentliches Interesse an der Verfolgung von Amts wegen besteht (Ziffer 86 Richtlinie für das Strafverfahren und das Bußgeldverfahren),
– fahrlässige Körperverletzung (§ 230 StGB),
– Nötigung (§ 240 StGB),
– Bedrohung (§ 241 StGB) in leichten und mittelschweren Fällen; ein leichter oder mittelschwerer Fall liegt in der Regel nicht vor, wenn die Bedrohung mittels einer Waffe oder eines gefährlichen Werkzeuges erfolgt,

– Diebstahl (§ 242 StGB) und Unterschlagung (§ 246 StGB) bis zu einer Schadenshöhe von 500 EUR,
– Entziehung elektrischer Energie (§ 248c StGB) bis zu einer Schadenshöhe von 500 EUR,
– Betrug (§ 263 StGB) bis zu einer Schadenshöhe von 500 EUR,
– Erschleichung von Leistungen (§ 265a StGB),
– Fischwilderei (§ 293 StGB) bis zu einer Schadenshöhe von 500 EUR,
– Sachbeschädigung (§ 303 StGB) bis zu einer Schadenshöhe von 500 EUR.

[3]Eine Verkürzung der Überprüfungsfristen ist auch in anderen Fällen vorzusehen, die den Fällen von geringer Bedeutung im Hinblick auf deren geringen Unrechtsgehalt und die geringen Folgen der Tat gleichstehen.

(4) Keine Fälle von geringer Bedeutung sind Taten, die gewerbs-, gewohnheits-, serien-, bandenmäßig oder sonst organisiert begangen worden sind.

§ 6 Datenlöschung und Unterlagenvernichtung nach Abgleich mit anderen Dateien

[1]Die nach § 40 Abs. 4 PolG vorzunehmende Löschung von Daten und Vernichtung von Unterlagen sowie die weitere Aufbewahrung von Daten und Unterlagen für Zwecke der Strafverfolgung ist durch eine in § 22 Abs. 6 PolG genannte Person anzuordnen. [2]Die Anordnungen sind aktenkundig zu machen.

§ 7 Protokollierung von Übermittlungen in einem automatisierten Abrufverfahren innerhalb der Polizei

(1) [1]Bei Abrufen aus polizeilichen Dateien nach § 42 Abs. 3 Satz 1 und Abs. 4 PolG werden beim Präsidium Technik, Logistik, Service der Polizei bei jeder fünfzigsten online-Abfrage folgende Daten automatisiert aufgezeichnet:
1. Bezeichnung der Datei;
2. Datum und Uhrzeit des Abrufs;
3. Bezeichnung der Dienststelle und Nummer des Datensichtgerätes, über das der Abruf erfolgt;
4. Daten, die zur Durchführung des Abrufs verwendet werden (Anfragedaten);
5. Benutzerkennung der Person, die den Abruf durchführt;
6. Familienname oder Dienststelle der für den Abruf verantwortlichen Person; anstelle des Familiennamens kann auch ein zur Feststellung der verantwortlichen Person geeigneter Hinweis aufgezeichnet werden. Geeignete Hinweise sind insbesondere bei Funkanfragen die Nummer des Dienstausweises und das Funkrufzeichen, die die Feststellung der für den Abruf verantwortlichen Person ermöglichen;
7. Fundstelle für den Anlaß des Abrufs; als Fundstelle ist ein anlaßbezogenes Aktenzeichen oder eine Tagebuchnummer anzugeben. Ist dies nicht möglich, ist die Art des Anlasses (Straftat, Ereignis oder Maßnahme) in Kurzform zu bezeichnen.

[2]Die Daten zu Nummer 6 und 7 sind von der abrufenden Stelle zu übermitteln. [3]Die Übermittlung erfolgt über eine Protokollierungsmaske.

(2) Die aufgezeichneten Protokolldaten sind auf gesonderten Datenträgern bis zum Ende des sechsten Monats nach dem Abruf aufzubewahren.

(3) [1]Die aufgezeichneten Protokolldaten dürfen außer in den Fällen des § 37 Absatz 5 PolG nur zu Zwecken der Datenschutzkontrolle genutzt werden. [2]Die Daten dürfen den abrufberechtigten Dienststellen und den für die Aufsicht zuständigen Behörden nur auf Anordnung des Präsidenten des Präsidiums Technik, Logistik, Service der Polizei oder eines von ihm besonders beauftragten Beamten übermittelt werden. [3]§ 25 LDSG bleibt unberührt.

Zweiter Teil
Aufgaben und Gliederung der Polizeidienststellen und von Einrichtungen für den Polizeivollzugsdienst

Erster Abschnitt
Allgemeines

§ 8 Zusammenarbeit der Polizeidienststellen

(1) [1]Die Polizeidienststellen sind zur Zusammenarbeit und zur gegenseitigen Unterstützung verpflichtet. [2]Sie haben sich gegenseitig von allen sachdienlichen Wahrnehmungen zu unterrichten. [3]Perso-

nenbezogene Daten dürfen dabei nur übermittelt werden, soweit dies zur Wahrnehmung polizeilicher Aufgaben erforderlich ist.

(2) [1]Erscheint bei Gefahr im Verzug ein rechtzeitiges Tätigwerden der sachlich zuständigen Polizeidienststelle nicht erreichbar, so kann jede andere Polizeidienststelle die erforderlichen Maßnahmen treffen. [2]Die zuständige Polizeidienststelle ist unverzüglich zu unterrichten.

§ 9 Befugnisse der Staatsanwaltschaft

Die der Staatsanwaltschaft im Rahmen der Strafverfolgung zustehenden Befugnisse, insbesondere ihr Recht, die Ermittlungen zu leiten und den Ermittlungspersonen der Staatsanwaltschaft Weisungen zu erteilen, werden durch die nachfolgenden Abschnitte zwei bis fünf nicht berührt.

Zweiter Abschnitt
Landeskriminalamt

§ 10 Allgemeines

(1) [1]Dem Landeskriminalamt obliegt die fachliche Leitung und Beaufsichtigung der polizeilichen Kriminalitätsbekämpfung sowie der Kriminal- und Verkehrsunfallprävention. [2]Es hat auf die Zusammenarbeit aller Polizeidienststellen in diesen Aufgabenbereichen hinzuwirken.

(2) [1]Das Landeskriminalamt kann die zur Durchführung seiner Aufgaben erforderlichen fachlichen Weisungen erteilen. [2]Allgemeine Weisungen grundsätzlicher Art bedürfen der Zustimmung des Innenministeriums.

§ 11 Einzelne Aufgaben

Das Landeskriminalamt hat insbesondere

1. Nachrichten und Unterlagen für die polizeiliche Kriminalitätsbekämpfung sowie die Kriminal- und Verkehrsunfallprävention zu sammeln und auszuwerten und die Polizeidienststellen über die Ergebnisse der Auswertung und über Zusammenhänge von Straftaten zu unterrichten,

2. die fachlichen Standards für die Planung, die Einrichtung und den Betrieb von Informationssystemen zur Kriminalitätsbekämpfung und zur Kriminal- und Verkehrsunfallprävention zu erarbeiten und umzusetzen,

3. über Anträge auf Auskunft über personenbezogene Daten in den von ihm geführten Dateien zu entscheiden, soweit diese nicht nur zugriffsgeschützt für die speichernde Stelle gespeichert sind,

4. über Anträge auf Löschung, Sperrung oder Berichtigung von personenbezogenen Daten in den von ihm geführten Dateien zu entscheiden, soweit

    a) der Antrag auch auf Auskunft über personenbezogene Daten in den von ihm geführten Dateien gerichtet ist, wenn diese nicht nur zugriffsgeschützt für die speichernde Stelle gespeichert sind, oder

    b) über den Betroffenen bei mehreren Polizeidienststellen Daten vorhanden sind,

5. praxisbezogene Forschung in besonderen Bereichen der polizeilichen Kriminalitätsbekämpfung und der Kriminal- und Verkehrsunfallprävention zu betreiben und kriminalistische Methoden zu entwickeln sowie im Rahmen der Sicherheitsforschung den Forschungsbedarf zu koordinieren und praxisbezogene Forschung zu initiieren,

6. kriminaltechnische, kriminalwissenschaftliche und erkennungsdienstliche Einrichtungen zu unterhalten, Untersuchungen durchzuführen, Gutachten zu erstatten sowie im Rahmen der Fachaufsicht die landesweite Qualitätssicherung im Bereich der Kriminaltechnik zu gewährleisten,

7. eine Kriminalstatistik zu führen,

8. Personenfeststellungsverfahren durchzuführen, soweit seine Einrichtungen hierzu erforderlich sind oder die Mitwirkung des Bundeskriminalamtes, eines anderen Landeskriminalamtes oder einer ausländischen Polizeidienststelle erforderlich ist,

9. einheitliche Standards für die polizeiliche Kriminalitätsbekämpfung sowie die Kriminal- und Verkehrsunfallprävention zu entwickeln und ihre Verwendung bei den Polizeidienststellen zu regeln,

10. die in der polizeilichen Kriminalitätsbekämpfung sowie der Kriminal- und Verkehrsunfallprävention tätigen Beamten im Rahmen seiner Fachaufsicht fachlich fortzubilden,

11. Nachrichten über Vermißte und unbekannte Tote zu sammeln und auszuwerten,

12. über Mittel und Maßnahmen zum Schutz vor Straftätern zu beraten,

13. die nach dem Atomgesetz zuständigen Genehmigungs- und Aufsichtsbehörden sowie die Betreiber kerntechnischer Anlagen und die Beförderer von Kernbrennstoffen hinsichtlich der erforderlichen technischen Schutzmaßnahmen gegen Störungen und sonstige Einwirkungen Dritter zu beraten,

14. die polizeiliche Zusammenarbeit in der Kriminalitätsbekämpfung und der Kriminal- und Verkehrsunfallprävention mit dem Ausland zu koordinieren und den Rechtshilfeverkehr mit dem Ausland für die Polizeidienststellen des Landes abzuwickeln, soweit nicht der unmittelbare Geschäftsweg zwischen den *Polizeidienstellen*[1] zugelassen ist,

15. dem Bundeskriminalamt die zur Erfüllung seiner Aufgaben erforderlichen Nachrichten und Unterlagen zu übermitteln,

16. überregionale Fahndungsmaßnahmen zu steuern,

17. bei Geiselnahmen und Entführungsfällen eine Koordinierungsstelle einzurichten und in Abstimmung mit dem Innenministerium für die zuständige Dienststelle einsatzunterstützende und -begleitende sowie ermittlungsunterstützende und -begleitende Maßnahmen wahrzunehmen,

18. die Verdeckten Ermittler auszubilden, über ihren Einsatz zu entscheiden und sie zu führen, wobei § 110b StPO unberührt bleibt,

19. Zeugenschutzmaßnahmen durchzuführen und zu koordinieren,

20. Verdachtsmeldungen gemäß § 11 des Gesetzes über das Aufspüren von Gewinnen aus schweren Straftaten zu sammeln, auszuwerten und zu steuern und Finanzermittlungen bis zur Feststellung der örtlich oder sachlich zuständigen Dienststelle durchzuführen.

§ 12 Verfolgungszuständigkeit

(1) Das Landeskriminalamt ist zuständig für die polizeilichen Aufgaben auf dem Gebiet der Strafverfolgung in den Fällen

1. des Friedensverrats, des Hochverrats, der Gefährdung des demokratischen Rechtsstaates, des Landesverrats und der Gefährdung der äußeren Sicherheit (§§ 80 bis 101a StGB, Artikel 7 des Vierten Strafrechtsänderungsgesetzes),

2. der Bildung terroristischer Vereinigungen (§ 129a StGB) und der damit zusammenhängenden (§§ 89a, 89b, 91, 109h, 111, 129b, 130, 130a StGB) und in § 129a Abs. 1 Nr. 1 bis 3 StGB genannten Straftaten,

3. der Fälschung von Geld- und Wertzeichen, EC-Karten und EC-Vordrucken, des überörtlichen Inverkehrbringens von Falschgeld und des Gebrauchs gefälschter EC-Karten, EC-Vordrucke und Kreditkarten (§§ 146 bis 152a, 263, 263a StGB), wenn weitreichende Ermittlungen erforderlich sind,

4. der Kernenergie- und Strahlungsverbrechen (§§ 307, 309 bis 312 StGB), der Straftaten gegen die Umwelt im Zusammenhang mit radioaktiven Stoffen (§§ 326 bis 328, 330 StGB), der Straftaten nach § 40 des Sprengstoffgesetzes und §§ 19, 20 und 22a des Gesetzes über die Kontrolle von Kriegswaffen.

(2) [1]Ferner ist das Landeskriminalamt zuständig für die polizeilichen Aufgaben auf dem Gebiet der Strafverfolgung in Fällen besonderer Bedeutung

1. nach dem Gesetz über den Verkehr mit Betäubungsmitteln,

2. des unerlaubten Handels mit Schußwaffen und Munition,

3. der Bekämpfung der Organisierten Kriminalität einschließlich der Geldwäsche,

4. der Bekämpfung der Wirtschaftskriminalität, der schweren Umweltkriminalität, der Korruptions- und Amtsdelikte von herausragender Bedeutung sowie

5. der Bekämpfung der Cyberkriminalität,

soweit weitreichende Ermittlungen erforderlich sind oder eine wirksame Strafverfolgung durch die übrigen Polizeidienststellen nicht sichergestellt ist. [2]Sind die Ermittlungsverfahren beim Landeskriminalamt eingeleitet worden, bleibt es vorbehaltlich einer Zuständigkeitsübertragung nach Absatz 3 bei dessen Zuständigkeit.

(3) [1]Das Landeskriminalamt kann seine Zuständigkeit nach Absatz 1 und 2 im Einzelfall einer anderen Polizeidienststelle übertragen, soweit eine wirksame Strafverfolgung sichergestellt ist. [2]Das Landeskriminalamt unterrichtet die zuständige Polizeidienststelle von der Übertragung.

---

1) Richtig wohl: „Polizeidienststellen".

(4) Andere Straftaten und Ordnungswidrigkeiten verfolgt das Landeskriminalamt, wenn
1. dies im Einzelfall vom Innenministerium angeordnet wird oder
2. das Bundeskriminalamt gemäß *§ 7 des Gesetzes über die Einrichtung eines Bundeskriminalpolizeiamtes (Bundeskriminalamtes)*[1] dem Land die polizeilichen Aufgaben auf dem Gebiet der Strafverfolgung zuweist und das Innenministerium keine andere Polizeidienststelle für zuständig erklärt.

(5) [1]Das Landeskriminalamt kann die Verfolgung von Straftaten und Ordnungswidrigkeiten übernehmen, wenn
1. zur Aufnahme und Sicherung des Tatbestandes die Verwendung besonderer technischer Hilfsmittel erforderlich ist,
2. die Durchführung weitreichender Ermittlungen in Betracht kommt, insbesondere weil Zusammenhänge mit Straftaten oder Ordnungswidrigkeiten, die in Bezirken verschiedener Polizeidienststellen begangen wurden, erkennbar sind und die einheitliche Verfolgung zweckmäßig erscheint,
3. es sich um Straftaten oder Ordnungswidrigkeiten auf besonderen Sachgebieten handelt, zu deren Bearbeitung die Kenntnis und Verwertung von Informationen, die in den Sammlungen des Landeskriminalamtes enthalten sind, oder besondere Erfahrungen oder Kenntnisse erforderlich sind,
4. sie im Zusammenhang mit einer der in Absatz 1 oder 2 genannten Straftaten stehen oder
5. eine der übrigen Polizeidienststellen darum nachsucht.
[2]Das Landeskriminalamt unterrichtet unverzüglich die zuständige Polizeidienststelle von der Übernahme.

(6) Das Landeskriminalamt wirkt bei der Ermittlung, Verhinderung und Unterbindung von Handlungen in den Fällen der Artikel 9 Abs. 2, Artikel 21 Abs. 2 und Artikel 26 Abs. 1 des Grundgesetzes mit.

(7) [1]Das Landeskriminalamt ist zur Abwehr von Gefahren zuständig, soweit es nach Absätzen 1, 2, 4 oder 5 auch für Strafverfolgungsmaßnahmen zuständig wäre; es ist ferner in Fällen von besonderer Bedeutung zuständig für Maßnahmen nach § 22 Abs. 1 Nr. 1 und 3 sowie § 23 Abs. 1 PolG. [2]Absätze 3 und 5 Satz 2 gelten entsprechend.

§ 13 Zusammenarbeit des Landeskriminalamtes mit anderen Polizeidienststellen

(1) [1]Die Polizeidienststellen übermitteln dem Landeskriminalamt alle zur Erfüllung seiner Aufgaben erforderlichen Nachrichten und Unterlagen. [2]Sie unterrichten das Landeskriminalamt insbesondere unverzüglich von allen Fällen, in denen es nach § 12 zur Verfolgung zuständig ist oder die Verfolgung übernehmen kann oder in denen eine Zuweisung nach Absatz 2 in Betracht kommt.

(2) [1]Das Landeskriminalamt kann die polizeiliche Verfolgung einer Straftat oder mehrerer zusammenhängender Straftaten einer Polizeidienststelle zuweisen, in deren Dienstbezirk ein Gerichtsstand begründet ist, wenn Polizeidienststellen mehrerer Dienstbezirke zuständig sind und eine einheitliche Strafverfolgung zweckmäßig erscheint. [2]Das Landeskriminalamt unterrichtet unverzüglich die zuständigen Polizeidienststellen von der Zuweisung.

(3) Die örtlich zuständigen Polizeidienststellen haben den Ermittlungsersuchen des Landeskriminalamtes zu entsprechen und dessen Beamten die erforderliche Unterstützung zu gewähren.

(4) Die Beamten des Landeskriminalamtes sollen zu ihren Ermittlungen Beamte der örtlich zuständigen Polizeidienststellen hinzuziehen.

§ 14 Weisungsbefugnis der Staatsanwaltschaft

(1) Die Staatsanwaltschaft kann das Landeskriminalamt ersuchen, die Verfolgung einzelner Straftaten zu übernehmen oder an andere Polizeidienststellen abzugeben.

(2) Hat die Staatsanwaltschaft dem Landeskriminalamt die Verfolgung einer Straftat übertragen, so kann das Landeskriminalamt die Verfolgung dieser Tat nur mit Zustimmung der Staatsanwaltschaft einer anderen Polizeidienststelle übertragen.

---

1) Aufgehoben; vgl. jetzt das BundeskriminalamtG.

Dritter Abschnitt
Polizeipräsidium Einsatz

§ 15 Allgemeines

Das Polizeipräsidium Einsatz unterstützt die übrigen Polizeidienststellen mit der Bereitschaftspolizei, den Spezialeinheiten und der Polizeihubschrauberstaffel bei der Aufgabenwahrnehmung, soweit dies für die operative Einsatzbewältigung erforderlich ist.

§ 16 Aufgaben

Das Polizeipräsidium Einsatz

1. betreibt das Technikzentrum für Spezialeinheiten und unterstützt die regionalen Polizeipräsidien und das Landeskriminalamt bei ihrer Aufgabenwahrnehmung durch den Einsatz besonderer technischer Mittel im Aufgabengebiet der Spezialeinheiten,

2. führt die Fortbildung der geschlossenen Einsatzeinheiten durch,

3. nimmt die Aufgaben im Personenschutz wahr,

4. nimmt die Aufgaben eines Trainings- und Kompetenzzentrums Polizeihundeführer wahr,

5. koordiniert landesweit den Einsatz von Spezialkräften und Einsatzeinheiten der regionalen Polizeipräsidien auf Weisung des Innenministeriums,

6. sammelt und bewertet einsatzbezogene Informationen, um praxisbezogene Forschung zur polizeilichen Einsatzbewältigung durchzuführen, taktische Konzepte zu entwickeln und deren Umsetzung zu begleiten,

7. leistet mit Kräften der Bereitschaftspolizei bei Naturkatastrophen und schweren Unglücksfällen Hilfe und wirkt bei der Abwehr drohender Gefahren für den Bestand oder die freiheitliche demokratische Grundordnung des Bundes oder eines Landes nach Maßgabe von Artikel 35 Absatz 2 Satz 2, Absatz 3 und Artikel 91 des Grundgesetzes sowie nach § 79 PolG mit.

§ 17 Einsatz

(1) Einheiten der Bereitschaftspolizei, der Direktion Spezialeinheiten sowie die Hubschrauberstaffel dürfen nur eingesetzt werden

1. vom Innenministerium; das Innenministerium kann diese Zuständigkeit auf das Polizeipräsidium Einsatz übertragen;

2. von ihren Vorgesetzten, wenn bei Katastrophen, Unglücksfällen oder sonstigen Ereignissen ein sofortiger Einsatz notwendig ist.

(2) Im Einsatz werden die Einsatzkräfte des Polizeipräsidiums Einsatz dem für die Einsatzbewältigung zuständigen Polizeiführer unterstellt.

(3) Der Einsatz außerhalb des Landes regelt sich nach Artikel 35 Absatz 2 Satz 2, Absatz 3 und Artikel 91 des Grundgesetzes sowie nach § 79 PolG.

§ 18 Wasserschutzpolizei

(1) [1]Das Polizeipräsidium Einsatz nimmt die Aufgaben der Wasserschutzpolizei wahr. [2]Dies sind insbesondere:

1. auf den schiffbaren Wasserstraßen und den sonstigen schiffbaren Gewässern einschließlich der Nebenanlagen, der Häfen und der Werftanlagen die Aufgaben der Kriminalpolizei nach § 23 Absatz 2 Nummer 1 in Fällen der schweren Umweltkriminalität sowie im Wesentlichen die Aufgaben der Schutzpolizei nach § 23 Absatz 3;

2. die Bearbeitung nicht natürlicher Todesfälle im Zusammenhang mit Unfällen beim Betrieb, Laden, Löschen und Stillliegen von Wasserfahrzeugen, bei der Verwendung von Tauchgeräten und beim Apnoe-Tieftauchen sowie beim Baden und beim Betreten des Eises im wasserschutzpolizeilichen Zuständigkeitsbereich nach Nummer 1;

3. die sonstigen übertragenen Aufgaben, die sich aus länderübergreifenden Kooperationen sowie völkerrechtlichen Vereinbarungen ergeben.

(2) § 23 Absatz 4 gilt entsprechend.

Vierter Abschnitt
Präsidium Technik, Logistik, Service der Polizei

§ 19 Allgemeines

(1) [1]Das Präsidium Technik, Logistik, Service der Polizei ist zuständig für die polizeiliche Informations-, Kommunikations- und Einsatztechnik sowie die damit verbundenen Logistik- und Serviceaufgaben. [2]Ihm obliegen die Angelegenheiten des polizeiärztlichen Dienstes, des Sanitätsdienstes und der Arbeitssicherheit. [3]Dem Präsidium Technik, Logistik, Service der Polizei ist das Landespolizeiorchester zugeordnet.

(2) [1]Das Präsidium Technik, Logistik, Service der Polizei kann die zur Durchführung seiner Aufgaben erforderlichen fachlichen Weisungen erteilen. [2]Allgemeine Weisungen grundsätzlicher Art bedürfen der Zustimmung des Innenministeriums.

§ 20 Aufgaben

Das Präsidium Technik, Logistik, Service der Polizei hat insbesondere

1. den landesweiten technischen Bedarf zu planen, zu standardisieren und zu steuern,
2. zentrale Beschaffungsmaßnahmen durchzuführen, sofern nicht eine andere Dienststelle oder das Logistikzentrum Baden-Württemberg zuständig ist,
3. Informations- und Kommunikationsnetze sowie -verfahren zu entwickeln, zu beschaffen und den Betrieb sicherzustellen,
4. für alle Polizeidienststellen und Einrichtungen für den Polizeivollzugsdienst sowie in besonderen Einsatzlagen die technische Unterstützung zu gewährleisten,
5. Maßnahmen zur Gewährleistung der Informationssicherheit zu koordinieren, umzusetzen und zu überwachen,
6. Gremienarbeit auf Bundes- und Landesebene sowie die Arbeits- und Projektgruppenarbeit einschließlich der Sicherheitsforschung im Rahmen der Zuständigkeit zu gewährleisten,
7. die Aufgaben des polizeiärztlichen Dienstes, des Sanitätsdienstes und der Arbeitssicherheit zu koordinieren und zu steuern,
8. das Landespolizeiorchester zu führen und die Auftritte zu koordinieren.

§ 21 (nicht mehr belegt)

§ 22 (nicht mehr belegt)

Fünfter Abschnitt
Regionale Polizeipräsidien

§ 23 Aufgaben

(1) Der Schutz- und Kriminalpolizei bei den regionalen Polizeipräsidien obliegen die Aufgaben des Polizeivollzugsdienstes, soweit nicht das Landeskriminalamt oder das Polizeipräsidium Einsatz zuständig ist.

(2) Die Kriminalpolizei nimmt die in Absatz 1 bezeichneten Aufgaben wahr, soweit es sich handelt um

1. Straftaten, durch welche die Rechtsordnung in besonderem Maße verletzt wird (schwere Kriminalität), mit Ausnahme der schweren Umweltkriminalität im Zuständigkeitsbereich der Wasserschutzpolizei,
2. Straftaten oder Ordnungswidrigkeiten, deren Verfolgung das Landeskriminalamt nach § 12 Abs. 5 Satz 1 Nr. 1 bis 3 dieser Verordnung übernehmen kann,
3. die Bekämpfung der Jugendkriminalität, außer den Fällen, deren Aufklärung nicht schwierig und ohne die Einrichtungen der Kriminalpolizei möglich ist,
4. nicht natürliche Todesfälle, außer
    a) tödlichen Verkehrsunfällen innerhalb und außerhalb des öffentlichen Verkehrsraumes,
    b) tödlichen Betriebsunfällen im Zusammenhang mit dem Betrieb von Fahrzeugen mit Ausnahme von Schienen- und Luftfahrzeugen,
    c) tödlichen Unfällen nach § 18 Absatz 1 Nummer 2,
5. die Identifizierung von Leichen unbekannter Personen.

(3) [1]Die Schutzpolizei nimmt die in Absatz 1 bezeichneten Aufgaben wahr, soweit diese nicht nach Absatz 2 der Kriminalpolizei oder nach § 18 der Wasserschutzpolizei obliegen. [2]Unbeschadet des § 8 Abs. 2 hat die Schutzpolizei die unaufschiebbaren Maßnahmen zu treffen, wenn bei Gefahr im Verzug ein rechtzeitiges Tätigwerden des Landeskriminalamtes, der Kriminalpolizei oder der Wasserschutzpolizei nicht rechtzeitig erreichbar erscheint; § 8 Abs. 2 Satz 2 gilt entsprechend.

(4) [1]Die regionalen Polizeipräsidien entscheiden vorbehaltlich der Zuständigkeit des Landeskriminalamts nach § 11 Nummer 4 über Anträge auf Löschung, Sperrung oder Berichtigung der von ihnen in Dateien und Akten gespeicherten personenbezogenen Daten. [2]Sie sind zuständig für den Abruf von Lichtbildern im automatisierten Verfahren nach § 22a Absatz 2 des Passgesetzes vom 19. April 1986 (BGBl. I S. 537), zuletzt geändert durch Artikel 2 des Gesetzes vom 18. Juni 2009 (BGBl. I S. 1346, 1357), und nach § 25 Absatz 2 des Personalausweisgesetzes vom 18. Juni 2009 (BGBl. I S. 1346).

§§ 24 bis 26 (aufgehoben)

Dritter Teil
Übertragung von Zuständigkeiten auf Polizeidienststellen anderer Länder und des Bundes

§ 27 Übertragung von Zuständigkeiten auf Polizeidienststellen des Freistaates Bayern
(1) Folgende Dienststellen der bayerischen Landespolizei nehmen verkehrspolizeiliche Vollzugsaufgaben in Baden-Württemberg wahr:
1. die Autobahnpolizeistation Würzburg/Kist
   auf dem über das Gebiet der Stadt Wertheim des Main-Tauber-Kreises führenden Teil der Bundesautobahn A 3 Frankfurt am Main – Würzburg im Bereich des Streckenabschnitts von km 258,413 bis km 265,129 nach Maßgabe des Verwaltungsabkommens zwischen dem Land Baden-Württemberg und dem Freistaat Bayern über die Wahrnehmung verkehrspolizeilicher Vollzugsaufgaben auf der Bundesautobahn Frankfurt am Main – Würzburg vom 30. Juli/14. August 1962 (GABl. S. 387);
2. die Autobahnpolizeistation Memmingen
   auf dem über das Gebiet der Gemeinden Dettingen an der Iller, Kirchdorf an der Iller und Tannheim des Landkreises Biberach führenden Teil der Bundesautobahn A 7 Würzburg – Kempten in den Teilabschnitten von
   km 874,581 bis km 880,087
   sowie
   km 881,147 bis km 885,487
   und
   km 886,568 bis km 887,668
   nach Maßgabe des Verwaltungsabkommens zwischen dem Land Baden-Württemberg und dem Freistaat Bayern über die Wahrnehmung verkehrspolizeilicher Vollzugsaufgaben auf der Bundesautobahn Würzburg–Kempten (Teilstück Altenstadt–Memmingen/Süd) vom 8./23. März 1973 (GABl. S. 610) in der Fassung des Verwaltungsabkommens vom 9./30. Mai 1995 (GABl. S. 400);
3. die Autobahnpolizeistation Günzburg
   auf dem über das Gebiet der Stadt Langenau, Alb-Donau-Kreis, führenden Teil der Bundesautobahn A 8 München – Stuttgart, zwischen km 108,150 und km 111,971 sowie auf dem baden-württembergischen Teil des Autobahnkreuzes A 7/A 8 nach Maßgabe des Verwaltungsabkommens zwischen dem Land Baden-Württemberg und dem Freistaat Bayern über die Wahrnehmung verkehrspolizeilicher Vollzugsaufgaben auf der Bundesautobahn A 8 München – Stuttgart ostwärts Ulm und im Bereich des Autobahnkreuzes A 7/A 8 vom 1. Juli 1979 (GABl. S. 577);
4. die Autobahnpolizeistation Rothenburg o.d.T.
   auf dem über das Gebiet des Landes Baden-Württemberg führenden Teil der Bundesautobahn A 7 Würzburg – Ulm zwischen
   km 752,294 und km 752,384,
   km 753,497 und km 753,601,
   km 755,142 und km 755,156,
   nach Maßgabe des Verwaltungsabkommens zwischen dem Land Baden-Württemberg und dem Freistaat Bayern über die Wahrnehmung verkehrspolizeilicher Vollzugsaufgaben auf der Bun-

desautobahn A 7 Würzburg – Ulm zwischen den Anschlußstellen Feuchtwangen und Dinkelsbühl vom 1. Februar/19. April 1989 (GABl. S. 532).

(2) Folgende Dienststellen der bayerischen Landespolizei nehmen wasserschutzpolizeiliche Aufgaben auf dem auf baden-württembergischem Gebiet liegenden Teil des Mains wahr:

1. die Wasserschutzpolizeistation Aschaffenburg zwischen km 130.720 und km 146.904 und
2. die Wasserschutzpolizeistation Lohr am Main zwischen km 146.904 und km 168.290

nach Maßgabe des Verwaltungsabkommens zwischen dem Land Baden-Württemberg und dem Freistaat Bayern über die Wahrnehmung der wasserschutzpolizeilichen Aufgaben auf dem Main vom 3./17. Dezember 1957 (GABl. S. 16).

(3) Die Polizeidirektion Krumbach und Kempten führen Kontroll-, Observations- und Fahndungsmaßnahmen auf der Bundesautobahn A 8 München – Stuttgart zwischen km 108,150 und km 111,971 sowie auf dem baden-württembergischen Teil des Autobahnkreuzes der A 7/A 8 und auf der Bundesautobahn A 7 Würzburg – Kempten von km 874,581 bis km 880,087 sowie km 881,147 bis km 885,487 und km 886,568 bis km 887,668 einschließlich der Rastanlagen nach Maßgabe des Verwaltungsabkommens zwischen dem Land Baden-Württemberg und dem Freistaat Bayern über die Wahrnehmung von Kontroll- und Fahndungsmaßnahmen auf der Bundesautobahn A 7 Würzburg – Kempten, der Bundesautobahn A 8 München – Stuttgart im Bereich des Regierungsbezirks Tübingen sowie der Bundesautobahn A 96 Lindau – München zwischen dem Grenzübergang Lindau und dem Autobahnkreuz Memmingen vom 20. Juni/23. Juli 1997 (GABl. S. 493) durch.

§ 28 Übertragung von Zuständigkeiten auf Polizeidienststellen des Landes Hessen

Folgende Dienststellen der hessischen Polizei nehmen verkehrspolizeiliche Vollzugsaufgaben in Baden-Württemberg wahr:

1. Das Regierungspräsidium Darmstadt – Polizeiautobahnstation Lorsch
   a) auf dem über das Gebiet der Gemeinden Hemsbach und Laudenbach, Rhein-Neckar-Kreis, führenden Teil der Bundesautobahn A 5 Gießen – Weil am Rhein von der Landesgrenze bei km 53,888 bis zur Anschlußstelle Hemsbach ausschließlich bei km 56,5 im Bereich beider Richtungsfahrbahnen und
   b) auf dem über das Gebiet der Stadt Mannheim führenden Teil der Bundesautobahn A 6 Saarbrücken – Waidhaus von der Landesgrenze bei km 558,365 bis zur Anschlußstelle Mannheim – Sandhofen einschließlich bei km 563,720 im Bereich beider Richtungsfahrbahnen

   nach Maßgabe des Verwaltungsabkommens zwischen dem Land Baden-Württemberg und dem Land Hessen über die Wahrnehmung verkehrspolizeilicher Vollzugsaufgaben auf den Bundesautobahnen Gießen – Weil am Rhein (A 5), Saarbrücken – Waidhaus (A 6) und Viernheimer Kreuz – Autobahnkreuz Weinheim (A 659) vom 19. Mai/4. Juni 1982 (GABl. S. 501);

2. der Landrat des Landkreises Bergstraße – Polizeidirektion –
   a) auf dem über das Gebiet der Gemeinde Schönbrunn des Rhein-Neckar-Kreises führenden Teil der Bundesstraße 37 im Bereich des Streckenabschnitts zwischen den Netzknoten Nr. 6519031 und Nr. 6519032 nach Maßgabe des Verwaltungsabkommens zwischen dem Land Hessen und dem Land Baden-Württemberg über die Wahrnehmung verkehrspolizeilicher Vollzugsaufgaben auf der Bundesstraße Nr. 37 (B 37) Kaiserslautern – Mosbach vom 8. Oktober/2. November 1982 (GABl. S. 925);
   b) auf dem über das Gebiet der Gemeinde Laudenbach des Rhein-Neckar-Kreises führenden Teil der Landesstraße 3398 Hüttenfeld – Heppenheim im Bereich des Streckenabschnitts von Netzknoten Nr. 6317004 bis Netzknoten 6317005 nach Maßgabe des Verwaltungsabkommens zwischen dem Land Baden-Württemberg und dem Land Hessen über die Wahrnehmung verkehrspolizeilicher Vollzugsaufgaben auf der Landesstraße 3398 Hüttenfeld – Heppenheim vom 20. Dezember 1972/5. Januar 1973 (GABl. S. 250).

§ 29 Übertragung von Zuständigkeiten auf Polizeidienststellen des Landes Rheinland-Pfalz

Die Polizeiautobahnstation Wattenheim nimmt die verkehrspolizeilichen Vollzugsaufgaben auf dem über das Gebiet der Stadt Mannheim führenden Teil der Bundesautobahn A 6 Saarbrücken – Mannheim von der Landesgrenze bei km 565,7 bis zur Anschlußstelle Mannheim – Sandhofen ausschließlich bei km 563,8 im Bereich beider Richtungsfahrbahnen nach Maßgabe des Verwaltungsabkommens zwi-

schen dem Lande Baden-Württemberg und dem Lande Rheinland-Pfalz zur Wahrnehmung vollzugspolizeilicher Aufgaben auf den Bundesautobahnen im Bereich beider Länder vom 31. März/29. April
1980 (GABl. S. 398) wahr.

§ 30 Übertragung von Zuständigkeiten auf Polizeidienststellen des Bundes

Das Grenzschutzpräsidium Süd nimmt die Luftsicherheitsaufgaben gemäß § 29c Luftverkehrsgesetz
am Flughafen Stuttgart nach Maßgabe des Verwaltungsabkommens zwischen der Bundesrepublik
Deutschland und dem Land Baden-Württemberg aufgrund des § 31 Abs. 2 Nr. 19 Luftverkehrsgesetz'
über die Übertragung der Aufgaben der Luftsicherheit nach § 29c Luftverkehrsgesetz vom 29. März/
3. Juni/1. Juli 1994 (GABl. S. 642) wahr.

Vierter Teil
Gemeindliche Vollzugsbedienstete

§ 31 Aufgaben der gemeindlichen Vollzugsbediensteten

(1) [1]Sind gemeindliche Vollzugsbedienstete bestellt, kann ihnen die Ortspolizeibehörde polizeiliche
Vollzugsaufgaben übertragen

1. beim Vollzug von Gemeindesatzungen und Polizeiverordnungen der Orts- und Kreispolizeibe-
   hörde,
2. im Straßenverkehrsrecht
   a) beim Vollzug der Vorschriften über das Halten und Parken und über die Sorgfaltspflichten
      beim Ein- und Aussteigen,
   b) beim Vollzug der Vorschriften über das Verbot, Verkehrshindernisse zu bereiten oder Fahr-
      zeuge unbeleuchtet abzustellen,
   c) bei der Überwachung der Verkehrsverbote auf Feld- und Waldwegen, sonstigen beschränkt
      öffentlichen Wegen, Geh- und Sonderwegen sowie tatsächlich-öffentlichen Straßen,
   d) bei der Überwachung der Durchfahrtverbote in Fußgängerzonen, in verkehrsberuhigten Be-
      reichen und in Kur- und Erholungsorten,
   e) bei der Unterstützung von Verkehrsregelungsmaßnahmen des Polizeivollzugsdienstes bei
      Umzügen, Prozessionen, Großveranstaltungen und ähnlichen Anlässen,
   f) bei der Regelung des Straßenverkehrs durch Zeichen und Weisungen, wenn dies zur Auf-
      rechterhaltung der Sicherheit und Ordnung dringend geboten erscheint und ein Tätigwerden
      des Polizeivollzugsdienstes nicht abgewartet werden kann,
   g) bei der Überwachung der Termine für die Haupt- und Abgasuntersuchung im ruhenden Ver-
      kehr,
3. beim Vollzug der Vorschriften über Sondernutzungen an öffentlichen Straßen, über das Reinigen,
   Räumen und Streuen öffentlicher Straßen und über den Schutz öffentlicher Straßen einschließlich
   tatsächlich-öffentlicher Straßen,
4. beim Vollzug der Vorschriften über das Meldewesen,
5. beim Vollzug der Vorschriften über das Reisegewerbe und das Marktwesen,
6. im Umweltschutz
   a) beim Vollzug der Vorschriften über unzulässigen Lärm und das unnötige Laufenlassen von
      Fahrzeugmotoren,
   b) beim Vollzug der Vorschriften über das Verbot des Behandelns, Lagerns oder Ablagerns von
      Abfällen sowie über die Beseitigung pflanzlicher Abfälle außerhalb dafür zugelassener An-
      lagen,
   c) beim Vollzug der Vorschriften über Wasserschutzgebiete, über den Schutz der Gewässer und
      über Gemeingebrauch und Sondernutzung an Gewässern,
7. im Feldschutz
   a) beim Vollzug der Vorschriften zur Bewirtschaftung und Pflege von Grundstücken,
   b) beim Vollzug der Vorschriften über das Betreten der freien Landschaft und geschlossener
      Rebanbaugebiete,
   c) beim Vollzug der Vorschriften über Schutz und Pflege wildwachsender Pflanzen und wild-
      lebender Tiere in der freien Landschaft,

d) beim Vollzug der Vorschriften über den Nachweis der Berechtigung zur Ausübung der Jagd und Fischerei,

e) beim Vollzug von Vorschriften zum Schutz des Eigentums an landwirtschaftlichen und gärtnerischen Grundstücken, Erzeugnissen, Geräten und Einrichtungen in der freien Landschaft und in Gartenanlagen,

f) bei der Bekämpfung tierischer und pflanzlicher Schädlinge,

g) beim Vollzug von Vorschriften über den Brandschutz in der freien Landschaft,

8. im Veterinärwesen

a) beim Vollzug von Vorschriften über die Tierseuchenbekämpfung und die Tierkörperbeseitigung,

b) beim Vollzug der Vorschriften über den Tierschutz,

c) bei Maßnahmen gegenüber herrenlosen Tieren,

9. für sonstige Aufgaben

a) beim Schutz von öffentlichen Grünanlagen, Kinderspielplätzen und anderen dem öffentlichen Nutzen dienenden Anlagen gegen Beschädigung, Verunreinigung und mißbräuchliche Benutzung,

b) beim Vollzug der Vorschriften über Anschläge und unerlaubtes Plakatieren,

c) beim Vollzug der Vorschriften über die Belästigung der Allgemeinheit,

d) beim Vollzug der Vorschriften über den Schutz der Sonn- und Feiertage,

e) beim Vollzug der Vorschriften über die Sperrzeit und den Ladenschluß,

f) beim Vollzug der Vorschriften zum Schutz der Jugend in der Öffentlichkeit,

g) auf dem Gebiet des Sammlungswesens,

h) beim Vollzug der Vorschriften über das Halten gefährlicher Tiere,

i) auf dem Gebiet des Gesundheitsschutzes,

j) beim Vollzug der Vorschriften über die Verhütung von Unfällen und über das Parken auf Privatgrundstücken (§§ 9 und 12 des Landesgesetzes über Ordnungswidrigkeiten).

[2]Die Zuständigkeit des Polizeivollzugsdienstes bleibt unberührt.

(2) Mit Zustimmung des Regierungspräsidiums kann die Ortspolizeibehörde den gemeindlichen Vollzugsbediensteten weitere polizeiliche Vollzugsaufgaben übertragen.

(3) Werden dem gemeindlichen Vollzugsdienst Aufgaben nach den Absätzen 1 und 2 übertragen, so unterrichtet die Ortspolizeibehörde die örtlich zuständige Dienststelle des Polizeivollzugsdienstes über den Umfang der Aufgabenwahrnehmung.

(4) Die Übertragung polizeilicher Vollzugsaufgaben nach Absatz 1 Satz 1 Nr. 2 Buchst. c, Nr. 6 Buchst. b, Nr. 7 Buchst. b, d und f bedarf der Zustimmung der unteren Forstbehörde, soweit sich die Zuständigkeit der gemeindlichen Vollzugsbediensteten auf den Wald erstrecken soll.

§ 32 Öffentliche Bekanntmachung

Die Ortspolizeibehörde macht die Übertragung von polizeilichen Vollzugsaufgaben nach § 31 und deren Widerruf öffentlich bekannt.

Fünfter Teil
Schlußvorschriften

§ 33 Inkrafttreten; Außerkrafttreten von Vorschriften

(1) Diese Verordnung tritt am Tage nach ihrer Verkündung[1] in Kraft.

(2) Gleichzeitig treten außer Kraft

1. die Erste Verordnung des Innenministeriums zur Durchführung des Polizeigesetzes vom 13. Mai 1969 (GBl. S. 94), zuletzt geändert durch Artikel 10 § 2 des zweiten Rechtsbereinigungsgesetzes vom 7. Februar 1994 (GBl. S. 73) und

2. die Zweite Verordnung des Innenministeriums zur Durchführung des Polizeigesetzes vom 8. Oktober 1986 (GBl. S. 396), geändert durch Verordnung vom 17. Oktober 1991 (GBl. S. 691).

---

1) Verkündet am 21. 10. 1994.

Verordnung der Landesregierung über die Ermittlungspersonen der Staatsanwaltschaft

Vom 12. Februar 1996 (GBl. S. 184)
(BWGültV Sachgebiet 3002)
zuletzt geändert durch Art. 33 PolizeistrukturreformG vom 23. Juli 2013 (GBl. S. 233)

Auf Grund von § 152 Abs. 2 Satz 1 des Gerichtsverfassungsgesetzes in der Fassung vom 9. Mai 1975 (BGBl. I S. 1079) wird verordnet:

§ 1 [Ermittlungspersonen der Staatsanwaltschaft]

Die – männlichen und weiblichen – Angehörigen folgender Beamten- und Angestelltengruppen sind Ermittlungspersonen der Staatsanwaltschaft:

I. Bei der Bundesfinanzverwaltung:

1. Außenprüfungs- und Steueraufsichtsdienst:
   Regierungsräte[1]
   Zolloberamtsräte[1]
   Zollamtsräte[1]
   Zollamtmänner
   Zolloberinspektoren
   Zollinspektoren
   Zollbetriebsinspektoren
   Zollhauptsekretäre
   Zollobersekretäre[2]
   Zollsekretäre[2]

2. Grenzaufsichtsdienst und Grenzabfertigungsdienst:
   Regierungsräte[1]
   Zolloberamtsräte[1]
   Zollamtsräte[1]
   Zollamtmänner
   Zolloberinspektoren
   Zollinspektoren
   Zollbetriebsinspektoren
   Zollschiffsbetriebsinspektoren
   Zollhauptsekretäre
   Zollschiffshauptsekretäre
   Zollobersekretäre[2]
   Zollschiffsobersekretäre[2]
   Zollsekretäre[2]
   Zollschiffssekretäre[2]

3. Forstdienst:
   Forstoberamtsräte
   Forstamtsräte
   Forstamtmänner
   Forstoberinspektoren
   Forstinspektoren
   Forstamtsinspektoren
   Forsthauptsekretäre
   Forstobersekretäre[2]
   Forstsekretäre[2]
   Forstassistenten[2]
   – als Forstbetriebsbeamte im Außendienst

---

1) **Amtl. Anm.:** Sofern sie nicht Leiter einer selbständigen Dienststelle sind.
2) **Amtl. Anm.:** Sofern sie mindestens vier Jahre in dem der Beamtengruppe entsprechenden Dienst oder im Polizeidienst des Bundes oder eines Landes tätig sind und das 21. Lebensjahr vollendet haben.

II. Bei der Polizei:

1. [1]Beim Polizeivollzugsdienst des Landes:
   Polizeivizepräsidenten
   Leitende Kriminaldirektoren/Leitende Polizeidirektoren
   Kriminaldirektoren/Polizeidirektoren
   Kriminaloberräte/Polizeioberräte
   Kriminalräte/Polizeiräte
   Erste Kriminalhauptkommissare/Erste Polizeihauptkommissare
   Kriminalhauptkommissare/Polizeihauptkommissare
   Kriminaloberkommissare/Polizeioberkommissare
   Kriminalkommissare/Polizeikommissare
   Kriminalhauptmeister/Polizeihauptmeister
   Kriminalobermeister/Polizeiobermeister
   Kriminalmeister/Polizeimeister
   Kriminalkommissaranwärter/Polizeikommissaranwärter
   nach Abschluss des Grundstudiums.

   [2]Ausgenommen sind Beamte des höheren Polizeivollzugsdienstes als Leiter einer Polizeidienststelle oder einer Einrichtung für den Polizeivollzugsdienst. [3]Ausgenommen sind ferner Polizeivollzugsbeamte beim Kriminaltechnischen Institut des Landeskriminalamts, solange sie von ihrer Behörde zu Sachverständigen bestellt sind.

2. Beamte der Wasser- und Schiffahrtsverwaltung des Bundes, soweit sie schiffahrtspolizeiliche Vollzugsaufgaben auf dem Hochrhein und dem Oberhein wahrnehmen:
   Bauamtsräte
   Bauamtmänner
   Bauoberinspektoren
   Bauinspektoren
   Bauhauptsekretäre
   Bauobersekretäre
   Bausekretäre

III. Bei den Forst-, Jagd- und Fischereiverwaltungen des Landes, der Gemeinden und Körperschaften des öffentlichen Rechts:

1. Forst- und Jagdverwaltung:
   Oberamtsräte
   Amtsräte
   Forstamtmänner
   Forstoberinspektoren
   Forstinspektoren
   Amtsinspektoren
   Forsthauptsekretäre
   Forstobersekretäre
   Forstsekretäre[1)]
   Forstassistenten[1)] sowie
   forstliche Angestellte einer vergleichbaren Vergütungsgruppe[1)]
   im forstlichen Revierdienst des Landes oder der Körperschaften.

2. Fischereiverwaltung:
   Biologiedirektoren[2)]
   Oberbiologieräte[2)]
   Biologieräte[2)]
   Oberamtsräte[2)]
   Amtsräte[2)]
   Landwirtschaftsamtmänner[2)]

---

1) **Amtl. Anm.:** Sofern sie mindestens vier Jahre in dem der Beamtengruppe entsprechenden Dienst oder im Polizeidienst des Bundes oder eines Landes tätig sind und das 21. Lebensjahr vollendet haben.

2) **Amtl. Anm.:** Sofern sie in der Fischereiverwaltung tätig sind.

Landwirtschaftsoberinspektoren[1]
Amtsinspektoren[1]
Landwirtschaftshauptsekretäre[1]
sowie Angestellte einer vergleichbaren Vergütungsgruppe[1]
staatliche Fischereiaufseher[2]

IV. Bei der Bergverwaltung:
Leitender Bergdirektor
Bergdirektoren
Oberbergräte
Bergräte
Oberamtsräte
Amtsräte
Bergamtmänner
Bergoberinspektoren
beim Regierungspräsidium Freiburg

V. Bei der Staatsanwaltschaft:
Wirtschaftsfachkräfte, sofern sie
1. sich mindestens in der Besoldungsgruppe A 11 befinden
    oder
2. als Angestellte einer vergleichbaren Vergütungsgruppe angehören und mindestens zwei Jahre in einer der in dieser Verordnung bezeichneten Beamten- oder Angestelltengruppe tätig gewesen sind.

VI. Beamte zur Anstellung
stehen den Beamten ihrer Laufbahngruppe gleich.

VII. Ermittlungspersonen der Staatsanwaltschaft aus anderen Bundesländern:
Die in einem anderen Bundesland als Ermittlungspersonen der Staatsanwaltschaft bezeichneten Beamten und Angestellten, die im Lande Baden-Württemberg berechtigt sind, polizeiliche Aufgaben wahrzunehmen.

§ 2 [Bedienstete und Angestellte mit polizeilichen Vollzugsaufgaben, Preisprüfer, Weinkontrolleure]
Ermittlungspersonen sind ferner
1. gemeindliche Vollzugsbedienstete im Sinne von § 80 des Polizeigesetzes im Rahmen der ihnen übertragenen polizeilichen Vollzugsaufgaben,
2. Angestellte bei den Polizeidienststellen im Rahmen der ihnen übertragenen polizeilichen Vollzugsaufgaben,
3. Preisprüfer der Regierungspräsidien (Preisüberwachungsstellen),
4. die mit der Überwachung des Weinverkehrs betrauten Sachverständigen (Weinkontrolleure),
5. die Bediensteten der unteren Lebensmittelüberwachungsbehörden nach § 18 Abs. 4 des Gesetzes zur Ausführung des Lebensmittel- und Bedarfsgegenständegesetzes, welche die Voraussetzungen der Lebensmittelkontrolleur-Verordnung vom 17. August 2001 (BGBl. I S. 2236) in ihrer jeweils geltenden Fassung erfüllen,
sofern sie als Angestellte im öffentlichen Dienst stehen, das 21. Lebensjahr vollendet haben und mindestens zwei Jahre in der bezeichneten Angestelltengruppe tätig gewesen sind.

§ 3 [Bestellung kraft Gesetzes]
Unberührt bleibt die Bestellung zu Ermittlungspersonen der Staatsanwaltschaft kraft Gesetzes.

§ 4 [Inkrafttreten, Aufhebung bisherigen Rechts]
[1]Diese Verordnung tritt am Tage nach ihrer Verkündung[3] in Kraft. [2]Gleichzeitig tritt die Verordnung der Landesregierung über die Hilfsbeamten der Staatsanwaltschaft vom 23. September 1985 (GBl. S. 325) außer Kraft.

---

1) **Amtl. Anm.:** Sofern sie in der Fischereiverwaltung tätig sind.
2) **Amtl. Anm.:** Sofern sie mindestens vier Jahre in dem der Beamtengruppe entsprechenden Dienst oder im Polizeidienst des Bundes oder eines Landes tätig sind und das 21. Lebensjahr vollendet haben.
3) Verkündet am 6. 3. 1996.

Landesgesetz über Ordnungswidrigkeiten
(Landesordnungswidrigkeitengesetz – LOWiG)

Vom 8. Februar 1978 (GBl. S. 102)
(BWGültV Sachgebiet 4540)
zuletzt geändert durch Art. 2 Wappenrecht-ReformG vom 27. Oktober 2015 (GBl. S. 865)

Der Landtag hat am 25. Januar 1978 das folgende Gesetz beschlossen:

Inhaltsverzeichnis

Erster Teil
Allgemeine Vorschriften
§   1   Geltungsbereich
§   2   Verbleib der Geldbußen und
        Verwarnungsgelder
§   3   Erwerb eingezogener Gegenstände
§   4   Notwendige Auslagen
§   5   Erstattung von Auslagen
§   6   Ersatzpflicht für Verfolgungsmaßnahmen

Zweiter Teil

Erster Abschnitt
Einzelne Ordnungswidrigkeiten
§   7   Ordnungswidrigkeiten im Lotteriewesen
§   8   Schutz von Wappen und Flaggen
§   9   Verhütung von Unfällen
§ 10   Verhütung von Bränden
§ 11   Verwendung von Selbstschußgeräten und
        anderen Geräten
§ 12   Parken auf Privatgrundstücken
§ 13   Schutz öffentlicher Straßen

§ 14   Erlaß von Polizeiverordnungen

Zweiter Abschnitt
**Zuständigkeit zur Verfolgung und Ahndung von
Ordnungswidrigkeiten**
§ 15   Zuständigkeit zur Verfolgung und
        Ahndung von Ordnungswidrigkeiten nach
        § 112 OWiG
§ 16   Sonstige sachliche Zuständigkeit der
        Verwaltungsbehörden

Dritter Teil
Schlußvorschriften
§ 17   Änderung des Gesetzes über den
        kommunalen Finanzausgleich
§ 18   Änderung des Gesetzes über die
        Anerkennung von Kurorten und
        Erholungsorten
§ 19   Außerkrafttreten von Vorschriften
§ 20   Inkrafttreten

Erster Teil
Allgemeine Vorschriften

§ 1 Geltungsbereich
Die Vorschriften dieses Teils gelten für Ordnungswidrigkeiten nach Bundesrecht und nach Landesrecht, soweit Behörden, Organe oder Stellen des Landes oder einer der Aufsicht des Landes unterstehenden juristischen Person des öffentlichen Rechts Bußgeldverfahren durchführen.

§ 2 Verbleib der Geldbußen und Verwarnungsgelder
(1) [1]Geldbußen, die durch rechtskräftige Bescheide einer juristischen Person des öffentlichen Rechts festgesetzt sind, fließen in deren Kassen. [2]Satz 1 gilt für Verwarnungsgelder, die nach § 56 und § 57 Abs. 2 des Gesetzes über Ordnungswidrigkeiten (OWiG) i.d.F. vom 2. Januar 1975 (BGBl. I S. 80, ber. S. 520) erhoben werden, und für Nebenfolgen, die zu einer Geldzahlung verpflichten, entsprechend.

(2) [1]Geldbußen, die durch rechtskräftige Bescheide eines Landratsamtes als untere Verwaltungsbehörde festgesetzt sind, werden dem Landkreis als eigene Einnahme überlassen und von ihm eingezogen. [2]Satz 1 gilt für Verwarnungsgelder, die nach § 56 OWiG erhoben werden, und für Nebenfolgen, die zu einer Geldzahlung verpflichten, entsprechend.

(3) [1]Verwarnungsgelder, die von Beamten des Polizeivollzugsdienstes festgesetzt werden und deren Einzug den Bußgeldbehörden überlassen wird, fließen in deren Kassen. [2]Bei Zuständigkeit der Landratsämter als untere Verwaltungsbehörden werden die Verwarnungsgelder den Landkreisen als eigene Einnahmen überlassen.

§ 3 Erwerb eingezogener Gegenstände

(1) Wird ein Gegenstand eingezogen, so geht das Eigentum an der Sache oder das eingezogene Recht mit der Rechtskraft der Entscheidung auf die juristische Person des öffentlichen Rechts über, deren Behörde, Organ oder Stelle die Einziehung angeordnet hat.

(2) Soweit Landratsämter als untere Verwaltungsbehörden Bußgeldverfahren durchführen, ist Absatz 1 mit der Maßgabe entsprechend anzuwenden, daß das Recht an dem eingezogenen Gegenstand auf den Landkreis übergeht.

§ 4 Notwendige Auslagen

(1) [1]Notwendige Auslagen nach § 105 Abs. 2 OWiG trägt die juristische Person des öffentlichen Rechts, deren Behörde, Organ oder Stelle das Bußgeldverfahren durchgeführt hat. [2]Diese notwendigen Auslagen sind den in Satz 1 genannten juristischen Personen unmittelbar aufzuerlegen.

(2) Soweit Landratsämter als untere Verwaltungsbehörden Bußgeldverfahren durchführen, ist Absatz 1 mit der Maßgabe entsprechend anzuwenden, daß der Landkreis die notwendigen Auslagen trägt.

§ 5 Erstattung von Auslagen

(1) Die Geldbeträge, die eine der am Bußgeldverfahren beteiligten Stellen nach § 107 Abs. 3 Nr. 13 und 14 OWiG oder nach Nummern 9013 und 9014 des Kostenverzeichnisses der Anlage 1 des Gerichtskostengesetzes als Auslagen erhebt, werden zwischen dem Land und der juristischen Person des öffentlichen Rechts, deren Behörde, Organ oder Stelle das Bußgeldverfahren durchführt, nicht erstattet.

(2) Soweit Landratsämter als untere Verwaltungsbehörden Bußgeldverfahren durchführen, ist Absatz 1 mit der Maßgabe entsprechend anzuwenden, daß zwischen dem Land und dem Landkreis die bezeichneten Auslagen nicht erstattet werden.

§ 6 Ersatzpflicht für Verfolgungsmaßnahmen

(1) Ersatzpflichtig im Sinne von § 110 Abs. 4 OWiG ist die juristische Person des öffentlichen Rechts, deren Behörde, Organ oder Stelle das Bußgeldverfahren durchgeführt hat.

(2) Soweit Landratsämter als untere Verwaltungsbehörden Bußgeldverfahren durchführen, ist Absatz 1 mit der Maßgabe entsprechend anzuwenden, daß der Landkreis ersatzpflichtig ist.

Zweiter Teil

Erster Abschnitt
Einzelne Ordnungswidrigkeiten

§ 7 Ordnungswidrigkeiten im Lotteriewesen

(1) Ordnungswidrig handelt, wer

1. in einer Lotterie spielt, die in Baden-Württemberg nicht genehmigt oder zugelassen ist,
2. gewerbsmäßig ein Los oder einen Losabschnitt einer in Baden-Württemberg nicht genehmigten oder zugelassenen Lotterie veräußert, zur Veräußerung bereithält oder zum Erwerb anbietet,
3. gewerbsmäßig ohne Ermächtigung der Direktion der Süddeutschen Klassenlotterie Lose oder Losabschnitte dieser Lotterie oder Urkunden, durch welche Anteile an solchen Losen oder Losabschnitten zum Eigentum oder zum Gewinnbezug übertragen werden, veräußert, zur Veräußerung bereithält oder zum Erwerb anbietet.

(2) Die Ordnungswidrigkeit kann mit einer Geldbuße geahndet werden.

§ 8 Schutz von Wappen und Flaggen

(1) Ordnungswidrig handelt, wer unbefugt

1. das Wappen oder die Dienstflagge einer Gemeinde,
2. das Wappen oder die Dienstflagge eines Landkreises

benutzt.

(2) Den in Absatz 1 genannten Wappen und Dienstflaggen stehen solche gleich, die ihnen zum Verwechseln ähnlich sind.

(3) Die Ordnungswidrigkeit kann mit einer Geldbuße geahndet werden.

§ 9 Verhütung von Unfällen

(1) Ordnungswidrig handelt, wer vorsätzlich oder fahrlässig an öffentlichen Straßen oder an anderen Orten, an denen Menschen verkehren,

1. Sachen auswirft, ausgießt oder ohne ausreichende Befestigung aufstellt, aufhängt oder sonst anbringt oder
2. Öffnungen oder Vertiefungen unverdeckt oder unverwahrt läßt,

wenn daraus die Gefahr der Verletzung oder erheblichen Verunreinigung eines anderen oder der Beschädigung oder erheblichen Verunreinigung einer fremden Sache von bedeutendem Wert entstehen kann.

(2) Die Ordnungswidrigkeit kann mit einer Geldbuße geahndet werden, wenn die Handlung nicht nach anderen Vorschriften geahndet werden kann.

§ 10 Verhütung von Bränden
(1) Ordnungswidrig handelt, wer vorsätzlich oder fahrlässig
1. bewegliche Sachen, die sich leicht von selbst oder gegenseitig entzünden oder die leicht Feuer fangen, an Orten aufbewahrt, an denen ihre Entzündung gefährlich werden kann,
2. Scheunen oder andere Räume, die zur Aufbewahrung leicht entflammbarer Sachen dienen, mit unverwahrtem Feuer oder Licht betritt,
3. in der Nähe von leicht entflammbaren Sachen Feuer anzündet oder Feuerwerke abbrennt,
4. die vorgeschriebenen Feuerwehrgeräte, Feuerlöschanlagen oder Feuerlöschmittel überhaupt nicht oder nicht in gebrauchsfähigem Zustand bereithält.

(2) Die Ordnungswidrigkeit kann mit einer Geldbuße geahndet werden, wenn die Handlung nicht nach anderen Vorschriften geahndet werden kann.

§ 11 Verwendung von Selbstschußgeräten und anderen Geräten
(1) Ordnungswidrig handelt, wer ohne polizeiliche Erlaubnis zum Abschießen von Geschossen bestimmte Selbstschußgeräte, Schlageisen, Fußangeln oder ähnliche Geräte verwendet, sofern er nicht mit zulässigem Jagdgerät rechtmäßig die Jagd ausübt.

(2) Die Ordnungswidrigkeit kann mit einer Geldbuße geahndet werden.

§ 12 Parken auf Privatgrundstücken
(1) Ordnungswidrig handelt, wer ein Kraftfahrzeug vorsätzlich oder fahrlässig außerhalb öffentlicher Verkehrsflächen
1. auf einem Stellplatz unbefugt parkt, obwohl deutlich sichtbar und allgemein verständlich darauf hingewiesen wird, daß die Benutzung durch Unbefugte untersagt ist,
2. vor oder in Grundstücksein- und -ausfahrten unbefugt parkt.

(2) Die Ordnungswidrigkeit kann mit einer Geldbuße geahndet werden, wenn die Handlung nicht nach anderen Vorschriften geahndet werden kann.

§ 13 Schutz öffentlicher Straßen
(1) Ordnungswidrig handelt, wer unbefugt
1. am Straßenkörper, am Zubehör oder an Nebenanlagen einer öffentlichen Straße Veränderungen vornimmt oder
2. Zubehör einer öffentlichen Straße entfernt oder unkenntlich macht.

(2) Die Ordnungswidrigkeit kann mit einer Geldbuße geahndet werden, wenn die Handlung nicht nach anderen Vorschriften geahndet werden kann.

§ 14 Erlaß von Polizeiverordnungen
Die Ermächtigung zum Erlaß von Polizeiverordnungen nach § 10 des Polizeigesetzes wird durch die Vorschriften dieses Abschnittes nicht berührt.

Zweiter Abschnitt
Zuständigkeit zur Verfolgung und Ahndung von Ordnungswidrigkeiten

§ 15 Zuständigkeit zur Verfolgung und Ahndung von Ordnungswidrigkeiten nach § 112 OWiG
Verwaltungsbehörde im Sinne des § 36 Abs. 1 Nr. 1 OWiG ist bei Ordnungswidrigkeiten nach § 112 OWiG, soweit es sich um Verstöße gegen Anordnungen des Landtags oder seines Präsidenten handelt, der Präsident des Landtags.

§ 16 Sonstige sachliche Zuständigkeit der Verwaltungsbehörden

(1) Verwaltungsbehörde im Sinne des § 36 Abs. 1 Nr. 1 OWiG ist in den Fällen des § 7 Abs. 1 dieses Gesetzes und des § 124 OWiG das Regierungspräsidium Karlsruhe.

(2) Verwaltungsbehörden im Sinne von § 36 Abs. 1 Nr. 1 des Gesetzes über Ordnungswidrigkeiten sind in den Fällen der §§ 8 bis 13 die Ortspolizeibehörden.

Dritter Teil
Schlußvorschriften

§ 17 Änderung des Gesetzes über den kommunalen Finanzausgleich
(hier nicht wiedergegeben)

§ 18 Änderung des Gesetzes über die Anerkennung von Kurorten und Erholungsorten
(hier nicht wiedergegeben)

§ 19 Außerkrafttreten von Vorschriften
(hier nicht wiedergegeben)

§ 20 Inkrafttreten
Dieses Gesetz tritt am 1. April 1978 in Kraft.

Landesabfallgesetz (LAbfG)[1]

Vom 14. Oktober 2008 (GBl. S. 370)

zuletzt geändert durch Art. 4 RL 2007/2/EG-Umsetzungs- und ÄndG vom 17. Dezember 2009 (GBl. S. 802)

Inhaltsübersicht

Erster Teil
Allgemeine Vorschriften

§	1	Ziele des Gesetzes
§	2	Pflichten der öffentlichen Hand
§	3	Verwertung von Bau- und Abbruchabfällen
§	4	Rechtswidrig entsorgte Abfälle
§	5	Mitwirkung von Vereinen

Zweiter Teil
Entsorgung durch öffentlich-rechtliche Entsorgungsträger

§	6	Öffentlich-rechtliche Entsorgungsträger
§	7	Abfallentsorgung durch den Verband Region Stuttgart
§	8	Abfallverbände
§	9	Weitere Aufgaben der öffentlich-rechtlichen Entsorgungsträger
§	10	Satzung
§	11	Durchsuchung und Wegnahme bereitgestellter Abfälle

Dritter Teil
Entsorgung gefährlicher Abfälle zur Beseitigung

§	12	Sonderabfallagentur
§	13	Zentrale Einrichtungen
§	14	Andienung und Zuweisung

Vierter Teil
Abfallwirtschaftspläne, Abfallwirtschaftskonzepte und Abfallbilanzen

§	15	Abfallwirtschaftspläne

§	16	Abfallwirtschaftskonzepte und Abfallbilanzen

Fünfter Teil
Entsorgungsanlagen

§	17	Veränderungssperre
§	18	Duldungspflichten

Sechster Teil
Überwachung, Datenverarbeitung

§	19	Behördliche Überwachung, Anordnungen
§	20	Auswertung von Nachweisen
§	21	Überwachung durch Sachverständige
§	22	Datenverarbeitung

Siebenter Teil
Zuständigkeiten, Ordnungswidrigkeiten

§	23	Abfallrechtsbehörden
§	24	Weitere Zuständigkeiten der Sonderabfallagentur
§	25	Landesanstalt für Umwelt, Messungen und Naturschutz
§	26	Beteiligung der Träger der Regionalplanung
§	27	Verordnungsermächtigung
§	28	Ordnungswidrigkeiten

Erster Teil
Allgemeine Vorschriften

§ 1 Ziele des Gesetzes

(1) [1]Ziele des Gesetzes sind die Weiterentwicklung der Ressourcen schonenden und abfallarmen Kreislaufwirtschaft sowie die gemeinwohlverträgliche Beseitigung von Abfällen. [2]Diesen Zielen dienen insbesondere eine ressourcenschonende, schadstoffarme und abfallarme Produktgestaltung und Produktion, die anlageninterne Kreislaufführung von Stoffen, die Entwicklung langlebiger und reparaturfreundlicherer Produkte, die Wiederverwendung von Produkten und Stoffen und der bevorzugte Einsatz nachwachsender Rohstoffe.

(2) Jede Person soll durch ihr Verhalten zur Verwirklichung der ressourcenschonenden und abfallarmen Kreislaufwirtschaft beitragen.

---

1) Verkündet als Art. 1 G zur Neuordnung des AbfallR v. 14. 10. 2008 (GBl. S. 370); Inkrafttreten gem. Art. 3 Abs. 1 Satz 1 dieses G am 1. 12. 2008, mit Ausnahme von § 13 Abs. 2 und § 14, die gem. Art. 3 Abs. 2 Satz 1 dieses G bereits am 22. 10. 2008 in Kraft treten.

§ 2 Pflichten der öffentlichen Hand

(1) [1]Die Behörden des Landes, die Gemeinden, die Landkreise und die sonstigen der Aufsicht des Landes unterstehenden Körperschaften, Anstalten und Stiftungen des öffentlichen Rechts tragen in ihrem gesamten Wirkungskreis zur Verwirklichung der Ziele des § 1 bei. [2]Sie wirken auf alle juristischen Personen des Privatrechts ein, an denen eine Beteiligung besteht, damit diese in gleicher Weise verfahren.

(2) Bei der Beschaffung von Arbeitsmaterialien, Ge- und Verbrauchsgütern, bei Bauvorhaben und sonstigen Aufträgen sowie bei der Gestaltung von Arbeitsabläufen soll, ohne damit Rechtsansprüche Dritter zu begründen, Erzeugnissen der Vorzug gegeben werden, die

1. aus Abfällen hergestellt sind,
2. mit ressourcenschonenden oder abfallarmen Produktionsverfahren hergestellt sind,
3. aus nachwachsenden Rohstoffen hergestellt sind,
4. sich durch besondere Langlebigkeit, Reparaturfreundlichkeit und Wiederverwendbarkeit auszeichnen,
5. im Vergleich zu anderen Produkten zu weniger oder schadstoffärmeren Abfällen führen oder
6. sich in besonderem Maße zur ordnungsgemäßen und schadlosen Verwertung oder gemeinwohlverträglichen Beseitigung eignen,

sofern diese für den vorgesehenen Verwendungszweck geeignet sind, dadurch keine unzumutbaren Mehrkosten entstehen und keine anderen Rechtsvorschriften entgegenstehen.

(3) Die Ministerien können gemeinsame Verwaltungsvorschriften zur Durchführung des Absatzes 2 erlassen.

§ 3 Verwertung von Bau- und Abbruchabfällen

Bei der Errichtung und beim Abbruch baulicher Anlagen ist sicherzustellen, dass die dabei anfallenden Abfälle verwertet werden können, soweit dies technisch möglich und wirtschaftlich zumutbar ist.

§ 4 Rechtswidrig entsorgte Abfälle

Wer Abfälle in unzulässiger Weise entsorgt, ist verpflichtet, den rechtswidrigen Zustand zu beseitigen.

§ 5 Mitwirkung von Vereinen

Ein nach § 67 des Naturschutzgesetzes (NatSchG) in Baden-Württemberg anerkannter Verein ist in Planfeststellungsverfahren und Plangenehmigungsverfahren nach § 31 des Kreislaufwirtschafts- und Abfallgesetzes (KrW-/AbfG) sowie in Verfahren unter Einbeziehung der Öffentlichkeit nach § 10 des Bundes-Immissionsschutzgesetzes (BImSchG) über die Genehmigung von Abfallentsorgungsanlagen entsprechend § 67 Abs. 4 NatSchG zu beteiligen, soweit es sich um Vorhaben handelt, die mit Eingriffen in Natur und Landschaft verbunden sind.

Zweiter Teil
Entsorgung durch öffentlich-rechtliche Entsorgungsträger

§ 6 Öffentlich-rechtliche Entsorgungsträger

(1) Öffentlich-rechtliche Entsorgungsträger im Sinne von § 15 in Verbindung mit § 13 Abs. 1 Satz 1 KrW-/AbfG sind die Stadt- und Landkreise, soweit nichts anderes bestimmt ist.

(2) [1]Die Landkreise können den Gemeinden auf deren Antrag

1. das Einsammeln und Befördern von Abfällen,
2. die Verwertung von Bio- und Grünabfällen,
3. die Entsorgung von Klärschlamm,
4. die Entsorgung von Bodenaushub, Bauschutt und Straßenaufbruch, soweit diese nicht oder nur gering durch Schadstoffe verunreinigt sind,

als öffentlich-rechtliche Entsorgungsträger durch Vereinbarung ganz oder teilweise übertragen. [2]Dies gilt auch dann, wenn die Gemeinden sich der Einrichtung eines Dritten bedienen.

(3) Anstelle der Aufgabenübertragung können die Landkreise mit den Gemeinden vereinbaren, dass diese die Aufgaben nach Absatz 2 verwaltungsmäßig und technisch erledigen.

(4) Die Vereinbarung, ihre Änderung und Aufhebung sind von der Gemeinde nach den für die Gemeinde geltenden Vorschriften öffentlich bekannt zu machen.

§ 7 Abfallentsorgung durch den Verband Region Stuttgart

(1) Der Verband Region Stuttgart ist in seinem Gebiet öffentlich-rechtlicher Entsorgungsträger im Sinne von § 15 in Verbindung mit § 13 Abs. 1 Satz 1 KrW-/AbfG für mineralische Abfälle, die nach § 3 Abs. 3 der Abfallablagerungsverordnung vom 20. Februar 2001 (BGBl. I S. 305) in der jeweils geltenden Fassung ausschließlich der Deponieklasse II zugeordnet werden, und für verunreinigten Bodenaushub.

(2) [1]Durch Vereinbarung mit öffentlich-rechtlichen Entsorgungsträgern kann der Verband weitere Teilaufgaben der Abfallentsorgung übernehmen. [2]Die öffentlich-rechtlichen Entsorgungsträger sind zur Übertragung und der Verband ist zur Übernahme der Aufgabe verpflichtet, wenn ein dringendes öffentliches Bedürfnis im Sinne von § 8 Abs. 1 Satz 3 besteht und die höhere Abfallrechtsbehörde dies feststellt. [3]Die Vereinbarung, ihre Änderung und Aufhebung sind von den öffentlich-rechtlichen Entsorgungsträgern öffentlich bekannt zu machen.

(3) [1]Der Verband kann mit Gemeinden und Stadt- und Landkreisen vereinbaren, dass diese die Aufgaben nach den Absätzen 1 und 2 verwaltungsmäßig und technisch erledigen. [2]Die Stadt- und Landkreise im Verbandsgebiet sind verpflichtet, dem Verband die Mitbenutzung ihrer Abfallentsorgungsanlagen gegen angemessenes Entgelt zu gestatten, solange dieser keine eigenen Anlagen besitzt.

(4) [1]Der Verband regelt, soweit er nicht selbst öffentlich-rechtlicher Entsorgungsträger ist, durch Satzung einen Ausfallverbund für den vorübergehenden Ausfall von Abfallentsorgungsanlagen öffentlich-rechtlicher Entsorgungsträger im Verbandsgebiet. [2]Die öffentlich-rechtlichen Entsorgungsträger sind verpflichtet, im Rahmen des Ausfallverbundes die Mitbenutzung ihrer Anlagen gegen angemessenes Entgelt zu gestatten.

§ 8 Abfallverbände

(1) [1]Die öffentlich-rechtlichen Entsorgungsträger können zur Erfüllung ihrer Pflichten mit Zustimmung der höheren Abfallrechtsbehörde Abfallverbände bilden oder öffentlich-rechtliche Vereinbarungen abschließen. [2]Dabei können sie die Pflichten zur Entsorgung von Abfällen und zur Errichtung und zum Betrieb notwendiger Abfallentsorgungsanlagen bestimmten Entsorgungsträgern zuordnen. [3]Sie sind zur Bildung von Abfallverbänden oder zum Abschluss von öffentlich-rechtlichen Vereinbarungen verpflichtet, wenn die höhere Abfallrechtsbehörde ein dringendes öffentliches Bedürfnis hierfür feststellt. [4]Ein dringendes öffentliches Bedürfnis besteht insbesondere dann, wenn

1. dies zur Sicherstellung der Abfallentsorgung für einzelne oder mehrere öffentlich-rechtliche Entsorgungsträger erforderlich ist oder

2. dadurch die Abfallentsorgung insgesamt wesentlich umweltverträglicher und auch wirtschaftlicher gestaltet werden kann.

[5]Erfüllen die öffentlich-rechtlichen Entsorgungsträger die ihnen nach Satz 3 obliegende Verpflichtung nicht, trifft die Rechtsaufsichtsbehörde die notwendigen Maßnahmen.

(2) Im Übrigen findet das Gesetz über kommunale Zusammenarbeit Anwendung.

§ 9 Weitere Aufgaben der öffentlich-rechtlichen Entsorgungsträger

(1) [1]Die öffentlich-rechtlichen Entsorgungsträger wirken in ihrem Aufgabenbereich darauf hin, dass möglichst wenig Abfall entsteht. [2]Sie sollen insbesondere in den Satzungen nach § 10 die Anforderungen an die Erzeuger und Besitzer von Abfällen so ausgestalten, dass sich daraus wirksame Anreize zur Vermeidung und Verwertung sowie zur Abfalltrennung ergeben.

(2) Die öffentlich-rechtlichen Entsorgungsträger sind verpflichtet, Bio- und Grünabfälle, die die Erzeuger oder Besitzer von Abfällen nicht selbst ordnungsgemäß und schadlos verwerten, getrennt von anderen Abfällen einzusammeln, zu befördern und einer Verwertung zuzuführen, soweit dies technisch möglich und wirtschaftlich zumutbar ist, insbesondere für einen gewonnenen Stoff oder gewonnene Energie ein Markt vorhanden ist oder geschaffen werden kann.

(3) Die öffentlich-rechtlichen Entsorgungsträger sind, soweit sich eine Verpflichtung nicht bereits aus § 15 KrW-/AbfG ergibt, zur Entsorgung von Abfällen verpflichtet, die auf öffentlichen Flächen oder außerhalb im Zusammenhang bebauter Ortsteile in unzulässiger Weise abgelagert sind, wenn Maßnahmen gegen den Verursacher nicht möglich sind, kein Dritter verpflichtet ist und die Abfälle wegen ihrer Art oder Menge das Wohl der Allgemeinheit beeinträchtigen.

§ 10 Satzung

(1) [1]Die öffentlich-rechtlichen Entsorgungsträger regeln im Rahmen der Überlassungspflichten nach § 13 Abs. 1 bis 3 KrW-/AbfG durch Satzung für die Grundstücke ihres Gebiets den Anschluss an die Einrichtungen der Abfallentsorgung und die Benutzung dieser Einrichtungen. [2]Sie regeln durch Satzung, welche Abfälle getrennt zu überlassen sind sowie in welcher Weise, an welchem Ort und zu welcher Zeit ihnen die Abfälle zu überlassen sind. [3]Dabei kann bestimmt werden, dass mindestens ein bestimmtes Behältervolumen vorhanden sein muss.

(2) [1]Die öffentlich-rechtlichen Entsorgungsträger haben darüber zu wachen, dass die satzungsrechtlichen Vorschriften und die auferlegten Verpflichtungen erfüllt werden. [2]Unbeschadet des § 14 KrW-/AbfG findet § 40 Abs. 2 bis 4 KrW-/AbfG Anwendung; insoweit wird das Grundrecht auf Unverletzlichkeit der Wohnung (Artikel 13 des Grundgesetzes) eingeschränkt. [3]Sie können die erforderlichen Anordnungen treffen, um die Einhaltung der satzungsrechtlichen Vorschriften und auferlegten Verpflichtungen sicherzustellen.

§ 11 Durchsuchung und Wegnahme bereitgestellter Abfälle

[1]Abfälle, die überlassungspflichtige Erzeuger oder Besitzer zum Einsammeln durch den öffentlich-rechtlichen Entsorgungsträger oder dessen Beauftragten bereitgestellt haben, dürfen Dritte nicht durchsuchen oder an sich nehmen. [2]Zulässig ist lediglich die Wegnahme einzelner Gegenstände durch Privatpersonen zum Eigengebrauch, sofern diese die öffentliche Ordnung nicht stört. [3]Die öffentlich-rechtlichen Entsorgungsträger können hierzu nähere Bestimmungen erlassen.

Dritter Teil
Entsorgung gefährlicher Abfälle zur Beseitigung

§ 12 Sonderabfallagentur

(1) [1]Sonderabfallagentur ist die SAA Sonderabfallagentur Baden-Württemberg GmbH. [2]Der Sonderabfallagentur obliegen die in den §§ 14, 20 und 24 genannten Aufgaben.

(2) [1]Die Sonderabfallagentur ist als Beliehene eine Behörde. [2]Sie unterliegt bei der Wahrnehmung ihrer Aufgaben der Fachaufsicht der obersten Abfallrechtsbehörde.

(3) [1]Die Sonderabfallagentur erhebt für ihre Tätigkeit Gebühren und den Ersatz von Auslagen. [2]Für die Erhebung der Gebühren und den Ersatz der Auslagen sowie deren Beitreibung gelten das Landesgebührengesetz und das Landesverwaltungsvollstreckungsgesetz entsprechend. [3]Das Aufkommen der Gebühren und der Ersatz von Auslagen stehen der Sonderabfallagentur zu.

§ 13 Zentrale Einrichtungen

(1) [1]Das Land schafft zusammen mit den Erzeugern und Besitzern gefährlicher Abfälle zur Beseitigung zentrale Einrichtungen zur Entsorgung dieser Abfälle. [2]Eine Verpflichtung des Landes zur finanziellen Beteiligung an den zentralen Einrichtungen wird hierdurch nicht begründet. [3]Die Pflichten zur Beseitigung von Abfällen nach den §§ 11 und 15 bis 18 KrW-/AbfG bleiben unberührt.

(2) Die oberste Abfallrechtsbehörde bestimmt die zentralen Einrichtungen und die Träger dieser Einrichtungen durch Rechtsverordnung.

(3) [1]Für die Entsorgung von andienungspflichtigen Abfällen nach § 14 Abs. 1 Satz 1 in den zentralen Einrichtungen erheben deren Träger ein Entsorgungsentgelt. [2]Die Festlegung der Entsorgungsentgelte bedarf der Genehmigung der obersten Abfallrechtsbehörde. [3]Das Aufkommen der Entsorgungsentgelte steht den Trägern der zentralen Einrichtungen zu.

§ 14 Andienung und Zuweisung

(1) [1]Die oberste Abfallrechtsbehörde kann durch Rechtsverordnung bestimmen, dass Erzeuger, Besitzer und Einsammler gefährlicher Abfälle zur Beseitigung diese der Sonderabfallagentur anzudienen haben, soweit nicht Dritten oder privaten Entsorgungsträgern Pflichten zur Entsorgung nach den §§ 16, 17 oder 18 KrW-/AbfG übertragen worden sind. [2]Dabei kann bestimmt werden, in welcher Weise die Abfälle anzudienen und dass die anzudienenden Abfälle getrennt zu halten sind. [3]Durch Rechtsverordnung kann auch bestimmt werden, dass die Sonderabfallagentur die Vorlage von Analysen zur Beurteilung der angedienten Abfälle verlangen kann.

(2) [1]In der Rechtsverordnung nach Absatz 1 kann bestimmt werden, dass die Sonderabfallagentur die angedienten Abfälle dem Träger einer zentralen Einrichtung zuweist, soweit die Abfälle in dieser Einrichtung beseitigt werden können oder eine Lieferverpflichtung besteht, und unter welchen Vo-

raussetzungen die Sonderabfallagentur die Abfälle der vom Erzeuger, Besitzer oder Einsammler vorgeschlagenen Anlage zuweist. [2]Ferner kann festgelegt werden, dass die Erzeuger, Besitzer und Einsammler die Abfälle der in der Zuweisung bestimmten Anlage zuzuführen und die Träger der zentralen Einrichtungen die ihnen zugewiesenen Abfälle in ihrer Anlage zu entsorgen haben.

Vierter Teil
Abfallwirtschaftspläne, Abfallwirtschaftskonzepte und Abfallbilanzen

§ 15 Abfallwirtschaftspläne

(1) [1]Die Abfallwirtschaftspläne (§ 29 KrW-/AbfG) werden von der obersten Abfallrechtsbehörde aufgestellt. [2]Dabei sind die Ziele und Erfordernisse der Raumordnung und Landesplanung zu berücksichtigen.

(2) Bei der Aufstellung der Abfallwirtschaftspläne sind zu beteiligen
1. die Entsorgungsträger im Sinne der §§ 15, 17 und 18 KrW-/AbfG sowie die Träger der zentralen Einrichtungen im Sinne des § 13 Abs. 2,
2. die Gemeinden und die Landkreise,
3. die Regionalverbände und der Verband Region Stuttgart,
4. die fachlich berührten Behörden und die Sonderabfallagentur,
5. die Verbände der produzierenden Wirtschaft und der Entsorgungswirtschaft,
6. die nach § 67 NatSchG anerkannten Vereine,
7. die benachbarten Länder und Nachbarstaaten nach den Grundsätzen von Gegenseitigkeit und Gleichwertigkeit.

(3) [1]Die Abfallwirtschaftspläne können durch Rechtsverordnung der obersten Abfallrechtsbehörde nach Maßgabe des § 29 Abs. 4 KrW-/AbfG für verbindlich erklärt werden. [2]Die Verbindlicherklärung kann auf einzelne Ausweisungen und Bestimmungen eines Plans beschränkt werden.

(4) Soweit ein Abfallwirtschaftsplan verbindlich bestimmt, welcher Entsorgungsträger vorgesehen ist und welcher Abfallbeseitigungsanlage sich die Beseitigungspflichtigen zu bedienen haben, kann die oberste Abfallrechtsbehörde hiervon Ausnahmen zulassen.

§ 16 Abfallwirtschaftskonzepte und Abfallbilanzen

(1) [1]Die öffentlich-rechtlichen Entsorgungsträger erstellen als internes Planungsinstrument ein Abfallwirtschaftskonzept über die Entsorgung der in ihrem Gebiet anfallenden und von ihnen zu entsorgenden Abfälle und schreiben es bei wesentlichen Änderungen fort. [2]Dabei sind die Festlegungen der Abfallwirtschaftspläne zu beachten. [3]Das Abfallwirtschaftskonzept hat insbesondere zu enthalten
1. die Ziele der Abfallvermeidung und Abfallverwertung,
2. die Maßnahmen zur Abfallvermeidung,
3. die Methoden, Anlagen und Einrichtungen der Abfallverwertung und Abfallbeseitigung einschließlich des Einsammelns, der Beförderung, Behandlung und Lagerung,
4. Angaben zur voraussichtlichen Laufzeit der vorhandenen Abfallentsorgungsanlagen,
5. die Darstellung der Entsorgungssicherheit für mindestens zehn Jahre einschließlich der eingeleiteten Maßnahmen und Zeitpläne sowie die Festlegung von Standorten der erforderlichen Abfallentsorgungsanlagen,
6. eine Darstellung der notwendigen Kooperationen mit anderen öffentlich-rechtlichen Entsorgungsträgern und der Maßnahmen zu ihrer Verwirklichung.

[4]Sofern ein öffentlich-rechtlicher Entsorgungsträger Entsorgungsaufgaben auf Gemeinden oder Stadt- und Landkreise übertragen hat, stellt er auch dar, wie die Erfüllung dieser Aufgaben einschließlich der Maßnahmen zur Abfallvermeidung und die Sicherheit der Entsorgung gewährleistet sind. [5]Das Abfallwirtschaftskonzept und seine Fortschreibungen sind der höheren Abfallrechtsbehörde vorzulegen.

(2) Die öffentlich-rechtlichen Entsorgungsträger erstellen jährlich für das vorhergehende Kalenderjahr eine Abfallbilanz über Art, Menge, Herkunft und Verbleib der in ihrem Gebiet angefallenen und von ihnen entsorgten Abfälle und legen sie jeweils zum 1. April der obersten Abfallrechtsbehörde vor.

Fünfter Teil

Entsorgungsanlagen

§ 17 Veränderungssperre

(1) [1]Ab Beginn der Auslegung der Pläne im Planfeststellungsverfahren oder des Antrags und der Unterlagen im Genehmigungsverfahren nach § 10 BImSchG oder ab der Bestimmung der Einwendungsfrist in den Fällen des § 73 Abs. 3 Satz 2, Abs. 4 Satz 2 des Verwaltungsverfahrensgesetzes dürfen auf den Flächen, die von der geplanten öffentlich zugänglichen Abfallentsorgungsanlage betroffen sind, wesentlich wertsteigernde oder die Einrichtung der Anlage erheblich erschwerende Veränderungen nicht vorgenommen werden. [2]Veränderungen, die auf rechtlich zulässige Weise vorher begonnen worden sind, Unterhaltungsarbeiten und die Fortführung einer bisher rechtmäßig ausgeübten Nutzung werden hiervon nicht berührt.

(2) [1]Ab Beginn der Auslegung der Pläne im Raumordnungsverfahren kann die höhere Abfallrechtsbehörde für die von der geplanten öffentlich zugänglichen Abfallentsorgungsanlage betroffenen Flächen eine Veränderungssperre anordnen, wenn diese zur Sicherung des Standorts erforderlich ist. [2]Absatz 1 gilt entsprechend.

(3) [1]Dauert die Veränderungssperre länger als vier Jahre, so können die Eigentümer und Nutzungsberechtigten für die dadurch entstandenen Vermögensnachteile vom Träger der Abfallentsorgungsanlage eine angemessene Entschädigung in Geld verlangen. [2]Die Eigentümer können ferner die Übernahme der von dem Vorhaben betroffenen Flächen vom Träger der Abfallentsorgungsanlage verlangen, wenn es ihnen mit Rücksicht auf die Veränderungssperre wirtschaftlich nicht zuzumuten ist, die Grundstücksflächen in der bisherigen oder in einer andern zulässigen Art zu nutzen. [3]Kommt eine Einigung über die Übernahme nicht zustande, so können die Eigentümer das Enteignungsverfahren beantragen.

(4) Die höhere Abfallrechtsbehörde kann im Einzelfall Ausnahmen von der Veränderungssperre nach den Absätzen 1 und 2 zulassen, wenn keine überwiegenden öffentlichen Belange entgegenstehen und die Einhaltung der Veränderungssperre zu einer offenbar nicht beabsichtigten Härte führen würde.

§ 18 Duldungspflichten

(1) § 30 KrW-/AbfG gilt entsprechend zur Erkundung geeigneter Standorte für öffentlich zugängliche Abfallverwertungsanlagen.

(2) [1]Die Eigentümer und Nutzungsberechtigten von Grundstücken im Einwirkungsbereich von Deponien und stillgelegten Deponien können durch die Abfallrechtsbehörde verpflichtet werden, notwendige Untersuchungen, insbesondere der von der Deponie ausgehenden Emissionen sowie der anfallenden Sicker- und Oberflächenwässer und des Grundwassers im Einwirkungsbereich der Deponie, durch den Betreiber, bei stillgelegten Deponien durch den ehemaligen Betreiber, zu dulden und den Zugang zu ihren Grundstücken zu ermöglichen. [2]Bevor Grundstücke betreten und Untersuchungen durchgeführt werden, sind die Eigentümer und Nutzungsberechtigten der Grundstücke zu benachrichtigen. [3]Eigentümer und Nutzungsberechtigte können für Vermögensnachteile, die durch eine Maßnahme nach Satz 1 entstehen, vom Betreiber oder, bei stillgelegten Deponien, vom ehemaligen Betreiber Ersatz in Geld verlangen.

Sechster Teil

Überwachung, Datenverarbeitung

§ 19 Behördliche Überwachung, Anordnungen

(1) [1]Die Abfallrechtsbehörde, bei der Verkehrsüberwachung auch der Polizeivollzugsdienst, hat darüber zu wachen, dass die abfallrechtlichen Vorschriften und die auferlegten Verpflichtungen erfüllt werden. [2]§ 40 Abs. 2 bis 4 KrW-/AbfG findet Anwendung; insoweit wird auch das Grundrecht auf Unverletzlichkeit der Wohnung (Artikel 13 des Grundgesetzes) eingeschränkt.

(2) [1]Die Abfallrechtsbehörde kann die erforderlichen Anordnungen treffen, um die Einhaltung der abfallrechtlichen Vorschriften und auferlegten Verpflichtungen sicherzustellen, soweit eine Befugnis nicht in anderen abfallrechtlichen Vorschriften enthalten ist. [2]Vor einer Anordnung im Aufgabenbereich der Sonderabfallagentur nach den §§ 14 und 24 soll die Abfallrechtsbehörde die Sonderabfallagentur anhören. [3]Anordnungen nach § 44 KrW-/AbfG, die zulassen oder verlangen, dass Nachweise und Register in elektronischer Form geführt werden, trifft die Abfallrechtsbehörde im Einvernehmen mit der Sonderabfallagentur.

(3) ¹Die Kosten von Überwachungsmaßnahmen auf Grund abfallrechtlicher Vorschriften, die bei der Überwachung einer Deponie oder einer genehmigungsbedürftigen Anlage nach § 4 BImSchG entstehen, trägt der Betreiber; dies gilt auch für die Kosten von Sachverständigen, die die Abfallrechtsbehörde zur ordnungsgemäßen Überwachung beauftragt hat. ²Die Kosten der Überwachung von Abfalltransporten trägt der Beförderer des Abfalls, soweit zur Bestimmung von Art, Identität oder Herkunft des Abfalls eine Untersuchung des Abfalls erforderlich ist. ³In den sonstigen Fällen trägt der Überwachte die Kosten der Überwachung, wenn die Ermittlungen ergeben, dass abfallrechtliche Vorschriften oder auferlegte Verpflichtungen nicht erfüllt worden sind.

(4) Das Polizeigesetz ist ergänzend anzuwenden, soweit abfallrechtliche Vorschriften nicht entgegenstehen.

§ 20 Auswertung von Nachweisen
Die Sonderabfallagentur wertet die nach dem Kreislaufwirtschafts- und Abfallgesetz vorgeschriebenen Nachweise über die Entsorgung gefährlicher Abfälle und die nach der Verordnung (EG) Nr. 1013/2006 des Europäischen Parlaments und des Rates vom 14. Juni 2006 über die Verbringung von Abfällen (ABl. EU Nr. L 190 S. 1) in der jeweils geltenden Fassung vorgeschriebenen Notifizierungs- und Begleitformulare für die abfallrechtliche Überwachung und die Abfallwirtschaftsplanung aus.

§ 21 Überwachung durch Sachverständige
(1) Die oberste Abfallrechts- und Immissionsschutzbehörde kann durch Verwaltungsvorschriften bestimmen, unter welchen Voraussetzungen die zuständigen Behörden zur Überwachung nach § 19 Abs. 1 dieses Gesetzes, § 40 KrW-/AbfG und § 52 in Verbindung mit § 5 Abs. 1 Nr. 3 BImSchG im Einzelfall Sachverständige hinzuziehen können.

(2) Die oberste Abfallrechts- und Immissionsschutzbehörde kann durch Verwaltungsvorschriften bestimmen, dass die Überwachung durch die zuständigen Behörden nach § 19 Abs. 1 dieses Gesetzes, § 40 KrW-/AbfG und § 52 in Verbindung mit § 5 Abs. 1 Nr. 3 BImSchG eingeschränkt wird, wenn

1. der Betreiber einer Abfallentsorgungsanlage oder einer sonstigen Anlage im Sinne des § 3 Abs. 5 BImSchG die Einhaltung der abfallrechtlichen Verpflichtungen und des § 5 Abs. 1 Nr. 3 BImSchG selbst überwacht und auf seine Kosten durch einen von der obersten Abfallrechts- und Immissionsschutzbehörde bekannt gegebenen Sachverständigen überprüfen lässt sowie die Ergebnisse der Überprüfung der Abfallrechtsbehörde und bei genehmigungsbedürftigen Anlagen nach dem Bundes-Immissionsschutzgesetz auch der Immissionsschutzbehörde vorlegt oder

2. eine Abfallentsorgungsanlage oder eine sonstige Anlage im Sinne des § 5 Abs. 1 Nr. 3 BImSchG in ein Verzeichnis nach Artikel 6 in Verbindung mit Artikel 7 Abs. 2 Satz 1 der Verordnung (EG) Nr. 761/2001 des Europäischen Parlaments und des Rates vom 19. März 2001 über die freiwillige Beteiligung von Organisationen an einem Gemeinschaftssystem für das Umweltmanagement und die Umweltbetriebsprüfung (ABl. EG Nr. L 114 S. 1) in der jeweils geltenden Fassung eingetragen ist.

§ 22 Datenverarbeitung
(1) Zur Erfüllung der Aufgaben, die ihnen durch das Kreislaufwirtschafts- und Abfallgesetz, dieses Gesetz und die sonstigen abfallrechtlichen Vorschriften zugewiesen sind, dürfen

1. die Abfallrechtsbehörden,
2   die Sonderabfallagentur und die SAD Sonderabfall-Deponiegesellschaft Baden-Württemberg mbH,
3. die Landesanstalt für Umwelt, Messungen und Naturschutz,
4. die öffentlich-rechtlichen Entsorgungsträger und Abfallverbände,
5. die Dritten im Sinne des § 16 Abs. 2 KrW-/AbfG,
6. die Entsorgungsträger im Sinne der §§ 17 und 18 KrW-/AbfG

personenbezogene Daten erheben, speichern, verändern und nutzen, sofern dies zur Aufgabenerfüllung erforderlich ist.

(2) ¹Personenbezogene Daten sind beim Betroffenen zu erheben. ²Ohne seine Mitwirkung dürfen sie nur erhoben werden, wenn

1. eine Rechtsvorschrift dies vorsieht oder zwingend voraussetzt oder

2. a) die zu erfüllende Verwaltungsaufgabe ihrer Art nach eine Erhebung bei anderen Stellen erforderlich macht oder

   b) die Erhebung beim Betroffenen einen unverhältnismäßigen Aufwand erfordern würde

und keine Anhaltspunkte dafür bestehen, dass überwiegende schutzwürdige Interessen der Betroffenen beeinträchtigt werden.

(3) Die in Absatz 1 Satz 1 genannten öffentlichen Stellen dürfen personenbezogene Daten an öffentliche Stellen im Sinne von § 2 Abs. 1 und 2 des Landesdatenschutzgesetzes übermitteln, sofern diese Aufgaben des Umweltschutzes, insbesondere der Gefahrenabwehr, der Schadensbeseitigung, der Vorsorge, der Überwachung, der Information oder der Forschung, wahrnehmen und die Daten zur Erfüllung der Aufgaben erforderlich sind.

(4) [1]Die oberste Abfallbehörde wird ermächtigt, durch Rechtsverordnung zuzulassen, dass bestimmte abfallwirtschaftlich relevante Daten über Deponien und stillgelegte Deponien flurstücksbezogen oder nach Koordinaten in Druckwerken sowie elektronisch veröffentlicht werden, soweit ihre Kenntnis von allgemeinem Interesse ist. [2]Dazu zählen insbesondere Daten über die Lage der Deponie, die Art der Deponierung, den Betreiber und die Schutz- und Kontrolleinrichtungen.

(5) [1]Die Vorschriften des Landesdatenschutzgesetzes bleiben im Übrigen unberührt. [2]Soweit eine Verordnung nach Absatz 4 erlassen wurde, gilt dies insbesondere für das Einwendungsrecht nach § 4 Abs. 6 des Landesdatenschutzgesetzes.

Siebenter Teil
Zuständigkeiten, Ordnungswidrigkeiten

§ 23 Abfallrechtsbehörden

(1) Der Vollzug des Kreislaufwirtschafts- und Abfallgesetzes, dieses Gesetzes und der sonstigen abfallrechtlichen Vorschriften obliegt den Abfallrechtsbehörden, soweit nichts anderes bestimmt ist.

(2) Abfallrechtsbehörden sind

1. das Umweltministerium als oberste Abfallrechtsbehörde,
2. die Regierungspräsidien als höhere Abfallrechtsbehörden,
3. die unteren Verwaltungsbehörden als untere Abfallrechtsbehörden.

(3) [1]Die untere Abfallrechtsbehörde ist sachlich zuständig, soweit nichts anderes bestimmt ist. [2]Ihre Aufgaben werden von der höheren Abfallrechtsbehörde wahrgenommen, wenn die Gebietskörperschaft, für deren Bezirk die untere Abfallrechtsbehörde zuständig ist, oder eine juristische Person des Privatrechts oder ein Abfallverband, an denen sie mit mehr als 50 Prozent beteiligt ist, Antragsteller oder Adressat einer Anordnung oder sonstigen Maßnahmen ist.

(4) [1]Die höhere Abfallrechtsbehörde ist sachlich zuständig, soweit nichts anderes bestimmt ist, für

1. die Zustimmung nach § 15 Abs. 3 KrW-/AbfG,
2. die Übertragung von Pflichten nach § 16 Abs. 2, § 17 Abs. 3 und 4 und § 18 Abs. 2, auch in Verbindung mit § 17 Abs. 4 KrW-/AbfG,
3. die Anzeigen nach § 25 Abs. 2 KrW-/AbfG und die Feststellungen nach § 25 Abs. 6 KrW-/AbfG, sofern ausschließlich nicht gefährliche Abfälle betroffen sind,
4. die Übertragung der Abfallbeseitigung nach § 28 Abs. 2 KrW-/AbfG,
5. die Planfeststellung nach § 31 Abs. 2 KrW-/AbfG als Anhörungs- und Planfeststellungsbehörde, die Plangenehmigung nach § 31 Abs. 3 KrW-/AbfG als Plangenehmigungsbehörde, die Prüfung der Änderungsanzeigen nach § 31 Abs. 4 KrW-/AbfG, die Überwachung nach § 40 KrW-/AbfG und die Anordnungen nach § 21 KrW-/AbfG sowie die Überwachung und Anordnungen nach § 19 dieses Gesetzes bei Deponien nach Anhang I der Richtlinie 96/61/EG des Rates vom 24. September 1996 über die integrierte Vermeidung und Verminderung der Umweltverschmutzung (ABl. EG Nr. L 257 S. 26) in der jeweils geltenden Fassung,
6. die Planfeststellung, Plangenehmigung, Prüfung von Änderungsanzeigen, Überwachung von Anordnungen bei sonstigen Deponien auf einem Betriebsgelände, auf dem
   a) mindestens eine Anlage nach Anhang I der Richtlinie 96/61/EG oder
   b) mindestens ein Betriebsbereich nach § 3 Abs. 5a BImSchG
   vorhanden ist oder errichtet werden soll,

7. den Vollzug des Kreislaufwirtschafts- und Abfallgesetzes, dieses Gesetzes und der sonstigen abfallrechtlichen Vorschriften im Übrigen auf einem Betriebsgelände, auf dem
    a) mindestens eine Anlage nach Anhang I der Richtlinie 96/61/EG oder
    b) mindestens ein Betriebsbereich nach § 3 Abs. 5a BImSchG
    vorhanden ist oder errichtet werden soll,
8. die Überwachung der Einhaltung der Stoffverbote nach § 5 und der Kennzeichnungspflicht nach § 7 des Elektro- und Elektronikgerätegesetzes vom 16. März 2005 (BGBl. I S. 762).
[2]Betriebsgelände ist ein abgegrenzter Teil der Erdoberfläche, auf dem sich Anlagen, Geschäftseinrichtungen oder Betriebsbereiche befinden, die in räumlichem, technischem oder betrieblichem Zusammenhang stehen und der Aufsicht oder Verfügungsgewalt einer natürlichen oder juristischen Person (Betreiber) unterliegen.

(5) [1]Das Regierungspräsidium Freiburg ist zuständig für
1. die Planfeststellung nach § 31 Abs. 2 KrW-/AbfG, die Plangenehmigung nach § 31 Abs. 3 KrW-/AbfG, die Prüfung der Änderungsanzeigen nach § 31 Abs. 4 KrW-/AbfG, die Überwachung nach § 40 KrW-/AbfG und die Anordnungen nach § 21 KrW-/AbfG sowie die Überwachung und Anordnungen nach § 19 dieses Gesetzes bei Deponien in einem der Bergaufsicht unterliegenden Betrieb,
2. den Vollzug des Kreislaufwirtschafts- und Abfallgesetzes, dieses Gesetzes und der sonstigen abfallrechtlichen Vorschriften im Übrigen für ein Betriebsgelände (einschließlich der darauf befindlichen Anlagen) und eine Tätigkeit, die der Bergaufsicht unterliegen.
[2]Es entscheidet bei den Aufgaben nach Nummer 1 im Einvernehmen mit der nach den Absätzen 3 und 4 zuständigen Abfallrechtsbehörde.

(6) Das Regierungspräsidium Tübingen ist zuständig für
1. die Zustimmung und den Widerruf der Zustimmung zu Überwachungsverträgen nach § 52 Abs. 1 Satz 2 KrW-/AbfG und § 15 der Entsorgungsfachbetriebeverordnung (EfBV) vom 10. September 1996 (BGBl. I S. 1421) in der jeweils geltenden Fassung,
2. die Überwachung der technischen Überwachungsorganisationen im Rahmen des § 52 Abs. 1 KrW-/AbfG und der Entsorgungsfachbetriebeverordnung sowie den Erlass von Verwaltungsakten nach § 14 Abs. 4 Nr. 2 und § 16 Satz 2 EfbV,
3. die Anerkennung und den Widerruf der Anerkennung von Entsorgergemeinschaften nach § 52 Abs. 3 KrW-/AbfG und § 11 der Entsorgergemeinschaftenrichtlinie (EgRL) vom 9. September 1996 (BAnz. Nr. 178 S. 10909) in der jeweils geltenden Fassung,
4. die Überwachung der Entsorgergemeinschaften im Rahmen des § 52 Abs. 3 KrW-/AbfG und der Entsorgergemeinschaftenrichtlinie sowie den Erlass von Verwaltungsakten nach § 8 Abs. 1 Nr. 2 und § 12 Satz 2 EgRL,
5. die Anerkennung von Lehrgängen nach § 9 Abs. 2 Satz 2 Nr. 3 EfbV und § 3 Abs. 1 Satz 2 Nr. 2 der Transportgenehmigungsverordnung (TgV) vom 10. September 1996 (BGBl. I S. 1411) in der jeweils geltenden Fassung.

(7) Die örtliche Zuständigkeit für die Transportgenehmigung, für die nach § 49 Abs. 4 KrW-/AbfG eine baden-württembergische Behörde zuständig ist, richtet sich nach dem Ort, in dem der Einsammler oder Beförderer seinen Hauptsitz hat.

§ 24 Weitere Zuständigkeiten der Sonderabfallagentur

(1) Die Sonderabfallagentur ist neben den Aufgaben nach §§ 14 und 20 zuständig für
1. folgende Aufgaben bei der Nachweisführung über die Entsorgung von Abfällen:
    a) die Aufgaben der zuständigen Behörde im Rahmen der Nachweisführung über die Entsorgung von Abfällen nach dem zweiten Teil der Nachweisverordnung (NachwV) vom 20. Oktober 2006 (BGBl. I S. 2298) in der jeweils geltenden Fassung,
    b) die Freistellung von der Führung von Nachweisen und die Anforderung anderer geeigneter Nachweise nach § 26 Abs. 1 NachwV,
    c) die Erteilung der Erzeuger-, Beförderer- und Entsorgernummern nach § 28 Abs. 1 NachwV,
    d) die Zustimmung zur elektronischen Nachweisführung nach § 31 Abs. 1 NachwV,
2. folgende Aufgaben bei der Registerführung über die Entsorgung von Abfällen:
    a) im Einvernehmen mit der Abfallrechtsbehörde die Freistellung von der Führung von Registern nach § 26 Abs. 1 NachwV, soweit die Register elektronisch zu führen sind,

b)   die Anordnung der Vorlage von Registern oder einzelner Angaben aus dem Register nach § 25 Abs. 2 Satz 4 NachwV, soweit die Register elektronisch geführt werden,

c)   die Vergabe von registerbezogenen Kennnummern nach § 28 NachwV, soweit das elektronische Abfallnachweisverfahren nach den §§ 17 bis 22 NachwV betroffen ist,

3.   die Anzeigen nach § 25 Abs. 2 KrW-/AbfG und die Freistellungen nach § 25 Abs. 3 und 6 KrW-/AbfG, sofern zumindest teilweise gefährliche Abfälle betroffen sind; über eine Anzeige sind jeweils alle höheren Abfallrechtsbehörden zu unterrichten, sofern auch nicht gefährliche Abfälle betroffen sind,

4.   folgende Aufgaben bei der Verbringung von Abfällen:

a)   die Maßnahmen im Zusammenhang mit der Verbringung von Abfällen in das und aus dem Bundesgebiet und der damit verbundenen Verwertung oder Beseitigung, einschließlich der Pflichten, die für die zuständige Behörde am Bestimmungsort und am Versandort nach der Verordnung (EG) 1013/26/2006[1] gelten, im Sinne des § 14 Abs. 1 des Abfallverbringungsgesetzes (AbfVerbrG) vom 19. Juli 2007 (BGBl. I S.1462) in der jeweils geltenden Fassung,

b)   die Aufgaben der jeweils für das betreffende Gebiet zuständigen Behörde und der jeweils zuständigen Behörde im Staat der Zollstelle nach § 14 Abs. 3 AbfVerbrG sowie die Aufgaben der Behörde, die für das Gebiet zuständig ist, in dem die Kontrolle durchgeführt wurde, nach § 11 Abs. 3 und 4 AbfVerbrG,

c)   die Übermittlung von Informationen an das Umweltbundesamt nach § 16 Abs. 1 Satz 2 und Abs. 2 Satz 2 AbfVerbrG,

d)   die Aufgaben der gemeinsamen Einrichtung im Sinne von § 8 Abs. 1 Satz 4 AbfVerbrG in Verbindung mit dem Gesetz zu dem Staatsvertrag über die Bildung einer gemeinsamen Einrichtung nach § 6 Abs. 1 Satz 7 des Abfallverbringungsgesetzes vom 10. Oktober 2000 (GBl. S. 646).

(2) [1]Im Rahmen der ihr übertragenen Aufgaben hat die Sonderabfallagentur die Einhaltung der abfallrechtlichen Vorschriften und der auferlegten Verpflichtungen zu überwachen und kann sie die notwendigen Anordnungen treffen; § 19 Abs. 1, 3 und 4 gilt entsprechend. [2]Vor einer Anordnung soll die Sonderabfallagentur die Abfallrechtsbehörde anhören. [3]Die Zuständigkeiten der Abfallrechtsbehörden für die in Satz 1 genannten Aufgaben bleiben unberührt.

§ 25   Landesanstalt für Umwelt, Messungen und Naturschutz
Die Landesanstalt für Umwelt, Messungen und Naturschutz ist zuständig für die Bestimmung von Untersuchungsstellen (Prüflaboratorien und Messstellen) nach den auf Grund des Kreislaufwirtschafts- und Abfallgesetzes ergangenen Rechtsverordnungen und der Klärschlammverordnung vom 15. April 1992 (BGBl. I S. 912) in der jeweils geltenden Fassung.

§ 26   Beteiligung der Träger der Regionalplanung
Folgende Entscheidungen sind im Benehmen mit dem Verband Region Stuttgart und den Regionalverbänden zu treffen, soweit sie erhebliche Bedeutung für die Region haben:

1.   Entscheidungen der obersten Abfallrechtsbehörde zu Abfallwirtschaftsplänen und

2.   Entscheidungen der öffentlich-rechtlichen Entsorgungsträger zu Abfallwirtschaftskonzepten, zur Konzeption und Errichtung von Abfallentsorgungsanlagen sowie zu Kooperationen mit öffentlich-rechtlichen Entsorgungsträgern auf dem Gebiet der Abfallwirtschaft.

§ 27   Verordnungsermächtigung
[1]Die oberste Abfallrechtsbehörde kann durch Rechtsverordnung die Zuständigkeit für bestimmte Aufgaben abweichend von den §§ 23 bis 25 regeln, wenn dies zur sachgerechten Erfüllung der Aufgaben erforderlich ist. [2]Die Übertragung von Aufgaben auf die Sonderabfallagentur ist nur zulässig, wenn ein Sachzusammenhang mit den der Sonderabfallagentur bereits obliegenden Aufgaben besteht.

§ 28   Ordnungswidrigkeiten
(1) Ordnungswidrig handelt, wer vorsätzlich oder fahrlässig

1.   einer auf Grund von § 10 erlassenen Satzung zuwiderhandelt, soweit sie für einen bestimmten Tatbestand auf diese Bußgeldvorschrift verweist,

2.   entgegen § 11 bereitgestellte Abfälle durchsucht oder an sich nimmt,

---

1)   Richtig wohl: „1013/2006".

3. einer auf Grund von § 14 ergangenen Rechtsverordnung zuwiderhandelt, soweit sie für einen bestimmten Tatbestand auf diese Bußgeldvorschrift verweist,
4. entgegen § 17 Abs. 1, auch in Verbindung mit Abs. 4, und Abs. 2 Veränderungen vornimmt,
5. entgegen § 10 Abs. 2 Satz 2 oder § 19 Abs. 1 Satz 2, jeweils in Verbindung mit § 40 Abs. 2 Satz 1 KrW-/AbfG, eine Auskunft nicht, nicht richtig, nicht vollständig oder nicht rechtzeitig erteilt.

(2) Die Ordnungswidrigkeit kann mit einer Geldbuße bis zu 100 000 Euro geahndet werden.

(3) [1]Verwaltungsbehörde im Sinne von § 36 Abs. 1 Nr. 1 des Gesetzes über Ordnungswidrigkeiten für die Verfolgung und Ahndung von Ordnungswidrigkeiten nach dem Kreislaufwirtschafts- und Abfallgesetz, diesem Gesetz und den sonstigen abfallrechtlichen Vorschriften ist die Behörde, die für den Vollzug der verletzten Vorschrift zuständig ist. [2]Die Verfolgung und Ahndung von Ordnungswidrigkeiten im Aufgabenbereich der Sonderabfallagentur obliegt den unteren Abfallrechtsbehörden.

Wassergesetz für Baden-Württemberg (WG)[1]

Vom 3. Dezember 2013 (GBl. S. 389)

zuletzt geändert durch Art. 3 G zur Änd. des Umweltverwaltungsgesetzes und anderer G vom 28.11.2018 (GBl. S. 439)

Inhaltsübersicht

Teil 1
Allgemeine Bestimmungen, Gewässereinteilung, Eigentum

§ 1 Allgemeine Grundsätze
§ 2 Gewässerbegriff, Anwendungsbereich (zu § 2 WHG)
§ 3 Einteilung der oberirdischen Gewässer
§ 4 Gebrauch und Einteilung der öffentlichen Gewässer
§ 5 Eigentumsverhältnisse am Bett der öffentlichen Gewässer
§ 6 Öffentliches Eigentum am Bett der öffentlichen Gewässer
§ 7 Uferlinie, Ufer
§ 8 Überflutung und Verlandung bei öffentlichen Gewässern
§ 9 Verlassenes Bett eines öffentlichen Gewässers
§ 10 Entschädigung, Wiederherstellung
§ 11 Künstliche Landgewinnung an einem öffentlichen Gewässer

Teil 2
Bewirtschaftung von Gewässern

Abschnitt 1:
Gemeinsame Bestimmungen

§ 12 Grundsätze
§ 13 Zuordnung der Gewässer zu Flussgebietseinheiten (zu § 7 Absatz 1 und 5 WHG)
§ 14 Benutzungen
§ 15 Alte Rechte und alte Befugnisse (zu § 20 WHG)
§ 16 Verzicht auf Wasserbenutzungsrechte, -befugnisse und sonstige Vorhabenzulassungen
§ 17 Vorkehrungen bei Erlöschen von Wasserbenutzungsrechten, -befugnissen und sonstigen Vorhabenzulassungen
§ 18 Änderung von Wasserbenutzungsanlagen
§ 19 Rechtsverordnungen zur Gewässerbewirtschaftung (zu §§ 23 und 24 WHG)

Abschnitt 2:
Bewirtschaftung oberirdischer Gewässer

§ 20 Gemeingebrauch (zu § 25 WHG)

§ 21 Bestimmungen für Gemeingebrauch, Eigentümergebrauch und Anliegergebrauch sowie für das Verhalten im Uferbereich (zu §§ 25 und 26 WHG)
§ 22 Umtragen von Hindernissen
§ 23 Mindestwasserführung, Durchgängigkeit, Wasserkraftnutzung (zu §§ 33 bis 35 WHG)
§ 24 Wasserkraftnutzung (zu §§ 12 und 35 WHG)
§ 25 Vorhandene Querbauwerke (zu § 35 Absatz 3 WHG)
§ 26 Stauanlagen
§ 27 Ablassen
§ 28 Anlagen in, an, über und unter oberirdischen Gewässern (zu § 36 WHG)
§ 29 Gewässerrandstreifen (zu § 38 WHG)
§ 30 Gewässerunterhaltung (zu § 39 WHG)
§ 31 Unterhaltung von Wasserbenutzungsanlagen und sonstigen Anlagen in, an, über und unter oberirdischen Gewässern (zu § 36 WHG)
§ 32 Träger der Unterhaltungslast (zu § 40 WHG)
§ 33 Beseitigung rechts- oder ordnungswidriger Zustände
§ 34 Ersatzweise Durchführung (zu § 40 Absatz 4 WHG)
§ 35 Beitragspflicht zum Unterhaltungsaufwand der Gemeinden (zu § 40 Absatz 1 Satz 2 und 3 WHG)
§ 36 Beitragspflicht privater Eigentümer des Bettes öffentlicher Gewässer
§ 37 Besondere Pflichten im Interesse der Unterhaltung (zu § 41 WHG)
§ 38 Fischerei

Abschnitt 3:
Schifffahrt

§ 39 Ausübung der Schifffahrt
§ 40 Beleihung von juristischen Personen
§ 41 Fahrverbot

Abschnitt 4:
Bewirtschaftung des Grundwassers

§ 42 Erlaubnisfreie Benutzungen (zu § 46 WHG)
§ 43 Erdaufschlüsse, Geothermie (zu § 49 WHG)

---

1) Verkündet als Art. 1 Wasserrecht-NeuordnungsG v. 3. 12. 2013 (GBl. S. 389); Inkrafttreten gem. Art. 30 Abs. 2 dieses G am 1. 1. 2014, mit Ausnahme von § 65, der gem. Art. 30 Abs. 1 dieses G bereits am 22. 12. 2013 in Kraft tritt.

Teil 3
Besondere wasserwirtschaftliche Bestimmungen

Abschnitt 1:
Öffentliche Wasserversorgung, Wasserschutzgebiete

§   44   Öffentliche Wasserversorgung, Wasserversorgungsanlagen (zu § 50 WHG)
§   45   Wasserschutz- und Heilquellenschutzgebiete (zu §§ 52 und 53 WHG)

Abschnitt 2:
Abwasserbeseitigung

§   46   Verpflichtung zur Abwasserbeseitigung (zu § 56 WHG)
§   47   Konzeption der Abwasserbeseitigung
§   48   Genehmigung und Anzeige von Abwasseranlagen (zu § 60 Absatz 3 und 4 WHG)
§   49   Indirekteinleiterkataster
§   50   Öffentliche Abwasseranlagen (zu §§ 60 und 61 WHG)
§   51   Private Abwasseranlagen (zu §§ 60 und 61 WHG)
§   52   Gewässerschutzbeauftragte (zu § 64 Absatz 1, § 65 Absatz 2 und § 66 WHG)

Abschnitt 3:
Umgang mit wassergefährdenden Stoffen

§   53   Allgemeine Bestimmungen für den Umgang mit wassergefährdenden Stoffen (zu § 62 WHG)

Abschnitt 4:
Gewässerausbau, Dammbauten, Stauanlagen

§   54   Ausbaulast
§   55   Planfeststellung, Plangenehmigung (zu § 68 WHG)
§   56   Veränderungssperre
§   57   Besondere Pflichten im Interesse des Ausbaus
§   58   Vorteilsausgleich
§   59   Aufwendungsersatz
§   60   Dämme
§   61   Unterhaltungslast für Dämme
§   62   Beitragspflicht zum Aufwand der Gemeinden für Unterhaltung und Ausbau von Dämmen
§   63   Bau und Betrieb von Stauanlagen
§   64   Gemeinsame Schutzvorschriften

Abschnitt 5:
Hochwasserschutz

§   65   Überschwemmungsgebiete (zu §§ 76 und 78 bis 78 c WHG)

Abschnitt 6:
Wasserwirtschaftliche Planung und Dokumentation

§   66   Maßnahmenprogramm und Bewirtschaftungsplan (zu § 7 Absatz 2 bis 4, §§ 82 bis 84 WHG)
§   67   Mitwirkungs- und Auskunftspflichten
§   68   Information und Anhörung der Öffentlichkeit bei Maßnahmenprogrammen und Bewirtschaftungsplänen (zu §§ 82 und 83 WHG)
§   69   Wasserbuch (zu §§ 87 und 21 WHG)

Abschnitt 7:
Duldungs- und Gestattungsverpflichtungen

§   70   Mitbenutzen von Anlagen (zu § 94 WHG)
§   71   Fristen zur Ausführung der Arbeiten
§   72   Leistung der Entschädigung
§   73   Vorzeitige Besitzeinweisung

Teil 4
Entschädigung, Ausgleich

§   74   Umfang und Art der Entschädigung

Teil 5
Gewässeraufsicht

§   75   Allgemeine Gewässeraufsicht
§   76   Gewässerkundlicher Dienst
§   77   Erfassung der Wasserentnahmen
§   78   Bauüberwachung und Bauabnahme
§   79   Wasser- und Eisgefahr

Teil 6
Zuständigkeit und Verfahren

Abschnitt 1:
Zuständigkeit

§   80   Wasserbehörden
§   81   Sachverständige
§   82   Sachliche Zuständigkeit
§   83   Zuständigkeit der Flussgebietsbehörden
§   84   Zusammentreffen mehrerer Entscheidungen
§   85   Zuständigkeit für Veränderungssperren (zu § 86 WHG)

Abschnitt 2:
Allgemeine Verfahrensbestimmungen

§   86   Antrag
§   87   Schriftform
§   88   Aussetzung auf Grund von Einwendungen
§   89   Sicherheitsleistung, Versicherung
§   90   Beweissicherung
§   91   Datenverarbeitung (zu § 88 WHG)

Abschnitt 3:
Besondere Bestimmungen für einzelne Verfahrensarten

§   92   Anzeigeverfahren
§   93   Erlaubnis- und Bewilligungsverfahren (zu § 11 WHG)

§ 94 Zusammentreffen mehrerer Anträge
§ 95 Verfahrensregelungen zu Wasserschutz-, Heilquellenschutz- und Überschwemmungsgebieten, Gewässerrandstreifen und Veränderungssperren
§ 96 Anordnungen der obersten Wasserbehörde in Wasserschutz- und Heilquellenschutzgebieten (zu §§ 23 und 50 bis 53 WHG)
§ 97 Heilung von Verfahrens- und Formmängeln
§ 98 Entschädigungs- und Ausgleichsverfahren

Teil 7
Wasserbenutzungsabgaben

Abschnitt 1:
Benutzungsentgelt
§ 99 Besondere Bestimmungen für die Wasserkraftnutzung und das Entnehmen fester Stoffe

Abschnitt 2:
Wasserentnahmeentgelt
§ 100 Entgelt für Wasserentnahmen
§ 101 Begriffsbestimmungen
§ 102 Entgeltpflichtige Benutzungen
§ 103 Ausnahmen von der Entgeltpflicht
§ 104 Bemessungsgrundlage, Entgeltsatz, Veranlagungszeitraum, Zweckbindung
§ 105 Ermäßigung für die Verwendung von Wasser aus oberirdischen Gewässern
§ 106 Ermäßigung für die Verwendung von Grundwasser
§ 107 Härtefälle
§ 108 Festsetzung, Vorauszahlungen, Fälligkeit
§ 109 Feststellung durch Grundlagenbescheid

§ 110 Nachweise für Ermäßigungen
§ 111 Nachweise für Härtefälle
§ 112 Aufhebung oder Änderung, Nacherhebung
§ 113 Anwendung der Abgabenordnung und des Landesverwaltungsverfahrensgesetzes
§ 114 Berichtspflicht

Abschnitt 3:
Abwasserabgabe
§ 115 Ermittlung auf Grund des Bescheides (zu § 3 Absatz 3 und § 4 AbwAG)
§ 116 Niederschlagswasser (zu § 7 AbwAG)
§ 117 Kleineinleitungen (zu § 8 AbwAG)
§ 118 Abgabepflicht für Dritte, Abwälzbarkeit (zu § 9 Absatz 2 AbwAG)
§ 119 Verdünnung (zu § 9 Absatz 5 Satz 1 AbwAG)
§ 120 Verrechnung (zu § 10 Absatz 3 AbwAG)
§ 121 Erklärungspflicht (zu § 11 AbwAG)
§ 122 Festsetzung der Abgabe, Fälligkeit
§ 123 Festsetzungs-, Erhebungs- und Vollstreckungsverfahren
§ 124 Abzug des Verwaltungsaufwands

Teil 8
Straf- und Bußgeldbestimmungen
§ 125 Anwendung der Straf- und Bußgeldvorschriften der Abgabenordnung
§ 126 Ordnungswidrigkeiten

Teil 9
Übergangs- und Schlussbestimmungen
§ 127 Einschränkung des Grundrechts nach Artikel 13 des Grundgesetzes
§ 128 Übergangsregelung

Anlage 1 - 5 (hier nicht abgedruckt)

Teil 1
Allgemeine Bestimmungen, Gewässereinteilung, Eigentum

§ 1 Allgemeine Grundsätze
(1) [1]Zweck dieses Gesetzes ist es, die Regelungen des Wasserhaushaltsgesetzes (WHG), in der jeweils geltenden Fassung, auszuführen und zu ergänzen, soweit das Wasserhaushaltsgesetz keine oder keine abschließende Regelung getroffen hat oder bestimmte Regelungsbereiche ausdrücklich dem Landesrecht eröffnet sind. [2]Das Gesetz enthält auch vom Wasserhaushaltsgesetz abweichende Regelungen.
(2) Neben dem Zweck und den Zielen des Wasserhaushaltsgesetzes sind zusätzlich folgende Grundsätze zu beachten:
1. mit dem Allgemeingut Wasser ist sparsam und effizient umzugehen,
2. die Gewässer sind wirksam vor stofflichen Belastungen zu schützen,
3. beim Hochwasserschutz sollen ökologisch verträgliche Lösungen angestrebt werden und
4. der Klimaschutz und die Anpassung an die Folgen des Klimawandels sollen berücksichtigt werden.

§ 2 Gewässerbegriff, Anwendungsbereich (zu § 2 WHG)
(1) Gewässer im Sinne dieses Gesetzes sind die in § 2 Absatz 1 WHG genannten Gewässer.
(2) [1]Fischteiche, Feuerlöschteiche, Eisweiher und ähnliche kleine Wasserbecken, die mit einem oberirdischen Gewässer nur durch künstliche Vorrichtungen verbunden sind, werden von den Bestimmun-

gen des Wasserhaushaltsgesetzes und dieses Gesetzes ausgenommen. [2]Die §§ 89 und 90 WHG gelten auch für Gewässer nach Satz 1.

(3) [1]Bewässerungs- und Entwässerungsgräben von wasserwirtschaftlich untergeordneter Bedeutung werden von den Bestimmungen der §§ 39 bis 42 und 67 bis 71 WHG und des § 28 dieses Gesetzes ausgenommen. [2]§ 30 Absatz 3 bleibt unberührt.

§ 3 Einteilung der oberirdischen Gewässer

(1) Die oberirdischen Gewässer sind öffentliche oder private Gewässer.

(2) [1]Öffentliche Gewässer sind

1. die natürlichen Wasserläufe,
2. die künstlichen Wasserläufe (Kanäle, Gräben, Wuhre), an deren Bett Privateigentum nicht nachweisbar ist oder die nach bisher geltendem Recht öffentliche Gewässer waren,
3. die natürlichen stehenden Gewässer (Seen, Teiche, Weiher), die einen ständig fließenden oberirdischen Zu- oder Ablauf haben.

[2]Alle anderen oberirdischen Gewässer sind private Gewässer.

(3) [1]Natürliche Wasserläufe sind die in natürlichem Bett fließenden Gewässer einschließlich ihrer Quellen, der unterirdischen und der aufgestauten Strecken, der Nebenarme, der Flutkanäle und der mit dem Wasserlauf in Verbindung stehenden oberirdischen Becken, in denen Wasser für Zwecke des Wasserlaufs zusammengefasst wird, samt ihren Zu- und Ableitungen. [2]Zu den natürlichen Wasserläufen gehören auch die künstlich angelegten Wasserlaufstrecken, die einen Teil des natürlichen Wasserlaufs ersetzen (Ersatzstrecken).

§ 4 Gebrauch und Einteilung der öffentlichen Gewässer

[1]Die öffentlichen Gewässer dienen unter Aufsicht der Wasserbehörden dem allgemeinen Gebrauch nach den Vorschriften des Wasserhaushaltsgesetzes und dieses Gesetzes. [2]Sie werden nach ihrer wasserwirtschaftlichen Bedeutung sowie den Bedürfnissen der Unterhaltung und des Hochwasserschutzes in Gewässer erster Ordnung und in Gewässer zweiter Ordnung eingeteilt. [3]Gewässer erster Ordnung sind die Bundeswasserstraßen sowie die in der Anlage 1 zu diesem Gesetz aufgeführten öffentlichen Gewässer. [4]Alle anderen öffentlichen Gewässer sind Gewässer zweiter Ordnung.

§ 5 Eigentumsverhältnisse am Bett der öffentlichen Gewässer

(1) [1]Das Bett eines Gewässers erster Ordnung, ausgenommen Bundeswasserstraßen, steht im öffentlichen Eigentum des Landes, das eines Gewässers zweiter Ordnung innerhalb des Gemeindegebietes im öffentlichen Eigentum der Gemeinde. [2]Privateigentum anderer am Bett eines öffentlichen Gewässers und Privateigentum des Landes oder einer Gemeinde an künstlich überfluteten Flächen oder am Bett eines Gewässers nach § 3 Absatz 2 Satz 1 Nummer 3 bleibt unberührt.

(2) [1]Trennt ein öffentliches Gewässer benachbarte Gemeindegebiete, so folgt die Gemeindegrenze den natürlichen Veränderungen des Gewässers durch Überflutung und Verlandung. [2]Ist der Verlauf der Gemeindegrenze nicht näher bestimmt, so gilt als Gemeindegrenze,

1. wenn die Gemeindegebiete einander gegenüberliegen, eine durch die Mitte des Gewässers bei Mittelwasserstand zu ziehende Linie,
2. wenn die Gemeindegebiete nebeneinander liegen, eine vom Endpunkt der Landgrenze rechtwinklig zu der in Nummer 1 bezeichneten Mittellinie zu ziehende Linie.

[3]Ist Satz 2 wegen der besonderen Form des Gewässers nicht anwendbar, so wird das Gewässerbett auf die Gemeinden nach dem Verhältnis ihrer Uferstrecken aufgeteilt.

(3) [1]Als Mittelwasserstand gilt das arithmetische Mittel der Wasserstände der letzten 20 Jahre. [2]Stehen für diesen Zeitraum keine vollständigen Pegelbeobachtungen zur Verfügung, so bezeichnet die Wasserbehörde die Beobachtungen, die zu verwenden sind. [3]Bei künstlicher Veränderung des Wasserstands bleiben die Wasserstände vor der Veränderung außer Betracht. [4]Fehlen Pegelbeobachtungen überhaupt, so bestimmt sich der Mittelwasserstand im Zweifel nach der Grenze des Pflanzenwuchses.

(4) [1]Bauten und andere feste Anlagen im Bett öffentlicher Gewässer sind nur insoweit Bestandteile des Gewässerbettes, als sie der Unterhaltung oder dem Ausbau des Gewässers dienen. [2]Bauten und andere feste Anlagen im Bett öffentlicher Gewässer, die einem für ein Grundstück erteilten Wasserbenutzungsrecht oder einer für ein Grundstück erteilten Wasserbenutzungsbefugnis dienen, gelten als Bestandteile dieses Grundstücks. [3]Bauten und andere feste Anlagen im Bett öffentlicher Gewässer, die einem vom Grundstück unabhängigen Wasserbenutzungsrecht oder einer vom Grundstück unabhän-

gigen Wasserbenutzungsbefugnis dienen, stehen im Eigentum der Benutzungsberechtigten oder -befugten. [4]Beim Inkrafttreten dieses Gesetzes bestehende Rechte Dritter bleiben unberührt.

(5) [1]Privateigentum am Bett eines öffentlichen Gewässers, das nicht in das Grundbuch eingetragen ist, kann durch den der Wasserbehörde gegenüber schriftlich oder zur Niederschrift erklärten Verzicht des Eigentümers aufgegeben werden. [2]Ist das Grundstück nicht mit Rechten Dritter belastet, so wird es öffentliches Eigentum nach Absatz 1 Satz 1; im anderen Falle gilt § 928 Absatz 2 des Bürgerlichen Gesetzbuchs.

(6) Ändern sich die Eigentumsverhältnisse nach Absatz 1 Satz 1, so werden bestehende Fischereiberechtigungen nicht berührt.

§ 6 Öffentliches Eigentum am Bett der öffentlichen Gewässer
[1]Für das öffentliche Eigentum des Landes und der Gemeinden am Bett eines öffentlichen Gewässers gelten die Vorschriften des bürgerlichen Rechts über das Grundeigentum nur, soweit nicht die aus der Zweckbestimmung der öffentlichen Gewässer und die aus dem Wasserrecht folgenden Beschränkungen entgegenstehen. [2]Über öffentliches Eigentum kann durch Privatrechtsgeschäft nicht verfügt werden.

§ 7 Uferlinie, Ufer
(1) Die Grenze zwischen dem Bett eines Gewässers und den Ufergrundstücken (Uferlinie) wird durch die Linie des Mittelwasserstands bestimmt.

(2) [1]Die Uferlinie kann nach Anhörung der Anlieger und der sonst Beteiligten durch die Wasserbehörde festgesetzt und, soweit erforderlich, bezeichnet werden. [2]Die festgesetzte Uferlinie bleibt maßgebend, bis sie geändert oder aufgehoben wird.

(3) [1]Als Ufer gilt die zwischen der Uferlinie und der Böschungsoberkante liegende Landfläche. [2]Fehlt eine Böschungsoberkante, so tritt an ihre Stelle die Linie des mittleren Hochwasserstands. [3]Als mittlerer Hochwasserstand gilt das arithmetische Mittel der jährlichen Höchstwerte der Wasserstände der letzten 20 Jahre. [4]Stehen für diesen Zeitraum keine vollständigen Pegelbeobachtungen zur Verfügung, so bezeichnet die Wasserbehörde die Beobachtungen, die zu verwenden sind.

§ 8 Überflutung und Verlandung bei öffentlichen Gewässern
(1) Werden Ufergrundstücke an öffentlichen Gewässern oder dahinter liegende Grundstücke bei Mittelwasserstand infolge natürlicher Einflüsse dauernd überflutet, so erstreckt sich das Eigentum am Gewässerbett auch auf die überfluteten Flächen.

(2) In den Fällen des § 10 Absatz 2 erwirbt der Eigentümer des Gewässerbettes das Eigentum erst, wenn die Wasserbehörde die Wiederherstellung des früheren Zustandes nach § 10 Absatz 2 nicht zugelassen hat oder nach § 10 Absatz 4 entschieden hat, dass die Wiederherstellung des früheren Zustandes nicht notwendig ist, oder das Recht zur Wiederherstellung des früheren Zustandes erloschen ist.

(3) Entstehen in öffentlichen Gewässern durch Anschwemmung oder durch Zurücktreten des Wassers dauernde Verlandungen, so gehören sie dem Eigentümer des Gewässerbettes.

§ 9 Verlassenes Bett eines öffentlichen Gewässers
(1) [1]Hat ein öffentliches Gewässer infolge natürlicher Ereignisse sein bisheriges Bett verlassen, so verbleibt das verlassene Gewässerbett dem Eigentümer. [2]An den in das neue Gewässerbett fallenden Grundflächen entsteht öffentliches Eigentum desjenigen, der nach § 5 Absatz 1 Eigentümer des Gewässerbettes ist.

(2) In den Fällen des § 10 Absatz 2 treten die Rechtsfolgen des Absatzes 1 erst ein, wenn die Wasserbehörde die Wiederherstellung des früheren Zustandes nach § 10 Absatz 2 nicht zugelassen hat oder nach § 10 Absatz 4 entschieden hat, dass die Wiederherstellung des früheren Zustandes nicht notwendig ist, oder das Recht zur Wiederherstellung des früheren Zustandes erloschen ist.

(3) Absatz 1 Satz 2 und Absatz 2 gelten entsprechend, wenn nur ein Nebenarm des Gewässers entstanden ist.

§ 10 Entschädigung, Wiederherstellung
(1) [1]In den Fällen des § 8 Absatz 1 und des § 9 Absatz 1 Satz 2 und Absatz 3 hat der Eigentümer des Gewässerbettes den bisherigen Eigentümer zu entschädigen. [2]Die Entschädigungspflicht besteht nicht,

wenn die Voraussetzungen des Absatzes 2 vorliegen und die Wasserbehörde die Wiederherstellung zugelassen hat.

(2) ¹Im Geltungsbereich eines Bebauungsplanes, innerhalb von in genehmigten Flächennutzungsplänen dargestellten Baugebieten, innerhalb eines im Zusammenhang bebauten Ortsteils, auf anderen Grundstücken mit genehmigter baulicher Nutzung und bei genehmigten Fischteichanlagen sind die Beteiligten gemeinsam oder einzeln berechtigt, den früheren Zustand auf ihre Kosten wiederherzustellen, wenn mit der Veränderung des Gewässerbettes die zulässige oder genehmigte Nutzung ihrer Grundstücke erheblich beeinträchtigt wird. ²Ein Wiederherstellungsrecht besteht auch, wenn das Belassen des Zustandes zu einer offenbar nicht beabsichtigten Härte führen würde und die Wiederherstellung mit den öffentlichen Belangen vereinbar ist. ³Beteiligte sind in den Fällen des § 8 die durch die Veränderungen betroffenen Eigentümer, die Inhaber von Wasserbenutzungsrechten und -befugnissen, der Träger der Unterhaltungslast und in den Fällen des § 9 auch die Eigentümer und die Nutzungsberechtigten der angrenzenden Grundstücke sowie die Gemeinden, in deren Gebiet das verlassene und das neue Bett liegen. ⁴Die Wiederherstellung bedarf der Zulassung durch die Wasserbehörde.

(3) ¹Das Recht zur Wiederherstellung erlischt, wenn der frühere Zustand nicht binnen drei Jahren, gerechnet von der Zulassung der Wiederherstellung an, hergestellt ist. ²Wenn besondere Gründe vorliegen, kann die Wasserbehörde die Frist verlängern.

(4) ¹Der Träger der Unterhaltungslast hat den früheren Zustand wiederherzustellen, wenn es im Interesse des Wohls der Allgemeinheit notwendig ist. ²Hierüber entscheidet die Wasserbehörde nach Anhörung der Beteiligten; sie kann Art und Umfang der Wiederherstellungsarbeiten näher bestimmen. ³§ 54 Absatz 2 gilt entsprechend.

(5) ¹Die Eigentümer und Besitzer der Grundstücke, die durch die Wiederherstellungsarbeiten betroffen werden, sind verpflichtet, die vorübergehende Benutzung ihrer Grundstücke für Zwecke der Wiederherstellung, insbesondere auch zum Herbeischaffen und Lagern der Geräte und Baustoffe, zu dulden. ²Entstehen dadurch Schäden, so hat der Geschädigte gegen den Vorhabenträger Anspruch auf Schadensersatz. ³Der Duldungspflichtige kann Sicherheitsleistung verlangen.

(6) Streitigkeiten über das Eigentum und über die Entschädigung entscheiden die ordentlichen Gerichte.

§ 11 Künstliche Landgewinnung an einem öffentlichen Gewässer

(1) Wird einem öffentlichen Gewässer durch Verlegung, Abtrennung, Auffüllung, Verdolung oder ähnliche bauliche Maßnahmen Land abgewonnen, so geht das Eigentum an der Grundfläche zwischen der alten und der neuen Uferlinie auf den Vorhabenträger über, soweit nicht Absatz 3 etwas anderes bestimmt.

(2) Im Ausbauverfahren kann bestimmt werden, dass der Vorhabenträger an den Eigentümer des Gewässerbettes ein Entgelt zu entrichten hat; die Höhe des Entgelts richtet sich nach dem Vorteil des künstlich gewonnenen Landes für den Vorhabenträger.

(3) Soweit an dem Bett eines öffentlichen Gewässers Privateigentum besteht, verbleibt das künstlich gewonnene Land dem Eigentümer.

Teil 2
Bewirtschaftung von Gewässern

Abschnitt 1
Gemeinsame Bestimmungen

§ 12 Grundsätze

(1) Die Gewässer sind nach Maßgabe des § 6 WHG zu bewirtschaften.

(2) Die nachhaltige Bewirtschaftung der Gewässer soll auch durch ökonomische Instrumente und durch Maßnahmen zur Bewusstseinsbildung gefördert werden.

(3) ¹Das natürliche Wasserrückhaltevermögen ist zu erhalten. ²Besteht kein natürliches Wasserrückhaltevermögen oder reicht dieses nicht aus, ist es zu verbessern. ³Der Wasserabfluss darf nur aus wichtigem Grund, insbesondere zum Schutz von Siedlungsbereichen vor Hochwasser, beschleunigt werden.

(4) [1]Benutzungen des Grundwassers dürfen nur im Rahmen der Neubildung zugelassen werden. [2]Ausnahmen können für die Entnahme von Mineral- und Thermalwasser gewährt werden.

(5) Bei der Planung und Ausführung von Baumaßnahmen und anderen Veränderungen der Erdoberfläche sind die Belange der Grundwasserneubildung, der Gewässerökologie und des Hochwasserschutzes zu berücksichtigen.

§ 13 Zuordnung der Gewässer zu Flussgebietseinheiten (zu § 7 Absatz 1 und 5 WHG)

(1) [1]Die oberirdischen Gewässer und das Grundwasser werden folgenden Flussgebietseinheiten zugeordnet:

1. im Einzugsgebiet des Rheins der Flussgebietseinheit Rhein mit den Bearbeitungsgebieten Alpenrhein/Bodensee, Hochrhein, Oberrhein, Neckar und Main,
2. im Einzugsgebiet der Donau der Flussgebietseinheit Donau mit dem Bearbeitungsgebiet Donau.

[2]Die Einzugsgebiete der Flussgebietseinheiten und die Bearbeitungsgebiete sind in der Anlage 2 zu diesem Gesetz in Kartenform dargestellt.

(2) [1]Im Einzugsbereich des Rheins koordinieren die Flussgebietsbehörden die Beiträge für das Maßnahmenprogramm und den Bewirtschaftungsplan sowie den Risikomanagementplan der Flussgebietseinheit Rhein mit den zuständigen Behörden der Länder Bayern, Hessen und Rheinland-Pfalz. [2]Die oberste Wasserbehörde koordiniert die Beiträge mit den zuständigen Behörden der Französischen Republik, der Republik Österreich und der Italienischen Republik und bemüht sich, die Beiträge mit den zuständigen Behörden der Schweizerischen Eidgenossenschaft und des Fürstentums Liechtenstein zu koordinieren. [3]Die oberste Wasserbehörde wirkt bei der Aufstellung des internationalen Bewirtschaftungsplans und des internationalen Maßnahmenprogramms sowie des internationalen Risikomanagementplans mit den Staaten im Einzugsgebiet sowie mit über- und zwischenstaatlichen Stellen zusammen.

(3) [1]Im Einzugsgebiet der Donau koordiniert die Flussgebietsbehörde die Beiträge für das Maßnahmenprogramm und den Bewirtschaftungsplan sowie den Risikomanagementplan der Flussgebietseinheit Donau mit den zuständigen bayerischen Behörden. [2]Absatz 2 Satz 3 gilt entsprechend.

§ 14 Benutzungen

(1) Als Benutzungen im Sinne von § 9 WHG gelten insbesondere auch

1. das Herstellen und Betreiben von Hafen- und Umschlaganlagen, Lande- und Anlegestellen, Lade- und Löschplätzen und Werftanlagen sowie von Stichkanälen,
2. das Einrichten und Betreiben von Fähren,
3. das Einrichten und Betreiben von standortfesten schwimmenden Anlagen,
4. das Starten und Landen von Luftfahrzeugen auf Gewässern und
5. das Versickern, Verregnen und Verrieseln oder sonstige Aufbringen von Abwasser und anderen Stoffen, welche die Eigenschaften von Wasser nachteilig verändern können, mit Ausnahme der landwirtschaftlichen Düngung entsprechend der guten fachlichen Praxis.

(2) [1]Die Gewässer sind so zu benutzen, dass deren ökologische Funktionen möglichst wenig beeinträchtigt werden, alle Benutzer angemessene Vorteile aus dem Wasser ziehen können und jede vermeidbare Beeinträchtigung anderer unterbleibt. [2]Wird Wasser entnommen oder abgeleitet, soll das Wasser nach der Nutzung ortsnah zurückgeleitet werden.

(3) Die Benutzer sind verpflichtet, Anlagen zur Benutzung des Wassers so einzurichten, zu unterhalten und zu betreiben, dass nicht Wasser zum Nachteil anderer nutzlos aufgestaut, abgelassen oder verbraucht wird oder verloren geht.

§ 15 Alte Rechte und alte Befugnisse (zu § 20 WHG)

(1) § 20 Absatz 1 WHG gilt mit der Maßgabe, dass zur Ausübung der Benutzung rechtmäßige Anlagen vor dem 1. März 1960 vorhanden waren.

(2) [1]Inhalt und Umfang der alten Rechte und alten Befugnisse bestimmen sich, soweit sie auf besonderem Titel beruhen, nach diesem, im Übrigen nach den Rechtsvorschriften, die vor dem 1. März 1960 gegolten haben. [2]Die zuständige Wasserbehörde kann Inhalt und Umfang der alten Rechte und alten Befugnisse von Amts wegen oder auf Antrag bezogen auf den 1. März 1960 feststellen sowie Anforderungen nach § 20 Absatz 2 Satz 3 WHG stellen und Maßnahmen anordnen.

§ 16 Verzicht auf Wasserbenutzungsrechte, -befugnisse und sonstige Vorhabenzulassungen
[1]Wasserbenutzungsrechte, -befugnisse und sonstige Vorhabenzulassungen können durch Verzicht des Inhabers aufgegeben werden. [2]Der Verzicht ist der Wasserbehörde gegenüber schriftlich oder zur Niederschrift zu erklären.

§ 17 Vorkehrungen bei Erlöschen von Wasserbenutzungsrechten, -befugnissen und sonstigen Vorhabenzulassungen
(1) Erlöschen Wasserbenutzungsrechte oder -befugnisse oder sonstige Vorhabenzulassungen, so kann die Wasserbehörde aus Gründen der Gewässerunterhaltung, der Erhaltung oder Wiederherstellung der ökologischen Funktionen der Gewässer oder zur Abwendung nachteiliger Folgen für die Benutzung des Gewässers dem bisherigen Inhaber des Rechts, der Befugnis oder Zulassung oder dem bisherigen Anlagenbetreiber oder dem Eigentümer der Anlage oder des Grundstücks aufgeben, die Wasserbenutzungsanlage oder sonstige Anlage ganz oder teilweise bestehen zu lassen, auf seine Kosten ganz oder teilweise zu beseitigen und den früheren Zustand wiederherzustellen oder andere geeignete Vorkehrungen zu treffen; diese dürfen dem Pflichtigen keine höheren Kosten verursachen als die Beseitigung der Anlage und die Wiederherstellung des früheren Zustands.

(2) [1]Eine Anlage, die aus Gründen der Gewässerunterhaltung oder der Erhaltung oder der Wiederherstellung der ökologischen Funktionen der Gewässer nicht beseitigt werden darf, ist künftig von dem Träger der Gewässerunterhaltungslast zu unterhalten und zu bedienen. [2]Die Wasserbehörde kann diese Verpflichtung dem bisherigen Inhaber des Rechts, der Befugnis oder Zulassung oder dem bisherigen Anlagenbetreiber oder dem Eigentümer der Anlage oder des Grundstücks auferlegen, soweit dies nach den Umständen billig erscheint. [3]Ist der Fortbestand der Anlage aus anderen Gründen notwendig, so haben die Beteiligten, in deren Interesse der Fortbestand liegt, für die künftige Unterhaltung und Bedienung zu sorgen.

(3) Der Eigentümer der Anlage oder des betreffenden Grundstücks ist verpflichtet, ein Betreten der Grundstücke durch die zur Unterhaltung und Bedienung der Anlage Verpflichteten und deren Beauftragte zu gestatten, die Anlage und ihre Einrichtungen zugänglich zu machen und die Vornahme der erforderlichen Arbeiten zu dulden.

(4) [1]Sind mehrere zur Unterhaltung und Bedienung verpflichtet, so kann die Wasserbehörde die künftige Unterhaltung und Bedienung nach dem Verhältnis des Interesses der einzelnen Verpflichteten am Fortbestand der Anlage regeln. [2]Sie kann auch Ausgleichszahlungen festsetzen.

(5) Werden Vorkehrungen nach Absatz 1 im Zusammenhang mit einer entschädigungspflichtigen Beschränkung oder Rücknahme eines Wasserbenutzungsrechts, einer -befugnis oder einer sonstigen Vorhabenzulassung verlangt, so ist der Verpflichtete zu entschädigen.

§ 18 Änderung von Wasserbenutzungsanlagen
[1]Wer eine zugelassene Wasserbenutzungsanlage oder eine sonstige Benutzung ändern möchte, ohne dass sich die Art, das Maß oder der Zweck der Benutzung ändern, hat dies der Wasserbehörde anzuzeigen. [2]Das Anzeigeverfahren bestimmt sich nach § 92.

§ 19 Rechtsverordnungen zur Gewässerbewirtschaftung (zu §§ 23 und 24 WHG)
(1) Die Ermächtigung der Landesregierung nach § 23 Absatz 3 WHG zum Erlass von Rechtsverordnungen nach § 23 Absatz 1 WHG, auch in Verbindung mit § 46 Absatz 2, § 48 Absatz 1 Satz 2, § 57 Absatz 2, § 58 Absatz 1 Satz 2, § 61 Absatz 3, § 62 Absatz 4 und § 63 Absatz 2 Satz 2 WHG, sowie nach § 24 Absatz 3 WHG zum Erlass von Rechtsverordnungen nach § 24 Absatz 1 WHG wird auf die oberste Wasserbehörde übertragen.

(2) Zur Umsetzung bindender Rechtsakte der Europäischen Gemeinschaften oder der Europäischen Union, die den Gesundheitsschutz bei Badegewässern betreffen, können die oberste Wasserbehörde und die oberste Gesundheitsbehörde durch gemeinsame Rechtsverordnung Regelungen über Anforderungen an Gewässer und Wasser sowie Maßnahmen zum Schutz der Gewässer und der Badenden erlassen.

Abschnitt 2
Bewirtschaftung oberirdischer Gewässer

§ 20 Gemeingebrauch (zu § 25 WHG)
(1) [1]Der Gebrauch der oberirdischen Gewässer zum Baden, Schöpfen mit Handgefäßen, Tränken, Schwemmen und zu ähnlichen unschädlichen Verrichtungen, zum Fahren mit kleinen Fahrzeugen ohne eigene Triebkraft und als Eisbahn ist vorbehaltlich einer Regelung auf Grund von § 21 Absatz 2 oder § 39 Absatz 2 als Gemeingebrauch jedermann gestattet. [2]Dasselbe gilt für die Benutzung dieser Gewässer zum Entnehmen von Wasser in geringen Mengen für die Landwirtschaft, die Forstwirtschaft und den Gartenbau.
(2) Der Gemeingebrauch wird erstreckt auf
1. das schadlose Einleiten von Niederschlagswasser, soweit es den Anforderungen einer Rechtsverordnung nach § 46 Absatz 3 in Verbindung mit § 19 Absatz 1 entspricht, und
2. das Einbringen von Stoffen in oberirdische Gewässer für Zwecke der Fischerei, wenn dadurch keine nachteiligen Auswirkungen auf den Gewässerzustand zu erwarten sind.
(3) Der Gemeingebrauch ist ausgeschlossen an Speicherbecken sowie an Gewässern in Hofräumen, Gärten oder Parkanlagen.

§ 21 Bestimmungen für Gemeingebrauch, Eigentümergebrauch und Anliegergebrauch sowie für das Verhalten im Uferbereich (zu §§ 25 und 26 WHG)
(1) Der Eigentümergebrauch und der Anliegergebrauch sind ausgeschlossen.
(2) Aus Gründen des Wohls der Allgemeinheit, insbesondere der Ordnung des Wasserhaushalts, der Sicherstellung der Erholung, des Schutzes der Natur oder der Abwehr von Gefahren für die öffentliche Sicherheit oder Ordnung, können die Wasserbehörden und die Ortspolizeibehörde durch Rechtsverordnung oder im Einzelfall
1. die Ausübung des Gemeingebrauchs regeln, beschränken oder verbieten sowie
2. das Verhalten im Uferbereich regeln.
(3) Soweit es ohne Beeinträchtigung des Wohls der Allgemeinheit möglich ist, kann die Wasserbehörde das Fahren mit kleinen Fahrzeugen mit eigener Triebkraft durch Rechtsverordnung als Gemeingebrauch oder im Einzelfall zulassen.
(4) Soweit es mit dem Zweck des Speichers vereinbar ist, kann die Wasserbehörde den Gemeingebrauch ganz oder teilweise auch an Speicherbecken zulassen.

§ 22 Umtragen von Hindernissen
Die Anlieger eines Gewässers haben zu dulden, dass kleine Fahrzeuge ohne eigene Triebkraft um Stauanlagen oder sonstige Hindernisse herumgetragen werden, soweit nicht einzelne Grundstücke von der Wasserbehörde auf Grund eines Antrages der Anlieger ausgeschlossen sind.

§ 23 Mindestwasserführung, Durchgängigkeit, Wasserkraftnutzung (zu §§ 33 bis 35 WHG)
(1) Durch Rechtsverordnung nach § 19 Absatz 1 dieses Gesetzes kann insbesondere festgelegt werden, welche Kriterien bei der Bemessung der Mindestwasserführung, für die Durchgängigkeit und in Bezug auf die ökologische Funktionsfähigkeit zugrunde zu legen sind.
(2) Schwall und Sunk sind zu vermeiden; die Wasserbehörde kann auf Antrag Ausnahmen zulassen.

§ 24 Wasserkraftnutzung (zu §§ 12 und 35 WHG)
(1) [1]Die Wasserkraft soll im Interesse des Klimaschutzes und der Erhöhung des Anteils der erneuerbaren Energien genutzt werden. [2]Eine Wasserkraftnutzung soll im Rahmen des Bewirtschaftungsermessens nach § 12 Absatz 2 WHG zugelassen werden, wenn kein Versagungsgrund nach § 12 Absatz 1 WHG vorliegt.
(2) Das Recht oder die Befugnis zur Benutzung eines Gewässers zum Betrieb einer Wasserkraftanlage berechtigt auch dazu, die Anlage zur Erzeugung elektrischer Energie zu betreiben, wenn die zu nutzende Leistung der Rohwasserkraft 1000 Kilowatt nicht übersteigt.
(3) [1]Vorhaben zur Umnutzung nach Absatz 2 sowie Maßnahmen, die sich auf den ökologischen Zustand auswirken können, einschließlich Maßnahmen, die eine Verbesserung des ökologischen Zustands bezwecken, sind, soweit sie nicht einer wasserrechtlichen Zulassung bedürfen, der Wasserbehörde vor der Durchführung anzuzeigen. [2]Das Anzeigeverfahren bestimmt sich nach § 92.

(4) Betreiber von Wasserkraftanlagen sind verpflichtet, die unter ökologischen Gesichtspunkten verfügbare Wassermenge effizient entsprechend dem Stand der Technik zu nutzen.

§ 25 Vorhandene Querbauwerke (zu § 35 Absatz 3 WHG)

[1]Die Ergebnisse der Prüfung vorhandener Querbauwerke nach § 35 Absatz 3 WHG werden von der Wasserbehörde im Internet veröffentlicht. [2]Ein Anspruch auf Zulassung wird durch das Prüfergebnis nicht begründet. [3]Über die Zulassung wird im Einzelfall im wasserrechtlichen Verfahren entschieden.

§ 26 Stauanlagen

(1) [1]Jede Stauanlage mit festgesetzten Stauhöhen muss mit Staumarken versehen werden, an denen die einzuhaltenden Stauhöhen deutlich angegeben sind. [2]Die Staumarken sind von öffentlich vereidigten Vermessungsingenieuren anzubringen. [3]Sind Auswirkungen auf die öffentlichen Interessen und die Rechte oder Befugnisse anderer nicht zu erwarten, so kann die Wasserbehörde hiervon unter Vorbehalt des Widerrufs eine Befreiung erteilen. [4]Wird eine Stauanlage nach Satz 1 dauernd außer Betrieb gesetzt oder beseitigt, so bedarf dies als sonstige Benutzung im Sinne des § 14 Absatz 1 der wasserrechtlichen Erlaubnis; § 17 Absatz 1 bis 4 gilt entsprechend.

(2) Die Wasserbehörde kann das Anbringen von Staumarken auch für Stauanlagen, die keiner Erlaubnis oder Bewilligung bedürfen, sowie zur Bezeichnung anderer Wasserstände und Abmessungen anordnen, die im öffentlichen Interesse oder mit Rücksicht auf Rechte oder Befugnisse anderer eingehalten werden müssen.

(3) Eigentümer und Besitzer der Stauanlage haben für Erhaltung, Sichtbarkeit und Zugänglichkeit der Staumarken zu sorgen, jede Beschädigung und Veränderung der Staumarken der Wasserbehörde unverzüglich mitzuteilen und bei behördlichen Prüfungen unentgeltlich Arbeitshilfe zu stellen.

(4) Die Kosten für das Setzen, Erneuern und Ändern der Staumarken haben Eigentümer und Nutzungsberechtigte der Stauanlage zu tragen.

§ 27 Ablassen

[1]Aufgestautes Wasser darf, sofern die Wasserbehörde nichts anderes bestimmt hat, nur so abgelassen werden, dass für andere keine Gefahren oder Nachteile entstehen können, die Ausübung von Wasserbenutzungsrechten und -befugnissen nicht wesentlich beeinträchtigt wird, die Unterhaltung des Gewässers nicht erschwert wird und die ökologischen Funktionen des Gewässers nicht wesentlich beeinträchtigt werden. [2]Eine infolge des Ablassens durch Sedimentaufwirbelung entstandene Eintrübung allein stellt keine wesentliche Beeinträchtigung der Funktionen des Gewässers dar. [3]Abgesehen von Notfällen ist das Ablassen des Gewässers dem Fischereiberechtigten oder, falls das Fischereirecht verpachtet ist, dessen Pächter mindestens zwei Wochen vorher schriftlich mitzuteilen.

§ 28 Anlagen in, an, über und unter oberirdischen Gewässern (zu § 36 WHG)

(1) Die Errichtung und der Betrieb von Bauten oder sonstigen Anlagen in, an, über und unter oberirdischen Gewässern und deren wesentliche Änderung, soweit diese nicht der Gewässerunterhaltung dienen, bedürfen der wasserrechtlichen Erlaubnis oder Bewilligung, wenn dadurch der Wasserabfluss, die Unterhaltung des Gewässers oder die ökologischen Funktionen des Gewässers beeinträchtigt oder die Schifffahrt oder die Fischerei gefährdet oder behindert werden können.

(2) [1]Es gelten die für die Zulassung einer Gewässerbenutzung und die für Wasserbenutzungsanlagen bestehenden Bestimmungen. [2]Die Zulassung für diese Vorhaben kann auch versagt werden, wenn die Zustimmung des Eigentümers des Betts eines öffentlichen Gewässers oder des Ufergrundstücks oder des sonst Berechtigten nicht vorliegt.

(3) [1]Für bestehende Anlagen, die bis zum Inkrafttreten dieses Gesetzes nach § 76 Absatz 1 Satz 1 des Wassergesetzes für Baden-Württemberg in seiner bis zum 1. Januar 2014 geltenden Fassung genehmigt wurden, gelten diese Genehmigungen als Erlaubnisse fort. [2]Bestehende Anlagen, die nach § 76 Absatz 1 Satz 3 des Wassergesetzes für Baden-Württemberg in seiner bis zum 1. Januar 2014 geltenden Fassung keiner Genehmigung bedurften, dürfen ohne Erlaubnis oder Bewilligung nach Absatz 1 weiterbetrieben werden.

§ 29 Gewässerrandstreifen (zu § 38 WHG)

(1) [1]Der Gewässerrandstreifen ist im Außenbereich zehn Meter und im Innenbereich fünf Meter breit. [2]Ausgenommen sind Gewässer von wasserwirtschaftlich untergeordneter Bedeutung. [3]Im Außenbe-

reich kann die Wasserbehörde und im Innenbereich die Gemeinde im Einvernehmen mit der Wasserbehörde durch Rechtsverordnung

1. breitere Gewässerrandstreifen festsetzen, soweit dies zur Erhaltung und Verbesserung der ökologischen Funktionen der Gewässer erforderlich ist,

2. schmalere Gewässerrandstreifen festsetzen, soweit dies mit den Grundsätzen des § 38 WHG vereinbar ist und Gründe des Wohls der Allgemeinheit nicht entgegenstehen.

(2) In den Gewässerrandstreifen sind Bäume und Sträucher zu erhalten, soweit die Beseitigung nicht für den Ausbau oder die Unterhaltung der Gewässer, zur Pflege des Bestandes oder zur Gefahrenabwehr erforderlich ist.

(3) § 38 Absatz 4 WHG ist mit den Maßgaben anzuwenden, dass in den Gewässerrandstreifen ebenfalls verboten sind

1. der Einsatz und die Lagerung von Dünge- und Pflanzenschutzmitteln, ausgenommen Wundverschlussmittel zur Baumpflege und Wildbissschutzmittel, in einem Bereich von fünf Metern,

2. die Errichtung von baulichen und sonstigen Anlagen, soweit sie nicht standortgebunden oder wasserwirtschaftlich erforderlich sind und

3. die Nutzung als Ackerland in einem Bereich von fünf Metern ab dem 1. Januar 2019; hiervon ausgenommen sind die Anpflanzung von Gehölzen mit Ernteintervallen von mehr als zwei Jahren sowie die Anlage und der umbruchlose Erhalt von Blühstreifen in Form von mehrjährigen nektar- und pollenspendenden Trachtflächen für Insekten.

(4) [1]§ 38 Absatz 5 WHG findet auf Absatz 2 und Absatz 3 entsprechende Anwendung. [2]Im Innenbereich trifft die Entscheidungen die Gemeinde im Einvernehmen mit der Wasserbehörde.

(5) [1]Werden Eigentümern oder anderen Nutzungsberechtigten nach den Absätzen 2 und 3 Anforderungen auferlegt, durch die sie unverhältnismäßig oder im Verhältnis zu anderen ungleich und unzumutbar belastet werden, so ist dafür Entschädigung zu leisten. [2]§ 96 WHG gilt entsprechend.

(6) [1]Dem Land oder der Gemeinde als Träger der Unterhaltungslast nach § 32 Absatz 1 und 2 steht ein Vorkaufsrecht an Grundstücken zu, auf denen sich Gewässerrandstreifen zu öffentlichen Gewässern befinden. [2]Befindet sich der Gewässerrandstreifen nur auf einem Teil des Grundstücks, so erstreckt sich das Vorkaufsrecht nur auf diese Teilfläche. [3]Der Eigentümer kann die Übernahme der Restfläche verlangen, wenn es ihm wirtschaftlich nicht zuzumuten ist, diese Restfläche zu behalten. [4]Das Vorkaufsrecht besteht nicht beim Kauf von Rechten nach dem Wohnungseigentumsgesetz und von Erbbaurechten. [5]Es darf nur ausgeübt werden, wenn dies zum Schutz des öffentlichen Gewässers erforderlich ist. [6]Es darf nicht ausgeübt werden bei einem Verkauf an Ehegatten, eingetragene Lebenspartner oder Verwandte ersten Grades. [7]Das Vorkaufsrecht geht anderen landesrechtlichen Vorkaufsrechten sowie rechtsgeschäftlichen Vorkaufsrechten vor und bedarf nicht der Eintragung in das Grundbuch. [8]Es ist nicht übertragbar. [9]Besteht ein Vorkaufsrecht nach Satz 1 und 4, hat der Verkäufer den Inhalt des Kaufvertrags unverzüglich dem Vorkaufsberechtigten mitzuteilen; die Mitteilung des Verkäufers wird durch die Mitteilung des Käufers ersetzt. [10]Wird das Vorkaufsrecht nicht ausgeübt, bescheinigt der Mitteilungsempfänger auf Antrag bis zum Ablauf der Ausübungsfrist die Nichtausübung oder das Nichtbestehen des Vorkaufsrechts. [11]Die §§ 463 bis 468, § 469 Absatz 2 Satz 1, §§ 471 und 1098 Absatz 2 sowie §§ 1099 bis 1102 des Bürgerlichen Gesetzbuchs sind anzuwenden.

§ 30 Gewässerunterhaltung (zu § 39 WHG)

(1) Die Unterhaltungslast begründet keinen Rechtsanspruch Dritter gegen den Träger der Unterhaltungslast.

(2) [1]Die Unterhaltungslast an privaten Gewässern und an Anlagen in, an, über und unter oberirdischen Gewässern begründet daneben auch eine privatrechtliche Verpflichtung gegenüber den Eigentümern von Grundstücken und Anlagen sowie den Inhabern von Wasserbenutzungsrechten und -befugnissen, die bei mangelhafter Unterhaltung geschädigt würden. [2]Privatrechtliche Verträge über die Unterhaltung bleiben unberührt.

(3) Bewässerungs- und Entwässerungsgräben von wasserwirtschaftlich untergeordneter Bedeutung sind so zu unterhalten, dass das Wohl der Allgemeinheit, insbesondere die öffentliche Ordnung oder die Belange der Gewässerökologie und der Landeskultur, durch sie nicht beeinträchtigt werden kann.

§ 31　Unterhaltung von Wasserbenutzungsanlagen und sonstigen Anlagen in, an, über und unter oberirdischen Gewässern (zu § 36 WHG)
(1) Wasserbenutzungsanlagen und sonstige Anlagen in, an, über und unter oberirdischen Gewässern sind von ihren Eigentümern und Besitzern nach Maßgabe des § 36 WHG zu unterhalten.
(2) Eigentümer und Besitzer einer Anlage sowie Nutzungsberechtigte haben dem Träger der Unterhaltungslast die durch die Anlage oder Nutzung verursachten Mehraufwendungen für die Unterhaltung des Gewässers zu erstatten.

§ 32　Träger der Unterhaltungslast (zu § 40 WHG)
(1) [1]Die Unterhaltung der Gewässer erster Ordnung, ausgenommen Bundeswasserstraßen, ist Aufgabe des Landes. [2]Sie obliegt den Landesbetrieben Gewässer.
(2) [1]Die Unterhaltung der Gewässer zweiter Ordnung obliegt den Gemeinden. [2]Abweichend hiervon obliegt die Unterhaltung der Gewässer zweiter Ordnung, die in der Anlage 3 zu diesem Gesetz aufgeführt sind, und der nach bisheriger Rechtslage dazu gehörenden Anlagen dem Land, wobei weitere gesetzlich an der Unterhaltungslast anknüpfende Verpflichtungen für diese Gewässer und Anlagen nicht beim Land liegen.
(3) Die Unterhaltung der privaten Gewässer obliegt dem Eigentümer des Gewässerbettes.
(4) [1]Das Land, eine sonstige Gebietskörperschaft, ein Zweckverband oder ein Wasser- und Bodenverband können abweichend von den Absätzen 1 bis 3 durch öffentlich-rechtliche Vereinbarung die Unterhaltungslast übernehmen. [2]Vereinbarungen, an denen das Land nicht beteiligt ist, bedürfen der Zustimmung der Wasserbehörde.
(5) [1]Absatz 2 Satz 1 und Absatz 3 gelten nicht für Bewässerungs- und Entwässerungsgräben von wasserwirtschaftlich untergeordneter Bedeutung. [2]Die Unterhaltung dieser Gräben obliegt, soweit am Gewässerbett Privateigentum besteht, dem Eigentümer, sonst den Anliegern. [3]Verpflichtungen anderer bleiben unberührt.
(6) [1]Der Träger der Unterhaltungslast besichtigt regelmäßig, mindestens alle fünf Jahre, nach vorheriger Unterrichtung der Wasserbehörde die Gewässer einschließlich ihrer Ufer und des für den Hochwasserschutz und die ökologische Funktion des Gewässers erforderlichen Gewässerumfelds. [2]Ausgenommen sind Gewässer von wasserwirtschaftlich untergeordneter Bedeutung. [3]Die Besichtigung kann auf wesentliche Teile eines Gewässers beschränkt werden. [4]Der Träger der Unterhaltungslast dokumentiert die bei der Besichtigung festgestellten Missstände, insbesondere im Hinblick auf den Wasserabfluss und den ökologischen Zustand des Gewässers, und übermittelt diese der Wasserbehörde.

§ 33　Beseitigung rechts- oder ordnungswidriger Zustände
Hat der Träger der Unterhaltungslast einen rechts- oder ordnungswidrigen Zustand beseitigt, so haben ihm die in den §§ 6 und 7 des Polizeigesetzes bezeichneten Personen die notwendigen Aufwendungen zu erstatten.

§ 34　Ersatzweise Durchführung (zu § 40 Absatz 4 WHG)
[1]Wird die Unterhaltungspflicht nicht oder nicht genügend erfüllt, so haben bei Gewässern erster Ordnung, ausgenommen Bundeswasserstraßen, das Land, sonst die Gemeinden, die Unterhaltungsarbeiten auf Kosten des Trägers der Unterhaltungslast auszuführen; dies gilt nicht, soweit eine Körperschaft des öffentlichen Rechts Träger der Unterhaltungslast ist. [2]Die Pflicht zur ersatzweisen Durchführung begründet keinen Rechtsanspruch Dritter gegen den zur ersatzweisen Durchführung Verpflichteten.

§ 35　Beitragspflicht zum Unterhaltungsaufwand der Gemeinden (zu § 40 Absatz 1 Satz 2 und 3 WHG)
[1]Die Gemeinden können durch Satzung bestimmen, dass die Anlieger, die Hinterlieger und diejenigen Eigentümer und Besitzer von Grundstücken und Anlagen, die von der Unterhaltung des Gewässers und seiner Ufer Vorteile haben, sowie die Inhaber von Wasserbenutzungsrechten und -befugnissen nach Maßgabe ihres Vorteils Beiträge zu dem der Gemeinde entstehenden Aufwand zu leisten haben. [2]Dabei sind die für vermehrte Kosten der Unterhaltung des Gewässers zu beanspruchenden Beiträge (§ 40 Absatz 1 Satz 2 und 3 WHG, § 31 Absatz 2 dieses Gesetzes) sowie die Beiträge privater Eigentümer des Bettes öffentlicher Gewässer (§ 36) und Zuschüsse Dritter vorher abzusetzen.

§ 36 Beitragspflicht privater Eigentümer des Bettes öffentlicher Gewässer

[1]Der private Eigentümer des Bettes eines öffentlichen Gewässers hat zu den Aufwendungen des Landes oder der Gemeinde für die Unterhaltung des ihm gehörenden Teils des Gewässerbettes einen Beitrag in Höhe der Hälfte dieser Aufwendungen zu leisten. [2]Vor der Berechnung des Beitrags sind Beiträge Dritter nach § 40 Absatz 1 Satz 2 und 3 WHG und § 31 Absatz 2 dieses Gesetzes abzusetzen.

§ 37 Besondere Pflichten im Interesse der Unterhaltung (zu § 41 WHG)

(1) § 41 WHG gilt mit der Maßgabe, dass auch das Einbauen von Festpunkten, das Aufstellen von Flusseinteilungszeichen und das Anbringen von Hochwassermarken und Schifffahrtszeichen sowie die vorübergehende Mitbenutzung von Wasserbenutzungsanlagen durch die dazu Berechtigten zu dulden sind.

(2) Die Anlieger und die Hinterlieger haben das Aufbringen von Aushub auf ihren Grundstücken zu dulden, soweit dadurch die Nutzung nicht wesentlich beeinträchtigt wird.

(3) § 41 Absatz 4 WHG findet auf die Handlungen nach den Absätzen 1 und 2 entsprechend Anwendung.

§ 38 Fischerei

(1) [1]Abgesehen von Notfällen sind Unterhaltungsmaßnahmen, durch die die Fischerei erheblich beeinträchtigt werden kann, dem Fischereiberechtigten oder, falls das Fischereirecht verpachtet ist, dessen Pächter mindestens zwei Wochen vorher schriftlich mitzuteilen. [2]Auf Antrag eines Beteiligten entscheidet die Wasserbehörde im Einvernehmen mit der Fischereibehörde über Zeitpunkt und Umfang der Unterhaltungsarbeiten.

(2) Die Fischereiausübungsberechtigten haben zu dulden, dass die Ausübung der Fischerei vorübergehend behindert oder unterbrochen wird, soweit dies zur ordnungsgemäßen Unterhaltung des Gewässers erforderlich ist.

Abschnitt 3
Schifffahrt

§ 39 Ausübung der Schifffahrt

(1) [1]Gewässer, die für die Schifffahrt bestimmt sind, darf jedermann zur Schifffahrt benutzen. [2]Für die Schifffahrt bestimmte Gewässer sind die in der Anlage 4 zu diesem Gesetz aufgeführten Gewässer. [3]Die untere Wasserbehörde kann im Benehmen mit dem Regierungspräsidium Freiburg als Schifffahrtsfachbehörde das Befahren von Gewässern, die nicht für die Schifffahrt bestimmt sind, zulassen, soweit eine Beeinträchtigung des Wohls der Allgemeinheit nicht zu erwarten ist; § 28 Absatz 2 gilt entsprechend.

(2) [1]Das Verkehrsministerium als oberste Schifffahrtsbehörde kann im Einvernehmen mit der obersten Wasserbehörde

1. die Ausübung der Schifffahrt,
2. das Fahren mit kleinen Fahrzeugen ohne eigene Triebkraft im Zusammenhang mit einer Rechtsverordnung nach Nummer 1 sowie
3. die Benutzung der in § 14 Absatz 1 Nummer 1 und 2 genannten Einrichtungen, das Verhalten Dritter in diesen Einrichtungen sowie die Einrichtung und Aufgaben von Behörden zur Überwachung dieser Benutzungen und des Verhaltens Dritter in diesen Einrichtungen

durch Rechtsverordnung regeln oder beschränken, soweit das Wohl der Allgemeinheit, insbesondere die Sicherheit und Leichtigkeit des Verkehrs und des Umschlags, die Unterhaltung und Reinhaltung der Häfen und Umschlagplätze, die Befriedigung der öffentlichen Verkehrsbedürfnisse, die Ordnung des Wasserhaushalts, der Schutz der Natur, der Schutz der Fischerei und die Sicherstellung der Erholung es erfordern. [2]Soweit es das Wohl der Allgemeinheit erfordert, kann in der Rechtsverordnung nach Satz 1 Nummer 3 eine Genehmigung für Betriebszeiten und Fahrpläne der Fähren vorgeschrieben werden.

(3) In den Rechtsverordnungen nach Absatz 2 kann auch geregelt werden, auf welche Weise und unter welchen Voraussetzungen wegen

1. mangelnder Befähigung, Tauglichkeit oder Zuverlässigkeit des Inhabers,
2. technischer Mängel eines Fahrzeuges, einer Anlage, eines Instruments, eines Gerätes oder eines sonstigen Ausrüstungsgegenstandes

eine Erlaubnis zum Führen oder zur Zulassung eines Wasserfahrzeuges entzogen oder eine Urkunde hierüber vorläufig sichergestellt oder eingezogen werden kann.

(4) [1]Für den Vollzug der Rechtsverordnungen nach Absatz 2 und 3 kann die zuständige Behörde Fahrzeuge und schwimmende Anlagen anhalten und betreten sowie Prüfungen vornehmen. [2]Der Eigentümer, Schiffsführer und die Person, unter deren Aufsicht das Fahrzeug oder die schwimmende Anlage steht, sind verpflichtet, den damit betrauten Personen das Betreten des Fahrzeugs oder der schwimmenden Anlage und die Vornahme der Prüfung zu gestatten sowie die erforderlichen Auskünfte zu erteilen und Unterlagen vorzulegen.

(5) [1]Die Betreiber von öffentlichen Hafen- und Umschlaganlagen, Lande- und Anlegestellen sowie Fähren sind verpflichtet, den Betrieb ordnungsgemäß einzurichten und zu führen. [2]Die für die Zulassung der in Satz 1 aufgeführten Benutzungen zuständige Wasserbehörde kann den Betreiber auf Antrag von der Betriebspflicht befreien; sie muss ihn befreien, wenn ihm die Fortführung des Betriebs nicht zuzumuten ist.

(6) [1]Die Anlieger haben im Notfall das Landen und Befestigen der Schiffe und, soweit erforderlich, auch das Ausladen zu dulden. [2]Entstehen dadurch Schäden, so hat der Geschädigte Anspruch auf Schadensersatz.

(7) [1]Die oberste Schifffahrtsbehörde wird ermächtigt, durch Rechtsverordnung Vorschriften zu erlassen, die zur Durchführung bindender Rechtsakte der Europäischen Gemeinschaften oder der Europäischen Union und zur Umsetzung zwischenstaatlicher Vereinbarungen auf dem Gebiet der Schifffahrt erforderlich sind. [2]Diese Vorschriften können insbesondere auch betreffen

1. die Einrichtung und den Betrieb harmonisierter Binnenschifffahrtsinformationsdienste (RIS),
2. Fahrgastrechte im Binnenschiffsverkehr und
3. die Hafenstaatkontrolle.

§ 40 Beleihung von juristischen Personen

(1) [1]Die oberste Schifffahrtsbehörde wird ermächtigt, durch Rechtsverordnung juristische Personen des privaten Rechts mit der Untersuchung von Wasserfahrzeugen, der Abnahme von Prüfungen und, soweit sie für Sport- und Erholungszwecke verwendet werden (Sportfahrzeuge), ihrer technischen Zulassung zum Verkehr, der Zuteilung von Kennzeichen und Identitätsnachweisen, ihrer Registrierung sowie mit der Erteilung von Befähigungsnachweisen für die Führung von Sportfahrzeugen zu beauftragen. [2]Die juristischen Personen müssen nach Satzung und Verhalten hinreichend Gewähr für die Erfüllung der Aufgaben bieten. [3]Im Rahmen des Auftrags unterstehen juristische Personen der Rechts- und Fachaufsicht der obersten Schifffahrtsbehörde.

(2) [1]Die für den Vollzug einer Rechtsverordnung nach § 39 Absatz 2 Satz 1 Nummer 3 zuständige Behörde kann den Betreiber eines Hafens beauftragen, in Wahrnehmung ihrer durch diese Rechtsverordnung geregelten Aufgaben die erforderlichen Maßnahmen zur Regelung des Verkehrs und Betriebs im Hafen zu treffen. [2]Die zuständige Behörde und der Betreiber des Hafens treffen eine Vereinbarung über den Ersatz der durch den Vollzug der übertragenen Aufgaben entstandenen Aufwendungen und die Anrechnung erhobener Verwaltungsgebühren.

§ 41 Fahrverbot

[1]Wird gegen den Betroffenen wegen einer Ordnungswidrigkeit, die er unter grober oder beharrlicher Verletzung der Pflichten eines Fahrzeugführers begangen hat, nach einer auf Grund des § 39 erlassenen Rechtsverordnung eine Geldbuße festgesetzt, so kann ihm die Verwaltungsbehörde oder das Gericht in der Bußgeldentscheidung für die Dauer von einem Monat bis zu drei Monaten verbieten, im Schiffsverkehr Wasserfahrzeuge jeder oder einer bestimmten Art zu führen. [2]Wird gegen den Betroffenen wegen des Führens eines Wasserfahrzeugs unter Alkoholeinfluss, das nach einer auf Grund des § 39 erlassenen Rechtsverordnung eine Ordnungswidrigkeit ist, eine Geldbuße festgesetzt, so ist in der Regel auch ein Fahrverbot anzuordnen. [3]§ 25 Absatz 2 bis 5, 7 und 8 des Straßenverkehrsgesetzes gilt entsprechend.

Abschnitt 4
Bewirtschaftung des Grundwassers

§ 42 Erlaubnisfreie Benutzungen (zu § 46 WHG)

(1) Soweit die Ordnung des Wasserhaushalts gefährdet ist, kann die oberste Wasserbehörde durch Rechtsverordnung allgemein oder für einzelne Gebiete bestimmen, dass in den Fällen des § 46 Absatz 1 WHG eine Erlaubnis oder eine Bewilligung erforderlich ist.

(2) Die Benutzung von Grundwasser zum Zwecke der Bewässerung kleingärtnerisch genutzter Flächen in geringen Mengen bedarf keiner Erlaubnis oder Bewilligung, soweit keine signifikanten nachteiligen Auswirkungen auf den Wasserhaushalt zu besorgen sind.

§ 43 Erdaufschlüsse, Geothermie (zu § 49 WHG)

(1) [1]Erdarbeiten und Bohrungen, die mehr als zehn Meter in den Boden eindringen sowie alle Arbeiten, die sich unmittelbar oder mittelbar auf die Bewegung, die Höhe, die Menge oder die Beschaffenheit des Grundwassers auswirken können, sind der Wasserbehörde einen Monat vor Beginn der Arbeiten anzuzeigen. [2]Das Anzeigeverfahren bestimmt sich nach § 92.

(2) [1]Anstelle der Anzeige ist eine Erlaubnis erforderlich, wenn bei diesen Arbeiten Stoffe in das Grundwasser eingebracht werden und sich dies nachteilig auf die Grundwasserbeschaffenheit auswirken kann. [2]Eine Erlaubnis ist auch erforderlich, wenn Bohrungen in den Grundwasserleiter eindringen oder diesen durchstoßen.

(3) Wer Erdarbeiten oder Bohrungen vornimmt, ist für dadurch verursachte nachteilige qualitative und quantitative Veränderungen eines Gewässers sowie dadurch verursachte Schäden verantwortlich.

(4) Durch Rechtsverordnung nach § 19 Absatz 1 können insbesondere auch Regelungen getroffen werden über

1. zu beachtende Anforderungen bei Bohrungen, der Herstellung einer geothermischen Anlage oder Erdarbeiten, die tiefer als zehn Meter in den Boden eindringen,
2. die Überwachung von Bohrungen, geothermischer Anlagen oder Erdarbeiten, die tiefer als zehn Meter in den Boden eindringen,
3. einen Versicherungsschutz für Veränderungen und Schäden nach Absatz 3 sowie
4. die Zulassung von Sachverständigen.

(5) [1]Die Wasserbehörde hat die Arbeiten zu untersagen und die Einstellung begonnener Arbeiten anzuordnen, wenn eine Verunreinigung oder nachteilige quantitative Veränderung des Grundwassers zu besorgen oder eingetreten ist und die Schäden nicht durch Inhalts- und Nebenbestimmungen verhütet, beseitigt oder ausgeglichen werden können. [2]Die Wasserbehörde kann die Wiederherstellung des früheren Zustands verlangen, wenn Rücksichten auf den Wasserhaushalt dies erfordern.

(6) [1]Die unvorhergesehene Erschließung von Grundwasser haben der Vorhabenträger sowie der mit den Arbeiten Beauftragte der Wasserbehörde unverzüglich mitzuteilen. [2]Die Arbeiten, die zur Erschließung geführt haben, sind einstweilen einzustellen. [3]Die Wasserbehörde trifft die erforderlichen Anordnungen.

(7) [1]Ist für die Arbeiten ein bergrechtlicher Betriebsplan erforderlich, so ist die Bergbehörde an Stelle der Wasserbehörde zuständig. [2]Die Bergbehörde trifft die Anordnungen im Einvernehmen mit der Wasserbehörde.

(8) Die Kosten der Überwachung fallen dem Vorhabenträger zur Last.

Teil 3
Besondere wasserwirtschaftliche Bestimmungen

Abschnitt 1
Öffentliche Wasserversorgung, Wasserschutzgebiete

§ 44 Öffentliche Wasserversorgung, Wasserversorgungsanlagen (zu § 50 WHG)

(1) [1]Die öffentliche Wasserversorgung obliegt der Gemeinde als Aufgabe der Daseinsvorsorge. [2]Die Gemeinde kann die Organisationsform frei wählen, soweit und solange die Erfüllung der Aufgabe gewährleistet ist. [3]Zum Zeitpunkt des Inkrafttretens dieses Gesetzes bestehende Rechtsverhältnisse bleiben unberührt.

(2) [1]Die Nutzung ortsnaher Wasservorkommen kann auch im Rahmen kleinräumiger Verbundlösungen (Kooperationen oder Gruppenwasserversorgung) erfolgen. [2]Die Gemeinden erstellen eine Bilanz des Wasserbedarfs der öffentlichen Wasserversorgung und seiner Deckung (Wasserversorgungsbilanz), wenn sich eine wesentliche Änderung der Versorgungsverhältnisse abzeichnet, und leiten diese der Wasserbehörde zu.

(3) [1]Die öffentliche Wasserversorgung stellt sicher, dass Wasser in guter Qualität und ausreichender Menge bereit steht. [2]Vorsorgende Maßnahmen in Bezug auf die Versorgungssicherheit und Güte sowie Maßnahmen zum Schutz der Gewässer sollen im Rahmen des Aufgabenbereichs durchgeführt und unterstützt werden. [3]Das Wasser muss mit ausreichendem Druck zur Verfügung stehen, um im Bedarfsfall die Löschwasserversorgung in Siedlungsgebieten zu gewährleisten.

(4) [1]Wasserversorgungsanlagen sind nach den allgemein anerkannten Regeln der Technik zu errichten, zu unterhalten und zu betreiben. [2]Die oberste Wasserbehörde kann allgemein anerkannte Regeln der Technik durch öffentliche Bekanntmachung einführen; bei der Bekanntmachung kann hinsichtlich des Inhalts der Bestimmungen auf die Fundstelle verwiesen werden. [3]Von den allgemein anerkannten Regeln der Technik kann abgewichen werden, wenn den Anforderungen auf andere Weise ebenso wirksam entsprochen wird.

(5) Die Ermächtigung der Landesregierung nach § 50 Absatz 5 Satz 1 WHG zum Erlass von Rechtsverordnungen wird auf die oberste Wasserbehörde übertragen.

(6) [1]Die Gemeinden haben darüber zu wachen, dass die Vorschriften der Wasserversorgungssatzung eingehalten und die auferlegten Verpflichtungen erfüllt werden. [2]Die Gemeinden treffen zur Wahrnehmung dieser Aufgaben diejenigen Anordnungen, die ihnen nach pflichtgemäßem Ermessen erforderlich erscheinen. [3]Die §§ 100 und 101 WHG sowie § 75 dieses Gesetzes gelten entsprechend.

§ 45 Wasserschutz- und Heilquellenschutzgebiete (zu §§ 52 und 53 WHG)

(1) In den Wasserschutz- und Heilquellenschutzgebieten können die Eigentümer und Nutzungsberechtigten von Grundstücken auch verpflichtet werden, Bodenuntersuchungen durchzuführen oder durchführen zu lassen, Aufzeichnungen zu Bewirtschaftungsmaßnahmen vorzunehmen und an überbetrieblichen Düngungs- und Pflanzenschutzmaßnahmen teilzunehmen.

(2) Die Entschädigung für Anordnungen nach § 52 Absatz 1 Satz 1 Nummer 1 und 2, Absatz 2 und 3 WHG sowie Absatz 1 dieser Vorschrift hat im Sinne des § 52 Absatz 4 WHG derjenige zu leisten, in dessen Interesse die Anordnung erlassen wird.

(3) [1]Den Ausgleich nach § 52 Absatz 5 WHG leistet das Land. [2]Die erwerbsgärtnerische Nutzung gilt als landwirtschaftliche Nutzung eines Grundstücks. [3]Die Ausgleichspflicht gilt für Anordnungen nach § 52 Absatz 1 Satz 1 Nummer 1 und 2, Absatz 2 und 3 WHG sowie Absatz 1 dieser Vorschrift[1]) sowie für pflanzenschutzrechtliche Verbote oder Beschränkungen für die Anwendung von Pflanzenschutzmitteln in Wasserschutz- und Heilquellenschutzgebieten. [4]Der Ausgleich ist in Geld zu leisten. [5]Er bemisst sich nach den durchschnittlichen Ertragseinbußen und Mehraufwendungen, gemessen an den Erträgen und Aufwendungen einer ordnungsgemäßen land- oder forstwirtschaftlichen Nutzung. [6]Ersparte Aufwendungen sind anzurechnen. [7]Ein Anspruch besteht nicht, soweit Leistungen von Dritten gewährt werden. [8]Die oberste Wasserbehörde kann im Einvernehmen mit der obersten Landwirtschaftsbehörde durch Rechtsverordnung Vorschriften erlassen über die Pauschalierung des Ausgleichs und die Festlegung von Geringfügigkeitsgrenzen, die Fälligkeit der Ausgleichszahlungen, die Frist, innerhalb derer ein Antrag auf Ausgleichsleistungen gestellt werden muss, die zuständige Behörde und das Bewilligungs- und Auszahlungsverfahren.

(4) [1]Wird das Wasservorkommen zum Zwecke der künftigen öffentlichen Wasserversorgung geschützt, ohne dass bereits ein Träger feststeht, ist das Land anstelle des Begünstigten nach Absatz 2 verpflichtet. [2]Der künftige Träger der öffentlichen Wasserversorgung hat dem Land die nach Satz 1 entstandenen Aufwendungen zu erstatten.

(5) Die oberste Wasserbehörde wird ermächtigt, im Einvernehmen mit der obersten Landwirtschaftsbehörde durch Rechtsverordnung die Zuständigkeit für die Gewässeraufsicht (§§ 100 und 101 WHG sowie § 75 dieses Gesetzes) in Bezug auf die land- und forstwirtschaftliche Nutzung in den in § 96 genannten Gebieten auf die untere Landwirtschaftsbehörde zu erstrecken.

---

1) Wortlaut amtlich.

(6) ¹Die öffentlichen Wasserversorger wirken bei der Überwachung der Wasserschutzgebiete, die in ihrem Interesse festgesetzt worden sind, durch Beobachtung mit. ²Sie sind verpflichtet, die Wasserbehörde unverzüglich über Vorgänge zu unterrichten, die ein Eingreifen der Wasserbehörde erfordern können. ³Sie sind außerdem verpflichtet, die Bevölkerung über die Bedeutung der Wasserschutzgebiete und die wichtigsten Schutzbestimmungen zu informieren sowie die engeren Schutzzonen kenntlich zu machen. ⁴Die Eigentümer und Nutzungsberechtigten von Grundstücken in Wasserschutzgebieten sind verpflichtet, das Anbringen von Kennzeichen zu dulden. ⁵Die Sätze 1 bis 3 gelten auch für als Wasserschutzgebiete vorgesehene Gebiete, in denen im Interesse der öffentlichen Wasserversorger vorläufige Anordnungen getroffen worden sind.

Abschnitt 2
Abwasserbeseitigung

§ 46 Verpflichtung zur Abwasserbeseitigung (zu § 56 WHG)
(1) ¹Die Abwasserbeseitigung obliegt der Gemeinde. ²Das Abwasser ist von demjenigen, bei dem es anfällt, dem Beseitigungspflichtigen zu überlassen.
(2) ¹Die Pflicht der Gemeinde nach Absatz 1 entfällt für
1. Straßenoberflächenwasser, das auf Bundes-, Landes- und Kreisstraßen außerhalb der Ortsdurchfahrten anfällt,
2. Niederschlagswasser, welches dezentral beseitigt wird, es sei denn die Gemeinde hat den Anschluss an Anlagen der dezentralen Beseitigung oder der öffentlichen Abwasserbeseitigung für nach dem Inkrafttreten dieses Gesetzes bebaute Grundstücke angeordnet,
3. das in vor dem Inkrafttreten dieses Gesetzes bestehenden landwirtschaftlichen Betrieben anfallende Abwasser,
4. Abwasser, welches nach Absatz 4 von der Beseitigung ausgeschlossen oder für das eine Ausnahme von der Überlassungspflicht zugelassen wurde.
²Soweit die Gemeinde nicht zur Beseitigung verpflichtet ist, hat derjenige das Abwasser zu beseitigen, bei dem es anfällt.
(3) Die oberste Wasserbehörde kann durch Rechtsverordnung nach § 19 Absatz 1 dieses Gesetzes in Verbindung mit § 46 Absatz 2 WHG Anforderungen an eine schadlose Beseitigung nach Art, Menge und Herkunft des Niederschlagswassers und an die Einrichtungen zur Beseitigung stellen.
(4) ¹Die Gemeinde regelt durch Satzung, unter welchen Voraussetzungen Abwasser als angefallen gilt und in welcher Weise und Zusammensetzung ihr das Abwasser zu überlassen ist. ²Sie kann die Vorbehandlung des Abwassers vor der Einleitung in die öffentliche Kanalisation vorschreiben sowie Abwasser, das nach den allgemein anerkannten Regeln der Abwassertechnik nicht mit häuslichen Abwässern gesammelt, fortgeleitet oder behandelt werden kann, oder dessen Sammlung, Fortleitung oder Behandlung im Hinblick auf den Anfallort, die Art oder Menge des Abwassers unverhältnismäßig hohen Aufwand verursachen würde, mit Zustimmung der Wasserbehörde allgemein oder in Einzelfällen von der Beseitigung ausschließen.
(5) ¹Die Gemeinde kann in Einzelfällen Ausnahmen von der Überlassungspflicht zulassen, wenn dies wasserwirtschaftlich unbedenklich ist. ²In landwirtschaftlichen Betrieben anfallendes Abwasser, für das keine Überlassungspflicht besteht, kann auf landwirtschaftlich, forstwirtschaftlich oder gärtnerisch genutzten Böden aufgebracht werden, sofern die Ausbringung den Bestimmungen des Kreislaufwirtschaftsgesetzes, des Düngegesetzes und des Infektionsschutzgesetzes in der jeweils geltenden Fassung sowie den auf der Grundlage dieser Bestimmungen erlassenen Rechtsverordnungen in den jeweils geltenden Fassungen nicht widerspricht.
(6) ¹Die Gemeinde hat darüber zu wachen, dass die satzungsrechtlichen Vorschriften eingehalten und die auferlegten Verpflichtungen erfüllt werden. ²Die Gemeinde trifft zur Wahrnehmung dieser Aufgaben diejenigen Anordnungen, die ihr nach pflichtgemäßem Ermessen erforderlich erscheinen. ³Die §§ 100 und 101 WHG sowie § 75 dieses Gesetzes gelten entsprechend.
(7) ¹Der Inhaber einer Abwasseranlage kann durch die Wasserbehörde verpflichtet werden, einem nach Absatz 2 Satz 2 oder Absatz 4 zur Abwasserbeseitigung Verpflichteten die Mitbenutzung der Abwasseranlage gegen ein angemessenes Entgelt zu gestatten, soweit dieser das Abwasser anders nicht zweckmäßig oder nur mit erheblichen Mehrkosten beseitigen kann und die Mitbenutzung für den

Inhaber zumutbar ist. [2]Kommt eine Einigung über das Entgelt nicht zustande, so wird es von der Wasserbehörde festgesetzt. [3]Satz 1 gilt nicht, wenn die Mitbenutzung der Abwasseranlage in einer der öffentlich-rechtlichen Formen kommunaler Zusammenarbeit, auf die das Gesetz über kommunale Zusammenarbeit (GKZ) in der jeweils geltenden Fassung Anwendung findet, erreicht werden kann. [4]Die Voraussetzungen für eine Verpflichtung nach Satz 1 begründen ein dringendes öffentliches Bedürfnis im Sinne von § 11 Absatz 1 und § 27 Absatz 1 GKZ; die Fristsetzung nach § 11 Absatz 1 und § 27 Absatz 1 GKZ erfolgt durch die Rechtsaufsichtsbehörde im Einvernehmen mit der Wasserbehörde.

§ 47 Konzeption der Abwasserbeseitigung

[1]Die Gemeinden können in Abstimmung mit der zuständigen Wasserbehörde eine Abwasserbeseitigungskonzeption als internes Planungsinstrument aufstellen, die eine Übersicht über den Stand der Abwasserbeseitigung und deren geplanter Entwicklung gibt; sie kann bei Bedarf fortgeschrieben werden. [2]In der Konzeption wird insbesondere dargestellt, wie das Niederschlagswasser bewirtschaftet und welche Ortsteile voraussichtlich in welchem Zeitraum an die zentrale Abwasserbeseitigung angeschlossen und welche Ortsteile dezentral entsorgt werden müssen. [3]Die Konzeption wird in ortsüblicher Weise bekannt gemacht.

§ 48 Genehmigung und Anzeige von Abwasseranlagen (zu § 60 Absatz 3 und 4 WHG)

(1) [1]Der Bau und der Betrieb von Abwasseranlagen, die nicht unter § 60 Absatz 3 WHG fallen, bedürfen einer wasserrechtlichen Genehmigung. [2]Die Genehmigungspflicht entfällt bei

1. öffentlichen Abwasseranlagen, wenn sie im Benehmen mit der unteren Wasserbehörde geplant und ausgeführt werden,
2. nicht öffentlichen Abwasseranlagen für häusliche Abwasser,
3. Anlagen zur dezentralen Beseitigung von Niederschlagswasser,
4. Abwasseranlagen, die nach der Bauart zugelassen sind,
5. Abwasseranlagen, die nach der Verordnung (EU) Nr. 305/2011 des Europäischen Parlaments und des Rates vom 9. März 2011 zur Festlegung harmonisierter Bedingungen für die Vermarktung von Bauprodukten und zur Aufhebung der Richtlinie 89/106/EWG des Rates (ABl. L 88 vom 4. April 2011, S. 5), deren Regelungen über die Brauchbarkeit auch Anforderungen zum Schutz der Gewässer umfassen, in den Verkehr gebracht werden dürfen, wenn das Kennzeichen der Europäischen Gemeinschaft (CE-Kennzeichen), das sie tragen, die in bauordnungsrechtlichen Vorschriften festgelegten Klassen und Leistungsstufen aufweist,
6. Abwasseranlagen, bei denen nach den bauordnungsrechtlichen Vorschriften über die Verwendung von Bauprodukten auch die Einhaltung der wasserrechtlichen Anforderungen sichergestellt wird.

[3]Soweit die Genehmigungspflicht für eine Anlage entfällt, gilt dies auch für die mit der Anlage im Zusammenhang stehenden Nebenanlagen und Nebeneinrichtungen. [4]Die Inbetriebnahme der Anlagen nach Satz 2 Nummer 4 bis 6 ist der Wasserbehörde mitzuteilen.

(2) [1]Die wesentliche Änderung einer genehmigungspflichtigen Abwasseranlage, die nicht unter § 60 Absatz 3 WHG fällt, oder ihres Betriebes ist der Wasserbehörde anzuzeigen. [2]Das Anzeigeverfahren bestimmt sich nach § 92.

(3) [1]Die Genehmigung ist zu versagen, wenn das Vorhaben den Grundsätzen des § 55 Absatz 1 WHG widerspricht. [2]Im Übrigen gilt § 60 WHG entsprechend. [3]Die Genehmigung wird zusammen mit der Genehmigung der Indirekteinleitung nach § 58 Absatz 1 WHG erteilt, wenn das Abwasser in eine öffentliche Abwasseranlage eingeleitet wird.

§ 49 Indirekteinleiterkataster

(1) [1]Wer öffentliche Abwasseranlagen betreibt, hat ein Verzeichnis der Betriebe zu führen, von deren Abwasseranfall nach Beschaffenheit und Menge ein erheblicher Einfluss auf die Abwasseranlage, deren Wirksamkeit, Betrieb oder Unterhaltung oder auf das Gewässer zu erwarten ist (Indirekteinleiterkataster). [2]Die Betriebe sind verpflichtet, die erforderlichen Angaben zu machen. [3]Das Verzeichnis ist der Wasserbehörde auf Verlangen als Übersicht zu übermitteln.

(2) Die nach Absatz 1 verpflichtete öffentlich-rechtliche Körperschaft kann sich insbesondere anerkannter sachverständiger Personen oder Stellen bedienen.

(3) Die Verpflichtungen nach dem kommunalen Satzungsrecht bleiben unberührt.

(4) Die oberste Wasserbehörde kann durch Rechtsverordnung nach § 19 Absatz 1 in Verbindung mit § 61 Absatz 3 WHG Vorschriften erlassen über die Übermittlung der Daten in einem automatisierten

Abrufverfahren nach § 8 des Landesdatenschutzgesetzes und die im Indirekteinleiterkataster zu speichernden erforderlichen Daten, die Fristen ihrer Sperrung und Löschung sowie über die Art und Weise,
wie es zu führen ist; dabei kann die elektronische Führung und das Format für die Abgabe der Daten
an die das Indirekteinleiterkataster führende Stelle vorgeschrieben werden.

§ 50 Öffentliche Abwasseranlagen (zu §§ 60 und 61 WHG)

(1) Öffentliche Abwasseranlagen sind nach Maßgabe einer Rechtsverordnung nach § 19 Absatz 1
dieses Gesetzes durch fachkundiges Personal zu überwachen oder durch geeignete Stellen überwachen
zu lassen.

(2) Öffentliche Abwasseranlagen können im Rahmen der Anforderungen nach § 60 Absatz 1 WHG
zur Energiegewinnung genutzt werden.

§ 51 Private Abwasseranlagen (zu §§ 60 und 61 WHG)

(1) [1]Eigentümer oder Erbbauberechtigte eines Grundstücks haben auf eigene Kosten Abwasseranlagen
zum Sammeln oder Fortleiten von Schmutzwasser oder mit diesem vermischten Niederschlagswasser
des Grundstücks durch fachkundiges Personal zu überprüfen oder durch geeignete Stellen überprüfen
zu lassen. [2]Davon ausgenommen sind Abwasserleitungen zur getrennten Beseitigung von Niederschlagswasser. [3]Eigentümer und Nutzungsberechtigte anderer Grundstücke, in denen die zu überprü-
fenden Leitungen verlaufen, haben die Überprüfung sowie damit einhergehende Maßnahmen zu dulden.

(2) Abwasseranlagen zum Sammeln oder Fortleiten von Schmutzwasser, an welches in einer Rechtsverordnung nach § 23 Absatz 1 Nummer 3 in Verbindung mit § 57 Absatz 2 WHG oder nach § 19
Absatz 1 dieses Gesetzes Anforderungen für den Ort des Anfalls des Abwassers oder vor seiner Ver-
mischung festgelegt sind, sind vor dem Endkontrollschacht alle fünf, nach dem Endkontrollschacht
alle zehn Jahre zu überprüfen.

(3) Abwasseranlagen zum Sammeln und Fortleiten von häuslichem und sonstigem, nicht dem Absatz
2 unterliegendem Abwasser sind nach Maßgabe einer Rechtsverordnung nach Absatz 4 zu überprüfen.

(4) Durch Rechtsverordnung nach § 19 Absatz 1 dieses Gesetzes in Verbindung mit § 61 Absatz 3
WHG können insbesondere Regelungen erlassen werden über

1. die Festlegung von Fristen, in denen Abwasseranlagen nach Absatz 3 erstmalig oder wiederholend
    zu überprüfen sind,
2. die Anerkennung von durchgeführten Überprüfungen,
3. Anforderungen an das fachkundige Personal und die geeigneten Stellen, die Art und den Umfang
    der Überprüfung, die Dokumentation und Nachweise der Ergebnisse,
4. die Speicherung und Nutzung der erforderlichen Daten einschließlich der Führung eines Registers
    der zu überprüfenden Abwasseranlagen, die Übermittlung der Daten der Überprüfung durch den
    Eigentümer oder Erbbauberechtigten, sofern er die Überprüfung durch fachkundiges Personal
    vornimmt, oder die geeignete Stelle sowie die Fristen ihrer Sperrung und Löschung; dabei kann
    auch die elektronische Führung des Registers und das Format der Übermittlung sowie die Ver-
    pflichtung der Gemeinden, zur Überwachung der Fristen den Eigentümer oder Erbbauberechtigten
    sowie das Jahr der Errichtung des Gebäudes mitzuteilen, vorgeschrieben werden,
5. die Übertragung der Überwachung der Pflichten nach Absatz 3 an eine zentrale Stelle, die auch
    beliehen werden kann, sowie die Befugnis dieser Stelle, nach pflichtgemäßem Ermessen die
    Maßnahmen anzuordnen, die im Einzelfall zur Durchsetzung dieser Pflichten erforderlich sind;
    die Satzungsbefugnis der Gemeinde nach Absatz 6 bleibt hiervon unberührt.

(5) Die für die Abwasserbeseitigung der Gemeinde verantwortliche Stelle kann Eigentümer oder Erbbauberechtigte von privaten Abwasseranlagen zum Sammeln und Fortleiten von häuslichem Abwasser
über Zeitpunkt, Umfang, Verfahrensweise und zu erwartende Kosten der Überprüfung und Sanierung
beraten.

(6) [1]Die Gemeinde kann durch Satzung bestimmen, dass die erstmalige oder wiederholende Überprüfung von privaten Abwasseranlagen zum Sammeln und Fortleiten von häuslichem und sonstigem, nicht
dem Absatz 2 unterliegendem Abwasser für das gesamte Gemeindegebiet oder Teile davon von der
Gemeinde vorgenommen wird. [2]Die Gemeinde kann dabei Fristen festlegen, welche von den in der
Rechtsverordnung nach Absatz 4 festgelegten Fristen abweichen, wenn die Überprüfung nach Stra-
ßenzügen oder Teilen des Gemeindegebiets vorgenommen werden soll. [3]Die Frist, nach der spätestens

die Überprüfung der Abwasseranlagen in den Zonen I und II von Wasserschutzschutzgebieten[1]) oder vergleichbaren Schutzzonen von Heilquellenschutzgebieten vorgenommen werden muss, soll die in der Rechtsverordnung nach Absatz 4 festgelegte Frist nicht um mehr als zwei Jahre überschreiten. [4]Die Gemeinde kann den Ersatz der Kosten der Überprüfung der privaten Abwasseranlagen erheben; § 42 des Kommunalabgabengesetzes gilt entsprechend. [5]Die Gemeinde unterrichtet die zentrale Stelle sowie die Wasserbehörde von der Übernahme der Überprüfung nach Satz 1, die Eigentümer oder Erbbauberechtigten über die Durchführung der Überprüfung.

(7) [1]Die geeignete Stelle hat über das Ergebnis der Überprüfung den Eigentümern oder Erbbauberechtigten eine Bescheinigung auszustellen sowie die zentrale Stelle, die Wasserbehörde und die Gemeinde darüber zu unterrichten. [2]Im Fall der Überprüfung durch fachkundiges Personal hat der Eigentümer oder Erbbauberechtigte die zentrale Stelle, die Wasserbehörde und die Gemeinde zu unterrichten. [3]Hat die Gemeinde die Überprüfung vorgenommen, unterrichtet sie die Eigentümer oder Erbbauberechtigten, die zentrale Stelle und die Wasserbehörde über das Ergebnis. [4]Im Übrigen bleiben die Bestimmungen des Landesdatenschutzgesetzes unberührt.

(8) [1]Ist ein schadhafter Zustand der Abwasseranlage festgestellt worden, setzt die Wasserbehörde den Eigentümern oder Erbbauberechtigten eine angemessene Frist zur Durchführung der erforderlichen Maßnahmen zur Beseitigung. [2]Hat die Gemeinde die Überprüfung nach Absatz 6 vorgenommen, nimmt sie diese Befugnis wahr und unterrichtet die Wasserbehörde.

§ 52 Gewässerschutzbeauftragte (zu § 64 Absatz 1, § 65 Absatz 2 und § 66 WHG)

[1]Bei Abwassereinleitungen von Gebietskörperschaften, aus Gebietskörperschaften gebildeten Zusammenschlüssen und öffentlich-rechtlichen Wasserverbänden ist Gewässerschutzbeauftragter der für die Abwasseranlagen zuständige Betriebsleiter oder ein sonstiger Beauftragter. [2]§ 65 Absatz 2 und 3 WHG sowie § 66 WHG, soweit darin auf § 55 Absatz 1 und 3 sowie die §§ 56 und 57 des Bundes-Immissionsschutzgesetzes verwiesen wird, finden keine Anwendung.

Abschnitt 3
Umgang mit wassergefährdenden Stoffen

§ 53 Allgemeine Bestimmungen für den Umgang mit wassergefährdenden Stoffen (zu § 62 WHG)

[1]Mit wassergefährdenden Stoffen im Sinne von § 62 Absatz 3 und 4 WHG ist, soweit nicht andere Vorschriften Abweichendes bestimmen, so umzugehen, insbesondere sind sie so zu lagern, abzufüllen, umzuschlagen, herzustellen, zu verwenden oder zu behandeln, dass eine Verunreinigung der Gewässer oder eine sonstige nachteilige Veränderung ihrer Eigenschaften nicht zu besorgen ist. [2]Für die Landbewirtschaftung gelten die Bestimmungen des Wasserhaushaltsgesetzes und die sonstigen Bestimmungen dieses Gesetzes.

Abschnitt 4
Gewässerausbau, Dammbauten, Stauanlagen

§ 54 Ausbaulast

(1) [1]Der Träger der Unterhaltungslast hat, soweit dies für einen ordnungsgemäßen Wasserabfluss im Rahmen eines ökologisch verträglichen Hochwasserschutzes sowie für eine naturnahe Entwicklung des Gewässers notwendig ist, die Aufgabe, das Gewässer und seine Ufer auszubauen. [2]Die Ausbaulast ist eine öffentlich-rechtliche Verpflichtung; sie begründet keinen Rechtsanspruch Dritter gegen den Träger der Ausbaulast.

(2) Sind die für den Ausbau erforderlichen Aufwendungen im Vergleich zu dem dem Träger der Ausbaulast aus dem Ausbau erwachsenden Nutzen oder zu seiner Leistungsfähigkeit unverhältnismäßig hoch, so kann er nur dann zum Ausbau angehalten werden, wenn er durch Kostenbeiträge ausreichend entlastet wird.

(3) § 42 Absatz 1 WHG und § 34 dieses Gesetzes gelten entsprechend.

---

1) Richtig wohl: „Wasserschutzgebieten".

§ 55 Planfeststellung, Plangenehmigung (zu § 68 WHG)

[1]Planfeststellung und Plangenehmigung entfallen bei Vorhaben an kleinen Gewässern von wasserwirtschaftlich untergeordneter Bedeutung, soweit das Vorhaben den naturnahen Ausbau eines Gewässers bezweckt. [2]Im Übrigen gilt § 74 Absatz 7 des Verwaltungsverfahrensgesetzes. [3]Die Vorhaben sind der Wasserbehörde mitzuteilen.

§ 56 Veränderungssperre

(1) [1]Bei Maßnahmen des Gewässerausbaus dürfen von der Auslegung der Pläne im Raumordnungsverfahren oder Planfeststellungsverfahren oder von dem Zeitpunkt an, zu dem den Betroffenen Gelegenheit gegeben wird, den Plan einzusehen, auf den vom Plan betroffenen Flächen bis zu ihrer Inanspruchnahme wesentlich wertsteigernde oder das geplante Vorhaben erheblich erschwerende Veränderungen nicht vorgenommen werden (Veränderungssperre). [2]Veränderungen, die in rechtlich zulässiger Weise vorher begonnen worden sind, Unterhaltungsarbeiten und die Fortführung einer bisher ausgeübten Nutzung werden davon nicht berührt.

(2) [1]Dauert die Veränderungssperre länger als vier Jahre, so können die Eigentümer für die dadurch entstehenden Vermögensnachteile vom Träger des Vorhabens eine angemessene Entschädigung in Geld verlangen. [2]Sie können ferner die Übernahme der vom Plan betroffenen Flächen verlangen, wenn es ihnen mit Rücksicht auf die Veränderungssperre wirtschaftlich nicht zuzumuten ist, die Grundstücke in der bisherigen oder einer anderen zulässigen Art zu nutzen. [3]Kommt keine Einigung über die Übernahme zustande, so können die Eigentümer die Entziehung des Eigentums an den Flächen verlangen. [4]Im Übrigen gilt das Landesenteignungsgesetz.

(3) Treffen eine Veränderungssperre nach § 86 WHG und nach dieser Bestimmung aufeinander, so ist die Dauer der jeweiligen Veränderungssperre auf die Gesamtdauer von vier Jahren anzurechnen.

§ 57 Besondere Pflichten im Interesse des Ausbaus

(1) [1]Die Eigentümer des Gewässerbettes, die Anlieger und die Hinterlieger haben zu dulden, dass der Ausbauunternehmer oder seine Beauftragten die Grundstücke nach vorheriger Ankündigung vorübergehend benutzen, wenn es zur Vorbereitung und Durchführung eines dem Wohl der Allgemeinheit dienenden Ausbaus erforderlich ist. [2]Unter den gleichen Voraussetzungen haben die Benutzer zu dulden, dass die Benutzung vorübergehend behindert oder unterbrochen wird oder dass Wasserbenutzungsanlagen vorübergehend mitbenutzt werden. [3]Ist streitig, wem die Unterhaltung oder der Ausbau oder eine besondere Pflicht im Interesse des Ausbaus obliegt, so entscheidet die Wasserbehörde. [4]Sie bestimmt Art und Umfang des Ausbaus und der besonderen Pflichten im Interesse des Ausbaus.

(2) Entstehen durch Handlungen nach Absatz 1 Schäden, so hat der Geschädigte Anspruch auf Schadensersatz.

§ 58 Vorteilsausgleich

(1) [1]Bringt ein aus Gründen des Wohls der Allgemeinheit unternommener Ausbau einem anderen Vorteile oder führen Maßnahmen eines anderen zu einem erhöhten Aufwand beim Ausbau, so kann dieser nach seinem Vorteil oder bezüglich des erhöhten Aufwands zu den Kosten des Ausbaus herangezogen werden. [2]Kostenbeiträge, die eine Gemeinde oder ein Dritter nach Satz 1 zum Ausbauaufwand des Landes zu leisten hat, setzt die Behörde fest, die über den Ausbau entscheidet. [3]Geringfügige Vorteile bleiben außer Betracht.

(2) Erlangt jemand durch Ausbaumaßnahmen, die außerhalb des Landes im Geltungsbereich des Wasserhaushaltsgesetzes ausgeführt werden, einen Vorteil, so ist er verpflichtet, auf Verlangen der zuständigen Behörde des Landes, in dem die Ausbaumaßnahme ausgeführt wird, nach den Bestimmungen des dortigen Rechts Beiträge zu leisten; dies gilt nur, soweit durch eine entsprechende Bestimmung des anderen Landes die Gegenseitigkeit gewährleistet ist.

§ 59 Aufwendungsersatz

[1]Soweit Maßnahmen im Zuge des Ausbaus eines Gewässers erster Ordnung auch den besonderen Zwecken einer Gemeinde dienen, hat diese die hierfür entstehenden Aufwendungen zu tragen. [2]Für diese Aufwendungen gilt § 58 Absatz 1 Satz 1 entsprechend.

§ 60 Dämme

(1) Für Dämme, die wasserwirtschaftlichen Zwecken dienen, gelten die Bestimmungen über Unterhaltung und Ausbau oberirdischer Gewässer entsprechend, soweit nachfolgend keine andere Regelung getroffen ist.

(2) [1]Die Unterhaltung eines Damms umfasst die Erhaltung des Zustands, in den der Damm zur Erreichung seines Zwecks versetzt worden ist, insbesondere die zum Schutz gegen Angriffe des Wassers notwendigen Maßnahmen und die Beseitigung von Schäden. [2]Die Wasserbehörde kann den Umfang der Unterhaltung einschränken, wenn sie die Erhaltung des bisherigen Zustands nicht mehr für notwendig hält.

(3) Der Träger der Unterhaltungslast hat die Dämme zu erneuern, zu erhöhen, zu verstärken oder umzugestalten (Ausbau), soweit dies zum Schutz gegen Hochwasser notwendig ist.

(4) Dämme sind nach den allgemein anerkannten Regeln der Technik zu errichten, zu betreiben und zu unterhalten.

(5) [1]Entlang des landseitigen Dammfußes ist ein Streifen mit einer Breite von mindestens drei Metern von Anlagen und Hindernissen freizuhalten, die die Dammunterhaltung und -sicherung beeinträchtigen können. [2]§ 29 Absatz 5 gilt entsprechend.

§ 61 Unterhaltungslast für Dämme

(1) [1]Beim Inkrafttreten dieses Gesetzes bestehende Verpflichtungen zur Unterhaltung von Dämmen bleiben aufrechterhalten. [2]Im Übrigen obliegt die Unterhaltung von Dämmen dem, der den Damm bisher unterhalten hat. [3]Lässt sich der Träger der Unterhaltungslast nicht feststellen, so sind die Eigentümer und Besitzer der durch einen Damm geschützten Grundstücke zur Unterhaltung verpflichtet.

(2) Die in der Anlage 5 zu diesem Gesetz aufgeführten Dämme am Rhein und an der Mündungsstrecke des Neckars werden vom Land unterhalten.

(3) § 40 Absatz 2 WHG und § 32 Absatz 4 dieses Gesetzes gelten entsprechend.

(4) [1]Ist streitig, wem die Unterhaltung oder der Ausbau eines Damms oder eine besondere Pflicht im Interesse der Unterhaltung oder des Ausbaus obliegen, so entscheidet die Wasserbehörde. [2]Sie bestimmt Art und Umfang der Unterhaltung oder des Ausbaus sowie der besonderen Pflichten im Interesse der Unterhaltung oder des Ausbaus.

(5) [1]Ist streitig, wer zur Unterhaltung eines Damms verpflichtet ist, so obliegt die Unterhaltung vorläufig bis zur Feststellung der Unterhaltungslast der Gemeinde. [2]Der Träger der Unterhaltungslast hat der Gemeinde die notwendigen Aufwendungen zu erstatten.

§ 62 Beitragspflicht zum Aufwand der Gemeinden für Unterhaltung und Ausbau von Dämmen

[1]Die Gemeinden können durch Satzung bestimmen, dass die Eigentümer und Besitzer von Grundstücken, die von der Errichtung, der Unterhaltung und dem Ausbau eines Damms Vorteile haben, nach dem Verhältnis des Vorteils Beiträge zu dem der Gemeinde entstehenden Aufwand zu leisten haben. [2]Dasselbe gilt für Kostenbeteiligungen der Gemeinden, die sie dem Land für Hochwasserschutzmaßnahmen an Gewässern erster Ordnung zu leisten haben.

§ 63 Bau und Betrieb von Stauanlagen

(1) Der Bau, die wesentliche Änderung und der Betrieb von Stauanlagen, wie Wasserbecken, Talsperren, Hochwasserrückhaltebecken, Staustufen, Pumpspeicherbecken oder Sedimentationsbecken, deren Absperrbauwerk vom tiefsten Geländepunkt bis zur Krone höher als fünf Meter ist oder deren Fassungsvermögen bis zur Krone mehr als 100 000 Kubikmeter beträgt, bedürfen, soweit nicht eine Planfeststellung oder Plangenehmigung erforderlich ist, der wasserrechtlichen Erlaubnis oder Bewilligung.

(2) Stauanlagen sind nach den allgemein anerkannten Regeln der Technik zu errichten, zu betreiben und zu unterhalten.

(3) Der Bau, die Unterhaltung und der Betrieb von Stauanlagen, die überwiegend dem Hochwasserschutz oder der Niedrigwasseraufhöhung dienen und überörtliche Bedeutung haben, ist Aufgabe des Landes oder der zu diesem Zweck bestehenden oder gebildeten öffentlich-rechtlichen Körperschaften.

§ 64 Gemeinsame Schutzvorschriften

Aus Gründen des Wohls der Allgemeinheit können die Wasserbehörden durch Rechtsverordnung Regelungen zum Schutz des Gewässerbetts und der Ufer, der Vorländer und der Dämme gegen Beschädigungen treffen.

Abschnitt 5
Hochwasserschutz

§ 65 Überschwemmungsgebiete (zu §§ 76 und 78 WHG)

(1) [1]Als festgesetzte Überschwemmungsgebiete gelten, ohne dass es einer weiteren Festsetzung bedarf,

1. Gebiete zwischen oberirdischen Gewässern und Dämmen oder Hochufern,
2. Gebiete, in denen ein Hochwasserereignis statistisch einmal in 100 Jahren zu erwarten ist, und
3. Gebiete, die auf der Grundlage einer Planfeststellung oder Plangenehmigung für die Hochwasserentlastung oder Rückhaltung beansprucht werden.

[2]Die Überschwemmungsgebiete werden in Karten mit deklaratorischer Bedeutung eingetragen.

(2) [1]Die Karten mit der Darstellung der Überschwemmungsgebiete können in den Wasserbehörden und den Gemeinden eingesehen werden. [2]Auf die Möglichkeit der Einsichtnahme ist durch öffentliche Bekanntmachung der Wasserbehörde hinzuweisen. [3]Die Karten werden von der Wasserbehörde im Internet zugänglich gemacht.

(3) [1]Zuständige Behörde im Sinne des § 78 Absatz 5 Satz 1 WHG ist die Gemeinde. [2]Der zeitgleiche Ausgleich des Verlusts von verlorengehendem Rückhalteraum (§ 78 Absatz 5 Satz 1 Nummer 1a WHG) kann über ein Hochwasserschutzregister erfolgen, dem kommunale Maßnahmen zur Schaffung von Rückhalteraum zum Ausgleich zu Grunde liegen. [3]Das Hochwasserschutzregister führt die Gemeinde. [4]Die Gemeinde kann durch Satzung insbesondere regeln

1. das Anlegen und Führen des Hochwasserschutzregisters,
2. die Durchführung des Ausgleichs im Einzelfall,
3. die Kostenerstattung.

(4) Der Geltungsbereich von Überschwemmungsgebieten kann durch Rechtsverordnung der Wasserbehörden aus Gründen des Hochwasserschutzes ausgedehnt werden.

Abschnitt 6
Wasserwirtschaftliche Planung und Dokumentation

**§ 66 Maßnahmenprogramm und Bewirtschaftungsplan
(zu § 7 Absatz 2 bis 4, §§ 82 bis 84 WHG)**

(1) Für die baden-württembergischen Anteile eines jeden Bearbeitungsgebiets nach § 13 Absatz 1 sind durch die Flussgebietsbehörde ein Maßnahmenprogramm und ein Bewirtschaftungsplan nach Maßgabe der §§ 82 bis 84 WHG aufzustellen, zu überprüfen und, soweit erforderlich, zu aktualisieren.

(2) Dem Landtag ist über die Aktualisierung der Maßnahmenprogramme und Bewirtschaftungspläne zu berichten.

§ 67 Mitwirkungs- und Auskunftspflichten

(1) [1]Die staatlichen Behörden, die Gemeinden und Gemeindeverbände, Landkreise und sonstigen der Aufsicht des Landes unterstehenden juristischen Personen des öffentlichen Rechtes wirken bei der Aufstellung, Überprüfung und Aktualisierung der Maßnahmenprogramme und Bewirtschaftungspläne sowie der Risikomanagementpläne (§ 75 WHG) mit. [2]Insbesondere unterstützen sie die Flussgebietsbehörden und erteilen die erforderlichen Auskünfte.

(2) [1]Sonstige Planungs- und Vorhabenträger haben den Flussgebietsbehörden auf Verlangen Auskunft zu erteilen und alle Informationen zur Verfügung zu stellen, welche diese für die Aufstellung, Überprüfung und Aktualisierung der Maßnahmenprogramme und Bewirtschaftungspläne sowie der Risikomanagementpläne benötigen. [2]Die Auskünfte sind bei berechtigtem Interesse auf Verlangen vertraulich zu behandeln.

**§ 68 Information und Anhörung der Öffentlichkeit bei Maßnahmenprogrammen und
Bewirtschaftungsplänen (zu §§ 82 und 83 WHG)**

(1) Die Veröffentlichungen nach § 83 Absatz 4 WHG erfolgen durch die Flussgebietsbehörde durch Einstellen in das Internet und einen Hinweis auf die Fundstelle im Staatsanzeiger.

(2) Die oberste Wasserbehörde stellt die Maßnahmenprogramme und die Bewirtschaftungspläne der Flussgebietseinheiten Rhein und Donau und deren Aktualisierungen fest und veröffentlicht sie sowie deren Aktualisierungen durch Einstellen in das Internet und einen Hinweis auf die Fundstelle im Staatsanzeiger.

(3) Die Maßnahmenprogramme und Bewirtschaftungspläne sowie deren Aktualisierungen werden bei den Flussgebietsbehörden zur Einsicht ausgelegt.

§ 69 Wasserbuch (zu §§ 87 und 21 WHG)
(1) Die Wasserbücher werden von der unteren Wasserbehörde elektronisch angelegt und geführt.

(2) In das Wasserbuch sind neben den in § 87 Absatz 2 WHG aufgeführten Rechtsverhältnissen Heilquellenschutzgebiete einzutragen.

(3) ¹Nach § 21 WHG angemeldete alte Rechte und alte Befugnisse werden nur in das Wasserbuch eingetragen, wenn ihr Bestehen vom Antragsteller nachgewiesen ist. ²Für die Erbringung des Nachweises haben die Behörden Akteneinsicht zu gewähren. ³Eintragungen zu nicht mehr bestehenden Rechtsverhältnissen sind zu löschen.

(4) ¹Die Eintragungen in das Wasserbuch werden von Amts wegen vorgenommen. ²Zu diesem Zweck haben die Behörden die in Absatz 2 bezeichneten Rechtsverhältnisse, soweit erforderlich unter Anschluss der Akten und Pläne, der unteren Wasserbehörde mitzuteilen.

Abschnitt 7
Duldungs- und Gestattungsverpflichtungen

§ 70 Mitbenutzen von Anlagen (zu § 94 WHG)
§ 94 WHG gilt auch für sonstige Wasserbenutzungsanlagen.

§ 71 Fristen zur Ausführung der Arbeiten
(1) ¹Wird eine Duldungspflicht begründet, so hat die für die Duldungsverpflichtung zuständige Behörde dem Begünstigten eine Frist zu bestimmen, in der die Arbeiten auf dem Grundstück des Duldungspflichtigen auszuführen oder die Anlagen in Betrieb zu nehmen sind; bei Fristversäumnis erlischt die Duldungsverpflichtung. ²Auf Antrag des Begünstigten kann die für die Duldungsverpflichtung zuständige Behörde die Frist verlängern.

(2) Macht der Begünstigte von dem durch die Duldungsverpflichtung erworbenen Recht keinen Gebrauch, so kann der Duldungspflichtige von ihm Entschädigung für die durch die Verpflichtung etwa entstandenen Nachteile verlangen.

§ 72 Leistung der Entschädigung
(1) Der Begünstigte darf mit den Arbeiten, die auf Grund einer Duldungsverpflichtung gegen Entschädigung auf den Grundstücken oder an Anlagen anderer auszuführen sind, nicht beginnen, bevor er die Entschädigung geleistet hat, es sei denn, dass der Duldungspflichtige zustimmt.

(2) ¹Lässt sich der durch die Ausführung der Arbeiten erwachsende Schaden im Voraus nicht genau berechnen, so ist die Entschädigung von der für die Duldungsverpflichtung zuständigen Behörde annähernd zu ermitteln und vorläufig festzusetzen. ²Ist anzunehmen, dass dem Duldungspflichtigen außer dem durch die Belastung erwachsenden und vor der Inangriffnahme der Arbeiten zu ersetzenden Schaden im Zusammenhang mit der Ausführung, dem Betrieb und der Unterhaltung der Anlagen weitere wirtschaftliche Nachteile entstehen können, so hat die für die Duldungsverpflichtung zuständige Behörde auf Antrag des Duldungspflichtigen dem Begünstigten aufzugeben, für diese Nachteile vor Beginn der Arbeiten Sicherheit zu leisten.

§ 73 Vorzeitige Besitzeinweisung
(1) ¹Ist die sofortige Ausführung des die Duldungsverpflichtung erfordernden Vorhabens zulässig und aus Gründen des Wohls der Allgemeinheit geboten und ist die Besitzeinweisung hierfür notwendig, so kann die für die Duldungsverpflichtung zuständige Behörde nach Eröffnung des Duldungsverpflichtungsverfahrens den Vorhabenträger auf Antrag in den Besitz der für die Duldungsverpflichtung vorgesehenen Grundstücke und Anlagen einweisen (Besitzeinweisungsbeschluss). ²Durch die Besitzeinweisung wird die Geltendmachung der an den Grundstücken und Anlagen bestehenden Rechte insoweit ausgeschlossen, als sie mit dem Zweck der Besitzeinweisung nicht vereinbar sind. ³Der Begünstigte darf das im Duldungsverpflichtungsantrag bezeichnete Vorhaben ausführen und die hierfür auf den Grundstücken und an den Anlagen notwendigen Maßnahmen treffen.

(2) ¹Die Besitzeinweisung wird zu dem von der für die Duldungsverpflichtung zuständigen Behörde bezeichneten Zeitpunkt, jedoch frühestens zwei Wochen nach Zustellung des Besitzeinweisungsbe-

schlusses, wirksam. [2]Auf Verlangen des Betroffenen ist die Wirksamkeit der Besitzeinweisung von der Leistung einer entsprechenden Sicherheit abhängig zu machen.

Teil 4
Entschädigung, Ausgleich

§ 74 Umfang und Art der Entschädigung

Soweit nach diesem Gesetz außerhalb eines Enteignungsverfahrens eine Entschädigung zu leisten ist, gelten §§ 96 bis 98 WHG und §§ 7 bis 14 des Landesenteignungsgesetzes entsprechend.

Teil 5
Gewässeraufsicht

§ 75 Allgemeine Gewässeraufsicht

(1) [1]Die §§ 100 und 101 WHG finden auf die Überwachung aller wasserrechtlichen und sonstigen öffentlich-rechtlichen Vorschriften bei der Benutzung von Gewässern sowie anderer wasserwirtschaftlich bedeutsamer Vorgänge und auferlegter Verpflichtungen sowie der Abwehr von Gefahren auf dem Gebiet der Wasserwirtschaft Anwendung. [2]Die Wasserbehörde trifft zur Wahrnehmung dieser Aufgaben diejenigen Anordnungen, die ihr nach pflichtgemäßem Ermessen erforderlich erscheinen. [3]Die Wasserbehörde kann, soweit dies zur Erfüllung ihrer Aufgaben erforderlich ist, Sachverständige heranziehen.

(2) [1]Die Kosten der Gewässeraufsicht tragen die Benutzer eines Gewässers und der Betreiber von Anlagen, soweit sich die Überwachung auf die Einhaltung ihrer Pflichten bezieht; dies gilt auch für die Kosten von Sachverständigen oder sachverständigen Stellen. [2]In den sonstigen Fällen trägt der Überwachte die Kosten, wenn die Überwachung ergibt, dass von ihm wasserrechtliche Vorschriften und Verpflichtungen nicht erfüllt worden sind. [3]Kosten sind vom Gewässerbenutzer und Anlagenbetreiber nicht zu tragen für Besichtigungen gemäß § 32 Absatz 6 oder für von Dritten veranlasste Besichtigungen, die zu keinen Beanstandungen geführt haben. [4]Kosten, die im Zusammenhang mit Maßnahmen nach Absatz 1 entstehen, ruhen als öffentliche Last auf dem Grundstück; im Übrigen gilt § 25 des Bundes-Bodenschutzgesetzes entsprechend.

§ 76 Gewässerkundlicher Dienst

[1]Das Land unterhält einen gewässerkundlichen Dienst, der die Wasserbehörden bei der Erfüllung ihrer Aufgaben unterstützt. [2]Der gewässerkundliche Dienst hat im von der obersten Wasserbehörde festgelegten Umfang insbesondere

1. Gewässerdaten zu ermitteln, zu verarbeiten und zu veröffentlichen,
2. die Auswirkungen von Benutzungen auf die Gewässer zu untersuchen und zu beurteilen,
3. den Zustand der Oberflächengewässer, des Grundwassers und der Schutzgebiete zu beobachten und zu bewerten,
4. den Zustand der Gewässer regelmäßig in einem Bericht darzustellen,
5. die Berichtspflichten des Landes über den Zustand der Gewässer gegenüber dem Bund zu erfüllen und
6. bei der Aufstellung und Aktualisierung von Maßnahmenprogrammen und Bewirtschaftungsplänen sowie
7. bei der Durchführung der §§ 73 bis 75 und 79 WHG mitzuwirken.

[3]Trägerin des gewässerkundlichen Dienstes ist die Landesanstalt für Umwelt, Messungen und Naturschutz Baden-Württemberg (LUBW). [4]Der gewässerkundliche Dienst kann sich zur Erfüllung dieser Aufgaben Dritter bedienen. [5]§ 101 WHG gilt für die Durchführung des gewässerkundlichen Dienstes entsprechend.

§ 77 Erfassung der Wasserentnahmen

(1) [1]Wer Wasser aus oberirdischen Gewässern entnimmt oder ableitet oder Grundwasser entnimmt, zutagefördert, zutageleitet oder ableitet, hat die Anlage mit Geräten auszurüsten, mit denen die Menge des Wassers festgestellt werden kann. [2]Die Messergebnisse sind aufzuzeichnen und aufzubewahren. [3]Art, Anzahl und Aufstellungsort der Geräte und ihr Betrieb sowie die Form der Aufzeichnungen können durch die Wasserbehörde festgelegt werden.

(2) Die oberste Wasserbehörde kann durch Rechtsverordnung allgemein festlegen,

1. welche Geräte einzubauen sind und in welcher Form die Messergebnisse aufzuzeichnen und wie lange sie aufzubewahren sind,
2. in welchen Fällen auf Geräte verzichtet werden kann,
3. in welcher Form und in welchen Zeitabständen die Aufzeichnungen zu übermitteln sind.

§ 78 Bauüberwachung und Bauabnahme

(1) [1]Wer Bauten oder sonstige Anlagen errichtet, die nach dem Wasserhaushaltsgesetz oder diesem Gesetz einer Zulassung bedürfen, hat den ordnungsgemäßen Betrieb der Baustelle und die ordnungs-gemäße Ausführung der Bauten und Anlagen sicherzustellen. [2]Die Bauüberwachung kann auf Anord-nung der Wasserbehörde durch anerkannte Sachverständige oder durch anerkannte sachverständige Stellen erfolgen. [3]Diese haben die Wasserbehörden über Vorgänge zu unterrichten, die ein Eingreifen der Wasserbehörden erfordern können, und die Ergebnisse der Überwachung mitzuteilen. [4]Der Vor-habenträger hat den Beginn der Ausführung und die Fertigstellung der Anlage der Wasserbehörde mitzuteilen.

(2) [1]Eine Abnahme findet nur statt, wenn sie von der Wasserbehörde wegen der Größe oder der Art der Anlage oder wegen besonderer Umstände des Einzelfalles zur Abwehr von Gefahren für die öf-fentliche Sicherheit und Ordnung angeordnet wurde. [2]Ist die Anlage ordnungsgemäß ausgeführt wor-den, so erteilt die Wasserbehörde für den wasserrechtlichen Bereich einen Abnahmeschein. [3]Unwe-sentliche Abweichungen stehen der Erteilung nicht entgegen; der Vorhabenträger hat die Pläne und Beschreibungen mit dem wirklichen Zustand in Einklang zu bringen. [4]Vor Erteilung des Abnahme-scheins darf die Anlage nur insoweit betrieben oder benutzt werden, als dies aus Gründen der öffent-lichen Sicherheit oder Ordnung unerlässlich ist.

§ 79 Wasser- und Eisgefahr

(1) Für die Abwehr von Gefahren und die Hilfeleistung bei öffentlichen Notständen durch Wasser- und Eisgefahr gelten die Bestimmungen des Feuerwehrgesetzes und des Polizeigesetzes.

(2) Bei Wasser- und Eisgefahr sind die Betreiber von Stauanlagen und Wasserbecken verpflichtet, ihre Anlagen nach näherer Anordnung der Wasserbehörden ohne Entschädigung für die Hochwasserab-führung und Hochwasserrückhaltung einzusetzen.

(3) [1]Bei Wasser- und Eisgefahr sind die Eigentümer und Besitzer nichtöffentlicher Nachrichtenmittel verpflichtet, diese nach näherer Anordnung der Wasserbehörden für den Hochwassermeldedienst ein-zusetzen. [2]Hierdurch entstehende besondere Kosten werden erstattet. [3]Soweit dies zur Abwehr von Wasser- und Eisgefahr notwendig ist, kann die oberste Wasserbehörde durch Rechtsverordnung einen geordneten Hochwassermeldedienst einrichten und die näheren Bestimmungen hierfür treffen.

(4) Die Wasserbehörden wirken in den Fällen der polizeilichen Gefahrenabwehr beratend mit.

Teil 6
Zuständigkeit und Verfahren

Abschnitt 1
Zuständigkeit

§ 80 Wasserbehörden

(1) Der Vollzug des Wasserhaushaltsgesetzes, des Abwasserabgabengesetzes, der §§ 65 bis 69 des Gesetzes über die Umweltverträglichkeitsprüfung (UVPG) bei Vorhaben nach den Nummern 19.3, 19.8 und 19.9 der Anlage 1 zum UVPG und der Vollzug dieses Gesetzes sowie der sonstigen wasser-rechtlichen Vorschriften obliegt, soweit nichts anderes bestimmt ist, den Wasserbehörden.

(2) Wasserbehörden sind
1. das Umweltministerium als oberste Wasserbehörde,
2. die Regierungspräsidien als höhere Wasserbehörden,
3. die unteren Verwaltungsbehörden (§ 15 Landesverwaltungsgesetz) als untere Wasserbehörden.

§ 81 Sachverständige

Durch Rechtsverordnung nach § 19 Absatz 1 kann auch geregelt werden
1. die Übertragung bestimmter Aufgaben, insbesondere im Rahmen von Prüf- und Überwachungs-maßnahmen, auf anerkannte Sachverständige oder sachverständige Stellen,

2. in Bezug auf Sachverständige oder sachverständige Stellen
   a) die Voraussetzungen für ihre Anerkennung; dazu können insbesondere die Anforderungen an die Fachkunde, Zuverlässigkeit und die betriebliche Ausstattung festgelegt werden,
   b) das Verfahren zur Anerkennung,
   c) ihre Unabhängigkeit von den zu Überwachenden,
   d) die Vergütung und Auslagenerstattung für ihre Leistung,
   e) den Verlust der Anerkennung,
3. die Verpflichtung der Antragsteller, Anlagenbetreiber oder sonstigen Veranlasser von Maßnahmen, die Kosten der Sachverständigen oder sachverständigen Stellen zu tragen,
4. die Verpflichtung, die Erfüllung von Maßnahmen nach Nummer 1 durch eine Bescheinigung eines anerkannten Sachverständigen oder einer sachverständigen Stelle nachzuweisen, und
5. die Art der Durchführung der Aufgaben nach Nummer 1 sowie die Teilnahme an Ringversuchen und andere Maßnahmen zur analytischen Qualitätssicherung.

§ 82 Sachliche Zuständigkeit

(1) [1]Die untere Wasserbehörde ist sachlich zuständig, sofern nichts anderes bestimmt ist. [2]Ist die Gebietskörperschaft, für deren Bezirk die untere Wasserbehörde zuständig ist, selbst beteiligt, bedarf die Entscheidung der Zustimmung der höheren Wasserbehörde, wenn gegen das Vorhaben Einwendungen erhoben werden. [3]Die Gebietskörperschaft ist nicht allein dadurch selbst beteiligt, dass sie gegen das Vorhaben Einwendungen erhebt. [4]Für die Erhebung des Wasserentnahmeentgelts und der Abwasserabgabe ist die untere Wasserbehörde zuständig. [5]Zuständige Behörden im Sinne des § 26 Absatz 1 des Wassersicherstellungsgesetzes und § 14 Absatz 3 des Bundeswasserstraßengesetzes sind die unteren Wasserbehörden.

(2) Die höhere Wasserbehörde ist sachlich zuständig

1. für Entscheidungen, die folgende Gewässerbenutzungen und Vorhaben betreffen:
   a) Entnehmen, Zutagefördern, Zutageleiten und Ableiten von Grundwasser, wenn die zu nutzende Wassermenge fünf Millionen Kubikmeter im Jahr übersteigt,
   b) Entnehmen und Ableiten von Wasser aus oberirdischen Gewässern, wenn die zu nutzende Wassermenge 40 000 Kubikmeter je Tag übersteigt,
   c) Aufstauen von Wasserläufen sowie Entnehmen und Ableiten von Wasser aus Wasserläufen für Zwecke der Gewinnung und Ausnutzung von Wasserkräften, wenn die zu nutzende Leistung der Rohwasserkraft 1000 Kilowatt übersteigt,
   d) Errichtung, Betrieb und Änderung von Talsperren im Sinne von § 63 Absatz 1 und von Pumpspeicherwerken mit Speicherbecken, soweit diese über ein Fassungsvermögen von mehr als 100 000 Kubikmeter verfügen,
   e) Einleiten von Stoffen aus Abwasserbehandlungsanlagen, die für organisch belastetes Abwasser von mehr als 6000 kg/d BSB_5 (roh) oder für eine Menge von anorganisch belastetem Abwasser (einschließlich Kühlwasser) von mehr als 3000 Kubikmeter in zwei Stunden oder für mehr als 100 000 Einwohnerwerte (EW) ausgelegt sind,
   f) Errichtung, Betrieb und Änderung von Hafen- und Umschlaganlagen sowie Lade- und Löschplätzen für den Güterverkehr auf den Bundeswasserstraßen,
   g) Errichtung, Betrieb und Änderung von Rohrleitungsanlagen zum Befördern von wassergefährdenden Stoffen nach Nummer 19.3 der Anlage 1 zum UVPG;
   die Zuständigkeit der höheren Wasserbehörde erstreckt sich auch auf die Vorbereitung der Entscheidung, die Anhörung sowie alle damit im Zusammenhang stehenden Verfahren,
2. für Betriebsgelände, soweit sie nicht der Bergaufsicht unterliegen, auf denen
   a) mindestens eine Anlage nach Artikel 10 in Verbindung mit Anhang I der Richtlinie 2010/75/EU des Europäischen Parlaments und des Rates vom 24. November 2010 über Industrieemissionen (integrierte Vermeidung und Verminderung der Umweltverschmutzung) (ABl. L 334 vom 17. Dezember 2010, S. 17, ber. ABl. L 158 vom 19. Juni 2012, S. 25) in der jeweils geltenden Fassung oder
   b) mindestens ein Betriebsbereich nach § 3 Absatz 5a des Bundes-Immissionsschutzgesetzes vorhanden ist oder errichtet werden soll.
Betriebsgelände ist ein abgegrenzter Teil der Erdoberfläche, auf dem sich Anlagen, Geschäftseinrichtungen oder Betriebsbereiche befinden, die in räumlichem, technischem oder betrieblichem

Zusammenhang stehen und der Aufsicht oder Verfügungsgewalt einer natürlichen oder juristischen Person (Betreiber) unterliegen; die Zuständigkeit der höheren Wasserbehörde erstreckt sich auf alle Verfahrensschritte, einschließlich der Vorbereitung der Entscheidung und der Anhörung von Beteiligten sowie auf alle damit im Zusammenhang stehenden sonstigen Verfahren und der Überwachung. Für Betriebsgelände, die der Bergaufsicht unterliegen, ist das Regierungspräsidium Freiburg zuständig.

(3) Die höhere Wasserbehörde ist auch zuständig für Entscheidungen nach § 67 bis § 71 WHG, die im Zusammenhang mit Vorhaben nach Absatz 2 Nummer 1 Buchstabe c und d stehen, soweit für den Gewässerausbau nicht der Bund zuständig ist.

(4) [1]Die oberste Wasserbehörde ist sachlich zuständig
1. für Entscheidungen, die das Entnehmen von Wasser aus Gewässern für den Betrieb von Kernkraftwerken sowie das Einleiten von Stoffen aus Kernkraftwerken betreffen,
2. für die Anerkennung von Sachverständigenorganisationen und von Güte- und Überwachungsgemeinschaften für die Überwachung von Anlagen zum Umgang mit wassergefährdenden Stoffen.
[2]In den Fällen des Satzes 1 Nummer 1 ermittelt die untere Wasserbehörde den Sachverhalt, hört die Beteiligten an und führt die erforderlichen Verfahrenshandlungen durch; sie legt der obersten Wasserbehörde die Akten mit einem Entscheidungsentwurf vor.

(5) Für die Übertragung der Bewilligungsfunktion sowie der Funktion des technischen Prüfdienstes auf die untere Wasserbehörde für Ausgaben zu Lasten des Europäischen Garantiefonds für die Landwirtschaft und des Europäischen Landwirtschaftsfonds für die Entwicklung des Ländlichen Raums gilt § 29 d des Landwirtschafts- und Landeskulturgesetzes entsprechend.

(6) [1]Zuständige Behörde im Sinne des § 93 WHG ist die Gemeinde. [2]Bei der Zuständigkeit der Gemeinde für Entscheidungen nach § 93 WHG sowie § 29 Absatz 1 Satz 3 und Absatz 4 Satz 2 und § 65 Absatz 3 dieses Gesetzes handelt es sich um Pflichtaufgaben nach Weisung der Wasserbehörden. [3]Die Wasserbehörden haben ein unbeschränktes Weisungsrecht.

§ 83 Zuständigkeit der Flussgebietsbehörden

(1) [1]Die Flussgebietsbehörden sind zuständig
1. für den Vollzug der Oberflächengewässerverordnung und der Grundwasserverordnung,
2. für die Aufstellung, Überprüfung und Aktualisierung von Maßnahmenprogrammen und Bewirtschaftungsplänen,
3. für die Durchführung der §§ 73 bis 75 und 79 WHG. Die Flussgebietsbehörden veröffentlichen die erstellten Gefahrenkarten und Risikokarten (§ 74 WHG) sowie die Risikomanagementpläne (§ 75 WHG) im Internet.
[2]Die erheblichen Umweltauswirkungen, die sich aus der Durchführung der Programme und Pläne ergeben, sind von den nach § 82 zuständigen Wasserbehörden zu überwachen.

(2) Flussgebietsbehörden sind die Regierungspräsidien.

(3) Zuständige Flussgebietsbehörden sind
1. in der Flussgebietseinheit Rhein
   a) für das Bearbeitungsgebiet Alpenrhein/Bodensee das Regierungspräsidium Tübingen,
   b) für das Bearbeitungsgebiet Hochrhein das Regierungspräsidium Freiburg,
   c) für das Bearbeitungsgebiet Oberrhein das Regierungspräsidium Karlsruhe,
   d) für das Bearbeitungsgebiet Neckar das Regierungspräsidium Stuttgart,
   e) für das Bearbeitungsgebiet Main das Regierungspräsidium Stuttgart,
2. in der Flussgebietseinheit Donau für das Bearbeitungsgebiet Donau das Regierungspräsidium Tübingen.

§ 84 Zusammentreffen mehrerer Entscheidungen

(1) Ist ein Vorhaben, das einer wasserrechtlichen Genehmigung oder Eignungsfeststellung bedarf, auch Gegenstand eines bergrechtlichen Betriebsplans, so entscheidet die Bergbehörde im Einvernehmen mit der Wasserbehörde auch über die Genehmigung oder Eignungsfeststellung.

(2) [1]Sind für ein Vorhaben, das einer wasserrechtlichen Genehmigung, Eignungsfeststellung oder einer Befreiung bedarf, auch baurechtliche Entscheidungen der Baurechtsbehörde notwendig, so entscheidet die zuständige Baurechtsbehörde im Einvernehmen mit der zuständigen Wasserbehörde auch über die Genehmigung, Eignungsfeststellung oder Befreiung. [2]Im Falle einer Befreiung nach § 29 Absatz 4,

die den Innenbereich betrifft, bedarf die Entscheidung auch des Einvernehmens der Gemeinde. [3]Im Falle einer wasserrechtlichen Genehmigung nach § 78 Absatz 5 Satz 1 WHG ist anstelle des Einvernehmens der zuständigen Wasserbehörde das Einvernehmen der Gemeinde erforderlich.

(3) Die Erlaubnis und die Bewilligung schließen eine nach diesem Gesetz oder nach baurechtlichen Vorschriften für das Vorhaben erforderliche Genehmigung ein.

§ 85 Zuständigkeit für Veränderungssperren (zu § 86 WHG)

Die Ermächtigung, Rechtverordnungen nach § 86 Absatz 1 WHG zu erlassen, wird auf die für das Vorhaben zuständige Wasserbehörde übertragen.

Abschnitt 2
Allgemeine Verfahrensbestimmungen

§ 86 Antrag

(1) [1]Anträge, über welche die Wasserbehörden zu entscheiden haben, sind mit den zur Beurteilung erforderlichen Plänen und sonstigen Unterlagen schriftlich bei der für die Entscheidung zuständigen Wasserbehörde einzureichen. [2]Die Wasserbehörde kann unzulässige oder unvollständige Anträge ablehnen, wenn der Antragsteller den Mangel nicht innerhalb einer ihm gesetzten angemessenen Frist behoben hat.

(2) Die den Anträgen beizugebenden Unterlagen müssen von hierzu befähigten Sachverständigen gefertigt und unterzeichnet sein.

§ 87 Schriftform

Entscheidungen nach dem Wasserhaushaltsgesetz und nach diesem Gesetz sind schriftlich zu erlassen, es sei denn, sie haben nur vorläufigen Inhalt oder ergehen bei Gefahr im Verzug.

§ 88 Aussetzung auf Grund von Einwendungen

(1) [1]Werden Einwendungen auf Grund von Privatrechtsverhältnissen erhoben, so kann das Verwaltungsverfahren ausgesetzt werden, um den Beteiligten Gelegenheit zu geben, eine gerichtliche Entscheidung herbeizuführen; es muss ausgesetzt werden, wenn der Antrag beim Bestehen des Rechts abzuweisen wäre. [2]Bei Aussetzung des Verfahrens ist zu bestimmen, bis wann die Klage erhoben sein muss. [3]Wird die Prozessführung verzögert, so kann das Verfahren fortgesetzt werden.

(2) [1]Wird einem Antrag stattgegeben, bevor über das Bestehen des Rechts rechtskräftig entschieden worden ist, so bleibt die Entscheidung über die bei Bestehen des Rechts festzusetzenden Auflagen und Entschädigungen vorbehalten. [2]Über die sonstigen nicht erledigten Einwendungen wird entschieden.

§ 89 Sicherheitsleistung, Versicherung

Die Wasserbehörde kann eine Sicherheitsleistung, insbesondere den Nachweis einer Versicherung verlangen, soweit dies erforderlich ist, um die Erfüllung von gesetzlichen Vorgaben, Inhalts- und Nebenbestimmungen oder sonstigen Verpflichtungen zu sichern.

§ 90 Beweissicherung

Die zuständige Behörde kann zur Sicherung des Beweises von Tatsachen, die für eine nach dem Wasserhaushaltsgesetz oder diesem Gesetz zu treffende Entscheidung von Bedeutung sein können, insbesondere zur Feststellung des Zustands einer Sache, die notwendigen Maßnahmen anordnen, wenn sonst die Feststellung unmöglich oder wesentlich erschwert würde.

§ 91 Datenverarbeitung (zu § 88 WHG)

(1) Gemeinden, Gemeindeverbände, juristische Personen des öffentlichen Rechts sowie Beliehene sind auf Verlangen verpflichtet, den Wasserbehörden sowie der LUBW ihnen bekannte wasserwirtschaftliche Daten zu übermitteln und für die Wasserwirtschaft bedeutsame Tatsachen mitzuteilen.

(2) [1]Die oberste Wasserbehörde wird ermächtigt, durch Rechtsverordnung zuzulassen, dass wasserwirtschaftlich relevante Daten der Maßnahmenprogramme nach § 82 WHG, der Bewirtschaftungspläne nach § 83 WHG, der Risikomanagementpläne nach § 75 WHG, der Gewässerrandstreifen nach § 38 WHG, auch in Verbindung mit § 29 dieses Gesetzes, der Dammbauten nach § 67 WHG, auch in Verbindung mit § 60 dieses Gesetzes, der Karten nach § 74 WHG, auch in Verbindung mit § 65 und § 95 dieses Gesetzes, des gewässerkundlichen Dienstes nach § 76 dieses Gesetzes sowie des Wasserbuchs nach § 87 WHG, auch in Verbindung mit § 69 dieses Gesetzes, flurstücksbezogen oder nach Koordinaten in Druckwerken sowie elektronisch veröffentlicht werden, soweit ihre Kenntnis von all-

gemeinem öffentlichen Interesse ist. [2]Dazu zählen insbesondere Daten über die Benutzungen, die Beschaffenheit und Belastungen der Gewässer sowie deren Ursachen und die Einträge in die Gewässer sowie die Angaben über Überschwemmungs- und Schutzgebiete.

Abschnitt 3
Besondere Bestimmungen für einzelne Verfahrensarten

§ 92 Anzeigeverfahren

(1) [1]Besteht für ein Vorhaben eine Anzeigepflicht, so sind, soweit nichts anderes geregelt ist, der Anzeige die zur Beurteilung des Vorhabens erforderlichen Planunterlagen, insbesondere Erläuterungsbericht, Lageplan und Bauzeichnungen beizufügen. [2]Die Wasserbehörde hat den Eingang der Anzeige zu bestätigen. [3]Mit den Arbeiten darf nicht vor Ablauf eines Monats nach Eingang der Anzeige begonnen werden, wenn die Wasserbehörde nicht einem früheren Beginn zustimmt.

(2) [1]Eine Zulassung des Vorhabens ist erforderlich, wenn die Wasserbehörde innerhalb eines Monats nach Eingang der Anzeige ein Zulassungsverfahren einleitet. [2]Die Anzeige gilt in diesem Fall als Antrag. [3]Der Beginn des Zulassungsverfahrens ist dem Antragsteller mitzuteilen. [4]Die Mitteilung kann zusammen mit der Bestätigung der Anzeige nach Absatz 1 Satz 2 erfolgen.

(3) Um zu klären, ob die Einleitung eines Zulassungsverfahrens nach Absatz 2 erforderlich oder zweckmäßig ist, kann die Wasserbehörde innerhalb der Monatsfrist Träger öffentlicher Belange, Anlieger oder die Öffentlichkeit über das Vorhaben informieren oder in geeigneter Form dazu anhören.

§ 93 Erlaubnis- und Bewilligungsverfahren (zu § 11 WHG)

(1) Für das Verfahren zur Erteilung einer Erlaubnis oder einer Bewilligung sind die §§ 72, 73, 74 Absatz 1 bis 3, Absatz 4 Satz 1 und Absatz 5, § 75 Absatz 4 und § 76 Landesverwaltungsverfahrensgesetz (LVwVfG) entsprechend anzuwenden.

(2) Bei der Bekanntmachung der Auslegung des Antrags auf Erteilung einer gehobenen Erlaubnis oder einer Bewilligung ist zusätzlich darauf hinzuweisen, dass

1. nach Ablauf der für Einwendungen bestimmten Frist wegen nachteiliger Wirkungen der Benutzung Auflagen nur verlangt werden können, wenn der Betroffene die nachteiligen Wirkungen während des Verfahrens nicht voraussehen konnte,

2. nach Ablauf der für Einwendungen bestimmten Frist eingehende Anträge auf Erteilung einer Erlaubnis, einer gehobenen Erlaubnis oder einer Bewilligung in demselben Verfahren nicht berücksichtigt werden,

3. Ansprüche zur Abwehr von nachteiligen Wirkungen durch eine Gewässerbenutzung, die durch eine unanfechtbare gehobene Erlaubnis oder Bewilligung zugelassen ist, nach Maßgabe des § 16 WHG nicht mehr oder nur noch eingeschränkt geltend gemacht werden können.

(3) [1]Wird die Erlaubnis nicht als gehobene Erlaubnis beantragt, kann sie ohne Bekanntmachung des Antrags oder Unterrichtung der Beteiligten sowie ohne Verhandlung über etwa erhobene Einwendungen insbesondere erteilt werden für

1. Benutzungen von wasserwirtschaftlich untergeordneter Bedeutung,

2. Benutzungen, von denen erhebliche Nachteile für andere nicht zu erwarten sind,

3. Anlagen in, an, über und unter oberirdischen Gewässern,

4. das Einleiten von Trinkwasser in oberirdische Gewässer,

5. grundstücksbezogene Erdwärmenutzungen,

6. Benutzungen bei der Sanierung von Gewässerverunreinigungen, soweit in der Sanierungsentscheidung bestimmt ist, in welcher Weise sie zu erfüllen ist,

7. Benutzungen für einen vorübergehenden Zweck und für einen Zeitraum von nicht mehr als einem Jahr.

[2]Die Wasserbehörde kann bis zum Abschluss des Verfahrens Träger öffentlicher Belange, Anlieger oder die Öffentlichkeit über das Vorhaben informieren oder in geeigneter Form dazu anhören.

§ 94 Zusammentreffen mehrerer Anträge

(1) Treffen Anträge auf Zulassung für Benutzungen zusammen, die sich auch dann nicht nebeneinander ausüben lassen, wenn den Anträgen nur teilweise oder unter Bedingungen oder Auflagen stattgegeben wird, so hat das Vorhaben den Vorrang, das den größten Nutzen für das Wohl der Allgemeinheit erwarten lässt.

(2) Nach Ablauf der für Einwendungen bestimmten Frist werden weitere Anträge auf Erteilung einer Erlaubnis oder einer Bewilligung in demselben Verfahren nicht mehr berücksichtigt.

§ 95 Verfahrensregelungen zu Wasserschutz-, Heilquellenschutz- und Überschwemmungsgebieten, Gewässerrandstreifen und Veränderungssperren

(1) [1]Die Ermächtigungen, Rechtsverordnungen nach § 51 Absatz 1 Satz 1, § 53 Absatz 4 Satz 1, § 78 Absatz 6 Satz 1, § 78a Absatz 4 und 5 Satz 1 WHG in Verbindung mit § 76 Absatz 2 und § 86 Absatz 1 Satz 2 WHG zu erlassen, werden auf die untere Wasserbehörde übertragen. [2]Erstreckt sich das Wasserschutz-, Heilquellenschutzgebiet oder Überschwemmungsgebiet über den Bezirk einer unteren Wasserbehörde hinaus, so kann die gemeinsame übergeordnete Behörde die zuständige Wasserbehörde bestimmen oder, soweit sie höhere Wasserbehörde ist, die Rechtsverordnung selbst erlassen.

(2) Vor dem Erlass einer Rechtsverordnung nach Absatz 1 Satz 1 ist den berührten Gemeinden der Entwurf zur Stellungnahme zuzuleiten.

(3) [1]Die untere Wasserbehörde hat den Entwurf der Rechtsverordnung, bei Verweisungen auf eine Karte auch diese, einen Monat zur kostenlosen Einsicht durch jedermann während der Sprechzeiten öffentlich auszulegen. [2]Ort und Dauer der Auslegung sind mindestens eine Woche vorher in der für Verordnungen der unteren Wasserbehörde bestimmten Form der Verkündung bekannt zu machen. [3]In der Bekanntmachung ist darauf hinzuweisen, dass Bedenken und Anregungen bei der unteren Wasserbehörde während der Auslegungsfrist vorgebracht werden können. [4]§ 73 Absatz 3 Satz 2 LVwVfG gilt entsprechend.

(4) Die für den Erlass der Rechtsverordnung zuständige Wasserbehörde prüft die fristgemäß vorgebrachten Bedenken und Anregungen und teilt den Betreffenden das Ergebnis mit.

(5) Soll das Gebiet gegenüber dem im Entwurf der Rechtsverordnung vorgesehenen Umfang räumlich erweitert oder sollen die Schutzbestimmungen nicht unerheblich geändert werden, so ist das Verfahren nach den Absätzen 2 bis 4 zu wiederholen.

(6) [1]Die Kosten für die Festsetzung und Aufhebung von Wasserschutzgebieten und Heilquellenschutzgebieten einschließlich der Kosten für die erforderlichen Untersuchungen trägt der Begünstigte. [2]Die Vorschriften des Landesgebührengesetzes gelten entsprechend.

(7) Für die Regelungen über Gewässerrandstreifen nach § 29 Absatz 1 Satz 3 im Außenbereich durch die Wasserbehörde gelten Absatz 1 Satz 2 und Absätze 2 bis 6 entsprechend, für Regelungen im Innenbereich durch die Gemeinde im Einvernehmen mit der Wasserbehörde gelten Absätze 2 bis 6 entsprechend.

§ 96 Anordnungen der obersten Wasserbehörde in Wasserschutz- und Heilquellenschutzgebieten (zu §§ 23 und 50 bis 53 WHG)

[1]Die oberste Wasserbehörde kann durch Rechtsverordnung nach § 19 Absatz 1 Anordnungen für alle oder mehrere

1. öffentliche Wasserversorgungen nach § 50 Absatz 5 Satz 1 WHG,
2. Wasserschutzgebiete nach § 51 Absatz 1 Satz 1 WHG,
3. Heilquellenschutzgebiete nach § 53 Absatz 4 Satz 1 WHG,
4. als Wasserschutz- oder Heilquellenschutzgebiete vorgesehene Gebiete, in denen vorläufige Anordnungen nach § 52 Absatz 2 oder § 53 Absatz 5 WHG getroffen worden sind,

erlassen. [2]Soweit die Rechtsverordnung die land- und forstwirtschaftliche Nutzung regelt, ergeht sie im Einvernehmen mit der obersten Landwirtschafts- und Forstbehörde. [3]§ 95 findet keine Anwendung.

§ 97 Heilung von Verfahrens- und Formmängeln

(1) [1]Eine Verletzung der in § 95 Absatz 2 bis Absatz 4 genannten Verfahrens- und Formvorschriften ist nur beachtlich, wenn sie innerhalb eines Jahres nach Erlass der Rechtsverordnung gegenüber der Behörde, die die Rechtsverordnung erlassen hat, schriftlich geltend gemacht worden ist. [2]Der Sachverhalt, der die Verletzung begründen soll, ist darzulegen. [3]Bei der Verkündung der Rechtsverordnung ist auf die Voraussetzungen für die Geltendmachung der Verletzung von Verfahrens- oder Formvorschriften sowie auf die Rechtsfolge des Satzes 1 hinzuweisen.

(2) [1]Mängel im Abwägungsvorgang bei der Festsetzung von Rechtsverordnungen nach § 95 Absatz 1 sind nur erheblich, wenn sie offensichtlich und auf das Abwägungsergebnis von Einfluss gewesen sind. [2]Mängel der Abwägung werden unbeachtlich, wenn sie nicht innerhalb von sieben Jahren seit Be-

kanntmachung der Rechtsverordnung schriftlich gegenüber der Wasserbehörde geltend gemacht worden sind; der Sachverhalt, der die Verletzung oder den Mangel begründen soll, ist darzulegen.

§ 98 Entschädigungs- und Ausgleichsverfahren

(1) [1]Über Ansprüche auf Entschädigung außerhalb eines Enteignungsverfahrens entscheidet die Behörde, welche die dem Anspruch zugrunde liegende Verfügung trifft. [2]Über Ansprüche auf Entschädigung, die sich unmittelbar aus wasserrechtlichen Vorschriften ergeben, entscheidet die Wasserbehörde, soweit nichts anderes gesetzlich bestimmt ist.

(2) [1]Vor Festsetzung der Entschädigung hat die nach Absatz 1 zuständige Behörde auf eine gütliche Einigung der Beteiligten hinzuwirken. [2]Kommt eine Einigung zustande, so hat sie diese zu beurkunden und den Beteiligten eine Ausfertigung der Urkunde zuzustellen. [3]In der Urkunde sind der Entschädigungspflichtige und der Entschädigungsberechtigte zu bezeichnen. [4]Die Urkunde ist nach Zustellung an die Beteiligten vollstreckbar.

(3) [1]Kommt eine Einigung nicht zustande, so setzt die nach Absatz 1 zuständige Behörde die Entschädigung durch schriftlichen Bescheid fest. [2]In dem Bescheid sind der Entschädigungspflichtige und der Entschädigungsberechtigte zu bezeichnen. [3]Der Bescheid ist den Beteiligten zuzustellen; er ist den Beteiligten gegenüber vollstreckbar, wenn er für diese unanfechtbar geworden ist oder das Gericht ihn für vorläufig vollstreckbar erklärt hat.

(4) Für die Festsetzung von Ausgleichszahlungen gelten im Übrigen die Absätze 1 bis 3 entsprechend.

Teil 7
Wasserbenutzungsabgaben

Abschnitt 1
Benutzungsentgelt

§ 99 Besondere Bestimmungen für die Wasserkraftnutzung und das Entnehmen fester Stoffe

(1) [1]Bei Benutzungen, die zum Gegenstand haben

1. die Gewinnung und Ausnutzung von Wasserkräften öffentlicher Gewässer, wenn die zu nutzende Leistung der Rohwasserkraft 1000 Kilowatt übersteigt,

2. das Entnehmen fester Stoffe aus öffentlichen Gewässern, an deren Bett Privateigentum nicht nachweisbar ist,

kann dem Inhaber des Rechts oder der Befugnis ein angemessenes Entgelt auferlegt werden. [2]Das Entgelt kann bei veränderten Verhältnissen geändert werden.

(2) [1]Die Höhe des Entgelts richtet sich bei der Wasserkraftnutzung nach dem Wert der durchschnittlich zur Verfügung stehenden Leistung der Rohwasserkraft für den Vorhabenträger; diese berechnet sich aus der benutzbaren Wassermenge und der Rohfallhöhe. [2]Beim Entnehmen von Bestandteilen des Gewässerbettes richtet sich die Höhe des Entgelts nach dem Wert der Benutzung für den Vorhabenträger sowie den Einwirkungen der Benutzung auf die Beschaffenheit des Wassers und den Zustand des Bettes und der Ufer des Gewässers. [3]Die oberste Wasserbehörde kann im Übrigen durch Rechtsverordnung nähere Vorschriften für die Bemessung des Entgelts erlassen.

(3) Das Entgelt steht dem Eigentümer des Gewässerbettes zu.

Abschnitt 2
Wasserentnahmeentgelt

§ 100 Entgelt für Wasserentnahmen

Das Land erhebt ein Entgelt für die Benutzung von Gewässern nach Maßgabe der folgenden Vorschriften.

§ 101 Begriffsbestimmungen

Im Sinne der §§ 102 bis 114 bedeutet:

1. Entgeltpflichtiger ist derjenige, der ein Gewässer in der in § 102 näher bezeichneten Art und Weise benutzt.

2. Hocheffiziente KWK-Anlage ist eine Kraft-Wärme-Kopplungsanlage (KWK-Anlage) im Sinne des Kraft-Wärme-Kopplungsgesetzes vom 19. März 2002 (BGBl. I S. 1092), zuletzt geändert durch Gesetz vom 12. Juli 2012 (BGBl. I S. 1494), in der jeweils geltenden Fassung, die die Kri-

terien für hocheffiziente Kraft-Wärme-Kopplungs-Anlagen im Sinne der Richtlinie 2004/8/EG des Europäischen Parlaments und des Rates vom 11. Februar 2004 über die Förderung einer am Nutzwärmebedarf orientierten Kraft-Wärme-Kopplung im Energiebinnenmarkt und zur Änderung der Richtlinie 92/42/EWG (ABl. L 52 vom 21. Februar 2004, S. 50) erfüllt.

3. Maßnahmen zur Herstellung der gewässerökologischen Funktionsfähigkeit von oberirdischen Gewässern sind solche Maßnahmen, die geeignet sind, einen guten ökologischen und chemischen Zustand nach § 27 WHG und Artikel 4 der Richtlinie 2000/60/EG des Europäischen Parlaments und des Rates vom 23. Oktober 2000 zur Schaffung eines Ordnungsrahmens für Maßnahmen der Gemeinschaft im Bereich der Wasserpolitik (ABl. L 327 vom 22. Dezember 2000, S. 1), zuletzt geändert durch die Richtlinie 2009/31/EG (ABl. L 140 vom 5. Juni 2009, S. 114), zu erreichen.

4. Aufwendungen sind diejenigen Herstellungskosten, die als Aufwendungen im Sinne von § 255 Absatz 2 des Handelsgesetzbuches anerkannt werden können.

5. EMAS-Umweltmanagementsysteme sind solche Systeme, die in Unternehmen zum Einsatz kommen, die nach der Verordnung (EG) Nr. 1221/2009 des Europäischen Parlaments und des Rates vom 25. November 2009 über die freiwillige Teilnahme von Organisationen an einem Gemeinschaftssystem für Umweltmanagement und Umweltbetriebsprüfung und zur Aufhebung der Verordnung (EG) Nr. 761/2001 sowie der Beschlüsse der Kommission 2001/681/EG und 2006/193/EG (ABl. L 342 vom 22. Dezember 2009, S. 1), in der jeweils geltenden Fassung validiert und registriert sind.

6. [1]ISO 14001-Umweltmanagementsysteme sind solche Systeme, die in Unternehmen zum Einsatz kommen, die nach der EN ISO 14001:2004 in der jeweils geltenden Fassung ab dem 1. Januar 2010 von einer im Sinne der Verordnung (EG) Nr. 765/2008 des Europäischen Parlaments und des Rates vom 9. Juli 2008 über die Vorschriften für die Akkreditierung und Marktüberwachung im Zusammenhang mit der Vermarktung von Produkten und zur Aufhebung der Verordnung (EWG) Nr. 339/93 (ABl. L 218 vom 13. August 2008, S. 30) akkreditierten Konformitätsbewertungsstelle zertifiziert sind. [2]Als ISO 14001-Umweltmanagementsysteme gelten auch solche Systeme, die vor dem 1. Januar 2010 von einer anerkannten Zertifizierungsstelle zertifiziert worden sind, wenn die Akkreditierungsurkunde der Zertifizierungsstelle noch nicht abgelaufen ist.

7. Umweltgutachter ist eine Person oder Organisation, die nach dem Umweltauditgesetz in der Fassung vom 4. September 2002 (BGBl. I S. 3490), zuletzt geändert durch Artikel 3 des Gesetzes vom 21. Januar 2013 (BGBl. I S. 95, 97), in der jeweils geltenden Fassung, tätig werden darf.

8. [1]Abschlussprüfer sind Wirtschaftsprüfer und Wirtschaftsprüfungsgesellschaften oder vereidigte Buchprüfer. [2]Im Falle von mittelgroßen oder großen Kapitalgesellschaften im Sinne von § 267 des Handelsgesetzbuches sind die Voraussetzungen nach § 319 des Handelsgesetzbuches zu erfüllen.

§ 102 Entgeltpflichtige Benutzungen

[1]Entgeltpflichtig sind folgende Benutzungen eines Gewässers, soweit sie der Wasserversorgung dienen:

1. Entnehmen und Ableiten von Wasser aus oberirdischen Gewässern,
2. Entnehmen, Zutagefördern, Zutageleiten und Ableiten von Grundwasser.

[2]Bei der Erhebung des Entgelts gilt Grundwasser, das im Zusammenhang mit dem Abbau oder der Gewinnung von Kies, Sand, Mergel, Ton, Lehm, Torf, Steinen oder anderen Bodenbestandteilen freigelegt worden ist, als oberirdisches Gewässer.

§ 103 Ausnahmen von der Entgeltpflicht

Ein Entgelt wird nicht erhoben für

1. erlaubnisfreie Benutzungen im Sinne von § 8 Absatz 2 und 3, §§ 25, 26 und 46 WHG und §§ 20, 21 und § 42 Absatz 2 dieses Gesetzes,
2. die Benutzung von Wasser aus Heilquellen, soweit das Wasser nicht im Zusammenhang mit dem Abfüllen von Mineralwasser verwendet wird,
3. die Benutzung von Wasser aus oberirdischen Gewässern, soweit das entnommene Wasser zur Heizung oder Kühlung von Gebäuden verwendet und anschließend dem oberirdischen Gewässer wieder zugeführt wird,
4. die Benutzung von Grundwasser, soweit das entnommene Wasser zur Heizung oder Kühlung von Gebäuden verwendet und anschließend dem Grundwasser wieder zugeführt wird,

5. die Benutzung von Grundwasser zur Gefahrenabwehr im Rahmen von behördlich angeordneten Boden- oder Grundwassersanierungen,

6. die Benutzung von Wasser für Zwecke der Fischerei,

7. die Benutzung von Wasser aus oberirdischen Gewässern oder von Grundwasser zum Zwecke der Beregnung oder Berieselung landwirtschaftlich, gärtnerisch und forstwirtschaftlich genutzter Flächen,

8. die Benutzung von Wasser zur Speisung von bei Inkrafttreten dieses Gesetzes bestehenden Lauf- und Springbrunnen,

9. geringfügige Benutzungen

   a) im Falle der Verwendung von Wasser aus oberirdischen Gewässern oder von Grundwasser zur öffentlichen Wasserversorgung, sofern die Wassermenge nicht mehr als 4000 Kubikmeter im Kalenderjahr beträgt,

   b) im Falle der Verwendung von Grundwasser, sofern die Wassermenge nicht mehr als 4000 Kubikmeter im Kalenderjahr beträgt,

   c) im Falle der Verwendung von Wasser aus oberirdischen Gewässern, sofern die Wassermenge nicht mehr als 20 000 Kubikmeter im Kalenderjahr beträgt.

§ 104 Bemessungsgrundlage, Entgeltsatz, Veranlagungszeitraum, Zweckbindung

(1) Das Entgelt bemisst sich nach Herkunft, Menge und Verwendungszweck des Wassers.

(2) Das Entgelt beträgt für

1. die Verwendung von Wasser aus oberirdischen Gewässern oder von Grundwasser für die öffentliche Wasserversorgung: 0,081 Euro, ab dem 1. Januar 2019 0,10 Euro je Kubikmeter,

2. die Verwendung von Grundwasser: 0,051 Euro je Kubikmeter,

3. die Verwendung von Wasser aus oberirdischen Gewässern: 0,010 Euro, ab dem 1. Januar 2019 0,015 Euro je Kubikmeter.

(3) Veranlagungszeitraum ist das Kalenderjahr.

(4) [1]Das Entgelt steht dem Land zu. [2]Das Entgeltaufkommen sowie das Entgelt für Benutzungen nach § 99, soweit es dem Land zusteht, sind ab dem 1. Januar 2015 zugunsten wasserwirtschaftlicher und gewässerökologischer Belange zweckgebunden zu verwenden. [3]Aus dem Entgeltaufkommen wird vorweg nach Maßgabe des jeweiligen Haushaltsplans der mit der Erhebung des Entgelts verbundene Verwaltungsaufwand gedeckt.

§ 105 Ermäßigung für die Verwendung von Wasser aus oberirdischen Gewässern

(1) [1]Auf Antrag erfolgt für die Verwendung von Wasser aus oberirdischen Gewässern eine Ermäßigung von höchstens 25 Prozent des geschuldeten Entgelts durch Verrechnung mit Aufwendungen für die in Absatz 2 genannten Maßnahmen. [2]Ist ein Unternehmen für mehrere Produktionsstandorte entgeltpflichtig, kann die Verrechnung der an einem Standort getätigten Aufwendungen auch mit dem für die übrigen Standorte geschuldeten Entgelt für die Verwendung von Wasser aus oberirdischen Gewässern bis zu 25 Prozent des insgesamt zu entrichtenden Entgelts erfolgen. [3]Gehören mehrere Entgeltpflichtige als Konzernunternehmen einem Konzern im Sinne von § 18 des Aktiengesetzes an, kann der Antrag nach Satz 1 auch von einem Konzern für alle Konzernunternehmen gemeinsam gestellt werden.

(2) Nach Maßgabe der Absätze 3 bis 6 sind die Aufwendungen für folgende Maßnahmen verrechnungsfähig:

1. Maßnahmen an Produktions- oder Kühlanlagen, die eine Reduzierung der Wärmefrachten in einem Abwasserstrom um mindestens 5 Prozent bezogen auf die Gesamtstromfracht oder um 10 Prozent bezogen auf eine Teilstromfracht im Verhältnis zum Mittelwert der beiden letzten Jahre vor Inbetriebnahme der Maßnahmen bewirken,

2. Neuerrichtung einer hocheffizienten KWK-Anlage oder Umrüstung eines vorhandenen Kraftwerks in eine hocheffiziente KWK-Anlage, sofern die hocheffiziente KWK-Anlage nach dem 1. Januar 2011 in Dauerbetrieb genommen wird,

3. Maßnahmen zur Herstellung der gewässerökologischen Funktionsfähigkeit von oberirdischen Gewässern, zu deren Durchführung der Entgeltpflichtige nicht durch behördliche Anordnungen verpflichtet ist und die nicht als vorgezogene Ausgleichs- und Ersatzmaßnahmen in Ökokonten gebucht wurden,

4. Maßnahmen an Produktions- oder Kühlanlagen, die zu einem Umstieg in der Gewässerbenutzung von der Verwendung von Grundwasser auf Wasser aus oberirdischen Gewässern führen.

(3) Bemessungsgrundlage für die Verrechnung sind folgende Anteile der Aufwendungen nach Absatz 2:

1. Im Falle von Absatz 2 Nummer 1, 3 und 4 ein Anteil von 75 Prozent.

2. Im Falle von Absatz 2 Nummer 2 ein Anteil von 25 Prozent oder auf Einzelnachweis 50 Euro je jährlich genutzter MWh Wärme, jedoch höchstens ein Anteil von 75 Prozent.

(4) [1]Das Vorliegen der Ermäßigungsvoraussetzungen für Maßnahmen nach Absatz 2, die Höhe des berücksichtigungsfähigen Anteils der Aufwendungen nach Absatz 3 und der Verrechnungszeitraum nach Absatz 5 werden durch die Wasserbehörde gesondert festgestellt (Grundlagenbescheid). [2]Die Feststellungen im Grundlagenbescheid sind für die Festsetzung des Entgelts bindend.

(5) [1]Die Verrechnung darf erstmals mit Wirkung für das Kalenderjahr, in dem die den Maßnahmen zugrunde liegenden Anlagen in Betrieb genommen worden sind, oder bei Maßnahmen nach Absatz 2 Nummer 3 im Jahr der Fertigstellung, erfolgen. [2]Für Maßnahmen nach Absatz 2 Nummer 2 gilt das Kalenderjahr des Baubeginns, frühestens jedoch das Jahr 2011, als Beginn des Verrechnungszeitraums. [3]Der Verrechnungszeitraum beträgt für Maßnahmen nach Absatz 2 Nummer 2 15 Kalenderjahre, für alle anderen Maßnahmen fünf Kalenderjahre (Verrechnungszeitraum).

(6) [1]Innerhalb des Verrechnungszeitraums nach Absatz 5 und der nach Absatz 1 vorgegebenen Ermäßigungshöchstgrenze von 25 Prozent gelten folgende Verrechnungsgrundsätze: Der im Grundlagenbescheid nach Absatz 4 festgestellte berücksichtigungsfähige Anteil der Aufwendungen ist gleichmäßig auf den Verrechnungszeitraum zu verteilen, es sei denn, es wird ein Einzelnachweisverfahren nach Absatz 3 Nummer 2 Halbsatz 2 gewählt. [2]Wird die Möglichkeit zur Ermäßigung durch Verrechnung auf Einzelnachweis in Anspruch genommen, erfolgt je Kalenderjahr eine Verrechnung in Höhe der in einer Abrechnung nach § 110 Absatz 1 Nummer 2 Satz 3 nachgewiesenen Wärmenutzung, höchstens jedoch in Höhe des gleichmäßig auf den Verrechnungszeitraum verteilten berücksichtigungsfähigen Anteils der Aufwendungen, der im Grundlagenbescheid festgestellt worden ist.

§ 106 Ermäßigung für die Verwendung von Grundwasser

Auf Antrag erhalten Entgeltpflichtige aus dem Bereich der Gewinnung von Steinen und Erden und des verarbeitenden Gewerbes, die einem entsprechenden Wirtschaftszweig nach Abschnitt B und C der Klassifikation der Wirtschaftszweige des Statistischen Bundesamts, Ausgabe 2008 (WZ 2008), zuzuordnen sind, für die Verwendung von Grundwasser eine Ermäßigung von 25 Prozent des geschuldeten Entgelts, wenn sie EMAS- oder ISO 14001-Umweltmanagementsysteme einsetzen und einen haushälterischen, sparsamen sowie rationellen Einsatz des verwendeten Grundwassers gewährleisten.

§ 107 Härtefälle

[1]In besonderen Härtefällen kann auf Antrag das Entgelt ermäßigt oder von der Festsetzung abgesehen werden, insbesondere wenn die Festsetzung des Entgelts in voller Höhe zu einer außergewöhnlichen oder atypischen Belastung führen würde. [2]Eine Kumulierung mit einer Ermäßigung nach § 105 oder § 106 ist nicht zulässig.

§ 108 Festsetzung, Vorauszahlungen, Fälligkeit

(1) [1]Der Entgeltpflichtige hat für den abgelaufenen Veranlagungszeitraum gegenüber der Wasserbehörde unaufgefordert eine Erklärung abzugeben (Entgelterklärung). [2]In der Entgelterklärung sind alle zur Festsetzung des Entgelts erforderlichen Angaben, insbesondere zur entnommenen Wassermenge, zu machen und die dazu gehörenden Unterlagen, einschließlich etwaiger Anträge nach den §§ 105 bis 107 sowie Nachweise nach den §§ 110 und 111, vorzulegen (Erklärungsumfang). [3]Die Entgelterklärung ist nach einem von der obersten Wasserbehörde vorgeschriebenem Datensatz elektronisch zu übermitteln (amtlicher elektronischer Vordruck). [4]Die Wasserbehörde kann von der Verwendung des amtlichen elektronischen Vordrucks absehen. [5]Die Entgelterklärung ist für jedes Kalenderjahr spätestens bis zum 31. Januar des folgenden Jahres abzugeben (Erklärungsfrist). [6]Abweichend hiervon ist im Falle der §§ 105 bis 107 die Entgelterklärung spätestens zum 31. März abzugeben; die Wasserbehörde ist vor Ablauf der Erklärungsfrist nach Satz 5 von der beabsichtigten Antragstellung in Kenntnis zu setzen. [7]Auf Antrag kann die Erklärungsfrist nach Satz 5 oder Satz 6 durch die Wasserbehörde verlängert werden. [8]§ 109 Absatz 1 Satz 2 und § 110 der Abgabenordnung (AO) gelten entsprechend. [9]Kommt der Entgeltpflichtige seinen Verpflichtungen nach Satz 1 bis 6 nicht, nicht recht-

zeitig oder nicht vollständig nach, kann die Wasserbehörde das Entgelt im Wege der Schätzung festsetzen (Entgeltschätzung) und einen Verspätungszuschlag entsprechend § 152 AO festsetzen (Verspätungszuschlag). [10]Die Geltendmachung von Anträgen nach den §§ 105 bis 107 ist nach Ablauf der Erklärungsfrist ausgeschlossen (Ausschlussfrist), es sei denn, die Wasserbehörde hat die Frist verlängert.

(2) [1]Das Entgelt wird unter Berücksichtigung von Anträgen nach den §§ 105, 106 oder 107 jährlich durch Bescheid festgesetzt (Festsetzungsbescheid). [2]Vorauszahlungen nach Absatz 4 werden angerechnet.

(3) [1]Eine Entgeltfestsetzung sowie ihre Aufhebung oder Änderung sind nicht mehr zulässig, wenn die Frist zur Festsetzung abgelaufen ist (Festsetzungsfrist). [2]Die Festsetzungsfrist beträgt zwei Jahre, bei Überschreitung der Erklärungsfrist fünf Jahre. [3]Sie verlängert sich auf zehn Jahre und im Falle von § 105 Absatz 2 Nummer 2 auf 15 Jahre, wenn ein Entgelt hinterzogen oder leichtfertig verkürzt worden ist. [4]Im Falle von § 105 Absatz 2 Nummer 1, 3 und 4 gilt die nach Satz 2 auf zehn Jahre verlängerte und im Falle von § 105 Absatz 2 Nummer 2 die auf 15 Jahre verlängerte Festsetzungsfrist auch dann, wenn die Angaben in der Entgelterklärung in wesentlicher Beziehung unrichtig oder unvollständig sind und dadurch ein Entgelt verkürzt worden ist. [5]Die Festsetzungsfrist beginnt jeweils mit Ablauf des auf die Benutzung nach § 102 folgenden Kalenderjahres. [6]Hiervon abweichend beginnt im Falle von § 105 die Festsetzungsfrist

1. mit Ablauf des Kalenderjahres, in dem die der Maßnahme nach § 105 Absatz 2 Nummer 2 zugrunde liegende KWK-Anlage den Dauerbetrieb aufgenommen hat, wenn nach § 105 Absatz 5 Satz 2 die Ermäßigung durch Verrechnung erstmals mit Wirkung für das Kalenderjahr des Baubeginns erfolgt,

2. mit Ablauf des Kalenderjahres, in dem das Ereignis eingetreten ist, wenn nachträglich Änderungen an Maßnahmen nach § 105 Absatz 2 vorgenommen worden sind, die sich mit Wirkung für die Vergangenheit auf die Festsetzung des Entgelts auswirken.

[7]Im Falle von § 105 endet die Festsetzungsfrist nicht vor Ablauf von zwei Jahren nach Bekanntgabe des Grundlagenbescheids.

(4) [1]Der Entgeltpflichtige hat am 1. Juni und am 1. Dezember Vorauszahlungen für den laufenden Veranlagungszeitraum zu entrichten (gesetzliche Vorauszahlungspflichten). [2]Jede Vorauszahlung beträgt die Hälfte des zuletzt festgesetzten Jahresbetrages, ist noch kein Festsetzungsbescheid erlassen worden, die Hälfte des zu erwartenden Jahresbetrages. [3]Der Entgeltpflichtige hat die Vorauszahlung selbst zu berechnen und bei Fälligkeit zu entrichten. [4]Die Wasserbehörde kann den Entgeltpflichtigen auf Antrag von den Vorauszahlungen ganz oder teilweise befreien, wenn zu erwarten ist, dass die Entgeltpflicht für den laufenden Veranlagungszeitraum entfällt oder erheblich geringer sein wird als im vorausgegangenen Veranlagungszeitraum.

(5) Das Entgelt ist einen Monat nach Bekanntgabe des Festsetzungsbescheids, die Vorauszahlungen sind sofort zur Zahlung fällig.

§ 109 Feststellung durch Grundlagenbescheid

(1) [1]Auf der Grundlage der Entgelterklärung des Entgeltpflichtigen für das Kalenderjahr, für das eine Ermäßigung durch Verrechnung nach § 105 erstmals vorzunehmen ist, ist von der Wasserbehörde der Grundlagenbescheid nach Maßgabe von § 105 Absatz 4 zu erlassen. [2]Der Entgeltpflichtige hat die Wasserbehörde über nachträgliche Änderungen an Maßnahmen nach § 105 Absatz 2, die sich wesentlich auf die Feststellungen im Grundlagenbescheid auswirken, unverzüglich zu unterrichten.

(2) [1]Die Frist für die gesonderte Feststellung durch einen Grundlagenbescheid nach § 105 Absatz 4 (Feststellungsfrist) beträgt zwei Jahre. [2]Sie beginnt mit Ablauf des Kalenderjahres, das auf dasjenige Kalenderjahr folgt, für das eine Ermäßigung durch Verrechnung nach § 105 erstmals vorzunehmen ist.

(3) [1]Ein Grundlagenbescheid kann auch nach Ablauf der Feststellungsfrist insoweit erlassen werden, als die darin enthaltenen gesonderten Feststellungen für die Festsetzung eines Entgelts von Bedeutung sind, für das die Festsetzungsfrist im Zeitpunkt der Bekanntgabe des Grundlagenbescheids noch nicht abgelaufen ist. [2]Hierauf ist im Festsetzungsbescheid hinzuweisen.

§ 110 Nachweise für Ermäßigungen

(1) Der Entgeltpflichtige hat das Vorliegen der Ermäßigungsvoraussetzungen und den Umfang der Ermäßigung wie folgt nachzuweisen:

1. [1]Im Falle von § 105 Absatz 2 Nummer 1 wahlweise durch die Vorlage einer Bescheinigung eines Umweltgutachters für den Bereich Wasserversorgung oder für den Bereich Wärmeversorgung oder aber durch die Vorlage von Messergebnissen, die auf einem mit der Zulassungsbehörde abgestimmten Messprogramm beruhen. [2]Die Aufwendungen sind vom Entgeltpflichtigen nach Inbetriebnahme zu ermitteln und durch einen Abschlussprüfer zu bestätigen.

2. [1]Im Falle von § 105 Absatz 2 Nummer 2 durch die Vorlage einer Bescheinigung eines Umweltgutachters für den Bereich Elektrizitätserzeugung aus Wärmekraft oder für den Bereich Wärmeversorgung und die Mitteilung der voraussichtlichen Höhe der Aufwendungen. [2]Nach Inbetriebnahme sind die behördliche Zulassungsentscheidung nach § 6 Absatz 1 des Kraft-Wärme-Kopplungsgesetzes vorzulegen und die Höhe der Aufwendungen durch einen Abschlussprüfer zu bescheinigen. [3]Sofern der Entgeltpflichtige von der Möglichkeit zur Verrechnung auf Einzelnachweis nach § 105 Absatz 3 Nummer 2 Halbsatz 2 Gebrauch macht, hat er für jedes Kalenderjahr zusätzlich eine durch einen Abschlussprüfer bestätigte Abrechnung gemäß § 8 Absatz 1 des Kraft-Wärme-Kopplungsgesetzes vorzulegen.

3. [1]Im Falle von § 105 Absatz 2 Nummer 3 und 4 durch die Vorlage der behördlichen Zulassungsentscheidung. [2]Die Aufwendungen sind vom Entgeltpflichtigen nach Fertigstellung zu ermitteln und durch einen Abschlussprüfer zu bestätigen.

4. Im Falle von § 106 Satz 1 durch die Vorlage einer EMAS-Registrierung oder einer gültigen ISO 14001-Zertifizierung.

(2) Sieht es die Wasserbehörde nach den Umständen des Einzelfalles als geboten an, kann sie die Vorlage weiterer Nachweise fordern.

§ 111 Nachweise für Härtefälle

[1]Der Entgeltpflichtige hat als Nachweis alle Unterlagen vorzulegen, aus denen sich die besondere Härtefallstellung herleiten lässt. [2]Für Inhalt und Umfang der Mitwirkungs- und Nachweispflichten und Beweismittel gelten die §§ 90, 92, 93, 96 Absatz 1 bis Absatz 7 Satz 1 und 2 und §§ 97 bis 99 AO entsprechend.

§ 112 Aufhebung oder Änderung, Nacherhebung

(1) Ein Festsetzungsbescheid ist zu erlassen, aufzuheben oder zu ändern, soweit ein Grundlagenbescheid (§ 105 Absatz 4), dem Bindungswirkung für diesen Festsetzungsbescheid zukommt, erlassen, aufgehoben oder geändert wird.

(2) [1]Das Entgelt ist nachzuerheben,
1. wenn Tatsachen nachträglich bekannt werden, die zu einer höheren Festsetzung des Entgelts führen, insbesondere, wenn die dem Grundlagenbescheid zugrunde liegenden Angaben unrichtig oder unvollständig waren,
2. wenn nachträgliche Änderungen an Maßnahmen nach § 105 Absatz 2 zu einer höheren Festsetzung des Entgelts führen, insbesondere weil sie sich auf die im Grundlagenbescheid festgestellten Bemessungsgrundlagen auswirken,
3. wenn nach § 105 Absatz 5 Satz 2 die Ermäßigung durch Verrechnung erstmals mit Wirkung für das Kalenderjahr des Baubeginns festgesetzt wurde und die der Maßnahme nach § 105 Absatz 2 Nummer 2 zugrunde liegende hocheffiziente KWK-Anlage den Dauerbetrieb nicht spätestens mit Ablauf des dritten Kalenderjahres, das auf das Kalenderjahr des Baubeginns folgt, aufgenommen hat.

[2]Die Nacherhebung erfolgt durch Aufhebung oder Änderung des Grundlagenbescheids und der hierauf beruhenden Festsetzungsbescheide. [3]Ist innerhalb des Verrechnungszeitraums nach § 105 Absatz 5 eine nachträgliche Änderung im Sinne von Satz 1 Nummer 2 nur für die Festsetzung des Entgelts in späteren Kalenderjahren von Bedeutung, hat die Aufhebung oder Änderung des Grundlagenbescheids insoweit zu erfolgen, als die Feststellungen für spätere Festsetzungen von Bedeutung sind. [4]Das nacherhobene Entgelt ist vom Entgeltpflichtigen rückwirkend vom Zeitpunkt der Fälligkeit an nach § 238 AO zu verzinsen.

§ 113 Anwendung der Abgabenordnung und des Landesverwaltungsverfahrensgesetzes

(1) [1]Beim Vollzug der §§ 100 bis 114 sind die folgenden Bestimmungen der Abgabenordnung anzuwenden über

1. die steuerlichen Begriffsbestimmungen nach § 3 Absatz 1, 3 und 4, den §§ 4, 5 und 7 bis 15,
2. die Haftungsbeschränkung für Amtsträger nach § 32,
3. die Steuerpflichtigen nach den §§ 33 bis 36,
4. das Steuerschuldverhältnis nach den §§ 37, 38, 42 und 44 bis 49,
5. die Haftung nach den §§ 69, 70, § 71 mit der Maßgabe, dass die Vorschriften über die Steuerhehlerei keine Anwendung finden, §§ 73 bis 75 und 77,
6. die Besteuerungsgrundsätze und Beweismittel nach § 88,
7. die Verwaltungsakte nach § 129,
8. die Steuerfestsetzung unter Vorbehalt nach § 164 Absatz 1 bis 4 Satz 1,
9. die Verwirklichung, die Fälligkeit und das Erlöschen von Ansprüchen aus dem Steuerschuldverhältnis nach den §§ 218, 219, 224 Absatz 2, §§ 225, 226 und 228 bis 232,
10. die Verzinsung und Säumniszuschläge nach den §§ 233, 234 Absatz 1 und 2, § 235 Absatz 1 bis 3, § 236 mit der Maßgabe, dass in Absatz 3 an Stelle des § 137 Satz 1 der Finanzgerichtsordnung (FGO) § 155 Absatz 5 der Verwaltungsgerichtsordnung (VwGO) Anwendung findet, § 237 Absatz 1 mit der Maßgabe, dass an Stelle des abgabenrechtlichen Einspruchs der Widerspruch nach § 68 VwGO gegeben ist, § 237 Absatz 2 und 4 mit der Maßgabe, dass § 234 Absatz 3 keine Anwendung findet, und §§ 238 bis 240,
11. die Sicherheitsleistung nach den §§ 241 bis 248,
12. die allgemeinen Vollstreckungsvorschriften nach § 251 Absatz 3,
13. die Niederschlagung nach § 261.

[2]Bei der Anwendung der in Satz 1 bezeichneten Bestimmungen treten an die Stelle

1. der Finanzbehörde oder des Finanzamts die zuständige Wasserbehörde,
2. des Wortes „Abgabe" das Wort „Entgelt",
3. des Wortes „Besteuerung" die Worte „Heranziehung zu Entgelten",
4. des Finanzgerichts das Verwaltungsgericht.

(2) Im Übrigen gelten die Bestimmungen des Landesverwaltungsverfahrensgesetzes.

§ 114 Berichtspflicht

[1]Die oberste Wasserbehörde legt dem Landtag erstmals zum 31. Dezember 2016 und danach alle fünf Jahre einen Erfahrungsbericht zur Erhebung des Wasserentnahmeentgelts vor. [2]Sie soll dabei insbesondere über

1. den Vollzug der Vorschriften und
2. die Auswirkungen auf Wasserentnahmen, Wärmeinleitung, gewässerökologische Funktionsfähigkeit von Oberflächengewässern und den Rückgang der Grundwasserbenutzungen infolge eines Umstiegs auf die Benutzung von Oberflächenwasser berichten. Der Erfahrungsbericht soll auch Vorschläge zur weiteren Entwicklung des Wasserentnahmeentgelts enthalten.

Abschnitt 3
Abwasserabgabe

§ 115 Ermittlung auf Grund des Bescheides (zu § 3 Absatz 3 und § 4 AbwAG)

(1) [1]Die Jahresschmutzwassermenge ist auf Grund einer Schätzung von der Wasserbehörde festzulegen. [2]Einleiter haben die dazu notwendigen Daten auf der Grundlage von Messergebnissen spätestens bis zum 31. März des folgenden Jahres mitzuteilen.

(2) [1]Wird nach § 4 Absatz 5 des Abwasserabgabengesetzes (AbwAG) erklärt, dass im Veranlagungszeitraum während eines bestimmten Zeitraumes, der nicht kürzer als drei Monate sein darf, ein niedrigerer Überwachungswert oder eine geringere als die im Bescheid festgelegte Abwassermenge eingehalten werde, ist glaubhaft zu machen, welche Schmutzwassermenge sich für den Erklärungszeitraum daraus ergibt. [2]Ist dies nicht glaubhaft gemacht, sind für die Berechnung der Abwasserabgabe die im Bescheid festgesetzten Werte maßgebend.

§ 116 Niederschlagswasser (zu § 7 AbwAG)

(1) [1]Die Einleitung von Niederschlagswasser ist abgabefrei, soweit die Regenwasserbehandlung den allgemein anerkannten Regeln der Technik entspricht und die Anforderungen des die Einleitung zulassenden Bescheides eingehalten werden. [2]Bei der Schätzung der Zahl der an die öffentliche Kanalisation angeschlossenen Einwohner für die Ermittlung der Abgabe ist die Zahl der insgesamt an die öffentliche Kanalisation angeschlossenen Einwohner und der noch fehlende Ausbaugrad der Regenwasserbehandlung im Gemeindegebiet zugrunde zu legen.

(2) Die Einleitung von Niederschlagswasser aus der öffentlichen Kanalisation ist ferner für das gesamte Gemeindegebiet abgabefrei, falls der Ausbaugrad der Regenwasserbehandlung für das Gemeindegebiet ab dem 1. Januar 2015 mindestens 95 Prozent und ab dem 1. Januar 2020 100 Prozent beträgt.

(3) [1]Errichtet oder erweitert der Einleiter Einrichtungen, die zur Erfüllung der Voraussetzungen nach Absatz 1 und 2 dienen, oder werden Entsiegelungsmaßnahmen durchgeführt, die geeignet sind, die Menge des zu behandelnden Niederschlagswassers zu vermindern, so können die dafür entstandenen Aufwendungen mit der für die in den drei Jahren vor der vorgesehenen Inbetriebnahme der Anlage oder Durchführung der Entsiegelungsmaßnahme geschuldeten Abgabe verrechnet werden. [2]Diese Regelung gilt auch für den Fall, dass der Einleiter Anlagen zur Regenwassernutzung errichtet, soweit diese den allgemein anerkannten Regeln der Technik entsprechen. [3]§ 10 Absatz 3 Satz 3, 4 Alternative 1 und Satz 5 AbwAG gilt entsprechend.

(4) Bei der Schätzung der Zahl der an die Kanalisation angeschlossenen Einwohner oder der Größe der angeschlossenen Fläche ist von den Verhältnissen am 31. Dezember des Kalenderjahres, für das die Abgabe zu entrichten ist, auszugehen.

§ 117 Kleineinleitungen (zu § 8 AbwAG)

(1) Die Zahl der Schadeinheiten von Schmutzwasser aus Haushaltungen und ähnlichem Schmutzwasser, für das die Gemeinde nach § 9 Absatz 2 Satz 2 AbwAG in Verbindung mit § 118 Absatz 1 dieses Gesetzes abgabepflichtig ist, beträgt 70 Prozent der Zahl der nicht an die Kanalisation angeschlossenen Einwohner.

(2) [1]Bei der Berechnung oder Schätzung der Zahl der nicht an die Kanalisation angeschlossenen Einwohner bleiben die Einwohner unberücksichtigt, deren gesamtes Schmutzwasser in einer Abwasserbehandlungsanlage behandelt wird, die den allgemein anerkannten Regeln der Technik entspricht und deren ordnungsgemäße Schlammbeseitigung sichergestellt ist. [2]Die ordnungsgemäße Schlammbeseitigung gilt insbesondere als gesichert, wenn die Gemeinde die Beseitigungspflicht durch Regelung in der Abwassersatzung übernommen hat oder der Nachweis der rechtmäßigen Aufbringung in der Landwirtschaft geführt wird.

(3) § 116 Absatz 4 gilt entsprechend.

§ 118 Abgabepflicht für Dritte, Abwälzbarkeit (zu § 9 Absatz 2 AbwAG)

(1) [1]Die Gemeinden sind an Stelle von Einleitern abgabepflichtig, die weniger als acht Kubikmeter je Tag Schmutzwasser aus Haushaltungen und ähnliches Schmutzwasser einleiten. [2]Ist einer Gemeinde oder einem Zweckverband nach Maßgabe des Gesetzes über die kommunale Zusammenarbeit die Pflicht zur Abwasserbeseitigung für eine Gemeinde übertragen, so kann in der öffentlich-rechtlichen Vereinbarung oder in der Verbandssatzung bestimmt werden, dass die erfüllende Gemeinde oder der Zweckverband an Stelle der Einleiter nach Satz 1 abgabepflichtig ist. [3]Satz 2 gilt für Verwaltungsgemeinschaften entsprechend.

(2) [1]Körperschaften, die nach Absatz 1 an Stelle von Einleitern abgabepflichtig sind, können zur Deckung der ihnen entstehenden Aufwendungen eine Abgabe von den Eigentümern oder dinglich Nutzungsberechtigten eines Grundstücks, auf dem Abwasser anfällt, oder von den Einleitern erheben. [2]Für den Erlass der Abgabesatzung gelten die Bestimmungen des Kommunalabgabengesetzes entsprechend. [3]Die Abgabesatzung kann dabei vorsehen, dass zu den Aufwendungen im Sinne des Satzes 1 auch der durch die Erhebung der Abgabe entstehende Verwaltungsaufwand rechnet.

§ 119 Verdünnung (zu § 9 Absatz 5 Satz 1 AbwAG)

(1) [1]Eine Verdünnung kann bei der Entscheidung nach § 9 Absatz 5 Satz 1 Nummer 2 AbwAG nur dann unberücksichtigt bleiben, wenn im Jahresmittel der Verdünnungsanteil ab dem Jahr 2015 45 Prozent und ab dem Jahr 2020 40 Prozent des Abwasserabflusses bei Trockenwetter nicht übersteigt. [2]Wird dieser Verdünnungsanteil überschritten, so ist der Entscheidung über die Ermäßigung ein hö-

herer Anforderungswert zugrunde zu legen, wenn dieser ohne eine Verdünnung zu erwarten wäre. [3]Der Wert ist von der Wasserbehörde auf der Grundlage des Verdünnungsanteils und der Ablaufkonzentration des Gesamtabwassers zu ermitteln.

(2) [1]Aufwendungen für Einrichtungen, die dazu dienen, den Verdünnungsanteil zu verringern, können mit der für die in den drei Jahren vor der vorgesehenen Inbetriebnahme der Einrichtung geschuldeten Abgabe verrechnet werden. [2]§ 10 Absatz 3 Satz 2, 3, 4 Alternative 1 und Satz 5 AbwAG gilt entsprechend.

(3) [1]Bei Kanalsanierungen kann nur die Hälfte der Aufwendungen verrechnet werden. [2]Die Aufwendungen werden pauschaliert; pro Meter Kanalisation werden je nach Durchmesser der Kanalisation feste Sätze angerechnet. [3]Bei besonders schwierigen Untergrundverhältnissen kann ein Zuschlag in Höhe von 20 Prozent der Aufwendungen zusätzlich verrechnet werden. [4]Die oberste Wasserbehörde legt die Einzelheiten der Pauschalierung in einer Verwaltungsvorschrift fest.

§ 120 Verrechnung (zu § 10 Absatz 3 AbwAG)

(1) [1]Die Verrechnung ist von den Abgabepflichtigen schriftlich unter Nachweis der Anspruchsvoraussetzungen gegenüber der Wasserbehörde zu erklären. [2]Die Verrechnung ist zulässig mit der Abgabe für Einleitungen, die im Zusammenhang mit der zu errichtenden Abwasserbehandlungsanlage stehen.

(2) [1]Die Verrechnung kann auch mit Aufwendungen erfolgen, die an andere Abgabepflichtige zur Errichtung einer Abwasserbehandlungsanlage geleistet wurden. [2]Die Verrechnung ist nur zulässig, wenn die anderen Abgabepflichtigen unwiderruflich bestätigen, dass sie Aufwendungen in dieser Höhe nicht selbst verrechnen und hierfür keine weiteren Bestätigungen ausstellen werden.

(3) Die Verrechnung kann nur innerhalb von drei Jahren nach Ablauf des Jahres erklärt werden, in dem die errichtete oder erweiterte Abwasseranlage in Betrieb genommen wurde.

§ 121 Erklärungspflicht (zu § 11 AbwAG)

(1) Wird die Abgabe nicht auf Grund des die Abwassereinleitung zulassenden Bescheides ermittelt, hat der Abgabepflichtige unbeschadet seiner Verpflichtung nach § 6 Absatz 1 AbwAG die für die Entscheidung erforderlichen Angaben zu machen und die dazugehörigen Unterlagen der Wasserbehörde vorzulegen, insbesondere eine Abgabeerklärung abzugeben.

(2) Die Abgabeerklärung ist zusammen mit der nach § 11 Absatz 2 AbwAG vorzunehmenden Mitteilung für jedes Kalenderjahr spätestens bis zum 31. März des folgenden Jahres vorzulegen.

(3) [1]Anträge, Erklärungen oder Anzeigen nach dem Abwasserabgabengesetz oder diesem Gesetz sind nach amtlichen Vordrucken abzugeben. [2]§ 87a Absatz 1 bis 3 AO gilt entsprechend.

§ 122 Festsetzung der Abgabe, Fälligkeit

(1) Die Abwasserabgabe wird jährlich durch Bescheid festgesetzt (Festsetzungsbescheid).

(2) [1]Die Festsetzungsfrist beträgt zwei Jahre, bei Überschreitung der Frist für die Abgabeerklärung nach § 121 Absatz 2 fünf Jahre. [2]Sie verlängert sich auf zehn Jahre, wenn eine Abgabe hinterzogen oder leichtfertig verkürzt worden ist. [3]Die Festsetzungsfrist beginnt jeweils mit Ablauf des auf die Einleitung folgenden Kalenderjahres. [4]Abweichend von Satz 3 beginnt die Festsetzungsfrist im Falle des § 10 Absatz 3 Satz 4 AbwAG mit Ablauf des Jahres der Inbetriebnahme der Abwasserbehandlungsanlage.

(3) Die Abwasserabgabe ist drei Monate nach Bekanntgabe des Festsetzungsbescheids zur Zahlung fällig.

§ 123 Festsetzungs-, Erhebungs- und Vollstreckungsverfahren

(1) Die folgenden Bestimmungen der Abgabenordnung sind für das Festsetzungsverfahren entsprechend anzuwenden, soweit das Abwasserabgabengesetz und dieses Gesetz nichts anderes bestimmen:
1. aus dem Ersten Teil – Einleitende Vorschriften –
    a) über die steuerlichen Begriffsbestimmungen § 3 Absatz 1, Absatz 4 mit der Maßgabe, dass Zwangsgelder und Kosten nicht als Nebenleistungen anzusehen sind, Absatz 4 sowie die §§ 4, 5 und 7 bis 15,
    b) über die Haftungsbeschränkung für Amtsträger § 32,

2. aus dem Zweiten Teil – Steuerschuldrecht –
   a) über die Steuerpflichtigen die §§ 33 bis 36,
   b) über das Steuerschuldverhältnis die §§ 37, 38, 42 und 44 bis 49,
   c) über die Haftung die §§ 69, 70, § 71 mit der Maßgabe, dass die Vorschriften über die Steuererhehlerei keine Anwendung finden, §§ 73 bis 75 und 77,
3. aus dem Dritten Teil – Allgemeine Verfahrensvorschriften –
   a) über die Verfahrensgrundsätze die §§ 78 bis 82 Absatz 1 und 2, § 83 Absatz 1 mit der Maßgabe, dass in den Fällen des Satzes 2 die Anordnung von der obersten Dienstbehörde getroffen wird, die §§ 85, 86, § 87 mit der Maßgabe, dass in den Fällen des Absatzes 2 Satz 2 die Vorlage einer von einem öffentlich bestellten und beeidigten Urkundenübersetzer angefertigten oder beglaubigten Übersetzung verlangt werden kann, die §§ 88 bis 93, § 96 Absatz 1 bis Absatz 7 Satz 1 und 2, §§ 97 bis 99, § 101 Absatz 1, §§ 102 bis 110, § 111 Absatz 1 bis 3 und 5, §§ 112 bis 115 und § 117 Absatz 1, 2 und 4,
   b) über die Verwaltungsakte die §§ 118 bis 133 mit der Maßgabe, dass in § 122 Absatz 5 das Landesverwaltungszustellungsgesetz Anwendung findet, und dass in § 126 Absatz 2 und in § 132 an die Stelle des finanzgerichtlichen Verfahrens das verwaltungsgerichtliche Verfahren tritt,
4. aus dem Vierten Teil – Durchführung der Besteuerung –
   a) über die Steuererklärungen § 149 Absatz 1, § 152 Absatz 1, Absatz 2 mit der Maßgabe, dass der Höchstbetrag 50 000 Euro nicht überschreiten darf, und Absatz 3, § 153 Absatz 1 und 2,
   b) über die Steuerfestsetzung §§ 155, 156 Absatz 2, § 157 Absatz 1, § 162 Absatz 1 und 2 Satz 1, § 163 Satz 1 und 3, § 164 Absatz 1, Absatz 2 Satz 1, Absatz 3 Satz 1, Absatz 4 sowie § 171 Absatz 1 bis 3, Absatz 3a mit der Maßgabe, dass an Stelle des § 100 Absatz 1 Satz 1, Absatz 2 Satz 2 sowie des § 101 FGO § 113 Absatz 1 Satz 1, Absatz 2 Satz 2 und Absatz 5 VwGO Anwendung findet, § 171 Absatz 9 bis 14, § 172 Absatz 1 Satz 1 Nummer 2 und Absatz 2, § 174 Absatz 1 bis 3, die §§ 175, 176 und 182,
   c) über die Haftung die §§ 191 und 192,
5. aus dem Fünften Teil – Erhebungsverfahren –
   a) über die Verwirklichung, die Fälligkeit und das Erlöschen von Ansprüchen aus dem Steuerschuldverhältnis die §§ 218, 219, 222, 224 Absatz 2, §§ 225 bis 232,
   b) über die Verzinsung und Säumniszuschläge §§ 233, 234 Absatz 1 und 2, § 235 Absatz 1 bis 3, § 236 mit der Maßgabe, dass in Absatz 3 an Stelle des § 137 Satz 1 FGO § 155 Absatz 4 VwGO Anwendung findet, § 237 Absatz 1 mit der Maßgabe, dass an Stelle des abgabenrechtlichen Einspruchs der Widerspruch (§ 68 VwGO) gegeben ist, Absatz 2, Absatz 4 mit der Maßgabe, dass § 234 Absatz 3 keine Anwendung findet, und §§ 238 bis 240,
   c) über die Sicherheitsleistung die §§ 241 bis 248,
6. aus dem Sechsten Teil – Vollstreckung –
   a) über die allgemeinen Vorschriften § 251 Absatz 3,
   b) über die Niederschlagung § 261.
(2) Bei der Anwendung der in Absatz 1 bezeichneten Vorschriften treten jeweils an die Stelle
1. der Finanzbehörde oder des Finanzamtes die zuständige Wasserbehörde,
2. des Wortes „Steuer", allein oder in Wortzusammensetzungen, das Wort „Abgabe",
3. des Wortes „Besteuerung" die Wörter „Heranziehung zu Abgaben",
4. des Finanzgerichts das Verwaltungsgericht,
5. der Wörter „§ 15 Absatz 2 des Verwaltungszustellungsgesetzes" die Wörter „§ 10 Absatz 2 des Landesverwaltungszustellungsgesetzes".

§ 124 Abzug des Verwaltungsaufwands
Aus dem Aufkommen der Abwasserabgabe wird vorweg nach Maßgabe des jeweiligen Haushaltsplans der mit dem Vollzug des Abwasserabgabengesetzes und dieses Gesetzes entstehende Verwaltungsaufwand gedeckt.

Teil 8
Straf- und Bußgeldbestimmungen

§ 125 Anwendung der Straf- und Bußgeldvorschriften der Abgabenordnung

(1) Bezüglich der Entgelte für Wasserentnahmen (§ 100) sind die Strafvorschriften des § 370 Absatz 1, 2 und 4, des § 371 und des § 376 AO über die Steuerhinterziehung und die Bußgeldvorschrift des § 378 AO über die leichtfertige Steuerverkürzung entsprechend anzuwenden.

(2) Das Höchstmaß der Freiheitsstrafe bei entsprechender Anwendung des § 370 Absatz 1 AO beträgt zwei Jahre.

§ 126 Ordnungswidrigkeiten

(1) Ordnungswidrig handelt, wer vorsätzlich oder fahrlässig

1. eine von der Wasserbehörde angebrachte Bezeichnung der Uferlinie (§ 7 Absatz 2) beschädigt, unbefugt beseitigt oder sonst verändert,

2. unbefugt oder unter Nichtbefolgen einer vollziehbaren Auflage Benutzungen im Sinne von § 14 ausübt,

3. gegen die Anzeigepflicht des § 18 verstößt,

4. entgegen § 20 Absatz 1 ein oberirdisches Gewässer über den Gemeingebrauch hinaus benutzt oder entgegen § 20 Absatz 3 Speicherbecken benutzt,

5. entgegen § 23 Absatz 2 Satz 2 unbefugt Schwall und Sunk verursacht, wenn dadurch signifikante nachteilige Auswirkungen auf den Gewässerzustand oder auf die Gewässerökologie verursacht werden,

6. gegen die Anzeigepflicht des § 24 Absatz 3 verstößt,

7. entgegen § 26 Absatz 1 Satz 3 eine Stauanlage ohne Erlaubnis dauernd außer Betrieb setzt oder beseitigt oder entgegen § 26 Absatz 3 Beschädigungen oder Veränderungen von Staumarken nicht unverzüglich anzeigt,

8. entgegen § 27, sofern die Wasserbehörde nichts anderes bestimmt hat, aufgestautes Wasser so ablässt, dass für andere Gefahren oder Nachteile entstehen können, die Ausübung von Wasserbenutzungsrechten und -befugnissen wesentlich beeinträchtigt wird, die Unterhaltung des Gewässers erschwert wird oder die ökologischen Funktionen des Gewässers wesentlich beeinträchtigt werden,

9. entgegen § 28 Absatz 1 eine Anlage in, an, über oder unter oberirdischen Gewässern unbefugt oder unter Nichtbefolgen einer vollziehbaren Auflage errichtet, betreibt oder wesentlich ändert,

10. entgegen § 29 Absatz 2 Bäume und Sträucher außerhalb von Wald entfernt, soweit es nicht für den Ausbau oder die Unterhaltung der Gewässer, zur Pflege des Bestandes oder zur Gefahrenabwehr erforderlich ist, oder entgegen § 29 Absatz 3 Nummer 1 Dünge- oder Pflanzenschutzmittel einsetzt oder lagert oder entgegen § 29 Absatz 3 Nummer 2 bauliche oder sonstige Anlagen errichtet oder entgegen § 29 Absatz 3 Nummer 3 eine Fläche als Ackerland nutzt,

11. entgegen § 39 Absatz 1 ein Gewässer zur Schifffahrt benutzt, das nicht dafür bestimmt ist,

12. gegen die Anzeigepflicht des § 43 Absatz 1 verstößt oder entgegen § 43 Absatz 6 die unvorhergesehene Erschließung von Grundwasser nicht unverzüglich mitteilt oder die Arbeiten, die zur Erschließung geführt haben, nicht einstweilen einstellt,

13. entgegen § 48 Absatz 1 eine Abwasseranlage unbefugt oder unter Nichtbefolgen einer vollziehbaren Auflage errichtet oder betreibt oder gegen die Anzeigepflicht des § 48 Absatz 2 verstößt,

14. entgegen § 53 mit wassergefährdenden Stoffen so umgeht, dass eine Verunreinigung der Gewässer oder eine sonstige nachteilige Veränderung ihrer Eigenschaften zu besorgen ist,

15. entgegen § 77 Absatz 1 eine Anlage nicht mit den von der Wasserbehörde festgelegten Geräten ausrüstet,

16. entgegen § 92 Absatz 1 Satz 3 mit den Arbeiten vor Ablauf eines Monats nach Eingang der Anzeige ohne Zustimmung der Wasserbehörde beginnt,

17. entgegen § 108 seine Entgelterklärung oder entgegen § 121 seine Abgabeerklärung nicht, nicht richtig, nicht vollständig oder nicht rechtzeitig vorlegt,

18. einer auf Grund des Wasserhaushaltsgesetzes oder dieses Gesetzes, auch in den alten Fassungen, ergangenen Rechtsverordnung zuwiderhandelt, soweit die Rechtsverordnung für einen bestimm-

ten Tatbestand auf diese Bußgeldvorschrift oder auf § 120 Absatz 1 Nr. 19 WG in der bis zum Inkrafttreten dieses Gesetzes geltenden Fassung verweist.

(2) Die Ordnungswidrigkeit kann mit einer Geldbuße bis zu 100 000 Euro geahndet werden.

(3) Verwaltungsbehörden im Sinne von § 36 Absatz 1 Nummer 1 des Gesetzes über Ordnungswidrigkeiten sind bei Ordnungswidrigkeiten nach diesem Gesetz und dem Wasserhaushaltsgesetz die Behörden, die für den Vollzug der verletzten Vorschrift zuständig sind.

(4) Bei Ordnungswidrigkeiten nach der Verordnung des Verkehrsministeriums über die Schifffahrt auf dem Rhein zwischen Neuhausen und Rheinfelden vom 29. Juli 1991 (GBl. S. 511), nach der Schifffahrtsverordnung Rheinfelden-Basel vom 30. November 2002 (GBl. 2003 S. 20) und nach der Einführungsverordnung zur Hochrheinpatentverordnung vom 30. November 2002 (GBl. 2003 S. 2), jeweils zuletzt geändert durch Verordnung vom 25. Januar 2012 (GBl. S. 65, 88), in ihren jeweils geltenden Fassungen ist abweichend von Absatz 3 Verwaltungsbehörde die untere Wasserbehörde.

Teil 9
Übergangs- und Schlussbestimmungen

§ 127 Einschränkung des Grundrechts nach Artikel 13 des Grundgesetzes
Soweit durch die Vorschriften dieses Gesetzes das Grundrecht nach Artikel 13 des Grundgesetzes berührt wird, wird dieses Grundrecht eingeschränkt.

§ 128 Übergangsregelung
(1) Bereits begonnene Verwaltungsverfahren sind nach den Vorschriften dieses Gesetzes von den bisher zuständigen Behörden zu Ende zu führen.

(2) [1]Für Vorhaben nach § 82 Absatz 2 Satz 1 Nummer 1 Buchstabe d, die innerhalb von zwei Jahren nach dem Inkrafttreten dieses Gesetzes beantragt werden, ist die untere Wasserbehörde bis zur erstmaligen Inbetriebnahme des Pumpspeicherwerkes sachlich zuständig. [2]Mit der erstmaligen Inbetriebnahme des Pumpspeicherwerkes geht die sachliche Zuständigkeit auf die höhere Wasserbehörde über.

(3) Die Bemessung des Entgelts für Wasserentnahmen richtet sich nach dem am Ende des jeweiligen Veranlagungszeitraums geltenden Recht.

(4) Verordnungen, die auf Grund der bisherigen Ermächtigungen ergangen sind, bleiben in Kraft.

Anlage 1 - 5
(hier nicht abgedruckt)

Gesetz des Landes Baden-Württemberg zum Schutz der Natur und zur Pflege der Landschaft (Naturschutzgesetz – NatSchG)[1)2)]

Vom 23. Juni 2015 (GBl. S. 585)

zuletzt geändert durch Art. 1 G zur Änd. des NaturschutzG und weiterer Vorschriften vom 21. November 2017 (GBl. S. 597, ber. S. 643, ber. 2018 S. 4)

Inhaltsübersicht

Teil 1
Allgemeine Vorschriften
§ 1 Regelungsgegenstand dieses Gesetzes
§ 2 Verpflichtung der öffentlichen Hand zum Schutz der Natur
§ 3 Naturschutz als Aufgabe für Erziehung, Bildung und Forschung
§ 4 Vollzug der Naturschutzvorschriften
§ 5 Fördergrundsätze, Zuwendungen, Aufwendungsersatz
§ 6 Aufgaben der Behörden und Planungsträger
§ 7 Land-, Forst- und Fischereiwirtschaft
§ 8 Naturschutzorientierte Umweltbeobachtung, Bericht zur Lage der Natur
§ 9 Naturschutz-Gütesiegel

Teil 2
Landschaftsplanung
§ 10 Inhalte der Landschaftsplanung
§ 11 Landschaftsprogramm und Landschaftsrahmenpläne
§ 12 Landschaftspläne und Grünordnungspläne
§ 13 Grenzüberschreitende Planung

Teil 3
Allgemeiner Schutz von Natur und Landschaft
§ 14 Eingriffe in Natur und Landschaft
§ 15 Rechtsfolgen des Eingriffs
§ 16 Bevorratung von Kompensationsmaßnahmen
§ 17 Zuständigkeit und Verfahren bei Eingriffen
§ 18 Kompensationsverzeichnis
§ 19 Genehmigung
§ 20 Schutz unzerschnittener Landschaftsräume

§ 21 Werbeanlagen, Himmelsstrahler, Beleuchtungsanlagen

Teil 4
Schutz bestimmter Teile von Natur und Landschaft

Abschnitt 1
Biotopverbund, geschützte Teile von Natur und Landschaft, gentechnisch veränderte Organismen
§ 22 Biotopverbund
§ 23 Unterschutzstellung, Form und Zuständigkeit
§ 24 Verfahren der Unterschutzstellung
§ 25 Beachtlichkeit von Form- und Verfahrensfehlern
§ 26 Einstweilige Sicherstellung, Veränderungsverbot
§ 27 Schutz von Bezeichnungen und Kennzeichen, Schutzgebietsverzeichnis
§ 28 Naturschutzgebiete
§ 29 Naturparke
§ 30 Naturdenkmale
§ 31 Geschützte Landschaftsbestandteile, gesetzlicher Schutz von Alleen
§ 32 Fortgeltung von Unterschutzstellungen
§ 33 Gesetzlich geschützte Biotope
§ 34 Verbot von Pestiziden
§ 35 Gentechnisch veränderte Organismen

Abschnitt 2
Netz „Natura 2000"
§ 36 Errichtung von Natura 2000-Gebieten
§ 37 Allgemeine Schutzvorschriften, Verschlechterungsverbot
§ 38 Verträglichkeit und Unzulässigkeit von Projekten, Ausnahmen

---

1) **Amtl. Anm.:** Dieses Gesetz dient der Umsetzung folgender Richtlinien:

  1. Richtlinie 92/43/EWG des Rates vom 21. Mai 1992 zur Erhaltung der natürlichen Lebensräume sowie der wild lebenden Tiere und Pflanzen (ABl. L 206 vom 22. Juli 1992, S. 7), zuletzt geändert durch Richtlinie 2013/17/EU (ABl. L 158 vom 10. Juni 2013, S. 193),

  2. Richtlinie 2009/147/EG des Europäischen Parlaments und des Rates vom 30. November 2009 über die Erhaltung der wild lebenden Vogelarten (ABl. L 20 vom 26. Januar 2010, S. 7), geändert durch Richtlinie 2013/17/EU (ABl. L 158 vom 10. Juni 2013, S. 193),

  3. Richtlinie 1999/22/EG des Rates vom 29. März 1999 über die Haltung von Wildtieren in Zoos (ABl. L 94 vom 9. April 1999, S. 24),

  4. Richtlinie 2001/42/EG des Europäischen Parlaments und des Rates vom 27. Juni 2001 über die Prüfung der Umweltauswirkungen bestimmter Pläne und Programme (ABl. L 197 vom 21. Juli 2001, S. 30).

2) Verkündet als Art. 1 G v. 23.6.2015 (GBl. S. 585); Inkrafttreten gem. Art. 16 dieses G am 14.7.2015.

Teil 5
Schutz der wild lebenden Tier- und Pflanzenarten
§ 39   Arten- und Biotopschutzprogramm, Rote
        Listen
§ 40   Entnahme von Pflanzen und Tieren
§ 41   Zoos
§ 42   Tiergehege, Ausnahmen von der
        Anzeigepflicht, Bezeichnungsschutz

Teil 6
Erholung in Natur und Landschaft
§ 43   Recht auf Erholung
§ 44   Schranken des Betretungsrechts
§ 45   Reiten in der freien Landschaft
§ 46   Genehmigung von Sperren, Anordnung
        von Durchgängen
§ 47   Freihaltung von Gewässern
§ 48   Bereitstellen von Grundstücken durch
        Kommunen

Teil 7
**Anerkennung und Mitwirkung von Naturschutz-
vereinigungen**
§ 49   Anerkennung und Mitwirkung anerkannter
        Naturschutzvereinigungen
§ 50   Rechtsbehelfe
§ 51   Landesnaturschutzverband

Teil 8
Vorkaufsrecht, Eigentumsbindung, Befreiungen
§ 52   Behördliche Befugnisse, Duldungspflicht
§ 53   Vorkaufsrecht
§ 54   Befreiungen
§ 55   Beschränkungen des Eigentums,
        Entschädigung

§ 56   Nutzungsbeschränkungen in der Land-,
        Forst- und Fischereiwirtschaft,
        Erschwernisausgleich

Teil 9
Organisation und Zuständigkeit
§ 57   Aufbau der Naturschutzbehörden
§ 58   Sachliche Zuständigkeit der
        Naturschutzbehörden
§ 59   Naturschutzfachbehörden
§ 60   Aufgaben der Naturschutzfachbehörden
§ 61   Beiräte für Natur- und Umweltschutz
§ 62   Stiftung Naturschutzfonds Baden-
        Württemberg
§ 63   Betreuung geschützter Teile von Natur und
        Landschaft, Artenschutzaufgaben
§ 64   Pflegemaßnahmen in geschützten Teilen
        von Natur und Landschaft
§ 65   Landschaftserhaltungsverbände
§ 66   Ehrenamtlicher Naturschutzdienst
§ 67   Hauptamtlicher Naturschutzdienst
§ 68   Datenverarbeitung

Teil 10
Ordnungswidrigkeiten
§ 69   Bußgeldvorschriften
§ 70   Einziehung

Teil 11
Übergangs- und Durchführungsvorschriften
§ 71   Übergangs- und
        Durchführungsvorschriften

Anlage 1 (zu § 15 Absatz 1)

Anlage 2 (zu § 33 Absatz 1)

Teil 1
Allgemeine Vorschriften

§ 1   Regelungsgegenstand dieses Gesetzes (zu § 1 BNatSchG)
In diesem Gesetz werden Regelungen getroffen, die das Bundesnaturschutzgesetz (BNatSchG) ergänzen oder von diesem im Sinne von Artikel 72 Absatz 3 Satz 1 Nummer 2 des Grundgesetzes abweichen.

**§ 2   Verpflichtung der öffentlichen Hand zum Schutz der Natur (abweichend von § 2 Absatz 4
       BNatSchG)**
(1) [1]Für den Naturschutz besonders wertvolle Grundstücke im Eigentum oder Besitz juristischer Personen des öffentlichen Rechts sollen in ihrer ökologischen Beschaffenheit erhalten und zur Förderung der biologischen Vielfalt nach Möglichkeit weiterentwickelt werden. [2]Bei Überlassung ökologisch besonders wertvoller Grundstücke zur Nutzung an Dritte ist die Beachtung der Verpflichtung nach Satz 1 sicherzustellen.
(2) [1]Bei Grundstücken der öffentlichen Hand im Außenbereich ist sicherzustellen, dass die Grundsätze der Bewirtschaftung nach § 5 Absätze 2 bis 4 BNatSchG eingehalten werden. [2]Bei an Gewässern angrenzenden Grundstücken der öffentlichen Hand im Außenbereich ist an zustreben, dass der Gewässerrandstreifen im Sinne von § 29 Absatz 1 Satz 1 und 2 des Wassergesetzes für Baden-Württemberg (WG) als Dauergrünland oder in dem bereits bestehenden naturschutzfachlich höherwertigen Zustand erhalten bleibt oder, sofern das Grundstück als Ackerfläche genutzt wird, in Dauergrünland oder in einen naturschutzfachlich höherwertigen Zustand überführt wird. [3]Satz 2 gilt entsprechend für Grundstücke der öffentlichen Hand im Außenbereich auf Moor- und Niedermoorböden oder solche mit hohem Grundwasserstand.

§ 3 Naturschutz als Aufgabe für Erziehung, Bildung und Forschung (zu § 2 Absatz 6 BNatSchG)

(1) Die Ziele und Aufgaben des Naturschutzes und der Landschaftspflege werden bei der pädagogischen Aus- und Fortbildung, in den Lehr- und Bildungsplänen und bei den Lehr- und Lernmitteln berücksichtigt.

(2) Die wissenschaftlichen Einrichtungen des Landes sollen durch Grundlagenuntersuchungen sowie durch Forschung und Lehre zu Fragen des angewandten Naturschutzes einen besonderen Beitrag zu Naturschutz und Landschaftspflege leisten.

(3) [1]Das Land unterhält im Zusammenwirken mit Gemeinden und Landkreisen Naturschutzzentren als Stiftungen bürgerlichen Rechts. [2]Sofern das Land Zuwendungen nach einer gemäß § 5 Absatz 4 ergangenen Verwaltungsvorschrift gewährt, können diese auf den Anteil des Landes gemäß dem Stiftungsgeschäft der Naturschutzzentren angerechnet werden. [3]Die Fachaufsicht und die Vertretung des Landes im Stiftungsrat bei den Naturschutzzentren der öffentlichen Hand obliegen der höheren Naturschutzbehörde.

(4) Die Akademie für Natur- und Umweltschutz, die Stiftung Naturschutzfonds Baden-Württemberg (Naturschutzfonds), die Landesanstalt für Umwelt Baden-Württemberg sowie die Landesanstalt für Entwicklung der Landwirtschaft und der ländlichen Räume nehmen, auch in Zusammenarbeit mit anderen geeigneten Einrichtungen, Aufgaben der Naturpädagogik sowie der Fort- und Weiterbildung im Bereich des Naturschutzes und der Landschaftspflege wahr.

§ 4 Vollzug der Naturschutzvorschriften (zu § 3 Absatz 2 BNatSchG)

(1) § 3 Absatz 2 BNatSchG gilt entsprechend für Vorschriften dieses Gesetzes und der aufgrund dieses Gesetzes erlassenen Vorschriften.

(2) Bei der Beeinträchtigung eines von der Gemeinde geschützten Landschaftsbestandteils nach § 29 BNatSchG trifft die Gemeinde die Anordnungen entsprechend § 3 Absatz 2 BNatSchG.

(3) Eine Anordnung der Naturschutzbehörde, die ein Grundstück betrifft und sich an den Eigentümer oder Nutzungsberechtigten richtet, ist auch für dessen Rechtsnachfolger verbindlich.

(4) Die Forstschutzbeauftragten nach dem Waldgesetz für Baden-Württemberg (LWaldG) haben im Rahmen ihrer Dienstaufgaben die Einhaltung der in § 3 Absatz 2 BNatSchG und der in Absatz 1 genannten Rechtsvorschriften zu überwachen.

§ 5 Fördergrundsätze, Zuwendungen, Aufwendungsersatz (zu § 3 Absatz 4 BNatSchG)

(1) [1]Das Land fördert Maßnahmen des Naturschutzes und der Landschaftspflege nach Maßgabe der verfügbaren Haushaltsmittel. [2]Die Gemeinden und Landkreise sind aufgerufen, sich an der Förderung dieser Maßnahmen angemessen zu beteiligen. [3]Die Einrichtung von Landschaftserhaltungsverbänden wird gemäß § 65 Absatz 1 gefördert.

(2) [1]Die finanzielle Förderung setzt in der Regel angemessene Eigenleistungen des Geförderten bei der Verwirklichung der Aufgaben und Zielsetzungen dieses Gesetzes voraus. [2]Auf eine angemessene Beteiligung anderer Träger öffentlicher Aufgaben soll hingewirkt werden, sofern die geförderte Maßnahme auch deren Interessen dient.

(3) Für vertraglich vereinbarte Maßnahmen des Naturschutzes und der Landschaftspflege (Vertragsnaturschutz) kann das Land Entgelte oder im Fall eines Auftragsverhältnisses Aufwendungsersatz gewähren.

(4) Das Nähere regelt die oberste Naturschutzbehörde in einer Verwaltungsvorschrift, insbesondere die Art und Inhalte der geförderten Maßnahmen, die Vorgaben für den Vertragsnaturschutz, die Gewährung, Art und Höhe der Zuwendungen, Entgelte sowie Art und Inhalt der nach Absatz 3 vereinbarten Maßnahmen und die Erstattung der notwendigen Kosten.

§ 6 Aufgaben der Behörden und Planungsträger

(1) [1]Die Behörden und die Körperschaften, Anstalten und Stiftungen des öffentlichen Rechts haben im Rahmen ihrer Zuständigkeit zur Verwirklichung der Ziele, Aufgaben und Grundsätze des Naturschutzes und der Landschaftspflege beizutragen. [2]Sie sind verpflichtet, bei ihren Planungen, Maßnahmen und sonstigen Vorhaben, die wesentliche Belange des Naturschutzes und der Landschaftspflege berühren können, die Naturschutzbehörden frühzeitig zu unterrichten und anzuhören, soweit nicht eine weitergehende Form der Beteiligung vorgeschrieben ist.

(2) Die Naturschutzbehörden haben bei ihren Planungen und Maßnahmen alle Behörden und Träger öffentlicher Belange, deren Aufgabenbereich wesentlich berührt sein kann, so rechtzeitig zu beteiligen, dass diese ihre Belange wirksam wahrnehmen können.

§ 7 Land-, Forst- und Fischereiwirtschaft (Absatz 4 abweichend von § 5 Absatz 2 BNatSchG)
(1) Land-, Forst- und Fischereiwirtschaft leisten einen besonderen Beitrag zur Erhaltung und Pflege von Natur und Landschaft.

(2) Soweit Planungen und Maßnahmen der Naturschutzbehörden wesentliche Belange der Land-, Forst- und Fischereiwirtschaft berühren, sind deren Berufsvertretungen zu beteiligen.

(3) Die Träger der land-, forst- und fischereiwirtschaftlichen Ausbildung und Beratung sollen die Inhalte und Voraussetzungen einer natur- und landschaftsverträglichen Land-, Forst- und Fischereiwirtschaft im Rahmen ihrer Tätigkeit vermitteln.

(4) [1]Über § 5 Absatz 2 BNatSchG hinaus sind die Anlage neuer sowie die wesentliche Änderung bestehender Entwässerungseinrichtungen bei Moorstandorten und Feuchtwiesen zu unterlassen. [2]Änderungen bestehender Entwässerungsanlagen sind zulässig, wenn sie den Zielen der Renaturierung oder der Wiedervernässung von Moorstandorten und Feuchtwiesen dienen.

§ 8 Naturschutzorientierte Umweltbeobachtung, Bericht zur Lage der Natur (zu § 6 BNatSchG)
(1) [1]Zuständig für die Aufgaben nach § 6 BNatSchG ist die Landesanstalt für Umwelt Baden-Württemberg. [2]Die Naturschutzbehörden wirken bei der Erfüllung der genannten Aufgaben mit. [3]Hierfür verarbeiten die genannten Stellen die zu diesem Zweck erforderlichen, gegebenenfalls auch personenbezogene, Daten. [4]Die übrigen Landesbehörden und -einrichtungen sowie die sonstigen öffentlichen Planungsträger übermitteln der Landesanstalt für Umwelt Baden-Württemberg die bei ihnen vorhandenen für die Erfüllung der Aufgaben nach Satz 1 erforderlichen, gegebenenfalls auch personenbezogene, Daten. [5]Rechtsvorschriften über die Geheimhaltung, über den Schutz personenbezogener Daten sowie über den Schutz von Betriebs- und Geschäftsgeheimnissen bleiben unberührt. [6]Die oberste Naturschutzbehörde wird ermächtigt, durch Rechtsverordnung das Nähere zu regeln, insbesondere über
1. die zu übermittelnden Daten,
2. die Art und Weise der Übermittlung und Veröffentlichung,
3. die Aufarbeitung der Daten.

(2) Die oberste Naturschutzbehörde berichtet dem Landtag in jeder Legislaturperiode auf der Basis ausgewählter Indikatoren über den Zustand und die Entwicklung der biologischen Vielfalt im Land (Bericht zur Lage der Natur).

§ 9 Naturschutz-Gütesiegel
[1]Die oberste Naturschutzbehörde wird ermächtigt, durch Rechtsverordnung ein Gütesiegel für Produkte und Dienstleistungen mit regionalem Bezug, die nach Naturschutzkriterien erzeugt werden, einzuführen. [2]Die Rechtsverordnung kann regeln, dass Betriebe, die die Qualitätskriterien erfüllen, als Naturschutz-Partnerbetriebe anerkannt werden. [3]Für die Lizenzvergabe kann eine Gebühr festgelegt werden.

Teil 2
Landschaftsplanung

§ 10 Inhalte der Landschaftsplanung (zu § 9 BNatSchG)
[1]Die Landschaftsrahmenpläne und die Landschaftspläne haben den landesweiten Biotopverbund weiter auszuformen. [2]Dazu sind unter Berücksichtigung des Generalwildwegeplans die Bestandteile des Biotopverbunds entsprechend ihrer Funktion zu bewerten und, soweit erforderlich und geeignet, fachplanerisch einzubeziehen. [3]In die Inhalte der Landschaftsplanung nach § 9 Absatz 3 Nummer 4 Buchstabe b und d BNatSchG ist ein Fachbeitrag der Naturschutzbehörde zu integrieren.

§ 11 Landschaftsprogramm und Landschaftsrahmenpläne (abweichend von § 10 BNatSchG)
(1) [1]Von der obersten Naturschutzbehörde ist im Benehmen mit den fachlich berührten Ministerien ein Landschaftsprogramm aufzustellen und entsprechend § 9 Absatz 4 BNatSchG fortzuschreiben. [2]Der Inhalt des Landschaftsprogramms soll, soweit erforderlich und geeignet, in den Landesentwicklungsplan aufgenommen werden; für das Verfahren gilt § 9 Absatz 2 bis 5 des Landesplanungsgesetzes.

(2) [1]Landschaftsrahmenpläne sind von den Trägern der Regionalplanung aufzustellen und entsprechend § 9 Absatz 4 BNatSchG fortzuschreiben. [2]Die Ausarbeitung des Landschaftsrahmenplans erfolgt im Benehmen mit der höheren Naturschutzbehörde. [3]Für das Verfahren gelten die Vorschriften des Landesplanungsgesetzes zur Aufstellung, Fortschreibung und sonstigen Änderung von Regionalplänen entsprechend. [4]Die Inhalte der Landschaftsrahmenpläne sollen, soweit erforderlich und geeignet, in die Regionalpläne aufgenommen werden.

§ 12 Landschaftspläne und Grünordnungspläne (zu § 11 BNatSchG)

(1) [1]Soweit nach § 11 Absatz 2 Satz 1 BNatSchG Landschaftspläne aufzustellen sind, hat dies von den Trägern der Bauleitplanung im Benehmen mit der unteren Naturschutzbehörde zu erfolgen; die Landschaftspläne sind entsprechend § 9 Absatz 4 BNatSchG fortzuschreiben. [2]Die Landschaftspläne sollen, soweit erforderlich und geeignet, in die Flächennutzungspläne aufgenommen werden.

(2) [1]Die Träger der Bauleitplanung können Grünordnungspläne aufstellen und entsprechend § 9 Absatz 4 BNatSchG fortschreiben, wenn Teile der Gemeinden nachteiligen Landschaftsveränderungen ausgesetzt sind oder dies erforderlich ist, um einen Biotopverbund einschließlich dessen Elemente bei der Ausweisung von Bauflächen zu erhalten. [2]Dabei kann auf die Darstellung nach § 9 Absatz 3 Satz 1 Nummer 1 bis 3 BNatSchG verzichtet werden. [3]Die Darstellungen der Grünordnungspläne können, sofern erforderlich und geeignet, als Festsetzungen in die Bebauungspläne übernommen werden.

§ 13 Grenzüberschreitende Planung (zu § 12 BNatSchG)

Sind bei der Aufstellung der Programme und Pläne nach §§ 10 und 11 BNatSchG erhebliche Auswirkungen auf die Belange des Naturschutzes und der Landschaftspflege benachbarter Staaten zu erwarten, sind §§ 8 und 9a des Gesetzes über die Umweltverträglichkeitsprüfung (UVPG) entsprechend anzuwenden.

Teil 3
Allgemeiner Schutz von Natur und Landschaft

§ 14 Eingriffe in Natur und Landschaft (abweichend von § 14 BNatSchG)

(1) Eingriffe in Natur und Landschaft im Sinne des § 14 Absatz 1 BNatSchG können insbesondere sein
1. im Außenbereich die Errichtung oder wesentliche Änderung von baulichen Anlagen und anderen Anlagen und Einrichtungen im Sinne der Landesbauordnung für Baden-Württemberg (LBO),
2. im Außenbereich die Errichtung oder wesentliche Änderung von Straßen, Wegen und sonstigen Verkehrsflächen,
3. die Beseitigung, die Anlage, der Ausbau oder die wesentliche Änderung von Gewässern,
4. im Außenbereich die Errichtung oder wesentliche Änderung von Freileitungen einschließlich deren Masten und Unterstützungen,
5. die Errichtung und der Betrieb eines durch eine mechanische Aufstiegshilfe erschlossenen Geländes zum Zwecke des Abfahrens mit Wintersportgeräten (Skipiste) und zugehöriger Einrichtungen sowie deren wesentliche Änderung und Erweiterung,
6. die Umwandlung von Ödland, Moorflächen oder naturnahen Flächen zu intensiver landwirtschaftlicher Nutzung,
7. die Beseitigung oder wesentliche Änderung von landschaftsprägenden Hecken, Baumreihen, Alleen, Feldrainen und Feldgehölzen.

(2) Die Vorschriften des Landwirtschafts- und Landeskulturgesetzes sowie des Landeswaldgesetzes (LWaldG) bleiben unberührt.

§ 15 Rechtsfolgen des Eingriffs (zu § 15 BNatSchG)

(1) [1]Abweichend von § 15 Absatz 2 Satz 3 BNatSchG gilt eine Ersatzmaßnahme auch dann als im betroffenen Naturraum gelegen, wenn sie auf dem Gebiet der von dem Eingriff betroffenen Gemeinde oder in dem nächstgelegenen benachbarten Naturraum dritter Ordnung durchgeführt wird. [2]In den Naturräumen dritter Ordnung
1. Fränkisches Keuper-Lias-Land,
2. Hochrheingebiet,
3. Mainfränkische Platten

gilt eine Ersatzmaßnahme auch dann als im betroffenen Naturraum gelegen, wenn sie sich in einem benachbarten Naturraum dritter Ordnung in Baden-Württemberg befindet. [3]Die in Satz 2 benannten Naturräume werden in einer Karte als Anlage 1 zu diesem Gesetz gekennzeichnet.

(2) Abweichend von § 15 Absatz 2 Satz 5 BNatSchG sind bei der Festsetzung von Art und Umfang der Ausgleichs- und Ersatzmaßnahmen auch sonstige naturschutzfachliche Planungen zu berücksichtigen; für die Stärkung des Biotopverbunds soll Sorge getragen werden.

(3) [1]Abweichend von § 15 Absatz 4 Satz 1 BNatSchG sind auch Vermeidungs- und Minimierungsmaßnahmen in dem jeweils erforderlichen Zeitraum zu unterhalten; wenn sie nicht nur vorübergehend erforderlich sind, kann eine rechtliche Sicherung gefordert werden. [2]§ 15 Absatz 4 Satz 2 und 3 BNatSchG gilt entsprechend.

(4) [1]Ersatzzahlungen im Sinne des § 15 Absatz 6 BNatSchG sind an den Naturschutzfonds (§ 62) zu leisten. [2]§ 12 Absatz 3 Satz 2 bis 4 und §§ 18 und 20 bis 22 des Landesgebührengesetzes gelten entsprechend.

(5) [1]Die oberste Naturschutzbehörde wird ermächtigt, durch Rechtsverordnung das Nähere zur Kompensation von Eingriffen zu regeln, insbesondere

1. abweichend von § 15 Absatz 4 Satz 3 BNatSchG die Voraussetzungen, unter denen die Verantwortung für Ausführung, Unterhaltung und Sicherung der Ausgleichs- und Ersatzmaßnahmen mit befreiender Wirkung für den Verursacher auf Dritte übertragen werden kann,

2. zu Inhalt, Art und Umfang von Ausgleichs- und Ersatzmaßnahmen einschließlich von Maßnahmen zur Entsiegelung, zur Wiedervernetzung von Lebensräumen und zur Bewirtschaftung und Pflege sowie zur Festlegung diesbezüglicher Standards, insbesondere für vergleichbare Eingriffsarten,

3. die Höhe der Ersatzzahlung und das Verfahren zu ihrer Erhebung.

[2]In einer Rechtsverordnung nach Satz 1 Nummer 2 und 3 kann von einer Rechtsverordnung nach § 15 Absatz 7 Satz 1 BNatSchG abgewichen werden.

(6) Ist geplant, für Ersatz- und Ausgleichsmaßnahmen landwirtschaftlich genutzte Flächen in Anspruch zu nehmen, ist die zuständige Landwirtschaftsbehörde bei der Auswahl der Flächen frühzeitig zu beteiligen.

§ 16 Bevorratung von Kompensationsmaßnahmen (zu § 16 BNatSchG)

(1) [1]Maßnahmen im Sinne des § 16 Absatz 1 BNatSchG bedürfen als Voraussetzung ihrer Anerkennung als vorgezogene Ausgleichs- und Ersatzmaßnahme der vorherigen Zustimmung der Naturschutzbehörde. [2]Zum Zeitpunkt der Zuordnung der Maßnahme zu einem Eingriff sind die günstigen Wirkungen der Maßnahme von der an der Zulassung des Eingriffs beteiligten Naturschutzbehörde festzustellen.

(2) [1]Die oberste Naturschutzbehörde wird ermächtigt, durch Rechtsverordnung die Bevorratung von vorgezogenen Ausgleichs- und Ersatzmaßnahmen mittels Ökokonten, Flächenpools oder anderer Maßnahmen, insbesondere die Erfassung, Bewertung oder Buchung vorgezogener Ausgleichs- und Ersatzmaßnahmen in Ökokonten, deren Genehmigungsbedürftigkeit und Handelbarkeit sowie den Übergang der Verantwortung nach § 15 Absatz 4 BNatSchG auf Dritte, die vorgezogene Ausgleichs- und Ersatzmaßnahmen durchzuführen, zu regeln. [2]Die Rechtsverordnung kann bestimmen, dass Maßnahmen nach § 135a Absatz 2 Satz 2 BauGB nachrichtlich im Ökokonto geführt werden.

§ 17 Zuständigkeit und Verfahren bei Eingriffen (zu § 17 BNatSchG)

(1) Die für Naturschutz und Landschaftspflege zuständige Behörde nach § 17 Absatz 1 BNatSchG ist die höhere Naturschutzbehörde, soweit es sich um Großvorhaben handelt, für das das Regierungspräsidium zuständig ist.

(2) Auch nachträglich können zu Entscheidungen nach § 17 Absatz 1 und 3 BNatSchG Nebenbestimmungen erlassen oder geändert werden, wenn der mit Ausgleichs- und Ersatzmaßnahmen für Natur und Landschaft angestrebte Erfolg nicht eingetreten ist oder der Fortgang des gestatteten Eingriffs dies zwingend notwendig macht; der mit der Nebenbestimmung angestrebte Zweck darf nicht außer Verhältnis zu dem erforderlichen Aufwand und den wirtschaftlichen Auswirkungen stehen.

(3) Die zuständige Behörde unterrichtet die beteiligte Naturschutzbehörde über das Ergebnis der Prüfung nach § 17 Absatz 7 BNatSchG.

(4) [1]Abweichend von § 17 Absatz 7 Satz 1 BNatSchG prüft bei immissionsschutzrechtlichen Genehmigungen die beteiligte Naturschutzbehörde die frist- und sachgerechte Durchführung der Vermei-

dungs- sowie der festgesetzten Ausgleichs- und Ersatzmaßnahmen einschließlich der erforderlichen Unterhaltungsmaßnahmen. [2]Abweichend von § 17 Absatz 7 Satz 2 BNatSchG kann auch die beteiligte Naturschutzbehörde hierzu vom Verursacher des Eingriffs die Vorlage eines Berichts verlangen.

(5) § 17 Absatz 10 BNatSchG findet entsprechende Anwendung auf Vorhaben, die nach dem Umweltverwaltungsgesetz (UVwG) einer Umweltverträglichkeitsprüfung unterliegen.

§ 18 Kompensationsverzeichnis (zu § 17 Absatz 6 und 11 BNatSchG)

(1) Die für die Führung des Kompensationsverzeichnisses zuständige Stelle im Sinne des § 17 Absatz 6 Satz 2 BNatSchG ist die Naturschutzbehörde.

(2) [1]Die Gemeinden übermitteln die erforderlichen Angaben nach § 17 Absatz 6 Satz 2 BNatSchG, wenn Flächen oder Maßnahmen zum Ausgleich im Sinne des § 1a Absatz 3 BauGB in einem Bebauungsplan festgesetzt sind oder Maßnahmen auf von der Gemeinde bereitgestellten Flächen durchgeführt werden. [2]Soweit diese Maßnahmen außerhalb des Eingriffsbebauungsplans liegen, sind diese in das Kompensationsverzeichnis aufzunehmen.

(3) [1]Die oberste Naturschutzbehörde wird gemäß § 17 Absatz 11 Satz 2 BNatSchG ermächtigt, durch Rechtsverordnung das Nähere zur Führung des Kompensationsverzeichnisses zu regeln. [2]Dabei kann insbesondere festgelegt werden, dass

1. Vermeidungs- und Minimierungsmaßnahmen sowie Maßnahmen aufgrund von Ersatzzahlungen,
2. Beeinträchtigungen von Natura 2000-Gebieten,
3. Kohärenzsicherungsmaßnahmen nach § 34 Absatz 5 Satz 1 BNatSchG,
4. Maßnahmen zur Vermeidung und Minimierung des Eintritts der Zugriffsverbote des § 44 Absatz 1 BNatSchG,
5. vorgezogene Ausgleichsmaßnahmen nach § 44 Absatz 5 Satz 3 BNatSchG und
6. Maßnahmen zur Vermeidung der Verschlechterung des Erhaltungszustandes der Population einer Art im Sinne von § 45 Absatz 7 Satz 2 BNatSchG

zu erfassen sind. [3]Abweichend von § 17 Absatz 6 Satz 2 BNatSchG kann festgelegt werden, dass Maßnahmen nach Satz 2, die einen geringen Umfang aufweisen, nicht zu erfassen sind.

§ 19 Genehmigung

(1) [1]Wer beabsichtigt, im Außenbereich als selbstständiges Vorhaben

1. Kies, Sand, Mergel, Ton, Lehm, Torf, Steine oder andere Bodenbestandteile abzubauen oder zu gewinnen,
2. Abgrabungen, Aufschüttungen, Auf- oder Abspülungen vorzunehmen oder Bodenvertiefungen aufzufüllen,

bedarf einer Genehmigung der Naturschutzbehörde. [2]Keiner Genehmigung nach Satz 1 bedürfen Vorhaben, die der Bergaufsicht unterliegen, für die eine Zulassung nach § 8 des Wasserhaushaltsgesetzes (WHG) erforderlich ist sowie verfahrensfreie Vorhaben nach § 50 LBO. [3]Unberührt bleiben § 17 Absatz 3 Satz 1 BNatSchG sowie weitergehende Bestimmungen in Rechtsvorschriften über geschützte Gebiete und Gegenstände.

(2) § 17 Absatz 3 Satz 2 bis 4, Absatz 4 bis 9 BNatSchG und § 17 Absatz 2 dieses Gesetzes sowie die Verpflichtung zur Durchführung einer Umweltverträglichkeitsprüfung nach § 17 Absatz 10 BNatSchG und nach § 17 Absatz 4 dieses Gesetzes gelten entsprechend.

(3) Bedarf ein Vorhaben im Sinne des Absatzes 1 nach anderen Vorschriften einer Gestattung, wird die Gestattung durch die Naturschutzbehörde im Benehmen mit der zuständigen Behörde erteilt, soweit nicht Bundesrecht oder Landesrecht entgegensteht.

(4) Der Beginn einzelner Abschnitte des Vorhabens kann davon abhängig gemacht werden, dass Vermeidungs- und Minimierungsmaßnahmen, Ausgleichs- und Ersatzmaßnahmen für vorhergehende Abschnitte fertig gestellt sind oder in ausreichender Höhe Sicherheit nach § 17 Absatz 5 BNatSchG geleistet wurde.

(5) Bauliche und sonstige im Zusammenhang mit Vorhaben nach Absatz 1 errichtete Anlagen, die nach Beendigung des Eingriffs oder Erlöschen der Genehmigung an Ort und Stelle belassen worden sind, hat der Verursacher oder sein Rechtsnachfolger auf Verlangen der Naturschutzbehörde auf seine Kosten zu entfernen.

(6) ¹Die Genehmigung erlischt, wenn nicht innerhalb von drei Jahren nach ihrer Bestandskraft mit dem Vorhaben begonnen oder die Durchführung länger als drei Jahre unterbrochen wird. ²Auf Antrag kann die Frist verlängert werden.

§ 20 Schutz unzerschnittener Landschaftsräume (zu § 1 Absatz 5 BNatSchG)

¹Eingriffe mit Trennwirkung sind auf das unvermeidbare Maß zu beschränken. ²Unvermeidbare Zerschneidungen von unzerschnittenen Landschaftsräumen sind nur aus überwiegenden Gründen des Gemeinwohls zulässig. ³Die Trennwirkungen insbesondere von Verkehrswegen sind durch geeignete Querungshilfen zu minimieren. ⁴§§ 13 bis 17 BNatSchG und §§ 14 bis 18 dieses Gesetzes bleiben unberührt.

§ 21 Werbeanlagen, Himmelsstrahler, Beleuchtungsanlagen

(1) ¹Werbeanlagen sind im Außenbereich unzulässig. ²Unzulässig sind auch Himmelsstrahler und Einrichtungen mit ähnlicher Wirkung, die in der freien Landschaft störend in Erscheinung treten.

(2) ¹Die Naturschutzbehörde kann folgende Werbeanlagen, Himmelsstrahler und Einrichtungen mit ähnlicher Wirkung widerruflich zulassen, wenn sie weder das Landschaftsbild noch die Tierwelt beeinträchtigen:

1. Werbeanlagen an der Stätte der Leistung,
2. Himmelsstrahler und Einrichtungen mit ähnlicher Wirkung nur mit der Maßgabe, dass sie in der Zeit des Vogelzugs vom 15. Februar bis 15. Mai und vom 1. September bis 30. November nicht betrieben werden,
3. Wegweiser, die auf in der freien Landschaft befindliche Gaststätten oder Ausflugsziele hinweisen,
4. Sammelschilder an öffentlichen Straßen vor Ortseingängen als Hinweis auf ortsansässige Unternehmen und Einrichtungen, die den Belangen der Verkehrsteilnehmer dienen, zum Beispiel Tankstellen, Parkplätze, Werkstätten,
5. Werbeanlagen, die auf Selbstvermarktungseinrichtungen von land-, forst- und fischereiwirtschaftlichen Betrieben hinweisen,
6. Werbeanlagen auf Ausstellungs- und Messegeländen,
7. Werbeanlagen an und auf Flugplätzen, Nebenbetrieben an Bundesautobahnen, Sportanlagen und auf abgegrenzten Versammlungsstätten.

²In sonstigen Fällen kann die Naturschutzbehörde eine Ausnahme bewilligen, wenn dies zur Vermeidung einer besonderen Härte erforderlich ist oder wenn sonst ein wichtiger Grund vorliegt.

(3) ¹Hinweise auf besondere Veranstaltungen, zum Beispiel sportliche Treffen, Schaustellungen, Feiern in der freien Landschaft, die in der näheren Umgebung der Veranstaltung angebracht werden sollen, sind der Naturschutzbehörde zuvor anzuzeigen. ²Der Veranstalter hat die Hinweise unverzüglich nach der Veranstaltung zu entfernen.

(4) Das Aufstellen von Hinweisschildern auf den Verkauf von saisonalen Produkten durch Selbstvermarktungseinrichtungen von land-, forst- und fischereiwirtschaftlichen Betrieben ist produktbezogen für einen Zeitraum von nicht länger als drei Monaten zulässig, sofern weder das Landschaftsbild noch die Tierwelt hiervon beeinträchtigt werden.

(5) Zulassung und Bewilligung der Ausnahme werden durch eine nach anderen Vorschriften erforderliche Gestattung ersetzt, wenn diese im Einvernehmen mit der Naturschutzbehörde erteilt wird.

(6) Die oberste Naturschutzbehörde wird ermächtigt, durch Rechtsverordnung das Nähere zu regeln

1. über die Anforderungen an Beleuchtungsanlagen im Außenbereich hinsichtlich ihrer Auswirkungen auf die Tierwelt und
2. zur Zulässigkeit von Anlagen der Lichtwerbung im Außenbereich.

Teil 4
Schutz bestimmter Teile von Natur und Landschaft

Abschnitt 1
Biotopverbund, geschützte Teile von Natur und Landschaft, gentechnisch veränderte Organismen

§ 22 Biotopverbund (zu § 21 BNatSchG)

(1) [1]Grundlage für die Schaffung des Biotopverbunds ist der Fachplan Landesweiter Biotopverbund einschließlich des Generalwildwegeplans. [2]Alle öffentlichen Planungsträger haben bei ihren Planungen und Maßnahmen die Belange des Biotopverbunds zu berücksichtigen.

(2) Die im Fachplan Landesweiter Biotopverbund dargestellten Biotopverbundelemente sind durch Biotopgestaltungsmaßnahmen und durch Kompensationsmaßnahmen mit dem Ziel zu ergänzen, den Biotopverbund zu stärken.

(3) [1]Der Biotopverbund ist im Rahmen der Regionalpläne und der Flächennutzungspläne soweit erforderlich und geeignet jeweils planungsrechtlich zu sichern. [2]§ 21 Absatz 4 BNatSchG bleibt unberührt.

§ 23 Unterschutzstellung, Form und Zuständigkeit (zu § 22 Absatz 2 BNatSchG)

(1) Die Erklärung zum Nationalpark nach § 24 Absatz 1 BNatSchG erfolgt durch Gesetz.

(2) Die Erklärung zum Nationalen Naturmonument nach § 24 Absatz 4 BNatSchG und zum Biosphärengebiet nach § 25 BNatSchG erfolgt durch Rechtsverordnung der obersten Naturschutzbehörde.

(3) [1]Die Erklärung zum Naturschutzgebiet nach § 23 BNatSchG und zum Naturpark nach § 27 BNatSchG erfolgt durch Rechtsverordnung der höheren Naturschutzbehörde. [2]Rechtsverordnungen, mit denen ein Naturpark errichtet, wesentlich geändert oder aufgehoben wird, bedürfen der Zustimmung der obersten Naturschutzbehörde.

(4) Die Erklärung zum Landschaftsschutzgebiet nach § 26 BNatSchG erfolgt durch Rechtsverordnung der unteren Naturschutzbehörde.

(5) Die Erklärung zum Naturdenkmal nach § 28 BNatSchG erfolgt durch Rechtsverordnung der unteren Naturschutzbehörde.

(6) Die Erklärung zum geschützten Landschaftsbestandteil nach § 29 BNatSchG erfolgt durch Satzung der Gemeinde.

(7) Leistet eine untere Naturschutzbehörde einer ihr erteilten Weisung keine Folge, kann die höhere Naturschutzbehörde anstelle der unteren Naturschutzbehörde die Rechtsverordnung erlassen, ändern oder aufheben.

(8) [1]Örtlich zuständig ist die Naturschutzbehörde, in deren Bezirk der Schutzgegenstand liegt. [2]Erstreckt sich der Schutzgegenstand über den Bezirk mehrerer Naturschutzbehörden, ist die Naturschutzbehörde zuständig, in deren Bezirk der überwiegende Flächenanteil liegt; im Einzelfall kann die gemeinsame nächsthöhere Naturschutzbehörde die zuständige Naturschutzbehörde bestimmen oder erlässt, soweit sie höhere Naturschutzbehörde ist, die Rechtsverordnung selbst.

(9) Für die bestehenden Naturparke sind örtlich zuständige höhere Naturschutzbehörden

1. für die Naturparke „Schwäbisch-Fränkischer Wald" und „Stromberg-Heuchelberg" das Regierungspräsidium Stuttgart,
2. für die Naturparke „Neckartal-Odenwald" und „Schwarzwald Mitte/Nord" das Regierungspräsidium Karlsruhe,
3. für die Naturparke „Obere Donau" und „Schönbuch" das Regierungspräsidium Tübingen,
4. für den Naturpark „Südschwarzwald" das Regierungspräsidium Freiburg.

(10) Die Zuständigkeiten nach Absatz 1 bis 6 gelten entsprechend für die Änderung und Aufhebung der Erklärung der Unterschutzstellung.

(11) [1]Sofern die nächsthöhere Naturschutzbehörde von ihrem Selbsteintrittsrecht nach Absatz 7 oder 8 Gebrauch gemacht hat, ist diese als Verordnungsgeberin auch für die Änderung und Aufhebung der Erklärung der Unterschutzstellung zuständig, es sei denn, dass sie die Zuständigkeit an eine Naturschutzbehörde aufgrund des überwiegenden Flächenanteils oder aufgrund des Schwerpunktes der Änderung oder Aufhebung überträgt. [2]Abweichend von Absatz 8 Satz 2 Halbsatz 1 kann die nächsthöhere Naturschutzbehörde die Änderung und Aufhebung der Erklärung der Unterschutzstellung selbst vor-

nehmen oder die Zuständigkeit bestimmen, wenn der Schwerpunkt der Änderung oder Aufhebung der Erklärung der Unterschutzstellung nicht im Bezirk mit dem überwiegenden Flächenanteil liegt.

§ 24 Verfahren bei Unterschutzstellung

(1) [1]Vor dem Erlass, der Änderung oder Aufhebung einer der in § 23 Absatz 2 bis 5, § 44 Absatz 5 oder § 47 Absatz 2 genannten Rechtsverordnungen ist den Gemeinden, Behörden und Trägern öffentlicher Belange, deren Aufgabenbereich wesentlich berührt sein kann, sowie den anerkannten Naturschutzvereinigungen gemäß § 63 Absatz 2 Nummer 1 BNatSchG der Verordnungsentwurf mit den Plänen, Karten oder anderen zeichnerischen Darstellungen einschließlich der damit verbundenen Texte, die Bestandteil des Verordnungsentwurfs sind, zur Stellungnahme zuzuleiten. [2]Die erlassende Naturschutzbehörde kann diese Unterlagen auch elektronisch zur Verfügung stellen oder Datenträger zuleiten. [3]Ferner kann die Zuleitung durch die Bereitstellung der Unterlagen auf der Internetseite der erlassenden Behörde und vorangegangener schriftlicher oder elektronischer Mitteilung hierzu ersetzt werden. [4]Soweit die land-, forst- oder fischereiwirtschaftliche Nutzung geregelt werden soll, ist auch die land-, forst- oder fischereiwirtschaftliche Berufsvertretung entsprechend zu beteiligen.

(2) [1]Die erlassende Naturschutzbehörde hat den Verordnungsentwurf mit den Plänen, Karten oder anderen zeichnerischen Darstellungen einschließlich der damit verbundenen Texte, die Bestandteil des Verordnungsentwurfs sind, für die Dauer eines Monats zur kostenlosen Einsichtnahme durch jedermann bei sich während der Sprechzeiten öffentlich auszulegen und auf ihrer Internetseite zu veröffentlichen; gegen Kostenerstattung können Ausdrucke bei den genannten Behörden bezogen werden. [2]Ergänzend hierzu sind Verordnungsentwürfe der obersten und höheren Naturschutzbehörde für die Dauer der öffentlichen Auslegung bei den räumlich betroffenen Naturschutzbehörden bei den Stadtkreisen und Landratsämtern zur kostenlosen Einsichtnahme während der Sprechzeiten elektronisch bereitzustellen. [3]Rechtsverbindlich sind nur das bei der erlassenden Naturschutzbehörde durchgeführte Verfahren und die dort öffentlich ausgelegten Unterlagen. [4]Ort und Dauer der öffentlichen Auslegung sowie die Internetadresse sind mindestens eine Woche vor Beginn der Auslegung im Staatsanzeiger, sofern es sich um eine Rechtsverordnung der obersten oder höheren Naturschutzbehörde handelt, im Übrigen in der für die Verkündung von Rechtsverordnungen der erlassenden Naturschutzbehörde bestimmten Form bekannt zu machen. [5]Die Bekanntmachung ist auch auf der Internetseite der erlassenden Naturschutzbehörde und der räumlich betroffenen unteren Naturschutzbehörden der Stadtkreise und Landratsämter, sofern es sich um eine Rechtsverordnung der obersten oder höheren Naturschutzbehörde handelt, sowie der räumlich betroffenen Gemeinden, bei Letzteren wahlweise auch in anderer Form gemäß § 1 Absatz 1 der Verordnung des Innenministeriums zur Durchführung der Gemeindeordnung (DVO GemO), zu veröffentlichen; rechtsverbindlich ist nur die Bekanntmachung nach Satz 4. [6]In der Bekanntmachung ist darauf hinzuweisen, dass Bedenken und Anregungen bei der erlassenden Naturschutzbehörde während der Auslegungsfrist schriftlich, zur Niederschrift oder elektronisch vorgebracht werden können. [7]Bedenken und Anregungen können auch über ein Formular auf der Internetseite der erlassenden Naturschutzbehörde vorgebracht werden, soweit die erlassende Naturschutzbehörde diese Möglichkeit eröffnet. [8]§ 73 Absatz 3 Satz 2 des Landesverwaltungsverfahrensgesetzes gilt entsprechend.

(3) [1]Die Beteiligung nach Absatz 1 kann gleichzeitig mit dem Verfahren nach Absatz 2 durchgeführt werden. [2]Bei einer räumlich oder sachlich nicht erheblichen Änderung einer Rechtsverordnung kann das Verfahren nach den Absätzen 1 und 2 durch Anhörung der von der Änderung berührten Behörden, öffentlichen Planungsträger, Gemeinden und land- und forstwirtschaftlichen Berufsvertretungen sowie der von den Änderungen betroffenen Eigentümer und sonstigen Berechtigten ersetzt werden.

(4) Die öffentliche Auslegung kann beim Erlass von Rechtsverordnungen nach § 23 Absatz 5 und § 44 Absatz 5 durch Anhörung der betroffenen Eigentümer und sonstigen Berechtigten ersetzt werden.

(5) Die für den Erlass der Rechtsverordnung zuständige Naturschutzbehörde prüft die fristgemäß vorgebrachten Bedenken und Anregungen und teilt das Ergebnis den Betroffenen mit.

(6) Wird der Entwurf einer Rechtsverordnung räumlich oder sachlich erheblich erweitert, ist das Verfahren nach den Absätzen 1 bis 3 zu wiederholen.

(7) [1]Abweichend von § 3 Absatz 1 des Verkündungsgesetzes (VerkG) kann die Ersatzverkündung von Plänen, Karten oder anderen zeichnerischen Darstellungen, einschließlich der damit verbundenen Texte, die Bestandteile einer in Absatz 1 Satz 1 genannten Rechtsverordnung der obersten oder höheren Naturschutzbehörde sind, auch dadurch erfolgen, dass diese jeweils für die Dauer von mindestens zwei

Wochen bei der erlassenden Naturschutzbehörde zur kostenlosen Einsichtnahme während der Sprechzeiten öffentlich ausgelegt werden. [2]Ergänzend sind diese auf der jeweiligen Internetseite zu veröffentlichen. [3]Rechtsverbindlich sind nur das bei der erlassenden Naturschutzbehörde durchgeführte Verfahren und die dort öffentlich ausgelegten Unterlagen. [4]Abweichend von § 3 Absatz 3 Satz 1 Nummer 1 VerkG kann eine Rechtsverordnung der obersten oder höheren Naturschutzbehörde einschließlich der nach Satz 1 verkündeten Bestandteile auch bei der erlassenden Naturschutzbehörde zur kostenlosen Einsichtnahme durch jedermann während der Sprechzeiten niedergelegt werden. [5]Gegen Kostenerstattung können Ausdrucke bei den genannten Behörden bezogen werden.

(8) [1]Abweichend von § 6 Absatz 1 Nummer 2 VerkG kann die Verkündung einer in Absatz 1 Satz 1 genannten Rechtsverordnung der unteren Naturschutzbehörde beim Landratsamt in der für die öffentliche Bekanntmachung von Satzungen des Landkreises bestimmten Form ersetzt werden. [2]Abweichend von § 6 Absatz 1 Nummer 2 VerkG in Verbindung mit § 1 Absatz 4 DVO GemO kann die Ersatzverkündung von Plänen, Karten oder anderen zeichnerischen Darstellungen einschließlich der damit verbundenen Texte, die Bestandteil einer in Absatz 1 Satz 1 genannten Rechtsverordnung der unteren Naturschutzbehörde sind, auch dadurch erfolgen, dass diese bei der unteren Naturschutzbehörde zur kostenlosen Einsichtnahme durch jedermann während der Sprechzeiten niedergelegt werden.

(9) [1]Der Schutzgegenstand ist
1. in seiner Abgrenzung zu beschreiben oder
2. in seiner Lage nachvollziehbar zu bezeichnen und seine Abgrenzung in Karten darzustellen, die einen Bestandteil der Rechtsverordnung bilden.

[2]Die Karten müssen mit hinreichender Klarheit erkennen lassen, welche Grundstücke zum Schutzgebiet gehören. [3]Im Zweifelsfall gelten Grundstücke als nicht betroffen. [4]Weicht die Abgrenzungsbeschreibung im Verordnungstext von der Abgrenzungsdarstellung in der Karte ab, sind die in der Karte dargestellten Abgrenzungen rechtsverbindlich.

(10) [1]Für Satzungen gelten die Absätze 1 bis 3, 5, 6 und 9 entsprechend mit der Maßgabe, dass bei geschützten Landschaftsbestandteilen nach § 29 BNatSchG eine zeichnerische Bestimmung in Karten freigestellt ist und dass anstelle der öffentlichen Auslegung die Anhörung der betroffenen Eigentümer und sonstigen Berechtigten treten kann. [2]Bekanntmachungen haben in der für die Gemeinde bestimmten Form zu erfolgen.

§ 25 Beachtlichkeit von Form- und Verfahrensfehlern (zu § 22 Absatz 2 BNatSchG)

(1) [1]Eine Verletzung der in § 24 genannten Verfahrens- und Formvorschriften wird unbeachtlich, wenn sie nicht innerhalb eines Jahres nach Verkündung der Rechtsverordnung oder Bekanntmachung der Satzung gegenüber der Naturschutzbehörde oder der Gemeinde, die die Rechtsvorschrift erlassen hat, schriftlich geltend gemacht worden ist. [2]Hierbei ist der Sachverhalt, der die Verletzung begründen soll, darzulegen. [3]Bei der Verkündung der Rechtsverordnung oder Bekanntmachung der Satzung ist auf die Voraussetzungen für die Geltendmachung der Verletzung von Form- und Verfahrensfehlern sowie die Rechtsfolgen des Satzes 1 hinzuweisen.

(2) Eine Rechtsvorschrift kann durch ein ergänzendes Verfahren zur Behebung von Verfahrens- oder Formfehlern auch rückwirkend in Kraft gesetzt werden.

§ 26 Einstweilige Sicherstellung, Veränderungsverbot (zu § 22 Absatz 3 BNatSchG)

(1) [1]Unbeschadet § 22 Absatz 3 BNatSchG dürfen Flächen und Objekte, deren Unterschutzstellung als Naturschutzgebiet nach § 23 BNatSchG oder als Naturdenkmal nach § 28 BNatSchG eingeleitet worden ist, ab Bekanntmachung der Auslegung des Entwurfs der Rechtsverordnung nach § 24 Absatz 2 bis zum Inkrafttreten der Rechtsverordnung, längstens für zwei Jahre, nicht verändert werden, wenn und soweit die Veränderungen den Schutzzweck der beabsichtigten Rechtsverordnung gefährden können. [2]In der Bekanntmachung der Auslegung des Entwurfs der Rechtsverordnung ist auf diese Wirkung hinzuweisen. [3]Die im Zeitpunkt der Bekanntmachung rechtmäßig ausgeübte Bodennutzung sowie Nutzungen, die nach § 19 oder nach anderen Rechtsvorschriften genehmigt sind, bleiben unberührt.

(2) [1]Die zuständige Naturschutzbehörde kann Teile von Natur und Landschaft im Sinne des § 22 Absatz 3 Satz 1 BNatSchG durch Rechtsverordnung oder Einzelanordnung einstweilig sicherstellen; für Rechtsverordnungen gilt § 24 Absatz 7 bis 9 entsprechend. [2]Die einstweilige Sicherstellung ist aufzuheben, sofern nicht innerhalb eines Jahres seit der Verkündung der Rechtsverordnung oder der Bekanntgabe der Einzelanordnung das Verfahren nach § 24 eingeleitet worden ist.

(3) Für Flächen und Objekte, die durch Satzungen von Gemeinden geschützt werden sollen, gelten Absatz 1 und 2 sowie § 22 Absatz 3 BNatSchG entsprechend.

§ 27 Schutz von Bezeichnungen und Kennzeichen, Schutzgebietsverzeichnis (zu § 22 Absatz 4 BNatSchG)

(1) [1]Die Bezeichnungen Naturschutzgebiet, Nationalpark, Nationales Naturmonument, Biosphärengebiet, Landschaftsschutzgebiet, Naturpark, Naturdenkmal, geschützter Landschaftsbestandteil und gesetzlich geschützter Biotop sowie die amtlichen Kennzeichen dürfen nur für die nach dem Bundesnaturschutzgesetz und diesem Gesetz ausgewiesenen oder erklärten Gebiete und Gegenstände verwendet werden. [2]Bezeichnungen und Kennzeichen, die ihnen zum Verwechseln ähnlich sind, dürfen für Bestandteile von Natur und Landschaft nicht benutzt werden.

(2) [1]Die zuständige Naturschutzbehörde trägt die geschützten Teile von Natur und Landschaft flurstücksscharf in Verzeichnisse ein, die bei der Landesanstalt für Umwelt Baden-Württemberg zusammengeführt werden. [2]Diese veröffentlicht in elektronischer Form das aktuelle Gesamtverzeichnis mit Karten einschließlich Flurstücksnummern und die Fortschreibungen einschließlich der Gebiete von gemeinschaftlicher Bedeutung und der Europäischen Vogelschutzgebiete. [3]Die Verzeichnisse werden auch bei den unteren Naturschutzbehörden zur Einsicht bereit gehalten. [4]Die Landesanstalt für Umwelt Baden-Württemberg soll darüber hinaus Informationen gemäß § 30 UVwG veröffentlichen, die für den Naturschutz von Bedeutung sind.

(3) Soweit geschützte Landschaftsbestandteile nach § 29 BNatSchG durch Satzungen von Gemeinden ausgewiesen werden, führt die Gemeinde das Verzeichnis nach Absatz 2 Satz 1.

(4) [1]Geschützte Teile von Natur und Landschaft im Sinne der §§ 23 bis 26 und § 28 BNatSchG sind von der zuständigen Naturschutzbehörde an geeigneter Stelle in der Natur kenntlich zu machen. [2]Bei Naturschutzgebieten soll auf die Bedeutung des Schutzgebiets und auf die wichtigsten Bestimmungen der Rechtsverordnung hingewiesen werden. [3]Abweichend von § 22 Absatz 4 Satz 1 BNatSchG gilt die Kennzeichnungspflicht nicht für Naturparke im Sinne des § 27 BNatSchG und geschützte Landschaftsbestandteile im Sinne des § 29 BNatSchG.

(5) [1]Eigentümer und Nutzungsberechtigte von Grundstücken haben die Kennzeichnung zu dulden. [2]Bei der Kennzeichnung ist auf die Grundstücksnutzung Rücksicht zu nehmen.

(6) Die amtlichen Kennzeichen werden durch Rechtsverordnung der obersten Naturschutzbehörde festgelegt.

§ 28 Naturschutzgebiete (zu § 23 BNatSchG)

(1) [1]Auch außerhalb eines Naturschutzgebiets kann die Naturschutzbehörde im Einvernehmen mit den zuständigen Fachbehörden im Einzelfall Handlungen untersagen, die geeignet sind, den Bestand des Naturschutzgebiets oder einzelner seiner Teile zu gefährden. [2]Sind Schäden bereits entstanden, kann die Naturschutzbehörde gegen den Verursacher, den Eigentümer oder den Inhaber der tatsächlichen Gewalt die zur Beseitigung der Schäden erforderlichen Anordnungen treffen.

(2) Abweichend von § 22 Absatz 1 Satz 3 BNatSchG soll die für die Erklärung zum Naturschutzgebiet zuständige Naturschutzbehörde angrenzende Gebiete als Landschaftsschutzgebiete ausweisen, soweit es zur Sicherung des Schutzgegenstandes und zur Verwirklichung des Schutzzwecks des Naturschutzgebiets erforderlich ist.

§ 29 Naturparke (abweichend von § 27 Absatz 1 BNatSchG)

(1) Gebiete können zu Naturparken erklärt werden, wenn wesentliche Teile Naturschutzgebiete oder Landschaftsschutzgebiete sind.

(2) In der Rechtsverordnung nach § 23 Absatz 3 sind der Schutzgegenstand, der Träger des Naturparks, der Schutzzweck und die zur Erreichung des Schutzzwecks erforderlichen Gebote, Verbote und Erlaubnisvorbehalte zu bestimmen.

§ 30 Naturdenkmale (zu § 28 BNatSchG)

(1) Über § 28 Absatz 1 BNatSchG hinaus können Einzelschöpfungen der Natur oder entsprechende Flächen bis zu fünf Hektar auch dann zum Naturdenkmal erklärt werden, wenn deren Schutz und Erhaltung zur Sicherung und Entwicklung von Lebensgemeinschaften oder Lebensstätten bestimmter wild lebender Tier- und Pflanzenarten erforderlich ist.

(2) [1]Verbote sowie Schutz- und Pflegemaßnahmen können auch durch Einzelanordnung getroffen werden. [2]Dies gilt abweichend von § 28 Absatz 2 BNatSchG auch, soweit Einzelschöpfungen der Natur

oder entsprechende Flächen bis zu fünf Hektar die Voraussetzungen des § 28 Absatz 1 BNatSchG erfüllen, ohne dass eine Rechtsverordnung erlassen worden ist.

§ 31 Geschützte Landschaftsbestandteile, gesetzlicher Schutz von Alleen (zu § 29 BNatSchG)

(1) Über § 29 Absatz 1 BNatSchG hinaus kann bei geschützten Landschaftsbestandteilen ein besonderer Schutz erforderlich sein

1. zur Sicherung von Flächen für die Naherholung,
2. zur Sicherung von Biotopvernetzungselementen oder
3. aus landeskundlichen oder kulturellen Gründen.

(2) Außerhalb des Waldes kann sich der Schutz von Bäumen auch auf den Baumbestand des gesamten Gemeindegebiets oder von Teilen des Gemeindegebiets erstrecken.

(3) Satzungen nach § 23 Absatz 6 können Vorschriften enthalten über eine Mindestpflege von Grünbeständen und deren Schutz vor Verwilderung, soweit die Grundstücke nicht einer land- oder forstwirtschaftlichen Nutzung unterliegen.

(4) [1]Alleen an öffentlichen oder privaten Verkehrsflächen und Wirtschaftswegen im Außenbereich sind gesetzlich geschützt. [2]Die Beseitigung von Alleen sowie alle Maßnahmen, die zu deren Zerstörung oder einer sonstigen erheblichen Beeinträchtigung führen können, sind verboten. [3]Davon ausgenommen sind Pflegemaßnahmen, die bestimmungsgemäße Nutzung sowie Sofortmaßnahmen, die aus Gründen der Verkehrssicherheit zwingend erforderlich sind. [4]Die §§ 3 und 4 des Bundesfernstraßengesetzes und §§ 9 und 59 des Straßengesetzes bleiben unberührt.

(5) [1]Die untere Naturschutzbehörde kann Befreiungen von den Verboten des Absatzes 4 unter den Voraussetzungen des § 67 Absatz 1 und 3 BNatSchG erteilen. [2]Bei Befreiungen aus Gründen der Verkehrssicherheit liegen Gründe des überwiegenden öffentlichen Interesses in der Regel erst dann vor, wenn die Maßnahmen aus Gründen der Verkehrssicherheit erforderlich sind und die Verkehrssicherheit nicht auf andere Weise erhöht werden kann. [3]Die in Frage kommenden Alternativen müssen geeignet, zumutbar und verhältnismäßig sein. [4]Die Verkehrssicherungspflichtigen haben die aus Gründen der Verkehrssicherung notwendigen Maßnahmen in Abstimmung mit der Naturschutzbehörde vorzunehmen.

(6) [1]Um den Alleenbestand nachhaltig zu sichern, wiederherzustellen oder zu entwickeln, sollen von den zuständigen Behörden rechtzeitig und in ausreichendem Umfang Ersatzpflanzungen vorgenommen werden. [2]Bei Kulturdenkmalen im Sinne des § 2 des Denkmalschutzgesetzes sind die historisch nachgewiesenen Arten im Sinne der Authentizität zu bevorzugen.

(7) [1]Neupflanzungen von Bäumen an Straßen sollen grundsätzlich außerhalb des in den Richtlinien für passiven Schutz an Straßen durch Fahrzeug-Rückhaltesysteme definierten kritischen Abstandes erfolgen, soweit es sich nicht um den Ersatz einzelner Bäume in Alleen handelt. [2]Wird davon in begründeten Einzelfällen abgewichen, ist der Streckenverlauf aus Gründen der Verkehrssicherheit bereits bei der Anpflanzung mit Fahrzeug-Rückhaltesystemen zu sichern. [3]Absatz 6 Satz 2 und 3 gilt entsprechend.

§ 32 Fortgeltung von Unterschutzstellungen

(1) [1]Verordnungen und Anordnungen sowie Satzungen, die aufgrund des Reichsnaturschutzgesetzes, des Gesetzes zur Ergänzung und Änderung des Reichsnaturschutzgesetzes oder des Naturschutzgesetzes in den bis zum Inkrafttreten dieses Gesetzes jeweils geltenden Fassungen zum Schutz und zur Sicherstellung von Gebieten und Landschaftsbestandteilen erlassen wurden, gelten nach Inkrafttreten dieses Gesetzes fort, bis sie aufgehoben oder geändert werden oder ihre Geltungsdauer abläuft. [2]Für die Änderung oder Aufhebung gelten die Zuständigkeits-, Form- und Verfahrensvorschriften dieses Gesetzes.

(2) Soweit in den nach Absatz 1 fortgeltenden Unterschutzstellungen auf außer Kraft getretene oder tretende Rechtsvorschriften verwiesen wird, treten die entsprechenden Vorschriften des Bundesnaturschutzgesetzes und dieses Gesetzes oder die entsprechenden aufgrund dieser Gesetze erlassenen Vorschriften an deren Stelle.

§ 33 Gesetzlich geschützte Biotope (zu § 30 BNatSchG)

(1) [1]Weitere gesetzlich geschützte Biotope im Sinne des § 30 Absatz 2 Satz 2 BNatSchG sind:

1. Streuwiesen, Kleinseggenriede und Land-Schilfröhrichte,
2. naturnahe Uferbereiche und naturnahe Bereiche der Flachwasserzone des Bodensees sowie Altarme fließender Gewässer einschließlich der Ufervegetation,
3. Staudensäume trockenwarmer Standorte,
4. offene Felsbildungen außerhalb der alpinen Stufe,
5. Höhlen, Stollen und Dolinen sowie
6. Feldhecken, Feldgehölze, Hohlwege, Trockenmauern und Steinriegel, jeweils in der freien Landschaft.

[2]Die in Satz 1 genannten Biotope werden in der Anlage 2 zu diesem Gesetz näher beschrieben.

(2) Freie Landschaft im Sinne von Absatz 1 Satz 1 Nummer 6 sind sämtliche Flächen außerhalb besiedelter Bereiche.

(3) [1]Für die Zulassung von Ausnahmen gemäß § 30 Absatz 3 BNatSchG ist

1. in Naturschutzgebieten, Nationalparken, nationalen Naturmonumenten sowie Kern- und Pflegezonen von Biosphärengebieten die höhere Naturschutzbehörde,
2. im Übrigen die untere Naturschutzbehörde

zuständig. [2]Die Ausnahme wird durch eine nach anderen Vorschriften erforderliche behördliche Gestattung ersetzt, wenn diese im Einvernehmen mit der Naturschutzbehörde erteilt wird.

(4) Abweichend von § 30 Absatz 2 BNatSchG ist es zulässig, Maßnahmen durchzuführen, die in einem Pflege- oder Entwicklungsplan für ein nationales Schutzgebiet, in einem Managementplan für ein Gebiet des europäischen Netzes Natura 2000 oder dem Arten- und Biotopschutzprogramm dargestellt sind.

(5) Bei gesetzlich geschützten Biotopen, die auf Flächen entstanden sind, bei denen eine zulässige Gewinnung von Bodenschätzen eingeschränkt oder unterbrochen wurde, gilt § 30 Absatz 2 BNatSchG abweichend von § 30 Absatz 6 BNatSchG nicht für die Wiederaufnahme der Gewinnung innerhalb von zehn Jahren nach der Einschränkung oder Unterbrechung.

(6) [1]Die Landesanstalt für Umwelt Baden-Württemberg erfasst die gesetzlich geschützten Biotope und trägt sie in Listen und Karten mit deklaratorischer Bedeutung ein. [2]Die Listen und Karten werden von der Landesanstalt für Umwelt Baden-Württemberg im Internet veröffentlicht. [3]Die Erfassung ist in regelmäßigen Abständen, mindestens jedoch alle zwölf Jahre, zu wiederholen.

(7) Die Naturschutzbehörde teilt Eigentümern und sonstigen Nutzungsberechtigten auf Anfrage mit, ob sich auf ihrem Grundstück ein besonders geschützter Biotop befindet oder ob eine bestimmte Handlung verboten ist.

§ 34 Verbot von Pestiziden

[1]Die Anwendung von Pestiziden (Pflanzenschutzmittel und Biozide) gemäß Artikel 3 Nummer 10 der Richtlinie 2009/128/EG des Europäischen Parlaments und des Rates vom 21. Oktober 2009 über einen Aktionsrahmen der Gemeinschaft für die nachhaltige Verwendung von Pestiziden (ABl. L 309 vom 24. November 2009, S. 71) in der jeweils geltenden Fassung ist in Naturschutzgebieten, in Kern- und Pflegezonen von Biosphärengebieten, in gesetzlich geschützten Biotopen und bei Naturdenkmalen außerhalb von intensiv genutzten land- und fischereiwirtschaftlichen Flächen verboten. [2]Die Naturschutzbehörde kann die Verwendung dieser Mittel zulassen, soweit eine Gefährdung des Schutzzwecks der in Satz 1 genannten Schutzgebiete oder geschützten Gegenstände nicht zu befürchten ist. [3]Weitergehende Vorschriften bleiben unberührt.

§ 35 Gentechnisch veränderte Organismen (abweichend von § 35 BNatSchG)

(1) In Naturschutzgebieten, Kern- und Pflegezonen von Biosphärengebieten und flächenhaften Naturdenkmalen nach § 30 sind die in § 35 Nummer 1 BNatSchG genannten Handlungen und der Anbau rechtmäßig in Verkehr gebrachter gentechnisch veränderter Organismen verboten.

(2) [1]Absatz 1 gilt innerhalb eines Umgriffs von 3000 m um Naturschutzgebiete, Kern- und Pflegezonen von Biosphärengebieten und flächenhaften Naturdenkmalen entsprechend. [2]Die höhere Naturschutzbehörde kann auf Antrag eine Ausnahme von Satz 1 zulassen, wenn eine Beeinträchtigung des jeweiligen Schutzgebiets durch die beabsichtigte Handlung nicht zu befürchten ist. [3]Der Projektträger hat die zur Prüfung der Voraussetzungen des Satzes 2 erforderlichen Unterlagen vorzulegen.

(3) Wer außerhalb des in Absatz 2 Satz 1 genannten Umgriffs zu den dort genannten Gebieten, Gebietsteilen oder in Entwicklungszonen von Biosphärengebieten Handlungen nach Absatz 1 beabsichtigt, hat dies der Naturschutzbehörde anzuzeigen, wenn die beabsichtigte Handlung geeignet ist, das Schutzgebiet zu beeinträchtigen.

(4) [1]Die Naturschutzbehörde überprüft das nach Absatz 3 angezeigte Vorhaben auf seine Vereinbarkeit mit den Schutzzielen der Schutzgebiete. [2]Ergibt die Prüfung, dass das Vorhaben mit den Schutzzielen der Schutzgebiete nicht zu vereinbaren ist, kann die Naturschutzbehörde die Handlung untersagen oder von der Durchführung von Schutzmaßnahmen abhängig machen. [3]Die beabsichtigte Handlung darf vorbehaltlich des Vorliegens von nach anderen Rechtsvorschriften erforderlichen Genehmigungen und Zulassungen vorgenommen werden, wenn innerhalb von zwei Monaten nach Eingang der Anzeige bei der Naturschutzbehörde keine Entscheidung nach Satz 2 ergangen ist.

(5) [1]Abweichend von § 35 Nummer 2 BNatSchG ist § 34 Absatz 1 und 2 BNatSchG auf die in § 35 Nummer 2 BNatSchG genannten Handlungen auch innerhalb eines Umgriffs von 3000 m um ein Natura 2000-Gebiet entsprechend anzuwenden. [2]Satz 1 gilt außerhalb des Umgriffs von 3000 m entsprechend, wenn die Handlung geeignet ist, das Natura 2000-Gebiet erheblich zu beeinträchtigen.

(6) Für Verträglichkeitsprüfungen nach Absatz 5 gilt § 34 Absatz 6 BNatSchG entsprechend mit der Maßgabe, dass § 34 Absatz 3 bis 5 BNatSchG nicht anzuwenden ist.

Abschnitt 2
Netz „Natura 2000"

§ 36 Errichtung von Natura 2000-Gebieten (zu § 32 BNatSchG)

(1) [1]Die Landesregierung wählt auf Vorschlag der obersten Naturschutzbehörde die Gebiete, die der Kommission nach Artikel 4 Absatz 1 der Richtlinie 92/43/EWG des Rates vom 21. Mai 1992 zur Erhaltung der natürlichen Lebensräume sowie der wildlebenden Tiere und Pflanzen (ABl. L 206 vom 22. Juli 1992, S. 7) und Artikel 4 Absatz 1 und 2 der Richtlinie 2009/147/EG des Europäischen Parlaments und des Rates vom 30. November 2009 über die Erhaltung wildlebender Vogelarten (ABl. L 20 vom 26. Januar 2010, S. 7) in den jeweils geltenden Fassungen zu benennen sind, nach den in diesen Vorschriften genannten Maßgaben aus. [2]Die oberste Naturschutzbehörde teilt die Gebiete der zuständigen Stelle des Bundes zur Benennung gegenüber der Kommission mit.

(2) [1]Die höhere Naturschutzbehörde wird ermächtigt, die Gebiete von gemeinschaftlicher Bedeutung und die Europäischen Vogelschutzgebiete mit Namen und Lage, Gebietsabgrenzungen, geschützten Lebensraumtypen und Arten sowie Erhaltungszielen durch Rechtsverordnung festzulegen. [2]Prioritäre Lebensraumtypen und Arten sind gesondert zu kennzeichnen. [3]Weitergehende Schutzvorschriften bleiben unberührt. [4]Die Abgrenzung eines Gebietes ist in der Rechtsverordnung zu beschreiben oder zeichnerisch in Karten darzustellen, die als Bestandteil der Rechtsverordnung verkündet werden. [5]Die Karten müssen mit hinreichender Klarheit erkennen lassen, welche Grundstücke und Grundstücksteile zum Schutzgebiet gehören; im Zweifelsfall gelten Flächen als nicht betroffen.

(3) Für die örtliche Zuständigkeit zum Erlass der Rechtsverordnung nach Absatz 2 gilt § 23 Absatz 8 entsprechend.

(4) Für Rechtsverordnungen nach Absatz 2 gilt § 24 entsprechend.

(5) [1]Soweit für Gebiete von gemeinschaftlicher Bedeutung und Europäische Vogelschutzgebiete eine Rechtsverordnung nach Absatz 2 besteht, haben Schutzerklärungen nach § 32 Absatz 2 und 3 BNatSchG die in einer Rechtsverordnung nach Absatz 2 enthaltenen Festlegungen zu beachten. [2]Bestehende Schutzgebietsausweisungen bleiben unberührt mit der Maßgabe, dass als jeweiliger Schutzzweck auch die in der Rechtsverordnung nach Absatz 2 genannten Erhaltungsziele gelten.

(6) Für die Gebiete von gemeinschaftlicher Bedeutung und die Europäischen Vogelschutzgebiete werden Managementpläne erstellt, in denen insbesondere die jeweiligen Maßnahmen zur Erhaltung der Lebensraumtypen und Arten dargestellt werden.

§ 37 Allgemeine Schutzvorschriften, Verschlechterungsverbot (zu § 33 BNatSchG)

Die Zulassung einer Ausnahme nach § 33 Absatz 1 Satz 2 BNatSchG wird durch eine nach anderen Vorschriften erforderliche behördliche Gestattung ersetzt, wenn diese im Einvernehmen mit der Naturschutzbehörde erteilt wird.

§ 38 Verträglichkeit und Unzulässigkeit von Projekten, Ausnahmen (zu § 34 BNatSchG)

(1) [1]Bedarf ein Projekt im Sinne des § 34 Absatz 1 Satz 1 BNatSchG nach anderen Vorschriften einer Gestattung, ergeht die Entscheidung der für die Gestattung zuständigen Behörden im Benehmen mit der Naturschutzbehörde. [2]Ist bei Großvorhaben das Regierungspräsidium zuständig, so ergeht die Entscheidung im Benehmen mit der höheren Naturschutzbehörde. [3]Die für die Gestattung zuständige Behörde legt in ihrer Entscheidung die notwendigen Kohärenzsicherungsmaßnahmen nach § 34 Absatz 5 Satz 1 BNatSchG fest.

(2) [1]Obliegt die Entscheidung nach Absatz 1 einer unteren Verwaltungsbehörde oder einer Gemeinde und ist eine Verträglichkeitsprüfung durchzuführen, ist die höhere Naturschutzbehörde unter Vorlage der Unterlagen zu unterrichten. [2]Soweit Kohärenzsicherungsmaßnahmen nach § 34 Absatz 5 Satz 1 BNatSchG notwendig sind, sind diese im Einvernehmen mit der höheren Naturschutzbehörde festzulegen.

(3) Die Einholung von Stellungnahmen der Kommission nach § 34 Absatz 4 Satz 2 BNatSchG und die Unterrichtung der Kommission über getroffene Maßnahmen nach § 34 Absatz 5 Satz 2 BNatSchG durch die zuständige Behörde erfolgen durch Vorlage der erforderlichen Unterlagen an das jeweilige Ministerium, dessen Geschäftsbereich betroffen ist, und unter Beteiligung der obersten Naturschutzbehörde.

(4) Abweichend von § 34 Absatz 6 Satz 1 BNatSchG sind auch Projekte, die von Behörden durchgeführt werden, der Naturschutzbehörde anzuzeigen.

(5) [1]Wenn ein im Geltungsbereich dieses Gesetzes geplantes Projekt erhebliche Auswirkungen auf Schutzgebiete nach den Richtlinien 92/43/EWG oder 2009/147/EG in einem anderen Mitgliedstaat der Europäischen Union haben kann, unterrichtet die zuständige Behörde die vom Mitgliedstaat benannte Behörde. [2]§ 8 Absatz 1 und 3 UVPG gilt entsprechend.

Teil 5
Schutz der wild lebenden Tier- und Pflanzenarten

§ 39 Arten- und Biotopschutzprogramm, Rote Listen (zu § 38 BNatSchG)

(1) Zur Vorbereitung, Durchführung und Überwachung von Schutz-, Pflege- und Entwicklungsmaßnahmen im Sinne des § 38 Absatz 1 BNatSchG wird von der Landesanstalt für Umwelt Baden-Württemberg unter Beteiligung anderer betroffener Landesbehörden sowie der Hochschulen des Landes, Naturschutzvereinigungen, sachkundiger Verbände und sachkundiger Bürger ein Arten- und Biotopschutzprogramm erstellt und fortgeschrieben.

(2) Das Arten- und Biotopschutzprogramm enthält insbesondere

1. Verzeichnisse der im Landesgebiet vorkommenden wild lebenden Tier- und Pflanzenarten, ihrer Lebensgemeinschaften, Lebensräume und Lebensbedingungen sowie ihrer wesentlichen Populationen einschließlich ihrer Veränderungen, soweit sie für den Artenschutz bedeutsam sind,

2. Zustandsbewertungen für die besonders geschützten und die in ihrem Bestand gefährdeten Arten und Lebensgemeinschaften sowie für die Arten von gemeinschaftlichem Interesse und für die europäischen Vogelarten unter Darstellung ihrer wesentlichen Gefährdungsursachen,

3. Vorschläge für Schutz- und Pflegemaßnahmen sowie Grunderwerb und

4. Richtlinien und Hinweise für Maßnahmen zur Lenkung und Förderung der Bestandsentwicklung.

(3) Zur Vorbereitung von Maßnahmen des Biotop- und Artenschutzes gibt die Landesanstalt für Umwelt Baden-Württemberg in geeigneten Zeitabständen den wissenschaftlichen Stand der Erkenntnisse über ausgestorbene und bedrohte heimische Tier- und Pflanzenarten sowie über die Gefährdung von Biotopen (Rote Listen) bekannt und stellt sie in das Internet ein.

§ 40 Entnahme von Pflanzen und Tieren (zu § 39 BNatSchG)

(1) [1]Die Naturschutzbehörde kann Ausnahmen von dem Verbot des § 39 Absatz 2 Satz 1 BNatSchG unter den Voraussetzungen des § 45 Absatz 7 BNatSchG oder des Artikels 14 der Richtlinie 92/43/EWG zulassen. [2]Die oberste Naturschutzbehörde kann unter den Voraussetzungen des Satzes 1 durch Rechtsverordnung allgemeine Ausnahmen zulassen für Arten, die von Bildungseinrichtungen für Bildungszwecke genutzt und zu diesem Zweck der Natur entnommen oder für Forschungseinrichtungen für Forschungszwecke entnommen werden dürfen.

(2) [1]Das Verfahren betreffend die Erteilung einer Genehmigung nach § 39 Absatz 4 Satz 1 BNatSchG kann auch über einen Einheitlichen Ansprechpartner nach dem Gesetz über Einheitliche Ansprechpartner für das Land Baden-Württemberg abgewickelt werden. [2]§ 71a LVwVfG findet Anwendung.

§ 41 Zoos (zu § 42 BNatSchG)

(1) Die Genehmigung nach § 42 Absatz 2 BNatSchG schließt die tierschutzrechtliche Erlaubnis nach § 11 Absatz 1 Satz 1 Nummer 4 und Nummer 8 Buchstabe d des Tierschutzgesetzes (TierSchG) sowie die forstrechtliche Gehegegenehmigung nach § 34 Absatz 1 LWaldG ein.

(2) [1]Genehmigungsbehörde ist die untere Verwaltungsbehörde. [2]Die Genehmigungsbehörde kann die Verwendung von Vordrucken für den Antrag und die Unterlagen verlangen.

(3) Die Genehmigungsbehörde nach Absatz 2 ist gleichzeitig zuständige Landesbehörde im Sinne von § 4 Nummer 20 Buchstabe a Satz 2 des Umsatzsteuergesetzes.

§ 42 Tiergehege, Ausnahmen von der Anzeigepflicht, Bezeichnungsschutz (zu § 43 BNatSchG)

(1) Einer Anzeige nach § 43 Absatz 3 Satz 1 BNatSchG sind die erforderlichen Unterlagen beizufügen, aus denen sich die Erfüllung der Pflichten nach § 43 Absatz 2 BNatSchG ergibt.

(2) Eine Anzeigepflicht nach § 43 Absatz 3 Satz 1 BNatSchG besteht nicht für
1. Tiergehege, die unter staatlicher Aufsicht stehen oder
2. Tiergehege, die eine Grundfläche von insgesamt 50 m² nicht überschreiten.

(3) § 42 Absatz 4 Satz 2 Halbsatz 2 BNatSchG sowie § 41 Absatz 3 dieses Gesetzes gelten entsprechend.

(4) Besondere Vorschriften für Gehege im Wald nach § 34 LWaldG bleiben unberührt.

(5) Die Bezeichnung „Vogelwarte", „Vogelschutzwarte" oder Bezeichnungen, die ihnen zum Verwechseln ähnlich sind, dürfen nur mit Genehmigung der höheren Naturschutzbehörde geführt werden.

Teil 6
Erholung in Natur und Landschaft

§ 43 Recht auf Erholung (zu § 59 Absatz 2 BNatSchG)

[1]Das Recht auf Erholung findet seine Schranken in den allgemeinen Gesetzen, den Interessen der Allgemeinheit und in den Rechten Dritter. [2]Bei der Ausübung des Rechts auf Erholung sind alle verpflichtet, pfleglich mit Natur und Landschaft umzugehen und Rücksicht insbesondere auf die wild lebenden Tiere und Pflanzen, die Belange der Grundstückseigentümer und Nutzungsberechtigten sowie anderer Erholungssuchender zu nehmen.

§ 44 Schranken des Betretungsrechts (zu § 59 Absatz 2 BNatSchG)

(1) [1]Das Betretungsrecht gemäß § 59 Absatz 1 BNatSchG umfasst nicht das Fahren mit motorisierten Fahrzeugen, das Abstellen von motorisierten Fahrzeugen und Anhängern, das Zelten oder das Feuermachen. [2]Das Fahren mit Fahrrädern oder Pedelecs (Fahrräder mit elektrischer Motorunterstützung) ohne oder mit Anhänger, elektronischen Mobilitätshilfen nach § 1 Absatz 1 der Mobilitätshilfenverordnung sowie Krankenfahrstühlen mit oder ohne Motorantrieb ist auf hierfür geeigneten Wegen erlaubt. [3]Auf Fußgänger ist Rücksicht zu nehmen.

(2) [1]Landwirtschaftlich genutzte Flächen dürfen während der Nutzzeit nur auf Wegen betreten werden. [2]Als Nutzzeit gilt die Zeit zwischen Saat oder Bestellung und Ernte, bei Grünland die Zeit des Aufwuchses und der Beweidung. [3]Sonderkulturen, insbesondere Flächen, die dem Garten-, Obst- und Weinbau dienen, dürfen nur auf Wegen betreten werden.

(3) [1]In Schutzgebieten richtet sich das Betretungsrecht nach den jeweiligen Schutzbestimmungen. [2]Soweit die Rechtsverordnung keine Regelung enthält, ist das Radfahren und das Fahren mit Krankenfahrstühlen in Naturschutzgebieten nur auf Straßen und geeigneten Wegen gestattet.

(4) Wer die freie Landschaft betritt, ist verpflichtet, von ihm abgelegte Gegenstände und Abfälle wieder an sich zu nehmen und zu entfernen.

(5) Die Naturschutzbehörde oder die Ortspolizeibehörde kann durch Rechtsverordnung oder Einzelanordnung das Betreten von Teilen der freien Landschaft aus Gründen des Wohls der Allgemeinheit, insbesondere bei Gefahr für Leib oder Leben der Erholungssuchenden, aus Gründen des Natur- und Artenschutzes, zur Durchführung landschaftspflegerischer Vorhaben und zur Regelung des Erholungsverkehrs beschränken oder untersagen.

(6) Vorschriften über den Gemeingebrauch an Gewässern und an öffentlichen Straßen sowie straßenverkehrsrechtliche Regelungen bleiben unberührt.

§ 45 Reiten in der freien Landschaft (zu § 59 Absatz 2 BNatSchG)

(1) [1]Das Reiten und Fahren mit bespannten Fahrzeugen ist, unbeschadet straßenverkehrsrechtlicher Vorschriften, nur auf hierfür geeigneten privaten und beschränkt öffentlichen Wegen sowie auf besonders ausgewiesenen Flächen gestattet. [2]Hiervon sind ausgenommen gekennzeichnete Wanderwege unter drei Metern Breite, Fußwege sowie Sport- und Lehrpfade. [3]Beschränkungen können von Gemeinden und von Grundstückseigentümern aus wichtigem Grund vorgenommen werden, insbesondere soweit diese Wege und Flächen in besonderem Maße der Erholung der Bevölkerung dienen oder erhebliche Schäden oder Beeinträchtigungen anderer Benutzer zu erwarten sind.

(2) In Naturschutzgebieten, Kern- und Pflegezonen von Biosphärengebieten ist das Reiten und Fahren mit bespannten Fahrzeugen nur auf Straßen und befestigten Wegen sowie auf besonders ausgewiesenen Flächen gestattet, soweit die Rechtsverordnung keine abweichenden Regelungen enthält.

(3) § 44 Absatz 1 Satz 3, Absatz 2 und 3 Satz 1, Absatz 4 bis 6 sowie § 46 gelten entsprechend.

§ 46 Genehmigung von Sperren, Anordnung von Durchgängen (zu § 59 Absatz 2 BNatSchG)

(1) [1]Der Eigentümer oder sonstige Berechtigte bedarf zum Ausschluss des Betretungsrechts durch Sperren einer Genehmigung durch die Naturschutzbehörde oder die Ortspolizeibehörde. [2]Ausgenommen von der Genehmigungspflicht sind Sperren von intensiv genutzten Flächen landwirtschaftlicher Betriebe. [3]Für vorübergehende Sperrungen, die für Maßnahmen der Land- und Forstwirtschaft, der Jagdausübung, für zulässige sportliche Veranstaltungen oder aus sonstigen zwingenden Gründen erforderlich sind, genügt eine unverzügliche Anzeige an die Naturschutzbehörde oder die Ortspolizeibehörde.

(2) Bedarf eine Sperre einer behördlichen Gestattung nach anderen Vorschriften, ergeht diese im Einvernehmen mit der Naturschutzbehörde, sofern Bundesrecht nicht entgegensteht.

(3) [1]Die Genehmigung nach Absatz 1 Satz 1 ist zu erteilen, soweit

1. bei einem mit einem Gebäude zulässig überbauten Grundstück die berechtigten Wohn- oder betrieblichen Bedürfnisse es erfordern,
2. die zulässige Nutzung eines sonstigen Grundstücks behindert oder eingeschränkt wird, die Beschädigung von landwirtschaftlichen Kulturen zu befürchten ist oder das Grundstück beschädigt oder erheblich verunreinigt wird

und keine überwiegenden Gründe des Erholungsinteresses der Bevölkerung entgegenstehen. [2]Die Genehmigung kann befristet werden.

(4) Die Sperren sollen insbesondere durch Schranken, Einfriedungen, andere tatsächliche Hindernisse oder Beschilderungen kenntlich gemacht werden.

(5) Die Naturschutzbehörde oder die Ortspolizeibehörde kann durch Rechtsverordnung oder Einzelanordnung auf jedem Grundstück, das nicht frei betreten werden darf, für die Allgemeinheit einen Durchgang anordnen, wenn andere Teile der freien Landschaft, insbesondere Erholungsflächen, Naturschönheiten, Wald oder Gewässer, in anderer zumutbarer Weise nicht zu erreichen sind und wenn der Eigentümer dadurch in seinen Rechten nicht wesentlich beeinträchtigt wird.

§ 47 Freihaltung von Gewässern (zu § 61 BNatSchG)

(1) § 61 Absatz 1 Satz 1 BNatSchG gilt auch für nicht dauerhaft aufgestellte Unterkünfte, insbesondere Wohnwagen und Wohnmobile.

(2) [1]Die Naturschutzbehörde kann Verbote nach § 61 Absatz 1 Satz 1 BNatSchG durch Rechtsverordnung für bestimmte Gewässer zweiter Ordnung im Außenbereich festlegen, soweit es das Erholungsinteresse der Bevölkerung erfordert und nicht Regelungen nach § 29 WG entgegenstehen. [2]§ 61 Absatz 2 und 3 BNatSchG sowie Absatz 3 Nummer 3 gelten für Verbote aufgrund von Rechtsverordnungen nach Satz 1 entsprechend.

(3) Eine Ausnahme

1. nach Absatz 2 Satz 2,
2. nach § 61 Absatz 3 BNatSchG oder
3. für notwendige bauliche Anlagen, insbesondere als Gemeinschaftsanlagen, die ausschließlich der Erholung, insbesondere dem Baden, dem Wassersport oder der Fischerei dienen, soweit dadurch der Naturhaushalt oder das Landschaftsbild nicht erheblich beeinträchtigt wird,

wird durch eine nach anderen Vorschriften erforderliche behördliche Gestattung ersetzt, wenn diese im Einvernehmen mit der Naturschutzbehörde erteilt wird.

§ 48 Bereitstellen von Grundstücken durch Kommunen (zu § 62 BNatSchG)
Die Verpflichtung nach § 62 BNatSchG obliegt auch Gemeinden und Gemeindeverbänden.

Teil 7
Anerkennung und Mitwirkung von Naturschutzvereinigungen

§ 49 Anerkennung und Mitwirkung anerkannter Naturschutzvereinigungen (zu § 63 BNatSchG)
(1) [1]Abweichend von § 63 Absatz 2 BNatSchG steht einer vom Land anerkannten Naturschutzvereinigung, die nach ihrer Satzung landesweit tätig ist, über die in § 63 Absatz 2 BNatSchG genannten Fälle hinaus ein Mitwirkungsrecht zu

1. vor der Erteilung von Befreiungen von Geboten und Verboten in Landschaftsschutzgebieten und bei flächenhaften Naturdenkmalen, wenn das Vorhaben zu Eingriffen von besonderer Tragweite oder zu einer schwerwiegenden Beeinträchtigung überörtlicher Interessen der Erholung suchenden Bevölkerung führen kann,

2. bei der Verträglichkeitsprüfung nach § 34 Absatz 1 Satz 1 BNatSchG und der Entscheidung nach § 34 Absatz 3 und 4 BNatSchG über die abweichende Zulassung und Durchführung eines Projekts in einem Natura 2000-Gebiet,

3. bei Waldumwandlungen in Fällen von mehr als fünf Hektar,

4. vor der Erteilung von Bewilligungen und gehobenen Erlaubnissen nach §§ 11 und 15 WHG
   a) für das Entnehmen, Zutagefördern oder Ableiten von Grundwasser oder für dessen Einleitung in Gewässer, sofern eine Menge von 100 000 m³ pro Jahr überschritten wird oder wenn das Vorhaben zu einem Eingriff gemäß § 15 BNatSchG führt,
   b) für das Entnehmen und Ableiten von Wasser aus oberirdischen Gewässern sowie für dessen Einleitung in Gewässer, sofern nachteilige Auswirkungen auf die Leistungs- und Funktionsfähigkeit des Naturhaushalts, den guten ökologischen Zustand oder das gute ökologische Potenzial, insbesondere auf grundwasserabhängige Ökosysteme, nicht auszuschließen sind,
   c) für das Einleiten und Einbringen von Abwasser aus Abwasserbehandlungsanlagen in ein Fließgewässer,

5. bei Plangenehmigungen gemäß § 63 Absatz 2 Nummer 7 BNatSchG, sofern mit dem Vorhaben ein Eingriff erfolgt, auch soweit keine Öffentlichkeitsbeteiligung vorgesehen ist,

6. bei Eingriffen in unzerschnittene Landschaftsräume nach § 20, soweit kein Mitwirkungsrecht nach diesem Gesetz oder dem Bundesnaturschutzgesetz besteht,

7. vor der Erteilung von Befreiungen von den Verboten des § 30 Absatz 2 BNatSchG zum Schutz der dort und in § 33 dieses Gesetzes gesetzlich geschützten Biotope und

8. bei der Verträglichkeitsprüfung nach § 35 Absatz 4 und bei Ausnahmen vom Verbot des § 35 Absatz 2 Satz 1 nach § 35 Absatz 2 Satz 2.

[2]Satz 1 gilt entsprechend, soweit die dort genannten Entscheidungen im Rahmen anderer Zulassungs- oder Genehmigungsverfahren nach Landesrecht ergehen.
(2) [1]In den Fällen der Mitwirkung nach Absatz 1 und nach § 63 Absatz 2 BNatSchG sind den anerkannten Naturschutzvereinigungen die für das Vorhaben bedeutsamen Unterlagen zu übersenden. [2]Soweit eine anerkannte Naturschutzvereinigung im Verfahren eine Stellungnahme abgegeben hat, übersendet die Behörde ihr die Entscheidung oder Rechtsverordnung. [3]Die Unterlagen können elektronisch zur Verfügung gestellt oder auf einem Datenträger übersandt werden. [4]Ferner können die Unterlagen durch Bereitstellung auf einer Internetseite der Behörde und vorangegangener schriftlicher oder elektronischer Mitteilung hierzu zur Verfügung gestellt werden.
(3) In den Fällen des Absatzes 1 sowie des § 63 Absatz 2 BNatSchG kann die Genehmigungsbehörde im Einvernehmen mit der beteiligten Naturschutzbehörde von einer Beteiligung der anerkannten Naturschutzvereinigungen absehen, wenn Auswirkungen auf Natur und Landschaft nicht oder nur in geringfügigem Umfang zu erwarten sind.

(4) ¹Eine anerkannte Naturschutzvereinigung kann gegenüber der zuständigen Naturschutzbehörde durch schriftliche Erklärung auf die Mitwirkung in bestimmten Verfahren verzichten. ²Die Verfahren sind unter Angabe der maßgeblichen Rechtsvorschriften zu bezeichnen.

(5) Die Behörden und Einrichtungen des Naturschutzes sollen über die gesetzlichen Beteiligungspflichten hinaus die Zusammenarbeit mit den privaten Organisationen des Naturschutzes pflegen.

§ 50 Rechtsbehelfe (zu § 64 Absatz 3 BNatSchG)

Eine anerkannte Naturschutzvereinigung kann neben den in § 64 Absatz 1 BNatSchG geregelten Fällen Rechtsbehelfe auch in den in § 49 Absatz 1 dieses Gesetzes genannten Fällen, in denen eine Mitwirkung vorgesehen ist, einlegen, soweit es sich um Verfahren zur Ausführung landesrechtlicher Vorschriften handelt.

§ 51 Landesnaturschutzverband

(1) ¹Ein rechtsfähiger Zusammenschluss von überörtlich tätigen Naturschutzvereinigungen, dessen Tätigkeit sich auf das gesamte Landesgebiet erstreckt, kann auf Antrag von der obersten Naturschutzbehörde als Landesnaturschutzverband anerkannt werden, soweit der Zusammenschluss die Anforderungen nach § 3 Absatz 1 des Umwelt-Rechtsbehelfsgesetzes (UmwRG) erfüllt. ²Die Anerkennung ist zu widerrufen, wenn ihre Voraussetzungen nicht mehr gegeben sind oder wenn der Zusammenschluss seine Aufgaben nicht oder während eines längeren Zeitraums unzulänglich erfüllt hat. ³Solange ein rechtsfähiger Zusammenschluss von Naturschutzvereinigungen als Landesnaturschutzverband anerkannt ist, kann ein weiterer Zusammenschluss von Naturschutzvereinigungen nicht anerkannt werden.

(2) Der Landesnaturschutzverband hat die Aufgabe, die Stellungnahmen seiner Mitglieder zu koordinieren.

Teil 8
Vorkaufsrecht, Eigentumsbindung, Befreiungen

§ 52 Behördliche Befugnisse, Duldungspflicht (zu § 65 BNatSchG)

(1) ¹Die Bediensteten und Beauftragten der Naturschutzbehörden und der Landesanstalt für Umwelt Baden-Württemberg sowie der Gemeinden dürfen Grundstücke sowie während der üblichen Arbeits- oder Betriebszeit Wirtschafts-, Geschäfts-, Betriebsgebäude und Lagerräume betreten und dort Prüfungen und Besichtigungen vornehmen, Vermessungen, Kartierungen, Bodenuntersuchungen oder ähnliche Arbeiten ausführen, soweit dies zur Vorbereitung, Durchführung oder Kontrolle von Maßnahmen nach dem Bundesnaturschutzgesetz, diesem Gesetz oder den aufgrund dieser Gesetze erlassenen Rechtsvorschriften geboten ist. ²Die Eigentümer und Besitzer der von den Untersuchungen betroffenen Grundstücke sollen zuvor in geeigneter Weise benachrichtigt werden. ³Das Grundrecht der Unverletzlichkeit der Wohnung (Artikel 13 des Grundgesetzes) wird eingeschränkt.

(2) ¹Die Bediensteten und Beauftragten der Naturschutzbehörden und der Landesanstalt für Umwelt Baden-Württemberg können zur Durchführung der ihnen durch das Bundesnaturschutzgesetz, dieses Gesetz oder der aufgrund dieser Gesetze erlassenen Rechtsvorschriften übertragenen Aufgaben von natürlichen und juristischen Personen die erforderlichen Auskünfte und Einsicht in geschäftliche Unterlagen verlangen. ²§ 26 Absatz 2 Satz 4 LVwVfG findet entsprechende Anwendung.

(3) Für Maßnahmen nach Absatz 1 Satz 1, die durch Bedienstete und Beauftragte der Naturschutzbehörden und der Landesanstalt für Umwelt Baden-Württemberg durchgeführt werden, ist eine Befreiung gemäß § 67 Absatz 1 BNatSchG nicht erforderlich.

§ 53 Vorkaufsrecht (zu § 66 BNatSchG)

(1) ¹Über die in § 66 Absatz 1 Satz 1 BNatSchG genannten Fälle hinaus steht dem Land ein Vorkaufsrecht zu an Grundstücken, die in Kernzonen von ausgewiesenen oder einstweilig sichergestellten Biosphärengebieten liegen. ²§ 66 Absatz 1 Satz 2 und 3 BNatSchG gilt entsprechend. ³§ 66 Absatz 1 Satz 1 Nummer 3 BNatSchG ist mit der Maßgabe anzuwenden, dass sich das Vorkaufsrecht des Landes nur auf oberirdische private Gewässer erstreckt. ⁴Das Vorkaufsrecht nach § 25 Absatz 1 LWaldG bleibt unberührt.

(2) Über die in § 66 Absatz 3 Satz 5 BNatSchG genannten Ausschlussgründe hinaus erstreckt sich ein Vorkaufsrecht nicht auf den Verkauf eines Grundstücks, wenn dieses zusammen mit einem land-, forst- oder fischereiwirtschaftlichen Betrieb, mit dem es eine Einheit bildet, veräußert wird.

(3) [1]Der Inhalt des Kaufvertrages ist gemäß § 469 Absatz 1 des Bürgerlichen Gesetzbuchs (BGB) unverzüglich der unteren Naturschutzbehörde mitzuteilen. [2]Diese erteilt auf Antrag innerhalb eines Monats ein Negativzeugnis, wenn die Voraussetzungen des § 66 Absatz 1 Satz 1 BNatSchG und des Absatzes 1 Satz 1 und 2 nicht vorliegen; andernfalls leitet sie die Unterlagen unverzüglich an den Landesbetrieb Vermögen und Bau Baden-Württemberg, Betriebsleitung, und die höhere Naturschutzbehörde weiter und teilt dies dem Verkäufer oder seinem Beauftragten mit. [3]Das Vorkaufsrecht wird durch den Landesbetrieb Vermögen und Bau Baden-Württemberg, Betriebsleitung, im Einvernehmen mit der höheren Naturschutzbehörde ausgeübt, die die Voraussetzungen nach § 66 BNatSchG und nach diesem Gesetz zu prüfen hat.

(4) Ist die Betreuung nach § 63 Absatz 1 einer juristischen Person des Privatrechts übertragen worden, so kann das Vorkaufsrecht abweichend von § 66 Absatz 4 BNatSchG auch zu deren Gunsten ausgeübt werden.

(5) Im Falle des § 66 Absatz 4 BNatSchG haftet das Land neben den Begünstigten als Gesamtschuldner für die Verpflichtungen aus dem Kaufvertrag.

(6) [1]Das Vorkaufsrecht ist nicht übertragbar. [2]Es kann nur innerhalb von drei Monaten nach der Mitteilung des Kaufvertrages ausgeübt werden. [3]§ 66 Absatz 3 Satz 4 BNatSchG ist mit der Maßgabe anzuwenden, dass § 469 Absatz 2 BGB keine Anwendung findet.

§ 54 Befreiungen (zu § 67 BNatSchG)

(1) [1]Über Befreiungen von Rechtsverordnungen nach § 23 Absatz 2 bis 5 entscheidet die Naturschutzbehörde, die die Rechtsverordnung erlassen hat, soweit die Rechtsverordnung nichts anderes bestimmt. [2]Über Befreiungen von Satzungen nach § 23 Absatz 6 entscheidet die Gemeinde.

(2) [1]Für Befreiungen von den Verboten in § 30 Absatz 2, § 39 Absatz 1 und 2 Satz 1 sowie Absatz 5, § 61 Absatz 1 BNatSchG sowie im Sechsten Teil dieses Gesetzes sind die unteren Naturschutzbehörden zuständig. [2]Sind Naturschutzgebiete, Nationalparke, Nationale Naturmonumente oder Kern- und Pflegezonen eines Biosphärengebiets betroffen, gilt § 33 Absatz 3 Satz 1 dieses Gesetzes entsprechend. [3]Für Befreiungen von sonstigen Geboten und Verboten des Bundesnaturschutzgesetzes, dieses Gesetzes oder der aufgrund dieser Gesetze erlassenen Vorschriften sind die höheren Naturschutzbehörden zuständig.

(3) [1]Eine Befreiung nach § 67 BNatSchG wird durch eine nach anderen Vorschriften gleichzeitig erforderliche Gestaltung ersetzt, soweit Bundesrecht nicht entgegensteht. [2]Die Gestattung darf nur erteilt werden, wenn die Voraussetzungen des § 67 Absatz 1 BNatSchG vorliegen und die zuständige Naturschutzbehörde ihr Einvernehmen erklärt hat.

§ 55 Beschränkungen des Eigentums, Entschädigung (zu § 68 Absatz 2 BNatSchG)

(1) [1]Bei Beschränkungen des Eigentums im Sinne des § 68 Absatz 1 BNatSchG ist das Land zur Leistung einer angemessenen Entschädigung verpflichtet. [2]Über den Anspruch auf Entschädigung ist zumindest dem Grunde nach durch die zuständige Behörde in Verbindung mit der Entscheidung über die belastende Maßnahme zu entscheiden.

(2) Hat eine Satzung nach § 23 Absatz 6 Auswirkungen im Sinne des § 68 Absatz 1 BNatSchG, ist die Gemeinde zur Entschädigung verpflichtet.

(3) [1]Der Antrag auf Entschädigung oder auf Übernahme eines Grundstücks nach § 68 Absatz 2 Satz 3 BNatSchG ist bei der Behörde zu stellen, die die belastende Maßnahme angeordnet hat. [2]Beruht die Beschränkung des Eigentums auf einem gesetzlichen Verbot, ist der Antrag bei der Naturschutzbehörde zu stellen.

(4) [1]Kommt eine Einigung über die Entschädigung in Geld oder über die Übernahme eines Grundstücks nicht zustande, kann der Eigentümer das Enteignungsverfahren beantragen. [2]Die Vorschriften des Landesenteignungsgesetzes über Art und Umfang der Entschädigung gelten entsprechend.

§ 56 Nutzungsbeschränkungen in der Land-, Forst- und Fischereiwirtschaft, Erschwernisausgleich (zu § 68 Absatz 4 BNatSchG)

(1) [1]Werden in

1. Rechtsvorschriften, die im Rahmen der §§ 23 bis 29 BNatSchG in Verbindung mit § 23 dieses Gesetzes erlassen worden sind, oder

2. Anordnungen der Naturschutzbehörden zur Verwirklichung der Ziele des Naturschutzes und der Landschaftspflege

standortbedingte erhöhte Anforderungen festgesetzt, die die ausgeübte land- und forstwirtschaftliche Bodennutzung sowie die fischereiwirtschaftliche Nutzung oberirdischer Gewässer über die Anforderungen der guten fachlichen Praxis hinaus erheblich beschränken, die sich aus den für die Land-, Forst- und Fischereiwirtschaft geltenden Vorschriften, aus § 17 Absatz 2 des Bundes-Bodenschutzgesetzes und aus diesem Gesetz ergeben, kann betroffenen Privatpersonen für die dadurch verursachten wirtschaftlichen Nachteile im Rahmen der verfügbaren Haushaltsmittel ein Ausgleich gewährt werden. [2]Satz 1 findet keine Anwendung, soweit ein Anspruch auf Entschädigung oder anderweitigen Ausgleich nach anderen Rechtsvorschriften oder aufgrund vertraglicher Vereinbarungen besteht.

(2) Im Falle einer nur vorübergehenden Einschränkung oder Unterbrechung der land- und forstwirtschaftlichen Bodennutzung oder der fischereiwirtschaftlichen Nutzung oberirdischer Gewässer gilt die Nutzung als ausgeübt, die vor der Einschränkung oder Unterbrechung ausgeübt wurde.

(3) [1]Die oberste Naturschutzbehörde regelt das Nähere, insbesondere die Grundsätze zur Bemessung der Höhe des Ausgleichs, durch Rechtsverordnung, die der Zustimmung des für Finanzen zuständigen Ministeriums bedarf. [2]Die Rechtsverordnung kann bestimmen, dass der Anspruch nur für den Bewirtschafter des Grundstücks entsteht.

Teil 9
Organisation und Zuständigkeit

§ 57 Aufbau der Naturschutzbehörden (zu § 3 Absatz 1 und 2 BNatSchG)

(1) [1]Die für Naturschutz und Landschaftspflege zuständigen Behörden gemäß § 3 Absatz 1 Nummer 1 BNatSchG sind

1. das für Naturschutz zuständige Ministerium als oberste Naturschutzbehörde,
2. die Regierungspräsidien als höhere Naturschutzbehörden,
3. die unteren Verwaltungsbehörden als untere Naturschutzbehörden.

[2]Abweichend von Satz 1 Nummer 2 und 3 nimmt auf dem Gebiet des Nationalparks Schwarzwald die Nationalparkverwaltung die Aufgaben und Befugnisse der unteren und höheren Naturschutzbehörde wahr. [3]§ 13 Absatz 1 Satz 4 des Nationalparkgesetzes (NLPG) bleibt unberührt.

(2) [1]Die unteren Naturschutzbehörden sind mit mindestens einer hauptamtlichen Naturschutzfachkraft auszustatten. [2]Das Land stellt den Landratsämtern die hierfür erforderlichen Landesbediensteten des gehobenen oder höheren Dienstes.

(3) Soweit bei den unteren Naturschutzbehörden vor dem 14. März 2001 hauptamtliche Naturschutzfachkräfte beschäftigt waren, soll deren Zahl nicht unter den Bestand vom 1. Januar 2000 vermindert werden, es sei denn, die gesetzlichen Aufgaben der unteren Naturschutzbehörden werden reduziert.

§ 58 Sachliche Zuständigkeit der Naturschutzbehörden

(1) Für den Vollzug des Bundesnaturschutzgesetzes, dieses Gesetzes und der aufgrund dieser Gesetze erlassenen Vorschriften ist die untere Naturschutzbehörde zuständig, soweit nichts anderes bestimmt ist.

(2) Für den Vollzug der Satzungen nach § 29 BNatSchG in Verbindung mit § 23 Absatz 6 dieses Gesetzes ist die Gemeinde, für den Vollzug von Rechtsverordnungen und Einzelanordnungen der Ortspolizeibehörde nach § 44 Absatz 5 und § 46 Absatz 5 dieses Gesetzes ist die erlassende Behörde zuständig.

(3) Die höhere Naturschutzbehörde ist zuständig für

1. konzeptionelle Naturschutzfragen, die Erarbeitung regionaler Schutzgebietskonzepte und der Fachbeiträge zu Landschaftsrahmenplänen nach § 9 Absatz 3 Satz 1 Nummer 4 Buchstabe d und § 10 Absatz 2 Satz 2 BNatSchG sowie § 11 Absatz 2 dieses Gesetzes,
2. die Betreuung und Entwicklung von Biosphärengebieten, die Betreuung der Natura 2000-Gebiete, insbesondere durch die Erstellung von Managementplänen, und der Naturschutzgebiete, insbesondere durch die Erstellung von Pflege- und Entwicklungsplänen, durch die Organisation der Besucherlenkungsmaßnahmen und der notwendigen Pflegemaßnahmen einschließlich des Einsatzes eines Pflegetrupps für fachlich komplexe Maßnahmen sowie durch die Dokumentation der Gebietsentwicklung,
3. die Mitwirkung bei der Verträglichkeitsprüfung im Zusammenhang mit Natura 2000-Gebieten gemäß § 38 Absatz 2,

4.   die Mitwirkung bei den Landschaftserhaltungsverbänden,

5.   die Information der Öffentlichkeit über die Belange des Naturschutzes einschließlich des Betriebs von Ökomobilen,

6.   die fachliche Betreuung von Naturschutzgroßprojekten,

7.   die Mitwirkung bei Naturschutzförderprojekten der Europäischen Kommission,

8.   die Aufgaben zum Vollzug des Artenschutzrechts nach

   a)   § 38 Absatz 1 BNatSchG und § 39 dieses Gesetzes zur Umsetzung des Arten- und Biotopschutzprogramms,

   b)   § 40 Absatz 1, § 40a Absatz 1, 3 und 4, § 40c Absatz 1 bis 3 BNatSchG,

   c)   § 45 Absatz 5 Satz 4 und 5 BNatSchG,

   d)   § 45 Absatz 7, § 67 BNatSchG sowie § 4 Absatz 3 der Bundesartenschutzverordnung (BArtSchV) für streng geschützte Tier- und Pflanzenarten (§ 7 Absatz 2 Nummer 14 BNatSchG). Sofern ein Antrag streng geschützte und nicht streng geschützte Tier- und Pflanzenarten oder den Geltungsbereich eines Naturschutzgebietes oder einer Kernzone eines Biosphärengebiets betrifft, ist die höhere Naturschutzbehörde insgesamt zuständig,

   e)   § 45 Absatz 7 Satz 1 Nummer 3 BNatSchG und § 4 Absatz 3 Nummer 3 BArtSchV bezüglich der Beringung von Vögeln zu Forschungszwecken,

   f)   § 48 Absatz 1 Nummer 4 BNatSchG, soweit nicht § 60 Absatz 2 Satz 1 Nummer 5 dieses Gesetzes etwas anderes bestimmt,

   g)   § 2 Absatz 1 Satz 2 und Absatz 2, § 6 Absatz 1 Satz 4, Absatz 2 Nummer 4 und Absatz 3, § 7 Absatz 2 und 3 Satz 2, § 13 Absatz 1 Satz 4 und 9 sowie Absatz 3 Satz 4, § 14 Absatz 1 Satz 2 und Absatz 2 Satz 2, § 15 Absatz 6 sowie § 17 BArtSchV,

9.   die Umsetzung des Moorschutzkonzepts nach § 60 Satz 1 Absatz 2 Nummer 7.

(4) [1]Die höhere Naturschutzbehörde unterstützt den Naturschutzfonds in der Planung und Abwicklung von Fördermaßnahmen. [2]Sie kann die untere Naturschutzbehörde mit der Umsetzung des Arten- und Biotopschutzprogramms sowie mit der Durchführung von Maßnahmen nach den Managementplänen und den Pflege- und Entwicklungsplänen nach Absatz 3 Nummer 2 betrauen.

(5) Die höhere Naturschutzbehörde ist auch zuständig, wenn bei Gefahr im Verzug ein rechtzeitiges Tätigwerden der unteren Naturschutzbehörde nicht erreichbar erscheint.

(6) Die nächsthöhere Naturschutzbehörde kann im Einzelfall die Zuständigkeit an sich selbst oder im Einvernehmen mit den betroffenen nachgeordneten Naturschutzbehörden an eine dieser Naturschutzbehörden übertragen, wenn die Angelegenheit in den Zuständigkeitsbereich mehrerer Naturschutzbehörden fällt und die Übertragung der Zuständigkeit für den einheitlichen Vollzug des Naturschutzrechts zweckmäßig ist.

(7) Für die Übertragung der Bewilligungsfunktion sowie der Funktion des technischen Prüfdienstes auf die untere Naturschutzbehörde für Ausgaben zu Lasten des Europäischen Garantiefonds für die Landwirtschaft und des Europäischen Landwirtschaftsfonds für die Entwicklung des ländlichen Raums gilt § 29d des Landwirtschafts- und Landeskulturgesetzes entsprechend.

(8) Bei der Durchführung von Maßnahmen des Naturschutzes und der Landschaftspflege können die Naturschutzbehörden die personelle und technische Unterstützung durch die staatliche Forstverwaltung gemäß § 66 Absatz 1 und 2 LWaldG in Anspruch nehmen.

§ 59 Naturschutzfachbehörden

(1) Naturschutzfachbehörden sind

1.   die Landesanstalt für Umwelt Baden-Württemberg,

2.   die Beauftragten für Naturschutz und Landschaftspflege (Naturschutzbeauftragte).

(2) Die oberste Naturschutzbehörde regelt die fachlichen Anforderungen an die Naturschutzbeauftragten und ihre Obliegenheiten.

(3) [1]Die Naturschutzbeauftragten sind den unteren Naturschutzbehörden der Stadt- und Landkreise angegliedert. [2]Sie sind als deren Berater weisungsfrei und dürfen wegen der Erfüllung ihrer Aufgaben nicht benachteiligt werden. [3]Die Zuständigkeit der Naturschutzbeauftragten erstreckt sich nicht auf das Gebiet des Nationalparks Schwarzwald.

(4) [1]Jeder Stadt- und Landkreis bestellt eine oder einen oder mehrere Naturschutzbeauftragte. [2]Die Bestellung erfolgt auf fünf Jahre. [3]Sie ist widerruflich. [4]Für die Bestellung und den Widerruf der Bestellung der Naturschutzbeauftragten gelten § 19 Absatz 2 Satz 1 und 2 der Landkreisordnung

(LKrO) und § 24 Absatz 2 Satz 1 und 2 der Gemeindeordnung (GemO) entsprechend. [5]Die Naturschutzbeauftragten sind ehrenamtlich tätig. [6]Sie haben Anspruch auf Ersatz ihrer Auslagen. [7]Sie haben ferner Anspruch auf eine angemessene Aufwandsentschädigung durch das Land.

(5) [1]Will die untere Verwaltungsbehörde, die zugleich untere Naturschutzbehörde ist, entgegen der Stellungnahme der oder des Naturschutzbeauftragten entscheiden, so hat sie dies der oder dem Naturschutzbeauftragten mitzuteilen. [2]Die oder der Naturschutzbeauftragte hat das Recht, umgehend die Vorlage der Angelegenheit an die höhere Naturschutzbehörde zu verlangen, wenn eine schwerwiegende Beeinträchtigung von Belangen des Naturschutzes oder der Landschaftspflege droht. [3]Die höhere Naturschutzbehörde ist berechtigt, in der Sache selbst tätig zu werden oder die Angelegenheit an die untere Naturschutzbehörde zurückzuverweisen.

(6) Die oberste Naturschutzbehörde führt die Fachaufsicht über die Landesanstalt für Umwelt Baden-Württemberg.

§ 60 Aufgaben der Naturschutzfachbehörden

(1) Die Naturschutzfachbehörden unterstützen und beraten die Naturschutzbehörden und unterstützen den Naturschutzfonds in der Planung und Abwicklung von Fördermaßnahmen.

(2) [1]Die Landesanstalt für Umwelt Baden-Württemberg hat neben den Aufgaben, die ihr durch andere Vorschriften dieses Gesetzes übertragen sind, insbesondere

1. die oberste Naturschutzbehörde fachlich zu beraten und zu unterstützen,
2. die Naturschutzbehörden und die Naturschutzbeauftragten bei der Erfüllung ihrer Aufgaben durch Fachinformationen, Planungsgrundlagen, allgemeine Daten und Karten sowie durch Arbeitshilfen und Verfahren zur elektronischen Datenverarbeitung zu unterstützen,
3. die Öffentlichkeit über Naturschutz und Landschaftspflege zu informieren,
4. grundsätzliche Fragen des Vogelschutzes als staatliche Vogelschutzwarte wahrzunehmen,
5. die Aufgaben nach § 48 Absatz 1 Nummer 4 BNatSchG in Verbindung mit Artikel 52 Absatz 2 und 3 der Verordnung (EG) Nr. 865/2006 der Kommission vom 4. Mai 2006 mit Durchführungsbestimmungen zur Verordnung (EG) Nr. 338/97 des Rates über den Schutz von Exemplaren wild lebender Tier- und Pflanzenarten durch Überwachung des Handels (ABl. L 166 vom 19. Juni 2006, S. 1) in der jeweils geltenden Fassung wahrzunehmen,
6. den fachlichen Austausch mit Landesanstalten anderer Bundesländer und dem Bundesamt für Naturschutz zu pflegen,
7. ein landesweites Moorschutzkonzept zu erstellen,
8. die Aufgaben nach § 40e und § 40f BNatSchG wahrzunehmen.

[2]Das Nähere wird in der Satzung der in Satz 1 genannten Anstalt im Einvernehmen mit der obersten Naturschutzbehörde bestimmt.

(3) Die Naturschutzbeauftragten beraten und unterstützen die unteren Naturschutzbehörden, insbesondere bei der Beurteilung von Vorhaben und Planungen, die mit Eingriffen verbunden sind oder diese vorbereiten, bei Stellungnahmen zu Landschafts- und Grünordnungsplänen sowie bei der Beurteilung von Fachplanungen anderer Verwaltungen.

§ 61 Beiräte für Natur- und Umweltschutz

(1) [1]Bei dem für Naturschutz zuständigen Ministerium wird ein Landesbeirat für Natur- und Umweltschutz aus ehrenamtlich tätigen sachverständigen Personen gebildet. [2]Er berät das für Natur- und Umweltschutz zuständige Ministerium in grundsätzlichen Fragen. [3]Den Vorsitz führt die Ministerin oder der Minister des für den Naturschutz zuständigen Ministeriums. [4]Die Geschäftsführung obliegt dem für Naturschutz zuständigen Ministerium. [5]Das Nähere, insbesondere Zusammensetzung, Stellung und Aufgabe des Landesbeirats, regelt das für Naturschutz zuständige Ministerium durch Rechtsverordnung.

(2) Bei den Naturschutzbehörden können bei besonderem Bedarf Naturschutzbeiräte zur wissenschaftlichen und fachlichen Beratung gebildet werden.

(3) Die Entschädigung und der Reisekostenersatz für die Mitglieder der Beiräte richten sich nach den allgemeinen Bestimmungen über die Abfindung der Mitglieder von Beiräten, Ausschüssen und Kommissionen in der Landesverwaltung.

§ 62 Stiftung Naturschutzfonds Baden-Württemberg

(1) Die bei dem für Naturschutz zuständigen Ministerium bestehende Stiftung Naturschutzfonds Baden-Württemberg (Naturschutzfonds) ist eine rechtsfähige Stiftung des öffentlichen Rechts.

(2) Das Land bringt in das Vermögen der Stiftung eine Grundausstattung ein.

(3) Außer den Erträgen des Stiftungsvermögens und den Zuwendungen Dritter fließen in den Naturschutzfonds

1. Erträge von öffentlichen Lotterien und Ausspielungen, Ausstellungen, Veranstaltungen oder von Sammlungen,
2. die Ersatzzahlungen nach § 15 Absatz 6 BNatSchG,
3. Zuwendungen des Landes nach Maßgabe des Haushaltsplans,
4. Erträge von Maßnahmen nach Absatz 4 Satz 4 und
5. staatliche Geldauflagen und Bußgelder.

(4) [1]Der Naturschutzfonds fördert die Bestrebungen für die Erhaltung der natürlichen Umwelt und der natürlichen Lebensgrundlagen und trägt zur Aufbringung der benötigten Mittel bei. [2]Er verfolgt ausschließlich und unmittelbar steuerbegünstigte Zwecke im Sinne der §§ 51 bis 68 der Abgabenordnung. [3]Der Naturschutzfonds hat insbesondere die Aufgabe,

1. die Forschung und modellhafte Untersuchungen auf dem Gebiet der natürlichen Umwelt anzuregen und zu fördern,
2. das für Naturschutz zuständige Ministerium bei der Planung und Verwendung der verfügbaren Forschungsmittel zu beraten,
3. Maßnahmen zur Aufklärung, Ausbildung und Fortbildung zu unterstützen und zu fördern,
4. richtungweisende Leistungen auf dem Gebiet der Erhaltung der natürlichen Umwelt auszuzeichnen,
5. Grundstücke für Zwecke des Naturschutzes zu erwerben, deren Erwerb zu fördern und diese zu entwickeln und
6. Maßnahmen zum Schutz der Natur und zur Pflege der Landschaft zu fördern.

[4]Der Naturschutzfonds kann Maßnahmen im Sinne von § 16 BNatSchG durchführen und hierfür Grundstücke erwerben oder bisher mit seinen Mitteln erworbene Grundstücke im Landesbesitz verwenden.

(5) [1]Der Naturschutzfonds wird durch einen Stiftungsrat verwaltet. [2]Den Vorsitz des Stiftungsrats führt die für Naturschutz zuständige Ministerin oder der für Naturschutz zuständige Minister oder die von ihr oder ihm bestimmte Vertretung. [3]Der Landesbeirat für Natur- und Umweltschutz nimmt zugleich die Aufgaben des Stiftungsrats wahr. [4]Zu weiteren Mitgliedern des Stiftungsrats können Vertreter der Ministerien und der Regierungspräsidien berufen werden. [5]Die Mitglieder des Stiftungsrats werden von der obersten Naturschutzbehörde jeweils auf fünf Jahre berufen; eine erneute Berufung ist zulässig. [6]§ 61 Absatz 3 gilt entsprechend.

(6) Das für Naturschutz zuständige Ministerium bestellt eine Geschäftsführerin oder einen Geschäftsführer.

(7) Das Nähere regelt eine Satzung, die der Stiftungsrat beschließt und die der Genehmigung der Stiftungsbehörde bedarf.

§ 63 Betreuung geschützter Teile von Natur und Landschaft, Artenschutzaufgaben

(1) [1]Die Naturschutzbehörde kann juristische Personen, die sich nach ihrer Zweckbestimmung überwiegend dem Naturschutz oder der Landschaftspflege widmen und die Gewähr für eine sachgerechte Förderung der Zielsetzungen dieses Gesetzes bieten, auf Antrag widerruflich damit beauftragen, in bestimmtem Umfang geschützte Teile von Natur und Landschaft zu betreuen sowie bestimmte Aufgaben des Arten- und Biotopschutzes wahrzunehmen. [2]Hoheitliche Befugnisse können ihnen nicht übertragen werden.

(2) Die nach Absatz 1 Beauftragten sind vor einer Änderung oder Aufhebung der Schutzvorschriften sowie vor jeder erheblichen Beeinträchtigung der von ihnen betreuten Gebiete oder Gegenstände zu hören.

(3) Das Land kann den nach Absatz 1 Beauftragten auf Antrag im Rahmen der bereitgestellten Haushaltsmittel Zuschüsse oder Aufwendungsersatz für Leistungen gewähren, die im öffentlichen Interesse liegen, insbesondere für

1. den Erwerb von Grundstücken aus Gründen des Naturschutzes,
2. die Durchführung von Einzelmaßnahmen nach Maßgabe des § 3 Absatz 4 BNatSchG in Verbindung mit § 5 Absatz 4 dieses Gesetzes, soweit ein Zuschuss oder Aufwendungsersatz von der Naturschutzbehörde vorher zugesagt wurde. § 64 bleibt unberührt.

§ 64 Pflegemaßnahmen in geschützten Teilen von Natur und Landschaft

[1]Mit der Durchführung von Pflegemaßnahmen in geschützten Teilen von Natur und Landschaft sollen nach Möglichkeit die Bewirtschafter, die Eigentümer oder sonstige Berechtigte beauftragt werden. [2]§ 26 des Landwirtschafts- und Landeskulturgesetzes bleibt unberührt.

§ 65 Landschaftserhaltungsverbände (zu § 3 Absatz 4 BNatSchG)

(1) Das Land fördert die Einrichtung eines Landschaftserhaltungsverbands in jedem Landkreis.

(2) [1]Die Landschaftserhaltungsverbände nehmen unbeschadet des § 64 insbesondere Aufgaben wahr im Zusammenhang mit der
1. Umsetzung des Europäischen Schutzgebietsnetzes Natura 2000, namentlich durch die Umsetzung von Managementplänen,
2. Erhaltung, Pflege und Entwicklung der Kulturlandschaft in ihrer standorttypischen Ausprägung und Artenvielfalt,
3. Offenhaltung der Kulturlandschaft und
4. Umsetzung von Artenschutzmaßnahmen, Erhaltung und Pflege besonderer Biotope und ökologisch wertvoller Flächen sowie der Pflege und Entwicklung von Biotopverbundsystemen.

[2]Die Landschaftserhaltungsverbände stimmen sich bei der Wahrnehmung ihrer Aufgaben mit den zuständigen Behörden ab.

(3) [1]Das Nähere regelt die Satzung des Landschaftserhaltungsverbands, die der Genehmigung durch die oberste Naturschutzbehörde bedarf. [2]In der Satzung ist die drittelparitätische Vertretung
1. des Landkreises und der Gemeinden,
2. der anerkannten Naturschutzvereinigungen und der höheren Naturschutzbehörde und
3. der landwirtschaftlichen Berufsvertretung und der höheren Landwirtschaftsbehörde

im Vorstand festzuschreiben; dabei müssen die juristischen Personen des öffentlichen Rechts mit absoluter Mehrheit der Stimmen beteiligt sein.

§ 66 Ehrenamtlicher Naturschutzdienst

(1) [1]Zur Unterstützung der Naturschutzbehörden können die unteren Naturschutzbehörden geeignete Personen ehrenamtlich für den Naturschutzdienst (ehrenamtlicher Naturschutzdienst) einsetzen. [2]Die Mitglieder des ehrenamtlichen Naturschutzdienstes können auch von der höheren Naturschutzbehörde für besondere Aufgaben bestellt werden.

(2) [1]Die Mitglieder des ehrenamtlichen Naturschutzdienstes unterstehen der Aufsicht der Naturschutzbehörde, die sie bestellt hat. [2]Ihnen können folgende Aufgaben übertragen werden:
1. Besucherinnen und Besucher der freien Landschaft über die Natur sowie die Tier- und Pflanzenwelt zu informieren,
2. bei der Besucherlenkung, insbesondere in Schutzgebieten, mitzuwirken,
3. Besucherinnen und Besucher der freien Landschaft über die Vorschriften zum Schutz der Natur und Landschaft zu informieren und Zuwiderhandlungen gegen Rechtsvorschriften, die den Schutz der Natur, die Pflege der Landschaft und die Erholung in der freien Natur regeln und deren Übertretung mit Strafe oder Geldbuße bedroht ist, festzustellen, zu verhüten sowie bei der Verfolgung solcher Zuwiderhandlungen mitzuwirken,
4. die Naturschutzbehörde über nachteilige Veränderungen in Natur und Landschaft zu unterrichten und bei deren Beseitigung mitzuwirken und
5. besondere Aufgaben, insbesondere des Artenschutzes, wahrzunehmen.

[3]Die Mitglieder des ehrenamtlichen Naturschutzdienstes sind verpflichtet, der Naturschutzbehörde die Verletzung von Vorschriften des Naturschutzrechts zu melden. [4]Sie müssen bei der Ausübung ihrer Tätigkeit ein Dienstabzeichen tragen und einen Ausweis über ihre Bestellung mit sich führen. [5]Der Ausweis ist auf Verlangen vorzuzeigen.

(3) [1]Die Mitglieder des ehrenamtlichen Naturschutzdienstes sind berechtigt, Personen, die einer Rechtsverletzung verdächtig sind, zur Feststellung der Personalien anzuhalten. [2]Weitere hoheitliche Befugnisse können nicht übertragen werden.

(4) Die oberste Naturschutzbehörde kann Begründung, Ausgestaltung und Umfang des Dienstverhältnisses, die Anforderungen an die Eignung sowie die Aus- und Fortbildung regeln und Vorschriften über den Dienstausweis und die Dienstabzeichen erlassen.

§ 67 Hauptamtlicher Naturschutzdienst

(1) [1]Die unteren und höheren Naturschutzbehörden können hauptamtliche Kräfte für den Außendienst bestellen (hauptamtlicher Naturschutzdienst). [2]Diese haben neben den Aufgaben nach § 66 Absatz 2 insbesondere die Schutzgebiete zu betreuen und deren Besucher über die Besonderheiten und Gefährdungen zu informieren. [3]Sie sollen im Rahmen ihrer Überwachungsaufgabe Verletzungen der Vorschriften zum Schutz der Natur und der Landschaft verhüten, feststellen und bei der Verfolgung von Rechtsverletzungen mitwirken.

(2) Neben dem Recht der Personalienfeststellung nach § 66 Absatz 3 können die Mitglieder des hauptamtlichen Naturschutzdienstes

1. das Betreten von Teilen der freien Landschaft vorübergehend untersagen oder beschränken, eine Person vorübergehend von einem Ort verweisen oder ihr vorübergehend das Betreten eines Ortes verbieten (Platzverweis), soweit dies aus Gründen des Naturschutzes erforderlich ist,
2. unberechtigt der Natur entnommenes Gut sowie Gegenstände sicherstellen, die bei Zuwiderhandlungen verwendet wurden oder verwendet werden sollten,
3. Verwarnungen gemäß §§ 56 und 57 des Gesetzes über Ordnungswidrigkeiten (OWiG) erteilen und
4. die vorläufige Einstellung rechtswidriger Handlungen verfügen; die Einstellungsverfügung wird unwirksam, wenn sie nicht innerhalb einer Woche von der Naturschutzbehörde bestätigt wird.

(3) [1]Die Mitglieder des hauptamtlichen Naturschutzdienstes müssen bei der Ausübung ihrer Tätigkeit ein Dienstabzeichen tragen und einen Dienstausweis mit sich führen, der auf Verlangen bei Vornahme einer Amtshandlung vorzuzeigen ist. [2]Die oberste Naturschutzbehörde kann durch Rechtsverordnung Vorschriften über das Tragen einer Dienstkleidung erlassen.

§ 68 Datenverarbeitung

(1) [1]Die Naturschutzbehörden, die Landesanstalt für Umwelt Baden-Württemberg und der Naturschutzfonds dürfen personenbezogene Daten im Sinne des § 3 Absatz 1 des Landesdatenschutzgesetzes verarbeiten, soweit dies zur Erfüllung ihrer Aufgaben nach dem Bundesnaturschutzgesetz, diesem Gesetz und den aufgrund dieser Gesetze erlassenen Rechtsverordnungen erforderlich ist. [2]Andere Verwaltungsbehörden des Landes übermitteln den in Satz 1 genannten Stellen die zur Erfüllung ihrer Aufgaben nach diesem Gesetz und den aufgrund dieses Gesetzes erlassenen Vorschriften erforderlichen personenbezogenen Daten. [3]Naturschutzfachlich relevante personenbezogene Daten können flurstücksbezogen oder nach Koordinaten in Druckwerken oder elektronisch veröffentlicht werden

1. zur Führung des Kompensationsverzeichnisses nach § 18,
2. zur Durchführung von Unterschutzstellungsverfahren nach § 24,
3. zur Führung des Schutzgebietsverzeichnisses nach § 27 Absatz 2,
4. hinsichtlich der Listen und Karten nach § 33 Absatz 6,
5. zur Errichtung von Natura 2000-Gebieten nach § 36 und
6. zur Aufstellung des Arten- und Biotopschutzprogramms nach § 39.

(2) [1]Die Landschaftserhaltungsverbände verarbeiten personenbezogene Daten zur Erfüllung ihrer Aufgaben nach § 65 Absatz 2 Satz 1 Nummer 1 bis 4. [2]Verwaltungsbehörden des Landes übermitteln den Landschaftserhaltungsverbänden die zur Erfüllung ihrer Aufgaben nach § 65 Absatz 2 Satz 1 Nummer 1 bis 4 erforderlichen personenbezogenen Daten.

Teil 10
Ordnungswidrigkeiten

§ 69 Bußgeldvorschriften (zu § 69 BNatSchG)

(1) Über § 69 BNatSchG hinaus handelt ordnungswidrig, wer vorsätzlich oder fahrlässig

1. einer aufgrund dieses Gesetzes ergangenen Rechtsvorschrift zuwiderhandelt, soweit die Rechtsvorschrift für einen bestimmten Tatbestand auf diese Bußgeldvorschrift, auf § 80 Absatz 1 Nummer 2 des Naturschutzgesetzes vom 13. Dezember 2005 (GBl. S. 745) in den bis zum 13. Juli 2015 jeweils geltenden Fassungen oder auf § 64 Absatz 1 Nummer 2, auch in Verbindung mit § 70 des

Naturschutzgesetzes vom 21. Oktober 1975 (GBl. S. 654) in den bis zum 31. Dezember 2005 jeweils geltenden Fassungen, verweist,

2. entgegen § 19 Absatz 1 ein Vorhaben ohne die erforderliche Genehmigung der Naturschutzbehörde beginnt,

3. einer vollziehbaren Anordnung nach § 4, § 28 Absatz 1 oder § 30 Absatz 2 zuwiderhandelt,

4. entgegen § 31 Absatz 4 eine Allee beseitigt oder Maßnahmen durchführt, die zu einer Zerstörung oder einer sonstigen erheblichen Beeinträchtigung einer Allee führen können,

5. entgegen § 30 Absatz 2 Satz 2 BNatSchG ein in § 33 Absatz 1 genanntes Biotop zerstört oder sonst erheblich beeinträchtigt,

6. dem Verbot des § 35 Absatz 1 zuwiderhandelt,

7. dem Verbot des § 35 Absatz 2 Satz 1 zuwiderhandelt, ohne dass eine Ausnahmeentscheidung nach § 35 Absatz 2 Satz 2 vorliegt,

8. entgegen § 35 Absatz 3 eine beabsichtigte Handlung nach § 35 Absatz 1 nicht anzeigt, einer vollziehbaren Untersagung nach § 35 Absatz 4 Satz 2 zuwiderhandelt oder vor Ablauf der in § 35 Absatz 4 Satz 3 genannten Frist mit der Durchführung beginnt.

(2) Ordnungswidrig handelt ferner, wer vorsätzlich oder fahrlässig

1. entgegen § 21 Absatz 1 eine Werbeanlage, einen Himmelsstrahler oder eine Einrichtung mit ähnlicher Wirkung ohne Zulassung anbringt oder betreibt,

2. entgegen § 27 Absatz 1 geschützte Bezeichnungen oder amtliche Kennzeichen oder entgegen § 42 Absatz 5 die Bezeichnungen „Vogelwarte", „Vogelschutzwarte" oder Bezeichnungen, die ihnen zum Verwechseln ähnlich sind, verwendet,

3. Vorrichtungen zur Kennzeichnung von geschützten Gebieten oder Gegenständen (§ 27 Absatz 4) beschädigt, zerstört oder auf andere Weise unbrauchbar macht,

4. entgegen § 34 den dort genannten Mittel anwendet,

5. in missbräuchlicher Ausübung des Rechts auf Erholung (§ 43) Grundstücke beschädigt oder verunreinigt oder entgegen § 44 Absatz 4 abgelegte Gegenstände und Abfälle nicht wieder an sich nimmt und entfernt,

6. auf Flächen, die dafür nicht bestimmt sind, entgegen § 44 Absatz 1 Satz 1 unerlaubt zeltet, Feuer entzündet, mit den in § 44 Absatz 1 Satz 1 genannten Fahrzeugen oder Anhängern fährt oder sie abstellt,

7. entgegen § 44 Absatz 1 Satz 2 in der freien Landschaft außerhalb von geeigneten Wegen mit Fahrrädern, Pedelecs oder elektrischen Mobilitätshilfen nach § 1 Absatz 1 der Mobilitätshilfenverordnung fährt,

8. entgegen § 44 Absatz 2 landwirtschaftlich genutzte Flächen in der Nutzzeit oder Sonderkulturen außerhalb der Wege betritt,

9. einer Rechtsverordnung oder vollziehbaren Einzelanordnung nach § 44 Absatz 5 zuwiderhandelt,

10. auf Flächen und Wegen, die hierfür nicht bestimmt sind, entgegen § 45 reitet oder diese mit bespannten Fahrzeugen befährt,

11. entgegen § 46 eine Sperre ohne die erforderliche Genehmigung errichtet,

12. in der freien Landschaft ausgediente Kraftfahrzeuge abstellt, wenn die Handlung nicht nach anderen Vorschriften geahndet werden kann,

13. entgegen § 47 Absatz 1 nicht dauerhafte Unterkünfte aufstellt.

(3) Die Ordnungswidrigkeit nach Absatz 1 kann mit einer Geldbuße bis zu 50 000 Euro, die Ordnungswidrigkeit nach Absatz 2 mit einer Geldbuße bis zu 15 000 Euro geahndet werden.

(4) [1]Verwaltungsbehörde im Sinne des § 36 Absatz 1 Nummer 1 OWiG ist

1. die höhere Naturschutzbehörde, wenn sie eine vollziehbare Anordnung erlassen hat,

2. die Gemeinde, wenn sie nach § 29 BNatSchG in Verbindung mit § 23 Absatz 6 eine Satzung erlassen hat,

3. im Übrigen die untere Naturschutzbehörde.

[2]In Verbindung mit § 44 Absatz 5 sind auch die Ortspolizeibehörden für die Verfolgung von Ordnungswidrigkeiten zuständig.

(5) § 17 NLPG bleibt unberührt.

§ 70 Einziehung (zu § 72 BNatSchG)
[1]Gegenstände, auf die sich eine Ordnungswidrigkeit bezieht oder die zur Vorbereitung oder Begehung einer Ordnungswidrigkeit verwendet oder die durch eine Ordnungswidrigkeit gewonnen oder erlangt worden sind, können eingezogen werden. [2]§ 23 OWiG (Erweiterte Voraussetzungen der Einziehung) ist anzuwenden.

Teil 11
Übergangs- und Durchführungsvorschriften

§ 71 Übergangs- und Durchführungsvorschriften
(1) [1]Verwaltungsverfahren, die vor dem 14. Juli 2015 begonnen wurden, sind nach den Verfahrensvorschriften des Naturschutzgesetzes vom 13. Dezember 2005 zu Ende zu führen. [2]Verwaltungsverfahren, die zwischen dem 14. Juli 2015 und dem 30. November 2017 begonnen wurden, sind nach den Verfahrensvorschriften dieses Gesetzes in der am 30. November 2017 geltenden Fassung zu Ende zu führen. [3]Für Verfahren zum Erlass von Rechtsverordnungen nach § 23 Absatz 2 bis 5, § 44 Absatz 5 und § 47 Absatz 2 gelten die Sätze 1 und 2 jeweils ab der Einleitung der Anhörung nach § 24 Absatz 1.
(2) Die Verwaltungsvorschriften zur Durchführung dieses Gesetzes erlässt die oberste Naturschutzbehörde, soweit andere Ministerien beteiligt sind, im Benehmen mit diesen.
(3) [1]Genehmigungen nach § 46 Absatz 1 des Naturschutzgesetzes in der bis 13. Juli 2015 geltenden Fassung, nach § 34 Absatz 1 LWaldG sowie Erlaubnisse nach § 11 Absatz 1 Nummer 4 TierSchG gelten als Genehmigungen nach diesem Gesetz fort. [2]Gleiches gilt für Erlaubnisse nach § 11 Absatz 1 Nummer 8 Buchstabe d TierSchG, sofern die Erlaubnisse auf ortsfeste Einrichtungen bezogen sind.

Anlage 1 und 2
(hier nicht abgedruckt)

Waldgesetz für Baden-Württemberg (Landeswaldgesetz – LWaldG)

In der Fassung vom 31. August 1995[1] (GBl. S. 685)
(BWGültV Sachgebiet 790)

zuletzt geändert durch Art. 3 G zur Einführung des G zur Ausführung des TiergesundheitsG und anderer tiergesundheitsrechtlicher Vorschriften und zur Änd. weiterer G vom 19. Juni 2019 (GBl. S. 223)

Nichtamtliche Inhaltsübersicht

Erster Teil
Allgemeine Vorschriften

§	1	Gesetzeszweck
§	2	Wald
§	3	Waldeigentumsarten
§	4	Begriffsbestimmungen

Zweiter Teil
Forstliche Rahmenplanung; Erhaltung des Waldes

1. Abschnitt
Forstliche Rahmenplanung und Sicherung der Funktionen des Waldes bei Vorhaben von Behörden und Planungsträgern

§	5	Ziele und Aufgaben der forstlichen Rahmenplanung
§	6	Grundsätze der forstlichen Rahmenplanung
§	7	Forstliche Rahmenpläne; Programme
§	8	Sicherung der Funktionen des Waldes bei Planungen, Maßnahmen und sonstigen Vorhaben von Behörden und Planungsträgern

2. Abschnitt
Erhaltung des Waldes

§	9	Erhaltung des Waldes
§	10	Besondere Fälle der Umwandlung von Wald
§	11	Befristete Umwandlung von Wald

Dritter Teil
Pflege und Bewirtschaftung des Waldes

1. Abschnitt
Bewirtschaftung des Waldes

§	12	Grundpflichten
§	13	Nachhaltige Bewirtschaftung des Waldes
§	14	Pflegliche Bewirtschaftung des Waldes
§	15	Beschränkung von Kahlhieben
§	16	Schutz hiebsunreifer Bestände
§	17	Wiederaufforstung
§	18	Schutzmaßnahmen gegen Waldbrände und Naturereignisse
§	19	Bau und Unterhaltung von Waldwegen
§	20	Planmäßige Bewirtschaftung des Waldes

§	21	Sachkundige Bewirtschaftung des Waldes
§	22	Umweltvorsorge im Rahmen der Bewirtschaftung des Waldes
§	23	Aufforstung nichtbewirtschafteter Flächen
§	24	Teilung von Waldgrundstücken
§	25	Vorkaufsrecht
§	26	Forstnutzungsrechte
§	27	Nachbarpflichten; Nachbarschutz
§	28	Benutzung fremder Grundstücke; Duldung von Wegen

2. Abschnitt
Geschützte Waldgebiete

§	29	Schutzwald
§	30	Bodenschutzwald
§	30a	Biotopschutzwald
§	31	Schutzwald gegen schädliche Umwelteinwirkungen
§	32	Waldschutzgebiete
§	33	Erholungswald
§	34	Gehege im Wald
§	35	Entschädigung
§	36	Rechtsverordnungen

Vierter Teil
Betreten des Waldes

§	37	Betreten des Waldes
§	38	Sperren von Wald
§	39	(aufgehoben)
§	40	Aneignung von Waldfrüchten und Waldpflanzen
§	41	Waldgefährdung durch Feuer

Fünfter Teil
Förderung der Forstwirtschaft

§	42	Förderung der Forstwirtschaft
§	43	Ersatz von Aufwendungen
§	44	Verwendung der Walderhaltungsabgabe

Sechster Teil
Besondere Vorschriften für den Staats-, Körperschafts- und Privatwald

1. Abschnitt
Staatswald

§	45	Zielsetzung im Staatswald

---

1) Neubekanntmachung des LandeswaldG idF v. 4. 4. 1985 (GBl. S. 106) in der ab 23. 6. 1995 geltenden Fassung.

2. Abschnitt
Körperschaftswald

§ 46   Zielsetzung im Körperschaftswald
§ 47   Forsttechnische Betriebsleitung
§ 48   Forstlicher Revierdienst
§ 49   Übernahme von Aufgaben im Privatwald
§ 50   Periodischer Betriebsplan
§ 51   Jährlicher Betriebsplan
§ 52   Außerordentliche Nutzung

2a. Abschnitt
Gemeinsame Vorschriften für Staats- und Körperschaftswald

§ 53   Rechtsverordnungen

3. Abschnitt
Kirchenwald

§ 54   Kirchenwald

4. Abschnitt
Privatwald; Zusammenschlüsse

§ 55   Fachliche Förderung des Privatwaldes
§ 56   Gemeinschaftswald
§ 57   Gestaltung der Rechtsverhältnisse im
         Gemeinschaftswald
§ 58   Umwandlung von Waldgenossenschaften
         mit öffentlich-rechtlicher
         Rechtspersönlichkeit
§ 59   Anwendung der für Körperschaftswald
         geltenden Vorschriften
§ 60   Gleichstellung mit Gemeinschaftswald
§ 61   Bildung und fachliche Förderung
         forstwirtschaftlicher Zusammenschlüsse

Siebter Teil
Landesforstverwaltung

1. Abschnitt
Forstbehörden

§ 62   Forstbehörden
§ 63   Körperschaftsforstdirektion
§ 64   Zuständigkeit von Forstbehörden
§ 64a   Fachliche Fortbildung
§ 64b   Nutzung der Informations- und
         Kommunikationstechnologie

2. Abschnitt
Aufgaben der Forstbehörden

§ 65   Aufgaben der Forstbehörden
§ 65a   Bewirtschaftung des Staatsforstbetriebs
         und Kostentragung
§ 66   Beratung und Unterstützung Dritter bei
         landschaftsbezogenen Maßnahmen

§ 67   Forstaufsicht
§ 68   Forstaufsichtliche Anordnungen
§ 69   Sicherheitsleistung
§ 70   Polizeiverordnungen
§ 71   Hoheitliche Wahrnehmung der
         dienstlichen Obliegenheiten
§ 72   Berufsbezeichnungen im Privatforstdienst
§ 73   Berufskleidung der körperschaftlichen
         Forstbediensteten und der Angestellten im
         Privatforstdienst
§ 74   Untersuchungen
§ 75   Forststatistik; Auskunftspflicht

3. Abschnitt
Forstliche Versuchs- und Forschungsanstalt

§ 76   Forstliche Versuchs- und
         Forschungsanstalt

4. Abschnitt
Landesforstwirtschaftsrat

§ 77   Landesforstwirtschaftsrat

Achter Teil
Forstschutz

§ 78   Forstschutz
§ 79   Ausübung des Forstschutzes;
         Forstschutzbeauftragte
§ 80   Verpflichtung der Privatforstbediensteten
§ 81   Weitere Aufgaben der
         Forstschutzbeauftragten
§ 82   Örtliche Zuständigkeit der
         Forstschutzbeauftragten

Neunter Teil
Ordnungswidrigkeiten

§ 83   Allgemeine Ordnungswidrigkeiten
§ 84   Ordnungswidrigkeiten der Waldbesitzer
§ 85   Zuständigkeit zur Verfolgung und
         Ahndung von Ordnungswidrigkeiten
§ 86   Verwarnung
§ 86a   Ersatz von Aufwendungen durch den
         Fahrzeughalter
§ 87   Einziehung

Zehnter Teil
Übergangs- und Schlußvorschriften

§ 88   Überleitungs- und
         Verwaltungsvorschriften
§ 89   Änderung bestehender Vorschriften
§ 90   Aufhebung von Rechtsvorschriften
§ 91   Inkrafttreten

Erster Teil
Allgemeine Vorschriften

§ 1 Gesetzeszweck
Zweck dieses Gesetzes ist

1. den Wald wegen seines wirtschaftlichen Nutzens (Nutzfunktion) und wegen seiner Bedeutung für die Umwelt, insbesondere für die dauernde Leistungsfähigkeit des Naturhaushalts, das Klima, den Wasserhaushalt, die Reinhaltung der Luft, die Bodenfruchtbarkeit, die Tier- und Pflanzenwelt, das Landschaftsbild, die Agrar- und Infrastruktur und die Erholung der Bevölkerung (Schutz- und Erholungsfunktion) zu erhalten, erforderlichenfalls zu mehren und seine ordnungsgemäße Bewirtschaftung nachhaltig zu sichern,
2. die Forstwirtschaft zu fördern und den Waldbesitzer bei der Erfüllung seiner Aufgaben nach diesem Gesetz zu unterstützen,
3. einen Ausgleich zwischen dem Interesse der Allgemeinheit und den Belangen der Waldbesitzer herbeizuführen.

§ 2 Wald
(1) Wald im Sinne dieses Gesetzes ist jede mit Forstpflanzen (Waldbäume und Waldsträucher) bestockte Grundfläche.

(2) Als Wald gelten auch kahlgeschlagene oder verlichtete Grundflächen, Waldwege, Waldeinteilungs- und Sicherungsstreifen, Waldblößen und Lichtungen, Waldwiesen, Wildäsungsplätze sowie Holzlagerplätze.

(3) Als Wald gelten ferner im Wald liegende oder mit ihm verbundene

1. Pflanzgärten und Leitungsschneisen,
2. Waldparkplätze und Flächen mit Erholungseinrichtungen,
3. Teiche, Weiher, Gräben und andere Gewässer von untergeordneter Bedeutung unbeschadet der wasser-, fischerei- und naturschutzrechtlichen Vorschriften,
4. Moore, Heiden und Ödflächen, soweit sie zur Sicherung der Funktionen des angrenzenden Waldes erforderlich sind,

sowie weitere dem Wald dienende Flächen.

(4) In der Flur oder im bebauten Gebiet gelegene kleinere Flächen, die mit einzelnen Baumgruppen, Baumreihen oder mit Hecken bestockt sind oder als Baumschulen verwendet werden, Weihnachtsbaum- und Schmuckreisigkulturen sowie zum Wohnbereich gehörende Parkanlagen sind nicht Wald im Sinne dieses Gesetzes.

(5) [1]Wald im Sinne der Absätze 1 bis 3 ist in Waldverzeichnisse einzutragen. [2]Geschützte Waldgebiete sind als solche zu kennzeichnen. [3]Die Waldverzeichnisse werden von der Forstbehörde geführt.

§ 3 Waldeigentumsarten
(1) [1]Staatswald im Sinne dieses Gesetzes ist Wald, der im Alleineigentum des Landes Baden-Württemberg steht. [2]Für Staatswald des Bundes und anderer Bundesländer im Geltungsbereich dieses Gesetzes gelten die Vorschriften der §§ 1 bis 41 und der §§ 62 bis 91 entsprechend.

(2) Körperschaftswald im Sinne dieses Gesetzes ist Wald, der im Alleineigentum der Gemeinden, der Gemeindeverbände, der Zweckverbände sowie sonstiger Körperschaften, Anstalten und Stiftungen des öffentlichen Rechts (Körperschaften) steht, die der Aufsicht des Landes unterstehen.

(3) Privatwald im Sinne dieses Gesetzes ist Wald, der nicht Staatswald oder Körperschaftswald ist.

§ 4 Begriffsbestimmungen
Im Sinne dieses Gesetzes sind

1. Waldbesitzer:
   Waldeigentümer sowie Nutzungsberechtigte, die unmittelbare Besitzer des Waldes sind;
2. Walderzeugnisse:
   pflanzliche Erzeugnisse des Waldes wie
   a) Waldbäume und -sträucher oder Teile davon,
   b) Samen, Nüsse, Beeren, Zapfen, Pilze und sonstige wildwachsende Waldfrüchte (Waldfrüchte),

c) Moose, Farne, Gräser, Schilf, Blumen und Kräuter (Waldpflanzen),

d) Harz und Streu;

3. Waldwege:
die nicht dem öffentlichen Verkehr gewidmeten Wege im Staats-, Körperschafts- und Privatwald;

4. Erholungseinrichtungen:
landschaftsbezogene Einrichtungen im und am Wald, die der Erholung der Bevölkerung dienen.

Zweiter Teil
Forstliche Rahmenplanung; Erhaltung des Waldes

1. Abschnitt
Forstliche Rahmenplanung und Sicherung der Funktionen des Waldes bei Vorhaben von Behörden und Planungsträgern

§ 5 Ziele und Aufgaben der forstlichen Rahmenplanung

(1) Zur Ordnung und Verbesserung der Waldstruktur kann eine forstliche Rahmenplanung durchgeführt werden mit dem Ziel, die für die Entwicklung der Lebens- und Wirtschaftsverhältnisse notwendigen Funktionen des Waldes nach § 1 Nr. 1 zu sichern.

(2) Die Ziele der Raumordnung und Landesplanung sind bei der forstlichen Rahmenplanung zu beachten.

§ 6 Grundsätze der forstlichen Rahmenplanung

Für die forstliche Rahmenplanung gelten insbesondere folgende Grundsätze:

1. Wald ist nach seiner Fläche und räumlichen Verteilung so zu erhalten oder zu gestalten, daß er die Leistungsfähigkeit des Naturhaushalts möglichst günstig beeinflußt, dem Schutz vor natürlichen oder zivilisatorischen Gefahren dient und der Bevölkerung möglichst weitgehend für die Erholung zur Verfügung steht; zugleich sollen die natürlichen Gegebenheiten, die wirtschaftlichen und sozialen Erfordernisse in den an das Landesgebiet angrenzenden Räumen soweit wie möglich berücksichtigt werden.

2. Der Aufbau des Waldes soll so beschaffen sein, daß seine Funktionen entsprechend den tatsächlichen Erfordernissen auf die Dauer gewährleistet sind.

3. Auf geeigneten Standorten soll eine nachhaltige, möglichst hohe und hochwertige Holzerzeugung unter Erhaltung oder Verbesserung der Bodenfruchtbarkeit angestrebt werden, sofern nicht anderen Erfordernissen der Vorrang einzuräumen ist.

4. [1]In Gebieten, in denen die Schutz- oder Erholungsfunktionen des Waldes von besonderem Gewicht sind, soll Wald für Schutz- oder Erholungszwecke in entsprechender räumlicher Ausdehnung und Gliederung unter Beachtung wirtschaftlicher Belange ausgewiesen werden. [2]Hierbei sollen geeignete Anlagen, Einrichtungen und Maßnahmen vorgesehen werden.

5. [1]Landwirtschaftlich genutzte Flächen und Brachflächen sollen standortgerecht aufgeforstet werden, wenn dies wirtschaftlich und agrarstrukturell zweckmäßig ist, die Leistungsfähigkeit des Naturhaushalts verbessert wird und Belange des Biotop- und Artenschutzes und das Landschaftsbild nicht beeinträchtigt werden. [2]In Gebieten mit hohem Waldanteil sollen ausreichende Flächen von der Aufforstung ausgenommen werden; die Mindestflur ist freizuhalten.

6. Wenn geringe Grundstücksgrößen oder die Gemengelage von Grundstücken verschiedener Besitzer einer rationellen forstwirtschaftlichen Bodennutzung entgegenstehen, sollen forstwirtschaftliche Zusammenschlüsse gebildet und, soweit erforderlich, die Zusammenlegung von Grundstücken angestrebt werden.

§ 7 Forstliche Rahmenpläne; Programme

(1) [1]Forstliche Rahmenpläne können für das ganze Land oder für Teile des Landes ausgearbeitet und fortgeschrieben werden. [2]Sie sind bei der Bauleitplanung im Rahmen des § 1 Abs. 4 und 5 des Baugesetzbuchs zu berücksichtigen.

(2) [1]Die Träger öffentlicher Belange, deren Interesse durch die forstliche Rahmenplanung berührt werden, sind rechtzeitig zu unterrichten und anzuhören, soweit nicht nach sonstigen Vorschriften eine andere Form der Beteiligung vorgeschrieben ist. [2]Dies gilt entsprechend für die beteiligten Wald- und sonstigen Grundbesitzer und deren Zusammenschlüsse.

(3) [1]Forstliche Rahmenpläne können ganz oder teilweise als fachliche Entwicklungspläne nach § 2 Abs. 1 Nr. 2 des Landesplanungsgesetzes aufgestellt werden. [2]Der raumbedeutsame Inhalt forstlicher Rahmenpläne, die nicht als fachliche Entwicklungspläne aufgestellt sind, wird unter Abwägung mit den anderen raumbedeutsamen Planungen und Maßnahmen in den Landesentwicklungsplan und in die Regionalpläne aufgenommen.

(4) [1]Als Grundlagen sind die Waldfunktionen durch die Waldfunktionenkartierung, die Waldbiotope durch die Waldbiotopkartierung und die Waldstandorte durch die forstliche Standortkartierung zu erfassen und bedarfsgerecht fortzuschreiben. [2]Die neuartigen Waldschäden und die Auswirkungen der Stoffeinträge in die Waldökosysteme sind im Rahmen der verfügbaren Haushaltsmittel zu erfassen und zu überwachen. [3]Forstliche Entwicklungsziele können auch in Form von Einzelprogrammen dargestellt werden.

(5) Der forstliche Beitrag zur Landschaftsplanung bleibt unberührt.

§ 8 Sicherung der Funktionen des Waldes bei Planungen, Maßnahmen und sonstigen Vorhaben von Behörden und Planungsträgern

Die Behörden und die Körperschaften, Anstalten und Stiftungen des öffentlichen Rechts haben bei Planungen, Maßnahmen und sonstigen Vorhaben, die in ihren Auswirkungen Waldflächen betreffen können,

1. die Funktionen des Waldes angemessen zu berücksichtigen,
2. die Forstbehörde bereits bei der Vorbereitung dieser Planungen, Maßnahmen und sonstigen Vorhaben zu unterrichten und anzuhören, soweit nicht nach diesem Gesetz oder sonstigen Vorschriften eine andere Form der Beteiligung vorgeschrieben ist.

2. Abschnitt
Erhaltung des Waldes

§ 9 Erhaltung des Waldes

(1) [1]Wald darf nur mit Genehmigung der höheren Forstbehörde in eine andere Nutzungsart umgewandelt werden (Umwandlung). [2]Bei Umwandlungen, die in den Anwendungsbereich des Gesetzes über die Umweltverträglichkeitsprüfung fallen, hat das Genehmigungsverfahren den in diesem Gesetz geregelten Anforderungen zu entsprechen. [3]Umwandlungen, die in unmittelbarem Zusammenhang mit der Verwirklichung eines Vorhabens erfolgen, das einer Umweltverträglichkeitsprüfung unterzogen wird, werden in diese Umweltverträglichkeitsprüfung einbezogen. [4]Die Entscheidung ergeht im Benehmen mit den beteiligten Behörden; weitergehende Vorschriften bleiben unberührt.

(2) [1]Bei der Entscheidung über einen Umwandlungsantrag sind die Rechte, Pflichten und wirtschaftlichen Interessen des Waldbesitzers sowie die Belange der Allgemeinheit gegeneinander und untereinander abzuwägen. [2]Die Genehmigung soll versagt werden, wenn die Umwandlung mit den Zielen der Raumordnung und Landesplanung nicht vereinbar ist oder die Erhaltung des Waldes überwiegend im öffentlichen Interesse liegt, insbesondere wenn der Wald für die Leistungsfähigkeit des Naturhaushalts, die forstwirtschaftliche Erzeugung oder die Erholung der Bevölkerung von wesentlicher Bedeutung ist.

(3) Zum vollen oder teilweisen Ausgleich nachteiliger Wirkungen einer Umwandlung für die Schutz- oder Erholungsfunktionen des Waldes kann insbesondere bestimmt werden, daß

1. in der Nähe als Ersatz eine Neuaufforstung geeigneter Grundstücke innerhalb bestimmter Frist vorzunehmen ist,
2. ein schützender Bestand zu erhalten ist,
3. sonstige Schutz- und Gestaltungsmaßnahmen zu treffen sind.

(4) [1]Soweit die nachteiligen Wirkungen einer Umwandlung nicht ausgeglichen werden können, ist seitens der eine Umwandlungsgenehmigung im Sinne des Absatzes 1 Satz 1 beantragenden Person eine Walderhaltungsabgabe zu entrichten. [2]Das Ministerium für Ernährung und Ländlichen Raum (Ministerium) regelt durch Rechtsverordnung im Einvernehmen mit dem Innenministerium, dem Finanzministerium, dem Umweltministerium und dem Wirtschaftsministerium die Höhe der Walderhaltungsabgabe und das Verfahren ihrer Erhebung. [3]Die Höhe ist an den durchschnittlichen Kosten der nicht durchführbaren naturalen Ausgleichsmaßnahme zu bemessen; in unbedeutenden Fällen kann

von der Erhebung abgesehen werden. [4]§ 15 Absatz 6 des Bundesnaturschutzgesetzes (BNatSchG) und § 15 Absatz 4 des Naturschutzgesetzes (NatSchG) bleiben unberührt.

(5) [1]Wird die Umwandlung genehmigt, so ist eine angemessene Frist für ihre Durchführung zu setzen. [2]Die Genehmigung erlischt, wenn die Umwandlung nach Ablauf der Frist nicht begonnen ist.

(6) [1]Wird die Umwandlung ohne Genehmigung begonnen, so ist die Fläche innerhalb einer von der Forstbehörde zu bestimmenden Frist wieder aufzuforsten, soweit die Genehmigung nicht nachträglich erteilt wird. [2]Zum Ausgleich von Beeinträchtigungen der Schutz- oder Erholungsfunktionen können Auflagen über die Art der Wiederaufforstung erteilt werden.

(7) [1]Die Beseitigung des Baumbestandes zur Anlage forstbetrieblicher Einrichtungen einschließlich Erholungseinrichtungen (§ 4 Nr. 4) sowie die Anlage von Leitungsschneisen ist keine Umwandlung. [2]Sie bedarf jedoch mit Ausnahme der Anlage von Waldwegen bei Flächen ab ein Hektar Größe der Genehmigung der Forstbehörde.

§ 10 Besondere Fälle der Umwandlung von Wald

(1) Soll für eine Waldfläche in einem Bauleitplan eine anderweitige Nutzung dargestellt oder festgesetzt werden, so prüft die höhere Forstbehörde unbeschadet der Bestimmungen des § 8, ob die Voraussetzungen für eine Genehmigung der Umwandlung nach § 9 vorliegen.

(2) [1]Soweit die Genehmigung der Umwandlung in Aussicht gestellt werden kann, erteilt die höhere Forstbehörde darüber eine Umwandlungserklärung. [2]Wurde die Umwandlungserklärung erteilt, so darf die Genehmigung der Umwandlung nur versagt werden, wenn im Zeitpunkt des Antrages auf Umwandlungsgenehmigung eine wesentliche Änderung der Sachlage eingetreten ist und zwingende Gründe des öffentlichen Interesses eine Versagung rechtfertigen. [3]Kann die Umwandlungserklärung nicht erteilt werden, so kann der Bauleitplan nicht genehmigt werden.

(3) Die Umwandlung nach § 9 darf erst genehmigt werden, wenn die Inanspruchnahme der Waldfläche für die genehmigte Nutzungsart zulässig ist.

§ 11 Befristete Umwandlung von Wald

(1) Die höhere Forstbehörde kann die Beseitigung des Baumbestandes oder eine anderweitige Nutzung der Waldfläche befristet genehmigen, wenn

1. ein öffentliches Interesse oder ein besonderes wirtschaftliches Interesse des Waldbesitzers an einer vorübergehenden anderweitigen Nutzung der Fläche besteht,
2. andere öffentliche Interessen im Sinne des § 9 Abs. 2 der vorübergehenden anderweitigen Nutzung der Waldfläche nicht entgegenstehen und
3. sichergestellt wird, daß die Waldfläche bis zum Ablauf einer von der höheren Forstbehörde zu bestimmenden Frist nach den in Absatz 2 bezeichneten Plänen ordnungsgemäß wieder aufgeforstet wird. Bedingungen und Auflagen können erteilt werden.

(2) [1]Der Antragsteller hat Pläne und Erläuterungen des Vorhabens sowie der Wiederaufforstung vorzulegen. [2]§ 9 Abs. 3 Nr. 2 und 3 sowie Absatz 5 gelten entsprechend.

Dritter Teil
Pflege und Bewirtschaftung des Waldes

1. Abschnitt
Bewirtschaftung des Waldes

§ 12 Grundpflichten

Der Waldbesitzer ist verpflichtet, den Wald im Rahmen seiner Zweckbestimmung nach anerkannten forstlichen Grundsätzen nachhaltig (§ 13), pfleglich (§§ 14 bis 19), planmäßig (§ 20) und sachkundig (§ 21) zu bewirtschaften sowie die Belange der Umweltvorsorge (§ 22) zu berücksichtigen.

§ 13 Nachhaltige Bewirtschaftung des Waldes

Der Wald ist so zu bewirtschaften, daß die Nutz-, Schutz- und Erholungsfunktionen des Waldes unter Berücksichtigung der langfristigen Erzeugungszeiträume stetig und auf Dauer erbracht werden (Nachhaltigkeit).

§ 14 Pflegliche Bewirtschaftung des Waldes

(1) Zur pfleglichen Bewirtschaftung gehört insbesondere

1. den Boden und die Bodenfruchtbarkeit zu erhalten,
2. einen biologisch gesunden, standortgerechten Waldbestand zu erhalten oder zu schaffen,
3. die für die Erhaltung des Waldes erforderlichen Pflegemaßnahmen durchzuführen,
4. der Gefahr einer erheblichen Schädigung des Waldes durch Naturereignisse, Waldbrände, tierische und pflanzliche Forstschädlinge vorzubeugen,
5. tierische und pflanzliche Forstschädlinge rechtzeitig und ausreichend zu bekämpfen, wobei biologische und biotechnische Maßnahmen Vorrang haben,
6. den Wald nach Leistungsfähigkeit des Waldbesitzers ausreichend mit Waldwegen zu erschließen und
7. die Nutzungen schonend vorzunehmen.

(2) Der Waldbesitzer darf Nebennutzungen nur so ausüben oder ausüben lassen, daß die Funktionen des Waldes nicht beeinträchtigt werden.

§ 15 Beschränkung von Kahlhieben

(1) Als Kahlhiebe gelten

1. flächenhafte Nutzungen,
2. Einzelstammentnahmen, welche den Holzvorrat eines Bestandes auf weniger als 40 vom Hundert des standörtlich möglichen maximalen Vorrats herabsetzen.

(2) Durch einen Kahlhieb dürfen

1. der Boden und die Bodenfruchtbarkeit nicht geschädigt,
2. der Wasserhaushalt weder erheblich noch dauernd beeinträchtigt oder
3. sonstige Schutz- und Erholungsfunktionen des Waldes nicht erheblich beeinträchtigt werden.

(3) [1]Kahlhiebe mit einer Fläche von mehr als einem Hektar bedürfen der Genehmigung der Forstbehörde. [2]Angrenzende Kahlflächen und noch nicht gesicherte Verjüngungen sind anzurechnen. [3]Die Genehmigung erlischt nach drei Jahren. [4]§ 27 Abs. 2 bleibt unberührt.

(4) Die Genehmigung darf nur versagt werden, wenn

1. der Waldbesitzer seiner Verpflichtung zur Wiederaufforstung wiederholt nicht oder nicht ausreichend nachgekommen ist oder
2. Beeinträchtigungen und Gefährdungen im Sinne von Absatz 2 nicht durch Bedingungen und Auflagen verhütet oder ausgeglichen werden können.

(5) Durch Bedingungen und Auflagen kann insbesondere bestimmt werden, daß

1. die vorgesehene Nutzung zeitlich gestaffelt erfolgt oder
2. ein bestimmtes forsttechnisches Vorgehen eingehalten wird.

(6) Die Genehmigung gilt als erteilt, wenn die Forstbehörde innerhalb von zwei Monaten nach Eingang des Antrages keinen Bescheid erteilt.

(7) Ein Kahlhieb nach Absatz 3 bedarf keiner Genehmigung,

1. wenn er in einem von der Forstbehörde geprüften Betriebsplan vorgesehen ist,
2. auf Flächen, deren Umwandlung in eine andere Nutzungsart genehmigt oder sonst zulässig ist,
3. auf Flächen, die für die Anlage eines Waldweges, einer sonstigen forstbetrieblichen Einrichtung, einer Leitungsschneise oder zur Herstellung der räumlichen Ordnung im Wald erforderlich sind,
4. in Beständen mit gesicherter Naturverjüngung,
5. in Beständen, in denen andere Baumarten vorgebaut oder nachgebaut werden sollen und
6. in geschädigten Beständen, in denen die Nutzung wirtschaftlich geboten oder aus Gründen des Waldschutzes erforderlich ist.

(8) Sonstige Vorschriften über die Beschränkung von Nutzungen bleiben unberührt.

§ 16 Schutz hiebsunreifer Bestände

(1) Kahlhiebe von

1. Nadelbaumbeständen unter 50 Jahren und
2. Laubbaumbeständen unter 70 Jahren, mit Ausnahme von Stockausschlag- und Laubweichholzbeständen (hiebsunreife Bestände) sind verboten.

(2) Das Verbot nach Absatz 1 gilt nicht, wenn die Voraussetzungen des § 15 Abs. 7 vorliegen.

(3) ¹Die Nutzung hiebsunreifer Bestände kann abweichend von Absatz 1 durch die Forstbehörde genehmigt werden, wenn betriebliche Gründe oder die wirtschaftliche Lage des Waldbesitzers dies gebieten. ²Die Genehmigung erlischt nach drei Jahren.

§ 17 Wiederaufforstung

(1) ¹Unbestockte oder unvollständig bestockte Waldflächen sind nach anerkannten forstlichen Grundsätzen innerhalb von drei Jahren wieder aufzuforsten. ²Die Wiederaufforstung erfolgt durch Naturverjüngung, Pflanzung oder Saat.

(2) Die Pflicht zur Wiederaufforstung umfaßt auch die Verpflichtung, die Kulturen und Naturverjüngungen rechtzeitig und sachgemäß nachzubessern, zu schützen und zu pflegen.

(3) Die Forstbehörde kann auf Antrag des Waldbesitzers die Frist nach Absatz 1 verlängern, wenn die fristgemäße Wiederaufforstung dem Waldbesitzer nicht zumutbar ist oder wenn im Verlängerungszeitraum ein biologisch gesunder, standortgerechter Wald im Rahmen der Naturverjüngung zu erwarten ist.

§ 18 Schutzmaßnahmen gegen Waldbrände und Naturereignisse

(1) Zur Verhütung von Waldbränden und von Gefahren durch Naturereignisse kann die Forstbehörde die notwendigen Schutzmaßnahmen anordnen.

(2) ¹Die Forstbehörde kann nach Anhörung der betroffenen Waldbesitzer Schutzmaßnahmen, die ihrer Art nach nur für mehrere Waldbesitzer gemeinsam getroffen werden können, selbst durchführen. ²Ist die Schutzmaßnahme zur Abwehr einer unmittelbar drohenden Gefahr erforderlich, so kann die Anhörung unterbleiben, sofern die Waldbesitzer nicht rechtzeitig erreichbar sind. ³Die Forstbehörde kann von den Waldbesitzern oder sonstigen Begünstigten nach dem Verhältnis und bis zur Höhe der ihnen durch die Schutzmaßnahmen entstehenden Vorteile Kostenersatz verlangen.

(3) Ist eine zur Verhütung von Waldbränden angeordnete oder von der Forstbehörde durchgeführte Maßnahmen vorwiegend durch die Inanspruchnahme des Waldes für die Erholung der Bevölkerung geboten, so trägt die Kosten das Land.

§ 19 Bau und Unterhaltung von Waldwegen

(1) ¹Waldwege dienen der Erschließung des Waldes zum Zwecke seiner Bewirtschaftung und der Erholung der Waldbesucher. ²Unberührt bleiben die Vorschriften dieses Gesetzes über das Betreten des Waldes sowie sonstige Vorschriften über die Benutzung der Waldwege.

(2) Waldwege sind so anzulegen und zu unterhalten, daß unter Berücksichtigung technischer und wirtschaftlicher Gesichtspunkte das Landschaftsbild, der Waldboden und der Naturhaushalt möglichst geschont werden.

(3) Absatz 2 gilt sinngemäß für den Bau und die Unterhaltung von Skiabfahrten, Waldparkplätzen und sonstigen Erholungseinrichtungen.

§ 20 Planmäßige Bewirtschaftung des Waldes

(1) Staatswald und Körperschaftswald nach Maßgabe der §§ 50 und 51 sind nach periodischen und jährlichen Betriebsplänen zu bewirtschaften.

(2) Für Privatwald kann das Ministerium durch Rechtsverordnung bestimmen, daß für Forstbetriebe von 30 bis 100 Hektar periodische Betriebsgutachten und für Forstbetriebe über 100 Hektar periodische Betriebspläne aufzustellen sind.

§ 21 Sachkundige Bewirtschaftung des Waldes

(1) Der Waldbesitzer hat seinen Wald nach anerkannten forstlichen Grundsätzen zu bewirtschaften.

(2) ¹Zur Sicherung der sachkundigen Bewirtschaftung obliegen im Staatswald und im Körperschaftswald Leitung und Durchführung des Betriebs in der Regel Beamten des Forstdienstes. ²Zum leitenden Fachbeamten bei der unteren Forstbehörde, zur Wahrnehmung von Aufgaben der forsttechnischen Betriebsleitung und zum Sachverständigen für die Aufstellung der forstlichen Rahmenpläne und der periodischen Betriebspläne kann nur bestellt werden, wer die für den höheren Forstdienst vorgeschriebene Ausbildung und Prüfung nachweist. ³Zum Leiter eines Forstreviers soll in der Regel nur bestellt werden, wer die für den gehobenen Forstdienst vorgeschriebene Ausbildung und Prüfung nachweist. ⁴Zum Leiter eines Forstreviers von geringer Größe oder mit einfachen forstlichen Verhältnissen kann auch bestellt werden, wer die für den mittleren Forstdienst vorgeschriebene Ausbildung und Prüfung nachweist.

(3) Privatwaldbesitzer ohne forstliche Fachkräfte werden nach den Vorschriften dieses Gesetzes vom Land bei der Bewirtschaftung ihres Waldes beraten und betreut.

§ 22 Umweltvorsorge im Rahmen der Bewirtschaftung des Waldes

(1) Die Umwelt, der Naturhaushalt und die Naturgüter sind bei der Bewirtschaftung des Waldes zu erhalten und zu pflegen.

(2) [1]Die Vielfalt und natürliche Eigenart der Landschaft sind zu berücksichtigen. [2]Auf die Anlage und Pflege naturgemäß aufgebauter Waldränder ist besonders zu achten. [3]Der einheimischen Tier- und Pflanzenwelt sind ausreichende Lebensräume zu erhalten; die Erfordernisse zur Erhaltung eines gesunden und angemessenen Wildbestandes sind zu berücksichtigen.

(3) Natürliche Erholungsmöglichkeiten sind zu erhalten und zu entwickeln.

(4) Die Forstbehörden sollen darauf hinwirken, daß bei der Bewirtschaftung des Waldes die in Absatz 1 bis 3 genannten Grundsätze, insbesondere die Belange der Landschaftspflege, berücksichtigt werden.

§ 23 Aufforstung nichtbewirtschafteter Flächen

(1) [1]Die Forstbehörde soll unter Beachtung des § 6 Nr. 5 auf die standortgerechte Aufforstung von landwirtschaftlich genutzten Flächen und Brachflächen hinwirken. [2]§ 25 des Landwirtschafts- und Landeskulturgesetzes bleibt unberührt.

(2) [1]Die Gemeinden und das Land sollen Grenzertragsböden und Brachland von veräußerungsbereiten Grundstückseigentümern erwerben und aufforsten, wenn die Voraussetzungen nach Absatz 1 vorliegen; dies ist eine freiwillige Aufgabe der Gemeinden. [2]Der Erwerb durch Gemeinden kann vom Land im Rahmen der verfügbaren Haushaltmittel gefördert werden.

§ 24 Teilung von Waldgrundstücken

(1) Die Teilung von Waldgrundstücken bedarf der Genehmigung der Forstbehörde.

(2) Die Genehmigung darf nur versagt werden, wenn ein Waldgrundstück kleiner als dreieinhalb Hektar wird, es sei denn, daß seine ordnungsgemäße forstliche Bewirtschaftung gewährleistet erscheint.

(3) Die Teilung bedarf keiner Genehmigung,
1. wenn und soweit für Waldgrundstücke oder Teile davon eine Umwandlungsgenehmigung (§ 9 Abs. 1) vorliegt oder
2. wenn eine Teilung im Flurbereinigungsverfahren durchgeführt wird.

(4) [1]Das Grundbuchamt darf auf Grund eines nach Absätzen 1 bis 3 genehmigungsbedürftigen Rechtsvorganges eine Eintragung in das Grundbuch erst vornehmen, wenn der Genehmigungsbescheid vorgelegt ist. [2]Ist zu einem Rechtsvorgang eine Genehmigung nach Absatz 3 nicht erforderlich, so hat die Genehmigungsbehörde auf Antrag eines Beteiligten darüber ein Zeugnis auszustellen. [3]Das Zeugnis steht der Genehmigung gleich.

(5) [1]Ist auf Grund eines nicht genehmigten Rechtsvorganges eine Eintragung in das Grundbuch vorgenommen worden, so kann die Genehmigungsbehörde, falls die Genehmigung erforderlich war, das Grundbuchamt um die Eintragung eines Widerspruchs ersuchen; § 53 Abs. 1 der Grundbuchordnung bleibt unberührt. [2]Der Widerspruch ist zu löschen, wenn die Genehmigungsbehörde darum ersucht oder wenn die Genehmigung erteilt ist.

(6) Besteht die auf Grund eines nicht genehmigten Rechtsvorganges vorgenommene Eintragung einer Grundstücksteilung ein Jahr, so gilt der Rechtsvorgang als genehmigt, es sei denn, daß vor Ablauf dieser Frist ein Widerspruch im Grundbuch eingetragen oder ein Antrag auf Berichtigung des Grundbuchs oder ein Antrag oder ein Ersuchen auf Eintragung eines Widerspruchs gestellt worden ist.

§ 25 Vorkaufsrecht

(1) [1]Der Gemeinde und dem Land steht ein Vorkaufsrecht an Waldgrundstücken zu. [2]Ist nur ein Teil des Grundstücks Wald im Sinne dieses Gesetzes, so erstreckt sich das Vorkaufsrecht nur auf diesen Teil des Grundstücks. [3]Der Eigentümer kann die Übernahme des Restgrundstücks verlangen, wenn es ihm wirtschaftlich nicht mehr zuzumuten ist, es zu behalten.

(2) [1]Das Vorkaufsrecht darf nur ausgeübt werden, wenn der Kauf der Verbesserung der Waldstruktur oder der Sicherung der Schutz- oder Erholungsfunktionen des Waldes dient. [2]Das Vorkaufsrecht darf nicht ausgeübt werden, wenn das Waldgrundstück
1. an den Inhaber eines land- oder forstwirtschaftlichen Betriebs im Sinne von § 1 des Gesetzes über eine Altershilfe für Landwirte,

2. an Familienangehörige im Sinne von § 8 Nr. 2 des Grundstückverkehrsgesetzes oder
3. zusammen mit einem landwirtschaftlichen Betrieb, mit dem es eine wirtschaftliche Einheit bildet oder
4. zum Zweck der Agrarstrukturverbesserung an den Besitzer eines angrenzenden Waldgrundstücks verkauft wird.

(3) [1]Das Vorkaufsrecht nach § 53 NatSchG geht vor. [2]Im übrigen geht das Vorkaufsrecht der Gemeinde dem Vorkaufsrecht des Landes, das Vorkaufsrecht nach Absatz 1 unbeschadet bundesrechtlicher Vorkaufsrechte anderen Vorkaufsrechten vor. [3]Das Vorkaufsrecht bedarf nicht der Eintragung in das Grundbuch.

(4) [1]Das Vorkaufsrecht ist nicht übertragbar. [2]Das Vorkaufsrecht kann nur innerhalb von zwei Monaten nach der Mitteilung des Kaufvertrages ausgeübt werden. [3]Die §§ 463 bis 469 Absatz 1, § 471, § 1098 Abs. 2 und die §§ 1099 bis 1102 des Bürgerlichen Gesetzbuches sind anzuwenden. [4]Die Mitteilung gemäß § 469 Absatz 1 des Bürgerlichen Gesetzbuches ist gegenüber der Forstbehörde abzugeben; sie unterrichtet die Gemeinde.

§ 26 Forstnutzungsrechte

(1) [1]Forstnutzungsrechte im Sinne dieses Gesetzes sind dingliche Rechte auf wiederkehrende Entnahme oder wiederkehrende Lieferung von Walderzeugnissen, die auf Grund privaten Rechts zugunsten des jeweiligen Eigentümers eines anderen Grundstücks oder einer bestimmten Rechtspersönlichkeit an einem Grundstück bestehen. [2]Nicht zu den Forstnutzungsrechten gehören der Nießbrauch an einem Waldgrundstück sowie Altenteilsrechte oder diesen entsprechende Rechte auf wiederkehrende Entnahme oder wiederkehrende Lieferung von Walderzeugnissen, die anläßlich der Veräußerung von land- oder forstwirtschaftlichen Betrieben zugunsten von Familienangehörigen des Veräußerers bestellt werden und nicht übertragbar oder vererblich sind. [3]Familienangehörige sind die in § 8 Nr. 2 des Grundstückverkehrsgesetzes genannten Personen.

(2) Forstnutzungsrechte dürfen weder neu bestellt noch erweitert werden.

(3) [1]Forstnutzungsrechte, die 30 Jahre lang nicht ausgeübt worden sind, erlöschen. [2]Das Erlöschen tritt frühestens zwei Jahre nach Inkrafttreten dieses Gesetzes[1] ein.

(4) § 14 Abs. 2 gilt entsprechend.

(5) [1]Forstnutzungsrechte können auf Antrag des Verpflichteten gegen eine angemessene Entschädigung in Geld abgelöst werden, wenn es zum Wohl der Allgemeinheit, insbesondere zur Gewährleistung der Funktionen des Waldes, erforderlich ist. [2]Einzelheiten über die Höhe der Entschädigung und das Verfahren regelt das Ministerium im Einvernehmen mit dem Finanzministerium durch Rechtsverordnung.

§ 27 Nachbarpflichten; Nachbarschutz

(1) [1]Der Waldbesitzer hat bei der Bewirtschaftung seines Waldes auf die Bewirtschaftung benachbarter Grundstücke Rücksicht zu nehmen, soweit dies im Rahmen einer ordnungsgemäßen Forstwirtschaft ohne unbillige Härten möglich ist. [2]In der Nähe der Grenzen haben die Waldbesitzer ihre forstbetrieblichen Maßnahmen aufeinander abzustimmen und die räumliche Ordnung zu sichern.

(2) [1]Will ein Waldbesitzer auf einer Waldfläche, die an einen fremden Waldbestand angrenzt, einen Kahlhieb vornehmen, so hat er dies der Forstbehörde spätestens zwei Monate vorher anzuzeigen. [2]Die Forstbehörde hat auf eine Abstimmung der Maßnahme mit der Bewirtschaftung der benachbarten Waldflächen hinzuwirken. [3]Sind erhebliche Schäden zu befürchten, so kann die Forstbehörde die geplante Nutzung ganz oder teilweise untersagen.

§ 28 Benutzung fremder Grundstücke; Duldung von Wegen

(1) Sind forstbetriebliche Maßnahmen ohne Inanspruchnahme eines fremden Grundstücks nicht oder nur mit verhältnismäßig großem Aufwand durchführbar, so kann die Forstbehörde den Eigentümer oder Nutzungsberechtigten auf Antrag des Waldbesitzers verpflichten, die Benutzung zu gestatten, wenn dieser sich bereit erklärt, den durch die Benutzung entstehenden Schaden zu beheben oder zu ersetzen und wenn er auf Verlangen des Berechtigten eine Sicherheitsleistung in Höhe des voraussichtlichen Schadens erbringt.

---

1) **Amtl. Anm.:** Diese Vorschrift betrifft das Inkrafttreten des Gesetzes in der ursprünglichen Fassung vom 10. Februar 1976 (GBl. S. 99).

(2) Unter den Voraussetzungen des Absatzes 1 kann der Waldbesitzer verpflichtet werden, die Mitbenutzung eines Waldweges gegen angemessene Entschädigung in Geld zu dulden.

(3) [1]Wenn es zur Erschließung eines Waldgebietes erforderlich ist, kann die Forstbehörde einen Grundstückseigentümer im Einvernehmen mit den beteiligten Behörden und der Gemeinde verpflichten, die Anlage eines Weges auf seinem Grundstück gegen angemessene Entschädigung in Geld zu dulden. [2]Waldbesitzer und Dritte, die durch den Weg Vorteile haben, können in angemessenem Umfang zu den Kosten für den Bau und die Unterhaltung herangezogen werden.

2. Abschnitt
Geschützte Waldgebiete

§ 29 Schutzwald

(1) Schutzwald im Sinne dieses Gesetzes ist
1. Bodenschutzwald (§ 30),
2. Biotopschutzwald (§ 30a),
3. Schutzwald gegen schädliche Umwelteinwirkungen (§ 31).

(2) Im Schutzwald bedarf abweichend von § 15 Abs. 3 jeder Kahlhieb unbeschadet des § 15 Abs. 7 der Genehmigung der Forstbehörde.

(3) Sonstige Vorschriften über Schutzwald bleiben unberührt.

§ 30 Bodenschutzwald

(1) Bodenschutzwald ist Wald auf erosionsgefährdeten Standorten, insbesondere auf
1. rutschgefährdeten Hängen,
2. felsigen oder flachgründigen Steilhängen,
3. Standorten, die zur Verkarstung neigen, und
4. Flugsandböden.

(2) [1]Der Waldbesitzer hat Bodenschutzwald so zu behandeln, daß eine standortgerechte ausreichende Bestockung erhalten bleibt und ihre rechtzeitige Erneuerung gewährleistet ist. [2]Die Forstbehörde kann nach Anhörung des Waldbesitzers Bewirtschaftungsmaßnahmen im Einzelfall anordnen.

(3) Die Eigenschaft eines Waldes als Bodenschutzwald ist durch die Forstbehörde ortsüblich bekanntzumachen.

(4) Das Ministerium kann durch Rechtsverordnung Bewirtschaftungsgrundsätze für Bodenschutzwald aufstellen.

§ 30a Biotopschutzwald

(1) Biotopschutzwald ist Wald, der dem Schutz und der Erhaltung von seltenen Waldgesellschaften sowie von Lebensräumen seltener wild wachsender Pflanzen und wild lebender Tiere dient.

(2) [1]Zum Biotopschutzwald gehören
1. regional seltene, naturnahe Waldgesellschaften,
2. Tobel, Klingen, Kare und Toteislöcher im Wald mit naturnaher Begleitvegetation,
3. Wälder als Reste historischer Bewirtschaftungsformen und strukturreiche Waldränder
in der in der Anlage zu diesem Gesetz beschriebenen Ausprägung. [2]Der Schutz weiterer Biotope im Wald, insbesondere von naturnahen Bruch-, Sumpf- und Auwäldern sowie von naturnahen Wäldern trockenwarmer Standorte einschließlich ihrer Staudensäume, richtet sich nach § 30 BNatSchG und § 33 NatSchG.

(3) [1]Alle Handlungen, die zu einer Zerstörung oder erheblichen oder nachhaltigen Beeinträchtigung von Biotopschutzwald führen können, sind verboten. [2]Weitergehende Verbote in Rechtsverordnungen und Satzungen über geschützte Gebiete und Gegenstände nach dem Naturschutzgesetz sowie nach §§ 29 bis 33 und § 36 bleiben unberührt.

(4) [1]Die Pflege von Biotopschutzwald sowie von nach § 30 BNatSchG und § 33 NatSchG besonders geschützten Biotopen im Wald erfolgt unbeschadet der besonderen Zweckbestimmung im Rahmen der Bewirtschaftung des Waldes nach den Vorschriften des § 12. [2]Zulässig ist weiterhin, Pflege- und Unterhaltungsmaßnahmen durchzuführen, die zur Erhaltung oder Wiederherstellung der Biotopschutzwälder notwendig sind.

(5) [1]Die Forstbehörde kann abweichend von § 33 Absatz 3 NatSchG im Benehmen mit der Naturschutzbehörde unter den Voraussetzungen des § 30 Absatz 3 BNatSchG Ausnahmen und unter den Voraussetzungen des § 67 Absatz 1 BNatSchG Befreiungen von den Verboten
1. des Absatzes 3 und
2. des § 30 Absatz 2 Satz 1 Nummer 4 BNatSchG zulassen.
[2]In Naturschutzgebieten lässt die höhere Naturschutzbehörde die Ausnahmen zu. [3]Die Ausnahme wird durch eine nach anderen Vorschriften erforderliche behördliche Gestattung ersetzt, wenn diese im Einvernehmen mit der für die Erteilung der Ausnahme zuständigen Behörde erteilt wird.

(6) [1]Wenn dem Waldbesitzer die Beibehaltung der seitherigen Art des Biotopschutzwaldes wirtschaftlich nicht zumutbar ist, sollen die Nachteile im Rahmen der verfügbaren Haushaltsmittel vertraglich bezahlt oder angemessen ausgeglichen werden. [2]Vertragliche Regelungen haben Vorrang. [3]Ein Ausgleich ist auch zu gewähren, wenn dem Waldbesitzer Einschränkungen im Interesse der nachhaltigen Sicherung des Biotopschutzwaldes oder die Durchführung von Maßnahmen auferlegt werden. [4]§ 30 Abs. 2 Satz 2 gilt entsprechend.

(7) [1]Biotopschutzwald wird durch die Waldbiotopkartierung (§ 7 Abs. 4) abgegrenzt und beschrieben sowie in Karten und Verzeichnisse mit deklaratorischer Bedeutung eingetragen, die fortgeschrieben werden sollen. [2]Die Karten und Verzeichnisse liegen bei der Forstbehörde und den Gemeinden zur Einsicht für jedermann aus. [3]Die Forstbehörden weisen auf die Auslegung der Karten und Listen zur Einsicht für jedermann durch ortsübliche Bekanntmachung hin.

(8) Das Ministerium regelt das Verfahren zur Einbeziehung der nach § 30 BNatSchG und § 33 NatSchG besonders geschützten Biotope im Wald in die Waldbiotopkartierung sowie zur Beteiligung der Waldbesitzer bei der Abgrenzung dieser Biotope durch Verwaltungsvorschrift.

(9) Die Forstbehörde teilt Eigentümern und sonstigen Nutzungsberechtigten auf Anfrage mit, ob sich auf ihrem Grundstück ein Biotopschutzwald befindet oder ob eine bestimmte Handlung verboten ist.

§ 31 Schutzwald gegen schädliche Umwelteinwirkungen

(1) Wald kann durch Rechtsverordnung zu Schutzwald erklärt werden, wenn es zur Abwehr oder Verhütung schädlicher Umwelteinwirkungen, insbesondere von Gefahren, erheblichen Nachteilen oder erheblichen Belästigungen für die Allgemeinheit oder Dritte notwendig ist, bestimmte forstliche Maßnahmen durchzuführen oder zu unterlassen.

(2) Schutzzwecke im Sinne des Absatzes 1 sind insbesondere
1. der Schutz des Grundwassers und der Oberflächengewässer sowie die Sicherung der Wasservorräte und die Regulierung des Wasserhaushaltes,
2. die Sicherung der Frischluftzufuhr für Siedlungen,
3. die Erhaltung oder Verbesserung der Schutzwirkungen für Sonderkulturen,
4. die Abwehr oder Verhütung der durch Emissionen bedingten Gefahren, erheblichen Nachteile oder erheblichen Belästigungen und
5. der Schutz von Siedlungen, Gebäuden, land- und forstwirtschaftlichen Grundstücken, Verkehrsanlagen und sonstigen Anlagen vor Erosion durch Wasser und Wind, Austrocknung, schädlichem Abfließen von Niederschlagswasser und vor Lawinen.

(3) In der Rechtsverordnung können
1. bestimmte Handlungen oder Maßnahmen verboten,
2. die Bewirtschaftung des Waldes nach Art und Umfang vorgeschrieben und
3. die Waldbesitzer verpflichtet werden, die Anlage und Unterhaltung von Schutzvorrichtungen zu dulden.

§ 32 Waldschutzgebiete

(1) [1]Wald kann mit Zustimmung des Waldbesitzers durch Rechtsverordnung der höheren Forstbehörde zum Waldschutzgebiet (Bannwald oder Schonwald) erklärt werden, wenn es zur Sicherung der ungestörten natürlichen Entwicklung einer Waldgesellschaft mit ihren Tier- und Pflanzenarten oder zur Erhaltung oder Erneuerung einer bestimmten Waldgesellschaft mit ihren Tier- und Pflanzenarten oder eines bestimmten Bestandsaufbaus geboten erscheint, forstliche Maßnahmen zu unterlassen oder durchzuführen. [2]Der Schutzzweck ist in der Rechtsverordnung festzulegen. [3]Soweit die Rechtsverordnung Bestimmungen zum Artenschutz enthält, sind diese mit der höheren Naturschutzbehörde abzustimmen.

(2) [1]Bannwald ist ein sich selbst überlassenes Waldreservat. [2]Pflegemaßnahmen sind nicht erlaubt; anfallendes Holz darf nicht entnommen werden. [3]Die Forstbehörde kann Bekämpfungsmaßnahmen zulassen oder anordnen, wenn Forstschädlinge oder Naturereignisse angrenzende Wälder erheblich gefährden. [4]Die Anlage von Fußwegen ist zulässig.

(3) [1]Schonwald ist ein Waldreservat, in dem eine bestimmte Waldgesellschaft mit ihren Tier- und Pflanzenarten, ein bestimmter Bestandsaufbau oder ein bestimmter Waldbiotop zu erhalten, zu entwickeln oder zu erneuern ist. [2]Die Forstbehörde legt Pflegemaßnahmen mit Zustimmung des Waldbesitzers fest.

(4) Angrenzender Wald ist so zu bewirtschaften, daß Waldschutzgebiete nicht beeinträchtigt werden.

(5) In der Rechtsverordnung nach Absatz 1 können
1. Pflegemaßnahmen im Wald nach Art und Umfang vorgeschrieben werden,
2. Vorschriften über das Verhalten der Waldbesucher erlassen werden,
3. die Jagdausübung besonders geregelt werden.

(6) [1]Waldschutzgebiete, die durch Erklärung der höheren Forstbehörde festgesetzt wurden, sind innerhalb eines Zeitraums von zehn Jahren seit Inkrafttreten dieses Gesetzes[1] durch Rechtsverordnung neu auszuweisen. [2]Eine Beteiligung der Träger öffentlicher Belange oder benachbarter Waldbesitzer ist nicht erforderlich, wenn die Abgrenzung der Waldschutzgebiete nicht oder nur unwesentlich verändert wird. [3]§ 36 Abs. 2, 3 und 4 kommt in diesen Fällen nicht zur Anwendung.

§ 33 Erholungswald

(1) Wald in verdichteten Räumen, in der Nähe von Städten und größeren Siedlungen, Heilbädern, Kur- und Erholungsorten sowie in Erholungsräumen kann durch Rechtsverordnung zu Erholungswald erklärt werden, wenn es das Wohl der Allgemeinheit erfordert, Waldflächen für Zwecke der Erholung zu schützen, zu pflegen oder zu gestalten.

(2) [1]Soweit es sich um einen Erholungswald mit überwiegend örtlicher Bedeutung handelt und der Erholungswald auf dem Gebiet nur einer Gemeinde liegt, kann die Erklärung nach Absatz 1 durch Satzung der Gemeinde erfolgen. [2]Die Satzung bedarf der Zustimmung der höheren Forstbehörde.

(3) In der Rechtsverordnung oder der Satzung können
1. die Bewirtschaftung des Waldes nach Art und Umfang vorgeschrieben werden,
2. die Jagdausübung zum Schutze der Waldbesucher beschränkt werden,
3. die Waldbesitzer verpflichtet werden, den Bau, die Errichtung und die Unterhaltung von Waldwegen und Erholungseinrichtungen sowie die Beseitigung von störenden Anlagen oder Einrichtungen zu dulden und
4. Vorschriften über das Verhalten der Waldbesucher erlassen werden.

(4) Privatwald soll nur dann zu Erholungswald erklärt werden, wenn Staatswald und Körperschaftswald zur Sicherung des Erholungsbedürfnisses nicht ausreichen oder wegen ihrer Lage nicht oder nur geringfügig für die Erholung in Anspruch genommen werden.

(5) [1]Im Erholungswald können Erholungseinrichtungen geschaffen und unterhalten werden. [2]Im Körperschaftswald und im Privatwald obliegt dies den Gemeinden als freiwillige Aufgabe.

§ 34 Gehege im Wald

(1) [1]Die Errichtung und die Erweiterung eines Geheges im Wald bedarf der Genehmigung der Forstbehörde. [2]Sie entscheidet im Einvernehmen mit den beteiligten Behörden; § 41 NatSchG bleibt unberührt.

(2) Die Genehmigung ist zu versagen, wenn
1. der Wald erheblich geschädigt wird,
2. die Unterbringung und Pflege der Tiere den Anforderungen der Tierhygiene und des Tierschutzes nicht entsprechen,
3. für die Allgemeinheit dringend erforderliche Waldflächen für den allgemeinen Zutritt gesperrt werden müssen oder
4. Landschaftspflege, Naturschutz und Umweltvorsorge wesentlich beeinträchtigt werden.

(3) Die Forstbehörde ist zuständige Landesbehörde im Sinne von § 4 Nr. 20 Buchst. a des Umsatzsteuergesetzes, sofern sie nach § 34 Abs. 1 Satz 1 Genehmigungsbehörde ist.

---

1) **Amtl. Anm.:** Diese Vorschrift beruht auf dem Gesetz zur Änderung des Landeswaldgesetzes vom 8. Juni 1995, in Kraft getreten am 23. Juni 1995.

(4) [1]Sofern bei Gehegen, die bei Inkrafttreten dieses Gesetzes[1] bestehen, Versagungsgründe nach Absatz 2 vorliegen, kann die höhere Forstbehörde die erforderlichen Maßnahmen anordnen. [2]Die Beseitigung des Geheges kann angeordnet werden, soweit nicht auf andere Weise rechtmäßige Zustände hergestellt werden können.

§ 35 Entschädigung

(1) Soweit Maßnahmen auf Grund dieses Gesetzes enteignende Wirkung haben, ist eine angemessene Entschädigung in Geld zu leisten.

(2) [1]Bei Schutzwald gegen schädliche Umwelteinwirkungen ist die Entschädigung vom Land zu leisten. [2]Das Land kann von den Eigentümern, Nutzungsberechtigten oder Unterhaltungspflichtigen gefährdeter nicht landwirtschaftlich genutzter Grundstücke, Gebäude, Gewässer oder sonstiger Anlagen nach dem Verhältnis und bis zur Höhe ihrer Vorteile Ersatz für geleistete Entschädigungen oder Aufwendungen verlangen. [3]Ferner kann der Verursacher der in § 31 Abs. 2 Nr. 4 genannten Gefahren zum Ersatz der Aufwendungen des Landes herangezogen werden.

(3) Bei Erholungswald mit überwiegend örtlicher Bedeutung hat die Gemeinde, im übrigen das Land die Entschädigung zu leisten.

(4) [1]Über Grund und Höhe der Entschädigung und des Ersatzanspruches entscheidet die höhere Forstbehörde. [2]Für die Entschädigung gelten die §§ 7 bis 15 des Landesenteignungsgesetzes entsprechend.

§ 36 Rechtsverordnungen

(1) Rechtsverordnungen nach den §§ 31, 32 und 33 erläßt die höhere Forstbehörde.

(2) [1]Vor dem Erlaß einer Rechtsverordnung sind der Waldbesitzer, die Gemeinde, die beteiligten Behörden und die öffentlichen Planungsträger zu hören. [2]Bei Schutzwald gegen schädliche Umwelteinwirkungen sind auch die in § 35 Abs. 2 genannten Personen und bei Waldschutzgebieten die Besitzer angrenzender Waldgrundstücke zu hören.

(3) [1]Der Entwurf der Rechtsverordnung ist mit den Karten, auf die verwiesen ist, in den betroffenen Gemeinden und bei der Forstbehörde für die Dauer eines Monats öffentlich auszulegen. [2]Ort und Dauer der Auslegung sind mindestens eine Woche vorher in der für amtliche Mitteilungen ortsüblichen Form bekanntzumachen mit dem Hinweis, daß Einwendungen während der Auslegungsfrist bei der Forstbehörde vorgebracht werden können.

(4) Einsprecher, deren fristgemäß vorgebrachte Einwendungen nicht berücksichtigt wurden, sind über die Gründe zu unterrichten.

(5) [1]Die Rechtsverordnung muß enthalten
1. die genaue Umschreibung des Gebiets oder
2. die grobe Umschreibung des Gebiets und einen Verweis auf Karten, die die Grenzen des Gebiets enthalten und die eine Anlage zur Rechtsverordnung bilden.
[2]Die Karten müssen erkennen lassen, welche Grundstücke zu dem unter Schutz gestellten Wald gehören. [3]Im Zweifelsfall gelten Grundstücke als nicht betroffen.

(6) In den Fällen des § 33 Abs. 2 gelten die Absätze 2 bis 5 entsprechend.

Vierter Teil
Betreten des Waldes

§ 37 Betreten des Waldes

(1) [1]Jeder darf Wald zum Zwecke der Erholung betreten. [2]Das Betreten des Waldes erfolgt auf eigene Gefahr. [3]Neue Sorgfalts- oder Verkehrssicherungspflichten der betroffenen Waldbesitzer oder sonstiger Berechtigter werden dadurch, vorbehaltlich anderer Rechtsvorschriften, nicht begründet. [4]Wer den Wald betritt, hat sich so zu verhalten, daß die Lebensgemeinschaft Wald und die Bewirtschaftung des Waldes nicht gestört, der Wald nicht gefährdet, beschädigt oder verunreinigt sowie die Erholung anderer nicht beeinträchtigt wird.

(2) Organisierte Veranstaltungen bedürfen der Genehmigung durch die Forstbehörde.

(3) [1]Das Fahren mit Krankenfahrstühlen (auch mit Motorantrieb), das Radfahren und das Reiten im Wald sind nur auf Straßen und hierfür geeigneten Wegen gestattet. [2]Auf Fußgänger ist Rücksicht zu

---

1) **Amtl. Anm.:** Diese Vorschrift betrifft das Inkrafttreten des Gesetzes in der ursprünglichen Fassung vom 10. Februar 1976 (GBl. S. 99).

nehmen. [3]Nicht gestattet sind das Reiten auf gekennzeichneten Wanderwegen unter 3 m Breite und auf Fußwegen, das Radfahren auf Wegen unter 2 m Breite sowie das Reiten und Radfahren auf Sport- und Lehrpfaden; die Forstbehörde kann Ausnahmen zulassen. [4]§ 45 Absatz 2 Satz 2 NatSchG bleibt unberührt.

(4) Ohne besondere Befugnis ist nicht zulässig

1. das Fahren und das Abstellen von Kraftfahrzeugen oder Anhängern im Wald,
2. das Zelten und das Aufstellen von Bienenstöcken im Wald,
3. das Betreten von gesperrten Waldflächen und Waldwegen,
4. das Betreten von Waldflächen und Waldwegen während der Dauer des Einschlags oder der Aufbereitung von Holz,
5. das Betreten von Naturverjüngungen, Forstkulturen und Pflanzgärten,
6. das Betreten von forstbetrieblichen und jagdbetrieblichen Einrichtungen.

(5) [1]Der Waldbesitzer hat die Kennzeichnung von Waldwegen zur Ausübung des Betretens zu dulden. [2]Die Kennzeichnung bedarf der Genehmigung der Forstbehörde.

(6) Die Vorschriften des Straßenverkehrsrechts bleiben unberührt, ebenso andere Vorschriften des öffentlichen Rechts, die das Betreten des Waldes (Absatz 1 und Absatz 3) einschränken oder solche Einschränkungen zulassen.

(7) [1]Zäune sind auf das zur Durchführung einer ordnungsgemäßen Forstwirtschaft notwendige Maß zu beschränken und dürfen das zulässige Betreten des Waldes unbeschadet des Absatzes 4 Nr. 2 bis 5 nicht verhindern oder unzumutbar erschweren. [2]Zäune sind zu beseitigen, soweit sie nicht für die Erhaltung der Bewirtschaftung des Waldes erforderlich sind. [3]Die Beseitigung von Zäunen, die nach anderen öffentlich-rechtlichen Vorschriften angeordnet worden sind, kann nur im Einvernehmen mit der hierfür zuständigen Behörde verlangt werden.

§ 38 Sperren von Wald

(1) [1]Der Waldbesitzer kann aus wichtigem Grund, insbesondere aus Gründen des Forstschutzes, der Wald- und Wildbewirtschaftung, zum Schutze der Waldbesucher, zur Vermeidung erheblicher Schäden oder zur Wahrung anderer schutzwürdiger Interessen des Waldbesitzers das Betreten des Waldes einschränken (Sperrung). [2]Die Sperrung bedarf der Genehmigung der Forstbehörde. [3]Die Sperrung kann auch von Amts wegen erfolgen. [4]Die höhere Forstbehörde wird ermächtigt, Waldgebiete aus den Gründen des Satzes 1 durch Rechtsverordnung zu sperren. [5]§ 46 Abs. 1 und 2 des Naturschutzgesetzes findet keine Anwendung.

(2) [1]Eine Sperrung für die Dauer bis zu zwei Monaten bedarf keiner Genehmigung. [2]Sie ist der Forstbehörde unverzüglich anzuzeigen; sie kann die Aufhebung der Sperre anordnen.

(3) Das Ministerium wird ermächtigt, durch Rechtsverordnung die Art und Kennzeichnung der Sperrung zu bestimmen.

§ 39 (aufgehoben)

§ 40 Aneignung von Waldfrüchten und Waldpflanzen

(1) [1]Jeder darf sich Waldfrüchte, Streu und Leseholz in ortsüblichem Umfang aneignen und Waldpflanzen, insbesondere Blumen und Kräuter, die nicht über einen Handstrauß hinausgehen, entnehmen. [2]Die Entnahme hat pfleglich zu erfolgen. [3]Die Entnahme von Zweigen von Waldbäumen und -sträuchern bis zur Menge eines Handstraußes ist nicht strafbar. [4]Dies gilt nicht für die Entnahme von Zweigen in Forstkulturen und von Gipfeltrieben sowie das Ausgraben von Waldbäumen und -sträuchern.

(2) Vorschriften des öffentlichen Rechts, die diese Vorschriften einschränken, bleiben unberührt.

§ 41 Waldgefährdung durch Feuer

(1) [1]Wer in einem Wald oder in einem Abstand von weniger als 100 Meter vom Wald

1. außerhalb einer eingerichteten und gekennzeichneten Feuerstelle ein Feuer anzündet oder unterhält oder offenes Licht gebraucht,
2. Bodendecken sowie Pflanzen oder Pflanzenreste unbeschadet der abfall- und naturschutzrechtlichen Vorschriften flächenweise abbrennt,
3. eine Anlage, mit der die Einrichtung oder der Betrieb einer Feuerstelle verbunden ist, errichtet, bedarf der vorherigen Genehmigung der Forstbehörde. [2]Die Genehmigung darf nur erteilt werden, wenn eine Gefährdung des Waldes durch Feuer nicht zu befürchten ist.

(2) Einer Genehmigung nach Absatz 1 bedürfen nicht
1. in den Fällen des Absatzes 1 Nr. 1
    a) der Waldbesitzer und Personen, die er in seinem Wald beschäftigt,
    b) die zur Jagdausübung Berechtigten und die Imker während der Ausübung ihrer Tätigkeit,
    c) Personen bei der Durchführung behördlich angeordneter oder genehmigter Arbeiten,
    d) Besitzer auf ihrem Grundstück, sofern der Abstand des Feuers zum Wald mindestens 30 Meter beträgt;
2. in den Fällen des Absatzes 1 Nr. 3 Personen für die Errichtung einer Anlage, die baurechtlich oder gewerberechtlich genehmigt wurde.

(3) [1]In der Zeit vom 1. März bis 31. Oktober darf im Wald nicht geraucht werden. [2]Dies gilt nicht für den in Absatz 2 Nr. 1 Buchst. a und b genannten Personenkreis.

(4) Brennende oder glimmende Gegenstände dürfen im Wald sowie im Abstand von weniger als 100 Meter vom Wald nicht weggeworfen oder sonst unvorsichtig gehandhabt werden.

Fünfter Teil
Förderung der Forstwirtschaft

§ 42 Förderung der Forstwirtschaft

(1) [1]Das Land fördert die Forstwirtschaft nach dem Gesetz über die Gemeinschaftsaufgabe "Verbesserung der Agrarstruktur und des Küstenschutzes„, dem Landwirtschafts- und Landeskulturgesetz und im Rahmen von Verpflichtungen nach Vorschriften der Europäischen Gemeinschaften. [2]Soweit es zur Sicherung der Funktionen des Waldes erforderlich ist, können vom Land weitere Maßnahmen gefördert werden.

(2) In diesem Rahmen fördert das Land nach Maßgabe der verfügbaren Haushaltsmittel
1. die Sicherung der Schutzfunktionen des Waldes,
2. Maßnahmen und Einrichtungen, die der Erholung im Wald und in Naturparken dienen, sowie ihre Unterhaltung und
3. die Forstwirtschaft bei außergewöhnlichen Schäden durch Naturereignisse und Forstschädlinge.

(3) [1]Das Land kann nach Maßgabe der verfügbaren Haushaltsmittel den Ankauf von Wald durch Gemeinden fördern, wenn der Wald für Erholungszwecke besonders geeignet ist oder beansprucht wird. [2]Dies gilt auch für sonstige Grundstücke, die zur Anlage von Erholungseinrichtungen im und am Wald dringend benötigt werden.

§ 43 Ersatz von Aufwendungen

(1) Das Land gewährt den Privatwaldbesitzern bei Waldbrandschäden eine Zuwendung, wenn der Verursacher nicht feststellbar, haftbar oder zahlungsfähig ist.

(2) Soweit Privatwaldbesitzer die Beseitigung von Abfällen im Auftrag des Beseitigungspflichtigen übernehmen, sind ihnen die entstehenden Aufwendungen von diesem zu ersetzen.

§ 44 Verwendung der Walderhaltungsabgabe

(1) Die Einnahmen aus der Walderhaltungsabgabe werden zur Förderung der Schutz- und Erholungsfunktionen des Waldes verwendet, insbesondere für die Anlage und die Unterhaltung von geschützten Waldgebieten sowie den Erwerb von Waldgrundstücken und zur Aufforstung vorgesehener Grundstücke.

(2) Das Ministerium erläßt im Einvernehmen mit dem Innenministerium und dem Finanzministerium Richtlinien über die Verwendung der Walderhaltungsabgabe.

Sechster Teil
Besondere Vorschriften für den Staats-, Körperschafts- und Privatwald

1. Abschnitt
Staatswald

§ 45 Zielsetzung im Staatswald

(1) [1]Der Staatswald soll dem Allgemeinwohl in besonderem Maße dienen. [2]Ziel der Bewirtschaftung des Staatswaldes ist, die den standörtlichen Möglichkeiten entsprechende, nachhaltig höchstmögliche

Lieferung wertvollen Holzes zu erbringen bei gleichzeitiger Erfüllung und nachhaltiger Sicherung der dem Wald obliegenden Schutz- und Erholungsfunktionen.

(2) [1]Im Rahmen dieser Grundsätze und Ziele ist der Staatsforstbetrieb im Produktions- und Dienstleistungsbereich nach wirtschaftlichen Grundsätzen zu führen und zu verwalten. [2]Der Betriebsvollzug ist in Forstrevieren auszuüben.

(3) Forstliche Aufgaben, die wegen ihrer ungewöhnlich langen Zeitdauer oder aus anderen Gründen die Leistungsfähigkeit der anderen Waldbesitzarten übersteigen, sind im Staatswald durchzuführen.

(4) Der Staatswald soll in besonderem Maße den Aufgaben des forstlichen Versuchs- und Forschungswesens dienen.

(5) Außer den in § 113 Abs. 2 der Landeshaushaltsordnung genannten Einnahmen sind dem Forstgrundstock die Einnahmen aus Holznutzungen, die über die nachhaltige Nutzung hinausgehen, abzüglich der Ausgaben für den Einschlag des Holzes zuzuführen.

(6) [1]In den Fällen des § 9 Abs. 1 und 7, § 10 Abs. 2, § 11 Abs. 1, § 15 Abs. 3, § 16 Abs. 3, § 24 Abs. 1, § 29 Abs. 2, § 34 Abs. 1, § 38 Abs. 1 und § 41 Abs. 1 bedarf es im Staatswald keiner Genehmigung. [2]In den Fällen des § 15 Abs. 3 und des § 29 Abs. 2 sind die Besitzer der angrenzenden Waldgrundstücke vorher zu hören. [3]Werden Einwendungen erhoben und bleiben die Einwendungen unberücksichtigt, so entscheidet die höhere Forstbehörde.

2. Abschnitt
Körperschaftswald

§ 46 Zielsetzung im Körperschaftswald

Für die Bewirtschaftung des Körperschaftswaldes ist, unbeschadet der besonderen Zweckbestimmung des Körperschaftsvermögens und der aus der Eigenart und den Bedürfnissen der Körperschaften sich ergebenden besonderen Zielsetzungen, § 45 Abs. 1 entsprechend anzuwenden.

§ 47 Forsttechnische Betriebsleitung

(1) [1]Die forsttechnische Betriebsleitung im Körperschaftswald wird vom Land ausgeübt. [2]Die forsttechnische Betriebsleitung obliegt der unteren Forstbehörde; sie umfaßt Planung, Vorbereitung, Organisation, Leitung und Überwachung sämtlicher Forstbetriebsarbeiten. [3]Im übrigen bleibt das Recht der Körperschaft, über die in ihrem Wald zu treffenden Maßnahmen nach Maßgabe der Gesetze selbst zu entscheiden, unberührt. [4]Der Körperschaft obliegt insbesondere die Verwertung der Walderzeugnisse, die Begründung und Beendigung von Arbeitsverhältnissen, die Vergabe der Forstbetriebsarbeiten und die Beschaffung der für den Forstbetrieb notwendigen Geräte und Materialien.

(2) [1]Auf Antrag kann die untere Forstbehörde die in Absatz 1 Satz 4 genannten Aufgaben für die Körperschaft erledigen. [2]Soweit die Aufgaben von der Körperschaft selbst wahrgenommen werden, ist die untere Forstbehörde verpflichtet, die Körperschaft bei der Durchführung der Aufgaben zu beraten.

(3) [1]Die Körperschaft kann abweichend von Absatz 1 die forsttechnische Betriebsleitung selbst ausüben. [2]In diesem Fall wird ein körperschaftliches Forstamt errichtet. [3]Das körperschaftliche Forstamt nimmt die Aufgaben der unteren Forstbehörde für die Waldflächen auf dem Gebiet der Gemeinde mit Ausnahme der Staatswaldflächen wahr.

§ 48 Forstlicher Revierdienst

(1) [1]Der forstliche Revierdienst umfaßt den Betriebsvollzug. [2]Er ist in Forstrevieren auszuüben.

(2) Obliegt die forsttechnische Betriebsleitung im Körperschaftswald der unteren Forstbehörde, so kann sich die Körperschaft auch deren forstlichen Revierdienstes bedienen.

(3) Bei Übernahme des forstlichen Revierdienstes durch das Land hat die Körperschaft ein vorhandenes Dienstgebäude mietweise zur Verfügung zu stellen und ordnungsgemäß zu unterhalten.

§ 49 Übernahme von Aufgaben im Privatwald

Die höhere Forstbehörde kann mit einer Körperschaft vereinbaren, daß ihre Forstbediensteten (§ 21 Abs. 2) die Beratung und Betreuung, die Mitwirkung bei der Forstaufsicht und die Ausübung des Forstschutzes im Privatwald übernehmen.

§ 50 Periodischer Betriebsplan

(1) [1]Der periodische Betriebsplan ist in der Regel für einen Zeitraum von zehn Jahren aufzustellen. [2]Er hat den gesamten Betriebsablauf im Hinblick auf die langfristigen Zielsetzungen räumlich und zeitlich zu ordnen sowie die Nutz-, Schutz- und Erholungsfunktionen des Waldes aufeinander abzustimmen und sie nachhaltig zu sichern. [3]Er hat die nachhaltige Nutzung festzusetzen.

(2) [1]Der periodische Betriebsplan ist von der höheren Forstbehörde aufzustellen, wenn die forsttechnische Betriebsleitung der unteren Forstbehörde obliegt. [2]Bei Körperschaften mit eigenem Forstamt ist der periodische Betriebsplan durch den Betriebsleiter oder durch einen forstlichen Sachverständigen (§ 21 Abs. 2 Satz 2) aufzustellen. [3]Die Körperschaft kann den periodischen Betriebsplan auch von der höheren Forstbehörde aufstellen lassen; sie hat die für Vermessungen, Vorratsaufnahmen und Bodenuntersuchungen erforderlichen Arbeitskräfte auf ihre Kosten zu stellen.

(3) [1]Die Körperschaft hat über den periodischen Betriebsplan zu beschließen und den Beschluß mit den erforderlichen Unterlagen innerhalb von vier Monaten nach Übergabe, im Falle des Absatzes 2 Satz 2 nach Aufstellung, der höheren Forstbehörde vorzulegen. [2]Der periodische Betriebsplan kann innerhalb von drei Monaten nach Vorlage des Beschlusses beanstandet werden, wenn er gegen Vorschriften dieses Gesetzes oder einer auf Grund dieses Gesetzes erlassenen Rechtsverordnung verstößt.

(4) Der periodische Betriebsplan soll vor Ablauf des Zeitraums, für den er gültig ist, neu aufgestellt werden, wenn sich die Betriebs- oder Ertragsverhältnisse wesentlich geändert haben.

(5) Auf dem Gebiet des Nationalparks Schwarzwald tritt der Nationalparkplan an die Stelle der periodischen Betriebsplanung.

§ 51 Jährlicher Betriebsplan

(1) Der jährliche Betriebsplan ist von der unteren Forstbehörde unter Beachtung des periodischen Betriebsplanes aufzustellen; er soll einen Voranschlag der Einnahmen und Ausgaben enthalten.

(2) [1]Über den jährlichen Betriebsplan ist von der Körperschaft zu beschließen. [2]Der Beschluß ist innerhalb eines Monats der unteren Forstbehörde, bei körperschaftlichen Forstämtern der höheren Forstbehörde vorzulegen. [3]Der jährliche Betriebsplan kann innerhalb eines Monats nach Vorlage des Beschlusses beanstandet werden, wenn er gegen Vorschriften dieses Gesetzes oder einer auf Grund dieses Gesetzes erlassenen Rechtsverordnung verstößt.

(3) Über den Vollzug der Betriebspläne sind von der unteren Forstbehörde jährliche Betriebsnachweisungen aufzustellen.

§ 52 Außerordentliche Nutzung

(1) Eine außerordentliche Nutzung ist eine Holznutzung, die die im periodischen Betriebsplan festgesetzte nachhaltige Nutzung überschreitet und während der Laufzeit des periodischen Betriebsplans nicht wieder eingespart wird.

(2) [1]Eine außerordentliche Nutzung bedarf der Genehmigung der höheren Forstbehörde. [2]Die Genehmigung kann nur versagt werden, soweit die nachhaltige Bewirtschaftung des Waldes erheblich beeinträchtigt wird.

2a. Abschnitt
Gemeinsame Vorschriften für Staats- und Körperschaftswald

§ 53 Rechtsverordnungen

(1) Das Ministerium wird ermächtigt, durch Rechtsverordnungen nähere Vorschriften zu erlassen über
1. Aufgaben der forsttechnischen Betriebsleitung und des forstlichen Revierdienstes, es sei denn, diese Aufgaben werden durch körperschaftliche Forstämter wahrgenommen,
2. Grundsätze für die räumliche Abgrenzung der Forstreviere,
3. Arbeitsaufwand und Aufwandsersatz für die nach § 49 übertragenen Aufgaben und
4. Grundsätze für die Betriebsplanung und ihren Vollzug; dabei kann in bestimmten Fällen eine vereinfachte Betriebsplanung oder die Verlängerung des Planungszeitraums vorgesehen werden.

(2) Die Rechtsverordnungen nach Absatz 1 ergehen im Einvernehmen mit dem Innenministerium, im Falle der Nummer 3 außerdem im Einvernehmen mit dem Finanzministerium.

3. Abschnitt
Kirchenwald

§ 54 Kirchenwald

(1) Wald von Kirchen und anderen Religionsgemeinschaften mit der Rechtsstellung einer Körperschaft des öffentlichen Rechts und der ihrer Aufsicht unterstellten Körperschaften, Anstalten und Stiftungen des öffentlichen Rechts ist Kirchenwald im Sinne dieses Gesetzes.

(2) Die Vorschriften über Körperschaftswald finden auf Kirchenwald entsprechende Anwendung.

(3) Kirchenwald ist auf Antrag der oberen Kirchenbehörden oder der entsprechenden Stellen der anderen Religionsgemeinschaften den für Privatwald geltenden Vorschriften zu unterstellen; zuständig ist die höhere Forstbehörde.

4. Abschnitt
Privatwald; Zusammenschlüsse

§ 55 Fachliche Förderung des Privatwaldes

(1) [1]Der Privatwald wird durch Beratung (§ 9 des Landwirtschafts- und Landeskulturgesetzes) sowie fachliche Aus- und Fortbildung der Waldbesitzer gefördert. [2]Die Belange des Bauernwaldes sind dabei besonders zu berücksichtigen.

(2) Die Forstbehörde unterstützt auf Antrag des Waldbesitzers den Privatwald ohne forstliche Fachkräfte durch Betreuung und technische Hilfe.

(3) [1]Gegenstand der Betreuung sind die überwiegend im betrieblichen Interesse des Waldbesitzers liegenden forstbetrieblichen Maßnahmen. [2]Die Betreuung erfolgt fallweise oder ständig. [3]Für die Betreuung sind Kostenbeiträge zu entrichten.

(4) [1]Gegenstand der technischen Hilfe ist der überbetriebliche Einsatz von Maschinen und Geräten einschließlich des Bedienungspersonals bei Forstbetriebsarbeiten. [2]Die Forstbehörde leistet die technische Hilfe im Rahmen der betrieblichen Möglichkeiten gegen Kostenersatz. [3]Von dem Kostenersatz kann zur Vermeidung von Härtefällen teilweise und bei überwiegendem öffentlichen Interesse ganz abgesehen werden.

(5) Bei Waldbesitzern mit Fachkräften für den forstlichen Revierdienst kann die Forstbehörde die fallweise Betreuung oder im Rahmen der ständigen Betreuung die forsttechnische Betriebsleitung übernehmen.

(6) [1]Das Ministerium wird ermächtigt, im Einvernehmen mit dem Finanzministerium durch Rechtsverordnung

1. Inhalt und Umfang von Beratung, Betreuung und technischer Hilfe zu bestimmen und
2. Kostenbeiträge für die fallweise und ständige Betreuung festzulegen.

[2]Bei der Festsetzung der Kostenbeiträge sind die Ertragslage sowie die Schutz- und Erholungsfunktionen des Privatwaldes angemessen zu berücksichtigen. [3]Die Kostenbeiträge können nach Besitzgrößenklassen gestaffelt werden.

(7) [1]Bei privaten Forstbetrieben, die einen periodischen Betriebsplan nach den Vorschriften über die periodische Betriebsplanung für den Staatswald und den Körperschaftswald aufstellen, ihn der höheren Forstbehörde zur Prüfung vorlegen und den Vollzug nachweisen, kann das Land bis zu 50 vom Hundert der angemessenen Kosten der Aufstellung übernehmen. [2]Auf Antrag kann die höhere Forstbehörde vertraglich die Aufstellung der periodischen Betriebspläne gegen Erstattung von mindestens 50 vom Hundert der angemessenen Kosten übernehmen.

§ 56 Gemeinschaftswald

(1) Wald von Realgemeinden, Realgenossenschaften oder anderen deutschrechtlichen Gemeinschaften, an dem das Eigentum mehrerer Personen gemeinschaftlich zusteht (Gemeinschaftswald), ist unabhängig von der Rechtsform und Entstehung der Gemeinschaften Privatwald im Sinne dieses Gesetzes.

(2) [1]Die Realteilung eines Gemeinschaftswaldes ist nicht zulässig. [2]Im Falle der Auflösung hat unbeschadet der Vorschriften des Grundstückverkehrsgesetzes die Gemeinde ein Vorkaufsrecht, soweit nicht ein Anteilsberechtigter die anderen Anteile geschlossen erwirbt. [3]§ 25 Abs. 3 und 4 gilt entsprechend.

(3) ¹Die Teilung der Anteile eines Gemeinschaftswaldes bedarf der Genehmigung der höheren Forstbehörde. ²Die Genehmigung ist zu versagen, wenn dadurch die bisherigen Funktionen des Waldes für die Allgemeinheit oder Zweck, Ziele und Grundsätze dieses Gesetzes gefährdet werden.

§ 57 Gestaltung der Rechtsverhältnisse im Gemeinschaftswald

(1) Die Rechtsverhältnisse im Gemeinschaftswald sind durch eine Satzung zu regeln.

(2) ¹Nicht rechtsfähige Gemeinschaften im Sinne von § 56 Abs. 1 können sich eine Verfassung geben, die den Vorschriften des § 18 Abs. 1 des Bundeswaldgesetzes entspricht. ²In diesem Fall kann ihnen auf Antrag die Rechtsfähigkeit nach § 22 des Bürgerlichen Gesetzbuches durch die höhere Forstbehörde verliehen werden. ³Die Rechtsfähigkeit nach § 22 des Bürgerlichen Gesetzbuches darf nur verliehen werden, wenn eine andere Rechtsform, insbesondere die Rechtsform eines nichtwirtschaftlichen Vereins, einer Genossenschaft oder einer Kapitalgesellschaft, unzumutbar ist und gewährleistet ist, daß der wirtschaftliche Verein nach Umfang und Organisation seine Aufgaben zweckmäßig wahrnehmen kann.

(3) Die höhere Forstbehörde ist in den Fällen des Absatzes 2 auch für die Genehmigung von Satzungsänderungen und die Entziehung der Rechtsfähigkeit zuständig.

§ 58 Umwandlung von Waldgenossenschaften mit öffentlich-rechtlicher Rechtspersönlichkeit

¹Waldgenossenschaften, die nach Maßgabe des badischen Zweiten Konstitutionsedikts vom 14. Juli 1807 (RegBl. S. 125) die Rechtsstellung einer Körperschaft des öffentlichen Rechts erlangt haben, können vom Ministerium aufgefordert werden, sich eine Verfassung zu geben, die den Vorschriften des § 18 Abs. 1 des Bundeswaldgesetzes entspricht. ²§ 57 Abs. 2 Satz 2 und 3 sowie § 57 Abs. 3 gelten entsprechend.

§ 59 Anwendung der für Körperschaftswald geltenden Vorschriften

¹Auf Antrag kann die höhere Forstbehörde Gemeinschaftswald den Vorschriften dieses Gesetzes über die Bewirtschaftung des Körperschaftswaldes unterstellen. ²Auf diesen Gemeinschaftswald findet das Gesetz über den Forstverwaltungskostenbeitrag der Gemeinden und sonstigen Körperschaften des öffentlichen Rechts entsprechende Anwendung.

§ 60 Gleichstellung mit Gemeinschaftswald

Forstwirtschaftliche Zusammenschlüsse, die nicht unter § 56 Abs. 1 fallen und deren Wald gemeinschaftlich bewirtschaftet wird, können auf Antrag durch die höhere Forstbehörde dem Gemeinschaftswald im Sinne dieses Gesetzes gleichgestellt werden.

§ 61 Bildung und fachliche Förderung forstwirtschaftlicher Zusammenschlüsse

(1) Die Forstbehörde hat, soweit dies nach Größe, Lage und Zusammenhang von Waldgrundstücken erforderlich erscheint, die Bildung fortwirtschaftlicher Zusammenschlüsse im Sinne des Bundeswaldgesetzes und die Durchführung ihrer Aufgaben zu unterstützen.

(2) ¹Bei öffentlichen Förderungs- und Planungsmaßnahmen sollen forstwirtschaftliche Zusammenschlüsse und Gemeinschaftswald vorrangig berücksichtigt werden. ²Bei unwirtschaftlichen Besitzverhältnissen oder starker Gemengelage kann die finanzielle Förderung bestimmter forstbetrieblicher Maßnahmen davon abhängig gemacht werden, daß die Waldbesitzer einen forstwirtschaftlichen Zusammenschluß bilden, um die strukturellen Nachteile zu überwinden.

(3) Berechnungsgrundlage der Kostenbeiträge für die ständige Betreuung bei forstwirtschaftlichen Zusammenschlüssen bilden die Waldflächen der einzelnen beteiligten Waldbesitzer.

(4) Auf Antrag kann die untere Forstbehörde die Geschäftsführung forstwirtschaftlicher Zusammenschlüsse übernehmen.

Siebter Teil
Landesforstverwaltung

1. Abschnitt
Forstbehörden

§ 62 Forstbehörden

Forstbehörden sind

1. das Ministerium als oberste Forstbehörde,

2. das Regierungspräsidium Freiburg, zuständig auch für den Regierungsbezirk Karlsruhe, sowie das Regierungspräsidium Tübingen, zuständig auch für den Regierungsbezirk Stuttgart, und die Körperschaftsforstdirektionen als höhere Forstbehörden; abweichend hiervon ist auf dem Gebiet des Nationalparks Schwarzwald die Nationalparkverwaltung höhere Forstbehörde,

3. die unteren Verwaltungsbehörden und die körperschaftlichen Forstämter als untere Forstbehörden; abweichend hiervon ist auf dem Gebiet des Nationalparks Schwarzwald die Nationalparkverwaltung untere Forstbehörde.

§ 63 Körperschaftsforstdirektion

(1) Für den Bereich jeder höheren Forstbehörde mit Ausnahme der Nationalparkverwaltung des Nationalparks Schwarzwald wird eine Körperschaftsforstdirektion gebildet.

(2) [1]Mitglieder der Körperschaftsforstdirektion sind

1. der Leiter der höheren Forstbehörde[1]) als Leiter der Körperschaftsforstdirektion,

2. zwei Vertreter der höheren Forstbehörde,

3. je ein Vertreter der Regierungspräsidien,

4. je drei Vertreter der waldbesitzenden Gemeinden aus jedem Regierungsbezirk.

[2]Näheres regelt die Geschäftsordnung für die Körperschaftsforstdirektion. [3]Für jedes Mitglied ist ein Stellvertreter zu bestellen. [4]Die Körperschaftsforstdirektion ist beschlußfähig, wenn neben dem Leiter mindestens vier Mitglieder anwesend sind. [5]Die Beschlüsse werden mit einfacher Mehrheit gefaßt.

(3) Der Leiter der Körperschaftsforstdirektion kann zu den Sitzungen weitere sachkundige Personen mit beratender Stimme zuziehen.

(4) [1]Die Vertreter der Regierungspräsidien und die Vertreter der waldbesitzenden Gemeinden sind vom Innenministerium im Benehmen mit dem Ministerium auf die Dauer von fünf Jahren zu berufen. [2]Die Vertreter der waldbesitzenden Gemeinden werden auf Vorschlag des Gemeindetags Baden-Württemberg und des Städtetags Baden-Württemberg berufen.

(5) [1]Das Ministerium erläßt eine Geschäftsordnung für die Körperschaftsforstdirektion. [2]In der Geschäftsordnung ist insbesondere zu regeln, welche Aufgaben der Beschlußfassung unterliegen und welche Aufgaben durch den Leiter der Körperschaftsforstdirektion zu erledigen sind, der zur Erledigung auch die Bediensteten der höheren Forstbehörde heranziehen kann. [3]Die Geschäftsordnung regelt auch den Umfang des Stimmrechts der Mitglieder entsprechend ihrer räumlichen Zuständigkeit.

(6) Mitglieder der Körperschaftsforstdirektion, die nicht Landesbeamte sind, sind ehrenamtlich tätig.

§ 64 Zuständigkeit von Forstbehörden

(1) Soweit in diesem Gesetz oder in den auf Grund dieses Gesetzes erlassenen Rechtsverordnungen nichts anderes bestimmt ist, ist die untere Forstbehörde sachlich zuständig.

(2) Für den Körperschaftswald mit Ausnahme des Gebiets des Nationalparks Schwarzwald nimmt die Körperschaftsforstdirektion die Aufgaben der höheren Forstbehörde nach diesem Gesetz wahr.

(3) [1]Örtlich zuständig ist die Forstbehörde, in deren Bezirk die Aufgaben wahrzunehmen sind. [2]Erstreckt sich die Aufgabe auf die Bezirke mehrerer Forstbehörden, so bestimmt die gemeinsame übergeordnete Behörde die zuständige Forstbehörde.

(4) [1]Die höhere Forstbehörde ist in ihrem Bezirk nach fachlicher Weisung der obersten Forstbehörde für die Steuerung und Koordinierung der Wahrnehmung der Aufgaben der Landesforstverwaltung zuständig. [2]Dies gilt auch für die Dienstleistungsaufgaben der unteren Forstbehörden im Körperschaftswald und Privatwald. [3]Die Fachaufsicht im Rahmen der Erfüllung der Aufgaben nach § 65 Abs. 1 bleibt unberührt.

---

1) Amtlicher Wortlaut: „der der höheren Forstbehörde".

(5) Für die Übertragung der Bewilligungsfunktion sowie der Funktion des technischen Prüfdienstes auf die Forstbehörden für Ausgaben zu Lasten der Europäischen Gemeinschaft gilt § 29d des Landwirtschafts- und Landeskulturgesetzes in seiner jeweils geltenden Fassung entsprechend.

§ 64a Fachliche Fortbildung

Die fachliche Fortbildung der Bediensteten, die Aufgaben der unteren Forstbehörde wahrnehmen, sowie die Bereitstellung der zur fachlichen Unterstützung der Bediensteten erforderlichen Informationen und Unterlagen erfolgt durch das Land.

§ 64b Nutzung der Informations- und Kommunikationstechnologie

Das Ministerium wird ermächtigt, im Einvernehmen mit dem Innenministerium und dem Finanzministerium durch Rechtsverordnung die unteren Forstbehörden zu verpflichten, zur Erfüllung der Aufgaben nach diesem Gesetz Daten landesweit nach einheitlichen Maßgaben zu erheben und zu verarbeiten oder gleichartige Informationen bereit zu stellen, soweit dies erforderlich ist, und dazu

1. Daten in elektronischer Form zu erfassen, zu verarbeiten, zu empfangen und in einem vorgegebenen Format auf einem vorgeschriebenen Weg an eine bestimmte Stelle weiterzugeben,
2. zu bestimmen, dass
   a) zwischen den unteren Forstbehörden, den höheren Forstbehörden und der obersten Forstbehörde einheitliche Verfahren zum elektronischen Austausch von Dokumenten und Daten sowie für die gemeinsame Nutzung von Datenbeständen eingerichtet und weiterentwickelt werden,
   b) einheitliche Datenverarbeitungsverfahren angewandt werden und
   c) miteinander verbindbare oder einheitliche Techniken und Geräte eingesetzt werden.

2. Abschnitt
Aufgaben der Forstbehörden

§ 65 Aufgaben der Forstbehörden

(1) Die Forstbehörden haben die ihnen nach diesem Gesetz und sonstigen Rechtsvorschriften zugewiesenen Aufgaben auszuführen, insbesondere

1. die Verwaltung und Bewirtschaftung des Staatswaldes,
2. die forsttechnische Betriebsleitung und den forstlichen Revierdienst im Körperschaftswald einschließlich Beratung und Unterstützung bei der Verwaltung,
3. die Beratung, Betreuung und technische Hilfe im Privatwald,
4. die Durchführung von forstlichen Förderungsmaßnahmen,
5. die forstliche Rahmenplanung und sonstige Fachplanungen für den Wald,
6. die Ausübung der Forstaufsicht und des Forstschutzes und
7. die Waldpädagogik als Bildungsauftrag.

(2) ¹Die Forstbehörden haben bei ihren Planungen und Maßnahmen alle Behörden und Träger öffentlicher Belange, deren Aufgabenbereich berührt sein kann, so rechtzeitig zu beteiligen, daß diese ihre Belange wirksam vertreten können. ²Soweit wesentliche Belange der Forstwirtschaft berührt werden, sind die Vertretungen der Waldbesitzer anzuhören.

(3) Die Übermittlung von personenbezogenen Daten zwischen den Behörden und den Körperschaften, Anstalten und Stiftungen des öffentlichen Rechts zur Erfüllung der in den Absätzen 1 und 2 sowie in § 8 genannten Aufgaben ist zulässig, soweit dadurch keine überwiegenden schutzwürdigen Belange beeinträchtigt werden.

§ 65a Bewirtschaftung des Staatsforstbetriebs und Kostentragung

(1) Die Einnahmen aus der Bewirtschaftung des Staatsforstbetriebs werden unmittelbar in den Staatshaushalt vereinnahmt.

(2) Das Land trägt die sächlichen Betriebskosten im Staatsforstbetrieb.

(3) ¹Die persönlichen Kosten der Waldarbeiter werden den Stadt- und Landkreisen entsprechend ihrem tatsächlichen Einsatz im Staatsforstbetrieb erstattet. ²Die Stadt- und Landkreise erhalten vierteljährlich im Voraus Abschlagszahlungen. ³Die Arbeitskapazität derjenigen Waldarbeiter, die am 1. Januar 2005 auf die Stadt- und Landkreise übergehen, wird vom Land abgenommen.

(4) Das Ministerium regelt Einzelheiten des Verfahrens nach den Absätzen 1 bis 3 sowie zur Abgrenzung der persönlichen Kosten nach Absatz 3 im Einvernehmen mit dem Innenministerium und dem Finanzministerium durch Rechtsverordnung.

§ 66 Beratung und Unterstützung Dritter bei landschaftsbezogenen Maßnahmen

(1) [1]Die Forstbehörde leistet beim Naturschutz, bei der Landschaftspflege und der Erstellung von Erholungseinrichtungen, soweit sie nicht selbst zuständig ist, den zuständigen Behörden, Landkreisen, Gemeinden und sonstigen öffentlichen Stellen Amtshilfe; bei der Durchführung solcher Maßnahmen außerhalb des Waldes gewährt die Forstbehörde technische Unterstützung im Rahmen der betrieblichen Möglichkeiten gegen Kostenersatz. [2]§ 58 Absatz 7 NatSchG bleibt unberührt.

(2) Die technische Unterstützung umfaßt insbesondere folgende Aufgaben

1. Durchführung von Pflegemaßnahmen in der offenen Landschaft,
2. Schutz der wildwachsenden Pflanzen und der freilebenden Tiere,
3. Schaffung und Pflege von Erholungsgebieten sowie Erholungseinrichtungen,
4. Maßnahmen zur Milderung oder Beseitigung von Eingriffen in die Landschaft oder von Landschaftsschäden.

(3) Mit der Durchführung von Pflegemaßnahmen nach Absatz 2 Nr. 1 sollen an Stelle der Forstbehörde nach Möglichkeit land- und forstwirtschaftliche Betriebe, land- und forstwirtschaftliche Zusammenschlüsse sowie Betriebe des Garten- und Landschaftsbaues beauftragt werden.

(4) Die untere Forstbehörde kann auf Antrag des Trägers die Geschäftsführung der Naturparke wahrnehmen.

§ 67 Forstaufsicht

(1) [1]Forstaufsicht ist die hoheitliche Tätigkeit, die das Land ausübt, um den Körperschaftswald und den Privatwald zu erhalten, vor Schäden zu bewahren und seine ordnungsgemäße Bewirtschaftung zu sichern. [2]Die Forstbehörde hat insbesondere

1. darüber zu wachen, daß die Waldbesitzer ihre Verpflichtungen nach diesem Gesetz oder anderen auf die Erhaltung und Pflege des Waldes sowie die Abwehr von Waldschäden gerichteten Vorschriften erfüllen, und
2. Zuwiderhandlungen der Waldbesitzer gegen die in Nummer 1 genannten Vorschriften zu verhüten, zu verfolgen und zu ahnden, soweit gesetzlich nichts anderes bestimmt ist.

(2) [1]Die Bediensteten im forstlichen Revierdienst der Forstbehörden und die körperschaftlichen Bediensteten im forstlichen Revierdienst im Privatwald, in dem sie Aufgaben nach § 49 wahrnehmen, wirken bei der Ausübung der Forstaufsicht mit. [2]Sie haben bei der Ausübung der forstaufsichtlichen Tätigkeit die Stellung von Polizeibeamten im Sinne des Polizeigesetzes. [3]Sie sind verpflichtet, bei der Ausübung ihrer Tätigkeit Dienstkleidung zu tragen und einen Dienstausweis mit sich zu führen, der bei Vornahme einer Amtshandlung auf Verlangen vorzuzeigen ist. [4]Das Ministerium wird ermächtigt, Vorschriften über die Dienstkleidung und den Dienstausweis zu erlassen.

§ 68 Forstaufsichtliche Anordnungen

(1) [1]Verstößt ein Waldbesitzer gegen die in § 67 Abs. 1 Nr. 1 genannten Vorschriften, so weist die Forstbehörde ihn auf die Mängel hin. [2]Bleibt der Hinweis innerhalb der festgesetzten Frist unbeachtet, so kann die Forstbehörde die erforderlichen Anordnungen treffen, um den ordnungsgemäßen Zustand zu erhalten oder wieder herzustellen.

(2) [1]Erfüllt eine Körperschaft die ihr nach den §§ 46 bis 48 und den §§ 50 bis 52 sowie auf Grund einer Rechtsverordnung nach § 53 obliegenden Verpflichtungen nicht, so weist die Forstbehörde sie auf die Mängel hin. [2]Bleibt der Hinweis unbeachtet, so kann die höhere Forstbehörde die erforderlichen Anordnungen treffen.

§ 69 Sicherheitsleistung

(1) Die Forstbehörde kann die Leistung einer Sicherheit verlangen, soweit sie erforderlich ist, um die Erfüllung von Bedingungen, Auflagen und sonstigen Verpflichtungen zu sichern.

(2) Auf Sicherheitsleistungen nach diesem Gesetz finden § 232 und die §§ 234 bis 240 des Bürgerlichen Gesetzbuches Anwendung.

§ 70 Polizeiverordnungen
Soweit es
1. zur Sicherung der Erhaltung und Pflege des Waldes oder
2. zum Schutz des Waldes, des Waldeigentums oder forstbetrieblicher Einrichtungen gegen rechtswidrige Taten Dritter oder
3. zum Schutz der Waldbesucher und zur Regelung der Erholung

erforderlich ist, können die Forstbehörden Polizeiverordnungen erlassen.

§ 71 Hoheitliche Wahrnehmung der dienstlichen Obliegenheiten
Die mit der Durchführung der Aufgaben nach diesem Gesetz und sonstigen forstrechtlichen Vorschriften zusammenhängenden Pflichten obliegen den Organen und Bediensteten der damit befaßten Forstbehörden und Körperschaften als Amtspflichten in Ausübung hoheitlicher Tätigkeit.

§ 72 Berufsbezeichnungen im Privatforstdienst
Angestellte im Privatforstdienst können auf Anordnung ihres Arbeitgebers eine den Amtsbezeichnungen der Forstbeamten des öffentlichen Dienstes vergleichbare Berufsbezeichnung führen, wenn ihre Berufsausbildung und ihre Tätigkeit der vergleichbaren Laufbahngruppe des öffentlichen Dienstes entspricht und die Berufsbezeichnung einen auf das private Beschäftigungsverhältnis hinweisenden Zusatz enthält.

§ 73 Berufskleidung der körperschaftlichen Forstbediensteten und der Angestellten im Privatforstdienst
Körperschaftliche Forstbedienstete sowie Angestellte im Privatforstdienst, deren Berufsausbildung und Anstellungsverhältnis den Verhältnissen im öffentlichen Dienst vergleichbar sind, können als Berufskleidung die Dienstkleidung der Forstbeamten des Landes nach der für diese geltenden Dienstkleidungsvorschrift tragen, wenn die Berufskleidung die vorgeschriebenen Unterscheidungsmerkmale aufweist. [2]Das Ministerium wird ermächtigt, im Einvernehmen mit dem Innenministerium die Unterscheidungsmerkmale zu bestimmen.

§ 74 Untersuchungen
(1) [1]Die Bediensteten und Beauftragten der Forstbehörden sind befugt, zur Wahrnehmung ihrer Aufgaben Grundstücke zu betreten sowie Vermessungen, Bodenuntersuchungen und ähnliche Arbeiten durchzuführen, soweit dies zur Erfüllung der Aufgaben nach diesem Gesetz oder sonstiger forstrechtlicher Vorschriften erforderlich ist. [2]Das Grundrecht der Unverletzlichkeit der Wohnung (Artikel 13 des Grundgesetzes) wird insoweit eingeschränkt.

(2) Die Eigentümer und Besitzer von Grundstücken sind in geeigneter Weise zu benachrichtigen, wenn auf ihren Grundstücken Vermessungen, Bodenuntersuchungen und ähnliche Arbeiten ausgeführt werden sollen.

(3) [1]Entstehen durch Handlungen nach Absatz 1 Vermögensnachteile, so ist vom Land eine angemessene Entschädigung in Geld zu leisten oder auf Verlangen des Geschädigten der frühere Zustand wieder herzustellen. [2]Über Art und Höhe der Entschädigung entscheiden im Streitfall die ordentlichen Gerichte.

§ 75 Forststatistik; Auskunftspflicht
(1) [1]Der Waldbesitzer ist verpflichtet, zu statistischen Zwecken Angaben über seinen Forstbetrieb zu machen. [2]Er hat ferner der Forstbehörde auf Verlangen die Auskünfte zu erteilen, die zur Durchführung dieses Gesetzes oder sonstiger forstrechtlicher Vorschriften erforderlich sind.

(2) Der Auskunftspflichtige kann die Auskunft auf solche Fragen verweigern, deren Beantwortung ihn selbst oder einen der in § 383 Abs. 1 Nr. 1–3 der Zivilprozeßordnung bezeichneten Angehörigen der Gefahr aussetzen würde, wegen einer Straftat oder einer Ordnungswidrigkeit verfolgt zu werden.

(3) Bedienstete, die nach Absatz 1 fremde Betriebs- oder Geschäftsgeheimnisse oder Einzelangaben erfahren, haben diese geheim zu halten.

3. Abschnitt
Forstliche Versuchs- und Forschungsanstalt

§ 76 Forstliche Versuchs- und Forschungsanstalt

(1) [1]Die Forstliche Versuchs- und Forschungsanstalt Baden-Württemberg ist eine nichtrechtsfähige öffentliche Anstalt, die dem Ministerium untersteht. [2]Sie hat als Betriebsforschungsinstitut die Aufgabe, insbesondere der Forst- und Holzwirtschaft rationale Möglichkeiten zur Erfüllung der vielfältigen Funktionen des Waldes aufzuzeigen und die ökologischen Beziehungen zwischen Wald und Umwelt zu untersuchen.

(2) Vorschriften, die der Forstlichen Versuchs- und Forschungsanstalt weitere Aufgaben zuweisen, bleiben unberührt.

4. Abschnitt
Landesforstwirtschaftsrat

§ 77 Landesforstwirtschaftsrat

(1) [1]Beim Ministerium wird unter Vorsitz des Ministers ein Landesforstwirtschaftsrat eingerichtet. [2]Er soll das Ministerium bei forstlichen Fragen von grundsätzlicher Bedeutung beraten.

(2) [1]Die Mitglieder des Landesforstwirtschaftsrats werden vom Ministerium auf die Dauer von fünf Jahren berufen. [2]Die Mitgliederzahl kann bis zu 20 Personen betragen. [3]Dem Landesforstwirtschaftsrat sollen insbesondere Vertreter des Waldbesitzes, der Berufsvertretungen, der Forstwissenschaft, des Natur- und Umweltschutzes, der Raumordnung und Landesplanung sowie der Holzwirtschaft angehören.

(3) [1]Für die Beratung des Ministeriums in Angelegenheiten des Körperschaftswaldes und des Privatwaldes ist ein Ausschuß des Landesforstwirtschaftsrats zu bilden. [2]Dem Ausschuß gehören die Vertreter des Körperschaftswaldes und des Privatwaldes im Landesforstwirtschaftsrat an; das Ministerium kann weitere Vertreter des Körperschaftswaldes und des Privatwaldes, die nicht Angehörige des Landesforstwirtschaftsrats sind, berufen. [3]Absatz 2 Satz 1 gilt entsprechend. [4]Die Mitgliederzahl des Ausschusses kann bis zu 15 Personen betragen.

(4) Das Ministerium erläßt eine Geschäftsordnung, die insbesondere die Zusammensetzung des Landesforstwirtschaftsrats und des Ausschusses sowie das Vorschlagsrecht und das Berufungsverfahren regelt.

(5) Die Tätigkeit im Landesforstwirtschaftsrat und im Ausschuß ist ehrenamtlich.

Achter Teil
Forstschutz

§ 78 Forstschutz
Der Forstschutz umfaßt die Aufgabe
1. Gefahren, die dem Wald und den seinen Funktionen dienenden Einrichtungen durch Dritte drohen, abzuwehren und Störungen der öffentlichen Sicherheit oder Ordnung im Wald zu beseitigen sowie
2. rechtswidrige Handlungen Dritter zu verfolgen, die einen Bußgeldtatbestand im Sinne des § 83 oder des § 85 Abs. 2 oder einen sonstigen auf den Schutz des Waldes oder seiner Einrichtungen gerichteten Straf- oder Bußgeldtatbestand verwirklichen.

§ 79 Ausübung des Forstschutzes; Forstschutzbeauftragte
(1) Der Forstschutz obliegt
1. der Forstbehörde,
2. den Forstschutzbeauftragten.

(2) Forstschutzbeauftragte sind
1. die Bediensteten im forstlichen Revierdienst der unteren Forstbehörden und der Körperschaften,
2. Privatforstbedienstete, wenn sie nach § 80 verpflichtet sind.

(3) [1]Soweit ein Bedürfnis besteht, kann die Forstbehörde in begrenztem Umfang die Rechte und Pflichten eines Forstschutzbeauftragten auf sonstige Personen übertragen. [2]Das Ministerium wird ermächtigt, das Nähere durch Rechtsverordnung zu regeln.

(4) ¹Die Forstschutzbeauftragten haben bei der Ausübung des Forstschutzes die Stellung von Polizeibeamten im Sinne des Polizeigesetzes. ²§ 67 Abs. 2 Satz 3 und 4 gilt entsprechend.

(5) Der Forstschutz ist unter Aufsicht der Forstbehörde und nach deren näherer Weisung auszuüben.

(6) Die Befugnisse des Polizeivollzugsdienstes bleiben unberührt.

§ 80 Verpflichtung der Privatforstbediensteten

(1) Die Verpflichtung der Privatforstbediensteten als Forstschutzbeauftragte obliegt der Forstbehörde.

(2) ¹Verpflichtet werden auf Antrag des Waldbesitzers Personen, die eine für Forstbedienstete des Landes vorgeschriebene Ausbildung oder eine gleichwertige Ausbildung mit Erfolg abgeschlossen haben. ²Der Antrag ist abzulehnen, wenn Bedenken gegen die Zuverlässigkeit oder die Eignung zum Forstschutz bestehen.

§ 81 Weitere Aufgaben der Forstschutzbeauftragten

(1) Die Forstschutzbeauftragten sind im Rahmen ihrer Dienstaufgaben verpflichtet, rechtswidrige Handlungen, die einen auf den Schutz der Natur oder Umwelt gerichteten Straf- oder Bußgeldtatbestand verwirklichen,

1. zu verhüten,
2. ihre Fortsetzung zu verhindern und
3. anzuzeigen.

(2) Die Forstschutzbeauftragten haben bei der Verfolgung der in Absatz 1 genannten Handlungen mitzuwirken, soweit dies gesetzlich besonders bestimmt ist.

§ 82 Örtliche Zuständigkeit der Forstschutzbeauftragten

(1) Die Forstschutzbeauftragten sind im Bezirk der Forstbehörde, der sie angehören, örtlich zuständig.

(2) Die Forstbehörde kann die örtliche Zuständigkeit von Forstschutzbeauftragten einschränken.

Neunter Teil
Ordnungswidrigkeiten

§ 83 Allgemeine Ordnungswidrigkeiten

(1) Ordnungswidrig handelt, wer vorsätzlich oder fahrlässig im Wald oder in einem Abstand von weniger als 100 Meter von einem Wald

1. ein Vorhaben nach § 41 Abs. 1 ohne die erforderliche Genehmigung ausführt,
2. entgegen § 41 Abs. 4 brennende oder glimmende Gegenstände wegwirft oder sonst unvorsichtig handhabt,
3. ein genehmigtes offenes Feuer oder Licht, ein Feuer in einer eingerichteten und gekennzeichneten Feuerstelle, oder ein offenes Feuer oder Licht, das keiner Genehmigung bedarf, unbeaufsichtigt oder ohne ausreichende Sicherungsmaßnahmen läßt, oder Auflagen, die mit der Genehmigung verbunden sind, nicht befolgt.

(2) Ordnungswidrig handelt auch, wer vorsätzlich oder fahrlässig

1. entgegen § 37 Abs. 3 im Wald außerhalb von Straßen und Wegen oder auf gekennzeichneten Wanderwegen unter 3 Meter Breite, auf Fußwegen oder auf Sport- und Lehrpfaden reitet, oder im Wald außerhalb von Straßen und Wegen oder auf Wegen unter 2 Meter Breite oder auf Sport- und Lehrpfaden radfährt,
2. entgegen § 37 Abs. 1 im Wald die Erholung anderer Waldbesucher beeinträchtigt, insbesondere durch ungebührlichen Lärm, wie Schreien, Grölen, Mißbrauch von Musikinstrumenten oder Musikapparaten,
3. entgegen § 37 Abs. 4 Wald oder forstbetriebliche oder jagdbetriebliche Einrichtungen, deren Betreten nicht zulässig ist, unbefugt betritt,
4. entgegen § 37 Abs. 4 unbefugt fährt, Kraftfahrzeuge oder Anhänger abstellt, zeltet oder unbefugt Verkaufsstände aufstellt,
5. entgegen § 37 Abs. 2 organisierte Veranstaltungen ohne Genehmigung der Forstbehörde durchführt oder an solchen Veranstaltungen teilnimmt,
6. entgegen § 41 Abs. 3 in der Zeit vom 1. März bis 31. Oktober im Wald unbefugt raucht,
7. einer auf Grund von § 70 Nr. 2 oder 3 ergangenen Polizeiverordnung zuwiderhandelt, wenn diese ausdrücklich auf diese Bußgeldvorschrift verweist,

8. Erholungseinrichtungen im Wald mißbräuchlich benutzt oder verunreinigt oder im Bereich von Kinderspielplätzen, Spiel- und Liegewiesen und Wassertretanlagen Hunde frei laufen läßt,

9. im Wald Vorrichtungen, die zum Sperren von Wegen oder die dem Schutz der Einrichtungen nach § 37 Abs. 4 Nr. 5 und 6 dienen, unbefugt öffnet, offenstehen läßt, entfernt oder unbrauchbar macht,

10. im Wald Zeichen oder Vorrichtungen, die zur Abgrenzung, Absperrung, Vermessung oder als Wegweiser dienen, oder Zeichen, die zur Kennzeichnung an Walderzeugnissen angebracht sind, unbefugt zerstört, beschädigt, unbrauchbar macht, verändert oder entfernt,

11. im Wald Zeichen oder Vorrichtungen der in Nummer 10 genannten Art unbefugt anbringt,

12. das zur Bewässerung eines Waldgrundstückes dienende Wasser unbefugt ableitet und dadurch dieses oder ein anderes Waldgrundstück nachteilig beeinflußt oder Gräben, Wälle, Rinnen oder andere Anlagen, die der Be- oder Entwässerung von Waldgrundstücken dienen, unbefugt verändert, beschädigt oder beseitigt,

13. geerntete Walderzeugnisse unbefugt von ihrem Standort entfernt, ihre Stützen wegnimmt oder diese umwirft,

14. im Wald Aufschüttungen oder Abgrabungen unbefugt vornimmt,

15. im Wald Ameisenhaufen zerstört oder beschädigt oder Ameisen oder deren Puppen unbefugt einsammelt,

16. im Wald unbefugt Vieh treibt, Vieh weidet oder weiden läßt.

(3) Ordnungswidrig handelt auch, wer vorsätzlich oder fahrlässig einer auf Grund dieses Gesetzes ergangenen Rechtsverordnung, Satzung oder Anordnung zuwiderhandelt, wenn diese für einen bestimmten Tatbetand auf diese Bußgeldvorschrift verweist.

(4) Die Ordnungswidrigkeit kann mit einer Geldbuße bis zu 2 500 Euro, in besonders schweren Fällen bis zu 10 000 Euro, geahndet werden.

§ 84 Ordnungswidrigkeiten der Waldbesitzer

(1) Ordnungswidrig handelt, wer vorsätzlich oder fahrlässig

1. entgegen § 9 Abs. 1 oder § 11 Abs. 1 Wald ohne Genehmigung in eine andere Nutzungsart umwandelt; der Versuch ist geahndet werden,

2. entgegen § 9 Abs. 7 einen Baumbestand ohne Genehmigung beseitigt,

3. entgegen § 15 Abs. 3 oder § 29 Abs. 2 einen Kahlhieb ohne Genehmigung vornimmt,

4. entgegen § 16 hiebsunreife Bestände nutzt,

5. eine Anzeige nach § 27 Abs. 2 nicht vornimmt,

6. entgegen § 34 Abs. 1 ohne Genehmigung ein Gehege oder eine ähnliche Einrichtung im Wald errichtet oder erweitert,

7. entgegen § 38 Abs. 1 Wald ohne Genehmigung sperrt oder eine Anzeige nach § 38 Abs. 2 nicht vornimmt,

8. einer auf Grund von § 70 Nr. 1 ergangenen Polizeiverordnung zuwiderhandelt, wenn diese ausdrücklich auf diese Bußgeldvorschrift verweist,

9. Angaben oder Auskünfte nach § 75 Abs. 1 nicht richtig, nicht vollständig oder nicht rechtzeitig erteilt.

(2) Ordnungswidrig handelt auch, wer vorsätzlich oder fahrlässig Auflagen, unter denen eine Genehmigung oder Befreiung von Vorschriften dieses Gesetzes oder einer auf Grund dieses Gesetzes erlassenen Rechtsverordnung erteilt werden, nicht, nicht rechtzeitig oder nicht ordnungsgemäß erfüllt.

(3) Die Ordnungswidrigkeit nach Absatz 1 Nr. 1 kann mit einer Geldbuße bis zu 25 000 Euro, die übrigen Ordnungswidrigkeiten können mit einer Geldbuße bis zu 2 500 Euro, in besonders schweren Fällen bis zu 10 000 Euro, geahndet werden.

§ 85 Zuständigkeit zur Verfolgung und Ahndung von Ordnungswidrigkeiten

(1) Verwaltungsbehörden im Sinne des § 36 Abs. 1 Nr. 1 des Gesetzes über Ordnungswidrigkeiten sind in den Fällen des § 83 die Forstbehörde und in den Fällen des § 84 die höhere Forstbehörde.

(2) Steht mit einer nach diesem Gesetz zu ahndenden rechtswidrigen Tat eine Ordnungswidrigkeit nach § 111, § 118 oder § 121 des Gesetzes über Ordnungswidrigkeiten im Zusammenhang oder wird im Wald eine Ordnungswidrigkeit nach § 118, § 121 oder § 122 des Gesetzes über Ordnungswidrigkeiten begangen, so findet auf diese Ordnungswidrigkeit dieses Gesetz Anwendung.

§ 86 Verwarnung
(1) [1]Die Forstschutzbeauftragten (§ 79 Abs. 2) können bei Ordnungswidrigkeiten nach § 83 und bei Ordnungswidrigkeiten, auf die § 85 Abs. 2 dieses Gesetzes Anwendung findet, verwarnen und ein Verwarnungsgeld erheben. [2]§ 56 des Gesetzes über Ordnungswidrigkeiten gilt entsprechend.
(2) Absatz 1 gilt entsprechend bei Ordnungswidrigkeiten, deren Verhütung und Anzeige nach § 81 Abs. 1 zum Aufgabenkreis der Forstschutzbeauftragten gehört.

§ 86a Ersatz von Aufwendungen durch den Fahrzeughalter
Kann bei einem Verstoß gegen § 37 Abs. 4 Nr. 1 der Fahrer des Fahrzeugs, der den Verstoß begangen hat, nicht oder nur mit unangemessenem Aufwand ermittelt werden, kann die Forstbehörde die ihr entstandenen Aufwendungen dem Halter des Fahrzeugs durch Verwaltungsakt auferlegen; er hat dann auch seine Auslagen zu tragen.

§ 87 Einziehung
[1]Gegenstände, die zur Begehung oder Vorbereitung einer Ordnungswidrigkeit gebraucht worden sind oder auf die sich eine Ordnungswidrigkeit bezieht, können eingezogen werden. [2]§ 23 des Gesetzes über Ordnungswidrigkeiten ist anzuwenden.

Zehnter Teil
Übergangs- und Schlußvorschriften

§ 88 Überleitungs- und Verwaltungsvorschriften
(1) Verfahren, die beim Inkrafttreten dieses Gesetzes[1] bereits eingeleitet waren, sind nach den bisherigen Verfahrensvorschriften weiterzuführen.
(2) Die Eintragung von Flächen in Waldverzeichnisse nach den Vorschriften des württembergischen Forstpolizeigesetzes gilt als Eintragung im Sinne des § 2 Abs. 5.
(3) Gemeinschaftswald, der bei Inkrafttreten dieses Gesetzes[1] für Körperschaftswald geltenden Vorschriften unterliegt und bei dem die forsttechnische Betriebsleitung oder der forstliche Revierdienst vom Land wahrgenommen wird, behält diese Rechtsstellung, wenn die satzungsmäßigen Vertreter nicht innerhalb eines Jahres gegenüber der höheren Forstbehörde den Verzicht auf diese Rechtsstellung erklären.
(4) Soweit die forstliche Betriebsleitung im Körperschaftswald derzeit von Sachverständigen gemäß Artikel 7 und 8 des württembergischen Körperschaftsforstgesetzes vom 19. Februar 1902 (RegBl. S. 45) wahrgenommen wird, bleibt es bei dieser Regelung, sofern die Körperschaft das Vertragsverhältnis nicht löst.
(5) Das Ministerium erläßt, soweit erforderlich, im Einvernehmen mit den beteiligten Ministerien, die zur Durchführung dieses Gesetzes erforderlichen Verwaltungsvorschriften.

§ 89 Änderung bestehender Vorschriften
(nicht abgedruckt)

§ 90 Aufhebung von Rechtsvorschriften
(nicht abgedruckt)

§ 91 Inkrafttreten[1]
[1]Dieses Gesetz tritt am 1. April 1976 in Kraft. [2]Vorschriften, die zum Erlaß von Rechts- und Verwaltungsvorschrift ermächtigen, treten am Tage nach der Verkündung in Kraft.

---

1) **Amtl. Anm.:** Diese Vorschrift betrifft das Inkrafttreten des Gesetzes in der ursprünglichen Fassung vom 10. Februar 1976 (GBl. S. 99).

Anlage
zu § 30a Abs. 2

Definition der Biotopschutzwaldarten

Inhaltsübersicht

Vorbemerkung
1 Regional seltene, naturnahe Waldgesellschaften
1.1 Naturnahe Buchenwälder
1.2 Naturnahe Eichenwälder
1.3 Naturnahe Fichtenwälder
1.4 Naturnahe Tannenwälder
2.1 Tobel und Klingen im Wald mit naturnaher Begleitvegetation
2.2 Kare und Toteislöcher im Wald mit naturnaher Begleitvegetation
3.1 Wälder als Reste historischer Bewirtschaftungsformen
3.2 Strukturreiche Waldränder

Die nach § 24a Abs. 1[1] Naturschutzgesetz geschützten Biotope im Wald sind in der Anlage zu § 24a Abs. 1[1] Naturschutzgesetz definiert.

Vorbemerkung:

1.
Der Biotopschutzwald nach § 30a wird anhand der Standortverhältnisse, der Vegetation und sonstiger Eigenschaften definiert.

2.
Als naturnahe Wälder werden Wälder bezeichnet, deren Baumschicht weitgehend aus standortheimischen Baumarten besteht und die eine weitgehende Übereinstimmung von Standort, Waldbestand und Bodenvegetation aufweisen.

3.
Als regional selten werden naturnahe Waldgesellschaften bezeichnet, die von Natur aus selten oder ursprünglich regionaltypisch weit verbreitet waren, infolge menschlicher Tätigkeit jedoch selten geworden sind. Die regionale Seltenheit ergibt sich aus der vorhandenen Waldzusammensetzung auf der Grundlage der standortkundlichen regionalen Gliederung Baden-Württembergs.

4.
Wälder als Reste historischer Bewirtschaftungsformen und strukturreiche Waldränder sind Biotope, die in ihrer Struktur eine hohe Vielfalt und eine für den Standort typische Pflanzen- oder Tierartenzusammensetzung aufweisen. Sie sind anthropogen oder durch Sukzession entstanden und bedürfen in der Regel einer intensiven Pflege.

1 Regional seltene, naturnahe Waldgesellschaften

1.1 Naturnahe Buchenwälder
Regional seltene, naturnahe Buchenwälder sind naturnahe Wälder auf mäßig trockenen bis frischen Standorten unterschiedlicher Nährstoffausstattung. Zu den regional seltenen, naturnahen Buchenwäldern gehören regional seltene und selten gewordene Platterbsen-Kalkbuchenwälder, Waldmeister-Buchenwälder, Hainsimsen-Buchenwälder, Heidelbeer-Buchenwälder und hochstaudenreiche Ahorn-Buchenwälder.
Besonders typische Arten der regional seltenen, naturnahen Buchenwälder sind:
Buche (Fagus sylvatica), Esche (Fraxinus excelsior), Bergahorn (Acer pseudoplatanus), Traubeneiche (Quercus petraea), Weißtanne (Abies alba), Stechpalme (Ilex aquifolium), Heckenkirsche (Lonicera spec.), Waldbingelkraut (Mercurialis perennis), Grauer Alpendost (Adenostyles alliariae), Hasenlattich (Prenanthes purpurea), Wald-Veilchen (Viola reichenbachiana), Drahtschmiele (Deschampsia flexuosa), Hainsimsen (Luzula spec.), Buschwindröschen (Anemone nemorosa), Waldmeister (Galium odoratum), Perlgras (Melica spec.), Waldgerste (Hordelymus europaeus).

1.2 Naturnahe Eichenwälder
Regional seltene, naturnahe Eichenwälder sind naturnahe Wälder auf mäßig nährstoffreichen bis nährstoffarmen Standorten der planaren bis submontanen Höhenstufe. Im Gegensatz zu den Feuchtwäldern und den Wäldern trockenwarmer Standorte prägt der mäßig frische bis wechselfeuchte oder mäßig frische bis mäßig trockene Wasserhaushalt die regional seltenen, naturnahen Eichenwälder. Zu den regional

---

1) Nunmehr § 32 Abs. 1 NatSchG.

seltenen, naturnahen Eichenwäldern gehören seltene und selten gewordene Hainbuchen-Stieleichen-wälder, Hainbuchen-Traubeneichenwälder, Traubeneichen-Buchenwälder, Birken-Stieleichenwälder, Hainsimsen-Traubeneichenwälder.
Besonders typische Arten der regional seltenen, naturnahen Eichenwälder sind:
Stieleiche (Quercus robur), Traubeneiche (Quercus petraea), Buche (Fagus sylvatica), Hainbuche (Carpinus betulus), Winterlinde (Tilia cordata), Weißdorn (Crataegus spec.), Rote Heckenkirsche (Lonicera xylosteum), Sternmiere (Stellaria holostea), Labkraut (Galium sylvaticum), Waldziest (Stachys sylvatica), Flatterhirse (Milium effusum), Weiße Hainsimse (Luzula luzuloides), Wiesen-Wachtelweizen (Melampyrum pratense), Pfeifengras (Molinia caerulea agg.), Drahtschmiele (Deschampsia flexuosa), Salbei-Gamander (Teucrium scorodinia).

1.3 Naturnahe Fichtenwälder
Regional seltene, naturnahe Fichtenwälder sind naturnahe Wälder kalter, niederschlagsreicher und luftfeuchter Standorte auf sauren Substraten der montanen und hochmontanen Höhenstufe. Zu den regional seltenen, naturnahen Fichtenwäldern gehört der Peitschenmoos-Fichtenwald.
Besonders typische Arten des regional seltenen, naturnahen Peitschenmoos-Fichtenwaldes sind:
Fichte (Picea abies), Tanne (Abies alba), Birke (Betula spec.), Eberesche (Sorbus aucuparia), Peitschenmoos (Bazzania trilobata), Beersträucher (Vaccinium spec.), Sprossender Bärlapp (Lycopodium annotinum), spezifische Moose und Farne.

1.4 Naturnahe Tannenwälder
Regional seltene, naturnahe Tannenwälder sind naturnahe Mischwälder auf mäßig nährstoffreichen bis nährstoffarmen Standorten der submontanen und montanen Höhenstufe. Zu den regional seltenen, naturnahen Tannenwäldern gehören regional selten gewordene Hainsimsen-Fichten-Tannenwälder, Labkraut-Tannenwälder, Beerstrauch-Tannenwälder mit Eiche oder Kiefer und der artenreiche Tannen-Mischwald.
Besonders typische Arten der regional seltenen, naturnahen Tannenwälder sind:
Weißtanne (abies alba), Fichte (Picea abies), Buche (Fagus sylvatica), Stieleiche (Quercus robur), Waldkiefer (Pinus sylvestris), Schwarze Heckenkirsche (Lonicera nigra), Roter Holunder (Sambucus racemosa), Beersträucher (Vaccinium spec.), Rundblättriges Labkraut (Galium rotundifolium), Wald-Wachtelweizen (Melampyrum sylvaticum), Flatterhirse (Milium effusum).

2.1 Tobel und Klingen im Wald mit naturnaher Begleitvegetation
Tobel und Klingen sind durch Wassererosion entstandene Geländeeinschnitte mit Steilböschungen ohne ausgeprägte Talbodenentwicklung.
Erfaßt sind Tobel und Klingen mit naturnaher Begleitvegetation einschließlich ihrer oft starken Verzweigungen im Gelände. Nicht erfaßt sind Tobel und Klingen mit naturferner Baumartenzusammensetzung.

2.2 Kare und Toteislöcher im Wald mit naturnaher Begleitvegetation
Kare sind durch eiszeitliche Erosion entstandene Hohlformen in Gebirgshängen. Sie bestehen aus steilen Rück- und Seitenwänden, einem flachen Karboden sowie den seitlich und talseits begrenzenden Karwällen.
Toteislöcher sind kleine, meist kreisrunde Bodensenken, die teilweise mit Wasser gefüllt sind und durch Rückzug der eiszeitlichen Gletscher im Bereich der Grund- und Endmoräne entstanden sind. Nicht erfaßt sind Toteislöcher mit naturferner Baumartenzusammensetzung.

3.1 Wälder als Reste historischer Bewirtschaftungsformen
Wälder als Reste historischer Bewirtschaftungsformen sind historisch bedingte Sondernutzungsformen. Dazu gehören ehemalige Nieder- und Mittelwälder, Eichenschälwälder, Harznutzungswälder, Streunutzungsflächen und Hutewälder.
Erfaßt sind solche Wälder mit historischen Bewirtschaftungsformen, die noch entsprechend bewirtschaftet werden oder die für die Bewirtschaftung typische Struktur aufweisen.
Besonders typische Arten der Wälder als Reste historischer Bewirtschaftungsformen sind:
Stieleiche (Quercus robur), Traubeneiche (Quercus petraea), Rotbuche (Fagus sylvatica), Hainbuche (Carpinus betulus), Edelkastanie (Castanea sativa), Waldkiefer (Pinus sylvestris), Weißdorn (Crataegus spec.), Hasel (Corylus avellana), Rote Heckenkirsche (Lonicera xylosteum), Flattergras (Milium effusum), Hainrispengras (Poa nemoralis), Waldsegge (Carex sylvatica).

3.2 Strukturreiche Waldränder
Waldränder sind überwiegend natürliche oder naturnahe Übergangsbereiche zwischen Wald und offener Landschaft. Als strukturreiche Waldränder werden diese Übergangsbereiche erfaßt, wenn sie ineinander übergehende, stufig aufgebaute Zonen aus Waldsaum, Waldmantel und Waldbestand aufweisen und

überwiegend mit standortheimischen Bäumen und Sträuchern bestockt sind. Dazu gehören auch Wald-innenränder.

Besonders typische Arten der strukturreichen Waldränder sind:

Stieleiche (Quercus robur), Traubeneiche (Quercus petraea), Rotbuche (Fagus sylvatica), Hainbuche (Carpinus betulus), Süßkirsche (Prunus avium), Feldahorn (Acer campestre), Feldulme (Ulmus campestre), Schlehe (Prunus spinosa), Weißdorn (Crataegus spec.), Hasel (Corylus avellana), Rote Heckenkirsche (Lonicera xylosteum), Pfaffenhütchen (Euonymus europaeus), Rosen-Arten (Rosa spec.), Echter Kreuzdorn (Rhamnus catharticus), Liguster (Ligustrum vulgare), Holunder (Sambucus spec.).

Waldgesetz für Baden-Württemberg (Landeswaldgesetz – LWaldG)

In der Fassung vom 31. August 1995[1] (GBl. S. 685)
(BWGültV 790)
zuletzt geändert durch Art. 1 G zur Umsetzung der Neuorganisation der Forstverwaltung BW
vom 21. Mai 2019 (GBl. S. 161)

Nichtamtliche Inhaltsübersicht

Erster Teil
Allgemeine Vorschriften

§ 1   Gesetzeszweck
§ 2   Wald
§ 3   Waldeigentumsarten
§ 4   Begriffsbestimmungen

Zweiter Teil
Forstliche Rahmenplanung; Erhaltung des Waldes

1. Abschnitt
Forstliche Rahmenplanung und Sicherung der Funktionen des Waldes bei Vorhaben von Behörden und Planungsträgern

§ 5   Ziele und Aufgaben der forstlichen Rahmenplanung
§ 6   Grundsätze der forstlichen Rahmenplanung
§ 7   Forstliche Rahmenpläne; Programme
§ 8   Sicherung der Funktionen des Waldes bei Planungen, Maßnahmen und sonstigen Vorhaben von Behörden und Planungsträgern

2. Abschnitt
Erhaltung des Waldes

§ 9   Erhaltung des Waldes
§ 10   Besondere Fälle der Umwandlung von Wald
§ 11   Befristete Umwandlung von Wald

Dritter Teil
Pflege und Bewirtschaftung des Waldes

1. Abschnitt
Bewirtschaftung des Waldes

§ 12   Grundpflichten
§ 13   Nachhaltige Bewirtschaftung des Waldes
§ 14   Pflegliche Bewirtschaftung des Waldes
§ 15   Beschränkung von Kahlhieben
§ 16   Schutz hiebsunreifer Bestände
§ 17   Wiederaufforstung
§ 18   Schutzmaßnahmen gegen Waldbrände und Naturereignisse
§ 19   Bau und Unterhaltung von Waldwegen
§ 20   Planmäßige Bewirtschaftung des Waldes
§ 21   Sachkundige Bewirtschaftung des Waldes

§ 22   Umweltvorsorge im Rahmen der Bewirtschaftung des Waldes
§ 23   Aufforstung nichtbewirtschafteter Flächen
§ 24   Teilung von Waldgrundstücken
§ 25   Vorkaufsrecht
§ 26   Forstnutzungsrechte
§ 27   Nachbarpflichten; Nachbarschutz
§ 28   Benutzung fremder Grundstücke; Duldung von Wegen

2. Abschnitt
Geschützte Waldgebiete

§ 29   Schutzwald
§ 30   Bodenschutzwald
§ 30a   Biotopschutzwald
§ 31   Schutzwald gegen schädliche Umwelteinwirkungen
§ 32   Waldschutzgebiete
§ 33   Erholungswald
§ 34   Gehege im Wald
§ 35   Entschädigung
§ 36   Rechtsverordnungen

Vierter Teil
Betreten des Waldes

§ 37   Betreten des Waldes
§ 38   Sperren von Wald
§ 39
§ 40   Aneignung von Waldfrüchten und Waldpflanzen
§ 41   Waldgefährdung durch Feuer

Fünfter Teil
Beratung und Förderung der Forstwirtschaft

§ 42   Forstliche Beratung der Waldbesitzenden
§ 42a   Förderung der Forstwirtschaft
§ 43   Ersatz von Aufwendungen
§ 44   Verwendung der Walderhaltungsabgabe

Sechster Teil
Besondere Vorschriften für den Staats-, Körperschafts- und Privatwald

§ 45   Zielsetzung im Staatswald
§ 46   Zielsetzung im Körperschaftswald
§ 47   Forsttechnische Betriebsleitung
§ 47a   Körperschaftliches Forstamt
§ 48   Forstlicher Revierdienst

---

1)   Neubekanntmachung des LandeswaldG idF v. 4.4.1985 (GBl. S. 106) in der ab 23.6.1995 geltenden Fassung.

§ 49 Übernahme von Aufgaben im Privatwald und im Wald sonstiger Körperschaften
§ 50 Periodischer Betriebsplan
§ 51 Jährlicher Betriebsplan
§ 52 Außerordentliche Nutzung
§ 53 Rechtsverordnungen
§ 54 Kirchenwald
§ 55 Fachliche Unterstützung des Privatwaldes
§ 56 Gemeinschaftswald
§ 57 Gestaltung der Rechtsverhältnisse im Gemeinschaftswald
§ 58 Umwandlung von Waldgenossenschaften mit öffentlich-rechtlicher Rechtspersönlichkeit
§ 59 Anwendung der für Körperschaftswald geltenden Vorschriften
§ 60 Gleichstellung mit Gemeinschaftswald
§ 61 Bildung, Förderung und fachliche Unterstützung forstwirtschaftlicher Zusammenschlüsse
§ 61a Holzvermarktungsgemeinschaft
§ 61b Verfahren zur Anerkennung einer Holzvermarktungsgemeinschaft

Siebter Teil
Landesforstverwaltung

1. Abschnitt
Forstbehörden

§ 62 Forstbehörden
§ 63 Körperschaftsforstdirektion
§ 64 Zuständigkeit von Forstbehörden
§ 64a Fachliche Fort- und Weiterbildung, staatliches Zertifikat für Waldpädagogik
§ 64b Nutzung der Informations- und Kommunikationstechnologie

2. Abschnitt
Aufgaben der Forstbehörden

§ 65 Aufgaben der Forstbehörden
§ 65a
§ 66 Amtshilfe und Unterstützung Dritter bei landschaftsbezogenen Maßnahmen
§ 67 Forstaufsicht
§ 68 Forstaufsichtliche Anordnungen
§ 69 Sicherheitsleistung
§ 70 Polizeiverordnungen
§ 71 Hoheitliche Wahrnehmung der dienstlichen Obliegenheiten

§ 72 Berufsbezeichnungen im Privatforstdienst
§ 73 Berufskleidung der körperschaftlichen Forstbediensteten und der Angestellten im Privatforstdienst
§ 74 Untersuchungen
§ 75 Forststatistik; Auskunftspflicht

3. Abschnitt
Forstliche Versuchs- und Forschungsanstalt

§ 76 Forstliche Versuchs- und Forschungsanstalt

4. Abschnitt
Landesforstwirtschaftsrat, Landeswaldverband

§ 77 Landesforstwirtschaftsrat
§ 77a Landeswaldverband

Achter Teil
Forstschutz

§ 78 Forstschutz
§ 79 Ausübung des Forstschutzes; Forstschutzbeauftragte
§ 80 Verpflichtung der Privatforstbediensteten
§ 81 Weitere Aufgaben der Forstschutzbeauftragten
§ 82 Örtliche Zuständigkeit der Forstschutzbeauftragten

Neunter Teil
Ordnungswidrigkeiten

§ 83 Allgemeine Ordnungswidrigkeiten
§ 84 Ordnungswidrigkeiten der Waldbesitzer
§ 85 Zuständigkeit zur Verfolgung und Ahndung von Ordnungswidrigkeiten
§ 86 Verwarnung
§ 86a Ersatz von Aufwendungen durch den Fahrzeughalter
§ 87 Einziehung

Zehnter Teil
Übergangs- und Schlußvorschriften

§ 88 Überleitungs- und Verwaltungsvorschriften
§ 89 Änderung bestehender Vorschriften
§ 90 Aufhebung von Rechtsvorschriften
§ 91 Inkrafttreten

Erster Teil
Allgemeine Vorschriften

§ 1 Gesetzeszweck

Zweck dieses Gesetzes ist

1. den Wald wegen seines wirtschaftlichen Nutzens (Nutzfunktion) und wegen seiner Bedeutung für die Umwelt, insbesondere für die dauernde Leistungsfähigkeit des Naturhaushalts, das Klima, den Wasserhaushalt, die Reinhaltung der Luft, die Bodenfruchtbarkeit, die Tier- und Pflanzenwelt, das Landschaftsbild, die Agrar- und Infrastruktur und die Erholung der Bevölkerung (Schutz- und Erholungsfunktion) zu erhalten, erforderlichenfalls zu mehren und seine ordnungs-

gemäße Bewirtschaftung nachhaltig zu sichern; Leitbild hierfür ist die nachhaltige, naturnahe Waldbewirtschaftung,

2. die Forstwirtschaft zu fördern und den Waldbesitzer bei der Erfüllung seiner Aufgaben nach diesem Gesetz zu unterstützen,

3. einen Ausgleich zwischen dem Interesse der Allgemeinheit und den Belangen der Waldbesitzer herbeizuführen.

§ 2 Wald

(1) Wald im Sinne dieses Gesetzes ist jede mit Forstpflanzen (Waldbäume und Waldsträucher) bestockte Grundfläche.

(2) Als Wald gelten auch kahlgeschlagene oder verlichtete Grundflächen, Waldwege, Waldeinteilungs- und Sicherungsstreifen, Waldblößen und Lichtungen, Waldwiesen, Wildäsungsplätze sowie Holzlagerplätze.

(3) Als Wald gelten ferner im Wald liegende oder mit ihm verbundene

1. Pflanzgärten und Leitungsschneisen,

2. Waldparkplätze und Flächen mit Erholungseinrichtungen,

3. Teiche, Weiher, Gräben und andere Gewässer von untergeordneter Bedeutung unbeschadet der wasser-, fischerei- und naturschutzrechtlichen Vorschriften,

4. Moore, Heiden und Ödflächen, soweit sie zur Sicherung der Funktionen des angrenzenden Waldes erforderlich sind,

sowie weitere dem Wald dienende Flächen.

(4) In der Flur oder im bebauten Gebiet gelegene kleinere Flächen, die mit einzelnen Baumgruppen, Baumreihen oder mit Hecken bestockt sind oder als Baumschulen verwendet werden, Weihnachtsbaum- und Schmuckreisigkulturen sowie zum Wohnbereich gehörende Parkanlagen sind nicht Wald im Sinne dieses Gesetzes.

(5) [1]Wald im Sinne der Absätze 1 bis 3 ist in Waldverzeichnisse einzutragen. [2]Geschützte Waldgebiete sind als solche zu kennzeichnen. [3]Die Waldverzeichnisse werden von der Forstbehörde geführt.

§ 3 Waldeigentumsarten

(1) [1]Staatswald im Sinne dieses Gesetzes ist Wald, der im Alleineigentum des Landes Baden-Württemberg steht. [2]Für Staatswald des Bundes und anderer Bundesländer im Geltungsbereich dieses Gesetzes gelten die Vorschriften der §§ 1 bis 41 und der §§ 62 bis 91 entsprechend.

(2) Körperschaftswald im Sinne dieses Gesetzes ist Wald, der im Alleineigentum der Gemeinden, der Gemeindeverbände, der Zweckverbände sowie sonstiger Körperschaften, Anstalten und Stiftungen des öffentlichen Rechts (Körperschaften) steht, die der Aufsicht des Landes unterstehen.

(3) Privatwald im Sinne dieses Gesetzes ist Wald, der nicht Staatswald oder Körperschaftswald ist.

§ 4 Begriffsbestimmungen

Im Sinne dieses Gesetzes sind

1. Waldbesitzer:
Waldeigentümer sowie Nutzungsberechtigte, die unmittelbare Besitzer des Waldes sind;

2. Walderzeugnisse:
pflanzliche Erzeugnisse des Waldes wie
a) Waldbäume und -sträucher oder Teile davon,
b) Samen, Nüsse, Beeren, Zapfen, Pilze und sonstige wildwachsende Waldfrüchte (Waldfrüchte),
c) Moose, Farne, Gräser, Schilf, Blumen und Kräuter (Waldpflanzen),
d) Harz und Streu;

3. Waldwege:
die nicht dem öffentlichen Verkehr gewidmeten Wege im Staats-, Körperschafts- und Privatwald;

4. Erholungseinrichtungen:
landschaftsbezogene Einrichtungen im und am Wald, die der Erholung der Bevölkerung dienen.

Zweiter Teil
Forstliche Rahmenplanung; Erhaltung des Waldes

1. Abschnitt
Forstliche Rahmenplanung und Sicherung der Funktionen des Waldes bei Vorhaben von Behörden und Planungsträgern

§ 5 Ziele und Aufgaben der forstlichen Rahmenplanung

(1) Zur Ordnung und Verbesserung der Waldstruktur kann eine forstliche Rahmenplanung durchgeführt werden mit dem Ziel, die für die Entwicklung der Lebens- und Wirtschaftsverhältnisse notwendigen Funktionen des Waldes nach § 1 Nr. 1 zu sichern.

(2) Die Ziele der Raumordnung und Landesplanung sind bei der forstlichen Rahmenplanung zu beachten.

§ 6 Grundsätze der forstlichen Rahmenplanung

Für die forstliche Rahmenplanung gelten insbesondere folgende Grundsätze:

1. Wald ist nach seiner Fläche und räumlichen Verteilung so zu erhalten oder zu gestalten, daß er die Leistungsfähigkeit des Naturhaushalts möglichst günstig beeinflußt, dem Schutz vor natürlichen oder zivilisatorischen Gefahren dient und der Bevölkerung möglichst weitgehend für die Erholung zur Verfügung steht; zugleich sollen die natürlichen Gegebenheiten, die wirtschaftlichen und sozialen Erfordernisse in den an das Landesgebiet angrenzenden Räumen soweit wie möglich berücksichtigt werden.

2. Der Aufbau des Waldes soll so beschaffen sein, daß seine Funktionen entsprechend den tatsächlichen Erfordernissen auf die Dauer gewährleistet sind.

3. Auf geeigneten Standorten soll eine nachhaltige, möglichst hohe und hochwertige Holzerzeugung unter Erhaltung oder Verbesserung der Bodenfruchtbarkeit angestrebt werden, sofern nicht anderen Erfordernissen der Vorrang einzuräumen ist.

4. [1]In Gebieten, in denen die Schutz- oder Erholungsfunktionen des Waldes von besonderem Gewicht sind, soll Wald für Schutz- oder Erholungszwecke in entsprechender räumlicher Ausdehnung und Gliederung unter Beachtung wirtschaftlicher Belange ausgewiesen werden. [2]Hierbei sollen geeignete Anlagen, Einrichtungen und Maßnahmen vorgesehen werden.

5. [1]Landwirtschaftlich genutzte Flächen und Brachflächen sollen standortgerecht aufgeforstet werden, wenn dies wirtschaftlich und agrarstrukturell zweckmäßig ist, die Leistungsfähigkeit des Naturhaushalts verbessert wird und Belange des Biotop- und Artenschutzes und das Landschaftsbild nicht beeinträchtigt werden. [2]In Gebieten mit hohem Waldanteil sollen ausreichende Flächen von der Aufforstung ausgenommen werden; die Mindestflur ist freizuhalten.

6. Wenn geringe Grundstücksgrößen oder die Gemengelage von Grundstücken verschiedener Besitzer einer rationellen forstwirtschaftlichen Bodennutzung entgegenstehen, sollen forstwirtschaftliche Zusammenschlüsse gebildet und, soweit erforderlich, die Zusammenlegung von Grundstücken angestrebt werden.

§ 7 Forstliche Rahmenpläne; Programme

(1) [1]Forstliche Rahmenpläne können für das ganze Land oder für Teile des Landes ausgearbeitet und fortgeschrieben werden. [2]Sie sind bei der Bauleitplanung im Rahmen des § 1 Abs. 4 und 5 des Baugesetzbuchs zu berücksichtigen.

(2) [1]Die Träger öffentlicher Belange, deren Interesse durch die forstliche Rahmenplanung berührt werden, sind rechtzeitig zu unterrichten und anzuhören, soweit nicht nach sonstigen Vorschriften eine andere Form der Beteiligung vorgeschrieben ist. [2]Dies gilt entsprechend für die beteiligten Wald- und sonstigen Grundbesitzer und deren Zusammenschlüsse.

(3) [1]Forstliche Rahmenpläne können ganz oder teilweise als fachliche Entwicklungspläne nach § 2 Abs. 1 Nr. 2 des Landesplanungsgesetzes aufgestellt werden. [2]Der raumbedeutsame Inhalt forstlicher Rahmenpläne, die nicht als fachliche Entwicklungspläne aufgestellt sind, wird unter Abwägung mit den anderen raumbedeutsamen Planungen und Maßnahmen in den Landesentwicklungsplan und in die Regionalpläne aufgenommen.

(4) [1]Als Grundlagen sind

1. die Waldfunktionen durch die Waldfunktionenkartierung,
2. die Waldbiotope durch die Waldbiotopkartierung und
3. die Waldstandorte durch die forstliche Standortkartierung

zu erfassen und bedarfsgerecht fortzuschreiben. [2]Die neuartigen Waldschäden und die Auswirkungen der Stoffeinträge in die Waldökosysteme sind im Rahmen der verfügbaren Haushaltsmittel zu erfassen und zu überwachen. [3]Forstliche Entwicklungsziele können auch in Form von Einzelprogrammen dargestellt werden.

(5) Zuständig für die Aufgaben nach Absatz 4 Satz 1 ist die oberste Forstbehörde.

(6) Der forstliche Beitrag zur Landschaftsplanung bleibt unberührt.

§ 8 Sicherung der Funktionen des Waldes bei Planungen, Maßnahmen und sonstigen Vorhaben von Behörden und Planungsträgern

Die Behörden und die Körperschaften, Anstalten und Stiftungen des öffentlichen Rechts haben bei Planungen, Maßnahmen und sonstigen Vorhaben, die in ihren Auswirkungen Waldflächen betreffen können,

1. die Funktionen des Waldes angemessen zu berücksichtigen,
2. die Forstbehörde bereits bei der Vorbereitung dieser Planungen, Maßnahmen und sonstigen Vorhaben zu unterrichten und anzuhören, soweit nicht nach diesem Gesetz oder sonstigen Vorschriften eine andere Form der Beteiligung vorgeschrieben ist.

2. Abschnitt
Erhaltung des Waldes

§ 9 Erhaltung des Waldes

(1) [1]Wald darf nur mit Genehmigung der höheren Forstbehörde in eine andere Nutzungsart umgewandelt werden (Umwandlung). [2]Bei Umwandlungen, die in den Anwendungsbereich des Gesetzes über die Umweltverträglichkeitsprüfung fallen, hat das Genehmigungsverfahren den in diesem Gesetz geregelten Anforderungen zu entsprechen. [3]Umwandlungen, die in unmittelbarem Zusammenhang mit der Verwirklichung eines Vorhabens erfolgen, das einer Umweltverträglichkeitsprüfung unterzogen wird, werden in diese Umweltverträglichkeitsprüfung einbezogen. [4]Die Entscheidung ergeht im Benehmen mit den beteiligten Behörden; weitergehende Vorschriften bleiben unberührt.

(2) [1]Bei der Entscheidung über einen Umwandlungsantrag sind die Rechte, Pflichten und wirtschaftlichen Interessen des Waldbesitzers sowie die Belange der Allgemeinheit gegeneinander und untereinander abzuwägen. [2]Die Genehmigung soll versagt werden, wenn die Umwandlung mit den Zielen der Raumordnung und Landesplanung nicht vereinbar ist oder die Erhaltung des Waldes überwiegend im öffentlichen Interesse liegt, insbesondere wenn der Wald für die Leistungsfähigkeit des Naturhaushalts, die forstwirtschaftliche Erzeugung oder die Erholung der Bevölkerung von wesentlicher Bedeutung ist.

(3) Zum vollen oder teilweisen Ausgleich nachteiliger Wirkungen einer Umwandlung für die Schutz- oder Erholungsfunktionen des Waldes kann insbesondere bestimmt werden, daß

1. in der Nähe als Ersatz eine Neuaufforstung geeigneter Grundstücke innerhalb bestimmter Frist vorzunehmen ist,
2. ein schützender Bestand zu erhalten ist,
3. sonstige Schutz- und Gestaltungsmaßnahmen zu treffen sind.

(4) [1]Soweit die nachteiligen Wirkungen einer Umwandlung nicht ausgeglichen werden können, ist seitens der eine Umwandlungsgenehmigung im Sinne des Absatzes 1 Satz 1 beantragenden Person eine Walderhaltungsabgabe zu entrichten. [2]Das Ministerium für Ländlichen Raum und Verbraucherschutz (Ministerium) regelt durch Rechtsverordnung im Einvernehmen mit dem Innenministerium, dem Finanzministerium, dem Umweltministerium und dem Wirtschaftsministerium die Höhe der Walderhaltungsabgabe und das Verfahren ihrer Erhebung. [3]Die Höhe ist an den durchschnittlichen Kosten der nicht durchführbaren naturalen Ausgleichsmaßnahme zu bemessen; in unbedeutenden Fällen kann von der Erhebung abgesehen werden. [4]§ 15 Absatz 6 des Bundesnaturschutzgesetzes (BNatSchG) und § 15 Absatz 4 des Naturschutzgesetzes (NatSchG) bleiben unberührt.

(5) [1]Wird die Umwandlung genehmigt, so ist eine angemessene Frist für ihre Durchführung zu setzen. [2]Die Genehmigung erlischt, wenn die Umwandlung nach Ablauf der Frist nicht begonnen ist.

(6) [1]Wird die Umwandlung ohne Genehmigung begonnen, so ist die Fläche innerhalb einer von der Forstbehörde zu bestimmenden Frist wieder aufzuforsten, soweit die Genehmigung nicht nachträglich erteilt wird. [2]Zum Ausgleich von Beeinträchtigungen der Schutz- oder Erholungsfunktionen können Auflagen über die Art der Wiederaufforstung erteilt werden.

(7) [1]Die Beseitigung des Baumbestandes zur Anlage forstbetrieblicher Einrichtungen einschließlich Erholungseinrichtungen (§ 4 Nr. 4) sowie die Anlage von Leitungsschneisen ist keine Umwandlung. [2]Sie bedarf jedoch mit Ausnahme der Anlage von Waldwegen bei Flächen ab ein Hektar Größe der Genehmigung der Forstbehörde.

§ 10 Besondere Fälle der Umwandlung von Wald

(1) Soll für eine Waldfläche in einem Bauleitplan eine anderweitige Nutzung dargestellt oder festgesetzt werden, so prüft die höhere Forstbehörde unbeschadet der Bestimmungen des § 8, ob die Voraussetzungen für eine Genehmigung der Umwandlung nach § 9 vorliegen.

(2) [1]Soweit die Genehmigung der Umwandlung in Aussicht gestellt werden kann, erteilt die höhere Forstbehörde darüber eine Umwandlungserklärung. [2]Wurde die Umwandlungserklärung erteilt, so darf die Genehmigung der Umwandlung nur versagt werden, wenn im Zeitpunkt des Antrages auf Umwandlungsgenehmigung eine wesentliche Änderung der Sachlage eingetreten ist und zwingende Gründe des öffentlichen Interesses eine Versagung rechtfertigen. [3]Kann die Umwandlungserklärung nicht erteilt werden, so kann der Bauleitplan nicht genehmigt werden.

(3) Die Umwandlung nach § 9 darf erst genehmigt werden, wenn die Inanspruchnahme der Waldfläche für die genehmigte Nutzungsart zulässig ist.

§ 11 Befristete Umwandlung von Wald

(1) Die höhere Forstbehörde kann die Beseitigung des Baumbestandes oder eine anderweitige Nutzung der Waldfläche befristet genehmigen, wenn

1. ein öffentliches Interesse oder ein besonderes wirtschaftliches Interesse des Waldbesitzers an einer vorübergehenden anderweitigen Nutzung der Fläche besteht,

2. andere öffentliche Interessen im Sinne des § 9 Abs. 2 der vorübergehenden anderweitigen Nutzung der Waldfläche nicht entgegenstehen und

3. sichergestellt wird, daß die Waldfläche bis zum Ablauf einer von der höheren Forstbehörde zu bestimmenden Frist nach den in Absatz 2 bezeichneten Plänen ordnungsgemäß wieder aufgeforstet wird. Bedingungen und Auflagen können erteilt werden.

(2) [1]Der Antragsteller hat Pläne und Erläuterungen des Vorhabens sowie der Wiederaufforstung vorzulegen. [2]§ 9 Abs. 3 Nr. 2 und 3 sowie Absatz 5 gelten entsprechend.

Dritter Teil
Pflege und Bewirtschaftung des Waldes

1. Abschnitt
Bewirtschaftung des Waldes

§ 12 Grundpflichten

Der Waldbesitzer ist verpflichtet, den Wald im Rahmen seiner Zweckbestimmung nach anerkannten forstlichen Grundsätzen nachhaltig (§ 13), pfleglich (§§ 14 bis 19), planmäßig (§ 20) und sachkundig (§ 21) zu bewirtschaften sowie die Belange der Umweltvorsorge (§ 22) zu berücksichtigen.

§ 13 Nachhaltige Bewirtschaftung des Waldes

Der Wald ist so zu bewirtschaften, daß die Nutz-, Schutz- und Erholungsfunktionen des Waldes unter Berücksichtigung der langfristigen Erzeugungszeiträume stetig und auf Dauer erbracht werden (Nachhaltigkeit).

§ 14 Pflegliche Bewirtschaftung des Waldes

(1) Zur pfleglichen Bewirtschaftung gehört insbesondere

1. den Boden und die Bodenfruchtbarkeit auch durch die Anwendung bestands- und bodenschonender Verfahren zu erhalten sowie durch Anwendung von Maßnahmen der naturnahen Waldwirtschaft, soweit zumutbar, zu verbessern,

2. einen biologisch gesunden, klimastabilen, standortgerechten Waldbestand zu erhalten oder zu schaffen,

3. die Möglichkeiten der Naturverjüngung zu nutzen sowie bei der Saat und Pflanzung standortgerechte Baumarten auszuwählen; bevorzugt sollen Mischbestände begründet werden,

4. die für die Erhaltung des Waldes erforderlichen Pflegemaßnahmen durchzuführen,

5. der Gefahr einer erheblichen Schädigung des Waldes durch Naturereignisse, Waldbrände, tierische und pflanzliche Forstschädlinge vorzubeugen,

6. tierische und pflanzliche Forstschädlinge rechtzeitig und ausreichend nach den Grundsätzen des integrierten Pflanzenschutzes, insbesondere mit den darin enthaltenen präventiven Elementen zu bekämpfen, wobei biologische und biotechnische Methoden Vorrang haben sollen,

7. den Wald nach Leistungsfähigkeit des Waldbesitzers ausreichend mit Waldwegen zu erschließen und

8. die Nutzungen schonend vorzunehmen.

(2) Der Waldbesitzer darf Nebennutzungen nur so ausüben oder ausüben lassen, daß die Funktionen des Waldes nicht beeinträchtigt werden.

§ 15 Beschränkung von Kahlhieben

(1) Als Kahlhiebe gelten

1. flächenhafte Nutzungen,

2. Einzelstammentnahmen, welche den Holzvorrat eines Bestandes auf weniger als 40 vom Hundert des standörtlich möglichen maximalen Vorrats herabsetzen.

(2) Durch einen Kahlhieb dürfen

1. der Boden und die Bodenfruchtbarkeit nicht geschädigt,

2. der Wasserhaushalt weder erheblich noch dauernd beeinträchtigt oder

3. sonstige Schutz- und Erholungsfunktionen des Waldes nicht erheblich beeinträchtigt werden.

(3) [1]Kahlhiebe mit einer Fläche von mehr als einem Hektar bedürfen der Genehmigung der Forstbehörde. [2]Angrenzende Kahlflächen und noch nicht gesicherte Verjüngungen sind anzurechnen. [3]Die Genehmigung erlischt nach drei Jahren. [4]§ 27 Abs. 2 bleibt unberührt.

(4) Die Genehmigung darf nur versagt werden, wenn

1. der Waldbesitzer seiner Verpflichtung zur Wiederaufforstung wiederholt nicht oder nicht ausreichend nachgekommen ist oder

2. Beeinträchtigungen und Gefährdungen im Sinne von Absatz 2 nicht durch Bedingungen und Auflagen verhütet oder ausgeglichen werden können.

(5) Durch Bedingungen und Auflagen kann insbesondere bestimmt werden, daß

1. die vorgesehene Nutzung zeitlich gestaffelt erfolgt oder

2. ein bestimmtes forsttechnisches Vorgehen eingehalten wird.

(6) Die Genehmigung gilt als erteilt, wenn die Forstbehörde innerhalb von zwei Monaten nach Eingang des Antrages keinen Bescheid erteilt.

(7) Ein Kahlhieb nach Absatz 3 bedarf keiner Genehmigung,

1. wenn er in einem von der Forstbehörde geprüften Betriebsplan vorgesehen ist,

2. auf Flächen, deren Umwandlung in eine andere Nutzungsart genehmigt oder sonst zulässig ist,

3. auf Flächen, die für die Anlage eines Waldweges, einer sonstigen forstbetrieblichen Einrichtung, einer Leitungsschneise oder zur Herstellung der räumlichen Ordnung im Wald erforderlich sind,

4. in Beständen mit gesicherter Naturverjüngung,

5. in Beständen, in denen andere Baumarten vorgebaut oder nachgebaut werden sollen und

6. in geschädigten Beständen, in denen die Nutzung wirtschaftlich geboten oder aus Gründen des Waldschutzes erforderlich ist.

(8) Sonstige Vorschriften über die Beschränkung von Nutzungen bleiben unberührt.

§ 16 Schutz hiebsunreifer Bestände

(1) Kahlhiebe von

1. Nadelbaumbeständen unter 50 Jahren und
2. Laubbaumbeständen unter 70 Jahren, mit Ausnahme von Stockausschlag- und Laubweichholz-beständen (hiebsunreife Bestände) sind verboten.

(2) Das Verbot nach Absatz 1 gilt nicht, wenn die Voraussetzungen des § 15 Abs. 7 vorliegen.

(3) ¹Die Nutzung hiebsunreifer Bestände kann abweichend von Absatz 1 durch die Forstbehörde genehmigt werden, wenn betriebliche Gründe oder die wirtschaftliche Lage des Waldbesitzers dies gebieten. ²Die Genehmigung erlischt nach drei Jahren.

§ 17 Wiederaufforstung

(1) ¹Unbestockte oder unvollständig bestockte Waldflächen sind nach anerkannten forstlichen Grundsätzen innerhalb von drei Jahren wieder aufzuforsten. ²Die Wiederaufforstung erfolgt durch Naturverjüngung, Pflanzung oder Saat.

(2) Die Pflicht zur Wiederaufforstung umfaßt auch die Verpflichtung, die Kulturen und Naturverjüngungen rechtzeitig und sachgemäß nachzubessern, zu schützen und zu pflegen.

(3) Die Forstbehörde kann auf Antrag des Waldbesitzers die Frist nach Absatz 1 verlängern, wenn die fristgemäße Wiederaufforstung dem Waldbesitzer nicht zumutbar ist oder wenn im Verlängerungs-zeitraum ein biologisch gesunder, standortgerechter Wald im Rahmen der Naturverjüngung zu erwarten ist.

§ 18 Schutzmaßnahmen gegen Waldbrände und Naturereignisse

(1) Zur Verhütung von Waldbränden und von Gefahren durch Naturereignisse kann die Forstbehörde die notwendigen Schutzmaßnahmen anordnen.

(2) ¹Die Forstbehörde kann nach Anhörung der betroffenen Waldbesitzer Schutzmaßnahmen, die ihrer Art nach nur für mehrere Waldbesitzer gemeinsam getroffen werden können, selbst durchführen. ²Ist die Schutzmaßnahme zur Abwehr einer unmittelbar drohenden Gefahr erforderlich, so kann die Anhörung unterbleiben, sofern die Waldbesitzer nicht rechtzeitig erreichbar sind. ³Die Forstbehörde kann von den Waldbesitzern oder sonstigen Begünstigten nach dem Verhältnis und bis zur Höhe der ihnen durch die Schutzmaßnahmen entstehenden Vorteile Kostenersatz verlangen.

(3) Ist eine zur Verhütung von Waldbränden angeordnete oder von der Forstbehörde durchgeführte Maßnahmen vorwiegend durch die Inanspruchnahme des Waldes für die Erholung der Bevölkerung geboten, so trägt die Kosten das Land.

§ 19 Bau und Unterhaltung von Waldwegen

(1) ¹Waldwege dienen der Erschließung des Waldes zum Zwecke seiner Bewirtschaftung und der Erholung der Waldbesucher. ²Unberührt bleiben die Vorschriften dieses Gesetzes über das Betreten des Waldes sowie sonstige Vorschriften über die Benutzung der Waldwege.

(2) Waldwege sind so anzulegen und zu unterhalten, daß unter Berücksichtigung technischer und wirtschaftlicher Gesichtspunkte das Landschaftsbild, der Waldboden und der Naturhaushalt möglichst geschont werden.

(3) Absatz 2 gilt sinngemäß für den Bau und die Unterhaltung von Skiabfahrten, Waldparkplätzen und sonstigen Erholungseinrichtungen.

§ 20 Planmäßige Bewirtschaftung des Waldes

(1) Staatswald und Körperschaftswald sind nach Maßgabe der §§ 50 und 51 nach periodischen und jährlichen Betriebsplänen zu bewirtschaften.

(2) Für Privatwald kann das Ministerium durch Rechtsverordnung bestimmen, daß für Forstbetriebe von 30 bis 100 Hektar periodische Betriebsgutachten und für Forstbetriebe über 100 Hektar periodische Betriebspläne aufzustellen sind.

§ 21 Sachkundige Bewirtschaftung des Waldes

(1) Der Waldbesitzer hat seinen Wald nach anerkannten forstlichen Grundsätzen zu bewirtschaften.

(2) Zur Sicherung der sachkundigen Bewirtschaftung obliegen im Staatswald und im Körperschafts-wald Leitung und Durchführung des Betriebs in der Regel Beamten des Forstdienstes.

(3) [1]Mit der Aufgabe

1. einer leitenden Fachbeamtin oder eines leitenden Fachbeamten bei einer unteren Forstbehörde,
2. der Leitung eines Forstbezirks von Forst Baden-Württemberg,
3. der Wahrnehmung der forsttechnischen Betriebsleitung im Körperschaftswald,
4. der Ausarbeitung und Fortschreibung forstlicher Rahmenpläne nach § 7 Absatz 1 sowie der Aufstellung von periodischen Betriebsplänen

kann nur betraut werden, wer die Laufbahnbefähigung für den höheren Forstdienst nach Maßgabe der Laufbahnverordnung MLR nachweist. [2]Abweichend von Satz 1 Nummer 4 kann mit der Ausarbeitung und Fortschreibung forstlicher Rahmenpläne nach § 7 Absatz 1 sowie der Aufstellung von periodischen Betriebsplänen auch betraut werden, wer den Erwerb der forsttechnischen Sachkunde nach Maßgabe der Rechtsverordnung nach Absatz 5 Nummer 1 nachweist.

(4) [1]Zur Leiterin oder zum Leiter eines Forstreviers im Staats- oder Körperschaftswald kann nur bestellt werden, wer die Laufbahnbefähigung für den gehobenen technischen Forstdienst nach Maßgabe der Laufbahnverordnung MLR nachweist. [2]Davon unberührt ist der Erwerb der forstlichen Sachkunde nach Maßgabe der Rechtsverordnung Absatz 5 Nummer 2 möglich.

(5) Das Ministerium wird ermächtigt, durch Rechtsverordnung die Voraussetzungen für die Qualifizierung und Prüfung

1. zum Erwerb der forsttechnischen Sachkunde,
2. zum Erwerb der forstlichen Sachkunde

zu regeln.

§ 22 Umweltvorsorge im Rahmen der Bewirtschaftung des Waldes

(1) Die Umwelt, der Naturhaushalt und die Naturgüter sind bei der Bewirtschaftung des Waldes zu erhalten und zu pflegen.

(2) [1]Die Vielfalt und natürliche Eigenart der Landschaft sind zu berücksichtigen. [2]Auf naturschutzrechtliche Anforderungen in Schutzgebieten, beispielsweise Natura 2000 Gebieten, auf die Anforderungen des besonderen Artenschutzes sowie auf die Anlage und Pflege naturgemäß aufgebauter Waldränder ist besonders zu achten. [3]Der heimischen Tier- und Pflanzenwelt sind ausreichende Lebensräume zu erhalten, beispielsweise durch Belassen von Totholz; die Erfordernisse zur Erhaltung eines gesunden und angemessenen Wildbestandes sind zu berücksichtigen.

(3) Natürliche Erholungsmöglichkeiten sind zu erhalten und zu entwickeln.

(4) Die Forstbehörden sollen darauf hinwirken, dass bei der Bewirtschaftung des Waldes und insbesondere bei der Erstellung der Betriebspläne die in Absatz 1 bis 3 genannten Anforderungen berücksichtigt werden.

§ 23 Aufforstung nichtbewirtschafteter Flächen

(1) [1]Die Forstbehörde soll unter Beachtung des § 6 Nr. 5 auf die standortgerechte Aufforstung von landwirtschaftlich genutzten Flächen und Brachflächen hinwirken. [2]§ 25 des Landwirtschafts- und Landeskulturgesetzes bleibt unberührt.

(2) [1]Die Gemeinden und das Land sollen Grenzertragsböden und Brachland von veräußerungsbereiten Grundstückseigentümern erwerben und aufforsten, wenn die Voraussetzungen nach Absatz 1 vorliegen; dies ist eine freiwillige Aufgabe der Gemeinden. [2]Der Erwerb durch Gemeinden kann vom Land im Rahmen der verfügbaren Haushaltsmittel gefördert werden.

§ 24 Teilung von Waldgrundstücken

(1) Die Teilung von Waldgrundstücken bedarf der Genehmigung der Forstbehörde.

(2) Die Genehmigung darf nur versagt werden, wenn ein Waldgrundstück kleiner als dreieinhalb Hektar wird, es sei denn, daß seine ordnungsgemäße forstliche Bewirtschaftung gewährleistet erscheint.

(3) Die Teilung bedarf keiner Genehmigung,

1. wenn und soweit für Waldgrundstücke oder Teile davon eine Umwandlungsgenehmigung (§ 9 Abs. 1) vorliegt oder
2. wenn eine Teilung im Flurbereinigungsverfahren durchgeführt wird.

(4) [1]Das Grundbuchamt darf auf Grund eines nach Absätzen 1 bis 3 genehmigungsbedürftigen Rechtsvorganges eine Eintragung in das Grundbuch erst vornehmen, wenn der Genehmigungsbescheid vorgelegt ist. [2]Ist zu einem Rechtsvorgang eine Genehmigung nach Absatz 3 nicht erforderlich, so hat die

Genehmigungsbehörde auf Antrag eines Beteiligten darüber ein Zeugnis auszustellen. [3]Das Zeugnis steht der Genehmigung gleich.

(5) [1]Ist auf Grund eines nicht genehmigten Rechtsvorganges eine Eintragung in das Grundbuch vorgenommen worden, so kann die Genehmigungsbehörde, falls die Genehmigung erforderlich war, das Grundbuchamt um die Eintragung eines Widerspruchs ersuchen; § 53 Abs. 1 der Grundbuchordnung bleibt unberührt. [2]Der Widerspruch ist zu löschen, wenn die Genehmigungsbehörde darum ersucht oder wenn die Genehmigung erteilt ist.

(6) Besteht die auf Grund eines nicht genehmigten Rechtsvorganges vorgenommene Eintragung einer Grundstücksteilung ein Jahr, so gilt der Rechtsvorgang als genehmigt, es sei denn, daß vor Ablauf dieser Frist ein Widerspruch im Grundbuch eingetragen oder ein Antrag auf Berichtigung des Grundbuchs oder ein Antrag oder ein Ersuchen auf Eintragung eines Widerspruchs gestellt worden ist.

§ 25 Vorkaufsrecht

(1) [1]Der Gemeinde und dem Land steht ein Vorkaufsrecht an Waldgrundstücken zu. [2]Ist nur ein Teil des Grundstücks Wald im Sinne dieses Gesetzes, so erstreckt sich das Vorkaufsrecht nur auf diesen Teil des Grundstücks. [3]Der Eigentümer kann die Übernahme des Restgrundstücks verlangen, wenn es ihm wirtschaftlich nicht mehr zuzumuten ist, es zu behalten.

(2) [1]Das Vorkaufsrecht darf nur ausgeübt werden, wenn der Kauf der Verbesserung der Waldstruktur oder der Sicherung der Schutz- oder Erholungsfunktionen des Waldes dient. [2]Das Vorkaufsrecht darf nicht ausgeübt werden, wenn das Waldgrundstück

1. an den Inhaber eines land- oder forstwirtschaftlichen Betriebs im Sinne von § 1 des Gesetzes über eine Altershilfe für Landwirte,
2. an Familienangehörige im Sinne von § 8 Nr. 2 des Grundstückverkehrsgesetzes oder
3. zusammen mit einem landwirtschaftlichen Betrieb, mit dem es eine wirtschaftliche Einheit bildet oder
4. zum Zweck der Agrarstrukturverbesserung an den Besitzer eines angrenzenden Waldgrundstücks verkauft wird.

[3]Die Entscheidung über die Ausübung des Vorkaufsrechts durch das Land ergeht im Benehmen mit Forst Baden-Württemberg.

(3) [1]Das Vorkaufsrecht nach § 53 NatSchG geht vor. [2]Im übrigen geht das Vorkaufsrecht der Gemeinde dem Vorkaufsrecht des Landes, das Vorkaufsrecht nach Absatz 1 unbeschadet bundesrechtlicher Vorkaufsrechte anderen Vorkaufsrechten vor. [3]Das Vorkaufsrecht bedarf nicht der Eintragung in das Grundbuch.

(4) [1]Das Vorkaufsrecht ist nicht übertragbar. [2]Das Vorkaufsrecht kann nur innerhalb von zwei Monaten nach der Mitteilung des Kaufvertrages ausgeübt werden. [3]Die §§ 463 bis 469 Absatz 1, § 471, § 1098 Abs. 2 und die §§ 1099 bis 1102 des Bürgerlichen Gesetzbuches sind anzuwenden. [4]Die Mitteilung gemäß § 469 Absatz 1 des Bürgerlichen Gesetzbuches ist gegenüber der Forstbehörde abzugeben; sie unterrichtet die Gemeinde.

§ 26 Forstnutzungsrechte

(1) [1]Forstnutzungsrechte im Sinne dieses Gesetzes sind dingliche Rechte auf wiederkehrende Entnahme oder wiederkehrende Lieferung von Walderzeugnissen, die auf Grund privaten Rechts zugunsten des jeweiligen Eigentümers eines anderen Grundstücks oder einer bestimmen Rechtspersönlichkeit an einem Grundstück bestehen. [2]Nicht zu den Forstnutzungsrechten gehören der Nießbrauch an einem Waldgrundstück sowie Altenteilsrechte oder diesen entsprechende Rechte auf wiederkehrende Entnahme oder wiederkehrende Lieferung von Walderzeugnissen, die anläßlich der Veräußerung von land- oder forstwirtschaftlichen Betrieben zugunsten von Familienangehörigen des Veräußerers bestellt werden und nicht übertragbar oder vererblich sind. [3]Familienangehörige sind die in § 8 Nr. 2 des Grundstückverkehrsgesetzes genannten Personen.

(2) Forstnutzungsrechte dürfen weder neu bestellt noch erweitert werden.

(3) [1]Forstnutzungsrechte, die 30 Jahre lang nicht ausgeübt worden sind, erlöschen. [2]Das Erlöschen tritt frühestens zwei Jahre nach Inkrafttreten dieses Gesetzes[1)] ein.

(4) § 14 Abs. 2 gilt entsprechend.

---

1) **Amtl. Anm.:** Diese Vorschrift betrifft das Inkrafttreten des Gesetzes in der ursprünglichen Fassung vom 10. Februar 1976 (GBl. S. 99).

(5) [1]Forstnutzungsrechte können auf Antrag des Verpflichteten gegen eine angemessene Entschädigung in Geld abgelöst werden, wenn es zum Wohl der Allgemeinheit, insbesondere zur Gewährleistung der Funktionen des Waldes, erforderlich ist. [2]Einzelheiten über die Höhe der Entschädigung und das Verfahren regelt das Ministerium im Einvernehmen mit dem Finanzministerium durch Rechtsverordnung.

§ 27 Nachbarpflichten; Nachbarschutz

(1) [1]Der Waldbesitzer hat bei der Bewirtschaftung seines Waldes auf die Bewirtschaftung benachbarter Grundstücke Rücksicht zu nehmen, soweit dies im Rahmen einer ordnungsgemäßen Forstwirtschaft ohne unbillige Härten möglich ist. [2]In der Nähe der Grenzen haben die Waldbesitzer ihre forstbetrieblichen Maßnahmen aufeinander abzustimmen und die räumliche Ordnung zu sichern.

(2) [1]Will ein Waldbesitzer auf einer Waldfläche, die an einen fremden Waldbestand angrenzt, einen Kahlhieb vornehmen, so hat er dies der Forstbehörde spätestens zwei Monate vorher anzuzeigen. [2]Die Forstbehörde hat auf eine Abstimmung der Maßnahme mit der Bewirtschaftung der benachbarten Waldflächen hinzuwirken. [3]Sind erhebliche Schäden zu befürchten, so kann die Forstbehörde die geplante Nutzung ganz oder teilweise untersagen.

§ 28 Benutzung fremder Grundstücke; Duldung von Wegen

(1) Sind forstbetriebliche Maßnahmen ohne Inanspruchnahme eines fremden Grundstücks nicht oder nur mit verhältnismäßig großem Aufwand durchführbar, so kann die Forstbehörde den Eigentümer oder Nutzungsberechtigten auf Antrag des Waldbesitzers verpflichten, die Benutzung zu gestatten, wenn dieser sich bereit erklärt, den durch die Benutzung entstehenden Schaden zu beheben oder zu ersetzen und wenn er auf Verlangen des Berechtigten eine Sicherheitsleistung in Höhe des voraussichtlichen Schadens erbringt.

(2) Unter den Voraussetzungen des Absatzes 1 kann der Waldbesitzer verpflichtet werden, die Mitbenutzung eines Waldweges gegen angemessene Entschädigung in Geld zu dulden.

(3) [1]Wenn es zur Erschließung eines Waldgebietes erforderlich ist, kann die Forstbehörde einen Grundstückseigentümer im Einvernehmen mit den beteiligten Behörden und der Gemeinde verpflichten, die Anlage eines Weges auf seinem Grundstück gegen angemessene Entschädigung in Geld zu dulden. [2]Waldbesitzer und Dritte, die durch den Weg Vorteile haben, können in angemessenem Umfang zu den Kosten für den Bau und die Unterhaltung herangezogen werden.

2. Abschnitt
Geschützte Waldgebiete

§ 29 Schutzwald

(1) Schutzwald im Sinne dieses Gesetzes ist

1. Bodenschutzwald (§ 30),
2. Biotopschutzwald (§ 30a),
3. Schutzwald gegen schädliche Umwelteinwirkungen (§ 31).

(2) Im Schutzwald bedarf abweichend von § 15 Abs. 3 jeder Kahlhieb unbeschadet des § 15 Abs. 7 der Genehmigung der Forstbehörde.

(3) Sonstige Vorschriften über Schutzwald bleiben unberührt.

§ 30 Bodenschutzwald

(1) Bodenschutzwald ist Wald auf erosionsgefährdeten Standorten, insbesondere auf

1. rutschgefährdeten Hängen,
2. felsigen oder flachgründigen Steilhängen,
3. Standorten, die zur Verkarstung neigen, und
4. Flugsandböden.

(2) [1]Der Waldbesitzer hat Bodenschutzwald so zu behandeln, daß eine standortgerechte ausreichende Bestockung erhalten bleibt und ihre rechtzeitige Erneuerung gewährleistet ist. [2]Die Forstbehörde kann nach Anhörung des Waldbesitzers Bewirtschaftungsmaßnahmen im Einzelfall anordnen.

(3) Die Eigenschaft eines Waldes als Bodenschutzwald ist durch die Forstbehörde ortsüblich bekanntzumachen.

(4) Das Ministerium kann durch Rechtsverordnung Bewirtschaftungsgrundsätze für Bodenschutzwald aufstellen.

§ 30a Biotopschutzwald
(1) Biotopschutzwald ist Wald, der dem Schutz und der Erhaltung von seltenen Waldgesellschaften sowie von Lebensräumen seltener wild wachsender Pflanzen und wild lebender Tiere dient.

(2) [1]Zum Biotopschutzwald gehören
1.   regional seltene, naturnahe Waldgesellschaften,
2.   Tobel, Klingen, Kare und Toteislöcher im Wald mit naturnaher Begleitvegetation,
3.   Wälder als Reste historischer Bewirtschaftungsformen und strukturreiche Waldränder

in der in der Anlage zu diesem Gesetz beschriebenen Ausprägung. [2]Der Schutz weiterer Biotope im Wald, insbesondere von naturnahen Bruch-, Sumpf- und Auwäldern sowie von naturnahen Wäldern trockenwarmer Standorte einschließlich ihrer Staudensäume, richtet sich nach § 30 BNatSchG und § 33 NatSchG.

(3) [1]Alle Handlungen, die zu einer Zerstörung oder erheblichen oder nachhaltigen Beeinträchtigung von Biotopschutzwald führen können, sind verboten. [2]Weitergehende Verbote in Rechtsverordnungen und Satzungen über geschützte Gebiete und Gegenstände nach dem Naturschutzgesetz sowie nach §§ 29 bis 33 und § 36 bleiben unberührt.

(4) [1]Die Pflege von Biotopschutzwald sowie von nach § 30 BNatSchG und § 33 NatSchG besonders geschützten Biotopen im Wald erfolgt unbeschadet der besonderen Zweckbestimmung im Rahmen der Bewirtschaftung des Waldes nach den Vorschriften des § 12. [2]Zulässig ist weiterhin, Pflege- und Unterhaltungsmaßnahmen durchzuführen, die zur Erhaltung oder Wiederherstellung der Biotopschutzwälder notwendig sind.

(5) [1]Die Forstbehörde kann abweichend von § 33 Absatz 3 NatSchG im Benehmen mit der Naturschutzbehörde unter den Voraussetzungen des § 30 Absatz 3 BNatSchG Ausnahmen und unter den Voraussetzungen des § 67 Absatz 1 BNatSchG Befreiungen von den Verboten
1.   des Absatzes 3 und
2.   des § 30 Absatz 2 Satz 1 Nummer 4 BNatSchG zulassen.

[2]In Naturschutzgebieten lässt die höhere Naturschutzbehörde die Ausnahmen zu. [3]Die Ausnahme wird durch eine nach anderen Vorschriften erforderliche behördliche Gestattung ersetzt, wenn diese im Einvernehmen mit der für die Erteilung der Ausnahme zuständigen Behörde erteilt wird.

(6) [1]Wenn dem Waldbesitzer die Beibehaltung der seitherigen Art des Biotopschutzwaldes wirtschaftlich nicht zumutbar ist, sollen die Nachteile im Rahmen der verfügbaren Haushaltsmittel vertraglich bezahlt oder angemessen ausgeglichen werden. [2]Vertragliche Regelungen haben Vorrang. [3]Ein Ausgleich ist auch zu gewähren, wenn dem Waldbesitzer Einschränkungen im Interesse der nachhaltigen Sicherung des Biotopschutzwaldes oder die Durchführung von Maßnahmen auferlegt werden. [4]§ 30 Abs. 2 Satz 2 gilt entsprechend.

(7) [1]Biotopschutzwald wird durch die Waldbiotopkartierung (§ 7 Abs. 4) abgegrenzt und beschrieben sowie in Karten und Verzeichnisse mit deklaratorischer Bedeutung eingetragen, die fortgeschrieben werden sollen. [2]Die Karten und Verzeichnisse liegen bei der Forstbehörde und den Gemeinden zur Einsicht für jedermann aus. [3]Die Forstbehörden weisen auf die Auslegung der Karten und Listen zur Einsicht für jedermann durch ortsübliche Bekanntmachung hin.

(8) Das Ministerium regelt das Verfahren zur Einbeziehung der nach § 30 BNatSchG und § 33 NatSchG besonders geschützten Biotope im Wald in die Waldbiotopkartierung sowie zur Beteiligung der Waldbesitzer bei der Abgrenzung dieser Biotope durch Verwaltungsvorschrift.

(9) Die Forstbehörde teilt Eigentümern und sonstigen Nutzungsberechtigten auf Anfrage mit, ob sich auf ihrem Grundstück ein Biotopschutzwald befindet oder ob eine bestimmte Handlung verboten ist.

§ 31 Schutzwald gegen schädliche Umwelteinwirkungen
(1) Wald kann durch Rechtsverordnung zu Schutzwald erklärt werden, wenn es zur Abwehr oder Verhütung schädlicher Umwelteinwirkungen, insbesondere von Gefahren, erheblichen Nachteilen oder erheblichen Belästigungen für die Allgemeinheit oder Dritte notwendig ist, bestimmte forstliche Maßnahmen durchzuführen oder zu unterlassen.

(2) Schutzzwecke im Sinne des Absatzes 1 sind insbesondere
1. der Schutz des Grundwassers und der Oberflächengewässer sowie die Sicherung der Wasservorräte und die Regulierung des Wasserhaushaltes,
2. die Sicherung der Frischluftzufuhr für Siedlungen,
3. die Erhaltung oder Verbesserung der Schutzwirkungen für Sonderkulturen,
4. die Abwehr oder Verhütung der durch Emissionen bedingten Gefahren, erheblichen Nachteile oder erheblichen Belästigungen und
5. der Schutz von Siedlungen, Gebäuden, land- und forstwirtschaftlichen Grundstücken, Verkehrsanlagen und sonstigen Anlagen vor Erosion durch Wasser und Wind, Austrocknung, schädlichem Abfließen von Niederschlagswasser und vor Lawinen.

(3) In der Rechtsverordnung können
1. bestimmte Handlungen oder Maßnahmen verboten,
2. die Bewirtschaftung des Waldes nach Art und Umfang vorgeschrieben und
3. die Waldbesitzer verpflichtet werden, die Anlage und Unterhaltung von Schutzvorrichtungen zu dulden.

§ 32 Waldschutzgebiete

(1) [1]Wald kann mit Zustimmung des Waldbesitzers durch Rechtsverordnung der höheren Forstbehörde zum Waldschutzgebiet (Bannwald oder Schonwald) erklärt werden, wenn es zur Sicherung der ungestörten natürlichen Entwicklung einer Waldgesellschaft mit ihren Tier- und Pflanzenarten oder zur Erhaltung oder Erneuerung einer bestimmten Waldgesellschaft mit ihren Tier- und Pflanzenarten oder eines bestimmten Bestandsaufbaus geboten erscheint, forstliche Maßnahmen zu unterlassen oder durchzuführen. [2]Der Schutzzweck ist in der Rechtsverordnung festzulegen. [3]Soweit die Rechtsverordnung Bestimmungen zum Artenschutz enthält, sind diese mit der höheren Naturschutzbehörde abzustimmen.

(2) [1]Bannwald ist ein sich selbst überlassenes Waldreservat. [2]Pflegemaßnahmen sind nicht erlaubt; anfallendes Holz darf nicht entnommen werden. [3]Die Forstbehörde kann Bekämpfungsmaßnahmen zulassen oder anordnen, wenn Forstschädlinge oder Naturereignisse angrenzende Wälder erheblich gefährden. [4]Die Anlage von Fußwegen ist zulässig.

(3) [1]Schonwald ist ein Waldreservat, in dem eine bestimmte Waldgesellschaft mit ihren Tier- und Pflanzenarten, ein bestimmter Bestandsaufbau oder ein bestimmter Waldbiotop zu erhalten, zu entwickeln oder zu erneuern ist. [2]Die Forstbehörde legt Pflegemaßnahmen mit Zustimmung des Waldbesitzers fest.

(4) Angrenzender Wald ist so zu bewirtschaften, daß Waldschutzgebiete nicht beeinträchtigt werden.

(5) In der Rechtsverordnung nach Absatz 1 können
1. Pflegemaßnahmen im Wald nach Art und Umfang vorgeschrieben werden,
2. Vorschriften über das Verhalten der Waldbesucher erlassen werden,
3. die Jagdausübung besonders geregelt werden.

(6) [1]Waldschutzgebiete, die durch Erklärung der höheren Forstbehörde festgesetzt wurden, sind innerhalb eines Zeitraums von zehn Jahren nach Inkrafttreten dieses Gesetzes[1]) durch Rechtsverordnung neu auszuweisen. [2]Eine Beteiligung der Träger öffentlicher Belange oder benachbarter Waldbesitzer ist nicht erforderlich, wenn die Abgrenzung der Waldschutzgebiete nicht oder nur unwesentlich verändert wird. [3]§ 36 Abs. 2, 3 und 4 kommt in diesen Fällen nicht zur Anwendung.

(7) Zuständig für die Forschung und das Monitoring in Waldschutzgebieten ist die Forstliche Versuchs- und Forschungsanstalt Baden-Württemberg.

§ 33 Erholungswald

(1) Wald in verdichteten Räumen, in der Nähe von Städten und größeren Siedlungen, Heilbädern, Kur- und Erholungsorten sowie in Erholungsräumen kann durch Rechtsverordnung zu Erholungswald erklärt werden, wenn es das Wohl der Allgemeinheit erfordert, Waldflächen für Zwecke der Erholung zu schützen, zu pflegen oder zu gestalten.

---

1) **Amtl. Anm.:** Diese Vorschrift beruht auf dem Gesetz zur Änderung des Landeswaldgesetzes vom 8. Juni 1995, in Kraft getreten am 23. Juni 1995.

(2) ¹Soweit es sich um einen Erholungswald mit überwiegend örtlicher Bedeutung handelt und der Erholungswald auf dem Gebiet nur einer Gemeinde liegt, kann die Erklärung nach Absatz 1 durch Satzung der Gemeinde erfolgen. ²Die Satzung bedarf der Zustimmung der höheren Forstbehörde.

(3) In der Rechtsverordnung oder der Satzung können

1. die Bewirtschaftung des Waldes nach Art und Umfang vorgeschrieben werden,
2. die Jagdausübung zum Schutze der Waldbesucher beschränkt werden,
3. die Waldbesitzer verpflichtet werden, den Bau, die Errichtung und die Unterhaltung von Waldwegen und Erholungseinrichtungen sowie die Beseitigung von störenden Anlagen oder Einrichtungen zu dulden und
4. Vorschriften über das Verhalten der Waldbesucher erlassen werden.

(4) Privatwald soll nur dann zu Erholungswald erklärt werden, wenn Staatswald und Körperschaftswald zur Sicherung des Erholungsbedürfnisses nicht ausreichen oder wegen ihrer Lage nicht oder nur geringfügig für die Erholung in Anspruch genommen werden.

(5) ¹Im Erholungswald können Erholungseinrichtungen geschaffen und unterhalten werden. ²Im Körperschaftswald und im Privatwald obliegt dies den Gemeinden als freiwillige Aufgabe.

§ 34 Gehege im Wald

(1) ¹Die Errichtung und die Erweiterung eines Geheges im Wald bedarf der Genehmigung der Forstbehörde. ²Sie entscheidet im Einvernehmen mit den beteiligten Behörden; § 41 NatSchG bleibt unberührt.

(2) Die Genehmigung ist zu versagen, wenn

1. der Wald erheblich geschädigt wird,
2. die Unterbringung und Pflege der Tiere den Anforderungen der Tierhygiene und des Tierschutzes nicht entsprechen,
3. für die Allgemeinheit dringend erforderliche Waldflächen für den allgemeinen Zutritt gesperrt werden müssen oder
4. Landschaftspflege, Naturschutz und Umweltvorsorge wesentlich beeinträchtigt werden.

(3) Die Forstbehörde ist zuständige Landesbehörde im Sinne von § 4 Nr. 20 Buchst. a des Umsatzsteuergesetzes, sofern sie nach § 34 Abs. 1 Satz 1 Genehmigungsbehörde ist.

(4) ¹Sofern bei Gehegen, die bei Inkrafttreten dieses Gesetzes¹⁾ bestehen, Versagungsgründe nach Absatz 2 vorliegen, kann die höhere Forstbehörde die erforderlichen Maßnahmen anordnen. ²Die Beseitigung des Geheges kann angeordnet werden, soweit nicht auf andere Weise rechtmäßige Zustände hergestellt werden können.

§ 35 Entschädigung

(1) Soweit Maßnahmen auf Grund dieses Gesetzes enteignende Wirkung haben, ist eine angemessene Entschädigung in Geld zu leisten.

(2) ¹Bei Schutzwald gegen schädliche Umwelteinwirkungen ist die Entschädigung vom Land zu leisten. ²Das Land kann von den Eigentümern, Nutzungsberechtigten oder Unterhaltungspflichtigen gefährdeter nicht landwirtschaftlich genutzter Grundstücke, Gebäude, Gewässer oder sonstiger Anlagen nach dem Verhältnis und bis zur Höhe ihrer Vorteile Ersatz für geleistete Entschädigungen oder Aufwendungen verlangen. ³Ferner kann der Verursacher der in § 31 Abs. 2 Nr. 4 genannten Gefahren zum Ersatz der Aufwendungen des Landes herangezogen werden.

(3) Bei Erholungswald mit überwiegend örtlicher Bedeutung hat die Gemeinde, im übrigen das Land die Entschädigung zu leisten.

(4) ¹Über Grund und Höhe der Entschädigung und des Ersatzanspruches entscheidet die höhere Forstbehörde. ²Für die Entschädigung gelten die §§ 7 bis 15 des Landesenteignungsgesetzes entsprechend.

§ 36 Rechtsverordnungen

(1) Rechtsverordnungen nach den §§ 31, 32 und 33 erläßt die höhere Forstbehörde.

(2) ¹Vor dem Erlaß einer Rechtsverordnung sind der Waldbesitzer, die Gemeinde, die beteiligten Behörden und die öffentlichen Planungsträger zu hören. ²Bei Schutzwald gegen schädliche Umwelteinwirkungen sind auch die in § 35 Abs. 2 genannten Personen und bei Waldschutzgebieten die Besitzer angrenzender Waldgrundstücke zu hören.

---

1) **Amtl. Anm.:** Diese Vorschrift betrifft das Inkrafttreten des Gesetzes in der ursprünglichen Fassung vom 10. Februar 1976 (GBl. S. 99).

(3) [1]Der Entwurf der Rechtsverordnung ist mit den Karten, auf die verwiesen ist, in den betroffenen Gemeinden und bei der Forstbehörde für die Dauer eines Monats öffentlich auszulegen. [2]Ort und Dauer der Auslegung sind mindestens eine Woche vorher in der für amtliche Mitteilungen ortsüblichen Form bekanntzumachen mit dem Hinweis, daß Einwendungen während der Auslegungsfrist bei der Forstbehörde vorgebracht werden können.

(4) Einsprecher, deren fristgemäß vorgebrachte Einwendungen nicht berücksichtigt wurden, sind über die Gründe zu unterrichten.

(5) [1]Die Rechtsverordnung muß enthalten
1.   die genaue Umschreibung des Gebiets oder
2.   die grobe Umschreibung des Gebiets und einen Verweis auf Karten, die die Grenzen des Gebiets enthalten und die eine Anlage zur Rechtsverordnung bilden.
[2]Die Karten müssen erkennen lassen, welche Grundstücke zu dem unter Schutz gestellten Wald gehören. [3]Im Zweifelsfall gelten Grundstücke als nicht betroffen.

(6) In den Fällen des § 33 Abs. 2 gelten die Absätze 2 bis 5 entsprechend.

Vierter Teil
Betreten des Waldes

§ 37 Betreten des Waldes

(1) [1]Jeder darf Wald zum Zwecke der Erholung betreten. [2]Das Betreten des Waldes erfolgt auf eigene Gefahr. [3]Neue Sorgfalts- oder Verkehrssicherungspflichten der betroffenen Waldbesitzer oder sonstiger Berechtigter werden dadurch, vorbehaltlich anderer Rechtsvorschriften, nicht begründet. [4]Wer den Wald betritt, hat sich so zu verhalten, daß die Lebensgemeinschaft Wald und die Bewirtschaftung des Waldes nicht gestört, der Wald nicht gefährdet, beschädigt oder verunreinigt sowie die Erholung anderer nicht beeinträchtigt wird.

(2) Organisierte Veranstaltungen bedürfen der Genehmigung durch die Forstbehörde.

(3) [1]Das Fahren mit Krankenfahrstühlen (auch mit Motorantrieb), das Radfahren und das Reiten im Wald sind nur auf Straßen und hierfür geeigneten Wegen gestattet. [2]Auf Fußgänger ist Rücksicht zu nehmen. [3]Nicht gestattet sind das Reiten auf gekennzeichneten Wanderwegen unter 3 m Breite und auf Fußwegen, das Radfahren auf Wegen unter 2 m Breite sowie das Reiten und Radfahren auf Sport- und Lehrpfaden; die Forstbehörde kann Ausnahmen zulassen. [4]§ 45 Absatz 2 Satz 2 NatSchG bleibt unberührt.

(4) Ohne besondere Befugnis ist nicht zulässig
1.   das Fahren und das Abstellen von Kraftfahrzeugen oder Anhängern im Wald,
2.   das Zelten und das Aufstellen von Bienenstöcken im Wald,
3.   das Betreten von gesperrten Waldflächen und Waldwegen,
4.   das Betreten von Waldflächen und Waldwegen während der Dauer des Einschlags oder der Aufbereitung von Holz,
5.   das Betreten von Naturverjüngungen, Forstkulturen und Pflanzgärten,
6.   das Betreten von forstbetrieblichen und jagdbetrieblichen Einrichtungen.

(5) [1]Der Waldbesitzer hat die Kennzeichnung von Waldwegen zur Ausübung des Betretens zu dulden. [2]Die Kennzeichnung bedarf der Genehmigung der Forstbehörde.

(6) Die Vorschriften des Straßenverkehrsrechts bleiben unberührt, ebenso andere Vorschriften des öffentlichen Rechts, die das Betreten des Waldes (Absatz 1 und Absatz 3) einschränken oder solche Einschränkungen zulassen.

(7) [1]Zäune sind auf das zur Durchführung einer ordnungsgemäßen Forstwirtschaft notwendige Maß zu beschränken und dürfen das zulässige Betreten des Waldes unbeschadet des Absatzes 4 Nr. 2 bis 5 nicht verhindern oder unzumutbar erschweren. [2]Zäune sind zu beseitigen, soweit sie nicht für die Erhaltung der Bewirtschaftung des Waldes erforderlich sind. [3]Die Beseitigung von Zäunen, die nach anderen öffentlich-rechtlichen Vorschriften angeordnet worden sind, kann nur im Einvernehmen mit der hierfür zuständigen Behörde verlangt werden.

§ 38 Sperren von Wald

(1) [1]Der Waldbesitzer kann aus wichtigem Grund, insbesondere aus Gründen des Forstschutzes, der Wald- und Wildbewirtschaftung, zum Schutze der Waldbesucher, zur Vermeidung erheblicher Schä-

den oder zur Wahrung anderer schutzwürdiger Interessen des Waldbesitzers das Betreten des Waldes einschränken (Sperrung). [2]Die Sperrung bedarf der Genehmigung der Forstbehörde. [3]Die Sperrung kann auch von Amts wegen erfolgen. [4]Die höhere Forstbehörde wird ermächtigt, Waldgebiete aus den Gründen des Satzes 1 durch Rechtsverordnung zu sperren. [5]§ 46 Absatz 1 und 2 des Naturschutzgesetzes findet keine Anwendung.

(2) [1]Eine Sperrung für die Dauer bis zu zwei Monaten bedarf keiner Genehmigung. [2]Die Forstbehörde kann die Aufhebung der Sperre anordnen.

(3) Das Ministerium wird ermächtigt, durch Rechtsverordnung die Art und Kennzeichnung der Sperrung zu bestimmen.

§ 39 *[aufgehoben]*

§ 40 Aneignung von Waldfrüchten und Waldpflanzen

(1) [1]Jeder darf sich Waldfrüchte, Streu und Leseholz in ortsüblichem Umfang aneignen und Waldpflanzen, insbesondere Blumen und Kräuter, die nicht über einen Handstrauß hinausgehen, entnehmen. [2]Die Entnahme hat pfleglich zu erfolgen. [3]Die Entnahme von Zweigen von Waldbäumen und -sträuchern bis zur Menge eines Handstraußes ist nicht strafbar. [4]Dies gilt nicht für die Entnahme von Zweigen in Forstkulturen und von Gipfeltrieben sowie das Ausgraben von Waldbäumen und -sträuchern.

(2) Vorschriften des öffentlichen Rechts, die diese Vorschriften einschränken, bleiben unberührt.

§ 41 Waldgefährdung durch Feuer

(1) [1]Wer in einem Wald oder in einem Abstand von weniger als 100 Meter vom Wald
1. außerhalb einer eingerichteten und gekennzeichneten Feuerstelle ein Feuer anzündet oder unterhält oder offenes Licht gebraucht,
2. Bodendecken sowie Pflanzen oder Pflanzenreste unbeschadet der abfall- und naturschutzrechtlichen Vorschriften flächenweise abbrennt,
3. eine Anlage, mit der die Einrichtung oder der Betrieb einer Feuerstelle verbunden ist, errichtet, bedarf der vorherigen Genehmigung der Forstbehörde. [2]Die Genehmigung darf nur erteilt werden, wenn eine Gefährdung des Waldes durch Feuer nicht zu befürchten ist.

(2) Einer Genehmigung nach Absatz 1 bedürfen nicht
1. in den Fällen des Absatzes 1 Nr. 1
    a) der Waldbesitzer und Personen, die er in seinem Wald beschäftigt,
    b) die zur Jagdausübung Berechtigten und die Imker während der Ausübung ihrer Tätigkeit,
    c) Personen bei der Durchführung behördlich angeordneter oder genehmigter Arbeiten,
    d) Besitzer auf ihrem Grundstück, sofern der Abstand des Feuers zum Wald mindestens 30 Meter beträgt;
2. in den Fällen des Absatzes 1 Nr. 3 Personen für die Errichtung einer Anlage, die baurechtlich oder gewerberechtlich genehmigt wurde.

(3) [1]In der Zeit vom 1. März bis 31. Oktober darf im Wald nicht geraucht werden. [2]Dies gilt nicht für den in Absatz 2 Nr. 1 Buchst. a und b genannten Personenkreis.

(4) Brennende oder glimmende Gegenstände dürfen im Wald sowie im Abstand von weniger als 100 Meter vom Wald nicht weggeworfen oder sonst unvorsichtig gehandhabt werden.

Fünfter Teil
Beratung und Förderung der Forstwirtschaft

§ 42 Forstliche Beratung der Waldbesitzenden

(1) [1]Die Forstbehörde hat den privaten und körperschaftlichen Waldbesitzenden und deren Zusammenschlüssen zur nachhaltigen Erfüllung des Gesetzeszweckes nach § 1 und zur Unterstützung bei der Erfüllung der Grundpflichten nach § 12 insbesondere unter Berücksichtigung der Anforderungen des Natur- und Artenschutzes bei der Bewirtschaftung ihrer Wälder forstliche Beratung anzubieten. [2]Sie wirkt im Rahmen der forstlichen Beratung auf eine nachhaltige, multifunktionale und naturnahe Waldwirtschaft hin. [3]Die forstliche Beratung dient insbesondere der Verhütung von Zuwiderhandlungen im Sinne von § 67 Absatz 1 Satz 2 Nummer 2. [4]Die forstliche Beratung erfolgt kostenfrei.

(2) Das Ministerium wird ermächtigt, durch Rechtsverordnung nähere Vorschriften über Grundsätze und Umfang der forstlichen Beratung im Privat- und Körperschaftswald zu erlassen.

§ 42a Förderung der Forstwirtschaft

(1) [1]Das Land fördert im Rahmen der verfügbaren Haushaltsmittel die Forstwirtschaft nach dem Gesetz über die Gemeinschaftsaufgabe „Verbesserung der Agrarstruktur und des Küstenschutzes", dem Landwirtschafts- und Landeskulturgesetz und im Rahmen von Vorschriften der Europäischen Union. [2]Soweit es zur Sicherung und Entwicklung der Nutz-, Schutz- und Erholungsfunktion des Waldes sowie zur Überwindung struktureller Nachteile erforderlich ist, können vom Land weitere Maßnahmen gefördert werden. [3]Die Förderung kann insbesondere abhängig gemacht werden von

1. der Eigentumsart und Bewirtschaftungsform, wobei die Belange des Kleinprivatwaldes, des Bauernwaldes, der Gemeinschaftswälder und der forstwirtschaftlichen Zusammenschlüsse besonders zu berücksichtigen sind,
2. einer planmäßigen und sachkundigen Bewirtschaftung des Waldes,
3. einer angemessenen Fort- und Weiterbildung,
4. der Beachtung von Kriterien anerkannter forstlicher Zertifizierungssysteme,
5. der Beachtung der für die Staatswaldbewirtschaftung geltenden Regelungen zur Bewirtschaftung des Waldes und
6. der Mitgliedschaft in einem Forstwirtschaftlichen Zusammenschluss gemäß § 15 des Bundeswaldgesetzes.

(2) [1]Das Land fördert nach Maßgabe des Haushaltsplans die sachkundige Betreuung im Privatwald gemäß § 55 Absatz 2 und 3. [2]Das Ministerium wird ermächtigt, durch Rechtsverordnung im Einvernehmen mit dem Finanzministerium das Nähere zu der Förderung nach Satz 1 zu bestimmen.

(3) [1]Das Land fördert die Naturparke nach Maßgabe des Haushaltsplans. [2]Die Förderung soll dazu beitragen, die Naturparke unter Berücksichtigung von § 27 Absatz 1 Nummer 5 BNatSchG als attraktive Natur-, Kultur- und Erholungslandschaften zu planen, zu pflegen und zu entwickeln und so die ländlichen Räume zu stärken. [3]Ziel der Förderung ist es, die Naturparke unter Berücksichtigung ihrer regionalen Besonderheiten bei der Erfüllung ihrer Aufgaben zu unterstützen.

(4) [1]Das Land kann nach Maßgabe der verfügbaren Haushaltsmittel den Ankauf von Wald durch Gemeinden fördern, wenn der Wald für Schutz- oder Erholungszwecke besonders geeignet ist oder beansprucht wird. [2]Dies gilt auch für sonstige Grundstücke, die zur Erfüllung von Schutzfunktionen oder zur Anlage von Erholungseinrichtungen im und am Wald dringend benötigt werden.

§ 43 Ersatz von Aufwendungen

(1) Das Land gewährt den Privatwaldbesitzern bei Waldbrandschäden eine Zuwendung, wenn der Verursacher nicht feststellbar, haftbar oder zahlungsfähig ist.

(2) Soweit Privatwaldbesitzer die Beseitigung von Abfällen im Auftrag des Beseitigungspflichtigen übernehmen, sind ihnen die entstehenden Aufwendungen von diesem zu ersetzen.

§ 44 Verwendung der Walderhaltungsabgabe

(1) Die Einnahmen aus der Walderhaltungsabgabe werden zur Förderung der Schutz- und Erholungsfunktionen des Waldes verwendet, insbesondere für die Anlage und die Unterhaltung von geschützten Waldgebieten sowie den Erwerb von Waldgrundstücken und zur Aufforstung vorgesehener Grundstücke.

(2) Das Ministerium erläßt im Einvernehmen mit dem Innenministerium und dem Finanzministerium Richtlinien über die Verwendung der Walderhaltungsabgabe.

Sechster Teil
Besondere Vorschriften für den Staats-, Körperschafts- und Privatwald

§ 45 Zielsetzung im Staatswald

(1) [1]Der Staatswald soll dem Allgemeinwohl in besonderem Maße dienen. [2]Ziel der Bewirtschaftung des Staatswaldes ist, die den standörtlichen Möglichkeiten entsprechende, nachhaltig höchstmögliche Lieferung wertvollen Holzes zu erbringen bei gleichzeitiger Erfüllung und nachhaltiger Sicherung der dem Wald obliegenden Schutz- und Erholungsfunktionen sowie einer naturnahen Waldbewirtschaftung.

(2) [1]Im Rahmen dieser Grundsätze und Ziele ist der Staatsforstbetrieb im Produktions- und Dienstleistungsbereich nach wirtschaftlichen Grundsätzen zu führen und zu verwalten. [2]Der Betriebsvollzug ist in Forstrevieren auszuüben.

(3) Forstliche Aufgaben, die wegen ihrer ungewöhnlich langen Zeitdauer oder aus anderen Gründen die Leistungsfähigkeit der anderen Waldbesitzarten übersteigen, sind im Staatswald durchzuführen.

(4) Der Staatswald soll in besonderem Maße den Aufgaben des forstlichen Versuchs- und Forschungswesens dienen.

(5) Außer den in § 113 Abs. 2 der Landeshaushaltsordnung genannten Einnahmen sind dem Forstgrundstock die Einnahmen aus Holznutzungen, die über die nachhaltige Nutzung hinausgehen, abzüglich der Ausgaben für den Einschlag des Holzes zuzuführen.

(6) Der Staatswald wird gemäß den Bestimmungen dieses Gesetzes und des ForstBW-Gesetzes von Forst Baden-Württemberg bewirtschaftet.

§ 46 Zielsetzung im Körperschaftswald
Für die Bewirtschaftung des Körperschaftswaldes ist, unbeschadet der besonderen Zweckbestimmung des Körperschaftsvermögens und der aus der Eigenart und den Bedürfnissen der Körperschaften sich ergebenden besonderen Zielsetzungen, § 45 Abs. 1 entsprechend anzuwenden (besondere Allgemeinwohlverpflichtung).

§ 47 Forsttechnische Betriebsleitung
(1) [1]Die forsttechnische Betriebsleitung im Körperschaftswald wird durch die untere Verwaltungsbehörde als untere Forstbehörde ausgeübt, sofern die Körperschaft nicht nach Maßgabe von § 47a die forsttechnische Betriebsleitung durch ein körperschaftliches Forstamt selbst ausübt. [2]Sie umfasst Planung, Vorbereitung, Organisation, Leitung und Überwachung sämtlicher Forstbetriebsarbeiten. [3]Im Übrigen bleibt das Recht der Körperschaft, über die in ihrem Wald zu treffenden Maßnahmen nach Maßgabe der Gesetze selbst zu entscheiden, unberührt.

(2) Der Körperschaft obliegt die Verwertung der Walderzeugnisse, insbesondere der Holzverkauf, die Begründung und Beendigung von Arbeitsverhältnissen, die Vergabe der Forstbetriebsarbeiten und die Beschaffung der für den Forstbetrieb notwendigen Geräte und Materialien (Wirtschaftsverwaltung).

(3) [1]Die Körperschaft kann für die Erfüllung der in Absatz 2 genannten Aufgaben das Angebot der Forstbehörde zur Übernahme der Wirtschaftsverwaltung gegen Entgelt in Anspruch nehmen. [2]Satz 1 gilt nicht für
1. die Begründung und Beendigung von Arbeitsverhältnissen und
2. den Holzverkauf.

§ 47a Körperschaftliches Forstamt
(1) [1]Übt eine Gemeinde auf ihrem Gebiet die forsttechnische Betriebsleitung selbst aus, so hat sie ein körperschaftliches Forstamt zu errichten. [2]Das körperschaftliche Forstamt nimmt die Aufgaben der unteren Forstbehörde für die Waldflächen auf dem Gebiet der Gemeinde mit Ausnahme der Staatswaldflächen wahr.

(2) Mehrere Gemeinden können sich nach Maßgabe des zweiten und dritten Teils des Gesetzes über kommunale Zusammenarbeit (GKZ) zu einem gemeinschaftlichen körperschaftlichen Forstamt zusammenschließen.

(3) [1]Ein Landkreis mit Waldbesitz kann sich am gemeinschaftlichen körperschaftlichen Forstamt nach Absatz 2 beteiligen, sofern alle waldbesitzenden Gemeinden des Landkreises ein gemeinschaftliches körperschaftliches Forstamt bilden. [2]Die Ausübung der Forstaufsicht im Staatswald wird in diesem Fall durch die höhere Forstbehörde wahrgenommen. [3]Die Zuständigkeit eines gemeinschaftlichen körperschaftlichen Forstamtes nach Satz 1 erstreckt sich hinsichtlich der Aufgaben der unteren Forstbehörde auch auf das Gebiet kreisangehöriger Gemeinden ohne eigenen Waldbesitz. [4]Kreisangehörige Gemeinden ohne eigenen Waldbesitz können sich an einem gemeinschaftlichen körperschaftlichen Forstamt beteiligen. [5]Tritt eine waldbesitzende Gemeinde aus dem gemeinschaftlichen körperschaftlichen Forstamt nach Satz 1 aus, so muss sie ein eigenes körperschaftliches Forstamt gründen oder sich einem bestehenden körperschaftlichen Forstamt anschließen. [6]Für die Wahrnehmung der staatlichen Aufgaben im Sinne des § 65 Absatz 1 als untere Forstbehörde erhalten das gemeinschaftliche körperschaftliche Forstamt nach Satz 1 und die höhere Forstbehörde vom Landkreis anteilig Kostenersatz aus den Zuweisungen nach § 11 Absatz 4 des Finanzausgleichsgesetzes.

(4) [1]Zur Errichtung eines körperschaftlichen Forstamtes ist ein Antrag bei der höheren Forstbehörde zu stellen. [2]Der Antrag muss Angaben über die umfassten Waldflächen und die Personalausstattung unter Darlegung der Genehmigungsvoraussetzungen des Absatzes 5 enthalten.

(5) ¹Die Errichtung eines körperschaftlichen Forstamtes nach Absatz 1 bis 3 bedarf unbeschadet weiterer nach anderen Vorschriften erforderlicher Genehmigungen der Genehmigung durch die höhere Forstbehörde. ²Die Genehmigung nach Satz 1 ist zu erteilen, wenn

1. die erforderliche Sachkunde gemäß § 21 Absatz 3 und
2. eine für die Wahrnehmung der Aufgaben nach Absatz 1 ausreichende Personalkapazität sowie
3. im Fall eines gemeinschaftlichen körperschaftlichen Forstamtes nach Absatz 2 oder 3 die Genehmigung der Satzung nach § 7 Absatz 1, § 20b Absatz 2 oder § 24b Absatz 2 GKZ

nachgewiesen werden. ³Satz 1 und 2 gilt nicht für am Tag vor dem Inkrafttreten dieses Gesetzes bestehende körperschaftliche Forstämter.

(6) ¹Abweichend von § 25 Absatz 2 Satz 3 des Landesverwaltungsgesetzes werden Sitz und Bezirk eines körperschaftlichen Forstamtes nach Absatz 1 oder eines gemeinschaftlichen körperschaftlichen Forstamtes nach Absatz 2 oder 3 durch die höhere Forstbehörde bestimmt. ²Die höhere Forstbehörde gibt die Bildung, den Zeitpunkt, den Sitz und den Bezirk sowie den Umfang des Aufgabenübergangs auf das körperschaftliche Forstamt oder das gemeinschaftliche körperschaftliche Forstamt in ihrem amtlichen Veröffentlichungsblatt bekannt.

(7) ¹Soll ein körperschaftliches Forstamt nach Absatz 1 bis 3 aufgelöst werden oder sich der Zuständigkeitsbereich eines gemeinschaftlichen körperschaftlichen Forstamtes nach Absatz 2 und 3 ändern, ist dies der höheren Forstbehörde mit einer Frist von mindestens drei Monaten vor der Auflösung oder Änderung anzuzeigen. ²Absatz 6 Satz 2 gilt entsprechend. ³§ 21 Absatz 5 und § 24b Absatz 2 GKZ bleiben unberührt.

(8) Körperschaftliche Forstämter nach Absatz 1 und 2 mit einer forstlichen Betriebsfläche ab 7 500 Hektar Körperschaftswald sowie gemeinschaftliche körperschaftliche Forstämter nach Absatz 3 erhalten für die Übernahme der forsttechnischen Betriebsleitung einen finanziellen Ausgleich durch das Land nach Maßgabe der Rechtsverordnung nach § 53 Absatz 2 Nummer 2.

§ 48 Forstlicher Revierdienst

(1) ¹Der forstliche Revierdienst im Körperschaftswald nach Maßgabe der Rechtsverordnung nach § 53 Absatz 2 umfasst den Betriebsvollzug. ²Er ist in Forstrevieren auszuüben.

(2) Der forstliche Revierdienst im Körperschaftswald wird von den Körperschaften oder ihren Zusammenschlüssen ausgeübt.

(3) ¹Für die Kosten, die die Körperschaften oder deren Zusammenschlüsse zur Erfüllung der besonderen Allgemeinwohlverpflichtung nach § 46 im Rahmen des Revierdienstes zu tragen haben, gewährt das Land einen organisationsbedingten finanziellen Ausgleich. ²Dieser bemisst sich nach den Mehrkosten, die aufgrund von spezifischen Anforderungen an den Revierdienst im Körperschaftswald entstehen, soweit diese Anforderungen durch dieses Gesetz oder Rechtsverordnungen aufgrund dieses Gesetzes vorgegeben sind und über die gesetzlichen Grundpflichten nach § 12 hinausgehen.

(4) Obliegt die forsttechnische Betriebsleitung im Körperschaftswald der unteren Verwaltungsbehörde, so kann die Körperschaft auch deren forstlichen Revierdienst gegen ein um den finanziellen Ausgleich nach Absatz 3 reduziertes Entgelt nutzen.

§ 49 Übernahme von Aufgaben im Privatwald und im Wald sonstiger Körperschaften

Die höhere Forstbehörde kann mit einer Körperschaft oder einem kommunalen Zusammenschluss vereinbaren, dass auf deren Gebiet ihre Forstbediensteten gemäß § 21 Absatz 2 die Beratung und Betreuung, die Mitwirkung bei der Forstaufsicht und die Ausübung des Forstschutzes im Privatwald und im Wald sonstiger Körperschaften einschließlich des als Körperschaftswald behandelten Kirchen- und Gemeinschaftswaldes übernehmen.

§ 50 Periodischer Betriebsplan

(1) ¹Der periodische Betriebsplan ist in der Regel für einen Zeitraum von zehn Jahren aufzustellen. ²Er hat den gesamten Betriebsablauf im Hinblick auf die langfristigen Zielsetzungen räumlich und zeitlich zu ordnen sowie die Nutz-, Schutz- und Erholungsfunktionen des Waldes aufeinander abzustimmen und sie nachhaltig zu sichern. ³Er hat die nachhaltige Nutzung festzusetzen.

(2) ¹Der periodische Betriebsplan ist von der höheren Forstbehörde aufzustellen. ²Er wird von sachkundigen Dritten im Sinne von § 21 Absatz 3 im Auftrag der höheren Forstbehörde oder von dieser selbst erstellt. ³Die Körperschaft trägt anteilig die Kosten für Vermessungen, Vorratsaufnahmen und Bodenuntersuchungen. ⁴Bei Forstbetrieben eines körperschaftlichen Forstamtes kann der periodische

Betriebsplan auch durch den Leiter des körperschaftlichen Forstamtes oder durch von ihm beauftragte sachkundige Dritte im Sinne von § 21 Absatz 3 aufgestellt werden.

(3) [1]Die Körperschaft hat über den periodischen Betriebsplan zu beschließen und den Beschluß mit den erforderlichen Unterlagen innerhalb von vier Monaten nach Übergabe, im Falle des Absatzes 2 Satz 2 nach Aufstellung, der höheren Forstbehörde vorzulegen. [2]Der periodische Betriebsplan kann innerhalb von drei Monaten nach Vorlage des Beschlusses beanstandet werden, wenn er gegen Vorschriften dieses Gesetzes oder einer auf Grund dieses Gesetzes erlassenen Rechtsverordnung verstößt.

(4) [1]Im Staatswald erstellt Forst Baden-Württemberg die periodischen Betriebspläne und legt diese der obersten Forstbehörde vor. [2]Die periodischen Betriebspläne können innerhalb von drei Monaten nach Vorlage beanstandet werden, wenn sie gegen Vorschriften dieses Gesetzes oder anderer Rechtsvorschriften verstoßen.

(5) Der periodische Betriebsplan soll vor Ablauf des Zeitraums, für den er gültig ist, neu aufgestellt werden, wenn sich die Betriebs- oder Ertragsverhältnisse wesentlich geändert haben.

(6) Auf dem Gebiet des Nationalparks Schwarzwald tritt der Nationalparkplan an die Stelle der periodischen Betriebsplanung.

§ 51 Jährlicher Betriebsplan

(1) Der jährliche Betriebsplan ist von der unteren Forstbehörde unter Beachtung des periodischen Betriebsplanes aufzustellen; er soll einen Voranschlag der Einnahmen und Ausgaben enthalten.

(2) [1]Über den jährlichen Betriebsplan ist von der Körperschaft zu beschließen. [2]Der Beschluß ist innerhalb eines Monats der unteren Forstbehörde, bei körperschaftlichen Forstämtern der höheren Forstbehörde vorzulegen. [3]Der jährliche Betriebsplan kann innerhalb eines Monats nach Vorlage des Beschlusses beanstandet werden, wenn er gegen Vorschriften dieses Gesetzes oder einer auf Grund dieses Gesetzes erlassenen Rechtsverordnung verstößt.

(3) Über den Vollzug der Betriebspläne sind von der unteren Forstbehörde jährliche Betriebsnachweisungen aufzustellen.

(4) [1]Abweichend von Absatz 1 erstellt im Staatswald Forst Baden-Württemberg den jährlichen Betriebsplan und legt diesen der obersten Forstbehörde vor. [2]Der jährliche Betriebsplan kann innerhalb eines Monats nach Vorlage beanstandet werden, wenn er gegen Vorschriften dieses Gesetzes oder anderer Rechtsvorschriften verstößt. [3]Abweichend von Absatz 3 erstellt im Staatswald Forst Baden-Württemberg die jährlichen Betriebsnachweisungen.

§ 52 Außerordentliche Nutzung

(1) Eine außerordentliche Nutzung ist eine Holznutzung, die die im periodischen Betriebsplan festgesetzte nachhaltige Nutzung überschreitet und während der Laufzeit des periodischen Betriebsplans nicht wieder eingespart wird.

(2) [1]Die außerordentliche Nutzung bedarf der Genehmigung
1.   im Körperschaftswald durch die höhere Forstbehörde und
2.   im Staatswald durch die oberste Forstbehörde.
[2]Die Genehmigung darf nur versagt werden, soweit die nachhaltige Bewirtschaftung des Waldes erheblich beeinträchtigt wird.

§ 53 Rechtsverordnungen

(1) [1]Das Ministerium wird ermächtigt, durch Rechtsverordnungen nähere Vorschriften für den Staats- und Körperschaftswald zu erlassen über Grundsätze für
1.   die periodische Betriebsplanung einschließlich der anteiligen Kosten gemäß § 50 Absatz 2 und
2.   die Darstellung des Vollzugs im zurückliegenden periodischen Planungszeitraum.
[2]Dabei kann in Abhängigkeit von der Betriebsgröße eine vereinfachte Betriebsplanung oder die Verlängerung des Planungszeitraums vorgesehen werden.

(2) Das Ministerium wird ermächtigt, durch Rechtsverordnungen nähere Vorschriften für den Körperschaftswald zu erlassen über
1.   Aufgaben und Wahrnehmung der forsttechnischen Betriebsleitung, des forstlichen Revierdienstes und der Wirtschaftsverwaltung einschließlich der Entgelte gemäß § 47 sowie § 48 Absatz 4; dies umfasst auch die Personalausstattung nach § 47a Absatz 5 Satz 2 Nummer 2,

2. die Höhe und die Voraussetzungen des organisationsbedingten Ausgleichs, der den Körperschaften und deren Zusammenschlüssen zur Erfüllung der besonderen Allgemeinwohlverpflichtung gewährt wird,

3. Grundsätze für die räumliche Abgrenzung von Forstrevieren,

4. Arbeitsaufwand und Aufwandsersatz für die nach § 49 übertragenen Aufgaben und

5. Grundsätze für die jährliche Betriebsplanung.

(3) Die Rechtsverordnungen nach Absatz 1 und 2 ergehen im Einvernehmen mit dem Innenministerium, im Falle von Absatz 2 Nummer 2 und 4 außerdem im Einvernehmen mit dem Finanzministerium.

§ 54 Kirchenwald

(1) Wald von Kirchen und anderen Religionsgemeinschaften mit der Rechtsstellung einer Körperschaft des öffentlichen Rechts und der ihrer Aufsicht unterstellten Körperschaften, Anstalten und Stiftungen des öffentlichen Rechts ist Kirchenwald im Sinne dieses Gesetzes.

(2) Die Vorschriften über Körperschaftswald finden auf Kirchenwald entsprechende Anwendung.

(3) Kirchenwald ist auf Antrag der oberen Kirchenbehörden oder der entsprechenden Stellen der anderen Religionsgemeinschaften den für Privatwald geltenden Vorschriften zu unterstellen; zuständig ist die höhere Forstbehörde.

§ 55 Fachliche Unterstützung des Privatwaldes

(1) [1]Der Privatwald wird durch fachliche Aus- und Fortbildung der Waldbesitzer unterstützt. [2]Die Belange des Bauernwaldes sind dabei besonders zu berücksichtigen.

(2) Die Forstbehörde unterstützt auf Antrag des Waldbesitzers den Privatwald ohne forstliche Fachkräfte durch Betreuung.

(3) [1]Gegenstand der Betreuung sind die für die ordnungsgemäße Bewirtschaftung des Waldes im Sinne des § 12 erforderlichen und im Interesse der Waldbesitzenden liegenden forstbetrieblichen Tätigkeiten. [2]Die Betreuung erfolgt fallweise oder ständig. [3]Für die Betreuung sind Entgelte zu entrichten.

(4) Das Ministerium wird ermächtigt, durch Rechtsverordnung Inhalt und Umfang der Betreuung einschließlich der zu entrichtenden Entgelte zu bestimmen.

§ 56 Gemeinschaftswald

(1) Wald von Realgemeinden, Realgenossenschaften oder anderen deutschrechtlichen Gemeinschaften, an dem das Eigentum mehrerer Personen gemeinschaftlich zusteht (Gemeinschaftswald), ist unabhängig von der Rechtsform und Entstehung der Gemeinschaften Privatwald im Sinne dieses Gesetzes.

(2) [1]Die Realteilung eines Gemeinschaftswaldes ist nicht zulässig. [2]Im Falle der Auflösung hat unbeschadet der Vorschriften des Grundstückverkehrsgesetzes die Gemeinde ein Vorkaufsrecht, soweit nicht ein Anteilsberechtigter die anderen Anteile geschlossen erwirbt. [3]§ 25 Abs. 3 und 4 gilt entsprechend.

(3) [1]Die Teilung der Anteile eines Gemeinschaftswaldes bedarf der Genehmigung der höheren Forstbehörde. [2]Die Genehmigung ist zu versagen, wenn dadurch die bisherigen Funktionen des Waldes für die Allgemeinheit oder Zweck, Ziele und Grundsätze dieses Gesetzes gefährdet werden.

§ 57 Gestaltung der Rechtsverhältnisse im Gemeinschaftswald

(1) Die Rechtsverhältnisse im Gemeinschaftswald sind durch eine Satzung zu regeln.

(2) [1]Nicht rechtsfähige Gemeinschaften im Sinne von § 56 Abs. 1 können sich eine Verfassung geben, die den Vorschriften des § 18 Abs. 1 des Bundeswaldgesetzes entspricht. [2]In diesem Fall kann ihnen auf Antrag die Rechtsfähigkeit nach § 22 des Bürgerlichen Gesetzbuches durch die höhere Forstbehörde verliehen werden. [3]Die Rechtsfähigkeit nach § 22 des Bürgerlichen Gesetzbuches darf nur verliehen werden, wenn eine andere Rechtsform, insbesondere die Rechtsform eines nichtwirtschaftlichen Vereins, einer Genossenschaft oder einer Kapitalgesellschaft, unzumutbar ist und gewährleistet ist, daß der wirtschaftliche Verein nach Umfang und Organisation seine Aufgaben zweckmäßig wahrnehmen kann.

(3) Die höhere Forstbehörde ist in den Fällen des Absatzes 2 auch für die Genehmigung von Satzungsänderungen und die Entziehung der Rechtsfähigkeit zuständig.

§ 58 Umwandlung von Waldgenossenschaften mit öffentlich-rechtlicher Rechtspersönlichkeit
[1]Waldgenossenschaften, die nach Maßgabe des badischen Zweiten Konstitutionsedikts vom 14. Juli 1807 (RegBl. S. 125) die Rechtsstellung einer Körperschaft des öffentlichen Rechts erlangt haben, können vom Ministerium aufgefordert werden, sich eine Verfassung zu geben, die den Vorschriften des § 18 Abs. 1 des Bundeswaldgesetzes entspricht. [2]§ 57 Abs. 2 Satz 2 und 3 sowie § 57 Abs. 3 gelten entsprechend.

§ 59 Anwendung der für Körperschaftswald geltenden Vorschriften
Auf Antrag kann die höhere Forstbehörde Gemeinschaftswald den Vorschriften dieses Gesetzes über die Bewirtschaftung des Körperschaftswaldes unterstellen.

§ 60 Gleichstellung mit Gemeinschaftswald
Forstwirtschaftliche Zusammenschlüsse, die nicht unter § 56 Abs. 1 fallen und deren Wald gemeinschaftlich bewirtschaftet wird, können auf Antrag durch die höhere Forstbehörde dem Gemeinschaftswald im Sinne dieses Gesetzes gleichgestellt werden.

§ 61 Bildung, Förderung und fachliche Unterstützung forstwirtschaftlicher Zusammenschlüsse
(1) Die Forstbehörde hat, soweit dies nach Größe, Lage und Zusammenhang von Waldgrundstücken erforderlich erscheint, die Bildung fortwirtschaftlicher Zusammenschlüsse im Sinne des Bundeswaldgesetzes und die Durchführung ihrer Aufgaben beratend zu unterstützen.
(2) [1]Bei öffentlichen Förderungs- und Planungsmaßnahmen sollen forstwirtschaftliche Zusammenschlüsse und Gemeinschaftswald vorrangig berücksichtigt werden. [2]Bei unwirtschaftlichen Besitzverhältnissen oder starker Gemengelage kann die finanzielle Förderung bestimmter forstbetrieblicher Maßnahmen davon abhängig gemacht werden, dass die Waldbesitzer einen forstwirtschaftlichen Zusammenschluss bilden, um die strukturellen Nachteile zu überwinden.
(3) Berechnungsgrundlage der Entgelte für die ständige Betreuung bei forstwirtschaftlichen Zusammenschlüssen bilden die Waldflächen der einzelnen beteiligten Waldbesitzer.

§ 61a Holzvermarktungsgemeinschaft
Eine Holzvermarktungsgemeinschaft ist ein privatrechtlicher Zusammenschluss von Waldbesitzenden oder deren Zusammenschlüssen zu dem ausschließlichen Zweck, die Vermarktung der forstwirtschaftlichen Erzeugnisse der Mitglieder wesentlich und nachhaltig zu verbessern.

§ 61b Verfahren zur Anerkennung einer Holzvermarktungsgemeinschaft
(1) Eine Holzvermarktungsgemeinschaft wird durch die höhere Forstbehörde auf Antrag anerkannt, wenn sie folgende Voraussetzungen erfüllt:
1. sie muss eine juristische Person des Privatrechts sein;
2. sie muss geeignet sein, auf die wesentliche Verbesserung der Vermarktung von forstwirtschaftlichen Erzeugnissen nachhaltig hinzuwirken;
3. ihre Satzung oder ihr Gesellschaftsvertrag muss Bestimmungen enthalten über
   a) ihre Aufgabe und
   b) die Finanzierung der Aufgabe;
4. sie muss einen wesentlichen Wettbewerb auf dem Holzmarkt bestehen lassen.
(2) Die §§ 19 und 20 des Bundeswaldgesetzes gelten entsprechend.

Siebter Teil
Landesforstverwaltung

1. Abschnitt
Forstbehörden

§ 62 Forstbehörden
Forstbehörden sind
1. das Ministerium als oberste Forstbehörde,
2. das Regierungspräsidium Freiburg, zuständig auch für die Regierungsbezirke Karlsruhe, Stuttgart und Tübingen sowie die Körperschaftsforstdirektion als höhere Forstbehörden; abweichend hiervon ist auf dem Gebiet des Nationalparks Schwarzwald die Nationalparkverwaltung höhere Forstbehörde,

3. die unteren Verwaltungsbehörden und die körperschaftlichen Forstämter als untere Forstbehörden; abweichend hiervon ist auf dem Gebiet des Nationalparks Schwarzwald die Nationalparkverwaltung untere Forstbehörde,

4. die Forstliche Versuchs- und Forschungsanstalt Baden-Württemberg als technische Fachbehörde.

§ 63 Körperschaftsforstdirektion

(1) [1]Es wird eine Körperschaftsforstdirektion im Zuständigkeitsbereich der höheren Forstbehörde nach § 62 Nummer 2 gebildet. [2]Die Zuständigkeit erstreckt sich nicht auf das Gebiet des Nationalparks Schwarzwald.

(2) [1]Mitglieder der Körperschaftsforstdirektion sind

1. der Leiter der höheren Forstbehörde[1]) als Leiter der Körperschaftsforstdirektion,

2. zwei Vertreter der höheren Forstbehörde,

3. je ein Vertreter der Regierungspräsidien,

4. je drei Vertreter der waldbesitzenden Gemeinden aus jedem Regierungsbezirk.

[2]Näheres regelt die Geschäftsordnung für die Körperschaftsforstdirektion. [3]Für jedes Mitglied ist ein Stellvertreter zu bestellen. [4]Die Körperschaftsforstdirektion ist beschlußfähig, wenn neben dem Leiter mindestens vier Mitglieder anwesend sind. [5]Die Beschlüsse werden mit einfacher Mehrheit gefaßt.

(3) Der Leiter der Körperschaftsforstdirektion kann zu den Sitzungen weitere sachkundige Personen mit beratender Stimme zuziehen.

(4) [1]Die Vertreter der Regierungspräsidien und die Vertreter der waldbesitzenden Gemeinden sind vom Innenministerium im Benehmen mit dem Ministerium auf die Dauer von fünf Jahren zu berufen. [2]Die Vertreter der waldbesitzenden Gemeinden werden auf Vorschlag des Gemeindetags Baden-Württemberg und des Städtetags Baden-Württemberg berufen.

(5) [1]Das Ministerium erläßt eine Geschäftsordnung für die Körperschaftsforstdirektion. [2]In der Geschäftsordnung ist insbesondere zu regeln, welche Aufgaben der Beschlußfassung unterliegen und welche Aufgaben durch den Leiter der Körperschaftsforstdirektion zu erledigen sind, der zur Erledigung auch die Bediensteten der höheren Forstbehörde heranziehen kann. [3]Die Geschäftsordnung regelt auch den Umfang des Stimmrechts der Mitglieder entsprechend ihrer räumlichen Zuständigkeit.

(6) Mitglieder der Körperschaftsforstdirektion, die nicht Landesbeamte sind, sind ehrenamtlich tätig.

§ 64 Zuständigkeit von Forstbehörden

(1) Soweit in diesem Gesetz oder in den auf Grund dieses Gesetzes erlassenen Rechtsverordnungen nichts anderes bestimmt ist, ist die untere Forstbehörde sachlich zuständig.

(2) Für den Körperschaftswald mit Ausnahme des Gebiets des Nationalparks Schwarzwald nimmt die Körperschaftsforstdirektion die Aufgaben der höheren Forstbehörde nach diesem Gesetz wahr.

(3) [1]Örtlich zuständig ist die Forstbehörde, in deren Bezirk die Aufgaben wahrzunehmen sind. [2]Erstreckt sich die Aufgabe auf die Bezirke mehrerer Forstbehörden, so bestimmt die übergeordnete Behörde die zuständige Forstbehörde.

(4) [1]Die höhere Forstbehörde ist nach fachlicher Weisung der obersten Forstbehörde zuständig für

1. die Steuerung und Koordinierung der Wahrnehmung der Aufgaben der Landesforstverwaltung und der Betreuungsaufgaben der unteren Forstbehörden im Körperschafts- und Privatwald,

2. die forstliche Rahmenplanung und sonstige Fachplanungen für den Wald,

3. die überbetriebliche Ausbildung von Forstwirtinnen und Forstwirten.

[2]Die Fachaufsicht im Rahmen der Erfüllung der Aufgaben nach § 65 Absatz 1 bleibt unberührt.

(5) Für die Übertragung der Bewilligungsfunktion sowie der Funktion des technischen Prüfdienstes auf die Forstbehörden für Ausgaben zu Lasten der Europäischen Gemeinschaft gilt § 29d des Landwirtschafts- und Landeskulturgesetzes in seiner jeweils geltenden Fassung entsprechend.

§ 64a Fachliche Fort- und Weiterbildung, staatliches Zertifikat für Waldpädagogik

(1) Das Land stellt ein umfassendes forstliches Bildungsangebot für alle Waldbesitzarten und forstlich Tätigen sicher.

(2) [1]Das Land bietet im Rahmen seines Bildungsauftrags einen Qualifizierungslehrgang zur staatlich zertifizierten Waldpädagogin oder zum staatlich zertifizierten Waldpädagogen an. [2]Das Ministerium

---

1)   Amtlicher Wortlaut: „der der höheren Forstbehörde".

wird ermächtigt, durch Rechtsverordnung im Einvernehmen mit dem Kultusministerium und im Benehmen mit dem Umweltministerium Vorschriften zu erlassen über

1. die Voraussetzungen zur Zulassung zum Qualifizierungslehrgang,
2. die Lehrgangsinhalte und
3. das Prüfungsverfahren und die Berufung der Prüferinnen und Prüfer.

§ 64b Nutzung der Informations- und Kommunikationstechnologie
Das Ministerium wird ermächtigt, im Einvernehmen mit dem Innenministerium und dem Finanzministerium durch Rechtsverordnung die unteren Forstbehörden nach § 62 Nummer 3 zu verpflichten, zur Erfüllung der Aufgaben nach diesem Gesetz Daten landesweit nach einheitlichen Maßgaben zu erheben und zu verarbeiten oder gleichartige Informationen bereit zu stellen, soweit dies erforderlich ist, und dazu

1. Daten in elektronischer Form zu erfassen, zu verarbeiten, zu empfangen und in einem vorgegebenen Format auf einem vorgeschriebenen Weg an eine bestimmte Stelle weiterzugeben,
2. zu bestimmen, dass
   a) zwischen den unteren Forstbehörden, der höheren Forstbehörde und der obersten Forstbehörde einheitliche Verfahren zum elektronischen Austausch von Dokumenten und Daten sowie für die gemeinsame Nutzung von Datenbeständen eingerichtet und weiterentwickelt werden,
   b) einheitliche Datenverarbeitungsverfahren angewandt werden und
   c) miteinander verbindbare oder einheitliche Techniken und Geräte eingesetzt werden.

2. Abschnitt
Aufgaben der Forstbehörden

§ 65 Aufgaben der Forstbehörden
(1) Die Forstbehörden haben die ihnen nach diesem Gesetz und sonstigen Rechtsvorschriften zugewiesenen Aufgaben auszuführen, insbesondere

1. die forsttechnische Betriebsleitung nach § 47 Absatz 1 und den forstlichen Revierdienst nach § 48 Absatz 1 im Körperschaftswald, einschließlich Beratung und Unterstützung bei der Verwaltung,
2. die Beratung und Betreuung im Privatwald,
3. die Durchführung von forstlichen Fördermaßnahmen,
4. die Ausübung der Forstaufsicht und des Forstschutzes und
5. die Waldpädagogik als Bildungsauftrag.

(2) [1]Die Forstbehörden haben bei ihren Planungen und Maßnahmen alle Behörden und Träger öffentlicher Belange, deren Aufgabenbereich berührt sein kann, so rechtzeitig zu beteiligen, dass diese ihre Belange wirksam vertreten können. [2]Soweit wesentliche Belange der Forstwirtschaft berührt werden, sind die Vertretungen der Waldbesitzer anzuhören.

(3) Die Übermittlung von personenbezogenen Daten zwischen den Behörden und den Körperschaften, Anstalten und Stiftungen des öffentlichen Rechts zur Erfüllung der in den Absätzen 1 und 2 sowie in § 8 genannten Aufgaben ist zulässig, soweit dadurch keine überwiegenden schutzwürdigen Belange beeinträchtigt werden.

§ 65a *[aufgehoben]*

§ 66 Amtshilfe und Unterstützung Dritter bei landschaftsbezogenen Maßnahmen
(1) [1]Die Forstbehörde leistet beim Naturschutz, bei der Landschaftspflege und der Erstellung von Erholungseinrichtungen, soweit sie nicht selbst zuständig ist, den zuständigen Behörden, Landkreisen, Gemeinden und sonstigen öffentlichen Stellen Amtshilfe; bei der Durchführung solcher Maßnahmen außerhalb des Waldes gewährt die Forstbehörde technische Unterstützung im Rahmen der betrieblichen Möglichkeiten gegen Kostenersatz. [2]§ 58 Absatz 7 NatSchG bleibt unberührt.

(2) Die technische Unterstützung umfaßt insbesondere folgende Aufgaben

1. Durchführung von Pflegemaßnahmen in der offenen Landschaft,
2. Schutz der wildwachsenden Pflanzen und der freilebenden Tiere,

3. Schaffung und Pflege von Erholungsgebieten sowie Erholungseinrichtungen,
4. Maßnahmen zur Milderung oder Beseitigung von Eingriffen in die Landschaft oder von Landschaftsschäden.

(3) Mit der Durchführung von Pflegemaßnahmen nach Absatz 2 Nr. 1 sollen an Stelle der Forstbehörde nach Möglichkeit land- und forstwirtschaftliche Betriebe, land- und forstwirtschaftliche Zusammenschlüsse sowie Betriebe des Garten- und Landschaftsbaues beauftragt werden.

(4) Auf Antrag des Trägers kann die oberste Forstbehörde bestimmen, dass die Geschäftsführung der Naturparke durch eine Forstbehörde wahrgenommen wird.

§ 67 Forstaufsicht

(1) [1]Forstaufsicht ist die hoheitliche Tätigkeit, die das Land ausübt, um den Wald zu erhalten, vor Schäden zu bewahren und seine ordnungsgemäße Bewirtschaftung zu sichern. [2]Die Forstbehörde hat insbesondere

1. darüber zu wachen, dass die Waldbesitzer ihre Verpflichtungen nach diesem Gesetz oder anderen auf die Erhaltung und Pflege des Waldes sowie die Abwehr von Waldschäden gerichteten Vorschriften erfüllen, und
2. Zuwiderhandlungen der Waldbesitzer gegen die in Nummer 1 genannten Vorschriften zu verhüten, zu verfolgen und zu ahnden, soweit gesetzlich nichts anderes bestimmt ist.

(2) [1]Die Bediensteten im forstlichen Revierdienst
1. der Forstbehörden und
2. der Gemeinden oder kommunalen Zusammenschlüsse im Privatwald, in dem sie Aufgaben nach § 49 wahrnehmen,

wirken bei der Ausübung der Forstaufsicht mit. [2]Sie haben bei der Ausübung der forstaufsichtlichen Tätigkeit die Stellung von Polizeibeamten im Sinne des Polizeigesetzes. [3]Sie sind verpflichtet, bei der Ausübung ihrer Tätigkeit Dienstkleidung zu tragen und einen Dienstausweis mit sich zu führen, der bei Vornahme einer Amtshandlung auf Verlangen vorzuzeigen ist. [4]Das Ministerium wird ermächtigt, Vorschriften über die Dienstkleidung und den Dienstausweis zu erlassen.

§ 68 Forstaufsichtliche Anordnungen

(1) [1]Verstößt ein Waldbesitzer gegen die in § 67 Abs. 1 Nr. 1 genannten Vorschriften, so weist die Forstbehörde ihn auf die Mängel hin. [2]Bleibt der Hinweis innerhalb der festgesetzten Frist unbeachtet, so kann die Forstbehörde die erforderlichen Anordnungen treffen, um den ordnungsgemäßen Zustand zu erhalten oder wieder herzustellen.

(2) [1]Erfüllt eine Körperschaft die ihr nach den §§ 46 bis 48 und den §§ 50 bis 52 sowie auf Grund einer Rechtsverordnung nach § 53 obliegenden Verpflichtungen nicht, so weist die Forstbehörde sie auf die Mängel hin. [2]Bleibt der Hinweis unbeachtet, so kann die höhere Forstbehörde die erforderlichen Anordnungen treffen.

§ 69 Sicherheitsleistung

(1) Die Forstbehörde kann die Leistung einer Sicherheit verlangen, soweit sie erforderlich ist, um die Erfüllung von Bedingungen, Auflagen und sonstigen Verpflichtungen zu sichern.

(2) Auf Sicherheitsleistungen nach diesem Gesetz finden § 232 und die §§ 234 bis 240 des Bürgerlichen Gesetzbuches Anwendung.

§ 70 Polizeiverordnungen

Soweit es
1. zur Sicherung der Erhaltung und Pflege des Waldes oder
2. zum Schutz des Waldes, des Waldeigentums oder forstbetrieblicher Einrichtungen gegen rechtswidrige Taten Dritter oder
3. zum Schutz der Waldbesucher und zur Regelung der Erholung

erforderlich ist, können die Forstbehörden Polizeiverordnungen erlassen.

§ 71 Hoheitliche Wahrnehmung der dienstlichen Obliegenheiten

Die mit der Durchführung der Aufgaben nach diesem Gesetz und sonstigen forstrechtlichen Vorschriften zusammenhängenden Pflichten obliegen den Organen und Bediensteten der damit befassten Forstbehörden und Körperschaften als Amtspflichten in Ausübung hoheitlicher Tätigkeit.

§ 72 Berufsbezeichnungen im Privatforstdienst

Angestellte im Privatforstdienst können auf Anordnung ihres Arbeitgebers eine den Amtsbezeichnungen der Forstbeamten des öffentlichen Dienstes vergleichbare Berufsbezeichnung führen, wenn ihre Berufsausbildung und ihre Tätigkeit der vergleichbaren Laufbahngruppe des öffentlichen Dienstes entspricht und die Berufsbezeichnung einen auf das private Beschäftigungsverhältnis hinweisenden Zusatz enthält.

§ 73 Berufskleidung der körperschaftlichen Forstbediensteten und der Angestellten im Privatforstdienst

Körperschaftliche Forstbedienstete sowie Angestellte im Privatforstdienst, deren Berufsausbildung und Anstellungsverhältnis den Verhältnissen im öffentlichen Dienst vergleichbar sind, können als Berufskleidung die Dienstkleidung der Forstbeamten des Landes nach der für diese geltenden Dienstkleidungsvorschrift tragen, wenn die Berufskleidung die vorgeschriebenen Unterscheidungsmerkmale aufweist. ²Das Ministerium wird ermächtigt, im Einvernehmen mit dem Innenministerium die Unterscheidungsmerkmale zu bestimmen.

§ 74 Untersuchungen

(1) ¹Die Bediensteten und Beauftragten der Forstbehörden sind befugt, zur Wahrnehmung ihrer Aufgaben Grundstücke zu betreten sowie Vermessungen, Bodenuntersuchungen und ähnliche Arbeiten durchzuführen, soweit dies zur Erfüllung der Aufgaben nach diesem Gesetz oder sonstiger forstrechtlicher Vorschriften erforderlich ist. ²Das Grundrecht der Unverletzlichkeit der Wohnung (Artikel 13 des Grundgesetzes) wird insoweit eingeschränkt.

(2) Die Eigentümer und Besitzer von Grundstücken sind in geeigneter Weise zu benachrichtigen, wenn auf ihren Grundstücken Vermessungen, Bodenuntersuchungen und ähnliche Arbeiten ausgeführt werden sollen.

(3) ¹Entstehen durch Handlungen nach Absatz 1 Vermögensnachteile, so ist vom Land eine angemessene Entschädigung in Geld zu leisten oder auf Verlangen des Geschädigten der frühere Zustand wieder herzustellen. ²Über Art und Höhe der Entschädigung entscheiden im Streitfall die ordentlichen Gerichte.

§ 75 Forststatistik; Auskunftpflicht

(1) ¹Der Waldbesitzer ist verpflichtet, zu statistischen Zwecken Angaben über seinen Forstbetrieb zu machen. ²Er hat ferner der Forstbehörde auf Verlangen die Auskünfte zu erteilen, die zur Durchführung dieses Gesetzes oder sonstiger forstrechtlicher Vorschriften erforderlich sind.

(2) Der Auskunftspflichtige kann die Auskunft auf solche Fragen verweigern, deren Beantwortung ihn selbst oder einen der in § 383 Abs. 1 Nr. 1–3 der Zivilprozeßordnung bezeichneten Angehörigen der Gefahr aussetzen würde, wegen einer Straftat oder einer Ordnungswidrigkeit verfolgt zu werden.

(3) Bedienstete, die nach Absatz 1 fremde Betriebs- oder Geschäftsgeheimnisse oder Einzelangaben erfahren, haben diese geheim zu halten.

3. Abschnitt
Forstliche Versuchs- und Forschungsanstalt

§ 76 Forstliche Versuchs- und Forschungsanstalt

(1) ¹Die Forstliche Versuchs- und Forschungsanstalt Baden-Württemberg (FVA) ist eine nichtrechtsfähige öffentliche Anstalt, die der obersten Forstbehörde untersteht. ²Als Ressortforschungseinrichtung hat sie die Aufgabe der anwendungsorientierten Forschung in allen waldbezogenen Belangen und trägt zur Sicherung einer rationalen und wissenschaftlich begründeten nachhaltigen Bewirtschaftung der Wälder bei.

(2) Die FVA hat neben den Aufgaben, die ihr durch Vorschriften dieses oder anderer Gesetze übertragen sind, folgende Aufgaben:

1. dauerhafte und wissenschaftlich basierte Erfassung, Beobachtung und Bereitstellung von ökologischen, ökonomischen und sozialen Kenngrößen (Monitoring), um die Entwicklung des Waldes nach § 1 ausrichten und steuern zu können,

2. Durchführung von Kartierungen und Programmen nach § 7 Absatz 4 Nummer 1 bis 3, im Auftrag der zuständigen Behörden,

3. Forschung zur forst- und holzwirtschaftlichen Nutzung des Waldes, zu gesellschaftlichen Ansprüchen sowie zur biologischen Vielfalt und zu Umwelteinflüssen auf den Wald,

4. Beratung und Unterstützung des Ministeriums,

5. Wissenstransfer und Beratung aller Waldbesitzenden, Behörden, Interessengruppen und der Öffentlichkeit auf Basis von Forschung und Monitoring,

6. Mitwirkung an der fachlichen Fortbildung und

7. Pflege des fachlichen Austauschs mit anderen Landesanstalten, Bundesbehörden und Forschungseinrichtungen.

4. Abschnitt
Landesforstwirtschaftsrat, Landeswaldverband

§ 77 Landesforstwirtschaftsrat

(1) [1]Beim Ministerium wird unter Vorsitz des Ministers ein Landesforstwirtschaftsrat eingerichtet. [2]Er soll das Ministerium bei forstlichen Fragen von grundsätzlicher Bedeutung beraten.

(2) [1]Die Mitglieder des Landesforstwirtschaftsrats werden vom Ministerium auf die Dauer von fünf Jahren berufen. [2]Die Mitgliederzahl kann bis zu 20 Personen betragen. [3]Dem Landesforstwirtschaftsrat sollen insbesondere Vertreter des Waldbesitzes, der Berufsvertretungen, der Forstwissenschaft, des Natur- und Umweltschutzes, der Raumordnung und Landesplanung sowie der Holzwirtschaft angehören.

(3) [1]Für die Beratung des Ministeriums in Angelegenheiten des Körperschaftswaldes und des Privatwaldes ist ein Ausschuß des Landesforstwirtschaftsrats zu bilden. [2]Dem Ausschuß gehören die Vertreter des Körperschaftswaldes und des Privatwaldes im Landesforstwirtschaftsrat an; das Ministerium kann weitere Vertreter des Körperschaftswaldes und des Privatwaldes, die nicht Angehörige des Landesforstwirtschaftsrats sind, berufen. [3]Absatz 2 Satz 1 gilt entsprechend. [4]Die Mitgliederzahl des Ausschusses kann bis zu 15 Personen betragen.

(4) Das Ministerium erläßt eine Geschäftsordnung, die insbesondere die Zusammensetzung des Landesforstwirtschaftsrats und des Ausschusses sowie das Vorschlagsrecht und das Berufungsverfahren regelt.

(5) Die Tätigkeit im Landesforstwirtschaftsrat und im Ausschuß ist ehrenamtlich.

§ 77a Landeswaldverband

(1) Ein rechtsfähiger Zusammenschluss von überörtlich tätigen Vereinigungen, deren satzungsgemäße Tätigkeit sich auf das gesamte Landesgebiet erstreckt, kann auf Antrag von der obersten Forstbehörde als Landeswaldverband anerkannt werden, soweit

1. der Zusammenschluss und seine Mitglieder nach ihren jeweiligen Satzungen auf die Förderung nachhaltiger multifunktionaler Waldwirtschaft im Sinne des § 1 ausgerichtet sind und

2. der Zusammenschluss gemeinnützige Zwecke im Sinne des § 52 der Abgabenordnung verfolgt.

(2) Der Landeswaldverband hat die Aufgabe, die Stellungnahmen seiner Mitglieder zu koordinieren.

(3) Dem Landeswaldverband ist von der zuständigen Behörde rechtzeitig Gelegenheit zur Stellungnahme zu geben

1. vor der Erteilung von Genehmigungen und Umwandlungserklärungen nach den §§ 9 bis 11, sofern eine Fläche von fünf Hektar überschritten wird und

2. vor Erlass von Rechtsverordnungen nach den §§ 31 bis 33.

(4) Die Anerkennung nach Absatz 1 ist zu widerrufen, wenn ihre Voraussetzungen nicht mehr gegeben sind oder wenn der Zusammenschluss seine Aufgaben nicht oder während eines längeren Zeitraums unzulänglich erfüllt hat.

Achter Teil

Forstschutz

§ 78 Forstschutz

Der Forstschutz umfaßt die Aufgabe

1. Gefahren, die dem Wald und den seinen Funktionen dienenden Einrichtungen durch Dritte drohen, abzuwehren und Störungen der öffentlichen Sicherheit oder Ordnung im Wald zu beseitigen sowie

2. rechtswidrige Handlungen Dritter zu verfolgen, die einen Bußgeldtatbestand im Sinne des § 83 oder des § 85 Abs. 2 oder einen sonstigen auf den Schutz des Waldes oder seiner Einrichtungen gerichteten Straf- oder Bußgeldtatbestand verwirklichen.

§ 79 Ausübung des Forstschutzes; Forstschutzbeauftragte

(1) Der Forstschutz obliegt

1. der Forstbehörde,

2. den Forstschutzbeauftragten.

(2) Forstschutzbeauftragte sind

1. die Bediensteten im forstlichen Revierdienst der unteren Forstbehörden, der Körperschaften sowie von Forst Baden-Württemberg im Staatswald,

2. Privatforstbedienstete, wenn sie nach § 80 verpflichtet sind.

(3) ¹Soweit ein Bedürfnis besteht, kann die Forstbehörde in begrenztem Umfang die Rechte und Pflichten eines Forstschutzbeauftragten auf sonstige Personen übertragen. ²Das Ministerium wird ermächtigt, das Nähere durch Rechtsverordnung zu regeln.

(4) ¹Die Forstschutzbeauftragten haben bei der Ausübung des Forstschutzes die Stellung von Polizeibeamten im Sinne des Polizeigesetzes. ²§ 67 Abs. 2 Satz 3 und 4 gilt entsprechend.

(5) Der Forstschutz ist unter Aufsicht der Forstbehörde und nach deren näherer Weisung auszuüben.

(6) Die Befugnisse des Polizeivollzugsdienstes bleiben unberührt.

§ 80 Verpflichtung der Privatforstbediensteten

¹Die Verpflichtung der Privatforstbediensteten als Forstschutzbeauftragte nach § 79 Absatz 2 Nummer 2 obliegt der Forstbehörde. ²Sie erfolgt auf Antrag des Waldbesitzers, wenn die zu verpflichtende Person

1. eine für Forstbedienstete des Landes vorgeschriebene Ausbildung oder eine gleichwertige Ausbildung mit Erfolg abgeschlossen hat und

2. keine Bedenken gegen die Zuverlässigkeit oder die Eignung zum Forstschutz bestehen.

§ 81 Weitere Aufgaben der Forstschutzbeauftragten

(1) Die Forstschutzbeauftragten sind im Rahmen ihrer Dienstaufgaben verpflichtet, rechtswidrige Handlungen, die einen auf den Schutz der Natur oder Umwelt gerichteten Straf- oder Bußgeldtatbestand verwirklichen,

1. zu verhüten,

2. ihre Fortsetzung zu verhindern und

3. anzuzeigen.

(2) Die Forstschutzbeauftragten haben bei der Verfolgung der in Absatz 1 genannten Handlungen mitzuwirken, soweit dies gesetzlich besonders bestimmt ist.

§ 82 Örtliche Zuständigkeit der Forstschutzbeauftragten

(1) Die Forstschutzbeauftragten sind im Bezirk der Forstbehörde, der sie angehören, örtlich zuständig.

(2) Die Forstbehörde kann die örtliche Zuständigkeit von Forstschutzbeauftragten einschränken.

Neunter Teil

Ordnungswidrigkeiten

§ 83 Allgemeine Ordnungswidrigkeiten

(1) Ordnungswidrig handelt, wer vorsätzlich oder fahrlässig im Wald oder in einem Abstand von weniger als 100 Meter von einem Wald

1. ein Vorhaben nach § 41 Abs. 1 ohne die erforderliche Genehmigung ausführt,
2. entgegen § 41 Abs. 4 brennende oder glimmende Gegenstände wegwirft oder sonst unvorsichtig handhabt,
3. ein genehmigtes offenes Feuer oder Licht, ein Feuer in einer eingerichteten und gekennzeichneten Feuerstelle, oder ein offenes Feuer oder Licht, das keiner Genehmigung bedarf, unbeaufsichtigt oder ohne ausreichende Sicherungsmaßnahmen läßt, oder Auflagen, die mit der Genehmigung verbunden sind, nicht befolgt.

(2) Ordnungswidrig handelt auch, wer vorsätzlich oder fahrlässig

1. entgegen § 37 Abs. 3 im Wald außerhalb von Straßen und Wegen oder auf gekennzeichneten Wanderwegen unter 3 Meter Breite, auf Fußwegen oder auf Sport- und Lehrpfaden reitet, oder im Wald außerhalb von Straßen und Wegen oder auf Wegen unter 2 Meter Breite oder auf Sport- und Lehrpfaden radfährt,
2. entgegen § 37 Abs. 1 im Wald die Erholung anderer Waldbesucher beeinträchtigt, insbesondere durch ungebührlichen Lärm, wie Schreien, Grölen, Mißbrauch von Musikinstrumenten oder Musikapparaten,
3. entgegen § 37 Abs. 4 Wald oder forstbetriebliche oder jagdbetriebliche Einrichtungen, deren Betreten nicht zulässig ist, unbefugt betritt,
4. entgegen § 37 Abs. 4 unbefugt fährt, Kraftfahrzeuge oder Anhänger abstellt, zeltet oder unbefugt Verkaufsstände aufstellt,
5. entgegen § 37 Abs. 2 organisierte Veranstaltungen ohne Genehmigung der Forstbehörde durchführt oder an solchen Veranstaltungen teilnimmt,
6. entgegen § 41 Abs. 3 in der Zeit vom 1. März bis 31. Oktober im Wald unbefugt raucht,
7. einer auf Grund von § 70 Nr. 2 oder 3 ergangenen Polizeiverordnung zuwiderhandelt, wenn diese ausdrücklich auf diese Bußgeldvorschrift verweist,
8. Erholungseinrichtungen im Wald mißbräuchlich benutzt oder verunreinigt oder im Bereich von Kinderspielplätzen, Spiel- und Liegewiesen und Wassertretanlagen Hunde frei laufen läßt,
9. im Wald Vorrichtungen, die zum Sperren von Wegen oder die dem Schutz der Einrichtungen nach § 37 Abs. 4 Nr. 5 und 6 dienen, unbefugt öffnet, offenstehen läßt, entfernt oder unbrauchbar macht,
10. im Wald Zeichen oder Vorrichtungen, die zur Abgrenzung, Absperrung, Vermessung oder als Wegweiser dienen, oder Zeichen, die zur Kennzeichnung an Walderzeugnissen angebracht sind, unbefugt zerstört, beschädigt, unbrauchbar macht, verändert oder entfernt,
11. im Wald Zeichen oder Vorrichtungen der in Nummer 10 genannten Art unbefugt anbringt,
12. das zur Bewässerung eines Waldgrundstückes dienende Wasser unbefugt ableitet und dadurch dieses oder ein anderes Waldgrundstück nachteilig beeinflußt oder Gräben, Wälle, Rinnen oder andere Anlagen, die der Be- oder Entwässerung von Waldgrundstücken dienen, unbefugt verändert, beschädigt oder beseitigt,
13. geerntete Walderzeugnisse unbefugt von ihrem Standort entfernt, ihre Stützen wegnimmt oder diese umwirft,
14. im Wald Aufschüttungen oder Abgrabungen unbefugt vornimmt,
15. im Wald Ameisenhaufen zerstört oder beschädigt oder Ameisen oder deren Puppen unbefugt einsammelt,
16. im Wald unbefugt Vieh treibt, Vieh weidet oder weiden läßt.

(3) Ordnungswidrig handelt auch, wer vorsätzlich oder fahrlässig einer auf Grund dieses Gesetzes ergangenen Rechtsverordnung, Satzung oder Anordnung zuwiderhandelt, wenn diese für einen bestimmten Tatbetand auf diese Bußgeldvorschrift verweist.

(4) Die Ordnungswidrigkeit kann mit einer Geldbuße bis zu 2 500 Euro, in besonders schweren Fällen bis zu 10 000 Euro, geahndet werden.

§ 84 Ordnungswidrigkeiten der Waldbesitzer

(1) Ordnungswidrig handelt, wer vorsätzlich oder fahrlässig

1. entgegen § 9 Abs. 1 oder § 11 Abs. 1 Wald ohne Genehmigung in eine andere Nutzungsart umwandelt; der Versuch kann geahndet werden,
2. entgegen § 9 Abs. 7 einen Baumbestand ohne Genehmigung beseitigt,
3. entgegen § 15 Abs. 3 oder § 29 Abs. 2 einen Kahlhieb ohne Genehmigung vornimmt,

4. entgegen § 16 hiebsunreife Bestände nutzt,

5. eine Anzeige nach § 27 Abs. 2 nicht vornimmt,

6. entgegen § 34 Abs. 1 ohne Genehmigung ein Gehege oder eine ähnliche Einrichtung im Wald errichtet oder erweitert,

7. entgegen § 38 Abs. 1 Wald ohne Genehmigung sperrt,

8. einer auf Grund von § 70 Nr. 1 ergangenen Polizeiverordnung zuwiderhandelt, wenn diese ausdrücklich auf diese Bußgeldvorschrift verweist,

9. Angaben oder Auskünfte nach § 75 Abs. 1 nicht richtig, nicht vollständig oder nicht rechtzeitig erteilt.

(2) Ordnungswidrig handelt auch, wer vorsätzlich oder fahrlässig Auflagen, unter denen eine Genehmigung oder Befreiung von Vorschriften dieses Gesetzes oder einer auf Grund dieses Gesetzes erlassenen Rechtsverordnung erteilt werden, nicht, nicht rechtzeitig oder nicht ordnungsgemäß erfüllt.

(3) Die Ordnungswidrigkeit nach Absatz 1 Nr. 1 kann mit einer Geldbuße bis zu 25 000 Euro, die übrigen Ordnungswidrigkeiten können mit einer Geldbuße bis zu 2 500 Euro, in besonders schweren Fällen bis zu 10 000 Euro, geahndet werden.

§ 85 Zuständigkeit zur Verfolgung und Ahndung von Ordnungswidrigkeiten

(1) Verwaltungsbehörden im Sinne des § 36 Abs. 1 Nr. 1 des Gesetzes über Ordnungswidrigkeiten sind in den Fällen des § 83 die Forstbehörde und in den Fällen des § 84 die höhere Forstbehörde.

(2) Steht mit einer nach diesem Gesetz zu ahndenden rechtswidrigen Tat eine Ordnungswidrigkeit nach § 111, § 118 oder § 121 des Gesetzes über Ordnungswidrigkeiten im Zusammenhang oder wird im Wald eine Ordnungswidrigkeit nach § 118, § 121 oder § 122 des Gesetzes über Ordnungswidrigkeiten begangen, so findet auf diese Ordnungswidrigkeit dieses Gesetz Anwendung.

§ 86 Verwarnung

(1) [1]Die Forstschutzbeauftragten (§ 79 Abs. 2) können bei Ordnungswidrigkeiten nach § 83 und bei Ordnungswidrigkeiten, auf die § 85 Abs. 2 dieses Gesetzes Anwendung findet, verwarnen und ein Verwarnungsgeld erheben. [2]§ 56 des Gesetzes über Ordnungswidrigkeiten gilt entsprechend.

(2) Absatz 1 gilt entsprechend bei Ordnungswidrigkeiten, deren Verhütung und Anzeige nach § 81 Abs. 1 zum Aufgabenkreis der Forstschutzbeauftragten gehört.

§ 86a Ersatz von Aufwendungen durch den Fahrzeughalter

Kann bei einem Verstoß gegen § 37 Abs. 4 Nr. 1 der Fahrer des Fahrzeugs, der den Verstoß begangen hat, nicht oder nur mit unangemessenem Aufwand ermittelt werden, kann die Forstbehörde die ihr entstandenen Aufwendungen dem Halter des Fahrzeugs durch Verwaltungsakt auferlegen; er hat dann auch seine Auslagen zu tragen.

§ 87 Einziehung

[1]Gegenstände, die zur Begehung oder Vorbereitung einer Ordnungswidrigkeit gebraucht worden sind oder auf die sich eine Ordnungswidrigkeit bezieht, können eingezogen werden. [2]§ 23 des Gesetzes über Ordnungswidrigkeiten ist anzuwenden.

Zehnter Teil
Übergangs- und Schlußvorschriften

§ 88 Überleitungs- und Verwaltungsvorschriften

(1) Verfahren, die beim Inkrafttreten dieses Gesetzes[1)] bereits eingeleitet waren, sind nach den bisherigen Verfahrensvorschriften weiterzuführen.

(2) Die Eintragung von Flächen in Waldverzeichnisse nach den Vorschriften des württembergischen Forstpolizeigesetzes gilt als Eintragung im Sinne des § 2 Abs. 5.

(3) Gemeinschaftswald, der bei Inkrafttreten dieses Gesetzes[1)] für Körperschaftswald geltenden Vorschriften unterliegt und bei dem die forsttechnische Betriebsleitung oder der forstliche Revierdienst vom Land wahrgenommen wird, behält diese Rechtsstellung, wenn die satzungsmäßigen Vertreter nicht innerhalb eines Jahres gegenüber der höheren Forstbehörde den Verzicht auf diese Rechtsstellung erklären.

---

1) **Amtl. Anm.:** Diese Vorschrift betrifft das Inkrafttreten des Gesetzes in der ursprünglichen Fassung vom 10. Februar 1976 (GBl. S. 99).

(4) Soweit die forstliche Betriebsleitung im Körperschaftswald derzeit von Sachverständigen gemäß Artikel 7 und 8 des württembergischen Körperschaftsforstgesetzes vom 19. Februar 1902 (RegBl. S. 45) wahrgenommen wird, bleibt es bei dieser Regelung, sofern die Körperschaft das Vertragsverhältnis nicht löst.

(5) Das Ministerium erläßt, soweit erforderlich, im Einvernehmen mit den beteiligten Ministerien, die zur Durchführung dieses Gesetzes erforderlichen Verwaltungsvorschriften.

(6) Die Regelung des § 21 Absatz 4 Satz 2 in der ab dem 1. Januar 2020 geltenden Fassung gilt nicht für Personen, die am Tag vor dem 1. Januar 2020 als staatlich geprüfte Forsttechnikerin oder als staatlich geprüfter Forsttechniker oder im mittleren technischen Forstdienst zur Leiterin oder zum Leiter eines Forstreviers im Körperschaftswald bestellt sind.

§ 89 Änderung bestehender Vorschriften
(nicht abgedruckt)

§ 90 Aufhebung von Rechtsvorschriften
(nicht abgedruckt)

§ 91 Inkrafttreten[1)]
[1]Dieses Gesetz tritt am 1. April 1976 in Kraft. [2]Vorschriften, die zum Erlaß von Rechts- und Verwaltungsvorschriften ermächtigen, treten am Tage nach der Verkündung in Kraft.

Anlage
zu § 30a Abs. 2

Definition der Biotopschutzwaldarten
Inhaltsübersicht

	Vorbemerkung
1	Regional seltene, naturnahe Waldgesellschaften
1.1	Naturnahe Buchenwälder
1.2	Naturnahe Eichenwälder
1.3	Naturnahe Fichtenwälder
1.4	Naturnahe Tannenwälder
2.1	Tobel und Klingen im Wald mit naturnaher Begleitvegetation
2.2	Kare und Toteislöcher im Wald mit naturnaher Begleitvegetation
3.1	Wälder als Reste historischer Bewirtschaftungsformen
3.2	Strukturreiche Waldränder

Die nach § 24a Abs. 1[2)] Naturschutzgesetz geschützten Biotope im Wald sind in der Anlage zu § 24a Abs. 1[2)] Naturschutzgesetz definiert.

Vorbemerkung:

1.
Der Biotopschutzwald nach § 30a wird anhand der Standortverhältnisse, der Vegetation und sonstiger Eigenschaften definiert.

2.
Als naturnahe Wälder werden Wälder bezeichnet, deren Baumschicht weitgehend aus standortheimischen Baumarten besteht und die eine weitgehende Übereinstimmung von Standort, Waldbestand und Bodenvegetation aufweisen.

3.
Als regional selten werden naturnahe Waldgesellschaften bezeichnet, die von Natur aus selten oder ursprünglich regionaltypisch weit verbreitet waren, infolge menschlicher Tätigkeit jedoch selten geworden sind. Die regionale Seltenheit ergibt sich aus der vorhandenen Waldzusammensetzung auf der Grundlage der standortkundlichen regionalen Gliederung Baden-Württembergs.

---

1) **Amtl. Anm.:** Diese Vorschrift betrifft das Inkrafttreten des Gesetzes in der ursprünglichen Fassung vom 10. Februar 1976 (GBl. S. 99).

2) Nunmehr § 32 Abs. 1 NatSchG.

4.
Wälder als Reste historischer Bewirtschaftungsformen und strukturreiche Waldränder sind Biotope, die in ihrer Struktur eine hohe Vielfalt und eine für den Standort typische Pflanzen- oder Tierartenzusammensetzung aufweisen. Sie sind anthropogen oder durch Sukzession entstanden und bedürfen in der Regel einer intensiven Pflege.

1 Regional seltene, naturnahe Waldgesellschaften

1.1 Naturnahe Buchenwälder
Regional seltene, naturnahe Buchenwälder sind naturnahe Wälder auf mäßig trockenen bis frischen Standorten unterschiedlicher Nährstoffausstattung. Zu den regional seltenen, naturnahen Buchenwäldern gehören regional seltene und selten gewordene Platterbsen-Kalkbuchenwälder, Waldmeister-Buchenwälder, Hainsimsen-Buchenwälder, Heidelbeer-Buchenwälder und hochstaudenreiche Ahorn-Buchenwälder.
Besonders typische Arten der regional seltenen, naturnahen Buchenwälder sind:
Buche (Fagus sylvatica), Esche (Fraxinus excelsior), Bergahorn (Acer pseudoplatanus), Traubeneiche (Quercus petraea), Weißtanne (Abies alba), Stechpalme (Ilex aquifolium), Heckenkirsche (Lonicera spec.), Waldbingelkraut (Mercurialis perennis), Grauer Alpendost (Adenostyles alliariae), Hasenlattich (Prenanthes purpurea), Wald-Veilchen (Viola reichenbachiana), Drahtschmiele (Deschampsia flexuosa), Hainsimsen (Luzula spec.), Buschwindröschen (Anemone nemorosa), Waldmeister (Galium odoratum), Perlgras (Melica spec.), Waldgerste (Hordelymus europaeus).

1.2 Naturnahe Eichenwälder
Regional seltene, naturnahe Eichenwälder sind naturnahe Wälder auf mäßig nährstoffreichen bis nährstoffarmen Standorten der planaren bis submontanen Höhenstufe. Im Gegensatz zu den Feuchtwäldern und den Wäldern trockenwarmer Standorte prägt der mäßig frische bis wechselfeuchte oder mäßig frische bis mäßig trockene Wasserhaushalt die regional seltenen, naturnahen Eichenwälder. Zu den regional seltenen, naturnahen Eichenwäldern gehören seltene und selten gewordene Hainbuchen-Stieleichenwälder, Hainbuchen-Traubeneichenwälder, Traubeneichen-Buchenwälder, Birken-Stieleichenwälder, Hainsimsen-Traubeneichenwälder.
Besonders typische Arten der regional seltenen, naturnahen Eichenwälder sind:
Stieleiche (Quercus robur), Traubeneiche (Quercus petraea), Buche (Fagus sylvatica), Hainbuche (Carpinus betulus), Winterlinde (Tilia cordata), Weißdorn (Crataegus spec.), Rote Heckenkirsche (Lonicera xylosteum), Sternmiere (Stellaria holostea), Labkraut (Galium sylvaticum), Waldziest (Stachys sylvatica), Flatterhirse (Milium effusum), Weiße Hainsimse (Luzula luzuloides), Wiesen-Wachtelweizen (Melampyrum pratense), Pfeifengras (Molinia caerulea agg.), Drahtschmiele (Deschampsia flexuosa), Salbei-Gamander (Teucrium scorodinia).

1.3 Naturnahe Fichtenwälder
Regional seltene, naturnahe Fichtenwälder sind naturnahe Wälder kalter, niederschlagsreicher und luftfeuchter Standorte auf sauren Substraten der montanen und hochmontanen Höhenstufe. Zu den regional seltenen, naturnahen Fichtenwäldern gehört der Peitschenmoos-Fichtenwald.
Besonders typische Arten der regional seltenen, naturnahen Peitschenmoos-Fichtenwaldes sind:
Fichte (Picea abies), Tanne (Abies alba), Birke (Betula spec.), Eberesche (Sorbus aucuparia), Peitschenmoos (Bazzania trilobata), Beersträucher (Vaccinium spec.), Sprossender Bärlapp (Lycopodium annotinum), spezifische Moose und Farne.

1.4 Naturnahe Tannenwälder
Regional seltene, naturnahe Tannenwälder sind naturnahe Mischwälder auf mäßig nährstoffreichen bis nährstoffarmen Standorten der submontanen und montanen Höhenstufe. Zu den regional seltenen, naturnahen Tannenwäldern gehören regional selten gewordene Hainsimsen-Fichten-Tannenwälder, Labkraut-Tannenwälder, Beerstrauch-Tannenwälder mit Eiche oder Kiefer und der artenreiche Tannen-Mischwald.
Besonders typische Arten der regional seltenen, naturnahen Tannenwälder sind:
Weißtanne (abies alba), Fichte (Picea abies), Buche (Fagus sylvatica), Stieleiche (Quercus robur), Waldkiefer (Pinus sylvestris), Schwarze Heckenkirsche (Lonicera nigra), Roter Holunder (Sambucus racemosa), Beersträucher (Vaccinium spec.), Rundblättriges Labkraut (Galium rotundifolium), Wald-Wachtelweizen (Melampyrum sylvaticum), Flatterhirse (Milium effusum).

2.1 Tobel und Klingen im Wald mit naturnaher Begleitvegetation
Tobel und Klingen sind durch Wassererosion entstandene Geländeeinschnitte mit Steilböschungen ohne ausgeprägte Talbodenentwicklung.

Erfaßt sind Tobel und Klingen mit naturnaher Begleitvegetation einschließlich ihrer oft starken Verzweigungen im Gelände. Nicht erfaßt sind Tobel und Klingen mit naturferner Baumartenzusammensetzung.

2.2 Kare und Toteislöcher im Wald mit naturnaher Begleitvegetation

Kare sind durch eiszeitliche Erosion entstandene Hohlformen in Gebirgshängen. Sie bestehen aus steilen Rück- und Seitenwänden, einem flachen Karboden sowie den seitlich und talseits begrenzenden Karwällen.

Toteislöcher sind kleine, meist kreisrunde Bodensenken, die teilweise mit Wasser gefüllt sind und durch Rückzug der eiszeitlichen Gletscher im Bereich der Grund- und Endmoräne entstanden sind. Nicht erfaßt sind Toteislöcher mit naturferner Baumartenzusammensetzung.

3.1 Wälder als Reste historischer Bewirtschaftungsformen

Wälder als Reste historischer Bewirtschaftungsformen sind historisch bedingte Sondernutzungsformen. Dazu gehören ehemalige Nieder- und Mittelwälder, Eichenschälwälder, Harznutzungswälder, Streunutzungsflächen und Hutewälder.

Erfaßt sind solche Wälder mit historischen Bewirtschaftungsformen, die noch entsprechend bewirtschaftet werden oder die für die Bewirtschaftung typische Struktur aufweisen.

Besonders typische Arten der Wälder als Reste historischer Bewirtschaftungsformen sind:
Stieleiche (Quercus robur), Traubeneiche (Quercus petraea), Rotbuche (Fagus sylvatica), Hainbuche (Carpinus betulus), Edelkastanie (Castanea sativa), Waldkiefer (Pinus sylvestris), Weißdorn (Crataegus spec.), Hasel (Corylus avellana), Rote Heckenkirsche (Lonicera xylosteum), Flattergras (Milium effusum), Hainrispengras (Poa nemoralis), Waldsegge (Carex sylvatica).

3.2 Strukturreiche Waldränder

Waldränder sind überwiegend natürliche oder naturnahe Übergangsbereiche zwischen Wald und offener Landschaft. Als strukturreiche Waldränder werden diese Übergangsbereiche erfaßt, wenn sie ineinander übergehende, stufig aufgebaute Zonen aus Waldsaum, Waldmantel und Waldbestand aufweisen und überwiegend mit standortheimischen Bäumen und Sträuchern bestockt sind. Dazu gehören auch Waldinnenränder.

Besonders typische Arten der strukturreichen Waldränder sind:
Stieleiche (Quercus robur), Traubeneiche (Quercus petraea), Rotbuche (Fagus sylvatica), Hainbuche (Carpinus betulus), Süßkirsche (Prunus avium), Feldahorn (Acer campestre), Feldulme (Ulmus campestre), Schlehe (Prunus spinosa), Weißdorn (Crataegus spec.), Hasel (Corylus avellana), Rote Heckenkirsche (Lonicera xylosteum), Pfaffenhütchen (Euonymus europaeus), Rosen-Arten (Rosa spec.), Echter Kreuzdorn (Rhamnus catharticus), Liguster (Ligustrum vulgare), Holunder (Sambucus spec.).

Landesbauordnung für Baden-Württemberg(LBO)[1]

In der Fassung vom 5. März 2010[2] (GBl. S. 357, ber. S. 416)
(BWGültV Sachgebiet 2133-1)
zuletzt geändert durch ÄndG vom 18. Juli 2019 (GBl. S. 313)

Inhaltsübersicht

Erster Teil
Allgemeine Vorschriften
§ 1 Anwendungsbereich
§ 2 Begriffe
§ 3 Allgemeine Anforderungen

Zweiter Teil
Das Grundstück und seine Bebauung
§ 4 Bebauung der Grundstücke
§ 5 Abstandsflächen
§ 6 Abstandsflächen in Sonderfällen
§ 7 Übernahme von Abständen und
      Abstandsflächen auf Nachbargrundstücke
§ 8 Teilung von Grundstücken
§ 9 Nichtüberbaute Flächen der bebauten
      Grundstücke, Kinderspielplätze
§ 10 Höhenlage des Grundstücks

Dritter Teil
Allgemeine Anforderungen an die Bauausführung
§ 11 Gestaltung
§ 12 Baustelle
§ 13 Standsicherheit
§ 14 Schutz baulicher Anlagen
§ 15 Brandschutz
§ 16 Verkehrssicherheit
§ 16a Bauarten

Vierter Teil
Bauprodukte
§ 16b Allgemeine Anforderungen für die
      Verwendung von Bauprodukten
§ 16c Anforderungen für die Verwendung von
      CE-gekennzeichneten Bauprodukten
§ 17 Verwendbarkeitsnachweise
§ 18 Allgemeine bauaufsichtliche Zulassung
§ 19 Allgemeines bauaufsichtliches Prüfzeugnis
§ 20 Nachweis der Verwendbarkeit von
      Bauprodukten im Einzelfall
§ 21 Übereinstimmungsbestätigung
§ 22 Übereinstimmungserklärung des
      Herstellers
§ 23 Zertifizierung
§ 24 Prüf-, Zertifizierungs- und
      Überwachungsstellen
§ 25 Besondere Sachkunde- und
      Sorgfaltsanforderungen

Fünfter Teil
Der Bau und seine Teile
§ 26 Allgemeine Anforderungen an das
      Brandverhalten von Baustoffen und
      Bauteilen
§ 27 Anforderungen an tragende, aussteifende
      und raumabschließende Bauteile
§ 28 Anforderungen an Bauteile in
      Rettungswegen
§ 29 Aufzugsanlagen
§ 30 Lüftungsanlagen
§ 31 Leitungsanlagen
§ 32 Feuerungsanlagen, sonstige Anlagen zur
      Wärmeerzeugung, Brennstoffversorgung
§ 33 Wasserversorgungs- und
      Wasserentsorgungsanlagen, Anlagen für
      Abfallstoffe und Reststoffe

Sechster Teil
Einzelne Räume, Wohnungen und besondere Anlagen
§ 34 Aufenthaltsräume
§ 35 Wohnungen
§ 36 Toilettenräume und Bäder
§ 37 Stellplätze für Kraftfahrzeuge und
      Fahrräder, Garagen
§ 38 Sonderbauten
§ 39 Barrierefreie Anlagen
§ 40 Gemeinschaftsanlagen

Siebenter Teil
Am Bau Beteiligte, Baurechtsbehörden
§ 41 Grundsatz
§ 42 Bauherr
§ 43 Entwurfsverfasser
§ 44 Unternehmer
§ 45 Bauleiter
§ 46 Aufbau und Besetzung der
      Baurechtsbehörden
§ 47 Aufgaben und Befugnisse der
      Baurechtsbehörden
§ 48 Sachliche Zuständigkeit

Achter Teil
Verwaltungsverfahren, Baulasten
§ 49 Genehmigungspflichtige Vorhaben
§ 50 Verfahrensfreie Vorhaben

---

1) **Amtl. Anm.:** Die Verpflichtungen aus der Richtlinie 98/34/EG des Europäischen Parlaments und des Rates vom 22. Juni 1998 über ein Informationsverfahren auf dem Gebiet der Normen und technischen Vorschriften und der Vorschriften für die Dienste der Informationsgesellschaft (ABl. L 204 vom 21. Juli 1998, S. 37), die zuletzt durch die Richtlinie 2006/96/EG vom 20. November 2006 (ABl. L 363 vom 20. Dezember 2006, S. 81) geändert worden ist, sind beachtet worden.

2) Neubekanntmachung der LBO v. 8.8.1995 (GBl. S. 617) in der ab 1.3.2010 geltenden Fassung.

§ 51 Kenntnisgabeverfahren
§ 52 Vereinfachtes Baugenehmigungsverfahren
§ 53 Bauvorlagen und Bauantrag
§ 54 Fristen im Genehmigungsverfahren, gemeindliches Einvernehmen
§ 55 Beteiligung der Nachbarn und der Öffentlichkeit
§ 56 Abweichungen, Ausnahmen und Befreiungen
§ 57 Bauvorbescheid
§ 58 Baugenehmigung
§ 59 Baubeginn
§ 60 Sicherheitsleistung
§ 61 Teilbaugenehmigung
§ 62 Geltungsdauer der Baugenehmigung
§ 63 Verbot unrechtmäßig gekennzeichneter Bauprodukte
§ 64 Einstellung von Arbeiten
§ 65 Abbruchsanordnung und Nutzungsuntersagung
§ 66 Bauüberwachung

§ 67 Bauabnahmen, Inbetriebnahme der Feuerungsanlagen
§ 68 Typenprüfung
§ 69 Fliegende Bauten
§ 70 Zustimmungsverfahren, Vorhaben der Landesverteidigung
§ 71 Übernahme von Baulasten
§ 72 Baulastenverzeichnis

Neunter Teil
Rechtsvorschriften, Ordnungswidrigkeiten Übergangs- und Schlussvorschriften

§ 73 Rechtsverordnungen
§ 73a Technische Baubestimmungen
§ 74 Örtliche Bauvorschriften
§ 75 Ordnungswidrigkeiten
§ 76 Bestehende bauliche Anlagen
§ 77 Übergangsvorschriften
§ 78 Außerkrafttreten bisherigen Rechts
§ 79 Inkrafttreten

Erster Teil
Allgemeine Vorschriften

§ 1 Anwendungsbereich

(1) [1]Dieses Gesetz gilt für bauliche Anlagen und Bauprodukte. [2]Es gilt auch für Grundstücke, andere Anlagen und Einrichtungen, an die in diesem Gesetz oder in Vorschriften auf Grund dieses Gesetzes Anforderungen gestellt werden. [3]Es gilt ferner für Anlagen nach Absatz 2, soweit an sie Anforderungen auf Grund von § 74 gestellt werden.

(2) [1]Dieses Gesetz gilt

1.   bei öffentlichen Verkehrsanlagen nur für Gebäude,
2.   bei den der Aufsicht der Wasserbehörden unterliegenden Anlagen nur für Gebäude, Überbrückungen, Abwasseranlagen, Wasserbehälter, Pumpwerke, Schachtbrunnen, ortsfeste Behälter für Treibstoffe, Öle und andere wassergefährdende Stoffe, sowie für Abwasserleitungen auf Baugrundstücken,
3.   bei den der Aufsicht der Bergbehörden unterliegenden Anlagen nur für oberirdische Gebäude,
4.   bei Leitungen aller Art nur für solche auf Baugrundstücken.

[2]Es gilt nicht für Kräne und Krananlagen mit Ausnahme ihrer Bahnen und Unterstützungen, wenn diese mit einer baulichen Anlage verbunden sind.

§ 2 Begriffe

(1) [1]Bauliche Anlagen sind unmittelbar mit dem Erdboden verbundene, aus Bauprodukten hergestellte Anlagen. [2]Eine Verbindung mit dem Erdboden besteht auch dann, wenn die Anlage durch eigene Schwere auf dem Boden ruht oder wenn die Anlage nach ihrem Verwendungszweck dazu bestimmt ist, überwiegend ortsfest benutzt zu werden. [3]Als bauliche Anlagen gelten auch

1.   Aufschüttungen und Abgrabungen,
2.   Ausstellungs-, Abstell- und Lagerplätze,
3.   Camping-, Wochenend- und Zeltplätze,
4.   Sport- und Spielflächen,
5.   Freizeit- und Vergnügungsparks,
6.   Stellplätze.

(2) Gebäude sind selbständig benutzbare, überdeckte bauliche Anlagen, die von Menschen betreten werden können und geeignet sind, dem Schutz von Menschen, Tieren oder Sachen zu dienen.

(3) Wohngebäude sind Gebäude, die überwiegend der Wohnnutzung dienen und außer Wohnungen allenfalls Räume für die Berufsausübung freiberuflich oder in ähnlicher Art Tätiger sowie die zugehörigen Garagen und Nebenräume enthalten.

(4) [1]Gebäude werden in folgende Gebäudeklassen eingeteilt:

1. Gebäudeklasse 1:
   freistehende Gebäude mit einer Höhe bis zu 7 m und nicht mehr als zwei Nutzungseinheiten von insgesamt nicht mehr als 400 m[2] und freistehende land- oder forstwirtschaftlich genutzte Gebäude,
2. Gebäudeklasse 2:
   Gebäude mit einer Höhe bis zu 7 m und nicht mehr als zwei Nutzungseinheiten von insgesamt nicht mehr als 400 m[2],
3. Gebäudeklasse 3:
   sonstige Gebäude mit einer Höhe bis zu 7 m,
4. Gebäudeklasse 4:
   Gebäude mit einer Höhe bis zu 13 m und Nutzungseinheiten mit jeweils nicht mehr als 400 m[2],
5. Gebäudeklasse 5:
   sonstige Gebäude einschließlich unterirdischer Gebäude.

[2]Höhe im Sinne des Satzes 1 ist das Maß der Fußbodenoberkante des höchstgelegenen Geschosses, in dem ein Aufenthaltsraum möglich ist, über der Geländeoberfläche im Mittel. [3]Grundflächen von Nutzungseinheiten im Sinne dieses Gesetzes sind die Brutto-Grundflächen; bei der Berechnung der Brutto-Grundflächen nach Satz 1 bleiben Flächen in Kellergeschossen außer Betracht.

(5) [1]Geschosse sind oberirdische Geschosse, wenn ihre Deckenoberkanten im Mittel mehr als 1,4 m über die Geländeoberfläche hinausragen; im Übrigen sind sie Kellergeschosse. [2]Hohlräume zwischen der obersten Decke und der Bedachung, in denen Aufenthaltsräume nicht möglich sind, sind keine Geschosse.

(6) [1]Vollgeschosse sind Geschosse, die mehr als 1,4 m über die im Mittel gemessene Geländeoberfläche hinausragen und, von Oberkante Fußboden bis Oberkante Fußboden der darüberliegenden Decke oder bis Oberkante Dachhaut des darüberliegenden Daches gemessen, mindestens 2,3 m hoch sind. [2]Die im Mittel gemessene Geländeoberfläche ergibt sich aus dem arithmetischen Mittel der Höhenlage der Geländeoberfläche an den Gebäudeecken. [3]Keine Vollgeschosse sind

1. Geschosse, die ausschließlich der Unterbringung von haustechnischen Anlagen und Feuerungsanlagen dienen,
2. oberste Geschosse, bei denen die Höhe von 2,3 m über weniger als drei Viertel der Grundfläche des darunterliegenden Geschosses vorhanden ist.

[4]Hohlräume zwischen der obersten Decke und dem Dach, deren lichte Höhe geringer ist, als sie für Aufenthaltsräume nach § 34 Abs. 1 erforderlich ist, sowie offene Emporen bis zu einer Grundfläche von 20 m[2] bleiben außer Betracht.

(7) Aufenthaltsräume sind Räume, die zum nicht nur vorübergehenden Aufenthalt von Menschen bestimmt oder geeignet sind.

(8) [1]Stellplätze sind Flächen, die dem Abstellen von Kraftfahrzeugen und Fahrrädern außerhalb der öffentlichen Verkehrsflächen dienen. [2]Garagen sind Gebäude oder Gebäudeteile zum Abstellen von Kraftfahrzeugen. [3]Ausstellungs-, Verkaufs-, Werk- und Lagerräume sind keine Stellplätze oder Garagen.

(9) [1]Anlagen der Außenwerbung (Werbeanlagen) sind alle örtlich gebundenen Einrichtungen, die der Ankündigung oder Anpreisung oder als Hinweis auf Gewerbe oder Beruf dienen und vom öffentlichen Verkehrsraum aus sichtbar sind. [2]Hierzu gehören vor allem Schilder, Beschriftungen, Bemalungen, Lichtwerbungen, Schaukästen sowie für Anschläge oder Lichtwerbung bestimmte Säulen, Tafeln und Flächen. [3]Keine Werbeanlagen im Sinne dieses Gesetzes sind

1. Werbeanlagen, die im Zusammenhang mit allgemeinen Wahlen oder Abstimmungen angebracht oder aufgestellt werden, während der Dauer des Wahlkampfes,
2. Werbeanlagen in Form von Anschlägen,
3. Werbeanlagen an Baustellen, soweit sie sich auf das Vorhaben beziehen,
4. Lichtwerbungen an Säulen, Tafeln oder Flächen, die allgemein dafür baurechtlich genehmigt sind,
5. Auslagen und Dekorationen in Schaufenstern und Schaukästen,
6. Werbemittel an Verkaufsstellen für Zeitungen und Zeitschriften.

(10) Bauprodukte sind
1. Produkte, Baustoffe, Bauteile und Anlagen sowie Bausätze gemäß Artikel 2 Nummer 2 der Verordnung (EU) Nr. 305/2011 des Europäischen Parlaments und des Rates vom 9. März 2011 zur Festlegung harmonisierter Bedingungen für die Vermarktung von Bauprodukten und zur Aufhebung der Richtlinie 89/106/EWG des Rates (ABl. L 88 vom 4.4.2011, S. 5, ber. ABl. L 103 vom 12.4.2013, S. 10), die zuletzt durch Delegierte Verordnung (EU) Nr. 574/2014 (ABl. L 159 vom 28.5.2014, S. 41) geändert worden ist, die hergestellt werden, um dauerhaft in bauliche Anlagen eingebaut zu werden,
2. aus Produkten, Baustoffen, Bauteilen sowie Bausätzen gemäß Artikel 2 Nummer 2 der Verordnung (EU) Nr. 305/2011 vorgefertigte Anlagen, die hergestellt werden, um mit dem Erdboden verbunden zu werden,
und deren Verwendung sich auf die Anforderungen nach § 3 Absatz 1 Satz 1 auswirken kann.
(11) Bauart ist das Zusammenfügen von Bauprodukten zu baulichen Anlagen oder Teilen von baulichen Anlagen.
(12) Feuerstätten sind Anlagen oder Einrichtungen, die in oder an Gebäuden ortsfest benutzt werden und dazu bestimmt sind, durch Verbrennung Wärme zu erzeugen.
(13) Es stehen gleich
1. der Errichtung das Herstellen, Aufstellen, Anbringen, Einbauen, Einrichten, Instandhalten, Ändern und die Nutzungsänderung,
2. dem Abbruch das Beseitigen,
soweit nichts anderes bestimmt ist.
(14) Maßgebend sind in den Absätzen 4, 5 und 6 Satz 1 und 3 die Rohbaumaße.

§ 3 Allgemeine Anforderungen

(1) [1]Bauliche Anlagen sowie Grundstücke, andere Anlagen und Einrichtungen im Sinne von § 1 Abs. 1 Satz 2 sind so anzuordnen und zu errichten, dass die öffentliche Sicherheit oder Ordnung, insbesondere Leben, Gesundheit oder die natürlichen Lebensgrundlagen, nicht bedroht werden und dass sie ihrem Zweck entsprechend ohne Missstände benutzbar sind; dabei sind die Grundanforderungen an Bauwerke gemäß Anhang I der Verordnung (EU) Nr. 305/2011 zu berücksichtigen. [2]Für den Abbruch baulicher Anlagen gilt dies entsprechend.
(2) In die Planung von Gebäuden sind die Belange von Personen mit kleinen Kindern, Menschen mit Behinderung und alten Menschen nach Möglichkeit einzubeziehen.

Zweiter Teil
Das Grundstück und seine Bebauung

§ 4 Bebauung der Grundstücke

(1) Gebäude dürfen nur errichtet werden, wenn das Grundstück in angemessener Breite an einer befahrbaren öffentlichen Verkehrsfläche liegt oder eine befahrbare, öffentlich-rechtlich gesicherte Zufahrt zu einer befahrbaren öffentlichen Verkehrsfläche hat; bei Wohnwegen kann auf die Befahrbarkeit verzichtet werden, wenn keine Bedenken wegen des Brandschutzes bestehen.
(2) Die Errichtung eines Gebäudes auf mehreren Grundstücken ist zulässig, wenn durch Baulast gesichert ist, dass keine Verhältnisse eintreten können, die den Vorschriften dieses Gesetzes oder den auf Grund dieses Gesetzes erlassenen Vorschriften zuwiderlaufen.
(3) [1]Bauliche Anlagen mit Feuerstätten müssen von Wäldern, Mooren und Heiden mindestens 30 m entfernt sein; die gleiche Entfernung ist mit Gebäuden von Wäldern sowie mit Wäldern von Gebäuden einzuhalten. [2]Dies gilt nicht für Gebäude, die nach den Festsetzungen des Bebauungsplans mit einem geringeren Abstand als nach Satz 1 zulässig sind, sowie für bauliche Änderungen rechtmäßig bestehender baulicher Anlagen. [3]Ausnahmen können zugelassen werden. [4]Größere Abstände können verlangt werden, soweit dies wegen des Brandschutzes oder zur Sicherheit der Gebäude erforderlich ist.

§ 5 Abstandsflächen

(1) [1]Vor den Außenwänden von baulichen Anlagen müssen Abstandsflächen liegen, die von oberirdischen baulichen Anlagen freizuhalten sind. [2]Eine Abstandsfläche ist nicht erforderlich vor Außenwänden an Grundstücksgrenzen, wenn nach planungsrechtlichen Vorschriften

1. an die Grenze gebaut werden muss, es sei denn, die vorhandene Bebauung erfordert eine Abstandsfläche, oder
2. an die Grenze gebaut werden darf und öffentlich-rechtlich gesichert ist, dass auf dem Nachbargrundstück ebenfalls an die Grenze gebaut wird.

[3]Die öffentlich-rechtliche Sicherung ist nicht erforderlich, wenn nach den Festsetzungen einer abweichenden Bauweise unabhängig von der Bebauung auf dem Nachbargrundstück an die Grenze gebaut werden darf.

(2) [1]Die Abstandsflächen müssen auf dem Grundstück selbst liegen. [2]Sie dürfen auch auf öffentlichen Verkehrsflächen, öffentlichen Grünflächen und öffentlichen Wasserflächen liegen, bei beidseitig anbaubaren Flächen jedoch nur bis zu deren Mitte.

(3) [1]Die Abstandsflächen dürfen sich nicht überdecken. [2]Dies gilt nicht für Abstandsflächen von Außenwänden, die in einem Winkel von mehr als 75° zueinander stehen.

(4) [1]Die Tiefe der Abstandsfläche bemisst sich nach der Wandhöhe; sie wird senkrecht zur jeweiligen Wand gemessen. [2]Als Wandhöhe gilt das Maß vom Schnittpunkt der Wand mit der Geländeoberfläche bis zum Schnittpunkt der Wand mit der Dachhaut oder bis zum oberen Abschluss der Wand. [3]Ergeben sich bei einer Wand durch die Geländeoberfläche unterschiedliche Höhen, ist die im Mittel gemessene Wandhöhe maßgebend. [4]Sie ergibt sich aus dem arithmetischen Mittel der Höhenlage an den Eckpunkten der baulichen Anlage; liegen bei einer Wand die Schnittpunkte mit der Dachhaut oder die oberen Abschlüsse verschieden hoch, gilt dies für den jeweiligen Wandabschnitt. [5]Maßgebend ist die tatsächliche Geländeoberfläche nach Ausführung des Bauvorhabens, soweit sie nicht zur Verringerung der Abstandsflächen angelegt wird oder wurde.

(5) Auf die Wandhöhe werden angerechnet
1. die Höhe von Dächern oder Dachaufbauten mit einer Neigung von mehr als 70° voll und von mehr als 45° zu einem Viertel,
2. die Höhe einer Giebelfläche zur Hälfte des Verhältnisses, in dem ihre tatsächliche Fläche zur gedachten Gesamtfläche einer rechteckigen Wand mit denselben Maximalabmessungen steht; die Giebelfläche beginnt an der Horizontalen durch den untersten Schnittpunkt der Wand mit der Dachhaut,
3. bei Windenergieanlagen nur die Höhe bis zur Rotorachse, wobei die Tiefe der Abstandsfläche mindestens der Länge des Rotorradius entsprechen muss.

(6) [1]Bei der Bemessung der Abstandsfläche bleiben außer Betracht
1. untergeordnete Bauteile wie Gesimse, Dachvorsprünge, Eingangs- und Terassenüberdachungen, wenn sie nicht mehr als 1,5 m vor die Außenwand vortreten,
2. Vorbauten wie Wände, Erker, Balkone, Tür- und Fenstervorbauten, wenn sie nicht breiter als 5 m sind, nicht mehr als 1,5 m vortreten

und von Nachbargrenzen mindestens 2 m entfernt bleiben. [2]Außerdem bleibt die nachträgliche Wärmedämmung eines bestehenden Gebäudes außer Betracht, wenn sie einschließlich der Bekleidung nicht mehr als 0,30 m vor die Außenwand tritt; führt eine nachträgliche Dämmung des Daches zu einer größeren Wandhöhe, ist die zusätzlich erforderliche Abstandsfläche auf dieses Maß anzurechnen.

(7) [1]Die Tiefe der Abstandsflächen beträgt
1. allgemein 0,4 der Wandhöhe,
2. in Kerngebieten, Dorfgebieten, urbanen Gebieten und in besonderen Wohngebieten 0,2 der Wandhöhe,
3. in Gewerbegebieten und in Industriegebieten, sowie in Sondergebieten, die nicht der Erholung dienen, 0,125 der Wandhöhe.

[2]Sie darf jedoch 2,5 m, bei Wänden bis 5 m Breite 2 m nicht unterschreiten.

§ 6 Abstandsflächen in Sonderfällen

(1) [1]In den Abstandsflächen baulicher Anlagen sowie ohne eigene Abstandsflächen sind zulässig:
1. Gebäude oder Gebäudeteile, die eine Wandhöhe von nicht mehr als 1 m haben,
2. Garagen, Gewächshäuser und Gebäude ohne Aufenthaltsräume mit einer Wandhöhe bis 3 m und einer Wandfläche bis 25 m²,
3. bauliche Anlagen, die keine Gebäude sind, soweit sie nicht höher als 2,5 m sind oder ihre Wandfläche nicht mehr als 25 m² beträgt,

4. landwirtschaftliche Gewächshäuser, die nicht unter Nummer 2 fallen, soweit sie mindestens 1 m Abstand zu Nachbargrenzen einhalten.

[2]Für die Ermittlung der Wandhöhe nach Satz 1 Nr. 2 ist der höchste Punkt der Geländeoberfläche zugrunde zu legen. [3]Die Grenzbebauung im Falle des Satzes 1 Nr. 2 darf entlang den einzelnen Nachbargrenzen 9 m und insgesamt 15 m nicht überschreiten.

(2) Werden mit Gebäuden oder Gebäudeteilen nach Absatz 1 dennoch Abstandsflächen eingehalten, so müssen sie gegenüber Nachbargrenzen eine Tiefe von mindestens 0,5 m haben.

(3) [1]Geringere Tiefen der Abstandsflächen sind zuzulassen, wenn

1. in überwiegend bebauten Gebieten die Gestaltung des Straßenbildes oder besondere örtliche Verhältnisse dies erfordern oder

2. Beleuchtung mit Tageslicht sowie Belüftung in ausreichendem Maße gewährleistet bleiben, Gründe des Brandschutzes nicht entgegenstehen und nachbarliche Belange nicht erheblich beeinträchtigt werden.

[2]In den Fällen der Nummer 1 können geringere Tiefen der Abstandsflächen auch verlangt werden.

§ 7 Übernahme von Abständen und Abstandsflächen auf Nachbargrundstücke

[1]Soweit nach diesem Gesetz oder nach Vorschriften auf Grund dieses Gesetzes Abstände und Abstandsflächen auf dem Grundstück selbst liegen müssen, dürfen sie sich ganz oder teilweise auf andere Grundstücke erstrecken, wenn durch Baulast gesichert ist, dass sie nicht überbaut werden und auf die auf diesen Grundstücken erforderlichen Abstandsflächen nicht angerechnet werden. [2]Vorschriften, nach denen in den Abstandsflächen bauliche Anlagen zulässig sind oder ausnahmsweise zugelassen werden können, bleiben unberührt.

§ 8 Teilung von Grundstücken

(1) Durch die Teilung eines Grundstücks, das bebaut oder dessen Bebauung genehmigt ist, dürfen keine Verhältnisse geschaffen werden, die Vorschriften dieses Gesetzes oder auf Grund dieses Gesetzes widersprechen.

(2) [1]Die geplante Teilung eines Grundstücks nach Absatz 1 ist der unteren Baurechtsbehörde zwei Wochen vorher anzuzeigen; § 19 Absatz 1 BauGB gilt entsprechend. [2]Soll bei der Teilung von Vorschriften dieses Gesetzes oder auf Grund dieses Gesetzes abgewichen werden, ist § 56 entsprechend anzuwenden.

§ 9 Nichtüberbaute Flächen der bebauten Grundstücke, Kinderspielplätze

(1) [1]Die nichtüberbauten Flächen der bebauten Grundstücke müssen Grünflächen sein, soweit diese Flächen nicht für eine andere zulässige Verwendung benötigt werden. [2]Ist eine Begrünung oder Bepflanzung der Grundstücke nicht oder nur sehr eingeschränkt möglich, so sind die baulichen Anlagen zu begrünen, soweit ihre Beschaffenheit, Konstruktion und Gestaltung es zulassen und die Maßnahme wirtschaftlich zumutbar ist.

(2) [1]Bei der Errichtung von Gebäuden mit mehr als drei Wohnungen, die jeweils mindestens zwei Aufenthaltsräume haben, ist auf dem Baugrundstück oder in unmittelbarer Nähe auf einem anderen geeigneten Grundstück, dessen dauerhafte Nutzung für diesen Zweck öffentlich-rechtlich gesichert sein muss, ein ausreichend großer Spielplatz für Kleinkinder anzulegen. [2]Die Art, Größe und Ausstattung der Kinderspielplätze bestimmt sich nach der Zahl und Größe der Wohnungen auf dem Grundstück. [3]Es genügt auch, eine öffentlich-rechtlich gesicherte, ausreichend große Grundstücksfläche von baulichen Anlagen, Bepflanzung und sonstiger Nutzung freizuhalten, die bei Bedarf mit festen oder mobilen Spielgeräten für Kleinkinder belegt werden kann. [4]Die Sätze 1 bis 3 gelten nicht, wenn die Art der Wohnungen einen Kinderspielplatz nicht erfordert.

(3) [1]Die Baurechtsbehörde kann mit Zustimmung der Gemeinde zulassen, dass der Bauherr zur Erfüllung seiner Verpflichtung nach Absatz 2 einen Geldbetrag an die Gemeinde zahlt. [2]Dieser Geldbetrag muss innerhalb eines angemessenen Zeitraums für die Errichtung oder den Ausbau eines nahegelegenen, gefahrlos erreichbaren kommunalen Kinderspielplatzes verwendet werden.

§ 10 Höhenlage des Grundstücks

Bei der Errichtung baulicher Anlagen kann verlangt werden, dass die Oberfläche des Grundstücks erhalten oder ihre Höhenlage verändert wird, um

1.   eine Verunstaltung des Straßen-, Orts- oder Landschaftsbildes zu vermeiden oder zu beseitigen,
2.   die Oberfläche des Grundstücks der Höhe der Verkehrsfläche oder der Höhe der Nachbargrundstücke anzugleichen oder
3.   überschüssigen Bodenaushub zu vermeiden.

Dritter Teil
Allgemeine Anforderungen an die Bauausführung

§ 11 Gestaltung

(1) [1]Bauliche Anlagen sind mit ihrer Umgebung so in Einklang zu bringen, dass sie das Straßen-, Orts- oder Landschaftsbild nicht verunstalten oder deren beabsichtigte Gestaltung nicht beeinträchtigen. [2]Auf Kultur- und Naturdenkmale und auf erhaltenswerte Eigenarten der Umgebung ist Rücksicht zu nehmen.

(2) Bauliche Anlagen sind so zu gestalten, dass sie nach Form, Maßstab, Werkstoff, Farbe und Verhältnis der Baumassen und Bauteile zueinander nicht verunstaltet wirken.

(3) Die Absätze 1 und 2 gelten entsprechend für

1.   Werbeanlagen, die keine baulichen Anlagen sind,
2.   Automaten, die vom öffentlichen Verkehrsraum aus sichtbar sind,
3.   andere Anlagen und Grundstücke im Sinne von § 1 Abs. 1 Satz 2.

(4) In reinen Wohngebieten, allgemeinen Wohngebieten, Dorfgebieten und Kleinsiedlungsgebieten sind nur für Anschläge bestimmte Werbeanlagen sowie Werbeanlagen an der Stätte der Leistung zulässig.

§ 12 Baustelle

(1) Baustellen sind so einzurichten, dass die baulichen Anlagen ordnungsgemäß errichtet oder abgebrochen werden können und Gefahren oder vermeidbare erhebliche Belästigungen nicht entstehen.

(2) [1]Bei der Ausführung genehmigungspflichtiger Vorhaben hat der Bauherr an der Baustelle den von der Baurechtsbehörde nach § 59 Abs. 1 erteilten Baufreigabeschein anzubringen. [2]Der Bauherr hat in den Baufreigabeschein Namen, Anschrift und Rufnummer der Unternehmer für die Rohbauarbeiten spätestens bei Baubeginn einzutragen; dies gilt nicht, wenn an der Baustelle ein besonderes Schild angebracht ist, das diese Angaben enthält. [3]Der Baufreigabeschein muss dauerhaft, leicht lesbar und von der öffentlichen Verkehrsfläche aus sichtbar angebracht sein.

(3) Bei Vorhaben im Kenntnisgabeverfahren hat der Bauherr spätestens bei Baubeginn an der Baustelle dauerhaft, leicht lesbar und von der öffentlichen Verkehrsfläche sichtbar anzugeben:

1.   Die Bezeichnung des Vorhabens,
2.   den Namen und die Anschrift des Entwurfsverfassers und des Bauleiters,
3.   den Namen, die Anschrift und die Rufnummer der Unternehmer für die Rohbauarbeiten.

(4) Bäume, Hecken und sonstige Bepflanzungen, die auf Grund anderer Rechtsvorschriften zu erhalten sind, müssen während der Bauausführung geschützt werden.

§ 13 Standsicherheit

(1) [1]Bauliche Anlagen müssen sowohl im ganzen als auch in ihren einzelnen Teilen sowie für sich allein standsicher sein. [2]Die Standsicherheit muss auch während der Errichtung sowie bei der Durchführung von Abbrucharbeiten gewährleistet sein. [3]Die Standsicherheit anderer baulicher Anlagen und die Tragfähigkeit des Baugrundes der Nachbargrundstücke dürfen nicht gefährdet werden.

(2) Die Verwendung gemeinsamer Bauteile für mehrere bauliche Anlagen ist zulässig, wenn durch Baulast und technisch gesichert ist, dass die gemeinsamen Bauteile beim Abbruch einer der aneinanderstoßenden baulichen Anlagen stehen bleiben können.

§ 14 Schutz baulicher Anlagen

(1) [1]Geräusche, Erschütterungen oder Schwingungen, die von ortsfesten Einrichtungen in einer baulichen Anlage ausgehen, sind so zu dämmen, dass Gefahren sowie erhebliche Nachteile oder Belästigungen nicht entstehen. [2]Gebäude müssen einen ihrer Nutzung entsprechenden Schallschutz haben.

(2) Bauliche Anlagen müssen so angeordnet, beschaffen und gebrauchstauglich sein, dass durch Wasser, Feuchtigkeit, pflanzliche und tierische Schädlinge sowie andere chemische, physikalische oder

biologische Einflüsse Gefahren oder unzumutbare Belästigungen bei sachgerechtem Gebrauch nicht entstehen.

(3) Gebäude müssen einen ihrer Nutzung und den klimatischen Verhältnissen entsprechenden Wärmeschutz haben.

§ 15 Brandschutz

(1) Bauliche Anlagen sind so anzuordnen und zu errichten, dass der Entstehung eines Brandes und der Ausbreitung von Feuer und Rauch (Brandausbreitung) vorgebeugt wird und bei einem Brand die Rettung von Menschen und Tieren sowie wirksame Löscharbeiten möglich sind.

(2) Bauliche Anlagen, die besonders blitzgefährdet sind oder bei denen Blitzschlag zu schweren Folgen führen kann, sind mit dauernd wirksamen Blitzschutzanlagen zu versehen.

(3) Jede Nutzungseinheit muss in jedem Geschoss mit Aufenthaltsräumen über mindestens zwei voneinander unabhängige Rettungswege erreichbar sein; beide Rettungswege dürfen jedoch innerhalb eines Geschosses über denselben notwendigen Flur führen.

(4) [1]Der erste Rettungsweg muss in Nutzungseinheiten, die nicht zu ebener Erde liegen, über eine notwendige Treppe oder eine flache Rampe führen. [2]Der erste Rettungsweg für einen Aufenthaltsraum darf nicht über einen Raum mit erhöhter Brandgefahr führen.

(5) [1]Der zweite Rettungsweg kann eine weitere notwendige Treppe oder eine mit Rettungsgeräten der Feuerwehr erreichbare Stelle der Nutzungseinheit sein. [2]Ein zweiter Rettungsweg ist nicht erforderlich, wenn die Rettung über einen sicher erreichbaren Treppenraum möglich ist, in den Feuer und Rauch nicht eindringen können (Sicherheitstreppenraum).

(6) Zur Durchführung wirksamer Lösch- und Rettungsarbeiten durch die Feuerwehr müssen geeignete und von öffentlichen Verkehrsflächen erreichbare Aufstell- und Bewegungsflächen für die erforderlichen Rettungsgeräte vorhanden sein.

(7) [1]Aufenthaltsräume, in denen bestimmungsgemäß Personen schlafen, sowie Rettungswege von solchen Aufenthaltsräumen in derselben Nutzungseinheit sind jeweils mit mindestens einem Rauchwarnmelder auszustatten. [2]Die Rauchwarnmelder müssen so eingebaut oder angebracht werden, dass Brandrauch frühzeitig erkannt und gemeldet wird. [3]Eigentümerinnen und Eigentümer bereits bestehender Nutzungseinheiten sind verpflichtet, diese bis zum 31. Dezember 2014 entsprechend auszustatten. [4]Die Sicherstellung der Betriebsbereitschaft obliegt den unmittelbaren Besitzern, es sei denn, der Eigentümer übernimmt die Verpflichtung selbst.

(8) Gebäude zur Haltung von Tieren müssen über angemessene Einrichtungen zur Rettung der Tiere im Brandfall verfügen.

§ 16 Verkehrssicherheit

(1) Bauliche Anlagen sowie die dem Verkehr dienenden, nichtüberbauten Flächen von bebauten Grundstücken müssen verkehrssicher sein.

(2) Die Sicherheit und Leichtigkeit des öffentlichen Verkehrs darf durch bauliche Anlagen oder deren Nutzung nicht gefährdet werden.

(3) Umwehrungen müssen so beschaffen und angeordnet sein, dass sie Abstürze verhindern und das Überklettern erschweren.

§ 16a Bauarten

(1) Bauarten dürfen nur angewendet werden, wenn bei ihrer Anwendung die baulichen Anlagen bei ordnungsgemäßer Instandhaltung während einer dem Zweck entsprechenden angemessenen Zeitdauer die Anforderungen dieses Gesetzes oder auf Grund dieses Gesetzes erfüllen und für ihren Anwendungszweck tauglich sind.

(2) [1]Bauarten, die von Technischen Baubestimmungen nach § 73a Absatz 2 Nummer 2 oder 3 Buchstabe a wesentlich abweichen oder für die es allgemein anerkannte Regeln der Technik nicht gibt, dürfen bei der Errichtung, Änderung und Instandhaltung baulicher Anlagen nur angewendet werden, wenn für sie

1. eine allgemeine Bauartgenehmigung durch das Deutsche Institut für Bautechnik oder
2. eine vorhabenbezogene Bauartgenehmigung durch die oberste Baurechtsbehörde

erteilt worden ist. [2]§ 18 Absatz 2 bis 5 gilt entsprechend.

(3) [1]Anstelle einer allgemeinen Bauartgenehmigung genügt ein allgemeines bauaufsichtliches Prüfzeugnis für Bauarten, wenn die Bauart nach allgemein anerkannten Prüfverfahren beurteilt werden

kann. ²In den Technischen Baubestimmungen nach § 73a werden diese Bauarten mit der Angabe der maßgebenden technischen Regeln bekannt gemacht. ³§ 19 Absatz 2 gilt entsprechend.

(4) Wenn Gefahren im Sinne des § 3 Absatz 1 Satz 1 nicht zu erwarten sind, kann die oberste Baurechtsbehörde im Einzelfall oder für genau begrenzte Fälle allgemein festlegen, dass eine Bauartgenehmigung nicht erforderlich ist.

(5) ¹Bauarten bedürfen einer Bestätigung ihrer Übereinstimmung mit den Technischen Baubestimmungen nach § 73a Absatz 2, den allgemeinen Bauartgenehmigungen, den allgemeinen bauaufsichtlichen Prüfzeugnissen für Bauarten oder den vorhabenbezogenen Bauartgenehmigungen. ²Als Übereinstimmung gilt auch eine Abweichung, die nicht wesentlich ist. ³§ 21 Absatz 2 gilt für den Anwender der Bauart entsprechend.

(6) ¹Bei Bauarten, deren Anwendung in außergewöhnlichem Maß von der Sachkunde und Erfahrung der damit betrauten Personen oder von einer Ausstattung mit besonderen Vorrichtungen abhängt, kann in der Bauartgenehmigung oder durch Rechtsverordnung der obersten Baurechtsbehörde vorgeschrieben werden, dass der Anwender über solche Fachkräfte und Vorrichtungen verfügt und den Nachweis hierüber gegenüber einer Prüfstelle nach § 24 Satz 1 Nummer 6 zu erbringen hat. ²In der Rechtsverordnung können Mindestanforderungen an die Ausbildung, die durch Prüfung nachzuweisende Befähigung und die Ausbildungsstätten einschließlich der Anerkennungsvoraussetzungen gestellt werden.

(7) Für Bauarten, die einer außergewöhnlichen Sorgfalt bei Ausführung oder Instandhaltung bedürfen, kann in der Bauartgenehmigung oder durch Rechtsverordnung der obersten Baurechtsbehörde die Überwachung dieser Tätigkeiten durch eine Überwachungsstelle nach § 24 Satz 1 Nummer 5 vorgeschrieben werden.

Vierter Teil
Bauprodukte

§ 16b Allgemeine Anforderungen für die Verwendung von Bauprodukten

(1) Bauprodukte dürfen nur verwendet werden, wenn bei ihrer Verwendung die baulichen Anlagen bei ordnungsgemäßer Instandhaltung während einer dem Zweck entsprechenden angemessenen Zeitdauer die Anforderungen dieses Gesetzes oder auf Grund dieses Gesetzes erfüllen und gebrauchstauglich sind.

(2) Bauprodukte, die den in Vorschriften eines anderen Mitgliedstaats der Europäischen Union, eines anderen Vertragsstaats des Abkommens über den Europäischen Wirtschaftsraum oder der Schweiz oder der Türkei genannten technischen Anforderungen entsprechen, dürfen verwendet werden, wenn das geforderte Schutzniveau gemäß § 3 Absatz 1 Satz 1 gleichermaßen dauerhaft erreicht wird.

§ 16c Anforderungen für die Verwendung von CE-gekennzeichneten Bauprodukten

¹Ein Bauprodukt, das die CE-Kennzeichnung trägt, darf verwendet werden, wenn die erklärten Leistungen den in diesem Gesetz oder auf Grund dieses Gesetzes festgelegten Anforderungen für diese Verwendung entsprechen. ²Die §§ 17 bis 25 Absatz 1 gelten nicht für Bauprodukte, die die CE-Kennzeichnung auf Grund der Verordnung (EU) Nr. 305/2011 tragen.

§ 17 Verwendbarkeitsnachweise

(1) Ein Verwendbarkeitsnachweis (§§ 18 bis 20) ist für ein Bauprodukt erforderlich, wenn

1. es keine Technische Baubestimmung und keine allgemein anerkannte Regel der Technik gibt,
2. das Bauprodukt von einer Technischen Baubestimmung nach § 73a Absatz 2 Nummer 3 wesentlich abweicht oder
3. eine Verordnung nach § 73 Absatz 7a es vorsieht.

(2) Ein Verwendbarkeitsnachweis ist nicht erforderlich für ein Bauprodukt, das

1. von einer allgemein anerkannten Regel der Technik abweicht oder
2. für die Erfüllung der Anforderungen dieses Gesetzes oder auf Grund dieses Gesetzes nur eine untergeordnete Bedeutung hat.

(3) Die Technischen Baubestimmungen nach § 73a enthalten eine nicht abschließende Liste von Bauprodukten, die keines Verwendbarkeitsnachweises nach Absatz 1 bedürfen.

§ 18 Allgemeine bauaufsichtliche Zulassung

(1) Das Deutsche Institut für Bautechnik erteilt unter den Voraussetzungen des § 17 Absatz 1 eine allgemeine bauaufsichtliche Zulassung für Bauprodukte, wenn deren Verwendbarkeit im Sinne des § 16b Absatz 1 nachgewiesen ist.

(2) [1]Die zur Begründung des Antrags erforderlichen Unterlagen sind beizufügen. [2]Soweit erforderlich, sind Probestücke vom Antragsteller zur Verfügung zu stellen oder durch Sachverständige, die das Deutsche Institut für Bautechnik bestimmen kann, zu entnehmen oder Probeausführungen unter Aufsicht der Sachverständigen herzustellen. [3]Der Antrag kann zurückgewiesen werden, wenn die Unterlagen unvollständig sind oder erhebliche Mängel aufweisen.

(3) Das Deutsche Institut für Bautechnik kann für die Durchführung der Prüfung die sachverständige Stelle und für Probeausführungen die Ausführungsstelle und Ausführungszeit vorschreiben.

(4) [1]Die allgemeine bauaufsichtliche Zulassung wird widerruflich und für eine bestimmte Frist erteilt, die in der Regel fünf Jahre beträgt. [2]Die Zulassung kann mit Nebenbestimmungen erteilt werden. [3]Sie kann auf schriftlichen Antrag in der Regel um fünf Jahre verlängert werden; § 62 Abs. 2 Satz 2 gilt entsprechend.

(5) [1]Die Zulassung wird unbeschadet der Rechte Dritter erteilt. [2]Das Deutsche Institut für Bautechnik macht die von ihm erteilten allgemeinen bauaufsichtlichen Zulassungen nach Gegenstand und wesentlichem Inhalt öffentlich bekannt. [3]Allgemeine bauaufsichtliche Zulassungen nach dem Recht anderer Bundesländer gelten auch im Land Baden-Württemberg.

§ 19 Allgemeines bauaufsichtliches Prüfzeugnis

(1) [1]Bauprodukte, die nach allgemein anerkannten Prüfverfahren beurteilt werden, bedürfen anstelle einer allgemeinen bauaufsichtlichen Zulassung nur eines allgemeinen bauaufsichtlichen Prüfzeugnisses. [2]Dies wird mit der Angabe der maßgebenden technischen Regeln in den Technischen Baubestimmungen nach § 73a bekanntgemacht.

(2) [1]Ein allgemeines bauaufsichtliches Prüfzeugnis wird von einer Prüfstelle nach § 24 Satz 1 Nummer 1 für Bauprodukte nach Absatz 1 erteilt, wenn deren Verwendbarkeit im Sinne des § 16b Absatz 1 nachgewiesen ist. [2]§ 18 Absatz 2, 4 und 5 gilt entsprechend. [3]Die Anerkennungsbehörde für Stellen nach § 24 Satz 1 Nummer 1 sowie § 73 Absatz 6 Satz 1 Nummer 2 und Satz 2 kann allgemeine bauaufsichtliche Prüfzeugnisse zurücknehmen oder widerrufen; §§ 48 und 49 des Landesverwaltungsverfahrensgesetzes finden Anwendung.

§ 20 Nachweis der Verwendbarkeit von Bauprodukten im Einzelfall

[1]Mit Zustimmung der obersten Baurechtsbehörde dürfen unter den Voraussetzungen des § 17 Absatz 1 im Einzelfall Bauprodukte verwendet werden, wenn ihre Verwendbarkeit im Sinne des § 16b Absatz 1 nachgewiesen ist. [2]Die Zustimmung kann auch für mehrere vergleichbare Fälle erteilt werden. [3]Wenn Gefahren im Sinne des § 3 Absatz 1 Satz 1 nicht zu erwarten sind, kann die oberste Baurechtsbehörde im Einzelfall oder allgemein erklären, dass ihre Zustimmung nicht erforderlich ist.

§ 21 Übereinstimmungsbestätigung

(1) Bauprodukte bedürfen einer Bestätigung ihrer Übereinstimmung mit den Technischen Baubestimmungen nach § 73a Absatz 2, den allgemeinen bauaufsichtlichen Zulassungen, den allgemeinen bauaufsichtlichen Prüfzeugnissen oder den Zustimmungen im Einzelfall; als Übereinstimmung gilt auch eine Abweichung, die nicht wesentlich ist.

(2) Die Bestätigung der Übereinstimmung erfolgt durch Übereinstimmungserklärung des Herstellers (§ 22).

(3) Die Übereinstimmungserklärung hat der Hersteller durch Kennzeichnung der Bauprodukte mit dem Übereinstimmungszeichen (Ü-Zeichen) unter Hinweis auf den Verwendungszweck abzugeben.

(4) Das Ü-Zeichen ist auf dem Bauprodukt, auf einem Beipackzettel oder auf seiner Verpackung oder, wenn dies Schwierigkeiten bereitet, auf dem Lieferschein oder auf einer Anlage zum Lieferschein anzubringen.

(5) Ü-Zeichen aus anderen Bundesländern und aus anderen Staaten gelten auch im Land Baden-Württemberg.

§ 22 Übereinstimmungserklärung des Herstellers

(1) Der Hersteller darf eine Übereinstimmungserklärung nur abgeben, wenn er durch werkseigene Produktionskontrolle sichergestellt hat, dass das von ihm hergestellte Bauprodukt den maßgebenden

technischen Regeln, der allgemeinen bauaufsichtlichen Zulassung, dem allgemeinen bauaufsichtlichen Prüfzeugnis oder der Zustimmung im Einzelfall entspricht.

(2) [1]In den Technischen Baubestimmungen nach § 73a, in den allgemeinen bauaufsichtlichen Zulassungen, in den allgemeinen bauaufsichtlichen Prüfzeugnissen oder in den Zustimmungen im Einzelfall kann eine Prüfung der Bauprodukte durch eine Prüfstelle vor Abgabe der Übereinstimmungserklärung vorgeschrieben werden, wenn dies zur Sicherung einer ordnungsgemäßen Herstellung erforderlich ist. [2]In diesen Fällen hat die Prüfstelle das Bauprodukt daraufhin zu überprüfen, ob es den maßgebenden technischen Regeln, der allgemeinen bauaufsichtlichen Zulassung, dem allgemeinen bauaufsichtlichen Prüfzeugnis oder der Zustimmung im Einzelfall entspricht.

(3) [1]In den Technischen Baubestimmungen nach § 73a, in den allgemeinen bauaufsichtlichen Zulassungen oder in den Zustimmungen im Einzelfall kann eine Zertifizierung vor Abgabe der Übereinstimmungserklärung vorgeschrieben werden, wenn dies zum Nachweis einer ordnungsgemäßen Herstellung eines Bauproduktes erforderlich ist. [2]Die oberste Baurechtsbehörde kann im Einzelfall die Verwendung von Bauprodukten ohne Zertifizierung gestatten, wenn nachgewiesen ist, dass diese Bauprodukte den technischen Regeln, Zulassungen, Prüfzeugnissen oder Zustimmungen nach Absatz 1 entsprechen.

(4) Bauprodukte, die nicht in Serie hergestellt werden, bedürfen nur einer Übereinstimmungserklärung nach Absatz 1, sofern nichts anderes bestimmt ist.

§ 23 Zertifizierung

(1) Dem Hersteller ist ein Übereinstimmungszertifikat von einer Zertifizierungsstelle nach § 24 Satz 1 Nummer 3 zu erteilen, wenn das Bauprodukt
1.   den Technischen Baubestimmungen nach § 73a Absatz 2, der allgemeinen bauaufsichtlichen Zulassung, dem allgemeinen bauaufsichtlichen Prüfzeugnis oder der Zustimmung im Einzelfall entspricht und
2.   einer werkseigenen Produktionskontrolle sowie einer Fremdüberwachung nach Maßgabe des Absatzes 2 unterliegt.

(2) [1]Die Fremdüberwachung ist von Überwachungsstellen nach § 24 Satz 1 Nummer 4 durchzuführen. [2]Die Fremdüberwachung hat regelmäßig zu überprüfen, ob das Bauprodukt den Technischen Baubestimmungen nach § 73a Absatz 2, der allgemeinen bauaufsichtlichen Zulassung, dem allgemeinen bauaufsichtlichen Prüfzeugnis oder der Zustimmung im Einzelfall entspricht.

§ 24 Prüf-, Zertifizierungs- und Überwachungsstellen

[1]Die oberste Baurechtsbehörde kann eine natürliche oder juristische Person als
1.   Prüfstelle für die Erteilung allgemeiner bauaufsichtlicher Prüfzeugnisse (§ 19 Absatz 2),
2.   Prüfstelle für die Überprüfung von Bauprodukten vor Abgabe der Übereinstimmungserklärung (§ 22 Absatz 2),
3.   Zertifizierungsstelle (§ 23 Absatz 1),
4.   Überwachungsstelle für die Fremdüberwachung (§ 23 Absatz 2),
5.   Überwachungsstelle für die Überwachung nach § 16a Absatz 7 und § 25 Absatz 2 oder
6.   Prüfstelle für die Überprüfung nach § 16a Absatz 6 und § 25 Absatz 1
anerkennen, wenn sie oder die bei ihr Beschäftigten nach ihrer Ausbildung, Fachkenntnis, persönlichen Zuverlässigkeit, ihrer Unparteilichkeit und ihren Leistungen die Gewähr dafür bieten, dass diese Aufgaben den öffentlich-rechtlichen Vorschriften entsprechend wahrgenommen werden, und wenn sie über die erforderlichen Vorrichtungen verfügen. [2]Satz 1 ist entsprechend auf Behörden anzuwenden, wenn sie ausreichend mit geeigneten Fachkräften besetzt und mit den erforderlichen Vorrichtungen ausgestattet sind. [3]Die Anerkennung von Prüf-, Zertifizierungs- und Überwachungsstellen anderer Bundesländer gilt auch im Land Baden-Württemberg.

§ 25 Besondere Sachkunde- und Sorgfaltsanforderungen

(1) [1]Bei Bauprodukten, deren Herstellung in außergewöhnlichem Maß von der Sachkunde und Erfahrung der damit betrauten Personen oder von einer Ausstattung mit besonderen Vorrichtungen abhängt, kann in der allgemeinen bauaufsichtlichen Zulassung, in der Zustimmung im Einzelfall oder durch Rechtsverordnung der obersten Baurechtsbehörde bestimmt werden, dass der Hersteller über solche Fachkräfte und Vorrichtungen verfügt und den Nachweis hierüber gegenüber einer Prüfstelle nach § 24 Satz 1 Nummer 6 zu erbringen hat. [2]In der Rechtsverordnung können Mindestanforderungen an

die Ausbildung, die durch Prüfung nachzuweisende Befähigung und die Ausbildungsstätten einschließlich der Anerkennungsvoraussetzungen gestellt werden.

(2) Für Bauprodukte, die wegen ihrer besonderen Eigenschaften oder ihres besonderen Verwendungszwecks einer außergewöhnlichen Sorgfalt bei Einbau, Transport, Instandhaltung oder Reinigung bedürfen, kann in der allgemeinen bauaufsichtlichen Zulassung, in der Zustimmung im Einzelfall oder durch Rechtsverordnung der obersten Baurechtsbehörde die Überwachung dieser Tätigkeiten durch eine Überwachungsstelle nach § 24 Satz 1 Nummer 5 vorgeschrieben werden, soweit diese Tätigkeiten nicht bereits durch die Verordnung (EU) Nr. 305/2011 erfasst sind.

Fünfter Teil
Der Bau und seine Teile

§ 26 Allgemeine Anforderungen an das Brandverhalten von Baustoffen und Bauteilen

(1) [1]Baustoffe werden nach den Anforderungen an ihr Brandverhalten unterschieden in
1.   nichtbrennbare,
2.   schwerentflammbare,
3.   normalentflammbare.
[2]Baustoffe, die nicht mindestens normalentflammbar sind (leichtentflammbare Baustoffe), dürfen nicht verwendet werden; dies gilt nicht, wenn sie in Verbindung mit anderen Baustoffen nicht leichtentflammbar sind.

(2) [1]Bauteile werden nach den Anforderungen an ihre Feuerwiderstandsfähigkeit unterschieden in
1.   feuerbeständige,
2.   hochfeuerhemmende,
3.   feuerhemmende;
die Feuerwiderstandsfähigkeit bezieht sich bei tragenden und aussteifenden Bauteilen auf deren Standsicherheit im Brandfall, bei raumabschließenden Bauteilen auf deren Widerstand gegen die Brandausbreitung. [2]Bauteile werden zusätzlich nach dem Brandverhalten ihrer Baustoffe unterschieden in
1.   Bauteile aus nichtbrennbaren Baustoffen,
2.   Bauteile, deren tragende und aussteifende Teile aus nichtbrennbaren Baustoffen bestehen und die bei raumabschließenden Bauteilen zusätzlich eine in Bauteilebene durchgehende Schicht aus nichtbrennbaren Baustoffen haben,
3.   Bauteile, deren tragende und aussteifende Teile aus brennbaren Baustoffen bestehen und die allseitig eine brandschutztechnisch wirksame Bekleidung aus nichtbrennbaren Baustoffen (Brandschutzbekleidung) und Dämmstoffe aus nichtbrennbaren Baustoffen haben,
4.   Bauteile aus brennbaren Baustoffen.
[3]Soweit in diesem Gesetz oder in Vorschriften auf Grund dieses Gesetzes nichts anderes bestimmt ist, müssen
1.   Bauteile, die feuerbeständig sein müssen, mindestens den Anforderungen des Satzes 2 Nr. 2,
2.   Bauteile, die hochfeuerhemmend sein müssen, mindestens den Anforderungen des Satzes 2 Nr. 3
entsprechen.

(3) Abweichend von Absatz 2 Satz 3 sind tragende oder aussteifende sowie raumabschließende Bauteile, die hochfeuerhemmend oder feuerbeständig sein müssen, aus brennbaren Baustoffen zulässig, wenn die hinsichtlich der Standsicherheit und des Raumabschlusses geforderte Feuerwiderstandsfähigkeit nachgewiesen und die Bauteile und ihre Anschlüsse ausreichend lang widerstandsfähig gegen die Brandausbreitung sind.

§ 27 Anforderungen an tragende, aussteifende und raumabschließende Bauteile

(1) Tragende und aussteifende Wände und Stützen müssen im Brandfall ausreichend lang standsicher sein.

(2) Außenwände und Außenwandteile wie Brüstungen und Schürzen sind so auszubilden, dass eine Brandausbreitung auf und in diesen Bauteilen ausreichend lang begrenzt ist.

(3) Trennwände müssen als raumabschließende Bauteile von Räumen oder Nutzungseinheiten innerhalb von Geschossen ausreichend lang widerstandsfähig gegen die Brandausbreitung sein.

(4) Brandwände müssen als raumabschließende Bauteile zum Abschluss von Gebäuden (Gebäudeabschlusswand) oder zur Unterteilung von Gebäuden in Brandabschnitte (innere Brandwand) ausreichend lang die Brandausbreitung auf andere Gebäude oder Brandabschnitte verhindern.

(5) Decken und ihre Anschlüsse müssen als tragende und raumabschließende Bauteile zwischen Geschossen im Brandfall ausreichend lang standsicher und widerstandsfähig gegen die Brandausbreitung sein.

(6) Bedachungen müssen gegen eine Brandbeanspruchung von außen durch Flugfeuer und strahlende Wärme ausreichend lang widerstandsfähig sein (harte Bedachung).

§ 28 Anforderungen an Bauteile in Rettungswegen

(1) [1]Jedes nicht zu ebener Erde liegende Geschoss und der benutzbare Dachraum eines Gebäudes müssen über mindestens eine Treppe zugänglich sein (notwendige Treppe). [2]Statt notwendiger Treppen sind Rampen mit flacher Neigung zulässig. [3]Die nutzbare Breite der Treppenläufe und Treppenabsätze notwendiger Treppen muss für den größten zu erwartenden Verkehr ausreichen.

(2) [1]Jede notwendige Treppe muss zur Sicherstellung der Rettungswege aus den Geschossen ins Freie in einem eigenen, durchgehenden Treppenraum liegen (notwendiger Treppenraum). [2]Der Ausgang muss mindestens so breit sein wie die zugehörigen notwendigen Treppen. [3]Notwendige Treppenräume müssen so angeordnet und ausgebildet sein, dass die Nutzung der notwendigen Treppen im Brandfall ausreichend lang möglich ist. [4]Notwendige Treppen sind ohne eigenen Treppenraum zulässig

1. in Gebäuden der Gebäudeklassen 1 und 2,
2. für die Verbindung von höchstens zwei Geschossen innerhalb derselben Nutzungseinheit von insgesamt nicht mehr als 200 m^2, wenn in jedem Geschoss ein anderer Rettungsweg erreicht werden kann,
3. als Außentreppe, wenn ihre Nutzung ausreichend sicher ist und im Brandfall nicht gefährdet werden kann.

(3) Flure, über die Rettungswege aus Aufenthaltsräumen oder aus Nutzungseinheiten mit Aufenthaltsräumen zu Ausgängen in notwendige Treppenräume oder ins Freie führen (notwendige Flure), müssen so angeordnet und ausgebildet sein, dass die Nutzung im Brandfall ausreichend lang möglich ist.

(4) Türen und Fenster, die bei einem Brand der Rettung von Menschen dienen oder der Ausbreitung von Feuer und Rauch entgegenwirken, müssen so beschaffen und angeordnet sein, dass sie den Erfordernissen des Brandschutzes genügen.

§ 29 Aufzugsanlagen

(1) [1]Aufzugsanlagen müssen betriebssicher und brandsicher sein. [2]Sie sind so zu errichten und anzuordnen, dass die Brandweiterleitung ausreichend lange verhindert wird und bei ihrer Benutzung Gefahren und unzumutbare Belästigungen nicht entstehen.

(2) [1]Gebäude mit einer Höhe nach § 2 Abs. 4 Satz 2 von mehr als 13 m müssen Aufzüge in ausreichender Zahl haben, von denen einer auch zur Aufnahme von Rollstühlen, Krankentragen und Lasten geeignet sein muss. [2]Zur Aufnahme von Rollstühlen bestimmte Aufzüge müssen von Menschen mit Behinderung ohne fremde Hilfe zweckentsprechend genutzt werden können.

§ 30 Lüftungsanlagen

Lüftungsanlagen, raumlufttechnische Anlagen und Warmluftheizungen müssen betriebssicher und brandsicher sein; sie dürfen den ordnungsgemäßen Betrieb von Feuerungsanlagen nicht beeinträchtigen.

§ 31 Leitungsanlagen

[1]Leitungen, Installationsschächte und -kanäle müssen brandsicher sein. [2]Sie sind so zu errichten und anzuordnen, dass die Brandweiterleitung ausreichend lange verhindert wird.

§ 32 Feuerungsanlagen, sonstige Anlagen zur Wärmeerzeugung, Brennstoffversorgung

(1) Feuerstätten und Abgasanlagen (Feuerungsanlagen) müssen betriebssicher und brandsicher sein.

(2) Feuerstätten dürfen in Räumen nur aufgestellt werden, wenn nach der Art der Feuerstätte und nach Lage, Größe, baulicher Beschaffenheit und Nutzung der Räume Gefahren nicht entstehen.

(3) [1]Abgase von Feuerstätten sind durch Abgasleitungen, Schornsteine und Verbindungsstücke (Abgasanlagen) so abzuführen, dass keine Gefahren oder unzumutbaren Belästigungen entstehen. [2]Ab-

gasanlagen sind in solcher Zahl und Lage und so herzustellen, dass die Feuerstätten des Gebäudes ordnungsgemäß angeschlossen werden können. [3]Sie müssen leicht gereinigt werden können.

(4) [1]Behälter und Rohrleitungen für brennbare Gase und Flüssigkeiten müssen betriebssicher und brandsicher sein. [2]Diese Behälter sowie feste Brennstoffe sind so aufzustellen oder zu lagern, dass keine Gefahren oder unzumutbaren Belästigungen entstehen.

(5) Für die Aufstellung von ortsfesten Verbrennungsmotoren, Blockheizkraftwerken, Brennstoffzellen und Verdichtern sowie die Ableitung ihrer Verbrennungsgase gelten die Absätze 1 bis 3 entsprechend.

§ 33 Wasserversorgungs- und Wasserentsorgungsanlagen, Anlagen für Abfallstoffe und Reststoffe

(1) [1]Bauliche Anlagen dürfen nur errichtet werden, wenn die einwandfreie Beseitigung des Abwassers und des Niederschlagswassers dauernd gesichert ist. [2]Das Abwasser ist entsprechend den §§ 55 und 56 des Wasserhaushaltsgesetzes und § 46 des Wassergesetzes für Baden-Württemberg zu entsorgen.

(2) [1]Wasserversorgungsanlagen, Anlagen zur Beseitigung des Abwassers und des Niederschlagswassers sowie Anlagen zur vorübergehenden Aufbewahrung von Abfällen und Reststoffen müssen betriebssicher sein. [2]Sie sind so herzustellen und anzuordnen, dass Gefahren sowie erhebliche Nachteile oder Belästigungen, insbesondere durch Geruch oder Geräusch, nicht entstehen.

Sechster Teil
Einzelne Räume, Wohnungen und besondere Anlagen

§ 34 Aufenthaltsräume

(1) Die lichte Höhe von Aufenthaltsräumen muss mindestens betragen:
1. 2,2 m über mindestens der Hälfte ihrer Grundfläche, wenn die Aufenthaltsräume ganz oder überwiegend im Dachraum liegen; dabei bleiben Raumteile mit einer lichten Höhe bis 1,5 m außer Betracht,
2. 2,3 m in allen anderen Fällen.

(2) [1]Aufenthaltsräume müssen ausreichend belüftet werden können; sie müssen unmittelbar ins Freie führende Fenster von solcher Zahl, Lage, Größe und Beschaffenheit haben, dass die Räume ausreichend mit Tageslicht beleuchtet werden können (notwendige Fenster). [2]Das Rohbaumaß der Fensteröffnungen muss mindestens ein Zehntel der Grundfläche des Raumes betragen; Raumteile mit einer lichten Höhe bis 1,5 m bleiben außer Betracht. [3]Ein geringeres Rohbaumaß ist bei geneigten Fenstern sowie bei Oberlichtern zulässig, wenn die ausreichende Beleuchtung mit Tageslicht gewährleistet bleibt.

(3) [1]Aufenthaltsräume, deren Fußboden unter der Geländeoberfläche liegt, sind zulässig, wenn das Gelände mit einer Neigung von höchstens 45° an die Außenwände vor notwendigen Fenstern anschließt. [2]Die Oberkante der Brüstung notwendiger Fenster muss mindestens 1,3 m unter der Decke liegen.

(4) Verglaste Vorbauten und Loggien sind vor notwendigen Fenstern zulässig, wenn eine ausreichende Beleuchtung mit Tageslicht gewährleistet bleibt.

(5) Bei Aufenthaltsräumen, die nicht dem Wohnen dienen, sind Abweichungen von den Anforderungen der Absätze 2 und 3 zuzulassen, wenn Nachteile nicht zu befürchten sind oder durch besondere Einrichtungen ausgeglichen werden können.

§ 35 Wohnungen

(1) [1]In Gebäuden mit mehr als zwei Wohnungen müssen die Wohnungen eines Geschosses barrierefrei erreichbar sein; diese Verpflichtung kann auch durch barrierefrei erreichbare Wohnungen in mehreren Geschossen erfüllt werden, wenn die gesamte Grundfläche dieser Wohnungen die Grundfläche der Nutzungseinheiten des Erdgeschosses nicht unterschreitet. [2]In diesen Wohnungen müssen die Wohn- und Schlafräume, eine Toilette, ein Bad und die Küche oder Kochnische barrierefrei nutzbar und mit dem Rollstuhl zugänglich sein. [3]Die Sätze 1 und 2 gelten nicht, soweit die Anforderungen insbesondere wegen schwieriger Geländeverhältnisse, wegen des Einbaus eines sonst nicht erforderlichen Aufzugs oder wegen ungünstiger vorhandener Bebauung nur mit unverhältnismäßigem Mehraufwand erfüllt werden können. [4]Die Sätze 1 bis 3 gelten nicht bei der Teilung von Wohnungen sowie bei Vorhaben zur Schaffung von zusätzlichem Wohnraum durch Ausbau, Anbau, Nutzungsänderung, Aufstockung oder Änderung des Daches, wenn die Baugenehmigung oder Kenntnisgabe für das Gebäude mindestens fünf Jahre zurückliegen.

(2) [1]Jede Wohnung muss eine Küche oder Kochnische haben. [2]Fensterlose Küchen oder Kochnischen sind zulässig, wenn sie für sich lüftbar sind.

(3) [1]Jede Wohnung muss einen eigenen Wasserzähler haben. [2]Dies gilt nicht bei Nutzungsänderungen, wenn die Anforderung nach Satz 1 nur mit unverhältnismäßigem Aufwand erfüllt werden kann.

(4) In Gebäuden mit mehr als zwei Wohnungen müssen zur gemeinschaftlichen Benutzung möglichst ebenerdig zugängliche oder durch Rampen oder Aufzüge leicht erreichbare Flächen zum Abstellen von Kinderwagen und Gehhilfen zur Verfügung stehen.

(5) Für jede Wohnung muss ein Abstellraum zur Verfügung stehen.

§ 36   Toilettenräume und Bäder

(1) Jede Nutzungseinheit muss mindestens eine Toilette haben.

(2) Toilettenräume und Bäder müssen eine ausreichende Lüftung haben.

§ 37   Stellplätze für Kraftfahrzeuge und Fahrräder, Garagen

(1) [1]Bei der Errichtung von Gebäuden mit Wohnungen ist für jede Wohnung ein geeigneter Stellplatz für Kraftfahrzeuge herzustellen (notwendiger Kfz-Stellplatz). [2]Bei der Errichtung sonstiger baulicher Anlagen und anderer Anlagen, bei denen ein Zu- und Abfahrtsverkehr zu erwarten ist, sind notwendige Kfz-Stellplätze in solcher Zahl herzustellen, dass sie für die ordnungsgemäße Nutzung der Anlagen unter Berücksichtigung des öffentlichen Personennahverkehrs ausreichen. [3]Statt notwendiger Kfz-Stellplätze ist die Herstellung notwendiger Garagen zulässig; nach Maßgabe des Absatzes 8 können Garagen auch verlangt werden. [4]Bis zu einem Viertel der notwendigen Kfz-Stellplätze nach Satz 2 kann durch die Schaffung von Fahrradstellplätzen ersetzt werden. [5]Dabei sind für einen Kfz-Stellplatz vier Fahrradstellplätze herzustellen; eine Anrechnung der so geschaffenen Fahrradstellplätze auf die Verpflichtung nach Absatz 2 erfolgt nicht.

(2) [1]Bei der Errichtung baulicher Anlagen, bei denen ein Zu- und Abfahrtsverkehr mit Fahrrädern zu erwarten ist, sind Fahrradstellplätze herzustellen. [2]Ihre Zahl und Beschaffenheit richtet sich nach dem nach Art, Größe und Lage der Anlage regelmäßig zu erwartenden Bedarf (notwendige Fahrradstellplätze). [3]Notwendige Fahrradstellplätze müssen von der öffentlichen Verkehrsfläche leicht erreichbar und gut zugänglich sein und eine wirksame Diebstahlsicherung ermöglichen; soweit sie für Wohnungen herzustellen sind müssen sie außerdem wettergeschützt sein.

(3) [1]Bei Änderungen oder Nutzungsänderungen von Anlagen sind Stellplätze oder Garagen in solcher Zahl herzustellen, dass die infolge der Änderung zusätzlich zu erwartenden Kraftfahrzeuge und Fahrräder aufgenommen werden können. [2]Satz 1 gilt nicht bei der Teilung von Wohnungen sowie bei Vorhaben zur Schaffung von zusätzlichem Wohnraum durch Ausbau, Anbau, Nutzungsänderung, Aufstockung oder Änderung des Daches, wenn die Baugenehmigung oder Kenntnisgabe für das Gebäude mindestens fünf Jahre zurückliegen.

(4) [1]Die Baurechtsbehörde kann zulassen, dass notwendige Stellplätze oder Garagen erst innerhalb eines angemessenen Zeitraums nach Fertigstellung der Anlage hergestellt werden. [2]Sie hat die Herstellung auszusetzen, solange und soweit nachweislich ein Bedarf an Stellplätzen oder Garagen nicht besteht und die für die Herstellung erforderlichen Flächen für diesen Zweck durch Baulast gesichert sind.

(5) [1]Die notwendigen Stellplätze oder Garagen sind herzustellen

1.   auf dem Baugrundstück,

2.   auf einem anderen Grundstück in zumutbarer Entfernung oder

3.   mit Zustimmung der Gemeinde auf einem Grundstück in der Gemeinde.

[2]Die Herstellung auf einem anderen als dem Baugrundstück muss für diesen Zweck durch Baulast gesichert sein. [3]Die Baurechtsbehörde kann, wenn Gründe des Verkehrs dies erfordern, mit Zustimmung der Gemeinde bestimmen, ob die Stellplätze oder Garagen auf dem Baugrundstück oder auf einem anderen Grundstück herzustellen sind.

(6) [1]Lassen sich notwendige Kfz-Stellplätze oder Garagen nach Absatz 5 nicht oder nur unter großen Schwierigkeiten herstellen, so kann die Baurechtsbehörde mit Zustimmung der Gemeinde zur Erfüllung der Stellplatzverpflichtung zulassen, dass der Bauherr einen Geldbetrag an die Gemeinde zahlt. [2]Der Geldbetrag muss von der Gemeinde innerhalb eines angemessenen Zeitraums verwendet werden für

1. die Herstellung öffentlicher Parkeinrichtungen, insbesondere an Haltestellen des öffentlichen Personennahverkehrs, oder privater Stellplätze zur Entlastung der öffentlichen Verkehrsflächen,
2. die Modernisierung und Instandhaltung öffentlicher Parkeinrichtungen, einschließlich der Herstellung von Ladestationen für Elektrofahrzeuge,
3. die Herstellung von Parkeinrichtungen für die gemeinschaftliche Nutzung von Kraftfahrzeugen oder
4. bauliche Anlagen, andere Anlagen oder Einrichtungen, die den Bedarf an Parkeinrichtungen verringern, wie Einrichtungen des öffentlichen Personennahverkehrs oder für den Fahrradverkehr.

³Die Gemeinde legt die Höhe des Geldbetrages fest.

(7) ¹Absatz 6 gilt nicht für notwendige Kfz-Stellplätze oder Garagen von Wohnungen. ²Eine Abweichung von der Verpflichtung nach Absatz 1 Satz 1 ist zuzulassen, soweit die Herstellung

1. bei Ausschöpfung aller Möglichkeiten, auch unter Berücksichtigung platzsparender Bauarten der Kfz-Stellplätze oder Garagen, unmöglich oder unzumutbar ist oder
2. auf dem Baugrundstück auf Grund öffentlich-rechtlicher Vorschriften ausgeschlossen ist.

(8) ¹Kfz-Stellplätze und Garagen müssen so angeordnet und hergestellt werden, dass die Anlage von Kinderspielplätzen nach § 9 Abs. 2 nicht gehindert wird. ²Die Nutzung der Kfz-Stellplätze und Garagen darf die Gesundheit nicht schädigen; sie darf auch das Spielen auf Kinderspielplätzen, das Wohnen und das Arbeiten, die Ruhe und die Erholung in der Umgebung durch Lärm, Abgase oder Gerüche nicht erheblich stören.

(9) Das Abstellen von Wohnwagen und anderen Kraftfahrzeuganhängern in Garagen ist zulässig.

§ 38 Sonderbauten

(1) ¹An Sonderbauten können zur Verwirklichung der allgemeinen Anforderungen nach § 3 Abs. 1 besondere Anforderungen im Einzelfall gestellt werden; Erleichterungen können zugelassen werden, soweit es der Einhaltung von Vorschriften wegen der besonderen Art oder Nutzung baulicher Anlagen oder Räume oder wegen besonderer Anforderungen nicht bedarf. ²Die besonderen Anforderungen und Erleichterungen können insbesondere betreffen

1. die Abstände von Nachbargrenzen, von anderen baulichen Anlagen auf dem Grundstück, von öffentlichen Verkehrsflächen und von oberirdischen Gewässern,
2. die Anordnung der baulichen Anlagen auf dem Grundstück,
3. die Öffnungen nach öffentlichen Verkehrsflächen und nach angrenzenden Grundstücken,
4. die Bauart und Anordnung aller für die Standsicherheit, Verkehrssicherheit, den Brandschutz, Schallschutz oder Gesundheitsschutz wesentlichen Bauteile und die Verwendung von Baustoffen,
5. die Feuerungsanlagen und Heizräume,
6. die Zahl, Anordnung und Herstellung der Treppen, Treppenräume, Flure, Aufzüge, Ausgänge und Rettungswege,
7. die zulässige Benutzerzahl, Anordnung und Zahl der zulässigen Sitze und Stehplätze bei Versammlungsstätten, Tribünen und Fliegenden Bauten,
8. die Lüftung und Rauchableitung,
9. die Beleuchtung und Energieversorgung,
10. die Wasserversorgung,
11. die Aufbewahrung und Entsorgung von Abwasser sowie von Abfällen zur Beseitigung und zur Verwertung,
12. die Stellplätze und Garagen sowie ihre Zu- und Abfahrten,
13. die Anlage von Fahrradabstellplätzen,
14. die Anlage von Grünstreifen, Baum- und anderen Pflanzungen sowie die Begrünung oder Beseitigung von Halden und Gruben,
15. die Wasserdurchlässigkeit befestigter Flächen,
16. den Betrieb und die Nutzung einschließlich des organisatorischen Brandschutzes und der Bestellung und der Qualifikation eines Brandschutzbeauftragten,
17. Brandschutzanlagen, -einrichtungen und -vorkehrungen einschließlich der Löschwasserrückhaltung,
18. die Zahl der Toiletten für Besucher.

(2) Sonderbauten sind Anlagen und Räume besonderer Art oder Nutzung, die insbesondere einen der nachfolgenden Tatbestände erfüllen:

1. Hochhäuser (Gebäude mit einer Höhe nach § 2 Abs. 4 Satz 2 von mehr als 22 m),
2. Verkaufsstätten, deren Verkaufsräume und Ladenstraßen eine Grundfläche von insgesamt mehr als 400 m² haben,
3. bauliche Anlagen und Räume, die überwiegend für gewerbliche Betriebe bestimmt sind, mit einer Grundfläche von insgesamt mehr als 400 m²,
4. Büro- und Verwaltungsgebäude mit einer Grundfläche von insgesamt mehr als 400 m²,
5. Schulen, Hochschulen und ähnliche Einrichtungen,
6. Einrichtungen zur Betreuung, Unterbringung oder Pflege von Kindern, Menschen mit Behinderung oder alten Menschen, ausgenommen Tageseinrichtungen für Kinder und Kindertagespflege für nicht mehr als acht Kinder und ambulant betreute Wohngemeinschaften für nicht mehr als acht Personen ohne Intensivpflegebedarf,
7. Versammlungsstätten und Sportstätten,
8. Krankenhäuser und ähnliche Einrichtungen,
9. bauliche Anlagen mit erhöhter Brand-, Explosions-, Strahlen- oder Verkehrsgefahr,
10. bauliche Anlagen und Räume, bei denen im Brandfall mit einer Gefährdung der Umwelt gerechnet werden muss,
11. Fliegende Bauten,
12. Camping-, Wochenend- und Zeltplätze,
13. Gemeinschaftsunterkünfte und Beherbergungsstätten mit mehr als 12 Betten,
14. Freizeit- und Vergnügungsparks,
15. Gaststätten mit mehr als 40 Gastplätzen,
16. Spielhallen,
17. Justizvollzugsanstalten und bauliche Anlagen für den Maßregelvollzug,
18. Regallager mit einer Oberkante Lagerguthöhe von mehr als 7,50 m,
19. bauliche Anlagen mit einer Höhe von mehr als 30 m,
20. Gebäude mit mehr als 1 600 m² Grundfläche des Geschosses mit der größten Ausdehnung, ausgenommen Wohngebäude und Gewächshäuser.

(3) Als Nachweis dafür, dass diese Anforderungen erfüllt sind, können Bescheinigungen verlangt werden, die bei den Abnahmen vorzulegen sind; ferner können Nachprüfungen und deren Wiederholung in bestimmten Zeitabständen verlangt werden.

§ 39 Barrierefreie Anlagen

(1) Bauliche Anlagen sowie andere Anlagen, die überwiegend von Menschen mit Behinderung oder alten Menschen genutzt werden, wie

1. Einrichtungen zur Frühförderung behinderter Kinder, Sonderschulen, Tages- und Begegnungsstätten, Einrichtungen zur Berufsbildung, Werkstätten, Wohnungen und Heime für Menschen mit Behinderung,
2. Altentagesstätten, Altenbegegnungsstätten, Altenwohnungen, Altenwohnheime, Altenheime und Altenpflegeheime,

sind so herzustellen, dass sie von diesen Personen zweckentsprechend ohne fremde Hilfe genutzt werden können (barrierefreie Anlagen).

(2) Die Anforderungen nach Absatz 1 gelten auch für

1. Gebäude der öffentlichen Verwaltung und Gerichte,
2. Schalter- und Abfertigungsräume der Verkehrs- und Versorgungsbetriebe, der Post- und Telekommunikationsbetriebe sowie der Kreditinstitute,
3. Kirchen und andere Anlagen für den Gottesdienst,
4. Versammlungsstätten,
5. Museen und öffentliche Bibliotheken,
6. Sport-, Spiel- und Erholungsanlagen, Schwimmbäder,
7. Camping- und Zeltplätze mit mehr als 50 Standplätzen,
8. Jugend- und Freizeitstätten,
9. Messe-, Kongress- und Ausstellungsbauten,
10. Krankenhäuser, Kureinrichtungen und Sozialeinrichtungen,

11. Bildungs- und Ausbildungsstätten aller Art, wie Schulen, Hochschulen, Volkshochschulen,
12. Kindertageseinrichtungen und Kinderheime,
13. öffentliche Bedürfnisanstalten,
14. Bürogebäude,
15. Verkaufsstätten und Ladenpassagen,
16. Beherbergungsbetriebe,
17. Gaststätten,
18. Praxen der Heilberufe und der Heilhilfsberufe,
19. Nutzungseinheiten, die in den Nummern 1 bis 18 nicht aufgeführt sind und nicht Wohnzwecken dienen, soweit sie eine Nutzfläche von mehr als 1 200 m² haben,
20. allgemein zugängliche Großgaragen sowie Stellplätze und Garagen für Anlagen nach Absatz 1 und Absatz 2 Nr. 1 bis 19.

(3) ¹Bei Anlagen nach Absatz 2 können im Einzelfall Ausnahmen zugelassen werden, soweit die Anforderungen nur mit einem unverhältnismäßigen Mehraufwand erfüllt werden können. ²Bei Schulen und Kindertageseinrichtungen dürfen Ausnahmen nach Satz 1 nur bei Nutzungsänderungen und baulichen Änderungen zugelassen werden.

§ 40 Gemeinschaftsanlagen

(1) Die Herstellung, die Instandhaltung und die Verwaltung von Gemeinschaftsanlagen, für die in einem Bebauungsplan Flächen festgesetzt sind, obliegen den Eigentümern oder Erbbauberechtigten der Grundstücke, für die diese Anlagen bestimmt sind, sowie den Bauherrn.

(2) ¹Die Gemeinschaftsanlage muss hergestellt werden, sobald und soweit dies erforderlich ist. ²Die Baurechtsbehörde kann durch schriftliche Anordnung den Zeitpunkt für die Herstellung bestimmen.

Siebenter Teil
Am Bau Beteiligte, Baurechtsbehörden

§ 41 Grundsatz

Bei der Errichtung oder dem Abbruch einer baulichen Anlage sind der Bauherr und im Rahmen ihres Wirkungskreises die anderen nach den §§ 43 bis 45 am Bau Beteiligten dafür verantwortlich, dass die öffentlich-rechtlichen Vorschriften und die auf Grund dieser Vorschriften erlassenen Anordnungen eingehalten werden.

§ 42 Bauherr

(1) ¹Der Bauherr hat zur Vorbereitung, Überwachung und Ausführung eines genehmigungspflichtigen oder kenntnisgabepflichtigen Bauvorhabens einen geeigneten Entwurfsverfasser, geeignete Unternehmer und nach Maßgabe des Absatzes 3 einen geeigneten Bauleiter zu bestellen. ²Dem Bauherrn obliegen die nach den öffentlich-rechtlichen Vorschriften erforderlichen Anzeigen an die Baurechtsbehörde. ³Er hat die zur Erfüllung der Anforderungen dieses Gesetzes oder auf Grund dieses Gesetzes erforderlichen Nachweise und Unterlagen zu den verwendeten Bauprodukten und den angewandten Bauarten bereitzuhalten. ⁴Werden Bauprodukte verwendet, die die CE-Kennzeichnung nach der Verordnung (EU) Nr. 305/2011 tragen, ist die Leistungserklärung bereitzuhalten.

(2) ¹Bei Bauarbeiten, die unter Einhaltung des Gesetzes zur Bekämpfung der Schwarzarbeit in Selbst-, Nachbarschafts- oder Gefälligkeitshilfe ausgeführt werden, ist die Bestellung von Unternehmern nicht erforderlich, wenn genügend Fachkräfte mit der nötigen Sachkunde, Erfahrung und Zuverlässigkeit mitwirken. ²§§ 43 und 45 bleiben unberührt. ³Kenntnisgabepflichtige Abbrucharbeiten dürfen nicht in Selbst-, Nachbarschafts- oder Gefälligkeitshilfe ausgeführt werden.

(3) Bei der Errichtung von Gebäuden mit Aufenthaltsräumen und bei Bauvorhaben, die technisch besonders schwierig oder besonders umfangreich sind, kann die Baurechtsbehörde die Bestellung eines Bauleiters verlangen.

(4) ¹Genügt eine vom Bauherrn bestellte Person nicht den Anforderungen der §§ 43 bis 45, so kann die Baurechtsbehörde vor und während der Bauausführung verlangen, dass sie durch eine geeignete Person ersetzt wird oder dass geeignete Sachverständige herangezogen werden. ²Die Baurechtsbehörde kann die Bauarbeiten einstellen, bis geeignete Personen oder Sachverständige bestellt sind.

(5) Die Baurechtsbehörde kann verlangen, dass ihr für bestimmte Arbeiten die Unternehmer benannt werden.

(6) Wechselt der Bauherr, so hat der neue Bauherr dies der Baurechtsbehörde unverzüglich mitzuteilen.

(7) [1]Treten bei einem Vorhaben mehrere Personen als Bauherr auf, so müssen sie auf Verlangen der Baurechtsbehörde einen Vertreter bestellen, der ihr gegenüber die dem Bauherrn nach den öffentlich-rechtlichen Vorschriften obliegenden Verpflichtungen zu erfüllen hat. [2]§ 18 Abs. 1 Sätze 2 und 3 und Abs. 2 des Landesverwaltungsverfahrensgesetzes findet Anwendung.

§ 43 Entwurfsverfasser

(1) [1]Der Entwurfsverfasser ist dafür verantwortlich, dass sein Entwurf den öffentlich-rechtlichen Vorschriften entspricht. [2]Zum Entwurf gehören die Bauvorlagen und die Ausführungsplanung; der Bauherr kann mit der Ausführungsplanung einen anderen Entwurfsverfasser beauftragen.

(2) [1]Hat der Entwurfsverfasser auf einzelnen Fachgebieten nicht die erforderliche Sachkunde und Erfahrung, so hat er den Bauherrn zu veranlassen, geeignete Fachplaner zu bestellen. [2]Diese sind für ihre Beiträge verantwortlich. [3]Der Entwurfsverfasser bleibt dafür verantwortlich, dass die Beiträge der Fachplaner entsprechend den öffentlich-rechtlichen Vorschriften aufeinander abgestimmt werden.

(3) Für die Errichtung von Gebäuden, die der Baugenehmigung oder der Kenntnisgabe bedürfen, darf als Entwurfsverfasser für die Bauvorlagen nur bestellt werden, wer

1.   die Berufsbezeichnung „Architektin" oder „Architekt" führen darf,
2.   die Berufsbezeichnung „Innenarchitektin" oder „Innenarchitekt" führen darf, jedoch nur für die Gestaltung von Innenräumen und die damit verbunden[1]) baulichen Änderungen von Gebäuden,
3.   in die von der Ingenieurkammer Baden-Württemberg geführte Liste der Entwurfsverfasser der Fachrichtung Bauingenieurwesen eingetragen ist; Eintragungen anderer Länder gelten auch im Land Baden-Württemberg.

(4) [1]Für die Errichtung von

1.   Wohngebäuden mit einem Vollgeschoss bis zu 150 m² Grundfläche,
2.   eingeschossigen gewerblichen Gebäuden bis zu 250 m² Grundfläche und bis zu 5 m Wandhöhe, gemessen von der Geländeoberfläche bis zum Schnittpunkt von Außenwand und Dachhaut,
3.   land- oder forstwirtschaftlich genutzten Gebäuden bis zu zwei Vollgeschossen und bis zu 250 m² Grundfläche

dürfen auch Angehörige der Fachrichtung Architektur, Innenarchitektur, Hochbau oder Bauingenieurwesen, die an einer Hochschule, Fachhochschule oder gleichrangigen Bildungseinrichtung das Studium erfolgreich abgeschlossen haben, staatlich geprüfte Technikerinnen oder Techniker der Fachrichtung Bautechnik sowie Personen, die in einem anderen Mitgliedstaat der Europäischen Union oder einem nach dem Recht der Europäischen Gemeinschaften gleichgestellten Staat eine gleichwertige Ausbildung abgeschlossen haben, als Entwurfsverfasser bestellt werden. [2]Das Gleiche gilt für Personen, die die Meisterprüfung des Maurer-, Betonbauer-, Stahlbetonbauer- oder Zimmererhandwerks abgelegt haben und für Personen, die diesen, mit Ausnahme von § 7b der Handwerksordnung, handwerksrechtlich gleichgestellt sind.

(5) Die Absätze 3 und 4 gelten nicht für

1.   Vorhaben, die nur aufgrund örtlicher Bauvorschriften kenntnisgabepflichtig sind,
2.   Vorhaben, die von Beschäftigten im öffentlichen Dienst für ihren Dienstherrn geplant werden, wenn die Beschäftigten
     a)   eine Berufsausbildung nach § 4 des Architektengesetzes haben oder
     b)   die Eintragungsvoraussetzungen nach Absatz 6 erfüllen,
3.   Garagen bis zu 100 m² Nutzfläche,
4.   Behelfsbauten und untergeordnete Gebäude.

(6) [1]In die Liste der Entwurfsverfasser ist auf Antrag von der Ingenieurkammer Baden-Württemberg einzutragen, wer

1.   einen berufsqualifizierenden Hochschulabschluss eines Studiums der Fachrichtung Hochbau (Artikel 49 Abs. 1 der Richtlinie 2005/36/EG des Europäischen Parlaments und des Rates vom 7. September 2005 über die Anerkennung von Berufsqualifikationen, ABl. L 255 vom 30. September 2005, S. 22) oder des Bauingenieurwesens nachweist und
2.   danach mindestens zwei Jahre auf dem Gebiet der Entwurfsplanung von Gebäuden praktisch tätig gewesen ist.

---

1)   Richtig wohl: „verbundenen".

[2]Dem Antrag sind die zur Beurteilung erforderlichen Unterlagen beizufügen. [3]Die Ingenieurkammer bestätigt unverzüglich den Eingang der Unterlagen und teilt gegebenenfalls mit, welche Unterlagen fehlen. [4]Die Eingangsbestätigung muss folgende Angaben enthalten:

1. die in Satz 5 genannte Frist,
2. die verfügbaren Rechtsbehelfe,
3. die Erklärung, dass der Antrag als genehmigt gilt, wenn über ihn nicht rechtzeitig entschieden wird und
4. im Fall der Nachforderung von Unterlagen die Mitteilung, dass die Frist nach Satz 5 erst beginnt, wenn die Unterlagen vollständig sind.

[5]Über den Antrag ist innerhalb von drei Monaten nach Vorlage der vollständigen Unterlagen zu entscheiden; die Ingenieurkammer kann die Frist gegenüber dem Antragsteller einmal um bis zu zwei Monate verlängern. [6]Die Fristverlängerung und deren Ende sind ausreichend zu begründen und dem Antragsteller vor Ablauf der ursprünglichen Frist mitzuteilen. [7]Der Antrag gilt als genehmigt, wenn über ihn nicht innerhalb der nach Satz 5 maßgeblichen Frist entschieden worden ist.

(7) [1]Personen, die in einem anderen Mitgliedstaat der Europäischen Union oder einem nach dem Recht der Europäischen Gemeinschaften gleichgestellten Staat als Bauvorlageberechtigte niedergelassen sind, sind ohne Eintragung in die Liste nach Absatz 3 Nr. 3 bauvorlageberechtigt, wenn sie

1. eine vergleichbare Berechtigung besitzen und
2. dafür dem Absatz 6 Satz 1 vergleichbare Anforderungen erfüllen mussten.

[2]Sie haben das erstmalige Tätigwerden als Bauvorlageberechtigter vorher der Ingenieurkammer Baden-Württemberg anzuzeigen und dabei

1. eine Bescheinigung darüber, dass sie in einem Mitgliedstaat der Europäischen Union oder einem nach dem Recht der Europäischen Gemeinschaften gleichgestellten Staat rechtmäßig als Bauvorlageberechtigte niedergelassen sind und ihnen die Ausübung dieser Tätigkeiten zum Zeitpunkt der Vorlage der Bescheinigung nicht, auch nicht vorübergehend, untersagt ist, und
2. einen Nachweis darüber, dass sie im Staat ihrer Niederlassung für die Tätigkeit als Bauvorlageberechtigter mindestens die Voraussetzungen des Absatzes 6 Satz 1 erfüllen mussten,

vorzulegen; sie sind in einem Verzeichnis zu führen. [3]Die Ingenieurkammer hat auf Antrag zu bestätigen, dass die Anzeige nach Satz 2 erfolgt ist; sie kann das Tätigwerden als Bauvorlageberechtigter untersagen und die Eintragung in dem Verzeichnis nach Satz 2 löschen, wenn die Voraussetzungen des Satzes 1 nicht erfüllt sind.

(8) [1]Personen, die in einem anderen Mitgliedstaat der Europäischen Union oder einem nach dem Recht der Europäischen Gemeinschaften gleichgestellten Staat als Bauvorlageberechtigte niedergelassen sind, ohne im Sinne des Absatzes 7 Satz 1 Nr. 2 vergleichbar zu sein, sind bauvorlageberechtigt, wenn ihnen die Ingenieurkammer bescheinigt hat, dass sie die Anforderungen des Absatzes 6 Satz 1 Nr. 1 und 2 erfüllen; sie sind in einem Verzeichnis zu führen. [2]Die Bescheinigung wird auf Antrag erteilt. Absatz 6 Satz 2 bis 7 ist entsprechend anzuwenden.

(9) [1]Anzeigen und Bescheinigungen nach den Absätzen 7 und 8 sind nicht erforderlich, wenn bereits in einem anderen Land eine Anzeige erfolgt ist oder eine Bescheinigung erteilt wurde; eine weitere Eintragung in die von der Ingenieurkammer geführten Verzeichnisse erfolgt nicht. [2]Verfahren nach den Absätzen 6 bis 8 können über einen Einheitlichen Ansprechpartner im Sinne des Gesetzes über Einheitliche Ansprechpartner für das Land Baden-Württemberg abgewickelt werden; §§ 71a bis 71e des Landesverwaltungsverfahrensgesetzes in der jeweils geltenden Fassung finden Anwendung.

(10) Die oberste Baurechtsbehörde kann Entwurfsverfassern und Fachplanern nach Absatz 2 das Verfassen von Bauvorlagen ganz oder teilweise untersagen, wenn diese wiederholt und unter grober Verletzung ihrer Pflichten nach Absatz 1 und 2 bei der Erstellung von Bauvorlagen bauplanungsrechtliche oder bauordnungsrechtliche Vorschriften nicht beachtet haben.

§ 44 Unternehmer

(1) [1]Jeder Unternehmer ist dafür verantwortlich, dass seine Arbeiten den öffentlich-rechtlichen Vorschriften entsprechend ausgeführt und insoweit auf die Arbeiten anderer Unternehmer abgestimmt werden. [2]Er hat insoweit für die ordnungsgemäße Einrichtung und den sicheren Betrieb der Baustelle, insbesondere die Tauglichkeit und Betriebssicherheit der Gerüste, Geräte und der anderen Baustelleneinrichtungen sowie die Einhaltung der Arbeitsschutzbestimmungen zu sorgen. [3]Er hat die zur Erfüllung der Anforderungen dieses Gesetzes oder auf Grund dieses Gesetzes erforderlichen Nachweise

und Unterlagen zu den verwendeten Bauprodukten und den angewandten Bauarten zu erbringen und auf der Baustelle bereitzuhalten. [4]Bei Bauprodukten, die die CE-Kennzeichnung nach der Verordnung (EU) Nr. 305/2011 tragen, ist die Leistungserklärung bereitzuhalten.

(2) [1]Hat der Unternehmer für einzelne Arbeiten nicht die erforderliche Sachkunde und Erfahrung, so hat er den Bauherrn zu veranlassen, geeignete Fachkräfte zu bestellen. [2]Diese sind für ihre Arbeiten verantwortlich. [3]Der Unternehmer bleibt dafür verantwortlich, dass die Arbeiten der Fachkräfte entsprechend den öffentlich-rechtlichen Vorschriften aufeinander abgestimmt werden.

(3) Der Unternehmer und die Fachkräfte nach Absatz 2 haben auf Verlangen der Baurechtsbehörde für Bauarbeiten, bei denen die Sicherheit der baulichen Anlagen in außergewöhnlichem Maße von einer besonderen Sachkenntnis und Erfahrung oder von einer Ausstattung mit besonderen Einrichtungen abhängt, nachzuweisen, dass sie für diese Bauarbeiten geeignet sind und über die erforderlichen Einrichtungen verfügen.

§ 45 Bauleiter

(1) [1]Der Bauleiter hat darüber zu wachen, dass die Bauausführung den öffentlich-rechtlichen Vorschriften und den Entwürfen des Entwurfsverfassers entspricht. [2]Er hat im Rahmen dieser Aufgabe auf den sicheren bautechnischen Betrieb der Baustelle, insbesondere auf das gefahrlose Ineinandergreifen der Arbeiten der Unternehmer zu achten; die Verantwortlichkeit der Unternehmer bleibt unberührt. [3]Verstöße, denen nicht abgeholfen wird, hat er unverzüglich der Baurechtsbehörde mitzuteilen.

(2) [1]Hat der Bauleiter nicht für alle ihm obliegenden Aufgaben die erforderliche Sachkunde und Erfahrung, hat er den Bauherrn zu veranlassen, geeignete Fachbauleiter zu bestellen. [2]Diese treten insoweit an die Stelle des Bauleiters. [3]Der Bauleiter bleibt für das ordnungsgemäße Ineinandergreifen seiner Tätigkeiten mit denen der Fachbauleiter verantwortlich.

§ 46 Aufbau und Besetzung der Baurechtsbehörden

(1) Baurechtsbehörden sind

1. hinsichtlich der Regelungsgegenstände der §§ 13, 14, 16a bis 25, 48 Absatz 4 sowie des § 68 das Umweltministerium und im Übrigen das Wirtschaftsministerium als oberste Baurechtsbehörden,
2. die Regierungspräsidien als höhere Baurechtsbehörden,
3. die unteren Verwaltungsbehörden und die in Absatz 2 genannten Gemeinden und Verwaltungsgemeinschaften als untere Baurechtsbehörden.

(2) [1]Untere Baurechtsbehörden sind

1. Gemeinden und
2. Verwaltungsgemeinschaften,

wenn sie die Voraussetzungen des Absatzes 4 erfüllen und die höhere Baurechtsbehörde auf Antrag die Erfüllung dieser Voraussetzungen feststellt. [2]Die Zuständigkeit und der Zeitpunkt des Aufgabenübergangs sind im Gesetzblatt bekanntzumachen.

(3) [1]Die Zuständigkeit erlischt im Falle des Absatzes 2 durch Erklärung der Gemeinde oder der Verwaltungsgemeinschaft gegenüber der höheren Baurechtsbehörde. [2]Sie erlischt ferner, wenn die in Absatz 2 Satz 1 genannten Voraussetzungen nicht mehr erfüllt sind und die höhere Baurechtsbehörde dies feststellt. [3]Das Erlöschen und sein Zeitpunkt sind im Gesetzblatt bekanntzumachen.

(4) [1]Die Baurechtsbehörden sind für ihre Aufgaben ausreichend mit geeigneten Fachkräften zu besetzen. [2]Jeder unteren Baurechtsbehörde muss mindestens ein Bauverständiger angehören, der das Studium der Fachrichtung Architektur oder Bauingenieurwesen an einer deutschen Universität oder Fachhochschule oder eine gleichwertige Ausbildung an einer ausländischen Hochschule oder gleichrangigen Lehreinrichtung erfolgreich abgeschlossen hat; die höhere Baurechtsbehörde kann von der Anforderung an die Ausbildung Ausnahmen zulassen. [3]Die Fachkräfte zur Beratung und Unterstützung der Landratsämter als Baurechtsbehörden sind vom Landkreis zu stellen.

§ 47 Aufgaben und Befugnisse der Baurechtsbehörden

(1) [1]Die Baurechtsbehörden haben darauf zu achten, dass die baurechtlichen Vorschriften sowie die anderen öffentlich-rechtlichen Vorschriften über die Errichtung und den Abbruch von Anlagen und Einrichtungen im Sinne des § 1 eingehalten und die auf Grund dieser Vorschriften erlassenen Anordnungen befolgt werden. [2]Sie haben zur Wahrnehmung dieser Aufgaben diejenigen Maßnahmen zu treffen, die nach pflichtgemäßem Ermessen erforderlich sind.

(2) Die Baurechtsbehörden können zur Erfüllung ihrer Aufgaben Sachverständige heranziehen.

(3) [1]Die mit dem Vollzug dieses Gesetzes beauftragten Personen sind berechtigt, in Ausübung ihres Amtes Grundstücke und bauliche Anlagen einschließlich der Wohnungen zu betreten. [2]Das Grundrecht der Unverletzlichkeit der Wohnung (Artikel 13 des Grundgesetzes) wird insoweit eingeschränkt.

(4) [1]Die den Gemeinden und den Verwaltungsgemeinschaften nach § 46 Abs. 2 übertragenen Aufgaben der unteren Baurechtsbehörden sind Pflichtaufgaben nach Weisung. [2]Für die Erhebung von Gebühren und Auslagen gilt das Kommunalabgabengesetz. [3]Abweichend hiervon gelten für die Erhebung von Gebühren und Auslagen für bautechnische Prüfungen die für die staatlichen Behörden maßgebenden Vorschriften.

(5) [1]Die für die Fachaufsicht zuständigen Behörden können den nachgeordneten Baurechtsbehörden unbeschränkt Weisungen erteilen. [2]Leistet eine Baurechtsbehörde einer ihr erteilten Weisung innerhalb der gesetzten Frist keine Folge, so kann an ihrer Stelle jede Fachaufsichtsbehörde die erforderlichen Maßnahmen auf Kosten des Kostenträgers der Baurechtsbehörde treffen. [3]§ 129 Abs. 5 der Gemeindeordnung gilt entsprechend.

§ 48 Sachliche Zuständigkeit

(1) Sachlich zuständig ist die untere Baurechtsbehörde, soweit nichts anderes bestimmt ist.

(2) [1]Anstelle einer Gemeinde als Baurechtsbehörde ist die nächsthöhere Baurechtsbehörde, bei den in § 46 Abs. 2 genannten Gemeinden die untere Verwaltungsbehörde zuständig, wenn es sich um ein Vorhaben der Gemeinde selbst handelt, gegen das Einwendungen erhoben werden, sowie bei einem Vorhaben, gegen das die Gemeinde als Beteiligte Einwendungen erhoben hat; an Stelle einer Verwaltungsgemeinschaft als Baurechtsbehörde ist in diesen Fällen bei Vorhaben sowie bei Einwendungen der Verwaltungsgemeinschaft oder einer Gemeinde, die der Verwaltungsgemeinschaft angehört, die in § 28 Abs. 2 Nr. 1 oder 2 des Gesetzes über kommunale Zusammenarbeit genannte Behörde zuständig. [2]Für die Behandlung des Bauantrags, die Bauüberwachung und die Bauabnahme gilt Absatz 1.

(3) [1]Die Erlaubnis nach den auf Grund des § 34 des Produktsicherheitsgesetzes erlassenen Vorschriften schließt eine Genehmigung oder Zustimmung nach diesem Gesetz ein. [2]Die für die Erlaubnis zuständige Behörde entscheidet im Benehmen mit der Baurechtsbehörde der gleichen Verwaltungsstufe; die Bauüberwachung nach § 66 und die Bauabnahmen nach § 67 obliegen der Baurechtsbehörde.

(4) [1]Bei Anlagen nach § 7 des Atomgesetzes schließt die atomrechtliche Genehmigung eine Genehmigung oder Zustimmung nach diesem Gesetz ein. [2]Im Übrigen ist die oberste Baurechtsbehörde sachlich zuständig für alle baulichen Anlagen auf dem Betriebsgelände, soweit sie nicht im Einzelfall die Zuständigkeit einer nachgeordneten Baurechtsbehörde überträgt.

Achter Teil
Verwaltungsverfahren, Baulasten

§ 49 Genehmigungspflichtige Vorhaben

Die Errichtung und der Abbruch baulicher Anlagen sowie der in § 50 aufgeführten anderen Anlagen und Einrichtungen bedürfen der Baugenehmigung, soweit in §§ 50, 51, 69 oder 70 nichts anderes bestimmt ist.

§ 50 Verfahrensfreie Vorhaben

(1) Die Errichtung der Anlagen und Einrichtungen, die im Anhang aufgeführt sind, ist verfahrensfrei.

(2) Die Nutzungsänderung ist verfahrensfrei, wenn

1. für die neue Nutzung keine anderen oder weitergehenden Anforderungen gelten als für die bisherige Nutzung oder

2. durch die neue Nutzung zusätzlicher Wohnraum in Wohngebäuden nach Gebäudeklasse 1 bis 3 im Innenbereich geschaffen wird.

(3) Der Abbruch ist verfahrensfrei bei

1. Anlagen nach Absatz 1,

2. freistehenden Gebäuden der Gebäudeklassen 1 und 3,

3. sonstigen Anlagen, die keine Gebäude sind, mit einer Höhe bis zu 10 m.

(4) Instandhaltungsarbeiten sind verfahrensfrei.

(5) [1]Verfahrensfreie Vorhaben müssen ebenso wie genehmigungspflichtige Vorhaben den öffentlich-rechtlichen Vorschriften entsprechen. [2]§ 57 findet entsprechende Anwendung.

§ 51 Kenntnisgabeverfahren

(1) ¹Das Kenntnisgabeverfahren kann durchgeführt werden bei der Errichtung von

1. Wohngebäuden,

2. sonstigen Gebäuden der Gebäudeklassen 1 bis 3, ausgenommen Gaststätten,

3. sonstigen baulichen Anlagen, die keine Gebäude sind,

4. Nebengebäuden und Nebenanlagen zu Bauvorhaben nach den Nummern 1 bis 3,

ausgenommen Sonderbauten, soweit die Vorhaben nicht bereits nach § 50 verfahrensfrei sind und die Voraussetzungen des Absatzes 2 vorliegen. ²Satz 1 gilt nicht für die Errichtung von

1. einem oder mehreren Gebäuden, wenn die Größe der dem Wohnen dienenden Nutzungseinheiten insgesamt mehr als 5.000 m² Brutto-Grundfläche beträgt, und

2. baulichen Anlagen, die öffentlich zugänglich sind, wenn dadurch erstmals oder zusätzlich die gleichzeitige Nutzung durch mehr als 100 Personen zu erwarten ist,

wenn sie innerhalb des angemessenen Sicherheitsabstands gemäß § 3 Absatz 5c des Bundes-Immissionsschutzgesetzes (BImSchG) eines Betriebsbereichs im Sinne von § 3 Absatz 5a BImSchG liegen und dem Gebot, einen angemessenen Sicherheitsabstand zu wahren, nicht bereits auf der Ebene der Bauleitplanung Rechnung getragen wurde.

(2) ¹Die Vorhaben nach Absatz 1 müssen liegen

1. innerhalb des Geltungsbereichs eines Bebauungsplans im Sinne des § 30 Abs. 1 BauGB, der nach dem 29. Juni 1961 rechtsverbindlich geworden ist, oder im Geltungsbereich eines Bebauungsplans im Sinne der §§ 12, 30 Abs. 2 BauGB und

2. außerhalb des Geltungsbereichs einer Veränderungssperre im Sinne des § 14 BauGB.

²Sie dürfen den Festsetzungen des Bebauungsplans nicht widersprechen.

(3) Beim Abbruch von Anlagen und Einrichtungen wird das Kenntnisgabeverfahren durchgeführt, soweit die Vorhaben nicht bereits nach § 50 Abs. 3 verfahrensfrei sind.

(4) Kenntnisgabepflichtige Vorhaben müssen ebenso wie genehmigungspflichtige Vorhaben den öffentlich-rechtlichen Vorschriften entsprechen.

(5) Der Bauherr kann beantragen, dass bei Vorhaben, die Absatz 1 oder 3 entsprechen, ein Baugenehmigungsverfahren durchgeführt wird; bei Wohngebäuden der Gebäudeklassen 1 bis 3 sowie deren Nebengebäuden und Nebenanlagen ist als weiteres Verfahren nur das vereinfachte Baugenehmigungsverfahren nach § 52 eröffnet.

§ 52 Vereinfachtes Baugenehmigungsverfahren

(1) Das vereinfachte Baugenehmigungsverfahren kann bei Bauvorhaben nach § 51 Absatz 1 Satz 1 durchgeführt werden.

(2) Im vereinfachten Baugenehmigungsverfahren prüft die Baurechtsbehörde

1. die Übereinstimmung mit den Vorschriften über die Zulässigkeit der baulichen Anlagen nach den §§ 14 und 29 bis 38 BauGB,

2. die Übereinstimmung mit den §§ 5 bis 7,

3. andere öffentlich-rechtliche Vorschriften außerhalb dieses Gesetzes und außerhalb von Vorschriften auf Grund dieses Gesetzes,

    a) soweit in diesen Anforderungen an eine Baugenehmigung gestellt werden oder

    b) soweit es sich um Vorhaben im Außenbereich handelt, im Umfang des § 58 Abs. 1 Satz 2.

(3) Auch soweit Absatz 2 keine Prüfung vorsieht, müssen Bauvorhaben im vereinfachten Verfahren den öffentlich-rechtlichen Vorschriften entsprechen.

(4) Über Abweichungen, Ausnahmen und Befreiungen von Vorschriften nach diesem Gesetz oder auf Grund dieses Gesetzes, die nach Absatz 2 nicht geprüft werden, entscheidet die Baurechtsbehörde auf besonderen Antrag im Rahmen des vereinfachten Baugenehmigungsverfahrens.

§ 53 Bauvorlagen und Bauantrag

(1) ¹Alle für die Durchführung des Baugenehmigungsverfahrens oder des Kenntnisgabeverfahrens erforderlichen Unterlagen (Bauvorlagen) und Anträge auf Abweichungen, Ausnahmen und Befreiungen sind bei der Gemeinde einzureichen. ²Bei genehmigungspflichtigen Vorhaben ist zusammen mit den Bauvorlagen der Antrag auf Baugenehmigung (Bauantrag) einzureichen.

(2) Der Bauantrag und die Bauvorlagen sind in Textform nach § 126b des Bürgerlichen Gesetzbuchs einzureichen.

(3) Zum Bauantrag wird die Gemeinde gehört, wenn sie nicht selbst Baurechtsbehörde ist.

(4) [1]Soweit es für die Feststellung notwendig ist, ob dem Vorhaben von der Baurechtsbehörde zu prüfende öffentlich-rechtliche Vorschriften im Sinne des § 58 Absatz 1 Satz 1 entgegenstehen, sollen die Stellen gehört werden, deren Aufgabenbereich berührt wird. [2]Ist die Beteiligung einer Stelle nur erforderlich, um das Vorliegen von fachtechnischen Voraussetzungen in öffentlich-rechtlichen Vorschriften zu prüfen, kann die Baurechtsbehörde mit Einverständnis des Bauherrn und auf dessen Kosten dies durch Sachverständige prüfen lassen. [3]Sie kann vom Bauherrn die Bestätigung eines Sachverständigen verlangen, dass die fachtechnischen Voraussetzungen vorliegen.

(5) Im Kenntnisgabeverfahren hat die Gemeinde innerhalb von fünf Arbeitstagen

1.   dem Bauherrn den Zeitpunkt des Eingangs der vollständigen Bauvorlagen schriftlich zu bestätigen und

2.   die Bauvorlagen, wenn sie nicht selbst Baurechtsbehörde ist, unter Zurückbehaltung einer Ausfertigung an die Baurechtsbehörde weiterzuleiten.

(6) [1]Absatz 5 gilt nicht, wenn die Gemeinde feststellt, dass

1.   die Bauvorlagen unvollständig sind,

2.   die Erschließung des Vorhabens nicht gesichert ist,

3.   eine hindernde Baulast besteht oder

4.   das Vorhaben in einem förmlich festgelegten Sanierungsgebiet im Sinne des § 142 BauGB, in einem förmlich festgelegten städtebaulichen Entwicklungsbereich im Sinne des § 165 BauGB oder in einem förmlich festgelegten Gebiet im Sinne des § 171d oder des § 172 BauGB liegt und die hierfür erforderlichen Genehmigungen nicht beantragt worden sind.

[2]Die Gemeinde hat dies dem Bauherrn innerhalb von fünf Arbeitstagen mitzuteilen.

§ 54 Fristen im Genehmigungsverfahren, gemeindliches Einvernehmen

(1) [1]Die Baurechtsbehörde hat innerhalb von zehn Arbeitstagen nach Eingang den Bauantrag und die Bauvorlagen auf Vollständigkeit zu überprüfen. [2]Sind sie unvollständig oder entsprechen sie nicht den Formanforderungen, hat die Baurechtsbehörde dem Bauherrn unverzüglich mitzuteilen, welche Ergänzungen erforderlich sind und dass ohne Behebung der Mängel innerhalb der dem Bauherrn gesetzten, angemessenen Frist der Bauantrag zurückgewiesen werden kann. [3]Stellt sich heraus, dass der Bauantrag gemäß den eingereichten Bauvorlagen nicht genehmigungsfähig ist, aber die notwendigen Änderungen oder Ergänzungen keinen neuen Bauantrag erfordern, soll dem Bauherrn die Gelegenheit zur Nachbesserung gegeben werden; bis zum Eingang der nachgebesserten Bauvorlagen bei der Baurechtsbehörde sind alle Fristabläufe gehemmt.

(2) Sobald der Bauantrag und die Bauvorlagen vollständig sind, hat die Baurechtsbehörde unverzüglich

1.   dem Bauherrn ihren Eingang und den nach Absatz 5 ermittelten Zeitpunkt der Entscheidung, jeweils mit Datumsangabe, in Textform mitzuteilen,

2.   die Gemeinde und die berührten Stellen nach § 53 Absätze 3 und 4 zu hören.

(3) [1]Für die Abgabe der Stellungnahmen setzt die Baurechtsbehörde der Gemeinde und den berührten Stellen eine angemessene Frist; sie darf höchstens einen Monat betragen. [2]Äußern sich die Gemeinde oder die berührten Stellen nicht fristgemäß, kann die Baurechtsbehörde davon ausgehen, dass keine Bedenken bestehen. [3]Bedarf nach Landesrecht die Erteilung der Baugenehmigung des Einvernehmens oder der Zustimmung einer anderen Stelle, so gilt diese als erteilt, wenn sie nicht innerhalb eines Monats nach Eingang des Ersuchens unter Angabe der Gründe verweigert wird.

(4) [1]Hat eine Gemeinde ihr nach § 14 Abs. 2 Satz 2, § 22 Abs. 5 Satz 1, § 36 Abs. 1 Sätze 1 und 2 BauGB erforderliches Einvernehmen rechtswidrig versagt, hat die zuständige Genehmigungsbehörde das fehlende Einvernehmen nach Maßgabe der Sätze 2 bis 7 zu ersetzen. [2]§ 121 der Gemeindeordnung findet keine Anwendung. [3]Die Genehmigung gilt zugleich als Ersatzvornahme. [4]Sie ist insoweit zu begründen. [5]Widerspruch und Anfechtungsklage haben auch insoweit keine aufschiebende Wirkung, als die Genehmigung als Ersatzvornahme gilt. [6]Die Gemeinde ist vor der Erteilung der Genehmigung anzuhören. [7]Dabei ist ihr Gelegenheit zu geben, binnen angemessener Frist erneut über das gemeindliche Einvernehmen zu entscheiden.

(5) [1]Die Baurechtsbehörde hat über den Bauantrag innerhalb von zwei Monaten, im vereinfachten Baugenehmigungsverfahren und in den Fällen des § 56 Abs. 6 sowie des § 57 Abs. 1 innerhalb eines Monats zu entscheiden. [2]Die Frist nach Satz 1 beginnt, sobald die vollständigen Bauvorlagen und alle für die Entscheidung notwendigen Stellungnahmen und Mitwirkungen vorliegen, spätestens jedoch

nach Ablauf der Fristen nach Absatz 3 und nach § 36 Abs. 2 Satz 2 BauGB sowie nach § 12 Absatz 2 Sätze 2 und 3 des Luftverkehrsgesetzes.

(6) Die Fristen nach Absatz 3 dürfen nur ausnahmsweise bis zu einem Monat verlängert werden, im vereinfachten Baugenehmigungsverfahren jedoch nur, wenn das Einvernehmen der Gemeinde nach § 36 Absatz 1 Sätze 1 und 2 BauGB erforderlich ist.

§ 55 Beteiligung der Nachbarn und der Öffentlichkeit

(1) [1]Die Gemeinde benachrichtigt die Eigentümer angrenzender Grundstücke (Angrenzer) innerhalb von fünf Arbeitstagen ab dem Eingang der vollständigen Bauvorlagen von dem Bauvorhaben. [2]Die Benachrichtigung ist nicht erforderlich bei Angrenzern, die

1. eine schriftliche Zustimmungserklärung abgegeben oder die Bauvorlagen unterschrieben haben oder

2. durch das Vorhaben offensichtlich nicht berührt werden.

[3]Die Gemeinde kann auch sonstige Eigentümer benachbarter Grundstücke (sonstige Nachbarn), deren öffentlich-rechtlich geschützte nachbarliche Belange berührt sein können, innerhalb der Frist des Satzes 1 benachrichtigen. [4]Bei Eigentümergemeinschaften nach dem Wohnungseigentumsgesetz genügt die Benachrichtigung des Verwalters.

(2) [1]Einwendungen sind innerhalb von vier Wochen nach Zustellung der Benachrichtigung bei der Gemeinde in Textform oder zur Niederschrift vorzubringen. [2]Die vom Bauantrag durch Zustellung benachrichtigten Angrenzer und sonstigen Nachbarn werden mit allen Einwendungen ausgeschlossen, die im Rahmen der Beteiligung nicht fristgemäß geltend gemacht worden sind und sich auf von der Baurechtsbehörde zu prüfende öffentlich-rechtliche Vorschriften beziehen (materielle Präklusion). [3]Auf diese Rechtsfolge ist in der Benachrichtigung hinzuweisen. [4]Die Gemeinde leitet die bei ihr eingegangenen Einwendungen zusammen mit ihrer Stellungnahme innerhalb der Frist des § 54 Abs. 3 an die Baurechtsbehörde weiter.

(3) [1]Bei Vorhaben im Kenntnisgabeverfahren gilt Absatz 1 entsprechend. [2]Bedenken können innerhalb von zwei Wochen nach Zugang der Benachrichtigung bei der Gemeinde vorgebracht werden. [3]Die Gemeinde hat sie unverzüglich an die Baurechtsbehörde weiterzuleiten. [4]Für die Behandlung der Bedenken gilt § 47 Abs. 1. [5]Die Angrenzer und sonstigen Nachbarn werden über das Ergebnis unterrichtet.

(4) Bei der Errichtung von

1. einem oder mehreren Gebäuden, wenn die Größe der dem Wohnen dienenden Nutzungseinheiten insgesamt mehr als 5.000 m² Brutto-Grundfläche beträgt,

2. baulichen Anlagen, die öffentlich zugänglich sind, wenn dadurch erstmals oder zusätzlich die gleichzeitige Nutzung durch mehr als 100 Personen zu erwarten ist, und

3. Sonderbauten nach § 38 Absatz 2 Nummer 5, 6, 8, 12, 14 und 17

ist eine Öffentlichkeitsbeteiligung nach § 23b Absatz 2 BImSchG durchzuführen, wenn die Bauvorhaben innerhalb des angemessenen Sicherheitsabstands gemäß § 3 Absatz 5c BImSchG eines Betriebsbereichs im Sinne von § 3 Absatz 5a BImSchG liegen und dem Gebot, einen angemessenen Sicherheitsabstand zu wahren, nicht bereits auf der Ebene der Bauleitplanung in einem öffentlichen Verfahren Rechnung getragen wurde.

§ 56 Abweichungen, Ausnahmen und Befreiungen

(1) Abweichungen von technischen Bauvorschriften sind zuzulassen, wenn auf andere Weise dem Zweck dieser Vorschriften nachweislich entsprochen wird.

(2) Ferner sind Abweichungen von den Vorschriften in den §§ 4 bis 37 dieses Gesetzes oder aufgrund dieses Gesetzes zuzulassen

1. zur Modernisierung von Wohnungen und Wohngebäuden, Teilung von Wohnungen oder Schaffung von zusätzlichem Wohnraum durch Ausbau, Anbau, Nutzungsänderung, Aufstockung oder Änderung des Daches, wenn die Baugenehmigung oder die Kenntnisgabe für die Errichtung des Gebäudes mindestens fünf Jahre zurückliegt,

2. zur Erhaltung und weiteren Nutzung von Kulturdenkmalen,

3. zur Verwirklichung von Vorhaben zur Energieeinsparung und zur Nutzung erneuerbarer Energien,

4. zur praktischen Erprobung neuer Bau- und Wohnformen im Wohnungsbau,

wenn die Abweichungen mit den öffentlichen Belangen vereinbar sind.

(3) Ausnahmen, die in diesem Gesetz oder in Vorschriften auf Grund dieses Gesetzes vorgesehen sind, können zugelassen werden, wenn sie mit den öffentlichen Belangen vereinbar sind und die für die Ausnahmen festgelegten Voraussetzungen vorliegen.

(4) Ferner können Ausnahmen von den Vorschriften in den §§ 4 bis 37 dieses Gesetzes oder auf Grund dieses Gesetzes zugelassen werden

1. bei Gemeinschaftsunterkünften, die der vorübergehenden Unterbringung oder dem vorübergehenden Wohnen dienen,

2. bei baulichen Anlagen, die nach der Art ihrer Ausführung für eine dauernde Nutzung nicht geeignet sind und die für eine begrenzte Zeit aufgestellt werden (Behelfsbauten),

3. bei kleinen, Nebenzwecken dienenden Gebäuden ohne Feuerstätten, wie Geschirrhütten,

4. bei freistehenden anderen Gebäuden, die allenfalls für einen zeitlich begrenzten Aufenthalt bestimmt sind, wie Gartenhäuser, Wochenendhäuser oder Schutzhütten.

(5) ¹Von den Vorschriften in den §§ 4 bis 39 dieses Gesetzes oder auf Grund dieses Gesetzes kann Befreiung erteilt werden, wenn

1. Gründe des allgemeinen Wohls die Abweichung erfordern oder

2. die Einhaltung der Vorschrift im Einzelfall zu einer offenbar nicht beabsichtigten Härte führen würde

und die Abweichung auch unter Würdigung nachbarlicher Interessen mit den öffentlichen Belangen vereinbar ist. ²Gründe des allgemeinen Wohls liegen auch bei Vorhaben zur Deckung dringenden Wohnbedarfs vor. ³Bei diesen Vorhaben kann auch in mehreren vergleichbaren Fällen eine Befreiung erteilt werden.

(6) ¹Ist für verfahrensfreie Vorhaben eine Abweichung, Ausnahme oder Befreiung erforderlich, so ist diese in Textform besonders zu beantragen. ²§ 54 Abs. 4 findet entsprechende Anwendung.

§ 57 Bauvorbescheid

(1) ¹Vor Einreichen des Bauantrags kann auf Antrag des Bauherrn in Textform ein schriftlicher Bescheid zu einzelnen Fragen des Vorhabens erteilt werden (Bauvorbescheid). ²Der Bauvorbescheid gilt drei Jahre.

(2) § 53 Abs. 1 bis 4, §§ 54, 55 Abs. 1 und 2, § 58 Abs. 1 bis 3 sowie § 62 Abs. 2 gelten entsprechend.

§ 58 Baugenehmigung

(1) ¹Die Baugenehmigung ist zu erteilen, wenn dem genehmigungspflichtigen Vorhaben keine von der Baurechtsbehörde zu prüfenden öffentlich-rechtlichen Vorschriften entgegenstehen. ²Soweit nicht § 52 Anwendung findet, sind alle öffentlich-rechtlichen Vorschriften zu prüfen, die Anforderungen an das Bauvorhaben enthalten und über deren Einhaltung nicht eine andere Behörde in einem gesonderten Verfahren durch Verwaltungsakt entscheidet. ³Die Baugenehmigung bedarf der Schriftform. ⁴Erleichterungen, Abweichungen, Ausnahmen und Befreiungen sind ausdrücklich auszusprechen. ⁵Die Baugenehmigung ist nur insoweit zu begründen, als sie Abweichungen, Ausnahmen oder Befreiungen von nachbarschützenden Vorschriften enthält und der Nachbar Einwendungen erhoben hat. ⁶Eine Ausfertigung der mit Genehmigungsvermerk versehenen Bauvorlagen ist dem Antragsteller mit der Baugenehmigung zuzustellen. ⁷Eine Ausfertigung der Baugenehmigung ist auch Angrenzern und sonstigen Nachbarn zuzustellen, deren Einwendungen gegen das Vorhaben nicht entsprochen wird; auszunehmen sind solche Angaben, die wegen berechtigter Interessen der Beteiligten geheim zu halten sind.

(2) Die Baugenehmigung gilt auch für und gegen den Rechtsnachfolger des Bauherrn.

(3) Die Baugenehmigung wird unbeschadet privater Rechte Dritter erteilt.

(4) ¹Behelfsbauten dürfen nur befristet oder widerruflich genehmigt werden. ²Nach Ablauf der gesetzten Frist oder nach Widerruf ist die Anlage ohne Entschädigung zu beseitigen und ein ordnungsgemäßer Zustand herzustellen.

(5) Die Gemeinde ist, wenn sie nicht Baurechtsbehörde ist, von jeder Baugenehmigung durch Übersendung einer Abschrift des Bescheides und der Pläne zu unterrichten.

(6) ¹Auch nach Erteilung der Baugenehmigung können Anforderungen gestellt werden, um Gefahren für Leben oder Gesundheit oder bei der Genehmigung nicht voraussehbare Gefahren oder erhebliche Nachteile oder Belästigungen von der Allgemeinheit oder den Benutzern der baulichen Anlagen abzuwenden. ²Bei Gefahr im Verzug kann bis zur Erfüllung dieser Anforderungen die Benutzung der baulichen Anlage eingeschränkt oder untersagt werden.

§ 59 Baubeginn

(1) [1]Mit der Ausführung genehmigungspflichtiger Vorhaben darf erst nach Erteilung des Baufreigabescheins begonnen werden. [2]Der Baufreigabeschein ist zu erteilen, wenn die in der Baugenehmigung für den Baubeginn enthaltenen Auflagen und Bedingungen erfüllt sind. [3]Enthält die Baugenehmigung keine solchen Auflagen oder Bedingungen, so ist der Baufreigabeschein mit der Baugenehmigung zu erteilen. [4]Der Baufreigabeschein muss die Bezeichnung des Bauvorhabens und die Namen und Anschriften des Entwurfsverfassers und des Bauleiters enthalten und ist dem Bauherrn zuzustellen.

(2) Der Bauherr hat den Baubeginn genehmigungspflichtiger Vorhaben und die Wiederaufnahme der Bauarbeiten nach einer Unterbrechung von mehr als sechs Monaten vorher der Baurechtsbehörde in Textform mitzuteilen.

(3) [1]Vor Baubeginn müssen bei genehmigungspflichtigen Vorhaben Grundriss und Höhenlage der baulichen Anlage auf dem Baugrundstück festgelegt sein. [2]Die Baurechtsbehörde kann verlangen, dass diese Festlegungen durch einen Sachverständigen vorgenommen werden.

(4) Bei Vorhaben im Kenntnisgabeverfahren darf mit der Ausführung begonnen werden
1. bei Vorhaben, denen die Angrenzer schriftlich zugestimmt haben, zwei Wochen,
2. bei sonstigen Vorhaben ein Monat

nach Eingang der vollständigen Bauvorlagen bei der Gemeinde, es sei denn, der Bauherr erhält eine Mitteilung nach § 53 Abs. 6 oder der Baubeginn wird nach § 47 Abs. 1 oder vorläufig auf Grund von § 15 Abs. 1Satz 2 BauGB untersagt.

(5) Bei Vorhaben im Kenntnisgabeverfahren hat der Bauherr vor Baubeginn
1. die bautechnischen Nachweise von einem Sachverständigen prüfen zu lassen, soweit nichts anderes bestimmt ist; die Prüfung muß vor Baubeginn, spätestens jedoch vor Ausführung der jeweiligen Bauabschnitte abgeschlossen sein,
2. Grundriss und Höhenlage von Gebäuden auf dem Baugrundstück durch einen Sachverständigen festlegen zu lassen, soweit nichts anderes bestimmt ist,
3. dem bevollmächtigten Bezirksschornsteinfeger technische Angaben über Feuerungsanlagen sowie über ortsfeste Blockheizkraftwerke und Verbrennungsmotoren in Gebäuden vorzulegen.

(6) Bei Vorhaben im Kenntnisgabeverfahren innerhalb eines förmlich festgelegten Sanierungsgebietes im Sinne des § 142 BauGB, eines förmlich festgelegten städtebaulichen Entwicklungsbereiches im Sinne des § 165 BauGB oder eines förmlich festgelegten Gebiets im Sinne des § 171d oder § 172 BauGB müssen vor Baubeginn die hierfür erforderlichen Genehmigungen vorliegen.

§ 60 Sicherheitsleistung

(1) Die Baurechtsbehörde kann die Leistung einer Sicherheit verlangen, soweit sie erforderlich ist, um die Erfüllung von Auflagen oder sonstigen Verpflichtungen zu sichern.

(2) Auf Sicherheitsleistungen sind die §§ 232, 234 bis 240 des Bürgerlichen Gesetzbuchs anzuwenden.

§ 61 Teilbaugenehmigung

(1) [1]Ist ein Bauantrag eingereicht, so kann der Beginn der Bauarbeiten für die Baugrube und für einzelne Bauteile oder Bauabschnitte auf Antrag in Textform schon vor Erteilung der Baugenehmigung schriftlich zugelassen werden, wenn nach dem Stand der Prüfung des Bauantrags gegen die Teilausführung keine Bedenken bestehen (Teilbaugenehmigung). [2]§§ 54, 58 Abs. 1 bis 5 sowie § 59 Abs. 1 bis 3 gelten entsprechend.

(2) In der Baugenehmigung können für die bereits genehmigten Teile des Vorhabens, auch wenn sie schon ausgeführt sind, zusätzliche Anforderungen gestellt werden, wenn sich bei der weiteren Prüfung der Bauvorlagen ergibt, dass die zusätzlichen Anforderungen nach § 3 Abs. 1 Satz 1 erforderlich sind.

§ 62 Geltungsdauer der Baugenehmigung

(1) Die Baugenehmigung und die Teilbaugenehmigung erlöschen, wenn nicht innerhalb von drei Jahren nach Erteilung der Genehmigung mit der Bauausführung begonnen oder wenn sie nach diesem Zeitraum ein Jahr unterbrochen worden ist.

(2) [1]Die Frist nach Absatz 1 kann auf Antrag in Textform jeweils bis zu drei Jahren schriftlich verlängert werden. [2]Die Frist kann auch rückwirkend verlängert werden, wenn der Antrag vor Fristablauf bei der Baurechtsbehörde eingegangen ist.

(3) [1]Wird die Nutzung einer Tierhaltungsanlage im Sinne der Geruchsimmissions-Richtlinie innerhalb eines im Zusammenhang bebauten Ortsteils während eines Zeitraums von mehr als sechs Jahren

durchgehend unterbrochen, erlischt die Baugenehmigung für die unterbrochene Nutzung. [2]Die Frist kann auf schriftlichen Antrag um bis zu zwei Jahre verlängert werden. [3]Darüber hinaus kann sie bis auf insgesamt zehn Jahre verlängert werden, wenn ein berechtigtes Interesse an der Fortsetzung der Nutzungsunterbrechung besteht. [4]Die Frist kann auch rückwirkend verlängert werden, wenn der Antrag vor Fristablauf bei der Baurechtsbehörde eingegangen ist. [5]Wer ein berechtigtes Interesse an der Feststellung hat, kann beantragen, dass die Baurechtsbehörde das Erlöschen oder das Fortbestehen der Baugenehmigung feststellt.

§ 63 Verbot unrechtmäßig gekennzeichneter Bauprodukte
Sind Bauprodukte entgegen § 21 mit dem Ü-Zeichen gekennzeichnet, so kann die Baurechtsbehörde die Verwendung dieser Bauprodukte untersagen und deren Kennzeichnung entwerten oder beseitigen lassen.

§ 64 Einstellung von Arbeiten
(1) [1]Werden Anlagen im Widerspruch zu öffentlich-rechtlichen Vorschriften errichtet oder abgebrochen, so kann die Baurechtsbehörde die Einstellung der Arbeiten anordnen. [2]Dies gilt insbesondere, wenn

1. die Ausführung eines Vorhabens entgegen § 59 begonnen wurde,
2. das Vorhaben ohne die erforderlichen Bauabnahmen (§ 67) oder Nachweise (§ 66 Abs. 2 und 4) oder über die Teilbaugenehmigung (§ 61) hinaus fortgesetzt wurde,
3. bei der Ausführung eines Vorhabens
   a) von der erteilten Baugenehmigung oder Zustimmung,
   b) im Kenntnisgabeverfahren von den eingereichten Bauvorlagen
   abgewichen wird, es sei denn die Abweichung ist nach § 50 verfahrensfrei,
4. Bauprodukte verwendet werden, die entgegen der Verordnung (EU) Nr. 305/2011 keine CE-Kennzeichnung oder entgegen § 21 kein Ü-Zeichen tragen oder unberechtigt damit gekennzeichnet sind.

[3]Widerspruch und Anfechtungsklage gegen die Anordnung der Einstellung der Arbeiten haben keine aufschiebende Wirkung.

(2) Werden Arbeiten trotz schriftlich oder mündlich verfügter Einstellung fortgesetzt, so kann die Baurechtsbehörde die Baustelle versiegeln und die an der Baustelle vorhandenen Baustoffe, Bauteile, Baugeräte, Baumaschinen und Bauhilfsmittel in amtlichen Gewahrsam nehmen.

§ 65 Abbruchsanordnung und Nutzungsuntersagung
(1) [1]Der teilweise oder vollständige Abbruch einer Anlage, die im Widerspruch zu öffentlich-rechtlichen Vorschriften errichtet wurde, kann angeordnet werden, wenn nicht auf andere Weise rechtmäßige Zustände hergestellt werden können. [2]Werden Anlagen im Widerspruch zu öffentlich-rechtlichen Vorschriften genutzt, so kann diese Nutzung untersagt werden.

(2) Soweit bauliche Anlagen nicht genutzt werden und im Verfall begriffen sind, kann die Baurechtsbehörde die Grundstückseigentümer und Erbbauberechtigten verpflichten, die Anlage abzubrechen oder zu beseitigen; die Bestimmungen des Denkmalschutzgesetzes bleiben unberührt.

§ 66 Bauüberwachung
(1) [1]Die Baurechtsbehörde kann die Ordnungsmäßigkeit der Bauausführung und die ordnungsgemäße Erfüllung der Pflichten der am Bau Beteiligten nach den §§ 42 bis 45 überprüfen. [2]Sie kann verlangen, dass Beginn und Beendigung bestimmter Bauarbeiten angezeigt werden.

(2) [1]Die Ordnungsmäßigkeit der Bauausführung umfasst auch die Tauglichkeit der Gerüste und Absteifungen sowie die Bestimmungen zum Schutze der allgemeinen Sicherheit. [2]Die Baurechtsbehörde und die von ihr Beauftragten können Proben von Bauprodukten, soweit erforderlich auch aus fertigen Bauteilen, entnehmen und prüfen oder prüfen lassen.

(3) [1]Den mit der Überwachung beauftragten Personen ist jederzeit Zutritt zu Baustellen und Betriebsstätten sowie Einblick in Genehmigungen und Zulassungen, Prüfzeugnisse, Übereinstimmungserklärungen, Übereinstimmungszertifikate, Überwachungsnachweise, Zeugnisse und Aufzeichnungen über die Prüfung von Bauprodukten, in die CE-Kennzeichnungen und Leistungserklärungen nach der Verordnung (EU) Nr. 305/2011, in die Bautagebücher und andere vorgeschriebene Aufzeichnungen zu gewähren. [2]Der Bauherr hat die für die Überwachung erforderlichen Arbeitskräfte und Geräte zur Verfügung zu stellen.

(4) Die Baurechtsbehörde kann einen Nachweis darüber verlangen, dass die Grundflächen, Abstände und Höhenlagen der Gebäude eingehalten sind.

(5) Die Baurechtsbehörde soll, soweit sie im Rahmen der Bauüberwachung Erkenntnisse über systematische Rechtsverstöße gegen die Verordnung (EU) Nr. 305/2011 erlangt, diese der für die Marktüberwachung zuständigen Stelle mitteilen.

§ 67 Bauabnahmen, Inbetriebnahme der Feuerungsanlagen

(1) Soweit es bei genehmigungspflichtigen Vorhaben zur Wirksamkeit der Bauüberwachung erforderlich ist, kann in der Baugenehmigung oder der Teilbaugenehmigung, aber auch noch während der Bauausführung die Abnahme

1. bestimmter Bauteile oder Bauarbeiten und

2. der baulichen Anlage nach ihrer Fertigstellung

vorgeschrieben werden.

(2) [1]Schreibt die Baurechtsbehörde eine Abnahme vor, hat der Bauherr rechtzeitig in Textform mitzuteilen, wann die Voraussetzungen für die Abnahme gegeben sind. [2]Der Bauherr oder die Unternehmer haben auf Verlangen die für die Abnahmen erforderlichen Arbeitskräfte und Geräte zur Verfügung zu stellen.

(3) [1]Bei Beanstandungen kann die Abnahme abgelehnt werden. [2]Über die Abnahme stellt die Baurechtsbehörde auf Verlangen des Bauherrn eine Bescheinigung aus (Abnahmeschein).

(4) [1]Die Baurechtsbehörde kann verlangen, dass bestimmte Bauarbeiten erst nach einer Abnahme durchgeführt oder fortgesetzt werden. [2]Sie kann aus den Gründen des § 3 Abs. 1 auch verlangen, dass eine bauliche Anlage erst nach einer Abnahme in Gebrauch genommen wird.

(5) [1]Bei genehmigungspflichtigen und bei kenntnisgabepflichtigen Vorhaben dürfen die Feuerungsanlagen erst in Betrieb genommen werden, wenn der bevollmächtigte Bezirksschornsteinfeger die Brandsicherheit und die sichere Abführung der Verbrennungsgase bescheinigt hat. [2]Satz 1 gilt für ortsfeste Blockheizkraftwerke und Verbrennungsmotoren in Gebäuden entsprechend.

§ 68 Typenprüfung

(1) [1]Für bauliche Anlagen oder Teile baulicher Anlagen, die in derselben Ausführung an mehreren Stellen errichtet oder verwendet werden sollen, können die Nachweise der Standsicherheit, des Schallschutzes oder der Feuerwiderstandsdauer der Bauteile allgemein geprüft werden (Typenprüfung). [2]Eine Typenprüfung kann auch erteilt werden für bauliche Anlagen, die in unterschiedlicher Ausführung, aber nach einem bestimmten System und aus bestimmten Bauteilen an mehreren Stellen errichtet werden sollen; in der Typenprüfung ist die zulässige Veränderbarkeit festzulegen.

(2) [1]Die Typenprüfung wird auf Antrag in Textform von einem Prüfamt für Baustatik durchgeführt. [2]Soweit die Typenprüfung ergibt, dass die Ausführung den öffentlich-rechtlichen Vorschriften entspricht, ist dies durch Bescheid festzustellen. [3]Die Typenprüfung darf nur widerruflich und für eine Frist von bis zu fünf Jahren erteilt oder verlängert werden. [4]§ 62 Abs. 2 Satz 2 gilt entsprechend.

(3) Die in der Typenprüfung entschiedenen Fragen werden von der Baurechtsbehörde nicht mehr geprüft.

(4) Typenprüfungen anderer Bundesländer gelten auch in Baden-Württemberg.

§ 69 Fliegende Bauten

(1) [1]Fliegende Bauten sind bauliche Anlagen, die geeignet und bestimmt sind, an verschiedenen Orten wiederholt aufgestellt und abgebaut zu werden. [2]Baustelleneinrichtungen und Baugerüste gelten nicht als Fliegende Bauten.

(2) [1]Fliegende Bauten bedürfen, bevor sie erstmals aufgestellt und in Gebrauch genommen werden, einer Ausführungsgenehmigung. [2]Dies gilt nicht für unbedeutende Fliegende Bauten, an die besondere Sicherheitsanforderungen nicht gestellt werden, sowie für Fliegende Bauten, die der Landesverteidigung dienen.

(3) Zuständig für die Erteilung der Ausführungsgenehmigung ist die von der obersten Baurechtsbehörde in einer Rechtsverordnung nach § 73 Absatz 8 Nummer 1 bestimmte Stelle.

(4) [1]Die Ausführungsgenehmigung wird für eine bestimmte Frist erteilt, die fünf Jahre nicht überschreiten soll. [2]Sie kann auf Antrag in Textform jeweils bis zu fünf Jahren verlängert werden. [3]§ 62 Abs. 2 Satz 2 gilt entsprechend. [4]Die Ausführungsgenehmigung und deren Verlängerung werden in

ein Prüfbuch eingetragen, dem eine Ausfertigung der mit Genehmigungsvermerk versehenen Bauvorlagen beizufügen ist.

(5) [1]Der Inhaber der Ausführungsgenehmigung hat den Wechsel seines Wohnsitzes oder seiner gewerblichen Niederlassung oder die Übertragung eines Fliegenden Baues an Dritte der Behörde, die die Ausführungsgenehmigung erteilt hat, anzuzeigen. [2]Diese hat die Änderungen in das Prüfbuch einzutragen und sie, wenn mit den Änderungen ein Wechsel der Zuständigkeit verbunden ist, der nunmehr zuständigen Behörde mitzuteilen.

(6) [1]Fliegende Bauten, die nach Absatz 2 einer Ausführungsgenehmigung bedürfen, dürfen unbeschadet anderer Vorschriften nur in Gebrauch genommen werden, wenn ihre Aufstellung der Baurechtsbehörde des Aufstellungsortes unter Vorlage des Prüfbuches angezeigt ist. [2]Die Baurechtsbehörde kann die Inbetriebnahme von einer Gebrauchsabnahme abhängig machen. [3]Das Ergebnis der Abnahme ist in das Prüfbuch einzutragen. [4]Wenn eine Gefährdung im Sinne des § 3 Abs. 1 nicht zu erwarten ist, kann in der Ausführungsgenehmigung bestimmt werden, dass Anzeigen nach Satz 1 nicht erforderlich sind.

(7) [1]Die für die Gebrauchsabnahme zuständige Baurechtsbehörde kann Auflagen machen oder die Aufstellung oder den Gebrauch Fliegender Bauten untersagen, soweit dies nach den örtlichen Verhältnissen oder zur Abwehr von Gefahren erforderlich ist, insbesondere weil

1.   die Betriebs- oder Standsicherheit nicht gewährleistet ist,
2.   von der Ausführungsgenehmigung abgewichen wird oder
3.   die Ausführungsgenehmigung abgelaufen ist.

[2]Wird die Aufstellung oder der Gebrauch wegen Mängeln am Fliegenden Bau untersagt, so ist dies in das Prüfbuch einzutragen; ist die Beseitigung der Mängel innerhalb angemessener Frist nicht zu erwarten, so ist das Prüfbuch einzuziehen und der für die Erteilung der Ausführungsgenehmigung zuständigen Behörde zuzuleiten.

(8) [1]Bei Fliegenden Bauten, die längere Zeit an einem Aufstellungsort betrieben werden, kann die für die Gebrauchsabnahme zuständige Baurechtsbehörde Nachabnahmen durchführen. [2]Das Ergebnis der Nachabnahmen ist in das Prüfbuch einzutragen.

(9) § 47 Abs. 2, § 53 Absätze 1 bis 4 sowie § 54 Abs. 1 gelten entsprechend.

(10) Ausführungsgenehmigungen anderer Bundesländer gelten auch in Baden-Württemberg.

§ 70 Zustimmungsverfahren, Vorhaben der Landesverteidigung

(1) [1]An die Stelle der Baugenehmigung tritt die Zustimmung, wenn

1.   der Bund, ein Land, eine andere Gebietskörperschaft des öffentlichen Rechts oder eine Kirche Bauherr ist und
2.   der Bauherr die Leitung der Entwurfsarbeiten und die Bauüberwachung geeigneten Fachkräften seiner Baubehörde übertragen hat.

[2]Dies gilt entsprechend für Vorhaben Dritter, die in Erfüllung einer staatlichen Baupflicht vom Land durchgeführt werden.

(2) [1]Der Antrag auf Zustimmung ist bei der unteren Baurechtsbehörde einzureichen. [2]Hinsichtlich des Prüfungsumfangs gilt § 52 Abs. 2. [3]§ 52 Abs. 3, § 53 Absätze 1 bis 4, § 54 Abs. 1 und 4, § 55 Absatz 1, 2 und 4, §§ 56, 58, 59 Abs. 1 bis 3, §§ 61, 62, 64, 65 sowie § 67 Abs. 5 gelten entsprechend. [4]Die Fachkräfte nach Absatz 1 Satz 1 Nr. 2 sind der Baurechtsbehörde zu benennen. [5]Die bautechnische Prüfung sowie Bauüberwachung und Bauabnahmen finden nicht statt.

(3) [1]Vorhaben, die der Landesverteidigung dienen, bedürfen weder einer Baugenehmigung noch einer Kenntnisgabe nach § 51 noch einer Zustimmung nach Absatz 1. [2]Sie sind statt dessen der höheren Baurechtsbehörde vor Baubeginn in geeigneter Weise zur Kenntnis zu bringen.

(4) Der Bauherr ist dafür verantwortlich, dass Entwurf und Ausführung von Vorhaben nach den Absätzen 1 und 3 den öffentlich-rechtlichen Vorschriften entsprechen.

§ 71 Übernahme von Baulasten

(1) [1]Durch Erklärung gegenüber der Baurechtsbehörde können Grundstückseigentümer öffentlich-rechtliche Verpflichtungen zu einem ihre Grundstücke betreffenden Tun, Dulden oder Unterlassen übernehmen, die sich nicht schon aus öffentlich-rechtlichen Vorschriften ergeben (Baulasten). [2]Sie sind auch gegenüber dem Rechtsnachfolger wirksam.

(2) Die Erklärung nach Absatz 1 muss vor der Baurechtsbehörde oder vor der Gemeindebehörde abgegeben oder anerkannt werden; sie kann auch in öffentlich beglaubigter Form einer dieser Behörden vorgelegt werden.

(3) [1]Die Baulast erlischt durch schriftlichen Verzicht der Baurechtsbehörde. [2]Der Verzicht ist zu erklären, wenn ein öffentliches Interesse an der Baulast nicht mehr besteht. [3]Vor dem Verzicht sollen der Verpflichtete und die durch die Baulast Begünstigten gehört werden.

§ 72 Baulastenverzeichnis

(1) Die Baulasten sind auf Anordnung der Baurechtsbehörde in ein Verzeichnis einzutragen (Baulastenverzeichnis).

(2) In das Baulastenverzeichnis sind auch einzutragen, soweit ein öffentliches Interesse an der Eintragung besteht,

1. andere baurechtliche, altlastenrechtliche oder bodenschutzrechtliche Verpflichtungen des Grundstückseigentümers zu einem sein Grundstück betreffenden Tun, Dulden oder Unterlassen,
2. Bedingungen, Befristungen und Widerrufsvorbehalte.

(3) Das Baulastenverzeichnis wird von der Gemeinde geführt.

(4) Wer ein berechtigtes Interesse darlegt, kann in das Baulastenverzeichnis Einsicht nehmen und sich Abschriften erteilen lassen.

Neunter Teil
Rechtsvorschriften, Ordnungswidrigkeiten Übergangs- und Schlussvorschriften

§ 73 Rechtsverordnungen

(1) Zur Verwirklichung der in § 3 Absatz 1 Satz 1, § 16a Absatz 1 und § 16b Absatz 1 bezeichneten Anforderungen werden die obersten Baurechtsbehörden ermächtigt, durch Rechtsverordnung Vorschriften zu erlassen über

1. die nähere Bestimmung allgemeiner Anforderungen in den §§ 4 bis 37,
2. besondere Anforderungen oder Erleichterungen, die sich aus der besonderen Art oder Nutzung der baulichen Anlagen und Räume nach § 38 für ihre Errichtung, Unterhaltung und Nutzung ergeben, sowie über die Anwendung solcher Anforderungen auf bestehende bauliche Anlagen dieser Art,
3. eine von Zeit zu Zeit zu wiederholende Nachprüfung von Anlagen, die zur Verhütung erheblicher Gefahren oder Nachteile ständig ordnungsgemäß unterhalten werden müssen, und die Erstreckung dieser Nachprüfungspflicht auf bestehende Anlagen,
4. die Anwesenheit fachkundiger Personen beim Betrieb technisch schwieriger baulicher Anlagen und Einrichtungen, wie Bühnenbetriebe und technisch schwierige Fliegende Bauten,
5. den Nachweis der Befähigung der in Nummer 4 genannten Personen,
6. die Förderung der Elektromobilität.

(2) [1]Die obersten Baurechtsbehörden werden ermächtigt, zum baurechtlichen Verfahren durch Rechtsverordnung Vorschriften zu erlassen über

1. Art, Inhalt, Beschaffenheit und Zahl der Bauvorlagen; dabei kann festgelegt werden, dass bestimmte Bauvorlagen von Sachverständigen oder sachverständigen Stellen zu verfassen sind,
2. die erforderlichen Anträge, Anzeigen, Nachweise und Bescheinigungen,
3. das Verfahren im Einzelnen.

[2]Sie können dabei für verschiedene Arten von Bauvorhaben unterschiedliche Anforderungen und Verfahren festlegen.

(3) Die oberste Baurechtsbehörde wird ermächtigt, durch Rechtsverordnung vorzuschreiben, dass die am Bau Beteiligten (§§ 42 bis 45) zum Nachweis der ordnungsgemäßen Bauausführung Bescheinigungen, Bestätigungen oder Nachweise des Entwurfsverfassers, der Unternehmer, des Bauleiters, von Sachverständigen, Fachplanern oder Behörden über die Einhaltung baurechtlicher Anforderungen vorzulegen haben.

(4) [1]Die Landesregierung wird ermächtigt, zur Vereinfachung, Erleichterung oder Beschleunigung der baurechtlichen Verfahren oder zur Entlastung der Baurechtsbehörde durch Rechtsverordnung Vorschriften zu erlassen über

1. den vollständigen oder teilweisen Wegfall der Prüfung öffentlich-rechtlicher Vorschriften über die technische Beschaffenheit bei bestimmten Arten von Bauvorhaben,
2. die Heranziehung von Sachverständigen oder sachverständigen Stellen,
3. die Übertragung von Prüfaufgaben im Rahmen des baurechtlichen Verfahrens einschließlich der Bauüberwachung und Bauabnahmen sowie die Übertragung sonstiger, der Vorbereitung baurechtlicher Entscheidungen dienenden Aufgaben und Befugnisse der Baurechtsbehörde auf Sachverständige oder sachverständige Stellen.

[2]Sie kann dafür bestimmte Voraussetzungen festlegen, die die Verantwortlichen nach § 43 zu erfüllen haben.

(5) Die obersten Baurechtsbehörden können durch Rechtsverordnung für Sachverständige, die nach diesem Gesetz oder nach Vorschriften auf Grund dieses Gesetzes tätig werden,
1. eine bestimmte Ausbildung, Sachkunde oder Erfahrung vorschreiben,
2. die Befugnisse und Pflichten bestimmen,
3. eine besondere Anerkennung vorschreiben,
4. die Zuständigkeit, das Verfahren und die Voraussetzungen für die Anerkennung, ihren Widerruf, ihre Rücknahme und ihr Erlöschen sowie die Vergütung der Sachverständigen regeln.

(6) [1]Die oberste Baurechtsbehörde wird ermächtigt, durch Rechtsverordnung die Befugnisse auf andere als in diesen Vorschriften aufgeführte Behörden zu übertragen für
1. die Zuständigkeit für die vorhabenbezogene Bauartgenehmigung nach § 16a Absatz 2 Satz 1 Nummer 2 und den Verzicht darauf im Einzelfall nach § 16a Absatz 4 sowie die Entscheidungen über Zustimmungen im Einzelfall (§ 20),
2. die Anerkennung von Prüf-, Zertifizierungs- und Überwachungsstellen (§ 24).

[2]Die Befugnis nach Nummer 2 kann auch auf eine Behörde eines anderen Landes übertragen werden, die der Aufsicht einer obersten Baurechtsbehörde untersteht oder an deren Willensbildung die oberste Baurechtsbehörde mitwirkt.

(7) Die oberste Baurechtsbehörde kann durch Rechtsverordnung
1. das Ü-Zeichen festlegen und zu diesem Zeichen zusätzliche Angaben verlangen,
2. das Anerkennungsverfahren nach § 24, die Voraussetzungen für die Anerkennung, ihren Widerruf und ihr Erlöschen regeln, insbesondere auch Altersgrenzen festlegen, sowie eine ausreichende Haftpflichtversicherung fordern.

(7a) Die oberste Baurechtsbehörde kann durch Rechtsverordnung vorschreiben, dass für bestimmte Bauprodukte und Bauarten, auch soweit sie Anforderungen nach anderen Rechtsvorschriften unterliegen, hinsichtlich dieser Anforderungen § 16a Absatz 2 und §§ 17 bis 25 ganz oder teilweise anwendbar sind, wenn die anderen Rechtsvorschriften dies verlangen oder zulassen.

(8) Die oberste Baurechtsbehörde wird ermächtigt, durch Rechtsverordnung zu bestimmen, dass
1. Ausführungsgenehmigungen für Fliegende Bauten nur durch bestimmte Behörden oder durch von ihr bestimmte Stellen erteilt und die in § 69 Abs. 6 bis 8 genannten Aufgaben der Baurechtsbehörde durch andere Behörden oder Stellen wahrgenommen werden; dabei kann die Vergütung dieser Stellen geregelt werden,
2. die Anforderungen der auf Grund des § 34 des Produktsicherheitsgesetzes und des § 49 Abs. 4 des Energiewirtschaftsgesetzes erlassenen Rechtsverordnungen entsprechend für Anlagen gelten, die nicht gewerblichen Zwecken dienen und nicht im Rahmen wirtschaftlicher Unternehmungen Verwendung finden; sie kann auch die Verfahrensvorschriften dieser Verordnungen für anwendbar erklären oder selbst das Verfahren bestimmen sowie Zuständigkeiten und Gebühren regeln; dabei kann sie auch vorschreiben, dass danach zu erteilende Erlaubnisse die Baugenehmigung oder die Zustimmung nach § 70 einschließlich der zugehörigen Abweichungen, Ausnahmen und Befreiungen einschließen, sowie dass § 35 Absatz 2 des Produktsicherheitsgesetzes insoweit Anwendung findet.

§ 73a Technische Baubestimmungen

(1) [1]Die Anforderungen nach § 3 Absatz 1 Satz 1 können durch Technische Baubestimmungen konkretisiert werden. [2]Die Technischen Baubestimmungen sind zu beachten. [3]Von den in den Technischen Baubestimmungen enthaltenen Planungs-, Bemessungs- und Ausführungsregelungen kann abgewichen werden, wenn mit einer anderen Lösung in gleichem Maße die Anforderungen erfüllt werden und

in der Technischen Baubestimmung eine Abweichung nicht ausgeschlossen ist; § 16a Absatz 2 und § 17 Absatz 1 bleiben unberührt.

(2) Die Konkretisierungen können durch Bezugnahmen auf technische Regeln und deren Fundstellen oder auf andere Weise erfolgen, insbesondere in Bezug auf:

1. bestimmte bauliche Anlagen oder ihre Teile,
2. die Planung, Bemessung und Ausführung baulicher Anlagen und ihrer Teile,
3. die Leistung von Bauprodukten in bestimmten baulichen Anlagen oder ihren Teilen, insbesondere
   a) Planung, Bemessung und Ausführung baulicher Anlagen bei Einbau eines Bauprodukts,
   b) Merkmale von Bauprodukten, die sich für einen Verwendungszweck auf die Erfüllung der Anforderungen nach § 3 Absatz 1 Satz 1 auswirken,
   c) Verfahren für die Feststellung der Leistung eines Bauproduktes im Hinblick auf Merkmale, die sich für einen Verwendungszweck auf die Erfüllung der Anforderungen nach § 3 Absatz 1 Satz 1 auswirken,
   d) zulässige oder unzulässige besondere Verwendungszwecke,
   e) die Festlegung von Klassen und Stufen in Bezug auf bestimmte Verwendungszwecke,
   f) die für einen bestimmten Verwendungszweck anzugebende oder erforderliche und anzugebende Leistung in Bezug auf ein Merkmal, das sich für einen Verwendungszweck auf die Erfüllung der Anforderungen nach § 3 Absatz 1 Satz 1 auswirkt, soweit vorgesehen in Klassen und Stufen,
4. die Bauarten und die Bauprodukte, die nur eines allgemeinen bauaufsichtlichen Prüfzeugnisses nach § 16a Absatz 3 oder § 19 Absatz 1 bedürfen,
5. Voraussetzungen zur Abgabe der Übereinstimmungserklärung für ein Bauprodukt nach § 22,
6. die Art, den Inhalt und die Form technischer Dokumentation.

(3) Die Technischen Baubestimmungen sollen nach den Grundanforderungen gemäß Anhang I der Verordnung (EU) Nr. 305/2011 gegliedert sein.

(4) Die Technischen Baubestimmungen enthalten die in § 17 Absatz 3 genannte Liste.

(5) [1]Im gegenseitigen Einvernehmen machen die in § 46 Absatz 1 Nummer 1 bezeichneten obersten Baurechtsbehörden nach Anhörung der beteiligten Kreise zur Durchführung dieses Gesetzes und der auf Grund dieses Gesetzes erlassenen Rechtsverordnungen die Technischen Baubestimmungen nach Absatz 1 als Verwaltungsvorschrift bekannt. [2]Soweit diese Technischen Baubestimmungen einem vom Deutschen Institut für Bautechnik im Einvernehmen mit den obersten Bauaufsichtsbehörden der Länder veröffentlichten Muster einer Verwaltungsvorschrift über Technische Baubestimmungen entsprechen und zu diesem Muster bereits eine Anhörung der beteiligten Kreise durch das Deutsche Institut für Bautechnik erfolgt ist, ist eine Anhörung nach Satz 1 entbehrlich.

§ 74 Örtliche Bauvorschriften

(1) [1]Zur Durchführung baugestalterischer Absichten, zur Erhaltung schützenswerter Bauteile, zum Schutz bestimmter Bauten, Straßen, Plätze oder Ortsteile von geschichtlicher, künstlerischer oder städtebaulicher Bedeutung sowie zum Schutz von Kultur- und Naturdenkmalen können die Gemeinden im Rahmen dieses Gesetzes in bestimmten bebauten oder unbebauten Teilen des Gemeindegebiets durch Satzung örtliche Bauvorschriften erlassen über

1. Anforderungen an die äußere Gestaltung baulicher Anlagen einschließlich Regelungen über Gebäudehöhen und -tiefen sowie über die Begrünung,
2. Anforderungen an Werbeanlagen und Automaten; dabei können sich die Vorschriften auch auf deren Art, Größe, Farbe und Anbringungsort sowie auf den Ausschluss bestimmter Werbeanlagen und Automaten beziehen,
3. Anforderungen an die Gestaltung, Bepflanzung und Nutzung der unbebauten Flächen der bebauten Grundstücke und an die Gestaltung der Plätze für bewegliche Abfallbehälter sowie über Notwendigkeit oder Zulässigkeit und über Art, Gestaltung und Höhe von Einfriedungen,
4. die Beschränkung oder den Ausschluss der Verwendung von Außenantennen,
5. die Unzulässigkeit von Niederspannungsfreileitungen in neuen Baugebieten und Sanierungsgebieten,
6. das Erfordernis einer Kenntnisgabe für Vorhaben, die nach § 50 verfahrensfrei sind,
7. andere als die in § 5 Abs. 7 vorgeschriebenen Maße. Die Gemeinden können solche Vorschriften auch erlassen, soweit dies zur Verwirklichung der Festsetzungen einer städtebaulichen Satzung

erforderlich ist und eine ausreichende Belichtung gewährleistet ist. Sie können zudem regeln, dass § 5 Abs. 7 keine Anwendung findet, wenn durch die Festsetzungen einer städtebaulichen Satzung Außenwände zugelassen oder vorgeschrieben werden, vor denen Abstandsflächen größerer oder geringerer Tiefe als nach diesen Vorschriften liegen müssten. [2]Anforderungen nach Satz 1 Nummer 1, die allein zur Durchführung baugestalterischer Absichten gestellt werden, dürfen die Nutzung erneuerbarer Energien nicht ausschließen oder unangemessen beeinträchtigen.

(2) Soweit Gründe des Verkehrs oder städtebauliche Gründe oder Gründe sparsamer Flächennutzung dies rechtfertigen, können die Gemeinden für das Gemeindegebiet oder für genau abgegrenzte Teile des Gemeindegebiets durch Satzung bestimmen, dass

1. die Stellplatzverpflichtung (§ 37 Abs. 1) eingeschränkt wird,
2. die Stellplatzverpflichtung für Wohnungen (§ 37 Abs. 1) auf bis zu zwei Stellplätze erhöht wird; für diese Stellplätze gilt § 37 entsprechend,
3. die Herstellung von Stellplätzen und Garagen eingeschränkt oder untersagt wird,
4. Stellplätze und Garagen auf anderen Grundstücken als dem Baugrundstück herzustellen sind,
5. Stellplätze und Garagen nur in einer platzsparenden Bauart hergestellt werden dürfen, zum Beispiel mehrgeschossig, als kraftbetriebene Hebebühnen oder als automatische Garagen,
6. Abstellplätze für Fahrräder in ausreichender Zahl und geeigneter Beschaffenheit herzustellen sind.

(3) Die Gemeinden können durch Satzung für das Gemeindegebiet oder genau abgegrenzte Teile des Gemeindegebiets bestimmen, dass

1. zur Vermeidung von überschüssigem Bodenaushub die Höhenlage der Grundstücke erhalten oder verändert wird,
2. Anlagen zum Sammeln, Verwenden oder Versickern von Niederschlagswasser oder zum Verwenden von Brauchwasser herzustellen sind, um die Abwasseranlagen zu entlasten, Überschwemmungsgefahren zu vermeiden und den Wasserhaushalt zu schonen, soweit gesundheitliche oder wasserwirtschaftliche Belange nicht beeinträchtigt werden.

(4) Durch Satzung können die Gemeinden für das Gemeindegebiet oder genau abgegrenzte Teile des Gemeindegebiets bestimmen, dass

1. für bestehende Gebäude Kinderspielplätze nach § 9 Absatz 2 Satz 1 anzulegen sind, wenn hierfür geeignete nichtüberbaute Flächen auf dem Grundstück vorhanden sind oder ohne wesentliche Änderung oder Abbruch baulicher Anlagen geschaffen werden können,
2. eine von § 9 Absatz 2 Satz 1 abweichende Wohnungszahl gilt.

(5) Anforderungen nach den Absätzen 1 bis 3 können in den örtlichen Bauvorschriften auch in Form zeichnerischer Darstellungen gestellt werden.

(6) [1]Die örtlichen Bauvorschriften werden nach den entsprechend geltenden Vorschriften des § 1 Abs. 3 Satz 2 und Abs. 8, § 3 Abs. 2, des § 4 Abs. 2, des § 9 Abs. 7 und des § 13 BauGB erlassen. [2]§ 10 Abs. 3 BauGB gilt entsprechend mit der Maßgabe, dass die Gemeinde in der Satzung auch einen späteren Zeitpunkt für das Inkrafttreten bestimmen kann.

(7) [1]Werden örtliche Bauvorschriften zusammen mit einem Bebauungsplan oder einer anderen städtebaulichen Satzung nach dem Baugesetzbuch beschlossen, richtet sich das Verfahren für ihren Erlass in vollem Umfang nach den für den Bebauungsplan oder die sonstige städtebauliche Satzung geltenden Vorschriften. [2]Dies gilt für die Änderung, Ergänzung und Aufhebung entsprechend.

§ 75 Ordnungswidrigkeiten

(1) Ordnungswidrig handelt, wer vorsätzlich oder fahrlässig

1. entgegen § 8 Absatz 2 Satz 1 die geplante Teilung eines Grundstücks nicht anzeigt,
2. Bauprodukte entgegen § 21 Absatz 3 ohne das Ü-Zeichen verwendet,
3. Bauarten entgegen § 16a ohne Bauartgenehmigung oder allgemeines bauaufsichtliches Prüfzeugnis für Bauarten anwendet,
4. Bauprodukte mit dem Ü-Zeichen kennzeichnet, ohne dass dafür die Voraussetzungen nach § 21 Absatz 3 vorliegen,
5. als Bauherr entgegen § 42 Absatz 1 Satz 3 die erforderlichen Nachweise und Unterlagen zu den verwendeten Bauprodukten und den angewandten Bauarten bereithält oder entgegen § 42 Abs. 2 Satz 3 kenntnisgabepflichtige Abbrucharbeiten ausführt oder ausführen lässt,

6. als Entwurfsverfasser entgegen § 43 Abs. 2 den Bauherrn nicht veranlasst, geeignete Fachplaner zu bestellen,

7. als Unternehmer entgegen § 44 Absatz 1 Satz 2 nicht für die ordnungsgemäße Einrichtung und den sicheren Betrieb der Baustelle sorgt oder entgegen § 44 Absatz 1 Satz 3 die erforderlichen Nachweise und Unterlagen zu den verwendeten Bauprodukten und den angewandten Bauarten nicht erbringt oder nicht bereithält,

8. als Bauleiter entgegen § 45 Abs. 1 nicht auf das gefahrlose Ineinandergreifen der Arbeiten der Unternehmer achtet,

9. als Bauherr, Unternehmer oder Bauleiter eine nach § 49 genehmigungspflichtige Anlage oder Einrichtung ohne Genehmigung errichtet, benutzt oder von der erteilten Genehmigung abweicht, obwohl er dazu einer Genehmigung bedurft hätte,

10. als Bauherr oder Bauleiter von den im Kenntnisgabeverfahren eingereichten Bauvorlagen abweicht, es sei denn, die Abweichung ist nach § 50 verfahrensfrei,

11. als Bauherr, Unternehmer oder Bauleiter entgegen § 59 Abs. 1 ohne Baufreigabeschein mit der Ausführung eines genehmigungspflichtigen Vorhabens beginnt, oder als Bauherr entgegen § 59 Abs. 2 den Baubeginn oder die Wiederaufnahme von Bauarbeiten nicht oder nicht rechtzeitig mitteilt, entgegen § 59 Abs. 3, 4 oder 5 mit der Bauausführung beginnt, entgegen § 67 Abs. 4 ohne vorherige Abnahme Bauarbeiten durchführt oder fortsetzt oder eine bauliche Anlage in Gebrauch nimmt oder entgegen § 67 Abs. 5 eine Feuerungsanlage in Betrieb nimmt,

12. Fliegende Bauten entgegen § 69 Abs. 2 ohne Ausführungsgenehmigung oder entgegen § 69 Abs. 6 ohne Anzeige und Abnahme in Gebrauch nimmt.

(2) Ordnungswidrig handelt auch, wer wider besseres Wissen

1. unrichtige Angaben macht oder unrichtige Pläne oder Unterlagen vorlegt, um einen nach diesem Gesetz vorgesehenen Verwaltungsakt zu erwirken oder zu verhindern, oder

2. eine unrichtige bautechnische Prüfbestätigung nach § 17 Abs. 2 und 3 LBOVVO abgibt.

(3) Ordnungswidrig handelt ferner, wer vorsätzlich oder fahrlässig

1. als Bauherr oder Unternehmer einer vollziehbaren Verfügung der Baurechtsbehörde zuwiderhandelt,

2. einer auf Grund dieses Gesetzes ergangenen Rechtsverordnung oder örtlichen Bauvorschrift zuwiderhandelt, wenn die Rechtsverordnung oder örtliche Bauvorschrift für einen bestimmten Tatbestand auf diese Bußgeldvorschrift verweist.

(4) Die Ordnungswidrigkeit kann mit einer Geldbuße bis zu 100 000 Euro geahndet werden.

(5) Gegenstände, auf die sich eine Ordnungswidrigkeit nach Absatz 1 Nummern 2 oder 4 oder Absatz 2 beziehen, können eingezogen werden.

(6) [1]Verwaltungsbehörde im Sinne des § 36 Abs. 1 Nr. 1 des Gesetzes über Ordnungswidrigkeiten ist die untere Baurechtsbehörde. [2]Hat den zu vollziehenden Verwaltungsakt eine höhere oder oberste Landesbehörde erlassen, so ist diese Behörde zuständig.

§ 76 Bestehende bauliche Anlagen

(1) Werden in diesem Gesetz oder in den auf Grund dieses Gesetzes erlassenen Vorschriften andere Anforderungen als nach dem bisherigen Recht gestellt, so kann verlangt werden, dass rechtmäßig bestehende oder nach genehmigten Bauvorlagen bereits begonnene Anlagen den neuen Vorschriften angepasst werden, wenn Leben oder Gesundheit bedroht sind.

(2) Sollen rechtmäßig bestehende Anlagen wesentlich geändert werden, so kann gefordert werden, dass auch die nicht unmittelbar berührten Teile der Anlage mit diesem Gesetz oder den auf Grund dieses Gesetzes erlassenen Vorschriften in Einklang gebracht werden, wenn

1. die Bauteile, die diesen Vorschriften nicht mehr entsprechen, mit dem beabsichtigten Vorhaben in einem konstruktiven Zusammenhang stehen und

2. die Einhaltung dieser Vorschriften bei den von dem Vorhaben nicht berührten Teilen der Anlage keine unzumutbaren Mehrkosten verursacht.

§ 77 Übergangsvorschriften

(1) [1]Die vor Inkrafttreten dieses Gesetzes eingeleiteten Verfahren sind nach den bisherigen Verfahrensvorschriften weiterzuführen. [2]Die materiellen Vorschriften dieses Gesetzes sind in diesen Verfahren nur insoweit anzuwenden, als sie für den Antragsteller eine günstigere Regelung enthalten als

das bisher geltende Recht. [3]§ 76 bleibt unberührt. [4]Die Sätze 1 bis 3 gelten für Änderungsgesetze zu diesem Gesetz entsprechend, soweit nichts Abweichendes geregelt ist.

(2) Wer bis zum Inkrafttreten dieses Gesetzes als Planverfasser für Bauvorlagen bestellt werden durfte, darf in bisherigem Umfang auch weiterhin als Entwurfsverfasser bestellt werden.

(3) Bis zum Ablauf des 30. November 2017 für Bauarten erteilte allgemeine bauaufsichtliche Zulassungen oder Zustimmungen im Einzelfall gelten als Bauartgenehmigung nach § 16a Absatz 2 fort.

(4) [1]Bestehende Anerkennungen von Prüf-, Überwachungs- und Zertifizierungsstellen bleiben in dem bis zum Ablauf des 30. November 2017 geregelten Umfang wirksam. [2]Bis zum Ablauf des 30. November 2017 gestellte Anträge auf Anerkennung von Prüf-, Überwachungs- und Zertifizierungsstellen gelten als Anträge nach diesem Gesetz.

(5) Bis zum 31. Dezember 2021 kann die zuständige Behörde abweichend von § 53 Absatz 2, § 56 Absatz 6 Satz 1, § 57 Absatz 1 Satz 1, § 61 Absatz 1 Satz 1 sowie § 68 Absatz 2 Satz 1 verlangen, dass elektronisch eingereichte Dokumente in Schriftform nachzureichen sind.

§ 78 Außerkrafttreten bisherigen Rechts

(1) Am 1. Januar 1996 treten außer Kraft

1. die Landesbauordnung für Baden-Württemberg (LBO) in der Fassung vom 28. November 1983 (GBl. S. 770, ber. 1984 S. 519), zuletzt geändert durch Artikel 14 der Verordnung vom 23. Juli 1993 (GBl. S. 533) mit Ausnahme der §§ 20 bis 24,

2. die Verordnung des Innenministeriums über den Wegfall der Genehmigungspflicht bei Wohngebäuden und Nebenanlagen (Baufreistellungsverordnung) vom 26. April 1990 (GBl. S. 144), geändert durch Verordnung vom 27. April 1995 (GBl. S. 371),

3. die Verordnung des Innenministeriums über den Wegfall der Genehmigungs- und Anzeigepflicht von Werbeanlagen während des Wahlkampfes (Werbeanlagenverordnung) vom 12. Juni 1969 (GBl. S. 122).

(2) Am Tage nach der Verkündung[1]) treten außer Kraft

1. die §§ 20 bis 24 der Landesbauordnung für Baden-Württemberg (LBO) in der Fassung vom 28. November 1983 (GBl. S. 770, ber. 1984 S. 519), zuletzt geändert durch Artikel 14 der Verordnung vom 23. Juli 1993 (GBl. S. 533),

2. die Verordnung des Innenministeriums über prüfzeichenpflichtige Baustoffe, Bauteile und Einrichtungen (Prüfzeichenverordnung) vom 13. Juni 1991 (GBl. S. 483),

3. die Verordnung des Innenministeriums über die Überwachung von Baustoffen und Bauteilen (Überwachungsverordnung) vom 30. September 1985 (GBl. S. 349).

§ 79[2)] Inkrafttreten

[1]Dieses Gesetz tritt am 1. Januar 1996 in Kraft. [2]Abweichend hiervon treten die §§ 17 bis 25, § 77 Abs. 3 bis 8 sowie Vorschriften, die zum Erlass von Rechtsverordnungen oder örtlichen Bauvorschriften ermächtigen, am Tage nach der Verkündung[1]) in Kraft.

Anhang

(zu § 50 Abs. 1)

Verfahrensfreie Vorhaben

1. Gebäude und Gebäudeteile
    a) Gebäude ohne Aufenthaltsräume, Toiletten oder Feuerstätten, wenn die Gebäude weder Verkaufs- noch Ausstellungszwecken dienen, im Innenbereich bis 40 m³, im Außenbereich bis 20 m³ Brutto-Rauminhalt,
    b) Garagen einschließlich überdachter Stellplätze mit einer mittleren Wandhöhe bis zu 3 m und einer Grundfläche bis zu 30 m², außer im Außenbereich,
    c) Gebäude ohne Aufenthaltsräume, Toiletten oder Feuerstätten, die einem land- oder forstwirtschaftlichen Betrieb dienen und ausschließlich zur Unterbringung von Ernteerzeugnissen oder Geräten oder zum vorübergehenden Schutz von Menschen und Tieren bestimmt sind, bis 100 m² Grundfläche und einer mittleren traufseitigen Wandhöhe bis zu 5 m,
    d) Gewächshäuser bis zu 5 m Höhe, im Außenbereich nur landwirtschaftliche Gewächshäuser,
    e) Wochenendhäuser in Wochenendhausgebieten,

---

1) Verkündet am 8.9.1995.
2) Diese Vorschrift betrifft das Inkrafttreten der LBO in der ursprünglichen Fassung vom 8.8.1995 (GBl. S. 617); zum Inkrafttreten der Neufassung vgl. die Anm. in der Datumszeile zum Gesetzestitel.

f) Gartenhäuser in Gartenhausgebieten,

g) Gartenlauben in Kleingartenanlagen im Sinne des § 1 Abs. 1 des Bundeskleingartengesetzes,

h) Fahrgastunterstände, die dem öffentlichen Personenverkehr oder der Schülerbeförderung dienen,

i) Schutzhütten und Grillhütten für Wanderer, wenn die Hütten jedermann zugänglich sind und keine Aufenthaltsräume haben,

j) Gebäude für die Wasserwirtschaft, das Fernmeldewesen oder für die öffentliche Versorgung mit Wasser, Elektrizität, Gas, Öl oder Wärme im Innenbereich bis 30 m² Grundfläche und bis 5 m Höhe, im Außenbereich bis 20 m² Grundfläche und bis 3 m Höhe,

k) Vorbauten ohne Aufenthaltsräume im Innenbereich bis 40 m³ Brutto-Rauminhalt,

l) Terrassenüberdachungen im Innenbereich bis 30 m² Grundfläche,

m) Balkonverglasungen sowie Balkonüberdachungen bis 30 m² Grundfläche;

2. tragende und nichttragende Bauteile

a) Die Änderung tragender oder aussteifender Bauteile innerhalb von Wohngebäuden der Gebäudeklassen 1 und 2,

b) nichttragende und nichtaussteifende Bauteile innerhalb von baulichen Anlagen,

c) Öffnungen in Außenwänden und Dächern von Wohngebäuden und Wohnungen,

d) Außenwandbekleidungen einschließlich Maßnahmen der Wärmedämmung, ausgenommen bei Hochhäusern, Verblendungen und Verputz baulicher Anlagen,

e) Bedachungen einschließlich Maßnahmen der Wärmedämmung, ausgenommen bei Hochhäusern,

f) sonstige unwesentliche Änderungen an oder in Anlagen oder Einrichtungen;

3. Feuerungs- und andere Energieerzeugungsanlagen

a) Feuerungsanlagen sowie ortsfeste Blockheizkraftwerke und Verbrennungsmotoren in Gebäuden mit der Maßgabe, dass dem bevollmächtigten Bezirksschornsteinfeger mindestens zehn Tage vor Beginn der Ausführung die erforderlichen technischen Angaben vorgelegt werden und er vor der Inbetriebnahme die Brandsicherheit und die sichere Abführung der Verbrennungsgase bescheinigt,

b) Wärmepumpen,

c) Anlagen zur photovoltaischen und thermischen Solarnutzung auf oder an Gebäuden sowie eine damit verbundene Änderung der Nutzung oder der äußeren Gestalt der Gebäude; gebäudeunabhängige Anlagen nur bis 3 m Höhe und einer Gesamtlänge bis zu 9 m,

d) Windenergieanlagen bis 10 m Höhe;

4. Anlagen der Ver- und Entsorgung

a) Leitungen aller Art sowie Ladestationen für Elektrofahrzeuge,

b) Abwasserbehandlungsanlagen für häusliches Schmutzwasser,

c) Anlagen zur Verteilung von Wärme bei Warmwasser- und Niederdruckdampfheizungen,

d) bauliche Anlagen, die dem Fernmeldewesen, der öffentlichen Versorgung mit Elektrizität, Gas, Öl oder Wärme dienen, bis 30 m² Grundfläche und 5 m Höhe, ausgenommen Gebäude,

e) bauliche Anlagen, die der Aufsicht der Wasserbehörden unterliegen oder die Abfallentsorgungsanlagen sind, ausgenommen Gebäude,

f) Be- und Entwässerungsanlagen auf land- oder forstwirtschaftlich genutzten Flächen;

5. Masten, Antennen und ähnliche bauliche Anlagen

a) Masten und Unterstützungen für

– Fernsprechleitungen,

– Leitungen zur Versorgung mit Elektrizität,

– Seilbahnen,

– Leitungen sonstiger Verkehrsmittel,

– Sirenen,

– Fahnen,

– Einrichtungen der Brauchtumspflege,

b) Flutlichtmasten mit einer Höhe bis zu 10 m,

c) Antennen einschließlich der Masten bis 10 m Höhe und zugehöriger Versorgungseinheiten bis 10 m³ Brutto-Rauminhalt sowie, soweit sie in, auf oder an einer bestehenden baulichen Anlage errichtet werden, die damit verbundene Nutzungsänderung oder bauliche Änderung der Anlage; für Mobilfunkantennen gilt dies mit der Maßgabe, dass deren Errichtung mindestens acht Wochen vorher der Gemeinde angezeigt wird,

d) Signalhochbauten der Landesvermessung,

e) Blitzschutzanlagen;

6. Behälter, Wasserbecken, Fahrsilos

a)   Behälter für verflüssigte Gase mit einem Fassungsvermögen von weniger als 3 t, für nicht verflüssigte Gase mit einem Brutto-Rauminhalt bis zu 6 m³,

b)   Gärfutterbehälter bis 6 m Höhe und Schnitzelgruben,

c)   Behälter für wassergefährdende Stoffe mit einem Brutto-Rauminhalt bis zu 10 m³,

d)   sonstige drucklose Behälter mit einem Brutto-Rauminhalt bis zu bis[1] 50 m³ und 3 m Höhe,

e)   Wasserbecken bis 100 m³ Beckeninhalt, im Außenbereich nur, wenn sie einer land- oder forstwirtschaftlichen Nutzung dienen,

f)   landwirtschaftliche Fahrsilos, Kompost- und ähnliche Anlagen;

7.   Einfriedungen, Stützmauern

a)   Einfriedungen im Innenbereich,

b)   offene Einfriedungen ohne Fundamente und Sockel im Außenbereich, die einem land- oder forstwirtschaftlichen Betrieb dienen,

c)   Stützmauern bis 2 m Höhe;

8.   bauliche Anlagen zur Freizeitgestaltung

a)   Wohnwagen, Zelte und bauliche Anlagen, die keine Gebäude sind, auf Camping-, Zelt- und Wochenendplätzen,

b)   Anlagen, die der Gartennutzung, der Gartengestaltung oder der zweckentsprechenden Einrichtung von Gärten dienen, ausgenommen Gebäude und Einfriedungen,

c)   Pergolen, im Außenbereich jedoch nur bis 10 m² Grundfläche,

d)   Anlagen, die der zweckentsprechenden Einrichtung von Spiel-, Abenteuerspiel-, Ballspiel- und Sportplätzen, Reit- und Wanderwegen, Trimm- und Lehrpfaden dienen, ausgenommen Gebäude und Tribünen,

e)   Sprungtürme, Sprungschanzen und Rutschbahnen bis 10 m Höhe,

f)   luftgetragene Schwimmbeckenüberdachungen bis 100 m² Grundfläche im Innenbereich;

9.   Werbeanlagen, Automaten

a)   Werbeanlagen im Innenbereich bis 1 m² Ansichtsfläche,

b)   Werbeanlagen in durch Bebauungsplan festgesetzten Gewerbe-, Industrie- und vergleichbaren Sondergebieten an der Stätte der Leistung bis zu 10 m Höhe über der Geländeoberfläche,

c)   vorübergehend angebrachte oder aufgestellte Werbeanlagen im Innenbereich an der Stätte der Leistung oder für zeitlich begrenzte Veranstaltungen,

d)   Automaten;

10.   vorübergehend aufgestellte oder genutzte Anlagen

a)   Gerüste,

b)   Baustelleneinrichtungen einschließlich der Lagerhallen, Schutzhallen und Unterkünfte,

c)   Behelfsbauten, die der Landesverteidigung, dem Katastrophenschutz, der Unfallhilfe oder der Unterbringung Obdachloser dienen und nur vorübergehend aufgestellt werden,

d)   Verkaufsstände und andere bauliche Anlagen auf Straßenfesten, Volksfesten und Märkten, ausgenommen Fliegende Bauten,

e)   Toilettenwagen,

f)   bauliche Anlagen, die für höchstens drei Monate auf genehmigten Messe- oder Ausstellungsgeländen errichtet werden, ausgenommen Fliegende Bauten;

11.   sonstige bauliche Anlagen und Teile baulicher Anlagen

a)   private Verkehrsanlagen, einschließlich Überbrückungen und Untertunnelungen mit nicht mehr als 5 m lichte Weite oder Durchmesser,

b)   Stellplätze bis 50 m² Nutzfläche je Grundstück im Innenbereich,

c)   Fahrradabstellanlagen,

d)   Regale mit einer Höhe bis zu 7,50 m Oberkante Lagergut,

e)   selbständige Aufschüttungen und Abgrabungen bis 2 m Höhe oder Tiefe, im Außenbereich nur, wenn die Aufschüttungen und Abgrabungen nicht mehr als 500 m² Fläche haben,

f)   Denkmale und Skulpturen sowie Grabsteine, Grabkreuze und Feldkreuze,

g)   Brunnenanlagen,

h)   Ausstellungs-, Abstell- und Lagerplätze im Innenbereich bis 100 m² Nutzfläche,

i)   unbefestigte Lager- und Abstellplätze bis 500 m² Nutzfläche, die einem land- oder forstwirtschaftlichen Betrieb dienen;

12.   nicht aufgeführte Anlagen

a)   sonstige untergeordnete oder unbedeutende bauliche Anlagen,

b)   Anlagen und Einrichtungen, die mit den in den Nummern 1 bis 11 aufgeführten Anlagen und Einrichtungen vergleichbar sind.

---

1)   Wortlaut amtlich.

Allgemeine Ausführungsverordnung des Wirtschaftsministeriums zur Landesbauordnung (LBOAVO)

Vom 5. Februar 2010 (GBl. S. 24)

zuletzt geändert durch Art. 124 9. AnpassungsVO vom 23. Februar 2017 (GBl. S. 99, ber. S. 273)

Inhaltsübersicht

§	1	Kinderspielplätze	§ 13	Fenster, Türen, sonstige Öffnungen
§	2	Flächen für die Feuerwehr,	§ 14	Aufzugsanlagen
		Löschwasserversorgung	§ 15	Lüftungsanlagen, raumlufttechnische
§	3	Umwehrungen		Anlagen, Warmluftheizungen
§	4	Tragende Wände und Stützen	§ 16	Leitungen, Installationsschächte und
§	5	Außenwände		-kanäle
§	6	Trennwände	§ 17	Kleinkläranlagen, Gruben, Anlagen für
§	7	Brandwände		Abfall- und Reststoffe
§	8	Decken	§ 18	Anwendung gewerberechtlicher
§	9	Dächer		Vorschriften
§	10	Treppen	§ 19	Ordnungswidrigkeiten
§	11	Notwendige Treppenräume, Ausgänge	§ 20	Inkrafttreten
§	12	Notwendige Flure, offene Gänge		

Auf Grund von § 73 Abs. 1 Nr. 1 und Abs. 8 Nr. 2 der Landesbauordnung für Baden-Württemberg (LBO) vom 8. August 1995 (GBl. S. 617), zuletzt geändert durch Artikel 1 Nr. 51 des Gesetzes vom 10. November 2009 (GBl. S. 615, 625), wird verordnet:

§ 1 Kinderspielplätze (Zu § 9 Abs. 2 LBO)

(1) [1]Kinderspielplätze müssen in geeigneter Lage und von anderen Anlagen, von denen Gefahren oder erhebliche Störungen ausgehen können, ausreichend entfernt oder gegen sie abgeschirmt sein. [2]Sie müssen für Kinder gefahrlos zu erreichen sein.

(2) [1]Die nutzbare Fläche der nach § 9 Abs. 2 LBO erforderlichen Kinderspielplätze muss mindestens 3 m² je Wohnung, bei Wohnungen mit mehr als drei Aufenthaltsräumen zusätzlich mindestens 2 m² je weiteren Aufenthaltsraum, insgesamt jedoch mindestens 30 m² betragen. [2]Diese Spielplätze müssen für Kinder bis zu sechs Jahren geeignet und entsprechend dem Spielbedürfnis dieser Altersgruppe angelegt und ausgestattet sein.

§ 2 Flächen für die Feuerwehr, Löschwasserversorgung (Zu § 15 Abs. 1 und 3 bis 6 LBO)

(1) [1]Gebäude, deren zweiter Rettungsweg über Rettungsgeräte der Feuerwehr führt, dürfen nur errichtet werden, wenn Zufahrt oder Zugang und geeignete Aufstellflächen für die erforderlichen Rettungsgeräte vorgesehen werden. [2]Ist für die Personenrettung der Einsatz von Hubrettungsfahrzeugen erforderlich, sind die dafür erforderlichen Aufstell- und Bewegungsflächen vorzusehen. [3]Bei Sonderbauten ist der zweite Rettungsweg über Rettungsgeräte der Feuerwehr nur zulässig, wenn keine Bedenken wegen der Personenrettung bestehen.

(2) [1]Von öffentlichen Verkehrsflächen ist insbesondere für die Feuerwehr ein Zu- oder Durchgang zu rückwärtigen Gebäuden zu schaffen; zu anderen Gebäuden ist er zu schaffen, wenn der zweite Rettungsweg dieser Gebäude über Rettungsgeräte der Feuerwehr führt. [2]Die Zu- oder Durchgänge müssen geradlinig und mindestens 1,25 m, bei Türöffnungen und anderen geringfügigen Einengungen mindestens 1 m breit sein. [3]Die lichte Höhe muss mindestens 2,2 m, bei Türöffnungen und anderen geringfügigen Einengungen mindestens 2 m betragen.

(3) [1]Zu Gebäuden nach Absatz 1, bei denen die Oberkante der zum Anleitern bestimmten Stellen mehr als 8 m über Gelände liegt, ist anstelle eines Zu- oder Durchgangs eine Zu- oder Durchfahrt zu schaffen. [2]Hiervon kann eine Ausnahme zugelassen werden, wenn keine Bedenken wegen des Brandschutzes bestehen. [3]Bei Gebäuden, die ganz oder mit Teilen auf bisher unbebauten Grundstücken mehr als 50 m, auf bereits bebauten Grundstücken mehr als 80 m von einer öffentlichen Verkehrsfläche entfernt sind, sind Zu- oder Durchfahrten zu den vor und hinter den Gebäuden gelegenen Grundstücksteilen und Bewegungsflächen herzustellen, wenn sie aus Gründen des Feuerwehreinsatzes erforderlich sind.

[4]Die Zu- oder Durchfahrten müssen mindestens 3 m breit sein und eine lichte Höhe von mindestens 3,5 m haben. [5]Werden die Zu- oder Durchfahrten auf eine Länge von mehr als 12 m beidseitig durch Bauteile begrenzt, so muss die lichte Breite mindestens 3,5 m betragen.

(4) [1]Zu- und Durchgänge, Zu- und Durchfahrten, Aufstellflächen und Bewegungsflächen müssen für die einzusetzenden Rettungsgeräte der Feuerwehr ausreichend befestigt und tragfähig sein; sie sind als solche zu kennzeichnen und ständig frei zu halten; die Kennzeichnung von Zufahrten muss von der öffentlichen Verkehrsfläche aus sichtbar sein. [2]Fahrzeuge dürfen auf den Flächen nach Satz 1 nicht abgestellt werden.

(5) [1]Zur Brandbekämpfung muss eine ausreichende Wassermenge zur Verfügung stehen. [2]§ 3 Feuerwehrgesetz (FwG) in der Fassung vom 10. Februar 1987, zuletzt geändert durch Gesetz vom 10. November 2009, bleibt unberührt.

§ 3 Umwehrungen (Zu § 16 Abs. 3 LBO)

(1) In, an und auf baulichen Anlagen sind zu umwehren oder mit Brüstungen zu versehen:
1. Flächen, die im Allgemeinen zum Begehen bestimmt sind und unmittelbar an mehr als 1 m tiefer liegende Flächen angrenzen; dies gilt nicht, wenn die Umwehrung dem Zweck der Flächen widerspricht,
2. nicht begehbare Oberlichte und Glasabdeckungen in Flächen, die im Allgemeinen zum Begehen bestimmt sind, wenn sie weniger als 0,50 m aus diesen Flächen herausragen,
3. Dächer oder Dachteile, die zum auch nur zeitweiligen Aufenthalt von Menschen bestimmt sind,
4. Öffnungen in begehbaren Decken sowie in Dächern oder Dachteilen nach Nummer 3, wenn sie nicht sicher abgedeckt sind,
5. nicht begehbare Glasflächen in Decken sowie in Dächern oder Dachteilen nach Nummer 3, wenn sie weniger als 0,50 m aus diesen Decken oder Dächern herausragen,
6. die freien Seiten von Treppenläufen, Treppenabsätzen und Treppenöffnungen (Treppenaugen), soweit sie an mehr als 1 m tiefer liegende Flächen angrenzen,
7. Lichtschächte und Betriebsschächte, die an Verkehrsflächen liegen, wenn sie nicht verkehrssicher abgedeckt sind.

(2) [1]In Verkehrsflächen liegende Lichtschächte und Betriebsschächte sind in Höhe der Verkehrsfläche verkehrssicher abzudecken. [2]An und in Verkehrsflächen liegende Abdeckungen müssen gegen unbefugtes Abheben gesichert sein. [3]Fenster, die unmittelbar an Treppen liegen und deren Brüstungen unter der notwendigen Umwehrungshöhe liegen, sind zu sichern.

(3) [1]Nach Absatz 1 notwendige Umwehrungen und Fensterbrüstungen müssen mindestens 0,9 m hoch sein. [2]Die Höhe darf auf 0,8 m verringert werden, wenn die Tiefe des oberen Abschlusses der Umwehrung mindestens 0,2 m beträgt. [3]Bei Fensterbrüstungen wird die Höhe von Oberkante Fußboden bis Unterkante lichte Fensteröffnung gemessen.

(4) Der Abstand zwischen den Umwehrungen nach Absatz 1 und den zu sichernden Flächen darf waagerecht gemessen nicht mehr als 6 cm betragen.

(5) [1]Öffnungen in Umwehrungen nach Absatz 1 dürfen bei Flächen, auf denen in der Regel mit der Anwesenheit von Kindern bis zu sechs Jahren gerechnet werden muss,
1. bei horizontaler Anordnung der Brüstungselemente bis zu einer Höhe der Umwehrung von 0,6 m nicht höher als 2 cm, darüber nicht höher als 12 cm sein,
2. bei vertikaler Anordnung der Brüstungselemente nicht breiter als 12 cm sein,
3. bei unregelmäßigen Öffnungen das Überklettern nicht erleichtern und in keiner Richtung größer als 12 cm sein.
[2]Der Abstand dieser Umwehrungen von der zu sichernden Fläche darf senkrecht gemessen nicht mehr als 12 cm betragen. [3]Die Sätze 1 und 2 gelten nicht bei Wohngebäuden der Gebäudeklassen 1 und 2 und bei Wohnungen.

§ 4 Tragende Wände und Stützen (Zu § 27 Abs. 1 LBO)

(1) [1]Tragende und aussteifende Wände und Stützen müssen
1. in Gebäuden der Gebäudeklasse 5 feuerbeständig,
2. in Gebäuden der Gebäudeklasse 4 hochfeuerhemmend,
3. in Gebäuden der Gebäudeklassen 2 und 3 feuerhemmend

sein. [2]Soweit die Feuerwehr nicht innerhalb der vorgesehenen Hilfsfrist über die erforderlichen Rettungsgeräte verfügt und kein zweiter baulicher Rettungsweg vorhanden ist, müssen bei Gebäuden der Gebäudeklasse 4 mit mehr als 10 m Höhe im Sinne des § 2 Abs. 4 Satz 2 LBO die tragenden und aussteifenden Wände und Stützen feuerbeständig sein. [3]Die Sätze 1 und 2 gelten

1. für Geschosse im Dachraum nur, wenn darüber noch Aufenthaltsräume möglich sind; § 6 Abs. 3 bleibt unberührt,
2. nicht für Balkone, ausgenommen offene Gänge, die als notwendige Flure dienen.

(2) In Kellergeschossen müssen tragende und aussteifende Wände und Stützen

1. in Gebäuden der Gebäudeklassen 3 bis 5 feuerbeständig,
2. in Gebäuden der Gebäudeklassen 1 und 2 feuerhemmend

sein.

§ 5 Außenwände (Zu § 27 Abs. 2 LBO)

(1) [1]Nichttragende Außenwände und nichttragende Teile tragender Außenwände müssen aus nichtbrennbaren Baustoffen bestehen; sie sind unterhalb der Hochhausgrenze aus brennbaren Baustoffen zulässig, wenn sie als raumabschließende Bauteile feuerhemmend sind. [2]Satz 1 gilt nicht für brennbare Fensterprofile und Fugendichtungen sowie brennbare Dämmstoffe in nichtbrennbaren geschlossenen Profilen der Außenwandkonstruktion.

(2) [1]Oberflächen von Außenwänden sowie Außenwandbekleidungen müssen einschließlich der Dämmstoffe und Unterkonstruktionen schwerentflammbar sein. [2]Dämmstoffe zwischen aneinander gebauten Außenwänden müssen den Baustoffanforderungen der jeweiligen Wand entsprechen, mindestens aber schwerentflammbar sein und mit nichtbrennbaren Baustoffen verwahrt sein. [3]Unterkonstruktionen aus normalentflammbaren Baustoffen sind zulässig, wenn eine Brandausbreitung auf und in diesen Bauteilen ausreichend lang begrenzt ist. [4]Oberflächen von Außenwänden sowie Außenwandbekleidungen dürfen im Brandfall nicht brennend abtropfen. [5]Balkonbekleidungen, die über die erforderliche Umwehrungshöhe hinaus hochgeführt werden, müssen schwerentflammbar sein.

(3) Bei Außenwandkonstruktionen mit geschossübergreifenden Hohl- oder Lufträumen wie Doppelfassaden und hinterlüfteten Außenwandbekleidungen sind gegen die Brandausbreitung besondere Vorkehrungen zu treffen.

(4) Die Absätze 1 und 2 gelten nicht für Gebäude der Gebäudeklassen 1 bis 3.

§ 6 Trennwände (Zu § 27 Abs. 3 LBO)

(1) Trennwände sind erforderlich

1. zwischen Nutzungseinheiten sowie zwischen Nutzungseinheiten und anders genutzten Räumen, ausgenommen notwendigen Fluren,
2. zum Abschluss von Räumen mit Explosions- oder erhöhter Brandgefahr,
3. zwischen Aufenthaltsräumen und anders genutzten Räumen im Kellergeschoss.

(2) [1]Trennwände nach Absatz 1 Nr. 1 und 3 müssen als raumabschließende Bauteile die Feuerwiderstandsfähigkeit der tragenden und aussteifenden Bauteile des Geschosses haben, jedoch mindestens feuerhemmend sein. [2]Trennwände nach Absatz 1 Nr. 2 müssen als raumabschließende Bauteile feuerbeständig sein.

(3) [1]Die Trennwände nach Absatz 1 sind bis zur Rohdecke, im Dachraum bis unter die Dachhaut zu führen. [2]Werden in Dachräumen Trennwände nur bis zur Rohdecke geführt, ist diese Decke als raumabschließendes Bauteil einschließlich der sie tragenden und aussteifenden Bauteile feuerhemmend herzustellen.

(4) [1]Öffnungen in Trennwänden nach Absatz 1 sind nur zulässig, wenn sie auf die für die Nutzung erforderliche Zahl und Größe beschränkt sind. [2]Sie müssen feuerhemmende und selbstschließende Abschlüsse haben.

(5) Die Absätze 1 bis 4 gelten nicht für Wohngebäude der Gebäudeklassen 1 und 2.

§ 7 Brandwände (Zu § 27 Abs. 4 LBO)

(1) Brandwände sind erforderlich

1. als Gebäudeabschlusswand, wenn diese Abschlusswände an oder mit einem Abstand von weniger als 2,50 m gegenüber der Nachbargrenze oder mit einem Abstand von weniger als 5 m zu bestehenden oder baurechtlich zulässigen Gebäuden auf demselben Grundstück errichtet werden, es

sei denn, dass ein Abstand von mindestens 5 m zu bestehenden oder nach den baurechtlichen Vorschriften zulässigen künftigen Gebäuden gesichert ist,

2. als innere Brandwand zur Unterteilung ausgedehnter Gebäude in Abständen von nicht mehr als 40 m,

3. als innere Brandwand zur Unterteilung landwirtschaftlich genutzter Gebäude in Brandabschnitte von nicht mehr als 10 000 m³ Brutto-Rauminhalt, wobei größere Brandabschnitte mit Brandwandabständen bis 60 m möglich sind, wenn die Nutzung des Gebäudes dies erfordert und keine Bedenken wegen des Brandschutzes bestehen,

4. als Gebäudeabschlusswand zwischen Wohngebäuden und angebauten landwirtschaftlich genutzten Gebäuden sowie als innere Brandwand zwischen dem Wohnteil und dem landwirtschaftlich genutzten Teil eines Gebäudes.

(2) Absatz 1 Nummer 1 gilt nicht für

1. Vorbauten nach § 5 Abs. 6 Nr. 2 LBO, soweit ihre seitlichen Wände von dem Nachbargebäude oder der Nachbargrenze einen Abstand einhalten, der ihrer eigenen Ausladung entspricht, mindestens jedoch 1,25 m beträgt,

2. Wände bis 5 m Breite nach § 5 Abs. 7 Satz 2 LBO,

3. Gebäude oder Gebäudeteile, die nach § 6 Abs. 1 LBO in den Abstandsflächen sowie ohne eigene Abstandsflächen zulässig sind und zu Nachbargrenzen Wände ohne Öffnungen haben,

4. Wände, die gemäß § 6 Abs. 3 Nr. 3 LBO die Abstände nicht einhalten, soweit die verwendeten Dämmstoffe nichtbrennbar sind, und

5. Wände, die mit einem Winkel von mehr als 75° zu Nachbargrenzen oder zu bestehenden oder baurechtlich zulässigen Gebäuden stehen, soweit Öffnungen in diesen Wänden zu Nachbargrenzen einen Abstand von 1,25 m beziehungsweise zu Öffnungen von bestehenden oder baurechtlich zulässigen Gebäuden einen Abstand von 2,5 m einhalten.

(3) [1]Brandwände müssen auch unter zusätzlicher mechanischer Beanspruchung feuerbeständig sein und aus nichtbrennbaren Baustoffen bestehen. [2]Anstelle von Brandwänden nach Satz 1 sind zulässig

1. für Gebäude der Gebäudeklasse 4 Wände, die auch unter zusätzlicher mechanischer Beanspruchung hochfeuerhemmend sind,

2. für Gebäude der Gebäudeklassen 1 bis 3 hochfeuerhemmende Wände,

3. für Gebäude der Gebäudeklassen 1 bis 3 Gebäudeabschlusswände ohne Öffnungen, die von innen nach außen die Feuerwiderstandsfähigkeit der tragenden und aussteifenden Teile des Gebäudes, mindestens jedoch feuerhemmender Bauteile, und von außen nach innen die Feuerwiderstandsfähigkeit feuerbeständiger Bauteile haben,

4. in den Fällen des Absatzes 1 Nr. 4 feuerbeständige Wände, wenn der umbaute Raum des landwirtschaftlich genutzten Gebäudes oder Gebäudeteils nicht größer als 2 000 m³ ist.

(4) [1]Brandwände müssen bis zur Bedachung durchgehen und in allen Geschossen übereinander angeordnet sein. [2]Abweichend davon dürfen anstelle innerer Brandwände Wände geschossweise versetzt angeordnet werden, wenn

1. die Wände im Übrigen Absatz 3 Satz 1 entsprechen,

2. die Decken, soweit sie die Verbindung zwischen diesen Wänden herstellen, feuerbeständig sind, aus nichtbrennbaren Baustoffen bestehen und keine Öffnungen haben,

3. die Bauteile, die diese Wände und Decken unterstützen, feuerbeständig sind und aus nichtbrennbaren Baustoffen bestehen,

4. die Außenwände in der Breite des Versatzes in dem Geschoss oberhalb oder unterhalb des Versatzes feuerbeständig sind und

5. Öffnungen in den Außenwänden im Bereich des Versatzes so angeordnet oder andere Vorkehrungen so getroffen sind, dass eine Brandausbreitung in andere Brandabschnitte nicht zu befürchten ist.

[3]Für Wände nach Satz 2 gelten die Absätze 5 bis 9 sinngemäß.

(5) [1]Brandwände sind 0,30 m über die Bedachung zu führen oder in Höhe der Dachhaut mit einer beiderseits 0,50 m auskragenden feuerbeständigen Platte aus nichtbrennbaren Baustoffen abzuschließen; darüber dürfen brennbare Teile des Daches nicht hinweggeführt werden. [2]Bei Gebäuden der Gebäudeklassen 1 bis 3 sind Brandwände mindestens bis unter die Dachhaut zu führen. [3]Verbleibende Hohlräume sind vollständig mit nichtbrennbaren Baustoffen auszufüllen.

(6) [1]Müssen Gebäude oder Gebäudeteile, die über Eck zusammenstoßen, durch eine Brandwand getrennt werden, so muss der Abstand dieser Wand von der inneren Ecke mindestens 5 m betragen. [2]Dies gilt nicht, wenn der Winkel der inneren Ecke mehr als 120 Grad beträgt oder mindestens eine Außenwand auf 5 m Länge als öffnungslose feuerbeständige Wand aus nichtbrennbaren Baustoffen ausgebildet ist.

(7) [1]Bauteile mit brennbaren Baustoffen dürfen über Brandwände nicht hinweggeführt werden. [2]Außenwandkonstruktionen, die eine seitliche Brandausbreitung begünstigen können, wie Doppelfassaden oder hinterlüftete Außenwandbekleidungen, dürfen ohne besondere Vorkehrungen über Brandwände nicht hinweggeführt werden. [3]Bauteile dürfen in Brandwände nur soweit eingreifen, dass deren Feuerwiderstandsfähigkeit nicht beeinträchtigt wird; für Leitungen, Leitungsschlitze und Schornsteine gilt dies entsprechend.

(8) [1]Öffnungen in Brandwänden sind unzulässig. [2]Sie sind in inneren Brandwänden nur zulässig, wenn sie auf die für die Nutzung erforderliche Zahl und Größe beschränkt sind; die Öffnungen müssen selbstschließende Abschlüsse in der Feuerwiderstandsfähigkeit der Wand haben.

(9) In inneren Brandwänden sind feuerbeständige Verglasungen nur zulässig, wenn sie auf die für die Nutzung erforderliche Zahl und Größe beschränkt sind.

(10) Die Absätze 4 bis 9 gelten entsprechend auch für Wände, die nach Absatz 3 Satz 2 anstelle von Brandwänden zulässig sind.

§ 8 Decken (Zu § 27 Abs. 5 LBO)

(1) [1]Decken und ihre Anschlüsse müssen
1. in Gebäuden der Gebäudeklasse 5 feuerbeständig,
2. in Gebäuden der Gebäudeklasse 4 hochfeuerhemmend,
3. in Gebäuden der Gebäudeklassen 2 und 3 feuerhemmend

sein. [2]Soweit die Feuerwehr nicht innerhalb der vorgesehenen Hilfsfrist über die erforderlichen Rettungsgeräte verfügt und kein zweiter baulicher Rettungsweg vorhanden ist, müssen bei Gebäuden der Gebäudeklasse 4 mit mehr als 10 m Höhe im Sinne des § 2 Abs. 4 Satz 2 LBO die Decken feuerbeständig sein. [3]Die Sätze 1 und 2 gelten
1. für Geschosse im Dachraum nur, wenn darüber Aufenthaltsräume möglich sind; § 6 Abs. 3 bleibt unberührt,
2. nicht für Balkone, ausgenommen offene Gänge, die als notwendige Flure dienen.

(2) [1]Im Kellergeschoss müssen Decken
1. in Gebäuden der Gebäudeklassen 3 bis 5 feuerbeständig,
2. in Gebäuden der Gebäudeklassen 1 und 2 feuerhemmend

sein. [2]Decken müssen feuerbeständig sein
1. unter und über Räumen mit Explosions- oder erhöhter Brandgefahr, ausgenommen in Wohngebäuden der Gebäudeklassen 1 und 2,
2. zwischen dem landwirtschaftlich genutzten Teil und dem Wohnteil eines Gebäudes.

(3) Öffnungen in Decken, für die eine Feuerwiderstandsfähigkeit vorgeschrieben ist, sind nur zulässig
1. in Gebäuden der Gebäudeklassen 1 und 2,
2. innerhalb derselben Nutzungseinheit mit nicht mehr als insgesamt 400 m² in nicht mehr als zwei Geschossen,

im Übrigen, wenn sie auf die für die Nutzung erforderliche Zahl und Größe beschränkt sind und Abschlüsse mit der Feuerwiderstandsfähigkeit der Decke haben.

§ 9 Dächer (Zu § 27 Abs. 6 und § 16 LBO)

(1) [1]Bedachungen, die die Anforderungen nach § 27 Abs. 6 LBO (harte Bedachung) nicht erfüllen, sind zulässig bei Gebäuden der Gebäudeklassen 1 bis 3, wenn die Gebäude
1. einen Abstand von der Grundstücksgrenze von mindestens 12 m,
2. von Gebäuden auf demselben Grundstück mit harter Bedachung einen Abstand von mindestens 15 m,
3. von Gebäuden auf demselben Grundstück mit Bedachungen, die die Anforderungen nach § 27 Abs. 6 LBO nicht erfüllen, einen Abstand von mindestens 24 m und
4. von Gebäuden auf demselben Grundstück ohne Aufenthaltsräume und ohne Feuerstätten mit nicht mehr als 50 m³ Brutto-Rauminhalt einen Abstand von mindestens 5 m

einhalten. [2]Soweit Gebäude nach Satz 1 Abstand halten müssen, genügt bei Wohngebäuden der Gebäudeklassen 1 und 2 in den Fällen

1.   von Satz 1 Nr. 1 ein Abstand von mindestens 6 m,
2.   von Satz 1 Nr. 2 ein Abstand von mindestens 9 m,
3.   von Satz 1 Nr. 3 ein Abstand von mindestens 12 m.

(2) § 27 Abs. 6 LBO und Absatz 1 gelten nicht für

1.   Gebäude ohne Aufenthaltsräume und ohne Feuerstätten mit nicht mehr als 50 m^3 Brutto-Rauminhalt,
2.   lichtdurchlässige Bedachungen aus nichtbrennbaren Baustoffen; brennbare Fugendichtungen und brennbare Dämmstoffe in nichtbrennbaren Profilen sind zulässig,
3.   Lichtkuppeln und Oberlichte von Wohngebäuden,
4.   Eingangsüberdachungen und Vordächer aus nichtbrennbaren Baustoffen,
5.   Eingangsüberdachungen aus brennbaren Baustoffen, wenn die Eingänge nur zu Wohnungen führen.

(3) Abweichend von Absatz 1 sind

1.   lichtdurchlässige Teilflächen aus brennbaren Baustoffen in harten Bedachungen und
2.   begrünte Bedachungen

zulässig, wenn eine Brandentstehung bei einer Brandbeanspruchung von außen durch Flugfeuer und strahlende Wärme nicht zu befürchten ist oder Vorkehrungen hiergegen getroffen werden.

(4) [1]Dachüberstände, Dachgesimse und Dachaufbauten, lichtdurchlässige Bedachungen, Lichtkuppeln und Oberlichte sind so anzuordnen und herzustellen, dass Feuer nicht auf andere Gebäudeteile und Nachbargrundstücke übertragen werden kann. [2]Von Brandwänden und von Wänden, die anstelle von Brandwänden zulässig sind, müssen mindestens 1,25 m entfernt sein

1.   Oberlichte, Lichtkuppeln und Öffnungen in der Bedachung, wenn diese Wände nicht mindestens 30 cm über die Bedachung geführt sind,
2.   Dachgauben und ähnliche Dachaufbauten aus brennbaren Baustoffen, wenn sie nicht durch diese Wände gegen Brandübertragung geschützt sind.

(5) [1]Dächer von traufseitig aneinander gebauten Gebäuden müssen als raumabschließende Bauteile für eine Brandbeanspruchung von innen nach außen einschließlich der sie tragenden und aussteifenden Bauteile feuerhemmend sein. [2]Öffnungen in diesen Dachflächen und Fenster in Dachaufbauten müssen waagerecht gemessen mindestens 2 m von der Brandwand oder der Wand, die anstelle der Brandwand zulässig ist, entfernt sein. [3]Bei traufseitig benachbarten Gebäuden müssen Öffnungen in Dachflächen und Fenster in Dachaufbauten 2 m Abstand zur Grenze beziehungsweise 4 m Abstand zu solchen Öffnungen des benachbarten Gebäudes auf demselben Grundstück einhalten.

(6) [1]Dächer, die an Außenwände mit höher liegenden Öffnungen oder ohne Feuerwiderstandsfähigkeit anschließen, müssen innerhalb eines Abstands von 5 m von diesen Wänden als raumabschließende Bauteile für eine Brandbeanspruchung von innen nach außen einschließlich der sie tragenden und aussteifenden Bauteile die Feuerwiderstandsfähigkeit der Decken des Gebäudeteils haben, an den sie angebaut werden. [2]Dies gilt nicht für Anbauten an Wohngebäude der Gebäudeklassen 1 bis 3.

(7) Dächer an Verkehrsflächen und über Eingängen müssen Vorrichtungen zum Schutz gegen das Herabfallen von Schnee und Eis haben, wenn dies die Verkehrssicherheit erfordert.

(8) Für vom Dach aus vorzunehmende Arbeiten sind sicher benutzbare Vorrichtungen anzubringen.

§ 10 Treppen (Zu § 28 Abs. 1 LBO)

(1) [1]Einschiebbare Treppen und Rolltreppen sind als notwendige Treppen unzulässig. [2]In Gebäuden der Gebäudeklassen 1 und 2 sind einschiebbare Treppen und Leitern als Zugang zu einem Dachraum ohne Aufenthaltsraum zulässig.

(2) [1]Notwendige Treppen sind in einem Zuge zu allen angeschlossenen Geschossen zu führen; sie müssen mit den Treppen zum Dachraum unmittelbar verbunden sein. [2]Dies gilt nicht für Treppen

1.   in Gebäuden der Gebäudeklassen 1 bis 3,
2.   nach § 28 Abs. 2 Satz 4 Nr. 2 LBO.

(3) ¹Die tragenden Teile notwendiger Treppen müssen

1. in Gebäuden der Gebäudeklasse 5 feuerhemmend und aus nichtbrennbaren Baustoffen,

2. in Gebäuden der Gebäudeklasse 4 aus nichtbrennbaren Baustoffen,

3. in Gebäuden der Gebäudeklasse 3 aus nichtbrennbaren Baustoffen oder feuerhemmend

sein. ²Tragende Teile von Außentreppen nach § 28 Abs. 2 Satz 4 Nr. 3 LBO für Gebäude der Gebäudeklassen 3 bis 5 müssen aus nichtbrennbaren Baustoffen bestehen.

(4) ¹Die nutzbare Breite notwendiger Treppen muss mindestens 1 m, bei Treppen in Wohngebäuden der Gebäudeklassen 1 und 2 mindestens 0,8 m betragen. ²Dies gilt nicht für Treppen in mehrgeschossigen Wohnungen. ³Für Treppen mit geringer Benutzung können geringere Breiten zugelassen werden.

(5) ¹Treppen müssen mindestens einen festen und griffsicheren Handlauf haben. ²Dies gilt nicht für Treppen

1. in mehrgeschossigen Wohnungen,

2. in Höhe des Geländes oder mit einer Absturzhöhe von nicht mehr als 1 m,

3. mit nicht mehr als fünf Stufen oder

4. von Anlagen, die nicht umwehrt werden müssen.

(6) ¹Treppenstufen dürfen nicht unmittelbar hinter einer Tür beginnen, die in Richtung der Treppe aufschlägt. ²Zwischen Treppe und Tür ist in diesen Fällen ein Treppenabsatz anzuordnen, der mindestens so tief sein muss, wie die Tür breit ist.

§ 11 Notwendige Treppenräume, Ausgänge (Zu § 28 Abs. 2 LBO)

(1) ¹Von jeder Stelle eines Aufenthaltsraumes sowie eines Kellergeschosses muss mindestens ein Ausgang in einen notwendigen Treppenraum oder ins Freie in höchstens 35 m Entfernung erreichbar sein. ²Übereinander liegende Kellergeschosse müssen jeweils mindestens zwei Ausgänge in notwendige Treppenräume oder ins Freie haben. ³Sind mehrere notwendige Treppenräume erforderlich, müssen sie so verteilt sein, dass sie möglichst entgegengesetzt liegen und dass die Rettungswege möglichst kurz sind.

(2) ¹Jeder notwendige Treppenraum muss an einer Außenwand liegen und einen unmittelbaren Ausgang ins Freie haben. ²Innenliegende notwendige Treppenräume sind zulässig, wenn ihre Nutzung ausreichend lang nicht durch Raucheintritt gefährdet werden kann. ³Sofern der Ausgang eines notwendigen Treppenraumes nicht unmittelbar ins Freie führt, muss der Raum zwischen dem notwendigen Treppenraum und dem Ausgang ins Freie

1. mindestens so breit sein wie die dazugehörigen Treppenläufe,

2. Wände haben, die die Anforderungen an die Wände des Treppenraumes erfüllen,

3. rauchdichte und selbstschließende Abschlüsse zu notwendigen Fluren haben und

4. ohne Öffnungen zu anderen Räumen, ausgenommen zu notwendigen Fluren, sein.

(3) ¹Die Wände notwendiger Treppenräume müssen als raumabschließende Bauteile

1. in Gebäuden der Gebäudeklasse 5 die Bauart von Brandwänden haben,

2. in Gebäuden der Gebäudeklasse 4 auch unter zusätzlicher mechanischer Beanspruchung hochfeuerhemmend sein und

3. in Gebäuden der Gebäudeklasse 3 feuerhemmend sein.

²Dies ist nicht erforderlich für Außenwände von Treppenräumen, die aus nichtbrennbaren Baustoffen bestehen und durch andere an diese Außenwände anschließende Gebäudeteile im Brandfall nicht gefährdet werden können. ³Der obere Abschluss notwendiger Treppenräume muss als raumabschließendes Bauteil die Feuerwiderstandsfähigkeit der Decken des Gebäudes haben; dies gilt nicht, wenn der obere Abschluss das Dach ist und die Treppenraumwände bis unter die Dachhaut reichen.

(4) In notwendigen Treppenräumen und in Räumen nach Absatz 2 Satz 3 müssen

1. Bekleidungen, Putze, Dämmstoffe, Unterdecken und Einbauten aus nichtbrennbaren Baustoffen bestehen,

2. Wände und Decken aus brennbaren Baustoffen eine Bekleidung aus nichtbrennbaren Baustoffen in ausreichender Dicke haben,

3. Bodenbeläge, ausgenommen Gleitschutzprofile, aus mindestens schwerentflammbaren Baustoffen bestehen.

(5) [1]In notwendigen Treppenräumen und in Räumen nach Absatz 2 Satz 3 müssen Öffnungen

1. zu Räumen und Nutzungseinheiten mit einer Fläche von mehr als 200 m², ausgenommen Wohnungen, zu Kellergeschossen, zu nicht ausgebauten Dachräumen, Werkstätten, Läden, Lagerräumen und ähnlichen Räumen mindestens feuerhemmende, rauchdichte und selbstschließende Abschlüsse,

2. zu notwendigen Fluren rauchdichte und selbstschließende Abschlüsse,

3. zu sonstigen Räumen und Nutzungseinheiten, ausgenommen Wohnungen, mindestens dicht- und selbstschließende Abschlüsse und

4. zu Wohnungen mindestens dichtschließende Abschlüsse

haben. [2]Die Feuerschutz- und Rauchschutzabschlüsse dürfen lichtdurchlässige Seitenteile und Oberlichte enthalten, wenn der Abschluss insgesamt die Anforderungen nach Satz 1 erfüllt und nicht breiter als 2,50 m ist. [3]An notwendige Treppenräume dürfen in einem Geschoss nicht mehr als vier Wohnungen oder Nutzungseinheiten vergleichbarer Größe unmittelbar angeschlossen sein.

(6) [1]Notwendige Treppenräume müssen zu beleuchten sein. [2]Innenliegende notwendige Treppenräume müssen in Gebäuden mit einer Höhe nach § 2 Abs. 4 Satz 2 LBO von mehr als 13 m eine Sicherheitsbeleuchtung haben.

(7) [1]Notwendige Treppenräume müssen belüftet werden können. [2]Für an der Außenwand liegende notwendige Treppenräume sind dafür in jedem oberirdischen Geschoss unmittelbar ins Freie führende Fenster mit einem freien Querschnitt von mindestens 0,50 m² erforderlich, die geöffnet werden können. [3]Für innenliegende notwendige Treppenräume und notwendige Treppenräume in Gebäuden mit einer Höhe nach § 2 Abs. 4 Satz 2 LBO von mehr als 13 m ist an der obersten Stelle eine Öffnung zur Rauchableitung mit einem freien Querschnitt von mindestens 1 m² erforderlich; sie muss vom Erdgeschoss sowie vom obersten Treppenabsatz aus geöffnet werden können.

(8) [1]Sicherheitstreppenräume nach § 15 Abs. 5 Satz 2 LBO müssen folgenden Anforderungen genügen:

1. Sie müssen an einer Außenwand liegen oder vom Gebäude abgesetzt sein und in allen angeschlossenen Geschossen ausschließlich über unmittelbar davor liegende offene Gänge erreichbar sein; diese offenen Gänge müssen im freien Luftstrom liegen.

2. Die Wände müssen auch als Raumabschluss denselben Feuerwiderstand wie tragende Wände haben und aus nichtbrennbaren Baustoffen bestehen. Öffnungen in diesen Wänden müssen ins Freie führen und dichte Abschlüsse aufweisen.

3. Die Treppen müssen aus nichtbrennbaren Baustoffen bestehen.

4. Die Türen müssen rauchdicht und selbstschließend, bei innenliegenden Sicherheitstreppenräumen feuerhemmend und selbstschließend sein.

5. Eine Sicherheitsbeleuchtung muss vorhanden sein.

[2]Innenliegende Sicherheitstreppenräume sind zulässig, wenn durch andere Maßnahmen sichergestellt ist, dass sie ebenso sicher sind wie Sicherheitstreppenräume nach Satz 1.

§ 12 Notwendige Flure, offene Gänge (Zu § 28 Abs. 3 LBO)

(1) Notwendige Flure sind nicht erforderlich

1. in Wohngebäuden der Gebäudeklassen 1 und 2,

2. in sonstigen Gebäuden der Gebäudeklassen 1 und 2, ausgenommen in Kellergeschossen,

3. innerhalb von Wohnungen oder innerhalb von Nutzungseinheiten mit nicht mehr als 200 m²,

4. innerhalb von Nutzungseinheiten, die einer Büro- oder Verwaltungsnutzung dienen, mit nicht mehr als 400 m²; das gilt auch für Teile größerer Nutzungseinheiten, wenn diese Teile nicht größer als 400 m² sind, Trennwände § 6 Abs. 1 Nr. 1 haben und jeder Teil unabhängig von anderen Teilen Rettungswege nach § 15 Abs. 3 LBO hat.

(2) [1]Notwendige Flure müssen so breit sein, dass sie für den größten zu erwartenden Verkehr ausreichen, mindestens jedoch 1,25 m. [2]In den Fluren ist eine Folge von weniger als drei Stufen unzulässig. [3]Rampen mit einer Neigung bis zu 6 Prozent sind zulässig.

(3) [1]Notwendige Flure sind durch nichtabschließbare, rauchdichte und selbstschließende Abschlüsse in Rauchabschnitte zu unterteilen. [2]Die Rauchabschnitte sollen nicht länger als 30 m sein. [3]Die Abschlüsse sind bis an die Rohdecke zu führen; sie dürfen bis an die Unterdecke der Flure geführt werden, wenn die Unterdecke feuerhemmend ist. [4]Notwendige Flure mit nur einer Fluchtrichtung, die zu einem Sicherheitstreppenraum führen, dürfen nicht länger als 15 m sein. [5]Die Sätze 1 bis 4 gelten nicht für offene Gänge nach Absatz 5.

(4) [1]Die Wände notwendiger Flure müssen als raumabschließende Bauteile feuerhemmend, in Kellergeschossen, deren tragende und aussteifende Bauteile feuerbeständig sein müssen, feuerbeständig sein. [2]Die Wände sind bis an die Rohdecke zu führen. [3]Sie dürfen bis an die Unterdecke der Flure geführt werden, wenn die Unterdecke feuerhemmend und ein demjenigen nach Satz 1 vergleichbarer Raumabschluss sichergestellt ist. [4]Türen in diesen Wänden müssen dicht schließen; Öffnungen zu Lagerbereichen im Kellergeschoss müssen feuerhemmende und selbstschließende Abschlüsse haben.

(5) [1]Für Wände und Brüstungen notwendiger Flure mit nur einer Fluchtrichtung, die als offene Gänge vor den Außenwänden angeordnet sind, gilt Absatz 4 entsprechend. [2]Fenster sind in diesen Außenwänden ab einer Brüstungshöhe von 1,20 m zulässig.

(6) [1]In notwendigen Fluren sowie in offenen Gängen nach Absatz 5 müssen

1. Bekleidungen, Putze, Unterdecken und Dämmstoffe aus nichtbrennbaren Baustoffen bestehen,
2. Wände und Decken aus brennbaren Baustoffen eine Bekleidung aus nichtbrennbaren Baustoffen in ausreichender Dicke haben und
3. Bodenbeläge aus mindestens schwerentflammbaren Baustoffen bestehen; dies gilt nicht für Gebäude der Gebäudeklasse 3.

[2]Einbauten, Bekleidungen, Unterdecken und Dämmstoffe können aus schwerentflammbaren Baustoffen zugelassen werden, wenn keine Bedenken wegen des Brandschutzes bestehen.

§ 13 Fenster, Türen, sonstige Öffnungen (Zu § 28 Abs. 4 und § 16 LBO)

(1) Können die Fensterflächen nicht gefahrlos vom Erdboden, vom Innern des Gebäudes, von Loggien oder Balkonen aus gereinigt werden, so sind Vorrichtungen wie Aufzüge, Halterungen oder Stangen anzubringen, die eine Reinigung von außen ermöglichen.

(2) [1]Glastüren und andere Glasflächen, die bis zum Fußboden allgemein zugänglicher Verkehrsflächen herabreichen, sind so zu kennzeichnen, dass sie leicht erkannt werden können. [2]Weitere Schutzmaßnahmen sind für größere Glasflächen vorzusehen, wenn dies die Verkehrssicherheit erfordert.

(3) [1]Jedes Kellergeschoss ohne Fenster muss mindestens eine Öffnung ins Freie haben, um eine Rauchableitung zu ermöglichen. [2]Gemeinsame Kellerlichtschächte für übereinander liegende Kellergeschosse sind unzulässig.

(4) [1]Fenster, die als Rettungswege nach § 15 Abs. 5 Satz 1 LBO dienen, müssen im Lichten mindestens 0,90 m breit und 1,20 m hoch sein und nicht höher als 1,20 m über der Fußbodenoberkante angeordnet sein; eine Unterschreitung dieser Maße bis minimal 0,6 m Breite im Lichten und 0,9 m Höhe im Lichten ist im Benehmen mit der für den Brandschutz zuständigen Dienststelle dann möglich, wenn das Rettungsgerät der Feuerwehr die betreffende Öffnung nicht einschränkt. [2]Sie müssen von innen ohne Hilfsmittel vollständig zu öffnen sein. [3]Liegen diese Fenster in Dachschrägen oder Dachaufbauten, so darf ihre Unterkante oder ein davor liegender Austritt von der Traufkante horizontal gemessen nicht mehr als 1,0 m entfernt sein.

§ 14 Aufzugsanlagen (Zu § 29 LBO)

(1) [1]Aufzüge im Innern von Gebäuden müssen eigene Fahrschächte haben, um eine Brandausbreitung in andere Geschosse ausreichend lang zu verhindern. [2]In einem Fahrschacht dürfen bis zu drei Aufzüge liegen. [3]Aufzüge ohne eigene Fahrschächte sind zulässig

1. innerhalb eines notwendigen Treppenraumes, ausgenommen in Hochhäusern,
2. innerhalb von Räumen, die Geschosse überbrücken,
3. zur Verbindung von Geschossen, die offen miteinander in Verbindung stehen dürfen,
4. in Gebäuden der Gebäudeklassen 1 und 2;

sie müssen sicher umkleidet sein.

(2) [1]Die Fahrschachtwände müssen als raumabschließende Bauteile

1. in Gebäuden der Gebäudeklasse 5 feuerbeständig und aus nichtbrennbaren Baustoffen,
2. in Gebäuden der Gebäudeklasse 4 hochfeuerhemmend,
3. in Gebäuden der Gebäudeklasse 3 feuerhemmend

sein; Fahrschachtwände aus brennbaren Baustoffen müssen schachtseitig eine Bekleidung aus nichtbrennbaren Baustoffen in ausreichender Dicke haben. [2]Fahrschachttüren und andere Öffnungen in Fahrschachtwänden mit erforderlicher Feuerwiderstandsfähigkeit sind so herzustellen, dass die Anforderungen nach Absatz 1 Satz 1 nicht beeinträchtigt werden.

(3) [1]Fahrschächte müssen zu lüften sein und eine Öffnung zur Rauchableitung mit einem freien Querschnitt von mindestens 2,5 Prozent der Fahrschachtgrundfläche, mindestens jedoch 0,1 m² haben. [2]Die Lage der Rauchaustrittsöffnungen muss so gewählt werden, dass der Rauchaustritt durch Windeinfluss nicht beeinträchtigt wird.

(4) [1]Aufzüge nach § 29 Abs. 2 Satz 2 LBO müssen von allen Nutzungseinheiten in dem Gebäude und von der öffentlichen Verkehrsfläche aus stufenlos erreichbar sein. [2]Haltestellen im obersten Geschoss und in den Kellergeschossen sind nicht erforderlich, wenn sie nur unter besonderen Schwierigkeiten hergestellt werden können.

(5) [1]Fahrkörbe zur Aufnahme einer Krankentrage müssen eine nutzbare Grundfläche von mindestens 1,1 m Breite und 2,1 m Tiefe, zur Aufnahme eines Rollstuhls von mindestens 1,1 m Breite und 1,4 m Tiefe haben; Türen müssen eine lichte Durchgangsbreite von mindestens 0,9 m haben. [2]In einem Aufzug für Rollstühle und Krankentragen darf der für Rollstühle nicht erforderliche Teil der Fahrkorbgrundfläche durch eine verschließbare Tür abgesperrt werden. [3]Vor den Aufzügen muss eine ausreichende Bewegungsfläche vorhanden sein.

(6) Aufzüge, die Haltepunkte in mehr als einem Rauchabschnitt haben, müssen über eine Brandfallsteuerung mit Rauchmeldern an mindestens einem Haltepunkt in jedem Rauchabschnitt verfügen.

§ 15 Lüftungsanlagen, raumlufttechnische Anlagen, Warmluftheizungen (Zu § 30 LBO)

(1) [1]Lüftungsleitungen sowie deren Bekleidungen und Dämmstoffe müssen aus nichtbrennbaren Baustoffen bestehen; brennbare Baustoffe sind zulässig, wenn ein Beitrag der Lüftungsleitung zur Brandentstehung und Brandweiterleitung nicht zu befürchten ist. [2]Lüftungsleitungen dürfen raumabschließende Bauteile, für die eine Feuerwiderstandsfähigkeit vorgeschrieben ist, nur überbrücken, wenn eine Brandausbreitung ausreichend lang nicht zu befürchten ist oder wenn Vorkehrungen hiergegen getroffen sind.

(2) Lüftungsanlagen sind so herzustellen, dass sie Gerüche und Staub nicht in andere Räume übertragen.

(3) [1]Lüftungsanlagen dürfen nicht in Abgasanlagen eingeführt werden; die gemeinsame Nutzung von Lüftungsleitungen zur Lüftung und zur Ableitung der Abgase von Feuerstätten ist zulässig, wenn keine Bedenken wegen der Betriebssicherheit und des Brandschutzes bestehen. [2]Die Abluft ist ins Freie zu führen. [3]Nicht zur Lüftungsanlage gehörende Einrichtungen sind in Lüftungsleitungen unzulässig.

(4) Die Absätze 1 und 2 gelten nicht
1. für Gebäude der Gebäudeklassen 1 und 2,
2. innerhalb von Wohnungen,
3. innerhalb derselben Nutzungseinheit mit nicht mehr als insgesamt 400 m² in nicht mehr als zwei Geschossen.

(5) Für raumlufttechnische Anlagen und Warmluftheizungen gelten die Absätze 1 bis 4 entsprechend.

§ 16 Leitungen, Installationsschächte und -kanäle (Zu § 31 LBO)

(1) [1]Leitungen, Installationsschächte und -kanäle dürfen durch raumabschließende Bauteile, für die eine Feuerwiderstandsfähigkeit vorgeschrieben ist, nur hindurchgeführt werden, wenn eine Brandausbreitung ausreichend lang nicht zu befürchten ist oder Vorkehrungen hiergegen getroffen sind. [2]Dies gilt nicht
1. für Gebäude der Gebäudeklassen 1 und 2,
2. innerhalb von Wohnungen,
3. innerhalb derselben Nutzungseinheit mit nicht mehr als insgesamt 400 m² in nicht mehr als zwei Geschossen.

(2) In notwendigen Treppenräumen, in Räumen nach § 11 Abs. 2 Satz 3 und in notwendigen Fluren sind Leitungsanlagen nur zulässig, wenn eine Nutzung als Rettungsweg im Brandfall ausreichend lang möglich ist.

(3) Für Installationsschächte und -kanäle gilt § 15 Abs. 1 Satz 1 und Abs. 2 entsprechend.

§ 17 Kleinkläranlagen, Gruben, Anlagen für Abfall- und Reststoffe (Zu § 33 LBO)

(1) [1]Kleinkläranlagen und Gruben müssen wasserdicht und ausreichend groß sein. [2]Sie müssen eine dichte und sichere Abdeckung sowie Reinigungs- und Entleerungsöffnung haben. [3]Diese Öffnungen dürfen nur vom Freien aus zugänglich sein. [4]Die Anlagen sind so zu entlüften, dass Gesundheitsschäden oder unzumutbare Belästigungen nicht entstehen. [5]Die Zuleitungen zu Abwasserentsorgungsanlagen

müssen geschlossen, dicht und, soweit erforderlich, zum Reinigen eingerichtet sein. [6]Geschlossene Abwassergruben dürfen nur mit Zustimmung der Wasserbehörde zugelassen werden, wenn keine gesundheitlichen und wasserwirtschaftlichen Bedenken bestehen.

(2) [1]Abgänge aus Toiletten ohne Wasserspülung sind in eigene, geschlossene Gruben einzuleiten. [2]In diese Gruben darf kein Abwasser eingeleitet werden.

(3) [1]Zur vorübergehenden Aufbewahrung fester Abfall- und Reststoffe sind auf dem Grundstück geeignete Plätze für bewegliche Behälter vorzusehen oder geeignete Einrichtungen herzustellen. [2]Ortsfeste Behälter müssen dicht und aus nichtbrennbaren Baustoffen sein. [3]Sie sind außerhalb der Gebäude aufzustellen. [4]Die Anlagen sind so herzustellen und anzuordnen, dass Gefahren sowie erhebliche Nachteile oder Belästigungen, insbesondere durch Geruch oder Geräusch, nicht entstehen. [5]Feste Abfallstoffe dürfen innerhalb von Gebäuden vorübergehend aufbewahrt werden, in Gebäuden der Gebäudeklassen 3 bis 5 jedoch nur, wenn die dafür bestimmten Räume

1. Trennwände und Decken als raumabschließende Bauteile mit der Feuerwiderstandsfähigkeit der tragenden Wände aufweisen,
2. Öffnungen vom Gebäudeinnern zum Aufstellraum mit feuerhemmenden und selbstschließenden Abschlüssen haben,
3. unmittelbar vom Freien entleert werden können und
4. eine ständig wirksame Lüftung haben.

§ 18 Anwendung gewerberechtlicher Vorschriften (Zu § 73 Abs. 8 Nr. 2 LBO)

(1) Für Aufzugsanlagen im Sinne des § 1 Abs. 2 Satz 1 Nr. 2 Buchst. a und b der Betriebssicherheitsverordnung (BetrSichV) vom 27. September 2002 (BGBl. I S. 3777), zuletzt geändert durch Artikel 8 der Verordnung vom 18. Dezember 2008 (BGBl. I S. 2768, 2778), die weder gewerblichen noch wirtschaftlichen Zwecken dienen und in deren Gefahrenbereich auch keine Arbeitnehmer beschäftigt werden, gelten die §§ 2, 12, 14 bis 21 und 25 bis 27 BetrSichV entsprechend.

(2) Soweit durch die in Absatz 1 genannten gewerberechtlichen Vorschriften Zuständigkeitsregelungen berührt sind, entscheiden bei Anlagen im Anwendungsbereich der Landesbauordnung die Baurechtsbehörden im Benehmen mit den Gewerbeaufsichtsbehörden.

§ 19 Ordnungswidrigkeiten (Zu § 75 Abs. 3 Nr. 2 LBO)

Ordnungswidrig nach § 75 Abs. 3 Nr. 2 LBO handelt, wer vorsätzlich oder fahrlässig

1. entgegen § 2 Abs. 2 Satz 2 oder Satz 3 oder Abs. 3 Satz 3 oder Satz 4 Zu- oder Durchgänge oder Zu- oder Durchfahrten für die Feuerwehr durch Einbauten einengt oder
2. entgegen § 2 Abs. 4 die Zu- oder Durchfahrten, Aufstellflächen oder Bewegungsflächen für die Feuerwehr nicht freihält.

§ 20 Inkrafttreten

[1]Diese Verordnung tritt am 1. März 2010 in Kraft. [2]Gleichzeitig tritt die Allgemeine Ausführungsverordnung des Wirtschaftsministeriums zur Landesbauordnung vom 17. November 1995 (GBl. S. 836), zuletzt geändert durch Artikel 69 der Verordnung vom 25. April 2007 (GBl. S. 252, 259), außer Kraft.

Verordnung der Landesregierung, des Wirtschaftsministeriums und des Umweltministeriums über das baurechtliche Verfahren (Verfahrensverordnung zur Landesbauordnung – LBOVVO)

Vom 13. November 1995 (GBl. S. 794)

(BWGültV Sachgebiet 2133-1)

zuletzt geändert durch Art. 125 9. AnpassungsVO vom 23. Februar 2017 (GBl. S. 99, ber. S. 273)

Inhaltsübersicht

Erster Abschnitt
Allgemeine Vorschriften zu den Bauvorlagen im Kenntnisgabeverfahren und im Genehmigungsverfahren

§ 1   Bauvorlagen im Kenntnisgabeverfahren
§ 2   Bauvorlagen in Genehmigungsverfahren
§ 3   Allgemeine Anforderungen an die Bauvorlagen

Zweiter Abschnitt
Inhalt und Verfasser einzelner Bauvorlagen

§ 4   Lageplan
§ 5   Erstellung des Lageplans durch Sachverständige
§ 6   Bauzeichnungen
§ 7   Baubeschreibung
§ 8   Darstellung der Grundstücksentwässerung
§ 9   Bautechnische Nachweise
§ 10   Erklärung zum Standsicherheitsnachweis
§ 11   Bestätigungen des Entwurfsverfassers und des Lageplanfertigers

Dritter Abschnitt
Bauvorlagen in besonderen Fällen

§ 12   Bauvorlagen für den Abbruch baulicher Anlagen
§ 13   Bauvorlagen für Werbeanlagen

Vierter Abschnitt
Bauvorlagen in besonderen Verfahren

§ 14   Bauvorlagen für das Zustimmungsverfahren

§ 15   Bauvorlagen für den Bauvorbescheid
§ 16   Bauvorlagen für die Ausführungsgenehmigung Fliegender Bauten

Fünfter Abschnitt
Erstellung der bautechnischen Nachweise, bautechnische Prüfung und bautechnische Prüfbestätigung

§ 16a Erstellung der bautechnischen Nachweise
§ 17   Bautechnische Prüfung, bautechnische Prüfbestätigung
§ 18   Wegfall der bautechnischen Prüfung
§ 19   Verzicht auf bautechnische Bauvorlagen sowie bautechnische Prüfbestätigungen

Sechster Abschnitt
Festlegung von Grundriß und Höhenlage der Gebäude auf dem Baugrundstück

§ 20   Festlegung nach § 59 Abs. 5 LBO im Kenntnisgabeverfahren

Siebter Abschnitt
Ordnungswidrigkeiten, Inkrafttreten

§ 21   Ordnungswidrigkeiten
§ 22   Inkrafttreten

Auf Grund von § 73 Abs. 2, 4 und 5 der Landesbauordnung für Baden-Württemberg (LBO) vom 8. August 1995 (GBl. S. 617) wird verordnet:

Erster Abschnitt

Allgemeine Vorschriften zu den Bauvorlagen im Kenntnisgabeverfahren und im Genehmigungsverfahren

§ 1 Bauvorlagen im Kenntnisgabeverfahren

(1) Im Kenntnisgabeverfahren hat der Bauherr nach Maßgabe der folgenden Vorschriften als Bauvorlagen einzureichen:

1. den Lageplan (§§ 4 und 5),
2. die Bauzeichnungen (§ 6),
3. die Darstellung der Grundstücksentwässerung (§ 8),
4. die Erklärung zum Standsicherheitsnachweis (§ 10 Abs. 1),
5. die Bestätigungen des Entwurfsverfassers und des Lageplanfertigers (§ 11),

6. die Bestätigung des Bauherrn, dass er die Bauherrschaft für das Vorhaben übernommen hat; Namen, Anschriften und Unterschriften des Bauherrn und des Bauleiters, soweit ein solcher bestellt wurde, sind einzutragen.

(2) [1]Die Bauvorlagen sind in einfacher Ausfertigung bei der Gemeinde einzureichen; ist die Gemeinde nicht selbst Baurechtsbehörde, sind die Bauvorlagen nach Absatz 1 Satz 1 Nr. 1 bis 3 in zweifacher Ausfertigung einzureichen. [2]Werden die Bauvorlagen in elektronischer Form eingereicht, sind Mehrfertigungen in schriftlicher Form nicht erforderlich.

(3) Die Bauvorlagen sind vollständig im Sinne des § 53 Abs. 5 Satz 1 Nr. 1 LBO, wenn die in Absatz 1 genannten Bauvorlagen nach Art und Anzahl vorhanden sind.

§ 2 Bauvorlagen in Genehmigungsverfahren

(1) [1]In Genehmigungsverfahren hat der Bauherr dem Bauantrag nach Maßgabe der folgenden Vorschriften als Bauvorlagen beizufügen:

1. den Lageplan (§§ 4 und 5),
2. die Bauzeichnungen (§ 6),
3. die Baubeschreibung (§ 7),
4. die Darstellung der Grundstücksentwässerung (§ 8),
5. die bautechnischen Nachweise (§ 9) und im Fall des § 10 Abs. 2 die Erklärung zum Standsicherheitsnachweis (§ 10 Abs. 1),
   im vereinfachten Baugenehmigungsverfahren nur die Erklärung zum Standsicherheitsnachweis,
6. die Angabe von Name und Anschrift des Bauleiters unter Beifügung seiner Unterschrift, soweit ein solcher bestellt wurde.

[2]Die in Satz 1 Nr. 4 bis 6 genannten Bauvorlagen mit Ausnahme der Erklärung zum Standsicherheitsnachweis können nachgereicht werden; sie sind der Baurechtsbehörde vor Baubeginn vorzulegen. [3]Die Darstellung der Grundstücksentwässerung und die bautechnischen Nachweise sind so rechtzeitig vorzulegen, daß sie noch vor Baubeginn geprüft werden können.

(2) [1]Die Bauvorlagen sind in zweifacher Ausfertigung bei der Gemeinde einzureichen; ist die Gemeinde nicht selbst Baurechtsbehörde, sind die Bauvorlagen mit Ausnahme der in Absatz 1 Satz 1 Nr. 5 und 6 genannten Vorlagen in dreifacher Ausfertigung einzureichen. [2]Ist für die Prüfung des Bauantrags die Beteiligung anderer Behörden oder Dienststellen erforderlich, kann die Baurechtsbehörde die Einreichung weiterer Ausfertigungen verlangen. [3]Werden die Bauvorlagen in elektronischer Form eingereicht, sind Mehrfertigungen in schriftlicher Form nicht erforderlich.

(3) Die Baurechtsbehörde kann

1. weitere Unterlagen verlangen, wenn diese zur Berurteilung des Vorhabens erforderlich sind,
2. auf Bauvorlagen oder einzelne Angaben in den Bauvorlagen verzichten, wenn diese zur Beurteilung des Vorhabens nicht erforderlich sind,
3. zulassen, daß über Absatz 1 Sätze 2 und 3 hinaus einzelne Bauvorlagen nachgereicht werden.

§ 3 Allgemeine Anforderungen an die Bauvorlagen

(1) [1]Die Bauvorlagen müssen aus dauerhaftem Papier lichtbeständig hergestellt sein; sie müssen einen Heftrand und die Größe von DIN A 4 haben oder auf diese Größe nach DIN 824 gefaltet sein. [2]Dies gilt nicht, wenn die Bauvorlagen in elektronischer Form eingereicht werden.

(2) Hat die oberste Baurechtsbehörde Vordrucke öffentlich bekanntgemacht, so sind der Bauantrag und die betreffenden Bauvorlagen unter Verwendung dieser Vordrucke einzureichen.

Zweiter Abschnitt
Inhalt und Verfasser einzelner Bauvorlagen

§ 4 Lageplan

(1) Der Lageplan gliedert sich in einen zeichnerischen und einen schriftlichen Teil.

(2) [1]Der zeichnerische Teil ist auf der Grundlage eines nach dem neuesten Stand gefertigten Auszugs aus dem Liegenschaftskataster zu erstellen. [2]Der Lageplanfertiger hat die Übereinstimmung des zeichnerischen Teils mit dem Auszug aus dem Liegenschaftskataster und die vollständige Ergänzung nach Absatz 4 auf dem Lageplan zu bestätigen. [3]Der zeichnerische Teil muß das zu bebauende Grundstück und dessen Nachbargrundstücke umfassen. [4]Die Nachbargrundstücke sind nur insoweit aufzunehmen, als es für die Beurteilung des Vorhabens erforderlich ist. [5]Für den zeichnerischen Teil ist der Maßstab

1:500 zu verwenden. [6]Die Baurechtsbehörde kann einen anderen Maßstab verlangen oder zulassen, wenn dies für die Beurteilung des Vorhabens erforderlich oder ausreichend ist.

(3) Der zeichnerische Teil des Lageplans muß folgende Angaben aus dem Liegenschaftskataster enthalten:

1. den Maßstab und die Nordrichtung,
2. die katastermäßigen Grenzen des Grundstücks und der Nachbargrundstücke einschließlich der Verkehrsflächen,
3. die Bezeichnung des Grundstücks und der Nachbargrundstücke nach dem Liegenschaftskataster.

(4) [1]Über Absatz 3 hinaus sind im zeichnerischen Teil des Lageplans darzustellen:

1. die vorhandenen und die in einem Bebauungsplan enthaltenen Verkehrsflächen unter Angabe der Straßengruppe, der Breite, der Höhenlage, sowie die in Planfeststellungsbeschlüssen ausgewiesenen, noch nicht in einen Bebauungsplan übernommenen Verkehrsflächen,
2. soweit in einem Bebauungsplan festgesetzt, die Abgrenzung der überbaubaren Flächen und der Flächen für Garagen und Stellplätze auf dem Grundstück und den Nachbargrundstücken,
3. die bestehenden baulichen Anlagen auf dem Grundstück und den Nachbargrundstücken unter Angabe ihrer Nutzung, ihrer Zahl der Vollgeschosse oder Gebäudehöhe und ihrer Dachform,
4. die Kulturdenkmale und die Naturdenkmale auf dem Grundstück und den Nachbargrundstücken,
5. die geplante Anlage unter Angabe
    a) der Außenmaße,
    b) der Höhenlage, bei Gebäuden des Erdgeschoßfußbodens,
    c) der Abstände zu den Grundstücksgrenzen und zu anderen vorhandenen oder geplanten Gebäuden auf demselben Grundstück,
    d) der erforderlichen Abstandsflächen,
    e) der Zu- und Abfahrten,
    f) der für das Aufstellen von Feuerwehrfahrzeugen erforderlichen Flächen unter Angabe ihrer Höhenlage,
6. die Abstände der geplanten Anlage von benachbarten öffentlichen Grünflächen, Wasserflächen, Wäldern, Mooren und Heiden sowie von Anlagen und Einrichtungen, von denen nach öffentlich-rechtlichen Vorschriften Mindestabstände einzuhalten sind, insbesondere von Verkehrsflächen und Bahnanlagen,
7. die Kinderspielplätze,
8. die Lage und Anzahl vorhandener und geplanter Stellplätze für Kraftfahrzeuge,
9. die Abgrenzung von Flächen, auf denen Baulasten oder sonstige für die Zulässigkeit des Vorhabens wesentliche öffentlich-rechtliche Lasten oder Beschränkungen für das Grundstück ruhen,
10. soweit erforderlich Hochspannungsleitungen, andere Leitungen und Einrichtungen für die Versorgung mit Elektrizität, Gas, Wärme, brennbaren Flüssigkeiten und Wasser sowie für das Fernmeldewesen,
11. Anlagen zur Aufnahme und Beseitigung von Abwasser und Fäkalien sowie Brunnen, Dungbehälter und Dungstätten,
12. die Lage vorhandener oder geplanter ortsfester Behälter für brennbare oder sonst schädliche Flüssigkeiten sowie deren Abstände zu der geplanten Anlage, zu Brunnen oder zu Wasserversorgungsanlagen.

[2]Die erforderlichen Abstandsflächen nach Nummer 5 Buchst. d sind auf einem besonderen Blatt darzustellen. [3]Die übrigen Angaben können auf besonderen Blättern dargestellt werden, wenn der zeichnerische Teil sonst unübersichtlich würde.

(5) [1]Der Inhalt des Lageplans nach den Absätzen 3 und 4 ist in schwarzer Strichzeichnung oder Beschriftung, bei Festsetzungen nach dem Baugesetzbuch mit den für die Ausarbeitung von Bauleitplänen vorgeschriebenen, nicht farbigen Planzeichen darzustellen. [2]Es sind farbig zu kennzeichnen:

1. die Grenzen des zu bebauenden Grundstücks:
    bestehend — durch violette Außenbandierung,
    geplant — durch unterbrochene violette Außenbandierung,
2. vorhandene Verkehrsflächen — in goldocker Flächenfarbe,

3. vorhandene Anlagen, soweit sie nicht schraffiert
    sind,   in grauer Flächenfarbe,
4. geplante Anlagen
    auf dem Grundstück   in roter Flächenfarbe,
    auf den Nachbargrundstücken   durch rote Innenbandierung,
5. Anlagen, deren Beseitigung beabsichtigt ist
    auf dem Grundstück   in gelber Flächenfarbe,
    auf den Nachbargrundstücken   durch gelbe Innenbandierung,
6. geplante Veränderungen bestehender Anlagen   durch rote Schraffur.

(6) Im schriftlichen Teil des Lageplans sind anzugeben:

1. die Bezeichnung des Grundstücks nach Liegenschaftskataster und Grundbuchblatt unter Angabe
    des Eigentümers und des Flächeninhalts,
2. die Bezeichnung der Nachbargrundstücke nach dem Liegenschaftskataster,
3. der wesentliche Inhalt von Baulasten und von sonstigen öffentlichen Lasten oder Beschränkungen,
    die das Grundstück betreffen, insbesondere Zugehörigkeit zu einer unter Denkmalschutz gestellten
    Gesamtanlage, Lage in einem geschützten Grünbestand oder einem Grabungsschutz-, Natur-
    schutz-, Landschaftsschutz-, Wasserschutz-, Überschwemmungs-, Flurbereinigungs- oder Umle-
    gungsgebiet,
4. die Festsetzungen des Bebauungsplans, soweit sie das Grundstück betreffen und im zeichnerischen
    Teil nicht enthalten sind, insbesondere Bauweise, Art und Maß der baulichen Nutzung,
5. die vorhandene und geplante Art der baulichen Nutzung des Grundstücks,
6. eine Berechnung der Flächenbeanspruchung des Grundstücks nach Grundflächen-, Geschoßflä-
    chen- oder Baumassenzahl für vorhandene und geplante Anlagen, soweit Festsetzungen im Be-
    bauungsplan enthalten sind.

(7) [1]Für die Änderungen von Gebäuden, bei denen die Außenwände und Dächer sowie die Nutzung
nicht verändert werden, ist ein Lageplan nicht erforderlich. [2]Es genügt ein Übersichtsplan, der die in
Absatz 3 vorgeschriebenen Angaben und die Lage des zu ändernden Gebäudes auf dem Grundstück
enthält.

§ 5 Erstellung des Lageplans durch Sachverständige

(1) [1]Der Lageplan ist für die Errichtung von Gebäuden durch einen Sachverständigen zu erstellen,
wenn

1. Gebäude an der Grundstücksgrenze oder so errichtet werden sollen, daß nur die in den §§ 5 und
    6 LBO vorgeschriebenen Mindesttiefen der Abstandsflächen eingehalten oder
2. diese Mindesttiefen unterschritten werden sollen oder
3. Flächen für Abstände durch Baulast ganz oder teilweise auf Nachbargrundstücke übernommen
    werden sollen.

[2]Dies gilt nicht bei eingeschossigen Gebäuden ohne Aufenthaltsräume bis zu 50 m² Grundfläche.

(2) Sachverständige im Sinne dieser Vorschrift sind

1. Vermessungsbehörden (§§ 7 und 9 des Vermessungsgesetzes),
2. die zu Katastervermessungen befugten Stellen des Bundes und des Landes (§ 10 des Vermes-
    sungsgesetzes),
3. Öffentlich bestellte Vermessungsingenieure, auch außerhalb ihres Amtsbezirks,
4. Personen, die nach der württ. Verordnung des Staatsministeriums über die Ausführung und Prü-
    fung von Vermessungsarbeiten mit öffentlichem Glauben vom 4. Juli 1929 (RegBl. S. 260), ge-
    ändert durch württ.-bad. Verordnung Nr. 382 der Landesregierung vom 13. Dezember 1949
    (RegBl. 1950 S. 2) und württ.-hohenz. Verordnung des Staatsministeriums vom 2. Mai 1950
    (RegBl. S. 185), bestellt wurden,
5. Personen, die von einer Industrie- und Handelskammer nach § 7 des Gesetzes über die Industrie-
    und Handelskammern in Baden-Württemberg als Sachverständige für vermessungstechnische In-
    genieurarbeiten bestellt sind,
6. Personen, die das Studium der Fachrichtung Vermessungswesen an einer deutschen oder auslän-
    dischen Universität oder Fachhochschule, einschließlich Vorgängereinrichtungen, erfolgreich ab-
    geschlossen haben sowie über eine zweijährige Berufserfahrung auf dem Gebiet des Vermes-
    sungswesens verfügen,

7. Personen, die eine Bestätigung der höheren Baurechtsbehörde über die Sachverständigeneigenschaft nach § 2 Abs. 4 Buchst. a Nr. 7 der Bauvorlagenverordnung vom 2. April 1984 (GBl. S. 262), eingefügt durch Verordnung vom 8. Juli 1985 (GBl. S. 234), erhalten haben.

§ 6 Bauzeichnungen

(1) [1]Für die Bauzeichnungen ist der Maßstab 1:100 zu verwenden. [2]Die Baurechtsbehörde kann einen anderen Maßstab verlangen oder zulassen, wenn dies zur Beurteilung des Vorhabens erforderlich oder ausreichend ist.

(2) In den Bauzeichnungen sind darzustellen:

1. die Grundrisse aller Geschosse einschließlich des nutzbaren Dachraums mit Angabe der vorgesehenen Nutzung der Räume und mit Einzeichnung der
   a) Treppen,
   b) Schornsteine und Abgasleitungen unter Angabe der Reinigungsöffnungen,
   c) Feuerstätten, Verbrennungsmotoren und Wärmepumpen,
   d) ortsfesten Behälter für brennbare oder sonst schädliche Flüssigkeiten mit Angabe des Fassungsvermögens,
   e) Aufzugsschächte,
2. die Schnitte, mit Einzeichnung der
   a) Geschoßhöhen,
   b) lichten Raumhöhen,
   c) Treppen und Rampen,
   d) Anschnitte des vorhandenen und des künftigen Geländes,
3. die Ansichten der geplanten baulichen Anlage mit dem Anschluß an angrenzende Gebäude unter Angabe des vorhandenen und künftigen Geländes; an den Eckpunkten der Außenwände sind die Höhenlage des künftigen Geländes sowie die Wandhöhe, bei geneigten Dächern auch die Dachneigung und die Firsthöhe anzugeben.

(3) In den Bauzeichnungen sind anzugeben:

1. der Maßstab,
2. die Maße,
3. bei Änderung baulicher Anlagen die zu beseitigenden und die neuen Bauteile.

(4) [1]In den Grundrissen und Schnitten sind farbig dazustellen:
1. neues Mauerwerk   rot,
2. neuer Beton oder Stahlbeton   blaßgrün,
3. vorhandene Bauteile   grau,
4. zu beseitigende Bauteile   gelb.
[2]Sind die Bauteile und Bauarten auch ohne farbige Darstellung zweifelsfrei zu erkennen, so können sie auch in Schwarz-Weiß dargestellt werden.

§ 7 Baubeschreibung

(1) In der Baubeschreibung sind zu erläutern:
1. die Nutzung des Vorhabens,
2. die Konstruktion,
3. die Feuerungsanlagen,
4. die haustechnischen Anlagen,
soweit dies zur Beurteilung erforderlich ist und die notwendigen Angaben nicht in die Bauzeichnungen aufgenommen werden können.

(2) Für gewerbliche Anlagen, die keiner immissionsschutzrechtlichen Genehmigung bedürfen, muß die Baubeschreibung zusätzliche Angaben enthalten über

1. die Bezeichnung der gewerblichen Tätigkeit,
2. die Zahl der Beschäftigten,
3. Art, Zahl und Aufstellungsort von Maschinen oder Apparaten,
4. die Art der zu verwendenden Rohstoffe und der herzustellenden Erzeugnisse,
5. die Art der Lagerung der Rohstoffe, Erzeugnisse, Waren, Produktionsmittel und Produktionsrückstände, soweit diese feuer-, explosions-, gesundheitsgefährlich oder wassergefährdend sind,

6. chemische, physikalische und biologische Einwirkungen auf die Beschäftigten oder auf die Nachbarschaft, wie Gerüche, Gase, Dämpfe, Rauch, Ruß, Staub, Lärm, Erschütterungen, ionisierende Strahlen, Flüssigkeiten, Abwässer und Abfälle.

(3) In der Baubeschreibung sind ferner der umbaute Raum und die Baukosten der baulichen Anlage einschließlich der Kosten der Wasserversorgungs- und Abwasserbeseitigungsanlagen auf dem Grundstück anzugeben.

§ 8 Darstellung der Grundstücksentwässerung

[1]Wenn nicht an eine öffentliche Kanalisation angeschlossen wird, sind Anlagen zur Beseitigung des Abwassers und des Niederschlagswassers in einem Entwässerungsplan im Maßstab 1:500 darzustellen. [2]Der Plan muß enthalten:

1. die Führung der vorhandenen und geplanten Leitungen außerhalb der Gebäude mit Schächten und Abscheidern,
2. die Lage der vorhandenen und geplanten Kleinkläranlagen, Gruben und ähnlichen Einrichtungen.

[3]Kleinkläranlagen, Gruben und ähnliche Einrichtungen sind, soweit erforderlich, durch besondere Bauzeichnungen darzustellen.

(2) Bei Anschluß an eine öffentliche Kanalisation sind darzustellen:

1. Lage, Abmessung, Gefälle der öffentlichen Kanalisation sowie die Sohlenhöhe und Einlaufhöhe an der Anschlußstelle,
2. Lage, Querschnitte, Gefälle und Höhe der Anschlußkanäle.

(3) Über die Absätze 1 und 2 hinaus sind darzustellen:

1. die Lage der vorhandenen und geplanten Brunnen,
2. die Lage der vorhandenen und geplanten Anlagen zur Reinigung oder Vorbehandlung von Abwasser unter Angabe des Fassungsvermögens,
3. besondere Anlagen zur Löschwasserversorgung.

§ 9 Bautechnische Nachweise

(1) Bautechnische Nachweise sind:

1. der Standsicherheitsnachweis unter Berücksichtigung der Anforderungen des Brandschutzes an tragende Bauteile,
2. der Schallschutznachweis.

(2) [1]Der Standsicherheitsnachweis ist durch eine statische Berechnung sowie durch die Darstellung aller für die Standsicherheit wesentlichen Bauteile in Konstruktionszeichnungen zu erbringen. [2]Berechnung und Konstruktionszeichnungen müssen übereinstimmen und gleiche Positionsangaben haben. [3]Die Beschaffenheit und Tragfähigkeit des Baugrundes sind anzugeben. [4]Soweit erforderlich, ist nachzuweisen, dass die Standsicherheit anderer baulicher Anlagen und die Tragfähigkeit des Baugrundes der Nachbargrundstücke nicht gefährdet werden.

(3) Der Schallschutznachweis ist durch Berechnungen zu erbringen und, soweit dies zur Beurteilung erforderlich ist, durch Zeichnungen zu ergänzen.

§ 10 Erklärung zum Standsicherheitsnachweis

(1) [1]Im Kenntnisgabeverfahren und im vereinfachten Baugenehmigungsverfahren hat der Bauherr diejenige Person zu benennen, die er mit der Erstellung des Standsicherheitsnachweises beauftragt hat. [2]Namen, Anschriften und Unterschriften des Bauherrn und der beauftragten Person sind einzutragen. [3]Wenn die Voraussetzungen für den Wegfall der bautechnischen Prüfung nach § 18 vorliegen, hat die beauftragte Person in dieser Erklärung zu versichern, dass sie die Qualifikationsanforderungen nach § 18 Abs. 3 erfüllt.

(2) In Genehmigungsverfahren, die nicht unter Absatz 1 fallen, ist eine Erklärung nach Absatz 1 abzugeben, wenn die Voraussetzungen für den Wegfall der bautechnischen Prüfung nach § 18 vorliegen.

§ 11 Bestätigungen des Entwurfsverfassers und des Lageplanfertigers

(1) Im Kenntnisgabeverfahren hat der Entwurfsverfasser unter Angabe von Name und Anschrift zu bestätigen, daß

1. die Voraussetzungen für das Kenntnisgabeverfahren nach § 51 Abs. 1 und 2 LBO vorliegen,
2. die erforderlichen Bauvorlagen unter Beachtung der öffentlich-rechtlichen Vorschriften verfasst worden sind, insbesondere die Festsetzungen im Bebauungsplan über die Art der baulichen Nut-

zung eingehalten und die nach § 15 Abs. 3 bis 5 LBO erforderlichen Rettungswege einschließlich der notwendigen Flächen für die Feuerwehr nach § 15 Abs. 6 LBO vorgesehen sind,

3. die Qualifikationsanforderungen nach § 43 LBO oder § 77 Abs. 2 LBO erfüllt sind.

(2) Im Kenntnisgabeverfahren hat der Lageplanfertiger unter Angabe von Name und Anschrift zu bestätigen, daß

1. der Lageplan unter Beachtung der öffentlich-rechtlichen Vorschriften verfaßt worden ist, insbesondere die Vorschriften über die Abstandsflächen und die Festsetzungen über das Maß der baulichen Nutzung eingehalten sind,

2. in den Fällen des § 5 Abs. 1 die erforderlichen Qualifikationsanforderungen erfüllt sind.

(3) Wird im Kenntnisgabeverfahren ein Antrag nach § 51 Abs. 5 LBO gestellt, müssen die davon betroffenen Bestätigungen nach Absatz 1 Satz 1 Nr. 2 und Absatz 2 Satz 1 Nr. 1 unter dem Vorbehalt erfolgen, daß die beantragte Abweichung, Ausnahme oder Befreiung gewährt wird.

(4) Im vereinfachten Baugenehmigungsverfahren gilt Absatz 1 Nr. 2 entsprechend hinsichtlich der im Verfahren nicht zu prüfenden Vorschriften; Absatz 3 gilt entsprechend für einen Antrag nach § 52 Abs. 4 LBO.

Dritter Abschnitt
Bauvorlagen in besonderen Fällen

§ 12 Bauvorlagen für den Abbruch baulicher Anlagen

[1]Beim Abbruch baulicher Anlagen sind folgende Bauvorlagen einzureichen:

1. ein Übersichtsplan mit Bezeichnung des Grundstücks nach Straße und Hausnummer im Maßstab 1:500,

2. die Angabe von Lage und Nutzung der abzubrechenden Anlage,

3. die Bestätigung des vom Bauherrn bestellten Fachunternehmers, daß er

    a) über die notwendige Befähigung zur Durchführung der Abbrucharbeiten verfügt, insbesondere über ausreichende Kenntnisse in Standsicherheitsfragen, Fragen des Arbeits- und Gesundheitsschutzes sowie über ausreichende praktische Erfahrungen beim Abbruch baulicher Anlagen,

    b) über die für den Abbruch notwendigen Einrichtungen und Geräte verfügt,

4. die Bestätigung des Bauherrn, daß er die für den Abbruch erforderlichen Genehmigungen nach anderen öffentlich-rechtlichen Vorschriften, insbesondere nach den denkmalschutzrechtlichen Vorschriften, beantragt hat.

[2]Verfügt der Fachunternehmer nicht über die nach Satz 1 Nr. 3 Buchst. a geforderten Kenntnisse in Standsicherheitsfragen, hat er die Hinzuziehung eines geeigneten Tragwerksplaners zu bestätigen.

§ 13 Bauvorlagen für Werbeanlagen

(1) Bauvorlagen für die Errichtung von Werbeanlagen sind:

1. der Lageplan,

2. die Bauzeichnungen,

3. die Baubeschreibung,

4. soweit erforderlich eine fotografische Darstellung der Umgebung und die Bestätigung der Standsicherheit.

(2) [1]Für den Lageplan ist ein Maßstab nicht kleiner als 1:500 zu verwenden. [2]Der Lageplan muß enthalten:

1. die Bezeichnung des Grundstücks nach dem Liegenschaftskataster unter Angabe des Eigentümers mit Anschrift sowie nach Straße und Hausnummer,

2. die katastermäßigen Grenzen des Grundstücks,

3. den Ort der Errichtung der Werbeanlage,

4. die Festsetzungen des Bebauungsplans über die Art des Baugebiets,

5. die festgesetzten Baulinien, Baugrenzen und Bebauungstiefen,

6. die auf dem Grundstück vorhandenen baulichen Anlagen,

7. die Abstände der Werbeanlage zu öffentlichen Verkehrsflächen unter Angabe der Straßengruppe,

8. die Kulturdenkmale und die Naturdenkmale auf dem Grundstück und den Nachbargrundstücken,

9.   die Lage innerhalb einer denkmalschutzrechtlichen Gesamtanlage, in einem geschützten Grünbestand, einem Naturschutz- oder Landschaftsschutzgebiet.

(3) [1]Für die Bauzeichnungen ist ein Maßstab nicht kleiner als 1:50 zu verwenden. [2]Die Bauzeichnungen müssen enthalten:

1.   die Darstellung der Werbeanlage in Verbindung mit der baulichen Anlage, vor der oder in deren Nähe sie errichtet werden soll,
2.   die farbgetreue Wiedergabe aller sichtbaren Teile der Werbeanlage,
3.   die Ausführungsart der Werbeanlage.

(4) In der Baubeschreibung sind, soweit dies zur Beurteilung erforderlich ist und die notwendigen Angaben nicht in den Lageplan und die Bauzeichnungen aufgenommen werden können, anzugeben:

1.   die Art und Größe der Werbeanlage,
2.   die Farben der Werbeanlage,
3.   benachbarte Signalanlagen und Verkehrszeichen.

Vierter Abschnitt
Bauvorlagen in besonderen Verfahren

§ 14 Bauvorlagen für das Zustimmungsverfahren

Für den Antrag auf Zustimmung nach § 70 LBO gelten § 2 mit Ausnahme von Absatz 1 Satz 1 Nr. 5 und 6 und § 3 entsprechend.

§ 15 Bauvorlagen für den Bauvorbescheid

(1) Dem Antrag auf einen Bauvorbescheid nach § 57 LBO sind die Bauvorlagen beizufügen, die zur Beurteilung der durch den Vorbescheid zu entscheidenden Fragen des Bauvorhabens erforderlich sind.

(2) § 2 Abs. 2 und 3 und § 3 gelten entsprechend.

§ 16 Bauvorlagen für die Ausführungsgenehmigung Fliegender Bauten

(1) [1]Dem Antrag auf eine Ausführungsgenehmigung Fliegender Bauten nach § 69 LBO sind die in § 2 Abs. 1 Satz 1 Nr. 2 und 3 genannten Bauvorlagen sowie die bau- und maschinentechnischen Nachweise beizufügen. [2]Die Baubeschreibung muß ausreichende Angaben über die Konstruktion, den Aufbau und den Betrieb der Fliegenden Bauten enthalten.

(2) [1]Die Bauvorlagen sind in zweifacher Ausfertigung einzureichen. [2]§ 2 Abs. 3 und § 3 Abs. 1 Satz 1 gelten entsprechend; die Bauzeichnungen müssen aus Papier auf reißfester Unterlage hergestellt sein.

Fünfter Abschnitt
Erstellung der bautechnischen Nachweise, bautechnische Prüfung und bautechnische Prüfbestätigung

§ 16a Erstellung der bautechnischen Nachweise

[1]Soweit die bautechnischen Nachweise nicht als Bauvorlagen einzureichen sind, müssen sie vor Baubeginn, spätestens jedoch vor Ausführung des jeweiligen Bauabschnitts erstellt sein; § 9 gilt entsprechend. [2]Ist im Kenntnisgabeverfahren oder im vereinfachten Baugenehmigungsverfahren eine bautechnische Prüfung durchzuführen, müssen die bautechnischen Nachweise so rechtzeitig erstellt sein, dass sie noch vor Baubeginn oder Ausführung des jeweiligen Bauabschnitts geprüft werden können. [3]Soweit keine bautechnische Prüfung durchzuführen ist, haben der Bauherr und seine Rechtsnachfolger die bautechnischen Nachweise bis zur Beseitigung der baulichen Anlage aufzubewahren.

§ 17 Bautechnische Prüfung, bautechnische Prüfbestätigung

(1) [1]Für bauliche Anlagen ist eine bautechnische Prüfung nach den Absätzen 2 bis 4 durchzuführen, soweit in § 18 oder § 19 nichts anderes bestimmt ist. [2]Die bautechnische Prüfung umfaßt:

1.   die Prüfung der bautechnischen Nachweise (§ 9),
2.   die Überwachung der Ausführung in konstruktiver Hinsicht.

(2) [1]Im Kenntnisgabeverfahren und im vereinfachten Baugenehmigungsverfahren hat der Bauherr eine prüfende Stelle nach § 4 Abs. 1 BauPrüfVO mit der bautechnischen Prüfung zu beauftragen. [2]Die prüfende Stelle muß unter Angabe von Name und Anschrift eine bautechnische Prüfbestätigung abgeben. [3]Die bautechnische Prüfbestätigung umfaßt:

1. die Bescheinigung der Vollständigkeit und Richtigkeit der bautechnischen Nachweise (Prüfbericht),
2. eine Fertigung der mit Prüfvermerk versehenen bautechnischen Nachweise.

⁴Der Bauherr hat die bautechnische Prüfbestätigung vor Baubeginn bei der Baurechtsbehörde einzureichen. ⁵Der Prüfbericht kann auch für einzelne Bauabschnitte erteilt werden. ⁶Er muß stets vor Ausführung des jeweiligen Bauabschnitts vorliegen und den geprüften Bauabschnitt genau bezeichnen.

(3) ¹In Genehmigungsverfahren, die nicht unter Absatz 2 fallen, hat der Bauherr die bautechnischen Nachweise der Baurechtsbehörde zur bautechnischen Prüfung vorzulegen. ²Die Baurechtsbehörde kann die bautechnische Prüfung ganz oder teilweise einem Prüfamt für Baustatik (Prüfamt) oder einem Prüfingenieur übertragen; die Übertragung kann widerrufen werden. ³Wird die bautechnische Prüfung übertragen, ist der Baurechtsbehörde eine bautechnische Prüfbestätigung vorzulegen.

(4) Mit der Prüfung der bautechnischen Nachweise und der Überwachung der Ausführung können auch verschiedene prüfende Stellen beauftragt werden.

§ 18 Wegfall der bautechnischen Prüfung

(1) ¹Keiner bautechnischen Prüfung bedürfen
1. Wohngebäude der Gebäudeklassen 1 bis 3,
2. sonstige Gebäude der Gebäudeklassen 1 bis 3 bis 250 m² Grundfläche, die neben einer Wohnnutzung oder ausschließlich
   a) Büroräume,
   b) Räume für die Berufsausübung freiberuflich oder in ähnlicher Art Tätiger und
   c) anders genutzte Räume mit einer Nutzlast von jeweils bis 2 kN/m²
   enthalten,
3. land- und forstwirtschaftlich genutzte Gebäude mit einer maximalen Gebäudehöhe von bis zu 7,50 m, gemessen ab der Oberkante des Rohfußbodens im Erdgeschoss, und einer Grundfläche
   a) bis zu 250 m²,
   b) bis zu 1200 m², wenn die freie Spannweite der Dachbinder nicht mehr als 10 m beträgt,
4. nichtgewerbliche eingeschossige Gebäude mit Aufenthaltsräumen bis zu 250 m² Grundfläche,
5. Gebäude ohne Aufenthaltsräume
   a) bis zu 250 m² Grundfläche und mit nicht mehr als einem Geschoss,
   b) bis zu 100 m² Grundfläche und mit nicht mehr als zwei Geschossen,
6. Nebenanlagen zu Nummer 1 bis 5, ausgenommen Gebäude.

²Bei der Berechnung der Grundfläche nach Satz 1 bleibt die Grundfläche untergeordneter Bauteile und Vorbauten nach § 5 Abs. 6 LBO außer Betracht. ³Satz 1 gilt nur dann, wenn
1. die genannten Gebäude nicht auf Garagen mit einer Nutzfläche von insgesamt mehr als 200 m² errichtet werden, die sich ganz oder teilweise unter dem Gebäude befinden,
2. die genannten Gebäude über nicht mehr als ein Untergeschoss verfügen und
3. bei einseitiger Erddruckbelastung die Höhendifferenz zwischen den Geländeoberflächen maximal 4 m beträgt.

(2) Außer bei den in Absatz 1 genannten Gebäuden entfällt die bautechnische Prüfung auch bei
1. Erweiterungen bestehender Gebäude durch Anbau, wenn der Anbau Absatz 1 entspricht,
2. sonstigen Änderungen von Wohngebäuden und anderen Gebäuden nichtgewerblicher Nutzung, wenn nicht infolge der Änderung die wesentlichen Teile der baulichen Anlage statisch nachgerechnet werden müssen.

(3) Standsicherheitsnachweise von Vorhaben nach den Absätzen 1 und 2 müssen verfasst sein.[1)]
1. von einem Bauingenieur mit einer Berufserfahrung auf dem Gebiet der Baustatik von mindestens fünf Jahren oder
2. von einer Person, die in den letzten fünf Jahren vor dem 31. Mai 1985 hauptberuflich auf dem Gebiet der Baustatik ohne wesentliche Beanstandungen Standsicherheitsnachweise verfasst hat, wenn ihr eine Bestätigung darüber von der höheren Baurechtsbehörde ausgestellt und diese Bestätigung bis zum 31. Mai 1986 beantragt worden ist.

---

1) Zeichensetzung amtlich.

(4) Wurde der Standsicherheitsnachweis bei einem Vorhaben nach Absatz 1 oder 2 nicht von einer in Absatz 3 genannten Person verfasst, beschränkt sich die bautechnische Prüfung auf die Prüfung des Standsicherheitsnachweises.

(5) [1]Die Absätze 1 bis 4 gelten in den in der Anlage aufgeführten besonders erdbebengefährdeten Gemeinden und Gemeindeteilen nur bei Vorhaben nach Absatz 1 Nummern 5 und 6. [2]Bei sonstigen Vorhaben nach Absatz 1 oder 2 beschränkt sich die bautechnische Prüfung auf die Prüfung der Standsicherheitsnachweise und die Überwachung der Ausführung in konstruktiver Hinsicht.

(6) Abweichend von den Absätzen 1 und 2 kann die zuständige Baurechtsbehörde eine bautechnische Prüfung verlangen, insbesondere wenn eine Beeinträchtigung einer benachbarten baulichen Anlage oder öffentlicher Verkehrsanlagen zu erwarten ist oder wenn es wegen des Schwierigkeitsgrads der Konstruktion oder wegen schwieriger Baugrund- oder Grundwasserverhältnisse erforderlich ist.

§ 19 Verzicht auf bautechnische Bauvorlagen sowie bautechnische Prüfbestätigungen

(1) Bauvorlagen nach §§ 9 und 10 sowie bautechnische Prüfbestätigungen brauchen nicht vorgelegt zu werden,

1. soweit zur Ausführung des Bauvorhabens nach Maßgabe der bautechnischen Anforderungen die Aufstellung statischer und anderer bautechnischer Berechnungen nicht notwendig ist oder

2. wenn das Bauvorhaben unter der Leitung und Bauüberwachung geeigneter Fachkräfte der Baubehörden von Gebietskörperschaften oder Kirchen ausgeführt wird.

(2) Darüber hinaus kann die Baurechtsbehörde im Genehmigungsverfahren auf die Vorlage der in Absatz 1 genannten Bauvorlagen und gegebenenfalls auf die bautechnische Prüfung nach § 17 verzichten, soweit sie die bautechnischen Anforderungen aus der Erfahrung beurteilen kann.

Sechster Abschnitt
Festlegung von Grundriß und Höhenlage der Gebäude auf dem Baugrundstück

§ 20 Festlegung nach § 59 Abs. 5 LBO im Kenntnisgabeverfahren

Abweichend von § 59 Abs. 5 Nr. 2 LBO braucht die Festlegung von Grundriß und Höhenlage bei baulichen Anlagen, die keine Gebäude sind, nicht durch einen Sachverständigen vorgenommen zu werden.

Siebter Abschnitt
Ordnungswidrigkeiten, Inkrafttreten

§ 21 Ordnungswidrigkeiten

Ordnungswidrig nach § 75 Abs. 3 Nr. 2 LBO handelt, wer vorsätzlich oder fahrlässig

1. als Bauherr eine unrichtige Erklärung nach § 10 abgibt,

2. als Entwurfsverfasser oder Lageplanfertiger eine unrichtige Bestätigung (§ 11) abgibt,

3. als Bauherr eine unrichtige Bestätigung (§ 12 Satz 1 Nr. 4) abgibt,

4. als Bauherr entgegen § 16a Satz 1 mit dem Bau beginnt oder Bauarbeiten fortsetzt, bevor der dafür erforderliche Standsicherheitsnachweis erstellt ist,

5. als Bauherr entgegen § 17 Abs. 2 Sätze 4 bis 6 mit dem Bau beginnt oder Bauarbeiten fortsetzt, bevor er die danach erforderliche bautechnische Prüfbestätigung vorgelegt hat.

§ 22 Inkrafttreten

[1]Diese Verordnung tritt am 1. Januar 1996 in Kraft. [2]Gleichzeitig treten die Verordnung des Innenministeriums über Bauvorlagen im baurechtlichen Verfahren (Bauvorlagenverordnung – BauVorlVO) vom 2. April 1984 (GBl. S. 262, ber. S. 519), geändert durch Verordnung vom 8. Juli 1985 (GBl. S. 234), sowie die §§ 1 und 1a der Verordnung des Innenministeriums über die bautechnische Prüfung genehmigungspflichtiger Vorhaben (Bauprüfverordnung – BauPrüfVO) vom 11. August 1977 (GBl. S. 387), zuletzt geändert durch Verordnung vom 18. Oktober 1990 (GBl. S. 324) außer Kraft.

Anlage
(zu § 18 Abs. 5)

Gemeinden und Gemeindeteile in besonders erdbebengefährdeten Gebieten

1. Regierungsbezirk Freiburg
   - Binzen
   - Efringen-Kirchen ohne die Gemarkung Blansingen
   - Eimeldingen
   - Fischingen
   - Grenzach-Wyhlen
   - Inzlingen
   - Irndorf
   - Kandern nur die Gemarkungen Holzen und Wollbach
   - Lörrach
   - Rheinfelden (Baden) nur die Gemarkungen Adelhausen, Degerfelden, Eichsel und Herten
   - Rümmingen
   - Schallbach
   - Steinen nur die Gemarkung Hüsingen
   - Weil am Rhein
   - Wittlingen
2. Regierungsbezirk Tübingen
   - Albstadt
   - Ammerbuch nur die Gemarkungen Entringen, Pfäffingen und Poltringen
   - Balingen
   - Beuron nur die Gemarkung Hausen
   - Bingen nur die Gemarkungen Hochberg und Hornstein
   - Bisingen
   - Bitz
   - Bodelshausen
   - Burladingen
   - Dußlingen
   - Gammertingen ohne die Gemarkung Kettenacker
   - Geislingen (Zollernalbkreis) ohne die Gemarkungen Erlaheim und Binsdorf
   - Gomaringen
   - Grosselfingen
   - Haigerloch nur die Gemarkungen Hart, Owingen und Stetten
   - Hausen am Tann
   - Hechingen
   - Hettingen ohne die Gemarkung Inneringen
   - Hirrlingen
   - Inzigkofen ohne die Gemarkung Engelswies
   - Jungingen
   - Kirchentellinsfurt
   - Kusterdingen
   - Leibertingen nur die Gemarkung Kreenheinstetten
   - Meßstetten
   - Mössingen
   - Nehren
   - Neufra
   - Neustetten ohne die Gemarkung Wolfenhausen
   - Nusplingen
   - Obernheim
   - Ofterdingen
   - Pfullingen ohne die östliche Teilfläche (Gemarkung Pfullingen, Gewanne Übersberg, Hülben-wald und Gerstenberg)
   - Rangendingen
   - Reutlingen nur die Gemarkungen Bronnweiler, Degerschlacht, Gönningen, Ohmenhausen, Reutlingen und Reutlingen-Betzingen
   - Rottenburg am Neckar ohne die Gemarkungen Baisingen, Eckenweiler, Ergenzingen, Hailfin-gen und Seebronn
   - Schwenningen
   - Sigmaringen

   – Sonnenbühl
   – Starzach nur die Gemarkung Wachendorf
   – Stetten am kalten Markt
   – Straßberg
   – Trochtelfingen ohne die Gemarkung Wilsingen
   – Tübingen
   – Veringenstadt
   – Wannweil
   – Winterlingen

3. Exklaven anderer Gemeinden, die vom Gebiet der aufgeführten Gemeinden und Gemeindeteile umschlossen sind.

Landesenteignungsgesetz (LEntG)

Vom 6. April 1982 (GBl. S. 97)
(BWGültV Sachgebiet 214)
zuletzt geändert durch Art. 3 Elektronik-AnpassungsG vom 14. Dezember 2004 (GBl. S. 884)

Inhaltsübersicht

Erster Teil
Allgemeine Vorschriften

§		
§	1	Anwendungsbereich
§	1a	Elektronische Kommunikation
§	2	Enteignungszweck
§	3	Gegenstand der Enteignung
§	4	Zulässigkeit der Enteignung
§	5	Umfang der Enteignung
§	6	Vorarbeiten auf Grundstücken

Zweiter Teil
Entschädigung und Härteausgleich

§	7	Entschädigungsgrundsätze
§	8	Entschädigungsberechtigter und Entschädigungsverpflichteter
§	9	Entschädigung für den Rechtsverlust
§	10	Entschädigung für andere Vermögensnachteile
§	11	Behandlung der Rechte der Nebenberechtigten
§	12	Schuldübergang
§	13	Entschädigung in Geld
§	14	Entschädigung in Land
§	15	Entschädigung durch Gewährung anderer Rechte
§	16	Härteausgleich

Dritter Teil
Verfahren

1. Abschnitt
Enteignungsverfahren

§	17	Enteignungsbehörde
§	18	Enteignungsantrag
§	19	Beteiligte
§	20	Entschädigung statt Wiedereinsetzung
§	21	Erforschung des Sachverhalts
§	22	Vorbereitung der mündlichen Verhandlung
§	23	Mündliche Verhandlung
§	24	Planfeststellung
§	25	Bindungswirkung des Planfeststellungs- und Plangenehmigungsverfahrens

§	26	Verfügungs- und Veränderungssperre
§	27	Einigung
§	28	Entscheidung der Enteignungsbehörde
§	29	Enteignungsbeschluß
§	30	Verwendungsfrist
§	31	Verfahren bei der Entschädigung durch Gewährung anderer Rechte
§	32	Ausführungsanordnung
§	33	Hinterlegung
§	34	Verteilungsverfahren
§	35	Aufhebung des Enteignungsbeschlusses
§	36	Vollstreckbare Titel

2. Abschnitt
Vorzeitige Besitzeinweisung

| § | 37 | Anordnung der vorzeitigen Besitzeinweisung |
| § | 38 | Wirkung der vorzeitigen Besitzeinweisung |

3. Abschnitt
Kosten und Aufwendungen

| § | 39 | Gebühren und Auslagen |
| § | 40 | Aufwendungen der Beteiligten |

4. Abschnitt
Antrag auf gerichtliche Entscheidung

| § | 41 | [Antrag auf gerichtliche Entscheidung] |

Vierter Teil
Rückenteignung

| § | 42 | Anspruch auf Rückenteignung |
| § | 43 | Entschädigung für die Rückenteignung |

Fünfter Teil
Übergangs- und Schlußvorschriften

§	44	Angemessene Entschädigung
§	45	Ordnungswidrigkeiten
§	46	Anhängige Verfahren; ehrenamtliche Beisitzer
§	47	Aufhebung von Rechtsvorschriften
§	48	Änderung von Gesetzen
§	49	Inkrafttreten

Erster Teil
Allgemeine Vorschriften

§ 1 Anwendungsbereich

Dieses Gesetz gilt für alle förmlichen Enteignungen, die sich auf Grundstücke beziehen, soweit nicht Bundesrecht anzuwenden ist.

§ 1a Elektronische Kommunikation

Im Enteignungsverfahren und soweit in diesem Gesetz Schriftform angeordnet ist, findet § 3a des Landesverwaltungsverfahrensgesetzes keine Anwendung.

§ 2 Enteignungszweck

Nach diesem Gesetz kann enteignet werden, um

1. Vorhaben zu verwirklichen, für die andere Gesetze die Enteignung ausdrücklich zulassen,
2. andere Vorhaben zu verwirklichen, die dem Wohle der Allgemeinheit dienen, insbesondere um
   a) Einrichtungen für die Jugendhilfe, Gesundheits- und Wohlfahrtspflege sowie Sport- und Freizeiteinrichtungen,
   b) Einrichtungen für Schulen, Hochschulen und andere Zwecke von Kultur, Wissenschaft und Forschung,
   c) Einrichtungen für die öffentliche Versorgung oder Entsorgung,
   d) Einrichtungen, die dem Umweltschutz dienen,
   e) Einrichtungen zur Aufrechterhaltung der öffentlichen Sicherheit und des Strafvollzugs,
   f) Einrichtungen des öffentlichen und nichtöffentlichen Verkehrs

zu schaffen und zu verändern.

§ 3 Gegenstand der Enteignung

(1) Durch Enteignung können

1. das Eigentum an Grundstücken entzogen oder belastet werden,
2. andere Rechte an Grundstücken entzogen, geändert oder belastet werden,
3. persönliche Rechte entzogen werden, die zum Erwerb, Besitz oder zur Nutzung von Grundstücken berechtigen oder die den Verpflichteten in der Nutzung von Grundstücken beschränken,
4. soweit es in diesem Gesetz vorgesehen ist, Rechtsverhältnisse begründet werden, die persönliche Rechte im Sinne von Nummer 3 gewähren.

(2) Zur vorübergehenden Benutzung von Grundstücken können Rechtsverhältnisse begründet werden, die persönliche Rechte gewähren.

(3) Die für Grundstücke geltenden Vorschriften dieses Gesetzes sind auf Grundstücksteile entsprechend anzuwenden.

(4) Die für das Eigentum an Grundstücken geltenden Vorschriften dieses Gesetzes sind, soweit nichts anderes bestimmt ist, auf grundstücksgleiche Rechte entsprechend anzuwenden.

(5) Die für die Entziehung oder Belastung des Eigentums an Grundstücken geltenden Vorschriften dieses Gesetzes sind auf die Entziehung, Belastung, Änderung oder Begründung der in Absatz 1 Nr. 2 bis 4 bezeichneten Rechte entsprechend anzuwenden.

§ 4 Zulässigkeit der Enteignung

(1) Die Enteignung ist im einzelnen Fall nur zulässig, soweit sie zum Wohle der Allgemeinheit erforderlich ist und der Enteignungszweck auf andere zumutbare Weise nicht erreicht werden kann.

(2) Die Enteignung setzt voraus, daß der Antragsteller sich ernsthaft um den freihändigen Erwerb des Grundstücks zu angemessenen Bedingungen bemüht hat und glaubhaft macht, daß das Grundstück innerhalb angemessener Frist für den Enteignungszweck verwendet wird.

(3) Die Enteignung zu dem Zweck, durch Enteignung entzogene Rechte durch neue Rechte zu ersetzen, ist nur zulässig, soweit der Ersatz im Zweiten und Vierten Teil vorgesehen ist.

§ 5 Umfang der Enteignung

(1) ¹Die Enteignung darf nur in dem Umfang durchgeführt werden, in dem sie zur Verwirklichung des Enteignungszwecks erforderlich ist. ²Reicht die Belastung eines Grundstücks mit einem Recht zur Verwirklichung des Enteignungszwecks aus, ist die Enteignung hierauf zu beschränken.

(2) ¹Soll ein Grundstück mit einem Erbbaurecht belastet werden, kann der Eigentümer anstelle der Belastung die Entziehung des Eigentums verlangen. ²Soll ein Grundstück mit einem anderen Recht belastet werden, kann der Eigentümer die Entziehung des Eigentums verlangen, wenn die Belastung für ihn unbillig ist.

(3) Sollen Grundstücksteile oder einzelne von mehreren räumlich oder wirtschaftlich zusammenhängenden Grundstücken enteignet werden, kann der Eigentümer die Ausdehnung der Enteignung auf die

ihm verbleibenden Grundstücksteile oder Grundstücke verlangen, soweit er diese nicht mehr in angemessenem Umfang baulich oder wirtschaftlich nutzen kann.

(4) Der Eigentümer kann verlangen, daß die Enteignung auf das Zubehör sowie die nur vorübergehend mit dem Grundstück verbundenen oder in ein Gebäude eingefügten Sachen erstreckt wird, soweit er diese Gegenstände infolge der Enteignung nicht mehr wirtschaftlich nutzen oder in anderer Weise angemessen verwerten kann.

(5) Ein Verlangen nach den Absätzen 2 bis 4 ist schriftlich oder zur Niederschrift bei der Enteignungsbehörde bis zum Schluß der mündlichen Verhandlung oder, wenn die mündliche Verhandlung auf Grund eines Verzichts der Beteiligten entfällt, spätestens mit der Verzichtserklärung geltend zu machen.

§ 6 Vorarbeiten auf Grundstücken

(1) [1]Die Beauftragten der Enteignungsbehörde und des Trägers des Vorhabens sind befugt, Grundstücke zu betreten, zu vermessen und auf ihnen andere Vorarbeiten vorzunehmen, die notwendig sind, um die Eignung der Grundstücke für Vorhaben, für die enteignet werden kann, beurteilen zu können. [2]Lassen Eigentümer und Besitzer von Grundstücken Vorarbeiten von Beauftragten des Trägers des Vorhabens nicht zu, so entscheidet auf dessen Antrag die Enteignungsbehörde. [3]Die Entscheidung kann befristet, bedingt oder mit Auflagen versehen und von der Leistung einer Sicherheit in Höhe der zu erwartenden Entschädigung nach Absatz 3 abhängig gemacht werden. [4]Eigentümer und Besitzer sind verpflichtet, die in Satz 1 und 2 vorgesehenen Maßnahmen zu dulden. [5]Wohnungen dürfen nur mit Einwilligung des Wohnungsinhabers betreten werden.

(2) [1]Von der Absicht, Vorarbeiten nach Absatz 1 durchzuführen, sind Eigentümer und Besitzer rechtzeitig vor dem Betreten der Grundstücke zu benachrichtigen. [2]Die Benachrichtigung kann durch öffentliche Bekanntmachung erfolgen, soweit die Vorarbeiten auf eine Vielzahl von Grundstücken erstreckt werden müssen oder Eigentümer und Besitzer nicht oder nur unter unverhältnismäßigen Schwierigkeiten ermittelt werden können. [3]Die Bekanntmachung wird von der Gemeinde, in deren Gebiet die Grundstücke liegen, auf Kosten des Trägers des Vorhabens durchgeführt.

(3) [1]Entsteht durch eine Maßnahme nach Absatz 1 dem Eigentümer oder Besitzer ein unmittelbarer Vermögensnachteil, ist dafür von dem Träger des Vorhabens eine angemessene Entschädigung zu leisten. [2]Kommt eine Einigung über die Entschädigung nicht zustande, setzt die Enteignungsbehörde die Entschädigung fest. [3]Die Beteiligten sind vorher zu hören.

Zweiter Teil
Entschädigung und Härteausgleich

§ 7 Entschädigungsgrundsätze

(1) Für die Enteignung ist Entschädigung zu leisten.

(2) Die Entschädigung wird gewährt
1. für den durch die Enteignung eintretenden Rechtsverlust,
2. für andere durch die Enteignung eintretende Vermögensnachteile.

(3) [1]Vermögensvorteile, die dem Entschädigungsberechtigten infolge der Enteignung entstehen, sind bei der Festsetzung der Entschädigung zu berücksichtigen. [2]Hat bei der Entstehung eines Vermögensnachteils ein Verschulden des Entschädigungsberechtigten mitgewirkt, ist § 254 des Bürgerlichen Gesetzbuches entsprechend anzuwenden.

(4) [1]Für die Bemessung der Entschädigung ist der Zustand des Grundstücks in dem Zeitpunkt maßgebend, in dem die Enteignungsbehörde über den Enteignungsantrag entscheidet. [2]In den Fällen der vorzeitigen Besitzeinweisung oder der vorzeitigen Besitzüberlassung ist der Zustand in dem Zeitpunkt maßgebend, in dem diese wirksam wird.

§ 8 Entschädigungsberechtigter und Entschädigungsverpflichteter

(1) Die Entschädigung kann verlangen, wer in seinem Recht durch die Enteignung beeinträchtigt wird und dadurch einen Vermögensnachteil erleidet.

(2) Zur Leistung der Entschädigung ist der Enteignungsbegünstigte verpflichtet.

§ 9 Entschädigung für den Rechtsverlust

(1) [1]Die Entschädigung für den durch die Enteignung eintretenden Rechtsverlust bemißt sich nach dem Verkehrswert des Grundstücks oder des sonstigen Gegenstands der Enteignung. [2]Der Verkehrswert wird durch den Preis bestimmt, der im gewöhnlichen Geschäftsverkehr nach den rechtlichen Gegebenheiten und tatsächlichen Eigenschaften, der sonstigen Beschaffenheit und der Lage des Enteignungsgegenstands ohne Rücksicht auf ungewöhnliche oder persönliche Verhältnisse zu erzielen wäre.

(2) Maßgebend ist der Verkehrswert in dem Zeitpunkt, in dem die Enteignungsbehörde über die Entschädigung entscheidet.

(3) Bei der Festsetzung der Entschädigung bleiben unberücksichtigt:
1. Wertsteigerungen eines Grundstücks, die in der Aussicht auf eine Änderung der zulässigen Nutzung eingetreten sind, wenn die Änderung nicht in absehbarer Zeit zu erwarten ist,
2. Wertänderungen, die infolge der bevorstehenden Enteignung eingetreten sind,
3. Werterhöhungen, die nach dem Zeitpunkt eingetreten sind, in dem der Eigentümer zur Vermeidung der Enteignung ein Kauf- oder Tauschangebot des Antragstellers zu angemessenen Bedingungen hätte annehmen können, es sei denn, daß der Eigentümer Kapital oder Arbeit für sie aufgewendet hat,
4. wertsteigernde Veränderungen, die unter Verstoß gegen die Verfügungs- und Veränderungssperre vorgenommen worden sind,
5. rechtsgeschäftliche Vereinbarungen, soweit sie von üblichen Vereinbarungen auffällig abweichen und Tatsachen die Annahme rechtfertigen, daß sie getroffen worden sind, um eine höhere Entschädigungsleistung zu erlangen.

(4) [1]Für bauliche Anlagen, deren entschädigungslose Beseitigung auf Grund öffentlich-rechtlicher Vorschriften gefordert werden kann, ist eine Entschädigung nur zu gewähren, soweit es aus Gründen der Billigkeit geboten ist. [2]Kann die Beseitigung entschädigungslos erst nach Ablauf einer Frist gefordert werden, ist die Entschädigung nach dem Verhältnis der restlichen Frist zu der gesamten Frist zu bemessen.

(5) Wird der Wert des Eigentums an dem Grundstück durch Rechte Dritter gemindert, die an dem Grundstück aufrechterhalten, an einem anderen Grundstück neu begründet oder gesondert entschädigt werden, ist dies bei der Festsetzung der Entschädigung für den Rechtsverlust zu berücksichtigen.

§ 10 Entschädigung für andere Vermögensnachteile

(1) [1]Wegen anderer durch die Enteignung eintretender Vermögensnachteile ist eine Entschädigung nur zu gewähren, soweit diese Vermögensnachteile nicht schon bei der Bemessung der Entschädigung für den Rechtsverlust berücksichtigt sind. [2]Die Entschädigung ist unter gerechter Abwägung der Interessen der Allgemeinheit und der Beteiligten festzusetzen, insbesondere für
1. den vorübergehenden oder dauernden Verlust, den der bisherige Eigentümer in seiner Berufs- oder Erwerbstätigkeit oder in der Erfüllung der ihm wesensgemäß obliegenden Aufgaben erleidet, jedoch nur bis zu dem Betrag des Aufwandes, der erforderlich ist, um ein anderes Grundstück in der gleichen Weise wie das zu enteignende Grundstück zu nutzen,
2. die Wertminderung, die durch die Enteignung eines Grundstücksteils oder einzelner von mehreren räumlich oder wirtschaftlich zusammenhängenden Grundstücken bei den dem Eigentümer verbleibenden Grundstücksteilen oder Grundstücken oder durch die Enteignung des Rechts an einem Grundstück bei einem anderen Grundstück entsteht, soweit die Wertminderung nicht schon bei der Festsetzung der Entschädigung nach Nummer 1 berücksichtigt ist,
3. die notwendigen Aufwendungen für einen durch die Enteignung erforderlich werdenden Umzug.

(2) Im Falle des Absatzes 1 Nr. 2 ist § 9 Abs. 3 Nr. 3 sinngemäß anzuwenden.

§ 11 Behandlung der Rechte der Nebenberechtigten

(1) Rechte an dem zu enteignenden Grundstück sowie persönliche Rechte, die zum Besitz oder zur Nutzung des Grundstücks berechtigen oder den Verpflichteten in der Nutzung des Grundstücks beschränken, können aufrechterhalten werden, soweit dies mit dem Enteignungszweck zu vereinbaren ist.

(2) [1]Als Ersatz für ein Recht an einem Grundstück, das nicht aufrechterhalten wird, kann mit Zustimmung des Rechtsinhabers das Ersatzland oder ein anderes Grundstück des Enteignungsbegünstigten mit einem entsprechenden Recht belastet werden. [2]Als Ersatz für ein persönliches Recht, das nicht

aufrechterhalten wird, kann mit Zustimmung des Rechtsinhabers ein Rechtsverhältnis begründet werden, das ein Recht gleicher Art in Bezug auf das Ersatzland oder auf ein anderes Grundstück des Enteignungsbegünstigten gewährt. [3]Als Ersatz für dingliche oder persönliche Rechte eines öffentlichen Verkehrsunternehmens, eines Trägers der öffentlichen Versorgung mit Elektrizität, Gas, Wärme oder Wasser oder eines Trägers der öffentlichen Verwertung oder Beseitigung von Abwässern, die auf diese Rechte zur Erfüllung ihrer wesensgemäßen Aufgaben angewiesen sind, sind auf ihren Antrag Rechte gleicher Art am Ersatzland oder an einem anderen Grundstück des Enteignungsbegünstigten zu begründen. [4]Anträge nach Satz 3 müssen vor Beginn der mündlichen Verhandlung schriftlich oder zur Niederschrift der Enteignungsbehörde oder, wenn die mündliche Verhandlung auf Grund eines Verzichts der Beteiligten entfällt, spätestens mit der Verzichtserklärung gestellt werden.

(3) Soweit Rechte nicht aufrechterhalten oder nicht durch neue Rechte ersetzt werden, sind bei der Enteignung eines Grundstücks gesondert zu entschädigen:

1. Erbbauberechtigte, Altenteilsberechtigte sowie Inhaber von Dienstbarkeiten und Erwerbsrechten an dem Grundstück,
2. Inhaber von persönlichen Rechten, die zum Besitz oder zur Nutzung des Grundstücks berechtigen, wenn der Berechtigte im Besitz des Grundstücks ist,
3. Inhaber von persönlichen Rechten, die zum Erwerb des Grundstücks berechtigen oder den Verpflichteten in der Nutzung des Grundstücks beschränken.

(4) [1]Berechtigte, deren Rechte nicht aufrechterhalten, nicht durch neue Rechte ersetzt und nicht gesondert entschädigt werden, haben bei der Enteignung eines Grundstücks Anspruch auf Ersatz des Wertes ihres Rechts aus der Geldentschädigung für das Eigentum an dem Grundstück, soweit sich ihr Recht auf dieses erstreckt. [2]Dies gilt entsprechend für die Geldentschädigungen, die für den durch die Enteignung eintretenden Rechtsverlust in anderen Fällen oder nach § 10 Satz 2 Nr. 2 festgesetzt werden.

§ 12 Schuldübergang

(1) [1]Haftet bei einer Hypothek, die aufrechterhalten oder durch ein neues Recht an einem anderen Grundstück ersetzt wird, der von der Enteignung Betroffene zugleich persönlich, übernimmt der Enteignungsbegünstigte die Schuld in Höhe der Hypothek. [2]§§ 415 und 416 des Bürgerlichen Gesetzbuches sind entsprechend anzuwenden; als Veräußerer im Sinne von § 416 ist der von der Enteignung Betroffene anzusehen.

(2) Das gleiche gilt, wenn bei einer Grundschuld oder Rentenschuld, die aufrechterhalten oder durch ein neues Recht an einem anderen Grundstück ersetzt wird, der von der Enteignung Betroffene zugleich persönlich haftet, sofern er spätestens bis zum Schluß der mündlichen Verhandlung oder, wenn die mündliche Verhandlung auf Grund eines Verzichts der Beteiligten entfällt, spätestens mit der Verzichtserklärung die gegen ihn bestehende Forderung unter Angabe ihres Betrages und Grundes angemeldet und auf Verlangen der Enteignungsbehörde oder eines Beteiligten glaubhaft gemacht hat.

§ 13 Entschädigung in Geld

(1) [1]Die Entschädigung ist in einem einmaligen Betrag zu leisten, soweit dieses Gesetz nichts anderes bestimmt. [2]Auf Antrag des Entschädigungsberechtigten kann die Entschädigung in wiederkehrenden Leistungen festgesetzt werden, wenn dies den übrigen Beteiligten zuzumuten ist.

(2) Einmalige Entschädigungsbeträge sind mit zwei vom Hundert über dem jeweiligen Basiszinssatz nach § 247 des Bürgerlichen Gesetzbuchs jährlich von dem Zeitpunkt an zu verzinsen, in dem die Nutzungsmöglichkeit dem von der Enteignung Betroffenen entzogen oder er in ihr beschränkt wird.

(3) Für die Belastung eines Grundstücks mit einem Erbbaurecht ist die Entschädigung in einem Erbbauzins zu leisten.

§ 14 Entschädigung in Land

(1) [1]Die Entschädigung ist auf Antrag des Eigentümers in geeignetem Ersatzland festzusetzen, soweit dieser zur Sicherung seiner Berufs- oder Erwerbstätigkeit oder zur Erfüllung seiner ihm wesensgemäß obliegenden Aufgaben auf Ersatzland angewiesen ist und der Enteignungsbegünstigte

1. über als Ersatzland geeignete Grundstücke verfügt, auf die er nicht mit seiner Berufs- oder Erwerbstätigkeit oder zur Erfüllung der ihm wesensgemäß obliegenden Aufgaben angewiesen ist, oder

2. geeignetes Ersatzland nach pflichtgemäßem Ermessen der Enteignungbehörde freihändig zu angemessenen Bedingungen und binnen einer angemessenen Frist beschaffen kann.

²Ein Grundstück ist nicht als Ersatzland geeignet, wenn es selbst oder sein Ertrag unmittelbar einem in § 2 genannten Zweck oder in sonstiger Weise der Allgemeinheit in besonderem Maße dient oder zu dienen bestimmt ist. ³Ein land- oder forstwirtschaftliches Grundstück ist außerdem nicht als Ersatzland geeignet, wenn seine Übertragung auf den Entschädigungsberechtigten zu einer Änderung der bisherigen Nutzungsart oder zu einer nachteiligen Veränderung der Agrarstruktur führen würde.

(2) ¹Unter den Voraussetzungen des Absatzes 1 ist die Entschädigung auf Antrag des Eigentümers auch dann in geeignetem Ersatzland festzusetzen, wenn ein Grundstück enteignet werden soll, das mit einem eigengenutzten Eigenheim oder einer eigengenutzten Kleinsiedlung bebaut ist. ²Dies gilt nicht, wenn nach öffentlich-rechtlichen Vorschriften der Abbruch des Gebäudes jederzeit entschädigungslos gefordert werden kann.

(3) Die Entschädigung kann auf Antrag in Ersatzland festgesetzt werden, soweit diese Art der Entschädigung unter gerechter Abwägung der Interessen der Allgemeinheit und der Beteiligten angemessen ist und der Enteignungsbegünstigte über nach Absatz 1 geeignete Grundstücke verfügt oder sich solche freihändig zu angemessenen Bedingungen beschaffen kann.

(4) ¹Für die Bewertung des Ersatzlandes ist § 9 entsprechend anzuwenden. ²Hierbei ist die Werterhöhung zu berücksichtigen, die das übrige Grundvermögen des Betroffenen durch den Erwerb des Ersatzlandes über dessen Wert nach Satz 1 hinaus erfährt. ³Hat das Ersatzland einen geringeren Wert als das zu enteignende Grundstück, ist eine dem Wertunterschied entsprechende zusätzliche Geldentschädigung festzusetzen. ⁴Hat das Ersatzland einen höheren Wert als das zu enteignende Grundstück, ist festzusetzen, daß der Entschädigungsberechtigte an den Enteignungsbegünstigten eine dem Wertunterschied entsprechende Ausgleichszahlung zu leisten hat. ⁵Die Ausgleichszahlung wird mit dem nach § 32 Abs. 3 Satz 1 in der Ausführungsanordnung festgesetzten Tag fällig.

(5) ¹Wird die Entschädigung in Land festgesetzt, sollen dingliche oder persönliche Rechte, soweit sie nicht an dem zu enteignenden Grundstück aufrechterhalten werden, auf Antrag des Rechtsinhabers nach Maßgabe des § 11 Abs. 2 ersetzt werden. ²Soweit dies nicht möglich oder nicht ausreichend ist, sind die Inhaber der Rechte gesondert in Geld zu entschädigen; dies gilt für die in § 11 Abs. 4 bezeichneten Berechtigten nur, soweit ihre Rechte nicht durch eine dem Eigentümer nach Absatz 4 zu gewährende zusätzliche Geldentschädigung gedeckt werden.

(6) ¹Sind Miteigentum, grundstücksgleiche Rechte oder Rechte nach dem Wohnungseigentumsgesetz ebenso zur Sicherung der Berufs- oder Erwerbstätigkeit des Berechtigten oder zur Erfüllung der ihm wesensgemäß obliegenden Aufgaben geeignet, können dem Eigentümer diese Rechte anstelle des Ersatzlandes angeboten werden. ²Der Eigentümer ist in Geld abzufinden, wenn er die ihm nach Satz 1 angebotene Entschädigung ablehnt. ³§ 15 bleibt unberührt.

(7) Anträge nach den Absätzen 1 bis 3 und 5 sind schriftlich oder zur Niederschrift der Enteignungsbehörde zu stellen, und zwar in den Fällen der Absätze 1 bis 3 vor Beginn und im Falle des Absatzes 5 bis zum Schluß der mündlichen Verhandlung oder, wenn diese auf Grund eines Verzichts der Beteiligten entfällt, spätestens mit der Verzichtserklärung.

§ 15 Entschädigung durch Gewährung anderer Rechte

(1) ¹Soweit es unter Abwägung der Belange der Beteiligten der Billigkeit entspricht, kann die Entschädigung auf Antrag des Eigentümers ganz oder teilweise in Miteigentum, grundstücksgleichen Rechten, Rechten nach dem Wohnungseigentumsgesetz oder sonstigen Rechten an dem durch die Enteignung zu erwerbenden oder an einem anderen Grundstück des Enteignungsbegünstigten festgesetzt werden. ²Bei Wertunterschieden zwischen den Rechten nach Satz 1 und dem Enteignungsgegenstand ist § 14 Abs. 4 entsprechend anzuwenden.

(2) Der Antrag nach Absatz 1 ist bis zum Schluß der mündlichen Verhandlung oder, wenn die mündliche Verhandlung auf Grund eines Verzichts der Beteiligten entfällt, spätestens mit der Verzichtserklärung schriftlich oder zur Niederschrift der Enteignungsbehörde zu stellen.

§ 16 Härteausgleich

(1) ¹Entstehen einem Mieter, Pächter oder sonstigen Nutzungsberechtigten, dessen Rechtsverhältnis durch eine Enteignung auf Grund dieses Gesetzes oder durch Kündigung oder Vereinbarung im Hinblick auf die bevorstehende Enteignung beendet wird, wirtschaftliche Nachteile, die für ihn eine be-

sondere Härte bedeuten und für die eine Entschädigung nach diesem Gesetz nicht zu leisten ist und die auch nicht durch sonstige Maßnahmen ausgeglichen werden, kann die Enteignungsbehörde auf Antrag einen Ausgleich in Geld festsetzen, soweit dies der Billigkeit entspricht (Härteausgleich). [2]Zur Leistung des Härteausgleichs ist der Enteignungsbegünstigte verpflichtet. [3]Der Härteausgleich kann auch in der Gewährung eines zinsgünstigen Darlehens oder eines Zinszuschusses für ein Darlehen bestehen.

(2) Ein Härteausgleich wird nicht gewährt, soweit der Antragsteller es unterlassen hat, die Nachteile durch zumutbare Maßnahmen abzuwenden.

(3) Der Antrag auf Härteausgleich ist innerhalb eines Jahres nach Beendigung des Rechtsverhältnisses bei der Enteignungsbehörde zu stellen.

Dritter Teil
Verfahren

1. Abschnitt
Enteignungsverfahren

§ 17 Enteignungsbehörde
(1) Das Enteignungsverfahren wird vom Regierungspräsidium (Enteignungsbehörde) durchgeführt.
(2) [1]Örtlich zuständig ist die Enteignungsbehörde, in deren Bezirk der Enteignungsgegenstand liegt. [2]Sind mehrere Enteignungsbehörden für ein Vorhaben zuständig und ist es zweckmäßig, das Verfahren einheitlich durchzuführen, so bestimmt die gemeinsame fachlich zuständige Aufsichtsbehörde die zuständige Enteignungsbehörde.
(3) [1]Entscheidungen auf Grund mündlicher Verhandlung trifft ein bei der Enteignungsbehörde gebildeter Ausschuß. [2]Dem Ausschuß gehören ein Bediensteter der Enteignungsbehörde als Vorsitzender sowie zwei ehrenamtliche Beisitzer als weitere Mitglieder an.
(4) [1]Das Regierungspräsidium bestellt die erforderliche Anzahl ehrenamtlicher Beisitzer auf die Dauer von vier Jahren. [2]Die Beisitzer sollen die für ihr Amt erforderliche Eignung und Erfahrung besitzen. [3]Sie erhalten Entschädigung nach dem Gesetz über die Entschädigung der ehrenamtlichen Richter.

§ 18 Enteignungsantrag
(1) Der Antrag auf Durchführung eines Enteignungsverfahrens ist schriftlich bei der Enteignungsbehörde zu stellen.
(2) [1]Der Antragsteller hat die zur Beurteilung des Vorhabens und des Enteignungsantrags erforderlichen Unterlagen einzureichen. [2]Er hat insbesondere den Enteignungsgegenstand genau zu bezeichnen und soll die Namen und Anschriften der Beteiligten angeben.

§ 19 Beteiligte
(1) [1]In dem Enteignungsverfahren sind Beteiligte
1. der Antragsteller,
2. der Enteignungsbegünstigte,
3. der Eigentümer und diejenigen, für die ein Recht an dem Grundstück oder an einem das Grundstück belastenden Recht im Grundbuch eingetragen oder durch Eintragung gesichert ist oder für die ein Wasserrecht oder eine wasserrechtliche Befugnis im Wasserbuch eingetragen ist,
4. der Inhaber
   a) eines nicht im Grundbuch eingetragenen Rechts an dem Grundstück oder an einem das Grundstück belastenden Recht,
   b) eines Anspruchs mit dem Recht auf Befriedigung aus dem Grundstück,
   c) eines Rechts, das zum Erwerb, Besitz oder zur Nutzung des Grundstücks berechtigt oder die Nutzung des Grundstücks beschränkt,
   auf Grund der Anmeldung seines Rechts bei der Enteignungsbehörde.
[2]Die Enteignungsbehörde soll die Gemeinde auf ihren Antrag als Beteiligte hinzuziehen.
(2) [1]Die Anmeldung nach Absatz 1 Satz 1 Nr. 4 kann bis zum Schluß der mündlichen Verhandlung oder, wenn diese auf Grund eines Verzichts der Beteiligten entfällt, spätestens mit der Verzichtserklärung erfolgen. [2]Bestehen Zweifel an dem angemeldeten Recht, so hat die Enteignungsbehörde dem Anmeldenden unverzüglich eine Frist zur Glaubhaftmachung seines Rechts zu setzen. [3]Nach frucht-

losem Ablauf der Frist ist der Anmeldende bis zur Glaubhaftmachung seines Rechts an dem Enteignungsverfahren nicht mehr zu beteiligen.

(3) [1]Der im Grundbuch eingetragene Gläubiger einer Hypothek, Grundschuld oder Rentenschuld, für die ein Brief erteilt ist, und jeder seiner Rechtsnachfolger hat auf Verlangen der Enteignungsbehörde eine Erklärung darüber abzugeben, ob ein anderer die Hypothek, Grundschuld oder Rentenschuld oder ein Recht daran erworben hat. [2]Die Person des Erwerbers ist dabei zu bezeichnen.

§ 20 Entschädigung statt Wiedereinsetzung

Liegen die Voraussetzungen für die Gewährung der Wiedereinsetzung in den vorigen Stand oder für die Verlängerung einer von der Enteignungsbehörde gesetzten Frist vor, kann die Enteignungsbehörde anstelle einer Entscheidung, die den durch das bisherige Verfahren herbeigeführten neuen Rechtszustand ändern würde, eine Entschädigung festsetzen.

§ 21 Erforschung des Sachverhalts

(1) Zur Ermittlung des Sachverhalts kann die Enteignungsbehörde anordnen, daß

1. Beteiligte persönlich erscheinen,
2. Urkunden und sonstige Unterlagen vorgelegt werden, auf die sich ein Beteiligter berufen hat,
3. Hypotheken-, Grundschuld- und Rentenschuldgläubiger die in ihrem Besitz befindlichen Hypotheken-, Grundschuld- und Rentenschuldbriefe vorlegen.

(2) [1]Im Enteignungsverfahren sind Zeugen zur Aussage und Sachverständige zur Erstattung von Gutachten verpflichtet. [2]Im übrigen ist § 65 des Landesverwaltungsverfahrensgesetzes anzuwenden.

(3) Die Enteignungsbehörde kann die Durchführung des Enteignungsverfahrens davon abhängig machen, daß

1. die Mittel für die Verwirklichung des Vorhabens nachgewiesen werden,
2. Sicherheit bis zur Höhe der zu erwartenden Enteignungsentschädigung geleistet wird,
3. ein für das Vorhaben erforderlicher Planfeststellungsbeschluß oder eine sonst hierfür erforderliche behördliche Entscheidung beigebracht werden.

§ 22 Vorbereitung der mündlichen Verhandlung

(1) [1]Die Enteignungsbehörde soll schon vor der mündlichen Verhandlung alle Anordnungen treffen, die erforderlich sind, um das Verfahren möglichst in einem Verhandlungstermin zu erledigen. [2]Sie soll den Beteiligten sowie den Behörden und Stellen, die Träger öffentlicher Belange sind und deren Aufgabenbereich durch das Vorhaben berührt wird, Gelegenheit zur Äußerung geben.

(2) [1]Die Gemeinde, in deren Gebiet sich der Enteignungsgegenstand befindet, hat das Enteignungsverfahren mindestens zwei Wochen vor dem ersten Termin zur mündlichen Verhandlung auf Kosten des Trägers des Vorhabens öffentlich bekanntzumachen; dies gilt nicht im Fall des § 23 Abs. 2 Nr. 3. [2]Die Bekanntmachung soll enthalten:

1. die Angabe des ersten Termins zur mündlichen Verhandlung,
2. die Bezeichnung des Antragstellers und des Enteignungsgegenstandes,
3. den wesentlichen Inhalt des Enteignungsantrags mit dem Hinweis, daß der Antrag mit den ihm beigefügten Unterlagen bei der Enteignungsbehörde oder einer von ihr bestimmten Stelle eingesehen werden kann,
4. die Aufforderung, etwaige Einwendungen gegen den Enteignungsantrag möglichst vor der mündlichen Verhandlung bei der Enteignungsbehörde schriftlich einzureichen oder zur Niederschrift zu erklären,
5. den Hinweis, daß auch bei Nichterscheinen über den Enteignungsantrag und andere im Verfahren zu erledigende Anträge entschieden werden kann,
6. einen Hinweis auf die Verfügungs- und Veränderungssperre und ein etwaiges Planfeststellungsverfahren.

[3]Soweit andere Gesetze eine gesonderte Entscheidung über die Zulässigkeit der Enteignung vorschreiben, darf die Bekanntmachung erst erfolgen, wenn diese Entscheidung getroffen ist.

(3) [1]Zur mündlichen Verhandlung werden die der Enteignungsbehörde bekannten Beteiligten geladen. [2]Die Ladung ist zuzustellen. [3]Die Ladungsfrist beträgt zwei Wochen.

(4) [1]Die Ladung muß den in Absatz 2 Satz 2 bezeichneten Inhalt haben. [2]Die Ladung von Personen, deren Beteiligung auf einem Antrag auf Entschädigung in Land beruht, muß außerdem auch die Be-

zeichnung des Eigentümers, dessen Entschädigung in Land beantragt ist, und des Grundstücks, für das die Entschädigung in Land gewährt werden soll, enthalten.

(5) Ist im Grundbuch die Anordnung der Zwangsversteigerung oder Zwangsverwaltung eingetragen, gibt die Enteignungbehörde dem Vollstreckungsgericht von der Einleitung des Enteignungsverfahrens Kenntnis.

§ 23 Mündliche Verhandlung

(1) [1]Die Enteignungsbehörde entscheidet auf Grund mündlicher Verhandlung mit den Beteiligten. [2]Für die mündliche Verhandlung sind §§ 68 und 71 des Landesverwaltungsverfahrensgesetzes entsprechend anzuwenden.

(2) Die Enteignungsbehörde kann ohne mündliche Verhandlung entscheiden, wenn

1. alle Beteiligten auf sie verzichtet haben,
2. die Enteignungsbehörde den Beteiligten mitgeteilt hat, daß sie beabsichtige, ohne mündliche Verhandlung zu entscheiden, und kein Beteiligter innerhalb einer hierfür gesetzten Frist Einwendungen dagegen erhoben hat, oder
3. die Enteignungsbehörde den Enteignungsantrag als aussichtslos abweisen will.

§ 24 Planfeststellung

(1) Erstreckt sich das Vorhaben auf mehrere Grundstücke, kann die Enteignungsbehörde bis zur Bekanntmachung des Enteignungsverfahrens ein Planfeststellungsverfahren einleiten, wenn sie es für sachdienlich hält und eine Planfeststellung nicht in anderen Gesetzen vorgesehen ist.

(2) Auf die Planfeststellung sind die Vorschriften des Landesverwaltungsverfahrensgesetzes mit folgenden Abweichungen anzuwenden:

1. In der Bekanntmachung nach § 73 Abs. 5 des Landesverwaltungsverfahrensgesetzes ist auch auf die Verfügungs- und Veränderungssperre hinzuweisen.
2. Der Planfeststellungsbeschluß ist dem Träger des Vorhabens und denjenigen, über deren Einwendungen entschieden worden ist, zuzustellen.

§ 25 Bindungswirkung des Planfeststellungs- und Plangenehmigungsverfahrens

[1]Ist in einem Planfeststellungsverfahren oder einem Plangenehmigungsverfahren eine für die Beteiligten verbindliche Entscheidung über die Zulässigkeit und die Art der Verwirklichung des Vorhabens getroffen worden, ist diese Entscheidung, wenn sie unanfechtbar oder sofort vollziehbar ist, dem Enteignungsverfahren zugrunde zu legen und für die Enteignungsbehörde bindend. [2]Gegen Maßnahmen nach diesem Gesetz können keine Einwendungen erhoben werden, über die im Planfeststellungsverfahren oder im Plangenehmigungsverfahren der Sache nach entschieden worden ist, die durch die Planfeststellung ausgeschlossen sind, oder die von den Beteiligten im Plangenehmigungsverfahren hätten vorgebracht werden können.

§ 26 Verfügungs- und Veränderungssperre

(1) [1]Von der Bekanntmachung des Enteignungsverfahrens oder vom Beginn der Auslegung des Plans im Planfeststellungsverfahren nach § 24 an dürfen nur mit schriftlicher Genehmigung der Enteignungsbehörde

1. Verfügungen über ein Grundstück und über Rechte an einem Grundstück getroffen oder Vereinbarungen abgeschlossen werden, durch die einem anderen ein Recht zur Nutzung oder Bebauung eines Grundstücks oder Grundstücksteils eingeräumt wird,
2. erhebliche Veränderungen der Erdoberfläche oder wesentlich wertsteigernde sonstige Veränderungen des Grundstücks vorgenommen werden,
3. nicht genehmigungspflichtige, aber wertsteigernde bauliche Anlagen errichtet oder wertsteigernde Änderungen solcher Anlagen vorgenommen werden,
4. genehmigungspflichtige bauliche Anlagen errichtet oder geändert werden.

[2]Die Genehmigung darf nur versagt werden, wenn Grund zu der Annahme besteht, daß das Vorhaben die Enteignung unmöglich machen oder wesentlich erschweren oder den Enteignungszweck gefährden würde.

(2) [1]Sind Vorhaben im Sinne von Absatz 1 Satz 1 zu erwarten, kann die Enteignungsbehörde die Genehmigungspflicht bereits anordnen, sobald der Enteignungsantrag gestellt ist. [2]Die Anordnung ist von der Gemeinde, in deren Gebiet sich der Enteignungsgegenstand befindet, auf Kosten des Trägers des Vorhabens öffentlich bekanntzumachen.

(3) Veränderungen, die vor der Sperre in öffentlich-rechtlich zulässiger Weise begonnen worden sind, Unterhaltungsarbeiten und die Fortführung einer bisher ausgeübten Nutzung werden von der Sperre nicht berührt.

(4) [1]Die Enteignungsbehörde ersucht das Grundbuchamt, die Sperre im Grundbuch einzutragen. [2]Das Grundbuchamt benachrichtigt die Enteignungsbehörde von allen Eintragungen, die nach der Sperre vorgenommen werden.

(5) [1]Wird der Enteignungsantrag abgewiesen oder der Enteignungsbeschluß aufgehoben, hat der Antragsteller dem Betroffenen für alle auf Grund der Sperre entstandenen Vermögensnachteile angemessene Entschädigung zu leisten; das gleiche gilt, wenn die Sperre länger als vier Jahre dauert, für die danach auf Grund der Sperre entstandenen Vermögensnachteile. [2]Die Entschädigung wird durch die Enteignungsbehörde festgesetzt.

§ 27 Einigung

(1) Die Enteignungsbehörde hat auf eine Einigung zwischen den Beteiligten hinzuwirken.

(2) [1]Einigen sich die Beteiligten im Enteignungsverfahren in vollem Umfang oder nur über den Übergang oder die Belastung des Eigentums (Teileinigung), hat die Enteignungsbehörde über die Einigung eine Niederschrift aufzunehmen. [2]Die Niederschrift muß den Erfordernissen des § 29 Abs. 1 entsprechen; sie bedarf der Unterschrift der Beteiligten. [3]Der notariellen Beurkundung bedarf sie nur, soweit Bundesrecht dies vorschreibt. [4]Die Einigung steht einem nicht mehr anfechtbaren Enteignungsbeschluß gleich. [5]Erstreckt sich die Einigung nur auf den Übergang oder die Belastung des Eigentums, hat die Enteignungsbehörde anzuordnen, daß dem Berechtigten eine Vorauszahlung in Höhe der zu erwartenden Entschädigung zu leisten ist, soweit sich aus der Einigung nichts anderes ergibt.

(3) [1]Einigen sich die Beteiligten außerhalb des Enteignungsverfahrens über den Übergang oder die Belastung des Eigentums, wird auf Antrag eines Beteiligten das Enteignungsverfahren zur Festsetzung der Entschädigung durchgeführt. [2]Für das Verfahren gelten die Vorschriften dieses Abschnitts entsprechend; von der Bekanntmachung des Enteignungsverfahrens kann abgesehen werden.

§ 28 Entscheidung der Enteignungsbehörde

(1) Soweit eine Einigung nicht zustandekommt, entscheidet die Enteignungsbehörde durch Beschluß über den Enteignungsantrag, die übrigen Anträge und die erhobenen Einwendungen.

(2) [1]Auf Antrag kann die Enteignungsbehörde vorab über den Übergang oder die Belastung des Eigentums oder über sonstige durch die Enteignung zu bewirkende Rechtsänderungen entscheiden. [2]In diesem Fall hat die Enteignungsbehörde anzuordnen, daß dem Berechtigten eine Vorauszahlung in Höhe der zu erwartenden Entschädigung zu leisten ist.

(3) Gibt die Enteignungsbehörde dem Enteignungsantrag statt, entscheidet sie zugleich
1. darüber, welche Rechte der Nebenberechtigten aufrechterhalten bleiben,
2. darüber, mit welchen Rechten der Enteignungsgegenstand, das Ersatzland oder ein anderes Grundstück belastet werden,
3. darüber, welche Rechtsverhältnisse begründet werden, die persönliche Rechte im Sinne von § 3 Abs. 1 Nr. 3 gewähren,
4. im Falle der Entschädigung in Land über den Eigentumsübergang.

(4) Die Entscheidung der Enteignungsbehörde ist zu begründen, mit einer Belehrung über Zulässigkeit, Form und Frist des Antrags auf gerichtliche Entscheidung zu versehen und zuzustellen.

§ 29 Enteignungsbeschluß

(1) Gibt die Enteignungsbehörde dem Enteignungsantrag statt, muß der Beschluß (Enteignungsbeschluß) bezeichnen
1. die von der Enteignung Betroffenen, den Antragsteller und den Enteignungsbegünstigten,
2. die sonstigen Beteiligten,
3. den Enteignungszweck und die Frist, innerhalb deren der Enteignungsgegenstand zu dem vorgesehenen Zweck zu verwenden ist,
4. den Gegenstand der Enteignung, und zwar
   a) wenn das Eigentum an einem Grundstück Gegenstand der Enteignung ist, das Grundstück nach seiner grundbuchmäßigen Bezeichnung, seiner Größe und den übrigen Angaben des Liegenschaftskatasters; bei einem Grundstücksteil ist zu seiner Bezeichnung auf die für die

Abschreibung eines Grundstücksteils nach der Grundbuchordnung erforderlichen Unterlagen Bezug zu nehmen,

b) wenn ein anderes Recht an einem Grundstück Gegenstand einer selbständigen Enteignung ist, dieses Recht nach seinem Inhalt und seiner grundbuchmäßigen Bezeichnung,

c) wenn ein persönliches Recht, das zum Erwerb, Besitz oder zur Nutzung eines Grundstücks berechtigt oder den Verpflichteten in der Nutzung eines Grundstücks beschränkt, Gegenstand einer selbständigen Enteignung ist, dieses Recht nach seinem Inhalt und dem Grund seines Bestehens,

d) die in § 5 Abs. 4 bezeichneten Gegenstände, wenn die Enteignung auf sie ausgedehnt wird,

5. bei der Belastung eines Grundstücks mit einem Recht die Art, den Inhalt sowie den Rang des Rechts, den Berechtigten und das Grundstück,

6. bei der Begründung eines Rechtes im Sinne von Nummer 4 Buchst. c den Inhalt des Rechtsverhältnisses und die daran Beteiligten,

7. die Eigentums- und sonstigen Rechtsverhältnisse vor und nach der Enteignung,

8. die Art und die Höhe der Entschädigung und die Höhe der Ausgleichszahlung nach § 14 Abs. 4 Satz 4 und § 15 Abs. 1 Satz 2 mit der Angabe, von wem und an wen sie zu leisten ist; Geldentschädigungen, aus denen andere von der Enteignung Betroffene nach § 11 Abs. 4 zu entschädigen sind, müssen von den sonstigen Geldentschädigungen getrennt ausgewiesen werden,

9. bei der Entschädigung in Land das Ersatzgrundstück in der in Nummer 4 Buchst. a bezeichneten Weise.

(2) ¹Kann ein Grundstücksteil nicht entsprechend Absatz 1 Nr. 4 Buchst. a bezeichnet werden, kann die Bezeichnung auf Grund fester Merkmale in der Natur oder durch Bezugnahme auf einen Lageplan erfolgen. ²Wenn das Ergebnis der Vermessung vorliegt, ist der Enteignungsbeschluß durch einen Nachtragsbeschluß zu ergänzen.

(3) Ist im Grundbuch die Anordnung der Zwangsversteigerung oder der Zwangsverwaltung eingetragen, gibt die Enteignungsbehörde dem Vollstreckungsgericht von dem Enteignungsbeschluß Kenntnis.

§ 30 Verwendungsfrist

(1) Die nach § 29 Abs. 1 Nr. 3 bestimmte Frist, innerhalb deren der Enteignungsgegenstand zu dem vorgesehenen Zweck zu verwenden ist, beginnt mit dem Eintritt der Rechtsänderung.

(2) Die Enteignungsbehörde kann die Verwendungsfrist vor ihrem Ablauf auf Antrag verlängern, wenn

1. der Enteignungsbegünstigte nachweist, daß er den Enteignungsgegenstand ohne Verschulden innerhalb der gesetzten Frist nicht zu dem vorgesehenen Zweck verwenden kann, oder

2. vor Ablauf der Frist eine Gesamtrechtsnachfolge stattfindet und der Rechtsnachfolger nachweist, daß er den Enteignungsgegenstand innerhalb der gesetzten Frist nicht zu dem vorgesehenen Zweck verwenden kann.

(3) ¹Der Enteignete ist vor der Entscheidung über die Verlängerung der Verwendungsfrist zu hören. ²Die Entscheidung ist den Beteiligten des vorangegangenen Enteignungsverfahrens zuzustellen.

§ 31 Verfahren bei der Entschädigung durch Gewährung anderer Rechte

(1) Soll die Entschädigung des Eigentümers eines zu enteignenden Grundstücks nach § 15 festgesetzt werden und ist die Bestellung, Übertragung oder Bewertung eines der dort bezeichneten Rechte im Zeitpunkt des Erlasses des Enteignungsbeschlusses noch nicht möglich, kann die Enteignungsbehörde, wenn es der Eigentümer unter Bezeichnung eines Rechts beantragt, im Enteignungsbeschluß neben der Festsetzung der Entschädigung in Geld dem Enteignungsbegünstigten aufgeben, binnen einer bestimmten Frist dem von der Enteignung Betroffenen ein Recht der bezeichneten Art zu angemessenen Bedingungen anzubieten.

(2) ¹Bietet der Enteignungsbegünstigte innerhalb der bestimmten Frist ein Recht der bezeichneten Art nicht an oder einigt er sich mit dem von der Enteignung Betroffenen nicht, wird ihm ein solches Recht auf Antrag zugunsten des von der Enteignung Betroffenen durch Enteignung entzogen. ²Die Enteignungsbehörde setzt den Inhalt des Rechts fest, soweit dessen Inhalt durch Vereinbarung bestimmt werden kann. ³Die Vorschriften dieses Gesetzes über das Verfahren und die Entschädigung sind entsprechend anzuwenden.

(3) Der Antrag nach Absatz 2 kann nur innerhalb von sechs Monaten nach Ablauf der nach Absatz 1 bestimmten Frist gestellt werden.

§ 32 Ausführungsanordnung

(1) Die Enteignungsbehörde ordnet auf Antrag eines Beteiligten die Ausführung

1. des nicht mehr anfechtbaren Enteignungsbeschlusses an, wenn der Entschädigungsverpflichtete die Geldentschädigung, im Fall des § 29 Abs. 2 die im Enteignungsbeschluß in Verbindung mit dem Nachtragsbeschluß festgesetzte Geldentschädigung, gezahlt oder zulässigerweise unter Verzicht auf das Recht der Rücknahme hinterlegt hat,

2. der Teileinigung oder der nicht mehr anfechtbaren Vorabentscheidung über den Übergang oder die Belastung des Eigentums oder über sonstige durch die Enteignung zu bewirkende Rechtsänderungen an, wenn der Entschädigungsverpflichtete die festgesetzte Vorauszahlung gezahlt oder zulässigerweise unter Verzicht auf das Recht der Rücknahme hinterlegt hat.

(2) [1]Die Ausführungsanordnung ist allen Beteiligten zuzustellen, deren Rechtsstellung durch den Enteignungsbeschluß betroffen wird. [2]§ 29 Abs. 3 ist entsprechend anzuwenden.

(3) [1]Mit dem in der Ausführungsanordnung festzusetzenden Tag wird der bisherige Rechtszustand durch den im Enteignungsbeschluß geregelten neuen Rechtszustand ersetzt. [2]Gleichzeitig entstehen die nach § 29 Abs. 1 Nr. 6 begründeten Rechtsverhältnisse; sie gelten von diesem Zeitpunkt an als zwischen den an dem Rechtsverhältnis Beteiligten vereinbart. [3]Die Ausführungsanordnung schließt die Einweisung in den Besitz des enteigneten Grundstücks und des Ersatzlandes zu dem festgesetzten Tag ein. [4]Der bisherige Besitzer kann verpflichtet werden, das enteignete Grundstück notfalls zu räumen.

(4) Die Enteignungsbehörde übersendet dem Grundbuchamt eine von ihr beglaubigte Abschrift des Enteignungsbeschlusses und der Ausführungsanordnung und ersucht es,

1. das Grundbuch entsprechend den eingetretenen Rechtsänderungen zu berichtigen und

2. die im Grundbuch nach § 26 Abs. 4 eingetragene Sperre zu löschen.

§ 33 Hinterlegung

(1) [1]Geldentschädigungen sind unter Verzicht auf das Recht der Rücknahme zu hinterlegen, soweit mehrere Personen als Entschädigungsberechtigte in Betracht kommen und dem Zahlungsverpflichteten eine Einigung über die Auszahlung nicht nachgewiesen ist. [2]Die Hinterlegung erfolgt bei dem Amtsgericht, in dessen Bezirk der Enteignungsgegenstand liegt; § 2 des Gesetzes über die Zwangsversteigerung und die Zwangsverwaltung ist entsprechend anzuwenden.

(2) Andere Rechtsvorschriften, nach denen eine Hinterlegung geboten oder statthaft ist, bleiben unberührt.

§ 34 Verteilungsverfahren

(1) Nach dem Eintritt des neuen Rechtszustands kann jeder Beteiligte sein Recht an der hinterlegten Summe gegen einen Mitbeteiligten, der dieses Recht bestreitet, vor den ordentlichen Gerichten geltend machen oder die Einleitung eines gerichtlichen Verteilungsverfahrens beantragen.

(2) [1]Für das Verteilungsverfahren ist das Amtsgericht zuständig, in dessen Bezirk der Enteignungsgegenstand liegt; § 2 des Gesetzes über die Zwangsversteigerung und die Zwangsverwaltung ist entsprechend anzuwenden. [2]Die Geschäfte des Amtsgerichts im Verteilungsverfahren werden auf den Rechtspfleger übertragen.

(3) Auf das Verteilungsverfahren sind die Vorschriften über die Verteilung des Erlöses im Fall der Zwangsversteigerung mit folgenden Abweichungen entsprechend anzuwenden:

1. Das Verteilungsverfahren ist durch Beschluß zu eröffnen.

2. Die Zustellung des Eröffnungsbeschlusses an den Antragsteller gilt als Beschlagnahme im Sinne des § 13 des Gesetzes über die Zwangsversteigerung und die Zwangsverwaltung; ist das Grundstück schon in einem Zwangsversteigerungs- oder Zwangsverwaltungsverfahren beschlagnahmt, hat es hierbei sein Bewenden.

3. Das Verteilungsgericht hat bei Eröffnung des Verfahrens von Amts wegen das Grundbuchamt um die in § 19 Abs. 2 des Gesetzes über die Zwangsversteigerung und die Zwangsverwaltung bezeichneten Mitteilungen zu ersuchen; in die beglaubigte Abschrift des Grundbuchblatts sind die zur Zeit der Zustellung des Enteignungsbeschlusses an den Enteigneten vorhandenen Eintragungen und die später eingetragenen Veränderungen und Löschungen aufzunehmen.

4. Bei dem Verfahren sind die in § 11 Abs. 4 bezeichneten Entschädigungsberechtigten nach Maßgabe des § 10 des Gesetzes über die Zwangsversteigerung und die Zwangsverwaltung zu berück-

sichtigen, wegen der Ansprüche auf wiederkehrende Leistungen jedoch nur für die Zeit bis zur Hinterlegung.

§ 35 Aufhebung des Enteignungsbeschlusses

(1) [1]Ist die Ausführungsanordnung noch nicht ergangen und hat der Begünstigte die ihm durch den Enteignungsbeschluß auferlegten Zahlungen nicht innerhalb von zwei Monaten nach dem Zeitpunkt geleistet, in dem der Beschluß unanfechtbar geworden ist, kann die Aufhebung des Enteignungsbeschlusses beantragt werden. [2]Der Antrag ist dem Begünstigten bekanntzugeben. [3]Dem Antrag ist stattzugeben, wenn der Begünstigte die Zahlungen nicht innerhalb eines Monats nach Bekanntgabe des Antrags leistet.

(2) Antragsberechtigt ist jeder Beteiligte, dem eine nichtgezahlte Entschädigung zusteht oder der nach § 11 Abs. 4 aus ihr zu befriedigen ist.

(3) Der Aufhebungsbeschluß ist allen Beteiligten zuzustellen und dem Grundbuchamt abschriftlich mitzuteilen.

(4) [1]Der Begünstigte hat für alle durch den Enteignungsbeschluß entstandenen besonderen Nachteile angemessene Entschädigung zu leisten. [2]Die Enteignungsbehörde setzt die Entschädigung auf Antrag des Betroffenen fest.

§ 36 Vollstreckbare Titel

(1) [1]Die Zwangsvollstreckung nach den Vorschriften der Zivilprozeßordnung über die Vollstreckung von Urteilen in bürgerlichen Rechtsstreitigkeiten findet statt

1. aus der Niederschrift über eine Einigung im Sinne von § 27 Abs. 2 wegen der in ihr bezeichneten Leistungen,

2. aus einem nicht mehr anfechtbaren Enteignungsbeschluß wegen der zu zahlenden Geldentschädigung oder einer Ausgleichszahlung,

3. aus einem Beschluß nach § 6 Abs. 3, § 16 Abs. 1, § 20, § 26 Abs. 5, § 35 Abs. 4 und § 38 Abs. 2 und 3 wegen der darin festgesetzten Leistungen.

[2]Die Zwangsvollstreckung wegen einer Ausgleichszahlung ist erst zulässig, wenn die Ausführungsanordnung wirksam und unanfechtbar geworden ist.

(2) [1]Die vollstreckbare Ausfertigung wird von dem Urkundsbeamten der Geschäftsstelle des Amtsgerichts erteilt, in dessen Bezirk die Enteignungsbehörde ihren Sitz hat und, wenn das Verfahren bei einem Gericht anhängig ist, von dem Urkundsbeamten der Geschäftsstelle des Gerichts. [2]In den Fällen der §§ 731, 767 bis 770, 785, 786 und 791 der Zivilprozeßordnung tritt das Amtsgericht in dessen Bezirk die Enteignungsbehörde ihren Sitz hat, an die Stelle des Prozeßgerichts.

2. Abschnitt
Vorzeitige Besitzeinweisung

§ 37 Anordnung der vorzeitigen Besitzeinweisung

(1) [1]Die Enteignungsbehörde kann den Träger des Vorhabens, der einen Enteignungsantrag gestellt hat, auf seinen Antrag vorzeitig in den Besitz des Grundstücks einweisen, soweit die sofortige Ausführung des Vorhabens aus Gründen des Wohls der Allgemeinheit dringend geboten ist. [2]Ist für das Vorhaben ein Planfeststellungsbeschluß oder eine sonstige behördliche Entscheidung erforderlich, so ist die Besitzeinweisung nur zulässig, wenn der Planfeststellungsbeschluß oder die sonstige behördliche Entscheidung unanfechtbar oder sofort vollziehbar ist.

(2) [1]Die Besitzeinweisung ergeht auf Grund einer mündlichen Verhandlung. [2]Hierzu sind der Antragsteller, der Eigentümer und der unmittelbare Besitzer zu laden. [3]Die Ladungsfrist beträgt zwei Wochen. [4]In der Ladung ist darauf hinzuweisen, daß auch bei Nichterscheinen über den Antrag entschieden werden kann. [5]Die Entscheidung ist dem Antragsteller, dem Eigentümer und dem unmittelbaren Besitzer zuzustellen. [6]Im übrigen sind §§ 17, 18, 20, § 21 Abs. 1 und 3, § 22 Abs. 2 Satz 3, §§ 23, 25, § 27 Abs. 1 und § 28 Abs. 4 entsprechend anzuwenden.

(3) [1]Die Besitzeinweisung wird in dem von der Enteignungsbehörde bezeichneten Zeitpunkt wirksam. [2]Auf Antrag des unmittelbaren Besitzers ist dieser Zeitpunkt auf mindestens zwei Wochen nach Zustellung des Besitzeinweisungsbeschlusses an ihn festzusetzen, wenn das nach Abwägung der beiderseitigen Interessen gerechtfertigt ist. [3]Der unmittelbare Besitzer ist über das Antragsrecht zu belehren.

(4) Die Enteignungsbehörde kann den Besitzeinweisungsbeschluß befristen, mit Bedingungen und Auflagen versehen und von der Leistung einer Sicherheit in Höhe der zu erwartenden Enteignungsentschädigung abhängig machen.

(5) [1]Die Enteignungsbehörde hat auf Antrag des Antragstellers, des Eigentümers oder des unmittelbaren Besitzers den Zustand des Grundstücks vor der Besitzeinweisung in einer Niederschrift festzustellen, soweit er für die Besitzeinweisungs- oder Enteignungsentschädigung von Bedeutung ist. [2]Auf das Antragsrecht ist in der Ladung hinzuweisen. [3]Den in Satz 1 bezeichneten Personen ist eine Abschrift der Niederschrift zu übersenden.

§ 38 Wirkung der vorzeitigen Besitzeinweisung

(1) [1]Durch die Besitzeinweisung wird dem bisherigen Besitzer der Besitz entzogen und der Eingewiesene Besitzer. [2]Der Eingewiesene darf auf dem Grundstück das in dem Enteignungsantrag bezeichnete Vorhaben ausführen und die dafür erforderlichen Maßnahmen treffen. [3]Der Eigentümer und der Besitzer können verpflichtet werden, die in Satz 2 genannten Maßnahmen zu dulden und das Grundstück notfalls zu räumen.

(2) [1]Der Eingewiesene hat für die durch die vorzeitige Besitzeinweisung entstehenden Vermögensnachteile angemessene Entschädigung zu leisten, soweit die Nachteile nicht durch die Verzinsung der Geldentschädigung nach § 13 Abs. 2 ausgeglichen werden. [2]Die Entschädigung wird durch die Enteignungsbehörde festgesetzt. [3]Die Entschädigung ist in dem Zeitpunkt fällig, in dem die Besitzeinweisung wirksam wird.

(3) [1]Wird der Enteignungsantrag abgewiesen oder der Enteignungsbeschluß aufgehoben, so ist der Besitzeinweisungsbeschluß aufzuheben und der vorherige Besitzer wieder in den Besitz einzuweisen. [2]Der Eingewiesene hat für alle durch die vorzeitige Besitzeinweisung entstandenen besonderen Nachteile angemessene Entschädigung zu leisten. [3]Die Entschädigung wird durch die Enteignungsbehörde festgesetzt.

3. Abschnitt
Kosten und Aufwendungen

§ 39 Gebühren und Auslagen

(1) Für Amtshandlungen der Enteignungsbehörde werden Gebühren und Auslagen nach dem Landesgebührengesetz erhoben.

(2) Zur Zahlung der Gebühren und Auslagen ist verpflichtet
1. der Entschädigungsverpflichtete, wenn dem Enteignungsantrag,
2. der von der Rückenteignung Betroffene, wenn einem Antrag auf Rückenteignung,
3. der Enteignungsbegünstigte, wenn einem Antrag auf Aufhebung des Enteignungsbeschlusses nach § 35

stattgegeben wird, andernfalls der Antragsteller.

(3) Im Verfahren nach § 16 werden Gebühren und Auslagen nicht erhoben.

§ 40 Aufwendungen der Beteiligten

(1) Aufwendungen der Beteiligten, die zur zweckentsprechenden Rechtsverfolgung oder Rechtsverteidigung notwendig sind, sind von demjenigen zu erstatten, der zur Zahlung der Gebühren für Amtshandlungen der Enteignungsbehörde verpflichtet ist.

(2) [1]Die Enteignungsbehörde setzt auf Antrag den Betrag der zu erstattenden Aufwendungen fest. [2]Aus einem unanfechtbaren Kostenfestsetzungsbeschluß findet die Zwangsvollstreckung nach den Vorschriften der Zivilprozeßordnung über die Vollstreckung von Kostenfestsetzungsbeschlüssen statt. [3]§ 36 Abs. 2 ist entsprechend anzuwenden.

4. Abschnitt
Antrag auf gerichtliche Entscheidung

§ 41 [Antrag auf gerichtliche Entscheidung]

[1]Entscheidungen über Entschädigungen, über Ausgleichszahlungen mit Ausnahme des Härteausgleichs nach § 16 und über die Erstattung von Aufwendungen der Beteiligten können nur durch Antrag auf gerichtliche Entscheidung angefochten werden. [2]Über den Antrag entscheidet das Landgericht,

Kammer für Baulandsachen. ³Die Vorschriften des Dritten Teils des Dritten Kapitels des Baugesetzbuchs über das Verfahren vor den Kammern (Senaten) für Baulandsachen sind entsprechend anzuwenden.

Vierter Teil
Rückenteignung

§ 42 Anspruch auf Rückenteignung
(1) Der enteignete frühere Eigentümer kann verlangen, daß das enteignete Grundstück zu seinen Gunsten wieder enteignet wird (Rückenteignung), wenn der Enteignungsbegünstigte oder sein Rechtsnachfolger das Grundstück nicht innerhalb der festgesetzten Frist zu dem Enteignungszweck verwendet oder wenn er den Enteignungszweck vor Ablauf der Frist aufgegeben hat.
(2) Die Rückenteignung kann nicht verlangt werden, wenn
1. der Enteignete das Grundstück selbst im Wege der Enteignung erworben hatte,
2. ein Verfahren zur Enteignung des Grundstücks zu Gunsten eines anderen eingeleitet worden ist und der enteignete frühere Eigentümer nicht glaubhaft macht, daß er das Grundstück binnen angemessener Frist zu dem vorgesehenen Zweck verwenden wird,
3. mit der zweckentsprechenden Verwendung begonnen worden ist oder
4. seit dem Eintritt der Unanfechtbarkeit des Enteignungsbeschlusses 30 Jahre verstrichen sind.
(3) ¹Der Antrag auf Rückenteignung ist spätestens zwei Jahre nach Ablauf der Verwendungsfrist bei der Enteignungsbehörde einzureichen. ²§ 206 und § 209 des Bürgerlichen Gesetzbuchs sind entsprechend anzuwenden.
(4) Die Enteignungsbehörde kann die Rückenteignung ablehnen, wenn das Grundstück erheblich verändert oder wenn ganz oder überwiegend Entschädigung in Land gewährt worden ist.
(5) ¹Der frühere Inhaber eines Rechts, das durch Enteignung nach den Vorschriften dieses Gesetzes aufgehoben worden ist, kann unter den Voraussetzungen des Absatzes 1 verlangen, daß ein gleiches Recht an dem früher belasteten Grundstück zu seinen Gunsten durch Enteignung wieder begründet wird. ²Die Vorschriften über die Rückenteignung gelten entsprechend.
(6) Auf das Rückenteignungsverfahren sind die Vorschriften des Dritten Teils entsprechend anzuwenden.

§ 43 Entschädigung für Rückenteignung
¹Wird dem Antrag auf Rückenteignung stattgegeben, hat der Antragsteller dem von der Rückenteignung Betroffenen Entschädigung für den Rechtsverlust, nicht jedoch für die anderen Vermögensnachteile zu leisten. ²Die dem Eigentümer zu gewährende Entschädigung darf den bei der ersten Enteignung zugrunde gelegten Verkehrswert des Grundstücks nicht übersteigen, jedoch sind Aufwendungen zu berücksichtigen, die zu einer Werterhöhung des Grundstücks geführt haben. ³Ist dem Betroffenen bei der ersten Enteignung eine Entschädigung für andere Vermögensnachteile gewährt worden, hat er diese Entschädigung nach den Vorschriften des Bürgerlichen Gesetzbuches über die Herausgabe einer ungerechtfertigten Bereicherung insoweit zurückzugewähren, als die Nachteile infolge der Rückenteignung entfallen. ⁴Im übrigen sind §§ 7 bis 13 entsprechend anzuwenden.

Fünfter Teil
Übergangs- und Schlußvorschriften

§ 44 Angemessene Entschädigung
Soweit nach § 6 Abs. 3, § 26 Abs. 5, § 35 Abs. 4 und § 38 Abs. 2 und 3 angemessene Entschädigung zu leisten ist, sind §§ 7 bis 13 entsprechend anzuwenden.

§ 45 Ordnungswidrigkeiten
(1) Ordnungswidrig handelt, wer Pfähle, Pflöcke oder sonstige Markierungszeichen, die Vorarbeiten nach § 6 dienen, entfernt, verändert, unkenntlich macht oder unrichtig setzt.
(2) Die Ordnungswidrigkeit kann mit einer Geldbuße geahndet werden.
(3) Verwaltungsbehörde im Sinne von § 36 Abs. 1 Nr. 1 des Gesetzes über Ordnungswidrigkeiten ist das Regierungspräsidium.

§ 46 Anhängige Verfahren; ehrenamtliche Beisitzer
(überholt durch Zeitablauf)

§ 47 Aufhebung von Rechtsvorschriften
(1) Es werden aufgehoben
(hier nicht wiedergegeben)
(2) Es werden ferner aufgehoben alle landesrechtlichen Vorschriften über förmliche Enteignungen, die sich auf Grundstücke beziehen, soweit sie diesem Gesetz entsprechen oder widersprechen und nicht die Zulässigkeit der Enteignung regeln.
(3) Soweit in anderen Rechtsvorschriften auf die nach Absatz 1 und 2 außer Kraft tretenden Vorschriften verwiesen wird, treten an ihre Stelle die entsprechenden Vorschriften dieses Gesetzes.

§ 48 Änderung von Gesetzen
(hier nicht wiedergegeben)

§ 49 Inkrafttreten
Dieses Gesetz tritt am 1. August 1982 in Kraft.

Landesplanungsgesetz (LplG)

In der Fassung vom 10. Juli 2003[1) (GBl. S. 385)
(BWGültV Sachgebiet 230)
zuletzt geändert durch Art. 2 G zur Änd. des UmweltverwaltungsG und anderer G
vom 28. November 2018 (GBl. S. 439)

Nichtamtliche Inhaltsübersicht

Erster Teil
Aufgabe der Raumordnung und Landesplanung

§ 1 Aufgabe der Raumordnung und Landesplanung
§ 2 Leitvorstellung, Gegenstromprinzip
§ 2a Umweltprüfung
§ 3 Allgemeine Vorschriften über Entwicklungspläne und Regionalpläne
§ 4 Bindungswirkungen der Ziele und Grundsätze der Raumordnung
§ 5 Planerhaltung

Zweiter Teil
Mittel der Raumordnung und Landesplanung

1. Abschnitt
Entwicklungspläne

§ 6 Arten
§ 7 Inhalt des Landesentwicklungsplans
§ 8 Inhalt fachlicher Entwicklungspläne
§ 9 Planungsverfahren; Mitwirkung des Landtags
§ 10 Verbindlicherklärung

2. Abschnitt
Regionalpläne

§ 11 Form und Inhalt
§ 12 Planungsverfahren
§ 13 Verbindlicherklärung, öffentliche Bekanntmachung

3. Abschnitt
Umsetzung der Planung

§ 14 Beratung bei raumbedeutsamen Planungen und Maßnahmen
§ 15 Vorbereitung und Verwirklichung der Regionalpläne
§ 16 Mitwirkung der Regionalverbände bei regionalbedeutsamen Angelegenheiten
§ 17 Grenzüberschreitende Zusammenarbeit
§ 18 Raumordnungsverfahren, Aufgaben und Wirkung
§ 19 Raumordnungsverfahren, Ablauf
§ 20 Untersagung raumordnungswidriger Planungen und Maßnahmen
§ 21 Planungsgebot
§ 22 Klagebefugnis
§ 23 Ersatzleistung
§ 24 Zielabweichungsverfahren

4. Abschnitt
Mitwirkung der Regionalverbände bei den Fachplanungen des Landes und bei den weisungsfreien Planungen der Gemeinden und Landkreise

§ 25

5. Abschnitt
Erfassung, Auswertung und Abstimmung raumbedeutsamer Sachverhalte

§ 26 Auskunfts- und Mitteilungspflicht
§ 27 Abstimmung raumbedeutsamer Planungen und Maßnahmen
§ 28 Raumbeobachtung
§ 29 Landesentwicklungsberichte

Dritter Teil
Organisation der Raumordnung und Landesplanung

1. Abschnitt

§ 30 Raumordnungsbehörden; Landesplanungsbehörde

2. Abschnitt
Regionalverbände

§ 31 Regionalverbände und Regionen
§ 32 Rechtsform
§ 33 Satzungen; öffentliche Bekanntmachungen
§ 34 Organe
§ 35 Verbandsversammlung
§ 36 Wahl der Mitglieder der Verbandsversammlung
§ 37 Beschließende und beratende Ausschüsse der Verbandsversammlung
§ 38 Planungsausschuss
§ 39 Verbandsvorsitzender
§ 40 Verbandsdirektor
§ 41 Bedienstete
§ 42 Wirtschaftsführung
§ 43 Deckung des Finanzbedarfs
§ 44 Aufsicht
§ 45 Regionalzweckverbände

Vierter Teil
Übergangs- und Schlussvorschriften

§ 46 Weisungsfreie Aufgaben und Schulträgerschaft
§ 47 Richtwerte
§ 48 Anwendung bisher geltender Vorschriften

---

1) Neubekanntmachung des LandesplanungsG idF v. 8. 4. 1992 (GBl. S. 229) in der ab 20. 5. 2003 geltenden Fassung.

§ 49   Grenzüberschreitende Regionalplanung
§ 50   Unterzentren
§ 51   Verwaltungsvorschriften
§ 52   Aufhebung von Rechtsvorschriften
§ 53   Änderung von Gesetzen

§ 54   Inkrafttreten

Anlage 1 (zu § 2a Abs. 1 und 2)

Anlage 2 (zu § 2a Abs. 4)

Erster Teil
Aufgabe der Raumordnung und Landesplanung

§ 1 [Aufgabe der Raumordnung und Landesplanung]

Aufgabe der Raumordnung und Landesplanung ist

1. die übergeordnete, überörtliche und zusammenfassende Planung für die räumliche Ordnung und Entwicklung des Landes,
2. die Abstimmung raumbedeutsamer Planungen und Maßnahmen der Behörden des Bundes und des Landes, der bundesunmittelbaren und der der Aufsicht des Landes unterstehenden Körperschaften, Anstalten und Stiftungen des öffentlichen Rechts (öffentliche Stellen), der Personen des Privatrechts nach § 4 Abs. 3 sowie der sonstigen Personen des Privatrechts mit den Erfordernissen der Raumordnung,
3. die Mitwirkung an der räumlichen Ordnung und Entwicklung des Landes nach Maßgabe dieses Gesetzes.

§ 2 Leitvorstellung, Gegenstromprinzip

(1) [1]Leitvorstellung bei der Erfüllung der Aufgabe nach § 1 ist eine nachhaltige Raumentwicklung, die die sozialen und wirtschaftlichen Ansprüche an den Raum mit seinen ökologischen Funktionen in Einklang bringt und zu einer dauerhaften, großräumig ausgewogenen Ordnung führt. [2]Dabei sind

1. die freie Entfaltung der Persönlichkeit in der Gemeinschaft und in der Verantwortung gegenüber künftigen Generationen zu gewährleisten,
2. die natürlichen Lebensgrundlagen zu schützen und zu entwickeln,
3. die Standortvoraussetzungen für wirtschaftliche Entwicklungen zu schaffen,
4. Gestaltungsmöglichkeiten der Raumnutzung langfristig offen zu halten, und dabei insbesondere die Inanspruchnahme bislang unbebauter Flächen für Siedlung und Verkehr unter Berücksichtigung der wirtschaftlichen Entwicklung und ökologischer Belange spürbar zurückzuführen,
5. die prägende Vielfalt der Regionen und ihrer Teilräume zu stärken,
6. gleichwertige Lebensverhältnisse in allen Regionen herzustellen,
7. die räumlichen Voraussetzungen für den Zusammenhalt in der Europäischen Union und im größeren europäischen Raum zu schaffen.

(2) Die räumliche Entwicklung und Ordnung der Regionen und ihrer Teilräume soll sich in die Gegebenheiten und Erfordernisse des Gesamtraums des Landes einfügen; die räumliche Entwicklung und Ordnung des Gesamtraums soll die Gegebenheiten und Erfordernisse der Regionen und ihrer Teilräume berücksichtigen (Gegenstromprinzip).

§ 2a Umweltprüfung

(1) [1]Bei der Aufstellung, Fortschreibung und sonstigen Änderung eines Entwicklungsplans oder eines Regionalplans ist eine Umweltprüfung im Sinne der Richtlinie 2001/42/EG des Europäischen Parlaments und des Rates vom 27. Juni 2001 über die Prüfung der Umweltauswirkungen bestimmter Pläne und Programme (ABl. EG Nr. L 197 S. 30) durchzuführen. [2]Hierzu ist als gesonderter Bestandteil der Begründung des Planentwurfs oder als eigenständiges Dokument ein Umweltbericht zu erstellen.

(2) [1]Im Umweltbericht werden die voraussichtlichen erheblichen Auswirkungen, die die Verwirklichung des Plans auf die Umwelt hat, sowie anderweitige Planungsmöglichkeiten unter Berücksichtigung der Zielsetzungen und des räumlichen Geltungsbereichs des Plans entsprechend dem Planungsstand ermittelt, beschrieben und bewertet. [2]Im Einzelnen umfasst der Umweltbericht die in der Anlage 1 zu diesem Gesetz genannten Angaben, soweit sie unter Berücksichtigung des gegenwärtigen Wissensstandes und der allgemein anerkannten Prüfmethoden sowie nach Inhalt und Detaillierungsgrad des Plans vernünftigerweise gefordert werden können und auf der jeweiligen Planungsebene erkennbar und von Bedeutung sind.

(3) ¹Der Umweltbericht wird auf der Grundlage von Stellungnahmen der Behörden erstellt, zu deren Aufgaben die Wahrnehmung von umweltbezogenen Belangen gehört und deren Aufgabenbereich durch die Umweltauswirkungen des Plans voraussichtlich berührt ist. ²In der Regel reicht es aus, bei einem Entwicklungsplan die betroffenen obersten Landesbehörden und bei einem Regionalplan die betroffenen höheren Landesbehörden bei der Festlegung von Umfang und Detaillierungsgrad des Umweltberichts zu beteiligen. ³Verfügen die zu beteiligenden Behörden über Informationen, die für den Umweltbericht zweckdienlich sind, haben sie diese dem Träger der Planung zur Verfügung zu stellen.

(4) ¹Von der Umweltprüfung ist bei geringfügigen Änderungen eines Entwicklungsplans oder eines Regionalplans abzusehen, wenn nach den Kriterien der Anlage 2 zu diesem Gesetz festgestellt worden ist, dass die Änderungen voraussichtlich keine erheblichen Umweltauswirkungen haben werden. ²Diese Feststellung ist unter Beteiligung der in Absatz 3 genannten Behörden zu treffen. ³Die zu dieser Feststellung führenden Erwägungen sind in die Begründung des Planentwurfs aufzunehmen.

(5) ¹Die Umweltprüfung kann bei Regionalplänen auf zusätzliche oder andere erhebliche Umweltauswirkungen beschränkt werden, wenn für den Landesentwicklungsplan, aus dem der Regionalplan entwickelt ist, bereits eine Umweltprüfung durchgeführt worden ist. ²Die Umweltprüfung kann auch mit anderen, auf Grund von Rechtsvorschriften der Europäischen Gemeinschaft erforderlichen Verfahren zur Prüfung von Umweltauswirkungen gemeinsam durchgeführt werden.

(6) Die Begründung des Entwicklungsplans und des Regionalplans enthält auch

1. eine zusammenfassende Erklärung,
   a) wie Umwelterwägungen in den Plan einbezogen wurden,
   b) wie der Umweltbericht sowie die Ergebnisse des Beteiligungsverfahrens nach § 9 Abs. 3 bis 7 und § 12 Abs. 2 bis 6 im Plan berücksichtigt wurden und welche Gründe nach Abwägung mit den geprüften anderweitigen Planungsmöglichkeiten für die Festlegungen des Plans entscheidungserheblich waren,
2. eine Zusammenstellung der Maßnahmen, die in Abstimmung mit der höheren Raumordnungsbehörde zur Überwachung erheblicher Umweltauswirkungen bei der Verwirklichung des Plans nach § 28 durchgeführt werden sollen.

§ 3 Allgemeine Vorschriften über Entwicklungspläne und Regionalpläne

(1) Die Grundsätze der Raumordnung nach § 2 des Raumordnungsgesetzes werden nach Maßgabe der Leitvorstellung und des Gegenstromprinzips des § 2 durch Entwicklungspläne und Regionalpläne für den jeweiligen Planungsraum und für einen regelmäßig mittelfristigen Zeitraum als Ziele und Grundsätze der Raumordnung im Sinne des § 3 des Raumordnungsgesetzes konkretisiert.

(2) ¹Bei der Aufstellung, Fortschreibung und Änderung der Entwicklungspläne und der Regionalpläne sind die Grundsätze der Raumordnung gegeneinander und untereinander abzuwägen. ²Der Umweltbericht und die im Beteiligungsverfahren eingegangenen Stellungnahmen sind in die Abwägung einzubeziehen. ³Sonstige öffentliche Belange sowie private Belange sind in der Abwägung zu berücksichtigen, soweit sie auf der jeweiligen Planungsebene erkennbar und von Bedeutung sind, auf der Ebene der Regionalplanung insbesondere die Flächennutzungspläne und die Ergebnisse der von den Gemeinden beschlossenen sonstigen städtebaulichen Planungen. ⁴In der Abwägung sind auch die Erhaltungsziele oder der Schutzzweck der Gebiete von gemeinschaftlicher Bedeutung und der Europäischen Vogelschutzgebiete im Sinne des Bundesnaturschutzgesetzes zu berücksichtigen; soweit diese erheblich beeinträchtigt werden können, sind die Vorschriften des Bundesnaturschutzgesetzes und des Naturschutzgesetzes über die Zulässigkeit oder Durchführung von derartigen Eingriffen sowie die Einholung der Stellungnahme der Kommission anzuwenden (Prüfung nach der Fauna-Flora-Habitat-Richtlinie).

§ 4 Bindungswirkungen der Ziele und Grundsätze der Raumordnung

(1) ¹Ziele der Raumordnung eines für verbindlich erklärten Entwicklungsplans oder Regionalplans sind von öffentlichen Stellen bei ihren raumbedeutsamen Planungen und Maßnahmen zu beachten. ²Dies gilt auch bei

1. Genehmigungen, Planfeststellungen und sonstigen behördlichen Entscheidungen über die Zulässigkeit raumbedeutsamer Maßnahmen öffentlicher Stellen,
2. Planfeststellungen und Genehmigungen mit der Rechtswirkung der Planfeststellung über die Zulässigkeit raumbedeutsamer Maßnahmen von Personen des Privatrechts.

(2) Grundsätze eines für verbindlich erklärten Entwicklungsplans oder Regionalplans sind von öffentlichen Stellen bei raumbedeutsamen Planungen und Maßnahmen nach Absatz 1 in der Abwägung oder bei der Ermessensausübung zu berücksichtigen.

(3) Bei raumbedeutsamen Planungen und Maßnahmen, die Personen des Privatrechts in Wahrnehmung öffentlicher Aufgaben durchführen, gelten Absatz 1 Sätze 1 und 2 Nr. 1 und Absatz 2 entsprechend, wenn

1. öffentliche Stellen an den Personen mehrheitlich beteiligt sind oder
2. die Planungen und Maßnahmen überwiegend mit öffentlichen Mitteln finanziert werden.

(4) § 4 des Raumordnungsgesetzes bleibt im Übrigen unberührt.

§ 5 Planerhaltung

(1) [1]Für die Rechtswirksamkeit eines Entwicklungsplans und eines Regionalplans ist es unerheblich, wenn

1. die Begründung des Plans unvollständig ist; dies gilt nicht bei Unvollständigkeit der die Umweltprüfung betreffenden Begründung nach § 2a Abs. 6, sofern abwägungserhebliche Angaben fehlen,
2. die Abwägungsmängel weder offensichtlich noch auf das Abwägungsergebnis von Einfluss gewesen sind oder
3. die Verletzung von Verfahrens- oder Formvorschriften ohne Einfluss auf das Abwägungsergebnis gewesen ist.

[2]Dies gilt nicht, wenn eine Vorschrift über die Bekanntmachung des Entwicklungsplans oder eine Vorschrift über den Beschluss oder die Bekanntmachung des Regionalplans verletzt worden ist.

(2) [1]Die Verletzung von Verfahrens- oder Formvorschriften sowie Abwägungsmängel, die nicht nach Absatz 1 unerheblich sind und die durch ein ergänzendes Verfahren behoben werden können, führen nicht zur Nichtigkeit des Entwicklungsplans oder des Regionalplans. [2]In dem ergänzenden Verfahren sind die fehlenden Anhörungen und sonstigen Verfahrensschritte nachzuholen, soweit sie von Einfluss auf das Abwägungsergebnis sein können. [3]Bis zur Behebung der jeweiligen Mängel entfaltet der Entwicklungsplan beziehungsweise der Regionalplan keine Bindungswirkung.

(3) [1]Eine Verletzung von Verfahrens- und Formvorschriften, die nicht nach Absatz 1 unerheblich oder nach Absatz 2 heilbar ist, wird unbeachtlich, wenn sie nicht innerhalb eines Jahres nach der Bekanntmachung schriftlich geltend gemacht wird, und zwar beim Entwicklungsplan gegenüber dem zuständigen Ministerium oder der obersten Raumordnungs- und Landesplanungsbehörde und beim Regionalplan gegenüber dem Regionalverband oder dessen oberer oder oberster Rechtsaufsichtsbehörde. [2]Der Sachverhalt, der die Verletzung begründen soll, ist dabei zu bezeichnen.

(4) In der Rechtsverordnung, durch die ein Entwicklungsplan für verbindlich erklärt wird, und in der öffentlichen Bekanntmachung des Regionalplans ist auf die Voraussetzungen für die Geltendmachung der Verletzung von Verfahrens- und Formvorschriften und die Rechtsfolgen hinzuweisen.

Zweiter Teil
Mittel der Raumordnung und Landesplanung

1. Abschnitt
Entwicklungspläne

§ 6 Arten

(1) Entwicklungspläne sind
1. der Landesentwicklungsplan,
2. fachliche Entwicklungspläne.

(2) Der Landesentwicklungsplan ist für das ganze Land aufzustellen.

(3) Fachliche Entwicklungspläne können für einen Fachbereich oder mehrere Fachbereiche aufgestellt werden.

§ 7 Inhalt des Landesentwicklungsplans

(1) [1]Der Landesentwicklungsplan ist als Raumordnungsplan für das Land aufzustellen. [2]Er enthält die Ziele und Grundsätze der Raumordnung für die räumliche Entwicklung und Ordnung des Landes. [3]Er enthält ferner Ziele für einzelne raumbedeutsame Vorhaben, die für das Land von Bedeutung sind. [4]Der Landesentwicklungsplan muss mit den in § 2 des Raumordnungsgesetzes enthaltenen Grundsät-

zen in Einklang stehen; er konkretisiert diese Grundsätze. [5]Die Ziele sind durch den Buchstaben „Z", die Grundsätze sind durch den Buchstaben „G" zu kennzeichnen.

(2) Der Landesentwicklungsplan legt insbesondere fest

1. die Raumkategorien, nämlich Verdichtungsräume, Randzonen um die Verdichtungsräume und den Ländlichen Raum mit seinen Verdichtungsbereichen,

2. die höheren Zentralen Orte, nämlich Oberzentren und Mittelzentren, sowie die Mittelbereiche,

3. die Landesentwicklungsachsen,

4. besondere regionale Entwicklungsaufgaben für Teilräume.

(3) Der Landesentwicklungsplan ist zu begründen.

§ 8 Inhalt fachlicher Entwicklungspläne

(1) [1]Fachliche Entwicklungspläne enthalten Ziele und Grundsätze der Raumordnung für die Entwicklung des Landes in einem oder mehreren Fachbereichen. [2]Fachliche Entwicklungspläne können ferner Ziele für einzelne raumbedeutsame Vorhaben enthalten, die für das Land von Bedeutung sind. [3]Sie können hierzu Bereiche für besondere Aufgaben sowie vorsorglich freizuhaltende Bereiche für Trassen oder Standorte mit ihren Entwicklungsaufgaben festlegen.

(2) Fachliche Entwicklungspläne sind zu begründen.

§ 9 Planungsverfahren; Mitwirkung des Landtags

(1) [1]Der Landesentwicklungsplan wird von der obersten Raumordnungs- und Landesplanungsbehörde aufgestellt. [2]Fachliche Entwicklungspläne werden von dem zuständigen Ministerium aufgestellt.

(2) Der Entwurf eines Entwicklungsplans, für den ein Beteiligungsverfahren nach Absatz 3 eingeleitet wird, dessen Begründung und der Umweltbericht sind dem Landtag zuzuleiten, um ihm Gelegenheit zur Stellungnahme zu geben.

(3) [1]Bei der Aufstellung sind, soweit sie berührt sein können, zu beteiligen

1. die Gemeinden, die übrigen Träger der Bauleitplanung und die Landkreise,

2. die Regionalverbände,

3. die anderen öffentlichen Stellen und die Personen des Privatrechts nach § 4 Abs. 3,

4. die anerkannten Naturschutzvereinigungen.

[2]Ferner sollen Verbände und Vereinigungen beteiligt werden, deren Aufgabenbereich für die Landesentwicklung oder für die regionale Entwicklung von Bedeutung ist. [3]Die Beteiligung erfolgt schriftlich; sie kann ersatzweise digital erfolgen. [4]Die schriftliche und die digitale Information müssen gleichwertig sein. [5]Soweit der Entwurf des Landesentwicklungsplans oder des fachlichen Entwicklungsplans, dessen Begründung und der Umweltbericht in das Internet eingestellt werden, können die Stellungnahmen der in Satz 1 und 2 genannten Stellen durch Mitteilung von Ort und Dauer der öffentlichen Auslegung nach Absatz 4 und der Internetadresse eingeholt werden. [6]Die Mitteilung kann im Wege der elektronischen Kommunikation erfolgen, soweit der Empfänger einen Zugang hierfür eröffnet hat. [7]Bei Anwendung von Satz 5 ist der betreffenden Stelle auf deren Verlangen ein Entwurf des Entwicklungsplans, dessen Begründung und der Umweltbericht zu übermitteln.

(4) [1]Die Öffentlichkeit ist einzubeziehen. [2]Hierzu sind der Planentwurf samt Begründung mit Umweltbericht beim zuständigen Ministerium zur Einsichtnahme während der Sprechzeiten einen Monat lang auszulegen. [3]Gleichzeitig sind diese Unterlagen in das Internet einzustellen. [4]Ort und Zeit der Auslegung und die Internetadresse sind mindestens eine Woche vorher öffentlich bekannt zu machen. [5]Die öffentliche Bekanntmachung erfolgt im Staatsanzeiger für Baden-Württemberg. [6]Jedermann kann zu dem Planentwurf, dessen Begründung und dem Umweltbericht schriftlich, zur Niederschrift oder elektronisch während der Auslegungsfrist gegenüber dem Ministerium Stellung nehmen; darauf ist in der öffentlichen Bekanntmachung hinzuweisen.

(5) [1]Die fristgerecht übermittelten Stellungnahmen sind zu prüfen. [2]Personen des Privatrechts ist das Ergebnis der Prüfung ihrer Stellungnahme mitzuteilen. [3]Haben mehr als 50 Personen Stellungnahmen mit im Wesentlichen gleichem Inhalt abgegeben, kann die Ergebnismitteilung durch Auslegung beim Ministerium während der Sprechzeiten und Hinweis darauf durch öffentliche Bekanntmachung erfolgen; Absatz 4 gilt entsprechend.

(6) [1]Die Entwicklungspläne sind mit den Nachbarländern abzustimmen. [2]Hierzu sind dem zuständigen Ministerium oder der von ihm benannten Behörde der Planentwurf, dessen Begründung und der Um-

weltbericht so rechtzeitig zuzuleiten, dass diese Behörden Stellung nehmen und dazu die Öffentlichkeit einbeziehen können.

(7) [1]Bei Entwicklungsplänen, die erhebliche Auswirkungen auf Nachbarstaaten haben können, sind die Behörden des Nachbarstaates nach den Grundsätzen der Gegenseitigkeit und Gleichwertigkeit zu unterrichten. [2]Abweichend von Satz 1 ist bei Entwicklungsplänen, die erhebliche Umweltauswirkungen auf einen anderen Staat haben können, der Nachbarstaat nach den für die grenzüberschreitende Behörden- und Öffentlichkeitsbeteiligung geltenden Vorschriften des Gesetzes über die Umweltverträglichkeitsprüfung zu beteiligen.

(8) Für die Abstimmung von Entwicklungsplänen außerhalb des Geltungsbereichs dieses Gesetzes mit dem zuständigen Ministerium gelten die Absätze 3 bis 5 entsprechend, soweit Vorgaben der beteiligenden Stelle zum Verfahren nicht entgegenstehen.

(9) Die Entwicklungspläne werden von der Landesregierung beschlossen.

(10) [1]Entwicklungspläne sind fortzuschreiben. [2]Für Fortschreibungen und sonstige Änderungen gelten die Absätze 1 bis 9 entsprechend.

§ 10 Verbindlicherklärung

(1) Die Landesregierung wird ermächtigt, Entwicklungspläne sowie deren Fortschreibungen und sonstige Änderungen durch Rechtsverordnung für verbindlich zu erklären.

(2) [1]Verbindliche Entwicklungspläne sind mit ihrer Begründung bei dem zuständigen Ministerium, den Raumordnungsbehörden und den Regionalverbänden zur kostenlosen Einsicht durch jedermann während der Sprechzeiten niederzulegen. [2]In der Rechtsverordnung nach Absatz 1 ist auf die Möglichkeit der Einsichtnahme hinzuweisen.

2. Abschnitt
Regionalpläne

§ 11 Form und Inhalt

(1) [1]Der Regionalplan legt die anzustrebende räumliche Entwicklung und Ordnung der Region in beschreibender und zeichnerischer Darstellung als Ziele und Grundsätze der Raumordnung fest. [2]Die Ziele sind durch den Buchstaben „Z", die Grundsätze sind durch den Buchstaben „G" zu kennzeichnen. [3]Soweit das für Raumordnung zuständige Bundesministerium durch Rechtsverordnung Planzeichen mit einer bestimmten Bedeutung und Form festgelegt hat, sind diese Planzeichen bei der zeichnerischen Darstellung zu verwenden; die Vorschriften über den Inhalt des Regionalplans bleiben hiervon unberührt.

(2) [1]Der Regionalplan konkretisiert die Grundsätze der Raumordnung nach § 2 des Raumordnungsgesetzes und die Grundsätze des Landesentwicklungsplans und der fachlichen Entwicklungspläne. [2]Bei der Konkretisierung der Grundsätze nach § 2 Absatz 2 Nummer 6 Satz 7 und 8 des Raumordnungsgesetzes sind die Vorgaben des Klimaschutzgesetzes für Baden-Württemberg ergänzend zu berücksichtigen. [3]Der Regionalplan formt diese Grundsätze und die Ziele der Raumordnung des Landesentwicklungsplans und der fachlichen Entwicklungspläne räumlich und sachlich aus. [4]Dies gilt nicht für das Ziel der Raumordnung Plansatz 4.2.7 (Windkraft) des Landesentwicklungsplans 2002 Baden-Württemberg.

(3) [1]Soweit es für die Entwicklung und Ordnung der räumlichen Struktur der Region erforderlich ist (Regionalbedeutsamkeit), enthält der Regionalplan Festlegungen zur anzustrebenden Siedlungsstruktur, zur anzustrebenden Freiraumstruktur und zu den zu sichernden Standorten und Trassen für die Infrastruktur der Region. [2]Dazu sind im Regionalplan festzulegen:

1. Unterzentren und Kleinzentren; im Verdichtungsraum kann von der Festlegung von Kleinzentren abgesehen werden,

2. Entwicklungsachsen, soweit sie nicht im Landesentwicklungsplan festgelegt sind,

3. Gemeinden oder Gemeindeteile, in denen eine verstärkte Siedlungstätigkeit stattfinden soll (Siedlungsbereiche),

4. Gemeinden, in denen aus besonderen Gründen, vor allem aus Rücksicht auf Naturgüter, keine über die Eigenentwicklung hinausgehende Siedlungstätigkeit stattfinden soll,

5. Schwerpunkte für Industrie, Gewerbe und Dienstleistungseinrichtungen, insbesondere Standorte für Einkaufszentren, großflächige Einzelhandelsbetriebe und sonstige großflächige Handelsbetriebe,
6. Schwerpunkte des Wohnungsbaus,
7. Regionale Grünzüge und Grünzäsuren sowie Gebiete für besondere Nutzungen im Freiraum, vor allem für Naturschutz und Landschaftspflege, für Bodenerhaltung, für Landwirtschaft, für Forstwirtschaft und für Waldfunktionen sowie für Erholung,
8. Gebiete zur Sicherung von Wasservorkommen,
9. Gebiete für den vorbeugenden Hochwasserschutz,
10. Gebiete für den Abbau oberflächennaher Rohstoffe und Gebiete zur Sicherung von Rohstoffen,
11. Gebiete für Standorte zur Nutzung erneuerbarer Energien, insbesondere Gebiete für Standorte regionalbedeutsamer Windkraftanlagen,
12. Standorte und Trassen für sonstige Infrastrukturvorhaben, einschließlich Energieversorgung und Energiespeicherung.

(4) Bei Festlegungen für die anzustrebende Freiraumstruktur kann zugleich bestimmt werden, dass in dem davon betroffenen Gebiet unvermeidbare Beeinträchtigungen der Leistungsfähigkeit des Naturhaushalts oder des Landschaftsbilds an anderer Stelle ausgeglichen oder gemindert werden können.

(5) ¹Der Regionalplan soll auch diejenigen Festlegungen zu raumbedeutsamen Planungen und Maßnahmen von öffentlichen Stellen und Personen des Privatrechts nach § 4 Abs. 3 enthalten, die zur Aufnahme in den Regionalplan geeignet und zur Koordinierung von Raumansprüchen erforderlich sind und die durch Ziele und Grundsätze der Raumordnung gesichert werden können. ²Hierzu gehören neben den Darstellungen in Fachplänen des Verkehrsrechts sowie des Wasser- und Immissionsschutzrechts insbesondere die raumbedeutsamen Erfordernisse und Maßnahmen des Naturschutzes und der Landschaftspflege im Landschaftsrahmenprogramm und in Landschaftsrahmenplänen auf Grund des Naturschutzgesetzes, der forstlichen Rahmenpläne auf Grund der Vorschriften des Landeswaldgesetzes, der Abfallwirtschaftsplanung nach den Vorschriften des Kreislaufwirtschafts- und Abfallgesetzes und des vorbeugenden Hochwasserschutzes nach den Vorschriften des Wasserhaushaltsgesetzes und des Wassergesetzes für Baden-Württemberg sowie des integrierten Energie- und Klimaschutzkonzeptes und der Anpassungsstrategie nach den Vorschriften des Klimaschutzgesetzes Baden-Württemberg.

(6) ¹Aus dem Landesentwicklungsplan werden in den Regionalplan nachrichtlich übernommen
1. die Raumkategorien, nämlich die Verdichtungsräume, die Randzonen um die Verdichtungsräume und der Ländliche Raum mit seinen Verdichtungsbereichen,
2. die höheren Zentralen Orte, nämlich die Oberzentren und die Mittelzentren, sowie die Mittelbereiche,
3. die Landesentwicklungsachsen; die Landesentwicklungsachsen sind im Zuge der Übernahme zu konkretisieren und auszuformen.
²Aus fachlichen Entwicklungsplänen werden in den Regionalplan Bereiche, Trassen und Standorte mit ihren Entwicklungsaufgaben nachrichtlich übernommen, soweit sie für die Region von Bedeutung sind. ³Die nachrichtlichen Übernahmen sind durch den Buchstaben „N" zu kennzeichnen.

(7) ¹Der Regionalplan kann die Festlegungen nach Absatz 3 Satz 2 Nr. 3, 5, 6, 10, 11 und 12 in der Form von Vorranggebieten, Vorbehaltsgebieten sowie Ausschlussgebieten treffen; abweichend hiervon können Standorte für regional bedeutsame Windkraftanlagen nach Absatz 3 Satz 2 Nummer 11 nur als Vorranggebiete festgelegt werden. ²Der Regionalplan kann die Festlegungen nach Absatz 3 Satz 2 Nr. 7 bis 9 in der Form von Vorranggebieten und von Vorbehaltsgebieten treffen. ³Vorranggebiete sind für bestimmte, raumbedeutsame Funktionen oder Nutzungen vorgesehen; in diesen Gebieten sind andere raumbedeutsame Nutzungen ausgeschlossen, soweit sie mit den vorrangigen Funktionen oder Nutzungen oder Zielen der Raumordnung nicht vereinbar sind. ⁴In Vorbehaltsgebieten haben bestimmte, raumbedeutsame Funktionen oder Nutzungen bei der Abwägung mit konkurrierenden raumbedeutsamen Nutzungen ein besonderes Gewicht. ⁵In Ausschlussgebieten sind bestimmte raumbedeutsame Nutzungen, für die zugleich Vorranggebiete festgelegt sind, ausgeschlossen.

(8) ¹Dem Regionalplan ist eine Begründung beizufügen. ²Die klimaschutzbezogenen Festlegungen nach Absatz 3 Satz 2 Nummern 11 und 12 sollen anhand konzeptioneller Überlegungen unter Berücksichtigung der regionalen Potenziale für die Nutzung erneuerbarer Energien und Energieeffizienz begründet werden.

(9) Die oberste Raumordnungs- und Landesplanungsbehörde kann über den Planungszeitraum und über die Form der Regionalpläne Weisungen erteilen.

§ 12 Planungsverfahren

(1) [1]Die Regionalverbände sind verpflichtet, für ihre Region Regionalpläne aufzustellen und fortzuschreiben. [2]Die Aufstellung räumlicher und sachlicher Teilpläne sowie eine sonstige Änderung des Regionalplans sind zulässig, soweit wichtige Gründe es erfordern und wenn gewährleistet bleibt, dass sich der Teilplan oder die Änderung nach dem Stand der Arbeiten am Regionalplan in die beabsichtigten Festlegungen des Regionalplans zur Siedlungsstruktur, zur Freiraumstruktur und zur Infrastruktur nach § 11 einfügt.

(2) [1]An der Aufstellung, Fortschreibung und sonstigen Änderung des Regionalplans werden, soweit sie berührt sein können, durch Zuleitung eines Planentwurfs und seiner Begründung beteiligt

1. die Gemeinden, die übrigen Träger der Bauleitplanung und die Landkreise,
2. die anderen öffentlichen Stellen und die Personen des Privatrechts nach § 4 Abs. 3,
3. die anerkannten Naturschutzvereinigungen.

[2]Ferner sollen Verbände und Vereinigungen beteiligt werden, deren Aufgabenbereich für die Landesentwicklung oder für die regionale Entwicklung von Bedeutung ist. [3]Die Beteiligung erfolgt schriftlich, sie kann ersatzweise digital erfolgen. [4]Die schriftliche und die digitale Information müssen gleichwertig sein. [5]Soweit der Entwurf des Regionalplans, dessen Begründung und der Umweltbericht in das Internet eingestellt werden, können die Stellungnahmen der in Satz 1 und 2 genannten Stellen durch Mitteilung von Ort und Dauer der öffentlichen Auslegung nach Absatz 3 und der Internetadresse eingeholt werden. [6]Die Mitteilung kann im Wege der elektronischen Kommunikation erfolgen, soweit der Empfänger einen Zugang hierfür eröffnet hat. [7]Bei Anwendung von Satz 5 sind der betreffenden Stelle auf deren Verlangen ein Entwurf des Regionalplans, dessen Begründung und der Umweltbericht zu übermitteln.

(3) [1]Die Öffentlichkeit ist einzubeziehen. [2]Hierzu sind der Planentwurf samt Begründung mit Umweltbericht beim Regionalverband und bei den Stadt- und Landkreisen der Region zur Einsichtnahme während der Sprechzeiten einen Monat lang auszulegen. [3]Gleichzeitig sind diese Unterlagen in das Internet einzustellen. [4]Ort und Zeit der Auslegung und die Internetadresse sind mindestens eine Woche vorher vom Regionalverband öffentlich bekannt zu machen. [5]Die öffentliche Bekanntmachung erfolgt im Staatsanzeiger für Baden-Württemberg sowie in entsprechender Anwendung der Vorschriften, die für öffentliche Bekanntmachungen der Stadt- und Landkreise der Region gelten. [6]Die öffentliche Bekanntmachung und die öffentliche Auslegung können auf den Teil der Region beschränkt werden, dessen Belange berührt sein können. [7]Jedermann kann zu dem Planentwurf, dessen Begründung und dem Umweltbericht schriftlich, zur Niederschrift oder elektronisch während der Auslegungsfrist gegenüber dem Regionalverband Stellung nehmen; darauf ist in der öffentlichen Bekanntmachung hinzuweisen. [8]Die Stadt- und Landkreise der Region senden bei ihnen eingegangene Stellungnahmen an den Regionalverband.

(4) [1]Die fristgerecht übermittelten Stellungnahmen sind zu prüfen; das Ergebnis ist den Absendern mitzuteilen. [2]Haben mehr als 50 Personen Stellungnahmen mit im Wesentlichen gleichem Inhalt abgegeben, kann die Mitteilung des Ergebnisses der Prüfung dadurch ersetzt werden, dass Einsicht in das Ergebnis beim Regionalverband, einem Stadtkreis oder einem Landkreis der Region während der Sprechzeiten ermöglicht und darauf durch öffentliche Bekanntmachung hingewiesen wird; Absatz 3 gilt entsprechend.

(5) [1]Die Regionalpläne sind mit den Regionalplänen der Nachbarregionen abzustimmen. [2]Hierzu sind den benachbarten Trägern der Regionalplanung der Planentwurf, dessen Begründung und der Umweltbericht so rechtzeitig zuzuleiten, dass diese Stellung nehmen können. [3]Kommt eine Abstimmung der Regionalpläne in Baden-Württemberg nicht zustande, entscheidet die oberste Raumordnungs- und Landesplanungsbehörde.

(6) [1]Bei Regionalplänen, die erhebliche Auswirkungen auf Nachbarstaaten haben können, sind die Behörden des Nachbarstaates nach den Grundsätzen der Gegenseitigkeit und Gleichwertigkeit zu unterrichten. [2]Abweichend von Satz 1 ist bei Regionalplänen, die erhebliche Umweltauswirkungen auf einen anderen Staat haben können, der Nachbarstaat nach den für die grenzüberschreitende Behörden- und Öffentlichkeitsbeteiligung geltenden Vorschriften des Gesetzes über die Umweltverträglichkeitsprüfung zu beteiligen.

(7) Für die Abstimmung von Regionalplänen außerhalb des Geltungsbereichs dieses Gesetzes gelten die Absätze 2 bis 4 entsprechend, soweit Vorgaben der beteiligenden Stelle zum Verfahren nicht entgegenstehen.

(8) Besondere Regelungen in Staatsverträgen bleiben unberührt.

(9) Die Regionalverbände unterrichten die Raumordnungsbehörden über den Fortgang der Planungen.

(10) Die Regionalpläne sind durch Satzung festzustellen.

(11) Den zur Genehmigung vorzulegenden Regionalplänen sind die nicht berücksichtigten Anregungen mit einer Stellungnahme des Regionalverbands anzufügen.

§ 13 Verbindlicherklärung, öffentliche Bekanntmachung

(1) Die Ziele und Grundsätze eines Regionalplans werden von der obersten Raumordnungs- und Landesplanungsbehörde durch Genehmigung für verbindlich erklärt, soweit der Regionalplan nach diesem Gesetz aufgestellt ist, sonstigen Rechtsvorschriften nicht widerspricht und sich die vorgesehene räumliche Entwicklung der Region in die angestrebte räumliche Entwicklung des Landes einfügt, wie sie sich aus Entwicklungsplänen sowie Entscheidungen des Landtags, der Landesregierung und der obersten Landesbehörden ergibt.

(2) [1]Der Regionalverband macht die Erteilung der Genehmigung nach Absatz 1 im Staatsanzeiger für Baden-Württemberg öffentlich bekannt. [2]Die Bekanntmachung tritt an die Stelle der sonst für Satzungen vorgeschriebenen Veröffentlichung. [3]Der Regionalplan wird durch die öffentliche Bekanntmachung verbindlich. [4]Der Regionalplan mit Begründung, die Satzung nach § 12 Abs. 7 und die Genehmigung nach Absatz 1 werden ab dem Tag der öffentlichen Bekanntmachung beim Regionalverband und bei der für die Region zuständigen höheren Raumordnungsbehörde zur kostenlosen Einsicht durch jedermann während der Sprechzeiten öffentlich ausgelegt; in der öffentlichen Bekanntmachung nach Satz 1 ist darauf mit Angabe der Auslegungsstellen hinzuweisen.

3. Abschnitt
Umsetzung der Planung

§ 14 Beratung bei raumbedeutsamen Planungen und Maßnahmen

(1) [1]Die oberste Raumordnungs- und Landesplanungsbehörde berät die anderen Ministerien bei raumbedeutsamen Planungen und Maßnahmen, unterrichtet sie über die Erfordernisse der Raumordnung und wirkt darauf hin, dass die Planungen und Maßnahmen miteinander in Einklang stehen. [2]Sie hat ferner darauf hinzuwirken, dass raumbedeutsame Planungen und Maßnahmen mit ausländischen Staaten abgestimmt werden.

(2) Die oberste Raumordnungs- und Landesplanungsbehörde und die anderen Ministerien unterrichten die Regionalverbände über die in Betracht kommenden Gesichtspunkte der Raumordnung und Landesplanung sowie der Fachplanungen.

(3) [1]Die höheren Raumordnungsbehörden und die Regionalverbände unterrichten und beraten die Träger der Bauleitplanung, die anderen öffentlichen Stellen, die Personen des Privatrechts nach § 4 Abs. 3 und die sonstigen Personen des Privatrechts, soweit sie betroffen sind, über die Erfordernisse der Raumordnung. [2]Bei Planungen und Maßnahmen, die für die räumliche Ordnung und Entwicklung des Landes von Bedeutung sind oder die sich über die Grenzen des Landes hinaus auswirken, kann die oberste Raumordnungs- und Landesplanungsbehörde diese Aufgabe erfüllen.

§ 15 Vorbereitung und Verwirklichung der Regionalpläne

[1]Die Regionalverbände wirken auf die Verwirklichung der Regionalpläne hin. [2]Sie fördern die Zusammenarbeit der für die Verwirklichung maßgeblichen öffentlichen Stellen und Personen des Privatrechts. [3]Dies kann insbesondere im Rahmen von Entwicklungskonzepten für die Region oder für Teilräume der Region erfolgen, durch die raumbedeutsame Planungen und Maßnahmen vorgeschlagen und aufeinander abgestimmt werden (regionale Entwicklungskonzepte). [4]Die Regionalverbände unterstützen die Zusammenarbeit von Gemeinden zur Stärkung teilräumlicher Entwicklungen, insbesondere durch Städtenetze. [5]Die Regionalverbände können zur Vorbereitung und Verwirklichung der Regionalpläne vertragliche Vereinbarungen schließen.

§ 16 Mitwirkung der Regionalverbände bei regionalbedeutsamen Angelegenheiten

(1) Die Regionalverbände können in allen regionalbedeutsamen Angelegenheiten, insbesondere bei der regionalbedeutsamen Wirtschaftsförderung und beim regionalen Tourismusmarketing, Mitglied in Körperschaften, Gesellschaften und Einrichtungen werden.

(2) Die Mitgliedschaft muss mit einer Mehrheit von zwei Dritteln der Mitglieder der Verbandsversammlung beschlossen werden, wenn sie umlagenrelevant ist.

(3) [1]Die Mitgliedschaft bedarf der Genehmigung der Rechtsaufsichtsbehörde. [2]Die Genehmigung ist zu erteilen, wenn die Mitgliedschaft des Regionalverbands zulässig ist.

§ 17 Grenzüberschreitende Zusammenarbeit

(1) Die Regionalverbände unterstützen die grenzüberschreitende Zusammenarbeit mit öffentlichen Stellen und Personen des Privatrechts in den Nachbarregionen, Nachbarländern und Nachbarstaaten in allen regionalbedeutsamen Angelegenheiten, insbesondere durch die Mitgliedschaft in Körperschaften, Gesellschaften, Zweckverbänden und sonstigen Einrichtungen, die grenzüberschreitend tätig sind.

(2) Die Mitgliedschaft muss mit einer Mehrheit von zwei Dritteln der Mitglieder der Verbandsversammlung beschlossen werden, wenn sie umlagenrelevant ist.

(3) [1]Die Mitgliedschaft bedarf der Genehmigung der Rechtsaufsichtsbehörde. [2]Die Genehmigung ist zu erteilen, wenn die Mitgliedschaft des Regionalverbands zulässig ist.

§ 18 Raumordnungsverfahren, Aufgaben und Wirkung

(1) [1]Die höhere Raumordnungsbehörde führt für raumbedeutsame Planungen und Maßnahmen (Vorhaben), die in der Raumordnungsverordnung vom 13. Dezember 1990 (BGBl. I S. 2766) in der jeweils geltenden Fassung bestimmt sind, in der Regel ein Raumordnungsverfahren durch. [2]Für andere raumbedeutsame Vorhaben kann ein Raumordnungsverfahren auf Antrag des Trägers des Vorhabens durchgeführt werden.

(2) [1]Im Raumordnungsverfahren wird das Vorhaben mit anderen raumbedeutsamen Planungen und Maßnahmen und mit den Erfordernissen der Raumordnung abgestimmt. [2]Das Raumordnungsverfahren schließt die Ermittlung, Beschreibung und Bewertung der raumbedeutsamen unmittelbaren und mittelbaren Auswirkungen des Vorhabens auf

1. Menschen, Tiere und Pflanzen,
2. Fläche, Boden, Wasser, Luft, Klima und Landschaft,
3. Kultur- und sonstige Sachgüter sowie
4. die Wechselwirkung zwischen den vorgenannten Schutzgütern

entsprechend dem Planungsstand ein (raumordnerische Umweltverträglichkeitsprüfung).

(3) [1]Als Ergebnis des Raumordnungsverfahrens stellt die höhere Raumordnungsbehörde in einer raumordnerischen Beurteilung fest,

1. ob das Vorhaben mit den Erfordernissen der Raumordnung, insbesondere mit den Zielen und Grundsätzen der Raumordnung, übereinstimmt,
2. wie es unter den Gesichtspunkten der Raumordnung mit anderen raumbedeutsamen Planungen und Maßnahmen abgestimmt oder durchgeführt werden kann

(Raumverträglichkeitsprüfung). [2]Die raumordnerische Beurteilung schließt die Prüfung der Standort- und Trassenalternativen ein, die der Träger des Vorhabens in das Raumordnungsverfahren eingeführt hat, sowie die Alternativen nach Maßgabe des § 15 Absatz 1 Satz 3 des Raumordnungsgesetzes. [3]Sie soll die raumordnerisch günstigste Lösung aufzeigen.

(4) Von einem Raumordnungsverfahren kann abgesehen werden, wenn die Beurteilung der Raumverträglichkeit des Vorhabens bereits auf anderer raumordnerischer Grundlage hinreichend gewährleistet ist; dies gilt insbesondere, wenn das Vorhaben

1. Zielen der Raumordnung entspricht oder widerspricht,
2. den Darstellungen oder Festsetzungen eines den Zielen der Raumordnung angepassten Flächennutzungsplans oder Bebauungsplans nach den Vorschriften des Baugesetzbuchs entspricht oder widerspricht und sich die Zulässigkeit dieses Vorhabens nicht nach einem Planfeststellungsverfahren oder einem sonstigen Verfahren mit den Rechtswirkungen der Planfeststellung für raumbedeutsame Vorhaben bestimmt,

3. in einem anderen gesetzlichen Abstimmungsverfahren unter Beteiligung der höheren Raumordnungsbehörde festgelegt worden ist oder
4. wegen besonders gelagerter Umstände offensichtlich nur an einem bestimmten Standort verwirklicht werden kann und sichergestellt ist, dass eine raumordnerische Prüfung des Vorhabens im
Zulassungsverfahren unter Beteiligung der höheren Raumordnungsbehörde erfolgt.

(5) [1]Das Ergebnis des Raumordnungsverfahrens und die darin eingeschlossene raumordnerische Umweltverträglichkeitsprüfung ist von den öffentlichen Stellen und den Personen des Privatrechts nach
§ 4 Abs. 3 bei raumbedeutsamen Planungen und Maßnahmen, die den im Raumordnungsverfahren
beurteilten Gegenstand betreffen, sowie bei Genehmigungen, Planfeststellungen oder sonstigen behördlichen Entscheidungen über die Zulässigkeit des Vorhabens nach Maßgabe der dafür geltenden
Vorschriften zu berücksichtigen. [2]Es hat gegenüber dem Träger des Vorhabens und gegenüber Einzelnen keine unmittelbare Rechtswirkung und ersetzt nicht die Genehmigungen, Planfeststellungen
oder sonstigen behördlichen Entscheidungen nach anderen Rechtsvorschriften.

§ 19 Raumordnungsverfahren, Ablauf

(1) Wenn Gegenstand des Raumordnungsverfahrens Vorhabenalternativen sind, die in Bezirken mehrerer höherer Raumordnungsbehörden liegen, bestimmt die oberste Raumordnungs- und Landesplanungsbehörde eine höhere Raumordnungsbehörde als gemeinsame zuständige Behörde.

(2) [1]Über die Notwendigkeit, ein Raumordnungsverfahren durchzuführen, ist innerhalb einer Frist von
höchstens vier Wochen nach Einreichung der hierfür erforderlichen Unterlagen zu entscheiden. [2]Das
Raumordnungsverfahren ist nach Vorliegen der vollständigen Unterlagen innerhalb einer Frist von
höchstens sechs Monaten abzuschließen.

(3) [1]Der Träger des Vorhabens hat der höheren Raumordnungsbehörde die für die raumordnerische
Beurteilung erforderlichen Unterlagen vorzulegen. [2]Sie müssen insbesondere folgende Angaben enthalten:
1. Beschreibung des Vorhabens nach Standort, Art und Umfang sowie Bedarf an Grund und Boden
und der erheblichen Auswirkungen auf die Umwelt,
2. Beschreibung der Maßnahmen, mit denen erhebliche Beeinträchtigungen der Umwelt vermieden,
vermindert oder soweit möglich ausgeglichen werden, sowie der Ersatzmaßnahmen bei nicht aus-
gleichbaren, aber vorrangigen Eingriffen in Natur und Landschaft,
3. Übersicht über die wichtigsten, vom Träger des Vorhabens geprüften Vorhabenalternativen und
Angabe der wesentlichen Auswahlgründe.

[3]Eine allgemein verständliche Zusammenfassung dieser Angaben ist beizufügen. [4]Soweit erforderlich
berät die höhere Raumordnungsbehörde den Träger des Vorhabens über Art und Umfang der erforderlichen Unterlagen und erörtert mit ihm Gegenstand, Umfang und Methoden der raumordnerischen
Umweltverträglichkeitsprüfung sowie sonstige für die raumordnerische Beurteilung erhebliche Fragen. [5]Sie kann die Vorlage von Gutachten verlangen oder auf Kosten des Trägers des Vorhabens
Gutachten einholen. [6]Die höhere Raumordnungsbehörde prüft unverzüglich die Vollständigkeit der
zuvor festgelegten und eingereichten Unterlagen nach Art und Umfang, bevor sie die Verfahrensschritte nach den Absätzen 4 und 5 einleitet. [7]Sie kann weitere Unterlagen nur nachfordern, wenn neue
Tatsachen bekannt werden oder sie zur Vermeidung von Abwägungsfehlern bei der raumordnerischen
Beurteilung unentbehrlich sind.

(4) [1]Im Raumordnungsverfahren sind, soweit sie berührt sein können, zu beteiligen
1. die Gemeinden, die übrigen Träger der Bauleitplanung und die Landkreise,
2. die Regionalverbände,
3. die anderen öffentlichen Stellen und die Personen des Privatrechts nach § 4 Abs. 3,
4. die Nachbarstaaten nach den für die grenzüberschreitende Behörden- und Öffentlichkeitsbeteiligung geltenden Vorschriften des Gesetzes über die Umweltverträglichkeitsprüfung,
5. die anerkannten Naturschutzvereinigungen.

[2]Ferner können Verbände und Vereinigungen beteiligt werden, deren Aufgabenbereich für die Landesentwicklung oder für die regionale Entwicklung von Bedeutung ist. [3]Die Beteiligung erfolgt
schriftlich; sie kann zusätzlich oder mit Zustimmung der jeweiligen Stelle ersatzweise digital erfolgen.
[4]Die schriftliche und die digitale Information müssen gleichwertig sein.

(5) [1]Die Öffentlichkeit ist zur Anhörung und Unterrichtung in das Raumordnungsverfahren einzubeziehen; Absatz 7 bleibt unberührt. [2]Dazu sind die nach Absatz 3 erforderlichen Unterlagen in den

Gemeinden, in denen sich das Vorhaben voraussichtlich auswirkt, auf Veranlassung der höheren Raumordnungsbehörde einen Monat zur Einsicht auszulegen. [3]Ort und Zeit der Auslegung sind mindestens eine Woche vorher auf Kosten des Trägers des Vorhabens ortsüblich bekannt zu machen. [4]Die Gemeinde leitet die fristgemäß vorgebrachten Äußerungen der höheren Raumordnungsbehörde zu. [5]Sie kann dazu eine eigene Stellungnahme abgeben. [6]Die höhere Raumordnungsbehörde berücksichtigt die Äußerungen bei der raumordnerischen Beurteilung nach Maßgabe des § 18 Abs. 2 und 3. [7]Das Ergebnis des Raumordnungsverfahrens ist in den betroffenen Gemeinden einen Monat zur Einsicht auszulegen. [8]Ort und Zeit der Auslegung sind auf Kosten des Trägers des Vorhabens ortsüblich bekannt zu machen.

(6) Bei raumbedeutsamen Vorhaben von öffentlichen Stellen des Bundes, von anderen öffentlichen Stellen, die im Auftrag des Bundes tätig sind, sowie von Personen des Privatrechts nach § 5 Abs. 1 des Raumordnungsgesetzes ist im Benehmen mit der nach Bundesrecht zuständigen Stelle oder Person über die Einleitung eines Raumordnungsverfahrens zu entscheiden.

(7) Bei raumbedeutsamen Vorhaben der militärischen Verteidigung entscheidet das zuständige Bundesministerium oder die von ihm bestimmte Stelle, bei raumbedeutsamen Vorhaben der zivilen Verteidigung die zuständige Stelle über Art und Umfang der Angaben für das Vorhaben und darüber, ob und in welchem Umfang die Öffentlichkeit in das Raumordnungsverfahren einbezogen wird.

(8) [1]Die Geltungsdauer der raumordnerischen Beurteilung ist in der Regel auf fünf Jahre zu befristen. [2]Die Frist kann jeweils um höchstens weitere fünf Jahre verlängert werden, wenn die Verlängerung schriftlich beantragt wird; sie kann auch rückwirkend verlängert werden, wenn der Antrag vor Ablauf der Frist bei der höheren Raumordnungsbehörde eingegangen ist. [3]Die Fristverlängerung soll erfolgen, wenn sich die für die Beurteilung maßgeblichen rechtlichen und tatsächlichen Verhältnisse nicht verändert haben.

§ 20 Untersagung raumordnungswidriger Planungen und Maßnahmen

(1) Die höhere Raumordnungsbehörde kann im Benehmen mit den berührten öffentlichen Stellen Planungen und Maßnahmen, die von den Bindungswirkungen der Ziele der Raumordnung nach § 4 Abs. 1 und 3 erfasst werden, untersagen:

1. zeitlich unbefristet, wenn Ziele der Raumordnung entgegenstehen,
2. zeitlich befristet, wenn zu befürchten ist, dass die Verwirklichung in Aufstellung, Änderung, Ergänzung oder Aufhebung befindlicher Ziele der Raumordnung unmöglich gemacht oder wesentlich erschwert werden würde.

(2) Die befristete Untersagung kann in den Fällen des Absatzes 1 Nr. 2 auch bei behördlichen Entscheidungen über die Zulässigkeit raumbedeutsamer Maßnahmen von Personen des Privatrechts erfolgen, wenn die Ziele der Raumordnung bei Genehmigung der Maßnahme nach § 4 Abs. 4 und 5 des Raumordnungsgesetzes rechtserheblich sind.

(3) Widerspruch und Anfechtungsklage gegen eine Untersagung haben keine aufschiebende Wirkung.

(4) Die Höchstdauer der befristeten Untersagung darf zwei Jahre nicht überschreiten.

(5) Die Untersagung wird in dem Zeitpunkt unwirksam, in dem der Entwicklungsplan oder Regionalplan, in dem die zu sichernden Zielsetzungen enthalten sind, verbindlich wird.

(6) [1]Hat die Untersagung enteignende Wirkung, ist angemessene Entschädigung in Geld zu leisten. [2]§§ 7 bis 13 des Landesenteignungsgesetzes gelten entsprechend. [3]Entschädigungspflichtig ist das Land. [4]Richtet sich der Entschädigungsanspruch auf Grund anderer Rechtsvorschriften gegen eine Gemeinde oder sonstige juristische Person des öffentlichen Rechts, erstattet das Land ihr die aus der Erfüllung des Entschädigungsanspruchs entstehenden notwendigen Aufwendungen.

§ 21 Planungsgebot

(1) Die Träger der Bauleitplanung können durch den Regionalverband dazu verpflichtet werden, die Bauleitpläne den Zielen der Raumordnung anzupassen, insbesondere Bauleitpläne aufzustellen, wenn dies zur Verwirklichung von regionalbedeutsamen Vorhaben gemäß § 11 Abs. 3 oder zur Erreichung anderer Ziele der Raumordnung erforderlich ist (Planungsgebot).

(2) Kommt der Träger der Bauleitplanung dem Planungsgebot nicht nach, trifft die zuständige Rechtsaufsichtsbehörde die erforderlichen Maßnahmen.

§ 22 Klagebefugnis

(1) Der Regionalverband kann ungeachtet einer ihm nach § 42 Abs. 2 der Verwaltungsgerichtsordnung bereits zustehenden Klagebefugnis durch Klage die Aufhebung eines Verwaltungsakts begehren, soweit er geltend macht, dass in Bezug auf das Verbandsgebiet die Anforderungen des § 4 des Raumordnungsgesetzes nicht beachtet worden sind; die Klagebefugnis ist auf solche Verwaltungsakte beschränkt, die die Errichtung, Erweiterung oder wesentliche Nutzungsänderung eines Einkaufszentrums, eines großflächigen Einzelhandelsbetriebes oder eines sonstigen großflächigen Handelsbetriebes betreffen.

(2) § 5a des Gesetzes über die Errichtung des Verbands Region Stuttgart bleibt unberührt.

§ 23 Ersatzleistung

(1) Mußte eine Gemeinde einen Dritten nach den §§ 39 bis 44 des Baugesetzbuchs entschädigen, weil sie einen Bebauungsplan auf Grund eines für verbindlich erklärten Entwicklungsplans oder Regionalplans geändert oder aufgehoben hat, erstattet das Land der Gemeinde die aus der Erfüllung des Entschädigungsanspruchs entstehenden notwendigen Aufwendungen, sofern die Gemeinde der höheren Raumordnungsbehörde vor der Verbindlicherklärung des Entwicklungsplans oder Regionalplans von der erforderlichen Änderung oder Aufhebung Kenntnis gegeben hat.

(2) Absatz 1 gilt nicht, wenn die Gemeinde von einem Begünstigten Ersatz verlangen kann.

(3) Absatz 1 gilt entsprechend, wenn der Gemeinde selbst an ihrem Eigentum ein Schaden entstanden ist.

§ 24 Zielabweichungsverfahren

[1]Die höhere Raumordnungsbehörde kann in einem Einzelfall auf Antrag eine Abweichung von einem Ziel der Raumordnung zulassen, wenn die Abweichung unter raumordnerischen Gesichtspunkten vertretbar ist und die Grundzüge der Planung nicht berührt werden. [2]Antragsbefugt sind die öffentlichen Stellen und die Personen des Privatrechts nach § 4 Abs. 3, insbesondere die öffentlichen Stellen und Personen des Privatrechts nach § 5 Abs. 1 des Raumordnungsgesetzes, sofern sie das Ziel der Raumordnung in dem Einzelfall zu beachten haben. [3]Am Zielabweichungsverfahren sind die öffentlichen Stellen, die Personen des Privatrechts nach § 4 Abs. 3 und sonstige Verbände und Vereinigungen und die Nachbarstaaten nach den Grundsätzen von Gegenseitigkeit und Gleichwertigkeit zu beteiligen, wenn sie oder ihr Aufgabenbereich von der Zulassung der Zielabweichung berührt sein können.

4. Abschnitt
Mitwirkung der Regionalverbände bei den Fachplanungen des Landes und bei den weisungsfreien Planungen der Gemeinden und Landkreise

§ 25 [Mitwirkung der Regionalverbände bei den Fachplanungen des Landes und bei den weisungsfreien Planungen der Gemeinden und Landkreise]

(1) Die Ministerien sollen Regionalverbände beauftragen, an raumbedeutsamen Fachplanungen (fachlichen Entwicklungsplänen und sonstigen raumbedeutsamen Fachplanungen) des Landes mitzuwirken, insbesondere diese räumlich auszuformen.

(2) Die Regionalverbände können vorschlagen, raumbedeutsame Fachplanungen des Landes aufzustellen, zu ändern oder zu ergänzen.

(3) [1]Die Regionalverbände können für die Gemeinden oder die Landkreise ihrer Region Dienstleistungen zu den weisungsfreien kommunalen Planungsaufgaben nach Vereinbarung und gegen Entgelt erbringen. [2]Eine Finanzierung von Aufwendungen für solche Angelegenheiten über die Umlage ist ausgeschlossen.

5. Abschnitt
Erfassung, Auswertung und Abstimmung raumbedeutsamer Sachverhalte

§ 26 Auskunfts- und Mitteilungspflicht

(1) Die öffentlichen Stellen und die Personen des Privatrechts nach § 4 Abs. 3 haben den Raumordnungsbehörden und den Regionalverbänden Auskunft über die von ihnen beabsichtigten oder im Rahmen ihrer Zuständigkeit zu ihrer Kenntnis gelangenden Planungen und Maßnahmen zu erteilen, soweit diese für die Raumordnung von Bedeutung sein können.

(2) [1]Sonstige Personen des Privatrechts sind verpflichtet, den Raumordnungsbehörden und den Regionalverbänden auf Verlangen Auskunft über Planungen und Maßnahmen zu erteilen, soweit diese für die Raumordnung von Bedeutung sein können. [2]Die Auskünfte sind bei berechtigtem Interesse auf Verlangen vertraulich zu behandeln.

(3) Die öffentlichen Stellen und die Personen des Privatrechts nach § 4 Abs. 3 sind verpflichtet, den höheren Raumordnungsbehörden für das Raumordnungskataster unaufgefordert ihre raumbedeutsamen Planungen und Maßnahmen mitzuteilen, sobald geeignete Planunterlagen vorliegen.

(4) Die öffentlichen Stellen und die Personen des Privatrechts nach § 4 Abs. 3 können bei den höheren Raumordnungsbehörden Auskünfte über den Verfahrens- und Sachstand von raumbedeutsamen Planungen und Maßnahmen einholen.

§ 27 Abstimmung raumbedeutsamer Planungen und Maßnahmen

[1]Die öffentlichen Stellen und die Personen des Privatrechts nach § 4 Abs. 3 haben ihre raumbedeutsamen Planungen und Maßnahmen aufeinander und untereinander abzustimmen. [2]Raumbedeutsame Planungen und Maßnahmen, die erhebliche Auswirkungen auf Nachbarstaaten haben können, sind mit den betroffenen Nachbarstaaten nach den Grundsätzen der Gegenseitigkeit und Gleichwertigkeit abzustimmen.

§ 28 Raumbeobachtung

(1) Die Raumordnungsbehörden beobachten laufend die räumliche Entwicklung des Landes (Raumbeobachtung).

(2) [1]Die höhere Raumordnungsbehörde führt ein digitales Raumordnungskataster, das die raumbedeutsamen Planungen und Maßnahmen in ihrem Bezirk enthält. [2]Die Träger der Bauleitplanung übermitteln der höheren Raumordnungsbehörde die Bauleitpläne und deren Änderungen zur Aufnahme in das Raumordnungskataster in einer dafür geeigneten Form; § 26 Abs. 1 bis 3 bleibt unberührt.

(3) Die Festlegungen des Landesentwicklungsplans und der Regionalpläne werden von der obersten Raumordnungs- und Landesplanungsbehörde und den Trägern der Regionalplanung in einem digitalen Informationssystem zusammengeführt.

(4) [1]Die höheren Raumordnungsbehörden überwachen im Rahmen der Raumbeobachtung die erheblichen Auswirkungen der Entwicklungspläne und der Regionalpläne auf die Umwelt, die auf Grund der Durchführung des Plans eintreten. [2]Sie nutzen dabei die im Umweltbericht angegebenen Überwachungsmaßnahmen und die Mitteilungen des jeweiligen Trägers der Planung über deren Ergebnisse sowie entsprechende Informationen von Behörden, deren Aufgabengebiet betroffen ist, über erhebliche Auswirkungen der Durchführung des Plans auf die Umwelt. [3]Die Überwachung soll insbesondere unvorhergesehene Auswirkungen der Durchführung des Plans frühzeitig ermitteln und damit die Voraussetzungen für eine wirksame Abhilfe schaffen. [4]Die höheren Raumordnungsbehörden teilen ihre Beobachtungen dem jeweiligen Träger der Planung und den Stellen mit, deren Aufgabenbereich davon berührt ist.

§ 29 Landesentwicklungsberichte

(1) Die Landesregierung berichtet dem Landtag über

1. raumbedeutsame Entwicklungen und Entwicklungstendenzen,
2. vorgesehene Änderungen des Landesentwicklungsplans oder raumbedeutsamer Fachplanungen,
3. Erfordernisse der Raumordnung,
4. den Stand der Raumordnung und Landesplanung sowie der raumbedeutsamen Fachplanungen.

(2) Die Landesentwicklungsberichte bilden eine Grundlage für die Aufstellung und Fortschreibung von Landesentwicklungsplan und raumbedeutsamen Fachplanungen.

Dritter Teil
Organisation der Raumordnung und Landesplanung

1. Abschnitt
Raumordnungsbehörden; Landesplanungsbehörde

§ 30 [Raumordnungsbehörden; Landesplanungsbehörde]

(1) Oberste Raumordnungs- und Landesplanungsbehörde ist das Wirtschaftsministerium.

(2) Höhere Raumordnungsbehörden sind die Regierungspräsidien.

2. Abschnitt
Regionalverbände

§ 31 Regionalverbände und Regionen
(1) Träger der Regionalplanung sind
1. der Verband Region Stuttgart mit Sitz in Stuttgart für das Gebiet des Stadtkreises Stuttgart sowie der Landkreise Böblingen, Esslingen, Göppingen, Ludwigsburg und Rems-Murr-Kreis,
2. der Regionalverband Heilbronn-Franken mit Sitz in Heilbronn für das Gebiet des Stadtkreises Heilbronn sowie der Landkreise Heilbronn, Hohenlohekreis, Main-Tauber-Kreis und Schwäbisch Hall,
3. der Regionalverband Ostwürttemberg mit Sitz in Schwäbisch Gmünd für das Gebiet der Landkreise Heidenheim und Ostalbkreis,
4. der Regionalverband Mittlerer Oberrhein mit Sitz in Karlsruhe für das Gebiet der Stadtkreise Baden-Baden und Karlsruhe sowie der Landkreise Karlsruhe und Rastatt,
5. der Regionalverband Nordschwarzwald mit Sitz in Pforzheim für das Gebiet des Stadtkreises Pforzheim sowie der Landkreise Calw, Enzkreis und Freudenstadt,
6. der Regionalverband Südlicher Oberrhein mit Sitz in Freiburg im Breisgau für das Gebiet des Stadtkreises Freiburg sowie der Landkreise Breisgau-Hochschwarzwald, Emmendingen und Ortenaukreis,
7. der Regionalverband Schwarzwald-Baar-Heuberg mit Sitz in Villingen-Schwenningen für das Gebiet der Landkreise Rottweil, Schwarzwald-Baar-Kreis und Tuttlingen,
8. der Regionalverband Hochrhein-Bodensee mit Sitz in Waldshut-Tiengen für das Gebiet der Landkreise Konstanz, Lörrach und Waldshut,
9. der Regionalverband Neckar-Alb mit Sitz in Mössingen für das Gebiet der Landkreise Reutlingen, Tübingen und Zollernalbkreis,
10. der Regionalverband Bodensee-Oberschwaben mit Sitz in Ravensburg für das Gebiet der Landkreise Bodenseekreis, Ravensburg und Sigmaringen.

(2) Die Regionalplanung für das Gebiet des Stadtkreises Ulm sowie des Alb-Donau-Kreises und des Landkreises Biberach und für das Gebiet der Stadtkreise Heidelberg und Mannheim sowie des Neckar-Odenwald-Kreises und des Rhein-Neckar-Kreises ist jeweils durch besonderes Gesetz geregelt.

(3) Die Regeln über Regionalverbände im Ersten und Zweiten Teil dieses Gesetzes gelten entsprechend für den Verband Region Stuttgart.

§ 32 Rechtsform
[1]Die Regionalverbände sind Körperschaften des öffentlichen Rechts. [2]Sie verwalten ihre Angelegenheiten im Rahmen der Gesetze unter eigener Verantwortung. [3]Die Regionalverbände besitzen das Recht, Beamte zu haben.

§ 33 Satzungen; öffentliche Bekanntmachungen
(1) Die Regionalverbände können die weisungsfreien Angelegenheiten durch Satzungen regeln, soweit die Gesetze keine Vorschriften enthalten.

(2) [1]Satzungen sind in ihrem vollen Wortlaut öffentlich bekannt zu machen. [2]Sie treten am Tage nach der Bekanntmachung in Kraft, wenn kein anderer Zeitpunkt bestimmt ist. [3]Satzungen sind der Rechtsaufsichtsbehörde anzuzeigen, soweit gesetzlich nichts anderes bestimmt ist.

(3) Öffentliche Bekanntmachungen sind, soweit keine sondergesetzlichen Bestimmungen bestehen, durch Einrücken in den Staatsanzeiger für Baden-Württemberg durchzuführen.

§ 34 Organe
Organe des Regionalverbands sind die Verbandsversammlung und der Verbandsvorsitzende.

§ 35 Verbandsversammlung
(1) [1]Die Verbandsversammlung ist das Hauptorgan des Regionalverbands. [2]Sie entscheidet über alle Angelegenheiten des Regionalverbands, soweit nicht der Verbandsvorsitzende kraft Gesetzes zuständig ist. [3]Die Verbandsversammlung kann sich vom Verbandsvorsitzenden über alle Angelegenheiten des Regionalverbands unterrichten lassen.

(2) [1]Die Mitglieder der Verbandsversammlung werden von den Kreisräten und den Landräten der Landkreise sowie von den Gemeinderäten und den Oberbürgermeistern der Stadtkreise nach jeder

regelmäßigen Wahl der Kreisräte und Gemeinderäte gewählt; gewählt wird innerhalb von drei Monaten ab Beginn der Amtszeit der Kreisräte und Gemeinderäte. [2]Die Amtszeit beginnt für alle Mitglieder mit dem ersten Tag des Monats, der auf den Zeitraum folgt, in dem die Wahl der Mitglieder durchzuführen ist. [3]§ 30 Absatz 2 Sätze 1, 3 und 4 der Gemeindeordnung gilt entsprechend.

(3) [1]Die Zahl der Mitglieder der Verbandsversammlung beträgt mindestens 40, in Regionalverbänden mit mehr als 400 000 Einwohnern in der Region erhöht sich diese Zahl für je weitere angefangene 30 000 Einwohner um zwei, höchstens jedoch auf 80, in Regionalverbänden mit mehr als 2 Millionen Einwohnern in der Region auf 100. [2]Zur Feststellung der in den einzelnen Landkreisen und Stadtkreisen zu wählenden Mitglieder werden die Einwohnerzahlen der Landkreise und Stadtkreise der Reihe nach durch eins, zwei, drei, vier usw. geteilt; von den dabei gefundenen, der Größe nach zu ordnenden Zahlen werden so viele Höchstzahlen ausgesondert, wie Mitglieder der Verbandsversammlung zu wählen sind. [3]Die Zahl der danach insgesamt und in den einzelnen Landkreisen und Stadtkreisen zu wählenden Mitglieder wird jeweils rechtzeitig vor der Wahl vom Verbandsvorsitzenden festgestellt und öffentlich bekannt gemacht. [4]Änderungen der maßgeblichen Einwohnerzahl sind erst bei der nächsten regelmäßigen Wahl zu berücksichtigen.

(4) [1]§ 31 Abs. 1 der Gemeindeordnung gilt entsprechend. [2]Tritt ein Gewählter nicht in die Verbandsversammlung ein, scheidet er im Laufe der Amtszeit aus, oder wird festgestellt, dass er nicht wählbar war, rückt der Bewerber nach, der bei der Feststellung des Wahlergebnisses als nächster Ersatzmann festgestellt worden ist.

(5) [1]Wählbar in die Verbandsversammlung ist jeder, der am Wahltag in den Landtag wählbar ist, seit mindestens drei Monaten in der Region wohnt und dort seine Wohnung, bei mehreren Wohnungen seine Hauptwohnung, hat. [2]Landräte von Landkreisen in der Region sowie Bürgermeister und Beigeordnete von Gemeinden in der Region sind auch dann wählbar, wenn sie nicht in der Region wohnen.

(6) [1]Mitglieder der Verbandsversammlung können nicht sein
1. Beamte und Arbeitnehmer des Regionalverbands,
2. Beamte und Arbeitnehmer der Rechtsaufsichtsbehörde und der obersten Rechtsaufsichtsbehörde, die unmittelbar mit der Ausübung der Rechtsaufsicht befasst sind, sowie leitende Beamte und leitende Arbeitnehmer der Gemeindeprüfungsanstalt.

[2]Satz 1 findet keine Anwendung auf Arbeitnehmer, die überwiegend körperliche Arbeit verrichten.

(7) [1]Die Mitglieder der Verbandsversammlung sind ehrenamtlich tätig. [2]Für ihre Rechtsverhältnisse gelten die für Gemeinderäte maßgebenden Vorschriften entsprechend. [3]§ 18 Abs. 1 Nr. 4 und Abs. 2 Nr. 1 und 4 der Gemeindeordnung findet keine Anwendung, wenn die Entscheidung eine Angelegenheit nach § 9 Abs. 3, § 12, § 14 Abs. 3, § 19 Abs. 4 oder § 43 Abs. 2 betrifft.

(8) [1]Vorsitzender der Verbandsversammlung ist der Verbandsvorsitzende. [2]Die Verbandsversammlung wählt aus ihrer Mitte für die Dauer ihrer Amtszeit als Mitglieder der Verbandsversammlung einen oder mehrere stellvertretende Vorsitzende, die den Verbandsvorsitzenden als Vorsitzenden der Verbandsversammlung im Verhinderungsfall vertreten. [3]Die Reihenfolge der Vertretung bestimmt die Verbandsversammlung.

(9) Hat der Regionalverband einen Verbandsdirektor, nimmt dieser an den Sitzungen der Verbandsversammlung mit beratender Stimme teil.

(10) [1]Die Verbandsversammlung wird vom Vorsitzenden einberufen. [2]§ 29 der Landkreisordnung gilt entsprechend. [3]Im Übrigen gelten für die Verhandlungen der Verbandsversammlung die §§ 35 bis 38 der Gemeindeordnung entsprechend. [4]§ 41b der Gemeindeordnung findet für öffentliche Sitzungen der Verbandsversammlung und ihrer Ausschüsse entsprechende Anwendung.

§ 36 Wahl der Mitglieder der Verbandsversammlung

(1) [1]Die Mitglieder der Verbandsversammlung werden in den Landkreisen und in den Stadtkreisen auf Grund von Wahlvorschlägen der Wahlberechtigten nach den Grundsätzen der Verhältniswahl unter Bindung an die Wahlvorschläge gewählt. [2]Jeder Wahlberechtigte kann einen Wahlvorschlag einreichen. [3]Die Wahlvorschläge können bis doppelt so viele Namen enthalten, wie Mitglieder zu wählen sind. [4]In den Wahlvorschlägen soll die räumliche Gliederung des Landkreises angemessen berücksichtigt werden. [5]Mit dem Wahlvorschlag ist eine unterschriftliche Erklärung jedes Bewerbers einzureichen, dass er der Aufnahme in den Wahlvorschlag zugestimmt hat. [6]Ein Bewerber darf sich nicht in mehrere Wahlvorschläge aufnehmen lassen. [7]Für die Verteilung der Sitze auf die Wahlvorschläge gelten bei Verhältniswahl die Bestimmungen für die Wahl des Gemeinderats entsprechend. [8]Wird nur

ein gültiger oder kein Wahlvorschlag eingereicht, findet Mehrheitswahl ohne Bindung an die vorgeschlagenen Bewerber statt.

(2) [1]Bei Verhältniswahl hat jeder Wahlberechtigte eine Stimme, bei Mehrheitswahl so viele Stimmen, wie Mitglieder zu wählen sind. [2]Wahlberechtigte Bewerber sind von der Teilnahme an der Wahl nicht ausgeschlossen. [3]Für die Verteilung der Sitze auf die einzelnen Bewerber eines jeden Wahlvorschlags ist die Reihenfolge der Benennung im Wahlvorschlag maßgebend; die nichtgewählten Bewerber sind in der Reihenfolge der Benennung Ersatzleute für die Mitglieder ihres Wahlvorschlags. [4]Bei Mehrheitswahl sind die Bewerber mit den höchsten Stimmenzahlen in der Reihenfolge dieser Zahlen gewählt; die nichtgewählten Bewerber sind in der Reihenfolge der von ihnen erreichten Stimmenzahl Ersatzleute. [5]Bei Stimmengleichheit entscheidet das Los.

(3) Über die Zulassung der Wahlvorschläge entscheidet in den Landkreisen der Kreistag, in den Stadtkreisen der Gemeinderat; sie stellen auch das Wahlergebnis fest.

§ 37 Beschließende und beratende Ausschüsse der Verbandsversammlung

(1) Die Verbandsversammlung kann durch Satzung beschließende und durch Beschluss beratende Ausschüsse bilden.

(2) [1]Beschließenden Ausschüssen können von der Verbandsversammlung bestimmte Aufgabengebiete zur dauernden Erledigung übertragen werden. [2]Auf beschließende Ausschüsse kann nicht übertragen werden die Beschlussfassung über

1. die Bestellung der Mitglieder von Ausschüssen der Verbandsversammlung, die Wahl des Verbandsvorsitzenden und die Wahl oder Bestellung seiner Stellvertreter sowie die Ernennung und Entlassung des Verbandsdirektors und die Bestellung seines Stellvertreters,

2. die Feststellung des Regionalplans durch Satzung bei Aufstellung und Gesamtfortschreibung des Regionalplans sowie bei Teilfortschreibung und sonstiger Änderung des Regionalplans, wenn die Grundzüge der anzustrebenden Ordnung und Entwicklung der Region wesentlich berührt werden und nicht alle Gemeinden den Zielen der Raumordnung zugestimmt haben, die für sie voraussichtlich eine Anpassungspflicht begründen,

3. die Aufstellung und Fortschreibung des Landschaftsrahmenplans,

4. den Erlass von Satzungen,

5. den Erlass der Haushaltssatzung,

6. die Feststellung des Jahresergebnisses und die Entlastung des Verbandsvorsitzenden,

7. Maßnahmen, die sich erheblich auf den Haushalt des Verbands auswirken.

(3) [1]Die Mitglieder und Stellvertreter in gleicher Zahl bestellt die Verbandsversammlung aus ihrer Mitte. [2]Für beschließende Ausschüsse gilt § 40 Abs. 1 Satz 3 und Abs. 2 der Gemeindeordnung entsprechend.

(4) [1]Vorsitzender der Ausschüsse ist der Verbandsvorsitzende; im Verhinderungsfall wird er durch seinen Stellvertreter nach § 35 Abs. 8 Satz 2 vertreten. [2]Er kann einen seiner Stellvertreter oder den Verbandsdirektor mit seiner Vertretung beauftragen.

(5) Im Übrigen gelten für die Ausschüsse § 39 Abs. 3 bis 5 und § 41 Abs. 3 der Gemeindeordnung entsprechend.

§ 38 Planungsausschuss

(1) [1]Zur Vorbereitung ihrer Verhandlungen über die Aufstellung der Regionalpläne und zur Beschlussfassung im Rahmen des § 37 Abs. 2 Satz 2 Nr. 2 bestellt die Verbandsversammlung einen Planungsausschuss. [2]Die Verbandsversammlung kann dem Ausschuss weitere Aufgabengebiete als beschließendem oder als beratendem Ausschuss zur dauernden Erledigung übertragen.

(2) [1]Vorsitzender des Planungsausschusses ist der Verbandsvorsitzende; im Verhinderungsfall wird er durch seinen Stellvertreter vertreten. [2]Er kann einen seiner Stellvertreter oder den Verbandsdirektor mit seiner Vertretung beauftragen. [3]In den Planungsausschuss können widerruflich als beratende Mitglieder auch Personen berufen werden, die Organisationen angehören, die an der Regionalplanung Anteil haben. [4]Der Verbandsdirektor nimmt an den Sitzungen des Planungsausschusses mit beratender Stimme teil.

(3) Im Übrigen gilt für den Planungsausschuss § 37 Abs. 3 und 5 entsprechend.

§ 39 Verbandsvorsitzender

(1) [1]Die Verbandsversammlung wählt aus ihrer Mitte den Verbandsvorsitzenden für die Dauer seiner Amtszeit als Mitglied der Verbandsversammlung. [2]Der Verbandsvorsitzende ist ehrenamtlich tätig. [3]Für seine Rechtsverhältnisse gelten die für Gemeinderäte maßgebenden Vorschriften sowie § 35 Abs. 7 Satz 3 entsprechend.

(2) [1]Der Verbandsvorsitzende ist Vorsitzender der Verbandsversammlung. [2]Er vertritt den Verband, leitet die Verbandsverwaltung und erledigt die Geschäfte der laufenden Verwaltung. [3]Er bereitet die Sitzungen der Verbandsversammlung und ihrer Ausschüsse vor und vollzieht deren Beschlüsse.

(3) Der Verbandsvorsitzende ist Vorgesetzter, Dienstvorgesetzter und oberste Dienstbehörde der Bediensteten des Regionalverbands.

§ 40 Verbandsdirektor

(1) [1]Der Verbandsdirektor wird von der Verbandsversammlung als Beamter auf Zeit gewählt. [2]Seine Amtszeit beträgt acht Jahre. [3]Sie beginnt mit dem Amtsantritt; im Falle der Wiederwahl schließt sich die neue Amtszeit an das Ende der vorangegangenen an. [4]Wird die Wahl des Verbandsdirektors wegen Ablaufs der Amtszeit oder wegen Eintritts in den Ruhestand infolge Erreichens der Altersgrenze notwendig, ist sie frühestens drei Monate und spätestens einen Monat vor Freiwerden der Stelle, in anderen Fällen spätestens sechs Monate nach Freiwerden der Stelle durchzuführen.

(2) Der Verbandsdirektor vertritt den Verbandsvorsitzenden ständig bei der Erfüllung der in § 39 Abs. 2 Sätze 2 und 3 und Abs. 3 genannten Aufgaben.

(3) Ein Beamter oder Angestellter des Verbands ist für den Verhinderungsfall zum Stellvertreter des Verbandsdirektors zu bestellen.

(4) [1]Regionalverbände können vereinbaren, dass die Aufgaben des Verbandsdirektors und der Verbandsverwaltung des einen Regionalverbands in dessen Namen und nach dessen Beschlüssen und Anordnungen von dem Verbandsdirektor und der Verbandsverwaltung des anderen Regionalverbands erledigt werden. [2]§ 25 des Gesetzes über kommunale Zusammenarbeit gilt entsprechend.

§ 41 Bedienstete

(1) [1]Der Regionalverband ist verpflichtet, die zur Erfüllung seiner Aufgaben erforderlichen Bediensteten einzustellen. [2]Im Übrigen gilt § 57 Satz 1 der Gemeindeordnung entsprechend.

(2) Regionalverbände können sich zur Erledigung bestimmter Aufgaben Bediensteter anderer Regionalverbände bedienen.

§ 42 Wirtschaftsführung

[1]Auf die Wirtschaftsführung des Regionalverbands finden die Vorschriften über die Gemeindewirtschaft entsprechende Anwendung mit Ausnahme der Vorschriften über die Auslegung und die ortsübliche Bekanntgabe des Beschlusses über die Feststellung des Jahresabschlusses und des Gesamtabschlusses, die Finanzplanung, das Rechnungsprüfungsamt und den Fachbediensteten für das Finanzwesen. [2]Das Wirtschaftsministerium kann durch Rechtsverordnung weitere Ausnahmen zulassen.

§ 43 Deckung des Finanzbedarfs

(1) [1]Die Regionalverbände erhalten für die Erfüllung ihrer Aufgaben vom Land jährlich einen Zuschuss in Höhe von 0,13 Euro je Einwohner und 20,80 Euro je Quadratkilometer. [2]Maßgebend sind die Einwohnerzahl und die Fläche der Gemeinden im Verbandsbereich. [3]Die Fläche bestimmt sich nach dem Stand zu Beginn des Jahres.

(2) [1]Der Regionalverband kann, soweit seine sonstigen Einnahmen zur Deckung seines Finanzbedarfs nicht ausreichen, von den zu ihm gehörenden Landkreisen und Stadtkreisen eine Umlage erheben. [2]Die Höhe der Umlage ist in der Haushaltssatzung für jedes Haushaltsjahr festzusetzen. [3]Die Umlage wird nach dem Verhältnis der jeweiligen Steuerkraftsummen aufgeteilt.

(3) Die Regionalverbände können Gebühren in entsprechender Anwendung der Vorschriften des Kommunalabgabengesetzes erheben.

§ 44 Aufsicht

(1) [1]Die Regionalverbände unterliegen in weisungsfreien Angelegenheiten der Rechtsaufsicht des Landes. [2]Rechtsaufsichtsbehörde und obere Rechtsaufsichtsbehörde ist das Regierungspräsidium; oberste Rechtsaufsichtsbehörde ist das Wirtschaftsministerium.

(2) Die Regionalverbände unterliegen nach Maßgabe des § 11 Abs. 9 der Fachaufsicht der obersten Raumordnungs- und Landesplanungsbehörde.

(3) §§ 118, 120 bis 127 und 129 Abs. 1, 2 und 5 der Gemeindeordnung gelten entsprechend.

§ 45 Regionalzweckverbände

(1) [1]Durch Gesetz können die Aufgaben des Regionalverbands auf einen von den Stadt- und Landkreisen gebildeten Regionalzweckverband übertragen werden. [2]Der Regionalverband ist zuvor anzuhören. [3]Voraussetzung ist, dass die zum Regionalverband gehörenden Stadt- und Landkreise die Bildung eines Regionalzweckverbands beschlossen haben. [4]Mit Inkrafttreten des Gesetzes ist der Regionalverband aufgelöst.

(2) Dem Regionalzweckverband werden mindestens die Aufgaben der Regionalplanung nach diesem Gesetz und die Landschaftsrahmenplanung nach § 8 Abs. 2 des Naturschutzgesetzes übertragen.

(3) [1]Mit der Übertragung der Aufgaben auf den Regionalzweckverband gehen im Wege der Gesamtrechtsnachfolge die Rechte, Verbindlichkeiten und Pflichten des Regionalverbands auf den Regionalzweckverband über. [2]Die vom Regionalverband erlassenen Pläne gelten fort; vom Regionalverband eingeleitete Verfahren zur Fortschreibung oder Änderung können vom Regionalzweckverband fortgeführt werden.

(4) [1]Für den Regionalzweckverband gelten die Vorschriften des Gesetzes über kommunale Zusammenarbeit über Zweckverbände mit der Maßgabe, dass bei Gegenständen der Regionalplanung und bei anderen regionalplanerischen Gegenständen § 13 Abs. 2 Satz 3 und Abs. 5 des Gesetzes über kommunale Zusammenarbeit keine Anwendung finden. [2]Die Zahl der Mitglieder der Verbandsversammlung muss mindestens 40 betragen.

(5) [1]Für den Regionalzweckverband gelten ferner die Bestimmungen über die Regionalplanung im Ersten und Zweiten Teil sowie § 43 Abs. 1 dieses Gesetzes entsprechend; für die Aufsicht ist bei Gegenständen der Regionalplanung § 44 anzuwenden. [2]Im Übrigen gelten die Rechtsvorschriften über Regionalverbände in anderen Gesetzen des Landes entsprechend.

(6) [1]Die Arbeitnehmerinnen und Arbeitnehmer des Regionalverbands werden Arbeitnehmerinnen und Arbeitnehmer des Regionalzweckverbands. [2]Der Regionalzweckverband tritt in die Rechte und Pflichten der bis zum Zeitpunkt seiner Bildung bestehenden Arbeitsverhältnisse ein. [3]Die Möglichkeit, dass die zum Regionalverband gehörenden Stadt- und Landkreise durch Vereinbarung in die bestehenden Arbeitsverhältnisse eintreten, bleibt unberührt.

(7) [1]Der Personalrat des aufgelösten Regionalverbands besteht unbeschadet der §§ 26 und 27 des Landespersonalvertretungsgesetzes als Personalrat des Regionalzweckverbands bis zu den nächsten regelmäßigen Wahlen fort. [2]Satz 1 gilt für Ersatzmitglieder entsprechend.

(8) Ein Austritt von Mitgliedern aus dem Regionalzweckverband ist nicht zulässig.

(9) [1]Über die Auflösung des Regionalzweckverbands beschließt der Landtag durch Gesetz, sofern die Verbandsversammlung die Auflösung beschließt und einen entsprechenden Antrag stellt. [2]Mit der Auflösung ist ein für diese Region nach § 31 zuständiger Regionalverband zu errichten.

Vierter Teil
Übergangs- und Schlussvorschriften

§ 46 Weisungsfreie Aufgaben und Schulträgerschaft
[1]Haben Regionalverbände vor dem Inkrafttreten dieses Gesetzes mit Stadt- oder Landkreisen vereinbart, von diesen weisungsfreie Aufgaben zu übernehmen oder an deren Stelle Schulträger zu werden, können diese Aufgaben weiterhin erfüllt werden. [2]Zur Deckung des Finanzbedarfs für die Erfüllung dieser Aufgaben kann ein von § 43 abweichender Umlagemaßstab bestimmt werden, sofern für die Kostentragung keine andere Regelung vereinbart worden ist.

§ 47 Richtwerte
Richtwerte in Regionalplänen, die vor dem 20. Mai 2003 verbindlich geworden sind, gelten nicht mehr.

§ 48 Anwendung bisher geltender Vorschriften
(nicht abgedruckt)

§ 49 Grenzüberschreitende Regionalplanung

Für die Regionalplanung in den Teilen des Landes, die an andere Bundesländer angrenzen, kann die oberste Raumordnungs- und Landesplanungsbehörde durch Rechtsverordnung Form und Inhalt der Regionalpläne, die Zuständigkeit für die Ausarbeitung, das Verfahren und die Kostenerstattung abweichend von den Vorschriften dieses Gesetzes regeln, soweit eine grenzüberschreitende Regionalplanung dies erfordert.

§ 50 Unterzentren
(nicht abgedruckt)

§ 51 Verwaltungsvorschriften

Das Wirtschaftsministerium erlässt die zur Durchführung dieses Gesetzes erforderlichen Verwaltungsvorschriften.

§ 52 Aufhebung von Rechtsvorschriften
(nicht abgedruckt)

§ 53 Änderung von Gesetzen
(nicht abgedruckt)

§ 54[1] Inkrafttreten
(nicht abgedruckt)

---

1) **Amtl. Anm.:** Diese Vorschrift betrifft das Inkrafttreten des Gesetzes in der ursprünglichen Fassung vom 10. Oktober 1983 (GBl. S. 621).

Anlage 1

(zu § 2a Abs. 1 und 2)

Der Umweltbericht nach § 2a Abs. 1 und 2 besteht aus

1. einer Einleitung mit folgenden Angaben:
    a) Kurzdarstellung des Inhalts und der wichtigsten Ziele des Entwicklungsplans oder des Regionalplans und
    b) Darstellung der in einschlägigen Fachgesetzen und Fachplänen festgelegten Ziele des Umweltschutzes, die für den Plan von Bedeutung sind, und der Art, wie diese Ziele und die Umweltbelange bei der Aufstellung berücksichtigt wurden,
2. einer Beschreibung und Bewertung der Umweltauswirkungen, die in der Umweltprüfung nach § 2a Abs. 1 ermittelt wurden, mit Angaben der
    a) Bestandsaufnahme der einschlägigen Aspekte des derzeitigen Umweltzustands, einschließlich der Umweltmerkmale der Gebiete, die voraussichtlich erheblich beeinflusst werden,
    b) Prognose über die Entwicklung des Umweltzustands bei Durchführung der Planung und bei Nichtdurchführung der Planung,
    c) geplanten Maßnahmen zur Vermeidung, Verringerung und zum Ausgleich der nachteiligen Auswirkungen und
    d) in Betracht kommenden anderweitigen Planungsmöglichkeiten, wobei die Ziele und der räumliche Geltungsbereich des Plans zu berücksichtigen sind,
3. folgenden zusätzlichen Angaben:
    a) Beschreibung der wichtigsten Merkmale der Vorgehensweise bei der Umweltprüfung sowie Hinweise auf Schwierigkeiten, die bei der Zusammenstellung der Angaben aufgetreten sind, zum Beispiel technische Lücken oder fehlende Kenntnisse,
    b) Beschreibung der geplanten Maßnahmen zur Überwachung der erheblichen Auswirkungen der Durchführung des Plans auf die Umwelt und
    c) allgemein verständliche Zusammenfassung der erforderlichen Angaben nach dieser Anlage.

Anlage 2

(zu § 2a Abs. 4)

1. Merkmale des Plans, insbesondere in Bezug auf
    a) das Ausmaß, in dem der Plan einen Rahmen setzt;
    b) das Ausmaß, in dem der Plan andere Pläne und Programme beeinflusst;
    c) die Bedeutung des Plans für die Einbeziehung umweltbezogener Erwägungen, insbesondere im Hinblick auf die Förderung der nachhaltigen Entwicklung;
    d) die für den Plan relevanten umweltbezogenen Probleme;
    e) die Bedeutung des Plans für die Durchführung nationaler und europäischer Umweltvorschriften.
2. Merkmale der möglichen Auswirkungen und der voraussichtlich betroffenen Gebiete, insbesondere in Bezug auf
    a) die Wahrscheinlichkeit, Dauer, Häufigkeit und Umkehrbarkeit der Auswirkungen;
    b) den kumulativen und grenzüberschreitenden Charakter der Auswirkungen;
    c) die Risiken für die Umwelt, einschließlich der menschlichen Gesundheit (zum Beispiel bei Unfällen);
    d) den Umfang und die räumliche Ausdehnung der Auswirkungen;
    e) die Bedeutung und Sensibilität des voraussichtlich betroffenen Gebiets auf Grund der besonderen natürlichen Merkmale, des kulturellen Erbes, der Intensität der Bodennutzung des Gebiets jeweils unter Berücksichtigung der Überschreitung von Umweltqualitätsnormen und Grenzwerten;
    f) national, gemeinschaftlich oder international geschützte Gebiete.

Gesetz zum Schutz der Kulturdenkmale (Denkmalschutzgesetz – DSchG)

In der Fassung vom 6. Dezember 1983[1] (GBl. S. 797)
(BWGültV Sachgebiet 2139)

zuletzt geändert durch Art. 37 9. AnpassungsVO vom 23. Februar 2017 (GBl. S. 99, ber. S. 273)

Nichtamtliche Inhaltsübersicht

1. Abschnitt
Denkmalschutz und Denkmalpflege

§ 1   Aufgabe

2. Abschnitt
Gegenstand und Organisation des Denkmalschutzes

§ 2   Gegenstand des Denkmalschutzes
§ 3   Denkmalschutzbehörden
§ 3a   Landesamt für Denkmalpflege
§ 4   Denkmalrat
§ 5   Entschädigungen

3. Abschnitt
Allgemeine Schutzvorschriften

§ 6   Erhaltungspflicht
§ 7   Maßnahmen und Zuständigkeit der Denkmalschutzbehörden
§ 8   Allgemeiner Schutz von Kulturdenkmalen
§ 9   Sammlungen
§ 10   Auskunfts- und Duldungspflichten
§ 11   Kulturdenkmale, die dem Gottesdienst dienen

4. Abschnitt
Zusätzlicher Schutz für eingetragene Kulturdenkmale

§ 12   Kulturdenkmale von besonderer Bedeutung
§ 13   Eintragungsverfahren
§ 14   Denkmalbuch

§ 15   Wirkung der Eintragung
§ 16   Anzeigepflichten
§ 17   Vorläufiger Schutz
§ 18   Besonderer Schutz bei Katastrophen

5. Abschnitt
Gesamtanlagen

§ 19   Gesamtanlagen

6. Abschnitt
Fund von Kulturdenkmalen

§ 20   Zufällige Funde
§ 21   Nachforschungen
§ 22   Grabungsschutzgebiete
§ 23   Schatzregal

7. Abschnitt
Entschädigung

§ 24   Entschädigung

8. Abschnitt
Förmliche Enteignung

§ 25   Voraussetzungen der Enteignung
§ 26   Enteignung beweglicher Sachen

9. Abschnitt
Ordnungswidrigkeiten und Schlußbestimmungen

§ 27   Ordnungswidrigkeiten
§ 28   Übergangsbestimmungen
§ 29   Inkrafttreten

1. Abschnitt
Denkmalschutz und Denkmalpflege

§ 1 Aufgabe

(1) Es ist Aufgabe von Denkmalschutz und Denkmalpflege, die Kulturdenkmale zu schützen und zu pflegen, insbesondere den Zustand der Kulturdenkmale zu überwachen sowie auf die Abwendung von Gefährdungen und die Bergung von Kulturdenkmalen hinzuwirken.

(2) Diese Aufgabe wird vom Land und im Rahmen ihrer Leistungsfähigkeit von den Gemeinden erfüllt.

2. Abschnitt
Gegenstand und Organisation des Denkmalschutzes

§ 2 Gegenstand des Denkmalschutzes

(1) Kulturdenkmale im Sinne dieses Gesetzes sind Sachen, Sachgesamtheiten und Teile von Sachen, an deren Erhaltung aus wissenschaftlichen, künstlerischen oder heimatgeschichtlichen Gründen ein öffentliches Interesse besteht.

---

[1] Neubekanntmachung des DSchG v. 25. 5. 1971 (GBl. S. 209) in der ab 1. 1. 1984 geltenden Fassung.

(2) Zu einem Kulturdenkmal gehört auch das Zubehör, soweit es mit der Hauptsache eine Einheit von Denkmalwert bildet.

(3) Gegenstand des Denkmalschutzes sind auch

1. die Umgebung eines Kulturdenkmals, soweit sie für dessen Erscheinungsbild von erheblicher Bedeutung ist (§ 15 Abs. 3), sowie
2. Gesamtanlagen (§ 19).

§ 3 Denkmalschutzbehörden

(1) Denkmalschutzbehörden sind

1. das Wirtschaftsministerium als oberste Denkmalschutzbehörde,
2. die Regierungspräsidien als höhere Denkmalschutzbehörden,
3. die unteren Baurechtsbehörden als untere Denkmalschutzbehörden,
4. das Landesamt für Denkmalpflege,
5. das Landesarchiv als Landesoberbehörde für den Denkmalschutz im Archivwesen.

(2) Die oberste Denkmalschutzbehörde entscheidet über alle grundsätzlichen Angelegenheiten des Denkmalschutzes und der Denkmalpflege sowie über andere wichtige Angelegenheiten von landesweiter Bedeutung, insbesondere über die Aufstellung des Denkmalförderprogramms.

(3) ¹Die den Gemeinden und Verwaltungsgemeinschaften nach Absatz 1 Nr. 3 übertragenen Aufgaben der unteren Denkmalschutzbehörde sind Pflichtaufgaben nach Weisung; das Weisungsrecht ist nicht beschränkt. ²Für die Erhebung von Gebühren und Auslagen gilt das Kommunalabgabengesetz.

(4) ¹Die unteren Denkmalschutzbehörden entscheiden nach Anhörung des Landesamtes für Denkmalpflege nach Absatz 1 Nr. 4. ²Will die untere Denkmalschutzbehörde von der Äußerung des Landesamtes für Denkmalpflege abweichen, so hat sie dies der höheren Denkmalschutzbehörde rechtzeitig vorher mitzuteilen. ³Im Bereich des Archivwesens tritt an die Stelle des Landesamtes für Denkmalpflege das Landesarchiv.

(5) Ist das Land als Eigentümer oder Besitzer betroffen, entscheidet die untere Denkmalschutzbehörde im Einvernehmen mit der für die Verwaltung des Kulturdenkmals zuständigen Landesbehörde.

(6) ¹Leistet eine Denkmalschutzbehörde einer ihr erteilten Weisung innerhalb der gesetzten Frist keine Folge, so kann an ihrer Stelle jede Fachaufsichtsbehörde die erforderlichen Maßnahmen auf Kosten des Kostenträgers der Denkmalschutzbehörde treffen. ²§ 129 Abs. 5 der Gemeindeordnung gilt entsprechend.

§ 3a Landesamt für Denkmalpflege

¹Das Landesamt für Denkmalpflege im Regierungspräsidium Stuttgart ist zuständige Behörde für die fachliche Denkmalpflege. ²Es unterstützt die Denkmalschutzbehörden in allen Angelegenheiten der fachlichen Denkmalpflege bei der Ausführung dieses Gesetzes. ³Dabei hat es im Rahmen der Vorgaben der obersten Denkmalschutzbehörde insbesondere die Aufgabe,

1. fachliche Grundlagen und Leitlinien für Methodik und Praxis der Denkmalpflege zu erarbeiten und deren landeseinheitliche Umsetzung sicherzustellen,
2. die Aufstellung von Denkmalförderprogrammen vorzubereiten und abzuwickeln,
3. Kulturdenkmale und Gesamtanlagen in Listen zu erfassen, zu dokumentieren und zu erforschen,
4. Dritte, insbesondere die Eigentümer und Besitzer von Kulturdenkmalen, denkmalfachlich zu beraten,
5. die zentrale denkmalfachliche Öffentlichkeitsarbeit durchzuführen und das vom Denkmalschutz umfasste kulturelle Erbe des Landes und die Maßnahmen zu seinem Erhalt in der Öffentlichkeit zu vermitteln,
6. zentrale Fachbibliotheken, Dokumentationen, Fachdatenbanken sowie sonstige zentrale Dienstleistungen zu unterhalten und
7. Steuerbescheinigungen nach § 10g des Einkommensteuergesetzes zu erteilen, soweit keine Zuständigkeit des Landesarchivs besteht.

§ 4 Denkmalrat

(1) ¹Bei der obersten Denkmalschutzbehörde wird ein Denkmalrat gebildet. ²Der Denkmalrat soll von der obersten Denkmalschutzbehörde bei allen Entscheidungen von grundsätzlicher Bedeutung gehört werden.

(2) [1]Die Mitglieder des Denkmalrats werden von der obersten Denkmalschutzbehörde auf die Dauer von fünf Jahren berufen. [2]Die Mitgliederzahl kann bis zu 40 Personen betragen. [3]Dem Denkmalrat sollen insbesondere Vertreter der Denkmalschutzbehörden, der staatlichen Hochbauverwaltung, der Kirchen, der kommunalen Landesverbände und der Kulturdenkmaleigentümer sowie weitere Personen angehören, die mit den Fragen des Denkmalschutzes vertraut sind. [4]Dem Denkmalrat sollen Personen aus allen Regierungsbezirken angehören.

(3) [1]In den Sitzungen führt die oberste Denkmalschutzbehörde den Vorsitz. [2]Die Mitglieder des Denkmalrats sind ehrenamtlich tätig.

(4) [1]Die oberste Denkmalschutzbehörde erläßt eine Geschäftsordnung für den Denkmalrat, die auch das Berufungsverfahren und das Vorschlagsrecht regelt. [2]Die Geschäftsordnung kann bestimmen, daß der Denkmalrat Fachausschüsse bildet, an die Aufgaben delegiert werden können.

§ 5 Entschädigungen

[1]Die oberste Denkmalschutzbehörde kann mit Zustimmung des Finanzministeriums durch Rechtsverordnung die Entschädigung und den Reisekostenersatz für die Beauftragten der Denkmalschutzbehörden regeln. [2]Dabei können Durchschnittssätze festgesetzt werden.

3. Abschnitt
Allgemeine Schutzvorschriften

§ 6 Erhaltungspflicht

[1]Eigentümer und Besitzer von Kulturdenkmalen haben diese im Rahmen des Zumutbaren zu erhalten und pfleglich zu behandeln. [2]Das Land trägt hierzu durch Zuschüsse nach Maßgabe der zur Verfügung stehenden Haushaltsmittel bei.

§ 7 Maßnahmen und Zuständigkeit der Denkmalschutzbehörden

(1) [1]Die Denkmalschutzbehörden haben zur Wahrnehmung ihrer Aufgaben diejenigen Maßnahmen zu treffen, die ihnen nach pflichtgemäßem Ermessen erforderlich erscheinen. [2]Die Vorschriften der §§ 6, 7 und 9 des Polizeigesetzes finden sinngemäß Anwendung.

(2) Soweit ein Vorhaben einer Genehmigung nach diesem Gesetz bedarf, kann diese mit Bedingungen oder Auflagen verknüpft werden.

(3) Bedarf ein Vorhaben nach anderen Vorschriften einer Genehmigung, tritt die Zustimmung der Denkmalschutzbehörde an die Stelle der Genehmigung nach diesem Gesetz.

(4) [1]Soweit nicht etwas Abweichendes bestimmt ist, ist die untere Denkmalschutzbehörde zuständig. [2]Erscheint bei Gefahr im Verzug ein rechtzeitiges Tätigwerden der zuständigen Denkmalschutzbehörde nicht erreichbar, so kann das Landesamt für Denkmalpflege oder im Bereich des Archivwesens das Landesarchiv oder, falls diese nicht rechtzeitig tätig werden können, die höhere Denkmalschutzbehörde oder, falls auch diese nicht rechtzeitig tätig werden kann, der Polizeivollzugsdienst die erforderlichen vorläufigen Maßnahmen treffen. [3]Die zuständige Behörde ist unverzüglich zu unterrichten.

(5) Ist als Eigentümer oder Besitzer eine kommunale Körperschaft betroffen, so entscheidet
1. die höhere Denkmalschutzbehörde
   bei Stadt- und Landkreisen, Großen Kreisstädten sowie Verwaltungsgemeinschaften nach § 17 des Landesverwaltungsgesetzes, die der Rechtsaufsicht des Regierungspräsidiums unterstehen, und den ihnen angehörenden Gemeinden,
2. das Landratsamt als untere Denkmalschutzbehörde
   bei Verwaltungsgemeinschaften nach § 17 des Landesverwaltungsgesetzes, die der Rechtsaufsicht des Landratsamts unterstehen, und den ihnen angehörenden Gemeinden, bei sonstigen Gemeinden mit Baurechtszuständigkeit sowie bei sonstigen Verwaltungsgemeinschaften mit Baurechtszuständigkeit und den ihnen angehörenden Gemeinden.

§ 8 Allgemeiner Schutz von Kulturdenkmalen

(1) Ein Kulturdenkmal darf nur mit Genehmigung der Denkmalschutzbehörde
1. zerstört oder beseitigt werden,
2. in seinem Erscheinungsbild beeinträchtigt werden oder
3. aus seiner Umgebung entfernt werden, soweit diese für den Denkmalwert von wesentlicher Bedeutung ist.

(2) Dies gilt für bewegliche Kulturdenkmale nur, wenn sie allgemein sichtbar oder zugänglich sind.

§ 9 Sammlungen

[1]Von den Genehmigungspflichten nach diesem Gesetz sind Kulturdenkmale ausgenommen, die von einer staatlichen Sammlung verwaltet werden. [2]Die oberste Denkmalschutzbehörde kann andere Sammlungen von den Genehmigungspflichten ausnehmen, soweit sie fachlich betreut werden.

§ 10 Auskunfts- und Duldungspflichten

(1) Eigentümer und Besitzer sind verpflichtet, Auskünfte zu erteilen, die zur Erfüllung der Aufgaben des Denkmalschutzes notwendig sind.

(2) [1]Die Denkmalschutzbehörden oder ihre Beauftragten sind berechtigt, Grundstücke und zur Verhütung dringender Gefahr für Kulturdenkmale Wohnungen zu betreten und Kulturdenkmale zu besichtigen, soweit es zur Erfüllung der Aufgaben des Denkmalschutzes erforderlich ist. [2]Sie sind zu den erforderlichen wissenschaftlichen Erfassungsmaßnahmen – wie der Inventarisation – berechtigt; insbesondere können sie in national wertvolle oder landes- oder ortsgeschichtlich bedeutsame Archive oder entsprechende andere Sammlungen Einsicht nehmen. [3]Artikel 13 des Grundgesetzes wird insoweit eingeschränkt.

(3) [1]Kirchen, die nicht dauernd für die Öffentlichkeit zugänglich sind, dürfen nur mit Zustimmung betreten werden. [2]Öffentliche Kirchenräume dürfen nur außerhalb des Gottesdienstes besichtigt werden.

§ 11 Kulturdenkmale, die dem Gottesdienst dienen

(1) [1]Die Denkmalschutzbehörden haben bei Kulturdenkmalen, die dem Gottesdienst dienen, die gottesdienstlichen Belange, die von der oberen Kirchenbehörde oder der entsprechenden Stelle der betroffenen Religionsgemeinschaft festzustellen sind, vorrangig zu beachten. [2]Vor der Durchführung von Maßnahmen setzen sich die Denkmalschutzbehörden mit der oberen Kirchenbehörde oder der entsprechenden Stelle der betroffenen Religionsgemeinschaft ins Benehmen.

(2) [1]§ 7 Abs. 1, § 8 sowie § 15 Abs. 1 und 2 finden keine Anwendung auf Kulturdenkmale, die im kirchlichen Eigentum stehen, soweit sie dem Gottesdienst dienen und die Kirchen im Einvernehmen mit der obersten Denkmalschutzbehörde eigene Vorschriften zum Schutz dieser Kulturdenkmale erlassen. [2]Vor der Durchführung von Vorhaben im Sinne der erwähnten Bestimmungen ist die höhere Denkmalschutzbehörde zu hören. [3]Kommt eine Einigung mit der höheren Denkmalschutzbehörde nicht zustande, so entscheidet die obere Kirchenbehörde im Benehmen mit der obersten Denkmalschutzbehörde.

(3) Der 8. Abschnitt dieses Gesetzes ist auf kircheneigene Kulturdenkmale nicht anwendbar.

4. Abschnitt
Zusätzlicher Schutz für eingetragene Kulturdenkmale

§ 12 Kulturdenkmale von besonderer Bedeutung

(1) Kulturdenkmale von besonderer Bedeutung genießen zusätzlichen Schutz durch Eintragung in das Denkmalbuch.

(2) Bewegliche Kulturdenkmale werden nur eingetragen,
1. wenn der Eigentümer die Eintragung beantragt oder
2. wenn sie eine überörtliche Bedeutung haben oder zum Kulturbereich des Landes besondere Beziehungen aufweisen oder
3. wenn sie national wertvolles Kulturgut darstellen oder
4. wenn sie national wertvolle oder landes- oder ortsgeschichtlich bedeutsame Archive darstellen oder
5. wenn sie auf Grund internationaler Empfehlungen zu schützen sind.

(3) Die Eintragung ist zu löschen, wenn ihre Voraussetzungen nicht mehr vorliegen.

§ 13 Eintragungsverfahren

(1) Für die Eintragung und Löschung ist die höhere Denkmalschutzbehörde zuständig.

(2) Bei einem unbeweglichen Kulturdenkmal ist die Gemeinde zu hören, in deren Gebiet es sich befindet.

(3) Bestehen aus tatsächlichen oder rechtlichen Gründen erhebliche Zweifel, wer Eigentümer eines Kulturdenkmals ist, so können Verwaltungsakte der Denkmalschutzbehörden öffentlich bekanntgegeben werden.

(4) Die Eintragung wirkt für und gegen den Rechtsnachfolger.

§ 14 Denkmalbuch

(1) Das Denkmalbuch wird von der höheren Denkmalschutzbehörde geführt.

(2) Die Einsicht in das Denkmalbuch ist jedermann gestattet, der ein berechtigtes Interesse darlegt.

§ 15 Wirkung der Eintragung

(1) [1]Ein eingetragenes Kulturdenkmal darf nur mit Genehmigung der Denkmalschutzbehörde

1. wiederhergestellt oder instand gesetzt werden,
2. in seinem Erscheinungsbild oder seiner Substanz verändert werden,
3. mit An- oder Aufbauten, Aufschriften oder Werbeeinrichtungen versehen werden,
4. von seinem Stand- oder Aufbewahrungsort insoweit entfernt werden, als bei der Eintragung aus Gründen des Denkmalschutzes verfügt wird, das Kulturdenkmal dürfe nicht entfernt werden.

[2]Einer Genehmigung bedarf auch die Aufhebung der Zubehöreigenschaft im Sinne von § 2 Abs. 2.

(2) [1]Aus einer eingetragenen Sachgesamtheit, insbesondere aus einer Sammlung, dürfen Einzelsachen nur mit Genehmigung der Denkmalschutzbehörde entfernt werden. [2]Die höhere Denkmalschutzbehörde kann allgemein genehmigen, daß Einzelsachen im Rahmen der ordnungsgemäßen Verwaltung entfernt werden.

(3) [1]Bauliche Anlagen in der Umgebung eines eingetragenen Kulturdenkmals, soweit sie für dessen Erscheinungsbild von erheblicher Bedeutung ist, dürfen nur mit Genehmigung der Denkmalschutzbehörde errichtet, verändert oder beseitigt werden. [2]Andere Vorhaben bedürfen dieser Genehmigung, wenn sich die bisherige Grundstücksnutzung ändern würde. [3]Die Genehmigung ist zu erteilen, wenn das Vorhaben das Erscheinungsbild des Denkmals nur unerheblich oder nur vorübergehend beeinträchtigen würde oder wenn überwiegende Gründe des Gemeinwohls unausweichlich Berücksichtigung verlangen.

§ 16 Anzeigepflichten

(1) Eigentümer und Besitzer haben Schäden oder Mängel, die an eingetragenen Kulturdenkmalen auftreten und die ihre Erhaltung gefährden können, unverzüglich einer Denkmalschutzbehörde anzuzeigen.

(2) Wird ein eingetragenes Kulturdenkmal veräußert, so haben Veräußerer und Erwerber den Eigentumswechsel innerhalb von einem Monat einer Denkmalschutzbehörde anzuzeigen.

§ 17 Vorläufiger Schutz

[1]Die höhere Denkmalschutzbehörde kann anordnen, daß Sachen, Sachgesamtheiten oder Teile von Sachen, mit deren Eintragung als Kulturdenkmal in das Denkmalbuch zu rechnen ist, vorläufig als eingetragen gelten. [2]Die Anordnung tritt außer Kraft, wenn die Eintragung nicht binnen eines Monats eingeleitet und spätestens nach sechs Monaten bewirkt wird. [3]Bei Vorliegen wichtiger Gründe kann diese Frist um höchstens drei Monate verlängert werden.

§ 18 Besonderer Schutz bei Katastrophen

(1) [1]Die oberste Denkmalschutzbehörde wird ermächtigt, durch Rechtsverordnung die zum Schutz eingetragener Kulturdenkmale für den Fall von Katastrophen erforderlichen Vorschriften zu erlassen. [2]Dabei können insbesondere die Eigentümer und Besitzer verpflichtet werden,

1. den Aufbewahrungsort von Kulturdenkmalen zu melden,
2. Kulturdenkmale mit den in internationalen Verträgen vorgesehenen Kennzeichen versehen zu lassen,
3. Kulturdenkmale zu bergen, besonders zu sichern, bergen oder besonders sichern zu lassen oder sie zum Zwecke der vorübergehenden Verwahrung an Bergungsorten auf Anordnung der Denkmalschutzbehörde abzuliefern,
4. die wissenschaftliche Erfassung von Kulturdenkmalen oder sonstige zu ihrer Dokumentierung, Sicherung oder Wiederherstellung von der Denkmalschutzbehörde angeordnete Maßnahmen zu dulden.

[3]Soweit in der Rechtsverordnung eine Ablieferungspflicht vorgesehen wird, ist anzuordnen, daß die abgelieferten Sachen unverzüglich den Berechtigten zurückzugeben sind, sobald die weitere Verwahrung an einem Bergungsort zum Schutz der Kulturdenkmale nicht mehr erforderlich ist.
(2) Die Ermächtigung nach Absatz 1 kann von der obersten Denkmalschutzbehörde durch Rechtsverordnung auf die nachgeordneten Denkmalschutzbehörden übertragen werden.

5. Abschnitt
Gesamtanlagen

§ 19 [Gesamtanlagen]
(1) Die Gemeinden können Gesamtanlagen, insbesondere Straßen-, Platz- und Ortsbilder, an deren Erhaltung aus wissenschaftlichen, künstlerischen oder heimatgeschichtlichen Gründen ein besonderes öffentliches Interesse besteht, im Benehmen mit dem Landesamt für Denkmalpflege durch Satzung unter Denkmalschutz stellen.
(2) [1]Veränderungen an dem geschützten Bild der Gesamtanlage bedürfen der Genehmigung der unteren Denkmalschutzbehörde. [2]Die Genehmigung ist zu erteilen, wenn die Veränderung das Bild der Gesamtanlage nur unerheblich oder nur vorübergehend beeinträchtigen würde oder wenn überwiegende Gründe des Gemeinwohls unausweichlich Berücksichtigung verlangen. [3]Die Denkmalschutzbehörde hat vor ihrer Entscheidung die Gemeinde zu hören.

6. Abschnitt
Fund von Kulturdenkmalen

§ 20 Zufällige Funde
(1) [1]Wer Sachen, Sachgesamtheiten oder Teile von Sachen entdeckt, von denen anzunehmen ist, daß an ihrer Erhaltung aus wissenschaftlichen, künstlerischen oder heimatgeschichtlichen Gründen ein öffentliches Interesse besteht, hat dies unverzüglich einer Denkmalschutzbehörde oder der Gemeinde anzuzeigen. [2]Der Fund und die Fundstelle sind bis zum Ablauf des vierten Werktages nach der Anzeige in unverändertem Zustand zu erhalten, sofern nicht die Denkmalschutzbehörde mit einer Verkürzung der Frist einverstanden ist. [3]Diese Verpflichtung besteht nicht, wenn damit unverhältnismäßig hohe Kosten oder Nachteile verbunden sind und die Denkmalschutzbehörde es ablehnt, hierfür Ersatz zu leisten.
(2) Das Landesamt für Denkmalpflege und seine Beauftragten sind berechtigt, den Fund auszuwerten und, soweit es sich um bewegliche Kulturdenkmale handelt, zu bergen und zur wissenschaftlichen Bearbeitung in Besitz zu nehmen.
(3) Die Gemeinden sind verpflichtet, die ihnen bekanntwerdenden Funde unverzüglich dem Landesamt für Denkmalpflege mitzuteilen.

§ 21 Nachforschungen
[1]Nachforschungen, insbesondere Grabungen, mit dem Ziel, Kulturdenkmale zu entdecken, bedürfen der Genehmigung. [2]Die Genehmigung erteilt das Landesamt für Denkmalpflege im Benehmen mit der höheren Denkmalschutzbehörde.

§ 22 Grabungsschutzgebiete
(1) Die untere Denkmalschutzbehörde ist ermächtigt, Gebiete, die begründeter Vermutung nach Kulturdenkmale von besonderer Bedeutung bergen, durch Rechtsverordnung zu Grabungsschutzgebieten zu erklären.
(2) [1]In Grabungsschutzgebieten dürfen Arbeiten, durch die verborgene Kulturdenkmale zutage gefördert oder gefährdet werden können, nur mit Genehmigung vorgenommen werden. [2]Die Genehmigung erteilt das Landesamt für Denkmalpflege im Benehmen mit der höheren Denkmalschutzbehörde. [3]Die bisherige land- und forstwirtschaftliche Nutzung bleibt unberührt.

§ 23 Schatzregal
Bewegliche Kulturdenkmale, die herrenlos sind oder die so lange verborgen gewesen sind, daß ihr Eigentümer nicht mehr zu ermitteln ist, werden mit der Entdeckung Eigentum des Landes, wenn sie bei staatlichen Nachforschungen oder in Grabungsschutzgebieten entdeckt werden oder wenn sie einen hervorragenden wissenschaftlichen Wert haben.

7. Abschnitt
Entschädigung

§ 24 [Entschädigung]
(1) [1]Soweit Maßnahmen auf Grund dieses Gesetzes enteignende Wirkung haben, ist eine angemessene Entschädigung zu leisten. [2]§§ 7 bis 13 des Landesenteignungsgesetzes gelten entsprechend.

(2) Kommt eine Einigung über die Entschädigung nicht zustande, so entscheidet die höhere Denkmalschutzbehörde.

8. Abschnitt
Förmliche Enteignung

§ 25 Voraussetzungen der Enteignung
(1) Die Enteignung ist zulässig, soweit die Erhaltung eines eingetragenen Kulturdenkmals oder seines Erscheinungsbildes oder die Erhaltung einer geschützten Gesamtanlage auf andere zumutbare Weise nicht gesichert werden kann.

(2) Die Enteignung ist außerdem zulässig

1. bei Funden, soweit auf andere Weise nicht sicherzustellen ist, daß ein Kulturdenkmal wissenschaftlich ausgewertet werden kann oder allgemein zugänglich ist,

2. bei Kulturdenkmalen, soweit auf andere Weise nicht sicherzustellen ist, daß sie wissenschaftlich erfaßt werden können.

(3) Zum Zwecke von planmäßigen Nachforschungen ist die Enteignung zulässig, wenn eine begründete Vermutung dafür besteht, daß durch die Nachforschung Kulturdenkmale entdeckt werden.

§ 26 Enteignung beweglicher Sachen
(1) [1]Ist Gegenstand der Enteignung eine bewegliche Sache, ein Recht an einer beweglichen Sache oder ein Recht, das zum Erwerb, Besitz oder zur Nutzung der beweglichen Sache berechtigt oder den Verpflichteten in der Nutzung der beweglichen Sache beschränkt, gelten §§ 4, 5, 7 bis 13, 17, § 22 Abs. 1, 3 und 4, §§ 23, 27 bis 36, 39, 40, 42 und 43 des Landesenteignungsgesetzes entsprechend. [2]In der Ausführungsanordnung können der Eigentümer und der Besitzer verpflichtet werden, die Sache an den Enteignungsbegünstigten herauszugeben.

(2) [1]Ist zur Erhaltung, wissenschaftlichen Erfassung oder Auswertung eines Kulturdenkmals die sofortige Herausgabe an den Antragsteller dringend geboten, kann die Enteignungsbehörde den Eigentümer oder Besitzer verpflichten, die Sache an den Antragsteller herauszugeben. [2]Im übrigen gelten § 37 Abs. 2 bis 5 und § 38 Abs. 2 und 3 des Landesenteignungsgesetzes entsprechend.

9. Abschnitt
Ordnungswidrigkeiten und Schlußbestimmungen

§ 27 Ordnungswidrigkeiten
(1) Ordnungswidrig handelt, wer vorsätzlich oder fahrlässig

1. ohne Genehmigung der Denkmalschutzbehörde die in § 8, § 15 Abs. 1, Abs. 2 Satz 1, Abs. 3 Sätze 1 und 2, § 21, § 22 Abs. 2 Satz 1 bezeichneten Handlungen vornimmt oder den in Genehmigungen enthaltenen vollziehbaren Auflagen zuwiderhandelt,

2. den ihn nach § 16, § 20 Abs. 1 treffenden Pflichten zuwiderhandelt,

3. den Maßnahmen der Denkmalschutzbehörden nach § 7 Abs. 1 oder 4 zuwiderhandelt, sofern die Behörde auf diese Bußgeldvorschrift verweist,

4. den Vorschriften einer nach § 18 erlassenen Rechtsverordnung zuwiderhandelt, soweit die Rechtsverordnung auf diese Bußgeldvorschrift verweist,

5. ohne Genehmigung der Denkmalschutzbehörde entgegen § 19 Abs. 2 Satz 1 Veränderungen an dem geschützten Bild einer Gesamtanlage vornimmt oder den in Genehmigungen enthaltenen vollziehbaren Auflagen zuwiderhandelt, soweit die Gesamtanlage durch Rechtsverordnung nach § 19 Abs. 1 dieses Gesetzes in der bis zum 31. Dezember 1983 geltenden Fassung unter Denkmalschutz gestellt wurde,

6. den Vorschriften einer nach § 19 Abs. 1 erlassenen Satzung zuwiderhandelt, soweit die Satzung für einen bestimmten Tatbestand auf diese Bußgeldvorschrift verweist.

(2) Die Ordnungswidrigkeit kann mit einer Geldbuße bis zu 250 000 Euro, in besonders schweren Fällen bis zu 500 000 Euro geahndet werden.

(3) Gegenstände, auf die sich die Ordnungswidrigkeit nach Absatz 1 Nr. 1, 3 oder 4 bezieht, können eingezogen werden.

(4) Verwaltungsbehörde im Sinne des § 36 Abs. 1 Nr. 1 des Gesetzes über Ordnungswidrigkeiten ist die untere Denkmalschutzbehörde.

§ 28 Übergangsbestimmungen

(1) Als Eintragung in das Denkmalbuch gemäß § 12 gilt die Eintragung in

1. das Denkmalbuch und das Buch der Bodenaltertümer nach dem bad. Landesgesetz zum Schutz der Kulturdenkmale,

2. das auf Grund von Artikel 97 Abs. 7 der württ. Bauordnung angelegte Landesverzeichnis der Baudenkmale,

3. das auf Grund von § 34 der bad. Landesbauordnung angelegte Verzeichnis der Baudenkmale,

4. das Verzeichnis der Denkmäler nach Artikel 8 und 10 des hess. Gesetzes den Denkmalschutz betreffend vom 16. Juli 1902 (RegBl. S. 275),

5. das Denkmalverzeichnis gemäß Verfügung des württ. Ministeriums des Kirchen- und Schulwesens, betreffend den Schutz von Denkmalen und heimatlichem Kunstbesitz, vom 25. Mai 1920 (RegBl. S. 317).

(2) Die Eintragungen nach Absatz 1 sollen in das nach diesem Gesetz anzulegende Denkmalbuch nach den für Neueintragungen geltenden Bestimmungen übertragen werden.

(3) ¹Straßen-, Platz- und Ortsbilder, die nach dem bad. Denkmalschutzgesetz geschützt waren, behalten diese Eigenschaft gemäß § 19, soweit der Schutz im Einvernehmen mit der Gemeinde verfügt worden ist. ²Gebiete, die nach dem bad. Denkmalschutzgesetz zu Grabungsschutzgebieten erklärt waren, werden Grabungsschutzgebiete gemäß § 22.

(4) Kulturdenkmale im Eigentum des Staates und öffentlich-rechtliche Körperschaften, Anstalten oder Stiftungen, die nicht in das Denkmalbuch eingetragen sind, aber eine besondere Bedeutung besitzen, stehen bis zum Ablauf von zehn Jahren nach Inkrafttreten dieses Gesetzes den eingetragenen Kulturdenkmalen gleich.

(5) ¹Maßnahmen, die im Zusammenhang mit der Fideikommißauflösung zum Schutz von Gegenständen und Sachgesamtheiten von besonderem künstlerischen, wissenschaftlichen, geschichtlichen oder heimatlichen Wert getroffen sind, werden durch dieses Gesetz nicht berührt. ²Solche Maßnahmen können geändert, an die Vorschriften dieses Gesetzes angepaßt oder aufgehoben werden. ³Zuständig hierfür sind die höheren Denkmalschutzbehörden. ⁴Sie haben auch die zur Durchsetzung der Maßnahmen erforderlichen Anordnungen zu treffen. ⁵Soweit zur Wirksamkeit eines Rechtsgeschäftes oder zur Vornahme einer Handlung die Genehmigung des Fideikommißgerichts erforderlich war, geht die Genehmigungszuständigkeit auf die höhere Denkmalschutzbehörde über.

§ 29 Inkrafttreten

(1) Dieses Gesetz tritt am 1. Januar 1972 in Kraft.¹⁾

(2) Gleichzeitig treten alle diesem Gesetz entsprechenden oder widersprechenden Vorschriften außer Kraft, insbesondere (hier nicht wiedergegeben).

---

1) **Amtl. Anm.:** Die Vorschrift betrifft das Gesetz in der ursprünglichen Fassung vom 25. Mai 1971 (GBl. S. 209).

Gesetz zur Nutzung erneuerbarer Wärmeenergie in Baden-Württemberg (Erneuerbare-Wärme-Gesetz – EWärmeG)[1)]

Vom 17. März 2015 (GBl. S. 151)

Der Landtag hat am 11. März 2015 das folgende Gesetz beschlossen:

Inhaltsübersicht

Teil 1
Allgemeine Vorschriften
§ 1 Zweck des Gesetzes
§ 2 Geltungsbereich
§ 3 Begriffsbestimmungen
§ 4 Nutzungspflicht
§ 5 Zur Erfüllung der Nutzungspflicht anerkannte Erneuerbare Energien

Teil 2
Wohngebäude
§ 6 Anerkennung und Berechnung bei Wohngebäuden
§ 7 Pauschalierte Erfüllung bei Solarthermie
§ 8 Energieeinsparmaßnahmen durch baulichen Wärmeschutz
§ 9 Gebäudeindividueller energetischer Sanierungsfahrplan
§ 10 Ersatzmaßnahmen
§ 11 Kombinationsmöglichkeiten
§ 12 Gebäudekomplexe

Teil 3
Nichtwohngebäude
§ 13 Anerkennung und Berechnung bei Nichtwohngebäuden
§ 14 Pauschalierte Erfüllung mit Solarthermie bei Nichtwohngebäuden
§ 15 Energiesparmaßnahmen durch baulichen Wärmeschutz bei Nichtwohngebäuden

§ 16 Gebäudeindividueller energetischer Sanierungsfahrplan bei Nichtwohngebäuden
§ 17 Ersatzmaßnahmen bei Nichtwohngebäuden
§ 18 Kombinationsmöglichkeiten bei Nichtwohngebäuden

Teil 4
Ausnahmen und Befreiungen
§ 19 Ausnahmen und Befreiungen

Teil 5
Vollzug und Zuständigkeiten
§ 20 Nachweispflicht
§ 21 Hinweispflicht
§ 22 Zuständige Behörde, Aufgaben, Befugnisse

Teil 6
Ergänzende Bestimmungen
§ 23 Ordnungswidrigkeiten
§ 24 Verhältnis zum Erneuerbare-Energien-Wärmegesetz bei öffentlichen Gebäuden
§ 25 Ermächtigung für innovative Technologien und Evaluation
§ 26 Übergangsvorschriften
§ 27 Inkrafttreten und Außerkrafttreten

Teil 1
Allgemeine Vorschriften

§ 1 Zweck des Gesetzes

[1]Zweck dieses Gesetzes ist es, im Interesse des Klima- und Umweltschutzes den Einsatz von erneuerbaren Energien zu Zwecken der Wärmeversorgung bei Gebäuden und die effiziente Nutzung der Energie in Baden-Württemberg zu steigern, die hierfür notwendigen Technologien weiter auszubauen und dadurch die Nachhaltigkeit der Energieversorgung im Wärmebereich zu verbessern. [2]Das Gesetz soll dazu beitragen, die Gesamtsumme der Treibhausgasemissionen in Baden-Württemberg im Vergleich zu den Gesamtemissionen des Jahres 1990 bis zum Jahr 2020 um mindestens 25 Prozent und bis zum Jahr 2050 um 90 Prozent zu verringern.

---

1) **Amtl. Anm.:** Notifiziert gemäß der Richtlinie 98/34/EG des Europäischen Parlaments und des Rates vom 22. Juni 1998 über ein Informationsverfahren auf dem Gebiet der Normen und technischen Vorschriften und der Vorschriften für die Dienste der Informationsgesellschaft (ABl. L 204 vom 21. 07. 1998, S. 37), zuletzt geändert durch Artikel 26 Absatz 2 der Verordnung (EU) Nr. 1025/2012 des Europäischen Parlaments und des Rates vom 25. Oktober 2012 (ABl. L 316 vom 14. 11. 2012, S. 12).

§ 2 Geltungsbereich

(1) Dieses Gesetz gilt für alle am 1. Januar 2009 bereits errichteten Gebäude, soweit sie unter Einsatz von Energie beheizt werden.

(2) Dieses Gesetz gilt nicht für

1. Wohngebäude mit einer Wohnfläche von weniger als 50 Quadratmetern,
2. Nichtwohngebäude mit weniger als 50 Quadratmetern Nettogrundfläche,
3. Betriebsgebäude, die überwiegend zur Aufzucht oder zur Haltung von Tieren genutzt werden,
4. Betriebsgebäude, soweit sie nach ihrem Verwendungszweck großflächig und lang anhaltend offen gehalten werden müssen,
5. unterirdische Bauten,
6. Unterglasanlagen und Kulturräume für Aufzucht, Vermehrung und Verkauf von Pflanzen,
7. Traglufthallen und Zelte,
8. Gebäude, die dazu bestimmt sind, wiederholt aufgestellt und zerlegt zu werden, und provisorische Gebäude mit einer geplanten Nutzungsdauer von bis zu zwei Jahren,
9. Gebäude, die dem Gottesdienst oder anderen religiösen Zwecken gewidmet sind,
10. Wohngebäude, die
    a) für eine Nutzungsdauer von weniger als vier Monaten jährlich bestimmt sind, oder
    b) für eine begrenzte jährliche Nutzungsdauer bestimmt sind, wenn der zu erwartende Energieverbrauch der Wohngebäude weniger als 25 Prozent des zu erwartenden Energieverbrauchs bei ganzjähriger Nutzung beträgt,
11. sonstige Betriebsgebäude, die nach ihrer Zweckbestimmung auf eine Innentemperatur von weniger als 12 Grad Celsius oder jährlich weniger als vier Monate beheizt werden,
12. Gebäude, die Teil oder Nebeneinrichtung einer Anlage sind, die vom Anwendungsbereich des Treibhausgas-Emissionshandelsgesetzes vom 21. Juli 2011 (BGBl. I S. 1475) in der jeweils geltenden Fassung erfasst ist,
13. gewerbliche und industrielle Hallen, bei denen der überwiegende Teil der Nettogrundfläche der Fertigung, Produktion, Montage und Lagerung dient, und
14. von § 2 Absatz 2 Nummer 5 des Erneuerbare-Energien-Wärmegesetzes vom 7. August 2008 (BGBl. I S. 1658), zuletzt geändert durch Artikel 14 des Gesetzes vom 21. Juli 2014 (BGBl. I S. 1066), in der jeweils geltenden Fassung erfasste öffentliche Gebäude des Bundes.

§ 3 Begriffsbestimmungen

Für dieses Gesetz gelten folgende Begriffsbestimmungen:

1. Heizanlage ist eine Anlage zur zentralen Erzeugung überwiegend von Raumwärme oder Raumwärme und Warmwasser. Als Heizanlagen gelten nicht
   a) Anlagen, die Wärme für ein Wärmenetz im Sinne von Nummer 5 erzeugen, oder
   b) Anlagen mit einer Wärmeleistung über 1500 kW zur leitungsgebundenen Versorgung mit Wärme mehrerer Gebäude, deren Eigentümer und Betreiber identisch ist mit dem Eigentümer der damit versorgten Gebäude.
2. Der Austausch einer Heizanlage liegt vor, wenn der Kessel oder ein anderer zentraler Wärmeerzeuger ausgetauscht wird. Als Austausch gilt auch, wenn die Heizanlage durch den Anschluss an ein Wärmenetz im Sinne von Nummer 5 ersetzt wird. Bei Heizanlagen mit mehreren Wärmeerzeugern liegt ein Austausch vor, sobald der erste Kessel oder Wärmeerzeuger getauscht wird.
3. Ein nachträglicher Einbau einer Heizanlage liegt vor, wenn in ein bisher nicht zentral beheiztes Gebäude eine Heizungsanlage eingebaut wird.
4. Wärmeenergiebedarf ist die Summe der zur Deckung des Wärmebedarfs für Heizung und Warmwasserbereitung jährlich benötigten Wärmemenge einschließlich des thermischen Aufwands für Übergabe, Verteilung und Speicherung. Die Bestimmung des Wärmeenergiebedarfs erfolgt entweder durch
   a) die Berechnung nach den technischen Regeln, die in den Anlagen 1 und 2 der Energieeinsparverordnung vom 24. Juli 2007 (BGBl. I S. 1519), zuletzt geändert durch Artikel 1 der Verordnung vom 18. November 2013 (BGBl. I S. 3951) in der jeweils geltenden Fassung zugrunde gelegt werden; sofern diese Anlagen keine technischen Regeln für die Berechnung

bestimmter Anteile des Wärmeenergiebedarfs enthalten, wird der Wärmeenergiebedarf nach den anerkannten Regeln der Technik berechnet, oder

b) die nach anerkannten Regeln der Technik vorgenommene Messung der von der bisherigen Wärmeerzeugungsanlage abgegebene Wärmemenge, wobei sicherzustellen ist, dass die abgegebene Wärmemenge vollständig und direkt an der Wärmeerzeugungsanlage erfasst wird, oder

c) die Multiplikation des Endenergieverbrauchs der bisherigen Wärmeerzeugungsanlage mit einem Referenznutzungsgrad von 0,85 bei Ölkesseln und 0,9 bei Gaskesseln, sofern die Anlage den gesamten Wärmeenergiebedarf deckt. Liegt ein gültiger Energieverbrauchsausweis vor, kann auf die darin enthaltenen Daten zurückgegriffen werden.

In den Fällen der Buchstaben b und c sind die Regelungen des § 19 Absatz 3 der Energieeinsparverordnung in der jeweils geltenden Fassung sinngemäß anzuwenden.

5. Wärmenetze sind Einrichtungen zur leitungsgebundenen Versorgung mit Wärme, die eine horizontale Ausdehnung über die Grundstücksgrenze des Standorts der einspeisenden Anlage hinaus haben und an die als öffentliches Netz eine unbestimmte Anzahl von Abnehmenden angeschlossen werden kann. An das Wärmenetz muss mindestens ein Abnehmender angeschlossen sein, der nicht gleichzeitig Eigentümer oder Betreiber der in das Wärmenetz einspeisenden Anlage ist.

6. Wohngebäude sind Gebäude, die nach ihrer Zweckbestimmung mindestens zur Hälfte dem Wohnen dienen, einschließlich Wohn-, Alten- und Pflegeheimen sowie ähnlichen Einrichtungen, die zum dauerhaften Wohnen bestimmt sind.

7. Nichtwohngebäude sind Gebäude, die nicht unter Nummer 6 fallen.

8. Wohnfläche ist die nach der Wohnflächenverordnung oder auf der Grundlage anderer Rechtsvorschriften oder anerkannten Regeln der Technik zur Berechnung von Wohnflächen ermittelte Fläche. Eine Beschränkung auf die beheizbare Fläche ist zulässig.

9. Nettogrundfläche ist die Nettogrundfläche nach anerkannten Regeln der Technik, die beheizt wird.

10. Biomasse im Sinne dieses Gesetzes ist

a) Biomasse im Sinne der Biomasseverordnung vom 21. Juni 2001 (BGBl. I S. 1234), zuletzt geändert durch Artikel 12 des Gesetzes vom 21. Juli 2014 (BGBl. I S. 1066, 1126) in der jeweils geltenden Fassung,

b) biologisch abbaubare Anteile von Abfällen aus Haushalten und Industrie,

c) Deponiegas,

d) Klärgas,

e) Klärschlamm im Sinne der Klärschlammverordnung vom 15. April 1992 (BGBl. I S. 912), zuletzt geändert durch Artikel 5 Absatz 12 des Gesetzes vom 24. Februar 2012 (BGBl. I S. 212, 249) in der jeweils geltenden Fassung und

f) Pflanzenölmethylester.

11. Sachkundige sind

a) die nach Bundes- oder Landesrecht zur Ausstellung von Energieausweisen Berechtigten,

b) Personen, die für ein zulassungspflichtiges Bau-, Ausbau- oder anlagentechnisches Gewerbe oder für das Schornsteinfegerwesen die Voraussetzungen zur Eintragung in die Handwerksrolle erfüllen, sowie Handwerksmeister der zulassungsfreien Handwerke dieser Bereiche und Personen, die aufgrund ihrer Ausbildung oder ihres beruflichen Werdegangs berechtigt sind, ein solches Handwerk ohne Meistertitel selbstständig auszuüben.

12. Ein Gebäudekomplex besteht aus mehreren Einzelgebäuden, die in räumlichem Zusammenhang stehen und eine gemeinsame Eigentümerin oder einen gemeinsamen Eigentümer haben.

13. Verpflichtete sind alle Personen, die zu Maßnahmen nach § 4 Absatz 1 und 3 verpflichtet sind.

§ 4 Nutzungspflicht

(1) Beim Austausch oder dem nachträglichen Einbau einer Heizanlage sind die Eigentümerinnen und Eigentümer der versorgten Gebäude verpflichtet, mindestens 15 Prozent des jährlichen Wärmeenergiebedarfs durch erneuerbare Energien zu decken oder den Wärmeenergiebedarf um mindestens 15 Prozent zu reduzieren.

(2) Die Verpflichtung ist spätestens innerhalb von 18 Monaten nach Inbetriebnahme der neuen Heizanlage zu erfüllen und der zuständigen Behörde nachzuweisen.

(3) Geht das Eigentum an dem Gebäude auf neue Eigentümerinnen oder Eigentümer über, bevor die Nutzungspflicht nach Absatz 1 erfüllt ist, geht auch diese über.

§ 5 Zur Erfüllung der Nutzungspflicht anerkannte erneuerbare Energien

(1) Als erneuerbare Energien werden anerkannt solare Strahlungsenergie, Geothermie, Umweltwärme, feste, flüssige und gasförmige Biomasse, welche ohne vorangegangene Umwandlung in elektrische Energie für Zwecke der Wärmenutzung verwendet werden.

(2) [1]Die Nutzung von Umweltwärme einschließlich Abwärme durch Wärmepumpen wird als Nutzung erneuerbarer Energien anerkannt, wenn

1. bei elektrisch angetriebenen Wärmepumpen eine Jahresarbeitszahl von mindestens 3,50,

2. bei mit Brennstoffen betriebenen Wärmepumpen eine Jahresheizzahl von mindestens 1,20

erreicht wird, wobei in die Wärmepumpe integrierte Ergänzungsheizungen mit in die Jahresarbeits- oder Jahresheizzahl einzuberechnen sind. [2]Die Deckung des gesamten Wärmeenergiebedarfs mit einer Wärmepumpe nach Satz 1 gilt als vollständige Erfüllung der Nutzungspflicht nach § 4 Absatz 1. [3]Die Ermittlung der Jahresarbeitszahl und Jahresheizzahl richtet sich nach den Vorschriften der VDI 4650[1]) oder gleichwertigen anerkannten Regeln der Technik.

(3) [1]Der Einsatz von gasförmiger Biomasse, die auf Erdgasqualität aufbereitet und eingespeist worden ist (Biomethan) wird als Erfüllung der Nutzungspflicht zu maximal zwei Dritteln anerkannt, wenn in Gebäuden mit einer Heizanlage, deren thermische Leistung bis zu 50 kW beträgt, Erdgas mit einem anrechenbaren Biomethananteil von bis zu 10 Prozent zur vollständigen Deckung des Wärmeenergie- bedarfs verwendet wird und die Nutzung in einem Heizkessel erfolgt, der der besten verfügbaren Technik entspricht. [2]Aus einem Gasnetz entnommenes Gas gilt als Biomethan, soweit die Menge des entnommenen Biomethans im Wärmeäquivalent der Menge von Gas aus Biomasse über einen Bilanz- zeitraum von einem Jahr entspricht, das an anderer Stelle in das Gasnetz eingespeist worden ist und wenn für den gesamten Transport und Vertrieb des Biomethans von seiner Herstellung, seiner Ein- speisung in das Erdgasnetz und seinem Transport im Erdgasnetz bis zu seiner Entnahme aus dem Erdgasnetz Massenbilanzsysteme verwendet worden sind. [3]Bei der Aufbereitung und Einspeisung des Biomethans müssen die Voraussetzungen nach Nummer 1 Buchstabe a bis c der Anlage 1 zum Er- neuerbare-Energien-Gesetz vom 25. Oktober 2008 (BGBl. I S. 2074) in der am 31. Juli 2014 geltenden Fassung eingehalten werden.

(4) [1]Der Einsatz von flüssiger Biomasse wird in Wohngebäuden als Erfüllung der Nutzungspflicht zu maximal zwei Dritteln anerkannt, wenn Heizöl mit einem anrechenbaren Anteil flüssiger Biomasse von bis zu 10 Prozent zur vollständigen Deckung des Wärmeenergiebedarfs verwendet wird und die Nutzung in einem Heizkessel erfolgt, der der besten verfügbaren Technik entspricht. [2]Gleiches gilt für Nichtwohngebäude mit einer Heizanlage, deren thermische Leistung bis zu 50 kW beträgt. [3]Die flüs- sige Biomasse muss den Anforderungen an einen nachhaltigen Anbau und eine nachhaltige Herstel- lung, die die Biomassestrom-Nachhaltigkeitsverordnung vom 23. Juli 2009 (BGBl. I S. 2174), zuletzt geändert durch Artikel 3 des Gesetzes vom 20. November 2014 (BGBl. I S. 1740), in der jeweils geltenden Fassung stellt, entsprechen. [4]Das Umweltministerium wird ermächtigt, im Einvernehmen mit dem Finanz- und Wirtschaftsministerium und dem Ministerium für Ländlichen Raum und Ver- braucherschutz durch Rechtsverordnung vorzuschreiben, dass Bioöle nur dann als Erfüllung der Nut- zungspflicht nach Absatz 1 anerkannt werden, wenn sie nachweislich ein bestimmtes Treibhausgas- minderungspotenzial erreichen.

(5) [1]Die Nutzung von Einzelraumfeuerungsanlagen wird in Wohngebäuden nur dann als Nutzung erneuerbarer Energien anerkannt, wenn

1. ein Kamineinsatz oder ein Heizeinsatz für Kachel- oder Putzöfen mit einem Mindestwirkungsgrad von 80 Prozent, in dem ausschließlich naturbelassenes stückiges Holz eingesetzt wird, oder

2. ein Grundofen, in dem ausschließlich naturbelassenes stückiges Holz eingesetzt wird, oder

3. ein Ofen entsprechend DIN EN 14785: 2006-09[1]), einschließlich Berichtigung 1: 2007-10, zur Verfeuerung von Holzpellets mit einem Mindestwirkungsgrad von 90 Prozent

zum Einsatz kommt. [2]Die Einzelraumfeuerungsanlage muss mindestens 30 Prozent der Wohnfläche überwiegend beheizen oder mit einem Wasserwärmeübertrager ausgestattet sein. [3]Eine Einzelraum-

---

1) **Amtl. Anm.:** Amtlicher Hinweis: Die zitierte VDI-Richtlinie sowie die zitierten DIN-Vornormen und Normen sind im Beuth-Verlag GmbH, Berlin, veröffentlicht.

feuerungsanlage nach Nummer 1 bis 3, die bis zum 30. Juni 2015 in Betrieb genommen wurde und mindestens 25 Prozent der Wohnfläche überwiegend beheizt, gilt in Wohngebäuden als Erfüllung der Nutzungspflicht zu zwei Dritteln.

Teil 2
Wohngebäude

§ 6 Anerkennung und Berechnung bei Wohngebäuden

(1) [1]Die anteilige Nutzung erneuerbarer Energien nach § 5 kann bei Wohngebäuden im Einzelfall berechnet oder bei Solarthermie auch nach § 7 pauschaliert werden. [2]Die Erfüllung durch Energieeinsparmaßnahmen durch baulichen Wärmeschutz ist nur nach Maßgabe des § 8 möglich. [3]Die Erfüllung durch die Ersatzmaßnahmen Kraft-Wärme-Kopplung (KWK), Anschluss an ein Wärmenetz oder Photovoltaik ist gemäß § 10 möglich.

(2) Die Nutzungspflicht nach § 4 Absatz 1 kann auch durch das Erstellen eines gebäudeindividuellen energetischen Sanierungsfahrplans gemäß § 9 anteilig erfüllt werden.

(3) Die Kombination verschiedener Erfüllungsoptionen untereinander und mit Energieeinsparmaßnahmen durch baulichen Wärmeschutz ist nur gemäß § 11 möglich.

§ 7 Pauschalierte Erfüllung bei Solarthermie

[1]Wenn keine Berechnung im Einzelfall erfolgt, gilt die Pflicht nach § 4 Absatz 1 bei der Nutzung von solarer Strahlungsenergie durch verglaste Flachkollektoren oder Röhrenkollektoren als erfüllt, wenn

1. bei Wohngebäuden mit höchstens zwei Wohneinheiten solarthermische Anlagen mit einer Fläche von mindestens 0,07 Quadratmetern Aperturfläche je Quadratmeter Wohnfläche und

2. bei Wohngebäuden mit mehr als zwei Wohneinheiten solarthermische Anlagen mit einer Fläche von mindestens 0,06 Quadratmetern Aperturfläche je Quadratmeter Wohnfläche

genutzt werden. [2]Beim Einsatz von Vakuumröhrenkollektoren verringert sich die Mindestfläche um 20 Prozent.

§ 8 Energieeinsparmaßnahmen durch baulichen Wärmeschutz

(1) Die Nutzungspflicht nach § 4 Absatz 1 kann durch folgende Maßnahmen erfüllt werden:

1. Dachflächen sowie Decken und Wände gegen unbeheizte Dachräume von Gebäuden mit maximal vier Vollgeschossen werden so gedämmt, dass die Anforderungen an den in Anlage 3 Tabelle 1 der Energieeinsparverordnung in der am 1. Mai 2014 geltenden Fassung, festgelegten Wärmedurchgangskoeffizienten im Durchschnitt um mindestens 20 Prozent unterschritten werden. Bei Gebäuden von fünf bis acht Vollgeschossen kann diese Maßnahme zu zwei Dritteln, bei Gebäuden mit mehr als acht Vollgeschossen zu einem Drittel angerechnet werden.

2. Die Außenwände werden so gedämmt, dass die Anforderungen an den in Anlage 3 Tabelle 1 der Energieeinsparverordnung in der in Nummer 1 genannten Fassung festgelegten Wärmedurchgangskoeffizienten um mindestens 20 Prozent unterschritten werden.

3. Der Transmissionswärmeverlust des Wohngebäudes wird durch eine geeignete Kombination von Maßnahmen so reduziert, dass die Anforderungen an den Transmissionswärmeverlust H'T in Anlage 1 Tabelle 2 der Energieeinsparverordnung in der in Nummer 1 genannten Fassung

    a) bei Gebäuden, für die der Bauantrag vor dem 1. November 1977 gestellt worden ist, um nicht mehr als 40 Prozent überschritten werden,

    b) bei Gebäuden, für die der Bauantrag zwischen dem 1. November 1977 und dem 31. Dezember 1994 gestellt worden ist, um nicht mehr als 10 Prozent überschritten werden,

    c) bei Gebäuden, für die zwischen dem 1. Januar 1995 und dem 31. Januar 2002 der Bauantrag gestellt oder die Bauanzeige erstattet worden ist, um mindestens 20 Prozent unterschritten werden,

    d) bei Gebäuden, für die zwischen dem 1. Februar 2002 und dem 31. Dezember 2008 der Bauantrag gestellt oder die Bauanzeige erstattet worden ist, um mindestens 30 Prozent unterschritten werden.

(2) [1]Die Nutzungspflicht nach § 4 Absatz 1 kann bei Gebäuden mit maximal zwei Vollgeschossen zu zwei Dritteln erfüllt werden, wenn die Bauteile, die die beheizten Räume nach unten gegen unbeheizte Räume, Außenluft oder Erdreich begrenzen, so gedämmt werden, dass die Anforderungen an den in Anlage 3 Tabelle 1 festgehaltenen Wärmedurchgangskoeffizienten der Energieeinsparverordnung in

der in Absatz 1 Nummer 1 genannten Fassung um mindestens 20 Prozent unterschritten werden. [2]Bei Gebäuden mit bis zu vier Vollgeschossen kann die Nutzungspflicht dadurch zu einem Drittel erfüllt werden.

§ 9 Gebäudeindividueller energetischer Sanierungsfahrplan

(1) Die Nutzungspflicht nach § 4 Absatz 1 kann in Kombination nach § 11 mit anderen Maßnahmen zu einem Drittel auch dadurch erfüllt werden, dass die Verpflichteten einen gebäudeindividuellen energetischen Sanierungsfahrplan (Sanierungsfahrplan) vorlegen.

(2) [1]Ein Sanierungsfahrplan enthält ausgehend vom Ist-Zustand des Gebäudes Empfehlungen für Maßnahmen am Gebäude, die sich am langfristigen Ziel eines nahezu klimaneutralen Gebäudebestands im Jahr 2050 orientieren und schrittweise oder in einem Zug durchgeführt werden können. [2]Die Maßnahmenempfehlungen berücksichtigen die gebäudeindividuellen Gegebenheiten, insbesondere die geschätzten zu erwartenden Kosten der Maßnahmen und Energiekosteneinsparungen, die öffentlichen Fördermöglichkeiten, bautechnische, bauphysikalische und anlagentechnische Aspekte sowie baukulturelle und städtebauliche Vorgaben.

(3) Ein bereits vor Entstehen der Nutzungspflicht nach § 4 Absatz 1 erstellter Sanierungsfahrplan wird entsprechend Absatz 1 anerkannt, wenn zwischen dem Erstellungsdatum und dem Zeitpunkt des Austauschs der Heizanlage nicht mehr als 5 Jahre liegen.

(4) [1]Die Landesregierung kann durch Rechtsverordnung Inhalte und Voraussetzungen für die Erstellung und Anerkennung von Sanierungsfahrplänen vorgeben. [2]Die Vorgaben können sich insbesondere beziehen auf

1. die allgemeinen Anforderungen und langfristige Zielrichtung,
2. Berücksichtigung von Besonderheiten bei Gebäudekomplexen,
3. die Berechtigung zur Ausstellung von Sanierungsfahrplänen einschließlich der Anforderungen an die Qualifikation der Aussteller,
4. Anforderungen an die Dokumentation und Darstellung der Ergebnisse,
5. Vorgaben hinsichtlich der für die Berechnungen zugrunde zu legenden Normen,
6. die Anerkennung von vergleichbaren Sanierungskonzepten, einschließlich solcher, die vor dem Inkrafttreten dieses Gesetzes erstellt wurden.

§ 10 Ersatzmaßnahmen

(1) Die Nutzungspflicht nach § 4 Absatz 1 kann auch dadurch erfüllt werden, dass

1. der Wärmeenergiebedarf ganz oder teilweise in Kraft-Wärme-Kopplung mit einer elektrischen Leistung bis zu 20 kW gedeckt wird und das KWK-Gerät hocheffizient im Sinne der Richtlinie 2012/27/EU des Europäischen Parlaments und des Rates vom 25. Oktober 2012 zur Energieeffizienz, zur Änderung der Richtlinien 2009/125/EG und 2010/30/EU und zur Aufhebung der Richtlinien 2004/8/EG und 2006/32/EG (ABl. L 315 vom 14. 11. 2012, S. 1) ist, einen Gesamtwirkungsgrad von mindestens 80 Prozent aufweist sowie mindestens 15 kWh elektrische Nettoarbeit pro Quadratmeter Wohnfläche pro Jahr erzeugt, oder
2. der Wärmeenergiebedarf überwiegend in Kraft-Wärme-Kopplung mit einer elektrischen Leistung über 20 kW gedeckt wird und das KWK-Gerät hocheffizient im Sinne der unter Nummer 1 genannten Richtlinie ist sowie einen Gesamtwirkungsgrad von mindestens 80 Prozent aufweist.

(2) Die Nutzungspflicht nach § 4 Absatz 1 kann auch dadurch erfüllt werden, dass der Wärmeenergiebedarf des Gebäudes durch Anschluss an ein Wärmenetz oder eine andere Einrichtung zur leitungsgebundenen Wärmeversorgung von mehreren Gebäuden gedeckt wird, deren verteilte Wärme

1. zu mindestens 50 Prozent aus KWK-Geräten, die hocheffizient im Sinne der unter Absatz 1 Nummer 1 genannten Richtlinie sind, oder
2. zu mindestens 50 Prozent aus Anlagen zur Nutzung von Abwärme oder
3. zu einem Anteil von mindestens 15 Prozent aus erneuerbaren Energien oder
4. aus einer Kombination der Anforderungen nach Nummer 1 bis 3 stammt.

(3) Die Nutzungspflicht nach § 4 Absatz 1 kann auch dadurch erfüllt werden, dass eine Anlage zur Erzeugung von Strom aus solarer Strahlungsenergie im unmittelbaren räumlichen Zusammenhang zu dem Gebäude mit einer Nennleistung von mindestens 0,02 kWp je Quadratmeter Wohnfläche betrieben wird.

§ 11 Kombinationsmöglichkeiten

(1) Erneuerbare Energien, Energieeinsparmaßnahmen und Ersatzmaßnahmen können zur Erfüllung der Nutzungspflicht nach § 4 Absatz 1 untereinander und miteinander kombiniert werden.

(2) [1]Erneuerbare Energien und Ersatzmaßnahmen werden entsprechend ihrem Anteil am Wärmeenergiebedarf angerechnet. [2]Beim pauschalierten Nachweis für Solarthermie kann auch auf das Verhältnis der tatsächlichen Fläche zu der geforderten zurückgegriffen werden, bei Photovoltaik auf das Verhältnis der geforderten Leistung zu der installierten. [3]Bei KWK-Geräten mit einer elektrischen Leistung bis zu 20 kW ist das Verhältnis der tatsächlich erzeugten jährlichen elektrischen Nettoarbeit zu der geforderten maßgeblich.

(3) [1]Soweit nicht der gesamte Wärmeenergiebedarf eines Gebäudes durch eine Wärmepumpe nach § 5 Absatz 2 gedeckt wird, kann ein Teil der von der Wärmepumpe gelieferten Wärmemenge als erneuerbare Energie angerechnet werden. [2]Bei einer Wärmepumpe nach § 5 Absatz 2 Satz 1 Nummer 1 ist dies der Teil der gelieferten Wärmemenge, der dem Verhältnis ihrer Jahresarbeitszahl abzüglich des Ausgangswerts 3,0 zu dieser Jahresarbeitszahl entspricht. [3]Bei Wärmepumpen nach § 5 Absatz 2 Satz 1 Nummer 2 beträgt der Ausgangswert 1,0.

(4) Soweit bei einer zentralen Mehrkesselanlage nicht der gesamte Wärmeenergiebedarf eines Gebäudes durch feste Biomasse gedeckt wird, kann für die Erfüllung der Nutzungspflicht das prozentuale Verhältnis von Nennwärmeleistung des zur Deckung der Grundlast vorgesehenen Heizkessels für feste Biomasse und gesamter installierter Heizleistung herangezogen werden.

(5) [1]Energieeinsparmaßnahmen durch baulichen Wärmeschutz nach § 8 Absatz 1 Nummer 1 und 2 werden entsprechend dem Verhältnis der anforderungsgemäß gedämmten Fläche zur Gesamtfläche der jeweiligen Bauteile angerechnet. [2]Kombinierte Maßnahmen zur Verbesserung des baulichen Wärmeschutzes nach § 8 Absatz 1 Nummer 3, die insgesamt den entsprechend den in § 8 Absatz 1 Nummer 3 Buchstaben a bis d festgelegten spezifischen Transmissionswärmeverlust überschreiten, können dabei proportional dazu angerechnet werden, wie weit sie den jeweiligen Zielwert ihrer Altersklasse erreichen. [3]Als Ausgangswert dient dabei der Zielwert der jeweils vorhergehenden Altersklasse. [4]Für Gebäude nach § 8 Absatz 1 Nummer 3 Buchstabe a ist der Ausgangswert die Überschreitung der Anforderungen an den Transmissionswärmeverlust H'T in Anlage 1 Tabelle 2 der Energieeinsparverordnung der in § 8 Absatz 1 Nummer 1 genannten Fassung um nicht mehr als 70 Prozent.

(6) [1]Einzelraumfeuerungen können mit anderen Erfüllungsoptionen nur in den Fällen des § 5 Absatz 5 Satz 3 zur vollständigen Erfüllung der Nutzungspflicht nach § 4 Absatz 1 kombiniert werden. [2]Im Übrigen ist eine Kombination mit Einzelraumfeuerungen ausgeschlossen.

§ 12 Gebäudekomplexe

(1) Innerhalb eines Gebäudekomplexes können die Verpflichteten ihre Pflicht aus § 4 Absatz 1 auch dadurch erfüllen, dass sie Maßnahmen nach den §§ 7 bis 11 an einem anderen Gebäude vornehmen, dessen Wärmeenergiebedarf vergleichbar ist mit dem Wärmeenergiebedarf des Gebäudes, dessen Heizanlage ausgetauscht wird.

(2) [1]Wird auch die Heizanlage des anderen Gebäudes ausgetauscht, können Maßnahmen nach Absatz 1 nicht gleichzeitig der Erfüllung der Nutzungspflicht für dieses Gebäude dienen. [2]Maßnahmen können innerhalb eines Gebäudekomplexes nicht mehrfach in Anrechnung gebracht werden.

Teil 3
Nichtwohngebäude

§ 13 Anerkennung und Berechnung bei Nichtwohngebäuden

(1) [1]Die anteilige Nutzung erneuerbarer Energien nach § 5 kann bei Nichtwohngebäuden im Einzelfall berechnet oder nach Maßgabe des § 14 pauschaliert werden. [2]Die Erfüllung durch Energieeinsparmaßnahmen durch baulichen Wärmeschutz ist nach Maßgabe des § 15 möglich. [3]Der Einsatz von Einzelraumfeuerungen wird nicht anerkannt. [4]Die Erfüllung durch die Ersatzmaßnahmen Kraft-Wärme-Kopplung, Anschluss an ein Wärmenetz, Photovoltaik, Wärmerückgewinnung in Lüftungsanlagen und Abwärmenutzung ist gemäß § 17 möglich.

(2) Die Anerkennung des Sanierungsfahrplans richtet sich bei Nichtwohngebäuden nach § 16.

(3) Die Kombination verschiedener Erfüllungsoptionen untereinander und mit Energieeinsparmaßnahmen durch baulichen Wärmeschutz ist nur gemäß § 18 möglich.

§ 14 Pauschalierte Erfüllung mit Solarthermie bei Nichtwohngebäuden

[1]Wenn keine Berechnung im Einzelfall erfolgt, gilt die Pflicht nach § 4 Absatz 1 bei der Nutzung von solarer Strahlungsenergie durch verglaste Flachkollektoren oder Röhrenkollektoren als erfüllt, wenn solarthermische Anlagen mit einer Fläche von mindestens 0,06 Quadratmetern Aperturfläche je Quadratmeter Nettogrundfläche betrieben werden. [2]Beim Einsatz von Vakuumröhrenkollektoren verringert sich die Mindestfläche um 20 Prozent.

§ 15 Energieeinsparmaßnahmen durch baulichen Wärmeschutz bei Nichtwohngebäuden

(1) Die Nutzungspflicht nach § 4 Absatz 1 kann nach Maßgabe des § 8 Absatz 1 Nummer 1 und 2 und Absatz 2 erfüllt werden.

(2) Bei Nichtwohngebäuden kann die Pflicht nach § 4 Absatz 1 darüber hinaus dadurch erfüllt werden, dass der Wärmeenergiebedarf um 15 Prozent im Vergleich zu dem Bedarf bei Entstehung der Pflicht gesenkt wird.

§ 16 Gebäudeindividueller energetischer Sanierungsfahrplan bei Nichtwohngebäuden

(1) Die Nutzungspflicht nach § 4 Absatz 1 kann auch dadurch erfüllt werden, dass die Verpflichteten einen Sanierungsfahrplan vorlegen.

(2) Über die Vorgaben des § 9 Absatz 2 hinaus hat der Sanierungsfahrplan bei Nichtwohngebäuden auch Lüftung, Kühlung, Klimatisierung und Beleuchtung zu umfassen.

(3) § 9 Absatz 3 und 4 gilt entsprechend.

§ 17 Ersatzmaßnahmen bei Nichtwohngebäuden

(1) [1]Für Ersatzmaßnahmen gilt § 10 entsprechend. [2]Bei § 10 Absatz 1 und 3 ist die Nettogrundfläche des Gebäudes maßgeblich.

(2) Die Nutzungspflicht nach § 4 Absatz 1 kann auch durch den Einsatz einer Wärmerückgewinnungsanlage in Lüftungsanlagen erfüllt werden, soweit die rückgewonnene Wärmemenge abzüglich des dreifachen Stromaufwands zum Betrieb der Wärmerückgewinnungsanlage (anrechenbare rückgewonnene Wärmemenge) mindestens 15 Prozent des jährlichen Wärmeenergiebedarfs deckt und

1. der Wärmerückgewinnungsgrad der Anlage mindestens 70 Prozent beträgt sowie
2. die Leistungszahl, die aus dem Verhältnis von der aus der Wärmerückgewinnung stammenden und genutzten Wärme zum Stromeinsatz für den Betrieb der Wärmerückgewinnungsanlage ermittelt wird, mindestens 10 beträgt.

Die anrechenbare rückgewonnene jährliche Wärmemenge ist

a) nach anerkannten Regeln der Technik zu berechnen, wobei die angesetzten Betriebszeiten von Lüftungsanlagen die Betriebszeiten nicht überschreiten dürfen, die in den DIN V 18599-10[1)] als Nutzungsprofile angegeben sind, oder kann
b) durch Multiplikation des mittleren Betriebsvolumenstroms der Lüftungsanlage (Außenluftstrom der Zuluft) während der Heizzeit von Anfang Oktober bis Ende April mit dem Faktor 13 Kilowattstunden pro Jahr und Kubikmetern pro Stunde ermittelt werden, wenn

  aa) die von der Lüftungsanlage mit Wärmerückgewinnung belüftete Nettogrundfläche maximal 1000 Quadratmeter beträgt,
  bb) der Lüftungs-Nennvolumenstrom mit höchstens neun Kubikmetern pro Stunde und Quadratmeter belüfteter Nettogrundfläche angesetzt wird, und
  cc) der mittlere Betriebsvolumenstrom der Lüftungsanlage während der Heizzeit von Anfang Oktober bis Ende April höchstens bis zu folgenden Anteilen des nach Buchstabe b ansetzbaren Lüftungs-Nennvolumenstroms angesetzt wird:
    – für Wohnbereiche (Anteil in einem Nichtwohngebäude): 1,0,
    – für Bürobereiche: 0,37,
    – für Klassenzimmer in Schulen; Gruppenräume in Kindergärten: 0,2.
    Im Übrigen sind maximal die in DIN V 18599-10 für die jeweilige Nutzung angegebenen Betriebszeiten der Lüftungsanlage anzusetzen.

(3) [1]Die Nutzungspflicht nach § 4 Absatz 1 kann auch durch die Nutzung von bisher nicht genutzter Abwärme aus anderen Prozessen als dem Heizprozess selbst erfüllt werden, soweit die für die Deckung des Wärmeenergiebedarfs genutzte Abwärmemenge abzüglich des dreifachen Stromaufwands zum

---

1) **Amtl. Anm.:** Amtlicher Hinweis: Die zitierte VDI-Richtlinie sowie die zitierten DIN-Vornormen und Normen sind im Beuth-Verlag GmbH, Berlin, veröffentlicht.

Betrieb der Abwärmenutzungsanlage (anrechenbare genutzte Abwärmemenge) mindestens 15 Prozent des jährlichen Wärmeenergiebedarfs deckt. ²Die anrechenbare genutzte Abwärmemenge ist nach anerkannten Regeln der Technik zu berechnen.

§ 18 Kombinationsmöglichkeiten bei Nichtwohngebäuden

(1) ¹Für Kombinationen verschiedener Erfüllungsoptionen gilt § 11 Absatz 1 bis 5 Satz 1 entsprechend. ²Maßnahmen nach § 15 Absatz 2 können ebenfalls anteilig angerechnet werden.

(2) ¹Deckt die entsprechend § 17 Absatz 2 ermittelte anrechenbare rückgewonnene Wärmemenge weniger als 15 Prozent des Wärmeenergiebedarfs kann der errechnete Wert proportional zum geforderten Deckungsanteil am Wärmeenergiebedarf angerechnet werden. ²Dies gilt entsprechend für § 17 Absatz 3. ³Erfolgt die Wärmerückgewinnung in einer Lüftungsanlage mit Hilfe einer Wärmepumpe und soll diese zur Erfüllung der Nutzungspflicht nach § 4 Absatz 1 herangezogen werden, gelten § 5 Absatz 2 und § 11 Absatz 3 entsprechend.

Teil 4
Ausnahmen und Befreiungen

§ 19 Ausnahmen und Befreiungen

(1) Die Nutzungspflicht nach § 4 Absatz 1 entfällt, soweit alle zur Erfüllung anerkannten Maßnahmen technisch oder baulich unmöglich sind oder sie denkmalschutz-rechtlichen oder anderen öffentlich-rechtlichen Vorschriften widersprechen.

(2) ¹Von der Nutzungspflicht ist auf Antrag ganz, teilweise oder zeitweise zu befreien, soweit oder solange diese im Einzelfall wegen besonderer Umstände zu einer unzumutbaren Belastung führen würde. ²Eine unzumutbare Belastung kann insbesondere dann vorliegen, wenn

1. die Verpflichteten auf Grund ihrer persönlichen oder betrieblichen Situation nicht in der Lage sind, die günstigste Maßnahme oder Kombination von Maßnahmen zu finanzieren, oder

2. die dauerhafte Leistungsfähigkeit einer Gemeinde oder eines Gemeindeverbands als Verpflichtete zum Zeitpunkt des Austauschs oder durch die Erfüllung der Nutzungspflicht nach § 4 Absatz 1 nachhaltig beeinträchtigt oder eine öffentlich-rechtliche Religions- oder Weltanschauungsgemeinschaft überschuldet würde.

Teil 5
Vollzug und Zuständigkeit

§ 20 Nachweispflicht

(1) ¹Die Verpflichteten müssen der zuständigen Behörde nachweisen, welche Maßnahmen oder Maßnahmenkombinationen sie zur Erfüllung der Nutzungspflicht nach § 4 Absatz 1 ergriffen haben. ²Bei Maßnahmenkombinationen sind die dafür erforderlichen Nachweise zeitgleich vorzulegen und der jeweilige Anteil an der Erfüllung anzugeben.

(2) ¹Der Nachweis erfolgt bei der Nutzung erneuerbarer Energien, Energieeinsparmaßnahmen durch baulichen Wärmeschutz sowie Ersatzmaßnahmen durch die Bestätigung eines Sachkundigen. ²Das Vorliegen der Voraussetzungen für das Entfallen der Nutzungspflicht aufgrund von technischer oder baulicher Unmöglichkeit ist ebenfalls durch einen Sachkundigen bestätigen zu lassen. ³Beim Widerspruch zu öffentlich-rechtlichen Vorschriften genügt es, das Vorliegen der Voraussetzungen anzuzeigen.

(3) ¹Wird die Pflicht durch den Bezug von gasförmiger und flüssiger Biomasse erfüllt, sind durch eine Bestätigung der Brennstofflieferantin oder des Brennstofflieferanten die fossilen und regenerativen Anteile der jeweils gelieferten Brennstoffe sowie beim Bezug gasförmiger Biomasse die Erfüllung der in § 5 Absatz 3 Satz 2 und 3 und beim Bezug flüssiger Biomasse der in § 5 Absatz 4 Satz 3 und 4 genannten Anforderungen nachzuweisen. ²Die der erstmaligen Abrechnung der Brennstofflieferung folgenden Bestätigungen sind auf Anforderung vorzulegen. ³Die Bestätigungen sind fünf Jahre aufzubewahren.

(4) Bei Erfüllung der Pflicht durch das Erstellen eines Sanierungsfahrplans erfolgt der Nachweis durch dessen Vorlage.

(5) Wird die Pflicht durch Anschluss an ein Wärmenetz nach § 10 Absatz 2 erfüllt, genügt eine Bestätigung der Wärmenetzbetreiberin oder des Wärmenetzbetreibers, dass die betreffenden Voraussetzungen vorliegen.

(6) [1]Für die Einzelfallberechnung ist die durch erneuerbare Energien gewonnene Wärme dem gesamten Wärmeenergiebedarf des Gebäudes gegenüber zu stellen. [2]Die durch erneuerbare Energien gewonnene Wärme ist nach den anerkannten Regeln der Technik unter Beachtung der Vorgaben des § 5 zu berechnen.

§ 21 Hinweispflicht

(1) [1]Die Sachkundigen haben die Verpflichteten auf ihre Pflichten nach § 4 Absatz 1 sowie auf die verschiedenen Möglichkeiten der Erfüllung hinzuweisen, wenn sie für die Verpflichteten Aufgaben im Zusammenhang mit der Bereitstellung oder dem Austausch einer Heizanlage wahrnehmen oder mit der Erfüllung der Nutzungspflicht beauftragt werden. [2]Zur Erfüllung der Hinweispflicht genügt es, wenn die Sachkundigen den Verpflichteten ein entsprechendes Merkblatt übergeben.

(2) [1]Das Umweltministerium wird ermächtigt, durch Rechtsverordnung im Einvernehmen mit dem Finanz- und Wirtschaftsministerium zur Vereinfachung und Vereinheitlichung des Nachweisverfahrens festzulegen, welche Angaben die erforderlichen Nachweise nach § 20 sowie das Merkblatt nach Absatz 1 enthalten müssen. [2]Als Angaben für die Nachweise können die zur Überprüfung der Pflichterfüllung oder der Voraussetzungen für das Entfallen der Nutzungspflicht erforderlichen Informationen, wie zum Beispiel Wärmeenergiebedarf, Art der Pflichterfüllung und Leistung der Anlage, vorgesehen werden.

§ 22 Zuständige Behörde, Aufgaben, Befugnisse

(1) [1]Sachlich zuständig sind die unteren Baurechtsbehörden. [2]Sie überwachen die Einhaltung der Nutzungs- und Nachweispflichten sowie der Hinweispflichten nach diesem Gesetz. [3]Sie unterliegen für den Vollzug dieses Gesetzes der Fachaufsicht der Regierungspräsidien.

(2) [1]Die bevollmächtigten Bezirksschornsteinfegerinnen und Bezirksschornsteinfeger haben Namen und Adressen der Eigentümerinnen und Eigentümer, deren Heizanlagen ausgetauscht wurden, den verwendeten Brennstoff sowie das Datum der Abnahmebescheinigung innerhalb von drei Monaten nach Abnahme an die zuständige Behörde zu übermitteln. [2]In Fällen, in denen keine Abnahme erforderlich ist, haben die bevollmächtigten Bezirksschornsteinfegerinnen und Bezirksschornsteinfeger Namen und Adressen der Eigentümer, deren ursprüngliche, nach der Kehr- und Überprüfungsordnung überwachungspflichtige Heizanlage stillgelegt und durch eine nicht der Abnahmepflicht unterliegende Anlage ersetzt wird, innerhalb von 3 Monaten ab Kenntnis an die zuständige Behörde zu übermitteln.

(3) [1]Kommen Verpflichtete ihrer Nachweispflicht nach § 20 nicht nach, kann die zuständige Behörde die Vorlage des Nachweises anordnen. [2]Kommen Verpflichtete ihrer Nutzungspflicht nach § 4 Absatz 1 nicht nach, kann die zuständige Behörde die Erfüllung der Nutzungspflicht anordnen.

(4) Sofern untere Baurechtsbehörde eine Gemeinde oder Verwaltungsgemeinschaft nach § 46 Absatz 2 der Landesbauordnung in der jeweils geltenden Fassung ist, sind die mit diesem Gesetz übertragenen Aufgaben Pflichtaufgaben nach Weisung.

(5) Die für die Fachaufsicht zuständigen Behörden können den nachgeordneten Behörden unbeschränkt Weisung erteilen.

(6) [1]Die unteren Baurechtsbehörden sind verpflichtet, in anonymisierter Form aus den nach § 22 Absatz 2 übermittelten Angaben und den nach § 20 vorgelegten Nachweisen die Art und Anzahl der gemeldeten Heizungsaustauschfälle, der Nachweise zur Erfüllung der Nutzungspflicht nach § 4 Absatz 1, der Ausnahmen und Befreiungen sowie der Bußgeldverfahren den für die Fachaufsicht zuständigen Behörden oder der vom Umweltministerium bestimmten Stelle zu übermitteln. [2]Das Umweltministerium wird zum Zwecke der Evaluation ermächtigt, in einer Rechtsverordnung Verfahren zur Erhebung, Übermittlung und Speicherung von Daten aus Angaben nach § 22 Absatz 2 und Nachweisen nach § 20 festzulegen.

Teil 6
Ergänzende Bestimmungen

§ 23 Ordnungswidrigkeiten

(1) Ordnungswidrig handelt, wer vorsätzlich oder fahrlässig

1. seinen Verpflichtungen nach § 4 Absatz 1 nicht oder nicht vollständig oder nicht rechtzeitig nachkommt,

2. seinen Nachweispflichten nach § 20 Absatz 1 nicht oder nicht rechtzeitig nachkommt oder

3. auf den nach § 20 vorzulegenden Nachweisen falsche Angaben macht.

(2) Ordnungswidrig handelt, wer vorsätzlich oder fahrlässig

1. als Sachkundiger im Sinne von § 3 Nummer 11 oder Brennstofflieferantin oder Brennstofflieferant oder Wärmenetzbetreiberin oder Wärmenetzbetreiber auf den Bestätigungen nach § 20 oder als Ausstellerin oder Aussteller des Sanierungsfahrplans falsche Angaben macht,

2. als Sachkundiger im Sinne von § 3 Nummer 11 einer Hinweispflicht nach § 21 Absatz 1 nicht nachkommt.

(3) Ordnungswidrigkeiten nach Absatz 1 Nummer 1 und 3 und Absatz 2 Nummer 1 können mit einer Geldbuße bis zu 100 000 Euro, Ordnungswidrigkeiten nach Absatz 1 Nummer 2 und Absatz 2 Nummer 2 mit einer Geldbuße bis zu 50 000 Euro geahndet werden.

(4) Verwaltungsbehörde im Sinne von § 36 Absatz 1 Nummer 1 des Gesetzes über Ordnungswidrigkeiten in der jeweils geltenden Fassung ist die untere Baurechtsbehörde.

§ 24 Verhältnis zum Erneuerbare-Energien-Wärmegesetz bei öffentlichen Gebäuden
Die Pflichten aus diesem Gesetz sind für öffentliche Gebäude neben denen des Erneuerbare-Energien-Wärmegesetzes zu erfüllen.

§ 25 Ermächtigung für innovative Technologien und Evaluation
(1) Das Umweltministerium wird ermächtigt, im Einvernehmen mit dem Finanz- und Wirtschaftsministerium durch Rechtsverordnung weitere Technologien, deren Einsatz in der Regel eine den in diesem Gesetz anerkannten Technologien vergleichbare Klimaschutzwirkung hat und deren Einsatz insgesamt dem Umweltschutz dient, als Erfüllungsoptionen anzuerkennen und deren Bedingungen festzulegen.

(2) [1]Das Umweltministerium berichtet dem Landtag bis zum 31. Dezember 2018 über den Stand der Umsetzung des Gesetzes, die technische und wirtschaftliche Entwicklung beim Einsatz erneuerbarer Energien zu Zwecken der Wärmeversorgung sowie über die ersten Erfahrungen mit dem Sanierungsfahrplan und der Einbeziehung von Nichtwohngebäuden. [2]Es wird insbesondere zu prüfen sein, ob und inwieweit die in diesem Gesetz getroffenen Regelungen ohne weitere Anpassungen geeignet sind, die Klimaschutzziele zu erreichen.

§ 26 Übergangsvorschriften
[1]Auf Gebäude, deren Heizanlage vor Inkrafttreten dieses Gesetzes ausgetauscht wurde, ist das Erneuerbare-Wärme-Gesetz in der bis zum 30. Juni 2015 geltenden Fassung anzuwenden. [2]Die danach Verpflichteten können alternativ die Anforderungen dieses Gesetzes erfüllen.

§ 27 Inkrafttreten und Außerkrafttreten
[1]Dieses Gesetz tritt am 1. Juli 2015 in Kraft. [2]Gleichzeitig tritt das Erneuerbare-Wärme-Gesetz in der Fassung vom 20. November 2007 (GBl. S. 531) sowie die Verordnung des Umweltministeriums zum Erneuerbare-Wärme-Gesetz vom 8. Dezember 2009 (GBl. S. 769) außer Kraft.

Das vorstehende Gesetz wird hiermit ausgefertigt und ist zu verkünden.

Verwaltungsgerichtsordnung (VwGO)

In der Fassung der Bekanntmachung vom 19. März 1991 (BGBl. I S. 686) (FNA 340-1)

zuletzt geändert durch Art. 5 Abs. 24 G zur Einführung einer Karte für Unionsbürger und Angehörige des Europäischen Wirtschaftsraums mit Funktion zum elektronischen Identitätsnachweis sowie zur Änd. des PersonalausweisG und weiterer Vorschriften vom 21. Juni 2019 (BGBl. I S. 846)

– Auszug –

...

6. Abschnitt
Verwaltungsrechtsweg und Zuständigkeit

§ 40 [Zulässigkeit des Verwaltungsrechtsweges]

(1) [1]Der Verwaltungsrechtsweg ist in allen öffentlich-rechtlichen Streitigkeiten nichtverfassungsrechtlicher Art gegeben, soweit die Streitigkeiten nicht durch Bundesgesetz einem anderen Gericht ausdrücklich zugewiesen sind. [2]Öffentlich-rechtliche Streitigkeiten auf dem Gebiet des Landesrechts können einem anderen Gericht auch durch Landesgesetz zugewiesen werden.

(2) [1]Für vermögensrechtliche Ansprüche aus Aufopferung für das gemeine Wohl und aus öffentlich-rechtlicher Verwahrung sowie für Schadensersatzansprüche aus der Verletzung öffentlich-rechtlicher Pflichten, die nicht auf einem öffentlich-rechtlichen Vertrag beruhen, ist der ordentliche Rechtsweg gegeben; dies gilt nicht für Streitigkeiten über das Bestehen und die Höhe eines Ausgleichsanspruchs im Rahmen des Artikels 14 Abs. 1 Satz 2 des Grundgesetzes. [2]Die besonderen Vorschriften des Beamtenrechts sowie über den Rechtsweg bei Ausgleich von Vermögensnachteilen wegen Rücknahme rechtswidriger Verwaltungsakte bleiben unberührt.

§ 41 (weggefallen)

§ 42 [Anfechtungs- und Verpflichtungsklage]

(1) Durch Klage kann die Aufhebung eines Verwaltungsakts (Anfechtungsklage) sowie die Verurteilung zum Erlaß eines abgelehnten oder unterlassenen Verwaltungsakts (Verpflichtungsklage) begehrt werden.

(2) Soweit gesetzlich nichts anderes bestimmt ist, ist die Klage nur zulässig, wenn der Kläger geltend macht, durch den Verwaltungsakt oder seine Ablehnung oder Unterlassung in seinen Rechten verletzt zu sein.

§ 43 [Feststellungsklage]

(1) Durch Klage kann die Feststellung des Bestehens oder Nichtbestehens eines Rechtsverhältnisses oder der Nichtigkeit eines Verwaltungsakts begehrt werden, wenn der Kläger ein berechtigtes Interesse an der baldigen Feststellung hat (Feststellungsklage).

(2) [1]Die Feststellung kann nicht begehrt werden, soweit der Kläger seine Rechte durch Gestaltungs- oder Leistungsklage verfolgen kann oder hätte verfolgen können. [2]Dies gilt nicht, wenn die Feststellung der Nichtigkeit eines Verwaltungsakts begehrt wird.

...

8. Abschnitt
Besondere Vorschriften für Anfechtungs- und Verpflichtungsklagen

§ 68 [Vorverfahren]

(1) [1]Vor Erhebung der Anfechtungsklage sind Rechtmäßigkeit und Zweckmäßigkeit des Verwaltungsakts in einem Vorverfahren nachzuprüfen. [2]Einer solchen Nachprüfung bedarf es nicht, wenn ein Gesetz dies bestimmt oder wenn

1. der Verwaltungsakt von einer obersten Bundesbehörde oder von einer obersten Landesbehörde erlassen worden ist, außer wenn ein Gesetz die Nachprüfung vorschreibt, oder

2. der Abhilfebescheid oder der Widerspruchsbescheid erstmalig eine Beschwer enthält.

(2) Für die Verpflichtungsklage gilt Absatz 1 entsprechend, wenn der Antrag auf Vornahme des Verwaltungsakts abgelehnt worden ist.

§ 69 [Widerspruch]
Das Vorverfahren beginnt mit der Erhebung des Widerspruchs.

§ 70 [Form und Frist des Widerspruchs]
(1) [1]Der Widerspruch ist innerhalb eines Monats, nachdem der Verwaltungsakt dem Beschwerten bekanntgegeben worden ist, schriftlich, in elektronischer Form nach § 3 a Absatz 2 des Verwaltungsverfahrensgesetzes oder zur Niederschrift bei der Behörde zu erheben, die den Verwaltungsakt erlassen hat. [2]Die Frist wird auch durch Einlegung bei der Behörde, die den Widerspruchsbescheid zu erlassen hat, gewahrt.
(2) §§ 58 und 60 Abs. 1 bis 4 gelten entsprechend.

§ 71 Anhörung
Ist die Aufhebung oder Änderung eines Verwaltungsakts im Widerspruchsverfahren erstmalig mit einer Beschwer verbunden, soll der Betroffene vor Erlaß des Abhilfebescheids oder des Widerspruchsbescheids gehört werden.

§ 72 [Abhilfe]
Hält die Behörde den Widerspruch für begründet, so hilft sie ihm ab und entscheidet über die Kosten.

§ 73 [Widerspruchsbescheid]
(1) [1]Hilft die Behörde dem Widerspruch nicht ab, so ergeht ein Widerspruchsbescheid. [2]Diesen erläßt
1. die nächsthöhere Behörde, soweit nicht durch Gesetz eine andere höhere Behörde bestimmt wird,
2. wenn die nächsthöhere Behörde eine oberste Bundes- oder oberste Landesbehörde ist, die Behörde, die den Verwaltungsakt erlassen hat,
3. in Selbstverwaltungsangelegenheiten die Selbstverwaltungsbehörde, soweit nicht durch Gesetz anderes bestimmt wird.
[3]Abweichend von Satz 2 Nr. 1 kann durch Gesetz bestimmt werden, dass die Behörde, die den Verwaltungsakt erlassen hat, auch für die Entscheidung über den Widerspruch zuständig ist.
(2) [1]Vorschriften, nach denen im Vorverfahren des Absatzes 1 Ausschüsse oder Beiräte an die Stelle einer Behörde treten, bleiben unberührt. [2]Die Ausschüsse oder Beiräte können abweichend von Absatz 1 Nr. 1 auch bei der Behörde gebildet werden, die den Verwaltungsakt erlassen hat.
(3) [1]Der Widerspruchsbescheid ist zu begründen, mit einer Rechtsmittelbelehrung zu versehen und zuzustellen. [2]Zugestellt wird von Amts wegen nach den Vorschriften des Verwaltungszustellungsgesetzes. [3]Der Widerspruchsbescheid bestimmt auch, wer die Kosten trägt.

§ 74 [Klagefrist]
(1) [1]Die Anfechtungsklage muß innerhalb eines Monats nach Zustellung des Widerspruchsbescheids erhoben werden. [2]Ist nach § 68 ein Widerspruchsbescheid nicht erforderlich, so muß die Klage innerhalb eines Monats nach Bekanntgabe des Verwaltungsakts erhoben werden.
(2) Für die Verpflichtungsklage gilt Absatz 1 entsprechend, wenn der Antrag auf Vornahme des Verwaltungsakts abgelehnt worden ist.

§ 75 [Klage bei Untätigkeit der Behörden]
[1]Ist über einen Widerspruch oder über einen Antrag auf Vornahme eines Verwaltungsakts ohne zureichenden Grund in angemessener Frist sachlich nicht entschieden worden, so ist die Klage abweichend von § 68 zulässig. [2]Die Klage kann nicht vor Ablauf von drei Monaten seit der Einlegung des Widerspruchs oder seit dem Antrag auf Vornahme des Verwaltungsakts erhoben werden, außer wenn wegen besonderer Umstände des Falles eine kürzere Frist geboten ist. [3]Liegt ein zureichender Grund dafür vor, daß über den Widerspruch noch nicht entschieden oder der beantragte Verwaltungsakt noch nicht erlassen ist, so setzt das Gericht das Verfahren bis zum Ablauf einer von ihm bestimmten Frist, die verlängert werden kann, aus. [4]Wird dem Widerspruch innerhalb der vom Gericht gesetzten Frist stattgegeben oder der Verwaltungsakt innerhalb dieser Frist erlassen, so ist die Hauptsache für erledigt zu erklären.

§ 76 (weggefallen)

§ 77 [Ausschließlichkeit des Widerspruchsverfahrens]
(1) Alle bundesrechtlichen Vorschriften in anderen Gesetzen über Einspruchs- oder Beschwerdeverfahren sind durch die Vorschriften dieses Abschnitts ersetzt.
(2) Das gleiche gilt für landesrechtliche Vorschriften über Einspruchs- oder Beschwerdeverfahren als Voraussetzung der verwaltungsgerichtlichen Klage.

§ 78 [Beklagter]
(1) Die Klage ist zu richten
1. gegen den Bund, das Land oder die Körperschaft, deren Behörde den angefochtenen Verwaltungsakt erlassen oder den beantragten Verwaltungsakt unterlassen hat; zur Bezeichnung des Beklagten genügt die Angabe der Behörde,
2. sofern das Landesrecht dies bestimmt, gegen die Behörde selbst, die den angefochtenen Verwaltungsakt erlassen oder den beantragten Verwaltungsakt unterlassen hat.
(2) Wenn ein Widerspruchsbescheid erlassen ist, der erstmalig eine Beschwer enthält (§ 68 Abs. 1 Satz 2 Nr. 2), ist Behörde im Sinne des Absatzes 1 die Widerspruchsbehörde.

§ 79 [Gegenstand der Anfechtungsklage]
(1) Gegenstand der Anfechtungsklage ist
1. der ursprüngliche Verwaltungsakt in der Gestalt, die er durch den Widerspruchsbescheid gefunden hat,
2. der Abhilfebescheid oder Widerspruchsbescheid, wenn dieser erstmalig eine Beschwer enthält.
(2) ¹Der Widerspruchsbescheid kann auch dann alleiniger Gegenstand der Anfechtungsklage sein, wenn und soweit er gegenüber dem ursprünglichen Verwaltungsakt eine zusätzliche selbständige Beschwer enthält. ²Als eine zusätzliche Beschwer gilt auch die Verletzung einer wesentlichen Verfahrensvorschrift, sofern der Widerspruchsbescheid auf dieser Verletzung beruht. ³§ 78 Abs. 2 gilt entsprechend.

§ 80 [Aufschiebende Wirkung]
(1) ¹Widerspruch und Anfechtungsklage haben aufschiebende Wirkung. ²Das gilt auch bei rechtsgestaltenden und feststellenden Verwaltungsakten sowie bei Verwaltungsakten mit Doppelwirkung (§ 80a).
(2) ¹Die aufschiebende Wirkung entfällt nur
1. bei der Anforderung von öffentlichen Abgaben und Kosten,
2. bei unaufschiebbaren Anordnungen und Maßnahmen von Polizeivollzugsbeamten,
3. in anderen durch Bundesgesetz oder für Landesrecht durch Landesgesetz vorgeschriebenen Fällen, insbesondere für Widersprüche und Klagen Dritter gegen Verwaltungsakte, die Investitionen oder die Schaffung von Arbeitsplätzen betreffen,
4. in den Fällen, in denen die sofortige Vollziehung im öffentlichen Interesse oder im überwiegenden Interesse eines Beteiligten von der Behörde, die den Verwaltungsakt erlassen oder über den Widerspruch zu entscheiden hat, besonders angeordnet wird.
²Die Länder können auch bestimmen, daß Rechtsbehelfe keine aufschiebende Wirkung haben, soweit sie sich gegen Maßnahmen richten, die in der Verwaltungsvollstreckung durch die Länder nach Bundesrecht getroffen werden.
(3) ¹In den Fällen des Absatzes 2 Nr. 4 ist das besondere Interesse an der sofortigen Vollziehung des Verwaltungsakts schriftlich zu begründen. ²Einer besonderen Begründung bedarf es nicht, wenn die Behörde bei Gefahr im Verzug, insbesondere bei drohenden Nachteilen für Leben, Gesundheit oder Eigentum vorsorglich eine als solche bezeichnete Notstandsmaßnahme im öffentlichen Interesse trifft.
(4) ¹Die Behörde, die den Verwaltungsakt erlassen oder über den Widerspruch zu entscheiden hat, kann in den Fällen des Absatzes 2 die Vollziehung aussetzen, soweit nicht bundesgesetzlich etwas anderes bestimmt ist. ²Bei der Anforderung von öffentlichen Abgaben und Kosten kann sie die Vollziehung auch gegen Sicherheit aussetzen. ³Die Aussetzung soll bei öffentlichen Abgaben und Kosten erfolgen, wenn ernstliche Zweifel an der Rechtmäßigkeit des angegriffenen Verwaltungsakts bestehen oder wenn die Vollziehung für den Abgaben- oder Kostenpflichtigen eine unbillige, nicht durch überwiegende öffentliche Interessen gebotene Härte zur Folge hätte.
(5) ¹Auf Antrag kann das Gericht der Hauptsache die aufschiebende Wirkung in den Fällen des Absatzes 2 Nr. 1 bis 3 ganz oder teilweise anordnen, im Falle des Absatzes 2 Nr. 4 ganz oder teilweise

wiederherstellen. ²Der Antrag ist schon vor Erhebung der Anfechtungsklage zulässig. ³Ist der Verwaltungsakt im Zeitpunkt der Entscheidung schon vollzogen, so kann das Gericht die Aufhebung der Vollziehung anordnen. ⁴Die Wiederherstellung der aufschiebenden Wirkung kann von der Leistung einer Sicherheit oder von anderen Auflagen abhängig gemacht werden. ⁵Sie kann auch befristet werden.

(6) ¹In den Fällen des Absatzes 2 Nr. 1 ist der Antrag nach Absatz 5 nur zulässig, wenn die Behörde einen Antrag auf Aussetzung der Vollziehung ganz oder zum Teil abgelehnt hat. ²Das gilt nicht, wenn

1. die Behörde über den Antrag ohne Mitteilung eines zureichenden Grundes in angemessener Frist sachlich nicht entschieden hat oder

2. eine Vollstreckung droht.

(7) ¹Das Gericht der Hauptsache kann Beschlüsse über Anträge nach Absatz 5 jederzeit ändern oder aufheben. ²Jeder Beteiligte kann die Änderung oder Aufhebung wegen veränderter oder im ursprünglichen Verfahren ohne Verschulden nicht geltend gemachter Umstände beantragen.

(8) In dringenden Fällen kann der Vorsitzende entscheiden.

§ 80a [Verwaltungsakte mit Doppelwirkung]

(1) Legt ein Dritter einen Rechtsbehelf gegen den an einen anderen gerichteten, diesen begünstigenden Verwaltungsakt ein, kann die Behörde

1. auf Antrag des Begünstigten nach § 80 Abs. 2 Nr. 4 die sofortige Vollziehung anordnen,

2. auf Antrag des Dritten nach § 80 Abs. 4 die Vollziehung aussetzen und einstweilige Maßnahmen zur Sicherung der Rechte des Dritten treffen.

(2) Legt ein Betroffener gegen einen an ihn gerichteten belastenden Verwaltungsakt, der einen Dritten begünstigt, einen Rechtsbehelf ein, kann die Behörde auf Antrag des Dritten nach § 80 Abs. 2 Nr. 4 die sofortige Vollziehung anordnen.

(3) ¹Das Gericht kann auf Antrag Maßnahmen nach den Absätzen 1 und 2 ändern oder aufheben oder solche Maßnahmen treffen. ²§ 80 Abs. 5 bis 8 gilt entsprechend.

§ 80b [Ende der aufschiebenden Wirkung]

(1) ¹Die aufschiebende Wirkung des Widerspruchs und der Anfechtungsklage endet mit der Unanfechtbarkeit oder, wenn die Anfechtungsklage im ersten Rechtszug abgewiesen worden ist, drei Monate nach Ablauf der gesetzlichen Begründungsfrist des gegen die abweisende Entscheidung gegebenen Rechtsmittels. ²Dies gilt auch, wenn die Vollziehung durch die Behörde ausgesetzt oder die aufschiebende Wirkung durch das Gericht wiederhergestellt oder angeordnet worden ist, es sei denn, die Behörde hat die Vollziehung bis zur Unanfechtbarkeit ausgesetzt.

(2) Das Oberverwaltungsgericht kann auf Antrag anordnen, daß die aufschiebende Wirkung fortdauert.

(3) § 80 Abs. 5 bis 8 und § 80a gelten entsprechend.

....

10. Abschnitt
Urteile und andere Entscheidungen

....

§ 113 [Urteilstenor]

(1) ¹Soweit der <u>Verwaltungsakt rechtswidrig</u> und der <u>Kläger dadurch in seinen Rechten verletzt</u> ist, hebt das Gericht den Verwaltungsakt und den etwaigen Widerspruchsbescheid auf. ²Ist der Verwaltungsakt schon vollzogen, so kann das Gericht auf Antrag auch aussprechen, daß und wie die Verwaltungsbehörde die Vollziehung rückgängig zu machen hat. ³Dieser Ausspruch ist nur zulässig, wenn die Behörde dazu in der Lage und diese Frage spruchreif ist. ⁴Hat sich der Verwaltungsakt vorher durch Zurücknahme oder anders erledigt, so spricht das Gericht auf Antrag durch Urteil aus, daß der Verwaltungsakt rechtswidrig gewesen ist, wenn der Kläger ein berechtigtes Interesse an dieser Feststellung hat.

(2) ¹Begehrt der Kläger die Änderung eines Verwaltungsakts, der einen Geldbetrag festsetzt oder eine darauf bezogene Feststellung trifft, kann das Gericht den Betrag in anderer Höhe festsetzen oder die Feststellung durch eine andere ersetzen. ²Erfordert die Ermittlung des festzusetzenden oder festzustellenden Betrags einen nicht unerheblichen Aufwand, kann das Gericht die Änderung des Verwaltungsakts durch Angabe der zu Unrecht berücksichtigten oder nicht berücksichtigten tatsächlichen oder

rechtlichen Verhältnisse so bestimmen, daß die Behörde den Betrag auf Grund der Entscheidung errechnen kann. [3]Die Behörde teilt den Beteiligten das Ergebnis der Neuberechnung unverzüglich formlos mit; nach Rechtskraft der Entscheidung ist der Verwaltungsakt mit dem geänderten Inhalt neu bekanntzugeben.

(3) [1]Hält das Gericht eine weitere Sachaufklärung für erforderlich, kann es, ohne in der Sache selbst zu entscheiden, den Verwaltungsakt und den Widerspruchsbescheid aufheben, soweit nach Art oder Umfang die noch erforderlichen Ermittlungen erheblich sind und die Aufhebung auch unter Berücksichtigung der Belange der Beteiligten sachdienlich ist. [2]Auf Antrag kann das Gericht bis zum Erlaß des neuen Verwaltungsakts eine einstweilige Regelung treffen, insbesondere bestimmen, daß Sicherheiten geleistet werden oder ganz oder zum Teil bestehen bleiben und Leistungen zunächst nicht zurückgewährt werden müssen. [3]Der Beschluß kann jederzeit geändert oder aufgehoben werden. [4]Eine Entscheidung nach Satz 1 kann nur binnen sechs Monaten seit Eingang der Akten der Behörde bei Gericht ergehen.

(4) Kann neben der Aufhebung eines Verwaltungsakts eine Leistung verlangt werden, so ist im gleichen Verfahren auch die Verurteilung zur Leistung zulässig.

(5) [1]Soweit die Ablehnung oder Unterlassung des Verwaltungsakts rechtswidrig und der Kläger dadurch in seinen Rechten verletzt ist, spricht das Gericht die Verpflichtung der Verwaltungsbehörde aus, die beantragte Amtshandlung vorzunehmen, wenn die Sache spruchreif ist. [2]Andernfalls spricht es die Verpflichtung aus, den Kläger unter Beachtung der Rechtsauffassung des Gerichts zu bescheiden.

§ 114 [Nachprüfung von Ermessensentscheidungen]

[1]Soweit die Verwaltungsbehörde ermächtigt ist, nach ihrem Ermessen zu handeln, prüft das Gericht auch, ob der Verwaltungsakt oder die Ablehnung oder Unterlassung des Verwaltungsakts rechtswidrig ist, weil die gesetzlichen Grenzen des Ermessens überschritten sind oder von dem Ermessen in einer dem Zweck der Ermächtigung nicht entsprechenden Weise Gebrauch gemacht ist. [2]Die Verwaltungsbehörde kann ihre Ermessenserwägungen hinsichtlich des Verwaltungsaktes auch noch im verwaltungsgerichtlichen Verfahren ergänzen.

...

Gesetz zur Ausführung der Verwaltungsgerichtsordnung (AGVwGO)[1)]

Vom 14. Oktober 2008 (GBl. S. 343)

zuletzt geändert durch Art. 12 Datenschutzrecht-AnpassungsG vom 21. Mai 2019 (GBl. S. 189)

Inhaltsübersicht

Teil 1
Gerichtsverfassung

1. Abschnitt
Allgemeine Vorschriften

§   1   Aufbau der allgemeinen Verwaltungsgerichtsbarkeit
§   2   Oberste Dienstaufsichtsbehörde
§   3   Vertrauensleute
§   4   Normenkontrollverfahren
§   5   Zuständigkeit des Verwaltungsgerichtshofs im ersten Rechtszug
§   6   Großer Senat beim Verwaltungsgerichtshof
§   6a Amtstracht, Neutralität

2. Abschnitt
Angelegenheiten nach dem Landesdisziplinargesetz

§   7   Disziplinarkammern
§   8   Disziplinarsenat
§   9   Beamtenbeisitzer
§ 10   Bestellung der Beamtenbeisitzer
§ 11   Ausschluss von der Ausübung des Richteramts
§ 12   Nichtheranziehung eines Beamtenbeisitzers
§ 13   Entbindung vom Amt des Beamtenbeisitzers
§ 14   Zuständigkeit

Teil 2
Verfahren, Rechtsmittel, Kosten

1. Abschnitt
Vorverfahren

§ 15   Ausschluss des Vorverfahrens

§ 16   Widerspruchsbehörde bei Verwaltungsakten einer Polizeidienststelle
§ 17   Widerspruchsbehörde bei Verwaltungsakten einer Gemeinde , eines Zweck- oder Schulverbands und einer selbstständigen Kommunalanstalt
§ 18   Widerspruchsbehörde bei Verwaltungsakten in sonstigen Selbstverwaltungsangelegenheiten

2. Abschnitt
Gerichtliches Verfahren, Rechtsmittel und Kosten in Angelegenheiten nach dem Landesdisziplinargesetz

§ 18a Klagen gegen die Landesbeauftragte oder den Landesbeauftragten für den Datenschutz
§ 19   Beweisaufnahme
§ 20   Vergleich
§ 21   Entscheidung über die Klage gegen die Abschlussverfügung
§ 22   Kosten

3. Abschnitt
(aufgehoben)

§ 23   (aufgehoben)

Anlage (zu § 22) Gebührenverzeichnis in Angelegenheiten nach dem Landesdisziplinargesetz

Teil 1
Gerichtsverfassung

1. Abschnitt
Allgemeine Vorschriften

§ 1 Aufbau der allgemeinen Verwaltungsgerichtsbarkeit

§ 12
• LVG

(1) [1]Das Oberverwaltungsgericht führt die Bezeichnung „Verwaltungsgerichtshof Baden-Württemberg". [2]Es hat seinen Sitz in Mannheim.

(2) Gerichtsbezirke der Verwaltungsgerichte sind

   der Regierungsbezirk Stuttgart für das „Verwaltungsgericht Stuttgart" mit dem Sitz in Stuttgart,

---

1) Verkündet als Art. 15 G zur Neuordnung des Landesdisziplinarrechts v. 14.10.2008 (GBl. S. 343); Inkrafttreten gem. Art. 27 Satz 1 am 22.10.2008.

der Regierungsbezirk Karlsruhe für das „Verwaltungsgericht Karlsruhe" mit dem Sitz in Karlsruhe,

der Regierungsbezirk Freiburg für das „Verwaltungsgericht Freiburg" mit dem Sitz in Freiburg,

der Regierungsbezirk Tübingen für das „Verwaltungsgericht Sigmaringen" mit dem Sitz in Sigmaringen.

(3) Die Zahl der Senate des Verwaltungsgerichtshofs und der Kammern der Verwaltungsgerichte bestimmt das Justizministerium.

§ 2 Oberste Dienstaufsichtsbehörde

Oberste Dienstaufsichtsbehörde für die Gerichte der Verwaltungsgerichtsbarkeit ist das Justizministerium.

§ 3 Vertrauensleute

Für die Vertrauensleute im Sinne des § 26 Abs. 2 der Verwaltungsgerichtsordnung (VwGO) und deren Stellvertreter gelten § 20 Satz 2 sowie §§ 24 und 25 VwGO entsprechend.

§ 4 Normenkontrollverfahren

Der Verwaltungsgerichtshof entscheidet in der Besetzung von fünf Richtern im Rahmen seiner Gerichtsbarkeit über die Gültigkeit von Satzungen und Rechtsverordnungen der in § 47 Abs. 1 Nr. 1 VwGO genannten Art sowie von anderen im Range unter dem Landesgesetz stehenden Rechtsvorschriften.

§ 5 Zuständigkeit des Verwaltungsgerichtshofs im ersten Rechtszug

In den Fällen des § 48 Abs. 1 Satz 1 VwGO entscheidet der Verwaltungsgerichtshof im ersten Rechtszug auch über Streitigkeiten, die Besitzeinweisungen betreffen.

§ 6 Großer Senat beim Verwaltungsgerichtshof

[1]Der Große Senat beim Verwaltungsgerichtshof besteht aus dem Präsidenten und sechs Richtern. [2]In den Fällen des § 11 Abs. 2 VwGO entsendet jeder beteiligte Senat, in den Fällen des § 11 Abs. 4 VwGO der erkennende Senat einen abstimmungsberechtigten Richter zu den Sitzungen des Großen Senats. [3]Satz 2 gilt nicht, wenn der beteiligte oder der erkennende Senat bereits durch ein ständiges Mitglied im Großen Senat vertreten ist.

§ 6a Amtstracht, Neutralität

(1) [1]Berufsrichter und Urkundsbeamte der Geschäftsstelle tragen in den zur Verhandlung oder zur Verkündung einer Entscheidung bestimmten Sitzungen eine Amtstracht, sofern nicht im Einzelfall nach Auffassung des Gerichts das Interesse an der Rechtsfindung eine andere Regelung gebietet. [2]Bei anderen richterlichen Handlungen sowie bei Verhandlungen außerhalb des Sitzungssaales ist die Amtstracht zu tragen, wenn dies mit Rücksicht auf das Ansehen der Rechtspflege angemessen erscheint; die Entscheidung hierüber trifft das Gericht.

(2) Das Justizministerium kann durch Rechtsverordnung

1.   die Verpflichtung nach Absatz 1 auf andere Personen ausdehnen, die befugt sind, als Bevollmächtigte oder Beistände vor Gericht aufzutreten,

2.   Ausnahmen von der Verpflichtung nach Absatz 1 zulassen und

3.   die Art und Ausgestaltung der Amtstracht bestimmen.

(3) [1]Wer in einer Sitzung oder bei Amtshandlungen außerhalb einer Sitzung, bei denen Beteiligte, Zeugen oder Sachverständige anwesend sind, ihm obliegende oder übertragene richterliche Aufgaben wahrnimmt, darf hierbei keine Symbole oder Kleidungsstücke tragen, die bei objektiver Betrachtung eine bestimmte religiöse, weltanschauliche oder politische Auffassung zum Ausdruck bringen. [2]Das besondere Verbot nach Satz 1 gilt nicht für ehrenamtliche Richter.

2. Abschnitt
Angelegenheiten nach dem Landesdisziplinargesetz

§ 7 Disziplinarkammern

(1) Bei den Verwaltungsgerichten werden Kammern für Angelegenheiten nach dem Landesdisziplinargesetz (Disziplinarkammern) gebildet.

(2) [1]Die Disziplinarkammer entscheidet in der Besetzung von zwei Richtern und einem Beamtenbeisitzer als ehrenamtlichem Richter; der Beamtenbeisitzer soll dem Verwaltungszweig und der Lauf-

bahngruppe des Beamten angehören, gegen den sich das Disziplinarverfahren richtet. [2]Bei der Übertragung auf den Einzelrichter wirkt der Beamtenbeisitzer nicht mit. [3]Bei sonstigen Beschlüssen außerhalb der mündlichen Verhandlung entscheidet der Vorsitzende; ist ein Berichterstatter bestellt, so entscheidet dieser anstelle des Vorsitzenden. [4]Über einen Antrag nach § 80 oder § 123 VwGO oder auf Prozesskostenhilfe entscheidet die Disziplinarkammer in der Besetzung nach Satz 1; in dringenden Fällen kann der Vorsitzende entscheiden.

(3) In dem Verfahren einer Klage gegen eine Disziplinarverfügung, durch die eine Disziplinarmaßnahme nach §§ 29 bis 33 des Landesdisziplinargesetzes (LDG) ausgesprochen wurde, ist eine Übertragung auf den Einzelrichter ausgeschlossen.

§ 8 Disziplinarsenat

(1) Beim Verwaltungsgerichtshof wird ein Senat für Angelegenheiten nach dem Landesdisziplinargesetz (Disziplinarsenat) gebildet.

(2) [1]Der Disziplinarsenat entscheidet in der Besetzung von drei Richtern und zwei Beamtenbeisitzern als ehrenamtlichen Richtern; einer der Beamtenbeisitzer soll dem Verwaltungszweig und der Laufbahngruppe des Beamten angehören, gegen den sich das Disziplinarverfahren richtet. [2]Bei Beschlüssen außerhalb der mündlichen Verhandlung und bei Gerichtsbescheiden wirken die Beamtenbeisitzer nicht mit.

§ 9 Beamtenbeisitzer

(1) Die Beamtenbeisitzer müssen auf Lebenszeit oder auf Zeit ernannte Beamte eines Dienstherrn nach § 1 Abs. 1 Satz 1 LDG sein und bei ihrer Bestellung ihren dienstlichen Wohnsitz im Bezirk des zuständigen Verwaltungsgerichts haben.

(2) §§ 20, 21 Abs. 1 Nr. 3 und §§ 22 bis 29 VwGO finden auf die Beamtenbeisitzer keine Anwendung.

§ 10 Bestellung der Beamtenbeisitzer

(1) [1]Die Beamtenbeisitzer werden vom Justizministerium auf fünf Jahre bestellt. [2]Nach Ablauf der Amtszeit ist die Wiederbestellung zulässig. [3]Wird während der Amtszeit die Bestellung eines neuen Beamtenbeisitzers erforderlich, so wird dieser nur für den Rest der Amtszeit bestellt.

(2) Die obersten Landesbehörden oder die von diesen bestimmten Stellen sowie die Spitzenorganisationen der Gewerkschaften und Berufsverbände der Beamten im Land sowie die kommunalen Landesverbände können Vorschläge für die zu bestellenden Beamtenbeisitzer unterbreiten.

§ 11 Ausschluss von der Ausübung des Richteramts

(1) Ein Richter oder Beamtenbeisitzer ist von der Ausübung des Richteramts kraft Gesetzes ausgeschlossen, wenn er
1. durch das Dienstvergehen verletzt ist,
2. Ehegatte, Lebenspartner oder gesetzlicher Vertreter des Beamten oder des Verletzten ist oder war,
3. mit dem Beamten oder dem Verletzten in gerader Linie verwandt oder verschwägert oder in der Seitenlinie bis zum dritten Grad verwandt oder bis zum zweiten Grad verschwägert ist oder war,
4. in dem Disziplinarverfahren gegen den Beamten nichtrichterlich mitgewirkt hat, als Zeuge vernommen wurde oder als Sachverständiger ein Gutachten erstattet hat,
5. in einem wegen desselben Sachverhalts eingeleiteten Straf- oder Bußgeldverfahren gegen den Beamten beteiligt war,
6. Dienstvorgesetzter des Beamten ist oder war oder bei einem seiner Dienstvorgesetzten mit der Bearbeitung von Personalangelegenheiten des Beamten befasst ist oder
7. als Mitglied einer Personalvertretung in dem Disziplinarverfahren gegen den Beamten mitgewirkt hat.

(2) Ein Beamtenbeisitzer ist auch ausgeschlossen, wenn er der Dienststelle des Beamten angehört.

§ 12 Nichtheranziehung eines Beamtenbeisitzers

Ein Beamtenbeisitzer, gegen den
1. wegen einer vorsätzlich begangenen Straftat die öffentliche Klage erhoben oder der Erlass eines Strafbefehls beantragt,
2. ein Verbot der Führung der Dienstgeschäfte ausgesprochen,
3. die vorläufige Dienstenthebung angeordnet oder
4. eine Disziplinarmaßnahme nach §§ 29 bis 31 LDG ausgesprochen worden ist,

darf für die Dauer des Verfahrens oder der Maßnahme zur Ausübung seines Amtes nicht herangezogen werden.

§ 13 Entbindung vom Amt des Beamtenbeisitzers

(1) Der Beamtenbeisitzer ist von seinem Amt zu entbinden, wenn

1. er rechtskräftig zu einer Freiheitsstrafe verurteilt worden ist,
2. gegen ihn unanfechtbar eine Disziplinarmaßnahme nach §§ 28 bis 31 LDG ausgesprochen worden ist,
3. er in ein Amt außerhalb der Bezirke, für die das Gericht zuständig ist, versetzt wird,
4. das Beamtenverhältnis endet oder
5. die Voraussetzungen für das Amt des Beamtenbeisitzers nach § 9 Abs. 1 bei seiner Bestellung nicht vorlagen.

(2) In besonderen Härtefällen kann der Beamtenbeisitzer auch auf Antrag von der weiteren Ausübung des Amtes entbunden werden.

(3) Für die Entscheidung gilt § 24 Abs. 3 VwGO entsprechend.

§ 14 Zuständigkeit

Die Aufgaben der Verwaltungsgerichte in Angelegenheiten nach dem Landesdisziplinargesetz nehmen die Disziplinarkammern und der Disziplinarsenat wahr.

Teil 2
Verfahren, Rechtsmittel, Kosten

1. Abschnitt
Vorverfahren

§ 15 Ausschluss des Vorverfahrens

(1) [1]Eines Vorverfahrens bedarf es nicht, wenn das Regierungspräsidium, *Forst Baden-Württemberg* (ab 1.1.2020) oder der Landesbeauftragte für den Datenschutz den Verwaltungsakt erlassen oder diesen abgelehnt hat. [2]Dies gilt nicht,

1. soweit Bundesrecht die Durchführung eines Vorverfahrens vorschreibt,
2. für die Bewertung einer Leistung im Rahmen einer berufsbezogenen Prüfung und
3. vor den Klagen von Beamten, Ruhestandsbeamten, früheren Beamten oder Hinterbliebenen aus dem Beamtenverhältnis.

(2) [1]Eines Vorverfahrens bedarf es nicht in Angelegenheiten nach dem Landesdisziplinargesetz. [2]Absatz 1 Satz 2 Nr. 3 findet keine Anwendung.

(3) Eines Vorverfahrens bedarf es nicht in Angelegenheiten, in denen die Nationalparkverwaltung nach dem Nationalparkgesetz den Verwaltungsakt erlassen oder diesen abgelehnt hat.

§ 16 Widerspruchsbehörde bei Verwaltungsakten einer Polizeidienststelle

Nächsthöhere Behörde im Sinne des § 73 Abs. 1 Satz 2 Nr. 1 VwGO ist bei Verwaltungsakten einer Polizeidienststelle nach § 60 Abs. 2 des Polizeigesetzes (PolG) die unterste nach § 73 PolG zur Fachaufsicht zuständige allgemeine Polizeibehörde.

§ 17 Widerspruchsbehörde bei Verwaltungsakten einer Gemeinde , eines Zweck- oder Schulverbands und einer selbstständigen Kommunalanstalt

(1) [1]Den Bescheid über den Widerspruch gegen den Verwaltungsakt einer Gemeinde, die der Rechtsaufsicht des Landratsamtes untersteht, erlässt in Selbstverwaltungsangelegenheiten (weisungsfreie Angelegenheiten) das Landratsamt als Rechtsaufsichtsbehörde. [2]Die Nachprüfung des Verwaltungsakts unter dem Gesichtspunkt der Zweckmäßigkeit bleibt der Gemeinde vorbehalten.

(2) Für den Widerspruch gegen den Verwaltungsakt eines Zweck- oder Schulverbands, einer selbstständigen Kommunalanstalt oder einer gemeinsamen selbstständigen Kommunalanstalt, der oder die der Rechtsaufsicht des Landratsamtes untersteht, gilt Absatz 1 entsprechend.

§ 18 Widerspruchsbehörde bei Verwaltungsakten in sonstigen Selbstverwaltungsangelegenheiten

Über den Widerspruch gegen Verwaltungsakte von Wasser- und Bodenverbänden entscheidet die Aufsichtsbehörde.

2. Abschnitt
Gerichtliches Verfahren, Rechtsmittel und Kosten in Angelegenheiten nach dem Landesdisziplinargesetz

§ 18a Klagen gegen die Landesbeauftragte oder den Landesbeauftragten für den Datenschutz

(1) Wird mit der Klage die Aufhebung eines Verwaltungsakts der oder des Landesbeauftragten für den Datenschutz begehrt, ist die Klage gegen sie oder ihn zu richten, soweit sie oder er als datenschutzrechtliche Aufsichtsbehörde gehandelt hat.

(2) Absatz 1 gilt entsprechend, wenn mit der Klage die Verpflichtung der oder des Landesbeauftragten für den Datenschutz zum Erlass eines abgelehnten oder unterlassenen Verwaltungsakts begehrt wird.

(3) Die oder der Landesbeauftragte für den Datenschutz ist als Behörde fähig, am Verfahren beteiligt zu sein, soweit sie oder er als datenschutzrechtliche Aufsichtsbehörde gehandelt hat.

§ 19 Beweisaufnahme

(1) [1]§§ 48, 50, 51 Abs. 1 Satz 1 und Abs. 2, §§ 52 bis 57, 68, 69, 70 Abs. 1 Satz 1, § 72 in Verbindung mit §§ 48, 51 Abs. 2, §§ 68, 69 sowie §§ 74 bis 76, 77 Abs. 1 Satz 1 und § 406f der Strafprozessordnung gelten entsprechend. [2]Soweit eine Aussagegenehmigung erforderlich ist, gilt sie Beschäftigten des Dienstherrn des Beamten als erteilt; sie kann unter den Voraussetzungen des § 37 Abs. 4 Satz 1 oder Abs. 5 des Beamtenstatusgesetzes ganz oder teilweise widerrufen werden.

(2) Die im behördlichen Verfahren durch richterliche Vernehmung erhobenen Beweise können der Entscheidung ohne nochmalige Beweisaufnahme zu Grunde gelegt werden.

§ 20 Vergleich

[1]Der Abschluss eines Vergleichs, der den Ausspruch einer Disziplinarmaßnahme oder die Einstellung des Disziplinarverfahrens zum Gegenstand hat, bedarf der Zustimmung des Gerichts. [2]In den Fällen des § 106 Satz 2 VwGO gilt die Zustimmung als erteilt. [3]Außerhalb des gerichtlichen Verfahrens darf ein solcher Vergleich nicht geschlossen werden.

§ 21 Entscheidung über die Klage gegen die Abschlussverfügung

[1]Soweit die Abschlussverfügung rechtswidrig und der Kläger dadurch in seinen Rechten verletzt ist, hebt das Gericht die Verfügung auf. [2]Ist ein Dienstvergehen erwiesen, kann das Gericht die Verfügung auch aufrechterhalten oder zu Gunsten des Beamten ändern, wenn mit der gerichtlichen Entscheidung die Rechtsverletzung beseitigt ist. [3]Die Vorschriften des Landesdisziplinargesetzes über die Bemessung von Disziplinarmaßnahmen finden Anwendung. [4]Im Übrigen bleibt § 113 VwGO unberührt. [5]Auf eine Abschlussverfügung, die nach Satz 2 aufrechterhalten oder geändert wurde, findet § 40 LDG Anwendung.

§ 22 Kosten

[1]Es werden Gerichtsgebühren nur nach dem Gebührenverzeichnis der Anlage zu diesem Gesetz erhoben. [2]Im Übrigen finden die für Kosten in Verfahren vor den Gerichten der Verwaltungsgerichtsbarkeit geltenden Vorschriften der Verwaltungsgerichtsordnung und des Gerichtskostengesetzes (GKG) vom 5. Mai 2004 (BGBl. S. 718) in der jeweils geltenden Fassung Anwendung.

3. Abschnitt
(aufgehoben)

§ 23 (aufgehoben)

Anlage
(zu § 22)

Gebührenverzeichnis in Angelegenheiten nach dem Landesdisziplinargesetz

Gliederung

Hauptabschnitt 1	Prozessverfahren
Abschnitt 1	Erster Rechtszug
Abschnitt 2	Zulassung und Durchführung der Berufung
Hauptabschnitt 2	Vorläufiger Rechtsschutz
Abschnitt 1	Verwaltungsgericht sowie Verwaltungsgerichtshof als Rechtsmittelgericht in der Hauptsache
Abschnitt 2	Beschwerde
Hauptabschnitt 3	Besondere Verfahren
Hauptabschnitt 4	Rüge wegen Verletzung des Anspruchs auf rechtliches Gehör
Hauptabschnitt 5	Sonstige Beschwerden
Hauptabschnitt 6	Besondere Gebühren

Nr.	Gebührentatbestand	Gebühr oder Satz der jeweiligen Gebühr 110 bis 601, soweit nichts anderes vermerkt ist
Hauptabschnitt 1 **Prozessverfahren**		
Vorbemerkung 1: Die Gerichtsgebühren bemessen sich für beide Rechtszüge nach der zu Grunde liegenden Maßnahme.		
Abschnitt 1 *Erster Rechtszug*		
	Verfahren über die Klage in Bezug auf eine Disziplinarverfügung, durch die eine der folgenden Disziplinarmaßnahmen ausgesprochen worden ist	
110	– Verweis	60,00 EUR
111	– Geldbuße	120,00 EUR
112	– Kürzung der Bezüge oder des Ruhegehalts	180,00 EUR
113	– Zurückstufung	240,00 EUR
114	– Entfernung aus dem Beamtenverhältnis oder Aberkennung des Ruhegehalts	360,00 EUR
115	Verfahren über die Klage in Bezug auf eine Disziplinarverfügung, wenn nur eine Kostenentscheidung angefochten wird, oder in Bezug auf eine sonstige Abschlussverfügung	60,00 EUR
116	Verfahren über die Klage in Bezug auf eine vorläufige Maßnahme	180,00 EUR
117	Beendigung des gesamten Verfahrens durch 1. Zurücknahme der Klage a) vor dem Schluss der mündlichen Verhandlung, b) wenn eine solche nicht stattfindet, vor Ablauf des Tages, an dem das Urteil oder der Gerichtsbescheid der Geschäftsstelle übermittelt wird, 2. Anerkenntnis- oder Verzichtsurteil, 3. gerichtlichen Vergleich oder 4. Erledigungserklärungen nach § 161 Abs. 2 VwGO, wenn keine Entscheidung über die Kosten ergeht oder die Entscheidung einer zuvor mitgeteilten Einigung der Beteiligten über die Kostentragung oder der Kostenübernahmeerklärung eines Beteiligten folgt, es sei denn, dass ein anderes als eines der in Nummer 2 genannten Urteile oder ein Gerichtsbescheid vorausgegangen ist: Die Gebühr 110 bis 116 ermäßigt sich auf	0,5
	Die Gebühr ermäßigt sich auch, wenn mehrere Ermäßigungstatbestände erfüllt sind.	

Nr.	Gebührentatbestand	Gebühr oder Satz der jeweiligen Gebühr 110 bis 601, soweit nichts anderes vermerkt ist
	Abschnitt 2 **Zulassung und Durchführung der Berufung**	
120	Verfahren über die Zulassung der Berufung:	
	Soweit der Antrag abgelehnt wird	1,0
121	Verfahren über die Zulassung der Berufung:	
	Soweit der Antrag zurückgenommen oder das Verfahren durch anderweitige Erledigung beendet wird	0,5
	Die Gebühr entsteht nicht, soweit die Berufung zugelassen wird.	
122	Verfahren im Allgemeinen	1,5
123	Beendigung des gesamten Verfahrens durch Zurücknahme der Berufung oder der Klage, bevor die Schrift zur Begründung der Berufung bei Gericht eingegangen ist:	
	Die Gebühr 122 ermäßigt sich auf	0,5
	Erledigungserklärungen nach § 161 Abs. 2 VwGO stehen der Zurücknahme gleich, wenn keine Entscheidung über die Kosten ergeht oder die Entscheidung einer zuvor mitgeteilten Einigung der Beteiligten über die Kostentragung oder der Kostenübernahmeerklärung eines Beteiligten folgt.	
124	Beendigung des gesamten Verfahrens, wenn nicht Nummer 123 erfüllt ist, durch	

	1. Zurücknahme der Berufung oder der Klage
	  a) vor dem Schluss der mündlichen Verhandlung oder
	  b) wenn eine solche nicht stattfindet, vor Ablauf des Tages, an dem das Urteil oder der Beschluss in der Hauptsache der Geschäftsstelle übermittelt wird, oder
	2. Anerkenntnis- oder Verzichtsurteil,
	3. gerichtlichen Vergleich oder
	4. Erledigungserklärungen nach § 161 Abs. 2 VwGO, wenn keine Entscheidung über die Kosten ergeht oder die Entscheidung einer zuvor mitgeteilten Einigung der Beteiligten über die Kostentragung oder der Kostenübernahmeerklärung eines Beteiligten folgt,
	es sei denn, dass bereits ein anderes als eines der in Nummer 2 genannten Urteile, ein Gerichtsbescheid oder ein Beschluss in der Hauptsache vorausgegangen ist:	

	Die Gebühr 122 ermäßigt sich auf	1,0
	Die Gebühr ermäßigt sich auch, wenn mehrere Ermäßigungstatbestände erfüllt sind.	

Hauptabschnitt 2
Vorläufiger Rechtsschutz

Vorbemerkung 2:

(1) Die Vorschriften dieses Hauptabschnitts gelten für einstweilige Anordnungen (§ 123 VwGO) und für die Aussetzung der Vollziehung (§ 80 Abs. 5 bis 8 VwGO).

(2) Die Gerichtsgebühren bemessen sich für beide Rechtszüge nach der zu Grunde liegenden Maßnahme.

(3) Im Verfahren über den Antrag auf Erlass und im Verfahren über den Antrag auf Aufhebung einer einstweiligen Anordnung werden die Gebühren jeweils gesondert erhoben. Mehrere Verfahren nach § 80 Abs. 5 und 7 der Verwaltungsgerichtsordnung gelten innerhalb eines Rechtszugs als ein Verfahren.

Nr.	Gebührentatbestand	Gebühr oder Satz der jeweiligen Gebühr 110 bis 601, soweit nichts anderes vermerkt ist
	Abschnitt 1	
	Verwaltungsgericht sowie Verwaltungsgerichtshof als Rechtsmittelgericht in der Hauptsache	
	Verfahren über den Antrag in Bezug auf eine Disziplinarverfügung, durch die eine der folgenden Disziplinarmaßnahmen ausgesprochen worden ist	
210	– Verweis oder Geldbuße	60,00 EUR
211	– Kürzung der Bezüge oder des Ruhegehalts	90,00 EUR
212	– Zurückstufung, Entfernung aus dem Beamtenverhältnis oder Aberkennung des Ruhegehalts	120,00 EUR
213	Verfahren über den Antrag in Bezug auf eine Disziplinarverfügung, wenn nur eine Kostenentscheidung angefochten wird, oder in Bezug auf eine sonstige Abschlussverfügung	60,00 EUR
214	Verfahren über den Antrag in Bezug auf eine vorläufige Maßnahme	90,00 EUR
215	Beendigung des gesamten Verfahrens durch	

	1. Zurücknahme des Antrags
	    a) vor dem Schluss der mündlichen Verhandlung oder
	    b) wenn eine solche nicht stattfindet, vor Ablauf des Tages, an dem der Beschluss der Geschäftsstelle übermittelt wird,
	2. gerichtlichen Vergleich oder
	3. Erledigungserklärungen nach § 161 Abs. 2 VwGO, wenn keine Entscheidung über die Kosten ergeht oder die Entscheidung einer zuvor mitgeteilten Einigung der Beteiligten über die Kostentragung oder der Kostenübernahmeerklärung eines Beteiligten folgt,	

	es sei denn, dass bereits ein Beschluss über den Antrag vorausgegangen ist:	
	Die Gebühr 210 bis 214 ermäßigt sich auf	0,5
	Die Gebühr ermäßigt sich auch, wenn mehrere Ermäßigungstatbestände erfüllt sind.	
	Abschnitt 2 **Beschwerde**	
220	Verfahren über die Beschwerde	1,5
221	Beendigung des gesamten Verfahrens durch Zurücknahme der Beschwerde oder anderweitige Erledigung:	
	Die Gebühr 220 ermäßigt sich auf	0,5
	Hauptabschnitt 3 **Besondere Verfahren**	
300	Verfahren über den Antrag auf gerichtliche Bestimmung einer Frist zum Abschluss des Disziplinarverfahrens einschließlich eines Antrags auf Verlängerung der Frist (§ 37 Abs. 3 LDG)	60,00 EUR
301	Beendigung des gesamten Verfahrens durch	

	1. Zurücknahme des Antrags
	    a) vor dem Schluss der mündlichen Verhandlung oder
	    b) wenn eine solche nicht stattfindet, vor Ablauf des Tages, an dem der Beschluss der Geschäftsstelle übermittelt wird,
	2. gerichtlichen Vergleich oder
	3. Erledigungserklärungen nach § 161 Abs. 2 VwGO, wenn keine Entscheidung über die Kosten ergeht oder die Entscheidung einer zuvor mitgeteilten Einigung der Beteiligten über die Kostentragung oder der Kostenübernahmeerklärung eines Beteiligten folgt,	

Nr.	Gebührentatbestand	Gebühr oder Satz der jeweiligen Gebühr 110 bis 601, soweit nichts anderes vermerkt ist
	es sei denn, dass bereits ein Beschluss über den Antrag vorausgegangen ist:	
	Die Gebühr 300 ermäßigt sich auf	0,5
	Die Gebühr ermäßigt sich auch, wenn mehrere Ermäßigungstatbestände erfüllt sind.	
302	Verfahren über Anträge auf gerichtliche Handlungen der Zwangsvollstreckung nach §§ 169, 170 oder 172 der Verwaltungsgerichtsordnung	15,00 EUR

Hauptabschnitt 4
Rüge wegen Verletzung des Anspruchs auf rechtliches Gehör

Nr.	Gebührentatbestand	
400	Verfahren über die Rüge wegen Verletzung des Anspruchs auf rechtliches Gehör (§ 152a VwGO):	
	Die Rüge wird in vollem Umfang verworfen oder zurückgewiesen	50,00 EUR

Hauptabschnitt 5
Sonstige Beschwerden

Nr.	Gebührentatbestand	
500	Verfahren über nicht besonders aufgeführte Beschwerden, die nicht nach anderen Vorschriften gebührenfrei sind:	
	Die Beschwerde wird verworfen oder zurückgewiesen	50,00 EUR
	Wird die Beschwerde nur teilweise verworfen oder zurückgewiesen, kann das Gericht die Gebühr nach billigem Ermessen auf die Hälfte ermäßigen oder bestimmen, dass eine Gebühr nicht zu erheben ist.	

Hauptabschnitt 6
Besondere Gebühren

Nr.	Gebührentatbestand	
600	Abschluss eines gerichtlichen Vergleichs:	
	Soweit der Wert des Vergleichsgegenstands den Wert des Streitgegenstands übersteigt	0,25
	Die Gebühr entsteht nicht im Verfahren über die Prozesskostenhilfe.	
601	Auferlegung einer Gebühr nach § 38 GKG wegen Verzögerung des Rechtsstreits	wie vom Gericht bestimmt
	Abweichend von § 38 Satz 1 GKG beträgt die Gebühr 60 EUR. Abweichend von § 38 Satz 2 GKG kann die Gebühr bis auf 30 EUR ermäßigt werden.	

Baden-Württembergisches Ausführungsgesetz zum Bürgerlichen Gesetzbuch (AGBGB)

Vom 26. November 1974 (GBl. S. 498)
(BWGültV Sachgebiet 400)

zuletzt geändert durch Art. 6 G zur Umsetzung der Notariatsreform und zur Anpassung grundbuchrechtlicher Vorschriften vom 10. Februar 2015 (GBl. S. 89)

Nichtamtliche Inhaltsübersicht

Erster Abschnitt
Zuständigkeitsregelungen

§ 1 Vereine, deren Rechtsfähigkeit auf Verleihung beruht
§ 2 Idealvereine
§ 3 Vertretungsbefugnis
§ 4 Vollziehung von Auflagen
§ 5 Öffentliche Ermächtigung von Handelsmäklern
§ 5a Fundbehörde

Zweiter Abschnitt
Altenteilsverträge

§ 6 Geltungsbereich
§ 7 Dingliche Sicherheit
§ 8 Dauer und Zeit der Leistungen
§ 9 Leistung von Erzeugnissen
§ 10 Lastentragung
§ 11 Wohnung des Gläubigers
§ 12 Wegfall der Wohnung
§ 13 Folgen der Nichterfüllung
§ 14 Ersatzrente
§ 15 Störung des Zusammenlebens durch den Schuldner
§ 16 Störung des Zusammenlebens durch den Gläubiger
§ 17 Ehegatten als Berechtigte

Dritter Abschnitt
§§ 18–21 (aufgehoben)

Vierter Abschnitt
Grundstücksrecht

§ 22 Unschädlichkeitszeugnis
§ 23 Voraussetzungen
§ 23a Wohnungs- und Teileigentumsrechte
§ 24 Beschränkung des Unschädlichkeitszeugnisses
§ 25 Wirkung des Unschädlichkeitszeugnisses
§ 26 Antragsberechtigung; Zuständigkeit
§ 27 Verfahrensgrundsätze
§ 28 Kosten
§ 29 Rechtsänderungen bei buchungsfreien Grundstücken

§ 30 (aufgehoben)
§ 31 Nichteingetragene Grunddienstbarkeiten
§ 32 Nutzungsrechte
§ 33 (aufgehoben)
§ 34 Kündigung von Grundpfandrechten

Fünfter Abschnitt
Überleitung von Miteigentum nach Wohneinheiten und von Stockwerkseigentum

§ 35 Miteigentum nach Wohneinheiten
§ 36 Weitergeltung des bisherigen Rechts
§ 37 Überleitung des Stockwerkseigentums
§ 38 Antragsrecht der Baurechtsbehörde
§ 39 Inhalt des Antrags
§ 40 Einleitungsverfügung des Gerichts
§ 41 Gerichtliche Entscheidung
§ 42 Rechtsmittel
§ 43 Vertragliche Vereinbarungen
§ 44 Kosten des Verfahrens

Sechster Abschnitt
Mündelsicherheit

§ 45 Sicherheit der Grundpfandrechte
§ 46 Sparkassen
§ 47 (aufgehoben)

Siebter Abschnitt
Ertragswert bei Landgütern

§ 48 Berechnung des Ertragswerts

Achter Abschnitt
Übergangsvorschriften

§ 49 Altrechtliche Vereine
§ 50 Überfahrts- und Trepprechte

Neunter Abschnitt
Schlußbestimmungen

§ 51 Aufhebungsvorschrift
§ 52 Inkrafttreten

Anlage zu § 36

Erster Abschnitt
Zuständigkeitsregelungen

§ 1 Vereine, deren Rechtsfähigkeit auf Verleihung beruht

(1) Für die Verleihung der Rechtsfähigkeit an Vereine, die einen wirtschaftlichen Geschäftsbetrieb bezwecken, sowie für die Genehmigung von Satzungsänderungen und die Entziehung der Rechtsfähigkeit bei allen Vereinen, deren Rechtsfähigkeit auf Verleihung beruht (§ 22 Satz 2, § 33 Abs. 2, § 43 des Bürgerlichen Gesetzbuches), ist das Regierungspräsidium zuständig.

(2) Die Befugnisse der für die Verleihung der Rechtsfähigkeit nach § 22 des Bürgerlichen Gesetzbuchs an forstwirtschaftliche Zusammenschlüsse zuständigen Behörde bleiben unberührt (§§ 19 und 38 Abs. 3 des Bundeswaldgesetzes vom 2. Mai 1975 – BGBl. I S. 1037 –, § 57 Abs. 2 Satz 2 sowie Abs. 3 des Landeswaldgesetzes in der Fassung vom 4. April 1985 – GBl. S. 106 – und § 1 Abs. 1 der Verordnung des Ministeriums für Ländlichen Raum, Landwirtschaft und Forsten über Zuständigkeiten nach dem Bundeswaldgesetz vom 5. Oktober 1987 – GBl. S. 441 –).

(3) Die Verleihung der Rechtsfähigkeit an einen Verein und die Entziehung der Rechtsfähigkeit sind im Staatsanzeiger für Baden-Württemberg bekanntzumachen.

§ 2 Idealvereine

Mitteilungen nach § 400 des Gesetzes über das Verfahren in Familiensachen und in den Angelegenheiten der freiwilligen Gerichtsbarkeit sind an die unteren Verwaltungsbehörden zu richten.

§ 3 Vertretungsbefugnis

(1) Die Aufsichtsbehörde ist zuständig, eine Bescheinigung über die Vertretungsberechtigung einer juristischen Person auszustellen, sofern sich die Vertretungsberechtigung nicht aus einem öffentlichen Register ergibt.

(2) Aufsichtsbehörde im Sinne des Absatzes 1 ist, soweit nichts anderes bestimmt ist, bei Vereinen die Verleihungsbehörde.

§ 4 Vollziehung von Auflagen

In den Fällen des § 525 Abs. 2 und des § 2194 Satz 2 des Bürgerlichen Gesetzbuchs ist für die Geltendmachung des Anspruchs auf Vollziehung der Auflage der Landesbetrieb Vermögen und Bau Baden-Württemberg zuständig.

§ 5 Öffentliche Ermächtigung von Handelsmäklern

[1]Für die öffentliche Ermächtigung, die Handelsmäkler nach den Bestimmungen des Bürgerlichen Gesetzbuches und des Handelsgesetzbuches zu Verkäufen oder Käufen benötigen, und deren Widerruf sind die Industrie- und Handelskammern zuständig. [2]Die Industrie- und Handelskammer hat den Handelsmäkler zur gewissenhaften Erfüllung seiner Aufgaben zu verpflichten.

§ 5a Fundbehörde

(1) [1]Zuständige Behörde im Sinne der §§ 965 bis 967 und 973 bis 976 des Bürgerlichen Gesetzbuchs sind die Gemeinden. [2]Örtlich zuständig ist die Gemeinde des Fundorts. [3]Zur Entgegennahme der Fundanzeige nach § 965 Abs. 2, der Anzeige der beabsichtigten Versteigerung nach § 966 Abs. 2 sowie zur Annahme der Fundsache und des Versteigerungserlöses nach § 967 des Bürgerlichen Gesetzbuchs ist jedoch auch jede andere Gemeinde verpflichtet; ebenso kann eine Ablieferungsanordnung nach § 967 und eine Versteigerung nach § 975 des Bürgerlichen Gesetzbuchs, sofern sie unaufschiebbar ist, durch jede Gemeinde erfolgen. [4]Ist die Fundanzeige von einer anderen Gemeinde entgegengenommen worden, so hat diese der Gemeinde des Fundorts alsbald Mitteilung zu machen.

(2) Die Landesregierung wird ermächtigt, durch Rechtsverordnung die in § 982 des Bürgerlichen Gesetzbuchs vorgesehenen Vorschriften zu erlassen und die bestehenden Ausführungsvorschriften zu den Fundrechtsbestimmungen des Bürgerlichen Gesetzbuchs aufzuheben.

Zweiter Abschnitt
Altenteilsverträge

§ 6 Geltungsbereich

Die Vorschriften dieses Abschnitts gelten für Schuldverhältnisse aus Verträgen nach Artikel 96 des Einführungsgesetzes zum Bürgerlichen Gesetzbuch, soweit die Parteien nichts anderes vereinbart haben.

§ 7 Dingliche Sicherheit

(1) Der Erwerber des Grundstücks (Schuldner) ist verpflichtet, dem Berechtigten (Gläubiger) auf dessen schriftliches Verlangen unverzüglich an dem Grundstück zu bestellen:

1. eine Reallast zur Sicherung des Anspruchs auf wiederkehrende Leistungen, die er mit dem Gläubiger vereinbart hat,

2. eine beschränkte persönliche Dienstbarkeit zur Sicherung eines dem Gläubiger eingeräumten Rechts, ein Gebäude oder einen Gebäudeteil auf dem Grundstück zu bewohnen oder mitzubewohnen oder einen Teil des Grundstücks in anderer Weise zu benutzen.

(2) Hat der Gläubiger die Bestellung schriftlich verlangt, so ist der Schuldner ihm gegenüber verpflichtet, das Grundstück nicht mehr mit Rechten zu belasten, die im Range vorgehen.

§ 8 Dauer und Zeit der Leistungen

(1) Der Schuldner hat die Leistungen aus dem Vertrage im Zweifel für die Lebensdauer des Gläubigers zu entrichten.

(2) Die für die Leistungen festgesetzten Beträge oder Mengen bezeichnen im Zweifel die jährlichen Leistungen.

(3) Die Leistungen aus dem Vertrage sind im voraus zu entrichten.

(4) [1]Geldleistungen sind für einen Monat vorauszuzahlen. [2]Bei anderen Leistungen bestimmt sich der Zeitabschnitt, für den sie im voraus zu entrichten sind, nach ihrer Art und ihrem Zweck.

§ 9 Leistung von Erzeugnissen

Hat der Schuldner Erzeugnisse der Art zu leisten, wie sie auf dem überlassenen Grundstück gewonnen werden, so kann der Gläubiger nur Erzeugnisse verlangen, die der mittleren Art und Güte der auf dem Grundstück bei ordnungsmäßiger Bewirtschaftung gewonnenen Erzeugnisse entsprechen.

§ 10 Lastentragung

Der Gläubiger ist nicht verpflichtet, die Lasten zu tragen, die auf Grundstücksteile entfallen, die der Schuldner ihm zur Benutzung überlassen hat.

§ 11 Wohnung des Gläubigers

(1) Ist dem Gläubiger eine Wohnung zu gewähren, so hat der Schuldner sie ihm in einem Zustand zu übergeben, der zum vertragsgemäßen Gebrauch geeignet ist, und sie in diesem Zustand zu erhalten.

(2) Der Gläubiger ist berechtigt, seine Familie und die Personen in die Wohnung aufzunehmen, die er zu seiner Betreuung und Pflege benötigt.

(3) Familienangehörige, die ohne eigenes Wohnrecht nach Absatz 2 von dem Gläubiger in die Wohnung aufgenommen waren, können nach dem Tode des Gläubigers noch drei Monate in der Wohnung verbleiben.

§ 12 Wegfall der Wohnung

[1]Wird die Wohnung ohne Verschulden einer Vertragspartei zerstört oder unbrauchbar, so hat sie der Schuldner so wiederherzustellen, wie es nach den Umständen der Billigkeit entspricht. [2]Bis zur Wiederherstellung hat er dem Gläubiger eine angemessene andere Wohnung zu beschaffen.

§ 13 Folgen der Nichterfüllung

(1) Verletzt der Schuldner seine vertraglichen Verpflichtungen, so ist der Gläubiger nicht berechtigt, wegen Nichterfüllung, Verzugs oder positiver Vertragsverletzung vom Vertrag zurückzutreten oder nach § 527 des Bürgerlichen Gesetzbuches die Herausgabe des Grundstücks zu fordern.

(2) Absatz 1 ist nicht anzuwenden, wenn der Schuldner wegen einer Vertragsverletzung zu einer ihm obliegenden Leistung rechtskräftig verurteilt wurde und danach die Pflichten aus dem Vertrag erneut schuldhaft verletzt.

§ 14 Ersatzrente

(1) Der Gläubiger kann, sofern er die Wohnung auf dem Grundstück aus einem anderen als in §§ 15, 16 aufgeführten Grund aufgegeben hat, an Stelle der Wohnung und sonstiger ihm gebührender Leistungen eine monatlich im voraus fällige Geldrente verlangen.

(2) Die Höhe der Rente bestimmt sich

1. nach dem geschätzten Wert der Vorteile, die der Schuldner dadurch erlangt, daß er von der Verpflichtung zur Überlassung der Wohnung und zu Dienstleistungen befreit wird,
2. nach dem Erzeugerpreis für Erzeugnisse des Grundstücks, die nach dem Vertrag zu liefern sind,
3. nach den ersparten Aufwendungen für andere Sachleistungen.

§ 15 Störung des Zusammenlebens durch den Schuldner

(1) [1]Ist ein dem Vertragszweck entsprechendes Zusammenleben der Parteien auf dem Grundstück infolge des Verhaltens des Schuldners oder einer zu seinem Hausstand oder Betrieb gehörigen Person so erschwert, daß dem Gläubiger das Wohnen auf dem Grundstück nicht mehr zugemutet werden kann, so hat der Schuldner dem Gläubiger, falls dieser die Wohnung aufgibt, den Aufwand zu ersetzen, der für den Umzug und eine angemessene andere Wohnung erforderlich ist. [2]Statt der vereinbarten sonstigen Leistungen kann der Gläubiger eine laufende Entschädigung in Geld verlangen; dabei sind die Sachleistungen nach dem jeweiligen Marktpreis zu bewerten. [3]Ferner hat der Schuldner den Schaden zu ersetzen, der dem Gläubiger dadurch entsteht, daß er die vereinbarten Dienstleistungen infolge seines Fortzuges nicht annehmen kann oder ihm die Annahme nicht zuzumuten ist.

(2) Für den Fall der Veräußerung des Grundstücks findet Absatz 1 auch auf den Erwerber entsprechende Anwendung, sofern das Recht des Gläubigers im Grundbuch eingetragen ist.

§ 16 Störung des Zusammenlebens durch den Gläubiger

(1) Ist ein dem Vertragszweck entsprechendes Zusammenleben der Parteien auf dem Grundstück infolge des Verhaltens des Gläubigers oder einer zu seinem Hausstand gehörigen Person so erschwert, daß dem Schuldner nicht mehr zugemutet werden kann, dem Gläubiger das Wohnen auf dem Grundstück zu gestatten, so kann der Schuldner die Wohnung unter Einhaltung einer angemessenen Frist kündigen.

(2) Kündigt der Schuldner, so hat er dem Gläubiger eine monatlich im voraus fällige Geldrente nach § 14 Abs. 2 zu bezahlen.

§ 17 Ehegatten als Berechtigte

[1]Sind Ehegatten oder Lebenspartner Gläubiger und stirbt einer von ihnen, so bleiben das Wohnrecht und die damit zusammenhängenden Ansprüche unverändert. [2]Die Verpflichtung des Schuldners zu Geld- und Sachleistungen, die den Ehegatten oder den Lebenspartnern gemeinschaftlich zustehen, verringert sich auf 70 vom Hundert.

Dritter Abschnitt
(aufgehoben)

§§ 18 bis 21 (aufgehoben)

Vierter Abschnitt
Grundstücksrecht

§ 22 Unschädlichkeitszeugnis

(1) Das Eigentum an einem Grundstück, das zusammen mit anderen Grundstücken desselben Eigentümers belastet ist, und das Eigentum an einem Teil eines Grundstücks (Trennstück) kann frei von Belastungen übertragen werden, wenn die Rechtsänderung für die Berechtigten unschädlich ist.

(2) Unter den gleichen Voraussetzungen kann ein dem jeweiligen Eigentümer eines anderen Grundstücks zustehendes Recht ohne Zustimmung derjenigen, zu deren Gunsten das andere Grundstück belastet ist, aufgehoben werden.

(3) Der Nachweis wird durch ein Unschädlichkeitszeugnis geführt.

§ 23 Voraussetzungen
Ein Unschädlichkeitszeugnis wird erteilt,
1. wenn im Falle des § 22 Abs. 1 das Grundstück oder Trennstück im Verhältnis zu den verbleibenden Grundstücken oder Grundstücksteilen einen geringen Wert und Umfang hat,
2. wenn im Falle des § 22 Abs. 2 für diejenigen, zu deren Gunsten das andere Grundstück belastet ist, ein Nachteil nicht zu besorgen ist, weil das Recht nur geringfügig betroffen wird.

§ 23a Wohnungs- und Teileigentumsrechte
(1) Die §§ 22 und 23 sind auf Wohnungs- und Teileigentum, insbesondere auf
1. die Übertragung eines Teils des gemeinschaftlichen Eigentums oder eines Teils des Sondereigentums,
2. die Überführung eines Teils des gemeinschaftlichen Eigentums in Sondereigentum oder eines Teils des Sondereigentums in gemeinschaftliches Eigentum und
3. die Begründung, Aufhebung oder Inhaltsänderung eines Sondernutzungsrechts an einem Teil des gemeinschaftlichen Eigentums
nach Maßgabe von Absatz 2 entsprechend anwendbar.
(2) In den Fällen des Absatzes 1 wird ein Unschädlichkeitszeugnis erteilt, wenn der zu veräußernde oder zu überführende Teil des Wohnungs- oder Teileigentumsrechts im Verhältnis zum verbleibenden Teil von geringem Wert und Umfang ist oder wenn die sonstige Rechtsänderung die Berechtigten nur geringfügig beeinträchtigt.

§ 24 Beschränkung des Unschädlichkeitszeugnisses
(1) Das Unschädlichkeitszeugnis kann auf einzelne Belastungen beschränkt werden; auf Lasten des öffentlichen Rechts erstreckt es sich nicht.
(2) Die Erteilung des Unschädlichkeitszeugnisses kann von Bedingungen oder der Erfüllung von Auflagen abhängig gemacht werden.

§ 25 Wirkung des Unschädlichkeitszeugnisses
(1) Das Unschädlichkeitszeugnis ersetzt die Bewilligung des Berechtigten; es wird wirksam, wenn es unanfechtbar geworden ist.
(2) [1]Die Vorschriften der §§ 41 bis 43 der Grundbuchordnung sind auf Eintragungen bei einer Hypothek, einer Grundschuld oder einer Rentenschuld, die auf Grund eines Unschädlichkeitszeugnisses erfolgen, nicht anzuwenden. [2]Wird der Hypotheken-, Grundschuld- oder Rentenschuldbrief nachträglich vorgelegt, so hat das Grundbuchamt die Eintragung auf dem Brief zu vermerken.

§ 26 Antragsberechtigung; Zuständigkeit
(1) [1]Ein Unschädlichkeitszeugnis wird nur auf Antrag erteilt. [2]Antragsberechtigt ist jeder, der an der Feststellung der Unschädlichkeit ein rechtliches Interesse hat und darlegt, daß die Bewilligung des Berechtigten nicht oder nur unter unverhältnismäßigen Schwierigkeiten zu erlangen ist.
(2) [1]Zuständig für die Erteilung des Unschädlichkeitszeugnisses ist das Grundbuchamt, in dessen Bezirk das Grundstück liegt. [2]Wird das Zeugnis im Rahmen eines Flurbereinigungsverfahrens erteilt, so ist das Flurbereinigungsamt zuständig. [3]Liegen die Grundstücke in Bezirken mehrerer Ämter, so ist das Amt zuständig, in dessen Bezirk sich der größere Teil befindet.

§ 27 Verfahrensgrundsätze
(1) Vor der Erteilung des Unschädlichkeitszeugnisses sind die erforderlichen Ermittlungen von Amts wegen anzustellen und die Berechtigten, soweit dies ohne erhebliche Verzögerung und unverhältnismäßige Kosten möglich ist, zu hören.
(2) [1]Die Entscheidung ist dem Antragsteller, dem eingetragenen Eigentümer und den betroffenen dinglichen Berechtigten zuzustellen. [2]Ablehnende Entscheidungen sind nur den Beteiligten zuzustellen, die angehört worden sind. [3]Für die Zustellung sind §§ 166 bis 190 der Zivilprozeßordnung und §§ 6 und 7 des Gesetzes über die Zwangsversteigerung und die Zwangsverwaltung entsprechend anzuwenden.
(3) Gegen die Entscheidung des Grundbuchamts und des Flurbereinigungsamts findet die Beschwerde nach den Vorschriften des Gesetzes über das Verfahren in Familiensachen und in den Angelegenheiten der freiwilligen Gerichtsbarkeit statt.

§ 28 Kosten

[1]Für das Verfahren nach §§ 22 bis 27 gelten die Vorschriften des Gerichts- und Notarkostengesetzes. [2]Im ersten Rechtszug werden zwei volle Gebühren nach der Tabelle B gemäß § 34 Absatz 2 des Gerichts- und Notarkostengesetzes erhoben. [3]Maßgebender Wert ist entweder der Wert des Trennstücks oder Grundstücks, für welches das Unschädlichkeitszeugnis beantragt ist, oder der Wert der Belastung, von der befreit werden soll, sofern dieser geringer ist. [4]In den Fällen des § 23a tritt an die Stelle des Wertes des Grundstücks oder Trennstücks der Wert des betroffenen Wohnungs- oder Teileigentumsrechts.

§ 29 Rechtsänderungen bei buchungsfreien Grundstücken

(1) Zur Übertragung des Eigentums an einem Grundstück, das im Grundbuch nicht eingetragen ist und auch nach der Übertragung nicht eingetragen zu werden braucht, sowie zur Begründung der Dienstbarkeit an einem Grundstück, das im Grundbuch nicht eingetragen ist und nicht eingetragen zu werden braucht, genügt die Einigung der Beteiligten über die Rechtsänderung; zur Aufhebung der Dienstbarkeit an einem solchen Grundstück genügt die Erklärung des Berechtigten, daß er das Recht aufgebe.

(2) [1]Die Einigung und Erklärung bedürfen der notariellen Beurkundung. [2]Die Einigung über den Eigentumsübergang kann nicht unter einer Bedingung oder einer Zeitbestimmung erfolgen.

(3) Der Notar soll eine Ausfertigung der Urkunde dem Grundbuchamt, in dessen Bezirk das Grundstück liegt, zur Aufbewahrung einreichen.

§ 30 (aufgehoben)

§ 31 Nichteingetragene Grunddienstbarkeiten

(1) [1]Grunddienstbarkeiten, die vor dem Inkrafttreten des Bürgerlichen Gesetzbuches entstanden und aus dem Grundbuch oder einem dem Grundbuch gleichgestellten Buch nicht ersichtlich sind, müssen zur Erhaltung der Wirksamkeit gegenüber dem öffentlichen Glauben des Grundbuches bis zum 31. Dezember 1977 im Grundbuch eingetragen sein. [2]Dies gilt nicht für Grunddienstbarkeiten, die Schafweide- oder Fischereirechte gewähren.

(2) Wird die Grunddienstbarkeit in das Grundbuch eingetragen, so genügt es zur Wahrung der in Absatz 1 bestimmten Frist, wenn bis zu ihrem Ablauf der Eintragungsantrag beim Grundbuchamt gestellt oder eine auf die Eintragung gerichtete Klage erhoben und die Klageerhebung dem Grundbuchamt angezeigt ist.

(3) Das Gesetz über die Eintragung altrechtlicher Grunddienstbarkeiten im Grundbuch vom 9. Januar 1951 (Reg.Bl. Württ.-Hohenzollern S. 11) bleibt in seinem bisherigen Geltungsbereich unberührt.

§ 32 Nutzungsrechte

(1) [1]Für die zur Zeit des Inkrafttretens des Bürgerlichen Gesetzbuches bestehenden vererblichen und übertragbaren Nutzungsrechte an Grundstücken gelten die Vorschriften über Grundstücke. [2]Die Bestimmungen des § 137 Abs. 1 und 2 der Grundbuchordnung finden für diese Rechte entsprechende Anwendung.

(2) [1]Rechte nach Abs. 1, die aus dem Grundbuch nicht ersichtlich sind, müssen zur Erhaltung der Wirksamkeit gegenüber dem öffentlichen Glauben des Grundbuchs bis zum 31. Dezember 1977 im Grundbuch eingetragen sein. [2]§ 31 Abs. 1 Satz 2 und Abs. 2 gelten entsprechend.

§ 33 (aufgehoben)

§ 34 Kündigung von Grundpfandrechten

[1]Das Recht des Eigentümers auf Kündigung einer Hypothek, einer Grundschuld oder einer Rentenschuld kann nur bis zum Ablauf von zwanzig Jahren ab der Eintragung im Grundbuch ausgeschlossen werden. [2]Die Kündigungsfrist beträgt höchstens sechs Monate.

Fünfter Abschnitt
Überleitung von Miteigentum nach Wohneinheiten und von Stockwerkseigentum

§ 35 Miteigentum nach Wohneinheiten

(1) Miteigentum nach Wohneinheiten im Sinne des württ.-badischen Gesetzes Nr. 275 über das Miteigentum nach Wohneinheiten vom 12. Juni 1950 (Reg. Bl. S. 57), aufgehoben durch das Gesetz vom 16. Februar 1953 (Ges.Bl. S. 9), wird bei Wohnungen in Wohnungseigentum, bei nicht zu Wohnzwe-

cken dienenden Räumen in Teileigentum im Sinne von § 1 Abs. 2 und 3 des Wohnungseigentumsgesetzes vom 15. März 1951 (BGBl. I S. 175) übergeleitet.

(2) [1]Anstelle des Miteigentums nach Wohneinheiten tritt Wohnungseigentum (Teileigentum). [2]Rechte und Pflichten der Wohnungseigentümer (Teileigentümer) bestimmen sich nach den Vorschriften des Wohnungseigentumsgesetzes. [3]Früher getroffene Vereinbarungen bleiben unberührt, soweit sie nach dem Wohnungseigentumsgesetz zulässig sind.

(3) [1]Ein vor Inkrafttreten dieses Gesetzes bestellter Verwalter gilt als Verwalter im Sinne des § 26 Abs. 1 des Wohnungseigentumsgesetzes. [2]Fehlt ein Verwalter, so ist ein solcher binnen drei Monaten nach dem Inkrafttreten dieses Gesetzes von den Wohnungseigentümern (Teileigentümern) zu bestellen.

(4) Absätze 1 bis 3 finden auf die Überleitung von Erbbaurecht nach Wohneinheiten auf Wohnungserbbaurecht (Teilerbbaurecht) im Sinne von § 30 des Wohnungseigentumsgesetzes entsprechende Anwendung.

§ 36 Weitergeltung des bisherigen Rechts

(1) Das bisher für das Stockwerkseigentum in Württemberg geltende Landesrecht bleibt in der Fassung der Anlage zu diesem Gesetz in Kraft und gilt künftig auch für das nach badischem Landesrecht begründete Stockwerkseigentum.

(2) Die Neubegründung von Stockwerkseigentum ist nicht zulässig.

§ 37 Überleitung des Stockwerkseigentums

(1) [1]Die Rechtsverhältnisse an wirtschaftlich zusammenhängenden Grundstücken und Bauwerken, an denen ganz oder teilweise Stockwerkseigentum besteht, können auf Antrag eines Stockwerkseigentümers in Wohnungseigentum (Teileigentum) oder in eine andere durch das Wohnungseigentumsgesetz geschaffene Rechtsform übergeleitet werden. [2]Der Überleitung steht nicht entgegen, daß die Wohnungen oder die sonstigen Räume nicht in sich abgeschlossen sind (§ 3 Abs. 2, § 32 Abs. 1 des Wohnungseigentumsgesetzes).

(2) Kommt eine Überleitung nach Absatz 1 nicht in Betracht, kann die Überleitung in eine andere Rechtsform des Bundesrechts beantragt werden.

(3) [1]Zuständig ist das Amtsgericht, in dessen Bezirk das Stockwerkseigentum belegen ist. [2]Es entscheidet im Verfahren der freiwilligen Gerichtsbarkeit.

§ 38 Antragsrecht der Baurechtsbehörde

[1]Zur Antragstellung ist auch die untere Baurechtsbehörde berechtigt, in deren Bezirk das Stockwerkseigentum belegen ist. [2]Die untere Baurechtsbehörde soll von ihrem Antragsrecht Gebrauch machen, wenn sie von dem Präsidenten des Landgerichts oder Amtsgerichts hierzu ersucht wird.

§ 39 Inhalt des Antrags

(1) Der Antrag soll die Bezeichnung des Stockwerkseigentums und das Überleitungsbegehren enthalten.

(2) Der Antragsteller soll in der Begründung des Antrags die rechtlichen und tatsächlichen Verhältnisse darstellen und die von der Überleitung betroffenen dinglichen Berechtigten angeben.

(3) Dem Antrag sollen beigefügt werden
a) Grundbuchauszüge über die betroffenen Stockwerksrechte,
b) Urkunden, aus denen sich Inhalt und Umfang des Stockwerkseigentums ergeben,
c) Lagepläne und Bauzeichnungen.

§ 40 Einleitungsverfügung des Gerichts

(1) Das Gericht ermittelt nach Eingang des Antrags welche Stockwerksrechte und welche anderen dinglichen Rechte durch das Überleitungsverfahren betroffen sind.

(2) [1]Nach Durchführung der Ermittlung nach Absatz 1 verfügt das Gericht die Einleitung des Verfahrens. [2]In der Verfügung sind die Stockwerksrechte und die anderen dinglichen Rechte zu bezeichnen, die von dem Verfahren betroffen sind. [3]Die Inhaber dieser Rechte sind als Beteiligte zu dem Verfahren hinzuzuziehen.

(3) [1]Das Gericht teilt dem Grundbuchamt die Einleitung des Verfahrens nach Absatz 2 mit. [2]Das Grundbuchamt hat in das Grundbuch der betroffenen Stockwerkseigentumsrechte einzutragen, daß ein Verfahren nach Absatz 2 anhängig ist.

(4) Das Grundbuchamt hat das Gericht von allen Eintragungen zu benachrichtigen, die nach dem Zeitpunkt der Einleitung des Verfahrens im Grundbuch vorgenommen sind oder vorgenommen werden.

(5) [1]Wird der Antrag auf Einleitung des Verfahrens oder auf Hinzuziehung abgelehnt, steht dem Antragsteller und demjenigen, der die Hinzuziehung beantragt hat, das Rechtsmittel der Beschwerde zu. [2]Die weitere Beschwerde ist ausgeschlossen. [3]Im übrigen ist die Einleitungsverfügung und die Verfügung, in der ein Betroffener hinzugezogen wird, nur zusammen mit der Entscheidung nach § 41 anfechtbar.

§ 41 Gerichtliche Entscheidung

[1]Das Gericht entscheidet, soweit Rechtsverhältnisse zu gestalten sind, nach billigem Ermessen. [2]An Anträge ist es nicht gebunden. [3]Bei seiner Entscheidung hat es alle Umstände des Einzelfalles, insbesondere die Werte der einzelnen Rechte, zu berücksichtigen. [4]Soweit ein Beteiligter durch die Änderung der Rechtsform erhebliche Rechtsnachteile erleidet, kann das Gericht zu Lasten des Begünstigten eine Ausgleichszahlung anordnen. [5]Das Gericht hat auf Grund der rechtskräftigen Entscheidung das Grundbuchamt um Berichtigung des Grundbuches zu ersuchen.

§ 42 Rechtsmittel

Gegen die Entscheidung des Amtsgerichts ist die Beschwerde nach den Vorschriften des Gesetzes über das Verfahren in Familiensachen und in den Angelegenheiten der freiwilligen Gerichtsbarkeit zulässig.

§ 43 Vertragliche Vereinbarungen

Die Beteiligten sind berechtigt, Stockwerkseigentum in Wohnungseigentum (Teileigentum) oder in eine andere durch das Wohnungseigentumsgesetz geschaffene Rechtsform auch dann überzuleiten, wenn die Wohnungen oder die sonstigen Räume nicht in sich abgeschlossen sind (§ 3 Abs. 2, § 32 Abs. 1 des Wohnungseigentumsgesetzes).

§ 44 Kosten des Verfahrens

(1) [1]Für die Kosten des gerichtlichen Verfahrens gelten die Vorschriften des Gerichts- und Notarkostengesetzes. [2]Es wird die volle Gebühr nach der Tabelle B gemäß § 34 Absatz 2 des Gerichts- und Notarkostengesetzes erhoben. [3]Kommt es zur gerichtlichen Entscheidung, so erhöht sich die Gebühr auf das Dreifache der vollen Gebühr nach der Tabelle B. [4]Wird der Antrag zurückgenommen, bevor es zu einer Entscheidung oder einer vom Gericht vermittelten Einigung gekommen ist, so ermäßigt sich die Gebühr auf die Hälfte der vollen Gebühr nach der Tabelle B.

(2) [1]Der Richter setzt den Geschäftswert nach dem Interesse der Beteiligten an der Entscheidung von Amts wegen fest. [2]Der Geschäftswert ist niedriger festzusetzen, wenn die nach Satz 1 berechneten Kosten des Verfahrens zu dem Interesse eines Beteiligten nicht in einem angemessenen Verhältnis stehen.

(3) Im Verfahren über die Beschwerde gegen eine den Rechtszug beendende Entscheidung werden die gleichen Gebühren wie im ersten Rechtszug erhoben.

Sechster Abschnitt
Mündelsicherheit

§ 45 Sicherheit der Grundpfandrechte

Eine Hypothek, Grundschuld oder Rentenschuld an einem in Baden-Württemberg gelegenen Grundstück ist nur insoweit als sicher im Sinne des § 1807 Abs. 1 Nr. 1 des Bürgerlichen Gesetzbuches anzusehen, als sie innerhalb der ersten Hälfte des Verkehrswertes des Grundstücks liegt.

§ 46 Sparkassen

Sparkassen, für die das Sparkassengesetz für Baden-Württemberg gilt, sind zur Anlegung von Mündelgeld geeignet.

§ 47 (aufgehoben)

Siebter Abschnitt
Ertragswert bei Landgütern

§ 48 Berechnung des Ertragswerts
(1) Bei der Berechnung des Ertragswerts in den Fällen des § 1515 Abs. 2 und 3 und der §§ 2049, 2312 des Bürgerlichen Gesetzbuches wird der jährliche Reinertrag des Landgutes durch Schätzung ermittelt.
(2) Als Ertragswert gilt das 18fache des jährlichen Reinertrags.

Achter Abschnitt
Übergangsvorschriften

§ 49 Altrechtliche Vereine
(1) Ein privatrechtlicher Verein, der vor dem Inkrafttreten des Bürgerlichen Gesetzbuches durch staatliche Verleihung Rechtsfähigkeit erlangt hat und dessen Zweck nicht auf einen wirtschaftlichen Geschäftsbetrieb gerichtet ist, hat sich bis zum 31. Dezember 1977 eine Verfassung zu geben, die den Vorschriften des Bürgerlichen Gesetzbuches entspricht, und seine Eintragung beim Vereinsregister zu beantragen.
(2) Ist der Antrag auf Eintragung nicht innerhalb der Frist des Absatzes 1 beim zuständigen Vereinsregister eingegangen, so verliert der Verein seine Rechtsfähigkeit.

§ 50 Überfahrts- und Trepprechte
Für Überfahrts- und Trepprechte, die im württembergischen Rechtsgebiet auf Grund des Art. 234 des württembergischen Ausführungsgesetzes zum Bürgerlichen Gesetzbuch vor Inkrafttreten dieses Gesetzes bestellt worden sind, bleiben die bisherigen Bestimmungen mit Ausnahme der Art. 235 Abs. 2, Art. 239 Abs. 3 und Art. 242 Abs. 1 weiterhin anwendbar.

Neunter Abschnitt
Schlußbestimmungen

§ 51 Aufhebungsvorschrift
(1) [1]Die Vorschriften, die diesem Gesetz entsprechen oder widersprechen, werden aufgehoben. [2]Insbesondere treten außer Kraft: (hier nicht wiedergegeben)
(2) [1]Für Rechte und Rechtsverhältnisse, die vor dem Inkrafttreten dieses Gesetzes entstanden sind, bleiben, soweit in diesem Gesetz nichts anderes bestimmt ist, die bisherigen Vorschriften maßgebend. [2]Im württembergischen Rechtsgebiet richtet sich die persönliche Haftung der Notare und Notarvertreter im Landesdienst sowie der Ratschreiber für vor dem 1. Januar 1982 begangene Amtspflichtverletzungen weiterhin nach § 20 Abs. 2 und § 21 in der Fassung des Gesetzes vom 26. November 1974 (GBl. S. 498).

§ 52 Inkrafttreten
Dieses Gesetzes tritt am 1. Januar 1975 in Kraft.

Anlage zu § 36
Artikel 226 bis 231 des Württembergischen Ausführungsgesetzes zum Bürgerlichen Gesetzbuch und zu anderen Reichsjustizgesetzen vom 29. Dezember 1931 (Reg.Bl. S. 545), zuletzt geändert durch das Gesetz vom 5. Juni 1973 (Ges.Bl. S. 165):

II. Stockwerkseigentum

Artikel 226 Rechte und Pflichten der Stockwerkseigentümer
(1) Die mit dem Sondereigentum an einzelnen Gebäudeteilen (Stockwerkseigentum) verbundene Gemeinschaft umfaßt im Zweifel die zum gemeinsamen Gebrauch bestimmten Bestandteile und Rechte.
(2) Der Anteil an den gemeinschaftlichen Rechten und Lasten bemißt sich, soweit nichts anders bestimmt ist, nach dem Verhältnis des Werts der Stockwerksrechte.
(3) [1]Auf das Gemeinschaftsverhältnis finden die §§ 743, 744, 745 Abs. 2 und 3, 746, 748 und auf die sonstigen Beziehungen unter den Stockwerkseigentümern die §§ 745 Abs. 2, 746 BGB entsprechende Anwendung. [2]Im Falle des § 744 Abs. 2 zweiter Halbsatz ist jeder Teilhaber zur Sicherheitsleistung in Höhe des auf ihn entfallenden Anteils an den Kosten verpflichtet.

Artikel 227 Vereinigung von Stockwerksrechten
Beim Zusammentreffen mehrerer Stockwerksrechte in einer Hand vereinigen sich diese zu einem einheitlichen Recht unbeschadet der an den bisher getrennten Eigentumsrechten begründeten besonderen Rechte.

Artikel 228 Vorkaufsrecht
(1) [1]Wird ein Stockwerkseigentum an andere Personen als an Ehegatten, Lebenspartner, Abkömmlinge, angenommene Kinder oder Mitstockwerkseigentümer verkauft, so sind die anderen Stockwerkseigentümer nach dem Verhältnis ihrer Stockwerksrechte zum Vorkauf berechtigt. [2]Handelt es sich um eine Bruchteils- oder sonstige Gemeinschaft an einem Stockwerkseigentum, so steht das Vorkaufsrecht zunächst den Teilhabern an der Gemeinschaft zu.
(2) [1]Auf das Vorkaufsrecht finden die Vorschriften der §§ 1096, 1098 bis 1102 BGB entsprechende Anwendung. [2]Die Frist zur Ausübung des Vorkaufsrechts beträgt drei Wochen.
(3) [1]Das Vorkaufsrecht erstreckt sich auch auf einen Verkauf im Weg der Zwangsversteigerung oder durch den Konkursverwalter. [2]Im Falle der Zwangsversteigerung darf der Zuschlag nicht vor Ablauf der für die Ausübung des Vorkaufsrechts geltenden Frist erteilt werden, es sei denn, daß der Vorkaufsberechtigte sein Recht vorher ausgeübt oder dem Vollstreckungsgericht gegenüber erklärt hat, es nicht ausüben zu wollen.
(4) Das Vorkaufsrecht und die daraus sich ergebenden Befugnisse gehen auf den Rechtsnachfolger im Stockwerkseigentum über.

Artikel 229 Untergang des Gebäudes
[1]Beim Untergang des Gebäudes verwandelt sich das bisherige Sondereigentum an den einzelnen Gebäudeteilen in Miteigentum an der Grundfläche. [2]Dasselbe gilt bei teilweisem Untergang, sofern eine Wiederherstellung des früheren Zustandes untunlich ist.

Artikel 230 Voraussetzung der Aufhebung
Ein Stockwerkseigentümer kann die Aufhebung des Stockwerkseigentums verlangen, wenn die Verhältnisse in dem Gebäude so unhaltbar geworden sind, daß ihm die Weiterführung des Stockwerkseigentums nicht mehr zugemutet werden kann.

Artikel 231 Durchführung der Aufhebung
(1) [1]Die Aufhebung des Stockwerkseigentums erfolgt durch Verkauf des ganzen Gebäudes im Wege der Zwangsversteigerung und durch Teilung des Erlöses im Verhältnis des Werts der Stockwerksrechte. [2]Bei der Feststellung des geringsten Gebots sind außer den aus dem Versteigerungserlös zu entnehmenden Kosten des Verfahrens alle die einzelnen Stockwerksrechte belastenden Rechte zu berücksichtigen. [3]In jedem Fall wird bei der Versteigerung nur ein Gebot zugelassen, durch das der amtliche Schätzungswert sämtlicher an dem Gebäude bestehender Stockwerksrechte gedeckt wird.
(2) Geht auf Grund einer Versteigerung das Eigentum an dem ganzen Gebäude auf einen Ersteher über, so verwandeln sich die bisher auf den einzelnen Stockwerksrechten ruhenden Hypotheken, Grundschulden, Rentenschulden, Reallasten, Nießbrauchs- und Vorkaufsrechte in solche Rechte an einem dem Wertverhältnis der belasteten Stockwerksrechte entsprechenden Bruchteil des Eigentums am ganzen Grundstück.
(3) [1]Das Wertverhältnis der bisherigen Stockwerksrechte für die Fälle des Absatzes 1 Satz 1 und des Absatzes 2 ist im Zwangsversteigerungsverfahren durch einen vor dem Versteigerungstermin den Be-

teilgten zuzustellenden Beschluß festzustellen. [2]Der Beschluß unterliegt der Anfechtung, die sich nach den Vorschriften des Zwangsversteigerungsverfahrens bestimmt.

Gesetz über das Nachbarrecht (Nachbarrechtsgesetz – NRG)

In der Fassung vom 8. Januar 1996[1] (GBl. S. 54)
(BWGültV Sachgebiet 403)
zuletzt geändert durch ÄndG vom 4. Februar 2014 (GBl. S. 65)

Nichtamtliche Inhaltsübersicht

1. Abschnitt
Gebäude

§ 1 Ableitung des Regenwassers und des Abwassers
§ 2 Traufberechtigung bei baulichen Änderungen
§ 3 Abstand von Lichtöffnungen
§ 4 Abstand von ausblickgewährenden Anlagen
§ 5 Lichtöffnungen und andere Gebäudeteile, die auf öffentliche Wege oder Plätze Ausblick gewähren
§ 6 Abstand schadendrohender und störender Anlagen
§ 7 Gebäudeabstände und Einfriedigungen bebauter Grundstücke im Außenbereich
§ 7a Gründungstiefe
§ 7b Überbau
§ 7c Überbau durch Wärmedämmung
§ 7d Hammerschlags- und Leiterrecht
§ 7e Benutzung von Grenzwänden
§ 7f Leitungen

2. Abschnitt
§ 8 Aufschichtungen und Gerüste

3. Abschnitt
Erhöhungen

§ 9 Abstände und Vorkehrungen bei Erhöhungen
§ 10 Befestigung von Erhöhungen

4. Abschnitt
Einfriedigungen, Spaliervorrichtungen und Pflanzungen

1. Abstände

§ 11 Tote Einfriedigungen
§ 12 Hecken
§ 13 Spaliervorrichtungen
§ 14 Rebstöcke in Weinbergen
§ 15 Waldungen
§ 16 Sonstige Gehölze

§ 17 Hopfenpflanzungen
§ 18 Begünstigung von Weinbergen und Erwerbsgartenbaugrundstücken
§ 19 Verhältnis zu landwirtschaftlich nicht genutzten Grundstücken
§ 20 Pflanzungen hinter geschlossenen Einfriedigungen
§ 21 Verhältnis zu Wegen, Gewässern und Eisenbahnen; Ufer- und Böschungsschutz
§ 22 Feststellung der Abstände

2. Überragende Zweige und eingedrungene Wurzeln

§ 23 Überragende Zweige
§ 24 Eingedrungene Wurzeln
§ 25 Bäume an öffentlichen Wegen

5. Abschnitt
Allgemeine Bestimmungen

§ 26 Verjährung
§ 27 Vorrang von Festsetzungen im Bebauungsplan
§ 28 Erklärte Waldlage, erklärte Reblage und erklärte Gartenbaulage
§ 29 Erlass von Gemeindesatzungen

6. Abschnitt
§ 30 Einwirkung von Verkehrsunternehmen

7. Abschnitt
Übergangs- und Schlussbestimmungen

§ 31 Durch Zeitablauf entstandene Fensterschutzrechte
§ 32 Alte Mauerrechte
§ 33 Bestehende Einfriedigungen, Spaliervorrichtungen, Pflanzungen und bauliche Anlagen
§ 34 Bäume von Waldgrundstücken
§ 35 Überragende Zweige und eingedrungene Wurzeln von bestehenden Obstbäumen
§ 36 Verweisung auf aufgehobene Vorschriften
§ 37 Inkrafttreten

---

[1] Neubekanntmachung des NachbarrechtsG v. 14. 12. 1959 (GBl. S. 171) in der ab 1. 1. 1996 geltenden Fassung.

1. Abschnitt
Gebäude

§ 1 Ableitung des Regenwassers und des Abwassers
Der Eigentümer eines Gebäudes hat das von seinem Gebäude abfließende Niederschlagswasser sowie Abwasser und andere Flüssigkeiten aus seinem Gebäude auf das eigene Grundstück so abzuleiten, daß der Nachbar nicht belästigt wird.

§ 2 Traufberechtigung bei baulichen Änderungen
[1]Ist der Eigentümer eines Gebäudes auf Grund einer Dienstbarkeit verpflichtet, das vom Gebäude des Nachbarn abfließende Niederschlagswasser durch seine eigenen Rinnen und Ablaufrohre abzuleiten, so darf eine Veränderung des Gebäudes, durch welche die Dienstbarkeit beeinträchtigt wird, nur in der Weise geschehen, daß der Nachbar an der Anbringung eigener Rinnen und Ablaufrohre nicht gehindert ist. [2]Dem Nachbarn sind die durch die Abänderung entstehenden Kosten zu ersetzen.

§ 3 Abstand von Lichtöffnungen
(1) Der Eigentümer eines Grundstücks kann verlangen, daß vor Lichtöffnungen in der Außenwand eines Nachbargebäudes, die einen Ausblick auf sein Grundstück gewähren, auf dem Nachbargrundstück Abstandsflächen eingehalten werden, die, rechtwinklig zur Außenwand und in Höhe der Lichtöffnung gemessen, eine Tiefe von mindestens 1,80 m haben und in der Breite auf jeder Seite mindestens 0,60 m über die Lichtöffnung hinausreichen.

(2) Das Verlangen nach Absatz 1 kann nicht gestellt werden für Lichtöffnungen, die verschlossen sind und nicht geöffnet werden können und entweder mit ihrer Unterkante mindestens 1,80 m über dem Fußboden des zu erhellenden Raumes liegen oder undurchsichtig sind.

(3) [1]Das Verlangen nach Absatz 1 kann nicht gestellt werden, wenn keine oder nur geringfügige Beeinträchtigungen zu erwarten sind oder das Vorhaben nach öffentlich-rechtlichen Vorschriften, insbesondere nach den §§ 5 und 6 der Landesbauordnung, zulässig ist. [2]Nach Ablauf von zwei Monaten seit Zugang der Benachrichtigung nach § 55 der Landesbauordnung ist das Verlangen ausgeschlossen. [3]Die Frist wird auch dadurch gewahrt, daß nach § 55 der Landesbauordnung Einwendungen oder Bedenken erhoben werden.

§ 4 Abstand von ausblickgewährenden Anlagen
(1) Der Eigentümer eines Grundstücks kann verlangen, daß vor Balkonen, Terrassen, Erkern, Galerien und sonstigen begehbaren Teilen eines Nachbarhauses, die einen Ausblick auf sein Grundstück gewähren, auf dem Nachbargrundstück Abstandsflächen eingehalten werden, die in der Tiefe mindestens 1,80 m über die Vorderkante und in der Breite auf jeder Seite mindestens 0,60 m über die Seitenkante der genannten Gebäudeteile hinausreichen.

(2) § 3 Abs. 3 findet entsprechende Anwendung.

§ 5 Lichtöffnungen und andere Gebäudeteile, die auf öffentliche Wege oder Plätze Ausblick gewähren
(1) Die in § 3 Abs. 1 genannten Lichtöffnungen und die in § 4 Abs. 1 genannten Gebäudeteile sind den Beschränkungen der §§ 3 und 4 nicht unterworfen, soweit sie auf einen öffentlichen Weg oder einen öffentlichen Platz, der an das Grundstück angrenzt, Ausblick gewähren.

(2) Verliert ein Weg oder Platz die Eigenschaft der Öffentlichkeit, so behalten die Eigentümer der angrenzenden Grundstücke das Recht auf Fortbestand von vorhandenen, in den § 3 Abs. 1 und § 4 Abs. 1 genannten Anlagen.

§ 6 Abstand schadendrohender und störender Anlagen
(1) Schadendrohende oder störende Anlagen dürfen nur in solcher Entfernung von der Grenze und nur unter solchen Vorkehrungen angebracht werden, daß sie den Nachbarn nicht schädigen.

(2) Anlagen im Sinne des Absatzes 1 sind insbesondere Lager für Chemikalien sowie im Freien gelegene Aborte, Treib- und Brennstoffbehälter, Waschkessel, und Backöfen, Bienenstöcke, Futtersilos, Düngerstätten, Jauchegruben und Ställe.

§ 7 Gebäudeabstände und Einfriedigungen bebauter Grundstücke im Außenbereich
(1) [1]Bei der Errichtung oder Veränderung eines Gebäudes im Außenbereich ist der Bauherr auf Verlangen des Nachbarn verpflichtet, zu Gunsten von Grundstücken, die durch landwirtschaftliche Be-

triebe im Sinne des § 201 des Baugesetzbuches landwirtschaftlich oder gartenbaulich genutzt werden (landwirtschaftliche Nutzung), mit jeder der Nachbargrenze zugewandten Außenwand einen mittleren Grenzabstand einzuhalten, welcher der Höhe der Außenwand entspricht; der Abstand ist senkrecht zur Außenwand zu messen. [2]Der Abstand darf nirgends weniger als 2 m betragen.

(2) Für die Berechnung der Höhe der Außenwand gilt § 5 Abs. 4 Sätze 2 bis 4 und Abs. 5 der Landesbauordnung entsprechend.

(3) § 3 Abs. 3 Sätze 2 und 3 ist entsprechend anzuwenden.

(4) Der Bauherr ist auf Verlangen des Nachbarn verpflichtet, sein Grundstück einzufriedigen, soweit es zum Schutz des Nachbargrundstücks erforderlich ist und öffentlich-rechtliche Vorschriften nicht entgegenstehen.

§ 7a Gründungstiefe

(1) Darf nach den baurechtlichen Vorschriften auf benachbarten Grundstücken unmittelbar an die gemeinsame Grundstücksgrenze gebaut werden, so kann der Eigentümer des Nachbargrundstücks vom Erstbauenden eine solche Ausführung der Gründung verlangen, daß bei der späteren Durchführung seines Bauvorhabens zusätzliche Baumaßnahmen vermieden werden.

(2) [1]Dem Erstbauenden sind die durch dieses Verlangen entstehenden Mehrkosten zu erstatten. [2]Das Verlangen ist dem Erstbauenden vor Erteilung der Baugenehmigung mitzuteilen. [3]Er kann unter Setzung einer angemessenen Frist einen Vorschuß oder eine Sicherheitsleistung verlangen. [4]Wird ein ausreichender Vorschuß oder eine Sicherheitsleistung innerhalb der Frist nicht geleistet, so entfällt die Verpflichtung des Erstbauenden.

(3) [1]Wird die weitergehende Gründung zum Vorteil des Erstbauenden ganz oder teilweise ausgenutzt, so entfällt insoweit die Erstattungspflicht nach Absatz 2. [2]Bereits erstattete Kosten können zurückverlangt werden.

§ 7b Überbau

(1) [1]Darf nach den baurechtlichen Vorschriften unmittelbar an die gemeinsame Grundstücksgrenze gebaut werden, so hat der Eigentümer des Nachbargrundstücks in den Luftraum seines Grundstücks übergreifende untergeordnete Bauteile, die den baurechtlichen Vorschriften entsprechen, zu dulden, solange diese die Benutzung seines Grundstücks nicht oder nur unwesentlich beeinträchtigen. [2]Untergeordnete Bauteile sind insbesondere solche Bestandteile einer baulichen Anlage, die deren nutzbare Fläche nicht vergrößern.

(2) Darf an beiden Seiten unmittelbar an die gemeinsame Grundstücksgrenze gebaut werden, so haben die Eigentümer der benachbarten Grundstücke zu dulden, daß die Gebäude den baurechtlichen Vorschriften entsprechend durch übergreifende Bauteile angeschlossen werden.

(3) [1]Der Eigentümer des Gebäudes, von dem Bauteile übergreifen, hat dem Eigentümer des Nachbargebäudes den durch den Anschluß nach Absatz 2 entstandenen Schaden zu ersetzen. [2]Auf Verlangen des Berechtigten ist vor Beginn dieser Maßnahme eine Sicherheitsleistung in Höhe des voraussichtlich entstehenden Schadens zu leisten.

§ 7c Überbau durch Wärmedämmung

(1) [1]Eigentümer und Nutzungsberechtigte eines Grundstücks haben zu dulden, dass eine Wärmedämmung, die nachträglich auf die Außenwand eines an der Grundstücksgrenze stehenden Gebäudes aufgebracht wurde, sowie die mit dieser in Zusammenhang stehenden untergeordneten Bauteile auf das Grundstück übergreifen, soweit und solange

1. diese die Benutzung des Grundstücks nicht oder nur geringfügig beeinträchtigen und eine zulässige beabsichtigte Nutzung des Grundstücks nicht oder nur geringfügig behindern und

2. die übergreifenden Bauteile nach öffentlich-rechtlichen Vorschriften zulässig oder zugelassen sind.

[2]Eine nur geringfügige Beeinträchtigung im Sinne von Satz 1 Nummer 1 liegt insbesondere dann nicht vor, wenn die Überbauung die Grenze zum Nachbargrundstück um mehr als 0,25 m überschreitet. [3]Die Duldungspflicht besteht nur, wenn im Zeitpunkt der Anbringung der Wärmedämmung eine vergleichbare Wärmedämmung auf andere, die Belange der Eigentümer beziehungsweise Nutzungsberechtigten schonendere Weise mit vertretbarem Aufwand nicht vorgenommen werden konnte.

(2) Die Duldungspflicht nach Absatz 1 ist ausgeschlossen, wenn

1. die Errichtung des betroffenen Gebäudes an der Grundstücksgrenze öffentlich-rechtlichen Vorschriften widerspricht, es sei denn, der jeweilige Eigentümer beziehungsweise Nutzungsberechtigte des überbauten Grundstücks kann sich hierauf nach den Vorschriften des öffentlichen Rechts nicht oder nicht mehr berufen, oder

2. die Anbringung einer Wärmedämmung mit zumindest entsprechender räumlicher Ausdehnung bereits im Zeitpunkt der Errichtung des Gebäudes üblich war.

(3) ¹Den Eigentümern und dinglich Nutzungsberechtigten des überbauten Grundstücks ist ein angemessener Ausgleich in Geld zu leisten. ²Soweit nichts anderes vereinbart wird, gelten § 912 Absatz 2 und §§ 913 und 914 des Bürgerlichen Gesetzbuchs (BGB) entsprechend.

(4) Eigentümer und Nutzungsberechtigte des überbauten Grundstücks können verlangen, dass die Eigentümer des durch den Wärmeschutzüberbau begünstigten Grundstücks die gedämmte Fassade in einem ordnungsgemäßen Zustand erhalten.

(5) ¹Die Veranlasser des Überbaus haben den Eigentümern oder Nutzungsberechtigten des überbauten Grundstücks den durch den Überbau entstehenden Schaden ohne Rücksicht auf Verschulden zu ersetzen. ²Veranlassern stehen Eigentümer des durch den Wärmeschutzüberbau begünstigten Grundstücks gleich, wenn sie den Überbau zwar nicht veranlasst haben, ihn aber dulden.

§ 7d Hammerschlags- und Leiterrecht

(1) Kann eine nach den baurechtlichen Vorschriften zulässige bauliche Anlage nicht oder nur mit erheblichen besonderen Aufwendungen errichtet, geändert, unterhalten oder abgebrochen werden, ohne daß das Nachbargrundstück betreten wird oder dort Gerüste oder Geräte aufgestellt werden oder auf das Nachbargrundstück übergreifen, so haben der Eigentümer und der Besitzer des Nachbargrundstücks die Benutzung insoweit zu dulden, als sie zu diesen Zwecken notwendig ist.

(2) ¹Die Absicht, das Nachbargrundstück zu benutzen, muß dem Eigentümer und dem Besitzer zwei Wochen vor Beginn der Benutzung angezeigt werden. ²Ist der im Grundbuch Eingetragene nicht Eigentümer, so genügt die Anzeige an den unmittelbaren Besitzer, es sei denn, daß der Anzeigende den wirklichen Eigentümer kennt. ³Die Anzeige an den unmittelbaren Besitzer genügt auch, wenn der Aufenthalt des Eigentümers kurzfristig nicht zu ermitteln ist.

(3) ¹Der Eigentümer des begünstigten Grundstücks hat dem Eigentümer des Nachbargrundstücks den durch Maßnahmen nach Absatz 1 entstandenen Schaden zu ersetzen. ²Auf Verlangen des Berechtigten ist vor Beginn der Benutzung eine Sicherheit in Höhe des voraussichtlich entstehenden Schadens zu leisten.

§ 7e Benutzung von Grenzwänden

(1) Grenzt ein Gebäude unmittelbar an ein höheres, so hat der Eigentümer des höheren Gebäudes zu dulden, daß die Schornsteine und Lüftungsleitungen des niedrigeren Gebäudes an der Grenzwand seines Gebäudes befestigt werden, wenn dies zumutbar und die Höherführung zur Betriebsfähigkeit erforderlich ist.

(2) In den Fällen des Absatzes 1 hat der Eigentümer des höheren Gebäudes auch zu dulden, daß die Reinigung der Schornsteine und Lüftungsleitungen, soweit erforderlich, von seinem Gebäude aus vorgenommen wird und die hierfür nötigen Einrichtungen in oder an seinem Gebäude hergestellt und unterhalten werden.

(3) § 7d Abs. 3 gilt entsprechend.

§ 7f Leitungen

(1) ¹Wenn der Anschluß eines Grundstücks an eine Versorgungsleitung, eine Abwasserleitung oder einen Vorfluter ohne Benutzung eines fremden Grundstücks nicht oder nur unter erheblichen besonderen Aufwendungen oder nur in technisch unvollkommener Weise möglich ist, so hat der Eigentümer des fremden Grundstücks die Benutzung seines Grundstücks insoweit, als es zur Herstellung und Unterhaltung des Anschlusses notwendig ist, zu dulden und entgegenstehende Nutzungsarten zu unterlassen. ²Überbaute Teile oder solche Teile des fremden Grundstücks, deren Bebauung nach den baurechtlichen Vorschriften zulässig ist, dürfen für den Anschluß nicht in Anspruch genommen werden. ³Sind auf den fremden Grundstücken Versorgungs- oder Abwasserleitungen bereits vorhanden, so kann der Eigentümer gegen Erstattung der anteilmäßigen Herstellungskosten den Anschluß an diese Leitungen verlangen, wenn dies technisch möglich und zweckmäßig ist.

(2) Ergeben sich nach Verlegung der Leitung unzumutbare Beeinträchtigungen, so kann der Eigentümer des fremden Grundstücks verlangen, daß der Eigentümer des begünstigten Grundstücks auf seine Kosten Vorkehrungen trifft, die solche Beeinträchtigungen beseitigen.

(3) [1]Der Eigentümer des begünstigten Grundstücks hat dem Eigentümer des fremden Grundstücks den durch eine Maßnahme nach den Absätzen 1 und 2 oder durch Beschränkungen der Nutzung oder durch den Betrieb der Leitung entstandenen Schaden zu ersetzen. [2]Auf Verlangen des Berechtigten ist vor Beginn der Maßnahmen nach den Absätzen 1 und 2 eine Sicherheit in Höhe des voraussichtlich entstehenden Schadens zu leisten.

(4) Der Eigentümer eines beanspruchten Grundstücks kann gegen Erstattung der Mehrkosten eine solche Herstellung der Leitung verlangen, daß sein Grundstück ebenfalls angeschlossen werden kann.

(5) Die Kosten für die Unterhaltung gemeinsamer Leitungen nach Absatz 1 Satz 3 und Absatz 4 sind von den beteiligten Eigentümern gemeinsam zu tragen.

2. Abschnitt
Aufschichtungen und Gerüste

§ 8 [Aufschichtungen und Gerüste]

(1) [1]Aufschichtungen von Holz, Steinen und dergleichen, Heu-, Stroh- und Komposthaufen sowie ähnliche Anlagen, die nicht über 2 m hoch sind, müssen 0,50 m von der Grenze entfernt bleiben. [2]Sind sie höher, so muß der Abstand um soviel über 0,50 m betragen, als ihre Höhe das Maß von 2 m übersteigt.

(2) Eine Entfernung von 0,50 m ist einzuhalten bei Gerüsten und ähnlichen Anlagen, sofern nicht die Beschaffenheit der Anlage eine größere Entfernung zur Abwendung eines Schadens erfordert.

(3) Diese Vorschriften gelten nicht für Baugerüste und für das nachbarliche Verhältnis der öffentlichen Wege und der Gewässer einerseits und der an sie grenzenden Grundstücke andererseits.

3. Abschnitt
Erhöhungen

§ 9 Abstände und Vorkehrungen bei Erhöhungen

(1) [1]Wer den Boden seines Grundstücks über die Oberfläche des Nachbargrundstücks erhöhen will, muß einen solchen Abstand von der Grenze einhalten oder solche Vorkehrungen treffen und unterhalten, daß eine Schädigung des Nachbargrundstücks durch Absturz oder Pressung des Bodens ausgeschlossen ist. [2]Diese Verpflichtung geht auf den späteren Eigentümer über.

(2) Welcher Abstand oder welche Vorkehrung zum Schutz des Nachbargrundstücks erforderlich ist, entscheidet sich unter Zugrundelegung der Vorschriften von § 10 Abs. 1 nach Lage des einzelnen Falls.

§ 10 Befestigung von Erhöhungen

(1) Bei Erhöhungen muß die erhöhte Fläche für die Regel entweder durch Errichtung einer Mauer von genügender Stärke oder durch eine andere gleich sichere Befestigung oder eine Böschung von nicht mehr als 45 Grad Steigung (alter Teilung) befestigt werden, wenn die Kante der erhöhten Fläche nicht den Abstand von der Grenze waagrecht gemessen einhält, der dem doppelten Höhenunterschied zwischen der Grenze und der Kante der Erhöhung gleichkommt.

(2) Die Außenseite der Mauer oder der sonstigen Befestigung oder der Fuß der Böschung müssen gegenüber Grundstücken, die landwirtschaftlich genutzt werden, einen Grenzabstand von 0,50 m einhalten; dies gilt nicht für Stützmauern für Weinberge.

4. Abschnitt
Einfriedigungen, Spaliervorrichtungen und Pflanzungen

1. Abstände

§ 11 Tote Einfriedigungen

(1) [1]Mit toten Einfriedigungen ist gegenüber Grundstücken, die landwirtschaftlich genutzt werden, ein Grenzabstand von 0,50 m einzuhalten. [2]Ist die tote Einfriedigung höher als 1,50 m, so vergrößert sich der Abstand entsprechend der Mehrhöhe, außer bei Drahtzäunen und Schranken.

(2) Gegenüber sonstigen Grundstücken ist mit toten Einfriedigungen – außer Drahtzäunen und Schranken – ein Grenzabstand entsprechend der Mehrhöhe einzuhalten, die über 1,50 m hinausgeht.

(3) Zäune, die von der Grenze nicht wenigstens 0,50 m abstehen, müssen so eingerichtet sein, daß ihre Ausbesserung von der Seite des Eigentümers des Zauns aus möglich ist.

(4) Freistehende Mauern mit einem geringeren Abstand von der Grenze als 0,50 m dürfen nicht gegen das Nachbargrundstück abgedacht werden.

§ 12 Hecken

(1) Mit Hecken bis 1,80 m Höhe ist ein Abstand von 0,50 m, mit höheren Hecken ein entsprechend der Mehrhöhe größerer Abstand einzuhalten.

(2) [1]Die Hecke ist bis zur Hälfte des nach Absatz 1 vorgeschriebenen Abstands zurückzuschneiden. [2]Das gilt nicht für Hecken bis zu 1,80 m Höhe, wenn das Nachbargrundstück innerhalb der im Zusammenhang bebauten Ortsteile oder im Geltungsbereich eines Bebauungsplans liegt und nicht landwirtschaftlich genutzt wird (Innerortslage).

(3) Der Besitzer der Hecke ist zu ihrer Verkürzung und zum Zurückschneiden der Zweige verpflichtet, jedoch nicht in der Zeit vom 1. März bis zum 30. September.

§ 13 Spaliervorrichtungen

Für Spaliervorrichtungen, die eine flächenartige Ausdehnung des Wachstums der Pflanzen bezwecken, gilt § 12 mit der Maßgabe, daß gegenüber Grundstücken in Innerortslage mit Spalieren bis zu 1,80 m Höhe kein Abstand und mit höheren Spalieren ein Abstand entsprechend der Mehrhöhe einzuhalten ist.

§ 14 Rebstöcke in Weinbergen

Mit Rebstöcken in Weinbergen ist ein Grenzabstand einzuhalten, der der Hälfte des Reihenabstandes entspricht, mindestens jedoch 0,75 m.

§ 15 Waldungen

(1) [1]Mit Waldungen ist ein Abstand von 8 m von der Grenze einzuhalten. [2]Bei Verjüngung von Waldungen, die bei Inkrafttreten dieses Gesetzes bereits bestehen, sowie in erklärten Waldlagen (§ 28 Abs. 1) ermäßigt sich der Abstand nach Satz 1 auf die Hälfte.

(2) Der vom Baumwuchs freizuhaltende Streifen kann bis auf 2 m Abstand von der Grenze mit Gehölzen bis zu 4 m Höhe und bis auf 1 m Abstand von der Grenze mit Gehölzen bis zu 2 m Höhe bepflanzt werden.

§ 16 Sonstige Gehölze

(1) Bei der Anpflanzung von Bäumen, Sträuchern und anderen Gehölzen sind unbeschadet der §§ 12 bis 15 folgende Grenzabstände einzuhalten:

1. a) mit Beerenobststräuchern und -stämmen, Rosen, Ziersträuchern und sonstigen artgemäß kleinen Gehölzen sowie mit Rebstöcken außerhalb eines Weinberges   0,50 m,

    b) mit Baumschul- und Weihnachtsbaumkulturen sowie mit Weidenpflanzungen, die jährlich genutzt werden,   1 m;

    die Gehölze dürfen die Höhe von 1,80 m nicht überschreiten, es sei denn, daß der Abstand nach Nummer 2 eingehalten wird;

2. mit Kernobst- und Steinobstbäumen auf schwach- und mittelstark wachsenden Unterlagen und anderen Gehölzen artgemäß ähnlicher Ausdehnung, mit Baumschul- und Weihnachtsbaumkulturen, soweit nicht in Nummer 1 aufgeführt, mit Forstsamenplantagen sowie mit Weidenpflanzungen, die nicht jährlich genutzt werden,   2 m;

    die Gehölze dürfen die Höhe von 4 m nicht überschreiten, es sei denn, daß der Abstand nach Nummer 3 eingehalten wird;

3. mit Obstbäumen, soweit sie nicht in Nummer 2 oder 4 genannt sind,   3 m;

4. a) mit artgemäß mittelgroßen oder schmalen Bäumen wie Birken, Blaufichten, Ebereschen, Erlen, Robinien („Akazien"), Salweiden, Serbischen Fichten, Thujen, Weißbuchen, Weißdornen und deren Veredelungen, Zieräpfeln, Zierkirschen, Zierpflaumen und mit anderen Gehölzen artgemäß ähnlicher Ausdehnung,

    b) mit Obstbäumen auf stark wachsenden Unterlagen und veredelten Walnußbäumen sowie

c)   mit Pappeln in Kurzumtriebsplantagen (§ 2 Absatz 2 Nummer 1 des Bundeswaldgesetzes) mit einer Umtriebszeit von höchstens zehn Jahren,   4 m;
die Gehölze nach Buchstabe c dürfen die Höhe von 12 m nicht überschreiten, es sei
denn, dass der Abstand nach Nummer 5 eingehalten wird;

5.   mit großwüchsigen Arten von Ahornen, Buchen, Eichen, Eschen, Kastanien, Linden,
Nadelbäumen, Pappeln, Platanen, unveredelten Walnußsämlingsbäumen sowie mit
anderen Bäumen artgemäß ähnlicher Ausdehnung   8 m.

(2) ^{1}Der Abstand nach Absatz 1 Nr. 2 ermäßigt sich gegenüber Grundstücken in Innerortslage auf die
Hälfte. ^{2}Dies gilt nicht für Baumschul- und Weihnachtsbaumkulturen, Forstsamenplantagen sowie für
geschlossene Bestände mit mehr als drei der in Absatz 1 Nr. 2 angeführten Gehölze.

(3) Der Besitzer eines Gehölzes, das die nach Absatz 1 Nummern 1, 2 oder 4 Buchstabe c zulässige
Höhe überschritten hat, ist zur Verkürzung verpflichtet, jedoch nicht in der Zeit vom 1. März bis 30.
September.

§ 17 Hopfenpflanzungen

^{1}Mit Hopfenpflanzungen ist ein Abstand von 1,50 m von der Grenze einzuhalten. ^{2}Ist das Nachbargrundstück gleichfalls mit Hopfen bepflanzt, so ermäßigt sich der Abstand auf die Hälfte.

§ 18 Begünstigung von Weinbergen und Erwerbsgartenbaugrundstücken

^{1}Gegenüber Weinbergen in erklärter Reblage (§ 28 Abs. 2) sowie gegenüber erwerbsgartenbaulich
genutzten Grundstücken in erklärter Gartenbaulage (§ 28 Abs. 3) sind die Abstände nach § 11 Abs. 1,
§ 12 Abs. 1, §§ 13, 15, § 16 Abs. 1 Nr. 2 bis 5 und Abs. 2 sowie § 17 Satz 1 zu verdoppeln, soweit sich
die Einfriedigung, Spaliervorrichtung oder Pflanzung an deren südlicher, östlicher oder westlicher
Seite befindet. ^{2}Das gilt nicht für Obstgehölze und Baumschulbestände innerhalb des geschlossenen
Wohnbezirks.

§ 19 Verhältnis zu landwirtschaftlich nicht genutzten Grundstücken

(1) ^{1}Die Vorschriften der §§ 11 bis 17 gelten nicht gegenüber Grundstücken im Außenbereich, die
Wald, Hutung, Heide oder Ödung sind oder die landwirtschaftlich oder gartenbaulich sonst nicht genutzt werden und nicht bebaut sind und auch nicht als Hofraum dienen. ^{2}Mit Wald gegenüber Wald
ist aber ein Abstand von 1 m einzuhalten.

(2) Die in den §§ 11 bis 18 vorgeschriebenen Abstände vermindern sich gegenüber Grundstücken im
Außenbereich um diejenige Entfernung, auf die diese Grundstücke, von der Grenze an gerechnet,
landwirtschaftlich oder gartenbaulich nicht genutzt, nicht bebaut sind und auch nicht als Hofraum
dienen.

§ 20 Pflanzungen hinter geschlossenen Einfriedigungen

^{1}Die §§ 12 bis 18 gelten nicht, wenn sich die Spaliervorrichtung oder die Pflanzung hinter einer geschlossenen Einfriedigung befindet, ohne diese zu überragen. ^{2}Als geschlossen gelten auch Einfriedigungen, bei denen die Zaunteile breiter sind als die Zwischenräume.

§ 21 Verhältnis zu Wegen, Gewässern und Eisenbahnen; Ufer- und Böschungsschutz

(1) ^{1}Die §§ 11 bis 18 gelten nicht für

1.   das nachbarliche Verhältnis zwischen öffentlichen Straßen und Gewässern und den an sie grenzenden Grundstücken,

2.   die auf Grund eines Flurbereinigungs- oder Zusammenlegungsplanes erfolgten Anpflanzungen,
soweit sie sich im Flurbereinigungs- oder Zusammenlegungsgebiet auswirken.

^{2}Bestehende Ausgleichs- oder Schadenersatzansprüche bleiben unberührt.

(2) Die Bestimmungen der §§ 11, 12 und 18 über tote Einfriedigungen und Hecken gelten nicht für
das nachbarliche Verhältnis zwischen Grundstücken, die unmittelbar an den Schienenweg einer Eisenbahn grenzen einerseits und dem Schienenweg andererseits.

(3) Auf Einfriedigungen und Pflanzungen, die zum Uferschutz dienen oder die zum Schutz von Böschungen oder steilen Abhängen erforderlich sind, sind die §§ 11, 12, 16 und 18 nicht anzuwenden.

§ 22 Feststellung der Abstände

(1) Die Grenzabstände werden von der Mittelachse der der Grenze nächsten Stämme, Triebe oder
Hopfenstangen bei deren Austritt aus dem Boden, bei Drahtanlagen von Hopfenpflanzungen aber von
dem der Grenze nächsten oberen Ende der Steigdrähte ab waagrecht gemessen.

(2) [1]Im Verhältnis der durch öffentliche Wege oder durch Gewässer getrennten Grundstücke werden die Abstände von der Mitte des Weges oder Gewässers an gemessen. [2]Dies gilt nicht gegenüber Grundstücken in Innerortslage.

(3) [1]Ist die Einhaltung eines bestimmten Abstands von der Lage oder der Kulturart des Grundstücks oder des Nachbargrundstücks abhängig, so sind bei der Erneuerung einer Einfriedigung, Spaliervorrichtung oder Pflanzung für die Bemessung des Abstands die dann bestehenden Verhältnisse dieses Grundstücks maßgebend. [2]Dasselbe gilt, wenn in einer der Erneuerung gleichkommenden Weise die Einfriedigung oder Spaliervorrichtung ausgebessert oder die Pflanzung ergänzt wird.

2. Überragende Zweige und eingedrungene Wurzeln

§ 23 Überragende Zweige

(1) [1]Abweichend von § 910 Abs. 1 BGB kann der Besitzer eines Grundstücks die Beseitigung von herüberragenden Zweigen eines auf dem Nachbargrundstück stehenden Obstbaums nur bis zur Höhe von 3 m verlangen. [2]Die Höhe wird vom Boden bis zu den unteren Zweigspitzen in unbelaubtem Zustand gemessen.

(2) Die Beseitigung der Zweige kann auf die volle Höhe des Baumes verlangt werden, wenn das benachbarte Grundstück erwerbsgartenbaulich oder landwirtschaftlich genutzt wird oder ein Hofraum ist oder die Zweige auf ein auf dem benachbarten Grundstück stehendes Gebäudes hereinragen oder den Bestand oder die Benutzung eines Gebäudes beeinträchtigen oder die Errichtung eines Gebäudes unmöglich machen oder erschweren.

(3) [1]Der Besitzer des Baumes ist zur Beseitigung der Zweige in der Zeit vom 1. März bis 30. September nicht verpflichtet. [2]Er hat die Beseitigung innerhalb einer dem Umfang der Arbeit entsprechenden Frist, jedenfalls aber innerhalb Jahresfrist vorzunehmen. [3]Die sofortige Beseitigung kann verlangt werden, wenn ein dringendes Bedürfnis vorliegt. [4]Wird die Beseitigung nicht innerhalb der in Satz 2 bestimmten Frist oder im Falle des Satzes 3 sofort bewirkt, so ist der Nachbar berechtigt, sie nach § 910 Abs. 1 Satz 2 BGB oder auf Kosten des Besitzers durchzuführen. [5]Im letzteren Fall gehören die abgeschnittenen Zweige dem Besitzer des Baumes.

§ 24 Eingedrungene Wurzeln

(1) Abweichend von § 910 Abs. 1 BGB ist der Besitzer eines Obstbaumguts oder eines Grundstücks der in § 19 Abs. 1 Satz 1 genannten Art, in das aus einem angrenzenden Obstbaumgut Wurzeln eines Obstbaums eingedrungen sind, zu deren Beseitigung nur insoweit befugt, als dies zur Herstellung und Unterhaltung eines Weges, eines Grabens, einer baulichen Anlage, eines Dräns oder einer sonstigen Leitung erforderlich ist.

(2) Die Beseitigung von sonstigen eingedrungenen Baumwurzeln ist bei einem Grundstück in Innerortslage nur dann zulässig, wenn durch die Wurzeln die Nutzung des Grundstücks wesentlich beeinträchtigt wird, insbesondere Arbeiten der in Absatz 1 genannten Art die Beseitigung erfordern.

§ 25 Bäume an öffentlichen Wegen

(1) [1]Abweichend von § 910 Abs. 1 BGB kann der Besitzer eines Grundstücks die Beseitigung herüberragender Zweige von Bäumen, die auf öffentlichen Wegen oder deren Zubehörden (Nebenwegen, Dämmen, Böschungen) oder nach polizeilicher Vorschrift in regelmäßiger Anordnung längs der Straße auf den angrenzenden Grundstücken gepflanzt sind, nur bis zur Höhe von 3 m verlangen. [2]Die Bestimmungen des § 23 Abs. 1 Satz 2, Abs. 2 und 3 gelten auch hier.

(2) Zur Beseitigung der in sein Grundstück eingedrungenen Wurzeln dieser Bäume ist der Besitzer des Grundstücks nur entsprechend § 24 Abs. 2 und nur dann befugt, wenn er dem Eigentümer des Baumes eine angemessene Frist zur Beseitigung der Wurzeln gesetzt hat und die Beseitigung nicht innerhalb der Frist erfolgte.

5. Abschnitt
Allgemeine Bestimmungen

§ 26 Verjährung

(1) [1]Beseitigungsansprüche nach diesem Gesetz verjähren in fünf Jahren. [2]Sind Gehölze im Sinne des § 16 Absatz 1 Nummer 4 oder 5 betroffen, so beträgt die Verjährungsfrist zehn Jahre. [3]Bei Pflanzungen

beginnt der Lauf der Verjährungsfrist mit dem 1. Juli nach der Pflanzung. [4]Bei an Ort und Stelle gezogenen Gehölzen beginnt sie am 1. Juli des zweiten Entwicklungsjahres. [5]Bei späterer Veränderung der artgemäßen Ausdehnung des Gehölzes beginnt die Verjährung von neuem; dasselbe gilt im Falle des § 16 Absatz 1 Nummer 4 Buchstabe c, wenn die Umtriebszeit von zehn Jahren überschritten wird.

(2) [1]Die Berufung auf Verjährung ist ausgeschlossen, wenn die Anlage erneuert oder in einer der Erneuerung gleichkommenden Weise ausgebessert wird. [2]Dasselbe gilt, wenn eine Pflanzung erneuert oder ergänzt wird.

(3) Der Anspruch auf das Zurückschneiden der Hecken, auf Beseitigung herüberragender Zweige und eingedrungener Wurzeln sowie auf Verkürzung zu hoch gewachsener Gehölze ist der Verjährung nicht unterworfen.

§ 27 Vorrang von Festsetzungen im Bebauungsplan

[1]Enthält ein Bebauungsplan oder eine sonstige Satzung nach dem Baugesetzbuch oder dem Maßnahmengesetz zum Baugesetzbuch[1]) Festsetzungen über Böschungen, Aufschüttungen, Einfriedigungen, Hecken oder Anpflanzungen, so müssen hierfür die nach diesem Gesetz vorgeschriebenen Abstände insoweit nicht eingehalten werden, als es die Verwirklichung der planerischen Festsetzungen erfordert. [2]Dies gilt nicht gegenüber landwirtschaftlich genutzten Grundstücken.

§ 28 Erklärte Waldlage, erklärte Reblage und erklärte Gartenbaulage

(1) Teile des Gemeindegebiets außerhalb des geschlossenen Wohnbezirks und des Bereichs des Bebauungsplans können durch Gemeindesatzung zur Waldlage erklärt werden (erklärte Waldlage), wenn ihre Aufforstung mit Rücksicht auf die Standortverhältnisse oder aus Gründen der Landeskultur zweckmäßig ist.

(2) Teile des Gemeindegebiets können durch Gemeindesatzung zur Reblage erklärt werden (erklärte Reblage), wenn sie für den Weinbau besonders geeignet sind.

(3) Teile des Gemeindegebiets können durch Gemeindesatzung zur Gartenbaulage erklärt werden (erklärte Gartenbaulage), wenn sie für den unter Verwendung ortsfester Kulturvorrichtungen betriebenen Erwerbsgartenbau besonders geeignet sind.

(4) Die Gemeinde hat vor der Erklärung nach den Absätzen 1, 2 oder 3 die untere Verwaltungsbehörde zu hören.

§ 29 Erlaß von Gemeindesatzungen

(1) [1]Die Gemeinde hat den Entwurf einer Satzung nach § 28 öffentlich bekanntzumachen. [2]Die Betroffenen können innerhalb eines Monats nach der Bekanntmachung Einwendungen erheben. [3]Hierauf ist in der öffentlichen Bekanntmachung hinzuweisen.

(2) Über die Einwendungen ist gleichzeitig mit dem endgültigen Beschluß über die Satzung zu entscheiden.

6. Abschnitt
Einwirkung von Verkehrsunternehmen

§ 30 [Einwirkung von Verkehrsunternehmen]

Die Vorschrift des § 14 des Bundes-Immissionsschutzgesetzes wird auf Eisenbahn-, Schiffahrts- und ähnliche Verkehrsunternehmungen erstreckt.

7. Abschnitt
Übergangs- und Schlußbestimmungen

§ 31 Durch Zeitablauf entstandene Fensterschutzrechte

Hat im Geltungsbereich des badischen Ausführungsgesetzes zum Bürgerlichen Gesetzbuch der Eigentümer eines Gebäudes vor dem Inkrafttreten des Bürgerlichen Gesetzbuchs durch Zeitablauf das Recht erlangt, daß zum Schutz seiner Fenster Anlagen auf einem Nachbargrundstück einen bestimmten Abstand einhalten müssen, so gilt dieses Recht auch weiterhin als Grunddienstbarkeit.

---

1) Aufgeh. mit Wirkung vom 1. 1. 1998.

§ 32 Alte Mauerrechte

Hat der Eigentümer eines Grundstücks vor dem Inkrafttreten des Bürgerlichen Gesetzbuchs auf Grund des Badischen Landrechtssatzes 663 von seinem Nachbarn verlangt, daß er zur Erbauung einer Scheidewand beitrage, so bleiben für das Recht und die Pflicht zur Errichtung derselben die bisherigen Vorschriften maßgebend.

§ 33 Bestehende Einfriedigungen, Spaliervorrichtungen, Pflanzungen und bauliche Anlagen

(1) [1]Für die Abstände von Einfriedigungen, Spaliervorrichtungen und Pflanzungen, die bei Inkrafttreten des Gesetzes bereits bestehen, bleiben die bisherigen Vorschriften maßgebend, soweit sie in der Beschränkung des Eigentümers weniger weit gehen als die Vorschriften dieses Gesetzes. [2]Dasselbe gilt für die Abstände von baulichen Anlagen, die bei Inkrafttreten des Gesetzes bestehen, mit deren Bau begonnen worden ist oder die genehmigt sind.

(2) [1]Wird die Einfriedigung, Spaliervorrichtung oder Pflanzung erneuert, so greifen die Bestimmungen dieses Gesetzes Platz. [2]Dasselbe gilt, wenn in einer der Erneuerung gleichkommenden Weise die Einfriedigung oder Spaliervorrichtung ausgebessert oder die Pflanzung ergänzt wird.

§ 34 Bäume von Waldgrundstücken

(1) Im Geltungsbereich des württembergischen Ausführungsgesetzes zum Bürgerlichen Gesetzbuch und zu anderen Reichsjustizgesetzen muß der Eigentümer eines Waldgrundstücks, in das Zweige und Wurzeln der Bäume und Sträucher eines anderen zur Zeit des Inkrafttretens des Bürgerlichen Gesetzbuchs bereits mit Wald bestandenen Grundstücks herüberragen, die Zweige und Wurzeln dulden.

(2) Die Beseitigung herüberragender Zweige von Bäumen und Sträuchern, die an dem südwestlichen, westlichen oder nordwestlichen Trauf von am 1. Januar 1894 bereits vorhandenen, rein oder vorwiegend mit Nadelholz bestockten Waldungen stehen, kann nicht verlangt werden, wenn hierdurch der Fortbestand der Bäume gefährdet würde, die zum Schutz des hinterliegenden Waldes erforderlich sind.

(3) In diesen Fällen finden die Bestimmungen der § 23 Abs. 2 und § 24 entsprechende Anwendung.

(4) Diese Vorschriften gelten nur, soweit nicht seit dem Inkrafttreten des Bürgerlichen Gesetzbuchs eine Verjüngung des Waldes stattgefunden hat und, wenn dies nicht der Fall war, bis zur nächsten Verjüngung.

§ 35 Überragende Zweige und eingedrungene Wurzeln von bestehenden Obstbäumen

Im Geltungsbereich des badischen Ausführungsgesetzes zum Bürgerlichen Gesetzbuch sind die Vorschriften der §§ 23 und 24 für bestehende Obstbäume nicht anzuwenden, wenn mit diesen nicht mindestens die Abstände dieses Gesetzes eingehalten werden.

§ 36 Verweisung auf aufgehobene Vorschriften

Soweit in Gesetzen und Verordnungen auf Vorschriften verwiesen ist, die durch dieses Gesetz aufgehoben werden, treten an ihre Stelle die entsprechenden Vorschriften dieses Gesetzes.

§ 37 Inkrafttreten

(nicht abgedruckt)[1]

---

1) **Amtl. Anm.:** Diese Vorschrift betrifft das Inkrafttreten des Gesetzes in der ursprünglichen Fassung vom 14. Dezember 1959 (GBl. S. 171).

Gesetz zur Ausführung der Insolvenzordnung

Vom 16. Juli 1998 (GBl. S. 436)

(BWGültV Sachgebiet 311)

zuletzt geändert durch Art. 61 Achte AnpassungsVO vom 25. Januar 2012 (GBl. S. 65)

Der Landtag hat am 16. Juli 1998 das folgende Gesetz beschlossen:

§ 1 Geeignete Personen und geeignete Stellen im Verbraucherinsolvenzverfahren

(1) Geeignete Personen im Sinne von § 305 Abs. 1 Nr. 1 der Insolvenzordnung (InsO) vom 5. Oktober 1994 (BGBl. I S. 2866) sind Rechtsanwälte, Notare, Steuerberater, Steuerbevollmächtigte, Wirtschaftsprüfer, vereidigte Buchprüfer sowie Erlaubnisinhaber nach dem Rechtsberatungsgesetz, die Mitglied einer Rechtsanwaltskammer sind.

(2) [1]Stellen sind als geeignet im Sinne von § 305 Abs. 1 Nr. 1 InsO nur anzusehen, wenn sie

1. in der Trägerschaft der Kirchen und Religionsgesellschaften des öffentlichen Rechts, der Gemeinden oder Gemeindeverbände, sonstiger juristischer Personen des öffentlichen Rechts, der Verbände der freien Wohlfahrtspflege als Träger sozialer Aufgaben oder einer Verbraucherzentrale im Sinne von § 8 Absatz 1 Nummer 4 des Rechtsdienstleistungsgesetzes stehen, und wenn

2. a) sie von einer zuverlässigen Person geleitet werden, die auch die Zuverlässigkeit der einzelnen Mitarbeiter überwacht,
   b) die in ihnen tätigen Berater hinreichend sachkundig sind,
   c) in ihnen jeweils mindestens eine Person mit ausreichender praktischer Erfahrung in der Schuldnerberatung tätig ist,
   d) die erforderliche Rechtsberatung sichergestellt ist und
   e) sie auf Dauer angelegt sind und über zeitgemäße technische, organisatorische und räumliche Voraussetzungen für ordnungsgemäße Schuldnerberatung verfügen.

[2]Ausreichende praktische Erfahrung nach Satz 1 Nr. 2 Buchst. c liegt in der Regel nach dreijähriger Tätigkeit in der Schuldnerberatung vor. [3]Sofern in der Stelle keine Person tätig ist, die die Befähigung zur anwaltlichen Tätigkeit besitzt, muß die nach Satz 1 Nr. 2 Buchst. d erforderliche Rechtsberatung auf andere Weise sichergestellt sein, etwa durch den Justitiar des Trägers oder einen Rechtsanwalt.

(3) Die von einer in einem anderen Bundesland anerkannten Stelle ausgestellte Bescheinigung über den erfolglosen Einigungsversuch steht der Bescheinigung einer nach Absatz 2 geeigneten Stelle gleich.

§ 2 Aufgaben

(1) Aufgabe der Person oder Stelle ist die Beratung, Unterstützung und Vertretung von Schuldnern bei der Schuldenbereinigung, insbesondere bei der außergerichtlichen Einigung mit den Gläubigern auf der Grundlage eines Planes nach den Vorschriften über das Verbraucherinsolvenzverfahren im Neunten Teil der Insolvenzordnung.

(2) [1]Scheitert eine außergerichtliche Einigung zwischen dem Schuldner und seinen Gläubigern, hat die Person oder Stelle den Schuldner über die Voraussetzungen des Verbraucherinsolvenzverfahrens und des Restschuldbefreiungsverfahrens zu informieren und ihm eine Bescheinigung über den erfolglosen Einigungsversuch auszustellen. [2]Die Bescheinigung muß die nach § 305 Abs. 1 Nr. 1 InsO erforderlichen Angaben enthalten.

(3) Die Person oder Stelle unterstützt den Schuldner auf sein Verlangen bei der Stellung des Antrags nach § 305 InsO sowie bei der Zusammenstellung aller Unterlagen, die mit dem Antrag auf Eröffnung des Insolvenzverfahrens vorzulegen sind.

§ 3 Förderung der geeigneten Stellen

Das Land gewährt nach Maßgabe des Staatshaushaltsplans im Rahmen besonderer Richtlinien des Sozialministeriums den nach § 1 Abs. 2 geeigneten Stellen mit Sitz in Baden-Württemberg Fallpauschalen für die Erteilung einer Bescheinigung nach § 305 Abs. 1 Nr. 1 InsO einschließlich der hierfür erforderlichen Tätigkeit sowie für den Abschluß eines zur Restschuldbefreiung des Schuldners führenden außergerichtlichen Vergleichs.

§ 4 Inkrafttreten

Dieses Gesetz tritt am 1. August 1998 in Kraft.

Landesjustizkostengesetz (LJKG)

In der Fassung vom 15. Januar 1993 (GBl. S. 110, ber. S. 244)
(BWGültV Sachgebiet 360)
zuletzt geändert durch Art. 2 G zur Neuregelung der Anerkennung von Gütestellen im Sinne von
§ 794 Abs. 1 Nr. 1 der ZPO vom 16. Oktober 2019 (GBl. S. 365)

Nichtamtliche Inhaltsübersicht

Erster Abschnitt
Justizverwaltungskosten und Gerichtskosten in landesrechtlich geregelten Angelegenheiten der freiwilligen Gerichtsbarkeit

§ 1 Allgemeine Regelung
§ 2 Kostenbeitreibung
§ 3 Verwaltungszwangsverfahren
§ 4 Gebührenfestsetzung in Hinterlegungssachen
§ 5 Auslagen in Hinterlegungssachen
§ 6 Kostenerhebung in Hinterlegungssachen
§ 6a Richterliche Entscheidungen nach dem Polizeigesetz

Zweiter Abschnitt
Gebührenbefreiungen, Stundung, Erlass von Kosten und Einzug von Justizforderungen

§ 7 Gebührenfreiheit
§ 8 Sonstige Gebührenbefreiungsvorschriften
§ 9 Stundung und Erlaß von Kosten
§ 9a Einzug von Justizforderungen

Dritter Abschnitt
Gebühren und Auslagen der Notare im Landesdienst

§ 10 Allgemeine Regelung
§ 11 Gesellschaftsrechtliche Angelegenheiten
§ 12 Anteile der Staatskasse an den Gebühren und Auslagen der im badischen Rechtsgebiet tätigen Notare im Landesdienst
§ 13 Anteile der Staatskasse an den Gebühren und Auslagen der im württembergischen Rechtsgebiet tätigen Notare im Landesdienst

§ 13a Geschäfte ohne Gebührenbeteiligung der im württembergischen Rechtsgebiet bestellten Notare im Landesdienst
§ 14 Festsetzung durch Verwaltungsakt
§ 15 Gebühreneinziehung durch den Notar
§ 16 Gebührenanteile in besonderen Fällen

Vierter Abschnitt
Gebühren, Gebührenbezug und Vergütungen auf dem Gebiet der freiwilligen Gerichtsbarkeit für Tätigkeiten im Gemeindebereich

§ 17 Gebühren und Auslagen für die Aufnahme von Nottestamenten
§ 18 Tätigkeiten der Ratschreiber
§ 19 Tätigkeit der Gemeinden in Nachlaß- und Teilungssachen
§ 20 Anwendung des Gerichts- und Notarkostengesetzes, Kostenprüfung, Erinnerung und Reisekosten
§ 21 Entschädigung der Gemeinden des badischen Rechtsgebiets für die Tätigkeit der Ratschreiber und der Gemeinden des württembergischen Rechtsgebiets für ihre Aufwendungen zugunsten der Notariate
§ 21a Zusatzentschädigung für die elektronische Erfassung der Grundbuchblätter
§ 22 Amtsboten
§ 23 Verweisung auf andere Gesetze
§ 23a Überleitungsvorschrift für notarielle Kosten
§ 24 Inkrafttreten

Anlage Gebührenverzeichnis

Erster Abschnitt
Justizverwaltungskosten und Gerichtskosten in landesrechtlich geregelten Angelegenheiten der freiwilligen Gerichtsbarkeit

§ 1 Allgemeine Regelung

(1) [1]In Justizverwaltungsangelegenheiten erheben die Justizbehörden des Landes Kosten (Gebühren und Auslagen) nach dem Justizverwaltungskostengesetz (JVKostG) vom 23. Juli 2013 (BGBl. I S. 2586, 2655) in der jeweils geltenden Fassung. [2]Von der Anwendung ausgenommen ist Nummer 2001 des Kostenverzeichnisses zum Justizverwaltungskostengesetz. [3]§ 20 JVKostG findet entsprechende Anwendung.

(2) Ergänzend gelten die §§ 2 bis 9 und § 23 dieses Gesetzes sowie das anliegende Gebührenverzeichnis.

§ 2 Kostenbeitreibung

Die Justizbeitreibungsordnung (JBeitrO) vom 11. März 1937 (RGBl. I S. 298) gilt für die Einziehung der dort in § 1 Abs. 1 genannten Ansprüche auch insoweit, als diese Ansprüche nicht auf bundesrechtlicher Regelung beruhen.

§ 3 Verwaltungszwangsverfahren

Soweit Vollstreckungsbeamte der Justizverwaltung im Verwaltungszwangsverfahren für andere als Justizbehörden tätig werden, sind die Vorschriften des Gerichtsvollzieherkostengesetzes vom 19. April 2001 (BGBl. I S. 623) anzuwenden.

§ 4 Gebührenfestsetzung in Hinterlegungssachen

In Hinterlegungssachen setzt bei den Rahmengebühren nach Nummer 3.1 des Gebührenverzeichnisses die Hinterlegungsstelle, bei den Rahmengebühren nach den Nummern 3.3 und 3.4 des Gebührenverzeichnisses die Stelle, die über die Beschwerde zu entscheiden hat, die Höhe der Gebühr fest.

§ 5 Auslagen in Hinterlegungssachen

In Hinterlegungssachen werden als Auslagen erhoben

1. die Auslagen nach den Nummern 2000 und 2002 des Kostenverzeichnisses zum Justizverwaltungskostengesetz sowie nach den Nummern 31001 bis 31006, 31008, 31009 und 31012 bis 31014 des Kostenverzeichnisses zum Gerichts- und Notarkostengesetz (GNotKG) vom 23. Juli 2013 (BGBl. I S. 2586, 2613) in der jeweils geltenden Fassung,

2. die Beträge, die bei der Umwechslung von Zahlungsmitteln nach § 11 Abs. 2 Satz 2 des Hinterlegungsgesetzes oder bei der Besorgung von Geschäften nach § 14 des Hinterlegungsgesetzes an Banken oder an andere Stellen zu zahlen sind,

3. die Dokumentenpauschale für Abschriften, die anzufertigen sind, weil ein Antrag auf Annahme nicht in der erforderlichen Anzahl von Stücken vorgelegt ist.

§ 6 Kostenerhebung in Hinterlegungssachen

(1) Die Kosten in Hinterlegungssachen werden bei der Hinterlegungsstelle angesetzt.

(2) [1]Zuständig für Entscheidungen nach § 22 JVKostG ist das Amtsgericht, bei dem die Hinterlegungsstelle eingerichtet ist. [2]Das gleiche gilt für Einwendungen gegen Maßnahmen nach Absatz 3 Nr. 2 und 3.

(3) Im übrigen gilt für die Kosten in Hinterlegungssachen abweichend vom Justizverwaltungskostengesetz folgendes:

1. Zur Zahlung der Kosten sind auch die empfangsberechtigte Person, an die oder für deren Rechnung die Herausgabe verfügt ist sowie diejenige Person verpflichtet, in deren Interesse eine Behörde um die Hinterlegung ersucht hat.

2. Die Kosten können der Masse entnommen werden, soweit es sich um Geld handelt, das in das Eigentum des Landes übergegangen ist.

3. Die Herausgabe hinterlegter Sachen kann von der Zahlung der Kosten abhängig gemacht werden.

4. Die Vorschriften in den Nummern 1 bis 3 sind auf Kosten, die für das Verfahren über Beschwerden erhoben werden, nur anzuwenden, soweit diejenige Person, der die Kosten dieses Verfahrens auferlegt sind, empfangsberechtigt ist.

5. Kosten sind nicht zu erheben oder, falls sie erhoben sind, zu erstatten, wenn auf Grund des § 116 Abs. 1 Nr. 4 und des § 116a der Strafprozeßordnung hinterlegt ist, um eine beschuldigte Person mit der Untersuchungshaft zu verschonen und die beschuldigte Person rechtskräftig außer Verfolgung gesetzt oder freigesprochen oder das Verfahren gegen sie eingestellt wird; ist der Verfall der Sicherheit rechtskräftig ausgesprochen, so werden bereits erhobene Kosten nicht erstattet.

6. [1]Ist bei Betreuungen auf Grund gesetzlicher Verpflichtung oder Anordnung des Betreuungsgerichts hinterlegt, gelten Absatz 1 der Vorbemerkung 1.1 zu Teil 1 und Absatz 2 Satz 1 der Vorbemerkung 3.1 zu Teil 3 des Kostenverzeichnisses zum Gerichts- und Notarkostengesetz entsprechend. [2]Ist bei Vormundschaften, Pflegschaften für Minderjährige und in den Fällen des § 1667 BGB auf Grund gesetzlicher Verpflichtung oder Anordnung des Familiengerichts hinterlegt, gilt Absatz 2 der Vorbemerkung 1.3.1 des Kostenverzeichnisses zum Gesetz über Gerichtskosten in Familiensachen entsprechend.

7. Die Verjährung des Anspruchs auf Zahlung der Kosten hindert das Land nicht, nach den Nummern 2 und 3 zu verfahren.
8. § 4 Absatz 3 JVKostG findet keine Anwendung.

§ 6a Richterliche Entscheidungen nach dem Polizeigesetz

[1]Bei richterlichen Entscheidungen der ordentlichen Gerichte nach dem Zweiten Abschnitt des Ersten Teils des Polizeigesetzes oder nach einem Gesetz, das auf diese Bestimmungen verweist, gelten für die Gerichtskosten (Gebühren und Auslagen), soweit nichts anderes bestimmt ist, die Vorschriften des Gerichts- und Notarkostengesetzes. [2]Ergänzend gilt das anliegende Gebührenverzeichnis. [3]Kosten werden für das Rechtsmittelverfahren erhoben. [4]In Gewahrsamssachen werden Kosten außerdem für das erstinstanzliche Verfahren erhoben, wenn der Gewahrsam für zulässig erklärt wird; Kostenschuldner ist hier die in Gewahrsam genommene Person.

Zweiter Abschnitt
Gebührenbefreiungen, Stundung, Erlass von Kosten und Einzug von Justizforderungen

§ 7 Gebührenfreiheit

(1) Von der Zahlung der Gebühren, die die ordentlichen Gerichte in Zivilsachen, die Behörden der freiwilligen Gerichtsbarkeit sowie die Behörden der Justiz- und der Arbeitsgerichtsverwaltung erheben, sind befreit:

1. Kirchen, andere Religions- und Weltanschauungsgemeinschaften sowie ihre Unterverbände, Anstalten und Stiftungen, jeweils soweit sie juristische Personen des öffentlichen Rechts sind;
2. Gemeinden, Gemeindeverbände und Zweckverbände, soweit die Angelegenheit nicht ihre wirtschaftlichen Unternehmen betrifft sowie die anerkannten regionalen Planungsgemeinschaften;
3. der Kommunalverband für Jugend und Soziales Baden-Württemberg;
4. die in der Liga der freien Wohlfahrtspflege zusammengeschlossenen Verbände der freien Wohlfahrtspflege einschließlich ihrer Bezirks- und Ortsstellen sowie der ihnen angehörenden Mitgliedsverbände und Mitgliedseinrichtungen;
5. Universitäten, Hochschulen, Fachhochschulen, Akademien und Forschungseinrichtungen, die die Rechtsstellung einer Körperschaft, Anstalt oder Stiftung des öffentlichen Rechts haben.

(2) [1]Von der Zahlung der Gebühren nach dem Gerichts- und Notarkostengesetz und der Gebühren in Justizverwaltungsangelegenheiten sind Körperschaften, Vereinigungen und Stiftungen befreit, die gemeinnützigen oder mildtätigen Zwecken im Sinne des Steuerrechts dienen, soweit die Angelegenheit nicht einen steuerpflichtigen wirtschaftlichen Geschäftsbetrieb betrifft. [2]Die steuerrechtliche Behandlung als gemeinnützig oder mildtätig ist durch eine Bescheinigung des Finanzamts (Freistellungsbescheid oder sonstige Bestätigung) nachzuweisen.

(3) [1]Die Gebührenfreiheit nach den Absätzen 1 und 2 gilt auch für Beurkundungs- und Beglaubigungsgebühren. [2]Die Gebührenfreiheit nach Absatz 1 gilt ferner für die Gebühren der Gerichtsvollzieher; Gebühren, die nicht beim Schuldner beigetrieben werden können, sind vom Gäubiger zu erstatten.

(4) Die in Absatz 1 Nr. 2 genannten Körperschaften sind auch von der Zahlung der Auslagen nach dem Gerichts- und Notarkostengesetz befreit.

§ 8 Sonstige Gebührenbefreiungsvorschriften

Die sonstigen landesrechtlichen Vorschriften, die Kosten- oder Gebührenfreiheit gewähren, bleiben unberührt.

§ 9 Stundung und Erlaß von Kosten

(1) [1]Gerichtskosten, nach § 59 Abs. 1 des Rechtsanwaltsvergütungsgesetzes auf die Landeskasse übergegangene Ansprüche und sonstige Ansprüche nach § 1 Abs. 1 Nr. 5 bis 9 der Justizbeitreibungsordnung können gestundet werden, wenn ihre sofortige Einziehung mit besonderen Härten für den Zahlungspflichtigen verbunden wäre und der Anspruch durch die Stundung nicht gefährdet wird. [2]Das gilt auch für Kosten, die bei den Gerichten für Arbeitssachen und den Behörden der Arbeitsgerichtsverwaltung entstehen.

(2) ¹Ansprüche der in Absatz 1 genannten Art können ganz oder zum Teil erlassen werden,

1. wenn es zur Förderung öffentlicher Zwecke geboten erscheint;
2. wenn die Einziehung mit besonderen Härten für den Zahlungspflichtigen verbunden wäre;
3. wenn es sonst aus besonderen Gründen der Billigkeit entspricht.

²Entsprechendes gilt für die Erstattung oder Anrechnung bereits entrichteter Beträge.

(3) ¹Die Entscheidungen nach Absätzen 1 und 2 trifft das zuständige Ministerium. ²Es kann diese Befugnis ganz oder teilweise oder für bestimmte Arten von Fällen auf nachgeordnete Behörden übertragen.

§ 9a Einzug von Justizforderungen

(1) Soweit dies zur Unterstützung des Einzugs von Forderungen nach § 1 Abs. 1 Nr. 4 bis 10 JBeitrO und zur Bewertung der Erfolgsaussichten von Maßnahmen zur Beitreibung dieser Forderungen erforderlich ist, dürfen die nach § 2 Abs. 1 JBeitrO in Verbindung mit § 1 der Verordnung des Justizministeriums über die Bestimmung von Vollstreckungsbehörden nach der Justizbeitreibungsordnung vom 7. Oktober 1995 (GBl. S. 766) zuständigen Vollstreckungsbehörden

1. beim Adresshandel aktuelle und frühere Anschriften des Schuldners sowie
2. bei Auskunfteien Daten über ein vertragsverletzendes Verhalten des Schuldners in anderen Rechtsbeziehungen, das Rückschlüsse auf die Zahlungsfähigkeit und -willigkeit des Schuldners erlaubt (Negativdaten),

erheben.

(2) ¹Dem Unternehmen, bei dem nach Absatz 1 Daten erhoben werden, dürfen personenbezogene Daten des Schuldners übermittelt werden, soweit dies für den Zweck nach Absatz 1 erforderlich ist. ²Die Übermittlung ist nur zulässig, wenn sich das Unternehmen gegenüber der Vollstreckungsbehörde schriftlich verpflichtet, diese Daten nicht an Dritte zu übermitteln und die Daten nur für den Zweck, zu dem sie übermittelt worden sind, für Abrechnungszwecke sowie zur Erfüllung etwaiger gesetzlicher Verpflichtungen nach § 10 Abs. 4 des Bundesdatenschutzgesetzes (BDSG) zu speichern und zu nutzen.

(3) ¹Die Vollstreckungsbehörden dürfen nach Absatz 1 erhobene Daten speichern, verändern und nutzen, soweit dies für den konkreten Forderungseinzug erforderlich ist. ²Nach Absatz 1 erhobene Negativdaten sind zu löschen, wenn

1. die Forderung beigetrieben worden ist,
2. die Vollstreckungsbehörden entscheiden, endgültig keine weiteren Beitreibungsmaßnahmen vorzunehmen, oder
3. die gesetzlichen Voraussetzungen für eine Vollstreckung der Forderung entfallen sind.

³An die Stelle der Löschung tritt die Sperrung, solange die Speicherung der Negativdaten zum Zwecke der Rechnungsprüfung erforderlich ist oder soweit Grund zu der Annahme besteht, dass durch eine Löschung schutzwürdige Interessen des Betroffenen beeinträchtigt würden.

(4) Die Vollstreckungsbehörden können im Rahmen der Beitreibung von Forderungen nach § 1 Abs. 1 Nr. 4 bis 10 JBeitrO ein privates Unternehmen beauftragen, unterstützende Beitreibungsmaßnahmen vorzunehmen, insbesondere Daten im Sinne des Absatzes 1 zu erheben, die Erfolgsaussichten weiterer Beitreibungsversuche zu bewerten und mit dem Schuldner Kontakt aufzunehmen.

(5) ¹Die Vollstreckungsbehörden dürfen an ein nach Absatz 4 beauftragtes Unternehmen Name, Anschrift und Geburtsdatum des Schuldners, die zur Kennzeichnung der Forderung erforderlichen Angaben (Betrag der Haupt- und Nebenforderung, anordnende Stelle, Geschäftsnummer, Bezeichnung der Sache und Kassenzeichen der Vollstreckungsbehörde) sowie Informationen über bisherige Beitreibungsmaßnahmen übermitteln, soweit dies zur Beitreibung der Forderung erforderlich ist. ²Die Übermittlung ist nur zulässig, wenn sich das Unternehmen schriftlich verpflichtet,

1. die Daten nur für den Zweck, zu dem sie übermittelt worden sind, für Abrechnungszwecke sowie zur Erfüllung etwaiger Verpflichtungen nach § 10 Abs. 4 BDSG zu speichern und zu nutzen,
2. die Daten an Dritte nur zu dem Zweck zu übermitteln, um von diesen weitere Daten im Sinne des Absatzes 1 zu erheben und
3. diese Datenübermittlung an einen Dritten nur dann vorzunehmen, wenn sich dieser seinerseits gegenüber dem Unternehmen schriftlich verpflichtet, die übermittelten Daten nicht an weitere Stellen zu übermitteln und die Daten nur für den Zweck, zu dem sie übermittelt worden sind, für

Abrechnungszwecke sowie zur Erfüllung etwaiger Verpflichtungen nach § 10 Abs. 4 BDSG zu speichern und zu nutzen. [3]Die Vollstreckungsbehörden unterrichten den Schuldner rechtzeitig vor der Übermittlung der Daten nach Satz 1, dass eine solche in Betracht kommt, wenn der Schuldner die Leistung nicht, nicht rechtzeitig oder nicht vollständig erbringt. [4]Von der vorherigen Unterrichtung kann ausnahmsweise abgesehen werden, wenn diese einen unverhältnismäßigen Aufwand erfordern würde.

(6) [1]Die Vollstreckungsbehörden haben Unternehmen nach Absatz 1 und 4 sorgfältig auszuwählen. [2]Dabei ist besonders zu berücksichtigen, ob das jeweilige Unternehmen ausreichend Gewähr dafür bietet, dass es die für eine datenschutzgerechte Datenverarbeitung erforderlichen technischen und organisatorischen Maßnahmen zu treffen in der Lage ist. [3]Der Auftrag ist schriftlich zu erteilen. [4]Dabei sind insbesondere Gegenstand und Umfang der Datenverarbeitung, die notwendigen technischen und organisatorischen Maßnahmen, etwaige Unterauftragsverhältnisse sowie die Befugnis der Vollstreckungsbehörden festzulegen, dass sie hinsichtlich der Verarbeitung personenbezogener Daten dem Unternehmen Weisungen erteilen dürfen. [5]Der Auftrag kann auch durch die jeweilige Fachaufsichtsbehörde mit Wirkung für die Vollstreckungsbehörden erteilt werden; diese sind von der Auftragserteilung zu unterrichten. [6]Die Vollstreckungsbehörden haben sich von der Einhaltung der getroffenen technischen und organisatorischen Maßnahmen durch das Unternehmen zu überzeugen.

(7) Soweit die Vollstreckungsbehörden nach dieser Vorschrift personenbezogene Daten verarbeiten, gelten ergänzend die Vorschriften des Landesdatenschutzgesetzes.

Dritter Abschnitt
Gebühren und Auslagen der Notare im Landesdienst

§ 10 Allgemeine Regelung

(1) Die Gebühren und Auslagen für die Tätigkeit der Notare nach § 1 des Landesgesetzes über die freiwillige Gerichtsbarkeit werden zur Staatskasse erhoben.

(2) [1]Die Notare sind Gläubiger der Gebühren und Auslagen für ihre Tätigkeit nach § 3 Abs. 1 des Landesgesetzes über die freiwillige Gerichtsbarkeit sowie etwaiger Zinsen nach § 88 GNotKG. [2]Gebühren, Auslagen und Zinsen nach Satz 1 werden zur Staatskasse erhoben, sofern bundes- oder landesrechtliche Vorschriften Gebühren- oder Auslagenbefreiung gewähren für

a) alle Kostenschuldner oder

b) einen Teil der Kostenschuldner; ist ein Teil der Kostenschuldner, dem weder Gebühren- noch Auslagenbefreiung gewährt ist, aufgrund gesetzlicher Regelung zur alleinigen Kostentragung verpflichtet oder entstehen Beurkundungsgebühren im Sinne des § 11, gilt Satz 1.

[3]Entsteht in den Fällen von Satz 2 eine Gebühr, die zur Staatskasse erhoben wird, bezieht der Notar einen Anteil der in die Staatskasse fließenden Gebühr in Höhe der ihm im Falle eigener Gläubigerschaft nach Maßgabe von §§ 12 bis 13a verbleibenden Beteiligung.

(3) Die Notare beziehen die Gebühren, Auslagen und Zinsen nach Absatz 2 Satz 1 und die Gebührenanteile nach Absatz 2 Satz 3 neben den ihnen nach dem Landesbesoldungsgesetz zustehenden Bezügen.

§ 11 Gesellschaftsrechtliche Angelegenheiten

Die Staatskasse erhält keinen Anteil an Beurkundungsgebühren in gesellschaftsrechtlichen Angelegenheiten, die aufgrund zwingender gesellschaftsrechtlicher Vorgaben der notariellen Beurkundung bedürfen.

§ 12 Anteile der Staatskasse an den Gebühren und Auslagen der im badischen Rechtsgebiet tätigen Notare im Landesdienst

(1) [1]Die im badischen Rechtsgebiet tätigen Notare haben von den ihnen sonst zufließenden Gebühren einen Anteil an die Staatskasse abzuführen. [2]Sie haben außerdem sämtliche von ihnen erhobenen Auslagen an die Staatskasse abzuführen.

(2) Dem Notar verbleibt vorbehaltlich der Absätze 6 bis 9 eine Beteiligung von einem Zehntel der Gebühr.

(3) Der Mindestbetrag der einem Notar verbleibenden Gebühr beträgt 1 Euro für das einzelne Geschäft.

(4) Die Gebührenbeteiligung eines Notars darf bei einem Geschäft den Betrag von 16 Euro nicht übersteigen.

(5) Erreicht innerhalb eines Rechnungsjahres die Summe der einem Notar verbleibenden Gebühren 5 100 Euro, so darf seine Beteiligung an den weiteren Geschäften innerhalb desselben Rechnungsjahres 2,60 Euro für das einzelne Geschäft nicht übersteigen.

(6) [1]Von den Gebühren nach den Nummern 25300 und 25301 des Kostenverzeichnisses zum Gerichts- und Notarkostengesetz verbleibt dem Notar eine Beteiligung von einem Viertel. [2]Erreicht diese Gebührenbeteiligung in einem Rechnungsjahr 4 100 Euro, so vermindert sich die Beteiligung des Notars am Mehrbetrag auf ein Zehntel.

(7) [1]Gebühren für Beurkundungen und Entwürfe einschließlich der Gebühren nach den Nummern 26000, 26002 und 26003 des Kostenverzeichnisses zum Gerichts- und Notarkostengesetz

a) über die Errichtung, Veränderung oder Auflösung einer Personenhandelsgesellschaft oder Genossenschaft und über von Gesetzes wegen nicht beurkundungspflichtige Gesellschafter- und Hauptversammlungen sowie

b) von Verfügungen von Todes wegen, Eheverträgen, Scheidungsvereinbarungen, Erb- und Pflichtteilsverzichtsverträgen, Vereinbarungen über den vorzeitigen Erbausgleich und deren Aufhebung oder Änderung

verbleiben dem Notar zur Hälfte. [2]Erreicht diese Gebührenbeteiligung in einem Rechnungsjahr 5 100 Euro, so vermindert sich die Beteiligung des Notars am Mehrbetrag auf zwei Zehntel. [3]Erreicht die Gebührenbeteiligung nach den Sätzen 1 und 2 innerhalb eines Rechnungsjahres 10 200 Euro, so vermindert sich die Gebührenbeteiligung des Notars am Mehrbetrag auf ein Zehntel.

(8) Bei der Berechnung derjenigen Gebührenbeteiligung, durch die die in den Absätzen 5 bis 7 genannten Summen überschritten werden, finden die Kürzungsbestimmungen dieser Absätze noch keine Anwendung.

(9) [1]Die Gebührenbeteiligung nach den Absätzen 6 und 7 wird bei der Berechnung der Summe nach Absatz 5 nicht berücksichtigt. [2]Auf die Gebührenbeteiligung nach den Absätzen 6 und 7 finden die Absätze 4 und 5 keine Anwendung.

§ 13 Anteile der Staatskasse an den Gebühren und Auslagen der im württembergischen Rechtsgebiet tätigen Notare im Landesdienst

(1) Die im württembergischen Rechtsgebiet tätigen Notare haben von den ihnen sonst zufließenden Gebühren einen Anteil an die Staatskasse abzuführen.

(2) Der Anteil der Staatskasse beträgt

a) bei den Gebühren für den Entwurf oder die Errichtung, Abänderung oder Aufhebung eines Testaments, Erbvertrages, Ehevertrages oder einer Scheidungsvereinbarung, eines Gesellschaftsvertrages einer Offenen Handelsgesellschaft, einer Kommanditgesellschaft oder Gesellschaft bürgerlichen Rechts sowie bei den Gebühren nach den Nummern 25300, 25301 und 26000 bis 26003 des Kostenverzeichnisses zum Gerichts- und Notarkostengesetz ein Drittel,

b) im Übrigen von der Gebühr des einzelnen Geschäfts bis zu 50 Euro zwei Drittel, von dem Mehrbetrag drei Viertel.

(3) [1]Der Mindestbetrag der einem Notar verbleibenden Gebühr beträgt 0,50 Euro für das einzelne Geschäft. [2]Werden mehrere Geschäfte in einer Urkunde zusammengefasst, so ist der Anteil der Staatskasse aus der Summe der Gebühren zu berechnen.

(4) Beträgt die einem Notar in einem Rechnungshalbjahr verbleibende Gebührenbeteiligung mehr als 2 550 Euro, so wird der Mehrbetrag um 50 vom Hundert gekürzt; bleibt die Gebührenbeteiligung unter 5 100 Euro, so beginnt die Kürzung bei 3 100 Euro, jedoch darf die Beteiligung den Betrag von 3 830 Euro nicht überschreiten.

(5) Ist der Notar nur während eines Teils eines Rechnungshalbjahres auf einer Notarstelle tätig, so erfolgt die Kürzung entsprechend der Zahl der Kalendertage, während deren er auf dieser Stelle tätig war.

(6) [1]Die Anteile an der Dokumentenpauschale verbleiben den Notaren innerhalb eines Rechnungshalbjahres bis zu 800 Euro ganz, darüber in Höhe von 25 vom Hundert. [2]Diese Beträge werden bei der Berechnung der Summe nach Absatz 4 nicht berücksichtigt, jedoch gilt Absatz 5 entsprechend. [3]Die Mehreinnahmen an der Dokumentenpauschale sind an die Staatskasse abzuführen.

§ 13a Geschäfte ohne Gebührenbeteiligung der im württembergischen Rechtsgebiet bestellten Notare im Landesdienst

(1) ¹Im württembergischen Rechtsgebiet hat der örtlich zuständige Notar sämtliche Gebühren und Auslagen für Tätigkeiten nach § 3 Abs. 1 des Landesgesetzes über die freiwillige Gerichtsbarkeit, für die er auch als Grundbuchbeamter, Betreuungsrichter und Nachlassrichter zuständig wäre oder für die er bis zur Aufhebung von Grundbuchämtern nach § 26 Absatz 6 des Landesgesetzes über die freiwillige Gerichtsbarkeit als Grundbuchbeamter örtlich zuständig gewesen wäre, an die Staatskasse abzuliefern. ²Ihm verbleibt unabhängig von der funktionellen Zuständigkeit keine Beteiligung an den Gebühren für folgende Geschäfte:

1. in Grundbuchsachen (auch wenn ein Eintragungsantrag nicht vorliegt)
    a) die Abfassung und Beurkundung aller Verträge, welche die Übertragung des Eigentums an einem Grundstück sowie die Begründung, Übertragung oder Aufhebung eines Erbbaurechts, Wohnungseigentums (Teileigentums) oder Wohnungserbbaurechts (Teilerbbaurechts) zum Gegenstand haben, einschließlich aller zugehörigen Vertragsbestimmungen und Erklärungen, und zwar auch dann, wenn Angebot und Annahme getrennt beurkundet werden;
    b) die freiwillige Versteigerung von Grundstücken und die Beurkundung des Zuschlags;
    c) die Abfassung, Beurkundung oder Beglaubigung aller zu einer Grundbuchsache gehörenden Bewilligungen, Anträge, Vollmachten und sonstigen Erklärungen einschließlich der Aufnahme damit zusammenhängender vollstreckbarer Urkunden;
    d) die Erteilung eines Teilbriefes über ein Grundpfandrecht;
2. in Familien- und Betreuungssachen
    a) die Beurkundung von Erklärungen über die Anerkennung der Vaterschaft und über die den Vätern von Kindern nicht miteinander verheirateter Eltern obliegenden Leistungen, auch soweit sie auf Ersuchen auswärtiger Familiengerichte oder eines Jugendamts stattfindet;
    b) die Abfassung, Beurkundung oder Beglaubigung von Anträgen, Beschwerden, Vollmachten und sonstigen Erklärungen, die mit Geschäften des Betreuungsgerichts unmittelbar zusammenhängen;
3. in Nachlasssachen
    a) die Abfassung und Beurkundung von Verträgen über die Auseinandersetzung eines Gesamtguts oder Nachlasses, über die Veräußerung oder Verpfändung eines Erbteils, die Abfindung eines Miterben und den Verzicht eines Abkömmlings auf seinen Anteil am Gesamtgut;
    b) die Berechnung von Pflichtteilen, Vermächtnissen und Erbersatzansprüchen innerhalb eines Jahres nach dem Erbfall oder, wenn die amtliche Behandlung der Nachlasssache erst später abschließt, bis zu diesem Zeitpunkt;
    c) die Abfassung, Beurkundung oder Beglaubigung von Erklärungen über Aufschub und Ausschluss einer Nachlassauseinandersetzung oder über die Vornahme einer privaten Auseinandersetzung;
    d) die Abfassung, Beurkundung oder Beglaubigung von Erklärungen gegenüber dem Nachlassgericht;
    e) die Abfassung, Beurkundung oder Beglaubigung von Anträgen, Beschwerden, Vollmachten und sonstigen Erklärungen, die mit Geschäften des Nachlassgerichts unmittelbar zusammenhängen;
    f) die Abnahme eidesstattlicher Versicherungen im Fall des § 2356 Abs. 2 des Bürgerlichen Gesetzbuches.

(2) ¹Ist ein Notariat mit mehreren Notaren besetzt, so gilt jeder von ihnen für den ganzen Notariatsbezirk als örtlich zuständig, auch wenn der Geschäftsverteilungsplan eine Teilung des Bezirks vorsieht. ²Im Sinne von Absatz 1 Satz 1 gilt auch ein in der Abteilung Beurkundung und vorsorgende Rechtspflege eines Notariats tätiger Notar für den betreffenden Notariatsbezirk als örtlich zuständig.

(3) An den Gebühren, die nach den Nummern 25300 und 25301 des Kostenverzeichnisses zum Gerichts- und Notarkostengesetz erhoben werden, verbleibt dem Notar eine Beteiligung, wenn ihm von den Gebühren für das der Verwahrung zugrunde liegende Geschäft eine Beteiligung zusteht.

(4) Gebühren für die Beratung der Beteiligten in Grundbuch-, Vormundschafts- und Nachlasssachen sind ohne Rücksicht auf die örtliche Zuständigkeit voll an die Staatskasse abzuführen.

(5) Nimmt ein Notar eine Beurkundung oder Beglaubigung außerhalb seines Notariatsbezirks vor, so steht ihm keine Gebührenbeteiligung zu, wenn auch der für den Beurkundungsort zuständige Notar keine Beteiligung erhalten würde.

(6) ¹Der Notar hat alle Gebühren und Auslagen an die Staatskasse abzuliefern, wenn ihm nur für einen Teil eines Geschäfts eine Beteiligung zustehen würde. ²Von den Gebühren für die Errichtung, Aufhebung oder Änderung von Eheverträgen, Scheidungsvereinbarungen, Gesellschaftsverträgen, Verfügungen von Todes wegen, Erb- und Pflichtteilsverzichtsverträgen sowie Vereinbarungen über den vorzeitigen Erbausgleich verbleibt ihm jedoch stets eine Beteiligung sowie die Hälfte der auf das gesamte Geschäft entfallenden Auslagen; die Beteiligung des Notars ist so zu berechnen, als wenn er nur das die Gebührenbeteiligung auslösende Geschäft vorgenommen hätte.

(7) Werden mehrere Beurkundungen vorgenommen, obwohl dies offensichtlich nicht erforderlich ist, so wird die Gebührenbeteiligung des Notars so berechnet, als ob eine zusammenfassende Beurkundung erfolgt wäre.

§ 14 Festsetzung durch Verwaltungsakt

¹Die von einem Notar nach §§ 10 bis 13a an die Staatskasse abzuführenden Gebühren und Auslagen sowie der einem Notar zu gewährende Gebührenanteil nach § 10 Abs. 2 Satz 3 können durch schriftlichen Verwaltungsakt festgesetzt werden. ²Für die Festsetzung ist der Präsident des Landgerichts oder der Präsident des Amtsgerichts zuständig, der die Dienstaufsicht über den Notar ausübt.

§ 15 Gebühreneinziehung durch den Notar

(1) Die Vorschriften des Gerichts- und Notarkostengesetzes über die Vorauszahlung und Sicherstellung von Kosten gelten für den Anteil der Staatskasse entsprechend.

(2) ¹Unterbleibt die Einziehung des Staatsanteils trotz Mahnung, so ist die Gerichtskasse zum Einzug berechtigt. ²Der Notar ist für den Schaden verantwortlich, der durch schuldhaftes Unterlassen oder Verzögern der Einziehung des Anteils der Staatskasse entsteht.

(3) Teilzahlungen des Kostenschuldners hat der Notar im Innenverhältnis zur Staatskasse zunächst auf die Zinsen nach § 88 GNotKG, dann auf die Auslagen und zuletzt auf die Gebühren anzurechnen.

(4) ¹Die Rückerstattung von zuviel empfangenen Beträgen nach § 90 GNotKG ist im Innenverhältnis zwischen Notar und Staatskasse von demjenigen zu leisten, dem die Beträge zugeflossen sind. ²Die Staatskasse stellt den Notar von Zins- und Schadenersatzansprüchen nach § 90 Absatz 1 Satz 2 und 3 GNotKG frei, wenn ihr ein Anteil an der zugrunde liegenden Gebühr zugeflossen ist. ³§ 48 des Beamtenstatusgesetzes und § 59 des Landesbeamtengesetzes bleiben unberührt.

§ 16 Gebührenanteile in besonderen Fällen

(1) Dem Notar stehen die Gebühren und die Gebührenanteile auch dann zu, wenn er in Vertretung eines anderen Notars tätig wird.

(1a) Einem Notar, der in beiden Rechtsgebieten tätig ist, stehen die Kürzungsfreibeträge nach §§ 12 und 13 jeweils nur anteilig zu.

(2) ¹Bei den von Notarvertretern vorgenommenen Geschäften stehen die Gebühren und die Gebührenanteile dem Notar zu, als dessen Vertreter der Notarvertreter tätig geworden ist. ²Der Notarvertreter erhält die Gebühren und die Gebührenanteile jedoch selbst, wenn er zum Amtsverwalter bestellt ist oder soweit die Vertretung eines in der Amtsausübung verhinderten Notars drei Monate übersteigt.

Vierter Abschnitt
Gebühren, Gebührenbezug und Vergütungen auf dem Gebiet der freiwilligen Gerichtsbarkeit für Tätigkeiten im Gemeindebereich

§ 17 Gebühren und Auslagen für die Aufnahme von Nottestamenten

(1) ¹Für die Errichtung eines Nottestaments (§§ 2249 und 2250 Abs. 1 des Bürgerlichen Gesetzbuches) wird die Hälfte der Gebühr und im Falle eines gemeinschaftlichen Testaments die volle Gebühr nach der Tabelle B gemäß § 34 Absatz 2 GNotKG erhoben. ²Der Geschäftswert bestimmt sich nach § 102 GNotKG.

(2) Die zur Beurkundung hinzugezogenen Zeugen erhalten eine Vergütung von 2,50 Euro für jede angefangene Stunde.

(3) Die Gebühren und Auslagen fließen in die Gemeindekasse.

§ 18 Tätigkeiten der Ratschreiber

(1) [1]Die Gebühren und Auslagen für die Tätigkeit der Ratschreiber im badischen Rechtsgebiet (§ 32 Abs. 1 bis 4 des Landesgesetzes über die freiwillige Gerichtsbarkeit) werden zur Staatskasse erhoben. [2]Soweit jedoch ausschließlich Unterschriften beglaubigt werden, fließen die Gebühren und Auslagen in die Gemeindekasse.

(2) [1]Die Gebühren und Auslagen für die Tätigkeit der Ratschreiber im württembergischen Rechtsgebiet nach § 32 Abs. 1 des Landesgesetzes über die freiwillige Gerichtsbarkeit werden zur Staatskasse erhoben; von den zur Staatskasse erhobenen Gebühren für die Erteilung von Abschriften aus dem Grundbuch sowie von Ausdrucken aus dem maschinell geführten Grundbuch oder einem maschinell geführten Verzeichnis, das der Auffindung der Grundbuchblätter dient, verbleibt den Gemeinden jedoch ein Anteil von 5 Euro für das einzelne Geschäft. [2]Die Gebühren und Auslagen für die Tätigkeit nach § 32 Abs. 3 und 4 des Landesgesetzes über die freiwillige Gerichtsbarkeit fließen in die Gemeindekasse. [3]Von den in die Gemeindekasse fließenden Gebühren ist ein Anteil an die Staatskasse abzuführen. [4]Der Anteil der Staatskasse beträgt

1. bei den Zusatzgebühren nach den Nummern 26000 bis 26003 des Kostenverzeichnisses zum Gerichts- und Notarkostengesetz ein Drittel,

2. im übrigen von der Gebühr des einzelnen Geschäfts bis zu 50 Euro zwei Drittel, von dem Mehrbetrag drei Viertel.

[5]Der Mindestbetrag des Gebührenanteils der Gemeinde beträgt 0,50 Euro für das einzelne Geschäft. [6]Werden mehrere Geschäfte in einer Urkunde zusammengefasst, so ist der Anteil der Staatskasse aus der Summe der Gebühren zu berechnen. [7]§ 15 findet entsprechende Anwendung. [8]Die Gebühren und Auslagen für die Tätigkeit der Ratschreiber, die der Gemeindekasse verbleiben, sowie die Gebührenanteile, die der Gemeinde nach Satz 1 zustehen, können den Ratschreibern ganz oder teilweise überlassen werden; das Nähere ist bei den betreffenden Beamtenstellen im Stellenplan zu bestimmen. [9]Werden mehrere Beurkundungen vorgenommen, obwohl dies offensichtlich nicht erforderlich ist, so wird der Anteil der Gemeinde so berechnet, als ob eine zusammenfassende Beurkundung erfolgt wäre.

(3) Die im automatisierten Abrufverfahren (§ 133 der Grundbuchordnung) anfallenden Gebühren und Auslagen fließen in die Staatskasse.

(4) [1]Für Amtspflichtverletzungen von Ratschreibern haftet die Gemeinde, soweit sie Gläubigerin der Gebühren ist (Absatz 1 Satz 2 und Absatz 2 Satz 2); in den sonstigen Fällen haftet das Land. [2]Im übrigen gelten die für Amtspflichtverletzungen von Beamten geltenden Vorschriften entsprechend.

§ 19 Tätigkeit der Gemeinden in Nachlaß- und Teilungssachen

[1]Die Gebühren für die Verrichtungen der Gemeinden nach § 40 Abs. 2 und 3 sowie nach § 43 in Verbindung mit § 40 Abs. 3 des Landesgesetzes über die freiwillige Gerichtsbarkeit werden zur Gemeindekasse erhoben. [2]Wird in einer Angelegenheit nach Satz 1 sowohl das Nachlaßgericht als auch die Gemeinde tätig, so werden die Gebühren nur einmal erhoben; sie fließen in die Gemeindekasse.

§ 20 Anwendung des Gerichts- und Notarkostengesetzes, Kostenprüfung, Erinnerung und Reisekosten

(1) [1]Für die in den §§ 17 und 19 geregelten Tätigkeiten sowie für die Tätigkeiten der Ratschreiber nach § 35a des Landesgesetzes über die freiwillige Gerichtsbarkeit gelten, soweit nichts anderes bestimmt ist, die Vorschriften des Gerichts- und Notarkostengesetzes entsprechend; anstelle der §§ 19, 88 bis 91 und 127 bis 131 GNotKG sind die für die Gerichte geltenden Bestimmungen entsprechend anwendbar. [2]Für die Kosten- und Rechnungsprüfung sind die Bestimmungen entsprechend anzuwenden, die für die in die Staatskasse fließenden Gebühren der Notare maßgebend sind. [3]Für die Kosten der Ratschreiber gilt: Unterbleibt die Einziehung des Staatsanteils trotz Mahnung, so ist die Gerichtskasse zum Einzug berechtigt. [4]Die Gemeinde ist für den Schaden verantwortlich, der durch schuldhaftes Unterlassen oder Verzögern der Einziehung des Anteils der Staatskasse entsteht. [5]Die Rückerstattung von zu viel empfangenen Beträgen nach § 90 GNotKG ist im Innenverhältnis zwischen Gemeinde- und Staatskasse von der Stelle zu leisten, der die Beträge zugeflossen sind. [6]Die an die Staatskasse abzuführenden Gebühren können durch schriftlichen Verwaltungsakt des Präsidenten oder aufsichtführenden Richters des grundbuchführenden Amtsgerichts festgesetzt werden.

(2) [1]Soweit die Gebühren und Auslagen zur Gemeindekasse erhoben werden, entscheidet über Erinnerungen gegen den Kostenansatz (§ 81 Absatz 1 GNotKG) und über die Festsetzung des Geschäfts-

werts (§ 79 GNotKG) das Amtsgericht, zu dessen Bezirk die Gemeinde gehört. [2]Über die Erinnerung gegen den Kostenansatz eines Ratschreibers entscheidet das grundbuchführende Amtsgericht.

(3) [1]Als Reisekosten werden bei den in den §§ 17 und 19 geregelten Tätigkeiten nur die notwendigen Fahrtauslagen erhoben. [2]Sie betragen bei Benutzung eines Kraftwagens 0,15 Euro für jeden angefangenen Kilometer, wobei Hin- und Rückweg als ein Weg gelten. [3]Die Entschädigung wird aus der Gemeindekasse gezahlt und von dem Auftraggeber eingezogen.

§ 21 Entschädigung der Gemeinden des badischen Rechtsgebiets für die Tätigkeit der Ratschreiber und der Gemeinden des württembergischen Rechtsgebiets für ihre Aufwendungen zugunsten der Notariate

(1) [1]Eine angemessene Entschädigung erhalten

1. die Gemeinden des badischen Rechtsgebiets für die Tätigkeit der Ratschreiber nach § 32 Abs. 2 und 3 des Landesgesetzes über die freiwillige Gerichtsbarkeit; in der Entschädigung sind die damit verbundenen Auslagen, insbesondere für Porto, Telefon und Telefax inbegriffen;
2. die Gemeinden des württembergischen Rechtsgebiets für ihre Aufwendungen zugunsten der Notariate nach § 14 des Landesgesetzes über die freiwillige Gerichtsbarkeit.

[2]Die Landesregierung wird ermächtigt, für die in Satz 1 genannten Rechtsgebiete durch Rechtsverordnung jeweils pauschale Entschädigungssätze pro Einwohner festzulegen und die Zahlungsweise zu regeln.

(2) [1]Sofern Notariate im württembergischen Rechtsgebiet oder Grundbuchämter durch das Land in eigenen Gebäuden untergebracht und deren Aufgaben ausschließlich von staatlichen Bediensteten wahrgenommen werden, entfallen für die Gemeinden die Verpflichtungen nach den §§ 14 und 27 des Landesgesetzes über die freiwillige Gerichtsbarkeit. [2]Mit dem Wegfall der Verpflichtungen geht das Eigentum an den von den Gemeinden für diese Behörden zur Verfügung gestellten beweglichen Sachen entschädigungslos auf das Land über.

§ 21a Zusatzentschädigung für die elektronische Erfassung der Grundbuchblätter

(1) [1]Die Gemeinden, in denen das Grundbuchamt infolge der Zuweisung der Grundbuchführung zu einem Amtsgericht (§ 1 Abs. 3 der Grundbuchordnung) aufgehoben wird, erhalten für jedes durch eigenes Personal erfasste und nach § 128 der Grundbuchordnung zur Führung des maschinellen Grundbuches freigegebene Grundbuchblatt (§ 3 Abs. 1 Satz 1 der Grundbuchordnung) eine über die in § 21 Abs. 1 Satz 1 bezeichnete Entschädigung hinausgehende Zusatzentschädigung in Höhe von sechs Euro. [2]Die Entschädigung erhalten die Gemeinden nur für diejenigen Grundbuchblätter, die sie bis zur Aufhebung des Grundbuchamts und innerhalb von drei Jahren, nachdem dem für die Gemeinde in Ansehung der Grundbuchführung zuständigen Amtsgericht erstmalig die Grundbuchführung für eine Gemeinde übertragen wurde, an die Grundbuchdatenzentrale übermittelt haben.

(2) Von der Zusatzentschädigung nach Absatz 1 sind die Kosten in Abzug zu bringen, die dem Land entstehen, weil übernommene Daten des elektronischen Grundbuches mit einer zur Zeit der Übernahme dem Stand der Technik und Entwicklung entsprechenden Programmversion für die elektronische Grundbuchführung nicht verarbeitbar sind.

(3) Die Zusatzentschädigung wird zum Zeitpunkt der Wirksamkeit der Zuweisung der Grundbuchführung des Bezirks auf das Amtsgericht fällig.

(4) Haben Gemeinden die ihnen hinsichtlich des Grundbuchamts obliegenden Verpflichtungen nach § 34a des Landesgesetzes über die freiwillige Gerichtsbarkeit auf Verwaltungsgemeinschaften, Zweckverbände oder durch öffentlich-rechtliche Vereinbarungen im Sinne des Gesetzes über kommunale Zusammenarbeit auf eine andere Gemeinde übertragen, steht die Zusatzentschädigung nach den Absätzen 1 bis 3 der die Verpflichtung übernehmenden Körperschaft zu.

§ 22 Amtsboten

(1) [1]Der Amtsbote einer Gemeinde erhält für jeden Gang, den er in amtlichem Auftrag einer staatlichen Behörde oder eines staatlichen Beamten in einer Angelegenheit der Rechtsfürsorge, der Zwangsversteigerung oder der Zwangsverwaltung, insbesondere zur Aushändigung oder Eröffnung einer Ladung, einer Verfügung oder eines Beschlusses zu machen hat, aus der Staatskasse eine Vergütung von 0,25 Euro. [2]Die Vergütung wird für jede Aushändigung oder Eröffnung gewährt, auch wenn auf demselben Weg mehrere Geschäfte dieser Art vorgenommen werden.

(2) [1]Der Amtsbote erhält aus der Staatskasse außerdem eine besondere Wegevergütung, wenn der Ort seiner Dienstleistung wenigstens zwei Kilometer vom Rathaus entfernt ist. [2]Die Vergütung beträgt für jeden angefangenen Kilometer 0,05 Euro, wobei Hin- und Rückweg als ein Weg gelten. [3]Sie wird für Aushändigungen oder Eröffnungen, die an mehrere Empfänger auf demselben Gang gemacht werden, nur einmal berechnet. [4]Hat ein Kostenschuldner die Vergütung zu ersetzen und ist derselbe Gang durch mehrere Geschäfte veranlaßt, so werden die besonderen Wegevergütungen verhältnismäßig verteilt.

(3) [1]Die Vorschriften der Absätze 1 und 2 gelten auch, wenn der Amtsbote für das Ortsgericht, die Schätzungsbehörde oder die örtliche Inventurbehörde Gänge ausführt. [2]In diesen Fällen kann die ihm bezahlte Vergütung den Beteiligten auferlegt werden.

(4) [1]Die Vergütung für die Bekanntmachung eines Versteigerungstermins durch Ausrufen richtet sich nach den örtlichen Bestimmungen. [2]Für die Mitwirkung bei Versteigerungen erhält der Amtsbote eine angemessene Vergütung.

(5) Für alle übrigen Verrichtungen kann der Amtsbote keine Vergütung verlangen.

§ 23 Verweisung auf andere Gesetze
Soweit in diesem Gesetz auf Vorschriften anderer Gesetze verwiesen wird, sind diese in ihrer jeweils geltenden Fassung anzuwenden.

§ 23a Überleitungsvorschrift für notarielle Kosten
(1) [1]Die §§ 10 bis 13 a und 16 bleiben über den 31. Dezember 2017 hinaus anwendbar auf Gebühren und Auslagen, die bis zum 31. Dezember 2017 fällig werden, mit der Maßgabe, dass die in §§ 12 und 13 vorgesehenen Kürzungsfreibeträge bei nach dem 31. Dezember 2017 eingehenden Zahlungen außer Ansatz bleiben. [2]Die §§ 14 und 15 bleiben über den 31. Dezember 2017 hinaus anwendbar mit der Maßgabe, dass die Notare nach § 114 Absatz 2 der Bundesnotarordnung in der ab 1. Januar 2018 geltenden Fassung und die Notariatsabwickler nach § 114 Absatz 4 der Bundesnotarordnung in der ab 1. Januar 2018 geltenden Fassung neben oder an die Stelle der jeweiligen Notare im Landesdienst treten und dass die Festsetzung nach § 14 durch die am 31. Dezember 2017 zuständige Stelle erfolgt.

(2) [1]Soweit die Tätigkeit des Notars von der Zahlung eines zur Deckung der Kosten ausreichenden Vorschusses abhängig gemacht wurde (§ 15 des Gerichts- und Notarkostengesetzes – GNotKG), hat der Notar hierüber seinem dienstvorgesetzten Präsidenten zu berichten. [2]Ist die dem Vorschuss entsprechende Kostenforderung bis zum 31. Dezember 2017 nicht fällig geworden, hat der Notar im Landesdienst den Vorschuss, soweit er nicht an die Staatskasse abgeführt wurde, an den Notariatsabwickler abzuliefern.

(3) [1]Das Justizministerium wird ermächtigt, durch Rechtsverordnung mit Zustimmung des für Finanzen zuständigen Ministeriums allgemein oder für den Einzelfall zu bestimmen, dass Zahlungen von bis zum 31. Dezember 2017 fällig werdenden Gebühren und Auslagen ausschließlich über die Landesoberkasse Baden-Württemberg abzuwickeln sind; diese Zahlungsabwicklung ist kostenfrei. [2]Für Gebühren nach § 11 findet eine solche Zahlungsabwicklung nur statt, wenn die Notare im Landesdienst dies erklären. [3]In der Rechtsverordnung nach Satz 1 können Einzelheiten der Zahlungsabwicklung geregelt werden, insbesondere der Beginn der Zahlungsabwicklung und deren Umfang, die Angabe von Zahlungsdaten auf den Kostenberechnungen, die Meldung von Zahlungsdaten an die Landesoberkasse Baden-Württemberg und die Auszahlung von dort eingehenden Beträgen sowie die von der Landesoberkasse Baden-Württemberg bei der Abwicklung zu erbringenden Aufgaben und Dienstleistungen.

(4) [1]Für Zwecke des Absatzes 3 und der auf seiner Grundlage erlassenen Rechtsverordnung treten nach dem 31. Dezember 2017 die Notare nach § 114 Absatz 2 der Bundesnotarordnung in der ab 1. Januar 2018 geltenden Fassung und die Notariatsabwickler nach § 114 Absatz 4 der Bundesnotarordnung in der ab 1. Januar 2018 geltenden Fassung an die Stelle der jeweiligen Notare im Landesdienst. [2]In der Rechtsverordnung nach Absatz 3 können ergänzende Regelungen zur Zahlungsabwicklung getroffen werden, die sich aus den Besonderheiten der Abwicklung ergeben.

§ 24 Inkrafttreten[1)]
(nicht abgedruckt)

---

1) **Amtl. Anm.:** Diese Vorschrift betrifft das Inkrafttreten des Gesetzes in der ursprünglichen Fassung vom 30. März 1971 (GBl. S. 96).

Anlage
(zu § 1 Abs. 2)

Gebührenverzeichnis

Nr.	Gegenstand	Gebühr Euro
1	Feststellungserklärung nach § 1059a Abs. 1 Nr. 2, § 1059e, § 1092 Abs. 2, § 1098 Abs. 3 des Bürgerlichen Gesetzbuches	50 bis 700
2	Schuldnerverzeichnis	
2.1	Entscheidung über den Antrag auf Bewilligung des laufenden Bezugs von Abdrucken (§ 882g der Zivilprozessordnung)	525
2.2	Erteilung von Abdrucken (§§ 882b, 882g der Zivilprozessordnung)	0,50 je Eintragung, mindestens 17
	Anmerkung:	
	Neben den Gebühren für die Erteilung von Abdrucken werden die Dokumentenpauschale und die Datenträgerpauschale nicht erhoben.	
2.3	Einsicht in das Schuldnerverzeichnis (§ 882f der Zivilprozessordnung) je übermitteltem Datensatz	4,50
	Anmerkung:	
	Die Gebühr entsteht auch, wenn die Information übermittelt wird, dass für die als Suchkriterien angegebenen Schuldnerdaten kein Eintrag verzeichnet ist (Negativauskunft). Die Gebühr entsteht nicht im Fall einer Selbstauskunft (§ 882f Satz 1 Nummer 6 der Zivilprozessordnung).	
3	Hinterlegungssachen	
3.1	Hinterlegung von Wertpapieren, sonstigen Urkunden, Kostbarkeiten und von unverändert aufzubewahrenden Zahlungsmitteln (§ 11 Abs. 2 Satz 1 des Hinterlegungsgesetzes) in jeder Angelegenheit, in der eine besondere Annahmeverfügung ergeht	20 bis 500
3.2	Anzeige gemäß § 15 Abs. 1 Satz 2 des Hinterlegungsgesetzes	20
	Anmerkung:	
	Neben der Gebühr für die Anzeige werden nur die Auslagen nach den Nummern 31002 und 31003 des Kostenverzeichnisses zum Gerichts- und Notarkostengesetz erhoben.	
3.3	Zurückweisung der Beschwerde	20 bis 500
3.4	Zurücknahme der Beschwerde	20 bis 100
4	Verhandlungsdolmetscher und Urkundenübersetzer	
4.1	allgemeine Beeidigung als Verhandlungsdolmetscher nach § 14 AGGVG	75
4.2	Bestellung und Beeidigung als Urkundenübersetzer nach § 15 AGGVG	75
4.3	Vornahme der Amtshandlungen nach Nr. 4.1 und 4.2 in demselben Verfahren	100
4.4	Zurückweisung eines Antrags nach Nr. 4.1 oder 4.2	50
4.5	Eintragung eines vorübergehend tätigen Verhandlungsdolmetschers oder Urkundenübersetzers nach § 15a AGGVG	25

Nr.	Gegenstand	Gebühr Euro
5	Überlassung einer gerichtlichen Entscheidung auf Antrag nicht am Verfahren beteiligter Dritter	16 je Entscheidung
	Anmerkung:	
	Neben der Gebühr werden Auslagen nicht erhoben.	
6	Anerkennung als Gütestelle im Sinne von § 794 Abs. 1 Nr. 1 der Zivilprozessordnung	
6.1	für die Anerkennung als Gütestelle	125
6.2	für die Zurückweisung des Antrags, den Widerruf oder die Rücknahme der Anerkennung	100
7	Notare im Sinne von § 3 der Bundesnotarordnung (BNotO)	
7.1	Bestellung zum Notar gemäß §§ 6, 6b und 12 BNotO	600
	Anmerkung:	
	§ 4 Absatz 3 JVKostG findet keine Anwendung.	
7.2	Ablehnung des Antrags auf Bestellung zum Notar im Sinne von § 3 BNotO	150
7.3	Bestellung eines Vertreters gemäß § 39 Absatz 1 Satz 1 Halbsatz 1 BNotO oder Änderung einer bereits erfolgten Bestellung	25
7.4	Bestellung eines ständigen Vertreters gemäß § 39 Absatz 1 Satz 1 Halbsatz 2 BNotO oder Änderung einer bereits erfolgten Bestellung	50
8	Richterliche Entscheidungen nach dem Zweiten Abschnitt des Ersten Teils des Polizeigesetzes oder nach einem Gesetz, das auf diese Bestimmungen verweist	
8.1	Erstinstanzliche richterliche Entscheidung, die den Gewahrsam (§ 28 des Polizeigesetzes) für zulässig erklärt	60
	Anmerkung:	
	Bei der Entscheidung über die Ermäßigung, Erhöhung oder das Absehen von der Erhebung der Gebühr sind die Verhältnisse des Zahlungspflichtigen und die Bedeutung sowie der Umfang des Verfahrens zu berücksichtigen.	Das Gericht kann die Gebühr bis auf 15 Euro ermäßigen oder bis auf 100 Euro erhöhen oder in besonderen Fällen von der Erhebung absehen.
8.2	Verfahren über die Beschwerde gegen richterliche Entscheidungen nach dem Zweiten Abschnitt des Ersten Teils des Polizeigesetzes oder nach einem Gesetz, das auf diese Bestimmungen verweist.	
8.2.1	Die Beschwerde wird verworfen oder zurückgewiesen	100
	Anmerkung:	
	Bei der Entscheidung über die Ermäßigung oder Erhöhung der Gebühr sind die Verhältnisse des Zahlungspflichtigen und die Bedeutung sowie der Umfang des Verfahrens zu berücksichtigen.	Das Gericht kann die Gebühr bis auf 15 Euro ermäßigen oder bis auf 200 Euro erhöhen.
8.2.2	Die Beschwerde wird zurückgenommen, bevor über sie eine Entscheidung ergeht	50
	Anmerkung:	
	Bei der Entscheidung über die Ermäßigung oder das Absehen von der Erhebung der Gebühr sind die Verhältnisse des Zahlungspflichtigen und die Bedeutung sowie der Umfang des Verfahrens zu berücksichtigen.	Das Gericht kann die Gebühr bis auf 15 Euro ermäßigen oder in besonderen Fällen von der Erhebung absehen.

Gesetz über die juristischen Prüfungen und den juristischen Vorbereitungsdienst (Juristenausbildungsgesetz – JAG)

Vom 16. Juli 2003 (GBl. S. 354)
(BWGültV Sachgebiet 2030-224)

zuletzt geändert durch Art. 10 Datenschutzrecht-AnpassungsG vom 21. Mai 2019 (GBl. S. 189)

Nichtamtliche Inhaltsübersicht

§	1	Erste juristische Prüfung und Zweite juristische Staatsprüfung	§ 7	Unterhaltsbeihilfe; Reisekosten
§	2	Prüfungsorte	§ 8	Dienstgeschäfte der Rechtsreferendare
§	3	Prüfer	§ 9	Schutz personenbezogener Daten
§	4	Vorverfahren	§ 10	Verordnungsermächtigung
§	5	Beginn und Ende des Vorbereitungsdienstes	§ 11	Befähigung zum höheren Verwaltungsdienst
§	6	Pflichten der Rechtsreferendare	§ 12	Übergangsvorschrift
			§ 13	Inkrafttreten

Der Landtag hat am 16. Juli 2003 das folgende Gesetz beschlossen:

§ 1 Erste juristische Prüfung und Zweite juristische Staatsprüfung

(1) [1]Das Rechtsstudium wird mit der Ersten juristischen Prüfung (staatliche Pflichtfachprüfung und universitäre Schwerpunktbereichsprüfung) abgeschlossen. [2]Der Vorbereitungsdienst wird mit der Zweiten juristischen Staatsprüfung abgeschlossen.

(2) Die Pflichtfachprüfung der Ersten juristischen Prüfung und die Zweite juristische Staatsprüfung werden von dem beim Justizministerium errichteten Landesjustizprüfungsamt abgenommen.

(3) [1]Die Schwerpunktbereichsprüfung der Ersten juristischen Prüfung wird von den Universitäten in eigener Verantwortung abgenommen. [2]Die Vorschriften des Landeshochschulgesetzes sind anzuwenden, soweit dieses Gesetz und die aufgrund dieses Gesetzes erlassenen Vorschriften keine anderen Bestimmungen enthalten.

§ 2 Prüfungsorte

(1) Die Pflichtfachprüfung findet in Freiburg, Heidelberg, Konstanz, Mannheim und Tübingen statt.

(2) [1]Die Zweite juristische Staatsprüfung findet in Stuttgart statt. [2]Die schriftliche Prüfung kann auch an einem anderen Ort abgenommen werden.

§ 3 Prüfer

(1) Als Prüfer wirken mit:

1. in der Pflichtfachprüfung
   a) der Präsident des Landesjustizprüfungsamts,
   b) die Professoren des Rechts an den Universitäten der Prüfungsorte, die in eine Planstelle der Besoldungsgruppe C 4/W 3 eingewiesen sind,
   c) andere Personen, die die Befähigung zum Richteramt oder zum höheren Verwaltungsdienst besitzen oder als Hochschullehrer an Universitäten in der Juristenausbildung tätig sind, kraft Berufung durch das Justizministerium;

2. in der Zweiten juristischen Staatprüfung
   a) der Präsident des Landesjustizprüfungsamts,
   b) die Präsidenten der Oberlandesgerichte und der Präsident des Verwaltungsgerichtshofs,
   c) andere Personen, die die Befähigung zum Richteramt oder zum höheren Verwaltungsdienst besitzen oder als Hochschullehrer an Universitäten in der Juristenausbildung tätig sind, kraft Berufung durch das Justizministerium;

3. in der Schwerpunktbereichsprüfung die in der Rechtsverordnung nach § 36 LHG genannten Personen.

(2) Die Prüfer sind in der Ausübung des Prüferamts unabhängig.

(3) [1]Die Berufung zum Prüfer wird für fünf Jahre ausgesprochen; eine mehrmalige Berufung ist zulässig. [2]Die Berufung endet spätestens drei Jahre nach Eintreten in den Ruhestand.

(4) Das Prüferamt endet bei den Prüfern nach Absatz 1 Nr. 1 Buchst. a und b und Nr. 2 Buchst. a und b mit dem Ausscheiden des Prüfers aus dem Hauptamt, bei einem Professor auch mit seiner Entpflichtung.

§ 4 Vorverfahren

[1]Gegen Verwaltungsakte des Landesjustizprüfungsamts findet ein Vorverfahren statt. [2]Über den Widerspruch entscheidet das Landesjustizprüfungsamt. [3]Dabei werden Bewertungen der Prüfer durch das Landesjustizprüfungsamt nur auf Rechtmäßigkeit überprüft.

§ 5 Beginn und Ende des Vorbereitungsdienstes

(1) [1]Wer die Erste juristische Prüfung bestanden hat, wird auf Antrag zum Vorbereitungsdienst in einem öffentlich-rechtlichen Ausbildungsverhältnis zugelassen, sofern die durch Rechtsverordnung nach § 9 Abs. 1 Nr. 7 festgesetzten Voraussetzungen erfüllt sind. [2]§ 17 des Landesbeamtengesetzes gilt entsprechend.

(2) [1]Die Aufnahme in den Vorbereitungsdienst ist abzulehnen, wenn der Bewerber für den Vorbereitungsdienst ungeeignet oder, insbesondere wegen eines Verbrechens oder vorsätzlichen Vergehens, für den Erwerb der Befähigung zum Richteramt nicht würdig ist. [2]Die Aufnahme soll abgelehnt werden, wenn der Bewerber diese erst für einen Zeitpunkt nach Ablauf von vier Jahren seit Ablegung der Ersten juristischen Prüfung beantragt, wenn er aus einem früher begonnenen Vorbereitungsdienst vorzeitig entlassen worden ist oder wenn er seine Übernahme aus dem Vorbereitungsdienst eines anderen Bundeslandes beantragt und hierfür jeweils ein wichtiger Grund nicht vorliegt.

(3) Der Vorbereitungsdienst endet mit der Eröffnung, dass die Zweite juristische Staatsprüfung mit Erfolg abgelegt oder bei der ersten Wiederholung nicht bestanden wurde.

(4) [1]Wer seine Pflichten gröblich verletzt oder sich als ungeeignet oder unwürdig erweist, soll aus dem Vorbereitungsdienst entlassen werden; dasselbe gilt bei Vorliegen eines sonstigen wichtigen Grundes. [2]Ferner soll entlassen oder unter Wegfall der Unterhaltsbeihilfe beurlaubt werden, wer den Vorbereitungsdienst nicht planmäßig absolviert oder die Zweite juristische Staatsprüfung nicht planmäßig ablegt.

§ 6 Pflichten der Rechtsreferendare

(1) [1]Rechtsreferendare haben sich mit voller Kraft der Ausbildung zu widmen. [2]Die §§ 37 und 42 des Beamtenstatusgesetzes sowie § 11 des Landesbesoldungsgesetzes Baden-Württemberg gelten entsprechend. [3]Die §§ 74 und 78 des Landesbeamtengesetzes finden keine Anwendung.

(2) [1]Für die Ausübung einer Nebentätigkeit gelten die §§ 60 bis 64 Abs. 1, 2 und 4 des Landesbeamtengesetzes sowie die hierzu erlassene Ausführungsverordnung entsprechend. [2]Hiervon abweichend sind die Präsidenten der Oberlandesgerichte zuständige Stelle für Entscheidungen im Zusammenhang mit Nebentätigkeiten.

(3) [1]Eignung, Befähigung und fachliche Leistung werden in Dienstzeugnissen beurteilt. [2]Für die Personalaktenführung gelten § 50 des Beamtenstatusgesetzes und die §§ 83 bis 88 des Landesbeamtengesetzes entsprechend.

§ 7 Unterhaltsbeihilfe; Reisekosten

(1) [1]Rechtsreferendare erhalten eine monatliche Unterhaltsbeihilfe nach Maßgabe des Landesbesoldungsgesetzes Baden-Württemberg. [2]Ihnen wird nach beamtenrechtlichen Vorschriften Anwartschaft auf Versorgung bei verminderter Erwerbsfähigkeit und im Alter sowie auf Hinterbliebenenversorgung gewährleistet. [3]Das Gesetz über die Zahlung des Arbeitsentgelts an Feiertagen und im Krankheitsfall findet Anwendung.

(2) [1]Rechtsreferendare erhalten unter Belassung der Unterhaltsbeihilfe Erholungsurlaub sowie Urlaub aus besonderen Anlässen. [2]Aus dienstlichen oder persönlichen Gründen kann unter Wegfall der Unterhaltsbeihilfe eine Beurlaubung erfolgen.

(3) Das Mutterschutzgesetz und das Bundeserziehungsgeldgesetz finden Anwendung.

(4) Rechtsreferendare können Reisekostenvergütung, Umzugskostenvergütung und Trennungsgeld nach den für Beamte auf Widerruf im Vorbereitungsdienst des Landes geltenden Bestimmungen erhalten.

(5) Tarifrechtliche Regelungen bleiben unberührt.

§ 8 Dienstgeschäfte der Rechtsreferendare

(1) Im Rahmen der Ausbildung können den Rechtsreferendaren, sofern nicht gesetzliche Vorschriften entgegenstehen, Geschäfte eines Beamten des gehobenen oder des mittleren Justizdienstes, vor allem eines Amtsanwalts oder eines Urkundsbeamten der Geschäftsstelle, zur selbstständigen Wahrnehmung übertragen werden.

(2) Rechtsreferendare, die seit mindestens 15 Monaten im Vorbereitungsdienst stehen, können mit der selbstständigen Erledigung der Geschäfte eines Amtsnotars und eines Bezirksnotars sowie mit deren Vertretung beauftragt werden.

§ 9 Schutz personenbezogener Daten

(1) [1]Wird in den Prüfungen nach § 1 Absatz 1 und 2 ein Antrag gestellt, der mit einer körperlichen oder psychischen Beeinträchtigung oder mit Schutzzeiten nach dem Mutterschutzgesetz begründet wird, ist unverzüglich ein Attest einer Ärztin oder eines Arztes nach § 14 Absatz 5 des Gesundheitsdienstgesetzes, das die für die Beurteilung nötigen medizinischen Befundtatsachen enthält, einzuholen und an das Landesjustizprüfungsamt zu übersenden. [2]Das Attest einer Ärztin oder eines Arztes, der oder die die Kandidatin oder den Kandidaten behandelt oder behandelt hat, reicht nicht aus. [3]Im Fall eines Antrags auf Rücktritt von der Prüfung kann in begründeten Einzelfällen ein amtsärztliches Attest über die Beurteilung der Prüfungsunfähigkeit verlangt werden. [4]Soweit dies für die Entscheidung des Landesjustizprüfungsamtes erforderlich ist, kann dieses mit einer Einwilligung der Kandidatin oder des Kandidaten weitere Erkundigungen bei der untersuchenden Ärztin oder dem untersuchenden Arzt einholen.

(2) [1]Das Landesjustizprüfungsamt darf besondere Kategorien personenbezogener Daten der betroffenen Person verarbeiten, soweit dies in Fällen des Absatzes 1 für die Entscheidung über den Antrag erforderlich ist. [2]Eine Verarbeitung dieser Daten zu anderen Zwecken ist unzulässig, es sei denn, sie ist nach einer Rechtsvorschrift zulässig. [3]Personenbezogene Daten nach Satz 1 sind getrennt von anderen Daten zu speichern und dürfen nur durch Bedienstete des Landesjustizprüfungsamtes verarbeitet werden. [4]Sie sind für die besonderen Verarbeitungsbedingungen zu sensibilisieren.

§ 10 Verordnungsermächtigung

(1) Das Justizministerium wird ermächtigt, im Einvernehmen mit dem Innenministerium, dem Finanzministerium und dem Wissenschaftsministerium durch Rechtsverordnung Vorschriften zu erlassen über

1. die Einrichtung von Außenstellen des Landesjustizprüfungsamts;
2. die Zusammensetzung und die Aufgaben eines Ständigen Ausschusses für die Pflichtfachprüfung;
3. die Abhaltung der Pflichtfachprüfung an anderen als den in § 2 Abs. 1 genannten Orten;
4. die Voraussetzungen für die Zulassung zur Pflichtfachprüfung, insbesondere über den Nachweis erforderlicher Studienzeiten an der Universität des Prüfungsortes, über die Ausgestaltung der Zwischenprüfung, die Vorlage von Zeugnissen über die erfolgreiche Teilnahme an der Zwischenprüfung und an Lehrveranstaltungen, insbesondere zum Nachweis des Erwerbs von Fremdsprachenkenntnissen und von interdisziplinären Schlüsselqualifikationen, sowie über den Verlust des Anspruchs auf Zulassung zur Pflichtfachprüfung;
5. die Voraussetzungen für die Zulassung zur Zweiten juristischen Staatsprüfung und den Verlust des Anspruchs auf diese Zulassung;
6. das Prüfungsverfahren (einschließlich der Rahmenvorgaben für die Prüfung im Schwerpunktbereich), insbesondere über die Zusammensetzung der Prüfungsausschüsse, den Prüfungsstoff, mögliche Gegenstände der Schwerpunktausbildung, die Art und Zahl der Prüfungsleistungen im schriftlichen und mündlichen Teil, die Bewertung der Prüfungsleistungen, die Berücksichtigung von Leistungen aus dem Vorbereitungsdienst, die Erteilung von Zeugnissen, den Rücktritt von den Prüfungen und die Wiederholung der Prüfungen, die Festlegung besonderer Bedingungen für schreibbehinderte Prüflinge und die Folgen von Verstößen gegen Prüfungsbestimmungen;
7. die nähere Ausgestaltung des öffentlich-rechtlichen Ausbildungsverhältnisses, insbesondere die Zulassung, die Ablehnung, die Entlassung, die Verlängerung des Vorbereitungsdienstes im Einzelfall, die Pflichten und Rechte der Rechtsreferendare, den Urlaub, die Beurlaubung und Nebentätigkeiten, sowie über die für die Leitung der Ausbildung und die Durchführung des Ausbildungsverhältnisses zuständigen Stellen;

8. die inhaltliche Gestaltung des Vorbereitungsdienstes, die Teilnahme an Arbeitsgemeinschaften und Lehrgängen, die Erteilung von Zeugnissen sowie die Anrechnung von Ausbildungszeiten anderer Ausbildungsgänge auf den Vorbereitungsdienst.

(2) Die zur Ausführung des Gesetzes erforderlichen Verwaltungsvorschriften erlässt das Justizministerium im Benehmen mit den beteiligten Ministerien.

§ 11 Befähigung zum höheren Verwaltungsdienst
Durch die Befähigung zum Richteramt wird auch die Befähigung zum höheren Verwaltungsdienst erlangt.

§ 12 Übergangsvorschrift
(1) [1]Für Studierende, die vor dem Wintersemester 2003/2004 das Studium aufgenommen haben und spätestens im Herbsttermin 2006 erstmals an der Ersten juristischen Prüfung teilnehmen, finden die bis zum Inkrafttreten dieses Gesetzes geltenden Vorschriften zur Ersten juristischen Staatsprüfung Anwendung. [2]Letztmalig kann die Erste juristische Staatsprüfung nach den bis zum Inkrafttreten dieses Gesetzes geltenden Vorschriften zum Herbsttermin 2007 wiederholt werden. [3]In Ausnahmefällen können abweichende Bestimmungen getroffen werden.

(2) [1]Für Rechtsreferendare, die den Vorbereitungsdienst vor dem 1. Oktober 2002 angetreten haben, finden bei planmäßigem Verlauf der Ausbildung hinsichtlich des Vorbereitungsdienstes und der Zweiten juristischen Staatsprüfung bis zum Herbsttermin 2005 die bis zum Inkrafttreten dieses Gesetzes geltenden Vorschriften Anwendung. [2]Verzögert sich die planmäßige Ausbildung dieser Rechtsreferendare, können abweichende Bestimmungen getroffen werden.

§ 13 Inkrafttreten
[1]Dieses Gesetz tritt mit Wirkung vom 1. Juli 2003 in Kraft. [2]Gleichzeitig tritt das Juristenausbildungsgesetz in der Fassung vom 18. Mai 1971 (GBl. S. 190), zuletzt geändert durch Artikel 9 des Gesetzes vom 6. Dezember 1999 (GBl. S. 517), außer Kraft.

Verordnung des Justizministeriums über die Ausbildung und Prüfung der Juristinnen und Juristen(Juristenausbildungs- und Prüfungsordnung – JAPrO)

Vom 2. Mai 2019 (GBl. S. 131)

Auf Grund von § 9 Absatz 1 Nummer 2, 4 bis 8 des Juristenausbildungsgesetzes vom 16. Juli 2003 (GBl. S. 354), das zuletzt durch Artikel 60 der Verordnung vom 23. Februar 2017 (GBl. S. 99, 106) geändert worden ist, wird im Einvernehmen mit dem Innenministerium, dem Finanzministerium und dem Wissenschaftsministerium verordnet:

Inhaltsübersicht

Abschnitt 1:
Allgemeine Vorschriften
§ 1   Ausbildungsgang und Prüfungen
§ 2   Zuständigkeiten

Abschnitt 2:
Studium und Erste juristische Prüfung

Unterabschnitt 1:
Allgemeine Regeln für das Studium
§ 3   Inhalte des Studiums; Regelstudienzeit
§ 4   Zwischenprüfung
§ 5   Praktische Studienzeit

Unterabschnitt 2:
Staatsprüfung
§ 6   Landesjustizprüfungsamt; Ständiger Ausschuss
§ 7   Allgemeine Regeln
§ 8   Prüfungsstoff
§ 9   Voraussetzungen für die Zulassung
§ 10   Zulassungsantrag
§ 11   Entscheidung über die Zulassung
§ 12   Rücktritt
§ 13   Schriftliche Prüfung
§ 14   Bewertung der Aufsichtsarbeiten
§ 15   Notenstufen und Punktzahlen
§ 16   Ausschluss von der mündlichen Prüfung
§ 17   Mündliche Prüfung
§ 18   Bewertung der mündlichen Prüfung; Rücktritt
§ 19   Endnote
§ 20   Niederschrift
§ 21   Wiederholung der Staatsprüfung
§ 22   Freiversuch
§ 23   Notenverbesserung
§ 24   Täuschungsversuch und Ordnungsverstoß
§ 25   Verfahrensfehler

Unterabschnitt 3:
Universitätsprüfung
§ 26   Allgemeine Regeln
§ 27   Mögliche Gegenstände der Schwerpunktausbildung
§ 28   Rechts- oder Lebensbereiche als Gegenstand der Schwerpunktausbildung

§ 29   Grundlagendisziplinen als Gegenstand der Schwerpunktausbildung
§ 30   Rücktritt
§ 31   Prüfungsleistungen
§ 32   Endpunktzahl; Endnote
§ 33   Wiederholungsprüfung

Unterabschnitt 4:
Erste juristische Prüfung
§ 34   Gesamtnote
§ 35   Zeugnis

Unterabschnitt 5:
Gestufte Kombinationsstudiengänge
§ 36   Allgemeine Vorschriften zu gestuften Kombinationsstudiengängen
§ 37   Abschichtung
§ 38   Zulassung zur Staatsprüfung
§ 39   Wiederholung der Staatsprüfung
§ 40   Freiversuch und Notenverbesserung

Abschnitt 3:
Vorbereitungsdienst
§ 41   Leitung der Ausbildung
§ 42   Zulassung zum Vorbereitungsdienst
§ 43   Gastreferendarinnen und Gastreferendare
§ 44   Dienstaufsicht
§ 45   Grundsätze der Ausbildung
§ 46   Dauer und Gliederung des Vorbereitungsdienstes
§ 47   Ausbildungsstellen; Zuweisung
§ 48   Lehrveranstaltungen
§ 49   Beurteilungen
§ 50   Erholungsurlaub; Beurlaubung
§ 51   Entlassung aus dem Vorbereitungsdienst

Abschnitt 4:
Zweite juristische Staatsprüfung
§ 52   Allgemeine Regeln
§ 53   Landesjustizprüfungsamt
§ 54   Zulassung; Prüfungsunterlagen
§ 55   Schriftliche Prüfung
§ 56   Prüfungsstoff
§ 57   Ausschluss von der mündlichen Prüfung
§ 58   Mündliche Prüfung
§ 59   Gesamtnote
§ 60   Rücktritt

§ 61	Zeugnis	§ 67	Abweichende Regelungen
§ 62	Platznummer	§ 68	Übergangsvorschrift
§ 63	Täuschungsversuch und Ordnungsverstoß;	§ 69	Inkrafttreten, Außerkrafttreten
	Verfahrensfehler		
§ 64	Wiederholung der Prüfung		
§ 65	Notenverbesserung		

Abschnitt 5:
Schlussbestimmungen
§ 66   Anrechnung von Ausbildungszeiten

Abschnitt 1
Allgemeine Vorschriften

§ 1 Ausbildungsgang und Prüfungen

(1) Die juristische Ausbildung besteht aus Universitätsstudium und Vorbereitungsdienst.

(2) [1]Das Universitätsstudium wird mit der Ersten juristischen Prüfung abgeschlossen. [2]Die Erste juristische Prüfung dient der Feststellung, ob das rechtswissenschaftliche Studienziel erreicht und die fachliche Eignung für den juristischen Vorbereitungsdienst vorhanden ist. [3]Die Erste juristische Prüfung umfasst eine staatliche Pflichtfachprüfung (Staatsprüfung) und eine universitäre Schwerpunktbereichsprüfung (Universitätsprüfung).

(3) [1]Die Ausbildung im Vorbereitungsdienst wird mit der Zweiten juristischen Staatsprüfung abgeschlossen. [2]Die Prüfung dient der Feststellung, ob die Befähigung zum Richteramt, für die Rechtsanwaltschaft und für den höheren allgemeinen Verwaltungsdienst vorliegt.

§ 2 Zuständigkeiten

Die Staatsprüfung der Ersten juristischen Prüfung und die Zweite juristische Staatsprüfung werden vom Landesjustizprüfungsamt, die Zwischenprüfung und die Universitätsprüfung werden von den Universitäten vorbereitet und durchgeführt.

Abschnitt 2
Studium und Erste juristische Prüfung

Unterabschnitt 1
Allgemeine Regeln für das Studium

§ 3 Inhalte des Studiums; Regelstudienzeit

(1) [1]Im Studium sollen sich die Studierenden in wissenschaftlicher Vertiefung exemplarisch mit den wichtigsten Gebieten des Zivilrechts, des Strafrechts und des Öffentlichen Rechts sowie mit einem Schwerpunktbereich, jeweils unter Einschluss internationaler, insbesondere europarechtlicher, sowie verfahrensrechtlicher Bezüge, befassen. [2]Grundlagenfächer (Rechtsgeschichte, Rechtsphilosophie, Rechtssoziologie, Juristische Methodenlehre, Rechtsvergleichung, Allgemeine Staatslehre) sind angemessen zu berücksichtigen.

(2) [1]Die Inhalte des Studiums berücksichtigen die praktische Bedeutung und Anwendung des Rechts einschließlich der Rechtsgestaltung und Rechtsberatung. [2]Sie erfassen auch die zunehmende Bedeutung der Digitalisierung. [3]Am Ende des Studiums sollen die Studierenden die inneren Zusammenhänge der Rechtsordnung erkennen und das Recht mit Verständnis für wirtschaftliche, soziale und gesellschaftliche Fragen anwenden können.

(3) Die Vorlesungen in den Pflichtfächern werden durch Lehrveranstaltungen begleitet und ergänzt, in denen in Kleingruppen der behandelte Lehrstoff aufbereitet wird (Fallbesprechungen).

(4) Die Universitäten bieten außerdem Lehrveranstaltungen an, in denen aus Sicht der beruflichen Praxis der Lehrstoff in Kleingruppen exemplarisch aufbereitet wird.

(5) [1]Die Universitäten bieten Lehrveranstaltungen an zur exemplarischen Vermittlung interdisziplinärer Schlüsselqualifikationen wie Grundkenntnisse in Wirtschafts- und Sozialwissenschaften, Verhandlungsmanagement, Gesprächsführung, Streitschlichtung, Mediation, Rhetorik, Vernehmungslehre, Kommunikationsfähigkeit und digitale Kompetenzen. [2]Ferner werden fremdsprachige rechtswissenschaftliche Veranstaltungen oder rechtswissenschaftlich ausgerichtete Sprachkurse angeboten.

(6) Die Regelstudienzeit bestimmt sich nach § 5d Absatz 2 Satz 1 des Deutschen Richtergesetzes (DRiG).

§ 4 Zwischenprüfung
[1]Die Zwischenprüfung ist bis zum Ende des vierten Semesters abzulegen. [2]Sie umfasst einen bürgerlich-rechtlichen, einen strafrechtlichen und einen öffentlich-rechtlichen Prüfungsteil. [3]In jedem Prüfungsteil muss mindestens eine Aufsichtsarbeit mit Erfolg gefertigt werden, andernfalls ist die Zwischenprüfung nicht bestanden. [4]Die Aufsichtsarbeiten können nach dem Ende des vierten Semesters nur jeweils einmal wiederholt werden. [5]Das Nähere regeln die Universitäten durch Satzung mit Zustimmung der Rektorin oder des Rektors, die diese oder dieser im Einvernehmen mit dem Justizministerium erteilt.

§ 5 Praktische Studienzeit
(1) Während der vorlesungsfreien Zeit nehmen die Studierenden mindestens drei Monate lang an praktischen Studienzeiten teil.

(2) Die praktischen Studienzeiten können bei allen Stellen im In- und Ausland abgeleistet werden, die geeignet sind, den Studierenden eine Anschauung von praktischer Rechtsanwendung zu vermitteln.

(3) [1]Alle staatlichen und sonstigen öffentlichen Stellen unterstützen die Durchführung der praktischen Studienzeit. [2]Es sollen jeweils einmonatige Gruppenpraktika in Justiz, Verwaltung und Rechtsanwaltschaft angeboten werden.

(4) Das Nähere regelt das Justizministerium, für die praktische Studienzeit bei der Rechtsanwaltschaft im Einvernehmen mit den Rechtsanwaltskammern des Landes, bei der Verwaltung im Einvernehmen mit dem Innenministerium.

Unterabschnitt 2
Staatsprüfung

§ 6 Landesjustizprüfungsamt; Ständiger Ausschuss
(1) Entscheidungen in Angelegenheiten der Staatsprüfung der Ersten juristischen Prüfung trifft das Landesjustizprüfungsamt, soweit sie nicht dem Ständigen Ausschuss, den Prüfungsausschüssen oder den Außenstellen des Landesjustizprüfungsamts übertragen sind.

(2) [1]Für die Staatsprüfung der Ersten juristischen Prüfung wird ein Ständiger Ausschuss gebildet. [2]Er besteht aus der Präsidentin oder dem Präsidenten des Landesjustizprüfungsamts und acht weiteren Mitgliedern aus dem Kreis der Prüferinnen und Prüfer. [3]Die weiteren Mitglieder werden durch das Justizministerium nach Anhörung der rechtswissenschaftlichen Fakultäten des Landes auf die Dauer von fünf Jahren bestellt; eine mehrmalige Bestellung ist zulässig.

(3) Das Justizministerium bestellt für jedes Mitglied des Ständigen Ausschusses für den Fall der Verhinderung eine Vertreterin oder einen Vertreter; Absatz 2 Satz 3 gilt entsprechend.

(4) [1]Der Ständige Ausschuss beschließt über die grundsätzliche Beteiligung der Prüferinnen und Prüfer an den schriftlichen und mündlichen Prüfungen sowie über die weiteren ihm durch diese Verordnung zugewiesenen Angelegenheiten. [2]Er berät das Landesjustizprüfungsamt in Ausbildungs- und Prüfungsfragen von grundsätzlicher Bedeutung. [3]Er kann dem Justizministerium die Berufung neuer Prüferinnen und Prüfer vorschlagen.

(5) [1]Der Ständige Ausschuss ist beschlussfähig, wenn mehr als die Hälfte der Mitglieder anwesend ist. [2]Beschlüsse werden mit Stimmenmehrheit gefasst. [3]Bei Stimmengleichheit gibt die Stimme der Präsidentin oder des Präsidenten des Landesjustizprüfungsamts den Ausschlag. [4]Beschlüsse können auch im schriftlichen Verfahren gefasst werden, wenn kein Mitglied widerspricht.

§ 7 Allgemeine Regeln
(1) [1]Die Staatsprüfung wird zweimal jährlich durchgeführt. [2]Sie besteht aus einer schriftlichen und einer mündlichen Prüfung.

(2) [1]Die Staatsprüfung orientiert sich an den Inhalten des Studiums. [2]Im Vordergrund von Aufgabenstellung und Leistungsbewertung stehen das systematische Verständnis der Rechtsordnung und die Fähigkeit zu methodischem Arbeiten. [3]Rechtsgestaltende Fragestellungen sind angemessen zu berücksichtigen.

§ 8 Prüfungsstoff
(1) Der Prüfungsstoff in der Staatsprüfung erstreckt sich auf die Pflichtfächer.
(2) Pflichtfächer sind:
1. Bürgerliches Recht:
   – Allgemeine Lehren und Allgemeiner Teil des Bürgerlichen Gesetzbuchs [ohne Stiftungen];
   – aus dem Recht der Schuldverhältnisse:
   Abschnitte 1 bis 7 [ohne Draufgabe, §§ 336 bis 338 BGB] sowie Abschnitt 8 [ohne Titel 2. Teilzeit-Wohnrechteverträge, Verträge über langfristige Urlaubsprodukte, Vermittlungsverträge und Tauschsystemverträge, Titel 3 Untertitel 2. Finanzierungshilfen zwischen einem Unternehmer und einem Verbraucher, Untertitel 3. Ratenlieferungsverträge zwischen einem Unternehmer und einem Verbraucher, Untertitel 4. Beratungsleistungen bei Immobiliar-Verbraucherdarlehensverträgen, Titel 5 Untertitel 5. Landpachtvertrag, Titel 7. Sachdarlehensvertrag, Titel 8 Untertitel 2. Behandlungsvertrag, Titel 9 Untertitel 4. Pauschalreisevertrag, Reisevermittlung und Vermittlung verbundener Reiseleistungen, Titel 11. Auslobung, Titel 12 Untertitel 3. Zahlungsdienste, Titel 15. Einbringung von Sachen bei Gastwirten, Titel 18. Leibrente, Titel 19. Unvollkommene Verbindlichkeiten, Titel 25. Vorlegung von Sachen];
   – aus dem Sachenrecht:
   Abschnitte 1 bis 4 sowie Abschnitt 7 [ohne Titel 2 Untertitel 2. Rentenschuld] und Abschnitt 8 [ohne Titel 2. Pfandrecht an Rechten];
   – aus dem Familienrecht im Überblick:
   Abschnitt 1 Titel 5. Wirkungen der Ehe im Allgemeinen [ohne die Vorschriften zum Getrenntleben]; aus dem Titel 6. Eheliches Güterrecht: Gesetzliches Güterrecht, allgemeine Vorschriften zur Gütertrennung und zur Gütergemeinschaft;
   Abschnitt 2 Titel 1. Allgemeine Vorschriften zur Verwandtschaft; aus dem Titel 5. Elterliche Sorge: Vertretung des Kindes, Beschränkung der elterlichen Haftung;
   – aus dem Erbrecht im Überblick:
   Abschnitt 1. Erbfolge;
   Abschnitt 2 Titel 1. Annahme und Ausschlagung der Erbschaft, Fürsorge des Nachlassgerichts; Titel 2 Untertitel 1. Nachlassverbindlichkeiten; Titel 3. Erbschaftsanspruch; Titel 4. Mehrheit von Erben [ohne Haftungsbeschränkung der Miterben, §§ 2061 bis 2063 BGB];
   Abschnitt 3. Testament [ohne Titel 6. Testamentsvollstrecker];
   Abschnitt 4. Erbvertrag;
   Abschnitt 5. Pflichtteil;
   Abschnitt 8. Erbschein: Wirkungen des Erbscheins;
   – aus dem Straßenverkehrsgesetz: Abschnitt 2. Haftpflicht;
   – im Überblick: Produkthaftungsgesetz;
2. aus dem Handelsgesetzbuch (HGB) im Überblick:
   – aus dem Ersten Buch. Handelsstand: Erster Abschnitt. Kaufleute; aus dem Zweiten Abschnitt. Handelsregister; Unternehmensregister: Publizität des Handelsregisters; Dritter Abschnitt. Handelsfirma [ohne Registerverfahren]; Fünfter Abschnitt. Prokura und Handlungsvollmacht;
   – aus dem Vierten Buch. Handelsgeschäfte: Erster Abschnitt. Allgemeine Vorschriften [ohne Kontokorrent, §§ 355 bis 357 HGB und kaufmännische Orderpapiere, §§ 363 bis 365 HGB]; Zweiter Abschnitt. Handelskauf;
3. aus dem Gesellschaftsrecht im Überblick:
   – Recht der offenen Handelsgesellschaft, der Kommanditgesellschaft und der Partnerschaftsgesellschaft;
   – Errichtung, Vertretung und Geschäftsführung der Gesellschaft mit beschränkter Haftung;
4. aus dem Arbeitsrecht im Überblick:
   – Individualarbeitsrecht: Begründung, Inhalt und Beendigung des Arbeitsverhältnisses, einschließlich aus dem Allgemeinen Gleichbehandlungsgesetz die Abschnitte 1, 2, 4 und 7; Leistungsstörungen und Haftung im Arbeitsverhältnis;

- allgemeine Lehren und Vorschriften auch des kollektiven Arbeitsrechts, soweit sie zum Verständnis des vorgenannten Prüfungsstoffs erforderlich sind;
5. aus dem Internationalen Privatrecht im Überblick:
   - aus der Verordnung (EU) Nr. 1215/2012 des Europäischen Parlaments und des Rates vom 12. Dezember 2012 über die gerichtliche Zuständigkeit und die Anerkennung und Vollstreckung von Entscheidungen in Zivil- und Handelssachen: Kapitel I. Anwendungsbereich und Begriffsbestimmungen; aus dem Kapitel II. Zuständigkeit: Abschnitte 1, 2, 4, 6 und 7;
   - aus der Verordnung (EG) Nr. 593/2008 des Europäischen Parlaments und des Rates vom 17. Juni 2008 über das auf vertragliche Schuldverhältnisse anzuwendende Recht (Rom I): Kapitel I. Anwendungsbereich; aus dem Kapitel II. Einheitliche Kollisionsnormen: Artikel 3, 4 und 6; aus dem Kapitel III. sonstige Vorschriften: Artikel 19 bis 21;
   - aus der Verordnung (EG) Nr. 864/2007 des Europäischen Parlaments und des Rates vom 11. Juli 2007 über das auf außervertragliche Schuldverhältnisse anzuwendende Recht („Rom II"): Kapitel I. Anwendungsbereich; aus dem Kapitel II. Unerlaubte Handlungen: Artikel 4; Kapitel III. Ungerechtfertigte Bereicherung, Geschäftsführung ohne Auftrag und Verschulden bei Vertragsverhandlungen [ohne Artikel 13]; Kapitel IV. Freie Rechtswahl; aus dem Kapitel VI. Sonstige Vorschriften: Artikel 23, 24 und 26;
   - allgemeine Lehren des Internationalen Privatrechts, soweit sie zum Verständnis des vorgenannten Prüfungsstoffs erforderlich sind;
6. aus dem Zivilprozessrecht und Zwangsvollstreckungsrecht im Überblick:
   - gerichtsverfassungsrechtliche Grundlagen einschließlich Instanzenzug und Arten der Rechtsmittel; Verfahrensgrundsätze; Verfahren im ersten Rechtszug, insbesondere: Prozessvoraussetzungen, Arten und Wirkungen von Klagen und gerichtlichen Entscheidungen, Prozessvergleich, Beweisgrundsätze und vorläufiger Rechtsschutz;
   - allgemeine Vollstreckungsvoraussetzungen; Arten der Zwangsvollstreckung; von den Rechtsbehelfen in der Zwangsvollstreckung: Vollstreckungsabwehrklage, Drittwiderspruchsklage;
7. Strafrecht:
   a) aus dem Allgemeinen Teil des Strafgesetzbuchs:
      - Erster Abschnitt. Das Strafgesetz;
      - Zweiter Abschnitt. Die Tat;
      - aus dem Dritten Abschnitt. Rechtsfolgen der Tat: aus dem Ersten Titel. Strafen: Freiheitsstrafe, Geldstrafe, Nebenstrafe; Dritter Titel. Strafbemessung bei mehreren Gesetzesverletzungen; aus dem Sechsten Titel. Maßregeln der Besserung und Sicherung: Entziehung der Fahrerlaubnis;
      - Vierter Abschnitt. Strafantrag, Ermächtigung, Strafverlangen;
      - aus dem Fünften Abschnitt. Verjährung: Erster Titel. Verfolgungsverjährung;
   b) aus dem Besonderen Teil des Strafgesetzbuchs:
      - aus dem Sechsten Abschnitt. Widerstand gegen die Staatsgewalt: §§ 113 bis 115;
      - aus dem Siebten Abschnitt. Straftaten gegen die öffentliche Ordnung: §§ 123, 138, 142, 145d;
      - Neunter Abschnitt. Falsche uneidliche Aussage und Meineid;
      - Zehnter Abschnitt. Falsche Verdächtigung;
      - Vierzehnter Abschnitt. Beleidigung;
      - aus dem Sechzehnten Abschnitt. Straftaten gegen das Leben: §§ 211 bis 216, 221, 222;
      - Siebzehnter Abschnitt. Straftaten gegen die körperliche Unversehrtheit;
      - aus dem Achtzehnten Abschnitt. Straftaten gegen die persönliche Freiheit: §§ 239 bis 239b, 240 und 241;
      - aus dem Neunzehnten Abschnitt. Diebstahl und Unterschlagung: §§ 242 bis 248b;
      - Zwanzigster Abschnitt. Raub und Erpressung;
      - aus dem Einundzwanzigsten Abschnitt. Begünstigung und Hehlerei: §§ 257 bis 259, 261;
      - aus dem Zweiundzwanzigsten Abschnitt. Betrug und Untreue: §§ 263, 263a, 265, 265a, 266, 266b;

- Dreiundzwanzigster Abschnitt. Urkundenfälschung;
- aus dem Siebenundzwanzigsten Abschnitt. Sachbeschädigung: §§ 303, 303a, 303c, 304;
- aus dem Achtundzwanzigsten Abschnitt. Gemeingefährliche Straftaten: §§ 306 bis 306e, 315b bis 316a, 323a, 323c;
- aus dem Dreißigsten Abschnitt. Straftaten im Amt: §§ 331 bis 334, 336, 340, 348;

8. aus dem Strafprozessrecht im Überblick:
- gerichtsverfassungsrechtliche Grundlagen einschließlich Instanzenzug und Arten der Rechtsmittel; Verfahrensgrundsätze;
- Gang des Ermittlungs- und Strafverfahrens;
- Rechtsstellung und Aufgaben der Verfahrensbeteiligten;
- von den Zwangsmitteln und Eingriffsbefugnissen: Untersuchungshaft, vorläufige Festnahme, körperliche Untersuchung nach § 81a Strafprozessordnung (StPO), Sicherstellung, Beschlagnahme und Durchsuchung (§§ 94 bis 98, 102 bis 110 StPO);
- Aufklärungspflicht, Beweisrecht;

9. Öffentliches Recht:
- Verfassungsrecht [ohne Finanzverfassung und Verteidigungsfall];
  im Überblick: Verfassungsprozessrecht;
- Allgemeines Verwaltungsrecht und allgemeines Verwaltungsverfahrensrecht [ohne besondere Verfahrensarten] einschließlich Verwaltungszustellungsrecht;
- im Überblick: Verwaltungsvollstreckungsrecht, Staatshaftungsrecht;
- aus dem Besonderen Verwaltungsrecht:
  Polizeirecht;
  Kommunalrecht [ohne Kommunalwahlrecht, Kommunalabgabenrecht und Haushaltsrecht];
  aus dem Baurecht: Bauordnungsrecht, aus dem Bauplanungsrecht: Bauleitplanung, Veränderungssperre, Zulässigkeit von Vorhaben einschließlich der Verordnung über die bauliche Nutzung der Grundstücke, Planerhaltung;
  im Überblick: Versammlungsrecht;

10. aus dem Verwaltungsprozessrecht im Überblick:
    Verfahrensgrundsätze, Vorverfahren, Sachentscheidungsvoraussetzungen, Arten und Wirkungen von Klagen und gerichtlichen Entscheidungen, Instanzenzug und Arten der Rechtsmittel, vorläufiger Rechtsschutz;

11. aus dem Europarecht im Überblick:
- Entwicklung, Organe und Kompetenzen sowie Handlungsformen der Europäischen Union;
- Rechtsquellen des Rechts der Europäischen Union;
- Verhältnis des Unionsrechts zum nationalen Recht sowie Arten und Methoden der Umsetzung des Unionsrechts in den Mitgliedstaaten;
- Grundfreiheiten des Vertrags über die Arbeitsweise der Europäischen Union;
- Grundrechte und rechtsstaatliche Verfahrensgarantien;
- aus dem Rechtsschutzsystem des Unionsrechts: Vorabentscheidungsverfahren und Vertragsverletzungsverfahren.

(3) Zu den Pflichtfächern gehören ihre europarechtlichen Bezüge sowie Bezüge zur Konvention zum Schutz der Menschenrechte und Grundfreiheiten und zu Grundlagenfächern (§ 3 Absatz 1 Satz 2).

(4) Soweit Rechtsgebiete im Überblick Gegenstand des Prüfungsstoffes sind, wird die Kenntnis der gesetzlichen Systematik, der wesentlichen Normen und Rechtsinstitute ohne vertiefte Kenntnisse von Rechtsprechung und Literatur verlangt.

(5) [1]Fragen aus anderen Rechtsgebieten dürfen im Zusammenhang mit dem Prüfungsstoff zum Gegenstand der Prüfung gemacht werden, wenn sie typischerweise in diesem Zusammenhang auftreten. [2]Im Übrigen kann die Prüfung auch auf andere Rechtsgebiete erstreckt werden, soweit lediglich Verständnis und Arbeitsmethode festgestellt werden sollen und Einzelwissen nicht vorausgesetzt wird.

§ 9 Voraussetzungen für die Zulassung

(1) Zur Staatsprüfung wird auf Antrag zugelassen, wer

1. die nach § 5a Absatz 1 DRiG erforderliche Studienzeit durchlaufen hat und in den zwei der Prüfung unmittelbar vorausgegangenen Semestern an der Universität am Prüfungsort im Fach Rechtswissenschaft eingeschrieben war;

2. an der praktischen Studienzeit (§ 5) teilgenommen hat;

3. an einer fremdsprachigen rechtswissenschaftlichen Veranstaltung oder einem rechtswissenschaftlich ausgerichteten Sprachkurs (§ 3 Absatz 5 Satz 2) regelmäßig teilgenommen hat, sofern die Fremdsprachenkompetenz nicht anderweitig ausreichend nachgewiesen ist.

(2) Die Zulassung setzt ferner die erfolgreiche Teilnahme voraus an

1. je einer Übung für Fortgeschrittene im Zivilrecht, Strafrecht und Öffentlichen Recht,

2. einer Lehrveranstaltung in einem Grundlagenfach (§ 3 Absatz 1),

3. einem Seminar,

4. einer Lehrveranstaltung zur Vermittlung interdisziplinärer Schlüsselqualifikationen (§ 3 Absatz 5 Satz 1).

(3) [1]In den Übungen für Fortgeschrittene müssen nach näherer Maßgabe universitärer Satzung jeweils innerhalb desselben oder innerhalb zweier, zeitlich aufeinander folgender Semester entweder eine Hausarbeit und eine Aufsichtsarbeit oder zwei Aufsichtsarbeiten gefertigt werden. [2]In einer Lehrveranstaltung in einem Grundlagenfach muss eine Hausarbeit verfasst oder eine Aufsichtsarbeit geschrieben werden. [3]In einem Seminar ist ein schriftlich ausgearbeitetes Referat zu verfassen und mündlich vorzutragen. [4]In einer Lehrveranstaltung zur Vermittlung interdisziplinärer Schlüsselqualifikationen muss ein Vortrag gehalten oder eine vergleichbare Prüfungsleistung erbracht werden. [5]Die Leistungen müssen jeweils mindestens mit der Note ausreichend bewertet worden sein.

(4) Für die Anerkennung von zulassungsrelevanten Leistungsnachweisen, die an einer Universität im Geltungsbereich des Deutschen Richtergesetzes außerhalb von Baden-Württemberg erworben wurden, ist die rechtswissenschaftliche Fakultät der Universität zuständig, an der zur Zeit der Antragstellung die Einschreibung bestand.

(5) Die Teilnahme an einer fremdsprachigen rechtswissenschaftlichen Veranstaltung oder einem rechtswissenschaftlich ausgerichteten Sprachkurs kann in der Regel ersetzt werden durch ein Semester eines fremdsprachigen rechtswissenschaftlichen Auslandsstudiums, das den Voraussetzungen des § 22 Absatz 2 Satz 1 Nummer 3 entspricht.

(6) [1]Nur eine der Zulassungsvoraussetzungen nach Absatz 2 Nummer 1 bis 3 kann durch die erfolgreiche Teilnahme an einer Veranstaltung einer rechtswissenschaftlichen Fakultät einer ausländischen Universität ersetzt werden, sofern die Veranstaltung auf Antrag des Prüflings nach den Vorgaben des § 35 Absatz 1 und 5 des Landeshochschulgesetzes (LHG) anerkannt worden ist. [2]Für die Anerkennung ist die rechtswissenschaftliche Fakultät der Universität zuständig, an der zur Zeit der Antragstellung die Einschreibung bestand.

(7) [1]Die Teilnahme an einer Lehrveranstaltung zur Vermittlung interdisziplinärer Schlüsselqualifikationen nach Absatz 2 Nummer 4 kann durch die erfolgreiche Teilnahme an einer Veranstaltung einer anderen Fakultät der Universität, an der der Prüfling eingeschrieben ist, oder einer rechtswissenschaftlichen Fakultät einer ausländischen Universität ersetzt werden, sofern die Veranstaltung auf Antrag des Prüflings nach den Vorgaben des § 35 Absatz 1 und 5 LHG anerkannt worden ist. [2]Absatz 6 Satz 2 gilt entsprechend.

§ 10 Zulassungsantrag

(1) [1]Die Zulassung zur Staatsprüfung ist innerhalb der vom Landesjustizprüfungsamt gesetzten Frist durch Einreichung des eigenhändig unterschriebenen Antragsformulars bei dem Landesjustizprüfungsamt zu beantragen. [2]Zudem sind die Anmeldedaten dem Landesjustizprüfungsamt elektronisch über die Online-Anmeldung zu übermitteln. [3]In dem Antrag ist zu versichern, dass bisher bei keinem Prüfungsamt um die Zulassung zu einer juristischen Staatsprüfung nachgesucht wurde, oder zu erklären, wann und wo dies geschehen ist.

(2) Dem Antrag sind beizufügen:

1. die Datenkontrollblätter der Universitäten zum Nachweis der in § 9 Absatz 1 Nummer 1 genannten Voraussetzungen;

2. der Nachweis über die Teilnahme an der praktischen Studienzeit;

3. ein eigenhändig geschriebener und unterschriebener, nicht tabellarischer Lebenslauf mit Lichtbild neuen Datums in Passbildgröße;

4. der Nachweis einer Hochschulzugangsberechtigung nach § 58 Absatz 2 LHG, die zu einem rechtswissenschaftlichen Studium an einer Universität berechtigt;

5. Nachweise über die erfolgreiche Teilnahme an den in § 9 Absatz 2 genannten Übungen und sonstigen Lehrveranstaltungen sowie die nach § 9 Absatz 1 Nummer 3 erforderlichen Nachweise;

6. soweit aufgrund des Landesgebührengesetzes und der Verordnung des Justizministeriums über Gebühren und Auslagen für die Juristischen Staatsprüfungen eine Prüfungsgebühr als Vorschuss zu entrichten ist: ein Nachweis über die Entrichtung der Gebühr.

(3) Zeugnisse und Bescheinigungen sind im Original vorzulegen.

§ 11 Entscheidung über die Zulassung

(1) Über die Zulassung zur Staatsprüfung entscheidet das Landesjustizprüfungsamt.

(2) Das Landesjustizprüfungsamt kann die Zulassung zurücknehmen, wenn sie durch eine falsche Angabe erschlichen wurde oder nachträglich Tatsachen eintreten oder bekannt werden, die zu einer Versagung der Zulassung geführt hätten.

§ 12 Rücktritt

(1) [1]Ist ein Prüfling wegen Krankheit oder aus einem anderen wichtigen Grund gehindert, an der schriftlichen Prüfung teilzunehmen, wird der Rücktritt auf schriftlichen Antrag genehmigt. [2]Der Antrag ist unverzüglich zu stellen. [3]Im Falle einer Erkrankung ist außerdem unverzüglich ein Attest einer Ärztin oder eines Arztes nach § 14 Absatz 5 des Gesundheitsdienstgesetzes (ÖGDG) vorzulegen, das die für die Beurteilung der Prüfungsunfähigkeit nötigen medizinischen Befundtatsachen sowie deren Auswirkung auf die Prüfung enthalten muss. [4]Ein Attest einer Ärztin oder eines Arztes, die oder der den Prüfling behandelt oder behandelt hat, reicht nicht aus. [5]In begründeten Einzelfällen, insbesondere nach wiederholtem Rücktritt von der Prüfung, kann ein amtsärztliches Attest über die Beurteilung der Prüfungsunfähigkeit verlangt werden. [6]Die Genehmigung ist ausgeschlossen, wenn bis zum Eintritt der Prüfungsunfähigkeit Prüfungsleistungen erbracht worden sind und nach deren Ergebnis die Prüfung nicht bestanden werden kann.

(2) [1]Hat sich ein Prüfling in Kenntnis oder fahrlässiger Unkenntnis eines wichtigen Grundes im Sinne des Absatzes 1 der schriftlichen Prüfung unterzogen, kann ein Rücktritt wegen dieses Grundes nicht genehmigt werden. [2]Fahrlässige Unkenntnis liegt insbesondere vor, wenn der Prüfling bei Anhaltspunkten für eine gesundheitliche Beeinträchtigung nicht unverzüglich eine Klärung herbeigeführt hat. [3]In jedem Fall ist die Geltendmachung eines Rücktrittsgrundes ausgeschlossen, wenn nach Abschluss des schriftlichen Teils der Prüfung ein Monat verstrichen ist.

(3) [1]Wird der Rücktritt genehmigt, gilt die Prüfung als nicht unternommen. [2]Wird der Rücktritt nicht genehmigt, so kann die Prüfung, wenn die Voraussetzungen für die Zulassung zur mündlichen Prüfung erfüllt sind, fortgesetzt werden; andernfalls gilt sie als nicht bestanden.

(4) [1]Bleibt ein Prüfling der schriftlichen Prüfung insgesamt fern oder gibt er bei keiner der Aufsichtsarbeiten eine Bearbeitung ab, gilt dies als Rücktrittserklärung von der Prüfung. [2]Absatz 1 bis 3 gilt entsprechend.

§ 13 Schriftliche Prüfung

(1) Im schriftlichen Teil der Staatsprüfung sind sechs Aufgaben mit einer Bearbeitungszeit von jeweils fünf Stunden unter Aufsicht zu bearbeiten.

(2) Die Aufgaben werden vom Landesjustizprüfungsamt gestellt, das Aufgabenvorschläge der rechtswissenschaftlichen Fakultäten oder einzelner Prüferinnen und Prüfer einholen kann.

(3) Es sind zu fertigen:

1. drei Aufgaben aus dem Zivilrecht,
2. eine Aufgabe aus dem Strafrecht und
3. zwei Aufgaben aus dem Öffentlichen Recht.

(4) Die Prüflinge dürfen nur die vom Landesjustizprüfungsamt zugelassenen Hilfsmittel benutzen, die sie selbst zu beschaffen haben.

(5) [1]Die Aufsichtsperson fertigt eine Niederschrift an, in der besondere Vorkommnisse vermerkt werden. [2]Sie kann Prüflinge bei Ordnungsverstößen oder Täuschungsversuchen von der Fortsetzung der Aufsichtsarbeit ausschließen, falls dies als Sofortmaßnahme geboten erscheint.

(6) [1]Der Prüfling versieht seine Aufsichtsarbeiten anstelle des Namens mit einer Kennzahl, die ihm vor Beginn der schriftlichen Prüfung vom Landesjustizprüfungsamt zugeteilt wird. [2]Im Übrigen sind Hinweise auf die Person oder die persönlichen Verhältnisse unzulässig. [3]Die Zuteilung der Kennzahlen wird den Prüferinnen und Prüfern vor der endgültigen Bewertung der schriftlichen Aufsichtsarbeiten nicht bekannt gegeben. [4]Der Prüfling nimmt den Platz ein, der mit seiner Kennzahl bezeichnet ist.

(7) [1]Bei prüfungsunabhängigen Beeinträchtigungen eines Prüflings, die die Anfertigung der Aufsichtsarbeiten erschweren, kann das Landesjustizprüfungsamt auf schriftlichen Antrag angemessene Maßnahmen zum Ausgleich der Beeinträchtigungen treffen; auf den Nachweis von Fähigkeiten, die zum Leistungsbild der abgenommenen Prüfung gehören, darf nicht verzichtet werden. [2]Als Ausgleichsmaßnahmen können insbesondere Ruhepausen, die nicht auf die Bearbeitungszeit angerechnet werden, gewährt, die Bearbeitungszeit angemessen verlängert oder persönliche oder sachliche Hilfsmittel zugelassen werden. [3]Werden Ruhepausen gewährt oder wird die Bearbeitungszeit verlängert, so darf die Zeit der Ruhepausen und der Verlängerung insgesamt zweieinhalb Stunden nicht überschreiten. [4]Die Beeinträchtigung ist darzulegen und durch Zeugnis einer Ärztin oder eines Arztes nach § 14 Absatz 5 ÖGDG, das die für die Beurteilung nötigen medizinischen Befundtatsachen sowie deren Auswirkung auf die Prüfung enthalten muss, nachzuweisen. [5]Ein Attest einer Ärztin oder eines Arztes, die oder der den Prüfling behandelt oder behandelt hat, reicht nicht aus.

§ 14 Bewertung der Aufsichtsarbeiten

(1) [1]Jede Aufsichtsarbeit wird von zwei Prüferinnen oder Prüfern, die vom Landesjustizprüfungsamt bestimmt werden, persönlich begutachtet und mit einer Note und Punktzahl nach § 15 bewertet. [2]Der Zweitprüferin oder dem Zweitprüfer kann die Begutachtung der Erstprüferin oder des Erstprüfers mitgeteilt werden.

(2) [1]Weichen die Bewertungen im Erst- und Zweitgutachten bei einer Aufsichtsarbeit um nicht mehr als drei Punkte voneinander ab, so errechnet sich die Endnote aus der durchschnittlichen Punktzahl. [2]Bei größeren Abweichungen sind die beiden Prüferinnen oder Prüfer gehalten, ihre Bewertungen bis auf drei Punkte anzugleichen. [3]Gelingt dies nicht, setzt das Landesjustizprüfungsamt oder eine von ihm bestimmte dritte Prüferin oder ein von ihm bestimmter dritter Prüfer die Punktzahl mit einer der im Erst- oder Zweitgutachten erteilten Punktzahl oder einer dazwischenliegenden Punktzahl fest.

(3) Wird eine Arbeit nicht abgegeben, so erteilt das Landesjustizprüfungsamt die Note ungenügend (0 Punkte).

§ 15 Notenstufen und Punktzahlen

[1]Die einzelnen Prüfungsleistungen sind mit einer der folgenden Noten und Punktzahlen zu bewerten:

sehr gut	eine besonde6rs hervorragende Leistung	= 16 bis 18 Punkte;
gut	eine erheblich über den durchschnittlichen Anforderungen liegende Leistung	= 13 bis 15 Punkte;
vollbefriedigend	eine über den durchschnittlichen Anforderungen liegende Leistung	= 10 bis 12 Punkte;
befriedigend	eine Leistung, die in jeder Hinsicht durchschnittlichen Anforderungen entspricht	= 7 bis 9 Punkte;
ausreichend	eine Leistung, die trotz ihrer Mängel durchschnittlichen Anforderungen noch entspricht	= 4 bis 6 Punkte;
mangelhaft	eine an erheblichen Mängeln leidende, im ganzen nicht mehr brauchbare Leistung	= 1 bis 3 Punkte;
ungenügend	eine völlig unbrauchbare Leistung	= 0 Punkte.

[2]Zwischennoten und von vollen Zahlenwerten abweichende Punktzahlen dürfen nicht vergeben werden.

§ 16 Ausschluss von der mündlichen Prüfung

[1]Wer im schriftlichen Teil der Staatsprüfung eine Durchschnittspunktzahl gemäß § 19 Absatz 2 Satz 2 Nummer 1 von mindestens 3,75 Punkten und in wenigstens drei Aufsichtsarbeiten, davon in

mindestens einer zivilrechtlichen Aufsichtsarbeit, einen Durchschnitt von 4,0 oder mehr Punkten erreicht hat, wird mündlich geprüft. [2]Wer diese Voraussetzungen nicht erfüllt, ist von der mündlichen Prüfung ausgeschlossen und hat die Staatsprüfung nicht bestanden.

§ 17 Mündliche Prüfung

(1) [1]Die mündliche Prüfung wird nach der Bewertung der Aufsichtsarbeiten durchgeführt. [2]Das Ergebnis des schriftlichen Teils der Staatsprüfung wird vorher mitgeteilt.

(2) Die mündliche Prüfung umfasst je einen Abschnitt im Zivilrecht, im Strafrecht und im Öffentlichen Recht.

(3) [1]Der Prüfungsausschuss, der die Prüfung abnimmt, wird vom Landesjustizprüfungsamt bestimmt. [2]Er besteht aus einer Prüferin oder einem Prüfer für jeden Prüfungsabschnitt. [3]Eine Prüferin oder ein Prüfer soll Hochschullehrerin oder Hochschullehrer des Rechts sein. [4]Ein Mitglied des Prüfungsausschusses führt den Vorsitz und achtet darauf, dass die Prüflinge in geeigneter Weise befragt werden. [5]Während der mündlichen Prüfung müssen alle Mitglieder des Prüfungsausschusses anwesend sein.

(4) [1]Die Dauer der mündlichen Prüfung soll so bemessen sein, dass auf jeden Prüfling etwa 30 Minuten entfallen. [2]Regelmäßig werden vier Prüflinge zusammen geprüft. [3]Mehr als fünf Prüflinge dürfen nicht zusammen geprüft werden.

(5) § 13 Absatz 4 und 7 gilt entsprechend.

(6) Studierenden der Rechtswissenschaft und anderen Personen, die ein berechtigtes Interesse haben, kann das Landesjustizprüfungsamt die Anwesenheit bei der mündlichen Prüfung mit Ausnahme der Beratung und der Bekanntgabe des Prüfungsergebnisses gestatten.

§ 18 Bewertung der mündlichen Prüfung; Rücktritt

(1) [1]Der Prüfungsausschuss bewertet die Leistungen der einzelnen Prüflinge in jedem Prüfungsabschnitt mit einer Note und Punktzahl nach § 15. [2]Weichen die Ansichten der Mitglieder des Prüfungsausschusses voneinander ab, so entscheidet der Ausschuss mit Stimmenmehrheit.

(2) [1]Für den Rücktritt von der mündlichen Prüfung gilt § 12 Absatz 1 und 2 entsprechend. [2]Nimmt ein Prüfling ganz oder teilweise nicht an der mündlichen Prüfung teil, so gilt dies als Rücktrittserklärung. [3]Wird der Rücktritt genehmigt, verbleibt der Prüfling in der Prüfung, längstens jedoch bis zum Ende der übernächsten Prüfung; danach gilt die Prüfung als nicht unternommen. [4]Wird der Rücktritt nicht genehmigt, gilt die Prüfung als nicht bestanden; wird ein nach Teilnahme an der mündlichen Prüfung erklärter Rücktritt nicht genehmigt, gilt dieser als nicht erklärt.

§ 19 Endnote

(1) Im Anschluss an die mündliche Prüfung berät der Prüfungsausschuss über das Ergebnis der Staatsprüfung und setzt die Endnote der Staatsprüfung fest.

(2) [1]Grundlage der Festsetzung sind die Einzelleistungen in der schriftlichen und mündlichen Prüfung. [2]Hierbei sind zu berücksichtigen

1. die ohne Rundung auf zwei Dezimalstellen errechnete Durchschnittspunktzahl der schriftlichen Prüfung mit einem Anteil von 70 vom Hundert,

2. die ohne Rundung auf zwei Dezimalstellen errechnete Durchschnittspunktzahl der mündlichen Prüfung mit einem Anteil von 30 vom Hundert.

[3]Das Ergebnis ist ohne Rundung auf zwei Dezimalstellen zu errechnen (Durchschnittspunktzahl der Prüfung). [4]Der Prüfungsausschuss kann in Ausnahmefällen von der Durchschnittspunktzahl der Prüfung bis zu einem Punkt nach oben oder unten abweichen, wenn aufgrund des Gesamteindrucks von den Prüfungsleistungen der Leistungsstand des Prüflings hierdurch besser gekennzeichnet wird und die Abweichung auf das Bestehen der Prüfung keinen Einfluss hat (Endpunktzahl); § 18 Absatz 1 Satz 2 gilt entsprechend.

(3) [1]Aus der Endpunktzahl ergibt sich die Endnote der Staatsprüfung, wobei den Endpunktzahlen folgende Notenbezeichnungen entsprechen:

14,00 – 18,00 Punkte:	sehr gut;
11,50 – 13,99 Punkte:	gut;
9,00 – 11,49 Punkte:	vollbefriedigend;
6,50 – 8,99 Punkte:	befriedigend;
4,00 – 6,49 Punkte:	ausreichend;

1,50 – 3,99 Punkte: mangelhaft;

0,00 – 1,49 Punkte: ungenügend.

[2]Die Staatsprüfung ist bestanden, wenn mindestens die Endnote „ausreichend" erreicht wurde.

(4) Im Anschluss an die Beratung des Prüfungsausschusses wird das Ergebnis mitgeteilt und unter Bekanntgabe der Bewertung der Einzelleistungen kurz begründet.

(5) Nach Bekanntgabe des Prüfungsergebnisses kann der Prüfling die Prüfungsakten einsehen.

§ 20 Niederschrift

(1) Über den Hergang der Prüfung ist eine Niederschrift anzufertigen, in der festgestellt werden:

1.   die Besetzung des Prüfungsausschusses und die Namen der Prüflinge;
2.   die Bewertung der schriftlichen Arbeiten;
3.   die Gegenstände und Einzelergebnisse der mündlichen Prüfung;
4.   die Durchschnittspunktzahl der Prüfung, Abweichungen nach § 19 Absatz 2 Satz 4 und deren Begründung sowie die Endpunktzahl.

(2) Die Niederschrift ist von der oder dem Vorsitzenden des Prüfungsausschusses zu unterzeichnen.

§ 21 Wiederholung der Staatsprüfung

(1) [1]Wer die Staatsprüfung nicht bestanden hat, kann sie einmal wiederholen. [2]Bis zur Wiederholungsprüfung ist das Studium fortzusetzen.

(2) Die Zulassung ist ausgeschlossen, wenn bei einem anderen Prüfungsamt die Prüfung endgültig nicht bestanden wurde.

(3) [1]Bei Vorliegen eines hinreichenden Grundes kann gestattet werden, dass die Wiederholungsprüfung an einem anderen Prüfungsort oder bei einem anderen Prüfungsamt abgelegt wird. [2]Einem Prüfling, der bei einem anderen Prüfungsamt einmal ohne Erfolg an der Prüfung teilgenommen hat, kann die Wiederholungsprüfung in Baden-Württemberg gestattet werden, wenn ein hinreichender Grund den Wechsel rechtfertigt und das andere Prüfungsamt dem Wechsel zustimmt.

§ 22 Freiversuch

(1) [1]Nimmt ein Prüfling nach ununterbrochenem rechtswissenschaftlichem Studium spätestens an der am Ende des achten Semesters beginnenden Staatsprüfung teil und besteht er die Prüfung nicht, so gilt diese als nicht unternommen (Freiversuch). [2]Eine mehrmalige Inanspruchnahme dieser Regelung ist ausgeschlossen.

(2) [1]Bei der Berechnung der Semesterzahl nach Absatz 1 bleiben unberücksichtigt und gelten nicht als Unterbrechung des Studiums:

1.   Semester, in denen wegen längerer schwerer Krankheit oder aus einem anderen zwingenden Grund ein Studienhindernis und eine Beurlaubung bestanden; im Falle einer Erkrankung ist diese grundsätzlich durch ein unverzüglich einzuholendes Zeugnis einer Ärztin oder eines Arztes nach § 14 Absatz 5 ÖGDG nachzuweisen, das die für die Beurteilung der Studierunfähigkeit nötigen medizinischen Befundtatsachen sowie Angaben zu Art, Schwere und Dauer der Erkrankung und deren Auswirkung auf die Studierfähigkeit enthält; ein Attest einer Ärztin oder eines Arztes, die oder der den Prüfling behandelt oder behandelt hat, reicht nicht aus;
2.   Semester, in denen Schutzzeiten nach § 3 Absatz 1 und 2 des Mutterschutzgesetzes und Elternzeit entsprechend § 15 Absatz 1 bis 3 des Bundeselterngeld- und Elternzeitgesetzes in Anspruch genommen wurden;
3.   bis zu drei Semester eines rechtswissenschaftlichen Auslandsstudiums, wenn der Prüfling
   a)   an einer ausländischen Universität eingeschrieben war,
   b)   in angemessenem Umfang, in der Regel von mindestens acht Semesterwochenstunden, rechtswissenschaftliche Lehrveranstaltungen im ausländischen Recht besucht hat,
   c)   je Semester mindestens einen Leistungsnachweis im ausländischen Recht erworben hat und
   d)   an der inländischen Universität zum Zwecke des Auslandsstudiums beurlaubt war;
   dies gilt nicht für Semester, in denen der Prüfling eine Leistung erbringt, die er sich nach § 31 Absatz 2 anerkennen lässt;
4.   ein Semester für eine an einer inländischen Hochschule erfolgreich abgeschlossene fremdsprachige rechtswissenschaftliche Ausbildung, die sich über mindestens 16 Semesterwochenstunden erstreckt und sich vom Stoff der Pflichtfach- und Schwerpunktbereichsausbildung unterscheidet;

5. ein Semester für die Teilnahme an einer von einer Hochschullehrerin oder einem Hochschullehrer betreuten internationalen, fremdsprachigen Verfahrenssimulation, die von einer Hochschule oder einer sonstigen vergleichbaren Organisation durchgeführt wird, wenn die Teilnahme den Prüfling zeitlich so in Anspruch genommen hat, dass er seinem Studium nicht mehr in angemessenem Umfang nachkommen konnte; über die Art des Wettbewerbs und die hierfür von dem Prüfling aufgewendete Zeit ist ein von der Universität ausgestellter Nachweis beizubringen;

6. bis zu zwei Semester als angemessener Ausgleich für eine Tätigkeit als gewähltes Mitglied in gesetzlich vorgesehenen Gremien oder satzungsmäßigen Organen der Hochschule während mindestens eines Jahres;

7. bis zu zwei Semester als angemessener Ausgleich für unvermeidbare und erhebliche Verzögerungen im Studium, die Folge einer Schwerbehinderung nach § 2 Absatz 2 Neuntes Buch Sozialgesetzbuch (SGB IX) sind; die Schwerbehinderteneigenschaft ist durch den Ausweis nach § 152 Absatz 5 SGB IX, Art und Umfang der Behinderung sowie die dadurch verursachte Verzögerung im Studienfortschritt sind durch ein unverzüglich einzuholendes Zeugnis einer Ärztin oder eines Arztes nach § 14 Absatz 5 ÖGDG nachzuweisen, das die für die Beurteilung nötigen medizinischen Befundtatsachen enthält; ein Attest einer Ärztin oder eines Arztes, die oder der den Prüfling behandelt oder behandelt hat, reicht nicht aus.

²Mit Ausnahme der Zeiten nach Nummer 1 und 2 können insgesamt nicht mehr als vier Semester unberücksichtigt bleiben.

§ 23 Notenverbesserung

(1) ¹Wer die Staatsprüfung nach ununterbrochenem rechtswissenschaftlichem Studium bei erstmaliger Teilnahme spätestens an der am Ende des zehnten Semesters beginnenden Prüfung in Baden-Württemberg bestanden hat, kann diese zur Verbesserung der Note spätestens in der übernächsten Prüfung einmal wiederholen; für die Berechnung der Semesterzahl gilt § 22 Absatz 2 entsprechend. ²Der schriftliche Teil der Notenverbesserungsprüfung muss abgeschlossen sein, bevor der Vorbereitungsdienst aufgenommen wird; andernfalls endet die Notenverbesserungsprüfung mit Aufnahme des Vorbereitungsdienstes. ³Wird in der Notenverbesserungsprüfung eine höhere Endpunktzahl erreicht, so erteilt das Landesjustizprüfungsamt ein Zeugnis (§ 35).

(2) ¹Wer zur Verbesserung der Note zur Staatsprüfung zugelassen ist, kann bis zum Beginn der mündlichen Prüfung durch schriftliche Erklärung auf die Fortsetzung des Prüfungsverfahrens verzichten. ²Eine Verbesserung der Note gilt dann als nicht erreicht. ³Das Nichterscheinen zur Bearbeitung einer oder mehrerer Aufsichtsarbeiten oder zur mündlichen Prüfung gilt als Verzicht auf die Fortsetzung des Prüfungsverfahrens, sofern nicht binnen drei Tagen gegenüber dem Landesjustizprüfungsamt schriftlich etwas anderes erklärt wird.

(3) Für den Wechsel des Prüfungsorts gilt § 21 Absatz 3 Satz 1 entsprechend.

§ 24 Täuschungsversuch und Ordnungsverstoß

(1) ¹Unternimmt es ein Prüfling, das Ergebnis einer Aufsichtsarbeit durch Täuschung zu beeinflussen, so können unter Berücksichtigung der Schwere des Verstoßes eine oder mehrere Arbeiten mit 0 Punkten bewertet, die Benotung einer oder mehrerer Arbeiten oder die Endnote zum Nachteil des Prüflings abgeändert oder der Ausschluss von der Prüfung, in besonders schweren Fällen auch der endgültige Ausschluss ohne Wiederholungsmöglichkeit, ausgesprochen werden. ²In minder schweren Fällen kann von der Verhängung einer Sanktion abgesehen werden. ³Wird eine Sanktion ausgesprochen, können die Folge des § 22 Absatz 1 Satz 1 und die Wiederholung der Prüfung zur Verbesserung der Note ausgeschlossen werden.

(2) Auf die in Absatz 1 vorgesehenen Folgen kann auch erkannt werden, wenn ein Prüfling es unternimmt, das Ergebnis einer Aufsichtsarbeit durch Einflussnahme auf eine Prüferin oder einen Prüfer zu beeinflussen, nicht zugelassene Hilfsmittel mit sich führt oder benutzt, die Bearbeitung nach Ende der Bearbeitungszeit fortsetzt oder wenn er in sonstiger Weise zu eigenem oder fremdem Vorteil gegen die Ordnung verstößt.

(3) ¹Besteht der Verdacht des Mitsichführens oder Benutzens unzulässiger Hilfsmittel, ist der Prüfling verpflichtet, an der Aufklärung mitzuwirken und die Hilfsmittel herauszugeben. ²Verweigert er die Mitwirkung oder die Herausgabe, kann die Arbeit mit 0 Punkten bewertet werden.

(4) Absatz 1 bis 3 gilt für die mündliche Prüfung sowie sonstige Entscheidungen im Verfahren der Staatsprüfung entsprechend.

(5) ¹Stellt sich nachträglich heraus, dass die Voraussetzungen des Absatzes 1, 2 oder 4 oder des § 11 Absatz 2 vorlagen, können die ergangene Prüfungsentscheidung zurückgenommen und die in Absatz 1 genannten Maßnahmen getroffen werden. ²Die Rücknahme ist ausgeschlossen, wenn seit Beendigung der Prüfung mehr als fünf Jahre vergangen sind.

§ 25 Verfahrensfehler

(1) ¹Das Landesjustizprüfungsamt kann Beeinträchtigungen des Prüfungsablaufs oder sonstige Verfahrensfehler von Amts wegen oder auf Antrag eines Prüflings durch geeignete Maßnahmen oder Anordnungen heilen. ²Es kann insbesondere anordnen, dass Prüfungsleistungen von einzelnen oder von allen Prüflingen zu wiederholen sind, oder bei Verletzung der Chancengleichheit eine Schreibverlängerung oder eine andere angemessene Ausgleichsmaßnahme verfügen.

(2) ¹Beeinträchtigungen des Prüfungsablaufs sind während der schriftlichen Prüfung gegenüber der Aufsichtsperson und während der mündlichen Prüfung gegenüber der oder dem Vorsitzenden des Prüfungsausschusses unverzüglich zu rügen. ²Nicht rechtzeitig gerügte Beeinträchtigungen sind unbeachtlich.

(3) ¹Hat das Landesjustizprüfungsamt wegen einer rechtzeitig gerügten Beeinträchtigung des Prüfungsablaufs oder wegen eines sonstigen Verfahrensfehlers keine oder eine nicht ausreichende Ausgleichsmaßnahme nach Absatz 1 getroffen, so hat der Prüfling unverzüglich nach Abschluss des mängelbehafteten Prüfungsteils (schriftliche oder mündliche Prüfung), spätestens jedoch einen Monat nach diesem Zeitpunkt die für erforderlich gehaltenen Maßnahmen schriftlich beim Landesjustizprüfungsamt zu beantragen. ²Der Antrag darf keine Bedingungen enthalten und kann nach Bekanntgabe der Bewertung der betroffenen Prüfungsleistungen nicht zurückgenommen werden. ³Wird der Antrag nicht rechtzeitig gestellt, ist der Verfahrensfehler unbeachtlich.

Unterabschnitt 3
Universitätsprüfung

§ 26 Allgemeine Regeln

(1) Die Universitäten führen die Universitätsprüfung im Rahmen der nachfolgenden Vorschriften selbständig und in eigener Verantwortung durch.

(2) ¹Die Universitäten regeln die Ausbildung im Schwerpunktbereich und die Ausgestaltung der Universitätsprüfung im Rahmen der nachfolgenden Vorschriften durch universitäre Satzung. ²Diese bedarf der Zustimmung der Rektorin oder des Rektors, die diese oder dieser im Einvernehmen mit dem Justizministerium erteilt.

(3) Entscheidungen in den Angelegenheiten der Universitätsprüfung treffen die nach der universitären Satzung zuständigen Stellen.

§ 27 Mögliche Gegenstände der Schwerpunktausbildung

(1) ¹Die Universitätsprüfung bezieht sich auf einen von dem Prüfling benannten Schwerpunktbereich, dessen Studium sich mindestens über 16 Semesterwochenstunden erstreckt. ²Die Ausbildung im Schwerpunktbereich dient der Ergänzung und Vertiefung der in der Pflichtfachausbildung erworbenen juristischen Kenntnisse und Fertigkeiten. ³Sie ist insbesondere darauf gerichtet, das systematische Verständnis der gegenwärtigen Rechtsordnung sowie die Fähigkeit zur praktischen Rechtsanwendung zu fördern.

(2) Gegenstand der Ausbildung und Prüfung im Schwerpunktbereich ist ein exemplarisch ausgewählter Rechts- oder Lebensbereich (§ 28) oder eine Grundlagendisziplin (§ 29).

(3) ¹In die Ausbildung im Schwerpunktbereich sollen die interdisziplinären und internationalen Bezüge des gewählten Schwerpunkts einbezogen werden. ²Fremdsprachige rechtswissenschaftliche Veranstaltungen oder rechtswissenschaftlich ausgerichtete Sprachkurse sowie Lehrveranstaltungen zur Vermittlung interdisziplinärer Schlüsselqualifikationen können Bestandteil der Ausbildung im Schwerpunktbereich sein.

(4) Der Stoff der Ausbildung und Prüfung im Schwerpunktbereich ist so zu bemessen, dass das Studium nach dem vierten Studienjahr abgeschlossen werden kann.

§ 28 Rechts- oder Lebensbereiche als Gegenstand der Schwerpunktausbildung
(1) [1]Soweit Rechts- oder Lebensbereiche den Gegenstand der Schwerpunktausbildung bilden, werden Teile der Pflichtfachausbildung mit inhaltlich zusammenhängenden weiteren Rechtsgebieten zu übergreifenden Rechts- oder Lebensbereichen zusammengeführt. [2]Das Gewicht der Teile der Pflichtfachausbildung soll dabei nicht überwiegen.
(2) [1]Der Prüfling beschäftigt sich in wissenschaftlicher Vertiefung mit dem Rechts- oder Lebensbereich. [2]Die einschlägigen rechtsgeschichtlichen, rechtsphilosophischen und rechtssoziologischen Grundlagen sowie die Bezüge des Schwerpunkts zur juristischen Methodenlehre und zur Rechtsvergleichung können angemessene Berücksichtigung finden.

§ 29 Grundlagendisziplinen als Gegenstand der Schwerpunktausbildung
(1) [1]Soweit eine Grundlagendisziplin Gegenstand der Schwerpunktausbildung ist, sind der wissenschaftliche Gehalt sowie die theoretische und praktische Bedeutung der Disziplin anhand ausgewählter Rechtsgebiete aus dem Pflichtfachbereich sowie mit ihnen inhaltlich zusammenhängender weiterer Rechtsgebiete herauszuarbeiten. [2]§ 28 Absatz 1 Satz 2 gilt entsprechend.
(2) [1]Der Prüfling beschäftigt sich in wissenschaftlicher Vertiefung mit der Disziplin. [2]Zugleich soll die Bedeutung der Disziplin für den gegenwärtig bestehenden Rechtszustand und ihre Funktion für die Rechtsentwicklung und -anwendung zum Ausdruck kommen.
(3) Die Ausbildung in der Grundlagendisziplin muss deutlich über die in den Lehrveranstaltungen in den Grundlagenfächern (§ 9 Absatz 2 Nummer 2) vermittelten Studieninhalte hinausgehen.

§ 30 Rücktritt
Die Entscheidung über den Rücktritt von der Universitätsprüfung trifft die Universität.

§ 31 Prüfungsleistungen
(1) [1]Im Rahmen der Universitätsprüfung sind mindestens zwei Prüfungsleistungen, davon mindestens eine schriftliche, zu erbringen. [2]Besteht die schriftliche Prüfungsleistung in einer Studienarbeit, ist diese auf wissenschaftlicher Grundlage mit einer Bearbeitungszeit von mindestens vier Wochen zu erbringen; besteht sie in nur einer Aufsichtsarbeit, beträgt die Bearbeitungszeit mindestens fünf Stunden. [3]Die Prüfungsleistungen können studienbegleitend erbracht werden. [4]Für die Bewertung gilt § 15 entsprechend.
(2) [1]Eine Studienarbeit, die nach bestandener Zwischenprüfung im Rahmen eines rechtswissenschaftlichen Auslandsstudiums angefertigt wurde, wird anerkannt, sofern hinsichtlich der erworbenen Kompetenzen kein wesentlicher Unterschied zu der Studienarbeit nach den Vorgaben der jeweiligen universitären Prüfungsordnung für das Schwerpunktbereichsstudium besteht. [2]Über die Anerkennung entscheidet die Universität, an der das Studium fortgesetzt wird.

§ 32 Endpunktzahl; Endnote
(1) [1]Die Universitäten bilden aus den Bewertungen der einzelnen Prüfungsleistungen (§ 31) eine Endpunktzahl, aus der sich die Endnote der Universitätsprüfung ergibt. [2]§ 19 Absatz 3 Satz 1 gilt entsprechend. [3]Die Universitätsprüfung ist bestanden, wenn mindestens die Endnote „ausreichend" erreicht wurde.
(2) Die Universitäten teilen das Ergebnis der Universitätsprüfung mit.
(3) Das Einsichtsrecht in die Akten der Universitätsprüfung regeln die Universitäten.

§ 33 Wiederholungsprüfung
Die Universitätsprüfung kann nur einmal wiederholt werden.

Unterabschnitt 4
Erste juristische Prüfung

§ 34 Gesamtnote
(1) [1]Die Erste juristische Prüfung hat bestanden, wer die Staatsprüfung und die Universitätsprüfung bestanden hat. [2]Der Universitätsprüfung steht eine universitäre Schwerpunktbereichsprüfung an einer Universität im Geltungsbereich des Deutschen Richtergesetzes außerhalb Baden-Württembergs gleich.
(2) [1]Aus den Endpunktzahlen der Staatsprüfung sowie der Universitätsprüfung errechnet das Landesjustizprüfungsamt die Gesamtpunktzahl der Ersten juristischen Prüfung. [2]Die Endpunktzahl der Staatsprüfung wird zu 70 vom Hundert, die Endpunktzahl der Universitätsprüfung zu 30 vom Hundert in

die Gesamtpunktzahl der Ersten juristischen Prüfung eingerechnet. [3]Das Ergebnis ist ohne Rundung auf zwei Dezimalstellen zu errechnen.

(3) [1]Aus der Gesamtpunktzahl der Ersten juristischen Prüfung ergibt sich die Gesamtnote der Ersten juristischen Prüfung. [2]§ 19 Absatz 3 Satz 1 gilt entsprechend.

§ 35 Zeugnis

(1) [1]Ist die Erste juristische Prüfung nach § 34 Absatz 1 bestanden, erteilt das Landesjustizprüfungsamt ein Zeugnis über die erreichte Gesamtpunktzahl und Gesamtnote der Ersten juristischen Prüfung. [2]Dieses Zeugnis weist die erreichten Endpunktzahlen und Endnoten der Staatsprüfung und der Universitätsprüfung gesondert aus. [3]In dem Zeugnis wird auch der Gegenstand der Universitätsprüfung angegeben.

(2) [1]Aufgrund der Endpunktzahlen der Staatsprüfung setzt das Landesjustizprüfungsamt Platznummern fest, die den Prüflingen mitgeteilt werden. [2]Haben mehrere Prüflinge die gleiche Endpunktzahl, so erhalten sie die gleichen Platznummern.

(3) Das Bestehen der Ersten juristischen Prüfung berechtigt dazu, die Bezeichnung „Referendarin (Ref. jur.)" oder „Referendar (Ref. jur.)" zu führen.

Unterabschnitt 5
Gestufte Kombinationsstudiengänge

§ 36 Allgemeine Vorschriften zu gestuften Kombinationsstudiengängen

(1) Gestufte Kombinationsstudiengänge im Sinne dieses Unterabschnitts sind Studiengänge, bei denen die Inhalte des rechtswissenschaftlichen Universitätsstudiums nach § 1 Absatz 1 und § 3 in den einzelnen Rechtsgebieten (Zivilrecht, Strafrecht, Öffentliches Recht) überwiegend zeitlich nacheinander gelehrt und in erheblichem Umfang mit Inhalten nichtjuristischer Fachrichtungen kombiniert werden und die mit der Ersten juristischen Prüfung abgeschlossen werden sollen.

(2) Gestufte Kombinationsstudiengänge bedürfen unbeschadet weiterer Zulassungs-, Genehmigungs- oder Akkreditierungserfordernisse der Genehmigung des Justizministeriums.

(3) [1]In gestuften Kombinationsstudiengängen kann die Staatsprüfung der Ersten juristischen Prüfung in abgeschichteter Form abgelegt werden. [2]Soweit in diesem Unterabschnitt nichts Abweichendes geregelt ist, finden die Vorschriften des zweiten Unterabschnitts des zweiten Abschnitts auch für die Staatsprüfung im Rahmen von gestuften Kombinationsstudiengängen Anwendung.

(4) Abweichend von § 3 Absatz 6 kann die Regelstudienzeit in gestuften Kombinationsstudiengängen bis zu elf Semester betragen.

(5) Abweichend von § 4 Satz 2 muss die Zwischenprüfung lediglich Prüfungsteile in zwei der drei dort genannten Rechtsgebiete umfassen, wenn an die Stelle des dritten Rechtsgebietes Prüfungsteile zu nichtjuristischen Studieninhalten in entsprechendem Umfang treten.

§ 37 Abschichtung

(1) [1]Wer nach ununterbrochenem Studium eines gestuften Kombinationsstudienganges spätestens an der am Ende des sechsten Semesters beginnenden Staatsprüfung teilnimmt, kann die Teilnahme in diesem Termin auf Antrag auf die Aufsichtsarbeiten eines Rechtsgebiets (Zivilrecht, Strafrecht, Öffentliches Recht) beschränken. [2]Die Beschränkung ist nur zulässig, wenn im Rahmen des gestuften Kombinationsstudienganges zugleich ein berufsqualifizierender Universitätsabschluss erworben wird.

(2) [1]Der Prüfling hat sich spätestens im vierten auf die Teilnahme nach Absatz 1 folgenden Termin erneut zur Staatsprüfung zu melden. [2]In diesem Termin vervollständigt der Prüfling die Staatsprüfung um die Aufsichtsarbeiten in den noch nicht geprüften Rechtsgebieten und um die mündliche Prüfung nach § 17.

(3) [1]Für die Berechnung der Semesterzahl nach Absatz 1 und die Bestimmung des Termins nach Absatz 2 gilt § 22 Absatz 2 entsprechend. [2]Im Falle eines Rücktritts nach § 12 ist eine beschränkte Teilnahme nach Absatz 1 in einem späteren Termin nur möglich, wenn die Voraussetzungen nach § 22 Absatz 2 Satz 1 Nummer 1 oder 2 erfüllt sind.

(4) Meldet sich der Prüfling nicht zu dem Termin nach Absatz 2, verzichtet er gegenüber dem Landesjustizprüfungsamt auf die weitere Teilnahme oder wird er nicht zugelassen, gilt die Staatsprüfung als nicht bestanden.

§ 38 Zulassung zur Staatsprüfung

(1) Abweichend von §§ 9 bis 11 erfolgt die Anmeldung zu der nach § 37 Absatz 1 beschränkten Teilnahme innerhalb der nach § 10 festgelegten Frist durch die Universität.

(2) Die Anmeldung zu der nach § 37 Absatz 1 beschränkten Teilnahme ist erst zulässig, wenn die Universitätsprüfung beendet ist.

(3) [1]Die Anmeldung erfolgt unter Verwendung eines amtlichen Vordrucks. [2]Das Landesjustizprüfungsamt prüft nur das Vorliegen der Voraussetzungen nach § 37 Absatz 1. [3]Die zu dieser Prüfung erforderlichen Studienverlaufsdaten werden von der Universität mit der Anmeldung übermittelt.

(4) [1]Auf die Anmeldung nach § 37 Absatz 2 finden die §§ 9 bis 11 uneingeschränkt Anwendung. [2]Die Zulassung setzt über die dort genannten Voraussetzungen hinaus den Nachweis des Erwerbs des berufsqualifizierenden Abschlusses (§ 37 Absatz 1 Satz 2) voraus. [3]Wird eine Zulassungsvoraussetzung nicht nachgewiesen, gilt § 37 Absatz 4 entsprechend.

§ 39 Wiederholung der Staatsprüfung

§ 21 findet auf die Staatsprüfung nach diesem Unterabschnitt mit der Maßgabe Anwendung, dass eine erneute Abschichtung nicht möglich ist.

§ 40 Freiversuch und Notenverbesserung

(1) [1]Die in den zeitlichen Grenzen des § 37 erfolgende Teilnahme an der Staatsprüfung nach diesem Unterabschnitt gilt als Freiversuch, unabhängig davon, auf welcher Teilprüfung das Nichtbestehen gegebenenfalls beruht. [2]Bei einer erneuten Teilnahme ist eine Abschichtung nicht möglich.

(2) [1]§ 23 findet auf die Staatsprüfung nach diesem Unterabschnitt mit der Maßgabe Anwendung, dass die Wiederholung zur Notenverbesserung spätestens in der übernächsten, auf die Teilnahme nach § 37 Absatz 2 folgenden Staatsprüfung erfolgen muss. [2]Eine Abschichtung ist in der Wiederholungsprüfung zur Notenverbesserung nicht möglich.

Abschnitt 3
Vorbereitungsdienst

§ 41 Leitung der Ausbildung

Die Präsidentin oder der Präsident des Oberlandesgerichts leitet die Ausbildung der Rechtsreferendarinnen und der Rechtsreferendare.

§ 42 Zulassung zum Vorbereitungsdienst

(1) [1]Über den Antrag auf Zulassung zum Vorbereitungsdienst entscheidet die Präsidentin oder der Präsident des Oberlandesgerichts, in dessen Bezirk der Vorbereitungsdienst abgeleistet werden soll. [2]Sie oder er ist auch zuständig für die Durchführung der Gleichwertigkeits- und Eignungsprüfung nach § 112a DRiG.

(2) Mit dem Zulassungsantrag sind vorzulegen:

1. eine beglaubigte Abschrift des Zeugnisses oder eine vorläufige Bescheinigung über das Bestehen der Ersten juristischen Prüfung oder der Ersten juristischen Staatsprüfung;
2. ein unterschriebener Lebenslauf;
3. eine beglaubigte Kopie des Reisepasses oder Personalausweises, in Zweifelsfällen ein Staatsangehörigkeitsnachweis;
4. eine Erklärung darüber, ob gegen die Antragstellerin oder den Antragsteller wegen eines Verbrechens oder Vergehens ein gerichtliches Strafverfahren oder ein staatsanwaltschaftliches Ermittlungsverfahren anhängig ist;
5. ein Führungszeugnis nach § 30 Absatz 1 Satz 1 des Bundeszentralregistergesetzes.

(3) [1]Der Zulassungsantrag ist abzulehnen, wenn die Antragstellerin oder der Antragsteller für den Vorbereitungsdienst ungeeignet oder, insbesondere wegen eines Verbrechens oder vorsätzlichen Vergehens, für den Erwerb der Befähigung zum Richteramt nicht würdig ist. [2]Der Zulassungsantrag soll abgelehnt werden, wenn

1. der Antrag und die nach Absatz 2 erforderlichen Unterlagen nicht innerhalb der gesetzten Fristen vorgelegt wurden,

2. die Antragstellerin oder der Antragsteller aus einem früher begonnenen Vorbereitungsdienst vorzeitig entlassen wurde oder

3. die Übernahme aus dem Vorbereitungsdienst eines anderen Bundeslands beantragt wird und hierfür ein wichtiger Grund nicht vorliegt.

(4) [1]Das Justizministerium kann Einstellungstermine festsetzen. [2]Ein Anspruch auf Ausbildung in einem bestimmten Oberlandesgerichtsbezirk besteht nicht.

(5) Die Zulassung zum Vorbereitungsdienst berechtigt zum Führen der Bezeichnung „Rechtsreferendarin" oder „Rechtsreferendar".

§ 43 Gastreferendarinnen und Gastreferendare

(1) [1]Wer in einem anderen Bundesland in den Vorbereitungsdienst aufgenommen worden ist, kann mit Zustimmung der zuständigen Behörde als Gastreferendarin oder Gastreferendar einzelne Ausbildungsabschnitte im Land Baden-Württemberg ableisten. [2]Über die Aufnahme als Gastreferendarin oder Gastreferendar entscheidet die Präsidentin oder der Präsident des Oberlandesgerichts, in dessen Bezirk der Ausbildungsabschnitt abgeleistet werden soll.

(2) Rechtsreferendarinnen und Rechtsreferendaren des Landes Baden-Württemberg, die den ersten Ausbildungsabschnitt abgeleistet haben, kann gestattet werden, einzelne Ausbildungsabschnitte bis zur Gesamtdauer von zwölf Monaten in einem anderen Bundesland abzuleisten.

§ 44 Dienstaufsicht

(1) [1]Dienstvorgesetzte oder Dienstvorgesetzter der Rechtsreferendarin oder des Rechtsreferendars ist während des gesamten Vorbereitungsdienstes die Präsidentin oder der Präsident des Landgerichts, in dessen Bezirk der Vorbereitungsdienst angetreten wird. [2]Die Präsidentin oder der Präsident des Oberlandesgerichts kann im Einzelfall eine andere Bestimmung treffen.

(2) Die fachliche Aufsicht über die Ausbildung obliegt der Leitung der Ausbildungsstelle.

§ 45 Grundsätze der Ausbildung

(1) [1]Der Vorbereitungsdienst hat das Ziel, die Rechtsreferendarinnen und Rechtsreferendare mit den Aufgaben der Rechtspflege, der Anwaltschaft und der Verwaltung vertraut zu machen und so zu fördern, dass sie die inneren Zusammenhänge der Rechtsordnung erkennen und das Recht mit Verständnis für wirtschaftliche, soziale und gesellschaftliche Fragen in der Praxis anwenden können. [2]Der Erreichung dieses Ziels dienen Stationsausbildung und Lehrveranstaltungen; dabei soll zu zielstrebigem Selbststudium angeleitet werden. [3]Die Ausbildung berücksichtigt auch die zunehmende Bedeutung der Digitalisierung. [4]Am Ende der Ausbildung soll die Befähigung stehen, sich in angemessener Zeit auch in solche juristische Tätigkeiten einzuarbeiten, in denen nicht besonders ausgebildet wurde.

(2) [1]Die Rechtsreferendarinnen und Rechtsreferendare sollen möglichst selbständig und eigenverantwortlich beschäftigt werden. [2]Dabei ist zu beachten, dass die Beschäftigung der praktischen und wissenschaftlichen Ausbildung dient. [3]Das Justizministerium kann von den Ausbildungsstellen, von Rechtsanwältinnen und Rechtsanwälten im Einvernehmen mit der zuständigen Rechtsanwaltskammer, von Verwaltungsbehörden im Einvernehmen mit dem Innenministerium, die Vorlage von Ausbildungsplänen verlangen.

§ 46 Dauer und Gliederung des Vorbereitungsdienstes

(1) [1]Der Vorbereitungsdienst dauert 24 Monate. [2]Er umfasst folgende Ausbildungsstationen:

1. die Pflichtstationen

a)	Zivilsachen	5 Monate
b)	Strafsachen	3 ½ Monate
c)	Rechtsanwalt I	4 ½ Monate
d)	Verwaltung	3 ½ Monate
e)	Rechtsanwalt II	4 ½ Monate

2. eine Wahlstation   3 Monate.

(2) [1]Nach Ableistung eines Teils des Vorbereitungsdienstes in einem anderen Bundesland oder nach Wiedereinstellung in den Vorbereitungsdienst nach einer früheren Entlassung trifft die Präsidentin

oder der Präsident des Oberlandesgerichts, in dessen Bezirk der Vorbereitungsdienst abgeleistet werden soll, die erforderlichen Bestimmungen über den weiteren Vorbereitungsdienst. [2]Dabei kann ausnahmsweise eine erneute Ableistung des Vorbereitungsdienstes von Beginn an angeordnet werden, wenn dies zur Erreichung des Ausbildungsziels erforderlich erscheint. [3]Wird die Entlassung nach der Teilnahme an der schriftlichen Prüfung wirksam, erfolgt eine Wiedereinstellung in den Vorbereitungsdienst zur Ableistung der Wahlstation.

(3) [1]Ist eine Rechtsreferendarin oder ein Rechtsreferendar durch Krankheit oder aus einem anderen zwingenden Grund in einem Ausbildungsabschnitt länger als sechs Wochen an der Ausbildung verhindert, kann der Ausbildungsabschnitt verlängert werden, soweit dies zur Erreichung des Ausbildungsziels erforderlich ist. [2]Die Vorlage eines Zeugnisses einer Ärztin oder eines Arztes nach § 14 Absatz 5 ÖGDG, die oder der nicht die behandelnde Ärztin oder der behandelnde Arzt sein darf, kann verlangt werden. [3]Während der Verlängerung des Vorbereitungsdienstes, in der eine Zuweisung an eine Ausbildungsstelle nicht erfolgt, wird die Rechtsreferendarin oder der Rechtsreferendar mit Dienstgeschäften betraut.

(4) [1]Der Vorbereitungsdienst verlängert sich um höchstens sechs Monate, wenn wegen Krankheit oder aus einem sonstigen zwingenden Grund die Zweite juristische Staatsprüfung nicht planmäßig abgelegt werden konnte und nicht bereits eine Verlängerung des Vorbereitungsdienstes nach Absatz 3 erfolgt ist. [2]Während der Verlängerung des Vorbereitungsdienstes wird die Rechtsreferendarin oder der Rechtsreferendar mit Dienstgeschäften betraut.

(5) Der Vorbereitungsdienst verlängert sich bis zum Tag der mündlichen Prüfung, falls nicht zuvor eine Beurlaubung oder eine Entlassung erfolgt ist.

§ 47 Ausbildungsstellen; Zuweisung

(1) [1]Bei den Ausbildungsstellen muss eine sachgerechte Ausbildung unter fachkundiger Leitung gewährleistet sein. [2]Ausbildungsstellen sind:

1.   in der Pflichtstation Zivilsachen:
     ein Amtsgericht oder Landgericht;
2.   in der Pflichtstation Strafsachen:
     eine Staatsanwaltschaft oder ein Amtsgericht oder Landgericht;
3.   in der Pflichtstation Rechtsanwalt I und II:
     eine Rechtsanwältin oder ein Rechtsanwalt;
4.   in der Pflichtstation Verwaltung:
     ein Landratsamt, eine Stadt, eine Gemeinde oder eine Verwaltungsgemeinschaft, ein Regierungspräsidium, eine Landesoberbehörde, ein Landesministerium, die Landtagsverwaltung, eine Landtagsfraktion, eine höhere Sonderbehörde, der Landesbeauftragte für den Datenschutz und die Informationsfreiheit, eine Polizeidienststelle, die Oberfinanzdirektion, ein Finanzamt, ein kommunaler Landesverband, ein Regionalverband, die Landesanstalt für Kommunikation, eine Landesrundfunkanstalt, eine Hochschulverwaltung, eine Industrie- und Handelskammer, eine Handwerkskammer, ein Verwaltungsgericht, der Verwaltungsgerichtshof, ein Sozialgericht, das Landessozialgericht, das Finanzgericht, eine Rechtsanwaltskammer, die Notarkammer, die Deutsche Universität für Verwaltungswissenschaften Speyer, die Europäische Union, der Europarat;
5.   in der Wahlstation:
     eine inländische oder ausländische, überstaatliche oder zwischenstaatliche Ausbildungsstelle, insbesondere
     a)   im Schwerpunktbereich Familien- und Erbrecht:
          ein Zivilgericht (Familiengericht, Gericht in Angelegenheiten der Freiwilligen Gerichtsbarkeit), eine Rechtsanwältin oder ein Rechtsanwalt, eine Notarin oder ein Notar;
     b)   im Schwerpunktbereich Rechtsanwalt:
          eine Rechtsanwältin oder ein Rechtsanwalt, eine Notarin oder ein Notar oder eine sonstige Stelle, bei der eine sachgerechte Ausbildung in Rechtsgestaltung oder Rechtsberatung sichergestellt ist;
     c)   im Schwerpunktbereich Wirtschaft:
          ein Landgericht, ein Oberlandesgericht, eine Wirtschaftsprüferin oder ein Wirtschaftsprüfer, ein Wirtschaftsunternehmen, eine Rechtsanwältin oder ein Rechtsanwalt, eine Notarin oder ein Notar;

d)   im Schwerpunktbereich Gewerblicher Rechtsschutz:
ein Landgericht, ein Oberlandesgericht, ein Wirtschaftsunternehmen, eine Rechtsanwältin oder ein Rechtsanwalt, ein rechtsfähiger Verband zur Förderung gewerblicher oder selbständiger beruflicher Interessen;

e)   im Schwerpunktbereich IT-Recht:
ein Landgericht, ein Oberlandesgericht, ein Wirtschaftsunternehmen, eine Rechtsanwältin oder ein Rechtsanwalt, der Landesbeauftragte für den Datenschutz und die Informationsfreiheit;

f)   im Schwerpunktbereich Verwaltung:
eine der in Nummer 4 genannten Stellen, eine gesetzgebende Körperschaft des Bundes oder eines Landes, eine Rechtsanwältin oder ein Rechtsanwalt;

g)   im Schwerpunktbereich Arbeit:
ein Arbeitsgericht, das Landesarbeitsgericht, eine Gewerkschaft, ein Arbeitgeberverband, eine Körperschaft wirtschaftlicher, sozialer oder beruflicher Selbstverwaltung, ein Wirtschaftsunternehmen, eine Rechtsanwältin oder ein Rechtsanwalt;

h)   im Schwerpunktbereich Soziale Sicherung:
ein Sozialgericht, das Landessozialgericht, eine Körperschaft sozialer oder beruflicher Selbstverwaltung, ein Leistungsträger in der Sozialversicherung, eine Rechtsanwältin oder ein Rechtsanwalt;

i)   im Schwerpunktbereich Steuern:
ein Finanzamt, eine Oberfinanzdirektion, das Finanzgericht, eine Steuerberaterin oder ein Steuerberater, eine Rechtsanwältin oder ein Rechtsanwalt;

j)   im Schwerpunktbereich Europarecht:
die Europäische Union, der Europarat und die Organisation für wirtschaftliche Zusammenarbeit und Entwicklung, die Internationale Handelskammer, die Vereinten Nationen und ihre Sonderorganisationen, ein Wirtschaftsunternehmen mit internationalen Beziehungen, die Deutsche Universität für Verwaltungswissenschaften Speyer, eine Rechtsanwältin oder ein Rechtsanwalt;

k)   im Schwerpunktbereich Internationales Privatrecht:
ein Zivilgericht, ein Wirtschaftsunternehmen mit internationalen Beziehungen, die Internationale Handelskammer, eine Rechtsanwältin oder ein Rechtsanwalt, eine Notarin oder ein Notar;

l)   im Schwerpunktbereich strafrechtliche Rechtspflege:
ein Strafgericht (Amts-, Land- oder Oberlandesgericht), eine Staatsanwaltschaft, eine Justizvollzugsanstalt, eine Rechtsanwältin oder ein Rechtsanwalt.

(2) [1]Für die Pflichtstation Verwaltung verfügt das zuständige Regierungspräsidium die Zuweisung an die Ausbildungsstelle. [2]Die Zuweisung an ein Landesministerium, an die Landtagsverwaltung oder an eine Landtagsfraktion setzt die vorherige Zustimmung der Ausbildungsstelle voraus. [3]Andere Zustimmungserfordernisse in den Ausbildungsstationen bleiben hiervon unberührt.

(3) In der Wahlstation kann eine Zuweisung an die rechtswissenschaftliche Fakultät einer deutschen Universität erfolgen, sofern dort in besonderen Lehrveranstaltungen eine praxisbezogene, dem Kenntnisstand einer Rechtsreferendarin oder eines Rechtsreferendars entsprechende Ausbildung gewährleistet ist.

(4) [1]Ein Anspruch auf Zuweisung an eine bestimmte Ausbildungsstelle besteht nicht. [2]In der Pflichtstation Strafsachen soll die Zuweisung im Rahmen der verfügbaren Ausbildungsstellen vorrangig an eine Staatsanwaltschaft erfolgen.

§ 48 Lehrveranstaltungen

(1) Im Vorbereitungsdienst werden Lehrveranstaltungen (Einführungslehrgänge, praxisbezogener Unterricht und besondere Lehrveranstaltungen) durchgeführt; das Nähere regelt das Justizministerium im Einvernehmen mit dem Innenministerium und den Rechtsanwaltskammern des Landes durch Verwaltungsvorschrift.

(2) Die Rechtsreferendarinnen und die Rechtsreferendare sind verpflichtet, an den Lehrveranstaltungen teilzunehmen, soweit nicht eine Befreiung erteilt wird.

§ 49 Beurteilungen

(1) [1]Über die praktische Ausbildung in den einzelnen Ausbildungsstationen erteilen die Ausbildenden jeweils eine Beurteilung, in der die Fähigkeiten und Leistungen mit einer Note und Punktzahl nach § 15 bewertet werden. [2]Waren bei einer Ausbildungsstelle mehrere Ausbildende tätig, erteilen diese eine gemeinsame Beurteilung.

(2) [1]Die Beurteilung ist spätestens einen Monat nach Beendigung der jeweiligen Ausbildungsstation der Präsidentin oder dem Präsidenten des Oberlandesgerichts vorzulegen. [2]Sie ist der Rechtsreferendarin oder dem Rechtsreferendar bekannt zu geben und auf Verlangen mit ihr oder ihm zu besprechen.

§ 50 Erholungsurlaub; Beurlaubung

(1) [1]Der Erholungsurlaub beträgt jährlich 30 Tage. [2]Das Ausbildungsjahr gilt als Urlaubsjahr. [3]Bei der Urlaubsgewährung sind die Bedürfnisse der Ausbildung zu berücksichtigen; während eines Einführungslehrgangs soll Erholungsurlaub nicht bewilligt werden.

(2) Durch die oder den Dienstvorgesetzten kann Sonderurlaub bis zu fünf Arbeitstagen, in Ausnahmefällen bis zu zehn Arbeitstagen, unter Belassung der Unterhaltsbeihilfe bewilligt werden

1. aus wichtigem persönlichem Anlass;
2. zur Ausübung ehrenamtlicher Tätigkeiten im öffentlichen Leben;
3. zur Teilnahme an Veranstaltungen, soweit diese Ausbildungszwecken oder staatsbürgerlichen Zwecken dienen.

(3) Die Rechtsreferendarin oder der Rechtsreferendar kann auf Antrag aus wichtigen persönlichen Gründen unter Wegfall der Unterhaltsbeihilfe für die Dauer von höchstens zwölf Monaten aus dem Vorbereitungsdienst beurlaubt werden.

(4) [1]Die Rechtsreferendarin oder der Rechtsreferendar soll unter Wegfall der Unterhaltsbeihilfe beurlaubt werden,

1. wenn sie oder er infolge Erkrankung innerhalb eines Zeitraums von sechs Monaten mehr als drei Monate keinen Dienst getan hat und mit einer alsbaldigen dauerhaften Fortsetzung der Ausbildung nicht gerechnet werden kann;
2. wenn sich außer in den Fällen des § 46 Absatz 3 und 4 die planmäßige Ablegung der Zweiten juristischen Staatsprüfung verzögert und der gesetzlich vorgeschriebene oder verlängerte Vorbereitungsdienst noch nicht vollständig abgeleistet ist.

[2]Die Dauer der Beurlaubung soll zwölf Monate nicht überschreiten.

(5) Im Übrigen gilt die Arbeitszeit- und Urlaubsverordnung in der jeweils geltenden Fassung entsprechend.

§ 51 Entlassung aus dem Vorbereitungsdienst

(1) Aus dem Vorbereitungsdienst soll entlassen werden,

1. wer seine Ausbildungspflichten gröblich verletzt;
2. wer sich für den Erwerb der Befähigung zum Richteramt, insbesondere wegen eines Verbrechens oder eines vorsätzlichen Vergehens, als unwürdig erweist;
3. wenn in den Fällen des § 50 Absatz 4 eine Verlängerung der Beurlaubung nicht mehr möglich ist;
4. wer an der Zweiten juristischen Staatsprüfung teilgenommen und diese nicht bestanden hat, wenn eine erfolgreiche Ablegung der Prüfung auch nach weiterer Ausbildung nicht zu erwarten ist; hiervon ist regelmäßig bei einer erzielten Durchschnittspunktzahl von weniger als 2,50 Punkten auszugehen;
5. wer die Zweite juristische Staatsprüfung wegen ungenehmigten Fernbleibens oder Rücktritts oder infolge einer Sanktion wegen eines Täuschungsversuchs oder Ordnungsverstoßes nicht bestanden hat;
6. wenn sonst ein wichtiger Grund vorliegt.

(2) Bei der Entlassung ist eine Frist von einem Monat zum Ende des Kalendermonats einzuhalten.

Abschnitt 4
Zweite juristische Staatsprüfung

§ 52 Allgemeine Regeln

[1]Die Zweite juristische Staatsprüfung wird zweimal jährlich durchgeführt. [2]Sie besteht aus einer schriftlichen und einer mündlichen Prüfung.

§ 53 Landesjustizprüfungsamt

(1) Entscheidungen in Angelegenheiten der Zweiten juristischen Staatsprüfung trifft das Landesjustizprüfungsamt, soweit die Entscheidungen nicht den Prüfungsausschüssen oder den Aufsichtspersonen übertragen sind.

(2) Die Berufung von Prüferinnen und Prüfern im Öffentlichen Recht erfolgt im Einvernehmen mit dem Innenministerium, die Berufung von Rechtsanwältinnen und Rechtsanwälten im Einvernehmen mit der zuständigen Rechtsanwaltskammer.

§ 54 Zulassung; Prüfungsunterlagen

(1) Mit dem Antrag auf Zulassung zur Prüfung sind der Präsidentin oder dem Präsidenten des Oberlandesgerichts einzureichen:

1. ein eigenhändig geschriebener und unterschriebener, nicht tabellarischer Lebenslauf mit Lichtbild neuen Datums in Passbildgröße;

2. eine Erklärung des Prüflings, ob gegen ihn wegen eines Verbrechens oder Vergehens ein Strafverfahren oder staatsanwaltschaftliches Ermittlungsverfahren anhängig ist und ob gegen ihn eine Disziplinarmaßnahme ausgesprochen wurde;

3. eine Erklärung des Prüflings, ob er bereits an einer Zweiten juristischen Staatsprüfung teilgenommen hat oder ihm die Teilnahme versagt worden ist; gegebenenfalls sind das Prüfungsamt und das Ergebnis der Prüfung anzugeben;

4. eine Erklärung über die Wahl eines Schwerpunktbereichs und eines Rechtsgebiets für den Aktenvortrag; sie ist unwiderruflich.

(2) [1]Die Zulassung zur Prüfung kann unter den Voraussetzungen des § 51 Absatz 1 Nummer 2 versagt werden. [2]§ 11 Absatz 2 gilt entsprechend.

§ 55 Schriftliche Prüfung

(1) Die schriftliche Prüfung findet in der Regel gegen Ende der Ausbildung in der letzten Pflichtstation statt.

(2) [1]In der schriftlichen Prüfung sind acht praktische Aufgaben mit einer Bearbeitungszeit von jeweils fünf Stunden zu bearbeiten. [2]§ 13 Absatz 4 bis 7 gilt entsprechend.

(3) [1]Es sind zu fertigen:

1. vier Aufgaben aus dem Zivilrecht,

2. zwei Aufgaben aus dem Strafrecht,

3. zwei Aufgaben aus dem Öffentlichen Recht.

[2]Die Aufgaben haben in angemessenem Umfang Rechtsgestaltung und Rechtsberatung zum Gegenstand.

(4) Für die Bewertung gelten §§ 14 und 15 entsprechend.

§ 56 Prüfungsstoff

(1) In der schriftlichen Prüfung umfasst der Prüfungsstoff folgende Rechtsgebiete:

1. Bürgerliches Recht:
    – Allgemeine Lehren und Allgemeiner Teil des Bürgerlichen Gesetzbuchs [ohne Stiftungen];
    – aus dem Recht der Schuldverhältnisse:
       Abschnitte 1 bis 7 [ohne Draufgabe, §§ 336 bis 338 BGB] sowie Abschnitt 8 [ohne Titel 2. Teilzeit-Wohnrechteverträge, Verträge über langfristige Urlaubsprodukte, Vermittlungsverträge und Tauschsystemverträge, Titel 3 Untertitel 2. Finanzierungshilfen zwischen einem Unternehmer und einem Verbraucher, Untertitel 3. Ratenlieferungsverträge zwischen einem Unternehmer und einem Verbraucher, Untertitel 4. Beratungsleistungen bei Immobiliar-Verbraucherdarlehensverträgen, Titel 5 Untertitel 5. Landpachtvertrag, Titel 7. Sachdarlehensvertrag, Titel 8 Untertitel 2. Behandlungsvertrag, Titel 9 Untertitel 4. Pauschalreisevertrag, Reisevermittlung und Vermittlung verbundener Reiseleistungen, Titel 11. Auslobung, Titel 12 Untertitel 3. Zahlungsdienste, Titel 15. Einbringung von Sachen bei Gastwirten, Titel 18. Leibrente, Titel 19. Unvollkommene Verbindlichkeiten, Titel 25. Vorlegung von Sachen];
    – aus dem Sachenrecht:
       Abschnitte 1 bis 4 sowie Abschnitt 7 [ohne Titel 2 Untertitel 2. Rentenschuld] und Abschnitt 8 [ohne Titel 2. Pfandrecht an Rechten];

- aus dem Familienrecht:
Abschnitt 1 Titel 5. Wirkungen der Ehe im Allgemeinen [ohne die Vorschriften zum Getrenntleben]; aus dem Titel 6. Eheliches Güterrecht: Gesetzliches Güterrecht, Allgemeine Vorschriften zur Gütertrennung und zur Gütergemeinschaft; aus dem Titel 7. Scheidung der Ehe: Scheidungsgründe und Unterhalt des geschiedenen Ehegatten; Abschnitt 2 Titel 1. Allgemeine Vorschriften zur Verwandtschaft; Titel 3. Unterhaltspflicht; aus dem Titel 5. Elterliche Sorge;
- aus dem Erbrecht:
Abschnitt 1. Erbfolge;
Abschnitt 2 Titel 1. Annahme und Ausschlagung der Erbschaft, Fürsorge des Nachlassgerichts; Titel 2 Untertitel 1. Nachlassverbindlichkeiten; Titel 3. Erbschaftsanspruch; Titel 4. Mehrheit von Erben [ohne Haftungsbeschränkung der Miterben, §§ 2061 bis 2063 BGB]; Abschnitt 3. Testament [ohne Titel 6. Testamentsvollstrecker];
Abschnitt 4. Erbvertrag;
Abschnitt 5. Pflichtteil;
Abschnitt 8. Erbschein: Wirkungen des Erbscheins;
- aus dem Straßenverkehrsgesetz: Abschnitt 2. Haftpflicht;
- im Überblick: Produkthaftungsgesetz;
2. aus dem Handelsgesetzbuch (HGB) im Überblick:
- aus dem Ersten Buch. Handelsstand: Erster Abschnitt. Kaufleute; aus dem Zweiten Abschnitt. Handelsregister: Publizität des Handelsregisters; Dritter Abschnitt. Handelsfirma [ohne Registerverfahren]; Fünfter Abschnitt. Prokura und Handlungsvollmacht;
- aus dem Vierten Buch. Handelsgeschäfte: Erster Abschnitt. Allgemeine Vorschriften [ohne Kontokorrent, §§ 355 bis 357 HGB und kaufmännische Orderpapiere, §§ 363 bis 365 HGB]; Zweiter Abschnitt. Handelskauf;
3. aus dem Gesellschaftsrecht im Überblick:
- Recht der offenen Handelsgesellschaft, der Kommanditgesellschaft und der Partnerschaftsgesellschaft;
- Errichtung, Vertretung und Geschäftsführung der Gesellschaft mit beschränkter Haftung;
4. aus dem Arbeitsrecht:
- Individualarbeitsrecht: Begründung, Inhalt und Beendigung des Arbeitsverhältnisses, einschließlich aus dem Allgemeinen Gleichbehandlungsgesetz die Abschnitte 1, 2, 4 und 7;
- im Überblick: Leistungsstörungen und Haftung im Arbeitsverhältnis;
- allgemeine Lehren und Vorschriften auch des kollektiven Arbeitsrechts, soweit sie zum Verständnis des vorgenannten Prüfungsstoffs erforderlich sind;
- im Überblick: arbeitsgerichtliches Verfahren (Urteilsverfahren);
5. aus dem Internationalen Privatrecht im Überblick:
- aus der Verordnung (EU) Nr. 1215/2012 des Europäischen Parlaments und des Rates vom 12. Dezember 2012 über die gerichtliche Zuständigkeit und die Anerkennung und Vollstreckung von Entscheidungen in Zivil- und Handelssachen: Kapitel I. Anwendungsbereich und Begriffsbestimmungen; aus dem Kapitel II. Zuständigkeit: Abschnitte 1, 2, 4, 6 und 7;
- aus der Verordnung (EG) Nr. 593/2008 des Europäischen Parlaments und des Rates vom 17. Juni 2008 über das auf vertragliche Schuldverhältnisse anzuwendende Recht (Rom I): Kapitel I. Anwendungsbereich; aus dem Kapitel II. Einheitliche Kollisionsnormen: Artikel 3, 4 und 6; aus dem Kapitel III. sonstige Vorschriften: Artikel 19 bis 21;
- aus der Verordnung (EG) Nr. 864/2007 des Europäischen Parlaments und des Rates vom 11. Juli 2007 über das auf außervertragliche Schuldverhältnisse anzuwendende Recht („Rom II"): Kapitel I. Anwendungsbereich; aus dem Kapitel II. Unerlaubte Handlungen: Artikel 4; Kapitel III. Ungerechtfertigte Bereicherung, Geschäftsführung ohne Auftrag und Verschulden bei Vertragsverhandlungen [ohne Artikel 13]; Kapitel IV. Freie Rechtswahl; aus dem Kapitel VI. Sonstige Vorschriften: Artikel 23, 24 und 26;
- allgemeine Lehren des Internationalen Privatrechts, soweit sie zum Verständnis des vorgenannten Prüfungsstoffs erforderlich sind;

6.   aus dem Zivilverfahrensrecht:
- – Zivilprozessordnung [ohne Bücher 10 und 11] einschließlich der gerichtsverfassungsrechtlichen Grundlagen;
- – im Überblick: Verfahrenskosten;
- – aus dem Recht der Zwangsversteigerung im Überblick: Gegenstand der Zwangsversteigerung, Wirkungen und Umfang der Beschlagnahme und des Zuschlags;
- – im Überblick: Auswirkungen der Insolvenzeröffnung auf Verträge und Prozesse;
- – im Überblick: aus dem Familienverfahrensgesetz: Buch 1. Allgemeiner Teil; aus dem Buch 2. Verfahren in Familiensachen [ohne Abschnitte 4 bis 8];

7.   Strafrecht:
    a)   Allgemeiner Teil des Strafgesetzbuchs;
    b)   aus dem Besonderen Teil des Strafgesetzbuchs:
- – aus dem Sechsten Abschnitt. Widerstand gegen die Staatsgewalt: §§ 113 bis 115;
- – aus dem Siebten Abschnitt. Straftaten gegen die öffentliche Ordnung: §§ 123, 138, 142, 145d;
- – Neunter Abschnitt. Falsche uneidliche Aussage und Meineid;
- – Zehnter Abschnitt. Falsche Verdächtigung;
- – Vierzehnter Abschnitt. Beleidigung;
- – aus dem Sechzehnten Abschnitt. Straftaten gegen das Leben: §§ 211 bis 216, 221, 222;
- – Siebzehnter Abschnitt. Straftaten gegen die körperliche Unversehrtheit;
- – aus dem Achtzehnten Abschnitt. Straftaten gegen die persönliche Freiheit: §§ 239 bis 239b, 240 und 241;
- – aus dem Neunzehnten Abschnitt. Diebstahl und Unterschlagung: §§ 242 bis 248b;
- – Zwanzigster Abschnitt. Raub und Erpressung;
- – aus dem Einundzwanzigsten Abschnitt. Begünstigung und Hehlerei: §§ 257 bis 259, 261;
- – aus dem Zweiundzwanzigsten Abschnitt. Betrug und Untreue: §§ 263, 263a, 265, 265a, 266, 266b;
- – Dreiundzwanzigster Abschnitt. Urkundenfälschung;
- – aus dem Siebenundzwanzigsten Abschnitt. Sachbeschädigung: §§ 303, 303a, 303c, 304;
- – aus dem Achtundzwanzigsten Abschnitt. Gemeingefährliche Straftaten: §§ 306 bis 306e, 315b bis 316a, 323a, 323c;
- – aus dem Dreißigsten Abschnitt. Straftaten im Amt: §§ 331 bis 334, 336, 339, 340, 348, 356;

8.   Strafprozessrecht:
- – gerichtsverfassungsrechtliche Grundlagen;
- – aus der Strafprozessordnung:

    Erstes Buch. Allgemeine Vorschriften;
    Zweites Buch. Verfahren im ersten Rechtszug;
    Drittes Buch. Rechtsmittel;
    Fünftes Buch. Beteiligung des Verletzten am Verfahren;
    aus dem Sechsten Buch. Besondere Arten des Verfahrens: Erster Abschnitt. Verfahren bei Strafbefehlen;

9.   Öffentliches Recht:
- – Verfassungsrecht [ohne Finanzverfassung und Verteidigungsfall];
- – Allgemeines Verwaltungsrecht und allgemeines Verwaltungsverfahrensrecht, von den besonderen Verfahrensarten das Planfeststellungsverfahren, Verwaltungszustellungsrecht;
- – im Überblick: Verwaltungsvollstreckungsrecht, Staatshaftungsrecht;
- – aus dem Besonderen Verwaltungsrecht:

    Polizeirecht;
    Kommunalrecht [ohne Kommunalwahlrecht, Kommunalabgabenrecht und Haushaltsrecht];

aus dem Baurecht: Bauordnungsrecht, aus dem Bauplanungsrecht: Bauleitplanung, Veränderungssperre, Zulässigkeit von Vorhaben einschließlich der Verordnung über die bauliche Nutzung der Grundstücke, Planerhaltung;

im Überblick: Versammlungsrecht, Straßenrecht, Gewerberecht einschließlich Gaststättenrecht, Immissionsschutzrecht;

10. Verwaltungsprozessrecht;
11. aus dem Anwaltsrecht:
    – anwaltliche Praxis in den Pflichtstoffgebieten nach Nummer 1 bis 10;
    – im Überblick: Grundpflichten und Berufsregeln nach der Bundesrechtsanwaltsordnung und der Berufsordnung der Rechtsanwälte, das Mandat mit Haftungsfragen, Gebührenrecht;
12. aus dem Europarecht im Überblick:
    – Entwicklung, Organe und Kompetenzen sowie Handlungsformen der Europäischen Union;
    – Rechtsquellen des Rechts der Europäischen Union;
    – Verhältnis des Unionsrechts zum nationalen Recht sowie Arten und Methoden der Umsetzung des Unionsrechts in den Mitgliedstaaten;
    – Grundfreiheiten des Vertrags über die Arbeitsweise der Europäischen Union;
    – Grundrechte und rechtsstaatliche Verfahrensgarantien;
    – aus dem Rechtsschutzsystem des Unionsrechts: Vorabentscheidungsverfahren und Vertragsverletzungsverfahren.

(2) [1]Gegenstand der mündlichen Prüfung ist der Prüfungsstoff nach Absatz 1. [2]Prüfungsstoff des Prüfungsabschnitts im Schwerpunkt ist hauptsächlich

1. im Schwerpunktbereich Familien- und Erbrecht: Familien- und Erbrecht mit einschlägigem Verfahrensrecht;
2. im Schwerpunktbereich Rechtsanwalt:
    – anwaltliche Praxis in den Pflichtstoffgebieten nach Absatz 1 Nummer 1 bis 10, Grundpflichten und Berufsregeln nach der Bundesrechtsanwaltsordnung und der Berufsordnung der Rechtsanwälte, das Mandat mit Haftungsfragen, Gebührenrecht, Formen anwaltlicher Zusammenarbeit, Kanzleigründung, -führung und -organisation, Streitschlichtung;
    – im Überblick: Zulassungs- und Aufsichtswesen;
3. im Schwerpunktbereich Wirtschaft:
    – Handels- und Gesellschaftsrecht;
    – im Überblick: Insolvenzrecht;
4. im Schwerpunktbereich Gewerblicher Rechtsschutz:
    – Wettbewerbs- und Markenrecht;
    – im Überblick: Kartellrecht;
5. im Schwerpunktbereich IT-Recht:
    – Domain-Recht, Software- und Internet-Verträge;
    – im Überblick: Urheberrecht, Datenschutzrecht;
6. im Schwerpunktbereich Verwaltung:
    – Immissionsschutzrecht, Naturschutzrecht, Wasserrecht;
    – im Überblick: Kreislaufwirtschafts- und Abfallrecht, Bodenschutzrecht;
7. im Schwerpunktbereich Arbeit:
    Individual- und Kollektivarbeitsrecht, Arbeitsgerichtsgesetz;
8. im Schwerpunktbereich soziale Sicherung:
    – aus dem Sozialversicherungsrecht: Unfall- und Krankenversicherung;
    – Grundsicherung für Arbeitsuchende;
    – im Überblick: Recht der Erwerbsminderungs- und Altersrenten, Verwaltungsverfahren und Sozialgerichtsgesetz;
9. im Schwerpunktbereich Steuern:
    – Steuerrecht und Bilanzrecht;
    – im Überblick: finanzgerichtliches Verfahren;
10. im Schwerpunktbereich Europarecht:
    – Recht der Europäischen Union;
    – im Überblick: Völkerrecht;

11. im Schwerpunktbereich Internationales Privatrecht:
  – Internationales Privatrecht;
  – im Überblick: Internationales Zivilprozessrecht;
12. im Schwerpunktbereich strafrechtliche Rechtspflege:
  Jugendstrafrecht, Strafvollstreckung und Justizvollzug.

(3) Zu den Rechtsgebieten gehören ihre europarechtlichen Bezüge sowie Bezüge zur Konvention zum Schutz der Menschenrechte und Grundfreiheiten.

(4) § 8 Absatz 4 und 5 gilt entsprechend.

§ 57 Ausschluss von der mündlichen Prüfung

[1]Mündlich geprüft wird, wer

1. in der schriftlichen Prüfung eine Durchschnittspunktzahl gemäß § 59 Absatz 2 Satz 2 Nummer 1 von mindestens 3,75 Punkten und
2. in mindestens vier Aufsichtsarbeiten 4,0 oder mehr Punkte erreicht hat.

[2]Wer diese Voraussetzungen nicht erfüllt, ist von der mündlichen Prüfung ausgeschlossen und hat die Prüfung nicht bestanden.

§ 58 Mündliche Prüfung

(1) Vor der mündlichen Prüfung wird das Ergebnis der schriftlichen Prüfung mitgeteilt.

(2) Die mündliche Prüfung umfasst einen Aktenvortrag und je einen Prüfungsabschnitt im Zivilrecht, Strafrecht, Öffentlichen Recht sowie in dem gemäß § 54 Absatz 1 Nummer 4 gewählten Schwerpunktbereich.

(3) [1]Der Prüfungsausschuss besteht aus einer Prüferin oder einem Prüfer für jeden Prüfungsabschnitt und der Berichterstatterin oder dem Berichterstatter für den Aktenvortrag; eine oder einer der Prüferinnen oder Prüfer kann zugleich Berichterstatterin oder Berichterstatter sein. [2]§ 17 Absatz 3 Satz 1, 4 und 5 gilt entsprechend.

(4) [1]Die Dauer der mündlichen Prüfung soll so bemessen sein, dass jeder Prüfling ohne den Aktenvortrag etwa 40 Minuten geprüft wird. [2]Regelmäßig werden drei Prüflinge zusammen geprüft. [3]Mehr als vier Prüflinge dürfen nicht zusammen geprüft werden.

(5) [1]Zur Vorbereitung des Aktenvortrags werden dem Prüfling die Akten 75 Minuten vor Beginn der mündlichen Prüfung ausgehändigt. [2]Die Dauer des Vortrags soll zehn Minuten nicht überschreiten. [3]Der Vortrag kann aus dem Gebiet des Zivilrechts, des Strafrechts oder des Öffentlichen Rechts gewählt werden.

(6) [1]§ 13 Absatz 4 und 7 gilt entsprechend. [2]Für die Vorbereitung des Aktenvortrags stellt das Landesjustizprüfungsamt die zugelassenen Kommentare zur Verfügung.

(7) [1]Der Prüfungsausschuss bewertet die Leistungen im Aktenvortrag und in jedem Prüfungsabschnitt mit einer Note und Punktzahl nach § 15. [2]§ 18 Absatz 1 Satz 2 gilt entsprechend. [3]Bei Stimmengleichheit gibt die Stimme der oder des Vorsitzenden den Ausschlag.

(8) Rechtsreferendarinnen oder Rechtsreferendaren und anderen Personen, die ein berechtigtes Interesse haben, kann das Landesjustizprüfungsamt die Anwesenheit bei der mündlichen Prüfung mit Ausnahme des Aktenvortrags, der Beratung und der Bekanntgabe des Prüfungsergebnisses gestatten.

§ 59 Gesamtnote

(1) Im Anschluss an die mündliche Prüfung berät der Prüfungsausschuss über das Ergebnis der Prüfung und setzt die Gesamtnote fest.

(2) [1]Grundlage der Festsetzung sind die Einzelleistungen in der schriftlichen und mündlichen Prüfung. [2]Hierbei sind zu berücksichtigen

1. mit einem Anteil von 70 vom Hundert die ohne Rundung auf zwei Dezimalstellen errechnete Durchschnittspunktzahl der schriftlichen Prüfung, zu deren Berechnung das Durchschnittsergebnis der beiden öffentlich-rechtlichen Aufsichtsarbeiten der Gesamtpunktzahl aus den acht Aufsichtsarbeiten hinzugerechnet und die Summe durch neun geteilt wird,
2. mit einem Anteil von 30 vom Hundert die ohne Rundung auf zwei Dezimalstellen errechnete Durchschnittspunktzahl der mündlichen Prüfung, zu deren Berechnung die Gesamtpunktzahl für den Aktenvortrag und für die vier Prüfungsabschnitte durch die Zahl fünf geteilt wird.

[3]Das Ergebnis ist ohne Rundung auf zwei Dezimalstellen zu errechnen (Durchschnittspunktzahl der Prüfung). [4]Der Prüfungsausschuss kann in Ausnahmefällen von der Durchschnittspunktzahl der Prü-

fung bis zu einem Punkt nach oben oder unten abweichen, wenn dies aufgrund des Gesamteindrucks den Leistungsstand des Prüflings besser kennzeichnet und die Abweichung auf das Bestehen der Prüfung keinen Einfluss hat (Endpunktzahl); hierbei sind auch die Leistungen im Vorbereitungsdienst zu berücksichtigen. [5]§ 18 Absatz 1 Satz 2 gilt entsprechend. [6]Bei Stimmengleichheit gibt die Stimme der oder des Vorsitzenden den Ausschlag.

(3) § 19 Absatz 3 bis 5 und § 20 gelten entsprechend.

§ 60 Rücktritt

(1) Wird der Zulassungsantrag zum maßgeblichen Prüfungstermin nicht gestellt oder erfolgt ein Rücktritt nach Zulassung zur Prüfung, gilt § 12 entsprechend.

(2) [1]Genehmigt das Landesjustizprüfungsamt den Rücktritt von der schriftlichen Prüfung, wird die Ausbildung im Vorbereitungsdienst bis zur Nachholung der Aufsichtsarbeiten unterbrochen, falls nicht die Zuweisung in die Wahlstation beantragt wird. [2]In beiden Fällen sind die Aufsichtsarbeiten in dem nächsten Prüfungstermin zu fertigen.

(3) § 18 Absatz 2 gilt entsprechend.

§ 61 Zeugnis

(1) Das Landesjustizprüfungsamt erteilt bei Bestehen der Prüfung ein Zeugnis mit der erreichten Gesamtnote und Endpunktzahl.

(2) Das Bestehen der Prüfung berechtigt dazu, die Bezeichnung „Rechtsassessorin (Ass. jur.)" oder „Rechtsassessor (Ass. jur.)" zu führen.

§ 62 Platznummer

(1) [1]Nach Abschluss des Prüfungsverfahrens werden vom Landesjustizprüfungsamt aufgrund der Endpunktzahlen Platznummern festgesetzt. [2]Haben mehrere Prüflinge die gleiche Endpunktzahl, so erhalten sie die gleichen Platznummern.

(2) Das Landesjustizprüfungsamt stellt ein Zeugnis über die erreichte Platznummer aus.

§ 63 Täuschungsversuch und Ordnungsverstoß; Verfahrensfehler

(1) Bei einem Täuschungsversuch oder einem Ordnungsverstoß gilt § 24 entsprechend.

(2) Bei Verfahrensfehlern gilt § 25 entsprechend.

§ 64 Wiederholung der Prüfung

(1) [1]Wer die Prüfung nicht bestanden hat, kann sie einmal wiederholen. [2]Die Prüfung ist vollständig zu wiederholen, in den Fällen des § 51 Absatz 1 Nummer 5 im nächsten Prüfungstermin, in den anderen Fällen spätestens im übernächsten Prüfungstermin. [3]Ein Wechsel des Schwerpunktbereichs und des Rechtsgebiets für den Aktenvortrag ist ausgeschlossen. [4]Wird Ergänzungsvorbereitungsdienst abgeleistet, bestimmt die Präsidentin oder der Präsident des Oberlandesgerichts die Ausbildungsstellen, an die eine Zuweisung zur weiteren Ausbildung erfolgt; die Rechtsreferendarin oder der Rechtsreferendar kann auch mit Dienstgeschäften betraut werden. [5]Der Ergänzungsvorbereitungsdienst dauert längstens bis zur Ablegung der Wiederholungsprüfung im übernächsten Prüfungstermin. [6]Verzögert sich die Prüfungsteilnahme, erfolgt die Entlassung aus dem Ergänzungsvorbereitungsdienst.

(2) [1]Auf Antrag kann eine zweite Wiederholung der Zweiten juristischen Staatsprüfung gestattet werden, wenn die erfolglosen Prüfungen beim Landesjustizprüfungsamt in Baden-Württemberg abgelegt worden sind und der Prüfling in einem der beiden Prüfungsversuche eine Endpunktzahl oder im Falle des § 57 Satz 2 eine ohne Rundung auf zwei Dezimalstellen errechnete Durchschnittspunktzahl in der schriftlichen Prüfung von mindestens 3,50 erreicht hat. [2]Der Antrag ist innerhalb von drei Monaten nach Eröffnung des Ergebnisses der Wiederholungsprüfung zu stellen. [3]Die Gestattung der zweiten Wiederholung kann von der Erfüllung von Auflagen abhängig gemacht werden. [4]Das Landesjustizprüfungsamt bestimmt den Prüfungstermin, in dem spätestens die zweite Wiederholungsprüfung abzulegen ist; Absatz 1 Satz 2 gilt entsprechend.

§ 65 Notenverbesserung

(1) Wer die Zweite juristische Staatsprüfung bei erstmaliger Teilnahme in Baden-Württemberg bestanden hat, kann die Prüfung zur Verbesserung der Note spätestens in der übernächsten Prüfung einmal wiederholen.

(2) [1]Dem Antrag sind die in § 54 Absatz 1 Nummer 1 bis Nummer 3 genannten Unterlagen und Erklärungen beizufügen. [2]Über den Antrag entscheidet das Landesjustizprüfungsamt.

(3) [1]Wird in der Notenverbesserungsprüfung eine höhere Punktzahl erreicht, so erteilt das Landesjustizprüfungsamt ein Zeugnis (§ 61 Absatz 1). [2]§ 23 Absatz 2 und § 64 Absatz 1 Satz 3 gelten entsprechend.

Abschnitt 5
Schlussbestimmungen

§ 66 Anrechnung von Ausbildungszeiten

[1]Eine erfolgreich abgeschlossene Ausbildung für die Laufbahnen des gehobenen Justizdienstes, des Bezirksnotardienstes oder des gehobenen Verwaltungsdienstes kann auf Antrag bis zu sechs Monaten auf den Vorbereitungsdienst angerechnet werden. [2]Die Entscheidung trifft das Landesjustizprüfungsamt, im Falle einer Anrechnung auf die Ausbildung in der Verwaltung im Einvernehmen mit dem Innenministerium.

§ 67 Abweichende Regelungen

Das Justizministerium kann im Einvernehmen mit dem Innenministerium über Reihenfolge, Dauer und Ausbildungsstellen der Ausbildungsabschnitte eine von § 46 Absatz 1 und § 47 Absatz 1 abweichende Bestimmung treffen, wenn dies wegen der Zahl der benötigten Ausbildungsplätze oder wegen der Zuweisung an die Deutsche Universität für Verwaltungswissenschaften Speyer, an eine rechtswissenschaftliche Fakultät nach § 47 Absatz 3 oder an eine überstaatliche oder zwischenstaatliche Einrichtung, insbesondere an ein Organ der Europäischen Union, erforderlich ist.

§ 68 Übergangsvorschrift

(1) [1]§ 8 gilt erstmals für Studierende, die im Februar 2021 am schriftlichen Teil der Staatsprüfung der Ersten juristischen Prüfung teilnehmen. [2]Im Übrigen findet § 8 in der bis zum Inkrafttreten dieser Verordnung geltenden Fassung Anwendung.

(2) [1]§ 56 gilt erstmals für Rechtsreferendarinnen und Rechtsreferendare, die im Dezember 2021 am schriftlichen Teil der Zweiten juristischen Staatsprüfung teilnehmen. [2]Im Übrigen findet § 51 in der bis zum Inkrafttreten dieser Verordnung geltenden Fassung Anwendung. [3]Für Rechtsreferendarinnen und Rechtsreferendare, deren erste Teilnahme am schriftlichen Teil der Zweiten juristischen Staatsprüfung vor dem 1. Januar 2019 erfolgt ist, findet für die zweite Wiederholung der Zweiten juristischen Staatsprüfung § 59 Absatz 2 in der bis zum Inkrafttreten dieser Verordnung geltenden Fassung Anwendung. [4]Letztmalig kann der zweite Wiederholungsversuch der Zweiten juristischen Staatsprüfung nach den bis zum Inkrafttreten dieser Verordnung geltenden Vorschriften zum Frühjahrstermin 2021 vorgenommen werden.

§ 69 Inkrafttreten, Außerkrafttreten

[1]Diese Verordnung tritt mit Wirkung vom 30. April 2019 in Kraft. [2]Gleichzeitig tritt die Juristenausbildungs- und Prüfungsordnung in der Fassung vom 8. Oktober 2002 (GBl. S. 391), die zuletzt durch Artikel 2 des Gesetzes vom 17. Dezember 2015 (GBl. S. 1210, 1220) geändert worden ist, außer Kraft.

Verwaltungsvorschrift des Justizministeriums über die Ausbildung der Rechtsreferendarinnen und -referendare[1]

Vom 1. März 2017 – Az.: 2221/0223 –
(Die Justiz S. 183)

Bezug:

Verwaltungsvorschrift des Justizministeriums über die Ausbildung der Rechtsreferendarinnen und -referendare vom 31. März 2011 (Die Justiz, S. 128), die zuletzt durch Verwaltungsvorschrift vom 11. September 2014 (Die Justiz, S. 241) geändert worden ist

Zur Durchführung der Juristenausbildungs- und Prüfungsordnung vom 8. Oktober 2002 (GBl. S. 391), die zuletzt durch Artikel 2 des Gesetzes vom 17. Dezember 2015 (GBl. S. 1210, 1220) geändert worden ist, wird im Einvernehmen mit dem Innenministerium und den Rechtsanwaltskammern angeordnet:

Abschnitt A Allgemeine Vorschriften

I. Einstellung und Zuweisung an die Ausbildungsstellen

1.

[1]Einstellungen in den Vorbereitungsdienst erfolgen regelmäßig zum 1. April und 1. Oktober eines Jahres. [2]Bewerbungen müssen bis zum 30. November beziehungsweise 31. Mai bei den Oberlandesgerichten eingehen (Ausschlussfrist).

2.

[1]Bei der Einstellung und bei der Zuweisung in die Landgerichtsbezirke und an die einzelnen Ausbildungsstellen ist darauf zu achten, dass die Ausbildungskapazitäten des Landes gleichmäßig genutzt werden. [2]Die Präsidentin oder der Präsident des Oberlandesgerichts kann die Zuweisung an Ausbildungsstellen innerhalb eines Landgerichtsbezirks der Präsidentin oder dem Präsidenten des Landgerichts übertragen. [3]Bei Zuweisungen ins Ausland im Rahmen der Pflichtstation Verwaltung soll die Arbeitsfähigkeit der Arbeitsgemeinschaften berücksichtigt werden.

3.

[1]Die Rechtsreferendarin oder der Rechtsreferendar hat gegenüber der zuweisenden Stelle zu erklären, welchen Ausbildungsstellen sie oder er in den Pflichtstationen und in der Wahlstation zugewiesen werden will. [2]Die Erklärung ist mindestens drei Monate vor Beginn der Ausbildung bei der betreffenden Ausbildungsstelle abzugeben. [3]In den Pflichtstationen Rechtsanwalt I und II sowie in der Wahlstation ist eine Einverständniserklärung der Ausbildungsstelle vorzulegen. [4]In der Pflichtstation Verwaltung bestimmt die zuweisende Stelle das Zuweisungsverfahren; sie kann insbesondere eine abweichende Abgabefrist für das Zuweisungsgesuch festlegen und eine Einverständniserklärung der Ausbildungsstelle fordern. [5]Das Zuweisungsgesuch ist mindestens drei Monate vor Beginn des jeweiligen Ausbildungsabschnitts abzugeben. [6]Die Erklärung über die Wahl des Schwerpunktbereichs ist spätestens drei Monate vor Beginn der Wahlstation abzugeben; sie ist unwiderruflich.

II. Ausbildungsleitung

1.

[1]Vom Justizministerium werden bei den Oberlandesgerichten und bei den Landgerichten und vom Innenministerium im Einvernehmen mit dem Justizministerium bei den Regierungspräsidien Ausbildungsleiterinnen und -leiter bestellt. [2]Die Bestellung erfolgt widerruflich auf bestimmte Zeit, regel-

---

1) Die Verwaltungsvorschrift **tritt mit Ablauf des 31. 3. 2024 außer Kraft**, vgl. Abschnitt D Nr. 2.

mäßig auf die Dauer von drei Jahren. [3]Die den Ausbildungsleiterinnen und -leitern übertragenen Ausbildungsaufgaben werden von diesen im Hauptamt übernommen. [4]Sie werden hierzu von ihren sonstigen Dienstgeschäften in angemessenem Umfang freigestellt.

2.

[1]Die Ausbildungsleiterinnen und -leiter nehmen die bei ihren Behörden anfallenden Verwaltungsaufgaben in der Referendarausbildung wahr. [2]Sie stehen dabei und in allen sonstigen Ausbildungsangelegenheiten mit dem Justizministerium und dem Innenministerium sowie untereinander in enger Verbindung. [3]Darüber hinaus obliegt es den Ausbildungsleiterinnen und -leitern, die Ausbilderinnen und Ausbilder auf Station und in den Lehrveranstaltungen sowie die Rechtsreferendarinnen und -referendare in allen Ausbildungsfragen zu beraten und zu betreuen sowie die Ausbildung zu überwachen. [4]Sie geben Anweisungen und Anregungen zu den Methoden und Inhalten der Ausbildung und erstellen geeignetes Ausbildungs- und Unterrichtsmaterial. [5]Zum Hauptamt der Ausbildungsleiterinnen und -leiter bei den Landgerichten gehört ferner ein Unterrichtsdeputat von jährlich 70 Stunden, das in der Regel im Rahmen der Einführungslehrgänge erfüllt wird.

III. Sprecher der Arbeitsgemeinschaften

1.

[1]In jeder Arbeitsgemeinschaft wird eine Sprecherin oder ein Sprecher zur Vertretung der Interessen der Arbeitsgemeinschaft in der Ausbildung gewählt. [2]Die Sprecher stehen in allen Ausbildungsangelegenheiten mit den Ausbildungsleiterinnen und -leitern in Verbindung.

2.

[1]In jedem Oberlandesgerichtsbezirk können jährlich bis zu drei Sprecherkonferenzen durchgeführt werden. [2]Sofern ein Bedürfnis besteht, kann eine der Sprecherkonferenzen gemeinsam für beide Oberlandesgerichtsbezirke abgehalten werden.

[1]Die Vorstände der Sprecherkonferenzen werden beim Erlass allgemeiner Vorschriften über die Ausbildung der Rechtsreferendare gehört. [2]Mit Genehmigung der Ausbildungsleiterin oder des -leiters können die Vorstände der Sprecherkonferenzen und die Sprecherinnen und Sprecher bei Aufgaben, die sich auf die Ausbildung im Vorbereitungsdienst beziehen, die Kanzleien bei den Oberlandesgerichten und Landgerichten (Schreibsekretariat, Fotokopiergerät, Postabfertigung) in Anspruch nehmen. [3]Im Rahmen der verfügbaren Haushaltsmittel können erforderliche Reisen der Sprecherinnen und Sprecher sowie der Vorstände der Sprecherkonferenzen als Dienstreisen anerkannt werden.

Abschnitt B Ausbildung in der Praxis
I. Stationsausbildung

1.

[1]In den Ausbildungsstellen wird die Rechtsreferendarin oder der -referendar einer Ausbilderin oder einem Ausbilder zugewiesen, die oder der die Befähigung zum Richteramt oder zum höheren allgemeinen Verwaltungsdienst besitzen soll.

[2]Bei den Verwaltungsbehörden können einzelne Ausbildungsaufgaben Beamtinnen oder Beamten des gehobenen (allgemeinen) Verwaltungsdienstes übertragen werden; die Verantwortung der Ausbilderin oder des Ausbilders bleibt unberührt. [3]Bei Gemeinden und Verwaltungsgemeinschaften, bei denen keine Person mit der Befähigung nach Satz 1 tätig ist, können geeignete Beamtinnen oder Beamte des gehobenen (allgemeinen) Verwaltungsdienstes die Verantwortung für die Ausbildung übernehmen.

[4]Bei den Staatsanwaltschaften kann die Stationsausbildung Amtsanwältinnen oder -anwälten übertragen werden, sofern sie diese Tätigkeit mindestens drei Jahre ausüben. [5]Die Zuweisung an eine Rechtsanwältin oder einen -anwalt darf nur erfolgen, wenn diese Person seit mindestens zwei Jahren zur Rechtsanwaltschaft zugelassen ist.

2.

Als Ausbilderin oder Ausbilder darf nicht herangezogen werden, wer für Ausbildungsaufgaben nicht geeignet erscheint oder wer Angehörige oder Angehöriger der Rechtsreferendarin oder des -referendars im Sinne des § 20 Absatz 5 des Landesverwaltungsverfahrensgesetzes ist.

3.

[1]Einer Ausbilderin oder einem Ausbilder wird grundsätzlich eine Rechtsreferendarin oder ein -referendar zur Ausbildung zugewiesen. [2]Bei Kapazitätsengpässen können zwei, bei besonderer Eignung und im Einverständnis der Ausbilderin oder des Ausbilders können bis zu drei Rechtsreferendarinnen oder -referendare zugewiesen werden. [3]Mehrfachzuweisungen in den Pflichtstationen Rechtsanwalt I und II sollen nur im Einvernehmen mit der Rechtsanwaltskammer erfolgen.

II. Allgemeine Ausbildungsgrundsätze

1.

[1]Die Ausbilderin oder der Ausbilder ist gehalten, die praktische Ausbildung so zu gestalten, dass die Rechtsreferendarin oder der -referendar intensiv und zielstrebig gefördert wird. [2]Hierzu gehört, dass das Interesse und das eigene Bemühen der Rechtsreferendarin oder des -referendars um die Ausbildung gestärkt und das Bewusstsein vermittelt wird, verantwortlich an der Erfüllung der Aufgaben der Praxis mitzuarbeiten.

2.

[1]Die Rechtsreferendarin oder der -referendar soll, soweit es die Ausbildung erfordert, weitmöglich am beruflichen Tagesablauf der Ausbilderin oder des Ausbilders teilnehmen und sich mit der Arbeitsweise in deren oder dessen Tätigkeitsgebiet vertraut machen. [2]Anhand der anstehenden Aufgaben soll die Fähigkeit vermittelt werden, die erworbenen Rechtskenntnisse in der Praxis anzuwenden, und Gelegenheit gegeben werden, diese durch Erfahrung zu vervollständigen und zu vertiefen. [3]Dem fortschreitenden Ausbildungsstand entsprechend sollen zunehmend Aufgaben auch zur selbstständigen Erledigung übertragen werden, wobei von den gesetzlich eingeräumten Möglichkeiten Gebrauch gemacht werden soll (zum Beispiel § 10 GVG, §§ 139 und 142 Absatz 2 StPO, § 53 Absatz 4 BRAO, § 2 Absatz 5 RPflG). [4]Die gefertigten Entwürfe sind eingehend zu besprechen. [5]Ein Tag in der Woche steht für das Selbststudium zur Verfügung.

3.

[1]Neben den sonstigen Stationsarbeiten sind jeweils in einer umfangreicheren Rechtssache in der Zivilstation ein umfassendes Gutachten oder der Entwurf einer gerichtlichen Entscheidung und in der Verwaltungsstation der Entwurf einer gerichtlichen oder behördlichen Entscheidung zu fertigen. [2]Diese Arbeiten finden im Rahmen der dienstlichen Beurteilung besondere Berücksichtigung.

4.

Soweit entsprechende Einrichtungen bestehen, soll im Rahmen der Ausbildung in Zivilsachen und in Strafsachen die freiwillige Mitwirkung von Rechtsreferendaren bei der Betreuung von Opfern und Zeugen vorgesehen werden.

III. Besondere Bestimmungen

1. Pflichtstation Zivilsachen

Die Rechtsreferendarin oder der -referendar soll auf Antrag Gelegenheit erhalten, an einem oder zwei Tagen die Arbeit einer Gerichtsvollzieherin oder eines Gerichtsvollziehers kennen zu lernen.

2. Pflichtstation Strafsachen

[1]Die einer Staatsanwaltschaft zugewiesenen Rechtsreferendarinnen oder -referendare sollen in der Regel wöchentlich einmal und die einem Strafgericht zugewiesenen Rechtsreferendarinnen oder -referendare in der Regel an drei bis fünf Sitzungstagen mit der Wahrnehmung des Sitzungsdienstes der Staatsanwaltschaft betraut werden. [2]Die Anklagevertretung in Sachen, die im Referat der ausbildenden Richterin oder des ausbildenden Richters anhängig sind, darf nicht übertragen werden.
[3]Zur Vorbereitung auf den Sitzungsdienst wird bei jeder Staatsanwaltschaft ein besonderer dreitägiger Kurs durchgeführt, an dem auch die einem Strafgericht zugewiesenen Rechtsreferendarinnen und -referendare teilnehmen. [4]In dem Vorbereitungskurs werden das Wissen und die praktischen Fähigkeiten zur sachgerechten Wahrnehmung des Sitzungsdienstes vermittelt. [5]Im Vordergrund steht die Übung im Plädoyer. [6]Die Kursleiter werden von der Leiterin oder dem Leiter der Staatsanwaltschaft bestellt.
[7]Die einem Strafgericht zugewiesenen Rechtsreferendarinnen und -referendare sollen an bis zu drei Sitzungstagen mit der Führung des Protokolls in der Hauptverhandlung betraut werden. [8]Den Auftrag erteilt die ausbildende Richterin oder der ausbildende Richter, bei Kollegialgerichten die oder der Vorsitzende.
[9]Den Rechtsreferendarinnen und -referendaren soll ein Einblick in die Tätigkeit der Kriminalpolizei und der Schutzpolizei gewährt werden. [10]Auf Antrag soll auch ermöglicht werden, die Arbeit einer Sozialarbeiterin oder eines Sozialarbeiters der Justiz kennen zu lernen.

3. Pflichtstation Rechtsanwalt I und II

[1]Im Rahmen der Ausbildung in den forensischen anwaltlichen Aufgaben werden die Rechtsreferendarinnen und -referendare betraut mit der
– Führung von Mandantengesprächen und der Fertigung entsprechender Aktenvermerke,
– Fertigung von Klage- und Klageerwiderungsschriftsätzen,
– Fertigung von Schriftsätzen in Antragsverfahren,
– Wahrnehmung von Gerichtsterminen mit Terminsberichten an den Mandanten,
– Fertigung von Rechtsmittelbegründungs- und Erwiderungsschriftsätzen.
[2]Neben der forensischen Tätigkeit sollen der Rechtsreferendarin oder dem -referendar weitmöglich Aufgaben in der Rechtsberatung und Rechtsgestaltung übertragen werden (Entwurf von Gutachten, Verträgen und sonstigen Vereinbarungen). [3]Sie oder er soll ferner mit berufsrechtlichen Fragen und mit der Organisation der Kanzlei vertraut gemacht werden.
[4]Ist die ausbildende Rechtsanwältin oder der ausbildende Rechtsanwalt als Syndikusanwältin oder -anwalt in der Rechtsabteilung eines Unternehmens oder Verbandes tätig, können der Rechtsreferendarin oder dem -referendar in der Pflichtstation Rechtsanwalt II auch ausschließlich die dort anfallenden Aufgaben in der unternehmens- oder verbandsinternen Rechtsberatung und -gestaltung (Entwurf von Gutachten, Stellungnahmen, Verträgen und sonstigen Vereinbarungen, Teilnahme an Besprechungen) übertragen werden.
[5]Die bearbeiteten Fälle werden dem Gegenstand nach in einem von der Rechtsreferendarin oder dem -referendar zu führenden Berichtsheft vermerkt, das dem Dienstzeugnis beigefügt wird. [6]Für das Berichtsheft ist das von der Landesjustizverwaltung herausgegebene Formular zu verwenden.

4. Pflichtstation Verwaltung

[1]Die Rechtsreferendarin oder der -referendar soll vorwiegend in Bereichen ausgebildet werden, in denen die Verwaltung Lebenssachverhalte mit ihren rechtlichen Instrumentarien gestaltet (zum Beispiel Verwaltungsakt, öffentlich-rechtlicher Vertrag, Satzung, Verordnung). [2]Die Ausbildung soll bei höchstens zwei Ämtern (Dezernaten) erfolgen. [3]Mindestens in einem sollen Aufgaben der rechtlichen Gestaltung im Vordergrund stehen.

5. Wahlstation (Schwerpunktbereiche)

[1]Die Rechtsreferendarin oder der -referendar soll mit der jeweiligen Eigenart des Aufgabengebiets der Ausbildungsstelle vertraut werden und gegebenenfalls die Besonderheiten der jeweiligen Verfahrens-

ordnung kennen lernen. [2]Die Ausbildungsstellen haben auf Anforderung der Ausbildungsleiterin oder des -leiters einen Ausbildungsplan vorzulegen und eine geeignete Ausbilderin oder einen geeigneten Ausbilder, in der Regel eine Juristin oder einen Juristen, zu benennen, der für die Ausbildung auf der Grundlage des Ausbildungsplans verantwortlich ist.

IV. Dienstliche Beurteilung

[1]Über die praktische Ausbildung in den Pflichtstationen erteilt die Ausbilderin oder der Ausbilder eine dienstliche Beurteilung, in der die Fähigkeiten und Leistungen mit einer Note und Punktzahl nach § 15 JAPrO bewertet werden. [2]Erfolgte die Ausbildung bei einer Ausbildungsstelle ausnahmsweise durch mehrere Ausbilderinnen oder Ausbilder, erteilen diese eine gemeinsame Beurteilung.

[1]Für die dienstliche Beurteilung ist das von der Landesjustizverwaltung herausgegebene Formular zu verwenden. [2]Die Beurteilung ist spätestens einen Monat nach Beendigung der jeweiligen Ausbildung dem Oberlandesgericht vorzulegen. [3]Sie ist der Rechtsreferendarin oder dem -referendar bekannt zu geben und auf Verlangen mit ihr oder ihm zu besprechen.

Abschnitt C Lehrveranstaltungen
I. Allgemeines

1.

[1]Für die Durchführung der Lehrveranstaltungen werden bei den Landgerichten Arbeitsgemeinschaften eingerichtet, denen mindestens zwölf und höchstens 30 Rechtsreferendarinnen und -referendare angehören. [2]Ergeben die Zuweisungen eine Gruppengröße von mehr als 25 Personen, ist eine Aufteilung in zwei Arbeitsgemeinschaften möglich. [3]Im Ausnahmefall kann das Landesjustizprüfungsamt auf Antrag des Oberlandesgerichts eine abweichende Regelung treffen. [4]In besonderen Fällen (insbesondere bei den Einführungslehrgängen in den Anwaltsstationen und im Schwerpunktbereich) können größere Gruppen gebildet werden. [5]Dabei können auch Rechtsreferendarinnen und -referendare mehrerer Landgerichtsbezirke in einer Gruppe zusammengefasst werden. [6]Die tägliche Unterrichtsdauer soll zwischen vier und sechs Stunden betragen.

2.

[1]Die Präsidentin oder der Präsident des Landgerichts stellt für die Lehrveranstaltungen geeignete Unterrichtsräume zur Verfügung. [2]Die Unterrichtspläne erstellt die Ausbildungsleiterin oder der -leiter beim Landgericht, soweit erforderlich, im Benehmen mit der Ausbildungsleiterin oder dem -leiter beim Regierungspräsidium und mit der zuständigen Rechtsanwaltskammer. [3]Die Organisation und der Einsatz der Dozentinnen und Dozenten in den besonderen Lehrveranstaltungen im Anwaltsrecht erfolgen durch die zuständige Rechtsanwaltskammer.

3.

[1]In den Lehrveranstaltungen werden Anwesenheitslisten geführt, in denen bei Fehlzeiten eine etwaige Entschuldigung vermerkt wird. [2]Die Ausbildungsleiterin oder der -leiter überprüft die Anwesenheitslisten und trifft bei unentschuldigten Fehlzeiten die erforderlichen Maßnahmen. [3]Die Präsidentin oder der Präsident des Landgerichts kann aus wichtigem Grund von der Teilnahmepflicht an den Lehrveranstaltungen befreien.

II. Bestellung der Dozentinnen und Dozenten

1.

[1]Die Dozentinnen und Dozenten des praxisbezogenen Unterrichts (Arbeitsgemeinschaftsleiterin oder -leiter) im Zivilrecht und im Strafrecht werden vom Oberlandesgericht widerruflich auf bestimmte Zeit, regelmäßig auf die Dauer von drei Jahren, bestellt. [2]Der Bestellung soll eine hinreichende Er-

probung vorausgehen. [3]Zu diesem Zweck kann die Präsidentin oder der Präsident des Landgerichts im Benehmen mit der Präsidentin oder dem Präsidenten des Oberlandesgerichts geeignet erscheinende Lehrkräfte mit der Vertretung oder bis zur Dauer von zwei Jahren ständig mit den Aufgaben einer Arbeitsgemeinschaftsleiterin oder eines -leiters betrauen.

[4]Für die Bestellung der Arbeitsgemeinschaftsleiterin oder des -leiters im öffentlichen Recht gilt dies entsprechend mit der Maßgabe, dass die Bestellung und die probeweise Bestellung durch das Regierungspräsidium, bei Richterinnen und Richtern im Benehmen mit der Präsidentin oder dem Präsidenten des Verwaltungsgerichtshofs, erfolgt.

2.

[1]Die Leiterin oder der Leiter der Einführungslehrgänge und die Dozentinnen und Dozenten der besonderen Lehrveranstaltungen werden von der Präsidentin oder dem Präsidenten des Landgerichts, im öffentlichen Recht von dem Regierungspräsidium, bestellt. [2]Die zu bestellenden Dozentinnen und Dozenten der besonderen Lehrveranstaltungen im Anwaltsrecht werden von den Rechtsanwaltskammern benannt.

III. Aufgabe der Lehrveranstaltungen

1.

[1]Die **Einführungslehrgänge** bereiten auf die anschließende Ausbildung in der Praxis vor. [2]Sie vermitteln schwerpunktmäßig die verfahrensrechtlichen und, soweit erforderlich ergänzend, die materiellrechtlichen Kenntnisse, die für eine intensive und zunehmend selbstständige Mitarbeit im Dezernat der Ausbilderin oder des Ausbilders erforderlich sind. [3]Soweit für die Pflichtstationen ein E-Learning-Programm für das Selbststudium bereit gestellt wird, dient dieses der frühzeitigen Vermittlung des Verständnisses für die prozessualen Abläufe, als Basis für eine vertiefte Behandlung des Verfahrensrechts in den Einführungslehrgängen sowie der Vermittlung der Arbeitstechnik. [4]Die Einführungslehrgänge sollen auf die Inhalte des E-Learning-Programms abgestimmt werden und dieses zur Vor- und Nachbereitung des Lernstoffs einbeziehen.

2.

[1]Der **praxisbezogene Unterricht** ist auf juristisches Kernwissen auszurichten und anhand von Rechtsfällen und praktischen Arbeitsvorgängen lebensnah zu gestalten. [2]Die Arbeitstechnik in der betreffenden Station ist zu vermitteln. [3]Als Unterrichtsformen kommen neben dem Lehrgespräch Kleingruppenarbeit, Prozess- und Planspiele sowie andere mitarbeitsintensive Ausbildungsformen (Referate und Kurzberichte) in Betracht. [4]Der Unterricht soll zugleich Anregung und Anleitung für das Selbststudium und für die zielstrebige und zweckentsprechende Vorbereitung auf die Zweite juristische Staatsprüfung geben. [5]Die Prüfungsanforderungen sollen im Rahmen der Besprechung der angefertigten und benoteten Übungs- und Aufsichtsarbeiten deutlich gemacht werden.

3.

In den **besonderen Lehrveranstaltungen** werden die Kenntnisse und Fähigkeiten in praxiswichtigen Arbeitsfeldern wissenschaftlich und systematisch ergänzt und vertieft.

IV. Gegenstand und Dauer der Lehrveranstaltungen

1. Pflichtstation in Zivilsachen

a) **Einführungslehrgang**   48 Stunden
ab 1. Oktober 2017   60 Stunden
Erkenntnisverfahren in 1. Instanz einschließlich Mahnverfahren und Prozesskostenhilfe

b)	**Besondere Lehrveranstaltungen**	46 Stunden
	Erbrecht mit Nachlasssachen	8 Stunden
	Anwaltspraxis im Erbrecht (Vertragsgestaltung)	5 Stunden
	Zwangsvollstreckungsrecht (mit ZVG)	12 Stunden
	Haftung im Straßenverkehr	4 Stunden
	Mietrecht	4 Stunden
	Aussage- und Vernehmungspsychologie	8 Stunden
	Anwaltsgebührenrecht	5 Stunden
c)	**Praxisbezogener Unterricht im Zivilrecht**	20 Stunden

Verarbeitung der Praxiserfahrung
Arbeitstechnik mit Methode der Fallbearbeitung
Ergänzung und Vertiefung der im Einführungslehrgang behandelten Gegenstände
Arrest und einstweilige Verfügung
Berufung und Beschwerde
Ausgewählte Fragen aus dem materiellen Recht, insbesondere privates Baurecht
Auswirkungen der Insolvenzeröffnung auf Verträge und Prozesse
Besprechung von Übungs- und Aufsichtsarbeiten

2. Pflichtstation in Strafsachen

a)	**Einführungslehrgang**	16 Stunden
	ab 1. Oktober 2017	20 Stunden

Stellung und Aufgaben der Staatsanwältin und des Staatsanwalts
Ermittlungstätigkeit mit Abschlussverfügung
Stellung und Aufgaben der Strafrichterin und des Strafrichters (Eröffnungsbeschluss, Vorbereitung der Hauptverhandlung, Hauptverhandlung)
Einführung in das Plädoyer

b)	**Besondere Lehrveranstaltungen**	28 Stunden
	Verkehrsdelikte mit Grundzügen des Ordnungswidrigkeitenrechts	8 Stunden
	Beweisantragsrecht	4 Stunden
	Rechtsmittelrecht	12 Stunden
	Strafzumessung	4 Stunden
c)	**Praxisbezogener Unterricht im Strafrecht**	12 Stunden

Verarbeitung der Praxiserfahrung
Arbeitstechnik und Methodik der Fallbearbeitung
Ergänzung und Vertiefung der im Einführungslehrgang behandelten Gegenstände
ausgewählte Fragen aus dem materiellen Recht
Besprechung von Übungs- und Aufsichtsarbeiten

d)	**Praxisbezogener Unterricht im Zivilrecht**	8 Stunden

3. Pflichtstation Rechtsanwalt I

a)	**Besondere Lehrveranstaltungen:**	
	Anwaltsrecht u.a.	59 Stunden
	Anwaltliches Berufsrecht nach BRAO und BORA sowie Mandat mit Haftungs-	
	fragen	15 Stunden
	Anwaltliche Vertragsgestaltung	10 Stunden
	Anwaltliche Strategien, Formulierung von Anträgen und Begründungen im Zi-	
	vilprozess, in der Zwangsvollstreckung und im Strafverfahren	15 Stunden
	Klausurentraining für Anwaltsklausuren	5 Stunden
	Anwaltspraxis im Gesellschaftsrecht	5 Stunden
	Individualarbeitsrecht	4 Stunden
	Anwaltspraxis im Arbeitsrecht	5 Stunden
b)	**Besondere Lehrveranstaltungen:**	

	Familienrecht	20 Stunden
	Anwaltspraxis im Familienrecht	5 Stunden
c)	**Praxisbezogener Unterricht im Zivilrecht**	12 Stunden
d)	**Praxisbezogener Unterricht im Strafrecht**	8 Stunden
e)	**Praxisbezogener Unterricht im öffentlichen Recht**	16 Stunden

4. Pflichtstation Verwaltung

a)	**Einführungslehrgang**	40 Stunden
	Aufbau der Landes- und Kommunalverwaltung	
	Verwaltungs- und Widerspruchsverfahren	
	Abfassung von Verwaltungsentscheidungen	
	Verwaltungsprozessrecht	
	vier Lehrveranstaltungen nach Buchstabe b	
b)	**Besondere Lehrveranstaltungen**	29 Stunden
		(davon 16 im Einführungslehrgang)
	Naturschutzrecht	4 Stunden
	Immissionsschutzrecht	4 Stunden
	Straßenrecht	4 Stunden
	Wasserrecht	4 Stunden
	Sozialrecht	4 Stunden
	Grundzüge der rechtlichen Gestaltung	4 Stunden
	Anwaltspraxis im Verwaltungsverfahren und Verwaltungsprozess	5 Stunden
c)	**Praxisbezogener Unterricht im öffentlichen Recht**	20 Stunden
d)	**Praxisbezogener Unterricht im Zivilrecht**	8 Stunden
e)	**Praxisbezogener Unterricht im Strafrecht**	8 Stunden

5. Pflichtstation Rechtsanwalt II

a)	**Praxisbezogener Unterricht im Zivilrecht**	16 Stunden
b)	**Praxisbezogener Unterricht in Strafrecht**	8 Stunden
c)	**Praxisbezogener Unterricht im öffentlichen Recht**	20 Stunden

6. Wahlstation

a)	**Einführungslehrgang in den Schwerpunktbereichen**	
	(bei ausreichender Gruppengröße)	20 Stunden
b)	**Übung des Aktenvortrags in der mündlichen Prüfung**	nach Bedarf
	insgesamt	bis 24 Stunden

V. Ergänzende Lehrveranstaltungen

1.

[1]Nach näherer Bestimmung der Ausbildungsleiterin oder des -leiters beim Landgericht können in jeder Arbeitsgemeinschaft neben den Pflichtstunden während der Gesamtdauer des Vorbereitungsdienstes zusätzlich bis zu 28 Unterrichtsstunden erteilt werden (Dispositionsstunden). [2]Die Dispositionsstunden sollen auf die Stationen, nach Möglichkeit anteilig entsprechend deren Dauer, verteilt werden.

2.

[1]Mit Genehmigung der Ausbildungsleiterin oder des -leiters beim Landgericht können in jeder Arbeitsgemeinschaft bis zu drei ausbildungsförderliche Besichtigungs- und Informationsveranstaltungen durchgeführt werden. [2]Die Veranstaltungen sind zweckentsprechend vorzubereiten und auszuwerten.

VI. Übungs- und Aufsichtsarbeiten

1.

Im Rahmen des praxisbezogenen Unterrichts werden acht Übungsarbeiten und acht Probeexamensarbeiten mit fünfstündiger Bearbeitungszeit gestellt, davon jeweils vier Arbeiten im Zivilrecht, zwei Arbeiten im Strafrecht und zwei Arbeiten im öffentlichen Recht.

a) Die Übungsarbeiten sollen außerhalb der regelmäßigen Unterrichtszeit in den Räumen der Arbeitsgemeinschaft oder in anderen geeigneten Räumen gefertigt werden. Eine Aufsicht ist nicht erforderlich; die Einhaltung der Bearbeitungszeit soll jedoch durch die Arbeitsgemeinschaftsleiterin oder den Arbeitsgemeinschaftsleiter oder durch eine andere geeignete Person sichergestellt werden. Die Übungsarbeiten können ausnahmsweise auch zur häuslichen Bearbeitung mit einer kurz bemessenen Abgabefrist ausgegeben werden.

b) Die Probeexamensarbeiten werden während der beiden letzten Pflichtstationen in jeweils einwöchigen Kursen möglichst unter Aufsicht gefertigt.

2.

Bei der Bearbeitung der Aufgaben dürfen nur die in der Prüfung zugelassenen Hilfsmittel verwendet werden.

3.

Die Teilnahme an den Probeexamensarbeiten ist Pflicht, die Teilnahme an den Übungsarbeiten ist Pflicht mit der Maßgabe, dass mindestens vier Übungsarbeiten abgegeben werden müssen.

Die Übungs- und Probeexamensarbeiten werden von der Arbeitsgemeinschaftsleiterin oder dem -leiter, im Familienrecht auf Wunsch der Arbeitsgemeinschaftsleiterin oder des -leiters von der Referentin oder dem Referenten der besonderen Lehrveranstaltung, korrigiert, mit einer Note gemäß § 15 JAPrO bewertet und eingehend besprochen.

4.

[1]Nach näherer Bestimmung der Ausbildungsleiterin oder des -leiters beim Landgericht kann ein freiwilliger Klausurenkurs eingerichtet werden. [2]Den Rechtsreferendarinnen und -referendaren kann auch gestattet werden, an Übungsklausuren anderer Arbeitsgemeinschaften des Landgerichtsbezirks teilzunehmen.

Abschnitt D Inkrafttreten

1.

[1]Diese Verwaltungsvorschrift tritt am 1. April 2017 in Kraft. [2]Gleichzeitig tritt die Verwaltungsvorschrift des Justizministeriums über die Ausbildung der Rechtsreferendarinnen und -referendare vom 31. März 2011 (Die Justiz, S. 128), die zuletzt durch Verwaltungsvorschrift vom 11. September 2014 (Die Justiz, S. 241) geändert worden ist, außer Kraft. [3]Die Ausbildung der Rechtsreferendarinnen und -referendare, die den Vorbereitungsdienst vor dem 1. April 2017 angetreten haben und die Ausbildung planmäßig ableisten, richtet sich weiterhin nach der in Satz 2 genannten Verwaltungsvorschrift.

2.

Diese Verwaltungsvorschrift tritt am 31. März 2024 außer Kraft.

Gesetz über die Presse
(Landespressegesetz)

Vom 14. Januar 1964 (GBl. S. 11)
(BWGültV Sachgebiet 2270)
zuletzt geändert durch Art. 3 G zum 21. Rundfunkänderungsstaatsvertrag und zur Anpassung des
Medien-Datenschutzrechts an die VO (EU) 2016/679 vom 24. April 2018 (GBl. S. 129)

Nichtamtliche Inhaltsübersicht

§	1	Freiheit der Presse	§	14	Umfang der Beschlagnahme
§	2	Zulassungsfreiheit	§	15	Verbreitungsverbot für beschlagnahmte
§	3	Öffentliche Aufgabe der Presse			Druckwerke
§	4	Informationsrecht der Presse	§	16	Aufhebung der Beschlagnahme
§	5	(aufgehoben)	§	17	Entschädigung für fehlerhafte
§	6	Sorgfaltspflicht der Presse			Beschlagnahme
§	7	Begriffsbestimmungen	§	18	Vorläufige Sicherstellung
§	8	Impressum	§	19	Beschlagnahme zur Beweissicherung
§	9	Persönliche Anforderungen an den	§	20	Strafrechtliche Verantwortung
		verantwortlichen Redakteur	§	21	Strafbare Verletzung der Presseordnung
§	10	Kennzeichnung entgeltlicher	§	22	Ordnungswidrigkeiten
		Veröffentlichungen	§	23	Zeugnisverweigerungsrecht und
§	11	Gegendarstellungsanspruch			Beschlagnahmeverbot
§	12	Datenverarbeitung zu journalistischen und	§	24	Verjährung
		literarischen Zwecken	§	25	Landesrundfunkanstalten
§	13	Anordnung der Beschlagnahme	§	26	Schlußbestimmungen

Der Landtag hat am 20. Dezember 1963 das folgende Gesetz beschlossen, das hiermit verkündet wird:

§ 1 Freiheit der Presse
(1) ¹Die Presse ist frei. ²Sie dient der freiheitlichen demokratischen Grundordnung.

(2) Die Freiheit der Presse unterliegt nur den Beschränkungen, die durch das Grundgesetz unmittelbar und in seinem Rahmen durch dieses Gesetz zugelassen sind.

(3) Sondermaßnahmen jeder Art, die die Pressefreiheit beeinträchtigen, sind verboten.

(4) Berufsorganisationen der Presse mit Zwangsmitgliedschaft und eine mit hoheitlicher Gewalt ausgestattete Standesgerichtsbarkeit der Presse sind unzulässig.

(5) Gesetzen, die für jedermann gelten, ist auch die Presse unterworfen.

§ 2 Zulassungsfreiheit
Die Pressetätigkeit einschließlich der Errichtung eines Verlagsunternehmens oder eines sonstigen Betriebes des Pressegewerbes darf von irgendeiner Zulassung nicht abhängig gemacht werden.

§ 3 Öffentliche Aufgabe der Presse
Die Presse erfüllt eine öffentliche Aufgabe, wenn sie in Angelegenheiten von öffentlichem Interesse Nachrichten beschafft und verbreitet, Stellung nimmt, Kritik übt oder auf andere Weise an der Meinungsbildung mitwirkt.

§ 4 Informationsrecht der Presse
(1) Die Behörden sind verpflichtet, den Vertretern der Presse die der Erfüllung ihrer öffentlichen Aufgabe dienenden Auskünfte zu erteilen.

(2) Auskünfte können verweigert werden, soweit
1. hierdurch die sachgemäße Durchführung eines schwebenden Verfahrens vereitelt, erschwert, verzögert oder gefährdet werden könnte oder
2. Vorschriften über die Geheimhaltung entgegenstehen oder
3. ein überwiegendes öffentliches oder schutzwürdiges privates Interesse verletzt würde oder
4. ihr Umfang das zumutbare Maß überschreitet.

(3) Anordnungen, die einer Behörde Auskünfte an die Presse allgemein verbieten, sind unzulässig.

(4) Der Verleger einer Zeitung oder Zeitschrift kann von den Behörden verlangen, daß ihm deren amtliche Bekanntmachungen nicht später als seinen Mitbewerbern zur Verwendung zugeleitet werden.

§ 5 (aufgehoben)

§ 6 Sorgfaltspflicht der Presse
[1]Die Presse hat alle Nachrichten vor ihrer Verbreitung mit der nach den Umständen gebotenen Sorgfalt auf Wahrheit, Inhalt und Herkunft zu prüfen. [2]Die Verpflichtung, Druckwerke von strafbarem Inhalt freizuhalten oder Druckwerke strafbaren Inhalts nicht zu verbreiten (§ 20 Abs. 2), bleibt unberührt.

§ 7 Begriffsbestimmungen
(1) Druckwerke im Sinne dieses Gesetzes sind alle mittels der Buchdruckerpresse oder eines sonstigen zur Massenherstellung geeigneten Vervielfältigungsverfahrens hergestellten und zur Verbreitung bestimmten Schriften, besprochenen Tonträger, bildlichen Darstellungen mit und ohne Schrift, Bildträger und Musikalien mit Text oder Erläuterungen.
(2) [1]Zu den Druckwerken gehören auch die vervielfältigten Mitteilungen, mit denen Nachrichtenagenturen, Pressekorrespondenzen, Materndienste und ähnliche Unternehmungen die Presse mit Beiträgen in Wort, Bild oder ähnlicher Weise versorgen. [2]Als Druckwerke gelten ferner die von einem presseredaktionellen Hilfsunternehmen gelieferten Mitteilungen ohne Rücksicht auf die technische Form, in der sie geliefert werden.
(3) Den Bestimmungen dieses Gesetzes über Druckwerke unterliegen nicht
1. amtliche Druckwerke, soweit sie ausschließlich amtliche Mitteilungen enthalten,
2. die nur Zwecken des Gewerbes und Verkehrs, des häuslichen und geselligen Lebens dienenden Druckwerke, wie Formulare, Preislisten, Werbedrucksachen, Familienanzeigen, Geschäfts-, Jahres- und Verwaltungsberichte und dergleichen, sowie Stimmzettel für Wahlen.
(4) Periodische Druckwerke sind Zeitungen, Zeitschriften und andere in ständiger, wenn auch unregelmäßiger Folge und im Abstand von nicht mehr als sechs Monaten erscheinende Druckwerke.

§ 8 Impressum
(1) Auf jedem im Geltungsbereich dieses Gesetzes erscheinenden Druckwerk müssen Name oder Firma und Anschrift des Druckers und des Verlegers, beim Selbstverlag des Verfassers oder des Herausgebers, genannt sein.
(2) [1]Auf den periodischen Druckwerken sind ferner Name und Anschrift des verantwortlichen Redakteurs anzugeben. [2]Sind mehrere Redakteure verantwortlich, so muß das Impressum die in Satz 1 geforderten Angaben für jeden von ihnen enthalten. [3]Hierbei ist kenntlich zu machen, für welchen Teil oder sachlichen Bereich des Druckwerks jeder einzelne verantwortlich ist. [4]Für den Anzeigenteil ist ein Verantwortlicher zu benennen; für diesen gelten die Vorschriften über den verantwortlichen Redakteur entsprechend.
(3) [1]Zeitungen und Anschlußzeitungen, die regelmäßig ganze Seiten des redaktionellen Teils fertig übernehmen, haben im Impressum auch den für den übernommenen Teil verantwortlichen Redakteur und den Verleger zu benennen. [2]Kopfzeitungen müssen im Impressum auch den Titel der Hauptzeitung angeben.

§ 9 Persönliche Anforderungen an den verantwortlichen Redakteur
(1) Als verantwortlicher Redakteur darf nicht tätig sein und beschäftigt werden, wer
1. seinen ständigen Aufenthalt außerhalb eines Mitgliedstaats der Europäischen Union oder eines anderen Vertragsstaates des Abkommens über den Europäischen Wirtschaftsraum hat,
2. infolge Richterspruchs die Fähigkeit, öffentliche Ämter zu bekleiden, Rechte aus öffentlichen Wahlen zu erlangen oder in öffentlichen Angelegenheiten zu wählen oder zu stimmen, nicht besitzt,
3. das 21. Lebensjahr nicht vollendet hat,
4. nicht geschäftsfähig ist,
5. nicht unbeschränkt strafgerichtlich verfolgt werden kann.
(2) Die Vorschriften des Absatzes 1 Nr. 3 und 4 gelten nicht für Druckwerke, die von Jugendlichen für Jugendliche herausgegeben werden.
(3) Von der Voraussetzung des Absatzes 1 Nr. 1 kann das Wissenschaftsministerium im Einvernehmen mit dem Justizministerium in besonderen Fällen auf Antrag Befreiung erteilen.

§ 10 Kennzeichnung entgeltlicher Veröffentlichungen

Hat der Verleger eines periodischen Druckwerks oder der Verantwortliche (§ 8 Abs. 2 Satz 4) für eine Veröffentlichung ein Entgelt erhalten, gefordert oder sich versprechen lassen, so hat er diese Veröffentlichung, soweit sie nicht schon durch Anordnung und Gestaltung allgemein als Anzeige zu erkennen ist, deutlich mit dem Wort „Anzeige" zu bezeichnen.

§ 11 Gegendarstellungsanspruch

(1) [1]Der verantwortliche Redakteur und der Verleger eines periodischen Druckwerks sind verpflichtet, eine Gegendarstellung der Person oder Stelle zum Abdruck zu bringen, die durch eine in dem Druckwerk aufgestellte Tatsachenbehauptung betroffen ist. [2]Die Verpflichtung erstreckt sich auf alle Nebenausgaben des Druckwerks, in denen die Tatsachenbehauptung erschienen ist.

(2) [1]Die Pflicht zum Abdruck einer Gegendarstellung besteht nicht, wenn die betroffene Person oder Stelle kein berechtigtes Interesse an der Veröffentlichung hat, wenn die Gegendarstellung ihrem Umfang nach nicht angemessen ist oder bei Anzeigen, die ausschließlich dem geschäftlichen Verkehr dienen. [2]Überschreitet die Gegendarstellung nicht den Umfang des beanstandeten Textes, so gilt sie als angemessen. [3]Die Gegendarstellung muß sich auf tatsächliche Angaben beschränken und darf keinen strafbaren Inhalt haben. [4]Sie bedarf der Schriftform und muß von dem Betroffenen oder seinem gesetzlichen Vertreter unterzeichnet sein. [5]Der Betroffene oder sein Vertreter kann den Abdruck nur verlangen, wenn die Gegendarstellung dem verantwortlichen Redakteur oder dem Verleger unverzüglich, spätestens innerhalb von drei Monaten nach der Veröffentlichung, zugeht.

(3) [1]Die Gegendarstellung muß in der nach Empfang der Einsendung nächstfolgenden, für den Druck nicht abgeschlossenen Nummer in dem gleichen Teil des Druckwerks und mit gleicher Schrift wie der beanstandete Text ohne Einschaltungen und Weglassungen abgedruckt werden; sie darf nicht in der Form eines Leserbriefs erscheinen. [2]Der Abdruck ist kostenfrei. [3]Wer sich zu der Gegendarstellung in derselben Nummer äußert, muß sich auf tatsächliche Angaben beschränken.

(4) [1]Für die Durchsetzung des Gegendarstellungsanspruchs ist der ordentliche Rechtsweg gegeben. [2]Auf Antrag des Betroffenen kann das Gericht anordnen, daß der verantwortliche Redakteur und der Verleger in der Form des Absatzes 3 eine Gegendarstellung veröffentlichen. [3]Auf dieses Verfahren sind die Vorschriften der Zivilprozeßordnung über das Verfahren auf Erlaß einer einstweiligen Verfügung entsprechend anzuwenden. [4]Eine Gefährdung des Anspruchs braucht nicht glaubhaft gemacht zu werden. [5]Ein Hauptverfahren findet nicht statt.

(5) Die Absätze 1 bis 4 gelten nicht für wahrheitsgetreue Berichte über öffentliche Sitzungen der gesetzgebenden oder beschließenden Organe des Bundes, der Länder und der Gemeinden (Gemeindeverbände) sowie der Gerichte.

§ 12 Datenverarbeitung zu journalistischen und literarischen Zwecken

(1) [1]Soweit Unternehmen der Presse und deren Hilfsunternehmen personenbezogene Daten zu journalistischen oder literarischen Zwecken verarbeiten, ist es den hiermit befassten Personen untersagt, diese personenbezogenen Daten zu anderen Zwecken zu verarbeiten (Datengeheimnis). [2]Bei der Aufnahme ihrer Tätigkeit sind diese Personen auf das Datengeheimnis zu verpflichten. [3]Das Datengeheimnis besteht auch nach Beendigung der Tätigkeit fort.

(2) [1]Im Übrigen finden für die Datenverarbeitung zu journalistischen oder literarischen Zwecken durch Unternehmen der Presse und deren Hilfsunternehmen von den Kapiteln II bis VII und IX der Verordnung (EU) 2016/679 des Europäischen Parlaments und des Rates vom 27. April 2016 zum Schutz natürlicher Personen bei der Verarbeitung personenbezogener Daten, zum freien Datenverkehr und zur Aufhebung der Richtlinie 95/46/EG (Datenschutz-Grundverordnung) (ABl. L 119 vom 4. Mai 2016, S. 1, ber. ABl. L 314 vom 22. November 2016, S. 72) nur Artikel 5 Absatz 1 Buchstabe f in Verbindung mit Absatz 2, Artikel 24 und 32 sowie von den Vorschriften des Bundesdatenschutzgesetzes (BDSG) vom 30. Juni 2017 (BGBl. I S. 2097) nur § 83 in ihrer jeweils geltenden Fassung Anwendung. [2]Artikel 82 der Verordnung (EU) 2016/679 gilt mit der Maßgabe, dass nur für unzureichende Maßnahmen nach Artikel 5 Absatz 1 nur für eine Verletzung des Datengeheimnisses nach Absatz 1 gehaftet wird.

(3) Führt die journalistische oder literarische Verarbeitung personenbezogener Daten zur Verbreitung von Gegendarstellungen der betroffenen Person oder zu Verpflichtungserklärungen, Beschlüssen oder Urteilen über die Unterlassung der Verbreitung oder über den Widerruf des Inhalts der Daten, so sind

diese Gegendarstellungen, Verpflichtungserklärungen und Widerrufe zu den gespeicherten Daten zu nehmen und dort für dieselbe Zeitdauer aufzubewahren wie die Daten selbst sowie bei einer Übermittlung der Daten gemeinsam mit diesen zu übermitteln.

§ 13 Anordnung der Beschlagnahme

(1) Die Beschlagnahme eines Druckwerks kann nur der Richter anordnen.

(2) Die Beschlagnahme darf nur angeordnet werden, wenn

1. dringende Gründe für die Annahme vorliegen, daß das Druckwerk eingezogen oder seine Einziehung vorbehalten (§ 74b Abs. 2 des Strafgesetzbuches) wird und
2. in den Fällen, in denen die Einziehung einen Antrag oder eine Ermächtigung voraussetzt, dringende Gründe für die Annahme vorliegen, daß der Antrag gestellt oder die Ermächtigung erteilt wird.

(3) Die Beschlagnahme darf nicht angeordnet werden, wenn

1. der mit ihr verfolgte und erreichbare Rechtsschutz offensichtlich geringer wiegt als ein durch die Beschlagnahme gefährdetes öffentliches Interesse an unverzögerter Unterrichtung durch das Druckwerk oder
2. ohne weiteres feststeht, daß die nachteiligen Folgen der Beschlagnahme außer Verhältnis zu der Bedeutung der Sache stehen.

§ 14 Umfang der Beschlagnahme

(1) [1]Die Anordnung der Beschlagnahme erfaßt nur die Stücke eines Druckwerks, die sich im Besitz des Verfassers, Verlegers, Herausgebers, Redakteurs, Druckers, Händlers oder anderer bei der Herstellung, Veröffentlichung oder Verbreitung mitwirkenden Personen befinden, sowie die öffentlich ausgelegten oder öffentlich angebotenen oder sonst zur Verbreitung oder Vervielfältigung bestimmten Druckstücke; die Beschlagnahme kann in der Anordnung noch weiter beschränkt werden. [2]Die Beschlagnahme kann auf Druckformen, Platten und Matrizen oder entsprechende, den gedanklichen Inhalt der Veröffentlichung tragende Vervielfältigungsmittel ausgedehnt werden.

(2) [1]In der Beschlagnahmeanordnung sind die die Beschlagnahme veranlassenden Stellen des Druckwerkes unter Anführung der verletzten Gesetze zu bezeichnen. [2]Ausscheidbare Teile, die nichts Strafbares enthalten, sind von der Beschlagnahme auszuschließen.

(3) Die Beschlagnahme kann dadurch abgewendet werden, daß der Betroffene den die Beschlagnahme veranlassenden Teil des Druckwerks von der Vervielfältigung oder der Verbreitung unverzüglich ausschließt.

§ 15 Verbreitungsverbot für beschlagnahmte Druckwerke

Während der Dauer einer Beschlagnahme ist die Verbreitung des von ihr betroffenen Druckwerks oder der Wiederabdruck des die Beschlagnahme veranlassenden Teiles dieses Druckwerks verboten.

§ 16 Aufhebung der Beschlagnahme

(1) Die Beschlagnahmeanordnung ist aufzuheben, wenn nicht binnen eines Monats die öffentliche Klage erhoben oder die selbständige Einziehung oder der Vorbehalt der Einziehung (§ 74b Abs. 2 des Strafgesetzbuches) beantragt ist.

(2) [1]Reicht die in Absatz 1 bezeichnete Frist wegen des Umfangs des Verfahrens oder infolge erheblicher Beweisschwierigkeiten nicht aus, so kann die Staatsanwaltschaft bei dem Gericht beantragen, die Frist um einen Monat zu verlängern. [2]Der Antrag kann wiederholt werden.

(3) [1]Solange weder die öffentliche Klage erhoben noch ein Antrag auf selbständige Einziehung oder Vorbehalt der Einziehung (§ 74b Abs. 2 des Strafgesetzbuches) gestellt ist, ist die Beschlagnahmeanordnung aufzuheben, wenn die Staatsanwaltschaft dies beantragt. [2]Gleichzeitig mit dem Antrag tritt das Verbot nach § 15 außer Kraft. [3]Die Staatsanwaltschaft hat die Betroffenen von der Antragstellung zu unterrichten.

§ 17 Entschädigung für fehlerhafte Beschlagnahme

(1) [1]War die Beschlagnahme unzulässig oder erweist sich ihre Anordnung als offensichtlich ungerechtfertigt, so ist dem durch die Beschlagnahme unmittelbar Betroffenen auf Antrag eine angemessene Entschädigung in Geld zu gewähren. [2]Dies gilt auch, wenn die Beschlagnahmeanordnung fortbesteht, obwohl sie nach § 16 Abs. 1 aufzuheben war.

(2) [1]Der Anspruch kann nur geltend gemacht werden, wenn die Beschlagnahme aufgehoben oder wenn weder im Hauptverfahren noch im Einziehungsverfahren (§§ 440, 441 Abs. 1 bis 3 der Strafprozeßordnung) die Einziehung des Druckwerkes angeordnet oder vorbehalten (§ 74b Abs. 2 des Strafgesetzbuches) worden ist. [2]Der Anspruch entfällt, wenn die Bestrafung oder die Entscheidung über die Einziehung nur deshalb unterblieben ist, weil kein Antrag gestellt oder keine Ermächtigung erteilt worden ist.

(3) [1]Die Entschädigung wird für den durch die Beschlagnahme verursachten Vermögensschaden geleistet. [2]Entschädigungspflichtig ist das Land.

(4) [1]Der Antrag nach Absatz 1 ist binnen drei Monaten nach der Bekanntmachung der in Absatz 2 genannten Entscheidung bei der Staatsanwaltschaft des Landgerichts zu stellen, in dessen Bezirk die Entscheidung ergangen ist. [2]Über den Antrag entscheidet das Justizministerium. [3]Gegen seinen Bescheid ist binnen einer Ausschlußfrist von sechs Monaten nach Zustellung die Klage zulässig. [4]Das Landgericht ist ohne Rücksicht auf den Wert des Streitgegenstandes ausschließlich zuständig.

§ 18 Vorläufige Sicherstellung

(1) [1]Die Staatsanwaltschaft oder ihre Hilfsbeamten dürfen ein Druckwerk ohne richterliche Beschlagnahme zu anderen Zwecken als zur Beweissicherung vorläufig sicherstellen, wenn seine Herstellung oder Verbreitung eine rechtswidrige Tat ist, die den Tatbestand

1. des Friedensverrats, des Hochverrats, der Gefährdung des demokratischen Rechtsstaates, des Landesverrats, der Gefährdung der äußeren Sicherheit oder
2. der §§ 109d, 109g, 111, 129, 130, 131, 184 des Strafgesetzbuches oder der Anstiftung zum Ungehorsam (§ 19 in Verbindung mit § 1 Abs. 3 des Wehrstrafgesetzes) oder
3. des § 21 Abs. 1 bis 3 des Gesetzes über die Verbreitung jugendgefährdender Schriften[1)]

verwirklicht und wenn eine richterliche Anordnung der Beschlagnahme nicht rechtzeitig herbeigeführt werden kann. [2]§ 13 Abs. 2 und 3 sowie die §§ 14 und 17 sind auf die vorläufige Sicherstellung entsprechend anzuwenden.

(2) [1]Über die Bestätigung oder Aufhebung der vorläufigen Sicherstellung entscheidet das zuständige Gericht. [2]Die Staatsanwaltschaft hat die Entscheidung binnen 24 Stunden nach der Sicherstellung zu beantragen. [3]Das Gericht hat binnen 24 Stunden nach Eingang des Antrags zu entscheiden.

(3) Ist die vorläufige Sicherstellung von einem Hilfsbeamten der Staatsanwaltschaft angeordnet worden, so muß er die Verhandlungen spätestens innerhalb von zwölf Stunden der Staatsanwaltschaft vorlegen.

(4) Die Anordnung der vorläufigen Sicherstellung wird unwirksam, wenn nicht binnen fünf Tagen seit ihrem Erlaß der bestätigende Gerichtsbeschluß der Behörde zugegangen ist, die die Sicherstellung angeordnet hat; die vorläufig sichergestellten Stücke sind unverzüglich freizugeben.

(5) Der Beschluß des Gerichts, der die vorläufige Sicherstellung aufhebt, ist unanfechtbar.

§ 19 Beschlagnahme zur Beweissicherung

Auf die Beschlagnahme einzelner Stücke eines Druckwerks zur Sicherung des Beweises finden die §§ 13 bis 18 keine Anwendung.

§ 20 Strafrechtliche Verantwortung

(1) Die Verantwortlichkeit für Straftaten, die mittels eines Druckwerks begangen werden, bestimmt sich nach den allgemeinen Strafgesetzen.

(2) Ist mittels eines Druckwerkes eine rechtswidrige Tat begangen worden, die einen Straftatbestand verwirklicht, so wird, soweit er nicht wegen dieser Handlung schon nach Absatz 1 als Täter oder Teilnehmer strafbar ist, mit Freiheitsstrafe bis zu einem Jahr oder mit Geldstrafe bestraft

1. bei periodischen Druckwerken der verantwortliche Redakteur, wenn er vorsätzlich oder fahrlässig seine Verpflichtung verletzt hat, Druckwerke von strafbarem Inhalt freizuhalten,
2. bei sonstigen Druckwerken der Verleger, wenn er vorsätzlich oder fahrlässig seine Aufsichtspflicht verletzt hat und die rechtswidrige Tat hierauf beruht.

---

1) Aufgeh. mWv 31. 3. 2003; siehe jetzt die entsprechenden Vorschriften des Jugendschutzgesetzes.

§ 21 Strafbare Verletzung der Presseordnung

Mit Freiheitsstrafe bis zu einem Jahr oder mit Geldstrafe wird bestraft, wer

1. als Verleger eine Person zum verantwortlichen Redakteur bestellt, die nicht den Anforderungen des § 9 entspricht,
2. als verantwortlicher Redakteur zeichnet, obwohl er die Voraussetzungen des § 9 nicht erfüllt,
3. als verantwortlicher Redakteur oder Verleger – beim Selbstverlag als Verfasser oder Herausgeber – bei einem Druckwerk strafbaren Inhalts den Vorschriften über das Impressum (§ 8) zuwiderhandelt,
4. entgegen dem Verbot des § 15 ein beschlagnahmtes Druckwerk verbreitet oder wieder abdruckt.

§ 22 Ordnungswidrigkeiten

(1) Ordnungswidrig handelt, wer vorsätzlich oder fahrlässig

1. als verantwortlicher Redakteur oder Verleger – beim Selbstverlag als Verfasser oder Herausgeber – den Vorschriften über das Impressum (§ 8) zuwiderhandelt oder als Unternehmer Druckwerke verbreitet, in denen die nach § 8 vorgeschriebenen Angaben (Impressum) ganz oder teilweise fehlen.
2. als Verleger oder als Verantwortlicher (§ 8 Abs. 2 Satz 4) eine Veröffentlichung gegen Entgelt nicht als Anzeige kenntlich macht oder kenntlich machen läßt (§ 10),
3. gegen die Verpflichtung aus § 11 Abs. 3 Satz 3 verstößt.

(2) Ordnungswidrig handelt auch, wer fahrlässig eine der in § 21 bezeichneten Handlungen begeht.

(3) Die Ordnungswidrigkeit kann mit einer Geldbuße bis zu 5 000 Euro geahndet werden.

(4) Verwaltungsbehörde im Sinne des § 36 Abs. 1 Nr. 1 des Gesetzes über Ordnungswidrigkeiten ist das Regierungspräsidium Karlsruhe.

§ 23 Zeugnisverweigerungsrecht und Beschlagnahmeverbot

(1) Redakteure, Journalisten, Verleger, Herausgeber, Drucker und andere, die bei der Herstellung oder Veröffentlichung eines periodischen Druckwerks berufsmäßig mitgewirkt haben, können über die Person des Verfassers, des Einsenders oder des Gewährsmanns einer Veröffentlichung dieses Druckwerks sowie über die ihnen anvertrauten, dieser Veröffentlichung zugrunde liegenden Tatsachen das Zeugnis verweigern.

(2) Das Zeugnis darf nicht verweigert werden

1. bei einer Veröffentlichung strafbaren Inhalts, es sei denn, daß ein Redakteur oder ein anderer hauptberuflicher und ständiger journalistischer Mitarbeiter wegen dieser Veröffentlichung bestraft ist oder seiner Bestrafung keine tatsächlichen und keine rechtlichen Hindernisse entgegenstehen, oder
2. wenn auf Grund bestimmter Tatsachen anzunehmen ist, daß die einer Veröffentlichung zugrunde liegenden Schriftstücke, Unterlagen oder Mitteilungen unter Verletzung eines Strafgesetzes, das eine Freiheitsstrafe im Höchstbetrag von nicht weniger als einem Jahr androht, erlangt oder durch andere verschafft worden sind, oder
3. wenn nach dem Inhalt der Veröffentlichung auf Grund bestimmter Tatsachen anzunehmen ist, daß der Verfasser, der Einsender oder der Gewährsmann eine mit lebenslanger Freiheitsstrafe oder mit Freiheitsstrafe bis zu fünfzehn Jahren bedrohte Handlung begangen hat.

(3) Eine Bestrafung des verantwortlichen Redakteurs nach § 20 Abs. 2 Nr. 1 berechtigt nicht zur Verweigerung des Zeugnisses nach Absatz 2 Nr. 1.

(4) [1]Zu dem Zweck, die Person des Verfassers, des Einsenders oder des Gewährsmanns einer Veröffentlichung in einem periodischen Druckwerk zu ermitteln, ist die Beschlagnahme von Schriftstücken und Unterlagen, die sich im Gewahrsam der nach den Absätzen 1 bis 3 zur Verweigerung des Zeugnisses Berechtigten befinden, nicht zulässig; das gleiche gilt, wenn die Beschlagnahme zu dem Zweck erfolgen soll, die den nach den Absätzen 1 bis 3 zur Verweigerung des Zeugnisses Berechtigten anvertrauten, dieser Veröffentlichung zugrunde liegenden Tatsachen festzustellen, nachzuweisen oder zu ermitteln. [2]Für die Durchsuchung gilt Satz 1 entsprechend.

(5) [1]Zu den in Absatz 4 genannten Zwecken ist die Beschlagnahme von Schriftstücken und Unterlagen in den Räumen einer Redaktion, eines Verlags oder einer Druckerei nur zulässig, wenn die Voraussetzungen des Absatzes 2 Nr. 2 oder 3 vorliegen oder wenn durch die Veröffentlichung eine rechtswidrige Tat begangen worden ist, die den Tatbestand eines Verbrechens oder eines Vergehens nach

den §§ 80a, 86, 89, 95, 97 oder 100a des Strafgesetzbuches verwirklicht; das gleiche gilt, wenn eine rechtswidrige Tat begangen worden ist, die nach Art. 7 des Vierten Strafrechtsänderungsgesetzes vom 11. Juni 1957 (BGBl. I S. 597) in der Fassung des Art. 147 des Einführungsgesetzes zum Strafgesetzbuch vom 2. März 1974 (BGBl. I S. 469) den Tatbestand eines Verbrechens oder in Verbindung mit den §§ 89, 95 oder 97 des Strafgesetzbuches den Tatbestand eines Vergehens verwirklicht. ²Für die Durchsuchung gilt Satz 1 entsprechend.

§ 24 Verjährung

(1) ¹Die Verfolgung von Straftaten,

1. die durch die Veröffentlichung oder Verbreitung von Druckwerken strafbaren Inhalts begangen werden oder

2. die sonst den Tatbestand einer Strafbestimmung dieses Gesetzes verwirklichen,

verjährt bei Verbrechen in einem Jahr, bei Vergehen in sechs Monaten. ²Die Vorschrift findet keine Anwendung auf die in § 18 Abs. 1 bezeichneten Verbrechen und auf die in § 130 Abs. 2 bis 4, §§ 131 sowie 184a bis 184c des Strafgesetzbuches genannten Vergehen.

(2) Die Verfolgung der in § 22 genannten Ordnungswidrigkeiten verjährt in drei Monaten.

(3) ¹Die Verjährung beginnt mit der Veröffentlichung oder Verbreitung des Druckwerks. ²Wird das Druckwerk in Teilen veröffentlicht oder verbreitet oder wird es neu aufgelegt, so beginnt die Verjährung erneut mit der Veröffentlichung oder Verbreitung der weiteren Teile oder Auflagen.

§ 25 Landesrundfunkanstalten

¹Für die Veranstaltung von Rundfunk durch Landesrundfunkanstalten gelten die §§ 1, 3, 20 Abs. 1 und 2 Nr. 1 sowie §§ 23, 24 Abs. 1 und 3 entsprechend. ²§ 23 gilt mit folgender Maßgabe:

1. Zur Verweigerung des Zeugnisses sind berechtigt Intendanten, Programm- und Landessenderdirektoren, Redakteure und andere, die bei der Vorbereitung oder Durchführung einer Rundfunksendung berufsmäßig mitgewirkt haben;

2. wenn der Verfasser, der Einsender oder der Gewährsmann selbst im Rundfunk spricht, darf das Zeugnis über seine Person nicht verweigert werden.

³Staatsvertragliche und sonstige rundfunkrechtliche Regelungen bleiben unberührt.

§ 26 Schlußbestimmungen

(1) Dieses Gesetz tritt am 1. Februar 1964 in Kraft.

(2) Gleichzeitig treten alle Rechtsvorschriften, die diesem Gesetz entsprechen oder widersprechen, außer Kraft, insbesondere (hier nicht wiedergegeben).

Landesmediengesetz (LMedienG)

Vom 19. Juli 1999 (GBl. S. 273, ber. S. 387)
(BWGültV Sachgebiet 2271)
zuletzt geändert durch Art. 2 G zum 21. Rundfunkänderungsstaatsvertrag und zur Anpassung des Medien-Datenschutzrechts an die VO (EU) 2016/679 vom 24. April 2018 (GBl. S. 129)

Der Landtag hat am 14. Juli 1999 das folgende Gesetz beschlossen:

Inhaltsübersicht

Erster Abschnitt:
Allgemeine Vorschriften

§   1   Anwendungsbereich
§   2   Begriffsbestimmungen
§   3   Allgemeine Programmgrundsätze
§   4   Unzulässige Sendungen, Jugendschutz, Kurzberichterstattung, europäische Produktionen
§   5   Verlautbarungspflicht, Sendezeit für Dritte
§   6   Öffentliche Aufgabe, Informationsrechte
§   7   Programmverantwortung, Auskunftspflicht
§   8   Aufzeichnungs- und Speicherungspflicht
§   9   Gegendarstellung
§ 10   Eigenständigkeit des Programms, programmliche Zusammenarbeit
§ 11   Finanzierung, Werbung und Sponsoring

Zweiter Abschnitt:
Zulassung

§ 12   Zulassungserfordernis
§ 13   Persönliche Zulassungsvoraussetzungen
§ 14   Sachliche Zulassungsvoraussetzungen
§ 15   Unveränderte Weiterverbreitung anderer Programme
§ 16   Pilotprojekte, Betriebsversuche
§ 17   Öffentlich-rechtlicher Rundfunk

Dritter Abschnitt:
Übertragungskapazitäten, Anzeigepflichten

§ 18   Zuweisung von Übertragungskapazitäten und Planung von Verbreitungsgebieten für Hörfunk und Fernsehen
§ 19   Anzeigepflicht für Anlagenbetreiber
§ 20   Ausweisung und Zuweisung
§ 21   Rangfolge bei Ausweisung und Zuweisung
§ 22   Belegung durch Betreiber

Vierter Abschnitt:
Meinungsvielfalt

§ 23   Grundsätze der Meinungsvielfalt
§ 24   Sicherung der Meinungsvielfalt
§ 25   Zurechnung von Programmen
§ 26   Vielfaltsichernde Maßnahmen
§ 27   Sendezeit für unabhängige Dritte

§ 28   Programmbeirat

Fünfter Abschnitt:
Landesanstalt für Kommunikation

§ 29   Rechtsform und Organe
§ 30   Aufgaben
§ 31   Auskunfts- und Vorlagerechte
§ 32   Maßnahmen der Landesanstalt
§ 33   Verwaltungsakte, Bekanntmachung
§ 34   Vorstand
§ 35   Aufgaben des Vorstands
§ 36   Wahl und Abberufung der Mitglieder des Vorstands
§ 37   Ausschluss und Befangenheit im Verwaltungsverfahren
§ 38   Arbeitsweise des Vorstands
§ 39   Vorsitzender des Vorstands
§ 40   Bedienstete der Landesanstalt
§ 41   Medienrat
§ 42   Aufgaben des Medienrats
§ 43   Sitzungen des Medienrats
§ 44   Rechtsstellung der Mitglieder des Medienrats
§ 45   Vorsitz, Verfahren
§ 46   Wirtschaftsführung, Finanzierung
§ 47   Finanzierung besonderer Aufgaben
§ 48   Rechtsaufsicht über die Landesanstalt

Sechster Abschnitt:
Datenschutz

§ 49   Datenschutz im Bereich des privaten Rundfunks
§ 50   Datenschutzkontrolle

Siebter Abschnitt:
Ordnungswidrigkeiten, verwaltungsgerichtliche Zuständigkeit

§ 51   Ordnungswidrigkeiten
§ 52   Örtliche Zuständigkeit in Verwaltungsrechtsstreitigkeiten

Achter Abschnitt:
Übergangs- und Schlussbestimmungen

§ 53   Landesweites Hörfunkprogramm
§ 54   Inkrafttreten, Außerkrafttreten

Erster Abschnitt:
Allgemeine Vorschriften

§ 1 Anwendungsbereich
Dieses Gesetz gilt für die Veranstaltung und Verbreitung von Rundfunk (Hörfunk und Fernsehen) und für die Ausweisung und Zuweisung von Kapazitäten, die zur Übertragung von Rundfunk und von vergleichbaren Telemedien (Telemedien, die an die Allgemeinheit gerichtet sind) geeignet und bestimmt sind, soweit nicht durch Staatsverträge oder gesetzliche Vorschriften abweichende Regelungen getroffen sind.

§ 2 Begriffsbestimmungen
Im Sinne dieses Gesetzes ist
1. Rundfunk:
   ein linearer Informations- und Kommunikationsdienst; er ist die für die Allgemeinheit und zum zeitgleichen Empfang bestimmte Veranstaltung und Verbreitung von Angeboten in Bewegtbild oder Ton entlang eines Sendeplans unter Benutzung elektromagnetischer Schwingungen; kein Rundfunk sind Angebote, die
   a) jedenfalls weniger als 500 potenziellen Nutzern zum zeitgleichen Empfang angeboten werden,
   b) zur unmittelbaren Wiedergabe aus Speichern von Empfangsgeräten bestimmt sind,
   c) ausschließlich persönlichen oder familiären Zwecken dienen,
   d) nicht journalistisch-redaktionell gestaltet sind oder
   e) aus Sendungen bestehen, die jeweils gegen Einzelentgelt freigeschaltet werden.
2. Telemedien:
   Telemedien sind alle elektronischen Informations- und Kommunikationsdienste, soweit sie nicht Telekommunikationsdienste nach § 3 Nr. 24 des Telekommunikationsgesetzes (TKG) sind, die ganz in der Übertragung von Signalen über Telekommunikationsnetze bestehen, oder telekommunikationsgestützte Dienste nach § 3 Nr. 25 des TKG oder Rundfunk nach Nummer 1 sind.[1]
3. Rundfunkprogramm:
   eine nach einem Sendeplan zeitlich geordnete Folge von Inhalten;
4. Sendung:
   ein inhaltlich zusammenhängender, geschlossener, zeitlich begrenzter Teil eines Rundfunkprogramms;
5. Vollprogramm:
   ein Rundfunkprogramm mit vielfältigen Inhalten, in welchem Information, Bildung, Beratung und Unterhaltung einen wesentlichen Teil des Gesamtprogramms bilden;
6. Spartenprogramm:
   ein Rundfunkprogramm mit im Wesentlichen gleichartigen Inhalten;
7. Fensterprogramm:
   ein zeitlich und räumlich begrenztes Rundfunkprogramm im Rahmen eines Hauptprogramms;
8. Anlagenbetreiber:
   wer eine technische Einrichtung zur drahtlosen oder leitungsgebundenen Verbreitung von Rundfunk oder Telemedien betreibt;
9. Telemedienanbieter:
   wer eigene oder fremde Telemedien zur Nutzung bereithält oder den Zugang zur Nutzung vermittelt;
10. Veranstalter:
    wer ein Rundfunkprogramm unter eigener inhaltlicher Verantwortung anbietet;
11. Landesrundfunkanstalt:
    eine öffentlich-rechtliche Rundfunkanstalt oder Körperschaft, die nach Landesrecht mit der Veranstaltung und Verbreitung von Rundfunk für das Landesgebiet betraut ist;
12. Plattformanbieter:
    wer auf digitalen Übertragungskapazitäten oder digitalen Datenströmen Rundfunk und vergleichbare Telemedien (Telemedien, die an die Allgemeinheit gerichtet sind) auch von Dritten

---
1) Zeichensetzung amtlich.

mit dem Ziel zusammenfasst, diese Angebote als Gesamtangebot zugänglich zu machen oder wer über die Auswahl für die Zusammenfassung entscheidet; Plattformanbieter ist nicht, wer Rundfunk oder vergleichbare Telemedien ausschließlich vermarktet.

§ 3 Allgemeine Programmgrundsätze

(1) [1]Rundfunkprogramme sind an die verfassungsmäßige Ordnung gebunden und der Wahrheit verpflichtet. [2]Sie tragen zur Verwirklichung der freiheitlich demokratischen Grundordnung bei. [3]Sie haben die Würde des Menschen und die Überzeugung anderer, insbesondere im religiösen und weltanschaulichen Bereich, die Gleichberechtigung von Frauen und Männern sowie Ehe und Familie zu achten. [4]Die Vorschriften der allgemeinen Gesetze und die gesetzlichen Bestimmungen zum Schutz der persönlichen Ehre sind einzuhalten.

(2) Die Rundfunkvollprogramme sollen zur Darstellung der Vielfalt im deutschsprachigen und europäischen Raum mit einem angemessenen Anteil an Information, Kultur und Bildung beitragen; die Möglichkeit, Spartenprogramme anzubieten, bleibt hiervon unberührt.

(3) [1]Berichterstattung und Informationssendungen haben den anerkannten journalistischen Grundsätzen zu entsprechen. [2]Sie müssen unabhängig und sachlich sein. [3]Nachrichten und Berichte sind vor ihrer Verbreitung mit der nach den Umständen gebotenen Sorgfalt auf Wahrheit und Herkunft zu prüfen. [4]Noch nicht ausreichend verbürgte Nachrichten und Berichte dürfen nur veröffentlicht werden, wenn sie mit einem erkennbaren Vorbehalt versehen sind. [5]Tatsachenbehauptungen, die sich als falsch erwiesen haben, sind unverzüglich und angemessen richtig zu stellen. [6]Kommentare sind von der Berichterstattung deutlich zu trennen und unter Nennung des Verfassers als solche zu kennzeichnen.

(4) [1]Die Personen oder Stellen, die durch eine Nachricht oder einen Bericht wesentlich betroffen werden, sollen vor der Verbreitung nach Möglichkeit gehört werden. [2]Sendungen, die in den Privatbereich einer Person ohne deren Einwilligung eingreifen, sind nur zulässig, soweit der Eingriff in den Privatbereich im Einzelfall durch das Informationsinteresse der Öffentlichkeit gefordert wird und in angemessenem Verhältnis zur Bedeutung der Sache für die Öffentlichkeit steht. [3]Die Intimsphäre ist in jedem Fall zu achten.

(5) Bei der Wiedergabe von Meinungsumfragen, die von Rundfunkveranstaltern durchgeführt werden, ist ausdrücklich anzugeben, ob sie repräsentativ sind.

§ 4 Unzulässige Sendungen, Jugendschutz, Kurzberichterstattung, europäische Produktionen

(1) Es gelten die Bestimmungen des Rundfunkstaatsvertrages und des Jugendmedienschutz-Staatsvertrages in der jeweils geltenden Fassung über unzulässige Sendungen, Jugendschutz, Kurzberichterstattung und europäische Produktionen sowie über Eigen-, Auftrags- und Gemeinschaftsproduktionen.

(2) [1]Die Veranstalter von Fernsehprogrammen berufen jeweils einen Beauftragten für den Jugendschutz. [2]Er muss die zur Erfüllung seiner Aufgaben erforderliche Fachkunde besitzen. [3]Er ist bei Anwendung seiner Fachkunde auf dem Gebiet des Jugendschutzes weisungsfrei. [4]Er hat die Aufgabe, die Programmverantwortlichen in allen Fragen des Jugendschutzes zu beraten. [5]Er ist insbesondere bei Fragen des Programmeinkaufs, der Programmherstellung, der Programmplanung und Programmgestaltung angemessen zu beteiligen. [6]Die Beauftragten für den Jugendschutz treten in einen regelmäßigen gemeinsamen Erfahrungsaustausch ein.

§ 5 Verlautbarungspflicht, Sendezeit für Dritte

(1) Der Veranstalter eines Rundfunkvollprogramms hat der Bundesregierung und der Landesregierung oder den für die Gefahrabwehr[1)] zuständigen Behörden und Stellen in Katastrophenfällen oder bei anderen erheblichen Gefahren für die öffentliche Sicherheit und Ordnung für amtliche Verlautbarungen angemessene Sendezeit unverzüglich einzuräumen.

(2) [1]Der römisch-katholischen Kirche, den evangelischen Landeskirchen und den israelitischen Religionsgemeinschaften sind auf Verlangen in Vollprogrammen angemessene Sendezeiten für die Übertragung gottesdienstlicher Handlungen und Feierlichkeiten sowie sonstiger religiöser Sendungen einzuräumen. [2]Verzichten die vorgenannten Religionsgemeinschaften auf die Ausübung ihrer Rechte nach Satz 1 und wird in Vollprogrammen auf Grund einer Vereinbarung mit dem Veranstalter Sendezeit für andere Sendungen zur Verfügung gestellt, soll der Veranstalter eine angemessene Finanzierung der Sendungen ermöglichen.

---

1) Richtig wohl: „Gefahrenabwehr".

(3) [1]Stellt der Veranstalter eines Rundfunkprogramms politischen Parteien, Vereinigungen oder zugelassenen Einzelbewerbern Sendezeiten zur Vorbereitung von Kommunalwahlen oder von Wahlen zu Landtag, Bundestag oder Europäischem Parlament zur Verfügung, gilt § 5 Abs. 1 bis 3 des Parteiengesetzes entsprechend. [2]Sendezeiten zur Vorbereitung der Wahlen bleiben bei der Berechnung der zulässigen Dauer der Werbung unberücksichtigt.

(4) [1]Für Inhalt und Gestaltung der Sendungen ist derjenige verantwortlich, dem die Sendezeit zugebilligt worden ist. [2]Der Veranstalter kann in den Fällen der Absätze 1 und 2 Satz 1 nur die Erstattung seiner Selbstkosten verlangen.

§ 6 Öffentliche Aufgabe, Informationsrechte

(1) Der private Rundfunk erfüllt eine öffentliche Aufgabe, wenn er in Angelegenheiten von öffentlichem Interesse Nachrichten beschafft und verbreitet, Stellung nimmt, Kritik übt oder auf andere Weise an der Meinungsbildung mitwirkt.

(2) [1]Die Veranstalter haben gegenüber Behörden ein Recht auf Auskunft. [2]Auskünfte können verweigert werden, soweit

1. hierdurch die sachgemäße Durchführung eines schwebenden Verfahrens vereitelt, erschwert, verzögert oder gefährdet werden könnte oder
2. Vorschriften über die Geheimhaltung entgegenstehen oder
3. ein überwiegendes öffentliches oder schutzwürdiges privates Interesse verletzt würde oder
4. ihr Umfang das zumutbare Maß überschreitet.

(3) Allgemeine Anordnungen, die einer Behörde Auskünfte an Rundfunkveranstalter verbieten, sind unzulässig.

(4) Veranstalter können von Behörden verlangen, dass sie bei der Weitergabe von amtlichen Bekanntmachungen im Verhältnis zu anderen Bewerbern gleichbehandelt werden.

§ 7 Programmverantwortung, Auskunftspflicht

(1) [1]Jeder Veranstalter muss mindestens einen für den Inhalt der Sendung verantwortlichen Redakteur bestellen. [2]Werden mehrere verantwortliche Redakteure bestellt, ist festzulegen, für welchen Teil des Programms oder für welche Sendungen jeder einzelne verantwortlich ist. [3]Satz 1 gilt nicht, wenn der Veranstalter eine natürliche Person ist und seinen Wohnsitz im Geltungsbereich des Grundgesetzes hat. [4]Als verantwortlicher Redakteur darf nicht bestellt werden, wer

1. seinen ständigen Aufenthalt außerhalb des Geltungsbereiches des Grundgesetzes hat,
2. infolge Richterspruchs die Fähigkeit, öffentliche Ämter zu bekleiden, Rechte aus öffentlichen Wahlen zu erlangen oder in öffentlichen Angelegenheiten zu wählen oder zu stimmen, nicht besitzt,
3. das 21. Lebensjahr nicht vollendet hat,
4. nicht geschäftsfähig ist,
5. nicht unbeschränkt strafgerichtlich verfolgt werden kann.

[5]Von den Voraussetzungen des Satzes 4 Nr. 1 kann die Landesanstalt für Kommunikation (Landesanstalt) in besonderen Fällen auf Antrag Befreiung erteilen. [6]Die Verantwortung anderer Personen, insbesondere des Verfassers, Herstellers oder Gestalters eines Beitrags, bleibt unberührt.

(2) [1]Am Ende des täglichen Hörfunkprogramms sind der Name oder die Firma des Veranstalters und die Namen der für die jeweiligen Programmteile verantwortlichen Redakteure anzugeben. [2]Während des Hörfunkprogramms ist in der Regel in zeitlichen Abständen von höchstens zwei Stunden der Programmname mit dem Ort, in dem der Veranstalter seinen Sitz hat, oder mit einer Bezeichnung des Verbreitungsgebiets anzugeben. [3]Die Angaben nach Satz 2 müssen eine Unterscheidung von anderen Programmen ermöglichen.

(3) [1]Jede Fernsehsendung muss den Namen oder die Firma des Veranstalters erkennen lassen. [2]Am Ende jeder Fernsehsendung ist der Name des verantwortlichen Redakteurs anzugeben.

(4) [1]Auf Verlangen sind von der Landesanstalt der Name oder die Firma und die Anschrift des Veranstalters mitzuteilen, wenn die Veranstaltung eine Zulassung durch die Landesanstalt voraussetzt. [2]Über den Namen und die Anschrift des verantwortlichen Redakteurs muss der Veranstalter auf Verlangen Auskunft erteilen.

§ 8 Aufzeichnungs- und Speicherungspflicht

(1) [1]Von allen Rundfunksendungen sind vom Veranstalter vollständige Ton- und Bildaufzeichnungen herzustellen und aufzubewahren. [2]Bei der Sendung einer Aufzeichnung oder eines Films kann abweichend von Satz 1 die Aufzeichnung oder der Film aufbewahrt werden. [3]Die Aufbewahrungsfrist beträgt sechs Wochen. [4]Wird innerhalb dieser Frist eine Sendung beanstandet, so ist die Aufzeichnung oder der Film aufzubewahren, bis die Beanstandung durch rechtskräftige gerichtliche Entscheidung, durch gerichtlichen Vergleich oder auf andere Weise erledigt ist.

(2) Wer schriftlich glaubhaft macht, in seinen Rechten betroffen zu sein, kann vom Veranstalter Einsicht in die Aufzeichnungen nach Absatz 1 verlangen und hiervon auf eigene Kosten vom Veranstalter Mehrfertigungen herstellen lassen.

§ 9 Gegendarstellung

(1) Der Veranstalter ist verpflichtet, durch Rundfunk die Gegendarstellung der Person oder Stelle zu verbreiten, die durch eine vom Veranstalter verbreitete Tatsachenbehauptung betroffen ist.

(2) Die Pflicht zur Verbreitung der Gegendarstellung besteht nicht, wenn

1. die betroffene Person oder Stelle kein berechtigtes Interesse an der Verbreitung hat oder
2. die Gegendarstellung ihrem Umfang nach nicht angemessen ist, insbesondere den Umfang des beanstandeten Teils der Sendung erheblich überschreitet.

(3) [1]Die Gegendarstellung muss sich auf tatsächliche Angaben beschränken und darf keinen strafbaren Inhalt haben. [2]Sie bedarf der Schriftform und muss von dem Betroffenen oder seinem gesetzlichen Vertreter unterzeichnet sein. [3]Der Betroffene oder sein Vertreter kann die Verbreitung der Gegendarstellung nur verlangen, wenn die Gegendarstellung unverzüglich, spätestens innerhalb von zwei Monaten, dem Veranstalter zugeht. [4]Die Gegendarstellung muss die beanstandete Sendung und Tatsachenbehauptung bezeichnen.

(4) [1]Die Gegendarstellung muss unverzüglich innerhalb des gleichen Programms und der gleichen Programmsparte wie die beanstandete Tatsachenbehauptung sowie zur gleichen Tageszeit oder, soweit dies nicht möglich ist, zu einer Sendezeit verbreitet werden, die der Zeit der beanstandeten Sendung gleichwertig ist. [2]Die Verbreitung erfolgt ohne Einschaltungen und Weglassungen. [3]Eine Erwiderung auf die verbreitete Gegendarstellung muss sich auf tatsächliche Angaben beschränken.

(5) [1]Die Verbreitung der Gegendarstellung erfolgt unentgeltlich. [2]Dies gilt nicht, wenn sich die Gegendarstellung gegen eine Tatsachenbehauptung richtet, die in einer Werbesendung verbreitet worden ist.

(6) [1]Für die Durchsetzung des Anspruchs ist der ordentliche Rechtsweg gegeben. [2]Auf Antrag des Betroffenen kann das Gericht anordnen, dass der Veranstalter in der Form des Absatzes 4 eine Gegendarstellung verbreitet. [3]Auf das Verfahren sind die Vorschriften der Zivilprozessordnung über das Verfahren auf Erlass einer einstweiligen Verfügung entsprechend anzuwenden. [4]Eine Gefährdung des Anspruchs braucht nicht glaubhaft gemacht zu werden. [5]Ein Verfahren zur Hauptsache findet nicht statt.

(7) [1]Die Absätze 1 bis 6 gelten nicht für wahrheitsgetreue Berichte über öffentliche Sitzungen des Europäischen Parlaments, der gesetzgebenden Organe des Bundes, der deutschen Länder und der Vertretungen der Gemeinden und Gemeindeverbände, der Gerichte sowie für Sendungen nach § 5 Abs. 1 bis 3. [2]Zu einer Gegendarstellung kann eine Gegendarstellung nicht verlangt werden.

§ 10 Eigenständigkeit des Programms, programmliche Zusammenarbeit

(1) [1]Jedes Programm muss von dem Veranstalter zu einem angemessenen Anteil redaktionell selbst gestaltet sein. [2]Bei der Beurteilung der Angemessenheit sind vor allem der inhaltlich auf das jeweilige Verbreitungsgebiet bezogene Anteil des redaktionell selbst gestalteten Programms und insbesondere der darin enthaltene Anteil an Wortbeiträgen, die wirtschaftliche Situation des Veranstalters und der Umfang eines von einem anderen Veranstalter oder einem Dritten übernommenen Rahmenprogramms oder sonstiger Programmteile zu berücksichtigen. [3]Die Angemessenheit ist in der Regel gegeben, wenn der auf das jeweilige Verbreitungsgebiet bezogene Anteil nach Satz 2 im Wochendurchschnitt 10 vom Hundert der Sendezeit in einem regionalen sowie überregionalen Hörfunkprogramm und 5 vom Hundert der Sendezeit in einem lokalen Hörfunkprogramm beträgt.

(2) [1]Private Rundfunkveranstalter können im Rahmen der Vorschriften dieses Gesetzes mit anderen Rundfunkveranstaltern und mit Dritten Vereinbarungen über die Lieferung eines Rahmenprogramms

und von sonstigen Programmteilen treffen, soweit dadurch die Eigenständigkeit des Programms nach Absatz 1 nicht beeinträchtigt ist. [2]Die inhaltliche Verantwortung des Veranstalters erstreckt sich auch auf die übernommenen Programmteile. [3]Der Veranstalter muss nach dem Inhalt der Vereinbarung berechtigt sein, jederzeit auf die Verbreitung der Programmzulieferung zu verzichten und diese durch andere Programmteile zu ersetzen; für Werbung gilt dies nur, soweit diese gegen die einschlägigen Vorschriften des Rundfunkstaatsvertrages oder andere gesetzliche Vorschriften verstößt.

§ 11 Finanzierung, Werbung und Sponsoring

(1) Es gelten die Bestimmungen des Rundfunkstaatsvertrages in der jeweils geltenden Fassung über Finanzierung, Werbung, Produktplatzierung, Sponsoring und Teleshopping privater Veranstalter.

(2) [1]Werbung in einem überregionalen und regionalen Hörfunkprogramm darf nur im entsprechenden gesamten Sendegebiet verbreitet werden. [2]Abweichend von Satz 1 ist Werbung in einem durch Auseinanderschalten entstehenden Teilverbreitungsgebiet eines regionalen Hörfunkprogramms zulässig, soweit

1. sie täglich zwölf Minuten nicht übersteigt,
2. in diesem Gebiet kein zugelassener Veranstalter ein lokales Hörfunkprogramm verbreitet, dessen Verbreitungsgebiet zu einem Drittel oder mehr innerhalb des Teilverbreitungsgebiets liegt, oder
3. alle Veranstalter, deren Verbreitungsgebiet zu einem Drittel oder mehr innerhalb des Teilverbreitungsgebietes liegt, schriftlich ihr Einverständnis gegenüber der Landesanstalt erklärt haben.

(3) Auf regionale und lokale Fernsehprogramme finden § 7 Abs. 4 Satz 2, § 7a Abs. 3 und § 45 Abs. 1 des Rundfunkstaatsvertrages keine Anwendung.

Zweiter Abschnitt:
Zulassung

§ 12 Zulassungserfordernis

(1) [1]Private Veranstalter von Hörfunk- oder Fernsehprogrammen bedürfen einer Zulassung. [2]Die Zulassung wird erteilt, wenn die Voraussetzungen nach diesem Gesetz erfüllt sind. [3]Die Zulassung darf mit einer Nebenbestimmung nur versehen werden, wenn sie sicherstellen soll, dass die gesetzlichen Voraussetzungen der Zulassung erfüllt werden. [4]Eine Zulassung wird nicht erteilt, wenn der Antragsteller gemäß Artikel 2 der Richtlinie 89/552/EWG des Rates zur Koordinierung bestimmter Rechts- und Verwaltungsvorschriften der Mitgliedstaaten über die Ausübung der Fernsehtätigkeit vom 3. Oktober 1989 (ABl. EG Nr. L 298 S. 23), geändert durch die Richtlinie 97/36/EG des Europäischen Parlaments und des Rates vom 30. Juni 1997 (ABl. EG Nr. L 202 S. 60), der Rechtshoheit eines anderen Mitgliedstaates der Europäischen Union oder eines Vertragsstaates des Abkommens über den europäischen Wirtschaftsraum unterliegt.

(2) [1]Die Zulassung wird ausgesprochen für die Programmart (Hörfunk oder Fernsehen) und die Programmkategorie (Vollprogramm oder Spartenprogramm). [2]Sie soll für zehn Jahre erteilt werden, auf Antrag ausnahmsweise auch für eine kürzere Zeitdauer. [3]Die Zulassung erlischt, wenn der Veranstalter nicht binnen drei Jahren nach Erteilung von ihr Gebrauch macht. [4]§ 18 Absatz 1 Satz 3 gilt entsprechend.

(3) Unberührt bleiben

1. telekommunikationsrechtliche Erfordernisse,
2. das Erfordernis einer Zuteilung von Übertragungskapazitäten,
3. das Erfordernis einer Einigung mit dem Betreiber einer Anlage nach § 19 Satz 1 über deren Nutzung,
4. die sonstigen Vorschriften des Rundfunkstaatsvertrages über die Zulassung und das Zulassungsverfahren in ihrer jeweils geltenden Fassung.

(4) [1]Die Zulassung ist nicht übertragbar. [2]Eine Übertragung der Zulassung ist anzunehmen, wenn innerhalb eines Zeitraums von drei Jahren seit der Zulassung mehr als 50 vom Hundert der Kapital- oder Stimmrechtsanteile auf andere Gesellschafter oder Dritte übertragen werden und dies nach den gesamten Umständen, der einer wesentlichen Änderung des Programmkonzeptes oder einer Änderung des Programmnamens, einem Wechsel des Veranstalters gleichkommt. [3]Dies gilt nicht für Übertragungen, die durch Umwandlungen nach dem Umwandlungsgesetz vorgenommen werden.

(5) ¹Geplante Veränderungen der Beteiligungsverhältnisse oder sonstiger Einflüsse sind der Landesanstalt von den Veranstaltern vor ihrem Vollzug schriftlich anzuzeigen. ²Die Landesanstalt bestätigt die Unbedenklichkeit der Veränderungen, wenn sie weder einer Übertragung der Zulassung gleichkommen noch eine Voraussetzung für die vorrangige Berücksichtigung des Veranstalters bei der Auswahl nach §§ 21 und 22 weggefallen ist und dem Veranstalter im Übrigen auch unter den veränderten Voraussetzungen eine Zulassung erteilt werden könnte.

(6) Keiner Zulassung bedarf die Veranstaltung und Verbreitung von Sendungen ausschließlich in Kabelanlagen, an die weniger als 250 Teilnehmer angeschlossen sind, oder in Einrichtungen, insbesondere Beherbergungsbetrieben, Krankenhäusern, Heimen oder Anstalten, wenn die Sendungen in einem funktionellen Zusammenhang mit den dort zu erfüllenden Aufgaben stehen und sich deren Verbreitung auf ein Gebäude oder einen zusammengehörigen Gebäudekomplex beschränkt oder wenn unselbstständige Wohneinheiten mit den Sendungen versorgt werden sollen.

§ 13 Persönliche Zulassungsvoraussetzungen

(1) ¹Die Zulassung kann erteilt werden

1. juristischen Personen des Privatrechts,
2. Personengesellschaften und nicht rechtsfähigen Personenvereinigungen des Privatrechts, die auf Dauer angelegt sind,
3. natürlichen Personen,
4. Kirchen und anderen öffentlich-rechtlichen Religionsgemeinschaften im Sinne von Artikel 140 des Grundgesetzes,
5. Hochschulen in Baden-Württemberg, sofern die Veranstaltung ihren gesetzlichen Aufgaben entspricht.

(2) ¹Die Zulassung setzt voraus, dass der Antragsteller

1. unbeschränkt geschäftsfähig ist,
2. die Fähigkeit, öffentliche Ämter zu bekleiden, nicht durch Richterspruch verloren hat,
3. das Grundrecht der freien Meinungsäußerung nicht nach Artikel 18 des Grundgesetzes verwirkt hat,
4. als Vereinigung nicht verboten ist,
5. seinen Wohnsitz oder Sitz in der Bundesrepublik Deutschland oder einem Mitgliedstaat der Europäischen Union oder einem anderen Vertragsstaat des Abkommens über den Europäischen Wirtschaftsraum hat und gerichtlich verfolgt werden kann,
6. die Gewähr dafür bietet, dass er das Programm entsprechend der Zulassung und unter Beachtung der gesetzlichen Vorschriften veranstalten und verbreiten wird.

²Die Voraussetzungen nach Satz 1 Nr. 1 bis 3 und 6 müssen bei juristischen Personen oder nicht rechtsfähigen Personenvereinigungen von den gesetzlichen oder satzungsmäßigen Vertretern erfüllt sein. ³Eine Aktiengesellschaft kann nur dann als Rundfunkveranstalter zugelassen werden, wenn in der Satzung bestimmt ist, dass die Aktien nur als Namensaktien oder als Namensaktien und stimmrechtslose Vorzugsaktien ausgegeben werden dürfen.

(3) Die Zulassung darf nicht erteilt werden an

1. Gebietskörperschaften, deren allgemeinem Weisungsrecht unterliegende juristische Personen des öffentlichen Rechts sowie Personen, die für sie kraft eines Amts- oder Dienstverhältnisses in leitender Stellung tätig sind,
2. Unternehmen oder Vereinigungen, an denen Gebietskörperschaften zu mehr als 10 vom Hundert beteiligt sind, sowie Personen, die für diese Unternehmen oder Vereinigungen kraft eines Arbeits- oder Dienstverhältnisses in leitender Stellung tätig oder Mitglied eines ihrer Organe sind,
3. Mitglieder gesetzgebender Körperschaften sowie Mitglieder der Bundes- oder Landesregierung,
4. öffentlich-rechtliche Rundfunkanstalten sowie Personen, die in einem Arbeits- oder Dienstverhältnis zu einer öffentlich-rechtlichen Rundfunkanstalt stehen oder Mitglied eines ihrer Organe sind,
5. Unternehmen oder Vereinigungen, an denen öffentlich-rechtliche Rundfunkanstalten zu mehr als 33 vom Hundert beteiligt sind oder auf deren Willensbildung sie auf andere rechtliche Weise überwiegend Einfluss nehmen können.

(4) ¹Die Zulassung darf nicht erteilt werden an politische Parteien und Wählervereinigungen sowie Unternehmen und Vereinigungen, an denen politische Parteien oder Wählervereinigungen mittelbar

oder unmittelbar beteiligt sind und dadurch bestimmenden Einfluss auf die Programmgestaltung oder die Programminhalte nehmen können. [2]Ein bestimmender Einfluss im Sinne von Satz 1 ist insbesondere dann gegeben, wenn

1. das Unternehmen oder die Vereinigung im Verhältnis eines verbundenen Unternehmens im Sinne von § 15 des Aktiengesetzes zu einer politischen Partei oder Wählervereinigung steht oder

2. politische Parteien oder Wählervereinigungen innerhalb des Unternehmens oder der Vereinigung auf Grund vertraglicher Vereinbarungen, satzungsrechtlicher Bestimmungen oder in sonstiger Weise eine Stellung innehaben, die Entscheidungen über die Programmgestaltung und die Programminhalte von ihrer Zustimmung abhängig macht.

[3]Bei mittelbaren oder unmittelbaren Beteiligungen einer politischen Partei oder Wählervereinigung an einem Unternehmen oder einer Vereinigung von insgesamt nicht mehr als 2,5 Prozent wird vermutet, dass ein bestimmender Einfluss im Sinne von Satz 1 nicht vorliegt. [4]Die Sätze 1 bis 3 gelten entsprechend für Treuhandverhältnisse. [5]Die besonderen Bestimmungen über Wahlwerbung bleiben hiervon unberührt.

(5) [1]Der Antragsteller hat seine Eigentums- und Treuhandverhältnisse sowie alle Rechtsbeziehungen zu Gebietskörperschaften, Rundfunkveranstaltern und Unternehmen auf medienrelevanten Märkten offen zu legen, die für Absatz 3 und für § 25 von Bedeutung sein können. [2]Jede geplante Veränderung von Beteiligungsverhältnissen oder sonstigen Einflüssen ist bei der Landesanstalt vor ihrem Vollzug schriftlich anzuzeigen.

(6) Die Bestimmungen des Absatzes 3 Nr. 1, 2 und 3 sowie des Absatzes 4 gelten entsprechend für ausländische öffentliche oder staatliche Stellen.

§ 14 Sachliche Zulassungsvoraussetzungen

Für die Zulassung muss unter Vorlage eines Programmschemas, das auch über Art und Umfang der vorgesehenen Übernahme von Programmteilen öffentlich-rechtlicher Rundfunkanstalten, privater Rundfunkveranstalter und Dritter sowie über Art und Umfang der vorgesehenen redaktionell selbst gestalteten Beiträge, einschließlich derjenigen zum Geschehen in dem geplanten Verbreitungsgebiet, Aufschluss gibt, und unter Vorlage eines Finanzplans glaubhaft gemacht werden, dass

1. finanziell und organisatorisch die Voraussetzungen für eine regelmäßige Veranstaltung und Verbreitung eines Programms der beantragten Programmart und Programmkategorie erfüllt sind,

2. das Programm, sofern es sich nicht nur um ein Spartenprogramm handelt,

   a) den in § 10 bestimmten Anteil redaktionell selbst gestalteter Sendungen und solcher Sendungen enthalten wird, die sich auf das geplante Verbreitungsgebiet beziehen, soweit dies nach der Art des Programms erwartet werden kann, und

   b) zu einem angemessenen Anteil im Geltungsbereich des Grundgesetzes oder in einem Mitgliedstaat der Europäischen Union oder einem anderen Vertragsstaat des Übereinkommens über den Europäischen Wirtschaftsraum hergestellt wird; § 15 Abs. 2 und § 16 Abs. 1 und 2 des Filmförderungsgesetzes in der Fassung vom 6. August 1998 (BGBl. I S. 2054) gelten entsprechend.

§ 15 Unveränderte Weiterverbreitung anderer Programme

[1]Die zeitgleiche und unveränderte Weiterverbreitung von Rundfunkprogrammen, die in anderen Ländern der Bundesrepublik veranstaltet werden, sowie von Fernsehprogrammen, die in Europa in rechtlich zulässiger Weise und entsprechend den Bestimmungen des Europäischen Übereinkommens über das grenzüberschreitende Fernsehen veranstaltet werden, ist im Rahmen der vorhandenen technischen Möglichkeiten und nach Maßgabe der §§ 20 bis 22 zulässig. [2]Die Weiterverbreitung von Fernsehprogrammen kann unter Beachtung europäischer rundfunkrechtlicher Regelungen ausgesetzt werden.

§ 16 Pilotprojekte, Betriebsversuche

(1) [1]Die Durchführung zeitlich befristeter Pilotprojekte und Betriebsversuche mit neuen Techniken, Programmen und Telemedien ist zulässig. [2]Im Rahmen von Pilotprojekten und Betriebsversuchen gelten die Vorschriften dieses Gesetzes unter Berücksichtigung der in der Ausschreibung benannten Versuchsziele entsprechend.

(2) Die Landesanstalt soll von den Projektbeteiligten in angemessenen zeitlichen Abständen einen Erfahrungsbericht über die laufenden Pilotprojekte und Betriebsversuche und nach deren Abschluss eine jeweilige Auswertung verlangen.

§ 17 (aufgehoben)

Dritter Abschnitt:
Übertragungskapazitäten, Anzeigepflichten

§ 18 Zuweisung von Übertragungskapazitäten und Planung von Verbreitungsgebieten für Hörfunk und Fernsehen

(1) [1]Die Zuweisung von Kapazitäten an private Veranstalter sowie Plattform- und Telemedienanbieter erfolgt nach Maßgabe der §§ 20 und 21, wenn auch die übrigen Voraussetzungen nach diesem Gesetz, insbesondere die Vorschriften über die Meinungsvielfalt, erfüllt sind. [2]Sie bestimmt

1. das Verbreitungsgebiet,
2. die zu nutzenden technischen Übertragungskapazitäten,
3. die Sendezeit.

[3]Will ein Veranstalter auf Dauer das Programmschema oder die festgelegte Programmdauer nicht nur unwesentlich ändern, so hat er dies der Landesanstalt zuvor anzuzeigen. [4]Die Kapazitätszuweisung ist nicht übertragbar. [5]§ 12 Abs. 4 Satz 2 und 3 gilt entsprechend. [6]Die Landesanstalt kann Zuweisungen analoger Übertragungskapazitäten mit einem Widerrufsvorbehalt versehen, soweit dadurch der Übergang von analoger zu digitaler Übertragung sichergestellt werden soll; der Widerruf setzt voraus, dass zugleich die unmittelbar an die analoge Verbreitung anschließende digitale Verbreitung des Angebots medienrechtlich sichergestellt ist.

(2) [1]Die Verbreitungsgebiete für drahtlosen privaten Hörfunk in analoger Technik sind grundsätzlich so zu planen, dass

1. zusammenhängende Kommunikations-, Kultur- und Wirtschaftsräume versorgt werden können,
2. eine wirtschaftlich leistungsfähige Hörfunkveranstaltung ermöglicht wird,
3. im Land bis zu drei Verbreitungsgebiete für regionale Hörfunkprogramme, ein Verbreitungsgebiet für ein überregionales Programm bis hin zu einer landesweiten Verbreitung als Programm vorwiegend für junge Menschen und zwölf bis achtzehn Verbreitungsgebiete für lokale Hörfunkprogramme entstehen,
4. die regionalen und lokalen Verbreitungsgebiete nach Nummer 3 jeweils in ihrer Gesamtheit und das Verbreitungsgebiet des überregionalen Programms das Landesgebiet möglichst weitgehend erfassen, soweit hierfür die erforderlichen Übertragungskapazitäten zur Verfügung stehen.

[2]Bei der Planung der Verbreitungsgebiete soll angestrebt werden, dass bei lokaler Hörfunkveranstaltung in der Regel mindestens 300 000 Einwohner und bei regionaler Hörfunkveranstaltung in der Regel mindestens 1,5 Millionen Einwohner das Programm in Stereoqualität empfangen können. [3]Bei der Planung soll ferner angestrebt werden, dass nicht mehr als ein Viertel der Einwohner eines lokalen Verbreitungsgebietes ein Programm mit einem anderen lokalen Verbreitungsgebiet oder eines regionalen Verbreitungsgebietes ein Programm mit einem anderen regionalen Verbreitungsgebiet in Stereoqualität empfangen können. [4]Die Landesanstalt soll im Rahmen des Möglichen auch berücksichtigen, welche Versorgungsgebiete sich im privaten Hörfunk im Land bisher herausgebildet haben.

(3) Die Landesanstalt kann zur Erreichung des in Absatz 2 Satz 1 Nr. 1 genannten Ziels in der Ausschreibung nach § 20 Abs. 4 Satz 1 vorsehen, dass ein Veranstalter mit einem lokalen Verbreitungsgebiet von mehr als 600 000 Einwohnern oder ein Veranstalter mit einem regionalen Verbreitungsgebiet von mehr als 3 Millionen Einwohnern sein Programm für angemessene Zeit in bestimmte Teilverbreitungsgebiete auseinander zu schalten hat.

(4) Für die drahtlose Verbreitung privater Hörfunkprogramme in digitaler Technik finden die Vorschriften des Absatzes 2 Satz 1 Nr. 1 und 2 sowie Satz 4 unter Berücksichtigung der internationalen Vereinbarungen entsprechende Anwendung.

(5) [1]Für die Planung von Verbreitungsgebieten für privates Fernsehen gilt Absatz 2 Satz 1 Nr. 1 und 2 entsprechend. [2]Der Betreiber einer Anlage zur leitungsgebundenen Verbreitung von Fernsehen soll im Rahmen des technisch und wirtschaftlich Zumutbaren die Verbreitungsstrukturen so gestalten, dass zusammenhängende Kommunikations-, Kultur- und Wirtschaftsräume versorgt werden und eine wirtschaftlich leistungsfähige Veranstaltung insbesondere auch von lokalem und regionalem Fernsehen ermöglicht wird.

§ 19 Anzeigepflicht für Anlagenbetreiber
[1]Betreiber von Anlagen, die 250 oder mehr Teilnehmer mit Rundfunk oder Telemedien versorgen, haben die im Land Baden-Württemberg insoweit genutzten oder zur Verfügung stehenden Übertragungskapazitäten der Landesanstalt unter Angabe von Ort und Art der Anlage, ihrer Kapazität und Belegung sowie der Anzahl der versorgten Wohneinheiten anzuzeigen. [2]Für Änderungen der Anzahl der versorgten Wohneinheiten genügt die halbjährliche Mitteilung, gerechnet ab der ersten Anzeige. [3]Soweit Rundfunkangeboten nach § 21 Abs. 5 terrestrische Übertragungskapazitäten zugewiesen sind, haben die Betreiber von Anlagen im Sinne von § 2 Nr. 8 diese Angebote unentgeltlich in Kabelanlagen einzuspeisen. [4]Im Übrigen gelten die Vorschriften des Rundfunkstaatsvertrages über die Gestaltung und Offenlegung von Entgelten und Tarifen für Rundfunkprogramme und Telemedien in der jeweils geltenden Fassung entsprechend.

§ 20 Ausweisung und Zuweisung
(1) [1]Die Landesanstalt weist Übertragungskapazitäten insoweit durch Rechtsverordnung (Nutzungsplan) aus, als § 21 Abs. 1 hierzu Bestimmungen trifft. [2]Die Landesanstalt kann daneben Übertragungskapazitäten für folgende Nutzungszwecke ausweisen:
1. Durchführung von Projekten nach § 16 (Pilotprojekte, Betriebsversuche),
2. Ermöglichung des Marktzugangs für neue, insbesondere lokale und regionale private Veranstalter sowie Plattform- und Telemedienanbieter,
3. Programmveranstaltung, die keinen wirtschaftlichen Geschäftsbetrieb bezweckt und rechtlich die Gewähr dafür bietet, dass sie unterschiedlichen gesellschaftlichen Kräften insbesondere durch Einräumung von Sendezeiten für selbst gestaltete Programmbeiträge Einfluss auf die Programmgestaltung gewährt,
4. Verbreitung von Rundfunk und Telemedien zur Förderung der Medienkompetenz einschließlich entsprechender Aus- und Fortbildung im Medienbereich.
[3]Den Landesrundfunkanstalten und den Verbänden privater Rundfunkveranstalter ist vor Erlass des Nutzungsplans Gelegenheit zur Stellungnahme zu geben; Einwendungen sollen mit den Beteiligten erörtert werden.
(2) Auf Aufforderung der Landesanstalt hat der Betreiber einer Anlage gemäß Absatz 1 ausgewiesene Übertragungskapazitäten bereit zu stellen.
(3) Soweit Übertragungskapazitäten auf Grund von § 21 dem öffentlich-rechtlichen Rundfunk zur Verfügung stehen, wird im Nutzungsplan auch festgelegt, durch welche öffentlich-rechtliche Landesrundfunkanstalt sie genutzt werden.
(4) [1]Im Übrigen macht die Landesanstalt vor einer Zuweisung die von ihr nach Absatz 1 auszuweisenden Kapazitäten rechtzeitig bekannt und fordert dazu auf, Anträge auf Zuweisung innerhalb einer von ihr festzusetzenden angemessenen Frist einzureichen (Ausschreibung). [2]Einer Ausschreibung bedarf es nicht, soweit
1. nach § 21 Abs. 1 Programmen im Sinne von § 15 Kapazitäten zuzuweisen sind oder Kapazitäten für Programme zugewiesen werden sollen, denen in dem betreffenden Verbreitungsgebiet bereits eine Übertragungskapazität für einen anderen Übertragungsweg zugewiesen worden sind,
2. die Zuweisung freier Übertragungskapazitäten erforderlich ist, um eine wirtschaftlich leistungsfähige Rundfunkveranstaltung durch Veranstalter zu ermöglichen, denen bereits Übertragungskapazität zugewiesen worden sind, oder
3. wenn im Rahmen eines Pilotprojektes oder Betriebsversuches im Sinne von § 16 Abs. 1 frei werdende Kapazitäten an einen oder mehrere der bisherigen Antragsteller zugewiesen werden sollen.
(5) Mit Ausnahme der Kapazitäten nach Absatz 3 werden ausgewiesene Kapazitäten durch Verwaltungsakt zugewiesen, der mit Ausnahme der Zuweisung zur Durchführung von Projekten nach § 16 oder zur Ermöglichung einer wirtschaftlich leistungsfähigen Rundfunkveranstaltung der Zustimmung des Medienrats bedarf; dies gilt auch für die Rücknahme und den Widerruf dieses Verwaltungsaktes.
(6) Die Landesanstalt unterstützt das Land bei der Vorbereitung der Entscheidungen nach § 51 Abs. 1 und 2 des Rundfunkstaatsvertrages.

§ 21 Rangfolge bei Ausweisung und Zuweisung
(1) Die Ausweisung und Zuweisung von Übertragungskapazitäten soll so vorgenommen werden, dass die im Folgenden genannten Inhalte in entsprechender Folge vorrangig berücksichtigt werden:

1. die der verfassungsrechtlich gebotenen Versorgung der baden-württembergischen Bevölkerung mit Hörfunk und Fernsehen dienenden Angebote;
2. bis zu drei private lokale, regionale oder überregionale Hörfunkangebote, die am besten geeignet sind, einen Beitrag zur Meinungsvielfalt und zur lokalen, regionalen oder überregionalen Identität der Hörer zu leisten;
3. ein privates lokales oder regionales Fernsehangebot, das am besten geeignet ist, einen Beitrag zur Meinungsvielfalt und zur lokalen und regionalen Identität der Zuschauer zu leisten;
4. zwei weitere bundesweit veranstaltete private Fernsehangebote, die im letzten Kalenderjahr bundesweit durchschnittlich die höchsten Zuschaueranteile hatten;
5. weitere, zumindest auch für Baden-Württemberg gesetzlich bestimmte öffentlich-rechtliche Rundfunkangebote, über deren Rangfolge im Benehmen mit den Landesrundfunkanstalten zu entscheiden ist;
6. drei weitere bundesweit veranstaltete private Fernsehangebote, die im letzten Kalenderjahr bundesweit durchschnittlich nach den Angeboten nach Nummer 4 die höchsten Zuschaueranteile hatten;
7. weitere private Hörfunkangebote, deren vorgesehener Inhalt am besten geeignet ist, einen Beitrag zur Meinungsvielfalt zu leisten, und zwar bis zu einem Kapazitätsausmaß, das zusammen mit den nach Nummer 2 vorrangig zu berücksichtigenden privaten Hörfunkangeboten demjenigen der nach Nummer 1 und 5 vorrangig zu berücksichtigenden öffentlich-rechtlichen Hörfunkangebote entspricht.

(2) [1]Die Landesanstalt kann nach Maßgabe der Absätze 1 und 5 Übertragungskapazitäten für Rundfunk auch derart ausweisen und zuweisen, dass sich mehrere Veranstalter die Sendezeit teilen, wenn dies einen größeren Beitrag zur Meinungsvielfalt im Versorgungsgebiet erwarten lässt und für die betroffenen Veranstalter eine wirtschaftlich leistungsfähige Rundfunkveranstaltung zulässt. [2]Kapazitätszuweisungen können mit Nebenbestimmungen versehen werden, wenn hierdurch eine Aufteilung der Sendezeit nach Satz 1 auch nach ihrer Unanfechtbarkeit sichergestellt werden soll.

(3) Nach § 20 Abs. 1 Satz 2 Nr. 1 im Nutzungsplan ausgewiesene Kapazitäten für die Durchführung von Projekten nach § 16 (Pilotprojekte, Betriebsversuche) werden durch die Landesanstalt ganz oder teilweise denjenigen Antragstellern zugewiesen, die am besten geeignet erscheinen, zur Verwirklichung der Projektziele beizutragen.

(4) Nach § 20 Abs. 1 Satz 2 Nr. 2 im Nutzungsplan ausgewiesene Kapazitäten zur Ermöglichung des Marktzugangs für neue, insbesondere lokale und regionale private Veranstalter sowie Plattform- und Telemedienanbieter werden durch die Landesanstalt ganz oder teilweise denjenigen Antragstellern zugewiesen, deren Angebote unter Beachtung der Wirtschaftlichkeit inhaltlich am besten geeignet erscheinen, einen Beitrag zur Meinungsvielfalt im jeweiligen Verbreitungsgebiet zu leisten.

(5) [1]Nach § 20 Abs. 1 Satz 2 Nr. 3 für nichtkommerzielle Veranstalter ausgewiesene Kapazitäten werden denjenigen Antragstellern zugewiesen, deren Angebote am besten geeignet erscheinen, einen Beitrag zur Meinungsvielfalt sowie den Zugang gesellschaftlicher Kräfte zu Rundfunk zu gewährleisten. [2]Nach § 20 Abs. 1 Satz 2 Nr. 4 für die Verbreitung von Rundfunk und Telemedien zur Förderung der Medienkompetenz einschließlich entsprechender Aus- und Fortbildung im Medienbereich ausgewiesene Kapazitäten werden denjenigen Antragstellern zugewiesen, deren Angebote am besten geeignet erscheinen, zur Verwirklichung der in der Ausschreibung näher beschriebenen Förderziele beizutragen und zugleich einen Beitrag zur Meinungsvielfalt zu leisten.

(6) [1]Die Zuweisung von Kapazitäten nach Absatz 1 mit Ausnahme von Nummer 4 und 6 sowie nach Absatz 5 soll für die Dauer von zehn Jahren erfolgen. [2]Im Übrigen entscheidet die Landesanstalt nach pflichtgemäßem Ermessen über die Laufzeit der Zuweisungen. [3]Die Landesanstalt soll Zuweisungen für die Verbreitung privater lokaler und regionaler Hörfunkangebote auf analogen Kapazitäten nach § 21 Abs. 1 Nr. 2 auf Antrag einmalig bis zum 31. Dezember 2015 verlängern, wenn der Veranstalter eine erforderliche Zulassung besitzt und zu erwarten ist, dass er für die Dauer der beantragten Verlängerung weiterhin die finanziellen und organisatorischen Voraussetzungen für die Verbreitung seines Hörfunkangebotes über die betroffenen Übertragungskapazitäten erfüllen wird. [4]Der Antrag ist spätestens bis einschließlich 15. Oktober 2009 bei der Landesanstalt zu stellen. [5]§ 18 Abs. 1 Satz 6 gilt entsprechend. [6]Satz 3 gilt entsprechend für Kapazitätszuweisungen gemäß § 20 Abs. 1 Satz 2 Nr. 3 und

4, die vor dem 31. Dezember 2015 enden; der Antrag ist vom jeweiligen Anbieter bis spätestens ein Jahr vor Ablauf der jeweiligen Kapazitätszuweisung bei der Landesanstalt zu stellen.

§ 22 Belegung durch Betreiber

(1) [1]Soweit Übertragungskapazitäten nicht nach § 20 Abs. 1 ausgewiesen werden, trifft der Betreiber der Anlage die Entscheidung über die Nutzung der Übertragungskapazitäten, soweit er darin unter Berücksichtigung der Interessen der angeschlossenen Teilnehmer eine Vielzahl von Programmveranstaltern, ein vielfältiges Programmangebot aus Vollprogrammen, nicht entgeltfinanzierten Programmen, Spartenprogrammen und Fremdsprachenprogrammen einbezieht und insbesondere ein landesweites privates Fernsehprogramm sowie regionale und lokale Programme angemessene Verbreitungsmöglichkeiten erhalten. [2]Der Vertrag über die Nutzung soll eine Laufzeit von fünf Jahren haben. [3]Solange und soweit die Landesanstalt nach § 20 Abs. 1 Satz 2 ausgewiesene Übertragungskapazitäten nicht zugewiesen hat, gilt für diese Übertragungskapazitäten Satz 1 entsprechend. [4]Der Betreiber der Anlage hat Telemedien, die an die Allgemeinheit gerichtet sind (§ 1 Abs. 1), angemessen zu berücksichtigen; Satz 1 gilt entsprechend. [5]Der Betreiber der Anlage hat bei landesweiten, regionalen und lokalen Programmen und Telemedien auch die Bezüge des Programms zum jeweiligen Verbreitungsgebiet zu berücksichtigen.

(2) Stellt die Landesanstalt auf Antrag des Betreibers fest, dass den Anforderungen für Rundfunkprogramme und Telemedien nach Absatz 1 Rechnung getragen ist, kann der Betreiber die weiteren Übertragungskapazitäten nach eigener Entscheidung allein nach Maßgabe der allgemeinen Gesetze anderweitig nutzen.

(3) [1]Der Betreiber der Anlage hat der Landesanstalt die Nutzung der Übertragungskapazitäten nach Absatz 1 unverzüglich anzuzeigen. [2]Entspricht die Nutzung der Übertragungskapazitäten nach Absatz 1 nicht den gesetzlichen Anforderungen, kann die Landesanstalt von dem Betreiber auf der Grundlage von Absatz 1 Satz 1 eine andere Nutzung verlangen. [3]Die Landesanstalt hat zuvor dem Betreiber eine angemessene Frist zur Erfüllung der gesetzlichen Voraussetzungen zu setzen. [4]Bei Änderung der Nutzung gelten die Sätze 1 bis 3 entsprechend.

(4) [1]Die Vorschriften des Rundfunkstaatsvertrages zur Verbreitung von Rundfunkprogrammen oder Telemedien auf digitalen Plattformen in der jeweils geltenden Fassung bleiben unberührt. [2]§ 52b Abs. 3 Nr. 2 des Rundfunkstaatsvertrages gilt entsprechend bei Ausweisungs- und Zuweisungsentscheidungen nach diesem Gesetz.

Vierter Abschnitt:
Meinungsvielfalt

§ 23 Grundsätze der Meinungsvielfalt

(1) Privater Rundfunk dient der freien Meinungsbildung.

(2) [1]Die Rundfunkprogramme sollen in ihrer Gesamtheit der Meinungsvielfalt und kulturellen Vielfalt Ausdruck geben. [2]Dieses Ziel wird dadurch gewährleistet, dass

1. staatliche Rundfunkprogramme und vorherrschender staatlicher Einfluss auf Rundfunkprogramme ausgeschlossen werden,

2. Personen, Vereinigungen und Einrichtungen, die religiöse, weltanschauliche, politische, wirtschaftliche oder andere gesellschaftliche Auffassungen und Interessen vertreten (gesellschaftliche Kräfte), die Möglichkeit erhalten, ihre Auffassungen und Interessen in eigenen Rundfunkprogrammen oder selbst gestalteten Programmbeiträgen zu vertreten, oder sonst in der Gesamtheit der Rundfunkprogramme angemessen zu Wort kommen,

3. einzelne gesellschaftliche Kräfte keinen vorherrschenden oder sonst in hohem Maße ungleichgewichtigen Einfluss auf den Rundfunk in seiner Gesamtheit erlangen dürfen,

4. die kulturellen Besonderheiten des Landes und seiner Teilräume, der Bundesrepublik Deutschland und anderer europäischer Länder eine angemessene Ausdrucksmöglichkeit erhalten.

(3) [1]In den nach § 21 Abs. 1 Nr. 4 zwei bundesweit veranstalteten Fernsehangeboten, die im letzten Kalenderjahr bundesweit durchschnittlich die höchsten Zuschaueranteile hatten, sollen im Rahmen des technisch Zumutbaren Regionalfensterprogramme aufgenommen werden. [2]Mit der Organisation der Regionalfensterprogramme ist zugleich deren Finanzierung durch die Veranstalter sicherzustellen.

§ 24 Sicherung der Meinungsvielfalt

(1) Ein Unternehmen (natürliche oder juristische Person oder Personenvereinigung) darf in Baden-Württemberg selbst oder durch ihm zurechenbare Unternehmen eine unbegrenzte Anzahl von Programmen veranstalten, es sei denn, es erlangt dadurch vorherrschende Meinungsmacht nach Maßgabe der nachfolgenden Bestimmungen.

(2) [1]Sind in einem Verbreitungsgebiet in Baden-Württemberg neben den einem Unternehmen zurechenbaren Rundfunkprogrammen, für die in Baden-Württemberg eine Zuweisung erfolgt ist, nicht mindestens ebenso viele weitere, vergleichbar meinungsrelevante Rundfunkprogramme in vergleichbarem Umfang für die Bevölkerung empfangbar, die dem Unternehmen nicht zurechenbar sind, wird vermutet, dass das Unternehmen in diesem Verbreitungsgebiet vorherrschende Meinungsmacht inne hat. [2]Als weitere Programme im Sinne von Satz 1 gelten neben den Programmen des Südwestrundfunks nur Programme, für die in Baden-Württemberg eine Zuweisung erteilt worden ist. [3]Das Vorliegen vorherrschender Meinungsmacht wird auch dann vermutet, wenn zwar eine nach Satz 1 ausreichende Anzahl weiterer Programme gegeben ist, wenn aber das Unternehmen innerhalb des Verbreitungsgebietes auf einem medienrelevanten verwandten Markt eine marktbeherrschende Stellung hat oder eine Gesamtbeurteilung seiner Aktivitäten im Rundfunk und auf medienrelevanten verwandten Märkten innerhalb des Verbreitungsgebietes ergibt, dass der dadurch erzielte Meinungseinfluss dem eines Unternehmens nach Satz 1 entspricht.

(3) [1]Hat ein Unternehmen vorherrschende Meinungsmacht erlangt, schlägt die Landesanstalt dem Unternehmen folgende Maßnahmen vor:

1. Das Unternehmen kann im Falle von Absatz 2 Satz 3 seine Marktstellung auf medienrelevanten verwandten Märkten vermindern oder ihm zurechenbare Beteiligungen aufgeben, bis keine vorherrschende Meinungsmacht nach Abs. 2 Satz 3 mehr gegeben ist, oder

2. es kann bei ihm zurechenbaren Veranstaltern vielfaltsichernde Maßnahmen im Sinne der §§ 26 bis 28 ergreifen.

[2]Das Unternehmen hat binnen eines Monats nach Unterbreitung des Vorschlags durch die Landesanstalt dieser seine Auswahl mitzuteilen und binnen weiterer drei Monate die Maßnahme umzusetzen und dies der Landesanstalt darzulegen. [3]§ 27 Abs. 4 bleibt unberührt.

(4) [1]Würde ein Unternehmen durch eine Zuweisung von Kapazitäten in einem Verbreitungsgebiet oder durch Beteiligung an einem Veranstalter vorherrschende Meinungsmacht erlangen, so dürfen diesem Unternehmen Kapazitäten in dem Verbreitungsgebiet nur zugewiesen werden, sofern eine Vielfaltsicherung durch Maßnahmen gemäß Absatz 3 Satz 1 gewährleistet ist. [2]Die Kapazitätszuweisung sowie deren Rücknahme und Widerruf bedürfen der Zustimmung des Medienrats.

§ 25 Zurechnung von Programmen

(1) [1]Einem Unternehmen sind sämtliche Programme zuzurechnen, die es selbst veranstaltet oder die von einem anderen Unternehmen veranstaltet werden, an dem es unmittelbar mit 25 vom Hundert oder mehr an dem Kapital oder an den Stimmrechten beteiligt ist. [2]Ihm sind ferner alle Programme von Unternehmen zuzurechnen, an denen es mittelbar beteiligt ist, sofern diese Unternehmen zu ihm im Verhältnis eines verbundenen Unternehmens im Sinne von § 15 AktG stehen und diese Unternehmen am Kapital oder an den Stimmrechten eines Veranstalters mit 25 vom Hundert oder mehr beteiligt sind. [3]Die im Sinne der Sätze 1 und 2 verbundenen Unternehmen sind als einheitliche Unternehmen anzusehen, und deren Anteile am Kapital oder an den Stimmrechten sind zusammenzufassen. [4]Wirken mehrere Unternehmen auf Grund einer Vereinbarung oder in sonstiger Weise derart zusammen, dass sie gemeinsam einen beherrschenden Einfluss auf ein beteiligtes Unternehmen ausüben können, so gilt jedes von ihnen als beherrschendes Unternehmen.

(2) [1]Einer Beteiligung nach Absatz 1 steht gleich, wenn ein Unternehmen allein oder gemeinsam mit anderen auf einen Veranstalter einen vergleichbaren Einfluss ausüben kann. [2]Als vergleichbarer Einfluss gilt auch, wenn ein Unternehmen oder ein ihm bereits aus anderen Gründen nach Absatz 1 oder Absatz 2 Satz 1 zurechenbares Unternehmen

1. regelmäßig einen wesentlichen Teil der Sendezeit eines Veranstalters mit von ihm zugelieferten Programmen gestaltet oder

2. auf Grund vertraglicher Vereinbarungen, satzungsrechtlicher Bestimmungen oder in sonstiger Weise eine Stellung innehat, die wesentliche Entscheidungen eines Veranstalters über die Pro-

grammgestaltung, den Programmeinkauf oder die Programmproduktion von seiner Zustimmung abhängig macht.

(3) Bei der Zurechnung nach den Absätzen 1 und 2 sind auch Unternehmen einzubeziehen, die ihren Sitz außerhalb des Geltungsbereiches dieses Gesetzes haben.

(4) Bei der Prüfung und Bewertung vergleichbarer Einflüsse auf einen Veranstalter sind auch bestehende Angehörigenverhältnisse nach den Grundsätzen des Wirtschafts- und Steuerrechts einzubeziehen.

§ 26 Vielfaltsichernde Maßnahmen

Stellen die vorgenannten Vorschriften auf vielfaltsichernde Maßnahmen bei einem Veranstalter oder Unternehmen ab, so gelten als solche Maßnahmen:

1.	die Einräumung von Sendezeit für unabhängige Dritte (§ 27) oder
2.	die Einrichtung eines Programmbeirats (§ 28).

§ 27 Sendezeit für unabhängige Dritte

(1) [1]Ein Fensterprogramm, das auf Grund der Verpflichtung zur Einräumung von Sendezeit nach den vorstehenden Bestimmungen ausgestrahlt wird, muss unter Wahrung der Programmautonomie des Hauptveranstalters einen zusätzlichen Beitrag zur Vielfalt in dessen Programm, insbesondere in den Bereichen Kultur, Bildung und Information, leisten. [2]Die Gestaltung des Fensterprogramms hat in redaktioneller Unabhängigkeit vom Hauptprogramm zu erfolgen. [3]Im Hörfunk müssen die Fensterprogramme in einem angemessenen Umfang Wortbeiträge enthalten.

(2) [1]Die Dauer des Fensterprogramms muss wöchentlich mindestens 2 vom Hundert der zugewiesenen Sendezeit betragen, wovon mindestens 30 vom Hundert in der Hauptsendezeit liegen müssen. [2]Bestehende Regional- und Lokalfensterprogramme werden angerechnet. [3]Die Anrechnung ist nur zulässig, wenn die Regional- und Lokalfensterprogramme in redaktioneller Unabhängigkeit veranstaltet werden.

(3) [1]Der Fensterprogrammveranstalter darf nicht in einem rechtlichen Abhängigkeitsverhältnis zum Hauptveranstalter stehen. [2]Rechtliche Abhängigkeit im Sinne des Satzes 1 liegt vor, wenn das Hauptprogramm und das Fensterprogramm nach § 25 demselben Unternehmen zugerechnet werden können.

(4) [1]Ist ein Hauptprogrammveranstalter zur Einräumung von Sendezeit für unabhängige Dritte verpflichtet, so schreibt die Landesanstalt nach Erörterung mit dem Hauptveranstalter das Fensterprogramm zur Erteilung einer Kapazitätszuweisung aus. [2]Die Landesanstalt überprüft die eingehenden Anträge auf ihre Vereinbarkeit mit den Bestimmungen dieses Gesetzes sowie des Rundfunkstaatsvertrages und teilt dem Hauptprogrammveranstalter die stattgabefähigen Anträge mit. [3]Sie erörtert mit dem Hauptprogrammveranstalter die Anträge mit dem Ziel, eine einvernehmliche Auswahl zu treffen. [4]Kommt eine Einigung nicht zu Stande und liegen der Landesanstalt mehr als drei zulassungsfähige Anträge vor, unterbreitet der Hauptprogrammveranstalter der Landesanstalt einen Dreiervorschlag. [5]Die Landesanstalt kann unter Vielfaltsgesichtspunkten bis zu zwei weitere Vorschläge hinzufügen, die sie erneut mit dem Hauptprogrammveranstalter mit dem Ziel, eine einvernehmliche Auswahl zu treffen, erörtert. [6]Kommt einen Einigung nicht zu Stande, wählt sie aus den Vorschlägen denjenigen Bewerber aus, dessen Programm den größtmöglichen Beitrag zur Vielfalt im Programm des Hauptprogrammveranstalters erwarten lässt und erteilt ihm die Zulassung. [7]Bei drei oder weniger Anträgen trifft die Landesanstalt die Entscheidung unmittelbar. [8]Die Entscheidungen nach Satz 6 und 7 bedürfen der Zustimmung des Medienrats.

(5) [1]Ist ein Bewerber für das Fensterprogramm nach Absatz 4 ausgewählt, schließen der Hauptprogrammveranstalter und der Bewerber eine Vereinbarung über die Ausstrahlung des Fensterprogramms im Rahmen des Hauptprogramms. [2]In diese Vereinbarung ist insbesondere die Verpflichtung des Hauptprogrammveranstalters aufzunehmen, dem Fensterprogrammveranstalter eine ausreichende Finanzierung seines Programms zu ermöglichen. [3]Die Vereinbarung muss ferner vorsehen, dass eine Kündigung während der Dauer der Kapazitätszuweisung nach Absatz 6 nur wegen schwerwiegender Vertragsverletzungen oder aus einem sonstigen wichtigen Grund mit einer Frist von sechs Monaten zulässig ist.

(6) [1]Auf der Grundlage einer Vereinbarung zu angemessenen Bedingungen nach Absatz 5 sind dem Fensterprogrammveranstalter durch die Landesanstalt die Kapazitäten zur Veranstaltung des Fensterprogramms zuzuweisen. [2]Die Zuweisung sowie deren Rücknahme und Widerruf bedürfen der Zu-

stimmung des Medienrats. [3]In die Kapazitätszuweisung für den Haupt- und Fensterprogrammveranstalter sind die wesentlichen Verpflichtungen aus der Vereinbarung nach Absatz 5 als Bestandteil des Bescheids aufzunehmen. [4]Die Kapazitätszuweisung für den Fensterprogrammveranstalter ist auf die Dauer von fünf Jahren zu erteilen; sie erlischt, wenn die Zulassung des Hauptprogrammveranstalters endet, nicht verlängert oder nicht neu erteilt wird.

§ 28 Programmbeirat

(1) [1]Der Programmbeirat hat die Aufgabe, insbesondere durch Beratung des Veranstalters und Beobachtung des Programms darauf hinzuwirken, dass die Sendungen insgesamt ein ausgewogenes Meinungsbild im Sinne von § 23 vermitteln; im Fall eines Verstoßes gegen diese Grundsätze der Meinungsvielfalt hat der Programmbeirat den Veranstalter aufzufordern, einen solchen Verstoß nicht fortzusetzen oder künftig zu unterlassen. [2]Zur Erfüllung seiner Aufgaben kann er von dem Veranstalter die erforderlichen Auskünfte, insbesondere die Einsicht in die Aufzeichnungen des Programms, verlangen. [3]Mit der Einrichtung eines Programmbeirats ist dessen wirksamer Einfluss auf das Rundfunkprogramm durch Vertrag oder Satzung zu Gewähr leisten.

(2) [1]Die Vertreter in einem Programmbeirat müssen von den entsprechenden gesellschaftlichen Kräften benannt sein. [2]In einen Programmbeirat müssen jedenfalls die römisch-katholische Kirche, die evangelische Landeskirche, Gewerkschaften, Arbeitgeberverbände, Frauenverbände, Elternbeiräte, die nach § 29 des Bundesnaturschutzgesetzes anerkannten Umweltverbände, Jugendorganisationen, Sportorganisationen und kulturelle Organisationen in dem Verbreitungsgebiet je einen Vertreter entsenden können.

(3) [1]Der Programmbeirat soll in der Regel mindestens einmal in jedem Vierteljahr zusammentreten. [2]Er kann jederzeit Auskünfte und Stellungnahmen des Medienrats der Landesanstalt verlangen.

Fünfter Abschnitt:
Landesanstalt für Kommunikation

§ 29 Rechtsform und Organe

(1) [1]Die Landesanstalt ist eine rechtsfähige Anstalt des öffentlichen Rechts mit Sitz in Stuttgart. [2]Sie hat das Recht der Selbstverwaltung im Rahmen der Gesetze.

(2) [1]Organe der Landesanstalt sind der Vorstand und der Medienrat. [2]Weitere Organe sind die Kommission für Zulassung und Aufsicht, die Gremienvorsitzendenkonferenz, die Kommission zur Ermittlung der Konzentration im Medienbereich sowie die Kommission für Jugendmedienschutz nach den Vorschriften des Rundfunkstaatsvertrages und des Jugendmedienschutz-Staatsvertrages in ihrer jeweils geltenden Fassung.

(3) Die Landesanstalt hat das Recht, Beamte zu haben.

§ 30 Aufgaben

(1) [1]Die Landesanstalt nimmt alle Aufgaben nach diesem Gesetz wahr, soweit nicht ausdrücklich die Zuständigkeit einer anderen Stelle bestimmt ist. [2]Sie ist die Landesmedienanstalt im Sinne des Rundfunkstaatsvertrages und des Jugendmedienschutz-Staatsvertrages.

(2) Die Landesanstalt wacht im Rahmen ihrer Zuständigkeit darüber, dass die der Geltung dieses Gesetzes unterfallenden Veranstalter sowie die Plattform- und Telemedienanbieter und die Betreiber von Anlagen die rechtlichen Bindungen beachten, die ihnen nach diesem Gesetz, dem Rundfunkstaatsvertrag und dem Jugendmedienschutz-Staatsvertrag und den auf diesen Grundlagen erlassenen Rechtsvorschriften oder Entscheidungen obliegen; sie ist zuständige Aufsichtsbehörde gemäß § 59 Abs. 2 des Rundfunkstaatsvertrages.

(3) [1]Beschwerden, in denen jemand einen Verstoß gegen Programmanforderungen oder eine Verletzung von Rechten darlegt, können an die Landesanstalt gerichtet werden. [2]Die Landesanstalt hat auf die Beschwerde mitzuteilen, ob und gegebenenfalls in welcher Weise sie tätig geworden ist.

§ 31 Auskunfts- und Vorlagerechte

[1]Die Veranstalter, die Plattform- und Telemedienanbieter und die Betreiber von Anlagen haben der Landesanstalt jederzeit auf Verlangen unentgeltlich und unverzüglich die für die Erfüllung ihrer Aufgaben erforderlichen Auskünfte zu erteilen und Aufzeichnungen und sonstige Unterlagen vorzulegen. [2]Dies gilt auch für Ton- und Bildaufzeichnungen oder Filme innerhalb der Frist nach § 8 Abs. 1. [3]Der zur Erteilung einer Auskunft Verpflichtete kann die Auskunft auf solche Fragen verweigern, deren

Beantwortung ihn selbst oder einen der in § 383 Abs. 1 Nr. 1 bis 3 der Zivilprozessordnung bezeichneten Angehörigen der Gefahr strafgerichtlicher Verfolgung oder eines Verfahrens nach dem Gesetz über Ordnungswidrigkeiten aussetzen würde.

§ 32 Maßnahmen der Landesanstalt

(1) Die Landesanstalt trifft gegenüber Veranstaltern, Plattform- und Telemedienanbietern und Betreibern von Anlagen zur Einhaltung der rechtlichen Bindungen nach § 30 Abs. 2 die Maßnahmen, die ihr nach pflichtgemäßem Ermessen erforderlich erscheinen.

(2) [1]Insbesondere kann die Landesanstalt die Verbreitung eines Rundfunkprogramms oder einer Sendung zeitweise oder endgültig untersagen, wenn damit wiederholt gegen § 3 oder § 4 oder gegen sonstige für das verbreitete Programm geltende Vorschriften verstoßen wird. [2]Der wiederholte Verstoß muss von der Landesanstalt durch Verwaltungsakt festgestellt worden sein. [3]Die Untersagung muss vorher schriftlich angedroht werden. [4]Die Verbreitung eines Programms oder einer Sendung kann vor Beginn untersagt werden, wenn Tatsachen die Annahme rechtfertigen, dass besonders schwerwiegende Verstöße gegen § 3 Abs. 1 oder gegen die Bestimmungen über unzulässige Sendungen oder über den Jugendschutz zu erwarten sind. [5]Die Untersagung der Verbreitung ist gegenüber dem Veranstalter, dem Plattform- oder Telemedienanbieter und dem Betreiber der Anlage zulässig.

§ 33 Verwaltungsakte, Bekanntmachung

(1) Für das Zustandekommen und die Bestandskraft von Verwaltungsakten der Landesanstalt gilt abweichend von den Vorschriften des Teils III des Landesverwaltungsverfahrensgesetzes (LVwVfG):

1. Die Zulassung nach § 12 und die Zuweisung von Übertragungskapazitäten nach § 20 Abs. 5 können widerrufen werden, wenn der Begünstigte einer unanfechtbaren oder sofort vollziehbaren Anordnung der Landesanstalt nicht Folge leistet.

2. Die Zuweisung von Übertragungskapazitäten nach § 20 Abs. 5 kann widerrufen werden, wenn der Veranstalter, Plattform- oder Telemedienanbieter sie mehr als drei Monate nicht nutzt.

3. Den Widerruf begünstigender Verwaltungsakte auf Grund einer nachträglichen Änderung der Sach- oder Rechtslage hat die Landesanstalt unter Angabe der für die Aufhebung sprechenden Gründe angemessene Zeit zuvor schriftlich anzudrohen.

4. Entschädigungen werden nicht geleistet.

(2) Widerspruch und Anfechtungsklage eines Dritten gegen die Zuweisung von Kapazitäten an private Veranstalter, Plattform- oder Telemedienanbieter haben keine aufschiebende Wirkung.

(3) [1]Die Bekanntmachungen der Landesanstalt erfolgen im Staatsanzeiger. [2]Die Rechtsverordnungen der Landesanstalt werden im Gesetzblatt verkündet. [3]Bekanntmachungen und Rechtsverordnungen der Landesanstalt sind ergänzend in geeigneter Form im Internetauftritt der Landesanstalt zu veröffentlichen.

(4) [1]Entscheidungen, die gegenüber einem Veranstalter mit Sitz außerhalb der Bundesrepublik Deutschland ergehen, werden nach den Vorschriften des Europäischen Übereinkommens über die Zustellung von Schriftstücken in Verwaltungssachen im Ausland in seiner jeweils geltenden Fassung zugestellt. [2]Außerhalb des Geltungsbereichs des Übereinkommens stellt die Landesanstalt die Entscheidung demjenigen zu, den der Veranstalter als Zustellungsbevollmächtigten benannt hat. [3]Hat der Veranstalter keinen Zustellungsbevollmächtigten benannt, stellt die Landesanstalt die Entscheidung durch öffentliche Zustellung nach § 11 des Landesverwaltungszustellungsgesetzes zu.

§ 34 Vorstand

(1) [1]Der Vorstand der Landesanstalt besteht aus einem hauptamtlichen Vorsitzenden, einem stellvertretenden Vorsitzenden und drei weiteren Mitgliedern. [2]Der Vorsitzende ist Beamter auf Zeit. [3]Der stellvertretende Vorsitzende und die drei weiteren Mitglieder sind ehrenamtlich tätig.

(2) Der Vorsitzende muss die Befähigung für eine Laufbahn des höheren allgemeinen Verwaltungsdienstes besitzen.

(3) Die Mitglieder des Vorstands sind an Aufträge und Weisungen nicht gebunden.

(4) Die Mitglieder des Vorstands dürfen nicht gleichzeitig

1. dem Medienrat angehören;

2. dem Organ einer öffentlich-rechtlichen Rundfunkanstalt oder einer ihrer Werbegesellschaften angehören oder bei einer öffentlich-rechtlichen Rundfunkanstalt beschäftigt sein;

3. Veranstalter, Plattform- oder Telemedienanbieter oder Betreiber von Anlagen, deren gesetzliche Vertreter oder Arbeitnehmer sein, dem Aufsichtsrat eines Veranstalters, Anbieters oder eines Betreibers von Anlagen angehören oder in wesentlichem Umfang Anteile an solchen Unternehmen besitzen;

4. Produzent von Sendungen oder Angeboten, die für Rundfunkprogramme oder für Telemedien bestimmt sind, oder dessen gesetzliche Vertreter oder Arbeitnehmer sein oder dem Aufsichtsrat eines Unternehmens angehören oder in wesentlichem Umfang Anteile an einem Unternehmen besitzen, das derartige Sendungen oder Angebote produziert;

5. den gesetzgebenden Körperschaften des Bundes oder eines Landes, der Bundesregierung oder einer Landesregierung angehören, das Amt eines politischen Staatssekretärs ausüben oder Mitglied des Europäischen Parlaments oder der Kommission der Europäischen Gemeinschaften sein, oder

6. im aktiven Dienst Beamte oder Bedienstete der Institutionen der Europäischen Gemeinschaften oder der ihnen angegliederten fachlichen Gremien sein oder bei einer Bundes-, Landes- oder Kommunalbehörde beschäftigt sein; dies gilt nicht für Professoren, die hauptberuflich an einer Hochschule tätig sind.

(5) ¹Tritt ein Ausschlussgrund nach Absatz 4 bei einem Mitglied des Vorstands ein, scheidet es aus dem Vorstand aus. ²Der Vorstand stellt das Vorliegen eines Ausschlussgrundes fest. ³Der Vorsitzende tritt mit der Feststellung nach Satz 2 für den Rest seiner Amtszeit in den einstweiligen Ruhestand.

(6) ¹Die Amtszeit der Mitglieder des Vorstands beträgt sechs Jahre. ²Sie beginnt mit dem Tag der Ernennung des Vorsitzenden. ³Erfolgt die Bestellung und Verpflichtung anderer Mitglieder erst nach diesem Zeitpunkt, so verkürzt sich deren Amtszeit entsprechend. ⁴Nach Ablauf der Amtszeit führt der Vorstand die Geschäfte bis zur Ernennung des Vorsitzenden weiter; das Dienstverhältnis des bisherigen Vorsitzenden besteht so lange weiter.

(7) Die ehrenamtlichen Mitglieder des Vorstands erhalten eine Entschädigung und eine Reisekostenvergütung in entsprechender Anwendung des § 7 Abs. 2, 3 und 5 des Gesetzes über den Verfassungsgerichtshof.

§ 35 Aufgaben des Vorstands

(1) Der Vorstand nimmt die Aufgaben der Landesanstalt wahr, soweit nicht ausdrücklich eine andere Zuständigkeit bestimmt ist.

(2) ¹Jeder hat das Recht, sich mit einer Beschwerde an den Vorstand zu wenden. ²Soweit die Beschwerde einen Gegenstand des § 42 Abs. 2, 4 oder 5 betrifft, gibt der Vorstand dem Medienrat Gelegenheit zur Stellungnahme.

§ 36 Wahl und Abberufung der Mitglieder des Vorstands

(1) ¹Der Vorsitzende, der stellvertretende Vorsitzende, die weiteren ehrenamtlichen Mitglieder des Vorstands und für jedes ehrenamtliche Mitglied ein Stellvertreter, werden vom Landtag mit einer Mehrheit von zwei Dritteln seiner Mitglieder gewählt. ²Der Vorsitzende wird aus dem Kreis der Bewerber auf eine öffentliche Ausschreibung der Stelle im Staatsanzeiger für Baden-Württemberg gewählt. ³Kommt bis spätestens einen Monat nach Ablauf der Amtszeit des bisherigen Vorstands die nach Satz 1 erforderliche Mehrheit für die Wahl aller Mitglieder des Vorstands und ihrer Stellvertreter nicht zu Stande, werden diese auf Grund von Wahlvorschlägen der Fraktionen im Wege der Verhältniswahl nach dem Höchstzahlverfahren (d'Hondt) gewählt; wird nur ein Wahlvorschlag eingereicht, bedarf die Wahl durch den Landtag der Zustimmung der Mehrheit seiner Mitglieder. ⁴Eine Wiederwahl der ehrenamtlichen Mitglieder und ihrer Stellvertreter ist zulässig. ⁵Der Vorsitzende kann einmal wieder gewählt werden; hierbei wird eine Wahl mit einer Amtszeit von weniger als drei Jahren nicht berücksichtigt.

(2) ¹Der Ministerpräsident ernennt den Vorsitzenden. ²Er bestellt und verpflichtet die ehrenamtlichen Mitglieder und stellvertretenden Mitglieder des Vorstands.

(3) ¹Scheidet ein Mitglied oder ein stellvertretendes Mitglied vorzeitig aus, so soll innerhalb von drei Monaten gemäß Absatz 1 Satz 1 ein Nachfolger für den Rest der Amtszeit gewählt werden; die Amtszeit verkürzt sich entsprechend. ²Wurde das ausgeschiedene Mitglied auf Grund des in Absatz 1 Satz 3 Halbsatz 1 bezeichneten Verfahrens gewählt, steht der Fraktion oder den Fraktionen, auf Grund deren

Wahlvorschlag es gewählt wurde, ein Vorschlagsrecht zu; der Vorgeschlagene ist gewählt, wenn der Landtag mit der Mehrheit seiner Mitglieder diesem Vorschlag zustimmt.

(4) [1]Mitglieder oder stellvertretende Mitglieder können vom Landtag mit einer Mehrheit von zwei Dritteln seiner Mitglieder abberufen werden, wenn sie

1. ihre Pflichten gröblich verletzen oder sich als unwürdig erwiesen haben,
2. ihre Tätigkeit nicht mehr ordnungsgemäß ausüben können.

[2]Der Vorsitzende tritt mit seiner Abberufung für den Rest seiner Amtszeit in den einstweiligen Ruhestand.

§ 37 Ausschluss und Befangenheit im Verwaltungsverfahren

[1]§§ 20 und 21 LVwVfG bleiben unberührt. [2]Abweichend von § 20 Abs. 4 und § 21 Abs. 2 LVwVfG hat ein Mitglied des Vorstands Umstände, die den Ausschluss im Sinne des § 20 oder die Befangenheit im Sinne des § 21 LVwVfG begründen können, dem Vorsitzenden des Medienrats und dessen Stellvertretern mitzuteilen. [3]Kann ein Einvernehmen mit dem Mitglied des Vorstands über das Vorliegen eines Ausschluss- oder Befangenheitsgrundes nicht erzielt werden, ist eine Entscheidung des Medienrats herbeizuführen. [4]Einer Mitteilung an den Vorsitzenden des Medienrats und dessen Stellvertreter bedarf es nicht, wenn das betroffene Mitglied des Vorstands und die übrigen anwesenden Mitglieder des Vorstands übereinstimmend der Auffassung sind, dass ein Ausschluss- oder Befangenheitsgrund gegeben ist.

§ 38 Arbeitsweise des Vorstands

(1) [1]Der Vorstand tritt mindestens einmal in jedem Vierteljahr zu einer ordentlichen Sitzung zusammen. [2]Auf Verlangen jedes Mitglieds ist eine außerordentliche Sitzung einzuberufen.

(2) Beschlüsse des Vorstands bedürfen der Zustimmung von drei Mitgliedern.

(3) [1]In dringenden Angelegenheiten kann der Vorstand einen Beschluss in einer ohne Frist und formlos einberufenen Sitzung oder im schriftlichen Verfahren fassen. [2]Nach einem derartigen Beschluss ist, soweit die Zuständigkeit des Medienrats berührt ist, unverzüglich form- und fristlos eine außerordentliche Sitzung des Medienrats durch den Vorsitzenden des Medienrats entsprechend § 45 Abs. 2 Satz 3 einzuberufen oder ein Beschluss des Medienrats im schriftlichen Verfahren entsprechend § 45 Abs. 2 Satz 4 herbeizuführen, es sei denn, die Angelegenheit duldet keinen weiteren Aufschub mehr. [3]§ 45 Abs. 2 Satz 2 gilt entsprechend. [4]Die Gründe der Entscheidung und die Art der Erledigung sind dem Medienrat in jedem Fall unverzüglich mitzuteilen.

(4) Der Vorsitzende wird vom stellvertretenden Vorsitzenden vertreten; dies gilt nicht für die Aufgaben nach § 39 Abs. 1 Satz 1 und 2.

(5) Der Vorstand gibt sich eine Geschäftsordnung.

§ 39 Vorsitzender des Vorstands

(1) [1]Der Vorsitzende vertritt die Landesanstalt gerichtlich und außergerichtlich und leitet deren Verwaltung. [2]Der Vorsitzende erledigt in eigener Zuständigkeit die Geschäfte der laufenden Verwaltung, bereitet die Entscheidungen des Vorstands und des Medienrats vor und führt sie aus. [3]Für die Aufgaben nach den Sätzen 1 und 2 stellt der Vorsitzende seine Vertretung durch einen Beamten der Landesanstalt mit der Befähigung zum Richteramt sicher.

(2) Nicht zu den Geschäften der laufenden Verwaltung gehören insbesondere folgende Angelegenheiten, über die der Vorstand entscheidet:

1. Erwerb, Veräußerung oder Belastung von Grundstücken,
2. Verträge mit einem Gesamtaufwand von mehr als 30 000 Euro; dies gilt nicht für den Abschluss von Dienst- und Arbeitsverträgen,
3. über- und außerplanmäßige Ausgaben,
4. Aufnahme von Krediten.

(3) [1]In dringenden Angelegenheiten, deren Erledigung nicht bis zu einer Entscheidung des Vorstands nach § 38 Abs. 3 Satz 1 aufgeschoben werden kann, entscheidet der Vorsitzende an Stelle des Vorstands. [2]§ 38 Abs. 3 Satz 2 findet keine Anwendung. [3]Die Gründe der Entscheidung und die Art der Erledigung sind Vorstand und Medienrat unverzüglich mitzuteilen.

§ 40 Bedienstete der Landesanstalt

(1) Für den Vorsitzenden nimmt das Staatsministerium die Aufgaben des Dienstvorgesetzten und der obersten Dienstbehörde wahr.

(2) [1]Über die Ernennung, Einstellung und Entlassung der Bediensteten der Landesanstalt entscheidet der Vorsitzende, bei Beamten des höheren Dienstes und Angestellten in Vergütungsgruppen, die der Laufbahngruppe des höheren Dienstes entsprechen, im Einvernehmen mit dem Vorstand. [2]Der Vorsitzende ist Vorgesetzter, Dienstvorgesetzter und oberste Dienstbehörde der Bediensteten der Landesanstalt.

(3) Leitende Bedienstete können zu Beamten auf Zeit ernannt werden; die Amtszeit beträgt acht Jahre.

(4) Soweit der Vorstand im Benehmen mit dem Staatsministerium keine anderweitige Bestimmung trifft, bestimmen sich die Rechtsverhältnisse der Beamten, Angestellten und Arbeiter nach den Vorschriften, die für Beschäftigte im Landesdienst gelten.

(5) [1]Die Stellen sind nach Art und Besoldungs-, Vergütungs- und Lohngruppen gegliedert im Haushaltsplan auszuweisen. [2]Der Stellenplan und die Stellenübersicht sind einzuhalten; das Staatsministerium kann hiervon Ausnahmen zulassen.

§ 41 Medienrat

(1) Der Medienrat setzt sich zusammen aus

1.   einem Vertreter der evangelischen Landeskirchen,
2.   einem Vertreter der römisch-katholischen Kirche,
3.   einem Vertreter der israelitischen Religionsgemeinschaften,
4.   einem Vertreter der Freikirchen,
5.   einem Vertreter des Deutschen Gewerkschaftsbundes, Landesbezirk Baden-Württemberg,
6.   einem Vertreter des Christlichen Gewerkschaftsbundes Deutschlands, Landesverband Baden-Württemberg,
7.   einem Vertreter des Beamtenbundes Baden-Württemberg,
8.   einem Vertreter der kommunalen Landesverbände,
9.   einem Vertreter des Baden-Württembergischen Industrie- und Handelskammertages,
10. einem Vertreter des baden-württembergischen Handwerkstags,
11. einem Vertreter, der von dem Landesverband der baden-württembergischen Industrie und der Landesvereinigung Baden-Württembergischer Arbeitgeberverbände benannt wird,
12. einem Vertreter, der von dem Landesverband der freien Berufe Baden-Württemberg und dem Bund der Selbständigen, Landesverband Baden-Württemberg, benannt wird,
13. einem Vertreter, der von dem Südwestdeutschen Zeitschriftenverlegerverband e.V. und dem Verband Südwestdeutscher Zeitungsverleger e.V. benannt wird,
14. einem Vertreter der Journalistenverbände,
15. einem Vertreter des Landesmusikrats Baden-Württemberg,
16. einem Vertreter des Landeselternbeirats,
17. einem Vertreter des Landesfamilienrats Baden-Württemberg,
18. einem Vertreter des Landesfrauenrats Baden-Württemberg,
19. einem Vertreter der Aktion Jugendschutz,
20. einem Vertreter der Sportverbände,
21. einem Vertreter der Jugendverbände,
22. einem Vertreter der Bauernverbände,
23. einem Vertreter des Deutschen Bundeswehrverbandes,
24. einem Vertreter des Bundes der Vertriebenen, Landesverband Baden-Württemberg,
25. einem Vertreter, der von den Schriftstellerorganisationen, dem Bühnenverein und der Bühnengenossenschaft benannt wird,
26. einem Vertreter der Informationstechnischen Gesellschaft,
27. einem Vertreter des Landesnaturschutzverbandes Baden-Württemberg e.V.,
28. einem Vertreter, der von den Landesrektorenkonferenzen der Universitäten, der Kunsthochschulen, der Pädagogischen Hochschulen und der Fachhochschulen benannt wird.

(2) [1]Jede Fraktion im Landtag entsendet einen Vertreter. [2]Vier weitere Vertreter werden auf Grund von Vorschlägen der Fraktionen vom Landtag im Wege der Verhältniswahl nach dem Höchstzahlverfahren (d'Hondt) gewählt.

(3) [1]Die Organisationen nach Absatz 1 und der Landtag benennen dem Vorstand innerhalb einer von diesem zu bestimmenden Frist die jeweiligen Vertreter. [2]Bei der Entsendung der Mitglieder sind Frauen angemessen zu berücksichtigen. [3]Der Vorstand stellt die ordnungsgemäße Entsendung fest. [4]Soweit

mehrere Organisationen einen gemeinsamen Vertreter entsenden, benennen sie diesen dem Vorstand durch gemeinsame Erklärung. [5]Kommt ein Einvernehmen zwischen den Organisationen nicht zu Stande, so schlagen die betreffenden Organisationen jeweils einen Kandidaten innerhalb der nach Satz 1 gesetzten Frist vor. [6]Der für Rundfunkfragen zuständige Ausschuss des Landtags wählt aus den vorgeschlagenen Kandidaten den zu entsendenden Vertreter aus. [7]Im Übrigen verringert sich die Zahl der Mitglieder des Medienrats entsprechend, soweit und solange Organisationen oder der Landtag keine Vertreter benennen.

(4) [1]Die Amtszeit der Mitglieder des Medienrats dauert fünf Jahre und beginnt mit dem ersten Zusammentritt des Medienrats. [2]Nach Ablauf der Amtszeit führt der Medienrat die Geschäfte bis zum Zusammentritt des neuen Medienrats weiter.

(5) [1]Scheiden Vertreter vorzeitig aus, sind für den Rest der Amtszeit Nachfolger von den entsendenden Organisationen oder dem Landtag zu benennen; Absatz 3 gilt entsprechend. [2]Diese können die von ihnen benannten Vertreter bei deren Ausscheiden aus den entsprechenden Organisationen oder dem Landtag abberufen.

§ 42 Aufgaben des Medienrats

(1) Der Medienrat nimmt insbesondere Aufgaben zur Gewährleistung der Meinungsvielfalt und des Schutzes von Kindern und Jugendlichen im Bereich des Rundfunks wahr.

(2) Der Zustimmung des Medienrats bedürfen folgende Entscheidungen des Vorstands:

1. die Zuweisung von Übertragungskapazitäten und deren Verlängerung nach § 20 Abs. 5, § 21 Abs. 6, § 24 Abs. 4 Satz 1 und § 27 Abs 6 sowie deren Rücknahme und Widerruf;
2. die Auswahlentscheidung nach § 27 Abs. 4 Satz 4 und 5;
3. der Erlass von Richtlinien und Entscheidungen für den Einzelfall für beschränkende oder erweiternde Ausnahmen von den Zeitgrenzen für die Ausstrahlung bestimmter Sendungen im Zusammenhang mit dem Jugendschutz nach § 4 Abs. 1 in Verbindung mit den Vorschriften des Jugendmedienschutz-Staatsvertrages.

(3) [1]Stimmt der Medienrat einer Entscheidung des Vorstands nach Absatz 2 nicht zu, hat er zugleich einen Vorschlag für die Entscheidung zu unterbreiten. [2]Die Zustimmung des Medienrats gilt als erteilt, wenn der Vorstand entsprechend dem Vorschlag des Medienrats entscheidet.

(4) [1]Der Medienrat hat die Aufgabe, den Vorstand zu unterrichten und Maßnahmen vorzuschlagen, wenn er zu der Auffassung kommt, dass im privaten Rundfunk Vorschriften dieses Gesetzes, insbesondere die Bestimmungen zur Sicherung der Meinungsvielfalt, nicht eingehalten sind. [2]Der Vorstand ist an die Beurteilung des Medienrats gebunden, dass Bestimmungen zur Sicherung der Meinungsvielfalt nicht eingehalten sind.

(5) [1]Der Medienrat soll Empfehlungen zur Medienpädagogik herausgeben. [2]Er nimmt dazu Stellung, ob eine verbreitete Sendung geeignet ist, das körperliche, geistige oder seelische Wohl von Kindern und Jugendlichen zu beeinträchtigen oder ob die mögliche sittliche Gefährdung von Kindern und Jugendlichen als schwer anzusehen ist (§ 4 Abs. 1 in Verbindung mit den Bestimmungen des Jugendmedienschutz-Staatsvertrages;) der Vorstand ist an die Stellungnahme des Medienrats gebunden.

(6) [1]Der Medienrat beschließt den Haushaltsplan. [2]Der Entwurf des Haushaltsplans wird vom Vorstand rechtzeitig vor Beginn des Haushaltsjahres aufgestellt und dem Medienrat zugeleitet. [3]Über- und außerplanmäßige Ausgaben bedürfen der Einwilligung des Medienrats. [4]Der Medienrat beschließt die Jahresrechnung, wählt den Prüfer gemäß § 46 Abs. 2 Satz 7 und bestimmt den Umfang der Prüfung. [5]Er entlastet den Vorstand.

(7) [1]In jeder Sitzung des Medienrats wird dieser vom Vorsitzenden des Vorstands über alle wichtigen Vorkommnisse und geplanten wichtigen Entscheidungen unterrichtet. [2]Der Medienrat kann hierzu Stellung nehmen.

§ 43 Sitzungen des Medienrats

(1) [1]Der Medienrat tritt mindestens einmal in jedem Vierteljahr zu einer ordentlichen Sitzung zusammen. [2]Auf Verlangen von zehn Mitgliedern oder des Vorstands ist eine außerordentliche Sitzung einzuberufen. [3]Zur konstituierenden Sitzung lädt der Vorsitzende des Vorstands ein.

(2) [1]Die Mitglieder des Vorstands haben das Recht, mit beratender Stimme an den Sitzungen des Medienrats teilzunehmen. [2]Auf Antrag des Vorsitzenden des Vorstands ist eine Angelegenheit auf die Tagesordnung zu setzen und vom Medienrat zu behandeln.

§ 44 Rechtsstellung der Mitglieder des Medienrats

(1) [1]Die Mitglieder des Medienrats haben bei Wahrnehmung ihrer Aufgaben die Interessen der Allgemeinheit zu vertreten. [2]Sie sind in ihrer Amtsführung an Aufträge oder Weisungen nicht gebunden.

(2) [1]Die Mitglieder des Medienrats dürfen nicht gleichzeitig einer obersten Behörde der Europäischen Gemeinschaft, des Bundes oder eines Landes angehören. [2]Im Übrigen gelten § 34 Abs. 4 Nr. 2 bis 5 entsprechend mit der Maßgabe, dass die Vertreter nach § 41 Abs. 2 dem Landtag von Baden-Württemberg angehören dürfen. [3]Tritt ein Ausschlussgrund nach Satz 1 oder Satz 2 bei einem Mitglied ein, scheidet es aus dem Medienrat aus. [4]Der Medienrat stellt das Vorliegen eines Ausschlussgrundes fest. [5]§§ 20 und 21 LVwVfG bleiben unberührt.

(3) [1]Die Mitglieder des Medienrats üben ihre Tätigkeit ehrenamtlich aus. [2]Sie erhalten eine Sitzungsvergütung, Tage- und Übernachtungsgeld nach dem Landesreisekostengesetz und Ersatz der notwendigen Fahrtkosten[1]), der Vorsitzende und seine Stellvertreter außerdem eine monatliche Aufwandsentschädigung. [3]Die Höhe der Sitzungsvergütung und der Aufwandsentschädigung wird auf Vorschlag des Vorstands vom Medienrat festgelegt; sie bedarf der Zustimmung des Staatsministeriums. [4]Daneben kann eine Entschädigung für nachgewiesenen Verdienstausfall in entsprechender Anwendung des § 2 Abs. 2 des Gesetzes über die Entschädigung ehrenamtlicher Richter gewährt werden.

§ 45 Vorsitz, Verfahren

(1) [1]Der Medienrat wählt aus seiner Mitte einen Vorsitzenden und zwei Stellvertreter für die Dauer der Amtszeit des Medienrats. [2]§ 41 Abs. 4 Satz 2 gilt entsprechend. [3]Der Vorsitzende des Medienrats beruft die Sitzungen des Medienrats ein und leitet sie.

(2) [1]Der Medienrat ist beschlussfähig, wenn alle Mitglieder geladen worden sind und mehr als die Hälfte der Mitglieder anwesend sind. [2]Ist die Beschlussfähigkeit nicht gegeben, sind alle Mitglieder innerhalb einer angemessenen Frist unter Hinweis auf die Folgen für die Beschlussfähigkeit erneut zu laden. [3]In der folgenden Sitzung ist der Medienrat beschlussfähig, wenn mindestens zehn Mitglieder anwesend sind. [4]Ist eine Angelegenheit in der Ladung nach Satz 1 als eilbedürftig bezeichnet worden, kann der Vorsitzende abweichend von Satz 2 bestimmen, dass über diese Angelegenheit im schriftlichen Verfahren Beschluss gefasst wird.

(3) [1]Der Medienrat fasst seine Beschlüsse mit der Mehrheit der abgegebenen Stimmen, soweit nicht ausdrücklich etwas anderes bestimmt ist. [2]Einem Beschluss müssen mindestens zehn Mitglieder zustimmen.

(4) [1]Der Medienrat kann Sachverständige mit beratender Stimme zu seinen Sitzungen heranziehen, soweit dies zur Erfüllung der Aufgaben nach § 42 erforderlich ist. [2]Die Sachverständigen erhalten Entschädigung, Ersatz von Aufwendungen und Ersatz der notwendigen Fahrtkosten in entsprechender Anwendung des Justizvergütungs- und -entschädigungsgesetzes.

(5) [1]Der Medienrat gibt sich mit einer Mehrheit von zwei Dritteln seiner Mitglieder eine Geschäftsordnung. [2]Er kann beratende Ausschüsse bilden.

§ 46 Wirtschaftsführung, Finanzierung

(1) Die Landesanstalt deckt ihren Finanzbedarf durch einen Anteil an dem Rundfunkbeitrag und aus Verwaltungsgebühren.

(2) [1]Die Haushalts- und Wirtschaftsführung der Landesanstalt bestimmt sich nach dem vom Medienrat jährlich zu beschließenden Haushaltsplan. [2]Der Haushaltsplan kann die Bildung von Rücklagen vorsehen, soweit und solange dies zu einer wirtschaftlichen und sparsamen Aufgabenerfüllung für bestimmte Maßnahmen erforderlich ist, die nicht aus den Mitteln eines Haushaltsjahres finanziert werden können. [3]Der Haushaltsplan bedarf der Genehmigung des Staatsministeriums. [4]Die Genehmigung darf nur versagt werden, wenn gegen Bestimmungen des Landeshaushaltsrechts, insbesondere gegen die Grundsätze der Wirtschaftlichkeit und Sparsamkeit, oder gegen § 40 Abs. 4 oder 5 verstoßen wird. [5]Der Vorstand stellt die Jahresrechnung und einen jährlichen Geschäftsbericht auf, der in Kurzfassung zusammen mit einer Zusammenfassung über die geprüfte Jahresrechnung im Staatsanzeiger und in geeigneter Form im Internetauftritt der Landesanstalt zu veröffentlichen ist. [6]Der Geschäftsbericht und die geprüfte Jahresrechnung sind dem Staatsministerium vorzulegen. [7]Die Rechnungsprüfung gemäß § 109 Abs. 2 Satz 1 der Landeshaushaltsordnung erfolgt durch einen sachverständigen Prüfer (Abschlussprüfer).

---

1) Richtig wohl: „Fahrtkosten".

(3) [1]Für öffentliche Leistungen nach diesem Gesetz, nach dem Rundfunkstaatsvertrag und nach dem Jugendmedienschutz-Staatsvertrag erhebt die Landesanstalt Verwaltungsgebühren und Auslagen nach dem Landesgebührengesetz. [2]Die Landesanstalt setzt die gebührenpflichtigen Tatbestände und die Höhe der Gebühren durch Rechtsverordnung fest. [3]Diese sind nach den mit der öffentlichen Leistung verbundenen Verwaltungskosten aller an der Leistung Beteiligten und nach der wirtschaftlichen oder sonstigen Bedeutung für den Gebühren- oder Auslagenschuldner zu bemessen.

§ 47 Finanzierung besonderer Aufgaben

(1) [1]Vorbehaltlich der Absätze 2 und 3 steht der Landesanstalt der in § 10 des Rundfunkfinanzierungsstaatsvertrages bestimmte Anteil an dem Rundfunkbeitrag für die Wahrnehmung der besonderen Aufgaben nach den Bestimmungen des Rundfunkstaatsvertrages in seiner jeweils geltenden Fassung zu. [2]Sie kann mit diesen Mitteln auch die technische Infrastruktur zur Versorgung von Baden-Württemberg und Projekte für neuartige Rundfunkübertragungstechniken fördern. [3]Außerdem soll die Landesanstalt Formen der nichtkommerziellen Veranstaltung von lokalem und regionalem Rundfunk sowie Projekte zur Förderung der Medienkompetenz einschließlich entsprechender Aus- und Fortbildungsmaßnahmen fördern. [4]Die Landesanstalt hat ihre Förderrichtlinien in geeigneter Form in ihrem Internetauftritt zu veröffentlichen.

(2) [1]Dem Südwestrundfunk stehen 28 vom Hundert des Anteils an dem Rundfunkbeitrag nach Absatz 1, mindestens jedoch jährlich 3,6 Millionen Euro, zu. [2]Sie sind von ihm im Rahmen seiner Aufgaben für Zwecke der Medien- und Filmgesellschaft Baden-Württemberg zu verwenden.

(3) [1]Dem Südwestrundfunk stehen weitere 11,87 vom Hundert des Anteils an dem Rundfunkbeitrag nach Absatz 1, mindestens jedoch jährlich 1,6 Millionen Euro, zu, die dafür verwendet werden sollen, das Programmangebot im Hörfunk und Fernsehen an Darbietungen von im Land veranstalteten Festspielen, künstlerischen Wettbewerben, Kunstausstellungen, Konzerten, Opern, Schauspielen und ähnlichen Theaterdarbietungen zu verstärken und im Rahmen seiner Aufgaben die medien- und medientechnische Forschung sowie Kooperationen im Filmbereich zu fördern. [2]Die Höhe des Anteils wird alle zwei Jahre, erstmals zum 31. Dezember 2015, überprüft.

(4) [1]Soweit die Landesanstalt den ihr zustehenden Anteil an dem Rundfunkbeitrag nicht nach Absatz 1 in Anspruch nimmt, steht er dem Südwestrundfunk zu. [2]Er soll vom Südwestrundfunk für die in Absatz 3 bezeichneten Zwecke verwendet werden.

(5) [1]Die Höhe des dem Südwestrundfunk nach Absatz 4 zustehenden Betrages ergibt sich aus der geprüften Jahresrechnung der Landesanstalt. [2]Der Betrag wird mit der Veröffentlichung der geprüften Jahresrechnung im Staatsanzeiger fällig. [3]Nach Beschlussfassung des Medienrats über die Jahresrechnung kann der Südwestrundfunk eine angemessene Abschlagszahlung verlangen.

§ 48 Rechtsaufsicht über die Landesanstalt

[1]Die Landesanstalt untersteht der Rechtsaufsicht des Staatsministeriums. [2]§§ 120, 121 Abs. 1 und § 122 der Gemeindeordnung gelten entsprechend.

Sechster Abschnitt:
Datenschutz

§ 49 Datenschutz im Bereich des privaten Rundfunks

(1) Im Bereich des privaten Rundfunks gelten die allgemeinen Vorschriften über den Schutz personenbezogener Daten, soweit in diesem Gesetz oder im Rundfunkstaatsvertrag in seiner jeweils geltenden Fassung nichts anderes bestimmt ist.

(2) [1]Soweit private Veranstalter oder Hilfsunternehmen des Rundfunks personenbezogene Daten ausschließlich zu eigenen journalistisch-redaktionellen Zwecken verarbeiten, gelten die §§ 5, 9 und 38 a sowie § 7 des Bundesdatenschutzgesetzes mit der Maßgabe, dass nur für Schäden gehaftet wird, die durch eine Verletzung von §§ 5 und 9 des Bundesdatenschutzgesetzes eintreten. [2]Führt die journalistisch-redaktionelle Erhebung, Verarbeitung oder Nutzung personenbezogener Daten im Rundfunk zur Verbreitung einer Gegendarstellung des Betroffenen, so ist diese zu den gespeicherten Daten zu nehmen und für dieselbe Zeitdauer aufzubewahren wie die Daten selbst.

§ 50 Datenschutzkontrolle

(1) [1]Zuständige Aufsichtsbehörde zur Überwachung der Einhaltung der Datenschutzbestimmungen im Bereich des privaten Rundfunks ist, soweit die Datenverarbeitung nicht zu eigenen journalistischen

Zwecken erfolgt, der Landesbeauftragte für den Datenschutz. [2]Verstöße teilt die Aufsichtsbehörde der Landesanstalt mit.

(2) [1]Der Veranstalter hat nach Artikel 37 der Verordnung (EU) 2016/679 einen Datenschutzbeauftragten zu benennen, der bei der Datenverarbeitung zu journalistischen Zwecken die Einhaltung der in diesem Bereich anwendbaren Datenschutzbestimmungen überwacht. [2]Er hat die Stellung entsprechend Artikel 38 und die Aufgaben entsprechend Artikel 39 der Verordnung (EU) 2016/679. [3]Die allgemeinen Bestimmungen zum Datenschutzbeauftragten im Bereich der Datenverarbeitung zu nicht journalistischen Zwecken bleiben von dieser Regelung unberührt.

(3) [1]Im Bereich der Datenverarbeitung zu eigenen journalistischen Zwecken erfolgt die Aufsicht durch den Vorsitzenden des Vorstands der Landesanstalt. [2]Er hat die Befugnisse entsprechend den §§ 31 und 32 Absatz 1. [3]Bei der Ausübung des pflichtgemäßen Ermessens ist insbesondere den durch Artikel 5 Absatz 1 des Grundgesetzes geschützten Belangen der Veranstalter Rechnung zu tragen. [4]In Ausübung der Aufsicht über die Datenverarbeitung zu eigenen journalistischen Zwecken ist der Vorsitzende des Vorstands unabhängig und nur dem Gesetz unterworfen. [5]Er unterliegt in diesem Bereich weder einer Dienstaufsicht nach § 40 Absatz 1 noch einer Rechtsaufsicht nach § 48. [6]Kapitel VI und VII der Verordnung (EU) 2016/679 finden auf den Vorsitzenden des Vorstands keine Anwendung.

Siebter Abschnitt:
Ordnungswidrigkeiten, verwaltungsgerichtliche Zuständigkeit

§ 51 Ordnungswidrigkeiten

(1) Ordnungswidrig handelt, wer als Veranstalter oder verantwortlicher Redakteur vorsätzlich oder fahrlässig einen der in § 49 Abs. 1 Satz 1 Nr. 1 bis 14, 16, 18, 21 und 22 des Rundfunkstaatsvertrages in Verbindung mit § 4 Absatz 1 sowie § 11 Absatz 1 und 3 dieses Gesetzes bezeichneten Verstöße bezüglich unzulässiger Sendungen, Jugendschutz, Werbung, Werbeinhalte, Produktplatzierung, Sponsoring, Anzeigepflichten und Teleshopping begeht.

(2) Ferner handelt ordnungswidrig, wer vorsätzlich oder fahrlässig

1. als Veranstalter entgegen § 7 Abs. 1 Satz 1 und 2 keinen verantwortlichen Redakteur oder eine Person entgegen § 7 Abs. 1 Satz 4 zum verantwortlichen Redakteur bestellt oder entgegen § 7 Abs. 1 Satz 3 bei Bestellung mehrerer verantwortlicher Redakteure die jeweilige Verantwortlichkeit nicht festlegt;

2. als Veranstalter oder verantwortlicher Redakteur entgegen § 7 Abs. 2 zu Beginn oder am Ende des Programms nicht den Namen des Veranstalters oder am Ende jeder Sendung nicht den Namen des für den Inhalt verantwortlichen Redakteurs angibt;

3. als Veranstalter den Vorgaben von § 8 Abs. 1 über die Herstellung und Aufbewahrung der Aufzeichnungen von Sendungen oder der Aufbewahrung von Filmen zuwiderhandelt;

4. als Veranstalter oder verantwortlicher Redakteur entgegen § 11 Abs. 2 Satz 1 Werbung in einem überregionalen oder regionalen Hörfunkprogramm nicht im gesamten Verbreitungsgebiet verbreitet;

5. als Veranstalter entgegen § 12 Abs. 1 Satz 1 ohne Zulassung Rundfunkprogramme verbreitet;

6. als Veranstalter entgegen § 12 Abs. 5 oder § 18 Abs. 1 Satz 3 oder als Betreiber einer Anlage entgegen § 19 oder § 22 Abs. 3 seine Anzeigepflichten nicht, nicht richtig, nicht vollständig oder nicht rechtzeitig erfüllt;

7. als Antragsteller entgegen § 13 Abs. 4 seine Eigentumsverhältnisse oder Rechtsbeziehungen zu Gebietskörperschaften, Rundfunkveranstaltern oder Unternehmen auf medienrelevanten Märkten der Landesanstalt nicht, nicht richtig oder nicht vollständig offen legt oder spätere Änderungen nicht, nicht richtig, nicht vollständig oder nicht rechtzeitig anzeigt.

(3) Die Ordnungswidrigkeit kann mit einer Geldbuße bis zu 500 000 Euro geahndet werden.

(4) Verwaltungsbehörde im Sinne des § 36 Absatz 1 Nummer 1 des Gesetzes über Ordnungswidrigkeiten ist für die Ahndung von Ordnungswidrigkeiten im Zusammenhang mit dem Datenschutz im Rahmen seiner Zuständigkeit nach § 50 Absatz 1 der Landesbeauftragte für den Datenschutz, für die übrigen Ordnungswidrigkeiten im Aufgabenbereich der Landesanstalt nach § 30 diese selbst.

(5) [1]Die Landesanstalt kann gegenüber einem Veranstalter, dem sie die Zulassung erteilt hat, bestimmen, dass Beanstandungen nach einem Rechtsverstoß gegen Regelungen dieses Gesetzes sowie

rechtskräftige Entscheidungen in einem Ordnungswidrigkeitsverfahren nach den Absätzen 1 und 2 von dem betroffenen Veranstalter in seinem Rundfunkprogramm verbreitet werden. [2]Inhalt und Zeitpunkt der Bekanntgabe sind durch die Landesanstalt nach pflichtgemäßem Ermessen festzulegen.

(6) Die Verfolgung der Ordnungswidrigkeiten verjährt in sechs Monaten.

§ 52 Örtliche Zuständigkeit in Verwaltungsrechtsstreitigkeiten

[1]Streitigkeiten nach diesem Gesetz werden, soweit der Verwaltungsrechtsweg gegeben ist, dem Verwaltungsgericht Stuttgart zugewiesen. [2]§ 47 Abs. 1 Nr. 2 der Verwaltungsgerichtsordnung bleibt unberührt.

Achter Abschnitt:
Übergangs- und Schlussbestimmungen

§ 53 Landesweites Hörfunkprogramm

(1) [1]Schließen sich alle Veranstalter von regionalen Hörfunkprogrammen zu einem Veranstalter eines landesweiten Hörfunkprogramms zusammen, sind diesem auf Antrag für die restliche Dauer derjenigen bisherigen Zuweisung, die am längsten weitergelten würde, ohne Ausschreibung die bisher zugewiesenen Kapazitäten nach § 18 Abs. 1 erneut zuzuweisen und die entsprechende Zulassung nach § 12 zu erteilen. [2]Satz 1 gilt entsprechend, wenn sich nur einzelne Veranstalter von Regionalprogrammen zu einem regionalen Veranstalter eines Hörfunkprogramms zusammenschließen.

(2) Die Vorschriften über die Meinungsvielfalt bleiben unberührt.

(3) [1]Im Falle eines Zusammenschlusses nach Absatz 1 Satz 1 gilt § 11 Abs. 2 entsprechend. [2]Die Landesanstalt kann Auseinanderschaltungen im Sinne von § 11 Abs. 2 Satz 2 Nr. 1 ganz oder teilweise untersagen, wenn überwiegende wirtschaftliche Interessen von Veranstaltern im Sinne von § 11 Abs. 2 Satz 2 Nr. 3 dies zur Aufrechterhaltung eines eigenständigen lokalen Hörfunkprogramms erfordern.

(4) Die Landesanstalt soll einen Zusammenschluss bei ihren zukünftigen Planungen nach § 18 Abs. 2 zu Grunde legen.

(5) Im Falle eines Zusammenschlusses nach Absatz 1 soll das Hörfunkprogramm für jedes Verbreitungsgebiet eines vor dem Zusammenschluss bestehenden Regionalsenders einen Anteil an Regionalberichterstattung von mindestens 10 vom Hundert der Sendezeit vorsehen.

§ 54 Inkrafttreten, Außerkrafttreten

(1) [1]Dieses Gesetz tritt am Tage nach seiner Verkündung[1]) in Kraft. [2]Gleichzeitig treten § 2 Abs. 1 und § 3 des Gesetzes zu dem Staatsvertrag über den Rundfunk im vereinten Deutschland vom 19. November 1991 (GBl. S. 745), zuletzt geändert durch Gesetz vom 14. Dezember 1995 (GBl. S. 859), sowie das Landesmediengesetz Baden-Württemberg in der Fassung vom 17. März 1992 (GBl. S. 189), zuletzt geändert durch Gesetz vom 24. November 1997 (GBl. S. 483), außer Kraft.

(2) [1]Zulassungen und Kapazitätszuweisungen, die vor Inkrafttreten dieses Gesetzes erfolgt sind, gelten für ihre bisherige Laufzeit weiter; die Möglichkeit eines Widerrufs oder einer Rücknahme nach den Vorschriften dieses Gesetzes bleibt unberührt. [2]Die Zulassungen und Kapazitätszuweisungen nach Satz 1 können auf Antrag einmalig um bis zu drei Monate verlängert werden. [3]Zulassungen und Kapazitätszuweisungen für digitalen Hörfunk können von der Landesanstalt ohne Ausschreibung einmalig um bis zur vier Jahre verlängert werden.

---

1) Verkündet am 27. 7. 1999.

Gesetz über die Ladenöffnung in Baden-Württemberg (LadÖG)[1)]

Vom 14. Februar 2007 (GBl. S. 135)

zuletzt geändert durch Art. 2 G zur Abwehr alkoholbedingter Störungen der öffentlichen Sicherheit vom 28. November 2017 (GBl. S. 631)

Nichtamtliche Inhaltsübersicht

§	1	Anwendungsbereich	§ 8	Weitere Verkaufssonntage
§	2	Begriffsbestimmungen	§ 9	Besondere Warengruppen
§	3	Ladenöffnungszeiten	§ 10	Marktverkehr
§	3a	(aufgehoben)	§ 11	Ausnahmen im öffentlichen Interesse
§	4	Apotheken	§ 12	Besonderer Arbeitnehmerschutz
§	5	Tankstellen	§ 13	Aufsicht und Auskunft
§	6	Verkaufsstellen auf Verkehrsflughäfen,	§ 14	Zuständigkeit
		Verkehrslandeplätzen, Personenbahnhöfen	§ 15	Ordnungswidrigkeiten
		und in Fährhäfen	§ 16	Straftaten
§	7	Kur-, Erholungs-, Ausflugs- und	§ 17	Verhältnis zu anderen Normen
		Wallfahrtsorte		

§ 1 Anwendungsbereich

Dieses Gesetz gilt für die Öffnung von Verkaufsstellen und das gewerbliche Feilhalten von Waren.

§ 2 Begriffsbestimmungen

(1) Verkaufsstellen im Sinne dieses Gesetzes sind

1. Ladengeschäfte aller Art, Apotheken, Tankstellen und Verkaufsstellen in Bahnhöfen, auf Flugplätzen, von Genossenschaften, von landwirtschaftlichen Betrieben sowie Hofläden,

2. sonstige Verkaufsstände und -buden, Kioske, Basare und ähnliche Einrichtungen, falls in ihnen ebenfalls von einer festen Stelle aus ständig Waren zum Verkauf an jedermann feilgehalten werden. Dem Feilhalten steht das Zeigen von Mustern, Proben und Ähnlichem gleich, wenn Warenbestellungen in der Einrichtung entgegengenommen werden.

(2) [1]Gewerbliches Feilhalten ist das gewerbliche Anbieten von Waren zum Verkauf inner- und außerhalb von Verkaufsstellen. [2]Dem gewerblichen Feilhalten steht das Zeigen von Mustern, Proben und Ähnlichem gleich, wenn dazu Räume benutzt werden, die für diesen Zweck besonders bereitgestellt sind, und dabei Warenbestellungen entgegengenommen werden.

(3) Feiertage im Sinne dieses Gesetzes sind die gesetzlichen Feiertage.

(4) Reisebedarf im Sinne dieses Gesetzes sind Zeitungen, Zeitschriften, Straßenkarten, Stadtpläne, Reiselektüre, Schreibmaterialien, Tabakwaren, Schnittblumen, Reisetoilettenartikel, Träger für Bild- und Tonaufnahmen, Bedarf für Reiseapotheken, persönlicher Witterungsschutz, Reiseandenken und Spielzeug geringeren Wertes, Lebens- und Genussmittel in kleineren Mengen sowie ausländische Geldsorten.

(5) Zubehör im Sinne dieses Gesetzes sind Waren, die, insbesondere bei Sport- und Kulturveranstaltungen oder in Museen, als Nebenleistung

1. einen engen Bezug zu einer nach anderen Rechtsvorschriften erlaubten oder nach diesem Gesetz zulässigen Hauptleistung aufweisen oder

2. der sofortigen Versorgung der Besucher der Hauptleistung dienen.

§ 3 Ladenöffnungszeiten

(1) Verkaufsstellen dürfen geöffnet sein, soweit nicht Regelungen dieses Gesetzes entgegenstehen.

(2) Verkaufsstellen müssen für den geschäftlichen Verkehr mit Kunden geschlossen sein

1. an Sonn- und Feiertagen,

2. am 24. Dezember, wenn dieser Tag auf einen Werktag fällt, ab 14 Uhr.

(3) [1]Während der Ladenschlusszeiten nach Absatz 2 ist auch das gewerbliche Feilhalten von Waren zum Verkauf an jedermann außerhalb von Verkaufsstellen verboten. [2]Soweit für Verkaufsstellen nach

---

1) Verkündet als Art. 1 G v. 14.2.2007 (GBl. S. 135); Inkrafttreten gem. Art. 5 Abs. 4 Satz 1 dieses G am 6.3.2007.

diesem Gesetz oder den hierauf gestützten Vorschriften Abweichungen von den Ladenschlusszeiten nach Absatz 2 zugelassen sind, gelten diese Abweichungen unter denselben Voraussetzungen und Bedingungen auch für das gewerbliche Feilhalten.

(4) Die beim Ladenschluss anwesenden Kunden dürfen noch bedient werden.

(5) Absatz 2 gilt nicht für Volksfeste, die den Vorschriften des Titels III der Gewerbeordnung unterliegen und von der zuständigen Behörde genehmigt worden sind.

§3a (aufgehoben)

§ 4 Apotheken

(1) Apotheken dürfen abweichend von § 3 Abs. 2 zur Abgabe von Arznei-, Krankenpflege-, Säuglingspflege- und Säuglingsnährmitteln, Hygieneartikeln sowie Desinfektionsmitteln geöffnet sein.

(2) [1]Die zuständige Behörde hat für eine Gemeinde oder für benachbarte Gemeinden mit mehreren Apotheken anzuordnen, dass während der Ladenschlusszeiten nach § 3 Abs. 2 abwechselnd ein Teil der Apotheken geschlossen sein muss. [2]An den geschlossenen Apotheken ist an sichtbarer Stelle ein Aushang anzubringen, der die zur Zeit offenen Apotheken bekannt gibt. [3]Dienstbereitschaft der Apotheken steht der Offenhaltung gleich.

§ 5 Tankstellen

(1) Tankstellen dürfen abweichend von § 3 Abs. 2 geöffnet sein.

(2) Während der Ladenschlusszeiten nach § 3 Abs. 2 ist nur die Abgabe von Ersatzteilen für Kraftfahrzeuge, soweit dies für die Erhaltung oder Wiederherstellung der Fahrbereitschaft notwendig ist, sowie die Abgabe von Betriebsstoffen und von Reisebedarf gestattet.

§ 6 Verkaufsstellen auf Verkehrsflughäfen, Verkehrslandeplätzen, Personenbahnhöfen und in Fährhäfen

(1) Verkaufsstellen auf Verkehrsflughäfen und Verkehrslandeplätzen innerhalb der Terminals, Personenbahnhöfen des Schienenverkehrs sowie in überregionalen Fährhäfen dürfen abweichend von § 3 Abs. 2 geöffnet sein.

(2) Während der Ladenschlusszeiten nach § 3 Abs. 2 ist Verkaufsstellen nach Absatz 1 nur die Abgabe von Reisebedarf gestattet.

(3) Absatz 2 gilt nicht für Verkaufsstellen auf Verkehrsflughäfen.

(4) [1]Die Gesamtverkaufsfläche darf während der Ladenschlusszeiten nach § 3 Abs. 2 auf Verkehrsflughäfen mit einer Fluggastzahl pro Jahr von weniger als

1.	einer Million	1 000 m²,
2.	fünf Millionen	4 000 m²,
3.	zehn Millionen	7 500 m²,
4.	12,5 Millionen	8 750 m²,
5.	15 Millionen	10 000 m²,
6.	17,5 Millionen	11 250 m²,
7.	20 Millionen	12 500 m²

nicht überschreiten. [2]Die Vorschriften über die raumordnungsrechtliche und bauplanungsrechtliche Zulässigkeit von Vorhaben bleiben unberührt.

§ 7 Kur-, Erholungs-, Ausflugs- und Wallfahrtsorte

(1) [1]In anerkannten Kur- und Erholungsorten dürfen Verkaufsstellen, die eine oder mehrere der nachfolgend genannten Waren ausschließlich oder in erheblichem Umfang führen, abweichend von § 3 Abs. 2 Nr. 1 zum Verkauf von Reisebedarf, Sport- und Badegegenständen, Devotionalien sowie Waren, die für diese Orte kennzeichnend sind, an jährlich höchstens 40 Sonn- und Feiertagen bis zur Dauer von acht Stunden geöffnet sein, sofern und soweit dies durch die zuständige Behörde festgesetzt ist. [2]Bei der Festsetzung der Öffnungszeiten ist auf die Zeit des Hauptgottesdienstes Rücksicht zu nehmen.

(2) [1]Das Regierungspräsidium setzt im Einvernehmen mit dem Ministerium für Arbeit und Soziales Ausflugs- oder Wallfahrtsorte oder Ortsteile von Ausflugs- oder Wallfahrtsorten mit besonders starkem Tourismus fest, in denen von den Bestimmungen des Absatzes 1 Gebrauch gemacht werden darf. [2]Die Festsetzung ist nach Wegfall der Voraussetzungen zu widerrufen. [3]Das Regierungspräsidium gibt eine aktuelle Liste der Orte oder Ortsteile, in denen von den Bestimmungen des Absatzes 1 Gebrauch gemacht werden darf, im Gemeinsamen Amtsblatt bekannt.

§ 8 Weitere Verkaufssonntage

(1) [1]Abweichend von § 3 Abs. 2 Nr. 1 dürfen Verkaufsstellen aus Anlass von örtlichen Festen, Märkten, Messen oder ähnlichen Veranstaltungen an jährlich höchstens drei Sonn- und Feiertagen geöffnet sein. [2]Die zuständige Behörde bestimmt diese Tage und setzt die Öffnungszeiten fest. [3]Die zuständigen kirchlichen Stellen sind vorher anzuhören, soweit weite Bevölkerungsteile der jeweiligen Kirche angehören. [4]Satz 3 gilt nicht für den 1. Mai und den 3. Oktober.

(2) [1]Die Offenhaltung von Verkaufsstellen kann auf bestimmte Bezirke und Handelszweige beschränkt werden. [2]Sie darf fünf zusammenhängende Stunden nicht überschreiten, muss spätestens um 18 Uhr enden und soll außerhalb der Zeit des Hauptgottesdienstes liegen. [3]Wird die Offenhaltung von Verkaufsstellen auf bestimmte Bezirke beschränkt, so sind die verkaufsoffenen Sonn- oder Feiertage nur für diese Bezirke verbraucht.

(3) Die Adventssonntage, die Feiertage im Dezember sowie der Oster- und Pfingstsonntag dürfen nicht freigegeben werden.

§ 9 Besondere Warengruppen

(1) Abweichend von § 3 Abs. 2 Nr. 1 dürfen Verkaufsstellen an Sonn- und Feiertagen geöffnet sein für die Abgabe von

1. frischer Milch für die Dauer von insgesamt drei Stunden,
2. Konditor- und frischen Backwaren für die Dauer von insgesamt drei Stunden,
3. Blumen, wenn Blumen in erheblichem Umfang feilgehalten werden, für die Dauer von drei Stunden, am 1. November (Allerheiligen), am Muttertag, am Volkstrauertag, am Totensonntag und am 1. Adventssonntag für die Dauer von sechs Stunden,
4. selbst erzeugten landwirtschaftlichen Produkten in Verkaufsstellen auf landwirtschaftlichen Betriebsflächen, in Hofläden und Verkaufsstellen von Genossenschaften für die Dauer von sechs Stunden,
5. Zeitungen und Zeitschriften für die Dauer von sechs Stunden,
6. Zubehör für die Dauer der Hauptleistung und in unmittelbarem räumlichen Zusammenhang dazu.

(2) Absatz 1 Nr. 1 bis 4 gilt nicht für die Abgabe am 1. Weihnachtsfeiertag sowie am Oster- und Pfingstsonntag.

(3) Abweichend von § 3 Abs. 2 Nr. 1 dürfen am 24. Dezember, wenn dieser Tag auf einen Sonntag fällt,

1. Verkaufsstellen, die überwiegend Lebens- und Genussmittel feilhalten, und
2. alle Verkaufsstellen für die Abgabe von Weihnachtsbäumen während höchstens drei Stunden bis längstens 14 Uhr geöffnet sein.

(4) Die zuständige Behörde kann über Absatz 1 hinaus abweichend von § 3 Abs. 2 Nr. 1 Ausnahmen für das Feilhalten von leicht verderblichen Waren und Waren zum sofortigen Verzehr, Gebrauch oder Verbrauch zulassen, sofern dies zur Befriedigung örtlich auftretender Bedürfnisse notwendig ist.

(5) [1]Der Inhaber der Verkaufsstelle hat bei der Festlegung der jeweiligen Öffnungszeiten nach den Absätzen 1 und 3 die Zeit des Hauptgottesdienstes zu berücksichtigen. [2]Die Lage der zugelassenen Öffnungszeiten nach Absatz 4 ist unter Berücksichtigung der Zeit des Hauptgottesdienstes festzusetzen.

(6) Der Inhaber hat an der Verkaufsstelle gut sichtbar auf die Öffnungszeiten an Sonn- und Feiertagen hinzuweisen.

§ 10 Marktverkehr

(1) Dieses Gesetz findet keine Anwendung auf Messen, Ausstellungen und Märkte, die den Vorschriften des Titels IV der Gewerbeordnung unterliegen und von der für den Vollzug des Titels IV der Gewerbeordnung zuständigen Behörde genehmigt worden sind, sofern in den folgenden Absätzen nichts anderes geregelt ist.

(2) Während der allgemeinen Ladenschlusszeiten nach § 3 Abs. 2 dürfen auf Groß- und Wochenmärkten nach Absatz 1 Waren zum Verkauf an den Endverbraucher nicht feilgehalten werden; jedoch kann die für den Vollzug des Titels IV der Gewerbeordnung zuständige Behörde in den Grenzen einer nach §§ 7 bis 9 zulässigen Offenhaltung der Verkaufsstellen eine Ausnahme zulassen.

(3) Am 24. Dezember dürfen nach 14 Uhr Waren auch im sonstigen Marktverkehr nicht feilgehalten werden.

§ 11 Ausnahmen im öffentlichen Interesse

(1) Die zuständige Behörde kann in Einzelfällen befristete Ausnahmen von den Vorschriften der §§ 3 bis 10 bewilligen, wenn die Ausnahmen im öffentlichen Interesse dringend nötig werden.

(2) Die Bewilligung kann jederzeit widerrufen werden.

§ 12 Besonderer Arbeitnehmerschutz

(1) [1]Arbeitnehmer in Verkaufsstellen oder beim gewerblichen Feilhalten dürfen an Sonn- und Feiertagen nur während der ausnahmsweise zugelassenen Öffnungszeiten und, falls dies zur Erledigung von Vorbereitungs- und Abschlussarbeiten unerlässlich ist, während insgesamt weiterer 30 Minuten beschäftigt werden. [2]Die Beschäftigungszeit des einzelnen Arbeitnehmers darf die Dauer von acht Stunden nicht überschreiten.

(2) Bei nach § 7 zugelassenen Öffnungszeiten dürfen Arbeitnehmer in Verkaufsstellen oder beim gewerblichen Feilhalten an jährlich höchstens 22 Sonn- und Feiertagen für jeweils nicht mehr als vier Stunden beschäftigt werden.

(3) [1]Werden Arbeitnehmer während zugelassener Öffnungszeiten nach §§ 4 bis 9 an Sonn- und Feiertagen beschäftigt, so sind sie an einem Werktag derselben Woche

1. bei einer Beschäftigung von mehr als drei Stunden ab 13 Uhr,
2. bei einer Beschäftigung von mehr als sechs Stunden ganztägig

von der Beschäftigung freizustellen. [2]Jeder dritte Sonntag muss beschäftigungsfrei bleiben. [3]Werden Arbeitnehmer während zugelassener Öffnungszeiten nach §§ 4 bis 9 kürzer als drei Stunden an Sonn- und Feiertagen beschäftigt, muss in jeder zweiten Woche ein Nachmittag ab 13 Uhr oder ein Samstag- oder Montagvormittag bis 14 Uhr oder jeder zweite Sonntag beschäftigungsfrei bleiben.

(4) Arbeitnehmer in Verkaufsstellen oder beim gewerblichen Feilhalten können verlangen, in jedem Kalendermonat an einem Samstag von der Beschäftigung freigestellt zu werden.

(5) Warenautomaten dürfen von Arbeitnehmern an Sonn- und Feiertagen nur während der Öffnungszeiten der mit den Warenautomaten in räumlichem Zusammenhang stehenden Verkaufsstelle beschickt werden.

(6) [1]Die zuständige Behörde kann in Einzelfällen Ausnahmen von den Vorschriften der Absätze 1 bis 5 zulassen. [2]Die Bewilligung kann befristet und jederzeit widerrufen werden.

(7) [1]Inhaber einer Verkaufsstelle haben bei der Beschäftigung von mehr als einem Arbeitnehmer

1. einen Abdruck dieses Gesetzes an geeigneter Stelle in der Verkaufsstelle auszulegen oder auszuhängen und
2. ein Verzeichnis über Namen, Tag, Beschäftigungsart und -zeiten der an Sonn- und Feiertagen beschäftigten Arbeitnehmer sowie die Freistellungszeiten nach Absatz 3 zu führen.

[2]Satz 1 Nr. 2 gilt auch für Gewerbetreibende nach § 2 Abs. 2.

(8) Die Absätze 1 bis 7 gelten nicht für pharmazeutisch vorgebildete Arbeitnehmer in Apotheken.

§ 13 Aufsicht und Auskunft

(1) [1]Die zuständige Behörde führt die Aufsicht über die Ausführung der Vorschriften dieses Gesetzes. [2]Sie kann die erforderlichen Maßnahmen zur Erfüllung der sich aus diesem Gesetz ergebenden Pflichten anordnen. [3]Für die Befugnisse und Obliegenheiten der zuständigen Behörde gilt § 139b der Gewerbeordnung in der Fassung vom 22. Februar 1999 (BGBl. I S. 203), zuletzt geändert durch Artikel 144 der Verordnung vom 31. Oktober 2006 (BGBl. I S. 2407), entsprechend.

(2) Die Inhaber von Verkaufsstellen sowie Gewerbetreibende nach § 2 Abs. 2 sind verpflichtet, der zuständigen Behörde auf Verlangen die zur Erfüllung ihrer Aufgaben erforderlichen Angaben wahrheitsgemäß und vollständig zu machen.

(3) Die Pflicht nach Absatz 2 obliegt auch den in Verkaufsstellen oder beim gewerblichen Feilhalten Beschäftigten.

(4) [1]Die Inhaber von Verkaufsstellen sowie Gewerbetreibende nach § 2 Abs. 2 sind verpflichtet, das Verzeichnis nach § 12 Abs. 7 Nr. 2 und alle sonstigen Unterlagen, die sich auf die nach Absatz 2 zu machenden Angaben beziehen, der zuständigen Behörde auf Verlangen jederzeit vorzulegen oder zur Einsicht einzusenden. [2]Die Verzeichnisse und Unterlagen sind zwei Jahre aufzubewahren.

§ 14 Zuständigkeit

(1) Soweit nichts anderes bestimmt ist, ist die Gemeinde zuständige Behörde nach diesem Gesetz.

(2) Die zuständige Behörde nach § 4 Abs. 2 Satz 1 sowie für die mit § 4 verbundene Aufsicht nach § 13 bestimmt sich nach dem Heilberufe-Kammergesetz (HBKG).

(3) Zuständige Behörde für die mit § 10 verbundene Aufsicht nach § 13 ist die für den Vollzug des Titels IV der Gewerbeordnung zuständige Behörde.

(4) Zuständige Behörde nach § 12 Abs. 6 sowie für die mit § 12 verbundene Aufsicht nach § 13 ist die nach der Arbeitszeitzuständigkeitsverordnung zuständige Behörde.

§ 15 Ordnungswidrigkeiten

(1) Ordnungswidrig handelt, wer vorsätzlich oder fahrlässig

1. als Inhaber einer Verkaufsstelle oder als Gewerbetreibender nach § 2 Abs. 2
    a) den Bestimmungen und Festsetzungen nach § 3 Abs. 2 und 3, § 5 Abs. 2, § 6 Abs. 2, § 7 Abs. 1, § 8 Abs. 1 und 2 sowie § 9,
    b) den Bestimmungen und Anordnungen nach § 4,
    c) den Bestimmungen und Festsetzungen nach § 10 Abs. 2 und 3,
    d) den Bestimmungen nach § 12 Abs. 1 bis 3,
    e) einer Verpflichtung nach § 12 Abs. 7,
2. als Arbeitgeber der Bestimmung nach § 12 Abs. 5 oder
3. einer Verpflichtung oder Anordnung nach § 13 Abs. 1 in Verbindung mit § 139b der Gewerbeordnung und § 13 Abs. 2 bis 4

zuwiderhandelt.

(2) Eine Ordnungswidrigkeit nach Absatz 1 Nummer 1 Buchstaben a bis c und Nummer 3 kann mit einer Geldbuße bis zu 10 000 Euro, eine Ordnungswidrigkeit nach Absatz 1 Nummer 1 Buchstaben d und e und Nummer 2 kann mit einer Geldbuße bis zu 15 000 Euro geahndet werden.

(3) Zuständige Behörde nach § 36 Abs. 1 Nr. 1 des Gesetzes über Ordnungswidrigkeiten für die Verfolgung und Ahndung von Ordnungswidrigkeiten nach Absatz 1 ist

1. die Gemeinde, soweit nichts anderes bestimmt ist,
2. für Ordnungswidrigkeiten nach Absatz 1 Nummer 1 Buchstabe b sowie, soweit sie für die Aufsicht nach diesem Gesetz zuständig ist, nach Absatz 1 Nr. 3 die nach § 6 HBKG zuständige Stelle,
3. für Ordnungswidrigkeiten nach Absatz 1 Nummer 1 Buchstabe c sowie, soweit sie für die Aufsicht nach diesem Gesetz zuständig ist, nach Absatz 1 Nr. 3 die für den Vollzug des Titels IV der Gewerbeordnung zuständige Behörde und
4. für Ordnungswidrigkeiten nach Absatz 1 Nummer 1 Buchstaben d und e und Nummer 2 sowie, soweit sie für die Aufsicht nach diesem Gesetz zuständig ist, nach Absatz 1 Nr. 3 die nach der Arbeitszeitzuständigkeitsverordnung zuständige Behörde.

§ 16 Straftaten

Wer vorsätzlich als Inhaber einer Verkaufsstelle oder als Gewerbetreibender nach § 2 Abs. 2 eine der in § 15 Absatz 1 Nummer 1 Buchstabe d bezeichneten Handlungen begeht und dadurch vorsätzlich oder fahrlässig Arbeitnehmer in ihrer Arbeitskraft oder Gesundheit gefährdet, wird mit Freiheitsstrafe bis zu sechs Monaten oder mit Geldstrafe bis zu 180 Tagessätzen bestraft.

§ 17 Verhältnis zu anderen Normen

(1) Die Regelungen dieses Gesetzes sind gesetzliche Vorschriften nach § 6 Abs. 1 des Feiertagsgesetzes.

(2) Die bundesrechtlichen Regelungen des Gesetzes über den Ladenschluss und die darauf gestützten bundesrechtlichen Rechtsverordnungen sind im Geltungsbereich dieses Gesetzes nicht anzuwenden.

Verordnung der Landesregierung zur Ausführung des Gaststättengesetzes (Gaststättenverordnung – GastVO)

In der Fassung vom 18. Februar 1991[1] (GBl. S. 195, ber. 1992 S. 227)

(BWGültV Sachgebiet 7130)

zuletzt geändert durch Art. 117 9. AnpassungsVO vom 23. Februar 2017 (GBl. S. 99, ber. S. 273)

Nichtamtliche Inhaltsübersicht

Erster Abschnitt
Zuständigkeit und Verfahren
§   1   Sachliche Zuständigkeit
§   2   Örtliche Zuständigkeit
§   3   Verfahren

Zweiter Abschnitt
Mindestanforderungen an die Räume
§   4   Anwendung der Landesbauordnung und Arbeitsstättenverordnung

Dritter Abschnitt
Straußwirtschaften
§   5   Erlaubnisfreiheit
§   6   Räumliche Voraussetzungen
§   7   Verabreichung von Speisen, Nebenleistungen
§   8   Anzeige

§   8a   Ausschank von Apfelwein

Vierter Abschnitt
Sperrzeit
§   9   Allgemeine Sperrzeit
§ 10   (aufgehoben)
§ 11   Allgemeine Ausnahmen
§ 12   Ausnahmen für einzelne Betriebe

Fünfter Abschnitt
Beschäftige Personen
§ 13   Anzeigepflicht, Erlaubnis

Sechster Abschnitt
Ordnungswidrigkeiten, Schlußvorschriften
§ 14   Ordnungswidrigkeiten
§ 15   Inkrafttreten

Auf Grund von § 4 Abs. 3 Satz 1, § 18 Abs. 1 und § 30 des Gaststättengesetzes vom 5. Mai 1970 (BGBl. I S. 465) und § 129 Abs. 4 der Gemeindeordnung für Baden-Württemberg in der Fassung vom 3. Oktober 1983 (GBl. S. 578) wird verordnet:

Erster Abschnitt
Zuständigkeit und Verfahren

§ 1 Sachliche Zuständigkeit

(1) Die Ausführung des Gaststättengesetzes und der auf seiner Grundlage ergangenen Rechtsverordnungen obliegt den unteren Verwaltungsbehörden sowie Gemeinden und Verwaltungsgemeinschaften mit eigener Baurechtszuständigkeit (§ 48 Abs. 2 und 3[2] der Landesbauordnung), soweit im folgenden nichts anderes bestimmt ist.

(2) Gestattungen nach § 12 Abs. 1 des Gaststättengesetzes mit einer Geltungsdauer bis zu vier Tagen werden von den Gemeinden erteilt.

(3) Für die Nachschau nach § 22 Abs. 2 des Gaststättengesetzes ist auch der Polizeivollzugsdienst zuständig.

(4) Anzeigen nach § 8 sind bei den Gemeinden zu erstatten.

(5) [1]Rechtsverordnungen im Sinne von § 11 können von den Gemeinden, den Landratsämtern als untere Verwaltungsbehörden, den Regierungspräsidien und dem Innenministerium erlassen werden; Rechtsverordnungen des Innenministeriums ergehen im Einvernehmen mit dem Wirtschaftsministerium. [2]Rechtsverordnungen höherer Behörden gehen Rechtsverordnungen von Gemeinden und von nachgeordneten Behörden vor, soweit sie einander entsprechen oder widersprechen.

(6) Für die Verkürzung der Sperrzeit an einzelnen Tagen für einzelne Betriebe nach § 12 sind die Gemeinden zuständig.

---

1)   Neubekanntmachung der GaststättenVO idF v. 19. 11. 1979 (GBl. 1980 S. 43) in der ab 30. 1. 1991 geltenden Fassung.
2)   Der Verweis bezieht sich auf die LBO idF v. 1983; vgl. jetzt § 46 Abs. 2 und 3 LBO.

(7) ¹Die den Gemeinden und Verwaltungsgemeinschaften nach den Absätzen 1, 2, 4 bis 6 übertragenen Aufgaben sind Pflichtaufgaben nach Weisung. ²Das Weisungsrecht ist nicht beschränkt. ³Für die Erhebung von Gebühren und Auslagen gilt das Kommunalabgabengesetz.

(8) Fachaufsichtsbehörden sind in den Fällen des Absatzes 1 die Regierungspräsidien und die Ministerien im Rahmen ihres Geschäftsbereichs; im übrigen gelten für die Zuständigkeit zur Ausübung der Fachaufsicht § 119 Sätze 1 und 2 der Gemeindeordnung für Baden-Württemberg und § 28 Abs. 2 und 3 des Gesetzes über kommunale Zusammenarbeit entsprechend.

§ 2 Örtliche Zuständigkeit

Für die Nachschau nach § 22 Abs. 2 des Gaststättengesetzes ist auch die Behörde zuständig, in deren Bezirk sich geschäftliche Unterlagen befinden.

§ 3 Verfahren

(1) ¹Der Antrag auf Erteilung einer Erlaubnis nach § 2 Abs. 1 des Gaststättengesetzes, einer Stellvertretungserlaubnis nach § 9 des Gaststättengesetzes, einer vorläufigen Erlaubnis nach § 11 Abs. 1 des Gaststättengesetzes, einer vorläufigen Stellvertretungserlaubnis nach § 11 Abs. 2 des Gaststättengesetzes oder einer Gestattung nach § 12 Abs. 1 des Gaststättengesetzes ist schriftlich einzureichen. ²Der Antragsteller hat die Angaben zu machen und die Unterlagen beizubringen, die für die Bearbeitung und Beurteilung des Antrags von Bedeutung sein können. ³Der Antrag auf eine Gestattung nach § 12 des Gaststättengesetzes ist mindestens zwei Wochen vor Beginn des Betriebes zu stellen, es sei denn, der Betrieb wird aus einem Anlaß veranstaltet, der eine fristgerechte Antragstellung ausschließt.

(2) ¹Bei dem Antrag auf Erteilung einer Erlaubnis oder Gestattung sind insbesondere erforderlich Angaben und Unterlagen über
1. die Person des Antragstellers,
2. die Betriebsart,
3. die zum Betrieb des Gewerbes einschließlich der zum Aufenthalt der Beschäftigten bestimmten Räume.

²Die Erlaubnisbehörde kann Bauvorlagen nach § 53 Abs. 2[1]) der Landesbauordnung und der zu seiner Ausführung ergangenen Vorschriften verlangen.

(3) Bei dem Antrag auf Erteilung einer Stellvertretungserlaubnis sind Angaben über die Person des Antragstellers und des Stellvertreters zu machen.

(4) ¹Die Entscheidung über den Antrag bedarf der Schriftform. ²Dasselbe gilt für Änderungen der Sperrzeit nach § 12.

Zweiter Abschnitt
Mindestanforderungen an die Räume

§ 4 Anwendung der Landesbauordnung und Arbeitsstättenverordnung

Für die zum Betrieb des Gewerbes und zum Aufenthalt der Beschäftigten bestimmten Räume gelten die Anforderungen der §§ 1 bis 42[2]) der Landesbauordnung und der §§ 1 bis 42 und 52 bis 55 der Arbeitsstättenverordnung vom 20. März 1975 (BGBl. I S. 729) sowie der zu deren Ausführung erlassenen Rechtsvorschriften.

Dritter Abschnitt
Straußwirtschaften

§ 5 Erlaubnisfreiheit

(1) Der Ausschank von selbsterzeugtem Wein bedarf für die Dauer von vier Monaten im Jahr in höchstens zwei Zeitabschnitten keiner Erlaubnis (Straußwirtschaft).

(2) Wer Wein gewerbsmäßig in den Verkehr bringt, darf nicht auch noch eine Straußwirtschaft betreiben.

(3) Personen, die in einem gemeinsamen Haushalt leben, dürfen insgesamt nur vier Monate im Jahr eine Straußwirtschaft unterhalten.

---

1) Der Verweis bezieht sich auf die LBO idF v. 1983; vgl. jetzt § 52 Abs. 1 Satz 1 LBO.
2) Nach der LBO von 1995 müsste der Verweis wohl „ §§ 1 bis 40" lauten.

§ 6 Räumliche Voraussetzungen
(1) Der Ausschank ist nur in Räumen zulässig, die am Ort des Weinbaubetriebs gelegen sind.
(2) ¹Der Ausschank darf nicht in Räumen stattfinden, die eigens zu diesem Zweck angemietet sind. ²In besonderen Härtefällen können hiervon Ausnahmen zugelassen werden.
(3) Eine Straußwirtschaft darf nicht mit einer anderen Schank- oder Speisewirtschaft oder mit einem Beherbergungsbetrieb verbunden werden.
(4) In einer Straußwirtschaft dürfen nicht mehr als 40 Sitzplätze vorhanden sein.
(5) Der Betrieb einer Straußwirtschaft kann untersagt und seine Fortsetzung verhindert werden, wenn die Voraussetzungen des § 4 Abs. 1 Nr. 2 oder 3 des Gaststättengesetzes vorliegen.

§ 7 Verabreichung von Speisen, Nebenleistungen
(1) In einer Straußwirtschaft dürfen nur kalte und einfach zubereitete warme Speisen verabreicht werden.
(2) § 7 Abs. 2 Nr. 2 des Gaststättengesetzes findet keine Anwendung auf die Abgabe von Flaschenbier, von alkoholfreien Getränken, die der Straußwirt in seinem Betrieb nicht verabreicht, und von Süßwaren.

§ 8 Anzeige
Wer eine Straußwirtschaft betreiben will, hat dies mindestens zwei Wochen vor Beginn des Betriebs anzuzeigen und dabei mitzuteilen
1. den Zeitraum, währenddessen der Ausschank stattfinden soll,
2. hinsichtlich des zum Ausschank vorgesehenen Weines Ort und Lage, aus denen die zur Herstellung des Weines verwendeten Trauben stammen, sowie den Ort, an dem die Trauben gekeltert worden sind und der Wein ausgebaut worden ist,
3. die zum Betrieb der Straußwirtschaft bestimmten Räume.

§ 8a Ausschank von Apfelwein
(1) §§ 5–8 gelten für den Ausschank von selbsterzeugtem Apfelwein entsprechend.
(2) Wer selbsterzeugten Wein und selbsterzeugten Apfelwein ausschenkt, darf auch insgesamt nur vier Monate im Jahr in höchstens zwei Zeitabschnitten eine Straußwirtschaft betreiben.

Vierter Abschnitt
Sperrzeit

§ 9 Allgemeine Sperrzeit
(1) ¹Die Sperrzeit für Schank- und Speisewirtschaften sowie für öffentliche Vergnügungsstätten beginnt um 3 Uhr, in Kur- und Erholungsorten um 2 Uhr. ²In der Nacht zum Samstag und zum Sonntag beginnt die Sperrzeit um 5 Uhr. ³Sie endet jeweils um 6 Uhr.
(2) ¹In der Nacht zum 1. Januar wird die Sperrzeit aufgehoben, in der Nacht zum Fastnachtsdienstag und zum 1. Mai beginnt sie um 5 Uhr. ²Satz 1 gilt nicht für Spielhallen.

§ 10 (aufgehoben)

§ 11 Allgemeine Ausnahmen
Bei Vorliegen eines öffentlichen Bedürfnisses oder besonderer örtlicher Verhältnisse kann die Sperrzeit durch Rechtsverordnung allgemein verlängert, verkürzt oder aufgehoben werden.

§ 12 Ausnahmen für einzelne Betriebe
¹Bei Vorliegen eines öffentlichen Bedürfnisses oder besonderer örtlicher Verhältnisse kann für einzelne Betriebe die Sperrzeit verlängert, befristet und widerruflich verkürzt oder aufgehoben werden. ²In den Fällen der Verkürzung oder Aufhebung der Sperrzeit können jederzeit Auflagen erteilt werden.

Fünfter Abschnitt
Beschäftige Personen

§ 13 Anzeigepflicht, Erlaubnis
(1) ¹Soweit dies zur Aufrechterhaltung der Sittlichkeit oder zum Schutze der Gäste erforderlich ist, kann der Gewerbetreibende verpflichtet werden, über die in seinem Betrieb beschäftigten Personen innerhalb einer Woche nach Beginn der Beschäftigung Anzeige zu erstatten. ²In der Anzeige sind Vor-

und Zuname, Geburtsname, Geburtsdatum und Geburtsort, der letzte Aufenthaltsort und die vorhergehende Beschäftigungsstelle der beschäftigten Person sowie der Beginn der Beschäftigung anzugeben.

(2) Unter der gleichen Voraussetzung kann die Beschäftigung von Personen für einzelne Betriebe von einer Erlaubnis abhängig gemacht werden.

Sechster Abschnitt
Ordnungswidrigkeiten, Schlußvorschriften

§ 14 Ordnungswidrigkeiten

Ordnungswidrig nach § 28 Abs. 1 Nr. 12 des Gaststättengesetzes handelt, wer vorsätzlich oder fahrlässig

1. eine Straußwirtschaft betreibt, obwohl ihm dies nach § 6 Abs. 5 untersagt worden ist,
2. über den nach § 7 Abs. 2 erlaubten Umfang hinaus Waren abgibt,
3. entgegen § 8 oder einer auf Grund des § 13 Abs. 1 begründeten Verpflichtung die Anzeige nicht, nicht richtig, nicht vollständig oder nicht rechtzeitig erstattet,
4. einer Auflage nach § 12 Satz 2 nicht, nicht vollständig oder nicht rechtzeitig nachkommt,
5. Personen ohne die auf Grund einer Verpflichtung nach § 13 Abs. 2 erforderlichen Erlaubnis beschäftigt.

§ 15 Inkrafttreten[1]

(1) [1]Diese Verordnung tritt am 9. Mai 1971 in Kraft. [2]§ 20 tritt am Tage nach der Verkündung in Kraft.

(2) (nicht abgedruckt)

(3) (nicht abgedruckt)

---

1) **Amtl. Anm.:** § 15 betrifft das Inkrafttreten der Verordnung in der ursprünglichen Fassung vom 20. April 1971 (GBl. S. 148).

Verordnung der Landesregierung zur Durchführung des Waffengesetzes (Durchführungsverordnung zum Waffengesetz – DVOWaffG)

Vom 8. April 2003 (GBl. S. 166)

(BWGültV Sachgebiet 7131)

zuletzt geändert durch Art. 24 G zur Umsetzung der Neuorganisation der Forstverwaltung BW vom 21. Mai 2019 (GBl. S. 161)

Auf Grund von § 48 Abs. 1 und § 55 Abs. 6 des Waffengesetzes (WaffG) vom 11. Oktober 2002 (BGBl. I S. 3970) wird verordnet:

§ 1 Allgemeine sachliche Zuständigkeit

(1) Für die Durchführung des Waffengesetzes und der auf Grund dieses Gesetzes erlassenen Rechtsverordnungen sind die Kreispolizeibehörden sachlich zuständig, soweit nicht Bundesbehörden zuständig sind oder durch Bundesrecht oder in dieser Verordnung etwas anderes bestimmt ist.

(1a) Abweichend von Absatz 1 ist das Landratsamt Karlsruhe auch für die Durchführung des Waffengesetzes und der auf Grund dieses Gesetzes erlassenen Rechtsvorschriften für das Gebiet der Großen Kreisstadt Rheinstetten zuständig.

(2) Die Zulassung einer Ausnahme nach § 12 Abs. 5 WaffG bedarf der vorherigen Zustimmung des Regierungspräsidiums.

(3) [1]Wenn bei Gefahr im Verzug ein sofortiges Tätigwerden der auf Grund dieser Verordnung sachlich zuständigen Behörde nicht erreichbar erscheint, trifft der Polizeivollzugsdienst vorbehaltlich anderer Anordnungen der zuständigen Behörde die erforderlichen unaufschiebbaren Maßnahmen. [2]Die zuständige Behörde ist unverzüglich zu unterrichten.

§ 2 Besondere sachliche Zuständigkeiten

(1) Antragsberechtigte Behörde des Landes im Sinne des § 2 Abs. 5 Satz 2 Nr. 2 WaffG und die nach Landesrecht anzuhörende Behörde des Landes im Sinne des § 2 Abs. 5 Satz 3 WaffG ist das Landeskriminalamt.

(2) Zuständige Behörde des Landes für die Erklärung des Benehmens bei der Anerkennung eines Schießsportverbands nach § 15 Abs. 3 WaffG ist das Regierungspräsidium Tübingen.

(3) Zuständige Kontaktstelle im Sinne des § 48 Absatz 1a WaffG ist die Landeshauptstadt Stuttgart.

§ 3 Waffenrechtliche Bescheinigungen

(1) Für die Entscheidung über die Erteilung, für die Rücknahme und für den Widerruf von Bescheinigungen nach § 55 Abs. 2 WaffG sind zuständig:

1. im Geschäftsbereich des Innenministeriums
    a) die Regierungspräsidien für ihre Bediensteten, für die Bediensteten der ihnen nachgeordneten Landesbehörden und für die Bediensteten der der Aufsicht des Landes unterstehenden juristischen Personen des öffentlichen Rechts,
    b) die regionalen Polizeipräsidien für ihre Bediensteten,
    c) das Polizeipräsidium Einsatz für seine Bediensteten,
    d) das Landeskriminalamt und das Landesamt für Verfassungsschutz für ihre Bediensteten,
    e) die Hochschule für Polizei Baden-Württemberg für ihre Bediensteten,
    im Übrigen das Innenministerium,
2. die sonstigen Ministerien, der Rechnungshof und die Verwaltung des Landtags von Baden-Württemberg im Rahmen ihres Geschäftsbereichs.

(2) [1]Das Innenministerium wird ermächtigt, durch Rechtsverordnung Absatz 1 Nr. 1 und Absatz 3 zu ändern. [2]Die übrigen Ministerien werden ermächtigt, ihre Zuständigkeit nach Absatz 1 Nr. 2 für die Entscheidung über die Erteilung, für die Rücknahme und für den Widerruf von waffenrechtlichen Bescheinigungen nach § 55 Abs. 2 WaffG durch Änderung und Ergänzung dieser Verordnung im Einvernehmen mit dem Innenministerium auf nachgeordnete Behörden zu übertragen.

(3) Für die Entscheidung über die Erteilung, für den Widerruf und für die Rücknahme von Bescheinigungen nach § 56 WaffG ist auch das Innenministerium zuständig, soweit nicht das Bundesverwaltungsamt zuständig ist.

§ 4 Prüfungen

(1) Für die Prüfung der Sachkunde (§ 7 WaffG) sind die Regierungspräsidien zuständig.

(2) [1]Für die Prüfung der Fachkunde (§ 22 WaffG) ist das Regierungspräsidium Stuttgart zuständig. [2]Die Geschäftsführung wird der Industrie- und Handelskammer Region Stuttgart übertragen.

§ 5 Freistellung

(1) [1]Sofern das Waffengesetz nicht ausdrücklich etwas anderes bestimmt, ist es nicht anzuwenden auf:

1. die für die Durchführung des Waffengesetzes zuständigen Behörden und ihre Aufsichtsbehörden,
2. den Kampfmittelbeseitigungsdienst Baden-Württemberg,
3. das Logistikzentrum Baden-Württemberg,
4. das Landesamt für Verfassungsschutz,
5. die Justizvollzugsanstalten und den Justizwachtmeisterdienst,
6. die staatlichen und körperschaftlichen Forstbehörden,
7. die Fachhochschule für Forstwirtschaft Rottenburg am Neckar,
8. das Forstliche Bildungszentrum Karlsruhe, (bis 31.12.2019)
8. *die Anstalt des öffentlichen Rechts Forst Baden-Württemberg*, (ab 1.1.2020)
9. die Forstliche Versuchs- und Forschungsanstalt Baden-Württemberg,
10. das Regierungspräsidium Tübingen – Beschussamt Ulm –,
Fehler 11.die Wildforschungsstelle am Landwirtschaftlichen Zentrum für Rinderhaltung, Grünland-
in LP wirtschaft, Milchwirtschaft, Wild und Fischerei Baden-Württemberg (LAZBW)

sowie deren Bedienstete, soweit sie dienstlich tätig werden. [2]Satz 1 gilt für die Gerichte der ordentlichen Gerichtsbarkeit und der Verwaltungsgerichtsbarkeit sowie für die Staatsanwaltschaften entsprechend, soweit bei ihnen für Zwecke der Durchführung von Gerichts-, Straf- oder Bußgeldverfahren der Umgang mit Waffen oder Munition erforderlich ist.

(2) [1]Die der Landesregierung nach § 55 Abs. 6 WaffG zustehende Befugnis, durch Rechtsverordnung zu regeln, dass das Waffengesetz auf sonstige Behörden und Dienststellen des Landes und deren Bedienstete, soweit sie dienstlich tätig werden, nicht anzuwenden ist, wird im Rahmen ihres Geschäftsbereichs auf die Ministerien übertragen. [2]Die Ministerien nehmen diese Befugnis durch Änderung und Ergänzung dieser Verordnung im Einvernehmen mit dem Innenministerium wahr.

§ 6 Inkrafttreten

[1]Diese Verordnung tritt am Tage nach ihrer Verkündung[1]) in Kraft. [2]Gleichzeitig tritt die Verordnung der Landesregierung zur Durchführung des Waffengesetzes vom 12. Mai 1981 (GBl. S. 264) mit Ausnahme ihres § 3 außer Kraft.

---

1) Verkündet am 11. 4. 2003.

Straßengesetz für Baden-Württemberg(Straßengesetz – StrG)[1]

In der Fassung vom 11. Mai 1992[2] (GBl. S. 330, ber. S. 683)
(BWGültV Sachgebiet 9100)
zuletzt geändert durch Art. 1 ÄndG vom 5. Februar 2019 (GBl. S. 25)

Inhaltsübersicht

Erster Teil
Allgemeine Bestimmungen

1. Abschnitt
Öffentliche Straßen und Straßenbaulast

§	1	Geltungsbereich
§	2	Öffentliche Straßen
§	3	Einteilung
§	4	Straßennummern, Straßenverzeichnisse
§	5	Widmung
§	6	Umstufung
§	7	Einziehung
§	8	Ortsdurchfahrt
§	9	Straßenbaulast

2. Abschnitt
Eigentum an öffentlichen Straßen

§	10	Eigentum und andere Rechte
§	11	Berichtigung der öffentlichen Bücher und Gebührenbefreiung
§	12	Ausübung des Eigentums am Straßengrund und Erwerbspflicht

3. Abschnitt
Benutzung der öffentlichen Straßen

§	13	Gemeingebrauch
§	14	Beschränkung des Gemeingebrauchs, Ersatzweg
§	15	Rechtsstellung der Straßenanlieger
§	16	Sondernutzung
§	16a	Sondernutzung durch Carsharing
§	17	Sondernutzung an Ortsdurchfahrten
§	18	Zufahrt und Zugang
§	19	Sondernutzungsgebühren
§	20	Kostentragung in besonderen Fällen
§	21	Sonstige Benutzung

4. Abschnitt
Anbau an öffentlichen Straßen und Veränderungssperre

§	22	Anbaubeschränkungen
§	23	Anbaubeschränkungen bei geplanten Straßen
§	24	Entschädigung bei Anbaubeschränkungen
§	25	Freihaltung der Sicht bei Kreuzungen und Einmündungen
§	26	Veränderungssperre

5. Abschnitt
Schutz der öffentlichen Straßen

| § | 27 | Schutzwaldungen |
| § | 28 | Schutzmaßnahmen |

6. Abschnitt
Kreuzungen und Umleitungen

§	29	Kreuzungen und Einmündungen öffentlicher Straßen
§	30	Bau und Änderung von Kreuzungen
§	31	Unterhaltung der Straßenkreuzungen
§	32	Kreuzungen mit Gewässern
§	33	Unterhaltung der Kreuzungen mit Gewässern
§	34	Verordnungsermächtigung
§	35	Umleitungen

7. Abschnitt
Planung, Planfeststellung, Plangenehmigung, Enteignung und Vorzeitige Besitzeinweisung

§	36	Planung
§	37	Planfeststellung und Plangenehmigung
§	38	Planfeststellungsbeschluß
§	39	Planfeststellung für Schutzmaßnahmen
§	40	Enteignung
§	40a	Vorzeitige Besitzeinweisung

8. Abschnitt
Beleuchtung und Reinhaltung der öffentlichen Straßen

| § | 41 | Beleuchtungs-, Reinigungs-, Räum- und Streupflicht |
| § | 42 | Beseitigung von Verunreinigungen und Gegenständen |

Zweiter Teil
Träger der Straßenbaulast

§	43	Träger der Straßenbaulast für Landesstraßen und Kreisstraßen
§	44	Träger der Straßenbaulast für Gemeindestraßen
§	45	Straßenbaulast Dritter
§	46	Übertragung der Straßenbaulast bei Leistungsunfähigkeit
§	47	Unterhaltung der Gehwege an Ortsstraßen und Ortsdurchfahrten

---

1) Die Änderungen durch G v. 12.5.2015 (GBl. S. 326) treten mit unbestimmtem Datum in Kraft und sind im Text noch nicht berücksichtigt.
2) Neubekanntmachung des StrG idF v. 26.9.1987 (GBl. S. 478) in der ab 21.3.1992 geltenden Fassung.

Dritter Teil
Aufsicht und Zuständigkeiten

1. Abschnitt
Straßenaufsicht und Straßenbaubehörden

§ 48 Straßenaufsicht
§ 49 Straßenaufsichtsbehörden
§ 50 Straßenbaubehörden
§ 51 Zuständigkeiten der Straßenbaubehörden
für Landesstraßen in der Straßenbaulast des
Landes, Finanzierung des Straßenbetriebs
§ 52 Wahrnehmung technischer Aufgaben bei
Gemeindestraßen
§ 53 Technische Verwaltung der
Ortsdurchfahrten
§ 53a Zuständigkeiten des Regierungspräsidiums
Tübingen

2. Abschnitt
Zuständigkeiten nach anderen Gesetzen

§ 53b Behörden nach dem
Bundesfernstraßengesetz
§ 53c Zuständigkeiten nach dem
Telekommunikationsgesetz

Vierter Teil
Ordnungswidrigkeiten, Übergangs- und Schluß-bestimmungen

1. Abschnitt
Ordnungswidrigkeiten

§ 54 Ordnungswidrigkeiten

2. Abschnitt
Übergangs- und Schlußbestimmungen

§ 55 Widmung von Feldwegen
§ 56 Unterhaltung bestehender Böschungen und
Stützmauern
§ 57 Benutzung
§ 58 Unterhaltung von Kreuzungen
§ 59 Hoheitliche Wahrnehmung der
dienstlichen Obliegenheiten
§ 60 Entschädigung
§ 61 Straßenstatistik
§ 62 Verwaltungsvorschriften
§ 63 Zusammenwirken der zuständigen
Ministerien
§ 64 Inkrafttreten

Erster Teil
Allgemeine Bestimmungen

1. Abschnitt
Öffentliche Straßen und Straßenbaulast

§ 1 Geltungsbereich
[1]Dieses Gesetz regelt die Rechtsverhältnisse der öffentlichen Straßen. [2]Für Bundesfernstraßen gilt es nur, soweit dies ausdrücklich bestimmt ist.

§ 2 Öffentliche Straßen
(1) Öffentliche Straßen im Sinn dieses Gesetzes sind Straßen, Wege und Plätze, die dem öffentlichen Verkehr gewidmet sind.

(2) Zu den öffentlichen Straßen gehören:
1. der Straßenkörper; das sind insbesondere
   a) der Straßenuntergrund, der Straßenunterbau, die Straßendecke, Dämme, Gräben, Entwäs-serungsanlagen, Böschungen, Stützmauern, Durchlässe, Lärmschutzanlagen, Brücken und Tunnel;
   b) die Fahrbahnen, Haltestellenbuchten, Gehwege, Radwege, Parkplätze, Trenn-, Seiten-, Rand- und Sicherheitsstreifen sowie Materialbuchten;
2. der Luftraum über dem Straßenkörper;
3. das Zubehör; das sind die Verkehrszeichen und -einrichtungen sowie Verkehrsanlagen aller Art, die der Sicherheit oder Leichtigkeit des Straßenverkehrs oder dem Schutz der Straßenanlieger dienen, und die Bepflanzung auf dem Straßenkörper;
4. die Nebenanlagen; das sind Einrichtungen, die vorwiegend den Aufgaben der Straßenbauver-waltung dienen, wie Straßenmeistereien, Gerätehöfe, Straßenwärterhütten, Lagerplätze und Ent-nahmestellen.

§ 3 Einteilung
(1) Die Straßen werden nach ihrer Verkehrsbedeutung in folgende Gruppen eingeteilt:
1. Landesstraßen; das sind
   a) Straßen, die untereinander oder zusammen mit Bundesfernstraßen ein Verkehrsnetz bilden und vorwiegend dem durchgehenden Verkehr innerhalb des Landes dienen oder zu dienen bestimmt sind, sowie

b) Radschnellverbindungen, die eine regionale oder überregionale Verbindungsfunktion erfüllen und für die eine der Verkehrsbedeutung entsprechende Verkehrsnachfrage insbesondere im Alltagsradverkehr gegeben oder zu erwarten ist,

2. Kreisstraßen; das sind

a) Straßen, die vorwiegend dem überörtlichen Verkehr zwischen benachbarten Kreisen oder innerhalb eines Kreises dienen oder zu dienen bestimmt sind, ferner die für den Anschluss einer Gemeinde an überörtliche Verkehrswege erforderlichen Straßen, sowie

b) Radschnellverbindungen, die eine nahräumige und gemeindeübergreifende Verbindungsfunktion erfüllen und für die eine der Verkehrsbedeutung entsprechende Verkehrsnachfrage insbesondere im Alltagsradverkehr gegeben oder zu erwarten ist,

3. Gemeindestraßen; das sind

a) Straßen, die vorwiegend dem Verkehr zwischen benachbarten Gemeinden oder innerhalb der Gemeinden dienen oder zu dienen bestimmt sind, sowie

b) Radschnellverbindungen, soweit sie nicht Landes- oder Kreisstraßen gemäß Nummer 1 Buchstabe b oder Nummer 2 Buchstabe b sind.

(2) Die Gemeindestraßen werden wie folgt eingeteilt:

1. Gemeindeverbindungsstraßen; das sind Straßen außerhalb der geschlossenen Ortslage und außerhalb eines in einem Bebauungsplan festgesetzten Baugebiets, die vorwiegend dem Verkehr zwischen benachbarten Gemeinden oder Gemeindeteilen dienen oder zu dienen bestimmt sind, ferner die dem Anschluß an überörtliche Verkehrswege dienenden Straßen, soweit sie nicht nach Absatz 1 Nr. 2 Kreisstraßen sind;

2. Ortsstraßen; das sind Straßen, die vorwiegend dem Verkehr innerhalb der geschlossenen Ortslage oder innerhalb eines in einem Bebauungsplan festgesetzten Baugebiets dienen oder zu dienen bestimmt sind, mit Ausnahme der Ortsdurchfahrten von Bundesstraßen, Landesstraßen und Kreisstraßen;

3. sonstige Straßen, die einem allgemeinen Kraftfahrzeugverkehr dienen oder zu dienen bestimmt sind;

4. beschränkt öffentliche Wege; das sind Wege, die einem auf bestimmte Benutzungsarten oder Benutzungszwecke beschränkten Verkehr dienen oder zu dienen bestimmt sind. Hierzu gehören insbesondere

a) öffentliche Wege, die der Bewirtschaftung von Feld- und Waldgrundstücken dienen oder zu dienen bestimmt sind (öffentliche Feld- und Waldwege),

b) Radwege, soweit sie nicht Bestandteil einer anderen öffentlichen Straße oder einer Radschnellverbindung gemäß Absatz 1 Nummer 1 Buchstabe b oder Nummer 2 Buchstabe b sind.[1]

c) Fußgängerbereiche,

d) Friedhof-, Kirch- und Schulwege, Wander- und sonstige Fußwege.

(3) Zu den Straßen im Sinne des Absatzes 1 gehören jeweils auch die Gehwege und Radwege mit eigenem Straßenkörper, soweit sie im Zusammenhang mit einer Straße stehen und mit dieser im wesentlichen gleichlaufen.

(4) Eine öffentliche Straße erhält die Eigenschaft als Landesstraße, Kreisstraße oder Gemeindestraße durch Einstufung (§ 5 Abs. 3 Satz 1) oder Umstufung (§ 6 Abs. 1).

(5) Das Verkehrsministerium (Ministerium) wird ermächtigt, im Benehmen mit dem Finanzministerium durch Rechtsverordnung den Begriff des Gemeindeteiles im Sinne von Abs. 2 Nr. 1 näher zu bestimmen; es kann dabei auch eine Mindesteinwohnerzahl vorschreiben.

§ 4 Straßennummern, Straßenverzeichnisse

(1) Landesstraßen und Kreisstraßen sind zu numerieren.

(2) [1]Für Landesstraßen, Kreisstraßen und Gemeindeverbindungsstraßen werden Straßenverzeichnisse geführt. [2]In die Verzeichnisse sind insbesondere die Länge der Straße, die Träger der Straßenbaulast sowie die Ortsdurchfahrten aufzunehmen. [3]Das Nähere über das Eintragungsverfahren und den Inhalt der Verzeichnisse kann durch Rechtsverordnung des Ministeriums geregelt werden.

---

1) Zeichensetzung amtlich.

(3) ¹Die Straßenverzeichnisse für Kreisstraßen und für Gemeindeverbindungsstraßen in der Baulast der Stadtkreise und Großen Kreisstädte werden vom Regierungspräsidium geführt. ²Dasselbe gilt für Gemeindeverbindungsstraßen in der Baulast von Gemeinden, die einer Verwaltungsgemeinschaft angehören, die der Rechtsaufsicht des Regierungspräsidiums untersteht. ³Die Straßenverzeichnisse für die übrigen Kreisstraßen und Gemeindeverbindungsstraßen werden vom Landratsamt als untere Verwaltungsbehörde geführt.

(4) Das Ministerium bestimmt durch Rechtsverordnung die für die Führung der Straßenverzeichnisse für Bundesfernstraßen und Landesstraßen zuständigen Behörden.

(5) ¹Die Einsicht in die Verzeichnisse ist jedem gestattet, der ein berechtigtes Interesse nachweist. ²Auf Antrag sind gegen Kostenersatz insoweit Auszüge zu erteilen, als Einsicht zu gewähren ist.

§ 5 Widmung

(1) Voraussetzung für die Widmung im Sinne des § 2 Abs. 1 ist, daß der Träger der Straßenbaulast Eigentümer der der Straße dienenden Grundstücke ist oder die Eigentümer und die sonst zur Nutzung dinglich Berechtigten der Widmung zugestimmt haben oder der Träger der Straßenbaulast den Besitz durch Vertrag, durch Einweisung nach § 37 Abs. 1 des Landesenteignungsgesetzes oder in einem sonstigen gesetzlich geregelten Verfahren erlangt hat.

(2) ¹Es sind zuständig für die Widmung von

1. Landesstraßen die höhere Straßenbaubehörde und, wenn die zu widmende Straße sich über mehrere Regierungsbezirke erstreckt, die von der obersten Straßenbaubehörde bestimmte höhere Straßenbaubehörde,

2. Kreisstraßen und Gemeindestraßen sowie in den Fällen, in denen die Gemeinden nach § 43 Abs. 3 und 4 Träger der Straßenbaulast sind, die Straßenbaubehörde.

²Soll Träger der Straßenbaulast ein anderer als das Land, ein Landkreis, eine Gemeinde oder ein Zweckverband werden, so ist für die Widmung die Straßenaufsichtsbehörde zuständig.

(3) ¹In der Widmung ist die Gruppe, zu der die Straße gehört (§ 3 Abs. 1), zu bestimmen (Einstufung). ²Die Widmung kann auf bestimmte Benutzungsarten, Benutzungszwecke, Benutzerkreise oder in sonstiger Weise beschränkt werden.

(4) ¹Die Widmung ist öffentlich bekanntzumachen. ²Ist für die Widmung das Regierungspräsidium zuständig, erfolgt die Bekanntmachung im Staatsanzeiger.

(5) ¹Die Widmung kann von den nach Absatz 2 zuständigen Behörden nachträglich erweitert oder beschränkt werden, soweit nicht die Straßenverkehrsbehörden ausschließlich zuständig sind. ²Bei Erweiterungen ist nach den Vorschriften über die Widmung, bei Beschränkungen, ausgenommen in den Fällen des § 14 Abs. 1, nach den Vorschriften über die Einziehung zu verfahren.

(6) ¹Werden Straßen, Wege oder Plätze auf Grund eines förmlichen Verfahrens nach anderen gesetzlichen Vorschriften für den öffentlichen Verkehr angelegt, so gelten sie mit der endgültigen Überlassung für den Verkehr als gewidmet, wenn die Voraussetzungen des Absatzes 1 vorliegen. ²Die nach Absatz 2 zuständige Behörde bestimmt die Gruppe, zu der die Straße gehört, und beschränkt, soweit erforderlich, die Überlassung für den Verkehr auf bestimmte Benutzungsarten oder Benutzungszwecke. ³Sie hat diese Verfügungen und den Zeitpunkt der endgültigen Überlassung für den Verkehr öffentlich bekanntzumachen.

(7) ¹Wird eine Straße verbreitert, durch Verkehrsanlagen ergänzt oder unwesentlich verlegt, so werden die neuen Straßenteile durch die Überlassung für den Verkehr gewidmet; einer öffentlichen Bekanntmachung bedarf es nicht. ²Die neuen Straßenteile dürfen dem Verkehr nur überlassenwerden, wenn die Voraussetzungen des Absatzes 1 vorliegen.

(8) Durch privatrechtliche Verfügungen oder durch Verfügungen im Wege der Zwangsvollstreckung über die der Straße dienenden Grundstücke oder Rechte an ihnen wird die Widmung nicht berührt.

§ 6 Umstufung

(1) Ändert sich die Verkehrsbedeutung einer Straße (§ 3 Abs. 1), so ist die Straße in die entsprechende Straßengruppe umzustufen (Aufstufung, Abstufung).

(2) ¹Für die Abstufung von Kreisstraßen und die Aufstufung von Gemeindestraßen zu Kreisstraßen ist das Landratsamt als untere Verwaltungsbehörde zuständig, sofern die gesamte umzuwidmende Straße in dessen Bezirk verläuft. ²Im Übrigen ist für die Umstufung von Straßen sowie für die Abstufung von Bundesstraßen und die Bestimmung ihrer Straßengruppe die höhere Straßenbaubehörde zuständig;

§ 5 Abs. 2 Satz 1 Nr. 1 gilt entsprechend, wenn eine Straße sich über mehrere Regierungsbezirke erstreckt.

(3) [1]Die an der Umstufung beteiligten Träger der Straßenbaulast sind vor der Umstufung in mündlicher Verhandlung zu hören. [2]Die Umstufung soll zum Beginn eines Rechnungsjahres wirksam werden.

(4) [1]Die Umstufung und die Bestimmung der Straßengruppe nach Absatz 2 sind öffentlich bekanntzumachen. [2]§ 5 Abs. 4 Satz 2 gilt entsprechend.

§ 7 Einziehung

(1) Eine Straße kann eingezogen werden, wenn sie für den Verkehr entbehrlich ist oder wenn überwiegende Gründe des Wohls der Allgemeinheit die Einziehung erforderlich machen.

(2) [1]Für die Einziehung sind die in § 5 Abs. 2 Satz 1 genannten Behörden zuständig. [2]Ist Träger der Straßenbaulast ein anderer als das Land, ein Landkreis, eine Gemeinde oder ein Zweckverband, so ist die Straßenaufsichtsbehörde für die Einziehung zuständig.

(3) [1]Die Absicht der Einziehung ist den von der Straße berührten Gemeinden mindestens drei Monate vorher mitzuteilen und von diesen auf Kosten des Trägers der Straßenbaulast unverzüglich öffentlich bekanntzumachen. [2]Von der Bekanntmachung kann abgesehen werden, wenn die Straße in den im Planfeststellungsverfahren nach § 73 Abs. 3 Satz 1 des Landesverwaltungsverfahrensgesetzes ausgelegten Plänen als zur Einziehung bestimmt kenntlich gemacht worden ist.

(4) [1]Die Einziehung ist öffentlich bekanntzumachen. [2]§ 5 Abs. 4 Satz 2 gilt entsprechend.

(5) Soll eine Straße auf Grund eines förmlichen Verfahrens nach anderen gesetzlichen Vorschriften dem öffentlichen Verkehr entzogen werden, so gilt sie mit dem Zeitpunkt als eingezogen, in dem sie dem öffentlichen Verkehr entzogen wird; die nach Absatz 2 zuständige Behörde hat diesen Zeitpunkt öffentlich bekanntzumachen.

(6) Wird beim Ausbau oder Umbau einer Straße ein Straßenteil auf Dauer dem Gemeingebrauch entzogen, ohne daß der Zugang zu einem angrenzenden Grundstück beeinträchtigt wird, so bedarf die Einziehung nicht der öffentlichen Bekanntmachung; Absatz 3 ist nicht anzuwenden.

(7) Mit der Einziehung verliert die Straße die Eigenschaft einer öffentlichen Straße; widerrufliche Sondernutzungen entfallen.

§ 8 Ortsdurchfahrt

(1) [1]Eine Ortsdurchfahrt ist der Teil einer Landesstraße oder einer Kreisstraße, der innerhalb der geschlossenen Ortslage liegt und auch der Erschließung der anliegenden Grundstücke oder der mehrfachen Verknüpfung des Ortsstraßennetzes dient. [2]Geschlossene Ortslage ist der Teil des Gemeindegebiets, der in geschlossener oder offener Bauweise zusammenhängend bebaut ist. [3]Einzelne unbebaute Grundstücke, zur Bebauung ungeeignetes oder ihr entzogenes Gelände oder einseitige Bebauung unterbrechen den Zusammenhang nicht.

(2) [1]Beginn und Ende einer Ortsdurchfahrt sind festzusetzen, wenn eine Landesstraße oder eine Kreisstraße gebaut oder eine Gemeindestraße aufgestuft wird. [2]Bei erheblichen Veränderungen in der Bebauung sind Beginn und Ende der Ortsdurchfahrt neu festzusetzen.

(3) [1]Eine Ortsdurchfahrt kann abweichend von den Vorschriften des Absatzes 1 zugunsten der Gemeinde verkürzt werden, wenn die Länge der Ortsdurchfahrt wegen der Bebauung in einem offensichtlichen Mißverhältnis zur Einwohnerzahl der Gemeinde steht. [2]Die Verkürzung läßt die Anbaubeschränkungen nach den §§ 22 bis 25 und die Verpflichtungen nach § 41 unberührt.

(4) Führt die Ortsdurchfahrt über Straßen und Plätze, die erheblich breiter angelegt sind als die anschließende Strecke der Landesstraße oder der Kreisstraße, so ist die seitliche Begrenzung der Ortsdurchfahrt besonders festzusetzen.

(5) [1]Reicht die Ortsdurchfahrt für den Verkehr nicht aus, so kann auf Antrag der Gemeinde eine für die Aufnahme des durchgehenden Verkehrs geeignete Straße als zusätzliche Ortsdurchfahrt festgesetzt werden; zugleich sind Beginn und Ende dieser Ortsdurchfahrt festzusetzen. [2]Die Festsetzung nach Satz 1 Halbsatz 1 ersetzt die Aufstufung; sie ist öffentlich bekanntzumachen. [3]§ 5 Abs. 4 Satz 2 gilt entsprechend.

(6) [1]Zuständig für die Festsetzungen nach den Absätzen 2 bis 5 ist bei Landesstraßen die höhere Straßenbaubehörde, bei Kreisstraßen die Straßenbaubehörde. [2]In den Fällen des Absatzes 4 ist das Einvernehmen mit der Gemeinde erforderlich; kommt ein Einvernehmen nicht zustande, so entscheiden über die Festsetzung die in Satz 1 genannten Behörden.

§ 9 Straßenbaulast

(1) [1]Die Straßenbaulast umfaßt alle mit dem Bau und der Unterhaltung der Straßen zusammenhängenden Aufgaben. [2]Die Träger der Straßenbaulast haben nach ihrer Leistungsfähigkeit die Straßen in einem dem regelmäßigen Verkehrsbedürfnis genügenden und den allgemein anerkannten Regeln des Straßenbaues entspechenden Zustand zu bauen, zu unterhalten, zu erweitern oder sonst zu verbessern; dabei sind die sonstigen öffentlichen Belange einschließlich des Umweltschutzes sowie die Belange von Menschen mit Behinderungen und anderer Menschen mit Mobilitätsbeeinträchtigung mit dem Ziel, möglichst weitreichende Barrierefreiheit zu erreichen, zu berücksichtigen. [3]Von den allgemein anerkannten Regeln des Straßenbaus kann abgewichen werden, wenn den Anforderungen auf andere Weise ebenso wirksam entsprochen wird.

(2) Soweit die Straßenbaulastträger zur Erfüllung ihrer Pflichten nach Absatz 1 unter Berücksichtigung ihrer Leistungsfähigkeit außerstande sind, haben sie auf einen nicht verkehrssicheren Zustand vorbehaltlich anderweitiger Maßnahmen der Straßenverkehrsbehörden durch Verkehrszeichen hinzuweisen; dies gilt nicht für beschränkt öffentliche Wege, soweit der nicht verkehrssichere Zustand des Weges oder die mit der Benutzung des Weges verbundenen besonderen Gefahren für die Benutzer bei Anwendung der verkehrsüblichen Sorgfalt erkennbar sind.

(3) Die Träger der Straßenbaulast sollen über die ihnen nach Absatz 1 obliegenden Aufgaben hinaus in dem für die Aufrechterhaltung des öffentlichen Straßenverkehrs erforderlichen Umfang nach besten Kräften die Straßen bei Schneeanhäufungen räumen und sie bei Schnee- oder Eisglätte bestreuen; ein Rechtsanspruch hierauf besteht nicht. [2]Dabei ist der Einsatz von Auftausalzen und anderen Mitteln, die sich umweltschädlich auswirken können, so gering wie möglich zu halten. [3]§ 41 bleibt unberührt.

2. Abschnitt
Eigentum an öffentlichen Straßen

§ 10 Eigentum und andere Rechte

(1) [1]Wechselt die Straßenbaulast zwischen dem Land, einem Landkreis oder einer Gemeinde, so geht das Eigentum an der Straße ohne Entschädigung auf den neuen Träger der Straßenbaulast über, wenn es bisher einer dieser Körperschaften zustand; dies gilt nicht für Nebenanlagen. [2]Bestehen zwischen den beteiligten Trägern der Straßenbaulast oder zwischen einem Träger der Straßenbaulast und dem bisherigen Eigentümer Meinungsverschiedenheiten über den Eigentumsübergang oder dessen Umfang, so entscheidet auf Antrag eines Beteiligten die für den neuen Träger der Straßenbaulast zuständige Straßenaufsichtsbehörde, wenn der neue Träger der Straßenbaulast das Land ist, das Regierungspräsidium.

(2) Der bisherige Träger der Straßenbaulast hat dem neuen Träger der Straßenbaulast dafür einzustehen, daß er die Straße in dem durch die Verkehrsbedeutung gebotenen Umfang ordnungsgemäß unterhalten und den notwendigen Grunderwerb durchgeführt hat.

(3) [1]Hat der bisherige Träger der Straßenbaulast für den Bau oder die Änderung der Straße das Eigentum an einem Grundstück erworben, so hat der neue Träger der Straßenbaulast einen Anspruch auf Übertragung des Eigentums. [2]Steht dem bisherigen Träger der Straßenbaulast ein für Zwecke des Satzes 1 erworbener Anspruch auf Übertragung des Eigentums an einem Grundstück zu, so ist er verpflichtet, das Eigentum an dem Grundstück zu erwerben und nach Erwerb auf den neuen Träger der Straßenbaulast zu übertragen. [3]Die Verpflichtungen nach den Sätzen 1 und 2 bestehen nur insoweit, als das Grundstück dauernd für die Straße benötigt wird. [4]Dem bisherigen Träger der Straßenbaulast steht für Verbindlichkeiten, die nach dem Wechsel der Straßenbaulast fällig werden, gegen den neuen Träger der Straßenbaulast ein Anspruch auf Erstattung der Aufwendungen zu. [5]Im übrigen wird das Eigentum ohne Entschädigung übertragen.

(4) [1]Bei einem Wechsel der Straßenbaulast ist der neue Träger der Straßenbaulast verpflichtet, die von dem bisherigen Träger der Straßenbaulast oder mit dessen Zustimmung von einem Dritten im öffentlichen Interesse in der Straße gehaltenen Anlagen, insbesondere für Zwecke der öffentlichen Versorgung oder der Abwasserbeseitigung, im bisherigen Umfang zu dulden. [2]Machen nach einem Wechsel der Straßenbaulast bauliche Maßnahmen an der Straße die Änderung einer Anlage im Sinne des Satzes 1 erforderlich, so haben der Träger der Straßenbaulast und der Inhaber der Anlage die Änderung auf ihre zu gleichen Teilen zu tragenden Kosten gemeinsam vorzunehmen, wenn vor oder nach dem Wechsel der Straßenbaulast nichts anderes vereinbart worden ist. [3]Der neue Träger der Straßenbaulast

muß jedoch eine Vereinbarung, die innerhalb der letzten zwei Jahre vor dem Wechsel der Straßenbaulast abgeschlossen worden ist, nicht gegen sich gelten lassen. [4]Im übrigen gelten § 16 Abs. 3 Sätze 1, 3 bezüglich des Kostenersatzes, Sätze 4 und 5 sowie § 20 entsprechend.

(5) Ist das Eigentum an einer Straße nach Absatz 1 übergegangen, so kann im Falle der Einziehung der Straße der frühere Eigentümer innerhalb eines Jahres nach Eintritt der Unanfechtbarkeit der Einziehung verlangen, daß ihm das Eigentum ohne Entschädigung zurückübertragen wird; er hat jedoch Anlagen im Sinne des Abs. 4 Satz 1, die der bisherige Eigentümer rechtmäßig in der Straße gehalten hat, im bisherigen Umfang zu dulden.

§ 11 Berichtigung der öffentlichen Bücher und Gebührenbefreiung

(1) [1]Beim Übergang des Eigentums an einer Straße nach § 10 Abs. 1 ist der Antrag auf Berichtigung des Grundbuchs von dem neuen Eigentümer zu stellen. [2]Sein Eigentum wird gegenüber dem Grundbuchamt durch eine mit dem Dienstsiegel versehene Bestätigung der für den neuen Eigentümer zuständigen Straßenaufsichtsbehörde nachgewiesen; ist neuer Eigentümer das Land, so erteilt das Regierungspräsidium die Bestätigung. [3]Der neue Eigentümer hat den Eigentumsübergang der zuständigen Vermessungsbehörde zum Zwecke der Berichtigung des Liegenschaftskatasters mitzuteilen.

(2) Für die Eintragung des Eigentumsübergangs in das Grundbuch nach § 10 Abs. 1 oder auf Grund von § 10 Abs. 5 werden Gebühren und Auslagen nach dem Gerichts- und Notarkostengesetz nicht erhoben.

§ 12 Ausübung des Eigentums am Straßengrund und Erwerbspflicht

(1) Ist der Träger der Straßenbaulast nicht Eigentümer der der Straße dienenden Grundstücke, so steht ihm die Ausübung der Rechte und Pflichten des Eigentümers in dem Umfang zu, in dem dies die Aufrechterhaltung des Gemeingebrauchs erfordert.

(2) [1]Der Träger der Straßenbaulast hat das Eigentum an den der Straße dienenden Grundstücken auf Antrag des Eigentümers binnen einer Frist von fünf Jahren nach Antragstellung zu erwerben; dies gilt entsprechend beim Antrag eines sonst zur Nutzung dinglich Berechtigten für den Erwerb seines Rechts. [2]Der Lauf der Frist ist gehemmt, solange der Erwerb durch Umstände verzögert wird, die der Träger der Straßenbaulast nicht zu vertreten hat. [3]Waren bei Inkrafttreten dieses Gesetzes Grundstücke für eine Straße bereits in Anspruch genommen, so beginnt die Frist mit Inkrafttreten dieses Gesetzes.

(3) [1]Kommt innerhalb der Frist nach Absatz 2 Satz 1 eine Einigung nicht zustande oder kann ein dingliches Recht an dem Grundstück durch Rechtsgeschäft nicht übertragen werden, so kann jeder Beteiligte die Entziehung des Rechts im Wege der Enteignung verlangen. [2]Die Entschädigung ist nach den Verhältnissen im Zeitpunkt der Inanspruchnahme des Grundstücks zu bemessen. [3]War das Grundstück schon vor dem 24. Mai 1949 für die Straße in Anspruch genommen, so ist die Entschädigung vom 24. Mai 1949 an zu verzinsen.

(4) Soweit ein dinglich Berechtigter bei der Widmung nicht zu beteiligen ist, hat der Träger der Straßenbaulast das dingliche Recht auf Antrag des Berechtigten binnen einer Frist von fünf Jahren nach Antragstellung abzulösen, sobald und soweit der Berechtigte die Befriedigung aus dem Grundstück verlangen kann.

(5) [1]Eine Erwerbspflicht nach den Absätzen 2 und 3 besteht nicht, wenn und solange dem Träger der Straßenbaulast durch ein dingliches Recht die Verfügungsbefugnis an den der Straße dienenden Grundstücken eingeräumt ist, ferner bei beschränkt öffentlichen Wegen, die bei Inkrafttreten dieses Gesetzes länger als 30 Jahre bestehen. [2]Die Absätze 2 und 3 gelten ferner nicht für Böschungen und Stützmauern, die zugleich für die ordnungsmäßige Nutzung eines angrenzenden Grundstückes notwendig sind.

3. Abschnitt
Benutzung der öffentlichen Straßen

§ 13 Gemeingebrauch

(1) [1]Der Gebrauch der öffentlichen Straßen ist jedermann im Rahmen der Widmung und der Straßenverkehrsvorschriften innerhalb der verkehrsüblichen Grenzen gestattet (Gemeingebrauch). [2]Kein Gemeingebrauch liegt vor, wenn durch die Benutzung einer öffentlichen Straße der Gemeingebrauch anderer unzumutbar beeinträchtigt wird.

(2) Auf die Aufrechterhaltung des Gemeingebrauchs besteht kein Rechtsanspruch.

§ 14 Beschränkung des Gemeingebrauchs, Ersatzweg

(1) Der Gemeingebrauch kann von der Straßenbaubehörde vorbehaltlich anderer Anordnungen der Straßenverkehrsbehörde beschränkt werden, wenn dies zur Durchführung von Straßenbauarbeiten oder wegen des baulichen Zustands zur Vermeidung außerordentlicher Schäden an der Straße notwendig ist.

(2) [1]Die Straßenverkehrsbehörde ist vor der Beschränkung zu hören, es sei denn, daß die Beschränkung unerheblich ist; in dringenden Fällen, in denen eine vorherige Anhörung nicht tunlich ist, ist die Straßenverkehrsbehörde unverzüglich zu benachrichtigen. [2]Die Beschränkung ist durch amtliche Verkehrszeichen kenntlich zu machen.

(3) [1]Macht die dauernde Beschränkung des Gemeingebrauchs an einer Landesstraße oder einer Kreisstraße die Herstellung oder die Verbesserung eines Ersatzweges notwendig, so hat der für den Ersatzweg zuständige Träger der Straßenbaulast gegen den Träger der Straßenbaulast für die Straße, deren Gemeingebrauch beschränkt wurde, einen Anspruch auf Erstattung der Kosten für die Herstellung oder Verbesserung. [2]Er kann statt dessen verlangen, daß der Träger der Straßenbaulast für die Straße, deren Gemeingebrauch beschränkt wurde, die erforderlichen Maßnahmen für ihn durchführt.

§ 15 Rechtsstellung der Straßenanlieger

(1) Eigentümern und Besitzern von Grundstücken, die an einer Straße liegen oder von ihr eine Zufahrt oder einen Zugang haben (Straßenanlieger), steht kein Anspruch darauf zu, daß die Straße nicht geändert oder nicht eingezogen wird.

(2) [1]Werden auf Dauer Zufahrten oder Zugänge durch die Änderung oder die Einziehung von Straßen unterbrochen oder wird ihre Benutzung erheblich erschwert, so hat der Träger der Straßenbaulast einen angemessenen Ersatz zu schaffen oder, soweit dies nicht zumutbar ist, eine angemessene Entschädigung in Geld zu leisten. [2]Mehrere Anliegergrundstücke können durch eine gemeinsame Zufahrt angeschlossen werden, deren Unterhaltung den Anliegern gemeinsam obliegt; § 16 Abs. 3 Satz 1 gilt entsprechend. [3]Die Verpflichtung nach Satz 1 entsteht nicht, wenn die Grundstücke eine anderweitige ausreichende Verbindung zu dem öffentlichen Wegenetz besitzen oder wenn die Zufahrten oder Zugänge auf einer widerruflichen Erlaubnis beruhen.

(3) [1]Werden für längere Zeit Zufahrten oder Zugänge durch Straßenarbeiten unterbrochen oder wird ihre Benutzung erheblich erschwert, ohne daß von Behelfsmaßnahmen eine wesentliche Entlastung ausgeht, und wird dadurch die wirtschaftliche Existenz eines anliegenden Betriebs gefährdet, so kann dessen Inhaber eine Entschädigung in Höhe des Betrags beanspruchen, der erforderlich ist, um das Fortbestehen des Betriebs bei Anspannung der eigenen Kräfte und unter Berücksichtigung der gegebenen Anpassungsmöglichkeiten zu sichern. [2]Der Anspruch richtet sich gegen den, zu dessen Gunsten die Arbeiten im Straßenbereich erfolgen. [3]Absatz 2 Satz 3 gilt entsprechend.

(4) Wird einem Straßenanlieger durch die Änderung einer Straße der Zutritt von Licht oder Luft zu seinem Grundstück dauernd wesentlich beschränkt, so hat der Träger der Straßenbaulast eine angemessene Entschädigung in Geld zu leisten.

§ 16 Sondernutzung

(1) [1]Die Benutzung einer Straße über den Gemeingebrauch hinaus (Sondernutzung) bedarf der Erlaubnis. [2]Die Erlaubnis darf nur auf Zeit oder auf Widerruf erteilt werden. [3]Eine Erlaubnis soll nicht erteilt werden, wenn Menschen mit Behinderungen durch die Sondernutzung in der Ausübung des Gemeingebrauchs erheblich beeinträchtigt würden.

(2) [1]Über die Erteilung der Erlaubnis nach Absatz 1 entscheidet die Straßenbaubehörde nach pflichtgemäßem Ermessen. [2]Ist Träger der Straßenbaulast eine Person des bürgerlichen Rechts, so wird die Erlaubnis von der Straßenaufsichtsbehörde erteilt; diese hat den Träger der Straßenbaulast zu hören.

(3) [1]Der Erlaubnisnehmer hat Anlagen so zu errichten und zu unterhalten, daß sie den Anforderungen der Sicherheit und Ordnung sowie den anerkannten Regeln der Technik genügen. [2]Arbeiten an der Straße bedürfen der Zustimmung der Straßenbaubehörde. [3]Der Erlaubnisnehmer hat auf Verlangen der zuständigen Behörde die Anlagen auf seine Kosten zu ändern und alle Kosten zu ersetzen, die dem Träger der Straßenbaulast durch die Sondernutzung entstehen. [4]Hierfür können angemessene Vorschüsse und Sicherheiten verlangt werden. [5]Über die Leistungen nach Satz 3 und 4 entscheidet die für die Erlaubnis zuständige Behörde.

(4) Der Wechsel der Straßenbaulast läßt die Erlaubnis unberührt.

(5) Der Erlaubnisnehmer hat gegen den Träger der Straßenbaulast keinen Ersatzanspruch bei Widerruf der Erlaubnis oder bei Sperrung, Änderung oder Einziehung der Straße.

(6) [1]Ist nach den Vorschriften des Straßenverkehrsrechts eine Erlaubnis für eine übermäßige Straßenbenutzung oder eine Ausnahmegenehmigung erforderlich oder dient die Benutzung einer Anlage, für die eine Baugenehmigung erforderlich ist, so bedarf es keiner Erlaubnis nach Absatz 1. [2]Vor ihrer Entscheidung hat die hierfür zuständige Behörde die sonst für die Sondernutzungserlaubnis zuständige Behörde zu hören. [3]Die von dieser geforderten Bedingungen, Auflagen und Sondernutzungsgebühren sind dem Antragsteller in der Erlaubnis oder Genehmigung aufzuerlegen, soweit Träger der Straßenbaulast eine Gemeinde oder ein Landkreis ist.

(7) [1]Die Gemeinden können durch Satzung bestimmen, daß bestimmte Sondernutzungen an Gemeindestraßen keiner Erlaubnis nach Absatz 1 Satz 1 bedürfen. [2]Sie können die Sondernutzung an Gemeindestraßen durch Satzung abweichend von Absatz 1 Satz 2 und Absatz 5 regeln.

(8) [1]Wird eine Straße ohne die erforderliche Erlaubnis benutzt oder kommt der Erlaubnisnehmer seinen Verpflichtungen nicht nach, so kann die für die Erteilung der Erlaubnis zuständige Behörde die erforderlichen Maßnahmen zur Beendigung der Benutzung oder zur Erfüllung der Verpflichtungen anordnen. [2]Sind solche Anordnungen nicht oder nur unter unverhältnismäßigem Aufwand möglich oder nicht erfolgversprechend, so kann sie den rechtswidrigen Zustand auf Kosten des Pflichtigen beseitigen oder beseitigen lassen.

§ 16a Sondernutzung durch Carsharing

(1) Die ausschließliche Nutzung einer Fläche durch einen oder mehrere Carsharinganbieter gilt als Sondernutzung, für die nach Maßgabe der folgenden Absätze eine Sondernutzungserlaubnis erteilt werden kann.

(2) Im Sinne dieser Vorschrift ist

1. ein Carsharingfahrzeug ein Kraftfahrzeug, das einer unbestimmten Anzahl von Personen auf der Grundlage einer Rahmenvereinbarung und einem die Energiekosten mit einschließenden Zeit- oder Kilometertarif oder Mischformen solcher Tarife angeboten und selbstständig reserviert und genutzt werden kann,

2. ein Carsharinganbieter eine Rechtsperson unabhängig von ihrer Rechtsform, die Carsharingfahrzeuge stationsunabhängig oder stationsbasiert zur Nutzung für eine unbestimmte Anzahl von Personen nach allgemeinen Kriterien anbietet, wobei Mischformen der Angebotsmodelle möglich sind.

(3) [1]Für die Sondernutzung im Sinne des Absatzes 1 können geeignete Flächen einer Ortsdurchfahrt im Zuge einer Landes- oder Kreisstraße sowie an Gemeindestraßen bestimmt werden. [2]Die Flächen sind so zu bestimmen, dass die Funktion der Landes-, Kreis- oder Gemeindestraße und die Belange des öffentlichen Personennahverkehrs nicht beeinträchtigt werden sowie die Anforderungen an die Sicherheit und Leichtigkeit des Verkehrs gewahrt sind.

(4) [1]Die Erteilung der Sondernutzungserlaubnis hat in einem diskriminierungsfreien und transparenten Auswahlverfahren zu erfolgen, das öffentlich bekannt zu machen ist. [2]Die Teilnahme am Auswahlverfahren kann von bestimmten Anforderungen abhängig gemacht werden. [3]Ferner ist festzulegen, wie verfahren wird, wenn pro Fläche mehr als ein Carsharinganbieter einen Antrag auf Sondernutzungserlaubnis stellt.

(5) [1]Die Informationen über das vorgesehene Auswahlverfahren sind ortsüblich bekannt zu machen. [2]Die Bekanntmachung muss alle für die Teilnahme an dem Auswahlverfahren erforderlichen Informationen enthalten, insbesondere Informationen über den vorgesehenen Ablauf des Auswahlverfahrens, mögliche Anforderungen an die zu erbringende Leistung sowie die Mitteilung über die Vorgehensweise hinsichtlich der Auswahl der Carsharinganbieter, wenn pro Fläche mehr als ein Carsharinganbieter einen Antrag auf Sondernutzungserlaubnis stellt. [3]Die Bekanntmachung muss zudem die vorgesehene Dauer der Sondernutzung enthalten.

(6) [1]Die Sondernutzungserlaubnis kann auch mit Auflagen zur Verminderung oder Vermeidung von Umweltbelastungen durch Carsharingfahrzeuge versehen werden. [2]Sie ist befristet auf längstens acht Jahre zu erteilen. [3]Nach Ablauf der Geltungsdauer der Sondernutzungserlaubnis ist eine Verlängerung oder Neuerteilung nur nach Durchführung eines erneuten Auswahlverfahrens nach Absatz 4 möglich. [4]Die Sondernutzungserlaubnis ist zu widerrufen, wenn der Carsharinganbieter die auf Grund von Absatz 5 Satz 2 formulierten Anforderungen nicht mehr erfüllt.

(7) ¹Eine nach den vorstehenden Absätzen erteilte Sondernutzungserlaubnis kann auch die Befugnis verleihen, dass die oder der Sondernutzungsberechtigte geeignete bauliche Vorrichtungen für das Sperren der Fläche für Nichtbevorrechtigte anbringen kann. ²Die oder der Sondernutzungsberechtigte hat sich bei dem Anbringen geeigneter Fachunternehmen zu bedienen.

(8) § 8 Absatz 1 Satz 1 und 6 und Absatz 2, 2a und 3 des Bundesfernstraßengesetzes gelten entsprechend.

(9) Gemeinden können die Voraussetzungen für sowie Art und Umfang der Sondernutzung im Rahmen des Carsharing nach Maßgabe dieser Vorschrift durch Satzung regeln.

§ 17 Sondernutzung an Ortsdurchfahrten
¹In Ortsdurchfahrten entscheidet über Sondernutzungen die Gemeinde. ²Sie hat die Zustimmung der für die freie Strecke zuständigen Straßenbaubehörde einzuholen, wenn die Sondernutzung sich auf die Fahrbahn erstreckt und geeignet ist, die Sicherheit oder Leichtigkeit des Verkehrs zu beeinträchtigen. ³Bei Meinungsverschiedenheiten darüber, ob eine Zustimmung nach Satz 2 erforderlich ist, entscheidet die für die Fahrbahn zuständige Straßenbaubehörde. ⁴Ergeht eine solche Entscheidung nachträglich oder ergibt sich nachträglich, daß die Sondernutzung die Sicherheit oder Leichtigkeit des Verkehrs auf der Fahrbahn beeinträchtigt, so hat die Gemeinde die Erlaubnis auf Verlangen der für die Fahrbahn zuständigen Straßenbaubehörde zu widerrufen. ⁵Will eine Gemeinde eine Sondernutzung für sich selbst in Anspruch nehmen, so bedarf sie ebenfalls der Zustimmung.

§ 18 Zufahrt und Zugang
(1) ¹Als Sondernutzung gilt auch die Anlage oder die wesentliche Änderung einer Zufahrt oder eines Zugangs zu einer Landesstraße oder Kreisstraße außerhalb der zur Erschließung der anliegenden Grundstücke bestimmten Teile der Ortsdurchfahrt. ²Eine Änderung im Sinne des Satzes 1 liegt auch vor, wenn eine Zufahrt oder ein Zugang gegenüber bisher einem erheblich größeren oder andersartigen Verkehr dienen soll. ³Den Zufahrten stehen Anschlüsse nichtöffentlicher Wege gleich, soweit es sich nicht um Anschlüsse von Waldwegen im Sinne des Landeswaldgesetzes handelt.
(2) Einer Erlaubnis nach § 16 Abs. 1 bedarf es nicht,
1. wenn eine Zufahrt oder ein Zugang zu baulichen Anlagen geschaffen oder geändert wird, die dem Verfahren nach § 22 unterliegen,
2. wenn der Bau oder die Änderung einer Zufahrt oder eines Zugangs in einem Flurbereinigungsverfahren durchgeführt wird oder in einem anderen förmlichen Verfahren unanfechtbar angeordnet ist.

§ 19 Sondernutzungsgebühren
(1) ¹Für Sondernutzungen, ausgenommen Zufahrten und Zugänge zu Landesstraßen und Kreisstraßen, können nach Maßgabe des Absatzes 2 Gebühren erhoben werden. ²Sie stehen dem Träger der Straßenbaulast, bezüglich der Ortsdurchfahrten den Gemeinden zu. ³Sind mehrere Berechtigte beteiligt, stehen die Gebühren diesen zu gleichen Teilen zu.
(2) ¹Gemeinden und Landkreise können die Erhebung der ihnen zustehenden Sondernutzungsgebühren durch Satzung regeln. ²Das Ministerium wird ermächtigt, die Erhebung der dem Land zustehenden Sondernutzungsgebühren im Einvernehmen mit dem Finanzministerium durch Rechtsverordnung zu regeln. ³Die Gebührensätze sind nach Art und Ausmaß der Einwirkung auf die Straße und nach dem wirtschaftlichen Interesse der Gebührenschuldner zu bemessen.

§ 20 Kostentragung in besonderen Fällen
(1) ¹Wenn eine Straße wegen der Art des Gebrauchs durch einen anderen aufwendiger gebaut oder ausgebaut wird, als dies sonst notwendig wäre, so hat der andere dem Träger der Straßenbaulast die Mehrkosten für den Bau und die Unterhaltung zu erstatten. ²Hierfür können angemessene Vorschüsse und Sicherheiten verlangt werden. ³Der andere ist vor der Durchführung der Maßnahmen zu hören. ⁴§ 16 Abs. 3 Satz 5 gilt entsprechend.
(2) Absatz 1 findet auf Haltestellenbuchten und Wendeplätze für Kraftfahrzeuge, die der Personenbeförderung im Linienverkehr dienen, keine Anwendung.
(3) ¹Die Kosten der Absperrung und Kennzeichnung von Arbeitsstellen sowie anderer durch Arbeitsstellen auf oder neben der Straße veranlaßter Maßnahmen zur Sicherung des Straßenverkehrs trägt der Unternehmer oder der für die Arbeit Verantwortliche. ²Absatz 1 Satz 2 gilt entsprechend. ³Über die Leistungen nach Satz 1 entscheidet die Straßenbaubehörde.

§ 21 Sonstige Benutzung

(1) Die Einräumung von Rechten zu einer Benutzung von Straßen, die nicht Gemeingebrauch ist, richtet sich nach bürgerlichem Recht, wenn die Benutzung den Gemeingebrauch nicht beeinträchtigt oder der öffentlichen Versorgung oder der Abwasserbeseitigung dient; § 10 Abs. 4 bleibt unberührt.

(2) Soweit Ortsdurchfahrten nicht in der Straßenbaulast der Gemeinde stehen, hat der Träger der Straßenbaulast die Verlegung von Leitungen, die der öffentlichen Versorgung oder der Abwasserbeseitigung der Gemeinde dienen, auf Antrag der Gemeinde unentgeltlich zu gestatten, wenn die Verlegung in die in seiner Baulast stehenden Straßenteile erforderlich ist.

(3) § 20 bleibt unberührt.

4. Abschnitt
Anbau an öffentlichen Straßen und Veränderungssperre

§ 22 Anbaubeschränkungen

(1) [1]Außerhalb der zur Erschließung der anliegenden Grundstücke bestimmten Teile der Ortsdurchfahrten dürfen

1. Hochbauten jeder Art
   - a) längs der Landesstraßen in einer Entfernung bis zu 20 Meter,
   - b) längs der Kreisstraßen in einer Entfernung bis zu 15 Meter,
   - c) längs von Radschnellverbindungen in einer Entfernung bis zu fünf Meter,

   jeweils gemessen von äußeren Rand der befestigten, für den Kraftfahrzeugverkehr bestimmten Fahrbahn,

2. bauliche Anlagen, die über Zufahrten oder Zugänge an Landesstraßen oder Kreisstraßen, die im wesentlichen von Einmündungen, höhengleichen Kreuzungen und Zufahrten frei sind, unmittelbar oder mittelbar angeschlossen werden sollen,

nicht errichtet werden. [2]Die untere Verwaltungsbehörde kann im Benehmen mit der Straßenbaubehörde des Trägers der Straßenbaulast, im Falle von Landesstraßen in der Straßenbaulast des Landes mit dem Regierungspräsidium, im Einzelfall Ausnahmen von diesem Verbot zulassen, wenn die Durchführung der Vorschrift im Einzelfall zu einer offenbar nicht beabsichtigten Härte führen würde und die Abweichung mit den öffentlichen Belangen vereinbar ist oder wenn Gründe des Wohls der Allgemeinheit die Abweichung erfordern.

(2) [1]Im übrigen bedürfen Baugenehmigungen oder nach anderen Vorschriften notwendige Genehmigungen der Zustimmung der unteren Verwaltungsbehörde, die im Benehmen mit der Straßenbaubehörde des Trägers der Straßenbaulast, im Falle von Landesstraßen in der Straßenbaulast des Landes mit dem Regierungspräsidium, entscheidet, wenn außerhalb der zur Erschließung der anliegenden Grundstücke bestimmten Teile der Ortsdurchfahrten

1. bauliche Anlagen
   - a) längs der Landesstraßen in einer Entfernung bis zu 40 Meter,
   - b) längs der Kreisstraßen in einer Entfernung bis zu 30 Meter,
   - c) längs von Radschnellverbindungen in der Baulast des Landes oder eines Kreises in einer Entfernung bis zu 10 Meter

   in den Fällen der Buchstaben a und b jeweils vom äußeren Rand der befestigten, für den Kraftfahrzeugverkehr bestimmten Fahrbahn sowie im Fall des Buchstaben c vom äußeren Rand der befestigten Fahrbahn gemessen, errichtet, erheblich geändert oder anders genutzt werden sollen,

2. wegen der Errichtung oder Änderung von baulichen Anlagen ein Grundstück eine unmittelbare oder mittelbare Zufahrt zu einer Landesstraße oder Kreisstraße erhalten soll oder die Änderung einer bestehenden Zufahrt zu einer solchen Straße erforderlich würde.

[2]Die Zustimmung darf nur versagt oder mit Bedingungen und Auflagen erteilt werden, soweit dies wegen der Sicherheit oder Leichtigkeit des Verkehrs, der Ausbauabsichten oder der Straßenbaugestaltung nötig ist.

(3) Die Belange nach Absatz 2 Satz 2 sind auch zu beachten bei der Entscheidung über Baugenehmigungen oder nach anderen Vorschriften notwendigen Genehmigungen für bauliche Anlagen innerhalb der zur Erschließung der anliegenden Grundstücke bestimmten Teile der Ortsdurchfahrten längs der

Landesstraßen und der Kreisstraßen in einer Entfernung bis zu 10 m, gemessen vom äußeren Rand der befestigten, für den Kraftfahrzeugverkehr bestimmten Fahrbahn.

(4) Bedürfen bauliche Anlagen in den Fällen des Absatzes 2 weder einer Baugenehmigung noch einer Genehmigung nach anderen Vorschriften, so tritt an die Stelle der Zustimmung die Genehmigung der unteren Verwaltungsbehörde, die im Benehmen mit der Straßenbaubehörde des Trägers der Straßenbaulast, im Falle von Landesstraßen in der Straßenbaulast des Landes mit dem Regierungspräsidium, entscheidet.

(5) [1]Anlagen der Außenwerbung im Sinne von § 2 Absatz 9 der Landesbauordnung stehen außerhalb der zur Erschließung der anliegenden Grundstücke bestimmten Teile der Ortsdurchfahrten den Hochbauten des Absatzes 1 und den baulichen Anlagen des Absatzes 2 gleich. [2]An Brücken über Landesstraßen und Kreisstraßen außerhalb dieser Teile der Ortsdurchfahrten dürfen Anlagen der Außenwerbung nicht angebracht werden. [3]Anlagen der Außenwerbung im Sinne dieser Vorschrift und im Sinne von § 9 Abs. 6 des Bundesfernstraßengesetzes sind auch Werbeanlagen in Form von Anschlägen.

(6) Die Absätze 1 bis 4 gelten nicht, soweit das Bauvorhaben den Festsetzungen eines Bebauungsplans entspricht, der mindestens die Begrenzung der Verkehrsflächen sowie die an diesen gelegenen überbaubaren Grundstücksflächen enthält und unter Mitwirkung des Trägers der Straßenbaulast zustandegekommen ist oder dem der Träger der Straßenbaulast nachträglich zugestimmt hat.

(7) [1]Die Gemeinden können durch Satzung bestimmen, daß die Absätze 1 bis 6 für bestimmte Gemeindeverbindungsstraßen entsprechend anzuwenden sind und daß Zufahrten zu solchen Straßen nur mit Zustimmung der Straßenbaubehörde angelegt werden dürfen; für die Zustimmung zur Anlegung einer Zufahrt gilt § 18 Abs. 2 Nr. 2 entsprechend. [2]Die Satzung kann auch geringere Abstände festsetzen. [3]Für die Erteilung von Ausnahmen, Genehmigungen oder Zustimmungen ist die Straßenbaubehörde zuständig.

(8) [1]Als bauliche Anlagen im Sinne dieses Gesetzes gelten auch die in der Landesbauordnung den baulichen Anlagen gleichgestellten Anlagen. [2]Dies gilt nicht für Aufschüttungen und Abgrabungen bis zu einem Meter Höhenunterschied gegenüber dem Gelände.

(9) Die Absätze 1 bis 8 gelten nicht für Anlagen der öffentlichen Versorgung und der Abwasserbeseitigung, welche die Sicht nicht behindern.

§ 23 Anbaubeschränkungen bei geplanten Straßen

Bei geplanten Straßen gelten die Beschränkungen des § 22 von der Auslegung der Pläne nach § 73 Abs. 3 Satz 1 des Landesverwaltungsverfahrensgesetzes oder von dem Zeitpunkt an, zu dem den Betroffenen nach § 73 Abs. 3 Satz 2 des Landesverwaltungsverfahrensgesetzes Gelegenheit gegeben wird, den Plan einzusehen.

§ 24 Entschädigung bei Anbaubeschränkungen

(1) Wird infolge der Anwendung der Bestimmungen der §§ 22 und 23 die bauliche Nutzung eines Grundstücks, auf deren Zulassung bisher ein Rechtsanspruch bestand, ganz oder teilweise aufgehoben, so kann der Eigentümer vom Träger der Straßenbaulast insoweit eine angemessene Entschädigung in Geld verlangen, als seine Vorbereitungen zur baulichen Nutzung des Grundstücks in dem bisher zulässigen Umfang für ihn an Wert verlieren oder eine wesentliche Wertminderung des Grundstücks eintritt.

(2) Im Falle des § 23 entsteht der Anspruch nach Absatz 1 erst, wenn der Plan rechtskräftig festgestellt oder mit der Ausführung begonnen worden ist, spätestens jedoch nach Ablauf von vier Jahren.

§ 25 Freihaltung der Sicht bei Kreuzungen und Einmündungen

(1) Bauliche Anlagen jeder Art dürfen außerhalb der geschlossenen Ortslage und außerhalb eines in einem Bebauungsplan festgesetzten Baugebiets nicht errichtet oder geändert werden, wenn dadurch
1. bei höhengleichen Kreuzungen von Straßen oder bei Straßeneinmündungen,
2. bei höhengleichen Kreuzungen von Straßen mit dem öffentlichen Verkehr dienenden Schienenbahnen,

die Sicht behindert und die Verkehrssicherheit beeinträchtigt wird.

(2) Absatz 1 gilt nicht bei Kreuzungen von beschränkt öffentlichen Wegen untereinander.

(3) § 24 gilt entsprechend mit der Maßgabe, daß bei Kreuzungen und Einmündungen von Straßen verschiedener Straßengruppen die Entschädigung vom Träger der Straßenbaulast für die höher eingruppierte Straße zu leisten ist.

§ 26 Veränderungssperre

(1) [1]Von der Auslegung der Pläne im Planfeststellungsverfahren nach § 73 Abs. 3 Satz 1 des Landesverwaltungsverfahrensgesetzes oder von dem Zeitpunkt an, zu dem den Betroffenen nach § 73 Abs. 3 Satz 2 des Landesverwaltungsverfahrensgesetzes Gelegenheit gegeben wird, den Plan einzusehen, dürfen auf den vom Plan betroffenen Flächen bis zu ihrer Übernahme durch den Träger der Straßenbaulast wesentlich wertsteigernde oder den geplanten Straßenbau erheblich erschwerende Veränderungen nicht vorgenommen werden (Veränderungssperre). [2]Veränderungen, die in rechtlich zulässiger Weise vorher begonnen worden sind, Unterhaltungsarbeiten und die Fortführung einer bisher ausgeübten Nutzung werden hiervon nicht berührt.

(2) [1]Dauert die Veränderungssperre länger als vier Jahre, so können die Eigentümer für die dadurch entstehenden Vermögensnachteile vom Träger der Straßenbaulast eine angemessene Entschädigung in Geld verlangen. [2]Sie können ferner die Übernahme der vom Plan betroffenen Flächen verlangen, wenn es ihnen mit Rücksicht auf die Veränderungssperre wirtschaftlich nicht zuzumuten ist, die Grundstücke in der bisherigen oder einer anderen zulässigen Art zu nutzen. [3]Kommt keine Einigung über die Übernahme zustande, so können die Eigentümer die Entziehung des Eigentums an den Flächen verlangen. [4]Im übrigen gilt das Landesenteignungsgesetz.

(3) [1]Zur Sicherung der Planung neuer Landesstraßen und Kreisstraßen kann das Regierungspräsidium Planungsgebiete festlegen; soll sich die Planung auf mehrere Regierungsbezirke erstrecken, so ist das zuständige Regierungspräsidium vom Ministerium zu bestimmen. [2]Für Planungsgebiete gilt Absatz 1 entsprechend. [3]Die Festlegung ist auf höchstens zwei Jahre zu befristen. [4]Die Frist kann, wenn besondere Umstände es erfordern, auf höchstens vier Jahre verlängert werden. [5]Die Festlegung tritt mit Beginn der Auslegung der Pläne im Planfeststellungsverfahren nach § 73 Abs. 3 Satz 1 des Landesverwaltungsverfahrensgesetzes außer Kraft. [6]Ihre Dauer ist auf die Vierjahres-Frist nach Absatz 2 anzurechnen.

(4) [1]Die Festlegung eines Planungsgebiets ist in den Gemeinden, deren Gebiet betroffen wird, auf Kosten des Trägers der Straßenbaulast öffentlich bekanntzumachen. [2]Planungsgebiete sind außerdem in Karten kenntlich zu machen, die in den Gemeinden während der Geltungsdauer der Festlegung zur Einsicht auszulegen sind.

(5) Die höhere Straßenbaubehörde kann in den Fällen der Absätze 1 und 3 Ausnahmen von der Veränderungssperre zulassen, wenn überwiegende Belange des Straßenbaues nicht entgegenstehen.

5. Abschnitt
Schutz der öffentlichen Straßen

§ 27 Schutzwaldungen

(1) Waldungen und Gehölze längs der Straße können von der Straßenbaubehörde im Einvernehmen mit der zuständigen unteren Forstbehörde insoweit zu Schutzwaldungen erklärt werden, als dies zum Schutz der Straße vor nachteiligen Einwirkungen der Natur, wie Schneeverwehungen, Steinschlag, Vermurungen, notwendig ist.

(2) [1]Die Schutzwaldungen sind vom Nutzungsberechtigten zu erhalten und den Schutzzwecken entsprechend zu bewirtschaften. [2]Die Überwachung obliegt den unteren Forstbehörden im Benehmen mit der Straßenbaubehörde.

(3) Der Nutzungsberechtigte kann vom Träger der Straßenbaulast insoweit eine angemessene Entschädigung in Geld verlangen, als ihm durch die Verpflichtung nach Absatz 2 Satz 1 Vermögensnachteile entstehen; § 39 bleibt unberührt.

§ 28 Schutzmaßnahmen

(1) [1]Die Eigentümer und Besitzer der der Straße benachbarten Grundstücke haben die zum Schutz der Straße vor nachteiligen Einwirkungen der Natur, wie Schneeverwehungen, Steinschlag, Vermurungen, Überschwemmungen, notwendigen Vorkehrungen zu dulden. [2]Die Straßenbaubehörde hat dem Betroffenen die Durchführung der Maßnahmen mindestens zwei Wochen vorher schriftlich anzuzeigen, es sei denn, daß Gefahr im Verzuge ist. [3]Der Betroffene ist berechtigt, die Maßnahmen im Einvernehmen mit der Straßenbaubehörde selbst durchzuführen.

(2) [1]Anpflanzungen und Zäune sowie Stapel, Haufen oder andere mit dem Grundstück nicht fest verbundene Einrichtungen dürfen nicht angelegt oder unterhalten werden, wenn sie die Sicherheit oder

Leichtigkeit des Verkehrs beeinträchtigen. [2]Werden sie entgegen Satz 1 angelegt oder unterhalten, so sind sie auf schriftliches Verlangen der Straßenbaubehörde von dem nach Absatz 1 Verpflichteten binnen angemessener Frist zu beseitigen. [3]Nach Ablauf der Frist kann die Straßenbaubehörde die Anpflanzung oder Einrichtung auf Kosten des Betroffenen beseitigen oder beseitigen lassen. [4]Absatz 1 Satz 2 gilt entsprechend.

(3) [1]Dient ein der Straße benachbartes Grundstück anderen öffentlichen Zwecken, so ist in den Fällen der Absätze 1 und 2 auf seine Zweckbestimmung Rücksicht zu nehmen. [2]Die Straßenbaubehörde hat über etwa erforderliche Schutzmaßnahmen im Einvernehmen mit der für die Erhaltung der öffentlichen Zweckbestimmung des benachbarten Grundstücks zuständigen Behörde zu entscheiden; kommt das Einvernehmen nicht zustande, so entscheidet das Regierungspräsidium.

(4) [1]Der Betroffene kann in den Fällen des Absatzes 1 Satz 1 und 3 für die entstehenden Vermögensnachteile vom Träger der Straßenbaulast eine angemessene Entschädigung in Geld verlangen. [2]Das gleiche gilt, soweit Anpflanzungen entgegen den Erfordernissen einer ordnungsmäßigen Bewirtschaftung auf Grund von Absatz 2 Satz 1 nicht angelegt oder unterhalten werden dürfen und dem Betroffenen dadurch ein erheblicher Nachteil entsteht. [3]Bei Beseitigung von Einrichtungen im Sinne des Absatzes 2 Satz 1 gilt Satz 1 insoweit, als die Einrichtung beim Inkrafttreten dieses Gesetzes bereits vorhanden war oder die Voraussetzungen für ihre Beseitigung erst später infolge des Neubaues oder Umbaues einer Straße eingetreten sind. [4]§ 39 bleibt unberührt.

6. Abschnitt
Kreuzungen und Umleitungen

§ 29 Kreuzungen und Einmündungen öffentlicher Straßen
(1) [1]Kreuzungen im Sinne dieses Abschnitts sind Überschneidungen öffentlicher Straßen in gleicher Höhe sowie Überführungen und Unterführungen. [2]Einmündungen öffentlicher Straßen stehen den Kreuzungen gleich. [3]Münden mehrere Straßen an einer Stelle in eine andere Straße ein, so gelten diese Einmündungen als Kreuzung aller beteiligten Straßen.

(2) [1]Über den Bau sowie über Änderungen von Kreuzungen wird durch die Planfeststellung entschieden, wenn eine solche nach Maßgabe des § 37 durchgeführt wird. [2]Der Planfeststellungsbeschluß soll zugleich regeln, wer die Kosten für den Bau oder die Änderung der Kreuzung zu tragen und wer die Kreuzung zu unterhalten hat. [3]Die Sätze 1 und 2 gelten nicht, soweit eine Einigung unter den beteiligten Trägern der Straßenbaulast zustande gekommen ist.

(3) Ergänzungen an Kreuzungen sind wie Änderungen zu behandeln.

§ 30 Bau und Änderung von Kreuzungen
(1) [1]Beim Bau einer neuen Kreuzung hat der Träger der Straßenbaulast für die neu hinzugekommene Straße die Kosten der Kreuzung zu tragen. [2]Zu ihnen gehören auch die Kosten der Änderung, die durch die neue Kreuzung an den anderen öffentlichen Straßen unter Berücksichtigung der übersehbaren Verkehrsentwicklung notwendig sind. [3]Die Änderung einer bestehenden Kreuzung ist als neue Kreuzung zu behandeln, wenn ein öffentlicher Weg, der nach der Beschaffenheit seiner Fahrbahn nicht geeignet und nicht dazu bestimmt war, einen allgemeinen Kraftfahrzeugverkehr aufzunehmen, zu einer diesem Verkehr dienenden Straße ausgebaut wird.

(2) Werden mehrere Straßen gleichzeitig neu angelegt oder an bestehenden Kreuzungen Anschlußstellen neu geschaffen, so haben die Träger der Straßenbaulast die Kosten der Kreuzung im Verhältnis der Fahrbahnbreiten der an der Kreuzung beteiligten Straßenäste zu tragen.

(3) Wird eine höhenungleiche Kreuzung geändert, so fallen die dadurch entstehenden Kosten
1. demjenigen Träger der Straßenbaulast zur Last, der die Änderung verlangt oder hätte verlangen müssen,
2. den beteiligten Trägern der Straßenbaulast zur Last, die die Änderung verlangen oder hätten verlangen müssen, und zwar im Verhältnis der Fahrbahnbreiten der an der Kreuzung beteiligten Straßenäste nach der Änderung.

(4) [1]Wird eine höhengleiche Kreuzung geändert, so gilt für die dadurch entstehenden Kosten der Änderung Absatz 2. [2]Beträgt der durchschnittliche tägliche Verkehr mit Kraftfahrzeugen auf einem der an der Kreuzung beteiligten Straßenäste nicht mehr als 20 vom Hundert des Verkehrs auf anderen beteiligten Straßenästen, so haben die Träger der Straßenbaulast der verkehrsstärkeren Straßenäste im

Verhältnis der Fahrbahnbreiten den Anteil der Änderungskosten mitzutragen, der auf den Träger der Straßenbaulast des verkehrsschwächeren Straßenastes entfallen würde.

(5) Bei der Bemessung der Fahrbahnbreiten sind die Rad- und Gehwege, die Trennstreifen und befestigten Seitenstreifen einzubeziehen.

§ 31 Unterhaltung der Straßenkreuzungen

(1) Bei höhengleichen Kreuzungen hat der Träger der Straßenbaulast für die Straße höherer Verkehrsbedeutung (§ 3 Abs. 1) die Kreuzung zu unterhalten.

(2) Bei Über- oder Unterführungen hat der Träger der Straßenbaulast für die Straße höherer Verkehrsbedeutung das Kreuzungsbauwerk zu unterhalten; die übrigen Teile der Kreuzung hat der Träger der Straßenbaulast für die Straße, zu der sie gehören, zu unterhalten.

(3) [1]In den Fällen des § 30 Abs. 1 hat der Träger der Straßenbaulast der neu hinzukommenden Straße dem Träger der Straßenbaulast der vorhandenen Straße die Mehrkosten für die Unterhaltung zu erstatten, die ihm durch die Regelung nach den Absätzen 1 und 2 entstehen. [2]Die Mehrkosten sind auf Verlangen eines Beteiligten abzulösen.

(4) Bei Kreuzungen von Straßen der gleichen Straßengruppe, die in der Baulast verschiedener Träger stehen, hat jeder Träger der Straßenbaulast diejenigen Teile der Kreuzung zu unterhalten, die zu der in seiner Baulast stehenden Straße gehören.

(5) Die Unterhaltung umfaßt die Wiederherstellung und die Erneuerung einer Kreuzung.

(6) Im Falle der Änderung, der Wiederherstellung sowie der Erneuerung einer Kreuzung werden Ausgleichsansprüche über die Kosten der Unterhaltung zwischen den beteiligten Trägern der Straßenbaulast nicht begründet.

(7) Abweichende Vereinbarungen sind zulässig.

§ 32 Kreuzungen mit Gewässern

(1) [1]Werden Straßen neu angelegt oder ausgebaut und müssen dazu Kreuzungen mit Gewässern (Brücken oder Unterführungen) hergestellt oder bestehende Kreuzungen geändert werden, so hat der Träger der Straßenbaulast die dadurch entstehenden Kosten zu tragen. [2]Die Kreuzungsanlagen sind so auszuführen, daß unter Berücksichtigung der übersehbaren Entwicklung der wasserwirtschaftlichen Verhältnisse der Wasserabfluß nicht nachteilig beeinflußt wird.

(2) [1]Werden Gewässer ausgebaut (§ 67 des Wasserhaushaltsgesetzes) und werden dazu Kreuzungen mit Straßen hergestellt oder bestehende Kreuzungen geändert, so hat der Träger des Ausbauvorhabens die dadurch entstehenden Kosten zu tragen. [2]Wird eine neue Kreuzung erforderlich, weil ein Gewässer hergestellt wird, so ist die übersehbare Verkehrsentwicklung auf der Straße zu berücksichtigen. [3]Wird die Herstellung oder Änderung einer Kreuzung erforderlich, weil das Gewässer wesentlich umgestaltet wird, so sind die gegenwärtigen Verkehrsbedürfnisse zu berücksichtigen. [4]Verlangt der Träger der Straßenbaulast weitergehende Änderungen, so hat er die Mehrkosten hierfür zu tragen.

(3) Wird eine Straße neu angelegt und wird gleichzeitig ein Gewässer hergestellt oder aus anderen als straßenbaulichen Gründen wesentlich umgestaltet, so daß eine Kreuzung entsteht, so haben der Träger der Straßenbaulast und der Unternehmer des Gewässerausbaus die Kosten der Kreuzung je zur Hälfte zu tragen.

(4) Werden eine Straße und ein Gewässer gleichzeitig ausgebaut und wird infolgedessen eine bestehende Kreuzungsanlage geändert oder durch einen Neubau ersetzt, so haben der Träger des Gewässerausbaus und der Träger der Straßenbaulast die dadurch entstehenden Kosten für die Kreuzungsanlage in dem Verhältnis zu tragen, in dem die Kosten bei getrennter Durchführung der Maßnahme zueinander stehen würden.

(5) Kommt über die Kreuzungsmaßnahme oder ihre Kosten keine Einigung zustande, so ist darüber durch Planfeststellung zu entscheiden.

§ 33 Unterhaltung der Kreuzungen mit Gewässern

(1) [1]Der Träger der Straßenbaulast hat die Kreuzungsanlage von Straßen und Gewässern auf seine Kosten zu unterhalten, soweit nichts anderes vereinbart oder durch Planfeststellung bestimmt wird. [2]Die Unterhaltungspflicht des Trägers der Straßenbaulast erstreckt sich nicht auf Leitwerke, Leitpfähle, Dalben, Absetzpfähle oder ähnliche Einrichtungen zur Sicherung der Durchfahrt unter Brücken im Zuge von Straßen für die Schiffahrt sowie auf Schiffahrtszeichen. [3]Soweit diese Einrichtungen auf

Kosten des Trägers der Straßenbaulast herzustellen waren, hat dieser dem Unterhaltungspflichtigen die Unterhaltungskosten und die Kosten des Betriebs dieser Einrichtungen zu ersetzen oder abzulösen.

(2) [1]Wird im Falle des § 32 Abs. 2 eine neue Kreuzung hergestellt, so hat der Träger des Ausbauvorhabens die Mehrkosten für die Unterhaltung und den Betrieb der Kreuzungsanlage zu erstatten oder abzulösen. [2]Ersparte Unterhaltungskosten für den Fortfall vorhandener Kreuzungsanlagen sind anzurechnen.

(3) Die Absätze 1 und 2 gelten nicht, wenn am 1. Juli 1987 die Tragung der Kosten auf Grund eines bestehenden Rechts anders geregelt ist.

§ 34 Verordnungsermächtigung

(1) Das Ministerium kann durch Rechtsverordnung näher bestimmen

1. den Umfang der Kosten nach §§ 30 und 32;
2. welche Straßenanlagen zur Kreuzungsanlage und welche Teile einer Kreuzung nach § 31 Abs. 2 und 3 zu der einen oder der anderen Straße gehören;
3. welche Anlagen einer Straße oder eines Gewässers zur Kreuzungsanlage nach § 32 gehören;
4. die Berechnung und die Zahlung von Ablösebeträgen nach § 31 Abs. 3 und nach § 33 Abs. 2.

(2) Rechtsverordnungen nach Absatz 1 ergehen im Einvernehmen mit dem Umweltministerium, soweit sie Kreuzungen mit Gewässern betreffen.

§ 35 Umleitungen

(1) [1]Bei vorübergehenden Verkehrsbeschränkungen auf einer Straße nach Maßgabe des § 14 Abs. 1 sind die Träger der Straßenbaulast anderer öffentlicher Straßen verpflichtet, die Umleitung des Verkehrs auf ihre Straßen zu dulden und die zur Aufnahme des zusätzlichen Verkehrs erforderlichen Maßnahmen zu treffen. [2]Der Träger der Straßenbaulast für die Umleitungsstrecke kann jedoch verlangen, daß der andere Träger der Straßenbaulast die erforderlichen Maßnahmen für ihn durchführt.

(2) [1]Vor Anordnung der Verkehrsbeschränkung hat die Straßenbaubehörde die Straßenverkehrsbehörde und den Träger der Straßenbaulast für die Umleitungsstrecke zu hören. [2]Dabei ist festzustellen, welche Maßnahmen notwendig sind, um die Umleitungsstrecke für die Aufnahme des zusätzlichen Verkehrs verkehrssicher zu machen. [3]Die notwendigen Mehraufwendungen sind dem Träger der Straßenbaulast für die Umleitungsstrecke zu erstatten. [4]Das gleiche gilt für Aufwendungen, die dieser zur Beseitigung wesentlicher durch die Umleitung verursachter Schäden an der Umleitungsstrecke machen muß.

(3) [1]Muß der Verkehr ganz oder teilweise über private Wege umgeleitet werden, die dem öffentlichen Verkehr dienen, so ist der Eigentümer zur Duldung der Umleitung auf schriftliche Anforderung durch die Straßenbaubehörde verpflichtet. [2]Absatz 2 gilt entsprechend mit der Maßgabe, daß der Träger der Straßenbaulast auf Antrag des Eigentümers an Stelle eines Ersatzes der in Satz 4 genannten Aufwendungen den früheren Zustand des Weges wiederherzustellen hat.

(4) Die Absätze 1 bis 3 gelten entsprechend, wenn eine neue Landesstraße oder Kreisstraße vorübergehend über andere dem öffentlichen Verkehr dienende Straßen oder Wege an das Straßennetz angeschlossen werden soll.

7. Abschnitt
Planung, Planfeststellung, Plangenehmigung, Enteignung und Vorzeitige Besitzeinweisung

§ 36 Planung

[1]Von örtlichen und überörtlichen Planungen, die den Bau oder die Änderung von Straßen zur Folge haben können, sind die Straßenbaubehörden von den Planungsträgern rechtzeitig zu unterrichten. [2]Von Straßenplanungen, die die Änderung von Bauleitplänen zur Folge haben können, sind die für die Bauleitplanung zuständigen Planungsträger von den Straßenbaubehörden rechtzeitig zu unterrichten. [3]Von allen die Raumordnung des Landes beeinflussenden Straßenplanungen ist die höhere Raumordnungsbehörde von den Straßenbaubehörden rechtzeitig zu unterrichten. [4]Weitergehende Rechtsvorschriften bleiben unberührt.

§ 37 Planfeststellung und Plangenehmigung

(1) [1]Landesstraßen dürfen nur gebaut oder geändert werden, wenn der Plan vorher festgestellt ist. [2]Für den Bau oder die Änderung von anderen Straßen und Wegen kann auf Antrag des Trägers der Straßen-

baulast ein Planfeststellungsverfahren durchgeführt werden; dies gilt nicht, soweit ein beschränkt öffentlicher Weg in ein Flurbereinigungsverfahren einbezogen ist.

(2) *[aufgehoben]*

(3) [1]Bebauungspläne nach § 9 des Baugesetzbuches (BauGB) ersetzen die Planfeststellung nach Absatz 1. [2]Wird eine Ergänzung notwendig oder soll von Festsetzungen des Bebauungsplans abgewichen werden, ist die Planfeststellung insoweit zusätzlich durchzuführen. [3]In diesen Fällen gelten die §§ 40 und 43 Abs. 1, 2, 4 und 5 sowie § 44 Abs. 1 bis 4 BauGB.

(4) [1]Soweit nach dem Umweltverwaltungsgesetz (UVwG) für den Bau oder die Änderung einer Landes-, Kreis- oder Gemeindestraße eine Umweltverträglichkeitsprüfung (UVP) durchzuführen ist, ist ein Planfeststellungsverfahren durchzuführen; Absatz 3 gilt entsprechend. [2]Die Aufgaben nach § 5 des Gesetzes über die Umweltverträglichkeitsprüfung, auch in Verbindung mit § 7 Absatz 3 UVwG, obliegen der Behörde, die im Falle einer UVP-Pflicht das Zulassungsverfahren nach Satz 1 durchführen würde.

(5) Die von dem Vorhaben berührten öffentlichen und privaten Belange einschließlich des Ergebnisses einer Umweltverträglichkeitsprüfung sind im Rahmen der Abwägung zu berücksichtigen.

(6) Auch wenn für Gemeindeverbindungsstraßen und Kreisstraßen, die nicht UVP-pflichtig sind, von einem Planfeststellungsverfahren nach Absatz 1 Satz 2 abgesehen wird, soll der Träger der Straßenbaulast, soweit erforderlich, landschaftspflegerische Begleitmaßnahmen durchführen.

(7) In der Planfeststellung kann im Rahmen der Gesamtplanung zugleich auch über den Bau, die Änderung oder den Wegfall anderer öffentlicher Straßen entschieden werden.

(8) [1]Anhörungsbehörde, Planfeststellungsbehörde, Plangenehmigungsbehörde und zuständige Behörde für die Entscheidung nach § 74 Abs. 7 LVwVfG ist das Regierungspräsidium. [2]Soll sich der Plan auf mehrere Regierungsbezirke erstrecken, so wird das zuständige Regierungspräsidium von der obersten Straßenbaubehörde bestimmt.

(9) [1]Im Planfeststellungsverfahren sind Einwendungen gegen den Plan nach Ablauf der Einwendungsfrist ausgeschlossen. [2]Hierauf ist in der Bekanntmachung der Auslegung oder bei der Bekanntgabe der Einwendungsfrist hinzuweisen.

§ 38 Planfeststellungsbeschluß

(1) [1]Der Planfeststellungsbeschluß ist dem Träger der Straßenbaulast, den Beteiligten, über deren Einwendungen entschieden worden ist und den Vereinigungen, über deren Stellungnahmen entschieden worden ist, zuzustellen. [2]Im Übrigen bleiben § 74 Abs. 4 LVwVfG sowie die Verfahrensvorschriften über die Bekanntmachung und Auslegung nach dem Umweltverwaltungsgesetz unberührt.

(2) [1]Wird mit der Durchführung des Plans nicht innerhalb von acht Jahren nach Eintritt der Unanfechtbarkeit begonnen, so tritt er außer Kraft, es sei denn, er wird vorher auf Antrag des Trägers der Straßenbaulast von der Planfeststellungsbehörde um höchstens fünf Jahre verlängert. [2]Vor der Entscheidung ist eine auf den Antrag begrenzte Anhörung nach dem für die Planfeststellung vorgeschriebenen Verfahren durchzuführen. [3]Für die Zustellung und Auslegung sowie die Anfechtung der Entscheidung über die Verlängerung sind die Bestimmungen über den Planfeststellungsbeschluß entsprechend anzuwenden.

§ 39 Planfeststellung für Schutzmaßnahmen

[1]Werden wegen Veränderungen auf Grundstücken, die der Straße benachbart sind, Anlagen oder Vorkehrungen zur Sicherheit des Verkehrs notwendig, so kann ein Planfeststellungsverfahren durchgeführt werden. [2]Der Träger der Straßenbaulast kann durch Beschluß der Planfeststellungsbehörde zur Durchführung der erforderlichen Maßnahmen verpflichtet werden. [3]Die entstehenden Kosten sind im Planfeststellungsbeschluß den Eigentümern der benachbarten Grundstücke aufzuerlegen, es sei denn, daß die Änderungen durch natürliche Ereignisse oder höhere Gewalt verursacht worden sind. [4]Die Eigentümer können die erforderlichen Maßnahmen im Einvernehmen mit dem Träger der Straßenbaulast auch selbst durchführen.

§ 40 Enteignung

[1]Die Enteignung zugunsten eines Trägers der Straßenbaulast ist zulässig, wenn für das Vorhaben ein Plan gemäß § 37 festgestellt oder genehmigt und dieser vollziehbar ist. [2]Zur Durchführung des Verfahrens über die Höhe der Entschädigung nach § 27 Abs. 3 des Landesenteignungsgesetzes ist die Planfeststellung oder die Plangenehmigung nicht erforderlich.

§ 40a Vorzeitige Besitzeinweisung

(1) [1]Ist der sofortige Beginn von Bauarbeiten geboten und weigert sich der Eigentümer oder Besitzer, den Besitz eines für die Straßenbaumaßnahme benötigten Grundstücks durch Vereinbarung unter Vorbehalt aller Entschädigungsansprüche zu überlassen, so hat die Enteignungsbehörde den Träger der Straßenbaulast auf Antrag nach Feststellung des Planes oder Erteilung der Plangenehmigung in den Besitz einzuweisen. [2]Der Planfeststellungsbeschluß oder die Plangenehmigung müssen vollziehbar sein; weiterer Voraussetzungen bedarf es nicht.

(2) [1]Die Enteignungsbehörde hat spätestens sechs Wochen nach Eingang des Antrages auf Besitzeinweisung mit den Beteiligten mündlich zu verhandeln. [2]Hierzu sind der Träger der Straßenbaulast und die Betroffenen zu laden. [3]Dabei ist den Betroffenen der Antrag auf Besitzeinweisung mitzuteilen. [4]Die Ladungsfrist beträgt drei Wochen. [5]Mit der Ladung sind die Betroffenen aufzufordern, etwaige Einwendungen gegen den Antrag vor der mündlichen Verhandlung bei der Enteignungsbehörde einzureichen. [6]Sie sind außerdem darauf hinzuweisen, daß auch bei Nichterscheinen über den Antrag auf Besitzeinweisung und andere im Verfahren zu erledigende Anträge entschieden werden kann.

(3) [1]Soweit der Zustand des Grundstücks von Bedeutung ist, hat die Enteignungsbehörde diesen bis zum Beginn der mündlichen Verhandlung in einer Niederschrift festzustellen oder durch einen Sachverständigen ermitteln zu lassen. [2]Den Beteiligten ist eine Abschrift der Niederschrift oder des Ermittlungsergebnisses zu übersenden.

(4) [1]Der Beschluß über die Besitzeinweisung soll dem Antragsteller und den Betroffenen spätestens zwei Wochen nach der mündlichen Verhandlung zugestellt werden. [2]Die Besitzeinweisung wird in dem von der Enteignungsbehörde bezeichneten Zeitpunkt wirksam. [3]Dieser Zeitpunkt ist auf Antrag auf höchstens zwei Wochen nach Zustellung der Anordnung über die vorzeitige Besitzeinweisung an den unmittelbaren Besitzer festzusetzen. [4]Durch die Besitzeinweisung wird dem Besitzer der Besitz entzogen und der Träger der Straßenbaulast Besitzer. [5]Der Träger der Straßenbaulast darf auf dem Grundstück das im Antrag auf Besitzeinweisung bezeichnete Bauvorhaben durchführen und die dafür erforderlichen Maßnahmen treffen.

(5) [1]Der Träger der Straßenbaulast hat für die durch die vorzeitige Besitzeinweisung entstehenden Vermögensnachteile Entschädigung zu leisten, soweit die Nachteile nicht durch die Verzinsung der Geldentschädigung für die Entziehung oder Beschränkung des Eigentums oder eines anderen Rechts ausgeglichen werden. [2]Art und Höhe der Entschädigung sind von der Enteignungsbehörde in einem Beschluß festzusetzen.

8. Abschnitt
Beleuchtung und Reinhaltung der öffentlichen Straßen

§ 41 Beleuchtungs-, Reinigungs-, Räum- und Streupflicht

(1) [1]Den Gemeinden obliegt es im Rahmen des Zumutbaren als öffentlich-rechtliche Pflicht, Straßen innerhalb der geschlossenen Ortslage einschließlich der Ortsdurchfahrten zu beleuchten, zu reinigen, bei Schneeanhäufungen zu räumen sowie bei Schnee- oder Eisglätte zu bestreuen, soweit dies aus polizeilichen Gründen geboten ist; dies gilt auch für Ortsdurchfahrten im Zuge von Bundesstraßen. [2]Dabei ist der Einsatz von Auftausalzen und anderen Mitteln, die sich umweltschädlich auswirken können, so gering wie möglich zu halten. [3]Soweit Ortsdurchfahrten nicht in der Straßenbaulast der Gemeinden stehen, unterstützen die Träger der Straßenbaulast die Gemeinden nach besten Kräften bei der Erfüllung der sich aus Satz 1 ergebenden Verpflichtungen zur Schneeräumung und zum Bestreuen; Kosten werden von den Gemeinden nicht erhoben.

(2) [1]Die Verpflichtungen nach Absatz 1, ausgenommen die Verpflichtung zur Beleuchtung, können für Gehwege durch Satzung den Straßenanliegern ganz oder teilweise auferlegt werden. [2]Dasselbe gilt für

1.   entsprechende Flächen am Rande der Fahrbahn, falls Gehwege auf keiner Straßenseite vorhanden sind,
2.   entsprechende, in der Satzung bestimmte Flächen von Fußgängerbereichen oder verkehrsberuhigten Bereichen,
3.   gemeinsame Rad- und Gehwege,
4.   Friedhof-, Kirch- und Schulwege sowie Wander- und sonstige Fußwege.

[3]Ist nur auf einer Straßenseite ein Gehweg vorhanden, kann durch Satzung auch dem Anlieger der gegenüberliegenden Straßenseite teilweise die Verpflichtung nach Satz 1 auferlegt werden.

(3) [1]Absatz 2 gilt nicht für die Eigentümer des Bettes öffentlicher Gewässer. [2]Für die Unternehmer von Eisenbahnen des öffentlichen Verkehrs und von Straßenbahnen gilt Absatz 2 nur insoweit, als auf den ihren Zwecken dienenden Grundstücken Gebäude stehen, die einen unmittelbaren Zugang zu der Straße haben, oder es sich um Grundstücke handelt, die nicht unmittelbar dem öffentlichen Verkehr dienen.

(4) In der Satzung nach Absatz 2 kann die Verwendung von Auftausalzen und anderen Mitteln, die sich umweltschädlich auswirken können, eingeschränkt oder ausgeschlossen werden.

(5) [1]Wenn die Gemeinde die ihr nach Absatz 1 obliegenden Verpflichtungen, ausgenommen die Verpflichtung zur Beleuchtung, selbst erfüllt, kann sie von den Straßenanliegern insoweit Gebühren erheben, als sie nach Absatz 2 berechtigt ist, ihre Verpflichtungen den Straßenanliegern aufzuerlegen. [2]Für diese Gebühren gelten die Vorschriften über die Benutzungsgebühren entsprechend.

(6) Als Straßenanlieger im Sinne der Absätze 2, 3 und 5 gelten auch die Eigentümer und Besitzer solcher Grundstücke, die von der Straße durch eine im Eigentum der Gemeinde oder des Trägers der Straßenbaulast stehende unbebaute Fläche getrennt sind, wenn der Abstand zwischen Grundstücksgrenze und Straße nicht mehr als 10 Meter, bei besonders breiten Straßen nicht mehr als die Hälfte der Straßenbreite beträgt.

§ 42 Beseitigung von Verunreinigungen und Gegenständen

[1]Wer eine Straße über das übliche Maß hinaus verunreinigt, hat die Verunreinigung ohne Aufforderung unverzüglich zu beseitigen. [2]Werden entgegen dieser Bestimmung oder entgegen den Vorschriften der Straßenverkehrsordnung Gegenstände oder Verunreinigungen von dem hierfür Verantwortlichen nicht unverzüglich beseitigt oder ist dieser zu einer alsbaldigen Beseitigung nicht in der Lage, so kann die Straßenbaubehörde, in den Ortsdurchfahrten die Gemeinde, die Gegenstände auf Kosten des Verantwortlichen beseitigen oder beseitigen lassen.

Zweiter Teil
Träger der Straßenbaulast

§ 43 Träger der Straßenbaulast für Landesstraßen und Kreisstraßen

(1) Träger der Straßenbaulast für die Landesstraßen ist das Land.

(2) Träger der Straßenbaulast für die Kreisstraßen sind die Landkreise und die Stadtkreise.

(3) [1]Die Gemeinden mit mehr als 30 000 Einwohnern sind Träger der Straßenbaulast für Ortsdurchfahrten im Zuge von Landesstraßen und Kreisstraßen. [2]Maßgebend ist die bei der jeweils letzten Volkszählung festgestellte Einwohnerzahl. [3]Die Straßenbaulast geht mit Beginn des dritten Rechnungsjahres nach dem Jahr, in dem die Volkszählung stattgefunden hat, auf den neuen Träger über.

(4) Die übrigen Gemeinden sind Träger der Straßenbaulast für Gehwege und Parkplätze in den Ortsdurchfahrten.

(5) [1]Richtet eine Gemeinde eine Abwasseranlage ein, die auch das in einer Ortsdurchfahrt auf der Fahrbahn anfallende Oberflächenwasser aufnimmt, so hat sich der Träger der Straßenbaulast an den Kosten der Herstellung und einer Erneuerung zu beteiligen; für die Inanspruchnahme der Abwasseranlage sind Gebühren nicht zu erheben. [2]Die Beteiligung bemißt sich nach den Kosten, die dem Träger der Straßenbaulast entstehen würden, wenn er eine eigene Anlage zur Entwässerung der Fahrbahn herstellen oder erneuern würde.

§ 44 Träger der Straßenbaulast für Gemeindestraßen

Träger der Straßenbaulast für die Gemeindestraßen sind die Gemeinden.

§ 45 Straßenbaulast Dritter

(1) [1]Die Straßenbaulast kann abweichend von § 43 Abs. 1 bis 4 und § 44 durch öffentlich-rechtlichen Vertrag einem anderen übertragen werden. [2]§ 43 Abs. 1 bis 4 und § 44 gelten ferner nicht, soweit die Straßenbaulast nach anderen gesetzlichen Vorschriften oder auf Grund von bei Inkrafttreten dieses Gesetzes bestehenden öffentlich-rechtlichen Verpflichtungen einem anderen Träger obliegt oder sie durch Verwaltungsakt einem anderen Träger auferlegt wird.

(2) Bürgerlich-rechtliche Verpflichtungen Dritter zur Erfüllung von Aufgaben, die sich aus der Straßenbaulast ergeben, lassen die Straßenbaulast als solche unberührt.

(3) [1]Der in § 43 Abs. 1 bis 4 und § 44 bestimmte Träger der Straßenbaulast ist bei gegenwärtiger erheblicher Gefahr für die Verkehrssicherheit auch in den Fällen des Absatzes 1 berechtigt und verpflichtet, auf Kosten des Dritten alle zur Abwendung der Gefahr erforderlichen Maßnahmen zu treffen; dies gilt nicht, wenn die Straßenbaulast auf eine der in § 43 Abs. 1 bis 4 und § 44 genannten Körperschaften oder auf einen Zweckverband übertragen wird. [2]Der Dritte ist tunlichst vorher zu verständigen.

§ 46 Übertragung der Straßenbaulast bei Leistungsunfähigkeit
Erweist sich in den Fällen des § 45 Abs. 1 der andere zur Erfüllung der ihm aus der Straßenbaulast erwachsenden Verpflichtungen auf die Dauer außerstande, so kann die Straßenaufsichtsbehörde, bei Landesstraßen das Regierungspräsidium, die Straßenbaulast entsprechend der Eingruppierung der Straße auf das Land, den Landkreis oder die Gemeinde übertragen, wenn dies aus Gründen des Wohls der Allgemeinheit geboten ist.

§ 47 Unterhaltung der Gehwege an Ortsstraßen und Ortsdurchfahrten
Die Gemeinden können die Unterhaltung von Gehwegen an Ortsstraßen und Ortsdurchfahrten einschließlich der Ortsdurchfahrten im Zuge von Bundesstraßen durch Satzung den Eigentümern oder Erbbauberechtigten der durch die Straße erschlossenen bebauten, bebaubaren oder gewerblich genutzten Grundstücke auferlegen oder von diesen zur Deckung des Aufwands für die Unterhaltung der Gehwege Beiträge erheben; dies gilt nicht, soweit Gehwege zum Parken benutzt werden dürfen.

Dritter Teil
Aufsicht und Zuständigkeiten

1. Abschnitt
Straßenaufsicht und Straßenbaubehörden

§ 48 Straßenaufsicht
(1) Die Erfüllung der den Trägern der Straßenbaulast obliegenden Aufgaben aus der Straßenbaulast wird, soweit diese nicht dem Land obliegt, durch die Straßenaufsicht überwacht.

(2) [1]Die Landkreise, die Gemeinden und die Zweckverbände unterliegen nur der Rechtsaufsicht. [2]Dies gilt auch, wenn die Straßenbaulast durch öffentlich-rechtlichen Vertrag nach § 45 Abs. 1 übernommen wird.

(3) [1]Ist ein anderer als das Land oder eine der in Absatz 2 genannten Körperschaften Träger der Straßenbaulast, so ist er bei der Wahrnehmung der sich aus der Straßenbaulast ergebenden Aufgaben in vollem Umfang an die Weisungen der Straßenaufsichtsbehörde gebunden. [2]Kommt er diesen Weisungen innerhalb einer ihm gesetzten angemessenen Frist nicht nach, so kann die Straßenaufsichtsbehörde die notwendigen Maßnahmen auf seine Kosten treffen oder treffen lassen.

§ 49 Straßenaufsichtsbehörden
(1) Straßenaufsichtsbehörden für die Landkreise, die Gemeinden und die Zweckverbände sind die Rechtsaufsichtsbehörden.

(2) Ist ein anderer als das Land oder eine der in Absatz 1 genannten Körperschaften Träger der Straßenbaulast, so sind Straßenaufsichtsbehörden bei Landesstraßen, bei Kreisstraßen und bei Gemeindestraßen in den Stadtkreisen und Großen Kreisstädten die Regierungspräsidien, bei Gemeindestraßen in den übrigen Gemeinden die Landratsämter als untere Verwaltungsbehörden.

§ 50 Straßenbaubehörden
(1) Oberste Straßenbaubehörde ist das Ministerium, für die öffentlichen Feld- und Waldwege das Ministerium für Ländlichen Raum und Verbraucherschutz.

(2) Höhere Straßenbaubehörden sind die Regierungspräsidien.

(3) Straßenbaubehörden sind
1.   für die Landesstraßen
    a)   die Regierungspräsidien und die unteren Verwaltungsbehörden nach Maßgabe des § 51, soweit dem Land die Straßenbaulast obliegt,
    b)   die Gemeinden, soweit den Gemeinden die Straßenbaulast obliegt;

2. für die Kreisstraßen
    a) die Landratsämter, soweit den Landkreisen die Straßenbaulast obliegt,
    b) die Gemeinden, soweit den Gemeinden die Straßenbaulast obliegt;
3. für die Gemeindestraßen die Gemeinden.

(4) Ist ein anderer als das Land, ein Landkreis oder eine Gemeinde Träger der Straßenbaulast, so werden die Aufgaben der Straßenbaubehörde von der Straßenaufsichtsbehörde und, sofern Träger der Straßenbaulast einer Körperschaft, Anstalt oder Stiftung des öffentlichen Rechts ist, von dieser wahrgenommen; § 5 Abs. 2 Satz 2 und § 7 Abs. 2 Satz 2 bleiben unberührt.

(5) ¹Durch Staatsvertrag oder Verwaltungsvereinbarung können der Bau, die Unterhaltung, der Winterdienst, die Verkehrssicherung oder die Verwaltung einzelner Abschnitte von Landes-, Kreis- und Gemeindestraßen auf eine Straßenbaubehörde eines anderen Landes übertragen oder in einem anderen Land von einer Straßenbaubehörde nach Absatz 3 übernommen werden, wenn dies im Interesse einer einheitlichen oder wirtschaftlichen Durchführung nahe der Landesgrenze geboten ist. ²Eine Verwaltungsvereinbarung wird, wenn das Land Träger der Straßenbaulast ist, von der obersten Straßenbaubehörde oder der von ihr bestimmten Behörde abgeschlossen.

§ 51 Zuständigkeiten der Straßenbaubehörden für Landesstraßen in der Straßenbaulast des Landes, Finanzierung des Straßenbetriebs

(1) Die Regierungspräsidien sind als Straßenbaubehörden nach § 50 Abs. 3 Nr. 1 Buchst. a zuständig für
1. Bau und bauliche Änderung oder Ergänzung,
2. Unterhaltung durch Instandsetzung oder Erneuerung (Erhaltung) der Straßen und ihrer Bestandteile, soweit in Absatz 2 Nr. 2 bis 4 nichts anderes bestimmt ist.

(2) Die unteren Verwaltungsbehörden sind als Straßenbaubehörden nach § 50 Abs. 3 Nr. 1 Buchst. a zuständig für
1. betriebliche Unterhaltung der Straßen und ihrer Bestandteile einschließlich Wartung, Reinigung, Grünpflege und betriebstechnische Überwachung,
1.a) Unterhaltung von Maßnahmen nach den §§ 15 Absatz 4, 30 Absatz 3, 34 Absatz 5, 44 Absatz 5 Satz 2 und 45 Absatz 7 Satz 2 des Bundesnaturschutzgesetzes (BNatSchG) sowie von Maßnahmen nach § 15 Absatz 1 BNatSchG in Verbindung mit § 15 Absatz 3 des Naturschutzgesetzes,
2. bauliche Unterhaltung der Straßen und ihrer Bestandteile durch Beseitigung örtlich begrenzter Abnutzungen oder Schäden, im Falle von Straßendecken durch kleinflächige Instandsetzungsmaßnahmen, im Interesse der Benutzbarkeit, Funktionsfähigkeit oder Substanzerhaltung,
3. Anbringung, Erneuerung oder Entfernung des Zubehörs an bestehenden Straßen mit Ausnahme des Zubehörs, dessen Herstellung oder Änderung durch Baumaßnahmen am Straßenkörper veranlasst ist, sowie mit Ausnahme der Tunnelbetriebseinrichtungen, Fernwirkanlagen, Streckenund Netzbeeinflussungsanlagen,
4. Werden Verkehrszeichen oder Verkehrseinrichtungen für eine Veranstaltung nach § 29 Absatz 2 der Straßenverkehrs-Ordnung (StVO) durch die Straßenverkehrsbehörde angeordnet, kann die untere Straßenbaubehörde abweichend von Absatz 2 Nummer 3 der Gemeinde, in der die Veranstaltung stattfindet, mit deren Einverständnis die Zuständigkeit für die Beschaffung, Anbringung, Unterhaltung und Entfernung sowie für den Betrieb der Verkehrszeichen und Verkehrseinrichtungen im Sinne des § 45 Absatz 5 Satz 1 StVO übertragen.
5. a) Beschaffung und Unterbringung von Fahrzeugen, Maschinen und Geräten, sowie Unterbringung des Personals und aller Materialien, soweit sie zur Erfüllung der Aufgaben nach diesem Absatz erforderlich sind; die Stadt- und Landkreise tragen die Kosten, die pauschal über den Finanzausgleich abgegolten werden,
    b) Betrieb und Reparatur der Fahrzeuge, Maschinen und Geräte.
6. Winterdienst nach § 9 Abs. 3 und Aufgaben nach § 41 Abs. 1 Satz 3,
7. Erfüllung der Verkehrssicherungspflicht und der verkehrssichernden Aufgaben nach § 9 Abs. 2 sowie Durchführung verkehrssichernder Maßnahmen auf den der Straße benachbarten Grundstücken, sofern der Straßenbaulastträger verpflichtet ist; ausgenommen ist die Verkehrssicherung für die Durchführung von Straßenbaumaßnahmen nach Absatz 1 durch die Regierungspräsidien.

(3) Die Zuständigkeiten nach den Absätzen 1 und 2 umfassen jeweils auch

1. die zur Erfüllung der Aufgaben notwendigen Vorbereitungs-, Planungs-, Ermittlungs-, Kontroll- und Grunderwerbsmaßnahmen, Baustoff- und Bodenuntersuchungen und die Bearbeitung von Straßendaten sowie die Beschaffung der notwendigen Materialien mit der Maßgabe, dass die Regierungspräsidien
   a) für die Entscheidung über die von den unteren Verwaltungsbehörden durchzuführenden Verkehrszählungen und Straßendatenerfassungen,
   b) bei der Kontrolle der Bauwerke an Straßen für die Bauwerksprüfung und die unteren Verwaltungsbehörden für die Bauwerksüberwachung,
   c) für Anordnungen nach § 45 Abs. 2 der Straßenverkehrs-Ordnung im Zusammenhang mit Straßenbaumaßnahmen nach Absatz 1, im Übrigen die unteren Verwaltungsbehörden
   zuständig sind,
2. die auf Grund einer Vereinbarung nach § 50 Abs. 5 der Straßenbaubehörde für Landesstraßen in der Straßenbaulast des Landes übertragenen Aufgaben.
   Für Aufgaben nach diesem Gesetz, die dem Land als Träger der Straßenbaulast oder den Straßenbaubehörden für Landesstraßen in der Straßenbaulast des Landes obliegen, sind, soweit nichts anderes bestimmt ist,
   a) die unteren Verwaltungsbehörden nach §§ 16 bis 19 Abs. 1, §§ 27, 28, 42 und 53c, nach § 21 mit Ausnahme der vom Ministerium abzuschließenden Rahmenverträge mit Ver- oder Entsorgungsunternehmen sowie nach § 14 Abs. 1 mit Ausnahme von Anordnungen im Zusammenhang mit Straßenbaumaßnahmen nach Absatz 1,
   b) im Übrigen die Regierungspräsidien
   zuständig.

(4) [1]Das Regierungspräsidium kann einer unteren Verwaltungsbehörde Zuständigkeiten nach den Absätzen 2 und 3 für Streckenabschnitte von Landesstraßen in der Straßenbaulast des Landes in einem benachbarten Bezirk übertragen, soweit dies aus Gründen der Wirtschaftlichkeit, des Betriebsablaufs oder im Interesse der Verkehrssicherheit geboten ist. [2]Sofern die Grenze eines Regierungsbezirks überschritten wird, entscheidet das Ministerium, das insoweit eine einheitliche höhere Straßenbaubehörde bestimmen kann. [3]Die Entscheidung über die Zuständigkeit der unteren Verwaltungsbehörde ergeht jeweils im Einvernehmen mit den beteiligten unteren Verwaltungsbehörden.

(5) [1]Das Regierungspräsidium kann für Maßnahmen in der Zuständigkeit mehrerer Straßenbaubehörden, die wegen Überschneidungen, zur Verringerung von Verkehrsbeeinträchtigungen oder aus wirtschaftlichen Gründen als einheitliche Maßnahme, die auch Bezirksgrenzen überschreiten kann, durchzuführen sind, seine oder die Zuständigkeit einer unteren Verwaltungsbehörde für die Gesamtmaßnahme bestimmen. [2]Sofern sich die Gesamtmaßnahme über mehrere Regierungsbezirke erstreckt, entscheidet das Ministerium. [3]Die Entscheidung ergeht im Einvernehmen mit den beteiligten unteren Verwaltungsbehörden.

(6) [1]Das Regierungspräsidium kann einzelne Aufgaben nach Absatz 1 auf die untere Verwaltungsbehörde übertragen. [2]Die Entscheidung ergeht im Einvernehmen mit der beteiligten unteren Verwaltungsbehörde.

(7) [1]Zur Erfüllung der Aufgaben nach den Absätzen 2 bis 6 werden den Land- und Stadtkreisen, soweit Aufwendungen nicht auf Grund § 11 Abs. 5 des Finanzausgleichsgesetzes abgegolten sind, im Landeshaushalt für diesen Zweck veranschlagte Haushaltsmittel zweckgebunden zur Verfügung gestellt. [2]Die Bereitstellung der Haushaltsmittel erfolgt nach Maßgabe der Vollzugsregelungen zum Staatshaushaltsplan. [3]Die Land- und Stadtkreise erhalten vierteljährlich Abschlagszahlungen. [4]Sie bewirtschaften die Haushaltsmittel nach den für sie geltenden Haushaltsvorschriften. [5]Die Land- und Stadtkreise erstellen am Ende eines jeden Haushaltsjahres Verwendungsnachweise sowie Abrechnungen für die Kostenverteilung des Gemeinschaftsaufwandes nach einheitlichen Grundsätzen.

(8) § 53a bleibt unberührt.

§ 52 Wahrnehmung technischer Aufgaben bei Gemeindestraßen

(1) [1]Die Straßenbaubehörden nach § 50 Abs. 3 Nr. 1 Buchst. a können im Rahmen ihrer Zuständigkeiten nach § 51 Abs. 1 und 2 durch Vereinbarung mit einer Gemeinde die technische Verwaltung von dem allgemeinen Kraftfahrzeugverkehr dienenden Gemeindestraßen übernehmen, soweit dadurch eine

Beeinträchtigung ihrer sonstigen Aufgaben nicht zu erwarten ist. [2]Sie nehmen in dem durch die Vereinbarung nach Satz 1 bestimmten Umfang die Aufgaben der Straßenbaubehörde wahr.

(2) Vorschriften, die die Zuständigkeit für die Betreuung beim Bau und bei der Unterhaltung öffentlicher Feld- und Waldwege abweichend von den Vorschriften dieses Gesetzes regeln, bleiben unberührt.

§ 53 Technische Verwaltung der Ortsdurchfahrten

[1]Das Regierungspräsidium kann die technische Verwaltung der Ortsdurchfahrten, soweit diese in der Straßenbaulast des Bundes oder des Landes stehen, ganz oder teilweise durch Vereinbarung der Gemeinde übertragen, wenn diese die technischen und personellen Voraussetzungen hierfür erfüllt. [2]Der Landkreis kann hinsichtlich Ortsdurchfahrten in seiner Baulast entsprechend verfahren. [3]Die Gemeinden nehmen in dem durch die Vereinbarung bestimmten Umfang die Aufgaben der Straßenbaubehörde wahr.

§ 53a Zuständigkeiten des Regierungspräsidiums Tübingen

(1) Das Regierungspräsidium Tübingen
1. unterstützt das Ministerium durch Bearbeitung allgemeiner Angelegenheiten im Straßenwesen insbesondere betreffend
    a) Straßenunterhaltung einschließlich Betrieb, Erhaltung und Erneuerung,
    b) Umweltschutz,
    c) Verkehrstechnik und
    d) Vermessungs- und Kartenwesen;
2. erfüllt zentral wahrzunehmende Aufgaben im Straßenwesen, insbesondere betreffend
    a) Auswertung von Straßen- und Verkehrsdaten sowie von Leistungsdaten des Autobahnbetriebs und Führung der Straßeninformationssysteme des Landes,
    b) Steuerung der Nutzung der Informations- und Kommunikationstechnik und Softwareentwicklung im Bereich der Straßen in der Straßenbaulast des Landes oder Bundes,
    c) Verkehrsmanagement einschließlich Planung und Steuerung von Strecken- und Netzbeeinflussungsanlagen, Betrieb der Verkehrsrechnerzentrale im Bereich der Straßen in der Straßenbaulast des Landes oder Bundes und betriebstechnische Überwachung der Tunnel und Fernwirkanlagen an Autobahnen,
    d) Planung von Tunnelbetriebseinrichtungen an Straßen in der Straßenbaulast des Landes oder Bundes,
    e) straßenbautechnische Prüfung von Schwer- und Sondertransporten im Rahmen der Anhörung der Straßenbaulastträger Land oder Bund,
    f) Autobahn-Fernmeldenetz, Datenübertragungsnetze, Betriebsfunk sowie Betrieb der Fernmeldemeisterei der Straßenbauverwaltung des Landes,
    g) Durchführung des Arbeitssicherheitsgesetzes in den für die Unterhaltung der Bundesautobahnen zuständigen Dienststellen und
    h) überbetriebliche Ausbildung der in den Straßenbaubehörden nach § 50 Abs. 3 und § 53b Abs. 2 erforderlichen Straßenwärter und -meister, Fortbildung des Straßenfachpersonals sowie Betrieb des Ausbildungszentrums der Straßenbauverwaltung des Landes.

(2) Im Rahmen der Aufgabenerfüllung nach Absatz 1 Nr. 1 berät das Regierungspräsidium die anderen Straßenbaubehörden für Landes- und Bundesfernstraßen in der Straßenbaulast des Landes oder Bundes und stellt gewonnene Erkenntnisse den Straßenbaubehörden für Straßen in der Straßenbaulast der Land- und Stadtkreise sowie der Gemeinden im Einzelfall zur Verfügung.

(3) Das Nähere wird durch Anordnung des Ministeriums im Einvernehmen mit dem Innenministerium geregelt.

2. Abschnitt
Zuständigkeiten nach anderen Gesetzen

§ 53b Behörden nach dem Bundesfernstraßengesetz

(1) [1]Oberste Landesstraßenbaubehörde ist das Ministerium. [2]Höhere Straßenbaubehörden sind die Regierungspräsidien.

(2) [1]Straßenbaubehörden sind

1. für die Bundesautobahnen die Regierungspräsidien; das Ministerium kann im Einvernehmen mit dem Innenministerium einem Regierungspräsidium Zuständigkeiten der Straßenbaubehörde für einen Autobahnabschnitt in einem benachbarten Regierungsbezirk übertragen, sofern dies für die Aufgabenerledigung zweckmäßig ist, und insoweit dem Regierungspräsidium die Aufgaben der höheren Straßenbaubehörde zuweisen,

2. für die Bundesstraßen

   a) die Regierungspräsidien und die unteren Verwaltungsbehörden nach Maßgabe des Absatzes 3, soweit dem Bund die Straßenbaulast obliegt;

   b) die Gemeinden, soweit den Gemeinden die Straßenbaulast obliegt.

[2]§ 50 Abs. 5 gilt entsprechend.

(3) [1]Für die Zuständigkeiten der Straßenbaubehörden nach Absatz 2 Satz 1 Nr. 2 Buchst. a gilt § 51 Abs. 1 und 2, Abs. 3 Satz 1, Abs. 4 bis 6 und 8 entsprechend mit der Maßgabe, dass in § 51 Abs. 2 Nr. 5 und 6 die Angabe „§ 9 Abs. 3" durch die Angabe „§ 3 Abs. 3 des Bundesfernstraßengesetzes (FStrG)" und die Angabe „§ 9 Abs. 2" durch die Angabe „§ 3 Abs. 2 FStrG" ersetzt werden und mit der weiteren Maßgabe, dass die Kostentragungsregelung nach § 51 Abs. 2 Nr. 4 Buchst. a Satz 2 keine Anwendung findet. [2]Für Aufgaben nach dem Bundesfernstraßengesetz, die dem Bund als Träger der Straßenbaulast oder der Straßenbaubehörde für Bundesstraßen in der Straßenbaulast des Bundes obliegen, sind, soweit nichts anderes bestimmt ist,

1. die unteren Verwaltungsbehörden nach § 7 Abs. 3, § 8a Abs. 1 bis 3 und 6, §§ 10 und 11 FStrG, nach § 8 FStrG mit Ausnahme der vom Ministerium nach § 8 Abs. 10 FStrG abzuschließenden Rahmenverträge mit Ver- oder Entsorgungsunternehmen, nach § 7 Abs. 2 FStrG mit Ausnahme von Anordnungen im Zusammenhang mit Straßenbaumaßnahmen nach § 51 Abs. 1 sowie nach § 53c dieses Gesetzes,

2. im Übrigen die Regierungspräsidien

zuständig. [3]Die unteren Verwaltungsbehörden können für Abschnitte von vierstreifigen Bundesstraßen, die mit einer Bundesautobahn verknüpft sind, ihnen nach den Sätzen 1 und 2 obliegende Aufgaben der für die Bundesautobahn zuständigen Straßenbaubehörde mit deren Einvernehmen übertragen.

(4) Die Stadtkreise erfüllen die ihnen nach Absatz 2 Satz 1 Nr. 2 Buchst. a obliegenden Aufgaben im Rahmen der Verwaltung der Bundesfernstraßen durch das Land im Auftrag des Bundes.

(5) [1]Zur Erfüllung der Aufgaben nach Absatz 3 Sätze 1 und 2 werden den unteren Verwaltungsbehörden Haushaltsmittel aus dem Bundeshaushalt zur Bewirtschaftung zugewiesen. [2]Die unteren Verwaltungsbehörden erbringen die Nachweise über die zweckgebundene Bewirtschaftung der Mittel einschließlich der Bundesausgaben für Fahrzeuge und Geräte.

(6) [1]Oberste Straßenaufsichtsbehörde ist das Ministerium. [2]Straßenaufsichtsbehörden sind die Regierungspräsidien.

(7) [1]Das Ministerium wird ermächtigt, durch Rechtsverordnung die Zuständigkeiten der obersten Landesstraßenbaubehörde nach dem Bundesfernstraßengesetz ganz oder teilweise auf nachgeordnete Behörden zu übertragen. [2]In der Rechtsverordnung können weitere Zuständigkeiten bestimmt werden, soweit dies nach dem Bundesfernstraßengesetz zugelassen und nicht der Landesregierung vorbehalten ist.

§ 53c Zuständigkeiten nach dem Telekommunikationsgesetz

[1]Für Entscheidungen und Maßnahmen bei der Benutzung von Straßen nach dem Abschnitt 3, Unterabschnitt 1 des Telekommunikationsgesetzes sind die Straßenbaubehörden nach § 50 Absatz 3 und § 53b Absatz 2 Satz 1 zuständig. [2]§ 50 Absatz 5 bleibt unberührt.

Vierter Teil
Ordnungswidrigkeiten, Übergangs- und Schlußbestimmungen

1. Abschnitt
Ordnungswidrigkeiten

§ 54 Ordnungswidrigkeiten

(1) Ordnungswidrig handelt, wer

1. vorsätzlich oder fahrlässig entgegen § 16 Abs. 1 ohne Erlaubnis eine Straße benutzt, einer mit der Erlaubnis verbundenen vollziehbaren Auflage oder der Unterhaltungspflicht nach § 16 Abs. 3 Satz 1 zuwiderhandelt,

2. entgegen den §§ 22, 23 oder 25 eine Anlage errichtet oder wesentlich verändert, einer im Rahmen des § 22 Abs. 1 und 2 erteilten vollziehbaren Auflage oder einer auf Grund von § 22 Abs. 7 erlassenen Satzung zuwiderhandelt, soweit die Satzung für einen bestimmten Tatbestand auf diese Bußgeldvorschrift verweist,

3. als Nutzungsberechtigter entgegen § 27 Abs. 2 Satz 1 eine Schutzwaldung nicht erhält oder nicht den Schutzzwecken entsprechend bewirtschaftet,

4. eine von der Straßenbaubehörde nach § 28 Abs. 1 Satz 1 angelegte Einrichtung unbefugt beseitigt oder unbrauchbar macht oder entgegen § 28 Abs. 2 Satz 1 die Sicherheit oder Leichtigkeit des Verkehrs beeinträchtigt,

5. vorsätzlich oder fahrlässig einer Satzung nach § 41 Abs. 2 oder 4 zuwiderhandelt, soweit die Satzung für einen bestimmten Tatbestand auf diese Bußgeldvorschrift verweist,

6. vorsätzlich oder fahrlässig eine von ihm verursachte Verunreinigung im Sinne des § 42 nicht unverzüglich beseitigt.

(2) Die Ordnungswidrigkeit kann mit einer Geldbuße bis zu 500 Euro, in den Fällen des Absatzes 1 Nr. 2 mit einer Geldbuße bis zu 5 000 Euro geahndet werden.

(3) Verwaltungsbehörde im Sinne des § 36 Abs. 1 Nr. 1 des Gesetzes über Ordnungswidrigkeiten ist

1. die Gemeinde bei Ordnungswidrigkeiten nach

    a) Absatz 1 Nr. 1, soweit es sich um Gemeindestraßen handelt oder die Gemeinde für die Entscheidung über die Sondernutzung zuständig ist,

    b) Absatz 1 Nr. 2, soweit es sich um Verstöße gegen eine Satzung handelt,

    c) Absatz 1 Nr. 4, soweit die Gemeinde nach § 28 Abs. 1 und 2 als Straßenbaubehörde zuständig ist,

    d) Absatz 1 Nr. 5 und

    e) Absatz 1 Nr. 6, soweit es sich um Gemeindestraßen oder Ortsdurchfahrten von Kreis- und Landesstraßen handelt,

2. die unteren Verwaltungsbehörden bei sonstigen Ordnungswidrigkeiten nach Absatz 1 Nr. 2,

3. im Übrigen die unteren Verwaltungsbehörden, die Straßenbaubehörden nach § 50 Abs. 3 Nr. 1 Buchst. a sind.

2. Abschnitt
Übergangs- und Schlußbestimmungen

§ 55 Widmung von Feldwegen

[1]Die der Bewirtschaftung von Feldgrundstücken dienenden Wege, die bei Inkrafttreten dieses Gesetzes nicht öffentliche Wege sind, sind von der Gemeinde in angemessener Zeit, wo Flurbereinigungsverfahren zu erwarten sind, nicht vor deren Durchführung, einem beschränkten öffentlichen Verkehr zu widmen, wenn sie nicht nur dem Verkehrsbedürfnis einzelner Grundstückseigentümer dienen oder wenn öffentliche Förderungsmittel für den Bau oder die Unterhaltung solcher Wege verwendet werden. [2]§ 11 Abs. 2 gilt entsprechend.

§ 56 Unterhaltung bestehender Böschungen und Stützmauern

(1) [1]Soweit Böschungen und Stützmauern, die zum Schutz der Straße und zugleich für die ordnungsmäßige Nutzung eines angrenzenden Grundstücks notwendig sind, bei Inkrafttreten dieses Gesetzes nicht im Eigentum des Trägers der Straßenbaulast stehen und dieser zum Erwerb des Eigentums auf

Grund von § 12 Abs. 5 nicht verpflichtet ist, sind sie weiterhin von demjenigen zu unterhalten, der bisher zu ihrer Unterhaltung verpflichtet war. ²Abweichende Vereinbarungen sind zulässig.

(2) ¹Soweit Böschungen öffentlicher Waldwege nach § 62 Abs. 1 Satz 2¹⁾ vom Eigentumsübergang ausgenommen waren, sind sie von dem Eigentümer zu unterhalten. ²Absatz 1 Satz 2 gilt entsprechend.

§ 57 Benutzung

(1) ¹Die bei Inkrafttreten dieses Gesetzes bestehenden Rechte und Befugnisse zur Benutzung einer Straße über den Gemeingebrauch hinaus gelten, soweit nicht die Voraussetzungen des § 21 Abs. 1 vorliegen, als Sondernutzungen im Sinne dieses Gesetzes. ²Die Erlaubnis nach § 16 Abs. 1 Satz 1 gilt als erteilt, solange eine solche Sondernutzung nicht widerrufen oder durch Fristablauf erloschen ist. ³Nach bisherigem Recht unwiderrufliche und zugleich unbefristete Nutzungsrechte können aus Gründen des Wohls der Allgemeinheit, insbesondere soweit dies zur Erfüllung der Aufgaben des Trägers der Straßenbaulast erforderlich ist, widerrufen werden; dies gilt auch für befristete Nutzungsrechte. ⁴Wird in den Fällen des Satzes 3 die Sondernutzung widerrufen, so kann der Betroffene für die dadurch entstehenden Vermögensnachteile vom Träger der Straßenbaulast eine angemessene Entschädigung in Geld verlangen.

(2) ¹Die bei Inkrafttreten dieses Gesetzes bestehenden Zufahrten zu Straßen, die den Merkmalen des § 3 Abs. 1 Nr. 1 und 2 entsprechen, gelten als Sondernutzungen im Sinne dieses Gesetzes, auch wenn für sie nach bisherigem Recht eine Gebrauchserlaubnis oder die Verleihung eines Nutzungsrechts nicht erforderlich war. ²Absatz 1 Satz 2 bis 4 gilt entsprechend mit der Maßgabe, daß beim Widerruf von nach bisherigem Recht unwiderruflichen Sondernutzungen oder beim vorzeitigen Widerruf befristeter Sondernutzungen eine Entschädigung in Geld nur insoweit verlangt werden kann, als der Träger der Straßenbaulast nicht einen angemessenen Ersatz schafft.

(3) ¹Soweit bei Inkrafttreten dieses Gesetzes die Benutzung von Straßen über den Gemeingebrauch hinaus durch bürgerlich-rechtlichen Vertrag geregelt ist und nicht die Voraussetzungen des § 21 Abs. 1 vorliegen, gelten für diese Benutzung die Vorschriften über Sondernutzungen von dem Zeitpunkt an, zu dem der Träger der Straßenbaulast den Vertrag nach Inkrafttreten dieses Gesetzes erstmals kündigen kann. ²Absatz 1 Satz 2 gilt entsprechend.

(4) Für Nutzungen an Baumpflanzungen, die nach § 3 Abs. 2 des Gesetzes über die einstweilige Neuregelung des Straßenwesens und der Straßenverwaltung von 26. März 1934 (RGBl. I S. 243) überlassen wurden, gelten die Vorschriften des bürgerlichen Rechts.

§ 58 Unterhaltung von Kreuzungen

Ist die Unterhaltung von Kreuzungen bei Inkrafttreten dieses Gesetzes abweichend von § 31 Abs. 1 bis 5 geregelt, so tritt die Regelung in dem Zeitpunkt außer Kraft, in dem die Kreuzung nach Inkrafttreten dieses Gesetzes in erheblichem Umfang geändert wird.

§ 59 Hoheitliche Wahrnehmung der dienstlichen Obliegenheiten

Die mit dem Bau und der Unterhaltung sowie der Überwachung der Verkehrssicherheit der öffentlichen Straßen einschließlich der Bundesfernstraßen zusammenhängenden Pflichten obliegen den Organen und Bediensteten der damit befaßten Körperschaften und Behörden als Amtspflichten in Ausübung hoheitlicher Tätigkeit.

§ 60 Entschädigung

(1) ¹Soweit der Träger der Straßenbaulast auf Grund dieses Gesetzes oder auf Grund von § 74 Abs. 2 Satz 3 oder § 75 Abs. 2 Satz 4 des Landesverwaltungsverfahrensgesetzes oder auf Grund allgemeiner Rechtsgrundsätze verpflichtet ist, eine Entschädigung in Geld zu leisten, und über die Höhe der Entschädigung keine Einigung zwischen den Betroffenen und dem Träger der Straßenbaulast zustande kommt, entscheidet auf Antrag eines der Beteiligten das Regierungspräsidium. ²Im übrigen sind die §§ 7 bis 13, 17 bis 36 und 39 bis 41 des Landesenteignungsgesetzes entsprechend anzuwenden.

(2) In den Fällen des § 19a des Bundesfernstraßengesetzes sind die §§ 7 bis 13 des Landesenteignungsgesetzes entsprechend anzuwenden.

---

1) **Amtl. Anm.:** Die Verweisung bezieht sich auf § 62 Abs. 1 Satz 2 des Gesetzes in der Fassung vom 20. März 1964 (GBl. S. 127).

§ 61 Straßenstatistik

Die Träger der Straßenbaulast sind verpflichtet, auf Verlangen der obersten Straßenbaubehörde zu statistischen Zwecken Angaben über ihre Straßen und Wege zu machen.

§ 62 Verwaltungsvorschriften

Die oberste Straßenbaubehörde erläßt die Verwaltungsvorschriften zur Durchführung dieses Gesetzes.

§ 63 Zusammenwirken der zuständigen Ministerien

(1) Verwaltungsvorschriften des Ministeriums für Ländlichen Raum und Verbraucherschutz ergehen im Einvernehmen mit dem Ministerium, soweit sie öffentliche Straßen berühren, die nicht Feld- oder Waldwege sind.

(2) Rechtsverordnungen und Verwaltungsvorschriften des Ministeriums ergehen im Einvernehmen mit dem Ministerium für Ländlichen Raum und Verbraucherschutz, soweit sie öffentliche Feld- oder Waldwege berühren.

§ 64[1] Inkrafttreten

Soweit dieses Gesetz Ermächtigungen zum Erlaß von Rechts- und Verwaltungsvorschriften enthält, tritt es am Tage nach der Verkündung, im übrigen am 1. Juli 1964 in Kraft.

---

1) **Amtl. Anm.:** Diese Vorschrift betrifft das Inkrafttreten des Gesetzes in der Fassung vom 20. März 1964 (GBl. S. 127).

Stichwortverzeichnis
Fette Zahlen verweisen auf Signaturen, magere auf Paragraphen.

Abbruch bauliche Anlagen **60** 65

Abfall Durchsuchung und Wegnahme **50** 11

Abfallbilanzen 50 16

Abfallentsorgung behördliche Überwachung **50** 19 ff., durch öffentlich-rechtliche Entsorgungsträger **50** 6 ff., rechtswidrige **50** 4

Abfallgebühren Datenerhebung bei Dritten **37** 2

Abfallrechtsbehörden 50 23

Abfallstoffe Anlagen für – **61** 17

Abfallverbände 50 8

Abfallwirtschaftskonzepte 50 16

Abfallwirtschaftspläne 50 15

Abgaben Hundesteuer **37** 9

Abgabengefährdung Kommunalabgaben **37** 8

Abgabenhinterziehung Kommunalabgaben **37** 7

Abgabenordnung Anwendung bei Kommunalabgaben **37** 3

Abgabensatzungen Kommunalabgaben **37** 2

Abgabenverkürzung leichtfertige **37** 8

Abgeordnete Anklage **10** 42, Entschädigung **10** 40, Immunität **10** 38, Indemnität **10** 37, Mandatserwerb und -verlust **10** 41, Vertreter des ganzen Volkes **10** 27, Zeugnisverweigerungsrecht **10** 39

Abgeordneter Anzahl **13** 1, Sitzverteilung im Landtag **13** 2, Wahl **11** 38

Abgrabungen bauliche Anlagen **60** 2

Abnahme bauliche Anlagen **60** 67

Abolition 10 52

Absage Kommunalwahlen **36** 29

Abstandsflächen 60 5 ff.

Abstandsvorschriften bestehende Anlagen **73** 33, Nachbarrecht **73** 3 ff.

Abstellplätze bauliche Anlagen **60** 2

Abwasserabgabe 51 115 ff., Festsetzung **51** 122

Abwasserableitung Nachbarrecht **73** 1

Abwasserbeseitigung 51 46 ff.

Abwassergebühren Datenerhebung bei Dritten **37** 2

Abweichung von technischen Bauvorschriften **60** 56

Akteneinsicht elektronisches Verwaltungsverfahren **29c** 8, Verwaltungsverfahren **24** 29

Aktives Wahlrecht 10 26

Allee 52 31

Allgemeine Ausführungsverordnung zur Landesbauordnung 61

Allgemeiner Straferlass 10 52

Allgemeine Schulpflicht 10 14

Allgemeines Freiheitsrecht 11 2

Allgemeine Verwaltungsbehörden 20 10 ff.

Allzuständigkeit lokale – der Gemeinden **10** 71

Alterspräsident Landtag **10** 30

Ältestenrat Gemeinderat **30** 33a, Kreistag **33** 28

Altrechtliche Vereine 72 49

Amnestie 10 52

Amtliche Beglaubigung Verwaltungsverfahren **24** 33 f.

Amtsboten Vergütung aus der Staatskasse **75** 22

Amtseid Beamte **10** 78, Regierungsmitglieder **10** 48, Richter **10** 66

Amtsenthebung Mitglieder des Verfassungsgerichtshofs **12** 6

Amtsermittlungsgrundsatz Verwaltungsverfahren **24** 24

Amtshilfe 24 4 ff., Behördenauswahl **24** 6, Durchführung **24** 7, für den Verfassungsgerichtshof **12** 19, für Untersuchungsausschüsse **10** 35, Kosten **24** 8, Voraussetzungen **24** 5

Amtspflichtverletzung Haftung **11** 34

Amtssprache Verwaltungsverfahren **24** 23

Amtsübernahme Landesregierung **10** 46

Amtsverweser Landrat **33** 39

Analogieverbot 11 103

Anbau an öffentl. Straßen **100** 22 ff.

Anbieter iSd LandesmedienG **81** 2

Andere Rechte als Enteignungsentschädigung **63** 31

Androhung Gebühr **23** 5, Zwangsmittel **22** 20

Anfechtungsklage 70 42, Anhörung Dritter **70** 71, aufschiebende Wirkung **70** 80, Beklagter **70** 78, gegen Verfügungen der Rechtsaufsichtsbehörde **30** 125, Klagefrist **70** 74, Klagegegenstand **70** 79, Widerspruchsverfahren **70** 68

Angemessene Entschädigung Enteignung **63** 44

Anhörung im Planfeststellungsverfahren **24** 73, Verwaltungsverfahren **24** 28

Anhörung Dritter 70 71

Anlagen iSd LandesmedienG **81** 2

Anlieger Straßen **100** 15

Annäherungsverbot polizeiliche Maßnahme **40** 27a

Anschaffungskosten öffentliche Einrichtungen, Beiträge **37** 20 f.

Anschlussbeiträge 37 29

Anschluss- und Benutzungszwang Gemeinde **31** 8

Anstalten des öffentlichen Rechts Landesanstalt für Kommunikation **81** 29, Selbstverwaltungsgarantie **10** 71

Anzeigepflichten Anlagenbetreiber nach dem LandesmedienG **81** 19, Beschäftigte in Gaststätten **91** 21, Straußwirtschaften **91** 8

Apfelwein Ausschank in Straußwirtschaften **91** 8a

Apotheken Ladenöffnungszeiten **90** 4

Arbeitnehmerschutz Beschäftigungsdauer an Feiertagen **90** 12

Arbeitsstättenverordnung Geltung für Gaststätten **91** 4

Artenschutzaufgaben 52 63

Artenschutzprogramm 52 39

Asylrecht 11 16a

Aufbewahrungsfristen Bücher, Belege, Unterlagen **32** 39

Aufenthaltsräume 60 34, Begriff **60** 2

Aufenthaltsüberwachung elektronische **40** 27c

Aufenthaltsverbot polizeiliche Maßnahme **40** 27a

Aufenthaltsvorgabe polizeiliche Maßnahme **40** 27b

Aufforstung 53 23, **53a** 23

Aufgabenübertragung auf Gemeinden und Gemeindeverbände **10** 71

Aufhebung Beschlagnahme von Druckwerken **80** 16, Enteignungsbeschluss **63** 35

Auflagen zum Verwaltungsakt **24** 36

Auflösung Gemeinden, Gemeindeverbände **10** 74

Aufschichtungen Nachbarrecht **73** 8

Aufschiebende Wirkung Anfechtungsklage **70** 80, Antrag auf Wiederherstellung **70** 80, Ende **70** 80b, Fehlen der – als Vollstreckungsvoraussetzung **22** 2, Widerspruch **70** 80

Aufschüttungen bauliche Anlagen **60** 2

Aufsicht Gemeinden **30** 118 ff., Gemeinden und Gemeindeverbände **10** 75, Große Kreisstädte **20** 21, Landesanstalt für Kommunikation **81** 48,

Landratsämter **20** 20, Stadtkreise **20** 21, Straßen **100** 48 ff., Verwaltungsgemeinschaften **20** 21

Aufsichtsarbeiten juristische Staatsprüfung **77** 13 ff.

Aufwendungen Erstattung im Enteignungsverfahren **63** 40

Aufzeichnung Telekommunikatio **40** 23b

Aufzeichnungspflicht Medien **81** 8

Aufzugsanlagen 61 14, 18

Ausbildung 10 11, Lehrer **10** 19

Ausbildungsleitung Referendarausbildung **78** A.II

Ausbildungsstellen Rechtsreferendare **77** 47

Ausbildungszeiten Anrechnung in der Juristenausbildung **77** 66

Ausführungsanordnung Enteignungsbeschluss **63** 32

Ausführungsgenehmigung Fliegende Bauten **60** 69

Ausführungsgesetz zum Bürgerlichen Gesetzbuch Altenteilsverträge **72** 6 ff., Ertragswert Landgüter **72** 48, Grundstücksrecht **72** 22 ff., Mündelsicherheit **72** 45 f., Überleitung von Mieteigentum und Stockwerkseigentum **72** 35 ff., Zuständigkeitsregelungen **72** 1 ff.

Ausführungsgesetz zur Insolvenzordnung AusführungsG **74**

Ausgaben vor Verabschiedung des Haushalts **10** 80

Ausgabenerhöhung durch Landtagsbeschlüsse **10** 82

Ausgänge Gebäude **61** 11

Ausgeschlossene Personen Verwaltungsverfahren **24** 20

Ausgeschlossene Richter Verfahren vor dem VerfGH **12** 11

Auskunft über Speicherung personenbezogener Daten **40** 45, Verwaltungsverfahren **24** 25

Auskunftspflicht Behörden gegenüber Presse **80** 4, Medien **81** 7

Auslagen 23 8, **25** 14, Enteignungsverfahren **63** 39, Entstehung **25** 3, Fälligkeit **25** 18, Festsetzung **25** 4, Justizverwaltungsangelegenheiten **75** 1 ff., kommunale Verwaltungsgebühren **37** 11, Ordnungswidrigkeitenverfahren **43** 4 f.

Ausland Zustellung **21** 10

Auslieferung Deutsche **11** 16

Ausnahmegericht 11 101

Ausnahmen von Bauordnungsvorschriften **60** 56

Außenbereich Gebäudeabstände, Einfriedigungen **73** 7

Außenwände 61 5

Aussetzung Normenkontrollverfahren beim VerfGH **12** 49, Verfahren **70** 75, VerfGH-Verfahren **12** 26

Ausstellungsplätze bauliche Anlagen **60** 2

Austauschvertrag 24 56

Ausweisung Medien-Übertragungskapazitäten **81** 20 ff.

Automatisches Kennzeichenlesesystem 40 22a

Bäder 60 36

Badischer Gemeindeversicherungsverband Geltung des GKZ **35** 31

Badisches Rechtsgebiet Gebührenanteile der Notare **75** 10 ff.

Bahnhof Öffnungszeiten von Geschäften **90** 6

Barrierefreie Anlagen bauliche **60** 39

Bauabnahmen 60 67

Bauantrag 60 53 f.

Bauart Begriff **60** 2

Bauarten 60 16a

Baubeginn 60 59

Baubeschreibung 62 7

Baubestimmungen technische **60** 73a

Baugenehmigung 60 58, Geltungsdauer **60** 62, -sverfahren, vereinfachtes **60** 52

Bauherr 60 42

Baulast Straßen **100** 43 ff.

Baulasten 60 71 f.

Bauleiter 60 45

Bauliche Anlagen Begriff **60** 2, Schutz **60** 14

Baulicher Wärmeschutz Energieeinsparmaßnahme **66** 8

Bäume Nachbarrecht **73** 34

Bauordnung Abbruchsanordnung **60** 65, Abfallstoffe, Anlagen zur Lagerung **61** 17, Abfallstoffe, Anlagen zur vorübergehenden Aufbewahrung **60** 33, Abstandsflächen **60** 5 ff., Abwasser **61** 17, Abweichungen **60** 56, Aufenthaltsräume **60** 34, Aufzugsanlagen **61** 14, 18, Ausgänge **61** 11, Ausnahmen **60** 56, Außenwände **61** 5, Bäder **60** 36, barrierefreie Anlagen **60** 39, Bauabnahmen **60** 67, Bauantrag **60** 53 f., Bauausführung **60** 11 ff., Baubeginn **60** 59, Baugenehmigung **60** 58, Bauherr **60** 42, Baulasten **60** 71 f., Bauleiter **60** 45, Bauprodukte **60** 63 ff., Baurechtsbehörden **60** 46 ff., Baustelle **60** 12, Bauüberwachung **60** 66, Bauvorbescheid **60** 57, Bauvorlagen **60** 53 f., Bebauung der Grundstücke **60** 4, Befreiungen **60** 56, Brandschutz **60** 15, Brandwände **61** 7, Brennstoffversorgung **60** 32, Decken **61** 4, 8, Entwurfsverfasser **60** 43, Fenster **61** 13, Feuerungsanlagen **60** 67, Flächen für die Feuerwehr **61** 2, Fliegende Bauten **60** 69, Flure **61** 12, Fristen im Genehmigungsverfahren **60** 54, Garagen **60** 37, Geltungsdauer der Baugenehmigung **60** 62, Gemeinschaftsanlagen **60** 40, genehmigungspflichtige Vorhaben **60** 49, gewerberechtl. Vorschriften **61** 18, Inbetriebnahme der Feuerungsanlagen **60** 67, Installationsschächte und -kanäle **61** 16, Kenntnisgabeverfahren **60** 51, Kfz-Stellplätze **60** 37, Kinderspielplätze **61** 1, Kleinkläranlagen **61** 17, Leitungen **61** 15, Leitungsanlagen **60** 31, Lüftungsanlagen **61** 15, Nachbarbeteiligung **60** 55, nichtüberbaute Flächen **60** 9, Nutzungsuntersagung **60** 65, offene Gänge **61** 12, Ordnungswidrigkeiten **61** 19, örtliche Bauvorschriften **60** 74, Prüf-, Zertifizierungs- und Überwachungsstellen **60** 24, Sicherheitsleistung **60** 60, Sonderbauten **60** 38, Stützen **61** 4, Teilbaugenehmigung **60** 61, Toilettenräume **60** 36, Trennwände **61** 6, Treppen, Treppenräume **61** 10 f., Türen **61** 13, Typenprüfungen **60** 68, Übergangsvorschriften **60** 77, Übernahme von Baulasten **60** 71, Umwehrungen **61** 3, Unternehmer **60** 44, Verbot unrechtmäßig gekennzeichneter Bauprodukte **60** 63, Verbrennungsmotoren **60** 32, verfahrensfreie Vorhaben **60** 50 Anh., Verkehrssicherheit **60** 16, Verteidigungsvorhaben **60** 70, Wände **61** 4 ff., Wärmeerzeugungsanlagen **60** 32, Warmluftheizungen **61** 15, Wasserversorgungs-/-entsorgungsanlagen **60** 33, Wohnungen **60** 35, Zustimmungsverfahren **60** 70

Bauprodukte 60 16b ff., Begriff **60** 2, Verbot unrechtmäßig gekennzeichneter – **60** 63

Baurechtsbehörden 60 46

Baustelle 60 12

Baustoffe Brandverhalten **60** 26

Bautechnische Nachweise 62 9, Erstellung **62** 16a

Bautechnische Prüfbestätigung 62 17, Verzicht **62** 19

Bautechnische Prüfung 62 17, Verzicht **62** 19, Wegfall **62** 18

Bauteile Anforderungen an – **60** 27, 28, Brandverhalten **60** 26

Bauüberwachung 60 66

Bau- und Abbruchabfälle Verwertung **50** 3

Bauvorbescheid 60 57

Bauvorlagen 60 53 f., Abbruch bauliche Anlagen **62** 12, allgemeine Anforderungen **62** 3, Ausführungsgenehmigung Fliegender Bauten **62** 16, Bauvorbescheid **62** 15, Genehmigungsverfahren **62** 2, Kenntnisgabeverfahren **62** 1, Werbeanlagen **62** 13, Zustimmungsverfahren **62** 14

Bauzeichnungen 62 6

Beamte Amtseid **10** 78, Ernennung **10** 51

Beamtenbeisitzer 71 9 ff., Ausschluss **71** 11, Bestellung **71** 10, Entbindung vom Amt **71** 13, Nichtheranziehung **71** 12

Beamtenlaufbahn 28 14 ff.

Beamtenrecht Verlust **28** 33 ff.

Beamtenverhältnis auf Probe **28** 6, 8, auf Zeit **28** 7, Beendigung **28** 31 ff., rechtliche Stellung **28** 47 ff.

Beamter Abordnung **28** 25, Amtsbezeichnung **28** 56, Arbeitsschutz **28** 77, Arbeitszeit **28** 67, Ärztliche Untersuchungen **28** 53, Aufstieg **28** 22, Auswahlverfahren **28** 11, Beförderung **28** 20, Befreiung von Amtshandlungen **28** 52, Beihilfe **28** 78, Diensteid **28** 47, Dienstjubiläum **28** 82, Dienstkleidung **28** 55, Dienstunfähigkeit **28** 43 ff., Dienstzeugnis **28** 51, Einstellung **28** 18, Elternzeit **28** 76, Entlassung **28** 31 f., Ernennung **28** 9 f., Ernennung unter Genehmigungsvorbehalt **28** 29, Fortbildung **28** 50, Heilfürsorge **28** 79, Horizontaler Laufbahnwechsel **28** 21, Krankheit **28** 68, Laufbahnbefähigung **28** 16, Mutterschutz **28** 76, Nebentätigkeiten **28** 60 ff., Personalaktendaten **28** 83 ff., Pflegezeiten **28** 74, Probezeit **28** 19, Rechtsstellung **28** 28, Rücknahme der Ernennung **28** 12 f., Ruhestand **28** 36 ff., Stellenausschreibung **28** 11, Teilzeitbeschäftigung **28** 69 f., Übernahme **28** 23, Übernahme bei Umbildung der Körperschaft **28** 26 f., Urlaub **28** 71 ff., Verschwiegenheitspflicht **28** 57, Versetzung **28** 24, Wohnort **28** 54

Beauftragte Richter Verfahren vor dem VerfGH **12** 18

Bebauungsplan Nachbarrecht **73** 27

Bedienstete Eigenbetriebe **38** 11

Befangenheit Verwaltungsverfahren **24** 21

Befreiung von Bauordnungsvorschriften **60** 56

Beglaubigung Dokumente **24** 33, Unterschriften **24** 34

Behelfsbauten Baugenehmigung **60** 58

Behinderte Diskriminierungsverbot **10** 2b

Behörden Auflösung oder Umbildung **75** 60a, Verwaltungsausübung **10** 69

Behördenauskünfte für die Presse **80** 4

Beigeordnete 30 49 ff.

Beiräte für Natur- und Umweltschutz 52 61

Beirat für geheimhaltungsbedürftige Angelegenheiten 33 45

Beistände Verwaltungsverfahren **24** 14

Beiträge Kommunalabgaben **37** 20 f.

Beitreibung durch Gerichtsvollzieher **22** 15a, Justizkosten **75** 2, Mahnung **22** 14, Verwaltungsgebühren **24** 19

Bekanntgabe Verwaltungsakt **24** 41

Bekanntmachungen Landtagswahlergebnis **13** 45

Bekenntnisfreiheit 11 4

Bekenntnisschule 10 15

Belegung Medien-Übertragungskapazitäten **81** 22

Beleuchtung Straßen **100** 41

Beleuchtungsanlagen Unzulässigkeit im Außenbereich **52** 21

Benutzung Straßen **100** 57 ff.

Benutzungsentgelt 51 99

Benutzungsgebühren kommunale Einrichtungen **37** 13

Beratende Ausschüsse Gemeinderat **30** 41, Kreistag **33** 36

Beratung Verwaltungsverfahren **24** 25

Bereitschaftspolizei Einsatz **41** 17

Berichtigung Verwaltungsakt **24** 42

Berufsbeamtentum 11 33

Berufsfreiheit 11 12

Berufssoldat 11 33

Beschäftigte in Gaststätten Anzeigepflicht **91** 21, Erlaubnispflicht **91** 21

Beschlagnahme Druckwerke **80** 21 ff., Presseunterlagen **80** 23, Sachen **40** 33, Sachen/Tiere **41** 3

Beschlagnahmte Druckwerke Aufhebung der Beschlagnahme **80** 16, Entschädigung **80** 17, Verbreitungsverbot **80** 15

Beschließende Ausschüsse Gemeinderat **30** 39 f., **31** 10 f., Kreistag **33** 34 f., **34** 4 f.

Beschlussfassung Kreistag **33** 32, Landtag **10** 33

Beschränkt öffentliche Wege 100 3

Besitzeinweisung vorzeitige **63** 37 f.

Besondere Sendezeiten für Religionsgemeinschaften und Parteien **81** 5

Besondere Verwaltungsbehörden 20 23 ff.

Bestandskraft Verwaltungsakt **24** 43 ff.

Bestimmtheit Verwaltungsakt **24** 37

Beteiligte Enteignungsverfahren **63** 19, Verfahren vor dem VerfGH **12** 9, Verwaltungsverfahren **24** 13

Beteiligungsfähigkeit Verwaltungsverfahren **24** 11

Betreten Besitztum zur Vollstreckung **22** 6

Betreute Personen Kommunalwahlen **36** 57a

Betriebsausschuss Aufgaben **38** 8, Eigenbetriebe **38** 7 f.

Betriebsleitung Aufgaben **38** 5, Eigenbetriebe **38** 4 ff., Vertretungsberechtigung **38** 6

Betriebsplan jährlicher **53** 50, **53a** 50, periodischer **53** 49, **53a** 49

Betriebsversuche Medien **81** 16

Bevollmächtigte Verwaltungsverfahren **24** 14, Zustellung an – **21** 7

Beweisaufnahme VerfGH **12** 21

Beweiserhebung Untersuchungsausschuss **10** 35

Beweismittel Verwaltungsverfahren **24** 26

Beweissicherung Beschlagnahme von Druckwerken **80** 19

Bezirksbeirat 30 65

Bezirksverfassung Aufhebung **30** 66, Gemeindebezirk **30** 64

Bild- und Tonaufzeichnungen durch Polizei **40** 21, öffentliche Veranstaltungen **40** 21

Biotope gesetzlich geschützte **52** 33

Biotopschutzprogramm 52 39

Biotopschutzwald 53 30a, **53a** 30a

Biotopverbund 52 22

Bodenschutzwald 53 30, **53a** 30

Böschungen Nachbarrecht **73** 21, Unterhaltung **100** 56

Brandschutz bauliche Anlagen **60** 15

Brandverhütung Ordnungswidrigkeiten **43** 10

Brandwände 61 7

Brennstoffversorgung 60 32

Briefgeheimnis Unverletzlichkeit **11** 10

Briefwahl Kommunalwahlen **36** 19, Landtagswahl **13** 38

Buchführung Gemeindehaushalt **32** 34 ff.

Bundes-Immissionsschutzgesetz Erstreckung des § 14 auf Verkehrsunternehmungen **73** 30

Bundespolizei Dienstpflicht **11** 12a

Bundesrecht abweichende Regelungen **11** 125b, Ersetzung durch Landesrecht **11** 125a, Fortgeltung **11** 125a, Vorrang vor Landesrecht **11** 31

Bundesstaatliche Verfassung 11 20 ff.

Bundestag 11 38

Bundesverfassungsgericht Zuständigkeit **11** 21

Bürgerantrag 36 41

Bürgerbegehren 30 21, **36** 41

Bürgerentscheid 30 21, **36** 41

Bürgermeister Amtsantritt **31** 11, Bewerbungen zur Wahl **36** 10, Eigenbetriebe **38** 10, Eilentscheidungen **30** 43, in mehreren Gemeinden **30** 63, **31** 12, laufende Verwaltungsaufgaben **30** 44, Leitung der Gemeindeverwaltung **30** 44, Rechtsstellung **30** 42, Stellenausschreibung **30** 47, Stellung im Gemeinderat **30** 43, Stellvertreter **30** 48 ff., Vertretung durch Gemeindebedienstete **30** 53, Vorgesetzter der Gemeindebediensteten **30** 44, vorzeitige Beendigung der Amtszeit **30** 128, Wahl **30** 45 ff., **36** 38a, Weisungsaufgaben **30** 44, Widerspruch gegen Gemeinderatsbeschlüsse **30** 43

Bürgerrecht Gemeinden **30** 12 f.

Bürgerversammlung 36 41

Bürgschaften des Landes **10** 84, Gemeinden **30** 88

Campingplätze bauliche Anlagen **60** 2

Carsharing Sondernutzung **100** 16a

Chancengleichheit Beauftragte für – **28a** 15 ff., Familie **28a** 28 ff.

Chancengleichheitsgesetz 28a

Chancengleichheitsplan Gleichstellung **28a** 5 ff.

Christliche Gemeinschaftsschule 10 15 f.

Dächer 61 9

Datenabgleich personenbezogene Daten **40** 39 f.

Datenerhebung besondere Mittel der Polizei **40** 22 ff., Telefon **40** 23a, Wohnungen **40** 23

Datenschutz Aufsichtsbehörden **26** 20 ff., Medien **81** 49 f., Rundfunkbeauftragter **26** 27, Sicherstellung **26** 3

Datenübermittlung 40 42 ff., durch Polizei **41** 7 ff.

Datenverarbeitung besondere – **26** 12 ff., in der gemeinsamen Dienststellen **26** 7, Rechte der Betroffenen **26** 8 ff., zu anderen Zwecken **26** 5, Zulässigkeit **26** 4

Decken 61 4, 8

Deckungsfähigkeit 32 20, Übertragbarkeit 32 21

Deckungsgrundsätze Gemeindehaushalt **32** 18 ff.

Deckungsreserve Gemeindehaushalt 32 13

Demokratie 10 25

Demokratieprinzip 11 20

Demokratischer Rechtsstaat 10 23

Denkmalbuch 65 14

Denkmalpflege Aufgabe 65 1

Denkmalrat 65 4

Denkmalschutz 10 3 c, 65 7, Aufgabe 65 1, -behörden 65 3, Entschädigungen 65 5, 24, Gegenstand 65

Denkmalschutzbehörde 65 3, 7

Denkmalschutzgesetz 65

Deutsche Auslieferungsverbot 11 16, Begriff **11** 116, Rechte 11 8 ff., Staatsangehörigkeit 11 16, staatsbürgerliche Gleichstellung 11 33, zivile und militärische Dienstpflichten 11 12a

Dienstaufsicht 20 3, Polizeibehörde 40 63, Rechtsreferendare 77 39

Dienstflaggen unbefugte Benutzung 43 8

Dienstherrnfähigkeit 28 2, Zweckverband 24 17

Dienstliche Beurteilung Rechtsreferendare **78** B.IV

Dienst- oder Arbeitsfreistellung aus religiösen Gründen 29b 8

Dienstsiegel Gemeinden 31 4, Landkreise 34 2

Dienst- und Treueverhältnis öffentlich-rechtliches (Beamte) 10 77

Diskriminierungsverbot Behinderte 10 2b

Disziplinarkammern 71 7

Disziplinarsenat 71 8

Dolmetscher Verwaltungsverfahren 24 23

Druckwerke iSd PresseG 80 7

Durchführungsverordnung zum Polizeigesetz 41

Durchführungsverordnung zum Waffengesetz 92

Durchführungsverordnung zur GemeindeO 31

Durchführungsverordnung zur Landkreisordnung 34

Durchlaufende Gelder Gemeindehaushalt 32 21

Durchsuchung Besitztum zur Vollstreckung **22** 6, Personen 40 29, Sachen 40 30, Wohnungen 40 31, 41 2

D'Hondt'sches Höchstzahlverfahren Kommunalwahlen 36 25

E-Government-Gesetz Geltungsbereich 29c 1

Ehe 11 6

Ehrenamtliche Tätigkeit Gemeinden 30 15 ff., Verwaltungsverfahren 24 81 ff.

Ehrenbeamter/in 28 91

Ehrenbürgerrecht Gemeinden 30 22

Eidesleistung Mitglieder des VerfGH 12 4

Eigenbetriebe Bedienstete 38 11, Betriebsausschuss 38 7 f., Betriebsleitung 38 4 f., Bürgermeister 38 10, Gemeinderat 38 9, Jahresabschluss 38 16, Lagebericht 38 16, Rechnungswesen 38 12 ff., Vermögen 38 12, Wirtschaftsführung 38 12 ff., Wirtschaftsjahr 38 13, Wirtschaftsplan 38 14 f.

Eigenbetriebsgesetz 38

Eigenständigkeit Programme 81 10

Eigentum 11 14, Straßen 100 10, Vergesellschaftung 11 15

Eigentumserwerb an eingezogenen Gegenständen 43 3

Einfriedigungen Außenbereich 73 7, Nachbarrecht 73 11 ff.

Einigung im Enteignungsverfahren 63 27

Einleitungsantrag Verfahren vor dem VerfGH 12 15

Einmündungen Freihaltung der Sicht 100 25, Straßen 100 29 ff.

Einnahmenminderung durch Landtagsbeschlüsse 10 82

Einschreiben Zustellung 21 4

Einspruchsverfahren 70 77

Einstellung an Ausbildungsstellen 78 A.I, Arbeiten 60 64, Vollstreckung 22 11

Einstweilige Anordnung VerfGH 12 25

Einwohner Gemeinden 30 10

Einwohnerantrag Gemeinden 30 20b

Einwohnerversammlung Gemeinden 30 20a

Einziehung Eigentumserwerb an eingezogenen Gegenständen 43 3, Sachen 40 34, Straßen 100 7

Eisenbahnen Nachbarrecht 73 21

Elektronische Aktenführung 29c 6, Übertragen und Vernichten des Papieroriginals 29c 7

Elektronische Bezahlmöglichkeiten 29c 4

Elektronische Formulare 29c 11

Elektronische Informationen und Verfahren 29c 3

Elektronische Kommunikation Schutz personenbezogene Daten 24 3b, Verwaltungsverfahren 24 3a

Elektronischer Rechnungsempfang 29c 4a

Elektronischer Zugang zur Verwaltung 29c 2

Elektronisches Verwaltungshandeln 29c 2 ff

Elektronisches Verwaltungsverfahren Akteneinsicht 29c 8, Nachweise 29c 5, Optimierung von Verwaltungsabläufen vor Einführung des - 29c 9

Elektronische Zustellung 21 5a

Eltern Erziehungsrecht 10 15

Empfangsbekenntnis Zustellung gegen – 21 5

Empfangsbevollmächtigter Verwaltungsverfahren 24 15

Endnote juristische Staatsprüfung 77 19

Energieeinsparmaßnahme baulicher Wärmeschutz 66 8

Enteignung angemessene Entschädigung 63 44, Antrag 63 18, Aufhebung des Enteignungsbeschlusses 63 35, Aufwendungen der Beteiligten 63 40, Ausführungsanordnung 63 32, Auslagen 63 39, bei Straßenbaumaßnahmen 100 40, Beteiligte 63 19, Einigung 63 27, elektronische Kommunikation 63 1a, Enteignungsbehörde 63 17, Enteignungsbeschluss 63 35, Entschädigung 63 44 ff., Entschädigung in Geld 63 21, Entschädigung in Land 63 14, Gebühren 63 39, Gegenstand 63 3, Härteausgleich 63 16, Hinterlegung 63 33, Kosten 63 39, mündl. Verhandlung 63 22 f., Nebenberechtigte 63 11, Ordnungswidrigkeiten 63 45, Planfeststellung 63 24 f., Rechtsverlust 63 9, Rückenteignung 63 42 f., Umfang 63 5, Verfahren 63 17 ff., Verfügungs- und Veränderungssperre 63 26, Verteilungsverfahren 63 34, Verwendungsfrist 63 30, vollstreckbarer Titel 63 36, Vorarbeiten auf Grundstücken 63 6, vorzeitige Besitzeinweisung 63 37 f., Zulässigkeit 63 4, Zweck 63 2

Enteignungsentschädigung 11 15

Entlassung Rechtsreferendare 77 51, Regierungsmitglieder 10 56, Richter 10 66

Entschädigung Abgeordnete 10 40, bei Anbaubeschränkungen an öffentl. Straßen 100 24, bei Enteignung 11 15, 63 44 ff., Enteignungsverfahren 63 20, für fehlerhafte Beschlagnahme von Druckwerken 80 17, Mitglieder des VerfGH 12 7, nach StraßenG 100 60

Entsorgungsanlagen Veränderungssperre 50 17 f.

Entwicklungsplan 64 3, Arten 64 6, Aufstellung/Fortschreibung 64 9, Inhalt des Landes- 64 7, Inhalt fachlicher – 64 8, Verbindlicherklärung 64 10

Entwurfsverfasser 60 43

Erbrecht 11 14

Ergänzungswahl Gemeinderat 30 31

Ergebnishaushalt 32 2

Erhöhungen Nachbarrecht 73 9 f.

Erholungswald 53 33, 53a 33

Erinnerung gegen Kostenansatz 75 20

Erkennungsdienstliche Maßnahmen 40 36

Erklärte Wald-, Reb- bzw. Gartenbaulage 73 28

Erlass Ansprüche 32 32, Justizkosten 75 9

Erlass von Rechtsverordnungen 11 80

Erledigung Verfahren vor dem VerfGH 12 24

Ermächtigung Erlass von Rechtsverordnungen 10 61

Ermessensausübung 24 40

Ermessensentscheidung behördliche 70 114

Ermittlungspersonen der Staatsanwaltschaft 40 81, Außenprüfungs- und Steueraufsichtsdienst 42 1, Bergverwaltung 42 1, Bundesfinanzverwaltung 42 1, Fischereiverwaltung 42 1, Forstdienst 42 1, Gemeinde Vollzugsdienste 42 2, Grenzaufsichts- und -abfertigungsdienst 42 1, Jagd 42 1, Polizeivizepräsident 42 1, Polizeivollzugsdienst des Landes 42 1, Preisprüfer 42 2, Wasser- und Schifffahrtsverwaltung des Bundes 42 1, Weinkontrolleure 42 2

Ermittlungspersonen der Staatsanwaltschaft, Verordnung der Landesregierung über 42

Erneuerbare Energien Nutzungspflicht 66 4 ff

Erneuerbare-Wärme-Gesetz Begriffsbestimmungen 66 3, Geltungsbereich 66 2, Ordnungswidrigkeiten 66 23, Zweck 66 1

Eröffnungsbilanz 32 62

Ersatzdienst 11 12a, Einschränkung der Grundrechte 11 17a

Ersatzland Enteignungsentschädigung 63 14

Ersatzpflicht für Verfolgungsmaßnahmen 43 6

Ersatzverkündung 14 3

Ersatzvornahme als Zwangsmittel 22 25, Gebühr 23 6

Ersatzweg 100 14

Erstattung Aufwendungen im Enteignungsverfahren **63** 40, bei Rücknahme oder Widerruf eines Verwaltungsakts **24** 49

Ersuchte Richter Verfahren vor dem VerfGH **12** 18

Erwachsenenbildung 10 22

Erwerbsgartenbaugrundstücke Nachbarrecht **73** 18

Erziehung 10 11

Erziehungsbeihilfen 10 11

Erziehungsberechtigte Mitwirkung im Schulwesen **10** 17

Erziehungsrecht der Eltern **10** 15

Erziehungsziele 10 12

Europäische Produktionen Medien **81** 4

Europäische Union Beteiligung des Landtags **10** 34a, Gebührenvorschriften **25** 8, Kommunalwahlrecht von EU-Staatsangehörigen **10** 72

Europäische Verwaltungszusammenarbeit 24 8a ff., Ersuchen **24** 8b, Hilfeleistung **24** 8a, Kosten der Hilfeleistung **24** 8c, Mitteilungspflichten **24** 8d

EU-Staatsangehöriger Kommunalwahlrecht **10** 72

Explosivmittel Gebrauch **40** 54a

Fachaufsicht Gemeinden **30** 129, Polizeibehörde **40** 64

Fachbediensteter beim Landkreis 33 50

Fahrräder Stellplätze **60** 37

Fahrzeugausschreibung 40 25

Familie 11 6, Chancengleichheit **28a** 28 ff.

Fehlbeträge Gemeindehaushalt **32** 23

Fehler, Hauptstichwort fehlt Verbandssatzung des Zweckverbands **35** 7

Feiertag verfassungsrechtlicher Schutz **10** 3

Feldwege Widmung **100** 55

Fenster 61 13

Fensterprogramm 81 27, iSd LandesmedienG **81** 2

Fensterschutzrechte 73 31

Fernmeldegeheimnis Unverletzlichkeit **11** 10

Festsetzungsverjährung 25 17

Feststellungsklage 70 43

Feuerungsanlagen 60 32, Inbetriebnahme **60** 67

Feuerwehr Bauvorschriften **61** 2

Finanzausgleich zwischen Land und Kommunen **10** 73

Finanzhaushalt 32 3

Finanzierung Landesanstalt für Kommunikation **81** 46 f., Privatrundfunk **81** 11

Finanzmittel 32 15

Finanzplanung Gemeinden **30** 85

Finanzwesen Land **10** 79 ff.

Fischerei 51 38

Flächennutzungsplan Heilung von Verfahrens- und Formfehlern **30** 4

Flaggen Landkreise **34** 2, unbefugte Benutzung **43** 8

Fliegende Bauten 60 69

Flughafen Öffnungszeiten von Geschäften **90** 6

Flure 61 12

Förmliches Verwaltungsverfahren 24 63 ff., Anfechtung der Entscheidung **24** 70, Anhörungspflicht 66, Antrag **24** 64, besondere Vorschriften **24** 71, Entscheidung **24** 69, mündliche Verhandlung **24** 67 f., Sachverständige und Zeugen **24** 65

Forschungsfreiheit 11 5

Forstaufsicht 53 67 f., **53a** 67 f.

Forstbehörden 53 62, **53a** 62, Aufgaben **53** 65, **53a** 65, Zuständigkeit **53** 64, **53a** 64

Forstliche Rahmenplanung Grundsätze **53** 6 ff., **53a** 6 ff., Ziele und Aufgaben **53** 5, **53a** 5

Forstlicher Revierdienst 53 48, **53a** 48

Forstliche Versuchs- und Forschungsanstalt 53 76, **53a** 76

Forstnutzungsrechte 53 26, **53a** 26

Forstschutz 53 78 f., **53a** 78 f.

Forstschutzbeauftragte 53 79, 81, **53a** 79, 81

Forststatistik 53 75, **53a** 75

Forstverwaltung s. Landesforstverwaltung **53**, **53a**

Forstwirtschaft Förderung **53** 42 ff., **53a** 42 ff.

Fraktionen 30 32a, aus Kreisräten **33** 26a

Freie Wohlfahrtspflege verfassungsrechtliche Gewährleistung **10** 87

Freiheit Allgemeines Recht **11** 2

Freiheitsentziehung 11 104

Freiversuch juristische Staatsprüfung **77** 22

Freizügigkeit 11 11

Fremdenverkehr Fremdenverkehrsbeiträge **37** 44

Fristen im Baugenehmigungsverfahren **60** 54, Kommunalwahlen **36** 56, Verwaltungsverfahren **24** 31, Verwendungsfrist bei Enteignung **63** 30

Fünf-Prozent-Klausel 10 28

Garagen 60 37

Gastreferendare Juristenausbildung **77** 43

Gaststättenerlaubnis Gaststätten **91** 3

Gaststättengesetz sachliche Zuständigkeit für die Ausführung **91** 1

Gaststättenverordnung 91 Ordnungswidrigkeiten **91** 14

Gebäude Begriff **60** 2, Nachbarrecht **73** 1 ff.

Gebäudeindividueller energetischer Sanierungsfahrplan 66 9

Gebietsänderung Gemeinde **10** 74

Gebühren Enteignungsverfahren **63** 39, Entstehung **25** 3, Fälligkeit **25** 18, Festsetzung **25** 4, Justizverwaltungsangelegenheiten **75** 1 ff., Sachverständige **25** 13, Sondernutzung von Straßen **100** 19, Umweltinformation **27** 33

Gebührenarten 25 12

Gebührenbemessung 25 7

Gebührenerlass 25 22

Gebührenerleichterungen 25 11

Gebührenfreiheit 25 9 f., Justizkosten **75** 7

Gebührenhinterziehung 25 25

Gebührenniederschlagung 25 22

Gebührensätze Kommunalabgaben **37** 11

Gebührenstundung 25 21

Gebühren- und Auslagenentscheidung 25 16, Rechtsbehelf **25** 24

Gebührenverkürzung 25 25

Gefahr im Verzug örtliche Zuständigkeit **24** 3, vorläufige Maßnahmen der Polizei **40** 2

Gefährliche Abfälle Entsorgung **50** 12 ff.

Gegendarstellung Medien **81** 9, Presse **80** 11

Gegenstromprinzip 64 2

Gehege im Wald 53 34, **53a** 34

Geheimhaltungsbedürftige Angelegenheiten der Gemeinde 30 55

Gehölze Nachbarrecht **73** 16

Gehwege an Ortsdurchfahrten **100** 47

Geld Enteignungsentschädigung **63** 21

Geldbuße Empfänger **43** 2

Geltungsdauer Baugenehmigung **60** 62

Gemeinde Auflösung **10** 74, Aufsicht **10** 75, Gebietsänderung **10** 74, lokale Allzuständigkeit **10** 71, Selbstverwaltung **11** 28, Selbstverwaltungs-

garantie **10** 71, Steuer- und Abgabenerhebungsrecht **10** 73

Gemeindebedienstete 30 56 ff.

Gemeindefreie Grundstücke 30 7

Gemeindegebietsänderungen 30 9

Gemeindegliedervermögen 31 13

Gemeindehaushalt Ausgabenüberwachung **32** 26, Deckungsgrundsätze **32** 18 ff., Deckungsreserve **32** 13, durchlaufende Gelder **32** 21, Einnahmenüberwachung **32** 25, Erlass von Ansprüchen **32** 32, Erläuterungen **32** 17, Fehlbeträge **32** 23, Finanzplanung **32** 24, fremde Mittel **32** 15, Gesamtdeckung **32** 18, Haushaltsausgleich **32** 22, Haushaltsplan **32** 1 ff., haushaltswirtschaftl. Sperre **32** 29, Investitionen **32** 12, Jahresabschluss **32** 47 ff., Kleinbeträge **32** 33, Kosten- und Leistungsrechnungen **32** 12, 14, Liquidität **32** 22, Nachtragshaushaltsplan **32** 8, Niederschlagung von Ansprüchen **32** 32, Rücklagen **32** 23, Rückstellungen **32** 41, Rückzahlungen **32** 16, Stellenplan **32** 5, Stundung von Ansprüchen **32** 32, Verfügungsmittel **32** 13, Vergabe von Aufträgen **32** 31, Verpflichtungsermächtigungen **32** 11, Vorbericht **32** 6, Zweckbindung **32** 19

Gemeindehaushaltsverordnung 32

Gemeindekasse 30 93

Gemeinden Amtsantritt des Bürgermeisters **31** 11, Anschluss- und Benutzungszwang **31** 8, Ansprüche gegen Gemeinderäte/Bürgermeister **30** 126, Aufgaben **30** 2, Aufsicht **30** 118 ff., Aufwendungen für Ratschreiber/Notariate **59** 21, Ausschluss wegen Befangenheit **30** 18, Begriff **30** 1, Beteiligung an privatrechtlichen Unternehmen **30** 103 ff., Bezeichnung **31** 2, Bezirksverfassung **30** 64, Bürgerrecht **30** 12 f., Dienstsiegel **31** 4, ehrenamtliche Tätigkeit **30** 15 ff., Ehrenbürgerrecht **30** 22, Einwohner **30** 10 ff., Einwohnerantrag **30** 20b, Einwohnerversammlung **30** 20a, Fachaufsichtsbehörden **30** 129, Flaggen **31** 3, Gebietsänderungen **31** 6, Gemeindegebiet **30** 7 ff., Gemeindekasse **30** 93, Grenzstreitigkeiten **31** 5, Große Kreisstädte **30** 3, Hand- und Spanndienste **31** 7, Hauptsatzung **30** 4, Haushaltswirtschaft **30** 77 ff., Jahresabschluss **30** 95 ff., Kassengeschäft **30** 94, Liquiditätssicherung **30** 89, Mitwirkung bei Wahlvorbereitung **13** 20, Name **31** 2, nichtige Rechtsgeschäfte **30** 117, Öffentliche Bekanntmachungen **31** 1, Organe **30** 23 ff., örtliche Bauvorschriften **60** 74, örtliche Prüfung **30** 109 ff., Ortschaftsverfassung **30** 67 ff., Programmprüfung **30** 114a, Prüfungswesen **30** 109 ff.,

Rechtsaufsichtsbehörden **30** 119, Sondervermögen **30** 96 f., Stadtkreise **30** 3, Treuhandvermögen **30** 97 f., überörtliche Prüfung **30** 113 ff., untere Baurechtsbehörden **60** 46, Unterrichtung der Einwohner **30** 20, unwirksame Rechtsgeschäfte **30** 117, Verfassung **30** 23 ff., Vermögen **30** 91, Verpflichtungserklärungen **30** 54, Verträge mit Gemeinderäten/Bürgermeister **30** 126, Verwaltung **30** 23 ff., Verwaltungsgemeinschaft **30** 59 ff., Wahlrecht **30** 14, Wappen **31** 3, Weisungsaufgaben **30** 2, Wirkungskreis **30** 2, wirtschaftliche Unternehmen **30** 102 ff., Zusatzentschädigung elektronische Erfassung **75** 21a, Zwangsvollstreckung **30** 127

Gemeindeordnung 30

Gemeinderat Ältestenrat **30** 33a, Amtszeit **30** 30, Aufgaben **30** 24, Ausscheiden **30** 31, beratende Ausschüsse **30** 41, Beschließende Ausschüsse **30** 39 f., **31** 10, Eigenbetriebe **38** 9, Einberufung der Sitzungen **30** 34, Ergänzungswahl **30** 31, Hinderungsgründe **30** 29, Nachrücken **30** 31, Rechtsstellung **30** 32, unechte Teilortswahl **30** 27, Veröffentlichung im Internet **30** 41b, Wahl **30** 26, Wählbarkeit **30** 28, Zusammensetzung **30** 25

Gemeinderatssitzung Beschlussfassung **30** 37, Niederschrift **30** 38, Öffentlichkeit **30** 35, Teilnahmepflicht **30** 34, Verhandlungsleitung **30** 36

Gemeindesatzung öffentliche Bekanntmachungen **30** 4, Verfahrens- und Formfehler **30** 4

Gemeindesteuern 37 9

Gemeindestraßen 100 3

Gemeindeverband Auflösung **10** 74, Aufsicht **10** 75

Gemeindeverbindungsstraßen 100 3

Gemeindevertretung 10 72

Gemeindewahlausschuss 36 11

Gemeindewirtschaft 30 77 ff.

Gemeindliche Vollzugsbedienstete 40 80, **41** 31 ff.

Gemeingebrauch Straßen **100** 21 f.

Gemeinsame Dienststelle Gemeinden und Landkreise **35** 27

Gemeinsame selbstständige Kommunalanstalten 35 24a f., Aufsicht **35** 28

Gemeinsame Wahlvorschläge 13 3

Gemeinschaftsanlagen bauliche Anlagen **60** 40

Gemeinschaftskunde ordentliches Lehrfach **10** 21

Gemeinschaftsschule 10 15 f.

Gemeinschaftswald 53 56 ff., **53a** 56 ff.

Genehmigung Baugenehmigung **60** 58 ff.

Genehmigungspflicht Bauvorhaben **60** 49

Gentechnisch veränderte Organismen 52 35

Georeferenzierung 29c 12

Gerichtliche Entscheidung Enteignungsverfahren **63** 41

Gerichtliches Verfahren 71 18a ff.

Gerichtsverfassung Verwaltungsrechtsweg und Zuständigkeit **70** 40

Gerichtsvollzieher Beitreibung **22** 15a, GerichtsvollzieherkostenG **75** 3

Gerüste Nachbarrecht **73** 8

Gesamtabschluss 32 56 ff.

Gesamtanlage 65 19

Gesamtnote juristische Staatsprüfung **77** 59

Geschäftsbereiche Regierungsmitglieder **10** 45

Geschäftsordnung VerfGH **12** 29

Geschützte Landschaftsbestandteile 52 31

Gesetz Ausfertigung, Verkündung, Inkrafttreten **10** 63, Gleichheit vor **11** 3

Gesetzeskraft Urteile des VerfGH **12** 23

Gesetzesvorlagen 10 59

Gesetzgebung 11 70 ff.

Gesetzlicher Vertreter Zustellung an – **21** 6

Gesetz über Mitwirkungsrechte und das Verbandsklagerecht für anerkannte Tierschutzorganisationen Zweck **29a** 1

Gestaltung bauliche Anlagen **60** 11

Gestattung Gaststätten **91** 3

Gewahrsamnahme 40 28, **41** 1

Gewaltenteilung 10 25

Gewässer Einteilung **51** 3, Nachbarrecht **73** 21, öffentliche **51** 4 ff.

Gewässeraufsicht 51 75 ff.

Gewässerausbau 51 54 ff.

Gewässerbegriff 51 2

Gewässerbewirtschaftung 51 12 ff., Grundwasser **51** 42 f., oberirdische Gewässer **51** 20 ff., Schifffahrt **51** 39 ff.

Gewässereinteilung 51 1 ff.

Gewässerschutzbeauftragte 51 52

Gewässerunterhaltung 51 30 ff.

Gewissensfreiheit 11 4

Glaubensfreiheit 11 4

Gleichheitsgrundsatz 11 3, 33

Gleichstellung Ausbildung **28a** 11, Bewerbungsgespräche **28a** 10, Chancengleichheitsplan **28a** 5 ff., Fort- und Weiterbildung **28a** 12, Personalgespräche **28a** 10, Stellenausschreibung **28a** 9

Gleichstellungspolitik kommunale **28a** 24 ff.

Gleichzeitig durchzuführende Wahlen 36 37 f.

Gnadenrecht des Ministerpräsidenten **10** 52

Grabungsschutzgebiet 65 22

Grenzänderungen Anhörung der Bürger **36** 40

Grenzwände Nachbarrecht **73** 7e

Große Kreisstadt Aufsicht **20** 21

Große Kreisstädte 30 3

Gruben Einleitung von Abwasser **61** 17

Grundgesetz 11

Grundrecht in Landesverfassungen **11** 142, Verwirkung **11** 18, vor Gericht **11** 103

Grundrechte 11 1 bis 19, des Grundgesetzes **10** 2, Verbindlichkeit **11** 1

Grundrechtseinschränkung Bauordnung **60** 47, durch polizeiliche Maßnahmen **40** 4, durch Vollstreckungsmaßnahme **22** 29

Grundschulen 10 15

Grundstücke Bebauung **60** 4 ff., Enteignung **63** 1 ff., Höhenlage **60** 10, Teilung von – **60** 8

Grundstücksanschlüsse Beiträge **37** 42

Gründungstiefe Nachbarrecht **73** 7a

Grundwasser Bewirtschaftung **51** 42 ff.

Grünordnungspläne 52 12

Gutachterausschüsse Verwaltungsgebühren **37** 12

Haftung bei Amtspflichtverletzung **11** 34

Hammerschlags- und Leiterrecht 73 7d

Handlungsfähigkeit Verwaltungsverfahren **24** 12

Hand- und Spanndienste Gemeinden **31** 7

Härteausgleich Enteignungsentschädigung **63** 16

Hauptschulen 10 15

Haushaltsausgleich Gemeindehaushalt **32** 24

Haushaltsgesetz 10 79

Haushaltsplan 10 79, Gemeinden **30** 80

Haushaltssatzung 30 79, Erlass **30** 81

Haushaltswirtschaft Gemeinden **30** 77 ff.

Haushaltswirtschaftliche Sperre Gemeindehaushalt **32** 29

Haus- und Grundstücksanschlüsse Beiträge **37** 42

Hecken Nachbarrecht **73** 12

Heimat Menschenrecht **10** 2

Heimatklausel Beamte in obersten Landesbehörden **10** 91

Herstellungskosten öffentliche Einrichtungen, Beiträge **37** 20 f.

Himmelsstrahler Unzulässigkeit im Außenbereich **52** 21

Hinterlegung Enteignungsentschädigung **63** 33

Hinterlegungssachen Kosten **75** 4 ff.

Hochhäuser Begriff **60** 2

Hochschulen Bestandsgarantie **10** 85

Hochschulfreiheit 10 20

Hochwasserschutz 51 65

Hoheitsrechte der Länder **11** 30

Höhenlage Grundstücke **60** 10

Höherer Verwaltungsdienst Befähigung **76** 11

Hopfenpflanzungen Nachbarrecht **73** 17

Hörfunk landesweites Hörfunkprogramm **81** 53

Horizontaler Laufbahnwechsel Beamter **28** 21

Hubschrauberstaffel Einsatz **41** 17

Hundesteuer 37 9

Immunität Abgeordnete **10** 38

Impressum 80 8

Indemnität Abgeordnete **10** 37

Informationsrecht Medien **81** 6, Presse **80** 4

Informationsregister 29 11

Informationszugang, Anspruch Ablehnung des Antrags **29** 9, Antrag und Verfahren **29** 7, Ausschluss **29** 6, 8, Einschränkung **29** 4, Gewährleistung des Schutzes personenbezogener Daten **29** 5

Inkompatibilität Minister **10** 53, Verfassungsgerichtshofmitglieder **10** 68

Installationsschächte und -kanäle 61 16

Integrationsausschuss 29b 11, 12

Integrationsbeauftragte 29b 14

Integrationsrat 29b 11, 13

Inventar Gemeindehaushalt **32** 37 ff.

Inventur Gemeindehaushalt **32** 37 ff.

Investitionen Gemeindehaushalt **32** 12, Übertragbarkeit **32** 21

Jagd Jagdsteuer **37** 10

Jahresabschluss 32 47 ff., Bilanzrechnung **32** 51, Eigenbetriebe **38** 16, Rechnungsabgrenzungsposten **32** 48

Jugendliche Beteiligung **30** 41a, Rechte und Schutz **10** 2a

Jugendschutz 10 21, unzulässige Sendungen **81** 4

Juristenausbildung 77 1, Gastreferendare **77** 43, Kombinationsstudiengänge **77** 36 ff., Regelstudienzeit **77** 3, Studium **77** 3

Juristenausbildungsgesetz 76

Juristenausbildungs- und Prüfungsordnung 77

Juristische Personen als Gemeindeeinwohner **30** 10, Beteiligungsfähigkeit im Verwaltungsverfahren **24** 11

Juristische Personen des öffentlichen Rechts Vollstreckung gegen **22** 22

juristische Prüfung Zuständigkeit **77** 2

juristische Staatsprüfung 77 52 ff., Aufsichtsarbeiten **77** 13 ff., Endnote **77** 19, Freiversuch **77** 22, Gesamtnote **77** 59, mündliche **77** 58, Niederschrift **77** 20, Noten/Punktzahlen **77** 15, Notenverbesserung **77** 23, Pflichtfächer **77** 8, Prüfer **76** 3, Prüfungsorte **76** 2, Rücktritt **77** 60, Täuschungsversuch **77** 63, Zuständigkeit **77** 2

Justizbeitreibungsordnung 75 2

Justizforderungen Einzug **75** 9a

Justizkosten Beitreibung **75** 2, Stundung und Erlass **75** 9

Justizverwaltungsangelegenheiten Gebühren und Auslagen **75** 1

Kahlhieben 53 15 f., **53a** 15 f.

Kandidatur für den Landtag **10** 29

Kapitalflussrechnung 32 57

Kenntnisgabeverfahren bauliche Anlagen **60** 51

Kennzeichnung entgeltliche Presseveröffentlichungen **80** 10

Kfz-Stellplätze 60 37

Kind Pflege und Erziehung **11** 6, Rechte und Schutz **10** 2a

Kinder Beteiligung **30** 41a

Kinderspielplätze 61 1

Kirche 10 4, Leistungen **10** 7

Kirchenverträge 10 8

Kirchenwald 53 54, **53a** 54

Kirchliche Wohlfahrtspflege 10 6

Kleinbeträge Gemeindehaushalt **32** 33, Kommunalabgaben **37** 4

Kleinkläranlagen 61 17

Koalitionsfreiheit 11 9

Kombinationsstudiengänge Juristenausbildung **77** 36 ff.

Kommunalabgaben Abgabengefährdung **37** 8, Abgabenhinterziehung **37** 7, Abgabensatzungen **37** 2, Anwendung von Bundesrecht **37** 3, Beauftragung Dritter **37** 2, Beiträge **37** 20 ff., Benutzungsgebühren **37** 13, Datenerhebung bei Dritten **37** 2, Einschränkung von Grundrechten **37** 6, Fremdenverkehrsbeiträge **37** 44, gemeindefreie Grundstücke **37** 5, Gemeindesteuern **37** 9, Gutachterausschuss-Gebühren **37** 12, Haus- und Grundstücksanschlüsse **37** 42, Hundesteuer **37** 9, Kleinbeträge **37** 4, Kurtaxe **37** 43, leichtfertige Abgabenverkürzung **37** 8, Steuern **37** 9 f., Umlagen **37** 45, Verwaltungsgebühren **37** 11 ff.

Kommunalabgabengesetz 37

Kommunalaufsicht 10 75

Kommunale/r Wahlbeamter/in 28 92

Kommunale Migrantenvertretung Landesverband **29b** 10

Kommunale Selbstverwaltung Gewährleistung **10** 71

Kommunale Zusammenarbeit Rechtsformen **35** 1

Kommunale Zusammenarbeit, Gesetz über die 35

Kommunalwahlen Anfechtung **36** 31, Aufstellung der Bewerber **36** 9, Ausschüsse **36** 11 ff., Bekanntmachung **36** 3, Briefwahl **36** 19, Bürgeranhörung bei Grenzänderungen **36** 40, Bürgerbegehren/Bürgerentscheid **36** 41, Bürgermeisterwahl **36** 10, Feststellung des Wahlergebnisses **36** 21 ff., Fristen **36** 56, gleichzeitige Durchführung mehrerer Wahlen **36** 37 f., maßgebende Einwohnerzahl **36** 57, Prüfung **36** 30, Sitzverteilung **36** 25 ff., Stimmrecht von betreuten Personen **36** 57a, Stimmzettel **36** 18, teilweise Ungültigkeit **36** 33, Termine **36** 56, Vorbereitung **36** 2 ff., Wahlbezirke **36** 4, Wählerverzeichnis **36** 6, Wahlhandlung **36** 19 f., Wahlorgane **36** 11 ff., Wahlräume **36** 17, Wahlscheine **36** 7, Wahltag **36** 2, Wahlvorschläge **36** 8, Wiederholungswahl **36** 34 f.

Kommunalwahlgesetz 36

Kommunikation Landesanstalt für – **81** 29 ff.

Kompensationsmaßnahme 52 16

Kompensationsverzeichnis 52 18

Konsilidierungsbericht 32 58

Konstruktives Misstrauensvotum 10 54

Kontaktverbot polizeiliche Maßnahme **40** 27b

Körperschaften des öffentlichen Rechts Selbstverwaltungsgarantie **10** 71

Körperschaftsforstdirektion 53 63, **53a** 63

Körperschaftswald 53 46, 53, **53a** 46, 53

Kosten Amtshilfe **24** 8, Enteignungsverfahren **63** 39, Europäische Verwaltungszusammenarbeit **24** 8c, Landtagswahl **13** 54, VerfGH-Verfahren **12** 60, Verwaltungsvollstreckung **22** 31, Volksabstimmung **15** 25, Volksantrag **15** 46, Volksbegehren **15** 40

Kostenbeitreibung Justizkosten **75** 2

Kostenerstattung im Vorverfahren **24** 80

Kosten- und Leistungsrechnungen Gemeindehaushalt **32** 14

Kreditaufnahme Land **10** 84

Kreditaufnahmen Gemeinden **30** 87

Kreditbeschaffung vor Verabschiedung des Haushalts **10** 80

Kreiseinwohner 33 9 ff., ehrenamtliche Tätigkeit **33** 11 ff., Wählbarkeit **33** 23, Wahlrecht

Kreisrat Ausscheiden aus Kreistag **33** 25, Bildung von Fraktionen **33** 26a, Ergänzungswahl **33** 25, Hinderungsgründe **33** 24, Rechtsstellung **33** 26, Teilnahmepflicht **33** 29, Wahl **33** 22

Kreisräte Wahl **36** 38

Kreissteuern 37 10

Kreisstraßen 100 3

Kreistag 33 18, Ältestenrat **33** 28, Aufgaben **33** 19, Ausschüsse **33** 36, beschließende Ausschüsse **34** 4 f., Beschlussfassung **33** 32, Rechtsstellung **33** 19, Sitzungen **33** 29 ff., Unterrichtung der Kreiseinwohner **33** 17, Veröffentlichung im Internet **33** 36a, Zusammensetzung **33** 20

Kreistagssitzungen Niederschrift **33** 33

Kreisumlage 33 49

Kreiswahlleiter/Kreiswahlausschüsse 36 12

Kreuzungen Freihaltung der Sicht **100** 25, Straßen **100** 29 ff., Unterhaltung **100** 58

Kulturdenkmal allgemeiner Schutz **65** 8, Ausnahmen von der Genehmigungspflicht **65** 9, besonderer Schutz bei Katastrophen **65** 18, Enteignung **65** 25 f., Erhaltungspflicht **65** 6, Fund **65** 20 ff., Gottesdienst **65** 11, Mängelanzeigepflicht bei eingetragenem – **65** 16, Nachforschung zum Zweck der Entdeckung **65** 21, von

besonderer Bedeutung **65** 12 ff., vorläufiger Schutz **65** 17, Wirkung der Eintragung **65** 15

Kulturförderung verfassungsrechtlicher Auftrag **10** 3c

Kündigung öffentlich-rechtlicher Vertrag **24** 60

Kündigungsschutz bei Landtagskandidatur **10** 29

Kunstdenkmal verfassungsrechtlicher Schutz **10** 3c

Kunstfreiheit 11 5

Kurorte Kurtaxe **37** 43

Kurtaxe 25 15

Kurzberichterstattung Medien **81** 4

Ladenöffnungsgesetz 90 Anwendungsbereich **90** 1, Begriffsbestimmungen **90** 2

Ladenöffnungszeiten 90 3, an Kur-, Ausflugs-, Wallfahrtsorten **90** 7, anlässlich örtlicher Veranstaltungen **90** 8, Apotheken **90** 4, Arbeitnehmerschutz **90** 12, Aufsicht über Einhaltung **90** 13, Ausnahmen **90** 11, Bahnhöfe **90** 6, Flughäfen **90** 6, für besondere Warengruppen **90** 9, Marktverkehr **90** 10, Ordnungswidrigkeiten **90** 15, Tankstellen **90** 5, zuständige Behörde **90** 14

Lagebericht Eigenbetriebe **38** 16

Lageplan 62 4, Erstellung durch Sachverständige **62** 5

Lagerplätze bauliche Anlagen **60** 2

Land Enteignungsentschädigung **63** 14

Länder Hoheitsrechte **11** 30

Länderübergreifende Verwaltungsverfahren 24 96

Landesabfallgesetzgesetz 50

Landesamt für Denkmalpflege 65 3a

Landesanstalt für Kommunikation 81 29 ff.

Landesbauordnung 60 Geltung für Gaststätten **91** 4

Landesbeamtengesetz 28

Landesbeamter als Landrat **33** 40

Landesbeauftragte für Informationsfreiheit 29 12

Landesbeirat für Integration 29b 9

Landesdatenschutzgesetz 26

Landesenteignungsgesetz 63

Landesentwicklungsberichte 64 29

Landesfarben 10 24

Landesforstverwaltung Forstbehörden **53** 62 ff., **53a** 62 ff., Forstliche Versuchs- und Forschungsanstalt **53** 76, **53a** 76, Landesforstwirt-schaftsrat **53** 77, **53a** 77

Landesforstwirtschaftsrat 53 77, **53a** 77

Landesgebührengesetz 25

Landesinformationsfreiheitsgesetz Anwendungsbereich **29** 2, Begriffsbestimmungen **29** 3, Kosten für Leistungen **29** 10, Zweck **29** 1

Landesintegrationsbericht 29b 15

Landesjustizkostengesetz 75

Landesjustizprüfungsamt juristische Staatsprüfung **77** 53, Zuständigkeit **77** 6

Landeskriminalamt Aufgaben **41** 11, Verfolgungszuständigkeit **41** 12, Weisungsbefugnis der Staatsanwaltschaft **41** 14, Zusammenarbeit mit anderen Polizeidienststellen **41** 13

Landesmediengesetz 81

Landesnaturschutzverband 52 51

Landesordnungswidrigkeitengesetz 43

Landesplanung Aufgabe **64** 1

Landesplanungsbehörde 64 30

Landesplanungsgesetz 64

Landespressegesetz 80

Landesrecht Bundesrecht bricht **11** 31, Ersetzung durch – **11** 125a

Landesrundfunkanstalt iSd LandesmedienG **81** 2

Landesstraßen 100 3

Landesverband der kommunalen Migrantenvertretungen 29b 10

Landesverfassung 11 28, Grundrechte in **11** 142

Landesverteidigung Bauvorhaben **60** 70

Landesverwaltung Aufbau, räumliche Gliederung, Zuständigkeiten **10** 70

Landesverwaltungsgesetz 20

Landesverwaltungsverfahrensgesetz 24

Landesverwaltungsvollstreckungsgesetz 22

Landeswahlleiter/Landeswahlausschuss Landtagswahl **13** 11

Landeswaldgesetz 53, 53a

Landeswappen 10 24

Landesweites Hörfunkprogramm 81 53

Landkreis Aufgaben **33** 2, Auflösung **10** 74, Einrichtungen **33** 16, Einwohner **33** 9 ff., Erhebung einer Umlage **33** 49, Erhebung von Abgaben **33** 49, Erlass von Satzungen **33** 3, Gebiet **33** 6 ff., Gebietsänderungen **33** 7 f., Körperschaft des öffentlichen Rechts **33** 1, Mitwirkung bei Wahlvorbereitung **13** 20, Name **33** 4, Organe **33**

18 ff., Pflichtaufgaben **33** 2, Sitz **33** 4, Steuer- und Abgabenerhebungsrecht **10** 73, Wirkungskreis **33** 2, wirtschaftliche Betätigung **33** 48 ff.

Landkreisbedienstete 33 46 f.

Landkreise Dienstsiegel **34** 2, Finanzwesen-Fachbediensteter **33** 50, Flaggen **34** 2, öffentliche Bekanntmachungen **34** 1, Wappen **34** 2

Landkreisordnung 33

Landrat 33 18, Amtsantritt **34** 5, Amtszeit **33** 37, Aufgaben **33** 41, Leitung des Landratsamtes **33** 42, Rechtsstellung **33** 37 ff., 53, Stellenausschreibung **34** 6, Verpflichtungserklärungen **33** 44, Vollmachterteilung **33** 43, Wählbarkeit **33** 38 f.

Landratsamt Aufsicht **20** 20

Landschaft verfassungsrechtlicher Schutz **10** 3c

Landschaftserhaltungsverbände 52 65

Landschaftspläne 52 12

Landschaftsplanung grenzüberschreitende **52** 13, Inhalte **52** 10, Landschaftsprogramm und Landschaftsrahmenpläne **52** 11

Landschaftsprogramm 52 11

Landschaftsrahmenpläne 52 11

Landschft Eingriffe und Rechtsfolgen **52** 14 ff.

Landtag 10 27 ff., Alterspräsident **10** 30, Auflösung **13** 56, ausgabenerhöhende/einnahmenmindernde Beschlüsse **10** 82, Beschlüsse **10** 33, Einberufung **10** 30, Mandatserwerb **13** 46, Mehrheit der Mitglieder **10** 92, Ministeranklage **10** 57, Neuwahl **10** 30, Öffentlichkeit der Verhandlungen **10** 33, Petitionsausschuss **10** 35a, Präsidium **10** 32, Regierungsanwesenheit **10** 34, Selbstauflösung **10** 43, Sitzungsperiode **10** 30, Ständiger Ausschuss **10** 36, Untersuchungsausschuss **10** 35, Verhandlungen **10** 33

Landtagsauflösung Volksabstimmung **10** 43

Landtagsverhandlung Zutritt der Regierung **10** 34

Landtagswahl Anfechtung **13** 52, Ausscheiden von Abgeordneten **13** 47 ff., Bekanntmachung des Wahlergebnisses **13** 45, Briefwahl **13** 38, D'Hondt'sches Höchstzahlverfahren **13** 2, Ersatz von Abgeordneten **13** 47 ff., Feststellung des Wahlergebnisses **13** 39 ff., Fristen **13** 57, Gliederung des Wahlgebiets **13** 4 ff., Kosten **13** 54, Mandatsnachfolge **13** 47 f., Nachwahl **13** 50, Ordnungswidrigkeiten **13** 53, Parteiverbot **13** 49, Statistik **13** 58, Termine **13** 57, Vorbereitung der Wahl **13** 19 ff., Wählbarkeit **13** 9, Wahlhandlung **13** 33 ff., Wahlorgane **13** 10 ff.,

Wahlrecht **13** 7 f., Wahlsystem **13** 1 ff., Wahlvorschläge **13** 24 ff., Wiederholungswahl **13** 51

Landtagswahlgesetz 13

Laufbahnbefähigung Beamte **28** 16

Laufbahnen Beamte **28** 14 ff.

Lehre Freiheit der **11** 5

Lehrer Ausbildung **10** 19

Lehrfreiheit 10 20

Lehrstühle theologische Fakultäten **10** 10

Lehrstühle der theologischen Fakultäten Besetzung **10** 10

Lehrveranstaltungen Rechtsreferendare **77** 48, **78** C.1 ff.

Leichtfertige Abgabenverkürzung 37 8

Leistungen an die Kirchen **10** 7

Leitungen Nachbarrecht **73** 7f

Leitungsanlagen 60 31

Lernmittelfreiheit 10 14

Lichtöffnungen Abstand **73** 3, 5

Liquiditätssicherung Gemeinden **30** 89

Listen Listenverbindung **13** 3

Lotterien Ordnungswidrigkeiten **43** 7

Lüftung Lüftungsanlagen **61** 15, Lüftungsleitungen **61** 15

Mahngebühr 23 1

Mahnung vor Beitreibung **22** 14

Mandat Aberkennung **12** 43, Erwerb und Verlust **10** 41, Nachfolge **13** 47 f.

Maßgebende Einwohnerzahl Kommunalwahlen **36** 57

Mauerrechte 73 32

Medien Aufsicht über die Landesanstalt **81** 48, Aufzeichnungspflicht **81** 8, Auskunftspflicht **81** 7, Datenschutz **81** 49 f., Eigenständigkeit der Programme **81** 10, Europäische Produktionen **81** 4, Finanzierung der Landesanstalt **81** 46, Finanzierung des Privatrundfunks **81** 11, Gegendarstellungspflicht **81** 9, Jugendschutz **81** 4, Kurzberichterstattung **81** 4, Landesanstalt für Kommunikation **81** 29 ff., landesweites Rundfunkprogramm **81** 53, Medienrat **81** 41 ff., Ordnungswidrigkeiten **81** 51, örtl. Zuständigkeit bei Verwaltungsrechtsstreit **81** 52, Programmgrundsätze **81** 3, programml. Zusammenarbeit **81** 10, Rechtsaufsicht über die Landesanstalt **81** 48, Sendezeit für Dritte **81** 5, Sorgfaltspflicht **81** 3, Speicherungspflicht **81** 8, Übertragungskapazitäten **81** 18 ff., unzulässige Sendungen **81** 4, verantwortl. Redakteur **81** 7, Verlautbarungs-

pflicht **81** 5, Weiterverbreitung von Programmen **81** 15, Wirtschaftsführung der Landesanstalt **81** 46, Zulassung privater Rundfunkveranstalter **81** 12 ff., Zuweisung von Übertragungskapazitäten **81** 18 ff.

Medienrat Landesanstalt für Kommunikation **81** 41 ff.

Meinungsfreiheit 11 5

Meinungsvielfalt Medien **81** 23 ff.

Menschen mit Migrationshintergrund Teilhabe in Gremien **29b** 7

Menschenrecht auf Heimat **10** 2

Menschenwürde 11 1

Minister Amtseid **10** 48, Amtsverhältnis **10** 53, andere Amts-, Gewerbe- oder Berufsausübung **10** 53, Entlassung **10** 56, Inkompatibilität **10** 53, Ministeranklage **12** 30 ff., Rücktritt **10** 55

Ministerien Aufgaben **13** 5

Ministerpräsident Beamten- und Richterernennung **10** 51, Gnadenrecht **10** 52, Richtlinienkompetenz **10** 49, Rücktritt **10** 55, Vertretung des Landes **10** 50, Wahl **10** 46

Misstrauensvotum konstruktives **10** 54

Mündliche Prüfung juristische Staatsprüfung **77** 58

Mündliche Verhandlung Enteignungsverfahren **63** 22 f., VerfGH **12** 16

Nachbarbeteiligung 60 55

Nachbargrundstücke Übernahme von Abständen **60** 7

Nachbarrechtsgesetz 73

Nachhaltige Waldbewirtschaftung 53 13, **53a** 13

Nachlasssachen Gebühren und Auslagen **75** 19

Nachtragshaushaltsplan Gemeindehaushalt **32** 8

Nachtragshaushaltssatzung 30 82

Nachwahl Landtagswahl **13** 50

Natur Eingriffe und Rechtsfolgen **52** 14 ff., Erholung **52** 43

Naturdenkmale 52 30

Naturkatastrophe Notstand **10** 62

Natürliche Lebensgrundlagen Schutz **11** 20a

Naturparke 52 29

Naturschutz Aufgaben der Behörden und Planungsträger **52** 6, Behördliche Befugnisse **52** 52 ff., Betreten der freien Landschaft **52** 44 f., Fördergrundsätze **52** 5, Land-, Forst- und Fischereiwirtschaft **52** 7, Reiten in freier Landschaft **52** 45, Umweltbeobachtung **52** 8, Verpflichtung der öffentlichen Hand **52** 2 f.

Naturschutzbehörden 52 57 f.

Naturschutzdienst 52 66 f.

Naturschutzfachbehörden 52 59 f.

Naturschutzfonds 52 62

Naturschutzgebiete 52 28

Naturschutzgesetz Regelungsgegenstand **52** 1

Naturschutz-Gütesiegel 52 9

Naturschutzvereinigungen 52 49 ff.

Naturschutzvorschriften Vollzug **52** 4

Nebenberechtigte Enteignungsentschädigung **63** 11

Nebenbestimmungen zum Verwaltungsakt **24** 36

Netz „Natura 2000" 52 36 ff.

Neuwahl Kommunalwahlen **36** 34 ff., Landtag **10** 30

Nichtigkeit öffentlich-rechtlicher Vertrag **24** 59, Verwaltungsakt, Feststellungsklage **70** 43

Nichtwohngebäude Nutzungspflicht **66** 13 ff

Niederschlagung laufende Strafverfahren **10** 52

Niederschrift juristische Staatsprüfung **77** 20, Kreistagssitzungen **33** 33, Vollstreckungshandlungen **22** 10

Normenkontrolle Antrag des Landtags oder der Regierung **12** 48 ff., auf Antrag von Gerichten **12** 51, kommunalrechtliche **12** 54, vorkonstitutionelles Recht **10** 88

Normenkontrollverfahren 71 4

Notare Gebührenanteile im badischen Rechtsgebiet **75** 10 ff.

Notargebühren Festsetzung durch Verwaltungsakt **75** 14

Notenverbesserung juristische Staatsprüfung **77** 23

Notparlament 10 62

Notstand 10 62

Nottestament Gebühren und Auslagen **75** 17

Notveräußerung sichergestellte Sachen **41** 3

Notverkündung 14 4

Notwendige Flure 61 12

Nutzungspflicht Ausnahmen und Befreiungen **66** 19, erneuerbarer Energien **66** 4 ff, Ersatzmaßnahme **66** 10, Gebäudekomplex **66** 12, Kombinationsmöglichkeit **66** 11, Nachweispflicht **66** 20, Nichtwohngebäude **66** 13 ff

Nutzungs- und Nachweispflicht zuständige Behörde zur Überwachung der Einhaltung der – **66** 22

Nutzungsuntersagung bauliche Anlagen **60** 65

Oberbürgermeister 30 42

Oberste Dienstaufsichtsbehörde Verwaltungsgerichte **71** 2

Oberste Landesbehörde Aufgaben **13** 4

Oberste Landesbehörden 20 7 ff.

Öffentliche Bekanntmachungen Gemeinden **31** 1, Landkreise **34** 1

Öffentliche Bekanntmachung im Internet 24 27a

Öffentlicher Dienst 10 77, Zugang **11** 33

Öffentliche Sicherheit und Ordnung 40 1

Öffentliche Volksschulen 10 15

Öffentliche Wasserversorgung 51 44

Öffentliche Zustellung 21 11

Offentlichkeisbeteiligung 60 55

Öffentlichkeit Kreistagssitzungen **33** 30, Verbandsversammlungssitzungen **24** 15, Verhandlungen des Landtags **10** 33

Öffentlichkeitsbeteiligung 24 25, **27** 2

Öffentlich-rechtliche Entsorgungsträger 50 6 ff.

Öffentlich-rechtlicher Vertrag 24 54 ff., Anpassung **24** 60, Austauschvertrag **24** 56, Kündigung **24** 60, Nichtigkeit **24** 59, Schriftform **24** 57, Unterwerfung unter die sofortige Vollstreckung **24** 61, Vergleichsvertrag **24** 55, Zulässigkeit **24** 54, Zustimmung von Dritten und Behörden **24** 58

Öffentlich-rechtliche Vereinbarung kommunale Zusammenarbeit **35** 25 ff.

Offizialmaxime Verwaltungsverfahren **24** 24

Ordnungswidrigkeiten BauO **61** 19, Brandverhütung **43** 10, EnteignungsG **63** 45, Flaggen, unbefugte Benutzung **43** 8, LandesmedienG **81** 51, LandtagswahlG **13** 53, Lotterien **43** 7, Lotteriewesen **43** 8, Parken auf Privatgrundstücken **43** 12, Polizeiverordnungen **40** 18, PresseG **80** 22, Selbstschussgeräte **43** 11, StraßenG **100** 54, Unfallverhütung **43** 9, Waldbesitzer **53** 84, **53a** 84, Wappen, unbefugte Benutzung **43** 8, Zuständigkeit **43** 15 f.

Örtliche Bauvorschriften 60 74

Örtliche Stiftungen Gemeinden **30** 101

Örtliche Verbrauch- und Aufwandsteuern 37 9

Örtliche Zuständigkeit Verwaltungsverfahren **24** 3

Ortschaftsrat 30 69, Aufgaben **30** 70

Ortschaftsverfassung 30 67 ff., Aufhebung **30** 73

Ortsdurchfahrt Straßen **100** 8, technische Verwaltung **100** 53

Ortsrecht 30 4

Ortsstraßen 100 3

Ortsvorsteher 30 71

Parken auf Privatgrundstücken Ordnungswidrigkeit **43** 12

Parteien 11 21

Parteiverbot Folgen **30** 31a, **33** 25a, Mandatsverlust **13** 49

Partizipations- und Integrationsgesetz Aufgaben des Landes **29b** 5, Begriffsbestimmungen **29b** 4, Geltungsbereich **29b** 1, Grundsätze **29b** 3, Ziele **29b** 2, 6

Passives Wahlrecht 10 28

Periodische Druckwerke iSd PresseG **80** 7

Personalaktendaten Beamte **28** 83 ff.

Personenausschreibung 40 25

Personenbezogene Daten 41 4 ff., Dateienabgleich **41** 6 f., Datenabgleich **40** 39 f., Löschung **41** 6, Löschung, Sperrung, Berichtigung **40** 46, Schutz **76** 9, Speicherung, Veränderung, Nutzung **40** 37 f., Übermittlung **26** 6, Überprüfungsfristen **41** 5

Personenfeststellung 40 26 ff.

Persönliche Zulassungsvoraussetzungen Privatrundfunkveranstalter **81** 21

Pestizidverbot 52 34

Petitionsausschuss Landtag **10** 35a

Petitionsrecht 11 17

Pfändungsgebühr 23 2

Pflegliche Waldbewirtschaftung 53 14, **53a** 14

Pflichtaufgaben Gemeinden **91** 1, nach Weisung **60** 47

Pflichtstationen Referendarausbildung **78** B.III. 1 ff.

Pflichtverband 35 11, 24

Pflichtvereinbarung öffentlich-rechtliche **35** 27a

Pilotprojekte Medien **81** 16

Planerhaltung 64 5

Planfeststellung Enteignungsverfahren **63** 24 f., mehrere Vorhaben **24** 78, Rechtswirkungen **24** 75, Straßen **100** 37 ff.

Planfeststellungsbeschluss 24 74, Aufhebung **24** 77, Planänderungen **24** 76

Planfeststellungsverfahren 24 72 ff., Anhörung **24** 73

Plangenehmigung 24 74

Planung Straßen **100** 36 ff.

Planungsgrundsätze Haushaltsjahr **32** 10 ff.

Platzverweis polizeiliche Maßnahme **40** 27a

Polizei Aufgaben **40** 1 f., Befragung **40** 19, Bild- und Tonaufzeichnungen der **40** 21, Datenerhebung **40** 19 ff., Freistellung vom Waffengesetz **30** 6, Kosten **40** 82 f., Organisation **40** 59 ff., Zusammenarbeit der Polizeidienststellen **41** 8

Polizeibehörde allgemeine **40** 62, Arten **40** 61, Dienstaufsicht **40** 63, Fachaufsicht **40** 64

Polizeidienststellen Zusammenarbeit **41** 8

Polizeigesetz 40

Polizeiliche Maßnahme Entschädigung **40** 55 ff.

Polizeiliche Maßnahmen 40 3 ff., Annäherungsverbot **40** 27a, Aufenthaltsverbot **40** 27a, gegen den Besitzer **40** 7, gegen den Eigentümer **40** 7, gegen den Inhaber der tatsächlichen Gewalt **40** 7, gegen den Verursacher **40** 6, gegen unbeteiligte Personen **40** 9, Grundrechtseinschränkungen **40** 4, Platzverweis **40** 27a, Rückkehrverbot **40** 27a, unmittelbare Ausführung **40** 8, Verhältnismäßigkeitsgrundsatz **40** 5, Vorladung **40** 27, Wohnungsverweis **40** 27a

Polizeipräsidium Einsatz **41** 15 ff., Aufgaben **41** 16

Polizeiverordnungen Alkoholkonsumverbot **40** 10a, Außerkrafttreten **40** 17, Erlass **40** 10, Inhalt **40** 11, Prüfung durch Fachaufsichtsbehörde **40** 16, Zuständigkeit **40** 13, Zustimmungsvorbehalte **40** 15

Polizeivollzugsdienst Aufbau **40** 70 ff., Besondere **40** 80 ff., Zuständigkeit **40** 75 ff.

Polizeizwang 40 49 ff.

Postgeheimnis Unverletzlichkeit **11** 10

Praktische Studienzeit Juristenausbildung **77** 5

Präsidium Technik, Logistik, Service der Polizei Aufgaben **41** 20, Zuständigkeit **41** 19

Presse Beschlagnahme **80** 21 ff., Beschlagnahmeverbot **80** 23, Beweissicherung **80** 19, Entschädigung für fehlerhafte Beschlagnahme **80** 17, Gegendarstellungsanspruch **80** 11, Impressum **80** 8, Informationsrecht **80** 4, Kennzeichnung entgeltlicher Veröffentlichungen **80** 10, öffentliche Aufgabe **80** 3, Ordnungswidrigkeiten **80** 22, Sorgfaltspflichten **80** 6, strafrechtliche Verantwortung **80** 20, Straftaten **80** 21, verantwortlicher Redakteur **80** 9, Verbreitungsverbot **80** 15, Verjährung von Straftaten **80** 24, vorläufige Sicherstellung **80** 18, Zeugnisverweigerungsrecht **80** 23, Zulassungsfreiheit **80** 2

Pressefreiheit 11 5, Freiheit **80** 1

Private Rechte Schutz durch Polizei **40** 2

Privatforstdienst 53 72 f., 80, **53a** 72 f., 80

Privatrechtliche Unternehmen Gemeindebeteiligungen **30** 103 ff.

Privatrundfunk Finanzierung **81** 11, Nichtübertragbarkeit der Zulassung **81** 12, öffentl. Aufgabe **81** 6, persönl. Zulassungsvoraussetzungen **81** 21, sachl. Zulassungsvoraussetzungen **81** 14, Sicherung der Meinungsvielfalt **81** 26, Sponsoring **81** 11, Werbung **81** 11, Zulassung von Veranstaltern **81** 12 ff.

Privatschulen 10 14

Privatwald 53 55, **53a** 55

Programmbeirat Medien **81** 28

Programmbouquet iSd LandesmedienG **81** 2

Programmgrundsätze Medien **81** 3 ff.

Programmverantwortung Medien **81** 7

Prozessvertretung Verfahren vor dem VerfGH **12** 14

Prüfer juristische Staatsprüfung **76** 3

Prüfstellen Bauprodukte **60** 24

Prüfungsorte 76 2

Prüfungsstoff juristische Staatsprüfung **77** 8, 56

Prüfzeugnis baurechtliches **60** 19

Punktzahlen juristische Staatsprüfung **77** 15

Rahmengebühr Verwaltungsgebühren **24** 8

Ratschreiber Gebühren und Auslagen **75** 18

Raumbeobachtung 64 28

Räumliche Anforderungen Gaststätten **91** 4

Raumordnung Aufgabe **64** 1, Bindungswirkungen **64** 4

Raumordnungsbehörde 64 30

Raumordnungsverfahren Ablauf **64** 19, Aufgaben **64** 18, Untersagung raumordnungswidriger Maßnahme **64** 20, Wirkung **64** 18

Räumpflicht Straßen **100** 41

Rebstöcke Nachbarrecht **73** 14

Rechnungshof Unabhängigkeit **10** 83

Rechnungslegung gegenüber dem Landtag **10** 83

Rechnungsprüfung Landeshaushalt **10** 83

Rechnungswesen Eigenbetriebe **38** 12 ff.

Rechtsaufsicht Gemeinden **30** 119 ff.

Rechtsaufsichtsbehörde Anordnungsrecht **30** 122, Beanstandungsrecht **30** 121, Ersatzvornahme **30** 123, Informationsrecht **30** 120

Rechtsbehelf Gebühren- und Auslagenentscheidung **25** 24

Rechtsbehelfsbelehrung Verwaltungsakt **24** 37

Rechtsbehelfsverfahren Rücknahme und Widerruf eines Verwaltungsakts **24** 50

Rechtshilfe für den VerfGH **12** 19, für Untersuchungsausschüsse **10** 35

Rechtsmittel gegen Verwaltungsgerichtsentscheidungen 1. Instanz **10** 67

Rechtsnachfolger Vollstreckung gegen – **22** 3

Rechtspflege 10 65 ff.

Rechtsprechung 10 25, Grundrechtsbindung **11** 1

Rechtsreferendar Dienstgeschäfte **76** 8, Nebentätigkeit **76** 5a, Pflichten **76** 6, Reisekosten **76** 7, Unterhaltsbeihilfe **76** 7

Rechtsreferendare Ausbildungsstellen **77** 47, Beurteilung **77** 49, Dienstaufsicht **77** 44, Lehrveranstaltungen **77** 48

Rechtsschutz gegen Verfügungen der Rechtsaufsichtsbehörde **30** 125

Rechtsstaat 10 25

Rechtsstaatsprinzip 11 20

Rechtsverlust Enteignungsentschädigung **63** 9

Rechtsverordnung Ausfertigung, Verkündung, Inkrafttreten **10** 63, Ermächtigung zum Erlass **10** 61, Verkündung **14** 5 f.

Rechtsvorschriften Ausfertigung **10** 63, Inkrafttreten **10** 63, Verkündung **10** 63

Rechtsweggarantie 11 19

Redakteur verantwortlicher **81** 7

Rederecht 10 34

Referendarausbildung Verwaltungsvorschrift **78**

Referendariat Beginn und Ende **76** 5

Regelstudienzeit Juristenausbildung **77** 3

Regenwasserableitung Nachbarrecht **73** 1

Regierung 10 45 ff., Anwesenheitsverlangen des Landtags **10** 34, Bestätigung durch den Landtag **10** 46, Rechtsverordnungen, Verwaltungsvorschriften **10** 61, Rücktritt **10** 55, Verwaltungsausübung **10** 69

Regierungsbildung 10 46, misslungene **10** 47

Regierungsmitglieder Berufung **10** 46, Entlassung **10** 56, Rücktritt **10** 55

Regierungspräsidien 20 11 ff., Enteignungsbehörde **63** 17

Regierungspräsidium Rechtsaufsicht für Landkreise **33** 51

Regionalen Polizeipräsidien 41 23

Regionalplan 64 3, Aufstellung/Änderung/Fortschreibung **64** 12, Form **64** 11, Inhalt **64** 11, Verbindlicherklärung **64** 13, Verwirklichung **64** 15, Vorbereitung **64** 15

Regionalplanung grenzüberschreitende **64** 49

Regionalverband Aufsicht **64** 44, Bedienstete **64** 41, grenzüberschreitende Zusammenarbeit **64** 17, Klagebefugnis **64** 22, Mitwirkung bei Fachplanungen des Landes **64** 25, Mitwirkung bei regionalbedeutsamen Angelegenheiten **64** 16, Mitwirkung bei weisungsfreien Planungen der Gemeinde **64** 25, Organe **64** 34, Planungsausschuss **64** 38, Rechtsform **64** 32, Satzungen **64** 33, Verbandsdirektor **64** 40, Verbandsversammlung **64** 37, Verbandsvorsitzender **64** 39, Wirtschaftsführung **64** 42

Regionalzweckverband 64 45

Region Stuttgart Wahlen zur Regionalversammlung **36** 49 ff.

Reinigungspflicht Straßen **100** 41

Reisekosten Justizkostengesetz **75** 20

Religionsfreiheit 11 4, 140

Religionsgemeinschaften 10 4 ff.

Religionsunterricht 11 7

Republikanischer Rechtsstaat 10 23

Reststoffe Anlagen für – **61** 17

Rettungswege 61 2

Richter 10 66, Amtseid **10** 78, Entlassung **10** 66, Ernennung **10** 51, Unabhängigkeit **10** 65, Versetzung **10** 66

Richterablehnung Verfahren vor dem VerfGH **12** 12

Richterliche Unabhängigkeit 10 65 f.

Richtervorlage zum VerfGH **12** 51

Richtlinienkompetenz des Ministerpräsidenten **10** 49

Rückenteignung 63 42 f.

Rückgabe nach Rücknahme/Widerruf eines VA Urkunden und Sachen **24** 52

Rückkehrverbot polizeiliche Maßnahme **40** 27a

Rücklagen Gemeinden **32** 23

Rücknahme eines VA 24 48, Rechtsbehelfsverfahren **24** 50

Rückstellungen 32 41

Rücktritt juristische Staatsprüfung **77** 60, Regierung, Regierungsmitglieder **10** 55

Rundfunk iSd LandesmedienG **81** 2

Rundfunkprogramm iSd LandesmedienG **81** 2

Sachliche Zulassungsvoraussetzungen Privatrundfunkveranstalter **81** 14

Sachverhaltsermittlung Enteignungsverfahren **63** 21

Sachverständige Verwaltungsverfahren **24** 26

Sachverständigengebühren 25 13

Sachverständigenvernehmung VerfGH **12** 20

Sammlungen Ausnahmen von der Genehmigungspflicht **65** 9

Sanierungsfahrpaln gebäudeindividueller energetischer **66** 9

Satzungen erklärte Wald-, Reb- oder Gartenbaulage **73** 29, Kommunalabgaben **37** 2

Säumniszuschlag Gebühren und Auslagen **25** 20

Schatzregal 65 23

Schifffahrt 51 39 ff.

Schriftform Baugenehmigung **60** 58, öffentlich-rechtlicher Vertrag **24** 57

Schriftliche Prüfung juristische Staatsprüfung **77** 55

Schriftliches Verfahren VerfGH **12** 17

Schulaufsicht 10 17

Schuldenübersicht 32 55

Schuldübergang bei Enteignung **63** 12

Schulpflicht 10 14

Schulwesen 11 7

Schusswaffengebrauch 40 53 f.

Schutz Personenbezogene Daten **76** 9

Schutzgebietsverzeichnis 52 27

Schutzmaßnahmen Straßen **100** 28

Schutzwald 53 29, **53a** 29, gegen schädliche Umwelteinwirkungen **53** 31, **53a** 31

Schutzwaldungen an Straßen **100** 27

Selbstauflösung Landtag **10** 43

Selbstschussgeräte Ordnungswidrigkeiten **43** 11

Selbstständige Kommunalanstalt 30 102a ff.

Selbstverwaltung 10 25, Gemeinden **11** 28

Selbstverwaltungsgarantie 10 71

Selbstverwaltungsrecht Hochschulen **10** 20

Selbstverwaltungsträger Verwaltungsausübung **10** 69

Sendezeiten für Religionsgemeinschaften und Parteien **81** 5, für unabhängige Dritte **81** 27

Sendung iSd LandesmedienG **81** 2

Sicherheitsleistung 25 19, bei Bauvorhaben **60** 60

Sicherheitstreppenräume 61 11

Sicherstellung 41 3, Sachen **40** 32

Sitz besondere Verwaltungsbehörden **13** 19

Sitzungen Kreistag **33** 29 ff.

Sitzungsperiode Landtag **10** 30

Sitzverteilung Kommunalwahlen **36** 25 ff., Landtagswahl **13** 44

Sofortige Vollstreckung öffentlich-rechtlicher Vertrag **24** 61

Sonderabfallagentur 50 24

Sonderbauten 60 38

Sondernutzung Carsharing **100** 16a, Straßen **100** 16 f.

Sondervermögen 32 60

Sonderwahlbezirke Landtagswahl **13** 6

Sonntag Schutz **10** 3

Sorgfaltspflicht Medien **81** 3, Presse **80** 6

Sozialer Rechtsstaat 10 23

Sozialisierung 11 15

Sozialstaatsprinzip 11 20

Spaliervorrichtungen Nachbarrecht **73** 21

Spartenprogramm iSd LandesmedienG **81** 2

Speicherungspflicht Medien **81** 8

Speisen Straußwirtschaften **91** 7

Sperrklausel Wahlrecht **10** 28

Sperrzeit Gaststätten **91** 9 ff.

Sperrzeitverkürzung 91 1

Spezialeinheiten Einsatz **41** 17

Sponsoring Privatrundfunk **81** 11

Sportförderung verfassungsrechtlicher Auftrag **10** 3 c

Staatsangehörigkeit 11 16, 116

Staatsanwaltschaft Befugnisse **41** 9

Staatsbürgerliche Erziehung 10 21

Staatsfundamentalnorm 10 23

Staatskirchenrecht 10 5

Staatsräte ehrenamtliche Regierungsmitglieder **10** 45

Staatssekretäre Regierungsmitglieder **10** 45

Staatsverpflichtungen gegenüber den Kirchen **10** 7

Staatswald 53 45, 53, **53a** 45, 53

Staatsziel Umweltschutz 10 3a

Stadt Führung der Bezeichnung **30** 5

Stadtkreis Aufsicht **20** 21

Ständiger Ausschuss juristische Staatsprüfung **77** 6, Landtag **10** 36

Stationsausbildung Referendarausbildung **78** B.I

Statistik Straßenstatistik **100** 61

Statistische Auswertung Wahl **36** 39a

Stauanlagen 51 26, 63

Stellenausschreibung Bürgermeister **30** 47

Stellenplan Gemeinden **32** 5

Stellplätze bauliche Anlagen **60** 2, Fahrräder **60** 37

Stellvertreter Ministerpräsident **10** 46

Stellvertretungserlaubnis Gaststätten **91** 3

Steuern Gemeinden, Kreise **10** 73

Stiftungen örtliche **30** 101

Stimmabgabe Kommunalwahlen **36** 19, Landtagswahl **13** 38

Stimmzettel Kommunalwahlen **36** 18, Landtagswahl **13** 37

Straferlass allgemeiner **10** 52

Strafrechtliche Verantwortung bei Druckwerken **80** 20

Strafverfahren Niederschlagung **10** 52

Strafvorschriften PresseG **80** 21

Straßen Anbaubeschränkungen **100** 22 ff., Anlieger **100** 15, Aufsicht **100** 48 f., Baulast **100** 9, Beleuchtung **100** 41, Benutzung **100** 21 ff., Beseitigung von Verunreinigungen **100** 42, Eigentum an öffentlichen – **100** 10 ff., Einmündungen **100** 29, Einteilung **100** 2, Einziehung **100** 7, Enteignung **100** 40, Entschädigung bei Anbaubeschränkungen **100** 24, Ersatzweg **100** 14, Feldwege **100** 55, Gemeingebrauch **100** 21 f., Kostentragung in besonderen Fällen **100** 20, Kreuzungen **100** 29 ff., Nachbarrecht **73** 21, öffentliche **100** 1 ff., Ortsdurchfahrt **100** 8, Planung **100** 36 ff., Räumpflicht **100** 41, Reinigung **100** 41, Schutzmaßnahmen **100** 28, Schutzwaldungen **100** 27, Sondernutzung **100** 16 f., Sondernutzungsgebühren **100** 19, Statistik **100** 61, Straßenbaubehörden **100** 50, Straßenbaulast **100** 9, Straßennummern, Straßenverzeichnisse **100** 4, Streupflicht **100** 41, Träger der Straßenbaulast **100** 43 ff., Umleitungen **100** 100, Umstufung **100** 6, Veränderungssperre **100** 26, Verwaltungsvorschriften **100** 62, vorzeitige Besitzeinweisung **100** 40a, Widmung **100** 5, Zufahrt, Zugang **100** 18, Zuständigkeiten **100** 48 ff.

Straßengesetz 100

Strategische Umweltprüfung 27 15 ff.

Straußwirtschaften Erlaubnisfreiheit **91** 5 ff.

Streupflicht Straßen **100** 41

Studium Juristenausbildung **77** 3

Stundung Justizkosten **75** 9

Stützmauern Unterhaltung **100** 56

Tankstellen Ladenöffnungszeiten **90** 5

Täuschungsversuch juristische Staatsprüfung **77** 24, 63

Technische Baubestimmungen 60 3, Abweichungen von – **60** 56

Teilbaugenehmigung 60 61

Teilhaushalte Budgets **32** 4

Teilungssachen Gebühren und Auslagen **75** 19

Teilweise Ungültigkeit Kommunalwahlen **36** 33

Termine im Landtagswahlverfahren **13** 57, Verwaltungsverfahren **24** 31

Theologische Fakultät Besetzung der Lehrstühle **10** 10

Tier Schutz **11** 20a

Tiergehege 52 42

Tierschutz verfassungsmäßiger **10** 3b

Tierschutzorganisation, anerkannte Gemeinsames Büro **29a** 4, Mitwirkungs- und Informationsrechte **29a** 2, Rechtsbehelfe **29a** 3

Tierschutzverein Anerkennung **29a** 5

Toiletten 60 36

Toleranzgebot Schulen **10** 17

Tragende Wände, Decken und Stützen 61 4

Träger Straßenbaulast **100** 43 ff.

Traufberechtigung Nachbarrecht **73** 2

Trennwände 61 6

Treppen 61 10

Treuhandvermögen 32 60

Türen 61 13

Typenprüfung bauliche Anlagen **60** 68

Überbau 73 7b, Wärmedämmung **73** 7c

Übereinstimmungserklärung Hersteller von Bauprodukten **60** 22

Übereinstimmungsnachweis Bauprodukte **60** 21

Überfahrts- und Trepprechte 72 50

Überhangmandate 13 2

Überplanmäßige Ausgaben 10 81

Übersetzer Verwaltungsverfahren **24** 23

Übertragungskapazitäten Medien **81** 18 ff.

Überwachung Bauausführung **60** 66, Bauprodukte **60** 24, Telekommunikation **40** 23b

Uferschutz Nachbarrecht **73** 21

Umdeutung fehlerhafter Verwaltungsakt **24** 47

Umfang Enteignung **63** 5

Umlagen Geltung des KAG **37** 45

Umleitungen 100 35

Umstufung Straßen **100** 6

Umwehrungen 61 3

Umweltinformation 27 22 ff., Antrag **27** 25, Gebühren **27** 33, Schutz sonstiger Belange **27** 29, Verbreitung **27** 30 ff., Verfahren **27** 25

Umweltmediation 27 4

Umweltprüfung 27 7 ff., **64** 2a, Grenzüberschreitende Behörden- und Öffentlichkeitsbeteiligung **27** 20

Umweltschaden 27 5

Umweltschutz Staatsziel **10** 3a

Umweltvereinigungen Anerkennung **27** 6

Umweltverträglichkeitsprüfung Grundsätze **27** 10 ff.

Umweltverwaltungsgesetz 27 Ziele, Begriffe **27** 1

Umweltzustandsbericht 27 31

Unabhängigkeit Rechnungshof **10** 83, richterliche **10** 65 f.

Unanfechtbarer Verwaltungsakt Aufhebung, Änderung **24** 51, Vollstreckungsvoraussetzung **22** 2

Unechte Teilortswahl 30 27

Unfallverhütung Ordnungswidrigkeiten **43** 9

Unglücksfälle Notstand **10** 62

Ungültige Stimmen Kommunalwahlen **36** 24, Landtagswahl **13** 42

Ungültige Stimmzettel Kommunalwahlen **36** 23

Universitäten Bestandsgarantie **10** 85

Unmittelbarer Zwang als Zwangsmittel **22** 26, Begriff **40** 50, Gebühr **23** 7, Voraussetzungen **40** 52, Zuständigkeit für Anwendung **40** 51

Untere Verwaltungsbehörden 20 15 ff.

Unterhaltsbeihilfe Rechtsreferendar **76** 7

Unterhaltung Kreuzungen **100** 33

Unternehmer bauliche Anlagen **60** 44

Unterrichtsgeldfreiheit 10 14

Unterschriften Beglaubigung **24** 34

Unterschutzstellung Einstweilige Sicherstellung **52** 26, Form- und Verfahrenfehler **52** 25, Form und Zuständigkeit **52** 23, Fortgeltung **52** 32, Veränderungsverbot **52** 26, Verfahren **52** 24

Untersuchungsausschuss Beweiserhebung **10** 35, Landtag **10** 35

Untersuchungsgrundsatz Verwaltungsverfahren **24** 24

Unzerschnittene Landschaftsräume Schutz **52** 20

Unzulässige Sendungen Medien **81** 4

Urkunden Verwaltungsverfahren **24** 26

Urlaub bei Landtagskandidatur **10** 29

Urteilstenor 70 113

Veränderungssperre Enteignungsverfahren **63** 26, Entsorgungsanlagen **50** 17 f., Straßenbaumaßnahmen **100** 26

Veranstalter iSd LandesmedienG **81** 2

Verantwortlicher Redakteur Medien **81** 7, Presse **80** 9

Verbandssatzung Genehmigungsverfahren **35** 7, Zweckverband **35** 6

Verbandsversammlung Geschäftsgang **35** 15

Verbandsvorsitzender 35 16

Verbot Ausnahmegerichte **11** 101, Zwangsarbeit **11** 12

Verbraucherinsolvenzverfahren geeignete Personen bzw. Stellen **74** 1 ff.

Verbrauch- und Aufwandsteuern örtliche **37** 9

Verbreitungsverbot beschlagnahmte Druckwerke **80** 15

Verdeckter Ermittler 40 24

Vereinigungen Beteiligungsfähigkeit im Verwaltungsverfahren **24** 11

Vereinigungsfreiheit 11 9

Verfahren Enteignung **63** 17 ff.

Verfahrensbestimmungen Wassergesetz **51** 86 ff.

Verfahrensfehler juristische Staatsprüfung **77** 25

Verfahrensfreie Bauvorhaben 60 50

Verfahrensverbindung VerfGH **12** 27

Verfahrensverordnung zur Landesbauordnung 62

Verfahren über einheitliche Sache 24 71a ff., elektronisches Verfahren **24** 71e, gegenseitige Unterstützung **24** 71d, Informationspflichten **24** 71c

Verfassung 10 Änderung **10** 64, Auslegung durch den VerfGH **12** 44 ff.

Verfassungsänderung Volksabstimmung **10** 64, Zulässigkeit des Antrags **10** 64

Verfassungsbeschwerde 12 55 ff., Begründung **12** 56, Entscheidung **12** 57 f.

Verfassungsgerichtshof 10 68, Amtsenthebung der Mitglieder **12** 6, Amtshilfe **12** 19, Anfechtung von Wahlprüfungsentscheidungen **10** 31, Anrufung bei Selbstverwaltungsrechts-Verletzungen **10** 76, Ausscheiden von Mitgliedern **12** 5, beauftragte Richter **12** 18, Eid **12** 4, einstweilige Anordnung **12** 25, Entschädigung der Mitglieder **12** 7, Entscheidungsvollstreckung **12** 28, erste Mitgliederwahl ersuchte Richter **12** 18, Geschäftsordnung **12** 29, Kosten **12** 60, Mandatsaberkennung **12** 43, Ministeranklage **12** 30 ff., mündliche Verhandlung **12** 16, Normenkontrolle **12** 51 ff., Rechtshilfe **12** 19, Richtervorlage **12** 51, Sachverständigenvernehmung **12** 20, schriftliches Verfahren **12** 17, Sitz **12** 1, Unvereinbarkeit von Ämtern **12** 2a, Urteil **12** 23, Verfahrensaussetzung **12** 26, Verfahrensbeteiligte **12** 9, Verfahrenserledigung **12** 24, Verfahrensverbindung **12** 27, Verfahrensvorschriften **12** 10 ff., vorkonstitutionelles Recht **10** 88, Wahl der Mitglieder **12** 2, Wahlprüfung **12** 52, Zeugenvernehmung **12** 20, Zuständigkeit **12** 8

Verfassungsgerichtshofgesetz 12

Verfassungsgerichtshofsmitglieder Inkompatibilität **10** 68

Verfolgungsmaßnahmen Ersatzpflicht **43** 6

Verfügungsmittel Gemeindehaushalt **32** 13

Verfügungssperre Enteignungsverfahren **63** 26

Vergabe öffentl. Aufträge **32** 31

Vergesellschaftung 11 15

Vergleichsvertrag 24 55

Verhandlungen Landtag **10** 33

Verjährung Nachbarrecht **73** 26, Pressestraftaten **80** 24

Verjährungshemmung durch Verwaltungsakt **24** 53

Verkehrssicherheit bauliche Anlagen **60** 16

Verkehrsunternehmungen Geltung des § 14 BImSchG **73** 30

Verkündung Rechtsverordnungen **14** 6, Rechtsverordnungen der Gemeinden **14** 5, Rechtsvorschriften **10** 63

Verkündungsgesetz 14

Verlautbarungspflicht Medien **81** 5

Vermögen 32 40 ff., Bilanz **32** 52, Eigenbetriebe **38** 12, Gemeinden **30** 91 f., -sgegenstände **32** 43 ff., -sübersicht **32** 55

Vermögensauskunft 22 16, Gebühr **23** 7a

Vermögensnachteil Enteignungsentschädigung **63** 10

Vernehmung 40 35

Verordnungen Ermächtigung **10** 61

Verordnungsermächtigungen Bestimmtheit **10** 61

Verpflichtungserklärungen Gemeinden **30** 54

Verpflichtungsermächtigung Gemeindehaushalt **32** 11

Verpflichtungsklage 70 42, Anhörung Dritter **70** 71, gegen Verfügungen der Rechtsaufsichtsbehörde **30** 125, Widerspruchsverfahren **70** 68

Versammlungsfreiheit 11 8

Versetzung Richter **10** 66

Versicherung an Eides Statt Verwaltungsverfahren **24** 27

Versorgungsleitungen Beiträge für Anschlüsse **37** 42

Verteilungsverfahren Enteignung **63** 34

Vertrauensleute 71 3, Wahlvorschläge **13** 27

Vertreter bei gleichförmigen Eingaben Verwaltungsverfahren **24** 17, 19

Vertreter für Beteiligte bei gleichem Interesse Verwaltungsverfahren **24** 18 f.

Vertreter von Amts wegen Verwaltungsverfahren **24** 16

Vertretung des Landes durch den Ministerpräsidenten **10** 50

Vertretungsberechtigung Betriebsleitung **38** 6

Verwahrung sichergestellte Sachen **41** 3

Verwaltung 10 69 ff.

Verwaltungsakt Aufhebung durch Urteil **70** 113, aufschiebende Wirkung von Widerspruch und Anfechtungsklage **70** 80, Begriff **24** 35, Begründung **24** 39, Bekanntgabe **24** 41, Berichtigung **24** 42, Bestandskraft **24** 43 ff., Bestimmtheit und Form **24** 37, Ermessen **24** 40, Erstattung bei Rücknahme oder Widerruf **24** 49a, Gegenstand der Anfechtungsklage **70** 79, Gegenstand der Feststellungsklage **70** 43, Gegenstand

der Verpflichtungsklage **70** 79, Genehmigungsfiktion **24** 42a, Heilung von Verfahrens- und Formfehlern **24** 45, mit Doppelwirkung **70** 80a, Nebenbestimmungen **24** 36, Nichtigkeit **24** 44, offenbare Unrichtigkeiten **24** 42, Rechtsbehelfsbelehrung **24** 37, Rückgabe von Urkunden und Sachen **24** 52, Rücknahme des rechtswidrigen - **24** 48, Umdeutung **24** 47, unanfechtbarer, Aufhebung oder Änderung **24** 51, Unwirksamkeit nichtiger - **24** 43, Verjährungshemmung **24** 53, Verzinsung bei Rücknahme oder Widerruf **24** 49a, Vollstreckung **22** 1 ff., Widerruf des rechtmäßigen - **24** 49, Widerrufsvorbehalt **24** 36, Widerspruch **70** 70, Wiederaufgreifen des Verfahrens **24** 51, Wirksamkeit **24** 43, Zusicherung **24** 38

Verwaltungsbehörden 13 2 ff., allgemeine **20** 10 ff., besondere **20** 23 ff., Gliederung **20** 1, untere **20** 15 ff.

Verwaltungsgebühren Begriffsbestimmungen **25** 2, Festsetzungsverjährung **25** 17, Gläubiger **25** 6, Kommunalabgaben **37** 11 ff., persönliche Gebührenfreiheit **25** 10, sachliche Gebührenfreiheit **25** 9, Schuldner **25** 5

Verwaltungsgemeinschaft 30 59 ff., Aufgaben **30** 61, Auflösung **30** 62, Aufsicht **20** 21

Verwaltungsgemeinschaften untere Baurechtsbehörden **60** 46

Verwaltungsgerichte Oberste Dienstaufsichtsbehörde **71** 2

Verwaltungsgerichtliche Normenkontrolle Aussetzung wegen VerfGH-Verfahren **12** 49

Verwaltungsgerichtsbarkeit Aufbau **71** 1

Verwaltungsgerichtshof Amtstracht **71** 6a, Großer Senat **71** 6, Zuständigkeit im ersten Rechtszug **71** 5

Verwaltungsgerichtsordnung 70

Verwaltungsrechtsweg Zulässigkeit **70** 40 ff.

Verwaltungsverfahren Akteneinsicht **24** 29, Amtsermittlungsgrundsatz **24** 24, Amtshilfe **24** 4 ff., Amtssprache **24** 23, Anhörung **24** 28, ausgeschlossene Personen **24** 20, Auskunft **24** 25, Ausschüsse **24** 88 ff., Beginn **24** 22, Beglaubigungen **24** 33 f., Begriff **24** 9, Beistände **24** 14, Beratung **24** 25, Besonderheiten für Verteidigungs- und Notstandsangelegenheiten im **24** 97, Besorgnis der Befangenheit **24** 21, Beteiligte **24** 13, Beteiligungsfähigkeit **24** 11, Bevollmächtigte **24** 14, Beweismittel **24** 26, ehrenamtliche Tätigkeit **24** 81 ff., elektronische Kommunikation **24** 3a, Empfangsbevollmächtigter **24** 15, Fristen **24** 31, Handlungsfähigkeit **24** 12, Kos-

tenerstattung im Vorverfahren **24** 80, länder-
übergreifendes **24** 96, Nichtförmlichkeit **24** 10,
örtliche Zuständigkeit **24** 3, Pflichten der Gemeinden **24** 94 f., Rechtsbehelfsverfahren **24**
79 f., s.a. förmliches Verwaltungsverfahren;
Verfahren über einheitliche Sache Sachverständige **24** 26, Termine **24** 31, Untersuchungsgrundsatz **24** 24, Urkunden Verfahrensgrundsätze **24** 9 ff., Versicherung an Eides Statt **24** 27,
Vertreter bei gleichförmigen Eingaben **24** 17,
Vertreter für Beteiligte bei gleichem Interesse
24 18 f., Vertreter von Amts wegen **24** 16, Verwaltungsakt **24** 35 ff., Wiedereinsetzung in den
vorigen Stand **24** 32

Verwaltungsvollstreckung Kosten **22** 31

Verwaltungszustellungsgesetz 21

Verwaltungszwangsverfahren 75 3

Verwarnungsgelder Empfänger **43** 2

Verwendbarkeitsnachweis Bauprodukte **60** 20

Verwendungsfrist bei Enteignung **63** 30

Verwertungsgebühr 23 4

Verwirkung Grundrecht **11** 18

Verzeichnis Straßenverzeichnis **100** 4

Verzinsung bei Rücknahme oder Widerruf eines
Verwaltungsakts **24** 49

Verzögerungsbeschwerde 12 61

Volksabstimmung 10 60, **15** 1 ff., Anfechung **15**
23, Kosten **15** 25, über Landtagsauflösung **10**
43, über Verfassungsänderung **10** 64, Wiederholung **15** 24

Volksabstimmungsgesetz 15

Volksantrag Kosten **15** 46, Zulassung **15** 44

Volksbegehren 10 59, **15** 27 ff., Kosten **15** 40,
Zulassung **15** 29, – nach Volksantrag **15** 48

Volksschulen 10 15

Vollgeschosse Begriff **60** 2

Vollmacht Verwaltungsverfahren **24** 14

Vollprogramm iSd LandesmedienG **81** 2

Vollstreckbare Titel Enteignung **63** 36

Vollstreckung an Sonn- und Feiertagen **22** 9, Art
und Weise **22** 13, bei Gefahr im Verzug **22** 21,
durch Beitreibung **22** 14 ff., Einschränkung von
Grundrechten **22** 29, Einstellung **22** 11, Entscheidungen des VerfGH **12** 28, gegen Behörden und juristische Personen des öffentlichen
Rechts **22** 22, gegen juristische Personen des
öffentlichen Rechts **22** 17, gegen Rechtsnachfolger **22** 3, von Verwaltungsakten **22** 18 ff., zur
Nachtzeit **22** 9, Zuziehung von Zeugen **22** 8

Vollstreckungsauftrag 22 5

Vollstreckungsbehörde 22 4

Vollstreckungshandlung Niederschrift **22** 10,
Widerstand gegen **22** 7

Vollstreckungshilfe 22 4, 31

Vollstreckungskostenordnung 23

Vollstreckungsmaßnahme Wegfall der aufschiebenden Wirkung von Widerspruch und
Anfechtungsklage **22** 12

Vollstreckungsvoraussetzungen 22 2

Vorarbeiten Enteignung **63** 6

Vorbehalt des Gesetzes 10 58

Vorbereitungsdienst Juristenausbildung **77**
41 ff.

Vorkonstitutionelles Recht Normenkontrolle
durch den StGH **10** 88

Vorladung polizeiliche Maßnahme **40** 27

Vorläufige Haushaltsführung Gemeinden **30**
83 f.

Vorläufige Maßnahmen Polizei **40** 2

Vorläufige Rechnungsvorgänge 32 30

Vorläufige Sicherstellung Druckwerke **80** 18

Vorschlagsrecht Berufung von Hochschulleh-
rern **10** 20

Vorschuss 25 19

Vorstand Landesanstalt für Kommunikation **81**
34 ff.

Vorverfahren 71 15 ff., Ausschluss **71** 15, Erhebung des Widerspruchs **70** 69, gegen Entscheidungen des JPA **76** 4, Widerspruchsbehörde bei VA einer öffentlich-rechtlichen Körperschaft **71** 17, Widerspruchsbehörde bei VA
einer Polizeibehörde **71** 16, Widerspruchsbehörde bei VA in sonstigen Selbstverwaltungsangelegenheiten **71** 18

Vorwurfskontrolle Regierungsmitglieder **12**
39 ff.

Vorzeitige Besitzeinweisung 63 37 f., bei Straßenbaumaßnahmen **100** 40a

VwGO-Ausführungsgesetz 71

Waffenrechtliche Bescheinigungen Zuständigkeiten für die Erteilung **92** 3

Wahl 10 25, Gemeinderat **30** 26, Ministerpräsident **10** 46, Verschiebung bei Notstand **10** 62

Wahlanfechtung Kommunalwahlen **36** 31

Wählbarkeit Landtag **13** 9

Wahlbezirk Kommunalwahlen **36** 4

Wahlbezirke Landtagswahl **13** 6

Wahlbrief Zurückweisung **13** 42

Wahlen Verfassungsgerichtshofsmitglieder **12** 2

Wählerverzeichnis Kommunalwahlen **36** 6

Wählerverzeichnisse Landtagswahl **13** 21

Wahlgrundsätze Gemeindevertretung **10** 72

Wahlkosten 36 39

Wahlkreisausschüsse für die Wahl der Kreisräte **36** 21

Wahlkreise 13 5

Wahlordnung Kommunalwahlen **36** 55, Landtagswahl **13** 55

Wahlorgane Kommunalwahlen **36** 11 ff., Landtagswahl **13** 10 ff.

Wahlperiode Landtag **10** 30

Wahlprüfung 10 31, durch den VerfGH **12** 52, Kommunalwahlen **36** 30

Wahlrecht Gemeinden **30** 14, Kreiseinwohner **33** 10, Landtag **13** 7, passives **10** 28

Wahlschein Kommunalwahlen **36** 7

Wahlscheine Landtagswahl **13** 22

Wahlstation Referendarausbildung **78** B.III.5

Wahlstatistik 13 58, **36** 39b

Wahlsystem 10 28

Wahlvorschlag Kommunalwahlen **36** 8

Wahlvorschläge Bekanntmachungen **13** 32, Landtagswahl **13** 24 ff., Verbindung **13** 3

Wahlvorstände Kommunalwahlen **36** 14, Landtagswahl **13** 21

Wald 53 2, **53a** 2, außerordentliche Nutzung **53** 52, **53a** 52, Betreten **53** 37, **53a** 37, Bewirtschaftung **53** 13 f., 20 ff., **53a** 13 f., 20 ff., Erhaltung **53** 9, **53a** 9, Sperrung **53** 38, **53a** 38, Umwandlung **53** 10 f., **53a** 10 f.

Waldbesitzer Ordnungswidrigkeiten **53** 84, **53a** 84

Waldbewirtschaftung 53 13 f., **53a** 13 f., Nachbarpflichten **53** 27, **53a** 27, Nachbarschutz **53** 27, **53a** 27

Waldbrand Schutzmaßnahmen **53** 18, **53a** 18

Waldeigentumsarten 53 3, **53a** 3

Walderhaltungsabgabe 53 44, **53a** 44

Waldfrüchte/-Pflanzen Aneignung **53** 40, **53a** 40

Waldgebiete geschützte **53** 29 ff., **53a** 29 ff.

Waldgefährdung durch Feuer **53** 41, **53a** 41

Waldgrundstück Teilung **53** 24, **53a** 24, Vorkaufsrecht **53** 25, **53a** 25

Waldschutzgebiete 53 32, **53a** 32

Waldungen Nachbarrecht **73** 34

Waldwege 53 19, **53a** 19

Wände 61 4 ff.

Wappen Gemeinden **31** 3, Landkreise **34** 2, unbefugte Benutzung **43** 8

Wärmeerzeugungsanlagen 60 32

Warmluftheizungen 61 15

Wartestandsbeamter 33 40

Wasserbehörden 51 80, 96

Wasserbenutzungsabgaben 51 99

Wasserbenutzungsrechte 51 16 ff.

Wasserbuch 51 69

Wasserentnahmeentgelt 51 100 ff., Festsetzung **51** 108 f., Härtefälle **51** 107, 111

Wassergefährdende Stoffe 51 53

Wassergesetz 51

Wasserkraftnutzung 51 23 f.

Wasserschutzgebiete Verfahrensregelungen **51** 95

Wasserschutzpolizei 41 18

Wasserversorgung öffentliche **51** 44

Wasserversorgungsanlagen 60 33

Wegnahme als Zwangsmittel **22** 28

Wegnahmegebühr 23 3

Wehrdienst 11 12a, Einschränkung der Grundrechte **11** 17a

Weimarer Reichsverfassung Staatskirchenrecht **10** 5

Wein Ausschank in Straußwirtschaften **91** 5 ff.

Weinberge Nachbarrecht **73** 18

Weisungsfreie Angelegenheiten Regelung durch Satzung **30** 4

Weisungsrecht bei Aufgabenübertragung an Kommunen **10** 75

Weiterverbreitung Rundfunkprogramme u. ä. **81** 15

Werbeanlagen Begriff **60** 2, Unzulässigkeit im Außenbereich **52** 21

Werbung Privatrundfunk **81** 11

Widerruf eines VA 24 49, Rechtsbehelfsverfahren **24** 50

Widerrufsvorbehalt Verwaltungsakt **24** 36

Widerspruch Abhilfe **70** 72, aufschiebende Wirkung **70** 80, Form und Frist **70** 70

Widerspruchsbehörde 71 17 f.

Widerspruchsbescheid 70 73

Widerspruchsfrist 70 70

Widerspruchsverfahren 70 68 ff.

Widerstand gegen Vollstreckungshandlungen **22** 7

Widerstandsrecht 11 20

Widmung Feldwege **100** 55, Straßen **100** 5

Wiederaufforstung 53 17, **53a** 17

Wiederaufgreifen des Verfahrens 24 51

Wiederaufnahme Ministeranklageverfahren **12** 38

Wiedereinbürgerung 11 116

Wiedereinsetzung in den vorigen Stand Enteignungsverfahren **63** 20, Verwaltungsverfahren **24** 32

Wiederholung juristische Staatsprüfung **77** 33, 64, Kommunalwahlen **36** 34 ff.

Wild lebende Tier- und Pflanzenarten Schutz **52** 39 ff.

Wirtschaftliche Unternehmen Gemeinden **30** 102 ff.

Wirtschaftsführung Eigenbetriebe **38** 12 ff., Landesanstalt für Kommunikation **81** 46

Wirtschaftsjahr Eigenbetriebe **38** 13

Wirtschaftsplan Eigenbetriebe **38** 14 f.

Wissenschaftsfreiheit 11 5

Wohl der Allgemeinheit Enteignung **63** 4

Wohlfahrtspflege kirchliche **10** 6, verfassungsrechtliche Gewährleistung **10** 87

Wohngebäude Begriff **60** 2

Wohnung 60 35, Unverletzlichkeit **11** 13

Wohnungsverweis polizeiliche Maßnahme **40** 27a

Württembergisches. Rechtsgebiet Anteile der Staatskasse **75** 12 ff.

Wurzeln Nachbarrecht **73** 35

Zahlungsverjährung Gebühren **25** 23

Zeltplätze bauliche Anlagen **60** 2

Zertifizierung Bauprodukte **60** 23

Zertifizierungsstellen Bauprodukte **60** 24

Zeugen Verwaltungsverfahren **24** 26, Zuziehung bei Vollstreckungshandlungen **22** 8

Zeugenvernehmung VerfGH **12** 20

Zeugnisverweigerung Presse **80** 23

Zeugnisverweigerungsrecht Abgeordnete **10** 39

Zielabweichungsverfahren 64 24

Zitiergebot bei Verordnungsermächtigungen **10** 61

Zoos 52 41

Zulässigkeit Antrag auf Verfassungsänderung **10** 64, Enteignung **63** 4

Zulassung Bauprodukte **60** 18, Privatrundfunkveranstalter **81** 12 ff., zur juristischen Staatsprüfung **77** 54

Zulassungsfreiheit Presse **80** 2

Zurückbehaltungsrecht 25 19

Zurückweisung von Wahlbriefen **13** 42

Zusammenarbeit Medien-Veranstalter **81** 10

Zusatzentschädigung Gemeinden **75** 21a

Zusicherung Begriff **24** 38

Zuständigkeit BauO **60** 48, Enteignung **63** 17, Medienrechtsstreitigkeiten **81** 52, örtliche **24** 3, StraßenG **100** 48 ff.

Zustellung an Beamte **28** 5, an Bevollmächtigte **21** 7, an gesetzlichen Vertreter **21** 6, an mehrere Beteiligte **21** 8, Begriff **21** 2, durch Behörde gegen Empfangsbekenntnis **21** 5, durch Post mittels Einschreiben **21** 4, durch Post mit Zustellungsurkunde **21** 3, elektronische gegen Abholbestätigung über De-Mail-Dienst **21** 5a, im Ausland **21** 10, öffentliche **21** 11

Zustellungen Baugenehmigung **60** 58

Zustellungsmangel Heilung **21** 9

Zustellungsverfahren Behörden der Justizverwaltung **21** 12

Zustimmung zu öffentlich-rechtlichem Vertrag **24** 58

Zustimmungsverfahren öffentl. Bauvorhaben **60** 70

Zustimmungsvorbehalt Polizeiverordnungen **40** 15

Zuweisung an Ausbildungsstellen **78** A.I, Medien-Übertragungskapazitäten **81** 18 ff.

Zwangsarbeit Verbot **11** 12

Zwangsgeld als Zwangsmittel **22** 23, Polizei **40** 49

Zwangshaft als Zwangsmittel **22** 24, Polizei **40** 49

Zwangsmittel Androhung **22** 20, Vollstreckung von Verwaltungsakten **22** 18 ff.

Zwangsräumung als Zwangsmittel **22** 27

Zwangsvollstreckung gegen Gemeinden **30** 127

Zweckverband 35 2 ff., Abwicklung **35** 22, Änderung der Verbandssatzung **35** 21, Aufgabenübergang **35** 4, Auflösung **35** 21, Aufsicht **35** 28, Ausschüsse **35** 14, Beamte **35** 17, bedingte Pflichtaufgaben **35** 10, Bildung **35** 6 ff., Eigenbetriebsrecht **35** 20, Eingliederung **35** 20 d, Entstehung **35** 8, Organe **35** 12 ff., Rechtsnachfolge **35** 20 c, Rechtsnatur **35** 3, Regelung der Rechts-verhältnisse durch Satzung **35** 5, Umlagenerhebung **35** 19, Verbandsmitglieder **35** 2, Verbandssatzung **35** 6, 20 b, Verbandsversammlung **35** 13, Verbandsvorsitzender **35** 16, Vereinigung **35** 20 a, Vor- und Nachteilsaus-

gleich **35** 9, Wegfall von Verbandsmitgliedern **35** 23, Wirtschaftsführung **35** 18

Zweige Nachbarrecht **73** 34 f.

Zwischenprüfung Juristenausbildung **77** 4